天

Borderless

下

博稽古今 融汇天下

思想的印迹

——纪念改革开放40周年优秀法学文集

法律出版社编辑委员会　编

第一卷

法律出版社 LAW PRESS · CHINA

总　序

人类文明的历史上,还没有哪一个时代像中国的改革开放40年一样,在历史长河中掀起如此巨大的浪花——它不仅深刻改变了一个国家的面貌与精神气质、使数亿人摆脱贫困,还极大地改变了世界格局。

1978,在那一年的年底,中共中央一次全体会议——十一届三中全会扭转了中国的前进方向,开辟了一个时代。回首过去,我们发现,一些观念从那时开始在中国出现,一些声音从那时开始逐渐响起,一些人物开始登上历史舞台。从这一年开始,随着"加强社会主义民主,健全社会主义法制"历史性任务的提出,"法制"两个字进入了人们的视野,政法机关开始恢复重建,法律院系开始蓬勃发展。一部部法律从庙堂走进了人们的生活,一次次裁决推动着国家前进的脚步。从"有法可依、有法必依、执法必严、违法必究"到"科学立法、严格执法、公正司法、全民守法";从"法制"到"法治";从法治观念的形成到"依法治国,建设社会主义法治国家"写进宪法,再到"法治国家、法治政府、法治社会一体建设",人们对法治的认识步步深入,中国的改革不断向前推进,结出丰硕的果实。在中国共产党的带领下,这个励精图治的古老国度,再一次创造了改革的奇迹。

40年发生了无数故事,40年产生了许多事物。为了纪念这难忘的40年,本社组织编辑出版了一批"纪念改革开放40周年"主题图书。这些图书,将40年来颁布的重要法律及其释义甄选汇集,将法学领域有代表性的学术论文萃取精编,把有关政法机关的重建、法律院系的重生与发展进行展现,将一批被时代改变命运的人物再次唤起。我们希望从法律与法律人的视角，重新审视过去的40年，认真体会这不平凡的40年。

如江河东下，逝者如斯。岁月总会过去，人事总有代谢，但一个不平凡的时代留下的深刻痕迹，永远不会磨灭。“不忘初心，牢记使命”，习近平总书记在党的十九大报告中向全党发出的号召，使我们有理由期待，下一个40年，中国将更加惊艳！

法律出版社编辑委员会

2018年10月

总目录

第一卷

法理 法史

宪法 行政法

国际法

第二卷

民商法

经济法

第三卷

刑　法

诉讼法

目　录
（第一卷）

法理　法史

宪法　行政法

国际法

法理法史

李步云　坚持公民在法律上一律平等
张晋藩　论中国古代民法研究中的几个问题
梁治平　“法”辨
季卫东　程序比较论
沈宗灵　论法律移植与比较法学
苏　力　变法,法治建设及其本土资源
徐显明　论“法治”构成要件——兼及法治的某些原则及观念
范忠信　中西法律传统中的“亲亲相隐”
郭道晖　权力的多元化与社会化
张文显　法治与国家治理现代化

坚持公民在法律上一律平等

李步云

一九五四年颁布的人民法院组织法第五条规定:"人民法院审判案件,对于一切公民,不分民族、种族、性别、职业、社会出身、宗教信仰、教育程度、财产状况、居住期限,在适用法律上一律平等。"这一规定,是必要的、正确的。但是,在后来的一个相当长的时间里,却被一些人说成是错误的,是没有同资产阶级的"法律面前人人平等"划清界限,是"没有阶级观点",是主张革命与反革命"一律平等"。这种说法必须予以澄清。

"法律面前人人平等"的口号,是资产阶级在反对封建主义的斗争中提出来的。封建主义的法律是以公开维护等级与特权为特征的。它不仅确认地主阶级可以根据土地多少、官职大小、爵位高低,享有不同的封建特权,而且使地主阶级的各级官吏和封建帝王的皇亲国戚超脱于法律的约束之外。资产阶级提出的"法律面前人人平等",作为资产阶级民主制度和法律制度的一个重要原则,在摧毁封建专制主义的斗争中,曾经起过革命的作用。然而,资产阶级的统治是建立在资本主义生产关系之上的,资产阶级的法制是以财产不平等为基础的。它们说一切公民都有平等选举权,但同时又用居住期限、教育程度以至于财产资格来加以限制。这就决定了广大劳动人民不可能在事实上享有同资产阶级一样的平等权利。因此,在资产阶级专政的条件下,所谓"法律面前人人平等",实际上是虚伪的。

无产阶级所要求的平等,归结为废除阶级。社会主义的法制是建立在生产资料公有制基础之上的,它规定不劳动者不得食。因而,社会主义法律既不承认任何等级特权,也不允许财产等等的限制,真正做到公民在法律上一律平等。毛泽东同志在讲到我国第一部宪法的时候,曾经说过:"原则基本上是两个：民主原则和社会主义原则。”（《毛泽东选集》第5卷第127页）在我国社会主义的经济制度和社会主义民主的政治制度下，公民在法律上一律平等，是必须做到的，也是能够做到的。坚持这一原则，不是什么人喜欢不喜欢的问题，而是历史发展的必然，是社会进步的客观要求。根据这一原则，凡属我国的公民，按照宪法和法律，一律平等地享受他们应该享受的权利，履行他们应该履行的义务。不承认有任何享受特权的公民，也不承认有任何免除法律上义务的公民。这是对封建专制主义和等级特权观念的彻底否定。如果我们不是这样做，而是抛弃这一原则，认为公民在法律面前应该是不平等的，那就是允许一部分人享有特权，默认有人可以置身于法律之外，高踞于法律之上，那么，社会主义法制的民主原则就无从体现，宪法和法律就会遭到破坏，人民的民主权利就没有保障。

公民和人民，是两个不同的范畴。在我国，公民是指具有中华人民共和国国籍的人，也就是通常所说的国民。我们讲公民在法律上一律平等，着重是从司法方面来说的，主要是指公民在适用法律上一律平等。至于立法，我们并不规定所有公民都平等，人民和阶级敌人是必须区别的。在立法上，占人口百分之九十五以上的人民是平等的，宪法规定：“中华人民共和国的一切权力属于人民”，“国家坚持社会主义的民主原则，保障人民参加管理国家，管理各项经济事业和文化事业”。而对于“一切叛国的和反革命的活动”，对于“一切卖国贼和反革命分子”，对于“新生资产阶级分子和其他坏分子”，则不是讲什么平等，而是要镇压他们的破坏活动。这些规定，反映了无产阶级的意志，充分体现了法律的阶级性。但在司法上，我们讲公民在适用法律上一律平等。这里的“公民”，是既包括人民，也包括敌对阶级的人在内。即使对于还没有改造好的地主、富农、反动资本家，只要他们不违法，不触犯刑律，我们也只是依法剥夺他们的政治权利，其余的权利和义务，例如“人身自由和住宅不受侵犯”，“劳动的权利”，“休息的权利”等，以及“遵守宪法和法律”，“爱护和保卫公共财产”，“遵守劳动纪律”等，则是同其他公民一律平等的。而人民内部的人，如果触犯了刑律，也同样要依法制裁，直至判处重刑。国家机关在执行和适用法律上，必须对一切公民平等，不允许任何特殊，才能保证宪法和法律的严格执行。这样做，完全符合无产阶级的利益。怎么能够说,“主张公民在适用法律上一律平等,就是没有同资产阶级的法律面前人人平等划清界限”,就是“没有阶级观点”,就是主张革命和反革命“一律平等”呢?

反对“在适用法律上一律平等”,必然认为法律只能管一部分人,不能管另外一部分人。这样,就必须使一部分人可以凌驾于法律之上,可以任意破坏民主,践踏法制。有些人总是喜欢搞一言堂,喜欢独断专行,认为别人犯法才算犯法,自己犯法就不算犯法,这哪里还有什么法制?由于中国几千年来封建主义的流毒,以及林彪、“四人帮”反动思想的影响,在我们的队伍中,至今还有一部分人存在特权思想和等级观念,要彻底清除这种病毒,还是一项长期的战斗任务。我们不仅要大力宣传公民在适用法律上一律平等的原则,而且要在实践上坚决贯彻执行。一个人不管职位多高,功劳多大,如果犯了罪,都要同普通老百姓一样地依法惩处,不能有任何特殊。最近,我们的党组织和司法机关,依法给原来曾是相当高级的领导人以党纪国法的严厉制裁,受到了全国人民的衷心拥护。这一事实充分说明,只要我们真正做到“法不阿贵”,社会主义法制就一定会得到切实加强。

(本文原载于《人民日报》1978 年 12 月 6 日,第 3 版)

论中国古代民法研究中的几个问题

张晋藩

在中国法制史领域中，对于中国古代民法的研究是非常薄弱的。既没有从事有关资料的收集和整理，专门性的论著也极为少见，可以说处于亟待耕耘的状态。为了全面地总结中国法制历史的经验，提供建设具有中国特色的社会主义法制的历史借鉴，开展对中国古代民事法律的研究，是十分必要的。本文拟就中国古代民法研究中的若干问题阐述涓滴之见。

一、不能从主要法典编纂形式上的民刑不分得出中国古代没有民法的结论

中国从进入阶级社会时起，法律就以“刑”为主要表现形式。在封建社会，历朝代表性的法典都采取以刑为主、民刑不分的编纂形式，即在一部刑法典中包含某些有关民事法律纠纷的裁判规定。这种编纂形式曾经被认为是中华法系的一个特点。并由此而产生一种看法，即中国古代的法制建设，除刑法外，其他部门法，尤其是民法极其薄弱。更有甚者，认为中国古代没有民法，只有刑法。这是不符合中国法制历史实际的。

根据马克思主义的观点，任何一种类型的法律都是特定的社会关系的产物。社会关系是复杂多样的，反映社会关系的法律规范的内容也必然是复杂多样的，而对于社会关系所进行的法律调整的方式也不可能是单一的。因此，任何一种类型的法律体系中，都必然存在相对独立的不同的法律部门，既包含各种实体法，也包含程序法；既融合诸法于一体，又作用于不同领域。这是基于社会关系的多样性历史地形成的，并不取决于统治者的意愿。至于采取哪一种原则、形式来编纂法典，却是立法者根据统治阶级利益的需要，在实践经验的基础上有意识活动的结果。因此，不能以中国古代没有编

订独立的民法典便断言中国古代没有民法。恩格斯指出:“民法准则只是以法律形式表现了的社会经济生活条件。”[1]又说:“民法不过是所有制发展的一定阶段即生产发展的一定阶段的表现。”[2]早在原始社会末期,随着私有制的产生和发展,表现为习惯的民事方面的社会规范便已逐渐形成。中国古代的法律文献中虽无民法一词,但有关钱债、田土、户婚等民事法律规范,或规定于历代法典当中,或自成律令条例,经历了从无到有,由简趋繁的发展过程。

中国古代民法的任务,总地说来也是通过对特定财产关系和人身关系的法律调整,来维护奴隶制和封建制的社会经济基础和社会秩序以及私人间的权利义务关系的。中国古代的统治者没有忽视运用民法这个保护私有财产的重要工具。相反,他们极力通过各种形式的民事法律包括家族法规来确认、保护和发展私有财产的愿望;调整与宗法伦理等级制度相适应的人身关系。

在世界法制发展史上,罗马十二铜表法也包括刑法、民法、民事诉讼法以及若干行政法规;日耳曼的蛮族法典,同样表现为民刑不分。可见这是古代世界法制史带有共性的问题。所不同的是,罗马从十二铜表法起,民法就在法典中占有主导地位,而且逐渐摆脱了用刑法手段来调整民事法律关系。至十一世纪,伴随工商业的发达和城市的兴起,开始出现了保护商业活动的单行通例。至十三世纪西方出现了大量的贸易法令、航海法规和海商法典。这说明西方在中世纪时期诸法合体的编纂形式已经解体。然而在中国,直到二十世纪初沈家本主持变法修律,输入资本主义的法律体系,分别起草了独立的刑法典、民法典、诉讼法典,才最终破坏了传统的诸法合体、民刑不分的法典编纂形式。

中国古代的主要法典采取民刑不分、诸法合体的编纂形式不是偶然的,而是由自然经济占统治地位,专制主义的严酷统治,宗法礼治的特殊影响,以及统治者推行的重农抑商、专利专卖和禁海政策所决定的。但是随着经

[1] 《马恩选集》(第4卷),第248~249页。
[2] 《马恩选集》(第4卷),第87页。

济和社会关系的发展、这种诸法合体的编纂形式也在不断冲击中发生变化。例如,从唐代起典律分野,出现了以唐六典为代表的独立的行政法典。由此开端。宋有《庆元条法事类》,元有典章,明、清有会典,形成了别具支流的行政法体系。就民法而言,从宋朝起,适应商品经济的发展要求,单行的民事法令法规在整个法律体系中所占的比重逐渐上升。至清朝制定的《户部则例》,已经具有民事法规的性质。尽管直到二十世纪初清朝变法修律之前,基本上仍维持着固有的诸法合体的法典编纂形式,但不能由此得出中国古代没有民事性质的立法的结论。

二、中国古代没有形成独立的民法典的原因

中国古代的法律在某些方面、某个历史发展阶段曾经居于世界的前列。1975年湖北云梦出土的秦简所记载的部分秦律,雄辩地证明了这一点。然则,何以在中国漫长的古代社会没有制定出一部独立的民法典或相对集中的民事法规呢? 其主要原因如下:

(一)自然经济始终占统治地位,商品经济的发展相对薄弱。

由于民事法律关系是商品经济生活的一般要求在法律上的表现,因此,商品经济的发展状况直接决定着民法的发展状况。恩格斯以罗马法为例论证了二者之间的关系。他说:罗马法是“对简单商品所有者的一切本质的法律关系(如买主和卖主,债权人和债务人,契约,债务等)所作的无比明确的规定”。[3] 然而在中国古代,自然经济结构长期占统治地位。秦以来,不仅封建地主阶级的庄园是一个自给自足的经济单位,甚至作为封建社会基本细胞组织的一个个封建家长制家庭,也是彼此孤立的自给自足的经济单位。由于生产在一定程度上不依赖于市场,因此商品经济不发达,从而束缚了民事法律关系的发展,没有也不可能制定出一部独立的民法典。

(二)封建专制制度及其推行的重农抑商等项政策。

中国从公元前二世纪秦朝起,就形成了统一的多民族的专制主义中央

---

〔3〕《马恩全集》(第4卷),第248页。

集权的封建国家。由秦迄清,虽然出现过反复的割据,但历朝所颁布的法典,在其政权所及的区域内都是以统一的法典形式出现的,体现了严格的专制主义中央集权。两千年来,专制制度沿着螺旋上升的轨迹不断强化。从而排除了任何商业经济较为发达的城市立法的可能性。这是与西方封建时代不同的。专制制度下皇权是核心,皇帝专制权力的行使体现了国家的统治,维护皇权与巩固国家是一致的,这是立法者的主要着眼点。至于私人之间的利益,则被视为无足轻重的"细故"。这是构成封建立法者重刑轻民的根源之一。

为了保护矗立在自然经济基础上的专制政权,历代封建统治者都实行重农抑商的政策,商人的法律权利受到限制。例如,汉时商人不得衣丝乘车。明清以来更推行禁海政策,严重摧残了海外贸易和萌芽状态的资本主义因素。在这种情况下,商人也转而经营土地,作为更可靠的财利来源,进而取得封建地主阶级的法律地位。由于商业资本和高利贷资本地租化,桎梏了商业资本的扩大再生产和整个社会经济的发展。明末清初,进步思想家黄宗羲、唐甄提出了反映资本主义经济因素发展要求的"工商皆本""农商皆本"的主张,力图改变"重农抑商"的传统政策,但在专制制度日趋极端化的条件下,他们的主张是行不通的。

除此之外,从秦汉起实行的官商业、官手工业的专利专卖政策,也不断地扩大范围,民间生活必需的盐、铁、茶、酒、丝织品的生产与货卖均由官府经营,以致限制了民间工商业的发展与竞争。这对民事法律关系的发展显然是一种羁绊。

(三)人身依附关系长期存在,不能广泛提供法律上权利与义务关系的"私人的平等"。

在封建专制主义统治下,国家通过法律的和政策的各种规定,极力维护和保持超经济的人身依附关系,劳动者阶级、阶层对于地主、家主、官府都存在不同形式的人身隶属关系。例如,南宋以前地主买卖土地,雇农要随同土地转移给新主。雇农妻女的婚嫁权也操于地主之手。

在债务关系上,明清以前法律允许债务人在无力还债时"役身折酬",使债权人对债务人的超经济剥削合法化。"役身折酬"不限于债务人本身,也包括债务人的妻女。

至于处在社会最低层而又数量众多的奴婢,法律明文规定奴婢"律比畜产",在任何民事法律关系中只能是客体而不是主体。奴婢的劳动主要是供主人役使,不存在劳动力商品化的可能性。

总之,在中国漫长的封建社会,只有少数贵族、官僚、地主享有平等地参加民事法律关系的权利。就整个社会而言,却缺乏"私人的平等"这个发展民事法律的重要条件。

(四)家法、族规对族内民事法律关系起着实际的调整作用。

在中国古代,宗法制度的作用突出,影响久远,以至于中国古代社会被称为宗法社会。宗法制度所确认的亲亲、尊尊、长长、男女有别等原则,是一切家法、宗规的基石。所谓家法、宗规实质上是适用于家族内部的习惯法,对于族内的民事法律关系,如财产、继承、婚姻等起着实际的调整作用。自周秦以迄明清,家法宗规的调整作用不断加强,因而就在实践上取代了民事法律以调整家内财产关系和人身关系。族长就是事实上的民事纠纷的权威性仲裁员。"举宗之事,责成宗长",凡祭祀、田宅、租赋、户婚、立嗣等民事纠纷,或由族长亲断,或由族长召集宗族会议解决。四川云阳涂氏族谱规定:"族人有田土、坟墓、钱债等项纠葛,或口角微嫌,须入祠凭族房长公同理论,不得擅兴词讼。"家法、宗规与国法相通,是国法的补充,族长是代"陈朝廷之法纪"。从而表现了中华法系礼法结合的特点。家族习惯法对民事法律关系的实际调整成了一种比较强大的惰性力量,阻碍着人们去探索制定独立民法典的迫切要求。

(五)缺乏对于法的体系和法学的必要研究。

所谓法的体系就是国家对于现行的法律规范加以分类组合为不同的法律部门,使其系统化为有机联系的整体。法的体系的发展与完善是以深入的法学研究为基础的。罗马法的编纂便充分体现了法学家的研究成果。例如,《查士丁尼法典》就是由一个以十名法学专家组成的委员会编纂的。在中国,春秋战国时期适应社会的大变动,曾经掀起了法学研究的高潮,由此产生了一系列封建性的成文法,创造了以《法经》六篇为代表的崭新的法律体系。然而至秦建立统一的专制主义王朝以后,由于推行文化专制主义,凡学律者以吏为师,从而打击了法学的自由研究。汉武帝"罢黜百家,独尊儒术","从此学术界全为儒徒所垄断,仁义之说压住任法之说,加以专制政体日趋严密巩固……,于是法理学也就不可能极深研究了"。[4] 对于这一点,沈家本也作过阐述。他说:"自是法令之书藏于官府,天下之士陋于闻见,斯时朝廷之上,方以此为尚,四海之内必有不屑以吏为师者,而此学亦遂衰。"[5]在漫长的封建社会,探讨刑的适用者颇不乏人,却很少有人认真研讨法学与法的体系,特别是在实践中贯彻"失礼入刑"的原则,民事案件一经官府大都以刑科断,这也使"诸法合体"的编纂形式得以陈陈相因地延续下来。

三、中国古代民事立法的发展阶段和时代特征

在漫长的中国古代社会,民事立法的发展可以划分为三个阶段:雏形阶段——夏、商、周;确立阶段——秦汉至唐;发展阶段——宋至明清,并且形成了与之相适应的时代特征。

(一)雏形阶段——夏,商,周

夏、商、周是中国奴隶制社会的三个王朝。由于自然经济是中国奴隶制的经济结构,商品经济虽有一定程度的发展,但基本上是内陆的,不具备希腊、罗马那样的海外贸易条件。作为最主要的生产资料——土地又是国有,这就决定了中国奴隶制的民事法律是不发达的,处于雏形阶段。

总括奴隶制时期的民事立法具有以下特征;

(1)土地由国有向私有过渡,债权较物权发达。

建筑在井田制基础上的土地国有制,使得国王拥有对全国土地和奴隶的最高所有权,所谓"溥天之下,莫非王土;率土之滨,莫非王臣"。[6] 中国奴隶制时期土地的国有形式,虽属古东方各国的共有特征,但它的形成原因却不同于古东方各国的源于治水,而是从氏族公有制逐渐转化来的,是和中

---

〔4〕 杨鸿烈:《法律发达史》。

〔5〕 《寄簃文存》卷三。

〔6〕 《诗经·北山》。

国奴隶制国家的由家而国、由族而王的形成途径相一致的。国王所拥有的最高所有权主要表现为,由他将土地分赐给奴隶主贵族。受封诸侯只享有土地的占有权和使用权而无所有权,国王可以随时将封地收回。西周中叶以后,由于地方经济的发展与诸侯的逐渐强大,不仅王权衰落,宗法制度松弛,土地所有权关系也发生了明显的变化。以井田制为主干的土地国有发生动摇,而逐渐向贵族土地私有过渡。在贵族之间出现了以土地作为抵押、交换、赔偿、租赁和赠予的一系列新的民事法律关系。由此也产生了相应的法律规范。例如,《周礼·地官司徒》所载:"地讼以图证之。"按郑注:"地讼,争疆界者。图谓邦国本图。"至公元前594年鲁宣公"初税亩",法律承认土地的私有权,而一律收税。从"初税亩"至秦"初租禾",一百八十余年一直沿着这个方向发展,反映了历史潮流的不可阻挡。

除土地外,所有权的客体还包括奴隶、牛马及其他动产,法律一律禁止侵犯。《尚书·费誓》:"逾垣墙,窃马牛,诱臣妾,汝(你)则有常刑。"由于土地国有维持了相当长的时间,不许买卖,而土地之外的奴隶或其他动产,法律则允许买卖。为适应动产转移的需要,债权发展起来了,它所达到的程度是可以和巴比伦的《汉谟拉比法典》相提并论的。当时已经出现了买卖契约、借贷契约。无论"人民、牛马、兵器、珍异,凡卖倓者质剂焉"。[7] 按郑玄注:"质剂者,为之卷,藏之也。大市人民、牛马之属,用长卷。小市兵器、珍异之物,用短卷。"[8]西周的契卷一分为二,各执其半,这就是所谓"析卷"和"傅别"。《周礼·秋官士师》郑注:"若今时市买为卷书以别之,各得其一,讼则案卷以证之",如违背契约要服墨刑。西周时期契约开始成为法定凭证,表现了以私有权为基础的民事法律关系的发展。

(2)宗法制度有着强烈的影响。中国奴隶制时期的宗法制度是在血缘关系外貌下的国家政治制度。宗法、等级、分封三者密切联系,形成了亲贵合一的国家组织原则与结构形式。宗法制度所确认的尊尊、亲亲、长长的原则是奴隶制"礼"的核心,也是奴隶制民法必须遵循的指导思想。在宗法原

---

〔7〕《周礼·质人》。
〔8〕《周礼·质人》。

则支配下的中国奴隶制的婚姻家庭制度,实行嫡长子继承制。“立嫡以长不以贤”是任何权威也不得改变的。目的是保持贵族们的政治特权、爵位和财产权不致分散和削弱。与嫡长子继承相适应,提高了妻的法律地位。以妾为妻也是国法与宗法所不容的。西周时婚姻的成立必须有“父母之命,媒妁之言”〔9〕和“六礼”——纳采、问名、纳吉、纳币、请期、亲迎的仪式。

宗法制度对民事法律的影响不仅表现在婚姻、家庭、继承方面,也支配着对于土地和奴隶的所有权的取得。国王既是天下的大宗,又是全国土地、奴隶的最高所有者,由他授民授疆土给诸侯。地产的继承权也和宗法系统完全一致。民事方面的纠纷,也依宗法血缘的亲疏而有不同的制裁。

(3)开始以礼对民事法律关系进行实际调整。进入奴隶制社会以后,礼由祭神求福的仪式变为宗法等级名分制度的体现和维护等级秩序的工具。礼又是调整政治、经济、军事、司法、教育、婚姻、家庭等各方面行为规则的总和。所谓“礼,经国家、定社稷、序民人、利后嗣者也”。〔10〕在周初制定的礼典中,就包含较多的民事法律规定。由于礼也是以国家为后盾强制推行的,因此以礼来调整统治阶级内部的等级秩序和相互关系,巩固宗法分封制度,解决各种各样的纷争,实际上已经对民事法律关系进行了调整。这个特点始见于奴隶制社会,但不限于奴隶制社会,也是贯穿整个封建民事法律发展中的一个主要特点。

(4)官府介入私人间的民事法律关系。在周朝,缔结有关财产转让的契约,除双方各执一半以外,官府也保留一份,作为调整纠纷的根据。在西周的国家机构中专设“司誓”“司约”“司盟”之类的官职,监督契约的履行。在市场上还设立“质人”之官监督买卖双方成交时订立“质剂”。

不仅如此,重要的民事法律规范还铭刻在铜器上,所谓“书于宗彝”。〔11〕奴隶制时代的鼎、彝等铜器是国家权力的象征,称为“重器”。将民事法律规范铭刻在铜器之上,体现了国家对它的重视。“惟名(铭)与器不可假人”是统治者不可动摇的观念。由于铭文在中国古代民事立法中具有突出的重要

〔9〕《孟子·滕文公下》。

〔10〕《左传》隐公十一年。

〔11〕《周礼·秋官·司约》。

地位，因此常以“西周金文民法”来概括奴隶制时代的民法。

(5)表现了神权思想的烙印。在奴隶制时代，统治者利用当时由于生产力低下而形成的人们对于自然界各种现象的迷信和畏惧，极力鼓吹神权政治，把宗教的欺骗和现实的统治结合起来，从精神上威慑广大奴隶和平民。表现在民事法律方面就是用“天赐”“神意”来辩护国王最高所有权的来源。所谓“皇天既付中国民，越厥疆土于先王肆”。〔12〕此外，契约关系的订立和执行也要求双方对天明誓。《卫鼎(甲)》《散氏盘》都载有立誓之辞。但剔除“誓”的神秘色彩，也具有“信守”的含义，所谓“约信曰誓”，“共相约束以为信也”。〔13〕

(二)确立阶段——秦汉—唐

自秦至唐是中国封建社会由确立趋向于发展的时期，民事立法也随着财产关系的日益复杂化而得到充实。这个时期的民事立法较多地见于户婚律和杂律，同时也颁布了一些单行的法令。

总括自秦迄唐民事立法的特点如下：

(1)土地的私有权得到国家的普遍承认。公元前594年鲁国“初税亩”，标志着土地私有权得到法律的确认。与此相适应的土地买卖也逐渐成为常见的现象。《史记·廉颇蔺相如列传》：“今括一旦为将……王所赐金帛，归藏于家，而日视便利田宅，可买者买之。”秦大将王翦出征前，也一再向秦王索取金钱为子孙购买良田美宅。《汉书·食货志》所说：“至秦则不然，用商鞅之法，改帝王之制，除井田，民得买卖。”表明认可土地买卖是商鞅变法的基本内容，也是土地私有权得到法律保障的重要表现。至秦统一以后，颁布“令黔首自实田”之法，在全国范围内普遍承认土地的私有权，由此而产生了侵犯所有权的法律观念和法律制裁。孟子说：“非其有而取之者，盗也。”〔14〕《云梦秦简》也有“盗徙封，赎耐”的法律条款。

(2)土地所有权的取得和政治特权密切联系。从汉名田以来，贵族高官

---

〔12〕《尚书·梓材》。

〔13〕《礼记·典礼》孔颖达疏。

〔14〕《孟子·万章下》。

凭借政治特权取得对土地的所有权，发展到晋代“占田”和唐代“均田”，进一步用法律确认了贵族官僚按等级差别占田、受田，从而使他们的政治特权与经济特权一体化。具体说来，晋太康年间实行占田制，规定王公在京郊占田，大国一千五百亩，次国一千亩，小国七百亩，职官一品至九品，占田五千亩至一千亩不等。至于均田制度，开始实行于北魏，由于奴婢也可以分田从而发展了拥有大量奴婢的官僚地主对土地的占有。在北齐的法令中还确认了官吏的“永业田”。因此在所谓“均给天下民田”的外貌掩盖下的，却是士族高官对土地的大量占有。

均田制度至唐代已经制度化、法律化。根据武德七年的均田令，官僚贵族受田的数量大大高于一般农民。此外，还有职务田和公廨田。他们所拥有的奴婢也可以“依良丁受田”。

这一时期，地租剥削还与超经济剥削结合在一起。早在曹魏时便颁发“赐公卿以下租牛客户各有差”的法令。晋时占田，兼占佃客，并可庇荫衣食客和亲属，多者至九族，实际是允许合法地占有依附农民。作为“荫人”的佃客，没有自己的户籍，对主人保持严格的人身依附关系。

(3)对所有权的法律保护较前加强。随着私有权的发展，保护私有权的法律也逐渐细密。南北朝时期是中国历史上战争割据的动乱时期，北方流徙之民还乡后发生了大量的土地纠纷，以至“争讼迁延，连纪不判。良畴委而不刈，柔桑枯而不采，侥幸之徒兴，繁多之狱作”。[15] 为此北魏孝文帝提出以下对策：“所争之田，宜限年限，事久难明，悉属今主”，确立了民事法律关系中的“时效”原则，使流徙者不得根据几代以前的产权，提出土地要求，以保护田土的实际占有人。

唐初承隋末战乱之后，无主荒田“并许认识，各还本主”，但严禁妄认公私田为己田，及官员侵夺私人田地。根据唐律，凡属侵权(公、私)行为，要受到刑法的制裁，特别是对国家所有权的保护重于对私人所有权的保护。例如：占田过限：一亩笞十，十亩加一等，过杖六十，三十亩加一等，罪止徒一年。盗耕种公私田：一亩以下笞三十，五亩加一等，过杖一百，十亩加一等，

〔15〕《魏书·李安世传》。

罪止徒一年半。妄认盗卖公私田：一亩以下笞五十，五亩加一等，过杖一百，十亩加一等，罪止徒二年。在官侵夺私田：一亩以下杖六十，三亩加一等，过杖一百，五亩加一等，罪止徒二年半，园圃加一等。资耕人田，笞五十，盗耕人墓由加一等，杖一百。卖口分田，一亩笞十，二十亩加一等，罪止杖一百，地还本主，财没不追。除此之外，唐律还对无主物先占有者的所有权予以保护；凡于他人地内得宿藏物可与地主均分；拾遗物及漂流物的获得者也在一定条件下取得部分所有权。

(4)契约关系明显发展。随着商品经济的一定程度的发展，债的契约形式日益复杂化，出现了买卖、租佃、债务契约以及有关债务担保、时效、损害赔偿等一系列规定。汉代土地"卖买由己"，但要订立契约，发生争讼以卷书为凭，"讼则按卷以正之"。[16] 出土汉墓中已发现刻于砖、石之上的"买地卷"、包括地界、证人、不得侵犯等项内容，汉代法律禁止一物两卖，否则无效，并按窃盗论罪。在居延简中还发现了买卖布袍、长裤也要订立契约的记录。出土的杨绍买地砖，载有"民有私约如律令"[17]的字样，进一步反映了土地买卖契约的法律效力。

唐时买卖田宅，"一卖千休"，"寸土木石不留"。唐初"王义方为御史，买宅数日，忽对宾客指庭中桐树一双曰，法无酬值。宾友言树当随宅，制无酬例。义方曰：我只买宅耳，树何所载，召宅主付之钱四千"。"复召主人曰，此佳树，得无缺偿乎，又予之钱，其廉不贪类之。"[18]

在买卖契约中，卖主的担保责任进一步法律化。一为瑕疵担保，早在南北朝时期开始出现此类担保。唐律杂律中明确规定："(买奴婢、马牛、驼骡驴)立卷之后，有旧病者，三日内听悔，无病欺者，市如法，违者笞四十。"二为违约担保，唐文书契纸中载有违约罪的记录，如契纸明书"若先悔者，出绢五疋"。

租佃契约虽不如买卖契约发展，但仍见于文献记载和实物凭证。汉代

---

〔16〕《周礼·秋官·士师》注。

〔17〕钱大昕：《十驾斋养新录》。

〔18〕《新唐书》卷百十二。

的租佃关系除“或耕豪民之田,见税什伍”[19]的民间税约外,官府的公田也假于民而收取田税。吐鲁番文书中发现的隋大业年间的租佃契约,以及唐高宗龙朔三年与武则天天授二年的两件租佃契约,表明尽管在隋唐均田制下,民间仍然存在租佃关系。

在借贷契约中值得提出的是:

①规定月利息率,不得过六分,“积日虽多,不得过一倍”。取息过律被认为是“为政之弊,莫过于此”,因此从汉代起便列为一种犯罪。

②家资耗尽,无力偿债,可以“役身折酬”。

③负债者逃亡,保人代偿。

④“诸公私以财物出举者,任依私卖,官不为理。”[20]

⑤公私债违契不偿,应牵掣者,“皆告官司听断;若不告官司而强牵掣财物,若奴婢畜产过本契者坐赃论”。[21]

⑥京城内私债经十年以上,曾出本过利两倍,本部主及原保人死亡,并无家产者,宜令台府勿为征理。

由汉迄唐,债权法的发展,反映了社会经济生活的日益复杂和多样。特别是“民间私约如律令”的规定,表明官府承认契约的法律效力,显示了契约在民事法律关系中的重要地位和作用。

(5)全面确立封建的婚姻家庭制度。自汉武帝“罢黜百家、独尊儒术”以后,儒家“三纲五常”的伦理学说,不仅构成了汉律的思想基础,而且在实践中起着调整婚姻家庭关系的民事法律的作用。

由汉迄唐,婚姻家庭制度以确保父权和夫权为基点,贯穿封建宗法制度的原则和精神,严格维护尊卑的伦常次序。魏晋南北朝时期在士族门阀制度的统治下,士庶贵贱之间严禁通婚,否则被认为是“失类”。至唐代制定了全面确认封建婚姻家庭制度的法律。唐律中详列婚姻的订立、婚姻的限制以及离婚等各项条款。如:婚姻关系的成立以尊长同意为最重要的条件,强调婚书和聘财。至于婚姻的限制,仍以门第匹配为主,所谓“人各有偶,色类

---

〔19〕《汉书·沟洫志》。

〔20〕以上见《唐元二十五年杂令》。

〔21〕《唐律疏议》。

须同,良贱既殊,何宜配合”。[22] 同时禁止同姓及中表亲为偶。如与逃亡妇女结婚,不仅与之同罪并强迫离异。在离婚方面,汉律规定了丈夫休妻的“七去”——不顺父母、无子、淫、妒、有恶疾、多言、窃盗——与“三不去”——有所取无所归、与更三年丧、前贫贱后富贵——之法。但如属“义绝”,即夫妻杀对方直系、旁系尊亲属,或“违律结婚”,由官府强制离异,并给予刑罚制裁。唐律中也规定了“若夫妻不相安谐而和离者,不坐”的条款。在封建时代纳妾是合法的。唐律规定:“婢女为主所幸,因而有子,听为妾”;妻年五十以上无子者,以妾为妻。由于法律严格维护男尊女卑的夫权统治,因此夫妻在家庭中的地位是不平等的。

唐律也以法律的形式确认封建家长制家庭,“凡是同居之内,必有尊长”。家长被赋予家内财产的支配权,对卑幼的主婚权和教令权。在“导民以孝,则天下顺”[23] 的思想支配下,卑幼对尊长只有应尽的义务,他们的基本权利却受到漠视。

在继承方面,严格维护嫡长子继承制,如嫡长子去世由嫡长孙继承宗祧,“立嫡违法”者治罪,至于一般财产则诸子平分。为了防止财产流失,严禁收养异姓男子或杂户、部曲为子孙,更不得涉足继承之列。

以上可见,有关婚姻家庭方面的立法都表现了尊卑男女在法律上的不平等。这种不平等是封建时代人身隶属关系在家庭领域的具体反映,以法律的强制力全面维护这种不平等关系,无疑有利于维护地主阶级的统治秩序。从汉代的引礼入法,到唐律的礼法结合,虽然贯穿整个法律体系,但无疑以婚姻家庭领域最为突出。

(三)发展阶段——宋、明、清

宋、明、清是封建经济发展时期的三个王朝。在这一历史时期内,地方豪强占有大量庄园的大土地所有制,在农民起义的沉重打击下没落了。中小地主随着封建地主经济的发展而得到显著增加。获得少量土地的自耕农民也有所增多。由于土地买卖完全合法化,因此土地的转移加快了。在农

---

〔22〕《唐律疏议》。

〔23〕《汉书·宣帝纪》。

业生产发展的基础上，手工业和商业也活跃起来，城市日渐兴起，全国经济上的联系进一步加强。商品货币经济的发展引起了人们义利观念的变化，秦汉以来“贵义贱利”“讳言财利”的传统观念受到了冲击。李觏首先提出：“贤圣之君，经济之士，必先实其国焉。”〔24〕而后逐渐形成了“功利之学”，至南宋叶适则是这派学说的集大成者。不仅如此，传统的重农抑商政策也受到了挑战。明末清初黄宗羲、唐甄便针锋相对地提出“工商皆本”“农商皆本”的主张。所有这一切使得民事法律规范进一步充实和发展起来。

总括宋、明、清民事立法的特点如下：

(1)随着封建商品经济的发展，民事立法逐渐频繁，民事法律规范日益增多，在某些方面，已达到相当完备的程度。

关于确认产权：

宋初为了稳定经济秩序，宋太祖下诏：“垦田即为永业”，“满五年，田主无自陈者，给佃者为业”。〔25〕为了保护业主权，买卖田宅，均须立契，以取得官府承认。《宋刑统》卷二十六记载：“及卖田宅，……皆得本司文牒，然后听之。”在契约上加盖官印的称为红契，是官府承认业主所有权的凭证，遇有争讼以红契为凭，“凡人论诉田业，只凭契照为之定夺”。〔26〕经过战乱之后，原田主仍握有契卷，如果土地“界至分明，随即归还，其有违戾，许民越诉，重罪之”。〔27〕这是和汉唐有所不同的，表现了对私有权的保护。但如“是何年月契要不明，已更五十年以上”则以“见佃为主”，“如再有词，从杖八十科断”，以保护土地的占有人。为此宋、明两代都专门编绘了《鱼鳞图册》，登记田宅的坐落与权利人的姓名等。它如埋藏物的发现，遗失物的取得，漂流物的处理，无主物的占有，生产蕃息的归属，均有相应的法律规定。

至明朝，皇族贵戚宦官虽仍占有大量庄田和名目繁多的官田，但已不存在类似“均田”制那样的国家授田与民的制度，而是“田多田少，一听自为而

〔24〕《中国经济思想史》(下)，第20页。

〔25〕《宋史·食货志》。

〔26〕《清明集》。

〔27〕《宋史·食货志》。

已”。[28] 因此法律由唐代的重“占田过限”转向重“欺隐田粮”，凡“欺隐田粮”者处笞杖刑，“其田入官，所隐税粮，依数征纳”，“里长知而不举”与犯人同罪。

清代确认产权除凭印契外，还须进行实地勘查。根据乾隆三十三年增例：“凡民人告诉坟山，近年者以印契为凭。如系远年，须将山地、字号、亩数及库贮鳞册并完粮印串逐一丈勘查对，果相符合即断令归已。如勘查不符，又无完粮印串，则所执远年旧契、碑谱不得为凭，照滥控侵占罪治之。”

关于典权：

所谓典权是典权人支付典价，占有出典人的不动产而加以使用收益的权利。出典人在典期届满时交付典价可以赎回原物。典权人如因故意或过失使典产亏损，要负赔偿之责。《大明律》对于典和卖作了如下解释：“盖以田宅质人，而取其财曰典。以田宅与人，而取其财曰卖。典可赎也，而卖不可以赎也。”对于田宅的典卖始于唐中叶。《旧唐书·卢群列传》有“典质良田”的事例，至宋代始普遍化。土地典买卖的盛行加速了土地的转移。宋代有关典权的法律主要在于保护典主的利益。例如，规定典契“证验显然者”方许收赎，“并无文契及虽执文契难辨真伪者，不在论理收赎之限”。同时严禁一物两典，否则业主、中人、邻人并契上署名人“各计所欺入已钱数，并准盗论，不分受钱者减一等，仍征钱，还欺主之人”。[29] 如无力偿还，勒令典契上署名之中人、邻人共同赔偿，典当物仍归第一典权人。典卖物业时，房亲、四邻享有优先权，但如房亲、四邻“着价不尽，亦任就得高价处交易”。[30] 业主出典物业后，欲买者“先须问见典之人承当，……别写绝产断文契一道……更不须问亲邻”。

明代典卖田宅以“税契过割”为条件，“凡典卖田宅，当税契过割……不过割者，一亩至五亩笞四十，每五亩加一等，罪止杖一百，其田入官”。所谓税契就是“以文契投税有司而纳课也”。大明律典卖的标的物是物而不是

〔28〕《唐明律合编》。

〔29〕《宋刑统》。

〔30〕《宋刑统》。

人,“凡将妻妾受财,典雇与人为妻妾者,杖八十,典雇女者杖六十,妇女不坐”。[31]

清朝为了保护典权人的利益,进一步规定了典卖的手续。雍正八年定例:“卖产业主立有绝卖文契,不准回赎。契未载绝卖字样或注定年限回赎者,若无力回赎,另立绝卖契纸。”乾隆二十一年定例:“远在三十年以外,契内虽无绝卖字样,但未注明回赎者,即以绝产论,不许赎。”并要求典契须注明回赎字样,卖契须注明永不回赎字样。《户部则例》还规定双方须“亲赴州县,对册,推收过割,一契两幅,编号,详书姓名、银两。当面骑字裁开,前幅给业主收执,后幅送市政司查核”。《大清律例》则以法保证典买卖双方履行各自的权利义务。如:严禁业主一物重典,违者准盗论,追价还后典之主;典主拖故不放赎者,笞四十;典买田宅不税契者笞五十,追价银一半入官。

关于债权:

宋代由于租佃制已成为主要的剥削形式,因此租佃契约是各种契约形式中最主要的契约,地主依约向佃户收取定额地租或分成租。太平兴国七年诏中明确指出:“明立要契……依契约分。”[32]佃户欠租,官府负责催索。“十月初一以后,正月三十日以前,皆知县受理田主词诉,取索佃户欠租之日。”[33]

为了强制履行债务契约,《宋刑统》规定“诸负债违契不偿,匹以上满二十日,笞二十……各令赔偿”。元丰二年诏:“过期不赎,息外每月更罚钱百分之二。”[34]在《庆元条法事类》中还规定“诸负债违契不偿官为理索,欠者逃亡,保人代偿、各不得留禁……其收质者,过期不赎,听从私约”。从上述关于债的强制履行,可以看出官府对债权人的保护。

在债的担保方面,宋代有“三人相保”“保人代偿”的规定,但债务人因强

---

〔31〕《大明律集解附例》。

〔32〕《宋会要辑稿·食货》。

〔33〕《黄氏日钞》卷七十。

〔34〕《文献通考》(一),第197页。

盗或死亡可免除债务。“被强盗者不偿……以理死者不合赔偿。”[35]“有私债,经十年以上,本主及原保人死亡,又无资产可征理者,并宜放免。”[36]这些条款的出现,和宋朝所处的历史时代是分不开的。宋代连年不绝的农民起义的诱发原因之一,就是对于债务人的多方榨取。激烈的阶级反抗迫使宋朝统治者不得不略作放宽。至于时效期限的缩短,恰恰反映了民事流转的加快与民法的发展。

除此之外,有关瑕疵担保的规定大略同于唐代:“若立卷文后有旧病,而买时不知,立卷后始知者,三日内听悔。”[37]

关于侵权行为的制裁:

根据明清律例,凡盗买卖、换易、冒认他人田宅,伪造契纸,侵占他人田宅,田一亩、屋一间以下,笞五十。每田五亩、屋二间加一等,罪止杖八十,徒三年。官田宅各加二等。以他人田产妄作己业,朦胧投献官豪势要之人,与者受者各杖一百、徒三年。子孙盗卖祖产,盛京家奴庄头盗卖主人所遗田产,五十亩者边远充军。《户部则例》还规定,民间私人池圹渠堰等项蓄水设施,为他人擅自窃以灌己田,按其所灌田禾亩数,照侵占他人田亩例治罪。以上凡在侵权期间所获利得,或还官府,或给本主。

关于兼祧继承:

明清时期,兼祧继承之制开始盛行。俞樾在《俞楼杂纂》卷十一中说:“一子两祧为国朝乾隆间特别之条……道光间议定服制,大宗子兼祧小宗,则为所生父母斩衰三年,而为兼祧父母齐衰不杖期。小宗子兼祧大宗,则为所生父母齐衰不杖期,而为兼祧父母斩衰三年。礼重大宗,故宜尔也。”兼祧制度是宗法继承制度的进一步发展。

(2)超经济的人身奴役有所削弱。为了限制超经济剥削,以缓和阶级矛盾,宋仁宗天圣五年下诏:“自今后客户起移,更不取主人凭由,须每田收田毕日,商量去住,各取稳便。”[38]

---

〔35〕《文苑英华》卷四十二。

〔36〕《宋刑统》卷二十六。

〔37〕《文苑英华》卷四十二。

〔38〕《宋会要·食货志》。

南宋宁宗开禧元年(1205 年)在议定调整封建租佃关系的法律时,规定地主只能役使佃客本人,不得强迫佃客家属服劳役;典买主不能强迫典卖人为佃户;借贷钱物只凭文约交还,债主不得强迫债务人为佃户;佃户本人身亡,其妻与女的婚嫁听其自便,地主不得干涉。至明清时期,雇工人的法律地位相对改善,在债务关系中禁止"役身折酬"即债主不得强制债务人或其妻妾子女用劳动代偿债务,即使债务人同意将其妻妾子女役身折酬也要杖一百。强制折酬者杖七十,徒一年半;因而奸占妇女者绞。凡此都表现了人身奴役关系的进一步削弱。

(3)禁止旗民交产。

清朝是以满洲贵族为主体的封建政权,鲜明的民族色彩也反映在民事立法上。为了维护旗人在经济上的优势,法律严禁汉人典买旗地,这是一条禁例。但由于入关以后多数旗人不事生计,生活贫困,因而不断发生向汉人典卖土地的现象。康熙朝曾几次出内帑赎回旗人典卖的土地。至乾隆十九年定例,禁止民人典买旗地。乾隆二十八年又定例,禁止旗下家奴人等典买旗地。乾隆三十四年再定例禁止盛京民人典买旗地,并对已经发生的旗民交产状况进行清查。凡"自行首明者,官为给价回赎,召佃输租,为入官旗地。隐匿不报及例禁以后典卖者。俱将地亩撤出入官"。乾隆十五年二月宫廷画师意大利人郎世宁私典旗地,本应治罪。乾隆皇帝加惠远人,免其回赎,不予治罪。

对旗房的典卖,乾隆四十五年以前限而不禁,乾隆四十五年以后定例,京内外旗房概不准典卖,否则房产入官并治罪。然而旗民之间的经济往来是客观需要,是禁而不止的,至咸丰二年户部在奏折中便提出"私相授受若仍照旧例禁止,殊属有名无实。准互相买卖,照例税契升科"。[39] 同治四年进一步规定顺天直隶所属旗地,"俱准旗民互相买卖,照例税契升科"。[40] 同时还规定"民人契典旗地,以二十年为限(一般为十年),限内准回赎,无力者许绝卖"。[41]

---

〔39〕《户部则例》。

〔40〕《户部则例》。

〔41〕《户部则例》。

(4)家内习惯法的广泛流行,族权具有更强烈的政治色彩。

从宋朝起,在阶级矛盾、民族矛盾日趋尖锐的条件下,为了加强专制主义的统治,更加强调家长对家族成员的严密控制,同时国家承认社会上流行的家训、族规之类的家内成文法。宋、明、清时期的家法、族规是全族必须恪守的行为规则,也是族长“管慑”族人的统治工具。它和封建的国法本质上一致,只是更加苛细和以宗族的外貌出现而已。由于统治者十分重视发挥族长钳制与束缚族内成员的作用,因此,一方面加强了家长的权力,如:典卖、质举物业必须家长对钱主或钱主的亲信人当面署押契贴。尊长如系妇女,则隔簾幕商量,方成交易。即使家长在外,不论远近,均须照此办理。如果“隔在化外及阻隔兵戎”,一时难返,须要州县“给予凭由,方许商量交易”。卑幼“专擅典卖、质举、倚当或伪署尊长姓名,依法重断,钱、业各归两主”。[42] 另一方面,赋予族权以更浓厚的政治色彩。宋初便强调“立宗原以佐治”。明朝王阳明在镇压农民起义时,便明令该地区的家长、族长严格约束子弟,做到“德义相助,过失相规”,“小心以奉官法,勤俭以办国课”。[43]

明清律中进一步确认族长的特权。大清律规定:“妇人夫亡,无子守志者合承夫分,须凭族长分择昭穆相当之人继嗣”。独子承继两房应取合族甘结。所谓合族公议,不过是族长操纵下的宗族会议而已。不仅如此,族长还代政府“陈朝廷之法纪”,所谓“奉有官法,以纠察族内之子弟”。清道光十年诏中明确宣布:“凡遇族姓大小事件,均听族长绅士判断”,族众中“如有不法匪徒,许该姓族长绅士捆送州县审办”。所谓族权是父权的扩大,它在政权的支持下得以发展,同时又以其特殊的作用而成为政权的支柱。

四、从中国古代民法中吸取哪些历史的借鉴

中国古代的民法虽然只是零散见于律、令、诏、条例、则例当中,而没有一部集中的民法典,但不应因此而漠视古代民法在整个法律体系中的地位

---

〔42〕《宋刑统》卷十三。

〔43〕《王阳明全集》卷十六。

和它在实践中所起的作用，更不应得出中国古代没有民法只有刑法，或统治者只重视刑法而轻视民法的结论。对于中国古代民法的研究，不仅可以填补中国法制史领域中的空白，深化我们对中国古代法制和法律体系的了解，而且也可以为今天建设具有中国特色的社会主义的法律体系提供历史的借鉴。这就是：

（一）适应财产关系的变化和商品经济的发展，及时进行民事立法

例如：西周中叶以后，以井田制为主干的土地国有制发生动摇，各级奴隶主贵族逐渐取得了对土地的所有权，由此而产生了一系列财产关系上的纠纷。为了及时地进行调整，推动了西周金文民法的发展。可以认为中国古代的民法是在西周金文民法的基础上发展起来的。

到了宋朝，土地日益商品化，土地的租佃、买卖、典买卖已成为社会生活中的常见现象，由此促进了商品货币关系的新发展。不仅富商大贾，聚财经商，普通百姓也尽可能地经营小量的贸易。叶适曾经指出："湖南……地之所产，米最盛，民计每岁种食之外，余来尽以贸易。"[44] 甚至官吏也"不耻贾贩，与民争利"。[45] 这一时期的海外贸易也顽强地争取出路。在《马可·波罗游记》中称当时的泉州港是"世界的最大海港"。在商业经营方法上，预买与赊卖已经普遍化。正是适应商品经济发展的需要，宋代的民事立法加速了，民事法律规范增多了，凡有关人的权利，行为能力，户籍，动产与不动产的区分，所有权、债、时效、继承，都有或详或略的规定，成为中国民法史上一个重要发展时期。财产关系的变化和商品经济的发展，不仅推动了民事法律关系的发展，也反转来给予社会经济的发展以必要的调整和促进，起过不可忽视的历史作用。今天在搞活经济的政策指导下，商品经济出现了前所未有的兴旺景象，财产关系也处在一个剧烈的变动当中。因此需要加速民事立法来调整新涌现出来的民事法律关系。在这个时刻，总结我国古代因时因事进行民事立法的历史经验，很有现实意义。

---

〔44〕 叶适：《上宋宁宗札子》。

〔45〕 胡寄窗：《中国经济思想史》（下）。

（二）利用单行的民事法令、条例对某个领域的民事法律关系进行有效的调整

在我国漫长的古代社会中，虽然没有一部集中的民法典来调整财产关系和人身关系，却通过制定各种单行的法令条例对有关物权、债权、婚姻家庭方面的各种民事法律关系进行了有效的调整。这种调整表现了针对性强、时间性强和适应性强的特点。历史经验证明，在不具备制定统一集中的民法典的条件下，可以通过制定颁布单行的民事法令、法规以应紧迫需要，同时也为制定统一的民法典提供了经验。

（三）强调民事法律文书的约束作用

在古代民事法律文书中最主要的是契约，如田契、租契以及各种各样的债的契约。为了保证契约的履行，在奴隶制时代有些要铭刻鼎彝，载于重器，以示国家的重视和强制履行的决心。至汉魏“民有私约当律令”。官府充分肯定了私约的法律效力。尤其在封建社会后期，大量存在的分家析财的文书，同样被赋予法律上的效力。不仅对当事人有约束力，参与其事的中人也负有法律责任，发生争讼时官府以此类文书为凭。正因为官民都重视民事法律文书的执行，因此中国古代的契约关系是较为发达的，形式多样；内容详备。民事法律文书的约束力，对于中国古代社会财产关系的保护和经济秩序的维持，起了一定的积极作用。

（四）发挥婚姻家庭法规对于稳定社会细胞组织——家庭的重要作用

中国古代的统治者为了调整家庭内部关系，确保父权与夫权的统治地位，进而维护统治者所惬意的统治秩序，制定了相当详密的法规。它的主要方面是确认尊卑、长幼、夫妻、嫡庶的不平等地位，确实起到了巩固封建统治制度的作用。但是应该看到，家庭既是社会的细胞组织，又是自然经济占统治地位下的基本生产单位，因此家庭的巩固对整个社会经济、社会秩序的稳定都有重要意义。古代民法中有关尊老爱幼的规定；家长的法律责任；赡养抚养的义务；对虐待父母者剥夺继承权，等等，都具有可资借鉴之处。只要剔除其封建的糟粕，仍有某些可以吸收的有益的内容。

（本文原载于《政法论坛》1985年10月28日）

“法”辨

梁治平

一

十九世纪的历史法学派认为，一个民族的法乃是该民族以往历史和精神的产物，一如其语言和习惯。这个命题在下面意义上是正确的：作为文化要素的法和语言，都从各自的一方面反映出文化整体的特点。换言之，民族法与民族语言同是民族历史文化的产物，具有这种特定历史文化的鲜明性格。

把一种文字译成另一种文字，常常遇到“词”不达义的困难。问题的产生可能不在于译者掌握和运用语言的熟练程度，也与语言自身的表现力无关，而在于根本不可能找到一个恰合其义的对应词。这正是历史、文化差异的反映，由这种差异而造成的语言上的微妙隔阂也许是永远无法消除的。语言总是特定历史文化的产物，这便是明证。把这个结论作为起点，可以展开更有意义的探索：由某些字、词的产生，字形、字义的演变、确定来把握特定的社会现象，再由表现于这些社会现象之中的历史、文化特质反观这些字、词的内涵，提供新的解释。在这个过程中，一些为我们所熟知的字、词将获得新鲜的意蕴，而我们对于相关社会现象的认识，也会得到进一步的深化。以下展开的正是这样一个过程，作为这个过程起点的，则是人们都很熟悉（至少人们自觉如此）的字：法。

至少可以从两个不同的方面来理解“法”。首先，这是文字学、语言学中的一个字、词；其次，它意味着我们称之为“法”的那种社会现象，作为字、词的“法”与作为社会现象的“法”密切不可分。历史决定着观念，观念又左右着历史。这里，文字、语义、历史、社会诸因素须并重而不可偏废。否则，研究“法”的观念,或蔽于现象,流于肤浅,或仅知其然而不知其所以然,更遑论辨别不同文化中“法”观念的基本异同了。

法是一种特别的行为规范,关于这一点,争议不会太大。但是,如果问题涉及法的渊源、性质、特征诸方面,要寻求一致意见就很难了。与历史法学派同时的分析法学派强调法的强制性,视强制服从为法的要素之一。这种看法究竟含有多少真理性暂可不论,但把它作为本文的一般前提毕竟是有益的。至少,本文所涉的那些词以及它们所表示的那种社会现象,无论是在上古时代的中国还是古代希腊、罗马,也无论其渊源多么古老,都可以看作是“社会的有组织的暴力”。

汉字“法”的渊源极其久远,成字的确切年代似不可考。下面将要谈到它较为一贯的用法、含义。现在要解决的问题是,以之作为世界上其他语系、语族如希腊、罗马、日耳曼等语族中某些字、词的对译,能否“译”尽其义。考察这个问题可以从字、词本身入手。

拉丁语汇中能够译作“法”的词不胜其多,最有意义的却是两个,即 Jus 和 Lex。Jus 的基本含义有二:一为法,一为权利。罗马法学家塞尔苏斯的著名定义:“法乃善与正义之科学”(Jus est ars boni et aequi)取其第一种含义;拉丁格言:“错误不得产生权利”(Jus ex injuria non oritur)则取后一种意思。此外,Jus 还有公平、正义等富有道德意味的含义。相比之下,Lex 的含义较为简单。它的原意是指罗马王政时期国王制定的法律和共和国时期各立法机构通过的法律。一般说来,Lex 具体而确定,得用于纯粹司法领域,可以指任何一项立法。相反,Jus 只具有抽象的性质。了解这两个词的含义非常重要,因为,这种语言现象在印欧语系的希腊、罗马、日耳曼等语族中具有相当普遍的意义。[1] 在欧洲法律史上,这种词义乃至观念上的二元对立有其客观依据,并有深远的影响。本文的兴趣正是对 Jus 一类混权利、正义、法于一

---

〔1〕 这一点由下表可见:

语种	希腊语	拉丁语	法语	德语	意大利语	西班牙语
Ⅰ	Τοδικαιον	Jus	Droit	Recht	Diritto	Derecho
Ⅱ	γθμos	Lex	Loi	Gesetz	Legge	Ley

表中第一栏字兼指法、权利,同时又有正义、衡平、道德的含义,其义含混、抽象,富有哲学意味。第二栏字通常指具体规则,其义明确、具体,技术性强。

的特殊语言现象进行考察。需要略加说明的是,英文 Law(法)并不含有权利的意思,但同样清楚的是,这个字并非来自古代地中海文明。据考,它源于北欧,大约公元1000年时传入英格兰。部分由于这段历史,英国法律史大不同于欧洲大陆法律的发展。不过,英文中与 Jus 相近的词还是有的,如 Right。这个字的基本含义是权利,但也指作为一切权利基础的抽象意义上的法。

拉丁语中的“Jus”与“Lex”在中文里或可译作法和法律。但实际上,即便是法学专门人才在使用“法”和“法律”两个词时,也很难说能意识到其中如 Jus 和 Lex 那样的含义和对立。因为,古汉语中“法”“律”都有自己特殊的含义,与今义相去甚远,以至汉字“法”“律”虽有二千年以上的历史,但作为独立合成词的“法律”却是近代由日本输入的,[2]其历史不过百年。要在这样短的时间里把一种全新的观念注入其中,谈何容易。

凡论及汉字“法”者,照例要引《说文》中的那个著名解说。“法”的古体为灋,《说文·廌部》:“灋,刑也,平之如水,从水;廌,所以触不直者去之,从去。”有人据以认为,汉字“法”在语源上兼有公平、正义之义,一如其他语族中“法”的古义。[3] 这种说法不确。蔡枢衡先生以为,“平之如水”四字乃“后世浅人所妄增”,不足为训。考察这个字的古义,当从人类学角度入手。这里,水的含义不是象征性的,而纯粹是功能性的。它指把罪者置于水上,随流漂去,即今之所谓驱逐。[4] 在远古社会,这应当是一种很厉害的惩罚了。蔡先生本人的解释确与不确姑且不论,他所选取的角度应该说是对的。传说中的廌是一只独角神兽。据《论衡》,獬豸(即廌)为独角的羊,皋陶治狱,其罪疑者令羊触之,有罪则触,无罪则不触,所谓“天生一角圣兽助狱为验”。[5] 这种我们今天称之为神判法的裁判方式通常与人类原始宗教思维有关,因此,几乎各民族的早期历史中都不乏其例。在中国,汉以后之执法官以獬豸为冠服,取其去奸佞(触罪者)之义。总之,统观各家对“法”的诠

---

[2] 参阅实藤惠秀:《中国人留学日本史》,三联书店1983年版,第七章第十三节。

[3] 《法学辞典》,上海辞书出版社1980年版,第454页。

[4] 参阅蔡枢衡:《中国刑法史》,广西人民出版社1983年版,第170页。

[5] 瞿同祖:《中国法律与中国社会》,中华书局1981年版,第253页。

释,平之如水也好,使罪者随水漂去也好,都没有超出一般程序上的意义,当然更不曾具有政治正义论的性质。把这种公道观与表现在Jus一类词中的正义论混为一谈,实在是大错而特错了。更何况,这种文字学上的考辨只揭示出"法"在语源学上的浅显含义,要真正把握其具体而丰富的内涵,还必须看它与其他字、词的关系。

据蔡枢衡先生考证,灋字古音废,钟鼎文灋借为废,因此,废字的含义渐成法字的含义。《周礼·天官大宰》注:"废,犹遏也。"《尔雅·释言》:"遏,止也","废,止也"。《战国策·齐策》注:"止,禁也。"《国语·郑语》注:"废,禁也。"法是以有禁止之义。"法禁"一词即可为证。又,法、逼双声,逼变为法。《释名·释典艺》:"法,逼也。人莫不欲从其志,逼正使有所限也。"其中也含有禁的意思。《左传·襄公二年》注:"逼,夺其权势。"《尔雅·释言》:"逼,迫也。"这里强调的是强制服从,乃命令之义。可见,"法"字的含义一方面是禁止,另一方面是命令。那么,以什么手段来保证这类禁止令行的规则呢?古音法、伐相近,法借为伐。伐者攻也,击也。这里,法就有了刑罚的意思。《管子·心术》:"杀戮禁诛之谓法。"《盐铁论·诏圣》:"法者,刑罚也,所以禁强暴也。"说的都是这一层意思。[6] 禁止与命令,着重于法的功能,刑罚则主要是保证这种功能实现的手段。二者的联系实在密切。

古代文献中,至少有两个非常重要的字可训为法。一个是刑,一个是律。刑、法,法、律可以互训,如《尔雅·释诂》:"刑,法也","律,法也"。《说文》:"法,刑也。"《唐律疏议·名例》:"法,亦律也。"当然,古字内涵丰富,常与其他字、词互训、转注,以至辗转生义。又由于时代变迁,字的形、音、义也会有种种不同。所以,这里所注意的主要是刑、法、律三个词的一般关系,特别是其中的内在逻辑联系。从时间顺序上看,我们今天称之为古代法的,在三代是刑,在春秋战国是法,秦汉以后则主要是律。从三者之间关系来看,它们之间没有如Jus和Lex那样的分层,更不含有权利、正义的意蕴。不过,三者并非平列而无偏重。应该说,三者的核心乃是刑。这样一来,古时有些词的意思,现代人就不易理解了。如大家所熟知的"法制"一词,据《吕氏春

---

[6] 以上关于法字的考释请参阅蔡枢衡:《中国刑法史》,广西人民出版社1983年版,第5、6、41页。

秋·孟秋纪》:"是月也,命有司修法制,缮囹圄,具桎梏,禁止奸。"再如法官:掌法律刑狱的官吏;法吏:狱吏;法司:掌司法刑狱的官署。此外如法杖、法室、法科、法寺、法曹、法场、法辟、法禁、法网等,无一不能归入今之所谓刑法的领域。[7] 先秦法家又有刑名之学之称,的确不乏根据。后世有刑名师爷的说法,指的是县衙里襄助县太爷处理法律事务的幕僚。透过这个名称,多少可以见到其渊源所自,更可以感受到中国古代法律文化的传统。

现在回到本文开始提出的问题:以"法"作为 Jus 一类词的对译能否言尽其义?答案怕是不言自明。总之,在传统的层次上,中、西所谓法,文字不同,含义殊异,实在难以沟通。现在人常用的"法"字虽然已有了新的含义,但要完全道出 Jus 一词的真实意蕴,还是很困难的。所以,透过"法"与"Jus"之间语义上的歧异,我们看到的是不同民族历史进程和价值取向的不同,确切地说,是中、西文化之间的差异。只有从这里入手,我们才可以对上述两种语言现象中的真正差异作出较为合理的解释。为此,我们必须从古代希腊、罗马和中国国家与法的起源谈起,在我们将要叙述的这段历史中,这两个方面是密切相连的。

二

希腊古代史以其多中心而颇具特色。本文当然不能一一论及希腊各城邦国家形成的历史,下面单提出雅典国家,一方面是为了说明的方便;另一方面则是因为,雅典国家的产生被认为是"一般国家形成的一种非常典型的例子"。[8] 这样说的理由之一是,雅典国家的产生没有受到任何外来或内部的暴力干涉。[9] 的确,早在雅典国家出现以前,社会内部的变化已经腐蚀了古老的氏族制度。社会分工的扩大逐步瓦解了旧有的血缘组织,新的以职业标准划分的集团出现了。又由于奴隶劳动的扩大和因为商业缘故而移居

---

[7] 参阅《辞源》有关条目。

[8] 《家庭、私有制和国家的起源》,载《马克思恩格斯选集》(第 4 卷),人民出版社 1972 年版,第 115 页。

[9] 同上。另外一点理由是:"高度发展的国家形态,民主共和国,是直接从氏族社会中产生的。"关于这一点,学术界是有争议的。参阅顾准:《希腊城邦制度》,中国社会科学出版社 1982 年版。

雅典的外邦人的日益增多，社会构成愈益复杂，并产生了一系列新的社会要求。然而，旧的氏族组织完全无法满足这些新的要求，它已经过时了。这便是雅典国家产生的契机。最初，正在产生的国家在每个部落中设12个小规模的区，恩格斯认为，这个设施具有两个特点：其一，它造就了一种与人民大众分离的公共权力；其二，它第一次不依亲属集团而按地域来划分居民。[10]这是导致雅典国家最终形成的意义深远的一步。

从纯粹的氏族组织到真正的国家形态，这中间不仅有漫长的行程，而且有无数的“中间形态”。遽下断语，未免失之武断。但也可以把历史当作一个逻辑整体来分析、描述。这样，不但可以抽出所谓本质特征，而且还可能找出重要的事件，作为历史的里程碑。在古代希腊、罗马国家形成的历史上，可以作为这些里程碑的，正是法。公元前594年的梭伦改革是我们所熟知的。由于改革措施悉以法律形式公布，因此这次改革又以“梭伦立法”而载入史册。梭伦立法依财产多寡分公民为四个阶级，确定了它们各自的权利，但仍保持了部落的划分，这是国家制度中唯一可见的氏族残余。这种状况延续了近一个世纪，直到公元前509年的克利斯提尼改革，雅典国家才最后完成。

由氏族迈向国家的进程，每一步都在法律上反映了出来，这个现象颇值得注意。因为，它涉及法的职能、法在社会中的地位等一系列问题，也与国家所由形成的途径有关。我们注意到，梭伦改革的背景是贵族与平民两大集团的激烈争斗。当时，矛盾已经激化到这样的程度：必须寻求一种新的社会秩序，使社会冲突缓和下来，否则，两大集团可能同归于尽，社会也会因此而崩溃。梭伦以“民选调解官”（Aesymenites）的身份出而立法，这件事本身就很说明问题。恩格斯指出：

> 国家是表示：这个社会陷入了不可解决的自我矛盾，分裂为不可调和的对立面而又无力摆脱这些对立面。而为了使这些对立面，这些经济利益互相冲突的阶级，不致在无谓的斗争中把自己和

---

〔10〕《家庭、私有制和国家的起源》，载《马克思恩格斯选集》（第4卷），人民出版社1972年版，第110页。

> 社会消灭，就需要有一种表面上驾于社会之上的力量，这种力量应当缓和冲突，把冲突保持在“秩序”的范围以内；这种……力量，就是国家。[11]

这正是雅典国家产生过程的写照。

国家是凌驾于社会之上的力量，这不啻是说，法律是凌驾于社会之上的力量。梭伦立法的全部权威，甚至，从古代希腊一直到近代西方所谓法治的全部秘密，就在于此。

在雅典国家，各阶级权利、义务的分配悉由法律规定。自由民、公民，这些都是十足的法律概念。按照亚里士多德的定义，这类身份是由依法享有权利的性质和多寡来确定的。[12] 另一方面，国家的组织、管理方式因时因地而异，一切取决于利益集团力量的消长。这是政体问题，同时又是“宪法”问题。所以，雅典国家的党争终究要反映到法律上来。从梭伦、克利斯提尼和伯里克利的立法中可以清楚地看到这一点。利益集团的对立、冲突，必然导致对正义的不同理解，对宪法（政体）的不同要求。这两个问题是联系在一起的。从流传至今的希腊古代文献中可以看到，对于法律、权利、正义和道德的探究总是交织在一起的，智者吕哥弗隆说，法律是“人们互不侵害对方权利的保证”，亚里士多德则认为，法律“应该是促成全邦人民都能进于正义和善德的〔永久〕制度”。[13] 当法律与正义目的相符时，二者甚至可以合二为一。捍卫一种宪法同时就是保全一种政体，实现一种正义，合法的同时就是合乎正义的。[14] 虽然智者们曾借助自然法的观念对城邦法（人定法）的正义性提出质疑，甚至加以否定，目的却在于以好的合乎正义的法律取代坏的邪恶的法律。毕竟，法律乃是凌驾于整个社会之上的力量。古希腊许多伟大的思想家都认识到，作为“普遍通则”的法律的统治较之作为“个别事例”的个人命令更为优越。对于“法治”的推崇构成了《法律篇》（柏拉图）和《政治学》的基调。正好比古希腊政治哲学的繁盛导源于其社会政治生活的

---

〔11〕《马克思恩格斯选集》（第4卷），第166页。

〔12〕《政治学》第三卷前五章对公民身份有详尽的讨论。商务印书馆1981年版。

〔13〕亚里士多德：《政治学》，商务印书馆1981年版，第138页。

〔14〕参阅亚里士多德：《政治学》，第275、147页。

发达一样，希腊人的“法治”观念以及反映在希腊语中法律与权利、正义等观念的密切联系，正是以其国家与法产生的历史为客观依据的。

罗马国家形成的历史略同于雅典。虽然，罗马王政时代（公元前753—前510年）的历史并不十分清楚，但我们确知，在这个时代的晚期，社会集团之间的争斗已经十分激烈，以至恩格斯肯定地说，革命的原因就在于平民与罗马人民（populus romanus）之间的斗争。〔15〕 据说第六代勒克斯塞尔维乌斯·土利乌斯效法希腊，尤其是梭伦立法制定了新制度。取消原氏族、部落的划分，将全体罗马自由人按财产多寡分为六个阶级，重新分配政治权利。“这样，在罗马也是在所谓王政被废除之前，以个人血缘关系为基础的古代社会制度就已经被破坏了，代之而起的是一个新的、以地区划分和财产差别为基础的真正的国家制度。”〔16〕此后，平民与罗马人民的冲突就转而为平民与贵族的斗争。早期罗马的全部立法都是由此产生并在这个范围内进行。从公元前509年的瓦莱里阿法开始，平民取得的每一项胜利都在立法上确定下来。我们可以举出一系列立法来说明这个历史进程。比如，公元前367年的李启尼乌斯-赛克斯提乌斯法确认了平民担任执政官和其他高级官职的权利，取消了对平民和贵族通婚的法律限制；若干年后的霍腾西阿法（公元前287年）则使平民议会的决议成为具有普遍拘束力的国家法律。当然，最著名的还要数公元前451—前450年颁布的《十二表法》，这部法典构成了全部罗马法的基础。关于它下面还要谈到。

显然，前面关于雅典国家与法的一般结论也可以适用于罗马。这主要是因为历史过程本身的近似。但另一方面，也要注意到，由于两种文明接触、渗透的结果，希腊社会法的观念在很大程度上影响甚至支配了罗马法学家。这方面的表现主要在后者对自然法思想的接受和运用。自然法思想产生于古代希腊，除与其国家与法的一般发展特点有关外，还与希腊自然哲学有很深的渊源。在欧洲历史上，自然法观念的产生、发展和传播构成了完整的一章。西方文化中的二元法观念、法律至上论和把法、权利、正义等概念

---

〔15〕《马克思恩格斯选集》（第4卷），第125页。恩格斯认为，平民由外来移民与被征服地的居民构成，因而有罗马人民与平民对抗一说。（参阅同上书第124页）。

〔16〕《马克思恩格斯选集》（第4卷），第126页。

放在一起考虑的思维方式都与这种思想有关。可惜,本文不能停下来考察这段历史,我们必须把注意力放在国家与法历史的初期,考察法、权利、正义等观念之间历史联系的由来。为此,提及自然法是很有必要的。自然法的观念在法之外同时包容了权利、正义等道德意识,从这个事实本身也可以窥见当日希腊人的法思想。虽然,自然法是相对于现行的人定法而存在的,但这正像 Jus 和 Lex 之间的对立一样,纯粹的形态只有在逻辑上才是可能的,在现实生活中,二者是紧密相连的。罗马法的基本分类:市民法、万民法、自然法,三者通用一个 Jus。从这个词本身是看不出“道德法”与现行法的区别的。甚至,Lex 也常常被当作 Jus 的同义词来使用。的确,我们无法证明,在实际生活中,抽象的“法”(如 Jus 一类)可以兼指权利、正义,而具体的“法”(如 Lex 一类)却跟这些概念完全不相干。随着社会的发展,分化的趋势是必然的,然而,它们所由产生的毕竟是同一个社会,在这种意义上,它们的性质并无不同。把它们放到不同的文化背景上来比较时,这一点尤为突出。

三

与古代希腊、罗马国家相比,中国国家的形成至少要早一千年。但是,时间上的差别也许并不重要,真正能区分二者的是它们各自所由形成的途径和方式。

传说中的夏是中国最早的国家。最近几十年来的考古业已证实了这个传说中国家的存在。但关于这一段历史,我们所知无多。从现有材料看,夏文化远不及后来的殷商、特别是周文化发达,这是没有疑问的。但是,若从整个文化史的角度来看,则夏、商、周所谓三代又构成了一个完整的时代,即中国青铜时代。因此,我们在考察和论述中国国家形成的历史时,可以从总体上来把握这个时代。青铜时代伊始,社会权力与财富的分化即已非常明显,迄于周代,古代国家组织已近乎完备了。与此形成鲜明对照的是,“在整个的中国青铜时代,金属始终不是制造生产工具的主要原料;这时代的生产工具仍旧是由石、木、角、骨等原料制造”。[17] 青铜则主要被用来制造礼器和兵器。这就是说,中国青铜时代国家的产生并非社会生产发生质变(青铜工具的普遍应用)的结果。反过来说,在这种条件下要把新的社会秩序维持下去,并使之不断巩固,势必要求一种“严密的上级控制系统”。由此产生了下面两个问题:第一,古代中国最早的国家是怎样形成的(途径)? 第二,这种国家是怎样组织起来的(方式)?

在关于夏的考古仅仅是开始的情况下,想要对上述问题提出令人满意的答案,在客观上是不可能的。这里,愿借侯外庐先生的研究所得,提出两个要点,虽然,用在这里已经颇有些偏离作者原意了。这两点是:“(1)因战争而产生的权力的提高;(2)族长传统的延续。”[18]

古代所有关于上古社会的记载,都有大量战争的描写,而且,描述中战争的激烈与频繁足以给人留下深刻的印象。共工与颛顼之争,黄帝与炎帝、蚩尤之战,这些虽然出自上古神话、传说,毕竟不能看成是子虚乌有的编造。至于后来讨伐三苗及种种“夷夏之争”的记载,更可以说明上古时代战争的繁多。当然,单纯的战争并不能产生国家。最初,战争中的俘虏大多被杀死或用作人牲、人祭。只有在一定的社会发展阶段上,俘虏才被当作劳动力使用。在中国史前史上,这个阶段大概是在新石器时代晚期。[19] 至少在这一

---

〔17〕 张光直:《中国青铜时代》,三联书店1983年版,第8页。在已出土的商周青铜器中,农具至为少见,一般见到的还是石、骨、木、蚌、角等材料制成的农具。所以,上面的结论是有考古学上的依据的。关于这一点可以参阅陈梦家:《殷虚卜辞综述》,第542、549页(科学出版社1956年版);《新中国的考古收获》,第46~47、52~53页(文物出版社1961年版);《商周考古》,第39、167页(文物出版社1979年版);《尚钺史学论文选集》,第298~299、340页(人民出版社1984年版);翦伯赞:《中国史纲要》(一),第19、40页(人民出版社1979年版)。此外还可以参阅邹宝钧:《中国青铜器时代》,第17~19页(三联书店1963年版);马承源:《中国古代青铜器》,第12~28页(上海人民出版社1982年版)。这两部论著所强调的是青铜农具在当时已见使用,并且认为,当时实际使用的青铜农具多于今天可能发现的青铜遗存。尽管如此,石、骨、木、蚌、角等农具在中国青铜时代仍被普遍使用依然是个事实。这种现象与当时青铜冶炼、铸造技术的高度发达和青铜礼器(包括乐器)、兵器的大量出现,形成了鲜明的对照。然而,正是从这种惊人的不合比例的现象中,我们或许可以找到解释这一问题的主要线索。详见下。

〔18〕 侯外庐:《中国思想通史》(一),人民出版社1980年版,第74页。

〔19〕 这里指的是龙山文化。一般认为,这一时期以农业为主,已出现私有制和社会分化。这一时期的文化与夏、商、周的文明都有密切联系,参阅安志敏:《中国新石器时代论集》,第67、75、79、246页(文物出版社1982年版);甚至还有人认为,亲族群的政治性或说政治集团的亲族性的特征这一时期便已出现,见张光直:《中国青铜时代》,第303页。

阶段,能够带来大量俘获的战争加速了氏族中权力的集中和社会的分层,而社会组织结构的改变,对于人类生活实在有着重大的影响。

一般说来,文明的产生必以“剩余财富”的出现为前提。但是,“个人生活需求量是相对的,因此社会的剩余物资不会是生产量提高以后自然产生的,而必须是人工性产生的。换言之,社会关系越不平等,越能产生财富的集中,越能产生使用于所谓文明现象的剩余财富”。[20] 早期社会的分化在希腊产生了伟大的荷马史诗,在中国则加速了青铜时代的到来。

一件青铜器的形成需要经过一系列复杂的程序,包括金属的开采、运输、冶炼和熔铸。这个过程的完成没有相当程度的权力集中是难以想象的。可以说,青铜器的出现意味着某种具有分层和权力集中特点的社会秩序的存在。正惟如此,青铜器本身也就具有了一种特殊的社会功能,它不仅成为这种秩序的表征,而且成了使之进一步发达、强化的手段。[21] 青铜兵器的广泛应用和不断改进,提高了战争的效能,使其拥有者能够有更多的俘获,这一方面间接促进了生产力的发展,另一方面则更加强化了它赖以产生的社会秩序。至于青铜礼器,由于它直接转化成为权力的象征物而更值得我们注意。侯外庐先生正确地指出:“礼器就是所获物与支配权的合一体,由人格的物化转变而为物化了的人格,换言之,尊爵就是富贵不分的工室子孙的专政形式。”[22](重点号为原文所有)总之,青铜礼器就是政治权力。由于这种特殊的社会功能,青铜礼器在商、周统治阶级当中具有崇高的地位,涉及当时国家生活所有重要领域。[23] 它也像青铜兵器一样,反过来强化了它所代表的那种社会秩序。中国青铜时代的国家就在这种不断的相互作用之中

---

〔20〕 张光直:《中国青铜时代》,第23、54页。

〔21〕 张光直:《中国青铜时代》,第23、54页。

〔22〕 侯外庐:《中国思想通史》(一),第15页;张光直:《中国青铜时代》,第13、21、23、110~111页。

〔23〕 西周青铜器铭文的内容包括分封诸侯、朝觐王室、参预祭祀典礼、宴飨、狩猎等各种王室活动,还有征伐方国、胜利记功、世官的尊荣、家族的祭享、婚媾乃至交换、诉讼等。请参阅马承源:《中国古代青铜器》,第18~28页;《新中国的考古发现和研究》,第264~270页(文物出版社1984年版)。由此不但可以知道青铜礼器在商周社会里的重要作用,还可以部分地解释出土的大量青铜器中礼器、兵器与农具惊人的不成比例的现象。陈梦家在《殷虚卜辞综述》一书中写道:“青铜工艺在殷代是一种特殊发展的王家工艺,为王室贵族服务的。它不是普遍存在的专业化工业部门。”(第549页)陈先生的立足点完全正确。

逐渐发达、完善起来,战争则贯穿这一过程的始终,在国家的形成、发展中发挥着重要的作用。[24] 当然,较完备的国家形态是在一个相当漫长的时期里逐渐完成的,我们无法找出一个时间上的确定点来界定国家与国家前的社会状态,但是,指出战争在中国国家形成程序上的重要性却是很有必要的。

《左传》上说,"国之大事,在祀与戎"。戎,自然是指战争;至于祀,那就与所谓"族长传统"有关了。从某种意义上说,血族团体中族长的重要性与他本人无关,而在于他所具有的祭祀主持人的身份。因为,能够把一个血族团体紧紧维系在一起的,莫过于祭祀祖先的仪式了。族长传统的延续表明了社会组织中血族团体的重要性。值得注意的是,在中国青铜时代,族长传统的延续与战争和社会分层都有密切的关系。一方面,这种传统因战争而不断得到强化;另一方面,它又直接表现为社会分层的基础。

我们知道,当时,乃至上古神话中的战争,毫无例外地是氏族之间的征伐,即便是夏、商、周三代更替也不出一族一姓的兴衰之外。正因为如此,社会的统治者(包括异姓联盟)与被统治者同时可以根据族姓来划分。[25] 不过,氏族本身也是内部分层的。氏族之下分为若干宗族,"宗族的成员彼此都有从系谱上可以追溯下来的血亲关系,而在同一个宗族之内其成员根据他们与主支(由每一代嫡长子组成)在系谱上的距离而又分成若干宗支。一个宗族成员在政治权力上和仪式上的地位,是由他在大小宗支的成员所属身份而决定的。因此,大的宗族本身便是一个分为许多阶层的社会"。[26] 有理由认为,在中国青铜时代到来之前,社会内部的分层正是循着血缘亲族的

---

〔24〕 田昌五:《古代社会形态研究》,天津人民出版社1980年版,第177～182页。有一种理论认为,国家的产生不可能是孤岛式的,而是平行并进式的。考古和古代文献都证明,夏、商、周三代除直接承继的纵向关系外,还有不容忽视的横向联系,应该说,这种横向联系是三代王朝更替的一般前提。参阅张光直:《中国青铜时代》。横向联系的内容是丰富的,敌对状态乃至公开的征战正是其中的重要部分。姬周最早的国家很可能是在征伐(统一西方)的过程中建立起来的。邹衡:《论先周文化》,载《夏商周考古学论文集》,文物出版社1980年版。这个国家由于对商的征服和统治而大为强化、完备,更是不可争的事实。

〔25〕 田昌五:《中国奴隶制形态之探索》,载《古代社会形态研究》,天津人民出版社1980年版;张光直:《中国青铜时代》,第297～308页。周初大封建时,周王所赐物中至少有两项特别值得注意,那就是氏族的姓氏和以宗族为单位的人民。参阅田昌五:《古代社会形态研究》,天津人民出版社1980年版,第112～113页。

〔26〕 张光直:《中国青铜时代》,第19～20、110页。

线索展开的，而当氏族之间的战争转而成为族姓的统治与被统治的时候，统治者内部基于血缘的分层就渐渐具有了国家组织的内蕴。由于这种转变，祖先崇拜的祭仪就从单纯的宗教仪式上升而为国家组织的政治活动。《礼记·祭统》：“凡治人之道，莫急于礼；礼有五经，莫重于祭。”祭的重要就在于它既是维系血族团体的纽带，同时又是对国家组织的强化。在中国青铜时代，能够证明这一点并且最能表现这种结合的，正是青铜礼器。这些用于祭祀的礼器在数量、式样、花纹等方面表现出严格的等级差别。这种差别不仅表明祭祀者在血亲网络中的位置（血缘上的亲疏远近），而且指示出他在国家组织中相应的地位（政治上的权力大小）。“从规范上说，各级宗族之间的分层关系与各个宗邑的分层关系应该是相一致的”。〔27〕这就是所谓宗法制国家，我们在周代看到的，是它的完备形态。

这种由战争中强化的权力和族长传统相结合所构成的奇特形态与雅典或罗马国家组织截然不同。首先，国家的产生远不是以氏族组织的瓦解为代价的，相反，它保留了原有的血缘关系，把氏族内部的亲属关系直接转化成为国家的组织方式，从而把旧的氏族组织与新的国家形态熔铸于一。所以很自然，它划分居民的标准是氏族而非地域。〔28〕对于这种国家来说，旧的氏族组织并非可有可无的形式，而是在当时条件下可能采用的最自然最有效的统治方式。其次，国家权力严格说来并不表现为“驾于社会之上”的“公共权力”，〔29〕而是赤裸裸的族姓之间的征服和统治。在这一点上，中国青铜

---

〔27〕张光直：《中国青铜时代》，第110页；郭宝钧：《中国青铜器时代》，第202～204页。近人王国维认为，周以宗法（嫡长子继承，同姓不婚等所谓亲亲尊尊之制）而别于殷商。此说颇有影响，相沿至今，但也见有异议，认为宗法为三代之制。见张光直：《中国青铜时代》。又，范文澜先生认为，殷商即有此制，周只是进一步发展罢了。参阅范文澜：《中国通史》（一），人民出版社1979年版。

〔28〕这是早熟的国家形态。关于这一点可以参阅侯外庐等：《中国思想通史》（一），第一、二两章。

〔29〕任何能称为国家的组织都具有或多或少的公共职能，在这个意义上，凡国家都可以被看作“公共权力”。但是，本文是在一种更为严格的意义上使用这个词的。如上所述，古代希腊、罗马国家是同一社会中两大集团抗争和妥协的产物，它凌驾于社会之上并日益与社会相分离，这就是恩格斯上引文中所指的“公共权力”。但在恩格斯不曾论及的古代中国，国家是在氏族战争中产生的。基于氏族组织的统治和被统治是社会的基本格局。这一巨大的历史差别对于中国和希腊、罗马两种文明的发展实在有着惊人的影响。本文把“公共权力”的含义限制在恩格斯论述的希腊、罗马国家起源的范围内，正是为了突出这一客观存在的差别。

时代的国家形态或许更接近于一些人类学者的国家定义。Service 说国家“是以一种与合法的武力有关的特殊机械作用所团结起来的”。[30] Kent V. Flannery 在指出国家按地域划分居民的特点以后接着说：

> 国家企图维持武力的独占，并以真正的法律为特征：几乎任何罪行都可以认为是叛违国家的罪行，其处罚依典章化的程序由国家执行，而不再象较简单的社会中那样是被侵犯者或他的亲属的责任。[31]

总之，使我们视夏、商、周为国家的，与其说是驾于社会之上的“公共权力”，不如说是族姓统治的合法武力。这种合法的武力，在中国青铜时代就是刑。

古代文献中关于三代刑政的记载极多。《左传》上说：“夏有乱政，而作禹刑。”不但说夏有禹刑，而且还说明了作刑的原因。有的文献把作刑的时间提得更早。《尚书·尧典》：“帝曰：‘皋陶！蛮夷滑夏，寇贼奸宄。汝作士，五刑有服，五服三就。’”这里的五刑、三就在《国语·鲁语上》中有解释：

> 大刑用甲兵，其次用斧钺，中刑用刀锯，其次用钻笮，薄刑用鞭扑，以威民也。故大者陈之原野，小者致之朝市，五刑三次，是无隐也。

这两段话告诉我们，对外征战以刀兵相加，是为大刑；对内镇压以刀锯鞭扑，是为中刑、薄刑。所谓“内行刀锯，外用甲兵”，不外乎国家施行强力统治的手段。这就是中国青铜时代刑的起源和“法”的观念。这与中国青铜时代国家形成的历史特点完全吻合。当然，这样宽泛的法的观念逐渐有了改变，最后只限于对于犯罪的惩处。但最初兵刑不分的观念也时有反映。如《周礼·天官冢宰》所谓“五曰刑典，以诘邦国，以刑百官，以纠万民。”夏以后关于刑的记载更多，《荀子》说“刑应从商”，《吕氏春秋》说商有“刑三百”。史载，商还有醢、炮烙等酷刑。至于周代，刑罚愈益系统、精细了。据《尚书·吕刑》，周有墨、劓、剕、宫、大辟五刑，而且，“五刑之属三千”。《左传》还

---

〔30〕 张光直：《中国青铜时代》，第51页。
〔31〕 张光直：《中国青铜时代》，第18、53页。

说周有刑书九篇,这也是很可能的。总之,三代刑罚的酷烈和繁复当无疑义,这种现象与三代国家的特点和法的功能是分不开的。

国家与法所由产生的途径,不仅决定了国家的组织方式,而且也规定了法的社会功能。中、西法观念的根本差异,以及这种差异在语言上的表现,首先应从这一角度来认识。我们看到,古代希腊、罗马国家与法肇始于平民与贵族的冲突,在某种意义上说,它们是社会妥协的结果,而不是任何一方以暴力无条件地强加于对方的命令。所以,尽管这种法不能不因社会集团力量的消长而偏于这一方或那一方,也不能不因为它是国家的强制力而具有镇压的职能,但它毕竟是用以确定和保护社会各阶级(当然只限于自由人)权利的重要手段,并因此获得一体遵行的效力。正因为有这样的历史前提,希腊城邦国家的政治正义论和罗马的私法才可能繁盛发达起来,西方文明也才可能发展成今天这个样子。而在中国青铜时代,宪法等观念完全阙如,因为根本没有它据以产生的政治土壤。国家不是什么"公共权力",而是一族一姓施行其合法武力的恰当形式。所以,国家并未取代氏族组织,而是与之融合、互渗,形成一种"严密的上级控制系统以求保持一个可能不稳定的系统的稳定"。[32] 于是,赤裸裸的统治术取代了政治正义论,法只被看作镇压的工具,它的主要表现为刑。

> 王曰:"告尔殷多士。今予惟不尔杀,余惟时命有申。今朕作大邑于兹洛。予惟四方罔攸宾,亦惟尔多士攸服,奔走臣我多逊。尔乃尚有尔土;尔乃尚宁干止。尔克敬,天惟畀矜尔;尔不克敬,尔不啻不有尔土,予亦致天之罚于尔躬。"(《尚书·多士》)

命令、禁止、顺我者赏,逆我者刑。这便是三代之法的真诠。这个特点虽然源出于中国青铜时代,但却流衍于后世,成为中国古代法的根本特征之一。为了说明这个问题,我们必须对先秦法家予以相当的注意。

四

春秋战国之交乃是动乱之秋。从文化史上看,这一阶段标志着青铜文

---

〔32〕 张光直:《中国青铜时代》,第18、53页。

明的解体和铁器时代的开端。这个转折点在社会经济、政治、思想等领域都造成了剧烈的变动。但是,就国家制度而言,这不过是“乱臣贼子”的时代。宗法制不存在了,而社会格局依旧,依然是毫无遮掩的统治与被统治。类似古代希腊、罗马国家中平民与贵族对峙的局面从不曾出现,因此,古代中国社会完全没有与之相当的两个集团。所以,中国古代成文法的出现(公元前536年郑子产作刑书)与雅典之有梭伦立法和罗马之有《十二表法》意义完全不同。在古代中国,法的功能并未因其成文化而有些微改变。“民在鼎矣”,这只是礼崩乐坏的标志,是“乱臣贼子”们合法权力的象征。从这种统治术的变化到君临一切之上的法的观念,距离十分遥远,在中国当以千年为单位计算。

当然,法律由不成文到成文的变迁,是文化史上进步的事实。同样,从三代的“刑”,演变而为战国的“法”(如《法经》),进而成为秦汉以后的“律”,也表现出由以刑统罪到以罪统刑的文化进步。只是,我们所注意的主要是中国古代法中一以贯之的东西,亦即变中的不变因素。

在先秦诸子当中,法家为显学之一。这一派以奖励耕战,急功近利为其要旨。而它之所以被称为法家,更重要的原因在于,它主张以“法”治国,这便是古代中国的“法治”说。近代英语语汇中有一个著名的术语:rule of law,直译为法的统治,亦即“法治”。这样译法应当说言简意赅。殊不知,无数的麻烦竟由此而生。有人把它等同于先秦法家所鼓吹的“法治”,于是引出许多无谓的笔墨官司。这是没有弄清中、西社会中法的功能,以及人们关于法的观念的缘故。其实,法家所谓“法治”只在“刑赏”二字。管子以号令(禁止令行)、斧钺(刑)和禄赏(赏)为治国三器(卷十五《政令》),表述的正是这种思想。《商君书·算地》云:

> 夫刑者所以禁邪也,而赏者所以助禁也。……故刑戮者所以止奸也,而官爵者所以劝功也。

赏以劝善,刑以止奸,“法”的作用是很明白的。然而,正好比孔孟一派的理论主要表现为礼的三代宗法制的哲学化、系统化,法家的主张也只是把“用命赏于祖,弗用命戮于社”(《尚书·甘誓》)的古代模式发展至于极端罢了。由这一线索看,法家人物之成为狂热的君主专制的拥护者,原是逻辑和历史的必然,不足为奇。

以刑为核心、旨在禁止令行的“法”思想有极深的历史文化渊源,并非法家所特有的观念。在法律思想方面,真正构成法家特色的乃是“一刑”的思想。

所谓一刑者,刑无等级,自卿相、将军以至大夫庶人有不从王令、犯国禁、乱上制者,罪死不赦。(《商君书·赏刑》)

法不阿贵,绳不绕曲,法之所加,智者弗能辩,勇者弗能争,刑过不避大夫,赏善不遗匹夫。(《韩非子·有度》)

重复引用这些引滥了的话是因为它们很有代表性,其他法家人物如管子、慎到也都有类似的言论。这种思想主要针对三代残存的旧秩序(宗法制)、旧观念(“刑不上大夫”)而来,其反面乃是要树立专制君主(乱臣贼子们)的绝对权威。所以,商君言法,申子言术,慎子言势,到了法家集大成者的韩非那里,则法、术、势融而于一。故云:

法者,编著之图籍,设之于官府,而布之于百姓者也。术者,藏之于胸中,以偶众端,而潜御群臣者也。故法莫如显,而术不欲见。是以明主言法,则境内卑贱莫不闻知也,……用术,则亲爱习近莫之得闻也。(《韩非子·难三》)

法也好,术也好,说到底只是君主用来治国治人的统治术,其兴废只在君主的好恶之间。法不过是治国一器,其权威源自君主的权威,指望这种“法”能在实践中断事以一,实在过于天真。把这种“一断于法”的“法治”与亚里士多德《政治学》中甚至近代西方的法治观念相提并论,甚而等同起来岂非滑天下之大稽。

一方面主张刑无等级,另一方面又强调君主的专制权力,在法家原是相反相成的两面。但实际上终不免陷于自相矛盾之中。所以,一断于法的思想在中国法律史上不过昙花一现,也应在意料之中。自汉迄清,整个中国法律史就是等级身份的总纪录。表现于法律上的等级之森严,身份之繁复,在古代世界中是罕见的。奇怪的是,这一点竟与先秦法家的理论与实践有某种关联。

在中国法律史上,法家一派虽然生命短促,其事功的显赫却不可忽视。

它的"以刑为核心,旨在禁止令行"的法观念虽然直接得自中国青铜时代,但在特定的历史条件下,它以其富有特色的理论与实践使这种观念更形丰富、成熟,从而更深地植根于民族意识之中,并对中国法律制度的发展产生了重大的影响。这种影响是多方面的。这里择其要而谈。

战国时最著名的成文法是李悝的《法经》。史书上说,商君"受之以相秦",可以想见它对秦律的影响。汉承秦制。"相国萧何攈摭秦法,取其宜于时者,作律九章。"(《汉书·刑法制》),是为"九章律",而其中的六章正是《法经》的篇目。以后法律制度的发展虽然驳杂,但由后魏律上承汉律,下启北齐律、隋《开皇律》、唐律而迄于清的历史线索,大体上是清楚的。所以,我们不妨对《法经》稍加注意。《法经》原文已亡佚,较完整的记述见于《晋书·刑法志》:

> 悝撰次诸国法,著《法经》。以为王者之政莫急于盗贼,故其律始于《盗》、《贼》;盗贼须劾捕,故著《网》、《捕》二篇;其轻狡越城、博戏、借假不廉、淫侈逾制,以为《杂律》一篇;又以其律具其加减,是故所著六篇而已。然皆罪名之制也。

《法经》,刑法而已。[33]

秦代法网密布,事事皆有法式,仅《法经》六篇自然不够用。从近年来出土的秦简看,当时有大量调整国家经济活动的律、令。如《田律》《仓律》《工律》等。但这些法律与我们今天所谓经济法相去甚远。因为,所有关于禁止令行的规定都是以刑罚来保证施行的。这正是三代以来刑的观念发达的表现,也是当时人关于"法"的认识的反映。也许可以说,当时只有罪的概念而无违法的意识,因此,违法与犯罪总是混为一谈的。以后历代法律多受这种观念支配。《唐律》十二篇,虽有职制、户婚、厩库等篇,但要找出违者不以刑罚的条款怕是很难的。这里,诸如亲属、婚姻、继承、物权、债权一类民事关

---

〔33〕 这与同时代的罗马《十二表法》恰成鲜明对照。虽然,在这部早期罗马法典中,程序法与实体法、公法与私法、宗教法与世俗法混而不分,但其中继承和监护、所有权和占有、土地和房屋、私犯、公法各据一表,已经显示出它将来的发展方向。它所表现的局限性纯粹是社会形态尚未成熟的结果。它与《法经》的不同首先是文化形态上的,而不是社会发展阶段上的。对二者的此较、说明是很有趣的,可惜,这不是本文所能做的。

系统统被纳入刑罚体系中去了。此外还有大量律文正条之外的规范,因与律相配合而具有强制力。如唐之令、格、式等,它们与律的关系,史书上说得明白:

> 凡律以正刑定罪,令以设范立制,格以禁违止邪,式以轨物程事。(《唐六典》卷六)
>
> 令者,尊卑贵贱之等级,国家之制度也;格者,百官有司所常行之事也;式者,其所守之常法也;凡邦国之政,必从事于此三者。其有所违反及人之为恶而入于罪者,一断于律。(《新唐书·刑法志》)

刑的观念极为发达以至于畸形,这种现象自然不限于唐律,而是直到清律例以前所谓古代法的一般特征。

如果说,上述影响主要表现于制度方面,那么,与这种制度相连的观念的影响则更值得注意。单纯的刑罚是没有意义的,它必须附于一定的行为规则之上,至于这些规则是国家对于外在行为的禁止、命令还是社会的内在道德要求,它可以不闻不问。这一点取决于特定的文化形态,尤其是其中的社会价值取向。认识这一点非常重要。因为,这至少提供了一种可能性,即刑罚与道德戒条结合,从而使原本是道德的规范同时履行法的职能。这实际上意味着,法失去了它的独立存在,法与包括礼仪、伦常等内容的道德要求不复有明确的界限,乃至混而于一了。这种理论上的可能性正是中国法律史上的现实,也正是中国古代法的悲剧所在。这样看来,“以礼入法”的说法实在不够确切,应该说是礼刑结合。同样,所谓“儒法合流”的说法也应加以限制,后世所继承的法家,不是一断于法(哪怕只是在理论上主张)的法家,而是视法为刑的法家。以镇压、恐吓为本的刑屈从于讲亲亲尊尊、长幼等差的礼,这就构成了中国古代法的独特形态。

这里,我们已经接触到中国古代法的一个绝大的秘密,即道德的法律化与法律的道德化,当然,对这样一个大题目,本文不能在此作深入的探讨,但可以指出两点:(1)这个过程同样肇始于中国青铜时代;(2)它的完成与视法为刑的观念有极为密切的关系。

五

现在，读者也许可以理解，为什么本文用了那么大的篇幅讨论中国国家与法的形成过程及其特点。正因为有这一段历史，中国古代法才具有了它后来的那种奇异形态。对中国法律史稍有涉猎的人都会发现，刑罚的酷烈和繁多不仅是三代，而且也是整个中国古代法的特点。然而，让人吃惊的并不是其残酷野蛮，而在于，这种残酷野蛮竟然与四千年的文明共存，与古代发达的道德哲学并行不悖。这种看似矛盾的现象只有联系中国传统文化中关于法的性质、功能的一般观念才是可以解释的。

西塞罗曾说，为了自由，我们作了法的奴隶。[34] 中世纪英国法学家的格言是："法是君主拥有的最大遗产，因为没有法就不会有君主和遗产。"[35]康德说："个人是自由的，如果他只服从法律而不服从任何人。"[36]孟德斯鸠则认为，自由就是"做法律所许可的一切事的权利"。[37] 这是西方文化的传统和精粹。其公式是法→人→法；所有的人都必须服从法律，法律的制定、修订亦须遵行法定程序。它所注重的是合法性问题。这里，法由手段上升而为目的，变成一种非人格的至高主宰。它不仅支配着每一个个人，而且统治着整个社会，把全部的社会生活都纳入到一个非人格化的框架中去。这就是近代西方法治思想的哲学基础。这种观念最初得以萌生的社会历史原因，我们在上面已经谈到了。尽管历史几经变迁，曾经盛极一时的古代国家早已埋入黄土，成为考古学家和历史学家们发掘的对象，但在今天我们称之为西方文化的有机体上，那由母体中带来的胎记依然清晰可见。

然而，犹如汉语的"法"很难译出Jus一类词的真正含义（一百年以前完全不可能）一样，中国人想要透彻理解西方文化中法的真实意蕴也不容易。这里所表现出来的乃是文化上的语言不通。权利、自由、正义，这些观念在中国古代社会是陌生的，当然更谈不上以法律来保证它们的实现。法，刑

---

〔34〕 参阅罗·庞德：《法律的任务》，商务印书馆1984年版，第106、107页。

〔35〕 参阅罗·庞德：《法律的任务》，商务印书馆1984年版，第106、107页。

〔36〕 林毓生：《关于政治秩序的两种观念》，载《知识分子》第1卷第4期，第98页。

〔37〕 孟德斯鸠：《论法的精神》（上），商务印书馆1982年版，第154页。

也。直到清代，皇帝在圣谕里还说“讲法律以警愚顽”。[38] 依传统观念，法不过是镇压的工具，是无数统治手段中的一种，可以由治人者随意运用、组合。它的地位自然也就等而下之了。在中国古代，从理论上说，有治人，无治法；征诸史实，可以说，有治吏，无治法。法既然只是人格化的统治工具，也只好满足于一种附庸的地位，更何况，受其功能的局限，它的作用也是非常有限的。古代中国政制之为“人治”，根由便在于此。如果这种统治模式也用一个简短的公式来表示，那就是人→法→人：站在顶端的君主发号施令，由大大小小的各级官吏来执行，庶民则永远是法律施行的客体，赏刑由之。正因为如此，中国历史上对于“法”的强调总是与加强君权联系在一起的。三代如此，先秦法家亦如此，清代还是如此。严复对此不胜愤慨、感喟：

> 若夫督责书所谓法者，直刑而已，所以驱迫束缚其臣民，而国君则超乎法之上，可以意用法易法，而不为法所拘。夫如是，虽有法，亦适成专制而已。（《孟德斯鸠法意·按语》）

从严复的译著《法意》到孙中山的“五权宪法”，西方近代法学思想和法律制度被大量介绍到中国。正是由于这些前辈的不懈努力和大胆实践，古老的中国才真正接触到当时世界上最先进的法律制度。然而，这并不意味着观念的革命已经完成。因为，一种具有深厚社会、文化基础的观念一旦形成，必将极大地作用于历史，即便在最初的条件已经消失、相应的制度已经改变的情况下，它也可能长久地存留下去，于无形之中影响甚至左右着人们的思想和行为。

我们今天所谓法，当然有了不同于古代“法”字含义的新义。但多数人在使用这个词时，心中所想的往往是刑法，似乎刑法便可以一般地代表法。这虽然是普通人的潜在意识，传统观念历史惯性的表现，同时却也反映出社会现实的某些方面。1949 年以来，中国逐步建立了自己的法学体系和众多现代法律部门，这当然是重大的成就。但如果据此认为，传统观念的残存影响会因此而自动消除，则未免过于天真了。我们可以自问：为什么人们对专政工具、阶级斗争手段一类的法的定义容易而且乐于接受？在一些人的心

〔38〕《圣谕广训》。

目中的“法＝专政工具”的公式里，究竟有多少真正是马克思主义的理论，有多少是传统观念的现代形态？历史表明，一味地强调法是专政工具、镇压手段，可以随时损益，不仅造成法学部门的畸形发展，而且使合法性的观念难以立足，更不要说法的稳定性与权威性了。近四十年来屡屡出现漠视甚至公然践踏法律的情形莫不与此有关。“文革”期间，有些人不正是借无产阶级专政之名而大行其私吗？司法机关可以砸烂，任何法律都可以践踏于脚下，唯有刑不可不要。一时间私刑泛滥，而且花样翻新。法的空前浩劫与刑的泛滥成灾恰成对照。法又返回到刑。中国古代视法为刑的观念以及这种观念顽强地占据历史舞台，并于无形中影响着我们的看法，难道还有比这些更雄辩的事实吗？遗憾的是，人们对于这个问题的反省至今还不能说是很充分的。不少人还习惯于把法放在自己的对立面上，只视之为禁条，很少以权利意识灌注于其中，把它看作公民自由和合法权益的根本保障，更不曾把法理解为组织社会的基本模式，这里，片面强调法的专政职能不能不说是原因之一。

高度复杂的现代社会生活，对于社会主体行为的合理性也提出了更高的要求。在经济生活中，这种合理化的实现必然表现为非人格化的法律统治，而现代政治中的民主要求最终也不能不以法治为其鹄的。只有从这个角度来认识法与现代社会的关系才可能是深刻的，也只有在这个意义上谈论法制的现代化才是真正富有成效的。显然，传统的观念完全容纳不下这样丰富的内涵，由于受到传统观念的影响，我们今天的认识距现代法制的要求也还有明显的差距。为了缩小这个差距，有必要进行一场观念的革新；而清算以往的历史，自觉认清我们于无意中承受的传统，尤其是认清这种传统对我们今天的影响，则是第一步。只有当我们努力去从事这项工作的时候，才可以说增强了现代人的法的意识。

（本文原载于《中国社会科学》1986 年第 4 期）

程序比较论

季卫东*

夫听讼者，或从其情，或从其辞。辞不可从，必断以情。其大法也三焉，治必以宽，宽之之术归于察，察之之术归于义。

——《孔丛子·刑论》

权利法案的大多数规定都是程序性条款，这一事实决不是无意义的。正是程序决定了法治与恣意的人治之间的基本区别。

——威廉·道格拉斯〔1〕

一、序言:作为制度化基石的程序

英国,1687年,牛顿发现万有引力法则,其结果导致了以力学为基础的产业革命。两年后,议会颁布《权利法案》和信教自由令,限制王权、规定王位继承程序、确立立法的至高无上性。与产业发展相配合的组织和制度也陆续完备起来,例如,英格兰银行成立于1694年,又过了四年,伦敦股票交易所创设。

而在中国,1687这一年,孟子庙落成于邹县,主张民贵君轻的"亚圣"被置于治道的守护神的地位。也是两年后,《大清会典》完成,重新认可强化君权的非常申诉("登闻鼓")之制。与宫廷体面相配合的大规模土木工程也不一而足,例如,1695年金碧辉煌的紫禁城太和殿甫告竣工,不久又开始营造

---

* 本文分详简两编,本刊发表的是详编,简编以《论程序的意义》为题发表于《中国社会科学》1993年第1期。

〔1〕 Justice William O. Douglas's Comment in *Joint Anti – Fascist Refugee Comm.* v. *Mcgrath.* See *United States Supreme Court Reports* (95 Law. Ed. Oct. 1950 Term), The Lawyers Cooperative Publishing Company, 1951, p. 858.

极尽奢华的圆明园。至1709年宁波绍兴等地的商船贩米活动才终于得到官府的许可,不言而喻,工商业发展的组织、制度条件当然极其匮乏。

一个多世纪之后,中英第一次鸦片战争爆发。结果,我国战事惨败,被迫签订丧权辱国的南京条约。此后,居庙堂之上的大人们不能不从兵工文化的角度认真考虑西方的挑战。但是对于保障器物技术发展的法律制度的重要性,依然普遍认识不足。比较中日两国在面临西方文明的冲击时的应对措施及其效果可以清楚地看到:与当时的我国同样,日本也力求保持政治上的安定和连续性;但又与我国不同,日本自始至终非常注意适时建立与经济发展配套的新型组织和制度。两国的差距固然取决于很多原因,但无论如何,我国一味强调经济技术先行而轻视制度层面的革故鼎新的偏向,以及后来革命时期一味追求"毕其功于一役"的激变而轻视点点滴滴的制度建设的偏向,可以说是问题的症结所在。

对照表1所罗列的产业化和制度化的重大事件可以发现,在兴产殖业方面我国与日本可以说是同时起步,重要的经济发展进程先后差距不过数年之内而已。然则在制度建设方面,我国一般比日本落后三十年上下。况且1898年以后清政府所颁布的"奖励工艺"的各种章程措施也多流于形式、了无实效。[2]

表1-a　中日产业化初期过程的比较

日　本	中　国
1865年　横滨制铁所横须贺造船开工	1865年　江南制造机器总局开工
1872年　富冈缫丝工厂开工	1872年　继昌隆缥丝工厂开工
1872年　新桥横滨间铁道通车	1876年　上海吴淞间铁道通车
1874年　高岛矿山开发	1875年　湖北兴国矿山开发
1878年　东京中央电信局开业	1882年　上海电气公司开业
1879年　千住制绒所创立	1878年　甘肃机器毡呢厂创立
1887年　东京电灯株式会社开业	1888年　广州电灯公司开业

〔2〕 参阅张之洞:《张文襄公电稿》卷二四,光绪二十一年七月十八日"致总署电一及电四"。

表 1-b　中日制度化初期过程的比较

日　本	中　国
1872 年　派遣使节团赴欧美考察法制	1905 年　派遣五大臣赴欧美考察法制
1874 年　司法省法学校开讲	1906 年　京师法律学堂开讲
1877 年　共同法律事务所出现	1912 年　律师组合出现
1878 年　株式交易所建立	1920 年　证券交易所建立
1886 年　不动产登记法制定	1903 年　土地法制定
1890 年　商法公布	1903 年　商人通例·公司律公布
1898 年　民法典公布	1930 年　民法典公布完毕

现在又到了一个世纪之交的关口。1992 年底召开的中国共产党第十四次全国代表大会提出建立新型市场经济体制的构想，这是顺应时势和民意的重大决断。然而，我们能否避免重犯历史的错误呢？在有了长期政治动荡的惨痛教训之后，我们能否把握时机建立起一整套合理而公正的制度呢？事关国运，不可不做亡羊补牢或者未雨绸缪的研析对策。

我国并非没有市场经济和契约精神的传统，实际上，在帝制之下基本不存在世袭的固定的身份制度，从生业选择到土地的买卖、租赁，经济活动的广大领域至少在形式上取决于个人间的自愿的契约关系。然而，由于一直不具备适应市场自由竞争的组织—制度条件，不能形成均衡的、可预测的机制，这种无规范的弱肉强食状态只能产生类似韦伯所说的，既缺乏伦理自觉、又缺乏职业尊严且极具铤而走险之心的"贱民资本主义"（paria-kapitalismus）。为了减轻竞争的残酷性和风险性，商贾在获利之后往往倾向于购田置产、变成地主，或者捐官买爵、混淆仕商；基于经济竞争不安定性的危机感与传统的伦理观结合在一起，形成、进而强化了重农抑商的国家政策及意识形态。在投机性营利的乱局之中，庶民为求安全保障，便通过血缘或地缘的社会团体形成了连环保证的"承包秩序"。[3] 其结果是，我国历史上尽管"封建性"的身份关系比较薄弱，但相互扶助、连带责任的"封建性"利益共同

〔3〕 关于我国传统经济的"包的秩序"之内容和特征分析，详见柏佑贤：《经济秩序个性论——中国经济的研究》Ⅰ、Ⅱ、Ⅲ，人文书林，1947—1948 年。

体关系却无所不在;尽管早就有自由竞争的经济活动,但自由主义的经济思想体系却得不到发展,合理性的资本经营方式更无从生根。现在我们要推行市场体制当然绝不是要回归到上述经济模式。

但是不能不指出,20世纪80年代以来的中国经济体制改革却是以个人承包责任制为特征的,尚未摆脱传统的经济秩序的窠臼。首先当然要肯定,承包责任制打破了指令性计划经济的"条条专政",激发了基层的活力,在农村和企业都取得了显著的成效。同时也要看到,一个"包"字遮盖了事物的发展过程,只问结果、不计手段的方式,并不具备制度建设的优势,更何谈"包医百病"呢?!目前引起广泛讨论的所谓"诸侯经济""一统就死、一放就乱"等问题正好表明:承包责任制的局限已经显然,该适时提出合理的制度建设的课题了。否则,我们将无从走出四十年来放权与收权循环不已的动态迷宫。

实际上,许多改革实务家、经济学者、政治学者、历史学者乃至哲学者都已经或多或少地意识到目前制度问题的严重性,特别是法治系统的合理化的关键意义。但是迄今为止,对于建立什么样的法制以及怎样去实现这一目标等重大问题,意见仍然很不一致,有些场合甚至连问题之所在也如坠五里雾中。对于社会变革时期推行法治的深刻两难,例如法律的规范强制性与认知调适性、法律关系的组织化与自由化、守法与变法、法律的效用期待与负荷能力等一系列的矛盾,也缺乏必要的剖析处置。基于现实的急切需求而正在大力移植或创制的新法规,只有在具备了一定的功能前提条件(functional prerequisite)之后才能顺利运作,其实际效果还将取决于各种法律措置之间及其与外部环境的协调整合。立法技术的改进也迫在眉睫。民事诉讼第一审受理案件数逐年递增,法院已感觉力难从心。律师供不应求,但在资格授予上采取"放低门槛"的政策又不免滥竽充数之忧。法制建设,的确是百端待举、头绪纷纭。那么,从何处着手才能纲举目张呢?

在发展中国家,推动社会改革的统治集团一般都把立宪工作放在首位,因为这既是自英国大宪章以来西方诸国建立资本主义法治秩序的传统路数,也比较适合自上而下贯彻国家意志的现实需要。但是这里有两点必须注意:第一,西方是在城邦自治、教会抗衡、商人造反(the merchant as rebel)[4] 等历史条件下签订城下之盟,宪法原则既是自然法信仰的体现,又是市民社会与国家主权妥协的结果。但是在非西方社会,所谓"民主化"的政治改革中其实存在一种默示的前提:即被变革的对象不是国家行使权威的机会结构(opportunity structure),而是民众的传统行为方式。无怪乎,尽管"发展挂帅的行政"(developmentalist government)病态扩张、长驱直入,而许多颇具自由主义色彩的知识分子也久能宽恕为怀:其原因概由此而起。所以,在这里宪法的基础不是自然权和社会契约的精神,而不得不是国家机关的统治良心和反思理性。因此,怎样才能使国家机关确定一套公正合理的办事程序就显得尤其重要。

第二,宪法被认为是国家的根本大法,是规范效力的金字塔型体系中的顶端。但是就其实质意义而言,宪法也不妨被理解为关于制定规范的规范形态。因此,其重点可以转移到确立关于法律变更的选择方式上来,而不必成为法规序列中的特定典章。[5] 换言之,立宪不等于起草一份最高纲领,而是建立一个可变而又可控的法律再生产的有机结构(constitution)。正是由于这个道理,现代西方立宪主义的核心是"正当过程"条款(the due process clauses)。按照 W. 道格拉斯的权威性解释,"公正程序乃是'正当过程'的首要含义"。[6] 例如,美国宪法最突出的特征体现在互相监督制衡(checks and balances)的分权体制上,各个权力之间关系的协调更主要是通过程序进行的。如果把美国的宪法发展史看作是"自由的行进过程"的话,那么该国著名大法官 F. 福兰克弗特的这一命题十分值得记取:"自由的历史基本上是奉行程序保障的历史。"[7]

---

[4] *Cf.* Michael E. Tigar and Madeleine R. Levy, *Law and the Rise of Capitalism*, Monthly Review Press, 1977, pp. 3ff.

[5] 参阅 Niklas Luhmann, *Rechissoziologie* (2., erw. Aufl.), Westdeutscher Verlag, 1983, S. 214。第一版日译本(岩波书店、1977 年),第 235 页。

[6] William O. Douglas, *op. cit.*, p. 848.

[7] The Opinion of the Court delivered by Justice Felix Frankfutter in *LcNabb* v. *United States*, see *United States Supreme Court Reports* (87 Law. Ed. Oct. 1942 Term), The Lawyers Cooperative Publishing Company, 1943, pp. 827 – 828. *Cf.* Melvin I. Urofsky, *A March of Liberty: A Contitutional History of the United Siates* (Vol. I, To 1877), Alfred A. Knopf, Inc., 1988, pp. 94f.

比较而言,中国的宪政研究多注重国体政体、权利义务等实体部分,于程序问题则不免有轻视之嫌。从中国现行宪法条文上看,需要改进之处的确不在少数,但关于公民基本权利的原则性宣言倒未见得与西方的章句相去多远。问题是,这些权利义务根据什么标准和由谁来确定、对于侵权行为在什么场合以及按照什么方式进行追究等程序性前提的规定(包括程序法的各项具体内容和实体法中的程序性配件,以下笼而统之简称"程序要件")却一直残缺不全。至于超法的政治问题这里姑且存而不论。仅就个人权利的尊重和保护而言,其实既不必强求在我国传统文化中从来无本无源的自然法信仰,也不必援引某种特定的意识形态,甚至毋须正当化的复杂论证,只要宪法和法律中规定的权利(哪怕它们只是差强人意而已)得到切实施行也就可以额手称庆、进而可以"俟河清之有日"了。正是在这一意义上,对于宪法精神以及权利的实现和保障来说,程序问题确系致命的所在。

很难断定中国法学家中不曾有人对程序的意义有充分的认识,早在20世纪初,沈家本等人就引用"西人之言"指出过:"刑律不善不足以害良民,刑事诉讼律不备,即良民亦罹其害。"[8]他们还强调:"刑事诉讼虽无专书,然其规程尚互见于刑律。独至民事诉讼因无整齐划一之规,易为百弊丛生之府。若不速定专律,曲防事制,政平讼理,未必可期司法前途不无阻碍。"[9]程序法当然远不能涵盖本文所考虑的程序之内容。不过,沈家本们关于程序法的见解与传统观念相比已有革命性的变化,并且触及了中国法制的症结。当今法学的进步与那个时代显然不可同日而语了。程序法的重要性已经不言而喻。关于程序法的解释学研究也已有一定的积累。尽管如此,还是不能不遗憾地指出,在近几十年已经发表的著述文献中,我们看不出对程序正义和程序合理性的特殊关注。更遑论有体系的思考和阐发。

从20世纪80年代初期开始的人治与法治讨论到最近的权利与义务争议都反映了一种倾向,即在考虑法制建设时,我国的法律家更多地强调令行

---

〔8〕 出于沈家本、俞廉三进呈刑事诉讼律草案的奏折。转引自李贵连:《沈家本与中国法律现代化》,光明日报出版社1989年版,第128页。

〔9〕 见沈家本、俞廉三进呈民事诉讼律草案的奏折,收入《大清民事诉讼律草案》,修订法律馆,1911年,第1册第1页。

禁止、正名定分的实体合法性方面，而对在现代政治、法律系统中理应占据枢纽位置的程序问题则语焉不详。偶有论及者，也并未把程序看作一个具有独立价值的要素。1987 年以来有借鉴判例制度一议，本来当会诱发对于程序问题的深入探讨。但是，实际上占主流的观点多侧重于法院的规范创制功能、判决的比重及其强制性方面。后来，一些地方法院的官员和青年研究者发表文章，更把加大判决在解纷方式中的比重与提高办案效率进行简单的因果联系。仅此一端足见他们无非将判决与有强制力的命令等量齐观，对判例制度的精华和审判程序的原理却并无透彻的理解。

然而，缺乏程序要件的法制是难以协调运行的，硬要推行之，则极易与古代法家的严刑峻法同构化。其结果，往往是"治法"存、法治亡。因此，程序应当成为中国今后法制建设乃至社会发展的一个真正的焦点。

概而言之，现代化的社会变革需要通过意识形态、货币流通和权力机构这三大媒介系统来促进其实现。从国情出发，有必要特别强调的与上述媒介机制相对应的操作杠杆是：(1)言论自由；(2)证券市场；(3)公正程序。迄今为止，信息和思想的一定程度的自由交流已经引起了社会价值体系的深刻变化，契约关系和市场组织条件的发育给经济带来了空前的活力；在这种情形下提出程序问题是合乎时宜的。通过中立性的程序来重建社会共识、整顿竞争秩序，既是过去实践发展的必然结果，又是今后改革深化的重要前提。只要中国仍坚持国家主导型的变革模式，同时又希望避免剧烈的社会动荡，那么突出程序合理性和程序正义问题就具有特殊的和紧迫的意义。

现代市场经济的中心课题是优化选择机制的形成，而公正合理的法律程序正是改善选择的条件和效果的有力工具。[10] 在一定条件下，把价值问题转换为程序问题来处理也是打破政治僵局的一个明智的选择。程序一方面可以限制行政官吏的裁量权、维持法的稳定性和自我完结性，另一方面却

---

〔10〕 获得 1991 年度经济学诺贝尔奖的柯斯教授特别强调"司法性规则"(法律运作的程序要件)与市场功能的关联，认为经济的法制结构分析是今后经济学发展的一个重要方向。See *Cf.* Ronald H. Coase, *The Firm, the Market, and the Law*, University of Chicago Press, 1988, esp. chap. 1.

容许选择的自由，使法律系统具有更大的可塑性和适应能力。换言之，程序具有开放的结构和紧缩的过程；随着程序的展开，参加者越来越受到"程序上的过去"的拘束，而制度化的契机也由此形成。程序开始于高度不确定状态，但其结果却使程序参加者难以抵制，形成一种高度确定化的效应。因此，如果我们要实现有节度的自由、有组织的民主、有保障的人权、有制约的权威、有进取的保守这样一种社会状态的话，那么，程序可以作为其制度化的最重要的基石。

二、现代程序的概念与特征

在汉语中"程序"这一名词尤其缺乏严格的定义，事件的展开过程、节目的先后顺序、计算机的控制编码（program）、实验的操作手续、诉讼的行为关系都可称为程序。因此，我们首先需要做明确概念的工作。其目的不仅在于准确使用术语，而且试图为理解程序这样一种复杂的现象提供必要的分析框架。

程序，从法律学的角度来看，主要体现为按照一定的顺序、方式和手续来作出决定的相互关系。其普遍形态是：按照某种标准和条件整理争论点，公平地听取各方意见，在使当事人可以理解或认可的情况下作出决定。但是要注意，程序不能简单地还原为决定过程，因为程序还包含着决定成立的前提，存在着左右当事人在程序完成之后的行为态度的契机，并且保留着客观评价决定过程的可能性。另一方面，程序没有预设的真理标准。程序通过促进意见疏通、加强理性思考、扩大选择范围、排除外部干扰来保证决定的成立和正确性。

通常所说的法律程序，主要包括选举、立法、审判、行政这几种主要类型。其中最重要、最典型的是审判程序，因为这里存在关于诉答（pleading）和证据的完整制度。法律程序基本上都由程序法明文规定。

程序法在成文法体系中又称为形式法（droit formel, formelles Recht）。传统的法律解释学一般把它看作为了实现权利、义务或法律关系的实质内容的手段和方法。同一实质问题可以采取不同程序，反之，同一程序也可以用于不同实质的问题。因此，程序并不与特定的实质内容固定在一起；程序法具有很强的技术性。在诉讼中，与以法官心证为核心的实体合成相对应，由诉讼行为所构成的关于诉讼进行(proceeding)的作用机制称为程序合成。程序合成物能够成为实体合成的基础和催化因素。特别是考虑到程序法的修改影响与实体法不同，对受理后仍未审结的过去案件也适用、因而具有一定的溯及既往的效力，则不能否认程序合成对实体法还有补救的效果。在这个意义上可以说，实体法是通过一环扣一环的程序行为链而逐步充实、发展的。因而，程序法不应该被视为单纯的手段和形式。

程序的实体意义还表现在西方宪法的"正当过程"条款上。该项原则起源于英国的1215年大宪章第39条的规定，即"除依据国法(the law of the land)之外，任何自由民不受监禁人身、侵占财产、剥夺公民权、流放及其他任何形式的惩罚，也不受公众攻击和驱逐"。经过历代国王的反复确认，到十四世纪末成为英国立宪体制的基本标志。其实质在于防止政府专制。[11] 这显然是一个程序原则，但同时也是法治体制、社会正义及基本价值的核心。[12] 由此可见，程序问题与公正性必须结合起来考虑。所谓"程序的正当过程"(procedural due process)的用语就是要强调程序中的价值问题。

与此相联系的是程序性正义(procedural justice)的观念。但是在这里被强调的不是程序的道德性侧面，而是程序所具有的独特的道德内容。可以说，J. 罗尔斯的正义理论就是以程序倾向为特色的。因为他认为公正的法治秩序是正义的基本要求，而法治取决于一定形式的正当过程，正当过程又主要通过程序来体现。[13] 更重要的是，他把程序性正义作为一个独立的范畴来加以类型分析，于是有纯粹的、完全的、不完全的(以及半纯粹的)程序正义之分。在纯粹的程序正义的场合，一切取决于程序要件的满足，不存在关于结果正当与否的任何标准。其典型事例为赌博，只要游戏规则不偏向某一赌客且被严格遵守，那么无论结果如何都被认为是公正的。在完全的程

---

〔11〕 *Cf.* Charles A. Miller, "The Forest of Due Process of Law: the American Constitutional Tradition", in J. Roland Pennock and John W. Chapman (eds.), *Due Process* (NOMOS XVIII), New York University Press, 1977, p. 3 ff.

〔12〕 Robert M. Cover, Owen M. Fiss and Judith Resnik, *Procedure*, The Foundation Press, Inc., 1988, p. 108.

〔13〕 John Rawls, *A Theory of Justice*, The Belknap Press of Harvard University Press, 1971, p. 239.

序正义的场合，虽然存在关于结果正当与否的独立标准，但是程序总是导致正当的结果。其典型事例为著名的蛋糕等分问题，只要设定切蛋糕的人最后领取自己应得的一块的程序，就不必担心分割结果的大小不均。在不完全的程序正义的场合，程序不一定每次都导致正当的结果，程序之外的评价标准便具有较重要的意义。其典型事例为刑事审判，无论程序要件如何完备也不能完全避免错案冤狱。罗尔斯认为，这三种基本类型在各自的限定范围之内是同样符合正义的。为了弥补不完全正义的场合不能确保正当结果的问题，便需要借助于程序正义的正当化作用，于是追加一种所谓半纯粹的程序正义（例如陪审制度、当事人主义的参与保障措施等），这是一种法律拟制。[14]

程序的公正性的实质是排除恣意因素，保证决定的客观正确。在这一方面，程序的合理性具有同样重要的功能。所谓程序合理性可以从决定过程的制度条件、目的、角色作用、功能等的整合与效率以及讨论的理由充分性等方面来把握。例如，诉讼行为一旦生效之后要尽量维持其效力、不能轻易否定其既定内容这一刑事诉讼法上关于程序维持的原则，就是基于程序计划性和诉讼经济性的理由。程序的合理性也可以归结为论证逻辑的贯彻如一，因此，法律程序基本上能满足完全的程序合理性的要求。[15]

以上概述了程序分析中的一些基本术语的含义。由此当可获得对于程序的一般认识。不过，概念的明晰化作业不能停留在这一阶段。我们需要对现代程序的发生条件、实际用法和潜在的意义给予进一步的系统分析。

1. 对于恣意的限制

有社会即有纠纷。所谓纠纷，就是公开地坚持对某一价值物的互相冲突的主张或要求的状态。防止纠纷需要规范。解决纠纷需要制度。实在法（positive law）起源于消弭纠纷的实践。最初是由审判者根据习惯、道德和

---

〔14〕 John Rawls, *A Theory of Justice*, The Belknap Press of Harvard University Press, 1971, pp. 85 – 86, 201, 362; *cf.* Michael D. Bayles, *Procedural Jusitce*: *Allocating to Individuals*, Kluwer Academic Publishers, 1990, esp. pp. 4 – 7.

〔15〕 See Jurgen Habermas, "Wie ist Legitimital durch Legalitat moglich?", Kritische Justiz 20 (1987) S. 1 ff. 据村上淳一：《现代法分析的视角——西德法学中系统论的发展》，载《法学协会杂志》第107卷1号（1990年），第21页。

理性来宣示法律的。但这样做具有极大的恣意性。因此,人们设想出两种基本方式来限制:一种是审级制度,在审判者之上设立审判者,以资补救;另一种是分权制度,使制定法律的机构与适用法律的机构相互分离。此外还有让审判者受自己过去决定的拘束,让当事人有为自己服务的法律专家等制度,也是基于同样的目的。这些制度的操作需要程序。随着社会的进化,法律现象日益复杂,相应地,程序也越来越精致。很多学者强调,法的发展是通过程序体系的严密化而实现的。[16]

程序表现为规范认定和事实认定的过程。但实际上,程序既不单纯取决于规范,也不单纯取决于事实,更不是一种固定的仪式,甚至也不宜过分强调其过程侧面。程序的对立物是恣意,因而分化和独立才是程序的灵魂。分化是指一定的结构或者功能在进化过程中演变成两个以上的组织或角色作用的过程。这些分别项目各自具有特殊的意义,因而要求独立地实现其价值。于是明确相互之间的活动范围和权限就成为题中应有之义。分化和独立会带来这样一种现象:为了达成一定目的而进行的活动,经过不断反复而自我目的化。这种现象被称为功能自治(functional autonomy)。程序中的功能自治性是限制恣意的基本的制度原理。

在变易不居、犬牙交错的多义的社会现实中,任何法律决定或行政措施都会受到来自各个方面的压力。统筹兼顾、综合平衡固然必要,然而,如果面面俱到则具体的判断就会变得极其困难,至少是成本太昂贵。况且,一个完全开放的决策过程非常容易为事实上存在的力量对比关系所左右。因此,需要用法律规范来创造一个相对独立于外部环境的决策的"隔音空间"。在这里,只有原告、被告、证人、代理人,而不管他们在社会上是贤达名流还是贩夫走卒。在这里,只讨论纷争中的判断问题,而不管早晨的茶馆谈笑、傍晚的交通拥挤。在这里,只考虑与本案有关的事实和法律,而不管五百年前的春秋大义、五百年后的地球危机。总之,通过排除各种偏见、不必要的社会影响和不着边际的连环关系的重荷,来营造一个平等对话、自主判断的

---

〔16〕 See, *e. g.* N. Luhmann, *op. cit.*, S. 171,日译本191页。Adamson E. Hoebel, *The Law of Primitive Man; A Study in Comparative Legal Dynamics*, Harvard University Press, 1954, p. 329.

场所。这就是现代程序的理想世界。

当然这个场所并不是一个封闭的小天地。程序不是要抑制决策过程与外部环境的关系,而是要控制这种关系。[17] 各种宏观影响和微观反应要经过一定的过滤装置、通过适当的途径反映到决策中去。比如,陪审制就是法院与社会互相沟通的一种渠道,在这里,审判结果明显受到外部环境的影响,但审判的独立性并未因此而受到损伤。说得更具体一些,陪审员的指名程序就是通过控制外部影响来保证功能自治性的最典型的例子。

可以说,程序是一种角色分派的体系。程序参加者在角色就位(role taking)之后,各司其职,互相之间既配合又牵制,恣意的余地自然受到压缩。因此,程序功能自治又是通过各种角色担当者的功能自治而实现的。程序规定的内容在很大程度上是一种角色规范,是消除角色紧张(role strain)、保证分工执行顺利实现的条件设定。例如,保证当事人的对话性和平等的发言机会,以使争论点能够集中、明确,使论证更加均衡、完整。程序使参加者都有平等的表达机会和自由的选择机会,同时也使责任范围更明确。这种归责机制也会限制恣意。

2. 理性选择的保证

限制恣意的归责机制是以自由选择为前提的。然而,单凭归责却不能完全保证自由选择的结果是理性的。因此,必须考虑人们是如何进行选择的。D. E. 艾普特说:“当一个文化表现出探究和追问人们如何进行选择——包括道德的(或者规范的)、社会的(或者结构的)、个人的(或者行为的)选择——的态度时,作为非经济过程的现代化就开始发生了。对于现代人,选择即是中心的问题……从关于选择这个观点更进一步,政治体系就变成一个为某种特定集体而设定的选择体系。政府是调整选择的机制。……现代化过程的一个特点是它包括选择的两个方面:改善选择的条件和甄别最满意的选择机制。”[18] 根据我的理解,现代政府调整选择的主要方式就是公正而合理的程序。推而论之,程序的完备程度可以视为法制现代化的一个根

---

〔17〕 参阅 N. Luhmann, *Legitimation durch Verfahren*, Luchterhand, 1975, S. 69。日译本(风行社,1990年),第75页。

〔18〕 David E. Apter, *The Politics of Modernization*, The University of Chicago Press, 1965, pp. 9 - 11.

本性的指标。

N. 卢曼曾经论及选择与程序的关系。他指出:“所谓程序,就是为了法律性决定的选择而预备的相互行为系统。法为了从人们脑海中浮现的具体行为的印象中解脱出来,为了具有更抽象的概念性质,需要实现内在于概念性质之中的选择作用。正是这一缘故导致了程序这样一种特有的行为秩序的发展。”〔19〕换言之,在抽象的规范与具体的案件之间存在的鸿沟,是由有效的选择程序来充填弥合的。在现代社会中,法是可变的、可选择的,但这种选择又不是任意的、无限制的。程序排斥恣意却并不排斥选择。程序使法的变更合法化了,使人的选择有序化了。

那么,现代程序究竟是怎样使选择合乎理性的呢?首先,程序的结构主要是按照职业主义的原理形成的,专业训练和经验积累使角色担当者的行为更合理化、规范化。无论是税率的确定,还是起诉的对象和理由的选择,行家的意见当然比较允当。其次,程序一般是公开进行的,对于决策过程中出现的错误容易发现和纠正。再次,程序创造了一种根据证据资料进行自由对话的条件和氛围,这样可以使各种观点和方案得到充分考虑,实现优化选择。最后,通过预期结果的不确定性和实际结果的拘束力这两种因素的作用,程序参加者的角色活动的积极性容易被调动起来。基于利害关系而产生的强烈的参与动机也会促进选择的合理化。

3. “作茧自缚”的效应

程序是国家与公民个人之间的纽带。公民提建议、打官司、申请营业执照、登记结婚,都要经过一定的程序。很多人正是通过程序才认识法律之为何物的。国家机关征税、逮捕嫌疑犯、发布扣押外籍船舶的命令、吊销驾驶执照也需要按程序办事,否则就要纲纪弛废、民怨四起。法治的程度,可以主要用国家与人民共同服从程序的状态作为标尺来衡量。

程序开始之际,事实已经发生,但决定胜负的结局是未定的。这给国家留下了政策考虑的余地,给个人留下了获得新的过去的机会。换言之,程序具有操作过去的可能性。然而,随着程序的展开,人们的操作越来越受到限

---

〔19〕 N. Luhmann, *op. cit.*, *supra* note 5, S. 141. 日译本第 158 页。

制。具体的言行一旦成为程序上的过去,即使可以重新解释,却不能推翻撤回。经过程序认定的事实关系和法律关系,都被一一贴上封条,成为无可动摇的真正的过去。而起初的预期不确定性也逐步被吸收消化。一切程序参加者都受自己的陈述与判断的约束。事后的抗辩和反悔一般都无济于事。申诉与上诉的程序可以创造新的不确定状态,但选择的余地已经大大缩减了。[20]

经过程序而作出的决策被赋予既定力,只有通过高级审级的程序才能被修改。而且,先例机制迫使决策机关在今后活动中保持立场的一贯性,碰到同类问题必须按同样方式解决,造成同样结果。法院的判决最典型地体现了由程序所产生出来的既定力和自缚性。因而,程序又是过去与未来之间的纽带。

程序还有暂时冻结某一状态的用途。一个事物或案件在被置之程序的那一刻开始,就与社会发展的因果链隔离了。所谓"受理之中"意味着排斥其他处置方式,除非按照程序规定撤回立案申请。在一定限度内的"缓期判断"或者"冷处理"是程序应付复杂多变的社会形势的一种妙用。当然,这样的状态是要求代价的。缓期判断的滥用会导致对于程序的不信任危机和程序负荷超重,会促进非程序化的处理。为此,需要合理的限定条件,例如关于时限和撤销的规定。

人们一旦参加程序,那么就很难抗拒程序所带来的后果,除非程序的进行明显不公正。无论把它解释为参加与服从的价值兑换机制,还是解释为动机与承受的状况布局机制,甚至解释为潜在的博弈心理机制,都无关宏旨。重要的是公正的程序在相当程度上强化了法律的内在化、社会化效果。在西方各国,法制向日常生活世界中的渗透基本上是通过程序性的法律装置而实现的。[21]

---

〔20〕 *Cf.* N. Luhmann, *op. cit.*, *supra* note 17, S. 44 f. 日译本第35页以下。

〔21〕 哈贝马斯在提出"生活世界的殖民地化"这一命题时提出了这一点。他对社会的过度法制化持忧虑和批判的态度。但是他并没有否认程序中的民主自治的契机,而且后来他对自己的立场也有较大修正,对于法律程序给予高度评价,甚至称其理论为"程序正义论"。详见村上淳一前引论文,第17~23页。哈贝马斯关于法制化、作为媒体的法、程序与正统性的基本主张,参阅其代表作的英译本 J. Habermas, *The Theory of Communicative Action* (Vol. 2), Beacon Press, 1987, pp. 356–373, esp. 365, 371。

4. 反思性整合

至今为止的法律解释学是从形式的角度来理解程序的。凯尔森的纯粹法学试图把一切法律现象都还原为程序法,达到了严格的法律形式主义的极致。然而物极必反,由程序来决定某一判断正确与否的立场却正好是追求实质正义的自由法观念发展的起点。这是现代法制史上极有趣的辩证法现象。进一步推敲下去,程序其实未必可以完全归入形式的范畴。程序是与选择联系在一起的,这就决定了它必然是法制体系中最生动活泼的领域。可以说,程序的本质特点既不是形式性也不是实质性,而是过程性和交涉性。唯其如此,方能应付现代社会的变动节奏,根据需要作出不同的决定。形式性规范也可以通过程序来实现一种静中有动的状态。

关于这一点,美国和英国的审判制度的比较研究提供了很好的例证。近年来美国法特别强调“正当过程”的原则。这种倾向在刑事诉讼程序中尤其明显。人们据此认为美国程序法变得更有形式性了。与此相比较,英国法倒似乎不那么拘泥于程序管理。例如,在美国,地方法院的刑事判决常常被以违宪为由而撤销,其根据多半是非常技术性的程序问题。而在英国,人们对个别警察的越轨行为和程序上的细小瑕疵常常视而不见。但是,实际上英国的法律体系比美国的更具有形式性。美国执照严格的程序要件去实施实质性的政策,其实并不固守“法律就是法律”的形式性。〔22〕

程序是交涉过程的制度化。在这里,法律的重点不是决定的内容、处理的结果,而是谁按照什么手续来作出决定的问题的决定。简单地说,程序的内容无非是决定的决定而已。按照卢曼的观点,这种反而求诸自身的结构具有反思性。〔23〕 受卢曼思想的启发,G. 图依布纳把程序的反思性与国家对社会的间接控制、社会的自治自决的组织化等理念结合起来,提出了“反思的法”的学说。〔24〕 他认为,在形式合理性与实质合理性之外,还存在反思合

---

〔22〕 P. S. Atiyah and R. S. Summers, *Form and Substance in Anglo - American Law*; *A Comparative Study of Legal Reasoning*, *Legal Theory*, *and Legal Institutions*, Clarence Press, Oxford, 1987, pp. 219 - 221.

〔23〕 N. Luhmann, *op. cit.*, *supra* note 5, S. 213. 日译本第234页。

〔24〕 Gunther Teubner, “Substantive and Reflexive Elements in Modern Law”, *Law and Society Review*, Vol. 17, No. 2(1983), pp. 239 - 285, esp. pp. 266 ff.

理性。反思合理性既依赖于“看不见的手”机制，却又不归属于“自然的社会秩序”。它追求一种“有管理的自治”(regulated autonomy)。反思的法具有程序指向。它倾向于利用程序规范来调整过程、组织关系、分配权利。在这个意义上，反思法可以说是一种新程序主义。这种学说作为法制发展的模型，当然是以现代西方的政治经济条件为前提的。因此它不能被简单地适用于中国及其他非西方社会。但其中揭示出来的程序的特性却是富于教益的。而且，在社会变动期间，国家的管理方式必须由结构性控制转变为反思性控制，因此把反思理性与程序结合起来的观点对于我们具有特殊的魅力，因为它使我们更清楚地认识到中国改革过程中程序的重要地位和作用。

程序对于议论、决定过程的反思性整合，一方面可以减少乃至消除形式法的功能麻痹的问题，另一方面也可以防止实质法的开放过度的弊端。程序的反思机制实际上可以看作社会自我有序化过程的模拟，它应当是在尽量排除外部干扰的状况下进行的。程序的这种特点可以用来简化社会复杂性，模拟条件效应、测量法与社会的偏差值、调整法制的姿态。

三、现代程序的结构与功能

在前面讨论程序的概念和特征时，许多地方已经涉及了结构和功能的内容。现在来进行更加深入的、成体系的分析。首先需要明确程序的一般性结构及其主要构成部件，然后再具体考察现代法律程序的不同类型。关于程序的功能，在木章中仅作理论上的论述，侧重于功能要件等与结构有关的因素。经验的和动态的说明留待下一章去做。有必要指出，对功能的过度期待极易导致失望。我们应该尽量以一种节制的态度来讨论程序的意义。

1. 基本的构成因素

程序开始于申请，终止于决定。整个进行过程有一定的条件、方法、步骤和仪式。程序参加者的活动相对隔离于生活世界的因果链。对于程序来说，不存在既定的判断，漫无边际的价值之争也被暂时束之高阁。复杂的社会状况在这里被简化了，所考虑的是要件事实。当事人的行为按照一定的功能原理进行编排。从实践的角度来看,在正式做出决定之前,当事人的主张和行为被赋予相当的自由;程序的展开过程同时也是当事人的言行可能性缩减的过程。在理论上说,在正式做出决定之前,选择的机会是无限的;决定的做出使其他机会统统归于泡影,这就是程序的直观性的素描。

程序通过规则而明确,所以它是可以设计的。程序通过当事人的相互行为和关系而实现,所以它又是自然发生的。历史的经验反复证明,理论上很完美的制度并不一定可以付诸实施,而行之有效的制度却未必是事先设计好的。[25] 设计合理性与进化合理性的结合部即是程序。在这里,社会现实中的各种行为可能性都汇聚一堂、交涉影响,却并不杂乱无章。程序使社会的自发有序化机制得以定向运作。因此,程序结构的妥善性就是一个关键问题。在这一意义上,进化合理性也并非不可预知、不可操作。中国经济学者所讨论的市场活动的制度条件,其实有相当一部分不妨转换成程序设计的问题。设计的标准主要有两个,一个是正义,另一个是效率。以下主要从设计作业的立场上考虑程序的结构部件。

(1)原则

现代程序坚持四项基本原则,即正当过程、中立性、条件优势、合理化。让我们对这些原则逐一作些扼要的说明。

正当过程的原则在序论与概念部分都已经论及。这是程序的核心。20世纪60年代,美国法进行了一场空前的改革,其焦点是程序,被称为"正当过程革命":它引起了法律制度和原理的深刻变化。[26] 在德国,存在法律程序化的现象和主张,[27]其实质也是强调保障论证伦理和民主自治的程序正当性。程序的正当过程的最低标准是:公民的权利义务将因为决定而受到影响时,在决定之前他必须有行使陈述权和知情权的公正的机会。为此需

---

〔25〕 这种现象曾经被公式化,即立法中理性与非理性的悖论。See Sally F. Moore, *Law as Process; An Anthropological Approach*, Routhedge & Kegan Paul, 1978, p. 6.

〔26〕 Robert M. Cover and Owen M. Fiss, *The Structure of Procedure*, The Foundation Press, Inc., 1979, p. iii. 正当过程革命的经过和内容详见 David J. Bodenhamer, *Fair Trial; Rights of the Accused in American History*, Oxford University Press, 1992, chap. 6。

〔27〕 *E. g.* Wietholter, "Materialization and Proceduralization of Law", in G. Teubner (ed.), *Dilemmas of Law in Welfare State*, Walter de Gruyter, 1985.

要设立一系列关于议论答辩和推理证明的规则和义务。

中立性的原则是程序的基础。不得不承认,在社会现实中完全的中立性并非总能达成,其判断标准也并不是十分清楚的。例如,有些人说职业主义的程序设施固然精巧可靠,但其成本却未免过于昂贵,在客观上会造成对有产阶层有利的问题;但是另一些人又说,在力量对比关系中处于劣势的贫穷阶层如果连职业主义的程序的保障也没有,那就根本无处伸张自己的权利。但是不能否认,在中立性的判定中有些最基本的因素是可以取得共识的。例如,双方在程序中应有同等的发言机会,任何主张和判断都必须以事实为根据、以法律为准绳,同一条件下不允许出现不同的结果,等等。中立性的原则需要通过一系列的制度来保证。例如,决定者的资格认定、人身保障以及回避制度、分权制衡、公开听证等。

条件优势是程序尤其是审判程序的基本活动方式,决定按照"如果甲,那么乙"的思维形态进行。根据卢曼的分析,程序的这种特点有如下长处:第一,能与复杂变动的社会环境保持适当的对应关系;第二,为法制变革网开一面,为其他社会制度的变革穿针引线;第三,可以进行技术处理,在极端的场合甚至通过逻辑的计算进行自动化处理;第四,减轻对法律实践的体验进行加工方面的压力,进而减轻决定者对后果的过分负担;第五,减轻上传下达与监督检查方面的负担。总之,条件优势的原则可以使程序的形式具有更大的容量。[28] 条件优势的原则表明,关于程序的规定不宜过多采取"必须如何"样式,而应采取"如果……那么""否则……就要"样式,以使决定者既可以得到具体的指示也能够进行自由的裁量。

合理化的原则要求把理性和经验结合起来,是程序效率的保障,它要求程序的安排能使阻碍和浪费最小化、效果和支持最大化。同时,合理化也意味着要对决定的动机和根据给予一个最适当的理由说明,使之得到社会承认。在社会变革时期,很难确立一个为人民所普遍接受的思想目标,也很难提供一套肯定行之有效的法律命题;但是司法机关和行政机关在日常工作中又必须不断作出各种决定。对于这种场合,程序及其合理化原则具有重

---

〔28〕 *Cf.* N. Luhmann, *op. cit.*, *supra* note 5, SS. 227 – 234. 日译本第250~256页。

要的意义。它使决定者可以从经验中寻找调整利害关系和解决矛盾纠纷的适当方法,并使之得到合理发展。在一定程度上可以说,新的社会秩序正是由这种程序性活动而逐步形成的。

(2)两种"过去"的操作

如前所述,程序提供了一次重塑过去的机会。经过程序加工的过去才成为确定的过去。这意味着在程序中,事实上的过去和程序上的过去并存,并且发生着由前者向后者的转化。这种双重结构和转轨过程使得程序参加者既面临着争取有利结果的挑战和机会,也使得决定过程充满了变数。程序的布局基本上是围绕这两种过去的操作而展开的。这种操作需要经验和技巧,所以职业主义的倾向必然发生。中国古代统治者仅仅从消极意义上理解这种操作的意义和行家里手的作用,故采取了禁止讼师的做法,但这种压制从未真正奏效。通过实体法的细则化也可以限制程序性操作,其结果必然是压抑了程序本身的发展,助长了人民回避程序的倾向。中国人的厌讼,既有文化上的原因,也有制度、技术上的原因。对此,本文在后面还要专节讨论。

(3)对立面的设置

程序参加者如果完全缺乏立场上的对立性和竞争性,就会使讨论变得钝滞,问题的不同方面无法充分反映,从而影响决定的全面性、正确性。而且,对立面竞争的活动意味着不同的目标追求,这种竞争机制也会强化程序参加者的动机,促进程序的改善。不言而喻。这样一种矛盾的制度化并不意味着对抗的普遍化。在程序中,对立的各方具有统一性,并不排斥协商解决问题的可能性。换言之,现代程序意味着建立制度性妥协(institutional compromises)的机制,以保证市场自由竞争的协调平衡,保证没有任何权力可以独断专行。

(4)信息与证据

正确的决定有赖于对与本案相关的事实、知识、资料、根据等的理性认识。这种认识大致由事实命题群和规范命题群构成。程序通过当事人的举证责任的分担和公开的论证过程,来保证信息和证据的可靠性,以及对事实与规范进行解释的妥当性。对于判定内容的真伪难以证实的问题则主要采取说服的手法来解决,而说服的效果往往可以还原为程序正义的外在条件的充足问题。

(5)对话

程序的讨论、辩驳、说服都要具有针对性。也就是说必须围绕一定的争论点进行对话,使认识在直接的碰撞砥砺中逐步升华,最后导致问题的解决。

(6)结果的确定性

程序的目的和功能是形成决定。一组程序活动只能做一次性的决定。决定一旦公布,就具有强制力、既定力和自我束缚力。除非按照审级规定进入另一套程序,否则决定的内容是不可更改和撤回的。

上述程序要素有不同的构成方式。择其大端而言,例如:集体决策的组合、解决两造以上纠纷的组合、权益责任分配的组合(其中又可以分为非竞争性和竞争性的两种)等。[29] 这就涉及程序类型化问题了。

2. 类型分析

按照通常的分类方法,法律程序主要有立法、司法(大致分为民事审判和刑事审判)以及行政等三种。选举基本上是政治活动,但近代以来也成为法律程序的重要形态。近年非正式解纷方式的制度化构成普遍而突出的现象,从而仲裁和调解的程序也引起了相当的重视。上述种种程序之间既有共同的属性,但在制度的原理和运作方式上又表现出明显的差异。温斯顿根据富勒的论述,把最重要的五种法律程序的特征进行了精彩的概括(如表2所示)。[30] 实际上,各种程序是与社会和法制发展的一定阶段相联系的。为了叙述上的方便,也为了更好地把握程序的发展规律,我们不妨沿着法律秩序的演化轨迹来依次简略地分析一下与本文主题密接相关的几种程序类型。

〔29〕 M. D. Bayles, *op. cit.*, pp. 2 – 3.

〔30〕 *Cf.* Lon. L. Fuller, *The Principles of Social Order* (Kenneth 1 Winston ed.), Duke University Press, 1981, p. 34.

表 2　主要法律程序的特征

	审　判	调　解	契　约	立　法	管理指令
①参加方式	证据与论证	交涉与调整	交易与同意	依规范议决	服从命令
②程序指挥者的作用	论据的评价原理的宣示	当事者良性互动的促进	——	依照规则的统治	发布命令或者指示
③预期结果	根据要件事实和正当理由进行决定	协商解决以实现社会的和平	平等互惠的当事者间的决定	对公民行动的非个人的指示	为实现共同目的的集体活动的调整
④内在道德	公平审判的诸条件（回避制等）	公平调解的诸条件	平等交易的诸条件（非垄断等）	非个人指令的诸条件（普遍性等）	等级性调整的诸条件
⑤领域（问题及活动的类型）	权利及罪的问题	相互依存性强的两者关系中的纠纷	货财与服务的交换	其他程序的动作所需的限制与指针	效率（如调兵）和社会正义（福利）
⑥界限	多中心的问题、集体活动的调整	缺乏相互依存、三者或更复杂关系	对他人的非个人、有限、断续的责任	针对个人的决定	个人的自治受到尊重时

注：①和②表示各种程序的结构性要素；③是直接地、⑤和⑥是间接地表示各种程序要达到的目标；④表示贯穿于各种程序之中的道德原理。

（1）调解程序

在原始社会中，由于功能分化程度比较低，纠纷的解决缺乏严密的制度，选择的余地也极其狭窄。实现正义的方式是自力救济和血亲复仇，但其结果却是纯粹由力量对比关系决定的，代价太大，也并不一定符合正义，于是需要公正的第三者。首先人们找到了神明，然后有神明意志的宣托者和神圣仪礼。进一步发展下去，出现了调解和裁决的机构、制度；解决纠纷的根据是道德和习惯，但更有操作意义的是报应和互惠的原理。这种实践的不断积累导致了法律规范和程序的出现，当然，作为其前提条件的还有国家的存在和政治系统的分化。

一般而言，诉讼审判并不是一个优先选择，人们首先会力图避免纠纷，回避不了的时候多采取协商和交涉的办法去化解之。双方的努力没有结果时就会向第三者求助。调解是有第三者介入状况下的双方交涉。仲裁是在交涉基础上的第三者判断。只有当这些非正式的社会控制方式都缺乏效果的场合,诉讼才被作为最后手段而采用。[31]

调解是最典型的非正式解纷方式,具有反程序的外观,但是实际上,它在程序法的发展中发挥了相当大的作用,并且包含着自身程序化的契机,卢曼指出,在原始社会中,调解是争取自力救济的合法性和时间的简单程序。[32]而在调解程序发展的高级阶段,已经产生了当事人在一定的社会关系的前提下强调自己的主张的正当性和合理性、并且服从合乎正义的判断的论证样式。[33] 在现代化过程中,调解的制度化水平进一步得到提高,荷兰的劝解官制度、法国的复合调解制度(conciliation grande, conciliation petite)、日本的调解法等,就是著名的事例。最近,美国密执安大学法学院的R.伦坡特教授对调解等所谓非正式的程序进行了有趣的实证研究,他发现,调解中对于程序性和实体性的各种问题的反复交涉会导致结晶化的现象,形成某种范型和非正式的规则。调解机关承认这些规范的约束力,从而减少了解纷的恣意性。[34] 这是一种先例机制。

在调解过程中,为了使不同的主张向合意收敛,说服和互让这两个程序项目便十分重要,其实质是实现一种正义的合理的妥协。从妥协的视角来观察合意,就可以发现合意具有不能还原于当事人各方意志的独立的存在价值。而说服可以定义为以促使他人采取特定行动为目的的符号操作,因而可以分解为出示证据、引用规范、陈述证明、动员影响力、把握时间(主要指利害关系的时间性、时间流逝而引起的纠纷变形和吸收、解决问题的战略性时机)等可以程序化的问题。在当事人双方相持不下的情形下,为了避免

---

〔31〕 这种情况不独中国然,在各种社会都具有普遍意义。西方解纷方式选择中的舒沃茨假说和布莱克命题就是很好的说明。See R. Schwartz, "Social Factors in the Developmant of Legal Control: A Case of Two Israeli Settlements", *Yale Law Journal*, Vol. 63 (1954), p. 471. Donald J. Black, "The Bounderies of Legal Sociology", in D. J. Black and M. Mileski (eds.) *The Social Organizaaion of Law*, Seminar Press, 1973.

〔32〕 N. Luhmann, *op. cit.*, *supra* note 5, S 158 f. 日译本第174页。

〔33〕 *Id.*, S. 174. 日译本第193页。

〔34〕 Richard Lempter, "The Dynamics of Informal Procdure", *Law and Sociely Review*, Vol. 23, No. 3, 1989, pp. 372 – 375.

交涉失败，调解委员的积极调控和判断往往势在必然，因而产生了调停委员的选择条件、调解陈述的证据认定、调解协议的法律效力等问题。

总之，调解程序存在非形式主义的特点与形式化的发展倾向之间的紧张。正是由于这种紧张状态的持续，使得调解既可以弥补审判的不足，同时也有助于国家法的发展。调停程序的最重要的原理贡献是：非对抗性辩论的步骤和方法、承认复数的正确法律判断并存的观念、对未来事实关系的统筹考虑、更为彻底的当事人主义等。[35]

（2）审判程序

审判是程序的典型。审判程序是按照公正而有效地对具体纠纷进行事后的和个别的处理这一轴心而布置的，其主要特征表现在以下三个方面：

第一，存在作为判决依据的一般性法律规范，审判只是对这种预定规范的适用而已。诉讼当事人和法官的活动都是围绕如何使法律不致误用或歪曲的问题而展开。这里最重要的是合法原则与对话原则如何协调并制度化的问题。对此，一般的程序处理技术主要表现为法官的利害权衡及裁量、理由推敲、说服、解释推论等。

第二，为了保证法律思考和对话的合理性，需要设定法官与当事人公开进行讨论的条件。这里最重要的是如何保证议论主体的对等地位的问题。对话的合理性主要取决于两个说服过程，一个是当事人通过法庭辩论说服法官的显在过程，另一个是法官在此基础上考虑如何说服当事人各方、上级法院、社会一般成员的潜在过程。

第三，判决的对象仅限于特定当事人之间已经发生的具体纠纷的事后性解决，以明确法律上的权利、义务、责任的归属和内容为目标。[36]

以上主要是从法律的正确适用的角度来说明审判程序。与此相关联但又有其特殊性的是证据制度。举证责任以及证据的取得、鉴定和理解也是极其重要的问题。中国的诉讼程序中职权探知主义倾向十分明显，这有助于强化法官判断的说服力。但其代价则是法院的责任负荷过重、当事人会

---

〔35〕 详见季卫东：《调停制度的法发展机制——以中国法制化的价值分裂为线索》，载《民商法杂志》第102卷6号，第103卷1-2号（1990年）。

〔36〕 参阅田中成明：《裁判中的法与政治》，有斐阁，1979年，第157～163页。

产生疏离感、证据法的发展受到阻碍。

审判程序中最突出的外观形态是矛盾的制度化。在这里,问题以对话、辩论的形式处理,容许互相攻击,这使得社会矛盾有机会在浓缩的、受到控制的条件下显露出来。因此,在一定程度上审判程序可以作为测量社会不满的程度并加以疏导和救济的一种装置。程序的这种功能在日本现代化过程中得到了有效的利用。[37]

程序的条件优势原则在审判制度中得到最充分的体现。审判一般只涉及过去的要件事实,只注意决定的前提和权限等条件的充足。这样做比较容易抑制当事人以及其他第三者的批判,减轻法官做判决时的责任负荷。换言之,法官被要求忠实于程序,反过来程序也有效地保护了法官。即使判决被上诉审推翻,即使判决造成被告自杀于狱中、市民暴动于街头的严重后果,原判法官也不受追究。而且,程序对于行为以及意志等的严格限制使法官带有清教徒色彩,同时这也就使判决或多或少带上神圣的光环,显然,让权力和权利同时受审判程序的限制是一项非常明智的制度设置。

(3)立法程序

立法程序的主要意义不是确立放之四海而皆准的规范,而是使一切法律都变成可以更改的。认为法是永恒、安定的行为标准,这并不是现代观念。现代法的特点是可变的,甚至是求变的。然而,这种变更并不是突如其来,更不是率性而为,法律的制定和修改必须在一定的权威机关之中按照一定的手续进行。

从法律的强制力这一严峻事实出发,最合乎现代正义标准的立法方式应该是全民一致通过。但是实际上这是不可能的,于是退而求其次,代表制的多数表决成为议会立法程序的基本原理。把社会的复杂多义的状况通过数字计算的方法进行形式上的处理,可以减少许多摩擦和不确定性,但是这并不能避免立法与社会的乖离,不能充分保障规范内容的适当合理。在所有程序中,可以决定并改变强制性条件的立法程序的条件导向是最弱的,这

---

〔37〕 *Cf.* Frank K. Upham, *Law and Social Change in Post War Japan*, Harvard Univ. Press, 1987, pp. 16 ff.

就使问题状况变得更加难以捉摸。

在缺乏条件设定的决策过程中,选择正确与否主要取决于理性和信息,换言之,议会立法程序中最重要的问题是如何确保决定者的素质和如何提供充分的信息以资判断。此外,立法机关内部的沟通机制及其与外部环境的反馈机制也是必不可少的前提。立法权的分割是解决上述问题的一种有效方式。随着社会分化和复杂性的增大,专业性的法案起草机构和委任立法方式的作用也越来越大。这里存在立法程序的民主主义原理和职业主义原理之间的紧张。委任立法、立法规模的扩大还带来了法律体系的统一性和协调性问题,这些问题的解决要求类似司法审查或者违宪监督委员会那样的制度和程序。

对于立法程序来说,区别违法行为与变法要求是非常必要的。但是,在有些场合这种区别并非易事,而在另一些场合违法行为的反复出现正是变法要求的形成契机。通过立法与司法的分离可以使处分违法行为与接受变法要求并行不悖,但对于立法程序来说,如何防止认知能力的弱化、扩大法制变革的契机仍然是一大课题。从各国实践来看,立法上的学习、反思机制主要有三种方式。在大陆法系中,采用规范和规范等级结构的方案,使低阶规范在高阶规范的外延之内自由修改,而又不危及高阶规范及整个法律程序的稳定性。在英美法系中,采用决定权分散化的非等级结构的方案,使法律作为决定前提及于各个权限机关,然后通过它们的决定反射到社会中去,各个权限机关互为前提、互相约束,因而认知和反思的意识贯穿于整个决定过程中。在中国,最有特色的是采用法律试行的方案,在一定的时间范围或空间范围内强化位于合法与不合法之间的发展契机,通过立法与司法的有条件的逆转、认知注意力的集中、反馈机制的利用等方法,来实现法律的动态妥当性。需要注意,法律试行在程序要件不完备的状况下易生弊端,会导致反制度化的结果。[38]

---

〔38〕 详见季卫东:《法律试行的反思机制——以中国的破产制度的导入过程为素材》,载《民商法杂志》第101卷2-4号(1989年)。

(4)选举程序

选举程序与立法程序一样,都是所谓"人民意志"的形成和贯彻的方式,都是条件导向较弱的选择过程。它与政治的民主化有直接的关联。从权威主义的领袖禅让和平过渡到民主主义的选举领袖只有一条道路,这就是先缩小领袖的活动范围,逐步削减其大权,扩大民间社会的自治空间。操之过急,则会引起激烈对抗,徒给"打天下"式的人物以新的夺权机会,其结果依然不会脱出易帜革命的窠臼。另一方面又须看到,在一元化的统治秩序崩坏之后,过去通过权威中心而协调统一的复合结构再也不能一如既往地得到有效的整合,从而必然要出现复数的既得利益共同体。这些分化现象为日后政治改革埋下了更多的复杂变数,并会加深转轨期的混乱。不过局部结构的自我成长和相对独立的各种利益集团的关系调整,也可能提供从制度上进行处理的机会和条件。为此需要巧妙的法律程序设计。

选举固然会刺激人们参与政治的热情和欲望,但在现代的自治组织条件仍不成熟的社会,往往还可能出现人民因选举而情绪化造成社会不安定的问题。事实上,在大国的选举中,一个人要想通过全民直接选举一次获得大多数的选票的可能性是微乎其微的;对于一个志在改革而白手起家的新人,这种困境尤其难以克服。而如果各地方势力坐大抬头,则中央领袖的选举战无疑会更加白热化,在一定条件下甚至导致分裂。因此,选举程序设计的中心课题是寻找一种适合国情的、既能反映民意又能维持安定的选举方式。为了避免民主选举的上述问题,例如美国采取了临时设置代表人民的、以选举总统为唯一目的的选举团的二重选举方式,而日本采取了以一党优越和促进党内竞争为特征的中选举区制。无论何种方式都必须遵循现代选举的三项基本原则:(1)选民权的普遍性;(2)一票分量的平均性;(3)投票的匿名性。自由竞选的程序也具有矛盾的制度化、平等议论的状况设定、不确定性的收缩、公开的听证和决定、不满的吸收等与其他程序所共有的机制。

(5)行政程序

随着行政机关权限的扩张,对于科层制及行政决定过程的研究显得越来越重要。但是,行政活动的无所不在使得与之有关的决定的条件极其多样化了,统一的程序类型无从寻找,制度合理性的一般性评价也变得非常困难。这里只能作一点极其有限度的说明,行政程序合理性的深入探讨不得不留待日后。

现代行政程序的条件导向非常强,其目标和手段的选择都受到大幅度的限制;只要具备一定的程序要件,就必须作出与之相适应的决定,在这一点上,它与审判程序很近似,但是行政程序中的决定者为了实现既定的目的,在政策运用方面又具有极大的能动性。[39] 这与法官在处分权主义之下受消极应对原则的束缚、尽量恪守不偏不倚立场的姿态适成对照。在发展中国家,行政过程中目的的普遍化是一种不可遏制的趋势,从经验上来看,在程序上能有所作为的就是调整行政决定与补偿措施之间的关系,使决定的接受者能够采取同意和协作的立场。换言之,也就是在命令与同意之间取得平衡,日本战后发展中出现的"官僚非形式主义"(bureaucratic informalism)[40] 的法律程序、中国的依法调解制度,均可以从这里找到其得以存续的深层理由。而在成熟的社会结构中,行政程序的条件导向十分突出,只要具备一定的程序要件,就必须做出与之相适应的决定。

行政活动的条件导向与行政业务的垄断程度成反比,这是M.利普斯基从美国基层行政官吏活动的实证研究中归纳出来的命题。[41] 由于技术官僚具有专门职业的特性,其自由裁量权的扩张难以避免;在具体的行政事务中,他们俨然成为政策的决定者,这种活动方式势必反映到程序之中,归责机制的启动变得十分困难。在权力高度集中的社会中,这种情形尤其普遍。结果,局部的失策立即演变成整体的责任问题。为了防止由此而引起的沉重的政治代价,行政机构内部和外部的监督机制必须强化。因此,行政程序的条件导向在很大程度上取决于事后追究的程序安排。但是更重要的是加强司法权以求制衡。

3. 功能要件

功能这一概念主要包括两层意思,即部分对于整体的维持所发挥的作

---

〔39〕 从条件导向和目的导向两方面分析行政程序是受卢曼的启迪。*Cf.* N. Luhmann, *op. cit.*, *supra* note 17, S. 207ff. 日译本第270页以下。

〔40〕 F. K. Upham, *op. cit.*, p. 178.

〔41〕 *Cf.* Michael Lipsky, *Street-Level Bureaucracy*, Russell Sage Foundation, 1980, esp. chaps. 2, 13.

用及其活动效果,以及为此所必须满足的必要条件,后者所指的必要条件就被称为功能要件。

程序对于法律秩序的作用主要表现在以下几个方面。第一,对各种主张和选择可能性进行过滤,找出最适当的判断和最佳的决定方案。第二,通过充分的、平等的发言机会,疏导不满和矛盾,使当事人的初始动机得以变形和中立化,避免采取激烈的手段来压抑对抗倾向。第三,既排除决定者的恣意,又保留合理的裁量余地。第四,决定不可能实现皆大欢喜的效果,因而需要吸收部分甚至全体当事人的不满,程序要件的满足可以使决定变得容易为失望者所接受。第五,程序参加者的角色分担具有归责机制,可以强化服从决定的义务感。第六,通过法律解释和事实认定,做出有强制力的决定,使抽象的法律规范变成具体的行为指示。第七,通过决定者与角色分担的当事人的相互作用,这一定程度上可以改组结构,实现重新制度化,至少使变法的必要性容易被发现。第八,可以减轻决定者的责任风险,从而也就减轻了请示汇报、重审纠偏的成本负担。

这些具体的、直接的作用可以带来一些非常重要的间接的效果。首先,决定过程中的道德论证被淡化,先入为主的真理观和正义观都要暂时被束之高阁。中国的传统是法律与伦理的一体化,至今法制的道德色彩仍然很浓厚,而法律与道德的分离被公认是自由的前提。由此亦可见程序对于中国体制改革的重要性。其次,程序要件的精密化使法学能够建立在科学的基础上,并且与实用的操作技术结合起来。更重要的是,通过对抗性的充分议论,法律命题实际上不断受到否认的锤炼,从而大大提高法律规范的真理性。再者,审判程序和行政程序的条件导向可以加强决定的强制可能性,进而减少法律在教化、社会化方面的负担。程序要件不充分的决定,即使其目的是正当的,也容易引起争论,从而造成贯彻执行上的阻碍。如果要强行实施之,那么就会给社会以一种被放大了的压抑感;而如果试图解释说服,那么就只能是事倍功半。中国的政治和法律方面许多令人费解的问题,也多半由此而产生。

那么,实现上述功能需要什么条件呢?对这个问题可以从内部条件和外部条件、相对条件和绝对条件等不同角度来分析。绝对条件是指一切程序中共通的必不可少的因素,例如中立原则(必须注意程序的中立性与决定者的中立性的区别,这一点在行政过程的分析中特别重要)。具体来说包括三个制度化标准,即:(1)任何人不得成为自我案件的判断者;(2)决定者与决定结果之间不存在任何私人的利害关系;(3)在抗辩过程中不得偏袒其中的一方。[42] 中立性是程序正义的基础。如果没有这一前提条件,那么程序的正统化功能、强制力保障功能、疏导功能等便都无从落实。

相对条件是指特定程序或特定状况中的功能要件,或者虽然具有共通性,但在不同场合其作用大小有明显差别的因素。后者例如条件优势的原则,它在立法程序和审判程序中的意义十分悬殊。前者例如诉讼中举证责任和证据分量(weight of evidence)的妥当确定、既判力(res judicata)的遮断效果等,因于本文的宗旨和篇幅,在此关于相对条件只能作相对限度的分析,而不能详细说明。

内部条件指程序参加者相互作用得以合理而又顺利地进行的角色体系。例如,诉讼程序中的当事人主义、选举程序中的差额候选制。在程序的内部功能要件中,需要特别强调职业主义(professionalism)。程序的有效运作,需要专门职业人员应用其经过长期教育、训练所获得的知识和技能,为当事人提供必要的代理、辩护、咨询以及其他服务。同时,也要求这些职业者具有成体系的专业和知识、普遍的业绩指向和高度的自律精神。这种职业观、职业伦理和职业纪律对于程序的功能贡献具有重要的意义。当然,职业主义发展到业务垄断的程度则会带来许多弊端,因此不能扼杀其他选择的可能性。

外部条件指程序与社会环境的关系,是一个非常复杂的问题。这里只涉及社会分化和政治过程的合理化这两个变项。社会分化指社会由单纯的均质的状态向复杂的异质的状态演变的多元化过程。只有在多元化的社会中,选择才会成为生活的主题,从而组织和决定选择的程序的重要性才会突出出来。也只有在结构和角色都分化到一定程度时,程序自治才能得到充分的保障。政治过程的合理化与程序的合理性有更加直接的关系。合理化

---

〔42〕 Martin P. Golding, "Dispute Settling and Justice", in R. M. Cover and O. M. Fiss, *op. cit.*, *supra* note 26, p. 113.

意味着政治现象的各种要素之间的连结方式必须从某一特定的观点来看没有矛盾,事实上的矛盾也必须按照推理的理性进行整理,使之首尾一贯。这正是程序的功能要件。至于民主与自由的理念,也只有在这一基础上才能实现。

需要指出,功能要件的满足往往是互为前提的。社会分化与政治合理化是互相关联的,而程序的发展与政治合理化也很难分清孰为因孰为果。同样,正当过程是程序的基本原则,同时它又需要程序要件来加以确认和保障。功能关联的突破口并非不存在,其中最重要的是加强社会分化的必然趋势和促进国家反思的现实压力。这种趋势和压力在目前的中国已经十分明显而强劲。

四、程序与现代社会

在西方,在旧的身份共同体关系的解体与资本主义新秩序的确立这一历史过程中,有两项制度起到了神奇的作用。一个是社会或私法领域里的契约,另一个是国家或公法领域里的程序。[43]

关于契约的作用,人们并不陌生。霍布斯主张,应该靠树立主权和服从主权的契约去克服万民争斗的自然状态。卢梭则认为,需要通过契约去再现自然状态中的自由与平等。这些社会契约理论是现代社会形成的思想基础。在现实的法律生活中,也出现了梅因所揭示的"从身份到契约"的变化。债权在现代法律中占有优越的地位,契约自由成为支配整个经济和社会的根本原则。为什么契约会有如此魔力?因为契约把自由选择与信守承诺结合在一起,适应了重建社会结构的需要。契约一方面在日常事务中起到非常实际的作用,另一方面作为一项制度实际上又把一切具体的规范留待未来决定,是非常精巧的操作装置。

程序与契约有异曲同工之妙。它也是既可以千变万幻,又可以不离其宗。它使无限的未来可能性尽归于一己,从而提供了为形成新的规范所需要的法律体系的开放性结构、适应能力和可塑性,程序也可以理解为杜克海姆所说的契约的非契约性基础,它在控制自由的前提下保障了自由,从而使

---

〔43〕 N. Luhmann, *op. cit.*, *supra* note 17, Vorwort S. vii. 日译本第 iii 页。

自由从意识形态变成了物质形态。因而卢曼主张,通过程序获得正统性的认识正是市民革命的政治意义之所在。[44] 当然,这一主张也还可以从另外两个方面去理解,即程序的分化和再结合的过程一方面使利益纠葛升华为权利斗争,另一方面则使国家活动的原理发生了深刻变化。主权的学习和反思的机制得到强化。

迄今为止,分析法律与社会现代化的关系和作用的论著汗牛充栋,在宪法和私法领域中更不乏经典之作,但是专门研究法律与程序以及现代社会发展的学说却屈指可数,而这方面的经验研究成果则恐怕还是"踏破铁鞋无觅处"。本文只能根据片断的史料、间接的论述和切身的体验,做一点投石问路的工作,以期有裨于对程序功能的认识。

1. 程序与资本主义市场经济的兴起

欧洲对于古代罗马法的热心研究和继承是文艺复兴的一项极其重要的内容。当经典诠释家们不仅从《法令大全》(*Corpus Juris*)和《学说汇纂》(The *Digest*)中接受理性的程序体系,而且还特别热衷于从杂律文献(The *tractatus*)中发掘关于程序的制度资源时,[45] 当古代罗马法程序的理性与中世纪的教会法程序的正统性被结合在一起,成为西欧现代程序法的雏形时,人们并没有意识到程序会对资本主义的市场经济和议会政治中的自由选择具有如此重大的意义。

商业的扩张要求民商法来调节由此产生的人与物、人与人之间的关系和纠纷。除了古代罗马法的再发现之外,商业习惯法的复兴也起了关键的作用。在习惯法变成实在法的过程中有两个因素起了决定性的作用:一个是契约,另一个是法律家,尤其是律师的法庭活动。[46] 起初,商人们仅仅在封建法体系中寻找保护自身利益的法律武器。这种努力的效果是有限的。于是资本家们以自治城市为堡垒,建立了适合自己需要的法院。不过,这种法院只管辖一定种类的案件,并且通过上诉制度与王室法院、领主法院及地

---

〔44〕 *Id.*, S. 2, 日译本第 viii 页。

〔45〕 O. F. Robinson and others, *An Introduction to European Legal History*, Professional Books Limited, 1985, p. 90.

〔46〕 M. E. Tigar and M. R. Levy, *op. cit.*, p. 56.

方法院互相沟通。[47] 调解和仲裁等非诉讼方式也被广泛使用。[48] 因而,怎样才能更好地实现权利、保护利益,就成为一个关于解决纠纷的方式、管辖权、准据法的选择的问题了。这种选择活动使程序问题变得更加重要、也更加复杂。商法和程序法的复杂化需要受过专业训练的律师。反过来,律师又使法律问题变得更加程序化,程序法变得更加有技术上的复杂性。[49]

例如德国,15 世纪以前商业法院似乎只适用口头审理程序,没有案卷记录。在法兰克福,商业程序起源于只有特别的简易程式的仲裁,然而不久就有整本的先例汇编供审理实践作为依据。早在 1508 年,纽伦堡的商业法官已经得到帝国官方的认可,而随着罗马法继受的加速,商人和学识法律家(jurists)所组成的混合法院(mixed courts)逐渐占据主导地位(已知莱比锡于 1682 年以前已经完成了这种变化)。[50] 这些学识法律家使得在大学里形成的世俗一般法程序科学(common law procedural science)与司法实践结合起来,其结果是"学识法"(Juristenrecht)的诞生及其在整个德国确立了权威的地位。[51] 这种世俗一般法程序是一个非常复杂而精致的体系。[52]

英国保存着自 13 世纪以来的地方商业审判案件的书面记录,因而对它的司法实践进行研究更加饶有兴味。在英国,因为并不存在适用于城市商业法院的实体规范,而商人们又希望得到不同于领主和农民的法律观念的结果,所以,商法在很大程度上被认为一种迅速而简易的特别程序和关于证据的特别规则。[53] 资本家反对封建制的斗争也主要表现为 15 世纪和 16 世纪中断断续续的程序改革。[54] 17 世纪和 18 世纪,正是在程序的革新、再确

---

〔47〕 *Id.*, p. 118.

〔48〕 *Id.*, p. 163.

〔49〕 *Id.*, *cf.* pp. 155 – 164.

〔50〕 O. F. Robinson *et al.*, *op. cit.*, pp. 167 – 168.

〔51〕 Arthur Engelmann and others, *A History of Continental Civil Procedure*, Little Brown & Company. 1927, *cf.* pp. 540 – 543.

〔52〕 *Id.*, *cf.* pp. 544. ff.

〔53〕 O. F. Robinson *et al.*, *op. cit.*, p. 168. 关于利用程序来钻实体法的漏洞,使财产权从占有向流通、交换方面转化的事例,可以参阅黄仁宇:《放宽历史的视界》,允晨文化实业股份有限公司 1988 年版,第 125 页以下。

〔54〕 M. E. Tigar and M. R. Levy, *op. cit.*, pp. 261, ff. *Cf.* S. F. C. Milsom, *Historical Foundations of the Common Law* (2nd ed.), Butterworth & Co. Ltd., 1981, pp. 37ff.

认和保护的过程之中，资本主义的私法也发展起来了。这一时期，资本家、普通法（common law）、律师以及议会在私法领域中所采用的斗争技巧，不过是程序改革中的故伎重演而已。[55]

法国激进的资本主义革命是以非法化为特征的。旧的法律制度被彻底破坏；大学的法学院及审判机构都被废止；一切纠纷都由调解解决；1790年代公布的几项所谓“过渡法”（droit intermdiaire）仅规定了抽象的原理和原则，而且也没有持续的效力。[56] 革命后的第十五个年头，著名的拿破仑民法典问世，法律家们完全受该法典及其他立法的约束，没有表现出任何明显的作为，1806年公布的民事诉讼法典也没有受到类似民法典那样的重视。但是不应忽视，作为现代化的前奏的法制统一化运动，是以巴黎和十二个省的议会导入罗马教会法的程序制度为标志的。[57] 在民法典未公布之前，司法制度已经进行了一系列改革。[58] 到19世纪末期，司法决定过程开始受到关注，法官集团甚至发展到将自由法学的观念付诸实行的程度。[59]

美国在独立战争之后对于法制改革问题曾经发生过长期争论。是用一个大陆法体系来取代英国的普通法，还是根据自然法的原则另起炉灶搞一套新规范呢？众说纷纭、不一而足。但是有一点共识，即职业法律家是必要的，况且商业合同、运货单据和有价证券的处理也不可能离开他们。而当时的法律家只能应用普通法。因此，维持和改善普通法体系就成为一种难以抗拒的决定。[60] 对于英国普通法不能适合社会发展需要的部分，由法官来发挥修改功能，其结果加强了法律的工具性和政策性。卢埃林把这种通过审判程序修改法律的方式称为普通法的“大尺度”（the Grand Style），并认为

---

〔55〕 *Id.*, pp. 271 - 272.

〔56〕 参阅R. C. von. 卡内海姆：《法官、立法者、大学教授——比较西洋法制史论》（日译本），米内尔瓦书房，1990年，第11～12页。

〔57〕 O. F. Robinson *et al.*, *op. cit.*, p. 335.

〔58〕 A. Engelmann *et al.*, *op. cit.*, pp. 751f.

〔59〕 O. F. Robinson *et al.*, *op. cit.*, pp. 485 ff. Lawrence M. Friedman, *Law and Society: An Introduction*, Prentice - Hall, Inc., 1977, p. 54.

〔60〕 *Cf.* Lawrence M. Friedman, *A History of American Law* (2nd ed.), Simon & Schuster, Inc., 1985, pp. 107ff.

“大尺度”与庞德所说的美国法的“形式性时代”(the Formative Eva)相对应。〔61〕 而庞德也曾经指出过,这一时代个人主义的盛行带来了“程序肥大化”(hypertrophy of procedure)的现象。〔62〕 仔细咀嚼卢埃林与庞德的话,就会发现其间存在实质化与形式化的尖锐矛盾。

19 世纪的美国法律界的确存在实质主义倾向和形式主义倾向的相反相成的关系。最能典型地反映这一时代性矛盾的是大法官 J. 斯托里所表现出来的法学价值分裂。他的私法观念基本上是极其功利主义的,抱有通过法律原理形成来促进重商主义和经济发展的明确目的。与此相映成趣,他的公法观念又具有僵硬的形式主义乃至保守主义倾向。而把这两种倾向对立统一起来的,恰恰是通过司法程序实现法制变革的内在确信。〔63〕

实际上,美国的一些重大的制度上和意识形态上的变革都是通过程序操作来实现的。例如,保险制度设立之初,社会上缺乏风险概念,陪审团常常作出不适当的赔偿裁决。为了保护保险公司的权益,就必须削弱陪审团的权力。1803 年关于海事保险的几个判例向法官提供了推翻陪审团裁决的程序武器。〔64〕 至于保险业在资本主义信用关系的维持与强化方面的重要意义,这里固不必赘言。本来,许多商人从纯业务的立场出发,对陪审团不抱好感,而陪审团对审判的侵蚀也激起了法官的抵触。所以从 18 世纪末开始,陪审团的权力逐步被削减。用来限制陪审团的程序方法有三项:第一,大力增加“特种案件”或“保留案件”,使法律问题的决定权集中到法官手里,避免陪审团的掣肘。第二,对所谓“违反证据分量原则”的裁决进行重审。第三,区别法律问题与事实问题,法律的解释仅仅被授予法官,而陪审团的职能范围则被限定在事实认定方面。这三项程序变化又导致了更深刻的法制革新:法院得以破除 18 世纪的抑商主义原则,发展出一套统一的、可以预测的

---

〔61〕 Karl N. L lewellyn, *The Commom Law Tradition*: *Deciding* Appeals, Little, Brown & Co. ,1960, pp. 36 – 38.

〔62〕 Roscoe Pound, *Criminal Justice in America*, Harvard University Press, 1945, p. 161, and his *Appellate Procedure in Civil Cases*, Little, Brown & Co. , 1941, pp. 33 – 36.

〔63〕 *Cf.* Morton J. Horwitz, *The Transformation of American Law* 1780 – 1860, Harvard University Press, 1977, pp. 255 – 256.

〔64〕 *Id.* , pp. 228 ff.

商事规则;商法从此成为普遍适用的基本法律。[65]

日本现代化过程中的一些极其复杂的价值问题也曾借助程序去化解之。例如,明治时期的土地制度改革与铲除封建障碍物、促进资本的原始积累有直接的因果关联,为此而采取的方法是地券发行的程序操作。1871 年 2 月,大藏省发布"关于土地买卖转让的地券发行规则",明定在土地所有权转让之际必须申请地券名义变更。地券由此成为国家把握土地流通交易的不可缺少的工具。初期的地券制度还带有刑罚性特征。然而,1879 年 11 月制定的太政官布告"土地买卖让渡规则",把地券改写(名义变更)程序所发挥的所有权流动化的作用转给公证程序,刑罚色彩也相应褪去。更重要的是,从此以后地券失去了其私法上的意义,但在一般交易观念上,地券却具备了牢不可破的信用性。而且,封建土地所有制下特有的"一田两主"和"一村总持"的现象也随之消除,土地转变成为真正的个人所有物。[66] 上述措施是纯程序性的,并没有触及土地的用益关系,但引起了土地的商品化、增大其流通性的革命效果。[67]

地券的功能仅限于土地所有权的转移,而不能调整资本主义经营所需要的土地担保关系。因此,1872 年 1 月制定了太政官布告"地所质入书入规则"。同年 2 月的布告又规定,质地诉讼不应以流地方式而要以竞争方式解决。通过这些法规,质权和抵押权的实体规范大体完备,与担保权的设定密不可分的公证程序也基本成形。按照这一制度,质入书入之际,户长(相当于后来的村长)必须履行"奥书割印帐"的登记手续,这一措施对后来的抵押制度的发展具有深远影响。[68]

明治维新期间民事法的规定不多,且相当一部分是属于程序法范畴的。例如,1872 年 7 月制定的太政官布达"诉答文例",本来主要是规定民事诉讼上的格式、起诉要件以及其他程序上的规则的,但是实际上其中包括了许多

---

〔65〕 *Id.*, pp. 141 ff.

〔66〕 参阅福岛正夫:《日本资本主义的发展与私法》,东京大学出版会,1988 年,第 23 ~ 25 页。

〔67〕 康芒斯曾经指出,用益关系与交换关系的这种颠倒是资本主义区别于封建主义的实质所在。意味着财产权与自由权的含义变化。See John R. Commons, *Legal Foundation of Capitalism*, The University of Wisconsin Press, 1957, p. 21.

〔68〕 参阅福岛正夫,前引书第 25 页。

实体法上非常重要的事项。福岛正夫曾经针对其中规定的三十多种诉名指出:“不妨说这些诉名是以诉权的形式把民事上的请求权定型化了。不仅如此,在特殊的场合(上述7、8项等),其中还规定了新的请求权。另外,关于连带债权人或债务人必须同时联名起诉或者应诉的规定(第23、25条),其影响及于贸易之处可谓波澜迭起。”[69]

日本在现代法制建设过程中重视程序的特点,最鲜明地表现在调解的法制化做法上。自1922年4月公布土地、房屋租赁调解法以来,日本通过立法的方式进行了调解制度的重建。从此,调解不仅仅是解决民间纠纷的手段,同时也变成了实现国家法目的的一种制度。[70] 这种调解制度的目标是通过当事人的互让,合情合理地解决纠纷(民事调解法第一条),因而不受实体合法原则的拘束。不过,它在程序方面的法制化程度却很高。在理论上,调解被认为是一种职权主义的裁量程序。[71] 在法律规定上,关于权限和手续的规定相当严密。调解法规被组织到程序法范畴中的事实本身也加强了其法律程序指向。[72] 而且,调解委员的专门职业化倾向也十分明显。[73] 总之,日本的调解制度把重点放在程序合理化上。这一点与我国的情形适成对比。我国在调解中更加注意与实体法的一致,从而减弱了调解的弹性选择方面的价值。

从现代经济学的观点来看,在企业的外部,价格的变动决定企业的生产和商品的流通的方向,并通过市场中的竞争原理去调整企业间的贸易;另一方面,在企业的内部起决定作用的则是基于指令、计划、调整的组织原理。这种竞争与组织、市场与计划的相反相成的关系如何区别确定,基本上取决于交易成本和组织成本的计算、比较。交易成本主要包括契约交涉和契约实施的各种费用及风险的负担方式;组织成本主要包括所有权的配置和赔

---

〔69〕 福岛正夫,前引书第38~39页。

〔70〕 参阅宫崎澄夫:《调解法的理论与实际》,东洋书馆,1942年,第21、28页。

〔71〕 参阅石原辰次郎:《民事调解法实务总览》,酒井书店,1984年,第8页。

〔72〕 参阅安田幹夫:《作为私法转化阶段的调解》,载《法学协会杂志》第51卷5号(1933年),第132页;小山升:《民事调解法(新版)》,有斐阁,1977年,第14页。

〔73〕 见Bruce E. Barnes与小岛武司的对话:《日美调解制度的比较》,载《判例时报》第581号,1986年,第4页。

偿责任的认定。由于事涉权利义务的分配问题,交易成本和组织成本的计算标准、决定以及实施几乎不可能委诸私营机构。因此,市场经济体制不能不依存于国家的司法系统。换言之,权利即社会资源的分配若欲达到效率最优,必须通过法制形成当事者间自由交涉的条件,结果的决定均以交涉过程为基础。这意味着司法程序乃至法律制度整体的构成是否妥当对于市场机制的运行及其利用具有极其重要的意义。[74]

总而言之,资本主义市场经济一方面要求紧凑的有效率的组织条件,另一方面要求选择的充分自由。法律程序的特性正好能使两者协调。因此,在资本主义兴起过程中,程序在有意无意、或明或暗之间起了相当重要的作用。相对于实体规范,程序的确是形式、是手段。但是不能忘记,适当的实体规范往往是通过公正程序形成的。

2. 程序与言论自由

言论自由的问题一般都发生在意见竞争的场合。当这种意见竞争与选择、决策结合在一起的时候,问题会尖锐化。持不同意见的个人或集团希望自己的观点被接受,于是都试图说服对方。在理想的对话状态下,以理服人总会使问题得到适当解决。但是,现实中很难施行这样的理性设计,人们都希望动员各种社会资源(包括规范、权力、关系、交易等)来加强自己的立场。在势均力敌时,基于利害打算的妥协比较常见。而在力量对比悬殊时,以强凌弱的危险就很大。

政府为了实现某一目的或推行某一政策,必须动员全国的力量,统一步调。在紧急状态中,国家安全有时要求以个人自由为牺牲。公共意志与个人主张也会产生矛盾。这些关系处理不当,都会成为压制言论自由的契机。言论自由之所以经常成为一个政治问题,是因为事情多集中于政府与个人关系方面。至于个人滥用言论自由权的问题则相对容易解决。

在社会的实质性不平等状况不能改变,而理想的对话条件又并不具备的场合,言论自由的保障一般只能在有约束力的程序中寻找。程序可以提

---

〔74〕 科斯教授在他的代表性论文《企业的本质》《社会性费用的问题》中开拓了这种思路。See *Cf.* Ronald H. Coase, *op. cit.*, chaps. 2,5.

供一种特殊的自由讨论、沟通的场合和方式。在这里，通过法律规范的屏障作用，社会影响力和身份差异被尽量排除，一切既定的真理标准和权能行使都被缓期执行。完全的信息和平等的对话通过辩论和举证的程序来担保。立法程序为了保证讨论有充分的自由和理性，规定了议员的免责特权。司法程序为了保证诉答公正，设置了公堂对审和上诉救济的制度。另一方面也不能不指出，程序在保障言论自由的同时，也限制着自由的言论。程序中的言论自由是在一定场合按一定的顺序进行的，必须有理、有据、有节；存在归责机制，人人都对自己的言论负责，口头诬蔑(slander)或书面诽谤(lilbel)他人都要以名誉损害(defamation)为由受到追诉。

程序还能通过诸如限制政府滥用权力、明确言论与犯罪行为的界限、禁止以言论定罪、对成文法规进行审查等一系列措施，来保障言论自由的真正实现。50年代的美国，围绕宪法第1条修正案关于言论出版自由的规定出现了一系列问题，法律界中也发生过重大分歧。最高法院正是通过程序技术，宣告对言论出版的自由给予更严格的保护。[75] 例如在纽约时报公司诉萨理万上诉案中，最高法院对于自身继受英国法以来实施的名誉损害法进行了彻底改革。首先是扩大了公正评论的抗辩；不仅把言论自由当作宪法上的特权，而且使之及于事实陈述；强调如果不存在“现实的恶意”(actual malice)，言论内容即使不真实也可以免责。其次是转换举证责任，对言论的内容不再要求被告去证实，而是改为要求原告去证伪；而且关于证明的程度，不仅仅满足于证据优越(preponderance of evidence)，而且得达到所谓“足以令人心服的明确度”(convincing clarity)。再者，对于与言论出版自由有关的案件，上级法院必须独自彻底查阅(comb)全部卷宗。最后，值得特别注意的是，一般上级审的审查，如果从诉讼记录上看不出明显的错误(clearly erroneous)则不撤销原判决，以示对有机会判断证人信用性的第一审法院的尊重(美国民事诉讼规则第52条a款)；但是在涉及言论自由的案件中，上

---

〔75〕 Martin Shapiro, *Freedom of Speech: The Supreme Court and Judicial Review*, Prentice – Hall, inc., 1966, pp. 143 ff.

级审有义务独自重新审查(de novo review)案件。[76]

顺便指出,现代社会的言论自由不仅仅指政治主张和社会思想的表达问题,也涉及私有财产和经营活动等经济方面,最突出的事例是商业广告和产品说明。色情出版物、性产业信息等也可以归于此类。起初经济沟通活动并不受言论自由条款的保护,但是1971年以来的发展趋势是承认商业性表现与政治性表现的同一性。法人的言论甚至成为宪法的中心课题。[77] 随着信息时代的到来,各个领域的言论自由与政府限制、调节措施之间的适度平衡问题将会变得越来越重要。

3. 程序与民主

民主是一种通过多数表决的选择方式来做出政治决策的制度安排。而决策权力的分配是通过个人争取选票的竞争来进行。[78] 然而,集体选择的结果并不一定都是最好的和可行的,让一切选民自由交谈也未必可以得到真理。为了使自由的、民主的选择更合乎理性和正义,就需要采取一种逻辑严密的推理方法,循序而进,有条不紊地达成正确的决定。这种方法最好的示范是以程序为推定内容正确与否的根据的法律家技巧。对比可以用哲学家Ch. 佩雷尔曼和St. 托尔明的理论来印证。

佩雷尔曼在以"哲学家可以从法律、研究中学到什么"为题的论文中,把法律思考模式与笛卡尔等的理性主义绝对模式进行对比,强调法律思考的特征是把不完全的人的意志和理性的辩证性讨论进行组织,在意见对立之中排除强力的行使,通过适当的理由求证来做出决定的程序。他认为哲学已经进入了应当从法律等的实践理性中汲取营养的时期。[79] 托尔明认为,

---

〔76〕 See *New York Times Co.* v. *Sullivan*, *United States Reports*, Vol. 376 (Oct. Term 1963), U. S Government Printing Office, 1964, pp. 254 ff.

〔77〕 *Cf.* Mark Tushnet, "Corporations and Free Speech", in D. Kairys (ed.), *The Politics of Law; A Progressive Critique*, Pantheon Books, 1982; Warren Feredman, *Freedom of Speech on Private Property*, Quorum Books, 1988.

〔78〕 Joseph A. Schumpeter, *Capitalism, Socialism and Democracy*, Harber & Rom Publishers, 1976, p. 269.

〔79〕 See Chaim Perelman, "What the Philosopher May Learn from the Study of Law", in his *Justice, Law, and Argument; Essays on Moral and Legal Reasoning*, D. Redel Publishing Co., 1980, pp. 163 – 174; *cf.* Ch. Perelman, *The Idea of Justice and the Problem of Argument*, Routledge & University of Notre Dame Press, 1982.

实用逻辑学(working logic)是关于主张的正当化和议论的评价的理论,其模型与其说是数学,不如说是法律学,换言之,“逻辑学就是一般化了的法律学”。他建议,议论的合理程度应该比照法律学来探讨,因为程序的核心是关于理性(*ratio*)的深谋远虑(*prudentia*)〔80〕。

也许正是基于同样的观察和思考,法国著名法律家P.卡拉曼德莱在他的专著《程序与民主》中,并不直接论述法律程序与民主制度的关系,却大谈特谈法律程序中的正义、逻辑、常识和发现技术,只是在最后一章涉及诉讼程序中个人的自由、平等的地位和权利保护〔81〕。合理而公正的程序是区别健全的民主制度与偏执的群众专政的分水岭。因为民主的真正价值显然不是取决于多数人的偏好,而是取决于多数人的理性。在众口难调的状况下,程序可以实现和保障理性。

从这个角度来把握民主,其着眼点是民主的功能。民主不仅仅是一个美好的政治理念,也不是一劳永逸的整体问题,而是不断排除民主主义原则的功能障碍和寻找功能等价物的过程。这种决定过程既要考虑政治上的可能性,又要考虑人民支持的条件,还要考虑既定的规范前提,因而是一种在狭窄领域中的复杂作业,程序问题变得十分突出。

诉讼程序本身并不具有明显的民主色彩。法律家是专门职业者,而不是民意代表。判决的依据是实定法规范,而不是人民的直接要求。一般而言,案件审理不应当受到政治的影响。但是,在民主制度的运作中诉讼程序的作用却不可低估。个人或团体可以通过起诉来操作法律装置,保护或实现自己的权利,并且影响政治。另外,法律变更的契机存在于司法过程之中,这就为当事人提供了间接参与法律秩序形成的渠道。此外,诉答过程中的两造地位平等和当事人主义原则也体现了民主主义的精神。

民主与程序的直接联系主要表现在选举和立法方面。C. B. 鲍威尔提出过现代民主制度的五条标准:(1)政府的正统性取决于它明示代表本国公民的愿望;(2)决定其正统性程度的是组织竞争性政治选择的制度安排;(3)选

〔80〕 Stephen E. Toulmin, *The Uses of Argument*, Cambridge University Press, 1968, esp. pp. 7ff.

〔81〕 *Cf.* Piero Calamandrei, *Procedure and Democracy*, New York University Press, 1968.

举向大多数公民开放;(4)投票自主性的技术保障;(5)言论、出版、集会、结社的自由。[82] 这些标准都具有很强的程序性。可以说,只有遵循一定的程序原理和要件的选举或立法才是"民主的",而只有民主的选举或立法才具有正统性。因为只有这样才能排除舞弊、恣意和偏倚,使"人民的意志"得到正确的反映和贯彻。所以葛泽维奇(Mirkine Guetzevitch)说,"民主是一种行为模式,一种义务承担。没有这种限定,宪政方法就是软弱无能的"。[83]

4. 程序与权威

权威的问题涉及服从与正统性。任何社会都需要靠权威来维持,因而也需要维持权威。在国家主导的现代化过程中,权威尤其重要,否则无法有效地进行动员和实现目标。但是真正的权威并不单纯仰仗强力。法律是否被普遍遵守也不仅仅取决于国家的物理性制裁。国家和法只有当它在一定程度上反映了社会的共同意志和普遍利益,在人民内心得到认同的时候,才有充分的实效。因此,权威的问题必须转换为公平性的问题来处理。而具体的决定或措施的公平性则由正当过程原则来决定,基本上可以归结为程序的正义和程序合理性。当某一社会存在强有力的合意或统一的意识形态时,程序的重要性尚不了然。因为自明的价值前提往往不需要论证和选择性解释。当价值一元的状态不复存在时,程序就一跃而成为价值的原点。卢曼指出,在当代西方,自然法的失坠也是由程序法来补偿的。[84] 可想而知,在一个缺乏自然法信仰的社会建立法治秩序,法律的权威性更有赖于程序法的合理与公正。

权威来源于确信和承认。对于有理性的现代人而言,确信是由证明过程决定的,承认是由说服效力决定的。[85] 也就是说,在服从某一决定之前,人们必须考虑做出该项决定的正当化(justification)前提。这种前提主要就

---

〔82〕 G. Bingham Powell, Jr. , *Contemporary Democracies*, Harvard University Press, 1982, p. 3.

〔83〕 Cited in P. Calamandrei, *op. cit.* , p. 18.

〔84〕 参阅 N. Luhmann, *op. cit.* , *supra* note 17, S. 148。日译本第 187 页。

〔85〕 因此,卡尔·弗里德里希从意见沟通的品质的角度来定义权威。他说:"权威取决于发布可以严密论证的信息的能力。"这一见解可以追溯到韦伯的权威三类型中的理性权威,同时也反映了权威概念在现代的重大变化。See Carl J. Fierdrich, "Authority, Reason, and Discretion", in his (ed.) *Authority* (NOMOSI), Harvard University Press, 1968, p. 29.

是程序要件的满足。因为在公正的程序之中,当事人的主张或异议可以得到充分表达,互相竞争的各种层次上的价值或利益得到综合考虑和权衡,其结果,不满被过程吸收了,相比较而言一种最完善的解释和判断被最终采纳。这样做出来的决定极大地缩小了事后怀疑和抗议的余地。经过正当化过程的决定显然更容易权威化。就通过程序使决定具有权威性这一功能而言,议会辩论与法庭辩论没有实质性区别,行政处理与法院审理也没有根本的差异。在《通过程序的正统化》一书中,卢曼对此已有详尽而中肯的分析,此处恕不赘言。

程序是合理选择的适当方式,在这一意义上它有理性权威。程序具有位阶结构(hierarchial structures)。[86] 因此它又与传统权威相联系。把理性权威与传统权威结合在一起的程序,在西方曾经充当革命家与资本家的意识形态。[87] 这话说起来唐突,推敲下去并不奇怪,其中的意义更值得玩味再三。

不同的程序赋予结果的权威性也是不一样的。例如,过半数表决通过、三分之二或四分之三多数通过与全体一致通过的程序效果是很不一样的。这种具体程序的选择反映了内容和结果的权威性的不同要求。当然程序选择并不都取决于权威序列上的差别,减少决定成本也是一个重要的动机。在集体决定的场合,如何使决定成本最小化甚至是一个必不可少的目标设定。与决定成本相联系的还有决定效益的问题。如果把集体选择结果的权威作为一种效益来看的话,那么可以说法律程序尤其是审判程序的决定效益是很大的,尽管其成本昂贵在西方也一直是争议不休的问题之一。[88]

五、中国法律程序的缺陷

我国上古之世,程序已经颇有可观。例如诉讼,据《王制》记载,已有管

〔86〕 这一点在审判程序和行政程序中表现得尤其明显。*Cf.* R. M. Cover *et al.*, *op. cit.*, *supra* note 12, pp. 154 ff.

〔87〕 参阅 N. Luhmann, *op. cit.*, *supra* note 17, S. vii。日译本第 iii 页。

〔88〕 *Cf.* Kim L. Schepple and Karol E. Soltan, "The Authority of Alternatives", in J. Roland Pennock and John W. Chapman (eds.), *Authority Revisited*, New York University Press, 1987.

辖等级、审理手续、裁量标准的规定。[89] 到近代,关于重案的报告与复审、民事案件与轻微刑事案件的州县自理、上诉与京控、证据与纠问、堂论与判牍等,都有一套自成体系的制度。[90] 然而,程序法一直没有独立于实体法之外,其内部分化也很不充分,根本不存在几种诉讼程序并立的现象。尽管人们常喜欢引"讼谓以财货相告者""狱谓相告以罪名者"[91] 的说法来证明我国古代已有民刑诉讼程序之别,但实际上无论是讼还是狱都不是指制度而言,只不过表述个别案件的用语而已。[92] 从总体上看,我国传统法律之中形式主义的要素十分稀薄。[93] 这种属性妨碍程序法的发展是不言而喻的。反过来,程序的不合理又会限制实体法的生成和进化的机制。而实体法的疏简并没有诱导法律解释技术的发达,相反形成了正当化作业的法外指向,进一步压抑了程序的分化。这是一种恶性循环。

20 世纪初,中国在内外压力之下开始变法,于召集议会、设立法院、刷新行政的同时,现代西方程序的理论和规范也随之导入。清末已经分别起草了民刑诉讼法草案。民国时期,程序系统已经森罗万象,意追先进。尽管如此,中国的反程序化倾向仍然十分有力,立法上意欲简化程序,实务中试图松弛程序的现象屡见不鲜。对此,R. 庞德在担任民国政府司法行政部顾问期间曾经有过语重心长的告诫。他说:

> 程序的简化在任何地方都是一个循环呈现的问题。中国已经有了一种先进的现代程序,有些人强烈要求简化之。首先必须注

---

〔89〕 所谓"成狱辞,史以狱成告于正,正听之。正以狱成告于大司寇,大司寇听之棘木之下。大司寇以狱成告于王,王命三公参听之。三公以狱之成告于王,王三又,然后制刑"。听讼之法"必三刺。有旨无简,不听。附从轻,赦从重。凡制五刑,必即天论。邮罚丽于事。凡听五刑之讼,必原父子之亲,立君臣之义以权之,意论轻重之序,填测浅深之量以别之。悉其聪明,致共忠爱以尽之。疑狱,沮与众共之。众疑,赦之。必察小大之比以成之"。转引自吕思勉:《中国制度史》,上海教育出版社 1985 年版,第 812 ~ 813 页。

〔90〕 详见那思陆:《清代州县衙门审判制度》,文史哲出版社 1982 年版;滋贺秀三:《清代中国的法与裁判》,创文社 1984 年版。

〔91〕 《周礼·秋官·大司寇》郑注。

〔92〕 据滋贺秀三前引书第 9 页的考证。

〔93〕 参阅 Max Weber, *The Religion of China: Confucianism and Taoism*, The Free Press, 1964, chaps. 4 &6; J. Escarra, *Le Droil Chinois*, Peking, 1936, p. 62。日译本(有斐阁,1943 年)第 67 页。

意,在经济组织化的复杂社会之中,让当事人和法官来个简单的碰头会、临机应变地调节人与人之间的关系,这样一种外行人的理想是不可能实现的。过分简单从事是危险的。……为了保证决定的合理性,必须要求在认定事实的陈述和适用法律的主张之中系统阐明其理由,舍此没有更有效的方法。……废除或松弛关系到判断基础的程序要件(requirements)势将利少而弊多。[94]

时间又流逝了四十余年,世事已有沧桑之变,但庞德的批评并没有失效。

近年来,中国的程序建设的确有了长足进步。例如,人民代表大会议事规则已经通过;行政诉讼法也在排除障碍切实施行;民事诉讼法终止试行期并作了许多重要修改,当事人权利得到扩充,程序合理性也明显加强;行政程序也在逐步完备之中。但是,程序的制度化作业进展还不能令人满意。法律条文往往忽视程序要件的规定,因而缺乏可操作性,给恣意留下了藏垢之所。在实践中,不按程序办事已成恶习,更是专制与腐败的一大病灶。

政府未尝不想整顿纲纪,监察机构已经叠床架屋而收效不著。人民未尝不想伸张权利,信访请愿已经泛滥成灾而解决不力。为什么会出现这种情形?为什么中国有程式而无程序、有名不副实的法律形式化而没有正名求实的法律形式主义?对这类问题可以从文化传统和制度原理两方面去寻找答案。在深入分析和思考中国程序在历史上和现实中的特点之后,关于法治难行的症结和法制改革的方向应可以获得比较明确的认识。

1. 传统程序与现实问题

传统中国州县管理制度的实质,与其说是行政官兼理诉讼,不如说是司法官兼理行政。基层官僚的主要任务是审判案件。因此,通过诉讼程序来把握一个程序的基本特点当不致产生问题。

程序的实质是管理和决定的非人情化,其一切布置都是为了限制恣意、专断和裁量。前面已经述及,限制恣意的方式主要有两种,一为审级制,一

[94] Tsao Wen - yen (ed.), *The Law in China as Seen by Roscoe Pound*, China Culture Publishing Foundation (Taipei), 1953, pp. 13 - 14.

为分权制。我国更侧重于前一种方式,通过位阶关系来监督和矫正基层的决定。中国人自古缺乏分权思想。荀子的话很有代表性,他说:“权出一者强,权出二者弱。”[95]这并不意味着完全没有认识到分权的作用。唐代中央政府设置中书、门下、尚书三省,中书出令、门下审驳、尚书奉行,以图互相制衡。宋代则采用政军财分掌之制,即政务归中书、军事归枢密院、财务归三司使,以图明确守责、提高效率。然而这些措施只不过是分割治权、区别职能而已,最终还是为了维持君权统一。但是无论如何,上述两种限制恣意的方式也同样适用于中国,这一点是没有疑义的。那么东西方程序上的根本差异发生在什么地方呢?答曰,在对具体案件依法进行决定的场合,在解释法律和认定事实的方式上。

概而论之,西方审判制度的原理是通过援引法律,对法律的文字含义和立法精神进行严密的解释说明,提出证据,对证据的信凭性、取证方式和因果关系进行仔细的审查考虑,来防止专断、保证审判的客观性与公正性。为了有效地达到这一目标,主要采取在公开法庭进行对抗性辩论的方式、方法。因为当事人双方的胜诉动机会促使他们仔细寻找和考虑一切有利于自己的证据、法律规定及其解释方式,并竭力发现相反观点的漏洞和问题,从而可以使处理某一案件的各种选择都能得到充分展现和权衡。当然,由于当事人对法律含义和证据价值缺乏足够的知识,他们的议论未必能切中要害。为此就需要律师帮助他们,使法律家再产生分化、带上党派性。

我国审判制度的原则与此不同。司法与行政合一的体制决定了视审判为行政的一个环节的观念,审判程序是按行政原理设计的。“就是说,审判的程序性限制也是以官僚机构内部纪律的形式出现,程序的遵守不是由于当事人能够对违法的过程提出效力瑕疵的异议,而是通过上司对违法官僚的惩戒处分来保障,人民仅仅止于接受其反射性的利益。”[96]当事人在诉讼中的活动主要是形成供状(陈述情节和)招状(表示认罪)。但招供的过程实际上并不是事实认定的过程,只是通过结论必须由被告自己承认这一制度

---

〔95〕《荀子·议兵》。

〔96〕滋贺秀三,前引书第78~79页。

设定来防止专断。证据是在促使被告认罪这一意义上使用的。因此,司法官不必受复杂的证据法的限制。当事人对法律的援引和解释也没有发言权。法律适用完全系于司法官的一念之间,不必经过法庭争辩。从而律师也就没有必要设置。

既然司法官在审判中完全处于支配地位,那么怎样才能防止恣意呢?除了判决必须以获得被告认罪书为前提这一限制措施之外,我国主要采取了以下几种方式:

(1)量刑的机械化。从我国古代刑律可以发现,立法者尽量在罪行与刑罚及其赎换刑之间确定一一对应的数量关系。例如,据《隋书·刑法志》记载,《梁律》定为二十篇,"其制刑为十五等之差……。刑二岁以上为耐罪,言各随伎能而任使之也。有髦钳五岁刑,笞二百,受赎绢,男子六十匹。又有四岁刑,男子四十八匹。又有三岁刑,男子三十六匹。又有二岁刑,男子二十四匹。赎髦钳刑五岁刑笞二百者,金一斤十二两,男子十四匹。赎四岁刑者,金一斤八两,男子十二匹。赎三岁刑者,金一斤四两,男子十匹。赎二岁刑者,金一斤,男子八匹。罚金十二两者,男子六匹。罚金八两者,男子四匹。罚金四两者,男子二匹。罚金二两者,男子一匹。罚金一两者,男子二丈。女子各半之。……"唐律中关于盗窃罪的刑罚也是如法炮制,被盗物价值折合成绢的幅长来计算,从无赃笞五十、一尺杖六十开始一直规定到四十匹流三千里,五十匹加役流。[97] 各代刑律的定刑方式皆如出一辙,几乎排除了量刑的余地。可惜当时尚未发明电子计算机,否则自动量刑的专家系统软件早已被列祖列宗设计出来了。

(2)法律的细则化。量刑的机械化实际上标志着绝对的法定刑主义,这种原则当然会影响到法律的构成,促进实体法规定的特殊化、细则化。其结果,产生了极其复杂的"副法"。例如清代有近两千条例附着于主律之上。[98] 明太祖曾经论及主律和附例的关系,说"律者,常经也;条例,一时之

---

[97] 据吕思勉前引书第821页,又见《唐律疏议》光绪庚寅年北京刻本,第19卷第12页"窃盗"以下。

[98] 参阅滋贺秀三,前引书第75页。

权宜也”。[99] 但是条例实际上具有成文法的性格，是一种因事立法的成例；[100] 至清代每隔三年、五年进行“修例”更成为制度。[101] 滋贺秀三根据这种事实提出一个假说，即中国传统法在运用上不重视解释学而重视成例，与案件具体特性相对应的副法在法律变更中起了实质性的作用。[102] 这一见解是很中肯的。立法层次上的细则化倾向意味着不断限制司法裁量的努力。因此，我国实体法的完备不是通过一环扣一环的诉讼行为去进行，而是靠一段又一段的修例活动去实现。然而，“有定者律例，无穷者情伪”。[103] 细则化并不能解决法律疏简而又僵硬的问题，于是在运用之际只好采取重其所重、轻其所轻、小事化了的态度。

(3)当事人的翻案权。古代审判凭招状定案，又承认肉刑的使用，于是经常发生“捶楚之下，何求而不得”的弊端。为资补救，只有给予当事人充分的悔供上控的机会，以当事人的翻案权来与司法官的支配权相平衡。因此，判决总是缺乏既判力和确定性。其具体表现是，上诉没有时效和审级限制；判决作出之后并不绝对排除重审的可能性；判决可以“有错必纠”，随时变更。于是又常常发生“屡断屡翻”的问题。[104] 由此可见，中国的程序不仅未能吸收不满，相反却给当事人以充分的机会来从不同的角度、由不同的诱因而不断地使不满死灰复燃。法律关系的安定性也因而受到损伤。

(4)上级机关的复审权。为了从制度上保证绝对法定刑主义的实施、防止司法官在法律疏简的条件下专断，审判变成了一个由多级官员参与的复杂过程，程序要件充足性的问题在很大程度上置换为人事行政的监察问题。例如清代，重案有自动复审制，犯人的翻案也能导致上级机关的提审，在刑部和按察司采取下属起案、上官决裁的工作方式，等等。[105] 这就使审判权的

---

[99] 孙承泽：《春明梦及录》，龙门书局1965年版，第44卷第696页。

[100] 参阅《宋史·刑法志》。

[101] 参阅李甲孚：《中国法制史》，联经出版事业公司1988年版，第148页。

[102] 参阅滋贺秀三：《清朝的法制》，载坂野正高等编：《近代中国研究入门》，东京大学出版会1974年版，第285、292、298页。

[103] 潘如淳：《例案续增全集》自序。

[104] 详见滋贺秀三，前引书第145页以下。

[105] 洋见滋贺秀三，前引书第22页以下。关于民事案件的复审、直诉，参见杨雪峰：《明代的审判制度》，黎明文化事业公司1988年版，第267～278页。

自治性和相克关系被软化和淡化了。审判者始终处于被审判的状态之中，除了皇帝之外，任何机关的决定都可能受到来自上级机关的追究或来自下级机关的反追究。而追究和反追究都可能带来严重的后果。刑律中设有“官司出入人罪”的罚则，原审法官一旦被认定为“草率定案”，就要受到惩戒，影响及于仕途。这里的逻辑关系是：司法官的任务是获得口供，因此对他的要求不是忠实于程序，而是所谓“以五声听狱讼、求民情”、明察秋毫的手腕。他既然不受程序的约束，当然同时也就不受程序保护，而必须对决定负全部责任。这种责任负荷太重，而又不存在审判权的相克问题，因此他的行为方式必须倾向于早请示、晚汇报，以转嫁或减轻翻案的责任风险。

综上所述，为了防止和限制恣意，我国采取了比西方更严厉的措施。其动机或可同情，但其效果却很糟糕。因为我国在缩减恣意的同时也压抑了选择，而选择恰恰是程序的价值所在。结果，我国的法律森严而不能活用，选择的要求只能以非程序的方式去满足。换言之，在我国，选择与程序脱节了，这样进一步又出现了一种事与愿违的情形：当事人可以出尔反尔，任意翻悔；案件可以一判再判，随时回炉；司法官可以先报后判，多方周旋；上级机关可以复查提审，主动干预。一言以蔽之，在程序限制恣意的同时，另一种形态的恣意却因这种程序而产生，这实在是法律中一种极具讽刺意味的辩证现象。

现代中国还存在类似问题吗？回答是肯定的。尽管合理的现代程序目前已经初具规模，但是传统的残余和影响仍然随处可见。例如，法律的细则化以及存在副法体系的特点不仅得以保留，而且还有扩大的趋势。表3显示的是关于国内经济合同的主法副法构成。其他法律领域也是如此，只不过有程度上的不同而已。法律规定趋于严密周详是好事，但是如果这种细则化不是着眼于完备适用要件，而是着眼于否定适用裁量，那么就有可能导致法律僵化。一谈周详规定就变得条文烦苛，一谈灵活运用就变得比附失当，这是我国法制建设中的一个怪圈。其根源存在于实体规范的细则化方式之中。这样的法律形态难以很好地适应现代商品经济的需要。

表 3　国内经济合同法规群一览

类　型	法规名称
法律	经济合同法(1981 年 12 月 13 日公布) 技术合同法(1987 年 6 月 23 日公布)
法规	经济合同仲裁条例(1983 年 8 月 22 日发布) 财产保险合同条例(1983 年 9 月 1 日发布) 建设工程勘探合同条例(1983 年 8 月 8 日发布) 建筑安装工程承揽合同条例(1983 年 8 月 8 日发布) 工矿产品购销合同条例(1984 年 1 月 23 日发布) 农副产品购销合同条例(1984 年 1 月 23 日发布) 加工承揽合同条例(1984 年 12 月 20 日发布) 借款合同条例(1985 年 2 月 28 日发布) 技术合同实施条例(1989 年 3 月 15 日发布)
规章	仓储保管合同实施细则(1985 年 10 月 15 日发布) 公路货物运输合同实施细则(1986 年 12 月 1 日发布) 水路货物运输合同实施细则(1986 年 12 月 1 日发布) 航空货物运输合同实施细则(1986 年 12 月 1 日发布) 铁路货物运输合同实施细则(1986 年 12 月 20 日发布) 技术合同管理暂行规定(1988 年 3 月 21 日发布)
司法规范	最高人民法院关于贯彻执行经济合同法若干问题的意见(1984 年 9 月 17 日下达) 最高人民法院关于审理农村承包合同纠纷案件若干问题的意见(1986 年 4 月 14 日下达) 最高人民法院对于审理经济合同纠纷案件中具体适用经济合同法若干问题的批复(1987 年 7 月 21 日下达)

又例如,现行审判制度规定了两审终审,颇有一事不再理的意味。但是审判监督程序的规定表明,我国的判决仍然缺乏既判力和自缚性,审判权之间的相克关系仍然很薄弱。1979 年 7 月公布的刑事诉讼法自不待言,即使 1991 年 4 月通过的新民事诉讼法也未脱传统的窠臼。具体来看,法院院长对本院已经发生法律效力的判决、裁定,发现确有错误,认为有必要再审,经审判委员会讨论可以再审;上级法院以及最高法院对下级法院的判决和裁定发现有错误时,有权提审或指令下级法院再审(《民事诉讼法》第 177 条)。当事人对已经生效的判决和裁定,也可以向原审法院和上级法院申请再审(同法第 178 条)。当事人申请再审有时间限制,即应当在判决、裁定发生法

律效力后二年内提出(同法第182条)。但是对于原审法院与上级法院的再审不存在时效问题。当事人则可以通过信访申诉来促使法院作出再审的决定。因此,实际上再审变成无条件的了。这种不加限制的申诉固然可以有纠正错案误判的好处,但是也增加了法院业务的负担和审判的困扰。据统计,1989年一年之内,各级法院审查处理对已经生效的判决和裁定的申诉案件多达107.5万件。一般案件经再审后改判率为22.5%,而检察院依审判监督程序提起抗诉的案件经再审后改判率为39.3%。[106] 这充分说明程序吸收不满的能力很低。当然,改判率反映出基层审判质量不高,因此,细则化和再审制也的确有其存在的现实条件。

然而,为什么不尽早着手建立完整的司法考试和法律家资格认定制度呢?为什么不在审判程序中确立职业主义的原则呢?为什么不让辩论进行得更充分呢?为什么不让律师对法律解释有更多的发言权呢?更根本地说,为什么不增强法律的解释和修改中学说的作用呢?问题归于一点,还是程序设计的合理性问题。而程序原理如果没有根本性的变化,即使彻底刷新政治体制和实体规范也不会有明显的效果。信访不仅不会退潮,也许反而倒变得更加汹涌。判决的强制力不仅不会强化,反而可能由于旧式控制的放松而变得更加缺乏成效。民众的不满会从各个角度喷射出来,互相刺激诱发,以致不可收拾。在程序没有根本性改革之前,加强法律实效和司法独立的许多措施都无从落实。

2. 变动期的非程序化倾向及其批判

除了传统程序的副作用之外,持续的社会变动也妨害了中国的现代程序建设。因为变动使得法与社会的关系难以协调,这时的法律处理常常不得不牺牲对于法律的形式合理性和严格的程序要件的追求,以便寻找出历史的突破口。

社会变动所引起的结构上的对立、价值上的矛盾反映到个人行为上,就是客观性纠纷,即指如果社会结构上的对立不消解就无法彻底解决的纠纷。对这类纠纷很难作出黑白分明的法律判断。中国近年农村里的承包合同纠

[106] 据《法制日报》1990年4月11日刊登的法院工作报告。

纷、城市里的破产企业处理问题，就是最典型的例子。解决这类纠纷，必须注意纠纷产生的社会背景和根源。比方说，中国国营企业乃至集体企业的亏损可以分为两种，一种是政策性亏损，另一种是经营性亏损；此外，企业缺乏经营自主权，价格体系也不合理，这些因素使得企业的经营状况很难用一个客观标准去衡量。因而，很多情况下企业破产实质上是结构性破产。在这种情形下，破产处理中的制裁装置难以启动，也难以见效。可见如果仅仅着眼于破产的威慑效果，试图以此来改变企业的行为方式，那么过早导入破产制度不会有太大的实际意义。

在现代诉讼程序中，法律家的任务是处理主观性纠纷——与社会背景相对分割开来认知的个别的、表层的纠纷，而对客观性纠纷一般不加考虑。审判着眼于行为，而不是行为背后的价值体系。法院受处分权主义的消极受理原则的束缚，不能依据职权去发掘潜在案件而给予积极的救济。因此在许多场合，社会变动的实践迫使严格的诉讼程序要求撤退，转而采用较有弹性的方式来处理纠纷。在其他决策过程中，社会发展的不平衡、变革期的动态也往往成为违反程序的一种常见理由。

但是，在社会变动时期采取比较有弹性的方式来处理问题、作出决定，并不意味着可以不按程序办事，也不意味着可以无视程序的内在要求。

一般地说，任何社会变动都是采取一破一立这两种方式进行的。“破”是否定，是通过破坏或变更一定的行为样式或行为期待所引起的变化。“立”是计划，是通过制定和实施左右社会活动方向的规范和制度所引起的变化。在国家主导的社会变动的场合，第二种变化形式更加重要，因为它是建设性的，是制度化指向的。这里不存在所谓“破”字当头、立也就在其中的逻辑。国家总是通过法律手段来推行变革。这时法律本身也是相应地产生两种变化。一种是在社会变动过程中按照刺激—反应方式进行的自我调整。另一种是独立于社会变动的按照规范逻辑方式进行的自我形成性的变化。法律的功能主要是组织社会变革和使变革成果安定化。社会变革成果的安定化在很大程度上取决于法的安定化，而法的安定性又与法的自治性密切相关。可以说，法律系统的自治性越强，其安定度也就越高。

为了维护法的相对自治性，防止法与社会的短路结合，需要设定一些有过滤效果的中介装置。从各国现代化变革的实践来看，主要有三种隔离措施。（1）准法律秩序的形式，例如中国的内部规范群、调解制度、乡镇法律服务处、司法助理员系统等。但是中国存在准法律秩序肥大化、从而侵蚀了法律系统的问题。（2）一般条款，例如中国民法通则中的公平和诚实信用原则等。但是中国存在一般条款的运用缺乏法理限制的问题。（3）程序，它通过对社会事实进行固定化处理，一方面可以向那些不能为立法所吸收的分散利益给予在法律上进行表达的机会，同时通过把分散利益的特殊性向普遍性转化的机制来保障法的自治性。由此可见，在社会变动期间，程序是必不可少的。而且，程序也是正确运用准法律秩序和一般条款的保证。

其次，国家主导的有目的的社会变革是一个极其复杂的系统工程，不可能一蹴而就。而各项改革措施之间的功能关联性非常强，如果没有其他制度条件的配合，一项改革措施往往不能见效。关键在于正确地选择突破口，适当地决定应当采取的改革措施的顺序和日程。为此首先需要能够缩减社会复杂性并能使改革设想转换成容易操作的形态的某种方式或方法。在许多场合，程序能满足这一需要。例如，在社会主义各国的改革中，破产处理程序曾经被用来观测、实验和模拟企业管理体制改革的效果。在破产处理程序中，经营失败所引起的各种权利要求和利害关系都充分暴露出来。而且，通过企业管理班子的改组、亏损责任的追究、破产连锁反应的抑制等一系列操作，在一定程度上可以把经济体制的各种问题转换成破产程序中的技术性问题。可以说，导入破产制度的实际意义主要不在于改变企业的经营行为，而在于社会复杂性的缩减。

社会现实是多义的，而改革措施的决定往往是基于单义的目的。因此，决策者往往会为一项决定或措施所带来的种种出乎意料的效果而困惑（当然也有歪打正着的侥幸）。例如，中国的决策机关本来打算导入股份公司制度，但其结果股份实际上变成了一种债券形态，银行利息也有必要相应调整；本来打算通过合营企业的外汇平衡来促进出口，但其结果是一部分企业无法开工，最后不得不承认外汇市场的合法性。总之，任何特定的法律决定都不得不伴随着不特定的效果。为了使社会变革更加顺利地进行,既需要单义的状况设定、特定的行为分工、容易判断的选择对象,但同时又不能不对应于社会的功能多义性。能够满足这种需要的是程序。程序的不确定的开始状况和确定的结果、程序的分化和角色分工体系,适合于在多义性条件下的单义性选择,使对各种可能性的考虑比较周到一些。

此外,大变动带来的价值冲突需要适当处理。新的制度为社会所接受和承认需要经过正统化的过程。在吸收不满、消化矛盾的旧有机制瓦解之后,需要一种新的因势利导的装置。改革的风险性使得决策者也需要一种免责或分散归责的保护措施。这一切都可以收敛到程序问题上去。在经过长期的政治动荡、制度建设已经成为社会发展的最首要任务之后,更需要大力强调程序的意义。否则,整个过渡期间的管理体制的正统性危机将会以激烈的方式爆发出来。

3. 与程序有关的法律形式上的弱点

对程序的轻视反映到立法上,是法律条文缺乏关于程序性要件的规定,难以解释适用。当然,这与法学研究的不充分和立法技术的不成熟也有相当的关系,不一定都能完全归结于程序意识的问题。但是无论如何,法律缺乏适用程序上的可操作性的弱点随处可见,这是一个不容争议的事实。

我国涉外经济合同法被认为是大幅度导入了能适用于国际市场的法律原则和规范,与欧美工业先进国家的契约法十分接近的较好的立法。其主要继受对象是国际统一销售法(《关于国际动产销售契约的联合国条约》)。[107] 对比这两个法律规定要点(见表4,下页),中国的程序缺陷及其严重性已足够明显,更不必说其他完全受国内条件制约的立法了。

具体地说,比如按照涉外经济合同法的规定,对于违约的救济有四种方法,其中最基本的是赔偿损失。涉外经济合同法采取了与国内经济合同法不同的方针,不仅放弃了社会主义经济合同法的实际履行的原则,而且改变

---

〔107〕 参阅谢怀栻:《新中国的合同制度和合同法》,载《法学研究》1988 年第 4 期,第 64 页。P. M. Torbert, "Contract Law in the People's Republic of China", in M. Moser(ed.), *Foreign Trade, Investment, and the Law in the People's Republic of China*, Oxford University Press, 1987, p. 325. 又参阅《中国法制报》1985 年 4 月 15 日。

了违约金本位的想法,导入了以损害赔偿的请求权为中心的法律救济制度。这是很重要的进步。然而关于如何确定损害赔偿的范围这样比较复杂的程序问题,该项法律只规定了一般性原则,即"当事人一方违反合同的赔偿责任,应当相当于另一方因此受到的损失,但是不得超过违反合同一方订立合同时应当预见到的因违反合同可能造成的损失"(第19条)。但是损害相当额的计算标准是什么,应当预见的损失是否包括"可能获得的利润"等问题,该法没有明确的规定。而且,这还是仅限于一方的违约行为确实使对方受到损失的场合的规定,相对好办一些。如果双方当事人违反合同时,按照第21条的规定,应当各自承担相应的责任。注意,这里既不是指平均分担责任和损失,又不是指各自承担自己的损失,而是根据各方违约的责任情节,分别承担与其责任相适应的损失。关于这种责任如何确定该项法律也没有提示明确的标准。为了避免计算上的争执,第20条第1款后段规定当事人可以约定对于违约所造成的损失赔偿额的计算方法,聊可补救。然而如果该项约定显失公平怎么办呢?法院和仲裁机构能否改变当事人的约定呢?法律上对此缺乏规定。在具体适用法律时,审判人员的困窘和当事人的担忧于此可想而知。后来,这类缺陷由1987年10月发布的最高法院关于适用涉外经济合同法若干问题的意见做了一定程度的弥补。

表4 国际统一销售法与中国涉外经济合同法的要点对照

项目内容	国际统一销售法	中国涉外经济合同法
A. 总则		
1. 适用要件、范围		
(1)涉外性	第1、10条	第2条
(2)法律适用的排除可能性	第6条	第5、6条
(3)限于动产销售	第2、3条	除国际运输契约外几乎适用于一切契约(第2条)
(4)缺陷与适用例外	第4、7条	第五条(3)项
2. 契约的原则	第7~13条	第3条
B. 契约的成立		
1. 意思表示的到达主义	第24~27条	要式性(第3条)

续表

项目内容	国际统一销售法	中国涉外经济合同法
2. 要约	第14、16、55条	没有规定
3. 承诺	第8、18、19、21条	没有规定
4. 契约的必须条款	没有规定	第12条
C. 当事人的义务与法律救济		
1. 卖方的义务		
(1)交付场所	第31、32条	没有专条规定(仅见诸第12条第5项)
(2)交付日期	第33条	没有专条规定(仅见诸第12条第5项)
(3)文书交付	第34条	没有规定
(4)适合性的缺陷	第35~44条	没有规定
2. 对于卖方违反义务的救济	第45~52条	没有规定
3. 买方的义务	第53~60条	没有规定
4. 对于买方违反义务的救济	第61~65条	没有规定
5. 风险的转移	第66~70条	第13条
6. 关于当事人义务的共同规定		
(1)履行停止权	第71条	第17条
(2)契约解除权	第72、73条	第29、30、32~36条
(3)损害赔偿请求权	第74~77条	第11、18~22、24条

又比如契约解除与契约的转让和变更不同,系当事人一方解除契约的法律约束力的重大行动,因此必须规定严格的程序要件以限制之。同时,解除对于契约的法律效力产生何种影响也必须给予明确的交代。涉外经济合同法对于单方解除条件的规定是明确的(第29条),对于解约后合同中约定的解决争议条款和结算清理条款继续有效也做了肯定,但是对于解约是否导致本合同溯及既往这样一个极其重要的问题却没有明文规定,连民法通则中也没有涉及这一内容。这说明立法者对于法律如何具体适用的程序感觉是粗糙的。

现在我们来把中国的上述程序缺陷概括一下,以便对问题状况和改革方向有更明确的把握。我国的程序缺陷主要由三种因素造成。第一种因素是传统法制。传统的程序的出发点与现代西方程序是一致的。其立意是德治,也颇有可以同情之处。但是,其合理化程度不高,具有较强的事与愿违的逆功能(dysfuncticn)。但是这种程序自成体系,环环相扣,从个人行为的层次上看也不乏合理性,又与传统社会的文化心理结构相吻合,因此,改革起来很困难,需要通盘计划。第二种因素是社会变动。但这不成为排斥程序的真正理由。程序要件与变动需要之间的暂时的不协调,也可以通过反思性法律控制方式和决定系统的目的指向与条件指向二元化来处理,这里处理本身也是完全可以程序化的。甚至正是这种处理会使程序的重要性大大加强。第三种因素是法律技术,这取决于法学研究的积累和法律家的素质,既不难解决,又不是一朝一夕就可以大功告成的。但是在法学教育、研究和人才培养方面有许多工作是必须尽快去做的。

我国的程序缺陷的内容与影响的逻辑关系可以进行如下整理:

(1)法律规范是基于固定的权威等级关系而确立的。无论权利本位还是义务本位,权利和义务被认为是由主权者决定,而不是基于交涉的合意。交涉只是在法律遵守方面成为突出的现象。选择也不是在法律体制之内,而是在合法、非法与反法之间进行。选择与程序脱节,从而缺乏合理化、制度化的动力。许多重要的选择物自生自减。

(2)与这种法律观相联系,程序被错误地理解为一定的固定化的行为系列,即程式或者仪式,这种程序观典型表现可以在体制中找到。行为的标准化可以带来秩序上的确定性。个人在失去自由的同时也免去了责任,归责处理只在权力机关内部进行。对于官僚的监督和处理不得不非常严厉。

(3)与完备程序要件相脱节的法律的细则化一方面在一定程度上限制了下级机关的恣意,另一方面也压制了他们的积极性。细则的存在使程序的重要性相对下降,但细则既然不能包罗万象,而程序要件又十分缺乏,结果在细则所不及的地方,恣意盛行无阻且难以纠正。细则的存在,使通过交涉影响裁量、进而实现具体的权利主张的可能性大大减少,这样就使人民缺乏利用程序的兴趣。回避诉讼的倾向与此有很大关系。

(4)细则化和非程序化相适合,使得归责的矛头直接指向权威等级结构的顶部。在没有宣泄和吸收不满的其他渠道、参与决定的机会又极不充分的条件下,所有的不满都会集中到最高权力机关,使局部失策立即可能演变成整体危机。为了避免这种情况,最常见的选择就是加强对下级官吏的监督。

(5)由于没有健全的程序,只能采取承包的办法,哪里出了问题找主事者负全部责任。我们官僚的苦恼也由此而生。为了推卸这种无限责任,只好事先提早请示、事后及时汇报,寻找上司庇护。我国官场的敷衍塞责、缺乏独立自主性、官官相护、拉帮结派等许多弊端都与程序缺陷有关系。另一方面,基层行政"黑箱"作业的状况也成为滋生腐败的温床。

(6)在缺乏程序要件的状况下做决定,极可能出现机械化和恣意化这两种极端倾向,不容易妥当处理。为此需要有事后的补救措施。当事人可以任意申告翻案,上级机关可以随时越俎代庖。这样就使决定状况变得极其不安定,法律关系也很难确定。我国的上访问题除了与社会结构有关之外,在很大程度上是由程序缺陷造成的。

如果程序不能保证合理的自主选择,就会妨碍社会进步。如果程序不能吸收不满就会危及统治秩序的正统性。既然中国的法制乃至社会的许多问题的症结何在已经清楚,那么改革的方向也就不难确定了。公正而合理的程序建设,已经成为一个非常具有紧迫性的任务。

六、结语:程序建设的程序

如果说西方的现代化在一定意义上是神圣的超越世界的世俗化,那么自然法的光圈褪色是不足为奇的。在当代西方社会,自然的法则(laws of nature)取代了自然法(natural law),而程序是发现自然法则并使之成为有权威性的共识的前提条件。因此可以说,自然法体系的瓦解所留下来的法律正统性的缺陷正是由程序来补偿的。在中国,不存在普遍教会和自然法的传统,因此法律的正统性取决于决定者争取民心同意的努力。唯其如此,"说服"成为中国传统法的关键范畴。[108] 但是,在没有程序保障的情形下,

---

[108] *Cf.* Ji Weidong. "The Transmutation and Inner Contraction of Legal Culture in China", in Peter Saok *et al.*, (ed.) *Rechtstheorie*; *Zeitschrift für Logik*, *Methodenlehre Kybernetik und Soziologie des Rechts* (Beiheft 12), Duncker & Humblot, 1989.

说服极易变质为压服，同意也就成了曲意。因此，如果说在西方，自然法的失坠是由程序法来代偿的话，那么在中国，自然法的空白亦必须由程序法去填补。

然而，程序法乃至程序能够成为正统性的基本资源吗？在中国，法制的程序化改革是否必要、是否切实可行呢？公正而合理的程序需要什么前提条件？怎样才能确立一整套现代化程序并且行之有效呢？本文最后对这些问题进行概略的讨论。

1. 程序与正统性问题

正统性这一概念，历史上是为了区别合法政权与篡位、暴政而设立的。现代西方法学界所热烈讨论着的正统性的含义，主要指对于法律的妥当性、约束力及其基础价值的普遍确信。用卢曼的话来说，正统性就是意味着在一定的许可范围之内，人们对于内容未定的决定也准备接受这一心理状态的一般化。[109] 问题在于，为什么人们会产生这种服从的心理状态呢？有的学者认为这是因为社会存在基本的价值共识。有的学者认为这是因为权利与义务互为表里的关系。有的学者认为这是因为人们在形成法律决定的过程中发挥了一定的作用。

对于程序以及更广义的法律实证形式在法律体系的正统化方面的作用，一直存在不同的意见。战后英美著名的H. L. A. 哈特与L. L. 富勒之间的论争、70年代以来德国著名的N. 卢曼与J. 哈贝马斯之间的论争，就是典型的表现。对于程序主义的批判主要来自强调实质正义、道德内容的理论观点。批判的论证中最重要的经验根据是在德国第三帝国时期，纳粹政权曾经运用中立的法律程序和技术，对于犹太人和反抗者施行了从实质正义的角度无法正当化的暴行。L. M. 弗里德曼对程序与正统性的关系有直接而概括的论述，可以反映以上批判的基本见解。他说：

> 正当过程当然就是一个崇高的理想；要求公正审判的权利是值得为之奋斗、甚至为之牺牲的。但是检验法律系统的最终标准是它做些什么，而不是如何做和由谁去做，换言之，是实体而不是

[109] 参阅N. Luhmann, *op. cit.*, *supra* note 17, S. 28。日译本第19页。

程序或形式。……

因此，程序仅仅是相对于一定目的的手段而已；实质告诉我们程序的什么部分是重要的。……[110]

在同一著作的后面，他采纳了韦伯和卢曼关于正统性的定义，但拒绝通过程序进行正统化的立场。他指出：

如同刚才所定义的那样，正统性基本上是程序问题，是对法、过程以及制度的信赖问题，而不是对于结果的信赖问题。我们不需要一个正统性的理论去解释为什么人们要服从一个持枪的个人；为什么人们要执着于一个给他们带来个人荣誉或利益的程序；为什么人们要奉行其宗教或道德律。[111]

对于诸如此类的批判，卢曼是这样回答的：

一系列的异议都与正统性概念有关，它们把焦点放在关于决定内容的正确性（真理性、正义）的确信之上，这只不过是乞重于传统的概念而已，所谓把强调程序与决定内容的正确性相混淆的做法等于放弃批判强制收容所依据的指责，就这种异议显得印象深刻而又富于说服力。

当然不应该采取那种把强制收容所这样的制度鱼目混珠，使之同时也得以正统化的立场，哪怕是由于迂腐的学究气也不行。但是，我考虑有必要重新认识的正统性，决不是与这种问题纠缠在一起的。我只不过持如下一种观点，即：有人认为决定内容有固有的正确性和固有的概念，这些都可以通过作为法律秩序的基础的价值和规范而详加规定；而且，对此更附加一个正统性的概念，认为正确的决定是正统的、不正确的决定是非正统性的；不能不指出，以上这种认识完全是多余的。[112]

接着他又分析了传统的正统性概念在个人的立场上来看是要求一种非合理的行为态度，因而不可能与合理的沟通理论相结合。而且，在复杂的现

[110] L. M. Friedman, *op. cit.*, *supra* note 59, p. 64.

[111] *Id.*, p. 141.

[112] N. Luhmann, *op. cit*, *supra* note 17. S. 1f. 日译本第 vii 页。

代社会，对于特定的决定内容达成事实上的合意也是不可能的。为了解决这一问题需要另辟蹊径，借助于别的制度装置。卢曼的提案是把正统性概念与学习理论结合起来，这样做所引起的依存于内容的安定性的损失由大量的程序的分化和再组合去重新获得。[113]

至于哪一种看法更正确，这完全是一个仁者见仁、智者见智的问题。争论还将长期持续下去。如果这个问题真的那么容易就被解决，许多法学理论家面临的恐怕将是取代正统性危机的失业危机。这里令人感兴趣的是"公说公有理、婆说婆有理"而且的确各有其理的这些观点如何统合起来的问题。

实际上，实质正义的反对概念是形式正义，而程序并不等同于形式。程序的基础是过程，其实质是反思理性、程序是相对于实体结果而言的，但程序合成物也包含实体的内容。程序在使实体内容兼备实质正义和形式正义的层次上获得一种新的内涵。这是新程序主义的观点。这种思想倾向，其实不仅集中表现在图依布纳的反思法的程序指向学说上，在 J. 罗尔斯的强调程序的分配正义理论和 R. 德沃金的依据司法正统性的权利理论中也时隐时现、或多或少有所表现，甚至在某种意义上也可以说新程序主义构成了强调工具性的、非道德的选择理性的法与经济学派的不可缺少的前提。

更为有趣的是，即使主张选择实体论的 J. 哈贝马斯所提出的解决法制正统性问题的方案，也着重于调整价值纠纷的程序问题，即让一切当事人、关系人参加讨论，通过交涉形成合意、作出决定的过程和程序。尽管他把作为普遍的道德原理的"普遍化原理"转换成"论证规则"，以此作为调整价值纠纷的程序基础，表现出似乎非程序化的倾向；但是要注意，实际上他只不过强调了程序的道德内容而已。近几年，他公开宣言自己的正义论不外乎是"程序正义论"，其核心是"中立性的理念"，并给予法律程序以很高的评价。[114]

当然，现代程序（特别是程序法）的确也存在很多问题。例如，以职业主义为基础的复杂的程序是耗时费钱的。但是正如弗里德曼所正确地指出的那样，"费用太高是一种选择性的（selective）障碍"，[115] 而不是绝对性的障

---

〔113〕 *Id.*，S. 2. 日译本第 vi—viii 页。

〔114〕 参阅村上淳一前引论文第 17～23 页。

〔115〕 L. M. Friedman, *op. cit.*, *supra* note 59, p. 153.

碍。而且许多社会也在通过减轻成本负担使之变得更容易为一般人民所利用。的确,程序的操作并不像使用杠杆和滑车那样纯粹取决于一系列的中立性技术,货币和权力等中介物可能使程序更有利于某些阶层。但是正如A.葛兰西在《狱中札记》中提示的那样,现代法律体系实际上形成了一种最有效的统治方式;无论是统治阶级还是非统治阶级都满足于既存秩序,任何变革也只是修庙补天性质的东西。他们认为相当多的制度设定正是自身的理所当然的存在方式,至少可以相信自己的大多数期待可以在这种秩序中得到反映。〔116〕

批判法学指出了这种法律信仰的麻痹作用,但同时也承认,由于这种特点,国家和法并不单纯是阶级统治的工具,而是变成了"阶级斗争的竞技场"。〔117〕 他们对于新程序主义似乎也抱有亲近感,认为使关于平等的正义的法律形式上的诺言成为有实效的乃至现实的东西,改善代表制程序使之更加开放,通过法律技术的使用促成实质性法律准则的变化,使科层制更有应答性和反思性等各种方式的努力都是相当有价值的。〔118〕

就这样,程序在一定程度上已经成为当前西方各种法学理论的最大公约数,成为寻求共识的最突出的收敛区了。可以推而论之,同样的现象也没有理由不会在我国的社会变革过程中出现。

2. 中国法制的程序化

我国并非没有程序。问题是这些程序太薄弱,而且没有经历过现代意义上的合理化的过程。甚至即使在有程序的方面,许多人也不按牌理出牌。

---

〔116〕 是批判法学继承和发掘了葛兰西的"霸权"(hegemony)概念所包含的关于法律秩序的深刻思想。See Antonio Gramsci, *Selection from the Prison Notebooks*, International Publishers, 1971, pp. 195 f. , 246 f.

〔117〕 *Cf.* Edward P. Thompson, "The Rule of Law", in his *Whigs and Hunters*: *The Origion of the Black Act*, Pantheon Books, 1975, pp. 258 ff; David M. Trubeck, "Complexity and Contradiction in the Legal Order: Balbus and the Challenge of Critical Legal Thought about Law", *Law and Society Review*, Vol. 11, No. 3(1977) pp. 527 ff. 笔者在1981年论文中也有类似的见解。因中文法学文献中尚未见到更好的后来之作,故不避敝帚自珍之讥,提出来以供参考。其要点见季卫东:《关于法的一般定义的刍议——维辛斯基法律定义质疑》,载《北京大学校刊》1985年12月13日与1986年6月25日连载。

〔118〕 Robert W. Gordon, "New Developments in Legal Theory", in D. Kairys (ed.), *The Politics of Law*: *A Progressive Critique* (Revised edition), Pantheon Books, 1990, p. 415.

形成这种无视规矩的局面,其原因十分复杂,其历史也非三年五载。因此,要建立和健全现代程序并且行之有效,不能不使人产生疑问。

首先得承认,现代程序能够有效运作是需要一些前提条件的。著名的德国程序主义者J.戈尔德施密特在20世纪前期就指出了司法程序与自由主义政治原理的辩证关系,但他正因为这一缘故而获罪,受到法西斯主义政权的残酷迫害,死于流放之中。他曾经说过,法律程序只有在自由主义的土壤之中才能茁壮成长。[119] 还有一个更一般的前提条件则是社会的分化、复杂化以及与之相应的法律系统的复合化。然而也必须看到,这些条件又都是相对的,并没有一个绝对的标准。社会的分化、自由化的程度以及司法独立性,只有在一定的背景分析和比较之中才能给予贴切的说明。古代罗马的理性程序体系得以产生的条件,也恐怕很难用几个简单的价值范畴去解释清楚。我们考虑中国的程序建设,也应当尽量从既存条件中去寻找有利于程序发育和进步的契机。

其次要看到,一个理性的政府没有理由拒绝程序建设。如果国家在社会事务中发挥的作用越积极、越重要,那么对于程序的要求也就越强烈。不按程序办事尽管可能带来一时的方便,但这样做的政治代价非常高,会危及统治体制的正统性。因此,主要的问题倒并不是程序化本身是否可行,而是程序合理性和程序正义的实现程度。

在我国传统法文化中,限制恣意是一个重要的主题;因事制宜进行选择的机会结构也是存在的。正义的客观判断被认为出自民心和群情,同意作为法律制度的基础范畴具有普遍意义。在国家与社会、大传统与小传统的二重结构之下,[120]“服从交涉”的现象[121]也到处可见,因此之故,我国其实具有形成复杂程序的一些基本条件。然而,我国的程序思想主要是在以下两个方面得到发展和实现的:(1)从《易经》中所表现出来的备案系统(filing

[119] Cited from the preface of James Goldschmidt's *Der Prozess als Rechtslage* (1925). See P. Calamandrei, *op. cit.*, pp. 76 – 77.

[120] S. N. Eisonstadt, *The Political Systems of Empires*, Free Press, 1969, See preface to the paperback edition. 这一点还可以追溯到马克思的亚细亚生产方式和村落秩序的学说。

[121] James C. Scott, Protest and Profanation: Agraian Revolt and the Little Tradition, Ⅰ, Ⅱ, *Theory and Society* 4; 1, 2 (1977).

system)的原理出发,[122]通过行政人事制度的方式进行程序化作业,形成一种承包的秩序。这种承包虽然有程序规范,但是整个过程被置于黑箱之中,因而不是过程指向,而是结果指向。这种程序缺乏分化、进化的动力。(2)从体制中表现出来的差异系统的原理出发,[123]通过一系列固定的行为系列的方式进行程序化作业,形成一种人伦的秩序。这种人伦虽然也有程序规范,但是一切都成为仪式而缺乏程序内部选择裁量的契机。因此,我国的程序又没有发展成为一种不断分化的合理的程序体系。

在西方,促进法律体系实现形式上的合理化的契机主要有三项,第一是宗教神圣物的绝对化,由此而产生形式主义的非宗教合理性。第二是市场机制要求合理的计算处理和可预测性。第三是职业法律家的技术的训练以及集团利益的动机。而在我国,从尊神文化向尊礼文化的转变发展在周代,因而世俗的实践理性在中国传统的制度文化中一直占统治地位。随着对外开放和经济体制改革不断深入,与国际市场联系在一起的商品经济已经初具规模。因此,如果根据法律职业主义的原理对法学教育和司法制度进行大幅度的改革,我国法律的形式合理性可望有较快的成长。我国的合理的程序建设也应该从这里起步。

或许有人认为,现代程序雍容华贵、费用高昂,未必适应我国的现实需要。这种疑问是有道理的。但是需要看到,商业经济的发展已经孕育了企业这一程序乃至一般法律的最大消费者。而且,现代程序的费用只是一种选择性的代价;这里并不打算以现代程序来取代一切;何况程序内部也存在为一般人民所易于使用的多种选择。因此,在不妨碍人民的处分和选择自由的前提下,设置一套严格的程序来保证社会过程的合理性和正义,显然是有益无害的。

现代程序的基本特征是:处于平等地位的个人参加决定过程,发挥各自

---

〔122〕 据李约瑟:《中国之科学与文明》第二册:《中国科学思想史》(上),台湾商务印书馆 1975 年修订版,第 552 ~ 553 页。(按:filing system 在大陆学者对李约瑟的中译本中被译为“归档系统”。有关的内容可参看何兆武等译:《中国科学技术史》卷二《科学思想史》。科学出版社和上海古籍出版社联合出版,1990 年,第 362 及以下几页。——本刊编者)

〔123〕 据瞿同祖:《中国法律与中国社会》,中华书局 1981 年版,第 273 页。此外参阅《荀子·礼论篇》。

的角色作用，具有充分而对等的自由发言的机会，从而使决定更加集思广益、更容易获得人们的共鸣和支持。这种程序使个人既有选择的自由，同时也为自己的行为负责。严格遵守程序要件的决定被认为是具有正统性的，同时决定者也能免去事后被追诉的风险。因此，程序既保护当事人的权利，也保护决定者的权利。这种能够统合当事人各方的立场、统合制度设立者与利用者的立场、统合决定者与决定对象的立场的合理而公正的程序的建设，应当能够得到一切有理智、有良知的人的会心。

使程序不致流于形式而能行之有效的关键在于调动程序利用者的积极性。这种动机布局是一项非常缜密巧妙的作业，有几个基本要素是必须考虑的。首先，决定的内容不是机械决定的，而是既有交涉和裁量的余地，又有预测和限制的尺度。一切机械决定而不留余地，人们就会失去兴趣；一切随心所欲而缺乏要件，人们则会失去信心。其次，程序参加者要具有必要的党派性，议论要具有辩驳性，这样才能有的放矢，使思考更全面、更深入。再次，有专门的法律家来担任程序的操作，通过职业化来保证制度的长期有效性。最后，经过程序的决定需要有权威性、既定力和强制作用。

针对我国现在的实际情况，不妨提出一个“法制程序化”的阶段性口号。所谓法制程序化在本质上是如何在互相抵触的各种规范之中进行最佳选择，并使这种选择的决定具有正当性和约束力的制度的问题。从现象上看，它将表现为程序法规的增加、保证选择的自由与合理性的程序要件的完备、通过程序进行正统化、法律精神以程序为媒介向社会中渗透等具体方式或形态。其结果，法律可以理解为一方面是经历了民主主义正当过程的结构性选择的结果，同时另一方面又向当事人、律师、法院以及行政机关提供了再进行过程性选择的工具、方式和步骤。

鉴于我国经济和政治改革的需要，在法制程序化的过程中应该着力于把程序与反思理性结合起来。严格的程序比较容易理解，而反思的程序则较难把握。所谓反思程序，主要指法制各个子系统内部反思过程的程序整合，以及国家和法对于社会环境的反馈式结构调整的程序前提这一问题。在一个处于大变动、大分化、大改组的社会中，反思程序具有特殊的重要性。中国在实践中已经形成了一些反思程序的雏形，例如法律试行制度、调解制度等。这些经验中不乏非常有价值的制度资源。但是不能不指出,在中国的法律试行和调解中,无论是基于个别的利害动机而进行的规范选择和修正,或者是规范对于个别利害动机进行的诱导和抑制,都还缺乏必要的程序保障。如果说这是在一般的立法和司法过程之外另备一套应付社会变动的自生秩序的模拟装置的话,那么至少应该设立明确的程序原理上的界限和统一这些不同制度的法律前提。然而,这种程序作业也依然很薄弱。法律试行和调解使维持实在法内的统一性的合法与不合法的二元两码变得模糊了,使严格区别决定与执行的现代法的根本原理也发生了变化,这就要求更加复杂的程序化作业。

总而言之,中国法制的症结所在和改革的方向现在应当已经清楚了,今后需要的是扎扎实实的具体工作。关于程序的理论和实务上的任何进步,只能在深入分析中国的历史传统和现实条件、系统借鉴国外的经验和教训的基础上才能取得。

3. 程序再铸的设想

严密而合理的程序是以社会功能分化为前提的,而与此有最密切关系的是国家机构的分权。伴随着近年来经济体制改革的进展,这种条件越来越成熟、并且可以看到若干显著的成果。首先表现在地方的自治及其立法权限的扩张上。由此将会形成一种新的契机:地方团体不仅可以作为独立分权来抑制中央权力的滥用,而且可以通过居民参加地区公共事务和调解等活动来加强国家法与日常生活的联系,进而在国家与个人两极化的格局中增加一个流动的中间领域。中央与地方分权是程序改革的强有力的催化因素。另外,法律关系的日益复杂化要求法制相应地提高其精密度,也促进权力机关与职能机关的进一步分化和功能自治领域的扩大。为此,需要进一步确立权限范围划定的具体标准,改良规范效力的等级结构,整合功能自治性与功能相关性的关系。这种发展也将引起程序的进一步分化。

中国传统法文化中普遍存在服从交涉的现象。在法律制度之外,交涉与共同体内酬报关系及回避官方的介入相联系。在法律制度之中,交涉与说服和同意相联系。但是这种传统的交涉缺乏适当的运用条件,不仅没有与程序的发展相结合,在许多场合往往还对程序产生了副作用。其结果,交涉往往是无原则的,甚至主义为力量对比关系所决定。在这种交涉充斥社会各种过程之中的场合,便会造成一切凭关系办事的交易性政治,目的被忽视,最后连当事人应当而且可以接受的法律本身也成为交易的对象。这样一来,实在法的潜在的自我修正和发展的能力就会受到损伤。然而,法律领域中存在交涉现象也有其另外一方面的优越性。这就是存在一种民主参与和自由选择的潜在机会结构,人们的行为也具有实践合理性。问题是如何把程序外的交涉变成程序内的交涉,变成在法律影响下并且反过来促进法律发展的理性者的交涉。

中国传统交涉的特点是第三者的影响比较大,说理的过程占有重要位置。由于第三者的介入,回避、力量对比关系决定一切、经济还原主义的契机相对弱化,正当化的记号资源的动员变得更加重要。有第三者参与或者意识到第三者存在的交涉很容易变成规范与价值的熔炉。因此,把程序要件导入交涉过程是现实可行的。换言之,我们与其在友好协商、调解、合同谈判乃至一些正式的法律活动中过分强调实体合法性,不如更多地强调其程序合理性。这样做并不很困难,且效果会好得多。有程序要件的交涉,可以保障既竞争又合作的法律决定在合理的、公平的条件下进行,造成既有原则性又有灵活性的局面。

所以,程序再铸的第一步是把交涉纳入程序的轨道,以保证当事人立场的对等性和交涉内容的合理性;换言之,以此把欲望的个人主义转变成合作的个人主义,把盲动的市民转变成自动的市民。

程序再铸的第二步,是为了防止由交涉所引起的交易性法制或"制度性屈服"(institutional surrender)而强化目的合理性。所谓目的合理性是指在目的设定之后,为了实现既定方针而选择手段和方法、考虑不可操作的外部条件、预测并控制行为的附随结果的合理性。显然它与功能有着非常密切的联系。而功能分析实际上是一种从已经解决的问题中发现问题的技巧。因此,目的合理性的强化有利于制度改革。一般认为程序的目的是保护权利或者作出有约束力的正确决定。[124] 程序怎样才能达到其目的的问题,实际

〔124〕 N. Luhmann, *op cit.*, *supra* note 17, S. 223. 日译本289页。

上可以归结为程序进行中相互作用的效果和程序要件安排的妥当性。换言之,强化目的合理性,主要是建立和健全程序内部的角色分工体系和规范。

程序再铸的第三步是加强程序的进一步分化和在此基础上的自我完结性,保证严格遵守程序要件。通过上述两个阶段的作业,功能活动已经有了一定的积累,加上职业法律家的培养工作相辅助,因此这时程序的严格化是水到渠成的。而有关条件一旦形成,则国家目的上的修正和权力行使上的限制就会变为现实,社会内部自由选择的幅度也可以大大扩展。

不久前主要由于程序上的技术处理的不当而引起的深圳股市风波表明:在我国未来局势的演变过程中,法制可能将是一个关键;特别是程序的合理化已经成为经济及社会进一步发展的"瓶颈"问题。与我国极端类似的现象在距今正好一百年前的德国也曾经发生过。在德意志联邦议会中,1893年前后围绕证券交易所和货物交易所的存废,爆发了一场激烈的争论。政治斗争也随之而来,最终导致了禁止基于期货契约的谷物贸易、关闭货物交易所达十二年之久的事态。当时 M. 韦伯对有关事实进行了深入的调查研究,得出的结论是:交易所既能促进商品交换的扩大和计算可能性,也能造成投机性买卖和滥用证券、货物交易所的问题。人们固不能因噎废食,但必须通过法制建设、尤其是增大审判的预测可能性的程序合理化来防治交易所的弊病。[125] 韦伯的这一富有洞察力的主张不仅影响了德国乃至整个西方的法律家们的思路,而且对于我们认识中国的社会现状和解决经济及法制建设的实际问题也仍然不乏启示和教益。

个人如果不把利益转变成权利,那么这种利益是不安定的。国家如果不把服从转变成义务,这么这种服从是不可靠的。实现这种转变的装置是程序。在两极化了的社会状态中,程序也是一个流动的中间领域,是对抗的缓冲层。社会关系在程序中可以被简化。历史事实在程序中有机会得到重新评估。经过程序的选择更可靠一些;按程序办事可以避免无端的指责(程序的这种保护作用对于承担改革风险责任的决策者尤其重要)。面对正在

---

〔125〕 *Cf.* Reinhard Bendix, *Max Weber: An Intellectual Portrait*, Doubleday & Company, Inc., 1962, chap. 2, sec. 1.

越来越多元化的现实，我们有必要重新认识程序。在强调市场经济效益的今天，我们必须深入思索与此相适应的制度配置以及作为制度基础的程序要件，而经济政策的选择和决定也应该以有关的程序、制度和比较分析为根据。

（本文原载于《比较法研究》1993年第1期）

论法律移植与比较法学

沈宗灵

法律移植(legal transplant)是西方比较法学中经常使用的一个词,其含义一般是:特定国家(或地区)的某种法律规则或制度移植到其他国家(或地区)。相当于中国国内所讲的对其他国家或地区法律的借鉴或吸收等。但有时,移植的含义似乎又比借鉴等词有稍多的意义。但也没有太大的差别。例如前任全国人大常委会委员长万里于 1988 年 12 月 6 日在全国人大常委会召开的座谈会上曾讲道:"为了加快立法步伐,外国、香港一些有关商品经济发展的成熟法律,我们也可以移植和借鉴,不必事事从头搞起。"[1]现任全国人大常委会委员长乔石亦曾讲道:"制定社会主义市场经济方面的法律,对我们是个新课题。制定法律和法规要从中国的实际出发,也要广泛地研究借鉴世界上所有国家的立法经验,吸收对中国有用的东西……立法必须从中国国情出发,但这并不排除我们吸收国外的经验。凡是国外立法中比较好的又适合我们目前情况的东西,我们都应当大胆吸收:他们走过的弯路,也值得我们借鉴,有些适合我们的法律条文,可以直接移植,在实践中充实、完善。"[2]

在西方比较法学作品中所使用的与"移植"相当的词还有"借鉴"(drawing on, borrowing)、"吸收"(assimilation)、"模仿"(imitation)和"转移"(transfer)、传播(spread)、引进(introducing)等,但较普遍的还是"移植"。与"法律移植"对应的词是法律的"接受"(reception)等。

法律移植与比较法学的关系极为密切,后者的一个重要目的就在于通

---

〔1〕 参见 1988 年 12 月 8 日《人民日报》。
〔2〕 参见 1994 年 1 月 15 日《人民日报》。

过对不同国家(或地区)法律的比较研究,有选择地借鉴或移植其他国家(或地区)的法律,从而改进本国立法。

在法律移植问题上,在国内外法学中有很多不同的观点,它们不限于法律移植的词义、法律能否移植及其程度、范围,以及移植的对象、原因、方式、效果等问题.而且还往往涉及法律本身的许多重大理论问题。

本文试图对国内外法学中的不同观点作一概述和分析。

一、西方比较法学中关于法律移植的不同观点

在这一问题上最有代表性的是20世纪70年代中期开始在两个英国法学家之间的争论。英国比较法学家奥·卡恩-弗罗因德(O. Kahn Freund)在1973年作了题为《比较法的应用和误用》的讲演[3]。他首先引用了被视为比较法学的创始人之一的孟德斯鸠的一个论述:“为某一国人民而制定的法律,应该是非常适合于该国的人民的;所以如果一个国家的法律竟能适合于另外一个国家的话,那只是非常凑巧的事。”[4]这就是说,一个国家的法律应该是适合本国情况的,是难以适合另一国家的,用现代比较法语言来讲,也可以说是难以移植的,那么,阻碍法律移植又是哪些因素呢?卡恩-弗罗因德将孟德斯鸠所讲的构成“法的精神”的各种关系,[5]解释为两大类可变因素。一类是环境因素,其中又可分为三种:一是地理因素(包括气候、地理位置、土壤等);二是社会和经济因素(包括生活方式、人口、财富和贸易等);三是文化因素(包括宗教、传统和习惯等)。另一类是“纯粹政治因素”(例如政体的性质和原则等)。

在这里,卡恩-弗罗因德提出了他的中心论点:在孟德斯鸠的书(1748年)出版后的200多年中,地理、社会和经济、文化这三个环境因素,虽然仍有效,已失去了很大重要性,但政治因素的重要性却大大地增加了;环境因素的这种变化主要是由于工业化、城市化、通讯工具的发展以及人口移动,大大地降低了环境因素对法律移植的阻碍作用。民事侵权责任方面的变化

[3] 参见英文《现代法律评论》1974年第37卷第1期,第1~27页。

[4] 孟德斯鸠:《论法的精神》(上册),1961年商务印书馆中译本,第6页。

[5] 同上书,第7页。

就明显地体现了地理、社会、经济和文化的环境因素的逐渐消失。在孟德斯鸠时代，民事侵权责任主要体现在人际关系中：如两性或商业纠纷，家庭关系和邻里关系等。这些关系方面的法律，各国之间是不同的，但现在所讲的民事侵权责任集中在意外事故所产生责任，而这些事故无论是在工作中的、交通上的，还是在产品制造者责任和个人责任与社会安全之间的关系上的，各国都面临同样的问题，制定类似的法律。

卡思－弗罗因德认为，阻碍法律移植的政治因素主要指以下三个方面：一是指共产主义国家和非共产主义国家之间的不同以及资本主义世界中专制制与民主制之间的不同；二是指民主制中的总统制与议会制之间的不同；三是指各种“有组织的利益集团”的影响，这在很多方面是最重要的阻碍。

为了说明这些政治因素对法律移植的阻碍作用，他举了一些实例。一个是离婚问题。人们一般认为家庭关系方面的法律是很难移植的，但实际上，这方面的法律现在已发生了深刻的变化，以往认为离婚是对过错或罪恶的一种补救，但现在却已变为另一种认识：离婚是对婚姻失败这种不幸的解脱。这种新的认识已在许多国家的离婚法中传播。但爱尔兰的法律却规定禁止离婚，原因就在于天主教会这一政治势力的影响。另一个实例是陪审团制。19 世纪欧洲大陆国家引入英国的陪审团制。但主要因大陆国家法律职业者即法官和律师的反对而实际上失败，德国于 1924 年，法国于 1932 年和 1941 年建立混合庭制度以取代陪审制。法律移植因政治因素而趋失败的一个主要实例是英国 1971 年保守党执政时不顾工党的反对而通过的《英国工业关系法》。这一法律在 1974 年工党获胜后被废除。它主要仿效外国，特别是美国的劳资关系法，涉及集体谈判、工会与雇主关系以及罢工等问题。主要由于英美两国政制不同，这种法律在美国可以有效但在英国却难以实行。在讲到政治因素，特别是权力结构的差别对法律移植方面的影响等，卡思－弗罗因德也谈到法国的行政法院模式对其他欧洲大陆国家的移植之所以有成效，就在于法国与接受国家的权力结构有共同之处。

所以，他的一个重要结论是：“所有我所讲的是：使用比较方法不仅需要有外国法律的知识而且还要有外国社会特别是外国政治方面的知识，人们只要持有法条主义（legalistic）精神而忽视法律的这些方面，对比较法的实际目的的应用就会成为误用。"[6]

1974年英国苏格兰的法制史专家阿兰·沃森(Alan Watson)在题为《法律移植与法律改革》的文章中反驳了卡恩-弗罗因德的上述观点。[7] 他认为:第一,历史并未证明法律移植的悲观论。在不同法律制度,甚至很高的发展水平上和不同政治情况下经常实现成功的法律移植。第二,对移植来源国的制度的知识并不是必要的,法律改革者在学习外国法律后的想法是那种法律可以改造为本国法律的一部分。接受国即使不了解外国法的政治、社会或经济情况,也能实现成功的借鉴。第三,环境因素现在是否比政治因素次要这一点至少是有疑问的。

他还认为:孟德斯鸠关于一个国家的法律难以适合另一国家的论述错误地、很错误地低估了直到孟德斯鸠时代为止的法律移植,西欧对罗马法的接受就是一个主要的例证。而且这种成功的移植是在接受国和来源国的环境因素与政治情况十分不同的条件发生的,也并不要求对来源国规则的社会、经济、政治、地理等情况的真正了解。人们怎样来解释这些历史事实:公元5世纪日耳曼各部落应用罗马法;中世纪在不同时期、不同政治情况下对罗马法的接受,以及后来西欧那么多不同国家,君主制的、寡头制的和共和制的,都同样接受罗马法。他从西欧对罗马法的接受中得出一个结论,"不论起源的历史条件如何,私法规则在其存续的生命中与特定的人民、时间和空间并没有内在的紧密关系"。[8]

沃森还提出了法律移植成功的其他一些例证,如日本1882年的刑法典与刑诉法典以法国法律为模式,日本1898年的民法典基本上包含了德国契约法、不法行为法和物权法;土耳其1926后的民法典;埃塞俄比亚1960年的民法典,等等。

沃森在反驳卡思-弗罗因德该文以前的一些论著中还提出有关法律移植的更极端的观点。例如他在1974年出版的《法律移植:比较法的方法》一

[6] 参见英文《现代法律评论》1974年第37卷第1期,第27页。

[7] 参见英文《法律季刊评论》1976年第92卷,第79页;又参见埃·斯坦:《比较法的应用、误用与不用》,载《西北大学法律评论》1977年第72卷,第201~202页。

[8] 参见《法律季刊评论》1976年第92卷,第81页。

书中讲道:"移植某一法律制度的个别或大部分条文是极其普遍的现象";"事实上,移植是发展的最富成果的源泉";"移植法律规则在社会上简便易行",等等[9]。他在1985年的《法律的演变》一书中还进一步发展了他的理论,认为"法律基本上是自主的(autonomous)而不是由社会需要形成的;虽然没有相应的社会制度就不存在法律制度,法律是从法律传统演变而来的"。[10]

卡恩－弗罗因德与沃森关于法律移植的争论自70年代中期起直至现在仍为西方比较法学界所讨论。1990年在加拿大蒙特里尔举行的国际比较法大会上,法律移植是讨论的主题之一。[11]

二、对上述争论的评价

笔者认为,在评价卡恩－弗罗因德和沃森之间在法律移植问题上的争论时首先应指出,他们的分歧并不是法律是否可以移植而只是对可移植的程度有不同的估价。在国外法学界,的确有人主张法律是不可移植的,但正如德国比较法学家伯·格罗斯菲尔德(B. Grossfeld)在其近作中指出的:"有些人甚至讲'法律的不可移植性的规律',但这就讲得过于生硬以致难于被接受,因为实际上存在了成功的接受和有效的统一的例证。"[12]卡恩－弗罗因德并没有否认法律移植的可能性,他只是强调要警惕法律移植的误用。因而沃森批评他对法律移植持悲观论。

笔者同意埃里克·斯坦(Eric Stein)在评论他们的分歧时所作的一个分析。他认为,他们的分歧可能在于他们观察问题的角度有所不同:沃森是法制史学家,他采用宏观法律观,将大量法律移植看作世界史大油画布上的一些里程碑,而卡恩－弗罗因德是法律社会学家,他采用微观法律观,主要关

[9] 参见罗·赛德罗《评阿兰,沃森的〈法律移植:比较法的方法〉》,王晨光译,载《中外法学》1989年第5期,第58页。

[10] 沃森:《法律的演变》,1985年版,第119页。

[11] 参见R.萨科:《法律规则构成部分:比较法的一个动态研究》,载英文《美国比较法刊物》1991年第39卷,第386页注(66)。

[12] 格罗斯菲尔德:《比较法的力量与弱点》(英文)1990年版,第71页。

注发达国家近代立法改革中的一些问题〔13〕。但笔者也认为,他们之间的根本分歧在于他们对法律概念本身的不同理解。在沃森看来,法律移植简便易行,不需要了解移植来源的社会、政治、经济等情况,甚至认为"法律规则通常不是专门为……特定社会设计的"〔14〕,这就意味法律仿佛是超越社会、孤立自在的本体。

沃森主张法律移植简便易行的主要例证是西欧中世纪对罗马法的接受(或称罗马法的复兴)。笔者认为,西欧对罗马法的接受的确是法律移植的例证,但正如斯坦所说,这并不是法律移植简便易行的典型例证。因为当时接受的罗马法已经过几代学者的反复研究而成为一个离开罗马原来条件的自在的制度。从12—13世纪的注释法学家到19世纪德国的学说汇纂派,以及欧洲各国民法典的起草者,都曾为罗马法与后世社会现实的结合作出了各自的贡献。这也就是说,他们都对不同时期社会、经济、政治条件以至于其他各种环境因素进行了研究。再有,从根本上说,移植罗马法的成功主要是由于罗马法关于简单商品经济关系的法律规则适应了后世商品—市场经济发展的需要。

在笔者看来,卡恩-弗罗因德对法律移植是否持有悲观论这一点可以暂且不论,至少与沃森相比,卡恩-弗罗因德的观点还是比较科学的。他是从孟德斯鸠关于"法的精神",即法律与各种自然和社会条件都有关系的学说出发来解释法律的。这就是说法律并不是像沃森所讲的仿佛是超越社会、孤立自在的本体,法律的发展与社会、经济、政治、文化和自然条件是不可分的。

卡恩-弗罗因德又认为,孟德斯鸠以后的200多年中,地理、社会、经济与文化这些环境因素对法律移植的不利影响已逐渐下降,而纯粹政治因素的不利影响却大大增加。笔者认为,这一论断对资本主义社会法律的发展,仅在有限意义上才可以成立,因为环境因素与政治因素的界限有时是很难界定的,而且他的这一论断并不是普遍有效的。例如,就拿他作为环境因素

---

〔13〕 同上注〔7〕埃·斯坦文,第203~204页。

〔14〕 沃森:《法律移植——比较法的方法》,1974年版,第95~96页。

下降的一个实例——民事侵权行为责任这一变化来说,就有例外。格罗斯菲尔德在分析地理条件对法律的影响时讲到,美国德克萨斯州最高法院在1936年就拒绝适用英国1868年赖兰菲诉弗莱彻(Reylands v. Flecher)一案判决中的原则。这一案件判决被公认是开始确立严格责任原则的一个判例。德州最高法院拒绝适用该判例的主要理由是:德州地理条件特殊,因干旱和盐碱地迫切需要储水,因而不应使蓄水池主人由于漏水事故而承担严格责任。[15]再有,卡恩-弗罗因德关于"纯粹政治"增长的论断的一个重大缺点是他并未意识到,政治本身也是不"纯粹"的,归根结底,政治实际上体现了各社会集团的经济利益,政治离不开经济。政治也离不开文化、传统、道德等因素,正义、公平等观念在法律发展中具有重大作用。

三、法律移植的复杂性

法律移植绝不是简便易行的,它是相当复杂的。这里涉及移植的对象、内容、原因、方式和效果等问题。

首先,关于移植的对象和内容。我们应注意作以下区分:

第一,所移植的是某个国家(或地区)的整个法律制度、部门法、法典,法律或仅是部分甚至个别具体法律制度、法律规则、法律概念、原则等。第二,所移植的是与社会政治、经济基本制度或意识形态、价值观念密切联系的法律,或联系较少,甚至没有联系的法律。第三,就同一个法律或法律规则而论,还应区分它们的政治目的与社会功能。第四,所移植的是倾向国际一体化的法律,还是倾向特定民族或地区文化传统的法律。

显然,这些区别与法律移植的可能程度及其方式等问题是密切联系的。

其次,关于移植的原因。从法律内容和变化速度而论,法律变化有质变与量变之分。根据意大利比较法学家R.萨科(Rodolef Sacco)在其近作中的分析,从法律起源讲,法律变化有首创性革新与模仿两大类。前者的例子有英国衡平法院法官所最先承认的信托财产制(trust)以及斯堪的纳维亚国家所首创的的巡视官制(ombudsman)。他还认为"在所有的法律变化中,也许

〔15〕 参见沃森:《法律移植——比较法的方法》,1974年版,第79页。

只有千分之一是首创性革新。"[16]笔者认为,千分之一的估计是否准确这一点可以继续研究,但可以肯定,特别在现代社会,法律变化中大量是通过模仿,即借鉴与移植其他国家或地区的法律,首创性革新是极少的。"一国两制"的原则可以说是当代中国所首创的一个政治和法律原则的卓越例证。

萨科又认为,模仿又有两种基本原因。一是强加(imposition),二是声望(prestige),前者是指一国在征服别国后在别国强行实行本国的法律,后者是指所移植的法律显然具有较高质量而被其他国家或地区自愿接受。当然,也有强加与自愿接受兼有的情况,例如日本的明治维新时的法律变革与中国清末沈家本的修订法律,就既有外部的压力(领事判决权),又有实现维新的强烈愿望。也还有先强加后自愿接受的情况,例如拿破仑将其民法典在被征服国家强行实施,但在其战败后,有些国家或地区仍继续实行该法典。

最后,关于法律移植的效果。在国外比较法学中,往往将这种效果分为成功与失败两种。卡恩-弗罗因德所讲的"比较法的应用与误用"也意味成功与失败的意思。但法律移植是一个很复杂的问题。它的成败的标准是什么是一个关键问题。这里可以有很多难以界定的问题。例如,所移植的法律可能已是众所周知的法律,一国的立法者在制定这一法律时可能根本没有意识到他实际上在移植法律。又例如,所移植的法律在其首创的国家中收效甚佳,但在接受该法律的国家中却收效甚微,至少远远不及它在首创国家中的成效。再如,所移植的法律在相当长时期中收效甚微,但从长远看,却可能有很大发展,等等。

四、法律移植问题近年来在当代中国的反应

70年代中期西方法学开始对法律移植展开讨论时,中国尚处于十年动乱期间,国内法学界对上述讨论并无反应当然是可以理解的。到80年代中期,国内有关部门和法学界有人讲到可以移植香港地区有关市场经济方面的法律。当时正在北京大学讲学的两位美国学者,罗伯特·B.塞德曼(Robert B. Seidman)教授及其夫人安·塞德曼教授二人,在中国政法大学的《比

[16] 沃森:《法律移植——比较法的方法》,1974年版,第368页。

较法研究》上发表了《评深圳移植香港法律的建议》一文，他们的主张是："引进香港法的问题不仅仅是引进何种法律的技术性问题，而是一个事关深圳将来的政治、经济的具有深远影响的价值选择问题；从一个地方到另一个地方移植法律，这种世界性的经验表明，由于法律所引起的行为具有高度的时空特定性，被移植的法律在它的新移植地通常不能成功地再产生出它在起源地所引起的行为（关于"法律不能移植性的规律"）……"〔17〕

这里应提出，两位塞德曼教授的上述观点不同于以上讲的卡恩－弗罗因德与沃森之间的争论，他们的争论只是法律可移植程度上的分歧，而两位塞德曼教授所主张的是法律根本不可能移植。早在 1975 年，罗·塞特曼教授就发表文章〔18〕尖锐地批评了沃森关于法律移植的观点，他在 1978 年的《国家、法律和发展》一书第二章论述了"法律不能移植性的规律"。

在 1992 年北京大学召开的国际比较法学会上，加拿大法学家、国际比较法学会主席克雷波（P－A. Crepeau）教授在论述加拿大法律改革时讲到："在某些领域，特别是在人，婚姻、家庭等法律领域，法律规则是基于根本不同的道德宗教价值观念的。在财产法或劳动关系法领域的某些社会价值也是如此。在这两个领域，'法律移植'（正如人们这样称谓的），即将具有某种社会价值的法律引入不存在这种价值的其他法律管辖区中，必然是相当困难的。但是，在商务活动领域，并不具有如此根本的差别，以致于不同国家的观念就不能交错繁殖。"〔19〕日本法学家小岛武司（Takeshi Kojima）更系统地论述了日本移植外国法律的经验。〔20〕由于小岛武司教授的论文，与会的有些中国学者对"法律移植"的词义展开了讨论，王晨光副教授在会议上提交了题为《不同国家法律间的相互借鉴与吸收》的论文，其中讲道：移植一词固然可以从植物学意义上，即整株植物移化栽培，从整体移植意义上理解：

---

〔17〕［美］罗伯特·B. 塞德曼、安·塞德曼：《评深圳移植香港法律建议》，赵庆培译、潘汉典校，载《比较法研究》1989 年第 3 ~4 辑，第 1 页。

〔18〕同上注〔9〕。

〔19〕《比较法、法律改革与法典编纂》，中译文载《比较法学的新动向——国际比较法学会议论文集》，1993 年版，第 102 页。

〔20〕《比较法、法律改革与法典编纂》，中译文载《比较法学的新动向——国际比较法学会议论文集》，1993 年版，第 49 ~60 页。

但也可以从医学意义，即器官移植、部分移植的意义上的移植来理解。他认为，在讲法律移植时，只有用医学而不是用植物学意义上的移植来理解，才不致产生误解。同时他又认为，如果在我国，从约定俗成的角度看，习惯上使用的“借鉴与吸收”这两个词更为便利和准确。[21]

笔者对这一问题的看法不妨概括为以下几点：

(1)我国目前借鉴和移植国外(或特定地区)的法律是我国选择接受的、绝不是外力强加的，其目的是为了有利于我国社会主义现代化事业。

(2)我国在借鉴和移植国外(或特定地区)的法律时，应认真地研究移植来源国家或地区以及本国的各种社会或自然条件。当然这是从理论上讲应如此，实践中是否真正做到或做到什么程度是另一问题。

(3)本文一开始就指出，法律移植的词义与我们通常讲的法律借鉴与吸收是相当的，有时也可能含有较多的意义，但也不会有太大的区别。因此，我们完全可以使用这一在国外法学中已通行的术语。

(4)作为当代中国的比较法学家，我们应研究国外法学中有关法律移植的经验和理论，特别是研究我国历史上与当代在移植法律方面的经验和理论。

(本文原载于《外国法译评》1995年第1期)

---

〔21〕《比较法、法律改革与法典编纂》，中译文载《比较法学的新动向——国际比较法学会议论文集》，1993年版，第217页。

变法，法治建设及其本土资源*

苏　力

Ⅰ. 在关于建立与社会主义市场经济相适应的现代法治的讨论中，许多学者主张，政府要运用国家强制力尽快建立一个现代的法律体系，以保证市场经济的顺利发展；同时主张更多并加快移植经济发达的国家和地区的法律制度，即所谓同国际社会"接轨"。我在本文中称这种强调政府运用强制力规制经济和社会的法制建设模式为"变法"模式。〔1〕

这些观点并不错，而且在实践上也促进了中国的法治建设，但在理论上有一些重大弱点，并在实践上可能带来一些意想不到的问题。首先，这种观点的理论基础是，法律是一种上升为国家意志的统治阶级的意志，因此要利用法律这种工具来规制社会。这样的理论似乎符合我国法理教科书上所陈述的马克思主义关于法律的基本观点。但仔细推敲起来却从根本上违背了马克思和其他思想家关于经济基础与上层建筑的关系的基本观点；由于其割断了法律和市场经济的内在、固有的联系，而过分强调法律对市场经济和社会的塑造作用，因此有明显的"唯意志论"倾向。〔2〕

其次，大量的实践也已经证明了这样一点，即这种模式并不总是成功

---

* 本文的研究和写作得到国家教委回国留学人员研究基金的资助，在此致谢。

〔1〕 蒋立山将此称为"政府推进型"的法制现代化，以区别于"自然演进型"的法制现代化，参见《中国法制现代化建设的特征分析》，载《中外法学》1995年第4期，第11页及其注〔1〕。

〔2〕 有人可能强调马克思主义认为法律对社会生活有巨大的反作用。但是，唯物辩证法只是指出了一个理解、研究问题的方向，而不能替代对具体问题的分析。否则，这种辩证法的观点就可能成为一种可以任意玩弄的口实、可以用来在任何时候为任何一种主张服务。这种"概念法学"必须摒弃。

的；而相反，一些初看起来并不激烈的、甚至保守的法律制度变革却获得了成功。激烈的法国的大革命尽管提出了《人权宣言》，提出了一系列现代法治原则，[3]然而，法国革命者的“成就远较……他们自己最初想象的要小。……他们在不知不觉中从旧制度中继承了大部分的感情、习惯、思想……”[4]而英国的光荣革命，尽管是“一切革命中最温和的”，却是“最成功的”。[5] 19世纪初，边沁曾在英国大力倡导法典化，尽管他的努力产生了相当影响，然而英国却坚持和保持了其普通法的传统。[6] 欧洲大陆各国之所以能够法典化，重要的原因之一就在于其历史久远的罗马法传统和其哲学的理性主义倾向。[7] 20世纪以来，尽管几乎每个西欧国家都（有时甚至是多次）试图引进美国的司法审查制度，但没有一个国家建立起美国式的司法审查，相反倒是出现了一种欧洲式的司法审查。[8] 即使是日本和亚洲其他一些国家和地区，法律的变革和现代法治的基本形成也并非如同我们想象的那样只是一种法律移植和理性设计“变法”的产物。[9]

因此，从历史经验上看，我们似乎就可以提出本文的结论，同时也是本文试图论证的命题，中国的法治之路必须注重利用中国本土的资源，注重中国法律文化的传统和实际。尽管这个观点曾以多种形式为人们所重复，但

---

[3] 参见由嵘主编：《外国法治史》，北京大学出版社1992年版，第228~230页。

[4] 托克维尔：《旧制度与大革命》，冯棠译，商务印书馆1992年版，第29页。

[5] Bertrand Russell, *A History of Western Phlnosonhpy* A Touchstone Book, 1972, p.604.

[6] 参见萨拜因：《政治学说史》（下册），刘山等译，商务印书馆1990年版中译本，第756页。

[7] 关于罗马法对法国法和理性主义对德国法法典化的影响，参见茨维格特和克茨：《比较法总论》，潘汉典等译，贵州人民出版社1992年版中译本，特别是第6、11章。

[8] 参见Louis Favoreu："Constitutional Review in Europe," in *Constitutionalism and Rights The Influence of the United States Constitution Abroad*, ed. by Louis Henkin and Albert J. Rosenthal, Columbia University Press, 1989。

[9] 例如，日本和韩国在“二战”之后同为美国占领并在美国的指导下进行了宪法和法律变革，但在两国所取得的结果相当不同；参见Lawrence W. Beer, "Constitutionalism and Rights in Japan and Korea," in Constitutionalism and Rights，同注8。而在一定层面上看，日本和亚洲四小龙对传统文化的保留和继承远比大陆要多。日本人喜欢通过协商而不是诉讼解决纠纷的文化倾向并没有——如同一些中国学者在批判中国传统法律文化时所指出的那样——阻碍现代法治社会的建立。参见小杉丈夫：《美国法文化对日本法律实务的影响》，载《中外法学》1995年第4期，第74~75页。

其实问题还很多。首先,仅仅有历史的例证并不具结论性和确定性。太阳天天升起可以使我们相信明天太阳照常升起,但一个人每天早晨醒来却未必保证明天他还会醒来。因此,恒常性(regularity)如果没有理论阐述的支撑,就不能使人获得确定的预期;而人们需要理论,是因为他可以据此来说服别人,更重要的是说服自己。因此,对于当代中国法学界和法律界,我们不仅要指出依据和利用本土资源建立法治的范例,而是要从理论上说明为什么要借助本土资源。

此外,我们还必须回答我们能否以及在多大程度上利用中国的本土资源。一些学者之所以强调"变法"模式,是因为他们认为中国传统法律——由于它强调宗法关系为基础,强调和谐——不符合现代社会需要,因此至少从总体上是必须抛弃的、无法借鉴的,能借鉴的最多也只是某些具体的、个别的做法和观点。[10] 因此,我们必须论证利用本土资源可以超越传统,而不是恢复中国的法律传统,可以建立与中国现代化相适应的法治。

Ⅱ.要建立现代法治,首先一个重要问题是要重新理解法律。我们的法律教科书上习惯从政治学的角度对法律定义,因此,法律被仅仅理解为或过分强调为上升为国家意志的统治阶级的意志。[11] 然而,从社会学的角度来理解法律,我们可以发现,法律的主要功能也许并不在于变革,而在于建立和保持一种可以大致确定的预期,以便利人们的相互交往和行为。从这个意义上法律从来都是社会中一种比较保守的力量,而不是一种变革的力量。[12] 正是由于这个原因,几乎法律总是同秩序相联系的,许多法学家都从这个角度界定法律,而制度经济学家更从这个角度把法律确定为一种能建

〔10〕 参见陈端洪:《对峙——从行政诉讼看中国的宪政出路》,载《中外法学》1995年第4期,第2、6页。

〔11〕 关于这一点,我另有尚未发表的专论:《关于法律本质的哲学和社会学思考》,这里只能简单提及。

〔12〕 这并不否认在一定条件下法律可能或可以被用作一种社会变革的工具。

立确定预期的正式的制度。[13]

大致确定的预期之所以重要,是因为只有在比较确定的预期下,我们才能进行一切社会交往和社会活动。我们之所以存款,是因为我们知道银行明天不会倒闭,知道我下次用存折取款时是可以取出来的,知道我的这些钱不会作废、不会过快地贬值,等等。可以说,我们的任何社会活动都建立在一大串我们认为比较确定的预期之上的。而法律和其他各种在功能上起这种作用的规则(习惯、惯例)就在许多领域(并不是一切领域)保证着这个世界不会突然改换模样,不会失去我们赋予其的意义。正是在这一点上,尽管我们时而也喜欢新鲜感,但实际上我们同样需要,甚至可以说更需要确定和稳定。[14] 也正是如此,法律的稳定性和灵活性或变异性,守法与变法一直是东西方法学中一个永恒的问题。[15] 的确,如果法律经常变化、朝令夕改,即使法律再公正,条文再细密完全,机构再健全,执法人员素质再高,还是等于无法,因为在这种变法中,人们往往无所适从。

但并不是唯有法律才能确立这种大致确定的预期,各种习惯和惯例都

---

〔13〕 例如,韦伯认为,资本主义生产和发展都要求法律可以理性地算计(Max Weber, *On Law in Economy and Society*, Harvard University Press,1954);卢曼认为,法律的功用就是协调人们的预期,以排除偶然性(Niklas Luhmann,*A Theory of Sociology of Law*, Routledge & Kegan Paul, 1985);霍姆斯认为法律就是对法官将如何行为的成功预测("The Path of Law",*Harvard Law Review*,Vol. 10, 1897,p. 457),卡多佐认为法律是确立的行为原则或规则,以合乎情理的确定性证实一种预见(Benjamin Nathan Cardozo, *Selected Writings of Benjamin Nathan Cardozo*, Fallon Publication,1947,p. 52);波斯纳的法律经济学分析的基础就是人的理性预期(Richard A. Posner, *Economic Analysis of Law*, 4th ed. , Little Brown and Company,1992),规则的作用就在于减少信息费用,减少不确定性(波斯纳:《法理学问题》,苏力译,中国政法大学出版社 1994 年中译本,第 58 页);霍贝尔认为法律的首要功能就是确定社会成员中的关系,以表明社会允许什么行为、禁止什么行为(参见 E. A. 霍贝尔:《初民的法律》,周勇译,中国社会科学出版社 1993 年版中译本,第 309 页)。又请参看注〔15〕,恩格斯对法律产生的一种功能性的分析。

〔14〕 实际上,即使新鲜感、甚至冒险也总是需要一定程度的确定预期来支撑,人们有的时候甚至希望"乱",那也是因为乱之后其状况有可能变好一些,如果是 100% 变糟,恐怕只有疯子才会希望乱。

〔15〕 中国古代这方面的论争很多,在此无须一一例证;但法律史学界对这些论争的理论分析常常非常欠缺,而较多简单化的政治性评判。就西方思想家来说,托马斯·阿奎那曾指出,即使是有利于一般社会福利的法律变革,由于法律发生改变这一事实本身在某种意义上讲就有害于公共幸福,因此应当慎重(参见《阿奎那政治著作选》,马清槐译,商务印书馆 1963 年版中译本,第 125 页);美国有许多旧日的法律得以保留下来,并不是因为这个法律的理由是对的,而是因为有很多人正在依赖这条法律(参见波斯纳,前注〔13〕)。

能起到这种作用。因此，每个社会中，即使没有国家正式颁布的法律，由于社会生活的需要，也总是会形成一些习惯，实际上起到法律的作用。而且在比较简单的社会中，这些习惯比法律甚至更为便利和有效，它降低经济学上所说的交易成本，对各种社会交往起到了建立预期、规制人们行为的作用。〔16〕 例如，在市场不发达的社会中，商品交换常常是易物交换、小额交易，交易双方可能同居于一村一地，彼此比较熟悉，风土人情和行为习惯都很相似，同时各自的声誉对交换双方未来的交易都构成一种潜在而有效的制约。在这样的条件下，交易比较容易成功。因此，即使没有国家统一的法律，只要有当地的习惯或惯例或双方熟悉，就可以促成交易。〔17〕

但随着社会的扩大，特别是在现代的市场经济条件下，交换经常是跨地域、跨国度、跨文化的；潜在的买方和卖方都是复数；交换双方不很熟悉，甚至完全陌生，既无法在短期内建立起足够的信任，又无共同的习惯惯例可依赖；由于语言和习惯的差别，很可能产生误解；由于人员流动性，有了错误欺诈也难以追究经济责任；而且交易额经常很大，风险很大。在这种情况下，要形成实际的理性的交易，交易费用将极为巨大，以致过高的交易费用会使交换者无利可图，从而使人们放弃市场交易。

这时，社会中原有的一些习惯仍然起到一定的规范人们行为的作用，但由于诸多原因，这些习惯和惯例的效力有限。首先，习惯往往是地方性的，各地习惯不同，会产生不便和误解，一旦发生纠纷，难以确定以谁的习惯为准。其次，虽然有些地方性的习惯性规则如果假以时日可能演化成适应全国性市场经济的规则，但这需要较长时间。第三，习惯往往依赖社会舆论来保证遵守，而在全国性的跨地区的交易中，由于市场经济条件下利益不尽相同，往往不可能形成统一的舆论，甚至可能出现完全对立的舆论，这时舆论将失去其制裁和规范作用。即使有统一的舆论可能，由于种种原因（例如交

---

〔16〕 参见恩格斯关于法律产生的论述："在社会发展某个很早的阶段，产生了这样一种需要：把每天重复着的生产、分配和交换产品的行为用一个共同规则概括起来，设法使个人服从生产和交换的一般条件。这个规则首先表现为习惯，后来便成了法律。"《马克思恩格斯选集》（第 2 卷），人民出版社 1972 年版，第 538 ~ 539 页。

〔17〕 由此，也许我们可以理解为什么在中国封建社会中，正式的民法很少。

易额较小、交易双方地位不平等），许多应当遭社会舆论制裁的交易行为有可能看不见、听不见，因此实际上受不到舆论的制裁。就在这里，国家的制定法变得不可缺少。

尽管如此，这些社会生活中形成的习惯和惯例仍然起到重要的作用，甚至是法治的不可缺少的组成部分。这不仅因为法律不可能规定一切，需要各种习惯、惯例才能起作用，而且更重要的是许多法律往往只是对社会生活中通行的习惯、惯例的确认、总结、概括或升华。从这个角度来看，国家制定法的出现和增加只是由于社会生活，特别是经济生活方式变化而引起的制度变迁之一。〔18〕 当然，国家法律有国家强制力的支持，似乎容易得以有效贯彻；其实，真正能得到有效贯彻执行的法律，恰恰是那些与通行的习惯、惯例相一致或相近的规定；一个只靠国家强制力才能贯彻下去的法律，即使理论上其再公正，也肯定会失败。哈耶克曾经指出，在一个传统和惯例使人们的行为在很大程度上都可预期的社会中，强制力就可以降低到最低限度。〔19〕

Ⅲ. 从上述观点出发，在中国从计划经济向市场经济转换、建立全国性统一大市场的过程中，必定要求和引起法律和习惯的变化，最终要求形成与市场经济相适应的法治。尽管目标已经明确，但中国法治却不能仅仅按照理论上论证的那种与市场经济相适应的法律制度，或者外国行之有效的法律制度来建立。这是因为市场经济所需要的并不是一种抽象的法治，而是一种从总体上最大程度地减少交易成本、促进交换发生和发展、促进财富配置最优化的规则和制度，其中包括正式的法律和大量的习惯、惯例。变法引出的制度变化并不必然符合市场经济需要，它不能替代社会生活中所需要的大量习惯、惯例；法律移植也不可能完成这一点。特别是由于中国的市场经济的建立与西方的历史发展不同，前者在很大程度上是一种自上而下的改革。这就必然带来了中国法治之路的不同。

在西方国家中，法治传统或相当一部分法律制度是在市场经济"自然"

〔18〕 参见道格拉斯 · C. 诺斯：《制度，制度变迁和经济实绩》，刘守英译，上海三联书店 1994 年版中译本。

〔19〕 参见 F. A. 冯 · 哈耶克：《个人主义：真与伪》，载《个人主义与经济秩序》，贾湛、文跃然等译，北京经济学院出版社 1991 年版中译本，第 23 页及其注〔2〕。

发生过程中逐渐演化变革形成的，例如合同法、财产法、公司法、侵权法、票据法、银行法等。原先西方社会中一些不适应现代市场经济的法律制度在长期的实践中，由于经济人追求财富最大化的动力而不知不觉地被改造了、废除了。因此，即使当西方国家政府颁布有关的法律规则或进行法典化的时候，其法典内容中的很大部分是对已经通行于市民社会中的习惯性制度的认可（这类法律在大陆法系因此被称为私法！），而不是或主要不是法学家或政治家的创造，作为制度的法律与作为制度的习惯差距并不大。[20] 这类的法律，即使是国家颁布的，由于有比较深刻的社会基础，因此无须太多强制就可以为社会所接受。这种法律制度的变迁；实际上是渐进的、水到渠成的。在英美法国家，由于遵循前例的根本原则和司法法院的作用，其法律和制度的变化也基本是演进的。

但“变法”，即由于立法活动而引起的制度的变革却是效果不那么理想。例如20世纪，特别是30年代以来许多国家都对经济和社会实行了更多的干预。对这类法律制度的评价往往有很大争议。一些经济学家的研究结果表明，即使是出于好的、善良动机的立法，也常常引出不好的、缺乏效率的结果。例如，为保证消费者的需求而长期限制某种产品的物价，结果是这种产品数量更少，消费者更难以得到满足，甚至会出现有价无市的现象。[21] 正因如此，美国法律经济学家们总是赞美习惯法和普通法，而对政府颁布的成文法持怀疑或否定态度。[22] 究其原因就在于，普通法由于其遵循前例的原则是经过长期实践检验，不断改进并为人们所接受的行为规则，而大多数成文法，特别是干预经济的法律，即使是在周密的计划、算度后颁布的，却由于利益集团的压力以及其他太多的难以预测的因素，而未必获得好的结果。同样，20世纪60年代初，为促进不发达国家的现代化和经济发展，曾有一些西方学者主张这些国家实行法律移植，一度声势颇为壮观；但仅仅10年之后，

---

〔20〕 例如，法国《拿破仑法典》对法国习惯的吸纳，参见《比较法总论》，前注〔7〕，第7章。

〔21〕 例见，弗里德曼：《有害的法令》，载《弗里德曼文萃》，高榕、范恒山译，北京经济学院出版社1991年版中译本，第159~161页。

〔22〕 如波斯纳，见前注〔13〕；诺斯，见前注〔18〕，特别是11章，又见罗纳德·科斯：《社会成本问题》，载《论生产的制度结构》，盛洪、陈郁译，上海三联书店1994年版。

这些学者就开始反思这一现代化战略，他们认为强制性的法律移植实际是不可能的，并对法律移植运动进行了反思和批判。[23]

西方法律的这一历史经验对我国社会主义市场经济变革中的法治设计和建立应当有警醒作用。我国历史上的市场经济不够发达，从来没有形成过统一的大市场，因此，商业习惯全国并不统一；长期的计划经济，使原来就不健全不完整的商业习惯更加零落。可以说，当代中国绝大多数人都是在几乎完全没有规矩的条件下，一下子进入或被抛入市场。同时在立法上，由于近代以来的西方中心主义，以西方的法律形式、分类和模式为标准进行立法，对我国的传统的商业习惯、民间习惯研究重视非常不够，总倾向于视其为封建的旧习惯，甚至视而不见。由于这种种原因，因此我们在立法时往往是借鉴所谓的现代外国法律多于考察本土的习惯、惯例。自清末以来，中国法律制度的变迁，大多数都是"变法"，一种强制性的制度变迁。这样的法律制定颁布后，由于与中国人的习惯背离较大或没有系统的习惯、惯例的辅助，不易甚至根本不为人们所接受并成为他们的行动规范（因此这也许可以部分地说明为什么中国近代以来法律现代化的努力总是不很成功）。[24] 这样的法律往往——至少在实施的初期——并不能便利人们的行为（即不能有效地减少交易费用），相反，可能会使人们感到是在添麻烦。由于人们为了追求交易费用的减少，往往会规避法律，而借助于一些习惯的纠纷解决方式，结果是国家法律的普遍无效和无力。[25] 当然这并不是说不应当变法，而在于指出"变法"型制度变革和法治建设的一些弱点：即使是西方一些国家通用的法律或做法，即使理论上符合市场经济减少交易成本的法律和制度，如果与本土的传统习惯不协调，就需要更多的强制力才能推行下去。这说

---

〔23〕 例见，David Trubek and Marc Galanter，"Scholars in Self - Estangement：Some Reflections on the Crisis in Law and Development Studies in the United States"，*Wisconsin Law Review*，1974；又见戴维·杜鲁贝克：《论当代美国的法律与发展运动》，载《比较法研究》1990 年第 2 ~ 3 期；奥·凯恩 - 弗伦德：《比较法与法律移植》，载《比较法研究》1990 年第 3 期。

〔24〕 例如费孝通 1936 年的调查发现，尽管 1929 年宣告生效的民法以保障男女平等为由改变了中国社会中传统的继承制，然而在 7 年之后，就费氏所调查的那个村子而言，"没有任何实际变化的迹象"。参见《江村经济》，江苏人民出版社 1986 年版，第 56 ~ 57 页。

〔25〕 参见苏力：《法律多元与法律规避》，载《中外法学》1993 年第 6 期。

明了要在我国建立一个运行有效力并有效率的社会主义法治,依据、借助和利用本土的传统和惯例的重要性。

Ⅳ. 利用本土资源,还有几个问题必须回答。第一,从哪儿去寻找本土的资源?第二,这些本土的资源是否能与我们的目标模式和现代法治兼容?如果不能,我们又何以进行一种“创造性的转化”?

寻求本土资源、注重本国的传统,往往易被理解为从历史中去寻找,特别是从历史典籍规章中去寻找。这种资源固然是重要的,但还要从社会生活中的各种非正式法律制度中去寻找。同时,研究历史只是借助本土资源的一种方式,而且本土资源并非只存在于历史中,当代人的社会实践中已经形成或正在萌芽发展的各种非正式的制度是更重要的本土资源。

传统并不是形成文字的历史文献,甚至也不是当代学者的重新阐述,而是活生生地流动着的、在亿万中国人的生活实际中影响他们的行为的一些观念,或者从行为主义角度来说,是他们的行为中体现出来的模式。这种东西,无论中国当代法律制度在其他方面是如何西方化了,都仍然在对中国社会起着很大作用。经济学家樊钢的研究发现,中国传统的宗法关系深深地影响了当代华人企业(包括中国大陆和其他国家和地区的华人企业)的组织结构和运作,实际上成为华人企业组织结构的一个重要因素。[26] 这种借助于宗法关系建立的华人企业制度,尽管从在理论上和实践上都与理想型的现代市场经济的运作并不协调,并可能造成一些问题,但樊钢的研究实际指出,这种借助于宗法关系的企业制度之所以存在,是因为这种历史传统在一定程度上、在一定时间内有利于减少交易成本、建立比较稳定的预期,因此无论对内对外都有利于企业的稳定和市场经济的形成和发展。我并不想过分赞美中国传统的宗法制度对现代的影响。但问题是,我们无法通过宣传和教育,或以法律禁止而彻底清除这种传统的“消极”影响,我们有必要借助这种传统的“积极”影响来逐渐形成发展出一些适合中国社会的制度。必须指出,这个例子所要说明的并不是中国应当依据或借助传统的宗法关系来

---

〔26〕 参见费孝通:《晋商的理财文化》,载《读书》1995 年第 5 期;李亦园:《乔家大院的大红灯笼》,载《读书》1995 年第 5 期;樊钢:《中华文化、理性化制度与经济发展》,载《21 世纪》1994 年第 4 期。

建立法治,而在于说明,即使是宗法关系这种几乎为所有当代学者批判的文化传统,其中也可能对制度的形成和转变产生一种积极的作用。[27]

更多的人会担心,借助中国本土资源和传统形成的制度也许很便利,但从长期来看,仍然不符合理想的现代法治。例如,借助宗法文化的影响可能强化宗法关系。这种担心是有理由的。但随生产方式的变革、人口的流动,应当说使宗法关系或变相的宗法关系得以强化的经济制度基础将不断削弱。我之所以强调借助中国的本土资源建立现代法治,正是在这一经济体制变革的根本前提下,借助本土资源并不必然也不可能恢复昔日的全部做法。

法治建设借助本土资源的重要性还在于这是法律制度在变迁的同时获得人们的接受和认可,进而能有效运作的一条便利的途径,是获得合法性——即人们下意识地认同——的一条有效途径。实际上,随着社会的发展,由于各种力量的合力或互动,任何法律和制度总是不断发生变迁,而保留下来的仅仅是形式。[28] 而这种形式的保留,不仅有利于制度和社会的稳定,而且会使一种制度产生出当初的创制者难以设想的、几乎是化腐朽为神奇的功用。[29]

可以以近十几年的中国经济体制改革——实际上也是法律的变革——为例。这一变革的成就是巨大的,但在这一变革中最成功、似乎也最容易的无疑是农村的改革。仅仅数年间,中国的农业生产就发生了一个突变,取得了极大的进步。初看起来,中国农村的改革仅仅是由于中央政府政策的改变,因此在这个意义上看,似乎是一种"变法"的结果;但是若将这一变革放到中国农村经济法律制度的历史长河中,我们发现从中国农村改革中出现

---

〔27〕 国外诸如此类的思考和研究,可参见 J. G. 弗雷泽:《魔鬼的律师》,阎云祥、龚小夏译,东方出版社 1988 年版中译本,该书论述了被某些人们认为是迷信的一些仪式和制度在另一些社会中其实起到了维持统治秩序、保护私有财产、确立婚姻制度和保障人身权利的作用。

〔28〕 参见梅因对法律拟制的分析,《古代法》,沈景一译,商务印书馆 1959 年版中译本,第 15 ~ 17 页。

〔29〕 我所见到的最佳例证是霍姆斯对海商法中"对物诉讼"(deodand)之演进所作的谱系分析(o. w. Holmes, *The Common Law*, Little Brown and Company, 1948, pp. 25ff);又见韦伯对西方程序法得以发展的颇具穿透力的分析(M. Weber,同前注〔13〕, p. 60)。

的家庭承包责任制几乎是中国历史上农村经济的一种长期坚持的制度。在这个意义上,我们可以说,中国农村改革的制度创新是在这种传统本土资源下产生的,其之所以成功和“容易”恰恰不是因为其打断了传统,而是因为这一改革在很大程度上回归了传统。[30]

另一个中国经济变革的成功范例是中国乡镇企业的持续高速发展。然而,我们看到乡镇企业发展最迅速的却不是最先进行农业改革的四川省和安徽省,而是苏南地区。而苏南地区之所以能够迅速发展起来,除了其他地缘和文化因素之外,一个公认的很重要的因素是先前公社制下就已经出现的社办企业。[31] 尽管后来人民公社制度被抛弃了,而其中的一些结果却成为有用的资源在发挥着作用,影响着后来经济和制度的变革。

相比之下,自 1984 年开始的中国城市的经济改革,尽管在思想更为解放、准备更为充分、计划更为周密的条件下,但我们至今仍在“摸着石头过河”。这并不仅仅因为这一改革更复杂、范围更广这样一些条件,而在于在中国建立社会主义市场经济,这是一个前无古人的事业。所谓“前无古人”,就是说我们缺乏经验和传统,缺乏足够的制度资源和理论资源。我们不得不在改革中逐步积累经验,实际是积累资源,逐步建立起一种“传统”,使个人、企业以及政府机构都能逐渐接受或习惯市场经济的运作。

中国的经济改革和法治建设都因此必然显示出一种渐进的模式。

V. 现代的作为一种制度的法治之所以不可能靠“变法”或移植来建立,而必须从中国的本土资源中演化创造出来,还有另外一个理由,即知识的地方性和有限理性。具体的、适合一个国家的法治并不是一套抽象的无背景的(decontext)原则和规则,而是涉及一个知识体系。一个活生生的有效运作的法治社会需要大量的不断变化的具体的知识。假如我们可以确定我们关于建立现代中国法治的知识是完全的,或者假定外国的法治经验已经穷

---

〔30〕 这一点是湖北省政法委的邹斌在我们之间的通信中指出和论述的,在此致谢。

〔31〕 费孝通先生曾以为苏南地区经济兴盛的原因是中共十一届三中全会以后农村的农副业商品生产的发展,但“后来经过实地调查,才发现〔苏南地区〕兴盛的主要和直接原因是社队工业的迅速发展”;见《行行重行行》,宁夏人民出版社 1992 年版,特别是第 22 ~ 27 页以及其他文章中论及乡镇发展的段落。又见周尔鎏、张雨林主编:《城乡协调发展研究》,江苏人民出版社 1991 年版,特别是第 41 ~ 41 页以及费孝通的“后记”,第 318 ~ 319 页。

尽了法治建设的知识,或者假定建立法治需要的所有具体信息可以以某种方式汇合到一个大脑或一个中央权威机构的话,那么我们可以说建立现代法治并非难事,只需按图索骥,演绎成章。

然而,所有这些假定都是不能成立的。如同计划不可能穷尽关于一个社会中经济活动的一切信息或知识,不能获得关于人们偏好的一切知识一样,[32]任何法治建设的规划也不可能穷尽关于一个社会中法律活动的全部信息或知识,无法有效地对社会中变动不居的现象作出有效的反应。因此,我们不可能仅仅依据我们心目中的理想模式或现有的理论来规划建立出一个能有效运作的现代法治。

外国的法治经验的确可能为我们提供启示和帮助,同时在对外交流日益频繁的今天,也正在影响着我们的社会,有的已经溶进了我们的传统。但由于如下原因,这种启示和帮助将是有限的,不可过高希望。首先,社会活动中所需要的知识至少有很大部分是具体的和地方性的,[33]因此,这些地方性的知识不可能"放之四海而皆准"。其次,外国的经验也不可能替代中国的经验。最后,由于种种文化和语言的原因,任何学者尽管试图客观传达外国法治经验之际都同时不可避免地有意无意扭曲了其试图真实描述的现象。"书不尽言,言不尽意"实在是人类社会中的一种普遍存在的并且是无法解决的问题。[34] 因此,无论我们如何细致描述、界定、概括外国的法治,都必须切记这些都不等于外国法治经验的本身。提醒这一点并不是要拒绝借鉴,而是指出借鉴之艰难。

正是由于一个社会中的现代法治的形成及其运作需要大量的、近乎无限的知识,包括具体的、地方性的知识,因此,如果试图以人的有限理性来规

---

〔32〕 参见哈耶克的论证:《知识在社会中的作用》,载《个人主义与经济秩序》,同注〔19〕。

〔33〕 参见 Clifford Geertz, *Local Knowledge, Further Essays in Interpretive Anthropology*, Basic Books, 1983; A. 哈耶克,同注〔32〕,第76~78页;以及休谟的观点,"确定普遍的政治准则,应当慎之又慎;〔因为〕在精神领域和物质世界中经常可以发现无规律的和异常的现象"。参见《关于某些异常惯例》,载《休谟政治论文选》,张若衡译,商务印书馆1993年版,第109页。格尔兹认为所有的知识都是地方性的、具体的,休谟和哈耶克则认为至少有一部分知识是地方性的。

〔34〕 See Cf. Micheal Foucault, *The Order of Things, An Archaeology of the Human Sciences*, Vintage Books, 1994, especially Ch. 3.

划构造这样一个法治体系，可以说是完全不可能的。正是在这里，知识论再一次提出了利用本土资源，重视传统和习惯建立现代法治的必然性。

哈耶克在论证市场经济之所以有效时曾指出，市场经济的运作需要大量的信息，这些信息无法通过计划而集中汇总起来并作出有效率的反应，而只能通过市场这个体系才可能最有效地加以运用。[35] 任何一个社会中法治的形成和建立在一定程度上也应当如此，同时也必定是如此。霍姆斯在一个多世纪前曾指出，美国的“普通法体现了一个民族多少世纪发展的历史，因此不能像一本充斥着定理和公式的数学教科书一样来研究法律”。[36] 中国现代法治不可能只是一套细密的文字法规加一套严格的司法体系，而是与亿万中国人的价值、观念、心态以及行为相联系的；要建立法治，在一个维度上看，就是要重新建立人们在社会生活中对他人行为的确定预期（政府行为也还是通过一个个具体的他人的行为完成的）。正是在这个意义上，中国的法治之路必须依靠中国人民的实践，而不仅仅是几位熟悉法律理论或外国法律的学者、专家的设计和规划或全国人大常委会的立法规划。中国人将在他们的社会生活中，运用他们的理性，寻求能够实现其利益最大化的解决各种纠纷和冲突的办法，并在此基础上在人们互动中（相互调整和适应）逐步形成一套与他们的发展变化的社会生活相适应的规则体系。

强调这一点，同时也是尊崇人民的创造力。而之所以尊崇人民的创造性，并不是因为什么抽象的民主价值或关于人民的神话，而是因为我们认为每个个人（包括历史上的个人——因此要珍重传统留下的知识）都拥有一些别人所没有的或无法拥有的、具体的知识。而就是这些个人的具体知识的无计划、无指导，甚至似乎是非理性的行为的相互作用、相互限制、相互碰撞和相互调整，社会才得以形成许多人类赖以取得成就并仍然在发挥作用的规章制度——包括市场经济、国家（state）和法治；这些制度都只是人类行动

〔35〕 参见哈耶克，同注〔32〕。

〔36〕 Holmes，同前注〔29〕，第1页。

的结果,而并不是人类设计的结果。[37] 如果说中国的经济体制改革给中国现代法治建设有什么最重要的启示的话,那么这应当是最重要的启示。

Ⅵ.与上述的论点相一致,本文没有、不可能也不打算勾勒一条中国法治之路。事实上不可能有先验确定的中国法治之路。尽管如此,本文还是隐含了一些对我们当前的法治建设和法律实践或许有意义的命题或观点。例如,我们长期以来倾向于将法律视为社会变革的工具,而忽视法律的一个最重要的特点是保持稳定,是一种保守的社会力量;因此,在我们频繁地"修改完善法律法规"之际不仅不可能建立法律的预期和权威,而且有可能破坏本来法律所要保证的已经建立的社会预期,这实际上非常不利于法治的建立。又如,我们的法律在许多方面是已经西方化了的,但许多中国人并不习惯这种法律,因此在许多地方出现了许多法律规避和违法现象,这种现象的出现,或许表明的不是违法者或法律规避者的无知或邪恶,而是表明了我们的形式上西方化的法律本身的问题。也许法律和法学工作者,更应当重视研究和发展中国社会中已有的和经济改革以来正在出现和形成的一些规范性的做法,而不是简单地以西方学者的关于法治的表述和标准来否认中国社会中规范人们社会生活的习惯、惯例为法律。我们切不可在赞美民主的同时又鄙视、轻视中国民众以他们的实践而体现出来的创造力,不可在高歌平等的同时又把中国人(包括古人)的实践智慧和理性视为糟粕。也许过去的这种现象是激烈的社会变革所不可避免的,有时甚或是必要的,但一旦形成一种思维的定式、一种意蒂牢结,就会成为中国现代法治建立的障碍。

也许,中国现代法治的建立和形成最需要的是时间,因为任何制度、规则、习惯和惯例在社会生活中的形成和确立都需要时间。孔子曾说过:"七

---

〔37〕 关于市场经济,这就是亚当·斯密在《国富论》中所论述的"看不见的手"的观点。关于法律,见注〔36〕。关于国家,参见亚当·弗格森:《文明社会史随笔》,转引自哈耶克,同上,第7页及其注〔1〕,休谟也认为"政府的起源是较为偶然而又不大完善的",见《论政府的起源》,载《休谟政治论文选》,同注〔29〕,第25页,似乎与弗格森和休谟的观点相反的是霍布斯、洛克等人的国家观,后者认为国家是社会契约的产物。但这两种观点其实未必矛盾,重要的是要区分国家的实际形成和关于国家存在的正当化理论,弗格森和休谟所说的是前一点,而霍布斯和洛克等人讨论的是后一点。混淆这两种论述,并进而把社会契约当作国家起源的错误在中西方学者中都时有发生。

十而从心所欲,不逾矩”;萨维尼曾说过,“一切所有权都是因时效而成熟的他主占有”。[38] 前者强调了观念和行为模式形成中,后者强调了制度和合法性确立中,时间的重要性;而这是超出任何个人或一些人的能力的,是“上帝”的事业。事实上,时间本身并不可能有什么神力,而只是一种简便化的标记,它标记的是各种资源的累积、传统的承接或转换、合法性的确立。我们的责任只是,在中国经济改革的大背景下,注重研究和解决中国的实际问题,这就是在创造、累积资源。还是中国人的老话,“尽人力,听天命”。这调子也许不那么高,可是理未必错。

(本文原载于《中外法学》1995 年第 5 期)

(日本宣告投降 50 周年纪念日完稿于北大蔚秀园寓所)

---

〔38〕 转引自梅因,同前注〔28〕,第 144 页。

论"法治"构成要件

——兼及法治的某些原则及观念

徐显明

把"法治"放在何种层面上定性？自梁启超1922年辑其1907年前后发表之数篇政治史文章为《先秦政治思想史》一书而首提"人治""法治"概念以来，期间虽有20年代末期、40年代中期、50年代中期及70年代末期几次大的讨论，但迄今未获一致说明。中外思想家和学问家们留给我们的解释有：梁启超的一种主义说，亚里士多德的二层含义说；1959年世界法学家大会通过的《德里宣言》的三原则说；英国思想家戴雪的四种解释说及现代美国法理学家拉兹及富勒的八原则说等。诸说中要么把法治界定为一种治国方法，要么把其说明为法制的理想状态；要么把其作为法律运行的原则；要么把其待之为法律制度的价值准则。各说依其成说的不同视角，均有穿透之见地。本文欲取之"法治"，意以一种社会结构状态为表述，其反义为"专制社会"，其近义为"法治国家""法治政府"。其内涵为：在法律规束住了国家权力和政府后而使权利在人和人之间得到合理配置的社会状态。这种社会状态即我们所追求之"法治社会"。以前人提供给我们的经验和我们所具有的理性进行分析，法治社会的达成，离不开精神的、实体的和形式的三方面要件，该三要件的统一，才有完整意义上的法治。本文试对该三要件作简约探讨。

一、法治的精神要件

法治的精神，这一概念内含着：(1)它是安排国家制度、确立法律与权力比值关系的观念力量；(2)它是一种相对稳定的、为保持法的崇高地位而要求人们持有的尚法理念;(3)它反映法律运行的内在规律,对变法具有支配、评价等作用,在遇有权力涉法行为时能传导公众产生排异意识并最终指导人们认同法律的权威。由此三点可以看出,法治的精神既不同于法律原则,也不同于法律精神,更不是法的本质。它的实质是关于法在与国家和权力交互作用时人们对这一关系所选择的价值标准和持有的稳定心态。具有法治精神的社会,即使法制状况不为理想,其也会在这种精神的推动下逐步走向改善。如果说运动着的事物都需要一个方向或灵魂的话,那么法治的精神就是展现法治品格和风貌的方向和灵魂。现代法治社会中,构成法治精神的要素至少有四种:善法、恶法价值标准的确立,法律至上地位的认同,法的统治观念的养成,权利文化人文基础的建立。

法学理论如果只告诉人们法是什么而不说明法应当是什么,这样的法学便是病态法学。这种法学的价值以其研究对象的价值而定。如果法是善的,法学便是善的,如果法是恶的,法学便助纣为虐。善法,是法治的最低要求。所谓法治,首先是指“善法之治”。其实哲学上所追求的对人的终极价值——真、善、美在法治上只要有一价值成立其余就会同时展开。倘若在立法上解决了善法之治的问题,那么在法的实施上必然要求“真法之治”,而不是有法无治。而善法之治与真法之治的实践结果,便给人以艺术上的价值,即“美法之治”。法治当中的“善”,意指益于人的道德准则,在观念形态上它已转化为人人都能接受的正义认知,法律制度在设计和构建过程中被要求的分配正义、校正正义、实体正义、程序正义等都是它的内容。法律以正义实现为追求,该法便是善法,舍弃了正义的价值标准,法便是恶法。善法、恶法价值标准的确立,使人们在观念上有了“法上之法”与“法下之法”以及“合法之法”与“不法之法”之分。正义为法上之法,追之近之为合法之法,去之远之则为法下之法或不法之法,亦即恶法。恶法不为法,人人有权予以抵抗。一社会中,人们有无抵抗恶法的意识,是衡量其法治观念强弱的标准之一。在现代法业已被认识到的由一组组基本价值范畴组合的价值体系中,为求得善法,人们应在对价值发生矛盾时作出如下选择:正义与利益以正义为先;自由与秩序以自由为先;公平与效率以公平为先;安全与和平以安全为先;生存与发展以生存为先。正义、自由、公平、安全、生存为善法之恒定价值,其余为相对价值。这种价值选择,使法律价值观与经济价值观有所不同。至善之法,即是衡平价值关系而使价值冲突降至最低限度之法。这一价值尺度应成为立法的首选原则。将这一观念推之于社会,公众也就掌握了判别法律正义与否的标准,法制随而也就具有了去恶从善的内在活力。

法律至上地位的认同问题,回答的是法律是否具有最高权威问题。无论何种形态的社会,总有一个具有至高无上的权威存在。如果公众心目中认同的最高权威不是法律,那么这个社会就肯定不是法治社会。我们已知的至上观有:奴隶制时期"一切皆从天子出"的天子至上,封建制时期"天下事无大小皆决于上"的君主至上,西欧中世纪"朕即国家""国王便是法律"的国王至上以及30年代德国的纳粹党至上、国家至上和希特勒元首至上。在凡有权力高于法的地方,法都是随执掌权力人的意志被随意塑造的,这种社会里即使有法,这种法也是呈人格化的,其特点一是没有理性,二是多变。如果法要对社会产生作用的话,其作用的出发点首先是为了通过法律强化权力的权威。生效的法律一旦不利于权威的稳固,其命运就是十分悲惨的。在这样的社会里,法律是极不牢靠的,人们既无法信赖法律也无法依靠法律,实行人身依附或权力依附,其结果比依赖法律要好千百倍。在视法律为畏途与视权力为利益的比较中,人们产生普遍的崇尚权力的观念及以官本位作为对人的价值评判标准就是非法治社会中必有的现象了。该种情况,在我国也未根绝。曾有相当长的一段时间,我们用政策代替法律——政策至上,全民学两报一刊——社论至上,落实最新指示不过夜——最高指示至上(最新指示的效力可能又高于最高指示),法律的权威远不及一人之言,其结果导致了人人自危和无法无天。这一时代虽已离我们远去20年,但由它残留给社会的蔑法意识仍然存在。法大权大之争,即关于法律具有最高权威还是权力具有最高权威的论争也未结束,至今仍少有人敢于理直气壮地喊出"法律至上"的口号。其实只要在逻辑上作出下列两个判断,推演出我国法律至上的结论就是不难的。其一,我国社会主义法是人民意志的集中体现,主张法律至上即是主张人民意志至上;其二,具有根本规范性质的四项基本原则已变成了我国社会主义法的组成部分,主张法律至上亦即主张四项基本原则至上。这种推理虽然依据的是非理性的事实判断,但其结论却是理性的。它要求全社会所形成的主流法治信念为：只承认法律一种权威。

法的统治的观念是法治精神的核心。这种观念不同于政治学上所说的阶级统治。阶级统治的观点不承认统治阶级再接受其他主体的统治，而法的统治的观点，则把法作为主体，而把社会所有人作为客体。在这种观念里，最有价值的思想是承认统治阶级也必须严格守法，而不承认法律之外另有主宰法的而不被法制约的主体。中国先秦法家曾主张法治，但其所用原理与儒家之人治是相同的。“垂法而治”[1]或“缘法而治”，[2]目的无非如韩非子所言“治民无常，唯法为治”。[3] 人治、法治之争，差别在治之具上，而治者与被治者是相同的。故无论是德治、礼治、心治或人治还是刑治、兵治、力治或法治，名虽有异而实则同矣。诚如清人王夫之所发现，“人治、法治皆治国之道”，[4]“任法任人皆言治也”。[5] 它们共用的公式是：人执一具以治人。由是观之，法家之法治，实质仍是人治。他们所宣扬的“一断于法”是把君主排除在外的。所谓“刑无等级”，只适用于“法于法者民也”，对“生法者君”来说，他在法律之上，法家从未敢明言君主与庶民共同守法。启蒙思想家卢梭曾发现：如果有一个人可以不接受法律的统治，那么，其他人随时都可能受到这个人的统治。[6] 法家的法治与儒家的人治一样，其追求的价值目标是与法治背道而驰的专制。而法的统治，导致的目标却是民主，这是两种法治质的不同。法家的法治至多算是治国的方法，而法的统治则超越方法论的性质，它指的是国家的原则和社会状态。法律如果是人民制定的，接受法律的统治正是接受人民的统治。在法的统治的主客体公式里，法的主体地位实则代表着人民的主体地位。如果说无产阶级或其政党没有超越人民的私利的话，那么，统治阶级或执政党接受法的统治恰好证明了自己来自于人民，服从于人民的性质。所以法的统治的观念，是消除特权而首先

---

〔1〕《商君书·壹言》。
〔2〕《商君书·君臣》。
〔3〕《韩非子·心度》。
〔4〕 王夫之：《读通鉴论》卷三。
〔5〕 王夫之：《读通鉴论》卷十。
〔6〕 卢梭：《论人类不平等的起源和基础》，商务印书馆1962年版，第52页。

要求立法者守法的观念。法的普遍性、平等性等原则都能从这种观念中获得说明。

权利文化与人道主义文化、科技文化一起构成了当今世界三大文化主流。人道主义文化联系着人类的道德规范,社会的精神文明由此得以养成。科技文化概括着人类创造财富的先进手段,社会的物质文明由此不断提高。权利文化制约着人类设计制度的原则,社会的制度文明由此得以建立。权利文化是法治社会得以形成的人文条件。在人格不独立、身份不平等、行为不自由的地方,法治便是遥远的梦乡。权利文化所要解决的正是观念上的和制度上的上述问题。权利文化的凝聚形态是权利本位的理论,它有两大内涵。其一,它是解决公民和国家主体关系的理论。主仆型文化产生义务本位。在这种本位里,国家具有主宰地位,公民唯有无条件服从之义务。权利本位则相反,它把公民对国家的关系颠倒过来,认为公民有权主宰国家,国家以保证公民主人地位的获得为绝对义务。其二,它是解决权利与权力互动关系的理论。国家权力的行使以为公民创设权利实现的条件为目的,权力行使如果背离了公民权利得到保障的宗旨,权力便会受到改造。国家权力以公民权利为运行界限,而两权界限由法律明定之。权利本位的理论并不直接解决同一主体所享权利与所尽义务间的关系,因为按照权利本位设计的权利制度,允许人们享有无义务的自然权利。权利本位文化的实质,是个人权利的实定化和义务的相对化。在这种文化背景下,人和人之间的关系是平等、自主关系,人对国家的关系具有三种模式,即义务领域里的服从、自由领域里的排拒、权利领域里的依靠和参与,由此而产生社会和谐。国家再不必以赤裸裸的暴力去强制人们无条件服从权力,人们恪守权利界限而共生共荣,于是便有法治。权利文化对于法治,正如土壤对于种子,缺少了文化的养料,法治断难育成。

二、法治的实体要件

法治的实体要件,指的是依据法治的精神而被奉行的法制原则以及由这些原则所决定的形成为制度的法律内容,具体言之,就是法律对待公共权力、国家责任、个人权利、社会自由、公民义务的原则和制度。

首先,法治意味着控权制度的存在和权力制衡原则被遵守。法治,在制度上起始于法律对最高国家权力的限制。英国1215年《自由大宪章》首开了人类用法律约束王权的先河。从此,权力就不再是无限的和绝对的了。英国的法治和宪政就是从一步步限制王权开始的。什么时候法律把权力驯服为俯首帖耳的羔羊,什么时候便有了真正的法治。诚如洛克所论证的:法治的真实含义就是对一切政体下的权力都有所限制。[7] 在所有国家权力中,行政权力是最桀骜不驯的,因为它是唯一不需要借助程序就能行使的权力,所以它有极大的随意性和广阔的空间。严格的法治,首先应建立对行政权的严格控制制度。法治实践表明,权力越是高度集中,对其控制就越是困难,举凡法治有效的地方,权力都是从分离到分立的。如果立法主体同时也是执行和监督主体,那么实际上这个主体已经无异于国王了。在权力的王国里是没有法治的立足之地的。控权的有效办法是权力分立和以权制权,法律上确立这样的制度和原则,便可避免恶政和暴政发生。

控权制度的确立,使公法和私法的划分愈加成为必要。法治社会中之公法,应理解为是为所有公权力确定职能和划定行使界限的法。国家权力的公共性越凸显,越表明公权力法治性之强。发达的公法是法治社会不可欠缺的。同时,私法意味着,凡法律允许的个人间的平权关系,公权力禁止介入。公法和私法划分的法治上的意义,在于表明国家权力的受控性和有限性。私法对于法治之所以重要,是因为实质上它在表明用另一种权力——公民的权利制约公权力的滥用。

控权,以防止国家权力压法、毁法为目的,权力制衡以防止行政权走向专制为目的。法治国家中,对公权力的三大制约方式:道德制约、一种权力对另一种权力的制约、权利对权力的制约,都最终表现为法律对权力的制约,这是法治政府的古典特征。

其次,法治还意味着国家责任的无可逃避和权力与责任相统一制度的建立。现代法治社会中的国家不同于古典式法治社会中国家的一个特点是公共权力不再完全处于消极被动状态,在国家具有了经济职能之后,权力责

---

〔7〕 洛克:《政府论》(下篇),商务印书馆1964年版,第92页。

任的内容也相应增加了。现代的权力责任,除了过去的由滥权所产生的责任及怠权所产生的责任外,还负有满足公民权利请求的责任和由管理而带来的保证责任。这后两种责任主要是现代政府的责任。传统的法治防范理论,总以行政权为主要对象,其实由许多立法的不法和司法的不法事件表明,这后两种权力同样能形成对公民权利的积极侵害与消极侵害。只要是公权力,就是支配私权利的能力,因之也就无法消除其不法的可能性,所以国家责任的主体应是全方位的。不论哪种权力主体,也不管它是自己执行或是受托代行,只要启动了权力,就应预设责任于其运动之后,以使权责成为不可分的整体。在我国,某些具有政治优势的社会团体,某些具有垄断地位的公营组织以及具有力量优势的武装组织和具有执政、参政地位的政党等,因它们时常代行国家权力,因而也可能由它们形成权力侵害。国家责任制度中如果缺少了对这些特殊主体的规约,则制度上可能使国家逃避责任,这是法治国家所应避免的。

再次,法治意味着权利制度受到保障和社会自由原则的确立。权利的保障制度开始形成于法律对权利的宣告。权利告示的法治原理在于:法律每宣告公民的一项权利,就等于同时宣告了国家权力的禁区。个人权利的最大威胁始终是国家权力,所以权利宣言与其说是法律告知公众有多少权利,不如说是法律在告知权力有多大限度。权力受到多大限制,权利便会得到多大实现。当说人有健康权时,刑讯不证自明就是非法的;当说人有财产权时,“三乱”当然就是侵权的。面对公民的健康权、财产权,即使法律不再去制定“禁止侵害健康权”“禁止侵害财产权”的条款,国家权力也该知道刑讯与“三乱”的违法。从法律的禁止性规范中有时也可推导出权利,但这种非被宣告的权利是不可靠的,因为禁止个人做什么的规范并不必然禁止国家去做,而当国家去做了的时候,被推导的权利便不复存在了,权利宣告,是权利制度的第一性机制。它还有第二性、第三性和第四性的机制,这即是权利侵害的预防机制和侵害发生时的救济机制以及公民个人获得权利遇到障碍时的国家帮助机制。上述四种机制的统一,才构成真正具有实效的权利保障制度。一国的人权状况,主要由该国权利制度的实效性来说明。

权利制度不可缺少的条件是社会自由原则。在法律上,权利与自由的关系是种属关系，而在法治的要求上，权利和自由又分别代表着不同价值。实定化的权利只有一个来源，即法律的规定，而实定化的自由却不局限于法律，在法律不禁止的地方存在大量的自由。权利对待国家，既有限制的一面又有依赖的一面，特别是以生存权为核心的社会权，离开国家的帮助是无法实现的。自由对待国家，则只持一种态度，即防范与排斥。自由要求国家把限制减到最低限度，这便是社会自由原则。这个原则表明：(1)自由除了受法律的限制之外，不再受任何限制；(2)自由不仅存在于法律之中，还存于法律之外，法不禁止即自由；(3)法律意义上的自由，指的是受法律保障的自由，而不是法律范围的自由。人的基本自由离不开法律的承认和保护，但要把人的所有自由都纳入法律范围内，则是很天真的。法治对于自由的价值表现为以法束缚权力以防其对自由的干涉和限制，而不是去为自由划定范围。社会需要的是保障自由实现的法律，而不是受法律限制的自由。保障自由实现的法律才是法治意义上的法律。社会与其去追求那些被限制住了的自由，莫不如去追求限制权力干涉自由的法律。

最后，法治意味着公民义务的法律化和相对化。公民的义务是根据法律来定还是根据权力的随意性来定，是法治社会与专制社会的区别点之一。法治条件下的个人义务可分为三类：其一是为实现国家利益和公共利益而需承担的基本义务；其二是与自己权利相伴而来的对应性义务；其三是自愿承担的义务。如果可以把契约理解为个人间的法律的话，那么包括自愿承担在内的这三类义务均具有法律特征。义务的设定离不开实现权利的目的，“没有无权利的义务”，[8]遵循这一原则，公民享有多少权利便履行多少义务。增加公民的义务，除非增加权利的立法。不以权利实现为目的而承担义务，如果不是自愿的话，那就是在履行法外义务。这时候，义务对应的是特权，并且只有特权存在，才会逼迫公民法外承受义务。所谓义务的相对化，就是指在义务的种类确定后，公民承担任何一类义务都有法律的定量。义务是否相对，也是法治与专制的分野。专制社会里，个人唯有无条件对权力的服从，权力对个人施加的义务的量是变数。绝对的服从是绝对的义务，

---

〔8〕《马克思恩格斯选集》(第2卷)，第136页。

权力支配者的需要就是义务量。

义务的法律化和相对化需要两条重要的法治原则:法律今天所设定的义务,不能由公民在昨天就承担。换言之,即公民不能根据今天的法律去接受对他昨天行为的处罚。简言之,法律不得溯及既往。此其一。其二,法律所设定的义务需具明确性,模糊的义务不得强加于人。不具备法学家的专业知识就无法确切地知道义务的内容是什么,这种由立法的不确切而导致的义务不确切,其责任应由立法者来负而不应由涉法关系人来负,故在义务问题上不得实行法的类推适用。

三、法治的形式要件

法治的形式要件,指的是法治实体要件的表现方式及实现实体要件的技术条件。法治的实体内容由社会的商品经济关系以及由这种关系所决定的精神要求和制度要求来定,而法治的形式要件则依法治实体要件的要求来定。仅有理想的法治实体内容,而缺乏适合于它的形式,法治仍是不完整的。实体要件与形式要件的统一,才有良好的法治。

法治形式要件的研究,实质是关于法治的技术性研究,它的主要任务是完成对表达法治实体要求的条件和方式的探讨。由于形式总是受到内容的制约,所以现代法治所表现的一切形式都最终不得不以其实体是否真的实行法治而作出说明。法治的形式要件应当包括:

(一)法制的统一性

无论是善法之治或恶法之治,也不管是简法之治或繁法之治,凡欲使法律发挥制度效应,法制的统一性就是必需的。统一性的含义是:(1)避免法律中的矛盾。如果立法权允许分割,那么法律中同一内容不同规定就是不可避免的。如果实行后法优于前法的原则,那么后法一定得比前法制定得更合理;如果不同于立法的解释在事实上比立法更受尊重,那么解释实质上已取代了原法。这些现象都可能导致法律矛盾。(2)法律普遍得到遵守。如果允许有人超越法律,那么就一定允许有人毁掉法律,这时候立法已没有实际意义;如果相同情况在司法上可以有不同的对待,那么就意味着不同情况也可以实行同等对待,这时候,法律平等连最后的修饰也没有了。如果遵守法律只是一部分人的义务，那么践踏法律就一定是另一部分人的特权。在特权存在的社会里是没有法治的。

(二)法律的一般性

一般性的含义是:(1)法律对社会生活的一般性调整。它指法律规范设定人的行为的两种模式，把允许、肯定和鼓励的行为概括为权利，把禁止、命令和否定的行为概括为义务，使人除了情感和思想外的所有存在都被收入这两种最简单的调整范围之内。(2)法律内容的一般性表述。它指法律规范需用专业性的词汇、概念高度抽象概括人的行为而使权利和义务成为一般性法律条文，人们按事先公布的法律条文选择行为而不被追究，就是初级形态的法治。公布法律，是法治的形式要求之一，人们只有根据已知的法律才能有效对抗来自权力的个别命令，所以，法治所要求的法律内容的一般性表述与其对社会的公开化并非可有可无。(3)法律实施中的一般性适用。它一方面是指法律规范的全域约束力;另一方面是指法律规范的逻辑适用，即"类似情况类似处理"和"类似情况反复适用"。一般适用排除了司法过程中的随意性，法治的诉求中包含着这一内容。

(三)规范的有效性

有效性的含义是:(1)法律规范的效力系统。在全部法律规范中，只有一个规范具有最高效力，这就是宪法中的人权规范。国家的全部权力为人权而存在，法律中的全部规范围绕人权而展开。所有立法，检测其效力高低，最终以人权规范为尺度。合乎最高规范便是有效的，违乎最高规范，便是无效的。(2)法律规范的可操作性。法律规范可否操作，直接决定着其能否产生效力。一般而言，易知的、明确的、肯定的、具体的法律规范因可直接操作故而可直接生效。相反，难解的、模糊的、含混的、抽象的法律规范因无法操作故而即使有人违之犯之也难予处理。立法技术对法的效力有直接影响。(3)法律规范的实效。它指有效的规范在多大程度上实际产生了约束力。按法治要求，所有生效规范都应具约束力，但事实并非如此，生效的规范有时候效力只限于纸上。实际生活中，常有两类情况:一类是对禁止性规范触犯不被追究，另一类是按授权性规范主张不被保护，该两类情况都实证了规范的无效性。无效规范越多,法治水平越低。

(四)司法的中立性

司法中立,既是程序正义所应恪守的原则,也是实体正义所含之当然要求。中立的目的,乃是为了追求审判的公正。司法的中立性,特点缘于司法权的五个特征。其一,司法权是被动性权力,非因诉方、控方请求不得主动行使。行使审判权只是满足公民"受审判权"的义务。"提前介入""挖掘案源""保驾护航"等主动启动权力的方式都是逆于司法权被动特征的。其二,司法权是判断性权力,非予兼听则无以明断,其责任即是依据既定标准判断是非曲直。一旦偏于一方,必失公正。其三,司法权是程序性权力,非依诉讼程序行使,既失尊严,又易生随意和疏漏。前者后果将招致法官与当事人互不尊重,后者将出现误判,而无论哪种后果都将失其公正。其四,司法权是中立性权力,对于当事人它是中立的,对于国家机关,它既非立法机关,亦非执行机关,其地位决定了它的中立性。其五,司法权是终极性权力,它对争执的判断和处理是最后的和最具权威的,这在结果上必然要求它代表着社会公正。一旦司法公正受到怀疑,社会公正便荡然无存了。由司法权的特性可以看出,司法权若不保持中立,法治便无法推行。保持司法中立,需满足两个基本条件:一是实行独立审判,法官除向法律负责外不向任何机关负责;二是在体制上是司法权只接受监督不接受命令。指挥方式在审判中须绝对避免,否则,司法便无法保证其活动的客观性、程序性、公正性、正当性和合法性。如果在司法制度上允许一种权力去领导或指挥审判权,那么它的前提条件是这种权力应比司法权更公正,若果真这样,这种权力便可包揽审判活动,司法权就是多余的了。在司法权被降位于执行权的地方,法治实质上是被权力包办的。

(五)法律工作的职业性

法律职业是指通过熟谙法律原则及其运用技巧而追求社会公平与获得个人生活来源的专业性工作。该职业的主构部分为法官、检察官和律师。他们的职业特点是:有基础相同的法学修养和运用法律的艺术;有共同的为社会大众服务的精神和追求、坚持、实现社会正义的道德情操;有利益相关的社会同一阶层的意识及与阶层意识相符的语言特点、思维方式、仪表风范和行为气度。这些特点决定了法律职业在主体上的专家化和在工作上的专业化以及在工作结果上的艺术化。法律职业内部的差别,不影响他们对公平的共同追求。如果说公平在更大意义上是指公众能接受的关于付出与所得间比例关系的观念的话,那么由法律职业家们多几个角度提出对公平的看法,或许司法的效果会更接近公平。司法的权力经过了道德的和知识的净化后会变成十分神圣的东西。法律工作非职业化,无论法治的实体价值或是形式价值,都会在从业者的无知和盲从中丧失。一般说来,一个社会对法官、检察官的尊重程度,直接表明这个社会的法治程度。相同的道理,法官、检察官对律师的尊重程度,则表明了这个社会的公正程度。法官如果不尊重律师,法官也不会受到社会的尊重。而法官的受尊重和律师的受尊重,都缘于他们对公正的职业追求,也缘于他们因良好的专业训练而养成的排除权力随意性和善于捕捉公正的理性能力。法治社会缺乏了主体条件的保障,即使有良法,也未必出现良法之治。

四、余论

对法治构成要件的分析,目的不在于揭示法治应当遵循的目标或模式,而在于摸索法治可能遵循这些目标或模式的条件。我们希望法律精神弥漫全国,也希望能有一个以人权为唯一正当政治目标而以人民意志为唯一权力来源的法治政府,还希望建立一种消除任何权力超出合法限度而不被制止的体制,因为这些都是法治社会所应具备的。但是一种价值分析往往只注意判断的事实性和应当性,而忽略它的技术性。假如我们的社会目前尚不能说已是达到某种标准的法治社会,我们就当为其准备达到这种标准的条件,哪怕准备观念上的条件也算是在为之努力。由此我们想到,下述一些观念是否是法治社会应弘扬的观念呢?

(一)法的工具论观念

一旦把法置于工具地位,也就对其作了"可供选择使用"的说明。手段是为目的而准备的,一旦手段达不到目的,手段也就被弃置不用了。这种理论极易导致法律虚无(可有可无)主义的产生。若说法律是工具,即使它与价值不相矛盾的话，也会立即出现一个主体是否已学会使用它的问题。会用者——法律家出身的政治家可熟练用之，可谁能保证政治家都是法律家呢？不会用之者又该如何对待之？这种观念的致命错误，还在于它设定了一个主客体关系，即法律之外，有一个主体主宰着它，而主体是不受它任何制约的。如果说法律的本质是人民意志的体现的话，以法为工具，不即是说以人民的意志为工具吗？不亦即等于说拿人民作工具吗？显然此说有悖于我国法的本质。"法的工具论"的法观念与对法具有工具性的认识是根本不同的。前者为政治观念，它把法置于国家与政府之下，将法视之为政府治理公民的工具，而后者则不排斥法的目标性的一面，同时也认为，法是人民管理政府的工具。

（二）依法治国观念

该观念有三性，其一是相对于人治，相对于"主要依靠政策"等提法的历史进步性；其二是它的历史局限性。从依法治国，可推演至依法治省、依法治市、依法治县、依法治乡，还有单方面的依法治水、依法治路、依法治税等，其最终落实，实质是依法治人，所以这种观念与其说是法治观念，不如说是统治观念，它与历史上"人治法治皆为治"的观念是一脉相承的。其三是它的前瞻性或发展性，去掉依字，只表述为"法治国"或换概念为"法治国家"，其价值追求则可能就是法治的了。

（三）法制建设"十六字方针"

无法可依，肯定没有法治社会，有法可依与有法必依也不必然导致法治国家。且不说存有"有法不知""有法不依""执法不严""违法不究"等非法治现象，单言法之善恶，就足以构成对法治状态的怀疑了。倘若所定之法并非善法，那么依法、执法与护法越严，其对法治破坏就越烈，其目标离法治就越远。有法且得到严格遵守并非法治的实质条件，相反，倒有可能恰恰是法治精神所反对的。所以法制建设方针中应增加法律价值的原则，以制约立法的不法，从技术方面讲，还应增加法律监督的内容，以使善法达到真治。

走向法治，从改变法治观念开始。

（本文原载于《法学研究》1996年第3期）

中西法律传统中的“亲亲相隐”

范忠信

亲亲相隐或者亲属容隐，是人们所熟知的中国法律传统中的一项制度。过去我们常常认为它是中国封建法制独有的原则，其实这是一种误解。事实上，从古代到近现代，从西方到东方，从奴隶制法、封建制法到资本主义法甚至社会主义法，均存在“亲亲相隐”之类的规定。因此，是否存在这一原则或规定，并不足以构成一个国家或法系的特色，也不足以构成一个历史阶段或一种社会制度下法律的特色。但是这一原则或规定在不同法系、不同国家、不同时代、不同社会制度中不同的着眼点、侧重点，或有着不同的动机、目的，仍可构成各自法律特色的一个方面。

本文将从四个角度考察中西法律传统中的容隐制度及其特征。笔者希望这一工作能对容隐制度的研究起到抛砖引玉的作用。

一、亲属容隐制的历史发展与阶段特征

(一) 中国容隐制的历史演变及时代特征

1. 先秦时期

中国的亲属容隐观念和制度萌芽，至少可以上溯至春秋时期。《国语·周语》载：东周襄王二十年(前632年)，周襄王劝阻晋文公(时为诸侯列国盟主)听理卫大夫元？讼其君一案时说：“夫君臣无狱。今元？虽直，不可听也。君臣将狱，父子将狱，是无上下也。”既承认元？理直，又主张不理此案，是认为君臣父子之间应当隐罪。《礼记·檀弓》载：“事亲有隐无犯”；《论语·子路》中孔子主张“子为父隐，父为子隐，直在其中”；《孟子·尽心上》中孟子主张舜将可能犯杀人罪的父亲“窃负而逃”，等等，都反映了春秋战国时

代人们对于亲属容隐问题的一般认识,也赋予亲属容隐以伦理上的正当性。最早将容隐原则应用于法律的似乎是秦律:“子告父母,臣妾告主,非公室告,勿听。而行告,告者罪。”[1]这或许可以看作中国容隐法开始形成的标志。这个时期,商鞅在秦国变法,“奖励告奸”,鼓励夫妻、朋友、邻里之间互告犯罪,但并未鼓励子女告发父母。[2] 总体来看,这一时期的主要特征是:不许告发父母或证实父母有罪,单方面强调“子为父隐”,即子女对父母的隐匿义务;“父为子隐”尚未得到法律的认可;视告父母为不道德甚至犯罪行为;尚未允许隐匿父母以外的其他亲属。

2. 两汉至南北朝时期

汉武帝时,临汝侯灌贤因首匿犯伤人罪的儿子,被免爵;衡山王太子刘爽坐告父不孝,弃市。[3] 这说明当时仍单方面强迫“子为父隐”,并且不许“父为子隐”。这里出现了一个重大变化,即以告父亲为“不孝”之重罪,处死刑,这是秦以前所没有的,它开创了此后两千余年的传统。另一个重大变化也随后开始。汉宣帝地节四年诏:“父子之亲、夫妇之道,天性也。虽有祸患,犹蒙死而存之。诚爱结于心,仁厚之至也,岂能违之哉?自今子首匿父母、妻匿夫、孙匿大父母,皆勿坐。其父母匿子、夫匿妻、大父母匿孙,罪殊死,皆上请廷尉以闻。”[4]这一诏令首次从人类亲情的本性出发解释容隐制度的立法理由,首次用容许隐匿的形式正面肯定妻、子、孙为夫、父、祖隐在法律上的正当性(犹后世法所谓“赋予合法权利”);也首次间接或部分承认尊亲属为卑亲属隐的“权利”:父、祖、夫隐子、孙、妻虽不是“皆勿坐”,但至少涉及死罪时可由廷尉报皇帝“圣裁”,有减免刑罚之可能性。也就是说,从过去的“单向隐匿”开始向“双向隐匿”转化。

这一时期人们还注意到株连对容隐原则的破坏。如汉末魏初高柔、卢

---

〔1〕《云梦秦简·法律答问》,“行告”即反复去告。一告不为罪,反复告才有罪,说明不以告父母为重罪。

〔2〕《商君书·禁使》:“至治,夫妻交友不能相为弃恶盖非……民人不能相为隐。”提及夫妻关系、朋友关系、“民人”(邻里)关系,而不及“父子”,则“告奸”应不包括父子。此与《云梦秦简》上述引文可互证。

〔3〕参见《汉书·高惠高后文功臣表》;《汉书·衡山王传》。

〔4〕《汉书·宣帝纪》。

毓等人反对“军征士亡,考(拷)竟其妻子”,东晋人卫展反对“考(拷)子证父死刑”或“鞭父母问子所在”,南朝宋人蔡廓呼吁“鞫狱不宜令子孙下辞”,北朝魏人崔纂反对审讯中“令同气(兄弟姊妹)相证”[5],其主旨都在反对强迫亲属之间互证有罪,反对株连亲属。此外,人们特别注意到,不许容隐将严重损害伦常。如强迫亲属间互相证罪,“亏教求情,莫此为大”[6]。

3. 隋唐至明清时期

隋律今不存,但唐律继隋开皇律而来,略存其梗概。唐律关于容隐的规定,形成了一个完备的规范系统。首先,《名例律》中规定了容隐制的“总则”:“诸同居,若大功以上亲及外祖父母外孙,若孙之妇,夫之兄弟及兄弟妻,有罪相为隐……其小功以下相隐,减凡人三等。”这一总则的含义是:所有同居亲属(不论服制)均可相隐,不同居的大功以上亲属亦可相隐,不同居小功以下相隐也减轻处罚。为落实这个总则,唐律作出了十种规定:(1)不仅藏匿上述犯罪亲属不罚,“及匿得相容隐者之侣(亲属的同案犯)亦不坐”。(2)通报捕摄消息令亲属脱逃者不罚。(3)审问官不得逼亲属作证,违者有罪。(4)不得告发尊亲属。告祖父母、父母为不孝,处绞;告其他有服尊亲属亦有罪。被告发的尊亲属视同自首减免处罚。期亲以下尊卑“相侵犯”者可以告发。(5)不得告发卑亲属。“告缌麻小功卑幼,虽得实,杖八十,大功以上递减一等。”但父祖告子孙即使诬告亦不坐。(6)帮助父祖逃脱囚禁后不得因惧罚复捕得送官。(7)不得捕缚与自己共同犯罪的亲属赴官自首。(8)在审讯中不得已附带吐露亲属之犯罪者,不视为告发。(9)捉奸时因捕捉与亲属行奸的外人而牵露亲属之奸罪者不视为告发。(10)谋叛以上国事重罪不得相隐,必须告发。[7] 唐以后直至清末变法以前,容隐制度的内容代代相因,不再有大的变化。这一时期容隐制的特征是:形成了空前周密的体系;限制了容隐对国家根本利益的触犯,如禁止隐匿叛国重罪;确定了尊长对卑幼隐的“权利”甚至义务(父祖与子孙间除外)。

---

〔5〕《三国志·魏志》高柔传、卢毓传;《晋书·刑法志》;《宋书·蔡廓传》;《魏书·刑罚志》。

〔6〕《宋书·蔡廓传》。

〔7〕以上规定分别参见《唐律》:《名例六》《捕亡》《断狱上》《斗讼三、四》《名例五》。

4. 清末至民国时期

从清末变法至民国末期,不足半个世纪。这一时期大规模的法制变革使长期形成的中华法系诸特征大多消失,惟亲属容隐制度经改造后被保留下来。从《大清新刑律》到民国刑法,先后保留了为庇护亲属而藏匿人犯及湮灭证据不罚、放纵或便利亲属脱逃减轻处罚、为亲属利益而伪证及诬告免刑、为亲属顶替自首或顶替受刑不罚、为亲属销赃匿赃得免罚、有权拒绝证明亲属有罪、对尊亲属不得提起自诉等规定。[8] 虽然这些规定与欧洲大陆法律多相吻合,但清末主持及参与修律者的主要动机仍然是继承和发扬中国的容隐传统。如刑部郎中吉同钧在论及容隐规定时强调:"刑法之可弼教化者在此律中,之所以为国粹者亦在此。"[9]然而更重要的是,受西方法律的影响,从《大清新刑律》开始,基本取消了"干名犯义"即子孙告父母有罪等以相隐为强制性法定义务或纲常义务的规定,基本上只剩下容隐权利规定。亲亲相隐从以义务为主要特征到以权利为主要特征的转变,是在这一时期完成的。

(二)西方容隐制的历史发展与阶段特征

1. 古希腊罗马时期

古希腊有无容隐之法,未见记载。但"容隐"观念是有的。智者游叙弗伦告发父亲杀人,受到苏格拉底的非难,游氏也承认"为子者讼父杀人是慢神的事"。[10]《理想国》曾引智者色拉叙马霍斯的抱怨:"不随和亲友行不法之事,还要受亲友的憎恨;至于不公正者,其情形则恰与此相反。"[11]这反映古时希腊社会有主张为亲属隐瞒罪过之观念。

古罗马法中关于亲属容隐的规定甚多。一是家属(子)不得告发家长对己私犯(帝政时代以后,允许在特殊情况下申请准许控告严重的侵害);同一

---

〔8〕 以上规定分别见《大清新刑律》第一百八十条,《中华民国暂行新刑律》第一百八十条及补充条例,1928年《中华民国刑法》第一百七十七、一百八十三条,1935年《中华民国刑法》第一百六十七、一百六十二条,1935年《中华民国刑事诉讼法》第一百八十、一百八十六、一百九十一、三十二条。

〔9〕 (清)吉同钧:《大清现行刑律讲义》,法政学堂印行,金册,第108页。

〔10〕 [古希腊]柏拉图:《游叙弗伦　苏格拉底的申辩　克力同》,商务印书馆1983年版,第15页。

〔11〕 [古希腊]柏拉图:《理想国》,商务印书馆1986年版,第26页。

家长权之下亲属相盗不发生诉权；未经许可而告家父者，任何人可对其提起“刑事诉讼”[12]。二是尊卑亲属（主要指父母子女）互相告发者丧失继承权（告发叛国罪除外）。三是不得令亲属互相作证：“父亲不宜做儿子的证人，儿子也不宜做父亲的证人。”四是家长或父亲有权不向受害人交出犯罪的子女，即可以躲避复仇或藏匿拒捕。[13]

古希腊与古罗马时代容隐观念或制度的特征是：古希腊人以为亲子关系受神庇护，告发亲人使其受刑罚就是冒犯神。古罗马特别强调家父权，家子的人格被吸附在家父权内而不能独立存在，故当然不得控告家长；家长与家子在人格上被视为一体，当然不能互相控告或作证，[14]因为自己不能控告自己或为自己作证。

2. 欧洲中世纪时期

欧洲在长达千年的中世纪时期，法律系统纷乱，日耳曼法、教会法、罗马法以至于地方法错综并存，相互竞争而又相互渗透。很难对当时的法律现象作出简单的断语。中世纪教会法是否允许容隐，未见记载。但是《旧约·申命记》明确要求将叛教的亲属送至公共场所处死，可见教会法在宗教犯罪方面禁止容隐。不过在《圣经》中未见反对亲属之间容隐世俗犯罪的记载。考虑到罗马法在当时社会生活中的强大影响，不排除在当时的司法实践中，关于世俗犯罪存在容隐现象。

3. 近现代时期

西方近现代法律中的容隐制度注重保护个人权利，崇尚平等，反对株连或变相株连，这表现在以下四个方面：第一，取消了为亲属容隐的义务性规定。如1810年《法国刑法典》第137、248条，1871年《德国刑法典》第157、257条等分别规定，知道近亲属犯罪而不告发、故意匿隐、令他人隐匿自己亲属、为亲属作伪证、帮助亲属脱逃等均不受处罚。[15] 这些规定从正面肯定了

〔12〕［古罗马］查士丁尼：《法学总论》，商务印书馆1989年版，第193、209页；周枏：《罗马法原论》（上册），商务印书馆1994年版，第145页。

〔13〕参见周枏：《罗马法原论》（下册）第487～488页，（上册）第145页；《民法大全选译·司法管辖权审判诉讼》，中国政法大学出版社1992年版，第61页；查士丁尼：《法学总论》，第223页。

〔14〕参见［英］梅因：《古代法》，商务印书馆1983年版，第81、83页。

〔15〕参见《刑法资料汇编》（第七辑），中国人民大学出版社1955年版，第25、45、168、204～205页。

容隐的权利。再也没有关于告亲属或为亲属有罪作证应受处罚的规定。第二,与此相关,规定近亲属有拒绝作证的权利。如现行《法国刑事诉讼法典》第335条,1994年《德国刑事诉讼法典》第52条,1988年《意大利刑事诉讼法典》第199条均规定:近亲属可以拒绝作证,即使自愿作证也有权不宣誓担保证词无伪;证人可以拒绝回答可能使自己的近亲属负刑事责任的问题。[16] 第三,规定司法官有义务保护证人此种权利,防止司法专横和变相株连。如《德国刑事诉讼法典》第68条、《意大利刑事诉讼法典》第199条均规定:法官一般不得就可能有损于证人亲属的名誉的事实发问;法官应告知被告人的近亲属有拒绝作证的权利;不得强迫其作证或宣誓。[17] 第四,再也没有容隐方面不平等的规定。如1975年《法国刑法典》、1976年《德国刑法典》只规定四亲等或二亲等以内的血亲和姻亲有权为亲属隐罪,并未单独指出子孙为父祖隐更为重要。[18] 古罗马法格外强调家子为家父隐罪,而且子告父在任何情况下都丧失继承权,父只有在告发子犯有应处死刑的重罪时才丧失对子的继承权。[19] 近现代欧美各国的法律均取消了这种不平等的规定。西方近现代关于容隐的上述规定,显然与资产阶级革命主张自由、平等,反对专制等要求紧密联系在一起。

二、中西法律传统中的容隐制

(一)相通之处

1. 早期的中西容隐制度,均起源于保护家族制、家长制之需要,其目的主要在维护家父(长)的权威。

在古罗马,家长权即是家庭权的全部。家长是一家之主,家长起初有权杀子女,后来还一直有权卖子女;家子(包括妻、子、媳、孙子女等)无独立人格,即使贵为元老、将军,只要未依法解除家长权,也不能成为法律关系主

---

〔16〕 参见《法国刑事诉讼法典》,法律出版社1987年版,第335页;《德国刑事诉讼法典》,中国政法大学出版社1995年版,第13~17页;《意大利刑事诉讼法典》,中国政法大学出版社1995年版,第70页。

〔17〕 参见《德国刑事诉讼法典》,第18、20页;《意大利刑事诉讼法典》,第70页。

〔18〕 参见《各国刑法汇编》,台湾司法通讯社1980年版,(下册)第1168页,(上册)第671页。

〔19〕 参见周枏:《罗马法原论》(下册)第487~488页。

体,不得独立进行民事活动。家子无财产,不能独立承担民事责任,其造成他人损害由家父应诉和赔偿;他人侵害家子,即是对家父的侵害,家父可以用自己的名义对他人起诉;同一家长权下的亲属之间(包括家父对家子)不能互相控告偷盗,因为家长控制下的财产被假定为不可能被家长以外的任何一个成员所获得,[20]它永远是一个整体。这只是一个方面,即家庭权利义务的一体化(由家长代行)或不可分的性质引起了为亲属隐(包括为子隐)的制度。另一方面,家父或家长甚至被视为国家的代表,他对子女的生杀予夺权成为国家审判权的一部分或补充。[21] 故国家要特别惩戒有损家长权威、尊严的犯上行为,规定对任何胆敢告发父亲的人,任何公民有权对其提起刑事诉讼。[22] 即使在罗马帝政时代以后,在特殊情况下允许家子控告家父对自己的严重侵害,查士丁尼皇帝“为了表示对家长……的尊敬”,仍规定未经裁判官(或大法官)许可不得传唤家长或尊亲属出庭,违者罚金。[23] 这更明显地体现了保护家长尊严的意图。中国古代法被公认为是“家族本位”法,中国的容隐制度有着更为强烈的保护家长制和家长权威的目的或意图。如《唐律·名例一》规定“告言诅詈祖父母父母”为“不孝”,列入“十恶”重罪中,处绞刑。把告发父母视为与谋杀父母一样严重的罪恶,视家长的尊严远重于卑亲属的性命,这可以看做这方面的突出例子。

2. 在古代,中国和西方都有国事重罪不得容隐的限制,这种限制在近代以来均被取消。

古罗马法曾规定不准对尊亲属提起刑事诉讼,也不准告发卑亲属应处死刑之罪,否则丧失继承权,但又明确规定:叛逆罪和不效忠皇室罪除外。[24] 这种限制与《唐律》相似。《唐律·名例六》:“诸同居……有罪相为隐……若犯谋叛以上者不用此律。”宋元明清律均同。明清律《斗讼》门“干名犯义”条

---

[20] 参见查士丁尼:《法学总论》,第27、193、201、204页;梅因:《古代法》,第81、83页;[古罗马]盖尤斯:《法学阶梯》,中国政法大学出版社1996年版,第282页。

[21] 参见周鳃:《罗马法原论》(上册),第138页;[德]蒙森:《罗马史》(第一卷),商务印书馆1994年版,第135页。

[22] 参见查士丁尼:《法学总论》,第209页。

[23] 参见盖尤斯:《法学阶梯》,第372页;查士丁尼:《法学总论》,第208、237页。

[24] 参见周鳃:《罗马法原论》(下册),第487~488页。

还增加了“窝藏奸细”听告，也是国事罪的内容。近代以来，西方法律几乎完全取消此种限制。如1810年《法国刑法典》、1871年《德国刑法典》等均无国事罪不得隐匿的规定。现代西方刑法甚至公然规定包庇藏匿犯间谍、叛逆、侵略战争等重罪之亲属者不罚。[25] 中国也是如此。自1910年《大清新刑律》到1935年《中华民国刑法》均无国事犯罪不得隐匿之规定。1928年《中华民国刑法》甚至明文规定知亲属牵涉内乱外患等重罪而不告发者免除其刑。[26]

3. 从古至今，中国和西方的法律都有容隐亲属范围不断扩大的趋势。

在西方，古罗马的容隐亲属范围似乎仅在一个家长权之内的亲属间（有时也可能包括祖孙），未涉及兄弟、伯叔等。到1810年《法国刑法典》，容隐亲属范围扩大至所有直系尊卑亲属、现配偶或前配偶、兄弟姐妹或同亲等之姻亲。1871年《德国刑法典》扩至尊卑血亲姻亲、配偶及未婚配偶、兄弟姐妹及其配偶，还包括养父母子女、养育父母子女。1976年《德国刑法典》又增加了“配偶的兄弟姐妹及曾有二亲等以内姻亲关系者”。1968年《意大利刑法典》在直系血亲姻亲、配偶、兄弟姐妹及同亲等之内的姻亲之外，明确增入叔伯父母（含姑姨舅等）及堂兄弟姐妹。1975年的《法国刑法典》竟扩大至四亲等以内的血亲和姻亲。这个亲属范围甚至包括自己和配偶的伯叔祖父母、堂（表）兄弟姐妹及其配偶、侄孙子女及其配偶。[27] 这大大超出了中国旧律五服图之范围。中国的情况与此相类。汉宣帝诏书所允容隐范围为父子、祖孙、夫妻。唐律扩大至同居的无服亲属及非同居的大功以上亲属以及夫之兄弟、兄弟妻、外祖父母、外孙、孙之妇。到明、清律，在此范围之上又增加了岳父母和女婿。到《大清新刑律》，容隐范围为：“（一）尊亲属：祖父母、高曾祖父母、父母、夫之祖父母、父母；（二）亲属：夫妻，本宗服图期服以下者，外亲服图小功以下者，妻亲服图缌麻以下者，妻为夫族服图小功以下者，

---

[25] 如1975年《法国刑法典》第100条，1976年《德国刑法典》第139条，1968年《意大利刑法典》第307条，见《各国刑法汇编》（下册）第1168、1552页，（上册）第770页。

[26] 参见《各国刑法汇编》（上册），第181页。

[27] 参见《刑法资料汇编》（第七辑），第25、45、119页；《各国刑法汇编》（上册）第671页，（下册）第1552、1168页。

出嫁女为本宗服图大功以下者。"[28]这实际上包括五服图中(非同居的)"袒免亲"在内。1928年《中华民国刑法》的容隐亲属范围为:夫妻、四亲等以内宗亲、三亲等以内外亲、二亲等以内妻亲。这也包括玄孙妇、母之祖父母、妻之祖父母或兄弟姐妹等传统的无服亲属,不论是否同居。1935年《中华民国刑法》和《刑事诉讼法》,容隐亲属范围扩大至五亲等内之血亲、三亲等内之姻亲。这是古今容隐亲属范围最广的法律规定。[29] 这种容隐亲属范围不断扩大之趋势很值得注意。

(二)相异之处

1. 从法律的内容来看,中国的容隐制强调尊卑远近亲属间的不平等,西方的容隐制则不看重这种差别。

从《礼记》主张"事亲有隐无犯"起,中国的容隐制基本上以"为尊者讳(隐)"为主要内容。先秦各家讨论"父攘羊",子该不该作证问题时,重心都在"子为父隐",而"父为子隐"是次要的。秦时"子告父母"不受理,但父甚至可以"谒(请求官府)杀"子女。汉宣帝初定"亲亲得相首匿"法,但仅规定"子首匿父母、妻匿夫、孙匿大父母"勿坐,而"父母匿子、夫匿妻、大父母匿孙"之触犯死罪者才由廷尉报请皇帝圣裁,其他不及死刑的首匿罪当不在此列,可能照罚不误。唐律,告父母、祖父母者绞,而父祖告子孙甚至诬告以死罪仍不坐;告期亲尊长虽得实,徒二年,而告期亲卑幼虽得实,仅杖六十。[30] 这都是在容隐问题上强调尊卑亲属间的不平等。最为典型的是关于"母杀父"的问题。北魏律规定"母杀其父,子不得告,告者死"。窦瑗力辩此法之非,认为:"若父杀母,乃是夫杀妻,母卑于父,此子不告是也。而母杀父,不听子告,臣诚下愚,以为惑……今母杀父而子不告,便是知其母而不知其父,识以比野人,义以近禽兽。且母于子父,作合移天。既杀己之天,复杀子之天。二天顿毁,岂容顿默?"[31] 他建议将母杀父"附之谋反大逆子得告之

---

[28] 《大清新刑律》(附平议),宣统年间资政院排印本,第18～19页,第82条。另见《中华民国暂行新刑律》第82条,雷同。

[29] 参见《各国刑法汇编》(上册),第153、37、67页。

[30] 《唐律疏议·斗讼三、四》。

[31] 《魏书·窦瑗传》。

条”。但是直到《唐律》,仅规定“嫡、继、慈母杀其父……并听告”[32],未规定“所生母杀其父”准不准告。到了明、清律,就明确规定“嫡母、继母、慈母及所生母杀其父……并听告”[33]。看来以窦瑗之论为代表的观点影响了明以后的刑律。与此相关,《唐律》还规定,嫡、继母杀其所生庶母亦不得告,[34]这也是典型的尊卑不平等。本来,就血缘距离而论,生母最亲近,而嫡、继母只是伦理上的母亲,他们杀生母,许子告发才合亲情。但此时尊卑伦常压倒了亲情。[35] 除上述尊卑不平等的容隐规定外,还有亲疏远近亲属间的不平等。自唐至清的刑律均规定:告越亲近的尊亲属罪越重、告越亲近的卑亲属罪越轻。这种规定表明,从卑对尊来说,为近亲属容隐的义务重于为远亲属容隐的义务,从尊对卑来说,为远亲属容隐的义务重于为近亲属容隐的义务。《唐律》还规定:“其有五服内亲属自相杀者,疏杀亲,合告;亲杀疏,不合告。亲疏等者,卑幼杀尊长得告,尊长杀卑幼不得告。其应相隐者,疏杀亲、义服杀正服、卑幼杀尊长,亦得论告。其不告者,亦无罪。”[36]还规定:“所养父母杀其所生父母,并听告。”[37]将尊卑、亲疏两个评价是非之标准的矛盾冲突调和得如此周密细致合乎伦常,实在令人惊叹。

与此不同,西方人不在伦常名分上那么费心思。西方的容隐法远没有那么复杂,也基本没有尊卑亲疏间严重不平等的规定。在古罗马,对尊亲属和对卑亲属提起刑事诉讼(其中对卑亲属须为死罪之诉告)都相互丧失继承权。法律还允许子孙在获得准许之后告诉家长(父)对自己的人身或特有财产的侵害。[38] 在古罗马的“弑亲罪”中,最初仅指杀害尊亲属,后来也包括杀死子孙。杀父母与杀子孙者一律依当时的《庞培法》处以“与狗、公鸡、蛇

〔32〕《唐律疏议·斗讼三》。

〔33〕《大明律》《大清律》:《刑律·诉讼》,“干名犯义”条。

〔34〕参见《唐律疏议·斗讼三》。

〔35〕但《唐律疏议·斗讼三》又解释说:所生母若不是庶母,而曾为父之正妻,被出之后,父之继妻杀之,子仍可以告发。这里是尊卑名分相等时,又回到论血缘亲疏了。

〔36〕《唐律疏议·贼盗一》。

〔37〕《唐律疏议·斗讼三》。

〔38〕参见周枏:《罗马法原论》(下册),第487~488页,(上册)第145页;查士丁尼:《法学总论》,第208页。

和猴各一一起封闭在袋内”投之水中的刑罚。[39] 说明当时的法律对亲属的亲疏尊卑不作区分。西方近代以来的刑法更强调这种平等原则，一般规定亲属之间人身伤害的处罚重于非亲属，但亲属圈内没有尊卑远近之别。[40]《意大利刑法典》第582条规定：一般伤害罪为自诉，不告不理。但对尊卑亲属、配偶、兄弟姐妹、养父母子女、直系姻亲犯伤害罪者不在此限。[41] 其立法宗旨显然是要家庭以外的公众舆论等力量监督家庭，防止家内有人悖逆亲情并利用亲属朝夕共处之方便，伤害年幼的卑亲属或年老体弱的尊亲属。一旦发现这种情况，应当告发，由检察官提起公诉。

2. 从立法的目的看，中国的容隐制注重维护伦常关系，西方的容隐制注重保障个人的基本权利。

西方容隐制度重视保护个人的权利。如在古罗马帝政时期，子女可以在受家长虐待及侵害其特有财产等情形下，控告家长（父）以保护自己的权利。[42] 而在同一时代，中国的汉律至唐律均规定，告祖父母者为“不孝”，处死刑，[43] 根本不论子孙是否真的受伤害。至于近现代西方容隐制中的种种规定，对于保护个人的权利考虑得更是十分细密。如拒绝作证或拒绝宣誓权、对自己及亲属犯罪的缄默权、对亲属的护卫权，均通过刑法、刑诉法的种种规定体现出来。又如，对绝情绝义而伤害亲属者，法律要求公诉以帮助弱势亲属护卫自己的权利。[44] 再如英国1898年刑事证据法规定，在夫对妻或妻对夫谋杀伤害案中，在夫妻一方猥亵或虐待子女案中，另一方可以或必须为对方（加害方）有罪作证，特别是在配偶之间伤害时可以强迫受害方作证。再如《意大利刑事诉讼法典》第199条规定，在自己提出控告或近亲属受到犯

---

〔39〕 参见查士丁尼：《法学总论》，第241页。

〔40〕 如法、德、意、西、奥、瑞等国均规定，亲属间诬告、杀害、伤害罪重于非亲属间犯此罪。但1994年《法国刑法典》第221~224条、《意大利刑法典》第576条等，也规定卑亲属杀害尊长加重处刑［《法国刑法典》，中国人民公安大学出版社1995年版，第53页；《各国刑法汇编》（下册），第1627页。］

〔41〕 参见《各国刑法汇编》（下册），第1629页。

〔42〕 参见查士丁尼：《法学总论》，第208页；周鲲：《罗马法原论》（上册），第145页。

〔43〕 参见《汉书·衡山王传》：“太子（刘）爽坐告王父（刘赐）不孝，弃市。”

〔44〕 参见《各国刑法汇编》（下册），第1629页。

罪侵害的案件中,任何人应当作证。[45] 这些规定都表达了这样的立法意图:在受亲属伤害或知道自己的近亲属之间有相伤害事实时,不得隐匿罪行。法律不同意因亲属情分隐忍屈辱、放弃权利。这一点与中国法律的传统有根本的不同。

当然,中国古代法并非如某些论者所言完全不讲个人权利,在容隐制上就曾考虑过卑幼者的权利。如《唐律》规定,期亲以下缌麻以上尊长伤害卑幼人身或侵夺卑幼财产者,听告诉,不责以告尊长之过。又如,规定在狱囚犯不得告举他事(以防辞连亲友或乱诬他人),但"狱官酷己者听告"[46],旨在防止狱吏虐待,保护囚犯的权利。这些都是应该注意到的。但是不能不承认,中国的容隐制在最初的出发点上就是亲情与伦常纠缠不清,后来更被日益强化的纲常名教所笼罩。主要表现有四点。第一,关于隐匿,强调卑幼对尊长的隐匿义务;第二,关于告发,强调惩罚卑幼"干名犯义";第三,在亲属容隐圈内,强调尊卑亲疏等级,依等级确定容隐义务与告发权的有无及大小;第四,关于亲属间的犯罪,特别依伦常定轻重。如骂詈告讦之犯及人身伤杀之犯,尊对卑而犯越亲者刑越轻,卑对尊而犯越亲者刑越重;人身强制之犯(如略卖和卖),也是越亲刑越轻(只假定尊长卖卑幼);性侵犯(乱伦),越亲近刑越重(不论对尊或对卑而犯);财产侵犯,越亲近刑越轻(也不论对尊对卑而犯)。这些规则标准,让人眼花缭乱,但其内部逻辑关系极为周密,其宗旨就在于保护以"三纲"为核心的伦常。在相当多的情况下,保护伦常和保护个人权利可以并行。但在伦常准则与卑幼者个人的权利相冲突时,中国的容隐制就舍弃后者而保全前者了。这就是"以理杀人"。

三、不同社会制度下的容隐制

据笔者考察,在前资本主义制度(包括奴隶制、封建制)下有亲属容隐制,在资本主义制度下有容隐制,甚至在社会主义制度下也曾有容隐制。三种社会制度下的容隐制既有相近之处,也有不同特征。

---

〔45〕 参见[英]特纳:《肯尼刑法原理》,华夏出版社1989年版,第571~573页;《意大利刑事诉讼法典》,第70页。

〔46〕 《唐律疏议·斗讼四》。

（一）相近之处

1. 尊重与维护人类亲情

在前资本主义制度下，容隐制的“立法理由”被公开表述为尊重人类亲情。如汉宣帝地节四年诏：“父子之亲，夫妇之道，天性也……岂能违之哉！”据此制定“亲亲得相首匿”之法。古罗马皇帝查士丁尼在废止迫令父亲向受害人交出犯罪子女之规则时，也表达了相同的理由：“古人甚至将上述规则同样地适用于处在父亲权力下的子女，但是后人正确地认为这种办法过于严峻。因此，〔我决定〕全部予以废止。因为谁能忍心把自己的子女尤其是女儿作为加害人而向他人交出呢？因为父亲由于儿子的遭遇比儿子本人更加感觉痛苦，至于廉耻观念更不容许以这种办法对待女儿。”〔47〕唐律规定“得相容隐者不得令为证”及“匿得相容隐者之侣（同案犯）亦不坐”，〔48〕与古罗马不得令父子互为证人之律，显然也有着维护人之亲情或不违逆人之常情的立法意图。

在资本主义制度下，容隐制的这种立法意图更为明显。主要有以下体现。第一，隐匿行为必须真正出于爱护亲属之目的才可免罚，以自利为目的者仍要处罚。如1871年《德国刑法典》第258条、现行《阿根廷刑法典》第279条均规定：若以为自己取得财产利益或物质报偿为目的而藏匿犯罪亲属者，不得免刑。〔49〕英美刑法也有规定：出于亲密关系而隐瞒他人犯罪者不罚，但若接受了报酬就应罚。〔50〕第二，犯罪若是针对亲属，则不许隐匿。如英国刑法规定：若夫妻一方企图或实行谋杀、伤害另一方，受害方就应出庭作证，没有拒绝作证权。〔51〕意大利刑法和刑事诉讼法规定：一般伤害罪为自诉罪，但伤害近亲属为公诉罪，亲属亦不得隐忍不告，受害者和其他近亲属

〔47〕 查士丁尼：《法学总论》，第223页。

〔48〕 《唐律》：《断狱下》《捕亡》。

〔49〕 参见《刑法资料汇编》（第七辑），第205页。*The Argentine Penal Code*，Fred B. Rothman & Co. New York University 1963，p. 103。

〔50〕 参见［英］鲁珀特·克罗斯：《英国刑法导论》，中国人民大学出版社1991年版，第289～290页。

〔51〕 参见特纳：《肯尼刑法原理》，第571～573页。

均有作证义务。[52]《西班牙刑法典》第17条规定：杀害父母妻子之罪必须告发，亲属不得容隐。[53] 这些规定表明的意图是：容隐制只能用于维护亲情，决不可为背叛亲情的恶人掩盖罪行。[54] 第三，任何人可以为近亲属作辩护证人，即有权证明亲属无罪。如1898年《英国刑事证据法》规定：在普通刑案中被告的配偶可以作证但只能当辩护证人，不能强迫其作证。如果被告不让配偶出庭作证，控诉方也不得对此加以评论。[55] 中国近代法制变革以后产生的新刑法、刑诉法也有类似条款。如1935年《中华民国刑法》第167条规定，藏匿人犯及湮灭证据之亲属只有"图利犯人或依法应逮捕拘禁之脱逃人"时才减轻或免除其刑。而图利自己或第三人者不在其例。又如1935年《中华民国刑事诉讼法》第180、186、191条规定：被告的近亲属得拒绝证言，其自愿作证者也不得强令他们具结（誓保无伪）；法官也不得讯问恐证言有害（并非本案被告的）亲属而不愿作证之人。总之是不得强迫人们违逆亲情，不强人所难。

在社会主义制度下，仍有容隐制存在，而且仍有这种尊重和维护亲情的考虑。这种情形主要表现在那些具有罗马法传统的原东欧社会主义国家之中。如捷克斯洛伐克刑法第163～165条，波兰刑法第247～254条，保加利亚刑法第110、188、226条，罗马尼亚刑法第170、173、221、234、264条等均规定，为帮助近亲属而实施包庇、藏匿罪犯、知犯不举、伪证或湮灭证据、代替受刑、隐匿赃物等行为，不罚或减轻处罚。[56] 东德刑诉法第46、49条，保加利亚刑诉法第49条均规定：被告人的近亲属有拒绝作证权，任何证人如恐回

---

〔52〕 参见《各国刑法汇编》（下册），第1629页；1994年《意大利刑事诉讼法典》，第70页。

〔53〕 参见《各国刑法汇编》（下册），第1697页。

〔54〕 这种情形，与中国古代母杀父时允许子告母、夫妻义绝时允许妻告夫（见《唐律·斗讼》和《大清律·刑律·诉讼》等）之规定极相似。犯罪人目无亲情，即不应以亲情匿护之。

〔55〕 参见特纳：《肯尼刑法原理》，第571页。

〔56〕 参见《捷克斯洛伐克共和国刑法典》（1950～1989年），法律出版社1956年版，第71、73页；*The Penal Code of the Polish People's Republic*, Fred B. Roth man & Co. New York University, 1973, pp. 102－103；《保加利亚人民共和国刑法典》（1950～1989年），法律出版社1963年版，第29～30、51、60～61页；《罗马尼亚社会主义共和国刑法典》，西南政法学院科研处翻译印行，1983年，第56、70、74、82、83、108页。

答问题会危及近亲属,有权拒答。[57] 这两类规定,其立意显然也是维护亲情。最为典型的是下面两条规定。一是捷克刑法第163条:为自己或他人取得财产上利益而为窝藏犯罪亲属行为者不得免罚。这与前引德国和阿根廷刑法的用意一致。二是波兰刑法第252条;如果犯罪人的犯罪行为给近亲属带来了帮助或是为了避免自己或近亲属遭受刑罚而为(如伪证),法庭可以考虑减免其刑。[58] 这也是说,为亲属之利益而犯罪近乎人情,因而具有可宽宥性。

2. 在法律义务和亲情义务发生一般矛盾的场合,偏向后者。

在前资本主义制度下,面对法律与亲情义务不可两全的问题,多数人主张前者对后者避让。在中国,孔子主张“父子相隐”,放纵犯盗罪的亲属;孟子主张“窃父而逃”,不惜破坏法律以保全有罪亲属。战国时,石奢为楚理(司法官),放跑了犯杀人罪的父亲,回宫自杀向楚王谢纵贼之罪。表面上“忠孝两全”,实则舍忠全孝:救了父亲、毁了国法。[59] 古人讲忠孝不可两全,有两种情形。为国上疆场之时,舍孝全忠;其父“攘羊”之类情形,则舍忠全孝。对于不危及国家存亡的犯罪,允许人们照顾亲情而隐匿,认为这样有利于社会的和谐和稳定。否则,“相隐之道离,则君臣之义废;君臣之义废,则犯上之奸生矣”。[60] 元时斡鲁思、速怯等告父谋反及母“私从人”(淫奔),英宗大怒:“讦父母于官,岂人子所为?”诏斩之。[61] 告发谋反罪居然也处以死刑,显系个案。然而这个极端的例子正是对于上述观念的典型注释。古罗马的情形与中国相似,罗马法不许对父母提起刑事诉讼,剥夺告发父母者的继承权,不许父子互相证罪等规定,含有偏向亲情之意图。最具代表性的是查士丁尼大帝允许家长不向受害人交出犯罪子女以及他所作的解释。

在近现代资本主义制度下,法律中关于亲属容隐的许多规定均有偏向

---

〔57〕 参见《德意志民主共和国刑事诉讼法典》,法律出版社1956年版,第15~16页;《保加利亚人民共和国刑事诉讼法典》,法律出版社1957年版,第10页。

〔58〕 参见《捷克斯洛伐克共和国刑法典》,第71页;*The Penal Code of Polish People's Republic.*, p. 103。

〔59〕 参见(汉)刘向:《新序·节士》。

〔60〕 《晋书·刑法志》。

〔61〕 《新元史·刑法志》。

亲情的含义。不过最为典型的还是当代法律取消关于国事罪不得隐匿之限制性条款。如1994年《法国刑法典》第434—1条和434—6条,1976年《德国刑法典》第139条,《意大利刑法典》第307条等,均规定故意藏匿图谋或实施叛国、挑动内乱外患等重罪之近亲属者不罚。[62] 这些国家的法律均责令非亲属间告发国事罪,知而不告有罪,但不要求亲属告发,这显然是法律向亲情最大限度的让步。中国的民国时期法律也是如此,不再有国事罪不得隐匿之规定。

在社会主义制度之下,也存在类似的选择或取向。原东欧社会主义各国均有隐匿亲属的一般犯罪不罚或减罚之规定,这种倾向与孔子主张隐匿"攘羊"之父的选择有相通之处,与近代西欧的容隐制也有相近的一面。东欧刑法一般都规定国事罪不得隐匿,不过波兰刑法第254条规定,任何人知道他人犯叛国等重罪不通知司法机关者应处6个月至5年徒刑,但由于顾虑近亲属受刑罚而不举告者不罚。罗马尼亚刑法虽规定藏匿犯叛国、资敌、谋反等罪的亲属者不能免罚,但又明确规定应减轻常人刑罚的一半。[63]

(二)相异之处

1. 前资本主义制度下的容隐制度,特别注重维护家长权和家(族)制度。维护子孙对家长的人身依附,把容隐主要作为子孙对尊长的义务规定下来。在中国,维护家长权威和尊严在先秦时期即是容隐制的主要目的。秦律禁止"子告父母"是与禁止"臣妾告主"并列的。而家长则有送不孝子女到官府"谒杀"之权。[64] 以后历代容隐规定的侧重点均在维护家长权,巩固宗法制度。《唐律》规定,子孙告父祖处绞刑,十恶不赦;而父祖即使诬告子孙以死罪仍不坐。[65] 它虽然也规定尊长告发期亲以下卑幼有罪,然而其刑罚远轻于同亲等卑幼告尊长,它是针对尊长告自己的家长权支配范围以外的卑幼

---

〔62〕 参见1994年《法国刑法典》,第166~167页;《各国刑法汇编》,(上册)第770页,(下册)第1552页。

〔63〕 参见 *The Penal Code of Polish People's Republic*, p. 104;《罗马尼亚社会主义共和国刑法典》,第56~58页。

〔64〕 参见《云梦秦简》:《法律答问》《封诊式》。

〔65〕 参见《唐律·斗讼四》。这里的"子孙",包括儿子、孙子、外孙、子孙之妇妾及己之妾。

而规定的。即是说，在考虑家长对直系子孙的支配权时，亲情变得次要；只有在这种支配权以外，才以维系亲情和睦为虑。欧洲大陆也是如此。古罗马法中的容隐制主要是维护家父权，强调家子对家父的服从和依附义务。与秦律一样，罗马法中的这些义务是与奴隶不得告主等义务相提并论的，在罗马法中，子女被视为家父的奴隶或财物，家长可以出卖子女，而子女必须经三次出卖方可解脱家父权控制。[66] 特别是关于家长可以拒不交出加害于人的犯罪子女之规定，除了考虑到家父不忍心以外，显然也有强化家父权的用意。虽然中西家族制度有所不同，但双方古代容隐制所体现出的片面强调家长权利和子女义务以护卫家（族）制度的立法意图是大致相同的。

2. 资本主义社会的容隐制度，主要着眼于保障公民个人的权利。法律中不再有义务与权利之间不对等和尊与卑之间不平等的规定。容隐制度对于个人权利细密的保护特别体现于拒绝作证权问题。欧美各国的情形已无须重复。中国的民国时期法律（如果可以视其为资本主义法的话）至少在文字上也体现了这些特征。1935 年《刑法》第 167、162、351 条分别规定：为近亲属之利益而藏匿人犯、湮灭证据、便利脱逃、销赃匿赃者，得（着重号为作者所加，下同）免刑或减轻其刑；《刑事诉讼法》第 180、186、191 条及《民事诉讼法》第 307 条分别规定：近亲属得拒绝证言，其自愿作证者不得令具结（誓保无伪），司法官不得强迫恐证言有害亲属而不愿作证之人作证。这些规定都是正面赋予公民“隐亲权利”：“得”是当事人的权利；“不得”是法官的义务，一正一反，保护个人权利、防止司法专横之意图甚明。不过，中国现代所谓资本主义类型的刑法还留有保护家长制的影子，还有“隐亲义务”式的规定。如 1935 年《中华民国刑法》第 32 条规定：对直系尊亲属（包括姻亲）和配偶不得提起自诉。这颇有一点反对“干名犯义”的味道，可以算是中国特色。

3. 社会主义制度下的容隐规定，批判地继承了资本主义法律保障公民个人权利的内容，同时特别注重对国家、集体和社会公共利益的保护，一般都将国事罪和侵犯公共利益的严重犯罪排除于容隐之外。如罗马尼亚刑法第 170、173、234、264 条分别规定：犯罪人的配偶和近亲属明知叛国、间谍、怠

〔66〕 参见查士丁尼：《法学总论》，第 209、237 页；盖尤斯：《法学阶梯》，第 50 页。

工、破坏国民经济、挪用巨额公款、盗窃或特别严重的诈骗公共财产等罪即将发生而不告发者或包庇隐匿者,应受刑事处罚(但减常人刑罚的一半)。[67] 捷克斯洛伐克刑法第163条规定:近亲属窝藏包庇一般犯罪不罚,但窝藏包庇犯叛国罪、怠工罪、间谍罪之亲属应罚。[68] 东德刑诉法第46、49条规定:近亲属有拒绝作证的权利,任何证人有拒答危及自己近亲属之问题的权利,但依刑法规定有检举义务者除外。这些检举义务主要指叛国罪及破坏公共财产等罪。[69] 保加利亚刑法第96条规定,任何明知他人实施危害人民共和国罪而不告发者应处3年以下刑,犯罪人为亲属者也不例外。[70] 前面所举前波兰刑法第254条的规定是唯一的例外。

四、不同法系下的容隐制

前面已经比较过传统中华法系与西方法律中的容隐制。在当今世界具有较大影响的西方法律传统是大陆法系和英美法系。这里简单比较一下这两个法系的容隐制度。

(一)相同之处

两个法系的容隐制在总体上具有共同的规范格局。

两大法系的容隐制度,都由刑法和诉讼法两个部分的规范构成。在刑法规范方面,包括对于明知亲属犯罪而故意不告发或包庇藏匿、帮助脱逃、湮灭证据、作伪证、帮助销赃匿赃等行为不罚或减轻处罚的规范。在诉讼法规范方面,两个法系均不约而同地于刑事诉讼法(甚至包括民事诉讼法)中建立了两个重要规范:一是被告人的近亲属有拒绝作证的权利,任何证人有拒绝回答可能危及自己及近亲属的询问的权利;二是法官不得强迫这两种人作证或回答问题。刑法与诉讼法两个方面的法律规范是互相依存,不可分离的。这种共同的规范结构应当具有共同的设计初衷。从刑法角度看,除了维护亲情等实质性目的外,还有一些技术层次的目的,即期待可能性问

---

〔67〕 参见《罗马尼亚社会主义共和国刑法》,第56、57、74、82页。

〔68〕 参见《捷克斯洛伐克共和国刑法典》,第71页。

〔69〕 参见《德意志民主共和国刑事诉讼法》,第15页。

〔70〕 参见《保加利亚人民共和国刑法典》,法律出版社1963年版,第25页。

题:能期待多少人“大义灭亲”,告发犯罪亲属以捍卫国家和公共利益。若估计多数人做不到这一点,就不必立“责众”之法。[71] 另外,若因一人犯罪牵带若干亲属也因不举告、提供隐匿所或衣食、帮助毁灭证据或伪证等行为(这种行为大多是紧急之中出于亲情不假思索而为,只是间接有害于社会或国家[72])而受刑罚,则难免有株连亲属之嫌。这也许是两个法系的国家都要刻意避免的。从刑诉法角度看,容隐制更有技术层次上的考虑,即一方面,我们能期待多少人愿意为亲属有罪作证(而且不作伪证),亲属作为证人资格是否具备(既然为亲属作辩护证人的资格常被怀疑,则对亲属作控方证人的资格也可以被怀疑),如英美法一般认为配偶不具备证人资格。[73] 另一方面,既然多数人不愿为亲属有罪作证,若不禁止法官强迫亲属作证,则难免给司法专横和逼讯造成合法理由。两个法系也许正是基于上述原因不约而同地建构起容隐制度的两大部分规范结构。

(二)相异之处

两个法系容隐制的差异主要体现在两方面:一是容隐亲属的范围,二是容隐行为的范围。

1. 容隐亲属的范围。

大陆法系的容隐亲属范围较大,英美法系的容隐亲属范围较小。在大陆法系中,法国的容隐亲属范围最大,曾包括四亲等以内的血亲和姻亲。1994 年《法国刑法典》虽有所缩小,但仍包括直系血亲姻亲(祖父母、外祖父母、父母和继养父母等)及兄弟姐妹、兄弟姐妹的配偶、自己的配偶及姘居人等。[74] 1976 年《德国刑法典》规定的容隐范围为直系血亲及姻亲、配偶、未婚配偶、兄弟姐妹、兄弟姐妹之配偶、配偶之兄弟姐妹,还包括曾为姻亲者、义父母子女、监护人和被监护人。1968 年意大利刑法还明确包括叔伯父母

---

[71] 参见刁荣华:《论期待之可能性》,载《中华法学论集》,台北汉林出版社 1976 年版,第 306 ~ 308 页。

[72] 《德国刑法典》第 35 条:为避免自己或近亲属的生命、身体或自由所遭受的无他法可以避免而为之违法行为不罚。此即紧急避险。德学者多认为隐匿亲属符合紧急避险定义。参见刁荣华:《论期待之可能性》。

[73] 参见程味秋主编:《外国刑事诉讼法概论》,中国政法大学出版社 1994 年版,第 89 页。

[74] 参见《法国刑法典》,第 166 ~ 167 页。

(含姑、姨、舅等)及堂兄弟姐妹。[75] 相比之下,英美法系的容隐亲属范围较小,一般仅指配偶。如在英美刑法中,任何人包庇藏匿罪犯均应处罚,仅夫妻互匿除外。[76] 属于英美法系的印度、巴基斯坦刑法,也仅仅容许夫妻互匿,其他一切亲属互相包庇隐匿均不容许。[77] 只有在极个别情形下容许涉及其他亲属。在英美刑诉法中,仅配偶有拒绝作证的权利,其他人均没有。有时,在特定的父母间的诉讼中,"法庭得以裁量拒绝听取子女的证言",原因是父母互讼"所牵涉的事实或有害于父母之品格,或其厌恶性质不宜青年子女在公开审讯中闻知"[78]。这种规定是为了保护青年子女,使其避免接受不良刺激,然而也说明此时子女有拒绝作证权。但这只是自由裁量情形,并非固定规则。

2. 容隐行为的范围。

与前者一样,大陆法系的容隐行为范围较广,亦即权利范围较大,英美法系的容隐行为或权利范围较小。在大陆法系中,法国刑法所宽容的隐匿行为包括知亲属犯重罪不制止或告发、提供住所衣食、提供逃避侦查手段、明知非亲属有无罪证据但为庇护亲属而不提出等四种行为,再加上《法国民法典》第727条规定的知近亲属杀害被继承人而不告发亦不丧失继承权,刑诉法规定的拒绝作证权等两种,总共在六种情形下人们有为亲属容隐之权。[79] 德国、意大利、奥地利、瑞士、挪威、芬兰、希腊等国刑法中还分别有为亲属作伪证、帮助脱逃、阻碍刑罚执行、阻碍保安处罚执行、毁灭隐匿或变造证据、虚假鉴定或翻译等意图避免亲属刑责的行为不罚的规定。[80] 如果把

---

〔75〕 参见《各国刑法汇编》,(上册)第671页,(下册)第552页。

〔76〕 参见 Kenny, *Criminal Law*(1936), p. 102; Clark and Marshall, *Law of Crimes* (1940), p. 221,转引自陈朴生《刑法各论》,台北正中书局1954年版,第83页。

〔77〕 参见《印度刑法典》,法律出版社1957年版,第41、67页;*Pakistan Penal Code* (1860), The Ministry of Law and Parliamentary of Pakistan, 1980, pp. 59 – 61。

〔78〕 V. A. Griffith:《英美刑法总论》,姚淇清译,台北正中书局1980年版,第271页。

〔79〕 参见《法国刑法典》,第166 ~ 169页;《拿破仑法典》(《法国民法典》),商务印书馆1981年版,第96页;《法国刑事诉讼法典》,第335页。

〔80〕 参见《各国刑法汇编》,(上册)第770、990 ~ 991、1122 ~ 1123页;(下册)第1552、1575、1583、1697页;*Norwegian Penal Code*, Fred B. Rothman& Co. New York University, 1961, pp. 62 – 63, 74, 76; *The Penal Code of Finland*, Fred B. Rothman& Co. New York University, 1987, pp. 56, 60 – 61。

大陆法系视作一个整体,则容隐所涉及的行为范围达十余种之多。英美法系的容隐行为或权利范围基本上只有两种情形:一是夫妻间互相藏匿罪犯人身之行为不罚,不包括其他帮助脱逃、伪证、隐匿赃物、阻碍刑罚或保安处分执行、毁灭或变造证据、虚假鉴定或翻译、提供逃避侦查手段等行为。不过又规定出于亲密关系而隐瞒他人犯罪事实(未得报酬时)不罚,主犯的家属或房东以正常方式为主犯提供食宿或劝阻官府对罪犯控诉等庇护行为也不罚。[81] 这涉及知犯不举、提供食宿两种行为,然而还受到明确限制。二是仅夫妻有拒绝互证有罪的权利,不过又明确规定:在夫妻间伤害、谋杀及夫或妻残害、猥亵、奸淫子女等案件中,可以强迫配偶为对方有罪作证。[82] 这一规定是大陆法系所未见的。这也是对拒绝作证权的一种限制。

通过以上的考察我们可以看到,法律中的亲亲相隐制度,不是某一国家或民族文化传统中的特有现象,不是人类历史进程中某一阶段的特有现象,也不与特定的法系和特定的社会制度共存亡。这应当可以纠正我国法史学界乃至整个法学界对这个问题的长期误解。然而纠正这种误解不是问题的终点,而是一个新的起点。因为在一个开阔的背景下,对于容隐制度的研究将具有新的学术意义。它将涉及法律疆界的设定或法律的适用程度、法律规范的刚性和弹性等重要的法学课题,也将涉及人类学、社会学、政治学、阐释学等诸多学科。如果我们能够进行多角度、多层面和多学科的深入探讨,从而认识和把握这个法律—文化现象在人类文明史中的地位和价值,特别是它在当代社会中可能具有的功能和意义,那么我们的研究或许会进入一个更有意思的天地。

(本文原载于《中国社会科学》1997 年第 3 期)

---

〔81〕 参见陈朴生:《刑法各论》,第 83 页;[英]鲁珀特·克罗斯等:《英国刑法导论》,第 288 ~ 290 页。

〔82〕 参见特纳:《肯尼刑法原理》,第 571 ~ 573 页。

权力的多元化与社会化

郭道晖

一、国家权力的历史演化

国家是人类社会发展到一定历史阶段的产物。人类原始社会只有分散的部落群体，没有国家和国家权力。氏族社会后期，其酋长有某些权力，但属于氏族内部的社会权力。随着私有制的产生，逐渐形成国家和凌驾于社会之上的国家权力，后者本是社会赋予的，或者说，是国家“吞食”了社会的权利和权力，反过来用国家权力统治社会。

在专制主义国家，国家权力完全集中在君主或独裁者之手，权力是不分的。到资产阶级民主共和国时期，先是立法权从行政权中分割出来，以后司法独立，三权分立，国家权力开始分化。

到现代，由于民主、人权和法治的发展，特别是经济和科技的迅猛发展，恩格斯所界定的国家的两种职能中，阶级镇压职能退居次要地位，而社会管理职能大大增强。国家已不仅是阶级镇压机器，更大程度上要为社会服务，作为社会谋幸福的工具。而随着市场经济的发展，国家与社会一体化的局面逐渐被打破，与国家相对分离的民间社会和社会多元化格局逐渐形成，政府的权力与能力已难以及时地、全面地满足人民日益增长的经济与文化多样化的需要和参与政治、监控国家权力的日益增长的权利要求，政府负担过重，迫使它不得不通过委托或授权，将一部分国家权力“下放”给相关的民间社会组织行使。这样就开始了国家权力向社会逐步转移或权力社会化的渐进过程。

20 世纪 80—90 年代，出现了经济全球化的新趋势，人类同居在一个地球村里，面临着一些有关经济、环保、人权、宇宙空间以及国际犯罪等共同问题,一国的国家权力已无能为力去独自包办,于是就将一国的某些涉外权力"上交"给国际社会,经由超国家组织和国际非政府组织行使超国家权力和国际社会权力,协调国际纷争,加强国际合作,以解决一国政府所不能解决的全球问题。于是,国家权力进一步分化和国际社会化。正如联合国秘书长安南所说:"国家主权,从它的最根本的意义上来说,正在全球化和国际合作的影响下被重新定义。……我们对国家主权的概念已经不再与过去一样了。"[1]

这样,国家权力不再是统治社会的唯一权力了。与之并存的还有人民群众和社会组织的社会权力,有凌驾于国家权力之上的国际政府组织的超国家权力,以及国际非政府组织的国际社会权力。人类社会出现了权力多元化和社会化的趋向。

二、权力多元化与社会化的表现形式

(一)国家权力内部分权的社会化

通常国家权力分为立法、行政、司法三权(在中国,军事权也是独立的权力)。这些权力迄今都是国家统治社会的主要权力。但伴随着民主和社会发展,它们也渗入了社会化的因素。

1. 立法权的社会参与

立法权是体现人民主权的最高权力,一般都是由议会等立法机关行使。有些民主国家实行人民公决制,人民有立法上的创制权和复决权。这就是作为社会主体的公民的直接立法参与。

与此相配合的是公民和社会组织的间接参与。西方国家一些非政府组织或压力集团,经常以其社会影响,动员舆论,或游说议会,促使议会通过有利于某些社会利益群体的法律。早年工人阶级及其工会组织通过斗争,迫使议会通过八小时工作制的立法。最近美国的一些企业组织和其他社会组织,为了进入中国市场,发动大规模的游说活动,要求议员投票通过给予中国永久性正常贸易关系待遇的立法,以支持中国加入 WTO。日本的"非营

[1] 《全球安全面临的挑战》,载《参考消息》1999 年 12 月 28 日。

利组织中心”向全国各非营利组织、媒体和政客们发出成千上万封传真,呼吁支持由该中心起草的《特定非营利活动促进法》,终于在1998年3月19日使该法律获得议会全票通过。这被认为是一个“奇迹”和日本立法上的“划时代事件”。[2] 这也可说是社会参与立法的一个范例。

在中国,公民无直接立法权,但在立法过程中有立法建议权、听证权、讨论权。宪法修正案和一些重要的基本法律草案事先要在报上公布,交全民讨论。2000年3月通过的立法法还规定“保障人民通过多种途径参与立法活动”的原则和办法。如规定“行政法规在起草过程中,应当广泛听取有关机关、组织、公民的意见,听取意见可以采取座谈会、论证会、听证会等多种形式”(第58条)。还规定“社会团体、企业事业组织以及公民认为行政法规、地方性法规、自治条例和单行条例同宪法或者法律相抵触的,可以向全国人民代表大会常务委员会书面提出进行审查的建议”(第90条)。有时立法机关还将有些法律法规草案委托专家和相关的社会组织草拟,公民、专家和社会组织也可以提出立法建议稿。

此外,在中国,法律或法规还委托或授权某些合乎法定条件的社会组织,协助行政管理,或实施行政处罚,从而该组织也可以依法制定实施行政管理的规范性文件,这也可说是半社会化的“立法”(规制)行为。

2. 行政权向社会的部分转移

行政权是最具扩张性与侵略性的权力。在市场经济发展和由此而增长的社会组织与公民的自主自治权利要求促使下,行政权垄断一切的局面被打破。同时由于政府承担社会服务的任务过载,也需要卸去一些本可以或本不该由它拥有的权力,“下放”给非政府组织。这既可减轻政府的权力负担,也可以借此调动半官方或非政府组织所拥有的社会资源(如行业专家、经济实力、社会影响力),更好地完成行政任务。这有以下多种形式与层次:

(1)参权——指公民、社会组织或行政相对人直接“参政”,即参与行政

---

[2] 参见王绍光:《多元与统一——第三部门国际比较研究》,浙江人民出版社1999年版,第211页。

决策、行政立法和某些行政行为的决定与执行过程，如实施行政许可、行政处罚，参与论证、听证、接受咨询、进行申辩、申请行政复议直至提起行政诉讼，等等。这些行政行为如果没有公民、社会组织特别是利益相关人的参与，就应视为无效的行政行为。这是社会主体的民主权利与权力渗入行政权力的体现，是对行政权的补充和监督，使行政权的国家性中渗进了一些社会性的成分。

(2)委托——指政府依法将某种权力委托具有相应条件的非政府组织行使。如中国的《行政处罚法》第 18 条规定，行政机关依照法律、行政法规或者规章的规定，可以在其法定权限内委托合乎法定条件的社会组织实施行政处罚。按照该法的规定，受委托的组织必须以委托机关的名义实施行政处罚，并不得再委托。这种受委托的社会组织不是以自己的名义而是以委托的行政机关的名义行使权力，并由委托机关承担法律责任。可见，这种权力的委托仍属于国家权力范畴，但已有社会权力渗入其中。

(3)授权——指行政机关依法将某种行政权力直接授予合乎法定条件的社会组织，该组织以自己的名义独立行使这一行政权力，并自行承担责任。这可以说是国家行政权力已转化为社会权力。如中国的《消费者权益保护法》之授权消费者协会，《证券法》授权证券交易所，《律师法》授权律师协会，都是如此。1994 年福建省人大常委会通过的《福建省实施"消费者权益保护法"办法》中明确赋予该省消费者协会有设立仲裁机构、依法对消费纠纷的仲裁权、调查取证权、向行政机关提出处理建议权等。

据意大利一位行政法学者指出，在意大利，有些原本属于政府的社会管理职能，已不再是由传统的国家机关来承担，而是由新的、被称之为独立机构的、拥有自身权力和权限的公共机构来承担。如电讯、供水、保险、股票、乃至铁路、航空等过去为政府机构垄断的公用事业领域，逐渐由独立于政府之外的相应的公共机构如某行业的管理委员会管理，由民营企业经营。意大利的"那些独立的管理机构，拥有自身的决策权和裁决权，即具有双重属性：一方面，它们同政府分享行政权力，但又不从属于政治要求；另一方面，它们的成员由议会挑选，但又不向议会负责。……他们的合法性基于他们的专业知识。目前，意大利的宪法正经历一个修改过程，有关那些独立机构的规定可能写进宪法里”。[3] 以上都是行政权力向社会转移的例子。这一趋势还正在逐渐演进中。

(4)还权——指那些本属于社会主体的权力或权利,长期被政府所“吞食”,在市场经济发展、市民社会取得相对独立地位的条件下,迫使政府“放权”亦即“还权”于社会。这在中国由计划经济向市场经济过渡时的典型表现就是由“政企不分”到实行“政企分开”。政府不再包揽国有企业的经营自主权,而是还归于企业。此外某些社会福利、社会保障事业也不再由政府包办,而下放给社会承揽。政府对社会市场的政策定向,不再是直接以行政权力干预市场,而只是制定和确保游戏规则,“使这种游戏成为公正的,具有竞争性的,可自由进入的,具有透明性的和信息畅通的”。[4]

以上可略见,行政权已不再只是国家垄断的权力,出现了行政权多元化和部分地向社会转移的趋向。当然,在可以预见的将来,还不会出现完全社会化的局面。那是一个漫长的历史过程。在当代世界各国特别是中国,仍然是以行政权力为主导的国家。

3. 司法权的社会性

司法权通常被认为完全属于国家权力范畴,代表国家行使侦查、检察、审判的权力。中国宪法明确规定这些权力只能由国家机关行使。中国“文化大革命”中鼓励所谓“群众专政”,普通群众就可以不经司法机关,擅自侦查、审讯、逮捕乃至刑讯被他们认为是犯罪的人。这是无法无天的毁宪行为。

但司法权也并非是完全排斥社会参与的封闭性权力。其社会化因素有以下几点:

(1)司法权内含的社会性

就司法权的性质与地位而言,它的职责是适用国家法律,但这并不意味着它只代表国家机关的利益,而不顾当事人的权益。应当说,它只是在整体

[3] [意]路伊萨·托尔奇亚:《法治与经济发展:意大利社会制度中的法律体系》,中国—欧盟法律研讨会论文,1997年11月,北京。

[4] [意]路伊萨·托尔奇亚:《法治与经济发展:意大利社会制度中的法律体系》,中国—欧盟法律研讨会论文,1997年11月,北京。

上维护国家和人民的利益(体现在准确地适用国家法律的判断中)。在审理案件中,它是双方当事人(某个具体的国家机关与公民、法人)之间的中立者,只服从法律。当国家机关违法侵权时,它要依法维护社会主体的权益。所以"法官常常是与人民站在一起反对统治者滥用权力的进步力量"。[5]

应当说,司法机关(此处主要是指审判机关)之设立,很大程度上是为了给予社会主体有可能利用诉权或司法救济权来抵抗国家权力对社会主体的侵犯。因为统治者要镇压敌人与罪犯,直接用行政的或军事的强制手段,更有力而省事。而设置司法机关和诉讼程序,则是为了以之制约国家权力的专横。审判机关是介于国家与社会、政府与公民以及社会成员之间的中立者和公正的裁判者。司法独立的根本意义就在于使司法权从其他国家权力中超脱出来。可见审判权这一国家权力中已内含有社会性因素。

国家主义的权力观把司法权只当作国家的专政工具或"刀把子"。与国家主义相对立的社会主义的权力观,则应强调司法权是社会自卫的武器。法官不只是国家利益的维护者,更是社会正义的伸张者。司法机关不只是国家的权力机关,更是社会的维权机关。

(2)司法审判过程中的社会参与

这主要体现在诉讼当事人享有控告权、申辩权、质证权、上诉权等诉讼权利。这些权利是社会对国家司法权力的制约。而陪审员制度和律师制度更是以社会权力和权利来校正或抗衡国家司法权力的社会机制。在英国基层法院还设有业余的治安法官,由当地议会所属顾问委员会推荐,经大法官同意后由英王任命。治安法官无年薪,国家只补贴其职务花费。治安法官有逮捕拘禁嫌疑人之权。现英国有 28000 名治安法官,基层 97% 的刑事案件由治安法官处理。澳大利亚、瑞士也有类似制度。[6]

公民和社会组织参与司法活动,也可以说是将国家司法权部分地交给社会主体行使的一种形式,虽然它是附属于国家司法体制上的环节。法国著名政治思想家托克维尔说:"实行陪审制度,就可以把一部分公民提到法

[5] [美]约翰·亨利·梅利曼:《大陆法系》,知识出版社 1984 年版,第 18 页。

[6] 参见程味秋主编:《外国刑事诉讼法概论》,中国政法大学出版社 1994 年版,第 14 页。

官的地位，这实质上就是把领导社会的权力置于人民或一部分公民之手。"[7]

(3)社会化的准司法行为

这主要是指民间的调解与仲裁。苏联还曾有过人民的道德法庭。在西方还有私人开业的侦探。中国民间的人民调解制度对于化解民间纠纷、减轻司法机关的负担，起了很大的作用。这些都是社会化的准司法制度。从长远看，这种依托社会权力的司法社会化，是马克思所讲的国家消亡过程中的一种历史趋势。毛泽东也讲过，一万年以后还有法庭，那大概也是行使一种社会化的司法权力。当然这都是一种猜测，现今还远谈不上"化"。

至于中国古代封建社会中，地方宗族势力也拥有按族规家法审处其家族成员的习俗，也是社会性的准司法行为，但这是封建专制统治势力在地方上的延伸，是维系封建秩序的社会权力，是压迫人民的，早已推翻。不过在现今中国农村中又有所复活，是应予取缔的。

以上概述的三种国家权力内部分权的社会化，只是提示了这些国家权力中渗入的社会性因素及其部分地向社会权力演化的发展趋向。还远谈不上已经或将要走向"彻头彻尾、彻里彻外"的"化"境。但国家权力中渗入社会主体的权利或权力成分，形成二者的"合金"，是大大有利于强化国家权力的人民性、民主性、受监控性以及高效性的。至于将国家权力逐渐"下放"或"还权"于社会，更有利于实现"小政府、大社会"的目标。从社会发展的远景看，国家权力的完全社会化，将是人类历史发展的必然归宿。

(二)非政府组织及其社会权力

过去由于国家权力过度膨胀，特别是在中国高度集权的计划经济体制下，民间团体的功能萎缩，其社会权力的潜能未得充分发挥出来。中国近20年来的经济改革已开始动摇了国家权力一统天下的局面，在国家与社会一体化的格局转变为国家与社会二元互补互动的时代，社会群体的划分已不像《共产党宣言》中所预想的那样，更不是"以阶级斗争为纲"时代所断定的那样，只是剩下或简化为资产阶级与无产阶级两个阶级的对立，而是出现了

---

〔7〕［法］托克维尔:《论美国民主》，董果良译，商务印书馆1997年版，第314页。

极其多样化的利益群体，及代表他们利益的社会团体。社会的多元化引发了权力的多元化。权力已不限于国家所独占，在国家权力之外并与它并存并行的还有社会权力。

马克思和恩格斯都指出过，在资本主义社会，资本就是支配劳动力乃至整个社会和国家的社会权力。人民群众的革命权也是反抗政府压迫的巨大的社会权力。

所谓社会权力就是社会主体（公民特别是社会团体、非政府组织）所拥有的社会资源（物质和精神资源）对社会和国家的支配力。

早在1878年，英国政治家伯克就将报纸称为“第四种权力”。[8] 这就是在立法、行政、司法三权之外的社会权力。到20世纪70—80年代，电视等各种传媒的高度发展，其对社会和国家的影响力、支配力之大，有时甚至超过国家权力。海外有的论者甚至认为，全国性的新闻媒介成了“最显著和新的国家权力核心”，“一份在经济上独立并有自己的通讯网络的全国性报纸已起着总统的作用，而一份地方性报纸也扮演着市长的角色”。[9] 当年美国一家报纸发难，揭发水门事件真相，就把尼克松拉下了总统的宝座，显示出报纸的社会权力是多么巨大。

社会权力的载体主要是政府组织以外的各种社会组织，或称非政府组织（NGO），其中又可分为营利性和非营利性组织两大类，后者又称为“第三部门”（The third sector），即独立于政府组织与社会营利组织的第三类组织。在美国又称“独立部门”（Independent sector），主要是一些社会公益组织。NGO又常用来表述发展中国家以促进社会发展为己任的民间社会组织。本文所讲的社会组织取其广义，即指所有独立于政府组织之外的民间组织，主要指非政府组织，不再细分。

在“二战”后，人权问题、生态环境保护问题、裁军、反核、社会福利保障与服务、文化教育卫生问题、国际犯罪、自然灾害等诸多社会问题，引起社会的广泛关注。在这些问题面前政府失灵的情况下，引发许多群众性的社会

---

〔8〕《报业登上“第四权力”阶梯的150年》，载《参考消息》2000年3月9日。

〔9〕《民主的危机》，台湾版，第106、108页。

运动,旧有的一些政党与工会等组织,已不能充分地代表多元化社会群体的千差万别的诉求,促使无数自力自救或对抗国家权力专横的社会组织应运而生。据来自13个国家的一批学者所概括的"非营利组织分类体系"(The International Classification of Nonprofit Organizations,ICNPO),这类组织有12大类,包括文化与休闲,教育与研究,卫生,社会服务,环境,发展与住房,法律、推促(advocacy,指鼓吹或推动某项事业)与政治,慈善中介与志愿行为鼓动,国际性活动,宗教活动和组织,商会、专业协会、工会,其他。这12大类又分为24小类、105小项。[10]

没有政府资助的社会公益组织由来已久,如国际红十字会就是。当时是得到国际联盟的承认的。但各国非政府组织作为一个特殊的获得公众承认的社会组织,则始于联合国成立初期。迄今联合国确认的国际性非政府组织有1500个。[11]

实际上各国NGO在近20年来有飞速的发展。1975年在墨西哥城召开世界妇女大会时,只有144个NGOs参加。到10年后在北京举行第四次世界妇女大会时,则有3000多个NGOs参加,另有3万多人出席了NGO论坛。[12] 在欧美一些发达国家,各种社会组织蓬勃兴起,万紫千红。其会员人数也猛增。如1968—1984年间,英国皇家自然保护协会的会员由28万增至200万人。1971—1994年间,英国皇家鸟类保护协会的会员增加了13倍,现在已超过工党、保守党、自由民主党这三大党的总和,达86万人。[13]

美国是一个高度分化的多元化社会,各种社会组织层出不穷、无所不在。1945年只有9.95万个非营利组织,到1995年共有116.4万个。法国有志愿社团50万—70万个。德国有18万—25万个。这两个国家44%—

---

〔10〕 参见前引〔2〕,王绍光书,第15页。

〔11〕 参见R.C.朗沃思:《激进主义组织在全球机构中的影响力增加》,载《芝加哥论坛报》1999年12月1日。

〔12〕 前引〔2〕,王绍光书,第21页;另见《一个集团林立的国家》,载[英]《经济学家》周刊1994年8月13日。

〔13〕 前引〔2〕,王绍光书,第21页;另见《一个集团林立的国家》,载[英]《经济学家》周刊1994年8月13日。

45%的成年人都是某个社团的成员。[14]

在亚洲,过去大多数国家由于高度集权主义专制和经济不发达,民间社团缺少生存和活动的空间,作用不显著。但自20世纪90年代以来,已有一些发展。如印度全国非营利的社会组织有一百万之多,不过其中只有2.5万—3万个比较活跃。[15] 印度尼西亚有35万多个,新加坡200万人口就有4600个(多为官办或官方特许的社团)。韩国直到1987年实行民主转型后,各种非政府组织才大量涌现,其中有一大批是维护人权、保护环境、监督政府、争取民主参与的"推促"组织。[16]

在日本,90年代以前,人们认为社会公益组织无多大必要,公共服务本应是政府的职责。到90年代中期以后情势大变,据统计,截至1996年10月1日,经政府认证的公益法人共有2698万个,其中6815个为全国性组织。未经政府认证的组织有55.6万个。加上社区组织,则总数超过100万个。[17] 由于日本仍是一个政府主导的社会,其非营利性社会组织对政府的依赖性很大,所以多相当于准政府组织,处于政府与市场接壤的灰色地带。[18]

至于中国,到1998年底正式登记注册的有16.56万个,其中全国性的社团只有1490个。[19] 有不少是半官方性质,且大多是非政治性质。

遍布社会的各种民间组织或非政府组织,其拥有的大小不等的社会权力的影响力和支配力也无处不在。有些社会事务是政府不能或不愿做、不该做的,非政府组织正好填补了这个空白。并且利用其资源优势,有些可以比政府做得更好。它们的崛起还可以防止权力的过分集中,使权力多元化和社会化。

在民主化国家和多元化社会,有些非政府组织的能量很大,甚至成为左

---

〔14〕 前引〔2〕,王绍光书,第139页。

〔15〕 前引〔2〕,王绍光书,第336页、第384页、第239页、第251页、第173页、第191页、第200页。

〔16〕 前引〔2〕,王绍光书,第336页、第384页、第239页、第251页、第173页、第191页、第200页。

〔17〕 前引〔2〕,王绍光书,第336页、第384页、第239页、第251页、第173页、第191页、第200页。

〔18〕 前引〔2〕,王绍光书,第336页、第384页、第239页、第251页、第173页、第191页、第200页。

〔19〕 见1999年民政部发展统计快报,引自民政部电子网点 www. mca. gov. cn 又见吴志泽:《认真抓好对社会团体的引导和管理》,载《求是》2000年第10期。

右经济、政治、文化和社会生活等各个领域的巨大社会势力。特别是在知识经济与信息革命时代,不仅社会组织拥有的社会资源的含金量很高,其集体权力更具影响力与支配力;即使个人,也可以其所拥有的高科技知识和信息,变成巨大的社会权力,起到辅助或扰乱国家乃至国际社会的作用。

1. 社会组织的经济权力

前已述及,资本就是支配劳动力和经济的社会权力。西方资本主义社会中的财团、企业家协会等组织实际上操纵着国家经济领域。他们是立于政府之外又与政府有千丝万缕联系的压力集团。如日本的农业协同组合中央联合会拥有会员超过900万人,而日本的选举制度使农民投票的数额比城市选民高三倍,因而农民通常能阻止有损于其利益的任何政策与法律的通过。[20] 关于给中国最惠国待遇问题,美国的纺织品和钢材生产组织和工会以及人权组织加以阻拦,而另外一些能在中美贸易中获益的大公司集团则动员其各种社会组织向议会游说,其中包括300家公司组成的美中贸易全国委员会,由55名公司总裁组成的发展美国对外贸易紧急委员会,美中贸易企业界联合会,由波音公司和摩托罗拉公司等组成的对华贸易关系正常化组织,等等。[21] 今年美国国会在审议给予中国永久性正常贸易关系待遇过程中,代表美国不同政见与利益的各NGO发挥了巨大作用。

至于国际金融大炒家一夜之间以其资本权力就可煽起亚洲的金融风暴,也可见出社会权力对经济的巨大支配力与破坏力。

2. 社会组织的政治权力

民主国家实行政党政治,各政党都是政治性的社会组织。欧美工会在政治斗争中是一个强大的不可漠视的社会力量。而各种非政府组织为了实现其所代表的群体的愿望与要求,也常通过政治渠道来争取。美国的“美以公共事务委员会”有5.5万人,是一个亲以色列的压力集团,1976—1992年间美国四任总统不在位期间都曾担任过该会的领导人。过去它曾是美国犹太人的传声筒,后来则专亲以色列政府,成了以色列设在美国的“第二大使

---

〔20〕 参见《众多利益集团的掣肘》,载《参考消息》1999年10月20日。

〔21〕 参见萨拉弗里茨·弗里茨:《大公司在基层中播下亲中国游说集团的种子》,载《洛杉矶时报》1997年5月13日。

馆”。“在美国对近东的外交政策方面称王称霸”，以其雄厚的社会资源（财力与人才），曾促使美国政府对以色列的援助由1962年的9340万美元跃升为1986年将近38亿美元，并曾几度迫使里根政府取消对沙特阿拉伯的军售。[22]

在欧洲，由环保主义者组成的欧洲第一个绿党——英国绿党，成立于1973年，本是限于推促环保运动的社会组织，后来其他28个欧洲国家共30个绿党组成欧洲绿党联合会，政治影响日益扩大，“现在正在悄悄地成为主流政治力量”，在欧盟15国中的12个国家的政府中有绿党成员，担任环保部长甚至副总理。[23] 已由非政府组织上升为参政组织了。

在亚洲，非政府组织虽不如欧美发达，政治上受政府控制较严，但近年也有所突破。如1998年10月，印度尼西亚妇女组织、人权组织和志愿人员掀起浩大的抗议运动，抗议因印尼经济危机发生的骚乱中残暴妇女和华人的行为，迫使政府下令成立了妇女反暴力全国委员会和取消部分歧视华人的规定。[24] 在韩国，过去在专制统治下，一些争民主争人权的社会运动和非政府组织被政府称作“反政府组织”，但也正是这些组织发动的人民运动，把独裁者赶下了台，促使1987年政府向民主转型。过去曾受过专制政府迫害的新执政者，开始不把民间组织视为敌手，而当作同盟者，非政府组织从此有了较自由的生存空间，“韩国妇女争取民主姐妹会”、“经济正义公民联盟”以及“韩国环境保护行动联盟”等民间组织已成为全韩NGO的主力军。

3. 社会组织的文化权力

21世纪，人类进入知识经济和信息革命的时代，物质与精神产品价值的增加，更多地是通过知识而不是物质生产来实现。早在18世纪，英国哲学家培根就指出“知识就是力量”。现代高科技文化知识进而成为一种特别的知识权力。起决定作用的将不再是资本和企业规模的大小，而是其员工与组

---

〔22〕 参见《亲以色列压力集团的影响》，载[法]《费加罗报》1998年5月7日；[美]Hedrick Smith：《The Power Game》（权力游戏），刘丹曦等译，台北时报文化出版企业有限公司1991年版，第202页。

〔23〕 参见《一度激进的欧洲绿党在掌权后采取中间路线》《欧洲绿党联合会》，转引自《参考消息》1999年3月4日。

〔24〕 参见《法制日报》1998年10月15日、17日。

织所拥有的知识的创新。现代西方学者高德勒提出了一个“新阶级论”,即由新知识分子和科技精英组成的“文化资产阶级”,他们的经济基础是“文化资产”,他们拥有“文化权力”。[25] 他们也就是知识经济时代的“知本家”。其先进的高科技文化知识已不只是社会生产与生活的被动反映,也不只是可转化为生产力,而且可以形成一种社会权力,具有调控乃至转变社会生活方式和影响国家行为的强大支配力。这种知识权力或文化权力将成为社会权力的核心。

美国一位学者认为,在信息网络时代,联网者与非联网者之间的差距将比现今悬殊的贫富差距更加悬殊。世界正在迅速地演变成两个截然不同的文明:生活在电子网络世界内的一族人和这之外的另一族人。由于因特网几乎无所不包,几乎涵盖一切,因而它具有建立一个新的、包罗万象的另一个地球空间的效应。另一位哈佛大学社会学家丹尼尔·贝尔在20多年前提出,在即将到来的时代中,对通讯服务设施的控制将成为权力之争的起因,而获得通讯的手段将成为实现自由的一个条件。[26] 现在,能否进入强大的全球因特网络,将决定你拥有多大的权力。

由于经济的网络化,飞速发展的数字信息浪潮,将使经济运作模式发生革命性的变化,传统的企业主导型经济运作模式,将被顾客主导型模式取代。单个顾客将引导商品开发,以满足每一位顾客个性化的特定的需要。

网络经济、电子商务、生产和供应的指令自动化的迅猛发展,面对瞬息万变的“信息飓风”,掌握高科技网络知识的企业组织乃至公民个人,在因特网上点击一下,就可先机夺人,指挥一切,调动一切,刹那间成为亿万富翁,反之则倾家荡产。由于网络是开放性的,因此迅速建立网络的组织或个人将能为世界确立标准,从而征服世界市场。一个谁都能自由进出的电脑空间,正在使整个社会成为一个对所有商品与服务进行自由交易的市场。正如原美国麻省理工学院教授沃马克所指出的,今后网络上的效率革命将波及社会所有领域。行政、服务、医疗等浪费严重的领域,也将出现成本和速

---

〔25〕 参见前引〔25〕,肖新煌主编书,第245页。

〔26〕 参见[美]杰里米·里夫金:《大肆渲染的合并的背后:超资本主义》,载《洛杉矶时报》2000年1月13日。

度的革命。[27]

由于电脑将普及家庭,知识型的劳动者将越来越多地成为个体劳动者,而不一定都涌向企业或事业组织。有人预计到2050年,个体劳动者人数将超过企业就业人数。进入个体劳动者时代,现行法律体系与规章制度将不适用于大多数人,政府的职能也将缩小。[28] 个体的权利与权力将大增。特别是现在网上法制尚处于真空的时候,社会组织与个人在网上的自由度很大。人们可以自由地在网上发布新闻、发表言论、与网友神聊。因特网上的窗口,成了新的"电子民主墙"。公民个人可以利用其网络知识与技能,做政府权力不能或不便做的事。现在,美国已有8000万人上网,全世界有2亿人。他们"实际上就是一个能共同行动的个人所组成的潜在网络,甚至连最强大的公司或政府组织的行动都能挫败"。[29]

譬如在美国轰炸中国驻南斯拉夫大使馆和李登辉抛出"两国论"之后,大量发自大陆的抗议性的电子邮件,堵塞了美国和台湾的政府网址,有些还突破他们政府要害部门如军事、情报部门的网络,进行破坏性干扰,使之一度瘫痪或遭受重大损害。[30] 如果说过去的民兵只是正规军的低级助手,那么在现代战争中,活跃在自己家庭电脑网络上的高科技公民,只需用鼠标在适当的位置上点击,就可以使敌方指挥系统陷入瘫痪或紊乱。凡此却都显示出掌握网络高科技的个人直接参与政治乃至军事斗争的权力与能量。

与此相伴随的是,网上黑客、网上恐怖分子以及其他网上犯罪分子也十分活跃。他们是一些反社会分子、恐怖分子、间谍、窃贼、心怀不满的企业雇员以及无聊的好恶作剧的青少年。他们的权力(而不只是滥用权利)与能量十分巨大,防不胜防(如2000年4、5月出现的"I love you"的"爱虫"对全世界因特网的破坏)。专家认为,这些人"发动网络攻击并造成巨大破坏容易到了令人感到毛骨悚然的程度"。他们"只需坐在温暖的家中敲击几下键

---

[27] 参见日本经济新闻:《网络资本主义的到来》,1999年8月11—13日。

[28] 参见《即将到来的个体劳动者时代》,载《南华早报》1999年8月22日。

[29] 伦纳德:《我们总有邮件》,载[美]《新闻周刊》1999年9月20日。

[30] 在李登辉提出"两国论"之后,中国大陆民间自发进行的对台"黑客战争",截至12日已侵入台国民大会、行政院、监察院、新闻局等11个官方和学术网站。台方黑客也侵入大陆7个网站,并扬言要再进行第八回合"反攻大陆"的网上战争。摘自《参考消息》1999年8月17日。

盘,就可以使全球范围内的电子商务经营活动陷入混乱”。[31] 在中国,1999年4月,“法轮功”组织一夜之间竟能动员上万人静坐请愿于“中南海”,也是借助电子网络迅速传递消息。这些都显示出社会文化权力的巨大破坏作用。

(三)超国家权力与国际社会权力

20世纪末,世界已开始走进经济全球化的新时代。德国外长金克尔撰文认为,“21世纪的挑战是:全球化和多极世界”。他说,21世纪的世界将取决于大国和地区联合,各国不再能单独地实现和平、自由、安全和富裕;全球化时代里不再有世外桃源,谁与世隔绝,谁就会成为全球化的失败者。[32] 为了建立全球的政治、经济新秩序,防止和克服因全球化带来的种种消极后果,国际社会应当制定和遵守共同的游戏规则。于是,许多超国家的政府组织、经济组织和非政府组织日益积极地介入国际社会的共同事务,行使其超国家权力和国际社会权力。权力进一步多元化和国际社会化。

1. 全球化中的超国家权力

由于全球经济一体化的趋向逐渐形成,信息化社会、超时空的互联网的飞速发展,闭关自守的民族国家已难以立足于地球村,在国与国之间的政经关系之外,还有人类共同面临的全球问题。在国家权力之外与之并行或居于其上的,还有各地区和世界性的国家联合或国家联盟组织及其超国家权力。如联合国之于其会员国,欧共体之于其成员国,独联体之于其加盟国,WTO之于其参与国,等等。这些超国家组织通过协商制订共同的行为规则,或通过决定,运用其超国家权力,促使或迫使其成员国以及强迫其他主权国家服从,或受其控制,乃至进行经济制裁或军事干预。从科索沃到东帝汶,从卢旺达到伊拉克,超国家权力都无所忌惮地挑战国家主权。联合国属下的国际刑事法院可以越过一国主权,直接逮捕和审判被指控为犯战争罪或种族屠杀罪、暴虐侵犯人权罪的他国将军、总统。欧共体的公民可以越过本国直接向欧盟的法院或议会投诉,表明其公民权可以不完全受本国国家

---

〔31〕《网络犯罪》,载[美]《商业周刊》2000年2月23日。

〔32〕参见[德]克劳斯·金克尔:《历史永不停顿——全球化的挑战已代替冷战》,载《法兰克福汇报》1998年8月26日。

权力的管辖。欧洲人权法院可以直接以英国政府"在法律上不完备""作为一个国家,没有积极采取措施保护少年不受非人道对待"为由,判令英国政府赔偿被继父依英国法律毒打的少年3万英镑。[33]

不管你是赞成还是反对,超国家权力与人权和国家主权之间的关系,正在被重新界定。对于这些已然或将要成为现实的权力国际化多元化的现象如何评价,如何既反对一国称霸全球,恣意干涉他国内政;又能实现多极化和国际权力共享,加强国际合作,共同解决人类面临的迫切问题,是值得人们思考而不能回避的课题。

2. 全球化中的国际社会权力

与超国家组织及其超国家权力日益强劲的同时,国际间世界性的非政府组织也有很大发展。随着经济的全球化,一个多元化的全球社会也初露端倪。非政府组织的活动已超出了本国的范围,向全世界扩展。那些致力于裁军反核、保护生态环境的社会组织,只有动员国际社会的力量,才能达到目的。那些关注人权、妇女儿童、救济贫困人口的非政府组织,也自然要把他们的活动伸入各发展中国家。据估计,现在大约有3万个非政府组织在世界范围内活动。早期的国际红十字会至今活跃于全世界。现今"医生无国界协会"负责处理世界性医疗卫生问题。"世界自然保护基金会"在20世纪90年代起已进入国际经济与政治的主流。世界人权组织、"大赦国际"对各国人权问题进行广泛的干预,许多国际非政府组织在推动制定国际禁雷公约、关注全球变暖问题、减免第三世界债务、帮助建立国际刑事法庭以及挫败29个主要工业国家制订全球投资的基本原则的企图等问题上,充分显示了其国际社会权力的巨大能量。1999年WTO在西雅图举行会议期间,有700个非政府组织的上万人参加了对抗会议的强大示威游行,迫使会议无结果而散。有些世界性非政府组织实力雄厚,如大赦国际的预算比联合国的人权观察组织的预算还多。即使规模很小,甚至只有两三个经济学家或社会学家,但他们有电脑,能熟练地利用因特网,就可以动员、调动和组织全球

〔33〕 参见郭瑞璜编译:《老子打儿,国家受罚》,载《青年参考》1998年12月4日。根据英国1864年的一个法律,体罚是合理的,英国法院乃据此宣判打儿子的继父无罪,该被打的少年上诉到设在法国斯特拉斯堡的欧洲人权法院,作出了如上终审判决。

的社会力量。这些非政府组织正以其所拥有的物质与精神资源所形成的影响力和支配力,即国际社会权力,干预着世界性的公共事务。他们通过全球市场、跨国公司和全球通讯,制定一些管理全球经济、环保和劳工等新的国际规则。试图取代那些已经过时的国家规范。联合国和一些国家在作决策的时候,都得与他们协商,听取他们的意见。他们"在全球管理中成了真正的第三支力量"。〔34〕

以上可见,旧的单一的国家权力的概念,已经容纳不了20世纪末出现和未来21世纪将日益走向兴隆的国内国际社会权力和超国家权力的现象。权力多元化、社会化将是不可逆转的历史潮流。

三、亚洲与中国的对策

面对经济市场化、全球化,全球信息化、网络化及由此而出现的权力多元化和社会化,长期相对落后于西方发达国家的亚洲各国应当有怎样的认识和采取怎样的对策,是摆在进入21世纪的亚洲各国的执政者和学者面前的一大课题。作为亚洲迅速崛起的"四小龙"之一的新加坡总理吴作栋说得好:"我们别无选择。世界正变得越来越小,如果新加坡未来要想在新经济、新世界中立于不败之地,就必须欣然接受世界文明。我们欢迎全球化和信息技术革命;我们知道,它们带来的机遇要高于使我们付出的代价。"〔35〕

诚然,投入经济全球化和权力多元化社会化的巨潮中,是要付出一些代价的。掌握先机并具有强大经济实力,率先占领全球主导位置,为全球经济创立游戏规则的西方发达国家,得尽全球化的好处;发展中的国家往往承受其不利后果。2000年4月在华盛顿举行的世界银行与国际货币基金组织会议上发表的《世界发展指数》的报告中也承认,经济全球化某些因素(如金融自由化)已使穷国受到损害。〔36〕 也基于此,这次会议又遭到数以万计的群众

---

〔34〕 参见《激进主义组织在全球机构中的影响力增加》,载《参考消息》1999年12月8日。

〔35〕 转引自[英]希拉·麦克纳尔蒂:《准备在更广阔的世界展开竞争——在数十年政府严格控制之后,国家日前正面临改革》,载[英]《金融时报》2000年3月28日。

〔36〕 参见埃菲社华盛顿2000年4月3日电。该报告指出,经济发达国家每1000人拥有300台个人电脑,而在第三世界才16台。占世界人口六分之一的工业化国家垄断了全球近80%的收入,而占世界人口60%的人仅占世界收入的6%。

和 NGO 示威抗议,迫使会议宣布减免穷国的债务。中国参加 WTO 有利于中国参与制定全球贸易规则,有利于加速中国改革开放,在企业、金融、法律等制度上与国际接轨。当然也会有得有失,但总地说来,得大于失。亚洲各国特别是中国如果置身全球化之外,就只会有失无得。

同样,权力的多元化、社会化也有其利弊。权力多元化意味着分散,也可能产生无政府主义。但较之国内的集权、专制统治和国际上一极独霸世界,无疑要好得多。权力社会化也可能使社会失控,民间自发组织和社团良莠不齐。有些非政府组织受政府或财团的资助,也不都是清正的,可能逐渐异化为特殊利益集团的传声筒。至于黑社会组织、邪教组织、旧的宗族势力组织、种族歧视组织、恐怖主义组织等"民间"组织,是社会的恶势力,只起消极的破坏作用,应予取缔或限制。但总地说来,非政府组织的主流是好的,发展得好,可以成为社会秩序的共同维护者、社会利益的公平分配者、人民意志的协同形成者。大大有利于为政府拾遗补缺,制衡国家权力和国际权力,有利于人类的进步事业,因此不能因噎废食。对社会组织及其社会权力的建设性与破坏性作用的调控,有赖于健全的法治的制导。而积极的建设性的社会组织的潜力的充分释放,也是遏制破坏性的社会组织的重要力量。

这里有必要对权力多元化与社会化的实质,有深化的认识。

(一)权力多元化是政治民主化的必然要求

不受制约的权力必然产生权力专横和腐败。所以没有分权就没有宪法和民主宪政。在亚洲,集权的专制统治源远流长,即使向民主政体转型的国家,也只限于国家权力内部的制衡,即所谓三权分立。作为社会主体的人民群众被排除在这架密封的国家权力机器之外,很少有参政的权利与权力。随着市场经济的发展,社会多元化的形成,以及电子信息的突飞猛进,人民群众参与政治的需求与能力愈加强劲。因而 20 世纪 90 年代以来,亚洲有些国家的非政府组织开始兴旺活跃起来,逐渐成为制衡国家权力的一支力量。由此,国家权力已不是唯一的权力源泉与统治社会、治理国家的唯一权力。与之并行或作为其互补互动力量的,还有非政府组织的社会权力(或社会强制力)。国内权力的多元化,是伴随社会多元化与国家民主化而衍生的。专制统治时代,国家权力压制社会权力。民主化时代,则社会组织及其社会权力可以在一定范围与程度上制衡国家权力。许多不同群体的利益由不同的社会组织所代表。权力不只是集中于政府,而是部分地分配于相关的社会组织。从而社会权力可以抵御国家权力对社会主体的侵犯,还可反过来制导或左右国家权力。众多利益群体、社会组织与政府机构并存,社会权力与国家权力互补,是现代民主法治国家"多元化社会秩序"的特征。政府与社会组织之间的权力平衡与权力差距,决定于社会多元化与政治民主化的程度。

在中国,经过20多年的改革开放,原有的国家(政府)垄断全社会一切资源,国家权力无所不在、无所不能的一统天下的局面,已有所动摇。在市场经济不断扩展和深化的情势下,国家权力向日益成长的民间社会让出地盘。国家权力内部的初步分权和权力下放以及初步向社会主体分权、还权的取向(如实行政企分开,将某些本由政府包办的社会事务与权能,还归社会自主自治),都有进展。但总地说来,权力一元化和"国家—社会"一体化的格局变动不大。不受制约的绝对权力和不受监督的绝对权威,仍然存在或正在形成中。至于社会组织的自主自治的权利和权力还多受限制,其拥有的有限社会资源所形成的社会权力及其对国家与社会的影响力,还远未充分发挥出来。其能量多用于支持与顺应国家权力上;至于以之制衡国家权力,还只停留在学者的理论层面。

只有改革一元化的国家权力体制和"党政不分""党权高于一切"的旧传统,顺应社会多元化的发展,鼓励有利于人民利益与社会进步的社会组织及其社会权力的能量的释放,才有可能建成现代化的民主法治国家。

(二)权力社会化是权力人民性的进步

权力社会化的实质还在于增强权力的人民性。在民主国家,国家的权力是人民赋予的。人民通过选举其信托人——人民的代表和政府官员,授权他们行使国家权力,为人民服务。因此国家权力本应具有广泛的民意基础。但毕竟受托人并不见得能充分地、忠实地体现人民的意志。因而有必要民众直接参与政府决策,监督国家权力的行使,乃至直接行使某些权力,来管理国家事务、社会事务,使国家权力中增加人民性的含金量,并从人民委托出去的权力中,又收回一部分归社会主体自己行使。由于民众是分为不同阶级、阶层、种族、民族和各种利益群体的，他们不同的意志与利益要通过他们所结成的社会组织来集中，并集合其成员和组织的资源，将公民个人的权利与能量和组织起来的协同力，转化为集体力量、集体权力，去影响政府和社会。这就是权力社会化的人民性的体现。

权力的社会化或社会权力存在与发展的主要意义在于，将集中于国家或执政党的权力，部分地分配或还归于社会主体，还归于人民。使社会主体能有更多更有效的自主、自治、自律、自卫的权利和权力。

相对于国家权力而言，社会权力的存在和发展的作用在于：

1. 促进国家向社会分权，削减国家权力的运作范围，逐渐还权于民。

2. 促使国家权力运作的公开化。通过公民和社会组织的政治参与和社会权力的压力，使黑箱作业受到限制。

3. 以社会权力制衡国家权力，监督政府权力的行使，抵抗权力的专横，防止权力异化。

毋庸讳言，现今中国和有的亚洲国家，社会组织的人民性还有待加强，其半官方的附庸性还需加以淡化，促其能真正切实代表其成员的意志与利益，依法独立自主地开展有利于国家、社会和自身的活动。特别是要放宽政治与法律尺度，容许那些有益于社会、人群乃至全人类的非政府组织的创建和发展。其中尤应尽早制定体现公民宪法权利与自由的法律，如新闻法、社团法，出版法，保障学术研究与文化活动自由法，监督法，等等。这些立法旨在保障公民与社会组织的权利；对损害人民利益的行为也要加以法定限制，使个人自由与社会安全秩序取得相对平衡。但限制的目的仍在保障公民权利与自由的顺利实现，同时也是引导公民和社会组织依法开展活动，促使其社会权力依法正当行使，并依法取缔破坏性的非法组织。

至于就世界范围而言，如联合国秘书长安南在他的《千年报告》中所说的："全球事务已不再属于外交部的工作范畴，国家也不再是解决我们这个小星球上许多问题的唯一来源。各种不同的非国家行动者越来越具有影响力，它们已加入同国家决策者一起来制订新的治理世界之道。""民间社会组织已经为宣扬和捍卫全球性规范作出重要贡献。"他指出："尽管联合国是国家组成的组织，但《宪章》是以'我联合国人民'的名义制定的。"他提议要把

"民间社会"同联合国联系在一起,在召开"千年首脑大会"的同时,召开"千年人民大会"。[37]

(三)权力社会化是人类社会发展的必然归宿

国家作为凌驾于社会之上的统治力量,在人类历史上迄今只有几千年。欧洲的民族国家的历史更短。它给人类带来文明,也带来祸害。在19—20世纪,国家曾和专制制度、殖民制度、帝国主义、法西斯的国家社会主义、大国沙文主义、霸权主义和各种战争灾难联系在一起;也同爱国主义、民族主义、民主主义、社会主义和革命战争结合在一起。国家至上、国家权力至上的国家主义权力观,几乎是涵盖所有国家的意识形态。

到20世纪末,国家主义权力观受到来自两方面的挑战:一是社会多元化引致国家权力多元化和社会化,社会权力的逐渐增强,使国家权力不再是唯一必须绝对服从的权力了;二是超国家权力和国际社会权力的兴起,在一定范围与限度内,可以影响乃至强制一国或多国的国家权力服从国际权力,促使或迫使一国的法制朝共同的国际规范接轨、趋同。

面对这种新的情势,作为发展中国家的亚洲各国和中国,既要坚决反对霸权主义者操纵超国家权力与国际社会权力,干涉他国内政;又不能继续闭关自守,固守排他性的国家主义权力观,置身于全球化潮流之外,自甘落后、挨打。多元化的社会也应是面向国际化的社会。中国和亚洲各国要联合起来,为建立一个多极化的世界政治、经济新秩序,抗衡单极的霸权,实现全球权力共享,作出自己的贡献。

民族国家本来只是人类共同体的一个历史阶段与特殊形态。人类不仅是某一国家的组成人员,也是国际社会的成员。权力的多元化、社会化,要求人们不仅具有权力的国家意识,还要有权力的社会意识和世界意识。法也不只是某一国家的统治阶级意志,也应该是社会公共意志、人类的共同意志的产物。

从人类社会发展的远景看,凡是产生的东西最终也都必然是要灭亡的。

---

〔37〕 转引自王联:《为万世开太平——评安南的"千年报告"及其联合国改革计划》,载《南方周末》2000年5月5日。

国家作为脱离社会的“超自然的怪胎”与“寄生赘瘤”，最终必将被送进人类的历史博物馆。[38] 那时国家消亡，国家权力也将逐渐退出历史舞台。取而代之的是社会共同体和社会权力。20 世纪末非政府组织的兴起，社会权力的影响力日益强盛，超国家的全球性政府组织和非政府组织及其国际社会权力的伸展，以及世界逐渐变“小”，人类同住在一个“地球村”里……所有这些征兆，都是“国家”这个神圣不可动摇的神话受到挑战的开端。

当然，国家消亡是一个漫长的历史过程，或许还只是一种理想和猜测。但国家逐步部分地还权于社会，权力趋于多元化与权力走向社会化，则已是无可否认的现实进程。面对上述这些已经出现的现象，面对 21 世纪必将大大发展的局势，我们可以有不同的认识与价值判断，也可以采取不同的对策。但是，中国和亚洲各国的执政者，以及我们法学者，都应当有顿悟、有远见地及早谋划。我们可以强调“亚洲的价值观”或“中国特色”，走自己的路，但我们决不能回避权力多元化、社会化和世界多极化的历史潮流，应当勇于接受挑战，大步革新政治，振兴经济，适应全球化的趋势，为建立实质的法治国家，促成民主的法治社会，加强国际合作，实现“大同法治世界”而努力奋斗。千载之机，机不可失，否则，就难以在地球村里作平等的村民，甚至在全球化的巨潮里失去“球籍”，更何谈“21 世纪是中国和亚洲的世纪”！勉哉国人，勉哉亚洲各国！

（本文原载于《法学研究》2001 年第 1 期）

---

〔38〕 参见马克思：《法兰西内战初稿》，载《马克思恩格斯选集》（第 2 卷），人民出版社 1972 年版，第 409 页以下。

法治与国家治理现代化

张文显

22 年前,中国改革开放的总设计师邓小平同志高瞻远瞩地提出:“恐怕再有三十年的时间,我们才会在各方面形成一整套更加成熟、更加定型的制度。”[1]2013 年,在邓小平同志这一战略思想的基础上,党的十八届三中全会将“完善和发展中国特色社会主义制度,推进国家治理体系和治理能力现代化”作为全面深化改革的总目标。[2] 这一总目标的设计为法学研究和法治建设提出了新的时代性重大课题。

法治与国家治理息息相关。在现代国家,法治是国家治理的基本方式,是国家治理现代化的重要标志,国家治理法治化是国家治理现代化的必由之路。通过健全和完善国家治理法律规范、法律制度、法律程序和法律实施机制,形成科学完备、法治为基的国家治理体系,使中国特色社会主义制度更加成熟、更加定型、更加管用,并不断提高运用社会主义法治体系有效治理国家的能力和水平。

一、法治是国家治理现代化的基本表征

法治与人治代表着两种不同的国家治理模式。法治是现代国家治理的基本方式,实行法治是国家治理现代化的内在要求。现代法治的核心要义是良法善治。正是现代法治为国家治理注入了良法的基本价值,提供了善治的创新机制。国家治理现代化的实质与重心,是在治理体系和治理能力两方面充分体现良法善治的要求,实现国家治理现代化。

---

〔1〕《邓小平文选》(第 3 卷),人民出版社 1993 年版,第 372 页。

〔2〕参见《中共中央关于全面深化改革若干重大问题的决定》,人民出版社 2013 年版,第 3 页。

(一)现代法治为国家治理注入了良法的基本价值

就国家治理体系而言,“良法”就是良好的制度。国家治理是不是良法之治,关键看国家治理制度体系贯通什么样的价值观和价值标准。以国家治理现代化的世界元素和中国标准而言,秩序、公正、人权、效率、和谐等当属其基本价值。

1. 秩序价值

对于任何国家而言,国家治理第一位的、最直接的目的是建立和维护安定有序的社会秩序。秩序的存在是人类生存、生活、生产活动的必要前提和基础。没有秩序,人类的公共性活动就不可能正常进行。当代中国,内部秩序的基本形态包括公共生活秩序、市场经济秩序、民主政治秩序、意识形态秩序;外部秩序包括国际经济秩序和政治秩序。秩序的存在是人民安居乐业、国家长治久安最基础、最根本的条件,所以,国家治理首先要建立和维护秩序。当然,法治和国家治理要实现的秩序是“包容性秩序”。不是任何一种秩序都能够称得上是“包容性秩序”的。历史上,封建统治阶级及其代言人把封建等级制看作不可侵犯的秩序。韩非宣称:“臣事君,子事父,妻事夫,三者顺则天下治,三者逆则天下乱,此天下之常道也。”[3]董仲舒更是把“君为臣纲,父为子纲,夫为妻纲”[4]宣布为封建社会秩序的核心内容。这样的秩序是蔑视人性、维护特权、禁止社会流动的秩序,与现代法治和国家治理所主张的安定有序南辕北辙。在社会主义核心价值体系引领下的秩序是百花齐放、百家争鸣、尊重差异、包容多样、“和而不同”的秩序,是一种使自由而平等的竞争和人道主义的生活成为可能的秩序,是摆脱了单纯偶然性、任意性、不可预测性的秩序,是各种社会分歧、矛盾和冲突能够在道德精神和法律理性的基础上得以和平解决或缓和的秩序,是社会组织健全、社会治理完善、社会安定团结、人民群众安居乐业的秩序。

“包容性秩序”是充满活力的秩序。充满活力,就是能够使一切有利于社会进步的创造愿望得到尊重,创造活动得到支持,创造才能得到发挥,创

---

〔3〕《韩非子·忠孝》。

〔4〕《礼纬·含文嘉》。

造成果得到肯定,全社会的创造能量充分释放,创新成果不断涌现,创业活动蓬勃开展。充满活力意味着人们享有广泛的自由,诸如:人身自由,不因性别、出身、血缘、籍贯、财产、受教育程度等因素而受到管制和歧视;思想自由,让想象力和兴趣热情奔放,生产出各种各样的精神产品和物质产品;言论自由,每一个人都有权利负责任地以语言、文字、图画、微博、微信、视频及其他方法自由地发表和传播自己的意见,并且拥有听取他人意见的平等权和相对于政府的知情权;创造自由,让聪明才智在理论创新、技术创新、生产创新、文化创新、制度创新等方面"物尽其用";契约自由,基于血缘、亲情、宗教、伦理、权力等而形成的"人对人的依赖关系"退居到次要地位或者被彻底粉碎,每个人都成为独立的个人和平等的权利主体,每个人都可以依据自己的切身利益和合理预判与他人自由地交往和交易。充满活力也意味着要尊重劳动、尊重知识、尊重人才、尊重作为劳动结晶的技术和资本,放手让一切劳动、知识、技术、管理、资本等生产要素的活力竞相迸发,让一切创造社会财富的源泉充分涌现。充满活力也意味着全社会的积极因素被充分调动起来,盲动因素得到正确引导,消极因素尽可能被化解。

2. 公正价值

公平正义是现代法治的核心价值追求,也是中国特色社会主义的内在要求。因而,国家治理的核心价值必然是体现党和国家执政为民的理念和社会公众的公平诉求,保障和促进社会公平,建设"公平中国"。

从古代到现代,人们不断地探讨个人、社会、国家为什么需要正义以及正义在社会中所扮演的角色;绞尽脑汁去解答什么是正义,怎样的人、怎样的行为、怎样的规则、怎样的制度、怎样的社会、怎样的国家才算是公正的;正义的标准或正义原则应当是什么样子,以及正义与其他社会价值的矛盾与调和。这些问题随着时代的变迁和社会矛盾的复杂化而不断改变形式。中共十八大报告、十八届三中全会《决定》和习近平总书记的系列讲话科学地回答了这些问题,并顺应时代潮流和人民意愿,提出了解决当代中国公平问题的基本方向和思路。党的十八大以解决人民最关心、最直接、最现实的利益问题为着力点,提出逐步建立以权利公平、机会公平、规则公平为主要内容的社会公平保障体系,努力营造公平的社会环境,保证人民平等参与、平等发展的权利。十八届三中全会《决定》进一步把“促进公平正义”“增进人民福祉”作为全面深化改革的出发点和落脚点,强调“让发展成果更多更公平惠及全体人民”。[5] 习近平总书记深刻阐述了国家治理与保证社会公平正义的关系,指出:“全面深化改革必须着眼创造更加公平正义的社会环境,不断克服各种有违公平正义的现象,使改革发展成果更多更公平惠及全体人民。”“不论处在什么发展水平上,制度都是社会公平正义的重要保证。我们要通过创新制度安排,努力克服人为因素造成的有违公平正义的现象,保证人民平等参与、平等发展权利。要把促进社会公平正义、增进人民福祉作为一面镜子,审视我们各方面体制机制和政策规定,哪里有不符合促进社会公平正义的问题,哪里就需要改革;哪个领域哪个环节问题突出,哪个领域哪个环节就是改革的重点。对由于制度安排不健全造成的有违公平正义的问题要抓紧解决,使我们的制度安排更好体现社会主义公平正义原则,更加有利于实现好、维护好、发展好最广大人民根本利益。”[6]

在国家治理范畴内,社会公平主要包括权利公平、机会公平、规则公平、司法公正。第一,权利公平。权利公平包括三重意义:一是权利主体平等,排除性别、身份、出身、地位、职业、财产、民族等各种附加条件的限制,公民皆为权利主体,谁都不能被排除在主体之外;国家对每个公民“不偏袒”“非歧视”。二是享有的权利、特别是基本权利平等。在基本权利方面不允许不平等的存在,更不能允许任何组织或者个人有超越宪法和法律的特权。三是权利保护和权利救济平等。“无救济则无权利。”任何人的权利都有可能受到侵害或削弱,当权利受到侵害或者削弱的时候,应当获得平等的法律保护和救济。不能因为当事人保存证据的意识和取证能力不强、交不起诉讼费用、请不起律师等原因而导致打官司难、胜诉难、胜诉之后执行难。

第二,机会公平。机会公平也称作机会平等。机会公平是人类从身份社会进入契约社会的过程中提出来的反对封建等级制度和世袭制度的革命纲领。机会公平纲领要求摒弃先赋性特权、身份等级等不公正因素的影响,

---

〔5〕 前引〔2〕,第4页。

〔6〕 习近平:《切实把思想统一到党的十八届三中全会精神上来》,载《人民日报》2014年1月1日,第2版。

保证每个社会成员能够有一个平等竞争的条件,从而拓展个人自由创造的空间,最大限度地发挥每一个人的能力和潜能。在现代社会,机会公平堪称是最重要的正义原则,因为机会公平是起点平等,没有起点平等,后续的平等就是画饼充饥。机会公平意味着对发展进步权利的普遍尊重。它要求在公共领域公正地对待和确保每一个人的权利,各种职位对一切符合条件的人开放,允许并鼓励不同阶层、地域互相开放,允许社会成员自由流动。机会公平当中最重要的是教育公平。教育公平就是为人人提供同等的受教育的机会和均等的教育资源,为所有人创造自由而全面发展的均等条件,使人们在公平正义的阳光普照下,从同一起跑线上起跑,向着共同的幸福未来进发。

机会公平还应当包括代际平等。不仅要切实保证当代人的平等机会,而且应当关注和保证后代人机会平等。当前,我国有相当多的农民、农民工、普通工人和困难群众子女享受不到社会公认的公共教育资源,不能接受平等教育,这必将导致他们普遍缺乏在未来社会的生存能力和竞争能力,形成新的代际不公。

习近平总书记高度重视机会公平。他说:“生活在我们伟大祖国和伟大时代的中国人民,共同享有人生出彩的机会,共同享有梦想成真的机会,共同享有同祖国和时代一起成长与进步的机会。有梦想,有机会,有奋斗,一切美好的东西都能够创造出来。”〔7〕

在国家治理制度体系中,虽然机会公平并不能确保“结果平等”,但它为每个成员的发展提供了公平参与和实现梦想的可能性。在社会各个领域,人们之间能力有高低,结果会不同,但机会公平了,心态也就会平和许多。最近几年频频曝光的“官二代”“官三代”违规担任公职和领导干部的事件在媒体上被广泛议论,根源就在于它们破坏了机会公平、平等竞争的底线,泯灭了其他竞争者脱颖而出的梦想和预期,触动了广大平民百姓渴望机会公平的神经。

---

〔7〕 习近平:《在第十二届全国人民代表大会第一次会议上的讲话》,载《人民日报》2013年3月18日,第1版。

第三,规则公平。规则是一个统合概念,包括了所有的法律规则、政策规则、显规则、潜规则、硬规则、软规则等。这里讲的规则公平主要是政策和法律规则要公平。规则公平有三重含义:第一,形式上公平,就是人们经常说的法律(政策)面前一律平等,即立法上的平等,全体公民,不分民族、种族、职业、宗教信仰、财产状况、受教育程度、居住年限与社会地位,在法律规则和标准面前人人平等。第二,实体公平,就是权利义务对等,既不允许存在无权利的义务(奴役),也不允许存在无义务的权利(特权),每个人都既享有权利又承担义务,自由地行使权利,忠实地履行义务。第三,在法律实施中"无例外",对任何公民的合法权益,都应当依法保护;对任何公民的违法犯罪行为,都平等地依法追究。既不容许不受保护的"例外",也不容许不受处罚的"例外"。总之,任何人,不论职位高低,不论贫富差异,法律上一视同仁。

第四,司法公正。司法是维护社会公平的最后一道防线,司法公正是社会公平的底线。客观地说,我国的司法基本上是公正的,但不公正的案件时有发生,造成了恶劣影响。影响司法公正的首要因素是法官、法庭、法院难以做到依法独立公正办案,遭遇到的干扰和干涉太多。2013 年 2 月 23 日,习近平总书记在中央政治局第四次集体学习会上尖锐地指出:群众反映,现在一个案件,无论是民事案件还是刑事案件,不托人情、找关系的是少数。尤其到了法院审判环节,请客送礼、打招呼、批条子的情况很严重。这说明依法独立公正司法的外部环境很差,司法独立和司法公正受到不应有的干扰。地方保护、部门保护的干扰和干涉,以权压法、权大于法、迫使司法机关滥用职权、违法办案的现象时有发生,导致司法不公、冤假错案,甚至引发大规模群体性事件,特别是在土地征用、房屋拆迁、社会保障、高速公路建设、新农村建设等领域尤为突出。越是往下,司法机关依法独立公正办案的压力越大。

司法公正是司法公信和国家公信的基础,如果这一基础被虚化,人民群众对公平正义的信心、对法律的信任、对法治的期待,就会一落千丈。正如英国哲学家培根所言:"一次不公正的司法判决其恶果甚于十次犯罪,因为犯罪只是弄脏了水流,而不公正的判决却是弄脏了水源。"[8]对于"弄脏了水源",我的理解就是破坏了司法和法律的公正,也摧毁了司法和法律的公信力。党的十八大之后,习近平总书记多次强调指出:全面推进依法治国,必须坚持公正司法。"要依法公正对待人民群众的诉求,努力让人民群众在每一个司法案件中都能感受到公平正义,决不能让不公正的审判伤害人民群众感情、损害人民群众权益。"[9]在2014年1月召开的中央政法工作会议上,习近平总书记明确提出维护公平正义是司法与法治的核心价值。这表明党和人民对司法提出了更高的标准和更严格的要求。为了做到司法公正,所有司法机关都要紧紧围绕公正这个主题来改进工作,重点解决影响司法公正和制约司法能力的深层次问题,要优化司法职权配置,规范司法行为。同时,要坚持和改进党对司法的领导,加强和改进人大对司法工作的监督,进一步深化司法改革,确保人民法院、人民检察院依法独立公正地行使审判权和检察权,切实维护司法权威和公正;要大力培养理性的司法文化,尊重司法公正和司法权威,为司法机关创造公正司法的制度环境、文化环境和物质条件。

3. 人权价值

确认和保障权利是法治的真谛,尊重和保障人权是国家治理的精髓所在,也是国家现代性的根本体现。将法治精神融入国家治理,就是要确立和强化人权和公民权利神圣的观念和信念,确保在各种考量中,人权和公民权利具有优先性,这是使人活得自由且有尊严的内在要求。我国某些地方频频发生公民的人身自由、人格尊严、通信秘密、生命、财产等人权和公民权利受到侵害的事件,究其原因就是人权和公民权利还不够神圣,有些官员不把人权和公民权利当回事。在国家治理中,一定要懂得只有政府认真对待人权和公民权利,人民才会认真对待政府、法律和秩序,这样才会形成官民和谐型社会。十八届三中全会《决定》设立了政府权力清单制度和公民、法人、

---

〔8〕 W. Aldis Wright M. A. ,Bacon's Essays and Colours of Good and Evil with Notes and Glossarial Index,New York: the Macmillan Company,1899,p. 222.

〔9〕 习近平:《在首都各界纪念现行宪法公布施行30周年大会上的讲话》,载《人民日报》2012年12月5日,第2版。

社会组织、市场主体权利负面清单制度,认定国家机关和公权力部门“法无授权不可为”,公民、法人、社会组织“法无禁止则自由”,这是国家治理中人权理念的升华和文明进步。

尊重和保障人权,最重要的是保障公民的基本权利。基本权利主要是指人权和宪法宣告的公民基本权利。通常划分为三类,第一类是公民政治权利和自由,诸如知情权、参与权、选举权与被选举权、监督权,以及言论、出版、集会、结社、游行、示威自由,宗教信仰自由,人身自由,人格尊严,通信自由,住宅不受侵犯,通信秘密受法律保护,等等。第二类是经济、社会、文化权利,主要包括财产权、受教育权、劳动权、休息权、健康权、契约自由,在年老、疾病或者丧失劳动能力的情况下有从国家和社会获得物质帮助的权利,退休养老的权利,医疗服务和保障的权利以及环境权,等等。第三类是特殊人群、社会相对弱势群体的权利,主要是少数民族、妇女、儿童、老年人、残疾人等的权利。在这些权利当中,生存权是首要人权,发展权是根本权利。随着经济社会的发展,人们对“权利”的认知与诉求将从生存层面上升到发展层面,从直接的经济层面上升到政治、文化层面,权利关注将持续升温,新型权利将不断涌现。作为国家治理核心主体的执政党和国家权力机关要积极回应人民群众日益增长的多样化权利诉求,不断丰富宪法法律权利体系,健全人权和权利保障制度。

4. 效率价值

与秩序、公平正义和人权一样,效率也是一个社会的核心价值。一个治理良好的社会必然是有秩序的社会、公正的社会、人权有保障的社会,也应当是高效率的社会。国家治理的效率通过法治可以更好地实现。从理论和实践两个方面看,法治化的治理要比人治化的治理更富有效率,更能够保持可持续的发展。在人治化的治理中,在重大决策事项上,领导人个人说了算,看起来决策效率很高,但由于个人的见识、智慧和能力毕竟有限,这种决策方式很容易出错,甚至在根本性、全局性问题上出现颠覆性错误,而且往往难以自我纠正。十年“文革”就是沉痛的教训。现在一些地方少数领导人自以为是、独断专行,瞎指挥、瞎折腾,干了很多劳民伤财、得不偿失的蠢事,盲目决策、错误拍板上马的项目、工程,给土壤、水流、大气造成严重污染,并致使社会矛盾激发,群体性事件频发。而在法治化的治理中,决策者依照程序科学决策、民主决策,看起来比较费事费时,但决策失误的可能性大大减少,而决策失误是最严重的负效率。同时,由于建立了明晰的人权制度、物权制度、合同制度、侵权制度、诉讼制度等,为经济社会主体确立了制度信心,从而激发了社会活力,保障了自由竞争,实现了政治效率、经济效率和社会效率在法治的框架内持续增量。

5. 和谐价值

我们正处在改革的深水区和发展的关键期,同时也处于社会矛盾的凸显期。面对这一国情背景,构建社会主义和谐社会,努力促进人与人之间、公民与国家之间、群体与群体之间、阶层与阶层之间、区域与区域之间乃至国家与国家之间的和谐,实现各主体各得其所又和谐相处,毫无疑问应当是国家治理的核心价值。

"和谐"是一个非常古老而又经久不衰的概念。人们通常是在美学、哲学和社会科学三个方面理解"和谐"。在美学意义上,东西方思想家早就将和谐视为至美、最美。中国思想家欣赏音乐的和谐之美,把音乐中不同音符之间的合成与流动看作和谐。古希腊思想家认为"美是和谐的比例",数是比例的表达,事物之间的和谐关系可以表现为某种恰当的数的比例关系。在哲学意义上,古希腊哲学家毕达哥拉斯把"和谐"作为哲学的根本范畴,并且认为和谐是以差别和对立的存在为前提的,是"对立的东西产生和谐,而不是相同的东西产生和谐"。"和谐"("和")也是中国哲学的根本范畴。春秋战国时期就有思想家作出了"和实生物,同则不继"的著名论断。孔子提出"君子和而不同,小人同而不和",并且认为和谐不仅是客观规律,而且是做人、治国的原则,因而把"和""同"两个范畴引入社会道德领域和政治领域。在社会科学诸多学科中,和谐也是重要范畴或基本范畴,这一范畴通常与国家理想、国家治理和社会治理相联结。华夏先民主张的"小康社会",洪秀全主张的"有田同耕,有饭同食,有衣同穿,有钱同使,无处不均匀,无人不饱暖"的"太平天国",康有为提出"人人相亲、人人平等的大同社会",孙中山追求的"天下为公",柏拉图所设想的"理想国",空想社会主义者傅立叶、欧文、魏特林等人设想的"乌托邦",马克思和恩格斯梦想的共产主义社会,毛泽东等新中国缔造者提出建立"中华人民共和国",都是以和谐为表征的国家或社会。上述意义是互通的,为我们理解和谐概念和作为国家、社会理念的和谐提供了丰富的思想资源。

党的十六大以来,有关和谐、社会和谐、促进社会和谐、构建社会主义和谐社会等的论述和实践,则为我们深刻把握和谐价值提供了更为直接的思想理论基础。党的十六大报告在阐述全面建设小康社会的宏伟目标时强调要努力形成全体人民各尽其能、各得其所而又和谐相处的局面,巩固和发展民主团结、生动活泼、安定和谐的政治局面。十六届六中全会通过了《中共中央关于构建社会主义和谐社会若干重大问题的决定》,进一步明确了构建社会主义和谐社会的指导思想、目标任务和原则,进一步部署了构建社会主义和谐社会的工作任务。党的十七大报告十分深刻地作出了"社会和谐是中国特色社会主义的本质属性"的论断,并指出:"构建社会主义和谐社会是贯穿中国特色社会主义事业全过程的长期历史任务,是在发展的基础上正确处理各种社会矛盾的历史过程和社会结果","要按照民主法治、公平正义、诚信友爱、充满活力、安定有序、人与自然和谐相处的总要求和共同建设、共同享有的原则,着力解决人民最关心、最直接、最现实的利益问题,努力形成全体人民各尽其能、各得其所而又和谐相处的局面,为发展提供良好社会环境"。[10]十八大报告也强调:"加强社会建设,是社会和谐稳定的重要保证。"[11]

在推动国家治理现代化中,以和谐作为法治和国家治理的核心价值,就是要把和谐价值融入法律规范体系和国家治理制度体系之中,致力于构建社会主义和谐社会。一要致力于引导和维护作为社会细胞的个体与个体的和谐,在诚信友善的基础上,促进人与人之间真诚相待、坦然相处、友爱互助,建立起良好和谐的人际关系,夯实和谐社会、和谐中国的根基。二要致力于引导和维护人与社会的和谐,包括公民与国家的和谐、个体与集体的和谐、居民与社区的和谐、群体(阶层)与群体(阶层)的和谐等。三要引导和维

---

〔10〕 胡锦涛:《高举中国特色社会主义伟大旗帜 为夺取全面建设小康社会新胜利而奋斗——在中国共产党第十七次全国代表大会上的报告》,载《人民日报》2007 年 10 月 25 日,第 1 版。

〔11〕 胡锦涛:《坚定不移沿着中国特色社会主义道路前进 为全面建成小康社会而奋斗——在中国共产党第十八次全国代表大会上的报告》,载《人民日报》2012 年 11 月 18 日,第 1 版。

护人与自然的和谐,人与自然的和谐与人与人、人与社会的和谐是相得益彰的。四要致力于引导和维护中国与世界的和谐,推进国际关系民主化、全球治理法治化,尊重文化多样性和发展模式多样化,尊重各国独立自主选择发展道路的权利,尊重各国平等参与国际事务的权利;坚持国与国之间和平、民主、平等的原则,强调以合作共赢为目标,以合作谋和平,以合作促发展。

和谐不仅是法治和国家治理的基本价值,在某种意义上也是法治和国家治理的终极价值、元价值。相对于其他价值,其"终极性""元地位"表现为:一是凝练国家和法的价值,即从社会生活、历史传统、社会未来发展、哲学和法理中凝练出现代国家和法的价值。二是规范国家和法的价值,即从根本上决定着其他价值的本质属性,秩序应当是和谐的秩序,自由应当是和谐的自由,正义应当是和谐的正义,人权应当是和谐的人权,效率应当是和谐的效率,等等。三是引领和协调国家和法的价值,使它们成为内在统一、互为补充、互相支撑的价值体系。四是反思和追问国家和法的价值,推动法治和国家治理的制度创新。进入21世纪以来,和谐越来越成为中国社会普遍关注的价值理念和标准,成为统摄一切价值的元价值。和谐精神的导入,必将使中国社会主义法治体系和国家治理体系超越中国传统"统治"和西方传统"治理"而走向善治。

(二)现代法治为国家治理提供了善治的创新机制

善治,是就国家治理能力而言的。国家治理是不是"善治",关键看治理的目的、机制、方式、方法。"善治"(good governance),是个典型的外来语。国外学者对"善治"有多种解读和解释,其中法国学者玛丽-克劳斯·斯莫茨的解读具有一定的代表性,她认为:善治包括四大要素:第一,公民安全得到保障,法律得到尊重,特别是这一切都须通过法治来实现。第二,公共机构正确而公正地管理公共开支,亦即进行有效的行政管理。第三,政治领导人对其行为向人民负责,亦即实行责任制。第四,信息畅通,便于全体公民了解情况,亦即具有政治透明性。[12] "善治"一词的"'正式'定义主要来自

---

[12] 参见[法]玛丽-克劳德·斯莫茨:《治理在国际关系中的正确运用》,肖孝毛译,载《国际社会科学杂志》(中文版)1999年第1期。

世界银行、国际货币基金组织、联合国(特别是联合国开发计划署)、经合组织以及其他捐赠组织”。[13] 例如,联合国开发计划署(the United Nations Development Program)认为:“善治是政府、公民社会组织和私人部门在形成公共事务中相互作用,以及公民表达利益、协调分歧和行使政治、经济、社会权利的各种制度和过程。”[14] 在中国语境中,“善治”远远超出了西方学者赋予“善治”的语义,其基本特质一是以人为本,二是依法治理,三是公共治理。

1. 以人为本

“以人为本”,就是一切从人出发、以人为中心;就是要把人作为观念、行为、制度的主体,把人的解放和自由、人的尊严、兴趣和全面发展,作为每个人、每个群体及至每届政府、每届领导人的终极关怀。同时,“以人为本”也意味着在党和政府的全面终极关怀之外,人也应当把自己看作人,提高自己的人性,在社会生活中应当有宽容、诚信、自主、自律的自觉意识和观念,既善待自己和他人,也要求他人善待自己。

以人为本是根植于当代中国特色社会主义实践并超越传统中华文明、符合中华民族和中国人民根本利益的法治和国家治理理论。它凝聚了中国社会的高度共识,体现了法治和国家治理理论的本土化、综合化、政策化和国际化多重元素,荷载了人类社会治理模式从人治到法治再到良法善治的理性诉求。

以人为本之所以是善治,在于其界定了法治和治理的“良善”本性。以人为本的法学(律)表达就是尊重和保障人权,尤其是对弱势群体民生权利的关怀和保护。人权作为宪法基本原则在整个法律体系中的通贯,其对公民自主与福利的尊奉与守护,及其对公权力的训诫与规制,使得“法治”和“治理”不仅仅表征一种“术”和方法,更具有了道德上的正当性与合法性,以人为本的善治必然催生社会、国家、人民臻于至善。

以人为本理念在中国政治和法治系统中的贯彻,标识和引导着国家治

---

〔13〕 王正绪:《亚太六国国民对政府绩效的满意度》,苏世军译,载《经济社会体制比较》2011 年第 1 期。

〔14〕 [美]G. 沙布尔 · 吉玛、丹尼斯 · A. 荣迪内利编:《分权化治理:新概念与新实践》,唐贤兴、张进军等译,格致出版社、上海人民出版社 2013 年版,第 5 页。

理的现代化进程。以人为本的提出,就是要纠正经济发展和社会转型中出现的急功近利、拜金主义、纵欲骄奢、恃强凌弱、环境污染、生态破坏等漠视人的主体性、尊严福祉、自由平等的负面现象。而这些负面现象的矫治,必然落实为国家治理机制的创新,必然要求秉持以人为本的基本理念对公民自主、社会自治、国家治理的基本格局和内在逻辑予以重构。在党的十六大、十七大和十八大已取得成果的基础上,十八届三中全会更是在全面深化改革的总体部署中,对尊重人民主体地位、增进人民利益福祉、促进人的全面发展、保障和改善民生、确保改革成果的广泛公平分享等方面做出了顶层设计。经济体制改革、行政体制改革、社会治理体制创新、生态文明制度建设以及教育医疗社会保障等社会事业创新的具体举措,必然汇聚为法治中国建设的系统工程,必然有力地推动法治和国家治理现代化进程。

2. 依法治理

依法治理之所以是善治,首先在于法治优于人治。人治的典型特征在于统治者个人或者极少数人说了算,这种治理方式除了出错率高之外,往往导致人亡政息、难以为继。有鉴于此,邓小平同志反复告诫党和人民,人治"危险得很",人治"靠不住"。他曾在同几位中央负责同志的谈话中指出:"一个国家的命运建立在一两个人的声望上面,是很不健康的,是很危险的。不出事没问题,一出事就不可收拾。""还是要靠法制,搞法制靠得住些。"〔15〕相对于人治,法治具有明显的多重优越性。其最大优越性在于,它能够保持执政党的执政理念、执政路线、执政方针的连续性、稳定性、权威性,不因领导人的改变而改变,不因领导人看法和注意力的改变而改变,真正做到"不动摇""不折腾"。第二个优越性在于,随着革命时代的过去,主要依靠革命家的个人权威和魅力治理中国这样一个有14亿人口的大国和中国社会这样一个利益日益多元化、复杂化的社会的可能性已经不复存在,唯有依靠法治,依靠宪法和法律制度体系才能在多样化中凝聚共识和力量,保证中国社会可持续的发展与稳定。第三个优越性在于,法治是公开透明的规则之治和程序之治,具有可预期性、可操作性、可救济性,因而能够使人民群众对自

〔15〕 前引〔1〕,第311页。

己的经济、政治、社会、文化规划和生产、生活有合理预期和安全感，确保了国家治理的公信力。第四个优越性在于，宪法和法律是由国家制定的，并依靠国家强制力作为终极力量保证实施的，它能够克服政策等治理制度体系的局限性，确保制度体系运行的效能。法治的这些优势是人治所不具有的。特别是进入新世纪以来，国家治理的社会历史条件和国内国际经纬都发生了重大变化，我国社会的利益格局发生深刻变动，形成了不同的利益阶层和群体。与此相应，以利益为实体的道德观念和道德标准急剧分化，各个阶层、各个群体普遍认同和接受的道德观念、道德标准甚至道德规范已缺乏坚实的经济和社会基础，加上人民群众的法治观念、权利意识、维权动力普遍增强，作为社会共识最大公约数的法律理所当然地在国家治理中扮演着主导角色。同时，由于政策固有的因地制宜、因时制宜、因人制宜等局限性，实行法治合乎规律地成为治国理政的第一选择，成为政治文明发展的时代潮流。这就要求党和政府在国家治理中必须遵循法治的规律和原则，善用法治思维和法治方式处理国家治理当中的深层次问题和矛盾。

3. 公共治理

公共治理，就是让公众以主体身份参与到国家治理当中，既管理国家事务、经济社会文化事务，又对自身事务实行高度自治。公共治理之所以是善治，在于治理优于管理。由于公共治理理念和机制的融入，“国家管理”概念被“国家治理”概念所替换，公众成为国家治理不可或缺的重要组成部分，有了知情权、表达权、参与权、决策权和监督权。治理与管理不是对立的模式，而是初级版与升级版的关系。治理是管理的升级版，它保留了管理的许多要素，同时超越了管理的局限，承载着比管理更多、更复杂的职能，更能够有效应对国家治理中面对的新情况、新问题，满足人民群众的新要求、新期待。

公共治理的优势，一是它更加充分地将民主理念和民主机理融入国家治理当中，最大限度地吸收公众参与，扩大公民及其组织的话语权和决定权，体现了人民当家作主。二是它以对话、沟通、协商等方式，保证不同党派、不同阶层、不同群体、不同利益集团、不同社会界别平等自由地表达利益诉求和政策主张，在此基础上最大限度地凝聚共识，消解或缩小分歧，促进各个阶层、各个群体的人们相互之间的政治认同、思想认同、感情认同和彼此尊重;妥善协调利益关系,使不同阶层、不同群体在利益分化的格局中仍能各得其所又和谐相处。三是多元主体合作共治,公共治理与政府治理相辅相成。在国家治理中,国家权力机关、行政机关、司法机关、军事机关体现着“政府治理”的职能,人民政协、人民团体、经济社会组织和人民群众发挥着“社会治理”的作用。两类治理在党的领导下有效衔接、协同配合,创新了国家治理模式,增添了国家治理的正能量。四是它为社会自治开辟了广阔空间,把不应或不宜由执政党和国家机构管理的事务交由社会自我治理。良好的国家治理总是与社会自治紧密结合的,国家治理体系越完善、越文明,社会组织在国家治理中的地位越受重视,作用发挥得越好。社会自治的内容十分丰富、形式无限多样。十八届三中全会《决定》强调,要激发社会组织活力,要求正确处理政府和社会关系,加快实施政社分开,推进社会组织明确权责、依法自治、发挥作用;适合由社会组织提供的公共服务和解决的事项,交由社会组织承担;支持和发展志愿服务组织;限期实现行业协会、商会与行政机关真正脱钩。这些改革举措必将为社会自治建构更加宽阔的平台。

公共治理是国家治理现代化的重要标志。当下中国有多种民主形式,其中,基于公共治理制度平台的协商民主是我国社会主义民主政治的独特优势,是人民民主制度和党的群众路线在国家治理领域的重要体现。协商民主的独特优势在于它把理性引入公共生活,形成一种转化冲突寻求合作的政治机制,即把公共争议和利益冲突置于一个公开协商的行动过程,建构一个政府与公民的合作治理体系。十八届三中全会《决定》提出,要推进协商民主广泛多层制度化发展,构建程序合理、环节完整的协商民主体系,拓宽国家政权机关、政协组织、党派团体、基层组织、社会组织的协商渠道。深入开展立法协商、行政协商、民主协商、参政协商、社会协商。贯彻落实三中全会《决定》,必将使国家治理中的公共治理获得新发展、呈现新气象、取得新成效。

二、法治化是国家治理现代化的必由之路

(一)推进国家治理法治化的必然性与重要性

推进国家治理法治化,是国家治理现代化题中应有之义。改革开放以

来，我国各项治理制度的创新发展始终与法律制度体系完善发展同步，与全面深入推进立法体制、执法体制和司法体制改革相适应。市场经济是法治经济，民主政治是法治政治，法治是治国基本方略，法治是党执政的基本方式，善于运用法治治国理政，更加重视发挥法治在国家治理和社会管理中的重要作用，这些科学论断和实践充分表明，国家治理现代化的过程也就是国家治理法治化的过程，国家治理现代化必然要表现为国家治理法治化，并通过法治化引领和保障现代化。

推进国家治理法治化，是中国共产党执政理念的必然要求。党的十七大、十八大、十八届三中全会相继提出，要全面落实依法治国基本方略，全面推进依法治国和加快法治中国建设，实现国家各项工作的法治化。在实现国家各项工作法治化当中，最重要的当属实现国家治理法治化，使国家治理在法治轨道上运行。党的十八大以来，以习近平为总书记的党中央更加强调依法执政、依法治国、依法行政、依法治理社会，更加鲜明地提出法治是治国理政的基本方式，各级领导干部要提高运用法治思维和法治方式深化改革、推动发展、化解矛盾、维护稳定的能力，要将法治国家、法治政府、法治社会一体建设。党的执政理念和法治理论深刻揭示出了法治在国家治理中的决定性作用。法治的作用，已经从十五大提出依法治国基本方略时的“基础性作用”演进为今天治国理政当中的“决定性作用”。

推进国家治理法治化，也是人民群众的共识和关切。无论是党的执政活动、国家机关履职活动，还是人民行使民主权利参与国家治理的活动，都应当遵循法治的规则和程序。据统计，十二届全国人大第二次会议期间，以代表团名义和30人以上代表联名提出的议案有468件，其中绝大多数为法律议案。“最大特点是落实全面深化改革总目标和任务的要求，围绕完善和发展中国特色社会主义制度、推进国家治理体系和治理能力现代化，从法律的制定、修改、废止、解释的角度，提出意见和建议。”〔16〕

推进国家治理法治化也是国际社会的潮流。进入21世纪之后，法治成

〔16〕《关于第十二届全国人民代表大会第二次会议代表提出议案处理意见的报告》，载《中华人民共和国全国人民代表大会常务委员会公报》2004年第2期。

为民主、文明国家的基本共识。当今世界，国家之间、区域之间乃至世界范围内的很多问题越来越多地被纳入法治轨道。最近十多年，包括中国在内的许多国家和联合国等国际组织积极推动国际关系民主化、法治化，取得了巨大进步。在和平共处五项原则发表60周年纪念大会上的讲话中，习近平总书记再次主张“共同推动国际关系法治化。推动各方在国际关系中遵守国际法和公认的国际关系基本原则，用统一适用的规则来明是非、促和平、谋发展”。[17] 2005年《世界首脑会议成果文件》将法治作为一项普遍核心价值和原则，呼吁在国家和国际两级全面实行法治。联合国大会及其第六委员会和国际法委员会，致力于国际条约的制定和国际法的编纂，为“国际立法”做出了积极贡献。安全理事会积极预防和解决地区冲突，通过法治手段，维护国际和平与安全。国际法院通过司法手段解决国际争端，其判决和咨询意见进一步阐明了国际法的有关原则和规则，丰富和发展了国际法。从2006年开始，联合国大会第六委员会开始讨论国家和国际两级法治的问题。对于这个问题的研讨扩大了国家之间在加强法治方面的共识，体现出世界人民共同努力建设一个法治世界的愿望。在这样的国际时代背景下，加快推进国内法治，尤其是推进国家治理法治化，毫无疑问是顺应历史潮流的正确选择。

（二）国家治理法治化的基本面向

国家治理法治化包括治理体系法制化和治理能力法治化两个基本方面。

1. 国家治理体系法制化

国家治理体系本质上就是国家制度体系。中国特色社会主义国家治理体系由一整套制度构成，包括以中国共产党党章为统领的党内法规制度体系、以党的基本路线为统领的政策制度体系、以宪法为统领的法律制度体系。这套制度体系，从治理主体角度，包括有关执政党中国共产党、人民及其代表大会（代表人民统一行使权力的国家机关）、国家行政机关、国家司法

[17] 习近平：《弘扬和平共处五项原则建设合作共赢美好世界——在和平共处五项原则60周年纪念大会上的讲话（2014年6月28日）》，载《人民日报》2014年6月29日，第2版。

机关、人民政协、社会组织等在国家治理中的主体地位的制度；从治理客体角度，包括经济治理制度、政治治理制度、文化治理制度、社会治理制度、生态治理制度等；[18]从治理事务角度，包括有关改革发展稳定、内政外交国防、治党治国治军等治理制度；从治理权能角度，包括有关各治理主体的资格和权力（职权）或权利的制度，以及科学界定和划分各种权力、权利的制度；从治理程序角度，包括有关行使治国理政权力和参与治国理政的各种程序制度；从治理评价角度，包括有关国家治理方式、过程和效能的评价制度。国家治理的各项制度总体上最终都要汇总于、表现为法律制度体系，即法制化的制度体系。

国家治理制度只有通过法制化，才能定型化、精细化，把国家治理制度的“分子结构”精细化为“原子结构”，从而增强其执行力和运行力。国家治理制度法制化的路径一般是：党和政府先是以党内法规和政策形式宣示、确认其治国理念、治国道路、治国路线、治国经验等，待这些党内法规和政策在治国理政的实践中进一步成熟后，再通过立法程序将其上升为法律，由宪法或法律加以确认、完善和定型。这里，以现行宪法的修改为例。现行宪法1982年颁布实施以来，进行过四次修改，共审议通过31条宪法修正案。每一次修宪、每一条修正案都是对宪法本身的重大完善，更是对党和政府治国理政制度的法制化和定型化，都对我国经济建设、政治建设、文化建设、社会建设、生态文明建设和法治建设产生了积极的推动作用。

1982年《宪法》是在我国启动改革开放的历史条件下制定的。其基本原则已经为改革开放提供了制度空间。但是，随着形势的发展，已有的空间已不能适应深化改革和扩大开放的需要，而要通过修宪来扩充改革开放的制度空间。当时，党和政府探索和实验推进私营经济开放和土地转让，并形成了党的政策。实践证明，放开私营经济不但不会影响公有制经济，反而会对公有制经济起着重要的补充作用，推动整个国民经济快速发展。土地使用权转让的开放同样重要。如果不允许土地使用权合法转让，中外合资与外

[18] 我国学者借鉴美国学者杰里米·里夫金提出的当今社会是由市场、政府和公民社会形成的三足鼎立的观点，将国家治理体系划分为政府治理、市场治理、社会治理。参见俞可平：《推进国家治理体系和治理能力现代化》，载《前线》2014年第1期。

国独资企业的开办及在本地生产经营都不可能顺利进行，经济体制改革和对外开放不但不可能进一步发展，甚至会出现倒退。所以，党中央建议修宪，在宪法中给私营经济以恰当的生存地位，并使土地使用权转让合法化。1988年4月12日，七届人大一次会议通过宪法修正案，在《宪法》第11条增加："国家允许私营经济在法律规定的范围内存在和发展。私营经济是社会主义公有制经济的补充。国家保护私营经济的合法权利和利益，对私营经济实行引导、监督和管理。"把《宪法》第14条第4款修改为："任何组织和个人不得侵占、买卖或者以其他方式非法转让土地。土地的使用权可以依照法律的规定转让。"

1988年《宪法修正案》公布实施以后，我国的经济体制改革迅速深化，与之相适应，政治体制改革逐渐推开。特别是1992年10月党的十四大提出建立社会主义市场经济体制，进一步完善人民代表大会制度。党在经济体制改革、政治体制改革和政治建设等方面形成了新的路线、方针、政策和主张，并在党章修正案中得到确认和规定。由此，中共中央再次建议修宪，八届人大一次会议在1988年修宪的基础上再次修宪，而且通过9条修正案。主要内容包括：明确宣布我国正处于社会主义初级阶段；宣布国家的根本任务是集中力量进行社会主义现代化建设；宣布坚持改革开放，把以"一个中心、两个基本点"为核心内容的党的基本路线完整地体现在根本大法之中，把建设"高度文明、高度民主"的社会主义国家修改为建设"富强、民主、文明"的社会主义国家，突出了经济建设的重要性及其与民主政治发展的关系，把民主和文明前面的定语"高度"删掉，使之与社会主义初级阶段的实际与可能相适应；规定"中国共产党领导的多党合作和政治协商制度将长期存在"，把我国的政治制度体系表达得更为全面完整；将"国营经济"改为"国有经济"，一方面明确了所有制关系，另一方面表明国有经济的实现方式并非一定要由国家经营，体现了所有权与经营权分离的改革精神；肯定了"农村中家庭联产承包为主的责任制和生产、供销、信用、消费等各种形式的合作经济"的社会主义集体所有制的法律地位；确立了市场经济的合法地位，为社会主义市场经济的建立和发展提供了宪法保障；延长了县级人民代表大会的任期，使基层人民代表大会的运行更加规范有效，有利于保证县级政权的相对稳定，有利于县域政治稳定和经济发展。这些修改把党的执政理念和路线方针政策及时转化为国家治理的宪法制度，推进了国家治理制度的法制化。

6年之后，即1999年，九届人大二次会议对《宪法》进行了第三次修改。这次修宪的依据是党的十五大关于党和国家指导思想、经济体制改革、政治体制改革、依法治国等重大问题的决定和中共中央关于修宪的建议。这次修宪只有6条修正案，但内容十分重要。主要内容包括：第一，把"我国正处于社会主义初级阶段"修改为"我国将长期处于社会主义初级阶段"。这一修改有利于统一全国人民对社会主义初级阶段长期性的认识，特别是有助于防止和克服各种超越历史阶段的"左"的、空想社会主义的错误认识、错误政策、错误做法。第二，把邓小平理论作为党和国家的指导思想写入《宪法》，从根本大法上明确了邓小平理论的指导地位和作用。这一修正案对于坚持中国特色社会主义道路、深入推进改革开放伟业，具有重大的现实意义和深远的历史意义。第三，明确规定"实行依法治国，建设社会主义法治国家"。把党的十五大提出的依法治国基本方略和建设社会主义法治国家的奋斗目标载入《宪法》，充分表明中国将坚定不移地沿着依法治国的道路前进，逐步把经济、政治和社会生活纳入法治轨道，实现政治民主自由、经济繁荣昌盛、社会稳定发展、人民安居乐业。第四，在原来关于社会主义经济制度的规定之后，增加"国家在社会主义初级阶段，坚持公有制为主体、多种所有制经济共同发展的基本经济制度，坚持按劳分配为主体、多种分配方式并存的分配制度"。这一修改有利于进一步保护、解放和发展生产力。第五，在继续肯定和保护家庭承包经营的同时，把"统分结合的双层经营体制"列入《宪法》的保护范围。它一方面明确了家庭联产承包经营的"基础"地位和作用，另一方面说明随着生产力的发展，农村合作经济、股份合作经济等集体经济的实现形式进一步多样化。第六，宣布并肯定个体经济和私营经济等非公有制经济是社会主义市场经济的重要组成部分。从过去的对计划经济的"补充"升格为现在的市场经济的"重要组成部分"，一方面说明了个体经济和私营经济有了快速发展，非公经济的规模和效益不容忽视；另一方面说明个体经济和私营经济具有社会主义市场经济的性质，在社会主义市场经济中占有相当重要的地位。第七，把镇压"反革命的活动"改为镇压"危害国家安全的犯罪活动”,使罪名更加规范,为国家机关依法镇压危害国家安全的犯罪活动提供了宪法依据。

2004年进行了第四次修宪。这次修宪也是把党领导人民在治国理政中形成的新的理论、做法、经验、政策上升为宪法。其中包括:在指导思想系列中增加“三个代表重要思想”;把“政治文明”与物质文明和精神文明并列,提出“推动物质文明、政治文明和精神文明协调发展”;扩大对公民、法人财产权的保护,增大了保护的范围和力度,宪法修正案规定:“国家保护个体经济、私营经济等非公有制经济的合法的权利和利益”;“公民的合法的私有财产不受侵犯”;“国家依照法律规定保护公民的私有财产权和继承权”;“国家为了公共利益的需要,可以依照法律规定对公民的私有财产实行征收或者征用并给予补偿”;“国家建立健全同经济发展水平相适应的社会保障制度”;特别是明确地把“国家尊重和保障人权”写入宪法,增强了人权的神圣性,也明确了政府保障人权的宪法责任。此外,就紧急状态、元首国事活动权、地方人民代表大会任期制、国歌等进行了明确规定。这些规定以根本大法和总章程的形式丰富、创新了国家治理体系。

国家治理体系是一个有机的制度系统,统领这个制度系统并使之协调运转的是宪法。所以,推进国家治理现代化,要倍加重视宪法的作用。宪法是国家治理体系的基石,也是国家治理体系的最高表现形式和制度载体,是国家治理的总章程。正是通过宪法,国家治理中带有根本性、全局性、长期性的制度获得了最高的法律效力、政治效力和社会效力,具有极大的权威性和神圣性。例如,宪法对改革开放伟大成果的确认和规范,对中国特色社会主义基本制度的宪法定型,有效地抑制了封闭僵化老路的回归,防止了改旗易帜邪路的出现,避免党、国家和人民在根本性问题上出现颠覆性错误,从而保证中国特色社会主义道路越走越坚实、越走越宽广。

通过宪法进而通过法律和行政法规而得以法制化、定型化、精细化的路线方针政策作为国家治理制度具有了普遍性、强制性、长效性、可诉性等特点,既便于民众遵守,也便于国家机关执行。

2. 国家治理能力法治化

国家治理能力,既指各主体对国家治理体系的执行力,又指国家治理体系的运行力,还包括国家治理的方式方法。习近平总书记指出:“必须适应国家现代化总进程,提高党科学执政、民主执政、依法执政水平,提高国家机构履职能力,提高人民群众依法管理国家事务、经济社会文化事务、自身事务的能力,实现党、国家、社会各项事务治理制度化、规范化、程序化,不断提高运用中国特色社会主义制度有效治理国家的能力。”〔19〕治理能力具体包括执政党科学执政、民主执政、依法执政的能力,人大及其常委会科学立法、民主立法的能力以及依法决定重大事项、保证宪法法律实施、对“一府两院”实行法律监督和工作监督的能力,人民政府科学行政、民主行政、依法行政、严格执法的能力,司法机关公正司法、定分止争、救济权利、制约公权、维护法制的能力,广大人民群众、人民团体和社会组织依法管理国家事务、经济社会文化事务、依法自治的能力,党和国家各级领导干部深化改革、推动发展、化解矛盾、维护稳定的能力。提高这些能力,最重要、最关键的就是提高运用法治思维和法治方式的能力,解决法治缺位情况下治理动力不足和能力不够的问题。

善用法治思维和法治方式治国理政,就要把法治理念、法治精神、法治原则和法治方法贯穿到政治治理、经济治理、社会治理、文化治理、生态治理、治党治军等国家治理实践之中,逐步形成办事依法、遇事找法、解决问题用法、化解矛盾靠法的良好法治习惯。特别是在化解社会矛盾、维护社会稳定方面,不能简单依靠国家强制力、甚至国家暴力去压制,不能用行政手段“摆平”,也不能套用“人民内部矛盾人民币解决”的老办法,而是要通过法治方式,回归法治途径,把社会矛盾的解决建立在法治基础上,把维稳建立在维权的基础之上。否则,就会陷入恶性循环的“维稳陷阱”。

善用法治思维和法治方式治国理政,应当正确处理改革与法治的关系,这也是国家治理法治化要解决的突出问题。要善于以法治凝聚改革共识,以法治引领改革方向,以法治规范改革程序,以法治确认、巩固和扩大改革成果。我们正处在全面深化改革的新纪元,许多改革举措涉及现行法律制

〔19〕 习近平:《完善和发展中国特色社会主义制度 推进国家治理体系和治理能力现代化》,载《人民日报》2014 年 2 月 18 日,第 1 版。

度，致使改革与法治的关系十分敏感：是在法治轨道上有序推进改革，还是突破宪法法律制度乱改革，既是对改革的考验，也是对法治的挑战。习近平总书记和党中央明确要求改革不能以牺牲法制的尊严、统一和权威为代价，指出凡属重大改革要于法有据，确保在法治轨道上推进改革，需要修改法律的可以先修改法律，先立后破，有序进行；有的重要改革措施，需要得到法律授权的，要按法定程序进行，不得超前推进，防止违反宪法法律的“改革”对宪法法律秩序造成严重冲击，避免违法改革对法治的“破窗效应”。[20] “改革越深入，越要强调法治，通过立法来引领改革方向、推动改革进程、保障改革成果，让全体人民共享改革红利、法治红利。”[21]

提高依法执政、依法治国、依法行政、依法治理社会的能力是国家治理能力法治化的紧迫任务和时代课题。培养和提升这种能力要比建立一整套制度困难得多，因而，推进国家治理能力法治化要比推进国家治理体系法制化艰巨得多。

三、在国家治理现代化的进程中，加快推进法治现代化

完善和发展中国特色社会主义制度，推进国家治理体系和治理能力现代化，一方面需要法治的引领和推动，另一方面也是法治发展和法治现代化的强大动力。法治现代化必将使法治在国家治理中发挥更好、更大的作用。

法治是国家治理的基本方式，所以，推进国家治理现代化内在地要求推进法治现代化，唯有现代化的法治才能匹配现代化的国家治理。围绕“完善和发展中国特色社会主义制度、推进国家治理体系和治理能力现代化”的总目标驱动法治现代化，使法治现代化的目标更加明确，路径更加清晰，重点更加突出，措施更加有力，并必将使我国法治建设彻底摆脱“西方法治中心主义”的负面影响，进一步坚定中国特色社会主义法治的道路自信、制度自信和理论自信。

---

〔20〕 参见新华社有关习近平总书记在十八届三中全会第二次全体会议上的讲话、在中央政法工作会议上的讲话、在中央全面深化改革领导小组第二次会议上的讲话、在山东考察时的讲话等系列重要讲话的报道。

〔21〕 李适时：《充分发挥立法在国家治理现代化中的引领和推动作用》，载《求是》2014年第6期。

目前,我国的法治水平和能力尚不能满足国家治理的现实需要,也不适应“形成系统完备、科学规范、运行有效的制度体系”和“加快形成科学有效的治理体制”这一国家治理现代化阶段性目标的要求。为此,我们要以时不我待的紧迫感和使命感,以改革创新的姿态和锐气,抓住有利时机,加快法治建设,在积极应对国家治理迫切需要的同时,紧紧跟进国家治理现代化的步伐,同步推进法治现代化。

(一)加快推进我国法治的转型升级

就国家治理体系和治理能力现代化而言,法治现代化的目标是加快推进我国法治的转型升级。

法治转型升级的实践路径包括:从法治国家转型升级为法治中国,从法律之治转型升级为良法善治,从法律大国转型升级为法治强国。

1. 从法治国家转型升级为法治中国

从建设法治国家到建设法治中国,意味着我国法治建设的转型升级。“法治中国”既是中外法治文明的现代版,又是“法治国家”的升级版。党的十五大提出依法治国、建设社会主义法治国家。法治国家本质上属于政治范畴,建设法治国家的着力点是在政治层面实现国家治理法治化,特别是把国家各项权力(包括立法权力、行政权力、司法权力、监督权力等)纳入法治范围,在法治轨道上运行。党的十八大以后,习近平总书记提出“建设法治中国”。“法治中国”的内涵比“法治国家”更加丰富、更加深刻、更具中国特色;建设法治中国,不仅要建设法治国家,还要建设法治社会、法治政党、法治政府;不仅要推进依法治国,还要推进依法执政、依法行政、依法自治;不仅要搞好国家法治,还要搞好地方法治、行业法治,促进国家法治、地方法治、行业法治协调发展;不仅包括有形的法律制度硬实力建设,还包括无形的法治文化软实力建设,弘扬法治精神,培育法治文化;不仅致力于国内法治建设,还要面向世界,推动国际关系和全球治理法治化,构建民主法治、公正合理、合作共赢的国际经济政治新秩序,提升中国在全球治理中的话语权和影响力。

2. 从法律之治转型升级为良法善治

这是法治现代化的实质所在,也是国家治理体系和治理能力现代化的必然要求。“法治现代化”这一概念,既指从传统人治社会到现代法治社会的历史性变革，又指法治（法制）由传统型到现代型的历史性转换。世界范围内的法治现代化肇始于欧洲资本主义的兴起，资本主义市场经济、民主政治和理性文化极大地推动了欧洲法治的现代化进程。中国社会的法治现代化发轫于清末民初，先后经历了清末法制改革、辛亥革命的法制实践、北洋军阀时期的法律发展、中华民国南京国民政府的法制活动、中国共产党领导的新民主主义法制建设和社会主义初期的法制建设等发展阶段。进入20世纪80年代后，在以市场为导向的经济体制改革、以民主为导向的政治体制改革、以先进文化为动力的文化变革、以和谐社会为目标的社会建设以及全球化浪潮的推动下，中国法治再次发生了伟大的历史性变革。世界范围内的法治现代化有各种各样的目标定位和发展道路，例如西方国家的自由主义、理性主义、个人权利本位主义、民主社会主义等。就当代中国的法治现代化而言，我们走的是一条与改革开放同步的、与“五大建设”[22]相适应、具有鲜明中国特色的社会主义法治发展道路，是与社会主义市场经济、民主政治、先进文化、和谐社会和生态文明协调的法治现代化道路，是与国家治理体系和治理能力现代化相适应的法治现代化。

在人类历史上，法治有各种形态。中国古代法家是最早提出“以法治国”理念的。春秋战国时代，一些政治家和思想家就提出了“以法治国”的主张，并将这种政治主张阐述为系统理论，还在一定程度上付诸实践。但他们所说的“法”无非是严刑峻法，且“夫生法者君也，守法者臣也，法于法者民也”。[23] 皇帝和国家统治者奉行以君权神授、君临天下、专制独裁、权大于法为核心的法权观念，强调国家至上、君本位、官本位、义务本位，漠视个人权利及其保护；主张德主刑辅、法律道德化；信奉重刑主义，实行严刑峻法，诸法合一，以刑为本；依靠刑讯逼供，屈打成招，甚至迷信神明裁判。这种“法治”不过是封建专制独裁的工具而已。

近代西方以理论表述出来的法治形态，基本上是形式主义的法治。形式主义法治又分为两类：一是形式合法性的法治。英国法学家拉兹（Jeseph Raz，

---

〔22〕 经济建设、政治建设、文化建设、社会建设、生态文明建设。

〔23〕《管子·任法》。

1939 -)被公认为是形式合法性法治理论的代表人物。拉兹认为,法治应当包括两个方面:(1)人们应当受法律的统治并遵守它;(2)法律也应当能够指引人们。[24] 二是形式正义的法治。形式正义的法治理念把法治看作形式正义在法律制度方面的实现。罗尔斯(John B. Rawls,1921 -2002)、菲尼斯(John Finnis,1940 -)、金斯伯格(Morris Ginsburg,1933 -)等主张形式正义的法治。例如,罗尔斯说:“形式正义的概念,即有规律地、公平地实施公开的规则,在被适用于法律制度时就成为法治。”[25]这种形式正义的法治不涉及法律由谁制定(是由暴君制定?还是由民主的多数制定?还是用其他方法制定?)的问题,也不涉及基本权利、平等、正义。它包括下列律令:(1)“应当的行为意味着可做的行为”;(2)“类似案件类似处理”;(3)“法无明文规定不为罪”;还有那些阐释自然正义观点的律令,它们是指维护司法活动完整性的方针,包括:必须有合理的审判程序和证据规则;法官必须独立和公正;任何人不应审理与本人有利害关系的案件,审理必须公平和公开,但不受公众舆论所控制,等等。菲尼斯认为,法治是这样一种“良好的状态”:法律规则是面向未来的而非追溯的;可能服从的;公开的;清晰的;与其他规则是一致的;充分稳定的;裁决和命令的制作是由其公布的、清晰的、稳定的和相对一般的规则指导的;制定、执行和适用规则者有责任遵守与其活动相关的规则,并且实际上是前后一致的依法执法的。[26] 再如,金斯伯格指出:“正义观念的中心”是“消除任意性,特别是消除任意性权力。因此,合法性的发展就具有巨大的重要性,人是受法的统治而不是受人的统治的观念因此产生。……正义的历史的大部分由反对法的滞误、反对任意适用法律、反对法本身的不法的诸运动构成”。[27] 这两种形态的法治模式本质上都是价值中立的,它既可以服务于“善”,也可能服务于“恶”。20 世纪上半叶,德国、意大利、日本的法西斯政权都曾经制定大量法律,剥夺人民的人权和自

---

〔24〕 See J. Raz,The Authority of Law: Essay's on Law and Morality(2nd Edition),Oxford University Press,2009,pp. 214 -218.

〔25〕 J. Rawls,A Theory of Justice(Revised Edition),Harvard University Press,1999,p. 206.

〔26〕 See J. Finnis,Natural law and Natural Rights,Oxford University Press,1980,p. 270.

〔27〕 Morris Ginsberg,The Concept of Justice,Philosophy,Vol. 38,No. 144(Apr. ,1963),p. 109.

由，镇压民主运动，欺凌其他种族和国家，给人类带来巨大的灾难。臭名昭著的南非白人种族政权、以色列复国主义者都是在法治的名义下放肆地侵犯人权。在我国，以刑为主、重刑主义、严刑峻法的法治文化根深蒂固。在一些人、包括政法机关的少数领导干部的心目中，加强法治就是加强政法，加强政法就是加强公安武警，加强公安武警就是加大整治、处罚、严打的力度。一些地方政府或政府部门在法治的名义下无所顾忌地干着违法、甚至违宪的行为。

反思中国古代工具主义的法治文化及其在当代中国的影响和西方近代形式主义法治文化，总结改革开放以来我国法治建设的利弊得失，在社会转型的历史时期，我们应当严肃地思考一个问题：我们需要一个什么样的法治，也就是说，中国法治的核心价值和精神元素是什么，中国法治的目标模式（法治的中国模式）应该是什么。回答只有一个：中国法治作为现代法治，不仅应当是形式上的法律之治，而更应当是良法之治。这种形态的法治同现代社会的制度文明和政治文明密不可分，它意味着对国家权力（尤其是立法权力）的限制，对权力滥用的制约与制衡，对公民自由与权利的平等保护等；意味着立法、行政、司法以及其他国家活动必须服从法律的一些基本原则：人民主权原则、人权原则、正义的原则、公平合理且迅捷的程序保障原则等；意味着法治要求国家维护和保障法律秩序，但国家必须首先服从法律的约束；法治要求人民服从法律，但同时要求人民服从的法律必须是建立在尊重和保障人权的基础之上。这一形态的法治就是内涵民主、自由、平等、人权、理性、文明、秩序、正义、效率与合法性等诸社会价值的良法之治。

3. 从法律大国转型升级为法治强国

"截至2012年底，中国已制定现行宪法和有效法律243部、行政法规721部、地方性法规9200部，涵盖社会关系各个方面的法律部门已经齐全，各个法律部门中基本的、主要的法律已经制定，相应的行政法规和地方性法规比较完备，法律体系内部总体做到科学和谐统一。"[28] 由宪法统领，由法律、行政法规、地方性法规和自治条例构成的法律体系已经相当丰富和庞

---

〔28〕 中华人民共和国国务院新闻办公室：《2012年中国人权事业的进展》，载《人民日报》2013年5月15日，第19版。

大。中国人民用30余年时间走完了西方发达国家几百年的立法行程。通过这些规范性法律文件，我国建立起适应市场经济、民主政治、人权保障、社会发展、环境保护要求和需要的法律制度。我国已经成为一个法律大国，但还远不是一个法治强国。基于这种判断，法学界、法律界人士提出要加快从“法律大国”转型为“法治强国”。这个转型是法治发展战略的历史性转型，是中国法治转向科学发展的过程，需要为此付出艰巨的努力。法治强国是强国之梦的组成部分。为实现强国之梦，我们党自新中国成立以来，特别是改革开放以来提出了一系列“强国战略”，诸如四个现代化、工业强国、科技强国、人才强国、教育强国、文化强国、海洋强国、网络强国……在推进国家治理体系现代化和法治化的进程中，应当十分明确地提出“建设法治强国”，实施法治强国战略。只有实现了法治强国，中国才有可能成为名副其实的强国。正如国家行政学院胡建淼教授所言：“法治立国、法治稳国、法治救国、法治强国，是人类文明发展的经验总结。”“法治是中国的强国途径，法治强国是中国的战略目标。”〔29〕

法治强国有多层含义：第一，法治是实现强国的手段，实行法治是强国之路，故要建立完备的法律体系并保证其有效实施，推进和保障国家强盛目标的实现。第二，法治是国家强盛的重要标志，正所谓“明法者强，慢法者弱”，〔30〕“奉法者强则国强，奉法者弱则国弱”。〔31〕认定国家强盛，法治要算重要一项。国家强盛，则法治成为国家与社会的核心价值，成为国家治理和社会治理的根本方式，成为支撑国家兴旺发达的强大力量；全社会尊重法治、信仰法治、坚守法治；宪法具有极大权威，法律具有普遍的实效，任何个人和组织都必须在宪法和法律的范围内活动。第二，法治是国家强盛的软实力。在国际关系和全球治理中，我国应力争真正拥有与作为有五千年历史的文明国家、世界第一人口大国、第二大经济体、安理会常任理事国的地位相当的话语权、决策权和规则制定权。全面推进依法治国、加快建设法治中国，正是朝着实现“法治强国”的方向迈进。

---

〔29〕 胡建淼：《走向法治强国》，载《国家行政学院学报》2012年第1期。

〔30〕 《韩非子·饰邪》。

〔31〕 《韩非子·有度》。

(二)加快构建中国特色社会主义法治体系

法治现代化的当务之急是构建中国特色社会主义法治体系。“中国特色社会主义法治体系”是法学的新概念,也是法治中国建设的新思维。在中国特色社会主义法律体系形成后,中国法治建设的中心任务应当升级为构建中国特色社会主义法治体系。构建中国特色社会主义法治体系,是推进国家治理现代化和法治现代化对法治建设必然提出的新任务。

中国特色社会主义法治体系可以从各个层面透视。第一个层面是法律体系,依法治国,前提是有法可“依”。所以,法律体系是法治体系存在和运行的基础。但是,法治体系与法律体系不同,法律体系是法律的规范体系,法治体系则是法律的运行体系,一个是静态,一个是动态。1997年,党的十五大提出,到2010年形成中国特色社会主义法律体系。这一目标已经如期实现,但它只解决了基本上有法可依的问题。第二个层面是法律运行与操作过程,通常包括立法、执法、司法、守法、法律监督等环节。在法律体系形成之后,我们感受最深刻的是有法不依、执法不严、司法不公、监督不力等现象依然突出,法律运行与操作的各个环节之间的关系不够协调,甚至严重失调。所以,法治体系建设要注重法律的实施,强调法律运行各个环节的有序性、有效性以及相互之间彼此衔接、良性互动。第三个层面是实现依法执政、依法治国、依法行政、依法治理社会和社会依法自治共同推进,法治政党、法治国家、法治政府、法治社会一体建设;实现国家法治、地方法治、行业法治协调发展;推进国内法治、国际法治、全球法治有效衔接、相辅相成。第四个层面是党的领导、人民民主、依法治国的有机统一。这是中国特色社会主义法治体系最鲜明的本质特征。坚持中国共产党的领导是人民民主和依法治国的根本保证。人民民主是社会主义法治的本质要求,依法治国是党领导人民治理国家的基本方略,是坚持和完善党的领导、实现人民当家作主的基本途径和法治保证。

法治体系的形成与有效运行既是法治现代化的重要标志,也是国家治理现代化的重要标志。从这种意义上说,推进法治中国建设和国家治理现代化的重要目标就是加快形成中国特色社会主义法治体系。

为了加快构建中国特色社会主义法治体系,应当深入推进依法执政、全面提高执政方式和执政活动法治化水平;坚持科学立法、民主立法,加快立法速度,提高立法质量,完善和发展中国特色社会主义法律制度体系;坚决维护宪法法律权威、保障宪法法律统一有效实施;大力推进依法行政、严格执法,加快建设法治政府;进一步深化司法体制改革,加快建设公正、权威、文明的社会主义司法制度;党和政府依法治理社会、社会依法自治,全民自觉守法,加快建设法治社会;加强法治文化建设,树立法治理念,弘扬法治精神,增强法治中国的文化软实力;科学划分权力界限,依法规范权力运行,加强对权力的制约监督,实现权力运行制约监督体系化、法治化;统筹国内法治和国际法治两个大局,积极参与全球法治建设,提升中国在国际社会的法治话语权,为中华民族伟大复兴创造良好的国际法治环境。

结　语

完善和发展中国特色社会主义制度,推进国家治理体系和治理能力现代化,对于巩固党的执政地位,确保国家长治久安,保证经济持续发展,维护社会和谐稳定,实现中国特色社会主义善治,具有深远的历史意义;全面推进依法治国、加快建设法治中国,对于实现国家治理现代化具有重大的现实意义。推进国家治理现代化是全面深化改革和社会主义制度创新的总目标;推进国家治理法治化,推进依法执政、依法治国、依法行政、依法治理、公正司法,是这一总目标之内的主题、主线和要务。国家治理法治化构成国家治理现代化的核心指标和主要标志,国家治理现代化则引领和驱动法治现代化。在法治与国家治理、国家治理现代化与法治现代化的这些复合关系中,我们透视到了它们之间的逻辑联结。这种基于顶层设计的逻辑联结是实现富强中国、民主中国、文明中国、和谐中国、公平中国、美丽中国、法治中国等强国之梦的强大动力。坚持中国特色社会主义法治和国家治理道路,推进国家治理体系和治理能力现代化,必将把改革开放、和平崛起的中国带进世界强国之列,使中华民族如期实现“两个一百年”的奋斗目标。一个有效治理、繁荣强盛的中国也必将使国际关系和世界秩序变得更加民主、更加公正、更加文明。

(本文原载于《中国法学》2014 年第 4 期)

宪法行政法

进一步研究新宪法，实施新宪法

张友渔

新宪法是以四项基本原则为指导思想，理论联系实际，从我国实际出发，既适应当前全面开创社会主义现代化建设新局面需要，又考虑到我国发展前景的一部具有中国特色的社会主义宪法。人们称之为新中国成立以来的一部最好的宪法。自从颁布实施以后，一直得到中国各族人民和全世界被压迫民族、被剥削人民以及进步人士的拥护和称赞。

新宪法是一部中国型的社会主义宪法。就是说，它既是社会主义的，又不是一般的社会主义的，而是中国型的社会主义的，适应新时期所需要的宪法，它并不是一成不变的。人们称赞它是一部最好的宪法，也只是说，到现在为止它是中国最好的一部宪法，并不是今后就不会有更好的宪法。当然，我们在一定时期内，必须保持宪法的稳定性。但从整个社会的发展进程来说，社会是在不断发展着的。我国现在还处于社会主义的初级发展阶段，是向着未来共产主义高级阶段不断前进的。法律是以社会为基础的。社会进入了新的发展阶段，也就会有适应这一发展的新的更好的宪法。所以，宪法并不是永恒不变的，它还要不断地向前发展。

再一点，就是我国新宪法的国际意义。它是举世公认的我国的一部最好的宪法，这是人所共知的事实。由于我国还是一个发展中的社会主义国家，同大多数第三世界国家具有相似的苦难经历，面临着共同的问题和任务。我国新宪法的规定，对第三世界国家有一定的借鉴意义，但也不是完全适用的。正如列宁讲的："一切民族都将走到社会主义，这是不可避免的，但是一切民族的走法却不完全一样，在民主的这种或那种形式上，在无产阶级专政的这种或那种类型上，在社会生活各方面的社会主义改造的速度上，每个民族都会有自己的特点。”[1]

当然，在这一片赞扬声中，我们务必要冷静，决不可被“捧场”冲昏了头脑。必须清楚地看到，对于我国这部社会主义的宪法，并不是任何人都拥护的。资产阶级等剥削阶级是不会真心拥护的，国内外的敌对势力以及一些搞资产阶级自由化的人，都是要反对的。如果他们也真正拥护，也鼓掌、喝采，那反倒奇怪了。不是他们在“灌米汤”，就是我们的宪法确实投其所好了，我们的宪法可能就有毛病了。从一些反映材料来看，有的就是对我国改革和新宪法规定的有意歪曲。例如有的人说：解放后我们国家机关的设置，是盲目效法苏联一九三六年宪法。经过这场“文革”的教训，为了防止权力集中，对分权学说和监督制衡的原则已有让步。就是说，我们要转向资产阶级自由化了。如果真是那样，那就不称其为好宪法了。所以，我们一定要保持清醒的头脑，保持谦虚谨慎的态度，不要别人一鼓掌就头昏脑热，甚至被人牵着鼻子走！

上面说，我们的新宪法是一部最好的宪法。这是不可否认的事实。但是有了一部最好的宪法，如果不能贯彻实施，那么这部宪法就等于一纸空文，不起任何作用。现在的主要问题是怎样贯彻实施新宪法的问题。这里我想着重谈两个问题：一个是一年来新宪法实施的情况和问题，特别是全国人大、全国人大常委认真贯彻实施新宪法的情况和今后的主要工作问题；一个是为了保证正确地贯彻实施，对新宪法一些重要规定的正确理解问题。

（一）

一年来，新宪法贯彻得很好。从中央到地方的各个部门、各个方面，在宣传宪法、实施宪法中，都做了大量的工作，取得了显著的成绩，在保障社会主义现代化建设，发扬社会主义民主，加强社会主义法制，坚持人民民主专政，严厉打击刑事犯罪，维护社会安定，清除精神污染，建设社会主义精神文明等方面，新宪法日益发挥出作为治国安邦的总章程的重要作用。

新宪法颁布实施后，为了宣传新宪法，我们不仅在全国报刊上发表了多

[1] 《列宁全集》(第23卷)，第64~65页。

篇论文,并出版了一些小册子,而且还举办了各种广播讲座、专题报告会、讨论会、座谈会和纪念会等活动。通过这些宣传,已使新宪法逐渐深入人心,逐步贯彻实施。

一年来,通过制定法律以贯彻实施宪法,我们积极而又稳步地进行了立法工作,以新宪法为立法工作基础,制定和修改了许多重要的法律。如《中华人民共和国全国人民代表大会组织法》《中华人民共和国国务院组织法》《中华人民共和国地方各级人民代表大会和地方各级人民政府组织法》《中华人民共和国全国人民代表大会和地方各级人民代表大会选举法》《中华人民共和国海上交通安全法》《中华人民共和国统计法》等。全国人大常委会还作出了《关于县级以下人民代表大会代表直接选举的若干规定》、《关于地区和市合并后市人民代表大会提前换届问题的决定》和《关于县乡两级人民代表大会代表选举时间的决定》。为了严厉打击刑事犯罪活动,全国人大常委会又作出了《关于严惩严重危害社会治安的犯罪分子的决定》《关于迅速审判严重危害社会治安的犯罪分子的程序的决定》《关于修改〈中华人民共和国人民法院组织法〉的决定》《关于修改〈中华人民共和国人民检察院组织法〉的决定》《关于国家安全机关行使公安机关的侦查、拘留、预审和执行逮捕的职权的决定》,等等。这些决定在加强社会主义民主和法制,打击刑事犯罪,保障四化建设各方面,都起到了积极的作用。

当然,要贯彻实施宪法,首先就要求有权制定宪法、修改宪法、解释宪法、监督宪法实施的作为最高国家权力机关的全国人大及其常委会,严格按照宪法办事,否则就不可能要求全国人民遵守宪法,更不可能监督宪法的实施,因而新宪法也就不可能贯彻实施。第六届全国人大第一次会议,在贯彻新宪法方面,就为全国做出了很好的示范。这次会议主要议程有两个:一是审议政府工作报告,审查和批准国民经济和社会发展计划、国家决算;二是选举、决定新的一届国家领导人,组成新的一届国家领导机构。会议进行完全是符合宪法的,有力地贯彻实施了新宪法。例如,全国人大常委会已基本上实行了专职制。这是本届全国人大常委会的一项很重要的改革,过去几部宪法都没有这方面的规定。为了进一步加强全国人大常委会和宪法的实施保障,总结历史的教训,新宪法特别规定:全国人大常委会的组成人员“不得担任国家行政机关、审判机关和检察机关的职务”(第65条)。本届全国人大认真执行了这一规定,常委委员已不再兼任行政机关、审判机关、检察机关的职务,而且实现了年轻化。老年减少,80岁以上的只有15人,平均年龄69.3岁。60岁以下的19人,61至70岁的61人,71至80岁的60人。突出的是办事机构年轻化了,工作人员一般都在60岁以下,秘书长、副秘书长中只有一人超过60岁,其余的都在60岁以下。因此,全国人大常委会的工作大大加强了。六届全国人大常委会第二次会议就及时作出了严厉打击刑事犯罪的决定,修改了有关法律,通过了海上交通安全法,修改了中外合资经营企业所得税法等。六届全国人大常委会第三次会议着重讨论了精神污染问题,通过了统计法。会议还认真地审议了兵役法修改草案和专利法草案,委员们提出了重要修改意见,草案已交法律委员会审议。

另外,还设立了专门委员会。这也是根据新宪法设置的。新宪法第70条规定:全国人大设民族委员会、法律委员会、财政经济委员会、教育科学文化卫生委员会、外事委员会、华侨委员会和其他需要设立的委员会。各专门委员会在全国人大及其常委会的领导下,研究、审议和拟订有关议案。设立后,即已积极工作。这次常委会上,法律委员会、财政经济委员会、教育科学文化卫生委员会都分别就六届人大一次会议代表提出的33件议案进行了审议。常委会通过的谴责美国国会制造“两个中国”严重事件的决议,就是由外事委员会拟订的;统计法是根据法律委员会的审议报告通过的。实践证明,新宪法关于加强全国人大常委会和设立专门委员会的规定,是很有必要的,已在保证宪法实施方面起到了重要的作用。

此外,地方各级人大和人民政府以及基层群众性自治组织,还有工会、青年团、妇联等人民团体,在宣传宪法,动员人民群众遵守和维护宪法,揭露和批判各种违法行为等方面都做了很多工作。最近,北京市首先成立了宪法学研究会。不久,中国法学会和全国各省、市、自治区也将建立起自己的宪法学研究会。这些,对进一步推动新宪法的学习、研究、宣传和实施工作,都已经而且还将继续起到积极的促进作用。

总之,一年来我们贯彻实施新宪法的情况是好的。但是,仅一年时间,成绩再好也不可能是很大的。也还存在一些问题。按照中央要求做到“家喻户晓”“人人皆知”“人人掌握”“人人遵守”“人人运用”，还是有很大的差距。目前，除进一步加强新宪法的宣传、教育工作外，首先需要解决以下两个问题。

1. 进一步加强立法工作，把有关贯彻实施新宪法的重要的迫切需要的法律制定出来。我们都知道，宪法是国家的根本法，不是法律大全，不能把什么都规定进去。它的贯彻实施，需要通过相应的法律。正如斯大林所说：“宪法是根本法，而且仅仅是根本法。宪法并不排除将来立法机关的日常立法工作，而且要求有这种工作。宪法给这种机关将来的立法工作以法律基础。”〔2〕在新宪法的一些条文中，就曾明确提出要“依照法律规定”来实施，明确说要“依法”保护“合法”权益，不许“非法”如何如何。如第2条第3款：“人民依照法律规定，通过各种途径和形式，管理国家事务，管理经济和文化事业，管理社会事务。”第10条第3、4款规定：“国家为了公共利益的需要，可以依照法律规定对土地实行征用。任何组织或者个人不得侵占、买卖、出租或者以其他形式非法转让土地。”第13条第2款规定：“国家依照法律规定保护公民的私有财产的继承权”，等等。这些需要“依照”的法律，有的已经制定了，如《国家建设征用土地条例》等。有的还没有制定，如继承法等。根据新宪法条文需要制定的特定法律就有29种，现已制定13种，还有16种尚待制定。由于没有制定相应的法律，以致在贯彻实施宪法的实际工作中，往往发生无所依据的困难，或者各行其是，出现了一些混乱现象。因此，必须进一步加强立法工作。现在通过的法律，都曾经过多次反复研究。另有许多法律正在草拟中，如继承法等；有的已提交全国人大常委会进行过多次审议，如兵役法修改草案、专利法草案；有的正在试行中，如森林法。我们制定法律，既要积极，又要稳妥，成熟一个制定一个。要多、快、好，不能多、快、坏。既不能做懒汉，光是等待，也不能一哄而起，为制定而制定。事实上，要制定确实行之有效的法律，不是可以一天早上就搞出来的，必须经过调查研究、反复讨论的长期过程。我们必须依法办事，但在有关的法律没有制定出

---

〔2〕［苏］斯大林：《列宁主义问题》，中共中央马克思、恩格斯、列宁、斯大林著作编译局译，人民出版社1964年版，第618页。

来以前,怎么办?那就要依靠政策办事,不能随意乱搞。所以,一方面要加强法制教育,另一方面也要加强政策教育。即使有了法,在运用中也还要依靠政策,不懂得政策,也就不可能很好地执行法律。当然,这不是说只靠政策,不要法律。法律体现政策,是政策的具体化,政策通过法律实现,二者是统一的、并不是对立的。有了法律,就要坚决依法办事。立法工作主要是全国人大常委会和有关机关的任务,法学家特别是宪法学家也要参加,认真研究,提出自己的意见。事实上也已经参加,今后更应努力在这方面做出贡献。

2. 对新宪法的内容、条文作出准确解释。当前,对新宪法的有些内容和具体条文的规定,甚至某些很重要的内容和规定,还存在不同的认识和理解,以致在某些场合引起思想混乱,妨碍对新宪法的正确宣传和贯彻执行。因此,迫切需要全国人大常委会作出标准解释。在全国人大常委会没有作出解释的情况下,在执行中或学术上难免有不同的解释,但一经全国人大作出解释,就应以它的解释为准。因为新宪法规定,解释宪法和法律的权利是属于全国人大常委会的。

这里,我想就有关六届人大一次会议的有些事实真相和问题,根据自己的看法作些澄清和解答。有人认为六届人大一次会议没有完全按照宪法办事,不民主。有的是出于误解,有的则是恶意攻击。如说:候选名单是共产党包办的。这不符合事实。候选名单是各方面民主协商的结果,不是共产党包办的。事先由中共中央召集各方面代表人物举行会议,进行了民主协商,确定了这个名单。不能因协商会议是共产党领导的,就说是共产党包办。任何会议总得有个领导核心,作为领导核心的共产党并不是自拟名单强加于人的。名单的提出,是经过协商取得一致的。所以能够协商一致,是因为在我们社会主义国家,整个人民的利害,基本上是一致的,不存在不可调和的矛盾。而在资本主义国家,是不可能真正协商一致的。因为统治阶级和被统治阶级之间的斗争,根本上是不可调和的。在作为统治阶级的资产阶级内部派别、集团之间,为了争权夺利,也是进行着尔虞我诈,甚至你死我活的斗争,很难经过民主协商,取得真正的一致。在这次会上,共产党作为参加协商的各方面的代表提出的名单,是向大会主席团建议的,不是直接提交大会讨论的正式名单。主席团可以接受，也可以不接受，可以只有这个名单，也可以另提名单。主席团接受不是被迫的。因为这个名单是经过各方面协商一致的，而主席团成员大都是参加协商的各方面的代表人物，当然不会拒绝这个建议。主席团经过讨论，发给各代表团征求意见，吸收大家意见，然后作为正式名单提交大会表决。这是完全符合宪法程序的，怎么能说是"违宪"？有人说：为什么候选名单只提一个，没有提两个，国家主席只提一人，没有提二人，没有采取差额选举呢？我们的回答，也是由于协商一致的结果，并没有发生不民主或违宪的问题。只提一个名单，一个人，是经过大家协商，认为没有另提的必要，不是不许另提。关于人大代表候选人的提出，《中华人民共和国全国人民代表大会和地方各级人民代表大会选举法》（以下简称《选举法》）第 26 条第 2 款曾规定："中国共产党、各民主党派、各人民团体，可以联合或者单独推荐代表候选人。任何选民或者代表，有三人以上附议，也可以推荐代表候选人。……"不过推荐后，也还要经过"民主协商"，再"确定正式代表候选人名单"（第 28 条）。这个原则，也适用于国家领导人的选举。至于差额选举，一般地说比等额选举更有选择余地。但选举法并没有明确规定只能这样做。《选举法》第 28 条第 1 款规定："……如果所提候选人名额过多，可以进行预选，根据较多数选民的意见，确定正式代表候选人名单……"（同条第 2 款规定："……根据较多数代表的意见，确定正式代表候选人名单。"）这就是说，经过预选确定的正式代表候选人名单，可以是等额的。其次，地方各级人民代表大会和地方各级人民政府组织法第 16 条，对地方国家机关领导人的选举，也作了同样的规定。但宪法、全国人民代表大会组织法、选举法，都没有明文规定对国家领导人进行差额选举。因此，不采取差额选举不是违宪。更主要的是经过协商一致，没有另外的人被推荐为候选人，根本不存在差额的问题。并且等额选举也不是只能对候选人名单上的人投赞成票。《选举法》第 34 条规定："选举人对于代表候选人可以投赞成票，可以投反对票，可以另选其他任何选民，也可以弃权。"怎么能说，不采取差额选举就是不民主呢？

有人说，总理不应列入候选人名单，这次主席提名总理是形式。这不对。协商一致的名单是建议全国人大主席团参考的整个国家领导人的名单,可以也应当包括总理在内。主席团接受这个建议名单后,发给各代表团,只是征求意见,不是作为正式名单提出。主席团正式提交大会的名单,不包括总理。总理是主席向大会提名的。这里也不存在违宪的问题。有人说,主席刚刚选出十几分钟就提名总理,“这不是形式主义吗?”是早已预定的,“提名只是走过场!”不错,是早已预定了的,但不是形式主义。在各方面民主协商时,早已一致商定什么人做总理,列在给主席团的建议名单中。李先念是主持协商会议的中国共产党的中央领导人之一,他被选为国家主席,当然可能立即根据协商预定的名单,提名总理人选,不需要另有所考虑。

有的人认为,会议议程未安排大会发言,是不民主。这种看法也不对。大会发言形式上好像民主,实际上,各代表团分组讨论更民主。大会发言不可能普遍,发言时间又有严格限制,不可能讲得深透。分组发言,可以避免这些缺点。虽然全体代表不能都直接听到发言,但通过向主席团汇报,及时发简报等渠道,大家很快就能知道各代表团开会情况和发言内容,并不因为没有直接听到发言,而影响对问题的考虑和表决。因此,不必一定要安排大会发言。而且不安排大会发言,并不是不许在大会发言。实际上,每次在提交大会表决时,执行主席都先征求大家有无意见,有意见的人,是可以发言的。

有人认为六届人大常委会二次会议作出《关于严惩严重危害社会治安的犯罪分子的决定》是不按刑法办事,破坏了法制,也就是违宪。有的人甚至说,“这么搞,刚刚建立起来的法制又毁于一旦了。”这也不对。第一,法律不是永恒不变的,任何法律都是可以修改的。当然,法律应当有稳定性,不宜轻易修改。但这种稳定性是相对的,不是绝对的。它应当随着现实的社会关系和形势的发展变化而发展变化。按照马克思主义的观点,“法律应该以社会为基础。法律应该是社会共同的由一定物质生产方式所产生的利益和需要的表现。”[3]当社会的实际形势有了新的发展变化,社会关系必须进

---

〔3〕 马克思、恩格斯:《马克思恩格斯全集》(第6卷),中共中央马克思、恩格斯、列宁、斯大林著作编译局译,人民出版社1961年版,第292页。

行新的调整时，原有的法律也必须作相应的修改，我们的刑法也不例外。第二，在全国人大闭会期间，人大常委有权对人大制定的法律进行部分补充和修改，这是新宪法第 67 条第 3 项明确规定的。补充、修改的方法可以是就原法律本身补充、修改，也可以像别的国家提修正案的办法那样另作“决定”，怎么能说是违宪？

有人说，人大常委固然有权作出修改决定，但新宪法同条规定是限制补充、修改，“不得同该法律的基本原则相抵触”。人大常委的“决定”，是同刑法量刑从轻，特别是少用死刑的基本原则相抵触的，因而是违宪的。我认为，这种说法不对，这是对邢法基本原则的片面解释。第一，量刑从轻从重要适应客观形势，根据实际需要，不能一般化。应当是该重的重，该轻的轻。本来，新宪法第 28 条就明文规定：“国家维护社会秩序，镇压叛国和其他反革命的活动，制裁危害社会治安、破坏社会主义经济和其他犯罪的活动，惩办和改造犯罪分子。”《刑法》第 2 条也清楚地规定：“中华人民共和国刑法的任务，是用刑罚同一切反革命和其他刑事犯罪行为作斗争。”“决定”根据中央“依法从重从快”的方针，严惩严重危害社会治安的犯罪分子，正是为了实现新宪法的要求，完成刑法的任务。过去，由于我们对封建残余的影响，资产阶级思想的腐蚀估计不足，甚至完全忽视，发生工作失误，一方面是没有做好教育青少年、预防犯罪的政治思想工作；另一方面是对严重犯罪活动打击不力。不严厉打击就不能震慑犯罪分子，打击他们的嚣张气焰，保护广大人民的生命财产的安全，争取社会治安的根本好转，保障社会主义现代化建设的顺利进行。就是说，不打击严重犯罪活动，才是违反刑法的基本原则。相反，人大常委决定正是体现了刑法的基本原则，而不是同刑法的基本原则相抵触。第二，对一般犯罪不轻易用死刑，这是我国社会主义刑法的基本原则之一，但绝不是在任何时期，对任何人、对任何犯罪都不使用死刑。因此，我们的刑法没有废止死刑。我们应当运用辩证唯物论、历史唯物论的观点看问题。处在刑事犯罪分子气焰嚣张、严重危害社会治安的现在这样的时期，正如列宁讲的：“对人民的这些敌人，社会主义的敌人，劳动者的敌人不能有任何宽恕”，“在这方面任何软弱、动摇和怜悯的表现，都是对社会主义的极大罪过”。[4] 因此,“决定”对刑法作了补充、修改。六种严重犯罪是:第一,流氓犯罪集团的首要分子或者携带凶器进行流氓犯罪活动,情节严重的;或者进行流氓犯罪活动性质恶劣、危害特别严重的。第二,采取残忍的手段,故意伤害他人身体,致人重伤或者死亡的;或者对检举、揭发、拘捕犯罪分子和制止犯罪行为的国家工作人员和公民行凶伤害的。第三,拐卖人口集团的首要分子,或者拐卖人口情节特别严重的。第四,非法制造、买卖、运输或者盗窃、抢夺枪支、弹药、爆炸物,情节特别严重的,或者造成严重后果的。第五,组织反动会道门,利用封建迷信,进行反革命活动,严重危害社会治安的。第六,引诱、容留、强迫妇女卖淫,情节特别严重的等。“决定”规定对这六种严重犯罪,“可以在刑法规定的最高刑以上处刑,直至判处死刑。”对传授犯罪方法,情节较轻的,处五年以下有期徒刑;情节严重的,处五年以上有期徒刑;情节特别严重的,处无期徒刑或者死刑。这些同刑法的基本原则并不抵触。并且“决定”说是“可以”,也不是一定都要判处死刑。中央指示强调依法从重,要以事实为依据,以法律为准绳,重证据,决不轻信口供。当杀者杀,但一定不能错杀。对那些有轻微违法犯罪行为的青少年,如彭真同志所说的,要像父母对待子女,老师对待学生,医生对待病人一样,还是要着重教育、感化、改造,把他们挽救过来。这些,都充分说明,“决定”并不是像别有用心的人所攻击的那样,大开杀戒,违反少用死刑的原则。

(二)

前面说过,关于新宪法的一些内容和条文,还存在不同的认识和理解。这里只摆出一些争论较多的问题,有的也提出自己的看法。这完全是个人的看法,不代表其他任何方面的意见。可能是错误的,不足为据。标准解释,有待全国人大常委会来作出。

第一,四项基本原则是不是新宪法的基本原则的问题。四项基本原则是立国之本,也是新宪法的指导思想,这是人所公认的。正如彭真同志在宪法修改草案报告中所说:四项基本原则既反映了不以人们的意志为转移的

---

〔4〕《列宁选集》(第3卷),第397页。

历史发展规律，又是中国亿万人民在“长期斗争中作出的决定性选择。”四项基本原则既是整个国家的基本原则、总的原则，因而也可以说是新宪法的基本原则。宪法是不能违背这些原则的。但是，作为新宪法的具体的基本原则，也可以像毛主席在关于1954年宪法所说的那样，是社会主义原则和民主原则。这两个原则也就是四项基本原则的前两项，而四项基本原则的后两项的精神，也贯彻在新宪法有关条文里面。因此，四项基本原则就包含1954年宪法的两个原则，二者并不矛盾。当然，在如何贯彻四项基本原则的具体做法上是有差别的。四项基本原则的前两项可以也必须写在宪法正文的条款中，四项基本原则的后两项，即坚持党的领导、坚持马列主义、毛泽东思想，则宜写在序言里。不能像1975年宪法、1978年宪法那样，口号式地硬性地把它们写进宪法正文的条款中，只是把精神贯彻到有关的条文里面。例如新宪法第24条的规定，主要是说国家在加强精神文明建设中应当怎么做，而不是强制人民群众必须立刻做到，做不到就是违宪，就要受法律制裁。因为坚持党的领导和马列主义、毛泽东思想，都不是依靠法律的强制力所能真正做到的。

第二，关于序言的法律效力问题。不少国家的宪法有序言，或叫前言，有的比较长，有的比较短，有的只有三言两语。也有的国家的宪法没有序言，一开始就是条文。序言的内容一般是叙述性、宣言性或纲领性的，主要是叙述制定宪法的历史过程和现实情况，宣布制宪的目的，宪法的基本原则和要求，前进的方向和方针、政策等，不管宪法的正文的具体条文，具有法律的规范性、强制性，也就是一般的法律效力。也有的国家的宪法序言，具有同正文条文一样的法律效力，例如南斯拉夫宪法。还有的国家的宪法的整个序言不具有一般的法律效力，只对某些问题的某些语句，被认为具有法律效力。所以很难说，序言就一定有法律效力或没有法律效力，这在国际上也有各种不同的意见。

就我国新宪法的序言来说，我认为不具有一般的“法律效力”。它的内容主要是叙述革命和建设的历史和现实的情况，指出今后的方向和遵循的基本原则，规定了国家的根本制度，提出了国家的任务和方针政策。只是最后一段说：本宪法“是国家的根本法，具有最高的法律效力。全国各族人民、一切国家机关和武装力量、各政党和各社会团体、各企业事业组织，都必须以宪法为根本的活动准则，并且负有维护宪法尊严、保证宪法实施的职责”。这里用了“必须”，但没有作出更具体的规定，也没有作制裁规定，同一般的“法律效力”有所不同，试同新宪法总纲第5条的规定一比较就可以看出来了。第五条是处理遵守宪法和违宪问题的直接根据，具有直接的“法律效力”。序言不是直接根据，没有序言的规定，也不是不能处理这类问题。所以说，序言不具有一般的法律效力。党的领导和马列主义、毛泽东思想的指导，1975年、1978年两部宪法都分别写在总纲第2条里面，而新宪法把它删掉了，写在序言里，用叙述的方式说：“今后国家的根本任务是集中力量进行社会主义现代化建设。中国各族人民将继续在中国共产党领导下，在马克思列宁主义、毛泽东思想指引下，坚持人民民主专政，坚持社会主义道路……把我国建设成为高度文明、高度民主的社会主义国家。”这样做，按我的理解，也就表明写在序言里和写在总纲里不具有同样的法律效力。

第三，关于全国人民代表大会的组织和活动原则问题。对这个问题，有两种不同意见。一种意见认为，新宪法是实行巴黎公社的“议行合一”的原则；另一种意见认为新宪法是体现“三权分立”的“制衡原则”，或者说是走向“三权分立”的“制衡原则”。我倾向第一种意见。因为：(1)新宪法第2条第1~2款规定，“中华人民共和国的一切权力属于人民。人民行使国家权力的机关是全国人民代表大会和地方各级人民代表大会。”说是“行使国家权力的机关，”当然就不是像“三权分立”国家的议会那样，主要是行使立法权了。(2)新宪法第3条第3款规定：“国家行政机关、审判机关、检察机关都由人民代表大会产生，对它负责，受它监督。”第63条规定：“全国人民代表大会有权罢免下列人员：(一)中华人民共和国主席、副主席；(二)国务院总理、副总理、国务委员、各部部长、各委员会主任、审计长、秘书长……”不像“三权分立”国家的议会只是质询、弹劾、提不信任案。而我们的政府也不像典型的“三权分立”国家那样，有解散国会的权力，国务院没有权力解散人民代表大会。(3)新宪法第80条规定：国家主席只是根据全国人大和全国人大常委会的决定，公布法律，不像实行总统制的“三权分立”国家，总统可以否决议会的法案。(4)新宪法第67条规定：解释宪法、解释法律是属于全国人大常委会的职权，不像“三权分立”的国家，如美国，解释宪法的权利属于法院，法院可以根据对宪法的解释，认为某一法律违宪而不予适用，变相宣布无效。由此可见，人大同行政和司法机关之间，不存在“三权分立”的“制衡原则”，全国人大常委会同行政、司法机关之间也不存在“三权分立”“制衡原则”。新宪法第57条规定：“中华人民共和国全国人民代表大会是最高国家权力机关。它的常设机关是全国人民代表大会常务委员会。”就是说全国人大常委会是最高国家权力机关的常设机关，是根据宪法的规定行使国家权力机关的一些职权，也不是像议会制国家那样，实行的是分权制衡原则。它和行政、司法机关的关系，除上述各条外，第67条第6～7项还规定：“监督国务院、中央军事委员会、最高人民法院和最高人民检察院的工作”，“撤销国务院制定的同宪法、法律相抵触的行政法规、决定和命令”。第92条规定：国务院“在全国人民代表大会闭会期间，对全国人民代表大会常务委员会负责并报告工作”。第128、133条规定，最高人民法院、最高人民检察院都对全国人大和人大常委会负责。

只是由于我国地域广阔、人口众多，是统一的多民族国家。各地区政治、经济、文化发展不平衡，情况复杂，事务繁多。与巴黎公社当时的情况不同，不可能由全国人大或全国人大常委会直按处理行政事务，需要另设国务院这样 个对它负责、受它监督的执行机关。新宪法明确规定：国务院即中央人民政府，是最高国家行政机关，但也是最高国家权力机关的执行机关。不是独立于全国人大和全国人大常委会之外，同它们并列的机关。这是具体工作分工，不是分权，不是制衡。国务院对全国人大和全国人大常委会，没有制衡的作用。

上面是说全国人大、全国人大常委会同行政机关、审判机关、检察机关等国家机关的关系。至于各部门、各机关相互之间，在具体工作上，由于业务关系，有的需要互相配合、互相制约。例如新宪法第135条规定：“人民法院、人民检察院和公安机关办理刑事案件，应当分工负责，互相配合，互相制约，以保证准确有效地执行法律。”那是另外一回事，不是“三权分立”或“议行合一”的问题。

与此相连的一个问题，有人问扩大全国人大常委会职权，特别是给予立法权，监督宪法的实施，监督国务院、中央军事委员会、最高人民法院、最高人民检察院等国家机关的工作等职权，是不是削弱了人大职权，或者成为“二元”的最高国家权力机关？就是说形成了两个最高国家权力机关。不会，它是全国人大便于即时处理问题的常设机关。人大一年开一次会，召开临时会议，实际上有困难。扩大常委会职权可以及时处理问题，是为了加强全国人大工作，发挥全国人大作用，而不是削弱全国人大职权。如果常委会搞错了，全国人大可以纠正，以至罢免常委会成员。新宪法第62条规定：全国人大有权“改变或者撤销全国人民代表大会常务委员会不适当的决定。”第65条规定：“全国人民代表大会选举并有权罢免全国人民代表大会常务委员会的组成人员。”第69条规定：“全国人民代表大会常务委员会对全国人民代表大会负责并报告工作。”全国人大常委不是同全国人大并列或凌驾于人大之上的独立王国，不发生两个最高国家权力机关的问题。

又有人认为，全国人大常委会是立法机关，由它解释宪法、监督宪法的实施，不可能有效纠正自己制定违宪的法律。这不要紧。如上所说，全国人大常委会是全国人大的常设机关，对全国人大负责并报告工作；全国人大有权改变或者撤销全国人大常委会不适当的决定。监督宪法实施，本属全国人大的职权。因全国人大每年开会一次，不可能经常行使，所以要同时给予全国人大常委会这个职权。常委会是常设机关，可以经常进行监督工作。解释宪法也是一种经常工作，全国人大不可能直接做这项工作，需要由作为常设机关的常委会来做。如果常委会自己制定了违宪的法律，或者对法律作了违宪的解释，全国人大可以纠正。有人说，全国人大职权中没有规定全国人大常委会职权中的“撤销国务院制定的同宪法、法律相抵触的行政法规、决定和命令；”“撤销省、自治区、直辖市国家权力机关制定的同宪法、法律和行政法规相抵触的地方性法规和决议”。好像这种职权只能由全国人大常委会行使，全国人大不能行使。不能这样解释。前面说过，全国人大常委会行使的是作为全国人大常设机关的职权。它的不适当决定，全国人大当然可以改变或者撤销。它应当处理而没有处理，或处理不当的问题，全国人大当然可以直接处理。

第四，关于民主与专政的关系问题。新宪法第1条第1款规定：“中华人民共和国是工人阶级领导的、以工农联盟为基础的人民民主专政的社会主义国家。”人民民主专政也就是毛主席讲过的：“对人民内部的民主方面和对反动派的专政方面，互相结合起来，就是人民民主专政。”[5]专政和民主分不开，是统一的。本来不成问题。有人提出，这几年一会儿说过去讲专政多，讲民主少了，一会儿又说专政强调得不够，究竟民主与专政的关系该怎么理解？如果用形而上学的观点看问题，以为要么是专政，要么是民主，就会有此无彼，不能并存。如果用辩证唯物主义、历史唯物主义看问题，就能够理解。事实上，民主与专政是统一的，不可分的，没有民主不能巩固专政，没有专政不能保障民主，二者不可偏废。同时，又不能不因时因地在运用上，有所侧重。由于历史的发展阶段的不同，具体情况的不同，民主和专政运用起来也就应当有所侧重。新宪法序言说：“今后国家的根本任务是集中力量进行社会主义现代化建设。”“把我国建设成为高度文明、高度民主的社会主义国家。”接着就说：“中国人民对敌视和破坏我国社会主义制度的国内外敌对势力和敌对分子，必须进行斗争。”总纲第 28 条也规定：国家维护社会秩序，镇压叛国和其他反革命的活动，制裁危害社会治安、破坏社会主义经济和其他犯罪的活动，惩办和改造犯罪分子。这就是说，民主与专政是不可分的。不能因为要建设“高度民主”的社会主义国家，就削弱以至放弃对敌人的专政。只是随着客观形势的变化，而运用有所不同。根据现在的形势，就应当着重严厉打击严重犯罪活动。否则，就不利于建设“高度民主”的社会主义国家。这不是变，不是今天喊民主、明天喊专政。提出这个问题的人，实际上，是认为不宜强调对敌专政，只应空喊抽象民主。这在理论上是错误的，在实际上是有害的。

第五，关于立法权的问题。新宪法第 58 条规定：“全国人民代表大会和全国人民代表大会常务委员会行使国家立法权。”这就是说，国家立法权属于全国人大和全国人大常委会，即属于最高国家权力机关，别的机关没有这个权，这个权属于中央，地方没有这个权。国务院只能“根据宪法和法律，规定行政措施，制定行政法规，发布决定和命令”（第 89 条第 1 项）。这里说要

---

〔5〕《毛泽东选集》（第 4 卷），第 1480 页。

制定的是“法规”，而不是“法律”。“法规”制定的前提是“根据宪法和法律”，它是施行细则性质。“省、直辖市的人民代表大会和它们的常务委员会，在不同宪法、法律、行政法规相抵触的前提下，可以制定地方性法规，报全国人民代表大会常务委员会备案。”（第100条）前提是“不同宪法、法律、行政法规相抵触”。制定的是“地方性法规”，不仅不能同宪法和法律相抵触，而且不能同行政法规相抵触，并要报全国人大常委会备案。很明显，不是行使“立法权”。“民族自治地方的人民代表大会有权依照当地民族的政治、经济和文化的特点，制定自治条例和单行条例……”（第116条）这里说是依照“特点”制定，没有写不同宪法等抵触这个前提，就是可以有同宪法、法律不完全一致的例外规定。这与行政法规、地方性法规不同，好像有点立法权。但是，“自治区的自治条例和单行条例”，要“报全国人民代表大会常务委员会批准后生效。”“自治州、自治县的自治条例和单行条例”，要“报省或者自治区的人民代表大会常务委员会批准后生效，并报全国人民代表大会常务委员会备案”（第116条）。要“批准”，要“备案”，最后决定权在全国人大常委会。民族自治地方，也不是享有立法权。

从各国的情况看，一般地说，单一制国家立法权属于中央，联邦制国家各邦也有立法权，还可以有自己的宪法，它制定的法律可以同中央的法律不同。例如美国联邦法律保留死刑，但纽约等四个州，原则上废除死刑，只对叛国罪、杀害警察罪仍保留死刑（根据1978年材料）。我国是单一制国家，立法权只属于中央一级，不能是二级立法体制，更不能是什么多级立法体制。不能因为民族自治地方可以制定自治条例和单行条例，就说我国立法体制是多级制。新宪法第5条第1款规定：“国家维护社会主义法制的统一和尊严。”所谓“法制统一”，应当包括“统一立法”在内。

顺便解释一下，新宪法关于“行政法规”“地方性法规”“自治条例和单行条例”条文的规定有什么不同，为什么有这些不同？主要的不同是，民族自治地方的自治条例和单行条例要经过全国人大常委会批准或者备案。省、直辖市的地方性法规要报全国人大常委会备案，国务院的行政法规既不要批准，也不要备案。这是不是像有些人所说的，国务院的“立法权”大于省、市；省、市的“立法权”大于民族自治地方呢？或者说对于民族自治地方的限制大于对省、市的限制，对省、市的限制又大于对国务院的限制呢？不是，正相反。前面说过，国务院也好，省、市也好，民族自治地方也好，都没有立法权，因而也不存在"立法权"大小或限制大小的问题。宪法之所以做不同的规定，是在维护社会主义法制的统一，立法权属中央一级的前提下，根据不同情况作出的规定。(1)新宪法明确规定，国务院"是最高国家权力机关的执行机关"，也就是说它是全国人大的执行机关。它所制定的"行政法规"是根据宪法和法律制定的，是贯彻实施宪法和法律的具体做法，是施行细则的性质，不仅不能同宪法和法律相抵触，而且不能背离宪法和法律的规定，另搞一套。因此，不需要事前批准，也不需要备案。如果全国人大常委会发现它同宪法、法律相抵触，可以撤销。这不是给它的权大，对它的限制小的问题。这里说的是制定行政法规的问题。至于国务院有权向全国人大或全国人大常委会提出立法性质的议案，那是另一问题，须经法律规定的一定程序，也不是"批准""备案"的问题。(2)由于我国是大国，各地政治、经济、文化情况不同，在保证宪法、法律和行政法规的遵守和执行方面，允许采取因地制宜的具体措施，但以"不同宪法、法律、行政法规相抵触"为前提。就是说，地方性法规的制定，不都是根据宪法和法律，只要不相抵触就可以了。这类法规所要解决的具体问题，是地方性的，不是全国性的，作为最高国家权力机关的全国人大和它的常设机关全国人大常委会不可能了解得比地方更好，并且这种法规就全国范围来说，可能很多，不可能都要经全国人大常委会批准才生效。但必须备案，使全国人大常委会知道这件事，发现有同宪法、法律相抵触的，可以撤销。所以，不必经过批准，只备案就行了。这是同国务院制定行政法规的不同之点。(3)民族自治地方的自治条例和单行条例，是"依照当地民族的政治、经济、文化的特点"制定的，就是说允许在一些具体问题上作不同于宪法、法律一般规定的"例外"规定。省、市没有这种权，怎么能说权小，限制大呢？但"例外"不能随意搞，应当"例外"，必须"例外"的，才能搞，所以需要"批准"。从形式上看，好像对民族自治地方太严了，对国务院太宽了。实际上正相反，允许"例外"，只有民族自治地方才有这个权，国务院没有这个权，难道还不是宽？

第六，关于法院、检察院独立行使审判、检察权的问题。新宪法规定：

"人民法院依照法律规定独立行使审判权,不受行政机关、社会团体和个人的干涉。"(第126条)"人民检察院依照法律规定独立行使检察权,不受行政机关、社会团体和个人的干涉。"(第131条)这些都是完全正确的,需要说明的是,独立行使审判权、检察权是依法律规定,不是为所欲为;而且行使这种权的是法院、检察院,而不是审判员、检察员个人。就法院说:(1)除"简单的民事案件、轻微的刑事案件和法律另有规定的案件,可以由审判员一人独任审判"外,"审理案件,实行合议制。"设立有合议庭。第一审案件,"由审判员组成合议庭或者由审判员和人民陪审员组成合议庭进行","人民法院审判上诉和抗诉的案件,由审判员组成合议庭进行"(人民法院组织法第10条)。作出判决是经过共同评议,少数服从多数,不是审判长或哪一个审判员可以独自决定的(刑事诉讼法第105、106条)。(2)重大的或者疑难的案件,须提交审判委员会决定。审判委员会实行民主集中制,它的决定合议庭必须执行。(人民法院组织法第11条、刑事诉讼法第107条、民事诉讼法第39条)(3)法院院长虽然不能指挥审判工作,但他"对本院已经发生法律效力的判决和裁定,如果发现在认定事实上或者在适用法律上确有错误,必须提交审判委员会处理"(人民法院组织法第14条)。而审判委员会,对此是可以改变的。这说明不是一个审判员独立行使审判权,院长、审判委员会就不能过问了。因此,很明确,新宪法所说的独立行使审判权不是审判员个人,而是法院这个审判机关。检察院,也是这样的情况。"对于刑事案件提起公诉,支持公诉;对于人民法院的审判活动是否合法,实行监督"都是"以国家公诉人的身份出席法庭"(人民检察院组织法第15条)。只有一点不同于法院,就是各级人民检察院的检察委员会实行民主集中制,在讨论决定重大案件和其他重大问题时,如果检察长在重大问题上不同意多数人的决定,可以报请本级人民代表大会常务委员会决定。(人民检察院组织法第3条)如果常委会同意多数人的决定,他当然还得执行。至于检察员,那就连不同意的权也没有。

独立行使审判权、检察权不受干涉,是不是不要党的领导?不是。党是领导一切的,司法机关也不例外。近来有一种人大谈抽象民主,不要党的领导,那是不对的。但党的领导主要是政治上的领导,不是业务上的领导,是依靠政策的正确、党组织和党员的工作来实现领导，不能靠发号施令，更不能包办代替。这与“党政分开”是一个道理。党委应当管方针、政策，干部配备，而不必去分管具体业务。分管具体业务的结果，一方面是陷入繁杂的事务中，影响集中力量抓党委本身的工作，这是削弱党的领导，而不是加强党的领导。另一方面，党委一般对具体业务也不可能比业务部门了解得更清楚，只能对典型、重点问题组织力量去抓，一般的案件要靠业务部门去处理，不能不相信业务部门，自己包办代替。1979 年中央取消党委审批案件的办法，是很正确的。不然的话，就会减弱业务部门的积极性和责任心，什么都推上去，搞错了是党委负责。这样，既不利于加强司法部门的工作，又妨碍党委集中力量抓方针、政策和组织建设。当然，党委对有关方针、政策问题和重大案件不是不可以过问，而是应当过问。新宪法规定：人民对国家机关都有监督权，何况执政党呢？（第 27 条、第 41 条）但是党委对作为国家审判机关、法律监督机关的法院、检察院的领导，是政治领导，不是上级对下级的领导，不能发号施令，强制执行。应当是采取“建议”“协商”“开会讨论”等方式，或者采取通过人大和人大常委的法律程序，更主要的是通过法院、检察院的党组织和担任领导工作的党员去进行工作。党委对法院、检察院这些国家机关，不能发号施令，但对党员则可以发号施令。党员必须服从党的领导，执行党的决定。但也必须依法办事，根据自己的职权办事。不能违法，不能越权。如果党委的决定不恰当，党员可以向党委提出意见，根据党章、党规去解决。

有人说，不管具体业务、脱离实践，怎么制定和执行方针、政策？这不成问题。当然要使领导有效，需要了解业务，要调查研究、典型实验，但不能细大不捐，一切都抓。制定方针和执行政策也不需要根据一件件具体案件。

独立行使审判权、检察权，不受干涉，是不是人大常委会也不能过问呢？不是。人大是国家权力机关，人大常委会是人大的常设机关，不是“三权分立”的“议会”。法院、检察院不是同人大和人大常委会并列，而是对它们负责、受它们的监督。新宪法明确规定，人大常委会监督法院、检察院的工作（第 67、104、128、133 条），只是不去管它们的具体业务。因此，人大常委会的决定，法院、检察院必须执行。有的职权的行使，如逮捕、审判全国人大代表,还要经过全国人大会议主席团或全国人大常委会许可。法院、检察院的工作有错误,人大常委会可以指出,可以纠正。不能把"不受干涉"解释为人大常委也不能过问。比如"两案",就是全国人大常委会决定设立特别法庭审理的。但怎么审理,怎样判决,人大常委会就不去具体管了。再如,打击经济犯罪和严重刑事犯罪等,人大常委会也作出了决定,但具体案件的处理,就不去管了。新宪法说"不受行政机关"的干涉,没有说"不受国家机关的干涉",这就含有人大常委会可以"过问"的意思。

第七,关于公民在法律面前一律平等的问题。有人说:"公民在法律面前一律平等",不限于在运用法律时要平等,也包括立法平等。作为学术问题、理论问题,这是可以讨论的。但就新宪法的条文来看,我认为主要是适用法律,不包括制定法律。说"法律面前"就是已经有了"法律"。因而,在法律面前一律平等,应当是指适用法律,而不包括制定法律。新宪法没有把它作为立法原则写在总纲和第 3 章国家机构第 1 节内,而是把它作为公民的权利写在第 2 章内,显然讲的不是立法问题。第 5 条规定:"任何组织或者个人都不得有超越宪法和法律的特权。"这里说的"超越宪法和法律"很明显就是指"超越"已经有的"法律"也就是"适用"问题,不是"制定"问题。第 2 章第 33 条在规定"中华人民共和国公民在法律面前一律平等"之后,接着就规定:"任何公民享有宪法和法律规定的权利,同时必须履行宪法和法律规定的义务。"显然也是适用法律的问题,而不是制定法律的问题。因此,人民法院组织法第 5 条、人民检察院组织法第 8 条都明确规定:对于任何公民"在适用法律上一律平等,不允许有任何特权"。

制定法律时是不是对任何人适用一律平等的原则呢?作为学术问题、理论问题可以讨论,但不能用以解释新宪法的规定。我的意见,对于不同情况的人,可以乃至必须区别对待,给予不完全平等的待遇。首先,法律是统治工具,对人民和人民的敌人,当然应作待遇不同的规定。其次,对人民,也有个根据情况不同而区别对待的问题。例如新宪法第 34 条规定:年满 18 岁的公民都有选举权和被选举权,"但是依照法律被剥夺政治权利的人除外"。又如第 74 条规定:全国人大代表,非经全国人大会议主席团或者人大常委会许可不受逮捕或者刑事审判。不是全国人大代表就没有这种权利。我们能说新宪法本身的这些规定就违反“法律面前一律平等”原则吗？

第八，关于个体经济的性质的问题。新宪法第11条规定：“在法律规定范围内的城乡劳动者个体经济，是社会主义公有制经济的补充。”我国是社会主义国家，社会主义经济制度的基础只能是“生产资料的社会主义公有制，即全民所有制和劳动群众集体所有制”。这是明确写进了宪法第6条的，不能有任何动摇。为什么又允许城乡劳动者的个体经济作为它的补充而存在呢？胡耀邦同志在党的十二大报告中讲得很清楚，“由于我国生产力发展水平总的说来还比较低，又很不平衡，在很长时期内需要多种经济形式的同时并存。”“在农村和城市，都要鼓励劳动者个体经济在国家规定的范围内和工商行政管理下，适当发展，作为公有制经济的必要的、有益的补充。只有多种经济形式的合理配置和发展。才能繁荣城乡经济，方便人民生活。”彭真同志在关于宪法修改草案的报告中也讲：“总起来说，国营、集体和个体这三种经济，各在一定范围内有其优越性，虽然它们的地位和作用不同，但都是不可缺少的。个体经济在整个国民经济中所占比重不大，它的存在并不妨碍社会主义公有制是我国社会主义经济制度的基础和它的顺利发展。我们要在坚持国营经济占主导地位的前提下，发展多种形式的经济，以利于整个国民经济的繁荣。”由此可见，城乡劳动者的个体经济，今后在一个相当长的时期内，还将作为社会主义的两种公有制经济的补充。在我国，这三种经济形式长期并存，是肯定的。称之为“社会主义公有制经济的补充”，不能因此就认为不具有长期性。至于认为不应当允许个体经济存在或者要很快消灭个体经济，那又是错误的“左”的思想。当然，允许个体经济长期存在，不能任其泛滥。国家要通过行政管理，去指导、帮助和监督个体经济。现在的问题是这种个体经济的性质问题。有人认为：既然作为“补充”，就应当是被补充的社会主义公有制经济的构成部分，它的性质也同两种公有制经济一样，是社会主义经济。

我认为：个体经济不应是具有社会主义经济性质的。就“补充”这个词来说，可以解释成为被“补充”的东西的一部分，也可以解释成为只对被“补充”的东西起辅助作用，而不成为它的一部分。这里只能作后一种解释。因为就社会主义的本来含义说，非生产资料公有制的个体经济，不应是社会主义经济的性质。马克思、恩格斯当年对科学社会主义的描述曾说:“工人革命的第一步就是使无产阶级上升为统治阶级,争取民主。无产阶级将利用自己的政治统治,一步一步地夺取资产阶级的全部资本,把一切生产工具集中在国家即组织成统治阶级的无产阶级手里,并且尽可能快地增加生产力的总量。”[6]列宁在解释“共产主义”时也说:“共产主义社会就是土地、工厂都是公共的,实行共同劳动——这就是共产主义。”[7]毛泽东同志更明确指出:“分散的个体经济——家庭农业与家庭手工业是封建社会的基础,不是民主社会(旧民主、新民主、社会主义,一概在内)的基础,这是马克思主义区别于民粹主义的地方。”[8]所以,新宪法第6条规定:全民所有制和劳动群众集体所有制是社会主义经济制度的基础。接着在第7条、第8条又明确规定:国营经济、合作社经济是社会主义性质的经济,并强调“国家保障国营经济的巩固和发展”,“鼓励、指导和帮助集体经济的发展”。而对个体经济,没有说是社会主义的,只说是社会主义经济的“补充”,并且还限于“在法律规定范围内”的,不是一切个体经济都是“社会主义经济的补充”。而第11条第2款还进一步规定:“国家通过行政管理,指导、帮助和监督个体经济。”没有像对待社会主义经济那样强调帮助发展。胡耀邦同志在十二大报告中也只说要“适当发展”,并且还强调“在国家规定的范围内和工商行政管理下”。根据这些来解释新宪法关于个体经济的规定,应当说并不是把它当作社会主义公有制经济的构成部分、具有社会主义经济性质。

第九,关于公民的言论、出版、集会、结社、游行、示威的自由问题。新宪法第35条庄严规定:“中华人民共和国公民有言论、出版、集会、结社、游行、示威的自由。”这是对人民自由权利的切实保障,是为广大人民所拥护的。但是,有人却说:这条规定事实上不能实行,是摆样子的。如有人真去游行、示威,就要受处分。还胡说什么,在资产阶级国家比较随便。我想说什么就说什么,想干什么就干什么。如美国,只要不超出白宫界限就可以游行、示

---

[6] 马克思、恩格斯:《共产党宣言》,中共中央马克思、恩格斯、列宁、斯大林著作编译局译,人民出版社1964年版,第44页。

[7] 《列宁选集》(第4卷),第356页。

[8] 毛泽东:《致秦邦宪》,载《毛泽东书信选集》,人民出版社1983年版,第238~239页。

威，不受干涉。讲这种话的人，有的是别有用心，进行恶毒诽谤；有的是不了解实际情况，存在一些糊涂观念。因此，我们必须采取摆事实讲道理的办法，予以澄清和驳斥。

我们认为，世界上从来就没有抽象的绝对的自由。在阶级社会里，它是具有阶级内容的。有奴隶主的自由、封建地主的自由，资产阶级的自由和与之根本对立的无产阶级的自由。对自由要做历史唯物主义的分析。在资产阶级民主革命时期，适应资本主义的自由竞争的需要，主张保护有产者的个人权利，以资本的自由来反对中世纪的封建专制，曾经有着进步的意义。但对无产阶级来说，也是具有欺骗性和虚伪性的。后来随着资本的积聚和集中，进入垄断的发展阶段，就更加暴露其虚伪性和欺骗性。只有在社会主义社会，无产阶级的自由，才日益显示其真实性和进步性。但对反对社会主义的人来说，是被限制或剥夺了自由的。

纵观世界各国政治生活的历史和现实，自由权利从来就不是没有限制的。资产阶级的自由更不是像有些人说的那样，想干什么就干什么，想说什么就说什么。1789年的《人权宣言》就宣告："自由就是指有权从事一切无害于他人的行为。""但在法律所规定的情况下，应对滥用此项自由负担责任。"资本主义国家的宪法和法律都是遵循这个原则，规定着"依法"享有自由权利，不得"非法"滥用自由权利。马克思在《路易·波拿巴的雾月十八日》一书中，就曾指出：在资本主义社会里，"人身、出版、言论、结社、集会、教育和信教等等的自由，都穿上宪法制服而成为不可侵犯的了。这些自由的每一种都被宣布为法国公民的绝对权利，然而总是加上一个附带条件，说明它只有在不受'他人的同等权利和公共安全'或法律限制时才是无限的。"[9]这就是说"自由"是受"他人权利"、"公共安全"和"法律"限制的，不是什么"绝对权利"。现在资本主义国家的实际情况也完全是这样，甚至变本加厉，限制更严。

关于游行、示威，不是没有限制，一般都规定有复杂的申报制度。例如法国，就规定必须事先向当局申报，内容包括：负责人姓名、住址、目的、日

〔9〕《马克思恩格斯选集》（第1卷），第615页。

期、时间、参加的组织、经过路线等。没有申报的,当局可用武装驱散,对参加人给以处罚。申报后,当局认为此种游行,具有扰乱社会秩序的性质,可予以禁止。

关于集会、结社也不例外。例如《意大利宪法》第17条曾规定:"在公共场所集会时,须通知当局。"《西德宪法》第8条规定:"露天集会权利得基于法律规定进行或依法予以限制"。英国是被称为可以自由集会的国家,但公共秩序法规定:"在公众集会上使用恫吓、谩骂、侮辱性的语言或行为以图挑起对和平的破坏或有可能引起和平的破坏,应定为有罪。"结社的限制更严。《西德宪法》第9条规定:"凡结社的目的和活动与国家刑法相抵触,或导致违反宪法,或违反国民间协商精神,得予以禁止。"《意大利宪法》第18条规定结社目的"应以未为刑事法律所禁止者为限。""秘密结社及借助军事性组织、即使间接追求政治之目的,皆得禁止之。"在被许多人称颂为人民有绝对自由的美国,对这项权利的限制更严。联邦刑法、刑事诉讼法和国内安全法规定:凡从事政治、军事活动的组织都必须登记。每六个月还要重新登记。内容包括:组织的名称和地址;负责人的姓名、住址;参加组织的资格;组织的目的、意图和采取的手段;开会地址、时间;向它捐助经费者的姓名、地址;财产、收入和取得的方法;活动详情:职员或成员的制服、徽章等;出版物样本、作者姓名、出版社名称、地址;有关系的外国、外国人,与在外国控制的组织的情况;组织的纲领、细则、章程、条例、协议、决议以及一切有关文件(司法部长可以随时要求提供上述有关情况的文件),等等。还规定:凡违反上述规定,虚报或隐瞒应报情节的,要受到处罚(包括徒刑和罚金)。1950年的国内安全法还特别规定:共产党组织和它的外围组织的一般成员都要详细登记姓名、曾用名、住址。并规定共产党组织必须作年度报告;经济收支要有详细账目,包括收入来源、支出意图等。最严厉的是规定共产党组织的成员不得在政府和防务部门担任职务;对该组织捐助基金或提供劳务的,都将被认为犯罪。1951年美国联邦最高法院对丹尼斯案的判决就说:"在爆炸性的国际环境中,丹尼斯组织共产党,鼓吹暴力推翻政府,即使当时还没有推翻政府的真实意图,也已构成了明显的当前危险,因而触犯了刑法。"以后,由于广大进步人士的反对和斗争,最高法院在1961年的共产党诉颠覆活动管制局案和1965年的艾伯森诉颠覆活动管制局案中，才不得不宣布：强令共产党组织的成员登记无效，但强令共产党组织登记在宪法上是有效的。1967年国会修改了原法案，取消了强令登记的规定，而改由颠覆活动管制局自行登记。

关于言论、出版自由，资本主义国家也不是没有限制。它们采取预防制和追惩制，双管齐下。前者是事先限制，如建立检察制度、批准发行制度和交付保证金制度，等等。后者是事先不须登记、不受审查，事后对违法言论追究责任，依法惩处。例如《西德宪法》第18条规定：将褫夺"凡以攻击自由、民主之基本秩序为目的，而滥用自由表达的权利，特别是出版自由……"《意大利宪法》第21条也曾规定："违反善良风俗之出版物、曲艺演出和其他一切表演，均予禁止。"在美国，尽管它的宪法第一条修正案规定："国会不得制订限制言论出版自由的法律。"但实际上，其他法案和判例对这种自由的限制还是很多的。例如：(1)不得诽谤和侮辱他人。美国的刑法就曾规定：不准在别人面前发表辱骂他人的言论或作出令人讨厌的粗鲁的言谈和姿态。(2)不得扰乱社会。美国刑法不仅限制异常的喧闹和噪音，特别对引起暴乱的煽动性言论限制甚严。美国最高法院法官霍尔姆斯1919年在"申克诉美国"一案的判决书中就说：只要言词具有"产生明确与现实的危险，以致将引起实际的罪恶"的性质的，"国会皆有权予以防止"。联邦刑法曾明确规定："任何人印刷、出版、编辑、发行、传播、出售、分派或公开展览任何手写或印刷的物件，鼓动、劝导、教唆以武力、暴力颠覆或摧毁美国任何一政府，判处两万美元以下罚金、二十年以下徒刑，或二者并罚。"(3)不得唆使他人犯罪。包括煽惑、挑动或用下流淫秽的东西引诱犯罪。这方面限制也很多。美国联邦刑法规定：任何以促成犯罪为目的的命令、鼓吹或要求他人实行犯罪的行为，皆为该罪的教唆罪。1957年"罗斯诉美国"案的判决声称："淫秽、下流的东西，不在宪法保护的言论和出版的范围之中。"凡属引起"低级下流情趣"和"明显对社会没有裨益价值"的东西，皆在禁止之列。1973年美国联邦最高法院的判决，又进一步加以扩大，宣布：凡属缺乏"真正的文学、艺术、政治或科学价值"的东西，都是"淫秽下流"的。(4)报刊的报导，如对某案件企图影响法官、陪审员的审判，报社社长将会受到"藐视法庭"罪的惩罚。事实证明,在任何国家,都不存在什么抽象的绝对自由。自由却是受到法律限制的。所不同的,只是在于是什么样的自由?怎样行使自由?什么人享有自由?什么人被剥夺自由?

我国是社会主义国家,人民享有的自由权利是建立在社会主义经济基础之上的,它要受到经济条件和其他社会条件的制约,它应当而且必须为社会主义的经济基础服务。列宁曾说过:"你们责备我们破坏自由。而我们认为,任何自由,如果它不服从于劳动摆脱资本压迫的利益,那就是骗人的东西。"〔10〕在我国,公民享有和行使自由权利要为开创社会主义建设新局面,为巩固人民民主专政,实现社会主义现代化建设服务。为了保障这种自由权利,新中国成立以来,我们曾制定了一些有关言论、出版、集会、结社、游行、示威的法规。今后,为了进一步发扬社会主义民主,健全社会主义法制,保障全体公民充分享有和行使新宪法规定的这些自由权利,有必要在此基础上,进一步制定更完善的统一的"新闻出版法""集会、结社法",等等。总之,新宪法规定的我国公民的这些自由权利是已经得到保障,今后将进一步得到保障。但也不是毫无限制的。《宪法》第51条规定:"中华人民共和国公民在行使自由和权利的时候,不得损害国家的、社会的、集体的利益和其他公民的合法的自由和权利。"不能因为有这条限制就说我国人民没有自由权利。

此外,还有一些问题,如总理负责制问题、中央军委与国务院关系问题、地市合并问题、政社分开问题、民族区域自治问题、特别行政区问题,等等。因时间关系,今天来不及谈了,容后再议。

最后,谈谈新宪法的实施保障问题。为了保障新宪法的实施,除了前面所说的以外,主要是依靠人民、依靠干部,特别是必须依靠党的领导。我们是人民民主专政的社会主义国家,人民是国家的主人。我们制定宪法是为了人民,实施宪法也是为了人民,要坚决相信和依靠人民。邓小平同志曾说:"真正使人人懂得法律,使越来越多的人不仅不犯法,而且能积极维护法

〔10〕《列宁选集》(第3卷),第831页。

律。”[11]新宪法是反映人民的意志，保护人民的利益的，应当是得到人民拥护的。人民中间有的做了违反宪法的事，主要是由于不懂得新宪法，不知道新宪法的好处，有的是由于旧的轻视法制的习惯势力在起作用。只要我们加强在广大人民群众中的宣传教育工作，使广大人民真正懂得宪法的内容，掌握宪法的精神，就一定能够自觉地遵守宪法，并为新宪法的贯彻实施而努力。这样，新宪法的贯彻实施也就得到强有力的保证。至于广大干部，对于新宪法的贯彻实施也是有重要关系，甚至可以说是起关键性的作用。因为正确的政治路线确定后，要依靠干部来正确执行。同样，完善的法律制定后，也要依靠干部来正确执行。我们制定了一部好宪法，但如何贯彻执行，就要依靠广大的干部。马克思曾说：“要运用法律就需要法官。”[12]斯大林也说过：“在制定了经过实践检验的正确的政治路线以后，党的干部就成为党的领导和国家领导的决定力量。”[13]如果我们的广大干部都懂得新宪法，遵守新宪法，执行新宪法，新宪法的贯彻实施，就有了切实保证。否则就会阻碍新宪法的贯彻实施。事实上在这方面还存在不小差距，有一些地方出现了干部违反宪法的现象。这一方面是由于过去长期存在的不重视法制的旧习惯作祟。另一方面，也是由于过去对广大干部的宪法宣传和教育工作做得不够。例如，在陕西省的一个县，曾对干部进行过一次法制测验。县直机关行政干部 19 人中，没有一个能准确回答我们人民民主专政国家的性质。对公民的基本义务回答也是花样百出，有一个供销社主任说：“有上级分配各项任务必须坚决完成的义务。”因此，对干部违反宪法的行为必须坚决纠正，以至给予必要的制裁。但同时，对广大干部，特别是基层干部，还必须进行宪法和法制宣传教育的补课。当然，最根本的保证是党的领导。由于我党处于执政党的地位，是领导我国社会主义事业的核心力量，是领导一切的。没有党的领导，就没有一切，就没有社会主义中国，更谈不上制定和实施新宪法。有人把“党能不能真正遵守宪法?”作为疑问提出来，如果不是恶

[11]《邓小平文选》第 218 页。

[12]《马克思恩格斯全集》(第 1 卷)，中共中央马克思、恩格斯、列宁、斯大林著作编译局译，第 76 页。

[13][苏]斯大林：《列宁主义问题》，第 779 页。

意攻击,就是昧于事实的过滤。党领导人民制定新宪法,也领导人民实施新宪法。胡耀邦同志在党的十二大报告中就曾指出:“这部宪法的通过,将使我国社会主义民主的发展和法制建设进入一个新的阶段。”“今后,我们党要领导人民继续制订和完备各种法律,加强党对政法工作的领导,从各方面保证政法部门严格执行法律。”党要领导人民遵守新宪法,执行新宪法,就必须先从自身做起,以身作则,成为模范。胡耀邦同志在上述报告中曾强调地说:“特别要教育和监督广大党员带头遵守宪法和法律。新党章关于‘党必须在宪法和法律的范围内活动’的规定,是一项极其重要的原则。从中央到基层,一切党组织和党员的活动都不能同国家的宪法和法律相抵触。党是人民的一部分。党领导人民制定宪法和法律,一经国家权力机关通过,全党必须严格遵守。”这次整党,中央又把宪法作为必读文件。今冬明春,又将在全国进行一次宪法和法制教育。我相信,在党中央的坚强领导下,新宪法一定能够得到进一步的贯彻实施,这是没有任何疑问的。

(本文原载于《中国法学》1984 年第 1 期)

论国家主席在政治生活中的作用

许崇德

主席是中华人民共和国国家机构的组成部分。自新中国成立之日起，这个制度实行了二十五年。后来，1975 年四届人大通过宪法，主席就不设了。直到 1982 年新宪法颁布，又重新规定主席的设置。1983 年 6 月，第六届全国人民代表大会第一次会议根据宪法的新规定，选举产生了本届的国家主席。至此，具有中国特色的主席制度在中断了八年之后，又得到了恢复。主席制度的实际作用如何，是值得研究的课题。

一、主席是引人关注的制度

主席在实际政治生活中是引人关注的制度。在新中国刚成立的时候就已存在，不过它并不像后来那样称"中华人民共和国主席"，当时叫作"中央人民政府主席"。而那个时候的中央人民政府的概念同后来所说"国务院即中央人民政府"的概念是不一样的。后者就是国务院，而前者则是指整个中央政权机关，包括中央人民政府委员会、政务院、人民革命军事委员会、最高人民法院和最高人民检察署在内。因此，那个时候的中央人民政府主席在实质上也就是国家的主席。

根据当时的中央人民政府组织法，主席的职权有法律明文规定的只有两条，即：

1. 中央人民政府主席，主持中央人民政府委员会的会议，并领导中央人民政府委员会的工作；

2. 政务院在中央人民政府委员会休会期间，对中央人民政府的主席负责，并报告工作。

在新中国成立初期,中央人民政府委员会对外代表中华人民共和国,对内领导国家政权,是行使国家权力的最高组织。法律规定,主席领导中央人民政府委员会的工作;在中央人民政府委员会休会期间,政务院对主席负责并报告工作。由此看来,主席在法律上的地位和职权是相当重要的。

1954年,我国通过了第一部社会主义类型的宪法。宪法规定设中华人民共和国主席。从这个时候起,主席不再像新中国成立初期那样作为中央人民政府委员会的组成人员,而是一个单独的国家机关了。宪法在第二章《国家机构》中专列一节《中华人民共和国主席》,共用八条条文对主席的产生、任期、职权等问题作了规定。其中主席的六项职权基本上是前五年中央人民政府主席的工作的继续。例如,1954年宪法规定的主席有公布法律之权,而前五年中,中央人民政府委员会所通过的工会法、土地改革法、婚姻法等法律,也都是由主席签发命令加以公布的。又如主席统率武装力量,从宪法条文来看是新增的,但是前五年在实际上中央人民政府主席一直兼任着人民革命军事委员会主席,而1954年宪法只是把它固定化、制度化罢了。主席职权变化较大的一条是,1954年宪法不再规定国务院向主席负责并报告工作。但宪法新增了主席有权召开最高国务会议,担任最高国务会议主席的规定。虽然最高国务会议不作决议,不发指示,然而主席在最高国务会议上所发表的意见,在事实上必然为全国人大常委会、国务院等国家机关所接受,从而收到影响国家决策的效果。召开最高国务会议的方式同规定政务院向主席负责并报告工作的方式相比较,前者要更为灵活一些,使主席能摆脱那种一般地听取日常工作的汇报,以便集中精力考虑重大方针的决策。但是另一方面,1954年宪法不再像新中国成立初期那样,规定主席领导最高国家政权机关中央人民政府委员会了。因此从总体上说,主席的权力较前有所减缩。

主席在社会主义国家制度里,作为一个国家机关,它的活动如果同别的国家机关相比的话,其法律依据并不是十分具体的。除了宪法中的八条条文,我国并没有任何其他直接规定国家主席的组织和活动的法律。显然,宪法条文是比较原则的规范,在宪法范围内发挥作用,则行动的自由的程度当比在法律的具体规范的约束下要大,或者要大得多。所以,我们不仅要看到宪法条文的规定,而且还要结合实际的运用,才能进一步考察主席在政治生活中的作用。

二、主席职权运用的历史剖析

主席制度在过去已经存在很长时期,我们在这里不妨对历史情况作一番回顾和剖析。

1. 主席的职权从条文规定来看,有一部分是有重大意义的具有实质性的权力。例如,新中国成立初期规定主席领导中央人民政府委员会的工作,政务院向主席负责并报告工作等。同时,由于中央人民政府主席事实上兼任着中国人民革命军事委员会主席,所以他的实际作用是很大的。例如1950年10月8日,毛泽东主席曾发出《给中国人民志愿军的命令》,号令人民武装力量,进行重大军事行动。该项命令"着中国人民志愿军迅即向朝鲜境内出动,协同朝鲜同志向侵略者作战并争取光荣的胜利"。抗美援朝的决定固然是集体作出的,但号令的发布,军事行动的最高指挥是毛泽东主席。

根据1954年宪法,主席的职权虽然有所变化,但主席仍然拥有部分实质性的重大权力。像前面阐述过的主席统帅全国武装力量、召开最高国务会议担任最高国务会议主席等,就是这样。最高国务会议虽然本身不作决定,但宪法规定,最高国务会议对于国家重大事务的意见,由中华人民共和国主席提交全国人民代表大会、全国人民代表大会常务委员会、国务院或者其他有关部门讨论并作出决定。由于过去出任国家主席的人选都是富有政治经验、为人民所拥戴的领袖人物,因此,最高国务会议的意见在事实上具有很大的权威性和影响力。从1954年宪法实施起到1966年发生"文化大革命"为止的十二年中,中华人民共和国主席一共召开过二十次最高国务会议。其中毛泽东主席召开十六次,刘少奇主席召开四次。每次会议都提出了对于重大问题的意见。例如,1955年5月12日,毛泽东主席在最高国务会议上提出,肃反工作的方针是"提高警惕,肃清一切特务分子;防止偏差,不要冤枉一个好人"。1956年1月25日,在最高国务会议上讨论了《1956年到1969年全国农业发展纲要草案》。同年5月2日,毛泽东主席在最高国务会议上提出了“百花齐放，百家争鸣”这个发展科学、繁荣文学艺术的方针。1957年2月27日至3月1日，毛泽东主席在最高国务会议（扩大）会议上作了《关于正确处理人民内部矛盾的问题》的著名讲话，等等。可见最高国务会议是主席用以发挥其重大政治影响的一种非常灵活的政治形式。

2. 主席除了上述的具有实质性意义的职权之外，他从事活动和进行工作，基本上不是根据自己的决定，而是根据集体的决定，即在新中国成立初期是根据中央人民政府委员会，后来是根据全国人民代表大会或者全国人大常务委员会的决定而行使职权的。根据我们的国家制度，重大事务应该由集体讨论决定。比如说，主席公布法律，发布特赦令，发布戒严令，授予荣誉等等，都要根据最高国家权力机关的决定。未经决定，主席不能自行发布；决定之后，主席必须予以发布，无权对最高国家权力机关的决定加以否决，亦无权退回要求复议。但是，集体的决定如果没有个人代表，那么在程序上也是不完备的。比如说，全国人大常务委员会决定批准同某一国家缔结的条约，就需要主席在条约上签字予以批准。如果没有一个代表中华人民共和国的主席的批准，条约就不能生效。所以，集体决定乃是我国社会主义民主制度的体现；而个人代表乃是在程序上所不能缺少的。集体的决定经过主席的公布、发布或者授予的程序，往往会使国家的活动或者文件、号令等增加尊严性、荣誉性和权威性。

3. 上述这部分主席职权是形式上的含有程序性或者礼仪性的意义。但这类职权在实际运用过程中亦不是丝毫没有弹性的。历史事实表明，法律条文的规定总是比较原则而笼统的，而实际运用则是非常具体的。因此在条文的实施过程中，有的可能表现为主席职权纯粹具有形式上的意义，而有时主席的活动却又能够给予这种形式意义的职权以实质性的内容。例如，1949年12月26日至1950年2月17日，毛泽东主席在莫斯科从事中苏两国之间缔结中苏友好同盟互助条约的外交谈判，导致该条约的顺利签订。又如，1953年11月13日毛泽东主席和朝鲜民主主义人民共和国金日成首相在北京举行会谈，按这次会议商定的问题，中朝两国政府代表团顺利地进行了谈判，最后决定了中国政府对朝鲜援助的内容，并由两国总理签署了中朝经济文化合作协定。再如，根据1954年宪法的规定，主席派遣和召回驻外全权代表,批准同外国缔结的条约,必须根据全国人大常务委员会的决定。但是主席在同外国元首的交往过程中,必然要对于某些重大国际问题发表意见,表示态度。由于主席对外代表国家,所以主席表示的意见和态度是一种国家行为,必然会产生国际法上的权利和义务。比如说,1957 年 10 月 17 日毛泽东主席致电叙利亚总统,重申中国政府和中国人民坚决支持叙利亚人民保卫独立、保卫和平的正义斗争和严正立场;又比如,1963 年 5 月刘少奇主席在河内会谈后签署了《刘少奇和胡志明主席联合声明》。诸如此类的对外文件所产生的权利与义务,并不是由主席个人,而是由国家享有和承担的。

按照 1954 年宪法的规定,主席根据全国人大或者全国人大常务委员会的决定发布命令。既然主席的职权不具实质性内容,所以主席所发布的命令并不能超出全国人大或者全国人大常务委员会所通过的决定的内容。但历史事实是,当主席发布命令的时候,有时可以创立新的具体规范。例如 1955 年 4 月 7 日,毛泽东主席根据首届全国人大常务委员会第九次会议的决议,发布了《关于结束中华人民共和国同德国之间的战争状态的命令》。该命令宣布:(1)两国间战争状态结束,和平关系应当建立起来;(2)战争状态的结束并不改变德国的国际义务,也不影响中国根据有关德国的国际协定而享有的权利和承担的义务。该项命令的上述两点内容在常务委员会通过和公布的决议中是没有的。在这里,常务委员会只决定了原则精神,至于具体规范却由主席以命令作了规定。而这样的规范是国务院在工作中必须遵循,加以贯彻执行的。

再以赦免权为例,宪法规定:主席根据全国人大常务委员会的决定“发布特赦令”。特赦罪犯的决定权在常务委员会,主席只是发布命令。看起来,主席的作用不过是简单地签字与公布而已。其实,事实并非完全如此。比如 1960 年 11 月 19 日第二届全国人大常务委员会第三十二次会议通过了“关于对确实已经改恶从善的蒋介石集团和伪满洲国的战争罪犯,实行特赦”的决议。根据这个决议,中华人民共和国主席刘少奇发布了《特赦令》。主席命令宣布“一、蒋介石集团和伪满洲国的战争罪犯,关押已满十年,确实改恶从善的,予以释放;二、判处死刑、缓期二年执行的蒋介石集团和伪满洲国的战争罪犯缓刑时间已满一年、确实有改恶从善表现的,可以减为无期徒刑或十五年以上有期徒刑,三、判处无期徒刑的……可以减为十年以上有期徒刑。这个命令,由最高人民法院和高级人民法院执行"。从这里可以看出:主席在根据全国人大常务委员会决议的原则精神而发布命令的时候,可以创造新的具体的规范。而且这种规范的法律效力很高,像特赦令中所规定的具体内容,是最高人民法院和高级人民法院所必须遵照执行的。

4. 历史的实际情况还告诉我们,除了宪法规定的职权以外,主席的一系列政治性的行动对于国家和人民的政治生活起着影响作用,甚至是指导作用。主席的活动方式主要是:

(1)发表号召性讲话。例如1952年1月1日,毛泽东主席在中央人民政府举行的元旦团拜会上致祝词,号召"我国全体人民和一切工作人员一致起来,大张旗鼓地,雷厉风行地,开展一个大规模的反对贪污、反对浪费、反对官僚主义的斗争,将这些旧社会遗留下来的污毒洗干净!"这个号召,揭开了全国"三反""五反"运动的序幕。

(2)接见代表团时的谈话。例如1953年6月30日,毛泽东主席接见青年团第二次全国代表大会主席团时发表谈话,祝贺青年们"身体好,学习好,工作好"。这个"三好",后来成了全国青年工作的方针。同年10月18日接见西藏国庆观礼团领导人时说:"我们要和各民族讲团结,不论大的民族小的民族都要团结","我们的方针是团结进步,更加发展"。这些谈话成为统战工作的指针。

(3)发表批示、题词。如1951年4月3日,主席为戏曲研究院题词:"百花齐放,推陈出新";1952年6月20日,主席为全国体育总会成立题词:"发展体育运动,增强人民体质";等等。

主席的这些活动虽然并不产生法的规范,也没有法律上的拘束力,但通过这一系列活动形式,往往给人民群众的政治生活以至经济生活、文化生活带来方向性、方针性的启示,或者使国家的某项方针政策得到进一步强调。

综上所述,可以简单地归纳为:第一,主席行使其具有实质性意义的职权;第二,主席行使仅仅具有形式意义的职权;第三,主席的实际活动赋予了形式意义的职权以实质性的因素;第四,主席可以凭借其个人的影响和声誉进行政治活动。

以上的前两点是法律所明文规定了的。而后两点则是在法律实施过程中或者是在制度运行过程中所表现的能动性和灵活性。这种能动和灵活，一方面固然同实际的需要有关；另一方面也往往同担任主席职务的人选有关。历史证明，出任主席的人如果由于个人的经历或者由于他功勋卓著或者由于他同时担任党的领袖、武装力量的领导人因而享有崇高的威望，那么，这种能动和灵活的程度也就愈大。

三、几点初步的结论

通过对主席制度的回顾，总结主席职权的历史运用，本文在最后拟提出下列三点初步的看法：

1. 在社会主义法制的国家里，国家机关以及国家领导人都以法律作为活动的根据和行为的准则。可以这样说，他们发挥作用的过程实际上也就是实施法律的过程。因此，主席职权的大小及其可能发挥作用的程度如何，取决于宪法或者法律作出什么样的规定。从 1949 年中央人民政府组织法、1954 年宪法到 1982 年通过的新宪法的内容来看，主席职权逐渐趋于缩减，而不是扩展，尤其是新宪法的规定。同历史上的主席制度相比，更为显著。这是符合社会主义民主的要求，也是有利于国家机关之间更好地实行合理分工的。

2. 主席今后的实际活动是否可能像历史上曾经做过的那样，赋予形式意义的职权以实质性的因素？这种可能性是存在的。同时，国内、国际事务的多样性和复杂性，也会不断地提出这种要求。何况宪法条文总是比较原则，不可能囊括无遗地对主席的一切具体活动尽作规定。所以，在宪法允许的范围内，主席行使职权仍然需要有一定程度的机动灵活。但是为了防止形成权力过多地集中在个人手里的现象，这种机动性和灵活性似应压缩到最低的程度。

3. 至于在宪法规定的职权以外，主席是否要通过个人的政治活动发挥作用呢？由于主席代表中华人民共和国，他在必要的场合表示意见或者发出号召、提出希望，有利于激励人民群众奋发前进。因此，这种个人的政治活动是有积极意义的。当然,主席既然代表国家,所以他的活动应当符合人民的根本利益。

目前,主席设置的恢复,还为时甚短,待经过相当长的时间之后,这个制度一定会提供更多的新的经验。

(本文原载于《法学》1984年3月1日)

比较行政法的几个问题

王名扬

研究比较行政法，可以作为我国行政立法的参考，可以扩大我们的视野，丰富我们的想象力，增加认识问题的广度和深度，对于我们分析中国材料，提出自己的理论，能够提供一些启发和帮助。本文就法国、英国、美国行政法方面的四个问题，作些简单的说明和比较。

一、行政法的意义和行政法学研究的对象

行政法是一门年轻的科学，很多基本概念和原则都还没有确定的意义。例如对行政法的意义和行政法学研究的对象，不仅在法、英、美三个国家有不同的看法，就是在同一国内，学者之间意见也不完全一致，以下说的是三个国家中多数学者的意见。

（一）法国

一般认为行政法是规定公共行政的公法。法国行政法学者在说明行政法的意义时，首先说明什么是公共行政，其次才说明什么是行政法。

首先，公共行政要和私人的企业管理相区别，因为“行政”一词在法文中可以指公共行政，也可以指私人的企业管理，行政法不研究私人的企业管理活动。这种区别可以从主体、目的和手段的不同来说明。公共行政的主体是公法人，以公共利益为目的，使用和私法不同的手段。私人的企业管理是个人或者私法人追求私人利益的活动，使用私法上的手段，这是原则。近来由于行政活动扩张的原因，这方面引起不少的问题和讨论。

其次，公共行政要和国家的某些其他活动相区别。法国学者一般把国家的权力分为三个方面，即立法权、行政权和司法权。只有规定行政权行使

的规则才是行政法。什么是行政权呢？法国多数学者认为，应当从实质和形式两方面去观察，从实质方面观察就是根据权力的性质来说明什么是行政权。对于这个问题，众说纷纭。我们在此不必讨论，行政法学中所涉及的行政是指形式意义的行政。什么是形式意义的行政？法国学者把行政机关的活动称之为形式的行政，行政法就是规定行政机关的组织和活动的法律，但并不是规定行政机关活动的全部法律都是行政法，法国的实证法把法律分为公法和私法两大类，行政机关的活动只在受公法支配时才是行政法。

行政法学研究的对象，简单地说，是关于行政机关的组织和活动，包括成文法、判例和法的一般原则，具有下列内容：(1)行政主体；(2)行政机关的组织；(3)行政行为的理论（行政法规、行政措施、行政契约、法治原则、行政行为的效力等）；(4)行政诉讼（撤销之诉、行政责任）；(5)公务员制度；(6)公产和公共工程；(7)警察行政的一般原则；(8)公务管理的一般原则。这些内容主要是根据教育部的规定而设立。此外，各大学可以根据各自特点增加其他内容。

（二）英国

英国关于行政法的意义长期以来有一种误解，这种误解是由英国学者戴西引起的。戴西在1885年的《宪法研究导论》中认为：行政法是法国的制度，是行政法院给予官吏特殊保护的制度。和英国的法治原则不相容。在英国，一切人受同一法院和同一法律管辖，没有行政法存在。但是由于英国在第一次世界大战后，特别是在第二次世界大战后大量设立行政法庭，政府的委任立法权大大扩张，对法国的行政法和行政诉讼有了进一步的了解。一些著名学者开始批判戴西的见解，认为行政法是关于公共行政的全部法律，包括行政组织和行政活动，不只限于行政诉讼。而且法国的行政诉讼并不是保护官吏的特权，而是对公民的一种保护。但戴西的影响并未完全消失。正是由于这个缘故，英国行政法学著作所讨论的对象没有法国那样广泛，对于行政组织部分不大看重。例如在H.韦德的《行政法》一书中，行政组织部分篇幅很少。在J.加纳的《行政法》一书中，中央行政组织部分篇幅也很少。行政组织问题另在其他课程，例如各国政府、地方政府中也有讨论。对于行政行为的讨论也不完全。英国行政法学所着重讨论的问题是行政机关权力和保护公民不受行政机关侵害问题，主要包括下列各项：(1)委任立法；(2)行政裁判；(3)司法审查；(4)行政责任；(5)议会行政专员等。

(三)美国

美国学者还没有完全摆脱英国过去对行政法的观念。主要是从行政机关的权力和人民的关系来理解行政法。例如，美国学者K.戴维斯认为行政法是关于行政机关的权力和程序的法律。F.戴维斯特认为行政法是政府机关和官吏在其与人民和社会团体发生关系时的权力的法律。美国行政法学研究的对象主要包括：委任立法、行政审判、行政程序、司法审查、行政责任等。美国行政法学的一个特点是着重行政程序的研究，法国行政法学中所研究的某些问题，美国放在其他学科，例如，放在了政治制度、行政学中去研究。

尽管三国研究的范围广狭不同，但有一个共同点，就是行政法学中着重研究的是行政行为和行政诉讼。而对行政行为只研究能适用于一切行政部门的原则，各部门的行政不在一般行政法中研究，因为行政是一个复杂的现象，需要从法律方面、管理方面和专业方面去研究。各部门的行政牵涉不同的专业知识，最能说明这方面法律问题的是各专门部门。

二、法国行政法和英美行政法的主要特点

根据法治国的原则，行政机关的活动要受法律支配。但究竟受什么法律支配，由什么法院审判，各国在这方面所采取的不同制度，构成各国行政法的主要特点。在这方面，法国行政法和英美行政法有明显的不同。这些不同是由各国的历史条件造成的，表现在两个重要方面：

(一)是否存在独立的行政法院体系

法国行政法的最大特点是行政诉讼不由普通法院审判，而由和普通法院分离，并自成一个体系的行政法院审判。这个制度产生的背景，渊源于法国在旧制度下法院和行政机关之间的对立。法院经常阻挠行政当局的改革措施。大革命后，为了排除法院对行政机关的干涉，制宪会议采取措施，1790年8月16—24日法律第13条，禁止法院以任何方式干涉行政机关的活动。

共和三年(1795年)果月16日的命令重申这个禁令。在大革命最初几年里,人民对于行政机关的申诉只能向行政当局提出。1799年,拿破仑第一次在中央和护方成立国家参事院和省参事院,作为行政机关的咨询机关,同时受理人民对行政机关的控诉。但参事院对行政争议的决定,理论上说,是向行政当局建议,供后者采纳(保留的司法权)。1872年5月24日的法律对此作了重大改革,国家参事院的决定有确定的效力(委任的司法权),对行政机关有拘束力。从此,国家参事院成为法国的最高行政法院,但直到19世纪末行政法院还只是上诉审的性质,所有争议必须先由各部决定,不服各部的决定才能向行政法院申诉。1889年12月13日最高行政法院在卡多案件的判决中,确定行政法院对争议案件的直接管辖权。从此,一切行政争议,如法律无特别规定时,都可直接向行政法院提出,法国现代的行政诉讼制度完全定型。法国除普通行政法院受理一般行政诉讼外,就某些特殊事项,还设有专门的行政法院。

英国行政法的特点是行政诉讼像一般民刑诉讼一样,都由普通法院管辖,没有独立的行政法院体系。这个制度的产生与17世纪时英国的政治斗争有关。在17世纪英国资产阶级革命时国王和议会的权力斗争中,议会和普通法院法官结成联盟。斗争的结果是议会胜利,国王的行政权力必须受到法律拘束。国王为巩固专制权力而设立的特别法院被取消,全国只有单一的普通法院系统,受理人民相互间和由行政活动而产生的一切诉讼。但是自第一次世界大战,特别是第二次世界大战以来,英国也成立了许多行政法庭,到70年代,数目已达2000多个。这些行政法庭受理关于特定事项的行政诉讼,法庭彼此独立,没有形成一个系统。而且英国普通法院对行政法庭的裁决具有司法审查权。有时法律还规定行政法庭的裁决,关于法律问题可向普通法院上诉。所以英国的行政诉讼基本上仍由普通法院管辖。

美国行政法的特点和英国一样,行政诉讼由普通法院控制,没有独立的行政法院系统。美国的许多独立管制机构具有行政裁判权,此外还有一些其他行政法庭。但行政法庭的裁决仍然处在普通法院的司法审查控制之下。

(二)行政法是否构成一个独立的法律体系

这个问题和上面所说的行政诉讼的管辖权密切联系。法国的行政诉讼既然由行政法院管辖,行政法院在裁决行政争端时,当然根据行政的需要而适用和一般私人关系不同的法律。因此,一般而言,在法国支配行政机关和公民之间关系的法律,不同于支配公民相互间关系的法律,构成独立的法律体系,称为公法,而一般私人之间的法律关系称为私法或一般的法律。公法关系使行政机关多少处于优越地位,不如私法关系中当事人完全平等。但行政法是公法并不是指行政机关的一切行为都不受一般法律支配,而是指行政机关和公民之间的关系,如果没有法律特别规定必须适用一般法律时,就适用行政法。也就是说,适用行政法是原则,适用一般法律是例外,这一点和英美的行政法关系不一样。在英美,行政诉讼和民刑诉讼都由同一法院受理,适用同样的法律规则。所以在英美,行政法不构成一个独立的法律体系。但这并不表示,行政机关和公民之间的法律关系,在一切问题上都适用支配公民相互之间关系的法律。在英美,行政机关和公民之间的关系,只在法律有特别规定时才适用特别的法律,否则适用和公民之间关系同样的法律。因此,适用特殊的法律是例外,适用一般的法律是原则。

三、行政法学的基本观念

行政法学作为一门法律科学,必须对其所讨论的对象从理论上提出系统的说明。这些理论大都是关于某一方面或某一问题的。但各国行政法学往往根据各国行政法的特点,提出一个或几个重要观念作为全部理论的基础,这种情况在法国行政法学中讨论较多。但意见也产生了分歧。在英美行政法学著作中表现不太明显,但英美行政法既然有其特点,行政法对这些特点的说明也就构成基本的概念。

(一)法国

法国行政法的特点,如前所述,是行政法作为公法体系,和调整一般私人相互间关系的私法体系不同,有关行政法的诉讼由行政法院管辖。而有关私法关系的诉讼则由普通法院管辖。因此,法国行政法学所要解决的基本问题是如何区别公法和公法，如何划分行政法院管辖和普通法院管辖。在法国，没有一条法律规定行政法和民法的区别，这个区别是由行政法院和权限争议法庭在受理具体案件的判例中形成的，由学说加以系统化而成为一般理论。

在19世纪，法国的行政法学根据行政法院判例，以公共权力作为区别公法和私法的标准。行政机关行使公共权力的行为是行政法关系，由行政法院管辖；不行使公共权力的行为是事务管理活动，由普通法院管辖，适用私法规则。这种区别在19世纪的大部分时间以内，大致符合当时情况。当时政府的职务主要是国防、司法、警察、税收等行使权力的行为，不行使权力的行为主要是国有财产的管理。按照这个标准，行政机关的活动主要是在行政法院管辖之下，但是到了19世纪末期，行政机关活动的范围逐渐扩大，包括许多不是行使权力，而是为了满足某些公共利益的需要而提供服务的行为。例如教育、卫生、救济、交通、公用事业等。这些活动以一般利益为目的，和私人的行为不同，也不受民法规则支配，而是适用行政法。公共权力学说不能说明这种情况，于是行政法院的判例开始改变，采取以公务观念作为适用行政法和决定行政法院管辖权的标准。所谓公务，根据某些学者的说明，是指为了满足某些公共利益的需要，必须由行政主体加以组织或者管理的活动而言，这是实质意义的公务观念，此外还有其它意义的公务观念。最初在理论上对公务观念作系统说明的是波尔多大学教授狄骥，所以赞成这种理论的人一般称为波尔多学派。尽管当时有些地位的法学家反对这个理论，仍然维护公共权力学说，但是公务学说在第一次世界大战前后比公共权力学说更能说明行政法的性质，公务观念在20世纪50年代以前可以说是法国行政法学的基本观念。但是自从第一次世界大战开始，特别是从第二次世界大战以后，法国的行政活动出现一些新情况，又使公务观念不再能够说明行政法的性质和作为决定行政法院管辖权的基础，这些新的情况表现在下列几个方面：(1)国家大量从事经济活动或者把私人企业国有化。这些经济活动称为经济公务或工商业公务。工商业公务过去只是少量的例外的现象，第二次世界大战以后成为大量的正常的现象，而且越来越有增加的趋势。工商业公务和传统的行政公务不同，不是适用行政法，而是适用民商法。不由行政法院管辖,而由普通法院管辖。(2)出现大量的社会公务。社会问题随着经济发展而发展,早在第二次世界大战以前,法国资产阶级政府为了缓和阶级矛盾,也曾实施一些社会救济活动,但只是少量的活动。第二次世界大战以后,法国资产阶级政府迫于形势需要,推行社会安全保险,社会公务成为政府的重要职务。这些公务也受私法和普通法院管辖。(3)自由职业者组织同业工会,负责审查会员的开业资格和维持职业德道纪律,这些活动称为职业公务,主要受私法支配和普通法院管辖。

以上种种发展说明,公务的观念超过行政法的范围,动摇了公务观念作为行政法和行政法院管辖权的基础。另一方面,近代行政又大量出现另一现象,即政府鼓励私人从事公益事业,私人的公益活动虽然不是公务,也往往能得到某些行政法的地位,因而,行政法的适用也超过公务活动的范围。

自50年代以后,公务学说在法国受到极大的打击,已经不能说明行政法的基础和行政法院的管辖范围。但是法国行政法的特点是区别公法和私法,区别行政法院管辖和普通法院管辖,公务观念虽已经过时,但能够提出什么代替观念呢?法国学者提出了不少意见:(1)有人提出公共利益观念作为法国行政法的基础。公共利益观念和公务观念一样是一个意义不太确定的概念。但其适用范围较广。正因如此,其不能作为行政法的基础。行政机关活动,不论受公法支配或受私法支配,都以公共利益为指导,公共利益观念不能区别支配行政活动的两种法律和两个管辖。(2)有人提出新的公共权力观念,作为区别公法和私法的标准。即公共权力不限于行使命令权的行为,而是包括行政机关不受私法支配的一切行为在内。但在行政法不适用私法原则是行政法的表现,不是行政法的原因,有时这种表现不易判断,究竟根据什么标准决定行政机关的活动而不适用一般的法律呢?新的公共权力观念没有说明这个问题。(3)有人从根本上拒绝探讨行政法的基本观念,认为行政法的内容非常复杂,应当就每项法律决定其性质,每个问题决定其管辖,探讨一个基本原则决不可能,这样的研究徒劳无功。这种观点只是回避问题而不是解决问题。为了使公民知道向哪个法院对行政机关提起诉讼,必须对行政法的性质和行政法院的管辖范围有一个指导原则,逻辑上的混乱,必然产生实际的困难。(4)有人认为这个研究之所以困难,在于没有区别行政法的基本观念和行政法院管辖权的标准。应当认为,行政法的基本观念是公务,而行政法院管辖权的标准是公共权力。这样的观点和法国的现实制度不符合。法国现实的制度是行为的实质决定法院的管辖权,二者密切联系,只有改变现行制度有关法院管辖权的标准以后,才能分别决定二者的基础。(5)有人认为行政机关的活动有时受公法支配,有时受私法支配,应当把行政法分为广义和狭义二种,广义的行政法,指支配行政机关活动的一切法律,狭义的行政法指公法。这种主张没有说明区别公法和私法的标准,不能解决管辖权问题,而且行政机关并不是哪种活动只受公法支配,哪种活动只受私法支配,往往是一种活动同时受公法和私法支配。公法和私法在不同的情况中以不同的程度结合在一起,区别广义的行政法和狭义的行政法在理论上和实用上都很困难。

总之,由于行政活动的最新发展,过去的理论基础已经不能适应新的情况,建立新的理论基础困难重重,除因行政法的内容复杂外,也因为法国行政法的性质和行政法院管辖权联系在一起。目前,法国有人主张改变现行行政法院管辖范围,使它包括行政机关的一切活动,这对于新理论的建立会有一定帮助,但如此重大改革,并非朝夕可待。在目前阶段,公务观念虽然不能作为适用法律和决定管辖权的标准,它在法国行政法学中仍然占有重要地位。

(二)英国

英国行政法的特点是行政诉讼由普通法院管辖,因而不发生行政法和一般法律的区别问题。但英国行政法学必须说明英国普通法院根据什么标准管辖行政诉讼和决定行政机关的行为是否合法,这正是英国一般行政法学著作中所着重讨论的问题。英国法院的权力不能违背英国的宪法,但英国没有一部形式完整,效力高于一切法律的成文宪法存在,对于英国宪法的叙述只是根据英国学者研究的结果,根据英国某些法学家的意见。英国宪法中有两个重要原则对英国的行政法起支配作用:一是议会主权原则,二是法治原则。法治原则在英国的主要表现是一切人受同一法院管辖和同一法律支配,因为不能有特殊的行政法院和特殊的行政法体系存在,行政诉讼即使原来已由行政法庭裁决,在一般情况下,仍可由普通法院审查其是否合法。根据议会主权原则，法院必须适用议会所通过的一切法律，不能审查议会所通过的法律是否合法。因此，行政机关和行政法庭的行为如果在法律规定的权限范围内时，法院就无权过问，英国法院对于行政诉讼的管辖权，只在行政机关行为超越其法律权限时才发生，越权原则是英国普通法院受理行政诉讼的基础，英国行政法学家 H. 韦德写道：公共权力机关的活动不能超过权限以外（越权），这句简单的陈述也许可以称为行政法的核心原则。由于越权原则如此重要，所以英国行政法学上对于越权这个观念的理解非常广泛，根据英国法院的判例和英国学者的意见，下列情况都是越权行为：(1)破坏自然的公平原则。(2)超越权限（实质的越权）。(3)程序的错误（程序的越权）。(4)不履行义务。(5)权力滥用。(6)其他理由。(7)记录中所表现的法律错误。(8)禁止翻供。

（三）美国

美国行政法的特点和英国一样，行政诉讼由普通法院管辖，美国也和英国一样存在一些行政法庭，裁决行政争议。但在法律问题上最后仍然可由普通法院审查。美国与英国的不同在于有一部成文宪法存在，宪法的效力高于行政机关的决定，也高于国会所制定的法律。美国法院有权审查国会所通过的法律是否符合宪法，因此美国法院在受理行政诉讼时，其最后根据往往就是宪法所规定的原则。在早期阶段，美国宪法院往往根据宪法上的分权原则决定行政机关权力的范围。但 20 世纪 30 年代以后，迫于形势的需要，美国法院逐渐放宽对于分权原则的解释，而更多地根据宪法修正案第 5 条和第 14 条中关于合法程序的规定以审查行政机关权力的行使是否合法。合法程序观念可以认为是美国行政诉讼和行政法的基本观念。合法程序的概念可能适用的范围非常广泛，上面已经提到美国在 60 年代和 70 年代通过了《情报自由法》《私生活秘密法》《在阳光下的政府法》，对行政程序法作了补充和修改，加强公民对行政机关的信任，所以合法程序观念，不只包含行政机关的行为，不能违背法律的规定和必须履行必要的手续和方式，而且着眼于改善行政机关和公众的关系。

（本文原载于《法学评论》1985 年第 6 期）

依法行政论纲

应松年

一、依法行政的内涵

依法行政就是行政机关行使行政权力、管理公共事务必须由法律授权并依据法律规定。法律是行政机关据以活动和人们对该活动进行评判的标准。而法律，必须是人民通过人民代表大会制定的。

对行政机关提出依法行政的要求，植根于我国国家的性质和政治体制。我国是人民当家作主的社会主义国家，行政机关的权力来源于人民。行政机关由人民代表大会产生，对它负责，受它监督，行政机关是权力机关的执行机关。[1] 人民代表大会表述意志的最基本的途径和形式是制定法律。行政机关也就是执行法律的机关。依法行政是人民民主国家题中应有之义。

（一）职权法定

行政机关的职权，在我国主要是指中央政府及其所属部门和地方各级政府的职权，必须由法律规定。行政机关必须在法律规定的职权范围内活动。非经法律授权，不可能具有并行使某项职权。这与公民的权利不同，从法律的范围来说，公民的权利是，凡法律没有禁止的，公民皆可为之。当然，此外还有道德等约束。行政机关的职权是，凡法律没有授予的，行政机关就不得为之。法律禁止的当然更不得为之。否则就是超越职权。在内部，超越职权就是行政机关横向超越了某一行政机关的职权，或纵向超越了上下级行政机关之间的职权；在外部，超越职权就会侵犯公民的合法权益。职权法定，越权无效，是依法行政的主要原则之一。行政机关的法定职权，一般

---

〔1〕《中华人民共和国宪法》第85条。

有两种形式:一是由行政机关组织法规定,大都以概括之语言,划定各机关的职责范围;二是由单行的实体法,规定某一具体事项由哪一行政机关管辖。1996年3月通过的《行政处罚法》两次规定,实施行政处罚的行政机关,必须是“有行政处罚权”的行政机关。也即具有行政处罚法定职权的行政机关。

(二)法律保留

凡属宪法、法律规定只能由法律规定的事项,则或者只能由法律规定;或者必须在法律明确授权的情况下,行政机关才有权在其所制定的行政规范中作出规定。有些著作将此称为法律保留原则。我国宪法和法律对必须由法律规定的事项已作出某些规定。《宪法》第62条规定,全国人民代表大会“修改宪法”、“制定和修改民事、刑事、国家机构和其他的基本法律”,第67条规定全国人大常委会“制定和修改除应当由全国人民代表大会制定的法律以外的其他法律”。这里规定的法律保留事项是:修改宪法、制定和修改刑事、民事、国家机构和其他基本法律,还有“其他法律”。但哪些属于“其他基本法律”和“其他法律”,尚未明确。最近公布的行政处罚法,则将行政处罚,也即剥夺和限制公民人身权和财产权的设定权明确规定为只有法律才能行使。其中属于人身自由罚的设定权,只能由法律行使。法律绝对保留,不予授权。对于财产权的处罚,则由法律授权。《行政处罚法》作出了这种授权:对行政法规授予财产权各方面处罚的设定权;对规章,则仅授予警告与一定数额的罚款的设定权。有规章制定权以外的行政机关,法律不授予任何行政处罚的设定权。这是迄今为止我国法律对法律保留原则的最明确的表述。值得注意的是,这一表述是否具有普遍意义?即法律保留原则,是否主要仅适用于限制、剥夺公民基本权利的规定,至于促进公民民主与福利的行为,是否只须符合法律的基本精神,只要在职权范围以内,行政机关自得为之。对此,学界尚有争议。

(三)法律优先,或称法律优位

法律规范在效力上是有位阶层次的。法律在效力上高于任何其他法律规范。法律优先包含下列含义:

第一,在已有法律规定的情况下,任何其他法律规范,包括行政法规、地方性法规和规章,都不得与法律相抵触,凡有抵触,都以法律为准。法律优于任何其他法律规范。《行政处罚法》表述为:在法律对行政处罚已有规定的情况下,法规、规章可使之具体化,但必须在法律关于行政处罚规定的行为、种类、幅度范围以内,不得抵触。

第二,在法律尚无规定,其他法律规范作了规定时,一旦法律就此事项作出规定,法律优先,其他法律规范的规定都必须服从法律。

值得注意的是,我国宪法规定:国务院根据宪法和法律,制定行政法规,[2]国务院各部、各委员会根据法律、行政法规制定规章,[3]省、自治区和直辖市人民政府和省、自治区人民政府所在地的市和国务院批准的较大的市的人民政府根据法律、行政法规和地方性法规制定规章。[4] 宪法、法律对行政机关制定法律规范用的是"根据"原则。

宪法又规定,省、自治区和直辖市的人民代表大会及其常务委员会,在不同宪法、法律、行政法规相抵触的前提下,制定地方性法规。省、自治区人民政府所在地的市和国务院批准的较大的市的人民代表大会及其常委会,在不同法律、行政法规和本省、自治区地方性法规相抵触的前提下,制定地方性法规。[5]

宪法和法律对地方权力机关制定法律规范用的是"不抵触"原则。

宪法对行政机关制定规范和地方人大制定地方性法规用了"根据"和"不抵触"两个不同的词,绝不是偶然的。"不抵触"是指地方性法规的规定不得与已对此问题有规定的法律、行政法规的有关规定相抵触,当然,如果法律、行政法规对此没有规定,地方性法规可以根据地方特点作出规定。因为在这种情况下不存在抵触问题。"根据"则不同。"根据"当然也意味着行政机关制定的规范不得与已对此问题有规定的法律(行政法规、地方性法

[2] 《中华人民共和国宪法》第89条。

[3] 《中华人民共和国宪法》第90条。

[4] 《地方各级人民代表大会和地方各级人民政府组织法》第60条。

[5] 《中华人民共和国宪法》第100条,《地方各级人民代表大会和地方各级人民政府组织法》第7条、第43条。

规）相抵触；同时，也表明只有法律（行政法规和地方性法规）对某一问题已有规定的情况下，行政机关的规范才能据此作出规定。否则就是于法无据。对行政机关制定规范要求“根据”，就因为行政机关是权力机关的执行机关，必须根据权力机关的意志才能制定规范。在有些法律的规定比较原则的情况下，行政机关可以制定规范使之进一步具体化。这些具体化的行政法规和规章，当然不得与法律（地方性法规）相抵触。行政机关制定规范中的“不抵触”和地方权力机关制定地方性法规的“不抵触”，都说明法律优于其他法律规范。法律的效力高于其他规范，法律处于最高的效力位阶。

但是，由于我国法律的覆盖面还远远不够，而现实又迫切需要可供遵循的规范；也由于经验不足，某些领域尚难以立即形成法律，这就需要在法律没有规定的情况下，先由行政机关制定一些规范。但这些规范的制定，必须由法律授权，尤其是涉及公民、法人或其他组织的人身权、财产权时，必须有法律授权。这就是“根据”原则的另一种表现。[6] 显然，这些规范都是在法律“空缺”的情况下制定的，如果一旦法律填补空白，对同一问题作出规定时，则行政法规、地方性法规和规章的有关规定就要自动让位于法律，以法律的规定为准，或修改，或废除。这也同样是法律优先原则的含义。

（四）依据法律

行政机关的行为必须依据法律，或者说，必须有法律依据。

从广义上说，上述“根据”原则也属于依据法律，但主要是指行政机关的抽象行政行为，此处所说依据法律和有法律依据，主要是指行政机关的具体行政行为，尤其是影响公民基本权利和义务的具体行政行为，必须有法律依据，必须依据法律规定作出。这是依法行政的主要内容。

行政机关的行政行为，大别之无非就是两大类，即制定规范的抽象行政行为和作出处理决定的具体行政行为。依法行政不仅要求行政机关根据法律和法律的授权制定规范，还要求行政机关在作出具体行政作为时必须依

---

〔6〕 我国已有三项授权立法。1983 年全国人大常委会《关于授权国务院对职工退职退休办法进行部分修改和补充的规定》，1984 年全国人大常委会《关于授权国务院改革工商税制和发布有关税收条例（草案）的决定》，1985 年全国人大常委会《关于授权国务院在经济体制改革和对外开放方面可以制定暂行的规定或者条例的决定》。

据法律,否则虽然行政机关制定的规范都是根据法律或由法律授权,但在具体执行法律,作出具体行政行为时却并不依据法律,那么,依法行政就会成为一句空话。因为规范制定得再好,最终仍要看法律在现实生活中的落实。

依据法律的"法律"是指狭义的法律还是包括其他法律规范?从根本上说,一切具体行政行为都应该依据法律——狭义的法律,但根据法律和经法律授权制定的法规、规章当然也应该是依法行政的依据。因此,这里所说的"法律",应该包括法规、规章在内。《行政处罚法》中规定的"处罚法定"原则,就是依据法律原则在处罚领域里的体现。

依据法律原则与行政机关的自由裁量权并不矛盾。自由裁量指的是在法律规定有一定范围的情况下,行政机关可以在此范围内作出选择。如治安管理处罚可以在法定的种类与幅度内,根据具体情况作出选择。这仍然是依据法律的一种形式。当然,所作选择必须合理。合理是依据法律原则的特殊表现。

(五)职权与职责统一,这是行政机关行使职权的一个重要原则

职权,就是宪法、法律授予行政机关管理经济和管理社会的权力,它与公民的权利不同。公民的权利可以行使也可以放弃,但行政机关的职权不仅是可以行使,而且是必须行使,不能放弃。法律授予行政机关的职权,实际上也就是赋予行政机关以义务和责任,行政机关必须尽一切力量去保证完成。因此,行政机关的职权从另一角度说,就是职责。职权与职责是统一的,是一件事情的两面。放弃职权,不依法行使职权,就是不履行义务,就是失职,应该追究法律责任。从我国的实际情况看,把职权等同于公民的权利,愿意行使时就行使,不愿行使时就随意搁置,是相当普遍的现象,可以说,这是我国行政管理中的大敌之一。依法行政应该包含着依法必须行政的含义在内。

从以上论述可以看出,依法行政,与依法治国不同。依法治国的主体是人民,人民通过权力机关制定法律,表达意志,治理国家。依法行政则是对行政机关提出的要求。主要解决的是以下关系:

第一,政府与人民的关系。其一,政府的权力来源于人民,来源于人民

通过人民代表大会制定的法律，政府是执行人民意志的机关。其二，行政机关工作人员是人民的公仆，绝不能凌驾于人民之上，做官当老爷。其三，政府的任务是进一步提高人民的物质和文化利益，保护公民的基本权利。未经授权，不能设定和实施任何剥夺或限制公民权利的行为。政府与人民的关系是依法行政立论的基本点，一切观点和制度都以此为出发点和归宿。

第二，权与法的关系。处理好权与法的关系，乃是依法行政能否成功的关键之一。权就是行政权，行政机关必须依法行使。"依法行政"非常明确地摆正了权与法的关系。行政权的行使，必须有法律授权，并有法定依据。一切违法行为都必须追究法律责任。

第三，行政机关与司法机关的关系。行政机关和司法机关都由人大产生，应互相支持，互相监督。司法机关不是行政机关的下属机关。人大与司法机关都有监督行政机关是否依法行政的权利和义务。

二、依法行政是依法治国的核心

依法治国，建立社会主义法制国，是我国人民当家作主的本质所决定的，也是建立社会主义市场经济的内在必然要求。依法治国战略方针的确立，为实现依法行政开辟了道路，创造了前提条件，而依法行政又是依法治国的核心所在。

不奉行依法治国的方针，就不可能有依法行政。因为依法行政不是孤立的，依法行政需要权力机关加强立法和必要的授权，需要司法机关的保障，需要全国人民有良好的法律素养，以及来自各方面的监督等。没有依法治国的大环境，就谈不上依法行政。而依法行政又是依法治国的核心、难点，以至终点所在。

法律的实施是所有国家机关的任务，但最重要的还是行政机关。大量的法律，包括涉及国家经济、科技、文化的发展，以及和人民切身利益有关的许多法律都要靠行政机关去落实。据统计，百分之八十的法律都有赖行政机关执行。行政机关在依法治国中担负着最大量、最繁重的任务，可以说，没有行政机关，依法治国就失去了最主要的支柱。没有强有力的行政执法，立法方面的一切努力将变为徒劳。正因此,江泽民同志指出:“干部依法决策,依法行政是依法治国的重要基础。”[7]

从与公民的关系说,虽然民事关系要比行政关系更广泛、更复杂,但民事权益的保障,离不开行政机关。很多人以为保障民事权益,制止民事侵权行为,主要依靠法院,行政机关在此无能为力。这是一种误解。民事权益的保障和民事侵权行为的制止,首先关乎行政机关。这是因为,民事侵权行为具有双重性。例如,甲乙二人打架,甲将乙打伤,这是民事侵权,但同时甲也侵犯了治安管理秩序和公共利益。民事侵权行为,侵犯的不仅是公民权益,也侵犯了行政管理秩序。行政机关为了维护良好的行政管理秩序,就必须给破坏治安管理秩序的甲以行政处罚。行政机关的行政处罚行为,既是对违法行为的制裁,也是对民事侵权行为的制止;既是对社会秩序的维护,也是对公民权益的保护。由于行政机关工作人员数量多,程序简单,效率高,因而常常在处理了公民侵犯行政管理秩序的同时,也顺手将民事赔偿问题附带解决,这就是治安管理处罚条例所规定的情况。即使作为典型民事关系的婚姻关系,为维护良好的婚姻秩序,结婚时也必须先到行政机关去登记,如此等等。因此,对民事权益的保障和民事侵权行为的制止,常常首先由行政机关采取措施。这就必须强调依法行政。没有依法行政,难以维护良好的行政管理秩序,也将会影响民事关系的正常发展,使民事权利难以保护。当然,这并不等于说行政机关可以干预一切民事侵权和民事纠纷。在这里,最重要的界线是法律界定。

另外,在公民守法和行政机关依法行政方面,作为管理者与被管理者这一对法律关系,行政机关的依法行政,常常是矛盾的主要方面。行政机关不依法办事,就无法要求被管理者“守法”,言教必须与身教并重,严格依法办事,才能要求和教育公民遵守法律,逐步提高公民的法律素质。公民的守法并不难,难点在于行政机关工作人员严格执法,严格依法办事。

依法行政也是依法治国的难点所在。行政机关行使权力时的特点之一是首长负责制,是权力的相对集中和命令与服从;行政事务的繁杂性和紧迫

---

〔7〕 1996年2月8日江泽民总书记在中共中央举办的法制讲座上的讲话。

性,要求行政机关必须强调办事速度,强调行政效率,并给予行政机关在行使职权时以较大的自由裁量权,行政方式上的这些特点,使人们习惯于按个人意志办事,忽视依照法律规定行使行政权力。因此,依法行政将是依法治国最困难的部分。依法行政的困难,也就是依法治国的困难。实践已经充分证明了这一点。如果依法行政不能取得成效,则依法治国最终也难以实现。

依法行政是现代法治国家政府行使权力时所普遍奉行的基本准则。它反映了社会从人治向法治转变的历史进程。不奉行法治原则,谈不上依法行政。人治与主观随意性相联系,权力的行使由个人意志决定;依法行政与法治相联系,权力的行使以人民制定的法律为依据和评判标准。

三、依法行政的历史发展

依法行政是近代社会法治国家所普遍奉行的准则,但由于各国社会历史条件和法治传统的区别,对于依法行政内涵的概括,也因时代和国家的不同而相异。

资本主义初期,适应自由竞争的需要,提倡管得最少的政府是最好的政府,因此,依法行政之法,是指狭义的,即国会制定的法律。"无法律即无行政"。随着社会的发展,国家对经济和社会的干预扩大、深入,法治国逐步建立,依法行政之法,扩大至根据法律制定之法规等行政立法,这是国外依法行政理论的主要时代变化。[8] 就国家而言,德国行政法学的创始人 Otta Mayer 在《行政法》中认为,依权力分立原则,国家应"依法律而治",即国家之司法及行政皆受法律之拘束。依法行政的重点为"1. 法律的规范创造力原则;[9] 2. 法律优越原则;3. 法律保留原则。"[10] 印度行政法学者 M. P. 赛夫在其《德国行政法》一书中认为德国的"法治"观念包括两种意见,"实质上的法治要求实现公正的法律秩序。这一原则要求国家的权力应当服从于各种确定的、不可变更的宪法原则,服从于实质性的基本价值"。"形式的法治要

---

〔8〕 参见蔡志方:《行政法三十六讲》,第 58 页。

〔9〕 笔者注:意为只有狭义的法律才能创造法规,只有法律才能创造法规之效力。

〔10〕 陈新民:《行政法学总论》,修订二版,第 51 页。

求,国家的一切活动都应当以根据宪法制定的各种法律为依据”。[11]

英国法学家A. V. 戴西将英国的法治原则归纳为三个原则:“1. 正规法律的绝对优位及政府专断权力之排除;2. 法律之一律平等;3. 宪法的一般原则乃通常法律适用结果的浓缩。”[12] 当代英国学者将法治原则概括为:“1. 政府的一切活动必须遵守法律;2. 法治原则不局限于合法性原则,还要求法律必须符合一定标准,具备一定内容;3. 法治原则表示法律的保护平等;4. 法律在政府和公民之间无偏袒。”[13]

美国的法治原则包含下列因素:(1)法治原则承认法律的最高权威,要求政府依照法律行使权力。但法律必须符合一定标准,包含一定内容。否则,法律也可作为专制统治的工具;(2)正当的法律程序:为保护公民权益不受政府的官员不正当行为的侵犯,还必须在程序方面对政府权力的行使加以限制;(3)法律规定的权利和程序必须执行,为此,必须有保障法律权威的机构。[14]

日本关于依法行政的观点对我国的影响最大。早期的著名法学家美浓部达吉认为,法治主义建立于法律平等之思想和对人民权利自由之限制,须有法律之根据。非依法律,不得任意侵害的依法限制思想的基础之上。其基本原则为“1. 行政权之作用,不得与法规相抵触;2. 非有法规根据,不得侵害人民权利,或使人民负担义务;3. 非有法律根据,不得为特定人设定权利,或为特定人免除法规所科之义务;4. 法规任行政权以自由判断之场合,其判断也须合于法规。”[15] 其后,田中二郎将依法行政概括为“1. 行政为法规之执行;2. 行政须有法规之授权;3. 行政应受法规之限制。”[16]

近期以来,日本、我国台湾学者常将依法行政归纳为法律优位原则与法

---

〔11〕 [印]M. P. 赛夫:《德国行政法》,周伟译,台北五南图书出版股份有限公司1991年版,第15~16页。

〔12〕 城仲模:《行政法之基础理论》,三民书局,第6页。笔者注:此处所说“法律结果的浓缩”,是指英国公民的权利是普通法院的判例形成的,英国的宪法建立在公民权利的基础上。

〔13〕 王名扬:《英国行政法》,中国政法大学出版社,第10~11页。

〔14〕 王名扬:《美国行政法》,中国政法大学出版社,第10~11页。

〔15〕 [日]美浓部达吉:《行政法撮要》(上),商务印书馆1934年版。

〔16〕 城仲模:《行政法之基础理论》,三民书局,第7页。

律保留原则。将法律优位原则称为消极的依法行政,法律保留原则称为积极的依法行政。[17]

依法行政作为政府行使权力的最基本的准则,是为我国社会主义国家的性质所决定的。依法行政,是人民当家作主的必然结论。

在我国,依法行政是历史发展到一定阶段的产物。我国到80年代末提出依法行政的原则,绝不是偶然的,这是政治经济发展的结果。

十一届三中全会以后,我国进入改革开放的新时期。伴随着改革开放发展起来的我国经济民主和政治民主,为行政管理必须依法行使权力奠定了基础。一手抓经济,一手抓法制,我国的社会主义法制得到迅速发展。社会主义市场经济的提出和建立,要求建立与之相应的社会主义法制。市场经济在一定意义上就是法制经济,因为,要建立健全和规范商品经济,舍法制别无它途。法制是健全的市场经济必有的内在要求。依法治国、依法行政,已成为我国政治经济形势发展的历史要求,同时也为我国确立依法治国、依法行政的原则提供了现实的可能性。

依法行政也是法制建设本身发展的结果。我国宪法对依法行政提出了基本要求,并作了许多原则规定,近几年来,社会主义法制迅速发展,在经济、社会的广阔领域里,为依法行政提供了法律依据。其中尤其是行政诉讼法和国家赔偿法的颁布实施,建立了对具体行政行为是否合法的司法监督机制。事实上,依法行政正是行政诉讼制度建立起来以后才提出的。这是提出依法行政原则的法律条件。是法制建设本身发展的规律性体现。1996年3月通过的《行政处罚法》,充分体现了依法治国、依法行政的精神。在我国行政管理中影响极为巨大的行政处罚领域,从行政处罚的设定权、实施主体和处罚程序等几个方面,保证行政机关在行政管理中必须依法行政的方针,把我国依法行政实践提高到一个新的水平。

1995年,江泽民同志提出依法治国的方针,作为依法治国极为重要的组成部分,依法行政已成为国家机关行使权力的基本准则。在中央和各级

---

〔17〕 参见[日]南博方:《日本行政法》,杨建顺、周作新译,中国人民大学出版社,第10页。翁岳生:《法治国家之行政法与司法》,月旦出版社,第225~227页。吴庚:《行政法之理论与实用》,三民书局,第75~78页。

政府的文件中已屡次提到，李鹏同志更明确提出："以法治国，依法行政。"〔18〕

显然，我国提出依法行政的历史条件和法制传统，与诸如德国、日本等国相比，有着很大的不同。正因如此，我国依法行政的内涵，不能仅限于法律优先和法律保留，而应广泛得多，必须将职权法定、依据法律和职权与职责令一等包括在内。

四、依法行政的内容

依法行政当然包含了行政管理的全过程和全面内容，依法行政的基本内容，也就是国家行政管理的基本内容。

第一，依法行政的主体是行政机关及其公务员。行政机关的性质、任务、职权、组成、活动方式以及成立、变更和撤销的程序，由行政机关组织法和行政机关编制法规定。公务员的录用、任命、晋升、奖惩、待遇等由公务员法规定。行政机关组织法和公务员法统称为行政组织法。行政机关、公务员的产生和活动，必须依据行政组织法。这是依法行政的重要内容。不能把行政主体本身的依法行政排除在外，否则依法行政将失去基础。

第二，行政机关及其公务员行使行政权力，即行政机关的行政行为，必须严格遵循依法行政的原则。行政行为是与公民、法人或其他组织发生各种关系的行为，极为广泛而复杂。它是依法行政的基本内容。

第三，行政机关行使行政权力时，必须依据法定程序。行政程序伴随着行政活动的全过程和一切方面。没有无程序的行政行为。行政程序法是依法行政的重要组成部分。

第四，在行政系统内部实施的监督，包括审计与行政监察，以及行政机关上下级之间的监督等，也都属于行政活动的范畴。行政监督的体制、标准、形式及程序，同样要遵循依法行政的原则。

第五，行政诉讼法、国家赔偿法等法律制度，是依法行政的司法保障，对行政机关依法行政的行为，法院将予以维护，必要时提供司法强制；对违反

---

〔18〕 李鹏同志为《中国法学》和《中国行政管理》题词。

依法行政的行为，法院将予以撤销和纠正，由此保障行政机关必须依法行政。

五、依法行政的意义

依法行政原则的确立，对于像我国这样缺乏法制传统的国家，具有划时代的意义。

1. 保证行政管理为人民服务的目标

人民通过权力机关制定法律，表达意志，行政机关依法行政，就将保证行政管理遵循为人民服务的目标，使行政管理不致偏离航道。

但毋庸讳言，行政管理范围的宽阔和行政工作人员的众多，作出背离为人民服务宗旨的行为，甚至侵犯公民合法权益的事，也时常出现。要从根本上解决这些问题，只有依靠严格贯彻依法行政的原则。

2. 保证行政管理的统一性、连续性和稳定性

法治国的最重要的特点是这个国家一切活动的统一性、连续性和稳定性。这同时也是依法行政给行政管理带来的保障。依法行政能保证行政管理的统一，有了统一性，才能有公平和公正。社会的不公正、不公平，是产生社会不满，甚至不稳定的重要因素。

连续性与稳定性，同样是社会稳定的重要条件。市场经济之所以必须是法治经济，就是由于法治所带来的统一性和连续性。要保持行政管理的连续性和稳定性，也只有依靠依法行政。

3. 保证提高行政效率

依法行政，在法律规定的范围内决策，依照法律规定执法，以保证行政管理符合国家和人民的要求，避免不公、错误和违法，减少纠纷和矛盾。同时，按法律规定的程序办事，遵守法定的操作规则，都将大大提高行政效率，这也一再为我国历史所证明。不能将行政效率和依法行政对立起来。

4. 保证对行政管理的监督有统一的标准和程序

要使监督取得成效，必须解决监督什么和如何监督的问题，也就是需要有监督的标准和程序。所谓监督的标准，就是对行政行为是否违法的评判

标准。而能够提供是非评判的唯一标准，是法律；所谓监督程序，即进行监督要经历哪些步骤、方式和时限。程序就是操作规则。遵循法定程序进行监督，才能保障监督顺利、有效、正确地进行。

（本文原载于《中国法学》1997年第1期）

公务法人问题研究

马怀德

一、案例及问题

某大学二年级学生田某因在一次考试中携带记有公式的字条而被监考老师停止考试，后学校教务处以考试作弊为由，依据学校关于严格考试纪律的文件对田某作出退学处理。但该退学处理决定并未得到实际执行。在此后的两年中，田某以一名正常学生的身份继续使用学校各项设施，包括校医院、图书馆、教室，继续享受学校补助金，也交纳了学费，修完了所有学分并参加了实习和毕业设计。临近毕业时，学校以此前对田某已作退学处理，故已丧失学籍为由，拒不发放毕业证、学位证、派遣证等。田某认为学校拒发毕业证、学位证的行为侵犯了其合法权益，向法院提起诉讼，请求法院判令学校发放毕业证、学位证等。法院经审理，认为学校拒绝颁发毕业证的行为缺乏法律依据，判令学校在一个月内向田某颁发毕业证，在两个月内组织学位委员会讨论学位问题。本案提出的核心问题是：

1. 学校的性质及法律地位是什么？
2. 学校等事业单位与成员或利用者的关系属何种法律关系？
3. 事业单位制定的内部规则的效力如何？
4. 事业单位与利用者之间关系的监督与救济途径有哪些？

二、学校的性质及公务法人

在我国，关于学校的性质问题，理论界和实务界的认识比较一致，都将其定位于事业单位,[1]这种定位的依据是《民法通则》。该法将法人分为企业法人、机关、事业法人和社团法人,划分企业法人与机关、事业法人的一个重要标准就是是否营利,凡是以营利为目的设立的均为企业法人,而不以营利为目的设立的组织为机关、事业、社团法人。1995 年颁布的《中华人民共和国教育法》第 25 条明确规定,国家举办学校及其他教育机构,国家鼓励企业事业组织、社会团体、其他社会组织及公民个人依法举办学校及其他教育机构。任何组织和个人不得以营利为目的举办学校及其他教育机构。机关、事业、社团法人不得营利的原因在于,多数行政、事业法人的经费来源于国家或社会,有确定的用途即为社会公共利益服务,也无需纳税。区分企业法人与机关事业法人的另一个重要标准就是设立的依据。企业法人是依照民事法、商事法律设立的,如公司法、合伙法、企业法。而设立机关事业社团法人的依据是组织法和行政法律规范。如学校的设立必须依照教育法、事业单位登记管理暂行条例进行。

作为事业单位,学校的法律地位比较特殊。一方面,学校像其他民事主体一样,享有普通的民事权利,也承担一般的民事责任。如《高等教育法》规定,高等学校自批准设立之日起取得法人资格,在民事活动中依法享有民事权利,承担民事责任。学校从事民事活动时,如采购办公用品、建筑校舍、出租场地等,与其他企业、机关、社团法人并无区别。另一方面,学校与学生、教职员工之间的关系既有民事法律关系,又存在民事法律关系以外的其他关系。如学校对未成年学生负有保护义务,对于在校的未成年人,学校应承担监护责任。[2] 但学校与学生之间的教育与受教育关系则显然不是一般的民事关系。因为如果将学校与学生之间的教育关系视为普通民事关系,则无法解释为什么学校对学生享有特殊的管理权限,如纪律处分,颁布学历学位证书,制定校纪校规。因此,学校作为事业单位,既享有一般民事主体的

---

〔1〕 根据 1998 年 10 月 25 日国务院公布的《事业单位登记管理暂行条例》规定,事业单位是指国家为了社会公益目的,由国家机关举办或者其他组织利用国有资产举办的,从事教育、科技、文化、卫生等活动的社会服务组织。

〔2〕 1999 年 10 月 21 日,北京市海淀区人民法院判令亮甲店小学对学生胡蓉在一次校外活动中受伤承担赔偿责任,法院认为校方履行监护职责不当,应当承担主要责任。参见《法制日报》1999 年 11 月 13 日。

法律地位,又有区别于民事主体而近似行政主体的法律地位。

为了更清楚地了解学校的性质及特殊法律地位,我们不妨对学校进行一些横向比较。在法国、德国等大陆法系国家,学校通常分为国立(公立)及私立两种。国立学校属于公营造物或公共公益机构的一种。所谓公营造物,按照德国行政法之父奥托·迈耶的解释,就是掌握于行政主体手中,由人与物作为手段之存在体,持续性地为特定公共目的而服务。[3] 设立公营造物的行政主体依计划对其加以领导并监督,从而确保公营造物之利用者应有之权益。公营造物又分为广狭二义。广义的营造物"系指行政主体,为达成一定目的,以人及物构成而继续设置的设备"。狭义的营造物"仅指广义营造物中,直接供一般公众利用者之一类而言。此种营造物,乃行政主体,依其设备,在合乎人民之种种利益之下而达到行政上之目的"。[4] 由于公营造物是德国法、日本法构建的概念,其名称直接从日本用语抄袭而来,极易被误认为物理面上的建筑概念,将其称为"公共设施""公共设备"又容易使人联想到类似交通标志,政府机构的建筑等公共建筑物上,所以也有人称之为"公务法人""公共机构"。[5] 法国学者将其称为"公立公益机构"。[6] 我国学者在介绍法国此类性质的组织时,称之为"公务法人""公共机构"。[7] 为了研究方便,我们以下论述中,将其统称为"公务法人",其范围与公营造物相同。

太陆法系的国立学校等公务法人通常被界定为行政组织的一种。与其他类似机构一样,它们既不是企业法人,也不是单一的民事主体,而是负担特定目的提供专门服务的行政机构。之所以称之为行政组织的一种,就是

---

〔3〕 参见吴庚:《行政法之理论与实用》,台湾三民书局 1998 年增订 4 版,第 164 页。

〔4〕 参见乔育彬:《行政组织法》,1994 年 10 月版,第 300 页。

〔5〕 参见翁岳生主编:《行政法》,第 273 页。陈新民:《行政法学总论》,修订 6 版,第 108 页。

〔6〕 "公立公益机构"是人格化的公共行政机构,它在特定的范围内能提供一种或多种专门的公共服务,在法国,此类机构指"国家医疗单位""公立教育机构""农业与商业机构""与公共工程相关的机构""与银行和经营业务相关的机构""荣誉勋位团""国家铁路的行政管理机构"。此外还有省、市镇属公立公益机构,如医院、收容所、济贫所、博物馆。参见[法]莫里斯·奥里乌:《行政法与公法精要》,龚觅等译,辽海出版社、春风文艺出版社 1999 年 6 月版,第 419 ~ 427 页。

〔7〕 参见王名扬:《法国行政法》,中国政法大学出版社 1988 年版,第 128 页。

因为这种组织型态的产生有其特殊的历史背景。正如德国行政法学家穆勒所言,公共营造物(即公务法人)是行政法上特有的,在十九世纪才产生的组织型态。营造物产生的初期是在自由法治国时期,为免于法律保留的拘束,行政机关得以在高度自由下完成其特定任务而设立的。随着国家任务不断扩充,国家负担大量给付行政,有些任务具有特殊性与技术性,为了执行方便,就成立公务法人,来执行这些任务。如负责邮政、铁路、公路、水电事业的机构就是在这种背景下产生的。[8] 公务法人具有独立性能够避免一般行政上的官僚习气和僵化手续,保持一定程度的精神自由,也容易得到社会上的赞助。[9] 可以说,公务法人是近代行政管理的一种新技术,是行政组织在新的历史条件下的一种扩张形态。之所以说它负担有特定目的,是因为公务法人通常为社会提供特定的服务,而且是通过人与物结合的方式提供服务,其服务的范围也十分广泛,主要包括科研、教育、文化等领域。所以说,公务法人不同于私法人,也不同于其他公法人,如公法社团等,它具有一系列自身的特点:

首先,公务法人是依照公法设立的法人,是公法人的一种,不同于依私法设立的私法人。众所周知,"大陆法系国家其法制之基本架构,既仍建立在公法和私法二元化基础上"。所谓公法人就是"根据公法规定而成立的法人,以公共事业为成立目的"。[10] 具体而言,公法人是按照涉及公共利益的法律建立的,能够作为公权力主体行使权力课以义务的组织,它是为了公共利益而存在的主体。它与依照民法、公司法、银行法、企业法等设立的私法人或合伙组织不同。大陆法系国家通常将公法人分为公法团体、公共机构、公法财团三大类。公法团体是依据公法而成立的人的团体,其组成的目的,是追求和保障公共利益及成员利益,如各级国家机关、律师公会、县、市政府均属之;公法财团是指依照公法设立的具有财团性质追求公益为目的的法人,如公基金等。公共机构(公务法人)则是依照公法成立的,由某些物及人

---

〔8〕 参见李震山等:《当代公法理论——翁岳生教授六秩诞辰祝寿论文集》,台湾月旦出版社1993年版,第259页。

〔9〕 王名扬:《法国行政法》,中国政法大学出版社1988年版,第128页。

〔10〕 王名扬:《法国行政法》,中国政法大学出版社1988年版,第40页。

组成的,以持续方式达成特定行政目的的组织体。如公立学校、公园、图书馆、博物馆、公立医院等。至于设立公务法人的公法与设立公司、企业法人的私法有何不同,本文在此不赘述。[11]

其次,公务法人是国家行政主体为了特定目的而设立的服务性机构,与作为机关法人的行政机关不同,它担负特定的行政职能,服务于特定的行政目的,因而有别于"正式作出决策并发号施令之科层式行政机关","其与母体之行政机关间存在着既独立又合作、分工、对抗之关系"。[12] 如公立学校通常是国家行政主体设立的。但学校一经设立,就负有提供教育服务的义务,享有自主管理学校事务的权力。同时,公务法人也有别于由成员组成的社团法人(团体),它是人与物的功能结合,而非人的集合。当然,公务法人与单纯的公物也不同,它不是单纯的供利用的公物,如公路、桥梁,而是人与物的结合,如学校是由教职工、学生、校舍及各类教学设施等组成。

再次,公务法人享有一定公共权力,具有独立的管理机构及法律人格,能够独立承担法律责任。因此,它不同于行政机关的内部单位和内设机构,也不同于行政机关委托的组织、个人,而是可以以自己名义独立行使某种权力、承担相应法律责任的组织体。

最后,公务法人与其利用者之间存在丰富而特殊的法律关系,既包括私法关系即普通的民事法律关系,也包括公法关系即行政法律关系,而后者集中体现了公务法人与其他法人的区别。例如,公立学校与学生之间既有民事法律关系,也有公法关系,不同的法律关系则决定不同的法律救济途径。"假设所涉及的是公共争议,那便以行政诉讼方式为主;反之,则便以民事诉讼之途径来救济"。[13]

公务法人可分为若干种类,学校只是其中一类。根据我国台湾学者的

---

[11] 公法与私法的区分标准,学术界具有代表性的有两个,一是"新主体说",又称"特别法规说",即对任何人皆可适用,均发生权利义务之可能者为私法,公法则系公权力主体或其机关所执行之职务法规,其赋予权利或课以义务之对象仅限于行政主体或国家机关,而非任何人;二是"利益说",该学说主张公法是有关公共利益的法,私法则是关系个人利益的法。参见吴庚:《行政法之理论与实用》,台湾三民书局 1998 年增订 4 版,第 27 ~28 页。

[12] 翁岳生主编:《行政法》,第 273 页。

[13] 陈新民:《行政法学总论》,修订 6 版,第 48 页。

归纳，可以将公务法人（公共营造物）分为①服务性营造物，指邮局、电信局、港口等；②文教性营造物，指公立学校、博物馆、图书馆、文化中心等；③保育性营造物，指医院、疗养院等；④民俗性营造物；⑤营业性营造物等。上述公务法人中，有些使用关系属于公法关系，如学校、邮局、监狱等，而电信、公立医院、博物馆、文化中心的利用关系则为私法关系。

通过上述比较，我们发现我国的事业单位与大陆法系国家的公务法人在功能方面有很多类似之处，如都是国家依法设立的公益组织，具有特定的行政上的目的，提供专门服务。但也必须看到，在我国，由于无公私法之分，也无公法人、私法人之别，故学校等事业单位实际上处于模糊的法律定位。我们常常面对这样一个尴尬境地，在组织形态上，一方面，很多法律法规授权事业单位从事公共服务，履行公权力，有些事业单位实际上成为一类特殊的行政主体。〔14〕 另一方面，人们坚持事业单位与企业及普通国家机关的区别，并习惯于将事业单位（除非获得法律法规授权）排除在行政主体之外。在司法救济问题上，一方面，面对事业单位与其利用者、使用者之间关系的特殊性，人们无法将所有事业单位与利用者之间的所有关系定性为平等主体之间的民事关系而纳入普通民事诉讼中。另一方面，事业单位与其成员或利用者之间的争议又被排斥在行政诉讼之外，于是，此类争议成为司法救济的真空地带。为了解决这一矛盾，行政诉讼实践采用“法律法规授权组织”这一概念，认为凡是法律法规授权组织实施公权力的行为，均可以将其视为行政行为而提起行政诉讼。严格地说，这只是权宜之计。因为它并没有解决法律法规为什么要授权，在何种情况下授权？对谁授权等基本理论问题。

相比之下，大陆法系国家公务法人的概念以及建立在公私法二元化基础上的特有司法救济制度对我们解决事业单位的定性及救济问题具有借鉴意义。笔者认为，将学校等事业单位定位于公务法人，并区分公务法人与其利用者之间的不同种类的法律关系，提供全面的司法救济途径，绝不只是称谓的改变，而是在我国现有行政体制及救济制度下，更新行政主体学说，改

〔14〕 根据《行政处罚法》第17条规定：“法律、法规授权的具有管理公共事务职能的组织可以在法定授权范围内实施行政处罚。”《城市流浪乞讨人员收容遣送办法》（1982年国务院发布）授权收容遣送站负责对城市中的流浪乞讨人员的收容遣送工作。

革现行管理和监督体制，提供全面司法保护的一次有益探索。特别在我国法院诉讼活动区分为民事诉讼和行政诉讼的前提条件下，重新研究事业单位的性质并准确定位更具有十分重要的意义。

三、公务法人与利用者之间的关系

学校与学生之间的关系不仅限于平等民事主体之间的关系，而且还应包括公务法人与其利用者之间的公法关系。公务法人与利用者之间的关系取决于公务法人的身份和地位。如果公务法人以公务实施者的身份出现，那么，与利用者之间的关系属公法上的关系，即行政法律关系；如果公务法人以民事主体身份出现，则与利用者之间的关系属私法关系，即民事法律关系。这里我们重点要分析公务法人实施公务时与其利用者之间存在何种法律关系？有何特点？

在大陆法系国家，公务法人与利用者之间的关系，根据不同方式，可以分为不同种类。一是根据利用关系的是否出于公务法人的强制可将其分为任意利用与强制利用。前者是指“其利用与否，在于利用人之自由意思”，如公法契约就是这种情况。后者是指“行政主体，为使营造物发挥其效用计，有时依法律，科私人以利用之义务。而私人有特定之情事时，即须利用其营造物，否则行政主体，得以处罚或行政上之强制方法而强制之。”如将患传染病之人，送至传染病医院或隔离病房。在义务教育中，强制家长将学生送至小学等均属强制利用。[15] 二是根据公务法人与利用者之间关系的内容，又可以将其分为一般权利关系与特别权利关系。前者是指由公法直接规定公法上的一般义务，公民在履行此等义务，如服从法律的义务、服兵役的义务、金钱给付等义务时与国家行政机关或公务法人之间形成的关系为一般权利关系。而后者是相对于前者而言的，公民与国家或公务法人之间因特别的义务而形成的权力服从关系。如因义务教育法律规定入学，成为公立学校学生。依照传染病防治法律而强迫进入公立医院成为病人。或因自愿，公民担任公务员，进入公立学校读书，自愿使用公立图书馆、到公立医院接受

〔15〕 参见乔育彬：《行政组织法》，第 302 页。

治疗、参观博物馆,或因法院判决入狱服刑成为犯人,这些关系均属特别权力关系。[16] 由于一般权利关系多属行政机关与公民之间形成的权利义务关系,在此并不讨论。我们重点探讨公务法人与其利用者之间形成的特别权力关系。

特别权力关系中当事人关系的不平等特别严重,与一般的权力关系有程度上的不同。首先在于义务的不确定性,即公务法人对其成员和利用者享有特别的支配权力,只要是为了达到行为目的,允许特别权力人(公务法人)为对方设定各种义务。如公立学校对学生所作的纪律规定,医院限制病人的行动自由,机关指派公务员担任任何性质的职务。其次,特别权力主体可以以内部规则的方式限制他方基本权利。对这种限制相对人有忍受的义务,固缺乏法律救济途径。

由于特别权力关系排除了法治行政原理的适用,因而受到现代行政法学的全面批判。许多学者认为,特别权力关系理论起源于二十世纪末,这个代表昔日强调行政权优越及完整性的理论,在“二战”以后,其合法性及妥当性就面临挑战。为了保障人权,厉行法治,不应当漠视特别权力关系下的人民,如军人、公务员、公立学校学生、监狱服刑人的基本权利,而应当规定司法救济,使其成为法治主义保障的对象。随着特别权力关系理论的衰落,法院司法审查的范围日渐扩大。然而,要将所有的特别权力关系领域内的争议纳入司法救济途径也有实质困难。如公务员可否对上级分配工作、考核、调职等提起诉讼?学生是否可以对学校的成绩评定、升级降级、宿舍管理等提起诉讼?鉴于这种关系中,仍存在一定的服从性,如果将所有此类关系产生的争议纳入司法救济途径确实有困难。在德国,理论界提出了区分特别权力关系的设想。一种是把特别权力关系分为基础关系与管理关系,对涉及基础关系的决定即公务员、军人、学生的身份资格的取得、丧失及降级等

---

〔16〕 参见陈新民:《行政法学总论》,第95页;翁岳生:《行政法与现代法治国家》,1990年9月版,第131~158页。

决定,可以视为可诉行政行为;[17] 对于管理关系,如特别权力人对军人、公务员、学生的服装、仪表规定、作息时间规定,宿舍规则,属于行政规则,不视为是行政处分,不能提起诉讼,也不必遵循严格的法律保留原则。还有一种是把特别权力关系区分为重要性关系与非重要性关系。即只要涉及人民基本权利的重要事项,不论是干涉行政还是服务行政,必须由立法者以立法的方式而不能让行政权自行决定。因此,即使在管理关系中,如果涉及人权的重要事项,必须有法律规定。[18] 重要性理论是对特别权力关系理论的重大发展,一方面,它承认了行政机关及公务法人与其成员或利用者之间的关系仍有别于普通的行政法律关系,不能完全适用法律保留原则。仍有必要赋予特别权力人(公务法人、机关)一定的管理与命令权力,这是维持公务法人正常运作的基础。另一方面,它摒弃了特别权力关系排除司法救济的传统观念,承认在特别权力关系中,只要涉及人民基本权利的重要事项,均应由立法规定,也均可寻求法律救济。当然,从抽象意义上解释这一理论并不困难,问题在于如何界定特别权力关系中行为的重要性?例如,监狱利用内部规则限制服刑人员的通讯自由是否属于重要事项?学校开除学生或劝其退学与学校决定学生留级或评分错误哪类更重要?对公务员记大过处分是否属于重要事项?凡此种种问题,皆需明白清楚的司法解释或立法予以界定。

笔者认为,学校等事业法人与其利用者之间的关系与大陆法系国家公务法人与其利用者的关系非常类似,理论上仍属于特别权力关系。首先,它不同于普通的民事关系,事业法人与其成员或利用者之间的关系并不是平等自愿的,其权利义务不完全对等,如监狱与服刑人员之间,学校与学生之间。在某种情况下,事业法人还有制定内部规则,制裁管束其成员或利用者的权力,甚至可以将其成员或利用者排除出去,从根本上改变成员或利用者的法律地位。尽管在事业法人与利用者之间也存在一定的提供服务支付费用的关系,但是,它仍不同于普通民事关系,因为其间有很浓的权力色彩,相

---

〔17〕 在判例中,学校当局之入学许可、学校之分配、参加高中毕业考试之许可、博士学位之授予、退学或开除、留级、授予大学教师资格、拒绝发给毕业证书等,行政法院认为有审查权限。参见翁岳生:《行政法与现代法治国家》,第144、147页。

〔18〕 参见陈新民:《行政法学总论》,第100页。

对一方的服从义务往往是不确定的。即并不因为相对一方交纳了必要费用而不服从事业法人的命令或指挥。其次,它也不同于普通的行政法律关系,事业法人对其成员或利用者有概括性的下命权,形成的命令与服从关系特别不对等。尤其是事业法人有权在法律授权之外规定内部规则并依据此类规则剥夺限制其成员或利用者的权利。而成员或利用者在认可或服从这种权力的前提下,一般不能对所有权力行为提出异议,否则,就难以保障此类事业法人的正常运转。例如,如果允许学生对学校各种管理措施不分轻重,不分急缓,一律采用正常行政法律关系的救济手段,将妨碍此类事业法人的正常工作。

四、学校等公务法人制定的内部规则之效力

作为公务法人,学校享有较多的自主权限。其中最主要的一项就是制定内部规则。我国《高等教育法》第41条规定,高等学校校长行使的职权中第一项就是制定具体规章制度。本文前述案例中被告就是依据本校关于严格考试纪律的文件对原告作出的退学处理的。但国家教育部规章规定的11种作退学处理的情形中无一种涉及考试作弊情形,而对于作弊,则在其他条款中明确规定了6种处分形式,包括勒令退学。但本案被告并没有适用教委规章中对考试作弊者的处分规定,而是依据本校内部文件对原告作出退学处理。很显然,校内规则与国家部门规章的规定并不一致,那么,学校文件究竟具有何种效力呢?能否对抗国家法律、法规、规章呢?大陆法系有关公务法人的理论认为,公务法人与设置主体之间存在合作与独立的双重性,一方面设置主体必须对公务法人加以监督指挥,另一方面,因公务法人的出现顺应了现代行政专业化、分散化及自主化趋势,所以必须允许公务法人享有在其特殊功能范围内自主管理、自主判断,制定章程和规则的权力。特别是公务法人与使用者之间的关系通常由公务法人的使用规则加以规范。早期的公务法人利用关系,被视为特别权力关系,而公务法人的使用规则一律视为内规,对外不具有法的效力,因此,依照内部规则作出的决定,不视为是行政行为,故亦不得对其提起行政诉讼。随着国家给付行政的扩大,特别权力关系以及缺乏法律保障的利用关系受到质疑。公务法人利用内部规则规避

法律的空间日益狭小。如《德国基本法》第19条第4项规定,任何人受公权力侵害其权利,有权提起法律救济途径。理论界也出现了公务法人的内部使用规则是否适用法律保留原则的争论。有些学者甚至认为公务法人的内部规则并非经过严格的立法程序,而是公务法人内部制定的,有可能成为“法治国下的一个隙裂”。[19] 所以有人把公务法人区分为强制性使用的公务法人和非强制性使用的公务法人。诸如学校监狱等均属于强制性使用的公务法人。学校校规作为强制性使用的公务法人使用规则,如出现影响学生身份如转学、退学以及一些重要的基本人权如政治活动言论等自由应有法律保留的适用。至于非强制性使用的公务法人,应以法令或自治规章明定其目的,也就是说,这些公务法人目的的订立,仍适用法律保留原则。

由此可见,公务法人的内部使用规则是否具有对外效力,能否与法律法规相对抗,关键在于该规则是否属于强制性使用规则,且该规则是否影响利用人的基本权利和重要权利。如果规则涉及使用人的重要或基本权利,那么依据该规则作出的决定就构成具体行政行为,使用人有权对其提起行政诉讼。本案中,被告以校内文件对原告作退学处理并据此拒绝发放毕业证、学位证,显然是强制使用关系中内部规则影响了原告基本权利,对于此种行为应当允许原告起诉。

五、学校与学生之间利用关系的监督与救济途径

毫无疑问,公务法人与其利用者之间形成的特别权力关系也需要监督和救济。监督的方式无外乎立法、行政与司法三方面。如前所述,大陆法系国家的一个普遍做法就是“肯定公法之一般原理原则亦适用于特别权力关系内之行为,同时承认特别权力关系中之权利保护,认为人民的权力受公权力的损害,而损害系由特别权力关系内所为处置所引起者,应如同一般权力关系所为者相同,得诉请行政法院救济”。[20] 当然,也有人认为公务法人与利用者之间并不是特别权力关系,而是民法上的契约关系。如日本的室井

---

〔19〕 转引自李震山等:《当代公法理论——翁岳生教授六轶诞辰祝寿论文集》,台湾月旦出版社1993年版,第265页。

〔20〕 翁岳生:《行政法与现代法治国家》,第141页。

力教授认为"公务员之勤务关系、公立学校、公立医院等营造物之利用关系为民法上之契约关系"。按照他的见解,"公立学校之利用关系与私立学校无异,应视其为民法上之契约,对义务教育可解为'强制契约'。学校对学生之命令权或惩戒权,系利用学校的契约关系,为达成教育之目的,本质上教师应具有的权利,无碍其为契约之一种"。[21] 但是,这类观点与日本现行法律并不一致,按照日本不服审查法的规定,学校对学生所作的处分,学生可以对其声明不服,请求审查或声明异议。所以公立学校与学生关系显然是公法关系,学生对于退学处分等有关丧失身份或排除其利用公共设施的处分,有权向法院提起行政诉讼。在我国,对公务法人及利用关系的监督与救济,首先立法需明确规定公务法人的法律地位与性质,特别是管理使用过程中公务法人本身承担的法律义务及享有的权力,尽可能减少和限制公务法人自行创设规则、自行决定成员或使用者地位的权力。由于公务法人均是由国家行政机关设立或批准设立的,行政机关对其监督自不待言,对于公务法人实施公务引发的争议,有必要纳入行政监督救济之列,如行政复议、监察。司法机关对公务法人的监督与救济不仅是必要的,而且是最为有效的。为此,明确公务法人与成员或利用者之间的行政法律关系特性,将他们之间的争议纳入行政诉讼渠道具有重要意义。由于我国立法与实践对行政诉讼与民事诉讼有严格的区分,这种救济途径的多元化,造成了实体法律关系不得不分的局面。在各种法人中除公司、企业等依民法设立的民事主体及行政机关法人已经有确定的法律地位和救济途径外,事业法人及社团法人的法律地位及性质并不明确,对其与成员或利用者之间的关系属性也缺乏定性,自然对它们之间的争议也缺乏明确的救济途径。就法人的一般理论及分类而言,应当将学校等事业法人定性为公法人的组成部分之一即公务法人,将事业法人与其利用者的关系界定为具有行政法律关系性质的特别权力关系。这是解决事业法人属性及管理形式的思路之一,也是解决因事业法人行使特别权力引发纠纷的重要前提。将事业法人及社会公共团体归类为公法人,将诸如学校、图书馆、科研机构、文化团体等界定为公务法人(公

---

〔21〕 翁岳生:《行政法与现代法治国家》,第149页。

共机构、公营造物),采用行政诉讼、行政复议方式解决公务法人与其成员或利用者之间争议不仅必要,而且可行。正如前述案例中,大学不是普通民事主体,也不是国家行政机关,而是承担公共职能追求公共事业的公务法人;大学与学生的关系不是民事关系,也不是普通的行政关系,而是具有特别权力因素的关系;学校的纪律处分、退学决定或不发毕业证学位证等决定,均属于具有行政行为效果的行为,对于这些决定不服,完全可以通过行政复议、行政诉讼等途径解决,而不宜将其推入民事诉讼范围或置之不理。

(本文原载于《中国法学》2000 年第 4 期)

论建立统一的公法学*

袁曙宏

公法开始成为国内法学界的热门话题,应是中国进入21世纪以后的事。从公元3世纪古罗马法学家乌尔比安首创公法概念〔1〕以来,公法历经中世纪的湮没、文艺复兴以后的甦生和近现代的崛起,在演变和发展过程中既命运多舛,又复杂多变,其内容在不同的时代、法系和国家差异很大。让人颇为费解的是,公法的概念是什么?公法有何重要功能?公法包括哪些法律部门?对这些最基本的问题,法学家们一直没有形成比较一致的答案。更令人不可思议的是,世界各国竟然普遍没有对整体公法规范进行综合研究的统一的公法学科,甚至连"公法学"一词也鲜有提及。大陆法系和英美法系的公法著作,一般均是在公法名义之下对宪法行政法进行研究,〔2〕而不是对宪法、行政法、刑法、诉讼法、国际公法等典型的公法部门,以及经济法、社会保障法、劳动法、环境法等具有较强公法属性的法律部门的共性现象和共性规律进行研究,此类公法著作如冠以宪法行政法之名也似无不妥。仅见的几本被命名为"公法学"的著作,内容实则是专门研究一些部门公法的文

---

* 本文的主要观点是笔者2003年上半年在给北京大学法学院宪法行政法专业博士生授课期间,以及与国家行政学院杨伟东副教授、宋功德博士、北京大学法学院博士生赵永伟、苏西刚、钟瑞友的多次讨论中逐步形成的。本文在收集材料和撰写过程中得到了上述五位同志的帮助,特此致谢。

〔1〕 乌尔比安在人类法学史上首先对公私法的概念和划分作出了经典表述:"公法涉及罗马帝国的政体,私法则涉及个人利益。"[罗马]查士丁尼:《法学总论——法学阶梯》,张企泰译,商务印书馆1997年版,第5~6页。

〔2〕 参见[法]莱昂·狄骥:《公法的变迁/法律与国家》,郑戈、冷静译,辽海出版社、春风文艺出版社1999年版;[法]莫里斯·奥里乌:《行政法与公法精要》,龚觅等译,辽海出版社、春风文艺出版社1999年版;[英]马丁·洛克林:《公法与政治理论》,郑戈译,商务印书馆2002年版。

章汇编或心得札记,[3]而不是系统研究整体公法规范的"公法学"著作。无论造成这种现象的原因有多复杂,建立一门统一公法学有多困难,公法研究的这种落后现状正严重制约、阻碍公法的整体协调发展确是不争的事实。面对实践的迫切需要和理论的严重滞后,笔者愿以这篇拙文首先振臂一呼:应当进行建立统一公法学的尝试,应当对统一公法学的研究对象、理论基础、范畴构架、学科体系等基本问题进行研究,应当在法学界进行广泛和深入的讨论,以填补统一公法学这一法学学科的最大空白。

一、现代公法的崛起要求建立统一的公法学

公私法的划分虽然发端于罗马法,但罗马法的本质是私法,公法没有也不可能在古罗马这样的奴隶制国家真正得到发展。近代意义的公法形成于18、19世纪的大陆法系国家。在法国主要是由于资本主义制度的建立、特别是1789年法国大革命的强力推动,代议制民主、三权分立、权力制约、宪政、法治等原则和制度得以确立,宪法、行政法等新兴的法律学科应运而生,诉讼法、刑法等传统的法律学科得到脱胎换骨的发展。在德国则似乎具有更多的实用主义因素,伴随着"从封建专制国家向具有专制和民主因素国家转变"[4]而建立起来的新的民族统一国家,客观上需要并推动着公法的发展。[5] 自此,公法开始从私法的附属地位中挣脱出来,公私法的划分真正成为大陆法系的内在结构,并对英美法系和其他法系国家的法律制度产生了重要影响。到19世纪末,尤其是在整个20世纪,伴随着国家权力的不断发展和巨大扩张,现代公法的地位、作用、功能和结构发生了越来越深刻的变化。

(一)现代公法发展日显其重要性、成熟性和整体性

公法日显其重要性,这是现代公法发展的第一个重要标志。美国当代

---

〔3〕 参见李允簇等:《现代公法学》,台湾汉苑出版社1988年版;陈新民:《公法学札记》,中国政法大学出版社2001年版;陈新民:《德国公法学基础理论》,山东人民出版社2001年版。

〔4〕 [德]奥托·迈耶:《德国行政法》,"代中文版序",刘飞译,商务印书馆2002年版。

〔5〕 参见[德]Michael Stolleis:《德国近代公法成立的原因及历史背景——一个综论》,颜厥安译,载台湾《政大法学评论》1994年第52期。

法学家E.博登海默有一句十分精辟而深刻的话:“法律是人类最大的发明,别的发明使人类学会了驾驭自然,而法律让人类学会了如何驾驭自己。”只要回顾一下人类从专制走向民主、从战争走向和平、从贫穷走向富裕、从人治走向法治的艰难历程,就不难对博登海默的这句话产生强烈的共鸣。人类驾驭自己的法律有驾驭平等主体之间私权利的私法和驾驭国家公权力的公法两大类型。虽然从人治走向法治要靠私法和公法的共同发展,要靠私法和公法的共治;但是从根本上说,“强制私人尊重法比较容易,国家在此可起举足轻重的仲裁人的作用,而强制国家尊重法比较不易,因为国家掌握着实力”。〔6〕这也是古罗马之所以私法发达、而公法徒有其名的本质原因。因此,我们完全可以说,法治本质上是公法之治,是驾驭公权力之治。

另一方面,现代经济和社会的快速发展,乃至于现代私法的发展,也越来越依赖于公法的推动。“政府的合法目的是为某个社会的公众去做任何他们需要政府做的事情,而这些事情仅凭他们各自单独和本人的力量是无法做到的。”〔7〕100多年来,政府的这一目的没有改变,但政府的角色定位和作用范围却有了根本性变化。“除了邮局和警察以外,一名具有守法意识的英国人可以度过他的一生却几乎没有意识到政府的存在”〔8〕的田园牧歌时代已经结束。垄断经济和福利国家的出现,要求政府全面和能动地介入经济和社会管理。公权力活动领域的扩张及其向私人自治领域的渗透,推动着公法领域不断扩张。凡公权力所到领域,均是公法所要规范的范围,公法数量成倍增加,公法领地日益膨胀;公法不仅早已冲破私法形成的强大场力,而且不断介入传统上属私法自治的领域,呈现出公法不断加强、私法相对缩小的格局和态势,以至有学者指出:“对于一种社会的法律秩序来说,私法只应当被认为是一个仅具有暂时性质的且日益缩小的个人能动领域,她暂时还残存于无所不涉的公法领域之中。”〔9〕

---

〔6〕[法]勒内·达维德:《当代主要法律体系》,漆竹生译,上海译文出版社1984年版,第74页。

〔7〕[美]麦克斯·J.斯基德摩、马歇尔·卡特·特里普:《美国政府简介》,张帆、林琳译,中国经济出版社1998年版,第1页。

〔8〕[英]威廉·韦德:《行政法》,徐炳等译,中国大百科全书出版社1997年版,第1页。

〔9〕Gustav Rad ruch语。转引自[英]弗里德利希·冯·哈耶克:《法律、立法与自由》(第1卷),邓正来等译,中国大百科全书出版社2000年版,第222页。

公法日显其成熟性,这是现代公法发展的第二个重要标志。公法的成熟程度,从根本上来说,既决定于宪政体制和法治精神的成熟程度,又决定于市场经济的完善程度。经过200多年的发展,现代公法的日益成熟突出表现在对公共权力与公民权利关系的法律调整逐步完善。从调整的范围看,现代公法既跳出了对私权绝不干预的无为政府模式,又没有落入对私权全面干预的全能政府模式,而是确定了对公共权力既监督制约又保障激励,对公民权利既严格保护又防止滥用,对政府与市场既划清疆界又动态调整的有限政府和有效政府的模式。从调整的过程看,现代公法越来越重视国家与公民、公共权力与公民权利之间的互动,国家与公民之间已不再是单纯的命令与服从关系,而是服务与被服务的关系,公法在功能上兼顾了自由与秩序,在价值上兼顾了公平与效率,在利益上兼顾了公益与私益,正当程序、公民参与、公开透明、法律救济等原则和精神在公法制度设计中得到充分体现,私法中的诚实信用、平等协商、互利合作的原则和精神被引入了公法领域,甚至和解也成了有效实施行政处罚和刑事处罚的灵丹妙药,美国通过"辩诉交易"结案的刑事案件占全美刑事案件的90%左右〔10〕就是明证。从调整的手段看,对公权力的控制手段和技术走向多元,已由从传统上多侧重于权力源头控制和事后控制,走向了从权力授予到行使和监督的全过程控制,从重实体控制转向实体与程序并重控制,从重外部控制转向在外部控制之下的内外共治,从重权力的强制行使到行政合同、行政奖励,甚至公共服务市场化〔11〕等非强制手段的广泛兴起。此外,各国公法也开始注重对他国公法制度的学习、借鉴乃至移植,在经济全球化的浪潮下,开放的公法结构加快了世界各国公法趋同的可能和成熟的速度。

公法日显其整体性,这是现代公法发展的第三个重要标志。公法规范的整体性,从根本上决定于公共权力的整体性。近代公法形成初期,一方面由于害怕行政权专横,对立法权、行政权和司法权进行了泾渭分明的划分,使其相互分立和互相制约,国家的整体权力被人为分割;另一方面由于当时

〔10〕 参见杨悦新:《理性看待辩诉交易——访中国政法大学博士生导师宋英辉教授》,载《法制日报》2002年4月28日。

〔11〕 参见刘靖华等:《政府创新》,中国社会科学出版社2002年版,第170~187页。

公权力所面对的社会现象和社会问题相对简单，一般无需各种公权力协同解决某一现实问题，甚至只需要公权力依法自守，无所作为，经济和社会就能自发发展。公权力的这种分割性，无疑导致了公法规范以各部门公法为轴心的分散性。然而，自19世纪末以来，随着资产阶级宪政体制的稳定和社会经济规模的扩大，客观上为国家权力的大幅度扩张提供了需要和可能；与此同时，国家权力结构也发生了革命性变化，出现了公权力之间相互交织和公权力协同运作解决某一社会问题的双重现象。

公权力的相互交织突出表现为每个国家机关专有权力的丧失和权力界限的淡化。洛克时代由代议制机关行使具有最高性的专有立法权的时代早已不复存在，即使是凯尔森的"行政权和司法权创造一般规范只是例外"[12]的主张在现代也显得十分武断。司法立法司空见惯，行政立法更是狂飙突起。行政机关还越来越多地涉足各类纠纷的解决，与法院共享司法权。甚至以多数民主为基础的立法权至上的观念也受到怀疑。在此背景下，长久以来对美国的违宪审查制度持排斥态度的欧洲诸国，也大胆地建立起了欧洲风格的违宪审查制度，开始实施对立法权的审查。[13]

面对现代日益复杂的社会环境和社会问题，国家开始动用多种权力并以多种手段解决现实问题，由立法机关、行政机关和司法机关制定规范，行政机关和司法机关分别运用行政、司法手段协同解决某一社会难题，成为这个时代的特色。公权力之间界限的淡化、相互交织以及公权力的协同运作，要求我们必须改变以某一种权力为中心构建部门公法的局面，而代之以整体的视野审视和规范公权力。如立法、行政和司法机关分享立法权，以及行政机关和司法机关分享司法权的事实，要求我们必须从整体上构建对立法权和司法权的分配、行使与监督机制，以建立统一协调的立法、司法体制和规范体系。而以多种权力、多种手段共同解决某一社会问题，既要求公法规范之间必须统一协调和相互呼应（如刑事、行政、民事三大制裁手段的协调

---

〔12〕［奥］凯尔森：《法与国家的一般理论》，沈宗灵译，中国大百科全书出版社1996年版，第286页。

〔13〕参见［法］路易·法活勒：《欧洲的违宪审查》，载［美］路易斯·亨金、阿尔伯·J.罗森塔尔编：《宪政与权利》，郑戈、赵晓力、强世功译，生活·读书·新知三联书店1996年版，第28~49页。

和呼应),又要求制度设计必须相互衔接和相互借鉴(如刑事诉讼、行政诉讼和民事诉讼程序的衔接和借鉴)。所有这些,都使得公法规范呈现出越来越向整体化迈进的趋势。

(二)对公法的分散和分割研究不利于现代公法的发展

公法及公法研究的理念"源自高高在上的国家理念"[14],解决因国家权力的存在所造成的国家与公民之间重大的、不可避免的不对等性,[15]保持公共权力控制与公民权利保护之间的动态平衡,这是公法研究最重大的时代课题。在公权力运行的社会条件和结构体系正发生深刻变化,公法越来越具有重要性、成熟性和整体性的背景下,公法研究的视野和方式应当有一个重大转变。

现有的公法研究格局和公法学科体系,基本上是适应资本主义社会初期为防止行政权专横,而实行形式上极为严格的权力分立结构的产物。权力分立结构虽然意在强化权力之间的相互监督和制约,但对各类权力不同性质的片面强调和防止权力交叉的过分重视,无疑加深了不同权力之间的隔膜与对峙。以研究公权力运行及其规范为基础的公法学科,在近现代产生和发展的过程中,深深打上了这种制度的烙印,带有浓厚的自立门户的色彩,表现为某一门公法学科基本上以解释、分析和研究某一特定种类的权力运行规律和规范特点为对象,并逐步深化到把某一环节或某一领域的公法规范作为研究对象,以此为基础构筑各自的学科疆域。毫无疑问,对公法规范予以分门别类的研究,可以不断实现公法研究在某一局部的深入和突破,推进学术研究的逐步深化和精细化,从而有助于深入理解和解释某一部分公法现象,总结和把握每一类公法规范的特点及其运作规律。但与此同时,日益强化的学科界限和相互分割的学科结构,却造成了各部门公法学科独自发展、相互分离,整个公法学体系支离破碎的局面,公法学者的视野越来越局限和束缚于一个单一、孤立的领域之中,各个公法学科之间的对话和交

[14] 陈新民:《公法学札记》,中国政法大学出版社2001年版,第94页。

[15] See Carol Harlow & Richard Rawlings, Law and Administration, Butterworths a Division of Reed Elesvier(UK) Ltd. Hals ury House, London, 1997, p. 44.

流正在逐渐演化为相互之间的疏远、误解乃至对立。在此局面下,分散和分割的公法研究往往难以超越各部门公法学科的研究一隅,很容易造成研究者盲人摸象式的主观武断,或者跳不出学科疆界的固执偏狭。公法整体研究的缺失和空泛,不仅会阻碍部门公法研究的进一步深入和突破,而且更为严重的是,分割、封闭的公法研究难以把视野聚焦于整体公法规范、整体公共权力和整个国家机器,忽视了各部门公法之间的共性特征和内在联系,切断了整体公法现象与政治、经济、社会等现象之间的深切关联和相互依存,割裂了整个公法的历史发展轨迹和内在运行规律;因而既不利于对公法规范整体结构和共性特征的全面把握,也不利于对公法现象和公法规律的整体性、综合性和系统性研究,从而将严重阻碍新世纪公法(学)的发展。

(三)建立一门介于法学与部门公法学之间的中观层次的统一公法学势在必行

对公法规范进行整体性研究,并非要取代现有的各部门公法学科,而是要在此基础上进一步发展各部门公法学科;并非要削弱公法学的现有研究力量,而是要进一步整合和提升公法学研究力量;并非要在各部门公法学之外独树一帜,而是要通过对各部门公法学科的综合,建立一门介于法学与部门公法学之间的中观层次的统一公法学。在文艺复兴以后的几个世纪里,科学研究并存两种趋势:一种趋势是学科的专门化。随着劳动分工的精细和学科研究的深入,出现了对某一领域的不同问题从多方面、多角度、运用多种方法进行研究的分支学科,学科呈现出越来越专门化的倾向。另一种趋势是学科的综合化。面对分支学科的林立,以加强各分支学科的关联性、形成支撑该领域的共同性理论为目的,从整体上对某一领域中的重大问题进行综合性、系统性研究的倾向也越来越明显。[16]

在法学领域,法学学科的结构不仅朝着符合人们对法律现象认识逐步深化的方向发展,而且在深层次上对应着一国法律制度本身从简单到复杂的顺序方向发展。随着法律规范的日益细密化和复杂化,法学研究的专门化趋势十分明显,部门法学不断增多,新兴的法学门类不断涌现。与此同

〔16〕 参见徐纪敏:《科学的边缘》,学林出版社1987年版,第96页。

时,法哲学、法理学和法史学等以高度概括的形式,从多侧面对法律现象及其规律进行综合性研究。然而,在我国法学领域,尤其是在公法学领域,仍然存在综合化研究十分薄弱且过于空泛的弊端。在公法制度逐步完善的背景下,研究公法的诸多学科日渐繁荣。宪法学、行政法学、刑法学、诉讼法学、国际公法学、立法学等公法学科不断成熟,甚至像证据法学等这类亚分支学科也大有迎头赶上之势。但是,公法却始终缺乏统一这些学科的综合性学科,甚至不存在类似于基本代表私法研究成果的民法学这类学科。

马克思、恩格斯曾经指出:“一切划时代的体系的真正的内容都是由于产生这些体系的那个时期的需要而形成起来的。”〔17〕我们今天所处的时代,正是公法大发展的时代,正是需要建立统一公法学而且可以建立统一公法学的时代。如同20世纪七八十年代有学者提出建立介于宏观经济学与微观经济学之间的中观经济学之初引发争议一样,建议建立一门介于法学与部门公法学之间的中观层次的统一公法学也肯定会引发争论。学术争鸣既是学术发展的推动力,又是新学科诞生的催化器。汲取各部门公法学的研究营养,整合各部门公法学科的学术资源,倡导各部门公法学科的联合和协作,推动公法学者之间的交流和沟通,打破公法学研究分割、分散和封闭的现状,凝聚整个公法学界的智慧,为创建统一的公法学而努力,这正是时代赋予我们每个公法学者的庄严使命。

二、统一公法学以整体公法规范、共性公法特征和一般公法规律等内容为主要研究对象

统一公法学要成为一门公认的独立学科,就必须符合成为独立学科的基本标准。具有独立的研究对象无疑是首要的标准。正如毛泽东同志所指出的:“科学研究的区分,就是根据科学对象所具有的特殊的矛盾性。因此,对于某一现象领域所特定的某一种矛盾的研究,就构成了某一门科学的对象。”〔18〕

〔17〕《马克思恩格斯全集》(第3卷),第544页。
〔18〕《毛泽东选集》(第1卷),人民出版社1991年版,第284页。

显而易见,建立统一公法学不是要代替各部门公法学的具体研究内容,统一公法学的研究对象也不应当是各部门公法学研究对象的简单相加。统一公法学的研究对象应当既与部门公法学研究对象相联系,又与部门公法学研究对象相区别,这就要求我们必须紧紧抓住公法现象领域中的特殊矛盾。超越部门公法学的偏见和樊篱,俯瞰整个公法王国,我们可以看到,在这个公法王国内,许多矛盾是部门公法学所无法解决的。笔者认为,正是这些部门公法学所无法单独解决的矛盾,构成了统一公法学的独立研究对象。在对这些矛盾进行梳理和分析的基础上,我们可以将统一公法学的研究对象扼要地表述为:统一公法学既从"面"上研究整体公法规范、共性公法特征和一般公法规律;也从"线"[19]上研究不同部门公法之间的相互交叉、相互借鉴和彼此依存;还从公私法关系上研究公法与私法相互之间的交融和渗透。

(一)统一公法学是研究整体公法规范、共性公法特征和一般公法规律的综合公法学科

目前公法研究的现状是,各部门公法学科分别对本部门公法规范、公法特征和公法规律进行单独研究,结果是对每一个部门公法的"点"的研究较为成熟,但对整体公法的"面"的研究却十分空泛。"点"上研究的成熟和发展为"面"上的深入研究提供了必要的铺垫与支撑,但"面"上研究的空泛和缓慢却阻碍了"点"上研究的深入与发展。所以,"点"与"面"的研究应该呈现出一种良性互动的趋势。行政法部门是一个公法门类,它有自己的一般规律和个性特征;刑法部门也是一个公法门类,它也有自己独特的规律和个性特征;以此类推。因此,如同建立在"点"上的各部门公法学需要对本部门公法规范、本部门公法特征和本部门公法规律进行专门研究一样,建立在"面"上的统一公法学同样需要对整体公法规范、共性公法特征和一般公法规律进行综合研究。当然,这些研究都统一和依附于公法旗帜之下。

首先,统一公法学应当把整体公法规范作为自己的主要研究对象。法

---

〔19〕 在本文中,笔者将单个部门公法视为"点",将部门公法之间的相互联系视为"线",将全部部门公法之间的整体联系视为"面"。

学以全部法律规范为研究对象；私法学以全部私法规范为研究对象；统一公法学则应当以全部公法规范为研究对象。因此，统一公法学必须对什么是公法，它的主要矛盾、重要功能、价值取向和利益基础是什么；什么是公法规范，它构成了哪些公法部门；公法规范与私法规范之间是什么关系；各部门公法规范之间是什么关系等重大问题作出回答。统一公法学要研究的绝不是对各部门公法进行简单罗列或相加的公法规范，而是从各部门公法中抽象出来的相互联系的整体公法规范，以及总结贯穿在整体公法规范之中的公法的基本原理。

其次，统一公法学应当研究公法的共性特征。什么是公法的共性特征，简言之，就是公法对公共权力的配置、规范和监督，对公民权利的保护、扩展和服务，这是宪法、行政法、刑法、诉讼法、国际公法等各个部门公法，以及经济法、社会保障法、劳动法、环境法等公法属性较强的法律部门的共同宗旨和目的。正是由于这些法律部门具有共同的宗旨和目的，才使得它们调整的内容具有明显的"家族相似性"。如宪法、行政法、立法法都要对立法和制定规则的权力进行规范；宪法、诉讼法、行政法都要对司法和解决纠纷的权力进行规范；刑法中的刑事处罚与行政法中的行政处罚有很多相同或相似之处；等等。对这些法律部门之间的共性特征，[20]统一公法学需要深入研究，以推动各部门公法的平衡和协调发展。

最后，统一公法学还应当把一般公法规律纳入自己的研究领域。"法学是以法的现象及其规律作为研究对象的一门系统的科学。"[21]面对纷繁复杂的公法现象，统一公法学要研究与这些现象密切相关的重大问题，如公法是何时和如何产生的；公法发展的动力是什么；公法的历史发展轨迹和未来发展趋势；公法与政治、经济、社会等各种现象之间的关系；等等。统一公法学要通过对这些公法现象的研究和重大问题的分析，揭示隐藏其中的公法的

---

〔20〕 关于公法的共性特征，美浓部达吉在对公私法进行比较分析后归纳认为：(1)公法的权利义务具有相对性；(2)公法的国家行为具有公定力；(3)公法的国家公权力具有强制力；(4)公法对公民权利的保护与私法不同；(5)公法规范与私法规范不同。参见[日]美浓部达吉：《公法与私法》，黄冯明译，商务印书馆1937年版，第103～148页。

〔21〕 沈宗灵主编：《法理学》，高等教育出版社1994年版，第2页。

一般规律，并以其指导公法实践。

（二）统一公法学是研究部门公法之间相互交叉、相互借鉴和彼此依存内容的新兴公法学科

随着现代公法的整体性发展和崛起，部门公法之间已不再是彼此分割和各行其是的关系，而是呈现出深层次上的相互交叉、相互借鉴和彼此依存的关系。面对部门公法（学）之间这种日益错综复杂的联系，如果我们单纯从部门公法学的角度对部门公法这个“点”进行封闭研究，而不从统一公法学的角度对各个公法部门之间相互联系的“线”进行开放研究，就会只见树木，不见森林。因此，统一公法学必须而且应当将部门公法之间相互交叉、相互借鉴和彼此依存的内容作为自己的对象来加以研究。

首先，统一公法学要研究部门公法之间相互交叉的内容。公共权力本身的整体性和对公民权利保护的共同性，决定了各公法部门之间必然会存在内容上的交叉和重合。如宪法作为根本大法，要对立法权、行政权和司法权配置的根本原则和根本制度作出规定；行政法作为“动态的宪法”，需要在宪法确立的体制下对行政权配置、运行和监督作出具体规定，同时也不可避免会在司法审查制度上涉及司法体制问题；而诉讼法则既需根据宪法对司法权和司法体制作出具体规定，又会在行政诉讼制度问题上与行政法发生交叉。对于这些问题，如果跨越部门公法的围栏，从整体公法的层面来进行研究，就会得到更清晰、更准确和更完整的认识。

其次，统一公法学要研究部门公法之间相互借鉴的内容。随着公法日显其成熟性和整体性，各部门公法制度之间相互借鉴的必要性明显增强。如为了保证权力运行的公正和高效，诉讼法和行政法都规定了正式程序和简易程序。又如为了健全刑事处罚和行政处罚的手段，刑法和行政法都规定了限制人身自由、没收、罚金（款）等处罚手段。“他山之石，可以攻玉”。通过借鉴和比较，可以更好地发展各个部门的公法制度。如果我们囿于部门公法的樊篱，就不可能从其他部门公法制度里汲取有益的养分。

最后，统一公法学要研究部门公法之间彼此依存的内容。公法以规范公共权力和保障公民权利为宗旨。宪法规范整个国家权力的良性运作，以保护公民权利，实现国家法治；行政法规范行政权的良性运作，以保护相对

人权利,实现依法行政;诉讼法规范司法权的良性运作,以保护当事人权利,实现司法公正。这些部门公法虽各自独立,但它们都在规范国家权力、保障公民权利、实现依法治国的旗帜下,形成了一个相互依存和配合的整体。随着现代公法整体性发展趋势的进一步加强,各部门公法之间的彼此依存和配合关系无疑会进一步加深,从而要求统一公法学从更宏观的角度将其纳入自己的研究视野。

(三)统一公法学是研究公法与私法之间相互交融和渗透的独立公法学科

在现代法治社会,公法和私法彼此之间交融渗透,并汇集成既有部分合流、又有更深层次上的分流的强劲浪潮。对于这种法治现象,法学家尤其是公法学家必须予以关注和思考,必须勇敢地应对和抓住这一挑战和机遇。就总体而言,20 世纪以来公私法的交融渗透大致呈现三大趋势:一曰私法的公法化;二曰公法的私法化;三曰公私法融合为社会法。从目前法学界研究现状来看,公私法学家都对公私法之间的交融渗透现象有所关注;但是,私法学家更多地重视从私法角度进行研究,公法学家则更多地从部门公法角度进行研究。因此,从统一公法学的视角来认识和分析公私法交融渗透所蕴含的时代精神和深刻哲理,来思考和把握这一趋势所体现的人文关怀和法治文明,无疑有着十分重要的价值。

首先,统一公法学要研究私法的公法化趋势。所谓私法的公法化,是指19 世纪末 20 世纪初以后,伴随着西方国家经济和社会的快速发展,经济垄断和经济危机等各种社会矛盾不断蕴积和爆发,亚当·斯密的自由放任理论逐步被凯恩斯的国家干预理论所取代;表现在法治领域,就是在原本属于私法自治的范围内,出现了相当程度的公法介入的趋势。如契约自由原则受到了一定的限制;所有权由绝对权利变为相对权利;过错责任原则受到挑战,无过错责任原则得以确立;出现了"社会立法"的现象,即"通过社会立法把私法转换成公法,这种立法的目的乃在于把私人的活动导向特定的目的并有利于特定的群体"。[22] 私法的公法化趋势是公私法交融渗透的重要表

〔22〕 [英]弗里德利希·冯·哈耶克:《法律、立法与自由》(第 1 卷),邓正来等译,中国大百科全书出版社 2000 年版,第 220 ~221 页。

现之一，因此应当成为统一公法学的研究对象。

其次，统一公法学要研究公法的私法化趋势。所谓公法的私法化，是指20世纪后半期以来，尤其是20世纪七八十年代以来，伴随着经济全球化浪潮，西方国家掀起了一场以放松管制、降低成本、提高效率为主旨的公共行政改革运动；表现在法治领域，就是在传统的公法领域中引进了大量的私法手段。如行政合同被广泛运用；行政指导被大量推行；民法上的诚信原则转化为行政法上的信赖保护原则；契约自由运用到刑法中产生了辩诉交易制度；公共服务的市场化成为一种潮流；甚至协商立法也开始兴起；等等。公法的这些变化是在全球化背景下发生的，全球化进程正在以新的方式改变着公法，并将最终发展成为一种新的公法模式。[23] 统一公法学必然也应当把这种公法的私法化趋势纳入自己的研究视野。

最后，统一公法学要研究公私法融合为社会法的趋势。所谓公私法融合为社会法，是指在公法私法化和私法公法化的过程中，出现了传统公法要素与私法要素相互交融、公法调整方法与私法调整方法相互混合而成的第三种法律门类，这就是社会法。作为公私法融合的产物，社会法的诞生以德国1919年《魏玛宪法》的颁布和所谓的《煤炭经济法》和《钾素经济法》的制定为标志。[24] 经济法的首次粉墨登场，显示了国家权力正式干预私人经济自由的开始，预示了劳动权、教育权、社会救济权、环境保护权等公民的社会权利将逐步成为法律调整的重心，劳动法、教育法、环境法、社会保障法、医疗卫生法、消费者权益保护法等新的法律种类应运而生，并得到了蓬勃发展，它们与经济法一起，共同构成了公私法相互融合、但公法特征更为明显的社会法，因而也应当成为统一公法学的研究对象。

任何一门社会科学的研究对象和理论主题的确立，都是与时代紧密相联的。统一公法学作为时代发展的产物，在不同的时代也理应有与时代要求相适应的研究对象和理论主题，并随着时代的发展而不断调整与修正。所以，笔者在本文中没有也不可能对统一公法学的研究对象给出一个标准、

---

〔23〕 参见［美］阿弗瑞德·卡曼（Afred Caman，Jr）：《面向新世纪的美国行政法》，笔者译，载拙著：《社会变革中的行政法治》，法律出版社2001年版，第598～618页。

〔24〕 参见拙文：《论行政法与经济法的划分》，载《西北政法学院学报》1997年第4期。

完善和详尽的答案，而仅仅是作一个初步的分析和勾勒。随着统一公法学的建立和发展，其研究对象必然需要作进一步的调整和完善，这是学科发展的必然规律。

三、统一公法学以公共权力与公民权利关系为主线形成理论基础

在建立统一公法学的过程中，我们不得不直面一个两难问题：一方面，千姿百态的公法现象需要不同的公法理论与之匹配，单凭一种公法理论不足以对所有公法现象进行全面的描述、解释和评价，这就决定了公法理论必然会表现出多样性；另一方面，公法现象尽管形态各异，但它们都围绕着规范公共权力、保障公民权利的内容来展开，各种公法制度安排要彼此呼应、协调一致，这就决定了用以解读不同公法现象的各种公法理论之间必然具有更深层次的统一性。贯穿于公法制度和公法理论的这种多样性和统一性之中有一条最基本的主线，这就是公共权力与公民权利之间的关系。正是这对既对立又统一、既冲突又平衡的公法关系的矛盾运动过程和内在发展规律，构成了公法发展的动力和公法学研究的核心。[25] 公共权力之间的关系虽然也对公法的产生和发展有重大影响，但它最终总要反映为对推动公共权力与公民权利之间关系所产生的有利或不利的影响，因而在根本上仍然决定于公共权力与公民权利之间的关系。正因为如此，统一公法学应当也只能以公共权力与公民权利之间的关系为主线来形成理论基础，以为公法制度和公法理论的发展标明方向。[26]

（一）公法理论基础在公法发展中的重要地位

在研究公法的理论基础时，我们必须首先回答，为什么私法研究很少探讨理论基础，而公法研究却十分重视理论基础？对这一问题答案的分析，有助于揭示公法与私法、公法学与私法学的本质差异，以及有助于探讨应当建立一个什么样的公法理论基础。

首先，由于公法规范的是公共权力主体与公民、法人之间的关系，法律

---

〔25〕 参见拙著：《行政处罚的创设、实施和救济》（修订本），法律出版社 1997 年版，第 117 页。

〔26〕 参见［英］马丁·洛克林：《公法与政治理论》，郑戈译，商务印书馆 2002 年版，第 7 ~ 9 页。

关系的双方主体地位不对等，权力/权利配置常常不平衡，公共权力很容易被滥用，并严重威胁或侵犯公民、法人权利；而私法规范的是公民、法人之间的关系，其核心精神是平等原则和意思自治原则，法律关系的双方主体地位完全平等，相互之间的权利、义务具有对等性，公民权利被滥用的可能性和危害性都相对较小。因此，公法较私法而言，就更加迫切地需要形成一种理论基础，来明确指导公法的制度安排朝着有效规范公共权力、保护公民权利，并推动双方主体地位完全平等的方向发展。

其次，私法的制度变迁主要体现为自下而上的"诱致性变迁"，更接近于"自发生成"，即使没有一种抽象的、宏观的理论基础来引导制度变迁，私法的整个制度变迁过程通常也会有条不紊和循序渐进；而公法的制度变迁则更多地是一种自上而下的"强制性变迁"，更接近于"理性建构"[27]，路径选择和策略选择与私法都截然不同。因此，公法较私法而言，更需要通过理论基础所创立的"理想类型"提供理论参照，来保障制度变迁过程的渐进有序，以及具体的制度安排符合理性和协调一致。

再次，相对于私法理论而言，公法理论长期薄弱而零碎。尽管乌尔比安在1700多年前就提出了公私法的划分，但其研究领域主要集中于私法。不仅在50卷的《学说汇纂》中仅有第一卷和最后一卷是有关国家官员职责之类的公法内容，在12卷的《查士丁尼法典》中仅最后3卷涉及公法内容；而且"在中世纪法学家复兴罗马法的过程中，对这3卷也采取显然忽视的态度"。[28] 因此，"事实上，仅仅是私法才是许多世纪以来人们认真注意的对象，公法仿佛是个徒有其名、无用的，甚至是危险的对象"。[29] 正是由于西方法理学和法哲学在很大程度上是关于私法的，这就使得公法理论难免薄弱而零碎，以至英国公法学者米切尔在《公法》(1965年)一书中直截了当地指出：公法需要发展出自己的哲学和方法；公法能够而且应当表述出自己的独

〔27〕 参见[英]弗里德利希·冯·哈耶克：《致命的自负》，冯克利等译，中国社会科学出版社2000年版，第18～19页。

〔28〕 沈宗灵：《比较法研究》，北京大学出版社1998年版，第105页。

〔29〕 沈宗灵：《比较法研究》，北京大学出版社1998年版，第106页。

特的法律科学基础。[30] 正因为如此，不仅近代公法走出私法的阴影寻求独立时，曾试图形成完全不同于私法的理论基础；而且现代公法为了全面展示其为私法所不具有的独特功能，也不得不需要形成一个强有力的理论基础来统率各种公法理论，以推动公法的整体协调发展。

最后，相对于私法理论而言，公法理论更具有时代性和地域性的特点。虽然从罗马法到中世纪所复兴的罗马私法，再发展到福利国家的现代私法，不同地域的私法在不同历史时代发生了显著的变化，但是，私法在整体上仍然表现出明显的“家族相似性”，彼此之间的差异主要是外壳上的，私法精神与私法原则经久不衰。相形之下，公法则对外在社会结构要敏感得多：一则不同历史时期的公法模式之间往往存在着根本差异，现代公法不仅与罗马法关于公法的界定有着本质的不同，甚至与二三百年之前的近代公法也判若两人；二则同一历史时期不同地域的公法模式之间也不可同日而语，无论是公法的功能定位和制度结构，还是公法与外在社会结构之间的关系，都相差甚远。公法所表现出来的这种强烈的时代性与地域性，决定了要保证特定历史时期和特定地域的公法更加切合实际，更加富有活力，就必须寻求公法理论基础的不断创新，通过确立合乎时宜的理论基础来为公法制度和公法理论提供现实的指导。

（二）公法理论基础的历史演变

虽然在英美法的历史中长期不存在公法与私法的概念，但英美法实际上同样具有历史悠久的公法传统，同样对公法理论基础给予了极大的关注。在公法发展史上，两大法系的公法学者围绕着公法理论基础的自治性与适应性、规范性与实证性、主观性与客观性、本体与认识等基本问题，展开过激烈的理论较量。其中，主要发生于英美法系的规范主义与功能主义之争和主要发生在大陆法系的公共权力学说与公共服务学说之争极具代表性，它们不仅集中体现出传统公法理论基础不同形态之间的主要差异，而且还在相当程度上反映出公法理论基础的演变趋势。

英美公法传统，或者说关于公法理论基础的主要见解，被英国公法学者

〔30〕［英］马丁·洛克林：《公法与政治理论》，郑戈译，商务印书馆2002年版，第8页。

洛克林归入“规范主义”与“功能主义”这两种理想类型之中。其中,以戴雪、韦德、戴维斯、哈耶克、德沃金等为代表的公法思想风格被归入前一类,而以拉斯基、詹宁斯、米切尔、格里菲斯等为代表的公法思想风格则被归入后一类。[31] 这两种理想类型几乎完全无法在公法的基础性问题上达成基本共识。二者之间的分歧,主要根源于对公法学科性质的不同认识,并可最终归结为对一些更深层次、更大范围的社会问题,例如对人性、人类社会和政府等问题所持的不同见解。[32]

与英美法的公法理论基础形态不太相同的是,大陆法的公法理论基础历史演变集中体现为公共权力学说与公共服务学说之争。[33] 这在某种程度上可以视作规范主义与功能主义理论争论的一个变种,争论涉及公法价值、公法功能以及公法的制度安排等一系列公法理论问题。这场理论争论的阵地主要是在19世纪的法国,但在德国等其他一些大陆法系国家也发生过类似争论,[34]因此它代表着大陆法系关于公法理论基础的基本见解与分歧。事实上,公法基础究竟应是实证意义上的还是规范意义上的,抑或兼而有之,这对确立现代公法的理论基础而言,经常面临着左右为难的选择。

围绕公法理论基础的争论虽观点纷呈,学派林立,但总体趋势却越来越朝着“平衡”的方向演变。公共服务学说虽然曾经一度取代公共权力学说,成为支配公法制度安排的主导性理论,但却未能阻挡住法国公法在“二战”之后进入多元标准时期。在众多的公法理论主张中,由奥里乌所倡导的在行政的公共权力性与公共服务的目的性之间谋求共存和“均衡”的制度理论令人刮目相看。[35] 相类似地,无论是在英国更为流行的规范主义(红灯理论),还是在美国更有市场的功能主义(绿灯理论),皆因20世纪70年代末

---

〔31〕 参见包万超:《阅读英美行政法的学术传统》,载《中外法学》2000年第4期。

〔32〕 参见[英]马丁·洛克林:《公法与政治理论》,郑戈译,商务印书馆2002年版,第85~193页。

〔33〕 参见[法]莱昂·狄骥:《公法的变迁/法律与国家》,郑戈、冷静译,辽海出版社、春风文艺出版社1999年版,第40~68页。

〔34〕 参见[法]莱昂·狄骥:《公法的变迁/法律与国家》,郑戈、冷静译,辽海出版社、春风文艺出版社1999年版,第361~413页。

〔35〕 参见何勤华:《西方法学史》,中国政法大学出版社1996年版,第183页;[法]莫里斯·奥里乌:《行政法与公法精要》,龚觅等译,辽海出版社、春风文艺出版社1999年版,《“公共权力”与“公共服务”之间的平衡——代译校者序》。

以来全球范围内的让政府缩水、重建市场价值的公共行政改革而显得老态龙钟、反应迟缓;人们因而越来越倾向于接受似乎取道中庸、寻求平衡的"黄灯理论"。也就是说,无论是试图在公共权力与公共服务之间寻求平衡的"制度理论"的后来居上,还是在规范主义与功能主义之间寻求平衡的"黄灯理论"的备受青睐,都共同标明了建构现代公法理论基础需要围绕着公共权力与公民权利"平衡"这个主题展开。

(三)现代行政法理论基础对现代公法理论基础的借鉴作用

在近现代公法中,宪法与行政法成了不可动摇的主角。一则由于现代公法的建立首先是宪政的产物。按照狄骥的理解,公法的首要原则是使国家组织得能确保个人的自然权利。[36] 行政法的快速发展,则有力地推动着公、私法的划分,[37] 并最终促成公法的独立,法国行政法的兴起就是一个典型例证。而公法所要规范、调整的公共权力与公民权利之间以及公共权力相互之间的关系,在宪法与行政法中都得到了集中体现,因而公法关系在相当程度上浓缩于宪法与行政法之中。二则行政法在公法中的地位不断攀升,已经居于其在近代公法中所不可比拟的地位,以至奥托·迈耶大胆放言:"宪法消逝,行政法长存"[38]。正是基于以上这两点,笔者认为,我国一些行政法学者(以罗豪才教授为代表)所倡导的现代行政法的平衡理论,对现代公法理论基础的形成具有较大的参考和借鉴价值。

国内第一篇关于行政法平衡理论的文章发表于1993年。[39] 经过10年来的深入研究和逐步完善,平衡论的基本理论框架已经大致形成,且不断趋于成熟。[40] 平衡论认为:行政机关与相对方的权力(利)义务关系,构成了最基本的行政法关系。二者之间从对立到统一、从不平衡到平衡的矛盾运

---

〔36〕 转引自沈宗灵:《现代西方法理学》,北京大学出版社1992年版,第261页。

〔37〕 参见刘楠:《论公、私法二元结构与中国市场经济》,载梁慧星主编:《民商法论丛》(第4卷),法律出版社1996年版,第37页。

〔38〕 [德]奥托·迈耶:《德国行政法》,"第三版前言",刘飞译,商务印书馆2002年版。

〔39〕 参见罗豪才、袁曙宏、李文栋:《平衡论:现代行政法的理论基础》,载《中国法学》1993年第1期。

〔40〕 有关平衡论的研究文献,参见罗豪才主编:《现代行政法的平衡理论》,北京大学出版社1997年版;罗豪才等:《现代行政法的平衡理论》(第2辑),北京大学出版社2003年版;罗豪才、宋功德:《行政法的失衡与平衡》,载《中国法学》2001年第2期。

动过程，构成了行政法发展的历史。现代行政法不应是管理法、控权法，而应是“平衡法”，其存在的理论基础应当是“平衡论”：即在行政机关与相对方的权力（利）义务关系中，权力（利）与义务在总体上应当平衡，它既表现为行政机关与相对方权力（利）和义务的分别平衡，也表现为行政机关与相对方各自权力（利）义务的自我平衡。[41] 要通过设计一种制约与激励并用、有利于行政法主体多方博弈的行政法机制，来形成行政法权力/权利配置格局的结构性均衡，从而在实现社会利益最大化的基础上公平分配公益和私益。[42]

与贯穿于现代行政法平衡理论中的主线是行政权与公民权之间的关系相对应，贯穿于现代公法理论基础中的主线也应当是公共权力与公民权利之间的关系。如何通过恰当的制度安排来对公法的这种权力/权利加以理性配置，这是公法理论基础所要面对和解决的关键问题。借鉴平衡论者的观点，虽然不同公法部门的权力/权利配置的侧重点不同，例如行政法主要针对行政权/公民权设置，而诉讼法则主要围绕着司法权/诉讼权展开；而且不同的公法部门在进行权力/权利配置时也要遵循不同的理念，例如宪法通常遵循制衡理念，而行政法则要遵循主体双方法律地位不对等的配置理念。但就总体而言，公法的权力/权利配置格局应当实现结构性均衡，即公共权力主体与公民、法人之间的法律地位应当实现总体平等，公共权力与公民权利之间，以及公共权力相互之间应当实现整体平衡。

四、统一公法学以元概念、核心范畴和基本范畴为主体确立范畴构架

“范畴，是指各门科学的基本概念。”[43] 列宁把范畴比作人们认识和掌握自然现象之网的网上纽结，通过一个个范畴，可以把认识成果凝结起来，从而把事物现象的联系和本质反映出来。毛泽东在《实践论》中也曾经指出：“概念这种东西已经不是事物的现象，不是事物的各个片面，不是它的外

---

〔41〕 参见罗豪才、袁曙宏、李文栋：《平衡论：现代行政法的理论基础》，载《中国法学》1993年第1期。

〔42〕 参见罗豪才：《行政法的核心与理论模式》，载《法学》2002年第5期；罗豪才、宋功德：《行政法的失衡与平衡》，载《中国法学》2001年第2期。

〔43〕 《辞海》（缩印本），上海辞书出版社1989年版，第653页。

部联系,而是抓住了事物的本质,事物的全体,事物的内部联系。”[44]因此,要建立统一的公法学,一个重要任务就是立足公法研究对象、理论基础和制度实践,构建起一套内在逻辑一致的公法学范畴体系,以作为支撑整个统一公法学的基本骨架,不断推动公法理论和公法制度走向成熟与完善。

概而言之,统一公法学的范畴体系是由数目众多的一般范畴和为数不多的主要范畴共同构成。其中,公法学的主要范畴在公法学范畴体系中起关键作用。它大体可以分为三种类型:一是作为整个公法学范畴体系逻辑起点的元概念;二是在整个公法学范畴体系中具有灵魂意义和骨骼作用的核心范畴;三是作为公法学范畴体系关节点的基本范畴。

(一)统一公法学的元概念

公法的理论体系和制度体系之所以与私法截然不同,首先归因于公法学具有与私法学完全不同的逻辑起点,这个逻辑起点就是公法学范畴体系中的元概念。如同马克思的《资本论》是以商品这个资本主义市场经济最基本的细胞作为其逻辑起点一样,统一公法学则以公共权力这个公法最主要的规范对象作为其逻辑起点,并以此演绎和派生出统一公法学的其他核心范畴、基本范畴和一般范畴。

首先,公共权力在公法学范畴体系中居于起点地位。没有公共权力的存在,就不会产生公法。无论是古罗马首创公法概念,还是近代公法的诞生和现代公法的发展,都是为了配置、规范或者制约公共权力。因此,公法范畴体系和公法学只能是奠定在公共权力这个逻辑起点上。其次,公共权力在公法学范畴体系中居于中心地位。法律关系中必须有一方是公权力主体,这已成为划分公、私法关系和公、私法部门的最重要标准。公共权力之间以及公共权力与公民权利之间的关系,既是最核心的公法关系,也决定和影响着私法关系,因而是公法学研究最重要的内容。最后,公共权力在公法学范畴体系中居于主导地位。在公共权力与公民权利这对核心的公法关系中,公共权力始终处于矛盾的主导一方。例如在行政法中,围绕着对行政权力的不同态度,行政法在发展过程中产生了“管理法”“控权法”“平衡法”三

---

[44] 《毛泽东选集》(第1卷),人民出版社1991年版,第285页。

种理想形态,行政法学在演进过程中也与之相适应形成了"管理论""控权论""平衡论"三种理论基础和理想模式。[45] 因此,我们完全可以说,整个公法学的范畴体系都是从公共权力演绎和派生出来的。

(二)统一公法学的核心范畴

虽然公共权力为整个公法学范畴体系提供了逻辑起点,但要把全部公法学范畴凝聚成一个有机体系,使其不至于成为一盘散沙,还必须确立公法学的核心范畴。笔者认为,公法学的核心范畴主要应当由以下四对范畴共同构成,它们从不同侧面反映出公法严格区别于私法的本质特征。

一是公共权力与公民权利。这对范畴的矛盾运动推动着公法的制度变迁。无论不同的公法模式之间存在多大差异,所有的公法都旨在调整、规范下列两类关系:一是公共权力之间的关系;二是公共权力与公民权利之间的关系。而公共权力之间的矛盾关系在本质上仍然是公共权力与公民权利之间的矛盾关系的一种表现形式、转化形式和实现形式。因此,公共权力与公民权利这对范畴的矛盾运动,就自然成了贯穿公法制度变迁的基本主线和推动公法制度发展的根本动力。

二是自由与秩序。这对范畴决定着公法的功能定位。近代公法,主要是通过限制公共权力来拓展公民自由,诸如人身自由、政治自由和经济自由等,以便为商品经济的发展提供前提条件,故而"自由"就成了近现代公法学的一个重要范畴。正如恩格斯在《家庭、私有制和国家的起源》一书中所指出的:"只有能够自由地支配自身、行动和财产并且彼此处于平等地位的人们才能缔结契约。创造这种'自由'而'平等'的人们,正是资本主义生产的最主要的任务之一。"[46]但另一方面,任何自由都容易为肆无忌惮的个人和群体所滥用,过度的政治自由会导致无政府主义,无限制的经济自由会导致垄断。[47] 因此,公法的另一个重要功能就是通过有效的公共治理来维持公共秩序,"秩序"因而成为一个与自由并驾齐驱的重要范畴。不过,必须对秩

〔45〕 参见罗豪才、袁曙宏、李文栋:《平衡论:现代行政法的理论基础》,载《中国法学》1993年第1期。

〔46〕 《马克思恩格斯选集》(第4卷),人民出版社1972年版,第206页。

〔47〕 参见[美]E.博登海默:《法理学:法律哲学与法律方法》,邓正来译,中国政法大学出版社1999年版,第281~282页。

序这一范畴的公法意义加以适当限制，如果过于强调公共秩序的意义，甚至将其视为公共权力或公法唯一的或主要的功能，那么公共权力就很容易走向自由的反面，蜕变成为专制的帮凶。正因为如此，如何在自由与秩序之间寻求一种平衡，就成了公法功能定位的永恒主题。

三是公平与效率。这对范畴代表着公法的价值取向。从来就没有一种公法模式绝对地追求公平，或者绝对地追求效率。不同的公法模式价值取向的差异，主要体现为是公平优先、兼顾效率，还是效率优先、兼顾公平。公平与效率这对形影不离的重要范畴，从来就是作为公法学的核心范畴而共同存在的。公平与效率之间经常是相辅相成、互相转化的。在近现代公法中，如何理顺二者之间的关系变得非常突出和重要。相对而言，效率在自由竞争时期可能受到更多的关注，而公平在福利国家则可能得到更多的重视；效率在发展中国家更容易被特别强调，而公平在发达国家则更容易被普遍认同。但是，随着经济全球化浪潮的兴起和各国之间竞争的加剧，效率在公法中正居于越来越重要的地位。

四是公益与私益。这对范畴体现着公法的利益基础。与把公共利益作为公法学核心范畴素无争议不同的是，把私人利益确定为公法学的核心范畴就很容易引起异议。这不仅因为乌尔比安曾有公私法划分的经典表述，而且一些近现代法学家也认为，旨在维护公共利益的法律属于公法，旨在维护私人利益的法律属于私法；[48] 公益与私益因此成为区分公、私法的重要标准之一。[49] 但在笔者看来，与公法关系主要不是公共权力之间的关系，而是公共权力与公民权利之间的关系相对应的是，公法的是利益基础也绝非仅指纯粹的公共利益，而是指公共利益与私人利益的并立和整合。如果我们片面地仅仅把公益视作公法的核心范畴，那就意味着私益将从公法的利益基础中消失。如此一来，不仅私益可能受到公权力的极大侵害，而且公益也将成为无源之水而日益萎缩。正如英国法学家哈耶克所尖锐指出的那样：

---

〔48〕 参见［法］孟德斯鸠：《论法的精神》（下册），张雁深译，商务印书馆1963年版，第191页。

〔49〕 划分公、私法的标准极多。例如，瑞士学者荷林嘉于1904年列举出17种，法国学者华尔兹于1928年列举出12种，英国学者哈勒于1962年列举出27种。沈宗灵教授将其概括为主体说、服从说、强行法说、利益说以及折衷说或混合说等5种。参见王利明等：《民法新论》，中国政法大学出版社1988年版，第6页。参见沈宗灵：《比较法研究》，北京大学出版社1998年版，第110～111页。

"那种认为惟有公法服务于公共利益、私法只保护个人私利的观点，乃是对是与非的完全颠倒，因为那种以为只有那些以刻意的方式实现共同目的的行动才能有助于公共需求的观点，实是一种错误的观点"。[50]

（三）统一公法学的基本范畴

对于一个完整的公法学范畴体系来说，不仅需要一个作为逻辑起点的元概念，需要若干起骨骼作用的核心范畴，还需要一些作为"关节点"存在的基本范畴。与核心范畴成对出现不同的是，基本范畴大多是单个出现的，每个基本范畴在统一公法学中都是一个独立的研究单元。但这些独立存在的基本范畴之间却存在紧密的内在逻辑联系，它们交织在一起，共同支撑起整个公法学范畴体系的基本框架。

在笔者看来，统一公法学的基本范畴主要有法治、公法、公法主体、公法关系、公法行为、公法现象、公共治理、公共职能、公共服务、公法责任等。首先，法治作为公法学的基本范畴之一，其理由不言而喻。正如美国法学家艾伦·沃森所说的："缺乏任何真正公法学的真实理由，只能到专制主义时代的政体结构里去寻找；警察国家的行政不可能成为一种系统的公法理论孕育材料；公法理论需要法治国家的诞生。"[51]显而易见，实现法治是公法最重要的任务。公法的发展史，就是法治逐步战胜人治的历史。其次，作为调整、规范公共权力与公民权利之间以及公共权力相互之间关系的所有法律规范总称的公法[52]，在公法主体之间形成的公法关系，由公法主体所实施

---

〔50〕［英］弗里德利希·冯·哈耶克：《法律、立法与自由》（第1卷），邓正来等译，中国大百科全书出版社2000年版，第209页。

〔51〕［美］艾伦·沃森：《民法法系的演变及形成》，李静冰、姚新华译，中国政法大学出版社1992年版，第198页。

〔52〕概而言之，界定公法的方法和观点大致有三种：一是将公法部门简单相加，认为宪法、行政法、刑法、诉讼法、国际公法等法律部门都是公法部门，这些公法部门集中在一起就构成了公法。笔者认为这种界定并不全面，因为在经济法、社会保障法、劳动法、环境法等其他法律部门中也存在着大量的公法规范。二是把非公法规范加以排除，认为不是用来调整平等主体之间关系的法律规范都是公法规范，这些法律规范集中在一起就构成了公法。笔者认为这种界定方式并未揭示公法的本质。三是对全部公法规范进行正面概括和归纳，认为公法是调整公共权力与公民权利之间以及公共权力相互之间关系的法律规范的总称，它不仅包括宪法、行政法、刑法、诉讼法、国际公法等典型公法部门中的全部公法规范，还囊括了经济法、社会保障法、劳动法、环境法等具有较强公法属性的法律部门中的所有公法规范。笔者持第三种方法和观点。

的具有法律效力的公法行为,以及由公法制度及其发展变迁所形成的公法现象,这些范畴对于统一公法学而言,都显然必不可少。再次,公法严格区别于私法的一个重要特点,就是确保公共权力在严格约束下实施公共治理,行使公共职能,提供公共服务,这就决定了公共治理、公共职能、公共服务这三个范畴对于公法学而言显然不可替代。最后,法律责任是法律区别于政策、道德、宗教的最重要标志之一,而公法责任则是公法区别于私法的最重要标志之一;因此,公法责任与私法责任相对应,当然应当成为统一公法学的基本范畴。

统一公法学正是以公共权力这一元概念为逻辑起点,以若干对核心范畴为灵魂和骨骼,以一些基本范畴为关节点,再辅以众多的一般范畴和概念,从而构成一个错综复杂但却井然有序、主次分明而又枝繁叶茂的公法学范畴体系。

五、统一公法学以对公法研究成果的系统整合为基础构建学科体系

所谓统一公法学的学科体系,是指统一公法学的内部框架结构。它所要解决的主要问题,就是以合理的结构来科学地表述统一公法学的内容,来正确解决统一公法学各项内容的内在联系和相互关系,以使之成为一个系统的有机整体。统一公法学的研究对象勾勒了公法学的研究范围,统一公法学的理论基础奠定了公法学的理论模式,统一公法学的主要范畴立起了公法学的基本构架,统一公法学的学科体系则将公法学的研究对象、理论基础和主要范畴进行概括化和系统化。如果把关于公法学研究对象、理论基础和主要范畴的研究成果比喻为分散的珠宝,那么,统一公法学的学科体系就是将这些分散珠宝串起来的链条。没有珠宝,链条虽长却无多价值;没有链条,珠宝虽多却无法聚集。只有把珠宝与链条有机地结合起来,才能成为一个价值不菲之物。因此,在论述统一公法学的研究对象、阐释统一公法学的理论基础和探讨统一公法学的主要范畴之后,我们必须进一步研究统一公法学的学科体系。黑格尔曾就哲学体系讲过这样一段话:“哲学若没有体系,就不能成为科学。没有体系的哲学理论,只能表示个人主观的特殊心

情,它的内容必定是偶然性的。"[53] 黑格尔对哲学体系的这段论述,无疑对我们研究统一公法学的学科体系有重要启迪意义。概括地说,统一公法学的学科体系应当是一个逻辑性、系统性、时代性和多样性有机结合的辩证统一体。

(一)关于统一公法学学科体系的逻辑性问题

众所周知,科学理论的根基除了理论的真理性之外,就是理论的逻辑性。真理性体现了理论是对客观事物过去历史的真实反映和对未来发展的准确预测,而逻辑性则体现了理论自身在反映客观真理过程中范畴之间的辩证运动和推移过程。因此,使真理性与逻辑性得到有机的统一,是建立科学理论体系的首要条件。[54]

从本质上看,贯穿于统一公法学学科体系中最重要的真理性与逻辑性的有机统一,就是公共权力与公民权利之间的辩证统一。无论是从历史还是从现实的角度,公共权力与公民权利之间的关系,都是统一公法学学科的逻辑主线。其逻辑线索是:公共权力是统一公法学理论体系的逻辑起点;公共权力以服务于公民权利为使命,是公法最主要的规范对象和公法最重要的研究对象;公民权利通过公共权力的保护而得以保障和发展,是公法最主要的服务对象和公法最重要的价值追求。这样,公法贯穿着对公共权力的规范和对公民权利的保护,从配置公共权力、控制公共权力到激励公共权力,从保障公民权利、服务公民权利到发展公民权利,就构成了公法的主要任务和统一公法学学科体系的逻辑线索。我们把公共权力作为统一公法学研究的基本逻辑起点,通过对部门公法学的研究成果进行概括和总结,在此基础上提升对公法现象和公法规律的总体认识,推动公共权力与公民权利的平衡协调发展。

(二)关于统一公法学学科体系的系统性问题

有了学科体系的逻辑起点和逻辑主线,就要有一种方法来展现其基本

---

〔53〕[德]黑格尔:《小逻辑》(第2版),贺麟译,商务印书馆1980年版,第56页。

〔54〕参见王荣江:《自然辩证法学科体系建构新探》,人大复印期刊《科学技术哲学》1998年第5期。

内容。因此，统一公法学学科体系必然要求用一种科学的、辩证的系统方法来认识和阐发，以使学科体系各方面的内容组成一个有机的整体，实现统一公法学学科体系建构的质的飞跃。

统一公法学学科体系是以各公法学子学科为基础的；但是，它又绝不是公法学子学科体系的生搬硬套、松散结合或简单叠加，而是在高度综合的基础上与各门子学科构成一个相互联系的整体。统一公法学一方面把各门子学科之间的空白地带填补和充实起来，另一方面把各门子学科之间的重重樊篱拆除和清扫出去，从而使各门子学科以“共振”的方式协调发展，而不是以“独居”的方式发展。因此，统一公法学的视野应当非常宏阔，它不仅关注部门公法各自的特质，更重视部门公法之间的共性；不仅关注部门公法学特有的相关理论，更强调部门公法学共享的学术资源；它将公法学子学科的发展置于统一公法学体系发展的背景之下，不断拓展学科新的发展空间。构造科学理论的一般方法，就是从形成基本范畴到构成范畴群，再到建立起范畴系统。统一公法学以公共权力为基本的逻辑起点，围绕着公共权力/公民权利、自由/秩序、公正/效率、公益/私益这些公法的核心范畴展开，再到公法、公法主体、公法关系、公法行为、公法现象，再到公共治理、公共职能、公共服务，最后直至公法责任，这些基本范畴存在着前后连贯的内在逻辑关系，从而为形成一个系统完整的统一公法学学科体系奠定了基础。

（三）关于统一公法学学科体系的时代性问题

每一个时代都有属于它自己的特殊问题，而“问题就是时代的声音”。要想保持学科的生命力，就必然要求学科体系立足于时代的需要，聆听时代的声音，调整那些与新的事实、新的发现相矛盾的理论和假说，这是学科体系发展的内在动力和必然规律。这一点，我们可以从行政法学体系的时代变迁中得到佐证。如我国在80年代初的计划经济时期，受行政法是“管理法”模式的影响，行政法学体系主要由行政组织法和行政行为法所构成，基本没有行政救济法的内容；[55]而自1989年行政诉讼法颁布以后，以行政诉

---

〔55〕 参见我国高等学校第一本行政法学试用教材——《行政法概要》，王珉灿主编，法律出版社1983年版。

讼、行政复议和国家赔偿为主要内容的行政救济法成为行政法学界研究的热点，在行政法学中逐步占据主要地位，行政法学体系开始由行政组织法、行政行为法和行政救济法三部分内容所构成。

任何学科的理论体系必然也必须带有时代特色，任何理论体系都是历史的、相对的，从来没有一种一劳永逸、永恒不变的理论体系。随着时代的变化和认识的深化，旧的体系必然为新的体系所取代，这是理论发展的常态。公法学作为现代法学的两大板块（另一板块是私法学）之一，其作用和影响正在与日俱增，时代对统一公法学学科体系的建设和发展也正在提出更新更高的要求。在这个新的时代，个人的权利体系日益丰满，个人的权利救济日益重要；公共权力的运行要规范有序，公共权力的服务更要及时有效。统一公法学必然也必须要体现这种时代精神和时代需求。因此，我们务必要转变那些不适应新世纪要求的过时的公法观念，以一种超前意识和战略眼光去审视伴随着21世纪社会进步而迅速崛起的现代公法，并在此基础上构建和发展统一公法学的学科体系。

（四）关于统一公法学学科体系的多样性问题

一门学科在不同的时代和不同的国度，可能会形成不同的学科体系；即使在同一时代或者同一国度，也可能会产生众多的学科体系。这就是学科体系的多样性。强调多样性是为了防止公法学理论体系形成单一和僵化的格局，这也是时代发展所提出的要求。

罗豪才教授在论述统一公法学核心子学科之一的行政法学时认为："一国的行政法律体系应完善统一，但其行政法学体系则不必也不应只有一种模式。"〔56〕笔者以为，这一观点同样适合统一公法学学科体系的构建。我国应该建立一个和谐统一的公法制度体系，但我们不必也不应该强调公法学体系的单一模式，而是要鼓励公法学学科体系的多样性，推动公法学学科体系的百家争鸣。在这方面，行政法学科体系多样性的经验同样值得借鉴。以大陆法系和英美法系传统的行政法学体系为例。由于大陆法系国家更强调保障行政权的有效行使，因而行政法学传统上分为行政组织法、行政行为

〔56〕 罗豪才主编：《行政法学》，中国政法大学出版社1996年版，第47页。

法(行政作用法)和行政救济法三大板块;而英美法系国家则更强调以立法权和司法权制约行政权,因而“传统行政法理论体系主要由委任立法、行政程序和司法审查三部分内容构成”[57]。这两大典型的行政法学结构体系在长期的并存和冲撞中相互借鉴和吸收,并由此衍生和发展出了一系列新的行政法学框架体系。这就是学科体系多样性的生命力和魅力之所在。

学科体系关乎学科内容的全局,体现着学科理论的原则、精神和实质。构建学科体系,从某种意义上说,意味着要使直观认识上升到理念,要把理论思维升华为范式。因此,它是一种理论创新,但又绝不是故意追求标新立异。统一公法学研究才刚刚起步,其学科体系应当包含哪些内容,还有待对统一公法学的深入研究来确定。笔者无意也不可能勾勒出一个完善的统一公法学的学科体系,而只是试图提出一些构建的原则、内容和设想。任何一种体系都只是暂时的,但探索研究是永恒的。我们期待着成熟的统一公法学学科体系的早日诞生。

(本文原载于《中国法学》2003 年第 5 期)

---

〔57〕 罗豪才:《行政法的核心与理论模式》,载《法学》2002 年第 8 期。

公众参与与行政法治

姜明安

公众参与是现代民主的重要形式,行政法治则是法治的重要组成部分。关于民主与法治的关系,学界主要有三种观点:其一,二者相互依赖,密不可分。此派学者认为,没有民主,就没有法治;没有法治,也就没有民主;加强民主,即促进了法治,加强法治,也就促进了民主。[1] 其二,二者相互对立,相互冲突。此派学者认为,发展民主,就会损害法治,加强法治,就会妨碍民主的发展。[2] 其三,二者是对立统一的关系。此派学者认为,民主与法治既相互矛盾、相互冲突,也相互依赖、相互促进。“民主本来是用来支持法治的,但是它也削弱了法治。法治国里长期有效的法律是为了维护可预见性而建立的,但是它又迫使社会接受这些法律所带来的人们未预见的、不幸的后果。为了使民主更好地运作,人们重新引入了更多的现时性权力,但是它对民主又有某种破坏性的影响”。[3] 民主与宪政、法治的目标都是达成和实现公共福利。“民主主义者认识到立宪主义将继续成为他们议程中的内容,因为宪政给民主带来了保护和意义……同时,立宪主义者必须谦逊地认识到民主是一场伟大的冒险——它确实是人类伟大的冒险。他们必须认识

---

〔1〕 参见[美]Elster J. 等编:《宪政与民主》,潘勤、谢鹏程译,生活·读书·新知三联书店 1997 年版,第 152、158 页。参见[日]猪口孝等编:《变动中的民主》,林猛等译,吉林人民出版社 1999 年版,第 85 页。

〔2〕 参见[美]Elster J. 等编:《宪政与民主》,潘勤、谢鹏程译,生活·读书·新知三联书店 1997 年版,第 158 页。参见[日]猪口孝等编:《变动中的民主》,林猛等译,吉林人民出版社 1999 年版,第 86 页。

〔3〕 [美]Francis Sejersted:《民主与法治:关于追求良好政府过程中的矛盾的一些历史经验》,载 Elster J. 等编:《宪政与民主》,潘勤、谢鹏程译,生活·读书·新知三联书店 1997 年版,第 168 页。

到，无论宪法和规则多么复杂，民主都会超越其上。唯有双方协调通融，民主和宪政才有希望在未来鼎力合作，这种合作在当今世界的大部分地区已经开始”。[4]

本文同意上述关于民主与法治关系的第三种观点，并且将以中国行政法治与公众参与制民主（参与制民主是代表制民主的重要补充）二者对立统一的辩证发展进程对这一观点予以进一步论证。

一、中国行政法与公众参与制民主的发展

中华人民共和国成立以后，中国行政法与公众参与制民主的发展经历了三个阶段：“文革”前（1949 年至 1966 年）、“文革”中（1966 年至 1976 年）和“文革”后（1978 年至今）。在第一阶段（1949 年至 1966 年），即“文革”前 17 年，中国当时的主要任务是巩固政权、恢复经济、发展经济，开展社会主义建设。为了实现这一任务，中国开始着手民主和法制建设。在民主建设方面，当时党[5]和国家领导人对代表制民主和参与制民主是同样重视的。一方面在全国组建各级人民代表大会，建立代表制民主。另一方面特别强调发动群众、依靠群众，通过建立各种群众组织，如工会、农协、妇联、共青团等，动员其成员执行党和国家的方针、政策，完成党和国家确定的任务。虽然当时这种参与制民主是很不完善的：群众的参与主要是执行的参与而不是决策的参与；群众的组织主要是官方或半官方的组织而不是群众自发的组织；群众组织和参与的目的主要是完成党和国家的任务而不是为了本团体、本阶层群众自己的利益，但当时中国大多数公众确实是参与了“公务”，而且参与积极性很高（如 1956 年的农业合作化，1958 年的人民公社、大跃进等）。我们甚至可以认为，当时中国“参与制民主”的发展水平更高于代表制民主的发展程度，人民代表机关作用的发挥是很不充分的。在法制方面，当时党和国家领导人是既重视法制，想健全法制，但同时又限制法制的发展，不想完全依法治国、依法办事。之所以重视法制，想健全法制，是怕民主过

---

[4] [意]Jean Blondel：《民主与宪政》，载[日]猪口孝等编：《变动中的民主》，林猛等译，吉林人民出版社 1999 年版，第 101 页。

[5] 本文单独使用“党”，均特指“中国共产党”。

头了，群众运动无法无天，以致做出过多过激的行为，如土改、“镇反”“三反”“五反”等政治运动中抓人过多、杀人过多，需要用法律限制一下，用法律规范一下群众运动；之所以又限制法制的发展，不想完全依法治国、依法办事，是怕法律捆住群众的手脚，挫伤群众参与“公务”——主要是政治运动——的热情。20世纪整个50年代及60年代前期中国民主与法制，特别是参与制民主与行政法制的发展，[6]在很大程度上反映和体现了当时党和国家领导人既想要法制（非法治）又不想全面实行法制的思想。

第二阶段（1966年至1976年），即“文革”10年，这一阶段是中国民主泛滥和被扭曲，法制遭受破坏、践踏的时期。就民主而言，“文革”中的民主是一种完全被扭曲、完全变态的民主：各级人大基本停止运作，直接的“参与制民主”全面取代代表制民主。事实上，当时的“参与制民主”也不是真正的参与制民主：各“造反派”组织“踢开党委闹革命”“踢开政府闹革命”“踢开公、检、法闹革命”，他们不是“参与”，而是直接行使权力，自己想怎么干就怎么干，想批判谁就批判谁，想打倒谁就打倒谁，想抓谁、关谁、管制谁，就抓谁、关谁、管制谁。至于法制，那被认为是束缚群众运动的条条框框，自然应被群众彻底砸烂、废除。很显然，“文革”的民主是一种不受法制规范和约束的“大民主”。在这种“大民主”环境下，群众直接行使（不只是参与）“公务”的决策权和执行权，其权力可谓大矣，但是，作为群众的任意一员，却又随时可能被别的群众所抓、所关、所管制，其人身自由和财产几乎没有任何保障，其权利、自由又是何其少矣。可见，没有法制（及法治）的群众“参与制大民主”（或曰“直接民主”）是多么可怕，它将使人类倒退到没有任何安全保障的“自然状态”中去。“文革”中上至国家主席，下至普通工人、农民，千百万人人权遭受侵犯、蹂躏的事实就是这种“参与制大民主”价值的最好注脚。[7]

第三阶段（1978年至今），即改革开放以来的26年。这26年，中国民主

---

〔6〕 关于中国行政法发展情况的详细论述，参见姜明安：《行政法与行政诉讼》，中国卓越出版公司1990年版，第四章第110～140页。

〔7〕 关于“文革”的悲剧及历史教训，可参见逄先知、金冲及主编：《毛泽东传（1949—1976）》，中央文献出版社2003年版，第34～43章；金冲及主编：《周恩来传（1949—1976）》，中央文献出版社1998年版，第27～36章；[美]洛厄尔·迪特默：《刘少奇》，萧耀先等译，华夏出版社1989年版，第4、7、8章。

和法制(及法治)建设均有了前所未有的大发展。就民主而言,不仅代表制民主得以恢复、加强:各级人民代表大会开始正常运作,由“橡皮图章”日益转变成名副其实的代表人民行使国家权力的机关,其他国家机关均由其产生,对其负责,受其监督〔8〕(尽管中国代表制民主的完善还有很长的路要走),而且,更为重要的是,真正的参与制民主在中国开始产生、发展,形成国家公权力运作的一种新机制。这主要表现在下述七个方面:

(1)1982 年《宪法》在确立代表制民主的同时第一次在中国宪法中明确确立了参与制民主。《宪法》第 2 条第 3 款规定,人民依照法律规定,通过各种途径和形式,管理国家事务,管理经济和文化事业,管理社会事务。宪法的这一条款确立了新时期参与制民主的基本模式:第一,人民参与是“依照法律规定”参与,不是“文革”前的那种“群众运动”式参与,更不是“文革”中那种“无法无天”和“无政府主义”式的参与;第二,人民参与的范围包括“管理国家事务,管理经济和文化事业,管理社会事务”,不再同于“文革”前或“文革”中公众参与主要是参与政治运动,现在的公众参与主要是参与与自己切身利益相关的事务,这种事务可能属国家管理的范畴,也可能属于社会管理的范畴(国家公权力越来越向社会转移,此不同于计划经济时代的“溥天之事,莫非国事”);第三,人民参与的途径和形式是多种多样的,法律可以在不同的时期规定人民参与的不同途径、不同形式,如通过座谈会、论证会、听证会途径陈述、申辩、举证和提出意见、异议的形式,通过信访、游行、集会途径提出批评、建议的形式,通过组织行业协会、社团的途径参与规则制定和秩序维护的形式,等等,而不同于“文革”前或“文革”中的那种“大民主”形式。

(2)2000 年全国人大通过《立法法》,2001 年国务院发布《行政法规制定程序条例》《规章制定程序条例》,确立了公众参与国家立法和行政立法的制度。这一制度的内容包括:其一,国家立法应当通过座谈会、论证会、听证会等多种形式听取各方面的意见,包括听取社会公众、有关组织和专家的意

〔8〕 参见《中华人民共和国宪法》(以下简称《宪法》)第 3 条。

见;[9]其二,重要法律案可事前公布,组织全民讨论;[10]其三,政府部门起草行政法规和规章,应当深入调查研究,通过书面征求意见以及召开座谈会、论证会、听证会等多种形式广泛听取有关公民、组织的意见;规章草案直接涉及公民、法人或者其他组织切身利益,且有关机关、组织或者公民对其有重大意见分歧的,应当向社会公布,征求社会各界的意见,起草单位也可举行听证会听取意见;[11]其四,行政法规、规章起草完成后,法制机构应将其送审稿发送有关组织和专家征求意见,重要的行政法规送审稿可向社会公布,征求意见;[12]其五,法制机构对行政法规、规章送审稿涉及的主要问题,应深入基层实地调查研究,听取公民和有关组织的意见;[13]其六,行政法规、规章送审稿涉及重大、疑难问题的,法制机构应召开座谈会、论证会,听取意见,研究论证;[14]其七,行政法规送审稿直接涉及公民、法人或者其他组织切身利益的,法制机构可举行听证会听取意见;规章送审稿直接涉及公民、法人或者其他组织切身利益,有关机关、组织或者公民对其有重大意见分歧,且起草单位在起草过程中未向社会公布,也未举行听证会的,法制机构可向社会公布,也可举行听证会听取意见。[15]

(3)1996年全国人大通过《行政处罚法》,2003年全国人大常委会通过《行政许可法》,确立了行政相对人参与有关行政执法行为的制度。这一制度的主要内容包括:其一,行政执法行为的依据、条件、程序等必须向社会公众公开,行政机关应为行政相对人参与行政执法事前提供必要的信息;[16]其二,具体行政执法行为作出前,行政机关应告知行政相对人作出行政执法行为的事实、理由及依据,并告知当事人和其他利害关系人依法享有的权

[9] 参见《中华人民共和国立法法》第34条。
[10] 参见《中华人民共和国立法法》第35条。
[11] 参见《行政法规制定程序条例》第12条;《规章制定程序条例》第14条、第15条。
[12] 参见《行政法规制定程序条例》第19条;《规章制定程序条例》第20条。
[13] 参见《行政法规制定程序条例》第20条;《规章制定程序条例》第21条。
[14] 参见《行政法规制定程序条例》第21条;《规章制定程序条例》第22条。
[15] 参见《行政法规制定程序条例》第22条;《规章制定程序条例》第23条。
[16] 参见《中华人民共和国行政处罚法》第4条;《中华人民共和国行政许可法》第5条。

利;[17]其三,行政机关对其作出的行政执法行为必须向行政相对人说明理由;[18]其四,行政相对人对行政机关实施的行政执法行为,有权进行陈述、申辩,行政机关必须充分听取当事人的意见,对当事人提出的事实、理由和证据,应当进行复核;当事人提出的事实、理由或者证据成立的,行政机关应当采纳;[19]其五,行政机关作出涉及相对人重大权益的行政执法行为,当事人或其他利害关系人有权要求举行听证;行政机关作出涉及重大公共利益的行政执法行为,行政机关应当向社会公告,主动举行听证,在听证中,当事人和其他利害关系人有权进行申辩和质证。[20]

(4)1997 年全国人大常委会通过《价格法》,2002 年全国人大常委会通过《环境影响评价法》,确立了行政相对人参与价格制定、环境及规划编制等行政决策的制度。这一制度的主要内容包括:其一,政府价格主管部门和其他有关部门制定政府指导价、政府定价,应当听取消费者、经营者和有关方面的意见;[21]其二,政府价格主管部门和其他有关部门制定关系群众切身利益的公用事业价格、公益性服务价格、自然垄断经营的商品价格等政府指导价、政府定价,应当举行听证会,征求消费者、经营者和有关方面的意见,论证其必要性、可行性;[22]其三,消费者、经营者可以根据经济运行情况,对政府指导价、政府定价提出调整建议;[23]其四,国家鼓励公众和有关单位以适当方式参与环境影响评价;[24]其五,规划编制机关在编制专项规划时,对可能造成不良环境影响并直接涉及公众环境权益的,应在规划草案报送审批前,举行论证会、听证会,或者采取其他形式,征求公众、专家和有关单位的意见,对于公众、专家和有关单位的意见,规划编制机关应当认真考虑,并在

[17] 参见《中华人民共和国行政处罚法》第 31 条;《中华人民共和国行政许可法》第 30 条、第 36 条。
[18] 参见《中华人民共和国行政处罚法》第 39 条;《中华人民共和国行政许可法》第 38 条。
[19] 参见《中华人民共和国行政处罚法》第 6 条、第 32 条;《中华人民共和国行政许可法》第 7 条、第 36 条。
[20] 参见《中华人民共和国行政处罚法》第 42 条;《中华人民共和国行政许可法》第 46 条。
[21] 参见《中华人民共和国价格法》第 22 条。
[22] 参见《中华人民共和国价格法》第 23 条。
[23] 参见《中华人民共和国价格法》第 25 条。
[24] 参见《中华人民共和国环境影响评价法》第 5 条。

相应环境影响评价报告书中附具对所有意见采纳或不采纳的说明;[25]其六,除国家规定需要保密的情形,对环境可能造成重大影响、应当编制环境影响评价报告书的建设项目,建设单位应当在报批建设项目环境影响评价报告书前,举行论证会、听证会,或者采取其他形式,征求公众、专家和有关单位的意见,建设单位在报批的环境影响评价报告书中应附具对公众、专家和有关单位的意见采纳或不采纳的说明。[26]

(5)宪法和有关法律、法规规定了公众可以通过书信、走访等形式或通过报刊、电视、广播等舆论机构向国家机关提出批评、建议、申诉、控告、检举,参与对国家机关和国家工作人员的监督,改进国家管理。例如,《宪法》第27条规定,一切国家机关和国家工作人员必须依靠人民的支持,经常保持同人民的密切联系,倾听人民的意见和建议,接受人民的监督;《宪法》第41条规定,中华人民共和国公民对于任何国家机关和国家工作人员,有提出批评和建议的权利;对于任何国家机关和国家工作人员的违法失职行为,有向有关国家机关提出申诉、控告或者检举的权利。《信访条例》规定,公民、法人或者其他组织可以采用书信、电话、走访等形式,向各级人民政府、政府部门反映情况,提出意见、建议和要求,检举、揭发行政机关工作人员的违法失职行为等。[27]

(6)宪法和有关法律、法规规定了公民可以通过居民委员会、村民委员会等基层群众性自治组织实行自治,参与管理有关社会公共事务和公益事业。《宪法》第111条规定,城市和农村按居民居住地区设立的居民委员会或者村民委员会是基层群众性自治组织。居民委员会、村民委员会设人民调解、治安保卫、公共卫生等委员会,办理本居住地区的公共事务和公益事业,调解民间纠纷,协助维护社会治安,并且向人民政府反映群众的意见、要求和提出建议。《城市居民委员会组织法》规定,居民委员会除办理本居住地区的公共事务和公益事业,调解民间纠纷,协助维护社会治安外,还协助人民政府和它的派出机关开展与居民利益有关的公共卫生、计划生育、优抚

---

〔25〕 参见《中华人民共和国环境影响评价法》第11条。

〔26〕 参见《中华人民共和国环境影响评价法》第21条。

〔27〕 参见《信访条例》第2条、第8条。

救济、青少年教育等项工作;[28]《村民委员会组织法》规定,村民委员会除办理本村的公共事务和公益事业,调解民间纠纷,协助维护社会治安外,还协助乡、民族乡、镇的人民政府开展工作,村民委员会对于涉及村民切身利益的事项,如修道路、建学校、确定乡统筹、村提留、集体经济项目承包、集体经济收益使用,以及制定和修改村民自治章程、村规民约等,均须提请村民会议(由本村 18 周岁以上的村民组成)讨论决定。[29]

(7)公民通过结社,组织各种行业协会、社团等,参与国家和社会公共事务的处理和管理。中国自改革开放以后,各种行业协会、社团(如律师协会、医师协会、注册会计师协会、消费者协会、妇联、青联、学联、残联、侨联)等非政府组织发展很快,我国目前有正式登记成立的全国性社团 1712 个,地方性社团 15 万多个,民办非企业单位 11 万多个,至于未经合法登记自行成立的社团则更多(可能为正式登记成立的社团的 10 倍左右)。[30] 尽管在这个数量庞大的非政府组织中,有一个相当大比例的民间组织其民间性不足、自治性不足,与政府有过于密切的联系,有的甚至被人们称为"二政府",但是,这些非政府组织毕竟在逐步民间化、自治度在逐步提高,逐步成为所在组织的成员的真正代言人和权益维护者,从而它们是现代社会公民参与的重要途径:无论是行政相对人参与行政机关的具体行政行为,如行政处罚、行政许可的听证,还是一般公众参与政府决策,如价格决策、规划决策、人口、资源、环境及可持续发展的决策,非政府组织都在起着越来越大的,非公民个体所能起的,极为重要的和不可替代的作用。

回顾中华人民共和国成立以来公众参与制民主发展的三个阶段,第三个阶段(改革开放以来的 26 年)较前两个阶段有下述三个较明显的特色:其一,公众参与与行政法治同步发展。公众参与是在法治的环境下参与,依法参与(不是脱离法律约束的"大民主"),参与的途径、形式、范围、程序均由法律、法规明确规定;行政法治亦是在公众参与前提下实施的法治,法的制定、

---

[28] 参见《中华人民共和国城市居民委员会组织法》第 3 条。
[29] 参见《中华人民共和国村民委员会组织法》第 2 条、第 19 条、第 20 条。
[30] 参见谢海定:《民间组织管理:从控制、放任向扶植培育的转型》,载《法制日报》2003 年 7 月 31 日,第 9 版。

实施、修改均有公民或公民组织的参与，以反映和体现公众的意志和利益；其二，公众参与的目的是维护自己具体的、实际的权利和利益（不是为“空头政治”目的的参与）。不同阶层、不同行业、不同领域、不同团体的公众会有不完全相同的利益，人们正是在这种参与和参与的博弈过程中，实现其利益的平衡和协调；其三，公众参与的种类、途径、形式是多种多样的（不是单纯“群众运动”式的参与）。就种类而言，既包括参与国家事务管理（如参与立法、决策、具体行政行为等），又包括参与经济文化事业管理（如参与宏观调控、市场规制、科教文体的发展规划等），还包括参与社会事务管理（如参与环境保护、卫生保健以及社团章程、村规民约的制定等）；就途径而言，既包括通过听证会、论证会、座谈会等参与，又包括通过信访、报刊、电视等舆论渠道参与，还包括通过协会、社团等非政府组织参与；就形式而言，既包括口头意见陈述、申辩、建议，也包括书面意见、建议及论证报告，还包括直接向行政机关提出行政决定、行政规章、行政法规的试拟稿和直接参与行政决策等。

二、公众参与的战术意义和战略价值

现代民主主要是代表制民主——间接民主，而古代社会的民主，如美洲印第安人、欧洲希腊人的原始氏族、部落的民主、〔31〕奴隶制时代的雅典民主，则主要是参与制民主——直接民主。〔32〕由参与制民主发展到代表制民主，一个重要的原因是民族国家的形成和发展，特别是像今天中、美、俄、英、法、德这样的大国，实行民主制如果不采行代表制民主而采行全民直接参与的直接民主的话，简直是不可想象的。代表制民主相对于直接参与制民主，除了后者在现代国家不具有可行性（除非是人口不过万，面积不过几百上千平方公里的特别小的国家）以外，前者还有诸多为后者（如果后者可行的话）不具有的优点：其一，人民代表的素质一般高于普通公民，从而代表机关作出的决策的质量一般要优于普通公民集体作出的决策；其二，人民代表大会相

〔31〕参见《马克思恩格斯选集》（第4卷），人民出版社1972年版，第80～104页。

〔32〕参见［美］斯科特·戈登：《控制国家——西方宪政的历史》，应奇等译，江苏人民出版社2001年版，第63～88页。

较全体公民大会,人数较少,较易于形成共识和达成、通过相应问题的决议,效率较高,全体公民大会人数众多,难以形成共识和达成、通过相应决议,效率低;其三,代表大会讨论问题通常受较严格的程序制约,从而形成决议可能较慎重,全体公民大会可能较易于受情绪影响,受人操纵,从而可能形成某些过激的决议,甚至可能演成"多数暴政";[33] 其四,代表制民主较直接参与制民主经济。试想,一个国家,哪怕是一个只有几万人或几十万人的小国,如果每决定一个重大问题均要召集全民大会讨论、投票,那要花费多少人力、财力、物力?

既然代表制民主相较于参与制民主有那么多优越性,那我们现在为什么要特别强调发展参与制民主呢?当然,我们讲发展参与制民主,并不是要以参与制民主去取代代表制民主,并不是要取消人民代表大会制度、议会制度,而回归到古代的直接民主去。我们讲发展参与制民主,是要在进一步健全、完善代表制民主的前提下扩大公民对公务的直接参与,以参与制民主补充代表制民主。

尽管如此,人们还是会问,代表制民主为什么要以参与制民主加以补充呢?代表制民主是不是有某些缺陷,某些不足?参与制民主为什么能补充代表制民主的缺陷和不足呢?它有哪些为代表制民主所不具有的功能或优越性?

自从英国"光荣革命"以后,[34] 代表制民主一直是各国民主的基本形式或主要形式(如果其实行民主而非实行专制的话)。但是代表制民主既有着先天的缺陷和不足,更有着在后天发展过程中逐渐产生和滋长的弊端:其一,代表机关的代表虽然是公众选举产生的,但他既有与公众相同的利益,同时也有与公众不同的他自身的利益。在公众利益与其自身利益相冲突时,他可能放弃代表公众利益而维护自身利益。其二,现代议会的代表通常由政党推荐产生,政党亦有各政党的利益,政党的利益与公众的利益并不总

---

[33] 关于"多数暴政"问题,可参见[美]Elster J. 等编:《宪政与民主》,潘勤、谢鹏程译,生活·读书·新知三联书店 1997 年版,第 2~16 页。

[34] "光荣革命"指 1688 年发生的英国资产阶级革命(参见周一良、吴于廑主编:《世界通史·近代部分》,人民出版社 1972 版,第 17~44 页)。

是一致的。其三,代表机关决定问题通常只能是少数服从多数,少数人的正当权益有时难以得到有效的保护。其四,代表机关的主要职能是立法和对国家重大政策问题作出决定,法律和政策执行的职能在政府,政府的行为最广泛、最直接、最经常涉及广大公众的利益,政府行为是否代表、反映和符合民意、民益,代表机关并不能随时和全面实施监督。其五,随着现代科学技术的迅猛发展,各种社会经济问题越来越复杂化,代表机关的代表由于不具有行政机关工作人员所具有的专门知识、专门经验、专门技能,对许多本应由其解决的问题往往难以应付,故将大量的这类问题授权或委托行政机关处理(由行政机关制定行政法规、规章,发布规范性文件等),从而导致代表机关立法权、决定权、监督权萎缩,行政权却大为扩张、膨胀。而不断扩张、膨胀的行政权如缺乏有力、有效的监督,腐败则不可避免。

然而,推进参与制民主是否能有助于解决上述问题呢?中国自改革开放以来的实践和国外更长时期公众参与国家和社会管理的实践证明,答案是肯定的。在现代社会,着力扩展公众参与的途径,努力发展参与制民主,不仅有助于解决上述现实问题,还可能为人类政治文明的长远目标探索路径。这即是公众参与的所谓“战术意义和战略价值”所在。这种“战术意义和战略价值”主要表现在:

第一,公众参与有利于公民、法人或者其他组织在具体行政行为中,特别是在行政处罚、行政给付、行政裁决、行政许可等直接涉及其切身利益的具体行政行为中,维护自己的合法权益,防止行政机关单方面行为对自己做出不利的处理,侵犯其合法权益。尽管没有行政相对人参与,行政机关在具体行政行为中的侵权行为在事后也可以通过行政复议或行政诉讼获得救济,但事后的救济一是成本太大,二是有些损害在事后难以弥补,即使事后能弥补显然也比不上当事人在事中参与而防止侵权发生要好。

第二,公众参与有利于行政相对人对行政决策、行政决定的理解,从而有助于消除行政政策、行政决定在执行中的障碍,保证行政政策、行政决定的顺利贯彻执行。行政相对人在参与行政决策、行政决定制定的过程中,如对相应行政决策、行政决定有异议或疑义,会在参与过程中向行政机关提出,行政机关对之要予以解释、说明,行政机关如认为相对人的异议有道理,会适当修正自己的决策、决定,从而使之获得相对人的理解。这样,相对人在之后的相应政策、决定执行过程中自然会予以配合。

第三,公众参与有利于消除歧视、偏袒,保障社会公正。公众参与由于是所有有利害关系人的参与,从而可以避免代表制民主代表的不全面性:某些行业、某些领域、某些界别、某些阶层有代表,有些则无,有些行业、领域、界别、阶层代表多,有些则少,另外,少数服从多数的原则有时会使少数人的意见、利益被忽视,甚至导致歧视、偏袒。公众直接参与行政决策和行政决定的制定就可以较好地防止这类情形,从而保证各个方面,各个利害关系人的意见、利益都能得到适当反映,最大限度地保障社会公正。

第四,公众参与有利于加强对公权力行使的监督,防止腐败。公权力(包括国家公权力和社会公权力)的行使如果没有相对人的参与,权力行使机关和行使者个人如欲腐败,在"暗箱操作"条件下,即很容易实现其目的。但在公众参与的条件下,公权力行使者害怕公共舆论,就不会轻易产生腐败的念头,即使有此念头,恐怕也难以得逞。人们常说,阳光是最好的防腐剂。公众的千百双眼睛就是阳光,公众参与显然是消除腐败的良方之一。

第五,公众参与有利于加强公民的主体意识,健全公民的人格。公民是国家和社会的主人,管理国家、管理社会,建设国家,促进社会的发展是其职责。但是在计划经济时代,在"全能政府"的条件下[35]公民一切都依赖政府,导致其主体意识逐渐淡薄,其竞争乃至生存能力逐渐退化。因此,在今天,要唤醒公民的主体意识,增强公民的责任感,健全公民人格,一个重要和必需的途径就是加强公民参与,加强公民自治,增强公民管理国家、管理社会,以及自己管理自己,自己维护自己权益的能力。

第六,公众参与有利于为国家公权力向社会转移,推动公民社会的发展创造条件。按照马克思主义的观点,国家最终是要消亡的。[36] 国家消亡当然是一个漫长的历史过程。在这个漫长的历史过程中,国家权力将不断地向社会转移,公民将逐步学习和获得自己管理自己、管理社会的能力。而公

〔35〕 关于"全能政府",请参见董炯:《国家、公民与行政法:一个国家—社会的角度》,北京大学出版社2001年版,第158~182页。

〔36〕 参见《马克思恩格斯选集》(第2卷),人民出版社1972年版,第336、411、439页。

众参与国家管理即是学习和锻炼自己这种能力的一个最好机会和必经途径。特别是公民通过组织社团,作为政府与市场中介的第三部门,参与对国家事务和社会事务的管理,对市场的规制,更是其培养自治能力,培养自己行使社会公权力——由政府公权力转化的权力——的最好学校。

三、行政法对公众参与的规范和保障

公众参与尽管有其如前所述的重大现实意义和历史价值,但同样有其风险,运作不好,甚至可能导致对社会秩序的破坏和对人权的侵犯、践踏。第一,人数众多的公众参与,其情绪往往相互影响,难以控制,特别是在个别或少数激进分子的激情煽动下,群情激奋的公众很可能失去理智,随心所欲,做出对社会具有破坏性的负面行为。第二,公众有时会受本人、本单位、本团体局部利益、短期利益的诱导或驱使,可能会利用参与试图去改变行政决策、决定的正确方向,损害公共利益和社会发展的长远利益。这样,参与的结果反而会导致不利于环境、资源和生态的保护,不利于社会和经济的可持续发展。第三,公众有时会因为缺乏对特定问题的专门知识、专门经验或有关信息而反对政府的某些正确决策、决定,其参与有可能导致这些正确决策、决定的夭折或改变。这种情况虽然可以通过对公民的宣传、提高公民素质以及加强信息公开,扩大公民对政府事务的知情范围,但却不可能完全避免。第四,公众对具体行政行为的参与主要是当事人和其他利害关系人的参与,而不可能是全体公众的参与,这样,如果没有别的力量予以平衡,则有可能导致对一般社会公众利益的忽视,以致在使这部分人获得公正的同时却造成对另一些人的不公正。至于公众对行政决策的参与,往往是通过公众代表参与的。因此,代表如何产生,如何分配,对各方面利益的平衡和协调将产生至关重要的作用。如果代表产生不合理,代表在各不同利益团体的分配比例不平衡,参与不仅不能保障公正,而且可能导致比没有参与的行政单方面决策可能形成的不公正更大的不公正。

由于上述这些原因以及民主与法治的对立统一关系,法律(主要指行政法)对公众参与制度和具体参与行为加以规范是必要且不可或缺的。

此外,由于公众参与可能增加政府的公务成本,影响政府的行政效率,可能对政府机关及政府工作人员某些利益导致不利影响，特别是对那些意欲腐败的政府机关及政府工作人员来说，公众参与更可能给他们带来种种不便或障碍，从而他们不会欢迎公众参与，更不会主动推动公众参与，相反，只要有可能，他们会以种种借口阻止公众参与。有鉴于此，为保证公众参与的顺利和有序进行，除需以法律对公众参与加以规范外，以法律（同样主要是行政法）对公众参与加以保障同样是必要和不可或缺的。

法律主要应在下述方面加强对公众参与的规范和保障：

第一，通过法律、法规、规章明确规定公众参与国家和社会公共事务的范围、途径和方式。无论是国家立法机关制定法律，还是行政立法机关或地方立法机关制定法规、规章，凡是相应法律、法规、规章所调整的事务具有公众参与的必要性和可能性的，都应在相应法律、法规、规章中明确规定公众参与的范围（包括参与人的范围和参与事项的范围）、参与的途径（如决策参与、执法参与、争议裁决参与、监督参与等）、参与方式（如召开座谈会、论证会、听证会，通过信件、电子邮件、走访提出意见、建议，直接提交行政决策、行政决定试拟稿等）。

第二，通过法律、法规、规章明确规定公众参与的程序、方法。为了保障公众参与的有效性与公正性，以法律、法规、规章明确规定各种不同类型、不同形式公众参与的程序、方法是非常必要的。例如，就行政决策听证会这种参与形式而言，对于参加听证会的公众代表选择的程序和方法、听证会主持人产生的程序和方法、听证会进行的程序、听证会举证和辩论的方式、听证记录和记录要点的整理方式、记录或记录要点的效力等问题，都必须在法律上予以明确。否则，公众参与就难以有序进行，难以发挥有效作用，甚至产生种种负面问题。

第三，建立健全政务信息公开制度，扩大公民对政务的知情范围和知情度。信息公开是公众有效参与的基本条件和前提。没有信息公开，公民不了解政府决策、决定的事实根据、形成过程、基本目标、预期的成本和效益等情况，就很难对政府的相应决策、决定进行评价，提出自己的意见、建议，公民参与很可能就只是一种走形式、走过场。参与的公民虽然也会提出自己的意见、建议，但所基于的只能是他自己掌握的有限的局部信息，而且可能是错误的信息。没有法定信息公开,行政机关在公众参与时往往会临时向公众说明有关情况。这种说明有可能被行政机关用来误导公众,其真实信息可能通过整理被增减、加工,从而是不可靠的。因此,通过法律建立经常性的、规范化的政务信息公开制度对于保证公众参与的真实和有效是极为重要和必不可少的。

第四,保障公民依法结社的权利,推进公民社会的发展。公众参与涉及本身合法权益的公共事务有两种主要方式:以个体方式的参与和以社团方式的参与。[37] 以个体方式参与的效果远不及以社团方式的参与,因为个体的声音太小,影响力有限;而具有某种共同利益的人一旦组成社团,其说话的声音就比较宏大,比较容易引起人们重视。特别是在行政决策参与中,个人没有社团做后盾,要对决策施加影响是很难的:相对于强大的政府,没有组织的个人"人微言轻",政府可能根本注意不到你的声音。这些年来,"三农"问题严重,[38] 农民的权益得不到有效保护,一个重要的原因就是农民缺乏组织,其对国家政务的参与远不及工人、工商业者、妇女、残疾人等,因为后者有工会、商会、工商联、妇联、残联等组织。由此可见,要真正实现各种界别公众对国家和社会事务的有效参与,就必须鼓励公民依法结社,必须以法律保障各种界别公众(特别是弱势群体)的平等结社权。

第五,保障言论自由,加强新闻舆论对公众意见的反映,完善公民公开讨论机制。公民通过报纸、广播、电视、互联网发表对政务及各种社会问题的看法、意见、展开公开性的讨论,是公众参与的重要途径和形式。当然,各种舆论工具,特别是互联网的公开讨论,会有一定风险:有人可能造谣生事,发表对政府、对他人不负责任的诽谤性、攻击性言论,故意误导公众,制

---

〔37〕 关于社团和社团在公众参与中的作用,请参见沈岿:《谁还在行使权力——准政府组织个案研究》,清华大学出版社2003年版;黎军:《行业组织的行政法问题研究》,北京大学出版社2002年版;王建芹:《第三种力量——中国后市场经济论》,中国政法大学出版社2003年版;石红心:《社团治理及其法律规制》,北京大学2003年博士学位论文。

〔38〕 关于"三农问题",请参见李昌平:《我向总理说实话》,光明日报出版社2002年版。

造事端。[39] 为此，法律一方面要对言论自由加以保障；另一方面，也要对各种新闻舆论工具的运作加以规范：鼓励公众积极参与对各种国家和社会事务的讨论；打击和抑制利用言论自由造谣惑众，破坏社会稳定、侵犯他人合法权益的行为。

四、信息化、全球化条件下公众参与的发展趋势

从古代的参与民主——直接民主到近代的议会民主——间接民主，再从近代的议会民主——间接民主到现代的参与民主——直接民主，这似乎是民主的一种循环或回归。但是，现代的参与民主——直接民主与古代的参与民主——直接民主比较，虽然都是公众直接参与处理和决定涉及自己利益的公共事务，却在性质、内容和形式上都有着重要的或根本的区别。第一，古代的参与民主——直接民主是民主的基本形式：氏族的所有公共事务几乎都由全体氏族成年男女组成的议事会讨论决定，部落的公共事务虽由氏族酋长和军事首领等组成的议事会讨论决定，但部落的其他成员都出席议事会会议，并都有权参加讨论和发表意见，从而也属于参与式直接民主。[40] 而现代的参与民主——直接民主却只是议会民主（代表制民主）的补充，现代民主的基本形式仍是议会民主（代表制民主），尽管参与制民主有着越来越重要的地位。[41] 第二，古代的参与民主——直接民主是在氏族、部落、城邦等民族国家尚未形成的小规模的人类共同体内实施的，而现代的参与民主——直接民主与代表制民主一道，是在国家这样的大范围、大领域的

---

〔39〕 关于舆论工具与公众参与的关系——正面和负面的作用，Eliku Katz 教授在《大众传播与参与式民主》一文中有很好的论述："媒体传递了社会中心与社会边缘发生的事情，给咖啡屋提供了讨论的主题，激起了政治谈话，从而磨炼出成熟的意见。通过反映各种意见的分布，媒体以公民的名义对已有的制度施加影响和控制。这意味着，参与制民主至少需要具备这样的市民阶层，他们不仅广识博闻，消息灵通，而且意见不一，相互作用"。同时，"大众传媒是否损害了其自身的功能，更准确地说，是否在完成其功能的过程中，它们以及它们的控制者，颠覆了他们原来曾想为之服务的制度体系？""报纸砍了国王的头，广播剥离了国会的中介作用——现在，我们该说，电视摧毁了政党"（参见［日］猪口孝等编：《变动中的民主》，林猛等译，吉林人民出版社 1999 年版，第 112、117 ~ 118 页）。

〔40〕 参见《马克思恩格斯选集》（第 4 卷），人民出版社 1972 年版，第 84 ~ 88 页。

〔41〕 《中华人民共和国宪法》规定，中华人民共和国的一切权力属于人民。人民行使国家权力的机关是全国人民代表大会和地方各级人民代表大会。

人类共同体(如中国、美国、俄罗斯这样有着几亿、十几亿人口、几百万乃至上千万平方公里土地的大国)内实施的。第三,古代的参与民主——直接民主解决的只是与当时人们生产(狩猎和农业)、生活直接相关的较为简单的问题,而现代的参与民主——直接民主与代表制民主一道,要解决的是既包括有关人们生产、生活以及切身权益保护一类似乎相对简单一些的问题,又包括有关国家安全、环境、生态、海洋开发、宇宙探测一类为古代氏族、部落议事会不可能讨论、处理的极为复杂的问题。

然而,现代的参与民主与古代的参与民主不论有多大的区别,毕竟都是参与民主,现代的直接民主与古代的直接民主不论有多大的区别,毕竟都是直接民主。那么,在某种意义上,也可以认为现代的参与民主是古代的参与民主的一种回归,现代的直接民主是古代的直接民主的一种回归,当然也可以认为,现代的参与民主——直接民主,是对近代的议会民主——间接民主的否定(部分地否定),从而是对古代的参与民主——直接民主的否定的否定。

现代的参与制民主将有一个什么样的发展趋势,是完全回到古代的以直接民主作为民主基本形式的那种参与民主模式去,还是回到近代的间接民主那种纯议会民主的模式去,或者仍然保持现在的以参与制民主作为代表制民主的补充的模式,或者进一步发展参与制民主,使参与制民主与代表制民主并行,甚至以参与制民主为主而以代表制民主为辅的模式呢?要回答这个问题,把握今天公众参与的发展趋势,必须明确我们今天所处时代的特点:全球化和信息化。正是由于全球化和信息化的迅猛发展,决定了公众参与进一步发展的不可逆转的趋势。

第一,全球化和信息化的迅猛发展决定了公众参与进一步发展的必要性和必然性。就全球化而言,今天的世界不仅有经济全球化的问题,而且各国政治、文化受经济全球化的影响,也存在一定的全球化的问题,另外,环境问题、犯罪问题和日益猖獗的恐怖活动问题,也都越来越全球化。要解决所有这些全球化问题和全球化所带来的所有问题,没有公众参与而只有政府行为是不可想象的。仅以全球环境问题为例,如果没有大量的各种形式的非政府环保组织(国内的和跨国的)的存在和参与,没有各国公众以各种途径和各种方式的参与,人类遭受污染的侵害和面临的生存威胁可能比今天不知要严重多少倍。

就信息化而言,自20世纪90年代以来,其发展速度之快简直令人难以想象。对此,仅举一个小例即可窥豹一斑:据报载,2004年中国春节7天假期中,全国手机发送短信量达近百亿条(2003年春节为70万条),北京人仅在除夕贺岁夜一夜就发送手机短信1.5亿条。[42] 中国目前约有三亿人拥有手机,互联网网民数位居世界第二。试想,在这样的信息化发展速度和信息化水平的条件下,即使有人想实行愚民政策,完全不让公民参与任何政务,实际亦不可能。孙志刚案、刘涌案、宝马案等公众运用传媒自发讨论公权力运作问题的事实即是信息化决定公众参与的必要性和必然性的最好实证。[43]

第二,全球化和信息化的迅猛发展为公众参与的进一步发展提供了可能性。在有电话、电视、互联网以前,不要说人们要对某一问题组织一次全国性的讨论,召开一次全民会议让各种界别的公众参与发表意见几乎是不可能的,就是在一个地区,如一个省、一个县组织一次全体公众参与的讨论,召开一次全省、全县性的全民会议让各种界别的公众参与发表意见也是相当困难的。但是,在有了电话、电视、互联网以后,电话、电视会议和互联网电子空间不仅能使一定地区,如一个县、一个省的公众参与公共讨论毫无困难,就是全国公众就某一公共问题参与讨论也变得易如反掌。甚至随着全球化的发展,整个地球的球民就其共同关心的问题(如伊拉克问题、朝核问题、中东问题、反恐问题、WTO问题、全球气候变暖问题等)参与共同讨论也是可能的。当然,由于语言的障碍和民族、国家出于维护各自主权考虑而进行的干预,全球性公众参与公共讨论现时只能局限在很有限的范围。

第三,在全球化和信息化迅猛发展的条件下,公众参与的途径和形式将进一步完善和更加多样化,从而将大大增加参与的广度和深度。如现在行政法规、规章制定和行政决策运用较多的座谈会、论证会、听证会等参与形式,今后借助于互联网、移动通讯工具等信息化手段,其参与的范围将大为

---

〔42〕 参见《人民日报》2004年1月24日,第2版;《北京晚报》2004年1月22日,第2版。

〔43〕 关于公众在孙志刚案、刘涌案、宝马案中运用传媒自发讨论公权力运作问题的情况及学者对此的有关评价,可参见《北京晚报》2004年1月9日,第11版。

扩大,形成会内会外、部门内部门外、地区内地区外,甚至国内国外,相互呼应和共同参与的局面。由于公众最广泛的参与,所讨论事项所涉及的各种深层次问题、矛盾将逐一揭示出来,从而促使人们去思索、探讨统筹、协调解决这些问题的最优方案,防止决策的片面性和利益失衡。就行政相对人参与涉及自己本身权益的具体行政行为而言,在全球化、信息化的条件下,其途径和方式也将更加丰富和多样化:相对人不仅可以通过各种电讯工具与行政机关讨论相应行政决定的事实、证据、法律根据等,而且可以参与决定草案的制作,非直接行政相对人的其他利害关系人也可以参与相应行政决定的讨论和制作。没有信息化手段,在行政相对人或其他利害关系人人数众多的情况下,广泛的公众参与即使不是不可能,也是极其困难的。例如,行政机关处理假冒伪劣食品、药品的具体行政行为,涉及的利害关系人(受害人)可能成千上万,如果不借助于现代电讯工具,让其参与几乎是不可能的。但在具有现代信息化手段以后,这种参与就具有了可能性。

第四,在全球化和信息化迅猛发展的条件下,公众参与将使民主更加完善、更加直接、更加真实,从而形成一种完全新型的民主模式。在世界尚未进入全球化和信息化时代或全球化、信息化发展水平还相当低的时代,民主国家只能实行代表制民主或最多以参与制民主作为其补充。在这种民主模式下,社会基本处于国家与公民个人的二元状态:社会的一端是国家,一端是公民个人。公民个人既受治于国家,又选举自己的代表控制国家;国家的一切权力属于人民,人民通过自己的代表机关行使国家权力。而在全球化和信息化日益发展,为公众直接参与"公务"带来、创造和提供了越来越多、越来越大的必要性、必然性和可能性以后,现代民主国家实行的就不再是纯粹的代表制民主或仅以公众参与作为补充的代表制民主,参与制民主的比重将越来越大,地位将越来越重要。尽管参与制民主不可能完全取代代表制民主而成为民主的唯一形式:像任何现代民主国家都不可能再实行纯粹的代表制民主一样,任何现代民主国家也都不可能实行纯粹的参与制民主。但是,在参与制民主在整个民主机制中比重越来越大,地位越来越重要的民主模式下,社会将由传统的国家—公民个人的二元状态转变为国家—公民社会(或称"市民社会")—公民个人的三元状态:国家权力不仅由人民代表机关控制,由公民参与行使,而且其中一部分(这部分比重将越来越大)逐步转移给公民社会——由各种非政府组织构成的公民社会——直接行使。毫无疑问,这种民主比纯粹的代表制民主或仅以公众参与为补充的代表制民主更加完善、更加直接、更加真实。

第五,在全球化和信息化迅猛发展的条件下,公众参与民主将与行政法治和宪政更加完满地结合,并推动行政法治和宪政的发展和转型,从而形成一种完全新型的法治和宪政模式。由于全球化的发展和公众(通过各种途径和形式)对国家事务乃至全球事务的参与,传统的国家主权必定要受到一定的限制:国家权力一部分转移给国内的公民社会,一部分转移给国际社会(包括由主权国家组成的国际组织和非政府组织组成的国际组织)。在这种公众参与和国家公权力转化的过程中,构建行政法治和宪政的公法将发展成三个部门:国家公法、社会公法和国际公法。国家公法调整和规范国家公权力的运作,包括公民参与国家管理的运作;社会公法调整和规范社会公权力的运作,包括公众参与社会事务管理的运作;国际公法调整和规范国际公权力的运作,包括规范有国籍或无国籍的地球球民以及由政府或非政府组织组成的国际组织参与国际事务和地球事务管理的运作。很显然,这三类公法制定的主体将不再都是国家立法机关,人类不同的共同体[44]成员及其组织[45]将参与各相应公法的制定。同时,信息化的加速发展则将为各种不同类别、不同层级、不同形式的公众参与行政法治和宪政的重构(包括各种新型公法的制定和实施)创造和提供更完善的条件。由此可见,全球化和信息化的发展将促进参与制民主与行政法治和宪政的更高层次的结合,从而形成新型的更高层次的民主和新型的更高层次的行政法治与宪政。

(本文原载于《中国法学》2004 年第 2 期)

〔44〕 如国家、社团、企业、行业、各种国际组织等。

〔45〕 国家组织如议会、政府和各种政府部门等;社团组织如工会、青联、妇联、残联等;行业组织如律师协会、医师协会、注册会计师协会等;国际组织如 UN、WTO、EEC、APEC、WHO 等。

国体概念史:跨国移植与演变*

林来梵

“国体”是当今中国法政领域的一个重要概念,被认为是“宪法学基本范畴”之一。[1] 在新中国宪法文本中,它也被专门赋予了规范上的载体,历部宪法第一条就被认定为是关于“我国的国体”的规定。[2] 而征诸史籍,追溯源流,可以发现:“国体”这个语词虽然最早出自我国古代文献,但作为具有特定法政内涵的“国体”概念,乃是清末时期从日本移植过来的,而其最初法政意义上的内涵,则又是明治时期的日本宪法学人从德国近代国法学中移植而来,并将其附会于日文中的“国体”(kokutai)这个原有语词之中的。质言之,“国体”这个概念,经历了从中国和德国到日本、再从日本到中国的、一个可谓“跨国、交叉、往复的移植”历程,在此过程中,国体概念的内涵多次嬗变,留下了各种具有深远意义的历史印痕,值得钩沉探析。

本文尝试运用宪法学、政治社会学和历史学等多学科交叉研究的方法,并力图贯通中日两国自近代到当代的宪法学说史,通过往返透视宏阔的时空结构,追溯“国体”这一具有标本意义的法政概念所经历的跨国交叉往复移植的历程,考辩其内涵结构的嬗变演化,探究其在中日两国各个不同时期盛衰兴亡的宪法规范基础以及社会历史背景,借此管窥立宪主义在亚洲国家得以继受和发展的曲折轨迹,以期理解中国立宪主义长期所直面的历史

---

* 本文为新世纪优秀人才资助计划的研究成果之一。

〔1〕 李龙、周叶中:《宪法学基本范畴简论》,载《中国法学》1996 年第 6 期。

〔2〕 参见彭真:《关于中华人民共和国宪法修改草案的报告——1982 年 11 月 26 日在第五届全国人民代表大会第五次会议上》,王培英编:《中国宪法文献通编》,中国民主法制出版社 2007 年版,第 57 页;另参见何华辉、许崇德:《国体的新规定政体的新发展——读宪法修改草案的一点体会》,载《武汉大学学报》1982 年第 4 期。

课题,并为展望其未来应有的发展方向提供一种理论上的视角。

一、宪法学前史上的“国体”

在语源学上,“国体”一词可追溯至诸多的中国古籍,据考最早乃见诸《管子》,[3]内有“四肢六道,身之体也;四正五官,国之体也”一句,[4]其中的“国之体”乃指君臣父子五行之官,具有类似于国家组成要素的含义。《春秋》中亦有“大夫,国体也”一句,[5]其中“国体”一词更直接指称国家的承担者。《汉书》中有“温故知新,通达国体”一语,[6]其中的“国体”表示国家状态;另有“建白定陶太后不宜在乘舆幄坐,以明国体”一句,[7]此处的“国体”则指的是国家的体面。

“国体”一词在历史上被引入日本,成为日文中的一个词汇,并直接采汉字写法,曾有クニカタ(kunikata)这一发音,后发音为kokutai,其意与中国古籍中的原意极为近似。比如当其最早出现在日本古代文献《出云国造神贺词》中时,其意即为国家状态。[8] 此外,德川幕府年间栗山潜峰氏所撰的《保健大记》中亦有“昭示国体”一语,该出典在日本颇为著名,这里的“国体”亦有国家的体面、尊严之意。[9]

后来,“国体”一词在日本思想史上获得了特别重要的地位,加拿大学者Johns. Brownlee即指出它成为“日本历史上发展出来的一个最具有原创性的政治观念”。[10] 应该说,这种观念最初是在江户时代(1603—1867年)的日

---

〔3〕 参见陈玮芬:《“天命”与“国体”:近代日本孔教论者的天命说》,载张宝三、杨儒宾编:《日本汉学研究初探》,台北:台湾大学出版中心2004年版,第75页。

〔4〕 《管子·君臣第三十一》,上海古籍出版社1989年版,第108页。

〔5〕 《春秋·穀梁传》(昭公十五年),上海古籍出版社1990年版,第174页。

〔6〕 《汉书》卷10《成帝纪》,中州古籍出版社1991年版,第47页。

〔7〕 《汉书》卷99上《王莽传》,第660页。

〔8〕 長尾龍一:「法思想における『國体論』」,野田良之、碧海純一編:『近代日本法思想史』,東京:有斐閣,1979年,二二三ページ。

〔9〕 参见八条隆孟:『國体と國家形態』,東京:刀江書院,1941年,八ページ以下。有关“国体”用语在古代日本古籍的重要出处,该书的考证颇详。

〔10〕 基于这一点,Brownlee甚至按照该词的日文发音将其在英文上标示为kokutai。参见John S. Brownlee,“Four Stages of The Japanese Kpkutai(National Essence)”,JSAC Conference,University of British Columbia,Oct,2000。

本国学中孕育了胚胎,并随着整个明治时期国家观念的发达而形成的。[11] 其间,德川幕府后期水户藩尊王学者会泽正志斋(又名会泽安,1781—1863年)《新论》一书的问世(1825 年),具有里程碑的意义。当时的日本正因西方列强势力的渗入而陷入深重的国家危机,会泽在该书开篇就连续以《国体》为题专辟上、中、下三章,其中通过借助日本建国神话等素材,对"国体"一词作了伦理的、文化意义上的阐述,力图塑造日本这一国家在精神层面上的主体性与一体性。[12] 会泽其实已经洞见到:当时的西方列强之所以具有强大的一体性,是因为基督教发挥了一种统合性的、源动性的凝聚力量,而他认为在古代日本也存在类似这样的某种"一体性",此即天照大神所创建并被传承下来的、以"政祭一体"的形式而存在的历史传统,这就是他所诠释的"国体"。[13] 会泽的这种国体论可谓用心良苦,旨在"以全民自发性的服从来取代当权者强制性的支配",以期归"民志"于一,实现国家力量的统一。[14]

但会泽所阐述的"国体"还只是精神性的,并未涉及政治组织与法律体制的建构,当代日本法学史学家、有关日本国体学说史研究的权威学者长尾龙一先生曾剀切地指出:它仅仅属于一种"伦理的、文化意义上的概念"。[15] 不过,会泽已经为这个概念赋予了某种超越传统语源学意义的内涵,从而形成了一种意识形态。更为重要的是,这种国体概念的内涵,已开始蕴含了国家统合原理的内容,具体而言,就是以天皇的权威塑造国家精神的"一体性",力图让国家与臣民在被"神格化"了的天皇统治之下得到统合。这对国体概念史在此后日本乃至中国的发展,产生了持续性的重要影响。

明治维新之后,国体概念进入新的发展阶段。其间,著名启蒙学者加藤弘之甚至在 1874 年出版的《国体新论》一书中区分了"国体"与"政体"这两

---

〔11〕 参见刈滝川政次郎:『日本人の國家観念と國体観念』,『日本文化研究』第 1 卷,1958 年,三十七ページ。

〔12〕 会沢安:『校注新論』,岡村利平校注,東京:明治書院,1939 年。

〔13〕 参见 John S. Brownlee,"Four Stages of The Japanese Kokutai(National Essence)"。

〔14〕 参见陈玮芬:《"天命"与"国体":近代日本孔教论者的天命说》,载张宝三、杨儒宾编:《日本汉学研究初探》,第 78 页。

〔15〕 長尾龍一:「穂積憲法額雑記」,『法哲学』1969 年号(1970 年)。

个概念，认为前者是国家的本质，后者则是政府的形式。[16] 而福泽谕吉虽然认为只有民族的主权才能够构成“国体”，但也承认日本天皇的世系从未断绝的历史事实在世界上是绝无仅有的，其有利于凝聚日本国民的感情，促进日本民族的主权，[17] 即他所言的“国体”。

总之，在明治维新之后，国体概念开始被用于有关国家形态以及日本建国原理的探讨，尤其是被用于国家统合原理的构想。而其中有关国体与政体的区分，也使保守主义可借此澄清他们的国体观念，即便于将一部分自己所欲的传统保守因素概括为一种绝对的、不可变动的内核，而将其他内容理解为次要的、只是属于政治权力在实践过程中的历史性安排。其实这提供了一种特殊的理论框架，使得东方传统观念与西方近代思想之间所触发的深刻矛盾有可能达成妥协，即在维持东方国家自身君主制传统（国体）的前提下，有效地吸纳并装备近代西方式的立宪制度（政体）。明治宪法就是在这种思想背景下制定的。

二、“国体”概念在日本宪法学上的建构

在日本近代史上，真正对明治宪法的制定产生过直接影响的政要人物，如岩仓具视、伊藤博文、井上毅等人，均是带有国家主义倾向的国体主义者。其中，岩仓具视所秉持的“国体”实际上是 种“国学意义上的政治神学那种宗教性质的原理与天皇主权这种世俗性原理的合成物”，[18] 并且这种“国体”优位于“立宪政治”。此后的伊藤博文基本上继承了岩仓的制宪纲领，只是较之于国体更倾向于重视政体问题。[19]

但作为明治宪法的主要设计者，伊藤博文首先考虑的还是确定“国家之基轴”，就此，他明智地选择了天皇皇统，并将其作为“在欧洲文化的上千年

〔16〕 長尾龍一：「穂積憲法額雜記」，『法哲学』1969 年号（1970 年）。

〔17〕 参见子安宣邦：《福泽谕吉〈文明论概略〉精读》，陈玮芬译，清华大学出版社 2010 年版，第 36 页。

〔18〕 長尾龍一：「法思想における『國体論』」，野田良之、碧海純一编：『近代日本法思想史』，二四五ページ。

〔19〕 参见吉田善明：「伝統的國家主義的憲法学の再生」，鈴木安蔵編：『日本の憲法学』，東京：評論社，1968 年，一五三ページ以下。

历史中起到‘基轴’作用的基督教的‘精神替代物’”,[20]即作为一种“以‘国体’之名而被称谓的非宗教性质的宗教”,[21]其目的无非就是通过这一“国家之基轴”来实现“臣民的统合”。[22] 在明治21年(1888年)6月枢密院召开宪法草案审议会之际,伊藤博文就以枢密院院长的身份披沥了制宪的根本精神,指出:“宪法政治”起源于西方,其发祥已有千余年之历史,从而人民习熟此制度,此外又有宗教作为其“国家之基轴”,从而深入人心,使之归一;而反观当今日本,情状则不然,故欲制定宪法,必先确定“国家之基轴”为何,否则政治任由人民妄议之时,则纲纪俱失,国家亦将随之废亡,但如今日本宗教力量萎落,可以作为“国家之基轴”者,唯独“皇室”,故此草案亦“以君权为基轴”。[23]

明治宪法最终所确立的国家形态,就是“在‘国体论’的框架中嵌入了普鲁士型的立宪君主制”,[24]其第1章即题为“天皇”,其中第1条明确规定:“大日本帝国由万世一系之天皇统治之。”该条款虽然没有直接采用“国体”概念,但其却在宪法条款的语义脉络中得到了体现。宪法颁布后,各种宪法解说书籍迭出,其中伊藤博文《日本帝国宪法义解》一书最具权威性,该书开宗明义地指出:“天皇宝祚,承之祖宗,传之孙子,国家统治权之所在也;宪法特揭大权明记于条章者,非表新设之意也,以见固有之国体,因之而亦巩尔”。[25]

国体观念在宪法中的实定化,是国体概念史上的一个重要事件。它不

---

〔20〕 丸山真男:『日本の思想』,東京:岩波書店,1961年,三十ページ。

〔21〕 丸山真男:『日本の思想』,三十ページ。戴季陶也认为日本独特的国体观念,其实就是一种由神道教发展出来的有关国家的神权迷信。参见戴季陶:《日本论》,光明日报出版社2011年版,第5页以下。

〔22〕 横田耕一:「天皇の存在意義—國民主権と天皇(2)」,樋口陽一編:『講座憲法学(2)主権と国際社会』,日本評論社,1994年,二三七ページ。

〔23〕 参见丸山真男:『日本の思想』,二十八—二十九ページ。

〔24〕 長尾龍一:「法思想における『國体論』」,野田良之、碧海純一編:『近代日本法思想史』,二四五ページ。在明治宪法制定过程中,伊藤博文赴欧洲考察,师从维也纳大学施坦因教授等人,形成了立宪君主制的构想。参见鈴木安蔵:『憲法の歴史の研究』,東京:叢文閣,1934年,三二七ページ以下。

〔25〕 参见伊藤博文:《日本帝国宪法义解》,沈纮译,载戴昌熙编:《日本宪法义解》,上海:金粟斋译行,光绪辛丑年,第1页。

仅使得国体概念成为一个法政概念,而且发展成为日本近代法思想史上的一个思想形态,[26]甚至成为整个"近代日本之基轴"。[27]

随着国体观念在明治宪法中的实定化,国体概念史也进入了一个新的发展阶段,即如何通过宪法学对其内涵加以严密的诠释,使之获得精致化的自洽性,从而付诸国家体制的具体运行。于是,一个在当时日本宪法学界最具代表性的国体学说便应运而生,此即穗积八束(1860—1912 年)的"国体宪法学"。[28] 它的出现,标志着国体概念史在日本的发展从以观念史为主轴的阶段进入了以宪法解释学为坐标的历史时期。

穗积八束留学德国出身,师从德国著名宪法学权威拉班德(Paul Laband,1838—1918 年),[29]但在学术立场上,他虽然支持君主立宪主义,却比拉班德更倾向于保守主义,这可能由于他同时还受到了德国历史法学派的影响所致,[30]故重视"日本固有的法理",最终形成了一种具有浓厚国家主义倾向的国体学说。

穗积八束也将国体与政体这两个概念加以区分,并最早从宪法学的角度给二者赋予了清晰的定义。他认为:国家具有主权,但因国家组织中的"主权存在之体制"不同,国体也有分别,"国体因主权之所在而异",可分为君主国体和民主国体,而"政体由统治权行使之形式而分",可分为专制政体和立宪政体;国体不轻易变动,其变更意味着革命与反叛,而政体则因应时

---

〔26〕 参见長尾龍一:「法思想における『國体論』」,野田良之、碧海純一編:『近代日本法思想史』,二二七ページ以下。

〔27〕 参见丸山真男:『日本の思想』,二十八ページ以下。

〔28〕 参见古川純:「日本國憲法前史」,樋口陽一:『講座憲法学(1)憲法と憲法学』,東京,日本評論社,1995 年,八十一ページ以下。

〔29〕 有关拉班德的研究在国内迄今较为鲜见,可参见林来梵:《法律实证主义方法的故事——以拉班德的国法学为焦点》,载《浙江学刊》2004 年第 3 期。

〔30〕 据考,穗积八束曾受到 19 世纪法国著名历史学家古郎士(Fustel de Coulanges, 1830—1889 年)《古代城市》一书的影响,认为"祖先教的日本"与"基督教的西欧"构成了东西方文明的对比。可参见長尾龍一:『日本憲法思想史』,東京:講談社,1996 年,四十三ページ;長尾龍一:「穂積八束(1860 - 1912)—國権主義の憲法学者—」,『法学教室』第 163 号(1994 年 4 月);長尾龍一:「法思想における『國体論』」,野田良之、碧海純一編:『近代日本法思想史』,二四九—二五一ページ。

势而变迁。[31]

关于这种国体与政体的二元论，当今不少中国学者或许会推断这是从欧美移植的理论，故可普遍适用。[32] 实际上，欧美法政思想并不存在类似将国体与政体两个概念予以明确区分的理论形态。穗积八束当时也曾指出："此二者之分别未加明确，又或否认此分别之倾向者，实乃欧洲宪法理论之通弊也"。[33]

尽管如此，穗积八束的国体概念仍可以在一定意义上追溯到西方有关政体的学说。在此方面，亚里士多德的政体分类理论具有不朽影响力，但其并没有区分所谓的"国体"和"政体"，只是按照"谁统治"这个标准区分出了君主制、贵族制和民主制这三种"政体"（πολιτεία），进而认为它们分别对应了三种堕落形态，即僭主制、寡头制和众愚制。[34] 在亚里士多德之后，马基雅维利（1469—1527年）也对"政体"（governo）做了具有重大影响的分类，他更为简约地将政体分为君主制和共和制两种。[35] 此后，这个具有形式性的分类法一直被众多的政治思想家和公法学者所接受，[36] 德国近代的国法学[37]就吸收了上述这些分类学说，但将其主要理解为是有关 Staatsform 的分类，而此概念本意为"国家形态"，即国家在形式意义上的组织形态。[38]

然而，自明治宪法初期开始，日本法政学界一般均将 Staatsform 译为"国体"，而非"国家形态"，其中作为最早留德回国的宪法学者之一，穗积八束是最早采用"国体"这一概念移植德国近代国法学中有关国家类型理论，并建

---

〔31〕 有关资料，可参见穗積八束：『憲法大意』，東京：八尾書店，1897年，一ページ以下。穗積八束：『憲法提要』，東京：有斐閣，1936年，二十九ページ。

〔32〕 参见李龙、周叶中：《宪法学基本范畴简论》，载《中国法学》1996年第6期。

〔33〕 穗積八束：『憲法提要』，五十五ページ。

〔34〕 参见［古希腊］亚里士多德：《政治学》，吴寿彭译，商务印书馆2009年版，第181~182页。但本文所采用的译词有所改变，可参见 Aristotle, *Politics*, trans. Ernest Barker, NewYorK: Oxford University Press, 1995, pp. 135 - 136。

〔35〕 参见［意］马基雅维里：《君主论》，潘汉典译，商务印书馆1985年版，第19页。

〔36〕 参见田上穰治編：『体系憲法事典』，東京：青林書院新社，1968年，三十三ページ「國体と政体」に関する説明文。

〔37〕 即研究国家法的一种学问，也可译为"国家法学"。

〔38〕 德国近代国法学集大成者耶利内克的代表作《一般国家学》即如此。在此书的日译版中，Staatsform 被译为"国家形体"，即相当于"国家形态"。参见 G. イエリネク：『一般國家学』，東京：学陽書房，1974年，五六三ページ。

构了上述有关国体政体二元论宪法学说的。[39] 如下文所论,后来东京帝国大学法学部教授、最终成为日本立宪主义宪法学鼻祖的美浓部达吉博士曾对穗积国体学说展开了批判。其时,他之所以特意指出:"近时论及国体之事者,多以国体一语作为纯然法律上之观念,普遍在相当于德语 Staatsform 的意义上使用之",原因也在于此。[40] 值得注意的是,穗积八束并没有简单地将 Staatsform 的内涵全部注入"国体"这一概念之中,而是将前者分为两个部分,分别以"国体"与"政体"这一对概念加以表达,[41] 由此发展出当时日本独有的"国体政体二元论"宪法学说。不仅如此,穗积还不惜背离拉班德法律实证主义有关法律与伦理、宗教严格相分离的立场,建构了更具有日本特色的国体概念,[42] 其内涵主要包括两个部分:一是前述的那种法学定义,即"主权之所在",以解释明治宪法第 1 条中有关"天皇统治之"的规范性表述;二是继承了传统日本伦理的、文化意义的国体观念,认为"国体即民族确信的结晶",断言"以万世一系之皇位为统治主权之所在的我国体亦是存立于千古之历史的成果以及民族一致之确信的基础之上"。[43]

时至当今,穗积八束的这种"国体宪法学"因其明显的保守性而在日本学界备受针砭。[44] 然而,如果从整个国体概念史的角度来看,穗积的国体学说实际上曾经使西方此前的国家类型学在东方式的独特用语之中得到了一种更为细致化的发展,并且在严格对应了实定宪法上的规范依据与逻辑结构的前提下,提供了一个有效调和西方式宪法政治与东方国家自身传统之

〔39〕 有关资料可参见田上穣治編:『体系憲法事典』,三十三ページ「國体と政体」に関する説明文。八条隆孟:『國体と國家形態』,七十五ページ。川口曉弘:「憲法学と國体論—國体論者美濃部達吉—」,『史学雑誌』(東京大学史学会)第 108 編第 7 号(1999 年)。

〔40〕 参见川口曉弘:「憲法学と國体論—國体論者美濃部達吉—」,『史学雑誌』(東京大学史学会)第 108 編第 7 号(1999 年)。

〔41〕 根据八条隆孟的分析,穗积所说的"国体"与"政体"这一对概念,相当于德国近代国法学中的 Staatsform im engeren Sinne(狭义的国家形态)与 Regierungsform(政治形态)这两个概念。参见八条隆孟:『國体と國家形態』,七十七ページ。

〔42〕 参见山本武秀:「『憲法』と『憲法典』—穂積八束の憲法学再思考—」,『秀明大学紀要』第 2 号(2005 年)。

〔43〕 长尾一龙即据此指出穗积八束的国体概念具有"日本性质和西欧性质的双人性"。長尾龍一:「穂積憲法学雑記」,『法哲学年報』1969 年号(1970 年)。

〔44〕 有关这种总结性的、且具有权威性的评价,可参见長尾龍一:「穂積八束(1860 - 1912)—國権主義の憲法学者—」,『法学教室』第 163 号(1994 年 4 月)。

间紧张关系的理论框架,从而回应了当时日本的时代课题。

至明治末期,随着立宪主义在日本的发展,穗积的保守主义国体论受到了激烈的挑战。1911 年,美浓部达吉就对穗积的国体论提出了根本性的批判。他从德国近代国法学集大成者耶利内克等人所主张的国家法人说出发,认为国家本身在法律上具有人格,而无论在任何国家,所谓的"统治权"(主权)都归属于作为法人的国家本身,为此没有必要采用所谓"国体"这一概念再去判断"主权之所在";但由于国家作为"法人格"乃是法观念上的一种拟制,为了使它能够进行意思决定,并可以行动,确实就需要自然人作为它的机关去承担这些行为的实施,而天皇就属于这种国家机关之一,并且也可以说是日本国家的最高机关。美浓部的这一观点,也被称为"天皇机关说"。然而,美浓部也承认在日本存在一种独特的、历史文化意义上的"国体",但认为这种"国体"终究属于 national character(国民性)那样,是一种非法学的观念,为此反对将其直接作为法学上的概念。〔45〕 至于君主与共和、专制与立宪之别,美浓部则认为均属于"政体"范畴的问题。〔46〕

面对美浓部达吉的有力批评,穗积八束的后继者上杉慎吉与其展开了几个回合的论战,然而,由于两人的理论水平存在差距,加之立宪主义已成为那个时期日本的历史潮流,学界与言论界多倾向于支持美浓部的新说,为此上杉慎吉终究没有占得上风。〔47〕 然而,令人始料未及的是,穗积国体论的"坠绪",在晚清中国却得到了承续,并一直延至当今。

三、国体概念在中国的移植及早期演变

迄 20 世纪末,"国体"一词在中国还仍然只有古典的语义,但随着外来思想的输入,尤其是在清末"预备君主立宪"过程中,作为法政含义的国体概

〔45〕 最初的批判,可参见美濃部達吉:『憲法講話』,東京:ゆまに書房,2003 年,四十五—四十八ページ。值得一提的是,根据当今部分日本学者最新的研究结论,美浓部本身也应被视为是一个国体论者,有关这一点下文即将论涉。川口曉弘:「憲法学と國体論—國体論者美濃部達吉—」,『史学雑誌』(東京大学史学会)第 108 編第 7 号(1999 年)。

〔46〕 参见美濃部達吉:『憲法講話』,二十三ページ以下。国内的有关研究,可参见韩大元:《美浓部达吉立宪主义思想研究》,载《比较法研究》2010 年第 4 期。

〔47〕 有关这次国体争论,参见長尾龍一:『日本憲法思想史』,七十五—八十三ページ。

念从日本被移植了过来。[48]

据考,早在1899年,戊戌变法失败后刚流亡日本第二年的梁启超就曾在《清议报》上断断续续连载由他本人节选的欧洲著名公法学家伯伦知理[49]的译稿《国家论》,其中卷三即采“国体”一词为题。[50] 但梁启超当时所用的“国体”一语其义驳杂,尚不得要领。

进入20世纪之后,“国体”一语随着当时一批日本公法著作中译本的印行而进入国人的视野。其中,1901年伊藤博文《日本帝国宪法义解》一书的中译本在中国付梓,此书多次提及“国体”一词,并加以阐论。[51] 接着,日本学者高田早苗的《宪法要义》与菊池学而的《宪政论》的中译本亦先后于1902年和1903年相继刊印,[52]此二书亦均介绍了有关国体的学说,其内容与穗积八束的国体学说几乎一致。[53]

但概念的迻译还不等于移植的完成,成功的概念移植有待于移植对象真正融入移植国家自身相应的观念或制度之中。1905年12月,第一批考察宪政的载泽一行东渡日本,亲自聆听过穗积八束有关日本宪法的讲座,后者即讲到“日本国体,数千年相传为君主之国,人民爱戴甚深,观宪法第一条可知”,云云。[54] 回朝之后,载泽曾通过密折,阐明了“君主立宪,大意在于尊

〔48〕 有关当时日本对晚清预备立宪的影响,国内的研究可参见韩大元:《论日本明治宪法对〈钦定宪法大纲〉的影响——为〈钦定宪法大纲〉颁布100周年而作》,载《政法论坛》2009年第3期。

〔49〕 伯伦知理(Johann Caspar Bluntschli,1808－1881),今译布伦奇利。为了方便叙述,本文采旧译名。

〔50〕 全卷收于《〈饮冰室合集〉集外文》下册,夏晓虹辑,北京大学出版社2005年版,第1226页以下。

〔51〕 伊藤博文:《日本帝国宪法义解》,沈纮译,载戴昌熙编:《日本宪法义解》,第1页以下。

〔52〕 高田早苗:《宪法要义》,张肇桐译,文明编译印书局1902年发行;菊池学而:《宪政论》,林棨译,上海:商务印书馆光绪癸卯年(1903年)初版。

〔53〕 可分别参见高田早苗《宪法要义》第4页以下及菊池学而《宪政论》第35页以下。此外,据说就在1903年,穗积八束《宪法大意》一书的中译本也得到了刊行。参见韩大元:《论日本明治宪法对〈钦定宪法大纲〉的影响——为〈钦定宪法大纲〉颁布100周年而作》,载《政法论坛》2009年第3期。但笔者在国内各大图书馆未查得此译本,只在日本国会图书馆网上资料库中查得此书的日文版第三版的扫描版,该书原出版于1897年,书中第一编即题为“国体”,在其第二章“君主国体”中,开宗明义便开始阐述了其国体政体二元学说。参见穗積八束:『憲法大意』,一ページ以下。

〔54〕 载泽:《考察政治日记》,载《蔡尔康等:李鸿章历聘欧美记;戴鸿慈:出使九国日记;载泽:考察政治日记》,岳麓书社1986年版,第575页。

崇国体,巩固君权,并无损之可言”之道理。[55]

但更为完整地理解“国体”之内涵、并对清末预备立宪产生重大影响者,应推第二批被派遣到日本考察学习宪政的一位清廷官员——达寿(时任学部右侍郎)。[56] 据载,他自1907年10月到1908年7月驻留日本,其间直接得到了穗积八束、有贺长雄、太田峰三郎等学界名宿的指导,[57] 在回国复命的上奏文书中,他忠实地、比较完整地表述了穗积八束的国体学说,其中指出:“所谓国体者,指国家统治之权,或在君主之手,或在人民之手。统治权在君主之手中者,谓之君主国体,统治权在人民之手者,谓之民主国体。而所谓政体者,不过立宪与专制之分耳。国体根于历史以为断,不因政体之变革而相妨。政体视乎时势以转移,非如国体之固定而难改。”[58]

另外,达寿还力图在“国体”概念的法政含义之外,赋予其某种历史文化意义上的内涵。他从中国古代经典中寻章摘句,指出:“我国之为君主国体,数千年于兹矣。易曰:天尊地卑,乾坤定矣。春秋曰:天生民而树之君,使司牧焉。五伦之训,首曰君臣。此皆我国为君主国体之明证也。”[59] 但达寿的这种努力并不成功,中国传统的政治文化决定了他充其量只能证明一般意义上的君主制在中国历史上的根源,而无法比照穗积式的“国体”概念,建构出类似所谓“万世一系”天皇制的那种近乎政治神学的观念体系,以证立满清王朝统治的永久正当性。

然而,日本的国体概念、尤其是穗积八束所主张的国体概念作为一个“词侨”在被反向输入中国之后,就不仅成为当时清王朝上层统治集团理解

---

〔55〕 载泽:《奏请宣布立宪密折》,载夏新华、胡旭晟整理:《近代中国宪政历程:史料荟萃》,中国政法大学出版社2004年版,第40页。

〔56〕 具体研究可参见林來梵:『中国における主権、代表と選挙』,京都:晃洋書房,1996年,第六一八ページ。国内也已有学者认同,达寿是清廷1907年底第二批派出的三位考察大臣(另两位是派往英国的汪大燮与派往德国的于式枚)中“对清廷的影响最大”的一位。参见柴松霞:《出洋考察与清末立宪》,法律出版社2011年版,第256页。

〔57〕 参见柴松霞:《出洋考察与清末立宪》,法律出版社2011年版,第256页。

〔58〕 参见夏新华、胡旭晟整理:《近代中国宪政历程:史料荟萃》,中国政法大学出版社2004年版,第56页。

〔59〕 夏新华、胡旭晟整理:《近代中国宪政历程:史料荟萃》,中国政法大学出版社2004年版,第56页。

君主立宪制的一把“钥匙”,而且也为他们构想清末君主立宪的政治蓝图提供了重要的框架。达寿回国不久,清廷即颁布《钦定宪法大纲》,其中第1条即模仿明治宪法第1条的国体条款,明确规定:“大清皇帝统治大清帝国,万世一系,永永尊戴”。时至1911年年底的《宪法重大信条十九条》,其第1条亦仍规定“大清帝国皇统万世不易”。

清末民初另一位具有代表性的国体论者,无疑应是梁启超。但由于梁启超置身于风云变幻的时代,加之其学术思想本来就“流质易变”,为此其国体观也经历了如下四个阶段的变迁。

第一阶段是梁启超在戊戌变法失败之后流亡日本的最初阶段。前述的梁启超在伯伦知理《国家论》译稿中开始采用“国体”这一用语,即属此阶段之肇端。同年,梁撰《论中国与欧洲国体异同》一文,从标题开始即频繁使用“国体”一词。[60] 但在此阶段,他所理解的国体概念具有多歧性,总体上尚不得真义。当然,在该时期,梁启超也已开始关注“政体”的概念及其分类,如在1899年的《各国宪法异同论》一文中,其第一章即题为《政体》,并认为政体“不外君主国与共和国之二大类而已”。[61]

第二阶段是梁启超国体观的初成期,以1902年3月《论政府与人民之权限》一文为标志,他文中写道:“主权或在君、或在民,或君民皆同有,以其国体之所属而生差别。”[62] 至1907年10月,梁启超在《政闻社宣言书》中数次使用了“共和国体”这一概念。[63] 可见,此时的梁启超已接受了当时日本法政学界有关“国体”的主流学说。

第三阶段是梁启超国体学说的独创期。所谓的“独创”,也是在接受了他人学说的基础上实现的,只不过独具了梁氏的一些理论特色。当今史学界一般只重视梁启超在1903年第二次旅美前后由原先支持卢梭民主主义思

〔60〕 参见梁启超:《饮冰室合集》(之一、文集之四),中华书局1989年版,第61页以下。
〔61〕 参见梁启超:《饮冰室合集》(之一、文集之四),中华书局1989年版,第71页以下。
〔62〕 参见梁启超:《饮冰室合集》(之二、文集之十),中华书局1989年版,第3页。
〔63〕 参见梁启超:《饮冰室合集》(之三、文集之二十),中华书局1989年版,第20页。

想转向接受伯伦知理国家观的这一思想转变,[64]其实从法学角度而论,在这之后梁启超的国家观又发生了一次微妙的变化,即从伯伦知理式的国家有机体学说转向了耶利内克式的国家法人说。[65] 这体现于他1910年所撰的《宪政浅说》一文中。在该文中,梁启超指出:“国家者,则最高最大之团体,而具有人格者也”,[66]由各个机关进行意思表达和行为,从而构成行使统治权的有机整体,其中“君主也、大统领也、国务大臣也、一切行政司法大小官吏也、国会也、行选举权之公民也,皆国家之机关也”。[67] 而梁启超的国家观之所以有此转变,可能是受到了美浓部达吉学说的影响。[68]

但与美浓部不同,梁启超保留了“国体”这一概念,甚至吸收了穗积式的国体与政体的二元框架,并对这两个概念进行了分辨。他指出:“国体之区别以最高机关所在为标准,前人大率分为君主国体、贵族国体、民主国体之三种,但今者贵族国体殆已绝迹于世界,所存者惟君主民主两种而已。”[69]而“政体之区别以直接机关之单复为标准,其仅有一直接机关,而行使国权绝无制限者,谓之专制政体,其有两直接机关,而行使国权互相制限者,谓之立宪政体”。[70]

梁启超的上述观点显然是为他所主张的君主立宪主义服务的,但在进入民国时期之后,为了因应共和革命已然成功这一历史转变,梁启超也对过

---

[64] 可参见梁启超:《政治学大家伯伦知理之学说》,载梁启超:《饮冰室合集》(之二、文集之十三),中华书局1989年版,第70~71页。有关研究不胜枚举,较新的成果可参见川尻文彦:《梁启超的政治学——以明治日本的国家学和伯伦知理的受容为中心》,载《洛阳师范学院学报》2011年第1期;高力克:《梁启超的公民民族主义及其困境》,载《政治思想史》2011年第3期;王晓范:《中日摄取伯伦知理国家有机体论之比较——以加藤弘之与梁启超为例》,载《华东师范大学学报》2011年第4期;郑匡民:《梁启超启蒙思想的东学背景》,上海:上海书店出版社2009年版,第228页以下。

[65] 有关耶利内克所主张的国家法人说,参见G. イエリネク:『一般國家学』,一零九ページ。国内学者王天华在《国家法人说的兴衰及其法学遗产》一文中,细致地梳理了国家法人说在德、日的兴衰发展史,其中也述及耶利内克的国家法人说。参见王天华:《国家法人说的兴衰及其法学遗产》,载《法学研究》2012年第5期。

[66] 梁启超:《饮冰室合集》(之三、文集之二十三),中华书局1989年版,第34页。

[67] 梁启超:《饮冰室合集》(之三、文集之二十三),中华书局1989年版,第35页。

[68] 楠瀬正明:「清末における立法構想—梁啓超を中心として—」,『史学研究』(広島市学研究会)1979年第143号。

[69] 梁启超:《饮冰室合集》(之三、文集之二十三),中华书局1989年版,第37页。

[70] 梁启超:《饮冰室合集》(之三、文集之二十三),中华书局1989年版,第38页。

去所持的国体观做了一些相应的修正。这就使得其国体观的变迁进入了第四阶段。

首先,梁启超在1912年所拟的《进步党拟中华民国宪法草案》第1条中便写道:“中华民国永远定为统一共和国,其主权以本宪法所定之各机关行使之”。[71] 在该条款下的说明中,梁坚称:“无论何种国体,主权皆在国家,久成定说,无俟喋引。国体之异,则在行使国家主权之机关,有单复专共之异耳。”[72]这实际上是将自己过去所秉持的那种“以最高机关所在为标准”的国体概念,巧妙地转换为以“行使国家主权之机关”的“单复专共之异”来区分国体的国体概念。

1915年,中国政论界发生了历史上著名的“国体之争”。[73] 时值袁世凯称帝之前,袁氏的美籍宪法顾问古德诺(F. J. Goodnow)以及以杨度为主将的筹安会六君子等人掀起了所谓国体问题的讨论,俾为袁氏复辟称帝制造舆论。其时,杨度撰《君宪救国论》一文,[74] 主张在国体上改弦更张,实行君主立宪制。同年8月,《亚细亚报》上刊发了古德诺的署名文章《共和与君主论》一文,亦指出“中国如用君主制,较共和制为宜”。[75] 杨度与古德诺的文章只是使用了当时主流意义上的国体概念而已,对此概念在中国的移植与演变则几乎没有什么影响,但其当时所提出的国体变更论,则引发了巨大的震荡。针对这类主张,梁启超公开发表了轰动一时的名作《异哉所谓国体问题者》,对古德诺、杨度等人的观点予以尖锐的批判,认为“天下重器也,可静而不可动也”,主张国体不可轻变,并指出“吾侪平昔持论只问政体,不问国体”,如今中国应在坚持“现行国体”的前提下改良政体;此外,与过去将“国体”区分为君主制与民主制略有不同的是,梁启超在此亦认同将“国体”分为

---

〔71〕 参见夏新华、胡旭晟整理:《近代中国宪政历程:史料荟萃》,中国政法大学出版社2004年版,第251页。

〔72〕 夏新华、胡旭晟整理:《近代中国宪政历程:史料荟萃》,中国政法大学出版社2004年版,第251页。

〔73〕 参见乔琪:《论一九一五年“国体”之争》,载《史学月刊》1992年第5期。当时诸多参加该场争论论者的文章,可参见雀唳生编辑:《最近国体风云录》,1915年9月刊行,出版者不详,国家图书馆藏。

〔74〕 参见杨度:《君宪救国论》,载雀唳生编辑:《最近国体风云录》,第2页以下。

〔75〕 参见古德诺:《变更国体论》,载雀唳生编辑:《最近国体风云录》,第26页以下。

君主制与共和制。[76] 而在1916年的《国民浅训》一文中,梁仍维持了这一区分。[77]

梁启超国体观的多次转变,折射了国体概念在中国移植演变的复杂曲折历程。其变迁的最终结果,也标志着从日本移植而来的"国体"概念进一步在中国宪政史上打下了深刻的烙印,并促成了民初时期主流国体观的确立,而后者实际上仍然是以达寿为代表所引进的穗积式的国体学说。1912年8月发布的《国民党宣言》即指出:"此消长倚伏之数,固不必论其国体之为君主共和,政体之为专制立宪,而无往不如是也。"[78] 借此,这种主流"国体"概念进入了当时中国最大政党的党纲,此后"国体"用语还两度直接进入了民国初期的宪法性文件——1913年的《天坛宪草》以及1923年的《中华民国宪法》均专设了第一章,题为《国体》,其中只设第1条,同样规定"中华民国永远为统一民主国"。

值得注意的是,从达寿到梁启超,由日本引进的"国体"概念还发生了一个重要的嬗变:本来,达寿还力图像穗积八束那样在"国体"概念的内涵中将法政含义与政治神学结合起来,以期它产生某种强大的意识形态功能,但梁任公与民初其他国体论者所采用的国体概念却剥离了其政治神学的含义,只剩下法学层面上的内涵。尽管如此,自清末开始被移植以来,"国体"还是被赋予了某种较之于"政体"的绝对重要性和不可轻变性,乃至一种神圣不可侵犯性。

当然,清末民初的部分国体论者似乎也意识到了通过国体概念去建构国家统合原理的历史课题,只不过正如达寿曾经的努力并没有成功那样,在中国传统政治文化下实难塑造国体概念的政治神学内涵,为此一度只能寄望于通过制度化的立宪君主制去解决上述的历史课题。梁启超后来就曾披沥:"盖君主之为何物?原赖历史习俗上一种似魔非魔之观念,以保其尊严,

---

〔76〕 参见梁启超:《异哉所谓国体问题者》,载梁启超:《饮冰室合集》(之八、专集之三十三),中华书局1989年版,第85页以下。

〔77〕 参见梁启超:《饮冰室合集》(之八、专集之三十二),中华书局1989年版,第6页以下。

〔78〕 广东省社会科学院历史研究室等编:《孙中山全集》(第2卷)(1912年),中华书局1982年版,第396页。

此尊严自能于无形中发生一种效力”。[79] 但由于受到历史机遇的限制,君主立宪主义在清末民初屡遭挫败,最终连梁启超也不得不放弃了这种努力。

四、国体概念的现代演变:中日之间的反差

自1911年与1915年日中两国先后各自发生了一场所谓的“国体争论”之后,“国体”概念就进入了一个更为波折的现代演变期,[80] 其最终结果是在日中两国不同的历史背景下呈现出了截然不同的命运和结局。

进入20世纪30年代之后,日本政坛右翼势力快速发展,整个国家走向法西斯主义。至1935年,身为军人的贵族院议员菊池武夫等人抨击美浓部达吉的天皇机关说是“反国体”的叛逆学说,由此掀起了一场“机关说排击运动”,其结果是美浓部的多部著作受到禁止发行处分,其本人也迫于压力而辞去贵族院议员之职。此即著名的“天皇机关说事件”。[81]

同年,日本政府发表澄清国体的声明,并在其主导下成立了一个专家委员会,统编了一本有关“国体”的读本——《国体之本义》,作为强制性国民教育的教科书。该书开篇即指出:“大日本帝国,由万世一系之天皇奉皇祖神勅永久统治之。此乃我万古不易之国体”。[82] 该书还鼓吹神国主义思想,将天皇尊崇为“现人神”。[83] 迄此,国体观念在日本进入了全盛时期,并演变成为军国主义的国家意识形态,呈现出一种极为浓厚的国家主义色彩。[84] 与此相应,这个时期的公法学界,穗积的国体学说也持续性地处于通说的地

---

〔79〕 梁启超:《异哉所谓国体问题者》,载梁启超:《饮冰室合集》(之八、专集之三十三),中华书局1989年版,第94页。

〔80〕 这涉及聚讼纷纭的近现代史断代问题,但从世界宪政史而言,一般认为可将1918年苏俄社会主义宪法和1919年德国魏玛宪法的诞生视为现代宪法时期的肇始。参见《宪法学》编写组:《宪法学》,高等教育出版社、人民出版社2011年版,第28页。

〔81〕 有关研究颇多,日本学者中的权威研究,長尾龍一:「法思想における『國体論』」,野田良之、碧海純一編:『近代日本法思想史』,二五九ページ以下。我国的有关研究,可参见董璠舆:《日本明治时期的国体与天皇机关说事件》,载《比较法研究》2011年第1期。

〔82〕 文部省編纂:《國体の本義》,東京,内閣印刷局,1937年印刷発行,本文部分一ページ。

〔83〕 文部省編纂:《國体の本義》,九ページ以下。

〔84〕 参见 John S. Brownlee, *Japanes Historians and the National Myths*, 1600 - 1945: *The Age of the Gods and Emperor Jinmu*, Vancouver: UBC Press, 1977, Introduction, pp. 4 - 5。另外,有关日本的天皇机关说事件和国体明征运动,当年中国传媒也有介绍和分析,参见斐丹:《国体明征运动的透视(东京通信)》,载《申报月刊》1935年第4卷第12期。

位,甚至被作为宪法学理论体系的一种框架而发挥了作用。[85]

世界反法西斯战争的胜利,对日本传统国体及其国体观均给予了致命重创。1946 年,在盟军司令部主导下制定的日本新宪法确立了法美式的国民主权原理,在序言第一段中明确“宣明主权存于国民”,其第 1 条规定:“天皇是日本国以及日本国民统合的象征,其地位乃基于主权之所在的日本国民之公意”。但就在 1946 年年初新宪法草案发表之际,还发生了一个插曲:曾经是穗积八束国体宪法学批判者的美浓部达吉,此时在报章上公开发表文章,提出了著名的“国体护持论”,坚称“我国之国体,乃指称我万世一系的天皇统治之,且天皇作为国家之元首总揽统治权之事实”,并断言这就是“国民公意之所存”,应加以保护和维持,如果天皇制徒具空名,则可谓“对我国体的根本之变革,颠覆了我国民历史性之信念”。[86] 国体概念史上的这一事件表明:美浓部本来就是一位国体论者,只不过他所持有的“国体”与穗积式的国体概念不同而已。[87]

但由于日本新宪法确立了国民主权原理,为此,无论是穗积式的国体概念还是美浓部式的国体概念,均失去了宪法规范上的根基。加之国体概念在日本战前曾具有浓厚的负面色彩,战后的学术界对此亦不乏批判性的反思。[88] 为此,随着新时代的推移,“国体”概念基本上成为现代日本宪法学上的“死语”。[89]

尽管如此,日本现行宪法第 1 条中有关“天皇是日本国以及日本国民统合的象征”这一规定,其实也是日本传统国体观念及其宪法制度的一种遗蜕,并且仍然隐含了以“象征性天皇制”去实现国家统合的规范意涵。

由上述可见,国体概念的命运在日本现代史中可谓一波三折,而反观现

---

〔85〕 参见長尾龍一:「穂積憲法学雑記」,『法哲学年報』1969 年号(1970 年)。

〔86〕 有关美浓部达吉“国体护持论”事件包括美浓部达吉当年在报章上所发表的有关言论资料,可参见長尾龍一:「國民主権と天皇制」,『日本憲法思想史』,二一一ページ以下。

〔87〕 参见川口曉弘:「憲法学と國体論—國体論者美濃部達吉—」,『史学雑誌』(東京大学史学会)第 108 編第 7 号(1999 年)。

〔88〕 比如吉田善明:「伝統的國家主義的憲法学の再生」,鈴木安蔵編:『日本の憲法学』,一五一ページ。

〔89〕 战后早期还有一些余脉,但现在已经基本上消失了。可参见鶴见俊辅:《日本精神史 1931 - 1945》,李永炽译,台北:台湾学生书局 1984 年版,第 31 页。

代中国,国体概念的命运也同样如此,只不过其消长倚伏的曲线以及最终的结局恰好与日本的情状形成了鲜明的反差。

如前所述,民国初年,国体概念曾因“入宪”和“国体争论”而盛行一时,但随后则渐趋式微。这主要有两方面原因:其一,受到美国和法国历史上宪政思想的影响,我国民国时期的历部宪法典或宪法草案多在其第 2 条明确规定(国家的)主权之归属(国民全体),这使国体条款在宪法规范上另行继存(虽多设在第 1 条)的重要性受到了极大损夺。其二,由于民初国体论者均剥离了国体概念中政治神学的内涵,这也在很大程度上削弱了穗积式国体概念的独立意义,从而导致“国体”一词与传统的“政体”一词特意加以区分的必要性也大为降低。民国时期著名宪法学家张知本就曾在其 1933 年初版的《宪法论》一书中声明“只认国家有政体之分类,而不认为有国体及政体之两种分类”,在他看来,“君主国与共和国之区别,是由于国家最高机关组织之情形不同而生,乃系一种政治形态”,即属于“政体之差异”,“不过为各种政治形态中细分”而已。〔90〕

然而,1936 年《中华民国宪法草案》沿袭了一种新的宪法体例,即宪法第 1 章的标题虽不采《国体》而改为《总纲》,但在其下所设置的多个条款之中,第 1 条即规定“中华民国为三民主义共和国。”此即所谓的“以主义冠国体”。〔91〕 对此,当时有人质疑到:主义为一党理想之所寄,国体为一国主权之所属,不应以“一党之主义”冠于“一国之国体”;〔92〕但居于支配地位的主张则认为:民国本为革命之产物,宪法又为保障革命之根本大法,在宪法中“冠以三民主义国名,正所以示革命的真意,正立国的起源而明建国的途径”,而且这种做法“又有国外现例可援”。〔93〕

“以主义冠国体”这一体例虽不及具有双重结构的穗积式国体概念那样具有强大的意识形态功能,但在一定程度上也收到了一种异曲同工之效,因

〔90〕 参见张知本:《宪法论》,中国方正出版社 2004 年版,第 12 页。

〔91〕 段麟郊:《评五五宪草总纲中之国体领土与民族》,载《地方自治半月刊》1940 年第 1 卷第 7 期。

〔92〕 段麟郊:《评五五宪草总纲中之国体领土与民族》,载《地方自治半月刊》1940 年第 1 卷第 7 期。

〔93〕 如当时参与了起草工作的张知本即持此观点。可参见张知本:《中国立宪故事》,香港:大中国图书公司 1966 年版,序部分第 3 ~4 页;正文部分第 81 页以下。

为它使法政意义的国体内涵与某种特定的政治信条得到了结合。1946 年《中华民国宪法》就正式采用了这个体例,同样设第 1 章《总纲》,其中第 1 条规定:“中华民国基于三民主义,为民有、民治、民享之民主共和国。”

但在民国时期,由于国体概念在总体上趋于式微,加之宪法及其安定性本身长期尚付阙如,为此,无论是有关国体的宪法解释学还是有关国体的思想观念,在当时均不甚发达,直至 20 世纪 40 年代初毛泽东有关国体学说的出现,才打开了国体概念史上的这一闷局。

时值 1940 年前后,抗日战争进入战略相持阶段,国共斗争形势亦趋于严峻,“中国向何处去”成为突出的问题。为了在理论上回应这一问题,1940 年年初,毛泽东发表了《新民主主义论》一文,文中特意采用“国体”这一概念,描绘了新民主主义社会的蓝图,为此首先对国体概念作了崭新的定义。他指出:“这个国体问题,从前清末年起,闹了几十年还没有闹清楚。其实,它只是指的一个问题,就是社会各阶级在国家中的地位。……至于还有所谓‘政体’问题,那是指的政权构成的形式问题,指的一定的社会阶级取何种形式去组织那反对敌人保护自己的政权机关。”〔94〕

毛泽东不仅给“国体”概念下了一个明确的定义,而且他还根据这个定义,将当代世界各国的“国家体制”分为三种类型,即:(甲)资产阶级专政的共和国;(乙)无产阶级专政的共和国;(丙)几个革命阶级联合专政的共和国。他认为,当时中国新民主主义革命的目标就是要建立“几个革命阶级联合专政的共和国”。〔95〕也就是说,那个时期的毛泽东已经清醒地洞见了中国社会发展的滞后状况,为此提出了应在社会主义之前实行具有过渡性质的新民主主义,而与这个阶段相适应的一种特殊的国家体制,应该有别于苏联的“无产阶级专政的共和国”,是“几个革命阶级联合专政的共和国”。

通览整个中外国体概念史,日本的穗积八束将“国体”主要定义为“主权之所在”,美浓部达吉则将“国体”理解为一种历史文化意义上的概念,中国的达寿完全接受穗积八束的国体概念,而梁启超最具有思想个性的主张则

〔94〕《毛泽东选集》(第 2 卷),人民出版社 1991 年版,第 676 ~ 677 页。

〔95〕参见《毛泽东选集》(第 2 卷),人民出版社 1991 年版,第 675 页。

是受美浓部有关政体学说的影响将“国体”描述为“最高机关之所在”,毛泽东则并未拘泥于这些国体定义的历史纠纷,而将“国体”断定为是“社会各阶级在国家中的地位”,从而具有明显的独创性,甚至是一定的颠覆性。而这是因为他将马列主义阶级国家论的基本观点引入了国体概念史之中。[96]

然而,在传统马列主义国家论中,实际上主要存在两个层面有关国家阶级性质的概念:第一个层面是一般意义上的“国家的本质”,这个概念是类似于政治哲学意义上的抽象概念,主要认为,国家就是一个阶级对另一个阶级施行强力的工具。毛泽东在此所接受的马列主义阶级国家论的影响主要在这一方面。第二个层面则是一种具体化的、特定国家(政权)的阶级性质,亦相当于毛泽东上述的“国家体制”这个概念。但在这个层面上,传统马列主义认为现代世界主要存在两种国家类型,即资产阶级专政的国家和无产阶级专政的国家,毛泽东则从中国革命的实践出发,提出了三种类型的国家体制说,即在资产阶级专政的国家和无产阶级专政的国家之间,补充进了一种符合中国国情的国家体制类型,即“几个革命阶级联合专政的共和国”。不仅如此,毛泽东提出的有关“社会各阶级在国家中的地位问题”这个意义上的“国体”,则不属于以上两个层面,而属于上述两个层面中间的一个层面上的概念,是一个全新的概念。如此看来,毛泽东的国体学说至少是在后两个层面上极大地丰富了马列主义的阶级国家论的内容,对马列主义国家类型学的发展做出了贡献。

当然,毛泽东不仅选择了将马列主义在中国加以本土化的叙述立场,而且其所提出的见解与中国以往的国体学说也保持了一定的继承性。他首先用一个“闹”字描述清末以后有关国体的纷争,即显示了梁启超在早年时期

---

〔96〕 众所周知,马列主义国家观主要是认为,国家就是阶级社会中的特别的公共权力,具体而言就是经济上占有统治地位的阶级为了维护和实现自己的阶级利益所实行的政治统治和管理组织。有关马列主义的阶级国家论,主要可参见恩格斯:《家庭、私有制和国家的起源》,载《马克思恩格斯选集》(第4卷),人民出版社2012年版,第12~195页;列宁:《国家与革命》,载《列宁选集》(第3卷),人民出版社2012年版,第109~221页;当今中国学者有关马克思主义国家观的集中论述,可参见王沪宁:《政治的逻辑——马克思主义政治学原理》,上海人民出版社1994年版,第135~166页。

对他所产生的深刻影响。[97] 据当今学者考证，青年时期的毛泽东不仅阅读过梁启超的《异哉所谓国体问题者》一文，而且对其极为推崇。[98] 在《新民主主义论》一文中，他专门采用"国体"概念，并将其与政体概念区分开来，显然与梁启超当年所秉持的"国体政体二元论"的思考框架是一致的。而诚如当今学者所言，他有关国体概念的定义，实际上还是涉及了国家主权的归属问题，即归属于哪一个阶级的问题，[99] 为此仍然立足于中国国体概念史的历史语境。

与以往种种"国体"概念一样，毛泽东的新国体概念也具有将某种特定的政治权威加以正当化的功能。可想而知，如果秉持传统的国体概念，并将国体单纯地区分为君主制与共和制(或民主制)，则不足以理解中国共产党人所领导的新民主主义革命的历史意义，而毛泽东的国体概念不仅为这场革命以及领导这场革命的中国共产党赋予了正当性，也为新民主主义革命指明了历史方向，即要建立一个由"几个革命阶级联合专政的共和国"，作为最终通往社会主义国家的过渡阶段。在这里，"国体"概念再一次成为"中国未来的国家建设"的基石。[100]

毛泽东的国体论，使得在中国民国后期以及日本战后渐趋式微的"国体"概念获得了新生，也使得国体概念史在中国得到了续写，对新中国的立宪实践以及宪法理论均影响甚巨。

新中国历部宪法的第1条虽然在规范性语句上存在着微妙差异，但都根据毛泽东有关国体的学说将"社会各阶级在国家中的地位"加以实定化。比如现行《宪法》第1条第1款规定："中华人民共和国是工人阶级领导的、以工农联盟为基础的人民民主专政的社会主义国家。"彭真即在现行宪法修改草案报告中针对现行宪法第1条明确指出："这就是关于我们国家性质的规

---

[97] 可参见萧延中：《论梁启超对早年毛泽东的影响》，载《近代史研究》1988年第1期。较新的总体性研究，可参见毛胜：《毛泽东读谈梁启超》，载《党的文献》2011年第4期。

[98] 可参见萧延中：《论梁启超对早年毛泽东的影响》，载《近代史研究》1988年第1期。

[99] 参见李龙、周叶中：《宪法学基本范畴简论》，载《中国法学》1996年第6期。

[100] 参见胡筱秀：《国体与政体之间的关系研究——兼论人民政协制度的定位》，载《政治与法律》2010年第9期。

定,是我国的国体。”〔101〕

新中国宪法规范所确立的这种“国体”,是有内部结构的,即旨在建构一种可谓“有关各阶级在国家中的政治力学关系的结构”。毛泽东有关国体的学说正集中地体现于这一点。而“国体”的这种内部结构又是有规范性秩序的,并内在地要求一种合理的规范性秩序,正因如此,这种国体条款也具有一种国家统合的功能。

毛泽东的国体学说对新中国的宪法学理论也产生了根本性影响,特别是长期居于主导地位的“政治教义宪法学”〔102〕主要就是依据这个学说确立其理论体系基本框架的,而其有关国体理论的阐明,亦均是对毛泽东国体学说的转述或注解,其要义无非包括三点:第一,国体即国家性质,也即国家的阶级本质,主要取决于哪个阶级在国家政权中处于统治地位;第二,政体是国家政权的组织形式;第三,国体与政体的关系是内容与形式的关系。其中,国体决定政体,政体与国体相适应,但也具有一定的独立性。〔103〕

结　语

国体概念不是一个单纯的概念,而是一个重要的概念装置,甚至可以被认为是国家类型学上的一个衍生概念。它本来属于近代德、日国家主义所创设的一个术语,往往暗含了伦理文化意义上的本土特色、神圣不可轻变、或曰“固有与绝对”〔104〕等意涵,为此,也曾经与保守主义的观念相联系。国体概念还可能寄寓了国家主义的宪法观,甚至强化了宪法工具主义的观念,即认为宪政不是目的,而只是手段,比宪政更为重要的是“国体”。在日本,国体概念只是存活于明治宪法之下,时至现代日本宪法时期,由于该宪法放

〔101〕 彭真:《关于中华人民共和国宪法修改草案的报告——1982 年 11 月 26 日在第五届全国人民代表大会第五次会议上》,载王培英编:《中国宪法文献通编》,第 57 页。

〔102〕 关于新中国的“政治教义宪法学”,参见林来梵:《中国宪法学的现状与展望》,载《法学研究》2011 年第 6 期。

〔103〕 有代表性的学说,可参见吴家麟编:《宪法学》,群众出版社 1983 年版,第 115 页以下;张光博:《宪法论》,吉林人民出版社 1984 年版,第 68 页以下;许崇德编:《中国宪法》,中国人民大学出版社 1989 年版,第 109 页以下;周叶中编:《宪法》,高等教育出版社 2011 年版,第 186 页以下。

〔104〕 参见[日]子安宣邦:《福泽谕吉〈文明论概略〉精读》,陈玮芬译,清华大学出版社 2010 年版,第 36 页。

弃了国家主义,并确立了国民主权原理,这一概念也退出了历史舞台。

但国体概念也具有重要的功能,其中主要包括建构国家形态、将特定政治权威加以正当化以及形成国家统合原理这三种功能,由此形成了这一概念相继被跨国移植的动力机制,并有力推动了其内涵在不同国家不同时期发生相应的演变,乃至它从最初的一个形式性概念最终嬗变为一个实质性概念。尤其是由于毛泽东曾经创造性地切换了"国体"概念的传统内涵,使之与宪法上的人民主权原理(如现行《宪法》第2条第1款)相互契合,为此该概念不仅在当今中国得以继存,而且居于特别重要的地位。

需要强调的是:国体概念之所以如此重要,最根本的原因就在于其内涵往往被赋予国家统合原理的内容,为此发挥了上述那种形成国家统合原理的功能。近代以来的日本即有意识地、并且也颇为有效地解决了国家统合问题,而在此过程中,国体概念就曾经发挥了这种功能。反观中国,清末民初君主立宪运动的反复挫败以及传统帝制的最终覆灭,使得如何重新统合国家成为悬而未决的历史课题,但除了梁启超等国体论者之外,很少人强烈意识到建构国家统合原理的重大意义。只有毛泽东才创造性地变造了国体概念,提出了一个政治社会学意义上的国体学说,而其在新中国历部宪法的实定化结构里,同样暗含了以"中国共产党(工人阶级先锋队)的领导"来实现国家统合的深层意涵。

当然,这一意涵只是我国宪法国体条款所蕴含的初始含义。而从其规范意义的逻辑脉络上而言,中国共产党作为国家统合的主导力量,内在地要求其随着时代的发展尽力地反映最大多数人民的意志,同时也要求中国共产党在新的历史时期转变执政方式,实行依法执政,建立现代法治秩序,[105]唯有如此,才有可能达致大国治理秩序的稳定,有效实现国家统合的目标,顺利完成艰巨卓绝的社会转型,最终实现"中华民族伟大复兴"的理想。质言之,我国现行宪法上的国体条款,作为隐含了国家统合原理的一个重要载

---

[105] 有关这一点,在我国的国体概念史上也是有惨痛教训的。1975年宪法即曾在极"左"思潮和法律虚无主义的影响下,将"坚持无产阶级专政下的继续革命"加以实定化,过度强调"阶级斗争",为此打破了国体内部秩序应有的合理结构,导致国家统合功能出现严重障碍,整个国家陷入了动荡危机,直至现行宪法国体条款的确立,这一偏向才得到彻底的纠绳。

体,其规范性内涵本身也蕴含了一种继续形成与自我演进的内在机理。[106]而这一点恰恰潜藏了中国宪政发展的内在动力,并预示着其未来发展的应有方向。

(本文原载于《中国社会科学》2013 年第 3 期)

---

[106] 新中国政治实践的经验与教训均证明了这一点,特别是自现行宪法颁行以来,我国宪政实践的发展进程在总体上正是依循这种理路发展而来的。而新近的中共十八大进一步明确地将“民主”和“法治”这两个现代宪法原理纳入了中国特色社会主义核心价值体系,则更是验证了这一点。

论国家监察体制改革中的若干宪法问题*

韩大元

国家监察体制改革是为建立统一而有权威的反腐败机制、以有效地控制公权力为目的的一项事关全局的重大政治改革，对加强党对反腐败工作的集中统一领导、实现反腐败工作的法治化将发挥重要作用。但这场改革涉及大量的宪法问题，需要从宪法高度审视改革目标与改革过程的合宪性，为及时解决可能面临的宪法问题提供理论依据。

一、国家监察体制的宪法意义

早在新中国成立初期，执政的中国共产党就开始思考如何建立有效地防止公权力滥用的制度。从革命党转化为执政党以后，在政权组织形式上，中国共产党认为，"既不能照搬苏联的苏维埃，也不能照搬西方国家的议会制，而是在一个短时间内在新解放地区先建立各界人民代表会议，然后通过普选实行人民代表大会制。"〔1〕作为执政党要防止滥用公权力，避免造成以党代政的局面。无论是新中国成立初期的人民监察委员会，还是1954年宪法体制下的监察部，以及后来监察体制的演变，监察制度始终围绕限制公权力而展开，扮演着制约公权力、防止公权力滥用的宪法功能。从某种意义上说，今天监察体制的改革是人民监察理念的回归，也是在新的历史条件下新的发展。

---

* 本文为中国人民大学"中央高校建设世界一流大学（学科）和特色发展引导专项资金"支持课题"中国宪法学发达史"（项目批准号：15XNLG06）的阶段性成果。

〔1〕 金冲及主编：《毛泽东传（1893—1949）》，中央文献出版社1996年版，第939页。

（一）新中国成立初期的人民监察体制

1949 年 9 月 27 日中国人民政治协商会议第一届全体会议通过了《中华人民共和国中央人民政府组织法》，其中第 18 条规定，政务院设政治法律委员会、财经经济委员会、文化教育委员会、人民监察委员会和各部、会、院、署、行，主持各该部门的国家行政事务。人民监察委员会等机关的地位介于政务院与部、会、院、署、行之间。关于设立委员会的目的，周恩来在《关于中华人民共和国中央人民政府组织法草案说明》中做了如下解释：政务院不可能经常来到这 30 个单位，所以下面设 4 个委员会协助办理。人民监察委员会的任务是：建立监察制度、监督行政部门，如公务人员是否执行了政府决议和政策，是否有贪污腐化等情形。[2] 董必武在《中央人民政府组织法的草拟经过及其基本内容》中对此作了进一步的说明，指出，包括人民监察委员会在内的委员会与政务院 30 个部门之间建立联系与指导关系，各部门的工作受双重领导，一方面受政务院的领导，另一方面又受其所属的指导委员会的领导。[3] 谈到人民监察委员会的功能时，董必武特别强调，人民监察委员会是监察行政人员是否履行其职责的，与检察署不同。从董老的说明可以看出，人民监察委员会的设立是为了加强政权建设，在政务院领导下发挥委员会的联系、指导相关部委的工作的作用。

1949 年 9 月 29 日通过的《共同纲领》第 19 条规定：在县市以上的各级人民政府内，设人民监察机关，以监督各级国家机关和各种公务人员是否履行其职责，并纠正其中之违法失职的机关和人员。这里所讲的"各级国家机关"包括除行政机关外的其他公职人员，监察制度中包括对其他机关工作的监察。

1949 年 10 月 19 日，中央人民政府委员会举行第三次会议，任命谭平山为人民监察委员会主任。1953 年 4 月，邓小平主持政务院第一百七十四次会议，专门听取《关于 1952 年下半年监察工作要点执行情况的报告》，并指

---

〔2〕 参见刘政等主编：《人民代表大会工作全书》，中国法制出版社 1999 年版，第 210 页。

〔3〕 参见董必武：《中华人民共和国中央人民政府组织法的草拟经过及其基本内容》(1949 年 9 月 22 日)，载刘政等主编：《人民代表大会工作全书》，中国法制出版社 1999 年版，第 211 页。

出,监察机关是国家一个有权威的重要机关,没有它新社会的风气便不能树立。[4] 他还谈道,苏联革命成功后,就设置了两个机构,一个叫检察署,一个叫监察部,我们的监察机关在最近几年内可能不能很快地发展,但是再过几年之后,它一定会得到发展的。

(二)1954 年宪法框架下的监察体制及其发展

1954 年 9 月 20 日,第一届全国人民代表大会第一次会议通过了 1954 年宪法。9 月 21 日,根据宪法通过了《国务院组织法》《人民法院组织法》《人民检察院组织法》。根据宪法第 48 条第 2 款与《国务院组织法》的规定,设立内务部、外交部、国防部、司法部、监察部等。9 月 28 日第一届全国人大举行全体会议,根据周恩来总理的提名,任命钱瑛为监察部部长。1954 年宪法实际上把"党政分开、权力不能过分集中"的理念加以制度化,使之成为一项宪法制度,"关于不允许权力过分集中的原则,也将在宪法上表现出来"。[5]

1954 年 11 月 10 日,国务院发出《关于设立、调整中央和地方国家行政机关及其有关事项的通知》,宣布将原人民监察委员会的工作移交监察部。1957 年 10 月 26 日通过的《国家行政机关工作人员的奖惩暂行规定》第 13 条规定了"国家监察机关"具体管理奖惩工作的程序与范围。

1962 年 2 月 28 日,邓小平在中共中央书记处会议上发表"监察工作要加强"的重要讲话,提出要加强监察工作,这是肯定的,问题是用什么形式。中央各部委可以派监察小组,省可以在所属机构设监察小组。同时提出,要搞一个监委委员的守则。权这么大,随便讲话、随便斗争不行。[6]

(三)1982 年宪法至今的监察体制

1975 年宪法和 1978 年宪法对监察机关没有做任何规定。1982 年全面修改宪法时,在国务院组成部门中没有设立监察部。1986 年 11 月 15 日第六届全国人民代表大会常务委员会第十八次会议根据国务院的提请,决定:

---

〔4〕《邓小平文集》(中卷),人民出版社 2014 年版,第 100 页。

〔5〕《邓小平文选》(第 2 卷),人民出版社 2003 年版,第 339 页。

〔6〕《邓小平文集》(下卷),人民出版社 2014 年版,第 136 页。

为了恢复并确立国家行政监察体制,加强国家监察工作,设立中华人民共和国监察部。1987 年 6 月,第六届全国人大常委会第二十一次会议任命尉健行为监察部部长。1993 年 2 月,根据中共中央、国务院的决定,中纪委与监察部合署办公,这种体制一直延续到今天。

2016 年 11 月 7 日,中共中央办公厅印发《关于在北京市、山西省、浙江省开展国家监察体制改革试点方案》(以下简称《方案》),明确此次改革是“事关全局的重大政治改革”。12 月 25 日,第十二届全国人民代表大会常务委员会第二十五次会议通过《全国人民代表大会常务委员会关于在北京市、山西省、浙江省开展国家监察体制改革试点工作的决定》(以下简称《决定》)。根据《决定》,山西、浙江、北京相继召开人大会议,选举产生了各自省级监察委主任,并在随后的人大常委会中选举产生了监察委其他成员,距全国人大常委会作出决定不足一个月。国家层面监察体制改革的时间表似乎已确定,将在 2018 年第十三届全国人大一次会议上审议通过“国家监察法”,设立国家监察委员会,产生国家监察委员会组成人员。

综上所述,从 1949 年新中国成立初期设立的人民监察委员会、监察部,到今天设立国家监察委员会的安排,其核心是围绕如何控制公权力而展开的,其重点是对行政权的控制。与其他国家机关的创设不同,监察机关的演变与不同时期的宪法功能有着密切联系。每一次监察体制的调整都严格按照法律程序进行,重视合宪性基础问题,以保证国家监察体制的合宪性与合法性。可以说,目前进行的监察体制改革实际上是中国宪法体制下的监察制度传统的恢复和回归,是权力制约形式的新探索、新发展。国家监察体制改革能否成功,虽然受不同因素影响,但最根本的是及时解决改革中面临的一些宪法问题。

二、国家监察体制改革的依据

国家监察体制改革首先面临是否具有宪法依据的问题。十八届四中全会通过的《中共中央关于全面推进依法治国若干重大问题的决定》明确要求“重大改革要于法有据”,“所有立法体现宪法精神”。成立监察委员会(以下简称“监察委”或“监委会”)是一项重大的政治改革,属于“重大”改革事项,必须具有明确的合法性与合宪性。

这项改革分三个阶段，即试点预备阶段、改革试点阶段与全面实施阶段。童之伟教授认为，改革试点应在其预备阶段获得最高权力机关的授权，得到这项授权可以赋予整个改革试点过程以宪法正当性，包括加强改革试点预备各项活动的宪法正当性。[7] 笔者基本同意这一判断，但认为全国人大常委会的《决定》并不是一种授权，只是具有法律效力的规范性文件。[8] 在《人大公文处理办法》中，决定和决议的使用并没有严格的区分，但决议通常是作为权力机关的规范性文件，表达权力机关的意志，表示重大事项，而决定通常是指职权范围内具体事项的安排。一般说来，授权是指全国人大及其常委会可以决定将其专属立法权领域的部分事项授权给其他部门。因监察委不在宪法规定的国家机构体系之内，不属于全国人大常委会职权范围内决定的事项，无法采用授权的方式。全国人大常委会《决定》中没有提及"授权"一词，也是基于划清授权与决定之间的界限。可见，授权与决定之间存在着法律界限，全国人大常委会以"决定"的方式提供的改革依据在学理上有值得进一步探讨的问题：

首先，在现行宪法文本上不存在设立监委会的条款。宪法第3章规定了各类国家机关的组成、职权与程序。宪法文本上的国家机构是统一而明确的宪法规范，各类国家机关的职权以及具体条文表述虽有宪法解释空间，但无法在现有宪法规范体系中推导出新的国家机关，更不能确立新设国家机关的宪法地位。如新设国家机关，只能通过宪法修改来进行。

其次，从全国人大的职权中能否推导其依据？有学者认为，根据《宪法》第62条第3项，全国人大有"制定和修改刑事、民事、国家机构的和其他的基本法律"的职权，可以为监委会体制改革提供宪法依据。从宪法原理看，这种解释是不妥当的。《宪法》第62条第3项的规定非常明确，即全国人大有权制定和修改有关国家机构的基本法律，但仅限于宪法上已经列举的国家

〔7〕 参见童之伟：《将监察体制改革纳入法治轨道之方略》，载《法学》2016年第12期。

〔8〕 "决定"和"决议"在宪法文本中具有不同的意义。在中国宪法中出现决议5次，出现决定36次。各级人大及其常委会职权范围内的重大事项做出决定时一般用"决议"；在国务院与地方政府职权的有关条款以及人大对具体事项做出规定时一般采用"决定"等。

机关,不能涉及宪法上没有规定的国家机关。通常,国家机构体系的设置是在制宪和修宪过程中完成的。那么,《宪法》第 62 条第 15 项的“兜底条款”能否提供依据?由于国家经济政治社会生活的复杂性,制定宪法时无法预测未来的社会发展,不可能完全列举全国人大职权,但出现重大问题需要全国人大做出决定时,宪法需要赋予最高国家权力机关行使“应当行使的其他职权”。[9] 笔者认为,从规定兜底条款的宪法宗旨看,所谓“其他职权”通常限于全国人大应行使,但宪法上没有具体列举的职权,只限于立法权范围,不能直接涉及修宪权范围。

最后,从全国人大常委会职权中能否直接推导法律依据?有一种观点认为“依据宪法,全国人大闭会期间,全国人大常委会可以行使全国人大的权力,包括做出设立国监委的决定”。笔者认为,这种解释也有值得商榷的地方。从宪法规定的全国人大常委会职权看,全国人大常委会作为全国人大的常设机关,只能行使宪法列举的职权,不能行使全国人大的职权,如不能行使修改宪法的权力,也无权为新设国家机关提供宪法依据。根据宪法和立法法规定,只有全国人大有权制定国家机构方面的基本法律,常委会不能制定国家机构方面的法律,但可以修改全国人大制定的法律。从立法权限的分工看,在设立国家监委会时,全国人大常委会的权限是有限的。当然,全国人大常委会行使的职权中也包括兜底条款(《宪法》第 67 条第 21 项),但仅限于全国人大职权范围内的授权行为,如七届全国人大二次会议审议国务院提请授权深圳市人民代表大会及其常务委员会和深圳市人民政府分别制定深圳经济特区法规和深圳经济特区规章的议案,决定授权全国人民代表大会常务委员会在深圳市依法选举产生市人民代表大会及其常委会后,对国务院的上述议案进行审议,作出相应决定。

可以说,在关系国家宪法体制调整的问题上,如没有全国人大的修宪或者决定,常委会无权进行相关的授权行为,目的是维护全国人大的宪法地位,使各种改革具有合法性,尽可能减少改革带来的各种风险。

---

〔9〕 参见宪法学编写组:《宪法学》(马克思主义理论研究和建设工程重点教材),高等教育出版社 2011 年版,第 249 页。

三、设立监察委的主体

监察体制改革是一项政治改革，直接关系宪法规定的国家机构体系，同时也涉及地方国家机构的调整，对整个宪法体制产生重大影响。从宪法体制的构造与功能看，应充分发挥全国人大的作用，使监察体制改革在宪法框架与程序内进行。如前所述，在创设新的国家机关时，无论是全国人大还是常委会都无权用“授权”方式赋予其合法性。按照宪法原理，要创设宪法没有规定的国家机关，需要全国人大积极运用宪法修改权为改革提供宪法依据。

那么，在试点阶段，应由谁做出试点的决定？笔者认为，基于试点改革的重大性与复杂性，在试点阶段可以在合法性的范畴内，采取灵活的措施。这次试点改革先由中央办公厅公布《方案》，后由全国人大常委会作出《决定》。根据《方案》，党中央决定在北京市、山西省、浙江省开展国家监察体制改革试点工作，由省（市）人民代表大会产生省（市）监察委员会，作为行使国家监察职能的专责机关。《决定》的表述是，根据党中央确定的《方案》，为在全国推进国家监察体制改革探索积累经验，第十二届全国人民代表大会常务委员会第二十五次会议决定：在北京市、山西省、浙江省开展国家监察体制改革试点工作。这里的宪法问题是，在关系国家宪法体制的重大问题上，如何使国家机构的改革体现宪法精神，遵循宪法程序，在方案的设计上尽可能排除“违宪瑕疵”。

在中国的政治实践与惯例上，重大改革方案的出台，往往以中共中央办公厅名义发布，并在全国各地贯彻落实。这次的《方案》也是先以中共中央办公厅名义发布，其根据是“党中央决定”。中共中央办公厅是中国共产党中央委员会的办事机构，尽管遵循了政治惯例，但涉及重大宪法问题的试点方案先由办公厅发布，有可能使效力处于不确定性状态。《方案》中虽然写了“党中央决定”，但党中央的具体决定过程并没有说明，而程序安排有时也会影响《方案》的权威性。笔者认为，凡属宪法体制的试点或者调整的建议，应由中共中央委员会向全国人大或者常委会提出建议，如属于试点改革等问题，也可以以中央书记处名义发布——中央书记处是中共中央政治局及其常委会的办事机构，其地位明确规定在了《党章》第 21 条。

另外，从宪法上看，全国人大常委会不宜对国家机构的调整做出决定，也不适宜“调整或者停止”全国人大通过的有关国家机构的基本法律的效力。刑事诉讼法、国家机关组织法等都属于国家的基本法律，涉及重大宪法事项，如需要“暂停或者停止”部分基本法律或者条款的实施，应由全国人大做出决议，有助于维护基本法律的权威性，有助于维护全国人大作为最高国家权力机关的宪法地位，对改革进程也会产生积极影响。目前的《决定》只能解释为在全国人大来不及做出决议的情况下，因试点工作的现实需要，由全国人大常委会作出《决定》，以满足形式合法性的要求。

在中国人大的构造中，大会与其常委会形似一体，但实际不同。从职权看，全国人大常委会并不享有全国人大的职权，常委会要向人大负责，不能独立于全国人大。全国人大相对于常委会的最高地位是自 1954 年宪法以来的基本宪法体制，也是人民代表大会制度的基本特点。在 1982 年宪法修改过程中，大家对人大的宪法地位给予了高度关注，力图从体制上预防常委会对全国人大职权的侵犯。在宪法修改委员会讨论草案时，有观点认为，制定和修改基本法律是全国人大的职权，而不是常委会的职权，把人大常委会同全国人大并列为行使立法权的最高机关不妥。〔10〕 在宪法草案的全民讨论中，也有人提出，在扩大全国人大常委会职权时，应当充分保证全国人大作为最高权力机关的地位。这一意见得到了中央的肯定，也在宪法文本中得到了体现。宪法第 67 条关于全国人大常委会的职权的第 3 项原来规定，在全国人大闭会期间，对全国人大制定的法律进行部分补充和修改，后来加上了“不得同该法律的基本原则相抵触”的限制。在第 62 条关于全国人大的职权又加上了第 11 项，即“改变或者撤销全国人民代表大会常务委员会不适当的决定”。〔11〕

总之，在宪法体制上，全国人大常委会不是最高国家权力机关，只是常设机关，不能代表最高国家权力机关，因此不适合于以授权或者决定等方式

〔10〕 参见许崇德：《中华人民共和国宪法史》，福建人民出版社 2003 年版，第 650 页。

〔11〕 彭真：《关于中华人民共和国宪法修改草案的报告——1982 年 11 月 26 日在第五届全国人民代表大会第五次会议上的报告》，载《人民日报》1982 年 12 月 6 日，第 1 版。

对监委会改革作出决定。在宪法学理论上,宪法正当性、合宪性与合法性是不同的概念,没有最高国家权力机关对试点的决定,只能说具有一定形式的合法性,并不具有宪法正当性。宪法正当性高于合法性,是否正当不仅要看其程序的合法性,还要看是否符合宪法精神与原则。

四、国家监察委的性质

根据中共中央办公厅发布的《方案》和全国人大常委会的《决定》,在北京市、山西省、浙江省及所辖县、市、市辖区设立监察委员会,行使监察职权。其监察委员会由试点地区人民政府的监察厅(局)、预防腐败局及人民检察院查处贪污贿赂、失职渎职以及预防职务犯罪等部门的相关职能整合而成,但对监察委的性质并没有统一的表述或者定义。目前对国监委性质的表述主要有,"党统一领导下的国家反腐败工作机构""独立于一府两院的新型监察机关""履行监督执法职能机关"等。也有学者认为,国监委是"行使国家监察职能的专责机关"。[12] 这些表述从不同的角度揭示了国监委的性质,但在相关认识上仍有不确定性。

在宪法上,每个国家机构都有明确的性质与功能。从目前的"方案"与试点省份的做法看,监察委员会是集党纪监督、行政监督与法律监督于一体的综合性、混合性与独立性的机关,既不同于党的机关,也不同于行政机关或者司法机关,其职权具有综合性与混合性。从1993年开始,纪委与监察机关合署办公,积累了不少经验。但检察机关的反贪、反渎以及职务犯罪侦查等部门"转隶"以后,其机关的性质也会发生变化,需要通过试点改革认真总结经验。我国宪法对检察机关地位的规定是明确的,即法律监督机关,是对公权力进行法律监督的专门机关,而反贪、反渎与职务犯罪侦查是法律监督所不可缺少的组成部分。按照《决定》的要求,检察机关的三个部门要"转隶"到监察委,从司法机关转化为专门的监察机关。这一调整的出发点是有效整合监察资源,提高监察的实效性,但不同权力之间的交叉而导致的新的

---

〔12〕 马怀德:《国家监察体制改革的重要意义和主要任务》,载《国家行政学院学报》2016年第6期。

不协调甚至冲突也是值得我们关注的问题。

从三个试点地区已经产生的监察委员会的组成人员看，监察委主任由纪委书记担任，由人大选举产生，副主任由纪委副书记兼任，监察委员会委员由反贪局局长等担任。纪委与监察委员会合署办公，纪委书记以双重身份直接领导监察委员会。可以说，监察委员会与纪委虽属于两个机构，但由于主任是纪委书记担任，副主任由副书记兼任，实质上可能导致机构合一，成为党政高度合一的机关，即"一套人马，两块牌子"。在这种体制下如何避免"党政合一"可能引发的弊端？在党的历史上，党政合一体制在特定历史时期发挥过一定的作用，但也有历史教训，从长远发展来看，弊多利少。我们可以回顾一下中国共产党有关"党政合一"和"党政分开"的理论思考与实践：

早在新中国成立初期，中共中央宣传部及新华社曾发出指示：在中央人民政府成立后，凡属政府职权范围的事，应经政府讨论决定，由政府明令颁布实施。其属于中央范围者应由中央政府颁布，其属于地方范围者由地方政府颁布，不要再如过去那样有时以中国共产党名义向人民发布行政性质的决定、决议或通知。[13] 1951 年 9 月，董必武在《论加强人民代表会议的工作》中提出：党领导着国家政权。但这决不是说党直接管理国家事务，决不是说可以把党和国家政权看做一个东西。[14] 基于当时的历史条件，在政权建设的初期，中央采取了"党政合一"体制，如中共中央书记处的五位书记中，有四位分别担任中央人民政府委员会的主席、副主席和政务院总理；在地方层面的大行政区一级，党的各第一书记一般同时担任军政委员会或人民政府委员会主席。[15] 在当时的历史条件下，这种政权体制是必要的，但执政党一直强调，党的职能不能混同于政府的职能。

1956 年党的八大报告关注了党政不分引发的弊端，指出："今天党已经在国家工作中居于领导地位，特别重要。这当然不是说，党可以直接去指挥国家机关的工作，或者把各种纯粹行政性质的问题提到党内来讨论，混淆党

---

〔13〕《中国共产党宣传工作文献选编(1949—1956)》，学习出版社 1996 年版，第 10 页。

〔14〕参见孟醒：《毛泽东在 50 年代》，辽宁人民出版社 2017 年版，第 214～215 页。

〔15〕参见庞松：《毛泽东时代的中国》，中共党史出版社 2003 年版，第 260 页。

的工作和国家机关工作应有的界限”。但党政分开的原则并没有得到严格落实。到了1956年6月份以后,仍然出现了党政合一的体制,如6月份的政治局会议决定成立财经、政法、外事、科学、文教等五个小组,并确定这些机关直隶于中央政治局和书记处,实行党的一元化领导,宪法规定的国务院的职权被削弱,成为中共中央书记处的执行机关。[16] 这种体制实际上导致了“党强政弱”的格局,对当时的“大跃进”没有任何一点制约能力,这是党政不分留下的教训。[17]

1978年,在《解放思想,实事求是,团结一致向前看》的讲话中,小平同志深刻指出:加强党的领导,变成了党去包办一切,干预一切,实行一元化领导,变成了党政不分,以党代政,坚持中央的统一领导,变成了“一切统一口径”。在1980年8月的《党和国家领导制度的改革》中,小平同志系统地提出了党政分开的思想,指出:权力不宜过分集中,着手解决党政不分,以党代政的问题。[18] 他把党政分开作为政治体制改革的最核心的问题,强调“党要管党内的纪律问题,法律范围内的问题,应由国家和政府管”,党要善于领导,不能干预太多,应该从中央开始。[19] 1982年宪法全面修改过程中,“党政分开”的思想成为相关宪法制度设计的重要指导思想。为了克服1978年宪法带来的“党政不分”的弊端,把“党的领导”写在宪法序言中,没有写进宪法正文。[20] 在1986年《关于政治体制改革的问题》的讲话中,小平同志进一步指出,要通过改革,处理好法治和人治的关系,处理好党和政府的关系。党的领导是不能动摇的,但党要善于领导,党政需要分开。按照小平同志的思想,政治体制改革首先是党政要分开,解决党如何善于领导的问题。要科学地配置党政职能,克服党政不分、以党代政等问题,党委不再对行政进行干预,集中精力管好大事。

党的十八大以来,在推进依法治国的进程中,党政分开思想得到进一步

---

〔16〕 参见孟醒:《毛泽东在50年代》,辽宁人民出版社2017年版,第241页。

〔17〕 同上书,第243页。

〔18〕 《邓小平文选》(第2卷),人民出版社1983年版,第321页。

〔19〕 同上注。

〔20〕 参见许崇德:《中华人民共和国宪法史》,福建人民出版社2003年版,第587页。

发展。在 2012 年 12 月 4 日举行的现行宪法颁行三十周年纪念大会上，习近平指出：坚持党的领导，更加注重改进党的领导方式和执政方式。党要善于通过国家政权机关实施党对国家和社会的领导，支持国家权力机关、行政机关、审判机关、检察机关依照宪法和法律独立负责、协调一致地开展工作。创设国监委是新的探索，在设计具体制度时，要遵循和贯彻宪法原则。对于职能整合和合署办公过程中出现的各种问题，要进行认真调研和理论研究，重视试点的实际作用。笔者认为，在对试点过程与结果进行科学论证的基础上，如出现职能整合或者合署的一些机制不利于国监委体制的有效运行，可做出必要的调整，不一定要把试点经验直接转化为国监委体制。

五、国监委的监察对象

根据官方公布的消息，试点地区政府的监察厅(局)、预防腐败局及检察院查处贪污贿赂、失职渎职以及预防职务犯罪等部门的相关职能整合至监察委员会，监察对象是“本地区所有行使公权力的公职人员”，监察要达到全覆盖，不留盲区。2016 年 1 月 9 日，监察部副部长肖培谈及国家监察体制改革的初衷时表示，国家监察委员会的监察范围包括六类人员：(1)国家公务员法所规定的国家公职人员，具体是中国共产党机关、人大机关、行政机关、审判机关、检察机关、民主党派机关、工商联机关的公务员，以及参照公务员管理的人员；(2)由法律授权，或者由政府委托行使公共事务职权的公务人员；(3)国有企业的管理人员；(4)公办的教育、科研、文化、医疗、体育事业单位的管理人员；(5)群众、自治组织中的管理人员；(6)其他依法行使公共职务的人员。

从上述列举的监察对象看，其范围是十分广泛的，覆盖面全，这说明国监委工作是十分繁重的。但从宪法视角看，任何监察范围应有限度，其判断标准为是否行使“公权力”。公权力也有不同的分类，但主要指政府权力。行政权是公权的核心领域，比起其他公权力，滥用的可能性更大，因此，公权力限制通常指行政权的限制。从国监委的性质看，仍需要确定重点对象与重点领域,“加强对政府内部权力的制约,是强化对行政权力制约的重点”,[21]加强与其他部门共同治理,不能代替或者包揽其他机关依法行使的监督权,“努力形成科学有效的权力运行制约和监督体系,增强监督合力和实效”,[22]发挥党的监督、司法监督、民主监督、舆论监督的积极作用。

新中国成立以来,政协一直是非国家机关,它只是政治协商、民主监督和参政议政的团体,本质上不行使公权力。如把政协整体纳入监察对象的范围,客观上造成政协也成为国家机关,形成二元化的权力体系,不符合建立政协的初衷,也不利于民主党派监督执政党。监察委的监察只限于政协中的中共党员,用党纪约束其行为。对民主党派、政协、医院等事业单位以及村委会等基层自治组织中公权力相关行为的监察要严格遵循法律界限,防止混淆公权力与非公权力、国家公职行为与社会组织行为之间的界限,出现国监委“过犹不及”的局面。

在制定“国家监察法”时,在法律中应明确公权力主体与公职的范围与界限,对目前的公职人员的范围做适当的限制,以突出对“关键少数人”的监督,防止监察权泛化。特别是,在对人大机关公职人员的监察上,应遵循人民代表大会的宪法原则,不宜把对人员的监察直接扩大到对机关的监察,也不应理解为人大与监察委平起平坐,构成相互制衡的关系。权力机关整体上不受国监委的监察,否则容易引起权力机关和监察机关之间的紧张关系,使监察机关成为制约权力机关的主体,违背人民代表大会制度的基本逻辑。把国监委的监察权延伸到权力机关的公职人员是必要的,其出发点是好的,但出发点的合理不能混淆不同国家权力之间的宪法界限。

另外,宪法第89条第8项规定了国务院的职权,包括领导和管理民政、公安、司法行政和监察工作。这里的监察工作主要指行政监察,对全国的行政监察进行统一领导和管理。实行新的监察委体制后,如何与宪法规定的国务院职权之间确立合理衔接是值得关注的问题。如国务院监察部继续保留,就不能限制国务院对监察工作的领导权与管理权;如国务院监察部不保

---

〔21〕《中共中央关于全面推进依法治国若干重大问题的决定》,人民出版社2014年版,第19页。
〔22〕同上书,第18页。

留,则需要通过宪法修改,删去对监察工作的“领导与管理权”。目前的《决定》中暂停或调整的法律〔23〕不包括宪法第89条第8款。从宪法与法律的关系看,国家监察法是宪法的具体化,在试点期间有些法律条款可以处于“暂停”或者调整状态,但不能由此而暂停宪法规定的效力。如果以《决定》暂停宪法的相关规定,就意味着《决定》效力高于宪法,直接与宪法相抵触。因此,从宪法角度看,国务院对三个试点地区行政监察工作仍有领导权与管理权,监察部、三个试点单位监察厅、监察局的行政监察工作在试点期间仍受国务院的领导。

六、监察委员会与检察机关的关系

这次监察体制的改革中,最大的变化是将检察机关行使的反贪、反渎与职务犯罪侦查权“转隶”到监察委员会,整合行政监察、预防腐败与职务犯罪侦查等职权,建立新型的、独立的监察机关。毫无疑问,这种调整会对我国检察机关产生比较大的影响,社会各界的关注度比较高,如何在具体整合过程中处理好检察机关的宪法地位与监察体制改革之间的关系是改革的难点之一。

《决定》明确要求,将试点地区人民政府的监察厅(局)、预防腐败局及人民检察院查处贪污贿赂、失职渎职以及预防职务犯罪等部门的相关职能整合至监察委员会。目前已产生省市监察委员会的试点单位,正进行相关职能的“转隶”工作。

检察机关是宪法规定的国家的法律监督机关,所有职权具有宪法属性。基于改革的需要,将检察院行使的某些职权转归另一部门时,需要充分考虑其程序与功能。将原属司法机关的职权转归到非司法机关的过程是比较复杂的,特别是这次暂停或者调整的法律条款主要涉及检察机关的反贪渎和

〔23〕 暂时调整或者暂时停止适用的范围:《中华人民共和国行政监察法》,《中华人民共和国刑事诉讼法》第3条、第18条、第148条以及第2编第2章第11节关于检察机关对直接受理的案件进行侦查的有关规定,《中华人民共和国人民检察院组织法》第5条第2项,《中华人民共和国检察官法》第6条第3项,《中华人民共和国地方各级人民代表大会和地方各级人民政府组织法》第59条第5项关于县级以上的地方各级人民政府管理本行政区域内的监察工作的规定。

自侦权。这里可能涉及几个基本的宪法问题：

第一，如何整合职能？加强反腐败，为“深入推进党风廉政建设和反腐败斗争，巩固反腐败斗争成果，健全改进作风长效机制，着力构建不敢腐、不能腐、不想腐的体制机制”，[24]建立权威有效的反腐败机制是十分必要的，这几年效果显著。但如何把检察机关的反贪等职能从法律监督权中合理地剥离出来？纪委与行政监察合署办公和检察机关反腐败职能之间如何有效衔接？这是在试点工作中需要认真研究的问题。

第二，对公权力的制约不能以单一机制来完成。如一个监督机关权力过大，或者组织体系过于单一化，也存在行使职权过程中的风险与不确定性。特别是，党纪、监察与反贪等司法权融为一体时，监督的实效性也会面临新的挑战。

第三，检察机关是宪法规定的法律监督机关，其部分职权整合到监察委以后是否削弱检察机关的宪法地位？随着监察体制的改革，检察机关反贪职权被“转隶”后，如何继续履行其法律监督的宪法功能？有学者担心检察机关会变成“没有牙齿的老虎”。这些问题是不能回避的。

第四，检察制度是中国政治体制的重要组成部分，体现中国司法制度的特色。在权力制约体制中，检察院对所有公权力和公职人员是否遵守法律进行法律监督，在维护国家法制统一、保障公民基本权利方面发挥着重要功能。法律监督具有专门性与国家性，法律监督的对象是一切遵守和执行法律的情况，反贪等职能实际上是国家监督的不可分割的一部分，具有整体构造。根据《刑事诉讼法》的规定，检察机关对职务犯罪等部分案件行使自行侦查权，这种侦查权不同于公安机关的侦查权，是基于法律监督权而派生的权力。

1954年《宪法》第81条曾规定一般监督权，是完整的法律监督，对于各主体是否遵守法律进行一般监督，包括对公权力相关行为进行监督。后来考虑到这种一般监督与全国人大常委会的监督权存在重复之嫌，1979年《人民检察院组织法》调整了1954年宪法规定的一般监督权，限缩了其职权范

---

〔24〕《中国共产党第十八届中央委员会第五次全体会议公报》，人民出版社2105年版，第18页。

围,如对重大犯罪案件的检察权、对公安机关的侦查活动是否合法实行监督,对于法院审判活动是否合法进行监督等,实际上保持了专门监督机关的功能,以区别于其他监督形式。在宪法上,检察机关除了具有专门性之外,还具有国家属性,代表国家,并以国家的名义对法律的实施和遵守进行监督,只要发生侵害国家利益的行为,检察机关就介入。基于其国家属性,在人民代表大会体制下,检察机关不仅仅是公诉机关或者司法监督机关,而是一种以专门的监督形式对公权力进行制约的机关。

有一种观点认为,未来实行国监委体制后,《宪法》第 135 条的三机关分工负责、相互负责、相互制约的规定中可以增加国家监察委员会,形成四机关体制。笔者认为,《宪法》第 135 条的三机关的规定是针对国家审判权、检察权与侦查权的行使而作出的,相对应的国家机关是审判机关、检察机关与公安机关。1954 年 3 月 12 日中共中央在批转"第二届全国检察工作会议决议"时提到过"检察机关、法院和公安机关、人民监察委员会之间相互配合、互相制约体制"的建议,后因取消人民监察委员会建制而变为三机关。1982 年宪法修改时,这一原则提升到了宪法高度,明确了审判权、检察权与侦查权的属性与相互的关系。从第 135 条的规范结构看,三权的"分工配合制约"是在刑事诉讼中实现的,核心价值是"互相制约",重在控制侦查权,〔25〕因为在刑事诉讼中,对行政权的监督制约主要是对侦查权的监督制约,将三个权力并列在一起体现了宪法对行政权的重点控制,为"互相制约"原则的落实提供制度保障。

如把监察委纳入第 135 条规范,其性质、功能上不符合宪法规范的要求。监察委员会是反腐败的工作机构,不行使审判权、检察权,对职务犯罪等行使的部分侦查权并不是作为主体行使,如需要对职务犯罪提起公诉,还是由检察机关行使公诉权。监察委不直接进入刑事诉讼程序,其行使的主要职权是针对行政机关的权力与其他公职行为,其侦查权是有限的。《决定》明确指出,监察委员会通过这些职权作出"处置决定","如涉嫌职务犯罪的,移送检察机关依法提起公诉",也就是说,监察委员会无权行使司法权,不能处

〔25〕 参见韩大元、于文豪:《法院、检察院和公安机关的宪法关系》,载《法学研究》2011 年第 3 期。

置涉嫌犯罪的行为。目前公布的监察委员会的职权有12项,即谈话、讯问、询问、查询、冻结、调取、查封、扣押、搜查、勘验检查、鉴定、留置等。概括起来为三项,监察、监督与调查权。其中,搜查、调取、勘验检查等具有一定的侦查权性质。监察委行使这些职权只是其职权体系中的一部分,不宜作为核心职权。基于上述理由,笔者认为,在检察机关的反贪、渎职、职务犯罪侦查权被整合以后,监察委应积极通过检察机关的司法程序解决职务犯罪,需要处理好监察委与检察机关之间的关系,充分发挥检察机关的法律监督权,不能满足于形式上职权整合,要发挥新机制的实效性。

七、国家监察委员会权力由谁监督

作为反腐败工作机构,监察委的权力受哪些机关的限制?如何有效地防止监察委滥用权力?

任何公权力都有滥用的可能性。《方案》注意到了大家的关切,要求"强化对监察委员会自身的监督制约,防止过犹不及"。对监察委权力的监督与一般监察对象相比有一些自身的特点,如监察委是由不同权力构成的综合性机关;监察委行使部分侦查权,具有一定的司法权属性;纪委与监察委合署办公,使党权与行政权、部分司法权结合在一起,使权力行使更"强势";监察委主任由纪委书记担任,副主任由副书记兼任,实质上采用党政合一体制;监察的公权力范围全覆盖等。因此,对监察委本身的有效监督有利于防止权力滥用、维护社会公平与正义。

在笔者看来,对监察委权力的制约,要从理念、已有制度资源与建立新机制等几个方面入手。

首先,监察委必须树立法治思维,坚持法治原则,遵循法治程序。2017年1月12日,在中纪委六次全会上,习近平强调,要完善监督制度,做好监督体系顶层设计,既加强党的自我监督,又加强对国家机器的监督;要健全国家监察组织架构,形成全面覆盖国家机关及其公务员的国家监察体系。在监察委体系实质上采用党政合一的机制下,真正落实依宪治国、依宪执政原则是十分重要的。

其次,在改革中充分发挥现有的制度资源,加强对监察委权力的控制。

在目前的宪法体制下，对国监委权力也有不同形式的制约机制，如人大监督、检察机关监督、审判机关监督、[26]民主党派监督等。如为人大监督，可以采取听取工作报告、质询、特定问题调查委员会等形式对监察委的工作进行监督；检察机关对监察委移送的职务犯罪是否起诉行使监督权，同时行使各类职务犯罪的批捕权等；法院在审判工作中，对监察委滥用职权导致的案件行使审判权。

最后，根据试点的经验与实际需要，完善监察委的监督机制。对此，已有学者进行了系统地研究，提出了具体的制约措施，如人大及其常务委员会各设立内部的"监察监督委员会"，建立被监察者权利保障机制，建立公民广泛行使和维护基本权利对监察机关权力的制约等。[27] 另外，全国人大能否成立对应机构——如"全国人大监察监督委员会"——作为专门委员会也是值得探讨的问题。[28] 《决定》中规定的监察委的双重负责制，即监察委员会对本级人大及其常委会和上一级监察委员会负责，并受监督的机制也是内部和外部制约的新机制。

总之，基于监察委特殊的性质与功能，建立外部和内部有效的监督机制是十分必要的。

八、设立试点地区监察委员会的程序

根据《决定》，试点地区监察委员会由本级人民代表大会产生，监察委员会主任由本级人民代表大会选举产生，监察委员会副主任、委员，由监察委员会主任提请本级人民代表大会常务委员会任免。

试点地区的人民代表大会如何启动试点工作，按照何种程序选出本届监察委员会？是直接依据全国人大常委会《决定》进行选举，还是根据全国人大常委会的《决定》，由市人大通过相应的决议？从法律上讲，监察委员会还没有产生时，如何选举主任和副主任等组成人员？这些问题关系到全国

---

〔26〕《宪法》第 90 条规定了审计机关的职权。审计机关对监察委财政收支等情况进行审计是重要的监督形式。

〔27〕参见童之伟：《对监察委员会自身的监督制度何以强化?》，载《法学评论》2017 年第 1 期。

〔28〕同上注。

人大与地方人大、全国人大常委会与地方人大常委会之间的宪法关系。

（一）试点地区人大能否直接依据《决定》选举监察委主任

据北京市人大常委会负责人在回答相关问题时解释说，关于北京市监察委员会机构设立的问题，全国人大常委会已作出决定，只需要选举产生监察委员会主任。根据选举程序，第十四届北京市人大第五次会议选举产生了北京市监察委员会主任。

宪法规定，地方各级人民代表大会是地方国家权力机关。地方各级人民代表大会和地方各级人民政府组织法具体规定了县级以上的地方各级人民代表大会行使的15项职权，其中与选举市监察委员会相关的职权是第8条第1项：在本行政区域内，保证宪法、法律、行政法规和上级人民代表大会及其常委会决议的遵守和执行；第3项规定：讨论、决定本行政区域内的政治、经济、教育、科学、文化、卫生、环境保护、民政、民族等工作的重大事项。第1项所讲的"上级人民代表大会及其常务委员会决议"的执行是否包括成立市监察委员会事项？一般意义上，全国人大常委会的决定、决议等具有法律效力，地方人大有义务遵守和执行。根据第3项规定，有权决定重大事项中是否包括"决定政治等工作的重大事项"，成立监察委员会显然属于"政治事项"，由人大来决定。因此，从宪法和组织法规定的职权看，市人大可以选举市监察委员会主任。但是直接依据《决定》成立，还是由市人大根据《决定》做出关于成立市监察委员会的相关决议？笔者认为，从全国人大常委会与地方人大的关系以及地方人大的性质看，市人大通过决议是必要程序。

从宪法体制上看，全国人大与地方人大，全国人大常委会与地方人大常委会之间并没有领导关系，只有监督、指导与联系关系。全国人大常委会对监察委体制的改革"决定"不能直接对试点地区的选举产生影响，需要通过地方人大的"遵守"和"执行"行为具体落实。《决定》要求监察委员会由人大选举产生，只作为一般的规则，并不能直接代替地方人大组织的选举行为。因此，就北京市而言，市人大需要根据《决定》，先通过成立市监察委员会的决议，并根据决议选举市监察委员会的组成人员。当法律上还没有产生监察委员会机关时，选举组成人员是缺乏依据的。

另外，根据《决定》，2017年6月之前试点地区要完成区县监察委员会的组建工作。区县监察委员会的选举要依据上级人大和常委会的决议，无法直接根据全国人大常委会的《决定》而进行。如有试点地区省级人大的决议，也有助于为所辖县、市、市辖区设立监察委员会提供规范依据。同时，由本级人大通过决议，有助于常委会根据监察委主任的提名任免副主任和委员。因此，区县级人大常委会任免监察委其他组成人员的权力并不直接来自于全国人大常委会的《决定》，而是市人大的决议。

（二）监察委员会要向人大负责，受人大监督

根据《决定》要求，试点地区监察委员会由本级人大选举产生，对人大负责，受人大监督。这就明确了各级监察委员会的民主正当性，使制约公权力具有民主基础。而这种民意的提供与维护需要地方人大作为地方国家权力机关做出选举安排，赋予新设的地方机关以统一的民意基础。全国人大常委会是最高国家权力机关的常设机关，代表国家，无法替地方人大提供民意基础。目前《决定》对监察委员会是否向人大报告工作，没有做出具体规定。这里可能有两种思路，一种是基于监察委员会的独立性，采取只负责，不报告工作，以减少权力机关或者人民代表对监察机关监督职能的约束；另一种是基于监察委员会的民主正当性与受人大监督的必要性，主张监察委员会与"一府两院"一样，向人大报告工作。笔者同意第二种思路。因为人大监督是监察委员会保持其民主正当性的重要保障，也是监察委员会权力受限制的重要机制。作为对公权力的监督者，监察委理应遵循民主原则，不宜把行使职权的独立性置于民主正当性基础之上。当然，监委会向人大报告工作，也可能面临新的问题，如报告哪些内容；报告内容中是否包括合署办公的纪委工作；如工作报告没有通过，是否承担责任等，这些问题需要在试点工作中进行探讨。

九、试点评估、全面实施与宪法修改

目前三个试点地区的人大选举产生省市监察委员会，其常委会任免副主任和委员。相关机构作为试点地区的监察委员会已组建，并开始运行。到今年6月份之前，区县一级监察委员会将全部组建。2018年3月第十三届全国人大第一次会议上，将成立国家监察委员会。改革任务重，时间短，

也存在一定的风险。如何降低改革的风险,使改革朝着既定的目标推进?在这里,笔者提出如下三个建议:

(一)认真对待试点工作,遵循试点规律

在试点阶段,处理好改革与法治的关系,落实“重大改革于法有据”的原则,遵循试点的客观规律,探索监察委有效运行的机制。由于设立国监委是重大政治改革,先实行试点是必要的。一般来说,试点是指全面开展某一工作前,先在一处或者多处先作试行,如果效果好,就成为未来修法的依据,如果效果不好,就退回来,采用其他方式。在试点地方,依照法律程序可以暂时突破法律限制,如暂停或者中止实施某些法律的条款。目前三个地方的试点已开始,但没有具体试点的期限。从目前公布的时间安排看,从试点到2018年3月成立国监委,只有不到一年多时间。从试点的性质与功能看,这次试点时间是比较短的,能否取得预期的效果有不确定性。既然是试点,应遵循试点的规律,不宜在试点开始时确定成立国监委的过于具体的时间表。成立某一机构是相对容易的,关键是对新体制运行情况做客观的评估,根据评估结果,再确定下一步改革的具体目标与步骤。同时,在试点成功的前提下,才能启动宪法修改的程序,把试点成功的经验体现在宪法上,以宪法巩固改革成果,使国监委成为宪法机关。如果试点的效果没有达到预期目标,也要根据实际情况,对重大决策作出必要的调整,以确保国家重大决策的科学性。

(二)全面实施阶段的法律修改问题

在试点阶段,根据《决定》,刑事诉讼法、检察院组织法、人大及地方人民政府组织法的部分条款处于暂停适用或者调整适用阶段。一旦试点结束后,被暂停的法律要恢复效力。如何把相关法律的修改与试点工作合理衔接,避免出现法律真空或者法律冲突?另外,将《行政监察法》修改为“国家监察法”涉及不少宪法和法律问题,不能只是《行政监察法》的简单修改,需要构建新的体系与机制。这里值得注意的是,当还没有修改宪法相关条款的情况下,对相关法律的修改是缺乏宪法依据的,需要处理好宪法与法律的关系。

(三)国家监察委的设立与宪法修改

童之伟教授认为,"全国范围内设置国家监察机关必须修宪才行",[29]并提出了具体修宪的方案,即在宪法第3章国家机构部分增加一节"国家监察委员会",规定其性质、组成与任期等。笔者基本同意这一观点。如前所述,国家监察委是新设立的国家机关,国监委的入宪需要通过宪法修改,把国家监察委明确写在国家机构部分,使之具有明确的宪法依据。但具体的程序上,也要考虑各种因素,使各项程序符合宪法精神与原则。

如启动宪法修改程序,要有充分的论证和准备时间,要与修宪的政治惯例保持衔接。自1982年宪法颁行以来,我国共进行四次修改,形成了三十一条修正案。每次修宪,都是在党的代表大会召开后,为体现大会精神而进行的,如1988年修宪根据党的十三大精神、1993年修宪根据十四大精神、1999年修宪根据十五大精神、2004年修宪根据十六大精神进行修宪。十七大以来还没有进行修宪。在修宪程序上,一般党代会召开后,由中共中央向全国人大常委会提出修宪建议,由全国人大常委会依据《宪法》第64条的规定,提出宪法修正案(草案),提请全国人大会议审议。如1999年的修宪过程包括:1997年十五大召开后,中共中央成立修宪小组,进行修宪的准备工作;1998年将拟修宪内容发给各省、市、自治区、直辖市征求意见;1999年1月,中共中央向全国人大常委会正式提出修宪建议,全国人大常委会再提请九届人大二次会议审议。在四次修宪中,1988年和1993年的修正案分别由第七届全国人民代表大会第一次会议、第八届全国人民代表大会第一次会议通过,1999年和2004年修正案是由第九届全国人民代表大会第二次会议、第十届全国人民代表大会第二次会议通过。如第五次宪法修改由2018年3月举行的第十三届全国人民代表大会第一次会议通过,其修宪准备工作是十分繁重的。期间,要成立中央修宪小组、拟定修宪内容、发给各地征求意见、向全国人大常委会提出修宪建议等。如试点成功,来不及修宪,从程序上只能由十三届全国人大第二次会议通过修正案,比预期时间晚一年。

"国家监察法"是基本法律,可以规定监察委的具体职能、程序等,需要

---

〔29〕 同前注〔7〕,童之伟文。

依据宪法而制定。宪法没有修改前,无法“以宪法为依据,制定本法”。因此,合理的程序是,先修宪,后制定“国家监察法”,而不能先制定“国家监察法”,后修改宪法。当然,修宪是国家政治生活的重大事项,对修宪要采取十分慎重的态度,要充分考量修宪的复杂性与合适时机,要平衡各种利益关系。在宪法理论上,立法权与修宪权是不同的概念,客观上存在宪法界限。全国人大行使宪法修改权,但修改的内容、修改时机、修改程序等也受一定的限制。虽宪法没有明文规定修宪权的界限,但对国家宪法体制的调整要受制于宪法价值的约束,并不是无限制的。

另外,如前所述,既然是试点工作,要根据试点的实际情况判断是否要全面铺开。这也是影响是否修宪的制约因素之一。在试点不顺利的情况下,修宪程序的启动是缺乏动力和客观必要性的。当然,根据试点的实际情况,在不修宪的情况下,是否有其他继续推动监察体制改革的合理途径,也是值得研究的问题。

(本文原载于《法学评论》2017 年第 3 期)

国际法

论国际私法关系中解决法律选择的方法问题

李双元

一、为什么要专门讨论法律选择的方法问题

凡是了解国际私法性质的人都知道,国际私法是在解决法律适用冲突的基础上发展起来的,并且主要是解决内外国法律选择适用问题的。因此,一谈到国际私法,就会自然联系到要承认外国法的域外效力和适用外国法。可是,法律作为上升为国家意志的统治阶级的意志的表现。本是具有严格的地域性的。那么,内国法院在处理涉外民事法律关系时,为什么竟要去承认外国法的域外效力和适用外国法呢? 这是自国际私法产生以来,一直为国际私法学家们探讨、研究的一个问题。

为了解决这个问题,不同时代、不同国家的国际私法学家们曾经提出过种种理论或学说。如14世纪初意大利法则学家们(Statutists)创立的"法则区别说"(Statute Theory);17世纪荷兰法学家们创立的"国际礼让说"(Comitas Gentium);19世纪中叶德国法学家萨维尼创立的"法律关系本座说"(Sitz des Rechtsverhiiltnisses);19世纪末英国法学家戴西创立的"即得权利说"(Doctrine of Vested Rights);以及20世纪40年代美国法学家库克创立的"本地法说"(Local Law Theory)等。虽然各执一端,但莫不是为了解决上述矛盾而提出的理论说明。但是,随着历史的发展,时代的进步,在这发展国际间民事关系,进行大规模国际经济技术合作、商业贸易、文化交流已成为各国迫切需要的时代,人们几乎公认,在国际民事活动这一领域,在许多情况下需要承认外国法的域外效力并且适用外国法,已是毋庸置疑的事了。因而,近几十年来,国际私法学家们再从抽象的理论上,从思辩的角度,

去讨论为什么要适用外国法的问题，已不多见。相反，他们越来越把注意力放在研究进行法律选择的方法论问题上了。专门研究法律选择的方法，不但成了美国当代国际私法学的热门，而且英国著名国际私法学家莫里斯(Morris)在其所著的《冲突法》一书中，率先把冲突法的“理论”与“方法”分开来加以论述，并且也把讨论的重点放在评介美国的学者们提出的各种法律选择方法上。[1]

我国大部分从事国际私法理论研究与教学工作的同志，对于为什么在处理涉外民事关系时要去适用外国法的问题，已经取得了比较一致的看法。就是认为这个问题不能从某种抽象的理论上去探求，而只能根据一定的社会物质生活条件去作出解释。尤其在当代，在社会主义和资本主义两种所有制在国际上同时并存的情况下，许多资本主义国家过去试图拒绝承认社会主义国家民事法律的域外效力的政策遭到了失败；反过来，如果社会主义国家在国际民事活动中完全否定资本主义国家法律的域外效力，也不可能发展自己与西方世界的平等互利的国际经济贸易关系。这是客观现实所决定的，如果要把它归结为某种适用外国法的理论，那么这就是“平等互利说”的理论。

但是，对于如何进行法律选择，国内国际和法学界还未曾作过系统的、深入的研究。目前，国内、国际都一致认为，为了使我国对外开放的经济政策迅速取得更大的成果，必须尽快拟订保护外资的经济法案，[2]健全我国涉外经济立法。而要健全这方面的立法，制定我国的冲突法，也是一项重要的任务。

冲突法的作用在于就不同法律关系应该适用的准据法，在内外国法律之间作出选择。那么，在制定各种法律选择规范时，立法者究竟是根据什么方法来作出各种不同的选择呢？在什么情况下，某一法律关系只应选择内国法而不选择外国法；在什么情况下，某一法律关系只应选择甲外国法而不选择乙外国法。应该说，这都不是立法者任意决定的，而是有着客观上的标

[1] 参见莫里斯：《冲突法》，1980年英文第2版。

[2] 参见美国《洛杉矶时报》，1984年3月26日报道。

准作依据的。那么,在实践中到底有哪些标准呢?对这个问题的探讨,显然对指导我国国际私法的立法活动具有重大意义。由于我国尚未颁布系统的国际私法成文法规,法院在处理涉外民事案件时,有时虽有一些政策、指示可作依据,但在绝大多数情况下,连这种内部的政策和指示也没有。如果能从理论上给他们提供一些根据,显然对于司法实践也是有重要意义的。因此,本文拟从理论的角度,对国际私法学历史发展过程中曾经提出的各种选择法律的方法加以分析,找出可供我们借鉴的东西。

根据国际私法的不同学说、实践与判例,可以把指导法律选择的方法作不同分类。例如,可以根据是否就内外国的有关实体法进行选择而把它分为直接选择的方法和间接选择的方法;可以根据是否允许当事人自主意思发生作用而把它分为依主观标志进行选择的方法和依客观标志进行选择的方法;可以根据法院选择适用法律的立场不同而把它分为完全依主权考虑进行选择的方法和依判决结果的一致并有利于在外国的承认与执行进行选择的方法。此外,还可以分为依法律的性质进行选择的方法和依法律关系的性质进行选择的方法,等等。我们在这里准备把法律选择的方法概括为以下七种,即依法律的性质决定法律的选择;依法律关系的性质决定法律的选择;依最密切联系原则决定法律的选择;依"利益分析"决定法律的选择;依管辖权选择或规则选择或结果选择的方法决定法律的选择;依有利于判决在国外得到承认与执行和有利于取得判决的一致决定法律的选择;依当事人"意思自治"原则决定法律的选择。现分别论述如下。

二、七种不同的选择法律的方法

(一)依法律的性质决定法律的选择

早在14世纪初巴托鲁斯(Bartolus)创立"法则区别说"时,他就提出应依法律具有"物法"或"人法"的性质而分别定其域内域外适用的效力。例如,他认为如果某一法律规则是着眼于物的,它就属于"物法",其效力就只能限于制定者所管辖的领域之内,而不能在域外适用;但如某一法律规则是着眼于人的,它就属于"人法",其效力不但可及于在制定者管辖领域内有住所的一切人,而且可以随这些人之所至而及于域外,在域外也应适用。他认为法院在处理涉外案件时,是否应适用外国的法律,主要应该从分析法律的性质入手。他曾举一英国人在意大利死亡后留下不动产在意大利应如何处理的问题为例,认为如果英国的法律规定,其结构为"死者的财产由长子继承",则这一规定的法律性质是着眼于物的,属于"物法",只有域内效力,意大利的法官就不应该选择它来处理该英国人留在意大利的不动产继承。但是,如果英国法规定的结构是"长子继承死者的财产",则其法律性质是着眼于人的,具有域外效力,意大利的法官就可以选择它来处理这一不动产继承问题。可见,这是一种就内外国实体法直接进行选择的方法。

巴托鲁斯这种通过语言结构的分析来判定法律的性质虽属悖谬,但在实际生活中,有些法律侧重于保护位于制定者领域内的物和发生的财产关系,有些法律侧重于保护自己领属的公民和住所者,这种情况却是存在的。例如在国际私法中,"物权依物之所在地法"这一规定,就是基于各国法律都严格保护位于各自领域内的物这种情况而规定的;而"人的能力依其属人法"这一规定,则在于保护人依其属人法已取得的某些权利。所以,根据不同法律规则的性质来决定其域内或域外的适用,是一贯为国际私法的理论与实践所承认的。

在国际私法学史中,尽管萨维尼(Savigny)和孟西尼(Mancini)这些学者,把国际私法视为国际法,但是他们也都承认,任何一个国家的法律,按其性质都可以划分为两大部分——具有绝对强制性的法律(即基于政治上、经济上或道德上的理由,应无条件地适用于在国内的一切人,从而具有排除外国法的效力)和非强制性的法律(在依冲突规则应适用外国法时,这一类法律就应让位给外国法)。目前在各国的实践中,也都坚持凡属公法性质或公共秩序的法律,均具有绝对的域内效力,但不得适用于国外。

因此,在处理涉外民事关系时,首先考虑它所涉及的内国法和外国法,是属于强行法或任意法,属于属地法或属人法,然后决定选择哪一国的法律,是一个很有价值很重要的方法。说这个方法很有价值,是因为这一方法的实用性很强,便于判定;说这一方法很重要,是因为这涉及国家的立法主权,涉及国家的公共秩序的维护。

所以,尽管巴托鲁斯的语言分析方法应该彻底否定,但区别法律的性质以决定法律的选择,却不可轻易否定。凡在涉外案件中,涉及我国的刑法、行政法、税法、金融法、海关法等过去被称为“公法”的部门,根据主权原则,根据这些法律部门具有绝对的域内效力,便可以根本不考虑选择适用外国法的问题。即令在民商法领域内,也有许多规定关系到我们国家的政治、经济、社会的重大利益和法律与道德的基本准则,它们也是直接适用的法律,属于公共秩序的范围,因而,凡有涉及,法院显然也不应该去选择外国法。

在国际私法学史上,与这种从法律规定本身的性质出发,直接就内外国实体法进行选择的理论相近似的,还有德国法学家华赫特(Waechter,1798—1880年)在他的著作《论私法冲突》中提出的“立法旨意说”。他认为法官在处理私法冲突问题时,应受其本国实体法的制约,首先必须去了解内国实体法中对于有关的问题,是否有可以适用外国法的明文规定。如果有,则应依其规定;如果无,则应探求内国实体法立法精神与目的是什么,然后再来决定是否应选择适用外国法。如果对内国实体法的精神与目的不能确定,则可概用内国法。但是,他并没有提出判定立法精神与目的允许适用外国法的标准,因而依这种方法选择法律,往往会因法官对实体法立法精神与目的的理解不同而异其选择,而且往往会导致内国法的适用。故过去对于这一学说的批判是认为他站在“内国法优先说”的立场上。但是从实际生活来看;在国际私法关系中,“内国法优先”几乎是一直存在的普遍倾向。而且如果从国际私法是国内法的观点出发,在处理涉外民事关系时,法院不能不首先考虑自己国家的对外政策与利益。而最完整地体现一国政策和利益的当然应首推实体法,国际私法只是国家实体法的补充或例外。因此,承认不承认外国法的域外效力,以及在什么情况下应该承认外国法的域外效力,这都取决于国家实体法的考虑。华赫特的这种观点,在当代美国冲突法学家艾伦兹维格(Ehrenzweig)的学说中,仍得到充分的反映。艾伦兹维格也认为,法律的选择,完全是法院地法中的一个问题,除了受条约或联邦国家中联邦宪法的限制,不受任何上位规范的约束。而且在实践中,如果没有专门的法律选择规范,则是否适用外国法的问题,只能根据法院国的实体法规则来判定。〔3〕

---

〔3〕 参见李普斯顿(Lipstein):《冲突法的原则,国内的和国际的》,1981年英文版,第30页。

（二）依法律关系的性质决定法律的选择

这是萨维尼首先提出的理论。他认为，法律的选择应该从探寻各该法律关系的“本座”（Seat）出发，法律关系的性质不同，它们的“本座”也会不同，其“本座”所在，也就是最适合于适用各该法律关系的准据法之所在。例如，他分析了大量法律关系的性质，认为人的身份和能力这类问题的“本座”应在他们的住所地，因为人有支配物的欲望，为了追求对物的支配，他可能会离开自己原来所属的法域，而进入另一法域，而且婚姻家庭关系也会改变他原来所属的法域。因此，就人的身份与能力来说，它的上述性质决定了它的本座应该在人的住所地，解决这类问题也应该适用他们的住所地法。而就物权关系而言，由于它直接与客体（物）相联系，并且只有通过客体才能表现出特定的物权关系，而作为客体的物总是要占据一定空间的。所以这种法律关系的“本座”应该在物之所在地，解决物权关系的准据法也就应该是物之所在地的法律。契约的履行本是双方当事人的目的，就契约关系的这种性质来看，它的本座应该在履行地，因此，只要当事人没有选择其他地方的法律，就应该适用履行地法。继承关系的意义在于保证被继承人死亡后，使他的意志和权利能继续发生作用，因而仍然是关于人的权利和能力的问题，所以它的本座也应该在被继承人的住所地，继承关系的准据法也应该就是这一地方的法律，等等。

对于萨维尼的这种法律关系“本座”说的批判，主要是认为他对法律关系本座的分析，完全是一种纯粹的虚构或拟制。在国际私法关系中，常常会遇见这样的情况，例如一个人违背了与另一个人结婚的约定，一些国家认为是违反了契约，一些国家认为构成了侵权行为，而另一些国家则认为根本不构成法律上的责任，这能说它只有一个“自然本座”吗？如果有，那这个“自然本座”又在哪一个国家，应该适用哪一法律来作出判断呢？

但是，较之流行了四五百年的法则区别说，萨维尼的理论确实开创了一条法律选择的新路子。这首先表现在他完全摆脱了法则区别说的方法论的束缚，不再从什么“物法”“人法”这种法律本身的性质入手去探究内外国法律的适用问题，而是相反从法律关系本身的性质入手来分析它们应适用的法律。与客观上发生的社会关系相比，法律终究是第二性的东西。什么样的社会关系应该成为统治阶级用法律这种手段加以保护的法律关系，这是由不同社会关系本身的性质决定的，而不是由法律决定的。其次，依据“本座”说，自然会得出国际私法是国际法的结论，因为萨维尼认为同一法律关系的本座只有一个，各国处理同一法律关系时也应只适用这同一国家(即本座所在)的法律。最后，因此，立法者制订用以指导法官适用法律的冲突法规范也都应该是一些双边冲突规范。

萨维尼关于法律选择的新路子对国际私法理论与实践都发生了重大的影响。直到目前，大陆法系各国在制定冲突法法典时，基本上仍然是遵循他的理论与方法，只是为了克服他的学说中显然不科学的成分，许多国际私法学家又在他的学说的基础上提出了“法律关系重心说”“最密切联系系说”等种种指导法律选择的方法。目前，“最密切联系系说”更被广泛采用。

早于萨维尼的“本座说”，1841 年德国另一法学家薛福纳(Schaeffner)曾提出过“法律关系发生地法说”，主张对涉外民事关系选择适用该关系发生地的法律。例如他认为人的权利能力和行为能力，系发生于他的住所地，故应适用住所地的法律；物权系基于标的物而发生的法律关系，故应适用物之所在地法；债权关系系发生于债权成立地的法律关系，故应适用契约成立地法，等等。这一学说，在本质上也是一种既得权理论，是为萨维尼所批判的，但在实践中，仍不失为一种有价值的法律选择方法。问题是在许多场合下，法律关系的发生地很不好确定，而且各国法律观点对同一空间连结点也可能有不同的理解，例如对隔地合同一国认为它的成立地在承诺发出地，另一国却认为在承诺收到地；对侵权行为地，一国认为在加害行为地，另一国却认为在损害发生地。而在发生地纯粹带有偶然性的情况下，适用法律关系发生地的法律，更常为当代学者和法院所否定。

19 世纪另一德国法学家齐特尔曼(Zitelmann)还提出过依权利的性质决定法律选择的方法。例如他认为，在各种民事权利中，有受属人主权(personal supremacy)保护的，有受属地主权(territorial supremacy)保护的。凡受属人主权保护的权利，应适用当事人的属人法，而受属地主权保护的，则应适用属地原则选择法律。这种用权利性质的分析来决定法律的选择，在一定意义上，也是与萨维尼依法律关系的性质决定法律选择的方法有很相类似的地方。

(三)依最密切联系原则决定法律的选择

这一方法,从一方面来看,可以说它是萨维尼方法的发展,因为依这种方法,应适用的虽不是所谓法律关系"本座"所在地的法律,却仍然是根据多方面的因素来选择那个与各该法律关系有最密切联系的法律。但是,从另一方面看,这一方法则是对萨维尼理论的彻底否定。因为,依萨维尼的观点,每一法律关系必然有、而且只能有一个"本座"。因此,可以而且必须建立起一整套机械的法律选择规范的体系。而依最密切联系原则,则恰恰反对去建立这种机械的法律选择规范,一切应该由法院依据具体情况,或在立法者提供的某些标志的指导下,去作出判断。

依最密切联系原则指导法律选择的这种方法,在新近的理论与实践中越来越得到肯定。

1978 年奥地利国际私法法规在第 1 条便开宗明义地规定:"与外国有连结的事实,在私法上,应依与该事实有最强联系(Strongest Connection)的法律裁判",并且申明,该法规"所包括的适用法律的具体规则",都是"体现了这一原则"的。据说,该法规在草拟阶段,曾试图用"最密切联系"(Closest Connection)来表述这个原则,但后来嫌这个概念与萨维尼的古典理论中关于法律关系的"自然本座"过于相似,为了减少该法规与这种古典理论的类似或雷同之处,以便让新概念得到发展,最后终于采用了现在这个概念。依据这一原则,在判定是否具有最强联系时,甚至允许进行目前美国流行的"利益分析"(interest analysis)。不过,在一般情况下,仍取决于对各种连结因素的估量。草稿的起草人施温德(Schwind)在对此进行解释时,曾举个人身份问题为例来加以说明,他认为凡如文化纽带、种族背景、语言、教育、职业及经济状况等,都是探求一个人是否与某一国法律存在最强联系应该考虑的各种因素。而在考察契约的最强联系时,作成地、履行地、支付的货币、文字,特别是契约中使用的法律术语,都具有重要的甚至决定的意义。[4]

1971 年美国的第二部《冲突法重述》(以下简称《重述》)也认为,美国法

〔4〕 参看帕尔默:《奥地利冲突法的编制》,载《美国比较法季刊》1980 年第 28 卷第 2 期。

院应该根据“最重要联系”(The most significant relationship)原则来决定法律的适用。它认为,由于整个世界是由具有独立的、各不相同的法律制度的国家所组成,在冲突法所涉及的领域中,凡发生的任何事件、行为或争论,总是与两个以上国家有着重要关系,这就需要有一种由特别的法律规则和方法构成的法律制度来对它们进行调整与处理(见该书第1节),这种法律制度便是国际私法。它甚至明确指出,“冲突法就是规定与两个以上国家有重要联系的案件应适用什么法律的一个法律部门”(第2节)。它在第188节中对适用于契约的准据法的选择原则也规定,在缺乏当事人有效的法律选择时,法院应该根据《重述》第6节所列的七个方面的因素和本节所列的五种连结因素,来选择那个具有最重要联系的法律。这七个方面的因素就是:州际或国际体制的需要,法院州(或国)的相关政策,其他利益有关的州(或国)的相关政策,当事人正当期望的保护,特定领域的法律所依据的政策,(判决)结果的确定性,预见性和一致性,将予适用的法律易于查明和适用。五种连结因素则包括:契约缔结地,履行地,标的物所在地,当事人的住所、居所或国籍,公司所在地。

《重述》在其他法律关系中,也主张在无硬性规定时,应适用与案件和当事人有最重要联系的法律。例如它的第283节之一规定,婚姻的有效性,应依在特定案件中,根据本《重述》第6节所列七方面因素,考虑适用与配偶和婚姻有最重要联系州的法律;它的第257节规定,配偶一方对他方已经取得的动产利益因婚姻而取得的权利,应依在特定案件中,根据本《重述》第6节所列七方面因素,考虑适用与配偶或该动产利益有最重要联系的州的法律;其第258节之一又规定,配偶一方对于他方在婚姻期间取得的动产利益所享有的权利,也适用上述同一原则;它的第287节之一还规定,对于子女是否为婚生,也应考虑依上述原则选择与子女和双亲有最重要联系州的法律;等等。

在美国的司法实践中,更早就有过适用最重要联系原则解决法律选择问题的判例。1954年纽约上诉法院审理奥汀诉奥汀(Autin v. Autin)一案,法官富特(Fuld)就曾对此原则作过精辟的论述。该案事实为一对于1917年在英国结婚的英国夫妻,1931年被告(丈夫)抛弃妻子儿女只身前往美国,随后又在墨西哥取得离婚判决,并与另一女子结婚。1933 年原告(妻子)来到纽约,与被告达成别居协议,约定被告每月给原告 50 英镑以维持她与子女的生活,原告则不得在别居及被告的离婚与再婚问题上以任何形式向被告提起诉讼。但原告回到英国后,被告并未支付生活费。于是在 1934 年原告向被告提起别居之诉,理由是被告与他人通奸。1938 年英国法院裁决被告应支付生活费,被告仍不履行,于是原告去纽约向被告起诉,要求被告按 1933 年协议支付生活费,而被告却声称原告 1934 年在英国的起诉已使 1933 年协议失效。纽约地方法院先依纽约州法判被告胜诉,因而最后上诉到纽约州上诉法院。法官富特则认为,选择适用于涉外契约关系的法律本是一件很困难的事,过去一般是对契约的成立、解释和效力适用缔约地法,而履行则适用履行地法。许多判决视此原则为结论性的,但也有主张应主要考虑当事人意图的;还有主张应依"重力中心说"或"最密切联系说"来选择法律的。依最后这种观点,当事人的意图、缔约地、履行地等则都不必考虑,而只需找出那个有最密切联系的法律。这一方法的意义是显而易见的,因为它让与案件有重大利益关系的法律对案件享有绝对的控制权。依本案各种因素看,只能认为英国法与案件有着最密切联系——当事人是英国人并与英国发生长期的联系,只有 1933 年的协议是在纽约作出的,但履行却在英国。因此,即令不适用最密切联系原则,而依履行地法,也会得出同样的结论。结果推翻了原判决,而改依英国法判决原告胜诉。[5] 在 1963 年的蓓科克小姐诉杰克逊一案中,富特更把这一选择法律的方法和政府"利益分析说"结合起来进行论述。[6]

瑞士联邦 1978 年的《冲突法草案》第 14 条也规定,"根据所有情况,当案件的事实与本法典所指定的法律联系并不密切,而与另一法律有更密切联系时,则可作为例外,不适用本法典所指定的法律"。该草案起草人认为,在制定冲突法典时,不可能预见,因而也不可能事先提出一切可能发生的情况,为了避免古典冲突法的过于机械的缺陷,应该允许在不符合成文法规则

---

〔5〕 参见里斯:《冲突法——案例与资料》,1971 年英文版,第 514 ~ 517 页。

〔6〕 同上书,第 536 ~ 541 页。

所规定的非典型情况下，给法官提供行使自由裁量权所应遵循的原则。这个原则便是最密切联系原则。

在欧洲方面，传统上一直强调法律选择的确定性和可预见性，但在这种新思潮的冲击下，主张接受这一灵活方法的人已经越来越多。西德国际私法讨论会所提出的新国际私法草案在家庭方面也规定，有效婚姻的后果或效力可依次选择适用以下几种法律：配偶双方共同本国法；双方婚姻存续期间的最后共同本国法；双方最后共同习惯居所地法；与双方有最密切联系的法律。葡萄牙 1977 年 1 月 25 日法令，也规定夫妻关系、父权以及父母子女关系，在无当事人共同本国法或共同习惯居所地法可以适用时，也应适用与各该家庭有更密切联系的国家的法律。〔7〕

这种方法在一些国际条约中也得到了反映。例如 1979 年经欧洲共同体国际私法专家委员会通过的关于契约的法律适用公约就规定：契约适用当事人选择的法律。如果当事人未作法律的选择，则应适用“与之有最密切联系的”国家的法律。1969 年的比、荷、卢三国国际私法统一条约草案也试图规定，契约受当事人选择的法律支配，而在无此种选择的法律时，适用与契约有最密切联系的法律。〔8〕

由于依据最密切联系原则去选择法律，能够适应当前随着国际经济关系的发展，涉外民事关系复杂多变的客观形势的需要，可以避免用某一种固定的连结点指引准据法的不切合案件实际情况，不符合案件公正合理解决的缺陷。因而这种方法确实具有明显的优越性。

但是对于依这一原则选择法律的方法，在欧洲方面，誉者有之，毁者有之。毁之者主要认为这会赋予法官过大的自由裁量权，而给国际私法所一直追求的适用法律的确定性、可预见性和一致性带来威胁；而誉之者认为，用这一原则构成的冲突规范可以称为“开放性的冲突规范”（Open – ended Conflict norms），它较之过去用固定的表示空间场所意义的连结点构成的“硬性的冲突规范”（black – letter Conflict norms），显然更有利于实现案件公

〔7〕 参见谢尔：《欧洲的家庭关系：欧洲与美国的同步发展》，载《美国比较法季刊》1982 年第 30 卷第 1 期。

〔8〕 参见维达：《美国“冲突法革命”对欧洲的冲击》，载《美国比较法季刊》1982 年第 30 卷第 1 期。

正合理的解决。而且他们认为,这种"开放性规范",在欧洲也早存在,例如瑞士1907年的民法典第1条第2、3款便规定,"本法典适用于其任一条文的含义和精神所指范围内的法律问题",而在"本法典未规定可适用的法律时,法官应适用习惯法;在无习惯法时,依他们自己作为立法者认为可以确定的规则判决案件"。其中最后一款规定,便属于这种"开放性的规范"。但是,一些学者指出,瑞士的法官并没有根据这一规定,而滥用他们的自由裁量权。[9]

不过,应该指出,瑞士民法典上的这种规定终究与国际私法上采用的这种法律选择方法,是有着不同意义的。在国际私法上,内国法优先的倾向是一直存在的,由于这一方法的采用,法院更有可能在合法的借口下,扩大内国法适用的范围。因此,欧洲有些学者主张采取折衷办法,像前面引述的西德非官方国际私法草案中的那条规定一样,主张规定几个允许依次选择的法律,只有在这些法律都不存在时,才允许最后用最密切联系原则来决定法律的选择,这就可以适当地限制法院的自由裁量权,并可以使适用法律的可预见性、确定性和在具体案件中追求公正的结果之间的矛盾得到解决。[10]目前,在欧洲许多新冲突法典中,采用这种依次选择冲突规范和最密切联系原则相结合的方法来指引准据法,已是十分普遍了。

在我国国际私法理论中,采取这种方法来解决涉外经济合同的法律选择问题,也是得到肯定的。例如,我国学者多主张,涉外经济合同,原则上应允许当事人选择应适用的法律;但是对于像在中国签订与履行的中外合资经营、合作经营、合作开发等几种重要经济合同,都主张只应适用我国的法律。这也是认为,这些合同只与我国具有最重要、最密切的联系。

(四)依"利益分析"决定法律的选择

"利益分析"又称"政府利益分析"。这一方法为美国法学家布朗勒德·柯里(Brainerd Currie)所提出。[11] 他在自己的著作中,对传统的选择法律的方法与冲突法制度表现出深恶痛绝,认为"最好是抛掉冲突法规则"而采

---

〔9〕 参见帕尔默:《奥地利冲突法的编制》,载《美国比较法季刊》1980年第28卷第2期。

〔10〕 参见谢尔:《美国"冲突法革命"对欧洲的冲击》,载《美国比较法季刊》1982年第30卷第1期。

〔11〕 参看柯里:《冲突法的方法与目的评释》(1959年),《宪法与冲突法:政府利益与司法职能》(1958年)等文。均载于柯里的《冲突法论文选》(1963年)。

用他的“利益分析”(interest analysis)的方法就有关国家的实体法规则直接作出选择。他还认为,依利益分析的方法选择法律,传统冲突法中的公共秩序保留、反致等一系列制度,也就成为毫无必要的东西了。

本来依利害关系之有无和大小来决定法律的选择,在传统的冲突法制度中也是存在的。人们甚至指出,依下述各种不同情况决定应适用的法律,实际上也就是一种利益分析的方法:首先,依涉外案件的不同性质判断利害之大小而决定应适用的法。如同一涉及土地契约的争议,一种情况是因违反该契约而给他方造成损害,他方当事人请求赔偿损害,在这种情况下,缔约地国或履行地国就可能与案件具有更大更直接的利害关系,故宜适用它们的法律;一种情况是争议集中在土地的交付上,那就应该认为土地所在国与案件具有更大更直接的联系,这时便应适用土地所在地国法了。其次,涉外案件的重心不同,也是影响法律选择的重要因素,例如夫妻之间的伤害赔偿案件,既涉及夫妻身份关系,又涉及所造成的财产损害,如果从求得这两个方面的平衡出发,则未尝不可选择其中任一方的法律,但也可着眼于其中哪一国法律更有利于保护女方或受损害人的利益。最后,在所有涉外关系的构成因素相对集中于某一国时,显然案件与该国关系更为密切,应选择适用它的法律。

但是,在柯里的理论中,他的利益分析方法有自己的一套规则。例如他认为:

在要求法院去适用不同于法院地的外国法时,法院便应该审查这一法律所体现的政策,以及有关州能合理主张它对于在案件中执行这些政策存在利益的情况;

如果在审查时,发现只有一个州有这样的利益,而其他州无利益,法院便应适用这唯一有利益州的法律(这种情况,柯里叫作“虚假冲突”);

如果发现两个州存在明显的利益冲突(柯里叫“真实冲突”),法院便须反复审查,以考虑是否能对其中一个州的政策和利益作出限制性的解释以及其他可以避免(利益)冲突的方法;

如经反复审查,认为两个州的合法利益之间仍然不可避免,便应适用法院地的法律;

而在法院地无利益的情况下,不可避免的利益冲突只存在于他州之间,且法院又不能以公正为理由拒绝审理该案,它也应适用自己的法律,直到人们能够提出更好的办法;

由于诉讼地的不同,对同一问题上州际之间的利益冲突,可能会得出不同的结果。但是,如果在有关的具体问题上,为求判决的一致而将严重损害本州重大利益,法院便不应轻率作出决定而牺牲自己州的合法利益。这时,它可以留待国会根据充分诚实和信任条款,来决定哪一州的利益应该优先。[12]

柯里的利益分析说本得之于美国最高法院早先处理工人伤害赔偿案件的实践。在1935年,美国最高法院曾受理一件阿拉斯加包装工人协会诉加利福尼亚工业事故委员会的案件。在审理中,法官斯通(Sotne)就没有适用事故发生地的阿拉斯加州法,而适用了作为雇佣契约缔结地的加利福尼亚州法律。斯通认为,"冲突的解决……应通过对各州的政府利益作出评价,并且依政府利益的大小来作出决定"。[13]

1958年新泽西州法院在判决威尔金斯诉泽利乔乌斯基案(Wilkins v. Zelichowski)时,也提出过利益分析的观点。该案双方当事人都在新泽西州设有住所,因他们想要结婚而未达该州规定的婚龄便前往印第安那州结婚,婚后立即回到新泽西州,并生有一小孩。后因丈夫偷窃判罪,妻子要求新泽西州法院宣告原来婚姻无效。州法院适用婚姻举行地驳回了原告的请求。但新泽西州最高法院却认为本案与印第安那州无利害关系,唯一有利害关系的是新泽西州,因为承认这一婚姻有效会危害新泽西州的公共政策。最后适用了新泽西州实体法而同意了原告的请求。[14]

但依柯里的上述主张选择法律,显然往往会扩大法院地法的适用范围。因此,尽管他认为依利益分析方法选择法律是合理的,而实际上法院总会在案件中认为自己州的利益是优先的。应该说,这是他的理论中一个不可克服的矛盾。但是,他的理论终究在一定程度上反映了国际私法的实质。传

---

〔12〕 参见柯里:《蓓科克诉杰克逊案评释》,载柯里:《冲突法文选》(1963年)。

〔13〕 参见莫里斯:《冲突法》,1980年第2版,第513页。

〔14〕 参见诺思:《当代冲突法论文集》,1978年英文版,第258、259页。

统的理论几乎全都用一些被认为普遍适用的抽象的规范，来掩盖法院在选择法律的过程中，必须首先考虑的问题，即选择什么法律才符合自己国家的对内对外政策上的利益。国际私法上要处理的问题，表面上看是不同法律之间的冲突，但这种法律冲突的背后，却存在不同国家的利益冲突。所以，在实践中，法院在分析法律冲突决定应选择哪一国法律时，总是要首先分析在该案中法院国自己有什么政策需要贯彻，有什么重大利益需要保护，能不能作变通的处理，等等。在一般情况下，如果法院认为自己国家有政策上的利益，则总是倾向于适用自己的法律，或者适用对自己有利的法律。在国际私法关系中，不管人们提出多么堂而皇之的理由，无论立法者或司法者都不会从什么超阶级或超国家的立场上去选择应适用的法律。

通过政府利益分析来决定应适用法律的选择方法，也是一种就所涉各国有关的实体法规则进行直接选择的方法。但是柯里认为，采用他的方法，便可以把整个传统的冲突法制度推翻，这可是不切实际的。传统的冲突法制度的最本质的特征就是通过连结点来指引应适用的法律。根据柯里的利益分析来选择法律，也只不过是把传统冲突规范中表示场所意义的连结点（如当事人的国籍或住所地，行为地，物之所在地等），改变为用利益之有无、大小作连结点。这与最密切联系原则一样，也是一种间接调整的方法。例如1978年颁布的《奥地利联邦冲突法规》第22条便使用了这种连结点来构成间接调整方法的双边冲突规范，它规定“非婚生子女因事后婚姻而准正的要件依父母的属人法；父母属人法不同时，依其中更有利于准正的法律”。

（五）依案件应取得的结果决定法律的选择

这种方法也是一种就所涉各国实体法规则直接进行选择的方法。一些欧美学者认为，在传统的方法中，冲突规则的作用只在于指定一个管辖权，然后再由法官依据这一指定去援用该管辖权国家的实体法来解决整个争议问题。所以一般又把这种方法叫作“管辖权选择方法”（jurisdiction - selecting rules）。这种方法的优点是它不至于把争议问题的不同方面加以分割而使之隶属于不同国家的法律，把法律关系的内部一致性加以破坏，并且法院运用这种选择方法，也比较简单方便。所以较早的一些冲突法典，多采用这种选择方法。但是，这种方法的最大缺陷首先表现在，因对被指定的国家的实体法内容缺乏了解，而导致不符合法院国的利益的结果，从而往往需要借助公共秩序保留、反致等方法来加以排除。其次，由于在现实生活中，涉外民事关系的内容日趋复杂，过去采用对这一类性质的法律关系只指定一个管辖权的方法（如不管侵权行为的各种重大差别，只笼统地规定"侵权行为之债适用侵权行为地法"），已不能满足需要；同时，对一些本来可以而且应该分割为不同方面的法律关系，为了追求法律适用上的方便或结论的协调一致而一概不允许分割，以分别适用不同国家的法律，也并不一定是有利的。于是人们又提出了另外一种法律选择方法，即"规则选择方法"（rules - selecting rules）或"结果选择方法"（result - selecting rules）和"分割说"（Dépéçage 或 picking and choosing）。

"规则选择方法"的鼓吹者、美国法学家凯弗斯（Cavers）指责传统的"管辖权选择方法"会导致不公正的后果和"虚假冲突"的情况。并且认为，法院在选择法律方面，不应该是无所事事的、消极的、被动的，既然在处理一项争议，就不能不考虑自己的选择会给争议带来怎样的结果，否则就不能作出明智的选择。这就要求法官必须去考察相互冲突的两种法律规则的具体内容。凯弗斯认为，在依规则选择方法直接就有关国家的实体法规定进行选择时，如经查明其内容，认为某国（州）法律的适用能使案件得到公正的解决，即可适用，反之，如发现其适用会违反自己的社会政策，则应由法院地的法律来决定如何解决。但在这种场合，即令改为适用法院地实体法，也是规则选择的结果，而不必根据什么反致或公共政策制度来机械地排除外国法的适用。[15] 由于这种选择方法要求从案件取得公正的结果出发，因而又被称为"结果选择方法"。这种着眼于结果的选择法律的理论，早为12世纪意大利后期注释学家亚尔德里古（Aldricus，1170—1200年）所主张，他当时曾提出应该适用"更好的法律"（better law）。凯弗斯对此是备加推崇的。着眼于所涉各国实体法的规则，谁最能使案件取得更好的结果，而且又符合法院所追求的社会目的，这种观点也是很有可取之处的。问题只是在于法官总是为一定的统治阶级利益服务的，他们总会站在自己国家的立场上去衡量

---

〔15〕 参见凯弗斯：《法律选择问题批判》，1933年。

什么是公正,什么是"更好的"的法律,什么才是自己所追求的一定的社会目的。不可能有什么超阶级的"公正",也不可能有某种衡量"更好法律"的普遍标准。

凯弗斯在提出"规则选择方法"的同时,也试图否定冲突规范和整个冲突法制度的作用。这也是不能为人们所接受的。凯弗斯自己在事过32年之后,于1965年发表他的《法律选择过程》一书时,也已从这种过激的立场大大地后退了。这时,他承认,如果要在两个不同的法律之间进行选择而不提供指导选择的原则,就会出现谁都会主张自己选择的是"更好的法律"的危险。不过,他仍然主张,应该对传统的呆板的法律选择规范加以分析,以赋予特征和生命,以便适用起来更能切合实际情况。他举"婚姻方式的有效性依婚姻举行地法"这一冲突规则为例,认为如果把它分解为不同的组成部分,如:依内国法规定的方式在内国举行的结婚,其方式为有效;未依内国法规定的方式在内国举行的结婚,其方式为无效;依(非在内国的)举行地法规定的方式举行的结婚,其方式未必一定有效;而未依(非在内国的)举行地法规定的方式举行的结婚,其方式也未必一定无效。这样便会使这条机械的呆板的冲突规则有了差别,有了生命,有了各种各样具体的内容。人们在这种分析中就会发现,在前两种情况下,这个冲突规则应该是具有强行性的,而在后两种情况下,就不一定也是强行性的了。因而,这样来适用传统的冲突规则,显然也是有助于求得案件的公正合理的解决的。[16]

把一个问题的不同方面加以分割而分别选择不同法律的方法,在传统的国际私法中也是有的。例如最早在处理民事案件时,便把程序方面的问题和实体方面的问题加以"分割"而分别选择适用不同的法律;后来在审理中又逐渐出现把实体问题的不同方面加以分割分别选择不同法律的做法。莫里斯曾给"分割"下过一个定义:在一个包含有两个以上问题的案件中,如果对这些问题分别指引了不同的法律,这种情况就叫"分割"(法语叫Dépéçage,美国叫picking and choosing)。但是,在作这种选择时,有一个十分重要的问题必须考虑,就是如果这些问题是不相关的或不甚相关的,法院

〔16〕 参见莫里斯:《冲突法》,1980年第2版,第510、511页。

分别选择不同的法律,当不至有太大的不妥;但是如果这些问题是彼此密切关联的,法院却坚持要加以分割,并分别适用不同国家的法律于不同的问题,则会出现其中一个或两个法律的目的被歪曲的危险,对于当事人也可能造成不幸的后果。[17] 因此,这也是与管辖权选择方法或规则选择或结果选择方法直接有关的一个问题。对于这个问题,荷兰法学家弗鲁恩德(O. Kahn - Freund)在《国际私法的一般问题》中也作过一些论述。他指出,根据问题是"可分的"或"不可分的"来解决法律选择问题也是十分重要的,但这一问题,过去尚未引起国际私法学家的充分重视。在实践中,由于某些问题本身具有很强的内部一致性,因而是只可"定性"而不可"定量"的,对于这类问题,作传统的管辖权选择,只适用同一个法律去解决就比较有利。例如离婚与再婚的能力问题就具有这种内部的一致性,就宜于依同一法律作出判断。而不应把二者加以肢解使之分别隶属于不同的法律。类似这样的问题还有,H和W的婚姻是否有效?H和W的婚姻是否已经解除?A是B的婚生子吗?D、F之间是否已成立了有效的收养关系?如果依甲国法律认为H和W是夫妻,而依乙国法律却认为他们是非法同居;依甲国法律认为A是B的婚生子,而依乙国法律认为他不是;依甲国法院认为D、F之间已成立收养关系,而依乙国法律却认为不是,这时就会因为适用了不同国家的法律,而造成不一致的结果,这会是很不幸的。所以,在这些亲属法问题上,联邦德国、瑞士及其他一些国家在新近的一些案件的判决中,都认为保持一个内部存在不可分性的法律关系在适用法律上的一致,而不要让不同的冲突规则使之造成分割是完全必要的。[18]

但是,弗鲁恩德指出,有些问题其性质则显然具有可分性,如谁有资格参加分配死者和破产人的财产?因婚姻而产生的对配偶的财产的效力是什么?A是否有权以违反契约或侵权行为为根据而向B提出损害赔偿的请求?如果死者或破产人的财产一部分位于甲国,一部分位于乙国,由于分别适用了不同的法律,结果可能认为死者的遗孀只能取得位于甲国的财产,而

〔17〕 参见莫里斯:《冲突法》,1980年第2版,第510、511页。
〔18〕 参见斯蒂芬、麦克弗里:《论瑞士冲突法草案》,载《美国比较法杂志》1980年第28卷第2期。

不能对死者位于乙国的财产享有任何权利;债权人丙、丁可以对破产人在甲国的财产享有权利,而戊、己只能对他在乙国的财产享有权利。由于适用于一个契约的成立、效力或解释的法律不同,或者由于适用于判定侵权行为的构成与责任的法律不同,某人也许只能向被告位于甲国的财产提出赔偿请求,却不能在乙国提出此种主张。这些情况,在实际生活中,则是不免时有发生的。[19]

分割还可发生在下述这类情况之中。1957 年美国新泽西州法院审理的马里兰伤害保险公司诉杰塞克案(Maryland Casulty Co. v. Jacek)便是一个采取分割方法就不同国家法律进行规则选择的一例。该案涉及一对夫妻,在新泽西州设有居所,在一次去纽约的旅行中丈夫开车时因过失而致车祸伤害了妻子。因而她向新泽西州以此为理由对丈夫的保险单提出请求(丈夫曾根据新泽西州签发的保险单保了险)。因为保险单规定,在任何诉讼中他所承担的"法定支付责任",保险公司均应负责赔偿。依纽约州的法律,妻子虽可就侵权行为向丈夫索赔,但不能就丈夫的保险单进行追索(以防止夫妻诈欺保险公司);可是依新泽西州的法律,保险单虽可解释为包括他对妻子的伤害,可是妻子绝不能对丈夫提起侵权行为之诉。在这种情况下,如果只允许作传统的管辖权选择,妻子在其中任何一州起诉都不能获胜。但是新泽西州法院在本案中却采用"分割"方法,对保险单的解释选择新泽西州法,而对妻子的诉讼权利选择纽约州法,满足了妻子的请求。莫里斯认为,在这个案件中,就因采用"分割"而歪曲了这两个州的法律。[20] 这种情况则是应该加以防止的。

在许多场合下,还会出现一个"不可分"的问题是另一个"可分"问题解决的先决条件的复杂情况。例如,一个婚姻是否成立或解除,一个子女是否为婚生,一个儿童是否已被收养,常常是另一个继承案件的"先决问题"(incidental question)。在这时,究竟是为了保持先决问题和主要问题(principal question)解决的一致性而选用一个法律,还是允许选用不同的法律,其结果

〔19〕 上引弗鲁恩德的论述均见其所著的《国际私法的一般问题》,1974 年英文版,第 12、13 页。

〔20〕 参见莫里斯:《冲突法》,1980 年第 2 版,第 526、527 页。

也会是很不相同的。[21]

（六）依有利于判决在外国得到承认与执行和有利于求得判决的一致决定法律的选择

国际私法的一个重要目的在于求得涉外民事法律关系的稳定，因而在选择法律时，如果该案的判决需要在国外发生效力，或需要在外国执行，不能不考虑有关国家在这个问题上的国际私法规则。许多国家对此都有明文规定。

例如1982年颁布的南斯拉夫冲突法就明确规定，对于南斯拉夫自己有专属管辖权的案件的外国判决是不予承认的；外国法院的判决如果与南斯拉夫宪法规定的社会组织的基本原则相抵触，南斯拉夫法院也是不承认的；如果依南斯拉夫冲突法规定对有关的南斯位夫的个人身份问题应适用南斯拉夫法，而外国法院在判决有关问题时却适用了与南斯拉夫实体法有重大不同的外国法，这种判决也不会为南斯拉夫法院所承认。

法国的实践也认为，如果外国法院作出的判决，在法律适用上不符合法国冲突法的规定，是不能得到法国法院的执行的。德意志联邦共和国民事诉讼法也有类似规定，只不过它只适用于外国法院因适用了这种与德国冲突法不一致的冲突规则而给德国当事人的利益造成损失这种特定情况。

此外，即令在没有作这种限制的国家里，如果外国法院的判决据以作出的法律规定，其内容与自己的公共秩序严重抵触，也得不到它们的承认与执行。

因此，在选择法律时，依是否有利于判决在外国得到承认与执行作出判断，也是一个十分重要的方法。

许多国际私法学者还认为，追求对同一争议的判决的一致，乃国际私法得以发展起来的根本动力。因此主张，法院在处理涉外案件时，应从这方面着眼去进行法律的选择，做到了这一点，不但涉外民事法律关系的稳定性能

[21] 见弗鲁恩德上引书，还可参见沃尔夫：《国际私法》，1945年英文版，第206～211页；戴西和莫里斯：《冲突法》，1979年英文版，第49页；莫里斯：《冲突法》，1980年英文版，第484～487页；格雷维森：《冲突法·国际私法》，1974年英文版，第77～80页。

得到保证,而且判决也肯定能得到有关国家的承认与执行。

但是必须指出,尽管这一方法在实践中是有意义的,但如果把追求判决的一致当作国际私法的目的,那只是把国际私法看作国际法一派学者的观点。在实际生活中,尽管为求涉外民事法律关系的稳定去适用同一个法律,使判决无论在哪一国作出,都能得到一致的判决结果,固然有一定意义,但除受条约约束外,谁也无法保证所涉及的国家会根据同一个冲突原则去选择法律。各个主权国家主要都是从自己国家的立场与利益出发去选择法律的,而不是从求得国际的一致来考虑这个问题的。在实践中,如果片面强调追求判决的一致,法院国有时就必须牺牲内国法律适用的一致,而这种牺牲的代价是很大的,因而也是各国不愿意干的。

弗鲁恩德曾举了这样一个案例来说明这个问题:一个原来住所在英国的西班牙公民,在英国取得了与他原来的妻子的离婚判决后,又在英国与第二个妻子结婚。后来未留遗嘱而死于他新取得的西班牙住所,留下动产在英国。为此动产的归属,其前后两妻发生争讼。无论依英国法或西班牙法解决动产继承的冲突规则,均应适用西班牙的继承法作准据法。但其中究竟谁是他的妻子,这个问题必须首先解决。对于这个问题,英国和西班牙的冲突规则却有着重大区别:依西班牙法,离婚应适用当事人的本国法,而西班牙的婚姻制度是不允许用离婚方式来解除婚姻的,而会认为第一次婚姻仍有效存在;但依英国冲突规则,离婚应适用作为当事人当时住所地法的英国法,则应否定第一个离子的继承权。这时,如果英国法院为了追求与"主要问题"法律适用上的一致,那就必须放弃自己解决"先决问题"的冲突规则,这样就必然要否定自己的法院原已作出的离婚判决,这显然是英国法院所不愿干的。[22]

因此,这个法律选择的方法,固有一定的参考价值,但不应过分地加以强调。

(七)依当事人的"意思自治"决定法律的选择

对契约关系的法律适用,16 世纪法国法学家杜摩兰(Dumoulin)提倡

---

〔22〕 参见弗鲁恩德上引书。

“意思自治”说，主张契约应该受双方当事人协议自主选择的习惯支配。17世纪荷兰学派中最有影响的人物胡伯（Huber）也认为，契约关系无论就形式或实质来看，虽原则上都应适用缔约地法，但是，“如果契约当事人在心目中已有其他考虑时”，则缔约地法就不应适用，而应适用当事人另有考虑的法律。18世纪英国国际私法的奠基人曼斯菲尔德在判决鲁滨逊（Robinson）诉布朗德（Bland）一案时，也主张在一般情况下，合同固然应受缔约地法的支配，但当事人在缔约时曾考虑另一国的法律，则应属例外而适用这另一由当事人选择的法律。1825年，马歇尔（Marshall）法官在韦曼诉沙德（Wayman v. Southard）一案中把这一选择法律的方法引入美国。1856年的意大利民法典更在孟西尼的思想直接影响下，明确规定，契约之债，如当事人国籍相同，适用他们的共同本国法，否则，适用缔约地法；但在任何情况下，当事人协议选择的法律，应该起决定的作用。目前合同准据法的选择主要依“意思自治”原则，已成为全世界通行的制度。在实践中，我国在解决涉外合同的法律选择问题时，也是接受这一原则的。但是，适用这一原则，是否意味着完全听从当事人的自由选择而可不受任何限制，在这一点上，却是有不同的理论和实践的。

英国的一些学者曾认为，允许合同当事人“意思自治”乃渊源于维多利亚（Victorian）时代法官们对于边沁主义（Benthamitedogma）所提倡的不干涉原则（Laissz - faire）的信奉，他们认为，根据这个不干涉原则，当事人的意图是应该特别受到尊重的。[23] 德国有的学说甚至提出合同是在法律之外的观点，认为凡可单纯为合同规定适用的法律，不能和其他法律视为具有同一的性质。可为当事人的协议而归入到合同中去的法律，与义务性（或强制性）的法律是不相关的，只有义务性的法律才是对任何个人自由的限制。而合同既然在义务性的法律之外，它当然应完全由当事人自由选择。[24]

但实际上，在资产阶级国家的国际私法实践中，从来对于“意思自治”原则的适用都是加以限制的。这种情况，随着国家对经济生活的干预的加强

〔23〕 格雷维森（Graveson）：《冲突法与国际契约的演讲》（1951年），参见戚希尔和诺思的《国际私法》，1979年第10版，第197页。

〔24〕 巴迪福：《国际私法各论》，中译本，第283页。

表现得更为清楚。1804 年的法国民法典就已规定,个人的约定不得与法国公共秩序的法律相抵触(第 6 条)。孟西尼也认为,一国私法在财产及其享有合同关系中赋予个人的权利,是个人能自由处置的权利。他是积极鼓吹"契约自由"和"意思自治"的,但是他也明确地提出只有在当事人的"自由是无害的范围内",国家才"应该尊重他们的自由,而且国家也没有任何利害关系想要阻止他们行使这种自由"。这也表明孟西尼对于"意思自治"也认为是有限制的,而这种观点也反映在意大利 1856 年民法典中。

从目前各国的立法与实践看,当事人的"意思自治"主要受到来自三个方面的限制。

首先,当事人的协议选择只限于有关国家的任意法的范围,强行法是不得借自主选择而规避的。这一点在 1979 年通过的欧洲共同体关于合同之债的法律适用公约中也得到明确的反映。例如该公约第 3 条第 3 款规定,当事人如果选择了外国法,不得影响在作出选择时与合同中其他因素有联系的国家的法律中的强制性规定的实施。

其次,许多国家都不允许当事人选择与合同毫无实际联系的法律,有些法典甚至明确规定当事人只能在哪几种法律中进行选择。如 1926 年波兰国际私法就规定了当事人只可在下述五种法律中进行选择,缔约地法、履行地法、标的物所在地法、双方当事人的住所地法或国籍国法。我国目前一些从事实际工作的同志也倾向于涉外经济合同只能选择与合同有实际联系的法律。

此外,在英国的实践中,还认为当事人对法律的选择,必须符合善意、合法及不存在避开政策的情况等条件。[25]

我们认为,在我国,公民个人的涉外合同关系很少发生,因而在适用当事人"意思自治"原则方面尚无必要作出限制。在我国对外贸易合同关系中,虽然均由我国有权从事对外贸易活动的公司出面,但由于这种合同的属地性并不是很强的,因而也应允许当事人有自主选择法律的广泛自由。至于以我国公司为一方签订的在中国履行的各种重要的对外经济合同,由于

〔25〕 参见鲍里(Borrie):《商法》,1975 年英文版。

它们的属地性较强,应认为原则上当事人只能选择中国的法律。

三、结束语

上述七种选择法律的方法,都是在选择涉外民事关系准据法时可供利用的方法。由于客观情况错综复杂,而且涉外民法关系也在不断发展变化,国际私法的历史已经证明,许多学者试图设计出某一种选择法律的方法,并且试图运用它去解决国际私法中碰到的一切问题,是没有一个取得成功的。国际私法的历史还证明,过去那种对各种法律关系都只分别采用一个连结点去指引准据法的做法,也因新的复杂情况的出现而不断被打破现实的涉外生活关系呈现的往往是一幅甚至令人迷惘的复杂画面,以致必须运用多种不同的法律选择方法,考虑多种多样的因素,才不会使法院在处理涉外民事案件时,感到束手无策或迷失方向。

有人也许会问,选择法律的方法既然如此灵活多样,那么,国际私法到底还算不算法?国际私法在解决法律选择问题时到底有没有一般规律可循呢?法的一个特点,便是表现在它的规范性上,而规范应该具有明确性、稳定性和一致性。那么国际私法的规范性又表现在什么地方呢?我们认为,如果把上述各种选择法律的方法加以综合考虑,就不难看出,上述疑虑完全是多余的。国际私法是法。国际私法中的冲突规则正是在综合考虑上述各种方法和原则的基础上制定的。国际私法作为调整涉外民事关系的行为规则,其规范性正是体现在上述各种方法和原则的综合运用之中。而且这些方法,在总体上,反映了国际私法的两项确定不移的最基本的原则,即在处理涉外民事关系的法律选择问题时,必须坚持主权原则和平等互利原则。

(本文原载于《中国法学》1984 年第 3 期)

从国际条约对第三国的效力看强行法与习惯法的区别

万鄂湘

传统国际法中国际条约对第三国(即非缔约国)的效力一直受古老的罗马法"约定对第三者既无损,也无益"(the principle pacta tertiis nec nocent nec prosunt)的原则的限制,并逐步形成了"条约不约束第三国"的习惯法则。但是,在现代国际条约实践中却有不少条约为第三国规定义务的现象,许多国际法学家在论述"条约不约束第三国"原则时,曾频繁地举证《联合国宪章》第二条第六款给非会员国规定义务是该原则的重要例外。

《联合国宪章》第二条第六款规定:"本组织在维持国际和平及安全之必要范围内,应保证非联合国会员遵行上述原则。"[1]奥本海认为:"这是一个强行规定,分析起来,是主张在实现该条的目的所需要的限度内对非会员国的行为加以规定。不能认为,国际法院和或其他依宪章设立的联合国机关可以随便以为依照宪章第二条所采取的行动是违反国际法的。"[2]菲德罗斯指出:"这个规定显然涉及一个国家通过第三国之间的条约而负担义务的问题。虽然联合国宪章并未企图直接使第三国负担义务,然而它责成联合国的一些机关为了维持和平的利益,也影响那些并未接受联合国义务的国家。"[3]凯尔逊在谈及这一问题时评论说:"通过授权一个组织保证非会员国按宪章行事,该条约就使得安理会能够对违反对给会员国所施加的义务的非会员国采取执行行动,比如予以制裁,这样这些义务就施及于非会员

---

〔1〕 王铁崖、田如萱:《国际法资料选编》,法律出版社 1982 年版,第 819 页。

〔2〕 [英]劳特派特修订:《奥本海国际法》,中译本,上卷第二分册,第 347 页。

〔3〕 菲德罗斯等:《国际法》,中译本,第 630 页。

国。这意味着宪章主张对该条约的非当事国有拘束力。"[4]在讨论条约法草案的国际法委员会全体会议上,一些国家的代表发言指出:《联合国宪章》第二条第六款"使联合国有权给非会员国即第三国施加相应的义务,有关第三国(非会员国)却没有作出任何接受的表示。"[5]因此,应视为《维也纳条约法公约》第三十五条的例外。[6]

现在需要提出这样一个问题:《联合国宪章》给非会员国施加义务是基于宪章这一条约本身的法律效力还是有其他的法律根据呢? 要解答这一问题,让我们先分析一下《联合国宪章》第二条的全文结构。该条第六款中指的"上述原则",无疑是该条一至五款所设立的主权平等、善意履行宪章义务,和平解决国际争端。禁止使用武力和集体协助这五项原则。[7] 布朗利把这几项原则解释为"习惯国际法的一般原则"。[8] 这样看来,宪章第二条第六款之所以能给非会员国有效地课以义务就不是基于宪章本身的法律效力,而是因为"上述原则"早已成为习惯国际法的内容。因此,遵照《维也纳条约法公约》第三十八条的规定,这五项原则应对国际社会中的每个成员都产生拘束力,而不仅限于联合国的会员国。

但是,上述主张未免太笼统。这五项原则中有三项即主权平等原则、和平解决国际争端原则和不使用武力原则能约束非会员国无疑是基于上述道理,而善意履行宪章义务原则和集体协助原则就非其然。这里讨论未决的就是第六款的效力根据问题,结论还没有得出来,就把"善意履行宪章义务"作为一项习惯法规则强加于非会员国身上,这种观点,逻辑上显得荒唐。况且,习惯国际法也从来没有过这样的原则内容。此外,按一般规则而论,国际组织的权利来源于会员国,集体协助也就只能要求其成员国执行组织宪章的规定,而不能强求非会员国参加该组织的集体行动。瑞士正是因为不能接受这一原则而没有加入联合国,现在又怎能把集体协助原则说成是习

---

〔4〕 凯尔逊:《国际法的原则》,第348页。

〔5〕 联合国国际法委员会全体会议1968年第35次会议讨论记录,第92页。

〔6〕 王铁崖、田如萱:《国际法资料选编》,法律出版社1982年版,第710~711页。

〔7〕 王铁崖、田如萱:《国际法资料选编》,法律出版社1982年版,第819页。

〔8〕 布朗利:《国际法原则》,第602页。

惯法原则强加于这样的非会员国身上呢？综上可见，把这两条原则作为习惯国际法规则给非会员国施加义务是没有道理的。

当然，我们也不能否认载用在国际条约中的习惯国际法原则给第三国施加义务的合法性。海牙非战公约、关于瑞士中立的协定，许多关于一些重要河流、航道和港口的国际地位的规定以及双边、多边领土疆界调整的条约中所载的一些规则，都已被国际社会公认为有法律拘束力的习惯国际法规则。在条约中涉及这类习惯法则时，非当事国也应如实地履行义务。但是，这种课以义务的法律根据不是条约本身，而是条约中所包含的习惯法则。依习惯法规则为非当事国施加义务的规定在适用中会遇到各种各样的问题。比如：①习惯法标准不明确，很容易给大国造成借口把自己的意志作为习惯法则强加给第三国。②习惯法的成熟期有一个很长的过程，有些国家会援引一些不确定或有争议或是不成熟的规则为本国政府的政治利益服务而课别国以难以接受的义务。③习惯法也是不断发展和变化的，现代习惯国际法就在许多方面取代了传统的习惯国际法。由于各国政治制度、经济发展水平不同，认识程度不一，对传统习惯法的放弃和对现代习惯国际法的接受各有己见，难以形成统一的规则。在国际法委员会第十五次会议上，危地马拉代表就宣告，如果以《维也纳条约法公约》第三十八条为理由"要我国接受习惯法上的三浬领海宽度原则，我国代表团将强烈反对之"。[9] ④由于上述问题难以解决，区域性的习惯国际法就会乘机寻找市场把某一特定地区的习惯法则强加于非该地区的其他国家。由于这些可能出现的问题，条约以习惯法为根据课以非缔约国义务的法律效力是有限的，在适用中难免会引起当事国与第三国之间的争端，给《维也纳条约法公约》第三十八条的切实执行带来了许多困难，应该有更加科学的方法解决这一问题。

那么，习惯法与强行法的区别何在呢？让我们从比较两者的概念入手。

习惯法，也就是国际惯例，是国际法的一个重要渊源。按联合国《国际法院规约》第三十八条的规定，国际惯例是"作为通例（一般实践）之证明而

〔9〕 联合国条约法会议第15期会议正式记录，第68页。

经接受为法律者。"[10]其中包含有两个不可分的因素:一是各国的长期实践;二是这种实践被接受为法律。但是,这一概念在两个重要问题上显得含混不清,这就是:到底由谁接受该习惯规则就算有法律效力?被适用该习惯法的国家如果没有接受它是否对之有拘束力?《维也纳条约法公约》第三十八条也没有解决这一问题,只是笼统地规定为"公认的国际习惯法规则"(customary rule of international law, recognized as such)。[11] 然而现代国际法理论与实践却是主张只有经有关的第三国的"长期实践被接受为法律"的习惯法则才对之有拘束力。1950年,在避难所一案(the Asylum Case)中,当哥伦比亚援引美洲地区国际法为根据把外交使馆作为避难所时,国际法院就是采取的这一立场。法院的咨询意见说:"援引这类习惯法的当事国必须证明该习惯已对另一当事国成为有拘束力的法则。哥伦比亚政府必须证实它所援引的法则与有关该国的经常一致的实践相符合。"[12]在1966年讨论条约法草案第三十八条时,当届国际法委员会主席雅森先生曾指出:"就有关该国而言,它对一习惯法则的承认是形成这一习惯法的最基本的因素。"[13]1968年,在讨论条约法草案的第三十五届会议上,叙利亚代表指出:"越来越多的新国家作为国际法的主体加入国际社会,与其他国家一样拥有主权,决不能把它们没有参加编纂的习惯法则,特别是那些为了某些特定国家的个别利益而订立的条约中的规则,强加于这些现国家身上,这些规则如要对第三国,特别是新国家有拘束力,它们的义务性质就必须受到有关国家的承认。"[14]1969年国际法委员会的第十四次全体会议上,委内瑞拉代表表示:委内瑞拉"只能同意受它所能接受的习惯法则的约束。任何习惯法则都不能违背一国的意志而强加于它"。[15]

综上以观,上述两个问题的答案是明确的。习惯法必须经有关国家的接受与承认才对之有拘束力,即使是"公认"的习惯法在有关第三国没有表

---

〔10〕 王铁崖、田如萱:《国际法资料选编》,法律出版社1982年版,第985页。

〔11〕 王铁崖、田如萱:《国际法资料选编》,法律出版社1982年版,第711页。

〔12〕《联合国国际法院报告集(1950)》,第266~267页。

〔13〕《国际法委员会年鉴(1966)》,第一卷第二部分,第92页。

〔14〕 1968年维也纳公约外交会议起草委员会第35届全体会议记录,第197页。

〔15〕 1969年国际法委员会第15次全体会议记录,第66页。

示接受或其长期实践证明它承认其法律效力以前，不能违背它的意志强加于它。由此可见，习惯法之所以对第三国有约束力，仍然是基于该国的承认与接受。第三国就条约承担义务，只不过是遵循它早已接受过的习惯法则行事罢了。

强行法，根据《维也纳条约法公约》第五十三条的规定，是“经列国国际社会作为整体接受和承认为不得背离的且只是具有同一性质的一个以后的一般国际法规则才能予以更改的规则。”[16] 对于“列国国际社会作为整体”这一重要概念，维也纳公约外交公议起草委员会主席雅森代表该委员会解释说：“起草委员会意欲强调：不存在要求一个规则被全体国家接受或承认为具有强行性质的问题。如果经一个很大多数接受或承认，那就够了；这就意味着，如果一个国家孤立地拒绝接受一个规则的强行性，或者该国得到一个很少数目的国家的支持，国际社会作为整体对该规则的强行性的接受和承认并不因而受到影响。”[17] 国际法委员会委员阿戈也解释说：“对于规则的强行性的确信，应当是国际社会的一切必要成分所共同具有的，而不仅是，譬如说，只是一些西方国家或东方国家，只是一些发达国家或发展中国家，或者只是一个洲的国家或另一个洲的国家所共有的。”[18] 借助于这两位权威人士的解释，可以看出：某一规则的强行效力只要“经一个很大多数接受和承认就够了”，而不必经过社会每一个成员，包括被适用这一强行法的国家的承认与接受，因为“这种法律规则由于其本身的重要性，要求每一个国家对整个国际社会负担予以遵守的绝对义务，而不仅在缔约国相互间负担予以遵守的相对义务，所以应对全世界国家有拘束力。”这正是强行法与习惯法在这一问题上的根本区别之所在。

在现代国际法实践中，强行法对条约非当事国产生效力的事实不乏其例。比如，1899 年和 1907 年《海牙陆战公约》及 1925 年关于禁止使用毒气或类似毒品及细菌方法作战的《日内瓦议定书》都明确规定了在战争中使用任何有毒武器和细菌武器都是被禁止的。美国为了坚持试验和在侵略战争

---

〔16〕 王铁崖、田如萱：《国际法资料选编》，法律出版社 1982 年版，第 715 ~ 716 页。

〔17〕 联合国条约法会议第一期正式记录，第 472 页。

〔18〕《国际法学院讲演集》第 134 卷(1971 年)，第 297 页以下。

中自由地使用各种有毒武器和细菌武器，虽然在1925年《日内瓦议定书》上签了字，却一直拒不批准该条约，以此来表示他们在越南战场上使用毒气并不违反国际法，美国的这一行径遭到了世界许多国家的强烈抗议。尽管美国没有批准《日内瓦议定书》，该条约所载的强制法则仍然对它有拘束力，它也就逃脱不了违反这一公认的强行法的罪责。“过去日本也满以为它没有批准二五年的《日内瓦议定书》，在第二次世界大战中使用了细菌武器，结果还是逃脱不了法网，在伯力军事法庭上受到了严厉审判和制裁。”〔19〕

根据强行法的这一特点，我们可以推论，《联合国宪章》第二条第六款之所以对非会员国有拘束力是因为该款所指的“上述原则”已经由“一个很大多数接受和承认”而成为对整个国际社会的每一个成员都有拘束力的强行法，而不是基于国际习惯法的道理。这一观点在纳米比亚一案（Namibia Case）中，受到了国际法院的承认。法院的咨询意见认为：“对非会员国来说，虽然它们不受宪章第二十四条和第二十五条的约束，但一九七〇年第276号决议第二条和第五条要求它们对联合国对纳米比亚采取的行动给予协助。法院认为：托管协议的终止和对南非在纳米比亚非法地位的宣告对所有国家都有拘束力。……托管协议已经由国际组织的决议终止了，该组织对纳米比亚拥有最高行政管辖权，并且南非继续呆在纳米比亚已被宣告为非法，非会员国就应该按照这些决议行事。”〔20〕不言而喻，《联合国宪章》第二条第五款的“集体协助原则”就是国际法院咨询意见的最终法律根据。

上述分析表明：在解释条约对第三国的效力问题上，强行法比习惯法具有现代国际法上更积极的内容，对国际社会的协调能起到促进作用。尽管它在国际法上还是一项新的规则，其定义不够明确，还有进一步研究探讨的必要，但是它代表了国际社会朝着更加协调的目标前进的方向，是现代国际法一项重要的规则。

（本文原载于《法学评论》1984年6月29日）

---

〔19〕 傅铸：《美帝在南越使用毒气是严重违反国际法的战争罪行》，载《人民日报》1965年4月3日，第3版。

〔20〕 《联合国国际法院报告集》（1971年），第16页。

论条约必须信守原则

李浩培

(一)概说

1. 一个合法缔结的条约,在其有效期间内,当事国有依约善意履行的义务。这在国际法上称为条约必须信守原则(pacta sunt senvanda)或条约神圣原则(sanctity of tscaties,inviolalility of trcaties),是条约法上的一个最重要的基本原则。

善意履行条约也就是诚实地和正直地履行条约,从而要求不仅按照条约的文字,而且也按照条约的精神履行条约,要求不仅不以任何行为挫败条约的宗旨和目的,而且予以不折不扣的履行。

善意履行条约以善意解释条约为必要前提条件,因为不善意即歪曲解释条约,必然导致不善意履行条约的结果。歪曲解释条约因而违反善意履行条约的原则的一个典型实例,是十六世纪国际法学家真蒂利斯在其《论战争法三卷》中所提到的罗马皇帝瓦勒里安在许诺其敌国安提阿归还后者所有船舶的半数后,竟将其许诺歪曲解释为归还每一船舶剖成两半后的一半。又如,如果甲乙两国缔结了防御同盟条约,而乙国遭受丙国侵犯时,甲国为了善意履行条约,必须及时以适当的兵力支援乙国,而不得只是口头上予以支援,实际上按兵不动,或故意迟延出兵,或仅以少数无法完成支援任务的部队支援,更不得以情事已有基本变更,或履行根本不可能为借口,而主张条约已经终止。因此条件必须信守原则,需要加上条约必须善意解释原则,在适用上才能毫无遗憾。《维也纳条约法公约》第二十六条规定前一原则:"凡在有效期内的条约对各该当事国有拘束力,必须由其善意履行。"该公约第三十一条第一项则规定后一原则:"对于一个条约,应……以善意予以解释。"

2. 条约信守原则的重要意义，在于为国际间的互信和互赖创造条件，从而确保国际关系的稳定和国际和平的维持。该原则对于国际社会的重要作用，联合国宪章曾经强调指出。在宪章的序言中说："我联合国人民同兹决心……创造国际环境，俾克维持正义，尊重由条约与国际法其他渊源而起之义务，久而弗懈。各会员国应一秉善意，履行其依本宪章所担负之义务，以保证全体会员国由加入本组织而发生之权益。"实际上，如果没有条约必须信守原则，很难想象国际社会可以存在，因为全部国际往来建筑在诚实和信用上，所以条约如果不必信守，国际往来就不可能继续维持，从而国际社会也不可能继续存在。

3. 条约必须信守，并不是说每个条约实际上都得到了信守。在国际实践上，违反条约的行为是存在的，而且违反重要的政治条约的事件，例如，1870 年沙俄违反 1856 年巴黎条约关于黑海中立化的规定，1936 年希特勒法西斯违反 1925 年 10 月 16 日洛迦诺公约关于保证莱茵河左岸非武装化的规定，人们记忆犹新。但是，这些严重违反政治条约的事实不能抹杀压倒多数的其他政治条约和非政治性条约得到遵守的事实。法律规则，只要通常得到遵守，不能因有个别违反而否定其效力。这不论在国内法和国际法都是一样：正如我们不能因有个别违反国内法的事实而否定国内法的效力，当然也不能因有个别违反国际法包括违反条约的事实而否定国际法和条约必须信守原则的效力。

条约当事国，如果违反条约必须信守原则，而违反条约，就构成国际不法行为，应负国际责任。但是，由于国际法委员会把关于国际责任的国际法编纂作为条约法以外的一个问题予以处理，所以在《维也纳条约法公约》第七十三条只提到本公约的规定并不预先决定这个问题。

4. 但是，条约必须信守原则不能认为是绝对的命令，而必须受一些限制，否则这个原则会造成不公正的结果。首先，信守一个条约的前提，必须这个条约是法律上有效的条约。因此，这个条约必须在方式上和意思表示上没有瑕疵；这个条约所订定的义务必须是平等互利的，而既不是非法的或不道德的义务，也不是在物质上或精神上不可能履行的义务，更不是由于当事国一方的行为的阻碍而不可能履行的义务。其次，缔约后如果情况有重要的变更,从而按原订条款的文字履行将对当事国一方有失公平时,按照情事不变条款,该方也有权终止或退出条约。最后,条约必须善意履行原则也受国家自保权的限制。当然,情事不变原则和国家自保权,常被援引来作为违约的诡辩,但是,应当承认,在严格限定的条件下,例外地可以作为不履行条约的正当理由。[1]

(二)学说

虽然国际法学家都主张国际法上存在条约必须信守的原则,但是对于这个原则的基础的理论之阐明,却很有歧异:自然法学派、实定法学派和基本规范学派提出了不同的学说。

甲、自然法学派

关于自然法学说,凯尔逊有精辟的论述,他说:"自然法学说是在十七、十八两世纪中占优势的法律哲学,并且对现代法律思想仍然有些影响。按照这个学说,在实定的习惯法或制定法的后面和上面存在着一个绝对公正的法律,而这个绝对公正的法律可以从自然——人的本性,社会的本性,或者甚至事物的本性——推知。作为最高立法者的自然、创造出真正的、'自然的'法律,而一切实定法是从这自然法获得其效力的。所以,习惯、立法、条约等即实定法的渊源,不能产生真正的法律,它们只是在其产品有拘束力的场合复制了法律。正是在法律的这些渊源的性质上,自然性学说同法律实定主义是对立的,法律实定主义认为习惯、立法和条约是产生法律的一些事实。"[2]

但是,自然法观念至少可以追溯至希腊演说家狄摩西尼(公元前384—公元前322年),他说:"一切法律都是上帝的赐与,贤人的发现。"[3]狄氏的自然法理论,经过其他希腊哲学家特别是斯多噶学派的追随和阐明后,在罗马时代,曾由西塞禄(公元前106—公元前43年)加以发扬。西氏认为:"真

---

〔1〕 参阅克吉:《条约必须遵守》,载斯特鲁普:《国际法辞典》(第2册),1961年德文第2版,第710页以下。

〔2〕 H. 凯尔逊:《国际法原理》,1952年英文版,第310页。

〔3〕 霍兰:《法理学大纲》,1880年英文版,第308页。

正的法是纯粹的理性,同自然相调和,传播于一切的人,不变而永久……实际上,我们决不能通过元老院或人民的手而解脱这种法律。"[4]

一切自然法学者都主张条约必须信守。例如,圣奥古斯丁(?—604年)说:"约许即使是对正在对之作战的敌人作出的,作出后也必须履行。"[5]苏阿勒兹(1548—1617年)从普遍道德演绎出条约必须履行的规则,并把它视为自然法的规范和国际法的基础。[6] 国际法奠基人格劳秀斯则恰如西塞禄那样,以纯粹的理性作为自然法的基础,而以自然法作为实定国际法的基础,并把条约必须信守的原则置于很高的地位,因而他主张同海盗或暴君缔结的条约也须履行。特别是,他认为遵守条约是保持国际和平的一个必要条件,他说:"人们应保持诚实,不仅是为了其他理由,而且也是为了不破坏任何和平的希望。"[7]

十七和十八两个世纪中格劳秀斯的追随者全体一致地赞同条约必须履行的原则。普芬道夫说:"每个人应坚守其约许,这是自然法的最神圣的格言之一。"[8]瓦特尔(1714—1767年)在其名著《万国公法》(1757年)中也以自然法作为条约有拘束力原则的渊源,他说:"人们证明了在自然法中,对某一人作出许诺的人,就给与他以要求所许诺的事物的真正权利,因而不遵守已完成的许诺就侵害了他人的权利;这是同夺取他人的财产一样明显地不正义的行为……"[9]不仅如此,他认为信守条约是必不可少的义务,否则社会的生活和商业的安全,都将成为不可能:"所以,这个义务在共同生活于自然状态中的各国之间既是必要的,也是自然的和毫无疑问的。"[10]

此后,自然法学派暂行衰落,但自十九世纪中叶以后趋于复兴。近代法

---

[4] 转引自惠顿:《论"条约必须信守"规则》,载《海牙国际法学院演讲集》(第49册),1934年第3分册,第184页。

[5] 同上书,第186页。

[6] 苏阿勒兹:《论法律和神立法者》,1612年拉丁文版,第2编,第18章,第19节。

[7] 格劳秀斯:《论战争法与和平法》,1646年拉丁文版,凯尔西英译本,1925年版,第3卷,第25章,第1节。并参阅同书,第2卷,第11章,第1节;第3卷,第19章,第1、2、13节。

[8] 普芬道夫:《论自然法与万国公法》,1672年拉丁文版,奥德法瑟英译本,1934年版,第2卷,第3章,第29目;第3卷,第3章。

[9] 瓦特尔:《万国公法》,1958年法文版,芬尼克英译本,1916年版,第2卷,第12章,第163节。

[10] 同上。

国自然法国际法学者晏弗尔主张条约必须信守原则是自然法的两个基本规范之一，另一个基本规范是：对于不公正地造成的损害，须负赔偿的责任。[11]

但是，条约必须信守的原则用自然法来论证是不充分的，因为自然不可捉摸，很不确定。对于“纯粹的理性”和“人的本性”，人们可以有各种不同的见解，从而易于发生争论。

乙、实定法学派

十九世纪时，实定法学派大兴。实定法学派从国家有主权的概念出发，有些实定法学者进一步从国家有绝对主权的概念出发，主张：(1)国家之上既无任何权威，国家就只是在其自己同意的条件下才负担义务，因此在国际法上就产生了同意说；(2)国家之上既无任何权威，那么国际法与国内法有本质上的不同：国内法是从属关系的法律(law of subordination)，即基于国民必须服从国家的原则的法律，而国际法是平等的法律(law of co - ordination)，即基于各国都是独立而不相隶属的原则的法律。结果，实定法学派主张国际法只有两个渊源，即条约和习惯，而条约和习惯对国家的拘束力都以国家的同意为前提：条约的拘束力是由于国家明示同意而发生的，而习惯是由于国家的默示同意而发生的。根据这样的学说，很明显，条约必须信守的义务，也只能发生于国家的同意。

虽然同意说都主张条约必须信守的义务发生于国家的同意，然而还可以分为三个流派：(1)单纯同意说，(2)国家自限说，(3)共同同意说。

(1)单纯同意说：英国国际法学者奥本海说明该说的主旨如下：“不经国家的同意，不能对它强加一个国际法规则，如同对一个国家的国民即使不经其特别同意可以强加一个国内规则那样。但是，一旦国家同意服从一个国际法规则，它就在同一程度上，并直至同一极限，受国际法规则的拘束，恰如国内法上的主体受基本国法的拘束一样。”[12]一个国家，正如一个个人一样，可以或者直接地以明白的表示给予其同意。或者以其如果不同意将不采取的那样行为默示地给与其同意。所以，国际法的渊源是双重的，即：①明示

---

〔11〕 娄费尔：《国际法与理性法或科学法》，载《国际法评论》1927年第1卷，第658页以下。

〔12〕 奥本海：《国际法科学，其任务和方法》，载《美国国际法学报》1908年第2卷，第333页以下。

的同意,这种同意是各国缔结一个条约以为当事国的将来国际行为规定某些规则时所给与的;②默示的同意,即暗含的同意或由于行为的同意,这种同意是通过各国采取了某些国际行为规则的习惯而给与的。所以"……条约和习惯应被认为是国际法的仅有的渊源"。[13] "条约在法律上有拘束力,是因为国际法有一条习惯规则规定条约是有拘束力的。"[14]而按照奥本海,国际习惯是以各国的默示同意为前提的,所以条约必须信守义务显然来源于当事国的默示同意。[15]

单纯同意说以国家的同意作为条约必须信守原则的基础,但是并未说明国家同意后何以必须受其所表示的同意的拘束。国家既可以自由地对一个规则表示同意,也可以在表示其同意后自由地撤销其同意。在撤销其同意后,国家何以仍须受条约必须信守原则的拘束?对于这个问题,这个学说并未作出满意的解答。在国内法上,当事人必须信守契约,是由于在个人之上的国家的法律规定其有信守契约义务。在国际社会内,单纯同意说者既然认为:没有国家之上的法律规定国家有信守条约的义务,而信守条约的义务只是来源于它的同意,那么这种义务的脆弱性就显而易见。虽然奥氏又主张以"共同同意"作为国际法的基础,然而何以许多国家的共同同意就具有国际法的效力,仍没有令人满意的解释。而且,奥氏对于"共同同意"的定义是:"共同同意"只能意味着极大多数成员的明示或默示的同意,而不同意者是无足轻重的,并且从寻求作为整体的社会意志(以别于其个别成员的意志)者的视域中消失。[16] 从此更可见,以国家的同意作为条约必须信守原则的根据实际上多少是虚拟而已。

(2)国家自限说:该说的主要主张者是耶利内克(1851—1911年),他在1880年发表的著作《论条约的法律性质》中阐明其理论。这个学说主张:国际法是以每个国家的意志为基础的;每个国家享有绝对的主权,因而有权决定其自己的权限,决定在什么条件下以及如何受国际法的拘束。这种决定

〔13〕 奥本海:《国际法》,第1卷,第1分册,1954年中译本,第16目。
〔14〕 奥本海:《国际法》,第1卷,第2分册,第493目。
〔15〕 奥本海:《国际法》,第1卷,第1分册,1954年中译本,第16目。
〔16〕 奥本海:《国际法》,第1卷,第1分册,1954年中译本,第12目。

完全出自它自己的意志,完全是它自己的事情,从而完全由于它自己的法律。就条约的拘束力而言,也只是在一个国家决定其自己受条约必须信守原则拘束的条件下,才受条约的拘束。总之,条约信守原则的拘束力,发生于当事国自己的意志,发生于它的自限:如果它不愿"自限",它就没有信守条约的义务。

这个学说虽然信从者不少,而反对者更多。反对的理由,除对于单纯同意说的反对理由外,主要是:国家既能"自限",当然也能自行解除自限。"意志所能做的事情,意志也能予以推翻。"所以,自愿说的逻辑结果是国标法的否定,是条约必须信守原则的否定。实际上,耶利内克自己也主张,国际法只是一个"无政府的"法律体系。〔17〕

(3)共同意思说或意思合一说:这是特里派尔(1868—1946 年)的学说,他于 1899 年出版的《国际法与国家法》中阐明了这个学说。特氏摈斥黑格尔的关于国际法渊源于每一国家的意思的见解,而主张国际法有其在各个别国家的各个别意思之上的渊源。而这个渊源,他认为存在于各个别国家由于各个别意思的合一,而就一个共同的客体所达成的共同的意思。例如,20 个国家缔结一个立法性条约,即建立一个国际组织的条约,或确立一个新国际法规则的条约,那么这 20 个国家中的每一国所表示的每一意思都具有相同的内容,从而这 20 个国家的 20 个具有同一内容的意思就合而为一(意思的合一)而成为共同的意思。这 20 个国家的共同意思,不能由一个国家的个别意思予以变更。因此,由于这 20 个国家的共同意思所缔结的一个立法性条约,它们都有信守的法律义务,而他们中任何一国如果违反这个条约,就违反了法律义务,也就违反了国际法。〔18〕

按照特氏,这是缔约国必须信守立法性条约的理由。至于非立法性条约,即契约性条约,例如,甲乙两国就买卖一个岛屿缔结一个条约,那么这两个缔约国所表示的两个意思,在内容并不是同一的,因为出卖国的意思在于取得出卖岛屿的价金,而买受国的意思在于取得所买受的岛屿。它们的利

---

〔17〕 耶利内克:《一般政治学》,1921 年德文第 3 版,第 27 页以下。

〔18〕 特里派尔:《国际法与国家法》,1899 年德文版,第 27 页以下。

益是不同的，而只是相应的，因而它们的两个意思表示有相反的内容，而只是意在同一的外部目标。这种条约之所以具有拘束力，是由于国际法上有一个规则宣示某些条约是必须信守的，这个规则是国际习惯的产物，而国际习惯也以各国的共同意思为基础。[19]

所以，按照特氏学说立法性条约和契约性条约之必须信守，都由于各国的共同意思。但是，各国的共同意思何以产生法律上义务，何以成为国际法的渊源，特氏却也不能作出令人满意的解答。共同意思如果能成为缔约国信守条约义务的渊源，必须在国际社会中有一个基本规范要求各国信守其所作出的共同意思的表示，而对于这个基本规范的存在的理由特氏没有说明，这是他的学说的缺点。

丙、基本规范学派

基本规范学派的流派不少，但是它们都有下述共同的基本观点：(1)一切法律规范的效力，都渊源于一个基本规范：假定了或承认了这个基本规范的效力，一切法律规范的效力就得到解释，否则一切法律规范的效力就无从得到解释：这无论在国内法或者在国际法，都是一样。(2)国际法和国内法一样，是从属性的法律，而不是平等性的法律，因此，它们都反对法律实定主义的同意说。

在这个学派中，凯尔逊(1881—1973年)的纯粹法学说对于过去的一些学说的批判最为深刻，因此其影响也最大。凯尔逊属于新康法学派，他把"存在"和"应当"两个范畴严格地区别开来。他认为，凡自然科学所发现的规律都属于"存在"的范畴，换言之，都解释一个自然现象或事实同另一个自然现象或事实之间的因果关系，因而都是一般因果律的具体适用。所以，如果一个自然规律被确定证明为同自然现象不相符合，即使只有一次不相符合，它就被推翻，任何科学家都不再会把它视为真理。相反，法律科学对象不属于"存在"的规畴，而属于"应当"的范畴：任何法律规则规定正当的行为，规定对某一行为应当怎样予以对待，而不规定某一行为发生时必然会发生什么结果。例如，汉高祖刘邦的约法三章，规定"杀人者死，伤人及盗抵

---

〔19〕 特里派尔：《国际法与国家法》，1899年德文版，第27页以下。

罪”,其意义只是凡杀人者应当处以死刑,凡伤人及盗者应当抵罪,而不是凡杀人者必然会被处以死刑,凡伤人及盗者必然会抵罪。事实上,由于法律执行的不完善,必然会有少数杀人犯、伤人犯及盗窃犯逍遥法外,但这并不妨害这些法律规则的效力。

从“存在”和“应当”是两个截然分离的范畴,按照凯氏说就得到这一结果:法律规则不能以“存在”范畴内的事实来解释。一个法律规则为什么得到人们的服从的问题是属于自然科学如个人心理学或社会心理学的问题。相反,一个法律规则为什么具有拘束力的问题,即为什么应当被人们服从的问题,是属于法律科学的问题。但是,对于这个问题,只能从一个较高的法律规则得出答案。例如,为什么一个行政规章具有拘束力,应当为人们所服从,其答案只能是:因为有一个较高的法律规则,例如国会所制定法律,规定行政机关所制定的规章应当有拘束力,应当为人们所服从。如果进一步问:为什么国会所制定的法律规则有拘束力,其答案是:因为有一个更高的法律规则,即宪法规则,规定国会所制定的法律有拘束力。如果更进一步追问:为什么宪法有拘束力,那么答案是:因为有一个基本规范(Grand norm)存在,规定宪法必须得到服从。基本规范是整个法律体系的原始假设:接受了这个原始假设,这个法律体系的全部法律规则的有效性都得了满意的解释,否则就无法予以解释。至于为什么人们接受基本规范的效力,这个根本问题却是法律以外的问题,因为它是因果关系的问题,是属于存在范畴的问题。所以凯尔逊称他的法律科学是纯粹法学(neine Rechtslehre)。法律家的探讨只到这个基本规范为止,而不超出基本规范以外。基本规范的效力是一种假定的、假设的效力。

但是,这并不是说,纯粹法学者可以武断地为一个法律体系选择原始假设。相反,原始假设的选定,必须充分注意使该假设能尽量包括一个社会中人们惯常地服从实定法的实际经验,否则这种原始假设将毫无价值。例如,如果把对沙俄法律的原始假设——对沙皇的意志必须服从——移用到1917年俄国十月革命后的法律,那将毫无用处,因为这样的原始假设将与事实完全违反。所以,“存在”和“应当”必须有一定程度的接近,虽然按照凯氏说,这两者是分离的。

在国际法与国内法的关系上,学者间分为二元论者与一元论者两派。二元论者主张国际法和国内法是两个互相独立的体系;而一元论者主张只有一个体系,但是其中有些学者主张国内法处于优越的地位,国际法处于从属的地位,其他学者则相反,主张国际法处于优越的地位,而国内法处于从属的地位。凯尔逊是后一学说的主张者。按照凯氏,各个别国家的法律体系只是渊源于国际法的授权的部分法律体系。国际法也有其作为原始假设的基本规范,这个基本规范就是协定必须信守。按照这个基本规范,国际条约是有拘束力的,因为它是协定,国际习惯也是有拘束力的,因为它也是协定。凯氏说:

"一个条约之有拘束力,是由于一个习惯国际法规则,这个规则通常以协定必须信守原则来表示。这个规则是条约有效力的理由,所以是条约所产生的一切法律——所谓协约国际法与习惯国际法相对照——的渊源。协约国际法,就其有效力的理由来说,较之习惯国际法为低,后者在国际法律秩序的层次的结构中,较之前者代表更高的水平。"

"但是,习惯国际法有效力的理由是什么呢?习惯国际法为什么有拘束力呢?习惯国际法的拘束力,最后倚赖于一个基本假设,即国际习惯是一个产生法律的事实。这个假设可以称为基本规范。它不是实定法的一个规范;它不是人的意志行为所产生;它是法律地解释各国行为的法律家所假设的。"〔20〕

这样,接受了这个基本规范,他认为全部国际法规则的效力就得到了满意的解释。

意大利的安齐洛蒂原来是同意说者,后来也加入了这个基本规范学派。在他的《国际法论》中,当他讨论各国以条约建立的行为规范时,他说:

"这些规范的拘束力渊源于各国应当尊重它们之间所缔结的协定的原则:协定必须信守这个原则,正因为它是我们所说的一些规范的基础,不能从这些规范本身的观点予以进一步的证明:它应当被当作绝对的客观价值予以采取,或换言之,作为这个秩序必须依附的原始的和不可能证明的假

〔20〕 凯尔逊:《国际法原理》,1952年英文版,第314页。

设,正如所有其他人类知识秩序一样。"

他又说:

"任何法律体系都以一些规范的综合组成,这些规范从一个基本规范保有其拘束力,它们都直接地或间接地归结到这个基本规范。所以,基本规范决定哪些规范组成一个一定的法律秩序,并使它们归结到一个统一体。国际法秩序的特点是:在这个国际秩序中,协定必须信守原则,不是在国内法中那样,倚赖于一个更高的规范;它本身是最高的规范。"〔21〕

凯氏的基本规范理论虽然较同意说为进步,因为这个理论把这一不倚赖于国家意思的客观规则作为国际法拘束力的基础,然而首先,它似乎仍然不能完全超脱正统的法律实定学派的束缚。法律实定学派只承认各国明白表示的意思是国际义务的渊源;凯氏则认为国际法的基本规范是协定必须信守,而协定的成立显然基于协定者的意思表示。其次,协定必须信守原则不能解释国际习惯的拘束力,因为国际习惯的成立既无须各国的明示同意,也无须各国的默示同意,而只须各国以某一国际实践作为应当实行的行为规则惯常地予以实行。再次,这个原则作为国际条约拘束力的基本规范也太为笼统,因为它并不指出哪些条约应当信守,而哪些条约根本无效,或应予撤销。最后,这个原则只是作为一个基本假设提出,而对于它的拘束力并未予以论证,从而就减少了它的价值。

另一个基本规范学派是狄骥(1859—1928 年)—波利蒂斯(1872—1942 年)的连带关系学派。这个学派也摈弃国际法基于各国意思的观念。它认为一切法律的基础先于人类的意思,是社会的产物,是连带关系的要求。而连带关系意味着作为社会生物的人的根本的需要:如果人要生活,人必须同其他人保持"连带"关系。波氏说:

"如果在各不同的民族集团成员之间建立了足够强烈的连带关系,那么,属于这些集团的成员认识到它们的连带关系和正义感如果没有物质上的强制力予以制裁,将遭受严重损害的时候,就会从这种强烈的连带关系产

〔21〕 安齐洛蒂:《国际法论》,日德尔法译本,1929 年版,第 43~44 页。

生一些道义上或经济上的惯行,而这些惯行会转变成国际法规范。”[22]

所以,按照这个学派,国际法不是条约和习惯的产物。条约和习惯只是文件,只是确认在人的法律意识中已经产生的规则。条约必须信守原则之所以有拘束力,是由于有一个更高的规范赋予它以拘束力。这个更高的规范产生于人们的法律意识,而经国际习惯予以确认。正是由于连带关系的要求,人们才承认条约必须信守的原则,因为,如果条约得不到信守,国际社会生活将成为不可能的事情。

这个学派之所以也是一个基本规范学派,是由于它也假设了一个基本规范:各国都应按连带关系的要求行动。但是,为什么这个基本规范有法律效力呢?这个学派只是主张:如果各国的行动不符合连带关系的要求,国际社会生活将不能存在。然而,这充其量不过是一个事实,而这个事实怎样转变为法律,它却没有说明。

丁、结论

我们认为条约必须信守原则的拘束力,是国际习惯法所赋予的。如所共知,习惯,不论在国内法还是国际法上,都是公认的法律渊源之一。特别是在国际社会尚在比较原始的现阶段,习惯仍然是国际法的一个重要的渊源,而在国际习惯法中确实存在一个规则要求条约当事国信守其所缔结的条约。

不论在国内法还是在国际法上,习惯的成立有两个要件:第一,惯行,即社会成员在长时期内就同一的事实反复为同一的行为;第二,必要或法的确信,即社会成员的反复为同一的行为是由于确信这种行为是必要的或法所要求的。[23] 在国际社会内,如上所述,各国信守条约已有长时期的历史,各国所缔结的条约绝大多数是善意履行的。而且它们的信守条约是由于确信它们应当信守条约,确信否则它们将遭受违法的谴责,从而遭受不利的结果。正如哈佛条约法公约草案所指出:“民族的自利、责任心,对于庄严地作

〔22〕 波利蒂斯:《狄骥的学说对国际法的影响》,载《法律哲学和法律社会学文库》,1932年,第71页。

〔23〕 菲德罗斯:《普遍国际法的渊源》,1973年德文版,第100页以下。

出的许诺的尊重、避免违约臭名的愿望，以及习惯的力量，在压倒多数的情形下，是足以保证谨严地遵守条约的一些有力因素。如果在特殊情形下，这些力量证明还不够，那么对于报仇的恐惧大概会阻止一个国家违反条约。在实践上，一个国家不履行条约义务时，他方即加以谴责；如果坚持违约而并无有理由的证明，由于违约而致无过失的一方遭受的任何损害即要求其赔偿。"[24]这些客观因素和事实就足以证明条约必须信守原则的拘束力，而无须诉诸理论上有缺点的同意说或基本规范说。不仅如此，违反条约的当事国一般都不承认其违约行为，而借口情事已经变更，或者对方先已违约等作为辩解。这更进一步证明这个原则的拘束力。

所以，我们认为条约必须信守原则的拘束力是国际习惯法所赋予的。这个以国际习惯为基础的原则，不仅由于各国以法和必要的确信经过长时期的经常惯行而成立，而且也由于各国政府、国际组织、国际会议、国际条约、国际裁判和国际法学说的庄严宣告和重申而得到确认。

（三）平等互利是条约得到信守的真正保证

在国际关系史上，绝大多数条约是得到信守的，然而违反条约的事例也并非罕见。探究违约的原因，一部分固然是由于国家领导人的蓄意侵略，因而视条约如废纸，然而大部分却是由于条约不是平等互利，而是强者对弱者施加压迫、侮辱、掠夺和奴役的结果。这样的条约因为没有任何道义的基础，自然很难期望遭受重大不利的一方善意履行。正是对于这种条约。伟大的无产阶级革命导师列宁曾有一针见血的评论："历史表明：任何条约都是由于斗争的暂时停顿和力量对比关系的变化而引起的，有几天以后就被撕毁的和约，有经过一个月就被撕毁的和约……"[25]

所以在十月革命胜利以后，在列宁领导下的苏维埃国家曾就条约的缔结和废止问题宣告了一些空前进步的政策，且坚决作出了一些正义的行动、期使条约以平等互利为依归，从而确保得到信守。第一，苏俄把旧俄国地主

---

〔24〕《美国国际法学报》，1935 年增刊，第 990 页。

〔25〕列宁：《论国际政治与国际法》，1959 年中文版，第 447 ~ 448 页。

资本家政府从1917年2月起至10月25日止所缔结的掠夺性的秘密条约全部公布,并宣告立即无条件作废。第二,它主张立即停止第一次世界大战,并缔结不兼并(即不侵占他国土地,不强迫合并其他民族)和不赔款的和平。第三,它同那时东方弱小国家如波斯、土耳其和中国缔结平等互利的新约。[26] 例如,1924年5月31日中俄解决悬案大纲协定,除其他事项外,包含下列规定。第二条规定:"缔约双方政府同意在本协定签字后一个月内举行会议。此会议应订立并实施根据下列各条所规定之原则以解决悬案的详细办法"。第三条明确宣告:"缔约双方政府同意在前条所规定之会议上将中国政府和沙皇政府订立的一切公约、条约、协定、议定书及合同等概行废除,而代以在1919年和1920年苏维埃政府的宣言之精神和平等、互惠和正义的基础上制订的新的条约和协定等"。按照第四条,"苏维埃社会主义共和国联盟政府根据其政策及1919年、1920年两年的宣言,宣布前沙皇政府与第三国签订的有碍中国主权权利或利益的一切条约和协定等概行作废,两缔约国政府宣称今后不论何方政府将不订立任何损害对方主权权利或利益的条约或协定"。"第十一和十二条废除沙皇政府根据一些不平等条约所取得的有关租借地的特权和特许,以及在庚子赔款中所享有的份额和在中国的领事裁判权。"第十二条规定:"缔约双方同意在本协定第二条所定的会议中,以及订立商约时,根据平等互惠的原则起草缔约双方的关税税则。"[27]

很显明,十月革命后苏维埃国家所采取的条约必须体现平等互利原则的政策是与帝国主义国家所采取的条约可以体现弱肉强食原则的政策完全相反的。帝国主义,由于其侵略和掠夺的本性,不可能采取列宁所倡导的原则,因而第一次世界大战后的凡尔赛和约仍然采取压迫、侮辱、掠夺和奴役战败国的方针。另一方面,很遗憾,由于列宁的过早逝世,中俄解决悬案大纲中体现平等互利原则的很多条款直至现在尚未执行。

1949年中国革命胜利后,中国在国际关系中采取和平共处五项原则。中华人民共和国政府不仅坚决贯彻这些原则,而且中国前总理周恩来与印

---

〔26〕 外交学院国际法教研室编:《国际公法参考文件选辑》,1958年中文版,第13页以下,第406页以下。

〔27〕 外交学院国际法教研室编:《国际公法参考文件选辑》,1958年中文版,第410页以下。

度前总理尼赫鲁于1954年6月28日郑重作出了关于两国在同世界一切国家的关系中适用五项原则的声明。声明强调指出:"如果这些原则不仅适用于各国之间,而且适用于一般国际关系之中,它们将形成和平和安全的坚固基础,而现时存在的恐惧和疑虑,则将为信任感所代替"。[28]

和平共处五项原则都同条约法有关,然而与条约法特别有关的是平等互利原则。如上所述,条约必须体现平等互利的原则是列宁所首倡的,经中国周总理的发扬而更深入人心。中华人民共和国所缔结的条约,都贯彻了这个原则,因为中国深知不平等、掠夺性的条约是不可能始终得到遵守的,因而是扰乱和破坏国际和平的重要因素。而且,在以马克思列宁主义为理论基础的中国共产党领导下的中华人民共和国在条约缔结上也不可能采取其他原则。至于这个原则在全世界各国条约关系中的实现,尚待全世界人民的共同努力。

(本文原载于《法学杂志》1985年3月2日)

---

〔28〕 外交学院国际法教研室编:《国际公法参考文件选辑》,1958年中文版,第2~3页。1954年6月29日中缅两国总理联合声明含有同样的五项原则的宣告。

中国冲突法体系初探

黄　进

新中国成立以后,我国废除了帝国主义强加给我们的所有不平等条约,取消了外国人在华的一切特权,为独立自主地进行对外交往,乃至建立完善的冲突法制度创造了良好的条件。但是,在近三十年里,由于种种原因,我国立法机关对冲突法立法没有加以重视,我国法学界对冲突法的理论研究也比较落后。除1959年中苏领事条约有一条冲突规范外,[1]在我国缔结或参加的国际条约中再也找不到其他的类似规定;关于冲突规范的国内立法则完全是一个空白。十一届三中全会后,随着我国对外开放向深度和广度发展,我国冲突法的立法工作终于从1983年开始提到国家立法工作日程上来。从1983年至1987年的短短四年多时间,我国陆续颁布了《中外合资经营企业法实施条例》《涉外经济合同法》《继承法》《技术引进合同管理条例》《民法通则》《中国银行对外商投资企业贷款办法》等法律,其中都含有冲突规范。特别是《民法通则》第八章专门规定了涉外民事关系的法律适用问题。这样,在中国现有的法律体系中,一个初具规模的中国冲突法分支体系已初步形成,并不断完善。本文试图就中国冲突法体系的原则、结构、内容和缺陷发表一些探索性的意见。应该指出的是,在国内和国外,冲突法常常被叫作国际私法,而对于国际私法的范围,学者们的主张是有分歧的,但有一点可以肯定,大家都认为冲突规范是国际私法的内容。因此,本文仅仅是根据中国现存的冲突规范及其有关立法对中国的冲突法体系进行探讨。

---

〔1〕 参见《中华人民共和国条约集》第8集(1959年),法律出版社1960年版,第24页。

中国冲突法体系的原则

中国冲突法作为中国现行法律体系中的一个分支体系,必然受到一些基本原则的支配。这些原则既曾指导冲突法的制定,又将指导冲突法的实施。其原则有:

(一)国家主权原则

国家主权,是国家独立自主地处理自己的内外事务的权力。这种权力不可分割、不可让与、不从属于任何外来的意志。它在国内是最高的,领土内的一切人和事以及领土外的本国人都要受其管辖;在国际上则是平等独立的,不受外来任何干预。坚持国家主权原则是建设独立的冲突法制度的关键。因为立法权和司法权是国家主权的重要内容,而国家的立法权和司法权不能独立或没有得到应有的尊重,就没有冲突法存在和发展的条件。在旧中国,虽有《法律适用条例》存在,但由于许多国家在中国有领事裁判权,我国主权不完整,该条例只能徒具虚名。

我国冲突法充分体现了国家主权原则。首先,我国冲突法的制定与适用体现了国家主权原则。我国冲突法是我国在对外开放、国家主权独立和完整的情况下的自主立法,没有任何外来势力的干扰和影响。我们也承认在一定条件下适用外国法来处理涉外民事关系,但这是根据我国自己的冲突规范去选择适用,也就是说,适用外国法只是适用我国冲突规范的结果,适用外国法是将外国法为我所用,以便公正、合理地处理涉外民事关系,促进我国的对外开放。这不仅不会有损于我国国家主权,恰恰是更好地坚持和维护了国家主权原则。其次,我国冲突法采用了公共秩序保留条款这一"安全阀"来保护国家主权。公共秩序保留是冲突法中一项重要的维护国家主权的制度。各国冲突法立法或司法实践无不肯定这一制度,我国冲突法也采用了这一制度。《民法通则》第150条规定:"依照本章规定适用外国法律或者国际惯例的,不得违背中华人民共和国的社会公共利益。"这表明,我国冲突法不容适用外国法或国际惯例时有损于我国的根本利益。当然,"公共秩序"是一个比较广泛的概念,公共秩序保留制度是一个具有弹性的制度,我国在冲突法中,究竟如何运用公共秩序保留制度来维护国家主权,值得进一步深入研究。

（二）平等互利原则

在冲突法上，平等互利意味着进行经济、民事交往的各国及其公民和法人在法律上互相平等和彼此获利。"相互性"在其中占有很重要的地位。而且，平等和互利是两个相互联系又不可分割的概念，只有平等才能互利，也只有互利才能实现真正的平等。

平等互利原则首先要求各国民、商法律处于平等的地位。各国都有自己的民、商法律，而且各自的法律千差万别，因此，当各国人民在相互交往中发生冲突时，只有各国民、商法律处于平等的地位，才有冲突法的存在。因为这种平等的结果必然是各国互不歧视对方国家的民、商法律，彼此承认对方国家的民、商法律在本国的域外效力，承认依对方国家法律所产生的既得权，从而导致内外国法律的选择或适用问题的产生。如果在民、商法领域，各国都坚持狭隘的属地主义，在法律适用上强调本国的法律优于他国的法律，对外国法一概采取排斥态度，那么，各国法律无平等可言，也就无须冲突法了。我国现有的冲突规范，除少数单边冲突规范规定某种民事法律关系必须适用中国法外，大多为双边冲突规范，都可能结合涉外民事法律关系的具体情况需要适用外国法，体现了我国在对外交往中承认外国民、商法与我国民、商法的平等共存。

其次，平等互利原则要求中外当事人在涉外民事法律关系中处于平等的地位。他们的合法权益受到同等的法律保护。我国《民法通则》第3条规定："当事人在民事活动中的地位平等。"我国《宪法》第18条第2款规定："在中国境内的外国企业和其他外国经济组织以及中外合资经营的企业，都必须遵守中华人民共和国的法律。它们的合法权利和利益受中华人民共和国法律的保护。"第32条又规定："中华人民共和国保护在中国境内的外国人的合法权利和利益……"这些规定进一步保证了在冲突法中贯彻平等互利的原则。另外，我国冲突法的具体规定也保证了涉外民事法律关系的当事人之间的平等互利。例如，对于涉外合同的法律适用，我国冲突法规定合同当事人有权自主选择应适用的法律，但这种选择不是当事人哪一方的独断选择，而应是当事人通过平等协商，就有利于双方的法律所进行的共同选择。

(三)国际条约优先原则

国际条约是国家及其他国际法主体间所缔结的确定其相互关系中的权利与义务的一种书面协议。一国不仅通过制定国内法,而且常常通过缔结或参加国际条约来处理涉及本国的涉外民事法律关系。尽管各国在立法时会尽量使本国的法律与本国参加或缔结的国际条约协调一致,但由于国际关系的复杂性,由于国际条约不可能是一国单方面的意志的反映,由于考虑到具体的国家之间的关系和国家利益,因而出现国内法与国际法相冲突的情况是完全可能的。对于如何解决国内法与国际条约的冲突,各国实践并不一致。我国立法对此则明确确立了国际条约优先的原则。我国《继承法》第 36 条在确定涉外继承的法律适用时规定:"中华人民共和国与外国订有条约、协定的,按条约、协定办理。"后来,《民法通则》在"涉外民事关系的法律适用"这一章中又再次专门肯定了这一原则。众所周知,"条约必须遵守"是一项重要的国际法原则。我国冲突法确立的国际条约优先原则是与这一原则一致的。当然,就冲突法而言,我国除与个别国家签订的领事条约有极少的冲突规范外,尚未参加或缔结有关法律适用的国际条约,但从发展的眼光来看,国际条约优先的规定不是没有意义的。

(四)国际惯例补缺原则

我国的冲突法立法是近几年才有的事情,虽然我国冲突法作为一个体系的大的框架已经搭起来了,但它离健全、完善、成熟还有相当的距离。鉴于我国的冲突规范不多,缔结或参加的含有冲突规范的国际条约稀少,我国立法确立了国际惯例补缺原则。《民法通则》第 142 条第 3 款规定:"中华人民共和国法律和中华人民共和国缔结或者参加的国际条约没有规定的,可以适用国际惯例。"这表明,我国法院在处理涉外民事案件时,如在法律适用问题上我国法律和我国缔结或参加的国际条约对案件所涉问题未加规定,可以借用国际惯例来处理案件。

国际惯例,又称国际习惯,一般是指各国重复类似行为而形成的具有法律约束力的不成文原则或规则。在各国长期的实践中,冲突法领域内也形成了一些国际通行的惯例,如"不动产依物之所在地法原则""场所支配行为原则""公共秩序原则""当事人意思自治原则""既得权的保护和尊重原则""最密切联系原则",等等。虽然其中的一些国际惯例已为我国冲突法立法所采纳,但对于那些我国立法尚未采取的国际惯例,在我国法律和缔结或参加的国际条约对相关问题又未作规定的前提下,我国法院也不妨借助这些国际惯例来裁断案件。此外,在国际商业领域,还有大量在长期商业实践的基础上发展起来的用于解决国际商事问题的实体法性质的国际惯例,国际惯例补缺原则也可以理解为借用这部分惯例来解决国际商业交往中的法律冲突问题。《涉外经济合同法》第5条第3款的规定,即"中华人民共和国法律未作规定的,可以适用国际惯例",就有这种意义。不过,依据《民法通则》第150条的规定,适用惯例不得违背中华人民共和国的社会公共利益。

(五)最密切联系原则

所谓最密切联系原则,就是指某一涉外法律关系或某一涉外案件应适用与该法律关系或该案件有最密切联系的那个地方的法律。最密切联系原则实际上是在萨维尼的"法律关系本座说"基础上发展起来的。萨维尼认为,每一种法律关系都有其"本座"(seat),而"本座"就是该法律关系与某一法域的联系所在,该法律关系应适用其"本座"地法。这里,他强调了法律关系和某一法域的联系。后来,一些学者继承了萨维尼的学说,但又嫌"本座"一词太含糊,于是,吉尔克(Gierke)用"引力中心"(centre of gravity)一词代替"本座",强调用法律关系本身的"引力中心"地的法律来调整该法律关系。英国的韦斯特莱克则进一步抛弃地域观念,主张法律关系适用与该关系有最紧密的联系(the most closely connected)的法律。[2]不过,最密切联系原则不是简单地继承了萨维尼的学说,而是对它的否定之否定。这是因为萨维尼认为任何法律关法系只有一个"本座",一旦依这种学说制定出冲突规范,就是一种硬性的冲突规范,法院只得机械地依这种冲突规范去选择法律。

---

〔2〕 参见[德]马丁·沃尔夫:《国际私法》,1945年英文版,第37页(See M. Wolff, Private International Law, 1945, p. 37)。

相反，依最密切联系原则制定出来的冲突规范，一般是一种弹性的或者说是一种更灵活的冲突规范，它并不硬性规定哪个地方的法律是最密切联系地法，只是提供或根本不提供一些可供选择的连结点，而让法院结合案件的具体情况去确定最密切地法作为准据法。不过，有的国家的立法也依最密切联系原则作硬性规定，如 1978 年的《奥地利联邦国际私法法规》采取的做法即是，其理由是这种硬性规定体现了最密切联系原则。目前，最密切联系原则在许多国家的立法和司法实践中已得到反映，一些国际条约也采纳了这一原则。在学术界，这一原则更是受学者们的青睐。可以肯定说，运用最密切联系原则进行法律选择已成为一种国际性的趋势。

我国冲突法立法是在最密切联系原则发展成熟的条件下开始的，故一开始就接受了最密切联系原则。在我国现有的冲突规范中，已有三项条款明确采用了最密切联系原则：一是《涉外经济合同法》第 5 条第 1 款，它规定，涉外经济合同的当事人对处理合同争议所适用的法律未加选择时，“适用与合同有最密切联系的国家的法律”；二是《民法通则》第 145 条第 2 款，它规定，各类涉外合同的当事人没有选择处理合同争议所适用的法律时，“适用与合同有最密切联系的国家的法律”；三是《民法通则》第 148 条，它规定：“扶养适用与被扶养人有最密切联系的国家的法律”。有些其他规定虽然没有使用“最密切联系”一词，但其规定本身却体现了最密切联系原则。例如，《涉外经济合同法》第 5 条第 2 款规定：“在中华人民共和国境内履行的中外合资经营企业合同、中外合作经营企业合同、中外合作勘探开发自然资源合同，适用中华人民共和国法律。”我国冲突法之所以以单边冲突规范的形式规定这三类合同只适用中国法，是因为在这三类合同中，除合同当事人一方是外方外，其他的有关因素都发生在中国或与中国有联系，如合同的缔结和履行地在中国，合作者或合作企业所在地在中国，合同关系着中国重大的经济利益等。显然，这三类合同只可能与中国法律有最密切的联系，只有适用中国法律才是公平合理的。

中国冲突法体系的结构

从我国现有的冲突法立法来看，其立法结构可以从纵向和横向两方面来加以分析。

(一)纵向结构

在纵向结构方面,我国的冲突法立法具有三个层次:

(1)地方性法规中的冲突规范。地方性法规是地方权力机关及其常务委员会所制定的法规。根据早在1981年11月26日通过的《全国人民代表大会常务委员会关于授权广东省、福建省人民代表大会及其常务委员会制定所属经济特区的各项单行经济法规的决议》,广东省、福建省人民代表大会及其常务委员会,有权根据有关的法律、法令、政策规定的原则,按照各该省经济特区的具体情况和实际需要,制定经济特区的各项单行法规,并报全国人民代表大会常务委员会和国务院备案。[3] 后来,《宪法》第100条又规定:"省、直辖市的人民代表大会和它们的常务委员会,在不同宪法、法律、行政法规相抵触的前提下,可以制定地方性法规,报全国人民代表大会常务委员会备案。"近几年来,我国各地制定了大量的地方性法规,其中一些法规中包含有冲突规范。例如,1984年1月11日由广东省第六届人民代表大会常务委员会第五次会议批准的《深圳经济特区涉外经济合同规定》第35条即属冲突规范,它规定:"在特区履行的合资经营合同、合作经营合同和自然资源的合作开发合同等与中国主权有密切关系的合同,仲裁处理纠纷,必须适用中华人民共和国法律。"[4] 总地来说,我国地方性法规中的冲突规范还比较零星,仅出现在关于经济特区的地方性法规中;就其内容而言,它们与中央立法中的冲突规范没有什么不同,只是有时比中央立法中的有关规定先行面世。随着中央冲突法立法的加强,地方性法规中的冲突规范不会有很大的发展。

(2)国务院及其所属各部委所制定的法规中的冲突规范。我国《宪法》第89条规定,国务院有权"根据宪法和法律,规定行政措施,制定行政法规,发布决定和命令";第90条第2款规定,国务院所属"各部、各委员会根据法

---

[3] 该决议见《中华人民共和国法律汇编(1979—1984)》,人民出版社1985年版,第278页。

[4] 广东省人民代表大会常务委员会法律委员会编:《广东省地方性法规汇编(1979.12—1986.6)》,广东人民出版社1987年版,第168页。

律和国务院的行政法规、决定、命令,在本部门的权限内,发布命令、指示和规章”。随着我国实行对外开放政策,国务院及其所属部、委颁布了大量涉外经济法规,其中含有冲突规范的主要有:1983 年 9 月 20 日国务院发布的《中华人民共和国合资经营企业法实施条例》(第 15 条)、1985 年 5 月 24 日国务院发布的《中华人民共和国技术引进合同管理条例》(第 5 条)以及1987 年 4 月 7 日由国务院批准并于 1987 年 4 月 24 日由中国银行公布的《中国银行对外商投资企业贷款办法》(第 25 条)等。属这一层次的冲突规范都是就有关法规所涉及的专门问题所作出的冲突法规定。而且,从现有的规定来看,几乎全是关于涉外合同的法律适用的规定,只不过不同法规中的规定涉及不同的合同而已。随着我国对外开放向深度和广度发展,属于这一层次的冲突规范还会逐步增多。

(3)全国人民代表大会及其常务委员会所颁布的法律中的冲突规范。这一层次的冲突规范是在上述两个层次的冲突规范已有一定的基础上发展起来的。到目前为止,已有三个法律含有冲突规范:一是 1985 年 3 月 21 日第六届全国人大常委会第十次会议通过的《中华人民共和国涉外经济合同法》(第 4 条和第 5 条);二是 1985 年 4 月 10 日第六届全国人大第三次会议通过的《中华人民共和国继承法》(第 36 条);三是 1986 年 4 月 12 日第六届全国人大第四次会议通过的《中华人民共和国民法通则》(第八章)。由于这个层次的冲突规范在一定程度上是在总结上述两个层次的冲突法立法经验的基础上建立的,因而相对而言,它们更全面、更系统、更完善。另外,由于这个层次的冲突规范包含在全国人大及其常委会的立法中,因而它们在效力上高于上述两个层次的冲突规范。还应该看到,前两个层次的冲突规范一般都是就专门问题所作的关于法律适用的规定,而全国人大则可以在民事基本法律中对冲突法的一般性的问题作出规定。这样,这个层次的冲突法就带有一般性和指导性的特点,成为前两个层次今后的冲突法立法和冲突法施行的基础与指针。

我国冲突法立法既有全国人大及其常务委员会的立法,又有国务院及其部、委的立法,还有地方立法。这种立法结构的多层次性是我国立法机关在对外开放中根据我国的具体情况,探索冲突法立法经验的结果,它从纵的方面使我国冲突法立法逐渐系统起来。

(二)横向结构

迄今为止,外国冲突法立法有五种横向结构模式:(1)将冲突规范分别规定在民法典的不同篇章中。1804年的《法国民法典》以及受该法典影响的奥地利、意大利、比利时、葡萄牙、西班牙、墨西哥、巴西、智利、阿根廷等国的民法都采取或曾经采取这种做法。(2)在民法典中列入专章或专篇专门规定冲突法。例如,苏联于1961年颁布的《民事立法纲要》第八章和1968年颁布的《婚姻和家庭立法纲要》第五章分别专门规定了有关的法律适用问题。(3)以专门法典或专门法规的方式制定系统的冲突法。最早以这种方式制定冲突法的是德国,它于1896年颁布了《德国民法施行法》,专门对法律冲突的解决问题进行了规定。之后,日本1898年颁布的《法例》,旧中国北洋政府颁布的《法律适用条例》,波兰1926年和1965年颁布的《国际私法》,泰国1939年颁布的《国标私法》,德意志民主共和国1975年颁布的《关于国际民事、家庭和劳动法律关系以及国际经济合同适用法律的条例》,奥地利1978年颁布的《奥地利联邦国际私法法规》等,都采取了这种立法方式。(4)将冲突规范和国际民事诉讼程序规定或外国人民事法律地位规范合并规定在一个专门的法典或专门的法规中。捷克斯洛伐克1963年颁布的《国际私法和国际民事诉讼法》,阿尔巴尼亚1964年颁布的《关于外国人民事权利地位和适用外国法的法律》,1979年匈牙利人民共和国主席团关于国际私法的第13号法令,南斯拉夫1982年的《法律冲突条例》以及1987年通过的瑞士联邦国际私法等,都采用了这种立法方式。(5)在单行法规中就所涉问题规定专门的冲突规范。例如,联合王国《1882年汇票法》(Bills of Exchange Act 1882)和苏联海商法典都含有相关的冲突规范。另外,在普通法系国家,冲突法大多为法官制定法,以判例法形式存在。

从战后世界各国冲突法立法情况来看,大多采用上述第三种和第四种模式,间或采用第五种模式。第二种模式主要是苏联和个别东欧国家所采取的模式。不过,由于第三种和第四种模式是采用专门法典或专门法规的方式制定冲突法,因而它们常常为那些冲突法立法经验比较丰富的国家所取。而对于那些冲突法立法经验不足的国家来说,采取这两种方式则有困难。比较而言,第二种和第五种模式更加灵活和方便些。

我国冲突法立法的横向结构采取了两种模式:首先是在单行法规中就所涉及问题规定有关的冲突规范,如《合资经营企业法实施条例》《涉外经济合同法》《继承法》等都采取这种方式;随后在《民法通则》中专辟一章(第八章)比较系统地规定了涉外民事关系的法律适用问题。可见,我国冲突法立法经历了一个从单行法规的单项规定迈向《民法通则》的集合规定的过程。可以肯定地说,由于《民法通则》的集合规定不尽完善,有时需要在单行法规中加以补救,故我国冲突法立法所采取的这两种横向结构模式会在一定的时期内同时共存,互相协调,互为补充。在《民法通则》颁布后,经国务院批准由中国银行发布的《中国银行对外商投资企业贷款办法》对有关借款合同的法律适用问题又作规定,便是可资证明的例子。我国之所以同时采取这两种立法方式,首先是因为目前我国冲突法立法经验不足,颁布一部冲突法法典或专门法规的条件尚未成熟;其次是因为在对外开放过程中,首先必须根据需要制定大量的涉外民事和经济法规,并在这些法规中对有关的法律冲突问题加以规定,在此基础上才可能对法律适用问题作集合规定;再次是因为这两种方式可以互相协调,互为补充。单行法规中的冲突规范是就法规所涉问题作出的规定,比较单一,不可能对冲突法的一般问题加以规定,而《民法通则》中的专章规定则比较系统、全面,正好弥补前者之不足。另外,《民法通则》的冲突法规定还不完善,也不及单行法规中制定冲突规范灵活,需要单行法规中的冲突法立法加以弥补。

通过对我国冲突法立法的纵、横两方面结构的分析,可以看出,我国冲突法在立法结构上已初步形成了和谐统一的体系。

中国冲突法体系的内容

根据我国现有的冲突法规范,我国冲突法的内容归纳起来有如下几个方面。

(一)一般性规定

一般性规定,或叫总则性规定,是对冲突法中带普通性的原则、制度和其他问题所作的规定,它们对整个冲突法都具有指导作用。我国冲突法的一般性规定主要体现在《民法通则》之中。现有两条,即第142条和第150条。它们包含有四个方面的内容:(1)适用范围的规定。第142条第1款确定了《民法通则》第八章的各项规定是用于解决含有涉外因素的民事关系适用何国法律的问题。(2)国际条约优先原则。第142条第2款规定了这一原则。(3)国际惯例补缺原则。第142条第3款确立了这一原则。(4)公共秩序保留。一般来说,公共秩序保留条款或公共秩序条款或公共政策条款是各国冲突法的必备条款。《民法通则》第150条就是这样一种条款,但该条没有使用"公共秩序"或"公共政策"的措辞,而是规定:"依照本章规定适用外国法律或者国际惯例的,不得违背中华人民共和国的社会公共利益。"不过,在解释上,"社会公共利益"应与通用的"公共政策"或"公共秩序"同义。较之于其他国家的同类法律条文,我国的公共秩序保留条款的矛头所向,不仅是依我国冲突规范本应适用但却违背我国社会公共利益的外国法律,而且还包括那些违背我国社会公共利益的国际惯例。这可以说是我国的公共秩序保留条款的独特之处。

(二)民事能力

民事能力包括民事权利能力和民事行为能力。我国《民法通则》第143条对定居国外的中国公民的民事行为能力的法律适用问题作了规定:"中华人民共和国公民定居国外的,他的民事行为能力可以适用定居国法律。"世界上通行依当事人属人法(或本国法或住所地法)解决涉外民事关系中自然人行为能力的法律冲突,但随着国际商业贸易的发展和扩大,为求买卖关系的稳定,有些国家在当事人缔结合同的行为能力上主张选择适用当事人属人法或行为地法。第143条讲的"定居国法律",应理解为海外华侨住所地国家的法律,故这条规定实际只是以住所地法为属人法,并用之确定定居国外的中国公民的民事行为能力。它规定"可以"适用定居国法律,意味着不是必须绝对适用之,也可以不适用之,在不适用时适用何国法律则无明文规定。至于定居中国或临时来华的外国人或无国籍人的民事权利能力和民事行为能力的法律适用问题,《民法通则》第8条规定:"在中华人民共和国领域内的民事活动,适用中华人民共和国法律,法律另有规定的除外。""本法关于公民的规定,适用于在中华人民共和国领域内的外国人、无国籍人,法律另有规定的除外。”

（三）所有权

目前世界各国解决所有权的法律冲突，无论是关于不动产所有权的法律冲突，还是关于动产所有权的法律冲突，广泛适用的是物之所在地法这一原则。但也有一些例外，如被继承的财产一般因继承关系而适用被继承人死亡时的属人法；运输中的货物所有权依目的地法或起运地法；运输工具的所有权依旗国法或登记注册地法。我国冲突法关于所有权的法律适用仅有一条规定，即《民法通则》第 144 条的规定：“不动产的所有权，适用不动产所在地法律。”这条规定只确定了不动产所有权的法律适用问题，而对于动产所有权的法律适用以及物之所在地法原则适用的例外却未加明确。有的学者认为，这是因为对动产所有权的法律适用，在买卖合同或其他有关合同中当事人双方一般可以自由选择，没有选择时可以按最密切联系原则解决，故不作规定而留待实践中分别不同情况具体解决。笔者认为，我国冲突法中没有关于动产所有权法律适用的规定是一个缺陷。

（四）债权

1. 合同之债

自从法国法学家杜摩兰在其著作《巴黎习惯法评述》中首倡由合同当事人合意选择支配合同的法律以来，当事人意思自治原则已成为当今世界各国立法和司法机关确定合同准据法所遵循的原则。我国《涉外经济合同法》第 5 条和《民法通则》第 145 条分别规定了涉外经济合同和涉外合同的当事人“可以选择处理合同争议所适用的法律”。这里，“处理合同争议所适用的法律”就是指“适用于合同的法律”，或“合同的准据法”，或“对合同适用的法律”。[5] 但对于当事人的选择除了明示选择外能否默示选择，则未加规定。

《民法通则》第 145 条对当事人的意思自治有一个限制，即“法律另有规定的除外”。这表明并不是所有涉外合同都可以由当事人选择处理争议所

〔5〕 参见《最高人民法院关于适用〈涉外经济合同法〉若干问题的解答》，载《中华人民共和国最高人民法院公报》1987 年第 4 号，第 4 页。

适用的法律,对于有些涉外合同,我国法律可以直接规定应适用的准据法。到目前为止,"另有规定"有四,即《中外合资经营企业法实施条例》第 15 条、《涉外经济合同法》第 5 条第 2 款、《深圳经济特区涉外经济合同规定》第 35 条和《中国银行对外商投资企业贷款办法》第 25 条。归纳起来说,中外合资经营企业合同、中外合作经营企业合同、中外合作勘探开发自然资源合同和中国银行与外商投资企业之间的借款合同等四种涉外合同为法律另有规定者;前三种合同是必须适用中国法律,而后一种合同既可能在中国银行同意的前提下,实行意思自治,又可能在中国银行不同意的情况下而必须适用中国法律。今后,我国立法还可能依实际情况对其他一些合同的法律适用另作规定。

在当事人对合同准据法缺乏明示或默示选择时,对于合同应适用什么准据法,各国的立法和司法实践不一。从最近国际和国内的立法来看,主要采取两种解决办法:一种如 1980 年《欧洲共同体关于合同债务的法律适用公约》第 4 条、《联邦德国国际私法草案》第 28 条和《瑞士国际私法草案》第 114 条所规定的那样,在当事人未选择合同准据法时,适用与合同有最密切联系的国家的法律;另一种则如 1964 年捷克斯洛伐克国际私法及国际民事诉讼法、1965 年波兰国际私法、1975 年民主德国法律适用条例、1978 年奥地利国际私法法规、1979 年匈牙利国际私法法令和 1982 年南斯拉夫法律冲突条例所规定的那样,分别对各种不同的合同规定应适用的准据法。不过,奥地利国际私法和南斯拉夫法律冲突条例的具体规定都被认为体现了最密切联系原则。我国的立法采取了前一种做法。《涉外经济合同法》第 5 条第 1 款和《民法通则》第 145 条第 2 款规定,合同当事人没有选择"处理合同争议所适用的法律的""适用与合同有最密切联系的国家的法律"。这样的规定显然是一种原则性的规定。法院在运用这一规定时只能根据最密切联系原则并结合涉外合同的具体情况去确定应适用的法律。

2. 侵权行为之债

在"场所支配行为"(locus regit actum)原则的影响下,侵权行为之债依侵权行为地法成为各国立法的通例。有的国家为了保护法院地的利益,主张对侵权行为之债重叠适用侵权行为地法和法院地法,如日本的《法例》、泰国国际私法、德国的民法施行法便采取这种立场。不过,在侵权行为之债的法律选择上最近出现了一些新的动向,如美国司法实践自纽约州法院审判了巴布科克诉杰克逊(Babcock v. Jackson)一案以后,广泛采用依最密切联系原则确定侵权行为之债的准据法的做法。我国《民法通则》第146条关于侵权行为之债的法律适用的规定是一种传统式的规定。它首先规定,“侵权行为的损害赔偿,适用侵权行为地法律”,然后通过规定“当事人双方国籍相同或在同一国家有住所的,也可以适用当事人本国法律或者住所地法律”,使这一规范成为一项有条件的选择性冲突规范。该条第2款进一步规定:“中华人民共和国法律不认为在中华人民共和国领域外发生的行为是侵权行为的,不作为侵权行为处理。”这意味着对发生在我国境外的行为是否构成侵权行为的问题,必须重叠适用该行为发生地法和我国法律加以确定。如果该行为在我国域外的行为地被视为侵权行为,而我国法律不认为是侵权行为,则不以侵权行为论处。另外,对于“侵权行为地”这一概念,国际上历来有两种不同的理解:一是加害行为地;二是损害发生地。在实际生活中,有时加害行为地和损害发生地同在一地,有时两者则出现在不同的地方。我国《民法通则》第146条对如何确定侵权行为地未加规定。我认为,一般来说,加害行为地和损害发生地均可作为侵权行为地,在两者不一致时,可以考虑优先适用对受害人最有利的地方的法律。匈牙利1979年的国际私法法令(第32条第2款),南斯拉夫1982年的法律冲突条例(第28条第1款)也都采取这种做法。

(五)婚姻家庭关系

关于婚姻家庭关系,我国冲突法中现有两条规定,即《民法通则》第147条和第148条。

1.结婚与离婚

《民法通则》第147条是将结婚和离婚的法律适用问题结合起来规定的:“中华人民共和国公民和外国人结婚适用婚姻缔结地法,离婚适用受理案件的法院所在地法律。”这样的规定在冲突法立法史上是少见的,但它比较简明。

从结婚方面来看,规定中所指的“中国公民和外国人结婚”,可以从三个方面来理解:(1)它只涉及涉外婚姻的一种,即中国人与外国人之间的结婚。至于中国公民之间在国外结婚或外国人、无国籍人相互之间在中国结婚则不是该条所调整的对象。(2)它既指中国公民和外国人之间在中国境内的结婚,也指在中国境外的结婚。(3)它是就结婚的实质要件和形式要件这两方面所作出的规定。在国际上,各国冲突法一般都是就结婚的实质要件和形式要件的法律适用问题分别作出规定。关于结婚实质要件的准据法,有的国家采用结婚举行地法,有的国家采用当事人住所地法,还有一些国家则采用当事人本国法。对于解决结婚形式要件方面的法律冲突,目前世界上多数国家适用婚姻举行地法,但也有一些国家适用本国法,还有一些国际和国内立法则采用以婚姻举行地法为主兼取属人法的做法。我国《民法通则》第147条规定,中国公民和外国人结婚,无论在实质要件方面还是在形式要件方面均适用婚姻举行地法。至于如何确定其他各类涉外婚姻当事人结婚的法律适用,还有待于今后加以规定。

从离婚方面来看,我国《民法通则》第147条规定中国公民和外国人"离婚适用受理案件的法院所在地法律",也就是适用法院地法。这一规定只涉及中国公民与外国人在中国境内或在中国境外的离婚的法律适用问题。至于外国人之间在中国离婚,中国人之间在外国离婚,或当事人一方在外国,而另一方在中国境内的离婚的法律适用问题则未涉及。我国冲突法关于离婚的法律适用的规定,是我国多年来处理这类涉外离婚案件的实践经验的总结。从各国的实践来看,对于涉外离婚的法律适用,分别采用两种冲突原则加以解决:一种是适用法院地法,如美国、英联邦国家以及一些拉丁美洲国家等;另一种是重叠适用当事人本国法和法院地法,如大多数欧洲大陆国家以及日本、泰国等。由此可见,我国的规定也是符合国际习惯做法的。

2. 扶养

我国《民法通则》第148条规定:"扶养适用与被扶养人有最密切联系的国家的法律。"这是我国冲突法中关于家庭关系的唯一一项规定。它包容性大,概括性强;既灵活,又有利于保护弱方当事人。这里的"扶养"显然是广义的,如按照我国法律进行识别的话,它至少包括夫妻之间的扶养、父母对子女的抚养以及子女对父母的赡养。外国立法有的将夫妻之间的扶养与父母子女相互之间的扶养所适用的法律分别加以规定，如1979年的匈牙利国际私法法令和1982年的南斯拉夫《法律冲突条例》；有的则将两者合并加以规定，如1898年《日本法律》第21条和1939年《泰国国际私法》第36条的规定。关于扶养的法律适用，各国要么规定适用被扶养人的属人法，要么规定适用扶养人的属人法，或者规定适用扶养人和被扶养人共同的属人法。1973年订于海牙的《扶养义务法律适用公约》第4至6条规定，扶养义务依抚养权利人惯常居所地法，如不能从扶养义务人获得扶养，则依双方共同的本国法，如还不能从扶养义务人获得扶养，则依受理机关的国内法即法院地法。不过，我们尚未发现直接依最密切联系原则来确定涉外扶养应适用的法律的立法。由此可以说，我国《民法通则》规定扶养适用与被扶养人有最密切联系的国家的法律，是一个创举。它强调适用与被扶养人而不是与扶养人有最密切联系的法律，意在保护弱方当事人。当然，法院在适用这条规定时，是根据对被扶养人有利还是根据有关联系因素，或者是综合考虑两者来确定与被扶养人有最密切联系的国家，仍有探讨的余地。

（六）继承

我国冲突法关于涉外继承的法律适用的国内立法先后有两条规定：一是《继承法》第36条，其第1款规定："中国公民继承在中华人民共和国境外的遗产或者继承在中华人民共和国境内的外国人的遗产，动产适用被继承人住所地法律，不动产适用不动产所在地法律。"其第2款规定："外国人继承在中华人民共和国境内的遗产或者继承在中华人民共和国境外的中国公民的遗产，动产适用被继承人住所地法律，不动产适用不动产所在地法律。"二是《民法通则》第149条，它规定："遗产的法定继承，动产适用被继承人死亡时住所地法律，不动产适用不动产所在地法律。"这两条规定比较起来，有些细微的差别：首先，前者没有明确区分涉外法定继承与涉外遗嘱继承，有的学者认为可以视之为关于涉外法定继承和涉外遗嘱继承的法律适用的总的规定〔6〕，而后者明确了是关于遗产法定继承的法律适用的规定；其次，前者对于适用于动产继承的"被继承人住所地法律"未加时间限制，而后者明

〔6〕 参见余先予主编：《简明国际私法学》，中央广播电视大学出版社1986年版，第354页。

确规定动产继承适用被继承人“死亡时”住所地法律。另外，前者表述复杂，而后者则简明扼要。不过，两者在确定涉外继承的准据法上都采取了“区别制”（或称“分割制”），而没采取“单一制”（或称“同一制”），即将遗产区分为动产和不动产，动产继承适用被继承人住所地法，不动产继承适用不动产所在地法。

应该提到的是，1959年我国同苏联缔结的领事条约第20条规定：“缔约任何一方公民死亡后遗留在缔约另一方领土上的财产，包括动产和不动产，均按财产所在地国家的法律处理。”这一条约规定显然与上述国内立法规定有所不同，根据我国冲突法体系的国际条约优先原则，我国在处理涉及苏联的继承案件时，应优先适用这一条约的规定。

上述可见，虽然我国冲突法的内容在目前还不够全面完善，但它从我国目前对外开放的实际需要和国情出发，在总结已有实践经验的基础上，吸收了国际上冲突法立法的一些最新成果，并且在立法上有所创新。另外，我国现有冲突法既有总的一般性规定，又有具体的法律适用规定。而且这些具体的规定涉及民事能力、财产所有权、债权、婚姻家庭关系以及继承等涉外民事法律问题的各个大的方面。虽然各项具体规定散布在近十个法律中，但总地说来它们各自既发挥独特的作用，又和谐统一，从而在内容上使我国冲突法初步构成一个有机的体系。

健全和完善中国冲突法体系的方向和途径

无疑，我国的冲突法作为我国整个法律体系中的一个分支体系已经建立起来，但我国冲突法体系离成为一个健全的、完善的体系还有相当的距离。为了健全和完善我国的冲突法立法，笔者拟从学术研究的角度分析一下我国现存冲突法体系的缺陷，进而找出健全和完善中国冲突法体系的方向和途径。

（一）我国冲突法立法需要应有的预见性、及时性

任何法律都是随着实际生活对它的需要而产生的，同时，立法一般是在已有实践经验基础上的总结和发展。但我国目前的冲突法立法似乎太注重现存实践经验的丰富和立法条件的成熟，每一条具体规定似乎都要等实践

经验丰富和立法条件成熟后再制定成法律。忽略了立法所需要的应有的预见性和超前性。不错,我国实行的对外开放是循序渐进的,由于目前对外开放的时空限制,许多涉外民事关系尚未充分展现出来。但是,既然对外开放是我国既定国策,我国的对外开放会向全方位发展,既然在对外开放中产生的涉外民事关系需要冲突法加以调整,既然国际上在冲突法立法方面已有相当多可资借鉴的经验,那么,我国立法机关就完全可以在已有立法和司法实践的基础上有预见性地就许多涉外民事关系制定更多的冲突规范,使当事人和我国执法机关有法可依、有章可循。事实上,在我国对外开放中已出现一些涉外民事问题迫切需要制定相应的冲突规范加以调整,如一方在国内、另一方在国外的中国公民之间的离婚问题;中国公民在国外结婚问题;外国人在中国的结婚问题等。但我们却以实践经验不够、条件不成熟为由,对这些问题的法律适用未加规定。这种做法从认识论的角度讲是我们对马克思主义关于从实践到认识,再从认识到实践的观点的片面理解和在立法活动中的机械应用所致。法律作为规范人们行为的准则,它要告诉人们应该怎么做,不应该怎么做,因而它应该是对社会生活需要和人们的实践的一种能动的反映,不应该是实践的尾巴和对实践照镜子式的机械反映。因此,在健全和完善我国冲突法体系过程中,加强冲突法立法的预见性和及时性是非常重要的。

(二)充实不详尽的内容

我国目前冲突法体系中的规定虽然已涉及涉外民事法律问题的各个大的方面,但其具体内容是不详尽的。在一般性规定中,虽有关于适用范围、原则和公共秩序保留的规定,但对识别、外国法内容的查明、错误适用外国法的补救、反致、先决问题的准据法、与国际冲突法有关的时际、人际以及区际法律冲突问题、法律规避等都未加规定。在民事能力方面,只对自然人作了规定,而对法人未作规定,而且,对自然人的规定,只对定居在国外的中国公民和在中国的外国人作了规定,而对临时在国外的中国公民和不在中国境内的外国人却未作规定,且只就民事行为能力作了规定,而对民事权利能力则未加规定。在所有权方面,只对不动产所有权的法律适用问题作了规定,而对动产所有权以及与财产所有权有关的财产权的法律适用问题未加规定。在债权方面,只有关于合同之债和侵权行为之债的法律适用的规定,而没有关于不当得利和无因管理之债的法律适用的规定。在结婚和离婚方面,只有关于中国公民和外国人之间结婚或离婚的法律适用规定,而无中国公民之间在国外结婚或离婚、外国人之间在中国结婚或离婚以及居住在国外的中国公民同在国内的中国公民之间的离婚的法律适用规定。在家庭关系方面,需要充实的就更多了,目前只就扶养关系的法律适用作了规定,其他如夫妻人身关系和财产关系、亲子关系、非婚生子女的准正,子女的认领和收养以及监护等的法律适用问题都未加规定。在继承方面,虽然对法定继承的法律适用作了比较完善的规定,但对遗嘱继承的规定比较含糊,关于立遗嘱人的能力和立遗嘱方式的准据问题尚需进一步澄清;而且,对涉外无人继承财产问题也未作规定。至于对目前冲突法中的一些新领域,如产品责任的法律适用、知识产权的法律适用等问题,也尚未触及。因此,充实不详尽内容是健全和完善我国冲突法体系不可少的步骤。

(三)消除冲突法本身的冲突

初具规模的我国冲突法虽然从总的方面来说是协调统一的,但由于我国冲突法立法工作起步晚,立法者经验不足,在个别问题上忽视了冲突法体系内有关规定之间的协调,导致冲突法本身的冲突。例如,我国《涉外经济合同法》第4条规定,中国企业或其他经济组织同外国企业和其他经济组织或者个人之间“订立合同,必须遵守中华人民共和国法律”,这表明涉外经济合同的订立依中国法。该法第5条第1款接着规定:“合同当事人可以选择处理合同争议所适用的法律”,这显然是采用了国际上通行的意思自治原则。按照这一原则,合同当事人可以选择适用于合同的法律或者说合同的准据法。但根据国际上通行的理解,合同当事人选择的合同的准据法不仅是解决合同争议的依据,而且也是订立合同、解释合同、履行合同、消灭合同以及确定合同效力的依据。而我国《涉外经济合同法》这一条款以及后来颁布的《民法通则》第145条第1款却规定当事人只“可以选择处理合同争议所适用的法律”。那么,联系《涉外经济合同法》第4条来看,就可能出现这样一种情况:一项合同的订立适用的是中国法律,当该合同出现争议后合同当事人则选择某一外国法来处理合同争议,这样,订立合同和处理该合同争议所适用的法律各不相同。这样的规定显然是自相矛盾的。既然订立合同必须适用中国法,那就意味着该合同的解释、履行和争议的解决也应该适用中国法,不容许适用另一个国家的法律来处理该合同争议。如果按现在的规定允许的话,那么,订立合同时适用的中国法和当事人合意选择的用于处理合同争议的法律之间的冲突又如何解决呢?我们希望立法机关在适当时候对此加以修正,并在以后的冲突法立法中注意避免类似问题,使我国冲突法体系内部更加和谐一致。

(四)加强区际冲突法立法

我国目前已有的冲突法,严格讲是解决国际民事法律冲突的国际冲突法,而不涉及区际法律冲突的解决。随着"一国两制"构想的提出以及中英《关于香港问题的联合声明》和中葡《关于澳门问题的联合声明》的签订,中国的区际法律冲突问题将越来越受到人们的重视。因为按照"一国两制"的构想和上述两个声明,中国分别于1997年和1999年对香港和澳门恢复行使主权后,香港、澳门地区的现行法律基本不变,如果加上与台湾和平统一后的情况,则中国今后会出现一国两制四法域的局面。上述三个地区的法律和大陆的法律相互之间不可避免地会产生区际法律冲突,需要制定区际冲突法加以解决。虽然国际冲突法和区际冲突法有许多相似之处,但前者毕竟是解决不同主权国家之间的法律冲突的冲突法,而后者只是解决一个主权国家内部不同地区之间的法律冲突的冲突法,两者之间存在本质差别。因此,区际冲突法需要另行加以规定。从现在开始,我们就应该对我国区际法律冲突问题及其立法进行研究,为制定我国的区际冲突法做好准备。建立我国的区际冲突法是健全和完善我国冲突法体系的一个重要方面。

(五)积极开展国际立法协作

我国现有的冲突法体系仅仅是一个国内立法体系。如前所述,虽然早在1959年我国和苏联缔结的领事条约已有关于涉外继承的法律适用的规定,但仅此而已。近几年,我国有关政府部门在冲突法领域的国际立法协作方面已开展了一些工作,如已参加海牙国际私法会议等,但步子迈得不大,尚未取得实质性进展。到目前为止,我国尚未参加或缔结任何关于法律适用的国际公约;除中苏领事条约外,在我国同其他国家缔结的双边条约中也无解决法律冲突的规定。这不能不说是我国冲突法体系的一个缺陷,因为一国的一个完善的冲突法体系应该由国内立法和条约法这两部分构成。我们应该看到,尽管在大多数情况下,各国都制定自己的冲突法来解决国际法律冲突,从而达到间接调整涉外民事法律关系的目的,但是,由于这种国际冲突法调整的社会关系超越本国范围,涉及他国及其法人或自然人,因而为了实现其效力,各国在制定这类法律时不得不考虑遵守国际法的一般原则和尊重其他国家的权益,争取他国在平等互利的基础上对本国法律的尊重。因此,各国在制定自己的冲突法的同时,往往在冲突法立法方面寻求国际合作,并在此基础上缔结多边或双边国际条约,从而更有效地解决国际法律冲突。1893年成立的海牙国际私法会议就是应这种要求而建立的,它是该会议成员国进行国际私法立法协作的重要场所。为了进一步健全和完善我国冲突法系统,促进我国同其他国家国际民事交往更正常的发展,我国应积极参加其活动,并在其他方面开展冲突法国际立法协作。

(本文原载于《中国社会科学》1988年第5期)

外资准入的晚近发展趋势与我国的立法实践

徐崇利

在外资立法上,通常把外国投资活动划分为外资建立之前和外资建立之后两大阶段,即外资准入阶段(admission of foreign investment)和外资经营阶段(operation of foreign investment)。纵观国际投资法的发展历史,发达国家历来注重本国投资进入东道国之后的待遇和保护问题,而外资准入则被视为纯属东道国国内立法上的管理事项,也就是说,东道国有权从本国的利益出发,自行决定是否准许外资进入以及准许外资进入的领域和条件。然而,晚近,国际上出现了一股势头强劲的外国投资自由化的趋势。这种趋势的产生,一方面反映了发展中国家大量引进外资的需要,另一方面也是发达国家不断施压,要求发展中国家开放外国投资市场的结果。现在,有关外国投资的准入问题,已经成为国际投资法律理论与实践的一大新课题。对此,我国在制定相应的外资立法时,应当予以充分的重视。

一、有外资准入自由化的总体趋势

晚近,各国尤其是发展中国家逐步放宽了对外资准入的限制,而且在美国等一些发达国家的极力推动下,现在这一趋势正日益显现出来。[1]

"二战"之后,广大发展中国家在政治上纷纷独立,但本国的经济命脉仍然掌握在西方国家手中。没有经济上的主权,就无法保障政治主权的长久稳固。由此,新独立的发展中国家为了建立民族经济,在全球范围内开展了大规模的征收和国有化运动,纷纷将外国投资者在东道国的资产收归国有。

〔1〕 参见亚伯拉罕·F. I. 希哈塔:《有关外国直接投资准入的最新趋向》,载《ICSID 评论——外国投资法学刊》1994 年第 1 期,第 47 页。

在这同时,广大发展中国家对外资的准入也基本上采取限制的政策。面对这种情况,在国际投资法律领域,发达国家的当务之急是解决对本国已有的海外投资的法律保护问题,诸如外资的待遇问题、国有化的补偿问题、特许协议的效力问题、投资本利的汇兑问题以及投资争端的解决问题等。[2] 显然,对作为资本输出国的发达国家来说,打开发展中国家直接投资大门,其海外投资者就可以自由选择对自己最为有利的投资场所,以便实现自身的投资目标。然而,在本国的海外投资尚未得到有效的法律保护之前,发达国家是不会煞费苦心要求发展中国家放宽对外资进入的限制,从而把更多的本国投资送到发展中国家国有化等利剑之下。

双边投资保护协定是发达国家保护海外投资的主要法律形式。从1959年前联邦德国与巴基斯坦签订世界上第一个双边投资保护协定以来,欧洲国家与发展中国家签订的此类协定一直把保护跨国投资作为其中心内容。而对于外资准入问题,有的欧洲国家(如法国和瑞典)对外订立的双边投资保护协定未作任何规定;即使其他欧洲国家在此类协定中订有这方面的条款,但仍限定外资准入应受制于东道国国内法的规定,也就是说,缔约双方实际上并未承担什么国际条约上的义务。由于双边投资保护协定没有"冻结"缔约方依法对外资准入进行调整的权力,可以认为,缔约一方既可根据此类协定签订时本国的法律管制缔约另一方投资的进入,也可以随时修改这些法律,或放松或收紧对外资准入的限制。[3] 事实上,以往,不但广大发展中国家对外资的准入实行比较严格的限制,一些欧洲发达国家本身对外国投资采取的政策也未达到开放或完全开放的程度。

从50年代末至70年代初,在一系列国际投资法律问题上,发展中国家与发达国家在联合国大会上曾有过激烈的论战。先后形成了《关于自然资源永久主权的决议》、《各国经济权利与义务宪章》以及《建立国际经济新秩

〔2〕 详见徐崇利:《国际投资法中的重大争议问题与我国的对策》,载《中国社会科学》1994年第1期。

〔3〕 参见马克思·S.伯格曼:《双边投资保护条约:对美国样本演进和意义的评判》,载《国际法律和政治学刊》1983年第16卷,第20页;穆罕默德·I.卡哈里勒:《双边投资条约中的外国投资待遇》,载《ICSID评论——外国投资法学刊》1992年第2期,第350~351页。

序宣言》等历史性法律文件。但这些法律文件仅强调发展中国家对已有外国投资的待遇问题，对外资的准入问题，均未专门提及。这绝不是一项疏漏，而是因为当时发达国家对发展中国家在外资准入方面的管理权，没有提出任何异议，所以，根本没有把它提交联大讨论的必要。

在经历了对外资的国有化浪潮之后，晚近，许多发展中国家的经济仍然处于落后状态，迫切需要吸收大量的外国直接投资。尤其是80年代以来，广大发展中国家出现了严重的债务危机，它们利用外资的政策重点也由原来的举借国际商业贷款转向吸收外国直接投资，因为外国直接投资不但会给东道国带来各种生产要素，包括先进的技术和科学的管理经验等，而且不会导致东道国债务负担的增加。近年来，广大发展中国家吸收外资的数量猛增。据统计，1991年至1993年，世界对外直接投资总额增加了一倍。1995年，跨国公司的对外直接投资高达2300亿美元，其中投向发展中国家的约为900亿美元，达到有史以来的最高水平。[4]

既然发展中国家在吸收外资上"有求于人"，势必就外资准入后的各项法律保护问题对发达国家有所让步或妥协。在这方面，发达国家已颇有"收获"。在晚近签订的绝大多数双边投资保护协定中，发展中国家在许多领域都接受了发达国家提出的保护跨国投资的标准。西方学术界由此得出了如下具有象征意义的结论：近十几年来，"传统的赫尔公式在与卡尔沃主义所进行的经久不息的思想斗争中，似乎已经占据了上风"[5]。由此，发达国家在巩固保护跨国投资原有成果的同时，必将寻求突破发展中国家在国际投资法律上的其他传统"领地"。于是，要求发展中国家放松对外资准入的限制，便成为发达国家的首选目标。由于国际习惯法赋予各国享有对外资进入实行管制的自由裁量权，因而，发达国家只能通过双边条约或多边条约的途径谋求驱使发展中国家实现对外资准入的自由化。

首先，在双边条约方面，美国充当了打开发展中国家投资大门的急先锋。

---

〔4〕 参见《1995世界投资报告》(联合国贸发会议)，1995年英文版，第xxii－xxii页。

〔5〕 引自《新世界秩序下对外国直接投资的保护：越南——个案研究》，载《哈佛法律评论》1994年第107卷，第1996页。

以往,美国历来倚重双边友好通商航海条约和双边投资保证协定保护本国的海外投资。从80年代开始,美国转而采用双边投资保护协定这一更为有效的条约形式。1982年,美国公布了供对外谈判之用的双边投资保护协定样本。该样本确定的对外资的法律保护水准较之欧洲式双边投资保护协定更高。在外资准入问题上,美国式协定一反欧洲式协定对外资准入不实行国民待遇、只实行最惠国待遇的传统做法,主张国民待遇原则既适用于外资在东道国的经营活动,也适用于外资的"建立"和"收购",即要求广大发展中国家取消对外资准入的各种特殊限制措施。[6] "二战"以来,美国一直是世界上最大的资本输出国,实现国际投资的自由化,美国是最大的受益者。由此,美国在本身对外资采取最为开放政策的同时,开始要求甚至挟实力迫使广大发展中国家取消对外资准入的限制。例如,80年代初,里根政府就曾把签订双边投资保护协定作为实施"加勒比振兴计划"的一部分,以提供经济援助为诱饵,将美国的条约"蓝本"强加于他国。[7] 截至1995年上半年,美国已与三十多个发展中国家订立了双边投资保护协定,在同期全世界签订的九百多个此类协定中,尽管美国式协定为数还不多,广大发展中国家对其中有关外资准入的规定也作了不同程度的保留,但它对国际投资法律实践的影响,却不容忽视。[8]

第一,在发展中国家与其他发达国家签订的双边投资保护协定中,一般都订有最惠国待遇条款。根据该项待遇原则,假如一发展中国家在与美国签订的此类协定中承诺对美国投资者开放直接投资的市场,那么其效力将自动及于与该发展中国家签订此类协定的其他所有发达国家的投资者。这将意味着该发展中国家普遍放宽了对外资准入的限制。随着美国对外签订双边投资保护协定数量的不断增加,其中最惠国待遇原则的上述"多边自动传导效应"在发展中国家的影响范围也就越来越大。

第二,目前,其他发达国家在对外签订的双边投资保护协定中,虽未带

---

〔6〕 参见美国《双边投资条约样本》第2条。

〔7〕 参见科洪纳:《投资保护协定——一个澳大利亚人的看法》,载《世界贸易法学刊》1987年第21卷第2期,第83页。

〔8〕 《新世界秩序下对外国直接投资的保护:越南一个案研究》。

有要求发展中国家实现外资准入自由化的条款,但共同的利益迟早将驱使它们步美国的后尘,在与发展中国家所进行的此类协定谈判中,提出这方面的要求。

其次,以美国为首的发达国家现已通过有关的多边途径,促使广大发展中国家逐步开放外资准入的大门。

"二战"之后,一些国家、民间组织和国际机构致力于以多边条约的形式制定一个国际投资法典,试图对跨国投资中的诸多重要法律问题,作出明确、统一的规定。然而,由于发展中国家与发达国家在这些问题上存在尖锐的分歧和对立,以及由于这些国际投资法典所涉范围过广,各国最终无法达成妥协,以致在这方面的努力无一不归于失败。[9] 考虑到以往的失败经历,晚近,发达国家已不再热衷于编纂此类国际投资法典,而是寻求通过其他"切实可行"的多边途径,以达到自己的目的。在实现外资准入自由化方面,它们主要采取以下三种方式:

其一,把有关外资准入的问题纳入世界贸易组织体制。在国际投资的一些法律问题上,各发达国家意图通过双边途径迫使广大发展中国家"就范",往往显得势单力薄,难以奏效。例如,在与许多发展中国家所进行的双边投资保护协定的谈判中,美国可谓"步履维艰"。美中双方在这方面的谈判,就因美方向中方"索价"太高,自1987年以来搁浅至今。即使美国与一些发展中国家达成了双边投资保护协定,这些发展中国家也对美国式协定的"蓝本"附加了种种"例外条款"。[10] 有鉴于此,发达国家便极力寻找更为有效的多边途径,借助发达国家集团的整体实力,在谈判中促成发展中国家的让步和妥协。然而,就国际投资法律问题进行专门的多边谈判,发达国家并无多大优势可言。相形之下,许多发展中国家在贸易关系中对发达国家存在着很强的依赖性,由此,在有关国际贸易的谈判场合,尤其在关贸总协定的谈判中,发达国家拥有更多的发言权。于是,以美国为代表的发达国家

---

〔9〕 参见《双边投资条约》(联合国跨国公司中心编),1988年英文版,第48页。

〔10〕 参见迈克尔·R.雷丁:《东盟的双边投资条约:比较分析》,载《杜克法律学刊》1992年第42卷,第59页;梯莫斯·A.斯坦纳特:《假如双边投资条约奏效:美国与中华人民共和国之间的双边投资条约建议案》,载《中国法学刊》1988年第2期,第430页、第432~457页。

力主将国际投资问题(包括涉及外资准入的问题)与国际贸易问题挂钩,纳入乌拉圭回合的谈判议题,通过达成一揽子协议的方式,一同实现它们在国际投资问题上的利益,并利用世界贸易组织的机制有效地保证相关协议的执行。

其二,选择《外国直接投资指南》这种“软法”形式。1991 年在法国等发达国家的倡议下,世界银行和国际货币基金组织联合设立的行政委员会(“发展委员会”)认为有必要制订一个旨在促进外国直接投资、涵盖面广泛的法律框架。鉴于采用编纂国际投资法典的方式难以为各国所接受,该委员会最后决定采用“指南”这一不具有法律拘束力的形式。1992 年发展委员会正式发表了《外国直接投资指南》。该指南对晚近发达国家在传统的国际投资重大法律问题(包括外资待遇、征收及特许协议的单方面修改、投资争端解决等)上所取得的成果进行了全面的提炼和总结,同时还专门设计了一套有关外资准入的指导规则。世界银行集团的法律顾问们在起草这些规则时,不仅仅是对各发展中国家管制外资准入一般趋势的简单认同,而是按照发达国家“惬意”的标准,从中抽取所谓的“最好实践”(best practice)制定而成。[11] 实际上就是建议广大发展中国家实现对外资准入的自由化。“指南”的形成虽不是对现行国际习惯法的编纂,但其被称作“普遍接受的国际习惯法演进过程中的重要一步”(《外国直接投资指南》,序言),而且,该指南今后势必为世界银行集团各成员机构和国际货币基金组织等最为重要的国际经济组织所直接采纳,并极有可能被发达国家援用来作为要求发展中国家就外资准入问题进行妥协的“样板条款”。

其三,首先在发达国家之间达成一个多边投资条约,然后逐步将这种条约“推销”给广大发展中国家。从 1995 年 9 月开始,经合组织成员国已着手谈判制订一个“多边投资协定”,计划于 1997 年 5 月最终达成协议。该协定条款反映的当然是发达国家的立场和观点,一方面意在进一步提高对外国投资的法律保护水平;另一方面要求东道国对外资准入实行自由化政策。

---

〔11〕 参见希哈塔,前引文,第 66 页。

值得注意的是,该协定明文规定对非经合组织国家开放。[12] 众所周知,经合组织本身是发达国家的“俱乐部”,所谓的“对非经合组织国家开放”,实际上就是要力促广大发展中国家加入该协定,使它们承担放宽对外资准入的限制等多边条约义务。

进入 80 年代之后,许多发展中国家的外资立法放宽了对外资准入和活动的限制,尤其是 90 年代以来,广大发展中国家外资立法自由化的趋势更加深入。[13] (见表 1)

表 1

年度 数量		1991	1992	1993	1994
修改外资立法的发展中国家		35	43	57	49
被修改的外资立法的规定		82	79	102	110
修改方向	放宽对外资限制或促进外国投资	80	79	101	108
	加强对外资管制	2	0	1	2

(资料来源:联合国贸发会议跨国公司和投资部)

初看起来,在实现外资准入自由化的问题上,晚近,发展中国家的内在需求和发达国家的外部压力似乎不谋而合,其实,双方在这方面的利益并不完全一致。发达国家认为,为了促成直接投资及其随带的各种生产要素在国际间的自由流动,以便在“比较利益”的基础上实现全球资源最合理或最有效的分配,发展中国家应彻底拆除对外资准入的各项限制。[14] 实际上,如前所述,在本国海外投资已得到有效的法律保护的情况下,打开发展中国家的直接投资大门,对发达国家投资者总是有利的。而对作为资本输入国的发展中国家来说,为了大量吸收外资,当然也有必要放松对外资准入的管制。然而,外国投资者的投资目的不总是与东道国经济发展的目标相契合的。由此,广大发展中国家无论如何仍将需要通过鼓励、限制以及禁止等措

〔12〕 参见《1995 世界投资报告》(联合国贸发会议),1995 年英文版,第 xxi 页、第 321 页。

〔13〕 同上,第 272 页。

〔14〕 参见希哈塔,前引文,第 48 页。

施,引导外国投资的投向。同时,这也是广大发展中国家保护和发展民族经济的需要。可见,在外资准入问题上,广大发展中国家的开放度终归是有限的,不可能达到发达国家所期望的那样彻底。

迄今为止,我国与外国签订了80个双边投资保护协定。这些协定都赋予我国依法享有对外资进入实行管理的权力。以往,我国有关外资准入的规定均散见于各项外资立法之中。1995年6月,我国发布了《指导外商投资方向暂行规定》(以下简称《暂行规定》)和《外商投资产业指导目录》(以下简称《指导目录》)两个法律文件,对外资准入问题作了比较详细的规定,同时也放宽了对外资准入的限制。[15] 随着我国经济与世界经济的逐步接轨,尤其是出于加入世界贸易组织的需要,我国今后对外资准入还将实行更为开放的政策。无疑,在我国经济发展水平不断提高和综合国力日益增强的情况下,我国将更具能力消化和吸收大规模外资进入所带来的好处,并抵御和抵消由此而产生的消极影响。在对外开放直接投资市场方面,我国比其他发展中国家更具优势,这是由我国的具体国情所决定的,我国是一个发展中国家的大国,拥有巩固的政权和相当雄厚的经济实力,外资只是我国国民经济的补充成分,不占有主导地位,适当放宽对外资准入的限制,不会危及我国的经济主权和根本利益。

然而,我国对外资准入实行自由化的进程受制于我国的经济发展水平。在今后相当长的一段时间内,我国仍属于发展中国家,民族经济中还存在一些薄弱环节,尚不具备全面承受外资强劲冲击的实力,只能伴随着条件的逐步成熟,渐进式地放宽对外资准入的限制。在对外资准入实行自由化的程度上,我国也不可能做到完全充分。今后,我国将采取积极有效利用外资的政策。[16] 这一政策目标的实现在很大程度上需要依靠对外资准入实行特别的管理,具体来说,在社会主义市场经济体制下,国家仍应加强对国民经济的宏观调控,其中包括通过对外资流入加以鼓励、限制或禁止,把外资引导

---

〔15〕 参见《就发布实施我国〈指导外商投资方向暂行规定〉和〈外商投资产业指导目录〉,国家计委负责人答记者问》(新华社北京1995年6月27日电)。

〔16〕 参见《国民经济和社会发展"九五"计划和2010年远景目标纲要》(1996年3月17日八届人大第四次会议批准)第八部分。

到我国急需发展的产业上来,促进外资结构的优化,使外商投资与我国国民经济的发展和产业结构的调整更好地衔接,并充分发挥外商来华投资的效益。

二、外资准入自由化趋势的具体表现

目前,绝大多数发展中国家都建立了对外国投资的审查制度,通过对进入的外资实行甄别(screening),保证引进的外资有利于本国的经济发展。从发达国家的实践来看,一般也都设有外资准入的程序性规定,并保留在一定条件下拒绝接受外资的权力。[17] 在此前提下,晚近,各国尤其是发展中国家有关外资准入自由化的趋向又具体表现在以下两个方面,即投资准入领域的逐步开放和投资准入条件的逐步放宽。

(一)外资准入领域的逐步开放

无论是发展中国家,还是发达国家,就一些事关国家安全和国计民生的"敏感部门",如公用事业、交通运输、国防工业、金融保险业等,历来都禁止或限制外国投资进入,保证本国资本在这些部门的所有权优势,以确保对这些要害部门的控制权,这对维护本国的经济主权具有重要的意义。在这方面,即便是主张对外资采取最开放政策的美国,也不例外。美国在对外进行的双边投资保护协定的谈判中,虽然要求发展中国家对外资的准入实行国民待遇,但又都允许对方在投资领域问题上有所保留。与此同时,美国往往自己也开列了不少禁止或限制外国投资的"部门清单",包括航空运输、远洋和沿海运输、银行业、保险业、政府特许行业、政府保险和信贷计划、能源和电力开发、土地和自然资源的利用、代客报关服务、卫星通讯等。[18]

然而,传统上由本国投资者独占或控制的那些投资领域,现在也面临着逐步开放的问题。这方面的挑战直接来自世界贸易组织体制下有关服务贸易协议的达成。

---

〔17〕 参见安东尼·帕拉:《反映在各国投资法典中的外资管理原则》,载《ICSID评论——外国投资法学刊》1992年第2期,第437页。

〔18〕 参见肯尼斯·J.范德费尔德:《美国双边投资条约:第二次浪潮》,载《密西根国际法学刊》1993年第14卷,第652~653页。

晚近,国际间的服务贸易发展迅速,但一直游离于关贸总协定体制之外。在以美国为首的西方国家的大力推动下,乌拉圭回合最终达成了《服务贸易总协定》(GATS)。值得注意的是,在当今的国际经济关系中,贸易问题和投资问题已不可能完全分离,因此,GATS 所要解决的不纯粹就是服务贸易问题,实际上它还直接关系到服务行业的投资问题,其中当然也包括服务性投资的准入问题。具体而言,GATS 所适用的服务贸易方式共有四种,其中最重要的一种方式是一成员国的服务提供者在任何其他成员国境内通过商业存在提供服务。[19] 这种经由"商业存在"(comercial presence)发生的国际服务贸易,必须通过在外国投资设立服务性机构才能进行。随着信息技术的发展,服务行业的国际直接投资增长最快,现已占有全球国际直接投资的一半以上,年流量的50%至55%。[20] GATS 要求成员国在市场准入问题上承担具体的义务,即以"承诺清单"的方式列举对其他成员国开放的服务部门,包括允许其他成员国投资者在这些服务部门投资经营。由于传统上各国禁止或限制外资入内的部门多属服务性行业,如金融、保险、运输、通讯、对外贸易和商业零售以及一些公用事业部门等。可见,开放服务行业的投资将对各国的投资"保留部门"(sectorsre - served)形成全面的冲击。目前金融业的国际直接投资占有全球服务行业国际直接投资的70%。[21] 1995 年 7 月世界贸易组织有关成员国达成了《金融服务协议》。该协议规定成员国应给予其他成员国的金融服务商设立或扩大金融服务机构的开业权,使全球金融服务业的市场开放率达到了90%以上。这对促进服务性国际投资乃至整个国际投资自由化具有重要意义。

以往,我国外资立法对外商投资领域设置了不少限制,而且相关的规定也不够明确。为了增加外资政策的透明度,以及按照国家产业政策,结合外

---

〔19〕 其他三种国际服务贸易方式是:(1)过境提供(cross - bordersupply),即从一成员国境内向任何其他成员国境内提供服务;(2)境外消费 (cons umpti on ubroad),即在一成员国境内向任何其他成员国的服务消费者提供服务;(3)自然人流动(movement of personel),即一成员国的服务提供者在任何其他成员国境内通过自然人的存在提供服务。

〔20〕 参见李岚清主编:《中国利用外资基础知识》,中共中央党校出版社、中国对外经济贸易出版社 1995 年版,第 4 页。

〔21〕 同上。

商投资的特点,积极引导外商投资,1995年我国发布的《指导外商投资方向暂行规定》和《外商投资产业指导目录》(以下简称《指导目录》)把外商投资项目分为鼓励、允许、限制和禁止四类。鼓励类、限制类和禁止类的外商投资项目分别由《指导目录》具体列明。除此之外,均属允许类的外商投资项目。总体来看,这两个法律文件拓宽了外商投资的领域。[22] 应该看到,在许多投资行业,我国对外商的开放程度明显高于其他发展中国家。许多发展中国家尤其是那些弱小的发展中国家,为了维护本国的经济命脉和国家安全,往往把交通运输、邮电通讯以及矿产开发等行业列为限制或禁止外商投资的领域。相反,根据《指导目录》的规定,这些行业在我国基本上属于鼓励类的外商投资行业,如前所述,这是由我国作为发展中国家中的大国的具体国情所决定的。

目前,我国禁止或限制外商投资的领域主要是服务业。在这些行业,我国国内企业的竞争能力尚有待进一步提高。为了对国内市场实行必要的保护,以往,对发达国家提出的开放服务性投资的要求,我国一概予以拒绝,这曾经成为中美双边投资保护协定谈判搁浅的重要原因之一。[23] 然而,我国巨大的市场潜力对外国投资者极具吸引力,由此,发达国家一直没有放弃要求我国取消对服务行业外商投资的限制。当前,在我国与发达国家间进行的有关我国加入世界贸易组织的磋商中,服务业的市场准入问题又成为谈判的一大难题。在开放服务业方面,我国已尽了很大的努力。我国自始至终参加了乌拉圭回合有关国际服务贸易的谈判。其间,我国于1991年7月提交了初步承诺开价单。以后又于1993年4月和9月两次修改了开价单,承诺开放我国的航运、专业服务、广告、银行业、旅游、近海石油勘探、陆上石油勘探、零售业、建筑业等服务行业。1994年9月,我国再次提交了正式的服务贸易市场减让表。1995年6月发布的《指导目录》又规定我国将有限制地对外商开放服务行业的投资,包括保险、对外贸易和零售商业。最近,我国又允许上海、天津、大连和广州四城市符合条件的外国银行分行设立支

〔22〕 参见《就发布实施我国〈指导外商投资方向暂行规定〉和〈外商投资产业指导目录〉,国家计委负责人答记者问》(新华社北京1995年6月27日电)。

〔23〕 参见斯坦纳特,前引文,第433页。

行,从而在银行业进一步放宽了对外资准入限制。[24] 然而,我国现仍属于发展中国家,只能逐步放宽对外商投资服务行业的限制,不可能按发达国家的标准承担 GATS 项下的有关义务。

(二)外资准入条件的逐步放宽

各国尤其是广大发展中国家吸收外资的目的不仅仅在于利用外国资金本身,而且为了引进先进的技术和科学的管理经验,促进出口增长或实现进口替代以改善本国的国际收支,以及扩大当地就业机会,等等,这些目的都需要通过设定相应的外资准入条件来实现。有关的外资准入条件又多具体表现为所谓的"履行要求"(Performance - Requrem ents),即东道国把外国投资者允诺承担某项或某些特定的义务作为该项外资获准进入的前提条件,包括当地成份要求、出口实绩要求、外汇平衡要求以及当地股权要求,等等。这些履行要求既可由东道国外资立法加以规定,也可由东道国外资管理部门在批准外资进入时实际附加。一些发展中国家的外资立法虽然没有订明这些履行要求,而只是笼统地规定外国投资"必须符合国家发展规划""对国家经济发展有所贡献"等,但事实上其中也包含着各种具体的履行要求。[25] 需要指出的是,在实践中,一些发达国家对外资的准入也设置了某些履行要求。

80 年代以来,发达国家主张实现国际投资自由化,其中一个重要的方面就是要求广大发展中国家拆除有关外资准入的各项履行要求。

这一趋势是由美国率先驱动的。1982 年 1 月,美国首次利用关贸总协定对别国的投资政策提出指控,指控加拿大按 1974 年《外国投资审查法》规定对外国投资提出的当地成分要求和出口实绩要求,违反了关贸总协定的国民待遇原则和禁止数量限制的原则。[26] 实际上,在这之前,美国已在其双边投资条约样本草案中列入专款,规定缔约双方应禁止使用那些会对投资

〔24〕 参见《在华部分外国银行获准开设支行》,载《参考消息》1996 年 3 月 31 日,第 3 版。

〔25〕 参见琼斯沃尔德 · W. 沙拉克斯:《正在形成之中的一个有关外国直接投资的新条约构架》,载《航空法与商务学刊》1985 年第 50 卷,第 980 ~ 981 页。

〔26〕 参见约翰 · H. 杰克逊、威廉 · J. 戴维:《国际经济关系中的法律问题》,1986 年英文第 2 版,第 505 ~ 506 页。

者的贸易或投资产生消极影响的履行要求。1982 年 1 月,美国正式发表的条约样本进一步规定,各种履行要求,不管其使用的结果如何,应一概予以取消。[27] 1986 年乌拉圭回合发动后,美国又极力主张将与贸易有关的投资措施纳入该回合的谈判议题,而有关外资准入的各种履行要求恰恰多构成与贸易有关的投资措施。

基于共同的利益,美国的行动得到了其他发达国家的响应。目前,在消除发展中国家有关外资准入的履行要求方面,发达国家已取得了一些进展。然而,必须看到,各种履行要求的设置直接关系到发展中国家利用外资的目的。由此,如果发达国家不顾发展中国家的利益,一味强求它们在批准外资进入时彻底禁用各种履行要求,势必遭到广大发展中国家的反对和抵制,双方在这一问题上的论争将不可避免。对此,可从以下三个方面予以说明:

第一,在美国对外签订的双边投资保护协定中,大部分发展中国家(如埃及等国)都拒绝承担取消各种履行要求的强制性义务,只是承诺"应努力"而为之;另一些发展中国家(如斯里兰卡等国)则以其他方式对美国式协定中的样板条款作了变通或设置了例外。只有塞内加尔等少数非洲国家,由于本国投资环境不良,不得不服从美国的主张,承诺取消各种履行要求,争取吸收更多的外资。总之,列入禁止各种履行要求的规定,已成为美国对外进行的双边投资保护协定谈判中最难达成协议的条款。[28]

第二,1992 年发展委员会制定的《外国直接投资待遇指南》,从发达国家的立场出发,要求各国注意特定的履行要求对国际投资的阻碍作用及其可能给东道国带来的法律规避问题和腐败问题(该指南第 2 部分第 3 条)。由于该指南本身不具有法律拘束力,而且上述规定也只是要求发展中国家"注意"(note)"特定的"(certain)履行要求所起的消极作用,说明发展委员会在建议消除履行要求的问题上,持相当审慎的态度。

第三,在乌拉圭回合谈判中,发展中国家一开始就反对将投资问题纳入谈

---

〔27〕 参见伯格曼,前引文,第 20 页。

〔28〕 参见范德费尔德,前引文,第 659 ~ 703 页;琼斯沃尔德 · W. 沙拉克斯:《纷至沓来的 BITs:双边投资条约的涌现及其对发展中国家外国投资的影响》,载《国际法学家》1992 年第 3 期,第 667 页。

判议题，后来，它们虽然对发达国家的要求作出了妥协和让步，最后达成了《与贸易有关的投资措施(TRIMs)协议》(以下简称《协议》)。但该协议对禁止使用的投资措施进行了严格的限定，首先其种类仅指限制性投资措施而且是其中那些会对国际贸易产生扭曲作用的限制性投资措施，同时它们又必须构成违反1994年关贸总协定国民待遇原则(第3条规定)和禁止数量限制原则(第11条规定)的情形，具体包括当地成份要求、贸易平衡要求、外汇平衡要求以及出口限制要求。而原来发达国家要求禁用的TRIMs种类就达三十多个，其中既包括限制性投资措施，也包括鼓励性投资措施。[29] 显然，通过《协议》拆除构成TRIMs的有关履行要求，目前，其作用还是有限的。

此外，根据GATS的规定，一成员国不得对其他成员国投资者投资设立“商业存在”维持或采取以下限制性措施：限制服务提供者数量；限制交易量总额或资产总额；限制业务的总量或用数量单位表示的服务提供的总产出量；对特定的服务部门或服务提供者为提供特殊服务所必须雇佣的自然人的总数量进行限制；限制或要求服务提供者通过特定法人实体或合营企业提供服务；限定外国资本参与的最高股权额或限制个人的或累计的外国资本投资额。但是成员国就此承担的不是一般性义务，而只是具体的义务，也就是说，经谈判获得其他成员国同意，一成员国还可以在“承诺清单”中保留采取上述限制性措施的权力。无疑，通过GATS拆除有关服务性投资准入的履行要求，也未达到彻底的程度，广大发展中国家在这方面还有一定的回旋余地。

日后，我国一旦加入世界贸易组织，现行外资立法中构成TRIMs的那些履行要求，将不得不予以拆除。例如，我国外资立法规定，外资企业设立的法定条件之一是该企业出口的产值应达到当年产品产值50%以上，报批的中外合资经营企业和中外合作经营企业合同也应包括产品在中国境内和境外销售的比例。[30] 这项规定显然属于《协议》禁止的贸易平衡要求；又如，

---

〔29〕 参见联合国跨国公司中心编：《1992世界投资报告》，对外贸易出版社1993年中译版，第67～68页。

〔30〕 参见《外资企业法》第3条；《中外合资经营企业法实施条例》第14条；《中外合作经营企业法实施细则》第12条第8款。

我国有关的外资立法规定，外资企业和中外合资经营企业所需原材料、燃料、配套件等，在同等条件下，应尽先在中国购买，[31]这项规定则有可能被视为当地成分要求。同样，我国有关部门对外商投资企业产品的国产化要求，亦属此类；再如我国外资立法规定，外资企业设立的条件之一是能够实现外汇收支平衡或有余，中外合资经营企业和中外合作经营企业的外汇收入一般也应保持平衡，[32]这些规定亦系《协议》禁止的外汇平衡要求。实际上，为了使我国的外资立法能够与世界贸易组织体制接轨，我国最新的有关外资立法已开始着手取消那些构成 TRIMs 的履行要求。例如，1995 年 9 月我国颁布的《中外合作经营企业法实施细则》第 37 条规定，合作企业可以自行决定在中国境内或者境外购买本企业自用的机器设备、原材料、燃料、零部件、配套件、元器件、运输工具和办公用品等。该条规定就没有采纳以往我国有关外资立法规定在同等条件下、优先在国内采购上述物资的当地成分要求。

然而，从维护本国的根本利益出发，对于某些有关外资准入的履行要求，我国今后是不可能完全予以取消的。例如，就交通运输、核电建设等行业，我国法律规定了当地股权要求，即不允许外商独资经营或要求由国有资产控股或占主导地位，[33]因为这些行业事关我国的国计民生和国家安全。此外，有些履行要求我国一时也是难以取消的。例如，汽车工业在我国尚属“幼稚工业”，为了引进和消化外国的先进技术，在该项工业没有成熟之前，应当维持目前我国法律规定的当地股权这一履行要求。[34] 同样，就服务行业而言，我国的总体竞争能力还比较薄弱，即使加入世界贸易组织，也应在 GATS 的“承诺清单”中附加开放有关服务行业投资的某些履行要求，待日后条件成就，再行取消。

（本文原载于《中国法学》1996 年第 5 期）

---

〔31〕 参见《中外合资经营企业法》第 9 条第 2 款；《中外合资经营企业法实施条例》第 57 条；《外资企业法》第 15 条。

〔32〕 参见《外资企业法》第 3 条；《中外合资经营企业法实施条例》第 25 条。

〔33〕 有关这些行业的当地股权要求，参见《指导外商投资方向暂行规定》的有关条款。

〔34〕 有关这些行业的当地股权要求，参见《指导外商投资方向暂行规定》的有关条款。

论国际投资法的晚近发展*

余劲松

自80年代后期以来，国际直接投资得以迅速发展，其发展速度已快于国际贸易。[1] 随着世界投资的发展，国际投资法近年来也发生了许多新的变化。深入分析国际投资法发展的特点和趋势，研究国际投资中出现的新的法律问题，对于进一步完善我国外资法、加强国际经济合作，具有重要意义。

一、晚近国际投资法发展的总体趋势

与80年代中期以前相比，晚近国际投资法发展的总体趋势是减少对外国投资的限制，加强对外资的保护，以促进外国直接投资的发展。从国内法看，近年来许多国家均修订了其外资法，扩大了对外国直接投资实行自由化的程度。据联合国统计，仅在1995年，变更投资制度的64个国家的112项规章中，就有106项是扩大自由化程度或促进外国直接投资的。[2] 变化最大的有苏联、东欧国家、拉美安第斯条约国等。俄罗斯及中、东欧国家自90年代初就实行经济转轨，并制定和颁布了新的外资法，加强对外资的保

---

* 本文根据作者在武汉大学国际法研究所于1997年4月举办的“当代国际社会与国际法”高级研讨班上的演讲稿整理而成。

〔1〕 据联合国统计，世界直接投资增长率在1984年为1.5%，而在1986～1990年则达到28%，1991年以后，由于西方发达国家经济衰退，国际直接投资一度有所下降，但1993年以后又趋上升，1995年世界投资流入量达3150亿美元，为创纪录水平。参见联合国贸发会议：《1996年世界投资报告——投资、贸易和国际政策安排概述》。

〔2〕 参见联合国贸发会议：《1996年世界投资报告——投资、贸易和国际政策安排概述》，第24～25页，第25页，第7～8页。

护。[3] 拉美安第斯条约国于 1991 年通过了第 291 号决议，取代了其 1987 年的第 220 号决议，新的决议基本上放弃了关于外国投资的共同政策。[4] 在国际层面上，双边投资条约网正在不断扩大，在 1996 年 6 月已有的将近 1160 个条约中，约有 2/3 是在 90 年代缔结的，涉及 158 个国家。[5] 经合组织也着手制定了“多边投资协定”。世界银行发展委员会于 1992 年制定了《外国直接投资指南》，对外资准入、待遇、征收、争议解决等主要问题作出了规定，该指南虽没有法律拘束力，但它对关于外资的国际法的发展具有重要的影响。尤为重要的是，世界贸易组织达成的 GATS、TRIMs 协议和 TRIPs 协议已成为规范国际投资的重要文件，构成关于投资的国际法制的重要部分。

具体来说，国际投资法的发展变化主要表现在两个方面：放宽对外资进入的限制、强化对外资的保护。

（一）放宽对外资进入的限制

国家对外资进入进行管理，是国家主权原则的行使。因此，各国有权决定是否允许外资进入以及外资在何种条件下可以进入。在 60～70 年代，许多发展中国家为了维护本国主权和利益、保护本国民族工业，有目的地利用外资，较为强调对外资进入予以某些限制。到了 80 年代后期，这一限制已逐步放宽，这可以从以下两个方面看：

1. 允许外资进入的行业或部门逐步开放。世界各国，无论是发达国家还是发展中国家，对一些事关国家安全和国计民生的部门，均禁止或限制外资进入，以维护本国的主权和利益。当然，相对而言，发展中国家比发达国家对外资进入的行业限制更严些。但近年来，这一限制已逐步放宽。有些传统上由本国投资者独占或控制的领域，特别是服务部门，现在也面临着逐

---

〔3〕 See David E. Birenbaum, Business Ventures in Eastern Europe and Russia (1992); Cheryl W. Gray & William W. Jarosz, "Law and the Regulation of Foreign Direct Investment: the Experience from Central and Eastern Eu rope", 33 *Columbia Journal of Transnational Law*1 (1995).

〔4〕 English Version of Decision291in30I. L. M1283 (1991).

〔5〕 参见联合国贸发会议：《1996 年世界投资报告——投资、贸易和国际政策安排概述》，第 24～25 页，第 25 页，第 7～8 页。

步开放的问题。世界贸易组织体制下的服务贸易总协定的达成对服务业的开放起了重要的推动作用。我国于1995年发布了《指导外商投资方向暂行规定》和《外商投资产业指导目录》,在银行、保险、对外贸易和零售商业等行业均已有限制地对外开放。

2. 允许外资进入的条件逐步放宽。[6] 这主要是指所谓的"履行要求"问题,即外资获准进入的条件之一是,必须履行某种特定义务。这主要包括当地成分要求、出口实绩要求、当地股权要求、外贸平衡要求等。[7] 许多发展中国家为了引导外资为本国经济发展作出积极贡献,在外资法中对此作了规定。这些要求一般体现在关于审批外资进入的积极标准之中。近年来有些国家修改甚至取消了这一要求。例如,墨西哥1993年的新外资法就取消了对外国投资者施加的履行要求。[8] 俄罗斯及中、东欧国家均允许设立由外国公司全部拥有股权的子公司,而不再要求仅采取合营企业的形式。在国际层面上,世界贸易组织体制下的《与贸易有关的投资措施协议》已明确禁止与GATT国民待遇和禁止数量限制原则不符的某些限制性投资措施,包括某些履行要求方面的措施。

(二)加强对外资的保护

经过多年的实践,许多国家对外资在经济发展中的重要作用已有清醒的认识,因而对外资的法律保护也日趋加强。例如,俄罗斯及中、东欧国家的新外资法均对外资提供了有力的保护,包括保护外资不受国有化的影响,若在特殊情况下为了社会公共利益实行征收或国有化则予以补偿;保证外国投资者所取得的收益汇出国外等。安第斯条约国第291号决议对资本和利润的汇出已未加限制,而留给各成员国自由决定。

---

〔6〕 关于外资准入自由化趋势,参见徐崇利:《外资准入的晚近发展趋势与我国的立法实践》,载《中国法学》1996年第5期,第67页。

〔7〕 所谓的履行要求通常包括:限制外国投资所有权的当地股权要求;要求外国公司转让技术的技术许可要求和技术转让规则;限制对外金融转移的汇出和外汇限制;限定生产水平的生产制造方面的限制;为替代进口而施加的国内销售、当地成分和当地制造要求;旨在增加东道国出口实绩的出口要求等。See T. Moran, The Impact of Trade – related Investment M easures (TRIMs) on Trade and Development: Theory, Evidence and Policy Implications (UNCTC, 1991).

〔8〕 See M exico: Foreign Investment Act of 1993, 33I. L. M. 207(1994).

同时，近年来国际上对外资实行国民待遇的呼声日高，有些发展中国家，如菲律宾、埃及、南美的一些国家，已给予外资以国民待遇。俄罗斯的外资法保证给予外国投资者与俄国人相同的财产权和投资权，排除差别待遇。在国际立法上，TRIMs 协议将 GATT 的国民待遇原则引入了与贸易有关的投资措施，GATT 则要求在承担特定义务方面实行国民待遇，显然这比以前规定的国民待遇在范围上更广泛一些。

促使国际投资法发生上述变化的有多种因素，但其主要原因是债务危机的发生和关于外国直接投资对经济增长和发展的作用的认识发生了变化。战后至 70 年代，许多发展中国家政治上独立了，为保证其经济上独立，它们坚持经济主权原则，强调国家对外资的管理，对外国直接投资采取了较为谨慎的态度。但到了 80 年代以后，许多发展中国家债务缠身，经济发展缓慢，为摆脱这种困境，它们将利用外资的重点转向外国直接投资，因为它们已认识到，利用外国直接投资既可带进资金、技术和科学的管理经验，又不至于使国家承担债务，有利于促进本国经济的发展。这种经济状况，再加之来自发达国家的压力，使得发展中国家在法律上不得不作出某些让步和妥协，即减少对外资的限制并强化保护。与此同时，70 年代高涨的争取建立国际经济新秩序的运动到了 80 年代中期以后也走入低谷。发达国家关于保护投资的主张在国际上得到了某种程度的反映。

从今后的发展趋势看，现有的关于国际投资的法律制度将会继续得以改进和发展。改善投资环境，加强对外资的保护，将仍是各国外资法努力的方向。在国际层面上，寻求建立一个综合性的关于外国直接投资的实体规范的多边框架或公约将是国际社会各成员努力的目标。关于外国直接投资领域应予处理的一些问题，如关于外资准入与经营的投资措施、待遇标准、与企业行为有关的问题、投资保护和争议解决等，现已由国家层次进入了国际层次，成为国际性讨论的实质性问题。但要使国际社会各成员对这些实质性问题达成共识，还有较长一段路要走。从战后几十年的实践来看，要使一项关于外国直接投资的法律制度被国际社会接受，就需要兼顾所有各方的利益，例如，既要考虑到发达国家关于保护投资的要求，也要考虑到发展中国家的发展问题，要在不同的利益之间保持平衡并带来共同的好处。

二、BOT的法律

国际投资的发展，在实践上产生了许多新的法律问题，需要我们进一步研究和探讨。BOT问题是其中的重要问题之一。

BOT(Build - Operate - Transfer)即建设、经营、转让，是80年代以后在国际上兴起的一种新的投资合作方式。由于基础设施的不足会阻碍经济发展，而一些国家和地区亟待发展其基础设施但又面临资金短缺问题，于是就采用BOT方式促进政府和国际私营企业合作，以加快基础设施和公用事业的建设。例如，英法海底隧道、香港东区港九海底隧道等一批耗资巨大的项目，都是以BOT方式集资建设并投入运营的。在我国，1995年和1996年国家计委已批准广西来宾电厂二期工程、湖南长沙电厂一期工程作为BOT试点项目。BOT的法律问题已受到人们关注。

(一)BOT的概念与特征

什么叫BOT？这是人们首先想要了解的问题。概括说来，BOT是指政府(通过契约)授予私营企业(包括外国企业)以一定期限的特许专营权，许可其融资建设和经营特定的公用基础设施，并准许其通过向用户收取费用或出售产品以清偿贷款、回收投资并赚取利润；特许权期限届满时，该基础设施无偿移交给政府。[9] 可见，BOT方式的主要特点是：(1)私营企业基于许可取得通常由政府部门承担的建设和经营特定基础设施的专营权；(2)在特许权期限内，该私营企业负责特定项目的建设和经营并取得效益；(3)特许权期满后应无偿将设施移交给政府。这几个特征把BOT方式与一般合资、合作及工程承包区别开来。

(二)BOT特许协议问题

BOT项目通常会涉及一系列复杂的合同安排，如特许协议、贷款协议、建设合同、经营管理合同、回购协议、股东协议等。其中最为重要的是政府与项目公司间的特许协议，它是BOT项目合同安排中的基本合同或基石。

---

〔9〕 See S. W. Stein, "Build - Operate - Transfer(BOT) - A Re - evalution", *The International Construction Law Reviev*, Pt 2, 1994, p. 103.

然而,关于特许协议,还有一系列问题有待研究。首先从其内容来看,国际上目前尚无统一的标准特许协议,其内容通常视项目之不同而异。因此,为使我国BOT特许协议规范化,可考虑制定标准文本,以规范当事各方之间的权利义务关系。

在理论上,对特许协议的性质和效力在国际上还存在着争议。若BOT特许协议是政府与外国投资者间订立的,那么有关国际特许协议或国家契约所引起的一些法律问题在BOT方式中也会出现,例如,这种协议是国内法性质还是国际法性质?协议应适用什么法律?政府改废协议的效力与责任如何等。若BOT特许协议不涉及外国投资者,那么这种协议属什么法律性质?是私法性质还是公法性质?我国学者间对此仍有争议,有的认为是民事合同,有的认为是行政合同。笔者认为,国际特许协议仍属国内法性质,将这种协议看作行政合同可能更为适当。因为这种协议的一方是政府,他方是私人投资者,协议的内容涉及公共利益,合同通常要受公法支配,政府为了公共利益,可以变更合同。因而它与一般民事合同是有区别的。

(三)BOT项目融资问题

在BOT模式中,资金的来源主要有两种:股本和贷款。股本主要是由项目公司的合营者或股东所投入的资本组成的。除股本外,项目公司通常还须通过贷款取得足够的资金,这种贷款是项目公司仅以项目自身收入和资产对外承担债务偿还责任的融资方式。

在BOT项目筹资中,最为重要的问题之一是项目的预期收益问题。对于投资者来说,他们通常希望有预期的投资回报,如每年用预期收益的一定比例作为投资回收金。对于贷款者来说,他们一般要求以项目的预期收益作担保并以项目的全部财产作抵押。

预期收益所涉及的一个重要问题是,项目经营者能否自行决定其商业政策,包括依市场需求确定价格。由于公用事业部门涉及国计民生,政府通常会对价格予以管制。在确定BOT项目产品或服务的价格时,政府可以允许经营者依市场定价,让社会公众承担项目的成本费用,也可以限价,并对经营者或用户予以补贴。从我国目前的情况看,对BOT项目的产品或服务予以补贴不一定妥当,政府之所以采取BOT方式,就是希望避免由政府补贴。因此应考虑允许经营者自行确定价格,但政府又必须有管制措施,如规定最高限价等。如确属应予补贴的,应只对用户发放补贴,而不是向经营者发放补贴。

为了确保预期收益,外国投资者或贷款者有时还要与政府有关部门或用户订立回购合同或销售合同,以通过这种长期合同保证用户使用该基础设施并按约定的标准付费,保证投资与贷款的回收。合同还应对定价规定相应的调节机制。在我国以前有关电力方面BOT项目的谈判中,外国投资者往往坚持要求我国政府保证一定比率的投资回报率。这就涉及政府在何种条件下可提供保证以及投资回报率究竟多少才合适等问题。一般来说,若是项目公司直接向用户收费的,政府不必提供保证;若项目产品是由政府收购的(如所建发电厂的电力进入国家电网),投资回报率的确定应结合项目的类型、投资大小、建设周期长短、风险大小及特许的期限来综合考虑。

有关BOT的法律问题还很多,如政府保证问题、建设、经营、贷款等各种合同的法律问题、风险防范问题、环保法律问题等,均有待于我们进一步研究。

三、跨国收购与兼并的法律问题

近年来,跨国收购与兼并活动日趋活跃和频繁。据联合国调查,越来越多的公司正再次将兼并和收购作为公司的一项中心战略,以便在海外建立生产设施,保护、加强并提高其国际竞争力。能源分配、电信、制药和金融服务等是跨国收购和兼并活动较多的行业。[10] 近年来中国关于跨国兼并和收购的活动也明显增加,一方面,中国企业收购了某些外国的企业,另一方面,外资也收购和兼并了一些中国国营企业。

跨国收购与兼并活动主要受被收购地国的法律支配。中国企业收购海外企业时,就必须清楚地了解东道国的法律,包括关于外资的法律法令、反托拉斯法、环境法、劳动法等,否则就可能达不到预期的目的。例如,我国企

〔10〕 参见联合国贸发会议:《1996年世界投资报告——投资、贸易和国际政策安排概述》,第24~25页,第25页,第7~8页。

业于80年代末90年代初在美国进行的两起收购就曾受阻或遇到麻烦。一是中国国营航空技术进出口公司收购美国西雅图的Manco制造公司,美国布什总统依据1988年的综合贸易与竞争法的授权,以国家安全为理由,迫使中国公司放弃了这项收购。另一起是中国国际信托投资公司于1988年收购一家特拉华公司——凤凰钢厂,因涉及劳工纠纷和环境保护等问题,遇到不少麻烦。[11] 这是我们应引以为戒的。

外资收购和兼并中国国营企业,是近年来引人注目的问题。在实践上,外商大都是采取合资的方式,收购我国一些国营企业的51%以上的股权,有的甚至一揽子收购某一地区所有国营企业的控股权。[12] 外资收购和兼并中国国营企业,在某种情况下有助于帮助国营企业实行技术改造,推动企业经营体制转换和改革,促进企业产品外销等。但也要看到,目前我国关于外资收购与兼并方面的法制尚不完善,如何管理外资收购与兼并还有许多问题需待研究和解决。

首先,对外资收购与兼并的审批与监管有待于加强。在实践上,外资购并过程中会存在这样一些问题:如外资通过收购与兼并可能进入某些原本禁止或限制外资进入的产业或部门;国有资产可能由于作价评估不合理而大量流失;利用外商投资企业法规定的授权资本制,外商可能会采用“借壳上市”等方式,不出资或以少量资本收购国营企业。为防止这些现象的发生,就必须严格外资收购审批制,由外资管理部门统一行使审批权。要健全国有资产评估制度,防止国有资产流失。在出资问题上,要严格出资时间,防止外商以被收购企业或以新的合营企业名义在海外上市,然后再用所筹资金缴纳收购所需的资本。

---

〔11〕 关于这两起收购,参见 James V. Feinerman, Enter the Dragon: Chinese Investment in the United States, *Law and Policy in International Business*, Vol. 22(1991), p. 547.

〔12〕 例如,新世界发展公司收购了武汉的冷冻机厂、扬子江生化制药厂50%以上的股权,奥海投资公司收购了广州麦芽厂、深圳啤酒厂和中山威力洗衣机厂等厂的51%以上股权,中策华侨(集团)有限公司于1992年一揽子收购了泉州市37家国有企业等。此外,日本50羚自动车株式会社和伊藤忠商事株式会社于1995年8月购买了我国上市公司北京旅行车股份公司法人股4002万股,占北旅总股本的25%,同年美国福特汽车公司也收购了我国上市公司赣江铃80%的B股。

其次,防止外资收购造成垄断,也是一个不应忽视的问题。外资收购或兼并中国国营企业,可能形成地区性垄断或行业垄断,从而限制竞争,不利于经济的健康发展。例如,中策公司1992年收购了泉州市37家国营企业的多数控股权,以及收购了多家轮胎橡胶厂,就是一个值得注意的现象。为此,我国应研究和制定反垄断法,以有力地防止企业垄断、保护竞争。

再次,上市公司收购需进一步加以规范。我们知道,收购既可协议收购,也可通过证券市场公开收购。目前我国证券市场尚不完善,如股票就有A股、B股之分,还有国家股、法人股、个人股之别。这样,收购人要通过市场公开收购往往不好操作,而被收购公司股东利益的保护也是个问题。因此,我国应制定证券法,对上市公司的收购的有关问题予以规定,完善有关制度,包括信息披露、收购要约、强制收购制度等,使公开收购处于法律的监管之下。

此外,关于反收购的措施及其合法性问题,也需加以研究。收购有友善式收购和敌对式收购之分。对于敌对式收购来说,如果目标公司不愿意被外资收购,就得求助于某些法律手段。根据西方国家的实践,公司法中的有关规定可以作为反收购的有力武器,例如,公司法规定在某种情况下可允许公司回购自己的股票、可使用"毒丸"的策略、可发行超表决权股等,目标公司可据此进行收购防护。目前我国公司法尚缺乏这些规定,我们应对此进行深入研究,结合中国实际,在公司法、证券法中作出相应的规定。

外资收购和兼并我国企业还会涉及职工的劳动保障、社会保障问题、环境保护问题等,这方面的法制也有待于研究和进一步完善。

四、世界贸易组织有关投资的协议

世界贸易组织对与贸易有关的投资问题作出规定,是晚近国际投资法的新变化之一。世贸组织之所以对投资问题作出规定,其客观原因在于贸易与投资具有非常密切的关系。外国直接投资和贸易都是为经济增长和发展服务的。一方面,外国直接投资作为向国外市场提供货物和服务的主要方法,正在日益影响着世界贸易的规模、方向和构成,而贸易和贸易政策又可以对外国直接投资流动的规模、方向和构成产生各种影响。另一方面,国家制定的外国直接投资和贸易政策通常是各自独立的，而这两套政策在目标和有效执行方面并不一定总是相互协调或相互支持，其中某些投资措施对国际贸易秩序可能会产生一定的限制性作用或影响。由于国际上尚无调整国际投资的普遍性实体法律规范，对于某些限制或扭曲贸易的投资措施也无力纠正，在此情况下，由世界贸易组织规范与贸易有关的投资措施，是顺理成章的。

世界贸易组织有关投资的协议主要有三个：《与贸易有关的投资措施协议》（以下简称 TRIMs 协议）、《服务贸易总协定》（以下简称 GATS）以及《与贸易有关的知识产权协议》（以下简称 TRIPs）。这几个协议成为关于投资的国际法制的重要组成部分。

（一）与贸易有关的投资措施协议

TRIMs 是乌拉圭回合的三大新议题之一，TRIMs 协议是世贸组织第一次就投资问题达成的协议，该协议仅适用于与货物有关的特定投资措施。

为促进世界贸易的扩展和自由化，就必须避免采取并消除某些会对贸易产生不利影响的投资措施。在实践上，某些国家制定的关于管制和鼓励外国投资的法律措施会对贸易产生不利影响，即造成对贸易的限制或对贸易的扭曲。例如，对外资采取某些减免税的鼓励措施，可使享受此优惠的企业降低成本，提高产品竞争力，这实际上是对产品予以补贴；另一方面，对外资规定某些"履行要求"，则会导致对贸易的限制。乌拉圭回合所达成的协议是采取不同的方法来处理这两种措施的，即将有关税收减免等投资鼓励措施，放在《补贴与反补贴措施协议》中处理，而 TRIMs 协议则专门处理那些对贸易有不利影响的限制性措施。

至于与贸易有关的投资措施包括哪些，国际上尚未有一致的看法。发达国家所指的 TRIMs 范围较广，达 10 余种之多。[13] TRIMs 协议是采取概括式与列举式相结合的做法来对应予禁止的 TRIMs 作出规定的。依其第 2 条规定，凡与 1994 年关贸总协定第 3 条（国民待遇）或第 11 条（数量限制的

---

〔13〕 关于外资准入自由化趋势，参见徐崇利：《外资准入的晚近发展趋势与我国的立法实践》，载《中国法学》1996 年第 5 期，第 67 页。

一般取消)不相符的TRIMs,包括那些国内法或行政命令项下的强制性或可予强制执行的措施或为取得优势地位所必需的措施,都属于禁止之列。其解释性清单又进一步列举了几种禁止性措施,包括当地成分要求、贸易平衡要求、外汇平衡要求等。这样,除已列举的措施外,其概括性规定可囊括其他所有未予列举的投资措施,解释起来具有较大弹性。因此,对于哪些措施会被纳入TRIMs协议禁止的范围,是一个值得注意的问题。

TRIMs协议是世界上第一个专门规范贸易与投资关系的国际性协议,因而具有重要地位。它将关贸总协定中的国民待遇等原则引入国际投资领域,这对于国际投资法的发展无疑具有十分重要的影响。取消限制贸易的TRIMs,将会有力地促进国际贸易和投资的发展。不过,对于发展中国家来说,TRIMs协议的实施可能在某种程度上不利于保护其民族工业的发展,甚至对其经济发展有负面影响。但TRIMs协议给了发展中国家较长的过渡期,并允许其在规定的情况下暂时背离TRIMs协议第2条的规定,这在一定程度上考虑到了发展中国家的利益。

(二)服务贸易总协定

服务贸易也是乌拉圭回合的新议题之一。GATS是关贸总协定就服务贸易达成的第一个协议。这一协定对于国际投资也具有重要意义,因为服务贸易与投资有着十分密切的关系,要提供服务就往往需要在当地设立机构或商业场所,[14]这必然会涉及外资能否进入服务业及其待遇等问题。

GATS中与国际直接投资关系最为密切的,是其第三部分承担特定义务中关于市场准入(第16条)和国民待遇(第17条)的规定。

关于市场准入,GATS没有予以定义。一般来说,它是指是否允许外国的服务或服务提供者进入本国市场的问题。依GATS规定,在市场准入方面,成员国承担的义务有两点,一是通过承担义务计划表来承担特定的市场准入义务;二是在承诺市场准入的部门里,除承诺表另有规定外,不得采取

---

〔14〕 GATS对服务贸易的定义是采取列举方式规定的。依其第1条第2款的规定,服务贸易是指以其规定的4种方式提供的服务。其中第3种方式为,一成员国的服务提供者通过在任何其他成员国境内的商业场所(commercial presence)提供的服务。

所列举的6种限制性措施。这6种限制性措施中,前4种是关于数量限制措施的,后2种则与投资密切相关,即(1)限制或要求服务提供者通过特定的法人实体或合营企业才可提供服务;(2)对参加的外国资本限定其最高持股比例或对个人的或累计的外国资本投资额予以限制。

市场准入的实质是使服务市场逐步自由化。这当然是符合发达国家的要求的。发展中国家则从一开始就反对服务贸易自由化的方案,因为服务业在这些国家不发达,而且服务业中的某些部门直接关系到国民经济的整体利益。GATS的达成是各方妥协的结果。但市场准入仍会产生一系列冲突,例如强制性的服务贸易自由化可能会影响有关国家关于宏观经济和发展政策的自主权;若外资对本国服务市场无积极作用,东道国政府可能不愿让其进入服务市场。GATS对此采取灵活的解决办法。其第16条表明,成员国可自由决定其承担的市场准入义务的程度,并可明确地保留限制某些服务进入的权力。其承诺单可列举不对外完全开放的部门并维持某些限制。从目前的情况看,完全要成员国放弃其对服务的国家管制是不可能的,灵活的方法是逐步自由化。服务贸易自由化的进程,取决于各成员国的政策目标和经济发展水平。

关于国民待遇,GATS规定的是一种有限制的国民待遇。即成员国依其承担义务计划表所列的部门、条件和资格给予国民待遇,而不是将国民待遇普遍适用于所有服务或服务提供者的。GATS关于国民待遇与市场准入的规定是既有联系又有区别的,二者都是就承担特定义务而言的,但市场准入是讲外国服务的进入问题,而国民待遇则是指外国服务进入后所享受的待遇问题。一旦成员国作出特定承诺,国民待遇的某些义务就会自动地随之产生。例如,凡承担特定义务的部门,成员国须合理、客观、公正地实施其国内规章;应制定切实可行的司法、仲裁、行政程序,以便对影响服务贸易的行政决定迅速作出审查并给予公正的决定和适当的救济;此外,成员国对承担特定义务项下的经常交易,在国际支付和转让方面不得予以限制,除非发生严重的国际收支平衡和对外财政方面的困难或因此受到威胁等。[15]

---

〔15〕 参见GATS第6条、第11条、第12条。

(三)与贸易有关的知识产权协议

TRIPs是乌拉圭回合达成的又一新的协议。这一协议也与国际投资密切相关。因为国际投资与知识产权有密切联系,知识产权作为一种财产权是可以用于投资的,知识产权的保护不力可能构成一种贸易壁垒和投资障碍。对于外国投资者、特别是高新技术生产者来说,加强对知识产权的国际保护,无疑有助于其进入他国市场并防止他国仿冒其技术且低成本复制出口。所以,保护知识产权也有助于保护国际投资、促进国际投资的发展。

TRIPs的宗旨是使知识产权能得到充分有效的保护,确保知识产权的措施和程序的实施对合理贸易不造成任何障碍。它同样强调了国民待遇和最惠国待遇原则,并对这两种待遇的例外作出了明确的规定。

相对现行其他国际公约,TRIPs规定的保护标准更高。例如,它将版权的保护扩及计算机程序等方面,保护期为50年;邻接权和租让权已得到承认;将巴黎公约对驰名商标的保护扩展适用到服务和那些与注册商标不相似的商品和劳务;所有的产品发明和程序发明,包括药物和微生物领域的发明,都可被授予发明专利,专利期限为20年;集成电路外观设计的保护期为10年;采取民事程序和行政程序、临时性措施和刑事制裁等措施,制止知识产权的侵权行为,加强了对知识产权国际保护的力度,等等。这些措施显然对知识产权给予了更为有力的保护,对国际投资也会产生积极的影响。

我国正在争取加入世界贸易组织,如何根据TRIPs的规定,结合其他国际公约,通过国内法程序加以实施,将是我国加入世贸组织后面临的一项重要任务。

五、进一步完善我国外资法的若干思考

晚近国际投资及其法律制度的发展,以及我国改革与开放的深化扩大,对我国外资法的完善问题也提出了新的课题和新的挑战。

自1979年第一部中外合资经营企业法颁布以后,我国已制定了大量关于外资的法律法规,形成了以外商投资企业法为主体的外资法体系。这些外资法律法规适应了我国对外开放和经济改革的需要,在利用外资中发挥了十分重要的作用。但是随着我国社会主义市场经济的发展及对外开放的

扩大,外资立法也有待于进一步完善。例如,现行外资法是将企业组织法与政府管理法规合并在一起的,而且是依不同类型的外商投资企业分别立法,这就难免有重复甚至不一致之处;中国目前正处于从计划经济向市场经济转轨的过渡时期,对内对外两套经济法制仍并行存在,这两套法制间也不可避免存在着相互矛盾或不一致之处;我国正在争取加入世界贸易组织,而我国的现行外资立法中的某些规定与世界贸易组织有关的协定的规定也不尽相符。这些问题都是需要加以研究和解决的。

完善我国外资法的措施可以从以下几方面着手:

1. 适应我国经济改革和对外开放的需要,逐步实行对内对外两套经济法制的并轨。由于历史的原因,我国在改革开放后不得不将对内和对外的经济法制分立,实行双轨制。随着社会主义市场经济的发展以及加入世界贸易组织的需要,这种对内对外分别适用两套不同经济法制的做法将不得不予以改变。事实上,我国近年来已逐步向法制统一的方向迈进。例如,在税法方面,关于增值税、消费税、营业税等流转税的征收已内外统一了起来;1996 年的《外汇管理条例》也统一适用于包括外商投资企业在内的境内机构。但是,还有些领域仍然是双轨制,包括企业所得税法、合同法、公司法等。例如公司法的某些制度,如公司资本制度、公司组织结构等,与现行外商投资企业法不一致。这就需要我们采取某些协调措施,逐步取消双轨制。

2. 在两套法制并轨的条件下,可考虑制定一部统一的外资法典,代替目前以三资企业法为主体的外资法群。随着我国关于企业组织法(如公司法、合伙法、合作企业法等)的健全和完善,这些企业组织法应统一适用于国内设立的公司、企业,包括外商投资企业。这样,外资法就可以将企业组织法排除在外,而以国家管理外资的法律制度为主体。同时,有关外商投资企业经营活动中的管理问题,若不是具有特殊性的问题,也应纳入相关的部门经济法调整,如通过税法、外汇管理法、海关法、土地法、金融法、会计法、劳动法等来统一调整内外企业在经营中遇到的税收、外汇、海关进出口、土地、信贷、财会、劳动关系方面的问题,而不必将其纳入外资法典之内。这样,外资法典所规定的应是政府管理外国投资的特殊性问题,其内容主要包括关于外资准入、外资的审批、外资的待遇、外资的保护、对外资的鼓励、对外资的管理以及投资争议的解决等。

3.外资法的内容应与有关国际协议及惯例相衔接。我国正在争取加入世界贸易组织，但我国现行外资法中某些规定与世贸组织的TRIMs协议等还不大一致。例如，关于外商投资企业所需原材料、燃料、配套件等，在同等条件下应尽先在中国购买的规定，有可能被视为TRIMs协议所禁止的当地成分要求；关于将产品全部或大部出口作为外资企业设立的条件之一，要求合营合同中包括产品内外销比例的规定，以及关于外商投资企业应实现外汇收支平衡的要求，也可能会被认为是TRIMs协议所禁止的措施。这些规定应予以修改。

我国还应根据有关国际协议及惯例，进一步完善外资法。例如，在外资准入方面，我国应根据经济发展目标和国家利益的需要，及时调整我国的产业政策，定期公布外商投资产业目录，明确禁止、限制、允许及鼓励外资的产业和部门；在服务行业，要根据我国的经济发展水平逐步对外开放；应进一步简化外资审批程序，给外资的进入和开业提供便利。在外资待遇方面，要逐步对外资实行国民待遇，改变目前内外资企业间存在差别待遇的现象，例如，在税收上，要使内外资企业的税率和税负统一，税收优惠应统一对内外资企业适用；在服务收费方面，要逐步对内外资企业一视同仁；在企业经营活动方面，内外资企业应在同等的条件下竞争。

（本文原载于《法学评论》1997年第6期）

国际私法在互联网环境下面临的挑战

肖永平　李　臣

他们(法律和政策的制定者)在塑造而不是发现网络空间的属性,在一定程度上,他们的选择将决定网络空间的发展。

——劳伦斯·拉塞格[1]

一、网上法律冲突

Internet(互联网)是一个没有国家、没有法律、没有警察的网络空间。但是,它并非完全独立于现实的物理空间,而是后者的延伸和补充,两者存在明显的共生关系。由于从事网上活动的人、法律关系的主体处于不同国家的控制之下,许多网上活动的标的、法律关系的客体位于不同国家,随着网上活动的日益频繁,它必然影响各国的利益,国家便会对这些活动作出反应,加以调整。另一方面,网络空间并没有消除人们对于秩序的渴望,当网上活动的效力扩及现实空间时,网络纠纷必然大量产生,这同样要求法律的调整。网上法律冲突主要集中于下列三个领域。

(一)跨国侵权

Internet 是进行跨国侵权行为的理想工具。已发生的案件包括侵犯肖像权、诽谤、散布虚假信息等侵犯人身权的案件;电脑黑客(hacker)侵入计算机系统、盗窃银行账号、窃取商业秘密、散布计算机病毒等侵犯财产权的案件。在互联网上最容易发生也最具 Internet 特色的侵权是跨国诽谤。由于 Inter-

---

〔1〕 Law rence Lessig, Reading the Constitution in Cyberspace, 45 *Emory L. J.* (1996).

net是全球性的，网上侵权亦有全球性，即侵权人可以位于全球任何地点、针对任何人实施侵权，侵权行为可以在任何地方实施，而侵权结果亦可在任何地方发生。除了网上诽谤、毁誉等损害他人的名誉和隐私权以外，可能发生的网上侵权还有：（1）不正当竞争；（2）错误信息的传播或散布虚假信息；（3）产品质量缺陷造成的损害；（4）其他不属于犯罪，但能引起民事责任的损害。

（二）知识产权的法律冲突

随着知识经济时代的到来，知识产权作为一种财产权的地位日益凸现。然而，地域性仍然是知识产权的显著特征。一系列保护知识产权的国际公约在一定程度上削弱了严格“属地主义”的作用，但这些条约的主要目标是最大限度地统一保护知识产权的实体法，在涉及跨国知识产权方面仅设定了最低标准，即“国民待遇”原则。

Internet到来，使得知识产权“跨境”流动非常容易。传统的知识产权法律体系由于信息概念的引入和信息网络的开发利用而受到巨大冲击。信息内容和载体的可分性使知识的专用性不再明显，信息交换的迅速快捷使知识产权的时间性受到挑战，电子信息服务应用的全球化对知识产权的地域性形成了威胁。[2] 传统意义上的国界、地缘在网络空间中不复存在。1996年3月11日，欧盟发布了关于数据库法律保护的指令(96/9/EC)，为数据库提供两种不同性质的知识产权保护：版权保护与特别权利(sui generis right)保护。受欧盟指令的影响，美国也采取了立法步骤。1996年5月23日，美国政府将编号为HR3531的法案提交国会讨论，但未能通过。而在中国，虽然有案例表明中国法院倾向对数据库提供保护，[3]但目前并无相关立法，数据库法律地位处于待确定状态。在世界知识产权组织主持的版权与邻接权外交会议上，由欧盟倡导并得到美国支持的WIPO专家委员会提交了一个有关数据库知识产权保护的条约草案，由于多数代表的反对，外交会议并未

〔2〕 朱军：《信息时代对著作权的新挑战》，载《法学评论》1998年第5期。

〔3〕 参见《北京阳光数据公司诉上海霸才数据信息有限公司案民事判决书》，载《知识产权研究》第5期，中国方正出版社1998年版。

对该条约草案进行讨论。因此,有关数据库法律地位的法律在这几个国家和地区是不一致的。

假设某人未经授权将欧洲数据库的原始数据通过国际互联网传送到美国或中国,该行为应该通过什么法律来调整呢?法院如果适用欧洲本地法律,实质上就是选择赋予数据资料以财产权的欧洲法适用于世界范围内的数据传送行为,这无疑会对数据资料在全球网络中的传播产生阻碍乃至阻塞作用;如果法院适用接收数据资料国如美国、中国的法律,由于它们的法律目前还没有对数据库提供强有力的保护,在欧洲人看来,侵权人就在这些国家找到了庇护所。不难想象,由于 Internet 本身就是一张巨大的信息网,诸如此类的法律冲突会越来越多。

(三)电子商务方面的法律冲突

电子商务涉及的法律问题主要有两类。第一类是诸如电子合同的形式是否符合传统国际商事合同的要件,其效力如何,电子合同的订立程序是否应遵循传统规则,电子合同的成立时间和地点如何确定,电子签名的效力以及如何协调各国立法等民商法问题。[4] 在这方面,国际贸易法委员会于1996 年制定了《关于电子商务的示范法》,但该文件对各国并无法律约束力。因此,对这方面的法律冲突仍将主要依赖国家层面的国际私法加以调整。

第二类是有关传统公法方面的问题。以 Internet 上的商业促销为例:网络促销涉及各国关于广告管制方面的法律问题,而各国的有关规定相去甚远,例如,比利时只允许本国商人在每年的 1 月和 7 月进行降价销售,将这种法律规定运用到网站设立在比利时境内的网上业主时,也许还可以接受。但如果把这种规定适用于所有的比利时消费者在网上能够找到的出售降价商品和服务的网址,而不管卖方处于哪个国家,就意味着全世界所有在Internet上出售商品和提供服务的人都要受制于比利时的广告控制法,这显然是不合理的。即使对比利时境内的商家来说,这样的法律也会使他们在 Internet 商务中处于不利的竞争地位。与此相似,一国法律认可的广告在另

[4] P. Eve Athanasekou, Information Technology, UK law for the Millennium, by the British Institute of International and Comparative Law, (1998, London), pp. 351 – 352.

一国可能被认为是非法的。德国法院认为酒商宣称自己的酒“无与匹敌”是未经证明的,因而是非法的,而意大利法院支持类似的广告行为,因为他们认为消费者能够理解广告宣传都是夸大的。例如,意大利法院曾认为,广告宣称的“万用”天然气打火机冲气筒不适用于所有的打火机,“纯天然”肥料只包含30%的天然成分,“100%”的苏格兰威士忌其实是威士忌和苏打水的混合物,都是正当合理的。[5]

由于Internet打破地域限制,使得许多原本只规范国内事务的公法的效力溢出国界,对网上活动产生“普适”性影响,公法冲突在所难免。但对第二类法律冲突,各国并无有效途径加以解决。此外,随着Internet技术的不断发展,还会产生更多新型的网上法律冲突。

二、两种不同的网上法律关系

就法律意义而言,最初的Internet与传统的通讯工具如电话、传真、广播电视并无二致,都只是一种形成法律关系的手段,是某些法律关系的表现形式。可以说,此时的Internet并未引起新的法律问题。随着科技的不断发展,Internet不同于传统通讯工具的特征逐步显现出来,它的虚拟性、全球性、管理非中心化、高度自治性特征逐步渗透到相应的法律关系中去,对现有法律体系提出挑战。但是,并非所有的与互联网有关的法律现象都具有独特性,有单独研究的价值。我们把它分为两种不同的法律关系:与Internet有关的法律关系和Internet法律关系。两者显然不能混为一谈。

如何区分这两种不同的法律关系呢?在这里,我们提出以方式抑或要素作为标准。如果互联网只是作为形成法律关系的一种工具、一种方式,此时的互联网与传真、电话并无二致,它能引起的很可能只是证据法方面的变革。如利用Internet缔结合同就是如此,这种法律关系可以由现有的法律加以调整,因为它并不带有Internet的特征。当Internet作为法律关系的要素时,这种互联网法律关系就会对现有法律提出挑战,如在Internet上发送数

---

〔5〕 参见《Internet及其背后——公共政策与线上世界》,转引自王德全:《Internet与电子商务的有关法律问题》,载郑成思主编:《知识产权文丛》(第1卷),中国政法大学出版社1999年版。

据库资料即是如此。这类法律关系被打上 Internet 的深深烙印,具有全球性、虚拟性等特征,可称之为 Internet 法律关系。区分这两种法律关系的理论意义在于:它可以使我们正确把握 Internet 到底在多大程度上,在哪些方面对现行法律提出了挑战,以便作出适当的回应。

当然,法律关系的方式和要素是不可截然分割的,也不是互斥的,而是可以相互转化的。因此,这一标准只是试验性的而非结论性的,随着 Internet 的发展,这一标准亦会变得模糊。

以合同的缔结为例,合同缔结方式显然是一个形式问题,但如果要探究以 Internet 方式体现出来的当事人的真实意思表示,就可能变成一个要素性问题。例如,欧洲议会和欧盟理事会于 1997 年通过《关于远程合同中消费者保护的指令》,[6]用于调整未经当面协商的销售合同中供方和消费者之间的关系。其附件明确规定,Email 作为有效的联系方式应受该指令的调整。该指令规定,在远程合同缔结之前,消费者必须得到有关合同主要条款的信息,在合同履行时,至少在交付货物时,消费者必须得到书面的确认函。该指令还要求所有的远程销售合同应符合商业交易的诚实信用原则,以保护消费者的利益。更重要的是,该指令还赋予消费者以撤销权,即在缔结远程销售合同的情况下,消费者享有在7 个工作日之内撤销该合同而不负违约责任的权利。该期限从消费者接受产品或服务,并被告之合同已缔结之日起算。这意味着在7 个工作日结束之前,消费者缔结合同的意思表示处于未确定的法律状态,可以随时撤销。如果该指令被适用到欧盟国家的居民向欧盟以外国家通过 Email 采购产品或接受服务,由此产生的法律问题就是一个要素性问题,即当事人意思表示问题。如果一种方式对于法律关系而言是如此重要,以至于法律已经把它规定为法律关系的一个要件,它就经历了由方式向要素的转变。

三、从工具到要素的嬗变——挑战

Internet 对现有法律制度的革命性影响在各个法律领域均有不同的表

---

[6] Directive 97/7 of the European Parliament and of the Council of 20 May 1997 on the Protection of Consumers in Respect of Distance Contracts, OJ 1997 L 144, p. 19.

现,就国际私法而言,这种挑战主要表现在以下五个方面。

(一)对连结点的挑战

传统国际私法在解决法律适用或法律选择问题时,采取的是“分配法”(allocation method),即在对有关的争议进行定性或识别之后,选择适当的连结点,再依据这一连结点把相关的问题分配给某一国家的法律去处理。〔7〕正是由于连结点具有这种分配管辖权的功能,一个国家行使管辖权的原则反过来又会对连结点产生影响。国际私法主要是在属人优先权与属地优先权之间进行衡量,解决法律争议。相应的连结点可分为属地性连结点、属人性连结点和主观性连结点。这里主要分析这三类连结点在网络环境下的可适用性。

属地性连结点 属地性连结点具有确定性和唯一性,这在“物理空间”中是非常合理的,因为现代国际法确定一国管辖权的首要原则即为属地原则。但在 Internet 这一虚拟空间中,国界将不再具有实质的意义。下面以Internet中的侵权和合同争议为例予以说明。

(1)侵权争议。国际私法一般以侵权行为地作为确定侵权行为准据法的连结点。在 Internet 中,侵权行为地的确定比现实生活复杂得多。现有的技术并不能有效地定位网上活动人员所处的位置。而侵权人如果在开放性计算机室如网吧、图书馆情报中心等地实施侵权活动,查出计算机所处位置亦无用处,因为许多网上活动都是匿名或使用假名进行的。

此外,由于 Internet 连结着全球 170 多个国家上亿台计算机,这就导致任何网上活动都是全球的而不是地方性的。这就使侵权行为地的确定具有很大的随意性和偶然性。我们不妨设想这样一个案例:假设克林顿与莱温斯基之间并不存在所谓的丑闻,在 Internet 上首次披露了丑闻的记者马特很显然就对克林顿进行了诽谤,侵犯了他的名誉权。由于克林顿特殊的身份,不难想象世界各地的人都会把这条消息作为头条新闻加以关注,这很容易满足美国法院的“最低限度的接触”标准,结果是全世界 170 多个国家都变成

〔7〕 索夫普兰:《国际私法理论的新动向及其对法院实践的影响》,载《海牙演讲集》(第 2 册),1982 年,第 22 ~ 24 页。

了侵权地。而如果其他国家的网站又将该消息加以转发,则构成共同侵权,使侵权行为地更加不确定。侵权行为地作为连结点的意义在于指引一定的准据法,使一个涉及多国因素的案件能落实到某一具体国家,适用其法律解决当事人的争议。而太多的侵权行为地将使法院无所适从,因为法院不可能根据 170 多个连结点去确定准据法。在这种情况下,有侵权地等于没有侵权地。如果我们走向另一个极端,认为这 170 多个连结点都可成立的话,无疑使参与者要受制于 170 多个国家的法律,特别是网络服务商还可能承担共同侵权责任。这是根本不具有操作意义的。

(2)合同争议。Internet 合同可以分为二类,一类是涉及现实交付的合同,另一类是不涉及现实交付的合同。对于第一类合同,Internet 仅仅是作为缔结合同的一种工具,只会产生"与 Internet 有关的法律关系",如合同缔约地到底在何处?在使用 EDI 自动签订合同的情况下,问题尤为明显。但由于合同履行涉及现实交付,合同履行地尚可依据现有的"特征履行"等国际私法理论加以确定,从而解决合同法律适用问题。但如果 Internet 合同不涉及现实交付,如双方提供数据、图像而汇编成软件,共享权利的交易,其合同的履行地很难确定,合同法律适用问题也就难于解决。

此外,因互联网发展而产生的新的交易方式也会产生新的法律问题。比如网上拍卖,现在方兴未艾。根据传统国际私法,在特定场所按照特定程序缔结的合同如证券交易、拍卖等无疑应适用交易所所在地的法律。但是,网上拍卖是"悬浮"在虚拟空间中的,并不与任何地域相联系,适用拍卖场所所在地法实际上无法可依。有人可能转而主张适用网络服务商所在国的法律,这显然有些牵强。如两个中国人在美国在线(http://www. aol. com)的网上拍卖场所达成了一笔买卖二手相机的交易,如果要适用美国法是不可能的。因为交易双方只是在网上"遨游"到美国,并未实际出现在美国,从而难于受美国法约束。

属人性连结点 国籍表明一个人同某一特定国家之间的固定的法律联系。自孟西尼首倡国籍作为连结点以来,国籍逐渐成为属人性的连结点。由于 Internet 是一个开放的系统,是一种面向任何国家和任何人开放的一种独立自主的网络,用户在上网时并不被要求确认其身份。因此,国家与当事人之间的联系是相当脆弱的。正如随着人员跨国流动日益频繁,国籍作为连结点的地位远不如从前一样,在Internet案件中以国籍作为连结点的意义不大。

主观性连结点 由于许多客观性连结因素难于有效地运用于Internet中,人们将不得不转而借助于主观性连结点,让当事人的主观选择发挥更大的作用。由于因特网是一个高度自治的网络空间,用户自主的选择是开展网上活动的前提。因此,主观性连结点,特别是当事人意思自治日益显示出重要性。这种法律争议的解决方案可以在三个层次上实施:其一,用户与网络服务商(ISP)之间达成法律选择协议,以解决用户与ISP之间的争端。许多著名网络所提供的免费电子邮箱的申请过程中,要向用户展示"服务条款",其中含有法律选择条款。只有点击"我同意"按纽后方可进一步申请。这就是典型的用户与ISP之间的法律选择条款。其二,用户与用户之间达成法律选择条款。例如,网上拍卖站在用户达成交易之后会向用户推荐一种合同文本,这种合同文本中就可能含有法律选择条款。其三,ISP之间的法律选择条款,以解决ISP之间民商事纠纷。而许多专家推荐的电子商务格式合同亦含有这一条款。由于Internet是"网络的网络",通过用户与ISP之间、各个ISP之间的法律选择协议,应当可解决大多数法律冲突。但是由于下述原因,当事人意思自治亦非解决网上法律冲突的"万灵药"。

(1)关于网上侵权争议。传统的观点认为,当事人意思自治原则主要用于解决合同法律冲突,而不适用于侵权领域。虽然它的适用范围现在有扩大化的趋势,但总体而言,当事人意思自治在侵权领域的适用并未成为普遍的实践,而且它也多为一种事后选择,并非事前选择,选择的法律也仅限于法院地法。显然该原则难于解决大多数网上侵权争议。

(2)关于适用范围的限制。对于电子商务而言,当事人意思自治似乎是一个良好的解决方案,但事实并非这么简单。基于电子商务而形成的合同可分为三类:一是企业之间的电子商务合同模式(Business to Business);二是用户之间的电子商务合同模式(Consumer to Consumer);三是企业和用户之间的电子商务合同模式(Business to Consumer)。对于前两种模式,适用当事人意思自治当然是可行的,但对于第三种模式而言,由于涉及消费者权利保护，法律选择条款的有效性是有争议的。在电子商务时代，各国一方面大力促进电子商务发展，另一方面致力于消费者权益保护。如经合组织（OECD）的消费者政策委员会起草了一份指南。[8] 指南指出，在考虑是否需要对现有法律框架进行修改时，“各国政府应当寻求确保该框架中企业和消费者之间的公平，方便电子商务，使消费者享有不低于其他商业形式所提供的保护水平，使消费者切实享有公平及时的争议解决和无不当的成本和负担的救济”。欧盟亦持类似观点。[9] 由此可见，当事人意思自治原则在电子商务中的适用范围亦是有限的。

（3）关于法律选择条款的效力。对于这种条款的法律效力，美国学者最早开展研究，其直接动因是基于一种所谓的“包装紧缩合同”（shrink – wrap – contract），即软件厂商在销售其产品时在软件产品的外包装上印明，如果购买打开该包装，须受一定协议的约束。由于该种合同涉嫌降低法定标准，减轻法律责任，又是一种附合合同，法院最初是持否定态度的。但由于知识产权具有不同于传统权利之处，由于计算机软件产品具有特殊性，因此，随着这种做法成为商业惯例，美国商法典起草委员会正考虑修改 UCC 的 2B 条款以适应这种商业实践。但法院对该条款仍持否定态度。[10]

在 Internet 中，有许多克隆这种“包装紧缩合同”的“包装点击合同”（click – wrap – contract）。由于这种合同为附合合同，用户并无协商的余地，而这种合同涉及的面又非常广，包括产品责任、消费者权利保护，许多时候该合同还赋予 ISP 某种管理权如排除不受欢迎的用户和言论的权力。因此，该法律选择条款的效力并不确定。有一点是毋庸置疑的，如果涉及产品责任、消费者保护法之类的“直接适用的法”，该条款的效力往往会被否定。

（二）对法律选择方法的挑战

20 世纪中期，美国国际私法学界掀起了一场“革命”，其矛头所向，便是传统法律选择方式。最密切联系原则和政府利益分析理论便是这场“革命”

---

〔8〕 DST1/ST1/it/CONSUMER/prod/guidelines – final – en.

〔9〕 See http://europa. eu. int/com/internal – market/en/media/eleccomm/composen. pdf.

〔10〕 Pafmond A Kurz etc, Internet and the Law, Government institutes, inc. , 1997, p. 147.

的主要成果。这些成果对其他国家的理论和实践均有很大影响。那么,这些“革命性”成果能否适用于Internet案件呢?我们已经对两种Internet法律关系进行了区分,对于与Internet有关的案件,这些成果无疑是可以适用的,因为这些案件就其本质而言与现实世界中的案件并无两样。但对真正的互联网案件,这些理论的可适用性是值得检讨的。

互联网使国际交往变得如此方便,国际法律关系的形成只需在计算机上轻敲几下,其影响可能涉及世界任何国家和地区,但这些国家和地区与Internet活动的联系紧密度往往很难衡量。要单纯运用最密切联系原则无疑将使法官无所适从,从而使该原则的灵活性优势走向另一个极端:成为法院适用本国法的一种借口或者造成无法可依的局面。在最密切联系原则出现之初,各国对其适用就给予了必要的限制,如“特征性履行”理论就是一个较好的限制方法,但它在Internet中不一定能收到预期的效果。在网络环境中,履行地的确定并不容易。以在网络中买卖计算机软件,软件直接通过网络传输,买方用电子货币支付的交易为例,合同履行地既可以是软件传送的目的地,即买方所在地;又可以是软件发送地,即卖方所在地,此时,特征履行的区分不再具有意义。如果将网络交易的整个过程划分为若干阶段,信息商品的发送过程也可以划分为几个不同阶段:(1)卖方将商品发送到当地的ISP,(2)商品在若干ISP之间传递的过程,(3)商品传递到买方所在地的ISP,(4)从买方所在地的ISP传送到买方的电脑上。[11] 但我们很难说哪一个过程是特征性履行,这些过程都可以根据不同的情况将不同的ISP视为合同履行地。因此,特征性履行说不足以弥补最密切联系原则的缺陷,使之适用于Internet案件。

政府利益分析说要运用到Internet案件亦不无疑问。由于Internet具有高度自治性,实现了管理的非中心化,没有任何国家能够有效地控制Internet。因此,在网络空间推行国家政策的有效性很值得怀疑。作为信息时代象征的Internet的发展关系到全人类的福祉。因此,在Internet中不能单从国家利益的角度出发,还要从有利于整个人类文明进步的角度出发。另一

〔11〕 孙铁成:《计算机与法律》,法律出版社1998年版,第250页。

方面,在互联网中适用政府利益分析的方法本身与最密切联系原则一样,存在相当的难度。由于 Internet 与许多国家和地区相联系,这些国家都或多或少地存在利益,难以进行比较和衡量。

(三)对准据法的挑战

Internet 对准据法的冲击主要来自三个方面:

准据法的落空 迄今为止,只有少数发达国家已着手 Internet 方面的立法,但其注意力集中于网络犯罪、防止网上散布淫秽信息和保护隐私权方面,全面规制 Internet 的民商事法律关系的法律还未着手建设。以当今最为蓬勃发展的电子商务为例,目前仅有澳大利亚等少数国家通过了相关立法。[12] 已有的立法也只是就合同形式、电子签字的效力等问题作了规定,未涉及其他方面。我国新通过的《合同法》第 11 条规定,数据电文特别是电子数据交换(EDI)和电子邮件可以作为合同的书面形式,我国许多学者认为该规定具有相当的超前性。但多数国家为了保护科技的发展,不愿只为了对付一些一时性变故而制定特定措施进行 Internet 立法,因为这样的立法会缺乏逻辑的自适性和连续性。因此,各国基本上是沿袭原有的法律制度,举步维艰地应付 Internet 案件。所以,即使我们运用现有的法律选择规范,确定应适用哪一国法律作为准据法,最后也会发现这一切都是徒劳的,因为该国根本就没有相应的立法,很容易出现准据法"落空"现象,尽管传统国际私法偶尔亦存在这种情形。

与公法的冲突 传统法理学把法律分为公法和私法两大板块,并认为公法的适用具有严格的属地性,不会发生冲突,发生法律冲突的只是具有域外效力的私法部分。Internet 对国际私法最大的冲击是使公法的冲突成为一种普遍的法律现象。

当代国际私法已开始考虑适用外国公法性质的法律,法国、瑞士、荷兰、英国等国家的法院都有适用外国公法的判决。1987 年《瑞士联邦国际私法法规》第 13 条就明确指出,不得仅以外国法律规定被认为具有公法性质而

---

〔12〕 单文华:《电子贸易的法律问题》,载梁慧星主编:《民商法论丛》(第 10 卷),法律出版社 1998 年版,第 14 页。

排除其适用。但在 Internet 中,受传统公法调整的活动的影响往往跨过国界,也就使公法的效力范围经常溢出国外,引起所谓的公法冲突。除了前面讨论的广告法律冲突,另一个著名的案例是美国诉汤玛斯夫妇案(U. S. v. Thomases)。该案尽管是美国的一个州际私法案例,从国际私法的角度对它进行分析亦具有借鉴意义。

1991 年,汤玛斯夫妇在加利福尼亚州设置了一个网址,经营一个色情 BBS(公告牌),并在网上销售色情录像带。美国的一个邮政官员遇到该网站,在其位于田纳西州的办公室注册申请了该 BBS 的成员资格,并订购了几盒录像带。在该 BBS 向该邮政官员传送用户密码并交付录像带后,汤玛斯夫妇遭到逮捕。他们在田纳西州西区法院被提起公诉,被指控违反多项田纳西州联邦反色情法,该州法院以淫秽罪立案。根据美国的判例,是否构成淫秽罪必须依照当时的社区标准加以判断(米勒诉加利福尼亚州一案确立,Miller v. California)。本案涉及的问题是以哪一个社区作为判断标准。检察官坚持适用田纳西州孟菲斯地区即色情录像带送达地的社区标准。辩方律师则主张适用加利福尼亚州即材料发送地的社区标准。辩方还进一步提出,在电脑时代需要建立一个在广泛的网络空间接触上的而不是地理司法区域上的社区概念,如果不这样定义,被保护的言论会受阻,因为 BBS 不能选择谁收到什么内容,用户可以就其所在州撒谎,在加利福尼亚州入网后再迁至田纳西州。控辩双方之争实际上涉及公法冲突问题,因为美国的刑事法律并不统一,汤玛斯的行为依加利福尼亚州法律不构成犯罪,根据田纳西州法律则构成淫秽罪。联邦第六巡回法庭裁决认为,即使某一州的社区标准与被告本州的社区标准有实质上的差异,该州法院仍可依据自己的社区标准进行判决。法院同时指出,如果愿意,被告在技术上可以限制淫秽标准更为严格的地区的用户进入,因为他们对用户下载或打印 BBS 所含材料并非一无所知、不能控制,BBS 的接触有一套申请、获准密码的制度。所以,法院裁定被告被控罪名得依田纳西州法律审判。[13]

如果说美国诉汤玛斯案件只是涉及州际公法冲突的话,最早适用地方

---

〔13〕 http://www.eff.org.pub/legal.

法于国际层面的 Internet 案件同样涉及公法的冲突。该案涉及一家美国公司(美国计算机服务公司)在德国的分支机构(以下简称德国公司)。它负责维护美国母公司的服务器与德国的网页的电话连线,这样就参与了美国公司的网络内容的传播工作。但是,德国的 Internet 并不与该德国公司发生关系,而是直接连接到美国母公司的服务器上获取网络信息。1995 年 11 月,慕尼黑执法官员向德国公司提供了含有由美国计算机服务公司发送的 282 个新闻组的名单,其中都含有涉及儿童的色情内容和极端暴力内容。当地检察官告知这些内容是非法的,可能会招致刑事处罚,该德国公司的董事长菲里克斯·萨姆把这一情况报告了美国母公司。美国母公司为使其子公司免受制裁而关闭了该 282 个新闻组。此举一出,美国舆论一片哗然,认为德国是在为美国进行 Internet 立法。这意味着美国公民在美国服务器上发布的言论被迫遵守德国法律和言论自由标准。美国计算机服务公司迫于压力,重新开放了这些新闻组,最终导致菲里克斯·萨姆被德国法院判处刑罚。[14]

由于特殊的历史原因,德国的反色情、反恐怖和反法西斯法律比其他国家要严格得多。在本案中,德国法即与美国法发生冲突,而这种公法冲突在物理空间是极少发生的。此外,在 Internet 上的公法冲突至少还有网上赌博、计算机犯罪、网上征税等。虽然在 Internet 中,已经存在 NSI(网络处理委员会)等行政性机构用于处理有关域名争议问题,但对于大量的网上争议,并无相应的国际组织进行协调。

"网络空间法" 这是一个热点问题。一般认为,网络空间法可以是"示范法"或者"虚拟社区法",但无论哪一种设计方案,网络空间法都呈现出与传统准据法的显著区别。

传统准据法是由国家制定和执行的实体法。但网络空间法只是一种"民间法"。虚拟社区法是由网络虚拟社区中的"居民"行使"点击投票权"(clickvote)将制定和选择规则的权力委托给相应的 ISP,由 ISP 制定和执行

---

〔14〕 有关该案可参见 Lothar Determann, the New German Internet law, Hastings Int' l & lo mp. L. Rev. Vol. 22:113, 1998。

的一种特殊“法律”。这些虚拟社区是否有权制定和执行某些行为标准,并赋予其强制执行力,本身就不无疑问。国际组织制定的示范法虽经有关国际组织制定并推荐使用,如果一国并未把它转化为国内法,当事人亦未选择,就很难认定它有法律约束力。由于 Internet 出现的时间很短,我们亦很难把网络空间法界定为一种国际惯例。由是观之,“网络空间法”在现有法律体系中的地位、作用和法律效力都是值得探究的。

(四)对管辖权的挑战

国际民事案件的管辖权是指一国法院或具有审判权的其他司法机关受理、审判具有国际因素的民、商事案件的资格。管辖权是有关法院审理案件的前提,在网络环境中,Internet 对于传统管辖权的理论和实践的挑战主要体现于以下几个方面:

择地行诉(forum shopping) 所谓择地行诉,又称挑选法院,是当事人选择对自己有利的国家的法院提起诉讼的法律现象。挑选法院并非 Internet 中的特有现象,但在网络环境下,选择诉讼地点可以说是任何一个涉及互联网的案件所具有的特点。[15] 由于各国的法律不同,在不同国家起诉,判决结果会有很大差异。

另一方面,大多数网络案件并不属于专属管辖范围,几个法院往往具有平行管辖权。以侵权为例,美国法院要求有所谓最低限度的联系,在出版物造成的诽谤中,判断标准是只要出版物的 1% 在其司法管辖范围内,即构成最低限度联系。在 Internet 中,如果以访问次数计算在网络中的“发行量”,1% 的要求是很容易得到满足的。因此,在 Internet 案件中,几个国家都有行使管辖权的基础,都有适格的管辖权。以网上诽谤为例,至少下列国家可以行使管辖权:侵权人所在国(被告所在国)、侵权实施地国、侵权结果发生地国(按最低接触标准,不止一个)、上载诽谤言论的 ISP 所在国(共同被告)、转发相关言论的 ISP 所在国(共同被告)、ISP 的海外子公司所在国等。在这种情况下,原告通常会选择对自己有利的地点起诉。而在 Internet 被普及的短短 10 年时间里,这方面的危险趋势已初见端倪。由于英国、新加坡对于诽

〔15〕 张广荣:《互联网络中的法律问题》,载《外国法译评》1996 年第 4 期。

谤的损害赔偿额较其他国家和地区高，在 Internet 案件中，英国法院无疑成了最佳的选择对象，每年都有大量诽谤诉讼在英国提起。因此，有人称英国为“国际诽谤之都”。[16]

虽然各国都不同程度地意识到过分扩张本国的司法管辖权会带来不必要的冲突，加重法院的负担，不利于案件的公平合理解决，并采取了相应措施防止管辖权的冲突，如发布“禁诉命令”、采用非方便法院原则等。但这些措施都是建立在各国自我限制的基础上的，具有相当大的不确定性，不足以应付 Internet 中普遍发生的择地行诉。

访问能否作为管辖依据　在英国的司法实践中，法院可以基于被告人的出现而行使管辖权。只要被告在英国出现（不论是长期的还是暂时的）并被送达起诉书或传票，英国法院就有权行使管辖权。在少数极端案例中，出现过飞机过境而对其乘客行使管辖权的实践。由于 Internet 是一张流动的信息网，用户足不出户，是通过访问单独网站遨游网上世界的。这种访问能否构成一种管辖依据呢？

这种虚拟出现表明了用户在网络空间中从事网上活动。如在 BBS 上发布诽谤言论，虽然是从用户的计算机上开始的，但如果该电子信息并未上载（upload）到相应的 BBS 上，其侵权行为并未完成。此时，我们固然可以说用户所在国是侵权行为地，但把侵权行为地认定在 BBS 所在国也未尝不可。不要忘记，用户的任何网上活动都是在特定的网站中进行的，而不论该站点是由用户自己还是他人提供的。用户访问该站点，表明他愿意把自己置身于该站点的管辖之下。这样看来，把访问视为被告人的出现似乎并无不可。

但这种观点值得怀疑，因为网络空间并不存在可识别的国界标志，对于网络空间的活动者而言，他根本就不曾感受到地理边界的存在。虽然他对于自己“进入”和“访问”的网站是明确的，但并不意味着他会进一步推断该网站所属的司法管辖区域。在许多时候，用户通过超级链访问其他站点时，他关注的只是网上的信息而不是网址的代码。同时，一个自然人在同一时刻只能出现于某一个特定地点，但在网上，用户可以打开多个窗口，访问多

---

〔16〕 Raymond A Kurz etc, *Internet and the Law*, Government Institutes, Inc, 1997, p. 179.

个网站,从而"出现"在许多网站上,如果说这些网站所在国家都享有管辖权,无疑是牵强的。因此,由访问推断用户自愿受制于相关的司法管辖是武断的。

网址能否构成管辖依据 在Internet中有一个因素是不易改变的,那就是网址。有的学者指出,与当事人有关的任何因素如果能成为法院行使管辖权的根据都必须具备两个条件,一是该因素自身有时间和空间上的相对稳定性,至少是可以确定的;二是该因素与管辖区域之间存在一定程度的关联性。[17] 我们认为,还有第三个问题,即依该管辖基础,可以行使何种管辖权。因为就前二个条件而言,网址无疑可以满足其要求,似乎可以构成一种新的管辖基础。只有回答了第三个问题,我们才能确定该管辖基础的适用范围和现实意义。

就属地管辖而言,以网址为基础对其ISP基于住所而行使管辖权显然是合理的,因为网址在网络空间中的地位类似于居所在物理空间中的地位。但可否对ISP基于行为地标准行使管辖权呢?在物理空间中,判断行为地能否作为管辖权的标准是该行为人明白其行为所指地域,并在客观上能控制其发生。这种标准在美国的司法实践中得到运用。在通讯方面,亦有判例认为,仅有使用州际通讯工具的事实不足构成对发送者行使管辖权的依据。但是,如果被告"故意"使用电讯工具使其活动指向某地,该地法院即有管辖权。[18]

很显然,这一"故意"标准应当适用到Internet案件中。ISP为维持网址进行的活动可分为两类:一类是静态的消极活动,如维持一个BBS,搜索引擎等。虽然此时ISP希望有更多的人访问其网站而积极提供各种服务。但是否有人访问该网站,访问的时间和次数,访问者的来源都是ISP所不能预料和控制的。由于Internet协议(protocol)不允许ISP对来访内容进行区域限制,网站的存在本身并不表明ISP"故意"把其活动指向某国,就同"访问"不能作为管辖依据一样,仅有维持网站的活动不能根据行为地原则行使管

---

〔17〕 王德全:《试论Internet案件的司法管辖权》,载《中外法学》1998年第2期。

〔18〕 See Jonathan Rosenoer, *Cyber Law – the Law of the Internet*, Springer, 1997, p. 231.

辖权。另一类 ISP 的活动则是利用网站作为基地,从事相应的商务活动或其他活动,如向用户发送电子邮件,通过网站进行 B 到 C 的电子商务活动,或在网上签订电子合同等。这时,ISP 是故意把其活动指向相关用户,从而可依据行为地原则行使管辖权。

但是,这种分类的关键是 ISP 的主观意图而不是其是否有相应的活动。由于网络信息供应者、路径供应者、服务供应者常常是三位一体的,上述两类活动的划分并不容易。正因为如此,美国法院在判断是否有故意时,提出了"最低限度的联系"标准,但各州对该标准的认识不一,加之许多时候两类活动并不能截然分开,美国的司法界对网址的法律地位持二种截然不同的观点:一种倾向于将网址的存在作为行使管辖权的事实根据,另一种则相反。〔19〕

我们认为,将网址作为管辖依据是可以肯定的,但不是绝对的,即这种管辖依据管辖的范围和活动种类应有一定的限制。

"禁止的管辖权"(prohibited jurisdiction) 由于各国行使管辖权的依据种类繁多,大多数国家都有扩张管辖权的倾向,这导致频繁的管辖权冲突。国际社会已开始作出反应。最新的努力当属海牙国际私法会议秘书处于 1998 年 3 月召开的"民商事国际管辖权、判决的承认与执行"特委会第二次会议。这次会议提出"禁止的管辖权"概念,以取代原来的"过分的管辖权"(exorbitant jurisdiction)〔20〕。这一概念的提出显然是必要的。我们认为,在网络环境下,下列管辖基础应被禁止:

(1)当事人的国籍。以国籍行使管辖权的代表是法国,其民法典规定,无论是原告还是被告,只要是法国人,法律关系无论发生在法国国内或国外,都由法国法院管辖。这种"过度的和难以容忍的规则"早就受到严厉而有根据的批判。〔21〕 如果说以国籍作为管辖权依据在身份性诉讼中尚有适用余地的话,由于 Internet 很少涉及身份关系,该管辖基础确实应加以禁止。

---

〔19〕 详细的介绍可参见肖永平、郭明磊:《网址的法律地位探析》,载《法学杂志》2000 年第 3 期。

〔20〕 胡斌:《关于民商事国际管辖权和判决承认与执行问题》,载中国外交部条约法律司:《条约法资料》1998 年第 13 期。

〔21〕 [德]马丁·沃尔夫:《国际私法》,李浩培等译,法律出版社 1988 年版,第 93 ~94 页。

(2)被告的出现。这是普通法系国家在对人诉讼中的传统规范,亦因其导致极端的司法实践而招致批评。在网络环境中,被告人不可能实地出现在某一国家,如果依据“虚拟出现”行使管辖权则是武断的。

(3)美国式“最低限度的联系”标准。“最低限度的联系”这样的管辖基础过分依赖法官的自由裁量,在司法实践中容易造成“长臂管辖”,早已招致有关国家的不满。在网络环境下,要满足“最低限度的联系”更加容易,这无疑会使美国法院可以对大量与之并无实质联系的案件行使管辖权。从长远来看,这种管辖权是有害的。

(五)对国外送达和国外取证的挑战

Internet及相关科学技术的发展极大地改变了人类的生活方式和行为模式,这些改变对国际民事诉讼提出了新的挑战,其中关于国外送达和取证的问题尤为突出。

国外送达　国际民事诉讼中的域外送达是指一国司法机关依据国内立法或国际条约的规定,将诉讼和非诉讼文书送给居住在国外的诉讼当事人或其他诉讼参与人的行为,[22]由于Internet的出现,特别是公共密钥及电子签名技术的发展,使国外送达产生一些新问题。海牙国际私法会议于1999年9月召开日内瓦圆桌会议,其中的第五委员会专门研究国外送达问题。

第五委员会的主要任务是研究新的电子通讯手段对1965年《关于民商事案件中诉讼和非诉讼文书的国外送达公约》(以下简称《送达公约》)的影响。在考察了《送达公约》中规定的各种送达方式的目的和为达到该目的所定要求之后,它认为,这些要求在电子环境中,可以相似的方式得到满足。

(1)收件人的地址。根据《送达公约》第1条第2款,公约不适用于“不知道文件送达人住址”的情况。这种情况亦构成对请求的异议或拒绝的理由。在网络环境中产生的新问题是,如何对“住址”(address)一词进行解释,它是否包括收件人的“电子”住址?第五委员会总的观点是对电子地址持肯定态度,认为如果要把电子手段纳入公约的框架中,“地址”一词应当包括电子地址。但还有下列问题尚待探讨。

---

〔22〕 韩德培主编:《国际私法新论》,武汉大学出版社1997年版,第634页。

首先,关于电子地址与物理空间地址之间的关系。由于 Internet 的经营者可以在任何国家和地区设立网站,电子信箱的申请人更是可以申请位于不同国家网站的不同电子邮箱。此时,电子地址和地理地址并不存在一一对应关系。如果仅根据电子地址判断,许多时候根本不需要“国外送达”。如某人在美国在线中申请有电子邮箱,是否意味着美国法院对该人的送达仅是一个国内送达呢?这构成对公约适用范围的挑战。这个问题具有重要意义,因为送达诉讼文书是一种重要的司法行为,是一国司法机关代表国家行使司法主权的表现,具有严格的属地性。Internet 模糊了国家的界限,如果仅以电子住址作为判断《送达公约》适用范围的依据,无疑会使该公约的适用范围大大缩小。因此,对《送达公约》第 1 条第 2 款作扩张解释,使“住址”的外延扩展至电子住址需要考虑其适用范围。

在我们看来,在现在的国际格局中,电子地址不能作为第一位的管辖依据,只能在现实空间的客观因素(如住所、国籍等)划定各国对自然人和法人的管辖权之后,才请求外国的相应机构进行送达,而电子地址实际上是一种新的送达方式——电子送达的前提条件,此时,电子地址才是有意义的。

其次,关于缔约方对该方式的接受程度,即缔约方是否承认对电子地址进行送达构成有效的送达。这个问题涉及诉讼当事人(特别是被告)得到适当通知和参与诉讼程序的权利。《送达公约》第 15 条对于传票或类似文书已送达或已通知国外,而被告未到庭的情况作了特别规定,在这种情况下,首先应延缓判决,直到下列情况为止:文件根据被请求国的法律规定的方式已被送达或通知;或文件根据本公约规定的另一种方式已有效地送交被告或送至其居所,而且在上述任何一种情况下,送达、通知或转交是在使被告有提出辩护的充分时间里完成的。[23]

该条规定旨在保护被告人的诉讼权利,而这种情况在电子送达的情况下同样存在。在网络环境中,已进行有效电子送达,但被告未到庭时,如何判断是否满足第 15 条的要求呢?第一,要判断是否根据被请求国的法律规定的方式已被送达或通知。这涉及被请求国对电子送达的态度。美国联邦

---

〔23〕 转引自李双元、谢石松:《国际民事诉讼法概论》,武汉大学出版社 1990 年版,第 445 页。

政府已通过《政府文书消除条例》，允许联邦政府接受数字签字。[24] 欧盟已开始起草指令要求其成员国之间相互接受电子送达方式。[25] 其他国家和地区的态度不详。因此，至少在美国和欧盟成员国内进行电子送达，其效力是确定的。第二，要确定有无必要在电子送达之外，把文件用公约规定的另一种方式有效地送交被告或送至其居所。这一问题恐怕只能留给各缔约国去解决，或者在公约修改时加以明确。

（2）电子送达。毫无疑问，电子送达是一种非常方便快捷的方式，但人们普遍担心这种方式的安全性。因为到目前为止，所谓的电子送达不外是通过电子邮件进行送达。这可能产生如下几个问题：如果被送达的文件在传输途中被拦截、被篡改，责任由谁承担；如果该邮件被当做垃圾邮件或带病毒邮件在未经阅读以前即被删除，是否算作已送达；如果有多个邮箱、网址，对哪一个邮箱、网址送达才构成有效送达。

当然，这几个问题是可以通过技术手段加以解决的。但科学技术是不断发展的，很难保证将来的送达方式仍是电子邮件。因此，第五委员会采取了一种技术"中立"(neutral)立场，并未针对任何具体的通讯技术作出规定，而是对任何传送技术所需达到的安全标准作了机密性、完整性、不可更改性、可识别性和可操作性的要求。

对于电子送达，欧洲联盟也持肯定态度。2000 年 3 月，欧盟起草了《关于成员国内送达民商事司法或司法外文件的欧洲规则》的指令草案。[26] 该指令第 4 条第 2 款规定：只要所接收的文件内容真实，忠于发送件，文件中所有信息易于辨认；在传送机构与接收机构之间传送文件、请求、确认、接收、认证和其他任何文件可以通过任何适当的方式进行。该指令第 17 条 d 项要求欧盟委员会制定相应规则，以"赋予加快文件传输和送达的贯彻措施以效力"。

---

〔24〕 Government Paper Work Elimination Act, it was enacteda Part of Omnibus Appropriations Act, M. R. 4328, 105th Long(1998).

〔25〕 The proposed European Regulation on the Service in the Member States of Judicial and Extrajudicial Documents in Civil or Commercial Matters (Mar. 2000).

〔26〕 The proposed European Regulation on the Service in the Member States of Judicial and Extrajudicial Documents in Civil or Commercial Matters (Mar. 2000).

(3)邮寄送达。《送达公约》第10条a款规定,只要不为目的地国所反对,公约不妨碍通过邮局直接将司法文书寄交给在国外的人。根据1994年9月14日在韩国汉城达成的《万国邮政公约》第39条第1款,邮政管理当局之间可以达成协议,共同参与电子邮件服务。如果把两个公约结合起来,就产生了一个新问题,即《送达公约》第10条a款规定的邮寄送达是否包括电子邮件方式。以"相等功效"的方法来考察,之所以采用邮寄送达方式,是因为邮政服务多为各国政府机构提供,可以保证寄送的正式性、可靠性,如果收件人在邮政管理当局设有电子信箱,同样可以达到此目的,把电子送达包括进来亦是合理的。

国外取证 在上述日内瓦圆桌会议上,还设立了第六委员会,研究电子通讯手段对1970年《关于从国外调取民事或商事证据的公约》所带来的挑战。第六委员会一致认为,从该公约的精神、结构和行文来分析,它并不构成通过电子方式进行国外取证的任何障碍。

四、三种不同的解决方案

面对Internet对现有法律体系的挑战,不同学者提出了不同的构想或主张。

保守型主张 一些学者认为,Internet对现有法律体系并未形成真正的挑战。赫尔伯特·柯隆卡(HerbertKronke)就是其中的代表之一。[27] 他认为,脱离于现实空间的网络空间并不独立存在,网络空间中的侵权与现实空间中的侵权只存在侵权地点、数量上的差别,但其侵权行为和结果都会发生在现实空间中的某一点。这一点要么位于一国领域内而受该国司法管辖,要么置于一国管辖之外如公海或外层空间。在后一种情况下,人们不再依赖侵权行为地这样的连结点,转而适用其他连结点,如船旗国、航空器的国籍等。这样做不是因为我们承认"无法"空间的存在,恰恰相反,人们是在尽量扩张国家法律的适用范围,因为国家领域之外的空间也存在对法律秩序的渴望。因此,Internet并未带来本质变化,"没有理由害怕法律不能应付新

〔27〕 See Herbert Kronke, Internet, Which Court Decides, Which Law Applies? Kluwer Law International, 1998.

的事件”,法律会跟上网络空间的发展。

另一位学者杰克·戈尔德史密斯(Jack Goldsmith)从管辖权的角度论证了单边主义(unilat - eralism)的合法性和有效性。首先,根据国际法的效果原则,一国有权对发生在外国而在本国产生损害的行为行使管辖权,因此,采取单边主义对外国不法行为行使管辖权是合法的。其次,ISP在损害发生地可能有财产,网上赌博会涉及信用卡公司、银行等中介机构,用户上网必须通过本地ISP,一国就可以通过这些财产、机构和本地ISP行使权力而间接地调整国外ISP的活动,因此,单边调整方法是有效的。[28]

革命型主张 有的学者认为,Internet给人类文明带来的影响是空前的,它应当享有高度自治。有些激进的学者认为网络空间已经形成了自己的“国家”,一国政府无权对之制定法律规则。还有学者甚至发表了《网络空间的独立宣言》[29]。在他们看来,网络空间与物理空间的界限如同现实中的国界一样清楚,网络空间应该像公海、外层空间一样游离于国家主权的管辖之外。他们甚至提出了一套网络空间的法律运作方式:由负责网上法律创制的机构制定网上行为标准;由ISP调整用户的行为,使之符合既定的行为标准;由网络空间的“市民”形成的社区非正式地禁止某些行为,并发展相应的网上争议解决机制。这就有了网上立法、行政和司法体系。

改良型主张 大多数学者并不像保守派和革命派学者那样极端,他们肯定Internet对现有法律体系形成挑战,但否认完全脱离现实空间的虚拟社区的存在。因此,最好的回应方式应该是对现有法律进行适当变革,发展出一些新的规则。

我们认为,一方面不可割裂网络空间与物理空间的交互、共生关系,沉溺于网络大同世界的幻想;另一方面须正视不足,调整我们的出发点,以开放的态度促进网络空间法(包括网络国际私法)的发展。

(本文原载于《中国社会科学》2001年第1期)

---

〔28〕 See Jack Goldsmith, Unilateral Regulation of the Internet: A Modest Defence, EJIL 11(2000).

〔29〕 Johnperry Barlow, A Declaration of the Independence of Cyberspace, see http:// www. eff. org/ pub/ publication/.

《鹿特丹规则》的评价与展望

司玉琢

2008年12月11日，联合国大会第六十三届会议第六十七次全体会议审议通过了联合国国际贸易法委员会(UNCITRAL)提交的《联合国全程或部分海上国际货物运输合同公约》(United Nations Convention on the Contracts for the International Carriage of Goods Wholly or Partly by Sea)，并授权2009年9月23日在荷兰鹿特丹举行开放供签署的仪式，同时建议将该公约所体现的规则称为《鹿特丹规则》。

如果《鹿特丹规则》获得主要航运国家的认可并使之生效，预示着调整国际货物运输的国际立法，将结束"海牙时代"，开启一个"鹿特丹时代"。那么，如何评价《鹿特丹规则》，它的前景又将如何？这是当前各国政府和航运界、贸易界普遍关心的问题。

一、《鹿特丹规则》先进性特点，使其具有较强的生命力

进入21世纪的国际贸易和航运，与20世纪初《海牙规则》产生时的情况相比，不论是在船货各方的力量方面，还是在国际货物的运输方式方面，都有大的不同，新的发展形势迫切要求产生新的国际公约。《鹿特丹规则》正是在这样的背景下产生的。新公约先进性的特点，决定了其具有较强的生命力。新公约的先进性具体概括起来就是："平衡利益""寻求统一""顺应时代"和"促进发展"。

1. 平衡利益

任何一个国际条约都是利益平衡的产物，就私法性质的国际条约而言，主要体现在经济利益的平衡。20世纪后期，国际航运业和航运科学技术的

飞速发展,使得《海牙规则》在调整船货双方利益的制度设计上,显得过于偏袒承运人,早已失去了平衡。为了寻求船货各方利益在新形势下的平衡点,《鹿特丹规则》必然要加重承运人的责任。因此,新规则取消航海过失免责(简称火灾免责)(第17条第3款);取消承运人的受雇人或代理人过失致火灾的免责(第17条第3款);承运人的适航义务贯穿航次始终(第14条);[1]承运人的赔偿责任限额比《汉堡规则》每件提高5%,每公斤提高20%(第59条);在符合一定条件下,承运人执行控制方指示的义务(第52条);[2]在无人提货的情况下,承运人有通知托运人或单证托运人请其发出交付货物指示的义务(第45~47条);除批量合同外,索赔方有权在公约规定的范围内,选择法庭地和仲裁地,且运输合同中的管辖或仲裁地点,仅作为索赔方选择法庭或仲裁地点之一(第66、67、75、76条)。

《鹿特丹规则》在加重承运人的责任的同时,重新构建了承运人的责任基础,原则上实行完全过失责任制,且由承运人负责举证,证明自己没有管货过失;若其举证不能,将承担赔偿责任。但在规定的免责范围内,则由索赔方负责举证,证明承运人有过失;若其举证不能,便推定承运人无过失,承运人可援引免责条款,免除赔偿责任。这就是所谓"两个推定"的构建。正是由于《鹿特丹规则》实行"两个推定",则暗示着该规则拒绝接受"瓦里斯库拉原则"(Vallescura Rule),[3]即两个原因造成同一货损,有承运人可免责的,也有不能免责的,此时依《鹿特丹规则》第17条第6款之规定,承运人仅对不能免责的部分负赔偿责任,免责部分的抗辩应该由索赔方举证,至于两种原

---

〔1〕《鹿特丹规则》第14条:承运人必须在开航前、开航当时和海上航程中恪尽职守:
使船舶处于且保持适航状态;
妥善配备船员、装备船舶和补给供应品,且在整个航程中保持此种配备、装备和补给;并且
使货舱、船舶所有其他载货处所和由承运人提供的载货集装箱适于且能安全接收、运输和保管货物,且保持此种状态。

〔2〕《鹿特丹规则》第52条规定了承运人执行控制方指示义务的条件:发出此种指示的人有权行使控制权;该指示送达承运人时即能按照其中的条件合理地执行;并且该指示不会干扰承运人的正常营运,包括其交付作业。

〔3〕美国最高法院1934年在Schnell v. Vallescura案中,判决承运人因不能将两种原因(一个是承运人要负责的,一个是承运人可免责的)所造成的同一损失分开,承担了全部赔偿责任。参见293U. S. 296,304(1934)。此判例便形成了"瓦里斯库拉原则"(Vallescura Rule)。这一原则被《汉堡规则》第5条第7款所吸纳。

因各自的比例,不再由承运人举证(事实上,这种举证几乎是不可能的),而是留给法官行使自由裁量权。这在一定程度上减轻了承运人在多种原因造成同一货损时的举证责任。关于承运人的适航义务,索赔方完成初步举证后,承运人承担已尽“谨慎处理”使船舶适航,或者货物灭失或损害与不适航不存在因果关系的举证责任。这一责任基础,在一定程度上平衡了上述条款对承运人责任的加重,缓解了《汉堡规则》苛刻的“推定过失”责任制,并且增加了公约的可操作性(第 17 条)。对于“迟延交付”,也仅仅规定“有约定”才有迟延交付,没有约定就没有迟延交付(第 21 条)。[4] 相对《汉堡规则》而言,该条规定对承运人迟延交付责任有所缓解。[5] 取消国内法的适用,总体来说对承运人是有利的:一方面,国内法的规定通常要严于本公约的规定,取消国内法的适用,增加了承运人适用本公约的机会;另一方面,增加了承运人对非海运区段法律适用的可预见性。

2. 寻求统一

目前,海运、航空、铁路等运输方式,都有多个国际公约同时在生效。仅就海上货物运输领域,就有 3 个生效的国际公约同时并存。[6] 没有参加国际公约的国家,其国内立法更是多种体制并存。因此,目前的国际货物运输法律出现从未有过的不统一。这种现状在一定程度上影响着国际贸易和国际货物运输的发展。集装箱运输兴起之后,多式联运发展很快,但至今尚没有一个生效的调整国际多式联运的国际公约。正因为如此,UNCITRAL 于 1996 年决定,着手制定新的“运输法公约”或者“示范法”。[7] 经

---

〔4〕《鹿特丹规则》第 21 条:未在约定时间内在运输合同约定的目的地交付货物,为迟延交付。

〔5〕《汉堡规则》第 5 条第 2 款规定,除约定外,货物未在“合理时间内到达”也是迟延交付。

〔6〕即《1924 年统一提单若干法律规定的国际公约》(简称《海牙规则》)、《经 1968 年议定书修正的 1924 年统一提单若干法律规定的国际公约》(简称《海牙—维斯比规则》)和《1978 年联合国海上货物运输公约》(简称《汉堡规则》)。

〔7〕1996 年,UNCITRAL 委托国际海事委员会(CMI)进行调研;1999 ~ 2001 年,CMI 成立运输法国际分委员会(ISC),先后召开 6 次专家小组会议,完成“运输法框架文件”;2001 年年底,“运输法框架文件”被提交 UNCITRAL;2002 年 4 月至 2008 年 4 月 UNCITRAL 第三工作组分别在纽约和维也纳召开了 14 届会议,对“运输法草案”完成了三读。2008 年 7 月 3 日,UNCITRAL 通过该草案,并提交联合国大会。2008 年 12 月 11 日,联合国大会第六十三届会议在维也纳召开,通过了《鹿特丹规则》。

过UNCITRAL第三工作组7年多(2002—2008年)的工作,该公约终于获得联合国大会第六十三届会议通过。公约规定,参加本公约,必须同时退出已参加的《海牙规则》《维斯比规则》,或者《汉堡规则》(第89条);公约最大限度地扩大适用范围(第5、7、82条)[8],采取了最小限度的网状责任制,装前卸后的陆运区段,除有强制性国际公约适用外,均适用本公约(第26条)[9];公约除管辖权和仲裁两章及第92条(对本国领土单位的效力)允许声明保留外,其余各章均是强制适用。这样规定的目的,就是最大限度地发挥该国际公约的效能,使得80%以上的国际海上货物运输或包含国际海上货物运输在内的国际货物多式联运实现实体法的统一。

3. 顺应时代

集装箱的问世,使国际货物运输发生了一场革命。单一的海上运输方式为多式联运所替代。调整单一运输方式的国际货物运输公约,已经不再

---

〔8〕《鹿特丹规则》第5条:除须遵循第6条的规定外,本公约适用于收货地和交货地位于不同国家且海上运输装货港和同一海上运输卸货港位于不同国家的运输合同,条件是运输合同约定以下地点之一位于一缔约国:收货地、装货港、交货地、卸货港。

本公约的适用不考虑船舶、承运人、履约方、托运人、收货人或其他任何有关方的国籍。

《鹿特丹规则》第7条:虽有第6条的规定,如果收货人、控制方或持有人不是被排除在公约适用范围之外的租船合同或其他运输合同的原始当事人,本公约仍然在承运人与此等当事人之间适用。但是,如果当事人是根据第6条被排除在外的运输合同的原始当事人,本公约在此等原始当事人之间不适用。

《鹿特丹规则》第82条:本公约的规定概不影响适用在本公约生效时生效的,规范承运人对货物灭失或损坏的赔偿责任的下列国际公约,包括今后对此种公约的任何修正:任何管辖航空货物运输的公约,此种公约根据其规定适用于运输合同的任何部分;任何管辖公路货物运输的公约,此种公约根据其规定适用于船载车辆不卸货的货物运输;任何管辖铁路货物运输的公约,此种公约根据其规定适用于补充铁路运输的海上货物运输;或任何管辖内河航道货物运输的公约,此种公约根据其规定适用于不在内河航道和海上转船的货物运输。

〔9〕《鹿特丹规则》第26条:如果货物灭失、损坏或造成迟延交付的事件或情形发生在承运人的责任其内,但发生的时间仅在货物装上船舶之前或仅在货物卸离船舶之后,本公约的规定不得优先于另一国际文书的下述条文,在此种灭失、损坏或造成迟延交付的事件或情形发生时:

根据该国际文书的规定,如果托运人已就发生货物灭失、损坏或造成货物迟延交付的事件或情形的特定运输阶段与承运人订有单独和直接的合同,本应适用于承运人全部活动或任何活动;

就承运人的赔偿责任、赔偿责任限制或时效作了具体规定;和根据该文书,完全不能通过订立合同加以背离,或不能在损害托运人利益的情况下通过订立合同加以背离。

适应这种运输方式，而《1980 年联合国国际货物多式联运公约》迄今未生效[10]，故《鹿特丹规则》顺应形势的要求，变“钩到钩”（《海牙规则》）或“港到港”（《汉堡规则》）运输为“门到门”运输，并将国际集装箱运输班轮公司普遍采用的国际商会推荐的多式联运经营人的网状责任制法定化。公约第 5 条规定：“本公约适用于收货地和交货地位于不同国家，并且海上运输装货港和同一海上运输的卸货港位于不同国家的运输合同……”公约第 26 条同时规定：“当货物的灭失、损坏或者造成迟延交付的事件或者情形发生在承运人的责任期间内，但发生的时间仅在货物装上船舶之前或者仅在货物卸离船舶之后，在此种灭失、损坏或者造成迟延交付的事件或者情形发生时，本公约的规定不得优先于其他国际文书……”上述规定表明：第一，本公约调整的是国际海运或包括国际海运在内的国际多式联运货物运输合同；第二，公约实行的是网状责任制；第三，公约排除了国内法的适用，使公约成为最小限度的网状责任制。

随着电子商务在运输领域的应用，传统的提单、海运单等纸面运输单证开始为电子运输单证所取代。电子运输单证的出现，需要有法律、公约赋予其法律效力，确立电子运输规则。为了满足这一需求，公约专门规定了“电子运输记录”一章（第三章）。

当今国际海上集装箱货物运输大部分依据船公司和托运人签订的批量合同（volumecontract）[11]。据悉，中美航线 80% 以上，欧洲航线 60% ~70% 都是通过签订批量合同进行运输的。“批量合同”成为《鹿特丹规则》的调整对象，且采取了“非强制适用”原则，即赋予批量合同当事人较为充分的“合同自由”，只有批量合同中没有约定或没有不同约定时，本规则才会得以适用。这是对传统海运公约下承运人强制责任体制的一个突破。[12] 这种体制的创设，不仅考虑到批量合同的普遍使用，更重要的是基于批量合同的当事

---

〔10〕 公约规定了多式联运经营人的统一责任制，即不论货损所发生的运输区段，多式联运经营人都承担同一的责任，使该公约的效力优于其他国际公约的效力，但统一责任制在理论上不被认同，这是该公约不能生效的主要原因。

〔11〕 批量合同是指在约定期间内分批装运特定数量货物的运输合同（第 1 条第 2 款）。

〔12〕 参见《鹿特丹规则》第 1 条（b）项、第 9 条和第 80 条。

方订约地位基本平等，船货双方通过协商约定各自的权利、义务，以体现鼓励交易，减少公约对这种合同的强制性适用。

此外，为了解决实务中普遍关注的问题，增强公约的适用性，公约突破“合同相对性”原则，在《汉堡规则》实际承运人的基础上，重新设计了一种新型的责任主体——海运履约方（maritime performing party），公约对承运人责任的规定也适用于海运履约方。[13] 公约还增加了“控制方的权利”（第10章）、“权利转让”（第11章）、“货物交付”（第9章）等。所有这些规定，都反映了公约的实用性和可操作性，符合国际贸易和航运实践的需求。

4. 促进发展

促进国际贸易和国际航运的发展，是制定本公约的最终目的。公约在其序言开头部分就强调：“进行国际贸易法律的协调和统一，对国际贸易的顺利进行，减少或消除法律障碍，对于缔约国间基于平等和共同利益的原则进行广泛的经济合作，对造福于全人类的福祉，都有积极的贡献。”为了促进统一，避免与其他运输公约发生冲突，公约第26条规定，货物装前卸后有关货物的灭失、损坏或迟延交付优先适用公路、铁路、航空、内河等国际公约的相关规定，以最大限度地避免本公约与其他公约的冲突，促进国际贸易和航运的发展。

《鹿特丹规则》的上述特征，符合中国建设航运强国和贸易强国的需要。所以，从总体上考量，对公约的总体评价，应该是基本肯定的。

二、《鹿特丹规则》的瑕疵，影响某些国家对公约的接受度

同任何国际公约一样，《鹿特丹规则》也非尽善尽美，《鹿特丹规则》的瑕疵主要表现以下几个方面。

1. 规则内容庞大，条款交织复杂，增加了对公约接受的难度

《鹿特丹规则》接受《汉堡规则》的教训，[14] 在起草时特别注意了如下几点：第一，强调公约的可操作性。《汉堡规则》失败的一个重要原因就是其可

---

〔13〕 参见《鹿特丹规则》第1条(e)(f)以及第20条。

〔14〕 《汉堡规则》生效较晚，航运发达国家不参加该公约，主要是因为该规则可操作性差，摒弃了《海牙规则》中行之有效的规定。

操作性差。第二,试图通过立法解决一些实务中普遍关注的问题,如无单放货、承运人的识别、单证托运人的权利义务、控制权、权利转让等。第三,避免隔断历史,新的公约应继承《海牙规则》中行之有效的规定。这一立法指导思想应该是可取的,但带来的问题是,使得《鹿特丹规则》体系庞大。仅就实质性条文的数量而言,该规则相当于9个《海牙规则》,3.5个《汉堡规则》。[15] 一般的规律是,公约调整的范围越广,内容越多,遇到的阻力和障碍也就越大;加之公约的语言不够简练,条款交织,令人难以捕捉其真正的含义,这在一定程度上有可能会影响某些国家的加入。[16] 比如,《鹿特丹规则》的调整范围扩大为"海运+其他"的"门至门"运输,有的欧盟国家和组织就不满意,[17]认为这种模式不是最理想的模式;对贸易法中的控制权及权利转让移植到运输法中来,也引起部分代表团和学者的担忧,对移植的必要性及可行性持怀疑态度;[18]《鹿特丹规则》精心设计了程序法方面的内容,即管辖权和仲裁的规定,学界对其分歧更大些。为不影响公约的生效,公约不得不允许缔约国对这两章作出保留(第74、78条)。[19]

2. 创新制度的缺憾和不完善,增加了对公约的疑惑

相对现行的国际海运公约,《鹿特丹规则》在某些制度方面有了较大突破和创新,最为典型的就是"批量合同"和"货物交付"。

《海牙规则》调整对象是"提单或类似的权利凭证",而不直接调整"批量合同";《汉堡规则》虽无"批量合同"概念,但强制适用于批量合同下每一运输,只要该运输不是以租约形式进行的。[20] 其结果是,若批量合同对承运人

[15] 《海牙规则》及《海牙-维斯比规则》共16条,实质性条文仅10条;《汉堡规则》共34条,实质性条文仅26条;而《鹿特丹规则》共96条,实质性条文为88条。

[16] 加拿人William Tetley教授认为,这是一部"教科书式的国际公约"。

[17] 德国认为"海运+其他"模式将导致国际多式联运法规支离破碎,捷克则主张"新公约"应限于适用全程海上运输;国际货运代理人协会联盟(FIATA)也反对选择"海运+其他"模式。

[18] 朱曾杰先生认为,第10章控制方的权利和第11章权利转让,似无须设立专章,可分别在托运人和运输单证中加列几个条款。

[19] 朱曾杰先生认为,管辖权和仲裁既然允许缔约国发表声明选择适用,反不如删去上述章节,瘦身减肥。

[20] 《汉堡规则》第2条第4款:"如果合同规定,今后的货载将在一个约定期间内分批运输,则本公约的规定应适用于每一批货载。但如运输系根据租约进行,则应适用本条第3款规定。"因此,《汉堡规则》对于批量合同实际上是"间接"强制适用的。

义务与赔偿责任的约定低于《汉堡规则》的，将因批量合同下每一运输强制适用《汉堡规则》而被间接认定批量合同无效。《鹿特丹规则》不同于《汉堡规则》的规定，批量合同下每一货载，都是履行批量合同的一部分；适用批量合同的约定，如果没有背离公约的内容，无须第三方的明确同意，对第三方也是适用的（第 80 条第 1 款 a 项）。

虽然批量合同被纳入《鹿特丹规则》调整范围，但并不是所有的批量合同，也不是批量合同中所有条款都将受到《鹿特丹规则》的调整。首先，在班轮运输中使用的批量合同，将适用《鹿特丹规则》，而如果批量合同下某次运输是通过航次租船合同等非班轮运输形式进行的，则不适用；其次，批量合同关于每次运输下承托双方关于货物运输的权利、义务或责任等规定，可适用《鹿特丹规则》的规定，而货方对货物总量的承诺以及承运人承诺提供的其他服务则不受《鹿特丹规则》调整。另外，根据《鹿特丹规则》的规定，如果某批量合同在公约的调整范围之内，则赋予批量合同当事人较为充分的契约自由。

UNCITRAL 第三工作组在讨论过程中，对于批量合同一直存在两种不同的声音，分别以美国和联合国贸易与发展委员会（UNCTAD）为代表。

美国主张《鹿特丹规则》应非强制性地调整批量合同，这样有利于国际班轮运输的法律统一，可以提高商业效率，有利于促进国际贸易的发展；UNC－TAD 则持反对意见，由于批量合同的定义外延不清晰，可能出现承运人滥用“契约自由”，规避强制性最低限度赔偿责任标准的约束等情形，从而破坏承运人强制责任体制，损害货方利益。鉴于此，批量合同作为一种新制度的引入，很有可能增加某些国家，特别是代表中小货主利益的国家，参加本公约的疑虑。中国政府代表团指出，“新公约”第 80 条规定将使批量合同背离公约的强制性条款合法化，应当对这种背离加以更加严格的限制。[21] 笔者认为，批量合同实际是大货主与大船公司之间的 PK，一般情况下，不会发生中小货主与大船公司或者大货主与中小船公司签署批量合同的情形。

同样，关于“货物交付”的规定，也是新增加的内容，其中有关“无单放

---

〔21〕 参见 UNC ITRAL. A/ CN. 9/658/Add. 2，A/ CN. 9/658/Add. 5 和 A/ CN. 9/658/ Add. 7。

货”的规制,[22]改变了当前航运实践中的习惯做法:将现行的承运人凭收货人的保函和提单副本交货的做法改为承运人凭托运人或单证托运人(第1条第9款)发出的指示交付货物,且只有单证持有人对无单放货是事先知情的,方解除承运人无单放货的责任(第47条第2款b项)。如果单证持有人事先对无单放货不知情,承运人对无单放货仍要承担责任,此时承运人有权向上述发出指示的人索要担保(第47条第2款e项)。此外,设定了无单放货时的前提条件,即可转让运输单证载明:无须提交可转让运输单证或可转让电子运输记录,便可交付货物的(第47条第2款)。这就大大降低了这一条款的适用价值,因为可转让提单罕见载明“可不凭单放货”,况且这样的提单又有哪家银行肯于接受结汇。所以,中国代表团始终担心新规则带来的新问题要比其欲解决的问题可能更多。

3. 有些制度的可操作性尚待实践检验

任何一种制度的创建,都要经过实践的检验;尚未经过实践检验,或者很少实践过的制度,很难说出它的优劣。如电子运输记录的规定(第3章),参加UNCITRAL第三工作组的专家对这一章的内容较为生疏,又缺少实践,很难对它评论,究竟可操作性如何,需要经过一段时间的检验。关于责任限额,公约最终达成一揽子妥协方案,将责任限额提高到比《汉堡规则》还高的数额,即每件875SDR,每公斤3SDR。非洲发展中国家认为,《汉堡规则》已经过去30年了,考虑物价上涨因素,责任限额应该大大高于《汉堡规则》。中国、韩国、北欧国家则认为,从商业的角度考虑,《海牙-维斯比规则》的限额已经涵盖了90%以上的货物索赔,无须再提高。上述限额相对《海牙-维斯比规则》,每件提高了31%,每公斤提高了50%;相对《汉堡规则》,每件提高了5%,每公斤提高了20%。这种高限额的责任限制,是否是航运实践的真实需要,还有待实践检验。

从笔者参加公约制定的全过程体会到,制定一个大家都能接受的,公平、先进的国际公约,实在不是一件容易的事情。各个国家国情不同,其对公约的诉求也各有侧重。公约在制定初期更多的涉及法律理论问题,到制

[22] 指可转让运输单证的无单放货,见《鹿特丹规则》第47条。

定的中后期，逐渐增多的是利益的冲突，这需要沟通、协调，甚至斗争，但最后各自都要作出妥协，否则永远不会有新的国际公约的诞生。

对上述问题，笔者认为，公约内容庞大并非是件坏事，它有利于操作，问题是要设法减少矛盾和阻力，不要繁琐，《鹿特丹规则》恰恰在这方面不能令人满意。新制度的创建，更是一件好事；没有创新，就不会前进。比如，公约就承运人的责任基础的新构建及控制权、权利转让等制度的创建都值得称道，但无单放货的新机制设计，就有可能使立法初衷落空。

任何一个公约，不可能从诞生之日起就尽善尽美，特别是创新性的规定，关键是看新的公约是否实现了承托各方在新的形势下，达到了权利义务新的平衡，并且在实践中基本可以操作，有利于国际贸易和航运的发展。如果回答是肯定的，那么，新的公约就应该予以肯定。应允许一个新的公约有不完善之处，可在实践中不断总结，通过修订程序加以完善。

三、航运大国的态度，决定着《鹿特丹规则》的生效进程

由于美国、中国、日本、欧盟等的国际海上贸易量占全球海上贸易量的80%左右，尽管公约的生效与贸易量没有直接的关系，但如果贸易量达不到一定的比例，公约寻求国际法律的统一也就大打折扣。因此，公约是否能够尽快在国际上真正生效和实施，在很大程度上取决于贸易和航运大国的态度。如果这些国家能够很好地沟通，并共同认识到公约的前景和重要意义，相信会有助于推动公约生效的进程。当然，还有一些因素不能忽视，即参加《汉堡规则》的非洲国家，对公约的不少内容表示不满意，认为公约保护货方利益的力度还不够。因此，要达到20个国家批准或加入该公约，使之达到生效的条件，[23]实现国际（海上或部分海上）货物运输法律的基本统一，还要经历一段艰苦的过程。

对于《鹿特丹规则》的制定，从起草到讨论，一直到通过，中国政府始终是重视和关注的。在CMI起草阶段，中国海商法协会就派专家参加"运输法

〔23〕《鹿特丹规则》第94条："本公约于第二十份批准书、接受书、核准书或加入书交存之日起满一年后的下一个月第一日生效。"

专家小组”,到了UNCITRAL第三工作组,中国派出仅次于美国的第二大代表团,积极参与该规则的制定与讨论,直至它获得通过。尽管公约最终文稿还有一些内容并不十分令人满意,但就公约总体而言,应该肯定,这是一个具有时代特征的先进的国际公约,对促进国际贸易和国际航运具有积极意义,对中国建设贸易强国和航运强国也是大有益处的。

四、几点建议

1. 关于公约签署

2009年9月23日,《鹿特丹规则》将在鹿特丹举行开放供签署的仪式。笔者认为,中国政府应该在仪式上签字,表明中国对公约的一种积极姿态。在签署或加入时,对公约中的两个问题应当表明态度。

第一,对第14章和第15章的规定,中国是否准备接受;如果准备接受,可在签署公约时声明,该两章规定对中国具有约束力。当然,根据该规则第91条规定,此项声明“可以在任何时间作出”。笔者认为,这两章的规定基本满足了不同国家的诉求,是公平合理的,中国可以接受。对于批量合同排他性管辖约束第三方的规定,该规则第67条规定,其效力取决于“受案法院的法律承认排他性法院选择协议对该人具有约束力”。因此,建议中国制定明确的立法,否定批量合同的排他性管辖条款约束第三方,除非该第三方明确表明接受此排他性管辖。

第二,公约对中国香港、澳门的效力问题。该规则第92条规定:“一缔约国拥有两个或多个领土单位,各领土单位对本公约所涉事项适用不同法律制度的,可以在签署、批准、接受、核准或加入时声明本公约适用于本国的全部领土单位或仅适用于其中的一个或数个领土单位,且可以在任何时间通过提出另一声明修改其所作的声明。”据此,中国在签署、批准、接受、核准或加入公约时,声明公约仅对中国内地适用,中国香港、澳门将根据基本法,由其自己决定是否签署、批准、接受、核准或加入该公约。

此外,中国在签署公约时还应作出一项声明。根据该规则第5条规定,运输合同需满足两个国际性:收货地和交付地位于不同国家,装货港和卸货港位于不同国家。如果某运输合同仅符合其中一个国际性,另一个运输关系是发生在中国台湾与大陆之间或者中国香港、澳门与内地之间，应声明此运输合同也视为符合第5条规定，适用本公约。

2. 关于参加公约的时机

应该说，《鹿特丹规则》对美国来说，他们的诉求基本上都达到了，欧盟和日本接受该规则的障碍也并不是很大，如果这些国家都以积极的态度对待该规则，预计《鹿特丹规则》生效的时间要短于《海牙规则》和《汉堡规则》生效的时间。[24] 中国虽是航运大国，但还不是航运强国，适用该规则，需要时间准备。尽管公约对中国建设航运强国和贸易强国是有利的，但毕竟中国是发展中国家，在其贸易伙伴还没有参加公约的时候，中国不宜率先参加。而如果中国的主要贸易伙伴参加了公约，那时中国不参加也得参加了。因为该规则第5条规定，只要运输合同中的收货地和交货地、装货港和卸货港位于不同国家，其中任何一地位于缔约国内，该运输合同就适用。

3. 关于修改《海商法》工作

无论《鹿特丹规则》生效与否，它对国际航运立法的影响将是深远的。它不仅直接影响海上货物运输法律，也将影响船舶和货物保险、共同海损制度以及银行业和港口经营人。中国《海商法》实施已逾15年，正是启动修订的最好时机，将《鹿特丹规则》中合理的成分吸收到《海商法》中来，无疑有利于中国健全航运法制，促进对外贸易和国际航运的发展。

（本文原载于《中国海商法年刊》2009年第20卷）

〔24〕《海牙规则》1924年通过，7年后的1931年生效；《汉堡规则》1978年通过，1992年生效，先后经历了14年。

中国参与国际气候治理的法律立场和策略：以气候正义为视角*

曹明德

引　　言

政府间气候变化专门委员会（IPCC）第五次评估报告进一步从科学原理和观测事实上肯定了气候变化问题的紧迫性，有效应对气候变化和实现2℃温升控制目标已成为国际社会共同面临的重大挑战，任何一个国家都不能独善其身。作为世界第二大经济体和最大的温室气体排放国，中国积极参与国际气候治理，并在巴黎气候大会（COP21）为达成一个全面、均衡、有力度、有约束力的国际气候变化协定——《巴黎协定》发挥了重要的、建设性的作用。《巴黎协定》是国际气候治理的一个新起点，如果说《联合国宪章》是规范全球政治秩序的宪章，WTO相关法律规范体系是规范全球贸易秩序的宪章，那么《联合国气候变化框架公约》《巴黎协定》及其他气候变化协议就是规范全球气候治理秩序的宪章。巴黎气候大会是全球气候治理的一个新的里程碑，但并不是气候变化谈判的终结，未来的国际气候谈判还会持续，而谈判所达成的国际气候公约或协定的履行需要国际社会的通力合作。这些均离不开气候正义理念的指导。气候容量资源的稀缺性等内在属性决定了其带给世界各国的影响往往是不均衡、不公正的：首先，由于大气本身具有流动性、不可分性等特征，使得气候变化的影响范围直接波及世界上的每

* 本文为国家社科基金重点项目“生态文明法律体系的构建及实施保障研究”（项目批准号：14AZD147）的阶段性成果。

个国家,但首先受到影响且程度最深的是最脆弱、最贫穷的国家和人民,而他们却并不是主要制造并引发气候变化事端的当事人;[1] 其次,气候变化的责任者与受害者在空间上的错位,温室气体排放最多者并不是遭受气候变化影响最严重者。发展中国家对气候变化的贡献较小,但由于大部分发展中国家属于气候敏感脆弱区,加之其经济发展水平较低、应对气候变化能力较弱,因此小岛屿国家和最不发达国家所受气候变化的影响往往更为严重;再者,由于二氧化碳等温室气体的寿命周期一般较长且难以被碳汇吸收,气候变化是长时间积累的结果,导致前代人享受工业化带来的福利,而后代人承担环境污染的不利后果,这是气候变化在时间上的错位。气候变化的这些特性,决定了气候变化的影响是不公正的。因此,气候正义概念应时而生。气候正义作为一种社会正义或法律正义,理应成为各国在未来国际气候谈判及履行国际气候协议的主要指导思想和价值评判标准。

一、气候正义概述

(一)气候正义的内涵

罗尔斯在《正义论》中指出,"正义是社会制度的首要德性,正像真理是思想体系的首要德性一样。"[2] 尽管"正义"的概念也在不同领域被频繁使用,但正义本质上体现为一种价值评判标准,而这种衡量标准主要通过法律制度来体现。法律角度的正义主要是指平等地享有权利,公平地分担义务和责任。

气候正义是环境正义在气候变化领域的具体发展和体现,环境正义运动早在20世纪80年代开始于美国。2000年前后,一些非政府组织承袭环境正义运动的精神,开始对气候变化的影响进行伦理审视,气候正义便应运而生。[3] 气候正义关注的核心主要是在气候容量资源有限的前提下,如何

---

〔1〕 See Nicholas Stern, *The Economic of Climate Change*: *The Stern Review*, at 16 (Cambridge University Press, 2007).

〔2〕 [美]约翰·罗尔斯:《正义论》,何怀宏、何包钢、廖申白译,中国社会科学出版社2009年版,第3页。

〔3〕 参见李春林:《气候变化与气候正义》,载《福州大学学报》(哲学社会科学版)2010年第6期。

界定各方的权利和义务,即气候正义主要表现为一种社会正义或法律正义。从空间维度来看,气候正义涉及各个国家和地区之间公平享有气候资源容量的问题,也涉及一国内部不同区域之间公平享有气候资源容量的问题,因而存在气候变化的国际正义和国内正义问题;从时间维度来看,气候正义涉及当代人与未来世代人之间公平享有气候资源容量的问题,因而存在代际间权利义务关系问题。这一权利义务关系,从消极方面看,体现为当代人如何约束自己的行为来保护地球气候系统免受人为干扰,以将同等质量的气候系统传承给未来世代的地球居民;从积极方面看,体现为当代人为自己及未来世代人设定义务,例如,将全球气温增长幅度控制在2℃以内。这里引发出一个气候伦理问题,即当代人是否有权利为未来世代人设定目标?本文认为,答案是肯定的。就代际公平(Intergeneration Equity)而言,地球上的自然资源在代际分配问题上应实现代际共享,避免"生态赤字"。因为,地球这个行星上的自然资源包括气候容量资源,是人类所有成员,包括上一代、这一代和下一代,共同享有和掌管的。我们这一代既是受益人,有权使用并受益于地球,又是受托人,为下一代掌管地球。我们作为地球的受托管理人,对子孙后代负有道德义务。因此,我们无权透支子孙后代的自然资源,不能"吃祖宗饭,断子孙路"。[4] 实际上,气候变化公约或协定设定的长期目标是为了保护气候系统免受人为原因引起的温室气体排放所导致的干扰,目的是保护地球气候系统,是符合未来世代人的利益的。因此,至少从我们当代人已知的科学认识来看,其本质是为了保护后代人的利益而非为其设定义务。另外,很多国际条约、公约或协定的有效期往往都有一个时间跨度,也会涉及不同世代主体的权利义务问题。从这点来看,国际气候变化公约或协定与其相比,除了时间跨度较大之外,与其并无本质区别,因此它们也都涉及为后代人设定义务或目标的问题。具言之,气候正义既有空间的维度,也有时间的维度,既涉及国际公正和国内公正,也涉及代际公正和代内公正。因此,气候正义的内涵可以界定为:所有国家、地区和个人都有平等地使用、享受气候资源的权利,也公平地分担稳定气候系统的义务和

〔4〕 曹明德:《生态法原理》,人民出版社2000年版,第21~22页。

成本。

(二)气候正义的基本原则

气候正义的基本原则目前并无定论,其内容主要体现在《联合国气候变化框架公约》(以下简称《公约》)和国内外学者的研究著述中:首先,《公约》规定了气候保护的五项基本原则:(1)共同但有区别责任原则与各自能力原则;(2)考虑发展中国家特殊情况原则;(3)风险预防和成本效益原则;(4)可持续发展原则;(5)国际合作原则。这五项基本原则是应对气候变化法的基本原则,也蕴含了气候正义的基本理念;其次,除《公约》之外,各国学者从不同角度对气候正义的基本原则展开研究和讨论,主要包括公平原则、人均排放权平等原则、共同但有区别责任原则、支付能力原则等。笔者认为,支付能力原则(各自能力原则),指根据各国的经济发展水平和拥有的财政、技术等资源和能力的不同承担应对气候变化的不同责任,一定程度上体现了共同但有区别责任原则的内涵,应与共同但有区别责任原则并列表述为"共同但有区别责任和各自能力原则"。人均排放权平等原则本质上应当体现公平价值,是公平原则的重要内涵,可被公平原则吸收。综上,本文认为国际气候变化法的基本原则应包括公平原则、共同但有区别责任和各自能力原则,并从气候正义的视角对其进行如下解读。

1. 对公平原则的解读

气候变化领域的公平原则应包含以下内容:第一,公平的主体是个人。根据自由主义和个人主义的伦理观和价值观,公平首先只是个人与个人之间的关系,而不是群体之间的关系。[5] 也就是说,公平的本意指的是人与人之间的"人际公平",而不是国与国之间的"国际公平",公平原则保障的应该是人的基本需求。以化石能源为基础的能源体系还未彻底改变,个人在衣、食、住、行、用上的消费需要消耗能源,社会的正常运转所必需的公共消费也需要消耗能源。因此,温室气体排放权是保障人生存和发展的基本人权的重要组成部分。第二,公平原则应以满足人的基本需求作为首要目标。一些学者将碳排放权分为基本需求的排放(subsistence emission)和奢侈需求的

[5] 参见郑艳:《气候公平原则与国际气候制度构建》,载《世界经济与政治》2011年第6期。

排放（luxury emission）。[6] 鉴于全球排放空间有限，而且发达国家已经实现了工业化，在分配排放空间时，应当首先满足发展中国家在衣食住行和公共基础设施建设等方面的基本发展需求，同时遏制在满足基本需求之上的奢侈排放。无论发达国家还是发展中国家，都适用这种责任。气候资源是有限的，每个人都有义务将自己的"碳足迹"控制在合理范围之内。第三，公平原则既要考虑历史，也要着眼于未来。对于已经完成工业化的发达国家而言，应当充分发挥其减排优势，充分利用市场机制（例如碳税政策和排放贸易机制），争取实现帕累托经济效益。对于仍处于工业化进程中的发展中国家，社会基本需求尚未满足，追求公平应更多着眼于未来，在保障发展中国家基本需求的前提下促进低碳发展。[7]

另外，人均排放权平等也是公平原则的重要内涵。人均排放权平等原则，其基本涵义是"温室气体的排放份额应当视为一种公共财产，地球上所有居民对温室气体排放额这一公共财产平等地享有排放权"。[8] 其基本出发点是人人平等地享有对温室气体排放空间这种全球公共资源的权利。耶鲁大学气候正义中心教授托马斯·伯格（Thomas Pogge）等人所倡导的奥斯陆原则主要就是采用人均排放权原则。[9] 基于该原则的很多趋同分配方案，主要指基于人均排放权平等原则提出的温室气体减排分配方案，如法国的趋同方法、英国全球公共资源研究所提出的紧缩与趋同方法以及我国机构和学者提出的"两个趋同"方案（见下文），这些方案主要是从现实出发，逐步与人均排放目标趋同，从而在未来某个时间点上实现人均排放的平等分配。这些方案大多默认了历史、现实以及未来相当长时期内实现趋同过程中的不公平，严重制约了仍处于工业化发展阶段的发展中国家的排放空间，

---

〔6〕 See Herry Shue, Subsistence Emission and Luxury Emissions, 15 (1) *Law and Policy*39, 59 (1993).

〔7〕 参见潘家华等：《中国参与国际气候谈判定位与被定位——公平地认识中国的责任和贡献》，载王伟光、郑国光主编：《应对气候变化报告（2014）——科学认知与政治争锋》，社会科学文献出版社2014年版，第14页。

〔8〕 曹明德：《气候变化的法律应对》，载《政法论坛》2009年第4期。

〔9〕 Expert Group on Global Climate Chance, at http://www.elevenpub.com/law/catalogus/oslo-principles-on-global-climate-obligations-1 (Last visited on October 23, 2015).

这显然是不正义的。因此,讨论人均排放权平等原则,需在公平原则的视野下来考虑。

2. 对共同但有区别责任原则和各自能力原则的解读

共同但有区别责任原则(CBDR),是指由于气候容量资源的整体性、全球气候变化因素的多样性以及各国发展阶段的差异性,导致各国在应对气候变化方面负有共同但又有区别的责任。该原则包含二个基本要素:第一,“共同的责任”,指每个国家无论大小和贫富差别均生活在同一个地球,地球气候变化是人类共同作用造成的,这种变化带来的恶劣后果也使全人类福祉受到共同威胁。因此,全人类必须共同行动,担负起保护地球的共同职责。气候变化的全球性是确定世界各国对全球气候变化负有共同责任的基本根据。第二,“有区别的责任”,指各国虽有保护全球气候容量资源的共同责任,但是根据各国对气候变化问题承担的历史责任、现实情况和将来发展需求的不同,对国际气候变化责任的承担并不是平均分配,而是呈现出“有区别”的责任后果。

各自能力原则,指由于资金、技术和其他能力方面的差别,各国所承担责任和履行义务的方式应与自身能力相适应、与自身发展阶段和水平相适应。“各自能力”实际是指世界各国的能力,因而对各自能力原则的更准确的理解应为各国能力原则。作为应对气候变化责任分担原则的有机组成部分,其基本含义是各国根据其能力的大小承担应对气候变化的责任。确定世界各国对全球气候变化承担“与自身的实际能力相符”责任的基本依据是世界各国实施应对气候变化行动的能力各不相同。

共同但有区别责任和各自能力原则,是历史责任、发展排放和现实能力三者的统一:首先,“共同责任”是绝对的,只要有排放,就要承担责任;其次,在长时段内,“区别责任”是相对的,经过一个较长时段的积累,会形成历史责任,出现新的责任主体;但是,在短时段内,“区别责任”是绝对的,排放累积需要一定的时间,此时段内责任主体保持稳定。同时“区别责任”是履行“共同责任”的一种方式;最后,“各自能力”是相对的,通过自身努力和他方支持,自身能力可以增强;但如果缺乏必要的外界支持,自身能力也可能相对减弱。[10]

(三)气候正义的主要实现路径

在气候容量资源有限的前提下,如何界定各方的权利和义务,是气候正义关注的核心问题。气候正义的主要实现路径包括分配正义和矫正正义。前者的实质是如何在各国际主体之间分配排放额,这是气候利益与义务的初次分配,称之为分配正义。后者的主要功能之一是使不平等状态回复到初始的平等状态中去,主要方式就是对于受损害的一方给予补偿,这是对初次分配不公平的矫正,称为矫正正义。

分配正义作为应对气候变化国际法律制度的重要一环,强调的是在分配气候变化领域中可供分配的对象(气候变化中的利益和负担,或权利和义务)过程中所遵循的原则的正当性、合理性所做出的价值综合判断。当社会成员通过气候变化法律制度的安排所得到的是正当的、公平的,就是正义的分配。[11] 简言之,气候变化中的分配正义,主要关注气候变化分配领域的正义问题,是指国际社会根据一定的价值体系标准对气候变化领域的利益和负担进行分配时,对所有参与分配的主体所实施的一种合理化对待。[12]

矫正正义要求造成损害的主体有责任对损害进行修补和赔偿。气候变化语境下的矫正正义注重过去发生的错误行为,较好地解决了气候变化的时空错位问题。发达国家和地区的温室气体排放行为,损害了其他国家的生存与发展。对于那些因气候变化影响较为严重的国家和地区,可以根据矫正正义要求温室气体主要排放国停止危害、提供资金和技术支持以应对气候变化。发展中国家和落后地区的历史累积排放和人均排放都非常低,为解决最基本的生存和发展问题,需在一定时间内增加排放。发达国家有义务通过资金和技术转让,帮助发展中国家和地区避免重走工业化国家以能源高消费为支撑的老路。矫正正义不仅是发达国家对其挤占发展中国家排放空间的一种补偿,也是实现气候治理的共同目标,以及落实气候正义的

〔10〕 参见刘衡:《论欧盟关于2020全球气候协议的基本设计》,载《欧洲研究》2013年第4期。

〔11〕 参见马永华:《分配正义概念解析》,载《长春工程学院学报》(社会科学版)2009年第1期。

〔12〕 参见陈贻健:《气候正义论:气候变化法律中的正义原理和制度构建》,中国政法大学出版社2014年版,第161页。

需要。

二、国际社会对气候正义的法律论争

气候正义作为法律正义，各国从其自身利益需要和国家的现实状况对其有不同的理解，特别是对气候正义所应坚持的“共同但有区别责任原则（CBDR）和各自能力原则”以及温室气体减排路径问题上存在认识的分野。国际社会关注气候变化，最重要的问题不在于是否需要采取行动，因为已就此问题基本达成共识，问题的关键在于如何行动。

（一）对共同但有区别责任原则和各自能力原则的不同理解

1. 发达国家与发展中国家之间的不同理解

在共同但有区别责任原则和各自能力原则的适用中，发达国家与发展中国家之间存在较大分歧。发达国家主要强调“共同责任”，认为在全球经济快速发展的背景下，应当动态地解释共同但有区别责任原则和各自能力原则，其目的是让发展中国家承担更多的减排责任以减轻自身的减排压力。

发展中国家则主要强调“有区别的责任和各自能力”，普遍认为发达国家对于全球气候变暖负有不可推卸的历史责任，因此，国际气候制度应在减排、适应、资金、技术等方面对发达国家和发展中国家进行责任区分。发达国家不仅应该提出大幅度的温室气体总量减排目标，还应当向发展中国家提供资金援助、技术转让和能力建设方面的支持，帮助发展中国家提高应对气候变化的能力；发展中国家应对气候变化要与经济社会发展协同进行，但首要任务仍然是消除贫困和实现经济发展。2015 年的巴黎气候大会上，共同但有区别责任原则（CBDR 或“共区原则”）再次成为争论的焦点之一，一些国家甚至试图摒弃这一原则以及确立这一原则的气候变化框架公约。相反，巴黎气候大会达成的《巴黎气候协定》再次重申了“共同但有区别的责任原则”，但需要在未来的后续谈判中加以具体化，依然存在很大的不确定性，因为，发达国家至今并没有提供至 2020 年每年筹措 1000 亿美元的具体时间表和路线图，甚至有些国家在巴黎气候谈判中试图摒弃共同但有区别责任原则。

2. 发达国家与发展中国家内部的分歧

对于共同但有区别责任原则和各自能力原则的理解,不仅发达国家与发展中国家之间存在较大分歧,发达国家和发展中国家内部也存在分歧。发达国家的利益共同体主要指欧盟和“伞形集团”。[13] 欧盟是应对气候变化态度的积极方,但在2011年德班气候会议上其立场改变,要求美国、中国和印度等所有缔约方共同接受具有法律约束力的量化减排协议,但共同但有区别责任原则和各自能力原则可以保留。伞形国家在德班平台下缺乏谈判意愿且态度强硬。美国不但力图避免共同但有区别责任原则和各自能力原则写入新的国际协议,而且还坚持要求发展中国家,尤其是中国和印度等排放大国都纳入强制性减排机制。曾经的坚定支持者日本,在签订《京都议定书》(以下简称《议定书》)时热情高涨,却在有关第二承诺期的讨论中态度消极。加拿大则以国际社会对其规定的减排责任负担太重为由,于2011年宣布退出。俄罗斯尽管没有宣布退出《议定书》,但是拒绝履行《议定书》第二期的减排目标。

发展中国家内部也因经济发展趋势以及气候战略和立场的不同,分化为不同的利益共同体。以“基础四国”(BASIC)为主的新兴经济体,[14]除中国一直坚定支持共同但有区别责任原则和各自能力原则外,其余三国都开始摇摆,印度在重压下对欧盟的“路线图”表示“不情愿地”支持,南非和巴西则表现出亲欧盟倾向;小岛屿国家联盟(AOSIS)由于近年来因海平面上升而被海水淹没的威胁越来越大,[15]致使其态度激进,要求发达国家和新兴经济体都要承担绝对量化减排任务;最不发达国家集团(LCDs)提出新的减排

---

[13] 伞形集团的名称从何而来尚无定论,一般的说法是将该集团的成员在地图上用线连起来就像一把伞,也象征着地球的保护伞,故此得名。它是指在《京都议定书》通过之后,除欧盟之外的发达国家形成的一个松散同盟,该集团以美国为首。虽然没有正式名单,但伞形集团成员国通常包括美国、澳大利亚、日本、新西兰、挪威、俄罗斯、乌克兰。

[14] 基础四国(BASIC)是指巴西、南非、印度、中国,代表世界上最大的四个发展中国家,都处于工业化快速发展的过程中,但同时面临发展和减排的困境,需要发达国家给予相关的资金和技术支持,以增强其减排力度。

[15] 小岛屿国家联盟(AOSIS),是受全球气候变暖影响威胁最大的几十个小岛屿及低海拔沿海国家组成的国家联盟,其定位是作为整体为小岛屿国家发出声音。

协议,除了约束美国这样的非议定书成员发达国家外,[16]还要对新兴大国提出具体的减排要求;阿拉伯"石油输出国组织"(OPEC)倾向于强调气候变化问题的不确定性,因此对气候治理一直采取消极和观望态度。[17]

综合以上各方立场,本文认为,共同但有区别责任原则和各自能力原则仍将在长期内被坚持和适用,但是该原则的适用将会发生一定变化,该原则不再是笼统意义上的适用,而是综合考虑多种因素确定公平合理的量化标准,根据此量化标准对"区别责任"的主体及责任分担进行细分。从目前共同但有区别责任原则和各自能力原则的适用来看,《公约》对"区别责任"的承担主体的规定,缺乏相对客观的量化标准。从巴黎气候谈判来看,中国的发展中国家身份问题是一个焦点。西方国家更倾向于以"排放大国"来意指中国,而不再认为中国是发展中国家。诚然,中国是世界第二大经济体,按照平均购买力来衡量,中国于2014年已经超过美国,成为世界第一。但如果考虑人口因素,中国人均收入还远未达到中等收入发达国家水平。因此,对于发达国家和发展中国家的身份认定,应当像世界银行、世界贸易组织那样,在其制定的规则及实践中采用客观的认定标准,从而避免主观认定。但在国际气候变化领域,还没有形成判断发展中国家的客观认定标准。不仅如此,一些国家的谈判代表对"发展中国家"的术语进行质疑,认为这一术语是20世纪50年代的政治术语,在国际气候谈判中不应当再采用。2008年,在丹麦举行的一次气候变化国际会议上,日本环境省首席气候变化谈判代表就对中国的"发展中国家"身份进行质疑,认为应当摒弃这一术语。另外,他把发展中国家划分为"发达的发展中国家"和"不发达的发展中国家",而中国属于前者,这实际上是在制造混乱。除了少数国家有意针对中国的不良企图之外,国际气候公约或协定对发展中国家的判断缺乏客观认定标准是其直接原因。例如,经济合作与发展组织(OECD)的成员通常都被认为是

---

〔16〕 最不发达国家集团(LCDs),指那些社会、经济发展水平以及人类发展指数最低的一系列国家。他们长期兼有发展中国家和最不发达国家双重身份。

〔17〕 阿拉伯"石油输出国组织"(OPEC),这类国家的经济严重依赖于国际石油贸易,但从长远看来,全球气候治理趋向降低世界化石能源需求总量,鼓励寻求替代资源,这将会影响石油输出国组织的利益。

发达国家,但在《公约》中,作为成员的韩国和墨西哥并未被作为发达国家划入附件一中。而其中正朝着市场经济过渡的国家显然也不等同于发达国家。[18] 这种仅以主观的"身份"标准来确定"区别责任"的承担标准,难以为世界各国所接受,从而影响全球气候正义的实现。因此,亟须确立一种能被发达国家和发展中国家共同认可的量化标准,作为共同但有区别责任原则和各自能力原则的划分依据之一。这样既可以考虑国际各方的立场,又能结合更多政治力量,实现全球气候正义。

(二)对温室气体减排路径的分歧

为构建新的国际气候治理框架,将升温幅度控制在2℃之内,在过去20多年的谈判过程中,国际社会一直致力于设计可为各方接受的减排方案。随着研究的深入和谈判的进展,不同的分配方案相继出现。这些分配方案涉及的内容大致包括:方案的法律效力、减排方式、减排的时间期限、资金和技术援助义务、减排统计的义务和方法学问题以及减排目标等。总体而言,这些方案大致分为"自上而下"和"自下而上"的分配模式,而此次巴黎气候谈判明确了温室气体减排的主要方式为"国家自主贡献"(INDC),即"自下而上"的模式。

1. 基于总量的"自上而下"的模式:依据统一标准分配减排指标

依据统一标准分配减排指标,是指以总的减排目标和义务分担原则为谈判起点达成共识,然后根据这一原则进行减排义务的分担。从理论上讲,严格的"自上而下"模式应包含很强的全球协调性、得到普遍认可和追求的总体目标、分阶段目标和时间进程表、共同遵守的规则机制(如市场机制)、严格的进度报告和核查机制以及遵约机制。[19] 温室气体减排责任分担的多数方案采用"自上而下"的方法,各国政府或研究机构基于不同立场、运用不同方法提出不同减排责任分配方案。

中国研究机构和学者提出的减排责任分配方案主要有:"两个趋同"方

---

〔18〕 参见陈贻健:《共同但有区别责任原则的演变及我国的应对:以后京都进程为视角》,载《法商研究》2013年第4期。

〔19〕 Hare W., Stockwell C. & Flachsland C., et al. The Architecture of the Global Climate Regime: A Top - down Perspective, 10 *Climate Policy* 600, 614 (2010).

案、“碳预算”方案、“一个地球、四个世界”减排路线图等。[20] 在这些方案中，“两个趋同”方案是由清华大学提出，在紧缩趋同方案基础上做出有利于发展中国家的改进方案，方案中的“两个趋同”是指：其一，2100年各国的人均排放趋同；其二，各国自1990年到2100年的累积人均排放趋同。“两个趋同”方案对发展中国家比较有利，因为发展中国家的人均排放在某一时期将超过发达国家从而将经济发展到较高水平后开始承担减排义务。[21] “碳预算”方案，由中国社会科学院潘家华、陈迎等学者提出，旨在通过人文发展基本碳排放需求理论与方法，在既能体现“共同但有区别责任原则”，又能实现全球中长期减排目标的前提下，构建一个更为公平、有效的国家气候制度综合方案。[22] “一个地球、四个世界”减排路线图方案，由我国学者胡鞍钢提出，该方案根据人类发展指数将世界各国分为四类，然后根据污染排放大国减排主体原则，确定各国减排责任的分担。[23]

2. 基于承诺的“自下而上”的方法：国家自主决定贡献（INDC）

国家自主决定贡献（INDC）产生的直接背景是发达国家要求发展中国家承担减排温室气体乃至出资等义务，同时以美国为首的“伞形集团”发达国家力推国家自主减排的“自下而上”履约路径。2013年年底华沙气候大会要求所有缔约方启动或加强关于2020年后INDC的国内准备工作，首次提出INDC。[24] 近年来，由各国自主设定应对气候变化目标并向公约提交，即“自下而上”的谈判路径已成主流。在《巴黎协定》中，共有186个国家和地区向联合国提交了“国家自主贡献预案”，涉及全球95%以上的碳排放，其中

---

〔20〕 参见黄婧：《国际温室气体减排责任分担机制研究》，中国政法大学出版社2014年版，第119～123页。

〔21〕 参见陈文颖、吴宗鑫、何建坤：《全球未来碳排放权“两个趋同”的分配方法》，载《清华大学学报》（自然科学版）2005年第6期。

〔22〕 参见潘家华主编：《碳预算：公平、可持续的国际气候制度框架》，社会科学文献出版社2011年版，第156页。

〔23〕 参见胡鞍钢：《通向哥本哈根之路的全球减排路线图》，载《当代亚太》2008年第6期。

〔24〕 参见傅平：《解读联合国气候谈判的两大焦点问题》，载《中国财政》2015年第5期。

几乎包括所有发展中国家。[25] 中国也于2015年6月30日向联合国气候变化框架公约秘书处提交了《强化应对气候变化行动——中国国家自主贡献》,并提出到2030年的自主行动目标,即“二氧化碳排放2030年左右达到峰值并争取尽早达峰;单位国内生产总值二氧化碳排放比2005年下降60%~65%,非化石能源占一次能源消费比重达到20%左右,森林蓄积量比2005年增加45亿立方米左右。中国还将继续主动适应气候变化,在农业、林业、水资源等重点领域和城市、沿海、生态脆弱地区形成有效抵御气候变化风险的机制和能力,逐步完善预测预警和防灾减灾体系”。[26]

笔者认为,无论是基于总量的“自上而下”模式,还是基于承诺的“自下而上”模式,对于温室气体减排权利义务的分配而言,都是各有利弊。具体而言,“自上而下”的优点是综合考虑全球温室气体减排长期目标,具有严格的核查机制和遵约机制。但基于此模式下的多种分配方案难以达成一致,加之美国等温室气体排放大国的消极抵制,使得“自上而下”的模式在具体实践层面遭遇层层阻碍。“自下而上”的优点是各国可以根据自身情况通过国际协商确定减排目标,具有很大灵活性。在气候谈判中,容易凝聚多方政治力量,一定程度上可以促成气候谈判协议的达成。但这一模式通常是短期目标,缺乏与全球长期减排目标之间的联系,所以无法保障全球长期目标的实现。2015年12月签订的巴黎气候协定决定采用“《联合国气候变化框架公约》+议定书”的模式,以“自下而上”的国家自主贡献作为温室气体减排的主要方式,并通过“全球总结”“国际评估和审评的手段”,作为履行和评价国际气候协定实施效果的方式,并作为强化各国国家自主贡献力度的主要工具,是国际环境法上的一大创新,其重要作用是调动了各国自主减排的自愿性和积极性。不过,其缺点也显而易见,即依赖于各缔约方的自愿减排方案、计划和行动,难以确保公约确立的2℃温升目标的实现。综上所述,本

〔25〕 参见《世界需要更好的气候协议》,载中国气象局网:http://www.cma.gov.cn/2011xzt/2015zt/20151127/2015112704/201512/t20151224_300503.html,最后访问时间:2015年12月31日。

〔26〕《强化应对气候变化行动——中国国家自主贡献》,载中国气候变化信息网:http://www.ccchina.gov.cn/archiver/ccchinacn/UpFile/Files/Default/20150701083650312041.pdf,最后访问时间:2015年7月3日。

文认为,应当采用"自下而上"和"自上而下"相结合的温室气体减排模式。未来的国际温室气体减排分配方案在设定和落实减排目标等主要方面,将更多由缔约方根据各自的国情以"自下而上"的方式决定,这种方式有助于调动各成员国参与温室气体减排的积极性、主动性,并具有政治上的可行性。"自上而下"的减排目标设定往往导致国际气候谈判破裂,即使能够达成国际协议,由于各国对于减排目标和义务持慎重保守的态度,倾向于承诺较低的容易实现的减排目标,因此难以实现2℃温升控制目标。另外,"自上而下"的温室气体减排路径也有其发挥作用的领域。在统筹和协调国际温室气体排放方面,如温室气体排放的基本原则、排放核算规则、周期性地开展审评的规则、实现各方行动透明度的方法学等方面,应体现某种程度的"自上而下"。国际气候变化减排路径应当是向着某种"自下而上"和"自上而下"的混合模式发展。

三、中国参与国际气候治理的法律立场

作为最大的发展中国家与最大的温室气体排放国,中国在应对气候变化问题上面临巨大压力。为厘清气候正义理论分歧,有效开展气候领域的国际合作,为中国参与全球气候治理的立场提供正当性与合法性支持,有必要阐释气候正义视域下的中国立场。

(一)建立公平合理的减排标准,实现分配正义

前文已述,在国际实践中主要有两种减排路径,2015年《巴黎协定》确立了各国"自下而上"自主提出减缓目标的规则,因为这种机制有利于吸引各国平等、广泛的参与,但由于该机制依赖于各国自主的减排目标,难以保证实现公约设定的2℃温升目标。本文认为,为实现气候正义,应当考虑建立一种公平合理的"自上而下"的减排分配方案。然而目前缺乏一个既让发达国家满意,也让发展中国家满意的全球减排分担方案,确定公平合理的减排分配方案势在必行。因此,应当综合考虑人口问题、历史责任、国际贸易、发展指数、气候能力、能源禀赋等多方面因素确立公平合理的减排标准。具体步骤为:

1. 根据"碳预算"方案理论,确定全球碳预算总量。首先,根据IPCC第

五次评估报告,“全球未来的平均增温幅度不可超过工业化前水平2℃”可得出,生态系统所能“容忍”的最大增温幅度为2℃,以此确定大气所能容纳的CO_2浓度限额,再扣除当前的浓度水平。其次,考虑海洋及陆地生态系统中的“碳汇”作用,得到未来特定时期内全球总的CO_2排放空间。最后,综合考虑未来的人口增长,各国社会和经济发展中能源和土地利用的变化趋势,以及各国在能源结构和生产方式上的政策调整。[27]

2. 基于历史责任和人口因素,确定人均历史累积排放量。从历史背景看,大气中现存二氧化碳绝大多数由发达国家产生的。根据有关计算,发达国家在1850~2003年间,共计排放约82%的全球温室气体(见表1)。目前全球气候变化问题主要源于发达国家自工业革命以来向大气排放的大量温室气体。为此,应当将历史排放作为减排责任分担的考虑因素之一。另外,根据前文所述,公平原则的主体是人,其本意是世界各国每一个人对于温室气体的排放份额这一公共财产都平等地享有排放权。因此,人口数量也是分配减排责任应考量的因素。人均历史累积排放量,既反映了人均平等排放权原则的人均平等要求,也反映了“共同但有区别责任原则”中的历史责任要素。图1显示了清华大学何建坤等人测算的主要国家在1850~2005年间的人均历史累积CO_2排放量。[28]

表1 部分国家1850~2003年的CO_2累计排放量占世界份额情况

国家	美国	欧盟	俄罗斯	日本	德国	英国	加拿大	前7国总计	韩国	中国	印度
排名	1	2	3	7	5	6	11		23	4	9
份额(%)	29	26	8	4	7	6	2	82	1	8	2
数量(Mt)	318740	286764	88320	45189	78499	67348	23378	908220	8500	85314	24347

〔27〕 参见杨柳:《二氧化碳排放权分配:基于“共同但有区别的责任”原则》,山东大学2014年博士学位论文,第90页。

〔28〕 参见何建坤、腾飞、刘滨:《在公平原则下积极推进全球应对气候变化进程》,载《清华大学学报》(哲学社会科学版)2009年第6期。

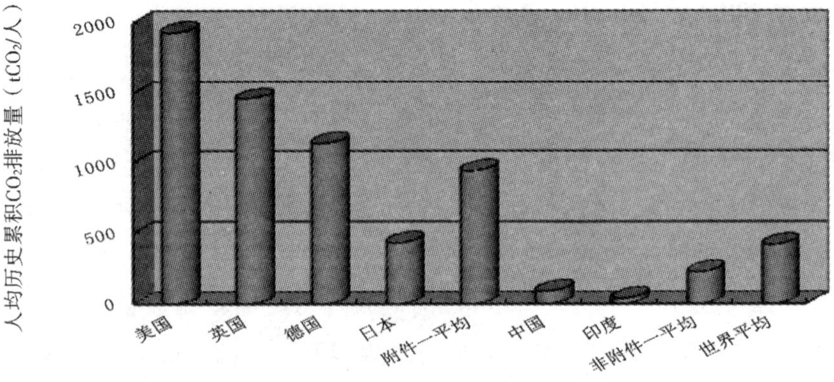

图1　主要国家1850～2005年人均历史累积CO_2排放量（tCO_2/人）

3. 基于“隐含碳”原理，扣除转移排放对“生产者责任”的影响。“隐含碳”原理是指一国为了降低领土范围内的二氧化碳排放量，将能源密集型或其他高碳排放产业转移至其他国家，并通过国际贸易途径成为产品的最终消费者。该原理导致以“生产者责任”为基础得出的二氧化碳排放量对这类产品的净出口国不利——这些国家没有享受到以自身资源消耗而生产出的产品，却又因此被计入了更高的排放责任。为了更为客观地反映各国的碳排放责任，可根据高碳排放产品的流向，将相应的排放量从净出口国以“生产者责任”为基础计算而得的排放量中扣除，加总到净进口的国家。

4. “最不发达国家”和“小岛屿国家”不承担减排责任。考虑到最不发达国家和小岛屿发展中国家对气候变化责任极其轻微，以及其经济实力和在气候变化方面的脆弱性，其当务之急是消除贫困，发展本国经济，适应气候变化，而非采取温室气体减排行动，对于这些国家应当免于承担量化减排义务。当然也不排除这些国家“升级”为普通发展中国家而承担一定量化减排的可能性。[29] 因此可由联合国定期更新最不发达国家和小岛屿国家的最新名单。

5. 综合考虑地理气候条件、能源资源禀赋、气候能力等因素，确立统一减排标准。首先，考虑地理气候条件的理由在于，“对于其他条件相同而地理位置不同的两个国家，所需的基本碳排量可能存在差别，而要维持舒适的

〔29〕 参见前引〔20〕，黄婧书，第132页。

生活条件所消耗的能源量也会有所不同。”[30]其次，能源资源禀赋也会影响到一国的温室气体排放水平。有学者提出，“对能源消费结构较重的国家应予以一定补偿，同时也应鼓励各国开发低碳能源或可再生能源。”[31]因为不同国家的能源资源结构不同，相应地基本需求的碳排放量也会有很大不同。再者，减缓气候变化的能力与一国的经济、社会发展、科学技术等情况密切相关，但最主要的影响因素还是经济因素。由于各国经济发展水平不一样，应对气候变化的能力也有很大差别。

需要说明的是，虽然本文提出的“自上而下”的减排分配方案相对比较客观，更容易结合多方政治力量以实现气候正义。但该方案的实行对中国而言，可谓机遇与挑战并存：一方面，中国历史累积排放量相对较低、人口基数较大，使得人均累计排放量较低，同时发达国家通过国际贸易转移到我国的碳排放额较大，扣除这部分“转移排放”，对中国而言无疑是有利因素；另一方面，2℃的温控目标以及中国目前不断增长的碳排放量，不仅压缩了中国的碳排放空间，而且将使中国面临越来越沉重的减排压力。因此，加大新能源的资金投入和技术开发，促进全社会低碳经济发展和低碳消费，才是中国应对气候变化，实现气候正义的长久之计。

（二）强化国际气候变化公约的履约机制

公平合理减排机制的建立，需要强有力的遵约机制做支撑。《公约》《议定书》《巴黎协定》等诸多气候变化协定均存在缺乏强制执行力的弊端，公约缺乏应有的遵约机制。以《议定书》约定的附件一国家第一承诺期的减排义务执行效果来看，一些发达国家并未信守其承诺，没有完成预期的减排目标。从《公约》及其《议定书》的履约机制来看，违约者的违约责任十分有限，仅体现在第二承诺期的削减排放量的分配上，惩罚力度不足。这种状况导致部分发达国家始终将其归于“软法”，使之不能为缔约方国家的具体履约行为和国际气候谈判提供明确指导，更难以发挥其约束作用。因此，在未来

---

〔30〕 高广生：《气候变化与碳排放分配》，载《气候变化研究进展》2006 年第 6 期。

〔31〕 潘家华主编：《碳预算：公平、可持续的国际气候制度框架》，社会科学文献出版社 2011 年版，第 166 页。

的气候变化谈判中应当对其加以改进。

首先,应当建立国际气候法庭。2010年墨西哥坎昆气候大会首次提出“倡议设立国际气候法庭,监督《公约》的执行情况”。[32] 当主权国家实施国际气候公约体系时,应由公约的执行机构依照法定程序进行监督,监测各国的减排情况。由于气候领域不同于其他环境问题,气候问题特有的复杂性、全球一体性与长期性特点,决定了气候案件与其他环境案件的区别,因而审理气候案件的法官需要具备必要的气候领域的专门知识。成立专门的国际气候法庭,由专人解决全球的气候争端,可以保证工作的有效性与争端的可司法性,以解决气候变化公约和协定在执行过程中产生的国际争端。

其次,建立履约担保制度。在目前的气候变化法律中,一直缺乏经济性的惩罚制度,从而导致气候变化法律制度缺乏执行力。但是,过分依靠经济处罚在气候变化领域中并不一定能得到矫正正义追求的目标,相反还可能会降低缔约方的履约能力,妨碍缔约国重新回到遵约状态。此外,如果缔约国本身即是由于资金缺乏而导致不遵约,那么施以资金处罚无异于雪上加霜,进一步使其失去履约能力。[33] 因此,可以考虑建立履约担保制度,所有缔约方应当缴纳一定数额的履约担保基金,当缔约国违约时,可用该基金来支付罚金,从而保证国际气候变化公约或协定得到普遍遵守和执行。

(三)发达国家应当制定支持发展中国家的时间表和路线图,实现矫正正义

如前文所述,气候正义的实现路径包括分配正义和矫正正义。分配正义的实现可以通过建立公平合理的减排机制以及具有强制力的履约机制来实现。矫正正义则要求遭到损害的主体有权利主张损害者对受损害的利益进行恢复和补偿。发展中国家由于经济体系的气候依存度远远高于发达国家,需要更多的资金和技术来适应气候变化。但由于国际财富分配不公,发展中国家产业结构落后,经济技术水平低下,应对能力有限,在气候变化的冲击面前更为脆弱。根据矫正正义原则,发展中国家由于气候变化受到的

〔32〕 朱玲、周翠红:《能源环境与可持续发展》,中国石化出版社2013年版,第225页。
〔33〕 参见黄婧:《〈京都议定书〉遵约机制研究》,中国政法大学2009年硕士学位论文,第36页。

损害应由发达国家按照工业革命以来的排放总量来进行补偿和分担,即发达国家按照历史排放量的份额对发展中国家提供支持,主要包括资金支持、技术支持以及能力建设等方面。

1. 资金支持方面——绿色气候基金(GCF)和"气候变化南南合作基金"

发达国家向发展中国家提供充足的资金以帮助发展中国家减排温室气体和适应气候变化一直都是实现气候正义的应有之义。过去由全球环境基金(GEF)作为临时资金机制向发展中国家提供资金支持。目前在《公约》下成立了绿色气候基金(GCF)作为资金机制。在哥本哈根气候大会上,发达国家曾承诺到2020年要把向发展中国家提供资金援助的规模提升到每年1000亿美元。然而直至利马会议结束,GCF才筹集到103亿美元。[34] 对于长期资金(到2020年每年1000亿美元),发达国家依然拒绝给出路线图,巴黎气候变化大会也未就气候资金相关内容达成协定,包括资金组成、资金计算方法、何国何时出资、资金援助对象等。因此,在资金援助方面,发达国家应当提出以公共资金为主的详细时间表和路线图,例如,按照2015年500亿美元,每年递增100亿美元的幅度逐年增加出资规模,直至实现到2020年每年向发展中国家提供1000亿美元的资金目标。

另外,在利马会议期间,我国宣布,中国将支持建立"气候变化南南合作基金",为南南合作投入1000万美元,并承诺将在2015年投入双倍的资金。2015年9月25日,中国政府在《中美元首气候变化联合声明》中承诺:中国将拿出200亿元人民币建立"中国气候变化南南合作基金",支持其他发展中国家应对气候变化,包括增强其使用绿色气候基金资金的能力。中国应在此基础上主动开展南南合作,支持其他发展中国家的能力建设,扩大发展中国家在气候资金领域的话语权,开拓新的获资渠道。同时,推动以资金常设委员会、适应委员会等为主的公约机构,作为扩大发展中国家信息汇集话语权,增强在评估供资义务履行中参与程度的机制保障。[35]

---

〔34〕 参见朱松丽:《利马气候变化大会成果分析》,载《中国能源》2015年第1期。

〔35〕 参见《中美元首气候变化联合声明》,载新华网:http://news.xinhuanet.com/politics/2015-09/26/c_1116685873.htm,最后访问时间:2015年10月8日。

2. 技术支持方面——技术机制和知识产权

发达国家向发展中国家提供先进的应对气候变化技术转让也是气候正义关注的重要议题。目前,在《公约》下已建立了技术机制,下设技术执行委员会(Technology Executive Committee, TEC)以及气候技术中心和网络(Climate Technology Center and Network, CTCN)。发展中国家对技术机制只提供一些咨询和信息等方面的服务很不满意,希望获得实实在在的技术投资,真正促进技术开发与转让。但发达国家对此一直很消极,把所有这些要求都推给技术机制下的两个机构。因此,为解决技术转让所需资金不足问题,我们可以提出把技术机制提出的行动与资金机制(GCF 和 GEF)与其资金分配挂钩,或者还可以考虑通过能够获得的发达国家的资金援助与其进行清洁技术置换,即把那些援助资金直接用于购买该国家本身或第三国的"清洁技术"。[36]

另外,知识产权问题也在气候变化技术转让中备受争议。我们应当采取具体措施以识别知识产权在不同阶段、不同情况下对气候有益技术开发与转让可能的作用,防止发达国家与发展中国家之间对知识产权问题的保守和偏见立场,增进各方共识。同时,构建和完善相应的知识产权法律体系,包括:建立和完善申请授权制度以及相应的实施制度,加快无害环境技术运用、转让,加强对无害环境技术转让领域的反垄断规制等。[37]

3. 能力建设方面——能力建设委员会

发达国家除向发展中国家提供资金和技术支持外,还应提供能力建设方面的支持。

《利马气候行动号令》提到 2015 年新协议将平衡地解决减缓、适应、资金、技术、能力建设和透明度等问题,但没有指明由"发达国家向发展中国家提供资金、技术转让和能力建设支持"。中国在《强化应对气候变化行动——中国国家自主贡献》中,明确提出:"2015 年协议应明确发达国家按照公约要求,为发展中国家各领域能力建设提供支持。建立专门关于能力建

---

〔36〕 参见吕学都:《利马气候大会成果分析与展望》,载《气候变化研究进展》2015 年第 3 期。

〔37〕 参见马忠法:《气候正义与无害环境技术国际转让法律制度的困境及其完善》,载《学海》2014 年第 2 期。

设的国际机制,制定并实施能力建设活动方案,加强发展中国家减缓和适应气候变化能力建设。”一直以来,发展中国家和发达国家在对发展中国家提供的能力建设支持的程度和规模、能力建设已取得的成效、发展中国家能力建设的不足和需求、未来加强能力建设的安排等方面存在严重分歧。发达国家企图逃避历史责任,试图虚化发展中国家能力建设问题。以美、日、欧为代表的发达国家普遍强调,加强能力建设的德班论坛已经能充分解决问题。而发展中国家认为德班论坛只是交流信息经验的平台,并不能实现将现有能力建设的执行情况与未来能力建设的需求相衔接的功能。

因此,需要在公约下建立一个能力建设统一机制,以完成对各渠道能力建设的审评并指导未来的能力建设。2015 年《巴黎气候协定》在能力建设方面取得一定进展,该协定决定设立巴黎能力建设委员会,旨在处理发展中国家缔约方在执行能力建设方面现有和新出现的差距和需要。

四、中国参与气候治理的国内策略

(一)正确认识《巴黎协定》对中国的影响

气候正义需要国际社会的集体行动来实现,巴黎气候大会达成的《巴黎协定》依赖于各缔约方的自愿行动即“国家自主贡献”。中国遵守和履行《巴黎协定》以及其他相关气候协定是中国实现气候正义的具体行动和体现。中国作为发展中国家为何要承诺温室气体减排义务?其利弊如何?这些问题不容回避。首先,中国温室气体的年排放量自 2007 年以来首次超过美国成为世界上温室气体排放量最大的国家,且中国的人均温室气体排放量已达到 7.2 吨,世界人均排放量为 5 吨,超过世界人均排放量,也首次超过欧盟的 6.8 吨人均排放量。尽管与人均碳排放量达 16.5 吨的美国相比,还有很大差距。[38] 但从全球碳排放的比例来看,2015 年中国的碳排放量占全球碳排放量的 29%,这一比例是十分惊人的。预计至 2023 年的《巴黎协定》后的第一次盘点,中国的碳排放量约占全球的 1/3 以上。因此,中国作为排放大

〔38〕 参见《中国碳排放总量超过欧美总和,人均碳排放量首超欧盟》,载观察者:http://www.guancha.cn/strategy/2014_09_22_269609.shtml,最后访问时间:2015 年 12 月 31 日。

国有义务承担温室气体减排,这也是公平责任原则、共同但有区别责任原则和各自能力原则的要求。根据国际环境法上所确立的领土无害使用原则,一国负有对其领土及其管辖范围内的活动不得损害其他国家或其管辖范围以外地区的环境的责任。1941年特雷尔冶炼厂仲裁案(Trail Smelter)以国际习惯法的方式确立了领土无害使用原则,即:一个国家领土或其管辖范围内的活动不得损害其他国家或其管辖范围之外地区的环境。1972年《斯德哥尔摩宣言》原则21指出,按照联合国宪章和国际法原则,各国有按照自己的环境政策开发自然资源的主权(权利),并且有责任保证在其管辖或控制之内的活动不得损害其他国家或其管辖范围以外的环境。1992年《里约环境与发展宣言》原则2也明确:各国负有确保在其控制下的活动不致损害其他国家或在各国管辖范围以外地区的环境的责任。从越境大气污染的角度来看,中国的大气污染物质有可能会造成越境损害,在此情况下可能会面临被邻国诉讼的窘境。从气候变化的角度来看,人为排放的温室气体导致全球气候系统遭受干扰,从而导致全球变暖、海平面上升、生物多样性减少、海水酸化、极端气候事件增加、气候难民等一系列不利后果,美国和澳大利亚的一些国际环境法学者业已主张将领土无害使用原则和污染者付费原则引入气候变化领域,这意味着中国作为排放大国会面临着被受害国或受害人起诉的风险。2007年12月8日至10日,在印度德里召开的第五届国际法年会上,美国丹佛大学(Denver)大学环境法教授Ved P. Nanda做了题为《国际环境法基本原则的演进》的发言,重申了领土无害使用原则。他还进一步指出,领土无害使用原则与非歧视待遇、平等待遇、国民待遇一起构成当今国际法的四个支柱。澳大利亚悉尼国际法中心主任Ben Saul博士强调了污染者付费原则应是解决气候变化问题的一个基本原则,以此作为划分越境污染责任的依据。[39]

实际上,早在2005年美国政府已经作为被告被提起气候变化的诉讼,因纽特人向美洲人权法院状告美国和加拿大政府因为作为或疏忽而导致的全球变暖从而影响了他们的生计和文化。不仅如此,污染企业也可能面临被

---

〔39〕 曹明德:《气候变化的法律应对》,载《政法论坛》2009年第4期。

受害者起诉的风险。在基夫琳拉村诉美孚(Kivalina v. Exxon Mobil)一案中,基夫琳拉村声称,能源生产者排放的巨额温室气体导致了全球变暖,这反过来严重侵蚀了基夫琳拉村所在城市的土地,并导致其面临即将毁灭的威胁。基夫琳拉村寻求联邦判例法下的公共妨害损害赔偿。[40] 地区法院判决以"政治问题原则"排除了原告基夫琳拉村的联邦公共妨害请求的司法考量。此外,根据《巴黎协定》,其履约机制包括定期盘点、国际评估和审评,2018 年将进行一次预盘点,此后每 5 年进行一次盘点,总结全球的集体进展情况,这样,各缔约方的国家自主贡献是否得到执行和落实应当比较明朗,届时不履行或不完全履行、履行不当将会面临着国际舆论的压力。而中国作为负责任的大国,十分注重自身的国际形象,如果不立即采取国内行动的话,于 2023 年进行第一次盘点时难以向国际社会交出满意的答卷。

《巴黎协定》对中国来说也有以下有利的方面:首先,中国本身也是气候脆弱的国家,也会承受气候变化带来的诸多负面影响,因此,理应及早主动采取行动应对气候变化,即使气候变化这一命题存在科学上的不确定性。因为,温室气体与大气污染物质同根同源,中国正在面临极其严峻的大气污染和其他各种污染,减少温室气体排放也可很大程度上减少大气污染,这对保护中国乃至全球的大气环境是有益的,主要受益者是中国自身,既保护了大气环境也保护了公众健康,符合建设美丽中国这一目标,这一点是确定的;其次,中国现行的产业结构和能源结构本身是难以为继的,在国际温室气体减排的外力推动下,发展低碳经济、绿色经济、循环经济是大势所趋,早日完成产业结构升级、实现碳排放达峰有利于提升中国的国际竞争力;再次,《巴黎协定》的一个重要原则是自愿原则,主要是依赖于各国的"国家自主贡献"(INDC),中国可根据自己的情况来决定"国家自主贡献",从这点来说,并没有难以承受的温室气体国际减排压力;复次,《巴黎协定》给各国留下了时间上的缓冲期。《巴黎协定》将于 2016 年 4 月 22 日至 2017 年 4 月 21 日在纽约联合国总部开放供各国签署,签署截止日之次日起开放供加入。自各国签署、批准、接受、核准或加入至协定生效会有一段较长的时期,而生

---

〔40〕 See Native Village of Kivalina v. ExxonMobil, No. 09 - 17490, D. C. Opinion, 6 - 7(2012).

效需要满足以下条件：即"本协议应在不少于《公约》缔约方，共占全球温室气体的排放量的至少约55%的《公约》缔约方交存其批准、接受、核准或加入文书之日后第30天起生效"。[41] 因此，从现在起到《巴黎协定》还有一段时间，而第一次预盘点的2023年还有较宽裕的时间，等到第二次盘点的2028年时，中国的碳排放或已达到峰值或接近峰值。从这个意义上说，巴黎气候谈判也为中国赢得了时间上的余地。此外，中国可从全球气候治理的经验中受益，即通过这种对话机制可以与美国、菲律宾、印度、越南等找到共同语言，这种对话机制是很好的国际沟通平台，更多地运用国际法上的协商、磋商、谈判、斡旋等方式，来管控国家之间的分歧并互相尊重，这对大国外交具有重要的参考价值。

（二）气候正义的国内落实

2015年巴黎气候大会已经为国际气候治理提供了国际法律依据。不过，国际条约或协定的遵守或履行最终还是需要通过各国国内法来实施。另外，国际气候治理是一个漫长的动态过程，这一过程依然存在诸多不确定性。而气候变化又是人类面临的一个急迫的事项，人类必须立即采取行动来应对。因此，除了积极地与国际社会一道应对气候变化之外，中国还通过法律和政策、市场手段等多种形式来应对气候变化的挑战，并将气候正义的理念在中国领土及其管辖范围内得以实现。

1. 法律规制

中国正在制定《应对气候变化法》，草案已进入征求意见阶段，但至2015年该草案还停留在国家发展和改革委员会内部，还没有提交给国务院。其主要内容包括立法目的、基本原则、监督管理、减缓和适用以及法律责任等方面，以期用法律规范温室气体排放权利和减排义务。另外，2015年8月29日第十二届全国人民代表大会常务委员会第十六次会议修订通过《大气污染防治法》，该法第2条第2款规定："防治大气污染，应当加强对燃煤、工业、机动车船、扬尘、农业等大气污染的综合防治，推行区域大气污染联合防治，对颗粒物、二氧化硫、氮氧化物、挥发性有机物、氨等大气污染物和温室

[41] 《联合国气候变化框架公约》缔约方会议第二十一届会议通过的《巴黎协定》第21条。

气体实施协同控制。”该款规定表明,《大气污染防治法》已将温室气体纳入污染物质来管理。另外,省级层面的地方立法也在积极探索之中,山西、青海、四川、江苏等省制定或正在制定应对气候变化的地方性法律文件。国家和地方立法将为国内应对气候变化和实现气候正义提供法律依据和保障。与此同时,国务院也正在制定《中国碳排放交易管理条例》,草案已处于征求意见阶段。

2. 市场工具

在探索国家和地方立法的同时,中国重视运用市场机制来应对气候变化问题。中国借鉴欧盟碳排放交易计划的成功经验,正在全国试点碳排放交易机制,将于 2017 年建立全国碳排放交易体系,中国碳排放市场很快将成为全球第一大碳市场,预计 2020 年后将逐步与其他国家的碳交易市场连接起来,从而形成以中国为中心的全球碳交易体系。以碳交易体系为基础的碳金融也将真正发展起来,并可能对低碳技术投资产生革命性的影响。在 2025 年或以后,中国将有望成为全球碳交易中心和碳金融中心。碳排放交易制度是在碳排放总量控制的前提下,通过碳排放配额的分配(免费或拍卖)来实现二氧化碳等温室气体排放总量的控制,并通过市场交易的方式降低碳减排的社会成本。碳排放交易的优势在于,碳减排的目标确定,缺点是碳减排的成本不确定,碳价格是通过市场交易来发现和形成的,存在不确定性。碳排放交易的另一缺点是市场风险,包括存在欺诈,监管成本高,腐败等因素。因此,碳排放交易制度不宜于适用为数众多的中小企业,可适用于像钢铁、水泥、火电、冶炼、化工污染行业。从欧盟的碳排放交易计划(EU-ETS)来看,既有成功的一面,也有诸多教训。中国近年来在全国七个省、区、市试点的碳交易项目存在着各自为阵的情况,从试点项目设计、总量的确定、配额发放、规制领域、处罚等方面均各有特色,一个重要的缺陷在于七个地方的碳市场互不相通,因此为全国碳市场的建设提供的参考价值会十分有限。加上时间紧迫的因素,于 2017 年初步形成全国统一的碳市场任务十分艰巨。与此同时,中国也应积极探索另一重要的市场工具——碳税。与碳排放交易相比,碳税的优势在于碳减排的成本确定,其缺点是环境效益不确定,因为人们并不知道排放者的减排意愿。如果税赋过低,将达不到抵制排放者的排放行为这一目的。相反,如果税赋过高,一是碳税法律通过时会面临较大阻力,二是将增加企业的负担从而影响企业的价格竞争力。与碳排放交易制度相比,碳税的一个重要优点在于,它简单易行,不需要设立新的监管机构,也没有复杂的交易体系。当然,这两种市场工具并不相悖,可以相辅相成。可以考虑对大的污染行业适用碳排放交易机制,而对众多的中小企业适用碳税机制。目前,财政部牵头起草并向全国人大常委会提交了《环境保护税法草案》,遗憾的是该草案并没有涉及碳税,呼吁学界、利益相关者和公众在该草案征集意见过程中予以充分关注并积极参与。

3. 政策激励

中国政府制定了一系列的政策和规划,来应对气候变化问题。中国正在建设生态文明,在经济增长与环境保护的关系问题上,选择环境保护优先,致力于转变经济增长方式,发展绿色经济、低碳经济、循环经济,积极治理环境污染和应对气候变化。正如2014年2月14日国家主席习近平会见美国国务卿克里时所说:关于气候变化问题,"不是别人要我们做,而是我们自己要做",采取了许多措施,今后我们还会这样做。[42]

中国将积极参与国际气候变化治理,通过"一带一路"开拓南南气候合作。"海上丝绸之路"和"丝绸之路经济带"概念的提出可为我国应对气候变化国际合作开拓新领域、发展新模式,为低碳发展做出新贡献。随着中国国力的不断增强,中国在全球应对气候变化中的作用越来越大,国际社会对中国的期望也越来越高。这将需要中国深度参与气候变化的国际治理,与美国、欧盟一起参与制定全球温室气体减排路径、制定全球公平合理的温室气体减排义务分担原则和方法,与国际社会一起尽早落实已经达成的《巴黎气候协定》及其他相关气候协定。

(本文原载于《中国法学》2016年第1期)

---

〔42〕 李伟红:《习近平会见美国国务卿克里》,载《人民日报》(海外版)2014年2月15日,第1版。

天

Borderless

下

博稽古今 融汇天下

思想的印迹

——纪念改革开放40周年优秀法学文集

法律出版社编辑委员会　编

第二卷

法律出版社 LAW PRESS · CHINA

目　录

（第二卷）

民商法

经济法

民商法

佟　柔 王利明	我国民法在经济体制改革中的发展与完善
江　平 孔祥俊	论股权
王保树	股份有限公司的董事和董事会
谢怀栻	论民事权利体系
孙宪忠	论不动产物权登记
梁慧星	从近代民法到现代民法——20世纪民法回顾
魏振瀛	论债与责任的融合与分离——兼论民法典体系之革新
马俊驹 聂德宗	公司法人治理结构的当代发展——兼论我国公司法人治理结构的重构
方流芳	公司词义考：解读语词的制度信息
王家福	WTO与中国社会主义市场法律制度建设问题
张新宝	侵权行为法的一般条款
徐国栋	客观诚信与主观诚信的对立统一问题——以罗马法为中心
崔建远	水权与民法理论及物权法典的制定
刘春田	知识财产权解析
王　轶	民法价值判断问题的实体性论证规则——以中国民法学的学术实践为背景
赵旭东	从资本信用到资产信用
杨立新	《侵权责任法》规定的网络侵权责任的理解与解释
吴汉东	论网络服务提供者的著作权侵权责任
王利明	民法的人文关怀

我国民法在经济体制改革中的发展与完善

佟　柔　王利明

党的十一届三中全会以来,我国农村全面推行了以联产承包责任制为中心的经济体制改革,同时有步骤地展开了城市经济体制的改革。党的十二届三中全会制定了全面改革的宏伟蓝图,在十二届三中全会路线指引下,我国以城市为重点的整个经济体制改革,必将推动我国社会生产力的迅速发展,加快社会主义现代化建设的伟大步伐。

我国经济体制改革极大地促进了我国社会主义商品经济的发展,并将对我国民法的发展与完善产生深远的影响。本文拟就从改革的需要与民法的发展与完善的问题,提出若干粗浅的意见,并希望得到大家的指正。

一、经济体制改革与民法的地位

法律都是建立在经济基础之上的上层建筑。法律部门的形成和法律规范的作用,都必然要反映既定的社会经济制度和经济管理体制的要求。

民法部门,无论从传统意义上还是从现代意义上说,是与一定社会的商品关系紧密地联系在一起的。罗马私法、法国民法、苏俄民法尽管在体系和内容上存在巨大的差别,就其本质特征和主导方面来说,都是不同所有制所决定的特定历史时期的商品经济关系的反映。民法是为特定历史时期的商品经济服务的,并且也必然受特定历史时期的商品经济范围的制约。

新中国成立以来,党和国家为了医治战争给国民经济带来的创伤,改革半封建半殖民地的经济制度,反对帝国主义对我国实行的经济封锁,除了对生产资料所有制实行了一系列变革措施以外,对国民经济管理体制还采取了必要的强化集中管理的行政手段,使国民经济得到了迅速的恢复,并且顺利地完成了三大改造的历史任务,为社会主义大规模的经济建设创造了必要的前提。但是,由于对高度发达的商品经济是社会主义经济发展不可逾越的阶段认识不足,甚至把发展社会主义商品经济的种种措施当成资本主义,结果不仅没有及时地改变过于集中统一的问题,反而逐渐发展成为一种同社会生产力发展要求不相适应的僵化模式。同时,在法律上必然导致主要由经济行政法调整整个国民经济的状况,使得指令性计划文件作用于整个经济领域,而冠以"命令""指示""指令""通知"等名称的经济行政部门的规范性文件直接指挥生产和流通。因此,民法对经济的作用几乎被人们所遗忘。某些人已习惯于从语义学的角度,把民法理解为"调整人民内部关系的法"或调整公民之间关系的"公民法",甚至把它贬低为"私法",认为它业已完成了历史使命并应被时代所淘汰。这些观点尽管偏颇,然而也似乎不无某些根据。因为很难设想,在一个忽视商品经济和价值规律的管理体制中,调整商品关系的民法和反映价值规律的民法方法究竟能够发挥出多大的作用!

十一届三中全会拨乱反正,党依据生产关系一定要适合生产力发展水平的要求,确立了对外开放和对内搞活经济的政策,同时提出了对我国经济体制实行改革的任务。近年来的经济体制改革有力地推动了社会主义商品经济的发展、农村的改革在稳定和完善生产责任制的基础上,出现了多种经营方式,农村正由自给半自给经济向商品经济过渡,城市的改革也取得了初步的成效。在简政放权、政企分立中,国营企业普遍扩大了自主权,许多国营小型企业开始实行集体承包或个人承包、租赁经营,或按集体企业的办法向国家交纳税金。利改税第二步的推行,明确了国营企业的商品生产者的地位;多层次经济结构的发展进一步活跃了我国经济;流通体制的改革逐步繁荣了我国市场;经济特区和沿海城市的开放,迅速发展了涉外民事关系。总之,社会主义商品经济的迅速发展是我国经济体制改革的重大变化。

十二届三中全会明确我国的经济性质为"在公有制基础上的有计划的商品经济",并且提出了发展社会主义商品经济的伟大任务。与此相适应,尽快完善对商品经济活动的法制,成为经济体制改革中发展商品经济的必然要求。没有一个直接调整商品关系的法律部门,没有一套完备的商品经济活动的准则，经济改革不可能顺利进行，商品经济不可能正常发展。这项任务的主要方面将由我国民法承当。

人类社会已经经历了自然经济和商品经济两个阶段，民法也适应商品经济的发展而经历了漫长的演化过程。私的分工产生了私的交换，分工的扩大又发展了交换。交换过程在广度和深度上的变化表现了商品经济的不同阶段的交替，也产生了多种类型的与不同阶段相适应的民法典和民法规范。从原始社会末期，在未开发的部落中出现的剩余产品的交换，生长出了合同形式的萌芽。人类进入私有制社会，对土地和自然界的自然产物的占有必然要求国家和法律的保护，以及从以物易物的简单价值形态发展到以货币为中介的物物交换，标志着劳动在现实中得到了抽象，同时关于买卖、租赁、承揽、借贷等规范也出现在最古老的法律之中。不凝结为物的复杂劳动和简单劳动的直接交换，是劳动的进一步抽象，同时也产生了代理、居间、仓储保管、客货运输、保险以及以服务为标准的属于第三产业的合同。大规模、远距离、高速度、细分工、多品种的商品交换要求发达的贸易中心以及其他第三产业的协助，当全社会形成普遍依存的独立的个人之间的交换关系，当交换已从生产的外部直接规定和影响生产过程，那么民法制度（所有权、法人和合同制度）开始对生产过程发生重大影响。历史告诉我们，哪里有商品关系，哪里就有民法规范。在简单商品经济高度发展的罗马社会同时产生了完备的罗马私法，而在资本主义高度发达的基础上，同时产生了为资本主义各国奉为经典的《拿破仑民法典》。

历史还告诉我们，民法规范是商品关系稳定和发展的重要条件。如果说在罗马法时代，私法的主体仍然是没有摆脱宗法社会统治和人身依附关系的自然人，而自然经济又排斥了生产资料的积聚和生产的社会结合，那么罗马私法只能稳定为实现生产者消费需要的简单商品交换，而很难促进商品生产的扩大和发展。在拿破仑法典的时代，高度发展起来的商品经济实现了梅因所谓的“从身份到契约的运动”，民法规范确认从封建的、地域的、专制的直接羁绊下解脱出来的自由和平等的商品生产者的主体地位，主张私人在平等的、自由的领域用私人意志调整他们的相互关系，固定个人之间的生产和消费的普通联系和全面依存关系，保障劳动的产品和劳动者成为资本家所占有和奴役的对象(并且可以不断占有超出对劳动者所支付的劳动力价值的那部分剩余价值),这无疑促使资本主义社会唤醒了沉眠在社会劳动里的巨大生产力,使得它在不到一百年间创造了比先前一切世代总共造成的生产力还要宏伟众多!

社会主义民法和资本主义民法的区别,主要并不在于反映一般商品关系和价值规律的平等、等价的民法方法,而是在于民法规范本身所体现的社会主义公有制性质和反映社会主义的新型商品关系的特征。社会主义商品关系,是在公有制基础上消除了阶级对立和阶级剥削的商品关系,是真正按等量劳动相交换的原来意义上的商品关系,是在国家计划指导下的以满足人民的需要为目的的商品关系,由此规定了我国社会主义民法的崭新性质和特征。

发达的商品经济是人类社会自身发展不可逾越的阶段,而新型的社会主义商品经济的高度发展,则是实现我国社会主义现代化的必由之路。要使商品经济沿着良性循环的轨道正常发展,就必须按商品经济的内在要求,充分发挥价值规律的积极作用。并把这种作用表现为民法的规范,使之得到充分的遵守。同时借助于民法创造商品经济社会的正常秩序,有效地防止商品经济像在资本主义社会里出现那样的种种弊端,使商品经济沿着社会主义的轨道有条不紊地发展。

几乎整个民法的规范对于由它所调整的社会关系都反映了价值规律所要求的平等和等价的方法。在积极的法律责任上,民法以概括的方式确认各个民事主体的独立地位,确认各个主体对财产的支配权,确认主体在交换中的一定程度的自主自愿。权利可以由主体在法定的范围内依自身意志取得和转移。法律关系可以由主体在法定的范围内,依自身意志产生、变更和消灭。任何主体不得凌驾于他方之上,限制他方权利和为他方设定义务,也不得依据经济上的优越地位,指示和决定他方行为和不行为。在消极的法律责任上,民法坚持任何主体不得非法给他人造成物质损失的原则,一旦造成损害则必须用等量的财产作出补偿。这种为民法所特有的损害赔偿制度,实质上不过是价值的等量补偿或等量劳动的交换。任何主体非法侵犯他方的权利,无偿剥夺和占有他方的财产,皆为民法所禁止。形形色色的

"一平二调"的歪风,平均主义和"吃大锅饭"的现象,一切不尊重自己和他人正当经济利益以及不讲究经济效益的行为,皆为民法所反对。借助民法使平等和等价的规律法律化,也就是用法律手段保障价值规律的作用和鼓励商品关系的发展。

几乎整个民法的规范都担负着保障正常的商品经济秩序的任务。民法规范是无数的每日每时重复存在的商品经济活动在法律上的抽象,它是反映商品经济一般条件的法律。在对内搞活、发展商品经济中,需要有这样一个商品经济活动的准则;在对外开放、发展涉外民事关系中,同样需要民法这个涉外经济活动中的重要实体法。因为我们要引进外国投资、开放沿海港口、发展对外贸易,都必然涉及法律的适用,我们不能采纳帝国主义强加给殖民地国家的国际惯例,也不能接受不利于我方经济利益的外国法,我们要有自己的社会主义的、民主的、科学的实体法,这就要有我们自己的调整商品关系的民法。此外,我国民法禁止当事人行使权利违背公共道德,禁止当事人滥用权利违背国家整体利益,反对种种本位主义、分散主义等无政府倾向,这必将有助于防止资本主义的腐朽的经营方式的侵入,防止商品经济的某些消极的作用。总之,民法规范是以普通法的形式,切实保障商品关系的正常发展。

彭真同志指出,民法是我国的重要基本法。在我国这样一个商品经济社会,确立民法的基本法的地位并大力加强民事立法,是经济体制改革的客观需要,也是我国经济立法面向实际、面向世界、面向未来的重要标志。

二、经济体制改革与民法的体系

部门法体系都是该法律部门调整的同类社会关系的反映。民法的体系和商品关系具有内在的联系。列宁曾经指出:"商品生产是一种社会关系体系,在这种社会关系下各个生产者制造各种各样的产品(社会分工),而所有这些产品在交换中彼此相等。"[1]民法体系就是建立在商品关系体系之上的,是这种体系在法律上的反映。

---

〔1〕《列宁选集》(第2卷),第589页。

马克思谈到在交换过程中形成的商品关系时曾经指出:“商品不能自己到市场去,不能自己去交换。因此,我们必须找寻它的监护人,商品所有者。(Mareubesitzer)……为了使这些物作为商品彼此发生关系。商品监护人必须作为有自己的意志体现在这些物中的人彼此发生关系,因此,只有符合另一方的意志,就是说每一方只有通过双方共同一致的意志行为,才能让渡自己的商品,占有别人的商品。可见,他们必须彼此承认对方是私有者。”[2]这就表明商品关系的形成必须具备三个条件:一是必须要有独立的商品“监护人”(所有者);二是必须要商品交换者对商品享有所有权;三是必须要商品交换者意思表示一致。这就是在交换过程中形成的商品关系的内在要求,与此相适应,形成了由民事主体制度、所有权制度、债和合同制度组成的具有内在联系的民法体系。

1. 作为民法主体的当事人,是商品在静态中的所有者、在动态中的交换者,而不是婚姻家庭关系中的家庭成员、劳动关系中的劳动者以及行政管理关系中的管理者。这类主体的特征就在于它们的独立性。马克思在提及商品关系时所强调的“独立资格”“独立的商品所有者”等即指这一类主体。他们是相互独立的、彼此间无血缘的、行政隶属的关系。我国民事主体制度就是这些独立的主体(自然人或法人)所必备的权利能力和行为能力等方面的规定,是商品关系当事人在法律上的反映。

2. 民法的所有权制度是直接反映所有制关系的,但和商品关系有内在的联系。商品交换就其本质而言就是所有权的让渡。正如斯大林所指出的:“商品是这样的一种产品,它可以出售给任何买主,商品所有者在出售商品之后,便失去对商品的所有权,而买主则变成商品的所有者,他可以把商品转售、抵押或让它腐烂。”[3]所有权是商品生产和交换的前提,也是商品生产和交换的结果。所有权(在我国的国营企业中表现为经营管理权)在生产领域中的使用消费就是商品生产,在流通领域中的运动就是商品交换,商品生产者从事生产和交换的前提条件,就是要确认其劳动对象。劳动工具和

---

〔2〕《资本论》(第1卷),人民出版社1975年版,第69~70页。

〔3〕《斯大林选集》(下卷),第578页。

劳动产品的占有、使用和处分的权利,保障他们在交换中的财产所有权的正常转移。

3. 民法的债和合同制度是商品交换在法律上的表现,是商品流通领域中的最一般的、普遍的法律规范。债是法律上可期待的信用,它是承认让渡商品和实现商品价值在时间上分离的结果。债是确认这种分离造成不平衡的合理性、保证这种不平衡趋于平衡。由于债权制度的设立,给商品交换带来了巨大的方便,使它超出了地域的、时间的和个人的限制。而合同制度则是商品交换在法律上的直接表现,是媒介商品生产者彼此间的依存关系,确立正常的商品交换的秩序的法律制度。

民事主体制度、所有权制度、债和合同制度是民法的核心和精髓。而法律行为、物、代理和时效、损害赔偿等制度不过是配合这三项制度而发挥作用的。建立主要由三项制度构成的民法体系,是我国在计划指导下的商品关系的内在要求,也是当前在经济体制改革中搞活企业的迫切需要。

马克思曾多次把一个社会经济形态比喻为一个生命的有机体,这个有机体有其自身的结构和复杂的联系,而我国国民经济这个肌体是僵化的还是充满生机与活力的,主要取决于构成这个有机体的经济细胞的活力。也就是说,只有搞活企业才能搞活经济。搞活企业的关键是什么呢?过去我们只是在中央和地方的权力分配上做文章,在"条条"集权和"块块"集权上兜圈子,忽视了企业作为社会基本生产单位所应该享有的权能、权利和权限。实践证明,这只是把企业作为一个行政机构的附属物变为另一个行政机构的附属物,企业只是国家这个大工厂下的一个小车间,而不是一个相对独立的商品生产者。所以他们没有独立支配的财产,也没有相对独立的自身利益,必然形成企业吃国家的"大锅饭"和职工吃企业的"大锅饭"的弊端,也必然使企业和广大职工群众的积极性和创造性受到压抑,使本来应该生机盎然的社会主义经济在很大程度上失去了活力。

建立主要以民法的所有权制度、主体制度、债和合同制度构成的民法体系,是商品关系客观的、内在的要求,是社会化大生产的条件下,一个商品生产单位从事经济活动必备的条件;也是当前搞活企业、发展商品经济的重要法律措施。民法的三项制度,要求企业从条条绳索的捆绑下解脱出来,从行政的附属物变为独立的民事主体；要求企业的经营管理权从国家的所有权中分离出来，使企业具有从事商品经济活动的必备的经营管理权限；要求改变统包统配、统收统支的状况，使企业在商品交换中具有一定程度的自主权。三项制度的核心是给予企业对国家财产的经营管理权，这是企业作为法人从事各种民事流转的基础，也是企业在合同关系中享受权利和承担义务的条件。三项制度只是从不同的角度保护这种权利的实现。实践证明，建立民法的三项基本制度，正是当前的经济体制改革中搞活企业的关键。

民法的三项制度确认和保护企业的基本权利，使它成为相对稳定的法律制度，任何人都不得随意扩大和缩小这些权利；同时，法定的权利是和义务对称的，企业享受权利必然要承担对国家应尽的义务；法定的权利是明确具体的权利，是衡量企业经济活动合法与非法的标准和界限。法定的权利也是通过国家强制力保障的权利，任何企业和单位侵犯他方的权利都必然受法律的制裁。只有通过民法的三项制度保障企业的基本权利，才能固定企业在经济体制改革中获得的权限，并不断焕发企业的活力。

民法的三项制度是紧密联系、互相制约的，缺少任何一个制度都不可能真正解决企业的活力问题。如果仅仅承认企业在商品交换中具有法人的身份，如果没有必备的财产权限，它不可能真正依一定程度的自主自愿，让渡和取得财产，它的履约能力也必然是受限制的。如果企业的权利能力和行为能力受过多的行政命令的限制，它的主体资格是不完备的，它就不可能享有独立的经营管理权和在商品交换中的一定程度的自主权。只有建立民法的三项制度，才能从不同的角度真正解决企业的活力。

十二届三中全会文件明确规定我国经济体制改革的中心环节就是增强企业的活力，并指出“具有中国特色的社会主义，首先应该是企业有充分活力的社会主义”。从当前经济体制改革的需要和在我国大力发展商品经济的长期任务出发，我们认为，在当前亟须建立民法的法人制度、所有权制度、债和合同制度，正确处理好围绕搞活企业的问题中所涉及的各类关系：

1. 建立法人制度，处理好企业和国家及企业内部的关系。法人是在商品经济社会中的商品生产者和交换者在法律上的地位。赋予企业以法人地位对于增强企业活力有什么好处？其一，它使企业能够在法律的保护下独立地从事生产和经营活动,使企业成为一个具有强大生命力的、能动的有机体;其二,它使企业能够明确自身的权利和义务,特别是对其独立经营的财产享有的权利和承担的义务;其三,它要求法人有一定规模的财产和严密科学的经营管理制度,使企业能够在国家的监督之下从事经济活动,并能取信于其他民事主体;其四,它使企业能够在资不抵债而招致破产的情况下,按照有限责任原则以自己的财产清产还债;其五,它使国家能够通过登记许可、税收、银行、会计、统计等方式,加强对企业的法律监督。所以,明确企业的法人地位,就是要求企业成为相对独立的经济实体,成为自主经营、独立核算、自负盈亏的商品生产者和经营者,这就要求简政放权、政企分开,确立国家和企业之间的正确关系。同时明确企业的法人地位,就是要求企业全体职工的个人利益与企业的相对利益联系起来,把企业职工的劳动报酬与企业的经营成果挂起钩来,确立正确的企业和职工之间的关系,促使整个职工关心企业的经济效果,努力提高经济效益。

2. 建立所有权制度,处理好企业与国家的相互关系。国家的所有权要靠企业的经营管理权实现,合理的经营管理权的内在结构是从达到全社会的统一领导与经济组织的相对独立的有机结合的需要出发的。搞活企业必须改变过去由国家直接经营管理企业的状况,从法律上确认和保护企业的经营管理权。所以,我国民法除了要用其特有的所有权的保护方法以及债权的、时效的、损害赔偿的保护方法切实保护国家所有权以外,必须确认和保护企业的经营管理权。诸如保护企业的自留资金的处分权、完成计划任务后的产品销售权、对多余和闲置的固定资产的处分权,等等。企业的经营管理权属于物权性质,这种权利的行使不受法律以外的任何干预。民法在明确企业的权利的同时,还必须明确企业对其经营管理的国家财产所应负的义务。诸如优先保证完成国家计划订货的生产任务,按规定向国家纳税或以其他方式向国家提供积累,等等。确立和保护企业合理的经营管理权,从而既保证国家计划的指导,又能充分发挥企业的积极性和创造性,以达到宏观和微观效果的统一,这就是经济体制改革所要求确立的国家与企业之间的正确关系。

3. 建立债和合同制度,处理好企业与企业之间的相互关系。企业的活力是企业内在的和外在的活力的统一。搞活企业,除了要在企业内部搞活以外,还必须在企业的外部,明确企业之间的商品货币关系以及按社会化大生产的要求建立起来的分工协作关系。这就要建立债和合同制,以稳定企业之间的正常的关系。实践证明,企业通过合同的方式,自愿选择它们联系的伙伴,自愿接受它们通过协商一致达成的合同条款,并自愿承受这些条款的约束和监督,在等价交换的基础上交换各自的产品和劳务,可以改变以行政命令把当事人自主自愿的"婚姻"变成"拉郎配"的"捆绑夫妻"的现象,充分尊重企业的相对利益。可以改变过去只注重实物管理而不注重价值管理,结果实物越管越死、越管越紧的状况。使产销见面,货畅其流,可以改变过去条块分割、部门分割使经济内在的横向联系割裂的状况,建立合理的分工协作关系。可以改变过去不计成本、不讲效益的状况,促使企业改进技术、减少消耗,生产出价廉物美的产品。所以,建立债和合同制,确认企业在签订合同中的一定程度的自由权,并保障它们在交换中的合法权益,对于发挥企业的积极性和创造性是十分必要的。

概言之,搞活企业、发展商品经济,已经对上层建筑的法律提出了迫切的要求,这就是要尽快建立和健全民法的法人制度、所有权制度、债和合同制度,完善民法的体系。经济体制的改革已走在经济立法的前面,我们的立法至今未提出一个明确的法人概念,所有权、债和合同制度也很不健全。这无疑说明我们的经济立法已对当前的经济体制改革欠了三笔账,现在已经到了必须偿付的期限了。

三、经济体制改革与民法作用的范围

商品经济是商品生产和商品交换的统一。在商品生产过程中,如何借助于国家行政权力对生产领域实行干预,如何实现在协作劳动中产生的具有权威性的管理和组织的职能,这些都不是民法所能担当的任务。但是在流通(总体的交换)领域中,无论是单个的还是一连串的交换,无论是实物的还是劳务的交换,都形成了独立主体之间的平等和等价的联系,因而最典型地表现了民法所调整的商品关系的特征。民法是横向的交换关系的最直接的反映,民法规范在交换领域中作用的范围是十分广泛的。

第一,总体的交换要求适用民法的全部规范。总体的交换是由一连串的交换构成的流通。正如马克思所说:“流通是商品所有者的全部相互关系的总和。”〔4〕流通把各个独立的生产者和交换者联结为一体。这里涉及主体在交换中的权利和义务,涉及财产的让渡和取得,涉及时间的效力和代理的行为;同时也涉及商品在地点和位置上的变化(运输)、商品使用价值的买卖(租赁)、商品使用价值和价值的保存(保管),等等。民法债,作为一把“法锁”拘束着整个交换行为;法律行为制度严密控制着交换的秩序,使各种交换行为都在法律上有所依归;而物的禁止和限制流转制度,则严格监督和控制着进入交换领域的商品。

第二,单个的交换要求体现为民法债的单元。典型的买卖合同(供应、农副产品和工矿产品的购销、特种买卖、消费品的购买等)是反映商品到货币或货币到商品,即 W - G 或 G - W 的形式的转化(这里 G 和 W 分别形成为买卖合同的价金和标的)。但商品交换过程并不是表现为纯粹的买卖,还包括劳务的交换(诸如加工、承揽、劳动服务)以及信贷、租赁、技术转让等合同形式,还包括了票据的流转、财产的抵押、资金的偿付等债的形式。它们都是单个的交换,都要求表现为债的单元,并受到民法债权制度的确认和保护。

第三,交换的原则要求适用民法的等价有偿的方法。正如马克思所说:“商品交换就其纯粹形态来说是等价物的交换”,〔5〕这就要求在等价的基础上以社会必要劳动量为尺度进行交换,这就要求适用民法的特有方法。

商品交换是川流不息的体系,也是不断发展的体系。新的交换形式的出现,必然要求受到民法的保护,同时也丰富和发展了民法的内容。正如马克思所指出的:“每当工业和商业的发展创造出新的交往形式……法便不得不承认它们是获得财产的新方式”,〔6〕随着我国经济体制的改革和商品关系的发展,必将进一步拓宽我国民法的范围,突出我国民法在全面调整流通领域中的商品关系的地位和作用。

---

〔4〕《马克思恩格斯全集》(第 23 卷),第 188 页。

〔5〕同上书,第 181 页。

〔6〕《马克思恩格斯全集》(第 3 卷),第 72 页。

随着我国商品经济的发展,合同制将会延伸到纵向的行政管理领域并在其中发挥重要作用。合同能够对计划工作的综合平衡提供必要的市场信息,也能够在落实各种形式的责任制中起到纽带的作用。合同也还将对沟通国家与地方的关系、中心城市与企业的关系中起到行政手段不可能达到的作用。在近几年来的改革中,国家对企业的投资开始试行财政拨款改为银行贷款,企业的流动资金全部改由银行用贷款形式发放,这就用借贷关系代替了原有的行政管理关系。随着经济改革的发展,合同对于改善国家的行政领导、合理组织国家的管理活动都具有不可低估的意义。

随着我国商品经济的发展,各项经济活动都要以社会必要劳动量来衡量优劣和高低,因此,企业必须要考虑资金的消耗和占用情况,考虑商品的成本和销路情况,尽量缩短流通时间、加速资金周转、提高经济效益。这就要求发展代理、居间和行纪业务。代理能够解决商品生产者和经营者在时间和空间上的分离,解决他们因专业性和能力的限制所产生的交换中的困难。代理的出现避免了必须因人因事直接交换的麻烦。居间能够在大宗买卖中及时提供商品信息,促进产销挂钩、适销对路。行纪作为间接代理的形式,通过行纪人对货物以合理的价格推销,也可以促进产销见面、活跃市场。在近几年发展的统一市场中,各种贸易中心、贸易货栈、批发市场经营代购、代销、代储代运和加工订货等业务,主要是代理、居间和行纪业务。还应该看到,民法的时效制度对于加速商品的周转也是不无意义的。时效是在商品经济活动中,以消灭旧秩序并巩固对当前的社会经济生活有积极意义的新秩序的手段,确认时间的效力对于财产的占有和丧失的影响,必将促使权利人积极行使权利,加速企业的商品和资金的周转。

随着我国商品经济的发展,属于第三产业的交换活动将大量展开。这些活动除了上述的居间、代理、行纪以外,还包括承揽、运输、保管、财产租赁、保险等为生产服务的业务,以及客运、房屋租赁、加工承揽、社会服务等为生活服务的业务,它们都是必须以合同的形式联系的交换。以租赁而言,就是使用价值的买卖,租金就是商品(财产和房屋一定期限内的使用价值)的价格。第三产业大多数都不直接创造商品的价值,但能够为企业和社会提供产前产后服务和生活服务。如果没有这些行业大力组织资金流动、为商品交换提供方便和为消费提供服务,大力发展商品经济是不可能的。

随着我国商品经济的发展,投标招标制将得到大力推广。投标和招标是竞争的一种方式,它有助于企业的自身改造,对于加强技术改造、提高经济效益是行之有效的办法。目前,建筑业已实行招标承包制,实践证明,这种办法对于缩短工期、降低造价、提高工程质量和投资效益,收到了显著效果。招标、投标实际上是签订合同的一种方式。以招标方式签订合同由招标人向不特定人声明,请求不特定人向招标人提出要约,而中标是对选定的要约的承诺并意味着合同的成立。以招标和投标方式签订合同,不仅要明确合同双方的权利义务,而且要明确投标的效力以及招标人在招标期限内应负的责任等问题,这些都必须适用民法债和合同制度的规定。事实证明,推行招标制度,对促进企业改善经营管理,提高生产技术,降低生产成本,增加经济效益,起到了良好作用。

随着商品经济的发展,企业要成为独立经营、自负盈亏的商品生产单位,企业与企业之间要展开合理的竞争。社会主义企业的竞争是企业在为社会主义现代化建设服务的前提下,让企业在市场上直接接受广大消费者的评判和监督。为了制止竞争中可能出现的某些消极现象和违法行为,必须加强民事立法以保护合理的竞争。同时,竞争必然会使长期经营性亏损的企业破产,企业的破产带来了一系列的问题,诸如清产还债、新旧厂的合并、人员的安置等,这就需要完备属于民法法人制度的破产制度,稳定正常的社会经济秩序。

随着商品经济的发展,商品交换活动日益频繁,内容也愈加丰富,单一的银行信用愈来愈难以适应经济生活的需要,这就要求运用票据形式并建立票据制度。票据本身是商品交换高度发展的产物,票据制度是从债的一般理论中演化出来的法律制度。近几年来,在我国生产资料市场上,已出现了需要单位因资金短缺而无力购买急需的设备,而生产单位又因产品销路不畅造成开工不足的矛盾。为了解决这一矛盾,许多地区已大量采取赊购、赊销的信用方式,这就要求有步骤地将信用票据化以防止信用膨胀,稳定经济秩序,并保证国家的财政监督。因此,票据制度有进一步发展的必要。

随着商品经济的发展,必须大力发展保险事业。保险产生于中世纪的海上贸易中,最初是以移转所有权的抵押贷款合同来实现保险法律关系的。以后,凡符合科学的商品经营活动都不能不把保险费计入成本。保险在实际中具有防灾补损、支援社会生产、安定群众生活、聚集建设资金等多种社会功能。发展保险事业是发展商品经济的重要组成部分。自人民银行增设保险业务以来,个人人身险、财产险、责任险、各种交通运输险等已经设立并发展很快,因而需要尽快健全保险制度。

随着商品经济的发展,科技成果有偿转让合同在科技体制改革中也得到了发展,它改变了企业在科技成果上"吃大锅饭"、无偿占有科技成果的状况。近年来各地区还出现了各种形式的科技市场,如科技商店、开发中心、交流洽谈会等,推广了科技成果有偿转让合同。发展这类合同,必将充分调动科技人员的积极性和创造性,促进企业重视科学研究,采用先进技术、改进产品性能和质量。由于这类合同是以等价有偿的形式出现的,适用民法的一般原则,因而也属于民法的范围。

随着我国商品经济的发展,在各种经济形式之间通过合同形式联系的合伙、联营等形式也大量产生。在地区与地区、企业与企业之间的实物互易形式得到了发展,实物抵押和现金抵押的债的担保形式也大量出现,债和合同适用的范围也越来越广泛。从经济发展的趋势来看,民法的作用范围还将进一步扩大。

概言之,商品交换在哪里发展,民法规范就在哪里延伸,这是商品经济的内在要求和法律发展的必然趋势。深深植根于我国在公有制基础上的有计划的商品经济生活的民法规范,在我国经济体制改革中发展和完善起来的民法规范,将是具有中国特色的民法规范。它是我国社会主义商品经济的直接反映。它不是罗马法,不是法国民法,也不是苏俄民法。用"私法"的观念和外国的模式来看待它,都是不实事求是的。

四、经济体制改革与几个法学观点

经济管理体制不仅对法律调整的模式,而且对经济立法的理论也产生了直接的影响。匈牙利学者居拉·埃雾西在总结苏联、东欧的民法和经济法理论时,认为在"以整个公有制经济为中心控制的体制下"(也就是集中型体制),由于经济的因素和行政的因素的结合,产生了经济法理论;而在"计划调节的范围内由具有相对独立的组织构成的体制"中,产生了民法和行政法综合调整的理论。埃雾西把这两种理论概括为"内部综合说"和"外部综合说"。[7] 这种观点是很值得我们寻味和深思的。

我们认为,管理体制是统治阶级的方针政策在组织和领导经济活动方面的体现,这种方针政策表现在规范性文件上就是经济法律规范。法律、法律理论与管理体制的内在结构是何种关系,本文对此将暂不作探讨,但是应该指出,苏联的经济法理论无疑受到了苏联的经济管理体制的直接影响。最初斯图契卡提出的"两种经济成分、两种法律学科"的经济行政法理论,不过是十月革命胜利后的"军事共产主义"的经济管理体制的反映。而60年代初产生的以拉普捷夫为代表的现代经济法理论,也不过是苏联高度集中的经济管理体制下的产物。在拉普捷夫的著述中,商品经济和价值规律似乎对社会主义组织已经不起作用了,当然也就不需要建立一个调整商品关系的民法部门。公民在所谓"统一连带的法律关系"中不能作为主体,所谓"个别性的法律调整"(计划指令)和"规范性法律调整"(主要是经济部门的管理文件)是调整国民经济的主要法律形式。计划指令已经形成了一个所谓"纵横统一的法律关系"并需要建立一个经济法部门,还要制定一部经济法典以使国民经济各个环节都服从计划,凡此种种,都是从斯大林的产品经济理论(认为生产资料不是商品,价值规律对全民所有制不起作用了)出发的,不过是按斯大林的理论建立起来的高度集中的管理体制的反映。

值得注意的是,为什么拉普捷夫的理论竟然会对我国经济立法的理论产生一定的影响,甚至已经被苏联法学理论所摒弃了的斯图契卡的"两成分说",竟然会被我们的某些经济法理论所接受,这似乎也能够在我国的经济管理体制上找到原因。既然我们原有的管理体制在某种程度上受到了苏联的体制的影响,那么我们的经济法理论能够借鉴苏联的经济法理论,也是顺理成章的。

几年来,我国民法和经济法的相互关系一直存在争论,但是,实践是检

---

[7] 参见居拉·埃雾西:《比较民法》,布达佩斯1979年版,第216页。

验真理的唯一标准，经济体制改革的实践要求我们重新检验在争论上的某些观点：

1. 是否存在“两类合同”？

按照等价交换原则，建立社会主义的统一市场，这是发展商品经济的必然要求。而在原有的管理体制下，不承认生产资料是商品，企业生产的产品实行凭证供应或由计划统购包销；实行等价交换的商品仅限于满足公民日常生活需要的消费品。这就形成了产品直接分配和消费品等价交换的生产资料（产品）市场和消费资料（商品）市场。这种状况反映在我们的法学上，出现了所谓两类合同（所谓经济合同和民事合同）的观点。

我们认为，合同是商品交换的法律反映。合同的标的是物化的或非物化的劳动，合同的履行是价值的补偿，合同依循的原则是平等和等价的交换。无论单个的合同是否受指令性计划或指导性计划的指导，都不改变合同内在的、受价值规律作用的商品关系属性。我国合同制是统一的，统一的合同制正是我国统一市场的反映。经济体制的改革，特别是流通体制的改革，就是要改变过去按行政办法统一收购和分配的封闭式的、少渠道和多环节的流通体制，要建立起以城市为依托的开放式的、多渠道和少环节、内外交流、纵横交错的流通网络，发展社会主义的统一市场。在城市中，要普遍建立各种形式的贸易中心，实行自营业务与代理业务相结合，大量批发与小宗买卖相结合，“地不分南北，人不分公私”，产销直接见面，自由交易。农副产品要扩大自由购销的范围，进一步发展城市农贸市场，允许农民在保证完成国家收购计划的条件下，直接向城市大批量运销农副产品。生产资料要真正作为商品进入流通，逐步做到物资经营商业化、物资企业商店化、物资供应商品化。但这种情况绝不意味国家对商品经济的发展失去了计划控制。所以，以计划和非计划、以法人或非法人、以商品或非商品（产品）划分民事合同和经济合同，并且片面强调经济合同的计划原则，否定合同的平等协商和等价有偿的特有原则，是和建立我国统一市场，发展社会主义商品交换的经济体制改革的实践相悖的。只有用统一的合同方法，鼓励和允许各个民事主体（不分公私）参与各类合法的民事流转，并保护其依自身行为取得的各种合法权益，以促进商品交换的发展，这才是我国经济体制改革所需要的。

2. 是否存在"纵横统一"的关系?

在国家所有制基础上产生的国家所有权和企业的经营管理权是相互分离而又有机统一的。然而原有的经济管理体制把国家的所有等同于国家的直接经营,千百万个企业的经营管理活动都在国家的指令性计划管理之中;因而,企业之间的横向联系几乎丧失了其应有的商品货币性质,而具有明显的行政性特征。这种纵向和横向(生产和流通)的集中计划管理的体制,产生了所谓"纵横统一"的经济法理论。这种理论认为,纵向的经济管理关系和横向的经济协作关系已经在国家计划的统一管理下形成了一个整体,这是一种新的经济关系,理应建立一个经济法部门予以调整。

"纵横统一"的实质意味着企业的一切经济活动都要受指令性计划管理,统一的目的在于使一切经济活动都服从指令性计划。无疑,这种观点已经被经济体制改革的实践证明是脱离中国实际的。党的十二届三中全会文件已从我国的国情出发,提出了建立自觉运用价值规律的计划体制,发展社会主义商品经济的任务;随着指令性计划范围的缩小、指导性计划范围的扩大以及部分产品完全由市场调节,并且年度计划也要适当简化,在企业之间的横向关系中的行政性质正在逐步减少。同时经济体制改革的实践已经承认企业是相对独立的商品生产者,承认生产资料是商品,承认企业之间必须实行等价交换,一句话,承认企业之间的联系就是平等、等价的商品关系。这样,横向的平等和等价的关系怎样和纵向的行政隶属关系统一起来?统一的目的何在?所以,一旦指令性计划不再直接指挥生产和流通,就根本不可能存在什么"纵横统一"的关系。

否定"纵横统一"关系,是否意味着横向的关系不受指令性计划指导呢?我们认为,不仅指令性计划,包括指导性计划在我国都是必不可少的,但是它们主要是从外部对企业间的联系发挥作用,而且必须依循价值规律,必须尊重各个企业的相对利益,不能搞无偿调拨和强行分配。也就是说,不能改变企业之间的平等和等价的内在属性。只有这样,才能达到指令性计划指导的目的。

3. 是否能够依据主体划分法律部门?

适应我国生产力的发展状况,必然产生在公有制基础上多种经济形式和多种经营方式并存的经济结构。然而,由于长期受“左”的思想指导,认为社会主义就是“一大二公”,集体经济应该向全民所有制经济过渡,个体经济应该当作“资本主义尾巴”剪除,这就使经济形式趋向于单一,经营方式越来越僵化。在国民经济领域,生产和经营的主体只是公有制经济组织,而公民个人不过是在消费市场上活动的消费者。公民之间、公民与公有制经济组织之间的联系只是为了获得消费品。这种状况反映在法学上,产生了所谓依主体划分民法和经济法部门的观点。即认为公民之间的消费关系由民法调整,而社会主义组织之间的关系则应由经济法调整。实践证明,这种观点和我国经济体制改革以来产生和日益发展的多种经济形式的现实,是完全相背离的。

十二届三中全会文件指出:“坚持多种经济形式和经营方式的共同发展,是我们长期的方针,是社会主义前进的需要。”这是我们党依循生产关系要适合生产力发展要求的规律所确立的正确方针。从十一届三中全会以来,我国已迅速发展了多种经济形式,城镇个体从业人数到1983年年底由1978年的15万人,增至231万人。1978年还没有个体工业,到1983年达到32万户。农村从事个体劳动的人数由1980年的60万人,增至1983年的538万人,占农村劳动总数的1.6%左右。在自愿互利基础上实行的全民、集体、个体经济相互之间的合作经营和经济联合,得到了广泛发展。许多小型全民所有制企业已经开始租给或包给劳动者个人经营。在对外开放中,一些港澳同胞、海外侨胞和外商也在内地举办了合资经营企业、合作经营企业和独资企业。多种经济形式构成了我国国民经济的总体。这也说明,我们在法律部门的划分上,不从这一总体需要和社会关系的本质属性出发,人分公私、人分中外,割裂多种经济形式的内在联系,并把公民驱逐出生产和经营活动领域,则是脱离实际的、不符合经济发展方向的。

当然要看到,主体的不同成分和不同性质是客观存在的,在某些场合其法律地位也应有所不同。比如国家法人和集体法人,在注册登记、国家监督、税目税率、能否下达指令性计划等方面都是有别的,但它们作为商品生产和交换者来说,总的方面不应再有区别。在价值规律面前谁也不能享有特权,否则怎样开展竞争和竞赛?怎样建立统一市场?所以,在同一法律部门中的不同主体，在具体环节上的不同地位会产生不同的法律效果，但由于它们参加社会关系的性质相同，应依同一法律部门调整。比如公民和国营企业，在纳税的具体方法和税率等方面有些差别，但在统一受财政法（税法）的调整上，这一点是不能改变的。

4. 是否存在"意志经济关系"？

有计划按比例地分配社会必要劳动时间，必须以社会必要劳动时间决定商品价值的规律为依据。多年来，由于我们的经济管理体制排斥了商品经济的作用，由于我们的计划工作忽视了价值规律的功能，曾经产生过许多违背客观规律的、同实际严重脱节的计划和行政命令，给国民经济造成了不应有的损失。这种不正常的现象竟然由我们的法律理论给它披上了合法的外衣。有人提出了所谓"意志经济关系理论"，认为"经济法的调整对象就是由国家意志为主导的经济关系"。还有人把它表述为"权力经济关系"。这种否定经济规律特别是价值规律客观作用的"唯意志论"观点早已受到经济学界的清算，法学界对这种观点也不能漠然置之。

承认国家干预经济，绝不能说这种干预能够产生作为经济法调整对象的经济关系。国家干预经济，作为一种上层建筑反作用于经济基础的现象，只是表现为使经济关系由任意性变成相对稳定性，并成为有规则和有秩序的形式。国家干预经济既不能创造也不能形成经济关系。正如恩格斯在批判黑格尔的国家观时所指出的，"国家的愿望总的说来是由市民社会的不断变化的需要，是由某个阶级的优势地位，归根到底，是由生产力和交换关系的发展决定的"。[8] 一切资产阶级学者"往往忘记他们的法权起源于他们的经济生活条件，正如他们忘记了他们自己起源于动物界一样"，[9] 其原因就在于他们不是从法产生的客观基础出发而是从意志或观念出发研究法的现象，从而把法看成了这种意志和观念的产物。所以，从国家意志中寻找经济法调整对象，也就是从意志出发寻找经济关系。这是一种否定经济规律，特别是否定价值规律的客观作用的唯意志论观点。

〔8〕 恩格斯：《费尔巴哈与德国古典哲学的终结》，人民出版社 1957 年版，第 42 页。

〔9〕 《马克思恩格斯选集》（第 2 卷），第 539 页。

孙冶方同志曾经指出:“价值规律是客观存在着的经济规律,它不是大观园中的丫头,可以让人随便‘使唤’、‘利用’。”这句幽默风趣的话语中,包含着多少丰富的经验和沉痛的教训啊!十二届三中全会文件正是在总结这些经验教训的基础上,指出了“实行计划经济同运用价值规律,发展商品经济,不是互相排斥的,而是统一的”。并提出计划体制的改革就是要建立自觉运用价值规律的计划体制。这就进一步清算了认为计划可以无所不包、国家意志可以无拘无束的“左”的思想。所以,那种认为国家意志可以主导经济关系的唯意志论观点和我国经济体制改革的正确方向是背道而驰的。它只能给经济建设中的“长官意志”和“瞎指挥”披上合法的外衣,也会使那些企图以主观意志阻碍符合经济关系发展状况的改革的因循守旧势力找到借口。因此,在法学领域应彻底予以纠正。

以上几种观点,都直接或间接地受到了原有的经济管理体制的影响,因而不能不把它们拿出来,让经济体制改革的实践检验、接受经济体制改革的风暴洗礼,以使我们的经济法和民法理论适应改革的需要、顺应改革的潮流。这里,我们决无意要否定整个经济法学,不过是要强调,我们的经济法学应该从我国的实际出发,特别是从我国经济体制改革的实际需要出发,应该摆脱外国模式的影响、摆脱原有的管理体制的束缚。这样,我们的经济法理论才有生命力,才能真正为我国经济立法提供科学的、可行的方案。

我们已经指出了,确立民法部门,加强民事立法对于经济体制改革至关重要。但是,我们也要清醒地看到民法的作用是有特定范围的,而且民法作用的发挥必须要有经济行政法的密切配合。计划的指导、行政的监督、经济杠杆的运用是经济生活不可缺少的手段。民法和经济行政法是互相补充、互相配合、并行不悖的,片面强调哪一个部门的作用,都不符合我国计划性与商品性相结合的经济本质,不利于在加强国家的领导下充分发挥企业的积极性的要求,从而不符合我国经济体制改革的方向。

经济体制改革是一场改革客观世界的深刻革命,这场革命给我们民法理论工作者提出了繁重的任务。我们“就是要解释现在已经到来的转变和用法律肯定这种转变的必要性”,[10]也就是要密切注重经济体制改革以来的经济关系的发展变化,理顺各种民事关系,并从中抽象出法律(主要是民法)调整的原则和方法,认清我国民法的各项制度、各种规范在内容上的发展和变化。什么是民法学领域的实际?我国经济体制改革以来发展的商品关系及由此要求的法律秩序,就是我国民法学所要联系的最大实际。联系了这个实际,我们的民法学就有前途、就有生机!就会为我国民事立法作出应有的贡献!让我们在十二届三中全会路线指引下,振奋精神,共同奋斗,尽快繁荣和发展我国民法学科,从而无愧于我们的现代化建设事业,无愧于我们这个伟大的改革的时代!

(本文原载于《中国法学》1985年第1期)

---

〔10〕《列宁全集》(第27卷),第195页。

论股权

江　平　孔祥俊

构筑我国市场经济体制基本框架的十四届三中全会决定首当其冲地将建立现代企业制度确认为这一基本框架的五大支柱之一，指出国有企业实行公司制是建立现代企业制度的有益探索，并对企业尤其是国有企业推行公司制进行了详细阐发。由于财产权是现代企业制度的基础，决定对现代企业的产权关系加以重点明确。实行公司制必须确立符合市场经济要求的现代公司产权结构，公司产权则是股权与公司法人财产权的契合关系，因此，股权的法理探讨对于建立我国公司产权制度和进行企业制度创新具有重要的理论意义和现实意义。

一、法律性质论

法学界对股权性质问题从来聚讼纷纭。以抽象研究见长的大陆法系民商法理论对股权的界说更是异彩纷呈，百余年来新论迭出。以德国为代表的大陆法系股权理论大体上可归纳为社员权说、股东地位说、债权说等学说，同一学说中也不乏歧见。社员权说主张股权是股东基于其营利性社团的社员身份而享有的权利，属社员权的一种。19世纪后半叶，德国学者Prenaud率先主张股份有限公司是以股东为社员的社团法人，股东权就是股东认缴公司资本的一部分而取得的相当于此份额的社员权，是一种既非物权又非债权的特殊权利,并将股权确认为“单一的权利”。[1] 当时学界尚未将股权区分为共益权和自益权,将股权概括为“单一的权利”理所当然,但这种对股权单一性的认定和社员权说对以后的学说产生重大影响。1893 年德国学者 Pregelsberger 将股权划分成共益权和自益权,认为共益权是为实现全体利益而给予社员的权利,自益权则是为满足个人利益所赋予社员的权利,两者因性质上的差异而不能构成“单一的权利”。十年以后德国学者 K. Lehmann采纳该分类法,但对共益权的性质重新加以阐释,即认为自益权是“专门为各个股东谋求利益的权利”,共益权则是“谋求股东利益的同时也谋求全体利益的权利”。不过,他未像 Prenaud 那样将股权概括成如“社员权”这样的“单一权利”,而将股权解释为股东“通过认缴资本的一部分而产生的对公司的法律关系的总体”。此即股权(股份)为股东权利义务总和的学说的起始。后来,德国学界改变将股权作为社员享有的一切权利称为“社员权”的思维方法,把社员资格与社员权区别开来,认为社员资格是基础性的统一法律关系,社员权则是这一基础关系的产物,从此社员权被认为是基于社员资格而享有的权利,社员权因而具有身份性。[2] 而且,有些德国学者(如 Pruth)还将营利社团法人与公益社团法人的社员权作统一研究,并力图形成统一理论,认为所有社团都是人的结合关系,社员资格为第一位要素,权利为第二位要素,社员权以社员资格为基础,社员资格的取得以社团一方接受的表示与加入者一方加入的表示达成一致为要件。体现在股份有限公司中,转让记名股时受让人对公司的股东名册的变更请求中含有加入社团的表示,转让无记名股时受让人取得股份的行为即含有加入的表示。日本学者松本蒸治博士在日本奠定了股权社员权说的基础。他按照 Pregelsberger 的学说将社员权利区分为共益权和自益权,同时认为这两种权利并非各自独立的权利,而是由“一个单个的社员权产生出来的权能”,社员权为单一

---

〔1〕 在此之前股份有限公司被视为合伙,学者从股东对公司财产的共有份出发,将股东权视为物权成为通说。其后曾有人认为股份公司属于法人,但又将股权视为债权。Prenaud 驳倒股份公司是依契约结合而成的合伙的见解,第一次主张其为社团法人。参见菱田政宏:《会社法》(新版)(上卷),中央经济社,第 114 页;松田二郎:《株式会社法的理论》,岩波书店,第 20 页。

〔2〕 有人据此主张股权中的共益权不可转让。

的独立权利。总之,社员权说是大陆法系股权性质的通说。[3]

股东地位说否认股权是一种具体权利,主张股权是股东因拥有股份或出资而在公司取得的成为各种权利基础的法律地位,以此法律地位为基础所确认的权利(股东的具体权利)是股权的内容。[4] 有些日本学者认为股权中的共益权和自益权因有性质上的差异而难以结合成一个本质的、不可分割的整体性权利,遂避开"社员权"的名称而代之以"社员地位"称呼股权,但其实质内容与股权无异。[5] 债权说主张股权本质上是以请求利益分配为目的的债权或称附条件债权,请求权以外的其他权利均非附属于股东的根本性权利。[6] 此外还有一些股权性质的其他学说。

我国学者多从我国经济体制改变的背景出发,侧重于从股权与公司(企业)产权的双重角度研究股权性质,要么主张股权本质上属于债权,唯公司享有所有权;要么主张股权本质上是所有权,即或者主张股东对公司财产享有所有权(或共有权),公司享有经营权,即所有权与经营权分离说,或者认为股东对公司享有所有权,公司对其财产享有所有权,即双重所有权说。还有人认为股权为原始所有权或终极所有权,公司享有法人所有权。凡此等等,不一而足。这表明对股权性质的探讨自始即与我国经济改革的进程息息相关,也表明对股权性质还应作深层次的研究。

我们认为,股东地位说、债权说、所有权说等均不能反映股权的本质,而股权也不同于公益社团法人及合作社中的社员权,把股权归入社团法人的社员权也不妥当。股权只能是一种自成一体的独立权利类型。

(一)股权是作为股东转让出资财产所有权的对价的民事权利

社员权说主张股权为社员权的基本理由是,股权为股东基于公司社团的社员资格而享有的身份权。按这种理论界定公益社团和合作社的社员权

---

〔3〕 参见前引《株式会社法的理论》,第20~28页;色泽康一郎:《商法的基础》,税务经理协会,第105~106页;前引《会社法》,第114~116页。

〔4〕 参见前引《株式会社法的理论》,第26页;《会社法》,第114~116页;《商法的基础》,第106页;武忆舟:《公司法论》,第295页。

〔5〕 同上。

〔6〕 同上。

无疑恰如其分,但用于界定股权却失之偏颇。

按照传统民法理论,社团法人区分为公益社团法人和营利社团法人,但不论何种社团法人,均须由二人以上以合同行为设立,并以二个以上的社员为存在基础。在公益社团中,社员资格的取得不以出资为要件,并且社员权的享有完全基于社员身份,社员权必然成为身份权。在合作社中,尽管交纳社股为取得社员资格的要件,但合作社的互助合作性质决定了社员权的享有与出资额无关,社员权基于社员资格而享有。而且,这些社团的公益性和互助合作色彩决定其具有强烈的人合色彩,即至少须由二人以上所组成,是名副其实的社团。[7]

传统民法理论历来把公司作为基本的营利社团法人,传统公司法绝对地强调公司的人的结合性,即必须至少由二人以上所组成。公司股东与其他社团法人的社员一样,股权按社员权解释,即将股权作为根据股东资格(社员资格)而享有的权利,与其他社团的社员权无异。但是,随着"一人公司"的出现并被许多国家的法律所承认,传统公司社团观念受到冲击,对一个股东的公司仍按传统社团观念认定已显得极为牵强。因为,在一人公司中,公司不再依赖二个以上的成员成立或存在,公司之内不再发生社员之间的关系及多数社员权和少数社员权等问题,股东一人即可形成公司意思和参与公司事务,但此时股权依然是股权,股权性质并未改变,这就要求对股权的性质作出新的说明。尤其是,我国公司立法承认国家独资公司的普遍存在,更应当对股权性质进行重新思考。

尽管"一人公司"(独资公司)的存在使公司与传统社团观念相冲突,但公司仍不失为一种团体,只不过与传统社团法人在结合性上分道扬镳,即公司是由设立人通过出资设立、由出资人(股东)及其他有关机构共同组成的团体,不以成员的二人以上为一律的要件。尽管公司团体仍以股东为基础,

---

〔7〕 以合作社为例,成为合作社的社员须办理入社手续,即除缴纳股金或入社费外,通常还要填写入社志愿书、申请书或经其他社员介绍,并经理事会、社员大会同意或通过,才能成为社员,成为社员后才享有社员权;社员转让社股时,若受让人不是社员,则须首先办理入社手续,然后才能受让股金,社员死亡后由继承人继承股份时,若继承人不愿入社,应以退社论,而继承人愿入社时,在办理入社手续后方能继承股金,即社员资格不能转让和继承,只能通过入社取得,取得社员资格后才享有股权。

但已具有强烈的资本性，即股东地位完全取决于股东的股份或出资额，公司以营利为目的并将盈余按股份或出资额分给股东，这种特质与公益社团和合作社形成鲜明的对照。公司的资本性决定了公民或法人只要出资（包括股份有限公司中的认缴股份和受让股份及有限责任公司的缴纳出资和受让出资）就可以换取股权，就可以成为股东，因此，股权显然是转让出资财产所有权的对价。概括地说，出资关系是由投资者与公司或转让股份（出资）的股东之间就投资者通过投资成为股东所形成的法律关系。根据这种法律关系，投资者通过履行出资义务而取得股权，投资者也因而成为股权的权利主体，即股东。因此，股权不是基于股东身份而产生，而是与股东同时产生，是同一出资法律关系的两个要素。

投资者以出资财产所有权换取股权后，投资者即股东同时取得了以股票（股份有限公司）或出资证明书等（有限责任公司）作为表现形式的股份（股份有限公司）或出资（有限责任公司）。但是，股份和出资均非表明股东在公司资产中所占份额的单位，只是股权的计量单位。一方面，股份或出资用以计量股权的大小，即股东在公司中享有权利的大小取决于其拥有股份或出资的多少；另一方面，股份或出资又用以表明股权的经济价值，即转让股权时根据股份或出资确定股权的价值（格）。因此，股份或出资并非包含股权，而是依附于股权。股份或出资的上述性质充分地反映了股权对出资财产所有权的对价性。

（二）股权是目的权利和手段权利的有机结合

传统公司理论往往将股权区分为共益权和自益权，但对共益权和自益权性质的不同认定又直接影响到对股权性质的认识。否定股权为独立权利的论者往往以共益权与自益权具有本质差异而不可能组成同一的权利为根据；社员权的主张者则认为共益权也是以股东利益为最终目的，自益权和共益权在最终目的上具有共同性，可以组成同一的股权。

一般而言，自益权均为财产性权利［如分红权、新股优先认购权、剩余财产分配权、股份（出资）转让权］，共益权不外乎公司事务参与权（如表决权、召开临时股东会的请求权、对公司文件的查阅权等），而在独资公司中，共益权已无存身之地，股东权利均变成一体的自益权。因此，与其继续沿用共益权和自益权的传统分类方法,不如将股权区分为财产性权利与公司事务参与权。从本质上讲,财产性权利为目的权利,公司事务参与权为手段权利。因为,不论投资者投资的直接动机如何,其最后目的都在于谋求最大的经济利益,公司不过是为股东谋利作嫁衣裳的工具,公司无疑以股东的经济利益为终极关怀。为实现股东获利最大值的终极目的,必然要在公司团体内设定直接体现股东终极目的的权利;既然股东因其出资所有权的转移而不能以行使所有权的方式直接实现其在公司中的经济利益,那么也必须在公司团体内设置一些作为保障其实现终极目的手段的权利,股东的财产性权利与公司事务参与权遂应运而生,即两者分别担当目的权利和手段权利的角色。而且,两种权利终极目的的相同性决定了两者能够并且必然融合成一种内在统一的权利,即若没有目的权利,手段权利就因无所指向而成为毫无意义的单纯手段;没有手段权利,目的权利就成为缺乏有效保障的权利。目的权利与手段权利有机结合而形成股权。

应当指出,股权中的目的权利(财产性权利)与手段权利(公司事务参与权)只是对股权具体内容的形象说法。实质上这些权利均非指独立的权利,而属于股权的具体权能,正如所有权之对于占有、使用、收益和处分诸权能一样。正是由于这些所谓的权利的权能性,才使股权成为一种单一的权利而非权利的集合或总和。

(三)股权是团体性权利和个体性权利的辩证统一

股权既具有团体色彩,又具有个体色彩。所谓团体色彩,就是说股权的一些权能只会在团体中才会发生,股权中的公司事务参与权属于这种团体性权能。这些权利必须按照公司法及公司章程规定的团体规则进行行使,有些权利必须通过股东会之类的公司机关行使(如表决权),有些权利则须通过向其他公司机关提出请求而实现,这些权利的行使必然导致股东与公司各机关之间发生错综复杂的关系,这种只有在公司内才能行使的权利以及行使权利必然在公司内发生复杂的关系使股权带有鲜明的团体性。个体色彩则是指股权始终以股东个人的利益为出发点和归宿,股权中的财产性权利就是这种股权本质的集中表现。这些权利由股东直接行使并直接受益,具有突出的个体化色彩。因此,我们说股权既是团体性权利,又是个体性权利,或者说既包括团体性权能,又包括个体性权能。

股权的团体性和个体性不是各自孤立和相互割裂的,而是相辅相成,互为依托。公司本身即个体化和社会化的契合体,公司首先是成为股东的个体获利最大值的工具,必须以股东的利益为行为准则,而不能追求脱离股东利益的目标,而一旦公司成立后,又成为社会存在物,其行为又攸关交易安全和公共利益,不能任由股东随心所欲地操纵。这种双重取向调和出既能保护股东利益,又能限制股东为所欲为的股权。把股权塑造成一种寓个体性权利于其中的团体性权利。

(四)股权兼有请求性和支配性

股权的部分内容具有请求权属性,如财产性权利中的分红权、剩余财产分配权等属于财产性的请求权能,公司事务参与权中的临时股东会召集请求权等属于非财产性的请求权能。但是,这些请求权不过是股权的部分权能,不同于债权,而且其非请求权内容又非债权所能涵盖,因此,债权说依据股权的请求性内容而认定股权为债权失之片面,不能成立。

股权具有部分的支配权内容,如通过行使表决权支配公司的重大事务。但是,股权的支配性不同于所有权的支配性。因为,在公司中,公司人格的存在使股东不得直接支配公司财产,而只能按照法定程序,通过行使股权,以左右公司重大事务,并且公司享有收益权,股东的收益来自公司,何况股权的具体权能又与所有权大相径庭,因而股权绝非所有权。同时,股权也不同于知识产权。知识产权是权利人对无体物智力成果的支配权,因各国注重其经济利益而通常将其列入财产权之内。尽管股权也具有无体性,但股权非以智力成果为客体,股权的丰富内容又非知识产权所能包含,故股权不是知识产权。

(五)股权具有资本性和流转性

公司是以资本为基础而设立的企业,股东的地位以股东拥有的股份额或出资额为唯一确定标准,即主要体现为表决权按出资额计算,股利和剩余财产按持股比例分配。而且,股权还是一种能够以股份额或出资额计算经济价值的权利。

股权的资本性决定了股权的非身份性和可转让性,即经股东与他人合意,股东可按股权的经济价值将股权转让给他人,他人因而成为股东和享有股权。股权的转让以股份或出资的转让为标志,因股份或出资已丧失资产产权意义,也就变成了股权的象征,其转让即股权的转让。大陆法系有些学者基于股权为股东的身份性权利而否认共益权的可转让性,认为只有股东资格的加入和退出,没有单纯的共益权的转让。但因我们主张股权为单一性权利及其所谓的具体权利都是股权的权能,以及股权是出资财产所有权转让的对价,故我们认为股权作为一个整体性权利具有可转让性,况且股权的各项权能不可能分开转让。

股权的资本性和转让性是公司形态高级化的标志,来源于市场经济的必然要求。其一,使股权商品化。资本性使股权具有价值和价格,使股权得以游离于公司资本之外而自由流转,其流通不影响公司资本及经营的稳定。尤其在股份有限公司中,股权的商品化表现为股票的商品化,股票的商品化必然形成证券市场并促进资本市场、金融市场的迅速发展,从而使资金的增量和存量能够根据生产发展需要合理流动起来,使企业的生产经营规模能按生产力发展的需要随时扩大。其二,使股东利益与公司的资本维持达成一致。在多股东公司(尤其是股份有限公司)中,资本原则难免使股东利益与公司的资本维持产生两对矛盾:一是公司事务的多数决与少数股东意志不相容的矛盾,此时必然要求使少数股东具有脱离公司、转让资本的可能性,但若准其抽走资本,又会损害公司发展的稳定性。二是公司资本的固定性和回收周期的长期性与股东短期回收愿望的冲突,此时股东可能希望随时收回投资,但收回投资又与公司准则相悖。赋予股权转让性质这些矛盾迎刃而解,即由于由出资转化而来的股权具有流转性,若股东对按多数决形成的公司决策不满,或不愿忍受投资回收的长期性,可通过转让股权达到目的,而股权的转让又不影响公司资产的正常运转。在单股东公司中,股权的流转性同样地为股东因各种原因收回投资提供了现实性和极大的便利。三是使股东对公司的股权约束强化,即股东可以通过转让股权的形式用"脚"投票,对公司施加强有力的股权约束,使公司营运符合股东增殖资本和增加资本收益的意愿。特别在股权高度分散化的当代股份公司中,由于股东用

"手"投票的积极性锐减,用"脚"投票遂成为不可轻视的股权约束力量。

股权的资本性与流转性把公司的股权与其他社团法人的社员权区别开来。公益社团的社员地位一律平等,社员权基于社员身份并按人头享有,而且社员权的取得需首先通过入社取得社员资格,不能随意让与,因而这种社员权没有资本性和流转性。合作社社股是取得社员资格的必要条件,但合作社通常不以社股作为主要经营资本,社股往往更具有象征意义,而且,取得社员资格后社员的地位与出资额即无关联,表决权实行一人一票制,盈余按交易额分配,其社员权没有资本性,同时,合作社高度的人合性使其对社股的转让严格加以限制,甚至只准退股不准转让。

总之,股权的上列特征足以把股权塑造成一枝独秀的权利形态。我们可将股权界定为:股权是股东因出资而取得的、依法定或公司章程规定的规则和程序参与公司事务并在公司中享受财产利益的、具有转让性的权利。

二、创设行为论

作为民事权利的股权是由特定的法律行为创设的,创设行为是产生股权的法律事实。

大陆法系的学者对股权创设行为有所探讨,但众说不一。诸如,入社行为说认为,社员权通过向社团法人入社而取得,入社行为属于入社契约,即股东之间以共同形成社团为目的的契约。有利投资说认为,入社契约是一种虚构,股份的取得不过是一种有利的投资,即以取得利益分配为目的的买卖行为,股权不过是称为利益分配请求权的债权,与通过入社契约取得社员权的其他社团法人的社员权不同。[8] 社员资格说从股权基于股东资格而产生的角度出发,主张股权以社员资格的取得为前提,社员资格则由社员一方的加入表示和社团一方的接受表示达成一致而取得,取得社员资格后即享有股权。[9]

---

〔8〕 参见前引《商法的基础》,第105~106页。

〔9〕 参见前引《株式会社法的理论》,第44页。

英美法通常认为股权基于合同关系而取得。按照英美法，成为股东的途径有三：(1)在设立章程中签字并认购股份；(2)在公司成立之前或之后通过认购取得股份；(3)从他人手中受让股份。取得股份后即成为股东和享有股权。前两种股份认购与后一种股份受让均为合同关系，但性质并不相同。前两者基于公司法规定并采取书面形式，且在公司接受认购要约后才成立合同关系，认购人据此成为股东，是否交付股份证书不是必要条件。后一种属于股份买卖合同，通常受反欺诈法调整，受让方在交易结束时方取得股份，并且以支付股份证书为必要条件。[10] 这表明英美法的股权创设行为有两种，即股份认购人与公司之间的股份认购合同以及股份买卖合同。其中前一种行为更具有典型意义。具体而言，英美法将公司设立人之间的关系称为共同风险关系，在设立公司过程中，设立人相互之间及其与公司、其他股东和债权人之间存在以设立公司为目标的信托关系。公司成立前的股份认购具有双重含义：一是向拟设公司的要约，即由于公司在法律上尚不存在，股份认购只能是以设立人为公司的受信托人而向拟设公司发出的要约，俟公司成立并接受要约后(通常是公司成立后即召开的董事会上正式接受)即在公司与认购人之间成立合同关系，认购人因而成为股东和享有股权；二是认购人之间产生的合同关系，即一认购人以他认购人的认购为对价而成立的合同关系。[11] 可见，创设股权的这种行为是认购人与公司之间的认购合同行为。

由于我们主张股权是由出资财产所有权换取的权利，对基于股权为身份性权利而主张的加入行为为股权创设行为，显然不能同意。英美法基于其固有的信托观念而以要约与公司成立后的承诺界说股权创设行为，固然有其道理，但毕竟要约之时受要约人即公司尚不存在，将其移植到我国法理中来并按我国的法学观念加以衡量，这种界说即失之严谨。

我们认为，股权既可以原始地创设，又可以受让取得，因而可区分为原始取得和继受取得两种取得方式。在原始取得中，股权以出资行为为发生

---

〔10〕 参见 Harry G. Henn, Jhon P. Hlenander, *Laws of Corporations*, west Publishing Co., pp. 425 - 426。

〔11〕 参见前引 *Laws of Corporations*, pp. 261 - 264, 238 - 239。

根据;在继受取得中,股权以受让行为等为取得根据。

作为股权原始取得根据的出资行为,是指投资者以成为公司股东为目的、向公司投资并由此换取股权的法律行为。笼统地说,出资行为是投资者与公司之间的合同关系,可称为出资合同。在出资合同中,投资者作为合同的一方以取得股权为目的而履行出资义务,公司作为合同的另一方以取得出资财产所有权为目的而履行给予投资者股权的义务。通过对待给付,投资者成为股权的权利主体即股东,公司则据此成为出资财产所有权的主体。因此,出资合同是原始地创设股权的法律行为。具体地讲,出资行为应当区分为公司设立过程中的出资行为与既存公司增资扩股时的出资行为。增资扩股时的出资行为以投资者与公司为双方当事人,并无疑问,但由于设立过程中公司尚未成立,此时以公司作为出资行为的一方似乎牵强附会或难以自圆其说。问题的实质在于如何确认公司在设立过程中的法律地位。大陆法系有关设立中公司法律地位的学说具有启发意义。

大陆法系学者将章程订立后公司依法成立前的公司雏形称为设立中公司。按照学者近年来的通说,设立中公司为无权利能力社团(其法律地位相当于合伙,这种社团与我国法理上的非法人团体相当)〔12〕,以发起人为业务执行机关和代表机关,具有有限的法律人格。设立中公司是拟成立公司的前身,与成立后的公司可以超越人格的有无而在实质上归属于同一体(同一体说)。之所以承认设立中公司的有限人格,是因为公司不可能在设立登记时突然出现,之前即经历逐渐生成的过程,在此过程中必然发生一系列法律关系。而设立中公司又已具有相当于成立后公司的成员(如发起人、认股人)及机关(如董事、监事等)的一部分或全部,承认其法律地位有利于其开展设立活动。〔13〕

---

〔12〕《德国民法典》第54条规定:"1. 人对无权利能力的社团适用关于合伙的规定。2. 以这种社团的名义对第三人所为的法律行为,由行为人个人负责;如行为人有数人时,全体行为人视为连带债务人。"

〔13〕参见柯芳枝:《公司法论》,三民书局印行,第21~23页。按照同一体说,既然设立中公司与成立后公司属于同一体,那么设立中公司的法律关系即系成立后公司的法律关系。详言之,随着公司的成立,认股人即成为股东,设立中公司选任的董事监事即成为公司机关,发起人代表设立中公司实施的行为的后果归属于公司。

我们认为,我国可以在法理上承认设立中公司的非法人团体地位,即这种团体由设立人组成并作为对外活动的代表,有权从事设立公司的各种活动。公司一旦成立,就将设立中公司与公司视为同一人格,设立中公司实施的设立行为的后果自然地归属于公司,他人与设立中公司发生的行为视为与公司发生的行为。公司不能成立时,则由作为设立中公司成员的设立人承担由此而生的法律后果。承认设立中公司的法律地位显然有利于设立人开展设立活动,有利于明确设立责任,并且能够克服向公司归属设立后果的理论障碍。在承认设立中公司的法律地位后,公司设立过程中投资者认购股份或出资时,应认为与设立中公司形成出资合同关系,即以成为拟设公司的股东为目的而订立的合同,在公司成立后其后果转归公司,视为公司与投资者订立的合同,投资者因而成为股东并取得股权。这种法律后果转归关系既无需特殊的移转行为,也无需权利义务的特殊继受。

继受取得是以股权的转让或继承等作为发生根据。此时股权业已存在、不存在股权创设,唯有易乎而已。继受取得中以股权买卖行为最为普遍。

三、股权:公司所有权的伴生物

股权与公司财产所有权是相伴而生的孪生兄弟。只有股权独立化才可能产生公司所有权,而公司所有权的产生必然要求股权同时独立化。股权与公司所有权的分化又是现代市场经济的伴生物,是商品经济长期孕育和发展的必然结果,也是现代企业制度的重要标志。

现代市场经济的确立是由古典商品经济在宏观层次和微观层次上的深刻变革促成的。在宏观层次上,商品经济由完全的自由放任和“看不见的手”调节转化为市场调节和宏观调控相结合,政府由“守夜人”转换成宏观调控者。在微观层次上,古典商品经济中独资企业和合伙企业的主体地位逐渐被公司所取代,公司(主要是股份有限公司和有限责任公司)成为市场经济的微观基础和基本载体。现代市场经济的微观层次又是由企业产权制度的变革塑造的,即股东的出资财产所有权转化为股权,公司在股东出资的基础上形成其财产所有权,在公司产权独立的基础上股东的人格与公司的人格相分离,现代企业制度由此而生。

英国公司法上的股权与公司所有权的分化始于19世纪三四十年代,于本世纪初最终完成。在股权独立化之前,英国判例主张股份是股东对公司股本所享有的份额,即股东对公司资产拥有的一份。[14] 这实质上承认股东对公司财产的按份所有权。1838年以后,英国法院即坚持无论在法律上还是在衡平上,股份均不得赋予股东对公司资产的任何权利。自此,英国法逐渐认为公司财产无法为公司和股东所共有。为摆正股东和公司的地位,英国在法律技术上以法律利益和衡平利益处理两者的利益关系,即赋予股东衡平权,赋予公司法律上的所有权。详言之,英国公司法在确认公司所有权的同时,认为股东是股份的所有人,股份属于一种无体财产,即能够以一定数量的金钱度量的股东在公司中的权益,是股东在公司中享有的各种权利的集合,这些权利由法律、章程、组织细则及股份发行条件所界定。这种体现于股份中的权利即股权,其股权性质亦在于此。[15] 英国法的股权理论被其他一些普通法系国家(如印度等)所采纳。

按照美国模范公司法规定,公司对其财产享有完全的占有、使用、收益和处分等权利。美国公司人格理论认为,公司的财产归公司所有。所谓的股东拥有公司只是一种非严格的说法。股东享有股权,其主要内容有三:(1)收益,即股东对公司净收入的分红权;(2)资产净值权,即公司终止时,在满足所有债权人的请求后对剩余财产的分配权;(3)控制权,即按股份享有表决权。

大陆法系国家的股权和公司财产权立法与理论探讨以德国最具影响力。德国法上的法人所有权源于日耳曼法上的总有权。德国继受罗马法后,总有团体转化为法人,总有权分化为法人所有权和法人成员社员权。体现到公司制度上,就是公司享有所有权,股东享有股权。这种认识大体上于19世纪后半叶逐渐形成,并被其他一些大陆法国家所继受。

历史传统、发展历程及具体制度设计均有极大差异的两大法系公司法

---

〔14〕 比较著名的判例:Buckeridge v. Ingram(1795)2 Ves Jun. 652;Howse v. champman(1799)4ves. Jun. 542. See D. G. Pice,"the Legal Nature of a Share",the conveyancer, Vol. 21, 1957, pp. 433 - 434。

〔15〕 参见前引 *Laws of Corporations*, pp. 154, 396, 496。

对股权与公司所有权认识的殊途同归，乃根源于市场经济对企业组织进化的必然要求。公司是在合伙企业基础上经长期演化而成的。相对于独资企业而言，合伙企业已具有一定程度的团体性，即已形成合伙共有财产和合伙人的共同意志等团体因素，但在本质上合伙企业还未脱离合伙人的人格而取得独立人格，合伙企业既无区别于合伙人的独立财产，又没有阻隔合伙人责任的责任限界。合伙企业对合伙人人格的依附性决定了合伙企业的不稳定性（常因退伙、死亡而散伙）、资本积累机制的局限性（难以扩大规模）、产权不能自由流转性及责任的无限性（经营不善时极易导致倾家荡产）。在古典商品经济向现代市场经济转轨过程中，企业经营规模日趋扩大、市场竞争愈演愈烈、经营风险越来越大、经营专门化的要求越来越高，所有这些均使合伙企业难以胜任市场经济基本载体地位，现代公司呼之欲出，应运而生。现代公司制度带来了股东人格和公司人格的分化，造就了股东和公司的双重人格，即股东只是股权的法律主体，公司则是公司财产所有权的法律主体，公司真正地取得了法人地位。但是，股权与公司所有权的分化又带来了公司地位的双重性，即公司既是独立的民事主体，又是股权的客体；既能独立自主地对外交往，又因是股权的作用对象而受股权的制约，而这种制约又通过公司立法纳入了制度化的轨道。

股权与公司所有权的分化、股东与公司的双重人格以及公司地位的双重性均反映了市场经济的客观要求。其一，确立了产权界区，完成了产权社会化。股权与公司所有权分化后，股权的权限范围、行使方式和程序均由法律和公司章程界定，并且直接指向公司而非公司的具体财产，公司对其财产则享有完全的所有权，股权与公司所有权遂形成高度清晰的产权边界。这一方面排除了越界行使权利的可能性，另一方面又使两种产权均独立化。股权的独立化使股权能够逸出公司之外自由运动，使公司的资本积累外在化、多元化和社会化，使资源能够得到合理配置，并促进证券市场、金融市场等的健全和发育。公司产权的独立化使公司具有了独立的经营人格和生命力，真正地作为法人而成为完全的市场主体。其二，划定了责任界限，限制了经营风险。股东将其出资财产所有权转换成股权的同时，也取得了有限责任，公司则因其财产权的独立性而形成了对外独立承担责任的基础。股权的非所有权属性阻断了股东与公司在责任上的连带关系，公司经营失利不会再殃及股东的其他财产，从而限制了股东的经营风险；公司因其具有对外承担责任的财产基础，既能以这些财产作为对外交往的一般担保，又能使第三人据此预测与公司交往的风险系数，从而能够有效地维护交易安全。所有这些使股东获利最大化与交易安全有机地协调起来。其三，为专家经营奠定了产权基础。股东与公司人格的分化使公司不再依附于股东人格，股权的界区使股东对公司事务不能事必躬亲，任意干预。公司依靠其内部各机构进行运作，股权的行使必须纳入公司正常的运作中去，这就为专家经营提供了制度空间和制度性保障，从而造就出一个能够适应生产日益社会化要求的、专门从事经营管理的专家阶层，促进经营管理日益现代化。

我国的企业改革以国有企业改革为中心，国有企业改革则是按照"两权分离"的基本思路进行。但是，"两权分离"毕竟是产品经济和市场经济交互作用和双重取向的产物，是适应市场经济要求对传统企业制度的改良，其以国家所有权为基本取向而否认法人所有权的产权结构使企业无法成为真正的市场主体，时至今日的经济体制改革的深化程度已使国有企业改革的深层矛盾充分暴露，要求进一步深化企业改革，正如十四届三中全会决定所指出的，"继续深化企业改革，必须解决深层次矛盾，着力进行企业制度创新"。这就要求我们必须按照市场经济的一般规律，以塑造现代企业产权制度为契机，实现企业制度创新，即建立符合市场经济要求的现代企业制度。

以股份公司和有限责任公司为主导的公司是最典型、最具代表性的现代企业组织形式，是市场经济的基本载体。实行公司制是我国企业制度创新的主要形式。按照十四届三中全会决定的要求，公有制企业应当有步骤地进行公司制改造。国有企业的公司化改造要求尽快建立健全经营国有资产的中介组织，由国有资产经营组织受托对生产经营性企业的国有股进行持股、控股和对国有股进行买卖，实现国有股股权分散化及国有资产经营与政府职能分开，把国有企业改造成真正的股份有限公司和有限责任公司。集体企业通过公司制改造，形成有限责任公司、股份合作公司和股份公司。通过公司制改造，出资财产的所有者即转化成股东，股东对出资财产不再拥有所有权，公司则对其财产拥有所有权。通过股权与公司所有权的分化及股东人格与公司人格的分离，创建在资本积累机制、责任风险机制和经营管理机制上等均适合市场经济要求的我国现代企业制度。

（本文原载于《中国法学》1994 年第 1 期）

股份有限公司的董事和董事会*

王保树

一、引言

股份有限公司机关是股份有限公司存续和发展的基本条件。没有公司机关,股份有限公司是不可能存在和发展的。股份有限公司机关包括股东会、董事会和监事会,缺一不可。但是,股份有限公司的内部关系和外部关系都向人们表明,董事会在公司机关中居重要地位,对董事会的讨论是公司法研究中的重要内容。

第一,在企业所有与企业经营分离的条件下,完善股份有限公司董事会制度,将始终是公司法的一个重要课题。就一般原则而言,企业的所有者可同时是企业的经营者。但是,在市场经济发展中,作为企业形态之一的股份有限公司,其资本向巨额发展,股份日趋分散,股东日加众多,股东的注意力已更多地转向股市,而不是公司经营。因为,他们希望从股票价格涨落中获取巨利;其次,随着技术革命的发展,公司经营愈来愈复杂,股东已很难通晓公司的生产和销售;再次,市场经济是充满竞争的经济,而激烈竞争中的公司经营,不可能依靠一年一度的股东会解决。相反,需要迅速、及时和有效的处置。这样,经常从静态和动态的结合上探讨董事与董事会制度,就极为必要了。

第二,在现代股份有限公司制度发展中,股东会职权弱化、董事会职权强化,已成为一种趋势。这不仅是因为股份分散,小股东众多,他们对股东

---

* 此文是作者提交1993年10月22日召开的“中日民商法与市场经济法律秩序研讨会”的论文。此次发表未及修改。

会的兴趣锐减;还由于许多国家公司法采用了授权资本制,诸如增资之类的重大事项不再由股东会讨论,而是由董事会作出决策。不论如何,加强董事会职权已成为许多国家立法的现实。虽然,我国的公司立法现在尚未采用授权资本制,但在公司法的发展中,它必将向国际通例靠拢。因此,探讨董事会职权强化的"度"和研究董事会如何正确行使职权,则是很必需的。

当然,股份有限公司董事与董事会制度涉及的范围很广,是一个内容庞杂的重大课题。本文限于篇幅,仅讨论董事的权限和责任,并以中国股份有限公司的董事、董事会为重点。

二、我国股份有限公司董事会构造的特点

我国股份有限公司董事会的组成及董事的选任程序,同其他国家的公司法无甚区别,但股份有限公司董事会的构造却有自己的特点。

(一)以集体职权的规定确认董事会的合议制

董事会担负着经营决策和业务执行的任务,实践要求它的构造与其功能相适应。所谓"经营决策",是指以集体决议方式对经营战略、计划作出决定,而业务执行,并非直接执行业务,而是对执行业务作出决定,然后委托他人具体执行。所以,国外公司法均规定董事组成董事会,并采取合议制。但是,国外在立法上,并不具体规定其职权。而我国在公司立法上,却采取集中规定董事会集体职权的方式。所谓集体职权,即法律规定的董事会的职权仅属于董事会这一集体,而不属于个别董事。这是董事会构造的首要特点。

(二)公司代表的法定单一制

国外(或地区,以下同)公司法对公司代表的规定有几种不同的方式。有的由董事会决议[1]或以公司章程规定,有的由法律规定董事会集体代表公司。[2] 其中,前者不限于一人,可以是数人分别代表或共同代表。[3] 而

---

〔1〕《日本商法典》第261条第1项。

〔2〕《德国股份法》第78条。

〔3〕《日本商法典》第261条第2项。

我国公司立法则采取另外一条思路,即公司代表的法定单一制。所谓"法定",即由公司法明定;所谓"单一制",即法律规定董事长一人代表公司。[4]并且,仅在董事长不能出任法定代表人时才由董事长授权副董事长代表公司。公司代表"法定单一制"模式并非由现行公司法律规范首创,它直接来源于《民法通则》第3章第38条的规定。这种做法,其优点是责任明确;而其缺点,是仅由一人代表公司,在频繁多变的交易中显得不太方便。

三、董事的资格

所谓董事资格,是指董事任职的条件,包括积极条件和消极条件。前者,指具备何种条件方可担任董事,也被称为积极资格;后者,指董事任职的限制性条件,也被称为消极资格。

(一)董事的积极资格

公司法对董事积极资格的规定,一般限于董事国籍、法人董事、董事应否是股东和资格股份等内容。对此,各国的态度向来不同。首先,董事是否必须限于本国国籍。多数国家不加以限制,仅少数国家公司法规定董事必须具有公司注册国的国籍。如瑞典公司法规定,董事和常务董事必须是在瑞典居住的瑞典籍公民。[5] 瑞典商业部门虽然可以批准放宽上述限制,但要求公司董事会中的三分之二成员必须是瑞典籍公民。《瑞士债务法》第711条则规定,如果只有一名董事,该董事必须是居住在瑞士的瑞士公民。如果有多名董事,其中多数董事必须是居住在瑞士的瑞士公民。其次,董事是否仅限于自然人。各国做法不一。意大利民法典、奥地利股份有限公司法、瑞士债务法、瑞典公司法均不允许法人担任董事,而英国公司法、美国模范公司法、日本商法典、比利时的判例法均允许法人担任董事。再次,董事是否仅限于股东。日本商法典、美国模范公司法、意大利民法典、奥地利股份有限公司法等均不要求公司董事必须是股东。其中,《日本商法典》第245

---

〔4〕《股份有限公司规范意见》(1993年4月26日)第59条:《深圳经济特区股份有限公司条例》(1992年5月15日)第99条第2款。

〔5〕参见[英]梅特哈特:《欧洲十二国公司法》,李功国等编译,兰州大学出版社1988年版,第538页。

条之一第2项明确规定,“公司不得以章程规定董事必须是股东”以充分体现公司所有与公司经营的分离。而瑞士债务法、比利时统一商事公司法等则要求董事必须是股东。最后,董事是否必须持有资格股份。一般地说,凡要求董事必须是股东者,也大多同时要求董事持有资格股份。而具体持有多少股份,则由公司章程作出规定。

以上表明,多数国家公司法对于股份公司董事的国籍和董事是否必须是股东,普通持放宽的立场。而对于法人是否可以担任董事,则立场的差异较大。这些,无疑是基于对本国国情的考虑和对公司机关的认识。后者,依传统看法,公司既为法人,其经营意思表示和代表机关应为自然人,因而有些国家不允许法人担任董事。我国公司立法对董事积极资格的规定基于如下认识:(1)我国允许中外合资的有限公司变更为股份有限公司,并允许新设的外商投资企业采用股份有限公司形式,或股份有限公司发行人民币特种股票。[6] (2)中外合资有限公司的董事会由中外董事组成,且中外任何一方均可担任董事长。这种公司变更为股份有限公司时,当然应有具有外国国籍的董事。[7] (3)国家鼓励法人持股公司的设立。相应地,该种公司当然应该有法人董事。(4)股份有限公司作为国有企业改革的措施,其用意在于解决企业所有与企业经营分离的问题。适应这一要求,股东和经营者董事应该有其差别。因此,我国公司立法不强调董事必须具有中国国籍,也不强调董事必须是自然人。并且,董事可以是股东,也可以不是股东。[8] 既然允许非股东担任董事,则不必规定董事必须持资格股份。再者,董事所为之行为,是商事行为,属民事行为范畴,行为人自然有民事行为能力。所以,董事须为有民事行为能力者,当属董事积极资格之列。

(二)董事的消极资格

董事消极资格的规定,包括自然属性的消极资格的规定和社会属性的消极资格的规定。这两种规定虽然都是针对自然人的,但法人董事的代表

---

〔6〕《股份有限公司规范意见》第11条;《海南经济特区股份有限公司条例》第18条;《深圳经济特区股份有限公司条例》第37条。

〔7〕《中华人民共和国中外合资经营企业法》(1988年)第6条。

〔8〕《股份有限公司规范意见》第53条。

也应适用。从国外公司立法例来看,多数国家公司法仅在个别条款中规定董事消极资格,而少数国家公司法则专列条款系统规定董事的消极资格。依英国公司法规定,有下列情形之一者不得担任董事:(1)未结案的诉讼破产人;[9](2)在公司设立和管理中因严重失职而曾负有刑事责任者;[10](3)曾担任过两个公司的董事,而这两个公司均因经营失败资不抵债者;(4)在制作利润报表和账目中多次有欺诈行为,或在五年内至少犯有类似欺诈罪三次以上者。[11] 比利时统一商事公司法也规定,下列人员不得被任命为董事:(1)没有清偿其债务的破产人;(2)由于严重犯罪而被判处监禁的人;(3)法官;(4)行政长官;(5)公务员;(6)公证人;(7)公司审计员。[12] 外国公司立法例的上述不同做法表明,各国对董事消极资格的态度存在很大差异。一些国家基于市场经济迅速运转的需要,给公司以较大自由,公司法不对董事消极资格作出过多的规定,而由公司章程对此作出规定。少数国家基于对公司、股东和债权人合法权益的保护,则较多地规定董事的消极资格。在我国公司立法中,其态度倾向于后者。《股份有限公司规范意见》第61条规定,凡有下列情况之一者,不能担任公司董事:(1)无民事行为能力者和限制民事行为能力者;(2)因经营管理不善被依法撤销或宣告破产企业的负有主要责任的董事、经理或厂长,自核销之日起未满3年者;(3)因违法经营被吊销营业执照的企业原法定代表人,自决定吊销营业执照之日起未满3年者;(4)刑满释放、假释或缓刑考验期满和解除劳教人员,自刑满释放、考验期满或解除劳教之日起未满3年者;(5)因触犯刑法被司法机关立案调查,尚未结案者;(6)国家法律、法规和政策规定不能担任企业领导职务者。此外,依《股份有限公司规范意见》第64条的规定,监事不得兼任董事。上述规定,就整体而言,较其他国家严。而董事消极资格规定得越严,适用范围越宽,则可任董事的人的范围越小。因此,它存在不适应公司发展的方

[9] 《英国1948年公司法》第187条、第332条。

[10] 同上。

[11] 《英国1976年公司法》第9条、第511条。

[12] 参见[英]梅特哈特:《欧洲十二国公司法》,李功国等编译,兰州大学出版社1988年版,第74页。

面，有改进之必要。首先，应突出公司本身的特点，将涉及犯罪的消极资格仅限于公司管理和经营的范围，并像英国公司法那样突出限制欺诈行为实施者任董事的规定；其次，应将犯罪限于故意行为者；再次，不宜将假释、缓刑、解除劳教、立案调查同刑满释放等同；最后，仅能由法律规定董事消极资格，不宜由政策规定董事消极资格。

四、影响董事权利、义务的理论结构

（一）董事权利、义务产生的依据

一定的权利、义务总是作为一定的法律关系的内容存在的。这种法律关系一缔结，相应的权利、义务就产生了。董事的权利、义务是作为何种法律关系的内容存在的？虽然，董事的权利、义务涉及的面很广，既有对公司的权利、义务，又有对股东和第三人的权利、义务。但从根本上说，董事的权利、义务是因它同公司的关系而引起的。这种关系建立的根据是公司法，但不限于公司法。换言之，它还可以根据不违背公司法的公司章程的规定和股东会的决议建立。

对董事权利、义务产生影响的，不仅是建立董事与公司的关系的根据，还在于这种关系的性质。如何认定公司与董事关系的性质？向来有两种学说：

其一，公司和董事之间的关系是代理和信托的关系。这主要是英美法系国家公司法学者根据其本国公司法规定提出的主张。依此主张，董事的地位是：（1）作为代理人，即“董事可以正确地说成是公司的代理人。‘公司本身不能由其自己来进行活动……它只能通过董事进行活动’。[13] 因此，关于代理人的一般规则适用于他们代表公司所签订的任何合约或进行的任何交易。因此，他们对在其职权范围内单纯作为公司代理人进行的活动，不承担个人责任；在此种情况下，应该负责的是公司”。[14] （2）作为受托管理人。

〔13〕 1879年森林煤业公司案，《大法官庭判例集》10集，第450页。

〔14〕 [英]R. E. G. 佩林斯等：《英国公司法》，《公司法》翻译小组译，上海翻译出版公司1984年版，第220页。

"受托人系指经授予一项有合法所有权的财产并为他人利益而管理该项财产的人。'他人'即指对此项资产有可享受利益或衡平利益的人,他们可以主张权益而对受托人起诉。另一方面,董事决不能成为公司财产的合法所有人,因公司对其财产拥有所有权。但董事可被视为公司财产的受托人,对公司财产赋以权力的受托人,因董事必须管理此项财产,并为公司的利益而履行其职责。"〔15〕值得注意的是,虽然董事是由股东会选任的,但"董事不是股东个人的受托人,也不是与公司订有合约的第三者的受托人"。〔16〕依上述董事的双重地位,除法律规定必须由股东会行使的某些重要权利外,其他一切日常管理决策权,均由董事会代表公司行使。

其二,公司和董事之间的关系是委任关系。这主要是日本等大陆法系国家的公司法学者根据其本国公司法规定提出的主张。《日本商法典》第254条之一第3项规定,"公司和董事之间的关系,依照关于委任的规定"。日本的学者也认为,董事和公司的关系是一种委任关系,董事负有具备善良管理者那种谨慎的品质而履行其职务的义务。〔17〕所谓委任,即当事人约定一方委托他方处理事务,他方承诺处理的契约。委托处理事务的一方称为委任人,而处理事务的一方称为受任人。委托处理的事务称为委任事务,亦称作委任标的。就公司和董事的委任关系而言,委任人是公司,受任人是董事,委任标的是公司财产的管理与经营。这种委任关系,与其他委任契约不同,它仅依股东会的选任决议和董事答应任职而成立。根据委任的法理,董事可因其委任而取得对公司事务的经营决策和业务执行权,董事可依其委任处理公司事务。同时,委任的法理还应包括:(1)委任是当事人信赖的基础,而受任人和委任人都应对这种信赖关系的建立和存续负有义务;(2)董事的善良管理之注意义务,应是对公司经营(包括事务处理)尽其客观的注

〔15〕[英]R. E. G. 佩林斯等:《英国公司法》,《公司法》翻译小组译,上海翻译出版公司1984年版,第221、222页。

〔16〕同上。

〔17〕参见[日]龙田节编:《商法略说》,甘肃人民出版社,第53页;[日]铃木竹雄著:《会社法》,弘文堂平成元年版,第183页。

意义务;(3)受任者(董事)对于委任者(公司),应该诚心诚意,忠实于委任者。[18]

上述对公司与董事关系的不同论说,并非是完全对立的主张,而是在不同法律背景下基于不同国家公司法的规定,对公司与董事关系作出的不同说明。虽然,他们依据的理论不同,但结论并无大的差别。对我国立法者和公司法学者来说,应该结合自己的国情,导入同我国法律传统相一致的理论。首先,不宜导入代理说。因为,我国的代理制度和公司与董事关系的实态相去甚远。董事构成董事会,虽依公司的意思对公司进行经营管理,但为达到有效经营管理公司财产之目的,须多少依自己的意思,因而多少有自己的决定权。代理关系则不同。代理人在代理权限内,仅以被代理人的名义实施民事法律行为。被代理人应对代理人的代理行为,承担民事责任。[19]这里,代理人完全是依被代理人的名义,并在代理权限范围内办事,代理人在实施代理行为时不能有自己的意思。如果将公司与董事的关系理解为被代理与代理的关系,董事作为代理人则仅能依股东会行事。股东会未作决定的,董事会不能为公司实施任何行为,这同立法中确认的股东会与董事会的关系是根本相反的。其次,不宜引入信托说。虽然,全国人大常委会有关部门正着手信托立法,但信托法的适用范围如何,尚不得而知。更何况,信托制度原是英美法的制度,对于我国这样有习惯大陆法系久远传统的国家,几乎是很陌生的。如果用其解释公司与董事的关系,人们在习惯上、心理上都很难接受。相反,引用委任关系说明公司与董事关系,比较符合中国人的习惯和传统,值得注意的是,凡依委任法理证明董事地位的,均依据公司法上的相应规定。有鉴于此,应改变《股份有限公司规范意见》在公司与董事关系上的模糊状态。一方面,在民法通则中补充关于委任的规定,以适应调整各种委任关系的需要;另一方面,在公司法上明确规定,公司与董事的关系适用委任规定。还值得注意的是,以往各种论说只是用以证明董事的义务和责任。这不仅忽视了权利和义务相一致的关系,也更加忽视了市场经

---

〔18〕 参见[日]森本滋:《董事会的善管义务与忠实义务》,转引自王君著:《信认义务理论的基础》,早稻田大学出版部,第 202 ~ 203 页。

〔19〕 《中华人民共和国民法通则》第 63 条第 2 款。

济条件下私法的权利问题,因而是有片面性的。为此,应强调委任关系不仅导致董事义务的产生,也导致董事权利的出现,它是董事权利、义务的同一根据。

(二)确定董事权利、义务内容的根据

无疑,委任关系对确定董事权利、义务有重要影响,但这种影响仅是通过确定董事的受任者地位发生的。而直接发生影响的,可以称作确定董事权利、义务内容的根据的,则是另外的法定因素:

1. 董事会、董事长在公司机关链条上的位置。董事会的地位和性质对董事的权利和义务,特别是对董事集体权利,有重大影响。而董事会的地位和性质包括两个重要方面:其一,董事会为公司必要的常设机关。[20] 它决定了董事和董事会具有稳定内容的权利和义务,而不是变幻莫测的权利和义务。其二,董事会与股东会、监事会相互独立,各具不同性质。《股份有限公司规范意见》第52条规定,董事会是公司的常设权力机构,向股东会负责。而《海南经济特区股份有限公司条例》第98条和《深圳经济特区股份有限公司条例》第91条则规定,董事会是公司的经营决策机构和业务执行机构。显然,海南和深圳关于董事会的地位、性质的规定较为恰当,它比较准确地描述了董事会应有的特性。其中,"业务执行"是相对股东会而言的。股东会作为权力机关,有对公司重大事项作出决定的权利,而董事会则要执行这些决定。"经营决策"则指对公司日常经营的事项作出决定。这是一年一度的股东会不可能办到,而只有董事会才能办到的。至于"常设权力机构",是模仿全国人民代表大会和全国人大常委会关系的一种表述方式,显然是不准确。因为,股东会和董事会的关系与全国人民代表大会和全国人大常委会的关系是极不相同的。后者,都是权力机关,全国人民代表大会的相当一部分职权,可以由全国人大常委会行使。前者则不同。股东会的职权并不能由董事会行使。而且,将董事会列为"常设权力机关",极易把它同股东会混同,这与设置董事会体现"企业所有与企业经营分离"的初衷是相违背的。因此,未来的公司法宜吸收上述地方立法的经验,将董事会的权利义务限定

[20] 《股份有限公司规范意见》第52条第1款。

在经营决策和业务执行的范围内。

再者,“业务执行”理应包括对外代表公司,但“代表公司”并不笼统地属于董事会的权限。如前述,我国公司立法采用“法定代表制”,即规定“董事长为公司法定代表人”。这样,因“代表公司”而发生的权利、义务则属于董事长了。当然,这并非是绝对的。当董事与公司利益发生冲突时,宜由监事会代表公司与董事交涉或对董事起诉。〔21〕 并且,当公司处于清算状态时,仅由清算组在清算范围内代表公司。〔22〕

2. 董事会的法定职权。这是决定董事权利的一个重要因素。国外公司立法例对董事的职权大都采取概括规定的方式。如《日本商法典》第 260 条之一规定:“执行公司的业务,由董事会决定。设置、迁移和撤销分公司以及选任或解任经理,也由董事会决定。”《美国特拉华州普通公司法》第 24 节第 1 条规定,“根据本法组建的每个公司的业务和事务,除本法或公司证书中另有规定外,均由董事会管理或在董事会的指导下进行管理。如果公司证书中作了这种规定,则应按照公司证书中规定的范围,由公司证书规定的人员来实施或履行本法授予或施加给董事会的权利和义务”。这种概括规定的方式,可以给人以董事会职权的“质”的概念,避免因列举董事会职权而产生挂一漏万的弊病。无疑,它对有久远商事公司传统的国家是适宜的。但我国已有 30 余年不采用商事公司这种企业形态,人们所需要的是对董事会职权的一目了然。我国公司立法正是适应了这一要求,不论是《股份有限公司规范意见》,还是地方公司法规,均以明文列举董事会的职权。由于立法中有了前述董事会性质、地位的规定,列举规定董事会职权的做法不会导致“挂一漏万”。而由法律列举董事会的职权,则在很大程度上划定了董事集体的权利。

(三)董事实现权利的依据

董事依据什么行使其权利?这是使公司法规定的董事权利得以实现的问题。对此,人们也有不同的主张:

---

〔21〕《股份有限公司规范意见》第 65 条第 6 项。

〔22〕《股份有限公司规范意见》第 98 条。

其一,“经营者控制”论。认为在企业所有与企业经营分离的情况下,经营者(董事)可以在没有所有权的情况下控制公司,并可以根据本身的能力实现控制。〔23〕

其二,“持股控制”论。认为凭持股进行管理。而这种主张又细分为:(1)私人大股东根据持股权控制公司;(2)根据机构投资家的持股权控制公司;(3)根据法人持股,由经营者控制公司。〔24〕

显然,“经营者控制”论是缺少证明力的。因为,是否有能力,是很难证明的。而“持股控制”论则是有道理的。在企业所有与企业经营分离的情况下,股东纵然不能直接干预公司经营,但股东在选择董事上的决定权,无不以持股多少为后盾。换言之,持股多者决定董事的权利和机会多,持股少者决定董事的权利和机会少。从这个意义上说,董事总要在一定程度上反映大股东的利益。因此,董事权利的实现是以“持股控制”为基础的。但是,“持股控制”并非是“持股者控制”。

近代股份有限公司的发展,尤其是第一次世界大战以来股份有限公司的发展,有两个相互联系的影响董事实现权利的因素:一是股份有限公司的大企业化;二是企业的集中。伴随这两种现象,公司构造也有了新的变化:一方面是大股东结构的法人化,即由主要是自然人转向主要是法人;另一方面是公司机关构造的变革,即股东会权限的减缩和董事会对公司控制的扩大与强化。后者,首先出现在德国1937年股份法中。以后,逐渐出现在其他国家公司法中。〔25〕 由于大股东主要是法人,因而反映法人股东利益的董事必然充斥公司董事会。从一定意义上说,上述变化的综合效应是将变革前的大股东直接支配公司变成了由大股东选择的董事控制公司。显然,新条件下的董事权利的实现是基于法人持股。或言之,董事权利的实现过程,其实质是基于法人持股的自然人控制过程。〔26〕

〔23〕 参见[日]奥村宏:《法人资本主义》,朝日新闻社1991年版,第167、169页。

〔24〕 同上,第167~168页。

〔25〕 参见[日]大隅健一郎:《新版公司法变迁论》,有斐阁株式会社1992年版,第147~327页。

〔26〕 参见[日]奥村宏:《法人资本主义》,朝日新闻社1991年版,第170页。

五、董事的权利和董事会的职权

董事的权利呈何种结构？这首先涉及董事的地位问题。董事有两类：一类是代表董事，在我国为股份有限公司董事长；另一类则为一般董事，即代表董事之外的董事。前者为公司代表机关，其地位是明确的。后者，公司法未予明确规定，因而有不同见解予以说明。

其一，认为"股份有限公司之业务执行机关仅有意思决定机关之董事会与执行及代表机关之代表董事两者，而各个董事并非机关，只为董事会之构成员，或充任代表董事之前提资格而已"。[27]

其二，"以为董事系构成董事会之一分子，同时并为透过董事会而拥有有关公司业务执行之意思决定及业务监察权限之必要的常设机关"。[28]

其三，董事会为股份有限公司经营决策和业务执行机关，代表董事（董事长）为公司代表机关。一般董事虽为董事会构成员，其各个董事不是公司机关，但可通过董事会行使议决权而行使集体权利即有关公司经营和业务执行的意思决定权。

本文从其第三种见解。所以，董事的权利构成应是三个层次：代表董事权利；一般董事权利；透过董事会职权而实现的集体权利。

（一）董事会职权

董事会的职权[29]因其地位而确认，主要是：

1. 决定召开股东会并向股东会报告工作；

2. 执行股东会决议；

3. 审定公司发展规划、年度生产经营计划；

4. 审议公司的年度财务预、决算，利润分配方案及弥补亏损方案；

5. 制定公司增、减股本，扩大股份认购范围或由定向募集公司转为社会募集公司，以及公司股票交易方式的方案；

---

〔27〕 赖源河：《公司法问题研究》（一），台湾政治大学法律学系法学丛书（十四），第305页。

〔28〕 赖源河：《公司法问题研究》（一），第305～306页。

〔29〕 职权不等于权利，它应包括职责和权利。或言之，应包括权利和相应的义务。

6. 制定发行公司债券的方案和公司债务政策；

7. 决定公司重要资产的抵押、出租、发包和转让；

8. 制订公司分立、合并、终止的方案；

9. 任免包括公司经理、会计主管人员在内的高级管理人员，决定其报酬和支付方法；

10. 制订公司章程修改方案；

11. 提出公司的破产申请；

12. 公司章程规定的其他职权。

如上所述，董事会职权是董事会这个合议体的职权，不是董事个人的职权，因而不能由董事分享这些职权。但是，没有每个董事的积极参与，董事会无法行使上述职权。并且，董事作为董事会的构成员，可以通过行使议决权而影响董事会的决定。从这个意义上说，“董事的权力实质是董事会的权力”。[30]

（二）董事长的职权

董事长作为股份有限公司的法定代表人，相当于其他国家公司法上的代表董事，但由于他的代表权是由公司法规定的，因而称其为法定代表权，其职权由法律作出具体规定。董事长的职权是：

1. 主持股东会和董事会；

2. 检查董事会决议的实施情况，并向董事会报告；

3. 签署公司股票、公司债券和职权范围内的文件；

4. 在发生战争、特大自然灾害等紧急情况下，对公司事务行使特别裁决权和处置权，但这种裁决和处置必须符合公司的利益，并在事后向董事会和股东会报告；

5. 公司章程规定或董事会决议授予的其他职权。[31]

董事长的职权是董事长因其职务而产生的权利。但该种权利并非在任何情况下均属于董事长，董事长一旦不能履行职权，则由副董事长代行其职权。相应地，这种权利即属于副董事长。

---

〔30〕 董安生编译：《英国商法》，法律出版社1991年版，第264页。

〔31〕 《股份有限公司规范意见》第59条。

（三）一般董事的权利

一般董事的权利，各国公司法尚无集中规定。该权利有两种：一是资格权，即因董事会构成员之资格所生之权利，如出席董事会，并行使表决权；选举和被选举为董事长、副董事长的权利。这些权利，每个董事均应具有。二是因委托而产生的权利，诸如依章程规定或董事会决议，委托其执行公司业务或其他职权。该种权利并非是董事必须有的，而仅在委托时才产生。

六、董事的义务和责任

董事虽作为公司机关之构成员，且董事长又为公司之代表机关，但本处所说的董事义务和违反义务所发生的责任是基于董事自身行为引起的，并不归属于公司。然而，这些行为毕竟是担任公司职务的自然人的行为，同公司又有这样或那样的联系。所以，由此而产生的义务和违反义务的责任必然呈现特殊结构。它或者是对公司承担的义务和责任，或者是与公司共同承担的对第三者的义务和责任。

（一）董事对公司的义务和责任

如前所述，董事对公司的义务均因董事和公司的委任关系而产生。依此关系，董事在享有上述权利的同时，也负有如下相应的义务：善管义务和忠实义务。依《股份有限公司规范意见》第62条规定，董事对公司负有诚信和勤勉的义务。所谓“诚信”，主要强调的是对公司的忠实义务，即董事须遵守法律、法规，“公司章程和股东大会、董事会决议”。[32] 而“勤勉”，则主要强调董事作为公司之受任人，对公司负有善良管理人之注意义务，或简称为“善管义务”。这里的“注意”，是指“具有通常注意能力之人在相同之地位与状况下，所应行使之注意程度而为已足”，[33] 其核心是董事应具有“谨慎的品质”。[34] 之所以对董事提出这样的要求，完全是基于对公司利益的保护。如果董事违反善管义务和忠实义务，致使公司受到损害，则应向公司赔偿经

〔32〕《深圳经济特区股份有限公司条例》第94条。

〔33〕赖源河：《公司法问题研究》（一），第296页。

〔34〕［日］龙田节编：《商法略说》，甘肃人民出版社1985年版，第52页。

济损失。[35]

1. 应该研究的问题是:第一,善管义务和忠实义务的关系。如上所述,公司董事与公司的关系是委任关系。善管义务是一切受任人都必须履行的义务。而在企业所有和企业分离以及董事会权限扩大的情况下,董事的善管义务应该强化,并通过公司法加以具体化。因此,日本学术界的多数人认为,忠实义务就是公司法对抽象的善管义务的具体化。或言之,公司法关于忠实义务的规定是详细说明善管义务的精神。[36] 少数人则认为,忠实义务与善管义务具有不同性质,前者是大陆法系引入的英美公司法的观念。因此,忠实义务被看作有别于善管义务的另外的义务。[37] 由于我国股份有限公司尚处于试验阶段,实践中尚缺乏有关董事义务的判例,实难对上述不同学说的是非作出判断。但是,从把董事与公司的关系视为委任关系这一点出发,把忠实义务作为善管义务的具体化,视忠实义务与善管义务具有同一性质,有利于强化董事的责任,从而也有利于保护公司的合法利益。第二,因董事违反善管义务和忠实义务所致赔偿的性质。对这一问题,依何种学说作出何种判断,对公司的实践是有具体意义的。有的学者认为,董事对公司的赔偿"责任的发生原因,系善管注意义务或遵守法令等义务的违反,并非公司法特别规定之责任原因。故此项责任,系因债务不履行所生之损害赔偿责任,并非侵权行为上损害赔偿责任,亦非公司法特别规定之特殊赔偿责任"。[38] 这种论说,是把董事对公司的赔偿责任放在董事与公司的委任关系的总体框架中去分析的,因而认定董事违反善管义务和忠实义务引起的赔偿责任实质是债务不履行所致,这是有道理的。但是,最近几年国外公司董事赔偿的新情况需要人们去思考。德国联邦最高法院在它的1989年6月12日的一个判决中确认了可能使公司蒙受损失的董事的侵权责任(对于他

---

〔35〕《股份有限公司规范意见》第110条;《深圳经济特区股份有限公司条例》第94条;Corporate Law:Recent Development - Ⅱ, Australia - 9, *International Business Lawyer*, December 1989。

〔36〕参见[日]星川长七:《取缔役的善管义务与忠实义务》,载北泽正启编:《商法的争点》(第2版),有斐阁1983年版,第118~119页。

〔37〕同上。

〔38〕张龙之:《论董事之责任》,载林咏荣主编:《商事法论文选辑》(上),云五图书出版公司,第137页。

们所起作用的公司)的要件。依该判决,一家非营利性房地产开发和住宅建筑公司(以下简称 NH 公司)的几位董事背着公司,通过代理人组成另一家公司(以下简称 TF 公司)。后者,是为这几位董事的利益而经营的。TF 公司于 60 年代早期购置了一些不动产,并在之后转卖给 NH 公司,从中赚取一大笔利润。依《德国民法典》第 826 条(违背道德蓄意造成损失)的规定,法院认为几位董事的行为使 NH 公司蒙受损失,构成了侵权责任。〔39〕 这一判例,已经突破了仅依据委任关系判定董事赔偿责任的传统。它告诉人们,虽然,董事和公司的关系是一种委任关系。但是,董事致公司以损害并不限于受任人不履行债务这一种行为。有时,董事也可以因其侵权行为而使公司蒙受损失。这样,董事赔偿责任的单一性质就被多元性质所代替了。基于此,在认定董事对公司的赔偿责任时,不仅要依据公司法的规定,还要依据董事行为所涉及的民法的规定。这样,不仅可以根据董事的具体的行为确定具体的责任,有利于保护公司的利益,也可以进一步强化董事的义务。

2. 竞业禁止义务。它是董事忠实义务派生出的具体义务。所谓竞业禁止,即竞业行为的禁止,指特定地位的人不得实施与其所服务的营业具有竞争性质的行为。在股份有限公司中,特定地位的人应为董事和经理。依《股份有限公司规范意见》第 62 条的规定,董事"不得从事与本公司有竞争或损害本公司利益的活动"。这一规定,揭示了董事对公司所负有的竞业禁止义务,但有三个缺陷:(1)没有明确董事就上述行为首先要向股东会报告的义务;(2)没有区分上述行为经股东会认可和不经股东会认可的不同情况,似乎上述行为的一切情况都是被禁止的;(3)没有针对董事实施上述行为规定法律措施。因此,《股份有限公司规范意见》虽然规定了"竞业禁止义务",但很难操作和检查。所以,要总结我国地方制定公司法规的经验和教训,吸收和学习国外成功的做法,在以下五个方面完善:(1)要明确竞业禁止的范围仅限于同类营业。(2)要明确报告义务,即董事自营或为他人经营与其所任

---

〔39〕 Federal Republic of Germany - 9, Corporate Law: Recent Development - Ⅱ, *International Business Lawyer*, December 1989.

职公司同类的营业，应当向股东会说明事实，并取得股东会的认可。[40] (3)明确认可上述行为的程序。[41] (4)明确董事不经股东会认可而自营或为他人经营与其所任职公司同类的营业，公司可对其行使归入权，即将实施上述行为所得作为公司所得。对公司造成损害的，董事还负有赔偿责任。[42] (5)确定行使归入权的时效。[43]

3. 借贷和担保的限制。为了维护公司的利益，使公司经营有稳定的财产，董事负有保证公司财产安全和有效利用公司财产的义务。基于这一点，在公司立法中，宜在《股份有限公司规范意见》的基础上增加对董事借贷和担保的限制，即公司董事不得将公司财产借贷给本公司的股东、董事或者监事从事营利性活动。董事向本公司的股东、董事或者监事贷与公司的财产，对于未清偿的数额，负连带清偿责任。公司董事也不得以公司财产为本公司的股东、董事、监事或者经理的债务提供担保。董事因其担保而给公司造成损害的，应当赔偿经济损失。

(二)董事对第三人的责任

董事同第三者没有如它同公司那样的特别的法律关系，但却要承担对第三者的责任。毫无疑问，这种责任是有别于董事对公司的责任的。

1. 董事对第三人责任产生的根据。不同的责任论有不同的见解。当今有关董事对第三人责任的议论主要有三种：(1)法定责任论，即认为董事对第三人的责任基于公司法的规定；(2)侵权行为特别法论，即认为董事对第三人的责任属侵权责任，但它是由特别法规定的；(3)特别侵权行为论，即认为董事对第三人的责任是基于特别侵权行为而发生。[44] 无疑，公司董事仅对股份有限公司有"善管义务"，对公司以外的第三人是没有直接义务的。因此，即使董事违反"善管义务"，使第三人受到损害，如无特别法律规定，也

---

〔40〕《日本商法典》第264条第1项；《德国股份法》第88条。

〔41〕《日本商法典》第264条第2项。

〔42〕参见［日］龙田节编：《商法略说》，谢次昌译，甘肃人民出版社1985年版，第53页。

〔43〕《日本商法典》第264条第4项；《德国股份法》第88条(3)。

〔44〕参见［日］久保欣哉：《董事对第三人的责任的性质和范围》，载北泽正启编：《商法的争点》(第2版)，有斐阁1983年版，第139页。

不会对第三人承担责任。[45] 同时,董事对第三人的责任往往不是直接损害所致,而是间接损害所致,加之第三人并非总是特定的,有时则是非特定的第三人。因此,该种责任不可能是任何类别的侵权责任。相反,将它视为法定责任,即认为它是基于法定事由而引起的责任,是较为妥当的。

2. 董事对第三人责任的实态。在我国公司立法的进程中,仅有海南经济特区股份有限公司条例规定了董事对第三人的责任。该条例第106条规定,"董事履行职务犯有重大过错,致使第三人受到损害,应当与公司承担连带赔偿责任"。该规定揭示了董事对第三人责任的构成要件:(1)须有董事的重大过错;(2)其过错发生在执行职务当中;(3)须第三人因董事的行为而受损害。其中,"执行职务"不宜作过窄的解释。首先,"执行职务"不限于在授权范围和"经营范围"之内,即使超出了"授权"或"经营范围"也不宜对抗善意第三人。至于董事因此而承担公司内部的责任,那完全是另一回事。其次,"执行职务"无须限定为董事长。董事长以外的董事、经理等,只要其称呼、行为被人误以为是代表公司的董事,就不得对抗善意第三人。不仅公司对其损害负责,上述行为人如对其有重大过错,也应该负连带赔偿责任。对此,日本商法典、英国公司法等有"表见董事""事实董事"和"影子董事"的规定。[46] 其中,学界对"事实董事"的解释持广义的态度,认为应包括表见董事、辞任但登记未了的董事和登记簿之外的事实董事。[47] 有的国家和国际组织的公司法还特别规定,"公司之机关具有公司代表权者,其资料于完成公开手续后,公司不得以其任命之瑕庇对抗第三人。但公司能证明第三人明知者,不在此限"。[48] 显然,这加大了应对第三人负责的行为人的范围,从而也强化了对善意第三人的保护。这一经验,是值得学习和借鉴的。但是,确定事实上的董事并不容易,除法律有明文规定外,还需从外观和持续的业务执行这两个要件进行考察。否则,扩大了不应扩大的应对第三人

---

〔45〕 参见张龙文:《论董事责任》,载林咏荣主编:《商事法论文选辑》,第144页。

〔46〕 《日本商法典》第262条;R. E. G. 佩林斯等:《英国公司法》,《公司法》翻译小组译,上海翻译出版公司1984年版,第232项;董安生编译:《英国商法》,法律出版社1991年版,第268页。

〔47〕 参见[日]石山卓磨:《事实上的董事的概念的多义性》,载《公开公司与闭锁公司的法理》,日本商事法务研究会,第59、68页。

〔48〕 欧洲共同体68/151/EEC第一号指令(公司之设立与无效)第8条。

负责的范围,董事和第三人的利益关系就要失衡。

七、结束语

董事的权利随着公司机关构造的改革正在加强。相应地,董事的义务也应强化。否则,董事的权利、义务就很难统一起来。

但是,公司法侧重于权利的规定,包括董事权利和董事会职权的规定,这是公司法作为私法的性质决定的,它不意味着保护经营者而忽视其义务的履行。相反,任何一个董事都是被权利和义务将其固定在公司机关链条的一个位置。并且,董事对任何义务的违反都将意味着对责任的承担。

实践表明,公司法还应不断完善董事权利、义务的规定。实践也表明,公司董事也必须正确地行使权利,积极地履行义务。这一切,是公司运营的核心。

(本文原载于《外国法译评》1994年第1期)

论民事权利体系

谢怀栻

一、前言

民事权利是民法里带根本性的重要问题。不论主张在民法中应以权利为本位,或以义务为本位,或应对权利义务并重,都必须重视对民事权利的研究。这种研究,有了民法就已存在。随着时代的发展,民事权利的种类,各种权利的性质和内容都在发展,这种研究工作也应随着发展,不应该停留在原来的水平上。今天我们须要审查一下,在原来关于民事权利的理论中,哪些过时了、陈旧了,今天应该抛弃或改正,哪些地方需要补充,这是摆在我们面前的任务。

在这种研究工作中,民事权利体系问题尤为重要。民事权利(传统的"私权")的种类很多,各种权利的性质千差万别,我们必须把各种不同性质的权利加以整理分类,使之成为一个比较系统完整的体系。在这个体系里,不同的权利各得其所,各种权利的特点都能显示出来。这是建立民事权利体系的实益所在。其次,初学民法的人,对民法中的各种权利有一个整体的认识,就比较容易了解民法的全貌。从这一点说,对初学民法的人,最好先让他了解整个民事权利体系,而不宜于把各种权利作分散的讲授。

近年来,我国对民事权利的研究有很大的发展,对人格权的研究最为突出,对股权(股东权)和著作权的研究也受到重视。但是对各种民事权利只作分离的孤立的研究是不够的,必须把各种权利放在一个整体(民事权利体系)中来研究,才更好些,对个别权利的研究与对整体的研究结合起来,研究才能深入。

要把各种民事权利组成一个体系，首先有个分类的问题。分类就要有一定的标准。一般民法书都讲到的普通的分类是：依权利的内容分财产权与非财产权；依其作用分支配权、请求权、形成权与抗辩权；依其效力所及的范围分绝对权与相对权；等等。在这中间，最重要的是第一种。可以说这是一种基本的分类。因为作为分类的标准，"内容"是最重要的了。依第一种分类构建的权利体系，对我们认识民事权利的整体情况和各种权利的特性，最为便利。所以通常讲的民事权利体系，首先指的是这样建立起来的体系。

这种分类以民事权利的内容为标准。所谓权利的内容是指因享有权利而受到保护的利益。随着社会发展，这种受保护的利益也在发展。某些"利益"不受保护了，这种权利也失去地位，如夫权；某些利益在社会生活中的重要性提高了，这种权利的地位也应提高，如人格权；此外，有的权利的性质应该重新确定，如知识产权；有的权利应该给予应有的地位，如社员权。这样，今天有必要对传统的民事权利体系加以审查，依照今天的情况，重建民事权利的体系。

民事权利的内容，即其保护的利益，极为复杂，而且随着社会的发展而不断增多，因而依这一标准对民事权利所作的分类，很难把一切民事权利网罗无遗。但不能因此而放弃这种分类，因为实在找不出一个更好的办法。现在只好仍用这种分类而把各种民事权利最大限度地网罗进去。[1]

依民事权利的内容对民事权利分类而建立民事权利体系，当然不是说不采用或放弃他种分类，也不是说依他种分类不能建立民事权利的体系。只是因为这种办法比较方便，特别对于初学民法的人最易理解与掌握，所以在论述民事权利体系时，大多先讲述这种体系，而后及于他种体系。本文则只讲述这种体系而不及于他种体系，特先说明。

二、民事权利体系的演变情况

在民法的历史中，民事权利体系经过了一个演变过程。对这一过程加以回顾，是有益的。但限于篇幅，不能作很详细的叙述，也不能对过去的各

---

〔1〕 不少学者都特别声明这一点，因为这一点确实难以避免。

种体系逐一引述并进行分析或批评。

最初对民事权利只区分为财产权和非财产权(或人身非财产权)。在人格权还未受到重视,特别是一般人格权还未确立时,非财产权也只限于亲权、夫权、继承权等。后来才将人格权列入非财产权或人身权。后来又出现了新的权利,如无体财产权,将之纳入财产权的范围。

民事权利体系由财产权与非财产权构成,这个办法实行了很长的时期,甚至直到现在。在这个体系下,即使出现了新的权利,也把它纳入这二者之中。例如股权(股东权),将之归入财产权(股份所有权),有人将著作权作为身份权而归入非财产权。后来,随着现实的发展,股东权中的非经济因素(如表决权),著作权中的经济因素日益重要,简单地将这些权利归入财产权或非财产权都不妥当,于是就在财产权与非财产权之外,建立一类混合性的权利。但整个说来,这种体系仍是建立在财产权与非财产权的两分法之上的。这样的民事权利体系在民法著作中是最常见的,直到今天仍为不少学者所采用。

在采用这种体系时,有一个很重要的困难问题,这就是如何划分财产权和非财产权(或人身权)。起初,以有无金钱价值为标准来区分。后来,没有金钱价值的利益也可成为债权的内容(《德国民法典》第 241 条以"给付"为债的内容,对"给付"的解释,已不以有金钱价值为必要。《日本民法典》第 399 条则明定"虽不能以金钱估算者,也可以作为债权的标的"),只好放弃这个划分标准。以后转而采取能否为权利人所处分为标准,但这个标准也不是绝对的。于是有的学者先给非财产权(人身权)下定义,然后把财产权界定为"其他一切权利为财产权"。例如,日本《民事法学辞典》中说:"凡是与权利人的人格和身份不可分地结合在一起的权利为人格权和身份权,总称为非财产权;其他一切权利为财产权。"(岩井万龟:《财产权》条)

又有的学者索性不用"财产权""非财产权"这两个词,直接把私权划分为物权、债权与其他权利。例如,日本学者穗积重远以作为私权内容的利益为标准将私权分为人格权、物权、能权(得有权)、债权、亲族权、继承权、无体财产权、社员权(《法律学辞典》第 1084 页)。但是在日本,民法中有许多条文里都明定了"财产权"一词(如第 163 条、第 167 条、第 205 条、第 264 条、第

362条、第424条、第555条、第710条等)，要回避“财产权”一词是不可能的。于是有的日本学者在划分私权时不用“非财产权”一词，但不能不用“财产权”一词。

德国民法学者拉仑兹在“私权的各种类型”下面列举了人格权、具人身性的亲属权、对物支配权(物权)、无形财产权、债权、共同实施权(社员权)、形成权、无主物取得权、期待权、权利上的权利、反对权。这显然与单以“内容”(利益)为标准而作的分类有所不同(见其著作《德国民法总论》)，所以说这是私权的“各种类型”。

把民事权和确切地加以分类而建立一个体系，其困难不仅在于不可能网罗无遗，也在于对各种权利不易定性。同一种权利，有人认为具有某种性质、应归入某一类，有人则认为应归入另一类。现在还有人认为股东权应该是财产权的一种，即其一例。这样，有人就不得不认为，有某些权利属于所谓混合型或边缘型的权利，以回避这个问题。

当然，确定一种权利的性质(属性)而将其归类，与一个国家的法律规定有密切关系。例如，英美法从前不承认著作权中的人身权为著作权法保护对象，有的国家明确规定著作权是财产权，学者就只好将著作权归入财产权了。

不论多么困难、多么复杂，将纷繁的民事权利尽可能地分类，建立一个适当的体系，终究是必要的，不可回避的。这个道理是不言而喻的。因此，本文仍试图建立一个民事权利的体系。

三、一个民事权利体系的概观

本文试图在我国民法里，建立一个这样的民事权利的体系。我国现在还没有民法典，但这并不妨碍建立一个民事权利体系。这个体系首先以民事权利的内容(被保护的利益)为标准，必要时也以其他方面为参考，把民事权利体系划分为以下五个大类：(1)人格权；(2)亲属权；(3)财产权；(4)知识产权；(5)社员权。

本文尽可能地为每类权利寻求它的固有属性，使各类权利之间有所区别，而避免所谓“混合权利”(例如，说“继承权”是财产关系与身份关系交错的权利,“著作权”是人身权和财产权的结合等)的说法。

这样的分类也并不是什么创新,只是在前人的基础上加以整理而成。这个体系打破了传统的两分法。这一点已不用再说,两分法实在无法确切地安置像知识产权和社员权这样的具有复杂内容的权利。

本文不用“人身权”“身份权”这些沿用已久的名称,也不用在我国沿用已久的“人身非财产权”(来自苏联)一词。“人身权”不能表示现在“人格权”的意义和范围。“身份权”一词里的“身份”有点中世纪法律用语的气味,用来表示现代的民事权利,很不确切,容易引起误会(正是由于这种误会,有人把“著作人”当作一种“身份”而将著作权归入身份权)。

把人格权单独列出并放在民事权利体系的第一位,这已是多数学者所采用的办法。其意义不必多说。

财产权的名称必须保留。在人类社会仍有赖于财产制度而存在和发展的今天,在市场经济正在我国建立和发展的今天,对这方面的民事权利必须予以重视。

知识产权离开财产权(摒弃“无体财产权”这个概念)和人身权(摒弃“著作人身权”这个概念)而独立,不仅因为它确有独立成为一个大类的价值,也因为在国际公约和国际组织中,它早已有了独立的地位,再不能使其附属于他种权利。

社员权应该独立,不仅因为公司法中的股权(股东权)已非财产权所能包容,还因为民法从个人法向团体法发展的形势要求这样做。

为了尽可能多地包容民法中的各种权利,有一些不具独立性质的权利(如选择权、解除权)、有一些期待权(如继承开始前的继承权),虽然从实质上看,与一些独立的、实定的权利不同,仍将之归入整个民事权利体系之中。

四、人格权

人格权是民事权利中最基本的最重要的一种,因为人格权是直接与权利者(权利主体)的存在和发展相联系的。对人格权的侵害就是对权利者自身的侵害。所以它在民事权利体系中应该居于首位。

人格权是以权利者的人格的利益为客体(保护对象)的民事权利。对人格的利益的认定,随着时代的发展逐步深入,所以人格利益的范围日益扩大,人格权的内容也日益丰富。

关于人格权,常常讲到个别人格权(特殊人格权)和一般人格权,这是德国民法中,特别在德国判例中使用的说法。这种说法说明的是德国人格权的发展,并不能作为我们讲人格权时对人格权的分类。所以我们不要这两个概念。

我国民法通则在"人身权"的标题下规定的人格权有生命健康权、姓名权(名称权)、肖像权、名誉权、荣誉权和婚姻自主权(第98条至第103条)。荣誉权是不是民事权利,值得研究。[2] 婚姻自主权在单列一个自由权之后,就没有独立的必要。

我国学者讲的人格权,除民法通则规定的外,还有隐私权、贞操权。[3] 有的学者主张单立"身体权"。[4]

人格权的内容十分复杂。随着社会发展,人权思想日益加强,法律所保护(或应受法律保护)的人格利益的种类范围日益扩大,人格权这个名称之下的各种权利几乎层出不穷。这一点,只要研究一下人格权的历史即可了然。在今天,人格权可以分为两类。一类是直接以权利人的人身为客体的,包括生命权、身体权、健康权;另一类是以权利人的其他人格利益(精神上、心理上、作为独立人格者而存在的利益)为客体的,包括姓名权、自由权、名誉权、肖像权、隐私权(个人秘密权)、个人尊严权、个人情报知悉权等。这并不能把人格权包罗无遗,随时可以有新的人格权出现,例如有所谓休息权、安宁权等。还有由人格权发展而来的环境权、家庭安宁权等。从前称生命权等为人身权,因"人身"二字意义过狭,不足以概括上述第二类,所以应称"人格权"。

人格权的特点有:(1)人格权是一种原始的权利,是与生俱来的。在这

---

〔2〕 有学者认为荣誉权是身份权。参见王利明主编:《人格权法新论》,吉林人民出版社1994年版,第11页。

〔3〕 同上。

〔4〕 参见汤海庆:《生命健康权研究》,载《当前民法经济法的热点问题》,人民法院出版社1994年版。

一点,人格权与权利能力一样,始于出生、终于死亡。就人格权说,无所谓权利的取得。在姓名权,权利人对某一姓名取得姓名权,也许从命名时,从使用时,但仍要说他一出生就享有专用姓名的权利。(2)人格权是专属权,或一身专属权。人格权由权利人专有,不得让与或继承,也和权利能力一样,不得抛弃,也不得由他人代位行使。(3)人格权是绝对权,具排他性、对世性。人格权是可以对抗一切人的。人格权被侵害时,有像物权被侵害时一样的各种请求权。

根据这几点,人格权就可以与其他权利相区别。从前,及至现在也还有人承认所谓"著作人格权"(著作人身权)。只要根据上述第一个特点,就知道,著作人格权(或人身权)与人格权是完全不同的,"著作人格权"这个词应该不用。[5]

关于人格权,有一些问题值得研究:(1)并不是任何"人格利益"都可以上升为"人格权"。在什么情况下,人格利益应受保护,要取决于具体条件。(2)死者的"人格利益"能否作为死者的人格权而受保护。这个问题在名誉权中最为常见。(3)人格权受侵害时,有没有非经济的损害(精神损害),可不可以、应不应该以金钱赔偿为救济手段。这些都是热点问题。

法人的人格权的范围应如何确定,也是应研究的。

随着科学技术的进步,有一些新问题与人格权相关联,也应该研究。如出卖或捐赠人的器官(人体的一部分),妇女出租或出借子宫为他人养育胎儿,由隐名人的精子育成的子女应否知道他生理上的父亲是谁,某些人格权可否抛弃,远距离摄像机与窃听器的使用,等等。

五、亲属权

亲属权是具有一定的亲属关系(自然的亲属关系与拟制的亲属关系)的人相互之间享有的权利。亲属权是以由亲属关系而得享有的利益为内容,以具有亲属关系的人为客体的。

从前称亲属权为身份权,但是现在已再没有从前法律中的各种"身份"

---

〔5〕 另外,不能把人格权中的姓名权与著作权中的署名权相混。

(如贵族、商人、家长等)。而父母子女间、配偶间、其他亲属间的关系也与以前的身份关系大不相同。所以不宜再用“身份权”一词。

亲属关系的范围正在逐渐缩小,大家族逐渐变为小家庭。所以亲属权与人格权相反,有日益缩小的趋势。

亲属权的特点有:(1)亲属权仅在具有一定亲属关系的人之间存在,在亲属关系发生时发生,在亲属关系消灭时消灭。在亲属关系永不消灭时,则依法律规定而消灭(如父母对未成年子女的监护权在子女成年时消灭)。它既不像人格权那样具有对世性,也不像债权那样可以存在于任意双方之间。(2)亲属权也具有专属性,在归属上和行使上都具专属性,不得转让,不得处分,不得由他人代行,一般也不得抛弃(继承权可以抛弃)。国家对亲属权可以剥夺或限制。亲属权的专属性不是一律的,大体说来,纯粹的不带财产性质的亲属权的专属性强,带财产性的亲属权的专属性弱,视具体情形而异。(3)亲属权具有义务性。亲属权里被保护的利益不是权利人单方面的利益,不是只为权利人个人而存在的,而是为包括权利人自己在内的一定的亲属团体而存在的(如配偶间的权利是为配偶双方的利益而存在的,父母子女间的权利是为由父母子女构成的家庭的利益而存在的),因而权利人为了团体的利益有行使权利的义务,不得任意不行使甚至抛弃。这种义务性在一些国家的民法中多以明文规定,即使没有明文规定时,亲属权在性质上也具有义务性。但亲属权也不得滥用,对滥用亲权的人,国家得限制甚至剥夺其权利。

亲属权既然只存在于一定亲属关系的人之间,对亲属权的分类,最方便的办法就是以亲属关系来分。如分为父母子女之间的亲属权(亲权)、配偶间的亲属权(过去的夫权,现在夫妻相互间的权利)、其他亲属间的亲属权等。

亲属权以不具财产性(经济性质)、具有人格色彩的为多,如父母对未成年子女的命名权、教育权、惩戒权,配偶间的同居请求权等。但具有经济性质、涉及财产的也不少,如配偶间的扶养请求权、日本民法中的婚姻费用分担请求权(第760条),又如继承权等。当然这种具经济性质的权利与债权在性质上仍是不同的。因此,有的学者特称这一类权利为身份财产权。

从权利的作用上看，亲属权有属于支配权的（如亲权人和监护人对未成年子女和被监护人的监护教育权、惩戒权等），有属于形成权的（离婚和终止收养权、亲生子否认权、认领权等），也有属于请求权的（配偶间的同居请求权、扶养请求权；亲权人对掠夺幼儿者的幼儿交付请求权，因侵害亲属关系而发生的各种请求权等），有的是不得强制执行的，如配偶之间的同居请求权。

继承权的性质值得研究。在实行当然继承的国家，继承开始后，继承人立即取得遗产上的各种权利，此时继承人所有的权利即为许多物权、债权等权利的集合，并无所谓另外的继承权。继承未开始时，所谓继承权只是一种期待权。当然，在一定情况下，这种期待权也受保护。可以依继承人与被继承人间的关系，分别称继承权为配偶间的相互继承权、父母子女间的继承权而将之划入多种亲属权之下。这样，就没有位于亲属权之外的与亲属权并列的继承权。

受遗赠权虽然规定在继承法里，由于遗赠不以有一定亲属关系为必要，遗赠为单方法律行为，受遗赠人仅系受益人，本无所谓受遗赠权。受遗赠人仅有向继承人（或占有遗赠物的人）请求交付遗赠物的权利。这种权利是一种财产权，属于债权。

至于继承法上的其他权利，如遗产分割请求权，即为遗产共有人（共同继承人）间的共有物分割请求权；继承回复请求权是真正继承人（在继承开始后即为遗产的所有人）向无权占有遗产的人请求交付遗产的权利，与所有权人排除侵害、请求交付所有物相同。这些都属于财产权，不属于亲属权。

因此，通常所说的继承权与继承法上的各种权利并无另行存在的必要。过去将“身份权”划分为“亲属权”与“继承权”两大类做法并不妥当。[6]

六、财产权

前面说过，财产权是很难界说的，但财产权又是现在（在人类发展的长时期内）很重要的民事权利，必须要将之单列一类。在没有将知识产权和社

〔6〕 过去本文作者也是这样讲的。

员权从财产权和非财产权划出来时，通常说，以享受社会生活中除人格利益和身份的利益以外的外界利益为内容的权利都是财产权。现在只好说，以可以与权利主体的人格和亲属关系相分离的生活利益为内容，而又不属于知识产权和社员权的权利，均属财产权。这当然不是一个好的定义。

在确认财产权只包括物权和债权的情况下，也可以说，财产权是通过对有体物和权利的直接支配，或者通过对他人请求为一定行为（包括作为和不作为）而享受生活中的利益的权利。

财产权的特点有：(1)财产权的主体限于现实地享有或可以取得财产的人。它既不像人格权，为一切人所享有，也不像亲属权，只要与他人发生亲属关系即享有亲属权。财产权的客体限于该社会制度下法律允许私人（自然人和法人）可得享有的。例如，在我国社会主义制度下，土地属于国有（全民所有），不得为私有，因而土地即不得为作为民事权利的私人财产权的客体。即在债权也有这种情形，所谓不融通物即指不得为交易客体从而不得为债权客体之物。因此，财产权的情形常因各个国家的社会制度而有不同。历史上奴隶制下与资本主义制、现代资本主义制与社会主义制下的财产权的情况很不相同。在这一点，财产权是与社会制度密切相关的权利，[7]与人格权亲属权大不相同。(2)财产权除极少的例外情形以外都是具财产价值的，这种经济价值又是可以金钱计算的。通常讲到这一点，都以私人信函、爱人遗物（如头发）等也可为所有权的标的为例。就在这种情形，当这些东西成为交易标的时也是有经济价值的。(3)财产权原则上都是可以处分的，不具专属性。可以处分，指可以转让、可以继承、可以抛弃。不具专属性，因而可以由他人代为行使。在一般情形，权利的归属与权利的行使是可分的，例如未成年人的权利由法定代理人行使、破产人的权利由破产管理人行使、失踪人或禁治产人的权利由管理人行使等。当然，财产权中也有具专属性的。

财产权包括物权与债权两大类。

物权是直接支配物的权利，物也包括某些权利。物权具有排他的效力、

---

〔7〕 物权也因各国的法律制度而不同。

优先的效力与追及的效力。物权包括所有权与限制物权。限制物权又分为用益物权与担保物权。前者包括地上权、地役权(从前还有永佃权与典权),都存在于土地(不动产)之上;后者包括抵押权、质权(质押权)、留置权,存在于动产、不动产与某些权利之上。此外还有矿业权、渔业权等。我国农村现有的承包经营权是否物权,尚在讨论中。在物权法中还有物权取得权,如物权性的先买权、买回权,我国现在没有。

关于物权的一个问题是,占有究竟该不该规定为占有权。

债权是请求他人为一定行为(作为或不作为)而得到生活上的利益的权利。债权与物权的差异在于其对人性(相对性)、不具排他性(平等性)、债权的可移转性不如物权。债权方面不存在物权法定主义而存在合同自由,因而债权很难分类,更无法列举。一般也不对债权加以分类。

债权有一些附属的权利。例如,因合同而发生的债权的主要内容是债权人的给付请求权,但债权人还享有一些其他权利,如合同解除权、终止权、撤销权、选择权等。有学者将这些权利集合名为"财产的形成权",作为与物权债权并行的一类。不过这些都不是独立存在的,不宜将之另为一类。债权也可以包括一些由其转化形成的权利,如损害赔偿请求权。

无体财产权,从前被列入财产权。现在我们不用无体财产权这一概念而代之以知识产权,另立一类。

曾经有学者把社员权列入财产权(也有人将之列入非财产权),我们将社员权另列一类。

财产权在民事权利中最为古老。对财产权的研究做得最多,在此不详述。

七、知识产权

从前,特别在大陆法系国家,把知识产权称为无体财产权,列入财产权之中(与物权、债权并列)。从"知识产权"一词在国际上流行,特别是"世界知识产权组织"成立之后,"知识产权"就完全取代了"无体财产权"一词。至于把知识产权从财产权中划分出来,则是因为知识产权有它的特点,与财产权大大不同。

知识产权是以对于人的智力成果的独占排他的利用从而取得利益为内容的权利。这个定义包括三点意思。(1)知识产权的客体是人的智力成果，有人称为精神的(智慧的)产出物。这种产出物(智力成果)也属于一种无形财产或无体财产，但是它与那种属于物理的产物的无体财产(如电气)、与那种属于权利的无形财产(如抵押权、商标权)不同，它是人的智力活动(大脑的活动)的直接产物。这种智力成果又不仅是思想，而是思想的表现。但它又与思想的载体不同。(2)权利主体对智力成果为独占的排他的利用，在这一点，类似于物权中的所有权，所以过去将之归入财产权。(3)权利人从知识产权取得的利益既有经济性质的，也有非经济性的。这两方面结合在一起，不可分。因此，知识产权既与人格权亲属权(其利益主要是非经济的)不同，也与财产权(其利益主要是经济的)不同。

知识产权的特点有:(1)知识产权的客体是人的智力成果，既不是人身或人格，也不是外界的有体物或无体物，所以既不能属于人格权也不属于财产权。另一方面，知识产权是一个完整的权利，只是作为权利内容的利益兼具经济性与非经济性，因此也不能把知识产权说成是两类权利的结合。例如说著作权是著作人身权(或著作人格权、或精神权利)与著作财产权的结合，是不对的。知识产权是一种内容较为复杂(多种权能)，具有经济的和非经济的两方面性质的权利。因而，知识产权应该与人格权、财产权并立而自成一类。[8] (2)知识产权属于绝对权，在某些方面类似子物权中的所有权，例如是对客体为直接支配的权利，可以使用、收益、处分以及为他种支配(但不发生占有问题)，具有排他性;具有移转性(包括继承)等。(3)知识产权在好多方面受到法律的限制。知识产权虽然是私权，虽然法律也承认其具有排他的独占性，但因人的智力成果具有高度的公共性，与社会文化和产业的发展有密切关系，不宜为任何人长期独占，所以法律对知识产权规定了很多限制:第一，从权利的发生说，法律为之规定了各种积极的和消极的条件以及公示的办法。例如，专利权的发生须经申请、审查和批准，对授予专利权的发明、实用新型和外观设计规定有各种条件(《专利法》第 22 条、第 23

〔8〕“知识产权”一词是约定俗成的。

条),对某些事项不授予专利权(《专利法》第25条)。著作权虽没有申请、审查、注册这些限制,但也有《著作权》法第3条、第5条的限制。第二,在权利的存续期上,法律都有特别规定。这一点是知识产权与所有权大不同的。第三,权利人负有一定的使用或实施的义务。法律规定有强制许可或强制实施许可制度。对著作权,法律还规定了合理使用制度。(3)知识产权既具有地域性,在一定条件下又具有国际性。

知识产权包括哪些权利,也就是说知识产权再如何分类,既是一个理论问题,又涉及现在各国法律和国际公约的规定。《建立世界知识产权组织公约》(1967年)第2条第8项规定:"知识产权"包括下列有关的产权:文学、艺术和科学著作或作品;表演艺术家的演出、唱片或录音片或广播;人类经过努力在各个领域的发明;科学发现;工业品外观设计;商标、服务标志和商号名称及标识;以及所有其他在工业、科学、文学或艺术领域中的智能活动产生的产权。[9]

根据这种规定,可以将知识产权分为两大类。第一类是以保护人在文化、产业各方面的智力创作活动为内容的,包括著作权和发明权;第二类是以保护产业活动中的识别标志为内容的包括商标权、商号权等。前一类又可分为以保护和促进精神文化为主的著作权与以保护和促进物质文化为主的专利权。

但是在实际上,在上述公约之前,1883年的《保护工业产权巴黎公约》已经有了关于"工业产权"的规定:工业产权保护的对象有专利、实用新型、工业品外观设计、商标、服务标志、厂商名称、产地标志或原产地名称和制止不正当竞争。所以一般又把知识产权分为著作权与工业产权两大类,在工业产权之下又分专利权、商标权、商号权等。这种分法也有道理。工业产权是涉及"产业"的,著作权则否。

现在,由于科学技术的进步,人类智能产物应受法律保护的日益增多,知识产权的范围也逐渐扩大。例如,受保护对象又增加了版面设计、计算机软件、专有技术、集成电路,等等,而且还在增加。所以知识产权现在是一个

〔9〕 这个译文有可研究之处,但已广泛被使用。

尚在扩大中的一类权利的总称。这也是知识产权的特点之一。

下面只指出知识产权中的一些主要类型:

(1)著作权。在我国,著作权用在广义时,包括(狭义的)著作权、著作邻接权、计算机软件著作权等,属于著作权法规定的范围。这是著作权人对著作物(作品)独占利用的排他的权利。狭义的著作权又分为发表权、署名权、修改权、保护作品完整权、使用权和获得报酬权(《著作权法》第10条)。把著作权分为著作人身权和著作财产权是不妥当的。[10]

(2)专利权。专利权是以保护促进物质文明的发展为目的而对受到批准的发明进行独占利用的排他的权利。我国专利法规定的专利权包括发明专利权、实用新型专利权和外观设计专利权(《专利法》第2条)。专利权还包括专利申请权。专利权还包括发明人的署名权(《专利法》第17条)。

(3)商标权。商标权是商标注册人对注册商标进行独占使用的排他的权利,又称商标专用权(《商标法》第3条)。我国的注册商标包括商品商标和服务商标(《商标法》第4条)。商标是产业活动中的一种识别标志,所以商标权的作用主要在于维护产业活动中的秩序,与专利权的作用主要在于促进产业的发展不同。

(4)商号权。即厂商名称权,是对自己已登记的商号(厂商名称、企业名称)不受他人妨害的一种使用权。企业的商号权不能等同于个人的姓名权(人格权的一种)。

此外,如原产地名称、专有技术、反不正当竞争等也规定在巴黎公约中,但原产地名称不是智力成果,专有技术和不正当竞争只能由反不当竞争法保护,一般不列入知识产权的范围。

著作权与专利权、商标权有时有交叉情形,这是知识产权的一个特点。

关于知识产权,有不少问题有待研究。

八、社员权

民法中的社团的成员(社员)基于其成员的地位与社团发生一定的法律

---

〔10〕 参见谢怀栻:《论著作权》,载《版权研究文选》,商务印书馆1995年版。

关系，在这个关系中，社员对社团享有的各种权利的总体，称为社员权。

社员权的权利主体是社员，其相对人是社团。社员只是社团的一分子。所以社员权与前面的各种权利不同，不是个人法上的权利，而是团体法上的权利。

社员权的特点是：(1)社员权以社员资格(地位)为发生的基础，与这种资格相终始。近代私法上的团体主要是依社员自己的意思组成的社团，所以社员权的发生归根到底决定于个人的意思。在这一点，社员权与亲属权有所不同。在社团成立需要国家的干预的情形下，国家所干预的是团体的成立，与社员的权利无关。所以社员权仍属私权。(2)社团与其分子即社员在一定情形下，不是完全平等的，社员有时须受团体意思(决议)的拘束。因此，在这个范围内，意思自治原则受到限制，社员权的行使与效力要受到限制。(3)社员权是一个复合的权利，包括多种权利，其中有具经济性质的，有具非经济性质的。前者以求得经济利益为主，后者以非经济利益为主。这一点与知识产权类似。(4)社员权具有专属性，只可以随社员资格的移转而移转，一般不能继承。

社员权只与社员资格联系而与社员个人的人身无关，所以不能以之为人身权或身份权。社员权中的具财产性质的权利，如利益分配请求权，在未经具体分配时，是一种抽象的总括的权利，不是债权。在已进行具体分配、分配额确定后，可以转化为债权。这种债权可以单独地转让或继承。

社员权包括非经济性的与经济性的。前者又称共益权，后者又称自益权。但这种名称不一定确切，如谓共益权是为团体的公共利益的权利，与实际并不相符。非经济性的权利包括社员出席社团会议的权利、选举和被选举的权利、发表意见的权利、表决的权利、参加社团活动的权利等。经济性质的权利包括社团设施的利用权、利益享受权等。在不进行经济活动的社团，社员权中经济性质的部分就不占重要地位；在进行经济活动的社团(营利社团)，则正相反。在公益性社团，社员的社员权以非经济性的为主，而且权利不是“利己的”，具有公益的性质。

社员权中最重要的一种是营利社团法人(公司)里的社员权，即股东权。股东权中非经济性质的权利有会议参加权、决议权、选举权与被选举权、股东会决议撤销诉权、股东会决议无效诉权、董事会决议无效或撤销的诉权、股东会召集请求权等。经济性质的权利有股息分配请求权、剩余财产分配请求权、新股认购权、股份收购请求权等。这些权利又因公司种类而有不同。例如,股份有限公司股东还有股票交付请求权、股份转让权等。

我国现在,在社员权中,股东权是主要的。在其他社团中,社员权还不为人们所重视。不过随着社团的增多、特别是如各种俱乐部的设立,社员权将会日益得到人们的认识,受到人们的重视。

有的学者主张,社员权也包含社员的义务。不过在有的社团中,例如在股份有限公司,股东在缴足股份金额(股款)后即再无义务可言。我国公司法规定股份有限公司股东必须在公司成立前缴足股款,这样,股东在取得股东资格(地位)即公司成立时,已无义务可言。

社员权是团体法中的概念,因此,社员权除由法律规定的外,由该团体(社团)的章程去规定(这与个人法中的权利,特别是债权,由当事人自行约定有所不同)。当然,章程也是全体社员制定的。但章程通过不以每个社员同意为必要,章程对每个社员(包括在通过时投反对票的社员)有拘束力。所以一个社团社员的权利义务,要根据章程去决定。这一点与人格权亲属权截然不同,而与债权(根据当事人的约定)有点相似。

社团是由社员以其自由意思组成的,社员有加入的自由,当然也有退出的自由、股份有限公司股东的股份转让就是一种退出公司的方法。退出社团的权利也是社员权的一个内容。不过退社权应该属于社员权,还是属于人格权中的自由权,值得研究。

九、结语

民事权利体系并不是一个简单的问题。在民法研究中,值得一再地、反复地去讨论、研究。从近年我国关于股东权性质的讨论中可以看出,这方面的问题在我国远未解决。本文在已有的基础上提出一些问题,有的解决了,有的仍未解决,只是想借此说明,在民法基础理论研究中,我们还有很多工作要做,值得去做。

(本文原载于《法学研究》第18卷第2期)

论不动产物权登记

孙宪忠

自1987年开始进行国有土地使用权有偿转让制的改革之后，我国的不动产事业已经有了极大的发展，但不动产的立法却相对滞后，至今没有突破改革之初借鉴香港法所确立的法律政策框框。根据物权公示原则，不动产的各项物权变动应当进行登记，但我国至今尚未制定不动产登记法；已制定的法律法规中虽有关于不动产登记的不少规范，但这些规范比较零散，而且不合法理者颇多。因不动产对国民经济的重大作用，不动产法肯定是我国未来制定的物权法重点内容，而不动产物权登记是不动产法最基本的制度。但由于受苏联法学的影响，关于不动产物权登记的特有规则在我国法学上可以说还是一片空白。因此，现在从我国制定物权法的角度对不动产物权登记的基本理论进行探讨是非常必要的。

一、不动产物权登记的理论基础

不动产登记即经权利人申请国家专职部门将有关申请人的不动产物权事项记载于不动产登记簿的事实。因不动产登记的内容，就是关于不动产的种种物权变动的登记，所以不动产登记又被称为不动产物权登记。不动产物权的变动事项应当登记，这是物权公示原则的要求。但是根据各国立法体例，不动产物权登记在理论上有实质主义登记和形式主义登记两种情况。

所谓形式主义登记，指的是登记对不动产物权变更的行为只具有确认或者证明的效力，而没有决定其能否生效的效力。这种立法体制是《法国民法典》创立的，后来为《日本民法典》等所继受。遍查《法国民法典》，可以发现,关于不动产物权的变动事项,除协议抵押权的成立需要"以公证形式做成证书始得设定"之外,[1]其他各种行为,不论是事实行为还是法律行为,法典均不再要求以公证或登记这些形式作为行为生效和条件。比如不动产物权依契约变更时,法典规定,契约如满足"承担义务的当事人的同意、上述当事人的缔约能力、构成义务客体的确定标的、债的原因合法"等条件便可有效成立。[2]《日本民法典》采纳了这种体例。该法第176条规定:"物权的设定及转移,只因当事人的意思表示而发生效力"。但该法典第177条又规定:"不动产物权的取得、丧失及变更,除非依登记法规定进行登记,不得以之对抗第三人。"[3]法国与日本民法确定的原则是,不动产物权登记只发挥简单的公示作用,没有对当事人的实体权利的决定作用,这种立法一般称为登记公示主义。

所谓实质主义登记,即不动产物权依法律行为的设立、转移、变更和废止等事项非经登记不得生效的立法体制。这就是说,关于物权的一切法律行为,都必须在具有双方当事人的意思表示一致的条件之外,将该意思表示予以登记,并自登记时起该法律行为方可生效。这种体制为《德国民法典》所建立,为《瑞士民法典》和现在仍在我国台湾生效的旧中国民法典等所采纳。《德国民法典》第873条第1款规定:"为转让一项地产的物权,为在地产上设立一项物权以及转让该项权利或者在该权利上设立其它权利,如法律没有另行规定,必须有权利人和因该权利变更而涉及的其他人的合意,以及该变更在不动产登记簿上的登记。"第875条第1款规定:"为放弃一项地产的权利,如法律无另行规定,必须有权利人放弃其权利的意思表示,以及该项权利不动产登记簿的涂销登记。"[4]这就是德国民法中关于不动产物权变更的著名的"合意+登记原则",即任何不动产的法律行为,都必须具备既有当事人的意思表示,又有不动产物权登记这"双重行为条件"方可生效

〔1〕《法国民法典》,马育民译,第2127条。北京大学出版社1982年版,第393页。

〔2〕同上书,第1108条,第222页。

〔3〕《日本民法》,曹为、王书江译,法律出版社1986年版,第37页。

〔4〕本文所引用的《德国民法典》的条文,如无特别指明者,皆作者自译自:dtv:BÜRGERLICHRES GESETZBUCH,34. neubearbeitete Auflage,Stand 10.1993。

的原则。据此规定,不动产物权登记就不仅仅只具有物权公示作用,而且还具有决定不动产物权变更的法律行为能否生效的作用。这一点与《法国民法典》《日本民法典》的规定显著不同。《德国民法典》的这一规定,被瑞士民法典和旧中国民法典继受。《瑞士民法典》第 656 条第 1 句规定:“取得土地所有权,须在不动产登记簿登记。”第 666 条第 1 句规定:“土地所有权,因登记注销或土地灭失而消灭。”〔5〕我国旧民法之第 758 条规定:“不动产物权依法律行为而取得、设定、丧失及变更者,非经登记,不生效力。”德国以及我国旧民法典的这种做法,使得登记成为不动产物权的法律行为成立生效的必要条件,故一般称之为登记要件主义。

法国法模式与德国法模式在不动产物权理论上有如下差别:

1. 依双方法律行为创设、移转、变更、废止物权时,法国法与日本法认为该行为仍然是契约或者合同,不认为该种契约与一般债权法的契约有本质的不同。而德国法和我国旧民法把该种行为规定为两种契约:一种是目的在于建立、变更或解除债的法律关系的契约,就是债法上的合同;另一种是以物权的创设、移转、变更、废止为目的而成立的契约,这种契约是物权契约。在德国民法中,这两种契约有本质的不同。〔6〕为强调其不同,《德国民法典》将物权契约命名为“合意”(Einigung),以示其与债权法上的契约或者合同(Vertrag)的区别。在物权变动的法律行为中,债法上的合同为原因行为,而物权契约为结果行为。

2. 依法国法与日本法的规定,物权变动的双方法律行为以双方当事人意思表示一致为生效的唯一要求,这一点与一般的债权法上的合同并无区别。但依德国法与我国旧民法的规定,当事人的物权合意的生效除要求双方当事人对物权各项变动意思表示一致之外,还要求必须将其合意进行不动产物权登记,不登记者无效。

3. 对双方法律行为引起的物权变动,法国法与日本法认为它是债的合同的当然结果,因此债的合同的无效必然会导致物权变动行为的无效;而德

〔5〕《瑞士民法典》,殷生根译,法律出版社 1987 年版,第 178、180 页。

〔6〕参见[德]K. 茨威格特、H. 克茨:《〈比较法总论〉第 15 章〈“抽象物权契约”理论——德意志法系的特征〉》,孙宪忠译,载《外国法译评》1995 年第 2 期。

国法与我国旧民法认为它与债的合同无关，作为原因行为的债的合同的无效不能导致物权变动的当然无效，因为物权变动被认为是物权合意的结果，它是当事人之间的另一个有效的协议，即物权契约。[7]

法国法与德国法在不动产物权登记上的差别，源自于这两个国家不同的法律发展源渊。法国法在历史上以及制定民法典时，较多地受到了罗马法尤其是《法学阶梯》学说的影响，[8]而罗马法的这一流派对动产和不动产的法律规定并无严格划分，而法律行为的成立有效只源于当事人的意思表示，从而排斥意思表示之外的其他形式条件的作用。比如，罗马法中关于“要式约定”的规定，也只是口头宣誓的要求，[9]而不是对法律行为在书面形式的要求，更不是进行国家公证或者登记的要求。而近现代德国民法却是在中世纪德国法学家所编撰的“实用法规汇编”以及由此发展而来的“德国普通法学”的基础上发展而来的。[10] 这一学派充分表现了德国法学擅长高度抽象分析特点。德国法学家发现了在不动产物权依双方法律行为变更时，当事人的意思表示一致与标的物的转移不能同一、标的物的转移和物上权利的转移是两个事实而并非同一事实这一财产法的基本原理。后来萨维尼在此基础上提出了著名的“物权行为理论”。该理论认为，当事人在标的物的转移和物上权利的转移这两个事实上表达了两个意思表示，或者说这两个事实表现了当事人的两个意思表示，所以这两个事实实际上是两个合同，前者为当事人建立债的关系的债务合同，而后者为物权契约，即专门以物权变更为目的而成立的，与债没有关系的另一个契约。在一项物权转移的法律交易中，双方当事人之间会产生债务合同也会产生物权契约，前者为原因行为，后者为结果行为；但这两个行为又是两个独立的合同，所以物权契约的效力不应再附从于其原因行为的效力，而应从中抽象出来，双方不再

---

〔7〕 关于德国法中物权变动的根据及其效力的问题，请参见注〔1〕所引译文之第二部分。

〔8〕 参见[德]K.茨威格特与H.克茨:《比较法总论》(第六章“法国法的历史”与第七章“法国民法典的精神与特征”)，潘汉典等译，贵州人民出版社1992年版，第144~179页。

〔9〕 参见[古罗马]查士丁尼:《法学总论——法学阶梯》(第三卷第18、19篇)，张企泰译，商务印书馆1989年版，第165~171页。

〔10〕 关于实用法规汇编和德国普通法学，参见孙宪忠:《不动产物权取得研究》，载梁慧星主编:《民商法论丛》(第3卷)，法律出版社1995年版，第56~57页。

发生关系。即使作为原因行为的债务合同不能生效，而物权契约仍然有效，即原物权人不能因为债务合同的无效而拒绝物的交付；但对方因此而不当得利，应该返还所交付之物及物上权利。〔11〕 该理论在制定《德国民法典》时被完全采纳，成为该法典的立法基础。

按照物权行为理论，物权契约必须有其外在表现形式。德国民法和我国旧民法认为，不动产的物权契约，其外在形式就是登记。〔12〕 所以它们接受了登记要件主义的立法思想，他们的物权法在规定物权种种变动法律条件时，树立了实质登记主义的原则。不动产物权之创设、移转、变更和废止均依登记为法律行为生效的时间标志，而不以双方当事人的意思表示一致为法律行为生效的时间标志，其最根本的原因，就是因为不动产物权登记实质是物权契约的表现形式。故以不动产登记作为物权转移有效的根据，并不是由于国家对社会的控制权的扩大，而是由于物权行为理论的作用。

对萨维尼物权行为理论，在德国内外均受到了尖锐的批评。〔13〕 但是，无论这些批评多么尖锐，也不能因此而得出不动产物权变更不要登记而依当事人意思表示一致生效的结论。因为物权的本质特征是对世权，物权的变动必须具有公示手段，以实现其排斥他人而使权利人享受权利的目的。不动产不比动产，不能依靠占有的转移来表示权利的变动，故而它必须有法律认定的其他公示手段。对一般不动产物权来说，最好的而且最简单的公示手段就是登记。〔14〕 就如《日本民法典》第 176 条和第 177 条的规定，不动产物权变动依当事人的意思表示一致可以生效，但是该“生效”的物权如果不能对抗第三人，即该“物权”没有公认的物权的对世权的性质，则该“物权”就不可能成为真正的物权。依此原则创设或者移转的物权如果是所有权或者是用益物权，那么该所有权和用益物权时刻处于被人追夺的危险之中；如果该物权是担保物权如抵押权，那么该担保物权根本就没有成立，因为担保物

〔11〕 对此请参见［德］K. 茨威格特、H. 克茨：《〈比较法总论〉第 15 章〈“抽象物权契约”理论——德意志法系的特征〉》，孙宪忠译，载《外国法译评》1995 年第 2 期。

〔12〕 王泽鉴：《民法学说与判例研究》（第 5 册），1991 年版，第 138 页。

〔13〕 德国内部的批评，请参见注〔1〕所举的译文。我国的批评，请参见梁慧星：《我国是否承认物权行为》，载《法学研究》1989 年第 6 期。

〔14〕 Dr. Jocah im Kuntze /Dr. Hans Herrmann usw. :Grun Dbu Chrecht, Seite 104.

权如抵押权的本质使命就是要排斥第三人而使权利人优先受偿,若其不能对抗第三人,它的设立又怎么能"生效"! 即便能够生效,权利取得人的利益也只能处于不稳定的而且极易受损害的境地。故依法国民法和日本民法所确定的不动产登记的立法体例,不仅违背法理,而且对交易之安全与稳定有着极大的妨害因素。这种立法体例,不能认为是法律思维严密谨慎的表现。正因为此,我国在1929年制定民法典时才采用了德国法的做法。[15]

我国目前的不动产物权立法,也就是近年来制定的有关"国有土地使用权管理法"和"房地产法"均规定不动产物权的设立、变更与废止必须进行登记。[16] 但是有关登记的法律意义,即我国的不动产物权登记是实质主义登记还是形式主义登记,在我国法律中是不明确的。但这一点在我国的司法部门却是很明确的。最高人民法院在给某省人民法院的一个关于房屋买卖契约成立的要件的批复中指出,双方当事人在"签订房屋买卖协议后,提出解除买卖协议,未办理产权转移手续,应认为该民事法律行为依法尚未成立,一方反悔是可以的"。[17] 此处依办理产权转移手续即过户登记,而不是以双方当事人达成协议作为房屋协议成立的标志,可以说是中国司法承认物权行为理论的标志。据调查,我国法院一般是把登记作为不动产合同生效的实质要件来对待的。这一点与《德国民法典》的做法基本相同。为我国不动产立法的科学性和交易的安全性考虑,我国未来的不动产立法也应当明确地坚持这一做法。

二、不动产物权登记的效力

所谓不动产物权登记的效力,指的是登记这一法律事实对当事人的不动产物权所施加的实际作用。既然同为不动产物权登记,那么无论是在德

---

〔15〕 参见蔡墩铭博士主编,李永然律师编辑:《民法立法理由、判解决议、令函释示、实务汇编》,台湾五南图书出版股份有限公司,第840页。

〔16〕 应当指出的是,我国使用的"房地产法"这一概念与科学的不动产法的概念并不一致。"房地产"一词在法学上并不科学,它只在香港等实用法学主义发挥作用的国家和地区得到应用,而科学主义立法的大陆法系立法只使用不动产法这一概念,不使用房地产的概念。

〔17〕《最高人民法院给黑龙江省高级人民法院关于房管二所与哈铁办事处房屋买卖争议的批复》,载《司法文件选编》1990年第10期。

国民法中还是法国民法中,登记的效力必须具有相同之处,如物权公示;因为两大民法法系对物权变动的要件规定不同,登记在这两大法系中的作用自然有重大区别。综合来看,不动产物权登记的具体效力有:

1. 物权公示效力

因为物权属于绝对权、对世权,故物权的任何变动均应进行公示。动产物权的公示手段是交付,而不动产物权的公示手段是登记,这乃是财产法的基本规则,世界各国凡有不动产立法者,少有不予以承认的。所以登记首先发挥着向社会展示当事人的物权变动的公示作用。这一作用在法国法系统和德国法系统中有所不同。对法国法与日本法来说,登记的公示效力能够达到一种“自愿强制”的后果。因为依其立法,是否登记属当事人的自愿,法律并未采纳强迫登记的原则,但非经登记之权利虽然可以有效,但是不得对抗第三人;为其权利安全计,当事人又应当登记。但 1995 年年底来华访问的日本著名民法学家森岛昭夫先生告诉本文作者,为了在不动产交易中避税,不动产物权交易中不登记者很多。故在日本,未经公示创设与移转的不动产物权风险较大。

2. 物权变动的根据效力

对德国法和我国旧民法——也许应当说,对我国民事司法部门所确定的原则来说,登记作为物权公示手段的作用则更加重要。因为登记在这里不但发挥着针对第三人的公示对抗作用,而且还同时发挥着决定当事人的不动产物权能否按照当事人的意愿设立、变更与废止的作用。登记的对抗第三人的效力是登记的消极作用,而登记对物权变动的决定效力是它的积极作用,而且这是实质之主义登记制度的最重要的作用。如上文所引用的《德国民法典》第 873 条、第 875 条规定,不动产物权的设立、变更与废止均以登记为生效。故登记在这里实际上成为设立、变更与废止不动产物权的根据。因此公示在此虽然只是一个形式要件,但它却对当事人的实体权利有决定效力。

3. 权利正确性推定效力

权利正确性推定效力,指的是以不动产登记簿所记载的当事人的权利内容为正确不动产权利的效力。不动产登记之物权应该与实际的不动产物权一致,这是正常的不动产秩序的基本要求。但是也不可否认,在当事人有过错或者登记机关有过错时,不动产登记簿上记载的权利与当事人的实际权利并不一致。但无论是权利人、相对人的过错,或是不动产登记机关的过错,登记对任意第三人说都应该是正确的登记,登记的权利与权利人实际权利都应该是一致的。这是因为,对第三人来说,登记是国家专门机关所为之行为,当然也就是最具有社会公信力的事实。《德国民法典》第 891 条规定:"(1)在不动产登记簿中为某人登记一项权利时,应推定,此人享有此项权利。(2)在不动产登记簿中涂销一项被登记的权利时,应推定,此项权利不存在。"这一规定在法律规定上称为"法律推定"。〔18〕 在我国台湾地区仍然生效的我国旧民法对此虽无明文规定,但依其"土地法"第 43 条"依本法所为之登记,有绝对效力"的规定,不动产登记在学理解释上与德国的做法有同样的效力。〔19〕

对法国法和日本法来说,不动产登记具有权利正确性推定效力也是毫无疑问的。因为,依上文所提到的日本民法关于未经登记之物权不得对抗第三人的规定,从学理上自然应当得出只有登记之物权方可对抗第三人的结论。这一推断自然也包括登记对第三人应视为正确的意思,否则它就不可能发挥对抗第三人的作用。因此,不动产物权登记的权利正确性推定效力应当说是一项不动产物权立法的基本规则,我国民事立法与司法自然也应当予以承认。

但是登记物权推定正确的效力依法理不及于对登记物权有过错的权利人,以及恶意第三人。《德国民法典》第 892 条第 1 款规定:"不动产登记簿的内容,为取得一项土地上的权利以及在此权利之上的权利的人的利益,应视为正确,但如果不动产登记簿中登记有针对此权利的异议或者权利取得人已知权利不正确时不受此限。"对因权利人自己的过错而为的错误登记,法律允许经利害关系人申请而改正,对因登记机关误登记而出现的错误登记,法律也允许经利害关系人申请而改正,或者允许登记机关自己改正之。

---

〔18〕 法律推定(Gesetzlicle Vermutung),《德国民法典》第 891 条的法定名称。

〔19〕 史尚宽:《物权法论》,第 43 ~ 44 页。

恶意第三人明知登记错误而为的法律行为不生效。可见,登记权利的正确性推定,效力只及于善意第三人,这是该原则的相对性。在法的历史上也曾有过登记效力的绝对主义,它规定登记之不动产权利为绝对正确,不但其效力对第三人为正确,而且对权利人也为正确,这也就是说,登记之后,便无改正的可能。现在这一做法因过于僵硬已被废止。[20]

4. 善意保护效力

登记对不动产物权的善意取得人的利益至为重要。法律就是为了保护善意第三人,才将不动产登记簿记载之权利视为真实,并赋予其社会之公信力。从而在信赖登记的善意第三人取得登记的不动产物权时,其正当权利不会因为有错误的登记而被追夺,因此一种客观公正的社会交易秩序才能得到维护。若登记无此效力,那么善意第三人则在每次交易时都有义务检查其前手的权利的正确性,否则就要因为其检查不周而承担危险。很明显,这一要求对善意第三人是不公平的。因为登记本身具有社会客观公信力,对善意第三人提出这一要求也是不必要的。

5. 警示效力

不动产登记的主要任务之一是反映不动产物权的详细法律信息,并在法律许可的范围内将其提供给社会,为不动产市场交易服务。登记提供给社会的法律讯息为全面的讯息,当然可能既包括对利害关系人有利的内容,也可能包括对其不利的内容。在德国法中,登记中对权利人不利的内容,如"异议抗辩登记""权利限制登记"[21]等。这样做的目的,是为社会作不动产风险的警示,让社会尤其是不动产取得人了解不动产的全面情况,然后自己决定是否进行有关的法律行为。这一点在不动产抵押制度中显得非常重要。因为,依据民事权利意思自治的原则,法律对抵押权人对自己是否成为抵押人以及成为第几顺位的抵押权人的事宜无权做出禁止性规定;那么在抵押物之上如果已经存在顺位优先的抵押权,或者顺位优先的其他物权是用益物权时,抵押权人权利的取得要么实现困难,要么很不经济。但是如果

---

〔20〕 史尚宽:《物权法论》,第 39 页。

〔21〕 Dr. Joach im Kuntze /Dr. Hans Hermannusw, Grun Dbu Chrecht, Seite 225 - 240.

不动产登记簿已经给抵押权取得人提供了足够的警示，使其了解了设立后序顺位抵押权的风险，这就为其判断形势并做出决定提供了充分而有力的帮助。登记的警示效力的作用就在于此。

由此看来，我国《担保法》第35条的规定显然是有缺陷的。该条第1款规定："抵押人所担保的债权不得超出其抵押物的价值。"第2款规定："财产抵押后，该财产的价值大于所担保的债权的余额部分，可以再次抵押，但不得超出其余额部分。"这一规定虽然提高了抵押的安全性，却过分僵硬，未能反映不动产交易之实情。因此，(1)登记已经为后顺位的抵押权人提供了足够的警示，尤其是抵押顺位的登记使权利取得人完全能够对自己的权利地位有明确的了解。依意思自治原则，是否设立后顺位的抵押权应当完全由当事人自己决定。(2)抵押只是为债权的实现提供担保而不是代替债务履行，债务人应首先履行其义务。当优先顺位的抵押权因债务人履行义务而获得清偿时，后顺位的抵押权人的权利，即使是超过了抵押物的价值也是有可能获得清偿的。(3)后顺位的抵押权人的权利仍然比不享有抵押权的一般债权人优先。(4)根据实践的经验我们可以得知，不动产尤其是地产具有随着国民经济的发展自然增值的特点，这一点不论是在我国还是在国外都已经成为一种规律性的现象，因此，超出抵押标的现有价值的抵押权，也会因这一特点而获得实现的机会。从以上分析可以看出，即使是后顺位的抵押权，即使债权超出优先顺位的抵押权所担保的债权的余额，因有不动产物权登记的保护，抵押权人的法律地位仍然比不享有抵押权的债权人优越，他们获得清偿的机会仍然存在，因此设立这种抵押权完全合乎法理，而且具有积极的实践意义。因此在法律依照不动产登记能够建立正常的抵押顺位时，依法僵硬地限制多重抵押的价值并否定上述后顺位的抵押权的做法无论是在理论上还是在实践上都是不妥当的。[22] 看来，我国立法者在此又和往常一样，总是希望建立一种简单易行的法律制度。但社会经济生活是复杂的，用想当然的简单化的法律规范来调整复杂的社会经济生活显然是不

---

〔22〕 关于多重抵押的问题，详见孙宪忠：《国有土地使用权财产法论》，中国社会科学出版社1992年版，第182页。

行的，这一点我们的教训已经够多的了。

6. 监管效力

依我国法学界以及实际工作部门的解释，不动产登记是国家对不动产市场进行监督管理的重要手段。[23] 但是在西方，即使是赋予不动产登记具有实体法效力的德国，法律规定不动产登记机关除有审查当事人的申请材料是否齐备的积极权利之外，对当事人申请登记的内容也只有消极的登记义务。德国法律规定，登记机关既没有权利也没有义务对当事人申请登记的涉及实质权利义务的内容进行调查，也无权对当事人的财产法律关系进行变更，因为这些做法违背权利人对自己财产的意思自治的原则，而且行政干预私有权利也会引起对登记机关不必要的纠纷。[24] 德国法的这一规定，应该说是有其道理的，也是很值得我国立法以及实际工作部门参考的。

三、登记种类

依不同标准，可把不动产物权登记划分为各种类型，它们在不动产物权法原理上各有其意义。

1. 实体权利登记和程序权利登记

所谓实体权利登记，就是指对当事人所享有的实体权利的登记。物权是一个完整的体系，虽物权变动均应进行公示，但是，登记并非公示的唯一方式，而且还有比登记更为强硬的公示方式，如法律规定等。依法律规定直接产生的物权，如留置权、法定抵押权等自然不必纳入登记。故依物权法定主义原则，对应否纳入登记的物权，应该由法律做出明确的规定。我国目前法律对应该进行登记的具体不动产物权尚未有统一的规定。但依我国有关土地方面的立法，可知应该予以登记的不动产物权在地产上的权利有国有土地使用权、集体土地使用权如宅基地使用权等、集体土地建设用地使用权、他项权利等；依房产法，应予以登记的有公民与法人的自有房屋所有权、

---

〔23〕 参见崔建远、孙佑海、王宛生：《中国房地产法研究》，中国法制出版社 1995 年版，第 239 页；周岩、金心：《土地转让法》，北京农业大学出版社 1992 年版，第 56 页。

〔24〕 Dr. Joach im Kuntze /Dr. Hans Herrmannusw, Grun Dbu Chrecht, Seite 112.

房屋抵押权等。依国际上一般的做法,不动产租赁权也应予以登记。[25] 总的来看,我国关于不动产物权登记的规定目前显得很零散,不但学术研究困难,实践上也不易操作。这是未来不动产物权立法应解决的问题之一。

对我国未来不动产立法可资借鉴的世界上比较完备的不动产登记法应该说有德国法和日本法等。在德国法中,依法应予以登记的不动产物权有:所有权、住宅所有权与部分所有权、地上权与住宅地上权、支配权限制、物权性的先买权与买回权、可预登记的所有权取得请求权、用益权、役权、长期居住权与长期使用权,特别使用权、实物负担、抵押权、土地债务、不动产质押权等。[26] 《日本不动产登记法》第1条规定的应予以登记的不动产物权有所有权、地上权、永佃权、地役权、先取特权、质权、抵押权、承租权、采石权等。[27] 旧中国1946年制定的《土地登记规则》规定的应予登记的不动产物权有所有权、地上权、永佃权、地役权、典权、抵押权、耕作权。

所谓程序权利登记,在不动产法上就是指顺位登记。一切不动产客体上均可承担性质各不相同的多个如上述所列的不动产物权。如一桩地产之上,即可同时存在所有权、以单纯使用为目的的用益权、以使用收益为目的的用益权、以管线架设为目的的地役权、租赁权、依顺位排列的多个抵押权等。这些权利的权利人是否能够全部实现其权利,则完全取决于他们的权利所处的登记顺位。比如,依民法物权法原理,在实现抵押权时,先于抵押权成立的用益物权(如上述两种用益权和地役权)和租赁权不得涤除,而后于抵押权成立的用益物权和租赁权则应该涤除。[28] 而是否负担有用益物权和租赁权对抵押权人利益有极大的关系。反过来,依同样的民法物权法原理,在用益物权和租赁权的设立时,不动产是否负担有抵押权对这些权利取得人的利益也有极大的利害关系,因为取得人必须考虑其权利是否有可能被涤除的风险问题。由此可见,程序权利的登记在不动产法中意义同样非

〔25〕 关于租赁权属于物权还是属于债权的问题,学术界历来有不少争论。但是对租赁权的物权化,以及不动产租赁权应纳入登记这一点基本无争议。对此请参见王家福主编,王保树、梁慧星副主编:《经济法律大辞典》,中国财政经济出版社1992年版,第797页。

〔26〕 Dr. Joach im Kuntze /Dr. Hans Hermann, Grun Dbu Chrecht, Seite 164 – 316.

〔27〕 《日本民法》,曹为、王书江译,法律出版社1986年版,第230页。

〔28〕 史尚宽:《物权法论》,第255~256页。

常大。同时,在我国应当强调的是,不动产物权的顺位登记,并不仅仅只是抵押权的顺位登记,而是指除所有权之外的其他全部应该登记的不动产物权的顺位登记,这一点在我国法学研究中常常被忽略。

2. 所有权登记与他项权利登记

在不动产物权实体权利登记之间区分所有权登记与他项权利登记的意义,在于不动产的所有权登记具有一个特别的登记程序,即初始登记,有的也称为总登记。〔29〕 它是指不动产的所有权人依法在规定的时间内对其权利进行的第一次登记。初始登记的原因一般既可能是因为新的不动产登记法付诸实施之时需要对全部的不动产所有权进行登记,也有可能是对新产生的不动产如新建设成的建筑物的所有权或新出现的土地的所有权的登记。因为是第一次登记,其权利对以后的不动产物权变动具有原始根据的意义,故法律对该登记一般均规定有特别的申请程序和申请条件。

我国国有土地管理部门制定的土地登记规则规定,国有土地使用权也应纳入初始登记。这一规定应该说是正确的。因为,我国现阶段的国有土地使用权,已经成为一种独立的不动产物权,从其权利人的独立支配和可为各种如所有权一样的处分的特点来看,在学理上把它解释为一种"相似所有权"是完全可以成立的,因此它在登记上遵循所有权的规则是正确的。在德国法学中,与我国的土地使用权性质一致的地上权即被称为"相似所有权"。〔30〕

所有权登记之外的其他登记一般称为他项权利登记。它们是在不动产所有权确立之后因对所有权的各种变更,或者说是所有权人对其不动产的各种处分而产生新的物权形态而必须进行的登记。它包括:(1)创设物权登记,如在不动产上创设使用权、用益权、地役权、抵押权,以及设立有物权化倾向的租赁权的登记等。(2)移转物权登记,即已完全成立的物权作为独立财产在民事主体之间进行转让而进行的登记,在我国,它包括不动产的所有

〔29〕 参见我国台湾"土地登记法"第61条,《日本不动产登记法》第100条等。

〔30〕 相似所有权(Eigentumsähnliche Rechte),见Baur/S türner,Lehrbuch Des Sachen Rechts,16,Aufl age,Verlag C. H. Beck,1992,Seite 18。

权、使用权、用益权、抵押权的移转登记。(3)变更物权登记,指在不涉及其他人的情况下权利主体对自己的权利内容的变更,如国有土地使用权的权利人变更土地使用目的或者扩大与缩小原来的权利范围的登记等。(4)废止物权登记,包括权利人抛弃其不动产物权的登记和不动产因自然灭失而为的登记等。

3. 终局登记与预登记

终局登记又称本登记,是指直接使当事人所期待的不动产物权变动发生效力的登记。在进行终局登记之后,当事人所要设立的物权即刻设立,所要变更、废止的物权即刻发生变更、废止的结果。终局登记是在当事人所具备的实质要件即有关当事人实体权利义务关系的要件和形式要件即不动产登记机关需要的申请程序条件都已经具备时,登记机关按当事人意愿进行的登记。

预登记是在当事人所期待的不动产物权变动所需要的条件缺乏或者尚未成就时,也就是说权利取得人只对未来取得物权享有请求权时,法律为保护这一请求权而为其进行的登记。预登记制度为德国民法所创立。在附条件或者附期限的不动产物权转让中,在债的合同缔结后,因当事人约定的条件未成就,权利取得人不可能在不动产登记簿中登记为该物权的权利人;此时虽然原权利持有人已经承担了债法上的出让物权的义务,但该物权的取得人除其债法上请求权之外,并无排斥第三人的权利。这种情况对取得人不利是显而易见的。因此为保全此债法上的请求权,德国民法规定可以将该请求权及其顺位在不动产登记簿上进行预登记登记。预登记具有特别重要的意义。预登记保全的是请求权权利的顺位,即预登记被保全的权利是与其顺位同时登记的。在预登记之后,如所涉及的不动产发生被强制执行或者被纳入破产管理后,或者被设置抵押(这种情况是经常的)后,则这些妨害了被保全的请求权的行为不能生效。[31] 但如果未进行预登记,则请求权人的权利肯定会落空。由于预登记是将物权法的规则施加于债权法,给予属于债权法的请求权以排他的物权效力,故其本质属于物权法向债法的扩

---

〔31〕 参见《德国民法典》第883条等。

张。从预登记制度的内容来看,应当说它对我国的不动产立法是有借鉴作用的。

在德国,预登记是尚未成为物权的一切不动产请求权(如附条件、附期限的不动产请求权)的保全措施的观点,是为通说。[32]

预登记制度为瑞士民法典和日本民法所承受。据日本民法学者的解释,日本民法中的"假登记"即与预登记同义。[33]

4. 从不动产登记机关的工作程序来看,不动产登记为初始登记、变更登记、更正登记、涂销登记。初始登记的含义已如上述。变更登记的含义中包括了上述的创设物权的登记和移转物权的登记。所谓更正登记指的是对错误登记的改正登记。而涂销登记指的是对灭失的不动产物权进行的登记。这四种登记在不动产登记法上的程序及其条件是各不相同的。

四、非经登记可变动之物权

上文所分析的,只是不动产物权因双方法律行为而变动的情况。不动产物权因双方法律行为而变动须经登记而生效,这是我们从上文分析得出的结论。但是双方法律行为虽然是不动产物权变动的最主要、最常见的原因,但不是唯一的原因。在它之外,尚有不动产物权依其他原因而变动的情况。《瑞士民法典》第 656 条第 2 款规定:对土地的所有权,"取得人在先占、继承、征收、强制执行和法院判决的情况下,得在登记前,先取得所有权。但是,非在不动产登记簿上登记,不得处分土地"。[34] 我国旧民法第 759 条也有同样的规定。《德国民法典》虽然对此没有集中为一个条文规定,但是也有同样的内容。之所以有此规定,乃是因为依上述事实行为取得不动产所有权的根本原因,是法律的规定,而不是当事人自己的意思表示。当事人虽有事实行为,但该事实行为不是所有权取得的根本原因。因为法律的规定比登记具有更强烈的公示效力,故依法律规定取得之不动产物权,不必依登

---

〔32〕 Creifelds, RECHISW ÖTERBU CH, Neuauflage 1994, C. H. Beck, Seite 1375.

〔33〕 我妻荣主编:《新法律学辞典》,日本有斐阁 1967 年版,第 150 页。

〔34〕 《瑞士民法典》,殷生根译,第 178 页。

记为权利取得的生效要件。但是不动产登记簿是社会公众取得不动产物权咨询的统一且唯一的根据,为交易安全计,法律禁止未为登记的各项不动产物权之处分。

依上述规定之法理,不动产物权如果依时效取得、依遗赠取得、依不动产添附取得、其他各种以法律的规定取得,以及依法律的直接规定取得如法定抵押权等,权利人的不动产物权自然也不必经登记而享有,而且权利人的顺位应该得到保护。但是未经登记者,应该认为其权利的处分受到限制。显然,这些问题虽然与本文有关却不属于本文的探讨范围。

五、不动产登记机关

因为登记对不动产物权变动至关重要,故登记机关的问题也应在不动产立法上予以明确规定。在国际上,不动产登记机关,在德国为属于地方法院的土地登记局;在日本为司法行政机关法务局、地方法务局及其派出所;在瑞士,大多为各州的地方法院。这种做法,是以不动产物权登记直接决定当事人的权利义务关系,故登记应建立与司法系统的直接联系为前提的。如在德国,不动产物权登记的争议直接进入诉讼程序,当事人在此程序中已经不必起诉,而是向上级法院直接上诉。我国历史上制定民法之初也曾采用法院统一登记的做法,但后来因为民国初期司法的混乱而改为属于行政机构的地政局统一登记。此法在我国台湾沿用至今。[35] 总之,考察世界各地的不动产登记制度可以发现,关于不动产的登记机关有两个规则性的特点:第一,不动产登记机关一般是司法机构而不是行政机构。不论在何种机构登记,因不动产物权登记均具有决定公民与法人的财产权利的司法的意义,故各国法律一般均把不动产登记机关当作司法机构之一。第二,不动产登记机关的统一性。为维护在不动产登记上的司法的统一性,同时也因为不动产在自然上的紧密联系性,国家法律均规定在一国之内或一个统一司法区域内实行不动产统一登记的制度,即不论是土地房屋还是其他不动产,也不论是何种不动产物权,均实行统一的登记机关。当然,这一统一的机

---

〔35〕 李鸿毅:《土地法论》,1991年版,第260页。

关，只能适用统一的登记法律，实行统一的登记效力。不动产登记机关的司法性和统一性应当说是不动产法的基本规则之一。

由此来看，我国法律关于不动产登记机关的规定很难说是符合法理和国际惯用规则的。目前不动产物权登记机关是“多头执政”，而且其依据的法律也不同。这一点我们看一下1995年制定的《担保法》就可明白。该法第42条明确规定的不动产登记部门有四个，这些部门都是有关不动产的行政管理部门；另外还有未明确所指的即第（二）项所说的“县级以上地方人民政府规定的部门”。这种对于不动产登记机关的规定，毋庸讳言，不可能也根本做不到使不动产登记有司法意义，而只能具有行政部门管理的意义。这一点很难说符合不动产法原理和国际上的惯有做法；而且登记机关的不统一，对经济发展必然造成损害。当两个或者两个以上的登记机关权力交叉重合时（这正是第42条的规定没有解决的问题），不但会损害当事人的正当利益，而且会扰乱正常的法律秩序。比如，在不动产抵押问题上，抵押权因登记而成立，这是我国法律确定的原则，这是正确的；但如果两个或者多个登记机关都要求当事人在自己的机关登记，那么就不但会增加当事人的经费开支，而且会造成抵押权（其他权利也一样）的成立有多个时间标准的混乱局面。如果其间有第三人的权利纳入登记，那么此时法律关系的混乱和司法的不能是完全可以想见的。在我国制定“房地产管理法”和“担保法”时，本文作者尚在国外学习，发现上述问题后，即不揣绵薄，向有关机构写信表达了这一担忧；在上述法律实施后，已经出现了登记机关强迫要求当事人就一个抵押在两个登记机关登记的报道，这一让人担心的情况已经变成了现实。[36]

这种情况的出现既有历史的原因，也有理论上的原因。历史的原因是，我国在改革之前曾经长期不承认不动产尤其是不承认土地的财产性，故不动产制度被从财产法中删除，而且实际的不动产的管理被分散在多个部门。改革开放之后各种不动产陆续进入市场经济体制，而原有的管理制度却并未废除。而理论的原因是，由于过去长期未进行不动产法研究，人们没有认

〔36〕《龙岩地区加强土地使用权抵押管理》，载《中国地政》1996年第2期。

识到不动产登记的司法意义。因不动产物权登记机关的统一乃是不动产法的基本规则之一,也是世界各国的通例,这种不规范的做法应该被未来的物权法消除。

（本文原载于《中国法学》1996 年第 5 期）

从近代民法到现代民法

——20世纪民法回顾

梁慧星

今天我们正处在世纪之交,20世纪已经接近尾声,一个新的世纪即将到来。当我们展望21世纪民法的时候,应当对20世纪民法作一个回顾。当我们回顾20世纪民法,就会发现在民法的各个重要领域,在学术界经常发出所谓“危机”“死亡”的惊呼。使我们很自然地想到,20世纪民法出了什么问题?让我们看看契约法和侵权行为法。

1970年4月美国著名教授格兰特·吉尔莫在俄亥俄州立大学法学院作了一个讲演,题目叫作“契约的死亡”,然后将讲演稿整理出版,这就是使世界法学界震惊的《契约的死亡》一书。这本书的开头写道:“有人对我们说,契约和上帝一样,已经死亡。的确如此,这绝无任何可以怀疑的”。[1] 1941年德国学者豪普特(Haupt)发表了一篇论文《论事实契约关系》,产生了很大的震动。到了1956年德国最高法院在一个停车场收费案判决中,竟然采纳“事实契约关系”理论作为判决依据。对此,德国著名民法学者雷曼评论说,这个理论之被采纳所造成对传统契约观念的冲击,犹如爆炸了一颗原子弹。《契约的死亡》出版十几年后,日本东京大学一位青年学者内田贵到美国康乃尔大学留学,研究契约法的基本理论,回国后于1990年出版了一本书,名为《契约的再生》,引起法学界极大轰动。《契约的再生》开头就写道:“最近,人们经常论及契约的衰落、危机、死亡”,“尽管契约被宣告死亡却带来了契

---

〔1〕[美]格兰特·吉尔莫:《契约的死亡》,曹士兵等译,载梁慧星主编:《民商法论丛》(第3卷),法律出版社1995年版,第199页。

约法学的文艺复兴。有学者幽默地谈论关于契约法学复兴的原因说,这也许是契约虽死亡但契约法的教授还活着的缘故”。[2]

20世纪以来,侵权行为法危机的说法频繁地出现在民法学者的著作中。美国加州大学著名侵权法教授弗莱明指出:“侵权法正处在十字路口,其生存正遭受着威胁。”英国剑桥大学的比较法教授杰洛维兹(Jolowiez)说:“侵权法正面临着危机。”瑞典的侵权法教授乔根逊(Jongensen)也说:“侵权法已经没落。”

为什么学者们热衷于谈论侵权法的危机,这是因为进入20世纪后,各发达国家在侵权法领域,传统的过失责任原则逐渐为无过失责任或严格责任所取代,特别是在因缺陷产品造成人身损害的损害赔偿方面。美国在60年代初,由法院判例创立了严格产品责任。按照严格责任,只要产品存在对人身和财产的不合理危险,就构成缺陷,因缺陷产品造成消费者的人身或财产损害,就要由生产者承担损害赔偿责任。由于不考虑生产者对缺陷之发生是否有过失,因此有利于保护受害的消费者。1985年欧共体通过关于产品责任的85/374号指令,要求成员国按照指令规定的原则修改国内法,对缺陷产品致损实行无过失责任。1986年我国公布了《民法通则》,《民法通则》第122条参考了美国的严格责任和欧共体指令,对缺陷产品致损规定了无过失责任。1993年我国公布了《产品质量法》,其中第四章关于缺陷产品致损的无过失责任有详细的规定,例如关于缺陷的定义规定为对人身和财产的不合理危险,就是采纳了《美国侵权法》第二次重述402A条关于缺陷的定义。值得注意的是,日本直到1994年才通过制造物责任法,对产品缺陷致损规定了无过失责任。我们知道日本早在50年代就发生了严重的产品缺陷致损案件,例如著名的森永奶粉事件,造成1万多人受害,其中1百多人死亡。但日本企业界的势力非常强大,对无过失责任采取了强硬的反对立场。而政府深受企业界的影响,以致学术界和律师界提出的无过失责任的产品责任法案长期被搁置。直到进入90年代,几乎整个欧洲以及俄罗斯、中国、菲律宾、

---

〔2〕 [日]内田贵:《契约的再生》,胡宝海译,载梁慧星主编:《民商法论丛》(第3卷),法律出版社1995年版,第294、296页。

澳大利亚等都通过了无过失责任的产品责任法之后，日本企业界才转变了立场，日本制造物责任法才于1994年获得通过。被称为立法时间最长（从第一个草案提出到法律获得通过经过了整整20年），法律内容最短的法律，仅有6个条文。现在可以说世界大部分国家的产品责任法都实行了无过失责任原则。更有甚者的是1972年新西兰颁布《意外事故补偿法》，被称为人类立法史上空前的创举。按照该法，在新西兰领域之内的任何人，无论是因交通事故、缺陷产品致损、医疗事故或者其他意外事故遭受损害，都可以从国家设立的意外事故补偿委员会获得一笔补偿金，无须向法院起诉，也无须适用侵权行为法，当然更谈不到过失责任原则。这难道不是一个重大的变革吗？该法颁布之后不久，英国成立了一个以皮尔逊勋爵为首的皇家委员会，其任务是审查英国的侵权行为法制并提出立法建议。该委员会经过调查研究，提出了最终报告书，称为皮尔逊报告，建议采纳新西兰的意外事故补偿法的经验，引起很大的轰动。后因欧共体关于产品责任的指令颁布，才使英国没有采纳皮尔逊报告的建议。否则，英国的侵权行为法将不再是现在的面貌。

值得谈到的是，日本名古屋大学民法教授加藤雅信在20世纪80年代发表了一篇题为《关于综合救济系统的建议》的论文，提出他关于侵权行为制度和社会保障制度改革的新构想。[3] 他由新西兰的崭新立法受到启发，考虑到日本侵权行为法制和各种社会保险制度的现状，认为人类社会要解决各种原因发生的损害赔偿问题，应当建立一种类似于新西兰的统一的综合救济制度。该文发表后，在日本产生了很大的轰动。据说不少官厅请加藤雅信教授去作报告，介绍这一制度的构造。加藤雅信访问中国时曾经谈到，他的这个构想要在日本实行恐怕不大可能，要求日本把现行制度全部推翻建立他所设想的新制度太难了。他认为中国正处在制度创立的初期，因此最有可能实行他所建议的新制度。要真采纳这一制度，侵权行为法制还存在吗，如果存在的话还是原来的面貌吗？

---

〔3〕 参见渠涛：《从损害赔偿走向社会保障性的救济——加藤雅信教授对侵权行为法的构想》，载梁慧星主编：《民商法论丛》（第2卷），法律出版社1994年版，第288～320页。

从上面对契约法和侵权行为法的介绍,我们可以看到自进入20世纪以来,无论是契约法领域或者侵权行为法领域,都可以频繁地听到所谓"死亡""衰落""危机"等惊呼。这难道仅仅是学者们的神经过敏?或者故作惊人之语?正如日本著名民法学者星野英一教授在谈到契约法时所说的:"19世纪确立的古典契约概念、契约法在现代正发生着重大变革。前面所说的衰落、死亡这些口号不过是这一重大变革潮流的表现"而已。[4]

一、近代民法

什么是近代民法?所谓近代民法,指经过十七八世纪的发展,于19世纪欧洲各国编纂民法典而获得定型化的、一整套民法概念、原则、制度、理论和思想体系。在范围上包括德、法、瑞、奥、日本及旧中国民法等大陆法系民法,并且包括英美法系民法。关于近代民法,我们可从以下几方面加以概述。

(一)作为近代民法基础的两个基本判断

近代民法的这一整套概念、原则、制度、理论和思想体系,是建立在对当时社会生活所作出的两个基本判断之上的。这两个基本判断,是近代民法制度、理论的基石。第一个基本判断,叫平等性。在当时不发达的市场经济条件下,民事法律关系主体主要是农民、手工业者、小业主、小作坊主。由于受生产力发展水平的限制,从事生产和参加交换的主体,主要是以家庭为单位的农民、手工业者,再就是雇用少数工匠的小业主和小作坊主。像现在这样的企业,例如公司、企业集团乃至跨国公司,这样的具有强大经济实力的经济组织,还不可能产生。市场交易中、社会生活中,主要是农民、手工业者、小业主和小作坊主相互之间进行商品交换,建立民事法律关系。而所有这些主体,在经济实力上谈不到有多大的区别。差别当然是有的,但从整个社会范围来看,差别不大,一般不具有显著的优越地位。尤其在当时不发达的市场经济条件下,还没有发生像今天这样的生产与消费的分离和生产者

〔4〕[日]内田贵:《契约的再生》,胡宝海译,载梁慧星主编:《民商法论丛》(第3卷),法律出版社1994年版,第294、296页。

与消费者的对立。因此,法学者和立法者对当时的社会生活作出一个基本判断,一切民事主体都是平等的,叫作平等性。第二个基本判断,叫互换性。所谓互换性,是指民事主体在市场交易中,在民事活动中频繁地互换其位置,在这个交易中作为出卖人与相对人发生交换关系,在另一个交易中则作为买受人与相对人建立交换关系。前面谈到的平等性判断,并不是说一切生产者在经济实力上绝对平等,一点差别都没有。当一个农民向手工业者购买急需的工具时,手工业者当然有可能利用对方的急需和自己的有利地位,使所订立的契约对自己更有利。问题是他并不是总有这种优势,当他在下一个交易关系中作为买受人向农民购买粮食或原料的时候,则农民作为出卖人也完全可能利用自己暂时获得的优势或手工业者的急需,使契约条件对自己更有利。于是,主体之间存在的并不显著的在经济实力的差别或优势,因为主体不断地互换其地位而被抵消。在平等性上的不足,因互换性的存在而得到弥补。

我们可以说近代民法所有的基本原则和基本制度,都是奠基于这两个基本判断之上的。民事主体具有平等性和互换性,因此国家可以采取放任的态度,让他们根据自己的自由意思,通过相互平等的协商,决定他们之间的权利义务关系。他们所订立的契约被视为具有相当于法律的效力,不仅作为他们行使权利和履行义务的基准,而且作为法院裁判的基准。这就是所谓的私法自治和契约自由原则。这就是民事法律行为制度。当民事主体在民事活动中,在追求自己的利益的同时造成他人损害时,由造成这一损害的主体承担民事责任,并且只在他对于损害的发生有故意过失时才承担责任。这就是自己责任原则或者过失责任原则。在加害人不具有故意过失的情况下,依法不承担责任,实际上由受害人自己承担了损害,这对于受害人来说似乎有失公正。但因为民事主体存在互换性,这一个事故的受害人,在另外的场合造成他人损害时,也适用同样的原则,如果他不具有故意过失也同样不承担责任。可见,正是因为有互换性这一基本判断,使自己责任或过失责任原则获得了公正性和合理性。

(二)近代民法的理念——形式正义

民法本身就当然蕴含着正义,当然贯穿着对社会正义的追求。这种追求,我们叫作民法的理念。民法之所以区别于技术规则和经济规则,关键正在于此。现在看来,社会正义有形式正义与实质正义之别。而作为近代民法理念的社会正义,只是形式正义。例如按照契约自由原则,自由订立的契约就等于法律,当事人必须严格按照契约的约定履行义务,即所谓契约必须严守,正是体现了这种形式正义。法官裁判契约案件也必须按照契约的约定,必须严格依据契约条款裁判,至于当事人之间的利害关系,订立契约时是否一方利用了自己的优势或对方的急需或缺乏经验,或者履行契约时的社会经济条件已经发生根本的变更等,均不应考虑。例如,日本的"前借金契约",实际上是贫穷人家的女孩卖到妓院作艺妓,却在契约形式上规定为借款,形式上是金钱借贷契约,而实质是人身买卖契约。这种契约在战前一概被视为金钱借贷,至于其人身买卖的实质则被视而不见。再如过失责任原则,前面已经谈到是以平等性和互换性为基础,当发生企业事故,雇工遭受损害时必须证明雇主具有过失,才能获得赔偿。如果不能证明雇主有过失,便不能获得赔偿。可见,过失责任原则适用于企业事故,其结果显然是不公正的。因为,过失责任原则所体现的社会正义,仅仅是形式上的正义。

(三)近代民法的价值取向——法的安定性

民法理论认为,法律蕴含着多种价值,例如正义、公平、效率、秩序、妥当性、安定性等。而近代民法所追求的最高的价值,则是法的安定性。所谓法的安定性,不应等同于法律的稳定性,它的含义在于,要求对于同一法律事实类型适用同一法律规则,得出同样的判决结果。换言之,不同的时间、不同的地区、不同的法院、不同的法官裁判同一类型的案件,应适用同一法律规则,得出同样的判决结果。这就叫作法的安定性。而所谓妥当性则不同,妥当性所要求的是每个具体案件都应当得到合情合理的判决结果,要求考虑每个具体案件的特殊性。因为社会生活是复杂多变的,即使属于同一类型的案件,相互间也有种种差别,有各自的特殊性。用同一法律规则去裁判同一类型案件,所得出的判决结果不可能都合情合理,也就是说法的安定性与具体案件判决的妥当性难免有冲突,不可能兼顾。以法律关于擅自转租的规定为例。各国民法均规定,擅自转租,出租人有解除权。但现实生活中,擅自转租的案件,其具体情形各不相同。例如,承租人将承租的房屋擅自转租他人开商店收取高额租金牟利，或者擅自转租给因战争或灾害而流离失所的远亲，虽然都属于擅自转租，但两者有很大差别，至少后一种情形符合人类善良风俗和道德的要求，不具有实质上的可归责性。因此对于后者判决解除租赁契约，不具有妥当性。但是，因为近代民法以法的安定性为首要价值取向，当安定性与妥当性不能兼顾时，为了确保法的安定性，而不惜牺牲具体案件裁判的妥当性。因此，法官裁判擅自转租案件时，只考虑法律构成要件，凡未经承租人同意的转租，即属于所谓擅自转租，应依法满足承租人解除契约的请求，而对于转租的具体情形则一概不予考虑。

近代民法取向于法的安定性价值，当然有其理由。这就是在市场经济条件下，整个社会生产是无计划的，迫使各个生产者自己安排自己的计划，而民法正是为一切市场参加者提供一个法律框架，以便于市场参加者可以作出预见和计划，可以同他人竞争。尤其19世纪是一个市场经济平稳发展的世纪，要求裁判结果的可预见性。确保法的安定性，有利于维持一个稳定的法律秩序，反映了市场经济的内在要求。

(四)近代民法模式

由欧洲大陆法所确立的近代民法模式，其集中表现为：其一，抽象的人格。近代民法对于民事主体，仅作极抽象的规定，即规定民事主体为“人”。它是对于一切人，不分国籍、年龄、性别、职业的高度抽象的规定。当时，在资本主义体制下作为商品交换主体的劳动者、消费者、大企业、中小企业等具体类型，在民法典上，被抽象为“人”这一法人格。“人”包括“自然人”和“法人”。自然人，当然是指有血肉之躯、有理智和感情的人类，但它是一个抽象概念，把各人的具体情况，如男女老幼、富裕贫穷、文化程度、政治地位、经济实力的差别，以及是雇用人或者受雇人、生产者或者消费者等，全都抽象掉了，只剩下一个抽象符号“自然人”。规定自然人权利能力始于出生，终于死亡，权利能力完全平等。对于社会生活中的各种组织体，也是如此，生产企业、商业企业、金融企业、大企业、小企业的差别，以及非从事生产经营的组织体如各种学会、协会、学校、医院、慈善机构等，抽象为一个法律资格“法人”。法人的权利能力，被认为与自然人相同，仅法人格的取得，因公益法人、营利法人而有不同。这样，就把社会生活中千差万别的民事主体，简单化了,高度地划一了。其二,财产权保护的绝对化。私的所有制,是近代社会的基础,民法典规定的以所有权为中心的物权制度,使私的所有制法律化,是近代法的辉煌成果。此物权,被视为绝对权,具有可以对抗一切人的绝对性,法律上给予绝对的保护。如果这块土地属于某人所有,则他不仅可以支配地表进行耕作或者建筑,而且向上直到高空和向下直达地心,都归他支配,任何人不得侵犯。其三,私法自治。在民事生活领域,要获得权利、承担义务,进行一切民事行为,完全取决于当事人自己的意思,不受国家和他人的干预。此即私法自治,为近代民法的根本原则。私法自治,是维持市场自由竞争的法律原则。作为私法自治原则的下位的原则,有契约自由、遗嘱自由、团体设立的自由诸原则。其中,以契约自由原则为最重要。私法自治的实质,在于民事生活领域的一切法律关系,由独立、自由、平等的个人通过协商决定,国家不作干预,只在当事人发生纠纷不能解决时,国家才以法院的身份出面进行裁决,而法院进行裁决时仍然以当事人的约定为基准,不得对当事人的约定任意变更。其四,自己责任。按照私法自治原则,自由平等的个人可以根据自己的意思,通过民事法律行为去追求自己的最大利益。如果因此发生损害,亦应由个人对自己的行为所造成的损害承担责任,叫作自己责任。亦即个人对自己的行为负责,而不由他人负责,个人也仅对自己的行为负责,而不对他人的行为负责。并且,只对因自己具有故意过失的行为造成的损害负责,虽然造成损害,如果不具有故意过失,则依法不承担责任。因此,自己责任又称为过失责任。[5]

(五)近代民法的法学思潮——概念法学

1. 概念法学的两个来源

在整个19世纪占据支配地位的民法思想,称为概念法学。概念法学有两个来源:其一,德国的潘德克吞法学。潘德克吞法学,是由历史法学派演变而来。潘德克吞法学通过对罗马法的研究,将罗马法构筑成一个封闭的概念体系,认为无论遇到什么问题,只须纳入这一体系进行逻辑推演,即可

---

〔5〕 参见[日]北川善太郎:《民法总则》,有斐阁1993年版,第13~14页。北川先生将民法的近代模式概括为:自由平等的人格;私的所有;私法自治;自己责任。

获得正确解答。就像数学家以数字及抽象符号,依一定公式进行纯粹逻辑的演算一样。认为法官的职责,仅在根据法律所建立的概念体系作逻辑推演,遇有疑义时,只应探求立法者当时的意思予以解决。其二,法国的注释学派。1804 年法国民法典颁布后,通过对法国民法典的注释研究形成注释学派。法国注释学派奉行法典崇拜,民法典被视为人间的理性,认为法典之外无法源。按照 18 世纪启蒙思想家孟德斯鸠的三权分立学说,认为法官应严格受法律约束,不允许有任何裁量余地,以致使法官成为立法者的奴隶,并形成法典万能和逻辑崇拜。

2. 概念法学的特征

概念法学的主要特征可概括如下:其一,在民法的法源问题上,独尊国家制定的成文法,特别是民法典,以成文法为唯一法源,排斥习惯法和判例。其二,关于法律是否存在漏洞,强调法律体系具有逻辑自足性,即认为社会生活中无论发生什么案件,均可依逻辑方法从成文法中获得解决,不承认法律有漏洞。其三,关于法律解释,概念法学注重形式逻辑的操作,即强调文义解释和体系解释,排斥解释者对具体案件的利益衡量。其四,关于法官的作用,概念法学否认法官的能动作用,将法官视为适用法律的机械,只能对立法者所制定的法律作三段论的逻辑操作,遇有疑义时强调应探求立法者的意思,并以立法者的意思为准,否定法官的司法活动有造法功能。

概念法学虽源于德国的潘德克吞法学和法国的注释学派,但到 19 世纪后期,已经成为大陆法系国家的共同现象,对于普通法系国家如英美等国也有相当影响。到了 20 世纪初,概念法学占据了支配地位,使民法思想陷于僵化保守,丧失了创造性,无法适应新的世纪的社会经济生活对法律的要求。

二、现代民法

近代民法的物质基础是 19 世纪的社会经济生活,而现代民法的物质基础是 20 世纪的社会经济生活。总的看来,19 世纪是资本主义市场经济平稳发展的世纪。政治上的相对稳定和经济的平稳发展,要求法律秩序的稳定,要求确保法的安定性,使市场参加者可以进行计划,预见自己行为在法律上的后果。近代民法正是反映了这种要求。而与此形成鲜明对照的是,20 世纪恰好是一个极度动荡的、急剧变化的、各种矛盾冲突空前激化和各种严重社会问题层出不穷的极不稳定的世纪。首先是30年代席卷全球的空前的经济危机,使多少人陷入失业、饥饿、贫困,使主要国家的生产力倒退几十年。然后是两次世界大战,使数千万人丧失生命,使许许多多城市变成废墟,造成物价飞涨、货币贬值、物质匮乏、住房恐慌,成为人类史上前所未有的惨剧。再有,人类社会在20世纪分裂为两大阵营,一个是资本主义阵营,一个是社会主义阵营,到了世纪末社会主义阵营的大部分又改变了颜色即所谓东欧巨变,这在人类史上都是惊心动魄的场面。同时,20世纪又是科学技术突飞猛进地发展的世纪,各种科学技术成果的采用,极大地提高了社会生产力,创造了丰富的物质财富,使人们能够享受到空前的物质文明。由于技术进步,促进了工业交通事业的发展,出现了两极分化、贫富悬殊、劳动者与企业主的对立、生产者与消费者的对立,以及企业事故、交通事故、环境污染、缺陷产品致损等各种严重社会问题。此外,20世纪还发生了规模浩大的民主运动、民权运动、女权运动、消费者运动、环境保护运动。在这种条件下,法院面临许许多多新的问题和新型案件,对于这些案件或者缺乏法律规定,或者像过去那样机械地适用法律无法解决问题,迫使法官、学者和立法者改变法学思想,探求解决问题的途径,最终促成了民法制度和民法思想的变迁,由近代民法发展演变为现代民法。

从法律分类来说,中世纪民法与近代民法,是两个不同历史时期的法律类型。但近代民法与现代民法之间则不存在这种区别。所谓现代民法是指近代民法在20世纪的延续和发展,可以说是现代社会的近代民法。现代民法,是在近代民法的法律结构基础之上,对近代民法的原理、原则进行修正、发展的结果。〔6〕 对于现代民法的基本特征,可以概括为以下几个方面。

(一)平等性与互换性的丧失

从19世纪末开始,人类经济生活发生了深刻的变化,首先是作为近代民法基础的两个基本判断即所谓平等性和互换性已经丧失,出现了严重的两

〔6〕 参见[日]北川善太郎:《关于最近之未来的法律模型》,李薇译,载梁慧星主编:《民商法论丛》(第6卷),法律出版社1997年版,第283~312页。

极分化和对立。其一是企业主与劳动者的对立;其二是生产者与消费者的对立,劳动者和消费者成为社会生活中的弱者。以生产者与消费者的分化与对立为例,由于生产组织形式的变革,生产者已经不再是手工业者和小作坊主,而是现代化的大企业、大公司,它们拥有强大的经济实力,在商品交换中处于显著优越的地位;由于科学技术的发展,使生产过程和生产技术高度复杂化,消费者根本无法判断商品的品质,不得不完全依赖生产者;由于流通革命,商品从生产者到达消费者须经过复杂的多层的流通环节,消费者与生产者之间一般不再发生直接的契约关系;由于各种推销、宣传、广告手段的采用,使消费者实际上处于完全盲目的状态,听任其摆布。因此,在现代发达的市场经济条件下,生产者与消费者之间已经不再是平等的关系,实质上是一种支配与被支配的关系。[7] 作为生产者的大公司、大企业,只是无穷无尽地生产和销售,它们并不和消费者互换其位置,不可能真正体会和理解因假冒伪劣产品给消费者造成的不幸。至于企业主与劳动者在经济地位上的不平等,且不说资本主义国家,我国改革开放以来的现实已经充分说明。许多私人企业、外资企业、乡镇企业、中外合资企业不具备规定的劳动条件、安全条件和卫生条件,在雇用契约中订入各种苛刻的、违法的条款,例如要劳动者交保证金、押金的条款,工伤概不负责的条款,甚至对劳动者施以打骂、罚跪和人格侮辱等。按照我国法律规定,企业主和劳动者应当是平等的,但实际上经济地位和实力对比悬殊,并无实质上的平等,迫使劳动者不得不接受苛刻的条件。

(二)现代民法的理念——实质正义

社会正义有形式正义与实质正义之分,前面谈到近代民法满足于形式正义,是由对 19 世纪社会经济生活所作出的两个基本判断,即平等性和互换性,所决定的。而在 20 世纪的社会经济生活中,作为近代民法前提条件的平等性和互换性已不存在。导致民法理念由形式正义转向实质正义。换言

---

〔7〕 关于生产者与消费者的不平等及消费者的弱者地位,参考了日本经济法学者正田彬和今村成和的论述,参见[日]正田彬:《经济法的性格与展开》,日本评论社 1972 年版,第 45 ~ 46 页;[日]今村成和:《私的独占禁止法研究》,有斐阁 1976 年版,第 333 页。

之,发生了深刻变化的社会经济生活条件,迫使20世纪的法官、学者和立法者,正视当事人间经济地位不平等的现实,抛弃形式正义观念而追求实现实质正义。基于对实质正义的追求,学说和判例创立了各种新的理论和判例规则。例如情事变更原则,近代民法思想坚持形式正义的理念,只需当事人达成合意,即可成立契约,法律的任务就是确保契约的实现,至于合意基于何种情事、何种前提,内容是否合于公平,均非所问。契约成立后无论出现何种客观情况的异常变动,均不影响契约的效力,法律坚持要求当事人严格履行契约义务。此即契约必须严守的原则。而两次大战后各国法院都面临大量情事变更的案件,如战前订立的契约战后来履行,约定的金额在战前是一笔巨大的财产,而战后履行时因货币严重贬值实际上已经变得一钱不值,如果严格按照契约履行将对当事人一方显失公平。于是,法院创立情事变更原则,强行干预、变更契约内容,以实现实质上的公平正义。再如各国法院在战后依据公序良俗原则,干预契约内容,确认某些契约条款无效,以协调当事人利害冲突,保护消费者和劳动者利益,以实现实质上的公平正义。前面提到的日本的"前借金契约",战前被作为金钱借贷契约认定为有效,战后法院改变见解,以违反公序良俗为由认定为无效,就是典型的例子。

(三)现代民法的价值取向——社会妥当性

前已述及,法的安定性与判决的妥当性两种价值有时是相互冲突的,近代民法在这种情形常牺牲妥当性而确保法的安定性。而20世纪由于发生了两极分化、贫富悬殊、社会动荡,以及各种各样的严重社会问题,迫使法院考虑当时的社会经济生活条件,考虑双方当事人的利害关系,试图作出在当时的一般人看来是合情合理的判决,使判决具有社会妥当性,而这样一来势必要变更法律规定,或者对于同一类案件因时间、地点等条件的不同,而得出不同的判决。即为了确保判决的社会妥当性而损及法的安定性。这就使得现代民法在价值取向上,由取向安定性转变为取向具体案件判决的社会妥当性。例如,关于承租人擅自转租承租人请求解除契约的案件,当法院查明转租的实际情形确实是为了解决无家可归的可怜的家庭的困难时,考虑到出租人与承租人及转承租人的经济条件和利害关系,考虑到当时住房恐慌的社会环境和社会条件,认为认可出租人的解除权有违实质正义,于是作出了出租人败诉的判决。亦即以出租人行使契约解除权已构成权利滥用为由,判决驳回出租人的请求。再如,日本《借家法》规定房屋租赁契约期限届满,如果属于出租人"自用及其他正当理由",可以收回房屋。但日本战败后面临极度住房恐慌,出租人收回房屋之后出租人很难再租到住房,因此法院在对《借家法》上述规定进行解释时,认为在判断出租人要求收回房屋是否有"正当理由"时,不仅考虑出租人一方的必要,还应考虑承租人一方的情况例如能否很快找到住房等。这样一来,战后相当长的时期,出租人要求收回住房的请求都不被法院认可。这类判决维护了承租人的利益,获得了社会妥当性,但在实际上变更了法律规定。

(四)现代民法模式

所谓民法的现代模式,其集中表现为:其一,具体的人格。鉴于20世纪社会经济生活所发生的根本变化,传统民法所规定的抽象的人格,对一切民事主体作抽象的对待,于是在企业主与劳动者、生产者与消费者的法律关系中,造成了经济地位上的强者,对经济上的弱者在实质上的支配,反过来动摇了民法的基础。因此,现代民法在维持民法典关于抽象的人格的规定的同时,又从抽象的法人格中,分化出若干具体的法人格。其代表的例子是劳动法上,形成劳动者的具体人格,由雇用契约的主体成为服从团体法理的劳动法的主体。其次,为了阻止大企业独占的弊害,经济法、反垄断法,成为着目于企业的规模、业种的独立的法域。此外,消费者及公害的受害者,也作为一定的法人格类型,出现在特别法上。在这方面,我国颁布了劳动法、消费者权益保护法、妇女儿童权益保护法、老年人权益保障法、反不正当竞争法。正在起草的统一合同法草案中注意区分经营者之间的关系,与经营者与消费者之间的关系。其二,财产所有权的限制。保护财产所有权不仅是近代法的基本任务,也是现代法的基本任务。只是现代法对财产所有权的保护不像近代法那样绝对化。按照现代民法思想,认为财产所有权应受一定的限制,认为财产所有权具有社会性。基于这样的思想,各国对土地所有权和使用权设有公法规制措施,对重要生活物资实行统制,在民法上要求权利的行使应遵循诚实信用原则,禁止权利滥用。其三,对私法自治或契约自由的限制。现代民法上,变化最大的莫过私法自治原则,特别是契约自由原则。私法自治或契约自由,其实质是自由竞争,是市场经济的本质特征。近代民法对契约自由不加限制,反映经济政策上的放任主义,其结果在促进近代社会经济发展的同时,也造成许多严重的社会问题。在现代法上,私法自治或契约自由虽仍然是民法基本原则,但已不再是从前的状况,私法自治或契约自由受到多方面的限制。包括公法上对交易的规制,即所谓"私法的公法化",在民法上则通过诚实信用原则、公序良俗原则对私法自治或契约自由进行限制,以及由法律直接规定某些契约条款无效等。我国民法也是如此,例如起草中的统一合同法草案,在涉及经营者与经营者的关系时,着重体现私法自治和契约自由,而一旦涉及经营者与消费者或劳动者的关系时,则着重考虑对消费者和劳动者的特殊保护。其四,社会责任。现代社会是高度的风险社会,企业事故、交通事故、缺陷产品致损、环境污染公害等,很难从个人行为的可归责性上获得伦理根据,使自己责任即过失责任的伦理基础发生动摇。现代民法虽在违约责任及一般侵权行为责任中仍然坚持自己责任即过失责任原则,但对于许多特殊侵权行为规定了无过失责任即严格责任,此外还导入了与民事责任无关的损害补偿制度。例如,我国《民法通则》第122条和《产品质量法》第四章参考欧共体关于产品责任的指令和美国的严格产品责任法制,对于产品缺陷致损规定了无过失责任。〔8〕

(五)现代民法的法学思潮

1. 自由法运动

由于20世纪是一个急剧变化、剧烈动荡的世纪。为了解决各种严重的社会问题,要求打破概念法学的禁锢,要求弹性地解释法律,要求具体的社会妥当性,要求承认并补充成文法漏洞,要求发挥法官的能动性,导致了概念法学的衰落。使概念法学的地位发生动摇,所谓振臂一呼,学者群起而响应,形成自由法运动,并导致概念法学没落的,是著名学者耶林(Rudolf von-Jhering,1816-1892)。自19世纪70年代以后,耶林对概念法学痛加批判,影响至巨,使一批年轻学者翕然从风,纷纷对概念法学展开批判,由耶林的

〔8〕 这里参考了[日]北川善太郎:《民法总则》,有斐阁1993年版,第14~15页。北川先生将现代民法模式概括为:具体的人格;私的所有的社会制约;受规制的竞争;社会责任。

目的法学、法国的科学学派、德意志的自由法学和利益法学,形成了20世纪批判概念法学的自由法运动,最后导致了概念法学的衰微。

其一,目的法学。

耶林本属于潘德克吞法学派之嫡系,早期在历史法学的影响之下,从事罗马法研究。其不朽名著《罗马法的精神》,仍未脱潘德克吞法学之色彩。在其后期的著作中,对概念法学痛加批判,成为反对概念法学的旗手。耶林自于1877年出版《法的目的》一书,强调法律乃是人类意志的产物,有一定的目的,应受"目的律"支配,与自然法则系以"因果律"为基础,有其必然的因果关系,截然不同。故解释法律,必先了解法律究竟欲实现何种目的,以此为解释之出发点,始能得其要领。以目的作为解释法律之最高准则,此即所谓目的法学。耶林更进一步认为,法律是社会的产物,有其一定目的,故法律亦可谓为目的之产物。法之目的,犹如指导法学发展的"导引之星",其在法学中的地位,犹如北极星之于航海者。因此,解释法律必须结合实际的社会生活,不能偏离法的目的。经耶林的大力提倡,法的目的,于是成为法学之基本指导原则,并成为一种目的解释方法。

其二,自由法学。

所谓自由法学,是因爱尔里希(Eugen Ehrlich,1862-1922)的著作《法的自由发现与自由法学》而得名。爱氏在该著作中,批判概念法学的成文法至上主义和法典完美无缺等观念,强调法律每因立法者的疏忽而未预见,或因情势变更而必然发生许多漏洞。此时,法官应自由地去探求社会生活中活的法律,以资因应。再有康托诺维真(Hermann Kantorowicz,1877-1940)于1906年出版《为法学而斗争》,有意模仿耶林的《为权利而斗争》,其中批判概念法学的法典万能、成文法完美无缺的观念,极度轻视法典的权威,不仅主张法官于法律有漏洞时,可自由发现生活中的活法予以补充,并主张法官有法律变更之权。自由法学的基本观点可归结如下:其一,在国家法律之外仍有自由法之存在,此自由法类似于自然法,但自由法之内容因时事而变化,因此异于亘古不变的自然法。其二,承认法律必然存在漏洞,法官有发现自由法之权。其三,关于法律概念的构成,主张基于目的论方法,即依法律目的以构成概念。其四,认裁判为价值判断,虽无法律规定,法官可自由发现法律,即依法律目的创造规范,甚至不妨依法感情为裁判。

其三,科学学派。

法国从19世纪后半期开始的资本主义的飞速发展,造成资本集中、工业生产的大规模化、庞大的无产者阶层及贫富两极分化等新的社会经济问题,使人们对作为法秩序和注释学派的思想基础的基本观念,如个人的自由、平等,产生怀疑,严重动摇了注释学派仅靠探求1804年的立法者意思和对法典条文作逻辑操作以解决问题的逻辑主义。因此,从1880年开始,在注释学派内部发生强调对制定法中心主义进行批判,强调于进行法的判断时必须加入法律外的诸种要素的考虑,强调尊重和研究判例的主张。继承和发展了这些新的主张,并使学说的方向发生转换的,是学者撒莱(Raimond Saleilles,1855-1912)和惹尼(Francois Geny,1861-1953)。此二人对注释学派的法典万能主义进行了彻底的批断,认为制定法本身绝不是自足的、完美无缺的,必然存在法律漏洞。因此法学应充分考虑法律外的要素,探求现实的社会生活中生成的法规范,通过对制定法的自由解释,补充法律的漏洞。针对从来的学说否定判例为法源的倾向,认为判例具有发现社会生活中生成的法规范的法创造的机能,主张承认判例作为法源的地位,惹尼在《实证私法学的解释方法与法源》中认为,人类创造的实证私法难期尽善尽美,必然有许多漏洞,绝不应如概念法学那样靠逻辑演绎方法补充,应从法律之外去探求活法予以补充。但所谓探求,并非毫无限制,而应以科学的自由探究,避免任意判断。惹尼所提倡的"科学的自由探究"一语,成为这一学派的象征,因此称为科学学派。

按照惹尼的主张,遇法律有漏洞或不充分的情形,法官应把自己当作立法者以解决该问题,必须依从与立法者同样的目的,作出法的决定。实际上,这是采用了《瑞士民法典》第1条第2项的规定。惹尼认为,立法者于立法时只是以抽象的方式作规定,这与法官针对具体的问题进行判决是不同的,为了避免法官恣意的危险,应当尽可能避免其个人主观因素的影响,必须基于客观性质的要素作出法的决定。法官的这种活动,应称为科学的自由探究(libre recherche scientifique)。所谓自由探究,指应摆脱实在的权威,不受法典的拘束;所谓科学探究,指应避免个人主观因素的影响,以客观的要素作为基础。作为科学的自由探究的基础的客观要素,包括两种:其一,从人类理性和良心吸取的要素,如正义、事物的本性、衡平;其二,实证的要素。

其四,利益法学。

利益法学的倡导者赫克(Philipp Heck,1858 - 1943),其主要学术活动在1902—1937年,时值旧法学向新法学的转换期,所提倡的利益法学对于法学现代化的完成,起了重大的作用。他所创立的利益法学,既批判概念法学,也批判自由法学,对理论和实务产生了很大影响。至30年代,利益法学在德国私法中取得优势,第二次世界大战期间,受到纳粹的压迫,"二战"后又复活。赫克的学说,一方面承认成文法存在漏洞,须由法官充任立法者的助手,补充法律漏洞;另一方面又认为对于法律漏洞不能通过自由地发现活法的方式予以补充,而应就现存实证法详加研究,以把握立法所重视的利益,加以衡量判断。因此,称为利益法学。

须注意的是,利益法学所持的是一种折衷的立场。它既反对概念法学,也反对自由法学。如果说,概念法学追求法的安定性价值,因而坚持严格解释,而自由法学追求妥当性价值,因而主张自由裁量的话,则利益法学企图兼顾安定性和妥当性两种价值,因而主张两者的折衷和协调,亦即严格解释与自由裁量的结合。因此,由于反对概念法学,利益法学被归入自由法运动;由于反对自由法学,利益法学又被视为对自由法学的反动。利益法学主张对于法律漏洞,应就现行法探求立法者所欲促成或协调的利益,并对待决案件所显现的利益冲突为利益衡量,以补充漏洞,尽可能地在不损及法的安定性的前提下谋求具体裁判的妥当性,因此对实务界发生了很大的影响。法院从此转而重视案件事实所涉及的利益冲突,进行利益衡量。1950年代兴起价值法学,是在利益法学基础上,进一步弥补其不足,因此被视为利益法学的发展。

2. 诸学说的共同点

其一,诸学说均认为,国家的成文法并非唯一的法源,除成文法外,尚有活的法律存在,此为真正的法源。法学者的任务,即在运用科学的方法,自由地去探求活的法律。其二,诸学说均认为,成文法绝非如概念法学所谓完美无缺,必然存在漏洞。其原因或为立法者因疏忽而未预见,或为嗣后情势变更。遇法律有漏洞时,自应由解释者予以补充。其三,概念法学以"概念数学"的方法,将法律解释限于形式逻辑的演绎操作,甚至认为社会上可能发生的一切问题,只需将各种法律概念,如数学公式一般进行演算,即可得出正确答案,不须作目的考量和利益衡量。诸学说均认为,概念法学的此种思考方法不合现代法学的要求,于解释法律时,不应仅限于逻辑推演,必须对现实社会生活中各种各样互相冲突的利益,根据法律目的予以衡量。法律逻辑,不过是达到目的的手段,而非目的本身。其四,概念法学禁止司法活动的造法功能,将法官视为适用法律的机械,将判决视同机械的复印过程。诸学说均主张发挥法官的能动性,于适用法律时应作利益衡量和价值判断,于法律有漏洞时应发现社会生活中活的法律予以补充。其五,在法律价值的认识上,诸学说均重视法的妥当性价值,反对概念法学为确保法的安定性而不惜牺牲其妥当性。

三、现代民法面临的难题

最近北川善太郎教授在一篇讨论未来法的文章中谈到现代民法所面临的难题。现将北川先生所概括的问题介绍如下:[9]

1. 现代民法所内含的矛盾:对人性的尊重与对人性的威胁

一方面,现代民法从尊重人性出发,每个人一出生就被赋予人格和权利能力,对各人自由意思的尊重,形成私法自治原则和自己责任原则;另一方面,现代民法所规定的人格平等和私法自治,其结果造成经济上的强者对弱者的支配及自由竞争中的失败者被弃之不顾,日益严重的危险和加害行为的受害者不能获得法律上的救济。使人强烈地感到对人性的威胁。在现今社会,近代民法的基本原则在某些方面起到了轻视人性的作用,这一点不容否认。劳动法、经济法、社会保障法、环境法、消费者保护法及产品责任法的制定正是为了克服近代民法所造成的非人性。事实证明,这些法律的制定

---

〔9〕 参见[日]北川善太郎:《关于最近之未来的法律模型》,李薇译,载梁慧星主编:《民商法论丛》(第6卷),法律出版社1997年版,第283~312页。

对于在法律制度上恢复对人性的尊重起到一定作用，现代民法也因此而获得了新的生命力。但是，绝不能说人性已经得到完全的保护，因为现代民法面临多方面的、不断的挑战，背负着十分沉重的包袱。

2. 人的物化现象

随着计算机系统的广泛应用，人的意思决定被限定在计算机程序当中，其选择只能在软件的许可范围内。因此，作为人与人之间交流手段的意思，在计算机系统中只不过是程序化了的意思而已。所谓人的物化现象，是指人的意思形成和基于意思的活动，即法学上所谓“基于人的精神作用”的人的行为，被物质性过程所部分替代，或者指非行为者自身精神作用的、外部的原因使人的精神作用受到制约和限制。

3. 人与动植物的区别

民法总则规定了近代民法的基本概念和基本制度，权利主体人，权利客体物，法律行为（人的行为）等，作为民法的基本要素。现代民法继承了这个框架。北川先生认为，这些要素还可以进一步归纳为人与自然两个要素。法律关心的是人的精神、意思，赋予一切人权利能力和主体资格。人以外的不具有精神、意思的生物归属于物，是权利的客体。明确区别权利主体人与权利客体物（动物、植物），两者间存在不可逾越的鸿沟。这个近现代法上理所当然的前提正在动摇。因为分子生物学的研究证明，人的遗传基因与动植物的遗传基因没有任何差别，人的生命现象是物质现象的一种。人、动物、植物都是通过DNA的遗传信息才得以繁殖，其DNA本身无论于人、于动物、于植物都是无差别的。新的发现必然对法律产生影响。例如，冷冻受精卵发育出生，如果一对夫妇立下遗嘱委托特定的人或机关在他们死后使其冷冻受精卵发育出生，则在继承法上应如何处理。毫无疑问，现行法将冷冻受精卵作为物对待是不妥当的。今天，我们经常会遇到这类问题，如利用冷冻精子、冷冻卵子、冷冻受精卵问题，根据遗传基因诊断预见遗传疾病的婚姻障碍问题，生物体的移植、转让问题，DNA相关知识财产问题。很难在只区别人和物的现代法框架内作出妥当规范。对此，北川先生提出了建立作为第三法域的生命体法的构想。

4. 计算机系统契约

由于计算机系统的利用,即将计算机的信息处理与通讯系统结合起来的信息网络应用于交易,即可实现从商品生产到销售全过程的契约系统化。这种与计算机系统结合的契约是新的契约类型,可称系统契约。例如,信用卡交易、机票预约系统、银行间结算系统的电子资金划拨 EFT、电子交易 EDI 等。系统契约虽然可以综合处理大量的契约问题,但另一方面人的意思却转化为"程序化的意思"。系统契约必然是多数当事人契约,必然发生以往契约理论框架所不能解决的新问题。例如,系统机能障碍和不当利用、受害救济及系统经营者的责任等。

5. 大量拷贝与权利集中处理系统

数字技术和多媒体技术必将对法律制度以极大影响。例如数字技术,使文字、语言、音乐、绘画、电影、电视、广播、通信之间的区别化为乌有。数字技术使大量、方便、廉价、迅速地复制他人著作物,严重威胁著作权法律制度的存在。大量拷贝随着复印机的发展而日益严重。为此出现了权利集中处理系统。根据规定,使用者支付私人转录录音录像补偿金,就可以复制录音录像。至于复制谁的著作、复制多少,并不规定。补偿金的支付对象是权利集中处理机构,而非著作人。恰如没有债权人的请求权。另一种方法是采取课税的办法。在瑞典、挪威于 80 年代初采取了对复制机器、磁盘课税方式。这两种办法推广应用的结果,将导致以著作权为私权的著作权法的崩溃。为此,北川先生提出另一个思路,即建立拷贝市场。由权利人将其著作进行登记、录入并提示其许可条件,如果出现愿按其条件进行交易的利用人,则该利用人将著作权许可使用费汇入权利人的账户。这种系统将保障作为私权的著作权的实现,而利用人在拷贝市场能够检索到各种著作权信息,并通过拷贝市场的网络与权利人进行直接交涉。这显然是一个很理想的模式,但其是否具有现实性,恐有疑问。

6. 信息产品的责任

信息既有财产性又有流动性。由于数字技术的发展,其两面性正在发生变化。根据数字技术,文字、音乐、照片、影视片,均可以数字符号作为信息保存。从符号角度看,这些作品的形态已经没有任何区别。信息与有体物是不同的。现行法上的物主要是有体物。如产品责任法的适用范围限于动产。因信息缺陷产生的损害,无法纳入产品责任法。例如,按照烹调书介绍的材料和方法烹饪的食物使人中毒的情形,由于记载化学实验方法的教材有错误导致重伤的情形,如何追究著作人的责任?而实际上由信息缺陷造成的损害,其严重性并比亚于有体物造成的损害。值得注意的是,我国近年已经发生因教科书内容有错误向法院提起的诉讼。

7. 大规模受害的救济

自己责任原则对于解决现代社会的危险已不再妥当。我们所面临的是近代法所未曾预料的大规模受害和对这种受害的救济问题,如大量的公害、药害,切尔诺贝利核电站泄漏事件、计算机信息网络因停电事故所导致的大规模损害。现代社会被称为风险社会。现代技术所带来的风险,不可预料、无所不在且具有国际性,随时可能造成严重损害。信息化时代,计算机系统越普及,发生各种连锁性灾害的可能性也越高。大规模损害发生的连续性的给付,如受害人将来的医药费、学费、生活费、教养费等,不适宜采用判决方式,而通过加害人与受害人协议的方式可以较妥当解决。

四、结语

我国从清末改制引进欧洲大陆法系民法至1929—1931年国民政府颁布了正式的民法典。新中国建立,废除了国民政府的法律,转而继受苏联的民法。因长期实行权力高度集中的计划经济体制,使民法失去物质基础,直到70年代末,谈不到有真正的民法。改革开放以来,由于推行社会主义的市场经济体制,为民法的存在和发展奠定了物质基础。现在,民事立法正在逐步健全,民法学术研究、教学和实务均有很大的发展,可望在10年至15年之内完成编纂一部现代化的中国民法典的任务。回顾20世纪民法,把握民法怎样从近代民法发展到现代民法,以及了解和研究现代民法所面临的难题,对我国民法立法、实务、学术研究和教学,都有其重大意义。

(本文原载于《中外法学》1997年第2期)

论债与责任的融合与分离

——兼论民法典体系之革新

魏振瀛

以德国民法典为代表的大陆法系各国民法典，重体系，重条理。债法被称为民法关系的核心，债编通则被称为债法理论的总汇。但是在结构上债与责任融为一体，对此早有学者提出异议。我国民法通则突破传统民法典编制体例，将民事责任独立成章，对此学者评说不一。有说："民法通则第六章即一百零六条以下规定民事责任，体例上具创见而合理。"[1] 有说："把侵权行为仅仅规定为民事责任，立法者的意图是强调国家强制力的保障，加重民事责任的强制意义，但是，实际的后果却使侵权行为丧失了其他的债权保证形式，削弱了对侵权受害人债权的法律保护。"[2] 关于债和责任的关系问题与我国未来民法典体系的确立关系密切，值得学者与立法者重视。

一、传统民法债与责任融合的缘由

传统民法债与责任融合体系的建立，有其实践上与理论上的发展过程。债的概念和债法体系起源于罗马法。罗马法上没有债与责任的区别。"债权、债务、债之关系仅此三种不同之名词，拉丁文均作 obligatio"，[3] 该拉丁文又有"法锁"（Vinculum）的意思。[4] "罗马债的历史起源产生于对私犯

---

〔1〕 曾世雄：《民法总则之现在与未来》，台湾瑞明彩色印刷有限公司 1993 年版，第 264 页。

〔2〕 杨立新：《侵权特别法通论》，吉林人民出版社 1990 年版，第 21 页。

〔3〕 陈朝璧：《罗马法》（上册），商务印书馆，第 123 页。

〔4〕 参见丘汉平：《罗马法》（下册），上海会文堂新记书局发行，第 604 页。

(exdelicto)的罚金责任;契约责任在初期从属于这一概念。"〔5〕罗马法上"债"(obligatio)这个词原来是指保障履行义务的法律约束。在《法学阶梯》中债的定义是:"债是一种迫使我们必须根据我们城邦的法律制度履行某种给付义务的法律约束。"〔6〕"后来人们也用它表述负债人的义务,有时(至少在优士丁尼法的文献中)还指权利享有人的权利。"〔7〕"依优帝法典之定义,债权云者,当事人之一方依法得请求他方为一定给付之法律关系也。"〔8〕有译为"债者,依国法而应负担履行义务之法锁也"。〔9〕学者对债的概念阐述有所不同,对罗马法上债的概念阐述较为周全的是意大利学者彼德罗·彭梵得在其所著的《罗马法教科书》中所说:"债是这样一种法律关系:一方面,一个或数个主体有权根据它要求一定的给付即要求实施一个或一系列对其有利的行为或者给予应有的财产清偿,另一方面,一个或数个主体有义务履行这种给付或者以自己的财产对不履行情况负责。"〔10〕

从罗马法债的起源可以看出,债的侧重点是"责任""法律约束""法锁"。"罗马法将'法锁'视为债的本质所在。"〔11〕在罗马法上"债务与责任合而成为债务之观念,责任常随债务而生,二者有不可分离之关系"。〔12〕近现代民法在很大程序上是对罗马法的继受与发展,在一定程度上也受到日耳曼法的影响。近现代民法对债与责任在概念上作了区分,但在民法典体例上一直将债与责任融为一体。

为什么从罗马法至近现代民法,或者在概念上,或者在立法体例上,对债与责任不加区分?本文分析认为其缘由主要有三方面:

第一,罗马法时期当事人违约或侵权时,习惯上主要是由债权人对债务人采取强制措施,而不是由国家采取强制措施,把债务与责任作为债权人与

---

〔5〕[意]彼德罗·彭梵得:《罗马法教科书》,黄风译,中国政法大学出版社1992年版,第284页。

〔6〕丘汉平:《罗马法》(下册),上海会文堂新记书局发行,第283页。

〔7〕丘汉平:《罗马法》(下册),上海会文堂新记书局发行,第284页。

〔8〕杨立新:《侵权特别法通论》,吉林人民出版社1990年版,第123页。

〔9〕陈朝璧:《罗马法》(上册),商务印书馆,第604页。

〔10〕丘汉平:《罗马法》(下册),上海会文堂新记书局发行,第283页。

〔11〕江平、米健:《罗马法基础》,中国政法大学出版社1987年版,第199页。

〔12〕史尚宽:《债法总论》,台湾荣泰印书馆股份有限公司1978年版,第3页。

债务人双方自行处理的问题,因而责任概念淡薄。在古代民刑不分的情况下,罗马法中的私犯实际上包括了现代法中的犯罪行为。在上古时期,受害人对侵权者有惩处权。例如,对于夜盗或白日持凶器行抢者可当场杀死。共和国中后期改为罚金。《十二铜表法》规定对私犯的赔偿数额可由双方协商,在不能达成协议的情况下,被害者可对加害者实行复仇,后来允许被害人自行确定赔偿的数额。帝国时期,才逐渐将许多私犯行为当作“公犯”,而由国家机关直接加以惩处。[13] 古代罗马实行债权直接对不履行债务的债务人强制的制度,是债与责任不分的实践上的原因。

第二,罗马法上债务与责任不分,一个重要原因是把债务的标的归结为给付,而给付又最终归结为财产利益。履行债务与赔偿损失都可以使债权人获得财产利益,因而区别债与责任没有多大意义。罗马法学家保罗说:“债(obligatio)的实质不是带给我们某物或某役权,而是要他人给与某物、做某事或履行某义务。”[14]这个精辟的表述反映了债的基本特征,这是债与物权的基本区别所在。债的标的,“一般的术语是产生于罗马动词‘prestare’的‘给付(prestazione)’”。[15] 1896年颁布的德国民法典和我国民国时期颁布的民法典,都将债的标的高度概括为“给付”。有学者解释所谓给付是指“为达债之目的——履行结果——之债务人之行为或不行为”。[16]

“债法的标的,在其起源时期,也可以说是债务人的人身,因为债务人必须为债权人实施行为。”[17]然而,既然自由人不得用来为另一个人的目的服务,而且为维护其自由,他的行为不直接受到强制……人们宁愿把行为本身(也就是说债的目标)列为债的标的,债务人以其财产保证实现该目标。[18] 这里说明债的标的是行为,而这种行为会为债权人带来利益。如果不行为,债权人得不到应得的利益,债务人应以财产责任代替其行为,而使债权人取

〔13〕 参见由嵘、胡大展主编:《外国法制史》,北京大学出版社1989年版,第63~65页。

〔14〕 《民法大全选译Ⅳ·1》,中国政法大学出版社1992年版,第1页。

〔15〕 《罗马法教科书》,第285页。

〔16〕 林诚二:《论债之本质与责任》,载郑玉波主编:《民法债编论文选辑》(上册),台湾五南图书出版公司1984年版,第35页。

〔17〕 前引彼德罗·彭梵得书,第285页。

〔18〕 参见前引彼德罗·彭梵得书,第285页。

得其应得的利益。这说明债的关系的财产性质。债法为财产法,是没有争议的通说。由于债的标的最终统一于财产利益,不履行给付义务应负的责任是财产赔偿,原债务的给付和因承担责任的给付似乎没有区别,因而在观念上也不分债务与责任。

第三,债的请求权同一性理论是近现代民法债与责任合一的理论根据。

德国民法学者吸收罗马法学家的学说,并有重大发展。德国民法典中的债的关系法,使债的体系抽象化,特别是通则部分有很高的概括性。该法典债的通则部分共六章,分为债的关系内容、因契约而产生债之关系、债之关系之消灭、债权之移转、债务之承担、多数债务人和债权人。该法典创立了债与责任合一的完整体系。违反债的责任在债的关系内容一章的相关条文中规定,其中有损害赔偿、债权人受领迟延责任、契约无效的赔偿、违约金等。

德国民法典创立债与责任合一体系,受罗马法的影响,是其历史根源。德国法素重体系化是其思想与理论根源。德国法学家和立法者经过长期努力,在民法典中形成了"债的关系"的抽象概念,把这些不同的民事关系纳入债的统一体系之中。为什么契约、无因管理、不当得利、侵权行为等不同性质的关系会构成债的关系的因素呢?我国台湾学者王泽鉴先生作了精彩的阐述:"其所以构成债之关系的内在统一性者,乃其法律效果之形式相同性,易言之,即上述各种法律事实,在形式上均产生相同之法律效果:一方当事人得向他方当事人请求特定行为(给付)。此种特定人间得请求特定行为之法律关系,即属债之关系。"〔19〕

债的关系中给付可以是给付一定的标的物或货币,完成一定的工作,以及提供服务或劳务等。如果当事人一方不能履行给付,应向另一方赔偿损失,学理上称为损害赔偿之债。有的学者强调指出,现代债法的主要重点,可以说在于规范损害赔偿,同时,债权关系除因给付发生消灭外,其最后解决途径,不外强制执行与损害赔偿。债务人不履行给付义务时,"债权人申请法院强制债务人履行,亦应认系一种给付行为,盖其亦能满足债权人也。

〔19〕 王泽鉴:《民法学说与判例研究》(第4册),1986年再版,台湾兴丰印刷厂印刷,第85页。

其与原来债务之履行所不同者,唯一出乎自动给付,一出乎强制给付,其均为给付则无二致,故债权法之重点,在于损害赔偿之债”。[20] 有学者认为债的关系是一种有机体,明确指出损害赔偿责任产生的请求权与原债权请求权具有同一性。我国台湾学者王伯琦先生认为,因可归责于债务人事由而致给付不能所生之损害赔偿请求权,与原债权权利之性质,原属相同,故此之损害赔偿请求权,应为原债权之继续,唯在形态上有所变更而已,从而消灭时效应继续计算,其从权利亦不消灭。[21]

由于债之关系自始即以完全满足债权人给付利益为目的,通常各种不同的给付义务不能履行时,均可转化为损害赔偿给付义务,即各种不同的债均可能转化为损害赔偿之债。并且,不同债的请求权具有同一性。这种债的请求权同一性理论,正是对债与责任不加区分的理论根据所在,也是债的关系法体系构成的理论根据所在。债的关系法具有高度的概括性、抽象性,因而具有广泛的适用性,法律上规定的有名之债和法无明文规定的无名之债,均可适用。不仅如此,高度概括的债的一般规定(通则),从立法技术上看具有简练明确,避免交叉重复,深具逻辑性科学性。学者称之为“法学之高度成就”[22]是恰当的。继德国民法典之后的日本等国民法典债编部分,大都参照德国民法债编的体系,至今没有根本变动。无疑,我国制定民法典应当借鉴上述体系。但是,债与责任合一的结构不无疑问。时至今日,民事责任制度的发展,需要将民事责任与债区分开来(下文详述)。

二、对传统民法学视责任为债的担保的质疑

罗马法将债务与责任合而成为债务的观念,对其他国家有较大影响。德国普通法时代初期沿袭罗马法思想,对债务与责任不加区别。后来受日耳曼法影响,相继确立了自然债务、担保物权的责任、有限责任与无限责任等观念。[23] 有学者说:“德国固有法,始将债务(Schuld)与责任(Haftung),

---

〔20〕 前引林诚二文,第39~40页。

〔21〕 参见王伯琦:《民法债编总论》,台湾“国立编译局”1962年初版,第162页。

〔22〕 王泽鉴:《民法学说与判例研究》(第4册),1986年再版,台湾兴丰印刷厂印刷,第87页。

〔23〕 参见前引林诚二文,第27~28页。

截然区别,以债务为给付之义务,责任为此义务之财产的担保(Einstehen)"[24]或"应为一定给付义务之担保"[25]。有学者将民事责任的意义分为两种:第一种意义,民事责任是指某人对他人的权利或利益,不法的加以侵害,而应受民法上的制裁。第二种意义,民事责任(Haftung)是债务人就其债务,应以其财产为之担保(Einstehen)。[26]

民法体系上和观念上将债与责任相混的原因之一,是将责任视为债的担保,责任与担保相混同。由于历史上的原因,学者将责任分为"人的责任"和"物的责任"。在古代民刑不分,债务人不能履行义务时,可能沦为债权。债权人可将债务人当作奴隶使用或出卖给他人,甚至有权杀害债务人。随着社会进步,"人的责任"才逐渐被废除,仅采取物的责任,即财产责任。对于责任与债合一,责任与担保混同的渊源,郑玉波先生有清晰的阐述。他指出,人格责任绝迹以后,财产责任中,特定财产责任发展为担保物权,一般财产责任却形成当然附随于其总债务之原则,因而债务与一般财产责任,乃具有不可分离的关系……一般财产责任在观念上乃成为债权之效力或其作用之一部,因而认为两者无区别必要之思想,遂普遍发生。所以然者,盖现代民法上绝无人格的责任可言……而担保物权、保证等特殊的财产责任,已分别化为独立之制度,故今日所称责任,仅限于债务人之一般财产,而其一般财产,又为其总债务之担保(责任)……故现代法上,责任与债务之相伴,乃属常事,因而二者在观念上遂不免常相混淆。[27]

学者将责任与担保相混淆的观念起源于日耳曼法。在日耳曼法上,以责任对于债务的羁束状态,称为羁束(Binding, Band V erbindlichkeit, Verstrickung),也就是债务的担保。部族法的法源中,所谓债务人对于自己的债务,自负责任的,为保证人(Fideinssor)。在中世纪法中,谓为自己保证(Selber Burge)。因此在日耳曼法中往往称责任为保证或担保(Gewahre)。[28]

---

〔24〕 前引史尚宽书,第3页。

〔25〕 前引史尚宽书,第51页。

〔26〕 参见郑玉波:《民事责任之分析》,载《民商法问题研究》(一),1983年第4版,台湾永裕印刷公司印刷,第113~114页。

〔27〕 参见郑玉波:《民法债编总论》,三民书局1978年版,第12页。

〔28〕 参见李宜琛:《日耳曼法概说》,商务印书馆1943年版,第75页。

随着社会进步与法律观念的发展,古代那种债权人的"攻击"权,"强制取得"权已被废除,现在仍将责任视为担保的观念与现代民法上担保的概念相距甚远。严格说,担保已超出了以国家强制力为特征的法律责任的范畴。这一观念更不符合我国的法律传统,而且与我国现代立法上严格区分义务与责任的通常体系不协调。

基于债务人以其财产为债务的担保负其责任的观念,责任与债务的担保被认为属同类性质的关系,因此早有德国学者主张将来立法时,有将责任关系予以独立,而与债法中之保证及特权法中之担保物权,一并制定责任法之必要。有学者认为债法总论中,应有债务法与责任法之分类。[29] 我国台湾学者主张责任关系与债法中之保证及物权法中之担保物权,合并制定责任法,与债务法分别列章。[30]

本文认为,应当抛弃视责任为担保的传统观念,把握法律责任的本质特征,明确民事责任的含义,才能建立科学的民事责任体系。

民事责任是法律责任的一种,要弄清民事责任的性质首先需弄清什么是法律责任。有的学者将法律责任与法律制裁等同,认为:"法之有效推行亦必以实力为其后盾,当法规范的内容受到违反时,它就要借重实力,对于违反者实施处罚或强制,这种处罚或强制,统称为制裁。"[31] "法律的制裁,乃指国家对于违反法律者所予的惩罚。"[32] 法律制裁分民法上的制裁,行政法上的制裁和刑法上的制裁。这里讲的法律制裁也就是法律责任。有的法理学家对法律责任与法律制裁作了区分。法律责任"指有违法行为或违约行为,也即未履行合同义务或法定义务,或仅因法律规定,而应承受某种不利的法律后果";法律制裁"泛指特定国家机关对违法者实行某种惩罚措施"。[33] 从民事法律上看,区分法律责任与法律制裁更为准确。当事人违反民事义务应承担法律责任时,通常能自动承担,不需特定国家机关对违反者

---

〔29〕 参见前引林诚二文,第28页。

〔30〕 参见前引史尚宽书,第52页。

〔31〕 韩忠谟:《法学绪论》,1991年5月增订版,台湾雨利美术印刷有限公司印,第69页。

〔32〕 管欧:《法学绪论》,1982年1月第44版增订本,台湾蓝星打字排版有限公司印,第191页。

〔33〕 沈宗灵:《法理学》,高等教育出版社1994年版,第404~405页。

实行惩罚措施。只是在债权人请求法院或其他国家机关处理时,才会发生采取惩罚措施的情况。

何谓民事责任?对此学者阐述颇多,除前面已讲过的制裁说,担保说外,另有法律后果说,认为:"民事责任,亦即民事法律责任,是指民事主体违反民事义务依法应承担的民事法律后果。"〔34〕法律手段说,认为:"民事责任制度作为保障民事权利义务实现的法律手段,其功能是多重的。"〔35〕法律状态说,认为:"故责任者,又为不履行义务时在法律上所处之状态也。"〔36〕以上诸说归纳起来未超出法理学上的二说,即法律后果说和法律制裁说。本文采法律后果说,同时主张民事责任与民事制裁应作区分。民事主体违反民事义务时,会使他人造成损失或不利。在这种情况下,根据法律规定(或约定),义务人应采取补救措施,如恢复原状、支付违约金、赔偿损失和恢复名誉等。义务人应采取的补救措施是由于他违反民事义务而给他带来的后果。这种后果是以法律的强制力为保障的。通常义务人能自动采取补救措施;否则,必要时法院可采取强制手段,以保护权利人的权利。反映法律责任特点的是制裁,法律责任包括民事责任最终是以国家的强制力为保障的。没有国家的强制力就无所谓法律责任,也就没有民事责任。

总之,民事责任与担保的性质是不同的。担保包括债法上的保证,物权法上的抵押、质押、留置。这些担保形式或基于当事人之间的协议而产生(保证合同、抵押合同、质押合同)或根据法定条件由当事人一方的行为而产生(留置),这种当事人的行为只有对债的担保作用,而没有国家强制力性质。据此,主张制定责任法的观点有合理性,但主张责任与担保合一为责任法则不可取。

三、侵权行为法律后果的实质是责任不是债

近现代民法将侵权行为规定为债的一种,这一民法体系有其历史渊源

〔34〕 佟柔主编:《中国民法》,法律出版社1990年版,第43页。

〔35〕 梁慧星:《论民事责任》,载《民法学说判例与立法研究》,中国政法大学出版社1993年版,第252页。

〔36〕 王伯琦:《民法总则》,正中书局1979年版,第30页。

和理论根据,从民事责任制度理论上看,侵权行为后果的实质是责任而不是债。

第一,将侵权行为看作是债,从法律关系上说混淆了义务与责任的区别。

“法律关系是根据法律规范产生的,以主体之间的权利与义务关系的形式表现出来的特殊的社会关系。”〔37〕“民事法律关系,是指由民法调整着的具有民事权利、义务内容的社会关系。”〔38〕民事责任是义务人不履行义务的法律后果,有义务才有责任,无义务则无责任。法律义务可分为作为义务和不作为义务两类。合同关系中的义务通常是作为义务。物权关系和人身权关系中,义务人的义务通常是不作为义务,即不侵犯他人的物权和人身权,就是尽了不作为义务;反之是违反了义务。对他人造成损害的,应当承担民事义务。债务是民事义务的一种。违反不同的义务,应承担不同的法律责任。侵权行为通常是对不作为义务的违反,应承担侵权责任。如果说侵权行为的后果产生债,对债务人来说是产生了债务(义务),也就是说违反了义务又产生了义务,这样就违反了法律关系的逻辑性。事实是,先有不作为的义务,后有对不作为义务的违反,才导致义务人承担民事责任。违反不作为义务是因,民事责任是果,而不相反。

第二,侵权之债与其他债的性质与法律后果不同。

侵权之债与其债相比,其特殊性突出表现在性质上的不同。合同之债,其内容一般属于商品交换关系,是为满足人们物质文化生活需要。无因管理之债产生于管理人的义举,应当提倡。法律规定无因管理之债,是为平衡当事人之间的利益关系,鼓励无因管理行为。不当得利之债是非出于当事人意志的事件。法律规定不当得利之债,是为保护权利人的合法权益。上述三类债是正常的社会现象。而侵权行为是违法行为,是不正常的社会现象。侵权行为产生的债的实质是责任,是对债务人的惩罚。有些侵权行为与犯罪行为相伴而生,由此而产生的侵权之债,惩罚性更为明显。

---

〔37〕 前引沈宗灵书,第372页。

〔38〕 郑立、王作堂主编:《民法学》,北京大学出版社1995年版,第31页。

由于侵权行为的违法性，其法律后果与其他债务不同，作为侵权之债的给付也不同。合同之债的给付内容可以由当事人自愿协商，违约责任的承担方式（赔偿损失、支付违约金）和计算方法也可由当事人事先约定。侵权责任的范围、承担的方式均由法律规定，当事人不能事先协商。受害方可以自愿让步，放弃请求权，但他并不能改变责任的性质。

第三，因民事责任形式的发展，债的请求权同一性理论已与实践相抵触。

过去几乎把损害赔偿视为唯一的侵权责任形式，因此债的请求权同一性理论有其合理性。当今民事责任形式已有很大的发展，例如有恢复名誉、赔礼道歉等纯人身性责任形式，除去侵害、停止侵害等已成为保护物权、知识产权、人身权等民事权利的不可缺少的责任形式。许多新的责任形式，都不能转化为债，"给付"的统一性已被打破。民事立法与司法实践的发展，需要使民事责任成为独立的法律制度，其中包括侵权责任制度。侵权行为责任形式的多样化及其复杂性，用债的请求权同一性理论与立法体系已难以容纳和解决，侵权之债需要从债法中分离出来。

第四，传统债法通则已远远不能适用于侵权责任。

由于侵权之债的特殊性，由于民事责任制度的新发展，更加显得将侵权行为与债概括在一起"并没有严格的科学性"。[39] 债的科学性及其广泛适用主要体现在民法典债编的通则部分，而债的通则的许多规定并不适用于侵权行为之债。对此，下面简要分析一下作为民法典典范的德国民法典。

债编第一章债的关系内容，第一节给付，其中第 242 条"（依诚实和信用为给付）债务人应依诚实和信用，并参照交易上之习惯，履行给付。"这就是著名的诚实信用原则的规定。这条规定从性质看与侵权之债不相容。侵权本身是违法行为，是严重违反道德的表现，谈何诚实信用？从形式上看侵权之后应为的给付也可以适用诚信原则，但这种给付已具有惩罚性，是承担责任的问题，实质上并不体现侵权人的诚实信用。

第二章因契约而产生债之关系，仅适用于契约之债，而不适用于其他债。

---

〔39〕 王作堂等：《民法教程》，北京大学出版社 1993 年版，第 14 页。

第三章债之关系之消灭。其中有清偿、提存、抵销、免除四节。侵权责任如仅是损害赔偿,可适用清偿与提存的规定,但不完全适用抵销的规定。该法典明文规定:“因故意侵权而产生的债权不得抵销。”(第393条)日本民法典则进一步规定:“债务因侵权行为而产生者时,其债务人不得以抵销对抗债权人。”(第509条)除损害赔偿责任外,其他侵权责任形式,完全不适用清偿、提存、抵销的规定。关于债的免除,侵权之债不同于合同之债务。合同法当事人在合同中可以约定免责条款,侵权责任的性质决定不能事先约定免除。法国法认为,任何侵权行为责任,“无论是为自己行为所负的责任还是为他人行为所负的责任,无论是为牲畜还是因本人失去谨慎和控制所发生之事件所负的责任,免责条款的协议都是无效的”。[40]

第四章债权人移转,第五章债务之承担。侵权行为责任如仅是损害赔偿,从给付形式上看似可“移转”或“承担”,对此各国民法典未作禁止规定,但不无疑问。对侵犯人身权的责任特别是精神损害赔偿,重在对受害人人身的保护和对侵害人的制裁。如允许侵害人身权的债权转让,或者允许侵权人的债务转归他人承担,既不利于保护受害人,对侵权人也起不到制裁作用,并且还可能导致人身利益商品化。至于其他侵权责任形式,更不能适用债的“移转”或“承担”。

早在古代日耳曼法上,就对债与责任作了区分。日耳曼法上的债务(Schuld),属于法的当为(Rechtliches Sollen),而不含法的强制(Rechtliches Mussen)之观念。[41] 当为而为,属合法行为。侵权行为是违法行为,属不当为。法律对这种不当为的后果有强制力。可见,侵权行为后果的实质是责任而不是债。

四、责任与债分离的必要性

近现代民法在概念上对责任与债作了区分,但根据萨维尼的理论,将责任包含在债的效力之中,民法典体系中没有责任的独立地位,因缺乏健全的

〔40〕 中国人民大学法律系:《外国民法论文选》,1983年版,第419页。

〔41〕 参见前引郑玉波:《民法债编总论》,第11页。

民事责任制度。现代民法实践已突破了债与责任的融合,责任为债务所包含的理论也需要打破,应建立适应现实需要的民事责任观念与制度。早有学者认为,债与责任二者可以分离,但多强调合的一面。有的学者说,二者以合一存在为原则。[42] 有学者对此作了具体说明:财产责任与债为其责任,有债务即有责任。债务与责任原则上相伴而生,如影随身,难以分开。[43] 有的学者将债务与责任的关系比作肉与皮的关系:“此一关系,就如同一个橘子,债务是肉,责任是皮,肉是用外皮保护,亦即债务为责任所包含,因有此肉与皮,此一橘子乃能为人所吃。”[44]

本文认为,无论从学理上还是从立法上,都有必要将责任从债中分离出来,并建立系统的民事责任制度。主要理由如下:其一,民事责任的性质与民事义务的性质不同,不能用同一概念(债)包含。其二,事实上责任与债经常是分离的。强调债与责任合一,主要是指债务人以其财产为担保(责任)而言,从责任的法律强制力而言则大不相同。从法的强制力的保障角度看,有责任才能促使债务人履行债务,保障债权人实现债权;没有责任则债权债务失去了法律意义,但不能因此得出责任与债务不可分离的结论。事实上,民事权利义务基本上是当事人之间基于平等自愿而产生,少量的是根据法律规定产生的。通常当事人能自觉履行民事义务,因而不产生民事责任问题。即使发生了民事责任,一般也能自动承担。不履行民事义务而承担民事责任的,从总体上看,为数不多。从大量的事实看,作为民事法律关系内容的权利义务与作为权利保障的民事责任,没有必然联系。实际情况表明,债务与责任不是以合一为原则,而是以分离为常态。依传统民法观念,民事责任指债务人以其财产为担保,侵权责任是损害赔偿责任,据此认为债与责任合一,债的请求权同一性理论及立法体系,能自圆其说。从另一角度看,即从责任的强制性看,则难以自圆其说,因此需要打破这个传统观念,立法上则应冲破以此观念为基础建立的体系。其三,民事责任形式的多样化、复杂化和民事责任理论的发展,需要建立独立的民事责任制度。民事责任大

---

〔42〕 参见前引诸葛鲁文,第 21 页。

〔43〕 参见前引王泽鉴:《民法学说与判例研究》(第 4 册),第 116 页。

〔44〕 前引林诚二文,第 40 ~ 41 页。

量的是财产责任,赔偿损失有失偏颇。由于现代科学技术的发展,不仅书籍、报纸、杂志很多,而且有广播、电视、夜间摄影、计算机网络等多种渠道,都可能作为侵犯民事权利的手段。同时由于现代人们权利观念增强,对人身权的民事保护的要求提高,因而仅仅损害赔偿已远远不足以充分保护民事权利。过去不认为是重要的民事责任形式的,今天成为重要的民事责任形式;过去没有过的责任形式也会应运而生。例如,法国民法典没有非财产损害的责任,德国民法典规定了非财产损害的责任,但没有侵害名誉权的责任规定。日本民法典明文规定:"对毁损他人名誉者,法院因受害人请求,可以命令代以损害赔偿或与损害赔偿一起实行恢复名誉的适当处分"(第723条),"恢复名誉"现在已成为人们重视的一种重要的民事责任形式。对侵犯荣誉权、姓名权、名称权、肖像权,以及侵犯自由权、隐私权等,也需要明确规定民事责任。知识产权遭受侵害的情况容易发生,侵害的方式不断变化,对侵犯知识产权的行为需要规定相应的民事责任形式。在物权关系、相邻关系方面,由于工业、交通、城市建筑事业的发展,环境污染日趋严重,权利人受到侵害的情况更广泛、更复杂,原有损害赔偿的责任形式已不能适应新情况,也需要规定相应的责任形式,以切实保护民事权益,保证社会秩序和经济发展。我国民法通则规定了十种民事责任形式,是对民事责任立法的新发展,但需要总结经验,进一步完善。

今后,新的民事责任形式还会继续增多,各种责任形式有其不同的特点,也会有不同的适用条件。为正确适用法律,准确适用不同的民事责任形式,法律需要对不同的民事责任形式的适用条件作出规定。各种民事责任形式既有各自的特殊性,又有其共同性。为使民事责任制度系统化科学化,对其个性与共性需要分别研究,作出不同的规定,所有这些,债与责任合一的制度解决不了;使责任与债分离,建立系统科学的民事责任制度才能解决。

以上对传统民法将债与责任融为一体的理论与体系作了简要的评析,以下两个问题是关于建立独立的民事责任制度和法律体系的思考。

五、关于民事责任形式的确立

民法上应当规定哪些民事责任形式,需要深入探讨。首先需要对"民事责任形式”的用语作简要分析。法律责任分民事责任、行政责任和刑事责任三种。这三种责任性质不同,当事人承担责任的方式不同,对其惩罚手段也不同。这三种法律责任各自又有其不同责任类型。行政责任又称行政处罚。行政处罚的类型在行政法学上称行政处罚的种类。刑事责任又称刑罚。刑罚的类型在刑法学上称刑罚的种类;我国刑法典明文规定了“刑罚的种类”。传统民法典债与责任合一,没有民事责任类型的明文规定。在我国民法通则中,第一次出现了“承担民事责任的方式”的用语。民法通则颁布后,民法教科书中有称“民事责任的方式”,有称“民事责任的形式”。如果与行政责任和刑事责任的“种类”用语相一致,应为民事责任的种类。但是,考虑民事责任内容与适用上的复杂性,需要对不同类型的民事责任再作分类。例如,根据责任有无财产内容,可分为财产责任与非财产责任;根据责任承担的主体,可分为单方责任与混合责任;根据责任发生的原因,可分为违约责任与侵权责任(实际上还有因违反无因管理之债和不当得利之债发生的责任,由于违约责任与侵权责任较多,区分的意义更重要,故作此分类)。上述分类不仅在学理上便于把握其特征,而且对正确适用法律有实践意义。有鉴于此,不用“民事责任类型”而且“民事责任形式”可避免与学理上民事责任的分类混淆。用“民事责任形式”比“承担民事责任的方式”较为简明。

根据现有各国立法、司法实践及发展趋势,民事责任形式可概括为五个类型,即补偿型责任、除去侵害型责任、停止侵害型责任、预防型责任和人身型责任。

(一)补偿型责任

补偿型责任,是指已经造成损害后果的情况下,为填补受害人损害的责任形式。为数不多的惩罚型责任也包括在这一类。这类责任形式最为普遍适用的是赔偿损失以及支付违约金,这是各国历来通用的责任形式。

返还标的物应作为一种责任形式。这种责任形式适用于所有权和他物权的标的物的返还。《德国民法典》第 985 条规定:“所有人得向占有人请求返还其物。”实际上用益物权和担保物权的标的物被非法占有时,权利人有返还请求权。故应将返还标的物上升为适用范围较广的一种责任形式。民法通则规定返还财产的责任形式中的“财产”含义过广,容易与其他责任形式相混，改为返还标的物较为合适。

恢复原状作为一种责任形式，主要适用于物权关系上。《瑞士民法典》在第19章土地所有权，第二节土地所有权的内容及限制，其中水源受破坏部分规定：为土地的利用或居民的民住及其饮用所必要的泉、井的水被污染或被引走时，受害人得请求恢复原状。除上述情形外，非因正当的特殊原因，不得请求恢复原状（第707条）。民法通则规定恢复原状为一种独立的责任形式，有较为广泛的适用性，如标的物被损毁或改变原状时，侵权人有恢复原状的责任。恢复原状还可适用于知识产权领域，如作者的著作被出版社非法修改时，作者有权请求恢复原状。

定金补偿应作为一种责任形式。这里说的定金补偿，是指给付定金一方不履行合同的，无权请求返还定金，接受定金一方不履行合同的，应当双倍返还定金。定金可分为立约定金、成约定金、违约定金和解约定金。违约定金有补偿损失的性质，可作为民事责任形式，立约定金、成约定金和解约定金不具有补偿损失性质，不属于定金补偿责任范围。

强制实际履行也应作违约的责任形式。强制实际履行是指当一方不履行合同时，在另一方请求下，由法院强制违约方按合同规定的标的履行。履行本是合同义务，强制实际履行尽管未增加债务人的负担，但它是通过法律规定的强制手段，迫使债务人履行其债务，带有对债务人惩戒的性质，因而不失为一种违约责任形式。[45]

（二）除去侵害型责任

除去侵害型责任即除去侵害，是指侵害未消除的情况下，会使受害人受到进一步损害的，侵权人应承担除去侵害的责任。德国民法典在所有权一章规定："所有人受到以剥夺或扣留占有方式之外的侵害时，得请求侵害人除去侵害"（第1004条第1款），当今各国对侵害知识产权的有销毁侵权物品、销毁制物品的工具等办法处理。"除去侵害"可适用于多种法律关系，这种责任形式可使受害人利益免遭更大的损失。

排除妨碍是我国民法通则规定的责任形式，其他国家法律没有类似规

---

〔45〕 参见王家福主编：《民法债权》，法律出版社1991年版，第252页。

定。排除妨碍是某种侵害行为妨碍他人正常行使权利或妨碍他人的合法利益时,受害人有权请求排除妨碍。如设置障碍影响他人通行、采光、用水,影响他人正常进行生产经营活动等,均可适用这种责任形式。将排除妨碍作为一种独立的责任形式,有利于充分保护当事人的权益。但是妨碍与除去侵害难以划分,似应将排除妨碍包含在除去侵害之中。

(三)停止侵害型责任

停止侵害作为一种责任形式,是对民事权利积极的保护。德国民法典在所有权一章规定"所有权有继续受侵害之虞者。得提起停止侵害之诉"(第1004条第2款)。许多国家规定,对侵犯知识产权的法律救济措施有法院下禁止令,禁止正在进行的行为继续下去的规定,[46]我国民法通则规定的停止侵害具有高度的概括性,对侵犯财产权和人身权的均可适用。

(四)预防型责任

预防型责任,即防止侵害,是指在可能发生实际侵害的情况下,当事人有采取预防措施的责任。瑞士民法典早有规定:"其因土地所有人逾越所有权限而有损害或有受害人之虞者,得请求损害之除去或为预防之措施"(第679条),"所有人于挖掘或建筑时,不得使邻人的土地发生动摇,或者有动摇的危险,或使其土地上的设施受到危害"(第686条)。现代工业发展,高度危险作业及环境污染源大量存在,以及知识产权容易受到侵害,预防侵害显得更为迫切。我国台湾地区"著作权法"规定:"著作权或制版权之权利人对于侵害其权利者,得请求排除之,有侵害之虞者,得请求防止之"(第84条)。对商标专用权也有防止侵害的规定。今后预防损害的范围还会扩大,因此有必要将防止侵害规定为一种民事责任形式。民法通则规定的消除危险属预防侵害性质,可涵盖在防止侵害之中。

(五)人身型责任

人身型责任,是指没有财产内容的保护人身权的责任形式。恢复名誉是人身型责任的一种。民法通则将消除影响与恢复名誉并列为一种责任形

〔46〕 参见郑成思:《知识产权法通论》,法律出版社1986年版,第33页。

式。消除影响才能彻底恢复名誉。恢复名誉的具体措施不一定能消除影响,为了消除影响需采取更多的措施。将消除影响与恢复名誉并列是加重侵权人的责任,能更有效地保护受害人的名誉权。赔礼道歉是我国民法通则独创的一种责任形式。赔礼道歉适用于人身权特别是人格权受到侵害的情况。用赔礼道歉方式解决侵权人与受害人的矛盾,在我国民间早有习惯,把这种方式上升为民事责任形式,有利于保护受害人,教育侵权人。我国台湾地区"民法"第195条标题为:侵害身体、健康、名誉或自由之非财产上损害。条文第1款是:不法侵害他人之身体、健康、名誉或自由者,被害人虽非财产上之损害,亦得请求赔偿相当之金额。其名誉被侵害者,并得请求为恢复名誉之适当处分。关于本条的判例有令侵权人在报纸上登载道歉启事的,[47]这种启事有恢复名誉的作用,也有赔礼道歉的作用。但是,恢复名誉与赔礼道歉的内容与作用不同,采取的方式也有不同,二者不能互相包含或替代。将赔礼道歉列为一种独立的民事责任形式,更有利于保护受害人。

上述五类民事责任共11种责任形式,即赔偿损失,返还标的物,恢复原状,支付违约金,定金补偿,强制实际履行,除去侵害,停止侵害,防止侵害,消除影响与恢复名誉,赔礼道歉。这些责任形式反映了权利受损害的不同方面不同阶段的责任,也反映了对民事权利全面的、充分的保护。这样把传统民法中散见在各章节中零碎的责任条文,上升为责任形式,并补充了不少新的形式。这是在民法通则规定基础上发展形成的民事责任系列,这样概括是初步的,是否准确、全面,有待于进一步研究。

六、关于民事责任体系的构思

在民法典中构建民事责任体系,是对由来已久的"严谨"传统民法典的体系的冲击,有一定的难度,但不是不能解决的问题。本文认为将来制定民法典,民事责任部分不能照搬民法通则的体例。民法通则将民事责任独立成章,是自成体系的。由于民法通则基本上是传统民法典总则部分的规定,

---

〔47〕 参见戴森雄:《民法案例实务》(第1册),1981年9月修订3版,台湾文瑞印刷文具公司印刷,第410页。

关于民事责任规定较为概括简要，列在诉讼时效和涉外民事关系的法律适用这两章之前，其他各章之后，显得有逻辑性，民法通则与单行民事法规结合适用也较为方便。但是，民法典由总则和庞大的分则构成，与民法通则体系差异极大。因此，如果将来制定民法典则难以照搬民法通则的责任体系。

民法通则颁布以后出版的教科书中，有的将民事责任列在总论和分论之后的最后一编，在总论部分没有民事责任的概括阐述，在分则部分，对各种具体的责任作了阐述。这样显得逻辑性不强。如果按此体系制定民法典，适用法律也有不便。有的教科书在总论部分民事法律关系一章之后，专章讲民事责任概述，包括民事责任的概念和特征、民事责任的分类、民事责任的一般归责原则和民事责任形式。在分论部分对具体责任作了相应的阐述。在诉讼时效和期限一编之前、其他各编之后，将侵权的民事责任单列一编。这样的体系较前一种体系的优越性，是在总则部分有民事责任的一般问题的阐述，然后在分论有关章节结合义务讲具体的责任，逻辑性强，便于理解。其缺陷是在分论有关章节讲了具体民事责任（包括侵权责任）之后，又有一编专定侵权的民事责任，显得前后重复；而且该编编名，与前面总则和分则的编名也不协调，前后缺乏连贯性。如果按这样的体系立法，也不够严谨。

本文认为将来制定民法典时，应从整体上构建民事责任制度，使之既借鉴传统民法典总体框架严谨的优点，又弥补传统民法债与责任合一的缺陷。

未来民法典体系安排上较难的也是可以创新的，是关于侵权行为的安排。前已述及，责任与债应当分离，侵权行为应从债编独立出来。本文对民法典体系的总框架的构思如下：总则、物权、债权、人身权、知识产权、婚姻家庭、继承、侵权行为。这样的体系除总则外，分则以民事权利为主线，分则各编规定的是各种民事权利，最后一章为侵权行为，体现对各种民事权利的法律保护，同时也有利于侵权行为法的充实与发展。

民法典的民事责任体系不是将民事责任单列一编，而是分散在总则与分则之中。总则部分应对民事责任一般问题作出概括规定，同时应当将民事权利义务的一般问题作出规定，使之结合成为一章，章名为民事权利义务责任的一般规定。民事权利义务部分可参考 1964 年的《苏俄民法典》第 4

条,即规定民事权利和民事权利义务发生的根据。民事责任部分规定民事责任形式,民事责任形式的适用,归责原则,过失相抵,责任竞合,免责的一般条件等。分则部分又分为两部分。一部分是在债编中,债编通则部分为违反债的责任的一般规定,违反各种债的责任在相关章节中规定。另一部分在侵权行为编,侵权行为部分不仅仅规定侵权责任,而且对侵权行为法作系统的规定。物权、人身权、知识产权、婚姻家庭、继承各编与侵权行为编的关系是:前五编只规定权利人的权利和义务人的义务,侵害各种民事权利(也包括对债权的侵害)的责任,在侵权行为编规定。这样可避免重复,前后连贯。

这里需要指出的是,将侵权行为从债中分离出来,前文已阐明侵权行为的本质属性是责任而不是债,从理论上讲,责任不能再转为债。但这并不妨碍侵权行为人承担民事责任过程中,在与债的本质不相违背的情况下,适用债编通则的某些规定,如债的担保的有关规定等。这样并不矛盾,而且也正是民法中当事人意思自治的反映。事实上当事人一方违约或侵权造成他人损害时,违约者或侵权行为人大都能自觉承担责任,而不需要法院强制;甚至当事人一方自愿免除他方的责任。这正是民事责任与行政责任、刑事责任不同之处。

即将进入21世纪的新时代,我们应当借鉴外国民法典的成就,避免其缺陷,制定一部崭新的民法典。其中一项重要任务就是突破债与责任合一的传统,确立民事责任制度,构建科学的民事责任体系。

(本文原载于《中国法学》1998年第1期)

公司法人治理结构的当代发展

——兼论我国公司法人治理结构的重构

马俊驹　聂德宗

公司作为一个法律上的“人”，虽然被法律赋予了独立的人格——法人，但公司实质上是一个组织，在现实中代表公司从事民商事行为的是公司的成员，即能够代表公司的自然人。[1] 因此，如何在法律上让某些成员在以公司名义从事经营活动时不损害公司法人和其他成员的利益，则是公司法人治理结构所要解决的问题。由于传统的公司理论将公司定义为一个由物质资本所有者或股东组成的联合体，因此，传统公司法人治理结构所要处理的问题是：公司在营运中如何确保物质资本所有者获得投资回报，即物质资本所有者通过什么机制迫使经营者将公司利润的一部分作为回报返还给自己，以及如何约束经营者的行为并使其在物质资本所有者的利益范围内从事经营活动。[2] 但是，自20世纪中叶以来，现代公司理论发生了重大变化，一些学者将公司定义为一个由物质资本所有者、人力资本所有者以及债权人等利害关系人组成的契约组织。[3] 在这一理论背景下，公司法人治理结构可以理解为股东、债权人、职工等利害关系人之间有关公司经营及权利配置的机制。[4] 现代公司法人治理结构所要解决的问题包括两个方面：一是

---

〔1〕 参见[奥]凯尔森：《法与国家的一般理论》，沈宗灵译，中国大百科全书出版社1996年版，第120页以下。

〔2〕 A. Sheleifer and R. Vishny, A Survey of Coporate Governance, *The Journal of Finance*, June 1997.

〔3〕 M. C. J ensen and W. H. Meckling, Theory of the Firm: Managerial, Agency Costs and Ownership Structure, *Journal of Financial Economic*, 3., pp. 305 – 360.

〔4〕 参见[日]青木昌彦等：《经济体制的比较制度分析》，魏加宁等译，中国发展出版社1999年版，第175页。

基于“所有权与控制权”分离而形成的物质资本所有者或股东对公司经理的约束与监控问题；二是基于“公司的利益相关者理论”而形成的“非股东的利害关系人”参与公司治理问题，其中包括“职工参与制”（employee participation）。本文从公司法人治理结构的传统理论及其局限性入手，分析当今世界公司法人治理结构的发展趋势，并对我国公司法人治理结构的重构提出自己的看法。

一、传统公司法人治理结构存在的法理学基础

公司法人治理结构是随着公司制企业的出现而形成的。公司制企业，尤其是股份公司的一个主要特点是所有权与经营权的分离。在股份公司中，一方面由于物质资本所有权主体人数众多，每个所有者不可能亲自参与企业的经营，即使他们付出极高的成本，也难以保证迅速有效的决策；另一方面，由于企业自身规模的扩大和市场的复杂化，对企业的经营管理提出了更高的要求，使得早期由出资者兼任经营者的做法无法满足企业自身生存发展的需要。这就迫使物质资本所有者放弃对企业的直接占有和控制，而把经营权委托给具有经营能力的经理，于是便出现了所有权与经营权的分离。在这种情况下，如何既保证让那些具有经营才干的高层经理人员放手经营，又不至于让物质资本所有者失去对公司的最终控制，则是早期公司法人治理结构所要解决的问题。溯其渊源，公司法人治理结构的最初确立始于1600—1602年英国和荷兰的特许贸易公司。这些公司建立了一种对日后公司法人治理结构产生重大影响的董事会领导下的经理人员经营制度。[5]此后，股东大会、董事会以及高层经理三位一体的权力结构，便成为传统公司法人治理结构的主要模式。这种模式存在和运行的理论基础是：

(1)股东本位。即只有公司的物质资本所有者才是公司的成员，公司本身纯粹是物质资本所有者组成的联合体。这样，对公司经理行为进行约束与监督的重担便落在了股东身上。认为只有股东才是公司法人治理结构的主体，那些被现代公司理论称之为“非股东的利害关系人”则被排除在公司

---

〔5〕 参见梅慎实：《现代公司机关权力构造论》，中国政法大学出版社1996年版，第83页以下。

法人治理结构之外。所以,经理层的懈怠、无能及道德风险(moral hazard)等问题只能由股东来校正。为了体现这种股东本位的神化,股东大会被认为是公司的最高权力机关。

(2)董事会与股东大会之间被认为是一种信托关系(fiducity relationship),即董事会作为股东的受托人(trustees),对股东负有信托义务(fiduciary duty),负责托管股东的财产并对公司经理人员的行为进行监督,以维护股东的利益。[6]

(3)董事会与高层经理之间被认为是一种委托代理关系(principle-agent relationship),即董事会以经营管理知识、经验和创造能力为"标准",选择和任命适合于本公司的经理人员。而经理人员作为董事会的代理人,在董事会的授权范围内从事经营活动并接受董事会的监督。

这样,传统的公司法人治理结构试图通过股东大会、董事会和经理人员之间的责权划分,来形成它们三者之间的制衡关系,以实现物质资本所有者对公司的最终控制。但是,在实践上,这种制度设置并没有遏制住公司"控制权的转移"(control transitions),即公司的控制权从物质资本所有者手中逐渐转移到高层经理人员的手中,[7]从而为高层经理侵蚀物质资本所有者或者股东的权益提供了可能。在历史上,最早觉察到这一模式存在问题的学者首推亚当·斯密。他在论述代表股东对经理人员的行为进行监控的董事会时写道:"股份公司的经营,例由董事会处理。董事会在执行业务上固不免受股东大会的支配,但股东们对公司的业务多无所知,如他们没有派别,他们大抵心满意足地接受董事会每年或半年分配给他们的红利,不找董事会的麻烦。所以,要想股份公司董事们监视钱财用途,像私人合伙公司合伙人那样用意周到,是很难做到的。"[8]到了20世纪初,伴随规模巨大的开放型公司的大量出现,美国学者伯利和米恩斯于1937年在《现代公司与私有

---

[6] Northey and Leight's, *Introduction of Company Law*, Butterworth and Co. Ltd., p. 189.

[7] H. Easterb rook and R. Fischer, Corporate Control Transaction, *Yale Law Journal*, (91)4, March, pp. 698 – 737.

[8] [英]亚当·斯密:《国民财富的性质和原因的研究》(下卷),郭大力等译,商务印书馆1974年版,第303页。

财产》一书中直言,经营者权力的增大有损害物质资本所有者利益的危险。他们担心,由于正在发生的所有权与控制权的持续分离,可能会使经营者对公司进行掠夺。〔9〕 20世纪70年代,R. J. 拉纳通过实证研究表明,近三十年来(1929—1963年),经营者对公司的控制得到了进一步强化,并且已经成为大型公众公司中不可逆转的支配形态。〔10〕 可见,以股东本位理论为支柱而构建的公司法人治理结构无法通过股东大会、董事会以及高层经理之间的相互制衡,来实现物质资本所有者对公司最终控制的目的。如何评价这种模式的得失,并对此提出改进对策,则成为现代公司理论的一个基本问题。〔11〕

二、传统公司法人治理模式的两个神化及困境

如前所述,传统公司法人治理模式在实践中并没有收到人们所预期的效果。究其原因,主要在于这种模式赖以存在和运行的理论基础被神化,已难以适应现代公司发展的需要。

1. 股东本位的神化

股东本位作为一种固有的观念,即认为公司仅是物质资本所有者组成的联合体和为他们赚钱的"工具"。在传统观念看来,劳动与资本这两个基本的生产要素中,为公司提供物质资本的"资本家"的权利是资本所有权,为公司提供劳动的"雇员"的权利只是一种对资本运用的他物权。由于所有权主宰所有的他物权(即一切他物权均从属于所有权或体现所有权),〔12〕就必然要求作为企业主的资本家控制整个公司,公司作为企业主的"东西",在法律上的表现便是为所有权确立并被理论化。〔13〕 所以,传统公司法人治理结

---

〔9〕 A . Berle and G . Means, *The Modern Corporation and Private Property*, Harcourt Brace Jovanovich, New York .

〔10〕 R. T . Larner(1966):Ownership and Control in the 200 Largest Non – Financial Corporation, 1929 and 1963, *America Economic Review*, Sept . 1966.

〔11〕 O . Williamson :(1984) Corpor ate Governance, *Yale Law Journal*. 1993(17), June, p. 1199.

〔12〕 参见[意]彼德罗·彭梵得:《罗马法教科书》,黄风译,中国政法大学出版社1992年版,第195页。

〔13〕 参见[日]富永健一:《经济社会学》,孙日明等译,南开大学出版社1984年版,第117页。

构为了体现这种所有权的神化,便确立了股东本位的原则,[14] 即股东对公司的经营享有最高直接控制权,他们是选择并控制公司董事的"市民",这些被称为董事的"议员"是股东的代表并为股东的利益而工作;董事会选择公司的最高管理者,最高管理者再选择其他人员并主持公司的日常工作。然而,这种股东本位的神化正面临着理论与实践的挑战。

首先,从社会经济发展的进程来看,受所有权保护的生产要素(即所有权的客体)是随着经济环境的变化而不断调整的,谁拥有这些生产要素的所有权,谁就拥有相应的权力。[15] 在封建社会,土地是最重要的生产要素,而土地主是这一要素的所有者,所以土地主是最有权势的;在资本主义社会发展的初期,资本代替了土地成为最重要的生产要素,而资本家是资本的所有者,因而公司的权力也应当由资本家来行使和控制。随着科学技术的进步,资本供给日益丰裕,而工业和技术发展所需要的专门知识越来越复杂,于是专门知识就成为公司发展决定性的生产要素,谁拥有这样的生产要素,谁就能使公司兴旺发达。显然,这些生产要素的所有者往往是公司中的雇员而非股东,并且现代社会的一般情况是雇员所拥有的高素质的劳动比物质资本更为稀缺。[16] 由于资本与劳动等生产要素的"经济地位"的变迁,必然要求扩大雇员在公司中的法定权利,而在此过程中物质资本所有者的部分权利则被剥夺。[17]

其次,股东本位所折射的只是一种"资本民主",即只有那些拥有公司物质资本的人才有权利选举和被选举为公司权力机关的组成人员;而公司中从事财富创造的雇员,虽然在社会生活中享有政治权利,其中包括选举权和被选举权,但在公司制度中本应享有的"当然的权利"则被剥夺。[18] 这样,

---

〔14〕 参见[美]大卫·P. 艾勒曼:《民主的公司制》,李大光译,新华出版社 1998 年版,第 45 页。

〔15〕 Kelvin Jones(1982), *Law and Economy* : *The Legal Regulation of Corporate Capital*, Academic Press, pp. 70 – 80.

〔16〕 参见[日]今井贤一等主编:《现代日本企业制度》,陈晋等译,经济科学出版社 1995 年版,第 53 页。

〔17〕 参见[美]西奥多·W. 舒尔茨:《论人力资本投资》,吴珠华等译,北京经济学院出版社 1990 年版,第 175 页。

〔18〕 参见[美]迈克尔·比尔等:《管理人力资本》,程化等译,华夏出版社 1998 年版,第 49 页。

公司利润的创造者却被排除在公司法人治理结构之外。这种模式一方面可能激化劳资冲突,不利于提高雇员的劳动积极性;另一方面又增加了公司的管理成本,损害了公司的组织效率,并且与现代民主理念格格不入。[19]

另外,股东本位只是"资本基本主义"这一特定历史条件下的产物,它难以适应当今"以知识为基础的经济"(the knowledge based economy)社会。在资本主义发展的初期,由于当时经济增长对物质资本的依赖,人们普遍接受的观点是"资本基本主义",即认为物质资本以及物质资本积累是经济增长的唯一源泉,经济增长主要靠投资增长的推动,而物质资本短缺则是经济增长的主要制约。因此,为了实现经济增长,必须对物质资本所有者的权利进行强有力的法律保护,于是股东本位的公司体制便应运而生。但自20世纪末期以来,在国家经济和政治生活中,物质资本的价值和重要性正在明显下降,知识、技术等"精神力量"正在各方面超越物质资本的力量而呈上升趋势。随着经济增长从对物质资本的依赖转向对知识等"精神力量"的依赖,以物质资本为基础的规模生产也随之转向了以知识为基础的创造活动,[20]使得公司的成长取决于拥有知识并创造这些知识的人以及人的劳动。这样,建立在"资本基本主义"基础之上的传统模式,已难以适应当今"知识社会"的需要。

2. 董事会中心主义的神化

公司法人治理结构的传统理论认为,由于股份公司物质资本所有者人数众多,他们不可能都亲自参与公司的经营,于是股东大会便选举董事会,并由董事会代表股东行使公司权力,其中包括为公司选择有经营能力的高层经理和对经理的行为进行监督等。董事会是股东的受托人,负责公司的业务执行,并对公司经理的经营行为进行监督,这使得董事会在公司的营运中起着核心作用。然而,这种墨守成规的董事会中心主义的神化已经不符合20世纪末的现实,[21]它正受到以下问题的困扰:

---

〔19〕 前引〔14〕,大卫·P.艾勒曼书,第163页以下。

〔20〕 参见[美]达尔·尼夫主编:《知识经济》,樊春良等译,珠海出版社1998年版,第124页以下。

〔21〕 参见[美]埃达·登勃等:《董事会:如何应付错综复杂的经济社会》,赵鑫福等译,新华出版社1996年版,第20页。

首先,董事会或董事会的成员是否为物质资本所有者的唯一受托人,或者说,董事会或董事会的成员是否仅仅代表股东的利益。传统理论认为,董事会及其成员应由股东选举产生并作为股东的受托人以维护股东的利益。然而上述理论已经受到当今社会的冲击。在实行单一董事会的英美法系国家,虽然从历史上看董事会应由股东选举产生,并且股东的利益在董事会进行决策时受到了优先考虑,但自20世纪末期以来,人们普遍地认识到董事会的职责既要引导公司朝着实现股东利益的目标努力,同时又要考虑雇员的利益、社会的利益和公司本身生存的需要,并制定实现这些目标的战略。[22] 而在实行双层董事会的德国等欧洲国家,自"二战"以来,选举董事已非股东们的专利,并且董事会还应对股东以外的其他利益主体负责。因此,董事会仅为股东的受托人的理论已经与当代主要发达国家的公司立法和现实不符。

其次,信息不对称问题。董事会的一项重要职责就是选择公司的经营者和对经营者的行为进行监督。而这一职责的实现,有赖于董事会能否获得有关经营者行为和行为结果的信息,这是董事会具备相应监督能力的前提。实践中,董事会获取经营者行为的信息,存在很大的局限性,其原因在于一方面经营者的很多行为是难以直接观测到的,另一方面是董事会的成员受到专业知识的限制。[23] 所以,董事会不可能得到有关经营者行为的完全信息,而且信息在董事会与经营者之间的分布是不对称的,即后者相对于前者具有信息优势。从理论上讲,这种信息不对称包括两种情况:一种情况是公司经理掌握着不为董事会知晓的私有信息(包括经营者的经营能力等),这样有可能使一些不称职的经营者被董事会选择为高层经理,这种行为叫作逆向选择(adverse selection);另一种情况是经营者被董事会选择后,会对董事会采取阳奉阴违的机会主义态度,而董事会又无法亲临现场监督经营者的活动,这种机会主义行为叫作道德风险(moral hazard)。[24] 因此,尽管传统的公司法人治理结构设置了董事会,但是在现实中由于受信息不

---

〔22〕 前引〔21〕,埃达·登勃等书,第75页。

〔23〕 参见段文斌:《公司中的委托—代理和治理结构》,载《中国工业经济》1998年第1期。

〔24〕 参见张维迎:《博弈论与信息经济学》,上海三联书店1996年版,第398页以下。

对称的困扰,经营者甚至可以决定董事会的活动日程以及董事会所获取公司经营信息的类型和数量,这种状况严重地影响了董事会监督、估价经营者的能力和了解公司的真实经营状况。[25]

另外,搭便车问题。"搭便车"作为现代公共选择学派中的一个常用术语,意指"即使个人没有支付成本,他也自动地享受到团体所提供的服务"。[26] 由于考虑到对经营者的行为进行监控是维护股东利益的需要,因而传统的公司法人治理模式认为,只有股东才最有可能对经营者的行为进行控制,以体现所有权所具有的权力。但是,在现代公司中,由于股东人数众多,这些股东不可能亲自管理公司的日常事务和时时监控经营者的行为,特别是对那些众多的小股东而言,他们亲自监控经营者的成本将超出他们的收益。于是他们便选举董事会并由董事会来监控经营者。这就造成了一个搭便车问题:因为经营改善所得的收益将由全体股东分享,而监督的成本却只由那些去积极监督经理行为的股东来承担,所以单个股东没有监督经营的积极性;[27] 同时,每个股东又希望其他股东去过问公司的经营,以便"坐享"公司经营提高所带来的收益。由于搭便车问题的存在,使得物质资本所有者对公司的监控从总体上出现了弱化的趋势,而公司经营者则可以相当自由地去追求他们自己的目标,包括建造帝国和享受特权。[28]

三、公司法人治理结构在当代的发展

由于股东本位的局限性,再加上信息不对称以及搭便车等问题的困扰,传统的公司法人治理结构已经难以适应当今经济社会发展的需要。因此,自20世纪末期以来,如何建立一套新的公司法人治理结构日益受到各国立法机关和法律组织的重视。在美国,美国法律协会在总结有关公司法人治理结构的理论成果以及20世纪80年代末期以来各州公司法变革的基础上,

---

〔25〕 M.C. Jensen: The Modern Industrial Revolution, Exit, and the Failure of Internal Control Systems, *Journal of Finance*, No. 3, pp. 831 - 880.

〔26〕 林毅夫:《关于制度变迁的经济学理论》,载[美]R. 科斯等:《财产权利与制度变迁》,胡庄君等译,上海三联书店1994年版,第405页。

〔27〕 参见[美]O. 哈特:《企业、合同与财务结构》,费方域等译,上海三联书店1998年版,第11页。

〔28〕 同上。

于 1992 年公布了《公司治理结构原理:分析与建议》(Principle of Corporate Governance :Analysis and Recommendations)的"白皮书";在英国,1992 年发表了《公司治理结构中的财务问题》(The Financial Aspects of Corporate Governance)的 Cadbury 报告;在欧盟,深受德国法影响并对传统股东本位的公司体制有着根本性否定的《第 5 号公司法指令草案》,尽管尚未被欧盟立法机关通过,但该草案中有关"双层委员会制度"和"职工参与制"等条款,则为新的公司法人治理结构提供了范本;[29] 在日本,随着"双向式"的公司法人治理结构受到人们的关注,法人治理结构论坛于 1997 年公布了《法人治理结构的原则——关于新日本型法人治理结构》的中期报告。[30] 尽管各国法律传统与公司理论存在一定的差异,但从总体上看当代公司法人治理结构的发展趋势呈现出以下特点:

1. 股东的主权地位日趋衰落

受"资本基本主义"发展模式的影响,传统理论将公司看作是由股东组成的联合体和为股东赚钱的工具。然而,这种传统理论日益受到了公司契约理论和公司能力理论的挑战。公司契约理论认为,公司是一种有效率的契约组织,是各种生产要素(包括劳动、资本等)投入者为了各自的目的联合起来达成的一种具有法人资格和地位的契约关系网络。尽管有关公司契约理论对公司含义的表述不尽一致,但这种理论的兴趣均在于公司不仅是一个由物质资本所有者组成的联合体,更重要的是在本质上它为劳动要素提供者、物质投入和资本投入的提供者等利害关系人之间的契约关系充当连接点。[31] 公司能力理论则认为,物质资本所有者以所有权的形式对公司的投入虽然是公司获取利润的一个因素,但不是关键因素。公司作为一个知识集合体而非物质资本的集合体,它通过知识积累过程获取新的知识,并将

---

〔29〕 该草案最初发表于 1972 年,后经 1975 年、1983 年、1990 年以及 1991 年修正后,形成了最后文本。参见 Klaus J . Hopt and Eddy Wymeersch, *European Company and Financial Law*, Walter de Gruyter . Berlin . New York(Second Edi tion) , pp. 781 – 807。

〔30〕 参见[日]酒卷俊雄:《日本企业治理结构论与公司法的修改》,载李黎明主编:《中日企业法律制度比较》,法律出版社 1998 年版。

〔31〕 M . C . Jensen and W. H . Meckling, *Theory of the Firm :Managerial, Agency Costs and Ownership Structure* .

该知识融入公司中去,形成公司发展的主导力量。因此,公司内部的特型智力资本、资源、知识的积累是公司获得超额利润的关键。[32] 在公司能力理论看来,既然公司产生长期收益的原因在于公司内部的特型智力资本,所以,如果仍然固守传统的股东本位理论,忽视智力资本所有者在公司法人治理结构中的地位和作用,将会严重影响公司产生长期的收益。股东本位论不仅受到理论的挑战,而且在立法和实践中也日益被修正。在美国,自20世纪80年代以来,美国各州对以往的公司立法进行了修改,现行法规定公司的经营者除了对股东负责外,还应对非股东的利害关系人承担责任并受他们的治理。[33] 在德国,自"二战"以来,新的公司立法更倾向于将公司定义为劳动与资本之间的一种伙伴关系,[34] 1976年,根据德国法律,监事会中劳动要素与物质资本参与者之间的比例调整到1:1,从而全面地实现了劳动与资本共同治理公司这一基本原则。[35] 在日本,尽管传统的商法将公司定义为由物质资本所有者组成的实体,但这显然只是法律上的概念,作为一种社会现实,公司是指它的从业人员组成的实体,[36] 因而人们更习惯于将日本的公司理解为"人本主义"的体制[37],以区别基于"资本基本主义"而形成的公司理念,从而使得日本的公司法人治理结构在总体上呈现出劳动与资本共同治理的特征。[38]

2. 职工参与制度日益得到认同与重视

随着股东的主权地位日益衰落,作为人力资本所有者的雇员在公司法人治理结构中的地位日趋增强,职工参与制度日益得到各国立法的认同与重视。职工参与公司法人治理结构,其理论基础主要来源于两个方面:一是

---

〔32〕 H. Demsetz, The Theory of the Firm Revised, *Journal of Law, Economics and Organization* 4, pp. 141－162.

〔33〕 参见崔之元:《美国二十九州公司法变革的理论背景及对我国的启示》,载《经济研究》1996年第4期。

〔34〕 前引〔20〕,埃达·登勃等书,第40页。

〔35〕 参见[德]罗伯特·霍恩等:《德国民商法导论》,楚建等译,中国大百科全书出版社1996年版,第306页以下。

〔36〕 参见[日]松本厚治:《企业主义》,程玲珠等译,企业管理出版社1997年版,第1页。

〔37〕 前引〔16〕,今井贤一等主编书,第43页以下。

〔38〕 前引〔4〕,青木昌彦等书,第181页。

人力资本所有权理论。这种理论认为,随着经济增长越来越依赖于技术以及技术创新,一个国家的经济发展会更多地取决于人力资本而非物质资本;与物质资本相比,现代社会中的人力资本正发挥着更加重要的作用。[39] 由于人的"经济价值"的提高,必然要求对以往的公司法人治理结构作出新的调整,以反映人力资本所有者在公司体制中的地位和作用。二是经济民主理论。众所周知,民主的首要含义在于参与,[40] 然而在股东本位的公司体制里面,公司民主只是体现了一种资本民主,参与公司治理只是股东们的专利,从而使得从事利润创造的雇员被排除在公司民主和法人治理结构之外。随着民主理念不断向公司内部延伸,这必然要求在社会政治生活中享有民主权利的雇员参与公司的治理。职工参与制度的实施,尽管是一种历史发展的必然趋势,但是由于传统公司法人治理结构中的董事会和股东不愿意看到自己固有的决策权受到公司雇员的制衡与监督,更不愿意雇员与自己平起平坐并把他们的意志转化为公司行为,因此各主要发达国家职工参与公司治理仍然受到不同程度的限制,其规则呈现出各自的特色。在德国,职工在公司最高权力机关中所占的比例与股东相同,而且职工代表还有选择与监督经营董事的权利。在欧盟,为了体现其强制推行职工参与制度的决心,《公司法第五号指令(草案)》规定了四种可供成员国选择的模式,即德国模式、荷兰模式,通过公司职工的专门机构实现其参与公司机关的模式,以及通过集体协议制度参与公司机关的模式。在日本,尽管职工参与制度尚未被立法正式认可,但是那些应由"资本家"兼经营者承担的责任,其中包括分担公司风险、组织公司经营以及采取革新措施等"企业家的职能",却早已被广泛地分配给从业人员了,"全员参与"已被看作日本公司制的根本特征,[41] 由于公司属于"企业人"即在长期雇佣制度下的从业人员,当公司财务状况良好时,从业人员成为公司治理的主体和剩余索取者;只有公司财务状况恶化时,银行才以机构股东和治理主体的身份对公司的行为进行监

〔39〕 参见聂德宗:《人力资本所有权理论与实践探析》,载《人文杂志》1998 年第 5 期。
〔40〕 参见[美]科恩:《论民主》,聂崇信等译,商务印书馆 1988 年版,第 13 页。
〔41〕 前引〔36〕,松本厚治书,第 67 页。

督。[42] 在美国,对雇员权利的维护习惯采用集体谈判制度和民事诉讼程序来解决,但从 1947 年的《瓦格纳法》(Taft – Hartly Act)开始,联邦政府就着手支持雇员摆脱雇主控制的权利,[43]到了 80 年代,美国公司立法的一个新的动向就是让经营者对包括雇员在内的非股东利益关系人承担责任,从而将公司法的调整范围辐射到劳资关系方面。尽管目前看来,美国有关雇员参与公司治理的法案尚未正式出现,但是在实践中从“管理人力资本”的角度让雇员参与公司的经营已成为美国公司的一种时尚,[44]一些学者认为,在美国实现雇员参与公司法人治理结构只是一个时间问题。[45]

3. 银行等金融机构在公司法人治理结构中的地位和作用日趋增强

由于银行和公司各自的法律地位不同,两者间的关系形成了不同模式。以银行能否参与公司法人治理结构为标准,两者间的关系又可分为两种类型:即大陆法系中的德日模式和英美法系中的美国模式。[46] 德日模式的特点在于允许银行参与公司法人治理结构,并且银行在其结构中往往起着决定性作用。但是,由于德国和日本经济环境不同,银行参与公司法人治理结构的方式和治理手段又存在一定的差异。在日本,银行参与公司法人治理结构虽然是日本的固有传统,然而,在“二战”结束后的一段时间,日本政府被迫采用美国模式,即限制金融机构持有其他公司的股票,禁止商业银行承销、持有其他公司的股票,从而将银行等金融机构排除在公司法人治理结构之外。但是,上述设计最终因日本 1949 年 8 月的股市崩溃而破灭。此后,日本重新允许银行等金融机构持股并参与公司治理,[47]并为日本银行参与公司法人治理结构提供新的法律支持,由此而形成了一种被学术界描述为“主银行体制”(main bank system)的银企关系。在这种体制下,日本公司法人

---

〔42〕 前引〔4〕,青木昌彦等书,第 200 页。

〔43〕 参见[美]道格拉斯 · L. 莱斯利:《劳动法概论》,张强等译,中国社会科学出版社 1997 年版,第 4 页。

〔44〕 参见[美]迈克尔 · 比尔等:《管理人力资本》,程化等译,华夏出版社 1998 年版。

〔45〕 M . Blair, *Ownership and Control :Rethinking Corporate Governance for the Twenty First Century*, Brooking Institute, Washing D. C .

〔46〕 前引〔4〕,青木昌彦等书,第 220 页。

〔47〕 参见[日]青木昌彦等主编:《转轨经济中的公司治理结构》,张春霖等译,中国经济出版社 1995 年版,第 209 页以下。

治理结构呈现出以下特点:[48]一是主银行的统一监督职能,即对公司的事前监督、事后监督和事中监督的责任,不是像英美法系那样由分散的、不同的监督主体来实施,而是被高度统一化地、唯一地赋予了该公司的主银行;二是相机治理或二元的治理结构,即在公司财务状况良好时,公司治理由雇员组织来进行,由主银行所代表的投资者的控制不会表现得十分明显;反之,公司陷入财务危机时,主银行对公司的控制将会变得明晰起来,此时,雇员组织在治理结构中只能处于从属地位了。德国银行与英美国家的银行相比,它们与其提供融资支持的公司之间的联系更为紧密。这种联系包括:银行在贷款公司中拥有股东权益、派遣其职员进驻客户公司的监事会、代理其保管的股份行使投票权(委托投票制度),以及作为客户公司资金和其他金融服务的唯一提供者。[49] 银行与客户公司的这种联系对公司法人治理结构的影响主要表现在:一是由于银行特别是居家银行往往是客户公司各种金融服务的唯一提供者,同时又是公司监事会中的重要成员,有利于银行随时了解公司的财务状况,以克服信息不对称条件下公司经营者的行为难以监督的问题;二是委托投票制度的适用,一方面使银行可以就任何事宜行使代理股份的投票权,另一方面由于许多小股东将自己的投票权委托给了银行,致使这些小股东无需花费精力去监督经营者;三是无论由于银行的股权投资,或者银行作为股份投票代理人,或者银行与公司的长期业务关系,银行通常拥有半数以上的投票权,因而它们能够左右股东大会的决定。银行代表通常由股东大会选举进入公司监事会,从而成为银行控制德国公司机关的权威实体。在美国,以银行为主体的金融机构之所以不能在公司法人治理结构中处于主导地位,主要受制于 1933 年通过的《银行法》中的“格拉斯—斯蒂格条款”(Glass Steagall)的限制,从而抑制了银行等金融机构在公司法人治理结构中的权力膨胀。所以,在美国模式中,尽管法律规定董事会是公司法人治理结构的核心组织,由于搭便车以及信息不对称等问题的困

---

〔48〕 参见[日]青木昌彦:《主银行体制下的监控特征:从分析到发展的角度进行研究》,载青木昌彦等主编:《日本主银行体制》,张橹等译,中国金融出版社 1998 年版,第 125 页以下。

〔49〕 参见 Theodar Baums :《德国的银行体制及其对公司融资和公司治理的影响》,载青木昌彦等主编:《日本主银行体制》,第 503 页以下。

扰,致使董事会并没有在公司陷入危机时摆脱困境。[50] 不过,美国法中的Glass Steagall条款实施后,一直受到美国学者的批评,不少学者认为正式废除这一条款只是时间问题;[51] 自70年代以来,美国政府已通过了一系列的法律,使得早期的Glass Steagall条款所规定的内容已出现名存实亡之势。随着美国政府和法律对银行等金融机构管制的松动,以年金基金、商业银行、人寿保险公司、共同基金为主体的金融机构已成为一些大公司的主要持股人。据统计,美国金融机构等法人的持股比例在90年代发生了根本性的转折,已经超过个人股东持股比例而占优势。[52] 由于金融机构取代了战前的个人或家族股东而成为公司的主要出资人,各公司的股权也进一步集中到少数金融机构等法人股东之手,这样,在当代美国公司中,银行等金融机构在公司法人治理结构中的地位和作用也出现了强化的趋势,并且日益得到了美国学理和实践的认同。这正如英国学者萨德沙纳姆在评价这一现象时所指出的那样:"进入九十年代,美国出现了一股股东活跃主义的倾向,管理者要接受活跃股东集团非常多的监视与提问,金融机构对回答他们早期面对'管理者的暴行'失之体察的批评发挥了积极作用"。[53]

四、我国公司法人治理结构的重构

在重构我国公司法人治理结构的问题上,国外有两种正在完善中的模式可供我们参考。一种是英美等国的公司法人治理结构模式。这些国家的资本流通活跃,证券市场发展充分,其公司法人治理结构的优化在很大程度上凭借证券市场对公司经营者的激励和监督,即主要依靠证券法规制的公司收购实现。另一种是德国、日本等国的公司法人治理结构。这些国家由于资本流通性差,证券市场相对不活跃,公司法上有形的公司治理结构起着主要作用。我国证券市场不发达,资本流通性较德国、日本更弱,因而现阶

---

〔50〕 M. C. Jensen(1993), The Modern Industrial Revolution, Exit, and the Failure of Internal Control Systems, *Journal of Finance*, No. 3, pp. 831 – 880.

〔51〕 参见潘攀:《格拉斯—斯蒂格尔法的演化》,载《外国法译评》1999年第1期。

〔52〕 参见何自力:《美国大公司股份资本占有结构的新变化》,载《世界经济》1997年第4期。

〔53〕 参见[英]P. S. 萨德沙纳姆:《兼并与收购》,胡海峰等译,中信出版社1998年版,第24页。

段通过完善公司法上的有形公司组织结构健全公司法人治理结构应该是解决问题的不二法门。反观我国公司法的规定，可以看到，我国公司法是在股东本位这一公司理念指导下，除遵循传统的股东大会、董事会与高层经理之间的权力制约关系外还对职工参与公司法人治理结构进行了“例外”规定。这种法律设计，无论与我国国情还是与现代公司法人治理结构的演进方向都存在较大差距：这主要表现在：

一是我国公司的股权非常集中，主要被国家各级政府所控制，国有股比例的平均值为44.9%。[54] 在国外，日本和德国通过公司间相互持股以及银行的作用，形成了一种较为集中的股权形式，美国的各类养老基金等机构也出现了对个别公司集中投资的情形，其目的是强化机构股东在公司法人治理结构中的作用，以克服信息不对称、搭便车等问题，从而提高了公司法人治理结构的运行效率。但我国公司法人治理的效率并没有因国有股的绝对控股地位而改善；相反，国有股所占比例越高的公司，其治理效率越差。[55]

二是我国公司特别是国有性质公司的主要债权人为商业银行，本来银行可以在公司治理结构中发挥重要的作用，但我国现行的商业银行法和证券法却禁止国有商业银行持有其他公司的股票，从而将商业银行排除在公司法人治理结构之外。由于资本市场尚不发达，公司融资在相当长的时间内还将主要依赖于商业银行信贷资金的支持，因而上述法律规则形成的股权与债权的分离，致使商业银行等主要债权人的利益难以在目前的公司法人治理结构的框架内得到有效保护。

三是职工参与公司法人治理结构已是当今世界企业经济发展的基本方向，但在人民享有广泛民主权利和崇尚职工是企业主人的社会主义中国，公司法中关于职工参与公司法人治理结构的情况却只是一种例外。实践中，职工“有主人权益但无主人地位”的现象较为普遍。[56]

由于我国公司法人治理结构的上述缺陷，使公司治理在实践中出现了种种问题。如何立足于我国的基本国情，并在此基础上借鉴国外公司法人

---

〔54〕 参见田志龙等：《我国股份公司治理结构的基本特征研究》，载《管理世界》1998年第2期。

〔55〕 参见许小年：《以法人为主体构造公司治理机制和资本市场》，载《改革》1997年第5期。

〔56〕 参见陈惠湘：《中国企业批判》，北京大学出版社1998年版。

治理结构的一些经验,来重构我国公司法人治理结构,则是我国当前法学研究和公司立法的一个重要课题。

1. 重构我国公司法人治理结构的指导思想

尽管传统的股东联合体的公司定义形成于"资本基本主义"这一特定历史时期,并且已经受到当代主要发达国家公司理论的扬弃,但是由于这一定义突出了对物质资本所有权的优先保护和股东在公司法人治理结构中的优越地位,从而成为我国法学界有关公司定义的范式和公司立法的指导思想。究其原因,我国国有资产一直是各类公司资产的主要组成部分,人们似乎认为在公司理论和公司立法中突出股东的主权地位,有利于保护国有资产。因此,无论是我国的国有企业改革还是公司法人治理结构的制度建设,都受到了这种传统理论的影响,使我国的国企改革和公司立法陷入了难以摆脱的困境。[57] 我们认为,重构我国公司法人治理结构,首先应当彻底地摒弃那种股东或物质资本所有者联合体的公司理念,而代之以公司的利益相关者理论。以公司的利益相关者理论为指导来重构我国公司法人治理结构,不仅是为了适应国际潮流发展的需要,更重要的是为了弥补我国现行公司理论研究和公司立法的不足,以摆脱股东主权论的不利影响,因而具有极为重要的理论与现实意义。这主要表现在:

一是有利于理顺公司中物质资本所有者与人力资本所有者之间的关系。应该说股东本位的公司理念是与资本雇佣劳动制相适应的,如果从资本与劳动这两个因素来考察,股东本位制的实质在于:物质资本所有者为公司提供物质资本,通过物质资本来雇佣劳动力并组织社会化大生产;在此理念基础上形成的公司体制中,物质资本所有者始终处于主导地位并成为公司治理的主体,而作为公司剩余价值创造者的劳动者,则处于一种从属地位。显然,当前我国法学界所崇尚的物质资本所有者联合体的公司理念不仅与马克思主义的劳动价值论相悖,而且与我国人民当家作主的基本国情不符。而公司的利益相关者理论则强调劳动与资本的合作关系,一方面有利于鼓励物质资本所有者投资的积极性和保护他们的利益,另一方面劳动

〔57〕 参见聂德宗:《人力资本所有权与我国国有企业改革》,载《天津社会科学》1998年第6期。

者通过参与公司法人治理结构，既能激发他们从事剩余价值创造的积极性，又能体现他们的主人翁地位。

二是公司的利益相关者理论强调公司是由不同的利益相关者组成的长期性交易关系，公司经营的成败不仅关系到股东的利益，而且还影响到债权人和职工的利益；无论是股东，还是债权人和职工，他们均对公司的营运投入了资产，并且这些资产的价值均依赖于其他相关的资产，任何一方的随意退出或机会主义行为均可以使对方的利益蒙受损失。因此，为了保护这些投资者的利益，无论是股东、债权人还是职工，都应当具有平等的机会去参与公司治理。而在我国现行的以股东本位理论为基础而构建的公司法人治理结构中恰恰是否定了这些权利主体的平等性；从形式上看是在保护股东的利益，但其实质在于重申所有权特别是国家所有权绝对性的神化理念。其结果是债权人、职工在公司法人治理结构中的“声音”越来越小，他们的利益不能在公司法人治理结构的框架内得到有效保护。我们认为，在公司的资产中，国有资产固然重要，需要得到法律保护，但国有资产一旦失去劳动者的劳动以及劳动者所拥有的专用性技能即人力资本，它将在经济上毫无意义。

三是公司的利益相关理论强调经营者在以公司的名义从事经营活动时，不仅要考虑到股东的利益，还应考虑债权人和职工的利益；公司经营者的行为除了应受股东集团的约束外，还应受债权人以及职工集团的控制。在这种理论指导下构建的公司法人治理结构，将有利于克服股东本位理念下公司法人治理结构的局限性。特别是由于职工在公司内部能比较“廉价”地观察到经营者的行为以及银行天生所具有的信息优势，有助于解决信息非对称条件下难以监控经营者行为的难题。

2. 重构我国公司法人治理结构的具体措施

按照公司的利益相关者理论来重塑我国公司法人治理结构，就要求我们在对国有企业进行公司制改造和公司立法时，不仅要重视股东的权益，还要重视其他利益相关者的权益；不仅要强调股东在公司法人治理结构中的地位，还要关注其他利益相关者对公司治理的实际参与。在这一思想的指导下，重构我国公司法人治理结构的具体措施主要包括以下内容：

(1)实行国有股权的法人化

在我国,目前有相当一部分公司是经过国有企业改制而成的。但是,由于我国现行的国有资产管理体制遵循着国家所有、分级管理的原则,致使国有股权的主体缺位、[58]国家股的股权代表素质低下而缺乏相应的监督能力,[59]以及现行的国家所有权与国家行政权合一而导致的随意干预。而且更重要的是,国有企业公司化改造的实践表明:国有股比例越高的公司,效益越差;法人股比例越高的公司,效益越好;个人股比例与公司的效益基本无关。[60] 为了改变这种状况,笔者认为当务之急是实行国有股权的法人化。其具体思路为:一是将一部分国有股出售或转让给有关法人,变国家所有权为法人所有权,这既有利于降低国有股权在公司股权结构中所占的比例,又能够进一步发挥法人股东在公司法人治理结构中的优势;二是在不改变国有股性质的情况下,将一部分国有股委托给一些专业性的投资公司或企业集团经营,让它们来行使国有股所具有的各项权力,其中包括以国有股代表的身份参与公司法人治理结构;三是以一定范围内的国有资产(包括国有股权)为基础,成立国有资产控股公司,将原先由各级政府行使的国有资产的所有权,统一委托给这些国有资产控股公司,让这些控股公司出任国有股的股权代表,来参与公司法人的治理。

(2)允许银行参与公司法人治理结构

在大陆法系的德国和日本,银行通常既是公司的最大债权人,同时又是最大的股东,银行通过与公司之间日常的财务联系使得银行容易得到有关公司经营的更多的信息,使信息不对称和搭便车问题得到了较好的解决。

---

〔58〕 在我国,国有大中型企业的公司化改制往往是由原企业的经理人员主持的,这种做法至少从改革的开始就存在所有权主体缺位,在这种条件下建立起来的公司法人治理结构,几乎没有所有者的地位,因而谈不上国家所有权对经营权的监督问题。参见吴敬琏:《建立有效的公司治理结构》,载《天津社会科学》1996年第1期。

〔59〕 在我国有些公司制企业中,由于国有股在公司股权结构中占有绝对的份额,国有股的代表必然在公司董事会占有控制地位,这为国有股权的代表在实质上监督公司的经营者提供了条件。但在实践中,国有股的代表却缺乏相应的能力和知识,因而严重地影响了国有股所具有的监控能力。参见田志龙等:《我国公司治理内部监督机制有效运作的思路》,载《经济体制改革》1997年第5期。

〔60〕 前引〔55〕,许小年文。

银行具有的信息优势和监控能力,也受到了美国学界与实践部门的重视。那么,我国的商业银行能否参与公司法人的治理结构呢？首先,从信息优势上来看,我国 1994 年的《银行账户管理办法》已明确规定,企业只能选择一家银行作为基本开户银行,从而为我国商业银行拥有公司更多的财务信息提供了法律依据;同时,1996 年 6 月中国人民银行发出的《关于进一步改进对国有大中型企业金融服务的通知》中所规定的主办银行制度,现已逐步在我国试行,这说明我国政府有意让商业银行成为公司的监控主体。从这个角度讲,优先利用银行的信息生产能力并将银行作为公司法人的治理主体,在我国已具备了相应的法律基础。但从另一个方面来看,我国的商业银行法和证券法又受美国法中的 Glass Steagall 条款的影响,即禁止商业银行拥有公司的股票和实行银行与证券业分离,结果形成的债权人与股东的分离,从而将商业银行排除在公司法人治理结构之外。禁止商业银行持有公司的股票,在我国既可能出于控制金融风险和保持银行贷款业务的稳定等方面的考虑,又可能出自我国国有商业银行还不是利润最大化的追求者等方面的担忧,因而这一规定在制定的当时具有一定的积极意义。但是,鉴于银行在公司法人治理结构中所具有的信息优势和较强的监控能力,因此,我国目前的国有银行商业化改造的措施逐步到位后,适时地修改现行商业银行法和证券法的有关条款,使商业银行战略性持股得到法律许可,并让银行参与公司法人治理结构,将是一件十分明智而又经济的选择。

(3)大力推行职工董事制度

从国外公司法人治理结构的发展趋势看,职工参与公司治理,既是人的“经济价值”提高和民主理念向公司内部延伸的结果,也是为了缓和劳资冲突以提高公司的组织效率的需要。按照企业社会责任论的观点,职工是企业的重大利害关系人。他们对公司有长期的人力投入,并承担了相应的风险,应该有自己的代表参与公司的决策。我国是一个人民当家作主的社会主义国家,“全心全意依靠工人阶级”是党中央的一贯主张,为了充分发挥职工的主人翁意识,更应当创造条件让职工参与公司法人的治理,而大力推行职工董事制度则是一种有效的选择。我们认为,在我国推行职工董事制度首先应遵循两个原则:一是普通性原则,即职工董事制度原则上应适用于职工人数达到一定规模的所有的公司制企业，将现行公司法中有关职工参与公司法人治理的“例外”规定变为“一般性”规定，扩大职工参与制度的适用范围；二是平等性原则，即将公司权力机关所拥有的权力平等地分配给人力资本所有者和非人力资本所有者，让生产要素的所有者能平等地涉入公司的权力机关，根据平等原则来共同组建公司的最高权力机关，彻底改变公司权力机关由物质资本所有者垄断或者向物质资本所有者倾斜的局面。在上述原则的指导下，我们认为德国模式在我国具有较为直接的借鉴意义，即由职工大会选举的职工代表和股东大会选举的股东代表充任公司的监督董事，并由他们平等地组成公司的最高权力实体即监事会（相当于我国的董事会）；再由监事会选择公司的经营董事，由这些经营董事组成公司的经营机关。在这种治理结构中：（1）监事会为公司的最高权力机关，其成员由职工与股东的代表对等组成；无论是职工代表还是股东代表，其权利应当平等，以体现劳动要素所有者与资本要素所有者对公司的“共同治理”。监事会应对职工、股东以及公司法人负责，其职责应当是“监督型”的，即充当公司所有活动的监督人。代表职工、股东以及公司法人对经营董事的活动进行“全方位、一揽子”监督。（2）由经营董事组成的高层经理组织是公司的经营机关，它只对监事会负责，并受监事会监督，其职责应是“经营型”的，即负责整个公司的经营。（3）职工大会和股东大会是两个平行的机关，相互之间不存在依附关系，其职责是独立地选举各自的代表（监督董事）进入监事会。值得注意的是，在建立现代企业制度的过程中，出现了一种不同于股份制试点初期的“内部职工股”的“员工持股制”。所谓“员工持股制”，即公司内部员工个人出资购买本公司的股份，并委托公司持股会进行集中管理的一种新型的公有制产权组织形式；持股员工选举产生员工股东代表，按照公司法进入股东大会、董事会、监事会。“员工持股制”可以使员工股份的制衡力量在公司法人治理结构中得到长期、充分的体现，增强员工对公司的关心与参与，达到劳动与资本有机结合的目的。这种通过改变公司产权结构，来改善公司法人治理结构的做法，值得中小型企业借鉴。

（本文原载于《法学研究》2000年第2期）

公司词义考:解读语词的制度信息

方流芳*

一、导言

(一)语言游戏和语境选择:本文目的和方法

“公班衙”和“公司”为英文“company”或者为荷兰文“Compagnie”一词的中文翻译,这是诸多中文文献的共识。[1] 然而,与制度有关而值得进一步探究的问题是:在19世纪中期之前,“公班衙”“公司”主要是英国东印度公司(EIC)的专用名词,还是泛指欧洲公司的集合名词?“公班衙”“公司”是可以在不同语境下互相替换的同义词,还是各有所指而不可互相替换?“公班衙”和“公司”之“公”是音译,还是彰显EIC“官商身份”及其海外贸易独占权的意译?为什么“公司”得以替代“公班衙”而泛指具有法人资格的商事组织?

---

* 中国政法大学法学教授。本文得以完成,实仰赖许多朋友竭诚相助。中央编译出版社的李燕编辑、中国政法大学博士研究生齐红女士、硕士研究生冀诚先后承担了资料收集和整理工作,备极辛劳。承蒙藏书家田涛先生慷慨借予善本图书,美国哈佛大学法学院的安守廉(William Alford)教授、香港大学法学院的张宪初教授查找和复印1819年出版的Morrison编撰的《五车韵府华文译英文词典》第二册有关内容,台湾政治大学赵德枢讲师查找《台湾省通志》,北京大学法学院的王健博士推荐《东西洋考每月统记传》一书并提供宝贵建议,中山大学刘星教授受作者委托而求教名师,没有这些帮助,作者至今仍一筹莫展。在写作过程中,作者多次求教邓正来先生,受益良多。香港大学法学院的冯象教授阅读了本文初稿,并提出切中要害的批评。在此谨致谢忱。

[1] 《辞海》第280页对该语词有一简明扼要的表述:“公班衙为‘公司’一词的英文company及荷兰文compagnie的音译。鸦片战争之前,中国人对英国东印度公司驻广州办事处和荷兰东印度公司驻吧城(雅加达)办事处的称呼。”在爱汉者等编《东西洋考每月统记传》(黄时鉴整理,中华书局1997年影印本,以下简称《东西洋考》)“序言”中,黄时鉴先生认为:“‘公班衙’一词本是company一词的音译,义为公司,但汉字音译用字似亦有义,反而使汉人难明实情。”

我们无法脱离具体场景而把握语词的意义,因此,解读"公司"一词,需要进入维特根斯坦(Ludwing Wittgenstein)所称的"语言游戏",[2]考察游戏参与者如何在对话中使用语词。随之而来的问题是:如果"语言游戏"是一个持续数百年的过程,语言游戏的参与者人数众多而且不断变换,选择什么时代的、有哪些人参与的对话场景才能反映语词的典型意义?本文目的是分析一个特定语词所负载的、反映制度演进轨迹的信息,而只有当语词用法具有连续性的时候,才可能找到语词和制度之间的联系。因此,作者选定的场景是:从1757年实行广州"一口通商"到1840年鸦片战争,中国行商、通事、官员、学者和英国东印度公司[3]大班之间在冲突中的对话。作者如此选择,理由有三:

其一,"保商"始于1750年,到1842年为中英《南京条约》所废止,为清代最重要、最稳定的外贸管制措施。中国行商轮流出任"保商",承保外国商船,"保商"就外商在华之不法行为连带承担刑事责任,就一切进出口货物承包关税、规费。连坐、连保,一人犯法而罪及亲友,固然是中国有史以来的法统,然而,用连坐钳制"夷商"则属清代首创。"保商"制度将对话参与者限定在一个制度化的封闭圈内。

其二,广州"一口通商"之前,广州、澳门、厦门、定海、宁波和舟山都是贸易口岸,外商的贸易对象有台湾的郑成功政权、福建的番王耿继茂、两广总

---

[2] 维特根斯坦:《哲学研究》,汤潮、范光棣译,三联书店1992年版,第17、45~46页。

[3] 英国东印度公司是特许制度的产物,其名称、出生时间都因为特许制度的任意性而呈现混乱。1600年,伊丽莎白女皇颁发"总督和伦敦商人的东印度贸易公司"(Governor and Company of Merchants of London Tradlng into the East Indies)特许状,授权该公司独占"好望角到麦哲伦海峡之间"的贸易。1635年,查理一世颁发特许状。授权一个散商组成的合伙——葛廷联合会(Courting Association)——从事与东印度公司竞争性的海外贸易。葛廷联合会商船在1637年第一次、也是最后一次驶入广州,1649年葛廷联合会即并入东印度公司。1698年,威廉三世根据国会授权,给另一"英国对东印度贸易公司"(The English Company Trading to the East Indies)颁发特许状,1709年两家公司合并,称为联合东印度公司(United Company of Merchants of England trading to the East Indies)。《不列颠百科全书》认为,1600年到1708年是东印度公司的组建时期;1708年到1873年是东印度公司的存续期间。东印度公司独占对华贸易的特许在1833年到期。参见*East India Company*,Britannica CD 1999。在1657年之前,东印度公司没有自身的资本,海上贸易是单船核算,单艘商船在一个往返航程之内的风险、债务都是投资者个人直接承担责任,公司只是一个以独占特权为唯一目的而存在的法人;1657年之后,公司获准发行股票,始有自身的永久性资本。

督和将军大员等,参与者和体制都是变易不定。广州"一口通商"之后,外商只能以广州十三行为交易对象。"一口通商"则将对话参与者固定在一个地域。

其三,EIC 对华贸易的历史最长、规模最大,与清政府之间的交涉最为频繁,是一个最为活跃的对话参与者。[4]

(二)中西交往的认知盲区及其成因:本文的背景

除了传教士和贡使之外,欧洲国家的东印度公司是中国最早接触的西方事物。然而。在一个世纪甚至更长的时间里,中国并没有意识到自己在和一些公司打交道,中文甚至没有出现"公司"一词。这是一个奇特的历史现象:两人长期交往,其中一人却不知另一人的身份和姓名。然而,在明清两代的中西交往中,相识而不相知的"盲区"比比皆是。分析"盲区"成因,也正是本文的背景介绍。

在 19 世纪 60 年代的"洋务运动"之前,中国统治者缺乏认识外来制度的好奇心,而没有被认识的外来制度始终是陌生的,甚至在观念上是一个空

---

〔4〕 作者无法回避而以正文阐述又会使本文冗长、分散的问题是:荷兰东印度公司(Dutch Vereenigde Oostindische Compagnie,V. O. C.)来华贸易的时间比 EIC 更早,为何本文选择 EIC,而不是 V. O. C. 作为研究对象? 本文没有将 V. O. C. 作为主要研究对象的理由是:第一,康熙皇帝、藩王和将军偶然允许 V. O. C. 到福州贸易,是对 V. O. C. 雇佣军的报答,而为封贡贸易的例外。1624—1661 年期间,V. O. C. 占领台湾,与福建沿海岛屿的郑氏政权常有贸易往来。1662 年,郑氏政权将 V. O. C. 逐出台湾。V. O. C. 为"挽回失落的名誉",主动请缨,替清政府充当前驱,攻打郑氏政权在福建沿海的据点,清政府则允许 V. O. C. 远征军出售随舰携带的货物,听任他们洗劫被攻占的每一个据点,将中国妇女和儿童俘虏贩运到巴达维亚(今雅加达)充当奴隶。第二,V. O. C. 纳入清代封贡贸易体系的时间并不比 EIC 更早。1663—1684 年康熙皇帝的通商敕谕以 V. O. C. 攻打台湾和贡使进京朝拜作为通商的前提条件,V. O. C. 始终没有派兵攻打台湾,故康熙皇帝的通商敕谕也就没有生效。第三,没有迹象表明,在 17 世纪与 V. O. C. 打交道的郑氏政权、藩王、将军和总督曾经意识到荷兰人的组织是一个公司。相反。他们一直将对手当作荷兰国家,例如:V. O. C. 的头目一般叫"甲必丹",V. O. C. 在台湾的总督 Coyet 叫"揆一王"或者"揆一太守",V. O. C. 的远征军司令 Bort 叫"出海王"。(有关荷兰东印度公司的杰出著作,请阅读:John Wills, Pepper, Gunsand Parleys, *The Dutch East India Company and China*, 1662—1681, Harvard University Press, 1974。)第四,在广州一口通商之前,V. O. C. 对华贸易就已经无足轻重。1690 年之后,经营不善的 V. O. C. 基本上停止对华直接贸易,转而利用巴达维的中国移民组成帆船商队,往返巴达维和广州,称"帆船贸易",其规模无法与 EIC 相比。参见吴建雍:《18 世纪的中国与世界——对外关系卷》,辽海出版社 1999 年版,第 115 ~ 137 页。1799 年,荷兰政府废除 V. O. C. 特许状,并承接其名下的权利和债务。

白。“天朝物产丰盈,无所不有,原不藉外夷货物以通有无”,[5]皇帝之所以容忍外商来华贸易,只是“怀柔”远夷,[6]让那些“仰慕向化”的外国人有机会前来纳贡奉表——西方汉学家称之为“封贡贸易”(tributary trade)。“天朝”俯视远邦,外国人或为“夷”,或为“番”,或为“蛮”,此类名称足以显示华夷之别,以至有时候不费心思去弄懂“夷”“番”“蛮”的国别(例如,将英国人和荷兰人统称为“红毛番”),更不会细心探究一个“夷商”的组织形态及其名称。在绝大多数场合下,中国官方和民间对 EIC 的正式称谓或是“英吉利红夷”“英吉利夷商”“红毛番国夷商”,或者不加区分而一律简称“夷商”;EIC 在澳门和广州的商馆叫“夷馆”,EIC 的商船叫“夷船”,EIC 大班(supercargo)的妻子叫“夷妇”或者“番妇”。英国人当然计较名分和面子,[7]但一直无可奈何。有时候他们也习以为常地沿用了明显“不敬”的中文语词,例如:1793 年英王乔治三世致乾隆皇帝的国书自称其为“红毛英吉利国王”,[8]英国人长期将公历纪年称为“红毛年”。[9] 直到 1858 年中英《天津条约》,令英国人感到屈辱的名分问题才最终得到解决。[10]

在“夷夏之分”主导外交和贸易的时代,除了辨认西方人和中国人外表差别之外,其他的西方知识似乎都是无足轻重。因此,只有在无法回避 EIC 的特殊身份,而“夷”“番”之类称呼又不足以区分一般和个别时候,中文才会出现“公班衙”“公司”之类的语词。例如,EIC 大班直接(或者通过中国行商或者通事)用中文指称其服务的机构,他们会选择一个体面的中文译名;又

---

〔5〕 中国第一历史档案馆编:《英使马嘎尔尼访华档案史料汇编》,国际文化出版公司 1999 年版,第 57 页。

〔6〕 《诗经·大雅·民劳》:“柔远能迩,以定我王”,意思是体恤远邦,亲善近邻,以成就王道之业。

〔7〕 1810 年,东印度公司和清政府之间发生了典型的名分争议。英国人认为:“夷”是一种侮辱性称呼。中国官方文件不应使用这样的称谓;清政府进行辩解:“蛮、夷二字,系外国统称,在南曰蛮,在西曰夷,犹内地人民曰汉人,只系称呼,并无轻侮之意。”参见(清)梁廷枏:《粤海关志》(第 29 卷),第 11 页。

〔8〕 同前注〔5〕,第 121 页。

〔9〕 《公班衙晓谕地蚯契纸》,载《东西洋考》,同前注〔1〕,第 348 页。

〔10〕 《天津条约》第 51 款称:嗣后各式公文,无论京外,内叙大英国官民,自不得提书夷字。又见 Treaties between the Empire of China and Foreign Powers, edited by William Frederick Mayers (North—China Herald, 1906), p. 19。笔者据英文本译为今天的话即“无论在京城或外省,中国当局颁发任何公文,均不得用‘夷’字指大英国政府或国民”。

如,大清帝国一贯承认 EIC 大班统管在华“英吉利夷商”,为了区分机构和机构管束之下的个人,需要一个专用名称指称机构;再如,18 世纪后期,欧美其他国家的对华贸易是诸多商人参与竞争,与 EIC 的独占格局迥然有异,英国本土和印度的散商也不时冲破 EIC 独占而进入广州。在诸多游戏参与者之间出现紧张和对峙的时候,以专用名称显示身份和权限差别的必要性也随之凸显。

彼此通晓对方语言是国际交流的基础。如果堵塞学习语言的渠道,纵有交往,也难得了解。大清法律禁止外国人使用中文。外国人递交禀帖须用本国文字书写,由通事翻译为中文而转呈官署。EIC 大班对通事的翻译是根深蒂固的不信任,在他们看来,通事的“广东英语”(Pidgin English)完全是信口开河或者一知半解的领会,而且通事从来不敢得罪官员而据实翻译。因此,对华贸易一开始,EIC 就竭力争取自行书写和递交中文禀帖。但是,交涉几近一二百年仍没有得到许可。1810 年,EIC 大班提出了官员难以辩驳的一个理由,他们争辩说:既然中国提倡“书同文”,为何不准外国人用汉字?广东布政使回复:“该夷商等情愿书写汉字,似欲书同文之意尚无妨碍。……嗣后如该大班能写汉字,准其自书。”[11]这样,禁止“夷商”递交中文禀帖的成例似乎一度废止。但是,1811 年海关监督的另一个命令又重新禁止“夷商”递交中文禀帖,称:“此后,外国人之禀帖必须以外文书写,并交由行商转递,然后译成汉文,其复函亦如此。”紧接着,1814 年两广总督又例外地接受了 EIC 大班用中文递交禀帖。[12] 1816 年,英王特使阿姆士德勋爵访华,他的使命之一就是为 EIC“取得以汉文书写全部书信与文件递交本地或者帝国政府的权利”。[13] 由于阿姆士德勋爵在最后一刻拒绝向皇帝叩头,陈情书也就无从上达圣听。与此同时,大清法律严厉禁止中国人教外国人

---

〔11〕 梁延枬,同前注〔7〕,第 29 卷,第 10 页。

〔12〕 马士:《东印度公司对华贸易编年史》(H. B. Morse, *The Chronicles of the East India Company Trading to China*, 1635 - 1834, Oxford 1926 - 1929),区宗华译,章文钦校注,中山大学出版社 1991 年版第 3 卷,第 219 页。

〔13〕 同上书,第 283 页。

学习汉语,违者可能被处死。[14]

中英双方在无人通晓对方语言的情形下交往了一百多年,[15]多半是自说自话,而不是对话。彼此之间的信息传递或是依靠身体语言(例如,外国贡使是否恭行三跪九叩大礼,是皇帝判断该国夷情恭顺与否的主要指标),或者依靠错误百出的翻译。"公司"一词萌生于语言障碍无法突破的年代,这是解读"公司"一词的初始意义所不可忽视的事实。

清政府以行商和通事作为管理"夷商"的"中介机构"。"夷商"呈递官署的文件由行商和通事"转禀",官署对"夷商"的书面训令亦由行商和通事转达,"夷商"犯法,行商连坐。清代大吏不和外国人通达信函,但是,在面见"夷商头目"的时候,偶然也破例收受禀帖。行商和通事既是联络"夷商"和当局的纽带,也是阻挡"夷商"骚扰当局的隔离带。行商和通事是一个人数极少的群体(每年最多不会超过25人),他们直接交往"夷商",却没有著书立说、传递信息的机会。因此,西方知识在中国的传递是发生在一个非常狭

〔14〕 1618年,EIC试图呈递詹姆士一世给万历皇帝的亲笔信,但是,EIC得到的回应是,任何敢于翻译和递交信件的人,都将被判处死刑。在商业交往中,EIC最初是临时聘用居住在澳门的中葡混血儿、法国传教士或者会讲广东英语的行商、通事作为口译。例如,1728年EIC给两广总督的第一封请愿书是通过法国神甫韦拉埃翻译的。从1736年起,EIC开始培训自己的中文翻译,但是,没有任何中国人敢于担任中文教师。培训效果可想而知。1759年,商人刘亚匾被处死,查无实据的罪名之一就是教授夷人学习汉语。直到1793年,EIC才找到一个敢于私下教授汉语的中国人,并专门将他安置在澳门,特拉弗斯(Travers)、帕特尔(Pattle)和喇佛(Roberts)三名雇员随之学习中文。从EIC报告可以看出,这名中文教师整天处于恐惧状态。也是在1793年,英王特使马嘎尔尼向两广总督提出的要求之一,就是"允许一名中国人向英商教授中国语言",但是。显然没有人理睬这一要求。参见马士,同前注〔12〕,第1、2卷,第10、30、66、189、278、300、528、567、640页。

〔15〕 1793年,英壬乔治三世特使马嘎尔尼访华期间,使团居然无法配备一个精通两国语言的翻译。一个顺道搭船的传教士将英王乔治三世致乾隆皇帝的国书翻译成中文,然后,在澳门下船,离开使团。全程陪同马嘎尔尼的翻译是在那不勒斯临时招聘的一名传教士雅各布·李,他不懂英文,只能进行拉丁文和中文的互译,因此,英国人主要是用拉丁文和中国皇帝、官员说话。另一名略知中文的使团成员是副使乔治·斯当东之子、年仅12岁的托马斯·斯当东(Thomas Staunton)。在中国方面,没有一名目头翻译,乾隆皇帝给乔治三世的国书是通过两名传教士翻译为拉丁文。更有意思的是,长麟向乾隆皇帝报告:四十年前,宁波有一名郭姓商人通晓英文,现已病故,其予郭极观据说也会讲英语。乾隆皇帝对此极为重视,留下了有关英使访华的最长的一条御批:"更不可信,将此人由别路进京,毋使逃脱,留意西洋人知。"当皇帝知道一个中国人会讲英文的时候,不是录用他当翻译,而是赶紧将他隔离审查,防止他勾结英国人。参见[法]戴廷杰:《兼听则明——马嘎尔尼使华再探》,同前注〔5〕,第89~148页。

窄的范围之内,而且是一个真实信息递减和误述递增的过程。国人只是透过那些从封闭圈里泄露出来的信息,朦朦胧胧地看到了西方"公司"的存在。

二、"公班衙""公司":EIC 的用法

(一)1759 年:洪任辉奉"公班衙"之命北上告状

1759 年 7 月,一名通晓中文的 EIC 大班洪任辉〔16〕状告粤海关监督敲诈勒索,苛刻征税,行商拖欠贸易货款等情事,总共提出七项指控,掀起震动中外的轩然大波。告状结果是:乾隆皇帝派钦差大臣赴粤调查;粤海关监督李永标被革职查办;一名可能完全无辜的中国商人刘亚匾因"教授夷人读书""主谋唆讼,代作控词"的罪名被斩首;若干名中国商人和他们的亲属受牵连入狱并遭严刑拷打;洪任辉本人也在澳门被"圈禁三年";〔17〕两广总督在次年颁布了第一个管制夷商的法令。〔18〕

记载这一事件的中、英文资料留下了三组有关"公班衙"的陈述。

第一,据洪任辉日记记载,他在天津受阻,一度投诉无门,此时,一名头衔为"总爷"的官员表示,他可以将诉状递给天津盐政、总督和其他官员,将事情预先张扬开来,以防官员互相庇护,隐匿不报。当然,这名"总爷"并不是乐善好施,他为此向洪任辉索要银子 5000 两。〔19〕 根据中国史料,这名"总爷"很可能是清兵大沽营游击赵之瑛或者他的部下,赵向直隶总督方观承报告了洪任辉告状一事,并将诉状转呈后者,后者又将诉状奏报乾隆皇帝。方观承奏折提到,洪任辉"略知官话",并引用洪任辉口述如下:"我系英吉利国

---

〔16〕 从 1736 年起,EIC 派洪任辉(James Flint)在华习汉语,每年领取 150 两银子的津贴。在 1753—1756 年,洪任辉担任东印度公司通事,奉命到浙江开辟新的贸易口岸。1757 年,洪任辉提升为公司大班。在 1759 年,洪任辉的汉语已相当流利,两广总督李侍尧称其"内地土音官话无不通晓,此外汉文字义亦能明了。此外夷商中如洪任辉能通晓语言文义者,亦尚有数人"。马士,同前注〔12〕,第 1、2 卷,第 278、303 页;李侍尧奏折载:《史料旬刊》第九期,"乾隆二十四年英吉利通商案",第 307 页,转引自梁嘉彬:《广东十三行考》(1934 年),上海书店影印本 1989 年版,第 121 页。

〔17〕 梁嘉彬,同上。

〔18〕 参见部复两广总督李侍尧议(乾隆二十四年),载梁延枏,同前注〔7〕,第 28 卷。

〔19〕 马士,同前注〔12〕,第 1、2 卷,第 303 ~ 307 页。

四品官……今奉本国公班衙派我来天津,要上京师申冤……”[20]

第二,乾隆皇帝阅读诉状之后,立即命令新柱、朝铨两名钦差大臣赴广州调查。钦差大臣非同寻常地允许“夷商”洪任辉同行,同年9月10日,钦差大臣和洪任辉一同抵达广州。[21] 大约经过半个月的严查,钦差大臣向皇帝呈交了审查报告。鉴于皇帝事先读过洪任辉诉状,并要求钦差大臣一一查明洪任辉的七项指控,故新柱、朝铨在审查报告中不得不逐一援引洪任辉的每一项指控,并一一回应。该报告援引洪任辉的第三项指控如下:“(三)又据呈称资元行故商黎光华拖欠公班衙货本银五万余两。”[22]

第三,在审查粤海关监督和行商的同时,新柱、朝铨亦负责追查替洪任辉代写诉状的中国人。洪任辉被捕之后,经官员“严加诘讯”,供出一个已回到澳门的中国人——林怀。新柱、朝铨的审查报告记录洪任辉口供如下:“我们公班衙今年三月替请了他到这边海口,我们遂到船上,将要告的情事说明,就给了他三百两银子……”[23]但是,新柱等不信洪任辉口供,又对商人刘亚匾等若干人刑讯拷问,刘亚匾“坚供实不知情”,供称可能是一位与洪任辉关系密切的徽商汪圣仪“指使告状”。

在以上三组材料之中,“公班衙”一词都使用于EIC大班为第一人称的叙述。在和中国当局进行口头和书面对话的时候,EIC大班自称其为“公班衙”,“公班衙”是EIC大班接受和使用的一个中文译名。

“公班衙”从何而来?这是一个无从考证的问题,因为,语词通常产生于一个没有任何记载的、偶然发生的思维片段。在想象不超越历史事实所限定的思维空间的前提下,有关这个问题的假设总是比任何来自逻辑推理的结论更接近事实。我们不妨做以下假设:

18世纪某年夏季的一个早晨,在广州“夷馆”之内,EIC大班要求一名中国通事将一封致两广总督的英文信翻译为中文,并且要用一个体面的中文名称去代替“英吉利夷商”“夷商”等称呼。然而,通事对“特许公司”(char-

〔20〕 梁嘉彬,同前注〔16〕,第116页,注〔31〕。
〔21〕 马士,同前注〔12〕,第4、5卷,第496页。
〔22〕 梁嘉彬,同前注〔16〕,第90页。
〔23〕 梁嘉彬,同前注〔16〕,第117页。

ted company)、"法人"(legal entity)、"国会"(parliament)这样一些表明 EIC 来源和性质的关键词汇一无所知,只知道大班是代表本国国王前来广州做生意。他眼前的几间屋子里堆满了绒布、铅、碑柱银元、自鸣钟、八音盒等,几个皮肤白皙、毛发浓密的 EIC 大班口衔雪茄,围坐在一起商讨返航日期,不时向前来请示报告的水手发号施令。通事迅速比较大班、行商、官员:行商和大班都有官颁执照,都从事通洋贸易,但是,行商各做各的生意、各管各的账,大班做生意则是"合埋"(粤语,合拢起来,在此有众商出资的意思),[24]故大班有共同的办公场所,常常聚集在一起议事;行商温和谦恭,与大班判然有别,而大班和衙门官员都是一副盛气凌人的嘴脸。当通事将"官商"和"衙门"的形象结合在一起的时候,突发灵感:"公班衙!"——一个新词汇就这样脱口而出。

(二)1800 年:EIC 大班致广东官府的"禀帖"

1800 年,粤海关监督怀疑 EIC 商船"西里塞斯特号"走私羽纱 48 匹,该船"保商"潘长耀(昆水官)被罚五万两银子。EIC 认为:官府任意罚款将严重损害 EIC 的长远利益。首先,罚款不断消耗"保商"用于清偿债务的个人财产,EIC 的债权可能因此落空;其次,"保商"居然要为一个既没有得到证实、官方也无意去查证的犯罪嫌疑而受处罚,如此巨大而不可测的法律风险将吓退眼下充当"保商"的殷实商人,而不惜以身家性命冒险一搏的投机者则将取而代之,EIC 将面对它不愿信赖的贸易伙伴。于是,EIC 决定呈递禀帖。为防止胆小怕事的行商从中阻挠,EIC 决定由新任翻译斯当东直接将禀帖译为中文。[25]

在 1800 年禀帖中,EIC 陈述了它的四点主张,每一主张都有"公班衙"和"公司"在第一人称状态下的用法。为显现语词的用法而又便于读者相互对照,本文将禀帖的主要段落译为现代汉语,而将原文录入脚注,以便读者相互对照:

---

〔24〕 参见《英商请求专利禀》,载许地山编:《达衷集——鸦片战争前中英交涉史料》,商务印书馆 1931 年版,第 134 ~ 136 页。

〔25〕 "英商为海关重罚保商呈粤督禀",同上,第 88 ~ 97 页;马士的著作对此一事件亦有记载,并摘录了禀帖的部分内容。参见马士,同前注,第 1、2 卷,第 663 ~ 664 页。两者可互相印证。

(1)走私船未必是EIC船只。

“凡悬挂英国国旗的船只抵达黄埔,我们大班管理会立即将公司规定的纪律告知船长,令其严格约束船员,务必遵守中国法律而不可违反;如有走私或者其他不法行为,本公司一旦知悉,必定严加治罪。……既有如此严密的防范,我们的船只和人员未必敢于铤而走险,触犯法律。尽管如此,只要(海关监督)所称的走私船仍停留在黄埔,我们亦会立即查明该船是否属于大班管理会管辖。”〔26〕

(2)潘长耀是一名诚实商人,潘长耀无辜被罚款五万两银子,他可用于清偿EIC债务的个人财产势必减少,从而损害EIC的利益。

“本公司在广州的生意很大,因此,我们大班管理委员会总是审慎考察:行商是否正派,是否可信,其家产是否殷实?我们认为,潘长耀是一个可信的人,以前既没有为非作歹的劣迹,也没有走私。……而且,公司与潘长耀做的生意很大,已经交给他巨额定金,委托他保管许多货物,如今罚他五万两银子,他的商行恐怕要立即倒闭,无法交货。我们担心:公司的这项(债权)将会落空。”〔27〕

(3)如果潘长耀无辜受罚,将造成一个危险的先例。

如果以潘长耀为“保商”而令其代人受过,那么,“公司必定猜疑行商,行商必定猜疑外国人,双方互不信任,如何能做生意?……行商一次被罚五万两银子,公司和行商都会惶恐不安,不敢做生意。生意少了,国家税收也必定日渐减少。如果我们明知将发生这些弊端而保持沉默,公司必定指责我们不明事理而怪罪我们,因此,我们才冒险向大人叩陈意见。……如果大人

〔26〕“向来船系英吉利旗号的,一到黄埔,我公班衙立即将公司定下主意,出示该船船主严禁船内人等,务遵天朝法律,不可有犯;如有走私及不法之事,我公司知之,必定严加治罪。……立法如此严密,我夷船人等,或不至于有犯法行险之事。虽然如此,设使该船在黄埔,自当立即查明是否亦是我公班衙份内之事。”

〔27〕“是故我公司来广贸易,生意甚大。是故我公班衙在世留心防察各行商行事邪正,果是可信之人否?及其身价殷实与否?今潘长耀,吾知其可信,因从前一样并非歹人,或无走私之事。……而且公司与他交易甚大,已交定货银子太重,寄贮货物甚多,一旦罚他五万两之多,恐其行立倒,必不能交出货物。我等甚恐公司之项,无所归着。”

能够洞察潘长耀的冤情,本公司也就从中受益,贸易也不至于因此受到破坏”。[28]

(4)来广州贸易的英国船有公司船和港脚船之区分,后者的走私嫌疑更大。

“每年运货到广州来做生意的英国船分别是由两类商人经营:一类是住在英国本土的、富有的公众局商,另一类是住在港脚的杂项商人,它们并不是英国国王的商船。……本公司一向是顾及体面,与那些不顾体面、胡作非为的杂项商人截然不同。”[29]

1699年之后,EIC对华贸易实行大班管理委员会负责制:每艘商船有一名或数名大班负责商务,同一航期抵达中国的若干艘商船的大班共同组成当年的管理委员会,管理委员会主任由EIC董事会直接任命。[30] 自1770年之后,EIC大班不再随船来去,管理委员会成为EIC驻广州的常设办事机构。[31] 当大班们使用“公班衙”一词的时候,其用意都是向中国官署强调大班管理委员会(而不是EIC本身)的存在——强调它的官方色彩。它代表本国政府约束在华英国商人的权力,它与“散商”的区别,等等。大班管理委员会成为常设机构之后,EIC甚至主张:未经大班管理委员会许可,任何英国商人在广州居住都是侵犯EIC的独占许可,EIC有权将他们强制押送回国。[32] 正如马士所言,1840年之前,“除了东印度公司大班之外,中华帝国不承认不列颠政府在中国的任何官员”。[33]

1800年禀帖清楚地显示了“公班衙”和“公司”用法的微妙差别。前者是指EIC在广州和澳门的“大班管理会”。后者是指EIC本身。在“我公班

〔28〕“……新例若行,公司必疑行商,行商又疑夷人,公司与行商两不相信,生意何能措手?……罚了五万两之多,则公司与行商人心怀疑惧,将来买卖必少,贸易必细,国饷必定短少了。哈等知将来必有此等弊端,若哑忍无言,公司必谓我等不谙事体,则得罪更大,故敢冒险叩陈。”

〔29〕“切思每年英吉利国装货来广之船有两项:一项系殷富公众局商,住在本国;一项系杂项商人住在港脚地方,并非我本国王之船。……我公司一向皆系顾体面的,并不比此杂项夷人,胡乱行走,不顾体面者也。”

〔30〕马士,同前注〔12〕,第1、2卷,第107页。

〔31〕同上,第324页。

〔32〕马士,同前注〔12〕,第3卷,第251页。

〔33〕马士,同前注〔12〕,第4、5卷,第86页。

衙立即将公司定下主意……”“公司必谓我等不谙事体”这两句话中，说话的第一人称是“我公班衙”“我等”，而“公司”则是公班衙必须对之负责的机构。

当然，1800年禀帖和其他资料都不会直接告诉我们：“公司”究竟是英国人，还是中国人创造的术语？但是，只要分析当时的体制背景，不难得出一个大致合理的推断：在大清法律禁止外国人使用中文、外商禀帖大多由中国通事代为撰写的情况下，广州行商或者通事比EIC大班有更多机会去创造“公司”一词，充满广东方言的EIC禀帖[34]也提示了这样的可能性。[35] 广州行商或通事在选择“公司”一词的时候，很可能是将EIC和广东移民在南洋各国的秘密会社联系在一起。1770年左右，广东梅县有一个叫罗芳伯的洪门大哥逃到西婆罗州的山口羊（sinkawang），建立了一个人多势众的天地会，天地会与EIC一样是众人“合埋”，天地会主事人之有“十八兄弟”，如EIC之有大班、二班……十班，都是共同议事机构，西婆罗州的天地会都是自称“公司”，诸如：“兰芳公司”“三星公司”“大港公司”“和顺公司”，[36]等等。在法律严禁任何公开结社，而秘密会社又层出不穷的文化背景下，行商和通事所熟悉的、唯一与EIC具有相似性的中国事物就是秘密会社。

海关监督、巡抚、总督对“禀帖”中屡屡出现“公司”一词习以为常，他们要求通事或者行商向“英吉利夷商”转达命令的时候，也无意标新立异，常常是沿用“禀帖”原有的称谓。官员们也许这样想：“英吉利夷商获得该国国王许可而独占海外贸易，与中国行商一样具有‘官商’身份；英吉利夷商还受该国国王委托，专司该国‘夷商’在华事务，与《周礼》主管市场治教政刑、度量禁令的‘司市’颇为相似。行商称其为‘公司’倒也名副其实，何况天朝律例也从来不去过问夷商名目之类的细小事务。”于是，“公司”一词渐渐流传开来。

---

[34] 例如，在EIC经通事递交“两广部院大人”的“英商请求专利禀”中，广东方言有“好采”（幸运）、“合埋”（合拢）、“公班爷”等。参见许地山编，同前注[24]，第135～136页。

[35] 1800年，斯当东接任EIC翻译。斯当东口头和书面的中文表达能力在当时的外国人中间都是首屈一指。但是，在斯当东担任EIC翻译之前，EIC禀帖就使用了“公司”一词。例如，1773年“英商白立吧请粤督关部废止公行禀”就有“公司英伦大班”一词（参见许地山编，同前注[24]，第153页）。因此，可排除斯当东创制“公司”一词的可能性。

[36] 参见陈达：《浪迹十年》，上海书店影印本1993年版，第46～47页。

(三)1833—1838 年:《东西洋考每月统记传》

《东西洋考》是西方人士在华创办的第一份中文期刊,创办者郭实腊(Karl Friedrich August Gutzlaff,1803—1851)是普鲁士传教士。郭实腊从 19 世纪 30 年代起就与 EIC 保持密切关系,以后又相继为鸦片大王查顿(William Jardine)创办的怡和洋行和英国政府担任中文翻译,属于和 EIC 有千丝万缕联系的、以通晓中文为谋生手段的那一类西方人士。郭实腊创办《东西洋考》的动机之一是替西方人"正名",纠正视西方人为"蛮夷"的偏见。郭实腊用中文指称西方事物的时候,总是照顾西方人的体面,从不使用歧视性中文术语。《东西洋考》共有 8 篇文章使用"公班衙"一词,总共使用 35 次。按照文义和语境进行分类,"公班衙"一词有三种意思:

(1)EIC。EIC 在它自己颁布的中文告示中自称"公班衙"。1837 年,EIC 颁布"公班衙晓谕地蚯契纸",敦促新加坡居民与"公班衙"签订或续订土地租赁合同,否则,公班衙即要取回租地。[37]

在分别介绍印度"玛塔喇省"、"孟买省"和"大英痕都斯坦"的三篇文章中,作者对 EIC 在殖民地的文治武功颂扬备至,称:"自从大英'公班衙'治,国地平安,五谷胜用。"[38]"……大英国王以此与赐公班衙治理。……惟公班衙立一帮师船,令之巡海,剿贼灭匪。"[39]"……印度中央诸君盟约,与英国交战,公班衙得胜服之……公班衙所用之兵,多是其国民。"[40]

(2)荷兰东印度公司。在"呀尾大州""荷兰国志略"和"杂闻"三篇文章中,作者谈到荷兰在 1602 年"立商贾公班衙以广开利路",[41]"王惜财用,驰情于市利,朝营夕算,自立商之公班衙";[42]荷兰在 17 世纪征服呀尾大,"荷

---

〔37〕 爱汉者等编,同前注〔1〕,第 348(下)、349(上)页。

〔38〕 同上,第 183(上)页。

〔39〕 同上,第 223(上、下)页。

〔40〕 同上,第 233(下)、234(上)页。

〔41〕 同上,第 329(上)页。

〔42〕 同上,第 384(下)页。

兰公班衙为之主管贸易”。[43]

(3)一般公司。在“公班衙”[44]一文中,作者给“公班衙”一词所下的定义是:“公班衙者,为群商捐资储本钱,共同做生意也。”

在没有当事人参与语言游戏的一般情形中,通晓汉语的西方人有时将“公班衙”和“公司”这两个语词名词作为同义词交替使用,例如,在“英吉利国东地公司”一文中,[45]先后出现了三个指称 EIC 的名词——“英吉利国东地公司”“公司”和“公班衙”。

三、“公班衙”“公司”:中国方面用法

(一)1781年:广东巡抚训斥“公班衙”

1781年,英国散商船“Dadoloy”号公然抢劫一艘与它同时停泊在澳门港的荷兰货船,广东巡抚令 EIC 大班管束下属,负责交还荷兰货船。大班声称,他们只能管辖本公司船只,对散商船只无能为力。巡抚深为震怒,在他看来,大班既受英国国王派遣,管辖本国在华商务,岂能对职权范围之内的事推卸不问?巡抚命令行商转达他对英商的训斥:“尔等既充大班、二班,尔国王派尔等前来料理公班衙船事务,就系尔国王差来做买卖的人,你们尚且要管束他,那有港脚商人倒不听你们的说话?……难倒没有你们公班衙船,天朝就没有法度制服你们夷船么?试问你们既不能约束港脚的夷人,要你们大班人等住在澳门何用?”[46]最后,中国政府动用军队制止了英国散商的海盗行为。

中国官员使用“公班衙”一词的时候,通常是把 EIC 在广州的大班管理委员会视为一个整体、一个衙门,“公班衙”和“公班司事”分别用来指称整体

---

〔43〕 同上,第56(下)页。除了英国东印度公司之外,荷兰东印度公司也自称其为“公班衙”。例如,乾隆五十九年,荷兰东印度公司官员以该国国王的名义“奉表人贡”(该“贡表”肯定是由中国官员或者行商为之代书),向乾隆皇帝“奏称”:“荷兰国来广东贸易,感沐天朝列祖大皇帝、天朝大皇帝格外施恩。缘本国王和公班衙时代沾恩感激……明年恭奉天朝大皇帝六十年大庆,普天同庆。本国王和公班衙十分喜欢……”转引自梁延枬:《海国四说》,骆驿、刘骁点校本,中华书局1993年版,第212页。

〔44〕 同上,第418(下)、419、420(上)页。

〔45〕 同上,第104(上)页。

〔46〕 许地山编,同前注〔24〕,第130页。

和组成整体的成员。在梁延枬收录的官方文档中,[47]指称EIC大班的名词有"公班理事官""公班司事""公班大臣""夷目""夷官"等,大班被视同官员,"公班衙"被视同官员办公的场所,但没有迹象表明:官员意识到"公班衙"背后存在一个"公司"。梁延枬本人的论述则有意提醒人们注意"公班衙"和"公司"的差别,他指出:(1)公班衙为公司总部。"溯公司之设,肇始荷兰。以明万历二十一年市印度获厚利,遂于南洋创为总局,曰公班衙";[48](2)"公司"是英国君主和有钱人共同出资组建的一个专司海外贸易的商业组织,以其独占权而区别于散商,"公司"首领的办公场所为"公班衙",大班是公司派驻贸易国的官员。[49]

(二)"公司":中国官方对EIC的正式称谓

1. 一般情形下,"公司"一词之所指

1810年,EIC聘用传教士马礼逊(R. Morrison)编撰汉英词典。1816年,Dictionary of the Chinese Language(中文名《五车韵府华文译英文词典》)第一册由EIC的澳门商馆出版,印刷600册。1819年该书第二册出版,第490页"kung sze"条目之下的内容是:"公司:term by which Chinese designate European Companies。公司船:a company's ship。The English Company is expressed by Ying kcih—le kwo kung—pan—ya 英吉利国公班衙。""公司"一词之所指,这只能根据当时的中文资料得出结论,马礼逊认为"公司"一词泛指欧洲公司,是一个缺乏中文资料支持的结论。相反,当时的中文资料表明:"公司"一词是EIC的专用名称,而且是比"公班衙"更为正式的专用名称。

在1831年的"防夷八事规条"中,"公司"一词专指EIC。"米利坚各国夷至粤生理,来去并无定期,非英吉利之有公司者可比。"[50]可见,清政府外

---

〔47〕 梁延枬:《海国四说》,骆驿、刘骁点校本,中华书局1993年版。

〔48〕 同上书,第141页。

〔49〕 "初英吉利酋出资,合其国之富有力者,取其所产货贩于他国,又转易他国所产货而归,许专其税三十年者,谓之公司……而国人之自为船客日散商者而不与焉。设二十四头人领其事,名所居曰公班衙,所市国亦设官日大班者司之。"梁延枬,同上,第69页。

〔50〕 梁延枬,同上〔7〕,卷29,第26页。

贸规章是把 EIC 看作唯一的公司,并不认为在 EIC 之外还有其他“公司”。

王之春的《国朝柔远记》也强调“公司”的唯一性。“西洋市广东者十余国,皆散商,惟英吉利有公司。公司者,数十商者集资营运,赢则计本均分,凡通商他国之始……费辄巨万,故惟众力易擎,不足则国王亦贷以资本,资其转运,故贸易一出于公司。……又初设公司,限三十年,及限满,而公司欲专其利,不肯散局,以助本国兵饷为词,请在展三十年……国人皆不服,屡控国王,请废公司,为散商各自贸迁……故公司与散商交恶。”[51] 王之春简明扼要地表述了中国官方对“公司”的认识:欧美各国对华贸易均为“散商”多家竞争,唯英国是“公司”一家独揽——“公司”就是从英国国王那里取得对华贸易“专利”的商业组织。

美国人亨特的看法与王之春不约而同,而与马礼逊大有出入,他认为:“公司”一词是中国人指称 EIC 的专用名词,“华人称此社团为‘公司’,即公共司事之意”。[52]

“公司”所指的唯一性,还可以从后来日本人编撰的英日词典中得到印证:East Inciia Company 的日文翻译是“东印度公司”,mercantile company 的日文翻译是“商社”。[53] 在翻译“company”一词的时候,日文似乎更清楚地区分了“公司”和“商社”。

根据马士的著作,早在 1755 年,海关监督的一个命令将外商分为“公司”和私商,将中国商人区分为行商和“铺户”。“公司”专指 EIC,私商是 EIC 之外的其他欧洲商人。根据该命令,只有行商和经过行商担保的“铺户”才可和“公司”交易,[54]“铺户”和外国“私商”之间的交易则不受限制。尽管当时的交易实践与海关监督的命令一致,但是,作者至今没有看到该命令的中文原文,因此,本文仅以此作为中国官署早期使用“公司”一词的参考证据。

---

〔51〕 (清)王之春:《国朝柔远记》,赵春晨点校本,中华书局 1989 年版,第 182 页。

〔52〕 威廉·亨特(William Hunter):《广州番鬼录》,(*The Fan Kwae at Canton Before Treaty Days*, 1825—1844),冯树铁译,骆幼玲、章文钦校,广东人民出版社 1993 年版,第 22 页。

〔53〕 《和译英文熟语丛》(*An English—Japanese Dictionary of Word and Phrases*),齐藤恒太郎编,攻玉出版社,明治二十九年(1896 年),第 100 页。

〔54〕 马士,同上注〔12〕,第 4、5 卷,第 456 页。

2. 从夷商差别待遇看“公司”之所指

清政府对夷商一直实行差别待遇,例如,皇帝得到某国“夷情恭顺”的奏报,常常格外开恩,以示体恤。地方官员常常就具体事务与“夷商”个别约定,故有一家独享、他人不可均沾的成例……差别待遇要求区分个别与一般,“夷”之一字无以担当此种区分的职能。因此,在差别待遇的语境之内考察“公司”的用法,能更清晰地显示语词所指。

EIC 在中国有两项引人注目的特殊待遇:一是在广州过冬的居留权,二是驾驶“插旗三板”的内河航运权,这两项特权始终与 EIC 的“公司”身份结合在一起。

(1)EIC 大班得在广州过冬

据马士的著作,1730 年 EIC 大班管理会主任获准在广州过冬。次年,另一届大班管理会主任也在广州过冬。[55] 此后一百多年,这一成例相沿不变。

1759 年的“防夷五事规条”,头一条就是要求外商在当年九、十月回国或者回澳门商馆居留,“夷商在省住冬,应请永行禁止”。[56] 但是,EIC 大班在广州过冬的惯例并未因此改变。1831 年的“防夷八事规条”重述历时一百多年的典章制度和成例,一方面,再次强调外商“不得留寓省城”,另一方面,明文将 EIC 作为例外对待:“英吉利公司夷船每在七八月间陆续来粤换兑货物,至十二月及次年正二月内出口回国。该国公司大班、夷商人等于公司夷船出口完竣之后,请牌前往居住。”[57]

(2)EIC 大班得驾驶“插旗舢板”往返商船和商馆

外国商船停泊黄埔或澳门之后,要经海关监督丈量、拆卸火炮、派遣引水之后才能靠岸卸货,在此之前,有许多事务需要联络,故大班、水手驾驶舢板,往返商船和海关之间、商船和商馆之间,是一向得到认可的惯例。但是,唯有 EIC 大班可以驾驶船身大而速度快的舢板,并在舢板上悬挂英国国旗,官署通常对这种“插旗舢板”免检放行。这一先例始于 1716 年,当时粤海关

〔55〕 马士,同上注〔12〕,第 1、2 卷,第 202、206 页。

〔56〕 两广总督李侍尧,防夷五事规条,梁延枏,同上注〔7〕,卷 28,第 23 页。

〔57〕 两广总督李鸿宾、监督中祥疏,梁延枏,同上注〔7〕,卷 29,第 26 页。

监督允准英国商船“苏姗娜号”船长和大班乘坐插旗舢板在内河航行。[58] 1810年,EIC大班进一步要求官署明文特准“插旗舢板”免受兵丁拦截检查,官署答复:“公司船户遇有公事,似可准其坐驾三板往来,由粤海关查照向例办理。倘有携带违禁货物,仍须由各关口查办,以示体制而免疏虞。”[59]

1831年的“防夷八事规条”再次认可EIC驾驶插旗舢板往返内河的成例。如果将该规条特指EIC的中文语词和马士的英文翻译相互对照,可以得到一个排除任何怀疑的确信:该规条使用“公司”一词的时候都是特指和专指EIC,而“公司”一词翻译为英文的时候都以定冠词、凸显所属关系的名词为前缀,强调其特指性和唯一性,中、英双方辨识“公司”一词之所指的时候,意会完全一致。例如,“英吉利公司夷船”(the English Company's Barbering Ships),“该国公司大班”(the said Nation's Company's Chief),“英吉利国公司船户”(English Company's Captains),“夷船贸易,其公司船户”(the foreign ships that trade the Company's Captains)。相反,泛指外国商人的称谓则是“夷商”(foreign merchants)、“夷人”(foreigners)、“夷船”(foreign ships)。[60]

更有意思的是,当EIC的独占结束之后,中国官署也就终止了EIC为时一百多年的驾驶“插旗舢板”的特权。1835年,两广总督颁布新的防范夷商规条,声称:“查夷人入口贸易,货船停泊黄埔,其在省城、澳门往来,向惟英吉利公司船户准坐插旗舢板……现在公司已散,所有插旗舢板应行裁革……夷人船到黄埔或则省城、澳门往来通信,只准用无篷小舢板船,不得再用插旗舢板船只。”[61]这再清楚不过地表明:在鸦片战争之前,EIC是唯一的、以“公司”名义获得准坐插旗舢板的外商;一旦“公司”解散,英国商人也就与其他外商同等对待,无权驾驶插旗舢板。

3. 从个案争议看“公司”之所指

除了差别待遇之外,在EIC为一方当事人的争议中,中方如何指称EIC?

---

〔58〕 马士,同上注〔12〕,第1、2卷,第154页。

〔59〕 广东布政使曾燠会议详驳英吉利国大班益花臣议,梁延枏,同上注〔7〕,第29卷,第11页。

〔60〕 梁延枏,同上注〔7〕,第29卷,第26~27页;H. B. Morse, *The Chronicles of the East India Company Trading to China*, 1635—1834, Oxford 1926-1929, Vol. 4-5, pp. 306-309。

〔61〕 两广总督卢坤、监督中祥疏,梁延枏,同上注〔7〕,第29卷,第32页。

这是考证“公司”所指的另一个语境。

(1)1828—1831 年:“公司夷馆”前的码头扩建

“所谓‘夷馆’,原不过从‘洋行’划出一部分,系指定作外商赁居及收储货物之用者……”[62] 如果外商当年随船回国,商馆只是租用一个季度的临时仓库、办公室和住所;如果外商在广州或者澳门过冬等候下一年度的商船到来,年复一年,商馆则为常设办事机构。EIC 在澳门的商馆称“红毛公司馆”,[63] EIC 在广州的商馆称“公司夷馆”。[64] 在鸦片战争前,有十多个国家的外商在澳门和广州设立商馆,唯独 EIC 商馆中文名称和“公司”联系在一起。

1828—1831 年,EIC 就扩建商馆码头一事和中国官署反复交涉。[65]《粤

---

〔62〕 梁嘉彬,同上注〔16〕,第 13 页。

〔63〕 马士,同上注〔12〕,第 4、5 卷,第 162 页,章文钦校注。

〔64〕 据道光《香山县志》记载,EIC 自 1765 年在澳门租屋设商馆,在此之前大班均随船往返。参见龙思泰:《早期澳门史》,吴义雄等译,东方出版社 1997 年版,第 49 页,章文钦校注。1699 年,EIC 在广州已经设立了商馆。当年 10 月,EIC 商船“麦斯菲尔德号”船长用 50 两银子在广州租房,直到第二年 7 月离开广州;1702 年,EIC 拒付海关征收的船钞,官署动用兵丁包围 EIC 商馆。参见:马士,同上注〔12〕,第 1、2 卷,第 95、118 页。

〔65〕 1822 年,EIC 广州商馆附近发生大火。此后,投入河道的垃圾逐年淤积。在 EIC 正门和码头之间形成了一片东西长 37 米、南北长 50 米的空地。1828 年,EIC 通过行商向官署提出了一个重建码头方案:在淤积空地的东、西、南三个方向修建砖砌围墙,疏浚和加深码头,以便船只靠岸和装卸货物。EIC 的意图很明显,它可以借此将商馆面积扩大 1850 平方米而不必付出任何代价,可以获得一个与外界隔离的安全空间。将馆舍出租给 EIC 的中国行商当然也乐意促成此事,作为出租人,他可以无偿获得 1850 平方米土地的所有权。EIC 冠冕堂皇的理由是,修建围墙可以防止“华夷混杂,滋生事端”。官署同意扩建码头和设置“疏木栅栏”,但拒绝了修建围墙的请求。官署的理由是:商馆关闭门户足以防止盗窃,修建栅栏足以区分界址,没有必要修建围墙。无论用当时或者现代的西方标准去评价,中国官署允许 EIC 无偿使用一块土地并以栅栏标明界址和自行设防,这都应当算是一种慷慨和宽厚。何况,当时鸦片走私猖獗,EIC 商馆修筑围墙势而妨碍了望,官署当然有理由怀疑其动机。EIC 无视官署命令,擅自修建围墙。结果,官署派遣兵丁强行进入商馆,拆毁围墙,处罚听任 EIC 修筑围墙的中国行商,这些措施似乎并不过分。但是,EIC 大班则有一套完全不同的说法,他们认为:按照英国的法律,“冲积物或者其他河边财产上的增加物是属于河边财产所有主的”,中国的法律将淤积地块作为公用地完全没有道理。马士居然就此事发表了这样一通议论:“在两种如此不同的看法之间,冲突是不可避免的。……(公司)委员会没有领会到,只有军事力量才可以使中国人对他们的要求让步。”(参见马士,同上注〔12〕,第 4、5 卷,第 303 页)不论马士对英国法律的理解和解释是否得当,不动产适用其所在地法律,恐怕是任何国家都承认的规则。在 19 世纪的中英争议中,以 EIC 大班为代表的英国人确实显示了中国人永远无法具备的一种能力:他们总能找到理由指责别人,也总能找到理由为自己辩护。

海关志》第二十七卷收录了双方交涉的部分文档，大约2000字的文档先后使用“英吉利公司夷馆”或者“公司夷馆”6次，“英吉利公司大班”2次。这些文档说明：①官署对EIC的一贯称呼是“公司”或者“英吉利公司”；②与中国有定期贸易而临时派人居住广州的外国公司有十多家，官方文件只是将EIC商馆称为“公司夷馆”。

（2）1830—1831年：“番妇”入馆风波

按照官署的说法，1751年（乾隆十五年）之前，清政府禁止“夷商”携“番妇”踏上中国领土，“随带番妇，向只准居住夷船”。1751年之后，“番妇”可随“夷商”居住澳门，但不准入住广州“夷馆”。1830年，“英吉利国大班盼师复携带番妇来至省城，到公司夷馆居住”，〔66〕两广总督认为此举破坏“天朝律例”，命令广州行商转告英商，必须立即将“番妇”逐回澳门。英商群起抗议，拒绝服从，他们争辩说：英伦实行一夫一妻，法律严禁纳妾，英商在广州商馆居住达6个月之久，禁止夫妻同居，有悖人情伦理。两广总督坚持驱逐“番妇”，并扬言“派兵围逐夷商番妇”。英商则连夜聚集武装水手百余名，将火炮偷运到商馆，准备对抗。在双方一触即发的情势下。行商居间调解，称：大班患病，要以人乳为药引，恳请当局在大班痊愈之后再驱逐番妇。〔67〕两广总督奏报皇帝，找到了一个既保全面子，又能下台阶的说法：一方面，他声称“派兵围逐夷商番妇”之说为谣言，“夷商”听信谣言之后，“一时惶惧情急”，偷运火炮入馆，虽“狂悖妄为”而情有可宥；另一方面，“夷商”又恳求“稍宽时日，再令番妇回澳”；至于是否“示以兵威”，“伏乞皇上圣鉴”。〔68〕不久，道光皇帝降下谕旨；番妇必须离开夷馆。

4. 1831—1835年：从“散局”风波看“公司”之所指

1830年，行商得知EIC将在三年后“散局”，遂报告两广总督。行商强调：英国对华贸易历来“在公班衙（Kung—Pan—Ya），又名公司（Kung—Sze）

〔66〕《广州将军庆保等密奏英吉利大班携带番妇进省居住并将船舱内枪炮偷运夷馆折》（道光十年），载《清道光朝外交史料》，故宫博物院辑，台湾成文出版社1965年版，第310～312页。

〔67〕王之春，同上注〔51〕，第180页。

〔68〕马士，同上注〔12〕，第4、5卷，第249～250、255页。

的单独控制之下,他们的事务由一个特选委员会管理,而以一个头目主持"。[69] 两广总督令行商详细调查,将结果报告官署。行商当即以自己的名义给 EIC 写了一封信,声称:"只望贵公司三年期满之后,将照旧重建,而所有各事一仍按旧章办理,则贵公司与余等将共享安宁。此不仅交易之事务易于进行,且遇有政治事件发生,贵公司仍能如前时之一手控制。"[70] 可以肯定:如果没有两广总督授意,行商断不敢冒险给英国人写如此露骨的劝留信。

1833 年,EIC 独占对华贸易特许状到期。两广总督认为,"英吉利国公司散局,事关外夷商船在内地贸易重务,课税攸关,总不可散而无稽",故再次命令行商就贸易管理体制会商 EIC 大班,大班答复:"本国埋造公班衙,定有年期,今期已满,不能复埋。将来散商船只来粤贸易,详细章程尚未得知。并闻本国有夷官来粤。"在行商交涉无果的情况下,总督亲自请示皇帝,"奏请饬令洋商寄信回国",道光皇帝谕旨"令该夷商寄信回国,另派晓事大班前来管理贸易事宜,以符旧制"。于是,总督通知 EIC 派遣一名"晓事大班,来粤总理贸易"。[71]

1834 年,英国政府派遣律劳卑作为驻广州商务领事。两广总督拒绝接纳律劳卑,其理由有二:第一,律劳卑是政府官员,不是中方要求派遣的大班,"该夷目……声言伊系夷官监督,非大班人等可比";第二,律劳卑直接向两广总督递交书信,妄图破坏"天朝疆吏从不与外夷通达书信"的规矩。[72] 总督强调:天朝从未允许"夷官"在广州居住,此事关系体制根本,不可动摇;中英贸易应继续遵循以行商为中介的旧制,英方不能和官署直接交涉;既然律劳卑一意孤行,并以武力威胁,只能停止贸易。[73] 1835 年,总督再次将"英吉利公司局散,该国商人自来贸易,司总无人"[74] 的情形奏报皇帝。

---

〔69〕 马士,同上注〔12〕,第 4、5 卷,第 256 页。

〔70〕 同上,第 258 页。

〔71〕 《总督卢坤咨海关监督中祥奏》,梁延枏,同上注〔7〕,第 27 卷,第 18、19、20 页。

〔72〕 同上,第 20 页。

〔73〕 参见"两广总督卢(坤)谕令行商"信,载《英国档案有关鸦片战争资料选译》(上册),胡滨译,中华书局 1993 年版,第 36 ~ 39 页。

〔74〕 两广总督卢坤疏,梁延枏,同上注〔7〕,第 29 卷,第 28 页。

律劳卑事件之后,中英关系急剧恶化。1835年,两广总督颁布了更为严格的防范夷商规条,英国方面则有义律、查顿等不断来华挑衅,双方终于在1840年发生战争。

从中国官方的表述考察,在一般情形、夷商差别待遇和个案争议等不同的语境之下,“公司”一词都是指称EIC。围绕EIC散局的中英交涉是对清朝大员“公司”知识的最后一次检测。两广总督“复请设英公司”,这在后来被认为是行商误导总督,总督误导皇帝。[75] 其实,这一反应在当时顺理成章,不存在谁误导谁的问题。随着EIC独占权告终,中英贸易封闭在两国官商之间的、近二百年不变的旧体制发生根本动摇。活跃在旧体制之内的两个中方主角——官署和行商,都为此焦虑不安:行商不愿意本国竞争者加入中英贸易,官署不愿意丧失“中介机构”这面屏障而直接面对众多“散商”。一旦“公司散局”,行商、官署均无法单方面维持旧体制,故说服英国方面进行配合是两者一拍即合的共识。正是EIC的独占维持了中英之间的封闭贸易,中国方面正是从独占发现“公司”的存在。“复请设英公司”之说表明:“公司”的核心意思是官设独占,一旦丧失独占,EIC也就不复为“公司”。

四、1833—1903年:“洋行”“局”代替“公司”的时代

在EIC贸易独占权结束前后来华的英美商号多以“洋行”命名,有些一直延续至今,例如,怡和洋行(Jarding, Matheson & Co., Ltd.)、太古洋行(Butterfield & Swire Co., Ltd.)、沙逊洋行(E. D. Sasson & Co., Ltd.)、慎昌洋行(Andeiben & Meyev Co., Ltd.)等。“外侨之在中国经商,自初始以来,其所设之公司成以所谓‘行’者相称。”[76]外商选择中文商号,求诸中文文义而以“行”命名,其用意是商号本地化,争取本地客户认同。由此可见,当时得到认同的、指称商号的名词仍然是“行”,而不是“公司”。外商回避一个在中国已经使用了一百多年的名词“公司”,这不是偶合,而是因为“公司”一词当时早已成为EIC的专用名称。以EIC为代表的“公司”和以怡和洋行为代

〔75〕 王之春,同上注〔51〕,第182页。

〔76〕《慎昌洋行25周年纪念》,转引自陈真、姚洛、逄先知合编:《中国近代工业史料》(第2辑),三联书店1958年版,第356页。

表的“散商”是两个壁垒分明、此消彼长的阵营,它们的中文称谓自然有区分的必要。较晚进入中国的外商称谓不一,或称“公司”,或称“洋行”,或称“厂”“局”“馆”。但是,几乎所有称“公司”的外商都是在EIC独占权结束之后来华的外商。可见,1833年是公司从专用名称转变为集合名称的一道分水岭。

传统的中国商行并无组织形式的差别,因此,商号中也就没有统一的、泛指企业实体的名词(如公司、合伙)。中国商号充满了丰富而生动的语词,例如:广州十三行有“义和行”“保和行”“丰泰行”等,常见商号有所谓“稻香村”“采芝斋”“东来顺”“万生号”“和记”等,不一而足。

在19世纪70年代的“洋务运动”中,出现了中国第一代的“新式”企业(当今术语称“现代企业制度”)——“局”,如轮船招商局、上海机器织布局、开平矿务局、北京电报局等。洋务运动旨在移植“器物”层面的西方制度,“局”是刻意仿效西方公司的产物。与“十三洋行”相比,“局”的主要变化是它的法人特性。“局”以自己名义承受法律上的利益和责任。例如,一定期限的独占权是授予“局”本身,而不像“十三洋行”那样,由行商分别从户部或者海关监督那里获得特许;“局”独立承担自身债务而与股东个人无涉,行商对外商的债务负无限连带责任。“局”又是一个资本集合体,发行股票是“局”筹集启动资本的主要途径,而股票的公开转让又显示出资本的流动性,“十三洋行”则从来没有自身的资本。“局”设有董事(局董)、经理(总办、会办、帮办),“十三洋行”历来是行商分别为所有者,所有者分别经营自己的商行。

洋务运动中创设的“局”都有一项或者数项全国性或者区域性的垄断权,谓之“专利”。无论是“官办”,还是“官督商办”,凡“局”则有“专利”——轮船招商局的“专利”是承运漕粮,兼揽商货;创办上海机器织布局之后,十年之内只许“华商附股搭办,不许另行设局”。[77] 大清帝国以推行“专利”为起点,学习西方公司,这和EIC先入为主而留下的印象是分不开的——EIC为时200多年的独占告诉中国人,“专利”是西方公司的主要属性。

1882年,美国驻沪副领事扬格(Young)和恭亲王就上海机器织布局的

---

〔77〕 李鸿章:《李文忠公全集》,第43卷,第43页。

“专利”进行对话,双方争议的焦点是:“专利”是不是“公司”的固有属性?以下是各自的主要观点〔78〕:

扬格:根据大清帝国和欧洲各国签订的条约,外国商人在通商口岸可以自由从事工商业。国际条约的效力超过缔约国的国内法,因此,大清帝国授予上海机器织布局垄断特权是无效的。

恭亲王:上海机器织布局是中国人首次尝试组织一个纺织公司,理应得到照顾和保护。以使它逐渐有利可赚。在所有西方国家,前所未有的发明都得到专利保护,发明者拥有一定年限的、排他性的制造权,中国的做法符合国际惯例。

西方国家驻京联合外交使团:上海机器织布局的特权不是专利,而是垄断,这是违反国际条约的。

与以往不同的是,清政府如今是沿用“国际惯例”而不是固有制度去构建自身的合法性。恭亲王认为,新设公司获得保障独占的“专利证”乃是西方惯例,确实是言之有据,而非信口开河。恭亲王的观点可以从英国公司法教授高尔的著作是得到充分支持,高尔指出,“在早期,发明专利与运用专利而组建公司的许可总是合二为一的”。“根据1834年的《贸易公司法》和1837年的《特许公司法》,任何公司特权一律通过专利证(letter patent)授予,不必另行颁布特许状。”根据1948年英国公司法,特许公司的独占许可仍然是采用“专利证”。〔79〕 这也许是清政府第一次求助于“国际惯例”而为国内法令进行辩护。然而,解释“国际惯例”的权威则是对话的另一方,清政府已经没有实力拒绝对方的解释。

在EIC解体之前,中英双方的“公司”都没有走出官商传统。1833年EIC解体和1844年颁布的英国公司法在西方标志着一次划时代的公司革命:组建公司的动因从追求官设独占转变为开拓资本市场、豁免个人责任和构造永久的法律实体;一般规则代替特许状成为组建公司的法律依据;公司成为私有财产所有者都有机会发起的、为数众多的民营商业社团。然而,大

〔78〕 Mr. Young to Prince Kung, Oct. 13, 1882; Prince Kung to Mr. Young, Oct. 18, 1882; Diplomatic Body to Prince Kung, Nov. 17, 1882, See *Foreign Relations*, China(1882), pp. 141, 164 – 167.

〔79〕 L. C. B. Gower, *The Principle of Modern Company Law*, 2nd ed. (Stevens, 1969), pp. 6 – 7.

清帝国在19世纪60年代从西方引进"现代企业制度"而兴办洋务的时候,并没有意识到官商时代已经结束,而是以EIC为样板,一如既往地沿着官商思路前行。以"专利"为核心的"官督商办""官办"将中国私人工商业的现代化推迟了大约30年。

1875年,光绪皇帝的谕旨中使用了"公司"一词。光绪命令"各省将军、督抚,于商部拟设各项公司,会同筹划,悉心经理"。[80] 光绪谕旨没有沿用"局",而改用"公司"一词,或许表明了从"官督商办"到民办民营的政策转变,而这种政策转变需要不同的语词进行区分。1903年,清政府颁布《大清公司律》,"公司"一词泛指一切具有法人资格的中外企业。然而,"公司"成为大众接受的通用语词为时更晚。[81]

五、结论:制度决定胜负的竞争

在十七八世纪,官设独占是欧洲东印度公司的共同属性。EIC又是官设独占的典型。中国是从官设独占开始认识欧洲东印度公司的。中英双方的一般性叙述、个案交涉和清政府对外商的差别待遇,都清晰地显示了"公司"一词的演变过程:从17世纪中期到1833年EIC独占结束,"公司"主要是EIC的中文专用名称,"公班衙"主要指EIC在广州的大班管理委员会;"公司"最初绝不是泛指欧洲的"business company",除了EIC之外,在当时的中文语境下没有其他"公司";从1833年到19世纪末期,"公班衙"成为一个过时名称而退出现实的使用,"公司"则从EIC专用名称转变为泛指外国企业的集合名称;在1903年《大清公司律》颁布之后,"公司"成为泛指中外法人企业的集合名称。

鸦片战争之前,中英贸易始终封闭在两国"官商"之间——EIC和广东

---

〔80〕 上谕商部奏拟于各省设立路矿、农务、工艺各项公司(光绪二十九年),《大清法规大全》,第2949页。

〔81〕 到1908年的时候,全国总共只有225家公司,同年工厂数是15590家。参见《近代中国工业史料》(第1辑),同上,第10页。在商务印书馆1910年出版的《法国商法》中文译本中,"societe"一词均译为"会社",有"合名会社"(无限公司)、"差金会社"(两合公司)、"无名会社"(股份有限公司)等,尽管《大清公司律》早已颁布,法国商法典的公司类型都有相应的中文名称,译者仍然是从日文照搬这些词汇。可见,"公司"一词在20世纪的第一个十年仍未相当普及。

行商都有政府特许,都分别对本国政府承包税费,都在一定范围承担政府职能。EIC 实际上是和广东行商组成一个贸易行会,联合抵挡"散商"对垄断贸易的挑战。[82] 中文称 EIC 为"公司",不仅因为它有"专利",而且因为它的"专利"来自国家特许。"公"含有"官"的意思,如:公车(官车)、公府(官府)、公堂(官署)、公办(官办)、公营事业(官营事业)、公私合营(官商合营)、公馆(官邸)。中文把 EIC 的名称和"公"联系在一起,显然是一个表述"官设独占"的隐喻。EIC 垄断权使中国人不由自主地想起古已有之的"官商"和官设专利,东西方相通的传统在此因时际会,"公司"一词由此定局。

但是,EIC 和广东行商的排他性有实质性差别:EIC 是以法人身份取得全面、统一和稳定的独占特许状;广东行商则是以个人名义分别获得外贸特许,从来没有作为一个整体而取得特许,也不存在严格意义上的行会独占。因为,中国的外贸商行会从来无权颁发许可,只要商人从政府得到许可,行会决不能拒绝接纳新成员。就此而言,广东行商与 EIC 的差别就是个体商人与公司的差别。EIC 从进入中国的第一天起就有以一对多的优势:它可以分别和若干行商做生意,而行商只能和 EIC 一家做生意。广州行商只有组成"公行",采取一致行动,才能和 EIC 对等竞争。然而,EIC 对华贸易的基本战略就是保持它作为独占公司的优势,竭尽全力阻止广东行商组成一个像它自己一样的"政府公司"。EIC 用尽贿赂、离间、游说和施加外交压力等手段,一次又一次地挫败行商组建"公行"的企图或者击破了刚刚组建的"公行"。

比较 19 世纪之前的中国和西方商人,费正清先生认为,西方商人以生产商品和增加商品的市场份额为致富之道,故有较强动因从事新产品开发之类的创造性事业;相反,中国商人以多占现有商品为致富之道,故有较强动因去买取官方特许,进而垄断市场。[83] 但是,历史事实和费正清先生的故事大有出入:在 19 世纪中期之前,中国和西方的商人都是特许"官商",两者追求独占的动因不相上下,西方商人通过设立公司达到了独占的最高境界,中国商人则无法越过制度障碍而达到同样的境界。

---

〔82〕《剑桥晚清中国史》,上卷(中译本),中国社会科学出版社 1985 年版,第 182 页。

〔83〕 John King Fairbank, China, *A New History* (Harvard University Press, 1992), p. 181.

广州十三行是EIC在中国的商业对手。如果撇开制度而考察个体,广东行商的信用、勤勉、谨慎和商业经验至少与EIC不相上下,而他们的谦恭、忍让和富有人情味的商业作风则远比锱铢必较、寸利必争的EIC大班更能赢得商业伙伴的好感。[84] 在与EIC的贸易交往中,广东行商一直处于以逸待劳的优势。广东行商历来是在家里等候外商上门,从不远道欧洲做生意。相反,EIC是在事先没有签订任何契约的情况下,自行载物前来广州贸易,商船到港之后再谈生意,谈成生意之后卸货——如果进口不成交,它只能原载返航;如果进口成交而出口不成交,它只能空船返航,完全没有退路而处于任人摆布的险境。在现代商业社会,再鲁莽、再轻率的外贸商也不会如此冒险。就是在这样的交易方式下,EIC每年来华贸易都能成交,而且年年获利丰厚,这恰恰说明广东行商具有高度的商业诚信——一种任何法律强制力都不可造就的道德境界,一种由中国传统文化生成的、在现代商业社会已经荡然无存的自我约束。然而,在清政府的过度管制和腐败吏治之下,广东行商自始至终都无法施展手脚。体制束缚注定了行商的败局,个体优势再强,也不足以挽回败局。在一定程度上,鸦片战争前的中英贸易史是广东行商的苦难史,也是政府管制削弱本国商人竞争力的耻辱史。

保商制度是清政府套在行商颈项上的一副枷锁。从马士的《东印度公司对华贸易编年史》可以发现:只要EIC大班违反天朝律例或冒犯官员,行商和通事必受惩罚,二百余年无一例外。该书所载EIC大班拒交规费、对抗官员命令、告御状、擅入衙门求见总督、面递禀帖、学习汉文、涉嫌走私、乘坐轿子、携带妇女入馆、包庇犯法水手等案件,每次都有行商和通事因此被罚款、拷打、流放、监禁,而监禁的结果通常是受尽折磨和勒索之后悲惨地死去。然而,从1635到1834年,唯一受到制裁的EIC大班只有洪任辉一人,对他的惩罚也只是在澳门"圈禁三年"之后驱逐出境。犯法夷商免受追究,守法行商代人受过,而夷商从来不在乎行商的危险和磨难,故惩罚行商连"杀鸡儆猴"的效果也没

---

〔84〕 美国商人亨特回忆他在广州的亲身经历时,对他的那些行商"老友"充满怀念和感激之情:行商信奉"破财消灾"的哲学,慷慨、友好,做生意讲信用、重交情、顾体面,不止一次地豁免外国商人的巨额债务。当英军在1842年兵临广州城下,勒索赎金的时候,又是行商倾家荡产,交纳赎金。参见亨特,同上注〔52〕,第30~35页。

有,只是让无辜行商陷入恐惧——这样的法律实在是一种无法理喻的倒行逆施。

按照清代法律,负债不还就是犯罪,一旦债权人告官,没有几个债务人能经受羁押、庭审、拷打和充军而活下来,因此,债权人告官不仅是通过司法强制力实现债权,而且是把债务人置于死地的一种报复。EIC充分知晓清代法律的残忍,并以此为由而力主治外法权,但是,当一个负债行商丧失支付能力的时候,EIC总是毫不留情地告官。围绕行商债务的一系列诉讼,实际上是EIC和衙门一起在进行谋杀,而行商之间的连带责任,又使每一个行商都处于随时可能被谋杀而无法防御的危险境地。

行商每年都面临资金短缺的问题。行商事先无从知道EIC下一年度有多少船只、多少货物来广州。在商船到港之后、离港之前,行商必须就进出口关税、规费、进出口货款作出财务安排。在短短四五个月的时间里,用现金支付全部费用几乎不可能,必须借助赊欠、借贷、收取预付款等信用交易方式。英商对行商提供的包括预付款在内的信用,年利率通常是20%左右,行商在高额利息的盘剥之下,一再陷入债务危机。按照衙门的判例:债务人行商以本人的全部财产对其债务负责,若债务人行商无力偿债,本人坐牢、充军,本人和兄弟的家产收官变卖;若债务人及其兄弟的家产仍然不足以清偿债务,或由其他行商就不足之额承担按份清偿责任,或由债务人之子在成年之后继承行号,父债子还。破产行商最终的命运是死于监狱或者流放地。[85]

---

〔85〕 EIC关注自身的债权安全,故马士的著作就行商破产案件有详细记载,从中可以看到破产行商的悲惨命运和清朝法律的严苛:(1)仅在1780年,就有三名行商破产,他们的家产全部被变卖,其中,两人充军伊犁,其债务余额由其他行商分十年清偿;一人死亡,判决幼子成年之后继承父业,分十年清偿,马士,同上注〔12〕,第1、2卷,第376~380、391页。(2)1794年4月,EIC大班向官府控告行商石琼官无力偿债,官府立即将石琼官逮捕入狱。当年6月23日,EIC大班波郎应地方官员要求和石琼官会面。石琼官恳求波郎考虑他父子两代和EIC合作的良好记录,能够豁免他的债务或者延迟债务履行期,然而,波郎认为,为了乞求同情而伪装痛苦是行商的一贯伎俩,丝毫不为所动。“石琼官因在狱中受酷刑而死去:他受鞭笞三次,最后一次打在脸上,因过于厉害而发高烧,结果他的牙齿尽落。高烧两天后就结束了他生不如死的生命。”石琼官和他的二兄威官的全部家产由官府变卖偿债,威官和眷属充军新疆伊犁。石琼官的债务余额由其他行商负担,其中一名行商文官因为无法承受债务分担而自杀,文官应分担的债务份额再分配给其他行商。马士,同上〔12〕,第1、2卷,第583、584、611页。(3)1810年,两名行商破产,其中一人死于狱中,一人死于流放。马士,同上注〔12〕,第3卷,第146、190页。

在中英贸易中,清政府一贯穷凶极恶地逼迫行商清偿债务,从来没有为行商向 EIC 追讨过一次债务。然而,大英帝国的态度截然相反,1842 年中英《南京条约》第五条规定,行商历年积欠英商债务 300 万元,全部由清政府清偿![86] 英国方面的逻辑是,广东行商不是 EIC 自行选择的,而是清政府指派的贸易对手,所以,清政府应对此负责。[87]

规费、捐纳和索贿是清政府安置在行商血液中的吸管。根据 EIC 的调查,1829 年在广州开设一家外贸商行所需交纳的各种规费高达 42,024 两银子。[88] 商行成立之后的规费、捐纳更是一个不断延长而永无穷尽的清单。在英国人眼里,行商是本国政府的终身奴隶,他们对政府的终生义务就是付款、付款、付款……直到有一天被彻底榨干为止。[89] 无论是为了得到眼前的片刻安宁,还是为了得到政府许可,行商都要贿赂官员。在商人和官员之间,贿赂取代了人类语言而成为最有说服力的交流工具,在极权政府之下,一切管制的最终效果都是给官员增加索贿机会。政府本来应当保障私有财产和人身安全,但是,极权政府本身就是私有财产和人身安全最为致命的威胁。

与清政府形成鲜明对比的是,英国政府历来将 EIC 在华商业利益作为中英外交的头等大事。1793 年和 1816 年,英王特使两次访华,其目的都是给清政府施加压力,劝说清政府按照大英帝国提出的清单给 EIC 颁布一个"权利宪章"。两次访问的"全部费用——薪金、维持费、礼物和全部开支"[90] 都由 EIC 负担,翻译,船只、线路、文件制作均由 EIC 一手操办。英国政府愿意动用国家力量强化 EIC 在华地位,EIC 愿意花钱取得国家力量的支持,国家和商人相互合作,一起通过外交去实现海外贸易的最大利益。清政府非但不会为了行商的利益去和英国政府交涉,只要 EIC 抱怨行商,清政府就充当一个严厉管教子女的家长,必定将行商折磨得死去活来。被统治对

---

〔86〕《中英南京条约》,同上注〔10〕,第 2 页。

〔87〕梁延枏:《夷氛闻记》,邵循正点校,中华书局 1959 年版,第 124 页。

〔88〕马士,同上注〔12〕,第 4、5 卷,第 400 页。

〔89〕马士,同上注〔12〕,第 222 页。

〔90〕马士,同上注〔12〕,第 1、2 卷,第 534 页。

象越没有反抗能力,极权政府对他们就越是残忍,顺民总是暴政最悲惨的受害者;相反,对于那些有反抗能力的对手,极权政府从来是不敢轻易施暴的。

EIC横行天下,不可一世达两个多世纪之久,而行商则总是被接二连三的倒霉事弄得焦头烂额,时有破产、自杀、充军、坐牢。如此巨大的差别,固有诸多原因,而中、英两国政府对本国商人不同的态度则是最为重要的原因。重商和抑商、扶持和钳制两类国策塑造了两种完全相反的商业人格:在大英帝国不遗余力的扶持下,EIC发育成一个体魄魁伟、好勇斗狠的强人,争斗、冒险成性,攫取永无餍足,其实力、谋略和组织优势足以在全球兴风作浪;在大清帝国无所不用其极的压迫、管制和勒索下,广东行商发育不良,缺乏搏击的体能和创造性智慧,只能凭借一些在当时、当地管用的祖传计谋做一点小生意。

鸦片战争之前,中国是一个在对外交往中掌握语言优势的"话语权威";鸦片战争之后,中国精英人物的思维和表达反过来受外国的"话语权威"支配。这不是一夜之间发生的变化,更不是单凭军事力量所能造成的变化——使中国渐渐丧失语言优势的,至少应当部分归咎于清政府在鸦片战争之前多年推行的、禁止中外人民彼此学习对方语言的政策。清政府禁止外国人学习和使用中文的冠冕堂皇的理由是防止"华夷勾结",然而,1755年南海县令的一席话道出了真正的原因:如果外国人学会中文,就会向朝廷申诉,从而给地方官带来无穷麻烦。[91] 当中国官员将语言学习当作一种潜在祸患而将其扼杀在萌芽状态的时候,EIC却在持续不断地锻造语言武器——高薪聘用中文教习、通晓中文的外国传教士,培训翻译……经过半个多世纪的努力,EIC终于拥有像斯当东这样的中文翻译。斯当东运用其中文能力,不仅给EIC立下汗马功劳,而且在鸦片战争中,主导南京条约谈判,使英国人从谈判桌上攫取了更多的利益。禁止语言学习的法律没有阻止英国人掌握中文,但是,确实十分有效地剥夺了中国人学习外国语言的权利。

如果中外人民在17世纪就可以自由学习和使用彼此的语言,语言学习和翻译将使信息的传递增加无数倍,中国了解西方和自我反省的时间将提

---

〔91〕 马士,同上注〔12〕,第4、5卷,第443页。

前二百多年;中国日后学习西方的时候,绝不至于仅仅因为日本和中国"同洲同文""译和文又非若西文之难",就从日本进口第二手的西方法律,中国现代法律语言也就不会被汉化的日语所主宰。诚如李贵连教授所言"戊戌变法之前,中国正是由于没有一套相应的近代法律用语,才导致翻译欧美法的困难"。[92] 其实,在沈家本主导法律移植之前,已经有大量的西方法律翻译为中文,中西文字对照的词典的问世则更早;相当一部分西方法律词汇都是首先翻译为中文,然后,从中文转译为日文,最后,又从日文转译成中文。除了将日文化的西方法律转变成汉语之外,清末法律移植实在没有什么成就值得夸耀。法律翻译总是要截留原意和增加额外的信息,跨越三种以上语言的法律翻译,常常是一种面目全非的重述。我并不认为,直接翻译西方法律肯定比转译的效果更好,只是指出:如果语言障碍不那么严重,中国在清末本应有更大的选择余地和更多的选择对象。

将某一外语词汇翻译为中文的过程中,翻译者通常要搜寻相关中文词汇,看看一些中文词汇和该外语词汇所指称的对象是否具有同一性或者相似性,看看是否可以扩展某一中文词汇的原意而又不至于产生误解。然而,如果一个外语词汇指称的对象是该外国制度的固有产物——一个由制度造就的虚拟存在,通过类比而筛选出来的中文词汇大多都是词不达意,因为,无论就制度还是就知识而言,外语词汇指称的对象在中国都是一个空白,没有一个现成的中文词汇与之匹配。

在一般情况下,外来语的生成既不是深思熟虑的选择,也不是遵循一定规则的按图索骥,更不是多种翻译相互竞争"信、达、雅"而形成的优胜劣汰。外来语通常来自一个由彼及此的自由联想——认识外来事物而形成意会,打通语言、制度和文化隔阂而寻找本国人民可以理解的匹配语词。最初的外来语常常是最蹩脚的翻译,因为,人们总是在对外语词汇不甚了解而又不得不将它转换成本国语言的情况下进行翻译。最初的外来语又是难以替代的翻译,等到人们形成足够的知识贮备和语言能力去构造更为恰当的翻译

〔92〕 李贵连:《近代初期中国的法律变革与日本的影响》,载《中日文化交流史大系·法制卷》,浙江人民出版社 1996 年版,第 209 页。

时,最初的外来语已经通行了数十年甚至数百年。最初的外来语越是大众化,越是深入本国制度和意识形态,它们被取代的可能性就越小。在某种意义上,我们都是最初的外来语的奴隶。

当一个国家引进外来制度、外来意识形态的时候,外来语势必如洪水一般汹涌而至,误读和费解常常相互缠绕,造成比语言障碍本身更难以克服的交流困难。其一,本国制度的表达从此依赖外来语,声称通晓外来制度的本国精英人物俨然成为解释外来语的权威,本国精英人物有意无意地误读从此主宰着本国制度的构建,误译治国成为司空见惯的文化现象;其二,民众不可能了解外来语的原意,而本国精英人物对外来语的解释只是增加民众的困惑和费解,民众话语和表达本国制度的官方话语产生了无法沟通的隔阂;其三,随着误解、变通和创造性解释等本国知识源源不断地注入外来制度,外来语的意义也逐渐本地化。试图就外来语进行一般性的"拨乱反正",只能制造更多的错误而徒劳无功;除了少数例外,将错就错总是比纠错更为合理。这也就是我们至今仍然沿用"公司"一词的原因。

清朝皇帝和官员对EIC的印象是"奸宄莫测""桀骜不驯",故不时设法羁縻。但是,清政府从来没有妨碍EIC独占对华贸易,也从来没有实质性地支持广东行商组建"公行"而与之对抗。不仅如此,在EIC解散前夕,中国朝野居然一致吁请英国方面"复设公司",维持旧制。为什么清政府对EIC独占对华贸易的体制情有独钟,欲罢难忘?显然,这是商业之外的考虑在决定政策。封闭在EIC和广东行商之间的贸易体制在中英两国政府之间形成了一个隔离带,从而将国家之间的直接对抗推迟了二百年,而继续维持这种体制无疑有助于缓解两国之间当时"山雨欲来"的危机。清政府一厢情愿的想法是:只要英国方面有一个"公司"独占对华贸易,中英交涉就可以一如既往地封闭在"公司"和广东行商之间,皇帝和官员就可以继续不失体面地身处局外,政府之间的交往就可以继续限于像马嘎尔尼访华那种几十年一遇的礼尚往来。总之,清政府自称"天朝",只是以表面的倨傲去表达一种自我封闭、息事宁人的外交政策,通过避免交往而将中外摩擦减少到最低限度,而以"公司"独占为基础的封闭式贸易完全符合这样的外交政策。

循着中英交往的早期历史,追寻"公司"词义,是一次温故知新的尝试。

国际贸易是各国之间的制度竞争,参与者分别代表各自的制度进行较量,较量的结果是强势群体主动制定规则,弱势群体被动接受规则。最终决定国际商业竞争胜负的力量,不是参与者个体的能力,而是参与者背后那些抑制或者激发他发挥能力的制度。清政府的外贸管制体制几乎就是自残肢体:过度管制、自我封闭和吏治腐败从各个方面不断削弱中国商人的竞争实力。一种制度使商人丧失创造能力和进取冲动,它同时也就注定了整个国家的劣势。但是,曾经困扰一个国家的制度性弊端并不会随着时间推移而自行消失,或许正是因为漫不经心地对待历史,上一个世纪的甚至更为久远的弊端至今仍然使我们一筹莫展。

附录:"公司"一词是否起源于郑氏政权?

"公司词义考"一文无意涉及"公司"一词的起源,该文"导言"已清楚地阐述了这一立场。语词的起源未必付诸记载,即使付诸记载也未必保留至今,有关语词起源的考证,最多只是一种推理和假设,而且随时有可能被新发现的史料推翻。虽然,学者未必能找到"公司"的起源,但是,寻找本身就是反复搜索历史,常有求桃得李的意外收获。因此,此类研究仍有不可忽视的学术价值。

一些学者认为,"公司"一词起源于郑氏政权,这一假设并非全无根据,但是,迄今为止,没有任何可靠的史料能够证明这一假设。

台湾学者70年代编写的《台湾省通志》多次提到,郑成功用"公司"一词指称荷兰东印度公司。但是,没有引用任何文献支持这一说法。

其一,1660年11月,郑成功致函荷统领"揆一太守"(Frederick Coyett),佯称无意攻台而懈惫其兵防,书称:"若有所企,围台湾可朝发而夕至,如探囊而取物耳。是不为也,非不能也。……贵公司船只遭袭,想系海贼船假冒。"[93]此一段文字,没有任何出处,无从判断该书编者是引自中文文献,还是译自荷兰文献。相反,迄今唯一可得的、来自郑氏政权的第一手资料表明:在1660年的时候,郑成功不可能称荷兰东印度公司为"贵公司"。郑成

[93] 《台湾省通志》(第9卷),驱荷篇,台湾省文献委员会1971年版,第51页。

功下属官员编写的《从征实录》记载:1660年农历六月,“台湾红夷酋长”派遣一名叫何廷斌的通事前来福建,以“年输饷五千两,箭柸十万枝,硫磺千担”为条件,请求郑成功允准通商,获得许可。[94] 在此,荷兰东印度公司和郑成功双方都是遵循明代封贡贸易的惯例,外国人朝拜中国皇帝,纳贡献表,然后获恩准而通商,郑成功断不至于将一个前来请求通商的贡国称为“贵公司”。

其二,1661年4月,郑成功水师围赤嵌、热兰遮两城,“揆一太守”以保留要塞和不得强迫信奉基督教之本地人放弃信仰为条件,向郑求和,郑答复:“此地原为中国领土,荷人应将此地奉还,至与荷兰公司干戈相见,实非本人之意,亦不欲争夺公司财产,故汝等应毁城砦,而可将所有物资私财携回本国。”[95]两军对峙之际,郑成功无暇将自己给荷兰人发出的书信抄写一份副本而刻意保留;即使郑成功抄写了这样的副本,“郑逆”的公开文字也不可能经历清代残酷的文字清洗而流传至今。因此,这一段文字如有出处,只能来自荷兰东印度公司档案。然而,荷兰人将郑成功信件翻译为“COMPAGNIE”与郑成功信件使用了“公司”一词实为相去甚远的两回事。

其三,1662年2月1日,郑成功与荷兰东印度公司签订“媾和条约”,条约共18条,其中有四处出现“公司”或“荷兰公司”一词。[96] 同样的道理,这一段文字也只可能译自荷兰东印度公司的档案而缺乏中文文献支持。

1995年,罗熠先生的文章指出:“中文‘公司’一词,最初应该是郑成功与荷兰东印度公司的斗争和贸易中,出于实际需要,为翻译荷兰东印度公司的名称而创造出的一个中文名词”。尔后,郑成功政权及其部下又将自己的商行称为公司。[97] 罗文据以得出结论的唯一史料是:福建总督王国安1684年向康熙皇帝报告清军在厦门扣押郑氏部将刘国轩、洪垒两艘货船的奏折中使用了“公司”一词。罗文固有拓宽思路的价值,但其史料引用和推断之间并无逻辑的一致。真正值得商榷的问题只有一个,即:福建总督王国安是

---

〔94〕 杨英:《从征实录》,台湾文献丛刊第32种(台湾银行经济研究室编印),第113页。

〔95〕 同前注〔93〕,第3卷,政事志外事篇,第12页。

〔96〕 同上,第13页。

〔97〕 罗炤:《寻找“公司”的源头》,载《中华工商时报》1995年8月11日,第2版。

否像罗文所说的那样,用“公司”一词指称“一个名为‘公司’的贸易组织”?罗文作为孤证而引用的资料似乎不足以支持一个肯定回答。

福建总督王国安在奏折中引用“同安知县杨芳”“中军游击王猷”“总镇杨嘉瑞”和“管船官蓝泽”口径一致的陈述只是为了证明一件事——扣押船舶之后,全部货物经过军队和地方官员共同查验、看守、清点造册,因此,货物清单真实可靠,无营私舞弊之嫌,王国安在奏折中共计三次使用“公同查验船上货物”“公同查验该船货物”“公同查验过货物”,借以强调军方和地方当局共管货物的过程。最后,王国安称:货物已由各方联合清点造册,“计册开公司货物铅两万六千四百八十斤……”“开明公司货物乳香一千八百斤……”[98]此处所称“公司货物”,疑是“公同(查验)货物”之笔误,或者是在刊印校点残本时有所遗漏而产生的错误。根据《从征实录》记载,郑成功的十个商行分别是以“仁、义、礼、智、信、金、木、水、火、土”命名,[99]而没有提到任何一个商行曾经被称为“公司”。《从征实录》的作者杨英就是郑成功的理财官员,有关郑氏商行的称谓,恐怕没有任何文献能比杨英的记述更为可靠。

中国认识西方公司的第一人是郑氏政权,郑氏政权认识西方公司的能力也远远超过清政府的官僚。

郑氏政权是荷兰东印度公司在中国遇到的第一个对手。从17世纪20年代到1682年,郑氏四代(郑芝龙、郑成功、郑经、郑克爽)和荷兰东印度公司的战争、贸易和谈判几近六十年。郑氏政权的存在将荷兰东印度公司进入中国大陆的时间从17世纪20年代推迟到17世纪60年代。

郑氏政权又是英国东印度公司在中国最早的贸易伙伴。从1670—1681年,英国东印度公司每年都有一两艘商船到郑氏政权占据的台湾或厦门贸易,并且在两地都建立了商馆。根据英国东印度公司当初的判断,郑氏政权不仅具有遏止荷兰人的海上力量,而且能最终战胜满洲人而统治中国大陆,故英国东印度公司向郑氏政权提供军火和教官,郑氏政权则许诺在收复大陆之后给东印度公司以贸易优惠。[100]

---

〔98〕《明清史料》,已编,第627页。

〔99〕同前注〔94〕,第111页。

〔100〕参见马士:《东印度公司对华贸易编年史》(第1卷),第3、4、5章。

在1684年,康熙开放通海贸易之前,唯有郑氏政权能够和西方人做生意。清政权为围剿郑成功而实行坚壁清野,片板不得入海,强迫沿海居民内迁四十里而筑边墙为界。然而,清政权的海禁事与愿违,海禁期间的全部中外贸易统统集中到郑氏政权控制的厦门、金门和台湾,诚如清代官员所言,"外人皆仰郑氏,于是通洋之利惟郑氏独操","海禁愈严,彼利益普"。[101] 从郑成功1646年起兵反清,到郑克爽1683年降清,郑氏政权凭借沿海的几个岛屿,不断发动震动中外的军事行动,其重要原因之一,正是长期独揽"通洋之利",军需民用无匮乏之虞。

郑氏家族与世界上最强大的海上力量进行对抗,他们在生存压力之下,每天都要仔细审视对手;郑氏家族世代以海上贸易为生,他们有足够的商业经验和语言知识与西方公司进行沟通。研究中国最初如何认识西方公司,无法脱离郑氏政权留下的史料。

然而,清军1683年攻陷台湾之后,出自"伪郑"的一切文字资料都从官方编撰的历史中消失了。最早编撰的《台湾府志》曾收录郑克爽的归降表,仅仅因为郑克爽自称"延平王"和"招讨大将军",这也被认为触犯禁忌而在以后"概为删改"。[102] 中国历代统治者都要涂改历史而建立本朝合法性:凡暴露本朝劣迹或彰显本朝对手业绩的记载都要被处心积虑地消灭,随之而来的言论禁锢又使劫后残存的文献湮没无闻或流散失落。因此,历史知识的传递在中国是一个随政权更迭而频频中断的过程,一代又一代中国人不得不重复付出前人已经付出的巨大代价去获得本可流传下来的知识和经验教训。

"公司"一词是否出自郑氏政权是一个事实问题,回答这一问题仍然有待史料的发现。

(本文原载于《月旦民商法杂志》2003年创刊号)

---

〔101〕《台湾府志》(影印本),范咸等修,中华书局1984年版,第2375~2376页。

〔102〕同上,第1316~1317页。

WTO与中国社会主义市场法律制度建设问题

王家福

世界贸易组织是世界经济全球化客观过程的产物,其拥有135个成员,贸易量占世界贸易95%以上,是世界上最大、最有影响的多边经济贸易组织。其宗旨在于通过制定国际多边贸易规则,规范国际多边贸易行为,组织多边贸易谈判,解决成员之间的贸易争端,推动国际贸易和国际投资发展的自由化,在全球范围内实现资源的有效配置。中国加入世界贸易组织,是中国社会主义市场经济生成和发展的必然结果。是推进改革开放进程的客观需要,是促进中国国民经济现代化发展的内在要求。加入世界贸易组织后,中国可以享受其成员的权利,同时也要履行相应的义务。加入世界贸易组织对中国经济发展有利有弊,但总的看来是利大于弊。(1)加入世界贸易组织,有利于为中国国民经济和对外经贸关系的发展营造一个有利的国际环境;(2)加入世界贸易组织,有利于加快中国改革开放的进程;(3)加入世界贸易组织,有利于加快中国国内产业结构的调整;(4)加入世界贸易组织,有利于中国参与经济全球化。要使中国经济通过改革、开放、调整、创新,进一步融入世界,与世界一起前进,从而实现发展与现代化的目标,最为关键的一点就是,根据世界贸易组织的规则完善中国社会主义市场经济法律制度,进一步健全行为规则,从制度上为中外企业营造出更佳的更有保障的公平竞争的法治环境。因此,研究世界贸易组织与中国社会主义市场经济法律制度建设问题具有重要意义。

一、中国现行的经济法律与世界贸易组织规则是相通的

世界贸易组织经过长期多边谈判而形成的各种协议、协定,是国际经济

贸易法的重要组成部分。包含在这些协议和协定中的世界贸易组织的规则,就其实质而言乃是世界范围内大的自由市场经济的反映。中国现行的经济法律从其主要精神看,与世界贸易组织的规则不是抵触的,而是大体相通的。这是因为中国自20世纪70年代末起,在全国范围开始进行了一场适应以建立社会主义市场经济为目标的经济改革和深刻的法制革命,即彻底否定反映计划经济的计划经济法律制度,建立反映社会主义市场经济的社会主义市场经济法律制度。经过二十多年的努力,中国业已初步建立起了社会主义市场法律体系。

1. 确立了市场主体法律制度。中国按照现代市场经济法制的共同要求,采用国际上市场经济条件下通常的企业组织形式、资本组织形式和责任形式,先后制定了公司法、合伙企业法和独资企业法。中国公司法规定了公司作为营利性企业法人的性质,明确规定了股东对公司应负的有限责任,打破了中国长期按所有制制定企业法的旧传统。确立了公司这一现代企业标志性的制度。中国公司法规定了公司设立的条件,保障了公司的开业自由;强调了公司资本在公司设立和运营中的作用,突出了公司信用在市场交易安全中的地位;按照公权与制衡原则规定了公司治理机构,确认了股东会的中心地位;严格了财会制度,促进了公司的公开;规定了公司经营人员的职责,注意了职工民主权利的保障。公司法、合伙企业法和独资企业法的制定,保障了公司、合伙企业、独资企业的开业自由、平等地位、经营自主权,使各种不同市场主体进入市场,公平竞争,创造佳绩。

2. 建立了物权法律制度。物权是人的生存和发展的物质基础,是社会经济运行的前提。中国彻底摒弃了否定和漠视物权的旧观念,先后制定了民法通则、土地管理法、城镇房地产管理法、担保法,确立了中国的物权法律制度。规定了所有权法律制度:国家所有权法律制度、集体所有权法律制度、私人所有权法律制度;用益物权法律制度:土地使用权法律制度、土地承包经营权法律制度、采矿权法律制度;担保物权法律制度:抵押权法律制度、质权法律制度、留置权法律制度。并且明确规定,一切合法取得的财产,无论是国家财产、集体财产、私人财产,还是中国人财产、外国人财产,都一律受到法律之坚决保护,从制度上坚决禁止以往长期存在的漠视、平调、侵犯财产的现象。中国物权法律制度的确立使人民和企业真正享有了自己的物权。

3. 完善了合同法律制度。合同法是交易法，是合同债权债务法。中国根据中国市场经济生成与发展的状况，陆续制定了经济合同法、技术合同法、涉外经济合同法，并审时度势，于 1999 年废除了上面三个鼎足而立的合同法，制定了一个新的统一的合同法。中国合同法律制度，反映了市场经济的共同规律，采用国际上先进的合同制度、规则，吸取了世界合同立法的发展成果，是一个现代化的充满时代气息的合同法律制度。它体现了当事人意思自治精神，确立了合同自由制度，坚持了平等、自愿、公平、诚实信用原则，统一和细化了合同各种具体规则，加强了对保证合同债权实现的法律措施。这就从法律和制度上保障了一切自然人和法人可以在法律允许的范围内，八仙过海，各显神通，通过革新技术和管理，提供优质商品和服务，创造最佳效益，推动社会生产力和市场经济的发展。并且从制度和法律上保证了在计划经济条件下没有合同自由，供、产、销活动统统由政府计划决定的做法永远成为历史。

4. 确立了国家适度宏观调控经济的法律制度。市场并非万能，当市场消极因素泛滥，市场失灵，导致市场公平竞争秩序破坏之时，国家必须从社会的整体利益出发，对经济给予适度干预。正因为如此，中国根据市场发展之需要，逐步制定了中央银行法、预算法、审计法、税法、反不正当竞争法等，建立了国家对经济的宏观调控法律制度，以保证政府依法间接宏观调控和干预经济，维护社会主义市场经济秩序。

5. 逐步建立完善的社会保障法律制度。社会保障，是市场经济生成与发展的客观要求，是实现社会公正的重要调节器，是社会稳定与安全的切实保障。中国从 1951 年起就建立了劳动保险和公费医疗为主要内容的社会保障制度。但这种由“单位保障”“国家包揽”的旧的社会保障制度与社会主义市场经济制度不相适应。目前已陆续制定了社会保障基金征管条例、失业保险条例，初步建立起了养老社会保险制度、医疗社会保险制度、失业社会保险制度和城镇居民基本生活保障制度。

以上这五个法律制度，构成了中国社会主义市场经济法律体系框架的基础。它尽管还不完善，但却反映了市场经济的共同规律。在这一点上是同世界贸易组织规则相同的。因此，市场经济法律体系在中国的初步确立，也就为中国加入世界贸易组织创造了法律基础。

二、市场经济法制理念在经济立法中的进一步深化

中国有关经济的立法，是以反映市场经济共同规律，体现市场经济法律理念为宗旨的。它尽力贯彻反映市场经济本质属性内在要求的诸如平等、自由、公平、竞争、维护社会正义、禁止权利滥用、保护弱者等法制理念。但是，中国的社会主义市场经济法律制度不是在一张白纸上自然而然地建立起的法律制度，而是要在否定或修改、废除行之多年的反映计划经济要求的计划经济法律制度基础上逐步建立起来的法律制度。这就从客观上决定，市场经济法制理念在经济立法中的反映必须有一个由不够充分、不够全面向更加充分、更加全面的发展过程。随着中国加入世界贸易组织，随着中国社会主义市场经济的生成与发展、经济竞争能力和社会承受能力的增强，随着21世纪中国改革的进一步深化、对外开放的进一步扩大和参与经济全球化程度的进一步提高，在中国的经济立法中更进一步充分和全面体现、反映市场经济法制的理念与原则，是客观的要求，大势之所趋，是完全必要的。

1. 进一步与国际经贸规则接轨。中国关于市场经济的立法一开始就坚定地采取了开放的立场，从中国实际出发，以广阔的胸怀吸纳世界上的市场经济共同的法律规则。但是，中国经济向市场经济转型是渐进的。由于改革不能一步到位、客观条件不能一下成熟，因此中国经济立法对国际经济贸易规则的吸纳不可能一蹴而就，它必须伴随着改革和开放深化的程度，经历一个由借鉴、相通到接轨的发展进程，从而逐步地使中国经济立法越来越与国际经济贸易规则相符。中国加入世界贸易组织之后，中国经济立法还必须进一步与作为国际经济贸易规则核心组成部分的世界贸易组织规则相一致。这是因为：第一，世界贸易组织规则是在世界经济全球化大潮中形成的国际商品交易规则，只有使中国国内经济法律与这些规则相一致，我们才能享受到这些规则所带来的好处，更好地参与国际竞争、国际分工和国际合作，从而获得与中国地位相适应的发展。第二，世界贸易组织的规则。是国际经济贸易法规则，而且是成员方不得保留、必须一揽子接受的国际经济贸

易法规则。中国作为一个诚信自守、负责任的大国,加入世贸组织之后,就必须遵守这些规则。因此,使中国市场经济法律与世界贸易组织规则一致,这是中国应履行的国际义务。诚然,世界贸易组织规则所反映的完全的自由市场经济的要求,尽管对发展中国家的利益有所顾及,但是由于世界经济发展的极不平衡,总的说来它们更有利于发达国家。这必然会给我们带来这样或那样的挑战。但是,只要我们利用好把国内经济法律与世贸组织规则相一致的契机,加快中国社会主义市场经济法律体系完善的进程,加快中国经济整体素质和竞争力的提高,调动起更大的创造性、积极性,就一定会赢得更快的发展和现代化,并为制定更多反映发展中国家利益的世贸新规则而努力奋斗。

2. 进一步贯彻国民待遇原则。国民待遇原则,是平等这一最普遍的市场经济法制理念的表现,是世界贸易组织的基本原则之一。国民待遇原则,即非歧视原则。它要求任何成员方的进口产品在关税、国内税收、国内销售、购买、运输、分配、使用等方面所享受的权利应不低于国内同类产品的待遇。国民待遇原则也涉及与贸易有关的投资措施。根据世界贸易组织《与贸易有关的投资措施协议》规定,各成员方不得要求外商投资企业外汇平衡、购买当地产品、限制企业出口数量、价值。中国在加入世界贸易组织之后,应当在经济立法中进一步体现国民待遇原则。目前,中国已基本上实现了对进口产品的国民待遇。要尽快取消在这个问题上尚存在的极少与国民待遇原则不相一致的做法。在投资领域,现在内资企业和外资企业的待遇还有较大差别。要尽快废除对外商投资企业在外汇平衡、采购物资、出口产品等方面的非一视同仁的规定,逐步按照世界贸易组织规则要求和中国的承诺,实现对外商投资企业的国民待遇。中国为了吸引和鼓励外商投资,对外商投资还实行了一些超国民待遇,如税收优惠。这种优惠待遇使中国内资企业处于不平等状态,显然是不合理的。但是,由于中国需要外资进入,我们短期内难以取消这种优惠。但是,应当适时地将这种按企业性质和地域不同放置税收优惠改为按产业设置税收优惠,并且逐步同时适用于外资企业和内资企业。

3. 进一步实现公平竞争精神。公平竞争这是市场经济法制的基本理念。市场经济实质上是公平竞争的经济。市场经济的规则实质上就是公平竞争的规则。中国市场经济的立法注意体现了公平竞争的原则理念。这种市场经济法制理念虽已在反不正当竞争法、消费者权益保护法、招标投标法诸多法律中得到体现,但是,由于体制上的缘由,这种体现仍显不足。因此,在加入世贸组织之后,一定要在经济立法中进一步深入反映公平竞争这一市场经济法制理念。(1)反对垄断,制止用限制竞争的方式,破坏公平竞争;(2)反对补贴,制止以补贴方式进行的不公平竞争;(3)反对倾销,制止以倾销方式进行的不公平竞争。力争在不长的时间里,建立起完备的相关立法,为外资和内资企业营造一个共同的公平竞争的法治环境。

4. 进一步增强法律的透明度。法律透明度是市场经济法制理念之一,也是世界贸易组织基本原则之一。所谓透明度是指法律规则的公开性。这是因为法律是调整市场主体行为的规范,它必须受到所有市场主体的遵循。因此它必须具有公开、透明之品质,被公之于众,为所有人能知晓。世界贸易组织的透明度原则,就是要求各成员方必须公布其有关对外经济贸易的法律、行政法规、规章和政策措施。就是能把这些法律性规范文件统统公开化,让其他成员方得以了解该成员方的法律环境,提高市场的透明度。过去我们在这方面做得不够好,计划经济时期按内部文件办事之风没有及时杜绝。从1992年起中国已逐步做到对外公布有关对外经贸的法律、行政法规和政策措施。2000年的立法法还正式规定了法律、法规、规章的公布程序。这就从制度上解决了法律的透明度、公开性问题。这必将有利于法律公开的进一步推行和公正市场秩序的建立。

5. 进一步贯彻法制统一原则。法制统一,是市场经济法制的重要理念之一,也是世界贸易组织的基本原则。市场经济法制统一,这是市场的客观统一性所决定的。只有规范市场活动的规则是统一的,才能建立和维护统一的大市场。市场经济法制统一,不允许不同地区不同法律规则的存在,不容忍对不同市场主体不同法律规则的存在,不允许相互矛盾的不同阶位的法律规则的存在。一切相同的市场行为均应遵守同样的法律规则。世界贸易组织所要求的各成员方都必须实行统一的对外贸易政策,这是市场经济法制统一的一个部分,即对外贸易市场法制统一。由于立法权划分不够具体,由于诸侯经济的干扰,由于地方利益的驱动,中国过去一段时间里法制不统一,包括外贸法制不统一现象时有发生。通过制定外贸法,中国明确确立了实行统一的对外贸易制度。通过制定立法法,中国明确划清了立法权限。应该说从制度上已经解决了外贸法制以及整个法制统一的问题。但是,在市场经济条件下,利益的驱动往往会使有的地方跨越法律禁止的樊篱。因此,在市场经济立法中一定要进一步坚持贯彻法制统一包括外贸法制统一的原则,以维护公平的交易和统一的市场。

三、中国市场经济立法的展望

社会主义市场经济法律体系,是调整规范有关市场经济的民事商事行为、经济调控行为、行政管理行为、社会保障行为的法制规范体系。它是涉及经济振兴,影响人民幸福,社会进步,关系国家兴衰的最重要、最基本的法律。经过二十多年的立法工作,中国已经初步建立起社会主义市场经济法律体系,但是还不健全,还不完善。加入世界贸易组织之后,为了履行适用世界贸易组织规则的国际义务,我们应当通过修改现有法律、制定新的法律,使中国的市场经济立法更加符合市场经济的共同规律,与世界贸易规则完全一致起来。同时,为了促进和保障中国 21 世纪深化改革,扩大开放,调整结构,振兴科技,发展经济,以实现现代化,建成民主、文明、富强、法治国家的伟业,必须进一步加强和完善社会主义市场经济的立法。

1. 制定民法典。民法是国家最基础、最根本的重要法律。它以调整人与人之间的财产关系和人身关系,规范社会的基本生活,保障公民权利为己任。民法是社会文明进步的重要标志,民法的自治精神是社会现代化不竭的源泉。中国在二十多年里,以惊人的速度构建了以民法通则为统领的现代中国民法体系。当务之急,是要在现有物权法律制度基础上制定物权法。世界正在走向知识经济时代,但物权法律制度并未过时。物权法律制度对于作为一个由单一公有经济向混合经济转变的中国来说特别重要。只有健全物权制度,中国现行的以公有制经济为主,多种所有制经济共同发展的基本经济制度才能巩固与发展。要通过健全物权制度克服公有制固有的虚化所有者而使劳动者、企业与生产资料距离拉远、弱化创造财富的内在动力、容易造成大破坏等不足,发挥公有制的应有优势。要进一步发挥用益物权和担保物权作用,确立国有公司的法人财产所有权,强化农民土地,承包经营权的物权性质。要完善和调整所有制结构,提高国有经济的素质和竞争力,发展集体经济和私有经济。要切实保护私有财产所有权,合法的私有财产和合法的公有财产在法律上都是不可侵犯的。只有产权明晰,财产受保护,财产关系稳定,才能调动亿万人民创造、积累、爱护财产的积极性。人民的财产多了,企业的财产多了,社会才会富裕,国家才会富强。因此,进一步强化物权法律制度,进一步发挥物权制度的巨大激励机制,是21世纪中国振兴的关键。在物权法制定好后,将尽快编纂民法典。使中国的公民、法人的民事权利、民事行为、民事责任明确化、具体化、规范化,使市场经济、国际经贸活动建立在坚实的法律基础之上。

2. 加强促进知识经济发展的立法。当今的世界,科学技术日新月异,以电子信息技术、生物技术为代表的高科技产业迅猛发展,技术创新已成为经济增长的最重要源泉。知识创造、转化和传播正成为人类最重要的社会生产活动。科学技术正改变经济形态与社会生活方式。传统的工业经济的运行规律正悄悄地发生着变化,新的知识经济正在兴起。中国作为一个发展中国家如何面对这一充满机遇与挑战的新的时代的到来?唯一的办法就是:一方面竭力尽快完成尚未完成的工业化任务;另一方面毫不迟疑地乘上高新技术革命的快车,尽最大努力用新技术改造、提升、创造自己的产业,促进经济和社会的进步。这就从客观上决定了21世纪的中国必须不失时机地参照世界贸易组织知识产权协议,强化有关促进知识经济发展的立法。(1)要进一步加强知识财产的保护。科学、技术、先进管理经验、商业秘密等知识形态财产,是价值连城的无形财产,对人类进步起着越来越重要的作用。中国21世纪新民法典应在物权篇后面增加知识产权一篇规定,并不断完善改进有关知识产权相关法律。中国已于2000年8月根据世界贸易组织知识产权协议修改了专利法,并将于近期修改商标法、著作权法,使之与世界贸易组织的规则更加一致。(2)鉴于创新的极端重要性,应当在民法上保护创新自由,以激励和保护人民的观念创新、制度创新、技术创新活动。(3)要进一步保护知识产权,扩大保护范围,加强保护力度,切实保护新知识创造者的利益。(4)要尽快制定电子商务法,促进电子交易发展,保障电子交易安全,防止网上违约和侵权,推动知识经济的发展。

3. 完善商事法律体系。中国已经制定了公司法、票据法、保险法、海商法等商事法律。为了适应市场经济发展的需要和加入世贸组织之后情势的变更,中国将进一步完善商事立法。1999 年为了加强对国有独资公司内部监督,支持高新技术股份公司进入证券市场直接融资,已对《公司法》第 67 条、第 229 条作了相应修改,增加了国有独资公司监事会的规定,改变了高新技术股份公司技术在法定资本中的比例以及发行新股、股票上市的条件。今后还应当在公司的产权、资本制度、开业自由、治理结构以及经营人员的职责等方面进行必要的修改。中国加入世界贸易组织之后,将根据我们所作的承诺,逐步开放保险和证券市场,对保险法与证券法加以完善,使之更加符合市场经济规律的要求,并建立起市场经济条件下的有效监管制度。为应对日益激烈的市场竞争,建立起良性的市场退出法律机制,有必要尽快制定统一的企业重整和破产法。同时,要尽快出台信托法,以规范市场上早已存在,但混乱不堪的信托关系。

4. 健全经济法。经济法作为市场经济的重要法律,是各国从社会整体利益出发对市场进行适度干预的法律。中国目前已经制定了反不正当竞争法、消费者权益保护法、产品质量法、广告法,应当尽快地制定反垄断法。既要反对经济垄断,也要反对行政垄断;既要反对国内垄断,也要反对国际垄断。要进一步完善有关国家宏观调控的法律,这些法律不仅适用于中国内资企业,也适用于外商投资企业和外国企业,这就为内资企业、外商投资企业和外国企业在中国境内的投资活动提供了坚实的公平竞争的法律依据。并在大胆引进跨国公司投资的同时,防范国际资本垄断市场、控制中国经济命脉、损害中国经济安全。

5. 健全外商投资法。中国已制定了中外合资经营企业法、中外合作经营企业法、外资企业法等外商投资法。中国加入世贸组织之后,将尽快修改这三个法律中与世界贸易组织规则不符的规定。(1)删去中外合作经营企业法、外资企业法中关于自行解决外汇平衡的规定。这一修改,是为了适应世贸组织《与贸易有关的投资措施协议》中关于不得要求外汇平衡的规定。

同时,中国已经实行了人民币经营项目可兑换,关于外汇平衡要求的规定业已丧失实际意义。(2)删去中外合资经营企业法、外资企业法关于优先购置中国物资的规定。企业采购,这是一个企业自主权范围的事务。要求外商投资企业优先在中国市场采购,是直接与世贸组织规则相悖的,因此必须废止。(3)删去外资企业法中关于出口义务之规定。这是世界贸易组织规则所禁止的"出口实绩要求",我们必须根据我们已经作出取消"出口实绩要求"的承诺,对出口义务的规定予以废止。(4)删去中外合资经营企业法和外资企业法中关于生产经营计划应当报其主管部门备案的规定。这一规定是计划经济的产物,与中国现在的实践不符,也同世贸组织规则的精神相悖,因此必须删除。此外,要鼓励外商向农业、高新技术产业、基础工业、基础设施、环保产业投资,根据我国所作出的承诺逐步开放银行、保险、电信、分销、运输、法律咨询和会计等服务行业,提高利用外资水平。利用外资的形式要更加多种多样,除了原有的一些形式外,还要采用收购、兼并、投资资金和证券投资等各种新方式,利用国外中长期投资。积极吸引国外跨国公司来华投资,建立技术开发中心,参与国有企业的改组改造。与外商合资经营时,除关系国家安全和经济命脉的重要企业必须由我方控股以外,其他企业不必都要控股。

6. 完善对外贸易法。中国已制定对外贸易法,规定实行统一的对外贸易制度。加入世界贸易组织之后,中国的对外贸易法可根据世界贸易组织的规则和我国所作出的承诺进行完善。实行约束关税,逐步降低关税水平;逐步取消对工业产品进口数量通过配额、许可证的限制;对大宗农产品实行关税配额管理(同时承诺逐步增加配额量);逐步取消进出口经营权的限制,加入世贸组织3年之后,除指定经营的产品以外,所有在中国依法注册的企业都享有外贸经营权。同时,要尽快遵循世界贸易组织反倾销协议、反补贴协议的规定,在现在反倾销、反补贴条例的基础上分别制定中国的反倾销法、反补贴法。此外,还应当尽快根据世界贸易组织的保障措施协议,制定保障措施法,建立起完备、透明的保障措施制度。

四、行政执法与司法的发展

加入世界贸易组织之后,通过修改现行的法律和制定新的法律,中国的市场经济立法将得到进一步完善。它将更加充分地反映市场经济共同规律,符合世贸组织规则要求,体现时代之精神。中国将根据世贸组织规则的要求,改进行政执法和司法。保证中国经济法律的更好实施。

在行政执法方面,中国已建立起依法行政的现代执法体系,构建了政务公开、行政处罚、行政复议、行政诉讼等现代制度。但是,加入世贸组织之后,由于约束关税减让制度的采用,配额、许可证制度的逐步取消,透明度原则的实行,行政执法的方式不可避免地要进行必要的改进。一是要进一步加强间接的宏观调控。即主要通过产业政策、税收政策、货币政策和财政政策,间接对经济实行调控,引导产业调整与发展,促进经济持续、稳定地增长。二是要进一步加强对公平竞争秩序的创造与维护。要更加有效地反对不正当竞争,反对垄断行为,反对倾销,反对补贴,营造和维护公平竞争环境。并适时采取保障措施,维护本国由于进口产品数量增长造成严重损害的产业。同时正确适用世贸组织的争端解决机制,对别的成员方对中国企业滥用反倾销、反补贴措施作出反应。三是要进一步加强职能性管理。强化环境、卫生、生产安全、工商、社会保障等职能性管理,维护社会利益,促进经济良性发展。四是要进一步强化对经济运行的监控。特别是要加强对金融的监管,防范金融风险,维护经济安全。

世界贸易组织规则中,包含着司法审查的要求。中国在加入世贸组织时,承诺了世贸组织有关司法审查的义务。所谓司法审查,是指世界贸易组织要求各成员方在实施有关对外经贸的法律、行政法规、司法判决和行政决定方面,要为当事人提供申请复议和提起诉讼的机会。中国已经制定了行政复议法,对于行政机关的决定,可以申请上级行政机关复议。中国已经制定了行政诉讼法,当事人对于行政机关的决定不服,可以提起行政诉讼。现在的问题是要及时修改我国现有法律中关于行政机关对行政复议事项终局裁决的规定,普遍为行政决定设立司法救济的程序。随着中国审判方式和司法改革的深入,中国司法机关一定会对诉争的行政决定的合法性作出公正的判决。

(本文原载于《中国法学》2001 年第 1 期)

侵权行为法的一般条款

张新宝*

引言

近年来我国学者对侵权行为法的基本理论多有研究，但是涉及侵权行为法一般条款的论著鲜见。[1] 是否需要在民法典侵权行为法部分规定一个一般条款，以及如果答案是肯定的，规定一个什么样的一般条款，就成为起草民法典侵权行为法必须解决的首要问题。

本文所称的"侵权行为法一般条款"是指在成文侵权行为法中居于核心地位的、作为一切侵权请求之基础的法律规范。这个一般条款具有两个方面的功能：(1)作为一个国家民法典调整的侵权行为之全部侵权请求之基础，在这个条文之外不存在任何民法典条文作为侵权的请求权之基础；质言之，任何受害人以民法典侵权行为法为依据提出请求，其请求都必须符合这个一般条款的全部要件。(2)它决定了民法典侵权行为法的框架和基本内容，民法典中侵权行为法的各个部分实际上都是这个一般条款的符合逻辑的展开。此外，在一部民法典的侵权行为法部分，该条文通常居于首当其冲

---

* 中国社会科学院法学研究所编审。作者于2000年9月—2001年3月受欧盟—中国高等教育交流项目资助，在德国奥斯纳布吕克大学私法与比较法国际研究所做访问研究。该研究所所长Christian von Bar教授现担任欧洲民法典起草项目主席并负责侵权行为法小组的工作。在德国访问研究期间，作者得到了von Bar教授的多方帮助，本文也参考了其巨著《欧洲比较侵权行为法》(将由法律出版社出版中文简体版)中的资料和他领导的侵权行为法小组的最新研究成果。

[1] 有些论著涉及了侵权行为法的概念和特征(如王利明主编：《民法·侵权行为法》，中国人民大学出版社1993年版，第30页以下)、侵权行为法的概念和体系[如张新宝：《中国侵权行为法》(第2版)，中国社会科学出版社1998年版，第21页以下]，这些虽然与侵权行为法的一般条款问题联系密切，但都不是从立法的角度来探讨侵权行为法的一般条款即侵权行为法最基础的概括性规定。

的位置,如开宗明义的第一个条文。

一、比较法上的观察

(一)普通侵权行为法与斯堪的纳维亚赔偿法

1. 普通侵权行为法

从法律史的角度来看,英国并没有关于侵权责任的普遍性原则,但王国的法院对各种形式的非法侵害和直接伤害所造成的损害均有救济方法。一个救济方法便构成一种诉因(cause of action)。一种诉因调整一个侵权行为(tort)。这些"tort"相加在一起便构成"torts",即英国法中的普通侵权行为法。英国侵权行为法并不是适用于许多案件的关于损害赔偿的一般原则,而是各种相对孤立的规则的聚合。[2] 美国侵权行为法继承了英国侵权行为法的传统,采用完全列举的逻辑方法将侵权行为列举为非法侵害、过失、严格责任、不实说明、诽谤、加害性虚伪陈述、侵犯隐私权、不当控告、干扰家庭关系、干扰经营等具体的侵权形态。[3]

需要指出的是,普通侵权行为法中的过失(negligence)不仅是作为绝大多数侵权行为构成要件的过错之一种,而且是一组无名侵权(non - nominal torts)的总称,也就是说"过失"在普通侵权行为法中是对一类侵权案件的某种共同的要件之抽象。这个共同的要件是什么呢? 英国 Brett 下议员对此作出过经典的说明:"对被指控缺乏此等注意的人对提出指控的人在争议的有关事项上有予以一般注意的采取措施的义务,可诉的过失存在于对原告负有实施留心注意和采取措施之义务的人疏于实施通常的注意或采取措施,由于这一疏忽,原告……在人身或者财产所有权方面受到损害。"[4]

普通侵权行为法的现状似乎表明,在众多的有名侵权(nominal torts)当中确实不存在一般条款,而在无名侵权的过失诉因的旗帜下却有某种共同

---

〔2〕 参见前引〔1〕,张新宝书,第 7 页。

〔3〕 American Law Institute, *Restatement of the Law*, *Second*, *Torts*. 据统计,在英美侵权法中,除了过失之外的"有名侵权"多达 72 种,而过失又包括了许多种"无名侵权"。参见 v. Bar, *The Common European Law of Torts*, Vol. One, No. 254, footnote116. Oxford, 1998。

〔4〕 Heaven v. Pender, Trading as West Indian Graving Dock Company(1883)11QBD. 503.

的要件:“在英格兰法律中一定有过,而且还存在着某种有关规定注意义务的一般概念,见诸于教科书的特别案例只是这种注意义务的列举。”[5]这个共同的要件就是“注意义务的一般概念”或者说一般注意义务。虽然我们不能就此得出普通侵权行为法中存在一个“部分性的一般条款”的结论,但是过错作为后来发展起来的并还在不断发展的诉因,我们或许可以看到普通侵权行为法在一定程度上受到了大陆法典化的侵权行为法“一般注意义务”或“一般条款”的影响。

2. 斯堪的纳维亚赔偿法

斯堪的纳维亚 4 个国家从 20 世纪 60 年代到 80 年代分别制定了自己的赔偿法。[6] 这些国家在其赔偿法中作出了一般性规定。如果不是从加害行为的视角而是从赔偿请求权的视角来看,这些一般性规定应当被认为是一般条款。《芬兰赔偿法》第 2 章第 1 条第 1 项是这么规定的:“无论任何人对他人造成损害,不管是故意的还是过失的,只要不存在与本法相反的规定,就必须对损害予以救济。”《瑞典赔偿法》第 2 章第 1 条是这样规定的:“无论任何人造成人身伤害或者财产上的损失,不论是故意的还是过失的,只要不存在与本法相反的规定,就必须对损害予以救济。”

显然,这样的规定既不是对侵权行为或者可得到赔偿的诉因之完全列举(如普通侵权行为法),也不是对侵害的权利的概括性列举(如《德国民法典》第 823 条第 1 款),而是抽象了所有侵权行为和准侵权行为的共同特征——故意或过失(culpa)。因此,它们属于一般条款:任何侵权行为之构成或者任何侵权上的赔偿或救济请求权都必须无一例外地符合此等条款的规定。

(二)法国民法典中的侵权行为法一般条款

罗马法区分了私犯和准私犯,[7]但是没有对侵权行为(私犯)或准侵权

---

[5] Heaven v. Pender, Trading as West Indian Graving Dock Company(1883)11QBD,第 580 页。

[6] 挪威,1969 年 6 月 13 日第 26 号法律;瑞典,1972 年 6 月 2 日的法律,1975 年 5 月 25 日第 26 号法律进行修正;芬兰,1974 年 5 月 31 日的法律,1978 年 11 月 7 日、1979 年 3 月 23 日的法律进行修正;丹麦 1984 年 5 月 23 日的法律,1989 年 3 月 28 日第 196 号法律进行修正。

[7] 产生于公元前 5 世纪中叶的《十二表法》没有对私犯和准私犯加以明确的区别,但是其第 8 表既有关于私犯的诸多规定,也有关于准私犯的规定(如第 6 条规定:“牲畜使他人受损害的,由其所有人负责赔偿,或把该牲畜交与被害人。”显然,这是一条关于准私犯的规定)。

行为(准私犯)进行抽象和概括以提炼出包含一切侵权行为或准侵权行为基本要件的一般条款,而是以列举的方式规定了诸多赔偿请求的诉权,如窃盗、强盗、对财产的侵犯、对人身的侵犯等。[8]

迄今为止,《法国民法典》第1382条仍然被认为是对过失侵权的最经典规定:"任何行为使他人受到损害时,因自己的过失使损害发生之人,对该他人负赔偿的责任。"《法国民法典》第1383条可以看作对第1382条的补充,所针对的是疏忽(不作为):"任何人不仅对因其行为所引起的损失,而且对因其过失或疏忽所造成的损害,负赔偿责任。"

由于《法国民法典》第4编第2章所使用的是"侵权行为与准侵权行为"的标题,所以在规定了对自己过失行为之责任后,该法典第1384条接着规定了对准侵权行为的责任:其《法国民法典》第1384条第1款则是关于监管(管理)之严格责任(无过错责任)的规定:"任何人不仅对其自己的行为所造成的损害,而且对应由其负责的他人的行为或在其管理之下的物件所造成的损害,均应负赔偿责任。"该条后面的几款分别是1922年以来追加的法律,实质上是对各种具体监管责任(不动产保有者的责任、父母亲责任、雇主责任、教师等的责任)的列举。第1385条规定的动物所有者或使用者的责任以及第1386条规定的建筑物所有者的责任,也可以认为是对第1384条规定的监管责任的常见的和最重要情形之列举。

基于以上情况,我们可以认为,法国民法典以一般条款的方式对侵权和准侵权行为作出了高度概括的规定。尽管这个一般条款没有浓缩在一个法律条文之中,但是《法国民法典》第1382条至第1384条第1款无疑符合一般条款的基本要求:它们作为一个整体,反映了所有侵权行为和准侵权行为的最重要的要件,而且构成了一切侵权请求的基础:在此之外不存在任何其他诉因。在这样的模式下,无论是律师还是法官判断一个行为或者"准行为"是否构成侵权,或者说受害人是否应当得到救济,适用这个唯一的标准即可。

(三)德国民法典中的侵权行为法列举式规定

在德国民法典的制定过程中存在一种严重的"反法国"倾向,这就决定

---

〔8〕 参见周枏等:《罗马法》,群众出版社1983年版,第253页以下。另参见[意]桑德罗·斯奇巴尼选编:《债·私犯之债[Ⅱ]和犯罪》,徐国栋译,中国政法大学出版社1998年版。

了其立法技术与法国民法典的重大差异。[9] 所以德国民法典对侵权行为法的规定采取了概括列举的方法和递进补充的方法。

1. 对受到侵害的权利进行列举。《德国民法典》第 823 条(损害赔偿义务)第 1 款是其侵权行为法的最基本规定:“因故意或过失不法侵害他人生命、身体、健康、自由、所有权或者其他权利者,对被害人负损害赔偿的义务。”这款规定列举了生命、身体、健康、自由和所有权等五种“绝对权利”,并留下了“或者其他权利”这一伏笔,为其以后可能的发展留下余地。正是基于这一“其他权利”的伏笔,帝国最高法院和其继任者联邦最高法院以判例的形式确认了“判例法”上的两种权利,即“一般人格权”和营业权。前者通常认为包括对名誉、隐私和人格尊严的保护。后者是对已经建立的企业正当经营之权利的确认。还需要说明的是该款规定使用了“不法”对加害行为进行界定,将过错(故意或过失)与不法区别开来,这与 1838 年旧荷兰民法典的有关规定相同。

2. 违反保护性法律的补充。德国立法者认识到,仅仅将侵害上述五种绝对权利的行为规定为侵权行为是不够的,还需要进行一些补充,第一个补充就是将“违反以保护他人为目的的法律”之行为规定为侵权行为。这些“以保护他人为目的的法律”并非漫无边际的,而是有严格的界定,通常是指以保护私人权利为目的的法律,如刑法、道路交通事故法、狩猎法。基于这样的考虑,《德国民法典》第 823 条第 2 款(1)规定:“违反以保护他人为目的的法律者,负同样的义务。”

3. 故意违反善良风俗的补充。德国民法典起草者还认识到,仅仅以“违反以保护他人为目的的法律”来补充第 823 条第 1 款规定的侵权行为还是不够的,因此在第 826 条以“违反善良风俗的故意损害”再次对《德国民法典》第 823 条第 1 款进行补充:“以违反善良风俗的方式对他人故意施加损害的人,对受害人负有赔偿损害的义务。”这款规定实际上也是对罗马法“恶意诉权”的继承与发展。

---

〔9〕 德国民法典的起草人甚至认为法国民法典的起点都是不可接受的:“将解决应当由立法机关解决的问题之职权交给法院,既不符合草案的本意,而且从德国人民对法官的职能之一般观点来看也是不能接受的。”参见 Mrot. Ⅱ(1888),第 726 页。

此外,《德国民法典》第 823 条第 2 款(2)规定了无过错责任。其他条文都是对一些具体问题或者技术问题的规定。通过这样一个对受到侵害的权利之概括列举和两次递进补充,德国民法典基本完成了对侵权行为的界定。但是这种界定方式不是一般条款的界定方式。在这样的模式下,律师或者法官判断被告是否构成侵权或者原告是否应当得到救济,首先使用第 823 条第 1 款规定的检验标准;如果得到的答案是否定的,则依次使用第 823 条第 2 款(1)规定的检验标准和第 826 条规定的检验标准;如果涉及无过错侵权,还要适用第 823 条第 2 款(2)规定的检验标准。

(四)在法国模式与德国模式之间

一些较晚的民法典的起草者趋向于将较早的民法典作为它们那个时代的试验品,其结果要通过比较研究的方法进行检验。[10] 法国民法典和德国民法典是大陆法系民法典的两个楷模。自从其问世以来,各国制定民法典无不对它们进行研究、参考,或者接受法国模式或者接受德国模式,或者在二者之间选择一种折衷和平衡。但是就侵权行为的立法模式选择或者说在一般条款与列举式做法之间的选择方面,较晚的民法典几乎都选择了法国模式或者说一般条款模式,而没有选择德国的列举式做法。

1830 年,《比利时民法典》和 1865 年意大利民法典的有关规定与法国民法典的模式一字不差。1889 年西班牙民法典也是将《法国民法典》第 1382 条至第 1384 条的内容规定到自己的《民法典》第 1902 条之中。1838 年旧荷兰民法典虽然区别了"不法性"(行为的客观方面)与"可归责性"(加害人的主观方面),[11] 但是也同样采用了法国的一般条款模式。

在 20 世纪 30 年代希腊起草民法典时,德国民法典首次受到了严峻的考验。德国学者认为其民法典整体表现还不错,[12] 也就是说德国民法典的许多制度创新都被希腊民法典所接受,但是希腊民法典并没有接受《德国民法

〔10〕 参见前引〔3〕,v. Bar 书,第 13 段。

〔11〕 区别不法性和可归责性就必然导致侵权行为的"四要件"构成理论:加害行为(不法性)、损害、过错(可规则性)和因果关系。由此看来,普遍认为是德国法学发明的侵权行为"四要件"构成理论原来发端于荷兰。

〔12〕 参见前引〔3〕,v. Bar,第 19 段。

典》第823条I关于侵权行为一般性规定的列举式做法，其第914条与《德国民法典》第823条I相反，但与1911年3月30日瑞士债务法第41条[13]相同："一个人因过错以违法方式对他人造成损害的，应承担赔偿责任。"尽管这一条文看起来像个"白地条款"，其实施依赖于有关外部规定，但是这并没有妨碍希腊司法部门将其作为一个直接适用的一般条款。意大利1942年《民法典》第2043条可以被认为是一条关于过错侵权的一般条款，但是它不仅强调了故意和过失，而且强调了损害的不法性（而不是行为的不法性）。[14] 有意思的是，"继承了德国法律重视理性的传统"的日本民法[15]，虽然在诸多制度上移植德国民法典的有关规定，但是在侵权行为法立法模式上没有照搬德国的列举式做法，而是规定了一个一般条款。[16]

（五）荷兰民法典和俄罗斯民法典的最新发展

20世纪90年代问世了两部重要民法典，一部是1992年1月1日施行的荷兰民法典，另一部是1995年1月1日（第1部分）和1996年3月1日施行（第2部分）的俄罗斯联邦民法典。

1. 荷兰民法典

荷兰民法典在关于侵权行为一般条款的规定方面，借鉴了自法国民法典以来将近两个世纪大陆法系国家的立法经验和审判经验，特别是总结了其本国自1838年以来的侵权行为法立法和司法经验，对侵权行为法一般条款的规定作出了全新的尝试。该法典第6:162条规定：

（1）对他人实施了可归责的侵权行为的人有义务对该侵权行为对他人

---

〔13〕 该条规定："一个人无论故意或者过失对他人不法造成损害的，对此等损害负有赔偿义务。"

〔14〕 《意大利民法典》第2043条（侵权行为的损害）："任何故意或者过失给他人造成不法损害的行为，行为实施者要承担损害赔偿的责任。"由于意大利立法者采用了一般条款的模式，所以意大利民法典关于侵权行为的条文也比较少，至少比德国民法典的相关规定简略得多。

〔15〕 王书江：《日本民法校后记》，载《日本民法》，法律出版社1986年版，第485页。

〔16〕 《日本民法》第709条（不法行为的要件与效果）："因故意或过失侵害他人权利者，负因此而产生损害的赔偿责任。"这里没有对"权利"进行列举，因此不同于德国的列举式规定。但是"权利"的范围如何，则需要司法上作出确认。其司法判例涉及的权利包括：对生命权的损害、对财产所有权的损害、对人格权（名誉、信用、姓名、贞操等）的损害以及侵害债权等（［日］三省堂：《模范六法全书》，1994年日文版，第709页以下）。这似乎表明，日本民法在法律形式上采取了法国模式，而在司法实践中则倾向于德国式的解释方法。

造成的损害进行赔偿；

(2)在认定一个侵权行为时，它是指对权利的侵犯和违反法律上的义务或不成文法上的利益的作为或不作为行为，但是有合法正当理由的除外；

(3)加害人因自己过错造成损害或者依据法律或社会观点他对损害负有责任时，加害人对侵权行为承担责任。

《荷兰民法典》第6:162条反映了近200年欧洲侵权行为法的发展成果。这一规定不仅远比法国民法典中的相关规定严密，而且也改进了意大利民法典中容易产生歧义的做法（如关于"不法损害"的规定）。[17] 荷兰民法典这条规定是一条较标准的一般条款：一切行为或"准行为"（即他人的行为——被监护人、雇员等的行为与物之危险的实现）是否构成对他人之侵权，都要接受这一条文的检验，在这一条文之外不存在任何其他提出侵权之赔偿请求的基础。从逻辑结构上看，第1款是基本规定，第2款是给第1款规定的"侵权行为"提出检验标准（即侵犯权利、违反法律义务或者不成文法上的利益）；第3款则是对第1款规定的"可归责"事由的具体化[即过错、法律规定（严格责任）和社会观念认为应当承担责任的情况]。同时，该条文还对抗辩（合法正当理由）作出了原则性规定。

2. 俄罗斯联邦民法典

《俄罗斯联邦民法典》第1064条（负担损害责任的一般规定）：

(1)造成公民人身或财产损害及法人财产损害，应由致害人赔偿全部损失。法律可以规定非法致人损害的损害赔偿责任。

法律或合同可以规定致害人于赔偿损害之外向受害人给付补偿金的义务。

(2)致害人如能证明损害并非因其过错所致，免负赔偿责任。法律可以规定致害人虽无过错仍需负责的情况。

(3)合法行为致人损害，在法律规定的情形，方负责任。

损害如系应受害人的请求或者经其同意而致，致害人的行为又不违反

---

〔17〕 参见前引〔3〕，v. Bar书，第25段。随着社会经济条件和侵权行为法理论的发展，无论是行为的"不法性"还是结果（损害）的"不法性"作为侵权行为之构成要件，都受到了挑战。参见后面第三部分（二）4的有关论述。

社会道德准则,可以拒绝赔偿。

应当指出的是,自1922年苏俄民法典以来,尽管从总体上看更多受到了德国民法典立法技术的影响,但是前苏联和俄罗斯在民法典中一直采用一般条款的立法模式建立其侵权行为法体系。[18] 无疑,《俄罗斯联邦民法典》第1064条是关于侵权行为一般条款的规定,或者说该条文中包含了一个有关侵权行为的一般条款:造成公民人身或财产损害或法人财产损害的,应当承担赔偿责任。这是一切侵权请求权之基础。质言之,认定任何人侵权责任,都必须接受该条的检验。[19]

20世纪90年代的这两部民法典似乎向我们昭示:在经过了大陆法系一些国家在法国一般条款与德国列举式做法之间的长期探索之后,新时代的民法典再次确定地选择一般条款的立法模式。其实,这不能简单地归结为对某种法律文化的偏好,而应当认为这是对长期的法制实践的经验总结:在德国列举式做法模式之下,诸如"纯粹经济利益"的保护、"对第三人具有保护效力的合同"、对"一般人格权"[20]和"营业权"[21]的司法解释确认、对"滥用权利"之界定、合同责任与侵权责任之竞合,这样一些复杂的问题必然产

---

〔18〕 1922年《苏俄民法典》第403条规定:"对于他人之人身或财产致以损害者,应负赔偿所生之义务。如能证明其不能防止,或由于授权行为,或损害之发生系由于受害人本人之故意或重大过失者,应免除其义务。"1964年《苏俄民法典》第444条(致人损害的责任的一般依据)规定:"对公民的人身或财产造成的损害以及对组织造成的损害,都应当由造成损害的人全部赔偿。如果造成损害的人能够证明损害不是由于他的过错所致,则免除他的责任。由合法行为造成的损害,只在法律规定的情况下,才应当予以赔偿。"从这些规定中我们可以看到其对一般条款认识的不断深化。

〔19〕 当然,作为关于一般条款的规定,第1064条恐有不够简明之嫌(如将"合同可以规定"置于这样的条文中)。需要指出的是,《俄罗斯联邦民法典》作为苏联解体后在新的政治、经济和社会制度之上建立的民法体系,其关于侵权行为法的规定有诸多突破,如以专门一节规定了"精神损害的补偿"(第59章第4节第1099条以下)。尽管在法典的逻辑结构上作出这样的安排不是没有争议的,但是其突破苏联民法理论、承认对精神损害的金钱救济的做法是值得借鉴的。

〔20〕 原载《国际比较法百科全书·侵权行为·为自己行为之责任》,第44页以下,转引自郑立群译:《特定的侵权行为》,载中国人民大学法律系民法教研室编:《外国民法论文选》,1983年版(校内用书),第383页。

〔21〕 德意志帝国最高法院声明:"一个已经建立的营业或者企业构成一种权利,这一权利本身可能受到侵犯。"参见其1904年2月27日的判决,在RGZ58,第24、29页。我们通常将这种"权利"翻译为"营业权"。

生,而对其解决或者需要借助最高法院无休止的司法解释,或者将本属于侵权行为法的问题让诸于合同法。尽管德意志民族与生俱来具有法学天才,还是被这些问题所困惑。法学家和法官尚且如此,何谈大众呢?

二、我国民事立法关于侵权行为法一般条款的规定之发展

(一)大清民律草案和民国时期民法典

宣统三年(1911 年)修订法律大臣俞廉三和刘若曾奉旨提交的大清民律草案第二编第八章是关于侵权行为的规定。该章有三个条文涉及侵权行为的一般性规定。

第 945 条:"因故意或过失侵他人之权利而不法者,于因加害而生之损害负赔偿之义务。"

第 946 条:"因故意或过失违保护他人之法律者,视为前条之加害人。"

第 947 条:"以背善良风俗之方法故意加损害于他人者,视为第 945 条之加害人。"

这三条规定表面上看起来与《德国民法典》第 823 条第 1 款、第 2 款以及第 826 条大致相同,但是其差别也是显而易见的:《大清民律草案》第 945 条没有对受到侵害的权利加以列举;从逻辑上看第 946 条和第 947 条都以补充第 945 条为己任(对第 945 条所规定的"加害人"之扩张性解释),似乎不是在第 945 条之外另外规定别的构成要件或者诉权基础。这就难以将这一体制完全归入德国的列举式做法。然而,这部民律草案还没有来得及颁布清王朝即告倒台。民国时期在 20 世纪 20 ~ 30 年代制定民法典时,对侵权行为法的一般性规定几乎完全继承了大清民律草案的有关条文。[22]

(二)民法通则

1986 年 4 月 12 日通过和颁布的《中华人民共和国民法通则》在我国民

---

〔22〕 这部法典现在仍然在我国台湾地区施行。该法典第 184 条是分三款加以规定的:"因故意或过失不法侵害他人之权利者,负损害赔偿责任"。"故意以违背善良风俗之方法,加害于他人者亦同。""违反保护他人之法律者推定有过失。"看来这三款法律分别与《大清民律草案》第 945 条、第 946 条和第 947 条略同。需要指出的是,新中国成立前我国学者以及如今我国台湾地区的学者更乐于对这条规定作与德国模式趋同的解释。这是由于全面继受德国法制和法律变化的原因所造成的。

事立法历史上具有里程碑的意义。《民法通则》第106条第2款和第3款是关于侵权的一般性规定。

第106条第2款:"公民、法人由于过错侵害国家的、集体的财产,侵害他人财产、人身的,应当承担民事责任。"

第106条第3款:"没有过错,但法律规定应当承担民事责任的,应当承担民事责任。"

如果要将其与《德国民法典》第823条和第826条或《法国民法典》第1382~1384条进行比较的话,显然民法通则的这两款法律规定更接近于法国民法典的有关规定。从某种意义上来看,它属于一般条款:第106条第2款是关于过错侵权的一般条款之规定;第106条第3款是关于无过错侵权的一般条款之规定。这一立法模式的优点是显而易见的:它给一切侵权行为或者说一切侵权请求提供了统一的检验标准(要件);它摒弃了对权利的列举甚至不使用"权利"或"利益"等术语而直接使用"财产"和"人身",而使法律保有最大的包容性。近十多年来我国司法部门妥当地判决众多疑难侵权案件(如侵害死者遗体、名誉,对受害人的近亲属判决精神损害赔偿等〔23〕),恐怕都与这一法律规定的较高程度包容性不无关系。

但是由于当时的历史局限,民法通则的这两款规定也存在一些不足:(1)措辞不简练,"公民、法人"可以合称为"民事主体";(2)用词不精确,"没有过错"没有表明无过错责任的确切含义;(3)刻意突出"国家的、集体的"没有必要。此外,这两款规定对准侵权行为之包容性也是不充分的。

(三)结论意见

这是一个有趣的现象:我国民法文化中含有更多的德国法营养,从清末法律改革到20世纪80年代制定民法通则,我们曾有过三次选择机会:在德国列举式做法和法国一般条款模式之间就自己的侵权行为法基本模式进行选择。前两次选择表面上接近于德国模式但在逻辑结构上仍有别于德国模

〔23〕 最高人民法院2001年3月8日的《关于确定民事侵权精神损害赔偿责任若干问题的解释》肯定了近十多年来我国司法实践中的这些做法,如第3条规定:"自然人死亡后,其近亲属因下列侵权行为遭受精神痛苦,向人民法院起诉请求精神损害赔偿的,人民法院应当依法予以受理……"

式。最后一次选择则完全采用了法国式的一般条款模式。作出这样的选择绝对不是历史的巧合或者立法者的任意。选择一般条款模式的最大优点在于保障法律应有的包容性以及尽可能避免诸如德国法院创设的“纯粹经济利益”“营业权”“一般人格权”“具有保护第三人利益的合同”等复杂而且不甚符合法律逻辑的现象。同时,用一个统一的检验标准(要件体系)对一切可能的侵权行为或者准侵权行为加以检验,可以有效地避免司法实践中因适用不同标准而产生的自相矛盾的情况。

《民法通则》第 106 条第 2 款和第 3 款关于侵权行为的一般规定基本上是成功的,在目前条件下完全有可能将其改造成一个面向 21 世纪的侵权行为法一般条款。

三、我国侵权行为法一般条款:试拟草案与说明

(一)一般条款的条文设计

1. 需要解决的两个前提问题

起草我国侵权行为法的一般条款,除了要解决各国在其起草民法典时需要解决的共同问题外,还有以下两个具有“中国特色”的特殊问题需要解决:(1)关于侵权行为的语义;(2)将侵权行为法安排在债法中的合理性。

如何用汉语表述 Tort/Torts/Delikt,本身就是一个棘手的问题。通常的做法是使用“侵权行为”或者“不法行为”(同日文),但是这样的表述又面临着显而易见的困难:首先,侵权行为法调整的不仅包括对权利之侵害,也包括对受到法律保护的利益之侵害;其次,侵权行为法不仅规范加害人的行为,而且在某些情况下被告即使没有实施任何行为也应当承担责任(如准侵权行为)。如果使用“损害赔偿”的表述方式,问题也并没有得到解决:在某些情况下即使损害没有发生,也产生民事责任;在一些案件中,除了适用赔偿的救济方式以外,还可能适用诸如赔礼道歉等救济方式。基于语词本身的局限性,我们决定仍然采用“侵权行为”作为最基本的概念,但是对其作扩张解释:侵害的“权”不仅包括民事权利,而且包括受到法律保护的利益;“行为”不仅包括加害人的行为(作为或不作为),也包括“准行为”(他人之行为、动物致人损害等)。

有的学者主张将侵权行为法从传统债法中分立出去,其主张不无道理。[24] 但是在本次民法典起草研究项目中仍将让侵权行为法保留在债法中。这就要求我们起草的侵权行为法尤其是其一般条款具有更多的"债法"属性。基于这一考虑,我们将从权利——请求权的角度来设计侵权行为法的一般条款,这更符合债权的属性。当然,还有一个无法克服的困难:侵权行为法中有些规范尤其是调整人身侵害之民事责任的规范并非完全财产性质的,如赔礼道歉等似乎与以属于财产权性质的债权不相符。此外,侵害财产所有权尽管尚未造成实际损害但造成客观现实之危险时,侵权行为法也应规定排除妨害或停止侵害。这样的规范又与物权法上的物上请求权相竞合。这些问题从大陆法系各国的民法理论来看,都没有得到圆满解决。在目前阶段也只好"两害相权取其轻"了。[25]

2. 笔者为我国侵权行为法一般条款设计的条文

民事主体的人身或财产受到损害的,有权依据本章(或本编)之规定,请求可归责的加害人或者对损害负有赔偿或其他义务的人承担相应的民事责任。[26]

(二)若干说明和理由

1. 本条的地位与作用

本条是草拟的我国侵权行为法的一般条款,是民法典侵权行为法部分

---

〔24〕 王利明教授指出:两大法系的比较,英美侵权行为法独立的模式更具有合理性;传统债法体系的内在缺陷是侵权行为法独立的依据之一;侵权责任形式的多样性决定了债权法对侵权责任关系调整的有限性;侵权损害赔偿之债的特殊性为侵权行为法的相对独立提供了依据;侵权行为法的不断发展完善,需要突破传统债法体系。参见王利明:《合久必分:侵权行为法与债法的关系》,载《法学前沿》(第1辑),法律出版社1997年版。

〔25〕 在梁慧星教授《关于民法典编纂的几个问题》的学术报告(2000年8月11日中国社会科学院法学研究所)上,笔者曾提出这一问题请教报告人,报告人给出了上述意见。

〔26〕 这个草拟的一般条款参考了v. Bar教授主持的欧洲民法典侵权行为法草案的有关条文。该草案为一般条款准备了两个方案,一个是从传统的定义侵权行为的角度来规定一般条款,另一个是从请求权的角度来规定一般条款(Article 1:101〔1〕A person who suffers damage has a right to reparation under this Part against someone who caused the damage intentionally or through breach of duty, or who is otherwise accountable for the damage.〔2〕....〔3〕....)。现在的基本意向是采取后一种方式。参见v. Bar教授2000年12月12日提供给欧洲民法典项目年会(奥地利萨尔斯堡)的关于侵权行为法草案的最终条文和说明。作者作为中国观察员列席了这次会议。

的第一个条文,也是最重要的条文。任何以侵权为由提出的诉讼和以侵权为基础的救济都必须符合本条所要求的全部要件(以及在具体案件中其他条文所要求的特殊要件)。本条之外,不存在任何一般侵权之诉的依据(特别法另有规定的除外,但是特别法的数量应当严加限制)。整个侵权行为法的规范体系将以这一个一般条款为基础展开。

2. 本条的着重点和逻辑结构

本条的着重点是权利——受害人的请求权,它使侵权行为法回归到民法作为权利本位的法。因此,它不是从传统的角度对侵权行为的构成要件进行定义或说明,而是从受害人的权利角度入手。其逻辑结构是:什么人享有权利(权利主体,即受害人)、在什么情况下享有权利(权利发生的条件,人身或财产受到损害)、对谁享有权利(义务主体,可归责的加害人以及对损害负有赔偿或其他义务的人)和享有什么样的权利(权利的内容,请求……承担相应的民事责任)。

本条沿用了《民法通则》第106条第2款中的"人身"和"财产"概念,而没有使用"人身权"或"财产权"的概念。[27] 这是考虑到"人身"可以作更广义的解释,使其内涵包括人身权和人格利益;同样,也可以对"财产"作更广义的解释,使其内涵包括财产所有权等绝对权利以及受到法律保护的财产利益。[28] 为了体现侵权行为法对人身权利和人格利益的保护,特意将"人身"置于"财产"之前,其实这也反映了当前民事司法实践的普遍状况:有关人身损害的侵权案件远多于财产损害的案件。草拟中的民法典侵权行为法的这种安排无疑也体现了民事法律对人、对人权的终极关怀。

3. 关于准侵权行为

从字面上看,《民法通则》第106条第2款(对过错侵权行为的责任)和第3款(对无过错侵权的责任)并没有涉及准侵权行为的问题,但是民法通则的一些条文涉及准侵权行为,如第122条(产品责任)、第126条(对建筑

---

〔27〕 显然,1922年《苏俄民法典》第403条、1964年《苏俄民法典》第444条和《俄罗斯联邦民法典》第1064条(1)也是使用"人身"和"财产"的概念,避免了《德国民法典》第823条第1款列举绝对权利的做法之僵化。

〔28〕 参见前引〔1〕,张新宝书,第88页。

物致人损害的责任)、第127条(对饲养动物致人损害的责任)、第133条(对民事能力欠缺之人的责任)等。此外《民法通则》第43条也应当被理解为对替代责任的规定,适用于侵权行为。[29] 从比较法的观点来看,近一百多年来在侵权行为法领域发展最快的恰恰是准侵权行为规范。[30]

草拟的一般条款将直接包括准侵权行为的基本规范,这主要是通过规定准侵权行为的被告之立法技术完成的:原告不仅可以对实施侵权行为的可归责之人提出请求,也有权对准侵权行为的责任人(负有赔偿等义务的人,即未成年人的父母亲等监护人、建筑物或动物的保有人或所有人、产品的制造者、雇主等)提出请求,从而为设计有关雇主责任、产品责任、建筑物和动物保有者的责任等提供了依据。

4. 关于"不法性"

受《德国民法典》第823条第1款"不法"的影响,过去大陆法德国法系国家的民事立法和理论均强调"不法性"(unlawfulness)。一般是以行为的不法性作为构成要件,[31] 而意大利民法典则强调损害的不法性。[32]

随着社会关系的发展,加害行为的不法性或者损害的不法性要件受到挑战:一些合法行为或者不为法律所禁止的行为(如得到政府许可的排污行为、在"可忍受的限度"内的对相邻土地的妨害等)给他人造成损害,加害人是否应当承担赔偿责任呢?或许日本学者末川博士在1930年就认识到了这一问题。他认为日本民法调整一般侵权行为的条文是第709条,该条规定的是"因故意或过失侵害他人权利者对因此产生的损害负赔偿责任",该条规

[29] 参见前引[1],张新宝书,第160页。

[30] 如自1922年以来在《法国民法典》第1384条基础上发展起来的财产持有者的责任、监护责任、雇主责任等。产品责任、危险物品、高度危险作业致人损害的责任更是近几十年来侵权行为法的重点和热点问题。

[31] 参见王泽鉴:《侵权行为法(第一册)基本理论:一般侵权行为》,1998年台湾版,第96页及第117页(附图)。需要指出的是,法国侵权行为理论是将行为的不法性与过错作为一个要件看待的。

[32] 《意大利民法典》第2043条既没有对受到保护的各种利益进行完全列举也没有在该条中将"不法"一词适用于造成损害的行为,而是将其作为与损害本身直接相关的一个要素:"故意或过失行为给他人造成不法损害的",行为实施者应当予以赔偿。

定并没有特别提及违法性(不法性)。[33]

解决这一问题,有两个可供选择的方案:一是对不法性之"法"作最广义的解释;二是检讨不法性要件。虽然我们过去试图采用第一种方案,[34]但是其说服力不强,尤其是与大陆法系关于不法性的理论存在较大的差距。因此,我们在草拟的一般条款中借鉴《法国民法典》第1382条和《日本民法典》第709条的做法,不再将不法性作为一个一般的要素。

5. 关于"可归责性"或"可归责事由"

传统上民法典规定侵权行为的一般条款或者列举对权利的侵害,总是直接指出可归责的事由(故意、过失、违反义务等)。关于可归责事由或归责原则,在我国理论界素有争议,有主张过错、无过错(严格责任)二元说的,[35]有主张过错责任一元说的,[36]也有主张过错推定作为归责原则的,还有主张公平责任的。[37]

鉴于学说上的分歧如此严重,我们认为不便在一般条款中解决这一问题,而用一种各方都比较能够接受的方式来处理这一问题:在一般条款中仅仅规定"可归责性"作为一个要件,而不对可归责性进行界定。在后面的相关条文中,我们对各种可归责的事由进行列举。

6. 关于竞合规则

德国模式承认侵权责任与违约责任的竞合,法国模式则一般禁止两种责任或说两种请求权的竞合。在存在违约责任请求权的情况下,原则上不得提出侵权上的请求。依据民法通则的规定,我国也应采取原则上禁止竞合的规则,但是1999年新合同法却规定了允许竞合,这就造成了法律内部的矛盾。我们建议,在最后对民法典各部分进行"组装"时对新合同法的有关规定进行修改,一是确认原则上禁止竞合的规则(可规定在债法总则中),二是将本属于侵权行为法的内容(如缔约上的过失)"归还"给侵权行为法。但

---

〔33〕 参见于敏:《日本侵权行为法》,法律出版社1998年版,第142页。

〔34〕 参见前引〔1〕,张新宝书,第83页以下。

〔35〕 参见前引〔1〕,张新宝书,第45页以下。

〔36〕 参见王卫国:《过错责任原则·第三次勃兴》,浙江人民出版社1987年版;张沛霖:《也谈侵权行为的归责原则——驳"无过错责任原则"》,载《政法论坛》1990年第2期。

〔37〕 参见前引〔1〕,王利明主编书,第81页以下。

是,在履行合同(尤其是服务合同)过程中侵害受害人生命、身体、健康且合同又未对此作为明确约定的,应允许受害人(包括被害人的近亲属)既提出违约请求也提出侵权的请求。同时,可设计将两种请求的时效期限尽可能协调统一的制度。

(三)一般条款的展开

1. 一般条款的初步展开:侵权行为法“总则”

侵权行为法在民法典中作为一章还是一编尚未最后确定。无论是作为一章还是作为一编,我们都趋向于作出这样的安排:第一部分是关于侵权行为法的基本规定(类似于某种意义上的“总则”),后面的各部分是关于各种具体侵权行为(和准侵权行为)以及民事责任的规定(类似于某种意义上的“分则”)。这个基本规定就是一般条款的初步展开,它将包括这样一些条文:一般条款;关于各种可归责事由的规定;关于损害的规定;关于因果关系的规定;关于共同侵权的规定;关于抗辩的规定;关于一般侵权行为法与特别侵权行为法的规定;关于民事责任竞合(禁止或严格限制竞合)、民事责任与刑事责任或行政责任聚合的规定等。这些条文都是严格按照一般条文的要求展开的。

这里草拟了有关可归责事由的条文供讨论:

第 N :1—102 条[38]归责事由

第一款　过错

加害人追求对他人的损害之发生或者明知其行为会导致损害之发生仍实施加害行为的为故意侵权。加害人未达到法律规定或社会生活之一般原则所要求的注意程度,为过失侵权。故意或过失侵权应当承担相应的民事责任。

第二款　严格责任

(1)过错推定

法律推定加害人有过错的,受害人无须对加害人的过错举证。加害人

---

[38] N 表示所在的章或编。显然,关于一般条款的规定就是第 N :1—101 条了。当然,这只是为了工作方便,最终的民法典草案将对条文进行重现编号,是否保留条文的题目也将会进一步斟酌。

得反证自己没有过错,但是法律规定不得反证的除外。

(2)对自己行为之无过错责任

法律有特别规定不要求加害人有过错的,加害人的行为造成他人人身或财产损害的,依法承担相应的民事责任。

第三款 对保有的物或他人行为之严格责任

有义务对所保有的物造成损害或者对他人之行为造成损害负责的,在该物或者该他人造成损害时应承担相应的民事责任。

受害人对此等义务之存在负有举证责任。

2. 一般条款的全面展开:侵权行为法体系

如果仅仅从法律逻辑的要求来看,有了上面的一般条款之初步展开,再加上一两个关于民事责任的条文似乎就足够了。也许正是基于这样的原因,法国民法典关于侵权行为和准侵权行为的规定只有5个条文。但是考虑到我国现阶段的法制状况,作出更细密的规定对司法实践更为有利。基于这样的理由,我们认为应当在立法层面上对一般条款进行全面展开,构筑一个相对细密的一般侵权行为法立法体系。这个体系的一级展开类似于法国模式,而二级展开则是在法国模式之上增加了普通法的列举模式。

这个体系除了上面设计的“总则”外,还包括“各种侵权行为和准侵权行为”以及“侵权的民事责任”两部分内容。“各种侵权行为和准侵权行为”由“自己的侵权行为”“特殊被告与对他人侵权之责任”“严格责任”等构成。列举的各种侵权行为,或者是在构成要件上有特殊要求(首先必须符合一般条款的要件),或者是在责任之承担或者举证责任等方面有特殊要求。“侵权的民事责任”由“一般规定”“赔偿责任”“其他民事责任方式”等构成。在赔偿责任中将引入定期金赔偿制度,以适用于对伤害、残疾以及未来其他支出的赔偿,当然需要有严格的担保制度之配合。这个体系可以简单地表述为“法国式一般条款模式 + 普遍法侵权行为法”的列举模式。

结语

“德国侵权行为法的范围最窄。英国普通侵权行为法则恰好相反。其他国家的侵权行为法处在这两极之间的不同地方。这种描述不仅适用于侵权与合同的关系,而且也适用于侵权与其他相邻领域特别是其与无因管理、不当得利的关系。"[39] 在英国法中将无因管理和不当得利都纳入侵权行为法,这显然与大陆法系的传统相去尚远。而由于德国侵权行为法列举式和递进补充式模式的局限性,在大量新的民事纠纷出现时,它难以扩张侵权行为法来解决这些纠纷,而是通过扩张合同法的做法来弥补其立法上的缺陷。这种做法的危害性除了表现在上面所提及的法律逻辑方面外,还表现为对合同法基本性质的动摇:合同法本来主要是调整交易关系的,交易主体依据合同法对其行为后果,应有确定的预期。而对合同法的扩张解释和适用,就必然使交易主体在一些情况下无法对其行为后果作出确定的预期。这样做不仅削弱了侵权行为法的功能,也并不利于合同法的健康发展。因此,我们没有理由选择德国列举式和递进补充的模式,而应选择法国的一般条款模式以建构自己的侵权行为法体系。

由全国人民代表大会常务委员会法制工作委员会委托、国家社会科学基金资助、梁慧星研究员领导的民法典起草研究课题,是我国民法学界当前的一项重要任务。合同法已经被通过并颁布实施,物权法草案建议稿已经公开出版并在进行紧锣密鼓的讨论,[40] 剩下的民法典总则和侵权行为法当属于民法典起草最困难的部分。我们在此提出关于侵权行为法一般条款的一些设想,旨在抛砖引玉,希冀将学界和实务界的更多注意引向侵权行为法的研究。无论是对本文的任何批评和建议,还是对整个侵权行为法草案的建议,都是作者十分欢迎的。

(本文原载于《法学研究》2001年第4期)

---

〔39〕 前引〔3〕,v. Bar书,第507段。

〔40〕 参见梁慧星等:《中国物权法草案建议稿——条文、说明、理由与参考立法例》,社会科学文献出版社2000年版。

客观诚信与主观诚信的对立统一问题

——以罗马法为中心

徐国栋

一、"诚信"一词在拉丁法律文献和现代民法中的使用

诚信,在拉丁文中的符号表现是 bona fides。fides 来自动词 fieri,为"已经做成"之义。后来它转义为"信"的意思。因此,西塞罗利用其词源学意义,把 fides 解释为"行其所言谓之信"(Fiat quod dictum est, appellatam fidem),[1]此语相当于中文的"言必信,行必果"。至于 bona,是"好"的意思,起强化 fides 的作用,两者合为"良信"之义,但人们惯于将其翻译为"诚信"。

在法律拉丁文中,"诚信"被大量使用,在优士丁尼《法学阶梯》中有 38 处;在《法典》中约有 117 处;在《学说汇纂》中约有 462 处。以《法学阶梯》为例,作者依次在两个领域使用 bona fides。第一个领域是诉讼法,其中有诚信诉讼与严法诉讼之分(Ⅰ.4,6,28,29,30)。第二个领域是物权法,其中又分为如下方面:(1)对物的占有以及与此相关的取得时效(Ⅰ.2,1,33—34;2,6pr.)。(2)对自由人的占有(Ⅰ.2,9pr.),不知情地占有这两者的,谓之"诚信占有"或"善意占有"(bonae fidei possesso)。购买是最经常的发生这种占有的原因,此等购买者为"诚信买受人"(bonae fidei emptor,中文通译作"善意买受人",例如我对Ⅰ.2,6,4 的翻译[2]),他是把标的物的非所有人者当做所有人与之交易者。(3)诚信的处分物的行为,如添附行为和消费行为,

---

[1] 参见[古罗马]西塞罗:《论义务》,王焕生译,中国政法大学出版社 1999 年版,第 22 ~ 23 页。译文有改动。

[2] 参见[古罗马]优士丁尼:《法学阶梯》,徐国栋译,中国政法大学出版社 1999 年版,第 151 页。

不知情地在他人土地上播种、建房等属于前者(2,1,29—30);第三人不知被监护人无监护人授权就把金钱贷与自己,且消费了此等金钱的属于后者(2,8,2)。

由上可见,在罗马法中有两种诚信:一种是诉讼法领域的诚信;另一种是适用于物权法领域的诚信。就前者而言,众所周知,程序法先于实体法,实体法产生于程序乃泰西古代法的普遍现象。由于程序法与实体法的这种关系,诉讼法领域的诚信,首先表现为裁判官运用自己的权威解决疑难案件的被描述为"裁判诚信"的过程。它是对裁判官运用其自由裁量权之过程的简略表达,当然,它也暗含着裁判官在这样做时要遵循正义的行为标准的意思。诉讼中疑难案件解决的结果,确立了实体法中的行为规则。这些规则要求当事人以其行为忠实地履行其义务。换言之,恪守客观诚信。根据现代学者的研究,此等诚信具有以下要点:(1)它是一种课加给主体的具有明显道德内容的行为义务;(2)这种行为义务的内容为:除了为保护自己的合法利益之必要外不得损害他人之利益;(3)评价主体行为的尺度不是当事人自己的,而是一个客观的标准;(4)但这种客观性不排除对主体之故意和过失等主观因素的考虑;(5)这种客观标准由主体行为与法律标准或典型的中等的社会行为的对比构成;(6)在寻求可适用的法律标准时,应考虑主体实施行为的社会背景。[3] 罗马法中的第二种诚信即适用于物权法领域的诚信,是一种当事人确信自己未侵害他人权利的心理状态,谓之主观诚信。现代学者认为它具有以下要点:(1)它是主体对其行为符合法律或道德的个人确信;(2)这种确信尽管是主观的,但从主体产生它的过程来看,它是诚实的和合理的;(3)主体在形成这种确信时尽到了注意义务,未发生故意和过失;(4)主体的这种确信可就其自己的情势发生,也可就与他有关的他人的情势发生;(5)这种确信决定了主体的行为;(6)法律因为主体的这种确信赋予其行为以有利的待遇。[4]可见,主观诚信与客观诚信的差别很大:一个是内心状态;另一个是外部行为,似乎是分属两个世界的东西,却都以 bona fides 表示。

---

〔3〕 Vé ase Manual Dela Puente y Lavalle, El contrato en general, El fondo para publicacion del PUC del Peru, 1996, p. 33s.

〔4〕 Vé ase Manual Dela Puente y Lavalle, op. cit. , p. 30.

这两种诚信的区别由罗马法传入现代民法中，不过，由于此时法律的重心已完成了从程序法到实体法的转变，在多数国家，裁判诚信遂被作为两种诚信的诉讼运作方式丧失了其独立存在。作为罗马法的直接传人，使用拉丁语族诸语言的国家以及英语国家以同样的符号表征它们。德语世界的情况有所不同。一方面，其法律文化与罗马法共享大陆法系的创造者的荣誉，因此其制度往往对罗马法有所变通甚至补充；另一方面，在继受罗马法的过程中，德国人注意把拉丁法律词汇民族化，排斥外来语，[5]所以，于立法中干脆取消诚信的表达，或根据两种诚信的分裂情况以不同的术语表达之。1811年的奥地利民法典采用前一种；1897 年的德国民法典和 1907 年的瑞士民法典采用后一种。

基于避免使用一般民众难懂的术语之考虑，《奥地利民法典》不使用"诚信"的抽象表达，而用比较具体的文句表达诚信在各个场合的意思。就客观诚信而言，其第 863 条有关于意思表示的解释应考虑普遍采用的手势、默示行为以及习惯和惯例的规定；第 897 条有关于调整附加于遗嘱之条件的规范也适用于合同之条件的规定；第 1435 条有关于被交付之财产的收受人在交付的原因丧失时应返还该财产的规定；第 1451 条有关于时效之定义的规定；第 1501 条有关于在无当事人起诉或请求的情况下法院不得依职权确定时效的规定，尽管它们都未使用 treu und glaube [（客观）诚信]的术语，但该法典的编者在书末的"词目索引"中，将这些条文都确定为关于 treu und glaube 的规定。就主观诚信而言，奥地利民法典同样不使用"诚信"的术语，而以 redlich（正直的、正派的、诚实可靠的）取代之，它代表了法典作者对 bona fides 一词在物权法中之意思的道德化理解，正犹如意大利人把这一意思理解为 correttezza（端方），该法典的编者在"词目索引"中将该词等同于 guter glaube [（主观）诚信]。[6]

德国民法典从未打算让普通百姓能直接读懂自己，因此，在其关于债的

---

〔5〕 关于德国人拒斥外来语的情况，参见[日]穗积陈重：《法律进化论》，黄尊三等译，中国政法大学出版社 1997 年经校勘的重印版，第 263 页。

〔6〕 Walter List, Zivilrecht, Von ABGB bis WuchG, Stand: 1. 5. 1997, 6. Auflage, Manz°Wien, Seite 488ff.

履行的第242条中,以treu und glaube表达的客观诚信,来自古代德国商人为担保交易安全而做的誓词;在同法规定占有中之诚信的第932条中,"诚信"以guter glaube表达,[7]义为"良信",是对拉丁文bona fides的直译。德国民法典以不同的术语表达两者,从而形成了客观诚信与主观诚信不仅在含义上,而且在术语上泾渭分明的格局。尽管,德国民法典的制定者意识到了两种诚信的分裂问题,但是,他们以消极的方式处理之。

瑞士民法典对这一问题的处理与德国民法典有同有异。同者,都分别以不同的术语表达客观诚信和主观诚信,前者使用treu und glaube;后者使用guter glaube。[8] 异者,瑞士民法典将客观诚信从债的履行的一个原则上升为民法的基本原则,将之规定在总则部分的第2条第1款。同时,也将第933条及以后数条对受让、取得、占有中的主观诚信的规定上升为基本原则,将之确立在紧接着的第3条,由此开创了一个法典中有两个诚信原则的奇观。[9]此外,考虑到不论是客观诚信还是主观诚信,都不过是授权法官裁断具体情境中当事人行为之妥当性的提示符号,遂于第4条将此点明示,规定了法官的自由裁量权。相较于德国民法典的制定者,瑞士民法典的作者进一步意识到对合同诚信的提升意味着取消物权诚信,由此涉及主观诚信的存废问题,但他们对诚信原则的理解过分客观化,不相信它可适用于物权关系,于是对物权关系中的诚信也来了一个提升,由此造成的问题是:第3条完全抵消了第2条第1款的意义,因为后者作为基本原则已褪掉了债法色彩而成为适用于全部民事关系——包括物权关系——的诚信。瑞士民法典对客观诚信和主观诚信的平行提升表明,前者仍是合同诚信,后者仍是物权诚信,两者不可能统一。尽管如此,瑞士民法典仍是对诚信原则理解最透彻的法典,它把诚信原则分解为客观诚信、主观诚信和裁判诚信几个方面,可谓面面俱到,颇有返顾古罗马诚信诉讼之旨趣。

---

〔7〕 Bùrgerliches Gesetzbuch, 43. Auflage, Mùnchen, 1998, Beck – Texte im dtv, Seite45;189.

〔8〕 关于民法典中两种诚信的符号表现的说明,感谢对之卓有研究的清华大学经管学院金勇军的帮助。

〔9〕 这一法典的中译者将第3条中的guter glaube译为"善意",从而避免了两个诚信原则的尴尬。参见殷生根、王燕的中译本,中国政法大学出版社1999年版,第3页。

我国法律文化受德语世界影响,使用不同的术语表达两种诚信,客观诚信以"诚信"的术语表达之;主观诚信以"善意"的术语表达之。受瑞士民法典的影响,《民法通则》第 4 条确立了涵盖全部民事关系的诚信原则。与瑞士不同的是,我国未同时将主观诚信也提升为基本原则,这意味着第 4 条规定的诚信不仅要贯穿合同关系领域,而且要贯穿物权关系甚至亲属、继承关系领域。如此,主观诚信必须完全取消。事实上,我国的立法和学说中仍存在两种诚信的分裂和对立。就立法而言,以统一合同法为例,其第 6 条规定了"当事人行使权利、履行义务应当遵循诚实信用原则",此乃关于客观诚信之规定;同法第 47 条第 2 款规定:"……合同被追认之前,善意相对人有撤销的权利……",此乃关于主观诚信之规定。[10] 从基本原则效力的角度,第 47 条第 2 款中的"善意"要改为"诚信",才贯彻了统一的诚信原则。很遗憾,合同法的立法者未这样做。就学说而言,一方面,梁慧星、李开国等学者坚持诚信原则的适用不限于债法,而是适用于整个民事领域。[11] 这表明我国主流民法学者打破客观诚信与主观诚信之界限的意识,值得充分肯定。但是,另一方面,一旦涉及由主观诚信长期盘踞的物权法研究,两种诚信的分裂仍摆在我们面前,包括提出上述主张的学者实际上仍只将客观诚信视为诚信,将主观诚信以"善意"的范畴指称之,似乎两者是两个完全不同的概念。[12]

在罗马法那里,我们不但可以找到客观诚信与主观诚信对立的源头,而且还可以找到统一两者的思想基础。相反,现代诸多国家的法律对此问题却迟迟未能提供有效的解决方案。在当下中国,制定统一民法典的呼声此

---

〔10〕 该法的英译者将第 6 条中的"诚信"译为 Good faith ;将第 47 条第 2 款中的"善意"译为 Bona fide,Good faith 是英文,Bona fide 是拉丁文,意思完全相同。参见《中华人民共和国合同法》(中英对照),法律出版社 1999 年版,第 7、25 页。

〔11〕 参见梁慧星:《诚信原则与漏洞补充》,载梁慧星主编:《民商法论丛》(第 2 卷),法律出版社 1994 年版,第 62 页。另参见江平主编:《民法学》,中国政法大学出版社 2000 年版,第 67 页。

〔12〕 在梁慧星教授主编的《中国物权法研究》(下册),法律出版社 1998 年版,第 473 页中,就有"善意取得"的表达。这表明梁教授实际上仍坚持两种诚信的分裂。在梁教授主持的《中国物权法草案建议稿》中,存在同样的问题(参见后文)。在翻译界,有一个统一两种诚信的良好尝试。哈罗德·伯尔曼的《法律与革命》(贺卫方等译,中国大百科全书出版社 1993 年版)的译者将占有中的 good faith 翻译为"诚信",在第 424 页有"诚信的动产买主的权利优先于真正的所有者的那些权利"的译文。但令人遗憾的是,在同书第 296 页中,又出现了"善意地购买了一块土地"的译法。

起彼应,但作为民法基本原则之重要问题的诚信原则的内涵却未得到有效的确定。因此,研究罗马法中两种诚信对立统一的历史,对于理解和解决现代法中的同样问题,以及为中国民法典的制定解决主客观诚信的对立统一问题,富有意义。

二、罗马法中的裁判诚信

前文已述,诚信原则包括客观诚信、主观诚信和裁判诚信3个方面。在实体法先在于程序法的现代社会,由于立法中诚信规定具有授予法官自由裁量权的性质,客观诚信和主观诚信最终要归结为裁判诚信。而在程序法先在于实体法的古典时期的罗马,情况恰恰倒过来:裁判诚信是客观诚信和主观诚信的本源。因为在那个时候,今人理解的合同关系表现为诉讼关系,作为客观诚信之依托的合同制度很晚才存在,[13]因此,不妨说现代意义上的客观诚信不过是裁判诚信运作的结果。此外,主观诚信所依托的取得时效制度、不知与错误制度,直到现代都不过是实体民法中具有程序法色彩的成分,因此,主观诚信也极大地依赖于裁判诚信。

严格说来,裁判诚信发端于程式诉讼时期。[14] 这一时期大致从公元前17年延续至公元294年戴克里先颁布允许各省总督自行审案的命令。在西方习用的罗马法史分期法中,这一时期属于古典时期,是罗马学术和法学的黄金时代,也是诚信观念的黄金时代。当时,罗马的审判程序分为法律审理和事实审理两部分,前者由裁判官负责,其工作成果表现为一个"程式"(Formula),其主文包括承审员的任命、请求原因、原告的请求(Intentio)、判决要旨4个部分;其附录包括前书(Praescriptio)与抗辩两个部分。诚信诉讼与主文中的"原告的请求"和"判决要旨"两个部分有关。首先,原告可在请求部分对被告提出"依诚信应该对他给或做的任何事情"(Quidquid sibi dare

---

〔13〕 公元1世纪的法学家拉贝奥才把"合同"作为一个法律术语使用。但直到参与编订《法学阶梯》的提奥菲鲁斯于533—534年根据《法学阶梯》的文本用希腊文写成《法学阶梯释义》,罗马法中合同的含义才与其现代的对应物一致起来。See Gy. Diosdi, Contract in Roman Law, from the Twelve Tables to the Glossators, Akademiai Kiado, Budapest, 1981, pp. 81, 95.

〔14〕 诚信诉讼与严法诉讼的区分似乎是在大祭司昆图斯·穆丘斯·谢沃拉(Quintus Mucius Scaevola,公元前95年的执政官,公元前82年被谋杀)的时代创立的,因为他曾评论过这种区分。

facere oporteret ex fide bona)的请求。其次,裁判官在审查原告的请求后,根据有无确定标的以及原告是否有“依诚信”的请求,决定是否在程式书状中写上“依诚信”字样。对无确定标的而原告附有“依诚信”的请求的,裁判官则将有“依诚信”字样的程式书状交给承审员,得到它的承审员即按诚信诉讼的方式对此案进行事实审。凡程式书状上未附注“依诚信”字样的都是严法诉讼。因此,诚信诉讼得名于“原告请求”和“判决要旨”中的“依诚信”的附语。在这种诉讼中,承审员可斟酌案情自由裁量,根据当事人在法律关系中依诚信应为的标准调整其权利义务,不必严守法规和拘泥形式,而按公平正义的精神为恰当的判决。附录部分的“前书”记载对原被告诉讼权利的保障措施;“抗辩”部分则指示承审员注意被告之可抵消原告主张的事实。[15]

与严法诉讼相比,诚信诉讼重在赋予承审员便宜处置权,其次才课加当事人行为义务。另外,由于这种诉讼显然更受罗马国家的重视,其处理结果从而更严厉或受到更认真的对待。这或许因为它们更多地体现了罗马国家以信立国的国策和斯多亚哲学的官方意识形态。我们看到,这些特性大都反映了诚信诉讼系属于裁判诚信的一面。

诚信诉讼随程式诉讼的终结而终结。公元3世纪末开始了非常诉讼时期,当时,法律审与事实审相分离的制度消失,代之以完全公力救济的纠问式诉讼程序。程式诉讼的消失导致程式中“依诚信应该”之附语的消失,诚信诉讼遂逐步消失,它保护的诚信关系转化为诚信契约和其他人法和物法上的关系。在这样的诉讼制度变革中,裁判诚信逐渐转化为实体法中的诚信。但诚信诉讼的消失肯定是个漫长的过程,直到公元6世纪的优士丁尼法中,它仍被保留并扩大了范围(Ⅰ.4,6,28)。人们相信,诚信诉讼的消失是通过把所有的诉讼都变成诚信诉讼,从而使它与严法诉讼的对立成为不必要而完成的。[16]

裁判诚信不仅体现在诚信诉讼中,而且还体现在一些其他诉讼制度中。就合同关系和物权关系而言有如下几种:

---

〔15〕 参见周枏:《罗马法原论》(下册),商务印书馆1994年版,第584、885、892页及以次。

〔16〕 Vé ase Josè CarlosMoreira Alves, op. cit., p. 194s.

1. 事实诉和事实抗辩。裁判官遇到新出现的法律关系而市民法无类似的诉讼可以调整的，根据具体事实制定程式的诉讼，谓之事实诉，通常适用于行纪契约之外的无名契约。[17] 它过去与前书诉一起共同调整无名契约关系，后来前书诉被固定化为行纪之诉，这种关系就由事实诉单独调整了。我们看到，事实诉实际上用来解决法律的不周延性问题，它是对正在典型化的社会关系的司法确认，并预示着进一步的法律确认。这一判断以诚信诉讼的发展史为依据：在下文将论及的15种诚信诉讼中，有6种是先得到事实诉，后转而得到法律诉的保护的。因此，事实诉往往是诚信诉讼的前奏，并为新的诚信诉讼的产生开辟道路——当出现既有的诚信诉讼不能调整的社会关系时，它又对之提供着尝试性的保护，直到法律诉产生。

如果说事实诉是保护原告利益的，则事实抗辩是为了保护被告的利益，它是裁判官逐案授予的抗辩，也被称为"因审理而运用的抗辩"（Exceptiones causa cognita accomodatae），目的在于强调市民法通常不重视的情势，尽管它有时不符合市民法，但以法律或元老院决议、更经常的是以裁判官自己的衡平评价为依据。[18] 这些抗辩所涉事项都是对被告不公平之事。它们不胜其多，为了避免就具体事项一一授予名目不同的抗辩的麻烦，裁判官后来创立了一般的诈欺抗辩，概括地解决所有对被告不公平的问题。

2. 简约之诉和简约抗辩。简约是不具备法定形式的单纯的协议，当事人可以之约定共同感兴趣的事项。这种协议最初因形式要件的欠缺不受法律保护，后来裁判官实事求是地保护部分简约，允许被违约方提起事实诉，谓之简约之诉，因此，简约之诉是事实诉的一种；不予保护的简约仅产生自然债务的效力，但并非毫无法律意义。例如，债权人以简约允诺债务人不再对其索债，如果他违反这一简约，后者可以已达成不索债简约的抗辩对抗之。[19] 显然可见，简约之诉和同名的抗辩是保护内容合法，但形式有欠缺的契约关系的工具。

3. 一般的诈欺抗辩。所有的抗辩都是保护被告的，诈欺的抗辩也不例

---

〔17〕 参见前引〔15〕，周枏书，第748、885页。

〔18〕 Cfr. Alberto Burdese, Manuale di diritto privato romano, UTET, Torino, 1993, p. 100s.

〔19〕 参见前引〔15〕，周枏书，第754～757页。

外。这里的"诈欺"并非指原告的任何欺骗行为,而指他在起诉之时以任何方式不公平地行事。因此,以现代的术语来表达,它是"显失公平的抗辩",表达的是"求衡平者自己必须衡平"的意思。前文已述,这种抗辩来源于事实抗辩,但它与简约的抗辩也有关系。在当事人不能援用简约抗辩的情况下,可援用诈欺的抗辩。因此,诈欺的抗辩是一种后备性的救济手段(D.2,14,10,2)。在诚信诉讼中,诈欺的抗辩是其当然内容(D.30,84,5),故被告尽管未提出这种抗辩,承审员仍可依职权提出之。

4. 仲裁之诉。它像诚信诉讼一样赋予承审员自由裁量权,但它主要适用于对物诉讼,在对人诉讼中,只适用于欺诈、胁迫、撤销、交出原物等情事;而诚信诉讼主要是对人诉讼。[20]

5. 善良公正之诉。是裁判官在程式的"判决要旨"中授权承审员依据衡平的标准确定非财产利益的损害额以为判处的诉讼。[21] 通常在不法侵害估价之诉中为如此授权。[22] 为了确定性,法律以一定的规则框定承审员之自由裁量权的行使,如以致害的地点、被害人的身份等因素为参照确定损害的轻重(Ⅰ.4,4,9)。

如果把诚信诉讼的本质理解为裁判诚信或授予承审员自由裁量权,我们看到,在罗马的诉讼制度中,已经形成了裁判诚信的制度体系:诚信诉讼、事实诉和事实抗辩、简约之诉和简约抗辩、一般的诈欺抗辩、仲裁之诉和善良公正之诉。它们彼此有所分工:前四者主要调整需要法官自由裁量的契约关系,而在它们内部又形成这样的关系:事实诉是诚信诉讼的起源和发展途径,用来解决社会发展带来的无名契约问题;简约之诉用来解决形式不合法的善良行为的司法保护问题;一般的诈欺抗辩用来对抗原告的一切不公平要求,作为一个空筐结构解决前三者不能解决的问题;仲裁之诉主要调整需要法官自由裁量的物权关系;善良公正之诉调整类似性质的侵权关系。可以说,现代诚信原则承担的功能,在罗马法中不仅由诚信诉讼,而且由许多制度共同承担,因此可以说这些制度都是现代诚信原则的鼻祖。

---

〔20〕 参见前引〔15〕,周枏书,第886页。

〔21〕 Cfr. Alberto Burdese, op. cit., p. 100.

〔22〕 参见[意]彭梵得:《罗马法教科书》,黄风译,中国政法大学出版社1992年版,第90页。

三、罗马法中的客观诚信

裁判诚信的主要运作方式是诚信诉讼,其结果结晶为实体法性质的合同制度或近似制度,其间蕴含着诚信的行为规范。昆图斯·穆丘斯·谢沃拉首先把诚信诉讼描述为有监护、合伙、信托、委任、买受和出售、租和赁6种。[23] 在他之后,诚信诉讼的范围不断扩张。在古典法中,又增加了无因管理、妻财2种。在塞维鲁时期,又增加了共同财产分割和遗产分割。[24] 公元2世纪的法学家盖尤斯又增加了寄托、使用借贷、质押3种,[25] 公元6世纪的优士丁尼《法学阶梯》又增加了互易、关于行纪的相当给付之诉和要求遗产之诉3种,同时剔除了信托。这样,优士丁尼法中的诚信诉讼的种类被扩展到15种。[26] 它们可被概括为要物契约、合意契约、某些准契约和某些物权关系4个类型。兹分述之。

(一)要物契约

要物契约的特点在于,一方当事人要以所有权、占有或持有的名义把物交给他方,后者有义务将物返还给前者。这类契约有信托、消费借贷、出质、使用借贷4种形式。[27] 除消费借贷外,都是诚信契约。在要物契约中,一方基于对他方的信赖将物的管领作了移转,能否得到管领之回复,取决于对方的信用,在这种意义上,信托是它们的共同形式。

1. 信托。信托是要物契约的一种,是一个与铜衡式交易或拟诉弃权配合使用的简约,据此受托人保证被移转的要式转移物的所有权在一定的条件成就后返还信托人。按盖尤斯的记载,信托分朋友信托和债权人信托两种。[28] 前者适用于当时尚不被法律承认的寄托和使用借贷;后者适用于担保债务。由于移转了标的物所有权,受托人可享有和处分标的物,而信托简

---

〔23〕 Cicerone, Dei Doveri, A cura di Dario Arfelli, Oscar Mondadori, Bologna, 1994, pp. 258s.

〔24〕 参见前引〔22〕,彭梵得书,第89页。

〔25〕 参见[古罗马]盖尤斯:《法学阶梯》,黄风译,中国政法大学出版社1996年版,第320页。

〔26〕 参见前引〔2〕,优士丁尼书,第473页。

〔27〕 Cfr. Antonio Guarino, Diritto privato romano, Jovene, Napoli, 1994, pp. 867ss.

〔28〕 参见前引〔25〕,盖尤斯书,第98页。

约不符合法定的形式要件，且其内容多规避法律，因此得不到法律的正式保护，在此情境下，物能否得到返还完全取决于受托人的信用。公元前1世纪，裁判官采用了信托的事实诉保护信托人从受托人收回物的行为，后来，它转化为“依诚信的信托法律诉”。这种信托以铜衡式交易和拟诉弃权的运用以及寄托和使用借贷不被承认为前提，当铜衡式交易和拟诉弃权被废止、寄托和使用借贷被承认之时，它也就寿终正寝，故在优士丁尼时代，它被从诚信诉讼的类目中剔除。〔29〕

2. 寄托。如前所述，寄托的前身是以保管为目的的朋友信托，信托人向受托人移转某一要式物的所有权，后者因此成为其表面上的所有人，可广泛和充分地支配该物，但受一定条件具备时向原所有人返还它的信托简约之约束。而受托人是否返还它取决于其信用，因此这种合同具有浓厚的诚信性质，当然，受托人的背信冲动受宗教义务的约束。〔30〕古罗马时，重要财物的移转如土地、农具和耕畜都以要式方式进行，一般零星财物寄托的规模很小，而且多发生在近邻、亲族间，法律基于不理小事情的原则不予保护而委诸宗教和习俗调整之。到了十二表法的时代，寄托已成为一个值得法律调整的问题。裁判官授予寄托人事实诉，后进一步授予他诚信性质的寄托法律诉保护其利益。〔31〕

3. 质押。前文已述，质押来自债权人信托。债务人以信托简约把标的物所有权移转给债权人，他在得到清偿后，有将质押物返还给债务人的道德和宗教义务，但无这样做的法律义务，因此，双方当事人的关系也曾一度靠“信”而不是“法锁”维持。为了使这种关系法律化，裁判官授予出质人以“对人的质押事实诉”。古典后期，法学家承认出质人享有“质押的法律诉”，其性质属于诚信诉讼。〔32〕

4. 使用借贷。古罗马时对使用借贷无专门的法律保护，原因在于这种

---

〔29〕 Cfr . Antonio Guarino, op . cit. , pp. 871ss.

〔30〕 参见[意]F. 圭齐：《欧洲罗马法传统中的寄托》，黄风译，载杨振山主编：《罗马法·中国法与民法法典化》，中国政法大学出版社1995年版，第254页。另参见前引〔25〕，盖尤斯书，第98页。

〔31〕 Rafael Domingo, Textos de Derecho Romano, Aranzadi Editorial, 1998, p. 31. 另参见前引〔15〕，周枏书，第680~681页。

〔32〕 Cfr . Antonio Guarino, op . cit . , pp . 878s.

交易的规模未达到典型程度,因此,使用借贷关系也一度仅靠道德和宗教维持。共和末期,裁判官授予"使用借贷的事实诉"保护出借人的利益。古典前期,在前诉的基础上,又辅之以"依诚信的使用借贷的法律诉"。此诉的诚信性质在于:借贷人只被移转对标的物单纯的"持有",他对之要尽善良家父的注意。如果他超出借贷目的使用标的物,构成使用盗。合同终结后,他负有诚实地连同从物和孳息返还主物的义务。[33]

(二)合意契约

合意契约先产生于万民法,后被纳入市民法,是最典型的诚信关系。它产生在古典时期,是罗马人与外邦人频繁交往的结果。合意契约有如下种类:

1. 买卖。这种交易经过了由繁到简的发展:铜衡式交易、拟诉弃权、要式口约、文书契约、合意契约。需要强调的是,后起的要式口约的一问一答的形式虽然简单,但不能用于订立双务合同,因此,现代买卖的双务合同是买的要式口约和卖的要式口约的叠加。[34] 这样,买受和出售各构成一种诚信诉讼,不存在将买与卖合为一体的诚信诉讼。直到拉贝奥的时代以后(公元1世纪),学说上才将买卖合为一体,形成一种双务契约。故优士丁尼确认买卖是一种单一的诚信诉讼(Ⅰ.4,6,28)。但由于传统的影响,司法实践中仍以买受之诉和出售之诉分别保护买受人和出卖人,两者都是诚信诉讼。

在买卖中,在赊购人的延期付款问题上,在出卖人披露第三人对标的物之权利的问题上、在标的物被人追夺时买受人是否要继续付款等问题上,都有许多诚信因素。

2. 互易。应该说互易是最古老的买卖。货币的产生使买卖成为特殊的互易,由此产生了买卖与互易的关系问题。萨宾派与普罗库鲁斯派就此进行了争论,后者关于互易是一种独立契约的观点得到了接受,由此使关于买卖的诉权不得适用于互易。裁判官遂把互易视为一种依单纯合意成立的无

---

〔33〕 Cfr. Matteo Marrone, Istituzioni di diritto romano, Palumbo, Palermo, 1994, pp. 465s.

〔34〕 参见前引〔15〕周枏书,第668页。

名契约,以事实诉保护之。[35] 互易的性质类同于买卖,既然买卖是诚信诉讼,互易之诉自然也是。

3. 租赁。首先必须说明的是,古罗马的租赁包括物的租赁、劳务的租赁和工作的租赁3种类型。劳务的租赁相当于如今的雇佣;工作的租赁相当于承揽和运送。如果这样理解租赁,其诚信性质就很明白了。不难看出,在承租人、运送人、承揽人对标的物应尽的注意问题上、在受雇人提供劳务的质量等问题上,租赁合同对当事人的诚信有很高的要求。

4. 行纪。保护这种法律关系的是关于行纪的相当给付之诉(Actio praescriptis verbis de aestimato)。在程式诉讼时期,诉讼程式的附录部分设有"前书",裁判官在受案后用以说明史无前例之交易的当事人的纠纷情况,授权承审员按诚信原则便宜处理。作为一种解决无名契约问题的途径,它遂称为前书诉。由于它要求当事人进行的是一种不规则给付,又被意译为"相当给付之诉"。正因为这种不规则给付只能依诚信标准确定,它是诚信诉讼。最早它是为了解决行纪的性质提出来的:如果一方当事人委托他方出售经估价的物品,在售出后返还价金;在不能售出时返还原物,这种交易是估价出售,还是工作的租赁,还是委任,法学家们众说纷纭,裁判官认其为一种独立交易而创设这种诉权解决之。[36] 它揭示了诚信诉讼调整无名契约的功能。

5. 委任。在远古时期的简单社会,无委任的必要,因为家父可自己或通过从属于自己的家子完成各种必要行为。在公元前3世纪~公元前2世纪的商业时代,经商的罗马人或外邦人委托远方一个他信任的人代理自己完成不能亲自完成的事务成为惯例。当初,这种关系基于友谊,由习俗而非法律调整。公元前2世纪~公元前1世纪,社会关系中友谊的作用降低,而委任关系进一步增长,为了把这种关系法律化,产生了委任之诉保护委任。与

[35] Cfr . Antonio Guarino, op. cit. , p. 963. Anche si vede Manuel Jesus Carcia Garrido, op. cit . , pp. 415s.

[36] See the Digest of Justinian, edited by Mommsen and Alan Watson, University of Pennsylvania Press, Philadelphia, 1985, p. 574.

其最初产生于友谊关系的历史有关,委任契约以诚信的观念为基础。[37]

6.合伙。公元前3世纪产生了万民法上的合伙,市民和外邦人皆可为之,以满足组建商业团体的需要。此种合伙当事人间的关系建立在“信”的基础上,法律为此限制合伙人的数目以保持其人合性质。这种新型的合伙很快得到法律的保护,有合伙之诉的诚信诉讼。[38]

上述合意契约具有浓重的诚信色彩。首先,其形式极为自由,仅以双方当事人达成合意为已足,当事人无须使用特殊的话语或文字,甚至无须亲自出席也能通过书信或使者订立合同。繁文缛节是对交易安全的保障,一旦舍弃了它们,就只能以“信”来保障这样的安全了。其次,上述合意契约都具有双务性,即一个契约关系导致双方当事人的相互义务,而不像过去那样以两个单务契约来分别表现各方当事人的义务,这诚然实现了订约成本的极大节约,[39]但这样的双务合同仅以当事人双方给付的抽象的相互对待为基础,并不要求特定的双务关系具有法律规定的非常确定的内容,因此它意味着当事人义务的不确定化。[40] 当然,这种不确定义务只有依诚信才能得到确定并履行。

(三)某些准契约

罗马法中的准契约包括监护、无因管理、共有、遗产移转、错债清偿等,其中只有前3种受诚信诉讼保护。

1.监护。监护是一种最古老的诚信关系。罗马的监护依发生原因分为遗嘱监护、法定监护、指定监护和信托监护4种。遗嘱监护和指定监护都是被监护人的父母或有关官吏基于对被指定者的信任设立的,而法定监护人和信托监护人都是被监护人的亲属或其恩主的卑亲属,因此,监护关系都建立在“信”或亲情的基础上。

2.无因管理。约在公元前2世纪末,为了解决不在者或死者的事务管理

---

〔37〕 Cfr. Antonio Guarino, op. cit., pp. 938s. Anche si vede Alberto Burdese, op. cit., pp. 476s.

〔38〕 Cfr. Antonio Guarino, op. cit., pp. 927ss.

〔39〕 Véase Manuel Jesus Carcia Garrido, op. cit., p. 374.

〔40〕 参见D.2,14,7,2中乌尔比安转述的阿里斯托对双务合同的论述。载桑德罗·斯奇巴尼选编:《民法大全选译·法律行为》,徐国栋译,中国政法大学出版社1998年版,第3~4页。

问题,裁判官创立了事实诉保护管理他人事务者的利益。当时的这种事务管理主要是代人出庭应诉。公元前1世纪中叶,确立了市民法上的“依诚信的无因管理法律诉”,以便包罗各种尚未得到法律确认的事务管理情形。[41]这种关系的诚信性质强烈。一方面,本人要负费用返还义务,不能赖账;另一方面,管理人要对不在者的事务以很细心的注意进行管理,并承担汇报账目的义务(Ⅰ.3,27,1)。

3. 共有。此处之共有非通常的意定共有,而是法定共有,即由于法律的规定超出当事人的意志发生的共有,有因继承的共有和因受赠的共有两种类型(Ⅰ.3,27,3,4)。罗马人认为“共有是纷争之源”,允许以分割遗产之诉和分割共有财产之诉解除之。前者为共同继承人之一对其他继承人提起的诉讼,以求得遗产之分割,承审员为此做出分配裁判;后者为任一共有人对其他共有人提起的诉讼,以达到分割共有财产的目的。[42]这种关系的诚信性质表现在已享有共有物之孳息的共有人要如实对其他共有人承担责任;其他共有人应诚实地对为共有物作了花费的共有人做出赔偿等问题上。

(四)某些物权关系

此前的13种诚信诉讼都以契约或准契约关系为对象,以下的诚信诉讼则涉及物权关系。

1. 妻财之诉。从共和末期起,妻子结婚带来的嫁资不再是她对丈夫的赠与,丈夫只获得对嫁资的占有、使用和收益权,妻子保留其所有权,婚姻解除后,丈夫负向妻子返还嫁资的义务。裁判官为此创立了妻财诉,以此保护未以要式口约约定嫁资返还事宜的妻子的追索嫁资权。可以看出,在妻财之诉中,丈夫要诚实地返还妻子的嫁资,不得隐匿和无理扣减。

2. 要求遗产之诉。这是一种在十二表法时代即已存在的诉权,在法律诉讼时代以对物的宣誓决讼的形式出现。在程式诉讼时期,它是一种物权诉,即要求返还之诉,据此,继承人可以遗产所有人的身份要求以寄托、消费

---

〔41〕 Cfr. Alberto Burdese, op. cit., pp. 495s.

〔42〕 Cfr. Federico del Giudice e Sergio Beltrani, Nuovo Dizionario Giuridico Romano, Edizione Simone, Napoli, 1995, pp. 20, 24.

借贷、质押等名义散落在他人之手的遗产之归还;或得到死者以遗赠、遗产信托等名义应得到的财产之给付。如他胜诉,则区别占有遗产者是诚信的还是恶意的而做不同处理。在占有人为诚信之情形,只需返还在证讼时实际存在的遗产;如果他为恶意,则要对遗产的毁损灭失承担完全责任,意外事件造成的除外。[43] 优士丁尼在其《法学阶梯》中提到,在他的时代,要求遗产之诉是否为诚信诉讼"仍不确定"(Ⅰ.4,6,28);他还在530年9月1日致大区长官尤里安的敕答中提到,就这种诉讼的性质有很多争议,为了结束这种争议,他将之确定为诚信诉讼。[44] 笔者不能具体地知道这场争议的内容,但完全理解为何它会发生:要求遗产之诉是纯粹的物权之诉(妻财之诉有物权和债权两种成分),诚信诉讼如果包括它,意味着原先调整契约关系的这种诉讼将进而调整物权关系,而物权关系中早有自己的诚信观念,引入合同诚信后,马上会发生两种诚信的竞合问题。确实,这种诉讼兼涉客观诚信和主观诚信,前者表现为以寄托、消费借贷、质押等名义占有死者财产者,在死无对证的情况下,要如实地把这些财产返还给继承人;后者表现为占有人误认属于遗产的物为自己所有而占有的情况。诚信诉讼的"跨界"扩张、两种诚信的竞合于一种诉讼,它们是否会引起现有理论体系的混乱?当然会引起法学家们的犹豫,从而引起争论。的确,就类似的问题,在1339年后,于1869年在德国法学家布农斯和威希特之间又进行了一次争论(参见后文第四节),可见其复杂性。以现代的眼光看,要求遗产之诉反映了建立统一的诚信范畴的必要与可能。

上述15种诚信诉讼保护的社会关系是来源不一的各种制度的混合体。信托、寄托、质押、使用借贷、委任之诉等都是对已有的社会关系的法律确认,它们并非诚信诉讼所创造,只是从这种诉讼获得了法律效力。它们的发展是宗教和道德法律化的过程。相反,行纪则是由诚信诉讼创立的。而合意性的买卖则是由诚信诉讼改造为比较简单的形式。信托最终被废除了其

〔43〕 Cfr . Mario Talamanca, op. cit . , p. 702. 另参见前引〔15〕,周枏书,第537页及以次。

〔44〕 C. 3, 31, 12. See the Civil Law including The Twelve Tables, The Institutes of Gaius, The Rules of Ulpian, The Opinions of Paulus, The Enactments of Justinian, and The Constitution of Leo, Trans. and edited by S . P. Scott, Cincinnati, s a . Vol. XII, p. 311.

诚信诉讼的地位。"确认""改造""创立"和"废除",是诚信诉讼运作的 4 种形式,通过它们,裁判官运用自己的自由裁量权使法律保持对社会关系的适应。

值得注意的是,这 15 种由诚信诉讼保护的社会关系,以现代法的观点看,许多不是契约,监护关系、共有关系、遗产追索关系即是如此,因此,我国学者之现代的诚信原则起源于罗马法中的诚信契约和诚信诉讼的提法[45]值得推敲,因为把这些社会关系概括为契约关系不确切,从定量分析来看,它们只有 13 种是罗马人意义上的契约关系(如果按现代人的契约观念说话,则属于契约关系的更少,监护、无因管理和共有应被剔除),它们中还有两种赤裸裸的物权关系:嫁资返还和遗产追索。如果说前者还只要求嫁资返还人遵守客观诚信,则后者毋庸置疑地课加了主观诚信义务于遗产占有人。此外,诚信诉讼和诚信契约并非同时代存在的东西,诚信诉讼是程式诉讼时期的现象;而诚信契约是非常诉讼时期的产物。此一时期,人们看待问题的着眼点从程序转向实体,诚信契约才成为一个可与诚信诉讼并列使用的术语并逐步取代后者。[46] 那么,应如何概括诚信诉讼保护的社会关系?我以为称它们为"诚信关系"较好。

四、罗马法中的主观诚信

在物权法中沿着另一个方向发展。主观诚信更多地表现在物的占有制度中。共和前期罗马的占有制度与公地向私人土地的转化过程密切相联。其过程是这样的:在埃特鲁斯君主制时期,氏族土地实现了私有化;而公地的私有化过程比较复杂。共和前期的宪法赋予罗马贵族以无限制的占有公地权,这种占有具有与所有权基本相同的内容,只是占有人不能说被占有的土地是他的,因为他和周围的人都知道事实并非如此。因此,他不能以时效的方式取得公地的所有权。但时间长了,"事实产生权利",这种占有就变成了所有。通过这种方式,公地逐渐地转化为私地,大约在公元前 1 世纪的内

---

〔45〕 参见胡仕湘、赵冀韬:《论诚实信用原则在契约法中的推进》,载《第二届"罗马法·中国法与民法法典化"国际研讨会论文集》,北京,1999 年,第 236 页。

〔46〕 参见[意]朱塞佩·格罗索:《罗马法史》,黄风译,中国政法大学出版社 1994 年版,第 433 页。

战期间,这一过程基本完成。[47]

但是,公地不能以时效取得的命题仅仅是理论上的,因为执行法律的正是贵族,他们自然把这样的法律按符合自己利益的方向运用。因此,取得时效仍很可能是把前种土地转化为后种的法律工具,它是正处在两种土地制度之交的《十二表法》第6表第2条提供的:使用土地的取得时效为2年,其他物件为1年。但按现在的法律观念,这样的情况不会发生取得时效,因为占有人自己及其邻居都知道被占有的土地是罗马国家的,占有人因而欠缺使取得时效得以进行的"诚信"(bona fides)。然而,在公元前456年"关于把亚文丁山上的公地授予平民建房的法律"中,诚信不是不知或错误的意思,而是占有手段合法的意思。以暴力和欺瞒方式(即盗窃,罗马法学家曾相信土地可被盗窃)占有公地者,为恶意占有人;以和平、公开方式为此等占有者,为诚信占有人。[48] 该法对诚信的这种理解使我有理由相信,早于它6年的十二表法也对诚信持这种客观的理解。[49] 在这个时期,占有领域中的"诚信"并非当事人确信自己未侵犯他人权利的内在心理状态,而是遵守方式义务的外在行为。换言之,此时也许还没有什么主观诚信,只有一体的客观诚信!这样的诚信还可做"很好地遵守契约"理解,被遵守的"契约",就是毋害他人的法律规定。确实,当时罗马的立法程序很像订立要式口约:长官宣读一个法律的内容,参加会议的全权市民大声喊叫表示同意,一个法律就这样诞生了。[50] 遵守这样的法律,就是bona fides。

诚信分化为主观和客观两个方面,大约发生在古典时期(与程式诉讼时

---

〔47〕 Cfr. Aldo Petrucci, Un Breve Quadro del Regime Giuridico della Terra dalle Origini di Roma alla fine della Repubblica, Manoscritto inedito.

〔48〕 公元前456年,"关于把亚文丁山上的公地授予平民建房的法律"的适用提供了这样使用"恶意"和"诚信"两个术语的例子。当时,这座山上的公地已被人占有,罗马国家剥夺了他们的占有,对恶意占有人的耕作费用不予赔偿;对诚信占有人的此等费用则赔偿之。Cfr. Aldo Petrucci, op. cit.

〔49〕 彭梵得强调,早期的人们为了不使取得时效成为对霸占的奖赏和鼓励,只要求占有不以损害他人的方式实现,以真正唯物主义方式理解的这一标准,就是要求不用偷来或抢来的方式破坏他人的占有而为自己的占有。只是到了古典时期,占有中的毋害他人的标准才分化为主观和客观两个方面。参见其所著前引书,第218~219页。

〔50〕 正因为如此,帕比尼安将法律定义为"整个共和国民众的共同誓约"。D.1,3,1.

期大体相当),它也许是这一时期繁荣的法学对法律关系进行最精细分析的结果。公元22年左右的小内尔瓦和3世纪的莫特斯丁于此期间都贡献了《论取得时效》的专著,大大推动了这方面的研究。由此,过去的对占有人的"毋害他人"的要求,一方面,被内推为一种不对"合法占有者造成实际损害的意识",谓之"诚信",[51]此为主观诚信之滥觞。我们看到,此时它是一个道德评价的概念。另一方面,过去被名为"诚信"的占有人的某些损害行为(盗窃和暴力等)的阙如,作为纯粹的客观因素被归为物的能力方面的取得时效完成要件(Ⅰ.2,6,8)。

一旦占有人的客观行为获得独立地位,已建立起来的主观诚信就获得了独立的发展。先是其意思完成了从"毋害他人"的意识到"不知对他人之损害"的平滑转变,最后用来指称占有人不知自己所处的真实情势或对之发生错误的心理状态。每转义一次,其道德评价色彩就淡化一些,因为主体过去可能发生的道德缺陷已转化为物的能力的缺陷。这样,在被理解为不知的诚信中,不知的对象可以是事实,也可以是法律。如让与人并非让与物的真实所有人而受让人误信其为具有此等身份;或让与人本无出让标的物的能力而受让人误信为其具有之,即为对事实的不知。买受人诚信地买卖不融通物,即属对法律的不知。[52] 然而,刚刚把一种道德因素驱赶到被占有物的属性上,另一种道德因素又悄然进入了诚信范畴,因为根据法学家们的设定,知与不知并非一对完全个别化的、自然的概念,而是具有社会性标准的有些人为的概念。不应允许某人因不知一个全城人都知道的事实而获利,尽管从他个人的角度而言,他确实不知,但他的这种状态要归因于他的粗枝大叶,他应为此承担责任(D.22,6,9,2)。在这里我们看到,本来是主观的"知"的问题又在一定程度上被外在化了,成了一种受裁判官评价的主观。所以,从表面看,主观诚信不像客观诚信那样与诉讼有直接关系,实际上,由于诚信标准的模糊性,它必定要通过诉讼才能确定化,如此,裁判官又要借着诚信的名目进入占有关系。于是我们不得不承认,所有的诚信问题,客观

---

〔51〕 参见前引〔22〕,彭梵得书,第219页。

〔52〕 参见前引〔15〕,周枏书,上册,第326~327页;下册,第691页。

的也好,主观的也好,最终都是诉讼问题。

况且,对事实的不知与对法的不知被评价为效果不同,按照彭波尼的观点,在取得时效问题上,对事实的不知可以原宥,不影响诚信之成立;但对法的不知不可原宥,因此不构成诚信(D. 22,6,4)。此乃因为法一经颁布,即对所有的人生效,不问他是否知晓该法律。否则,如果允许以对法的不知免责,人人将会借助这一难以证明的心理事实摆脱干系。但这一规则并非无例外,士兵就享有不知法的特权(D. 22,6,9,1);未满25岁的未成年人对法的不知、妇女在某些情况下对法的不知,都不会为他们带来不利后果(D. 22,6,9pr.)。总之,自然的"不知"与法律意义上的"不知"并非完全相同,后者掺杂了评价因素。由此,以"不知"为基础的诚信不会是完全客观的心理事实,而是这种事实与人为评价的混合。

在罗马人看来,不仅不知构成诚信的基础,错误也是如此,尽管两者在后世的民法中往往被统称为"错误",但罗马人把它们区别开来却赋予相同的法律效果:不知指当事人对事物全无认识;错误则指当事人对事物无正确认识。错误分为可原谅的和不可原谅的,以通常注意和通常智力的人是否能容忍为标准划分两者。能够容忍的为可原谅的错误,它显然并非轻率地犯下的;反之则为不可原谅的错误,它应是在相当严重的情形中产生的。前者构成诚信;后者相反。[53] 反过来说,主体尽到了适当的注意义务就不会犯不可原谅的错误,"不可原谅"的名称即蕴含着法律对认识主体的疏忽大意的批评性评价。但这种分类的标准十分含糊,必须依个案决定某一错误是否可以原谅。

不可原谅的错误是否影响占有中的诚信之构成,学说上有争议。德国的潘得克吞派法学家布农斯(Bruns)认为,不可原谅的错误排除诚信;但同属于潘得克吞派的法学家威希特(Wächter)认为,错误是否可原谅不影响诚信的成立。两种观点的对立来源于1869年他们围绕一个继承案就取得时效中的诚信之性质进行的一场争论。威希特维护心理的诚信概念,认为诚信是一种纯粹的心理事实;布农斯主张道德的诚信概念,认为它蕴含着对行为

---

〔53〕 参见前引〔22〕,彭梵得书,第83页。

的正当性的评价。[54] 威希特的观点后来为法国的切斯当(Chestin)、阿根廷的莫内罗(Morello)、意大利的罗易和特西多勒(Loi y Tessitore)所遵循;布农斯的观点为意大利的彭梵得(Bonfante)所遵循,形成了两个学派。[55] 从上文关于不知与错误的论述中,不难看出布农斯派的观点更有道理。我们不妨把道德理解为对行为的是非之评价,由于懈怠的不知、对法的不知,是不正当的、不能容忍的错误,它们都破坏诚信的构成,如此才可保护尽适当注意者,制裁漫不经心者。

应该说,罗马法原始文献中的不少片断和一些现代立法都体现了道德的诚信概念。例如,优士丁尼明确规定,原因的虚假导致的错误破坏主观诚信的成立,因而不引起取得时效(例如,某人在未购买的情况下认为自己已作了购买而占有的情况;或在未对他作赠与的情况下,他好像根据赠与而占有的情况)。[56] 这种对原因的错误过于离谱,故作为不可原谅的错误影响诚信的构成。在现代法中,物之受让人的重大错误也影响取得时效的完成,《德国民法典》第932条即规定:诚信受让人可以取得物的所有权,但受让人明知或因重大过失不知物不属于出让人的,为非诚信人,不能取得该项所有权。[57] 这一规定证明了布农斯的道德诚信观在其祖国的胜利。《瑞士民法典》第3条也采用道德化的主观诚信(用"善意"的术语表达)标准,以尽注意的程度判断是否达到了诚信。这里的注意就是衡量主体的认识程度的道德尺度。

主观诚信具有以下效力:诚信占有人在发现自己的不知或错误后返还占有物时,不必返还已消费的孳息;而恶意占有人不仅要返还原物,而且还要返还现存的和已消费的孳息(I.2,1,35)。在古典时期,只有诚信占有人可要求就标的物的改良得到补偿,恶意占有人不得如此。显然,法律给予诚信占有人如此多的优惠,是因为诚信的合道德性。

---

〔54〕 Vé ase Josè Carlos Moreira Alves, op. cit., p. 191.

〔55〕 Vé ase Manual Dela Puente y Lavalle, op. cit., p. 27.

〔56〕 I.2,6,11. 参见前引〔2〕,优士丁尼书,第153页。

〔57〕 参见孙宪忠:《德国当代物权法》,法律出版社1997年版,第317页。

五、两种诚信的统一基点及其思想基础

我们注意到,主观诚信与客观诚信具有十分不同的内涵,但它们曾是统一的,只是在古典时期由于法学研究的精细化才造成了两者的分裂。由于这一事件发生得很早,这两种诚信的共同基础被遗忘了,在漫长的罗马法史中,诸多法学家都把客观诚信和主观诚信当作独立的法律现象分别研究,从未有人尝试寻找其同一性。只是到了文艺复兴时期,鲁菲尼(Ruffini)才第一个意识到建立统一的诚信概念问题并试图加以解决,在其专著《诚信》中,他进行了这方面的尝试。在他看来,西塞罗对"信"的定义仍可涵摄各种诚信现象,根据这一定义,诚信是"对承诺和协议的遵守和兑现"。如果某人不履行他所允诺之事,他就是在恶意行事。[58] 这种解释可很方便地适用于合同关系中的诚信。但要想让它适用于占有关系,就必须假定在社会的所有成员之间有一个彼此不侵犯他人财产的社会契约。某人事实上"侵占"了他人的财产而不自知,可认为他仍遵守了这个约。这样分析,才可顺利地完成诚信从遵守诺言到不知或错误的转义。

这并非横空出世的奇想,而是以罗马法律思想史为依据的推测。在国家的起源问题上,罗马法受希腊通说的影响,采用契约主义的观点。作为罗马法之灵魂的思想家西塞罗也基本上是个契约论者,他的思想为罗马法承袭。《法学阶梯》2,1,11 写道:"而显然,自然法更为古老,它是与人类本身同时,自然传授的事务。事实上,市民法则在城邦开始被建立、长官开始被创立、法律开始被写成文字时,才开始存在。"[59] 上面的话明白无误地向我们揭示了两种状态的对立:一种是没有建立城邦、创立长官、把法律写成文字的自然状态;另一种是有了这 3 种现象的社会状态。通过订立社会契约才完成了两者的过渡。

解决了作为人们行为正当性之依据的社会契约的理论存在问题,接下来的问题就是这个社会契约上写的是什么?由于相关的古代文献极少,我

---

〔58〕 Vé ase Josè Carlos Moreira Alves, op . cit . , p. 188.

〔59〕 前引〔2〕,优士丁尼书,第 115 页。

们只好从后世思想家那里寻找其踪迹。费希特可在这方面为我们提供帮助。古典思想家手里的社会契约，被费希特分解为3种契约。其一，公民财产契约。它是一个人与所有其他人订立的，其内容为社会成员相互承认对方对占有之财产的权利要求，每个人都把其全部财产作为他不愿损害所有其他人之财产的保证。[60] 其二，保护契约，它是实现第一个契约的保证，其内容为社会全体成员相互保证彼此保护得到承认的财产，为此需要组建一支公共的保卫力量。其三，结合契约，它把个人组成为一个有机整体的一部分，保障财产契约和保护契约的履行。[61] 在这3个契约中，第二个契约即保护契约是统一客观诚信和主观诚信的基础，两种诚信都是对这一契约的信守。

罗马法中的两种诚信可统一于西塞罗关于“信”的定义。人们为了保护自己的财产而通过社会契约结合为社会，为此要承担彼此承认他人之所有权的义务。在物权法方面，明知财产为他人所有仍占有之，就最大地违背了这一义务，构成恶意或“恶信”（Malus fides）。换言之，行为人违背了自己对其他社会成员所作的承诺。相反，若在不知或错误的情况下为此等占有，仍不失为诚信或“良信”；在契约方面，诚信地履行契约义务即为对其他社会成员之尊重，也是对他们的财产权之尊重。因此，无论是主观诚信还是客观诚信，都是对社会契约的信守。除了这样的解释，我不能，也不相信他人能以其他方式把这两种诚信统一起来。

罗马法中的诚信观念还具有深厚的宗教和世俗的思想基础。作为“诚信”之基础的“信”的行为规则最早可追溯到罗马的宗教。“信”是圣法，即调整人与神之间关系的法对人的行为要求。西塞罗复述的圣法就有这样的内容：“许下的诺言得以认真践现”；“对伪誓，神明惩罚是死亡，人间惩罚是破廉耻”。[62] 因为背信是破坏“神的和平”（Pax deorum）的行为，必须严惩才

---

〔60〕 参见费希特：《以知识学为原则的自然法权基础》，谢地坤、程志民译，载梁志学主编：《费希特著作选集》（第2卷），商务印书馆1994年版，第457～464页。

〔61〕 参见前引〔60〕，费希特书，第454～456页。

〔62〕 ［古罗马］西塞罗：《论共和国·论法律》，王焕生译，中国政法大学出版社1997年版，第226页。

能平息神的愤怒。《十二表法》第8表第23条即规定:“恩主诈欺门客的,让他充当牺牲。”[63]恩主违背了与门客的关系的“信”的性质的,是一种宗教上的犯罪行为,要沦为牺牲,即处在人人可得而诛之的地位。[64] 在罗马人的多神论背景下,涉及“信”的事项由信义女神负责,她把一切背信行为都当做对自己的侮辱而报复之。[65] 公元前258年,罗马人在卡皮托山上建庙供奉她,公元前115年重建之。它与主神朱庇特的庙宇为邻,表明了罗马人对她及其工作领域的高度重视。

在拉丁文中,Fides还有“宣誓保证”的意思。[66] 因此,“信”常常与宣誓联系在一起,誓言是“信”的最可靠保障。我们知道,发誓就是引入神的存在到人际关系中,神起发誓人的证人作用;当发誓人不履行其誓言时,也起此等誓言的强制执行人的作用。[67] “信”与“誓”的这种联系,也证明了“信”的强烈的宗教色彩。

从世俗的角度看,罗马人“信”的观念以斯多亚派的伦理学为基础。该派的格言是“顺从自然生活”最好。[68] 所谓的“顺从自然生活”就是按美德生活。[69] 而美德即诚实,斯多亚派认其为唯一的善,[70]如此,“顺应自然生活”就是“诚实生活”。而“诚实生活”与“毋害他人”“分给各人属于他的”(D.1,1,10,1)一起,被吸收为罗马法的基本原则,构成其关于诚信之规定的出发点。

当然,罗马人的诚实(Honestum,该词也有“高尚”的意思)观念不同于我们的,要广泛得多。西塞罗认为,诚实的行为来源于4种美德:第一,确切地、谨慎地明了真理,因此不盲目行动,此谓之知识之德;第二,为了人类社会的保存,分给各人属于他的,忠实地遵守契约,此谓之共同的社会生活之德;第

---

〔63〕 Rafael Domingo, op. cit., p. 32.

〔64〕 Storia del diritto romano, Edizione Simone, Napoli, 1993, pp. 29, 72.

〔65〕 参见前引〔1〕,西塞罗书,第347页。

〔66〕 参见谢大任主编:《拉丁语汉语词典》,商务印书馆1988年版,第226页。

〔67〕 参见门德斯·张:《作为跨民族法适用于罗马与其他民族的随军祭司法》,肖崇明译,载梁慧星主编:《民商法论丛》(第13卷),法律出版社2000年版,第432页。

〔68〕 参见全增嘏主编:《西方哲学史》(上册),上海人民出版社1983年版,第248页。

〔69〕 参见前引〔1〕,西塞罗书,第259页。

〔70〕 Cicerone, Dei Doveri, op. cit., proemio, V.

三，精神宏大、崇高，不屈不挠，此谓之心灵宏大之德；第四，所有的言行都合乎分寸，此谓之节制之德。[71] 在上述4种支撑诚实行为的美德中，只有社会生活之德关乎诚实的民法意义，西塞罗将其意义提升到了保存人类社会的高度。

此乃因为人是社会的动物。社会状态对自然状态的取代改变了人的属性，使之不同于野兽。如果说野兽的"美德"是勇猛，则人类的美德是合作。通过理性和语言的纽带，人们互相接近，教导、学习、交往、讨论、判断，彼此联合起来。[72] 在这种背景下，"人类是为了人类而生，为了人们之间能互相帮助，由此我们应该遵从自然作为指导者，为公共利益服务，互相尽义务，给予和得利，或用技艺，或用劳动，或尽自己的能力使人们更紧密地联系起来"。[73] 如此，"生活变得更为有保障，并且通过给予和接受，彼此互相效力，使得我们不缺少任何东西"。[74] 所以，社会状态极大地提高了人们的生活质量，弥足珍贵。要想维持它，就要做到"信"，因为"信"是人类团结的黏合剂。"诚实生活"的相反行为是危害他人，这种行为会瓦解最为符合自然的东西——人类社会。

斯多亚哲学还提供了诚实的另一依据——博爱。实际上，"博爱"（Fraternity）在西方语言中都是"兄弟之情"的意思。按斯多亚派的理论，人都是神的儿子，有着共同的本性，人与人都是兄弟，因此应相互友爱。这种兄弟之情要求爱所有的人，不问他是谁，爱他的依据不是别的，仅仅因为他是人。既然他是人，就是兄弟。按照这样的要求，一个人当然要爱自己的同胞，而如果他只"关心自己的公民们的利益，对于外邦人则不关心。就会破坏人类的共同联系……破坏由神明建立的人们之间的联系"。[75] 由此看来，诚实的美德要求善待陌生人，最极端的陌生人——外邦人，也不能作为诚实的美德之适用对象的例外。善待的表现就是诚信而不诈欺。如果做到了这一点，

---

〔71〕 Cfr . Cicerone, op. cit . , proemio, V. 也参见王焕生的中译本，第147页。

〔72〕 参见前引〔1〕，西塞罗书，第51页。

〔73〕 前引〔1〕，西塞罗书，第23页。

〔74〕 前引〔1〕，西塞罗书，第167～169页。

〔75〕 前引〔1〕，西塞罗书，第269页。

就能“把人们联系起来……每个人像自己爱他人那样地为他人所爱,许多人由此变成一个人”。[76] 正是以这样的思想为基础,罗马才发展起了万民法,它为诚信诉讼的发展提供了最肥沃的土壤。

总之,客观诚信和主观诚信统一在社会契约论的基础上,而罗马法中以信守诺言为意义的统一的诚信观念又是由上述宗教和哲学思想铸造的,两者尽管一为彼岸性的,一为此岸性的,但都要求社会契约的参与者做个好人,以便在社会生活中,人们的如下期望可以得到满足:“但愿我不会由于你和我对你的信任而蒙受损失,被欺骗”;“要像在正派的人之间应该的那样行事而无欺诈”。[77] 可以说,越是古远,诚信就越依靠宗教维持;越是晚近,世俗的哲学观念对维持它的作用就越大,因此,诚信在罗马法中还经历了从宗教到世俗的演变过程。

六、结论

本文力图揭示客观诚信与主观诚信在罗马法中的对立统一,运用社会契约论解释了两种诚信之统一前提的困难问题。本文使用了裁判诚信、客观诚信和主观诚信3个概念,但前者与后二者并非处于同一层次。在古代,裁判诚信是主客观两种诚信的原因;在现代,则是后两者的结果。本文中,“客观”取行为规则、“主观”取内心确信的含义。我们看到,罗马法史上最早的诚信是客观的,古典时期,诚信分叉为客观和主观两个方面,分别在诉讼和物权两个领域发挥作用。就主观诚信而言,其主观性是相对的,因为个人的主观状态并不必然构成诚信,而必须受制于社会的评价,如果把这样的评价理解为对个别主观性的限制,那么,主观诚信也有一定的客观色彩。社会契约论在漫长的历史时期内为众多的思想家们忠诚相信,他们并以之为基础进行了许多理论建构。我们可以以此来理解罗马法中主客观诚信统一的基点。本文还揭示了罗马人的诚信观念的宗教的和世俗的思想基础,证明了诚信观念的宗教起源,这有助于理解它在现代民法中的宗教性行为标准

---

〔76〕 前引〔1〕,西塞罗书,第56~57页。

〔77〕 前引〔1〕,西塞罗书,第309页。

的意义。即使从世俗的角度来看,斯多亚派提出的诚信思想已超越了经济人假说而对人的行为提出了更高的要求。我们还可看到,现代诚信原则的裁判诚信功能在古罗马的诉讼制度中,不仅由诚信诉讼承担,而且由许多制度承担。诚信诉讼主要涉及合同诚信问题,在侵权关系中,在物权关系中,都有相应的制度起同样的作用。在这个意义上可以说,现代的诚信原则是多源产生的,而不仅仅从诚信诉讼和诚信契约产生。我们可以注意到,诚信诉讼与诚信契约的外延并不重合,而且两者并非同时代的现象。罗马法史还告诉我们,诚信诉讼还有便利当事人诉讼、方便法院办案的一面,过去我国的诚信原则研究只注意该原则赋予法官自由裁量权和对当事人提出较高行为标准的意义,未看到诚信诉讼的降低诉讼成本的功能,是为缺憾。

本文试图以罗马法为材料证明现代民法中统一客观诚信和主观诚信的必要性问题,这是一个尚未被我国法学界意识到的题目,现在已到了注意并解决的时候。从立法史来看,客观诚信与主观诚信的对立历来存在,除了要求遗产之诉这样的例外情况,它们像两条平行线一样永远相伴而永不相交。德国民法典以不同的术语表达两者的做法鲜明地表现了这种格局。但客观诚信在近代民法中地位的提升引发了两者的相交,从而产生了主观诚信的存废问题,因为既然客观诚信已上升为民法基本原则,主观诚信应无必要存在。在使用拉丁语族语言的国家中,由于客观诚信与主观诚信都采用同样的符号表现形式,可通过对两种诚信进行同一化的解释消除这一困境。但把两种诚信以不同术语表达的德语国家不能如此,必须对两种诚信有所取舍。令人感到意外的是,《瑞士民法典》采用了把两种诚信都提升为基本原则的解决,其第 2 条(诚实信用的行为)第 1 款规定了客观诚信;第 3 条(善意)规定了主观诚信;第 4 条(裁判)规定了法官的自由裁量权。两种诚信在这些条文中形成鲜明的对立,表达了立法者对统一它们之可能性的绝望。尽管如此,瑞士民法典仍是最彻底地考虑了两种诚信之关系问题的法典,也是对诚信原则作了最深透之理解的法典,因为它把无论是客观诚信还是主观诚信,最终都归结于裁判诚信,大哉斯断!“起源说明一切”,诚信原则的诉讼法起源赋予它的属性尽管被从程序到实体的法律重心演变所遮蔽,它们最终仍暴露出来。归根结底,诚信原则在任何时代都是一个诉讼问题。

目前我国尚属以不同术语表达两种诚信的国家，因此存在与德国、瑞士相同的问题。《民法通则》第4条将"诚信"规定为基本原则，但立法和学说中同时也有"善意"的表达，[78]两者漠不相干。这是立法者和学者未意识到主客观诚信的对立统一问题造成的。一旦这一问题得到认识，我建议在我国未来的民法典中以总则中一个单独的条文确立主客观统一的诚信原则。首先在第1款中把诚信定义为"由尊重他人权利之观念决定的相应行为"；第2款规定诚信对当事人的内心状态的要求；第3款规定诚信对当事人的行为的要求，这两个方面是统一的，因为只有有了诚信的意识才可能有诚信的行为；第4款规定当事人是否有诚信的意识和诚信的行为由法官以自由裁量判定之。这样的诚信原则将兼备主观、客观和裁判3个方面，把《瑞士民法典》第2条、第3条、第4条的内容概括在一个条文中。此外，在物权编中，过去使用"善意"概念的地方应统统以"诚信"取代之，如"善意占有人"应以"诚信占有人"取代；"动产善意取得"应以"动产诚信取得"取代。这样，统一的诚信原则将规制过去被分别称为"诚信"和"善意"的两类关系。

（本文原载于《中国社会科学》2001年第6期）

---

〔78〕 参见梁慧星主编：《中国物权法草案建议稿》，社会科学文献出版社2000年版，第363页及以次关于"善意取得"的规定。

水权与民法理论及物权法典的制定

崔建远*

本文的构思和写作，主要源于三方面问题的凸显，并萦绕于心：其一，水资源的重要性已有目共睹，对水资源进行全方位的法律调整便愈加急迫，水权制度作为基础的一环必须引起我们的重视。其二，我国正在制定物权法典，水权、矿业权等准物权是否被纳入其中，既取决于立法者对物权法准确地总体把握，又离不开对准物权的透彻了解。即使追寻着德国法系的物权编的体例，我国物权法典不直接规定准物权，也应给准物权的存在尤其是发展预留适宜的空间，而不是成为它们生长的羁绊。只有我们熟知准物权的属性、构成和效力，才能使物权法的总则适合准物权的要求，成为填补准物权规范漏洞的依据；使各种物权制度与准物权制度衔接和配合得恰到好处。以水权制度简陋、水权理论贫瘠的现状，我们不能胜任其责。其三，既有的民法理论系对以往的民法现象的概括和总结，可能涵盖不住其后出现的民事关系。某些民法理论已不能令人信服地说明现在活跃着的民事权利义务的状态，未能概括出全部民法现象的本质要求，亟待修正。矿业权、水权及其制度的独特属性和法律要求，既是我们修正某些民法理论的动力，研究它们的成果本身也就是达到上述目的的组成部分。笔者曾经就矿业权问题作过探讨，本文专就水权问题加以讨论。

一、水权的概念分析

水权，是权利人依法对地表水与地下水使用、受益的权利。也有人说它

---

* 清华大学法学院教授。

是权利人引取定量之水与存蓄定量之水的权利。[1] 相比较而言，前者界定得全面，后者系针对汲水权、引水权、蓄水权等类型的水权所作的概括，未能涵盖排水、航运水权等类型，故不够准确。由此显现出应将水权认定为一束权利的必要性。实际上，水权为一集合概念，它是汲水权、引水权、蓄水权、排水权、航运水权等一系列权利的总称。不同类型的水权所具有的性质、效力、功能可能有所差别，甚至相距甚远。为准确与方便起见，除非特别指明，本文所论水权，主要以汲水权、引水权等用水权为审视与概括的对象。

按照通说，水资源所有权属于特殊主体所享有的权利，在我国归国家享有。水资源及其所有权基本上不作交易的对象。水所有权，或称水体所有权，已归普通的民事主体享有。业已引入企业的储水设施、家庭水容器中的水，不再是水资源所有权的客体，而是水所有权的客体。水权，系从水资源所有权中派生，分享了后者中的使用权与收益权而形成的物权，准确地说，是准物权。水权人行使水权，便得到水所有权。据此，如下观点宜再斟酌："水权之水，所有权仍属于国家，惟为经水权人之取水设施引入或汲出之水，为'私水'。水权之水，此处之水已非天然状态之水，为水权人之额定水权内之水，但不保证水权满额之水量。水权之水已为水权人所占有，为物，为动产，已非为公物之公用物，为公物之特别用物。占有人无民法之所有权，惟适法有使用或收益之权，其使用或收益依水利法及民法占有之规定。"[2] 就汲水权、引水权、航运水权、竹木流放水权等类型的水权而言，作为水权客体的水仍然与作为水资源所有权客体的水源融为一体，并未分离、独立出来，故水权人对此处之水不享有所有权，只是间接占有（引水权等场合）或者直接占有（航运水权等场合），此处之水仍归国家所有。这种观点可予赞同。但是，"经水权人之取水设施引入或汲出之水"，水权这个"占有人无民法之所有权"，则值得商榷。原因在于，此处之水的所有权已归水权人享有，不再是水资源所有权的客体，不再归国家享有。水权人与此处之水的关系，本质

---

〔1〕 Jan G. Lait os, "Water Rights, Clean Water Act Section 404 Permitting, and the Takings Clause", *University of Colorado Law Review* (1989).

〔2〕 林柏璋：《台湾水权及其法律性质之探讨》，载水利部政策法规司编：《水权与水市场》（材料选编之二），2001年，第196页。

上是所有权人与水所有权客体之间的关系;准确的称谓,应是水所有权人而非水权人享有水的所有权。同理,“水权之水已为水权人所占有”之说,亦不妥当,因为此处水权人占有的水,系“经水权人之取水设施引入或汲出之水”,它已经不再是水权的客体,而是水所有权的客体,是水权人的所有物,是其财产。

水权属于何种类型的权利?一种观点认为,水权是独立于水资源所有权的一种权利,也是一项法律制度。[3] 另一种观点主张,水权就是水资源所有权和各种用水权利与义务的行为准则和规则,它通常包括水资源所有权、开发使用权、经营权以及与水有关的其他权益。[4] 前者思考的方向正确,后者值得商榷,理由有四。第一,这违反了财产权体系内部的位阶关系。水权属于财产权。[5] 而在财产权体系中,水资源所有权的上位权利是财产所有权,再上位权利是物权,不会是水权。水权概念若有存在的必要,逻辑上只能是水资源所有权的下位概念。所以,“水权包括水资源所有权、开发使用权”说是把水权作为了水资源所有权的上位概念,这不符合民法逻辑。正如有人所说,水权不是对水的占有权、所有权,水权人不享有受法律保护的水所有权上的利益(interest in the ownership of the water itself),受保护的权利只是用水权。[6] 第二,如果一个人既对水资源享有所有权,又自己利用该水资源,那么,在法律上只设置水资源所有权制度便足矣,没有水权制度存在的必要。只有在非所有权人为自己的利益而需要使用水资源时,为清楚地划分他与所有人之间的利益,也为了对抗其他人,才有设置水权制度的必要。在这种背景下存在的水权,恐怕它只会从水资源所有权中派生,系分离该所有权中的使用、受益诸权能而形成的他物权。由此可见“水权包括水资源所有权、开发使用权”说犯了本末倒置的错误。第三,在中国,它不符合《中华人民共和国水法》的立法原意以及具体规定。水法区分了水资源所有

〔3〕 参见裴丽萍:《水权制度初论》,载《中国法学》2001年第2期。

〔4〕 参见冯尚友:《水资源持续利用与管理导论》,科学出版社2000年版,第189页。

〔5〕 John C. Peck, Kent Weatherby, “Condemnation of Water and Water Rights in Kansas”, *University of Kansas Law Review*(Summer, 1994).

〔6〕 Jan G. Laitos, “Water Rights, Clean Water Act Section 404 Permitting, and the Taking Clause”, *University of Colorado Law Review*(1989).

权和开发利用权,强调水资源属于国家所有,属于集体所有的,仅限于农村集体经济组织所有的水塘、水库中的水;至于具体的单位和个人,仅享有开发利用水资源的权利(第3条)。后者相当于我们所说的水权。这两类权利是各自独立的。前者不得易其主体,而后者则可以转让。第四,从比较分析的角度观察,会发现至少通说都主张水权不含有水资源所有权。在美国西部,大多数水法都宣称公有权存在于水资源之上,采用先占用原则规律用水权,用水人从州的水资源管理部门获得许可证时,该用水权就是水权。[7] 在日本,学说认为水权是利用水的权利,而非对水享有所有权。[8] 我国台湾地区"水利法"规定,水权是依法对于地面水或地下水取得使用或收益的权利(第15条),可归团体公司或人民取得,而水资源所有权则只归国家享有(第2条)。可见水权不含有水资源所有权。由此可知,"水权包括水资源所有权、开发使用权"说显然忽视了水资源所有权和水权之间的性质差别。

应予指出,对于普通的市场主体来说,其用水根据至少有两类,一是水权,二是水合同及其债权。水合同债权虽是用水人使用水的权利,但它不具有物权的性质与效力,仅仅是债权。就是说,水权的真实含义窄于其定义的字面意义,仅指具有(准)物权性质及效力的用水资格。

水自身为"动产",但水权却是不动产权益。[9] 因水权派生于水资源所有权,故水权属于他物权;因它是权利人使用水并获得利益,而不是为担保债权的实现,故它为用益物权,即为特定的用途从特定的源流而引取、使用水的权利。[10] 但同一般的用益物权相比,水权具有以下自身的特点,于是人们称其为准物权。

第一,客体具有特殊性。水权的客体是水,包括地表水和地下水。它存在于河流、湖泊、池塘、地下径流、地下土壤之中。当水由用水人从河流、湖泊等处引取来存蓄于自己的水池、水塔等容器里时,它就不再是水权的客体

---

〔7〕 Wells A. Hut chins, *Water Rights Law in the Nineteen Western States*. 298 – 306(1971).

〔8〕 参见[日]金泽良雄:《水法》,法律学全集第15卷,载[日]园部敏、田中二郎、金泽良雄:《交通通信法·土地法·水法》,有斐阁1968年版,第81页。

〔9〕 K. S. A. 82a – 701(g)(1997).

〔10〕 John C. Peck, "Assessing the Quality of a Water Right", *Journal of the Kansas Bar Association* (May, 2001).

(更不是水资源所有权的客体),而是水所有权的客体。除极少数情形外,作为水权客体的水,在物理上并未与水资源相分离地孤立地存在着,而是融汇于水资源中,是水资源的一部分。就是说,在现实世界中,在水权设定时直至行使前,水权的客体与水资源所有权的客体是融为一体,在物理上无法识别出独立性的。按照传统的界定特定物的标准衡量,水权的客体是不特定的。但另一方面,水权确实在质与量上存在着,并受到法律的承认和保护。如果彻底而绝对地否认水权客体的特定性,又如何在范围上使水权同水资源所有权区别开呢?况且人们都承认这样的原理:物权系主体直接支配客体的权利,只有客体特定才能实现支配,故客体的特定性便为物权的一大特征。[11] 水权同为支配权,逻辑上亦要求其客体具有特定性。对此,应如何认识呢?笔者认为,一应反思客体一律自物权设定之时就必须具备特定性的僵硬模式,承认支配力及其内容的不同对客体何时具备特定性的要求并非一致;二应反思特定性等同于同一性的结论,承认客体特定性的含义和表现形式在不同类型的物权中不尽相同;三应探讨水权客体的特定性能否依赖水的量化及其方式来体现,解释客体的特定性可以有一定的弹性。以往理解物权客体的特定性,基本上是聚焦于客体自始至终保持不变这点上,简言之,将特定性等同于同一性。实际上,这仅仅反映了所有权和一般用益物权对其客体在存续上须保持同一性的要求。其错误在于,其一,它不适当地舍弃了物权客体特定性在空间上的要求;其二,它将所有权和一般用益物权对其客体特定性的要求武断地上升为全部物权的要求。这种以偏概全地界定客体特定性的思路应予改变。经过反思,笔者认为,对客体的特定性在一定程度上可以弹性把握。其一,客体的特定性,在空间上表现为客体有明确的范围,不得以他物替代;在客体的存续上即表现为同一性。其二,客体的特定性表现为客体的定量化,股权客体的特定性为其著例(当然,有学说否认股权为物权)。其三,客体的特定性由特定地域加以确定,探矿权客体的特定性即如此。其四,客体的特定性由特定的期限加以固定,浮动抵押权客体

[11] 参见[日]我妻荣:《日本物权法》,有泉亨修订,李宜芬校订,台湾五南图书出版股份有限公司1999年版,第10页以下。

的特定性系例证之一。之所以如此宽泛地解释客体的特定性,是因为物权客体的特定性并非物权的初始要求,它来自物权人支配客体的需要,更终极地说来自实现物权目的的需要。所以,界定物权客体的特定性,主要地应从支配客体的要求与物权目的实现需要的方面着眼,同时要兼顾登记、公示的技术要求。如果这一观点是正确的话,那么可得如下结论:其一,就不以登记为成立要件或者对抗要件的物权而言,物权行使时其客体特定化即可,不必强求客体的特定性必须在物权设定时完成;对以登记为成立要件或者对抗要件的物权来说,基于登记的技术要求和公示的需要,物权成立时其客体应特定,但在浮动抵押权、水权等类型的物权场合,其客体的特定性在物权成立时要求不严格,待物权行使时再精确化,不会产生不适当的结果。其二,若通过特定的数量、特定的地域或者特定的期限等方式能使物权人直接支配客体,实现物权目的,就可以认定该客体具有特定性,至少在物权行使时具有特定性。笔者认为,水权客体的特定性就因个案情形而会分别呈现出上述四种形态之一:有的以一定的水量界定水权客体,有的以特定的水域面积界定水权客体,有的单纯地以特定地域面积界定水权客体(以地下水作客体场合即如此),有的以一定期限的用水作为水权的客体。也正因为对水权客体特定性的界定富有如此之弹性,所以,某些类型(如后两种类型)的所谓特定性,从严格的意义上说是不特定性。如此,物权客体须具有特定性的通说就需要重新检讨。同时,基于探矿权客体的不确定性,就得出准物权的客体具有不特定性的结论,也不够全面。因为有的水权客体具有严格意义上的特定性,有的水权客体究竟具有特定性抑或不特定性,取决于解释的标准。按严格的标准,该客体具有不特定性;按宽泛的标准,该客体具有特定性。兹详细考察和分析如下:

客体的特定性即客体的同一性的结论,来自对所有权人、一般用益物权人支配客体的现象的直观归结。所有权以特定的有体物为客体,该特定物灭失,所有权便归于消灭,显然该特定性在客体的存续上即表现为同一性。一般的用益物权以有体物为客体,物权化的土地使用权的租赁权名义上是以权利为客体,实际上仍是以土地为客体。在土地使用权的租赁权,租赁权人显然是通过使用土地而不是土地使用权来满足其需要。此时,土地使用权的作用在于,租赁权人利用土地的使用价值具有合法性。客体为有体物场合,用益物权人通过反复地、不断地使用该有体物而实现其利益,达成物权的目的。该有体物必须存在并于其存续期间保持同一性,它一旦灭失或被消耗掉,立于其上的用益物权便不复存在。由此可见,客体在时间上和空间上有无同一性,直接决定着一般用益物权的存废。水权客体的特定性仅在少数情况下表现为客体的同一性。例如,特定地域的地下水(地下径流除外)作为客体场合,该地下水的特定性有时就是同一性。

在以特定的数量确定水权客体的情况下,该客体若取自河流,那么它仅在概念上、在数量上,保持同一性,在物理、化学上难谓有同一性。于此场合,与其说该客体具有特定性,莫不如说它呈现着不特定性,更为贴切。该客体若限于封闭的池塘,可能在物理上具有同一性,但这并不重要,关键的是水量、水质和用水期。在以特定的期限确定水权客体场合,同一性可完全不予考虑,水质、水量、用水期和特定的水权类型诸因素居于重要地位。于此场合,从严格的意义上说,该客体同样具有不特定性。之所以如此,是由水权的支配形式与被支配的水两者的特殊性决定的。所谓水权的支配形式特殊,在汲水权、取水权等用水权类型,是指水权通过减少其客体的量而达到目的,水权人及时地得到定量的水就是实现着支配,至于这些水是独立存在于特定的容器,同水资源所有权的客体相分离,成为"特定物",还是与水资源融为一体,无关紧要。这显然不同于所有权与一般用益物权的支配形式。

应该看到,区分客体在存续上是否具有同一性,在侵害水权的判断方面具有意义。在无同一性要求场合,无水权的主体从同一水资源取水仅仅侵害了水资源所有权,不构成对水权的侵害,除非盗水行为影响了水权行使。反之,在客体须具有同一性的情况下,无水权的主体从同一水资源取水,当然侵害了水权。不过,当侵权行为表现为水质污染时,结论可能会改变,即在水资源全部被污染时,水资源所有权与水权就都受到了侵害。

上述水权客体的特点决定了侵害水权的形态,也使判断侵害水权的标准呈现着特殊性。对一般用益物权的侵害,通常要求有损害后果,加害行为与损害后果通常紧密相连,要么是毁损灭失标的物,要么是妨碍用益物权的行使,所谓“危险”,并不在其中。在所谓“危险”未达到确有可能损害他人的合法权益的威胁时,不以侵权行为论,用益物权人不得主张停止侵害、赔偿损失。只有具备采用消除危险这一救济方法的要件时,危险才被视为侵权行为。可见,危险大多不构成对一般用益物权的侵权行为。与此不同,侵害水权场合,侵权行为的实施与损害后果之间时常有一个时间差,有时间隔得还比较长,在水权客体来自河流场合尤为明显。待水权遭受损害时才主张停止侵害、消除危险、赔偿损失,效果往往不佳:可能未能将损失止于最小状态。而在危险一出现时即允许水权人主张停止侵害、消除危险、赔偿损失,局面就会改观。可以这样说,危险是侵害水权的常见形态。

明确水权的上述特点,对民事权利的分类并进而赋予不同类型的权利以相应的法律效果具有意义。虽然就权利与利益之间的关系而言,权利系手段,利益为目的。权利的价值就在于主体保有或行使它来取得利益,满足需要。但在权利体系内部,则不仅存在手段性权利,同时也有目的性权利。后者如人格权、所有权,前者如债权、水权。主体通过债权这个手段,获得物权或与物权具有同等价值的权利;通过水权这个手段,取得水的所有权。客观事实证明,目的性权利只有存在而非消失才能使其主体取得利益,满足需要,于是,法律赋予目的性权利长期的存续期间,如人格权、所有权具有永久性;与此不同,手段性权利永久存续反倒不能使权利人取得相应的利益,不能实现设立该权利的初衷,只有它消灭才能达到权利目的。有鉴于此,法律便限定手段性权利的存续期间。还应看到,手段性权利内部,又存在差别。非继续性债权通过自身立即消灭使权利人取得目的性权利,担保权通过自身立即消失使权利人实现债权,两者一并死亡。比这复杂得多的是,水权系水的所有权从一个主体移转到另一个主体的转换器(排水权、航运水权等除外),唯其存在,水的所有权才能移转;待其消失,水的所有权移转便停止。由此决定,水权一直存续不灭方能达到目的。有趣的是,此处所谓存续不灭,不得是水权的质与量一成不变,而须是其质不变,量在减少。该减少的量正是水所有权移转的数量。水权这种通过自己的萎缩而非立即死亡使权利人获得目的性权利的属性决定了,水权的存续期限愈长,用水量愈大,对水权人愈有利,但却使水资源所有权人陷入不利的境地。于是,在水权人支付的代价（水资源费税）固定的情况下，水资源所有权人会限定水权的存续期限；水权人欲取得存续期限长的水权，就必须多支付水费。

第二，用水状态、用水人与水权并非一一对应配置。民法对主体依法占有、使用、收益乃至处分标的物的状态，一般要确认为物权；并区分这类状态内部的细微差异分别赋予主体以所有权、用益物权或者担保物权，呈现着支配状态—物权—物权人的对应配置现象。只有在不动产租赁权与法律未来得及承认为物权等极少数情况下例外。若循此逻辑，主体依法较长时期地用水场合，他应享有水权，方为正常。但事实上，某些主体合法用水却不享有水权，倒不在少数。例如，处在市区并依赖市政供水系统的家庭，有些是基于水权而用水，有的虽然用水却不享有水权；诸如商场、工厂或者高尔夫球场等工商业的公司亦时常不享有水权。如何解决它们用水又不构成侵权这一问题？美国的一些州通过合同制度达到目的，即用水的家庭、商场、工厂等主体与水资源的所有者或者水管部门签订水合同，他们凭借合同权利而用水。〔12〕 应该承认，舍去物权制度而用债权制度使主体利用物，并非水法所独有，消费借贷、土地租赁、我国的国有土地使用权的租赁等即为著例。在日本，土地所有人总是要利用其事实上强有力的地位及法律上的绝对自由，尽可能强化其支配地位，于是利用土地极少设定用益物权，大部分是设定租赁契约。〔13〕 但不容置疑的是，在水法领域，用水人不是基于水权而是根据合同债权用水，更为突出，更加普遍。在水权制度不发达的我国，尤其如此。探求造成这一现象的深层原因会有积极的意义。

本来，民法将具有物权之实的权利确立为物权，赋予其物权的效力，比仅认其为债权更有利于权利人，除非法律为强化债权而为其配置了若干附加的制度。据此推论，用水人基于具有物权效力的水权而非依靠债权用水，受法律保护的力度更强。但为什么还有那么多人选择债权作为其用水的依据？最根本的原因在于，对于用水权利的保护，国家不仅设有民法保护方

---

〔12〕 KAN. STAT. ANN. 82a - 1305(1989); John C. Peck & Kent Weatherby, "Condemnation of Water and Water Rights in Kansas", *University of Kansas Law Review*(Summer, 1994).

〔13〕 参见［日］我妻荣：《债权在近代法上的优越地位》，王书江、张雷译，中国大百科全书出版社1999年版，第12页。

法,更提供了除此而外的社会政策、社会制度、管理部门及相应的救济方法等。后者的保护效果更强于物权保护方法。例如,基于确保生存权的要求,家庭用水必须优先保障。为达此目的,国家已经建成或正在建设完善的设施,组成健全的管理组织,提供有效的行政、刑事的制裁手段和民事的救济方式。一旦供水不足,凡有效措施都及时采取,问题便迅速地得到解决,远比单纯依赖物上请求权有效率。在这种背景下,物权与债权之间的差别在解决用水的效果方面显现不出来,或者表现得微乎其微,于是,用水人选择水权抑或债权作为用水的正当根据,显然无关紧要。就是说,在水资源所有与水的使用领域,水权制度以外的制度大量存在,它们并非先转化为水权制度而后规范水的使用关系,也不是通过水法的原则、制度和规范来发挥作用,而是直接地调整着水资源所有权人、用水人、水管部门之间的相互关系并发挥着有效的作用,使得相当数量的用水人选择了用水状态—用水人—债权的配置模式。这一事例告诫我们:其一,完善水权制度,制定物权法,我们应把视野放宽一些,注意相关法律部门之间的衔接配合,甚至于扩大到所有的社会制度的协调。换言之,"综合调整"的效果不可漠视。其二,在大环境良好的前提下,应尽可能地将社会政策、立法政策具体化为水法的原则、制度和规范,尽可能地具体化为水权制度,来规范用水关系。反之,一味地倒向依赖水权制度以外的制度、政策直接解决用水问题,易使行政权力泛滥,使政策替代法律,弱化法治。在我国,这方面的教训是深刻的。其三,即使在公法色彩浓厚的水法领域,意思自治仍有发挥作用的余地,立法者不得漠视。法律应同时提供水权与债权两类用水的法律依据,供用水人选择。

第三,水权在占有权能方面具有特殊性。水权中汲水权、引水权等一类同航运水权、竹木流放权等另一类在其权能方面差别极大。前一类不含有占有的权能。这既是它们所具有的以利用为重心的性质的反映,也是由水权的客体与水资源所有权的客体融合一体的特点决定的,还是为保护其他用水人能够利用同一水资源所必需的。正如有人所说,水权具有两个要素:一是占用的优先权,二是依有益目的而最大限度地用水。对特定量的水享有权利则不是水权的本质,而是水所有权的关注点。前者包括就同一水资源优先于其他水权人而占用。它在枯水季节或者过度取用水体场合最显重要。于此场合，优先权保障最后取得水权者（下位序水权人）逆水权取得的先后顺序而削减，直到最早取得水权者能满足依有益目的用水为止。后者，即依有益目的用水，简称为有益用水（beneficial use），是水权的衡量尺度、基础和边界。在所谓衡量尺度和基础的范围内，依有益用水的概念保障水权人能引取定量之水与存蓄定量之水，足以使用，实现目的。如果用水的有益性缺失，那么水权将被剥夺。[14] 换言之，水权不包括任何继续利用无益设施的权利。[15] 从另一角度认识水权以优先权与有益用水为要素，结论就是（汲水权、引水权等类型的）水权并非用水人实际占有特定之水的权利，不是占有权，只是有益用水的权利。[16]

汲水权、引水权等水权不含有占有权，不但在地表水作客体场合如此，在地下水为客体的情况下亦然。因为与矿业权具有客体的复合性（特定矿区或工作区的地下土壤与其所含的矿产资源）与权利构成的复合性（勘探、开采矿产资源的权利与地下使用权）不同，[17] 水权的客体仅仅是水，不包含承载水或蓄含水的土地；水权的构成中亦无土地使用权。既然如此，水权不含有占有权就不难理解了。

汲水权、引水权等水权不含有占有权的属性把水权同渔业权区别开来，因为后者以权利人占有一定水域或水体为必要；它也把水权同一般用益物权相区别开来，因为后者必然含有占有的权能。

与汲水权、引水权等类型的水权有别，航运水权、竹木流放水权等水权则含有占有权。因为权利人不占用水则无法驾船航行或流放竹木等。

第四，所有权和用益物权均具有排他性，排他原则解决了这些物权之间的效力冲突。水权作为用益物权却不尽相同，在特定区域的水资源上可同时存在数个水权，排他原则对水权之间的效力冲突时常无能为力。对此，美

〔14〕 Jan G. Laitos, "Water Rights, Clean Water Act Section 404 Permitting, and the Takings Clause", *University of Colorado Law Review*(1989).

〔15〕 Alamosa – La Jara Wat er Users Ass. n v. Gould, 674 P. 2d 914, 934 – 35(Colo. 1984).

〔16〕 David C. Hallford, "Environmental Regulations as Water Rights Takings", *Natural Resources and Environment*(Summer, 1991).

〔17〕 参见崔建远、晓坤：《矿业权基本问题探讨》，载《法学研究》1998 年第 4 期。

国联邦最高法院曾阐述过，具有排他性的财产权稀少，水权不在其中。[18] 至于水权人之间的利益冲突，则通过优先权规则加于协调。先取得水权者优先以有益目的而用水，待其获得满足后，后取得水权者才可用水；若水资源不足，后取得水权者的用量即被削减，甚至其水权的目的落空。[19] 这与担保物权的位序规则类似。水权的这一性质既与水权的客体与水资源所有权的客体融为一体有关，又进而与水权不含有占有权相呼应。因水权不以占用水资源为必要，就为数个水权并存提供了可能；因水权的客体与水资源所有权的客体融为一体，就为数个水权的实现奠定了物质保障。

关于排他性与优先权之间关系的认识，可有宽严之别。从宽解释，具有优先权的水权优先得到实现，后位序的水权不得越位。这同样体现出了排他性。还有，在河岸权原则为唯一的水权取得原则的法律制度下，依河岸权原则取得的水权暗含着排他性。

第五，所有权和用益物权产生后，无论物权人是否行使，物权依然存在，除非该物权被他人依取得时效取得或者因违反社会公益、禁止性规范而被取缔。[20] 与此不同，按照美国西部的科罗拉多等州的立法，在先占用原则制度下，奉行“用水则有水权，反之则失水权”(use it or lose it)的原则，闲置的水权将被废止，就是说，水权人不利用水资源(达到一定期间)便不再享有水权。[21] 这符合效益原则，是合理分配有限的水资源的良策，在水资源短缺的今天，更具有合理性，我国水法应该采用。

第六，水权是具有公权性质的私权。关于水权究为私权抑或公权，存在争论。日本的美浓部博士及其他某些公法学者，基于《日本河川法》第 3 条的规定、水权的设定须经行政厅的特许、水权的客体为公用物、水权的移转须经行政厅的许可、根据公益上的理由、可变更或消灭水权等理由，主张水

---

〔18〕 United States v. Willow River Power Co. ,324 U. S .499,510(1945).

〔19〕 Jan G. Lait os. “Water Rights,Clean Water Act Section 404 Permitting,and the Takings Clause”, *University of Colorado Law Review*(1989).

〔20〕 例如，《中华人民共和国城市房地产管理法》第 25 条规定，超过出让合同约定的动工开发日期满 2 年未动工开发的，可以无偿收回国有土地使用权。

〔21〕 Janet C. Neuman and Keith Hirokawa,“How Good Is An Old Water Right? The Application of Forfeiture Provisions to Pre – Code Water Rights”,*University of Denver Water Review*(Fall,2000).

权为公权。[22] 与此对立,鸠山、末弘等私法学者与某些判例则坚持私权说,其理由如下:(1)《日本河川法》第3条所谓"私权",可解释为包括水权。(2)水权与一般的私权在抽象的内容上没有差异,只有为自己的利益而利用公用水的具体内容的区别。(3)《日本河川法》第21条规定水权的移转以行政厅许可为条件,这是把水权作为私权的表现,因为公权移转不需要确认。[23] 折中说认为水权为公权与私权混合的权利。金泽良雄教授认为,从水权产生的领域看,将水权定性为私权没有问题,但水权的取得须得到行政的许可虽然未从根本上抹杀水权的私权性,但给它烙印上了公权性,故水权为私权与公权混合的权利。[24] 东京高等裁判所亦曾就公水使用权而论,认为"公权说系就权利的形式着眼,私权说则是就权利的内容而言,二者均不免失之一偏,即使就公水使用权之本质采私权说,为私权之水权利同时亦受公共性之规范,亦即具有公权私权的重叠性。"[25]

在美国,有判例主张,水权,即引取定量之水、存蓄定量之水、排泄定量之水等的权利,不应是绝对的,而应是服从于为有益于社会公共利益以及其他水权人的合法权益而制定的行政法规。[26] 例如,美国西部的多数州在其宪法和制定法中宣称,州境内的水资源不是属于社会公共利益就是归州所有。[27] 依科罗拉多州的宪法规定,州内未被占有的水资源属于本州人民的财产。[28] 这些州作为统治者在水权上仍保持着警察权益(police power in-

---

〔22〕 参见[日]美浓部:《行政法判例》,第34页以下,转引自[日]金泽良雄:《水法》,法律学全集第15卷,载[日]园部敏、田中二郎、金泽良雄:《交通信法·土地法·水法》,有斐阁1968年版,第83页。

〔23〕 参见[日]鸠山:《增订日本债权法各论》,第876页;末弘:《债权各论》,第1025页;大民判1937年6月18日(新闻4145号16页);札幌地判1936年2月28日(新闻4153号7页);转引自前引[22]书,第84页。

〔24〕 参见前引[22]书,第84页。

〔25〕 东高判昭和35年10月14日行裁集11卷第10号,第2917页。

〔26〕 Shokal v. Dunn, 109Idaho 330, 707 P. 2d 441(1985); Alamosa – La Jara Water Users Protection Ass' n v. Gould, 674 P. 2d 914(Colo. 1983); Stempel v. Department of Water Resources, 82 Wash. 2d 109, 508 P. 2d 166(1973).

〔27〕 W. Hutchins, *Water Rights Laws of the Nineteen Western States*, 159 – 65(U. S. Dep. t Agric. Misc. Pub. No. 1206, 1971).

〔28〕 COLO. CONST. ART. XVI, 6.

terest)。[29] 据此警察权,州政府仍在社会公共利益的范围内规范水权的利用。[30] 由此决定,对水权的取得、行使、转让等诸多方面课以种种公法上的义务,法律对水权设置不少监督、管理的规定,行政机关的干预在此领域异常活跃。为了社会公共利益用水而征用水权,置水权人是否同意于不顾,[31] 即为一例证。就是说,水权具有强烈的公法属性,水法中虽有相当的私法规范,但在总体上为公法。

在我国台湾,有采私法物权说的,认为水权之标的物为水资源之水,其权利内容为使用或收益之支配权,系基于水利法之特别规定,为准物权。[32] 也有采水权公法物权说者,认为水权之性质为受益行政处分,经核准登记者,取得公法上之水权,其有类似专利权或著作权之私法上效果而已。[33] 还有采折中说者,认为水权为公权兼私权性质,唯公权程度比私权强。其理由如下:"(1)其权利取得的形式(水权),系属公权,为公法物权,唯水利法尚未创制明定说明。使用权(特许),对应水权费。(2)其权利的内容(水权之水),系属私权,为私法物权,唯仍受公共性之规范,仅限于使用或收益,似为准物权。收益权,对应损害补偿(协议补偿或在主管机关核定下)。(3)水权公权程度比私权强些之论述点,在于损害补偿的内容,非损害补偿(公权),亦非损害赔偿(私权),而是介于两者之间。"水权对水权人有私的经济利益,具有财产价值,其权利内容具有私权之性质。其一表现在,用水顺序可从各标的权利人之协议,可说明水权权利之内容具有私权之性质。其二表现在,因优先用水造成之损害补偿,其补偿金额由双方协议定之,协议不成,方由主管机关按损害情形核定补偿,故此权利内容之水之损害补偿金额可经由双方协议定之,可说明水权利之内容具有私权之性质。[34]

---

〔29〕 City & County of Denver v. Sherif, 193, 96 P. 2d 836, 840 (Colo. 1939); (Pratt v. Department of Natural Resources, 309 N. W. 2d 767, 771 (Minn. 1981).

〔30〕 Larimer County Reservoir Co. v. People ex. Rel. Luthe, 8 Colo. 614, 9 P. 794 (1885).

〔31〕 State ex rel . Fatzer v. Urban Renewal Agency, 179 Kan. 435, 438, 296 P. 2d 656, 659 (1956).

〔32〕 参见陈增镭:《中日美三国水权法令之探讨》,载《法学丛刊》1967 年第 12 卷第 1 期,转引自前引[2],林柏璋文。

〔33〕 参见翁岳生:《法治国家之行政法与司法(论行政处分)》,黄锦堂:《我国水权核发以及事后管制区缺失之检讨》,载陈敏:《行政法总论》,台湾三民书局 2001 年版,转引自前引[2],林柏璋文。

〔34〕 参见前引〔2〕,林柏璋文。

我国采折中说的学者认为，一方面，水对权利人来说是一种财产，水权由此呈现出私权性；另一方面，水资源又是一种公用物，因为水资源上附着了一些不具有竞争性和独占性的生态环境功能和社会公共利益。后者的价值大于前者，即财产价值。[35]

笔者赞成折中说，但是对于是否采纳公法物权说持慎重态度，因为我国民法、行政法的理论尚未采纳公法物权论，况且，公法物权的概念有无存在价值，尚不清楚；同时，对于公权的性质大于私权的性质之说，笔者同样持审慎的态度，因为公权的一面在于说明水权受到的公法限制，这些限制并未动摇水权的准物权属性。

明确水权兼有私权性与公权性的特点，对于把握法律赋予水权效力的尺度，对水权进行民法、行政法、自然资源与环境保护法、刑法等“综合调整”的合理配置，对于调整水权人的用水行为，对于规范水管部门管理水资源、水权运行等，都具有积极意义。在这里，下述观点具有启发性：“水权究竟是公法物权或私法物权，其性质之不同将导致整个法律制度设计上的差别。申言之，若水权是私法物权，则私法物权从属于当事人间的自由交易（民法上的私法自治与契约自由原则）。反之，若水权是公法物权，则整部水利法便必须偏重于水权核发的许可条件、行政机关的裁量权限、审查主体、审查程序、使用权的附期限，水权的废止与撤销等。”[36]需要反思的是，因物权法的强行性规范远较合同法为多，公法成分亦然，所以“私法物权”的交易仍然受到许多公法规范的限制，水权尤甚，集中调整水权的水法当中公法规范具统治地位，就是明证。

二、水权的类型

就总体而言，水权是一集合概念，标示着一束权利。就是说，水权系列内部存在丰富多彩的各种具体的水权，其目的、功能、构成、效力、登记内容或许不同，并且在某些分类中表现得尤为突出。在这种背景下，类型化的工

〔35〕 参见前引〔3〕，裴丽萍文。
〔36〕 转引自前引〔2〕，林柏璋文。

作就显得特别重要。因所依据的标准不同,水权的类型便有区别。

1. 从水权行使的形态着眼,水权的类型可有汲水权、引水权、蓄水权、排水权等。

所谓汲水权,又称抽水权,是指用水人借助一定设施抽取地下水并取得水所有权的权利。所谓引水权,是指用水人利用分水渠等输水系统引水并取得水所有权的权利。所谓蓄水权,是指在地表或地下修建水库等蓄水池,以存蓄水的权利。所谓排水权,是指用人为方法排泄流动或积存于地表或地下的足以造成危害或可供循环利用之水的权利。

应予指出,本文遵循矿业权、水权与渔业权组成准物权的通说,故捕捞权与养殖权属于渔业权的范畴,不在水权的系列。如此界定,既有捕捞权、养殖权同水权的目的不同作根据,又有下述原因:捕捞权、养殖权包含占有、利用水域的权能,而汲水权、引水权等水权无占有的权能。

该角度观察的法律意义在于,其一,功能不同。汲水权、引水权系水所有权主体的转换器,此类水权的行使过程就是水所有权从水资源所有权人处移转到水权人之手的过程。与此不同,蓄水权、排水权无转换水所有权的功能。这就明确了不同类型的水权所达到的目的有所差异,不同类型的水权所具有的功能不同。其二,界定水权的思路宜有区别。汲水权、引水权这些手段性权利可被界定为用水人汲水或引水并取得水所有权的水权;而排水权、蓄水权则相反,它们并非使用水人取得水所有权,而是使用水人获得其他利益,例如使土壤湿度适宜,水量增多。其三,法律限制的侧重点不同。法律限制排水权等,基本表现在控制环境污染方面,因为"利用地表径流来稀释废水排放或运输污染物通常被认为是一种不合理使用",[37]会被课以罚款甚至被撤销水权。与此不同,法律限制汲水权则表现为禁止超采地下水(《水法》第25条),或者水管部门直接限定汲水量。法律限制引水权也表现在限定水量方面。这些种类的水权在我国实务中大量存在,水法对引水权、蓄水权与排水权也是承认的(第12条)。当务之急是修改水法,进一步完善

〔37〕 John R. Teerink and Masahiro Nakashima:《美国日本:水权、水价、水分配》,刘斌、高建恩、王仰仁译,天津科学技术出版社2000年版,第12页。

各类水权规范。

2. 以用水目的为分类标准，水权可有家庭用水权、市政用水权、灌溉用水权、工业用水权、水力用水权、航运水权、竹木流放水权、稀释用水权、娱乐用水权等。

所谓家庭用水权，是指一般用于家庭、度假胜地、旅馆、有组织的营地和军营基地等用水的权利。家庭用水包括家庭喂养的家禽、家畜的饮用水以及家庭小面积的装饰性灌木丛、花园和水果蔬菜的灌溉用水。将处于城市和镇内的水井中的水用于家庭需要方面的，也属于家庭用水。但位于市区的家庭用自来水则不属于家庭用水。[38] 所谓市政用水权，系指市政为家庭、商业、灌溉、娱乐或者工业等各种目的，通过市政供水系统供水的水权。市政用水包括无家庭用水权的餐馆、旅馆、汽车旅馆、教堂、营地、教养设施、教育机构和类似单位的用水。此处所谓市政供水系统，包括市政管理的供水系统、农村水域、公共批发水的供应区域、为居所或者移动住房而贮存相当水量(可由法定或水管部门确定)的人或者单位所管理的供水系统、其他类似的为各种目的向其他用水人供水的系统。[39] 在美国，此处所谓人，不但指自然人，而且包括州的机关或联邦政府。[40] 所谓灌溉用水权，是指利用地表水或地下水供给农田所必需水量的权利。所谓工业用水权，是指采矿、木材加工、纸浆制造、热电厂冷却、钢铁冶炼、食品生产等用水的权利。所谓水力用水权，在狭义上是指发电等用水的权利，在广义上还包括航运、鱼类与野生动物保护等方面的用水权。所谓航运水权，是指航运公司等主体享有的使其船舶在河道内等航行水域通行的权利。所谓竹木流放水权，是指利用河道流放竹木的用水权。所谓稀释用水权，是指为稀释废水等污染物而利用河道径流与其他淡水水体的权利。所谓娱乐用水权，是指公园、游乐场、自然保护区等娱乐事业，不是通过市政供水系统供水，而是取得独立的水权许可而将水流、水面等用于娱乐的权利。

---

〔38〕 John C. Peck and Kent Weatherby, "Condemnation of Water and Water Rights in Kansas", *University of Kansas Law Review*(Summer, 1994).

〔39〕 Id.

〔40〕 KAN. STAT. ANN. 82a – 701(a)(1989).

该角度观察的法律意义在于,其一,当数个水权并存于同一水资源上时,时常以用水目的作为确定水权优先位序的依据。例如,家庭用水权一般处于最优先的位序。在数个水权取得的时间相同时,水权的位序排列规则是,家庭用水权、市政用水权、灌溉用水权、工业用水权等。在美国,许多州对水资源进行特别控制,以服务于鱼类与野生动物、娱乐及其他美学价值类对水资源的需求。这些价值被视为公共价值,所以,水资源可以优先分配给它们。一些州已制定法律,将部分河流指定为风景类河流,禁止开发。环境价值已取得了较高的优先权。[41] 我国水法对此设有原则性的规定(第14条、第16条、第31条),但不全面,现在的工作是应加快水权制度的完善。其二,在我国现行法上,家庭用水权的取得无须申请取水许可,而工业用水权等的取得则以取水许可为程序要件(《水法》第32条)。

确定了水权的优先位序,就既明确了每一水权的对抗范围,又成为确定征用对象的依据。

3. 以生成的阶段与效力的强弱为标准,水权可被分为不完全水权与完全水权。

所谓不完全水权,是指用水人已在实际用水但尚未取得水权许可阶段所享有的权利。所谓完全水权,是指用水人已获得水权许可阶段所享有的水权。

该分类的法律意义在于,其一,生成阶段不同。不完全水权可能成长为完全水权,也可能因水管部门不予批准而夭折。完全水权则不存在这个问题。其二,法律效力的强弱不同。完全水权的法律效力齐备,法律保护的力度强,可以对抗除优先位序水权人以外的一切人。其三,产生的领域不同。奉行先占用原则的领域,可产生不完全水权。实行河岸权原则的领域,只产生完全水权。

4. 基于水权取得的原则不同,水权可有基于河岸权原则取得的水权与基于先占用原则取得的水权。

该分类的法律意义在于,其一,构成要件不同。基于河岸权原则取得的

---

〔41〕 参见前引〔37〕书,第20页。

水权不以实际用水为要件,而基于先占用原则取得的水权,按通说须以实际有益用水为要件。其二,消灭的原因不同。前者场合,即使水权人未继续用水,水权也不消灭;后者场合,水权人停止实际用水达一定期间,水权便归于消灭。其三,取得程序不同。基于河岸权原则取得水权无须经水管部门登记,基于先占用原则取得水权必须经水管部门登记。

5. 基于是否消耗水体的标准,水权可分为消耗性用水权与非消耗性用水权。

所谓消耗性用水权,是指从一个河系、湖泊、池塘或地下水流域引取水而未将水回流或回流后不能用于其他用途的权利。家庭用水权、灌溉用水权等即属此类。所谓非消耗性用水权,是指水力用水权、蓄水权、航运水权、水质控制权及其他美学目的的河道内用水权。

该分类的意义在于,第一,用水计量的标准不同。对家庭用水、灌溉用水等消耗性用水常常利用可接受的单位水量进行计量控制。水权分配通常是以引取水的总量而不是以消耗性用水量为基础。引水总量包括消耗性用水量加上输送、调度过程损失的水量,再加上其他损失的水量。对非消耗性用水可以用径流流量来计算。当包含水库蓄水时,该数量可以用特定时期内释放的库容来计量。第二,是否存在水所有权主体的转换不同。消耗性用水权场合,存在水所有权从水资源所有权人处转移至水权人之手的现象;非消耗性用水权场合则否。

此外,水权还可分为须经登记许可而产生的水权与无须登记许可的水权,等等。

三、水权与土地权利之间的关系

在自然界里,水存在于地表或者地下,与土地结合在一起。镜像式地反映并确认这种物理属性的法律,便把水资源(以及石油、天然气等)和土地作为一个客体,将水权(以及油气矿业权等)附属于土地所有权,换言之,土地所有权中包含着水权(以及油气矿业权等)。我们将这种模式称之为土地所有权吸收水权模式。日本法虽然把河川水资源作为公用财产,但对地下水却作另类处理。按日本民法规定,土地所有权,于法令限制内,及于其土地的上下(第207条)。就是说,土地所有权包含了相应地下水的所有权,因此,只要土地处于指定的河川区域之外,土地所有权人从其土地下抽取地下水,不需要水权。换言之,土地所有权人抽取、利用其地下水的正当根据在于其土地所有权。〔42〕 英国普通法也认为土地所有权人的权利上至天空,下达地心。除法律另有限制外,土地所有权人可以尽其所好地修建任意高的楼房,有权挖掘任意深的矿藏。附属于土壤的任何东西都是土地的构成部分。不但生长着的树、庄稼是土地的构成部分,而且地上的湖泊与河流亦然。〔43〕 土地所有权人对地下的水资源拥有绝对的所有权,可随意抽取、使用甚至浪费水资源,无须考虑用水的合理性以及其他权利人对同一水资源的利用。

这种模式偏顾了土地所有人的利益,对急需水(以及石油、天然气等)的非土地所有人过分苛刻,尤其是忽视了社会公共利益、国家战略利益的需要。于是,许多国家的立法改变思路与视野,认为水(以及石油、天然气等)与土地结合在一起的自然状态,并不一定导致法律机械地将它们视为一个物,甚至让它们同属于一个主体,进而形成其上仅竖立着一个土地所有权的法律架构。相反地,为了达到物尽其用,实现效益最大化,合理地分配自然资源于各个主体之间,满足社会公共利益、国家战略利益的需要,在法律上把土地、水资源(以及石油、天然气等)视为不同的物,分别承认土地所有权、水资源所有权(以及石油、天然气资源所有权等),完全能够成立。多数立法还进一步将水资源所有权与水权分立,如此便形成了水权与土地所有权两立的模式,宣称水权不附属于特定的土地。〔44〕 施行于英格兰与威尔士的水资源法、水法一反普通法的原则,改采水资源归国家所有的制度。例如,该水法开宗明义,规定河流属于国有。美国的一些州法规定水资源属于公有。制定于1892年修改于1957年的日本河川法规定河川水资源属于公共财产(第2条)。法国对土地实行私有制,但其1992年的法国水法却规定,水是

〔42〕 参见前引〔37〕书,第99页。

〔43〕 F. H. Lawson and B. Rudden:《财产法》,施天涛、梅慎实、孔祥俊译,中国大百科全书出版社1998年版,第20页。

〔44〕 Kinney, *Irrigation and Water Rights*, 1787(2d ed. 1912).

国家共同资产的一部分。与此相同,俄罗斯联邦虽然实行私有制,但其1995年的俄罗斯联邦水法却规定,水体可以属于俄罗斯联邦所有,也可以属于俄罗斯联邦各州、区所有。在国家所有权下,一个水体不能同时分属于几个州、区所有。在联邦德国,著名的"湿采石裁定"及其引发的联邦德国水利法的修改,清楚地显示出水权与土地所有权两立。所谓"湿采石案",案情大概如下:某采石业者在其所有土地上经营采石业多年,为提高采石的产量,欲扩大开采范围,采用"湿采石"作业方法,这就涉及地下水的使用。他依据《联邦德国水利法》第2条第1项的规定,向主管机关申请许可。经审查,该主管机关以该土地位于水源保护区,采石工作面的扩大将危及地下水为由,未批准该申请。该采石业者不服,依程序提起行政诉讼,但被驳回;他转而向联邦普通法院提起诉讼,请求补偿。该普通法院在审理该案件的过程中,发现《联邦德国水利法》第2条第1项关于地下水使用限制的规定未设有补偿内容,似乎违反了《联邦德国基本法》第14条第3项规定的立法意图,于是提请联邦宪法法院审查。联邦宪法法院于1981年7月15日作成裁定,认为系争规定与联邦基本法的立法意图尚无不合。联邦宪法法院特别指出,土地所有权人对于其土地地下水的利用权能,自始不属于联邦基本法保障财产权的范围,从而,地下水的利用置于国家公法的管理体系之下。[45] 在此裁判的指示下,联邦德国在修改其水利法时增订第1a条,其中第3项规定:"土地所有权人不享有以下权利:1.依本法或依各邦水利法规定须经许可的水资源利用;2.地面水的开发。"这明确揭示了"水资源的利用"非属土地所有权的内涵。[46] 我国元代以前,水资源的分配是"按地定水",水权仅仅是地权的附庸,即"水随地形"。但到了明清时期,关中地区水权的买卖就比较常见了,水权和地权已经分离开来。[47] 民国时期于1942年制定的水利法明确规定,水为天然资源,属于国家所有,不因人民取得土地所有权而受影响(第2条),现在,该法仍然适用于我国台湾地区。学说认为,天然状态之水

---

〔45〕 BverfGE,58,300(338f.),转引自李建良:《论环境保护与人权保障之关系》,载《东吴法律学报》2000年第2期。

〔46〕 参见前引〔45〕,李建良文。

〔47〕 参见常云昆:《黄河断流与黄河水权制度研究》,中国社会科学出版社2001年版,第78页。

为《宪法》第143条第2项规定的经济上可供公众利用的天然力,所有权属于国家,故天然状态之水非为土地之重要成分,非主物(土地)之成分。[48]我国现行法一直采取土地所有权、水资源所有权、水权分立的模式(《水法》第3条)。

明确我国等立法例采取土地所有权、水资源所有权、水权分立的模式,既寻找到了水权自成体系的法律及理论基础,又搞清了水权可以脱离土地所有权而单独取得、转让、抵押的前提,当然,也带来了如何协调水权与土地所有权、土地使用权之间的关系等复杂的问题,需要解决。下文关于河岸权原则、水权与相邻权或地役权的讨论,即属这方面的内容。还有,水权同土地所有权、土地使用权的分立,并不排斥水权与土地所有权或土地使用权一起处分。在实际生活中,它们被一同转让的案例并不鲜见。美国的堪萨斯州水占用法就规定,作为不动产权的水权,有的附属于土地,有的与土地分离。前者场合,它随着土地的出卖、出租、抵押、遗赠或者其他自愿处分的方式而移转(第701条g)。后者场合,当纯粹的土地所有权未被授予水权时,所有权人须另外申请水权,无许可证而用水会负刑事责任(第728条)。

四、水权的优先权

优先权是水权的两大要素之一,在水权制度中处于非常重要的地位。水权制度中的优先权有两个功能:一是决定水权是否产生,在某些情况下(如依河岸权原则)甚至是排他地确定水权的取得;二是确定数个水权之间的先后顺序,协调水权人之间的利益冲突。称前者为水权的产生依据,后者为水权的优先位序,更为准确。为方便起见,同时照顾到用法习惯,本文在不同的场合使用相应的称谓。

因确定标准不同,水权所处的场合不同,确定优先权的原则和规则便呈现出差异。以下分门别类予以介绍,并尽可能地作出评论。

(一)以地表水为客体场合,确定水权取得的优先权类型

1. 河岸权原则。准确地说,河岸权原则应该叫作依河岸地所有权或使

---

〔48〕 参见前引〔2〕,林柏璋文。

用权确定水权归属的原则。它指水权附属于相邻于水的土地,[49]换言之,土地所有权人对与其土地相毗邻的河流当然地享有水权。在我国古代,水使用权(水权)取得的原则中即有渠岸权利原则,[50]我国现在的用水习惯中有它一席之地。在英国,它滥觞于普通法。后来,它被美国东部各州的法律所沿袭,也被西部一些州的法律所承认。其性质有三:其一,它适用于河流与土地毗邻场合取得水权。依该原则取得水权,仅需要存在河流的天然径流、土地所有人对毗邻的河岸享有所有权两项条件,至于当时该河流中是否蓄存着水,水量大或小,则在所不问。其二,依该原则取得水权系当然的与自动的,无须经人为的程序来授予。其三,依该原则取得的水权具有永续性,同权利人利用水资源与否无关。该水权既不会因权利人不利用水资源而丧失,也不会因利用的时间先后而产生优先权。[51] 应当指出,由于我国现行法规定直接自地下、江河、湖泊中取水要适用取水许可证制度,因此,对河岸享有所有权、土地承包经营权、"四荒"土地使用权、国有土地使用权的用水人,取得水权也须通过申请—审批—发证的程序。

河岸权原则同我国法上的相邻用水排水权类似,但两者具有本质的不同:其一,相邻用水排水权,是不动产权利人用水排水,牺牲毗邻不动产的权利人的利益的法律根据,反映的是这种利益彼增此消的关系,其主体是相互毗邻不动产的所有权人或者使用权人,水资源所有权人及其利益不在其中。河岸权原则解决的恰恰是不动产权利人从水资源所有权人处取得用水的权源问题,有时是不动产权利人从其他水权人处获得水权的问题,总之不是相邻不动产权利人之间的问题。其二,在无偿用水的时代,或者在土地与水相结合同为土地所有权客体的制度中,不动产权利人即使无水权也可基于相邻用水排水权而自然享有用水的权利,一些国家或地区的民法确实是如此规定的,我国民法的通说也是这样主张的。但这确实是无故地牺牲了水资源所有权人的利益,是不当的利益分配,也同水法的原则相冲突,容易使人

---

〔49〕 David H. Getches, *Water Law in a Nutshell*, 77 (2d. 1990).

〔50〕 参见萧正洪:《环境与技术变迁》,中国社会科学出版社 1998 年版,转引自前引〔47〕,常云昆书,第 60 页。

〔51〕 参见前引〔37〕书,第 32 页。

产生相邻用水权中当然含有水权的错觉。在水资源所有权独立于土地所有权并归国家享有，又实行有偿用水制度的背景下，必须修正上述规定及其学说，确立下述规则：相邻用水排水权中无水权这一成分，亦非确定水权取得的基准；而河岸权原则恰恰是取得水权的依据。其三，在建筑物排水场合，相邻用水排水权与河岸权原则不搭界。在与河流毗邻的土地需用水排水场合，若无水权存在，亦不会有相邻用水排水权，只在已取得了水权之后，才会产生上下游的土地所有权人或者使用权人之间在用水排水方面存在的问题，才会有相邻用水排水权的运用。其四，河岸权原则解决的是水权从无到有的问题；相邻用水排水权解决的是有了水权以后，水权运用过程中发生的利益冲突问题。由此可以得出结论：如果所谓"民法对基于土地及房屋的相邻而产生的水的相邻关系已经形成了较为成熟的制度"，"水权与相邻权、地役权之间就存在着调整范围上的重叠和交叉"[52]的观点，是对我国现行法尤其是针对正在制定中的我国物权法所作的描述或者展望的话，那么它显然不是妥当的利益分配方案，不符合发展方向。另外，究竟是行使毗邻房地产的权利而形成的相邻关系，还是所谓"水的相邻关系"，需要澄清，笔者认为是前者。

依据上述原理，可以认为：我国现行法尚未明定依河岸权取得水权，这与我国一直未形成完整的水权制度、水资源所有者基本上用行政手段分配用水、不注重用经济杠杆调节用水关系、无偿或者低费用水十分普遍、缺水现象未像今天如此严重有关。不过，几十年来在实务上则一直存在基于河岸权取得水权的事实，并已形成了习惯，农村用水排水的纠纷大多据此习惯获得调解。因此该习惯应被法律认可。应该注意到，所谓河岸权，在主要以行政手段处理土地关系的年代，基本上指的是土地所有权，在农村更是如此；但在土地所有权、土地承包经营权、"四荒"土地使用权、国有土地使用权分立，并可归不同的主体享有的今天，它便呈现出多样化，既可以是主体对河岸享有的土地所有权，也可以是对河岸地拥有的承包经营权、"四荒"土地使用权，还可以是对河岸地取得的国有土地使用权。

---

〔52〕 前引〔3〕，裴丽萍文。

2. 先占用原则。它是指按占用水资源的时间先后来确定水权的取得以及水权之间的优先位序的原则。有人将它表述为,先占用水资源者,优先取得水权,或者其水权居于优先位序。其产生和存在的必要性首先表现在,非毗邻水资源的土地同样需要用水,可是按河岸权原则却达不到目的,而依据先占用原则就能如愿以偿。它包括三项基本规则:其一,水的利用仅可以是直接的、实际的和有益的;其二,首次有益用水者相对于其后的用水者取得优先权;其三,该权为继续的权利,以继续而有益地用水而非浪费为存续条件。[53] 其中,第一项规则包含对水权的三项限制:首先,水权是用益权,仅在于用水。其次,由有益用水决定的水量确定着水权的范围,[54] 水权人不享有超出其实际有益用水量的权利。最后,起初将有益用水的类型限制为,矿业用水、灌溉用水和畜牧用水。[55] 近来,法院与立法机构将有益用水的类型扩张到娱乐用水、环境用水和回流河道用水。[56] 第二项规则赋予了首先的或最早的有益用水者处于优先位序的水权。该权整体地优先于随后的用水人的水权。该水权的优先日期溯及至用水人首次引取水的时间。[57] 其例外有,当居民申请家庭用水时,水管部门可以不顾时间的先后而承认他优先于其他申请者。第三项规则要求水权人继续用水以保持其水权。只要有益用水在继续,水权便存续;[58] 不用水或者浪费用水便导致水权丧失。[59]

先占用原则与河岸权原则的不同十分明显:其一,它不以水资源毗邻土地为取得的条件。其二,时间因素是水权取得以及优先位序的决定性因素。其三,就毗邻土地的特定水域而言,河岸权原则暗含着排他性,土地所有人

---

〔53〕 Krist a Koehl, "Partial Forfeiture of Water Rights : Oregon Compromises Traditional Principles to Achieve Flexibility", 28 *Envtl. L.* 1140 – 41 (1998).

〔54〕 Wells A. Hutchins, *Water Rights Laws in the Ninetine Western States*. 440 (1971).

〔55〕 Charles F. Wilkinson, *Crossing the Next Meridian : Land, Water, and the Future of the West*, 234 (1992).

〔56〕 Steven J. Shupe, "Water in Western Water Law : A Blueprint for Change", 61 *Or. L. Rev.* 483, 488 (1982).

〔57〕 *National Water Comm'n, A Summary – Digest of State Water Laws* 5 (Richard L. Dewsnup& Dallin W. Jensen eds., 1973).

〔58〕 Janet C. Neuman, "Benef icial Use, Waste, and Forfeiture : The Inefficient Search for Efficiency in Western Water Use", 28 *Envtl. L.* 920 (1998).

〔59〕 David H. Getches, *Water Law in a Nutshell* 76 (2d ed. 1990).

或者使用权人享有了该水域的水权，他人就不再能享有该水域的水权，于此场合，本不具有排他性的水权因以河岸权为基础反倒呈现出排他性。先占用原则无此功能，正因如此，先占用原则具有确定水权的优先位序的功能。应予指出，河岸权暗含的排他性，仅在法律只承认河岸权原则而否定先占用原则的背景下存在，在这两个原则并立的情况下，便极其弱化乃至消失。其四，依河岸权原则取得水权，不以实际用水为要件；而基于先占用原则取得水权，必须具备实际有益用水这一条件。其五，除美国西部早期基于先占用即获水权的习惯不需登记以外，现行法要求，依先占用原则而取得水权均须登记，获得水权许可。基于同样道理，加上用水管理的需要，我国《水法》第32条第1款规定，除家庭生活、畜禽饮用取水和其他少量取水的以外，国家对直接从地下或者江河、湖泊取水的，实行取水许可制度。与此相反，河岸本身即为公示标志，基于河岸权而取得的水权自身既昭示着水权的存在，又确定着水权的位序。故即使基于河岸权原则取得的水权不为登记，只要土地的所有权或者使用权予以登记，水权问题便随之获得解决。如果这一观点是正确的话，那么，所谓"水权的取得必须进行登记"〔60〕的观点就至少是犯了绝对化的错误。

在我国古代，水使用权的取得原则中就存在有限度的先占用原则。〔61〕在美国，先占用原则起初在西部的矿区因矿主在采矿方面承认优先权而成为习惯。处于干旱区域的农场主因其土地与河流、湖泊等水源不相邻，对河岸权原则同样不满。〔62〕于是造成投资减少，人们投奔他乡的后果。由此可见河岸权制度在西部并非良法，需要加以改变。该转变过程大致如下，矿主、农场主首次从公有地的河流中引取水，便获得事实上的水权。这种引取水的现象逐渐发展成为地方习惯与地方规则，法院随之将这些地方规则中的大部整合成法律，拒绝河岸权原则。〔63〕但华盛顿州的法院同时承认河岸

---

〔60〕 前引〔3〕，裴丽萍文。

〔61〕 Krist a Koehl, "Partial Forfeiture of Water Rights : Oregon Compromises Traditional Principles to Achieve Flexibility", 28 *Envtl. L.* 1140 - 41 (1998).

〔62〕 David H. Getches, *Water Law in a Nutshell* 74, 78 (2d ed. 1990).

〔63〕 *National Water Comm' n, A Summary - Digest of State Water Laws* 5 (Richard L. Dewsnup & Dallin W. Jensen eds., 1973).

权原则与先占用原则。如果河岸权人未实际地用水或者在合理的期限内几乎未引取水,法院就允许其他占用人引取水。进而,1917 年的地表水法典规定,在华盛顿州,先占用原则是取得利用地表水的权利的唯一依据。1945 年的地下水法典在地下水领域也适用这一规则。近来,华盛顿州最高法院不再遵循河岸权原则,仅承认先占用原则。[64] 实际上,原来遵循河岸权原则的州大约有半数转而采纳先占用原则,废弃或者严加限制河岸权原则;那些依旧认可河岸权原则的州也另外承认了先占用原则。[65]

但这同时产生了新的问题。其一,制定法确立先占用原则势必侵害或者削弱了关于河岸所有人的普通法规则,即限制了制定法实施时已经行使的河岸权。不过,其改变定有限度,只要实际利用水资源的状态受普通法的保护,制定法就不得伤害任何人基于河岸权享有的水权。[66] 其二,这种二元体系的存在使水权的取得及其位序的确定复杂化了,纠纷也额外地增多了。

先占用原则的精神在日本法上同样存在。在日本水法上,水权分为许可水权与习惯水权,前者的优先权按批准水权的时间顺序予以确定,后者则包含上游用水优先权、旧稻田优先权与平等用水原则。[67] 上游用水优先权使上游用水人优先于下游用水人而用水,即使下游用水人取得水权的时间在先,也是如此。旧稻田原则,是最早引水并灌溉稻田者取得最优先位序的水权,而不是以水管部门批准的时间确定水权的位序。日本水法还承认,其一,取得堤坝用益权者不受先占用原则的束缚,他有权利用水库的一定存蓄容量。当分配到的水库蓄水容量存蓄满后,堤坝用益权人有权从堤坝甚至下游引取这部分水量。该水权优先于其他水权,即使后者取得的时间在先。其二,暂时性水权或暂时性湿润年份水权无优先性,即使它取得的时间在先,也是如此。因为它是在近期将要建设有关蓄水设施且流域水资源具有

---

〔64〕 Abbott v. Department of Ecology (In re Matter of Deadman Creek Drainage Bash), 103 Wash. 2d at 686, 687 - 88, 694 P. 2d at 1071, 1072.

〔65〕 参见前引〔37〕书,第 32 页。

〔66〕 Janet C. Neuman & Keith Hirokama, "How Good Is an Old Water Rights? The Application of Statutory Forfeiture Provision to Pre - Code Water Rights", *University of Denver Water Law Review*. (Fall, 2000).

〔67〕 参见前引〔22〕,金泽良雄文。

湿润年份条件时批准的,它只暂时性地存在于一定期间内。[68]

从先占用原则的功能与产生发展史可知,先占用原则较河岸权原则更妥当地兼顾了各方面的利益与需要,我国法应予采用,水法修改时应予明确。作为权宜之计,对水法关于国家对直接从江河、湖泊取水的,实行取水许可制度,除非系家庭生活、畜禽饮水和其他少量取水的规定(第32条第1款),可解释为承认了先占用原则。因为水管部门审核取水申请,签发取水许可,应该按申请时间的先后确定各个水权的位序。日本的习惯水权制度承认上游用水优先权、旧稻田用水优先权、堤坝用益权人的水权优先诸规则,与我国的用水习惯相符,我国法应予借鉴,并作为先占用原则的例外。日本法关于暂时性权利或暂时性湿润年份水权无优先权的规则,作为先占用原则的另一例外,具有合理性,值得我国法借鉴。在这里,一个回避不了的问题是,我国法仅确立先占用原则还是同时承认两个原则?对此问题可有两个思路加以解决,一是避开麻烦之路,仅承认先占用原则,河岸权仅是授予水权时优先考虑的一个因素;一是承认两个原则并立,但须确立优先位序规则,以解决水权之间的效力冲突问题。前者解决问题简单,但在我国采用则属无视几十年间形成的习惯,产生新的纠纷,可能得不偿失。采纳第二个思路则必须先确立水权之间的优先位序规则。笔者赞成后一方案,优先位序规则在下文讨论。

需附带指出的是,与河岸地相邻的土地需用河水场合,在水资源所有权归国家享有并实行有偿用水制度的今天,必须先取得水权(或者取得水合同债权),然后才有正当权源用水。于此场合,相邻关系规则仅仅使该土地的权利人享有在河岸地铺设输水管或者修筑输水渠的权利。笔者不同意所谓该土地的权利人基于其相邻权就自然享有使用水的权利的通说。因为承认该通说就意味着允许毗邻的水源地的权利人无权处分本属于国家所有的水体,意味着可以置水资源所有权人的意思和利益于不顾。

3. 取得时效原则。取得时效亦为水权取得的根据之一。适用取得时效取得水权须符合以下条件:其一,须有占用不属于自己的水资源的状态;其

---

〔68〕 参见前引〔37〕书,第112页。

二,该状态须持续较长的期间;其三,该占用水资源须为和平的、公然的。具备了上述条件,占用水资源者便取得水权。这一制度在美国的一些州是通过判例而被确立的,但在另一些州却未被承认。我国正在制定物权法,拟承认取得时效制度。这一设计一旦变成现实,应适用于水权的取得。

(二)以地下水为客体场合,确定水权取得的优先权规则

地下水大致分为地面入渗水和地下径流。后者是指流动于一条"确定、已知、可探查"的地下水道中的水流。当地表河流入渗并在该河床下继续流动时,以地下径流论。在美国,取得地下径流的水权一般适用取得地表水的水权的规则。当地下径流与地表河流相通时,水权的取得、分配应考虑该地表河流这一因素。就通常情形,地下水的水权取得原则有绝对所有权原则、先占用原则等。按绝对所有权原则,土地所有权人当然拥有其地下水的所有权,可随意抽取、使用乃至浪费地下水,而毋需考虑使用的合理性,也不必顾及其行为是否损害了他人对该地下水享有的水权。按先占用原则,先使用地下水者优先取得水权。如此,在土地所有权人从未使用地下水的情况下,已经取得开发、使用地下水许可的非土地所有权人取得位序在先的水权,而土地所有权人只能享有后位序的水权。[69]

绝对所有权原则即使在今天的西方国家也不合时宜,更同我国现行的水资源归国家所有、农村土地归集体所有、市场主体依法用水的法律制度相冲突,还不符合我国水权制度的发展方向,我国应弃之不用。根据我国《水法》第32条第1款规定,可推知:宅基地使用权人有权不经审批程序而径直抽取其宅基地下之水来满足其生活需要。与此不同,土地所有权人须经水管部门审批并签发取水许可方有权抽取、使用其地下之水,土地承包经营权人、"四荒"土地使用权人亦应如此,国有土地使用权人须经批准方有权抽取、使用其用地下之水。水管部门审核、批准取水许可,应按申请时间的先后确定水权的取得以及位序。就此说来,我国法实行的是先占用原则。

我国以往鲜有水权人抽取、使用异地的地下水的现象,所以基于先占用原则取得异地地下水的水权尚不多见。就是说,在地下水的水权取得方面,

〔69〕 参见前引〔37〕书,第35页。

先占用原则的适用范围较窄。随着市场经济的发展,若水权人抽取、使用异地的地下水的需要增强,事例增多,那么先占用原则的适用范围会拓宽。

应该承认,由于法规不配套、执法不严等多方面的原因,我国抽取、使用地下水的实务未令人满意地贯彻《水法》第32条第1款的规定,土地承包经营权人、“四荒”土地使用权人等抽取、使用地下水大多未申请并取得用水许可证。因取水许可制度未落实,先占用原则自然就难以贯彻。这种状况亟待改变。

顺便指出,水权人抽取、使用异地的地下水,时常需要通过他人所有或者使用的土地,于此场合,尚须取得相邻权或者地役权。

(三)在以地表水为客体的情况下,数个水权并存于同一水资源场合,确定水权优先位序(优先权)的规则

因用水目的不同导致水权的效力冲突场合,我国《水法》第14条设有原则性的解决规则。在解释论上,可认为该条确立了如下位序表:家庭用水、灌溉用水、工业用水、航运用水。这基本符合21世纪议程文件所定“在开发和利用水资源时,必须优先满足基本需要和保生态系统”的目标要求,与“实现粮食安全是一件高度优先的事情”的行动依据相一致,系我国国情要求的反映,其方向是正确的,但不够全面,应予补充。在这方面,一些国家和地区的立法可供参考。我国台湾地区“水利法”按下列规则确定水权的先后顺序:家用及公共给水;农业用水;水力用水;工业用水;水运;其他用途(第18条第1项)。美国的堪萨斯州则采用下列顺序规则:家庭用水;市政用水;灌溉用水;工业用水;娱乐用水;水力用水。不过,当水资源不能满足所有的水权需要时,则并非依用水目的而是按取得水权的先后时间来确定引取与使用水资源的权利的位序。[70] 我国台湾地区“水利法”将家用与公共给水一并列为第一位序,未准确地反映出人们获取生活用水与卫生环境用水乃其基本权利的思想,不如将家庭用水列为第一,把市政用水列为第二更为精确、可取。水运的位序过于靠前,不尽符合我国的实际。美国是个自然资源丰富的发达国家,人们的生活水准已达到很高的程度,水法将娱乐用水的位

---

〔70〕 KAN. STAT. ANN. 82a – 707(b)(1989).

序排得靠前些可能是适宜的。我国则不然,故娱乐用水在近期应位于水力用水之后。还有,环境价值的位阶在价值体系中正在上升,与此相适应,环境用水的位序在我国法中宜前移。在这点上,欧盟于1998 年9 月在其《水资源可持续管理的战略措施水资源开发合作导则》中关于环境原则的观点值得重视:由于水的自身价值及它与人类生活息息相关的原因,保护自然水环境是非常重要的。例如,由于鱼和水生态环境都离不开水,湿地和沿海地区的生态系统也都依赖于水。河流和湿地具有保护野生动植物、航运和娱乐的重要作用。它们同样有助于保护自然界的生物多样化。这决定了需要考虑这方面用水的优先性。最后,灌溉用水优先于工业用水,基本上是针对业已存在的灌溉水权而言的。在我国实务中,新增农田的灌溉用水在位序上往往处于工业用水之后。对于所谓"当水资源不能满足所有的水权需要时,则并非依用水目的而是按取得水权的先后时间来确定引取与利用水资源的权利的位序",我国法不宜盲目照搬。因为第一,水法关于首先满足居民生活用水的规定确立了家庭用水处于第一位序的规则,应该坚持。我国用水习惯中的上游用水优先权,也是依取得水权的先后顺序解决冲突的一个例外。况且连有的美国学者都认为,家庭用水是最受保护的,不得被征用。[71]这就否定了完全依取得水权的先后时间解决冲突的结论。第二,在申请水权或者在授予水权时,若申请的用水量超出水资源的供应能力,宜按先占用原则或者先申请原则决定将水权授予谁,若有数个水权时确定出并登记清楚各自的位序,调和冲突。但在已经存在数个水权且无登记的位序场合,则宜按前述依用水目的确定水权位序的规则,协调冲突。

笔者建议,在以地表水为客体的情况下,关于调和数个水权之间的效力冲突的规则,我国水法宜采纳如下方案:(1)以用水目的作标准,各个水权的位序为,家庭用水、市政用水、灌溉用水、工业用水、水力用水、娱乐用水(娱乐用水属于环境用水时除外)等。如此排序具有如下理由:第一,该位序表符合我国目前阶段的价值位阶体系,即生存权、发展权、享用权等位阶体系。

---

〔71〕 John C. Peck and Kent Weatherby, "Condemnation of Water and Water Rights in Kansas", *University of Kansas Law Review*(Summer, 1994).

第二,它与我国目前的发展水平相一致。在这里,需进一步作的工作,一是将环境价值作为上述各种用水类型(目的)的限制原则,把环境用水的位序前移,在娱乐用水属于环境用水的情况下,娱乐用水的位序亦应前移,但不得位于家庭用水之前;二是界定家庭用水等概念的含义。(2)依水权取得的时间先后确定位序,先取得的水权位序优先。(3)特殊的优先权规则,如我国实务遵循的上游用水优先权,应被水法所认可。我国台湾地区"水利法"关于"按水权状内额定用水量比例分配之或轮流使用"(第20条后段)的规定具有合理性,可以借鉴。日本习惯法上的堤坝用益权人的水权优先权,符合我国实务中运用的河岸权原则,应予借鉴。(4)征用规则在解决数个水权的效力冲突方面发挥着独特的作用,我国水法对征用水权问题应明确而详细地加以规定。目前,可把《水法》第20条的规定解释为含有征用的精神。上述四方面的规则的着眼点不同,视个案情况决定采纳何种规则,以达圆满调和冲突之目的。具体运作方式如下:当水资源不足时,首先适用用水目的位序规则确定哪个水权优先,即家庭用水权最为优先,市政用水权为第二,灌溉用水权列第三,等等(参见《水法》第14条)。两个以上的水权的目的相同时,适用依水权取得的时间先后确定位序的规则,即先取得的水权优先。[72] 当两个以上的水权不但目的相同而且取得的时间相同时,可采用上游用水优先权、堤坝用益权人的水权优先等规则,或者按水权许可证规定的用水量比例分配或轮流使用等规则。

(四)在以地下水为客体的情况下,数个水权并存于同一水资源场合,确定水权优先位序(优先权)的规则

适用先占用原则取得地下水的水权,同样会产生数个水权的效力冲突问题,解决的规则基本上按地表水的水权取得的时间顺序确定位序,[73] 但也有特殊之处,即土地所有权人对其土地下之水享有的水权绝对优先于从该地下抽取水并向异地输送的水权。[74] 这实际上否定了依用水目的确定水权

〔72〕 参见我国台湾地区"水利法"第20条前段。

〔73〕 Department of Ecology v. Theodoratus, 135 Wash. 2d 582, 590, 957 P. 2d 1241, 1245, 1246 (1998).

〔74〕 参见前引〔37〕书,第37页。

位序的规则,带有绝对所有权原则的影子。对于我国水法来说,在吸收该规则时应设有例外,方案可有二:一是依用水目的确定水权的位序,二是通过征用的方式满足非土地权利人的水权需要。

(五)征用水权

美国的许多州的立法都赋予市政当局依法征用水权的权力。它对解决数个水权之间的效力冲突有着独特的作用。对此,John C. Peck 教授和 Kent Weatherby 联席总顾问总结道:在满足以下两个条件的情况下,水权可被征用:其一,权利人必须享有制定法赋予的征用权;其二,从制定法规定的水权的位序表看,拟取得的水权的位序高于被征用的水权的位序。[75] 这两个条件同我国法的精神不矛盾,可以借鉴。

我国是个农业大国,在国民经济中,农业处在极其重要的地位,故灌溉用水权一般不得因工业、高尔夫球场和公园草地的用水而被征用。灌区有权征用工业用水权、娱乐用水权或者水力用水权,但无权征用家庭用水权、市政用水权或者灌溉用水权。[76] 工业系统的单位无权征用家庭用水权、市政用水权或者灌溉用水权。就特定主体而言,可征用何种水权确实为一复杂的问题,我国水法应权衡各方面的利益慎重对待,总的原则是,遵循生存权优先、有利于社会发展等原则。

五、水权取得的条件

除河岸权原则以外,基于先占用原则、取得时效制度取得水权均需有益用水这一要件。有益用水是水权的两大要素之一,所以,在明确了水权取得的原则之后,有必要讨论有益用水问题。

在美国,依先占用原则授予水权许可,是基于实际有益用水,还是以输水系统的输水能力为根据,争论激烈。在 Department of Ecology v. Theodoratus 案中,华盛顿州坚持后者,华盛顿最高法院采纳前者。案情大致如下,

---

〔75〕 John C. Peck and Kent Weatherby, "Condemnation of Water and Water Rights in Kansas", *University of Kansas Law Review*(Summer, 1994).

〔76〕 John C. Peck and Kent Weatherby, "Condemnation of Water and Water Rights in Kansas", *University of Kansas Law Review*(Summer, 1994).

1973年，George Theodoratus 向华盛顿州的生态部申请水权许可，以促进Skagit县的私人住宅开发。依照审核报告，生态部授予 Theodoratus 抽取地下水的许可。许可证中的用语意在创设一既有水权，一旦 Theodoratus 的供水系统有输水能力，就依《华盛顿州地表水法典》第90·03·330条的规定签发给他水权证书。尔后，华盛顿州以输水系统的输水能力而非 Theodoratus 的实际用水量为根据，签发了定量之水的水权证书。1992年，用水许可期满失效。于是，Theodoratus 再次申请将许可延长至2001年，生态部起初拒绝，但在 Theodoratus 上诉后，生态部同意将许可延长至2001年1月1日。此次，生态部注重的条件改变为，水权证书的签发系以有益用水的实际水量为根据的，而不再是基于输水系统的输水能力。显然，该用水许可延长的条件改变了以前签发水权证书的根据。Theodoratus 不同意以实际有益用水作为水权许可延长的条件，就此上诉到污染控制听证会。该听证会认为，输水系统的输水能力固定了水权证规定的有益用水的实际用水量，Theodoratus 有权占用与其所建输水系统的输水能力相等的水量。简言之，听证会以输水系统的输水能力为水权取得的条件。生态部反对听证会的观点，上诉到高级法院。高级法院认为，生态部已经自行确定了延长用水许可的条件，那就是由实际有益用水决定的水量。生态部必须在实际有益用水发生前签发用水许可证。该法院指出，所谓“合理的有益用水”，可能包括诸如已完成的公共供水系统的输水能力等条件，其范围是在合理的期间内有益用水。生态部交互上诉至华盛顿州最高法院，认为高级法院关于有益用水的界定是错误的，因为它考虑了输水系统的输水能力与未来用水。最高法院裁决，生态部只能在申请人实际地有益用水之后签发给他用水许可证，无论是普通法还是制定法均未允许生态部以输水系统的输水能力为根据签发用水许可证。依该案的判决，合法占用水与颁发用水许可证必须基于实际有益用水，而非以用水人完成的输水系统的输水能力为根据。[77]

我国法如何取舍呢？以输水系统的输水能力作为水权取得的条件，其

---

〔77〕 Department of Ecology v. Theodoratus, 135 Wash. 2d at586, 587, 588, 589, 957 P. 2d. at 1243, 1244, 1245, 1246, 1247, 1248 (1998).

缺点是,无论水是否被实际利用,输水能力都不会改变。这使水权处于推断之中,导致水权管理的不确定。它会同先占用原则及“用水则有水权,反之则失水权”的规则相抵触。在水资源短缺的背景下,申请人实际用水量小却故意修建输水量大的设施时,更显出其不足。如果以实际有益用水作为水权取得的条件,就不会存在上述问题。就此看来,在奉行先占用原则的框架下,以实际有益用水作为水权取得的条件比较合理。我国水法应采取这一观点,改变以输水系统的输水能力授予水权的思路。在此前提下,尚需界定实际有益用水的含义。笔者认为,普通法关于有益用水既指用水的类型,又指水权的衡量标准与边界〔78〕的观点,可资借鉴。

该有益用水是指既有的状态抑或未来的状态?亦有争论。首先应予说明的是,前者与上文所谓“实际有益用水”相一致,而后者则同所谓“输水系统的输水能力”有时重合,有时不同。所谓“不同”,表现在拟于未来的用水可能小于或者大于输水系统的输水能力。华盛顿州最高法院坚持前者,即水权的取得以既有的用水状态为条件。〔79〕赞成者列有三点理由:其一,这同普通法上的水权要求相一致,是华盛顿州水权法典的基础;其二,这符合华盛顿州水权法典的用语和目的;其三,既有的实际用水较之输水系统的输水能力,更贴近当代的用水管理考虑。〔80〕所谓“这同普通法上的水权要求相一致”,主要是指这符合先占用原则。所谓“这符合华盛顿水权法典的用语和目的”,是若将《地表水法典》第90·03条与《地下水法典》第90·44条联系起来解释与适用,可知它们要求申请人必须估算两个时间,一是修建输水系统所需时间,一是实际有益用水的时间。生态部必须设定后者。它们要求,“合法占用水”以实际有益用水为构成要件。由于输水系统的输水能力有时与拟于未来的用水重合,所以上述第三点理由可被解释为既有的实际用水较之拟于未来的用水,更贴近当代用水管理的考虑。

有益用水系指未来的状态,在美国西部的普通法上有两项理论支持,也

〔78〕 Id. at 590,957,P. 2d at1245.

〔79〕 Id. 2d 582,587,957 P. 2d at1241,1243(1998).

〔80〕 Darryl V. Wareham,“Washington Water Rights Based on Actual Use or on Delivery System Capacity? Department of Ecology v. Theodoratus”,*Seattle University Law Review*(2000).

是 Department of Ecology v. Theodoratus 案少数意见所赞成的观点。一为进步增长理论(progressive growth doctrine),承认为灌溉用水常常不需要具备立即实际用水的全部可能性,只要存在拟实际用水的诚实信用与用水人为实际用水而尽其所能地工作即可。诸如用水人正努力地修建输水渠等,即为拟实际用水的诚实信用与为实际用水而尽其所能地工作的表现。另一项理论为发展中的社区共同体理论(growing communities doctrine)。它支持基于未来用水的意思授予水权。按照该理论,一个社区共同体可以合理地预期未来所必需的水量而行使水权。持此观点的少数意见者以 City and County of Denver v. Sheriff 判例为权威依据,并认为它应适用于 Theodoratus 案,因为一个社区共同体拟于未来用水的最好指示器是它已建成的供水系统的输水能力。[81] 因为在 Theodoratus 先期开发社区共同体中的私人住宅的过程中,每建成一新屋,就会相应地增加用水的需求,所以,为满足该需求,不至于新屋落成需要用水时却无水权作为用水的依据,便应以拟于未来的用水为根据将水权授予 Theodoratus。[82] 赞成以拟于未来的用水而非既有的用水作为水权取得条件者大有人在,其理由之一是,以既有的实际用水而不是拟于未来的用水作为授予水权的根据,会增加其他开发者投资的不确定性,导致他们放弃开发计划。[83]

我国现行法是采取用水人先取得取水许可证,然后才有资格用水,就是说,以未来的用水作为取得水权的条件。在修改水法时是坚持这种做法还是进行修正呢?将既有的实际用水作为水权取得的条件,存有如下缺点:一是用水人在取得水权之前的用水欠缺法律依据;二是水权在量的方面未必符合用水人对水的未来需求,在用水人拟增加用水量的场合尤其如此。“申请水权许可系为未来的用水而非以往的用水”,[84] 从另一角度说明了这一道

---

〔81〕 Department of Ecology v. Theodoratus, 135 Wash. 2d at 614, 957 p. 2d at 1257.

〔82〕 Id. at 617, 957 p. 2d at 1258.

〔83〕 See Darry l V. Wareham, “Washington Water Rights Based on Actual Use or on Delivery System Capacity ? Department of Ecology v. Theodoratus”, *Seattle University Law Review*. (2000).

〔84〕 Department of Ecology v. Theodoratus, 135 Wash. 2d at 605, 957, p. 2d at 1252(1998). 需要说明,“拟于未来的用水”在原文中是“输水系统的输水能力”。这两个概念在此处都在指定同样的状态,基于上下文的需要,笔者作了改译。

理。以未来的有益用水作为水权取得的条件,同样存在缺点:其一,它同先占用原则相矛盾;其二,在申请人届时未完成或者根本未建输水系统场合,会出现一方面先位序的水权闲置,另一方面阻碍后位序的水权人用水的局面。笔者认为,折中的观点及其方案为适当的选择。美国有的判例[85]与华盛顿州水权法典承认不完全水权(inchoate rights)的思想给我们以启示。我国法可以这样设计:除依河岸权原则取得水权以外,(1)在无水权许可的情况下,用水人实际有益用水,他享有不完全水权。这既使其实际有益用水有正当权源,又贯彻了先占用原则。(2)待用水人取得水权许可证时,他享有完全水权,或者说是效力齐备的水权。(3)对于拟于未来的用水,在申请人原本无任何输水系统也未修建此类系统场合,不授予他任何水权。这使其他用水人有机会取得先位序的水权,使水权人乃至整个社会都获得最佳的效益。(4)有确凿证据表明申请人正修建输水系统或将确定地修建时,自其申请被批准时授予不完全水权;待其实际有益用水时,再授予完全水权。如此,用水人、其他用水人、管理部门几方面的权益都可得到兼顾。如果这一结论是正确的话,那么,我国应放弃按未来的用水授予水权的思路。

六、水权与物权法典的制定

综上所述,可知水权乃至整个准物权与物权的差异很大,主要表现在:(1)在客体的特定性方面,水权或者有的不具备,或者有的要求得不严格,典型状态仅在个别场合存在。与此相关,(2)在一物一权主义方面,水权类似于抵押权,表现得很弱。(3)水权无追及效力。在水权的客体与水资源的客体融为一体时,盗用水构成侵害水资源所有权,基本不构成侵害水权;即使构成,因水一旦被盗用,就不再是水权的客体,水权人自然不能基于水权请求返还。该结论同样适用于水权的客体与水资源所有权的客体相分离的场合。(4)优先性在水权中虽然突出,但独具特色。第一,因水权与其他物权、与非水合同债权不会基于同一客体而发生,故谈不上谁优先于谁的问题。优先性仅发生在水权之间或者水权与水合同债权之间,范围较窄。第二,优

〔85〕 City & County of Denver v. Sheriff, 105 Colo. 193, 204, 96 P. 2d 836, 842 (1939).

先性在水权中既表现在水权的取得方面,又体现于水权之间的位序上,比较丰富。(5)水权与矿业权、渔业权之间,后两者与物权之间,均存在很大的区别,等等。

既然差异如此之大,如果物权法典规定水权乃至整个准物权,会产生许多难以处理的棘手问题。其一,就水权属于民法物权性质的内容而言,物权法典虽然可予以规定,但操作起来,会出现许多物权制度都要规定例外的情形。如此,一是不经济,二是使得物权的确定性大打折扣,三是物权总则涉及的水权规范凌乱不清,莫不如将水权规范汇集一处,更利于对水权的总体把握。但如果都汇集于物权分则中的水权一章,会因本属于总则的规范夹杂其中而显得逻辑性差。只有另定单行法才比较理想。

其二,水权的公权色彩强烈,水权制度大多为行政法律制度、自然资源与环境保护法,还有若干刑罚规范。这些,尤其是行政法律制度,在物权法中难以尽如人意地得到反映。而欲理想地规制水权问题,离开行政法律制度是不可想象的。十分明显,在立法技术上,我国宜采用的上策是,首先,物权法典承认水权为物权的一种,并将其定位为准物权。这样,一是满足物权法定主义的要求,二是作为水权制度展开、生长的基点。其次,物权法总则在理念上,在规范设计上,给水权乃至整个准物权留足成长空间。至于水权制度的躯干及枝叶,均应由作为单行法的水法来设计。这种模式的优越性可从公司法、票据法等单行法的成功实践推断出来。

七、水权与民法理论的反思

(一)思维方法的反思

毋庸讳言,我国民法学的思维方法深受德国法律思维方式的影响,而德国法律思维方式具备逻辑性形式理性的特征。在德国,法律思维的理性建立在超越具体问题的合理性之上,形式上达到那么一种程度,法律制度的内在因素是决定性尺度;其逻辑性也达到那么一种程度,法律具体规范和原则被有意识地建造在法学思维的特殊模式里,那种思维富于极高的逻辑系统性,因而只有从预先设定的法律规范或原则的特定逻辑演绎程序里,才能得出对具体问题的判断。[86] 其优点显而易见，法律工作者能使先验的观念走向生活并且拥有广泛的演绎才能；[87] 法官适用法律裁判个案远较英美法系中的裁判容易；在无充分的理由证明一项法律原则或规则、一种理论或结论不正确或不妥当或非最佳时，就承认其有存在的合理性或必要性，具有证明力，减轻了法律工作者思考的负担，使立法、法律的解释与适用更有效率。同时，其缺点也不容忽视：法律工作者常常带着危险蠕蠕独行；[88] 当法律原则或规则、理论或结论错误、过时或不尽理想时，却仍以其作为演绎的前提、基础，一味地从抽象到抽象，我们的研究结论、方案设计至少是无用的，很可能危害巨大。既有的物权法乃至民法的理论，在抽象、概括物权现象时对水权等准物权的本质及其要求未予以足够的重视，致使有些原则、原理不适合于它们，犯有以偏概全的错误。这也提醒我们，在我们继续沿用逻辑性形式理性的思维方法的同时，也应尽可能地从具体的物权及其他具体的民法现象入手，加以归纳总结，抽象、概括出一般性的原则或学说。在这里，有必要提出，英美法系的具体的个案思维方法，对一切简单的概括抱有深刻怀疑的精神，[89] 也值得我们学习。大陆法系与英美法系之间在法律思维方法方面正在接近的事实，[90] 似乎在证明着这一结论的合理性。

（二）物权客体的特定性理论的反思

既有的物权客体的特定性理论误把传统的用益物权对其客体的特定性要求上升为全部物权的性质，已经不能令人信服地解释浮动抵押权等物权对其客体的要求，与探矿权对其客体的要求相反，用它来说明水权客体的特定性也显得牵强附会。笔者在本文的第一部分尝试了新的思路，得出了新

---

〔86〕 D. M. Trubek 语，转引自 Alan Watson：《民法法系的演变及形成》，李静冰、姚新华译，中国政法大学出版社 1992 年版，第 29 页。

〔87〕 参见［德］K. 茨威格特、H. 克茨：《比较法总论》，潘汉典、米健、高鸿钧、贺卫方译，贵州人民出版社 1992 年版，第 132 页。

〔88〕 参见［德］K. 茨威格特、H. 克茨：《比较法总论》，潘汉典、米健、高鸿钧、贺卫方译，贵州人民出版社 1992 年版，第 132 页。

〔89〕 参见［德］K. 茨威格特、H. 克茨：《比较法总论》，潘汉典、米健、高鸿钧、贺卫方译，贵州人民出版社 1992 年版，第 132 页。

〔90〕 参见［德］K. 茨威格特、H. 克茨：《比较法总论》，潘汉典、米健、高鸿钧、贺卫方译，贵州人民出版社 1992 年版，第 132 页。

的结论,旨在抛砖引玉。

(三)民事权利的分类应增加新的类别

水权的作用在于使权利人获得水的所有权,在水权与水的所有权这对范畴中,犹如债权与标的物所有权之间的关系一样,前者是手段性权利,后者是目的性权利。划分目的性权利与手段性权利,意义是多方面的。第一,目的性权利存续的期限长,手段性权利须有存续期限。水权作为手段性权利,决定了应有存续期限,但因其系水所有权主体的转换器(排水权等除外),其存续期限的长短取决于用水目的的需要、用水人支付水价的多少与双方当事人的意思,当然须被水权许可所准予。第二,据此反思我国法的制度、理论与实务,会发现我国现行房地产法关于国有土地使用权之上的建筑物所有权有存续期限的规定,在理论上是违反所有权的本质要求的,在实效上阻碍了国有土地使用权人的后期投入,还大大地增加了房地产转让的难度。此外,还会发现我国既有的用水制度存在的问题,其中之一是有些事实上的水权无存续期限。这在理论上违反了水权应有存续期限的性质,在实际上不利于合理调整有限的水资源在不同用水人之间的最佳分配,在无水价或水价较低场合还损害了国家这个水资源所有权人的利益。第三,对汲水权、引水权等类型的界定,应尽可能反映它们的本质要求。不妨把它们界定为用水人引取水并获得水所有权的权利。

不完全水权与完全水权的类别,一是可清楚地显现出水权的成长阶段不同:不完全水权属于事实上的权利,或者说是习惯权利,尚未得到法律的正式确认,甚至可能被法律所否定;而完全水权正相反。二是构成条件有异:不完全水权仅具备了实际用水这一条件,欠缺水管部门的审核批准这一必备条件(程序),而完全水权正相反。三是不完全水权的效力较弱,例如,用水人无权对抗所有的水权人;而完全水权的效力强,可对抗一切人,位序在先的水权优先于后位序的水权。四是赔偿范围有不同:不完全水权受到第三人的不法侵害致使不完全水权不能转化为完全水权时,侵权人赔偿信赖利益的损失,即用水人信赖能按预期获得水权却因该侵权行为而未取得所造成的损失;完全水权受到不法侵害,侵权人赔偿期待利益的损失,即行使水权应该取得的利益却因侵权行为而未得到的损失。

视野延伸，在附条件的法律行为、附期限的法律行为中，存在条件未成就与期限未届至时的债权期待权，条件成就与期限届至时的债权。前者为不完全债权，后者是完全债权。在登记物权中，设定物权的当事人的行为或事实具备，但尚未经有关部门的登记，存在物权期待权，待完成登记，物权产生。前者可以不完全物权论，后者即为完全物权。将它们抽象、概括，形成不完全民事权利与完全民事权利的分类，具有积极的意义。因为它们具有许多不同，法律时常分别配置不同的规范。有学者论述到，期待权与完全权利（vollrecht）的原则区别在于，保障完全权利的法律之力并不完全保护期待权。在强制力方面，期待权人与完全权利人的法律地位不可能相同，而应比完全权利人弱。但这并不排除期待权具有符合其作为权利取得的准备阶段与过渡阶段的本质而受到限制的法律上之力。因为期待权只能具有比完全权利弱些的权能，期待权人对抗前权利人或第三人对未来完全权利的取得或享有利益之保护的保障权能与防御权能，可能要受到一定的限制。[91]

（四）相邻用水排水关系理论的反思

传统的相邻用水排水关系的规则及其理论认为，相邻用水排水权人当然地享有用水权、排水权，无须另外再取得水权。这在水资源所有权与土地所有权及土地使用权两立、水资源短缺、实行有偿用水制度的今天，显然是不当的利益分配方案与制度设计，是对水资源所有权人的合法权益的侵害，在一定程度上也是造成水资源浪费的原因，必须予以修正。我国法宜确立这样的规则：相邻用水排水权不含有水权因素，相邻权人须先取得水权才有资格用水排水；相邻用水排水权也不是取得水权的依据。地役权与水权之间的关系遵循同样的规则。笔者建议正在制定中的物权法典采纳这一观点。

（本文原载于《法学研究》2002 年第 3 期）

---

〔91〕 Ludwig Raiser, Dingliche Anwartschaften, J. C. B. Mohr Tubingen, 1961, S. 12；申卫星：《期待权理论研究》，中国政法大学博士学位论文，第 37 页。

知识财产权解析

刘春田

笔者1996年在《知识产权研究》上发表的《简论知识产权》一文，对中国长期流行的知识产权概念提出了不同见解，并指出中国研究者对有关知识产权概念等最简单、最初始、最基本的问题缺乏足够的重视和探索兴趣[1]。文章发表后，引起了学界的关注。人们发现，现有知识产权理论的基础是脆弱的，远非颠扑不破，大有商榷余地。它虽不时髦，但作为本学科具有普遍意义的问题，显示了诱人的哲学意蕴。知识产权理论的任何研究都要从此出发，都受到它的制约和关照。这触发了人们对它的长期思考，并有成果相继问世。有代表性的见解可归纳为三种：(1)流传百年的无形财产权说；(2)无体财产权(或称非物质财产权)说；(3)形式(知识)财产权说。其中，一些坚持传统见解的研究者，也有了新的视角、新的认识。它再次提醒我们，没有什么理论是不可以质疑的。科学的内在动力是对理论的改造。而"理论之构建、批评及防卫乃是法学的主要工作"[2]。否定之否定，是任何事物发展进步的基本规律，它为修正和改造知识产权的概念提供了条件。基于此，本文作为1996年文章的发展，比较近年来出现的几种观点，对与知识产权概念相关的若干问题作一粗浅的论述。

一、知识产权的称谓

知识产权法律制度是从西方传入的。对该领域有关术语的汉语翻译一向有争议。比如，文学艺术作品作者的权利是称作者权、作品权、著作权还

---

〔1〕 郑成思主编：《知识产权研究》，中国方正出版社1996年版。

〔2〕 [德]卡尔·拉伦茨：《法学方法论》，陈爱娥译，五南图书出版公司1992年版，第367页。

是版权，就有不同的看法。虽然中国立法选择“著作权”称谓已近一个世纪，但是仍然有不少专家坚持要求改称为“版权”。关于汉语“知识产权”一语的用法同样如此。有专家提出“知识产权”一语产生于18世纪的法国[3]。另有专家经过考证提出了不同的见解，认为历史上第一次提出知识产权的，是瑞士人杜尔奈森(Johann Rudolf Thurneisen)。他在1738年巴塞尔城提出的一篇博士学位论文中就探讨了知识产权，称为“智力创造的财产”。对于将英文的“intellectual property”译成知识产权，不少认真的中国专家认为这种译法并不确切。认为“intellectual”是“智慧”或“智力”之意，“knowledge”才是知识。因此主张译成“智慧财产”更为贴切[4]。仅就英文术语的翻译而言，这种意见无疑是正确的，但是汉语“智慧财产”的含义和“intellectual property”所实际概括的内涵和外延却有重要的区别。汉语的智慧和智力乃同义语，是指“对事物能认识、辨析、判断处理和发明创造的能力”[5]。联系各国内国法的规定和国际间诸如成立世界知识产权组织规约以及世界贸易组织知识产权条约(与贸易有关的知识产权协定)的规定，无论是文学艺术作品，还是技术发明，或者是工商业标记，都不是“intellectual”，即前面所说的“……能力”，而是指各种“知识”。事实上，该法律制度设计的初衷，所涉及的对象也并非智慧、智力、才智或是理智，恰恰是与汉语“知识”一词相对应的“knowledge”。依“……能力”不能产生这里的权利。反观汉语“知识”一词，是指“人们在社会实践中积累起来的经验。从本质上说，知识属于认识的范畴”[6]。所以，用“知识”一词概括知识产权的对象，是一种更为恰当的选择。由此，我们是否应当提出一个疑问，英文当初选择用语时使用“intellectual”本就不恰当，不如用“knowledge”合适。比如罗素的名著《人类的知识》，用的就是“knowledge”，该书所研究的内容也是指人类的知识，而不是指人类的智慧。

---

[3] 郑成思：《知识产权法》，法律出版社1997年版，第3页。
[4] 郭寿康主编：《知识产权法》，中共中央党校出版社2002年版，第2～3页。
[5] 《辞海》，上海辞书出版社1979年版，第3209页。
[6] 《辞海》，上海辞书出版社1979年版，第1733页。

二、作为知识产权对象的"知识"的本体和现实形态

知识产权的对象是指那些导致知识产权法律关系发生的事实因素。知识产权属于民事权利。民事权利对象的自然属性的差别决定了各自发生不同的民事法律关系。财产权之所以区分为物权、债权和知识产权,正是由于它们各自对象的自然属性的差异所致。物权的对象是能为人类控制、利用和支配的物,债权的对象是特定人的行为。知识产权的对象,顾名思义,应当就是"知识"。按照前述《辞海》的解释,"知识"的现实形态就是人类全部自然科学、社会科学和文学艺术成果的总和。当今,知识浩如烟海,分类繁多。最常见的,可分为普通知识和专门知识,公有知识和专有知识。知识产权的对象属于专有知识。

(一)知识是人类对认识的描述,知识的普遍存在方式或本体是形式。知识产权不是无形财产权,也不等于无体财产权

回答什么是创造,什么是知识,知识的本质是什么,就如同物权法理论需解释物的本质及其分类一样,是研究知识产权问题的需要。如前所述,英文"Intellectual property"一词,译为知识产权方最为允当。一方面,知识产权发生的根据之一是创造性的智力成果。称智力或智慧财产权,容易使人误解为仅凭智力的活动就可以产生知识产权;另一方面,智力成果权并不包含工商业标记在内。因此,知识产权所说的"知识",是指依法保护的创造性的智力成果和工商业标记,是知识的一部分。但是,它们却具备了知识的全部特征。知识几乎是现代社会使用率最高的词汇。它涉及人类的全部生活方式。既通俗简单,又高雅繁复,不容易概括其本体一般状态。目前,中国知识产权理论对"知识"有三种描述方式:无形物;无体物;形式。

关于无形的说法。由于有时人们把无形与无体混用,为此,我们将分别加以评论。无形,即无形式。中国清末就把知识产权归于无形财产权,今天仍有人笃信不疑。其实,恰恰相反,知识是"形式"的。"形式"是知识的本体。是知识的普遍存在方式。形,是指事物的状貌,或事物的外在或内在方式,是能感知的客观存在,是具体的、有限的。无形,是"形"的对立面,应是无状貌,无限,抽象,空,或是无。我们知道,时无限,空无涯。无"限"不成形

式,无法造成确定的感知对象。无形不成差别。此外,纯精神的东西也无形,甚至被认为是无的。古人云"大道无形",是说最高的真理无法借助于形式感知,只能"感悟"。至于无,则无形式可言。韩非子曰:画鬼容易画马难,皆因"鬼魅无形",是圣人不语的子虚。法律应通俗易解,不宜晦涩生僻,玄机莫测。无论是无限的时与空,还是抽象的精神,或子虚乌有的鬼魅,都无法为人类控制、利用和支配,不是法律规制的对象。另外,英文的"intangible"一词,在用于说明知识产权时,汉语通常取其"无形的"之意,值得商榷。该词主要有两种意思:触摸不到的,无实体的;无形的,不可捉摸的,难以确定的。"知识"是具体的、确定的,不是无形和不可捉摸的,它只是无实体的。在经济学中,确有无形贸易(invisibletrade)的概念,invisible 是指(1)"看不见的,无形的;(2)暗藏的,不露的;(3)看不见的人,灵界,上帝"。无形贸易是指国家之间无形项目的交换,包括三大类;劳务的收支;海外投资收益(利息、利润、红利)的收支;私人或政府从一国到另一国的货币转移〔7〕。显然,其中并不包括知识产权贸易。所以,结合知识产权的实际情况,intangible 译为"无实体的"或"非物质的"或许更为贴切。知识并非无形,以知识无形为由认定知识产权是无形财产权的观点不能成立。

关于无体,即无实体,或称非物质〔8〕。认为知识不属于物质范畴,是无体物。这一说法比无形之说要接近事实。我们知道,大脑不能生产物质。知识是大脑的产物。非物质,或无体是知识的重要属性,但不是它独有的性质。知识产权属于无体财产权。除此之外,债权,商业信誉以及贸易中的服务,劳力的收支,都属于无体财产。在美国,商业票据,包括支票和无记名债券,物权证书、公司股票,流通货币,信托基金以及商业信誉等都被看成无体财产〔9〕。在日本,20 世纪七八十年代出版的学术著作,大都称知识产权为无体财产权。由于逻辑上有漏洞,20 世纪 90 年代以后,改称"知的所有权"即知识所有权。所以,知识产权与无体财产权之间不是等号,无体财产权或非物质财产权之称谓,不能反映知识产权的本质特征。

---

〔7〕《不列颠百科全书》(第 8 卷),中国大百科全书出版社 1999 年版,第 414 页。

〔8〕[英]F. A. 哈耶克:《致命的自负》,中国社会科学出版社 2000 年版,第 36 页。

〔9〕[美]迈克尔 · D. 贝勒斯:《法律的原则》,中国大百科全书出版社 1996 年版,第 110 ~ 111 页。

上述分析说明,无形或无体、非物质,不能揭示"知识"的本质。另外,这两个术语还有其局限性:第一,停留在选择何种称谓上,未触及知识的本体究竟是什么。而弄清事物的本质,远比讨论赋予它何种称谓更有价值。第二,不符合正常的表述逻辑。定义应当用肯定的语句和正概念,不宜用否定的语句和负概念来描述。无形说、无体说、准物说或非物质的说法,回避了正面回答问题的逻辑,用否定语式指出"知识"不是什么,却没有回答"知识"是什么这一实质问题。知识产权不同于物权,用所谓"准物权""无形财产权""无体财产权""非物质财产权"等传统财产权观念和模式来形容与描述知识产权,其方法就不正确,不能客观、准确地反映它的本质。知识产权是因知识发生的财产权。知识产权最恰当的描述方式,就是它自己。

关于形式。知识的本质是"形式",创造是设计和描述"形式"的过程。思想和创造是人类的天性。据此,人具备了认识世界和改造世界的能力。知识则是这种能力的结晶。"人类知识和人类权力归于一"[10];这种能力,决定了人类在自然界的王者地位。需要是创造的动力,创造则是知识的源泉。人类认识和改造世界的思想,要想告诉别人,必须借助于一定的信号(即符号)系统描述出来。信号系统是一种发明。系统不同,沟通方法也不同。比如,早期人类在石壁和动物甲骨上刻画的符号,究竟表达了什么样的思想和情感,破解这些"形式"中蕴含的信息之谜,一直是困扰着考古学者的艰深课题。人类运用信号表达思想和情感的过程,就是创造。就创造而言,无论其内容是科学技术,还是文学艺术,都是构造形式的活动。这些人造的"形式",就是知识。它是人类创造活动的唯一产品。正如 M. Schlick 所阐明的,"一切知识只是凭借其形式而成为知识;知识通过它的形式来陈述所知的实况……形式的本质只在于知识。"[11]无疑,科学技术即形式,文学艺术即形式,知识即形式。除去形式,便没有知识。这就是知识的本质。

(二)什么是形式

形,或形式(拉丁文 Forma ;英文 Form ;法文 Forme),是宇宙间一切物

---

〔10〕 培根:《新工具》,商务印书馆1984年版,第8页。

〔11〕 洪谦主编:《逻辑经验主义》(上卷),商务印书馆1982年版,第7~8页。

质,包括自然的和人造物质世界的基本存在状态。“形式”概念产生于古希腊哲学。后世广泛用于美学研究。由此给人一种误解,以为“形式”概念只属于美学。其实,最早提出形式概念的是毕达哥拉斯学派,该学派认为形和数是万物之属性。其哲学的基本观念之一是,“唯有通过数和形,才能把握宇宙的本性”〔12〕。此后,苏格拉底和柏拉图的“绝对理式”,亚里士多德的“形式因”“质料因”,罗马人贺拉斯的“合理”与“合式”,康德的“先验形式”,黑格尔的“内容”与“形式”,直到 20 世纪的形式主义和结构主义思想,无论源自古希腊哲学的“一元论”,还是因袭古罗马哲学的“二元论”,都离不开“形式”这一基本范畴。如同物质是运动的一样,物质也是形式的,没有无形式的物质。形式,是物质世界的本质属性之一。

就形式而言,无论是点、线、面,还是立体,不论时间与空间,都是具体的、有限的。凡是具体的,结构上都有确定的比例关系。形式是具体的,数是抽象的。就认知而言,“具体的东西总在抽象的东西之先。罗素说:‘不知道要经过多少年,人类才发现一对锦鸡和两天同是数字 2 的例子’”〔13〕。计数是人类智力的一个飞跃。“正是由于有了计数,我们赢得了用数来表达我们的宇宙的惊人成就。”〔14〕数,成了认识和沟通万事万物的锁钥。我们甚至大胆猜想,联结物质与精神、主观与客观的纽带,正是描述形式的科学语言:数。今天,运用数字技术,可以把形式从质料中描述出来,把具象的形式转化为抽象的数的关系,从而把形式消弭于无形。反之,则可以轻而易举地利用数的关系,借助新的质料,把无形的数再转化为形式,由抽象转化为具象。可见,在美学理论上模糊不清、争论不休的“形式”概念,用于说明物质世界的本质时,却清晰、精确得惊人,以致我们可以用“数”来表达。

物质世界分为自然的和人造的。相应的形式也有自在和人造的区别。除去自在形式之外,描述自然所用的形式,与纯粹表达思想和情感所运用的形式,都是人的创造物,是知识。可见,所谓知识,是人类对认识的描述。知识已经是智力成果或产品,再用“知识产品”的说法,固然不失符号学上之美

〔12〕 T. 丹齐克:《数:科学的语言》,上海教育出版社 2000 年版,第 35 页。
〔13〕 T. 丹齐克:《数:科学的语言》,上海教育出版社 2000 年版,第 4 页。
〔14〕 T. 丹齐克:《数:科学的语言》,上海教育出版社 2000 年版,第 4 页。

感,但在逻辑上却不免有蛇足之嫌。知识产权概念中的知识,只是知识的一部分。它是指由人类创造,并经由法律的标准加以“检疫”而获准予以保护的那些“形式”。

（三）知识的特征

权利对象自然属性的不同,决定民事权利的区别。根据对象的自然状态,可以用形和体作为划分不同财产权的标准。物权是以人类的支配物为前提,物是形式与质料的统一;债权以人的行为作为前提,行为无形无体;知识作为形式,既非物质,亦非行为。这一属性,决定了知识产权既不同于物权,也不同于债权。形式这一本质,决定了“知识”具有如下特征:

1. 知识不具有实体性,不能独立存在。它必须“栖身”于物质载体。知识描述人类的认识,认识是反映一定思想和情感的信息。信息是抽象的,不具备可感知的形式特征。比如,以精神为依托的“胸中之竹”,无法为他人感知。知识是具象的,它必须找到得以“栖身”的质料才能成为“手中之竹”。手中之竹一旦完成,就转化为不再依赖于他的描述者的独立的客观存在。这种可感知的存在形式,就是“知识”。

2. 知识作为形式,在时间上具有永存性。“知识”一旦被生产出来,其后,无论是形之于物质材料,还是被存储于大脑的记忆中,具有永不磨损的品格。靠了这种品格,知识可以不断地积淀、传承。形式和物不同。物,不能永存。比如,一件造型优雅、色彩和谐、精美绝伦的南宋瓷瓶,是材料、造型、色彩的统一体,尽管人们精心呵护它,其寿命总是有限的。物质的运动是绝对的、无条件的。质料与形式的统一则是相对的、有条件的。这种统一一旦被打破,物就不复存在。物权以物的存在为前提,如影随形,物灭权消。因此,法律不必为物权设定时间界限,而是任由物的自然寿命决定。作为“形式”的知识,其存在和再现并不依赖于特定的质料,它有无限的选择余地,只要它能找到得以彰显或存储的质料,就不会灭失。知识靠表现和传递而存在,并维系其寿命。除非是知识的现实形态全部灭绝和存储于大脑中数字化了的“胸中之竹”全部失忆,这两种情况同时出现,否则,知识的寿命是无限的。

3. 知识作为形式,无论是文学艺术作品,还是创造发明,或是工商业标记(关于工商业标记,篇幅所限,将另文论述),只要描述出来,在空间上就可以无限地复制自己。知识生产者可以与他人以同样的方式拥有和利用该知识。物则不同,就某一物而言,比如一辆汽车,它不可能同时在不同的地域和国家被不同的人所占有和利用。物的自然属性决定了物权先天地具有排他性的特点。知识的自然属性,使之无法像对物那样占有和利用,也无法与他人约定对抗第三人对知识的利用。

三、与知识有关的概念

(一)构思和表现

确切地说是构思与被描述的表现,简称构思与表现。情感与表现并非人类所专有。动物的喜、怒、哀、乐都可以表现。"所有的动物语言都表现为某一机体的状态。"〔15〕但是,动物"只能表达情感,而绝不能指示或描述任何对象"〔16〕。人是符号的动物,"符号化的思维和符号化的行为是人类生活中最富于代表性的特征"〔17〕。描述是运用符号表达思想和情感的行为。描述,"是人类世界与动物世界的真正分界线"〔18〕。表现是动物界所共有之本能。描述是表现的特殊方式,是人类的特权。表现是描述的上位概念。所以,运用符号表现思想、情感的行为被称作描述的表现更为准确。

思想和情感属于主观范畴,是抽象的、无形的。从无形变为形式,从抽象到具体,历经若干逻辑阶段。思想,最初抽象而模糊。面临描述的思想已是构思阶段。构思是为思想和情感寻找具体形式的过程,是相对清晰的思想,与被描述出来的对象在结构上是对应的。但它始终还处于主观世界,是"胸中之竹"。创造是一种实践活动,是思想与表现的中间环节,是通过描述,将构思的"胸中之竹"转化为"手中之竹"的过程,是主观通向客观的桥梁。构思一旦被描述出来,就成为客观具象的形式,成为知识。

法律保护及于被描述的表现,不延及所描述的思想或情感。这是知识

〔15〕 卡尔·波普尔:《客观知识》,上海译文出版社2001年版,第128页。
〔16〕 恩斯特·卡西尔:《人论》,上海译文出版社1985年版,第38页。
〔17〕 恩斯特·卡西尔:《人论》,上海译文出版社1985年版,第35页。
〔18〕 恩斯特·卡西尔:《人论》,上海译文出版社1985年版,第38页。

产权法律制度的基石之一。这个原理的确立源于思想和情感与表现的本质区别。以郑板桥的三“竹”,即“眼中之竹”“胸中之竹”“手中之竹”为例(当然,更重要的是“园中之竹”,这是郑板桥三竹的物质前提)。其中,眼中之竹是园中之竹在视觉中的映像,是人体器官对竹的“扫描”;胸中之竹是艺术家精神世界构思的竹,是“无形”之竹;手中之竹是“运用符号的把情感转变成诉诸人的知觉东西”[19],是构思在客观世界的投影,是胸中之竹的外在表现。唯有手中之竹这个“创造出来表现形式”[20],才能为法律所规制,才是知识产权的对象。

(二)知识与载体或形式与质料

知识作为形式,是客观的。形式需借助质料加以表现。但是,知识与质料是不同的。《汉语大词典》对形式有两种注释:(1)外形,“所铸钱形式薄小,轮廓不成”。(2)对内容而言,指事物的组织结构和表现方式(这相当于英文的form,意为事物的“模壳”)。质料,则是知识的载体。包括人类在内的自然界,是一个结构复杂的物质世界。物质由质料及其结构两要素构成。形式借助质料得以表现,质料借助形式找到存在方式。人类“将质料浸染于形式之中”[21],以满足自身的需求。质料与形式相互依存,质料可以被刻画成各种结构和形式。反之,形式也可以选择不同的质料为载体。物质是形式与质料的统一。唯物辩证法认为,形和体的统一是相对的、有条件的。依物质不灭定律,人类不能创造物质、消灭物质和复制物质。可见,人类在质料即“体”面前无能为力。人能做什么呢?“在获致事功方面,人所能做的一切只是把一些自然物加以分合。”[22]也就是说,人类只能利用形体统一的相对性,在改变物质的内部结构和外部形式及其位置关系上有所作为,仅此而已。这就是自然留给人类的创造空间。“此外则是自然自己在其内部去做的了。”[23]有价值的形式不仅可以从载体中被描述出来,还可以通过使用获

〔19〕 R.巴特:《符号学美学》,辽宁人民出版社1987年版,第19页。

〔20〕 R.巴特:《符号学美学》,辽宁人民出版社1987年版,第18页。

〔21〕 让·拉特利尔:《科学和技术对文化的挑战》,商务印书馆1997年版,第120页。

〔22〕 培根:《新工具》,商务印书馆1984年版,第8页。

〔23〕 培根:《新工具》,商务印书馆1984年版,第8页。

得利益。知识产权制度就是利用了形式与质料的二元关系,赋予设计人对形式的控制、利用和支配权,以实现对其利益的保护。比如,利用质料使形式再现,即复制,就是知识产权最基本的实现手段。当权利涉及形式与质料的统一体时,该统一体就成为物权的对象。当质料失去其特定的外壳(形式)时,则因丧失特定的功能而失去形式之价值,余下的只是纯物料的价值。可见,知识产权中"知识"的价值,并不包含质料的价值,而是纯结构和形式的价值。从这个意义上讲,人类的财富可以用形式和载体这种自然属性作为分类的标准:有形有体的财富为"物",有形无体的财富为"知识",无形无体的财富是"行为"。世界贸易组织(WTO)或许正是从这个角度,把贸易分为货物贸易、知识产权贸易和服务贸易。

(三)信息与知识

在日本、澳大利亚乃至中国,都有把知识产权等同于信息产权的观点。信息与知识,这是两个最简单、最常用也是最易混淆的术语,康德说过,他不大怕有人驳斥他,倒很怕有人误解他。有鉴于此,为免生歧义,我们设定一个共同的前提。本文认同"按照经典科学描绘的世界图景,客观世界是由质料和能量构成的。按照信息科学描绘的世界图景,客观世界是由质料、能量、信息三者构成的"[24]这一被普遍接受的原理。这说明,信息同质料、能量一样,是构成物质世界的要素。信息无疑是先天的,是世界本源,万物始基。是不依人的意志为转移的永恒的"自在"之"物"。本文对信息概念的运用,将一以贯之,持上述认识。

"科学技术成果,文学艺术作品以及工商业标记都表现为一定的'形式',都属于知识的范畴。作为形式,之所以能够各自通过不同的物质载体加以表现,以支撑其存在,根本原因在于知识的非物质性,在于它们表达的是信息"。[25] 这说明,信息不同于知识。信息是事物的本体,是自在之"物"。知识是对信息的描述,是人为的形式。信息是抽象的,知识则是具体的。它们既非属和种,亦非整体与部分,而是"标"与"本"的关系。二者毫无

---

〔24〕 苗东升:《系统科学辩证法》,山东教育出版社1998年版,第64页。

〔25〕 刘春田主编:《知识产权法》,中国人民大学出版社2000年版,第10页。

共同之处,是根本不同的两种事物。

1. 信息是客观实在,知识是人的创造“物”。

信息是物质的本质属性。信息科学认为,信息就是关于物质的成分、结构、功能、行为、演变趋势等属性。[26] “信息就是信息,不是物质也不是能量”。[27] 但是“信息不是某种超越物质的东西,它归根结底还是一种物质的属性”。[28] 信息是先天的,知识则是人类对世界描述与刻画的成果,是人创造的客观实在。它以人的意志为转移,是人的意志在客观世界的投影。卡尔·波普尔曾提出“三个世界”的理论:“第一,物理客体或物理状态的世界;第二,意识形态或精神状态的世界,或关于活动的行为意向的世界;第三,思想的客观内容的世界,尤其是科学思想、诗的思想以及艺术作品的世界。”[29] 知识就是独立物质世界和精神世界之外的人造的“第三世界”。由于这个世界的存在,“人不再生活在一个单纯的物理宇宙之中,而是生活在一个符号宇宙之中”[30]。它们“是人类经验的交织之网。人类在思想经验之中取得的一切进步都使这符号之网更为精巧和牢固。人不再能直接地面对实在……以致除非凭借这些人为媒介物的中介,他就不可能看见或认识任何东西”[31]。人类无须亲身经验,而是凭知识认识世界。

2. 信息无限,知识有限。

信息是物质的属性,与物质同在。物质永恒无限,它无始无终,无边无际。信息,蕴藏在宇宙间无限的物质之中,如日月经天,江河行地。不以尧存,不以桀亡。信息作为自在之“物”,与人类的存在和活动并无关系。它早在人类之前就存在。同物质一样,信息也是永恒无限的。人类是历史的。知识专属于人类,是人类对无限的物质、能量和信息世界(包括人的精神世界)就其有限的认识所作出的表达。世世代代,人类苦思苦想,上下求索,试图用自己的智慧之光,照亮那神秘莫测、悠远无比的冥冥太空。但是,人类

---

[26] 苗东升:《系统科学辩证法》,山东教育出版社 1998 年版,第 64 页。

[27] N. 维纳:《控制论》(第 2 版),科学出版社 1963 年版,第 133 页。

[28] 苗东升:《系统科学辩证法》,山东教育出版社 1998 年版,第 64 页。

[29] 卡尔·波普尔:《客观知识》,第 114 页。

[30] 恩斯特·卡西尔:《人论》,第 33 页。

[31] 恩斯特·卡西尔:《人论》,第 33 页。

对物质世界之认识，始终是有限的。即使发展到号称知识爆炸的现代社会，人类积累的全部知识总和，也是可以计量的。正如培根所言："人作为自然界的臣相和解释者，他所能做、所能懂的只能是如他在事实中或思想中对自然进程所已观察到的那样多；在此之外，他是既无所知，亦不能有所作为。"〔32〕

3. 信息是客观实在，无真伪之分，不能造假；知识是认识的产物，有正误之别，可以假造。

信息作为自在之"物"，与人类是否认识到它，和对它认识的程度以及正确与否没有关系，除人的精神活动，甚至与人类的存在与否没有关系。作为事物本质的信息是客观的、一元的。客观世界，无论真假。假，永远属于认识范畴。知识表征认识。人的认识能力受多种因素的影响，对同一事物、同一信息，从空间上看，不同人有不同的认识和描述，是多元的，必有正误之分。从时间上看，知识是在不断深化认识和纠正错误中积累和完善的。信息扩及宏观世界和深入微观世界两极，不可穷尽。人类对物质世界的认识永远不会完结。科学真理是相对的，始终存在纠正谬误、发展知识的过程。作为人类的创造物，知识对信息的认识和描述，就其真理性而言，终始是相对的；就不可穷尽、无可计量的信息而言，知识永远是可计量的、有限的。正如罗素在其里程碑式的著作《人类的知识》一书结语中说的："人类的全部知识都是不确定的、不准确的和片面的。"〔33〕这句话既揭示了知识的有限性，也说出了它的相对性。这是一个真理。

4. 信息不具有传递性，知识则可以传递。

信息既不能从其所蕴含的物质中被分离出来，也不能转移到其他物质上去。知识则可以脱离特定载体，在其他载体上重现，以实现传递。"信息不具传递性"的提法初看似不合常理，令人难以接受。但实际上，这些"常理"乃是有些信息论著作逻辑不能贯一、不自觉偷换概念造成的认识误区。

实际生活中被传递的究竟是信息，还是知识？这个问题极易混淆。如

---

〔32〕 培根：《新工具》，第 7 页。

〔33〕 罗素：《人类的知识》，商务印书馆 1983 年版，第 606 页。

前所述,信息作为“自在”之“物”,不依人的意志为转移。但有的著作既承认上述原理,又主张信息的存在另有前提:“如果一个客体的属性尚未在他物上得到反映和表征,就谈不上关于该客体的信息。某物的属性只有通过与他物的相互作用并在他物上得到反映或表征,才能成为该物的信息。”同时认为,“表征物质客体属性的信息可以同该物质客体分离出来,固定在叫作载体的其他物质客体上,同时并不改变该物体本身”。“由于这种可分离性,人们可以不直接接触某物而获得它的信息,可以不改变对象客体而对他的信息进行采集、变换、加工、存取、利用,可以跨越空间和实践进行信息转移。”〔34〕以上论述,信息被人造“信号”取代了,而信号属于知识的范畴。接着,又把知识与载体混同于物质与信息。于是,偷换概念,在新的逻辑层次上以信息的名义展开对“信号”的分析与阐释,结果离真理越来越远。

按照我们设定的理论前提,信息作为物质的固有属性,是先天的,不以能否在他物上得到反映或表征而存废。更主要的是,信息既不能同其所属物分离,也不能转移到其他物质上。物是性质的负载者,是属性所依附的基础。物与该物属性的关系,犹如血肉之相依,不可分离。“要成为一种属性就要属于一个主体,属性不能独立存在。”〔35〕事实上,我们找不出信息从所属物质中分离出来、传播出去的例证。被传递的始终是对信息的描述——信号。“信息是抽象的”〔36〕,抽象的东西既无法记忆,也无法传递沟通。记忆与沟通需要工具,这就是信号。孔狄亚克把信号分为三种:偶然信号、自然信号和制定信号。其中,只有制定信号才是可以被人们调动的信号,包括语言、文字、图像、色彩、画面、数字……是为符号。当人们“开始把观念结合到自己所选择的信号上去时……他已经马上自己形成了记忆”〔37〕。于是,信号成了控制和运用他的认识的手段。如果信号停留在个人记忆中,还不属于知识。只有信号成为人们的沟通工具时,才转化为知识。人类正是运用该知识系统,把对客观世界的认识和主观想象描述出来,再运用通讯技术传递

---

〔34〕 苗东升:《系统科学辩证法》,第64~65页。

〔35〕 戴维·林德伯格:《西方科学的起源》,中国对外翻译出版公司2001年版,第51~52页。

〔36〕 《中国大百科全书》(电子科学与技术卷),中国大百科全书出版社1986年版,第862页。

〔37〕 孔狄亚克:《人类知识起源论》,商务印书馆1989年版,第39、40、44页。

出去的。其间,信息从未被分离和提取出来,更没有以信号作为载体,向任何其他地方传递过。它“从一而终”,与它所栖身的物质生死与共,永不分离。无论对物质世界,还是精神世界,人只能有限地认识和描绘它、传递它,但被描述的信息作为自在之物并不随该描述而被传递。信息和信号是根本不同的两种事物。任何科学知识也无法保障对信息描述的准确性。世界是唯一的,而理论是多样化的。纵然人们“可以一再地建构理论,但客观世界却还是同一个世界”〔38〕。信息是一元的,而被传递的信号却是多元的。无论何种条件下,人们对同一事物(信息)的认识,深浅水平和正误程度都会有区别。这些认识都可以描述传递出去。如果被传递的是信息,应当也是一元的,是客观无误的。可是事实并非如此。传递的是信号,是消息、情报、新闻等人类对认识的描述。认识有正确、有错误,有深、有浅,有真、有假,描述也呈现出多样性。一个不争的事实是,迄今为止,人类从未传播过自己没有认识的东西,传播的无一例外都是对事物深度和广度认识的描述。描述,全部属于知识范畴。

因此,结论是,知识和信息,在物理上是“风马牛不相及”的两种事物。信息是自在之物,不因人类的研究、认识和描述而改变。知识则是人类对认识的描述,是沟通思想和情感的工具,是人类的发明,是“人界”之“物”。如果此论成立,那么,认为知识是信息的一部分,称知识产权为“信息产权”的观点,显然就是不成立的了。

四、知识产权的性质与特点

(一)知识产权的性质属于私权

知识是推动生产力进步的唯一源泉,它可以转化为财富。“无财产的地方亦无公正。”〔39〕那么,这是一种什么性质的财产,它应当属于谁呢?我们遵从一个古希腊人确立的原则:“让财产专属于那些获得财产的人。”〔40〕获

〔38〕 B. C. 范·弗拉森:《科学的形象》,上海译文出版社2002年版,第6页。

〔39〕 参见F. A. 哈耶克:《致命的自负》,第34页。

〔40〕 参见F. A. 哈耶克:《致命的自负》,第29页。

得财产最正当的方式莫过于劳动。为这一逻辑做出启蒙式说明的是洛克。他认为任何人都可以通过劳动而享有自己的劳动成果。对于那些公共的资源,他提出:“我的劳动使他们脱离了原来所处的共有状态,确定了我对他们的财产权。”[41]而且,“人们将其劳动与公有资源相结合便能取得财产权的合法性在于,仍有足够多的同样好的资源留给了他人公有”。[42] 知识生产过程中所使用的公共资源,主要是人们对客观规律的描述和描述所使用的符号。在利用这类资源上,几乎是绝对的人人平等。在知识的生产过程中,起决定作用的是创作者的个人资源——知识的掌握和创造力的投入。为了保障回收这种投入的“表达成本”,法律上把知识的支配权赋予创造者,无疑是最合乎情理的选择。正如 1789 年的美国马萨诸塞州法律序言中指出的:“没有什么所有权比由人的智力劳动产生的产权与这个人的关系更紧密了。”[43]显然,这是一种私人利益,属于私法所保护的权利,是为私权。如果说“有商业的地方,便有美德”的话,那么,有财产的地方,就会有秩序。秩序彰显文明,所以,“财产显然是一种进步”[44],“财产最初是习俗的产物,立法与司法不过是数千年里对它作了发展而已。因此没有理由认为,它在当代世界采取的具体形式就是最后的形式”。[45] 知识产权就是一种崭新的财产形式。

知识产权之为民事权利,源于知识是劳动的产品。知识的创造者天然是它的权利人。围绕对知识的利用而发生的利益关系属于平等主体之间的财产关系。这种关系不以主体的性质不同而改变。知识产权权利人无论是国家、国际组织、政府或企业、个人,都是民事主体。与其他任何主体发生的知识产权关系,均系民事财产关系;知识产权的私权本质,不以对该权利的法律保护手段不同而改变。在现行的法律体系中,对私权的保护手段既有民事的,也有行政的、刑事的,甚至还包括国际法上的。保护手段的多样化,

---

[41] 洛克:《政府论》(下篇),商务印书馆 1964 年版,第 6 页。

[42] 参见威廉·费歇尔:《知识产权的理论》,黄海峰译,载刘春田主编:《中国知识产权评论》(第 1 卷),商务印书馆 2002 年版,第 4 页。

[43] 法利娅·利普西克:《著作权与邻接权》,中国对外翻译出版公司 2000 年版,第 8 页。

[44] 参见 F. A. 哈耶克:《致命的自负》,第 35 页。

[45] 参见 F. A. 哈耶克:《致命的自负》,第 36 页。

并不改变知识产权的私权属性；知识产权为私权，不以立法技术上的不同处理而有所改变。各国立法习惯、传统和技术考量不同，往往对知识产权的确立及保护置于不同属性的法律文件当中，或在法律编纂时，将知识产权法归入不同的部门法当中，或在知识产权法的单行法中安排大量的程序性规范。在有成文民法的国家，大多数的民法典中没有规定知识产权，而是以松散的单行法律形式规定。法国则把几个单行的知识产权法律文件汇集在一起，并美其名曰《知识产权法典》，类似种种立法技术处理和制度上的设计都不改变知识产权的本质属性；知识产权作为私权，不以该权利的发生是否办理相关登记手续，或经由政府部门以国家名义授权、注册、批准而改变。登记等做法是为了保障公平合理、有效充分地维护民事主体的利益，对可能发生的利益冲突，对正当合理的权利要求和主张进行审查、甄别、确认和公示的必要的行政行为。其本质并非将本属于政府的私权授予申请人，这种"要式行为"不能改变知识产权的固有属性；知识产权的私权属性与审理该类案件的司法审判组织的称谓或机构如何设置无关。比如，中国最早的知识产权案件由民事审判庭和经济审判庭分别审理，后设立专门知识产权审判庭审理，近年来又统由民事审判庭审理。这种司法业务的分工，更与知识产权属性关系不大。此外，知识产权的属性与国际公约或世界性公约是否规定和如何规定无关。

总之，知识产权作为民事权利的属性取决于它所调整的利益关系的性质，而利益关系是客观的，它不以人的主观意志而改变。知识产权之所以属于民事权利是由于它所反映和调整的社会关系是平等主体之间的财产关系，因而具备了民事权利共同的本质的特征。知识产权的发生、行使和保护，适用全部民法的基本原则和基本的民事规范，如民事主体、客体、内容、法律事实、民事法律行为、代理、诉讼时效、期间、侵权行为、民事责任等。如果抽掉民事法律规范和制度，脱离民法的理念、指导思想、理论基础和基本原则，知识产权制度就会面目全非，无法生存。民法的精神和制度体系，主宰着知识产权的面貌。知识产权是民事权利的特殊形态。同样地，物权、债权也各自构成民事权利的特殊形态，它们并列地各自构成不同的民事财产权。这些权利之所以都归于民事财产权，是因为他们除了特殊性，即区别之外,又具备一些共性,这些共性就是民事权利的一般属性。一般性决定了它们都属于民事权利。特殊性导致它们各自形成不同类别的民事权利。从这个意义上说,现实社会生活中并不存在所谓“一般民事权利”,只有在理论观念上存在一般民事权利。现实中任何民事权利都是具体的、特殊的。所以,称物权、债权为一般民事权利,认为知识产权为特殊民事权利的说法是不准确的。按照同样的逻辑,物权法、债权法以及知识产权法与民法体系之间是部分和整体的关系,而不是特别法和普通法的关系。所以,知识产权法作为财产法,是民事普通法,不是民事特别法。

(二)知识产权的特点

知识产权的私权性质,取决于它与其他民事权利的共性。知识产权的特点,则表现为与其他民事权利的差别,即独有的征象。必须指出,这里讨论的是知识产权作为权利的特点,既不含该权利的对象——知识的特点,也不涉及该权利所保护的利益——社会关系的特点。

知识产权的特点问题属于知识产权的基础理论。中国自有知识产权问题研究以来,学者们对知识产权特点的表述多种多样。但流传较广的有五特点说和四特点说。五特点说认为知识产权具有“无形、专有性、地域性、时间性、可复制性”等特点[46]。四特点说则认为,知识产权与其他民事权利相比主要有“无形性、专有性、地域性、时间性”等特点[47]。这两种见解大同小异,流传多年。我们曾经全盘认同并广泛传播过这种见解。但是,多年来实践提出的疑问,敦促我们重新审视这种传统的观点,提醒我们“为了科学,就必须反反复复地批判这些基本概念”[48]。研究表明,我们长期钟爱的观点,其实基本上是不成立的。限于篇幅,本文对上述见解只做简要分析。

关于无形。主张者明确指出这个特点是指权利本身。法理学认为,权利是“指法律关系主体能够做出或者不做出一定行为,以及其要求他人相应做出或不做出一定行为的许可与保障”[49]。显然,权利是一种客观实在的社

〔46〕 郑成思:《知识产权法》,第11~24页。

〔47〕 郭寿康主编:《知识产权法》,第11~17页。

〔48〕 《爱因斯坦文集》(第1卷),商务印书馆1976年版,第585页。

〔49〕 《中国大百科全书》(法学卷),中国大百科全书出版社1984年版,第485页。

会关系,既非物质实体,也不具备为人感知的客观形式。称知识产权为无形权利,固然反映了它的一个属性,但是,无形是任何一种权利和所有社会关系的共同的属性,而不是知识产权的特有征象。易言之,任何权利都是无形的。无论物权、债权,还是人身权、知识产权,没有哪种权利是有形的。权利并无有形与无形之分。这个问题,古罗马人早就说清楚了。盖尤斯在《法学阶梯》中指出:"无形物是那些不能触摸的物品,它们体现为某种权利,比如:遗产继承、用益权、以任何形式缔结的债。遗产中是否包含有形物,从土地上获得孳息是否有形,根据某项债而应当向我们支付的物品是否通常是有形的(例如土地、人或者钱款),这些都无关紧要;实际上,继承权、用益权和债权本身都是无形的。对城市土地和乡村土地上的权利同样属于无形物。"〔50〕所以,如果说无形是知识产权的特征(比如,有著作特别强调无形是指权利本身,并使用"无形的版权"或"无形的专利权"等提法),认真推敲,实难成立。此外,有关说明"无形"性的论著中,常常是对象(有著作称"客体")和权利不分,逻辑混乱,不能令人信服。因此,无形,并非知识产权的特点。知识产权为无形权利的说法不能成立。

关于专有性。所谓专有,在法律意义上是指专有其利益。其实,物权、人身权都具有这种属性。物权是"指对物直接支配并排除他人干涉的权利"〔51〕。人身权是"指与权利人不可分离的没有直接经济内容的权利"。甚至它"专属于权利主体本人,不能转让和继承"〔52〕。知识产权、物权和人身权,虽然各自产生的法律事实前提不同,所产生的利益内容也有区别,但他们对各自利益的专有属性却是一样的。因此,专有性并非知识产权的特点。何况,就专有性而言,知识产权的权利人就其所生利益之专有程度,远低于人身权和物权。

关于地域性。有观点认为,知识产权依法产生,知识产权法是主权国家的意志体现,只在本国有效,故知识产权具严格的地域性是其特征。这是一个法的效力问题,即法律规定对什么人、在什么地方和什么时间发生效力。

---

〔50〕 盖尤斯:《法学阶梯》,黄风译,中国政法大学出版社 1996 年版,第 82 页。

〔51〕 参见徐开墅主编:《民商法辞典》,上海人民出版社 1997 年版,第 433 页。

〔52〕 参见徐开墅主编:《民商法辞典》,第 8 页。

我们不应该忘记,任何民事权利都源于主权国家的法律赋予,任何一国法律赋予民事主体的权利都只能在本国有效。对外国人的国民待遇,或给予外国人的外交特权和豁免权,也是基于主权国家之间相互承认和赋予的结果,而不是一国法律或以该国法律产生的权利可以无条件地在别国生效所致。所以,地域性是主权国家的意志体现,是法律规范的基本属性,它适用于一切民事权利。把地域性当作知识产权的独有特点来认识是没有根据的。

关于可复制性。把对象(有著作称"客体")的可复制性置于权利的特点中加以讨论,在逻辑上是不妥的。应当指出,即使把可复制性当作对象(知识)的特点,也不成立。所谓复制,是对形式的再现。凡是形式都可以复制。形式既有人造的,也有自然界固有的。知识是人造的形式,只是客观世界无限形式中微乎其微的一部分。称可复制是人造形式独有的特点,是见木不见林。此外,如果按照智力成果为"无形"的见解,谈论对"无形"的复制,就更是令人费解了。

可见,所谓无形性、专有性、地域性和可复制性,并非知识产权的特点。本文认为,知识产权作为财产权,特点有两个:一是时间性;一是权利内容的多元性与多重性。

1. 时间性。

作为法定权利,知识产权的期限和物权的期限虽有区别,但确定其长短的原由却是相同的。二者都以对象的使用价值为存废前提。物的使用价值以物的自然寿命为准,物灭权失。知识产权的对象作为人类设计的结构或形式,一方面,其本体是一元的,具有永不磨损的品质;另一方面,作为一种工具,其有用性在时间上又是有限的。任何知识和技术都会被新的知识和技术所更新取代。对象的永不磨损性和它有限的有用性之矛盾,为知识产权保护期的长短确立了一个界定原则。同时,考虑创造者的投入与合理回报,并平衡权利人和社会公众的利益,设计出一个时间段,在这个时段中,凡是利用和支配知识带来的利益,均属于知识产权人。超过这个期间,权利丧失,利益由社会共享。

2. 权利内容的多元性与多重性。

有用性是能够成为财产权对象的决定因素。对象的自然属性不同,能给人类带来利益(或有用性)的方式也不同,因而造成了利益内容的区别。知识产权同物权相比,纯形式的"知识"和物相比,自然属性有很大的区别。它们各自给人类带来利益的方式也不同。易言之,"知识"和物的使用价值不同,它们各自的权利内容也不同。受二元统一体之限制,物权对象的物是特定的、唯一的。因此,对物的利用方式,不能脱离特定物,自然只能是"一物一权"。无论是占有、使用、收益、处分,都只能是单一的权利。离开特定之物,就无法行使其中任何一项权能。反之,就"知识"而言,它是纯形式,是一元的,它虽然借助于质料才能表现,但它的表现却不受特定质料的限制。与材料相比,"将要获得的形式是最重要的"[53]。无论何种材料,只要在材料中刻画出对象的形式,就是对"知识"的利用,就会产生功利性。由此,现实中"知识"呈现出"一形多用"的现象。一张绘画,作为纯造型艺术可以悦目,同时,可做产品外观设计或包装装潢,可做工商业标记,还可作为广告素材,等等。在对"知识"的利用中,所有方式都可以不受时空限制而合法共存,都会给权利人带来相应的利益。此外,对知识的利用权既可以由权利人自己行使,也可以授权他人与权利人共同行使。与物的唯一性相比,知识作为形式,既可以无限地再现自己,也可以经再创作"变相"地再现自己。所以,知识产权的权利内容既是多元的,也是多重的。

知识产权的理论研究与经济发展、社会进步关系极大。其中,基本理论问题,地位重要,不可忽视。科学研究是一件不容易的事情。真理面前,人人平等。批判自己,辨难他说,是科学的品格。科学不承载价值。每一个力图独立思考的人,都不必顾虑先行者提供的现成答案。在探索真理的道路上,本无禁忌。好奇心和进取欲,是文明的动力,是知识生生不息、不断进步的源泉。书籍和教条不过是参考,亲身实践和观察与思考,才是获取真知的可靠途径。本文只是引玉之砖,希望有更多的成果问世。

(本文原载于《中国社会科学》2003 年第 4 期)

---

〔53〕 亨利·柏格森:《创造进化论》,湖南人民出版社 1989 年版,第 122 页。

民法价值判断问题的实体性论证规则

——以中国民法学的学术实践为背景

王　轶

价值判断问题是民法问题的核心，民法学者讨论价值判断问题，总是在特定的法治背景下展开的，而非“无底棋盘上的游戏”。他们总可以在特定的法治背景中寻找到最低限度的价值共识，作为共同的“先入之见”，供作其讨论价值判断问题的学术平台。所谓实体性论证规则，就是以民法学者最低限度的价值共识为内容的论证规则。讨论者若以实体性论证规则为前提，遵循作为程序性技术的论证规则和形式，运用妥当的论证方法，必会达致相互理解，进而为形成新的价值公示开辟可能。

民法价值判断问题的实体性论证规则有两项。第一项规则是：在没有足够充分且正当理由的情况下，应当坚持强式意义上的平等对待；第二项规则是：在没有足够充分且正当理由的情况下，不得主张限制民事主体的自由。

第一项论证规则与民法的平等原则有关。平等原则集中反映了民事法律关系的本质特征，是民事法律关系区别于其他法律关系的主要标志。在民法的诸基本原则中，平等原则是民法的基础原则，也是私法自治原则的逻辑前提。平等原则首先体现为一项民事立法和民事司法的准则，即立法者和裁判者对于民事主体应平等对待。这种平等对待可分为强式意义上的平等对待和弱式意义上的平等对待。强式意义上的平等对待，要求每一个人都被视为“同样的人”，尽可能避免对人群进行分类，使每一个参与分配的人都能够在利益或负担方面分得平等的“份额”。弱式意义上的平等对待，要求按照一定的标准对人群进行分类，被归入同一类别或范畴的人才应当得到平等的"份额",弱式意义上的平等对待既意味着平等对待,也意味着差别对待——同样的情况同样对待,不同的情况不同对待。

近代民法相对重视强式意义上的平等对待。因此,平等原则主要体现为民事主体权利能力的平等,即民事主体作为民法"人"的抽象的人格平等。民法上的"人"包括自然人、法人和其他组织,都被抽象为"人",具有平等的人格。正是借助这一点,民事立法实现了从身份立法到行为立法的转变,即从按社会成员的不同身份赋予不同权利的立法,转变为不问社会成员的身份如何,对同样行为赋予同样法律效果的立法。近代民法建立在两个基本判断之上,第一个基本判断是平等性,第二个基本判断是互换性。正是这两个基本判断,为民事主体之间普遍平等的假定提供了坚实的基础,也为近代民法坚持强式意义的平等对待提供了正当性。

现代民法在侧重强式意义上的平等对待的同时,更加重视兼顾弱式意义上的平等对待。具体表现在消费领域内,将民事主体区分为经营者和消费者;在生产领域内,将民事主体区分为雇主和劳动者,分别设置相应的法律规则,侧重对消费者和劳动者权益的保护。中国现行的民事立法规定的平等原则,即属于现代民法的平等原则,它既坚持强式意义上的平等对待,强调民事主体抽象的人格平等,又在特定的领域内兼顾弱式意义上的平等对待,着重保护消费者和劳动者权益。

应该说,强式意义上的平等对待是民法得以存续的基石,离开民事主体之间普遍平等的假设,不仅使私法自治原则丧失了存在的前提,民法也丧失了存在的正当性。在这种意义上,弱式意义上的平等对待构成了强式意义上的平等对待的例外。只要民法尚未丧失其调控社会生活的正当性,弱式意义上的平等对待就永远只能作为例外而存在。这种意义的平等原则,包含着民法价值判断问题的第一项实体性论证规则:在没有足够充分且正当的理由的情况下,应当坚持强式意义上的平等对待。该规则对应着一项论证负担规则:即主张采用弱式意义上的平等对待来回答特定价值判断问题的讨论者,必须承担论证责任,举证证明存在有足够充分且正当的理由,需要在特定价值判断问题上采用弱式意义上的平等对待,否则其主张就不能被证立。按照负担论证规则,主张采用弱式意义上的平等对待所提出的所有理由,需要兼具实质上的正当性和形式上的正当性,方可构成足够充分且正当的理由。所谓实质上的正当性,是指必须能够证明如果此不采用弱式意义上的平等对待,会导致处于分化和对立状态中的社会群体利益关系严重失衡,以致身处弱势地位的一方无法自由地表达意志,从而使建立在民事主体普遍平等假定基础上的私法自治无法发挥作用。所谓形式上的正当性,是指确实能够证明,采用弱式意义上的平等对待符合体系强制的要求,因此并不违背类似问题应该得到类似处理的法治原则。

第二项实体性论证规则与私法自治原则有关。私法自治原则是指法律确认民事主体得自由地基于其意志去进行民事活动的基本准则。私法自治原则的核心是确认并保障民事主体的自由,它要求"个人应享有相对于法律可能性和事实可能性的最高程度的自由来做他愿意做的任何事情"。民法最重要的使命是确认并保证民事主体自由的实现。私法自治原则强调私人相互间的法律关系应取决于民事主体的自由意思,从而给民事主体提供了一种受法律保障的自由。这种自由包括免受干预地作出自主决定的消极自由和请求发动公权力保护自主决定实现的积极自由。

当然,私法自治原则不是绝对的,民法所确认和保障的自由也不是不受限制的。以合同自由为例,自20世纪以来,合同自由受到多方面的限制,包括来自公法的限制和私法本身的限制。公法上的限制主要体现为出于推动特定公共政策实现的目的,对自由竞争进行的限制;私法上的限制主要体现为诚实信用原则和公序良俗原则限定了合同自由的外部边界。

自由与限制是民法的核心问题,民法的价值判断问题大多属于自由及其限制问题。自由不能没有限制,否则自由本身就不可能实现或不可能很好地实现;但是又必须严格限制对自由的限制,否则民法就丧失了其存在的正当性。由此可推导出一项讨论民法价值判断问题的实体性论证规则:没有足够充分且正当的理由,不得主张对民事主体的自由进行限制。该规则也对应着一项论证负担规则:针对特定价值判断问题,主张限制民事主体自由的讨论者,应承担论证自身价值取向正当性的责任。如果不能证明存在足够充分且正当的理由要求限制民事主体的自由,就应当确认并保障其自由。在这种意义上,面对特定价值判断问题,主张限制民事主体自由的讨论者不仅要积极地论证存在有足够充分且正当的理由,要求限制民事主体的自由;还要对反对限制民事主体自由的讨论者提出的理由进行有效的反驳。这里所谓足够充分且正当的理由需要兼具实质上的正当性和形式上的正当性。所谓实质上的正当性,就是讨论者应能证明若不限制民事主体的自由,就会违背诚实信用原则或公序良俗原则。所谓形式上的正当性,是指承担论证责任的讨论者确实能够证明,在特定价值判断问题上限制民事主体的自由,符合体系强制,可以在逻辑上保证类似问题应该得到类似处理的法治原则能够得到实现。

上述两项实体性论证规则,只是提供了民法学者讨论价值判断问题最低限度的学术平台,它一方面力图避免学界有关价值判断问题的讨论成为自说自话的领域,成为纯粹的个人情感、个人偏好的宣泄和表达;另一方面它以民法学者最低限度的价值共识为基础,提供了一个达致相互理解,进而寻求新的价值共识的平台。

(本文原载于《中国社会科学》2004 年第 6 期)

从资本信用到资产信用

赵旭东

尽管对信用概念的界定众说纷纭,但在公司法领域内,对公司信用的理解毫无疑问应落脚于公司履行义务和清偿债务的能力上。在公司法学理上,公司有人合公司与资合公司之分,所谓人合公司指以人的联合为基础而组成的公司,其信用基础在于公司的股东,在于股东个人的财产状况和支付能力及既往的商业信誉,无限公司是最典型的人合公司。所谓资合公司指以资的联合为基础而组成的公司,其信用基础在于公司本身,在于公司本身的财产状况和支付能力及既往的商业信誉,有限公司和股份有限公司通常属资合公司。然而,资合公司所谓的"资",究竟是指公司的资本还是公司的资产,公司的信用基础究竟在于公司的资本还是公司的资产,却是公司法上极为核心的问题,在某种程度上整个公司制度的设计和构造都是由此展开的。

较早明确提出资本信用这一概念的江平教授在其《现代企业的核心是资本企业》〔1〕一文中指出:现代企业也就是以资本为信用的企业。因此,资本信用是资本企业的灵魂。从"公司发展的历史来看,公司以什么作为其信用是公司类型的主要划分标准,以资本作为信用的公司正是近现代发展起来的现代公司的最本质特征"。同时,江平教授又对资本信用作了进一步的解释:"作为现代企业的资本信用应该包括三个方面内容:第一,公司注册资本的信用。第二,公司的信用,即公司的全部资产信用。第三,信用的破产,即公司本身的破产。"显然,江平教授所称的资本信用是包容资产信用在内

〔1〕 江平:《现代企业的核心是资本企业》,载《中国法学》1997年第6期。

的广义概念,他是在较宏观的层次和角度上对资本信用做出了一个总体判断,将资本与资产视为同类性质的信用要素,与企业的所有制性质等其他信用要素进行比较,在此基础上分析究竟何为企业信用基础。而本文所称的资本信用是狭义的资本信用,是不包含资产信用的资本信用,本文是在其奠定的基础上,在微观的层面上对资本信用与资产信用本身进行更具体的比较分析。

一、资本信用基础上的中国公司法体系

虽然并无旗帜鲜明的昭示,但从立法到司法及至整个公司法的学理,中国公司法都表现出鲜明的、贯穿始终并协调一致的资本信用的理念和法律制度体系。在立法上,中国公司法首先毫无疑问地以资本信用为基础构建了自身的体系。从公司资本制度到股东出资形式,再到公司权利能力和行为能力的限制无不体现了资本信用的明晰观念和要求。

在资本制度上,公司法贯穿了资本确定、维持、不变的基本原则,规定有设立公司的最低资本额的条件和增加资本、减少资本的严格法律程序。有限公司最低注册资本从零售服务业的10万元到生产制造业的50万元,股份公司的注册资本从非上市股份公司的1000万元到上市公司的3000万元。任何公司成立时,都必须确定资本总额,并需由股东一次性全部认足缴纳,使其注册资本与股东实际出资总额完全一致。公司资本一经确定注册,即成为相对固定的金额,非经法定增资、减资程序不得变更。这一严格的制度设计,其立法用心十分明显,就是以公司资本奠定公司的经营能力和责任能力,以公司资本作为公司债权人利益的基本保障,此所谓典型的资本信用。

在股东出资制度上,公司法实行严格的出资形式法定主义,只规定了货币、实物、土地使用权、工业产权和非专利技术五种出资形式,并规定了工业产权等无形资产出资的最高比例限制,而排除了劳务、信用、股权、债权等其他经营要素和条件的出资,不允许当事人对出资形式作另外的约定。其原因在于这些法定出资形式价值的确定性、稳定性和可转移性。首先,这些出资形式具有价值上的确定性,其中货币出资直接表现为价值金额不言而喻,实物、土地使用权的财产价值也极易量化,即使是工业产权等无形资产,借

助现有的资产评估技术也可以进行相对客观、合理的价值评定。其次,这些出资形式的价值又具有相对的稳定性,非因外部环境和条件的变化,其价值一般不会因自身的原因发生意外变化。其三,这些出资形式不仅可以由公司股东缴纳于公司,而且在公司对外清偿债务时,也可以有效地从公司移转给公司的债权人,并由债权人予以有效的利用。相反,这些出资形式之外的其他经营要素则因其价值确定性、稳定性和可移转性的欠缺或不足而被排除在法定出资形式之外。与此同时,公司法又规定了严格的出资评估和验资程序。公司法对股东出资的关注给人印象至深,在有限公司设立部分共计17个条文中,涉及出资问题的达7条之多,其中有3条专门规定股东出资的形式和要求。此种出资形式的法定主义和严格限制是与资本制度相辅相成的配套制度,因为既以股东出资为公司资本的来源,那么资本信用的进一步表现就是出资信用,既然公司以资本为其信用的基础和对债权人的保障,那么作为资本来源的股东出资就必须具有上述确定、稳定和可移转的基本特性,否则资本的债权担保功能将无从实现。

在公司行为规则方面,公司法设有一系列对公司或其股东行为的严格限制,其中包括:(1)对公司转投资比例的严格限制,规定除投资公司和控股公司外,公司对外累计投资额不得超过本公司净资产的50%,其目的在于防止公司资本被层层投资而导致资本信用的虚假扩张。(2)禁止股份的折价发行,但允许股份的溢价发行,其原因在于资本的折价发行等于资本是虚假的,背离了资本确定、维持的基本原则。(3)禁止公司收购本公司的股份和以本公司股份设定抵押,其理由十分明显,公司购回并持有自己的股份完全可能是用公司的原始资本对外支付的,其结果等同于公司的这部分股份未能发行或股东抽逃出资。而接受本公司股份的抵押即可能因抵押权的行使而取得自己的股份。(4)设定严格的公司减资程序,包括资产的清理造册、债权人的通知和公告、债务的清偿或担保。这一程序的目的就是防范通过减少资本而抽逃出资,并进而逃避债务的清偿,因此,这一程序又称之为债权人保护程序。(5)禁止股东退股,在现行公司法制度下,公司成为易进而不易出,甚至是能进而不能出的企业,除减资的特殊情况外,任何退股都可能构成法律所严禁的抽逃行为。任何投资者一旦投资于公司,除非通过股权转让，几乎没有任何股权退出的机会和机制。

二、资本信用的神话及其破灭

说中国存在资本信用的神话，并非夸大其词，也非危言耸听。公司立法所精心构筑的资本信用体系已如前述，司法和执法领域对此的亦步亦趋也是显而易见的。

在司法领域，司法机关只关注公司资本是否真实，股东出资是否到位，以及公司成立之后是否抽逃资本，而不甚关注公司资产的合理变化和对异常变化的追踪和监控。自90年代以来，最高人民法院发布的涉及公司财产责任的司法文件和批复已有多件，包括1987年8月29日的法（研）复〔1987〕第33号《关于行政单位或企业单位开办的企业倒闭后债务由谁承担的批复》、同年10月15日的法（经）复〔1987〕42号《关于企业开办的公司被撤销后由谁作为诉讼主体问题的批复》、1994年3月10日的法复〔1994〕4号《关于企业开办的其他企业被撤销或者歇业后民事责任承担问题的批复》、1996年3月27日的法复发〔1996〕3号《关于金融机构为行政机关批准开办的公司提供注册资金的验资报告不实应当承担责任的批复》、1997年2月25日的法复〔1997〕2号《关于对注册资金投入未达到法规规定最低限额的企业法人签订的经济合同效力如何认定问题的批复》等，这些司法文件几乎都是根据公司的注册资本来确定公司、股东或其他相关主体的财产责任的。最为典型的当属法复〔1994〕4号《批复》，该批复规定：企业“自有资金虽与注册资金不符，但达到了法规规定的数额，并且具备了企业法人其他条件的，应当认定其具备法人资格，以其财产独立承担民事责任。但是，其财产不足以清偿债务的，开办企业应当在该企业实际投入的自有资金与注册资金差额范围内承担责任”。企业“实际上没有投入自有资金，或者投入的自有资金达不到法规规定的数额，或者不具备企业法人其他条件的，应当认定其不具备法人资格，其民事责任由开办该企业的企业法人承担”。在此，注册资本的作用已被抬高至无以复加的程度，不仅规定以注册资本来确定出资不到位的投资者的责任范围，而且把是否达到注册资本的最低限额作为公司是否具有法人人格和地位的标准，公司实际资本额低于法定最低资本额的，公司即不再独立承担财产责任，其股东不再享受有限责任的特惠，而要承担无限责任。这一批复的法理逻辑十分清晰，既然公司法对公司规定有法定的成立条件，那么只有符合法定条件的企业才能取得公司的资格和地位；反之，欠缺法定资本条件的公司就不是真正法律意义上的公司，就应否定其公司的资格和性质。

与上述虚报注册资本、出资不实民事责任的追究相应的，是整个社会对公司资本担保功能的误解和过度期望，市场活动的交易者往往只关注对方的注册资本，而疏于对其整个资产状况的了解；只看重对方成立时的资本数额，而忽视其目前的资产结构和真实、可变现的财产价值；只相信公司注册登记和营业执照上显示的表面信息，而忽略了社会中介机构对公司资产的实际调查和评价；只依赖公司自身财产对债权的保障，而放弃了公司之外各种担保手段的采用；只满足于当事人出资已经到位、资本没有虚假的最低标准，而无视公司资产不当转移、非法侵吞和无故流失所应追究的责任。

改革开放以来的公司法理论学说无疑是将资本信用神化的主导和核心角色，可以说包括本文作者在内的多数公司法学者都是这一神话的制造者和参与者。在20世纪80年代，当历经二十余年的法律虚无岁月而开始引进传统的公司法律形态时，公司法的学者们对国外既有的理论学说怀有天然的敬仰和盲从，其中被奉为至善的公司资本制度更得到学者的青睐。那时，只有对传统资本制度精细的揣摩和循规的诠释，而少有理性的分析和创新的思考，在这种特殊的历史背景下，资本信用得到了理论的树立和宣扬。

当时的论著在论及资本的作用时，常有这样的论断："在影响公司责任能力的许多因素中，没有比公司资本更为显要的了……公司资本的多少便成为判断该公司信用高低的基本外在标志"，〔2〕"股份有限公司作为资合公司，其股东出资构成的公司资本是债权人利益的唯一担保，公司的责任能力和范围直接取决于公司资本的大小。因此，依法确定公司的最低资本额，就成为使公司责任能力达到一定底限的基本保证"。〔3〕 到90年代，对资本信

〔2〕 赵旭东：《论公司的财产责任形式》，载《民法硕士论文集》，群众出版社1988年版，第108页。
〔3〕 江平主编：《公司法教程》，法律出版社1987年版，第151页。

用的推崇有增无减,有关的论述绵延不绝,有学者提出:"从交易信用的角度来看,股份公司的运作不仅需要发达的银行信用和商业信用扶助,也离不开社会信用的支持,而公司资本正是这些信用赖以形成和稳固的基础",[4]"公司资本构成公司对外交往的信用基础,与公司交易的相对方往往通过公司的资本额判断公司的资信状况",[5]"还有的认为,公司资本是公司赖以生存的血液,是公司运营的物质基础,是公司债务的总担保……为保护债权人的利益和交易的安全,就必须确定和维持一定数额的公司资本,并将其公之于众,以便使与公司发生经济往来的相对人,了解和掌握公司的资本状况,决定其交易的范围和条件"。[6]

中国大陆学者的资本信用观念并非孤立形成的,在我国台湾学者中,亦有相同或接近的观念:对外关系而言,资本总额为公司债务之唯一担保:"故公司自设立中、设立后,以致解散前,皆应力求保有相当于资本之现实财产,始能保护交易大众和投资股东、并维护公司信用以保持公司于不坠。"[7]

立法、司法及公司法理论所构筑的资本信用制度和理念,培育了一代中国人质朴的资本信用意识,建立了一个简单的信用标准,复杂的公司信用判断被表面的注册资本认定所取代,严格的责任追究止步于出资已经到位的抗辩。资本的作用被神化了,十余年来的公司法实践,无意中制造了一个资本信用的神话,人们对资本已经形成了事实上的迷信或崇信,已经产生了深深的信赖或依赖,资本信用有意无意地冲淡和误导了人们应有的风险意识。似乎只要对方的资本真实,己方的利益就有了保障,似乎只要一个公司的资本数额巨大,其履约或支付的能力也就同样的巨大,这的确是中国民商法制度建立以来,整个社会所陷入的一个很大的误区。

然而,尽管"法定资本制立意至善,对债权人权益之保护甚为周到",[8]建立在资本信用基础上的中国公司法制度却并未产生其预期的效果,其对

---

[4] 范健:《公司法论》,南京大学出版社 1997 年版,第 335 页。
[5] 周友苏:《公司法通论》,四川人民出版社 2002 年版,第 199 页。
[6] 石少侠主编:《公司法教程》,中国政法大学出版社 1999 年版,第 86 页。
[7] 王泰铨:《欧洲公司法导论》,载《台大法学论丛》第 25 卷第 1 期。
[8] 雷兴虎主编:《公司法新论》,中国法制出版社 2001 年版,第 91 页。

债权人的保护是如此的软弱无力,以至于在频频发生的公司破产风险面前奏效甚微。中国公司法颁布前后所发生的形形色色的公司破产,使债权人蒙受着巨大的损失,众多的债权人在痛定思痛之余,都不能不对资本信用产生深深的怀疑:既然债务人公司拥有达到法定限额的资本,既然该公司的资本规模巨大,既然该公司的资本额远远超过与债权人公司的交易额和债务额,却为何陷入资不抵债或不能支付并致债权人无从受偿的境地?

道理显而易见,公司资本不过是公司成立时注册登记的一个抽象的数额,而绝不是公司任何时候都实际拥有的资产。撇开非由资本形成的公司资产不论,除在公司设立的某个瞬间,公司资产纯粹由资本构成且资产本身未发生任何价值变化,会出现公司实际资产与注册资本完全一致的情形外,公司资产与资本的脱节是公司财产结构的永恒状态。公司的资本是一个静态的衡量,而公司的资产则是一个动态的变量。公司资本一经确定,除经法定的减资程序,不得随意也不会自动变更。而公司资产完全不同,随着公司经营的赢利或亏损、公司财产的增值和贬值,其每时每刻都在发生着程度不同的变化,因公司经营的盈利和财产的增值,公司的资产会大于公司的资本,因公司经营的亏损和财产的贬值,公司的资产会少于公司的资本。通常情况下,公司经营存续的时间越长,资产与资本之间的差额就越大,以至于资产与资本可能会完全脱节,从公司资本无以判断公司的资产,从公司的资产也无以判断公司的资本,一个一百万资本的公司可能拥有几千万元,甚至上亿的资产,而一个资本几千万元的公司可能只剩下几百万元,甚至几十万元的资产。而公司赖以对外承担财产责任的恰恰是公司的资产,而不是公司的资本。公司资产的数额就是公司财产责任和清偿能力的范围,公司的资本再大,也不能扩大公司的责任范围,公司的资本再小,也不能缩小公司的责任范围。因此,从实际的清偿能力而言,公司资本几乎是没有任何法律意义的参数,以资本为核心所构筑的整个公司信用体系根本不可能胜任保护债权人利益和社会交易安全的使命。就此而言,由资本所昭示的公司能力或信用多少带有虚拟的成分。资本不过是公司资产演变的一个起点,是一段历史,是一种观念和象征,是一个静止的符号或数字。资本信用及其对债权的保障其实不过是一个理论和立法上的构思和假设。近年来,公司法研究已经开始重新认识资本的作用，并做出了新的论断。有的学者写道："注册资本仅仅是一个账面数字，它不过是表明了股东已经按其出资额履行了其对公司的债务责任，它在大多数情况下并不能反映公司资信情况"，[9]"在公司存续一段时期后，公司资本实际上已成为纯粹的计算上之数额"，[10]"在西方某些国家，由于商业信用的发达，注册资本已逐步丧失了原来的意义，成为公司的一种象征"。[11] 有的学者更加直截了当地指出："公司资本对公司债权人是虚幻的，是没有实际意义的。有的学者将公司资本称为债权人的'总担保'，这种说法是不确切的。"[12]

因此，以资本来昭示信用总是对公司信用程度不同的歪曲，无论在资产低于资本还是在资产高于资本的情况下，资本都不能准确地反映公司信用的真实情况，从而会影响，甚至损害当事人的利益。在资产低于资本的情况下，公司处于亏损状态，公司的债务清偿能力低于资本，如以资本判断其信用，必导致对公司信用的高估，债权人信赖于此而达成的交易将自始就承受资不抵债的风险。在资产大于资本的情况下，公司处于盈利状态，公司的债务清偿能力高于资本，如以资本判断其信用，必导致对公司信用的低估，债权人虽获得对其利益的充分保障，但公司的更高信用被掩盖和浪费，实际上使交易能力和商业机会受到了遏制。

除此之外，更为现实和复杂的情况则是资本本身的虚假和抽逃。作为强行法的法定资本制所要求的资本真实和出资履行只是法定的目标和为当事人设定的义务，它并不就等于所有公司依法遵行、使资本全部到位的现实。相反，公司成立伊始即存在的注册资本虚假和公司成立后股东收回出资、抽逃资本是公司实践中较为普遍的现象，这使本已不实的资本信用越发脆弱。无论注册资本虚假还是抽逃资本，都使名义上的公司资本与事实上的公司资产发生脱节，而且这种脱节不是发生在公司成立后的经营过程中，而是自公司成立之初即先天存在，如果说由资产与资本脱节所导致的信用

〔9〕 刘燕：《对我国企业注册资本制度的思考》，载《中外法学》1997年第3期。
〔10〕 柳经纬主编：《商法》，厦门大学出版社2002年版，第174页。
〔11〕 甘培忠：《企业与公司法学》，北京大学出版社2001年版，第235页。
〔12〕 徐燕：《公司法原理》，法律出版社1997年版，第310页。

歪曲属于公司经营的客观因素所致，那么，由资本虚假和抽逃资本所导致的信用歪曲则完全是主观的操纵和恶意使然。尽管公司法对此种行为加以严苛的惩罚，包括刑事责任的追究，但这也不可能完全补救股东无力填补资本或追加出资时财产能力的缺失，更不能奢望此种情况的绝迹。毫无疑问，资本虚假和抽逃情形下的资本信用本身就构成对债权人的欺诈，在此信赖基础上进行的商事交易给当事人造成的巨大风险是不言而喻的。

由此可见，资本是靠不住的，无数破产企业发生的情况已经并正在验证着这个似乎还未被捅破的事实。

三、资本信用的弊端和缺陷

"我国对内资企业法人实行法定资本制的实践，也表明它无法实现为债权人提供必要担保的初衷，相反其僵硬而阻滞投资、妨碍交易便捷的固有弊端则暴露无遗。"〔13〕事实上，资本信用及其刻板、僵硬的资本和出资制度，在公司法颁布后不久就开始受到人们的怀疑和异议，并随公司法的实施而遭遇日愈尖锐的挑战。首先受到诘难的是最低资本的数额。在美国，绝大多数州的公司法都没有最低资本额的规定，有的州虽有规定，但其最低额不过为1000美元。在欧洲，法国公司法规定的最低公司资本额，有限公司为2万法郎，股份有限公司为10万法郎，德国公司法规定的最低公司资本额，有限公司为5万马克，股份有限公司为10万马克。〔14〕因此，当中国公司法规定有限公司的10万元最低注册资本和股份有限公司的1000万元注册资本的时候，就不能不受到条件过严、门槛过高的质疑。比较中美和中欧的经济发展水平和公司的规模和实力，中国的公司注册资本只应低于欧美，而绝无高于欧美的道理。为何在经济高度发展的欧美国家最低资本额较低，而在经济尚欠发达的中国却有如此高额的资本要求，其原因恐怕不仅仅是立法动机要放宽限制或抬高门槛这么简单，更要害的可能是对资本功能定位和认识的不同。毫无疑问，任何国家的公司立法都不可能对公司的责任能力不

〔13〕 史际春、温烨、邓峰：《企业和公司法》，中国人民大学出版社2001年版，第196页。

〔14〕 ［英］迈恩哈特：《欧洲九国公司法》，中国政法大学出版社1988年版，第9、45、62、102页。

予关注和要求,不可能放任公司对债权人形成的风险,但在欧美国家,这种关注和要求显然主要不是通过资本额的限定来实现的。在经济高度发达的美国和中国香港,由于没有法定资本的限制,理论上,只有一美元或港币都可以设立公司,却依然有着良好、井然的经济秩序,并未因此而发生公司丧失信用基础和危及债权人利益的后果。很显然,在它们豁免最低资本要求的法律制度下,公司的信用不是靠公司资本来维持的,在资本之外,一定存在维持公司信用的其他因素。那么比较而言,中国公司法上的资本就负载太重了,我们对资本过多的要求和期望导致它超越了现时中国一般公民的投资能力,阻碍或剥夺了许多投资者开办公司的机会。尽管客观而论,依目前中国公民的财产能力,10 万元人民币并非太高的数额,对许多从事经营活动的人来说,也并非十分困难,如果将公司的资本定位为公司的信用基础,把最低资本作为公司对外承担财产责任和债权人利益的唯一担保的话,这一数额实在算不上过高或过分。但如果资本不再背负公司信用基础的功能,不再赋予公司资本以债权担保的使命,而把资本只作为公司自身经营的物质手段并交由公司的股东自行判断和决定的话,那么,这一最低数额也许就过高了,甚至是完全不必要的。尤其是对那些智力密集型的高科技企业,也许只需要简单的办公设备和少量的办公经费就足以开展其预定的经营活动,大量的资本只会导致多余资金的闲置和浪费。

在资本信用之下,公司股东的出资形式制度也被完全扭曲和变形,不得不屈从所谓债权人保护的要求,而完全忽略了对投资资源全面、充分的利用,牺牲了投资者的自身投资优势和公司的实际需要。股东的出资本来具有两方面的功能,其一是经营功能,即作为公司的经营手段,用于公司的经营活动,就此而言,只有公司及其股东最了解何种出资为公司所需要,只要股东同意和认可,任何具有经营价值的东西都可以成为出资的标的。其二是债务清偿和债权担保功能,即以此作为公司对外承担独立责任、股东承担有限责任的手段,就此种功能而言,出资标的价值的可确定性和可移转性就成为当然的要求。应该说,公司的设立,首先的考虑应是如何经营而非如何偿债,经营是出发点,是根本的目的性问题,而偿债则是经营行为的后果问题。在出资的两种功能中,经营功能应是基本的、主要的,偿债功能应是从属的、次要的。但在资本信用之下，出资的经营功能被弱化，偿债功能被强化，甚至以偿债功能作为出资方式取舍的唯一标准，一些经营功能很强而偿债功能不足的出资形式被排除在法定的出资形式之外，公司迫切需要的经营手段无法施展，投资者富有价值的投资资源不能开发，经营者的重大利益无法实现。为了服从资本信用的需要，整个社会为此付出了巨大的成本，而回报的却是假设和虚渺的资本信用。

在公司法禁止的出资形式中，股权，是随公司发展日益普遍存在的民事权利，是公民和法人财产构成中越来越重的部分，以股权对外投资是民事主体处置财产和投资理财的基本需要，尤其在企业改制、资产重组，包括上市公司组建的过程中，以股权的置换完成对新公司的出资是许多投资者优先选择的出资方式。然而，在资本信用之下，它却遇到难以逾越的障碍。由于股权的价值并不取决于其自身，也不取决于股东获得股权时原始投入的出资额，而取决于股权所在公司总资产减去总负债的余额，即公司的净资产或股东权益，同时，股权的价值又极不稳定，随其所在公司的经营结果和资产变化而随时变动，那么如允许股东以其他公司的股权出资，既需要对该股权所在公司进行全面的资产评估和财务审计以确定其价值，从而使股权的出资变得异常麻烦和艰难，同时又因股权价值的不稳定性而影响了公司资本实质上的确定和维持。因此，在严格、彻底的资本信用之下，为保证资本的真实和可靠，股权只能被排除在法定出资形式之外。

债权也同样如此，虽然其价值或债权金额是确定无疑的，但债权的实现却具有极大的或然性，债务人的商业信用或支付能力对债权的实现起着决定性的作用，除债务人对债权本身的存在和数额可能存有异议、必须通过司法或仲裁程序加以裁决的情形外，即使已经获得司法或仲裁胜诉裁决的债权，甚至是已经处于法院强制执行之下的债权，都仍有可能因债务人丧失客观偿付能力或陷入破产而无法实现，而在债务人恶意逃债成习的恶劣商业环境下，债权更具有很大的落空风险。此种财产如作为股东出资进入公司资本，无疑也将会完全动摇公司资本的基础，对资本确定和维持构成直接的威胁。更如股东故意将已经无望实现的债权、甚至连债务人都不见踪影的不良债权充作出资的时候，相应部分的资本事实上就变成了虚假资本。因此,资本信用制下当然地排斥以债权作为出资。

被资本信用排除在外的不只是股权和债权,除法定出资形式之外的所有其他以权利来表现的财产都是被排除在外的,包括经营权、采矿权、承包经营权等。

由公司的资本信用所决定,股东对公司的出资还必须具有财产价值的确定性和可移转性。只有以易于确定财产价值的标的作为出资,才能保证由股东出资构成的公司资本额的真实、确定,只有在民事主体之间能够进行有效移转的标的,才能用于公司对外债务的清偿,才能实现资本的清偿功能。由此,信用和劳务等形式,虽然同样有经营功能,却只能被排除在有限公司和股份有限公司的出资范围之外了,虽然在现实经济生活中信用出资和劳务出资的合理性已毋庸置疑,公司实践要求解除这一法律限制的呼声也日益强烈。

首先来看信用出资,在我国大陆现行公司法中它不被允许,在日本、我国台湾等大陆法系公司法中,也只允许无限公司的股东和合伙企业的合伙人以信用出资。然而,信用的经营功能是显而易见的,作为一种商业评价和信誉,信用不仅是商事主体所能拥有的无形资产,更是其开展营业活动的重要条件,有的公司甚至可以在几乎没有任何资产能力的情况下仅靠其卓越的信用而获得经营的资源,对于某些从事特殊经营的公司而言,良好的信用甚至较之雄厚的资本更为重要。无限公司和合伙对信用出资的准入其实已经肯定了信用所具有的经营效用及相应的财产价值。在中国,对信用的利用尽管尚未得到法律的明确认可和理论的肯定,但在现实经济生活中却早已是客观存在的事实。如对于挂靠企业的产权认定就存在信用利用与估价的问题。事实上,许多被挂靠组织尽管未向挂靠企业进行有形资产的投入,但其信用却被挂靠企业实际地利用,所谓挂靠关系在许多情况下正是挂靠企业为了利用被挂靠组织的信用而发生的。挂靠企业的产权关系是一个十分复杂的法律问题,有些挂靠企业纯粹由私人投资,并完全依靠私人的有形投资和私人投资者的经营管理而使企业资产滚动增值,企业成长壮大,对此种企业应恢复其私营企业的本性并确认私人投资者对企业产权(股权)的所有,当是无可置疑的原则。然而,许多挂靠企业的成长却非如此单纯和简单。有的挂靠企业虽然资产由私人投入,但资产数额微不足道,不过数万元或数十万元,有的甚至通过虚假出资和虚报资本取得公司注册,实际上根本没有任何资产的投入。但起始资本或资产能力微弱并不当然意味着其赢利能力就低下或成长性不足,一些小型企业在短短的几年中,迅速成长为资产规模达数千万元,甚至数亿元的巨型企业,按照“谁投资,谁所有”的产权界定原则,可以说这种企业并无严格意义上的投资者,企业经营的一切条件完全靠后天获得,靠企业成立后的融资和管理去创造。而在这一创造过程中,私人管理者恰是利用了被挂靠组织的某种渠道、便利或影响,恰是通过由挂靠关系所产生的身份和背景获得了他人所无法获得的经营资源和条件,那么,被挂靠组织以管理费等名义取得收益并进一步主张投资者的权益就是顺理成章的逻辑,很显然,在此他们的投资方式正是也只能是信用的出资。但信用的下述两个特点又使其在资本信用之下存在致命的出资缺陷:第一,价值难以界定。信用的无形较之知识产权更难以把握,既没有商标证书或专利证书之类的权利表现形式,也无法就信用之上的权益在当事人间作有效的分割,因而,无论是商事主体的整体信用还是其用于对外投资的部分信用,都难以进行价值上的判断和界定。同时,对同样的信用,不同的人基于不同的立场或由不同的公司利用,都会有完全不同的评价或利用效果。第二,无法有效移转。信用的原有人可以有效地展示和利用其信用,但信用的受让人不一定就能利用这种信用,如果信用原有人配合,受让人还可能能够利用,而在原有人不予配合时,受让人可能就无法利用。在资本信用体系之下,既然公司资本被作为公司债权的基本担保,既然以公司的资本作为判断其偿债能力的标志,信用的此种特点就决定了其不可能成为出资的对象,被计入公司的资本。

除信用外,劳务的出资遇到同样的命运。劳务,系指为公司已经或将要付出的劳动或工作,包括简单的体力劳动,也包括复杂的、高级的技术或管理性的工作。毫无疑问,劳务出资具有经营的功能,甚至是极强的经营功能。企业的经营活动以劳动者、劳动工具和劳动资料为基本的经营要素,其中劳动者所提供的正是各种各样的劳务,任何公司都不可能缺少对劳务的需要,都不可能离开人的工作和管理。虽然这种劳务在通常的情况下,是以工资、酬金等形式通过公司经营成本的支付而获得的，但劳务的经营功能却是毋庸置疑的。在资本密集型的公司中如此，在智力密集型的公司中更是如此，货币、实物对公司的经营必不可少，而管理和技术性的劳务也至关重要，对有些公司来说，要从事经营和取得经营佳绩，并不需要太多的资金或实物，或者要获得资金或实物的支持也并非难事，困难的却是如何得到需要的人才和管理能力与技术。如果撇开公司对外偿债的需要，劳务本是完全可以进入公司的资本的，完全应该允许股东以此作为投资的手段，股东之间可以就此达成有关劳务出资作价的任何协议，但由于资本信用所决定的对出资标的偿债功能的要求，它却被排除在法定出资形式之外了。

作茧自缚和削足适履，是谓现行资本和出资制度弊端的最精确而生动的描述。

四、资产信用及其结构分析

其实，决定公司信用的并不只是公司的资本，相反，公司资产对公司的信用起着更重要的作用，与其说公司的信用以公司的资本为基础，不如说是以公司的资产为基础。公司以股东的有限责任和公司自身的独立责任为其根本法律特征，而所谓公司的独立责任恰是以其拥有的全部资产对其债务负责，公司对外承担责任的范围取决于其拥有的资产，而不取决于其注册的资本。

也许通过公司资产负债表的结构分析，可以使我们对公司信用的对应关系有一种直观的感受。公司的资产负债表本来就是公司信用关系的对应显现，资产本来就是与负债配置并与其相生相长的信用因素，公司的负债既形成公司资产，反过来又以公司资产为其基本担保。在公司资产负债表上，资产和负债栏下永远都是两个平衡的数字，因此，资产负债表又称为平衡表。从公司财产构成的角度分析，资产栏和负债栏所载实质上不过是公司财产形态转换的两种不同表现形式，资产栏表明公司财产的物质状态和现实构成，负债栏则表明公司财产的形成来源，资产负债表左栏下的资产不过是其右栏下的负债转换而成的结果。

公司资产的形成来源于两个方面，其一是股东的出资即公司的资本，其二是对外的负债,因而公司资产负债表的负债栏下分为股东权益和真正的公司负债两大部分。股东权益,从法律性质而言,虽列于负债栏下,却并非真正的公司债务,而是公司自有的财产,但从财务构成分析,此项财产来源于股东的出资,相当于公司欠付股东的债务,因此,基于公司财产物质构成和来源构成平衡的需要,亦将其列在资产负债表的负债栏下。与此同时,在资产栏下,该股东权益根据股东的出资形式而相应地转换为货币、实物、土地使用权、工业产权和非专利技术等资产。公司资产的另一来源是真正的公司负债,无论是长期负债、短期负债以及应付账款等,在公司承担这些债务的同时肯定会获得相应的资产,比如从银行贷款承担长期或短期的借款之债的同时,也就会获得相应的货币资产。在买卖合同中,受取对方货物而未支付货款之前,此项货款在负债项下属应付账款,在资产项下,则成为货物形态的流动资产。

就资产和负债的静态关系言之,既然公司资产系由其负债转换而来,那么,公司有多大负债,必有多大资产,负债增加,资产必相应增加,而资产减少,必引起负债减少。即使没有股东出资及由此形成的公司资本,公司的资产和负债也总是一致的,此种关联关系犹如物理学上之物质不灭定律,资产与负债不过是财产在公司名下形态转换的表现,就此而言,断无资不抵债情况发生的可能性。因此,静态的公司信用是绝对的资产信用,依靠负债形成的资产本身就是负债的完全而可靠的保障。

然而,公司的负债也许是静态不变的,但公司的资产却始终处于动态的变动之中。如前所述,由于公司经营的盈利或亏损,由于有形或无形的增值或贬值,公司资产从其形成的时刻起,就处于每时每刻不断变动之中,而人为的转移和流失则更会加剧公司资产无规律的变化。在资产变动、但负债不变的情况下,必然发生资产与负债的脱节,公司经营的盈利和资产的增值会使公司资产高于其负债,而公司的亏损和资产的贬值则会使公司的负债高于其资产,资不抵债的情况由此而生。因此,实际存在的资产信用对债权的保障也总是相对的和不完全的。但是,虽然这种动态下的公司信用无法从资产那里获得完全、绝对的保障,资产所能清偿的债务范围与全部公司债务的范围并不总能完全重合,但资产对负债的担保关系却不会发生任何改变,清偿范围的缩减和担保价值的降低既不改变资产作为公司信用因素的性质,也不会使公司资本取代公司资产而成为公司信用的基础。与负债对应并构成其基本担保的从来就是公司的资产,而不是资本,资本只是公司资产的来源之一并构成资产的一部分,与公司的负债之间并不存在直接的、必然的、重合的对应关系。以资本为公司的信用基础,显然是不恰当地把信用基础从资产游移到了资本上,这是一种实在的错位和错觉。

在定性分析的基础上,我们还可以对资产信用进行简单的定量分析。资产与负债的对应关系表明,决定债务受偿范围和受偿程度的是资产以及资产与负债的比例关系,即财务指标上的资产负债率。资产本身对公司信用的影响又取决于两个要素,其一是资产规模或数额,其二是资产有效性。资产规模当然是决定债务受偿的首要因素,资产规模越大,资产数额越多,债务的清偿能力越强,但这只是就总体资产对个别债务的清偿而言,如果以总体资产对总体债务,那么,债务的清偿能力则不取决于资产单方面的规模或数额,还取决于总资产与总负债的比例关系,取决于资产负债率的高低。资产负债率低,即使资产规模不大,债务却有保障;资产负债率高,即使资产规模很大,债务却有不能清偿之虞。就此而言,要害的问题并不在于绝对的资产规模或数额,而在于资产与负债之间的相对比例。

进一步的分析还表明,资产负债率所反映的同时也是公司净资产与公司负债的比例关系。资产负债率越低,表明公司的净资产率越高;反之,资产负债率越高,公司的净资产率越低。而净资产率当然是决定公司清偿能力的更直接的指标和数据。从总体资产对总体债务的根本意义上说,资产信用就是净资产信用,就是公司总资产减除公司总负债后的余额的范围和幅度。净资产越多,公司的清偿能力越强,债权人越有保障。

资产有效性是资产对债务清偿的效用。资产负债表中的资产是以固定资产、流动资产、长期投资、无形资产和递延资产的特别状态存在的,在价值界定上,各种形态的资产无疑都可以计算为一定数额的资产,这些资产对公司的经营也都有其本身的功效,但对债务清偿而言,并非所有的资产都具有债务清偿的功能,不同形态资产的价值与其债务清偿的效用也不完全等值。资产在债务清偿方面的效用是以资产的可变现性和可移转性为前提的,只有可以转换价值形态尤其是可以换成流通货币的可变现资产和可以从公司手中移转到债权人手中的可移转资产才具有债务清偿的效用。就此而言，资产负债表中的固定资产和流动资产一般具有较高的清偿效用，长期投资、无形资产的清偿效用则有着相当大的变数，而作为公司开办费用已经对外付出、有待于往后逐年摊销的递延资产，则根本不具有债务清偿的效用，在以资产判断公司信用时，此类资产当应从公司的有效资产中予以剔除。因此，资产的债务清偿功效不仅取决于资产的总量，更取决于资产的具体构成，取决于有效资产在总资产中所占的比重，取决于有效资产与无效资产的比例关系。就此而言，"公司的偿债能力并非取决于账面资产，而取决于可以即时变现的账面资产占多大比例"。[15]

五、从资本信用到资产信用——中国公司制度重构

从资本信用到资产信用，是对公司信用科学分析基础上的理性选择，是公司法发展的历史轨迹，也是中国公司法正在形成的发展趋势。

很明显，资本信用已经成为中国公司法发展的枷锁，公司法制度创新的桎梏，面对法定资本制的过度要求和出资方式的不当限制，我们常常会感到作茧自缚和削足适履的苦恼和无可奈何的屈从。突破了资本信用，失去的只是一个虚幻的担保，而获得的却是对投资者的解放和对债权人更为切实的保障。从资本信用到资产信用的转变，其突出的法律意义在于对现行公司法制度的变革，将借此取消由资本信用决定的、阻碍公司发展的不合理和不必要的制度和约束，改革现行的资本制度和出资制度，发展和完善公司的财务会计制度，从而实现对公司债权人利益的全面和根本性的保护。

以资产信用取代资本信用，首当其冲的是法定资本制本身的改革。"由法定资本制到授权资本制"是现代西方国家公司法的发展趋势之一。[16] 早在大陆法国家严守法定资本制的时期，英美国家就形成了可以分次发行股份、不必一次缴足股款的授权资本制。由于法定资本制的固有弊端和授权

---

〔15〕 孔祥俊：《公司法要论》，人民法院出版社1997年版，第222页。

〔16〕 雷兴虎：《现代西方国家公司法的发展趋势与中国公司法的选择》，载《法学评论》1998年第4期。

资本制的优越,后来多数大陆法系国家已采用授权资本制,或借鉴授权资本制对法定资本制进行修正,形成了认可资本制或折中授权资本制。毫无疑问,中国公司法实行的是典型的法定资本制,如果说在资本信用之下,这种法定资本制还有其存在的根据,为了奠定公司的债务清偿能力,中国公司法不得不容忍法定资本制带来的公司设立难度大、公司资金闲置与浪费、增资程序复杂等弊端,那么,在资产信用之下,对授权资本制或折中授权资本制的采纳就是不必犹豫的选择。其原因在于,既然公司以资产为其信用基础,资本是一次还是分次发行,公司名义资本与其实缴资本是否一致,就都只是关涉公司自身需要和内部关系的安排,而不会决定公司实际的债务清偿能力,也不会导致债权人对公司信用判断的误解。况且,目前对中国公司和外商投资公司要求上内外有别,对外商投资公司实行"授权资本制",对内资公司则实行"法定资本制"的做法,也不符合 WTO 规则的要求和国民待遇原则。

最低资本额制度的调整和取舍是资本制度改革的重要内容之一。在资产信用之下,公司的最低责任能力不再取决于其最低资本额,资本不再背负公司信用基础的功能来实现债权担保,而主要是作为公司自身经营的物质手段交由公司股东自行判断和决定,因而,公司法大可不必对其设定过高的条件,甚至最终彻底放弃最低资本额制度也并无不可。尤其是对那些智力密集型的高科技企业应该如此,以尽量避免多余资金的闲置和浪费。在经济高度发达、投资实力强大的欧美国家和我国香港地区,都只需要很低、甚至根本没有最低限额的资本,那么也大可不必过分忧虑我国降低或取消最低资本额所可能导致的后果。认为"这种高度发达的企业制度,不适宜于在中国立即借鉴或效仿,中国需要一个资本确定并能维持的时期,以培养优良的商业文明和传统"[17]的看法,或许是片面地强调了资本与市场环境的关联,尽管中国现时的市场成熟和商业文明程度以及信用意识还不能与西方国家相比,但其中的差距并非必须通过资本限额的提高而完全可以通过其他的制度来弥补。

---

〔17〕 甘培忠:《企业与公司法学》,北京大学出版社 2001 年版,第 235 页。

以资产信用取代了资本信用,法律对股东出资形式的硬性限制也就可以放宽、直至彻底解除了。既然资本不再担负债权担保的使命,股东的出资也就不再必须具有债务清偿的功能,凡具有经营功能的资源和要素都可以作为股东的出资,唯一的条件只是股东的认可和同意。由此,股权、债权、劳务、信用等都可成为出资的标的,而严重影响了技术密集型公司的设立,影响技术、尤其是高科技技术的充分开发和利用、抑制了科技人员和脑力劳动者创业积极性的无形资产出资最高比例限制也完全可以解除。公司法的立法原则将从完全的出资法定主义走向出资自由主义或法定主义与自由主义的适当结合。这一方面,我国台湾公司法最新的发展已给了我们以某种启示,台湾长期以来也实行严格的出资限制,规定“股东之出资,除发起人之出资及本法另有规定外,以现金为限”(第156条),但2001年的第12次台湾地区公司法修正将其改为“股东之出资除现金外,得以对公司所有之货币债权,或公司所需之技术、商誉抵充之”。[18] 随着这一原则的调整,现行出资评估制度和验资程序的强制性和严格要求,也可以适当地弱化并使其具有多一些的弹性和灵活性,减少国家强制和干预的范围,给当事人留出更大的意思自治和利益协调的空间。

公司信用基础的转变也必将引起公司和股东行为规则的重要变化,包括:无须再严守资本维持的原则,公司的名义资本与实缴资本的脱节得到允许,股份的折价发行就不必再严格禁止,公司设立的特殊背景和当事人之间利益调整的需要有时会使股份的折价发行具有合理性;正在发展的股份或股票期权制度,能够充分发挥公司管理人员和员工积极性,是增强企业凝聚力和竞争力的有效方式和途径,但其中的股份回购却违反现行公司法规定,那么,一旦突破了资本维持原则,立法也就无须再禁止股份回购,将打破股票期权制度发展的“瓶颈”;公司的转投资是公司的财产支配和自主经营行为,本应服从公司经营战略和盈利追求的需要,在财产能力上,它也只是公司资产的形态转换问题,并不直接影响资本真实与维持,只是影响资产的变现能力和程度,其对债务清偿产生的影响完全属于债权人对公司资产信用

---

〔18〕 赖源河等:《新修正公司法解析》,元照出版有限公司2002年版,第184页。

判断的因素，即使在法定资本制的国家对此也少有严格的法律限制，以资产信用取代资本信用后，更无限制转投资比例的理由，其实在事实上，中国股份制改革和国有企业公司化的实践也早已突破了现行公司法的比例限制；在资产信用之下，公司增资或减资都不再直接决定公司对外清偿债务的范围和影响债权人利益，因而，公司法的减资程序应该相应简化，由此公司的运营效率将得到提高，操作成本将得到降低；公司法股权退出机制的缺少一直与投资者对投资风险的防范和控制发生着尖锐的冲突，尤其在股东之间存在尖锐矛盾、公司经营效益低下、而部分股东又无法参与公司管理的情况下，会导致极不公平、不合理的结果。一旦撇开了资本信用，股权退出机制的建立也就是顺理成章的，在确保现有债权安全的前提下，完全可以允许股东的退出。

在资产信用之下，维护公司资产的稳定和安全具有根本性的意义，公司的独立责任和股东的有限责任是公司人格独立的基础，也是公司这种组织形式极大的优越性所在，投资者借此而避免了倾家荡产的投资风险，而把风险转嫁给了公司的交易对方。但公司法上的独立责任和有限责任是以公司资产的独立为前提的，只有合理演变形成的资产才能作为公司独立责任的范围，而人为的资产转移和流失则应成为公司人格否定并进而要求股东承担无限责任的根据。在此，至为关键的问题是公司资产流向的合理与监控。上文资产结构分析表明，静态关系上的资产和负债有如物质不灭，公司负债的形成通常都会伴有相应的资产获得，动态关系上的资产则会因公司经营的盈利或亏损、有形或无形的增值或贬值而发生经常性的变化，而无论是静态的物质不变还是动态的价值增减，都属债权人可以也应该预见的结果，由此而发生的资不抵债属于债权人理应承受的交易风险，在此情况下，并不存在追究公司过错责任的问题。但如果公司资产非因正常经营的原因而发生人为的资产转移和流失，则是债权人所无法预料的，由此而发生的资不抵债就是债权人不应承受的不合理的交易风险，这种结果和风险无疑应由法律严加控制和防范。从某种意义上说，对债权人利益的威胁，不在于公司资本或资产的多少和规模，而在于公司资产的转移和流失。因此，必须建立一套监控公司资产流向的法律制度，公司的资产演变必须具有法律和财务上的合理性,任何债权人在公司资不抵债时,都应有权提出审查公司资产流向的要求,公司必须提供相关资料并对其资产的变化做出充分的说明,对于恶意逃债及资产非正常转移和流失的,债权人除可以通过合同法上的撤销权实现救济外,还应能够追究公司相关人员的个人责任,直至否定公司的法人人格而追究股东的清偿责任。如此,面对债务人公司动辄资不抵债,甚至幸灾乐祸的结果,债权人自认倒霉,司法和执法机关束手无策的局面将不会再现。

公司的财务会计制度是资产流向监控的主要手段。公司财务会计制度不只是一种会计制度,更是一种法律制度,其成为公司法上重要制度的原因主要不在于公司经营管理和财务管理的需要,而在于对公司、股东和债权人权益的保护,其中对债权人的保护尤为重要。要发现、了解和最终证明公司资产的转移和流失,没有财务会计制度是绝无可能的。严格的财务制度不仅会暴露和留下非法资产转移的事实和痕迹,为债权人和司法机关追究股东责任提供有效途径,而且也会对此种行为形成有效的遏制。现行公司法及其司法、执法恰好在此方面缺少具体有效的制度和手段。为此,应赋予债权人对无力清偿其债务的公司以财务审计的申请权;应规定与债务人公司发生交易往来的当事人配合财务审计的法律义务;应对缺少完整财务记录、财务账册虚假而无法确定和说明公司资产去向和变化情况下债务责任的追究作出明确规定;受理和处理公司债务纠纷的司法或行政机关应在财务保全、财务审计和财产追索方面作出相应的、简捷高效的程序安排并采取有力的措施。

在资产信用基础之下,公司资产信息的作用极为突出。无论是资产信息的收集、提供、获得、利用,还是信息渠道的畅通、充分和有效都是至为重要的,也许这种信息的重要性还无法上升到证券法上信息公开制度的地位,但的确要比资本信用之下重要得多。资本信用之下,债权人关注的只是债务人公司的资本规模等静态的表面事实和资本是否真实、出资是否抽逃等简单事实,而资产信用之下,债权人则要对债务人公司所有信息实时跟踪,包括资产结构信息、资产流动信息、资产状态信息等。资产结构信息包括公司拥有的土地、房产、机动车、股权、知识产权、银行存款等;资产状态信息包括资产的查封、冻结、抵押、质押、担保等。然而，现行立法在资产信息方面对债权人几乎未提供任何法律的服务和救济，实践中，债权人追偿债务的努力往往功亏一篑于信息的不畅和有关部门、单位本可提供而拒不提供的信息服务。因此，必须建立一套系统的、与资产信用配套的信息服务体系，在依法维护当事人商业秘密的前提下，赋予债权人就债务人公司的土地、房产、机动车、股权、知识产权等资产进行调查和收集信息的权利；应规定管理相关事务的政府部门或单位按法定条件向债权人提供资产信息的义务；对于金融、保险、证券等特殊资产信息，在更为严格的条件下，司法机关应根据当事人的请求协助索取；还应鼓励和发展更为完善的征信业务和征信制度，为债权人提供更为丰富有效的市场信息服务。

从资本信用到资产信用的转变不是现行公司制度的局部修正和补充，而是整个公司立法、司法和理论的战略性调整，它将使我们的注意力从静态不变的资本转向动态变化的资产，从资本的确定、维持、不变转向现有资产的结构分析、流向监控和合理性认定，从固化的原始财产金额转向现实的债务清偿能力或支付能力，从静态的、历史的、局部的资本观念转向动态的、现实的、整体的资产观念。

（本文原载于《法学研究》2003 年第 5 期）

《侵权责任法》规定的网络侵权责任的理解与解释

杨立新

《侵权责任法》通过之后，各界对该法第 36 条规定的网络侵权责任特别是网络服务提供者的连带责任的规定有不同的看法。对此，我与其他学者进行过讨论，也在部分网站进行过调查，认为理解、解释第 36 条规定的最主要问题是，既要依法确定网络服务提供者的侵权责任，又要保护好互联网事业的健康发展。就此，我提出以下意见。

一、《侵权责任法》规定的网络侵权责任的基本规则

《侵权责任法》第 36 条规定了两部分内容，第一部分是网络用户或者网络服务提供者利用网络实施侵权行为的责任，第二部分是网络用户利用网络实施侵权行为网站承担连带责任的两种情况。

（一）网络用户或者网络服务提供者的侵权责任

《侵权责任法》第 36 条第 1 款规定："网络用户、网络服务提供者利用网络侵害他人民事权益的，应当承担侵权责任。"这是规定网络侵权责任的一般规则：网络用户或者网络服务提供者利用网络侵害他人民事权益，都构成侵权责任，都应当由自己承担赔偿责任。

网络用户利用网络，在网络上实施侵权行为，符合《侵权责任法》第 6 条第 1 款规定要求的，构成侵权责任，应当对被侵权人的损害承担赔偿责任。这是一般侵权责任，适用过错责任原则。[1]

网络服务提供者自己利用网络，侵害他人民事权益，例如自己发布信

---

〔1〕 王利明：《中华人民共和国侵权责任法释义》，中国法制出版社 2010 年版，第 158 页。

息,抄袭、剽窃他人作品,未经著作权人同意而在网站上发表他人作品等,按照《侵权责任法》第6条第1款的规定,构成侵权责任,应当承担赔偿责任。这两种侵权责任都是过错责任,也都是自己责任,与第36条第2款和第3款规定的网络服务提供者的连带责任都不相同。

(二)网络服务提供者的连带责任

网络服务提供者的连带责任,是指网络用户利用网络实施侵权行为后,网络服务提供者在法定情况下与网络用户承担连带责任的网络侵权责任形式,《侵权责任法》第26条规定了两种规则:

1. 提示规则

提示规则,是《侵权责任法》第36条第2款规定的网络服务提供者的连带责任:"网络用户利用网络服务实施侵权行为的,被侵权人有权通知网络服务提供者采取删除、屏蔽、断开链接等必要措施。网络服务提供者接到通知后未及时采取必要措施的,对损害的扩大部分与该网络用户承担连带责任。"对此,也有的将其叫作"通知与取下"规则。[2]

提示规则的要点是:网络服务提供者不知道网络用户利用其网络实施侵权行为,被侵权人知道自己在该网站上被侵权,有权向网络服务提供者提示,通知其网站上的内容构成侵权,应当采取删除、屏蔽、断开链接等必要措施。网络服务提供者在接到该提示之后,应当按照其提示,及时采取上述必要措施。如果网络服务提供者未及时采取必要措施,构成对网络用户实施的侵权行为的放任,具有间接故意,视为与侵权人构成共同侵权行为,因此,就损害的扩大部分,与侵权的网络用户承担连带责任。如果网络服务提供者未经提示,或者经过提示之后即采取必要措施,网络服务提供者就不承担责任,即为"避风港"规则。[3]

2. 明知规则

明知规则,是《侵权责任法》第36条第3款规定的网络服务提供者的连

〔2〕 王胜明:《中华人民共和国侵权责任法释义》,法律出版社2010年版,第193页。

〔3〕 陈现杰:《中华人民共和国侵权责任法条文精义与案例解析》,中国法制出版社2010年版,第124页。

带责任。“网络服务提供者知道网络用户利用其网络服务侵害他人民事权益,未采取必要措施的,与该网络用户承担连带责任。”网络服务提供者的明知规则,就是网络服务提供者明知网络用户利用其网络实施侵权行为,而未采取删除、屏蔽或者断开链接等必要措施,任凭网络用户利用其提供的网络平台实施侵权行为,对被侵权人造成损害,对于该网络用户实施的侵权行为就具有放任的间接故意。网络服务提供者的这种放任侵权行为的行为,在侵权行为造成的后果中,就有网络服务提供者的责任份额,其应当承担连带责任。

二、理解和解释《侵权责任法》第 36 条应当把握的基点

《侵权责任法》第 36 条规定的上述网络侵权责任规则是正确的,但是也存在较多需要进一步明确或者解释的问题。对此,如何理解和解释网络侵权责任的规则,必须确立一个正确的基点,否则将会对互联网的发展和公众利益造成严重影响。

理解和解释《侵权责任法》的基点是:第一,实行依法原则。确定网络服务提供者自己承担的责任,尤其是确定网络服务提供者的连带责任,都必须严格依照《侵权责任法》第 36 条规定进行。应当看到的是,第 36 条规定的网络服务提供者的连带责任规则本身就比较严格,是为了保护被侵权人的合法权益,确定网络服务提供者承担较重的责任。任何将该条进行不利于网络服务提供者的理解和解释,都是不正确的。第二,实行慎重原则。网络服务提供者对网络用户实施的侵权行为承担连带责任,本身就不是网络服务提供者自己的责任,仅仅是因为自己没有采取必要措施而将其视为与网络用户的行为构成连带责任,是为网络用户承担侵权责任的间接侵权行为,因此,确定该连带责任应当慎重。第三,实行保护原则。保护原则首先是保护好网络服务提供者的合法权益,维护互联网事业的正常发展。其次是保护好网络这个言论自由阵地,保护好网络用户的言论自由。这两个保护是相辅相成、互相促进的。如果过于限制网络服务提供者的行为自由,对其施以苛刻的侵权责任,既损害了互联网事业的发展,同时也会严重限制网络言论自由,阻碍互联网职能作用的发挥,最终限制的是人民的权利。对此,应

当有清醒的认识。

三、《侵权责任法》第36条规定的网络侵权责任应当理解和解释的主要问题

依我所见,《侵权责任法》第36条规定的网络侵权责任,尤其是网络服务提供者的连带责任规则,在下述10个问题上需要进行正确理解和解释。

(一)网络服务提供者承担连带责任的范围

按照《侵权责任法》第2条规定的习惯,确定侵权责任范围的做法是确定侵权行为所侵害的客体即民事权益的范围。在第36条规定网络侵权责任的规定中,也使用了"民事权益"的概念,即"利用其网络服务侵害他人民事权益"。对于这个"民事权益"的理解,在起草《侵权责任法》时进行过讨论,明确为凡是在网络上实施侵权行为所能够侵害的一切民事权益。其中特别提到的是,包括人格权益以及知识产权特别是著作权。在美国,网络侵权中的侵害著作权和侵害其他民事权益所采取的规则并不相同,对于网络侵害著作权采取严格的规则;对于网络侵害其他民事权益则采取宽松的规则,原则上不追究网络服务提供者的责任。对此,第36条根据我国网络侵权行为比较"肆意"的实际情况,将两类民事权益的保护"拉齐",采用同一标准,侵害著作权和侵害其他民事权益都实行提示规则和明知规则,不进行区别。[4]这样做的好处是,有助于网络服务提供者增强保护民事主体民事权益的责任感和自觉性,更好地保护民事主体的民事权益不受侵害。

(二)网络服务提供者对网络用户发布的信息有无审查义务

在学习《侵权责任法》时,有人认为,第36条规定网络服务提供者的连带责任,就是要确定网络服务提供者对其网站上发布的信息负有事先审查义务,但是绝大多数学者对此表示反对。

对此,我认为第36条明确规定了网络服务提供者对网络上发表的信息不负有事先审查义务,除非是自己发布的信息。因为:

第一,网络服务提供者对于网络用户在网络上发表言论没有事先审查

〔4〕 同前注〔2〕,第191页。

义务,是与传统媒体的根本区别。《民法通则》规定了侵害名誉权等侵权责任之后,最高人民法院在司法解释中确定,报刊社等媒体对其发表的稿件负有审查义务,未尽审查义务,造成侵权结果,报刊社等媒体和作者都应当承担侵权责任。[5] 最高人民法院确定传统媒体负有这样的义务是有客观依据的,理由在于传统媒体都有编辑部,对发表的作品要进行审查和编辑。如果传统媒体发表的文章构成侵权,编辑出版者应当承担侵权责任,因为其未尽必要注意义务。网络服务提供者提供的类似于BBS等平台,是开放的,是自由发言的空间,况且在网络平台上发布的信息是海量的,网络服务提供者无法进行全面审查。网络用户都可以在网络上传信息,而网络服务提供者仅仅是提供网络平台予以支持而已。如果让网络服务提供者承担与新闻媒体的编辑出版者同样的责任,对信息进行事先审查,是不客观、不公平的,也是不合理的。因此,法律不能要求网络服务提供者负有事先审查义务。即使赋予网络服务提供者承担这样的事先审查义务,在客观上也做不到,是不能实现的。

第二,第36条对网络服务提供者事先审查义务的规定是明确的。第36条规定的内容是:"网络用户利用网络服务实施侵权行为的,被侵权人有权通知网络服务提供者采取删除、屏蔽、断开链接等必要措施。网络服务提供者接到通知后未及时采取必要措施的,对损害的扩大部分与该网络用户承担连带责任。"这一条文首先是说网络用户利用网络服务实施侵权行为,被侵权人有权通知网络服务提供者,这说明,网络服务提供者对此侵权行为并不知情,如果有事先审查义务就不会这样规定;其次是网络服务提供者接到通知后须采取必要措施,这说明,法律规定网络服务提供者的义务是提示之后的义务,而不是事先审查义务。即使是第36条第3款规定的明知规则,也是考虑网络服务提供者如果已经知道网络用户利用网络实施侵权行为,那就从明知开始产生义务,也不是明知之前负有义务。

这些都说明,网络服务提供者对网络用户利用网络发布信息,法律没有规定网络服务提供者负有事先审查义务。如果强令网络服务提供者负有事先

---

[5] 参见最高人民法院1988年1月5日《关于侵害名誉权案件有关报刊社应否列为被告和如何适用管辖问题的批复》。

审查义务，就会违反互联网运行的客观规律性，不符合客观实际情况，也不符合《侵权责任法》第36条规定，是违反法律的。对此，学界和专家有共识。〔6〕

（三）网络服务提供者采取必要措施的条件

第36条第2款规定，被侵权人有权通知网络服务提供者采取删除、屏蔽、断开链接等必要措施，网络服务提供者接到通知后应当及时采取必要措施。按照这一规定，网络服务提供者及时采取必要措施的条件是什么？在调查研究中有人提出，条文中规定的通知者是被侵权人，那么，被侵权人就一定是确定的，即网络用户利用网络实施侵权行为的侵权责任是已经确定的。既然是已经确定的，那么，就应当是经过法院判决确认了侵权责任，依据侵权责任的判决书，网络服务提供者才能够采取必要措施。如果没有确定侵权责任的判决书，网络服务提供者就没有采取必要措施的义务。

在起草《侵权责任法》草案时，在条文中使用“侵权行为”和“被侵权人”，并没有赋予其已经确定构成侵权责任的含义，而是被侵权人认为自己被侵权，就可以向网络服务提供者提出通知。第36条第2款的内容是：“被侵权人有权通知网络服务提供者采取删除、屏蔽、断开链接等必要措施。网络服务提供者接到通知后”应“及时采取必要措施”。这里明确规定，网络服务提供者“接到通知后”，而不是接到判决书后。这说明，网络服务提供者接到的是被侵权人的通知而不是确定侵权责任的判决书后，就要做一个判断，该网络用户利用网络实施“侵权行为”是否构成侵权责任，是否应当采取必要措施。及时采取必要措施的，就不构成侵权，不承担连带责任。反之，网络服务提供者如果认为不构成侵权，也可以不采取必要措施，不过一旦网络用户的行为构成侵权责任，网络服务提供者就必须承担连带责任。因此，我认为，网络服务提供者采取必要措施的条件是被侵权人通知，而不是经过法院确认侵权。〔7〕

（四）网络服务提供者采取必要措施的时间要求

第36条规定网络服务提供者采取必要措施的时间要求是“及时”。有

〔6〕 同前注〔2〕，第196页。
〔7〕 同前注〔2〕，第193页。

人提出必须给“及时”做出一个界定,以方便操作和确定责任。法律规定的时间概念,有的需要明确规定,有的不能明确规定。在期限上,总要规定明确界限,例如诉讼时效期间等。但是,在有些场合无法规定具体的时间界限。被侵权人提示之后,网络服务提供者应当及时采取必要措施,就无法规定为1天、3天或者5天。有人说,最高人民法院应当规定几天才是及时,我认为也做不到。这里的所谓及时,是网络服务提供者在接到被侵权人通知后的适当时间内,或者是网络服务提供者接到侵权通知后的合理时间内。具体是否构成及时,需要法官根据案件的具体情形,例如技术上的可能性与难度具体分析确定。[8] 这是法官的自由裁量范围,但这个“及时”一定不会很长,应当给予网络服务提供者一个能够做出判断的适当时间。

(五)对采取的必要措施的选择问题

《侵权责任法》第36条规定的必要措施是“删除、屏蔽、断开链接等”,对此应当怎样理解,均有不同意见。法律规定的必要措施说了三个,即删除、屏蔽、断开链接,当然还有一个“等”字,例如停止服务的措施。在这些必要措施中,删除的影响最小,屏蔽和断开链接的影响非常大。有的一个屏蔽或者断开链接就会影响到几十万件、上百万件信息,不仅严重影响互联网事业的发展,而且剥夺了其他网络用户的言论自由权利。对此,必须慎重对待,不能率性而为。

第36条规定的必要措施,并没有指定一定是哪一个,也没有说三个都采用才是必要。依我的看法,凡是能够避免侵权后果的措施,就是必要措施。如果采取删除就能够避免侵权后果,那就是删除;如果删除不足以避免侵权后果,那就屏蔽或者断开链接。不论怎样,采取必要措施是对侵权行为采取的措施,不得以牺牲他人的言论自由和民事权益为代价。因此,所谓必要,就是能够避免侵权后果,且不限制他人的行为自由。这就是“必要”的界限。超出这个界限的,构成新的侵权行为。

“必要”的界限是由谁来确定,也是一个重要问题。有的认为,必要措施的界限应当由被侵权人提出,并且最终由被侵权人确定,即被侵权人主张采

---

〔8〕 同前注〔1〕,第160页。

取何种必要措施，就应当采取何种必要措施，网络服务提供者应当根据被侵权人的要求确定采取何种必要措施。有的认为，应当由网络服务提供者确定何种措施为必要，认为已经能够避免侵权后果的措施就是必要措施，就采取这种必要措施。我认为，必要措施的必要性，首先是被侵权人提出，但网络服务提供者也应当有自己的判断。被侵权人他所注意的是避免侵权后果，而网络服务提供者所应当注意的，不仅是避免侵权后果，还应当包括是否限制他人行为自由。网络服务提供者应当自己决定应当采取何种必要措施。如果对必要措施是否必要发生争议，则由法院在确定网络服务提供者是否承担连带责任的诉讼中作出裁决，由法官判断。

(六)被侵权人通知网络服务提供者采取必要措施应否设置必要的门槛

按照《侵权责任法》第36条规定，被侵权人提出通知，网络服务提供者就应当及时采取必要措施。在调查研究和讨论中，有的认为不应当设置门槛，有的认为应当设置一定的门槛。应当设置一定门槛的理由是，凡是被侵权人认为侵权的，就有权通知网络服务提供者采取必要措施，会发生三个问题：第一，被侵权人认为侵权的内容并不构成侵权，网络服务提供者采取必要措施后，就会构成对所谓的“侵权用户”的侵权责任；第二，采取更为严重的必要措施，如果针对的侵权用户的行为确实是侵权的，却侵害了其他网络用户的民事权益构成侵权责任；第三，还会侵害所有网络用户的知情权。如果不设置必要的门槛，就无法避免这些问题。同时，网络服务提供者还将面临着自己要对新的侵权行为承担侵权责任问题。

笔者主张在被侵权人提出通知要求采取必要措施的时候，应当设置必要的门槛。[9] 被侵权人如果认为侵权要求网络服务提供者对该侵权行为采取必要措施，可以考虑的门槛是：(1)被侵权人的确切身份证明；(2)被侵权人与侵权用户的相互关系；(3)认为构成侵权的侵权行为的事实和网络地址；(4)被侵权人主张构成侵权的基本证据；(5)必要时，被侵权人应当提供信誉或者财产的担保。不提供上述“门槛”要求的，网络服务提供者有权不予采取必要措施。

---

〔9〕 杨立新：《中华人民共和国侵权责任法精解》，知识产权出版社2010年版。

采取这样的门槛,一个方面,会限制无端主张网络服务提供者采取必要措施的人的滥用权利,妨害互联网的发展;另一方面,可以增强被侵权人的责任感,如果主张采取必要措施构成新的侵权行为,需要承担侵权责任的,能够找到主张提示的"被侵权人",并且能够由他来承担侵权责任。非如此,不能保护网络服务提供者以及其他网络用户的合法权益。

(七)被采取必要措施的网络用户提出侵权责任请求的反提示规则

《侵权责任法》第36条第2款中留下一个空间,那就是,被侵权人认为他是受害人,通知网络服务提供者要采取必要措施,网站按照其通知对所谓的侵权内容采取了必要措施,但结果是这个网络用户的行为并不构成侵权,反而是主张采取了必要措施的"被侵权人"或者其和网络服务提供者共同侵害了该网络用户的权利。对此,尽管《侵权责任法》在该条中没有规定,但依照《侵权责任法》第6条第1款关于过错责任原则的规定,这同样构成侵权责任。这就是反提示规则,或者叫作反通知规则。[10]

反提示规则是网络服务提供者根据被侵权人的提示而采取必要措施之后,发布信息的网络用户认为其发布的信息不构成侵权,而要求网络服务提供者予以恢复的规则。如果确认该网络用户发布的信息不构成侵权,没有侵犯提示的人的人格权、著作权等权益,给反提示人造成损害的,提出提示的"被侵权人"应当承担侵权责任。

同样的,采取屏蔽、断开链接等措施,不仅侵害了该网络用户的民事权益,而且还侵害了其他网络用户的民事权益的,其他网络用户主张被侵权人和网络服务提供者承担侵权责任,同样应当依照《侵权责任法》第6条第1款规定确定侵权责任。

有人认为,上述两种侵权责任,《侵权责任法》并没有明确规定,因此不能追究这样的侵权责任。这种看法是不正确的。原因在于,上述提到的两种侵权行为都是一般侵权行为,法律不必作具体规定,直接适用《侵权责任法》第6条第1款规定确定侵权责任。

---

〔10〕 同前注〔2〕,第193页。

(八)网络服务提供者就“扩大部分”承担连带责任应当如何界定

按照《侵权责任法》第36条第2款规定,网络服务提供者违反提示规则,是“对损害的扩大部分与该网络用户承担连带责任”。这个规则是正确的,网络服务提供者仅仅是对网络用户的侵权行为经过提示而没有采取必要措施,是与损害的扩大有因果关系,因而就损害的扩大部分承担连带责任。

扩大部分如何界定,有人认为很难。我认为并非如此。第36条第2款与第3款的区别是,第3款是就全部损害承担连带责任,网络服务提供者对网络用户利用网络实施侵权行为是明知,因此,对造成的所有损害都应该负责。而第2款有区别,网络服务提供者是经过了被侵权人的提示,提示而不删除才构成连带责任的。因此,对扩大部分的界定就应当从被侵权人提示的那个时间开始。例如,侵权行为延续100天,提示之前已经发生了50天,提示后又延续了50天才起诉,这后50天的损害就是扩大的部分。对前面的50天网络服务提供者并无责任,后面的50天,应该由网络服务提供者和网络用户承担连带责任。网络服务提供者被提示之后,凡是被提示之后造成的损害,就是损害的扩大部分。如果在网络用户实施侵权行为之时或者在被侵权人提示之前网络服务提供者就明知的,则网络服务提供者应当就全部损害承担连带责任。不过,这已经不是“扩大的部分”了。

(九)第3款中规定的“知道”是否包括应当知道

如何解释第36条第3款规定的“知道”概念,存在较大的分歧。有人认为,“知道”应当包括“已知”和“应知”。[11] 因此,确定本款规定的网络服务提供者的连带责任时,包括应当知道在内。这个理解并不正确。

该条文在《侵权责任法》起草过程中,长期使用的是“明知”,直至第二次审议稿还是“明知”,第三次审议稿才改为“知道”。在对《侵权责任法》的解释中,绝大多数学者将该“知道”解释为明知。[12] 也有的学者将这个“知道”

---

〔11〕 参见王胜明:《中华人民共和国侵权责任法解读》,中国法制出版社2010年版,第185页。

〔12〕 王利明:《中华人民共和国侵权责任法释义》,中国法制出版社2010年版,第159页;杨立新:《中华人民共和国侵权责任法条文释解与司法适用》,人民法院出版社2010年版,第220页。

解释为“推定知道”,以区别于“明知”。[13]

我认为,首先,将知道强制解释为明知,确有牵强之处,如果将知道就解释为明知,为什么法律最终要把明知改为知道呢?以我为例,将知道解释为明知,其实就是为了强调这个知道中不包括应当知道。其次,将知道解释为包括“应知”,特别是解释为应知,是非常不正确的。因为认为网络服务提供者对利用网络实施侵权行为负有应知的义务,就会要求其对网络行为负有事先审查义务。这是不正确的,也是做不到的。再次,将知道解释为推定知道,也不正确,因为推定是不需要充分证据的,而是根据一些条件而推定。尽管推定知道会比应当知道宽容一些,但仍然会对网络服务提供者苛以较为严格的责任。最后,由于“应知”是较为严格的责任条件,因此,法律在规定包括应知的时候,通常须明确规定。例如,《民法通则》第137条规定:“诉讼时效期间从知道或者应当知道权利被侵害时起计算。但是,从权利被侵害之日起超过20年的,人民法院不予保护。有特殊情况的,人民法院可以延长诉讼时效期间。”在法律条文没有规定包括应知的时候,知道不应当包括应知。

依我所见,本款规定的“知道”应当是已知。已知与明知是有区别的,明知应当是能够证明行为人明确知道,故意而为;已知是证明行为人只是已经知道了而已,并非执意而为,基本属于放任的主观心理状态。因此,知道是有证据证明的行为人对侵权行为已经知道的主观心理状态,而并非执意追求侵权后果。因此,《侵权责任法》第36条第3款的措辞是非常有分寸的。知道一词的表述内容更接近于明知的概念,距离推定知道的概念距离稍远,但不包括应知在内。因此,学者将第3款解释为“明知规则”,并非曲解法律规定,而是出于善意的解释,是基本准确的。当然,解释为已知更为准确。

(十)网络服务提供者承担的连带责任的性质

《侵权责任法》第36条第2款和第3款都是规定的连带责任。对此应当如何理解,也有不同意见。应当解决的问题有以下几个:

第一,网络服务提供者应当与谁承担连带责任?这个问题是明确的,就

---

[13] 陈现杰:《中华人民共和国侵权责任法条文精义与案例解析》,中国法制出版社2010年版,第125页。

是与利用网络实施侵权行为的网络用户。对此没有歧义，但应当明确网络服务提供者是与网络用户这个侵权行为主体承担连带责任，并非自己承担责任。由此出现的问题是，本条只规定了网络服务提供者承担连带责任，实际上利用网络实施侵权行为的网络用户也是连带责任人。如果被侵权人起诉两个被告，即网络服务提供者和网络用户，当然没有问题，法院应当一并确定各自的赔偿责任份额。但由于网络侵权行为的特点，被侵权人一般只知道侵权的网站，很难确切知道侵权的网络用户是谁，在实践中，被侵权人通常只起诉网络服务提供者，而不起诉或者无法起诉直接侵权人。这并不违反《侵权责任法》第13条和第14条规定的连带责任规则。

第二，网络服务提供者为何与实施侵权行为的网络用户承担连带责任？对此，有的学者解释网络服务提供者因为实施了间接侵权行为。这样界定网络服务提供者承担连带责任的侵权行为的性质是正确的，网络服务提供者对侵权行为没有采取必要措施的行为确实是一个间接行为，并非直接侵权。这个行为类似于《侵权责任法》第37条第2款规定的第三人侵权违反安全保障义务的人的行为性质，都属于间接行为而非直接侵权。

第三，一方的侵权行为为直接行为，另一方的侵权行为是间接行为，是否构成共同侵权？换言之，网络服务提供者承担连带责任，是基于共同侵权吗？依我所见，并非是共同侵权行为，而是基于公共政策考量而规定的连带责任。如前所述，按照《侵权责任法》第37条第2款和第40条规定的第三人侵权违反安全保障义务的侵权责任和第三人对未成年学生实施侵权行为教育机构有过失的侵权责任，都属于类似的侵权责任类型，《侵权责任法》对这两类侵权责任都规定为相应的补充责任。而网络服务提供者的责任，则由于实施侵权行为的网络用户的隐匿性，被侵权人不易确定直接侵权人身份的特点，才规定为连带责任，使被侵权人可以直接起诉网络服务提供者以保护自己的合法权益。这是给网络服务提供者苛加的一个较为严重的责任。对此，必须认识到。

第四，既然是连带责任，那么就一定要有赔偿责任份额的问题。对此，应当依照《侵权责任法》第14条第1款规定，根据责任大小确定。网络服务提供者的行为由于只是间接行为，因而其承担责任的份额必然是次要责任，而不是主要责任，应当根据网络服务提供者的行为的原因力和过错程度，确定适当的赔偿份额。

第五，网络服务提供者在承担了连带责任之后，有权向利用网络实施侵权行为的网络用户追偿。对此，《侵权责任法》第36条第2款和第3款没有明确规定，但根据第14条第2款规定，是不言而喻的，网络服务提供者必然享有这种追偿权。

值得研究的是，网络服务提供者承担的这种连带责任的真实性质。对此，我更倾向于认为是非典型的连带责任，更接近于不真正连带责任，因为造成被侵权人损害的，全部原因在于利用网络实施侵权行为的网络用户，其行为对损害结果发生的原因力为百分之百，其过错程度亦为百分之百。网络服务提供者尽管有一定的过错，甚至也有一定的原因力，但其没有及时采取必要措施的过错和原因力是间接的，不是直接的，并不影响侵权的网络用户的责任。因此，网络服务提供者在承担了全部赔偿责任之后，有权向实施侵权行为的网络用户全部追偿。在现行法律中，确有把不真正连带责任直接表述成连带责任的。例如，《担保法》第18条规定："当事人在保证合同中约定保证人与债务人对债务承担连带责任的，为连带责任保证。""连带责任保证的债务人在主合同规定的债务履行期届满没有履行债务的，债权人可以要求债务人履行债务，也可以要求保证人在其保证范围内承担保证责任。"这里规定的连带责任保证，其性质就是不真正连带责任保证。将《侵权责任法》第36条规定的连带责任解释成不真正连带责任，并非没有法律根据。因此，第36条规定的这两个连带责任似乎并不是连带责任，更像是不真正连带责任。对此应当进行深入探讨，以便最终确定这种责任的性质。

（本文原载于《国家检察官学院学报》2010年第2期）

论网络服务提供者的著作权侵权责任*

吴汉东

网络著作权侵害行为及其责任分担，是侵权责任法与著作权法共同关注的问题。对此，学者从不同角度做出过阐述。知识产权学者王迁、王凌红以《信息网络传播权保护条例》为对象，借助美国判例法的资料，较早对著作权间接侵权问题提出了自己的理论分析框架。近期，民法学家张新宝、杨立新教授等则以我国《侵权责任法》第36条为基础，运用民法解释论的方法，着力阐述了网络侵权责任制度的立法精神和法律适用。[1] 在此，笔者不揣浅陋，拟以民法学理论为基础，以现行法律规定为依据，以著作权相关判例为资料，对网络侵权的责任主体地位、过错认定规则以及赔偿责任形式做出解读和分析。

一、特殊责任主体：网络服务提供者的法律地位

著作权法中的间接侵权责任，是知识产权领域中制度变革最快、社会关注度最高的一个问题。在立法和司法判例中，侵害著作权有直接侵权行为与间接侵权行为之分，法律对此规定了不同的过错条件及责任标准。间接侵权行为有两种含义：一是指行为人的行为系他人侵权行为的继续或预备，即其行为帮助和导致了直接侵权行为的发生，如为他人出售、出租、展出之

---

* 本文系笔者主持的国家社科基金重大招标项目“科学发展观统领下的知识产权战略实施研究”的阶段性成果（项目编号：07&ZD006）。

〔1〕 参见王迁、王凌红：《知识产权间接侵权研究》，中国人民大学出版社2008年版；张新宝、任鸿雁：《互联网上的侵权责任：〈侵权责任法〉第36条解读》，载《中国人民大学学报》2010年第4期；杨立新：《〈侵权责任法〉规定的网络侵权责任的理解与解释》，载《国家检察官学院学报》2010年第4期。

目的而保存侵权复制品的行为,为侵权表演提供设施、场地的行为等。二是指行为人并没有从事任何侵权行为,但由于特定社会关系的存在,依法须对他人的侵权行为承担一定的责任。如雇主对雇员因完成本职工作而实施的侵权行为,委托人对受托人因履行委托合同而实施的侵权行为等。[2] 相对于直接侵权行为,间接侵权行为有两个鲜明特征:第一,间接侵权行为并不是著作权"专有权利"所限定的行为;第二,间接侵权行为是直接侵权行为的帮助行为或预备行为。法律之所以规定间接侵权,其目的是加强对著作权的保护,既可以避免权利人因无法追究直接侵权人的责任而蒙受损害,也可以防止直接侵权行为发生并抑制损害后果扩大。

在网络著作权侵权行为中,网络服务提供者承担的主要是间接责任。网络服务提供者是为网络信息交流和交易活动的双方当事人提供中介服务的第三方主体。根据一些学者的解释,它包括但不限于网络接入服务提供者、网络空间提供者、搜索引擎服务提供者、传输通道服务提供者等媒介双方当事人的主体;[3]或者说,除上述技术服务提供者外,还应当包括内容服务提供者。[4] 在有些情况下,网络服务提供者自己利用网络,发表侵权作品或信息,侵害他人民事权益的,应当承担侵权责任。[5]这是基于自身侵权行为所产生的民事责任。在多数情况下,网络服务提供者既不参与信息交流,也不选择信息的接收方,仅是提供接入、缓存、信息存储空间、搜索以及链接等技术服务,即在双方当事人的信息交流中处于消极中立第三方主体地位。在网络用户利用网络服务实施侵权行为的情况下,网络服务提供者依法所承担的责任,是根据间接责任规则,基于他人直接侵权行为所产生的责任。

在侵权行为中,相对于直接侵权行为人,间接侵权行为人处于一种特殊的地位:或是诱导、促成或帮助他人实施了侵权行为,因而对受害人承担共同侵权责任;或是对他人的侵权行为负有监督的义务,因而对损害负有特殊侵权责任。具体说来,该类责任主体,主要包括以下两种情形:一是共同侵

---

〔2〕 参见郑成思:《版权法》,中国人民大学出版社1997年版,第211~212页。

〔3〕 王利明主编:《〈中华人民共和国侵权责任法〉释义》,中国法制出版社2010年版,第158页。

〔4〕 王胜明主编:《〈中华人民共和国侵权责任法〉解读》,中国法制出版社2010年版,第180页。

〔5〕 参见《侵权责任法》第36条第1款。

权行为中的帮助侵权人。基于主观关联的共同侵权行为,其侵权人包括实行人、教唆人和帮助人。[6] 帮助人系共同侵权行为人[7],亦视为连带债务人。在共同侵权行为中,帮助人已经认识到直接侵权行为的存在,并实质性地帮助他人实施了侵权行为。其既是对自己的过错行为(帮助侵权行为)负责,也是对他人的侵权行为(直接侵权行为)负责。二是特殊侵权行为中的替代责任人。传统法律意义上的替代责任,是指对他人侵权行为造成的损害或对本人管领的物件造成的损害所承担的侵权赔偿责任。严格意义上的替代责任(vicarious liability),专指对他人的侵权行为承担责任,是英美侵权行为法创设的制度。[8] 在后世立法中,替代责任一般是对他人侵权行为所应承担的责任,如监护责任、雇主责任、安全保障责任等。[9] 在这种特殊侵权行为中,责任人是典型的间接责任主体,其承担的责任并不是基于过错,而是源于自身对他人侵权行为控制的能力。

为他人侵权行为负责之规则,是著作权法判定网络服务提供者民事责任的基本分析工具。在美国著作权法理论中,间接侵权责任制度确立了技术(产品)提供者作为第三方主体的责任基础,即间接侵权行为人因他人直接侵权行为而承担的责任,具体包括帮助侵权和替代责任。早期的美国著作权立法对间接侵权责任并没有明确规定,但法院的一系列判例形成了第三方为他人侵权行为承担责任的规则体系。在 1984 年索尼案中,美国最高法院宣称,著作权法虽然没有此类明示的语言,“但承担替代责任,几乎存在于著作权的所有领域之中;而帮助侵权的概念则是一类更为广泛的问题,即

---

〔6〕 参见张新宝:《侵权责任法原理》,中国人民大学出版社 2005 年版,第 82 页;杨立新:《〈中华人民共和国侵权责任法〉精解》,知识产权出版社 2010 年版,第 62 页。

〔7〕 参见《德国民法典》第 830 条,《日本民法典》第 719 条。

〔8〕 张新宝:《中国侵权行为法》,中国社会科学出版社 1998 年版,第 158 页。

〔9〕 《侵权责任法》第 4 章是“关于责任主体的特殊规定”。有学者认为,该章主要规定了对人的替代责任,例如监护人责任、暂时丧失心智责任、用人单位责任、个人劳务责任、违反安全保障义务责任等(参见前引〔6〕,杨立新书,第 131 页);亦有学者认为,替代责任即是大陆法系国家的“雇主责任”,例如《法国民法典》第 1384 条规定、《德国民法典》第 831 条规定、《日本民法典》第 715 条规定等(参见前引〔8〕,张新宝书,第 158 ~ 159 页)。关于违反安全保障义务的行为,在《德国民法典》第 832 条规定中,即适用一般侵权责任构成。本文主旨在于评价有关网络服务提供者的替代责任学说,其他特殊责任主体容不赘述。

确认在某些情况下为他人的行为负责是公正的”。[10]

一般认为,帮助侵权制度由工业产品责任发展而来。1971 年的 Gershwin Publishing Corp. 一案判决,对帮助侵权有经典定义,即“在知道他人的行为构成版权侵权的情况下,诱导、促成或实质性地帮助他人进行侵权行为,应当作为帮助侵权者而承担责任”。[11] 其构成要件包括:(1)存在直接侵权行为;(2)间接责任人认识到直接侵权行为的存在;(3)帮助直接侵权人实施了侵权行为。在英美法传统中,共同侵权行为分为“同一”侵权行为(即“为了一致的目的而实施的共同行为”)和“分别但一致”的侵权行为,对于前者可以提起“共同诉讼”,对后者则产生针对“若干”行为人的独立侵权诉讼。[12] 在网络著作权侵权案中,帮助人提供网络技术服务是“分别”的,但其行为帮助了直接侵权人,导致了“一致”的侵权后果发生,因而权利人可以针对网络服务提供者单独提起诉讼。

替代责任又称为转承责任,最初出现在代理关系与雇佣关系中,即被代理人对代理人实施的、得到被代理人“授权”或“批准”的侵权行为承担责任,雇主对其雇员在“雇佣期间”实施的侵权行为承担责任,概称为“为他人侵权行为承担的责任”。[13] 美国著作权侵权诉讼,将替代责任分为“房东—租客”与“管理者—表演者”两类情形。在 1963 年 Shapiro 一案中,法院对替代责任的认定提供了两个标准:一是替代责任人有权利和能力控制直接侵权的发生;二是替代责任人从侵权行为中获得直接的经济利益。[14] 依此构成条件,商店主人对承租者出售侵权录音制品的行为负有责任,娱乐场所的管理者对他人的侵权表演活动负有责任。在替代责任中,基于“房东”或“管理者”的特定身份,本有权利和能力控制侵权行为的发生,但未能尽到善良管理人之义务,且从这种侵权行为中获取直接利益,因此必须承担责任。在 1976 年著作权法制定过程中,关于替代责任问题存有争议。美国众议院在

---

〔10〕 Sony Corp. v. America Universal City Studios, Inc. ,464U. S. 417,220USPQ665(1984).

〔11〕 Gershwin Publishing Corp. v. Columbia Artists Magaement, Inc. ,443 F. 2d. 1159,1162(2d Cir. ,1971).

〔12〕 徐爱国编:《英美侵权行为法》,法律出版社 1999 年版,第 271 页。

〔13〕 参见前引〔12〕,徐爱国编书,第 247 ~ 248 页。

〔14〕 Shapiro, Bernstein and Co. ,316 F. 2d 304,307(2d Cir. ,1963).

著作权报告中指出:"著作权法有一个早已确立的原则,即任何违反著作权所有人排他权利的人都是侵权者,包括那些被认为是相关的或代理的侵权人。"[15] 由此可以认为,美国国会认可并保留了判例法中的有关规定。

美国1998年《新千年数字著作权法》(DMCA)确认了网络服务提供者的侵权责任。该法第二部分"网络著作权侵权责任限制"新增了《美国著作权法》第512条,明文规定了提供传输通道、系统缓存、信息存储、信息搜索等服务的四类网络服务提供者承担侵权责任的限制事由。这一立法的意义在于:第一,肯定了判例法关于网络服务提供者承担间接责任。DMCA只规定了免责条件,判断网络服务提供者是否承担侵权责任,依然根据著作权法。在司法判例中,尽管有的法院曾判决网络服务提供者承担直接侵权责任,但后来美国法院对此达成共识,即网络服务提供者没有主动实施侵权行为的,不承担直接侵权责任,但可能由于构成帮助侵权而承担间接责任。第二,体现了立法者对中立信息传播技术的保护。DMCA产生了一个重要原则——"避风港"原则(即"通知—删除"原则):在网络著作权侵权案件中,被侵权人在获知侵权事实后,可以向网络服务提供者发出符合DMCA规定的侵权通知,后者在接到侵权通知后,应当及时删除相关侵权信息,否则就被视为侵权。技术中立的法律规则,是对网络服务提供者间接侵权责任的限制。这一问题下文详述。

在大陆法系中,对于在网络环境下发生的侵权,网络服务提供者自己利用网络发表侵权作品的,是直接侵权责任。但多数情况下,网络服务提供者没有履行相应的注意义务,可能对网络用户利用网络服务而实施的侵权行为承担责任,这即是所谓的间接责任。[16] 在侵权责任法中,网络服务提供者作为"帮助人",承担的是共同侵权责任,由于其未尽到"善良管理人"之义务,对他人传播的侵权性信息没有采取合理的处理措施,因而对他人的直接

---

〔15〕 H. R. Report, No. 94 – 1476, 94th Cong., 2d sess (1976).

〔16〕 在网络侵权行为中,网络服务提供者有可能作为直接加害人承担责任,既适用自己责任原则,但也可能对他人侵权行为造成的损害而承担责任,有学者将其称为中间责任或第三方主体责任,实际上是本文所研究的间接责任。参见张新宝主编:《互联网上侵权问题研究》,中国人民大学出版社2003年版,第25页。

侵权行为承担间接责任。至于在准侵权行为中,如雇主对雇员因执行职务在网络上实施的侵权行为、监护人对被监护人在网络上实施的侵权行为,这些特定主体所承担的替代责任,并不适用于作为信息交流中介的网络服务提供者。应该说明的是,大陆法系国家的民法典,对网络著作权侵害问题均未作出规定,相关法律规则多见于特别法,如德国 1997 年出台的《规定信息和通讯服务的一般条件的联邦立法》(也称为"多媒体法"),日本 2001 年公布的《特定电气通信提供者损害赔偿责任之限制及发信者揭示法》(实际上是规范以不特定人接受信息为目的的"网络信息法")。欧盟 2000 年通过的《电子商务指令》,旨在欧洲区域内部市场统一电子商务规范。该指令第四部分对网络服务提供者履行传输、系统缓存、服务器寄存功能时的侵权责任作了限制性规定。[17] 与美国 DMCA 相同,欧盟指令认定了网络服务提供者的特殊责任主体地位,而且就网络服务的不同类型规定了免责条件。但是,欧盟指令适用领域比较宽泛,包括对诽谤、散布色情信息、网络毒品交易等行为的制裁,而不像美国 DMCA 仅限于侵权著作权的情形。另外,该指令还要求成员国不得对网络服务提供者对传输、存储、寄存的信息课以监控的义务,以免使其负担过重。

我国一直运用共同侵权规则来处理网络著作权的帮助侵权问题。《最高人民法院关于审理涉及计算机网络著作权纠纷案件适用法律若干问题的解释》(2000 年 11 月通过,2003 年 12 月、2006 年 12 月修改)对网络著作权侵权案件作出了如下解释:一是规定了网络服务提供者参与、教唆帮助他人实施侵权行为的责任:网络服务提供者通过网络参与他人侵犯著作权行为,或者通过网络教唆、帮助他人实施侵犯著作权行为的,人民法院应当根据《民法通则》第 130 条的规定,追究其与其他行为人或者直接实施侵权行为人的共同侵权责任。二是规定了网络服务提供者对网络用户侵权行为承担责任的条件:提供内容服务的网络服务提供者,明知网络用户通过网络实施侵犯他人著作权的行为,或者经著作权人提出确有证据的警告,仍不采取移除侵权内容等措施以消除侵权后果的,人民法院应当根据《民法通则》第 130

---

〔17〕 参见欧盟《电子商务指令》(EC/2000Directive on E－Commerce, art 12－15)。

条的规定,追究其与该网络用户的共同侵权责任。

2006年7月的《信息网络传播权保护条例》以立法形式首次明确了网络信息服务中的第三方责任,即间接责任。该条例借鉴美国DMCA的有关做法,分别规定了自动接入及自动传输服务提供者、自动存储服务提供者、信息存储空间服务提供者以及搜索或链接服务提供者的著作权侵权责任。值得注意的是,我国《信息网络传播权保护条例》只规定了共同侵权行为的帮助侵权责任,而未涉及特殊侵权行为的替代责任。有学者认为,我国《侵权责任法》第4章"关于责任主体的特殊规定",是侵权责任中的特殊责任形态,主要规定的是对人的替代责任,其中网络侵权责任,在网络服务提供者承担责任的形态上,也是替代责任。[18] 笔者认为,网络服务提供者对网络用户的侵权行为所承担的责任,是一种间接侵权行为人负责的特殊责任形态,但并不是替代责任。对此,应作出共同侵权责任的法律解释,这是因为:(1)网络服务提供者在网络侵权中,既是加害人,也是责任人。网络服务提供者无论是违反"通知—删除"规则,接到侵权通知后对网络侵权行为未采取处理措施;[19] 还是违反"知道规则",明知或应知存在网络侵权行为,而未采取必要措施,[20] 都是一种致人损害的行为。加害人与责任人是为一体。而在替代责任中,责任人与加害人并非同一主体,责任人与损害事实之间没有直接联系,损害的直接原因应是责任人以外的加害人。在这里,"替代"的仅是赔偿责任,而未发生责任人的侵权行为。(2)网络服务提供者在网络侵权中,与网络用户是侵权行为实行人与帮助人之间的"共同关系",实行人行为与帮助人行为有直接的因果关系。具言之,正是帮助人的行为,促成了实行人直接侵权行为的发生。而替代责任不同,责任人与加害人之间表现为隶属、雇佣、监护、代理等身份关系。从致人损害的角度来看,侵权损害与责任人行为没有直接的因果关系,但由于特定的间接联系产生了替代责任。(3)网络服务提供者在网络侵权中,与加害人皆为责任主体,都是受害人请求权所指向的对象。而在替代责任中,受害人的请求权并不指向具体的加

---

〔18〕 参见前引〔6〕,杨立新书,第131页。

〔19〕 参见《侵权责任法》第36条第2款。

〔20〕 参见《侵权责任法》第36条第3款。

害人,而只能向责任人求偿。综上所述,网络服务提供者的间接侵权责任,是基于"帮助行为"发生的,而不是由于特定身份而替代的。

二、过错责任及其认定:网络服务提供者侵权责任的归责原则

著作权侵权理论的发展表明,法律必须寻求著作权保护与技术创新之间的"平衡点"。在网络著作权时代,立法者创设了"信息网络传播权",赋予权利人对其作品在网络传播技术下的专有权利。同时,立法者从未放弃"技术中立"立场,允许网络技术的实质性非侵权使用。为技术提供者设定"安全阀"或"避风港"。在传统著作权立法中,诸如合理使用、法定使用等多从"作品使用"的角度去规制,以此作为侵权使用的例外;而在网络著作权立法中,认定网络服务提供者的主观过错,采取"通知—删除"规则,则较多从"技术措施"角度来判断。无论是美国 DMCA,还是欧盟电子商务指令,都确立了网络服务提供者作为间接侵权行为人的责任基础,同时又为责任承担设定了免责条款。可以说,过错及过错的认定,是网络服务提供者间接侵权责任制度的要点与难点。

归责原则是责令侵权人承担责任的依据。在侵权责任法中,过错责任与无过错责任是两种不同的归责方式:前者是主观归责原则,以人的主观过错作为确定责任的根据;后者是客观归责原则,以人的主观过错以外的某种客观事实作为确定责任的根据,只要有特定损害事实存在,即要承担相应责任,法律特别规定的侵权行为适用此种原则。[21] 关于网络服务提供者的侵权赔偿责任,国外立法曾采取过两种模式:一是无过错责任。网络服务提供者在其中介服务过程中,对其系统和网络中传输、存储或缓存的信息负审核监督义务,一旦其系统或网络被他人用作侵权工具时,无论网络服务提供者

〔21〕 我国知识产权学者关于知识产权侵权责任归责原则,有主张适用过错责任原则,有主张兼采过错责任原则与无过错责任原则,有的主张在过错责任基础上还应采用过错推定责任原则。代表性的著述有:刘波林等:《侵害著作权的过错责任》,载《著作权》1996 年第 4 期;郑成思:《侵害知识产权的无过错责任》,载《中国法学》1998 年第 1 期;吴汉东:《知识产权保护论》,载《法学研究》2000 年第 1 期。

是否有过错，都要承担责任。[22] 二是过错责任。网络服务提供者在他人利用其系统或网络实施侵权行为时，在知道该行为发生而未采取处理措施时才负责任。[23] 在互联网发展早期，由于人们对网络服务提供者的地位、作用及监控能力的认识不足，因而出现适用无过错责任原则之主张。目前，世界上主要国家和地区都对网络服务提供者采用过错责任，并且明文规定了一些责任限制条款。

过错是网络服务提供者承担责任的基础。之所以规定由其承担相应的民事责任，是因为其主观上有可以归责的事由（故意或者过失）。在故意侵权的情况下，网络服务提供者违反的是不得侵害他人合法权益的义务；在过失侵权的情况下，网络服务提供者违反的是对他人合法权益应尽到的注意义务。[24] 传统民法的侵权赔偿理论认为，故意是指债务人明知行为不正当而仍然为之的作为或不作为。过失是指债务人应注意并能注意而未加注意的作为或不作为。大陆法系中的过失是以注意为前提条件的。英美法系的侵权责任法也是以注意力来区分过失的程度，应尽最大注意而未尽时，视为"重大过失"（gross negligence）；应尽普通注意而未尽时，视为"普通过失"（ordinary negligence）。笔者认为，在互联网上确定网络服务提供者的责任，适用"善良管理人"之注意义务标准是合理的。这是因为，网络服务提供者并不能对所有的网络信息负有审查义务，但其应该采用一些过滤技术防止侵权性信息的传播，或对于一些明显的侵权性信息及时进行删除。如果网络服务提供者未尽上述应注意并能注意的义务，即要承担过错责任。

网络服务提供者的主观过错状况，在帮助侵权中具体表现为"知道"这一认知要件。在美国网络侵权理论中，主观认知分为两种：一种是"实际知道"（actual knowledge），即帮助侵权人实际认识到直接侵权行为的发生，且

---

〔22〕 美国 1995 年《知识产权与国家信息基础设施：知识产权工作组的报告》认为：网络服务提供者的系统或网络中的基于其改造中介服务所必需的自动、暂时性复制与传输，属于著作权法上的复制，网络服务提供者对此负严格责任。参见刘德良：《网络时代民法学问题》，人民法院出版社 2004 年版，第 314 页。

〔23〕 美国 1998 年《新千年数字著作权法》、欧盟 2000 年《电子商务指令》、日本 2001 年《特定电气通信提供者损害赔偿责任之限制及发信者信息揭示法》采过错责任原则。

〔24〕 参见前引〔16〕，张新宝主编书，第 45 页。

这种直接侵权行为是特定和具体的;另一种是"推定知道"(constructive knowledge),即帮助侵权人并非实际认识到特定的直接侵权行为,但通过具体情形能够推定其知道。前者是一种对过错的事实认定,需要原告用证据证明被告事实上知道他人利用其服务实施侵权行为。在信息网络服务中,网络服务提供者必须能够分辨出网络用户的具体行为是否属于侵权行为,在此情况下,即符合"实际知道"的标准。[25] 后者则是一种法律的推定,即虽无充分证据证明网络服务提供者对于具体侵权行为存在实际认识,但基于其应具备的预见、判断和控制能力的注意义务,且违反注意义务与造成损害结果之间有因果关系,法院可以认定其主观上存在过错。[26] 在互联网的信息传播中,每时每刻都会有大量文件上传、下载、检索、访问,在这种情况下,网络服务提供者不可能识别每一用户每一行为是侵权使用还是授权使用,这就需要结合相关证据来判断网络服务提供者的主观过错,即适用"推定知道"的标准。在司法实践中,将"推定知道"作为识别网络服务提供者的主观过错,须持一个谨慎的态度,建立严格的适用条件。从客观要件来看,须侵权信息内容的违法性比较明显,一般理性人即可识别。例如,谩骂、侮辱他人的信息,热播、畅销的版权作品等,其侵权传播行为的加害性非常明显,从信息本身即可识别;从主观要件来看,须网络服务提供者应该知道侵权信息的存在,且采取了不作为的帮助侵权行为。一般来说,该信息应存在于网络服务提供者可以看到的位置,如榜单、推荐标题等,但其视而不见,放任侵权行为的发生或存在。

应该指出的是,我国相关立法文件对"知道"一词,前后表述不一,存有

---

〔25〕 美国Napster一案即是关于"实际认识"主观状态判断的典型案例。Napster公司的共同创办人在其起草的文件中,明示用户之间交换的是盗版音乐,因此需隐匿用户的真实姓名和IP地址;美国唱片协会曾就侵权音乐问题向Napster发出通知,但后者未加处理。由此法院认为,Napster对于用户的侵权行为符合实际认知的要件。参见A&M Records, Inc. v. Napster, Inc., 239F. 3d1021(9th Cir. Cal. 2001)。

〔26〕 美国Aimster一案的判决,对"推定认识"标准的适用作出了说明。被告辩称,用户采用其提供的加密服务,因而无法知悉用户传输的文件内容。法院认为,加密服务并不能阻止被告知悉,虽然被告无法知悉用户传输音乐文件的内容,但帮助侵权责任并不要求如此具体的知悉,即Aimster构成"有理由认知"。参见In Re Aimster Copyright Litigation,252F. Supp. 2d (7th Cir., 2003)。

多处混乱。1986 年《民法通则》、1991 年《计算机软件保护条例》采用“知道”与“应当知道”并称的办法。而 2006 年《信息网络传播权保护条例》则分别对信息存储空间的提供者与搜索、链接的提供者采取了“知道”“应当知道”与“明知”“应知”的不同说法。在上述立法文本中,“知道”和“应当知道”是并列关系而不是包容关系,两者可对应“明知”和“应知”的表述,这与美国网络侵权理论中的“实际知道”和“推定知道”大体上是相当的。《侵权责任法》第 36 条则以“知道”一词指称网络服务提供者的主观认识状态。全国人大常委会法制工作委员会民法室编著的解读文本,将“知道”解释为“明知”和“应知”两种主观状态,即“要求网络服务提供者在过错而不仅在故意的情形下承担侵权责任”。[27] 毫无疑问,网络服务提供者主观认知的过错,应包括“明知”和“应知”两种状态,前者系“实际知道”,是对主观过错的事实认定,是为过错责任认定的普遍情形,可依证据判断;而后者系“推定知道”,是对主观过错的法律推定,是为过错责任认定的例外情形,须按要件规定严格把握。该书关于“知道”的宽泛解释虽有合理之处,但并没有从立法层面解决主观认知表述不一的问题。

网络服务提供者“明知”与“应知”的主观过错,在侵害著作权责任中可适用“通知—删除”规则来识别。“通知—删除”规则是处理网络版权纠纷,减少侵权损害后果,认定网络服务提供者赔偿责任的法律机制。《侵权责任法》第 36 条规定的意义在于:体现了立法者对中立信息传播技术的保护。由于侵权内容并非网络服务提供者所提供,加之信息的动态性和海量性,因此原则上不要求网络服务提供者对信息内容主动审查,而是要求其按照被侵权人的通知进行处理。同时,界定了网络服务提供者所应承担的主观过错责任。该条第 2 款是“通知—删除”规则的一般规定,即网络服务提供者在接到侵权通知后,应按照通知进行处理,否则对损害的扩大部分承担责任,这是一种“明知”或“实际知道”的状态。第 3 款应视为“通知—删除”规则的例外规定,即网络服务提供者虽未收到通知,但对明显存在的侵权信息,也应主动采取措施减少损害的发生,否则也应承担责任,这是一种“应

〔27〕 参见前引〔4〕,王胜明主编书,第 185 页。

知"或"推定知道"的状态。关于通知本身的法律性质,有学者认为是一种权利,或说是权利所派生的权能。笔者认为,通知本身并不是民事权利或权能,"发出通知"是被侵权人主张权利救济的手段,对通知的处理则是网络服务提供者对法定义务的履行。

《侵权责任法》第36条的规定也存在一些不足:(1)"通知—删除"规则是网络著作权侵权的特有规则。"通知—删除"规则,被称为针对网络技术中介服务的"避风港"制度,本为美国DMCA所创设。《侵权责任法》第36条所指"民事权益",包括但不限于著作权,人格权以及其他知识产权都列入其中。笔者认为,后者并不能适用这一规则,其理由是:诸如专利侵权,其专业判断难度很大;至于商业秘密侵权,其隐蔽性难以识别;而名誉侵权,则不易对事实真假作出认定。在这种情况下,被动通知的处理或主动审核的要求,对网络服务提供者都不合时宜。因此,将著作权法上的"避风港"制度普遍适用之,是极为不妥的。(2)"通知—删除"规则是特定网络服务提供者的适用规则。根据《信息网络传播权保护条例》的规定,"通知—删除"规则仅适用提供存储空间、搜索和链接等网络服务情形。[28] 而同样是"避风港"制度规范下的接入、传输通道和缓存服务的免责条件中并不涉及"通知—删除"规则。[29] 这是因为,他们并不具备与网站经营者相同功能,这些网络服务提供者均无法识别和根据通知去处理具体的侵权信息。(3)"通知—删除"规则是"避风港"制度中的系统规则。这一规则的立法本意是:建立网络服务提供者配合通知发送人维权的法律机制,促使其与权利人合作,以便有效地制止网络侵权行为的扩大;同时考虑通知的侵权指称并不一定属实,因而要求通知必须符合一定条件,并规定了错误通知的法律责任;此外,还设计了"反通知"程序,允许被指称侵权的用户提出恢复被删除的内容或链接的要求,且网络服务提供者因错误通知而删除内容的行为可以免除对网络用户的违约责任。[30]

---

〔28〕 参见《信息网络传播权保护条例》第22条、第23条。

〔29〕 参见《信息网络传播权保护条例》第20条、第21条。

〔30〕 参见刘家瑞:《论我国网络服务商的避风港规则》,载《知识产权》2009年第2期;司晓、范露琼:《通知删除规则的理解与适用》,载《中国版权》2009年第3期。

可见,“通知—删除”规则包含了一系列的规范或程序:侵权通知应具备的条件、网络服务提供者的免责条件、反通知制度、错误通知的责任承担、网络服务提供者对网络用户违约责任的免除等。《侵权责任法》的相关规定,显然过分简单,关于网络服务提供者的侵权责任应主要适用《信息网络传播权保护条例》。笔者认为,《侵权责任法》可对网络侵权责任作出宣示性、一般性规定,即保留第 36 条第 1 款的规定,但不必移植网络著作权侵权责任的具体条款。我国一些学者在其民事立法草案建议稿中,也不主张对网络侵权问题作出专门规定。[31] 需要指出的是,“各国民法典包括 20 世纪 90 年代以来颁布的一些新民法典也没有对互联网上的侵权作出规定”。[32] 这些理论主张和立法例,对于分析《侵权责任法》第 36 条规定之得失是有一定意义的。

三、不真正连带责任:网络服务提供者侵权责任的形式

连带责任,是网络服务提供者与网络用户共同承担网络侵权行为的责任形式。但是,网络服务提供者的责任并不是典型的连带责任,而是法律上的不真正连带责任、事实上的最终责任。这一规则,体现了间接侵权责任制度的立法意图,即以连带责任形式为网络服务提供者设立了独立负担的责任机制,保证了著作权人得以充分救济自己的权利。同时,这一规则对于明确网络服务提供者的责任范围,处理其与作为直接侵权人的网络用户的责任分担问题提供了司法依据。

网络用户、网络服务提供者利用网络侵害他人著作权的,须承担共同侵权责任。共同侵权责任,是指两个或者两个以上赔偿义务人对同一损害后果共同承担损害赔偿责任。[33] 在网络著作权侵权行为中,实施直接侵权的多为“地理上分散、缺乏经济赔偿能力的个人用户”,帮助他人侵权的则为

---

〔31〕 参见梁慧星主编:《中国民法典草案建议稿》,法律出版社 2003 年版。

〔32〕 参见前引〔16〕,张新宝主编书,第 28 ~ 29 页。

〔33〕 参见张新宝、唐青林:《共同侵权责任十论》,载 http://www.civillaw.com.cn/article/default.asp?id=18319,2010 年 5 月 3 日访问。

“提供高科技工具、设施及网络服务的人”。[34] 前者实施的是直接侵权行为,即违反法律规定而损害著作权人专有权利的行为;后者实施的是帮助侵权行为,并不涉及著作权的效力范围,即不是专有权利直接禁止实施的行为,其之所以承担责任,在于该行为具有可受责难性,即帮助人违反法定义务而促成他人实施了侵害行为。可以认为,网络用户和网络服务提供者侵害著作权行为的共同性,是他们承担共同责任的基础。侵害行为的共同性可以从两个方面来分析:在主观方面,侵害行为的实行人和帮助人均有过错,包括故意或者过失,在这里并不要求共同的故意或者意思联络;在客观方面,实行人和帮助人的过错行为结合在一起导致了同一损害结果的发生。

在传统民法理论中,共同侵权责任属于多数人之债的范畴。在债的当事人一方或者双方为二人或二人以上时,债的关系就较为复杂,其中既有债权人与债务人之间的关系,又有债权人之间及债务人之间的关系。学者将这类债称为多数人之债。[35] 各国立法对多数人之债的规定不尽相同,主要有按份之债、保证之债、连带之债等。关于网络服务提供者应承担的共同侵权责任,学者曾有不同立法主张:一是补充责任。在一般情况下,补充责任是一种保证之债的履行(在有的情况下如为连带保证人,则承担连带责任)。其基本含义是:在能够确定加害人时,由加害人或其他负有责任的人承担责任,补充责任人不承担责任;只有在加害人无法确定时,才由补充责任人承担全部责任。如果虽能确认加害人或其他负有责任的人,但其资力不足以承担全部责任,则由补充责任人承担剩余部分责任。有学者主张,网络服务提供者未履行合理注意的义务,客观上对网络著作权损害的扩大化起到一定的作用,可考虑在实际行为人承担责任之后,由网络服务提供者承担补充责任。[36] 笔者认为,这一共同责任形式,不适用于网络著作权侵权行为。这是因为,主要责任人与补充责任人在责任履行顺序上是有差异的,后者只是在以下两种情形下才承担赔偿责任:一是加害人资力不足以承担全部责任;二是补充责任人未尽必要的注意。由于网络用户地理位置的分散性、个体

〔34〕 参见前引〔1〕,王迁、王凌红书,第7页。

〔35〕 王家福主编:《民法债权》,法律出版社1991年版,第39页。

〔36〕 参见前引〔16〕,张新宝主编书,第33页。

侵权行为的普遍性、侵权责任的不确定性,权利人实际上无法先向直接侵权行为人主张权利。

二是连带责任。连带责任是一种连带债务的履行。当债务人有数人时,各债务人均负有履行全部给付的债务,且全部债务因一次全部履行而归于消灭。“法律上规定连带债务,原意在于确保债权人的利益,使其尽先向最具偿付能力的债务人请求给付。而且在连带债务中,系以数个连带债务人的全部财产作为给付之担保,所以通常情况下,债权人的利益足以得到保障。”〔37〕基于连带债务所产生的赔偿责任,是一种比较重的共同责任,只有在法律明文规定的情况下才能适用。《侵权责任法》规定了八种连带责任,网络服务提供者侵权责任属于其中之一,但其在适用规则及法律后果方面有自己的特性:(1)网络著作权侵权责任,是共同侵权行为的整体责任,各共同行为人对外连带负责。一般而言,无论权利人向共同行为人中的一人、数人还是全体提出赔偿请求,连带责任人均须向权利人承担全部责任。连带责任人中有人无力赔偿或不能赔偿的,由其他共同侵权人承担责任,以满足权利人的赔偿请求,这是连带责任制度的基本特点和立法目的。〔38〕网络服务提供者的连带责任与此并无二致。但是,权利人在理论上虽然可以向任一网络用户或网络服务提供者主张全部赔偿责任,但实际上权利人往往只知道侵权网站,通常只起诉网络服务提供者,而不起诉或无法起诉作为直接侵权人的网络用户。(2)网络服务提供者承担的侵权责任,是不真正连带责任,虽名义上是中间责任,但实质上是最终责任。这亦是网络服务提供者连带责任的特别之处。就连带之债而言,各连带责任人内部存在责任分摊,这在大陆法系称为“债务的分担”,在英美法系即是“连带赔偿责任的分摊”。确定各连带责任人的赔偿数额标准是“责任大小”,通常做法是,看法律对责任大小有无明确规定;在无法律规定的情况下,按各连带责任人的过错和原因力大小来确定。上述规则无法适用于网络著作权侵权责任的内部分配。对网络著作权侵权行为来说,各国立法一般不采取法定的债务分担方法,而

---

〔37〕 前引〔35〕,王家福主编书,第43页。

〔38〕 参见前引〔6〕,杨立新书,第69页。

按过错和原因力大小来确定。这是因为,在网络侵权行为中,有何种网络用户在何时、何地实施何类侵权行为,造成何等损害后果,都难以确定。因此,网络服务提供者在承担了中间责任后,实际上很难向网络用户进行追偿。

网络服务提供者的责任是一种不真正连带责任,但《侵权责任法》对网络服务提供者依然规定了责任范围:一是违反"通知—删除"规则,网络服务提供者"对损害的扩大部分与该网络用户承担连带责任";二是违反"明知"规则,网络服务提供者对网络侵权的全部损害,"与该网络用户承担连带责任"。上述规定说明,网络服务提供者承担的连带责任并非是全部损害的责任,在违反"通知—删除"规则中仅就扩大损害的部分承担责任。同时,在网络服务提供者承担全部责任之后,有权向侵权的网络用户就自己超额赔偿的部分进行追偿。

自己责任是现代法的基本原则之一,每个人应当就其过错,在其理性能够预期或者应当预期的范围内承担责任。尽管现代法律强调这种个人责任,但为他人行为负责的连带责任也大量存在,并有进一步扩张的趋势。[39]对网络服务提供者适用连带责任,是这一制度扩张的典型表现。在现代信息传播领域,著作权所有者与传播技术提供者之间一直存在紧张关系:静电复印技术的采用,使用户不必通过购买、出借图书的方式而获得复印件;录音、录像技术的产生,公众通过收录设备即可欣赏现场表演和广播节目;互联网技术出现后,众多网民得以便捷、广泛地获取信息产品,并由单纯的信息接收者成为潜在的信息传播者。上述情况表明,技术的创新使得著作权人对作品传播的控制能力不断削弱。著作权法为此创制了一些新的权能(如信息网络传播权),以强化对著作权作品的保护。同时,立法者又确立了技术中立的原则,肯定中立信息传播技术的合法存在,并以连带责任的形式为技术提供者设置了一般性的责任机制。

网络服务提供者是一种传播技术的提供者。根据技术中立原则,一项技术只要构成"实质性非侵权使用",技术提供者就不必为其用户可能存在

---

〔39〕 参见张维迎、邓峰:《信息、激励与连带责任——对中国古代连坐、保甲制度的法和经济学解释》,载《中国社会科学》2003年第3期;前引〔33〕,张新宝、唐青林文。

的侵权行为而承担责任。美国联邦法院于1984年在索尼案所创制的技术中立原则,“史无前例地为技术创造者确定了在著作权领域中的责任问题”。[40] 技术中立原则,主要参考了专利法的“通用商品原则”,[41] 为技术提供者设置了一种免责规则,即一种技术产品只要符合“实质性非侵权使用”标准,就不构成帮助侵权,而不管这种技术是否被用于合法或有争议的目的。技术中立原则在网络著作权领域为技术服务提供者构筑了“避风港”,防止单纯将技术服务与责任承担直接挂钩。但是,在美国司法实践中,技术中立原则的适用,并不意味着排除对侵权人主观过错的判断和免除技术提供者的责任。美国联邦法院在2005年Grokster一案中指出,如果当事人散布产品(技术)的行为具有推广该产品(技术)侵犯著作权利用的目的,其应该对他人因此而实施的侵权行为承担责任。[42] 学者将这一规则称之为诱导侵权原则,其司法目的是在技术运用领域对技术中立原则做出某种限制,即一项技术即使存在合法用途,也不能采用不适当的言行去促使这一技术的侵权使用。

网络服务提供者对网络用户的侵害著作权行为承担连带责任,其规则设立的法理依据有两点:一是危险控制力理论。一般认为,侵权人的危险控制力往往大于受害人对危险的控制力。在信息网络传播中,从技术中立原则出发,网络服务提供者仅负有合理的注意义务。侵害著作权行为一旦发生,网络服务提供者依其责任应及时组织力量防止侵害行为扩大。正如美国学者所讲的那样,相对于著作权所有者来说,技术提供者对侵权行为的控制成本更低,[43] 这是一种成本优势。根据危险控制力理论,法律要求网络著作权的共同侵权数人承担连带责任是合理的。二是损害原因力理论。一般说来,侵权人的加害行为与受害人的损害结果之间有因果关系。在网络著作权侵权损害中,网络服务提供者与网络用户实施的不同侵权行为,都与著

---

〔40〕 Sony Corp. of America, Inc. v. Universal City Studios, Inc., 464U. S. (1984).

〔41〕 美国专利法规定,销售某种商品,它既可以作为一种侵权专利产品的部件使用,也可以被因为“实质性非侵权”用途,那么,该行为将免于被指控为帮助侵权。See Federal Patent Law, 35U. S. C. 271©, (2000).

〔42〕 Metro – Goklwyn – Mayer Studios, Inc. v. Groster, 125S. Ct, 2764(2005).

〔43〕 Timothy Wu, Copyright Communications Policy, 103 *Mich. L. Rev.* 278(2004).

作权损害有因果关系(具体形态多表现为多因一果)。从共同侵权人对损害结果所起作用来看,相对网络用户而言,网络服务提供者拥有更为专业、更为先进的技术,这是一种技术优势。根据损害原因力理论,责令有专业技术的网站经营者承担连带责任是合理的。

网络技术的出现,使网络著作权制度由传统的直接侵权责任向新型的间接侵权责任转变,并以连带责任形式为网络服务提供者设立了独立负担的责任机制。连带责任制度在网络著作权侵权行为中的适用,有以下立法考量:一是权利充分救济原则。连带责任减轻了权利人的举证责任,使其在无法寻找、无法起诉网络用户时,得以向网络服务提供者主张权利。同时也不必因网络用户的赔偿能力所限,而妨碍得到全部赔偿。对于权利人而言,这是一种最有效的保护方法、最经济的诉讼。二是填补损害原则。侵权行为责任主要是赔偿损失。"民事主体进行民事活动的主要目的是实现其正当利益。基本利益形式是人身利益和财产利益,民事责任的目的应是如何保障受害人的这些利益得到恢复和弥补。"[44]责令网络服务提供者承担赔偿责任,旨在填补受害人所受到的损失,网络服务提供者仅就知道侵权行为发生而未采取处理措施的损害部分承担责任,对其也不能实行惩罚性赔偿。三是利益平衡原则。网络服务提供者系网络经营者,没有其提供的技术服务,正当的信息传播行为无法进行。因此,既要适用连带责任,保护著作权人的利益,也不能滥用连带责任,伤及中立的信息传播技术。这一原则是为了在著作权保护与技术创新之间寻求利益平衡,其目的在于促进著作权产业与互联网产业的健康发展。

(本文原载于《中国法学》2011年第2期)

---

〔44〕 彭诚信:《民事责任现代归责原则的确定》,载《法制与社会发展》2001年第2期。

民法的人文关怀

王利明

民法是市民社会的基本法,也是保障私权的基本规则。当前,中国民法典的制定已进入关键时期,要制定贴近实际、面向未来的民法典,不能仅局限于对具体制度和规则的设计,更应当关注其价值理念。“古典的民法图像以其抽象的概念和制度成为自我完结的学问体系,而民法的现代图像则很难从这种学问的体系来把握。”[1]也就是说,民法的研究,不能仅仅局限于外在体系或逻辑关联,而应从其价值理念着手,历史地考察其变迁,准确地把握其趋势,将民法建立在更为科学、完善的价值体系基础之上。本文基于民法的人文关怀这一价值理念,阐释其含义及其对完善民法制度和民法体系的重大影响。

一、民法的人文关怀:从以财产法为中心到人法地位的提升

在近代民法中,财产的归属与流转关系是民法规范的主要对象。近代民法以财产权利为中心,主要体现为对外在财富的支配。这显然忽视了人的存在中的精神性的一面,人的内涵中的多样性被简单地物质化了。[2] 在这样的体制中,人格独立于财产而存在的价值并不明显。正是在这一背景下,耶林才提出其著名论断:“谁侵害了他人的财产,就侵害了他人人格。”[3]

从民法的发展历史来看,罗马法曾被恩格斯称为简单商品生产者社会

〔1〕［日］北川善太郎:《日本民法体系》,李毅多、仇京春译,科学出版社1995年版,第115页。
〔2〕参见薛军:《人的保护:中国民法典编撰的价值基础》,载《中国社会科学》2006年第4期。
〔3〕鲁道夫·冯·耶林:《为权利而斗争》,郑永流译,法律出版社2007年版,第21页。

的第一个世界性法律。它对简单商品生产者的一切本质的法律关系做了周全细致的规定，达到了古代法发展的顶峰。罗马法最先采用抽象的方法，“发展和规定那些作为私有财产的抽象关系”，[4] 规定了独立人格制度、债权制度和物权制度，并以此展开了整个私法的体系。在这一体系中，财产的流转与归属是调整的中心，对人格制度虽然有所规定，但更多着眼于权利能力等“身份”法方面，与现代法意义上的人格权并不相同。[5] 当欧洲进入中世纪后，罗马私法的制度因与当时教会法、封建土地制度以及人身依附关系格格不入，罗马法陷入长期的沉寂状态，直到中世纪进入尾声，由于地中海沿岸商品经济的发展，财产的流转关系日益复杂，罗马法才寻找到其复兴的基础，也适应了后来欧洲资本主义萌芽时期的社会需要。

在法典化时期，以法国民法典为代表的民法是以消灭封建社会对人的压迫、反对封建社会的贸易壁垒、促进市场经济的发展为目标的。法国民法典采纳了三编制模式，即人法、物法和取得财产权的方法。其人法的设计，主要着眼于肯定人人平等的观念和确定财产的归属，因此其整部法典的核心仍是财产权。[6] 正如法国学者萨瓦第埃指出：“与关于人的法相较而言，民法典（指《法国民法典》）赋予关于财产的法以支配地位。”[7]

以财产为中心的特征，在《德国民法典》上也没有太大的改变。《德国民法典》采五编制（总则、债权、物权、亲属、继承），但其核心仍是债权与物权二编。而总则部分关于主体的规定也仍是以财产的归属与流通为中心展开的。在《德国民法典》制定时，对人格尊严的保护，并未被置于重要的位置。法律对自然人的规范过于简单，因此没有涉及一些重要的人格权。[8] 另外，对于侵权责任，《德国民法典》仅考虑损害赔偿的一面，并据此将其置于债法之中，而且，对于精神损害赔偿，采取比较严格的限制立场。在《德国民法典》颁布不久，德国学者索姆巴特（Werner Sombart，1863－1941）就提出《德

---

〔4〕《马克思恩格斯全集》（第1卷），人民出版社1956年版，第280页。

〔5〕在罗马法中，persona只是用来表明某种身份。参见周枏：《罗马法原论》（上册），商务印书馆2002年版，第106页。

〔6〕参见谢怀栻：《大陆法国家民法典研究》，载《外国法译评》1994年第3期。

〔7〕参见［日］星野英一：《私法中的人》，王闯译，中国法制出版社2004年版，第29页。

〔8〕参见［德］迪特尔·梅迪库斯：《德国民法总论》，邵建东译，法律出版社2000年版，第25页。

国民法典》存在"重财轻人"的偏向。《德国民法典》的体系是按照从事商业贸易的资产阶级的需求来设计构思的,它所体现的资产阶层所特有的"重财轻人"正出自于此。这种重财轻人的特色使关于人的法律地位和法律关系的法大大退缩于财产法之后。[9] 正是因为《德国民法典》没有规定人格权,所以,在"二战"以后,德国法院只能借助于宪法上的基本权利的规定,而不能依据民法典发展出一般人格权,这从一个侧面也反映出,《德国民法典》中的人格权法没有获得应有的地位。[10]

近代民法之所以以财产法为中心,或者说出现"泛财产化"倾向,[11] 除受传统民法制度的影响,更与其特定时期的社会经济背景密切关联。在自由资本主义时期和垄断时期,要扩大投资、鼓励财富的创造,在这一时期,包括民法在内的整个法律都服务于这一目标。[12] 若以当时的社会经济条件为背景来观察,这样的选择并无不当。时至今日,随着市场经济的发展和科技的进步,社会、经济的格局发生了重大变化。在这一过程中,民法的发展逐渐呈现出一种对个人人文关怀的趋势。

所谓人文关怀,是指对人自由和尊严的充分保障以及对社会弱势群体的特殊关爱。人文关怀强调对人的保护,应将其视为民法的价值基础。[13] 本文认为,"人的保护"本身并不是目的,而只是实现人文关怀的手段,其最终目的是使人的自由及尊严得以实现。此处的"人",一方面是个体人,有其自由追求,应被具体地历史地对待;另一方面,也是伦理人,其尊严应得到尊重,基本的人格利益应得到保护。从这个意义上说,人文关怀就是将"使人享有良好的生存状态"作为法律的目标,实现马克思所说的"人的全面解放"。

民法的人文关怀并非当代的发明,而是具有深刻的社会与历史渊源。

---

〔9〕 参见[德]迪特尔·施瓦布:《民法导论》,郑冲译,法律出版社2006年版,第31页。

〔10〕 参见薛军:《揭开"一般人格权"的面纱—— 兼论比较法研究中的"体系意识"》,载《比较法研究》2008年第5期。

〔11〕 参见薛军:《人的保护:中国民法典编撰的价值基础》,载《中国社会科学》2006年第4期。

〔12〕 参见[德]马克斯·韦伯:《韦伯作品集Ⅳ:经济行动与社会团体》,康乐等译,广西师范大学出版社2004年版,第37~39页以下。

〔13〕 参见薛军:《人的保护:中国民法典编撰的价值基础》,载《中国社会科学》2006年第4期。

古希腊智者普罗泰戈拉曾提出:“人是万物的尺度。”罗马法上诸如人法、私犯等制度,虽不及现代法对人身、人格的全面保护,但已经或多或少地体现出了对奴隶以外的自由人的关爱。当然,人文主义观念的真正出现,是到文艺复兴时期才开始的。启蒙运动的思想家提出的启蒙思想进一步丰富了近代民法人文主义的内涵。例如,伏尔泰、孟德斯鸠等思想家宣扬的人权、自由、平等理念,很大程度上促进了近代民法中人格平等、契约自由、私法自治等价值理念的形成。这一时期,资本主义民法人文主义的基本脉络已经形成。人文主义的基本特点就在于,它把焦点集中在人本身,强调人的尊严和精神自由。[14] 人文主义认为“每个人在他或她自己的身上都是有价值的——我们仍用文艺复兴时期的话,叫作‘人的尊严’——其他一切价值的根源和人权的根源就是对此的尊重”。[15]

自18世纪后半期开始,康德的理性哲学对于确立人的主体地位作出了重要贡献。他认为,人类的绝对价值就是人的尊严,就是以人的所有能力为基础的。他曾提出,“人是目的而不是手段”,并且“人只能被作为目的而不能被视为手段”。[16] 按照李泽厚的解读,“康德强调,物品有价格,人只有人格,他不能因对谁有用而获取价格。人作为自然存在,并不比动物优越,也并不比动物有更高价值可言,但人作为本体的存在,作为实践理性(道德)的主体,是超越一切价格的”。[17] 可以看出,理性哲学的兴起使维护人格独立和人格尊严成为社会的核心任务,进而也成为整个法律所要达到的目标。正是人文主义运动所确立的信念,使人相信法律可以建立在理性的基础上,这种理性的动机导致了法律的变革,加速了理性与民法传统的结盟,促成了官方法典的编纂。[18] 《法国民法典》《德国民法典》《奥地利民法典》等民法典的诞生正是启蒙思想的产物,在一定程度上体现了人本主义的精神。在价值理念上,近代民法蕴含的人本主义的理念取代了封建法以等级为中心

〔14〕 参见孟广林:《欧洲文艺复兴史》(哲学卷),人民出版社2008年版,第27页。

〔15〕 阿伦·布洛克:《西方人文主义传统》,董乐山译,上海三联书店1997年版,第234页。

〔16〕 参见康德:《实用人类学》,邓晓芒译,重庆出版社1987年版,第4页。

〔17〕 李泽厚:《批判哲学的批判》,人民出版社1979年版,第290页。

〔18〕 参见艾伦·沃森:《民法法系的演变及形成》,李静冰、姚新华译,中国法制出版社2005年版,第144页。

的理念,封建等级体系被人格的独立平等所替代。但是,与本文所提倡的人文关怀价值观念相比,近代民法以财产权为中心的体系,限制了以人为中心的体系在法典中的展开。以康德为代表的理性哲学仅注重对人的自由的普遍保护,而忽略了在社会生活中人与人之间能力、智力、财富等方面的差异,尤其是没有考虑到社会对弱者的特别保护。[19] 因此,彼时的人文主义与当下的人文关怀有着较大差异。第二次世界大战以后,尤其是近几十年来,民法人文关怀的内涵日益丰富,地位日益突出,不仅体现于民法的具体制度,而且其对整个民法的外在体系也都产生了深刻影响。[20]

民法的终极价值是对人的关怀,民法的最高目标就是服务于人格的尊严和人格的发展。要认识我国当代民法,把握当代民法的精髓,妥善应对传统民法所面临的挑战,就必须正确理解和把握社会变革的趋势,并使法律适应这些变化。第一,对人的尊重和保护被提高到前所未有的高度,人权运动在世界范围内蓬勃发展。与此相适应,人类自尊自重和追求高质量物质精神生活的意愿在民法中得到了充分表达。"二战"期间普遍发生的非人道行为,战后人们对战争非人道的反思以及 20 世纪 60 年代开始的人权运动,都推动和强化了现代民法对人格和尊严的关注。例如,第二次世界大战以后,德国《联邦基本法》第 1 条开宗明义地提出"人的尊严不受侵害",把"人的尊严"规定在基本法中。进入 21 世纪后,尊重与保护人权已经成为整个国际社会的普遍共识。第二,工业化、市场化的发展使社会的两极分化日益严重。从全球范围来看,极少数人控制着绝大多数的财富,而社会实质不公平、不公正的现象也日益明显。在这一背景下,认为契约自由即可直接导向社会正义的传统观点已严重脱离现实。相反,私有财产的滥用、大企业对格式条款的操纵、经济上垄断一方的强势地位等,造成了种种社会不公,这在很大程度上对民法中曾深信不疑的财产权的合理性提出了深刻质疑。如果现代民法中没有深刻的人文关怀价值理念加以弥补,将造成更严重的社会不公的问题。第三,现代社会科技的迅猛发展也对民法人文关怀提出了新

---

〔19〕 Stamatios Tzitzis, *Quest – ce que la personne* ? Paris: Armand Colin, 1999, p. 84.

〔20〕 参见朱岩:《社会基础变迁与民法双重体系建构》,载《中国社会科学》2010 年第 6 期。

的需求,成为推动民法人文关怀发展的新动力。基因技术的发展使得对个人隐私的保护显得尤为重要,试管婴儿的出现改变了传统上对生命的理解,人工器官制造技术、干细胞研究、克隆技术和组织工程学的发展为人类最终解决器官来源问题铺平了道路。与此同时,上述科学技术也对生命、身体、健康等人格权提出了新的挑战,民事权利(尤其是人格权)受到侵害的可能性不断增大,后果也较以往更为严重,民法应对人提供更充分的保护。第四,随着人们的基本物质需要的满足,精神性上的需求就会凸显出来。马斯洛提出的需求层次理论认为,人的需求可以分为五种,从低级到高级依次为生理需求、安全需求、社交需求、尊重需求和自我实现需求,当人对生存的需要基本得到满足之后,对文化和精神的需要将越来越强烈,他把这种心理需要归纳为自尊需要。[21] 面对以上社会变化趋势,对民商法的挑战无疑是革命性的。在此背景下,需要以深刻的人文关怀价值理念对传统民法制度进行修正和弥补。

新中国成立后,我国实现了人民当家作主,人的价值得到了充分的尊重和体现。然而,由于在相当长的一段时间内"左"倾思想盛行,法治观念淡薄,以人为本的价值理念一度受到侵蚀。改革开放之后,党总结并吸取了"文化大革命"的惨痛教训,加强了民主法制建设。随着改革开放的深入发展,社会主义市场经济体制逐步建立。为了实现全面建设小康社会以及构建和谐社会的宏伟目标,党和国家确立了"以人为本"的执政理念。"以人为本"体现在民法上,就是要充分保障公民的各项基本权利和利益,尊重和维护公民的人格独立与人格尊严,使其能够自由、富有尊严地生活。因此,我国民法中所体现的人文关怀精神在本质上不同于西方的人本主义,是社会主义核心价值观的集中体现,且与我国现阶段的社会经济文化发展相适应,尤其强化对弱势群体的关爱,充分注重人格的自由和发展,努力促进社会公平正义的实现。

在改革开放30余年的发展中,1986年的《民法通则》以及此后颁布的一系列法律,建立了财产的归属与流转规则,确立了中国市场经济体制发展所

---

〔21〕 参见马斯洛:《动机与人格》,许金声、程朝翔译,华夏出版社1987年版,第40~54页。

需的基本民商法框架,极大地促进了社会经济的发展。然而,在我国经济、社会建设取得了相当成就的背景下,不能仅局限于民法的经济功能,更应重视民法在实现人文关怀方面的重要作用。一方面,随着社会的高速发展和急剧转型,利益关系日益多元,社会矛盾越发显著。在此背景下,强调民法的人文关怀价值,有利于实现构建和谐社会目标。另一方面,社会主义制度的根本目的就是实现人的全面解放和发展,建设法治国家以及和谐社会的最终目标也是为了实现人的全面发展。我国已经建成的社会主义法律体系全面体现了人文关怀价值取向。与其他部门法相较而言,民法的人文关怀价值更为全面,更注重协调不同利益之间的冲突。强调民法的人文关怀就是要将个人的福祉和尊严作为国家和社会的终极目标,而非作为实现其他目的的手段。现代化不是单纯的经济现代化,更主要是人本身的现代化。民法在某种意义上也被称为人法,作为保障人的全面发展的最重要法律形式,现代民法离不开人文关怀价值的保障。

二、以人文关怀构建民法的价值理念

传统民法以自由、平等为基本价值取向。但由于传统民法以财产权为中心而设计,这直接决定了意思自治是以经济上的自由为中心;而平等则以形式平等为其基本特征,至于在实际交易关系中因知识、社会及经济等方面的力量差异导致当事人间并未形成实质意义上的平等,并不是民法所关注的主要问题。自由和平等虽然是传统民法的基础性价值,但在现代社会中,面对人文关怀价值理念的冲击,自由和平等价值也不得不作出相应的变化与调整。在传统价值理念的积极因素得以延续的同时,对人文关怀价值的考量正逐渐成为民法的基础价值体系。

从萨维尼奠定的德国民法体系的观念看,德国民法体系实际上是以人格尊严和自由作为中心而辐射的网状结构。拉伦茨在此基础上进一步提出,《德国民法典》的精神基础是伦理学上的人格主义。〔22〕 此理念的基本内涵就是以人为中心,尊重人的价值,尊重人的尊严,保护社会弱者利益,实现

---

〔22〕 参见[德]卡尔·拉伦茨:《德国民法通论》(上册),王晓晔等译,法律出版社2003年版,第45页。

社会实质正义。确认人的尊严是世界的最高价值,是社会发展的最终目的。[23]

(一)对人的自由和尊严的充分保障

民法上的自由不同于经济层面的自由,其核心是尊重人格层面的主体自决。民法上的尊严是人不得转让和抑制的价值,是人之为人的基本条件。自进入21世纪以来,尊重与保护人权已经成为整个国际社会的普遍共识。

一方面,对人的自由和尊严的强调,在人格权法中得到了集中体现。关于人的至上地位以及人格尊严的哲学思想,在国际公约以及许多国家的法律中都得到了体现。《世界人权宣言》第1条规定:"人人生而自由,在尊严和权利上一律平等";第3条规定:"人人有权享有生命、自由和人身安全。"这些内容后来被许多国家的法律以不同形式所采用。1948年《德国联邦基本法》第2条明确宣告要"保障人格的自由发展"。德国法官正是根据该条所确立的"人格尊严不受侵犯"原则发展出了一般人格权,将维护人的尊严和人格自由发展的价值体现在私法之中,通过一般人格权制度对隐私等权利或利益进行保护。[24] 近几十年来,无论是在新制定的民法典中,还是通过民法的修订而实行的"再法典化"中,都更加注重提高对人格利益保护的程度,不断完善保护的方法。例如,许多国家新近颁布的民法典大都规定了不少有关人格权保护的法律规范,丰富了人格权的保护方式,并且在亲属法等章节中加强了对人身利益的保护。人格利益在民事权益中日益凸显并占据优势地位。[25]

另一方面,在以侵权责任法为代表的各项具体制度中,充分保护自由和尊严的理念也得到了全面的贯彻。传统民法上的损害赔偿以财产赔偿为核心展开,从罗马法到德国民法典,都强调其中的财产给付内容,而都没有规定精神损害赔偿。自20世纪以来,精神损害赔偿逐步被承认,这在一定程度上扩大了对人格尊严的尊重。此外,在法律保护的民事权益体系中,各种利

---

〔23〕 参见杜宴林:《法律的人文主义解释》,人民法院出版社2005年版,第64页。

〔24〕 参见[德]卡尔·拉伦茨:《德国民法通论》(上册),第170页。

〔25〕 Cédric Girard, Stéphanie Hennette – Vauchez, "Ladig nitédela personne humaine", *Recherche surunprocessus de juridicisation*, Paris: PUF, 2005, p. 87.

益之间存在不同的位阶，而人格尊严、人身自由始终处于一种更高的位阶，尤其是生命、健康和身体利益，总是受到更为强化的保护。在权利的可克减性方面，原则上，财产权是具有可克减性的，而对人格权的克减则应比较谨慎，甚至有些人格权不能克减，如生命权和健康权。侵权责任法发展了民法所保护权益的范围，而人格权益在这一过程中始终处于非常优越的保护地位，特别是对人格尊严的非合同保护，日益受到关注。作为西方民主国家基本价值的人格尊严，当前逐渐被通过判例乃至成文立法确立为私法权利，进而可以在受侵害时直接寻求救济。[26] 正是因为人格权法和侵权责任法体现了对人的关怀和保护，使这两个民法部门的发展成为了现代民法理论和制度新的增长点。

(二)对弱势群体的特殊关爱

近代以来，民法以抽象人格为基础，强调形式平等。拉德布鲁赫认为，民法典并不考虑农民、手工业者、制造业者、企业家、劳动者等之间的区别。私法中的人就是作为被抽象了的各种人力、财力等的抽象的个人而存在的。[27] 之所以如此，是因为近代民法认定人与人之间具有“平等性”和“互换性”的特点。[28] 在此背景下，民法以调整平等主体之间的财产关系和人身关系为对象，原则上不考虑各个主体在年龄、性别、种族、经济实力、知识水平等各个方面的差异，一概承认其地位平等。每个人不仅应该享有基本权利，而且应该是平等的权利，才能构建一个和谐的社会。[29] 19 世纪的民法主要追求形式上的平等，表现在法典中就是承认所有自然人的权利能力一律平等。所谓“从身份到契约”的运动，其实就是追求形式平等的过程。在合同法领域，形式平等只考虑当事人抽象意义上的平等，对于当事人实际谈判能力是否平等并不过多关注。在物权领域，民法也只抽象规定了取得物

---

〔26〕 关于人的尊严条款在西方国家法律体系中的发展，See C . McCrudden, “Human Dignity and Judicial Interpretation of Human Rights”, *European Journal of International Law*, Vol. 19, No. 4, 2008, pp. 655, 667。

〔27〕 参见[日]星野英一：《私法中的人》，第 34 ~ 35 页；[德]拉德布鲁赫：《法学导论》，米健译，中国大百科全书出版社 1997 年版，第 66 页。

〔28〕 参见梁慧星主编：《从近代民法到现代民法》，中国法制出版社 2000 年版，第 169 ~ 170 页。

〔29〕 参见王海明：《平等新论》，载《中国社会科学》1998 年第 5 期。

权资格的平等,平等地保护物权性权利,并不注重财产的分配问题和对弱者的关怀。虽然这种形式的平等至今仍是民法的基本价值,但自20世纪开始,基于保障社会的公平正义、维护交易安全秩序等价值考虑,已经开始注入越来越多的实质平等的因素。这不仅体现在劳动保护、消费者权益保护、工伤保险等领域因大幅增加了注重实质平等的内容,而逐渐与民法典相分离形成独立的法律部门,并且,即便在传统民法典中,一些国家也通过因应社会需求的变化,增加了实质正义的内容。例如,在《德国债法现代化法》通过以后,《德国民法典》新增了第312条、第355条,对特定的消费品买卖规定了无因退货期等特殊的合同解除规则。

强调对弱势群体的保护,在于没有对弱者的保护就无法从根本上实现实质正义。英国学者 Wilkinson 等研究发现,在注重平等的国家,无论是经济增长质量、社会稳定、居民幸福指数还是犯罪率等都优于贫富差异过大的国家。[30] 这一点对民法立法具有重要意义。孟德斯鸠说过,"在民法的慈母般的眼里,每个个人就是整个国家"。[31] 这句话表达了民法虽然奉行形式平等,但绝不应排斥实质平等。一方面,维护正常的市场经济秩序,需要强调实质正义。因为市场交易中的主体是具体的人而不是抽象的人。尽管形式平等具有普适性,反映了人类社会的基本需要,但是由于实际生活中交易当事人的谈判能力和经济实力等条件并不相同,实际上与立法者预设的当事人的平等状态有较大出入。进城打工的农民工与资力雄厚的建筑商之间的谈判能力差异甚远,一个普通的消费者和一个巨型的垄断企业之间也缺乏对等的谈判能力,如果一味地追求形式平等,将会使民法的价值体系僵化,不能体现对弱者的特别关爱,反而损害其公平正义。在经济、社会上拥有稳定优势地位的人,在博弈中会获得更有利的地位,实际上享受了比弱势的一方更多的利益,造成了实质不平等。法律需要通过对这种实质不平等加以适当限制。另一方面,民法在化解社会矛盾、维护社会稳定中也发挥着基础性作用。实际上,社会生活中绝大多数的纠纷和矛盾,都属于民法的调整范

---

〔30〕 Richard Wilkinson, Kate Pickett, *The Spirit Level: Why Greater Equality Makes Societies Stronger*, New York: Bloomsbury Press, 2009.

〔31〕 [法]孟德斯鸠:《论法的精神》(下册),张雁深译,商务印书馆1997年版,第190页。

围。这些矛盾和纠纷的化解，需要借助于民事手段来完成。例如，集体土地的征收和拆迁，如果强调通过农民和政府之间的协商机制来解决，就能够产生相对公平的征地补偿价格，极大地减少因拆迁引发的各种社会矛盾。〔32〕

当然，对弱者的关爱，并不是要否定形式正义，而只是在一定程度上弥补形式正义的不足。我国未来民法典只能适当兼顾实质平等，而不能以追求实质平等为主要目的。鼓励竞争、推进创新是社会进步的重要保障，民法乃至其他社会法对实质平等的强调，都只能将这种平等限制在一定范围之内，否则将与民法的固有性质发生冲突。近代以来，之所以将劳动法、消费者权益保护法等法律从民法中分离出来，很大程度上是因为民法强调形式平等和抽象人格，而这些法律主要强调实质平等和具体人格。因此，实现实质平等主要应借助于民法之外的其他法律，特别是社会法来完成。虽然从整个发展趋势来看，实质平等也越来越受到民法的重视，但是只有在形式平等发生严重扭曲，采取直接弥补形式正义的方法不足以解决实际问题的情形下，民法才有必要恢复实质平等。例如，对免责条款的审查规范等。还需指出的是，在正常的商事交易中，商事主体通常被推定为理性的"经济人"，法律基于实质正义的直接干涉并不多。即便如此，诸如"显失公平""禁止暴利""错误""情事变更""实际损害赔偿"等规则，已为商事交易划定了基本的公平正义界限。

以人文关怀构建民法的价值理念并非意味着要否定以意思自治为核心的民法价值理念。人文关怀不仅没有否定民事主体在交易中的意思自治，相反，在一定程度上通过弥补具体民事主体在意思自治上可能存在的不足，更加完整地实现民事主体的意思自治。所谓意思自治，即私法自治，是指在私法的范畴内，当事人有权自由决定其行为，确定参与市民生活的交往方式，而不受任何非法的干涉。〔33〕 民法通过"私法自治给个人提供一种受法律保护的自由，使个人获得自主决定的可能性。这是私法自治的优越性所在"。〔34〕 然而，意思自治也是存在缺陷的。一方面，过分强调意思自治，会伴

〔32〕《让农民享有集体土地合理溢价收益》，载《新京报》2011 年 2 月 1 日，第 2 版。

〔33〕 参见苏号朋：《民法文化：一个初步的理论解析》，载《比较法研究》1997 年第 3 期。

〔34〕［德］迪特尔 · 梅迪库斯：《德国民法总论》，第 143 页。

生一系列社会问题,如所有权滥用、经济垄断加剧、环境污染等。意思自治既不能自然地导向社会公正,也无法自然地实现社会和谐。因此,意思自治应当受到限制,这种限制常常来自国家干预。另一方面,意思自治虽然是行为自由的基础,但其核心是对财产的处分,一般不会延伸到人格领域。意思自治所包含的自由主要是经济上的处分自由,其和人格权中所提及的自由存在重要差异。例如,个人肖像、个人隐私、个人信息资料等的处分,应主要着眼于对个人自决权的保护与尊重,是个人人格不可分割的组成部分,原则上不允许像经济性权利那样"自由"处分。如果过分强调意思自治,很可能将人格利益的处分仅看作交易行为,但事实上,人格利益的处分并不是简单的交易,而是自主决定权在人格上的体现。在引入人文关怀的理念之后,首先要在法律上确立对于生命健康权益的保障优位于意思自治的规则;其次,基于意思自治而从事的交易活动因损坏人格尊严和人格自由而归于无效。从这个意义上可以看出,人文关怀理念应当置于意思自治理念之上的位阶。[35] 但这并非要抛弃意思自治的理念,而是要弥补意思自治因不能充分实现对人的尊重和保护而产生的缺陷。

对人的自由和尊严的充分保障以及对弱势群体的关爱,构成了民法人文关怀的核心内容。我国未来民法典的基本价值取向就是要在坚持意思自治原则的同时,强化法典对人的关怀,并以此弥补意思自治的不足。民法以"关心人、培养人、发展人、使人之为人"作为立法的基本使命,必然要反映人的全面发展。这种发展不仅体现为对人主体属性的全面弘扬与保护,以及对权利的彰显与保障,也体现为人的自由的全面实现。我国未来的民法典是否科学合理,很大程度上体现在其是否反映了人的主体性。一部充分关爱个人的民法,才是一部具有生命力的高质量的民法,才能得到人民的普遍遵守和拥护。每个人不仅应该享有基本权利,而且应该是平等的权利,才能构建一个和谐的社会。[36]

---

〔35〕 Basil S. Markesinis, *Foreign Law and Comparative Methodology*: *A Subject and a Thesis*, Oxford: Hart Publishing House, 1997, p. 235.

〔36〕 王海明:《平等新论》,载《中国社会科学》1998 年第 5 期。

三、民法的人文关怀与民法制度的发展

如果仅停留在价值层面讨论人文关怀的理念，而不将其转化为具体的制度，该理念将处于“悬空”的状态，民众无法从中直接受益。因此，除在价值层面有充分体现外，人文关怀的理念也必须渗透到民法制度的各个方面。

（一）主体制度

如前所述，出于交易的需要，传统民法的主体制度主要建立在交易主体高度抽象化的基础上，其主体概念是抽象的、一般的人，而不是具体的、独立的人。这种主体制度强调人的平等和独立，是反封建斗争的重要成果。但随着民事主体的进一步分化，这一将民事主体设计为“抽象的人”的主体制度便难以体现对现实市民社会中弱者的关怀。为充分实现人文关怀的价值理念，现代民法的主体制度开始面向具体的民事主体，并且已经发生了一系列的变化。第一，通过对个人人格的保护，现代民事主体制度进一步强调了个人的自主、独立和尊严，逐步发展出人格权体系，并且丰富了主体权利能力的内容。其中，人格权以维护和实现身体完整、人格尊严、人身自由为目标。虽然人格权不同于人格，但充分保护人格权，有助于实现个人的独立人格。第二，民事主体制度经历了从“抽象人”到“具体人”的发展。正如我妻荣所指出的，现代法律“诚应透过各个人抽象的人格（Persönlichkeit）而更进一步着眼于有贫富、强弱、贤愚等等差别之具体人类（Mensch），保障其生存能力，发挥其既有主体，且有社会性之存在意义”。[37]《德国民法典》将“消费者”（Verbraucher）的概念引入到主体制度之中，表面上看，这是对传统的以“抽象人”为标志的主体制度的重大冲击，但是经过多年的司法适用，表明这两种主体制度是可以相互衔接、相互配合、并行不悖的，这也说明抽象的人格平等与具体的人格平等并非排斥，而是可以兼容的。这在一定程度上也反映了私法自治理念与人文关怀理念二者也是可以兼容的。从“抽象人”到“具体人”，“旨在提高市场弱者地位，增强其实现自己意思能力的做法，则

---

〔37〕 苏俊雄：《契约原理及其实用》，中华书局 1978 年版，第 7 页。

更接近于私法的本质”。[38]第三,一些特殊主体的相应权利受到尊重。早期法律上作为主体的组织,其设立的目的大多是鼓励投资和创造财富。但是,当下一些新类型的组织并非完全是为了创造财富,而一定程度上是为了保障个人权利。例如,我国《物权法》确认了业主大会以及业主所享有的民主权利,在一定程度上也体现了对单个业主的关爱。第四,传统民法只关注抽象人,并不关注特殊群体的权益。但现代民法中,一些特殊弱势群体的权益日益受到关注。如对未成年人、老年人、残疾人等特殊群体合法权益的保护,日益提到议事日程。一些特殊的规则得以确立,如离婚时子女抚养权的归属应以子女利益最大化为原则,未成年人在侵权责任中的注意义务适当降低等。

(二)人格权的勃兴

人格权的发展,最集中地表现了民法人文关怀的发展趋势。第二次世界大战以来,人格权作为民法的重要领域,已经迅速发展起来,人格利益逐渐类型化为各种具体人格权。而且,随着人格权保护的范围不断扩大,具体人格权类型也相应增多。例如,1900 年《德国民法典》中仅规定了姓名、身体、健康和自由等具体人格权。但近几十年来,判例和学说逐渐承认了名誉权、肖像权、隐私权、尊重私人领域的权利和尊重个人感情的权利等。[39] 尽管其中一些权利是在一般人格权的解释下产生的,但名誉和隐私等权利逐渐成为独立的具体人格权。[40] 德国联邦法院在一系列的案件中甚至承认一般人格权。[41] 此类“人格权”实际上是为人格权的保护设立了兜底条款,这主要表现在对人格尊严和人身自由的保护。1983 年 12 月 15 日,德国联邦宪法法院作出了一个里程碑式的决定:对抗不受限制的搜集、记录、使用、传播个人资料的个人权利也包含于一般人格权之中。[42] 再如,在美国法中,虽

〔38〕 [德]迪特尔· 梅迪库斯:《德国民法总论》,第 362 页。

〔39〕 参见施启扬:《从个别人格权到一般人格权》,载《台湾大学法学论丛》(第 4 卷)1974 年第 1 期,第 133 ~ 149 页。

〔40〕 参见 Basil S . Markesinis, *Protecting Privacy*, Oxford : Oxford University Press, 1999, pp . 36 – 37。

〔41〕 Bundesgerichtshofes in Zivilsachen, Deutchland, Carl Heymanns Verlag, 1955, B. nde15, S . 249.

〔42〕 BVerf GE65, 1.

然没有独立的人格权制度,但法院逐步发展出了隐私权概念,不仅仅是一般的民事权利,也是公民的宪法权利。〔43〕从1968年到1978年,美国国会就制定了六部法律来保护个人的信息隐私。美国一些州也制订了相应的法律法规来强化对隐私的保护。〔44〕目前至少在10个州的宪法中明确了对隐私权的保护。〔45〕随着科学技术和信息社会的发展,个人信息资料也逐渐纳入隐私的保护范围。此外,为了强化对人格利益的保护,在大陆法国家,精神损害赔偿制度也获得承认并不断完善。尽管关于精神损害赔偿的名称在各国立法上规定不一,有的规定为抚慰金,有的规定为非财产损害赔偿,但毫无疑问,精神损害赔偿已经为各国立法普遍采纳。在19世纪还被严格限制适用的精神损害赔偿责任,在20世纪得到了急剧发展,这不仅使人格权获得了极大的充实,而且为受害人精神的痛苦提供了充分的抚慰。在英美法系国家还发展出了惩罚性赔偿制度,〔46〕这对受害人提供了有效的补救,也引起了反映等价交换民事赔偿责任制度的深刻变革。

(三)合同制度的发展

合同法主要是调整交易的法律,深深根植于市场经济之中,并随着经济全球化而不断发生变化。值得关注的是,即便在这样一个财产法领域,人文关怀的引入,也导致了合同法的一些新发展。在合同领域中,关于人文关怀的最重要的发展体现在:第一,对合同瑕疵的补正,现代合同法提供了更多的机会。与传统合同法相比较,现代合同法对"契约严守"(pacta sunt survanda)规则有所突破。在合同订立之后,如果确实出现了因客观情势的变化而无法履行或不能履行合同的情况,法律在传统的"错误"(mistake)制度之外,赋予当事人更多纠正合同瑕疵的机会,如情势变更制度、显失公平制度

〔43〕 See Richard G. Turkington, Anita L. Allen, *Privacy Law: Cases and Materials*, 2nd ed, St. Paul: West Group, 1999, p. 9.

〔44〕 参见阿丽塔·L.艾伦等:《美国隐私法:学说、判例与立法》,冯建妹等译,中国民主法制出版社2004年版,第27~37页。

〔45〕 这些州分别是:加利福尼亚、佛罗里达、路易斯安那、阿拉斯加、亚利桑那、夏威夷、伊利诺伊、蒙大拿、南卡罗来纳、华盛顿。

〔46〕 Timothy J. Phillips, "The Punitive Damage Class Action: A Solution to the Problem of Multiple Punishment", *University of Illinois Law Review*, Vol. 1984, No. 2, 1984, pp. 153, 158.

等。第二,对消费合同的特殊干预。现代合同法更注重区分消费合同和商事合同。对于商事合同,主要交由商人之间的习惯法、交易法等软法来处理;而对于民事合同、消费合同,则更强调法律的干预,监督合同条款,赋予弱势一方更多的权利。第三,通过强制缔约制度,保护社会弱势群体,要求提供公共服务的企业不得拒绝为个人提供服务的合理要求。第四,以损害人格尊严作为判断合同无效的依据。从国外合同法的发展来看,在合同中越来越关注对合同当事人人格尊严的保护。例如,当事人签订代孕合同或文身合同被宣告无效,〔47〕表明不能对人类的身体进行买卖,人类的身体不能成为合同的客体。再如,在法国,曾有判决认为,房屋出租合同不能剥夺承租人为其亲友提供住宿的权利,有关合同必须尊重承租人的家庭生活权利。出租人的宗教信念不能导致要求承租人必须忍受某项特殊义务。〔48〕第五,要求合同当事人承担保护环境等义务,内化当事人的经营成本。例如,在德国法上的房屋租赁合同中,就会涉及环境保护问题,出租人负有节能、减少废物排放等方面的环境保护义务。债权人也负有保护环境的责任。例如,在银行对外放贷时,应当审查有关项目的环境污染风险,若违反相应义务,将可能以债权人的身份对环境污染受害人承担赔偿责任。〔49〕第六,承认团体合同的效力。团体合同主要运用于劳动法领域,工会与雇主订立团体合同,可以弥补劳动者个体谈判能力不足的问题。团体合同着眼于劳动者的保护,从而促进合同正义的实现。雇主与劳动者之间不能签订与团体合同不同的、不利于劳动者的合同。

(四)物权法的发展

物权法作为调整财产归属与利用的法律,一般不考虑人文关怀问题,但现代物权法也在一定程度上包含了人文关怀的因素。一方面,随着所有权社会化观念被广泛接受,要求私权的行使应该顾及他人的利益。古典法学

---

〔47〕 TGI Paris,3juin1969,D. 1970,p. 136,no te J. P.

〔48〕 Cass . civ . 3ème,6mars 1996,RTD. civ . 1996,p . 897,obs. J. Mestre et 1024,obs . J . – P. Marguénaud.

〔49〕 Richard Hooley,"Lender Liability for Environmental Damage",*The Cambridge Law Journal*, Vol. 60,No. 405,2001.

中的所有权作为绝对权,是一种可以排除他人干涉并直接支配标的物的权利,具有排他效力。[50] 随着现代民法发展,"所有权社会义务"的提法在大陆法系逐渐盛行。[51] 直到现在,所有权社会义务观念似已成为不证自明之公理。[52] 正如耶林所指出的,"世上没有绝对的所有权——没有那种不需要考虑社会利益的所有权,这一观念已随着历史的发展被内化为人们心中的道德准则"。[53] 例如,在建筑物区分所有权中,区分所有人应当尊重其他区分所有人的利益,遵守共同生活的基本准则,以实现整个区分所有权集体利益最大化。物权法希望所有权人充分利用其物,以发挥物资的效能,从而增进社会的公共福利。所有权的行使没有绝对的自由,不行使也没有绝对的自由,[54] 所有权的行使或不行使,应当以社会全体的利益为前提。社会化的趋势实际上是要满足社会公共利益,符合多数人的福祉。另一方面,物权法总体上增加了物权的类型,扩大了物权的选择自由。例如,《韩国民法典》第185 条承认习惯可以创设物权,我国台湾地区"民法"在新修改的物权编中也采纳了这一观点(参见我国台湾地区"民法"第 757 条)。这在一定程度上体现了物权法上的私法自治,体现了对自由的尊重、对个人人格的尊重。[55] 此外,物权制度在环境保护中的作用越来越明显。在现代社会,资源与人类需求之间的冲突日益激烈。对于环境和资源的保护,已经成为整个社会关注的焦点,在日本甚至出现了环境权和自然享有权的概念。例如,大阪国际机场周围的居民无法忍受大阪机场的飞机尾气、噪音、振动等污染,以大阪机场侵害了其环境权为由向法院提起诉讼,要求其赔偿过去和未来的侵害。一审法院支持了他们的请求。虽然最高法院认为只能赔偿过去的损害,不能对未来的损害进行赔偿,但支持了关于环境权的提法。又如,过去关于建

---

〔50〕 参见金可可:《私法体系中的债权物权区分说—— 萨维尼的理论贡献》,载《中国社会科学》2006 年第 2 期。

〔51〕 参见余能斌、范中超:《所有权社会化的考察与反思》,载《法学》2002 年第 1 期。

〔52〕 "今天,根据不同的客体以及这些客体所承担的最广泛意义上的'社会功能',所有权的内容和权利人享有权限的范围也是各不相同的。"[德]卡尔·拉伦茨:《德国民法通论》(上册),第 87 页。

〔53〕 Rudolph von Jhering,"Der Geist des Römischen Rechts auf den Verschiedenen Stufen Seiner Entwicklung",4. Aufl.,Teil. 1,Breitkopf und Hartel,Leipzig,1878,S.7.

〔54〕 参见丁南:《从"自由意志"到"社会利益"》,载《法制与社会发展》2004 年第 2 期。

〔55〕 参见王泽鉴:《民法物权》,北京大学出版社 2009 年版,第 13~14 页。

筑物过高侵害权利人眺望权的案件都是以相邻关系纠纷为由起诉，而现在这类案件却以环境权受侵害为由来起诉。

（五）侵权法的发展

21世纪是走向权利的世纪。有权利必有救济，救济应走在权利之前，因此，以救济私权特别是绝对权为出发点和归宿点的侵权责任法，在现代社会中的地位与作用也必将日益凸显和重要。侵权法是私法中承认和保护人格利益最重要的前沿阵地。民法的人文关怀在侵权法中有非常集中的体现。第一，保护范围的扩大化，侵权法从传统上主要保护物权向保护人格权、知识产权等绝对权的扩张。传统的侵权法主要以物权为保护对象，损失赔偿这一侵权责任的首要形式是对财产的侵害提供补救的最公平方式。随着民事权利的不断丰富和发展，侵权法也逐渐从主要保护物权向保护知识产权、人格权等其他绝对权扩张，还扩大到对债权等相对权的保护。侵权法的保护对象不仅限于财产权和人身权，而且包括法律尚未规定但应当由公民享有的权利（如隐私权等）以及一些尚未被确认为权利的利益。第二，在目的上，侵权法日益强调救济的重要性，以强化对民事权益的保护。在制度定位上，侵权法经历了从以行为人为中心到以受害人为中心的发展。在近代法上，侵权法是以行为人为中心的，即尽可能地保障人们的行为自由，避免动辄得咎。过错责任原则是其最重要特征。而随着社会的发展，对受害人的关爱被提高到更重要的地位，侵权法更为强调对受害人的救济。例如，日益增加的严格责任类型使被告没有过错也要承担责任，从而强化了对受害人的保护。第三，在损害的承担上，责任的社会化日益成为趋势。随着风险社会的发展，责任保险制度越来越多地介入社会生活中。机动车的强制保险、专业人员的职业保险、危险活动的强制保险等保险制度的迅猛发展，实际上是将侵权责任的承担分担到整个社会之上，这样就回避了责任人没有赔偿能力的风险，而且也使受害人可以便捷地获得赔偿，从而使受害人的权益得到保护。第四，在体系安排上，国家赔偿制度广泛借用侵权法规范，防止民事权利受到公权力主体的侵害，进一步加强了对受害人的救济。例如，在我国，国家赔偿的适用快速发展，程序日益简化，救济范围不断扩大。

（六）婚姻家庭法的发展

在婚姻家庭法领域，民法的人文关怀随着社会的发展也在不断增强。美国《时代》周刊曾预言，2020 年前后，人类将进入“生物经济时代”。[56] 这些背景对法律提出了一系列重大的挑战，例如，克隆技术对于人格尊严、生物伦理等的挑战，人工辅助生殖技术、代孕母现象等也对传统民法提出新的问题。因此，许多国家的判例与学说已经对这些问题作出了回应。另外，随着人口老龄化的发展，各国开始关注老年监护制度，将老年人纳入被监护人的范畴，如德国在 1990 年制定了《关于成年人监护、保护法的修正法案》，专门规定了对于成年人的监护，这是对于精神衰弱、衰老的成年人的更加人性化的保护制度。[57] 为了强化对未成年子女的保护，许多国家确立了为子女最佳利益行使家长权的规则。例如，加拿大安大略省的《子女法律改革法》规定，父母双方对子女有平等的监护权，同时，要求取得子女监护权的一方必须为孩子的最佳利益行使家长权利。在美国，大多数州的法律也作出了同样规定。[58] 同时，非婚生子女的权益基于非歧视原则，也受到了更充分的保护。例如，1950 年《欧洲人权公约》第 14 条规定了非歧视原则。它被广泛运用于家庭法领域，使关于非婚生子女的歧视条款被废除。[59] 一些国家法律确认其亲生子女的身份，在扶养、继承等方面，确认其与婚生子女同等的地位。

四、以人文关怀理念构建民法体系

民法体系分为内在体系和外在体系（äußere Systematik），外在体系是指民法的编纂结构等形式体系；内在体系即价值体系（innere Systematik），[60]

---

〔56〕 厉无畏：《人类社会将从信息经济逐步转向生物经济》，载《人民政协报》2008 年 3 月 4 日，第 25 版。

〔57〕 参见陈苇主编：《外国婚姻家庭法比较研究》，群众出版社 2006 年版，第 499 页。

〔58〕 参见郁光华：《从经济学视角看中国的婚姻法改革》，载《北大法律评论》（2007 年第 2 辑），法律出版社 2007 年版。

〔59〕 Philippe Malaurie, Hugues Fulchiron, *La Famille*, *Paris*: *Defrénois*, 2004, p. 389.

〔60〕 Vgl. Franz Bydlinski, *System und Prinzipien des Privatrechts*, Springer Verlag, Wien/New York, 1996, S. 48ff.

包括民法的价值、原则等内容。就外在体系而言,无论是法国的三编制,还是德国的五编制,传统民法主要是以财产法为中心来构建自身体系的。潘德克顿学派的领袖人物沃尔夫(Christian Wolff)在其私法体系思想中,继承了启蒙运动时期自由法哲学的传统,从自然法理论出发,阐述了民事权利在民法中的中心地位,并将人的行为本质定义为义务(obligatio)。但其所说的权利主要是财产权利。德国学者拉伦茨也认为,法律关系的最重要要素是权利,与此相对的是所有其他人必要的义务、限制与法律约束。[61] 从德国民法典的内容来看,典型的民事权利就是物权、债权、继承权。因此其所强调的以权利为中心,实际上就是以财产权利为中心。有学者认为,21世纪的民法是以对人的尊严和人权保障为特点的,应该突出人法。但潘德克顿的总则模式没有突出人法,相反,法国的三编制模式突出了人法。梅仲协在评价《法国民法典》和《德国民法典》的优劣时,认为"罗马法较为合理,盖人皆有母,丐亦有妻,以亲属法列于民法之首部,匪特合乎自然之原则,且可略避重物轻人之嫌也"。[62] 在这种意义上,法国的三编制模式在现代背景下具有新的价值。不过,应当看到,虽然在法国民法典的三编制中,突出了人法,有利于尊重和保障人权,但在内容与具体制度上并没有真正突出对人的自由、尊严的保护。三编制本身来自于罗马法,更确切地说是来自于盖尤斯《法学阶梯》所设计的体系。"全部法律生活或者与人相关,或者与物相关,或者是与诉讼相关"(Omne autem ius quo utimur uel ad personas pertinet,uel ad res uel ad actiones)。须知,罗马法中的人法和我们今天所讲的人相去甚远,[63] 在奴隶制时代,根本谈不上人的平等、尊严等问题。并且,法国民法典三编制中的人法主要规定的是主体制度,并没有将人格权制度作为其规范的重要内容。

传统民法以交易为中心,本质上是服务于交易和财富的创造。民法确

---

〔61〕 参见[德]卡尔·拉伦茨:《德国民法通论》(上册),第263页。

〔62〕 梅仲协:《民法要义》,中国政法大学出版社1998年版,第18页。

〔63〕 薛军指出:"整个罗马法上的'人法'制度,就是一个不平等的身份制度、等级制度,我们当然不能以现代人的标准来要求罗马人。"(薛军:《理想与现实的距离》,载徐国栋主编:《中国民法典起草思路论战》,中国政法大学出版社2001年版,第195页)。

认的主体主要是交易主体。行为能力制度本质上是交易能力,行为能力欠缺主要是因为影响了交易的进行。民法上的物权制度关键是为交易提供前提和基础,并且保障交易的结果。而且,民法确认的是财产归属问题,债法主要确认财产的流转。法律行为制度是私法自治的工具,主要涉及财产领域的私法自治,本质上是服务于行为人自己的意志。正是在这种意义上,民法体系被视为以财产权为中心延伸和展开,是不无道理的。有学者批评这是重物轻人的倾向,此种看法不无道理,但将其上升为人文主义和物文主义,[64]则过于绝对。应认识到,这与当时的历史背景相联系,是服务于当时社会需要的。

从理论上而言,内在体系和外在体系是独立的、不同的体系,内在体系是外在体系得以形成的基础,民法的内在体系发生变化,必然向其外在体系延伸和扩张。人们往往将价值体系和外在体系割裂开来,但是,价值体系的变化必然导致外在体系的变化,它不可能是孤立的。[65] 在《法国民法典》制定时期,因为以私法自治为价值体系展开,法典体系必然是以财产权为中心展开的。《法国民法典》所代表的时代是风车磨坊的农业时代,具有许多农业时代的特征;而《德国民法典》所代表的时代是工业化基本完成的时代,法典中由此具备了一些应对工业时代问题的制度,增加了一些社会化因素。限于当时的社会经济环境,法典并未充分考虑人文关怀的因素进行相应的设计。这就决定了虽然《德国民法典》的五编制设计较《法国民法典》的三编制更为合理,但因其没有建立独立的人格权制度,有关侵权行为的规定也较为单薄等原因,还有进一步完善的巨大空间。自"二战"以来,无论是德国法还是法国法,都通过一系列判例和单行法发展了人格权制度和侵权责任制度,法国甚至已经通过判例建立了一整套完整的侵权责任制度,但是,受限于法典三编制或五编制的既有框架,最终未在形式体系上反映出来。这就使民法体系未能适应人文关怀的发展需要而获得应有的发展。

在人文关怀已经成为民法必不可少价值体系的基础上,民法的外在形

---

〔64〕 参见徐国栋:《新人文主义与中国民法理论》,载《学习与探索》2006年第6期。

〔65〕 参见朱岩:《社会基础变迁与民法双重体系建构》,载《中国社会科学》2010年第6期。

式体系应当与民法人文关怀价值相适应，才能使民法典充分回应社会需求，富有清新的时代气息。尤其是随着社会的发展，人格权和侵权行为已经成为民法新的增长点，这正凸显了人文关怀的价值。这一价值理念的变化，必然导致民法制度的发展和对民法既有制度的重新解读。在民法典中，人文关怀理念的引入对体系变化的回应，首先就表现在应当将人格权单独作为民法典中的一编。人格权的保护本身是对人格制度的一种弥补，在整个民法中，最直接最充分地体现对人的尊重和保护的，正是人格权法。我们要将人格权法独立成编，就是要构建其完整的内容和体系，同时，要充实和完善其内容。在传统民事权利体系中，不存在与财产权等量齐观的独立人格权，民事权利仍然以财产权为核心，基于对财产权的保护而构建了民法的体系。但是，随着社会经济的发展和对人权保护的逐步重视，那种把人的存在归结为财产权益的拜物教观念已经过时，人们越来越重视精神权利的价值，重视个人感情和感受之于人存在的价值，重视精神创伤、精神痛苦对人格利益的损害。[66] 所以，在当代民法中，人格权的地位已经越来越凸显，形成了与财产权相对立的权利体系和制度。甚至在现代民法中，人格权与财产权相比较，可以说更重视人格权的保护。[67] 由于人格权地位的凸显，对整个民法的体系正在产生重大影响，并引起民法学者对重新构建民法体系加以反思。[68]

人格权法独立成编符合民法典人文关怀的基本价值。传统民法过分注重财产权制度，未将人格权作为一项独立的制度，甚至对人格权规定得极为"简略"。这本身反映了传统民法存在一种"重物轻人"的不合理现象。由于人格权没有单独成编，故不能突出其作为民事基本权利的属性。在民法中与财产权平行的另一大类权利是人身权，其中包括人格权。人格权作为民事主体维护主体的独立人格所应当具有的生命健康、人格尊严、人身自由以及姓名、肖像、名誉、隐私等的各种权利，乃是人身权的主要组成部分。人身权与财产权构成民法中的两类基本权利，规范这两类权利的制度构成民法

---

〔66〕 参见张晓军：《侵害物质性人格权的精神损害赔偿之救济与目的性扩张》，载《民商法论丛》（第10卷），法律出版社1999年版，第617页。

〔67〕 参见石春玲：《财产权对人格权的积极索取与主动避让》，载《河北法学》2010年第9期。

〔68〕 参见王利明：《人格权制度在中国民法典中的地位》，载《法学研究》2003年第2期。

的两大支柱。其他一些民事权利，或者包含在这两类权利之中，或者是这两类权利结合的产物(如知识产权、继承权等)。如果人格权不能单独成编，知识产权等含有人格权内容的权利也便很难在民法典中确立其应有的地位。由于在民法体系中以权利的不同性质作为区分各编的基本标准，故人格权单独成编是法典逻辑性和体系性的内在要求。1986 年的《民法通则》之所以受到国内外的广泛好评，被称为权利宣言，很大程度上就是因为它列举了包括人格权在内的各项民事权利。该法对人格权的列举具有划时代的进步意义，明确了“人之所以为人”的基本人格权，使得民事主体可以运用法律武器同一切侵犯人格权的行为作斗争。《民法通则》颁布后，人们才意识到伤害、杀人等行为不仅构成犯罪，而且在民事上构成了对他人生命健康的损害，这种损害可以获得私法上的救济；几十年来甚至几千年来人们第一次知道，作为社会中的人，我们依法享有名誉、肖像等人格权利，这就是确认权利的重大意义。如果在民法中设立独立的人格权编，进一步对人格权予以全面确认与保护，并确认民事主体对其人格利益享有一种排斥他人非法干涉和侵害的力量，同时也赋予个人享有同一切“轻视人、蔑视人、使人不成其为人”的违法行为作斗争的武器，将使公民在重新审视自己价值的同时，认真尊重他人的权利。[69] 这必将对我国的民主与法制建设产生重大而积极的影响。

人文关怀价值的引入，导致民法体系的另一变化就是侵权责任法的独立成编。这一问题曾经引发了激烈的争议，[70] 随着我国《侵权责任法》的制定和颁布，这一问题已经告一段落，但并不意味着争论的终结。学界对未来民法典中侵权法与债法相分离而独立成编的质疑仍然存在。笔者认为，这一问题的争论，不能仅从形式的层面来观察和理解，更应当从民法的人文关怀层面理解。现代民法较之于传统民法，不仅仅强调对财产权的保护，而且强调对人身权的保护，甚至是优位保护。为强化对受害人的保护，总体上，各国在侵权责任法方面都出现了从单一的损害赔偿向多元化救济发展的趋

〔69〕 李丽慧：《浅议人格权在民法典中能否独立成编》，载《黑龙江省政法管理干部学院学报》2002 年第 3 期。

〔70〕 参见王利明：《合久必分：侵权行为法与债法的关系》，载《法学前沿》（第 1 辑），法律出版社 1997 年版；王利明：《论侵权行为法的独立成编》，载《现代法学》2003 年第 4 期。

势。侵权责任的多样化，虽不改变侵权法主要为补偿法的性质，但也可产生多种责任形式。而损害赔偿之外的责任形式并不是债的关系。侵权责任法独立成编有利于为受害人提供统一的救济手段或方式。为了强化对受害人的救济，侵权法建立了综合的救济模式，如与保险、社会救助等衔接。所有这些都表明，仅仅将侵权法纳入债法体系，已经无法容纳侵权法的内容。只有侵权法独立成编，才能使侵权法对人文关怀的价值表现得更为彻底和充分。

五、人文关怀与我国民法的未来走向

我们目前已经基本构建起以宪法为核心、以法律为主干，包括行政法规、地方性法规等规范性文件在内的，由七个法律部门、三个层次法律规范构成的中国特色社会主义法律体系，为市场经济构建了基本的法律框架，保障了社会经济生活的正常秩序。从立法层面而言，虽然各法律部门中基本的、主要的法律已经制定，但由于民法典仍未最终完成，因而法律体系的整合、完善的任务仍然相当繁重。如何使我国法律体系为社会主义市场经济和民主政治的发展、为和谐社会的积极构建发挥应有的作用，必须要在民法典中明确价值取向，并以此为指引，构建科学、合理、富有时代气息的民法典体系。基于这样的背景，讨论民法的人文关怀价值，并非是为了满足形而上的学术偏好，而是旨在解决中国民事立法和司法实践中的价值选择问题。在我国这样一个长期缺乏民法传统的国家，虽然已经建立了初步的法律秩序，但是依靠现存民法还不足以为市场经济提供有效的制度支撑。如何在社会、经济发展到达一个新阶段的情况下，更新法律理念，更好地适应社会的发展，使民法更有效地发挥其法律功能，从而使整个法律体系发挥其应有的作用，乃是摆在我们面前的紧迫任务。

如同我国法律体系是一个开放的体系一样，民法也处于动态的发展过程之中，在不同的历史时期承载着不同的历史使命，体现出不同的功能和特点。从我国的民事立法历程来看，在改革开放初期，佟柔提出商品经济论主要是从民法对交易关系的作用来构建整个民法体系。此种思想奠定了民法的基本框架和理念，其论证的逻辑依据是从罗马法到法典化时期的民法典都强调以财产法为中心，以规范财产的流转为论证的依据。其历史功绩在于使我们真正认识到民法在市场中的作用，即如果实行市场经济，就应当确立民法作为平等主体之间法的地位。同时，我们应当建立市场的基本规则，即民法的规则，包括主体、所有权和债权。这三项制度确立了市场经济的基本规则。按照佟柔的看法，发达的商品经济是人类社会自身发展的不可逾越的阶段。因此，我国民法必须担负保障商品经济秩序和促进经济发展的重要功能。[71] 这一理论作为民法学中的重要创新，奠定了我国民事立法的基础。改革开放30多年来，我国民法走过了西方国家数百年的发展历程，可以说，商品经济的民法观居功至伟。

随着我国市场经济体制的确立，市场化和工业化得到了充分发展。在我国已成为世界第二大经济体，物质财富有相当的积累，人民生活有相当改善的情况下，我们应当进一步考虑民事立法的任务，不仅仅是为市场经济奠定基本框架，还要承担对人的关怀的更高目标。我国社会正处于快速转型期。所谓转型，包括多层意义上的转变。从经济角度来看，是从计划经济向市场经济转变，从农业社会向工业文明转变，从不发达国家向现代国家转变；从社会角度来说，是从熟人社会向陌生人社会转变；从文化角度来看，是从一元价值观向多元价值观转变。在社会转型期，各种社会矛盾加剧，社会生活变动不居，这就为民法典中制度规则的确定带来了困难。[72] 30多年来，在经济迅速发展的同时，利益格局更为复杂，社会矛盾和纠纷也日益加剧，如征收拆迁过程中的矛盾、资源和环境的紧张等。这些问题的妥善解决，都需要我们回到人本身，重新思考如何实现人的全面发展，而不仅仅是片面追求GDP的增长。我们的法律体系需要应对这样一种社会转型现实，尤其是需要制定一部面向21世纪的，有中国特色、中国气派，在世界民法之林中有独特地位的民法典，更应当因应社会经济发展需要，引入人文关怀，不固守19世纪西方价值体系和形式体系，将其奉为圭臬，而应当从中国的现

---

〔71〕 参见佟柔、王利明：《我国民法在经济体制改革中的发展与完善》，载《中国法学》1985年第1期。

〔72〕 参见“百名法学家百场报告会”组委会办公室：《法治百家谈》（第1辑），中国长安出版社2007年版，第444页。

实需要出发,强化人文关怀,在价值体系和形式体系上有所创新,有所发展。

要深刻意识到我国民法在新时期的历史使命。未来的民法典应当以人文关怀为基础,这一方面要按照人文关怀的要求构建民法典的价值体系。民法典的价值理性,就是对人的终极关怀。在民法理念上,除了强化意思自治以外,还要以人的尊严和自由作为同样重要的价值,并贯彻在民法的制度和体系之中。在制定法律的过程中,应充分考虑社会相对弱势群体一方的利益和诉求,给予相对弱势的一方充分表达自己意思的途径,充分尊重其人格尊严,保障其合法权益。另一方面,要秉持人文关怀的理念来构建民法的内在体系。在规范财产权利和财产流转的同时,以人文关怀作为制度设计的基础,除了要维持既有的财产权体系之外,还应当增加独立成编的人格权制度和侵权责任制度,并且在民法的其他领域,也要弘扬人文关怀精神。人文关怀要求始终保持一种正义的理念,秉持一种对人的尊严的尊重和保障。法律蕴含着人的精神和正义感,而不是动物界的丛林规则,法律是世俗的博弈,是游戏的规则,但法律是使人们的行为服从规则治理的事业,而不是使人们服从强力统治的工具。[73]

强调人文关怀,并非意味着民法要全面转型,要否定既有的价值理念和制度体系。事实上,民法在今天并没有处于此种危机状态,也不需要克服此种危机。民法只是要在原有的价值体系基础上,增加新的价值理念,使其更富有活力。民法只是在不断地延续过去、扩展过去,而不是在否定过去。以现代的观点看,19 世纪的民法确实存在"重物轻人"的现象,但这是与当时的历史阶段相吻合的。在我国改革开放初期的民法重视在市场经济中的作用,这也与当时的形势相适应。今天,我们应当适应变化了的社会需要,发展民法的价值,扩展民法的功能,使中国的民法永远保持青春和活力。

民法的适用更应贯彻以人为本的理念。在司法过程中,对于法律条文中尚不全面的部分,在具体个案中,在解释法律和适用法律时,在不违背法律基本原则的情况下,尽量采取倾向于相对弱势一方的解释。人文主义是一个逻辑严密的高度一致的理论体系,人文学科(the humanities)就是通过

---

〔73〕 参见侯健、林燕梅:《人文主义法学思潮》,法律出版社 2007 年版,第 28 页。

人文教育发挥人的潜能、培养人的品性,把人塑造成完美的人。[74] 法律人不是机械适用法律的工具,所面对的是现实社会具体的社会冲突和矛盾,往往具有复杂的背景和社会根源。对此,在法学教育中,要培养学生的人文情怀和素养,使其在未来的工作中更顺利、有效地化解社会冲突和矛盾。人文关怀在法学教育中的体现,要求从人的视角上看待人,既不能采用机械主义的思维模式,也不能采用功利主义的思维模式,不能把人简单化。梅利曼曾经警告过分僵化的法律适用模式:"大陆法系审判过程所呈现出来的画面是一种典型的机械式活动的操作图。法官酷似一种专业书记官。"[75] 这种模式实际上过度强调了法律形式主义和概念法学,完全把法律看作一个逻辑三段论的自然衍生。与之相对,人文关怀要求始终保持一种正义的理念,秉持一种尊重人格尊严的态度。法律是理性的,也是情感的;法律是意志的产物,但是意志应当受到正义的指导。[76] 人文关怀是法官应当秉持的一种情怀,拉近法官与民众的距离,使司法为民不仅仅体现在口号上,更体现在具体的案件中。

(本文原载于《中国社会科学》2011 年第 4 期)

---

〔74〕 参见侯健、林燕梅:《人文主义法学思潮》,第 7 页。
〔75〕 参见约翰 · 亨利 · 梅利曼:《大陆法系》,顾培东、禄正平译,法律出版社 2004 年版,第 36 页。
〔76〕 参见侯健、林燕梅:《人文主义法学思潮》,第 28 页。

经济法

论公民环境权

吕忠梅

环境法作为国家保护公民的环境权益以及赋予公民参与环境管理权利的法律，必须有自己的理论基础，这便是环境权[1]理论及立法实践。环境权是在国际社会两度引起高潮的课题，而我国关于这方面的系统研究成果不多。本文拟从历史与现实两方面探讨环境权的一些基本理论问题，以拓展我国环境法的研究领域。

一、环境权的提出

自 20 世纪以来尤其是第二次世界大战以后，环境问题日趋严重，“环境危机”成为威胁人类生存、制约经济发展和影响社会稳定的直接因素。在西方发达国家公害事件不断、污染严重和发展中国家贫困与人口压力巨大、资源破坏严重的形势下，世界各国一方面致力于运用技术手段治理污染，另一方面也在努力寻求解决环境问题、保护和管理环境的理论依据和法律依据。60 年代，在联合国大会组织下，西方国家展开了关于公民要求保护环境、要求在良好的环境中生活的法律依据的大讨论，引起世界瞩目。1966 年，联大第一次辩论人类环境问题，在各成员国充分发表意见的基础上，大会取得共识，认为有必要召开一次专门会议共商环境保护大计，这便是 1972 年斯德哥尔摩人类环境会议的由来。

70 年代初，诺贝尔奖获得者、著名的国际法学者雷诺·卡辛向海牙研究院提交了一份报告，提出要将现有的人权原则加以扩展，以包括健康和优雅

---

〔1〕 本文所称公民环境权与环境权系同一概念，即环境权仅指公民环境权，不包括所谓的“法人环境权”与“国家环境权”。

的环境权在内,人类有免受污染和在清洁的空气中生存的相应权利。卡辛认为,环境权具体应包括保证有足够的软水、纯净的空气等,最终保证人类得以在这个星球上继续生存。

1970 年 3 月,国际社会科学评议会在东京召开了"公害问题国际座谈会",会后发表的《东京宣言》指出:"我们请求,把每个人享有其健康和福利等要素不受侵害的环境的权利和当代传给后代的遗产应是一种富有自然美的自然资源的权利,作为一种基本人权,在法律体系中确定下来。"从而更为明确地提出了环境权的要求。

这些观点,为欧洲人权会议迅速接受。从 70 年代初,欧洲人权会议便组织了 80 人的专家委员会,致力于将"人类免受环境危害的在这个星球上继续生存下去的权利"作为新的人权原则进行国际法编纂。1971 年,欧洲人权会议将个人在洁净的空气中生存的权利作为一项主题进行了讨论,继而在 1973 年维也纳欧洲环境部长会议上制定了《欧洲自然资源人权草案》,肯定地将环境权作为新的人权并认为应将其作为《世界人权宣言》的补充。欧洲人权会议还为环境权的确立进行了广泛的工作,旨在引起全世界对环境权的重视,使其成为世界性的而不是为欧洲所特有的概念。

环境权为世界所接受充分地表现在 1972 年《人类环境宣言》中,该宣言第 1 条庄严宣告:"人类有权在一种能够过尊严的和福利的生活环境中,享有自由、平等和充足的生活条件的基本权利,并且负有保证和改善这一代和世世代代的环境的庄严责任。"

一些国家在《人类环境宣言》的影响下,开始了环境权的立法实践:如南斯拉夫、波兰、葡萄牙、智利、巴西、匈牙利等国在其宪法或环境保护基本法中确认了环境权;再如希腊、巴拿马、菲律宾、泰国、瑞典等国则在宪法中体现了保护公民环境权的内容。日本和美国还广泛地受理了以保护环境权为案由的案件,开始了有关环境权的司法实践。

二、环境权的含义与性质

环境权理论提出后,引起了学者们的高度重视。之所以如此,盖因其于环境保护的重要性所致。公民在健康优美的环境中生存的权利,实为公民与生俱来的应有权利。[2] 环境问题的产生及其恶化,使公民产生了保护环境的权利要求,生态学和环境科学的发展更使国家具备了保护这一权利的物质手段。因此,国家应及时将这一应有权利奉为法律权利。而在现代社会权利法定原则下,环境权的法律化是使环境权利得到保障的前提条件,也是国家担当环境管理职责的法律依据。

在关于环境权能否成立的争论中,始终存在"肯定说"和"否定说"两种观点。[3]

"否定说"认为,保护环境的确需要法律依据,目前法律在这方面存在缺陷,但只要扩大传统的人格权和财产权的保护,以及更新侵权理论,就足以弥补传统法律的缺陷,不必要再确立一个概念模糊的环境权。笔者认为:这种观点至少是在没有全面正确地理解环境权的真正含义,并在传统的以私权为中心的法律观指导下提出来的。环境权是为克服和弥补传统法律理论和法律制度在环境保护中的缺陷和不足而产生的一项新的权利:

1. 传统的以所有权为核心的财产权理论及制度不利于环境保护。首先,在传统所有权理论中,所有权的客体只能是人力能够支配和控制之物,而作为环境要素的空气、水体、野生动植物尤其是生态系统因不能为人力所支配和控制,因而不能成为所有权的客体;其次,所有权作为一种自物权,是主体依法对自己的所有物享有的权利,任何人无权对与其无关的财产提出权利要求,据此,公民无权对环境要素提出权利要求。在这样的所有权理论下,公民是不可能提出环境保护的要求的。虽然在传统民法上也有他物权制度,因为它只是作为所有权制度的补充,也难以在环境保护方面发挥大的作用。因此,限制所有权、改变以财产所有为中心的立法指导思想是环境法的首要任务。

2. 人格权理论及制度关于生命健康权的保护对于环境保护也是不足

---

〔2〕 应有权利是权利的初始形态,它是特定社会的人们基于一定的社会物质生活条件和文化传统而产生出来的权利需要和权利要求,是主体认为或被承认应当享有的权利。在此,特指环境权为狭义的应有权利,即应当有而且能够有但还没有法律化的权利。参见张文显:《法学基本范畴研究》,中国政法大学出版社 1993 年版,第 106 页。

〔3〕 环境权理论中学说很多,笔者对其进行了归纳,将各种学说分为"肯定说"和"否定说"两类。

的。首先,生命健康权的保护以对人身权的直接侵害为构成要件,而环境污染和破坏行为在大多情况下不具备这一特征;其次,衡量是否造成生命健康权侵害的标准是医学标准,尤其是对健康权的侵害是以产生疾病为承担责任的标准。而在环境保护中,造成疾病已为环境污染和破坏的最严重后果,环境法要以保护环境的清洁和优美作为立法目标,以环境质量作为承担责任的依据。

3. 传统的侵权理论围绕所有权和人格权的保护确立的一系列保护原则难以适用于对环境的保护。共同侵权行为的共同故意原则、直接因果关系原则、时效原则、过错责任原则等,这些原则在环境保护方面都难以适用。如果依照传统民法理论适用这些原则,其结果只能是使受害者得不到保护,加害者逍遥法外。这样的理论也显然不能适应环境保护的要求。

尽管在现代民法理论中财产权、人格权及侵权理论都在发展,但它们离环境保护的要求相差甚远:首先,环境保护要以协调人与环境的关系为终极目标;其次环境保护要以整个生态系统为保护对象,包括保护环境的优美和舒适;再次环境保护要以预防环境污染和破坏为主要手段,环境污染和破坏的后果是难以补救甚至无可逆转的,因此,对环境保护而言防患于未然的意义远甚于"亡羊补牢"。这些都不是财产权、人格权及侵权理论和制度所能胜任的,如果硬要传统的法律理论完全适应环境保护的要求,那么只能使这些理论失去其存在的基础而变质,而且也难免挂一漏万,使受传统民法制度保护的那些权利得不到妥善保护。因此,只有在新的理论指导下产生的环境保护制度才有利于保护环境,全面地保护公民的环境权益。当然,传统的民法理论适应经济发展的要求,体现环境保护的观念,并在不改变其自身属性的前提下发挥保护环境的作用也是十分必要的。

环境权正是这样的为公民环境保护所需要,而传统法学理论与制度又未加规定的一项应有权利。笔者在此将这一权利定义为:公民享有的在不被污染和破坏的环境中生存及利用环境资源的权利。它包括如下含义:[4]

---

〔4〕 参见叶明照:《自然保护中的公民环境权》,载《中国自然保护立法基本问题》,中国环境科学出版社1992年版,第40页。

1. 环境权的主体包括当代人和后代人，因为地球并不仅是祖先留给我们这一代人的，它也属于我们的后代，环境权应由当代人和后代人共同享有。

2. 环境权的对象包括人类环境整体。它既包括天然的环境要素和人为环境，还包括各环境要素所构成的环境系统的功能和效应，如生态效益、环境的优美舒适等。

3. 环境权是一项概括性权利，它可以通过列举而具体化。如在美国的一些州宪法中将环境权作了具体的规定，包括清洁空气权、清洁水权、免受过度噪声干扰权、风景权、环境美学权等；在日本的一些判例中列举的环境权包括清洁空气权、清洁水权、风景权、宁静权、眺望权、通风权、日照权、达滨权等。

4. 环境权是权利与义务相对应的。保护环境是每个公民的权利，也同时是每个公民的义务，在享有环境权利的同时承担保护环境的义务是现代权利观的基本要求。

在环境权的"肯定说"中，学者们对于环境权的性质也存在不同认识，主要有四种学说：

1. 人权说。[5] 即认为公民的环境权是一项人权，或是人权的一个组成部分。如日本学者松本昌悦认为：《人类环境宣言》把环境权作为基本人权规定下来，环境权是一项新的人权，是继法国《人权宣言》、苏联宪法、《世界人权宣言》之后人权历史发展的第四个里程碑。

2. 人格权说。[6] 由于环境权的主体是公民，而公民的环境权益包括了人身权益，又由于侵害环境权的后果往往表现为对公民身体健康的损害，因此，有人认为环境权属人格权。在日本的一些判例中就将侵害环境权的行为视为侵害人格权，如1970年大阪国际机场公害案和1980年的伊达火力发电厂案的判决。

3. 财产权说。[7] 此说认为，环境权是一种财产权，如美国密执安大学教

---

〔5〕 参见《国外法学知识译丛》，知识出版社1984年版，第317页。

〔6〕 [日]野村好弘：《日本公害法概论》，康树华译，第239页。

〔7〕 程正康：《环境法概要》，光明日报出版社1984年版，第43页。

授萨克斯认为,空气、阳光、水、野生动植物等环境要素是全体公民的共有财产;公民为了管理他们的共有财产而将其委托给政府,政府与公民从而建立起委托人和受托人的关系。政府作为受托人有责任为全体人民,包括当代美国人及其子孙后代管理好这些财产。未经委托人许可,政府不得自行处理这些财产。

4. 人类权说。[8] 此说认为,环境权是指人类作为一个整体或地球上的所有居民共同享有的权利。

此外,关于环境权的性质还有财产权兼具人格权说等。

笔者认为,以上各种学说都揭示出了环境权的某个或某些本质特征,包含着对环境权的真理性认识。但是人格权说与财产权说均只反映了环境权某一方面的功能特征而失之片面,人类权说则因为难以具体化为公民权利而失之笼统,至于财产权兼具人格权或人格权兼具财产权说则本身并没有确定环境权的性质。因此,环境权应该是公民的一项基本权利,是现代法治国家公民的人权。

首先,环境权作为一项人权已为一系列国际法文件所肯定。除《人类环境宣言》明确宣布了环境权外,其他如《社会进步和发展宣言》《内罗毕宣言》等都对环境权作了阐述。1966 年 12 月 9 日签署的《经济、社会及文化权利国际盟约》第 11 条宣布:"本盟约缔约国确认人人有权享受其本人及家属所需之适当生活程度,包括适当之衣食住及不断改善之生活环境。缔约国将采取适当措施确保此种权利之实现,同时确认在此方面基本自由同意之国际合作极为重要。"[9]

其次,环境权作为一项基本人权,其核心是生存权。环境是公民作为生物个体生存的基本物质条件和空间场所的提供者,是人类生存的必要条件,保护环境的目的在于保证人类的生存繁衍,因此,环境权的最低限度标准不是单纯的医学上划分疾病与健康的标准。环境权不是公民个人对其择住环境的占有、使用、处分权,因而不是财产权;环境权也不是要求他人不直接侵

[8] 张文显:《法学基本范畴研究》,中国政法大学出版社 1992 年版,第 103 页。

[9] 王铁崖主编:《国际法资料选编》,法律出版社 1981 年版,第 158 页。

害公民生命健康的权利,因而它也不是人格权。环境权始终以环境作为权利客体,要求实现人类价值观的彻底转换,是建立在人与自然和谐共处的基础上的新型权利。

最后,公民环境权具有作为人权的本质属性,这些属性可归纳为:

1. 整体性与个体性的统一。确立和实现环境权是为了达到保护人类生存环境的目的,正因为环境是每个人生存必不可少的物质条件,而环境污染和破坏正威胁着这种物质条件,才产生了当代人和后代人对环境权的要求;环境污染和破坏的后果将影响这一代人和后代人的生存质量,环境权保护的结果表现为环境质量的改善和人与自然关系的协调,即通常所称的产生环境效益,环境效益也是这一代人和后代人可以共享的。任何人在当今社会都不可能脱离环境条件独善其身,也不可能以任何方式独占环境利益。因此,环境权具有强烈的整体性,是通过个人权利形式体现的真正公共权利或“人类权利”。但环境权的整体性中又包含着个体性,其核心是人的生存权,是人成其为人或继续作为人生存的权利,这是人的首要权利,是每个人都应平等享有的权利,这一权利不能受到限制或剥夺,剥夺了公民的环境权,就等于剥夺了人的生存基础。虽然其他权利可能因种种原因而丧失,如财产权可能因处分而转移,公民的政治权利可能因受刑事处罚而被剥夺,而公民的环境权则是与生俱来、不可剥夺的。正是由于这种整体性与个体性的统一,使环境权的行使,既可以是集体行为,也可以是个人行为,而对这一权利的救济,既需要采取公法手段,也需要采取私法手段。

2. 长远利益和眼前利益的统一。环境权所包含的利益是多重的,其实现的目的是当代人和后代人的持续生存和发展,同时也是为了每个公民个人更好地生存,因而环境权所体现的是整体利益与个人利益、长远利益和眼前利益的结合,环境权的这种属性,要求现代社会中的人作为人必须与自然建立和谐、尊重的关系,必须克服利己主义倾向,改变功利主义的环境观,“我们在决定在世界各地的行动的时候,必须更加审慎地考虑它们对环境产生的后果。由于无知或不关心,我们可能给我们的生活和幸福所依靠的地球环境造成巨大的无法挽回的损害。反之,有了比较充分的知识采取比较明智的行动,我们就可能使我们自己和我们的后代在一个比较符合人需要和希望的环境中过着较好的生活”。[10] 正是因为环境权的这种利益多重性使它具有比其他法律权利更高的价值取向和人性标准，才产生了环境保护立法中的环境权保护的法律手段多样性、法律责任多元性的特征，前者如综合运用行政法、民法、经济法、刑法、诉讼法手段保护环境；后者如法律责任的加重，归责原则的客观化和责任追究的程序简化，等等。

3. 权利与义务的对应性。任何权利都是或应当是与义务相互依存的，而且权利的实现往往是以义务的履行为条件的。环境权也不例外，在环境保护中，任何人都是权利主体，同时也是义务主体，不容许无义务的权利，已不容许存在无权利的义务。因此，每个公民的环境权是平等的，每个人在享受环境权的时候，都必须尊重和维护别人的权利。环境保护又是与科学技术发展紧密联系的，公民环境权利与义务的确定，都必须具有环境科学依据并符合生态规律。因此，环境权的权利与义务的对应性使得环境法整体具有强烈的科学技术性。这种科学技术性表现为环境法律规范中的技术规范占有很大比重，环境保护制度的建立莫不与技术规范直接联系。

4. 权利实现方式的多元性。环境问题的特点是污染和破坏容易，治理与恢复困难，有些环境污染与破坏如矿藏资源枯竭、物种灭绝都是不可逆转的，因此环境保护重在预防，防止危害环境的后果产生。与之相适应，环境权的保护也是如此，应将重点放在事前的预防上。就此而言，环境权的实现方式也必须是体现以预防为主的指导思想，这就要求环境立法除了通过加重法律责任、扩大环境诉讼的范围等消极措施保护环境权外，还要以广泛赋予公民参与环境管理的权利的积极方式，调动广大公民的环境保护积极性、主动性和创造性，积极促进环境权的实现。

通过对环境权性质的分析，不难发现：环境权的人权属性是环境保护立法特殊性的根源。环境权的整体性与个体性的统一决定了环境法调整对象的广泛性和环境法立法宗旨的公益性。环境权的长远利益与眼前利益的统一决定了环境法律手段的综合性和法律责任的多元性；环境权的权利与义务对应性决定了环境法律规范的科学性和生态性；环境权实现方式的多元

[10] 《人类环境宣言》序言六。

性则决定了环境法结构体系的完整性。也正是在这个意义上,笔者认为,环境权理论及法律化是环境法理论及实践得以建立和完善的基础。

三、环境权的认识论基础

环境权是以环境为权利客体的,它的建立以人类的环境观为基础。环境权理论与实践在国外两度引起重视,莫不与人类环境观的变化直接联系。

人类环境观是指人们对客观环境的看法和观点、观念的总和,它是人们处理人与环境的关系的指导思想。人类的环境观是随着生产力的发展和科学技术的进步而发展变化的,迄今大致经历了三个历史阶段和三种观念形态。[11]

第一阶段是人类畏惧自然、崇拜自然阶段。这是在古代生产力水平发展低下,人类尚不能摆脱自然的控制和威胁时期的必然表现。此时的环境观为对自然力的畏惧心理和盲目崇拜观念,要求人对自然的绝对服从。

第二阶段是人类无视自然、主宰自然的阶段。这是近代社会生产力发展和科学技术进步的结果,社会生产力的提高以生产工具的不断革新为前提,人类环境观的转变也以先进生产工具的使用为物质条件。尤其是在产业革命以后,人类征服自然的能力空前扩大,从而产生了无视自然、主宰自然的观念,出现了人类中心主义的价值取向,以人统治自然为指导思想。在这种观念的指导下,人类无限制地作用于自然和改变自然,拼命地向自然索取,对自然资源和自然环境采取掠夺性的态度,不断地加剧人与自然的冲突和对立。在这样的观念下,环境权是无从建立的。

第三阶段是重视自然,与自然和睦相处、协调发展阶段。环境危机的威胁、现代科学技术的发展促使人重新认识与自然的关系,人们开始由无视自然的陈旧观念向重视自然、与自然和睦相处的观念过渡,从人类中心主义的价值取向过渡到人与自然和谐相处与发展的价值取向。在这种观念下,人类才有可能将自己的善恶观、良心观、义务观等道德观念扩大至自然界中的

---

〔11〕 参见杨朝飞:《人类环境价值观的思考与选择》,载《环境理论与实践》,中国环境科学出版社1993年版,第241~244页。

一切实体,并重新确立生命和非生命的自然物在自然界中存在的合理性和价值,从而产生了环境保护的要求,也才产生了环境权的要求。众所周知的《人类环境宣言》被认为是人类新的环境观产生的标志,而正是该宣言明确宣布了公民环境权,这不能说是巧合,只能充分证明环境权是现代环境观的产物。

从1972年《人类环境宣言》发表至今的二十几年间,国际环境保护掀起了两次高潮,环境权理论也经历了两次发展。从这里可以看到:现代环境观作为一次革命性变革,是与传统环境观的长期影响作斗争的过程;而环境权的实现,也要有"为权利而斗争"的过程。这其中还有认识论和方法论的转变过程。

70年代初期,环境权理论提出之时,人类环境保护的视野开始从自然科学领域向社会科学领域拓展,先污染后治理的惨痛教训和单纯科学技术手段难以奏效的现实迫使人类寻求管理环境的新途径。《人类环境宣言》的发表标志着人类已认识到环境问题的解决不仅要认识它的自然因素及其变化规律,而且要认识它的社会因素及其变化规律。但是,认识到自然因素和社会因素这两方面本身并不是目的,最终要将这两方面的认识统一起来,为解决环境问题,实现人类与自然协调发展提供理论依据。正是在人们初步认识到环境问题的社会因素后才提出了环境权理论并进行了研究,开始了立法实践。但由于当时人类认识水平的限制,加之环境问题的全球性后果尚未显现,局部地区严重的环境污染经过治理得到了一定程度的改善,使人们对环境问题的威胁感到舒了一口气,有些松懈。在70年代末至80年代中期,环境权理论曾一度衰落。客观地说,在当时传统的环境观仍占主导地位的情况下,环境权理论也不可能得到深入研究和大力倡导。直到80年代后期,大规模的环境污染如切尔诺贝利核电站爆炸、墨西哥液化气爆炸、意大利塞维索剧毒性化学品泄漏等危害巨大、后果极其严重的污染事件频繁发生,过去长期以来排放二氧化碳、氮氧化物等大气污染物的积累性后果开始显现为全球性酸雨、温室效应和全球性气候变化以及臭氧层破坏。老的环境问题尚未解决,新的环境问题已经出现,并且老的环境问题还在以新的形式出现。面对如此严峻的环境问题,人类才真正开始反思自己过去的行为,认真思考人类与环境的关系,要求建立以尊重自然为核心的伦理道德观。正是在这样一种全新的环境观下,环境权理论重新受到了重视。

笔者认为,环境权理论研究的停滞反映了认识论上的局限性。过去研究环境问题分别从自然科学和社会科学的角度展开,而这两个领域认识问题的角度是不同的,从自然科学的角度看,人是自然界的产物,是自然界的一个有机组成部分,是生态系统中的消费者,因此人要依赖自然,服从自然规律,在环境意义上尤其要服从生态规律。从社会科学的角度看,人类最基本的活动是生产活动,而生产活动是人类能动地改造自然的物质活动,因此,人是自然环境的改造者,而自然环境是被人改造的对象。可见,自然科学将自然环境作为人与自然统一的基础,而社会科学将人作为人与自然统一的基础,并且各自都有自己的根据和理由。而作为法学范畴的环境权,既要从社会科学的角度体现其调整人与人关系的特性,又要使这种调整符合生态规律的要求,实现协调人与环境的关系的目的。它所碰到的首要难题当然是对人与自然的本质关系的认识问题。不从世界观的高度将环境问题纳入哲学视野,环境权理论也无从建立。

近年来环境理论与环境哲学的发展,使人们对环境权理论的哲学基础获得了新的认识:一方面,人与自然是一种依赖、服从关系,人作为生物体是自然界的一部分,要参与自然环境的物质循环和能量流动,依赖自然环境提供物质生活资料,要服从自然环境运动规律;另一方面,人与自然又是一种改造、创造关系,人作为自然界的一个特殊组成部分和最高产物,具有能动性,人以其心理的、社会的及文化的因素影响自然环境,通过社会劳动有目的、有意识地改变环境,创造属于人的自然界。[12] 可见,人与自然环境的关系,是一种既相互服从又相互制约的对立统一关系,二者统一的基础既不是自然环境,也不是人,而是人类的能动性活动,即人的实践活动。环境权作为一项法律权利,正是通过法律的形式规范人们的实践活动,禁止或限制不利于环境保护的行为,实现协调人与环境关系的目的。

---

〔12〕 参见张文然:《现代环境理论的形成》及余昌谋:《全球环境变化的人类因素》,载《环境理论与实践》,中国环境科学出版社 1993 年版,第 15 ~ 31 页。

正是基于人与环境关系的这种认识,笔者才认为,现在的环境权理论是建立在全新的环境观上的全新理论,这种新的环境观至少包括如下内容:〔13〕

1. 人类不过是地球生态系统中的一个富有智慧和知识的普通成员,是自然界的一部分。从根本上讲,人类一时一刻也不能脱离自己赖以生存的环境,毁坏环境,就等于毁坏了自己。

2. 自然界能够为人类发展提供的资源是有限的,自然环境的容量是有限的,自然界的发展变化是有客观规律的。因此,人类在寻求发展、改造自然的时候,必须自觉地约束自己,尊重自然,尊重自然规律。

3. 生态环境和自然资源不只是某些拥有技术、装备和资金的少数人的财富和私人财产,它属于生活在这个星球上的每一个人。因此,在环境面前人人都有自己的权利——享受良好环境与开发使用资源的权利,同时也都应当义不容辞地承担保护与改善环境的义务。

4. 环境与资源不仅仅属于我们当代人,而且更应属于后代人。因此,当代人绝不能一味地、片面地、不公正地、甚至是自私地只是追求当代人的利益,而应当在寻求当代人的利益与发展中保护好环境,为后代人的发展留下更加适宜的机会,确保自然资源的永续利用,实现人类持续发展。

5. 人类应当及时、坚决、彻底地纠正以自然界主人自居,将自然界仅仅当作自己的仆人与玩物,把对自然界的破坏性改造当作人类战胜自然的成果与标志的错误观念,毫不犹豫地将渗透在人类长期以来精心构造在历史文明之中的那些无视自然的愚昧、野蛮的旧的文化观念及陈规陋习从人类优秀历史文化的遗产中分离出来,真正建立起一种既符合人类持续发展的主观需要,又符合生态环境自然规律客观要求的、现代化的、人与自然的新型关系——和睦、协调、统一、尊重的关系。

这种全新的环境观将从人的深层意识上调整人与自然、人与人之间的关系,它要求不断完善社会结构和法律制度。可以预见,在实现由以牺牲环境和资源为代价的社会发展模式向人与社会、生态持续协调发展模式转换

〔13〕 参见《中国环境保护行政二十年》,中国环境科学出版社1994年版,第52~53页。

的过程中，环境权将发挥积极的作用。

四、结语

综观环境权的理论与实践，它无论是作为一项应有权利还是法律权利，都有自身完整的含义和基础。它是作为整个环境法产生和发展的基础性权利而存在的。同时，它的性质又决定了环境法的性质和特征，可以说环境法就是围绕环境权保护而展开的。但是，在研究我国环境立法理论与实践时、却明显发现存在对环境权的忽视。这种现象导致两种弊端：一是在理论上关于环境法的研究往往停留在对现行法条的释义上，缺乏深入的系统的理论成果；二是在立法上过于强调国家的环境保护权力，忽视公民的环境权，使得公民的环境权保护要求缺乏法律依据，公民环境保护的积极性难以发挥，很难达到环境法保护环境、协调人类与环境关系的目的。虽然，在我国有学者认为我国的现行宪法和环境保护法都包含有环境权的意义，[14]笔者却认为，根据我国目前环境立法的现状，公民环境权作为一项应有权利是可以肯定的，但它仅仅作为应有权利还不够，我国市场经济体制的建立和环境保护的严峻形势迫切需要使环境权法律化，使其能充分发挥健全环境法律体系、提高公民的环境意识、调动公民环境保护积极性的作用。否则，没有公民的支持与参与，国家的环境管理将是管不胜管、防不胜防。笔者希望，对于环境权理论研究的成果能够引起注意，并对目前正在进行的环境保护立法有所裨益，在进一步加强环境权研究的基础上，确立中国的环境权法律制度。

（本文原载于《法学研究》1995年第6期）

---

〔14〕 参见唐大为：《试论公民的环境权利》，载《环境理论与实践》，中国环境科学出版社1993年版，第315页。

论税收法定主义

张守文

税收法定主义是税法至为重要的基本原则，或称税法的最高法律原则，[1]它是民主原则和法治原则等现代宪法原则在税法上的体现，对于保障人权、维护国家利益和社会公益可谓举足轻重，不可或缺。

税收法定主义已为今世学说所公认，其基本精神在各国立法上亦多有体现。由于它与宪法及其他相关部门法均密切相关，且涉及许多日益突出的现实问题，因而多加研讨定会有助于税制乃至整个法制的完善以及法学研究的深入。鉴于国内学者论及者鲜见，本文拟仅就税收法定主义的几个主要问题略作研讨。

一、对税收法定主义的一般认识

税收法定主义，或称租税法律主义、[2]税捐法定主义，[3]学者对其概念的认识尚未尽一致，但大略可概括如下：税收法定主义，是指税法主体的权利义务必须由法律加以规定，税法的各类构成要素皆必须且只能由法律予以明确规定；征纳主体的权利义务只以法律规定为依据，没有法律依据，任何主体不得征税或减免税收。

税收通常被认为是国家或称公法人团体对符合法定课税要素的主体无偿课征资财以获取财政收入的活动，它是将私人经济主体（企业和个人）的

---

〔1〕［日］中川一郎：《税法学体系总论》，载《当代公法理论》，月旦出版公司1993年版，第607页。

〔2〕［日］金子宏：《租税法》，其中译本为《日本税法原理》，刘多田等译，中国财经出版社1989年版，第47页。

〔3〕陈清秀：《税捐法定主义》，载《当代公法理论》，月旦出版公司1993年版，第589页。

部分财富转为国有的手段，是加在人民身上的负担。正因如此，调整税收关系的税法通常被视为侵权规范，是侵害人民权利的法律；为了使人民的财产权免遭非法侵害，就必须要求税收的核课与征收有法律依据，从而形成了税法上至为重要的原则——税收法定主义。[4]

没有法律依据国家就不能课赋和征税，国民也不得被要求缴纳税款，这一直是税收法定主义的核心。依据民主原则和法治原则，国家征税所依据的法律，仅是指人民行使权力的议会制定的法律或议会授权制定的法规，但最主要、最大量的应是议会制定的法律。由人民通过其代表在议会上自己决定要负担什么税收，并通过议会制定的法律加以确定，这样的法律才是符合和体现民意的；人民交纳其自愿负担的税款，才是合法的。正因如此，行政机关不应有自己决定征税的权力，而只能有执行法律的权力，这也符合一般的公法原理。

税收法定主义因其集中地体现了民主原则与法治原则等宪法原则，因此各国宪法一般也多对其加以规定。事实上，人类争取人权，要求建立现代民主宪政的历史，一直是与税收法定主义的确立和发展密切相关的。为此，有必要从宪法的角度来进一步认识税收法定主义。

二、税收法定主义与我国宪法的完善

税收法定主义的确立，与市民阶级反对封建君主恣意征税的运动不可分割。在“无代表则无税”的思潮之下，形成了征税须经国民同意，如不以国民代表议会制定的法律为根据，则不能行使征税权的宪法原则。税收法定主义对法治主义的确立乃至宪法的出现，均产生了极为重要的影响。[5]

税收法定主义肇始于英国。1215 年的英国大宪章已初露税收法定主义的萌芽；1627 年的《权利请愿书》曾规定，非经国会同意，不宜强迫任何人征收或缴付任何租税或类此负担，从而正式在早期的不成文宪法中确立了税收法定主义。

---

〔4〕 参见前引〔2〕〔3〕，金子宏书，陈清秀文。

〔5〕 前引〔2〕，金子宏书，第 48 页。

此后,各国亦纷纷将税收法定主义作为宪法原则加以确认,尤其是倡导法治的国家,无论其发达程度、地理位置、社会制度、气候条件、历史传统如何,多注重在其宪法中有关财税制度的部分,或在有关国家机构、权力分配、公民权利和义务的规定中,对税收法定主义予以明确规定。例如,科威特宪法规定,非有法律规定,一般不得征收新税、修改或废除旧税。非有法律规定,任何人不得全部免除或部分免除应缴的该项税款。除法律的范围以外,不得要求任何人支付其他税款、费用或承受其他负担。[6] 不难看出,该国宪法要求税收的开征、变更、停征、减免均必须有法律依据,纳税人的负担仅以法律规定的范围为限,这与前述对税收法定主义的概括是较为一致的。

又如,埃及宪法规定,只有通过法律才能设置、修改或取消公共税捐;除法律规定的情况以外,任何人物不得免交税捐;只有在法律规定的范围内,才可以责成人们交纳其他形式的赋税。[7] 这些规定力图说明和强调的是,征税主体必须且只能依法开征、变更、停征或免除税收,纳税主体也只有在法律规定的范围内才有纳税义务。可见,这些规定与前述对税收法定主义的概括也是较为一致的。此外,美国、日本、法国、德国的宪法也在有关税收立法权的规定方面,体现了税收法定主义的精神。[8]

上述立法例表明,前述对税收法定主义的概括,不仅是对学者一般观点的总结,而且也与通常较为完备的宪法规定是一致的。各国宪法在确立税收法定主义时,大略都是从征税主体的征税权与纳税主体的纳税义务这两方面加以规定,并尤其强调征税权的行使必须限定在法律规定的范围内,确定征纳双方的权利义务必须以法律规定的税法构成要素为依据,任何主体行使权利或履行义务均不得超越法律的规定,从而使当代通行的税收法定主义具有了宪法原则的位阶。

税收法定主义在我国宪法上规定并不明确。我国宪法既未对财税制度作专门规定,也未对税收立法权作专门的规定,仅是在公民的基本义务方面

---

〔6〕 参见《科威特国宪法》(1962 年公布)第 134 条。

〔7〕 参见《阿拉伯埃及共和国永久宪法》(1971 年通过)第 119 条。

〔8〕 参见《美利坚合众国宪法》第 1 条第 8 款,《日本国宪法》第 84 条,《法兰西共和国宪法》第 43 条,《德意志联邦共和国基本法》第 105 条。

规定"公民有依照法律纳税的义务",[9]有学者认为,这一规定即揭示了税收法定主义的意旨,[10]但这种观点略显牵强。因为该规定仅能说明公民的纳税义务要依照法律产生和履行,并未说明更重要的方面,即征税主体应依照法律的规定征税,因而该规定无法全面体现税收法定主义的精神。

我国宪法未对税收法定主义作出具体、全面、明确的规定,这确为缺失或不完善之处。国家立法机关为弥补此不足,在《税收征收管理法》中规定,税收的开征、停征以及减税、免税、退税、补税,依照法律的规定执行,任何机关、单位和个人不得违反。[11] 这一规定非常重要,它使得税收法定主义在一部税收法律中而不是在宪法上得到了确立。

宪法的缺失固需弥补,但上述弥补却未必恰当,其效力、效益深受局限。为使宪法乃至整个法制更趋完善,在宪法上全面确立税收法定主义便甚为必要。尽管宪法上的相关规定亦未必能达到应有的实效,但它毕竟统领诸法,使税收法定主义能够在相关法律中得以贯彻,从而能够有助于税收法制的完善,进而能够促进法治昌明,推动经济与社会的良性运行和协调发展。可见,把税收法定主义规定在宪法中,其效力或效益会迥然不同。有鉴于此,可以通过宪法修正案的方式补进体现税收法定主义的规定,以使我国宪法更加完善。

三、税收法定主义的内容及其相关问题

依据上述对税收法定主义的认识,综合学者的不同观点,可以把税收法定主义的内容概括为三个原则,即课税要素法定原则、课税要素明确原则和程序合法原则。前两个原则侧重于实体方面,而后一个原则侧重于程序方面,它们都是税收法定主义不可分割的组成部分和具体体现。

(一)课税要素法定原则

课税要素(Steuertatbestand)是税法构成要素中的实体法要素,是确定纳

---

〔9〕 参见《中华人民共和国宪法》第56条。

〔10〕 参见前引〔3〕,陈清秀文。

〔11〕 参见《中华人民共和国税收征收管理法》第3条。

税人的纳税义务的必备要件。对于课税要素究竟应包括哪些，学者认识历来不尽相同，但通常认为应包括税法主体、征税客体、计税依据、税率、税收优惠等。〔12〕 由于课税要素直接关系到纳税人的纳税义务是否成立以及义务的大小，与个人、企业乃至国家的利益攸关，因此它必须由法律加以规定，从而形成税收法定主义中的课税要素法定原则。

课税要素法定原则要求课税要素必须且只能由议会在法律中加以规定，即只能由狭义上的法律来规定税收的构成要件，并依此确定主体纳税义务的有无及大小。在税收立法方面，议会依据宪法的授权而保留着自己专属的立法权力，除非它愿意授权其他机关立法，任何主体均不得与其分享立法权力。可见，与课税要素法定原则直接联系着的是“议会保留原则”或称“法律保留原则”。由于议会保留着制定法律以及在法律中规定课税要素的权力，因而未经授权的行政机关不得在行政法规中对课税要素作出规定。至于部委规章、法院判决、习惯法等自亦不应觊觎课税要素的确定。

立法机关之所以严格保留课税要素的立法权，是因为税法同刑法一样，均关系到对相关主体的自由和财产权利的限制。税收法定主义与刑法上的罪刑法定主义的法理是一致的，凡涉及可能不利于国民或加重其负担的规范，均应严格由代表民意的议会来制定，而不应由政府决定。因此，课税要素的全部内容与税收的课赋及征收程序等均必须由法律加以规定。〔13〕

（二）课税要素明确原则

依据税收法定主义的要求，课税要素及与之密切相关的征税程序不仅要由法律作出专门规定，而且还必须尽量明确，以避免出现歧义。亦即有关创设税收权利义务的规范在内容、宗旨、范围方面必须确定，从而使纳税义务人可以预测其税收负担。〔14〕 这就是课税要素明确原则。

依据上述原则，有关课税要素的法律规定不应是模糊的一般条款，否则会形成行政机关确定课税要素的自由裁量权。当然，课税要素的“明确”也

---

〔12〕 有人认为还包括“税收客体的归属”。参见前引〔2〕，金子宏书，第93页。

〔13〕 参见前引〔2〕，金子宏书，第50页。

〔14〕 参见前引〔3〕，陈清秀文。

是相对的，为了实现税法上的公平和正义，在一定程度上使用不确定的概念是不可避免的和允许的，如“在必要时”“认为不适当”“基于正当的理由”“按照合理的方法核定或调整”，等等。这类相对不确定的概念在各国税法的规定中也是较为普遍的。但是，不确定概念的使用应做到依据法律的宗旨可以明确其意义，而不能是内容太过于一般、过于空洞的“空白文句”，否则，税法的解释便只能依凭行政机关自由裁断，因而极易导致公权力的恣意滥用。

（三）依法稽征原则

如前所述，依据税收法定主义的要求，课税要素及与其密切相关的、关涉纳税人权利义务的程序法要素均必须由法律予以明确规定，在这一前提下，税收行政机关必须严格依据法律的规定稽核征收，而无权变动法定课税要素和法定征收程序，这就是依法稽征原则，也称合法性原则。依据该原则，没有法律依据，税收行政机关自无权开征、停征，也无权减免、退补，依法征税既是其职权，也是其职责，它无权超越法律决定是否征税以及何时征税，因而不能适用便宜原则。在是否征纳税的问题上，税收行政机关与纳税人一样均无选择权，均必须严格按税法的实体法要素和程序法要素执行。同时，也不允许征纳双方或纳税义务人之间达成变更课税要素或征税程序的税收协议，以排除强行法的适用为目的的一切税收协议都是无效的。

尽管如此，为了保障公平正义，依法稽征原则的适用在如下几种特殊情况下应受到限制：(1)对于纳税人有利的减免税的行政先例法成立时，应适用该先例法；(2)税收行政机关已通常广泛地作出的有利于纳税人的解释，在相同情况下对每个特定的纳税人均应适用；(3)在税法上亦承认诚实信用原则和禁止反悔的法理，以进行个别救济，因而在个别情况下，诚信原则应优先适用。〔15〕

税收法定主义的上述三个具体原则，在理论上和实践中均具有重要意义，对于中国的税收法制建设乃至整个法律建设尤其具有现实的指导意义。因此，有必要从税收法定主义的角度，研讨税收法制中的现存问题。

---

〔15〕 参见前引〔3〕，陈清秀文。

（四）税收法制中现存的主要问题

1. 课税要素法定原则与立法机关的“法律保留”

依据课税要素法定原则，我国的全国人大及其常委会应保留税收立法权，并对各类税法的构成要素作出规定。然而，我国虽经由空前的税制改革建立了新税制，但由立法机关制定的税收法律并不多，且主要集中在原来的涉外税法和税收征管领域，如《外商投资企业与外国企业所得税法》《个人所得税法》《税收征收管理法》《关于外商投资企业和外国企业适用增值税、消费税、营业税等税收暂行条例的决定》等，而真正关系到绝大多数纳税主体的权利义务的税法规范，却体现在由国务院通过的一系列暂行条例之中，亦即行政机关成了规定课税要素的重要主体，这种状况与课税要素法定原则及法律保留原则的要求无疑是背道而驰的。其成因在于我国宪法没有严格确立税收法定主义，没有明确税收立法的专有权，在立法实践中也没有严格依循课税要素法定原则。要改变这种“越权”或“越位”的现状，真正走向法治，就必须在宪法和法律上确立课税要素法定原则，并在实践中严格执行这一原则，这对于我们这个单一制的、法治与市场经济均不发达的国家尤为必要。

此外，尽管课税要素法定原则有时被认为是立法形式或程序上的要求，是实现税收正义的一种形式手段，[16]但坚持这一原则无疑会更有助于在实质上和实体上界定征纳双方的权利，划分税法的立法权和执行权，也便于立法机关监督政府执行税法的活动，使之依法征税，真正做到取之于民、用之于民，为纳税人提供更多更好的公共服务。因此，必须严格执行课税要素法定原则，国家立法机关亦应积极行使宪法赋予的制定法律的权力，其中当然包括制定税收法律的权力，而不应使立法权旁落。

2. 课税要素法定原则与立法机关的“授权立法”

在现代市场经济条件下，市场主体的经济活动日趋复杂，各国均注重运用税收手段加强宏观调控。为了使某些税法规范能及时地、灵活地调整某

〔16〕 田中二郎的《租税法》、新井隆一的《租税法基础理论》等均持此见解。参见前引〔3〕，陈清秀文。

些领域里复杂多变的经济关系，一些国家也存在税法方面的委任立法或称授权立法的情况。尽管如此，在学说上和立法实践中，各国仍多坚持由议会保留课税要素的立法权，同时，议会亦可授权行政机关在某些方面加以具体化，制定实施细则之类的行政法规。

授权立法虽然发展很快，但其利弊亦令人瞩目。为此，许多学者仍认为，尤其在税法领域，议会在授权行政机关制定相关的从属性法规时，在授权的法律中必须就授权的内容、目的及范围等作出具体规定，使人民可以从法律本身预测其税收负担。[17] 此外，从课税要素法定主义的宗旨出发，授权立法仅能限于具体的、个别的事项，一般的、空白的授权是无效的，依据此类授权所制定的行政法规自然亦无效。

我国行政机关的实际立法权限甚为广泛，其利弊得失亦不难得见。在税收实体法方面，除涉外税法外，其他税种的立法均由行政机关完成，这虽然有助于推动新税制大规模地迅速确立，以应时之需，但国务院制定的大量税收行政法规中对课税要素作直接、全面的规定，则与课税要素法定原则不甚相合。基于课税要素法定原则和法律保留原则，有关创设或加重人民税收负担的构成要素的重大事宜，应由立法者自己定之，不应授权以行政命令定之。[18] 因此，立法机关不应授权行政机关对各类课税要素作广泛规定。

我国在1984年进行工商税制改革时，国务院曾向全国人大常委会提出了请求授权其发布试行有关税收条例（草案）的议案，指出鉴于经济形势发展很快，税收条例（草案）尚须在实践中逐步完善，因此请求授权其以草案的形式发布试行，待执行一段时间后，再根据试行的经验加以修订，正式提请全国人大常委会审议，完成立法手续。[19] 据此议案，全国人大常委会作出了授权决定，授权国务院在改革工商税制的过程中拟定有关税收条例（不包括外商投资企业的税收立法），以草案形式发布试行，再根据试行的经验加以

〔17〕 参见前引〔3〕，陈清秀文。

〔18〕 参见前引〔3〕，陈清秀文。

〔19〕 参见《国务院关于提请授权国务院改革工商税制和发布试行有关税收条例（草案）的议案》（1984年9月7日）。

修订,提请全国人大常委会审议。[20]

上述的授权立法,虽然依严格的税收法定主义尚不尽如人意,但仍可认为税收法定主义在一定程度上得到了坚持,对此亦应予肯定。国务院基于课税要素法定原则,认为课税要素的立法应保留在人大及其常委会,若由国务院依据经济发展情况制定探索性的、试验性的条例(草案),则必须经由人大或其常委会授权;而在草案试行成熟后,仍应由人大常委会审议,完成立法手续。这些思想与税收法定主义无疑是相符合的。此外,上述授权法在授权的目的、范围等方面,也是较为明确的。

然而,在经济、社会及法律得到了较大发展的十年后,在1994年施行的、由国务院制定的一系列新的税收暂行条例中,却未见有立法依据的规定。因为这些条例的制定既不是根据人大或其常委会颁行的相关法律,也不是依据国家立法机关专门的授权决定;同时,这次税改又是新中国成立以来规模最大、最广泛、最深刻的,当然也不能牵强地套用1984年的授权决定。因此,若严格依税收法定主义或课税要素法定原则,则可以认为此次税改中制定的各类税收暂行条例是无法律依据的。即使说人大及其常委会是默许授权,则也只能说这种授权是一种一般的空白授权,是不生效力的。当然,此次税改并非毫无依据,中共中央十四届三中全会《关于建立社会主义市场经济体制若干问题的决定》即为其依据。[21] 但政策只是立法的重要源泉,这并不能作为法律依据,而立法则必须要遵循严格的立法程序,要以合法的立法权为基础。为此,必须加快完成税收法律、法规的立法程序,逐步建立税收立法、司法和执法相互独立、相互制约的机制,[22]而为达此目的,则必须坚持税收法定主义,依法明确界定税收立法权、解释权、征管权和调整权等,使相关权力得到有效配置。

课税要素法定原则的被忽视,行政权力的膨胀,已经越来越为人们所重视。有的学者认为,国务院的税收立法数量要比国家立法机关的税收立法

---

〔20〕《全国人民代表大会常务委员会关于授权国务院改革工商税制和发布有关税收条例(草案)的决定》(1984年9月18日通过)。

〔21〕参见金鑫:《社会主义市场经济的税收新体制》,载《中国税务》1994年第3期。

〔22〕参见《国家税务总局工商税制改革实施方案》(1993年12月1日)。

数量多得多,而且有的已明显越权。[23] 此外,授权立法不能没有标准和节制,被授予的权力不能再转授,这是公认的法律原则,[24] 国务院税收暂行条例中的某些课税要素却是由财政部或国家税务总局加以具体化的,这种具体化有的是经过了行政法规的授权,有的是"经国务院批准",即其基础是国务院的再授权。依据课税要素法定原则和被授予的权力不能再转授原则,国务院再授权部、局对课税要素加以具体化的做法应当是无效的。事实上,财政部、国家税务总局为协调不同部门、不同行业、不同主体的利益而发出的层出不穷、千变万化的各类"通知",已使税收法定主义本有的保持法律稳定性和当事人可预测性的机能受到重创,导致纳税人无法进行合理预期,从而严重影响了经济主体的自由和理性的选择,加大了税收成本和市场交易成本,同时也使税法的宏观调控职能难以充分有效地发挥。

可见,课税要素法定原则仍必须坚持。关系到全体国民财产利益的税种,其课税要素的立法权必须由全国人大及其常委会保留,国务院依法可以制定实施细则;涉及课税要素的变动时,也必须由全国人大或其常委会履行立法手续,这与预算须经议会审批、监督实为同理。此外,人大常委会适时修改和解释法律,通过严格的立法程序对法律做适当调整,既有利于维护税法的严肃性、权威性,保护纳税人的合法权益,也有利于维护税法的稳定性和纳税人的可预测性,从而能够更好地运用税法进行宏观调控,实现税法配置资源和保障稳定的职能。此外,任何法律都不是一成不变的,国务院颁布的税收暂行条例已积累了一些经验,但无论其"法律"效力抑或"暂行"问题,均有卖字于税收法定主义,因而应尽快由国家立法机关制定相应的法律以取而代之,然后再依客观实际需要作相应调整,这样才能使我国的税收立法与税收法定主义保持一致。

3. 要素明确原则与依法稽征原则的相关问题

限于篇幅,这方面的问题仅略加述评,不作更多研讨。应当指出,课税要素明确原则是甚为重要的,但现行法律、法规中对课税要素规定不明确之

---

〔23〕 参见李诚等:《略论我国当前立法中存在的问题》,载《中外法学》1996 年第 2 期。

〔24〕 [美]伯纳德·施瓦茨著:《行政法》,徐炳译,群众出版社 1986 年版,第 31 页。

处屡见,并因而扩大了税务行政机关不应有的那部分裁量权,同时也使避税活动及与腐败相联系的"寻租"活动更加猖獗,导致征收成本和执行费用加大,不利于提高经济效率和保障社会公平。为此,今后在坚持课税要素法定原则的同时,必须注意提高立法技术,合理划分对课税要素的解释权以及征收管理方面的解释权,使课税要素明确原则能更好地发挥其作用。

此外,坚持依法稽征原则虽是一贯的要求,但现实中违法稽征、擅自减免税或增加纳税人负担等情况却大量存在,有法不依、执法不严等现象亦不少见,并造成了多方面的危害。这些问题同样是导因于法律上权力界定不清、现实中行政裁量权过大等,与未能坚持税收法定主义直接相关。真正做到依法稽征需要具备多方面的条件,但在法律上确立依法稽征原则并严格要求税务行政机关予以执行无疑是至为重要的。

四、税收法定主义与其他法律原则的适用

(一)诚实信用原则的适用

诚实信用原则并非仅是民法或私法上的基本原则,而是公法与私法共通的一般法律原则,因而同样可以适用于税收法律关系。〔25〕 诚实信用原则是一种内在于法律规范的法理,是为排除税收法定主义的形式上的适用所产生的不合理性,以谋求"具体的妥当性"的实现法的正义的手段。〔26〕

税收法定主义要求必须坚持依法稽征原则或称合法性原则,对于税收行政机关作出的减轻纳税义务的错误表示,如果纳税义务人已形成信赖,则究竟应当在形式上坚持合法性原则,还是应当坚持保护信赖的原则,便存在争议。考虑到合法性和法的稳定性都是税收法定主义应兼顾的目标,同时也基于信赖、诚信及正义的考虑,学者越来越多地倾向于坚持保护信赖的原则。即税收行政机关所作出的承诺(Zusage),亦应受诚信原则拘束。〔27〕

诚信原则作为税收法定主义的形式上的适用的补充,其适用亦严格受

---

〔25〕 此为德、日通说。参见前引〔2〕,金子宏书,第84页。

〔26〕 [日]松泽智:《租税法基本原理》,第153页;德国学者Kruse亦持此见。转引自前引〔3〕,陈清秀文。

〔27〕 参见前引〔3〕,陈清秀文。

限,必须满足下列要素:(1)税收行政机关对纳税人表示了构成信赖对象的正式主张;(2)纳税人的信赖值得保护;(3)纳税人已信赖税收行政机关的表示并据此已为某种行为。[28] 在具备上述要素的情况下,税收行政机关应履行有利于纳税义务人的承诺。

与诚信原则的适用相联系,民法上的“可以表现为一般法律思想”的其他通用制度,也可以被用来填补税法规定上的漏洞,如意思表示、禁止权利滥用、担保、抵销制度等,其中有的已被规定在税收实体法中,成为税法上的概念和制度。

(二)实质课税原则的适用

税法的解释适用应当注重经济目的与经济生活的实质,以求根据实际的负担公平课税,此即实质课税原则或称“经济观察法”。但若适用这一原则,必然会与税收法定主义发生冲突,因而需要摆正两者的关系。学者对此的看法不一,存在税收法定主义优先适用说、实质课税原则优先适用说和折衷说三种学说。目前,折衷说已日渐占上风,它认为税收法定主义与税负公平原则分别是实现税收正义的形式手段与实质手段。税法的解释不应拘泥于个别条文的形式表现,而应作出合于法律目的与经济意义的解释,因此实质课税原则可以在税法解释上加以适用,[29] 以填补依据税收法定主义所造成的税法上的欠缺,[30] 从而可以防杜对于法律规定的固定的、形式的理解而给量能课税造成损害。税收法定主义应以形式课税原则为基础,以实质课税原则为目的和补充。[31]

尽管如此,实质课税原则的补缺作用仍深受局限:它不能补正有关税法构成要素规定的缺失,而且偏重于经济目的的解释也不得超越可能的文义,更不能滥用该原则来规避法律的适用。依据相关的判例学说,除法律另有规定或其解释有利于纳税人的以外,不得以实质课税原则进行类推适用,以致创设或加重纳税人的税负;但在税收规避的情况下,则可根据法律的目

〔28〕 参见前引〔2〕,金子宏书,第86页。

〔29〕 这分别是日本学者田中二郎、松泽智和新井隆一的观点。转引自前引〔3〕,陈清秀文。

〔30〕 这分别是日本学者田中二郎、松泽智和新井隆一的观点。转引自前引〔3〕,陈清秀文。

〔31〕 这分别是日本学者田中二郎、松泽智和新井隆一的观点。转引自前引〔3〕,陈清秀文。

的、相关规定及可能的文义，适用实质课税原则进行课税，从而既不超越法律，又与经济实际相一致。唯有如此，才能摆正税收法定主义的根本的、基本原则的地位，才更符合法律的精神。〔32〕

（三）禁止类推适用原则的适用

凡税法皆有漏洞，是否可以适用类推以弥补漏洞，学者亦存不同见解。多数学者认为，依据税收法定主义，应禁止类推适用。税法作为侵权规范，必须保持其稳定性，因而应依文义解释，或参照立法目的进行解释，而不许作任意的扩张或类推解释；同时，类推也未必合于立法原意，立法的过失、缺欠应由立法机关解决，而不得以满足财政需要、税负公平或公共福社为理由，使类推适用正当化，否则有悖于税收法定主义。〔33〕

尽管如此，也有学者认为类推适用可增进课税平等与正义，因而在税法上亦应适用，无须禁止，但应限制。在符合法律保留原则或课税要素法定原则的情形下，在法律允许的范围内，可以进行法律内的补漏，但不得超越法律进行创制性的补充。〔34〕

其实，上述两类不同观点在很大程度上是一致的，即都主张依据税收法定主义，坚持课税要素法定原则或法律保留原则，只不过多数学者认为类推适用应绝对禁止，少数学者则认为可以在法律允许的范围内作限制性的类推适用，实际上也是把税收法定主义视为基本原则，而把类推适用作为例外来看待的。但应当承认，无论在实践中抑或学说上，把禁止类推适用作为一项原则加以确立，更合于法律的精神和意旨，更有助于保障税法的稳定性和可预测性，也有利于防杜权力的滥用及其给纳税人造成损害。我国目前尤其应严禁类推适用，这更有利于税收法定主义的确立和巩固。

我国税收立法尚很不完善，税法实施的问题也较多，法律实效未如法意。在贯彻税收法定主义的同时，如何正确适用其他相关原则以为补充，便甚为重要。尤其是如何协调诚信原则等上述三个原则的适用，仍是值得深

〔32〕 参见前引〔3〕，陈清秀文。

〔33〕 金子宏、颜庆章、中川一郎等持此观点。参见前引〔2〕，金子宏书，第76页及前引〔3〕，陈清秀文。

〔34〕 参见葛克昌：《人民有依法纳税之义务》，载台湾《台大法学论丛》第19卷第2期，第149页下。

究的问题。至于税收法定主义的其他相关问题,尚需学者多加深入研讨。

综上所述,税收法定主义作为税法至为重要的原则,同样具有宪法原则的位阶,必须严格坚持,才能更好地解决诸如立法权的分配、授予及法律解释、适用等许多相关问题。在市场经济条件下,不仅需要发达的私法及其理论,而且同样也需要发达的公法及其理论,不应顾此失彼、有失偏颇。税收法定主义及其相关问题具有一定的普遍性,相信若能对其进行广泛深入的研讨以不断解决现实问题,则对于政治稳定、经济发展、社会进步和法治昌明,均将大有裨益。

(本文原载于《法学研究》第18卷第6期)

中国反垄断立法问题研究

漆多俊

反垄断法是现代国家调节社会经济的基本法律之一,是经济法体系一个重要的基本构成。在西方国家,它被称为"市场经济的宪章""现代企业制度的基石",并长期居于经济法体系的核心地位。中国实行社会主义市场经济,不能不制定这种法律。我国的反垄断立法,既要借鉴国外的经验,又要研究中国的国情,使之能够有效地促进我国市场经济的发展,保障其健康运行。近年来,有些学者在这方面作了一些研究,发表了一些看法。本文拟就其中几个主要问题谈谈意见。

一、发展规模经济与反垄断

在中国制定反垄断法,要解决的一个关键问题是如何看待和处理发展规模经济与反垄断的关系。这涉及我国要不要制定反垄断法以及制定怎样的反垄断法的问题。有些人认为,西方国家生产社会化程度高,垄断现象严重;而我国企业规模化程度一般都较低,远不如西方国家,我们当务之急是发展规模经济,鼓励企业兼并联合,组建企业集团,而不是反垄断。

诚然,垄断是经济力高度集中的表现,是一种规模经济。从社会经济发展史角度说,它是生产社会化的结果和表现形式,因而是一种社会进步。规模可以出效益,在规模经济条件下,各种资源可以得到合理配置,减少消耗,降低生产经营成本,因而对企业、对消费者、对社会都有好处。也无可讳言,我国企业的规模化程度总的说来确实不高,适当扩大企业规模,追求规模效益是很有必要的,这方面大有潜力可挖。在当前企业改革中为了对企业进行调整改组,合理配置资源,优化资本结构,也需要鼓励企业兼并、联合。此外,扩大企业规模,发展大型企业和大型企业集团,也是提高我国企业在国际市场竞争力的需要。

但是,也应明白,规模并不等于效益,并非必然带来效益。规模出效益要有条件,即经济规模的扩大要合理化:首先,这种规模化应当是经济发展的需要,是竞争的结果,市场的选择,而不是违背经济规律单凭主观意志所为;其次,当企业扩大规模以后还要加强内部分工协作,健全管理机制,否则也不可能有效益。在我国,政府对于产业组织结构的调节发挥着重要作用,但主要应重在引导,而不能越俎代庖,替企业"拉郎配"。凡这样以政府行为勉强撮合的企业间的兼并与联合,看来是规模化了,但多半无效益或效益不佳。这就是人们所谓的"规模不经济"。

而另一方面,企业的规模化如果使单个企业或企业间的联合达到对特定市场形成垄断和支配地位的程度,则会产生排挤其他经营者而限制竞争的后果。限制竞争剥夺了其他经营者的商业机会;使少数大企业或企业集团能够操纵市场和价格,妨害消费者利益;超额垄断利润也使垄断者不再重视改进技术和管理以努力提高劳动生产率。从宏观上说,它使价值规律和市场机制不能有效地发挥调节社会经济的结构和运行的作用,危害社会经济。这就是各国纷纷制定法律反对垄断和限制竞争的原因。中国企业的规模化程度虽然总的来说不如一些发达国家,但是应当看到,有些行业,如石化工业、船舶制造业和有色金属工业等,因为政府授权个别企业独家生产经营,形成了独家企业垄断一个行业的局面。在汽车制造行业,两三家企业拥有的市场占有率达 80% 以上。[1] 经济力如此高度集中应当引起我们的警觉。

有些人将我国大型企业的规模同一些发达国家作了比较,例如,根据对我国 1987 年最大 100 家工业企业和 9 个行业分析,指出我国的这些企业的市场销售额大多数为 5 亿元到 15 亿元,按当时汇率约合 1.34 亿美元至 4 亿美元,最大的大庆石油管理局的市场销售额也才 63 亿元,约合 17 亿美元,而

〔1〕 据 1995 年的统计,在我国重型车市场,三家企业拥有 83% 的市场占有率;在中型车市场,两家企业拥有的市场占有率达 86%。

同年美国最大的100家工业企业中，最大企业通用汽车公司的销售额为1017亿美元，最小的一家企业销售额也达43亿美元。[2] 人们由此得出结论，认为我国企业规模化程度太低，进行反垄断立法为时尚早。这种看法失之偏颇。因为从反垄断角度来看，经济力集中和企业规模化是相对的，即相对于一个国家和特定市场范围而言，而这在发达国家同在发展中国家是不能同日而语的。在当前中国，某些企业的市场销售额（还有总资本额、职工人数等方面）不必达到某些发达国家企业的水平，即可拥有较大的市场占有率，即可形成垄断和限制竞争局面。何况当前我国企业规模正处于迅速增长变化时期，许多企业存在片面追求扩大规模的倾向，加上政府的某些政策导向和行政行为，使我国一些企业和行业经济力集中和垄断化程度日趋严重。

当然，反垄断并非单纯反对结构性垄断，更不意味着反对各种规模经济；它更重视的是反对各种限制竞争行为，但限制竞争行为主要是凭仗其垄断和市场支配地位得以实施的。所以，对于那些形成垄断和取得市场支配地位而暂时并未实施限制竞争行为的企业或企业的联合立法也应予以密切关注，并规定可以采取某些措施予以防范。立法规制的重点当然更应放在各种限制性行为上面。而在这方面，我国的情况也有较充分的显露，例如，有些企业滥用市场优势，随意抬价或采取其他掠夺、限制、歧视等行为；生产同类产品的企业通过横向协议相互限制价格、产量或分割市场，特别是价格卡特尔时有发生；处于生产过程不同环节的企业通过纵向协议以固定转售价格、搭售或独家经营等，诸如此类的经济性垄断固然门类已较齐全并且造成不良后果，而我国较西方国家更有甚者是各种行政性垄断的推波助澜。

市场经济的基础是自由竞争。国家要通过立法保障合理竞争。缺乏反对垄断和限制竞争的法律保障机制，市场经济秩序是建立不起来的。当前我国既要注重发展规模经济，鼓励必要的企业兼并和联合，组建企业集团，又要反对和防止垄断和经济力过度集中，反对各种限制竞争行为。要恰当

---

〔2〕 参见中国企业评价中心：《1987年中国100家最大工业企业及9大行业评价》，载《管理世界》1989年第2期。

掌握其中的“度”。其总的原则是:凡企业扩大规模而能明显增长效益,且不至于(已经或可能)形成限制竞争局面者,应当允许和提倡;凡企业规模化既能增长效益,又妨害或可能妨害竞争者,应当权衡利弊大小,当弊大于利时,应予以限制和反对;至于有些扩大规模而不能使效益增长(即“规模不经济”)者,更应严格杜绝,对于达到垄断和市场支配地位者,法律可以采取令其分解或解散等严厉措施。

在制定我国反垄断和限制竞争法时,要深入调查我国的实际情况,并把握其发展趋势,以确定我国法律应予规制的对象标准和种类。立法技术上宜采概括式与列举式相结合的方法,尽可能准确和全面地加以界定,使之增强可操作性。同时给法律实施机关以必要的自由裁量权。

二、关于行政性垄断

行政性垄断,是指凭藉政府行政机关或其授权的单位所拥有的行政权力,滥施行政行为,而使某些企业得以实现垄断和限制竞争的一种状态和行为。行政性垄断首先也是一种经济垄断(经济上的垄断,是以经济为内容和目的的垄断)。但它主要是凭藉行政权力和行政行为实现的,形成原因主要不是企业自身的经济行为。此外,行政性垄断还有一个特征,即作为其形成主要原因的行政权力和行政行为乃属于滥用,即不合理、不恰当行使。严格地说,行政性垄断往往缺乏国家权力机关制定的法律作为依据,或同国家法律相抵触,它们所能依据的只是某些行政机关(主要是中央政府的一些部、委和地方政府)自己发布的行政性法规或命令指示。从这个意义上说,行政性垄断同“国家垄断”是有区别的,本文后面还要说到这个问题。

行政性垄断在西方国家虽然也有所表现,但远不如中国(其他社会主义国家亦同)这么突出和严重。在中国,行政性垄断的影响和危害甚至超过单纯的经济垄断,并且它往往同经济垄断融合一体。中国有着行政干预经济的传统,政经不分、政企不分现象严重。对行政权的制约机制不健全,往往形成行政即国家的观念。经济管理上条块分割,部分行业和地方行政主管机关存在本位主义和地方主义倾向,某些负责人为追求本行业或本地区经济发展,甚至为显示自己的政绩,助长了这种不良倾向。他们往往推出一些

“土政策”,不惜同国家法律和中央政府政策相抵触,实施各种限制竞争行为。这些都是行政性垄断肆虐的原因。

行政性垄断表现形式多种多样,主要有行业垄断、地区垄断和其他利用行政权力实施的垄断。

行业垄断是指经济行业部门的政府主管机关运用其合法拥有的投资权、资源管理权、财政权、企业管理权等,限制或阻止其他行业部门的经营者或本行业部门内其他经营者从事某种经营活动,使其所支持的企业实现垄断和限制竞争。例如,我国曾一度涌现的各种行政性公司和后来的“翻牌公司”,被授权担负行业管理职能的企业集团以及其他挂靠在某些行政机关而受特别优惠的企业,就是这类行业垄断企业。

地区垄断是指地方政府行政机关滥用行政权力,搞地区封锁、地方保护主义,限制和阻止本地区以外的经营者进入本地区市场,参与公平竞争。其手段包括对外地的经营者或其商品拒办经营执照,或随意没收、罚款,限制或禁止本地或外地的原材料和商品出入本辖区,对外地经营者采取其他各种歧视措施等。

行政性垄断还有其他许多表现形式,例如,有些并非担负经济管理职能的行政机关,对其原开办的或后来形式上已经脱钩而实际上仍与其有利益关系的公司,利用其掌握的某种社会性、治安性管理权力,给予各种优惠和照顾,并限制或禁止其他经营者与其竞争。这当中甚至掩盖着一些严重的违法和腐败行为。

行政性垄断有着多方面的危害后果。从经济方面说,它凭藉行政强制力严重限制竞争,扭曲价值规律,使市场机制作用无法与之抗衡;它形成条块分割,壁垒森严,妨害全国统一市场的发育;它限制或剥夺了其他经营者的经营自由;损害消费者权益;也助长这些垄断企业的懈怠和竞业精神。从政治和社会方面说,它坚持政府行政机关对于企业的直接干扰,阻挠政企分离,妨害国家经济体制和政治体制改革;助长社会不公平、腐败和违法现象。

我国制定反垄断法必须规制行政性垄断,并且应当把它作为规制对象的重点。否则,我国反垄断法的意义和现实作用就值得怀疑了。有一种意见是不正确的:认为行政性垄断存在的根本原因在于经济体制和政治体制,在于改革的不彻底性，它不是法律所能解决得了的，反垄断法不能调整行政性垄断。

诚然，行政性垄断问题的解决，从根本上说有赖于国家的经济体制和政治体制改革的继续深化，但反垄断法并不是无能为力的。相反，反垄断法如果明确界定行政性垄断的确定标准，并准确列举其各主要表现形式，规定严厉的处置措施，就能使这些行政性垄断的违法性暴露于公众，并使法律实施机关受理和处置案件有明确的准绳，行政性垄断必将受到有力的打击。这里的问题在于我国反垄断法的实施机关的设置和职权大小。鉴于反垄断特别是反行政性垄断任务的复杂性和艰巨性，以及我国当前执法、司法活动还时常受到包括行政部门在内的外部干预，将来我国的反垄断主管机关必须被赋予较大的职权，足以抵制各种干预，独立行使权力。这方面，国外有许多经验可以借鉴。国家既然要反垄断，就应当有决心设立这种权威性的法律实施机构。至于经济体制和政治体制改革，当然十分重要；但改革也需要法律保障和促进，其中反垄断法就是保障和促进改革的一个重要方面的立法。

三、关于特殊行业和领域的垄断

在社会经济的某些行业和领域，由于其本身固有特性，或者还由于国家的政策，法律对其垄断和限制竞争行为作出某种豁免和适用除外的规定。根据我国情况，这些行业和领域主要包括以下四个方面。

1. 自然垄断。有些行业的设施布局规模大，投资额大，利益回收周期长，在已有企业进入营运之后，其他经营者往往不愿再投资搞重复建设，因此使该先设立的企业得以取得垄断和支配地位。这些行业如果允许自由竞争，一则会造成各种经济资源的浪费，同时实际上也不可能出现这种情况，故被称为自然垄断。例如，铁路、邮电通信、电力、自来水等，即属于自然垄断行业。但是，即使在这些自然垄断行业，合理的竞争还是应当允许的。例如，在设施资源不造成较大浪费，并能取得更好的经济和社会效益条件下，其他经营者对原有企业的兼并或其他方式的进入，应当允许；在新开拓的领域进行投资建设的招标投标中，应提倡公平竞争。此外，对于居于自然垄断地位的企业,国家也应进行必要的监督(如价格监督等),对其滥用垄断地位而实施的限制性行为,如不当定价,拒绝交易、附条件交易和各种歧视等,亦应坚决禁止。[3]

2. 国家特许的垄断。这是指除自然垄断以外,国家出于对社会或经济等方面的政策性考虑,特许某些企业对某些行业或产品实行垄断经营,限制或排除竞争。例如,银行保险业,如果对竞争不作限制,因竞争而引起动荡或致使企业破产倒闭,对于存款人、被保险人及社会经济都会发生严重影响。因此对这些行业的一些限制性行为应规定给予适当的豁免。但法律应规定对它们进行必要的监督,防止对其垄断地位的滥用。又如农林业及其主要产品的购销也不适宜无限制地自由竞争,一则它们对自然条件依赖性强,生产者不便适应市场供求和价格的变化而迅速转产,二则会影响人民基本生活需求。许多国家不仅允许生产经营者订立限制竞争的协议,而且国家往往还规定最低保护价格,或由国家给予补贴,或由国家直接参与购销活动。我国农业还比较落后,基础薄弱,而人民生活和工业发展对农业需求很大,国家更应采取多种保护措施,在制定反垄断法时需要给予豁免。各国都承认专利技术等知识产权方面的独占权,法律对此也是作适用除外处理的,这是出于对于科学技术进步的保护和鼓励方面的政策考虑。各国的反垄断同国家产业政策密切相关。为了扶助某些产业发展,国家往往放宽反垄断的要求。在产业组织政策方面,各国对中小企业一般都允许或鼓励其兼并联合或签订某些限制竞争的协议。

3. 国家垄断。这里是指国家直接垄断,即法律不仅规定允许垄断和限制竞争,而且还规定由国家直接投资经营,并在一定程度上排除非国家资本的进入。国家直接垄断现象在西方资本主义国家也大量存在,这就是所谓"国家垄断资本主义"。在中国和其他社会主义国家,国家垄断尤其普遍。

国家垄断不同于行政性垄断。国家垄断是基于国家政策实行的,并往往以国家权力机关制定的法律作依据。它是一种合法行为。出于政治和社会的安定、国防安全等原因,一定的国家垄断是必需的。但对它也应当加以

---

〔3〕 我国人民群众中所谓"电老虎""水龙王",以及"车匪路霸"现象,应当引起重视。

控制。首先,国家垄断的行业和产品不宜过多,通常应限于重要的国防工业、需要保密的高科技行业和产品、需要禁止或限制在社会上流通的产品以及其他同国计民生关系重大的行业和产品等。这些行业和产品可以实行国家垄断或国家专营、专卖。其次,还要根据不同时期不同情况加以调整。例如,有些行业和产品原来需要实行国家垄断,后来则可以适当放开,允许非国家资本进入,引入一定的竞争。有些国家对于某些国防工业也允许民营。高科技的保密性也有时间性,过了一段时间后,国家垄断的意义就可能不大了。有些行业原来投资额大、周期长,或者盈利率低甚至暂时亏损,民间不愿投资,而该行业和产品对国计民生或对以后经济发展关系重大,国家必须投资经营,并因此形成国家垄断。后来,当这些行业和产品的生产发展起来,盈利率较高,民间投资乐于进入了,此时国家可不必再行垄断,甚至可以退出该领域,放手让民间经营,自由竞争。国家应当恰当地制定和调整国家垄断政策,并在反垄断法上作出适当的规定。

4. 国有企业的垄断。国家直接投资经营多采取国有企业(包括国家独资企业、国有独资公司、国家控股公司)这种组织形式,因此国家垄断一般即为国有企业垄断;反之,国有企业的垄断也即为国家垄断。该两者原来本无区别。但是后来,有些国家的国有企业开办太多,因此国家垄断太多,严重地制约了市场调节机制的作用,影响国民经济的正常运行;加之国有企业效益往往不佳,又影响到整个国民经济总体效益,尤其使国家财政背上沉重的包袱。所以这些国家进行了改革。许多国家进行私有化。中国采取了渐进式方式对国有企业进行改革。在国有企业改革过程中,一方面,国家认识到不必再办这么多的国有企业,不必搞这么多的国家垄断;而另一方面,许多国有企业在一定时间内仍然存在。对于仍然大量存在的国有企业只有进行经营管理制度上的改进,包括转变国家对国有企业的管理方式,增强企业经营自主权。在中国20世纪90年代初期,人们曾把这称为"把企业推向市场",让企业参与市场竞争。当然这限于那些国家认为不必再实行高度的国家垄断,可以让其竞争的"竞争性行业"(而认为仍必须实行国家垄断的"垄断性行业",仍由国家垄断着,是不"推向市场"的)。一大批被"推向市场"的国有企业,按理就应当在市场上同其他企业(包括非国有企业)公平竞争,就应当反对它们的垄断和各种限制竞争行为，它们便成为反垄断法的适用对象了。而事实上，这些国有企业由于同政府关系仍然十分密切，政府对它们也似推非推，若即若离，加之长期形成的许多其他优势，在进入市场后它们仍然实行着不同形式的垄断和限制竞争行为。这是应当予以反对的。但这里的情况甚为复杂。这些国有企业的垄断，兼具着经济垄断、行政垄断和国家垄断三重性质。国家也往往以"这是体制转轨过程中的特殊情况，应当特殊对待"为理由给予某种袒护。在反垄断法上对此将如何规定，规定以后能否实施，是需要仔细加以研究的。这也就是本文把"国有企业的垄断"列为单独一种类型的原因。

这些"竞争性行业"的国有企业适用反垄断法问题，最根本的还有赖于经济体制特别是国有企业制度的改革的继续深化，有赖于国家将企业"推向市场"的决心和程度。反垄断立法要反映国家的基本政策精神。但在国家政策的原则基础上，对于国有企业一些明显的、危害较大的垄断和限制竞争行为，应当毫不犹豫地加以规制。例如，对于它们签订限制竞争的横向协议与纵向协议，附条件买卖、搭售等不公正交易方法和价格与非价格歧视、不当定价、拒绝交易等对其垄断和市场支配地位的滥用，国家控股公司中国有股权的不恰当行使，以及在财产结合、经营结合和人事结合等方面的市场集中（企业结合）行为等，法律应当作出禁止或限制性规定。

四、我国反垄断立法的其他几个问题

最后，简要地说说制定我国反垄断法的其他几个问题：

1. 关于立法体例：我国反垄断法同反不正当竞争法是合并立法，还是分别立法？国外这样两种体例都有，但较常见者为分别立法。鉴于反垄断法同反不正当竞争法在立法主旨、规制对象、调整原则等方面均有所不同，[4]我国宜采分别立法做法。我们已经颁行《反不正当竞争法》，该法涉及反垄断问题的不多。[5] 再制定我国的反垄断法，两相配套，我国关于市场竞争的

---

〔4〕 参见漆多俊：《经济法基础理论》，1996年修订版，第34～35、41～42页。

〔5〕 该法属于反垄断和限制竞争方面条款的主要有第6条、第7条。

法律就较完备了。此外,我国宜制定一部比较完备的综合性的反垄断法律;以它为主,再颁布一些实施条例和其他单项法规。后者如在禁止行政性垄断、关于国家专营专卖、关于企业的兼并与联合、国有企业中国家股权恰当行使等方面作出专门规定。

2. 关于反垄断综合性法律的标题:是叫反垄断法,还是叫反限制竞争法?法律名称虽不是重要的实质性问题,但各国的命名也反映了各国竞争政策的特点和立法体例。一般地说,重在反结构性垄断的,常在法律标题中突出“垄断”,如日本1947年颁布的法叫作《禁止私人垄断法》,美国1890年的《谢尔曼法》,叫作《反对不法限制和垄断,保护交易和通商的法律》;而重在行为性垄断的,则多突出“限制竞争”,如德国1957年的《反限制竞争法》;〔6〕有的则将“垄断”和“限制竞争”一同标明;还有的将法律称为“竞争法”,特别在采合并立法体例的国家是如此,如英国1980年颁布的《竞争法》。

反垄断同反限制竞争的区别甚微。限制竞争须有强大实力作后盾,否则,虽能实施不正当竞争,但无力限制他人竞争。从广义上说,“垄断”包括了垄断(或“市场支配地位”)的结构状态、垄断地位的谋取、垄断力的滥用及其他各种限制竞争行为。狭义的“垄断”则仅指一种结构状态。作为法律标题是可以作广义使用的。

我国立法应当兼顾结构性垄断和行为性垄断而以行为性垄断为主,我国法律标题可以叫作“反对垄断和限制竞争法”,也可以称为“反对限制竞争法”。

3. 关于立法态度的基本取向:严一点还是宽一点?超前一点还是现实一点?反垄断法的基本功能和任务,是以“国家之手”克服和防止因垄断和限制竞争而妨害价值规律和市场机制对社会经济的调节作用,以保障和促进社会经济结构和运行协调、稳定和发展。〔7〕它是一种国家调节,是一种国家经济强制方式。〔8〕立法规定不严,难以实现法的功能和任务。反垄断法规制的对象主要涉及大型和特大型企业,在中国还要涉及政府机关,立法规

---

〔6〕德国立法避免使用“垄断”一词,而以近义词“市场支配地位”替代。

〔7〕分别参见漆多俊:《经济法基础理论》,1996年4月修订版,第14、50页及第28~33页。

〔8〕分别参见漆多俊:《经济法基础理论》,1996年4月修订版,第14、50页及第28~33页。

定不严，很难实施。另一方面，“国家之手”动作也宜恰当，国家反垄断直接作用既然在于恢复、保障和促进市场调节，就一定要遵循经济规律，同市场调节很好配合，超过限度的严只能起相反的作用。在反垄断法的规制对象中，有些表现和行为属于本身违法，有些则要看危害后果的有无和程度，要做具体分析。例如，本文前面提到的企业规模化，要辩证地历史地看，不能一概反对；确定企业规模化临界度（如销售额、资本总额等）要根据不同国家不同发展时期的情况，中国不能照搬别国的标准。中国的经济体制正处于转轨之中，存在较多的国家垄断和国有企业的垄断，立法必须正视这种现实。例如，对国家控股问题，立法中只能作出某种限制性规定，防止国家股权的滥用。

所谓严与宽，包括在违法行为构成要件上是否严格和在制裁措施上是否严厉两个方面。垄断和限制竞争所造成的危害后果往往范围广、程度严重，妨害社会经济总体性的结构和运行，制裁措施应当严厉一点；但也宜适度。总之，我国的反垄断立法应当适度地严格和严厉一点。

我国经济体制改革的方向和目标已经明确，即建立社会主义市场经济。我国的反垄断法应当按照市场经济的基本要求制定。当前我国体现市场经济特征的各种社会关系已经形成或已初露端倪，又有国外反垄断立法和实施的丰富经验，我们完全应当并可以制定一部比较规范和完善的反垄断法。另一方面，今天我们仍处于改革时期、两种体制转轨过程中，有许多旧体制遗留下来的问题，体现市场经济特征的有些社会关系还不够成熟，但其改革和演变趋势既已明确，立法不必过于迁就眼前现实，应当超前一点。特别是作为综合性的基本法律，要注意规范性和稳定性。至于现实中一些正在变动或尚不够成熟的问题，立法也应当反映，可以采取两种办法解决：在综合性的基本法律中对于这些问题可规定得稍为原则性一些；同时还在基本法律之外另行颁布有关单项条例和暂行办法。而改革深入、特殊性消失以后，这些临时性和过渡性法规便完成使命而失效或修改，或适用基本法律。

4. 关于反垄断法实施的主管机关：是否需要新设专门机关？其权威性应当如何？这方面已有许多学者谈及，且基本意见相近。大家都主张我国应新设专门的主管机关，并且应由法律赋予其较充分的职权。这里只提两点:一是可借鉴德国设立“垄断委员会”的做法,在主管机关之外另由经济学家、法学家等专家组成负责咨询和对企业垄断状况进行鉴定的机构;这是由反垄断案件的复杂性和专门性(它们涉及法学和经济学、统计学等许多专门知识和技术)产生的需要。二是可以考虑赋予新设的主管机关以适当的“准司法权”。例如,在该主管机关审理案件后,当事人可以直接向法院提起上诉,该法院的审理即为终审。如果法院仍进行“两审”,则程序有些烦琐,造成案件久拖不决。但这样一来,必须设立专门的反垄断案件上诉法院,或指定现有某法院担负反垄断案件的上诉审。[9]

5. 最后说说国际竞争:我国反垄断法如何维护本国经济利益?这包括两个方面:一是如何对待来自国外的垄断和限制;二是如何对待本国企业参与国际竞争。

反垄断法对于本国境内的企业,不管是本国出资的还是外商投资的或双方合资的,应同等对待。为维护本国经济利益,对于外国的资本、技术和商品的进入,国家应当作出特别规定,但这是外商投资法、外商投资企业法以及外贸法、技术引进法等立法的任务,在反垄断的标准和构成要件、处罚等方面应一视同仁。

我国反垄断法应当规定域外效力,即对于发生在我国境外由外国公民或企业实施的已经或可能给我国市场带来危害的限制竞争行为,我国法律有管辖权。自美国首先确立“影响原则”后,其他许多国家的立法都作了类似规定。此外,在对跨国公司的管辖方面,各国还以“经济实体论”为依据,按照一定条件撇开母公司和子公司各自独立的法人资格,将法律适用其境外的母公司或子公司。我国反垄断法也应当规定可以追究对我国实施限制行为的公司的母公司或子公司的法律责任。

各国反垄断法都规定了“出口豁免”,允许本国出口厂商采取某些联合协同行为,同国外厂商竞争,而不认为是违法。我国也应有这种规定,以维护本国企业在国际市场的竞争力。

---

〔9〕 例如,凡由全国性的反垄断主管机关审理的案件,当事人可上诉到我国的最高人民法院,由省、市级反垄断主管机关受理的案件,可上诉到各省市的高级人民法院或中级人民法院。

我国政策总的原则应当是,既要注意维护国际竞争,又要注意维护本国经济利益;维护本国经济利益,又不能搞贸易壁垒和贸易保护主义。反垄断法在这方面的规定一定要符合国际上的通行原则和惯常做法,做到有理、有利、有节。

(本文原载于《法学评论》1997年第4期)

论政府环境责任的缺陷与健全*

蔡守秋

政府在领导、组织、协调环境资源保护工作，建设环境友好社会、资源节约型社会中具有重要的、关键的、不可替代的作用。目前中国日益严重的环境资源（能源）问题，特别是如何有效解决环境污染、生态破坏和资源能源浪费问题，引发了国家机关、社会各界和公众对政府环境责任的关心和重视，政府环境责任正在成为国家机关、理论界特别是环境资源法学界研究的热点问题。

一、政府环境责任问题的提起

近十多年来，国务院及其环境保护行政主管部门在全国大力推行"到2000年全国所有工业污染源排放污染物要达到国家或地方规定的标准""到2000年实现淮河变清"计划，采取了诸如环境审计、流域限批、节能减排以及集中执法检查、"零点行动"等被誉为"环保风暴"的环境保护强力措施。环境法律作为环境保护的重要武器也得到了国家的重视。到2006年，中国已经制定9部以防治环境污染为主的环境保护法律，13部以自然资源合理利用和管理为主要内容的自然资源法律，10部以自然保护、防止生态破坏和防治自然灾害为主要内容的法律，30部与环境资源法相关的法律，还有大量的环境资源行政法规、地方法规、部委行政规章和地方行政规章，仅地方性环境保护法规和地方政府规章就有1600余件；已颁布800余项国家环境保护标准；中国已参加《生物多样性公约》和《联合国防治荒漠化公约》等50多项

* 基金项目：国家重大科研项目"中国环境宏观战略研究"的子课题"完善我国环境法律保障的建议"的初步研究成果之一。

涉及环境保护的国际条约,先后与美国、日本等42个国家签署双边环境保护合作协议或谅解备忘录,与11个国家签署核安全合作双边协定或谅解备忘录。从某种意义上可以认为,目前中国已经形成环境法体系。

上述努力虽然取得了一定成效,但是从国家和社会对政府环保工作和环境法律的要求和期望看,中国的环境质量并未因环境保护法数量的增多而成正比相应改善:环境立法的增幅较大、增速较快,而环境质量改善的增幅较小、增速较慢;统计结果表明,随着环境法规数量的增加,环境污染恶化状况没有得到有效遏制,有些地区环境污染程度不降反增。例如,在我国《环境保护法》颁布的1989年,我国二氧化硫排放量为1564万吨、工业废水排放量为252亿吨、工业固体废物产生量为5.7亿吨;到环境立法大发展的2006年,我国二氧化硫排放量为2588.8万吨、工业废水排放量为239.5亿吨、工业固体废物产生量为15.2亿吨。1996年8月发布的《国务院关于环境保护若干问题的决定》要求"到2000年,全国所有工业污染源排放要达国家或地方规定的标准",但是直到2007年我国不少企业特别是大多数乡镇企业、中小企业的污染物排放仍然没有达标。1994年,由国务院牵头,开展淮河流域水体污染大规模治理,规定到2000年"淮河变清"的目标,通过政府运作,开展了浩浩荡荡的治淮运动。为了实现"2000年淮河变清"的要求,有关部门倒推出了治理淮河的计划与方法(制定了淮河水污染防治的第一个"九五"规划);1995年8月8日国务院颁布了我国第一部江河流域污染治理的行政法规——《淮河流域水污染防治暂行条例》,之后相继关停了4000多家治理无望的"十五小"企业。据报载,中国政府对淮河是"50年治水,10年治污",从1994年5月开始的淮河污染治理工程是我国大规模治理污染的第一大战役。有报纸称10年淮河流域累计投入治污资金约193亿元,也有称是600亿元。据《中国环境报》报道,我国于1994年5月全面启动淮河污染治理项目,10年来仅安徽省政府共投入直接治理污染资金累计53亿元。[1] 期间有关部门几次在媒体发布了淮河水质好转、污染程度逐年下降或"淮河基本实现水清"的消息。但是,2004年7月一场暴雨却揭出了淮河

---

〔1〕 方佛平等:《让历史证明我们的努力》,载《中国环境报》2004年10月22日。

治污“十年之丑”。7 月 16 日至 20 日，淮河支流沙颍河、洪河、涡河上游局部地区降下暴雨，5 亿多吨高指标污水在蚌埠附近淮河形成 150 多千米长的污水带，远远刷新了 1994 年 7 月污水总长 90 千米的“历史之最”，也让淮河治污“十年之丑”顿时暴露无遗。据安徽环保部门监测，河水主要污染指标在平时的基础上增加了 7 倍，洪泽湖氨氮超过平时的 60 倍，水质全为劣五类。据暴雨之后新华社记者的调查，不少治淮项目弄虚作假，国家曾对沙颍河污染大户“莲花味精”厂投资 1.5 亿元兴建污水处理设施，但“莲花味精”厂等拥有污水处理设施的特大型企业依然将污水直排入河，“十五”计划建设的污染处理设施平均动工率不到 30%，安徽省的动工率不到 10%。淮河两岸的百姓反映，在 20 世纪 50 年代，淮河是“一条大河波浪宽，风吹稻花香两岸”；后来是“50 年代淘米洗菜，60 年代洗衣灌溉，70 年代水质变坏，80 年代鱼虾绝代”。有人认为，“十年治淮水质回到‘原点’，600 亿元打了‘水漂’”。因此，尽管治淮工程历时十年，声势浩大，震惊中外，但究竟取得多大实效则是一个值得研究、深思且至今仍然存在不同看法的问题。[2] 2006 年 5 月，全国人大常委会执法检查组检查核实的现状是：淮河虽然经过多年整治，劣五类水质监测断面仍然占 32%。[3] “十五”时期，我国经济发展的各项指标大多超额完成，但环境保护的两个主要指标没有完成。一是二氧化硫排放量，“十五”计划要求削减 10%，实际上不仅没有减少，反而大幅度上升，2005 年排放量达到 2549 万吨，比 2000 年增加了 27%，超过了环境容量的一倍以上。二是化学需氧量排放量，“十五”计划要求削减 10%，2005 年实际排放 1414 万吨，只比 2000 年减少了 2%，但比 2004 年又增加 5%，出现了明显的反弹趋势。国家确定了“十一五”期间单位 GDP 能耗降低 20% 左右和主要污染物排放减少 10% 的目标的约束性指标，但是在 2006 年，中国没有实现年初确定的节能减排目标。国家环境保护总局局长周生贤指出，“近年来，环境问题日益突出，污染问题严重影响社会稳定。因环境问题引

---

〔2〕 参见偶正涛、蔡玉高：《一场暴雨揭出淮河治污“十年之丑”》，载《楚天都市报》2004 年 8 月 3 日；赵胜玉：《六百亿治污投入子虚乌有》，载《中国环境报》2004 年 9 月 14 日。

〔3〕 参见《水污染严重，环保总局呼吁修订〈环境保护法〉》，载中国发展门户网，www.chinagate.com.cn，2006 年 2 月 27 日。

发的群体性事件以年均29%的速度递增。2005年,全国发生环境污染纠纷5.1万起。自松花江水污染事件发生以来,全国发生各类突发环境事件76起,平均每两天就发生一起”。[4]

为什么我国政府制定了这么多环保法律、发起了这么多环保行动、花了这么多环保钱、下了这么大的决心,仍然是“年年立法,年年治污,年年污染,治理速度远远赶不上污染速度”,有些地区仍然走不出“环境污染和生态破坏继续恶化”即“越治越污染”的怪圈?为什么国家环保总局副局长潘岳等环保官员发出“环保部门立法虽多,管用的不多”的感叹?[4]客观地说,造成上述状况的原因是多方面的,包括但不限于历史的、政治的、经济的、文化的、认识的、体制的、技术的、政府方面的、企业方面的、法律执行的和法律本身的原因;其中政府环境失灵和环境法律失灵是其中的重要原因甚至主要原因。正如国家环保总局副局长潘岳所指出的:“政府在环境保护方面不作为、干预执法及决策失误是造成环境顽疾久治不愈的主要根源”[5];“政府不履行环境责任以及履行环境责任不到位,已成为制约我国环境保护事业发展的严重障碍”。[6] 当问及环保困局之根本何在?潘岳认为:“‘官’的问题解决了,就什么都解决了!”在法学上,一般将政府失灵理解为政府不能按照社会的理性预期发挥政府的积极功能或实现社会预期目标的状态。政府在环境保护领域的失灵称为政府环境失灵;政府环境失灵主要指政府在环境保护领域所规定或采取的法律和政策目标、任务和措施未能达到社会预期的效果,甚至出现负面效果或者产生新的环境问题的状态。在一个强调依法治国、依法行政和环境法治的国家,政府失灵主要表现为法律失灵。所谓环境法律失灵,一般指已经制定的环境法律不能或没有发挥其应有的、立法机关所期望的、社会所期望的作用和效益,或没有实现环境法律所规定的目标等现象,即环境法律缺乏有效性或有效性不足。从这个意义上讲,环

[4] 参见《环保工作要实现历史性转变——国家环保总局局长周生贤答本报记者问》,载《学习时报》第332期(2007年4月),新华网4月26日消息。

[5] 参见郄建荣:《记者调查:环保部门立法多为何管用的不多》,载《法制日报》2007年7月26日。

[6] 参见牛晓波、杨磊:《环保总局第三张牌:修法问责“污染保护伞”》,载《21世纪经济报道》2007年2月27日。

境法律失灵、环境法律有效性不足与政府环境失灵实际上是一回事,或者说环境法律失灵、环境法律有效性不足是政府失灵的一种主要表现。

中国环境法律失灵表现在法律对政府、企业、公民进行规制、调整的法律措施、法律制度、法律责任等各个方面,其中对政府环境责任的规制和调整是一个主要方面,或者说环境法律的失灵的一个重要方面是政府环境责任出了问题。这里的政府环境责任,是指法律规定的政府在环境保护方面的义务和权力(合称为政府第一性环境责任)以及因政府违反上述义务和权力的法律规定而承担的法律后果(简称政府环境法律责任,也称政府第二性环境责任)。政府环境职责即法律规定的政府在环境保护方面的义务,也称政府第一性环境义务。政府环境职权即法律规定的政府在环境保护方面的权力。也就是说,政府环境责任包括政府环境职权或政府环境权力、政府环境职责或政府环境义务,以及政府因违反有关其环境职权、环境职责的法律(包括不履行政府环境职责和义务、不行使政府环境职权和权力、违法行使政府环境职权等)而依法承担的政府环境法律责任。这里的政府,从广义上讲是指国家机关(包括国家立法、行政、司法等机关),从狭义上讲仅指行政机关(包括国务院和地方各级人民政府)。所谓政府环境责任问题,是指政府环境责任的缺陷、不足和弊病,是指环境法律规定的政府环境责任不能或没有发挥其应有的、立法机关所期望的、社会所期望的作用和效益。说政府环境责任出了问题,这仅仅是对中国现行环境法律的一种事实上的判断;至于为什么会出现政府环境责任问题,其原因是什么,则是一个仁者见仁、智者见智的问题。客观地说,产生政府环境责任问题的原因是多方面的,包括但不限于历史的、政治的、经济的、文化的、认识的、体制的、技术的、立法方面的和法律实施方面的原因。有人认为,之所以出现政府环境责任问题是因为:一些地方政府及其有关行政主管部门没有严格执法,甚至以权代法、干扰执法、包庇违法、执法违法;一些企业不遵守法律。如果是环境法律中个别的环境责任条款的实施效果不明显,或者是在个别地方政府的政府环境责任没有得到有效实施,我们可以从个别官员不执法、个别企业不守法去找原因;但如果是多数环境法律中的政府环境责任规定在很多地方都“不管用”,就不能简单地将此归因于个别官员不执法、个别企业不守法,而应该查找更深层次的原因。笔者认为,在我国环境法治建设中产生政府环境责任问题的原因虽然包括政府环境责任法律制定和法律实施等方面,但比较而言,有关政府环境责任法律本身存在的缺陷或问题是最重要、最根本的原因。根据法治理论,只有当法律本身具有正当性时,法律才是有效的,当代中国环境法律中政府环境责任问题的实质是其缺乏完整性、有效性和正当性。所谓缺乏完整性,主要指现行环境法律在政府环境责任方面存在空白或欠缺,对某些重要的政府环境责任没有规定或者规定得不充分或者没有配套规定。所谓缺乏有效性,主要指现有的政府环境责任法律条款规定得不明确、不具体、不有力,没有抓住要害和关键,可操作性、可实施性较差。所谓法律缺乏正当性,主要指政府环境责任法律的产生不符合正当程序,其内容缺乏正当性、合理性,不符合社会和公众的需求或利益,不符合社会通行的或公众具有的信仰和价值观。这里的正当性(legitimacy,也译成合法性),一般包括三层含义:一是指形式上合乎已有实在法的规定,即合法律性;二是指程序上的正当性;三是指内容上符合应然法、理想法、社会需求和公众利益,符合一定社会占主导地位的社会价值观念和社会理想。程序正当、形式合法是法律正当性的形式要求,一种法律是否具有正当性,必须看它是否通过民主程序产生并取得合法形式。内容合理是法律正当性的实质要件,法律自身所具有的内容上的合理性是法的正当性的真正基础和根源,是法本身存在及保有效力的真正根据。法律的实效或有效性是法律正当性的现实体现。只有当法律本身内容具有正当性,其产生符合正当程序,其影响深入人的情感和内心世界的时候,法律才是有效的。法律正当性的构成要素非常复杂,立法程序、法律内容、法律理念、价值观念、信仰、历史传统、民族习惯、地方性知识等都对法律正当性的形成起着不可替代的作用。笔者认为,环境法律中政府环境责任的缺陷和不足,是"治理速度远远赶不上污染速度"、"环保部门立法虽多,管用的不多"以及政府失灵、环境法律失灵或环境法有效性不足的一个重要原因。

二、政府环境责任的缺陷及其后果

概括起来,我国环境立法中政府环境责任的缺陷主要体现在如下几个方面：

1. 重政府经济责任，轻政府环境责任。

这是“重经济发展，轻环境保护”“视经济增长指标特别是GDP指标为硬指标，视环保指标特别是节能减排指标是软指标”的不可持续发展观在环境法治领域的反映。其主要表现是：重政府经济责任的法律制度和问责制度，轻政府环境责任的法律制度和问责制度，将政府负责人履行经济责任和完成GDP增长的情况作为其政绩考核、官职升迁的主要甚至唯一标准，在政府经济责任与政府环境责任发生冲突或矛盾时，不惜淡化甚至牺牲政府环境责任以保障和落实政府经济责任；在环境立法和环境执法中，机械、片面地理解和遵循“以经济发展为中心”“发展中国家首先是发展”的指导思想或理念，以是否促进经济发展特别是GDP增长作为规定、评价、追究政府环境责任的基本标准甚至唯一标准；对环境管理对象、审批对象、违法对象、处罚对象按照税收多少、GDP贡献大小实行差别待遇、级别管辖；对涉及经济发展的违法企业和违法责任人，特别是对那些污染破坏环境的经济实体（或经济大户、财税大户、GDP贡献大户），缺乏强制性的、有力有效的制裁手段，法律没有或很少赋予甚至严格限制政府环境行政主管部门对经济实体的停产、关闭的权力以及实行行政强制措施的权力；法律对违反环境法的经济实体规定的制裁方式单一、处罚威胁力弱、罚款数量少。上述做法的直接后果是：进一步助长和维持“重经济发展，轻环境保护；重经济发展目标、任务，轻环境保护目标、任务”“环境保护法是软法”“环保执法莫与违法经济大户、财税大户、GDP贡献大户较劲”等错误观念，降低和有损政府环境管制和环境执法的权威和效力；由于法律没有赋予环保部门足够制约违法“经济人”的职权和处罚制裁手段，导致执法效力低、“守法成本高，违法成本低，越守法越不利”等怪现象，严重影响环境法的有效性，加剧环境法领域的政府失灵。例如，我国环境法律明确规定“三同时”和环境影响评价法律制度已经有二十多年，由于执法效力低、守法成本高，有些地方政府及其环境保护行政主管部门对违反“三同时”和环境影响评价法律制度的企业特别是经济大户往往无能为力，而那些自觉遵守该制度的守法企业在与以污染环境为代价的违法企业的竞争中则处于不利地位，有些财税大户、GDP贡献大户和某些与地方政府官员有利益关系的企业主甚至“逆法而上”,“顶着风头污染环境”。环保行政主管部门面对上述环境违法行为和违法企业,之所以发出“环保行政主管部门无权、环境执法不力”的感叹,反映的深层次问题是“重政府经济责任,轻政府环境责任”,即担心、害怕因环境保护执法而触犯了地方政府和企业的经济利益并进而引起政府负责人的经济法律责任。

2. 重企业环境义务和追究企业环境责任,轻政府环境义务和追究政府环境责任。

从法律上讲就是重行政相对人的环境义务和企业环境责任追究制,轻行政主体的环境义务和政府环境责任追究制。其主要表现是:在环境立法中,“治民”条款多,“治官”条款少,对政府(包括政府及其有关环境行政主管部门)是淡化其环境法律义务,对企业等行政相对人则是加重其环境法律义务,规定政府的义务比较原则,规定企业等行政相对人的义务详细而具体。“重追究环境行政相对人的法律责任,轻追究政府的环境法律责任”,重视追究企业等行政相对人的环境问责制,轻视追究行政主体(特别是政府负责人)的环境问责制度。例如,1989 年《环境保护法》的第 4 章共有 11 项条款,除了个别条款(第 29 条和第 32 条外),其他条款都是有关企业环境义务的规定。法律对政府和对行政相对人的两种不同态度和双重标准,不仅使企业等行政相对人对环境法律的公平、正义性产生怀疑,也使政府官员滋长了不受环境法律约束的官本位思想,从而使现行环境法律的正当性和有效性大打折扣。从现实性、针对性看,政府行为是造成和解决我国环境问题的关键因素,我国环境立法中的“重企业环境义务,轻政府环境义务;重追究环境行政相对人的法律责任,轻追究政府的环境法律责任”倾向,是环境立法在法律控制重点方面的失误。

3. 重政府第一性环境责任,轻政府第二性环境责任。

应该看到,我国环境立法一直重视强化政府的环境责任,有人甚至认为我国的环境法律主要是行政性法律、环境资源政府部门性法律;国务院环境保护行政主管部门和其他依法有环境监督管理权的部门发起制定或修改环境法案的初衷或重点大都是为了强化政府环境责任。但是,他们强调或重视的政府环境责任主要是第一性的政府环境责任,特别是政府各职能部门的权力配置和利益分配即政府权力,而不是第二性政府环境责任,特别是轻视对政府环境法律责任的追究,即重政府权力制度、轻政府问责制度。其主要表现是:大多数环境法律没有对照有关政府环境职权和职责的法律条款,明确规定追究政府及政府官员环境法律责任的具体措施、程序和制度。根据当代法治理论、行政法学和环境法学理论,法治主要是依法治官,环境法治主要是依法治承担环境责任的政府和政府官员,依法治官的一个基本途径和保障措施是依法追究政府官员的环境法律责任。但是,我国现行环境法律主要强调政府第一性环境责任(特别是政府环境职权),而对政府因违反其第一性政府环境责任(包括不履行政府环境职责和义务、不行使政府环境职权和权力、违法行使政府环境职权等)而依法承担的政府环境法律责任缺乏明确而具体的法律规定和法律制度。上述做法的直接后果,是造成规定政府职权职责的法律条款与规定追究政府环境法律责任的条款失调、政府权力制度与政府问责制度失调,由于缺乏追究政府环境法律责任的法律规定和法律制度,致使无法追究大量发生的政府官员违法事件,也使许多政府环境失灵现象难以及时纠正和克服。法律的重要特点和作用是其强制性和救济性,法律具有强制行为人履行其义务的功能以及当权利遭到侵犯时给予救济的功能,轻视政府的第二性环境责任和政府环境问责制实质上是轻视环境法律的强制性和救济性。无论从理论还是实践看,不受法律控制和追究责任的政府责任很容易走向不负责任或滥用权力,没有政府问责制作后盾的政府环境责任体系很可能成为“沙滩上的大厦”。

4. 重政府环境权力,轻政府环境义务。

应该看到,我国环境立法一直重视强化政府的环境责任,国务院环境保护行政主管部门和其他依法有环境监督管理权的部门发起制定或修改每一部环境法案的初衷或重点大都是为了强化政府环境责任;但是,其强调的政府环境责任主要是政府环境权力或政府环境职权,而不是政府环境职责或政府环境义务。其主要表现是:在环境立法中强调政府职权(权力)本位,突出政府环境权力立法,重政府环境管制,轻政府环境指导与服务;大多数环境法律没有对照有关政府环境权力,明确规定相应的政府环境义务;有关发挥运用政府权力的法律制度比较健全,有关政府服务的法律制度相对欠缺,有关政府权力的法律规定比较详细具体，有关政府义务、服务的法律规定比较原则。根据当代法治理论和行政法学理论，政府的环境职权和职责、环境权力和环境义务应该是对等的、协调的、平衡的，有什么或有多少政府环境职权和权力，就应该有相同的、对等的政府环境职责和义务，而且应该强调政府职责（义务）本位；但是在我国环境立法中，法律对政府设定的权力多、义务少，政府环境职责或政府环境义务往往处于被忽视、淡化、边缘化的地位。从政府环境管理的角度看，管理也是一种服务。环境立法中的"重政府环境权力，轻政府环境义务"的倾向容易导致"重管制，轻服务"的倾向，是环境立法在调控政府第一性环境责任内部关系方面的失误。重政府环境权力、轻政府环境义务的直接后果，是在政府第一性环境责任方面，造成政府环境权利和义务的失调。由于缺乏对政府环境义务的法律规定，政府和政府官员不明确自己的具体的环境法律义务，这容易导致政府官员放松搞好环境保护工作的责任感和义务感，不但使环境法律因缺乏对政府行为的有效规制而引起政府环境失灵，也使追究政府的环境法律责任无从下手。

5. 重地方政府的环境责任，轻中央政府的环境责任。

其主要表现是：在环境立法中，规定地方政府的环境责任比较具体，规定中央政府的环境责任比较原则或很少，特别缺乏中央政府对地方政府、上级政府对下级政府进行环境事务指导、检查、监督、监察、审计和环境政绩考核的规定；在中央和地方环境责任范围划分方面没有突出"属地管理"，这导致环境保护的基本国策和某些环保法律制度在地方被打折扣。众所周知，我国是一个法制统一的中央集权制国家，不是联邦制或邦联制国家，目前地方立法与中央立法大体相似（即上下一般粗），包括环境保护在内的重大政策、决策基本上由中央政府统一决定，省级（包括自治区和直辖市）政府负责人和政府组成主要由中央政府任命或决定，地方政府和地方官员的前途、官位升降甚至地方利益主要由中央政府或上级政府决定。就中央政府和地方政府的比较而言，地方政府的环境责任能力（包括环境权力、决策能力、执行能力和财政能力）有限且较弱，而中央政府的环境责任能力较强且自主。在这种情况下，我国的环境立法"重地方政府的环境责任，轻中央政府的环境责任"这种倾向，不仅容易导致地方政府和地方官员对环境法的公平性、正当性和中央政府的公信力产生怀疑从而滋长“上有政策、下有对策”的念头，也使我国的立法机关无法真正对准和抓住我国环境法有效性不足的要害和根本，还会掩饰甚至助长某些中央政府官员推托自己的环境责任和轻视本身的环境责任的态度。

6. 重政府机关的环境责任，轻其他国家机关的环境责任。

其主要表现是：在环境立法中，规定各级人民政府及有关行政主管部门的环境责任比较具体，规定立法、司法等其他国家机关的环境责任比较原则或很少，与人民法院和检察院责任有关的环境公益诉讼、环境行政诉讼（环境司法审查）、环境民事诉讼和追究环境犯罪的环境法律处于空白状态或相当不健全，特别缺乏各级人民法院和检察院有关受理、审理环境案件和实施环境法律监督的法定程序和制度。在欧美等工业发达国家，人民法院等司法机关在环境法的实施方面一直发挥着重要的、行政部门无法代替的作用，与法院责任直接相关的环境公益诉讼、环境司法审查、环境民事诉讼和追究环境犯罪法律机制相当发达，许多重大环境污染纠纷或案件都是由法院解决的，法院是有效制止环境违法行为和解决环境污染案件的最可靠的和最后的保障。但是，在我国，目前人民法院和人民检察院在环境司法和法律监督方面的作用很少，致使形成了大量环境纠纷案件长期得不到解决、许多环境污染和生态破坏的受害人告状无门的局面。

7. 重政府环境保护行政主管部门的环境责任，轻政府负责人的环境责任。

其主要表现是：在环境立法中，规定政府环境保护行政主管部门的环境责任比较具体，规定政府负责人（主要是省长、市长、县长）的环境责任比较原则，缺乏有关省长、市长、县长等政府首长环境责任的具体规定，特别是缺乏对省长、市长、县长等政府首长进行监督、环境政绩考核和问责制度的规定。必须指出的是，政府是由政府各部门组成的，政府负责人与政府各部门是一个有机整体，政府负责人统一领导和组织其所辖各部门的工作，在政府内部依法实行的是政府首长负责制、政府领导下的部门分工负责制、下级服从上级，政府内部上下级之间的监督基本上属于是政府首长领导下的有限监督。一般而言，政府负责人的环境责任比政府环境保护行政主管部门的环境责任更加重要,而且政府负责人可以将自己的环境责任分配或委托给所辖的政府部门,政府负责人可以通过指导、表扬、批评、处分、命令、调动工作岗位、职务升降、政绩考核等各种合法的或非法的、直接的或间接的行政手段和领导方式引导、支持、阻碍、干扰或改变其所辖部门的环境职责行为和执法情况。如果政府负责人(如省长、市长、县长)缺乏环境责任或不重视环保,那种希望通过加强政府环保局的权力来制约其上级(如省长、市长、县长)的想法或措施,不能说毫无效果,但可以肯定收效不会很大。

8. 重政府环境责任中的行政调整机制,轻政府环境责任中的其他调整机制。

其主要表现是:在环境立法中,对政府的行政许可、行政检查、行政处分、行政处罚、行政监督、行政要求、行政强制、行政收费等行政调整机制(包括方法、手段和制度)规定得比较具体详细,而有关政府如何运用和支持市场调整机制(如自然资源使用权流动、排污权交易、环境贸易准则等)、社会调整机制(如环境善治、公众参与、环境信息公开制度等)的法律规定很少或很不健全。诚然,行政调整机制或命令控制手段是保障落实政府环境责任的主要机制,充分调动和发挥行政命令手段的作用是重要的政府环境职责;但是,行政、市场和社会三种调整机制是具有内在联系、各具特色、互动和互补的三个方面,单独运用行政调整机制很难落实政府环境责任。政府的环境责任也不仅仅在于运用行政调整手段,而通过规定政府在自然资源使用权流动、排污权交易、环境贸易准则等运用市场机制方面的责任,以及规定政府在支持环保群众组织、公众参与、社区参与和舆论监督等社会调整机制方面的责任,不仅使政府的环境责任更加全面充实,还可以促进政府依法履行其环境责任。

三、政府环境责任的健全

中国环境问题的主因在政府或“政府失灵”,在依法行政的条件下,政府环境失灵的实质是环境法律失灵,普遍性环境执法不力的内在原因是有关环境执法的立法出了问题,因而从法律上健全政府环境责任是解决“政府失灵”的基本途径。从环境法治的角度看,首先应该完善有关政府环境责任的立法。只有从环境立法着手,才能从源头上解决环境法律正当性、有效性不足,违法成本低、守法成本高、“环境法律法规虽多,但管用、好用的法律法规却很少”等现实问题。鉴于政府环境责任的健全是加强环境管理、保护和改善环境的基本保障,我国应该以规范政府环境责任为重点,抓紧制定修订一批当前急需的环境法律法规。

1. 健全政府环境责任的法理基础。

健全政府环境责任的理论主要有环境法治、政府职责本位、社会公共需求、生态化方法、“环境善治”、环境权和环境民主等法学理论。

根据法治理论、法治国理论,法治(rule of law)是指法的统治,表示法律具有高于政府的权威,政府和公民、管理者与被管理者、行政机关和行政相对人在法律面前平等,它们都应该服从法律的统治和规制。法治强调的是法律权威和公民本位,人治强调的是官员个人权威和官本位,法治的主旨是要控制、约束政府行为,用法律作为约束政府权力的工具,使政府服从并接受法律的统治,并且排除政府方面的专擅、特权和宽泛的自由裁量权。环境法治中的政府环境责任主要是制约政府,是使政府影响环境的行为接受环境法律的约束,首先和主旨是“治国”“为民”而不仅仅是“治民”“为官”;即使是“治民”和管制企业,也要通过“治官”来“治民”和管制企业;在“合作式的法治国”“法团主义的法治国”和“环境善治”中,政府承担的是协调、合作与调和的职责,即在自己的法律责任范围内,努力取得与当事人之间的合作、协调、沟通与共识。只有基于法治理论,才能健全我国的政府环境问责制。

根据当代行政法学理论和政府职责本位理论,在政府职责和政府职权的对立统一关系中,政府职责(义务)是第一位的、更基本的,职权是由职责所决定和界定的,它为履行职责提供手段和保证;职责是本位、是“体”,职权是职责的衍生、是“用”,政权职权(权力)应该依托于政府职责。在环境法的政府环境责任中,更基本的应该是政府环境职责(义务),应该在健全政府环境指导、环境服务职责的基础上,健全政府环境管制职权。只有在环境职责本位的基础上健全政府环境责任,才能加强政府自身建设,建设环境责任型政府和环境服务型政府,并带动政府环境监督管理。

根据当代社会法学的理论,法律的动力是社会需求,政府的主要责任是努力满足社会需求,特别是满足社会公共需求。环境法中的政府环境责任,不能以政府利益特别是政府部门利益和地方政府利益为本位,而应该以社会为本位,从反映、符合、遵循生态社会的经济社会发展规律和自然生态规律出发,建立健全政府提供公共环境产品、公共环境服务、改善公共环境质量的环境责任,尽量满足社会对环境质量、资源能源的需求,特别是满足公众对环境友好社会、资源能源节约型社会等公共环境利益的需求。

根据当代环境权理论,环境权包括公民(自然人)、单位、国家和人类环境权,其中公民环境权是最基础的环境权。公民环境权是指公民有在平衡、健康的环境中生活的权利。环境权的意义在于:确认自然人享有在适宜环境中生存、发展的权利和履行保护环境的义务,是自然人依法利用环境要素或环境资源、享受适宜的生活环境条件的法律保障,是防治个人生活环境被污染、破坏而使其身心健康和财产遭受损害,或在受到损害时依法请求救济的法律武器;它赋予公民参加环境保护活动、参与国家环境管理和提起公益诉讼的平等资格,是实行环境民主和公众参与的法律依据。公民环境权为公民参与环境决策和管理、提起环境公益诉讼奠定了权利基础。环境法中的政府环境责任的健全,应该以保障和落实环境权为宗旨,特别是要从维护和落实公民环境权出发,通过规定政府支持公众参与环境保护和公益环境诉讼、为公民享用环境权提供服务等政府环境义务,以公民环境权制约企业经济人本性以强化政府对企业管制的权力,以公民环境权制约政府权力以解决政府权力滥用及寻租等政府环境失灵问题,以公民环境权激活政府环保义务以解决环境执法司法正当性和有效性问题。

当代生态法学的理论基础主要有:可持续发展理论、生态(环境)学理论、生态伦理(包括人类中心主义的生态伦理和生态中心主义的生态伦理)、生态经济学、风险社会理论、综合生态系统方法理论等。生态化方法是指运用生态学理论,遵循自然生态规律和经济社会发展规律而形成的调整人与自然关系的方法,又称生态学方法。综合生态系统方法理论在不同场合分别被称为综合生态系统方法(Integrated Ecosystem Approach,IEA)、综合生态系统管理方法(IEM Approach,有人译为综合生态管理方式、综合生态管理途径)，有时简称生态系统方法(The Ecosystem Approach，EA)等。综合生态系统方法理论在生态法制建设中的应用主要是综合生态系统管理(Integrated Ecosystem Management，IEM)，综合生态系统管理是综合生态系统方法理论的集中反映、重要表现和典型代表。2000 年 5 月，于肯尼亚内罗毕召开的《生物多样性公约》第五次缔约方大会通过的第 V/6 号决定《生态系统方式》明确提出了综合生态管理方法的 12 项原则和 5 项导则。该决定认为：综合生态管理是有关土地、水和生物资源综合管理的策略，目的是采用一种公平的方法促进它们的保护和可持续利用。从环境资源法学上进行概括，综合生态系统管理是指管理自然资源和自然环境的一种综合管理战略和方法，它要求综合对待生态系统的各组成成分，综合考虑社会、经济、自然(包括环境、资源和生物等)的需要和价值，综合采用多学科的知识和方法，综合运用行政的、市场的和社会的调整机制，来解决资源利用、生态保护和生态系统退化的问题，以达到创造和实现经济的、社会的和环境的多元惠益，实现人与自然的和谐共处。根据《生态系统方式》提出的综合生态管理方法的 12 项原则和 5 项导则，环境法律可以建立健全符合生态系统规律和特点的政府环境责任体系和政府环境责任制度。

环境治理理论(包括协商民主和环境民主理论)也是指导健全政府环境责任的法学理论。“治理”一词是英文“governance”的翻译，“治理”不同于环境保护和环境资源法中常用的“治理”(elimination)、统治(government)、控制(control)和管理(management)。与治理相连的是治理理论。根据全球治理委员会于 1995 年发表的一份题为《我们的全球伙伴关系》的研究报告，治理的定义和含义如下：治理是各种公共的或私人的机构管理其共同事务的诸多方式的总和；它是使相互冲突的或不同的利益得以调和并且采取联合行动的持续的过程；它既包括有权迫使人们服从的正式制度和规则，也包括各种人们同意或以为符合其利益的非正式的制度安排。治理过程的基础不是控制，而是协调；治理既涉及公共部门，也包括私人部门；治理是一个上下互动的过程，主要通过合作、协商、伙伴关系、确立认同和共同的目标等方式实施对公共事务的管理，其实质是建立在市场原则、公共利益和认同之上的合作。理想的治理机制称为“良治”(good governance，也译为“善治”)。

良治的主要特征是三种组织(行政性政府组织、营利性企业组织、非政府非营利组织)或三个部门(公共部门、私人部门、私人公域)对社会生活的合作管理,是政治国家、公民社会与市场的一种新颖伙伴关系,是三者共存的最佳状态。衡量良治的标准或构成良治的基本要素,包括但不限于正当性(legitimacy,也译成合法性)、透明性(transparency)、公信度(accountability,又译为公信力、责任性)、法治、有效性(effectiveness)、回应性(responsiveness)以及参与、协调、稳定、廉洁、公正等。根据哈贝马斯提出的交往理性概念、商谈理论和协商民主原则,公众与政府机关处于平等的法律地位,所有参与者都有权知道和评判对自身有约束力的政策和法律,有权知道政策和法律形成的过程,有权公开自己的理由和偏好,有权了解别人的理由和偏好;人们通过参与协商形成作为共识的法律,所有的人都成为自己行为的立法者,参与者能够自己调节自己的事务。在存在多元利益主体和多元文化的社会,只有这种通过协商民主而形成的政策、法律和规则才具有真正的正当性、合法性和有效性。根据当代环境民主理论,一个社会的环境政策和法律应该通过民主程序来制定,公众和权力机关在鉴定和争取公共环境利益方面应该有平等的自由和平等的影响力,应该联合起来共同做出那些影响公共环境利益的共有决定;公众应该参加鉴定那些规定公共环境利益的目标和价值的过程,并通过政治的和社会的组织行使他们的权力以保障公共环境利益。支持和服务公众参与是政府的一项重要职责。环境民主理念是公众参与环境保护的思想基础,公众参与是环境民主的重要表现形式。环境民主是正确处理环境资源工作和环境资源法制建设过程中政府和群众、管理者与被管理者、少数和多数的关系的基本原则,是正确处理政府与群众、环境污染破坏者与环境资源保护者的指导原则。实行环境民主和公众参与,是政府履行其环境责任的根本途径,是正确处理政府和公众关系的最好方式。实行公众参与可以增强政府决策和管理的公开性、透明度,使政府的决策和管理更符合民心民意和反映实际情况,减少民众和政府之间的摩擦,加强政府与公众之间的联系和合作。

2. 健全政府环境责任的指导思想和原则。

当代环境行政管理和环境行政执法的特点是依法行政,政府环境失灵从法律角度讲主要是国家环境法律失灵。国家环境法律失灵有政治、经济、文化、传统、习惯和历史背景等多方面的原因,而国家环境法律的正当性和有效性不足则是其内在原因,因而解决政府环境失灵和国家环境法律失灵的根本途径是增强环境法律的正当性和有效性,包括增强环境法律的正当性和有效性。这应该成为健全政府环境责任的基本出发点。

健全政府环境责任的指导思想是:坚持科学发展观,落实依法治国的方略和保护环境、节约资源的基本国策,实施可持续发展战略,遵循生态社会的经济社会发展规律和自然生态规律,树立正确的环境保护思想、理念,围绕建设和谐社会、环境友好社会和资源节约型社会的目标,从中国政府环境失灵和环境法律失灵的现实出发,以对国家、对民族、对子孙后代高度负责的精神,推行环境法治、环境善治和环境民主,加快实现三个转变〔7〕,综合整治政府环境责任问题,重点突破制约政府环境责任的"瓶颈"问题,积极进行体制、机制和制度创新,建立健全政府环境责任体系,以保障我国经济、社会和环境的全面、协调、可持续发展。

要健全政府环境责任,必须正确处理和协调如下几项关系:

第一,正确处理和协调政府责任中的经济责任与环境责任的关系,加强政府环境责任,增强环境保护责任在政府责任中的地位和政府环境保护工作的重要性。温家宝总理在第六次全国环境保护大会上的讲话指出:"做好新形势下的环保工作,关键是要加快实现三个转变:一是从重经济增长轻环境保护转变为保护环境与经济增长并重,把加强环境保护作为调整经济结构、转变经济增长方式的重要手段,在保护环境中求发展;二是从环境保护滞后于经济发展转变为环境保护和经济发展同步,做到不欠新账,多还旧账,改变先污染后治理、边治理边破坏的状况;三是从主要用行政办法保护环境转变为综合运用法律、经济、技术和必要的行政办法解决环境问题,自觉遵循经济规律和自然规律,提高环境保护工作水平。"〔8〕同样,在新形势下的环境法制建设也要摒弃机械的"经济发展优位环境保护、政府经济责任优

---

〔7〕 参见温家宝总理在第六次全国环境保护大会上的讲话。

〔8〕 参见温家宝:《全面落实科学发展观　加快建设环境友好型社会》,载《光明日报》2006 年 4 月 24 日。

位政府环境责任”观,加快实现“从重经济增长轻环境保护转变为保护环境与经济增长并重,从环境保护滞后于经济发展转变为环境保护和经济发展同步”;在某些环境资源问题特别严重的地区和环保领域应该强调“环境保护一票否决制”,强调政府环境责任的独立性和不可取代性,甚至强调政府环境责任在其他政府责任中的优先地位。我国环境法治建设只有改变“重政府经济责任,轻政府环境责任”和“重政府经济责任对政府环境责任的优位性,轻政府环境责任对政府经济责任的制约性”的机械论,坚持经济发展与环境保护协调发展,统筹人与自然和谐发展,综合考虑经济、社会和环境三种效益,“兼顾政府经济责任与政府环境责任”,实现“落实政府经济责任和落实政府环境责任并重,健全政府经济责任和健全政府环境责任同步”,加大对违法经济实体的处罚力度,充分发挥政府环境责任的功能和作用,才能全面落实政府的环境责任。

第二,正确处理和协调中央政府环境责任与地方政府环境责任的关系,促使中央政府与地方政府共同对环境保护负责,充分发挥中央政府和地方政府在环境保护方面的自觉性、积极性和创造性。实践证明,在中央集权制国家的大多数情况和大多数地方,凡是中央政府真正想推行和下决心实施的政策和决策,地方政府及其官员是很难阻止的,环境保护法律、政策和决策也不例外,关键是中央政府是否真正和下决心维护和实施环境保护基本国策和环境法律。我国环境立法只有改变“重地方政府的环境责任,轻中央政府的环境责任”的刻板做法,坚持“兼顾中央政府和地方政府的环境责任”的立场,根据形势变化适当(因时因地制宜)侧重中央或地方政府的环境责任,才能从根本上提高我国环境法律的有效性和实施效力。

第三,正确处理和协调企业环境责任与政府环境责任的关系,提高政府环境责任在我国环境法律中的分量和比重,增强环境法律规范政府环境行为和“治官”的功能。我国环境立法只有将企业环境责任与政府环境责任结合起来,兼顾追究环境行政相对人的法律责任与追究政府的环境法律责任,充分发挥环境法律对政府环境责任的规范作用,才能提高我国环境法的有效性。

第四,正确处理和协调政府第一性环境责任与政府环境法律责任的关系，强化政府环境第二性义务，增强政府执行环境法律的能力。我国环境立法中的“重政府第一性环境责任，轻政府第二性环境责任”倾向，是环境立法在法律控制方面的片面性，也是我国现行环境立法有效性不强的一个重要原因。我国环境立法只有将政府第一性环境责任与政府第二性环境责任结合起来，照有关政府环境职权和职责的法律条款，明确规定追究政府及政府官员环境法律责任的具体措施、程序和制度，加强和健全政府环境责任问责制，才能提高环境法律规制政府不履行或违法履行其环境职责、监督和追究政府违法违责行为的能力，才能克服政府环境责任法律的失灵。

第五，正确处理和协调政府环境责任中权利与义务的关系，拓展政府环境第一性义务，进一步提高政府在环境保护领域的公信力和服务能力。目前，搞好政府环境管理是解决中国环境问题的关键。环境立法应该正确处理和协调政府环境管理中管制与服务的关系，兼顾环境管制与环境服务；应该正确处理和协调政府环境责任中权利与义务的关系，兼顾政府环境权力与环境义务；适当突出政府环境职责（义务）本位，以政府环境义务和行政相对人的环境权利制约政府的环境权力，保障政府环境权力的行使和政府环境义务的履行，全面、协调地发挥政府的环境指导、控制和服务等功能。我国环境立法只有加强政府环境职责和义务立法，合理配置和设定政府环境义务，提高政府环境义务条款在政府环境责任条款中的比重，才能提高政府环境责任法律的有效性。

第六，正确处理和协调国家机关内部政府行政机关的环境责任与其他国家机关的环境责任的关系，促使政府行政机关与其他国家机关在环境保护领域的合作，充分发挥政府行政机关与其他国家机关在环境保护方面的自觉性、积极性和创造性。环境法的实施是一项系统工程，需要国家立法机关为环境法的实施提供可靠的法律基础并进行有效的法律监督，需要国家行政机关、人民法院和人民检察院等国家机关各负其责、合作执法、协同执法。我国环境立法只有改变“重政府机关环境责任，轻其他国家机关的环境责任”的片面做法，坚持“兼顾政府机关的环境责任和其他国家机关的环境责任”的立场，注意调动和发挥法院、检察院等其他国家机关在环境法治建设中的作用，才能全面提高我国环境法律的实施能力。

第七，正确处理和协调政府内部的环境保护行政主管部门与政府负责人的环境责任的关系，理顺政府内部的环境保护行政主管部门与政府负责人在环境责任方面的关系，促使环境保护行政主管部门与政府负责人对环境保护共同负责，充分发挥环境保护行政主管部门与政府负责人在保护环境方面的自觉性、积极性和创造性。实践证明，要解决我国环境立法中的政府环境责任问题，首先应该解决和明确政府负责人的环境责任。我国环境立法只有改变“重政府环境保护行政主管部门的环境责任，轻政府负责人的环境责任”的做法，坚持“统一和兼顾政府环境保护行政主管部门的环境责任和政府负责人的环境责任”的立场，建立健全政府负责人特别是省长、市长、县长等对本辖区的环境质量和环境保护负责的责任制度，根据形势变化适当(因时因地制宜)侧重政府环境保护行政主管部门或政府负责人的环境责任，才能提高我国环境法律的有效性和实施效力。

第八，正确处理和协调行政调整、市场调整和社会调整这三种机制的关系，充分发挥行政调整、市场调整和社会调整这三种机制在实施政府环境责任中的作用。这里的行政调整机制，是指通过国家(政府)组织或行政当局，以各种行政手段这种“看得见的政府之手”，对有关政府环境责任实施的各种主体及其行为施加各种影响和作用(包括引导、控制和改变等)。行政调整机制的主体部分是指令性控制手段，主要是指行政当局根据相关的法律、法规、行政命令、规划和标准，直接规定政府环境行为。这里的市场调整机制，是指通过作为市场主体的企业组织(主要指非国家营利组织)，以市场这一“看不见的手”去促进政府环境责任的实施。这里的社会调整机制，[9]又称治理机制、第三种调整机制，是指通过非政府非营利组织，[10]以利益相关人的协商、社会舆论、社会道德和公众参与等非行政、非市场方式进行调整。说它是治理机制是因为它的主要调整方法是治理(governance)，说它是第三

---

[9] 参见蔡守秋：《第三种调整机制——从环境资源保护和环境资源法角度进行研究》(上、下)，载《中国发展》2004年第1、2期。

[10] 非政府非营利组织(Non-governmental、Non-profit Organizations)，又称非国家非营利组织、民间组织(civil organizations)、公民社会组织(civil society organizations，CSOs)、独立部门(independent sector)、第三领域、第三部门(the third sector)。

种调整机制是因为它区别于传统的第一种调整机制(行政机制)和第二种调整机制(市场机制),它以各种公共的或私人的个人和机构的合作和协调为特征,即以非营利、非统治手段的治理为特征。第三种调整机制的主体部分是建立在合作和协商基础上的协议手段(EAs)、信息公开(GPs,在环境资源领域又称环境公开、绿色公开)手段和公众参与手段。这种手段反映了政府、企业和公众共同承担防治环境资源破坏问题、保护环境资源的责任的要求和趋势。对于中国的环保事业而言,政府执法、市场推动、舆论监督和公众参与的结合非常重要。我们是在社会主义市场经济体制下实施政府环境责任,必须把政府行为与市场机制很好地结合起来,注重运用市场机制促进环境保护。在实际工作中,该由市场发挥作用的领域政府不能包办代替,该由政府承担的责任绝不能"缺位",该由市场配置的资源政府绝不能垄断。我国环境立法只有改变"重政府环境责任中的行政调整机制,轻政府环境责任中的其他调整机制"的片面做法,对政府环境责任的实施采用综合调整机制,正确处理政府主导和市场推进、公众参与的关系,合理定位和规定政府在运用行政、市场和社会这三种调整机制方面的环境责任,才能充分调动、发挥和整合"企业组织、政府组织和非政府非营利组织"在环境保护领域的能力,才能促进政府环境责任的全面落实,全面提高我国环境法律的实施能力。

3. 建立健全政府环境责任的体系和制度

环境保护是一件涉及众多部门、学科、领域、利益主体,综合性极强的系统工程,其绝大部分工作都与政府有关。与此相适应,政府环境责任不是一项责任,而是由一系列相互依靠、相互补充、相互制约的责任所组成的责任体系。有效的、良好的环境法律应该科学、合理地确定政府环境责任的范围、组成和内容,逐渐建立健全目标一致、功能齐全、有机整合、协调互动的政府环境责任体系。环境立法必须根据社会需要、公众环境需求和政府的能力,按照完整性、合理性和有效性的原则,科学地筛选、配置政府的环境责任,将那些需要政府管、政府能够管、政府能管出成效的环境保护工作规定为政府环境责任;同时要注意处理好上述八大关系,突出重点,抓住关键,优化政府环境责任的结构。

健全政府环境责任的重点和方向,是不断提高政府环境责任的可操作性，实现政府环境责任的制度化、规范化和程序化。从目前中国的实际情况出发，首先要建立健全环境与发展综合决策制度、政府环境目标责任制度、战略（规划）环境影响评价，特别是战略、排污总量控制制度、综合环境许可制度、生态区划与环境功能区划制度、生态行政补偿制度、政府环境信息公开制度、政府支持公众参与制度、政府环境应急制度、环境政绩考核制度、政府问责（政府环境责任追究）制度等制度。例如，要建立政府环境保护目标管理责任制和干部环境政绩考核制度：保护环境是加强社会管理和公共服务的重要方面，是政府义不容辞的职责；地方政府要对环境质量负总责，把环境保护摆上重要议事日程，并将环保目标纳入经济社会发展评价范围；应将环保指标纳入干部考核之中，并形成制度，对于包庇、纵容环境违法的干部"一票否决"，让漠视环境保护的官员付出代价。要建立区域生态补偿制度：在上游地区因保护环境而限制开发、牺牲经济发展利益时，国家或下游地区应该给予补偿，要让那些为流域环境安全作出贡献的上游地区，从财政转移支付中得到补助，从受益地区获取补偿；上游省份排污对下游省份造成污染事故的，上游省级人民政府应当承担赔付补偿责任，并依法追究相关单位和人员的责任。在所有落实政府环境责任的措施和制度中，首要的是要建立有效的环境问责制即政府环境责任追究制度：明确政府及其环境行政主管部门严格执法的职责，建立完备的环境执法监督体系；要依法追究政府相关人员的违法环境责任，特别是地、市级以上政府负责人的责任。

（本文原载于《河北法学》第26卷第3期）

民间金融法制化的界限与路径选择*

高晋康

民间金融即非正规金融(inform finance),世界银行将它界定为没有被中央银行或监管当局所控制的金融活动,是我国对于在国家金融体系外运行的金融活动的统称。它在人类历史中源远流长且具有极强的生命力,在我国也是一个历史悠久的事物。[1] 但众所周知,建国以后至今我国民间金融的法律环境并不理想。1994 年以前,我国一般是按照所有制对金融体制进行划分,“民间金融,就是为民间经济融通资金的所有非公有经济成分的资金运动”。[2] 其后,国内学者多数以资金活动是否纳入国家的金融管理体系,或者是否具有监管性为标准进行界定[3]。近年来,越来越多的学者将民间金融界定为非正规金融、地下金融、场外金融、隐形金融或体外循环金融。

相比之下,国外学者对民间金融已基本达成共识,认为它是没有被中央银行监管当局所控制的金融活动,通常称为 inform finance。[4] 在此前提下,

---

* 本文是作者主持的国家社会科学基金课题“经济全球化条件下的我国金融安全问题研究——基于民间金融调查反思与重构金融安全制度”(06XGJ002)的阶段性成果。

[1] 在我国历史上就曾出现过带组织性的民间金融,如“钱庄”“号子”等。据可考的历史记载,秦汉时期的大量钱币都是由私人在铸造和经营,卓文君家就因此而富可敌国。

[2] 姜旭朝:《中国民间金融研究》,山东人民出版社 1996 年版,第 3 页。

[3] 其观点认为,民间金融,泛指个体、家庭、企业之间通过绕开官方正式的金融体系而直接进行金融交易活动的行为。其具体的表现形式有民间借贷、民间互助会、储蓄互助社、地下钱庄、租赁公司、地下投资公司等。参见黄家骅、谢瑞巧:《台湾民间金融的发展与演变》,载《财贸经济》2003 年第 3 期;张建华、卓凯:《非正规金融、制度变迁与经济增长:一个文献综述》,载《改革》2004 年第 3 期。

[4] See Prabhu Ghate, *Informal Finance Some Findings from Asia*, Manila: Asian Development Back & Oxford University Press, 1992.

学者们分析了民间金融的各种主要形式，如天使融资市场（market angel）、民间自由借贷、企业社会集资、滚动储蓄信贷协会（Rotating Savings and Credit Associations Roscas）、合会等，[5]并发现，民间金融在不同国家有不同的形式，各国所谈论的话题是哪些民间金融需要规则与需要什么法律规制，而没有讨论民间金融合法化的意识。[6]

可见，国内研究似乎还在为探求民间金融是什么而努力，并且将此视为确立其地位（合法化）的前提。[7] 而国外研究则仅仅将民间金融视为一种可以产生后果的行为（活动），并认为只有得到法律评价的行为才产生法律后果——肯定与否定，并以此为法律规制的前提，除此之外，民间金融是自由的。[8] 由此表明，国内外理论在预设前提、研究目的等方面都存在巨大的差异。然而，如果我们怀揣人类对法治社会的理想，就应承认法律虽然可以通过确定地位的差别追求实质正义，但是任何法律衡量都离不开对形式正义的满足，由此决定了法律实效来自于对行为的评价，而不是来自地位的界定。[9] 法律规范不可能作用于行为之外的领域。[10] 这是否意味着国内理论的很多努力付诸东流了呢？究竟是理论的问题还是民间金融本身的问题？如果是理论的问题，是否意味着我们应该重新确定民间金融在制度中的预设前提和目的追求呢？如果是民间金融本身的问题，是否意味着我们应该审视其存在的理由呢？

一、民间金融为什么存在

在发达国家，金融市场比较完善，正规金融占据主导地位，但民间金融

---

〔5〕 See Montiel and Richard Agenor, *Informal financial Markets in Developing Countries*, IMF& Blackwell Publisher, 1994.

〔6〕 See Aryeetey, E. 1997, *Informal Finance in Africa: Filling the Niche*, AERC/east African Educational Publishers, Nairobi.

〔7〕 参见张建华、卓凯：《非正规金融、制度变迁与经济增长：一个文献综述》，载《改革》2004 年第 3 期。

〔8〕 See Joseph E. Stiglitz and Andrew Weiss, "Credit Rationing in Market with Imperfect Information", *The American Economic Review*, 71 (June), 1981.

〔9〕 参见［法］米歇尔·福柯：《规训与惩罚》，刘白成、杨远婴译，生活·读书·新知三联书店 2003 年版，第 307 页。

〔10〕 参见王广辉：《法律规范的性质与作用》，载《法律科学》1995 年第 6 期。

仍是满足不同社会需求和促进国家发展所不可或缺的。[11] 因为民间金融可以为正规金融难以顾及的资金需求提供帮助,譬如,农村或中小企业的资金需求。同时,由于民间金融是以信用为基础开展业务,它可以获得其成员的认同。发达国家最主要的民间金融形式——信用合作社就是起源于此。德国人雷发巽(Friedrich Raiffeisen)于1864年组建的Heddesorf Credit Union是世界上第一个农村信用合作社,专门向农民提供信贷以便他们购买牲畜、农具、种子等。[12]

在发展中国家,由于经济相对落后,基本上都采取了“金融压制”政策以集中力量发展民族经济。金融压抑政策造成了正规金融垄断[13]和整体金融效率低下,致使正规金融内累积的风险增加,却为民间金融的兴盛提供了条件。[14] 这是因为非市场的组织形式常常随着市场的缺失而出现。[15] 发展中国家缺乏金融市场,“非市场制度”(nonmarket institutions)成为消解正规金融体制中累积的风险和缓解融资困难的重要工具。[16] 赖特(Wright)(2000)在对埃及的四个村庄的非正规金融做调研分析时也发现,非正规金融部门比正规金融部门活跃。[17] 克里斯托弗·伍德拉夫(Christopher Woo-

---

〔11〕 See Seibel, Hans Dieter, 2000, “Informal Finance: Origins, Evolutionary Trends and Donor Options”, IFAD Rural finance working paper.

〔12〕 参见中国人民银行合作金融机构监管司赴德国考察团:《德国合作金融的特点及启示》,载《中国金融》2000年第2期。

〔13〕 金融压制通常是指存在一系列的繁杂的行政控制或税收机制,从而阻碍金融体系正常、健康发展的状况(P. Newman等,1992年),这种状况进而使金融与经济之间陷入一种恶性循环。麦金农和肖在这个领域进行了开拓性的研究。参见[美]罗纳德·麦金农:《经济发展中的货币与资本》,卢骢译,上海三联书店1988年版,第18页;[美]爱德华·肖:《经济发展中的金融深化》,王威等译,上海三联书店1988年版,第22~23页;Newman, Peter, Murray Milgate, John Eatwall(eds.), *The New Palgrave Dictionary of Money and Finance*, London: Macmillan Press Ltd., 1992.

〔14〕 See Schrader. H, 1995, “Some Reflections on the Accessibility of Banksin Developing Countries: A Quantitative, Comparative Study”, Working Paper No. 188, Sociology of Development Research Center, University of Bielefeld.

〔15〕 转引自张建华、卓凯:《非正规金融、制度变迁与经济增长:一个文献综述》,载《改革》2004年第3期。

〔16〕 See Besley and Levenson, “The Role of Inform Finance in Household Capital Accumulation: Evidence from Taiwan”, *The Economic Journal* 106(January), 1996.

〔17〕 See Wright, Graham A. N., *Microfinance Systems: Designing Quality Financial Services for the Poor*, Dhaka: the University Press Limited, 2000.

druff)利用1994年、1998年的调查数据对小企业在初创阶段和发展阶段融资状况的研究证明,"尽管正规(银行)信贷对于调查样本中最大的企业比较重要,但从总体来看,这些企业极少获得银行信贷。而非正规的金融借贷——从家庭成员或朋友处获得的借款、商业信用等——在墨西哥更为普遍。"迈克尔·阿利伯(Michael Aliber)利用对那格浦尔(Nagpur)和坎帕拉(Kampala)的调查数据所作的研究证实:在乌干达和印度,非正规金融是非正规部门的企业主创办企业所需资金的主要来源,无论从哪个角度考察,都远远大于正规金融机构向其提供的金融支持。在津巴布韦,90%以上的非正规部门的企业根本得不到任何银行服务。即使有些企业主能够得到银行服务,但大部分情况下,由于他们没有抵押品,不能向银行提供担保,也无法获得贷款。(Harare, Doris Kumbawa, Financial Gazette, Zimbabwe);安德斯·艾萨克森 Anders Isaksson)的研究证实,肯尼亚正规部门的小企业和非正规部门的企业向民间金融的借款较多。尤其值得注意的是,欧内斯特·阿耶泰(Ernest Aryeetey)证实,在加纳等非洲国家,虽然进行了消除金融压制的金融自由化改革,但是中小企业的融资状况并没有得到改善。[18] 对此,弗赖(Fry)与安德斯·艾萨克森(Anders Isaksson)认为非正规金融是对政策扭曲和金融抑制的理性回应。[19] 可见,市场机制的不健全和金融抑制政策同样产生了对民间金融的需求。

与此相关的解释还有信息说。施蒂格利特(Stiglit)和韦斯(Weiss)最早运用信息理论从世界性的广度解释民间金融存在的根本原因。他指出,由于不完全信息,银行在发放贷款时就会面临逆向选择和道德风险。为了规避风险,银行会在一个低于竞争性均衡利率但能使银行预期收益最大化的利率水平上对贷款申请者实行定量配给,在配给中得不到贷款的申请人即便愿意出更高的价格也不会被批准。[20] 任旭华与周好文认为民间金融因其

---

〔18〕 参见林毅夫、孙希芳:《信息、非正规金融与中小企业融资》,北京大学中国经济研究中心讨论稿,2003年第9期,载 www. boraid. com/ down load/Soft View1. asp? Sof... 6K,2006-8-17。

〔19〕 See Anders Isaksson, "The Importance of Finance in Ken Yanmanu Facturing", The United Nations Industrial Development Organization (UNIDO) Working paper, No. 5, May, www. Unidoorg. ,2002.

〔20〕 See Joseph E. Stiglitz and Andrew Weiss, "Credit Rationing in Market with Imperfect Information", *The American Economic Review*, 71 (June), 1981.

激励效率高,运作灵活,信息传递快,交易成本低以及所有制关系对称等而成为市场机制诱生的一种制度变迁。[21] 林毅夫与孙希芳也认为,信息不对称造成的事先逆向选择和事后道德风险问题是导致民间金融广泛存在的一个更为根本性的原因。[22]

比较而言,金融抑制说难以解释发达国家民间金融发展的根本原因,而信息说则可以较好地解释所有国家和地区民间金融产生的共性原因,这也是民间金融的内生性所在。民间金融之所以在各国具有不同的发展形式和程度主要原因在于其外生变量不同,这些变量主要有社会环境、社会习惯、贫富悬殊状况和信用发展程度等因素。或者,与其说是民间金融影响了其所在国家的社会环境,不如说是其所在国家的社会环境决定了民间金融主要的社会功能和发展状况。由于现代社会都可能存在信息不对称的环境,所以民间金融存在和发展的根基也不会消失。

二、"民间金融合法化"检讨

"民间金融合法化"一度成为国内民间金融研究的基点。[23] 但从法学角度考察,民间金融合法化是个价值判断,它在满足对于民间金融地位确定的同时,却暴露了其对行为评价的忽视,这容易出现先入为主和以价值代替事实的问题。

"民间金融合法化"的提出在我国有很深的历史背景,它是人们针对民间金融长期处于"非法"的状况而提出的。新中国成立后,为了摆脱贫困落后的社会状况,政府欲在财政能力有限的情况下最大限度地集中财力发展国民经济,于是由中国人民银行垄断了所有金融资源。这不仅符合当时的计划经济体制的要求,而且对恢复国民经济也起到了一定历史作用。但由此遗留下来的定式思维和制度安排成为了坚决排斥民间金融的惯性力量。从 20 世纪 50 年代开始,由国家垄断的金融制度安排从观念上和制度上都屏蔽了社会对民间金融的关注,致使我国长期没有正视民间金融应有的社会

---

〔21〕 参见任旭华、周好文:《中国民间金融的诱致性制度变迁》,载《华南金融研究》2003 年第 3 期。
〔22〕 参见前引〔18〕。
〔23〕 参见前引〔7〕。

地位和功能。不仅如此,民间金融在各种因素的影响下成为非法金融而长期遭到政府严厉打击。改革开放后,政府对待民间金融的观念虽有所松动,但民间金融的法律环境并没有多大变化。我国1997年的《刑法》还以专门条款设立了“非法吸收公众存款罪”“非法集资罪”等罪名,成为悬在民间金融从业者头上的“达摩克利斯之剑”。〔24〕在这种法制环境下,我国民间金融长期被政府部门忽视甚至敌视,其结果是各种民间金融常被冠以“扰乱金融秩序”的罪名或被施以不恰当的限制措施。从1993年的“沈太福案件”到90年代末对各种传销、“老鼠会”等非法金融的打击,民间金融违法案件屡屡被查处。这类案件的发生又强化了人们对于民间金融的偏见和政府打击的决心。于是民间金融“非法”简直深入人心,只要提到它,人们就想起“非法”“禁区”等词汇。星移斗转,当有人逐渐认识到民间金融的积极作用以后,尤其是“孙大午事件”〔25〕等被民众视为有益的民间金融遭受打击以来,要求为民间金融地位正名的呼声越来越高,于是大声疾呼“民间金融合法化”!可见,“民间金融合法化”命题的提出源于我国民间金融不仅从来没有得到正式承认,而且还一直是打击对象。简言之,源于民间金融的“非法性”认识。

虽然“民间金融合法化”的提出有着很深的历史背景,“合法化”也集中表达了新的历史条件下人们期望政府给予民间金融应有法律地位的殷切期望,但在笔者看来,这个命题本身却不无疑问,它至少存在以下问题:

第一,这个命题暗含“民间金融就是好”的前提,遮蔽了我国民间金融良莠不齐的客观现实。如果没有误读,那么“民间金融合法化”这个命题的言下之意是“凡民间金融都应该合法”。这样,它就没有区分不同性质的民间金融,无意间否认了“坏”民间金融的存在。客观地说,民间金融对社会既非

〔24〕 参见1997年《刑法》第174~176条、第192条。

〔25〕 孙大午是河北徐水县知名民营企业大午集团的董事长。大午集团从事畜牧业和农产品加工业,因长期无法从银行获取贷款,转而采取向亲朋好友、员工甚至向附近村庄的村民打借据的方法募集资金。孙大午于2003年7月被当地警方逮捕,并被指控涉嫌违反了《刑法》第176条的规定,触犯了“非法吸收公众存款罪”。同年10月30日,河北徐水县法院判决孙大午犯非法吸收公众存款罪,判处有期徒刑3年,缓刑4年,处罚金10万元。参见《亿万富豪孙大午被捕事件》《“草根银行家”孙大午被判刑3年》,分别载《21世纪经济报道》2003年7月21日、2003年11月3日。

全部具有积极意义,也非全部具有消极意义。[26] 有学者就将民间金融分为“灰色金融”和“黑色金融”两种。灰色金融一般是指合理不合法,但对社会有益的金融活动。黑色金融则指既不合理也不合法,是对社会有害的金融活动。[27] 因此,这个命题把所有的民间金融定格为“好”,会遮蔽人们理性看待民间金融的眼光。不仅如此,它还为人们指责我国民间金融的“坏”留下了空间。

第二,这个命题单纯要求民间金融的“合法化”,忽视了法律对民间金融具有保护与惩罚的双重功能。我国民间金融良莠不齐的客观现实,要求法律发挥出惩恶扬善的双重功能。从现实性上看,政府肯定要以法律对性质不同的民间金融分出轩轾,分别进行规范。民间金融不可能简单地被“合法化”,而是确认与规制并进。如果仅仅强调“民间金融合法化”,就不利于打击黑色金融,以克服民间金融的消极作用。

第三,这个命题有很强的“官民”对抗性,不利于集中力量创造我国和谐的民间金融法制环境。“民间金融合法化”是针对“民间金融非法性”提出的,由于我国政府长时期将民间金融列为“非法”,人们就在历史条件许可的情况下针锋相对地提出“合法化”。但仔细品味,会发现两者各执一端,一个“全面打击”,另一个“全面拥护”,两者均是激情有余而理性不足。这个命题可以看成是传统文化中“官民对立”观念在当代社会的曲折显现。这个命题的弊端在于建设性不足,它的提出不利于与政府形成共识,不利于社会与国家的合作,也就不利于生成民间金融进一步发展的法律环境。

因此,“民间金融合法化”实质上不是一个严格的学术命题,而是一个内含非理性对立情绪的对民间金融法律地位的态度性宣示。依笔者之见,“民间金融合法化”命题莫如更换为“民间金融法制化”,这样在内容上既包括合法肯认又包括对非法的遏制,在态度上既显得进取又不失冷静。同时,“民间金融法制化”的命题为正确地预设民间金融在法制中的前提和目的建立了有效的约束条件,从而有助于我们回答哪些民间金融需要法律规则和需

---

〔26〕 参见卢晓平:《专题调研报告揭示:部分地区地下金融作用正面》,载 www.xinhuanet.com,2005-12-31。

〔27〕 参见杨颖:《我国民间金融发展的制度缺陷与思考》,载《求索》2006 年第 8 期。

要什么法律规制的问题。

在“民间金融法制化”的题目下，如何正确对待民间金融的正负面影响就迎刃而解了。显然，国家应该首先允许民间金融的存在而不是人为规定其为非法，同时又要有相关的立法以遏制其负面作用。民间金融的法制化有利于造就其健康发展的法律环境。首先，它有利于建立起由法律支撑的强有力的民间金融信用系统。“非法的”民间金融往往局限于血缘和地缘这类狭小的信用系统中，无法扩展成大的信用系统。缺乏法律调整的这些狭小的信用系统主要靠道德维系，但道德的力量毕竟有限，就容易出现违背诚信的事情。没有法律制度约束的民间金融由此就容易成为滋生道德风险的“温床”，使民间金融的负面影响充分显现阻碍自身的发展。可见，如果民间金融在国家法律上不能获得肯定和支持，它就无法建立起强有力的信用运行系统。其次，它有利于民间金融建立法定的风险转移通道。“非法”民间金融由于国家禁止，不仅规模较小收益有限，而且抵御风险的能力很弱，又没有常规的风险转移通道，容易诱使民间金融从业者选择短期行为；而短期行为带来的“暴利”又会进一步诱使民间金融走上扩大收益的短期行为，从而进一步增强风险。这样不利于民间金融自身发展，甚至会影响整个金融体系的安全。法制化使民间金融可以建立常规的风险转移机制，进行审慎经营，使其经营风险降至最低。最后，它有利于民间金融健康发展和进行制度创新。由于长期受到政府打击，“非法的”民间金融一般规模较小，其收益在狭小信用系统中也非常有限的，不利于其大规模发展，也不足以支撑其制度创新。[28] 而且，民间金融法制化以后，从业者有法定的风险转移渠道，在抵御风险能力增强的情况下，从业者往往才有心思寻求制度创新，以合法地扩大收益。

三、民间金融法制化的界限

如上，由于现代社会永远存在信息不对称，金融系统中便少不了民间金

---

〔28〕 参见朱振球、唐稚琴、熊峻柯：《民间融资的缺速发展与生存空间：对湖南益阳的调查与思考》，载《武汉金融》2006 年第 5 期。

融。民间金融法制化成为保障其健康发展的理性选择。但是,现代制度面对民间金融的选择无非在于金融抑制与金融自由之间。金融抑制政策实质是制度完备主义的体现,它试图通过制度抹杀民间金融这个"不灭的幽灵",不承认制度认可范围外的民间金融的存在。金融自由政策的实质是制度不完备主义的体现,它承认制度应具有有限性,法律制度对涉及范围内的民间金融有约束力,法律制度外的民间金融则是自由的。可见,金融抑制政策将目标设定为积极自由,而金融自由政策却将目标设定为消极自由。[29] 在哈耶克看来现代的建构主义者崇尚以制度奴役生活,自然也偏好排斥制度外的事物,但是建构主义崇尚的积极自由往往铺就了一条通往奴役之路。[30] 因而,金融抑制政策遭到了越来越多的批评(当然还有其他可批评的原因),而金融自由政策日益受到推崇。[31] 我们无意于探讨金融自由,但是金融自由所预设的前提和追求的目标正好可以克服我们在金融抑制政策下出现的"合法化"陷阱,因而,金融自由至少对于民间金融是有效的。这便要求承认国家金融政策有限性,通过构筑民间金融法制化的界限,对该法律边界之内的民间金融予以规制,而法律边界之外的民间金融则自由。那么哪些民间金融可以纳入法律规制的范围呢?用什么法律进行规制才能满足消极自由所欲的境界呢?我们能否为此找到民间金融进入法律规制范畴的大致可循的标准呢?

或许,通过综观各国(地区)纳入规制范畴的民间金融,及其对于民间金融的规制路径,能够获得答案。然而,法律的本性决定了,法律与行为在对

---

〔29〕 柏林将古代人的自由称为"积极自由",而将现代人的自由称为"消极自由",前者是"去做……的自由",后者是"免于……的自由"。柏林尤其深入地分析了积极自由,认为这种自由建立在自主(self-mastery)的基础上,即每个人都是自己的理性的向导,这样的自我必然是"自主的""理想的""真实的",它是先验的自我。为了达到这种先验自我用理性来指导自己行动的自由状态,就必须对受本能或欲望支配的经验自我加以严格的纪律,从而自觉地服从普遍的整体,"这个'整体'于是被看成'真正的'自我,他将集体的、'有机的'、独一无二的意志,强加在顽固的'成员'身上,从而获得他自己的'更高层次'的自由。"参见[英]伯林:《两种自由概念》,陈晓林译,载刘军宁、王焱、贺卫方:《市场逻辑与国家观念》,载《公共论丛》(第1辑),三联书店1995年版,第212页。

〔30〕 参见[英]弗里德利希·冯·哈耶克:《自由秩序原理》,邓正来译,三联书店1997年版,第50页。

〔31〕 See R. H. Bork, *The Antitrust Paradox: A Policy at War with Itself*, New Work, 1978.

接过程中通常会主动(强行法)或被动(任意法)产生法律评价。如果法律评价不关心法律后果,行为将转化为事实;如果法律评价关心法律后果,行为将具有法律性。事实并不在意法律性问题而处于“自然状态”,但法律性行为是通过法律与法律后果之间搭上桥的,故法律的性质及其对法律后果的确认规则将对法律后果产生决定性影响,进而改变法律性行为的选择。〔32〕譬如,确认民间金融是犯罪并科刑的规则将改变民间金融的存在状态(公开抑或地下)。所以,在求解过程中,我们可以将视角集聚在规制民间金融的法律之特质上。

按照透过现象看本质的逻辑,要分析规范民间金融的制度之特点,我们应先分析其形式。各国和各地区在立法上对于民间金融的规制没有统一的模式。美国为了规范民间金融秩序,国会于1934年颁布《联邦信用社法》(该法后来经过多次修改和补充),联邦政府随后成立了专门的信用社全国管理局(NCUA),并在各州设立了自己的监管机构或专职官员。后来,为了克服各州各自为政所产生的一些在监管和制度上的冲突,美国又在1965年采取了加强信息交流和有效监管的措施,各州政府成立了“各州信用社监督专员全国协会”(NASCUS),并将监管对象扩展至储贷协会或储蓄银行。〔33〕英国国会18世纪70年代通过了专门法律约束房屋贷款协会的经营活动,并指定友谊社首席注册官负责房屋贷款协会的监管事务。但英国政府更趋向于采用重置市场环境的做法,利用市场的手段解决对民间金融的规制问题。如早在18世纪初,为了迫使信托储蓄银行改变合作性质,英国政府出面组织了邮政储蓄银行,大规模吸收小额存款或投资,并规定所有吸收来的储蓄资金只能投资于政府债券,从而给信托储蓄银行制造了新的竞争者,迫使其进行经营方针调整。与此相似的,英国的许多房屋贷款协会通过相互合并,调整经营方针,逐渐朝商业银行化方向转变。〔34〕

---

〔32〕 布莱克法律行为理论认为:法律的运作行为与社会生活是函数关系,法律是社会因素的函数。社会生活是自变量(包括分层、形态、文化、组织和社会控制),法律是因变量。参见[美]唐纳德· 布莱克:《法律的运作行为》,唐越、苏力译,中国政法大学出版社1994年版,第3页。

〔33〕 参见贺力平:《合作金融发展的国际经验及对中国的借鉴意义》,载《管理世界》2002年第1期。

〔34〕 参见前引〔33〕。

日本的民间金融组织都有自己的基层机构和中央机构,并有相关行业协会。1940年代通过颁布同名立法建立了农林中央金库,并通过制定《农业协同组合法》建立农林金库的基层和中间组织。基层机构具有较强的合作色彩,但政府部门或政府官员对中央机构拥有较大的实际控制权或影响力。德国强调对民间金融组织结构的法律规范并以形式评价为主,法人化规制模式成为其最基本的选择。德国民间金融从产生到发展看,具有较强的自发性、互助性和民主性,如股份制安排几乎在所有民间金融组织中都存在。[35] 德国民间金融的组织结构非常完整,分为信用合作社、合作社联盟和中央合作银行(DG Bank)三个层次,并得到了法律的确认。同时,德国民间金融在立法取向上偏重于促进其消极自由,从而在法律上较为方便地赋予民间金融组织独立的法人资格,并通过法人治理结构实现全国民间金融从组织形式到行为模式的内源式规制,即民间金融组织在既定的制度框架下可以自由行动,法律规制的主要对象是形式。[36] 法国的民间金融组织主要采用的是农业信贷或合作信用机构的形式。[37] 两类组织的基础层次机构都是合作性质的,由大量分散的小储户或社员拥有并行使民主管理权。区域性的省级联合组织层次由基层代表和中央机构委派代表组成,对成员进行管理。中央层次的组织机构由省级联合组织、国会、行政当局及相关专业人士团体按轮流原则派出代表充任理事会委员。[38] 法国的这种规制模式属于典型的"联邦式",由此促进他律性的外生行为内部化,便于国家意志悄然渗透到私人的选择之中。

我国台湾地区"民法"用专节对"合会"进行调整,香港地区制定了专门的《合作社条例》规范信用合作社的行为。肯尼亚通过立法强调官方注册对

---

〔35〕 最初信用社的贷款对象必须是存款户,但后来这一规定逐渐被放宽。

〔36〕 参见前引〔12〕。

〔37〕 其中最典型的有农业信贷银行(Créditagricole),互助信贷(Crédit Mutuel),大众银行集团(Banques Populaires Group)。此外还有互助信贷全国联盟(Confederation Nationaledu Credit Mutuel)和合作信用中央局(Caissc Ccntraldc Crédit Coopératif)等。

〔38〕 参见胡金焱:《世界各国非正规金融的发展与趋势》,载 www. eco. sdu. edu. cn/nainfo/upload/file/32. . . 283K,2005 - 12 - 5。

ROSCAs 的法律意义,以加强对其的控制。[39] 埃及将伊斯兰法律对于利息的态度移植到其 Gam' iyas 的金融服务中,强调其互助性。[40]

上述国家和地区有关民间金融的制度安排隐藏着法律规制民间金融的界限。首先,上述国家和地区在法律中涉及的民间金融都是组织性的,并且组织具有系统性,甚至在全国(地区)都有一套较为相似的组织架构。法律是社会因素的函数,[41]"民间"或"非正规"都意味着法律在此领域应保持最小的干预,这是社会对民间金融的期望和对法律的要求。那为什么上述国家和地区仍要对民间金融提出组织形式上的法律要求呢?行为法学认为,如果法律对行为提出形式上的要求,其对应的社会反映是限制进入该法律调整范围的对象,制约司法的自由。[42] 在各国对待民间金融的法律中,规制的对象大都有形式限制,如美国的信用社,英国的房屋贷款协会,日本的农林金库,德国的信用合作社,法国的农业信贷或合作信用机构,我国台湾地区以及埃及、肯尼亚的"合会"等,除此之外,在各国家和地区的法律中基本找不到其他形式的民间金融。难道是这些国家或地区没有其他形式的民间金融活动吗?答案是不言而喻的。社会生活作为自变量,从来都存在法律不能或不应进入的领域[43],因而各国法律调整的对象基本都局限在对社会具有较大影响的具有全国性组织形式的民间金融,而大量的非组织的影响甚微的民间金融形式或活动被排除在这些法律之外,而无需以专门法律规制。例如,行为人为了购置自家住房而向亲邻好友借贷的行为便不能作为此类法律调整的对象。

其次,各国倾向于采用专门法律规制民间金融,但法律的调控方式却主要分化为两类——程序控制与实体控制、过程控制与结果控制、形式控制与

---

〔39〕 See Aryeetey, E. *Informal Finance in Africa: Filling the Niche*, AERC/east African Educational Publishers, Nairobi, 1997.

〔40〕 See Arnott Richard and Josephl E. Stiglitz, "Moral Hazard and Nonmarket Institutions: Dysfunctional Crowding Out or Peer Monitoring?" *American Economic Rewiew*, 1991, 81: 179 - 190.

〔41〕 参见[美]唐纳德·布莱克:《法律的运作行为》,唐越、苏力译,中国政法大学出版社 1994 年版,第 3 页。

〔42〕 参见前引〔41〕,第 3、14 页。

〔43〕 参见[美]罗伯特·C. 埃里克森:《无需法律的秩序——邻人如何解决纠纷》,苏力译,中国政法大学出版社 2003 年版,第 5 页。

内容控制、法律方式与市场方式。美国强调结果控制和程序控制，并不关心民间金融组织的运行形式和行为方式，但十分强调监管，并逐步建立了一套适用于民间金融组织的统一监管机构和监管制度。英国受其法律传统的影响不主张过多的法律化，因而将其对民间金融的规制思想融入市场，通过在市场环境中把政府“看得见的手”置换为“看不见的手”的符号去施加对民间金融的影响。至此，我们也不难理解为什么英国的民间金融组织发展到一定阶段后，如果要继续存活就会转化为正规金融了。[44] 德国强调形式控制，以形式规范作为民间金融合规的前提，但除此之外，德国对民间金融持放任态度，因而独立法人资格成为民间金融组织得以生存的基础。法国强调内容控制与过程控制，采用“联邦式”的制度安排使外部行为内在化，从而有效地减少了国家目的实施的阻力，反过来又使民间金融组织的声音获得了一个影响国家决策者的方便途径。日本强调实体控制，要求民间金融按照政府设计的理想图景发展。同时，我们也看到大多数国家都强调法律控制，运用市场规制民间金融的国家较少。或许，其原因来自“行为选择、法律与法律后果”之间的关联性，以及由此而得到的法律调整的直接性和可视性。各国在具体的制度设计中找到了自己的方向。

最后，在制度设计上隐含着民间金融自由的法律取向。虽然美国特别重视对监管制度的完善，而英国的市场选择、德国的法人化模式和法国的“联邦式”十分强调民间金融的组织，但是其最根本的追求都不是取缔民间金融，而是用立法确立民间金融的法律地位。进一步说，既然受法律规制的民间金融都以自由为基础，法律没有规制的民间金融就应该享有更多自由。或许有人会追问：如果那些没有法律规制的民间金融“乱来”犯罪了怎么办？我们认为那与本文已经不是一个主题，以刑法的规定处理就可以了。总之，专门法律、自由、监管与组织形式构成了各国规范民间金融的基本要素，并由此构设了民间金融法制化的界限与标准。

四、规制民间金融的法制选择

如上所述，达到标准的民间金融便需要以专门法律进行调整，而大量未

---

〔44〕 因为市场的选择将形成大致相近的规则和大致相似的选择。

达到要求的民间金融则无需专门立法。可是,为什么需要针对民间金融专门立法,而没有哪个国家或地区直接对其运用调整正规金融的法律呢?为什么各国不把大量未达标准的其他形式的民间金融纳入其针对民间金融的法律范畴呢?如果没有专门法律调整,那些处于“自然”状态的民间金融作出破坏金融秩序的行为或其他违法行为怎么办?

如前文所述,各国对其民间金融的政策隐含着消极自由的制度取向。这决定了专门立法的目的不仅在于维护国家金融秩序和贯彻国家金融意志,还在于用法律减小对民间金融限制的随意性,增进其自由的安全性,并缩小国家对其他民间金融的直接控制范围。而调整正规金融的法律更注重推行国家金融意志,如各国对于正规金融的利率与汇率水平都具有较强的干预能力,甚至通过法律明确规定正规金融的法人治理结构,直接调控资金管理和用途,特别重视国家监管力量的适时性和执行力。我国的《商业银行法》与《银行业监督管理法》也有类似的特点。因而,调控民间金融的法律与调控正规金融的法律存在本质的差异,没有国家会直接运用正规金融法调整民间金融。

同时,民间金融处于国家金融当局监管之外,其隐蔽性、流动性和自由度更强,传统意义上的金融制度监管难以跟踪其运行过程并对之有效约束,因而其活动往往比受国家管制的正规金融具有更强的市场性。民间金融的市场性决定了其对民间习俗和惯例的依赖,例如,契约自由、诚实信用、互助济贫等理念对民间金融行为具有重要的约束能力。并且,由于其民间性与对民俗习惯的依赖性,决定了纵使发生纠纷,碍于熟人社会的天然约束力(如“面子”“声誉”等),行为人更倾向于以私力救济为主,救济方式具有很强的选择性,公法因素很少,而私法因素很多。因而,即使将未达标准的民间金融纳入规制范畴,大量的纠纷也不会通过法律解决,这影响了法律的实效并导致立法浪费。相反,达到标准的民间金融由于其组织的完整性和影响范围的广泛性,如果没有相应的法律规制可能对国家金融秩序产生重要影响。

我们在论及未达标准之民间金融不应作为民间金融法制化对象时,还需澄清一个误区,即无需纳入专门立法规制不等于不用规制,也不等于无法规制。事实上,没进入专门法律规制的民间金融在撇开民俗习惯的约束后更可能发生纠纷,也可能因此对局部或全局的金融秩序产生正面或负面影响。法治社会要求国家应当为解决纠纷的诉求提供救济,否则权利将无从保障。因此,此类民间金融纠纷或违反行为也需要法律的规制,只是不需通过专门法规制而已。如果按此思路,我们在既定的公私法二元观的制度环境中可以将法律分解为私法、公法两大类。如果其他民间金融发生的问题涉及的是私权性的,就用私法救济,例如普通借贷纠纷可用《民法通则》或《合同法》解决问题;如果涉及的是公法性的问题,就可用公法救济,例如构成犯罪了可用刑法解决问题;构成对公共秩序的影响又未达到对刑法的违反,以行政法规律之即可。

所以,国家的制度设计不能无视民间金融,制定专门法律对民间金融进行规制已成为当前必需的制度选择,这是确保国家整体金融环境健康发展的需要。但其规制对象应限于对社会具有较大影响的具有全国性组织形式的民间金融,这是确保民间金融自由和有序的基础。至于采用何种立法形式,需要精心调查在本国占主导形式的民间金融组织和正确评估其影响力后才能确定。

具体到我国,有人主张把我国的农村信用合作社首先作为民间金融对待和规制。目前规制农村信用合作社的相关制度有《农村信用合作社机构管理暂行办法》《农信社改革试点专项中央银行票据操作办法》《农村信用合作社财务管理实施办法》《储蓄管理条例》《贷款通则》等。但是,从这些制度可以看出,我国农村信用合作社与普通商业银行在行为方式上已没有显著的区别,而且国家一直都直接适用规范正规金融的法律对其实施管理。所以,农村信用合作社是否与作为国外民间金融典型代表的信用合作社具有同样的性质是一个值得思考的问题。为了回避这个问题,自 2002 年以来,国家已开始探索发展和规制民间金融的框架,并试图通过鼓励民间设立贷款公司以小额信贷的形式试点。特别是 2005 年中国人民银行正式将陕西、四川、贵州、山西四省确定为实施小额信贷的试点地区,“只贷不存”这一新名词也首次进入了人们的视线,民间贷款公司作为金融市场主体出现在人们眼前。[45] 中国银监会于2006年12月20日发布《关于调整放宽农村地区银行业金融机构准入政策更好支持社会主义新农村建设的若干意见》，提出农村金融市场开放的试点方案。虽然其实际效果还有待检验，但是这种模式对于逐渐促进我国民间金融的成长和有效规制是有启发意义的。如果公司模式能成为我国民间金融的主导形式，这种试点可能蕴含着我国民间金融法制化的对象和制度取向。当然，由于我们尚需要培育民间金融市场主体，所以规范民间金融的制度设计还有一个漫长的过程，不能凭感情冲动根据国外经验或积极自由假定的良好意愿开展“臆想式”立法。但民间金融在我国已经极为广泛且有了很大发展，这既有积极性又确实存在一些良莠不齐的现象，如何规范这些行为也确实成为急迫的问题。

有学者通过对央行“只贷不存”小额贷款公司试点模式和银监会农村金融市场开放模式的比较研究后认为，央行模式带有明显的政府主导特征，小额贷款公司面临着政府介入过度、资金来源单一化以及监管模式不透明等诸多弊端；银监会农村金融市场开放模式更注重盘活民间金融存量，定位于乡村银行的重新组建，降低了农村金融市场的进入门槛，为不同投资主体进入农村金融市场提供了平等的机会，且监管框架比较清晰，充分注意严格的监管与鼓励金融创新的统一，注意到保持农村金融市场活力与适当控制风险的统一。[46] 有学者将农村民间金融的组织形式归结为三类：农村民营银行，建立农村社区合作金融组织（非银行金融机构），吸收民间资本入股农村信用合作社，[47] 并主张对那些比较成熟的民间金融形式进行确认和规范。

当然，究竟采用何种立法思路与规制模式，至今仍未达成统一观点。由于专门法律、自由、监管与组织形式构成了各国规范民间金融的基本要素，因此民间金融的组织形式及其内部的机构设置、人员构成以及治理结构的规则设计，以及运营范围和方式的制度安排，都是立法需要考虑的重点，并

---

〔45〕 参见《“只贷不存”式民间金融机构露面四省获准试点小额信贷》，载《深圳特区报》2005年10月21日。

〔46〕 参见王曙光：《农村金融市场开放和民间信用阳光化：央行和银监会模式比较》，载《中共中央党校学报》2007年第16期。

〔47〕 参见管述学、庄宇：《农村民间金融合法化的路径分析》，载《生产力研究》2007年第16期。

且应在消极自由理念下通过民间金融与政府博弈形成最终的制度选择。本文对民间金融的规制问题只是提炼了几个元素，深入而细致的具体制度设计，有赖于将来的继续探索。

（本文原载于《中国法学》2008 年第 4 期）

民间借贷规制的重点及立法建议

岳彩申

经过30多年的改革开放,中国正在从资本穷国变为资本大国,民间借贷规模和影响迅速扩大成为社会关注的焦点问题。2010年5月国务院发布的《关于鼓励和引导民间投资健康发展的若干意见》和2010年10月中共中央公布的《关于制定国民经济和社会发展第十二个五年规划的建议》,都明确鼓励民间资本进入金融领域。在转变经济发展方式的背景下,迫切需要完善民间借贷的法律体系,保护民间资本所有者的正当权利,引导民间金融资源优化配置,提升经济发展的内生动力。本文尝试从立法的角度探讨相关争议,为民间借贷立法提供理论上的分析和对策性建议。

一、关于民间借贷规制的路径和模式

有关规制民间借贷的立法虽然讨论了很多年,但有两个基本问题一直没有解决:一是哪些民间借贷行为应纳入法律规制的范围,即法律规制民间借贷的边界如何确定;二是应当由哪些法律规制民间借贷,以及是否应当制定统一规范民间借贷的法律文本。前一个问题的核心是法律上如何确定规制民间借贷的范围,后一个问题的核心则是如何选择民间借贷的立法路径和模式。如何解决这两个问题,决定了民间借贷立法的基本思路、目标和体系。

(一)选择重点规制的路径

是否应当制定一个专门规范民间借贷的法律文件以及如何建立规范民间借贷的法律体系,理论上一直存在争议,立法上始终摇摆不定。解决这一争议的关键在于恰当区分民间借贷的种类和性质,再根据民间借贷的不同种类及特点选择相应的立法策略和规制路径。从法理上讲,民间借贷是放贷人让渡一定时间的资金使用权,到期后借款人还本付息的行为。也有学说认为货币一旦交付就转移了所有权转移,即所有与占有一致原则。[1] 理论上对民间借贷的划分有多种方法,不以营利为目的有偿或无偿转让资金的行为应当认定为民事行为,一般公众在生活中发生的民间借贷多属民事行为。但以收取利息为目的的货币流通则具有资金融通的功能,具有了商事行为的性质。如果某一自然人、法人(银行业等金融机构因有专门法律规定不在此讨论)或非法人组织将发放贷款作为一种经营活动时,则具有营利性和反复性,应属商事行为。民间借贷行为性质的这种多重性不仅决定了相关立法的多层次性和复杂性,而且也成为选择规制路径的基本依据。

从金融制度变迁规律看,我国民间借贷目前处于从市场化显性信用阶段向规范化合法信用阶段转变的过程中,但并不是所有的民间信用形式都能够或适合纳入法律体系加以规制,一些地区的小规模民间借贷组织更适合以民间形式存在,以满足不同人群的融资需要。[2] 从立法设计的角度看,对于民间借贷行为,建立全面规制的法律体系不但比较困难,也没有多大必要,世界范围内的这种立法范例迄今极为少见。因此,规制民间借贷的立法不宜选择全面规制的路径,而应当采取重点规制的路径,即只需要在多样的民间借贷中确定某些重要的方面加以规制即可。根据这样的思路,规范民间借贷的立法体系应当是一般性规制与专门性规制相结合的多层次立法体系。在多层次的立法体系下,根据借贷行为、借贷主体及借贷目的等不同因素,采用由普通法律、相关主体法律及专门的民间借贷法律进行分别规制的模式。根据我国金融市场的结构和法制现状,规范民间借贷的专门立法应当重点规制那些以营利为目的并专门从事借贷业务的机构和个人所进行的商事性借贷,主要包括对借贷主体的准入、借贷利率、借贷地域等加以规范。对于一般性的民间借贷即那些非专门性的私人借贷,因其通常只涉及借贷双方的权利义务,不会对其他人的利益产生影响,由民法通则、合同法等普通民事法律加以规范即可,无需引入过多的国家干预,也不需要再制定专门

---

〔1〕 参见刘保玉:《物权法学》,中国法制出版社 2007 年版,第 242 ~ 243 页。
〔2〕 参见王曙光:《经济转型中的金融制度演进》,北京大学出版社 2007 年版,第 78 页。

的法律加以规定。

(二)采用分类规制的模式

对于以营利为目的并专门从事借贷业务的机构和个人的借贷行为,不宜采用由一部法律进行全面规制的模式,而应当区别不同情况采用分类规制的立法安排:(1)对于私募基金,因其与一般直接融资不同,主要投资领域为证券市场中的股票和债券,而不是直接投向实体经济或解决人们的生活所需,故应将其纳入资本市场法制体系加以规制。[3](2)对于间接融资中具有合作金融性质的合作基金会与金融服务社等,其性质和功能定位于民间的互助,应通过制定专门的合作金融方面的法律制度加以规范,如银监会制定的《农村资金互助社管理暂行规定》等。随着城乡统筹的发展和城乡经济社会一体化的推进,有关合作金融的立法应当扩大调整范围。(3)对地下银行(私人钱庄),因其脱离了法律的控制可能会积累很高的风险,故应设定合理的准入条件,将其纳入银行类金融机构体系,实施正式和有效的监管。银监会出台《村镇银行管理暂行规定》大致就是这样的路径。(4)对于专门从事贷款业务而不吸纳存款的金融机构,如财务公司、贷款公司等,应根据其性质不同,由专门的法律制度加以规范,如银监会颁布的《企业集团财务公司管理办法》《贷款公司管理暂行规定》等。

上述四种民间借贷因具有特殊的法律性质,由相关主体法进行规范更为适当,专门的民间借贷立法不宜规定这些主体的借贷行为。按照分类规制的方式,规范民间借贷的法律规范体系应包括三个部分:(1)民法通则、合同法等普通民事法律,规范非专门性的私人借贷行为;(2)相关主体法,规范特殊的民间借贷机构的借贷行为;(3)专门的民间借贷法,规范以营利为目的并专门从事借贷业务的机构和个人的借贷行为。本文所讨论的民间借贷立法问题主要是针对第三个部分。

在民间借贷立法中,以营利性为标准将民间借贷划分为民事性民间借贷和商事性民间借贷,是设计和检讨我国民间借贷立法科学性的重要依据。我国现行法律对于民事意义上的民间借贷,无论其是否有偿,在不违反四倍

---

〔3〕 参见陈向聪:《中国私募基金立法问题研究》,人民出版社2009年版,第140页。

基准利率限制的条件下,都予以保护。对于具有商事性质的民间借贷,如果没有经法定机关核准并登记,则归入非法金融行为(如《非法金融机构和非法金融业务活动取缔办法》第4条规定的非法金融业务)。由此观之,我国现行法律排斥和压制的是未经批准的商事性民间借贷。无论放贷主体是自然人还是法人或其它组织,只有取得法定机关的批准才能获得商事性民间借贷的合法主体资格。总体上讲,我们赞成现行法律对民间借贷的这一限制,因为借贷是银行业中最为核心的业务,对于金融体系和整个国民经济体系的稳定有直接影响。截至2010年11月,银行总资产超过92万亿元,[4]占整个金融业资产90%以上。银行业的收入绝大部分来自于贷款业务,为了维护金融体系的安全与稳定,保证中央银行货币政策的顺利实施,各国都对银行类金融机构的准入实施比较严格的监管。此外,公有制为主体的基本经济制度要求国有企业在涉及国计民生的重要领域占据主导地位,与借贷业务的任意民间化、商事化、扩大化存在冲突。因此,在中国目前的情况下,解除金融抑制无疑是民间借贷立法的方向,但确定适当的法律限制仍然应当作为立法的基本原则。

在区别民事性民间借贷与商事性民间借贷时还应当注意,有偿与营利是两个既相互联系而又相互区别的概念,不能仅因有偿而认定为营利性行为,后者需具备连续性和职业性特征。多数国家的法律规定,一般民事主体偶尔从事营利活动,不属于商事行为。美国纽约州的《放债人法》第340条明确规定,个人或企业偶尔在该州发放贷款不需要遵守该法"禁止无牌照经营"的规定。实践中,民间借贷日益趋向专业化,某些民事主体反复涉诉,以民事性民间借贷的形式规避监管,实际上是在从事《非法金融机构和非法金融业务活动取缔办法》第4条规定的非法金融业务。法律上如何对这种行为进行规制,应是民间借贷立法也必须解决的一个重点问题。

二、关于民间借贷主体的规制

既然不宜对民间借贷进行全面规制,那么,应当对哪些主体的借贷行为

---

[4] 参见高晨:《银行业金融机构总资产破92万亿》,载 http://paper. people. com. cn /jhsb /html /2011 -01/10/content_720247. htm? div = -1,2011年2月11日访问。

加以规制呢？这同样是理论与实践中争议的焦点，也是立法中必须首先解决的一个难点。关于这一问题，以下两点最为关键。

（一）建立商事性借贷主体准入制度

在现行法律体系中，多个层次的法律规范涉及民间借贷主体的准入。在法律层面，《民法通则》第 90 条确立了民间借贷的合法性，但没有涉及民间借贷的主体问题。《合同法》第 12 章规定了借款合同的一般问题，第 210 条和第 211 条分别规定了自然人之间借款合同的生效时间及借款利率。在行政法规层面，《非法金融机构和非法金融业务活动取缔办法》第 4 条规定，非法金融业务活动是指未经中国人民银行批准，擅自从事的下列活动：(1)非法吸收公众存款或者变相吸收公众存款；(2)非经依法批准，以任何名义向社会不特定对象进行的非法集资；(3)非法发放贷款、办理结算、票据贴现、资金拆借、信托投资、金融租赁、融资担保、外汇买卖；(4)中国人民银行认定的其它非法金融业务活动。在行政规章层面，《贷款通则》第 61 条规定企业之间不得违反国家规定办理借贷或变相借贷融资业务。在司法解释层面，最高人民法院《关于贯彻执行〈民法通则〉若干问题的意见》第 121 条、第 122 条、第 123 条、第 125 条分别涉及“公民之间的借贷”“公民之间生产经营性借贷的利率”“公民之间的无息借款”。最高人民法院《关于如何确定公民与企业之间借贷行为效力问题的批复》规定，公民与非金融企业（以下简称企业）之间的借贷属于民间借贷，只要双方当事人意思表示真实即可认定有效，但具有下列情形之一的，应认定无效：(1)企业以借贷名义向职工非法集资；(2)企业以借贷名义非法向社会集资；(3)企业以借贷名义向社会公众发放贷款；(4)其它违反法律、行政法规的行为。2008 年 4 月 1 日起施行的最高人民法院《民事案件案由规定》将借款合同纠纷按照借贷主体类型划分为四种：(1)金融借款合同纠纷；(2)同业拆借纠纷；(3)企业借贷纠纷；(4)民间借贷纠纷。2010 年 11 月 22 日由最高人民法院发布了《关于审理非法集资刑事案件具体应用法律若干问题的解释》，具体解释了非法吸收公众存款和集资诈骗罪的适用问题。

根据上述法律、法规、行政规章及最高人民法院的司法解释，合法的民间借贷是指自然人之间、自然人与法人之间以及自然人与其它组织之间的借贷。自然人之间的普通民事行为性质的借贷为法律所允许,但企业之间和带有经营性质的商事性民间借贷则一直受到法律的排斥。从民间借贷的作用及国外的立法经验来看,商事性民间借贷能够有效地克服国家信用的诸多弊端,其合理性与合法性应当获得法律的肯定。〔5〕 从我国的现实来看,一方面金融机构网点分布不均,广大中西部地区的不少居民难以享受最起码的金融服务。据银监会统计,截至2009年6月末,全国仍有2945个乡镇没有银行业金融机构营业网点,分布在27个省(区、市),西部地区2367个,中部地区287个,东部地区291个。其中有708个乡镇没有任何金融服务,占金融机构空白乡镇总数的24%,分布在20个省(区、市)。〔6〕 另一方面,现有的正规金融机构没有能力完全消化整个社会的融资需求,中小企业融资难、"三农"融资难一直困扰着我国经济社会的发展,商业性的民间借贷在农村借贷中占有20%以上的份额。〔7〕 从国际范围内看,信贷机构是一个多层次的组织系统,完全靠正规金融机构、大银行难以覆盖全部融资需求,而且风险也过于集中。美国、英国、爱尔兰、南非等国家和地区都建立了规范民间借贷的法律体系,从制度上促进非正规金融机构的发展,推进民间信用体系建设也应该成为我国现阶段金融市场建设的重要内容。〔8〕

为了满足经济社会发展的需要,2004年以来的中央七个"一号文件"都涉及"发展农村小额信贷和微型金融服务"的问题。2008年5月,人民银行、银监会联合发布了《关于小额贷款公司试点的指导意见》(以下简称《意见》),鼓励和指导各省积极开展小额贷款公司的试点工作。《意见》的出台是我国民间金融发展史上具有标志意义的事件,为商事性民间借贷的发展提供了契机。2007年10月人民银行起草的《放贷人条例(代拟稿)》(以下简称《条例》)报送国务院法制办,2009年列入国务院法制办的二档立法计划。《条例》在市场准入方面允许符合条件的个人注册后从事放贷业务,并

---

〔5〕 参见前引〔2〕,第74页。

〔6〕 参见银监会:《三年实现乡镇金融服务全覆盖》,载 http://news.sohu.com/20091021/n267591626.shtml,2009年10月23日访问。

〔7〕 参见韩俊等:《中国农村金融调查》,上海远东出版社2009年版,第224页。

〔8〕 参见邹东涛主编:《中国经济发展和体制改革报告:中国改革开放30年》,社会科学文献出版社2008年版,第145页。

规定符合条件的企业和个人都可开办借贷业务。2010年人民银行向国务院法制办报送的《贷款通则》修订稿扩大了借贷主体的范围,对于未经批准设立为放款人的非金融企业和个人,允许在限制总额、笔数和利息收入的前提下从事放贷行为,进一步放松了对民间借贷主体准入的管制。

综合《意见》和《条例》的有关规定及目前小额贷款公司的发展现状,笔者认为,可以从两个方面完善对商业性放贷人准入的规范:

一是通过确定注册资金的方式限定主体范围。由于放贷人"只贷不存",作为经营货币的资金密集型行业,注册资本应当高于我国《公司法》对于普通公司的一般规定。《意见》规定有限责任公司类的小额贷款公司的注册资本不得低于500万元,股份有限公司类的小额贷款公司的注册资本不得低于1000万元,我们认为是合适的,高门槛可以过滤一些不合资格的放贷人进入这种风险行业,也为整个金融安全网的构建提供了屏障。尽管美国一些州对金融公司[9]的准入资本门槛并不高,如美国加州成立一般的金融公司最低注册资本为2.5万美元,但美国的市场体制和市场约束机制都比较成熟,这些公司必须接受更多的市场约束,日后才能够通过市场渠道融入资金放贷。当前,我国的市场制度尚不完善,通过注册资金适当限制民间借贷市场的准入范围是非常必要的。考虑到自然人在民间借贷领域的传统地位,参考有关国家立法现状,自然人作为放贷主体资格应当通过申请注册予以确定。自然人依法对外承担无限责任,可以不设资本金要求,但在考虑自然人作为民间借贷主体的准入资格时,应当同时考虑其退出机制及个人破产制度,并应作为配套制度早日纳入立法议程。如果缺乏个人破产制度,自然人作为民间商事性借贷的主体则无法切实承担无限责任,从而影响民间借贷制度的实施效果。

二是通过申请人资格审查方式限定主体范围。放贷人资格的审查应当重视对申请人和主要股东、高管人员的"软信息"审查。与一般工商企业不同,民间放贷行业极易与犯罪联系,如雇用黑社会性质组织收债、洗钱、发放

---

〔9〕 在美国,金融公司(finance company)是指向个人或企业提供贷款的非银行公司,区别于商业银行、信用社、储贷协会、合作银行以及储蓄银行,与我国小额贷款公司相似,目前已经成为美国第二大商业信贷来源。

高利贷、强迫欺诈交易等,因此必须在准入门槛上警惕那些不适格的主体(如有犯罪前科的申请者)进入民间借贷市场。在美国纽约州申请放贷人牌照需经历严格而复杂的“背景审查”程序,为此需要提交的资料多达11项,包括信贷历史记录、过去十年的民事诉讼和破产诉讼记录、犯罪记录(包括重罪、轻罪和违规)、教育经历、从业经历等。此外,合伙人、股东、高管、董事等还需要通过提交指纹程序,审查有无犯罪记录。在我国香港地区申请放债人牌照,首先由警方调查申请人有没有黑社会背景,证实“身家清白”后才交法庭审理,但亦非由法官一人决定,而是由两名市民协同审查,经三人一致通过后才能发放牌照。我国民间借贷的专门立法应当重点规定这方面的程度和条件。

(二)放松对企业之间借贷的管制

企业之间借贷的效力一直颇受关注,依据《非法金融机构和非法金融业务活动取缔办法》和《贷款通则》的规定,此种借贷在法律上是无效的。最高人民法院在1996年下发的《关于对企业借贷合同借款方逾期不归还借款的应如何处理问题的批复》中规定:“企业借贷合同违反了有关金融法规,属无效合同。”中国证监会、国资委2003年8月联合发布了《关于规范上市公司与关联方资金往来及上市公司对外担保若干问题的通知》,禁止上市公司有偿或无偿地拆借资金给控股股东及其关联方。因此,在司法实践中,法院基本上将企业间的借贷或变相借贷合同确认为无效合同。在具体适用法律上,有的法院适用《合同法》第52条第4项的规定,以损害社会公共利益为由认定合同无效。有的法院则直接适用《民法通则》第58条第1款第5项之规定,以违反法律或者社会公益为理由确认合同无效。也有专家学者提出不同意见,从合同法、公司法等角度认为企业间借贷合同的效力应予认可。[10]

从性质来看,企业之间的借贷比较特殊,作为放贷人的企业并不是专门从事此项业务的主体,一般只是因与借款企业存在业务往来或者关联关系

---

〔10〕 参见龙翼飞、杨建文:《企业间借贷合同的效力认定及责任承担》,载《现代法学》2008年第2期。

而发生借贷,借贷行为既超越了民事性民间借贷的范畴,但又不完全属于营业性质的商事民间借贷,而是介入民事性质与商事性质之间。针对这一特征,我们认为立法上应当采取特别规范的方式,既不应像对待民事性民间借贷那样完全放开,也不应像对待商事性民间借贷那样设立准入门槛,而应分类定性,区别对待。在国外的立法实践中,美国纽约州《放债人法》将个人和企业偶尔的借贷行为排除在商事行为之列,不需要申领放债人牌照,具有较强的参考价值。建议我国修改现行法律,放开企业之间的部分借贷,如具有上下游供应商关系、母子公司关系且因生产需要发生的借贷等,应当规定为合法有效的借贷。但是,完全放开企业间的借贷并不可行,也不可取,因为完全放开此类借贷一定程度上等同于放弃了银行业资产业务的准入门槛,势必影响金融市场及金融体系的稳定和安全,因此,通过列举的方式放开企业之间部分借贷的同时,仍然应当保留法律对企业之间借贷的一般管制。

三、关于民间借贷利率的限制

利率是规范民间借贷的核心问题,从目前已有的法律规范看,民间借贷的合法性与借贷利率水平紧密相关,对民间借贷利率的规制决定了民间借贷市场的开放程度以及对民间借贷的保护程度。

(一)应当设置利率限制

2004年10月28日人民银行公布的《关于调整金融机构存、贷款利率的通知》第2条第1项规定,金融机构(不含城乡信用社)的贷款利率原则上不再设定上限,贷款利率下浮幅度不变,贷款利率下限仍为基准利率的0.9倍。根据这一规定,有人认为既然银行贷款利率没有了上限,民间借贷利率也应该完全放开。实际上,有关借贷利率的讨论由来已久,实际利息理论、货币利息理论及马克思的政治经济学都有不同的论述。在市场中,利息是资金融通的价格,既然属于价格,必然涉及对价格管制的争议。即使市场经济比较成熟的西方国家,也一直对此存有重大分歧。主张废除利率控制的学者本杰明(Jeremy Bentham)认为,有健全理智的人都不应当反对贷款过程中的议价。[11] 反对者则认为,他的这一主张完全是理想主义的,根本没有现实的基础。[12]

从经济关系的角度看,借贷双方的实际地位并不平等,放贷人相对于借款人具有明显的优势地位,借贷双方之间缺乏讨价还价的实力保障,不具有公平交易的现实基础,依靠放贷人之间的竞争来保证借款人承担合理利率的贷款市场还没有形成,如果没有法律的限制,往往产生不公平交易。从历史上看,规范民间借贷利率的法律制度源远流长。唐《杂令》、《明律》卷九《户律》钱债部分第168条及《清律》卷九《户律》部分第147条都规定了对借贷利率的限制。从文化角度看,民间借贷的利率限制具有很强的社会感召力,国内家喻户晓的歌剧《白毛女》和莎士比亚的不朽名著《威尼斯商人》都揭露了高利贷的危害,甚至《圣经》中也有禁止高利贷的描述。[13]从社会发展的角度看,高利贷有导致"穷者愈穷、富者愈富"的马太效应和加速社会阶层分化的作用。从政治的角度看,高利贷常常成为历史上朝代更替的原因之一。新中国成立后,消除高利贷是新社会的标志性事件。

高利贷在私营经济较为发达的区域以及农村地区广泛存在,而且经济越不发达的地区,民间借贷的利率就越高。有学者通过考察中国20世纪30年代末以来和美国19世纪的民间借贷史,验证了这一结论。[14] 2008年浙江台州的飞跃集团、杭州的南望集团等地方龙头企业出现财务危机,大量高利率的民间借贷都是导火线。2009年重庆打黑过程中,警方披露的数据是:重庆高利贷逾300亿元,规模已占到重庆全年财政收入的1/3强,黑恶团伙以高得惊人的利息强行放贷,而后通过暴力收债,从中牟取巨额不法收入。[15] 2009年8月11日《经济参考报》以《宁夏固原民间高利贷盛行》为题

---

〔11〕 See Jeremy Bentham, "Defence of Usury (1787)", http://socserv2.mcmaster.ca./ - econ/ugcm/3ll3/bentham/usury.

〔12〕 参见张为华:《美国消费者保护法》,中国法制出版社2000年版,第124~125页。

〔13〕《旧约·出埃及记》第22章第25节中说:"如果你借钱给我的人民,就是与你们在一起的穷人,你对待他们不可像放债的人一样,不可在他们身上取利。"

〔14〕 参见陈志武:《金融的逻辑》,国际文化出版公司2009年版,第102~110页。

〔15〕 参见《重庆打黑挖出黑色产业链 高利贷达财政收入1/3》,载《经济参考报》2009年8月24日头版。

披露当地高利贷问题。从众多事实来看,从利率设置上限制民间借贷的资金价格具有突出的现实意义。

从世界范围内考察,市场经济制度比较成熟的美国大部分州也都制定了专门的反高利贷法。20世纪中后期美国在自由主义思潮影响下推行金融自由化,一些人主张取消利率限制,也确实有个别州(如特拉华州及南达科他州)这样做了,但美国的次贷危机表明,利率自由化是本轮危机的主要原因之一,特别是可调整利率抵押贷款,已经受到美国学术界、监管部门、立法机构及消费者保护团体的质疑和批评。英国2006年修订的《消费信贷法》仍然规定了对最高利率的限制,并授权法院可以对此提供司法救济。向来以贸易自由自居的我国香港地区也对民间借贷利率规定了限制。综合来看,在我国目前的条件下,不能盲目地放开民间借贷市场,而应通过立法直接规制民间借贷利率,并设置合理的利率上限。

(二)合理规定利率上限

对利率水平的限制关系到借贷双方的权益,无疑是民间借贷制度中最核心的内容。民间借贷利率与政府对产品的定价不同,相关立法不是干预借贷双方在法律限度内对利率的自由协商权,而是防止放贷人乘人之危或利用优势地位损害借款人的正当利益。最高人民法院《关于人民法院审理借贷案件的若干意见》(以下简称《借贷意见》)第6条规定:“民间借贷的利率可以适当高于银行的利率,各地人民法院可根据本地区的实际情况具体掌握,但最高不得超过银行同类贷款利率的四倍(包含利率本数)……”人民银行公布的金融机构人民币贷款基准利率按期限划分为5个档次,这里的同类贷款利率实际上是指同期同档次贷款利率。

在已有的立法先例中,香港特别行政区的《放债人条例》第24条规定:任何人(不论是否为放债人)以超过年息60%的实际利率贷出款项或要约贷出款项,即属犯罪。第25条规定:关于任何贷款的还款协议或关于任何贷款利息的付息协议,如其所订的实际利率超逾年息48%,则为本条的施行,单凭该事实即可推定该宗交易属敲诈性。由此可见,香港地区实际上是规定了两个不同层次的利率限制,违反不同层次的利率限制承担不同性质的法律后果。我国台湾地区为防止民间借贷中出现重利盘剥,其“民法”第205

条规定:约定利率超过周年20%者,债权人对于超过部分之利息,无请求权。

在美国,对高利贷的规制也非常复杂,主要由各州法律规定。部分州对利率管制采取了较为自由放任的态度,允许借款人和放贷人协商达成任何利率,如特拉华州以及南达科他州,但大部分州仍然制定了限制最高利率的反高利贷法。在限制最高利率的各州立法中,对最高利率的限制通常取决于以下几个因素:(1)贷款用途;(2)贷款的种类;(3)放贷人的种类;(4)发放用于特定用途的贷款。最高利率通常是一个固定利率,也可能是取决于某些指数的浮动利率,如联邦储备委员会的贴现率。纽约州的高利贷界限通常为年利率16%;华盛顿州高利贷通常的界限为年利率12%,或者合同签署前一个月联储26星期国库券初次拍卖报价利率加4个点,取两者中较高者;密西西比州高利贷界限为年利率10%,或者为联邦储备利率加5个点,5000美元以上的商业贷款不受高利贷限制;阿肯色州非消费性贷款的高利贷界限为联邦储备利率加5个点,对于消费信贷高利贷通常界限为年利率17%。[16] 虽然美国的国会一般情况下不会介入利率限制,但也有例外,如针对发薪日贷款,[17]2006年10月美国国会专门通过了法律,规定向军人及其抚养人员发放的消费贷款年利率不得超过36%。[18]

利率本质上是利润率的一部分,因此,利率上限的确定在立法上有很强的技术性,不仅需要考虑生产性资本和消费性资金的收益率,还需要考虑包括投资回报本身的风险性、契约执行的情况等因素,因此,有学者不赞成规定一个确定的利率限制。[19] 对于高利贷的标准,如果规定得过高,则达不到公平保护借款人的目的,超过社会平均利润率后,贷款的偿还客观上存在信用风险。过高的利率也可能诱发道德风险,有的借款人为偿还贷款可能不惜铤而走险,从事违法暴利行为。另一方面,如果对高利贷的标准规定得过低,可能会出现两个结果:一是借款人在市场上得不到足够的信贷,信贷

---

〔16〕 See "State Interest Rates & Usury Limits", http://www.lectlaw.com/files/ban02.htm,2010年2月7日访问。

〔17〕 发薪日贷款是一种短期无担保贷款,期限很短,名义利率和实际利率差异巨大。

〔18〕 The John Warner National Defense Authorization Act, http://www.bankersonline.com/regs/jwnda/jwnda.html,2010年2月7日访问。

〔19〕 参见前引〔14〕,第101~102页。

供给出现短缺；二是民间借贷从地上转向地下，为补偿法律风险的成本，实际利率可能进一步走高。从现实经验来看，出现第二种情况的可能性更大，我国广泛存在的地下钱庄就是很好的例子。最高人民法院的司法解释将利率限定为不超过中国人民银行规定的基准贷款利率的4倍，根据人民银行确定的一年期利率，4倍限额为21%～25%，折算成民间利率接近2～3分。随着人民银行对利率的上调，4倍限额也可能会达到30%左右。根据我国民间借贷的实际情况，民间借贷利率一般在2分至5分，生产性借贷超过3分就属于比较高的利率了。如果是隔夜拆借或者几天内的拆借，其利率折算成月利率就会显著高于上述水平。当然，地区、季节、货币政策及法定基准利率水平等因素，都会对民间借贷的具体利率产生影响。例如，2008年执行从紧的货币政策，导致各地民间借贷利率水涨船高。另外，通货膨胀对利率的走势也有重要影响。因此，上述因素都应在确定民间借贷利率上限时予以考虑。

（三）完善高利贷法律责任制度

高利贷行为的危害性很大，从微观角度看，扰乱公民正常的生活秩序，导致借款人陷入债务深渊而无法自拔，收债过程往往伴随着恐吓、欺诈、暴力等非法行为，容易滋生犯罪；从宏观角度看，扰乱了国家正常的金融秩序，影响金融安全、社会稳定及国家宏观政策的执行。美国次级贷款产品中的可调整利率抵押贷款虽然还不是严格意义上的高利贷，但足以证明利率过高会对金融秩序与金融稳定造成危害。尽管高利贷有着诸多危害性，但从最高人民法院《借贷意见》第6条有关民间借贷利率的规定来看，现行法律对发放高利贷当事人不具有真正的惩罚性。在司法实践中，对发放高利贷基本上是听之任之，仅仅不保护其4倍以外的利率。这样一来，高利贷发放者的违法成本几乎为零，可以任意约定高利率，其后果最多是超过的部分不予保护。尽管进入司法程序的民间借贷案件近年来大幅增加，但是与实际发生的民间借贷包括高利贷相比，仍然很少。也就是说，不少高利贷合同实际上由借款人履行了，借款人的合法利益并没有通过司法程序获得应有的保护。

另一个现象也应引起关注，在实践中，多数民间放贷人为规避法律对民间借贷利率的上限规定，采取各种方式、手段掩盖高额利息，从而使借贷利率形式上符合法律规定。如预先将利息在本金中扣除，即借款人实际获得的借款低于借条中的本金（差额部分为利息），这样使借款人在诉讼中处于非常不利的地位，很难证明高利贷的存在。此外，由于银行贷款政策“嫌贫爱富”和中小企业融资需求不断增长，加之民间资金充裕，催生出民间融资市场的职业化，出现了一些职业的贷款人和中介人。这些职业贷款人和中介人往往与当地的黑社会、准黑社会往来密切，依靠其背后力量威胁、恐吓借款人，阻止其通过司法途径维护权益。

从美国和我国香港地区的经验来看，利用刑事手段打击高利贷是其共同的立法选择。香港地区《放债人条例》设定了两个高利贷界限，对于不同层次的高利贷规定不同性质的法律责任。违反该条例第 24 条（年息 60% 的实际利率），即属犯罪，任何贷款的还款协议或关于任何贷款利息的付息协议，以及就该协议或贷款而提供的保证，不得予以强制执行。此外，任何人犯本条所订罪行（a）一经循简易程序定罪，可处罚款港币 50 万及监禁 2 年；（b）一经循公诉程序定罪，可处罚款港币 500 万及监禁 10 年（由 1994 年第 82 号第 33 条修订）。相比较 1994 年之前的文本，修订后的条例大幅提高第 24 条所规定的最高惩罚限度，由最高“监禁两年和罚款 10 万元”增至最高“监禁 10 年和罚款 500 万元”。2001 年至 2005 年，香港根据《放债人条例》第 24 条就高利贷提出检控的个案数目分别为 26 件、18 件、1 件、28 件及 10 件。违反该条例第 25 条规定（所订的实际利率超逾年息 48%），单凭该事实即可推定该宗交易属敲诈性。在香港禁止高利率放债的双层法律规制架构中，把利率管制水平分别定为年利率 60% 和 48%，是参考香港当时良好的商业惯例和其它司法管辖区（例如英国）的法例而决定的。香港特区政府认为从执法的角度而言，第 24 条大体上可有效遏止在香港进行的高利贷活动。[20]

在美国，国会认为其根据《宪法》第 1 章第 8 节“州际贸易条款”有权监

[20] 参见香港立法会十题·《放债人条例》，2006 年 11 月 22 日在立法会会议上何俊仁议员的提问和财经事务及库务局局长马时亨的书面答复。http://www.fstb.gov.hk/fsb/chinese/ppr/press/doc/pr221106_c.doc，2011 年 3 月 22 日访问。

管私人交易中的利率问题，但美国国会并没有划定高利贷的具体范围，而是通过《反犯罪组织侵蚀合法组织法》界定了“非法债务”的概念，规定以超过当地两倍高利贷界限的利率放贷并且试图收取该“非法债务”构成联邦重罪。[21] 在各州层面，违反州高利贷法的法律后果通常具有惩罚性，即处罚金额超过所收取的利率与高利贷之差。具体的处罚各州的规定不尽相同，但是通常都包括罚没已收取的利率或者按利息的倍数罚款。在某些情况下，高利贷还会导致整个贷款合同不得执行、放贷人承担刑事责任等。

民间借贷立法可借鉴香港地区《放债人条例》的立法经验，设置两个利率限制标准，不同程度的违法行为承担不同的法律责任，建立梯级过渡性的双层法律责任制度。这样既可以起到打击和遏制高利贷的作用，也可以避免滥用刑事制裁手段，实现法律责任的梯级过渡。

首先，参考国外及香港地区的立法经验，考虑目前民间借贷的实际利率水平，设定一个明确的年利率（如36%）作为追究高利贷放贷人刑事责任的标准。超过该限度的放贷属于严重高利贷范畴，应当受到行政或刑事处罚。其次，保留目前的规定，即民间借贷不得超过人民银行规定的基准贷款利率4倍。超过该界限但尚未达到严重高利贷年利率的，除法律另有规定外（如严重通货膨胀时适用情势变更原则），不得诉求法院执行该借贷合同及其附属担保合同，通过民事责任遏制此类高利贷。这样规定有充分的法理依据，人民银行通常会根据宏观经济的发展和通货膨胀情况及时调整利率水平，其公布的基准利率大致反映了当前资金的价格，4倍范围内的利率基本上可以补偿民间放贷人所承担的机会成本和风险。以目前试点的小额贷款公司为例，其经营状况表明，3倍左右的利率已经基本上覆盖了风险，总体上实现了盈利。在有关小额贷款公司后续发展问题的讨论中，也鲜见有关放开利率的呼声，而多集中于贷款的后续资金来源、跨区域经营、税收优惠政策等方面。[22] 20%～30%的利率水平与我们的民间借贷实际利率也基本上相差不多，如果民间借贷能够获得法律的有效保护，其风险水平事实上还会降

---

〔21〕 18U. S. C. §1961(6)(B). See generally, Racketeer Influenced and Corrupt Organizations Act.

〔22〕 参见张建华等：《中国农村多层次信贷市场问题研究》，经济管理出版社2009年版，第29～30页。

低。因此,尽管有不少学者主张废除对民间借贷4倍利率的限制,但我们认为目前有关民间借贷利率的规定是适当的,立法上应当坚持。

总的来看,利率水平的确定是一个应当能够实现双赢的选择,借款人和放贷人是一个矛盾体,双方利益的最大化应当以考虑对方的可持续发展为前提,"杀鸡取卵"式的、掠夺性的高利率并不可取,不顾草根规则的存在,任意压制民间借贷利率也难以达到从法律上规范民间借贷的目的。同时,立法应当始终固守法律的正义性,从实际出发充分考虑借款人在民间借贷中的弱势地位,以及民间借贷特别是有组织的民间借贷易滋生犯罪的事实,汲取中国古代、美国及中国香港地区的立法经验,限制民间借贷的最高利率,维护资金融通的公平秩序。

四、关于民间借贷区域的限制

大多数民事性民间借贷并不涉及区域限制问题,而对于具有经营性质的商事性民间借贷,区域限制则成为影响民间借贷的优势功能、规模经济与风险集中度的重要因素。在小额贷款公司的试点过程中,参与试点的公司希望扩大经营的地域范围,一些地方政府将允许跨区域经营作为对贷款公司的奖励。[23] 也有省份明确规定小额贷款公司不得跨区域经营。[24]

(一)区域限制与民间借贷的优势功能

不少文献认为民间借贷源自于金融抑制。麦金农和爱德华·肖在对发展中国家的经济发展过程进行分析后,提出了著名的"金融抑制"理论,认为金融抑制使部分经济主体的融资需求无法通过正规金融渠道获得满足,民间借贷由此而产生。[25] 但民间借贷在一些发达国家如美国、英国、澳大利亚等也非常发达,而且这些国家都有专门规范民间借贷的法律。以美国为例,美国的非吸收存款类金融公司种类包括消费金融公司、商业金融公司和销

---

〔23〕《内蒙古自治区小额贷款公司试点管理实施细则》第22条规定,具备一定条件的小额贷款公司可跨旗县、盟市设立分支机构。

〔24〕《浙江省小额贷款公司试点暂行管理办法》第25条规定,小额贷款公司不得跨区域经营业务。

〔25〕参见[美]R. I. 麦金农:《经济发展中的货币与资本》,卢骢译,上海人民出版社1988年版,第78~82页;黄达:《金融学》,中国人民大学出版社2003年版,第764~766页。

售金融公司(也叫承兑公司)。据美联储的统计资料,截至2010年年初,美国国内金融公司应收账款余额为14194亿美元,资产总额为19368亿美元。[26] 由此可以看出,金融压抑并不是民间借贷存在的根本原因。美国范德比尔特大学教授克莱夫·贝尔(Clive Bell)等人在20世纪末从需求和供给两方面解释了非正规金融产生的条件。由于正规金融机构金融产品供给的不足,对金融产品的超额需求便“溢出”到民间借贷市场,这从需求方面解释了民间借贷存在的原因。同时,在现有条件下,民间借贷在信息、担保、交易成本等各个方面均具有正规金融无法比拟的优势,因此有能力供给部分金融产品以弥补正规金融供给不足造成的缺口,这就从供给方面解释了非正规金融的产生。[27]

在现实的经济活动中,民间借贷具有“人格化金融”的特点,以“熟人关系”作为交易及契约执行的基础,[28]能够凭借各种“人缘、地缘”关系更有效地收集中小企业的“软信息”,在向中小企业提供贷款方面具有独特的信息优势。这种信息优势正是其广泛存在的根本性原因,而金融抑制不过是一个强化因素。[29] 以浙江某商业银行小额贷款营销的成功经验为例,归纳其做法可以发现,利用地域及信息优势是其成功的重要原因。经营者认为本土化的客户经理非常关键,他们充分发挥“地缘、亲缘、人缘”的优势,凭借亲朋好友、老师同学、客户熟人等关系,从侧面对小企业主的家庭历史、道德品质、经营状况等信息深入了解,从而摆脱了对财务报表的过分依赖,解决了信息不对称的难题,已累计向四万余家小企业发放了超过800亿元的贷款,不良贷款率仅为0.7%(2010年年初我国国有商业银行不良贷款率为1.80%,城市商业银行不良贷款率为1.30%,农村商业银行不良贷款率为2.76%)。[30] 在对贷款的监督过程中,民间借贷的信息优势有利于贷款人较

---

〔26〕 See “Domestic Finance Companies Assets and Liabilities”, http://www.federalreserve.gov/releases/g20/hist/fc_hist_q.txt.

〔27〕 参见陈蓉:《我国民间借贷研究文献综述与评论》,载李昌麒主编:《经济法论坛》(第4卷),群众出版社2006年版,第165页。

〔28〕 参见前引〔14〕,第120页。

〔29〕 参见林毅夫、孙希芳:《信息、非正规金融与中小企业融资》,载《经济研究》2005年第7期。

〔30〕 参见前引〔22〕,第141~142页。

为及时地把握贷款按时足额归还的可能性。

除信息优势外，民间借贷的交易成本优势也是其得以存在的重要条件。民间借贷经营者的监管负担较轻，组织机构本身小巧灵活，业务的技术性并不强，操作简便，对参与者的素质要求不高，合同的内容简单而实用，契约执行也往往通过民间习惯得以实现，避免了通过正规法律途径进行诉讼所需的高昂费用和时间成本。

民间借贷的上述两大优势功能与其经营的地域范围有着密切的关系。具体讲，民间借贷只有在一定范围内才具有信息优势和交易成本优势，一旦超越一定的范围，离开了“熟人社会”的依托，信息不对称的问题就会凸显出来，放贷人的风险也将骤然上升，其优势功能就会因此而丧失。

（二）区域限制与民间借贷的规模经济

规模经济又称“规模利益”，指在一定科技水平下生产能力的扩大使长期平均成本下降的趋势，即长期费用曲线呈下降趋势。上述定义具有普遍性，银行业规模经济便由此而来。民间借贷的单一客户贷款规模较小，尽管近几年司法实践中民间借贷的总金额和单笔金额越来越大，纠纷涉案标的额成倍增长，但与商业银行动辄千万甚至上亿的单一客户贷款规模显然无法比拟。虽然在同等条件下民间借贷比正规金融机构的交易成本更低，但就其自身经营规模来看，民间借贷成本还是比较高的，无论是贷前调查还是贷后追踪，都需要做大量的工作，民间信贷机构如果没有规模效应，就很难持续发展。

本质上看，限制跨区域经营的确存在一定程度上的金融抑制，不仅民间借贷存在这样的问题，银行业机构也遭遇过同样的难题。20 世纪 90 年代以前美国对银行业同样实施严格的地域限制，《麦克法登法》（McFadden Act）禁止银行跨州经营，银行和储贷协会只能在一个州开设分支机构。直到 1994 年美国国会通过了《里格—尼尔银行跨州经营与跨州设立分支机构效率法》，才基本上扫除了银行在跨州扩张方面所受到的种种限制。美国众议院在审议该法案的报告中指出：消除这些限制，将会带来大量的好处：（1）使银行有机会进行更有效的建构，剔除重复性的职能，并降低费用；（2）可以推动建立更安全和更稳健的银行体系；（3）可以给客户提供更大的方便；（4）通过使金融机构能够进入目前没有实现完全竞争的市场,有利于促进信贷市场的竞争。[31]

美国众议院放开银行业跨州经营的上述理由同样可以适用于放开民间借贷的地域限制,如增加竞争、降低费用、便利兼并等,这些理由很大程度上反映了规模经济的要求。但是,我们也要看到,长期费用曲线的下降不是无限的,现实中也存在规模不经济的现象。规模不经济则是指公司因规模扩大而导致公司利润率降低的情况。也就是说,在规模经济与不经济之间存在一个临界点,在临界点内,呈现规模经济,反之,则为规模不经济。有研究发现,银行的资产从10亿美元增加到100亿美元时,可以获得规模经济,但从100亿美元增加到1000亿美元时则几乎很少能获得这种规模经济。[32]民间借贷也有这样一个问题,因其具有自发性、民间性等特点,在一定范围内,规模越大业务量就越大,相应单位成本费用通过分摊会减少,信誉的外溢效应也较为明显。但是超越特定的地域范围后,其规模优势可能因其比较优势的丧失而呈现迅速下降趋势。尤其当其规模超越其管理能力时,规模越大可能效率越低。

(三)区域限制与民间借贷的风险集中度

我国商业银行贷款的集中度风险相对比较高,对中小银行而言,主要表现为客户集中度风险和区域集中度风险。为了降低这种风险,银监会于2006年和2009年分别颁布了《城市商业银行异地分支机构管理办法》《关于中小商业银行分支机构市场准入政策的调整意见(试行)》,放松了银行跨区域经营的限制,不再对股份制商业银行、城市商业银行设立分行和支行规定统一的营运资金限制,由各股份制商业银行、城市商业银行根据业务发展和资本管理需要统筹调节及配置。规定出台后,南京银行、宁波银行等多家城市商业银行异地开设分支机构的申请被批准。

民间借贷与银行的信贷业务在某些方面并无二致,民间放贷机构的贷

---

〔31〕 参见[美]布鲁姆等:《银行金融服务业务的管制案例与资料》,李杏杏等译,法律出版社2006年版,第462页。

〔32〕 参见史纪良主编:《银行监管比较研究》,中国金融出版社2005年版,第188页。

款集中于某一区域也会面临如同银行贷款集中的风险。经营范围界定在一个县(区)的贷款人,其业务必然与当地中小企业的经营紧密相关,一旦当地中小企业面临市场冲击(如浙江绍兴的纺织业),贷款风险就会急剧上升,从而威胁到放贷人的可持续经营。从现有的经验看,这种风险特别容易集中在沿海一些出口导向型地区以及内地的资源富集型地区。从规避风险集中的角度来看,跨区域经营又是必要的,但也同样存在一个度的问题,否则,民间借贷机构因地域扩大而丧失地缘信息优势又会使其风险从另一个方面凸显出来。因此,民间借贷的专门立法必须恰当处理好这一对矛盾。

(四)按照审慎监管原则规定民间借贷的区域限制

结合上述三个因素的考虑,笔者认为,完全禁止民间借贷机构跨区域经营不利于其可持续经营,完全放开区域限制会诱发风险。考虑到民间借贷在一定区域范围内的地缘信息优势,民间借贷经营地域的拓展不宜过于匆忙,应按照审慎监管的原则,比照《商业银行法》第19~22条的有关规定,适当规定跨区域经营机构的营运资金、管理人员等要求。同时,为体现审慎经营与监管的要求,相关立法应当明确规定商事性民间借贷跨地域经营的一些约束条件,如规定民间借贷主体在开业经营的三年内无重大违规、连续盈利等,保障民间借贷稳定与可持续的发展,增强我国经济发展的内生动力。

五、关于民间借贷资金来源的限制

对于民间借贷的资金来源问题,以前理论界讨论得较少,但随着民间借贷制度化试点(小额贷款公司试点)的推进,这个问题显得颇具实务性,并成为业界关注的焦点问题。禁止吸收公众存款是民间借贷资金来源的“红线”,不容越过,否则就等于放弃了对银行类机构的监管,难免危及金融安全。在坚守这个“红线”的前提下,应当创新民间借贷资金来源制度,促进民间借贷的健康和可持续发展,提高金融市场的整体效率。

(一)建立商业性民间借贷经营者负债融资制度

虽然民间借贷不能通过吸收公众存款的渠道扩大放贷资金来源,但是作为资金密集型行业的商事性民间借贷经营者必须通过适度负债融资才能保障持续经营。

首先,如果仅仅允许其使用资本金放贷,意味着其财务资源的严重浪费。在金融资产的经营中,杠杆率高低与经营效率和安全有着密切的联系。美国次贷危机爆发前,华尔街五大投行的杠杆率高达30倍左右,意味着他们的资产价值只要出现3.33%左右的下降,理论上就可能面临破产清算。危机爆发后美国的金融机构正在经历痛苦的“去杠杆化”过程。但是绝对禁止金融机构负债同样是不可能的,民间借贷也不例外。负债经营的关键是控制适度的杠杆率,反之则过犹不及。在禁止其负债的情形下杠杆率为零,但势必造成严重的财务资源浪费。一般认为,企业在资产负债率为50%~60%时仍然可以处于比较稳健的经营状态,银行类机构由于更多地依靠负债获取资金来源,其资产负债率可以更高一点。以中国工商银行和中国农业银行为例,截至2010年9月30日,工商银行的资产负债率94.34%,农业银行资产负债率94.78%。[33] 商事性民间借贷作为资金密集型行业,其资产负债率应当高于普通企业。

其次,如果没有一个正常的融资渠道,民间融资就可能会转为地下,进而寻找其它途径,包括非法吸收公众存款及其它非法集资行为,与民间借贷规范化、阳光化的方向背道而驰,监管机构无法掌握民间借贷的资金流向,并导致国家税收流失。

最后,有限度地放开民间借贷的银行批发资金融资渠道有利于培育商业银行贷款零售商,分散银行信用风险,构建多层次贷款渠道。依赖大客户是银行经营过程中很普遍的现象,容易导致风险过于集中;允许银行将资金批发给民间借贷经营者,可以使银行通过信贷配给方式甄别出优质的企业来,[34]不失为解决这一问题的有效方法。民间借贷机构作为资金中介,可以发挥其熟悉当地市场、专营小额信贷、监管负担较轻及贷款手续简便等诸多优势,有利于改善贷款的结构。此外,银行作为批发者将资金交由民间借贷经营者发放,民间借贷经营者再将资金分成若干小份,发放给不同的借款

---

〔33〕 参见中国工商银行和中国农业银行2010年第三季度报告。

〔34〕 参见徐忠、张雪春、沈明高、程恩江:《中国贫困地区农村金融发展研究》,中国金融出版社2009年版,第255~256页。

人,相对于由银行发给单一客户而言,明显分散了信贷风险。在现实中,无数小额借款人同时违约的概率极小甚至不会存在。因此,通过立法建立民间借贷经营者融资渠道制度,对于分散银行风险及促进商事性民间借贷可持续发展都具有积极意义。

(二)规定商事性民间借贷经营者的融资渠道

如何规范商事性民间借贷经营者的融资渠道,是民间借贷立法中不能忽视的一个要点。

首先,应当在立法上明确"非法吸收公众存款罪"与民间借贷的界线。《商业银行法》第81条及《刑法》第176条规定了非法吸收公众存款罪。但何谓"公众"、何谓"存款",认识上存在很大争议。合法的民间借贷在实践中与"非法吸收公众存款"纠结不清,比较著名的案例如"孙大午非法吸收公众存款案",反映出我国法律制度存在明显的缺陷。因此,准确界定非法吸收公众存款罪的内涵和外延对于活跃民间融资以及丰富民间借贷经营者的资金来源,具有重要意义。《非法金融机构和非法金融业务活动取缔办法》第4条将"公众"界定为"不特定对象"。对于所谓的"不特定对象",应当结合行为人吸取资金的方式才能恰当确定。[35] 实践中,借款人往往从一定范围内的人员如职工、亲友等处募集资金,这些人是否属于"公众"范畴,亟待在立法上加以明确。在实践中,司法机关对此进行了有益的探索。2008年浙江省高级人民法院、高级人民检察院、公安厅联合下发的《关于当前办理集资类刑事案件适用法律若干问题的会议纪要》在区分民间借贷与非法吸收公众存款的标准上有两点值得关注:第一,融入资金的对象是否为不特定对象(所谓的公众)没有成为非法吸收公众存款罪的构成要件中的充分条件;第二,企业资金的用途成为是否构成非法吸收公众存款罪的关键要件,为生产经营活动所需筹集资金一般不认定为构成非法吸收公众存款罪。因此,非法吸收公众存款罪所指的"存款"应该是从资本、货币经营的意义上理解。

---

〔35〕 参见黄德海、张富荣、罗真:《何为"向社会不特定对象吸收存款"?——非法吸收公众存款罪与一般民事借贷纠纷的界限》,载中国法院网,http://www.chinacourt.org/html/article/200811/18/331084.shtml,2010年11月18日访问。

只有在这个意义上去理解“存款”,才能解释清楚民间借贷中的资金来源与银行吸收存款的区别,才能找到合法的民间借贷与非法吸收公众存款的界限。[36] 相对商业银行法及刑法的规定,浙江省司法部门与公安部门的纪要更具有现实性和针对性,是一种有益的改革尝试。2010年11月22日由最高人民法院发布的《关于审理非法集资刑事案件具体应用法律若干问题的解释》规定,未向社会公开宣传,在亲友或者单位内部针对特定对象吸收资金的,不属于非法吸收或者变相吸收公众存款。这一解释虽然发展了民间借贷制度,但因不属于正式的法律渊源,而且仅仅适用于刑事处罚,没有将筹款用途考虑在内,对民间借贷发展的推动较为有限。因此,建议有关立法及法律适用机构应结合筹款(融入资金)目的界定非法吸收公众存款行为,对于民间借贷经营者向不特定对象吸收资金从事发放贷款、买卖证券、融资租赁等专属金融业务,可以纳入“非法吸收公众存款”的范畴,对于企业确因生产经营需要的借贷应归入合法的民间借贷,避免因打击面过宽而累及合法的民间借贷。

其次,在商业原则下,应逐步放开商事性民间借贷经营者向银行、保险机构融资的渠道。目前有关规定允许小额贷款公司从银行业金融机构融入资金,但有两个限定条件:一是不得超过资本净额的50% ;二是不能从两个以上的银行业金融机构融入资金。由于小额贷款公司尚处于试点阶段,对于其风险的认识还缺乏足够积累,因此暂时开了一个小口子,尽可能按照谨慎原则操作。在积累一定经验后,建议可以逐步放开民间借贷经营者向商业银行、保险公司的融资率上限,为民间借贷提高融入资金的来源。

再次,在风险可控的前提下,对于专门或主要服务“三农”的民间借贷经营者,应当适当给予政策性金融资金支持。民间借贷经营者中的一部分是面向“三农”、微型企业、下岗职工等金融弱势群体的。如目前试点中的小额贷款公司,当前经营的大部分业务是国有商业银行主动撤离和不愿介入的领域。这些领域利润小且风险大。如美国、泰国的法律要求存款类机构对

---

〔36〕 参见孙金栋:《非法吸收公众存款罪与民间借贷的本质区别》,载 http://blog.china.alibaba.com/blog/amwaysjd/article/b0-i8546400.html,2010年11月23日访问。

弱势群体进行放贷、投资、服务，监管机构负责对此进行考核。我国目前还没有类似的专门法律或者强制性规定，新《公司法》第5条在肯定公司追求股东价值最大化的同时，强调了公司的社会责任，但这个条款缺乏操作性，难以落实。虽然我国有政策性银行，但从实际效果看，对"三农"的支持与社会的期待有很大差距。为拓宽商事性民间借贷经营者的资金来源，改进政策性金融的运行方式，可以考虑在政策性金融中拿出一部分资金，包括政策性银行发行金融债券募集的资金、人民银行的支农再贷款或者其他财政扶持资金等，借给那些从事弱势群体金融服务的商事性民间借贷机构使用。这一立法举措还有另外一个重要意义，即为政策性金融领域引入了适度的竞争机制，有利于提高政策性金融资源配置的效率，是一举两得的制度安排。

最后，前瞻性规定商事性民间借贷人发行商业票据、股票、债券、吸收非金融类企业的大额存款、资产证券化等融资渠道。客观地说，我国资本市场并不缺钱，民间资本高达数万亿元，从长远来看，随着我国金融市场的不断发展和金融工具的不断创新，可以借鉴发达国家如美国的经验，通过市场融资的方式解决民间借贷经营者的资金来源问题。商事性民间借贷经营者可以通过发行商业票据、股票、债券、资产证券化或资产转让等模式，在资金市场主动融资负债。这样有利于形成多层次的融资市场和多元化的融资渠道，促进金融市场的有效竞争。另外，我国香港地区实行金融牌照分级制，接受存款公司可接受10万港元或以上、最初存款期最少为3个月的存款，存款利息没有最高额限制，但是吸收公众存款则必须获得银行牌照。这个做法实际上是保留了对公众存款最严密的监管，而对大额存款的管制相对较松，在我国的民间借贷立法中，这一经验很值得参考。

（本文原载于《中国法学》2011年第5期）

论我国P2P网络贷款平台的异化及其监管

冯　果　蒋莎莎

P2P网络贷款，即个人对个人的贷款，是一种通过互联网进行贷款的新型借贷模式，而提供P2P网络贷款的中介机构被称为P2P网络贷款平台。P2P网络贷款是在P2P小额贷款的基础上发展起来的，互联网技术的发展使P2P小额贷款从网下发展到网上，从而产生P2P网络贷款平台。在P2P网络贷款平台上，一方是有资金需求的借款人，另一方是有闲置资金渴望增值的投资人（放贷人），P2P网络贷款平台撮合双方交易，并收取手续费用作为平台收入。P2P网络贷款相对于传统金融机构贷款而言，具有审查手续简单、贷款速度快、交易费用低并且不需要抵押等诸多优势，因而受到许多资金短缺但信用度良好的工薪阶层、微小企业主和创业大学生的青睐，在短时间内成为最受欢迎的贷款形式之一。我国的P2P网络贷款平台在近年内出现"井喷"之势，这一方面归功于互联网技术的进步，另一方面也反映出社会的投融资需求。但在扭曲的融资环境下，P2P网络贷款及其平台呈现出不断异化的趋势，其中隐含众多风险，因而其发展也日益受到多方关注。有鉴于此，笔者拟对我国P2P网络贷款平台的异化进行剖析，在此基础上提出监管对策，以期对我国P2P网络贷款平台的健康发展有所助益。

一、P2P网络贷款平台的发展及其在中国的异化

（一）国外P2P网络贷款平台的发展现状

2005年，世界第一家P2P网络贷款平台协议空间[1]在英国创立，它提

---

〔1〕 协议空间的英文表述是Zopa，取名自Zone of Possible Agreement。

供英国最大的个人对个人网络贷款服务。协议空间的宗旨是摒除银行的参与,使借款人以较低的成本获得贷款,同时使投资人获得更高的回报。为防范风险的发生,协议空间的贷款人只能出借小份额贷款给借款人,这也就意味着一份贷款将会被出借给不同的借款人,以此降低贷款人的风险,即使有单个借款人不能按期归还贷款,对贷款人的影响也相对较小。[2] 协议空间以其自助式的交易模式、差异化的定价机制、低廉的交易费用以及双赢的利率在英国迅速发展,并已经进入意大利和日本等国市场。

协议空间的成功鼓励了其他国家 P2P 网络贷款平台的发展,2006 年美国的 P2P 网络贷款平台——繁荣市场创立,并迅速发展成为世界上人气最旺的 P2P 网络贷款平台,目前已拥有超过百万会员,贷款额过亿。繁荣市场作为中介平台为借贷双方提供机会,与协议空间的功能相似,但运行模式略有不同。[3] 目前繁荣市场通过对贷款申请人的信用历史进行分析,给借款人作出评级,不同信用级别的借款人所要承担的利率不同。繁荣市场的贷款人并非直接贷款给借款人,一旦贷款人选择给某个借款人放贷,就会有一个独立的银行给借款人发放贷款,并签发票据给 P2P 网络贷款平台,P2P 网络贷款平台再将这个独立的票据转给贷款人,贷款人凭此票据等待借款人偿还贷款。[4] 繁荣市场凭借其较低的利率和较高的投资收益赢得了较大的市场份额,其与贷款俱乐部一起成为美国 P2P 网络贷款平台的行业领军者。

协议空间和繁荣市场可以被看作 P2P 网络贷款平台的国际领先代表,除此之外,英国的融资圈、德国的第一信贷市场、西班牙的社区借贷、日本的社交融资、韩国的大众借贷都是较出名的 P2P 网络贷款平台。

(二)国内 P2P 网络贷款平台的发展现状

在国外 P2P 网络贷款平台尚未进入我国市场之前,本土 P2P 网络贷款

---

[2] See "Managing Risk", from Zopa Website, http://uk.zopa.com/lending/why-its-safe, 2013-06-06.

[3] See "How It Work", from Prosper Website, http://www.prosper.com/welcome/how-it-works, 2013-05-06.

[4] See Eric C. Chaffee, Geoffrey C. Rapp, "Regulating Online Peer-to-Peer Lending in the aftermath of Dodd-Frank: In Search of an Evolving Regulatory Regime for an Evolving Industry", *Washington and Lee Law Review*, Spring, 2012.

平台已经快速地发展起来，各种以贷款中介公司、贷款服务公司名义成立的P2P网络贷款平台都希望在P2P网络贷款领域分"一杯羹"。在短短几年之内，我国提供网络借贷服务的网站已达百家之多，各种类型各种名称的P2P网络贷款平台不胜枚举。

2007年，我国第一家P2P网络贷款平台——拍拍贷——创立，其总部位于上海，是我国首家小额无担保P2P网络贷款平台。拍拍贷意图为有资金需求和理财需求的人搭建一个安全、高效的平台，用户可以在拍拍贷上获得信用评级、发布借款需求、快速筹得资金，也可以把自己的闲余资金通过拍拍贷出借给信用良好、有资金需求的人，同时获得回报。拍拍贷在创立之后发展迅速，截至2012年上半年，拍拍贷的注册用户已达120万，累计成交金额接近2亿元。[5]

（三）由P2P网络贷款平台到类金融机构的转变：P2P网络贷款平台在我国的异化[6]

P2P网络贷款平台在国外发展之初是为了撮合借款人和贷款人之间的直接交易，即无须银行介入贷款人就可以直接选择其认为合适的借款人并与之进行交易。P2P网络贷款平台应该是为借款人和贷款人之间的交易提供信息咨询服务的交易平台，扮演居间人的角色。但是，我国现在很多P2P网络贷款平台已经开始直接介入借款人和贷款人之间的交易，超出了P2P网络贷款平台的服务范围，使平台的性质发生根本性变化。

目前国内P2P网络贷款平台比较典型的做法是，将借贷双方的直接签约分割为两个方面：一方面，P2P网络贷款平台以内部人员的名义贷款出去，借款人也是自然人，从法律层面来看是两个自然人的合约；另一方面，P2P网络贷款平台再以理财产品的名义兜售债权。例如，人人贷目前推出的

---

〔5〕 参见《浦东企业建立小额信贷平台　半年助4万用户贷款2亿元》，载http://bank.hexun.com/2012-11-23/148276346.html，2013-04-03。

〔6〕 异化首先是一个哲学上的概念，也被译为疏远。金融功能异化，是一种脱离原有金融制度设计的服务功能价值目标倾向，甚至阻碍原有价值目标实现的变化。参见徐梦洲、杨晖：《金融功能异化的金融法矫治》，载《法学家》2010年第5期。本文提及的P2P网络贷款平台的异化是指其脱离了原来设计的功能价值目标，因此要对其实行金融法的矫治。

优选理财计划，就不再由出借人选择网站借款列表的标的，而是由人人贷先归集资金之后，再来投资网站内认证的标的。除所谓的理财产品外，各P2P网络贷款平台为招揽生意，还推出了所谓的“秒标”“天标”“净值标”等，这些都是P2P网络贷款平台为了吸引更多资金投入的噱头，与P2P网络贷款平台最初设立的目的并不相符，甚至成为不法分子利用平台快速圈钱的陷阱。例如，从开放注册到平台关闭不足一周的淘金贷，就是利用“秒标”的广告吸引了几十位投资者过百万元的投资。

通过对我国P2P网络贷款平台的观察和分析，可将我国P2P网络贷款平台的交易模式大致分为两种，即“线下交易”模式与“线上交易”模式。

在“线下交易”模式中，各P2P网络贷款平台主要致力于打造P2P小额信贷理财，投资者通过其平台将手中的闲置资金借给借款人，并获取一定的利息收益。P2P网络贷款平台表面上仅具有信息提供和服务的职能，通过信息的提供收取佣金，并不成为交易的主体；但是，在实际运作中P2P网络贷款平台并不真正置身事外，其通常借助创始人或其内部成员作为平台创设的一个固定的初始出借人，充当借款人与真正出借人之间的纽带。也即由其创始人（或其他内部成员）通过资金出借获得债权，再把获得的债权进行拆分组合，通过出让给客户销售理财产品的方式将债权转让出去，投资人与借款人之间并不发生直接的联系。这种模式主要以宜信为代表，也被称为宜信模式。〔7〕其交易模式如图1所示：

〔7〕宜信之所以选择这种运营模式，主要是因为通过债权的分拆组合，可以实现产品的标准化和固定收益化，改变线上模式过度依赖用户主动寻求贷款而发展缓慢的劣势，同时将债权进行拆分和组合，按其期限和金额搭配形成的数额不大的理财产品更容易销售。至于宜信模式为何要先有一个固定的出借人将自有资金借出，是源于我国法律的强制性规定，因为我国目前严禁机构放贷，但不禁止个人放贷，宜信通过先获得债权后再进行债权转让，可以在《中华人民共和国合同法》中找到合法性依据。

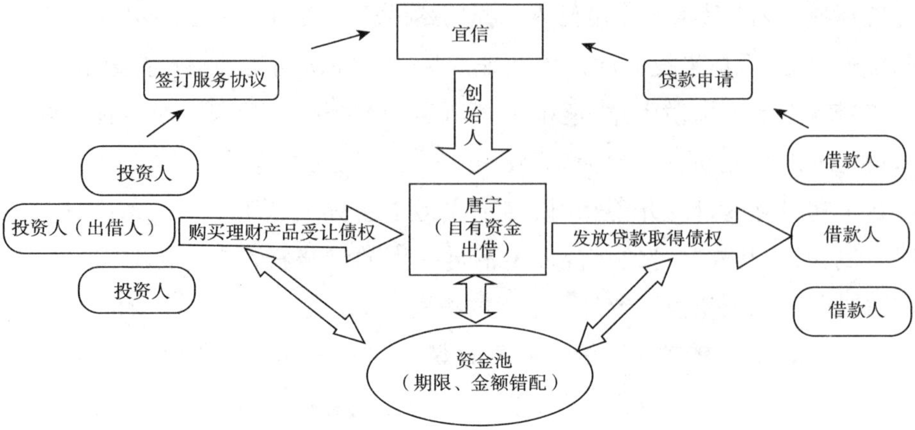

图1 “线下交易”模式

在宜信主导的所谓“线下交易”模式下，P2P 网络贷款平台借助其创始人之手巧妙地实现了债权资产证券化，并通过理财产品的出售等形成资金池，使其具备银行拥有的吸储、放贷及理财等诸多功能。

而“线上交易”模式则是贷款人通过网站平台分散出借资金给借款人，其虽然也存在信用评级，但是 P2P 网络贷款平台对借款人的真实情况缺乏直观的了解，贷款人可以自由选择借款人，并与借款人直接签订合约，网络平台不直接介入交易。这本应该是一个真正意义上的网络贷款中介或平台，然而由于其风险控制机制相对较弱，加之我国信用体系的缺失，没有相应的措施，因此 P2P 网络贷款平台难以吸引众多的投资者。为提升投资者的信心和聚拢人气，确保 P2P 网络贷款平台的正常运转和利润的获取，采用“线上交易”模式的 P2P 网络贷款平台通常纷纷采取特定的方式为借贷双方的交易提供附加的信用支持。其中最常见的信用支持包括两种类型：一类是承诺保障本金，如红岭创投、你我贷等；另一类是虽然不承诺保障本金，但是通过提取风险准备金，当借款人违约时，承诺以风险准备金给投资人（贷款人）一定程度的还款保证。“线上交易”模式如图 2 所示：

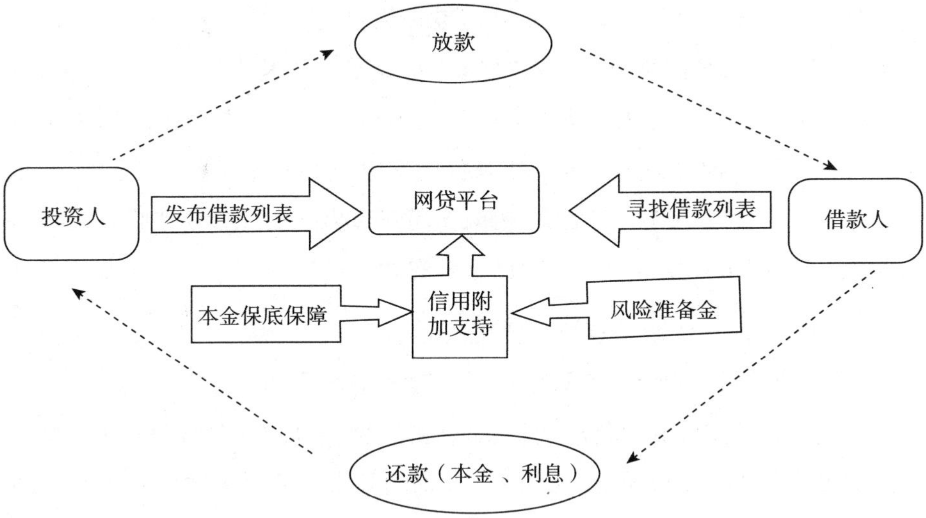

图 2 “线上交易”模式

虽然目前我国各 P2P 网络贷款平台都声称仅从事贷款中介活动，属于互联网金融的创新，但是通过上面的分析我们不难发现，不管是“线上交易”模式还是“线下交易”模式，我国 P2P 网络贷款平台的运营均已脱离互联网金融之本质，正在走向异化。也就是说，我国的 P2P 网络贷款平台实质上已经或多或少地参与到交易之中，其不仅仅是贷款中介，而是民间金融活动中的一种特殊金融机构。在这些 P2P 网络贷款平台中，有的通过信用附加模式使其演变成担保公司，如拍拍贷的所谓“线上交易”模式；有的通过构建资金池使自身演化成没有牌照的“银行”。然而对于这种特殊的金融机构，我国法律并没有给予足够的关注，金融监管机构对 P2P 网络贷款平台的设立、市场准入、业务活动、风险控制等也没有设置监管规则，这导致我国 P2P 网络贷款平台处于“裸奔”的状态，尽管数量上飞速增长，质量上却良莠不齐，P2P 网络贷款平台面临的各种风险随时都会爆发。

二、P2P 网络贷款平台的风险分析

P2P 网络贷款平台为个人贷款和投资开放了一个新的平台，其作为一种金融创新应当受到政策与法规的鼓励。但是，当下 P2P 网络贷款因缺乏法

律的规制而处于一种混乱状态，一些以欺诈为目的的公司也混杂其中。2012年12月21日，P2P网络贷款平台“优易网”创始人与运营公司——南通优易电子科技有限公司工作人员突然人间蒸发，导致60余位债权人近2000万元资金无法追回。而这只不过是近年来我国P2P网络贷款平台圈钱“跑路”的一个代表。[8] 贝尔创投、淘金贷、蚂蚁贷等纷纷出现问题，导致投资者的利益受损，P2P网络贷款平台的风险已不容忽视。

（一）P2P网络贷款平台的法律风险

1. P2P网络贷款平台运营缺乏法律依据，前景不明

如前所述，P2P网络贷款在我国是新鲜事物，发展时间并不长，现有法律制度对P2P网络贷款平台的性质缺乏准确的界定。我国的P2P网络贷款平台目前主要以中介服务公司、贷款咨询公司的名义在工商机构注册，但其从事的业务却是资金融通的金融性质业务；由于没有取得金融机构的经营资质，因此其随时都会因涉嫌非法发行证券或变相吸收公众存款而被叫停。这是P2P网络贷款平台面临的最大法律风险。

2. 法律监管的缺失导致P2P网络贷款平台易诱发骗资等非法活动

由于交易市场是由P2P网络贷款平台自身组建的，而P2P网络贷款平台对交易的介入事实上隔绝了借款人和出借人之间的联系，其完全可以利用自身权限，通过后台更改数据，虚拟债权等方式进行骗贷；加上没有信息披露和资产隔离等规则要求，因此很难保证出借人的资金安全。金融伦理作为规范金融活动的内在道德要求，要求交易双方在不存在欺诈、胁迫等违背金融伦理要求的前提下按照权利与义务相对等的原则从事金融活动。[9] 而我国目前许多P2P网络贷款平台都是由几个自然人以较低的资本金创设的，甚至有些P2P网络贷款平台创立的目的本身就是以此名义进行骗资。由于缺乏必要的制度规范，违法成本低，P2P网络贷款平台通过虚构借款人和较高利率等手段吸引投资人资金后逃之夭夭的事件时有发生，而P2P网

---

〔8〕 参见王奇：《P2P网络贷款平台人杂鬼多　投资者借贷需擦亮眼》，载 http://bank.hexun.com/2013-02-18/151203234.html，2013-04-03。

〔9〕 参见张书清：《金融公正理念的法学阐释》，载《现代法学》2012年第4期。

络贷款平台挪用客户资金的事例更是屡见不鲜。

3. P2P网络贷款平台的法律风险还体现在出借人可能利用此平台从事洗钱活动。出于防范风险和增强流动性的需要，P2P网络贷款平台一般将出借人的资金拆分为若干份额，出借给不同的借款人使用。正是这个特征导致出借人的每笔资金交易都较为复杂，资金的真实流转状况也难以辨识。加之我国P2P网络贷款平台的进入门槛低，特别是一些小规模的P2P网络贷款平台，其业务范围并不明确，在监管缺失的情况下，极易成为洗钱的新通道。虽然P2P网络贷款平台在其网页上通常要求出借资金来源必须合法，借款人资金的使用要与登记的使用用途一致，但对这些规定并没有实际有效的执行措施，P2P网络贷款平台很难对每笔资金的来源状况和流向进行核实。这导致这些规定形同虚设，容易给不法分子以可乘之机，利用P2P网络贷款平台从事洗钱活动。

4. P2P网络贷款平台上个人信息安全保护不足

为确保交易双方身份的真实性，P2P网络贷款平台往往要求客户上传自己的个人信息，这些信息包括个人的真实姓名、身份证号码、家庭住址、工作单位、财产状况、电话号码等。如果P2P网络贷款平台没有对客户的个人信息做好保密措施，那么将极易造成个人信息的泄露和滥用。我国目前的一些P2P网络贷款平台，只要登录注册之后就可以随意查看借款人的相关信息，这对借款人个人信息的保护是相当不利的。甚至一些不规范的P2P网络贷款平台将收集来的客户信息打包出售给其他公司，以此牟利。个人信息的泄露既会给客户带来不必要的烦恼，又会被一些犯罪分子利用，而P2P网络贷款平台自身也可能因此承担相应的法律责任。

（二）P2P网络贷款平台交易中的信用风险

1. 借款人使用虚假的身份信息获取贷款。在网络贷款的“线上交易”模式中，虽然P2P网络贷款平台对借款人的信用作了审查，但是由于我国缺乏健全的个人信用体系，对这些信息的审查需要依靠P2P网络贷款平台自身的力量，这对P2P网络贷款平台来说工作量非常巨大，因此其只可能进行一种形式审查，即通过简单地审查借款人的劳动合同、工资收入、信用卡账单等来获得借款人的信用信息。而科技的发展使得假文件、假证明非常容易获取，因此P2P网络贷款平台上的借款人所提供的信用信息可谓真假难辨，从而隐含较大的信用风险。

2. 借款人违规、违法使用贷款资金导致无力还款而造成违约。绝大多数P2P网络贷款平台都要求借款人说明借款用途，即资金是用于家庭紧急开支、上学、购车还是创业投资。各国的P2P网络贷款平台发展的本意都是建立普惠制的金融体系，为更多有资金需求的人解决融资难题，以弥补传统金融体系的不足，因而不允许借款人将所借资金用于高风险的投资活动，更不能用于从事违法、违规的活动。虽然有此要求，但是由于P2P网络贷款平台缺乏必要的监督措施和监督能力，因此无法保证单个借款人能够合规、合法地使用借贷资金。一旦借款人违反借款时关于资金用途的约定就会加大违约的风险。

3. 借款人恶意拖延或拒绝还款而导致的信用风险。我国目前个人信用体系尚未建立，部分自然人诚信意识不强，加之在网络上从事借贷活动的交易对象都是陌生人，传统亲友熟人之间所依靠的乡规民约、声誉、道德等约束机制很难在互联网金融中发挥作用，因此给缺乏信用观念之人以可乘之机。即使现在有些P2P网络贷款平台使用发布黑名单的方式惩罚违约者，但联网征信记录系统的缺乏使得黑名单的公开范围有限，对那些恶意拖延或拒绝还款的借款人的约束力也很有限。

（三）P2P网络贷款平台的经营风险

任何企业的经营都存在经营风险，P2P网络贷款平台自身的经营风险来自两个方面：一方面是因人气不足、交易量低或管理混乱而导致经营收益无法应付经营支出，从而存在亏损倒闭之风险；另一方面是所提供的信用担保业务而产生的风险。相比较而言，后者才是P2P网络贷款平台面临的最大经营风险。为招揽客户，目前很多P2P网络贷款平台都推出了本金保障计划，对部分产品提供资金担保，承诺借款人逾期不还借款时，由P2P网络贷款平台代为偿还借款，以此保障投资人的利益。这种加入平台自身信用的网络贷款模式，已经将原来平台所具有的无风险性收入或业务模式转化为有风险的担保收入或业务模式，一旦借款人违约，单笔标的风险就有可能演化为平台的经营风险，最终可能导致P2P网络贷款平台因经营不善而倒闭。

三、关于 P2P 网络贷款平台监管存在的争议

(一)国外关于 P2P 网络贷款平台是否需要监管的争议

由于 P2P 网络贷款平台出现的时间较短,对其是否需要监管,各国认识并不统一,尚无具体的监管措施,因此可以说目前国际上大多数国家对 P2P 网络贷款平台的发展尚处于观望阶段。不过,P2P 网络贷款平台发展较为迅猛的英、美等国根据其具体的业务性质将平台业务纳入既有金融监管体系的趋势日渐明显。

美国的繁荣市场一度因为发展过快而被监管机构叫停,但在一段时间之后仍然恢复运行并成为目前世界上最活跃的 P2P 网络贷款平台。作为美国第一家 P2P 网络贷款平台,繁荣市场成立之初曾经向美国证券交易委员会提出监管豁免的请求,监管机构虽然一直未予同意,但是也没有实施相关的监管措施。可以说,在 2008 年之前繁荣市场一直未受监管。宽松的监管环境促使投资人在缺乏足够信息的情况下发放高风险的贷款,从而导致较高的违约率。2008 年,美国证券交易委员会要求繁荣市场停止运营,理由是其认定繁荣市场的经营模式已经涉及证券销售,根据美国《1934 年证券交易法》的规定,其必须向美国证券交易委员会注册,此后繁荣市场走上了向美国证券交易委员会注册之路。[10] 除繁荣市场之外,美国另一大 P2P 网络贷款平台贷款俱乐部同样需要向美国证券交易委员会注册。

虽然监管机构并没有出台相关的监管细则,而是仅要求繁荣市场、贷款俱乐部等 P2P 网络贷款平台必须向美国证券交易委员会登记注册,但是依然有人认为美国证券交易委员会的监管是不恰当的或者是一种错误的监管。其理由如下:

1. 美国证券交易委员会确认繁荣市场网络贷款交易所签发的票据为证

---

〔10〕 See Eric C. Chaffee, Geoffrey C. Rapp, "Regulating Online Peer - to - Peer Lending in the Aftermath of Dodd - Frank: In Search of an Evolving Regulatory Regime for an Evolving Industry", *Washington and Lee Law Review*, Spring, 2012.

券的依据之一是豪威标准,[11]认为其已经符合“投资合同”的三个基本要素:(1)投资人发放贷款的行为是进行一项投资;(2)投资于一个共同的实体,借款人和投资人都依赖P2P网络贷款平台从事投资活动,以保证按时归还贷款和在众多的借款人之间发放多样化的贷款;(3)贷款人的利润完全来自繁荣市场收集的借款人的还款。但是,有学者认为繁荣市场签发的票据不符合投资合同的第二条标准,即繁荣市场上的投资人并非投资于繁荣市场平台本身,而是通过繁荣市场的协助投资于单个的借款人,因而不存在一个共同的实体,其不是投资合同,不能认定繁荣市场贷款中的票据是证券。[12]

2. 严格的登记注册制度阻碍了P2P网络贷款平台的市场进入,从而阻碍了P2P网络贷款平台的发展,并且不利于竞争;监管导致现有P2P网络贷款平台持续经营的成本增加;监管制度与P2P网络贷款行业需求的监管不一致。[13] 美国证券交易委员会要求的形式主义登记和广泛的信息披露并不是P2P网络贷款的消费者所需要的,消费者所需要的是高额稳定的回报及个人隐私的保护,而这些并不是美国证券交易委员会监管所能提供的。因此,在P2P网络贷款平台未爆发较大危机之前,应该密切关注其发展动向,而不是在该行业未发展成熟之前就附加严格的监管措施。[14]

虽然学术界对美国证券交易委员会的监管行为存在争议,但是繁荣市场等必须接受美国证券交易委员会的监管已是不争的事实,而美国证券交易委员会对P2P网络贷款平台实施监管也确实大大减少了通过P2P网络贷款平台进行交易的违约率。早期P2P网络贷款平台的违约率确实较高,如在2005年11月至2009年7月,繁荣市场平台上的贷款合同违约率大约为36%。[15] 在

---

〔11〕 豪威标准是美国联邦最高法院通过“美国证券交易委员会诉W. J. 豪威公司案”确立的,又被称为“豪威测试”。See SEC v. W. J. Howey Co. ,328U. S. 293(1946).

〔12〕 See Jack R. Magee, Peer – to – peer Lending in the United States: Surviving after Dodd – Frank, North Carolina Banking Institute, March, 2011, pp. 144 – 145.

〔13〕 See Paul Slattery, “Square Pegs in a Round Hole: SEC Regulation of Online Peer – to – peer Lending and CFPB Alternative”, *Yale Journal on Regulation*, Winter, 2013.

〔14〕 See Andrew Verstein, “The Misregulation of Person – to – person Lending”, *U. C. Davis Law Review*, December, 2011.

〔15〕 See Performance Data, Prosper, http://www. prosper. com/invest/performance. aspx (Oct. 30, 2011) (observing 10,569charge – offs of 28,949loans originated between Nov. 1, 2005 and July 12, 2009), 2013 – 06 – 06.

实施监管之后,这一比例有所降低。

此外,2011 年 4 月,美国会计总署发布了针对 P2P 网络贷款的研究报告,并提出了两种可能的监管建议:一是对 P2P 网络贷款平台进行持续监管并由各监管机构负责承担对借款人的监管责任;二是在单个机构下进行统一监管,如由金融消费者保护局进行监管。[16]

英国虽然面对 P2P 网络贷款平台的迅猛发展尚未出台相关监管措施,但是已宣布将在 2014 年由金融市场行为监管局对其进行监管,具体的监管措施将在随后出台。

(二)我国对 P2P 网络贷款平台是否需要监管的争议

在我国,对 P2P 网络贷款平台是否需要监管也存在不同的声音。业内和学术界不少人士认为,从 P2P 网络贷款平台创立的本意看,其只是为借贷双方提供交易的平台和机会,进行中介服务并不参与交易,既不吸储也不放贷,并非金融机构,没有必要让其接受金融监管机构的监管,交易双方的权利与义务可以通过私法进行规制,监管机构没有必要参与。对这种民间金融创新活动,法律应该保持其最低限度的干预,这是社会对民间金融的期望和对法律的要求。[17] 不适当的监管措施,不仅会抑制金融创新,压制 P2P 网络贷款平台的发展,而且还有可能损害融资者及金融消费者的利益。

问题是,P2P 网络贷款平台在中国落户生根之时就逐步走上了异化之路,这是由中国特有的法律环境、制度环境和文化环境决定的。P2P 网络贷款平台设立之初的目的确实是实现金融脱媒,减少银行等中介对个人之间借贷的参与,解决部分人的融资难问题。但是,随着 P2P 网络贷款平台的迅猛发展和竞争的不断加剧,白热化的竞争改变了 P2P 网络贷款平台的纯交易平台性质,使其纷纷介入实际交易,其所从事的不少业务已经演化为金融业务,P2P 网络贷款平台也俨然成为新的金融机构,成为监管遗漏的“影子银行”。P2P 网络贷款平台具有影子银行的性质,使原有的金融调控鞭长莫及,

---

〔16〕 See U. S. Gov't Accountability Office, GAO - 11 - 613, Person - to - person Lending: New Regulatory Challenges Could Emerge as the Industry Grows (2011), http://www.gao.gov/new.items/d11613.pdf, 2013 - 06 - 06.

〔17〕 参见邢会强:《金融法的二元结构》,载《法商研究》2011 年第 3 期。

大量资金规避金融监管，对冲了整个宏观调控效果，而由此导致的信用扩张又会给金融危机埋下祸根。[18] 由于缺乏法律的规范和政府的监管，P2P网络贷款平台风波不断，因而不少业内人士主张对其实施适度监管，以防止其风险向正规金融机构传递，防范可能引发的区域性危机和系统性危机。

2011年8月23日，中国银行业监督管理委员会（以下简称中国银监会）办公厅下发了《关于人人贷有关风险提示的通知》。在这份通知中，中国银监会称"人人贷信贷服务中介公司"的P2P网络贷款平台具有大量潜在风险。中国银监会要求各地银监分局和各家银行采取措施，做好风险预警监测与防范工作。中国银监会提示的P2P平台风险主要有七种：（1）民间资金可能通过P2P平台流入限制性行业，如房地产和"两高一剩"等受调控政策收紧影响的行业；（2）可能演变成吸存放贷的非法金融机构甚至从事非法集资活动；（3）业务风险，如技术风险与贷后管理风险，如恶意欺诈和洗钱等；（4）不实宣传，如将银行称为合作伙伴；（5）监管职责不清，法律性质不明；（6）信用风险高，贷款质量差；（7）从事房地产二次抵押，为促成交易，还可能故意高估房产价格。

除中国银监会发布的风险提示之外，目前并没有关于P2P网络贷款平台的监管措施，监管立法尚处于空白状态，风险提示虽然细致，但现有监管机构和监管制度仍然多关注正规银行的资产安全，而没有将P2P网络贷款平台纳入监管之中。

四、我国P2P网络贷款平台监管制度的构建

监管之殇困扰着网络贷款行业，网络贷款行业的野蛮生长及恶性竞争带来的巨大风险也迫使其开始强调行业自律。前不久国内首家网络信贷服务业企业联盟在上海正式成立，联盟包括融道网、上海陆家嘴国际金融资产交易市场股份有限公司（陆金所）、拍拍贷、诺诺镑客、财金金融、维诚致信、中国资金管理网、融360、你我贷、畅贷网等，涵盖了上海最主要的网络贷款企业。但是，面对P2P网络贷款平台的迅速发展和异化，仅依靠私法规范和

---

〔18〕 参见袁达松：《对影子银行加强监管的国际金融法制改革》，载《法学研究》2012年第2期。

行业自律不足以规范整个 P2P 网络贷款行业。不管是从金融市场的稳定性出发还是从 P2P 网络贷款行业的长远发展看,尽快制定监管制度都是十分必要的,也是 P2P 网络贷款行业从业者期盼的。

(一)监管原则

对 P2P 网络贷款平台的监管是为了规范 P2P 网络贷款行业的健康发展,消除其不利于金融稳定的因素,充分发挥其在融资和投资方面的积极作用。监管要在创新和管制之间走一条中间道路,因为不论是监管缺失还是过度监管,都会对金融创新产生不利影响。监管既要防范 P2P 网络贷款平台风险的聚集和扩散,也要保证 P2P 网络贷款平台具有足够的活力。短时间内我国“金融抑制”现状不可能得到根本改善,小额贷款市场还存在广阔的空间,针对 P2P 网络贷款平台制定的法律法规和监管政策必须符合 P2P 网络贷款平台的特征和发展规律。

此外,P2P 网络贷款平台虽然应该接受监管,但是对其采取的监管措施应该有别于针对一般金融机构的监管。由于 P2P 网络贷款平台毕竟不是银行,因此对其要实行与一般银行等金融机构不同的监管措施,要秉持差异性监管原则,根据不同的 P2P 网络贷款平台的经营模式实行差异性监管、包容性监管和智慧型监管。对 P2P 网络贷款平台的监管要在确保监管有效的同时提升监管效率,在确保监管对象合规经营的同时培育其创新能力。[19] 同时,监管可能给这种另类的金融机构带来高额的成本,要求其实施复杂的合规机制所产生的高昂成本可能超过其作为个体的小型金融机构给市场和金融消费者带来的风险,[20] 因此对 P2P 网络贷款平台的监管应当与大型金融机构区别对待,防止过度监管形成网络贷款行业进入壁垒,从而削弱网络贷款行业的竞争。

(二)监管机构

对 P2P 网络贷款平台的监管必然涉及监管机构的设立。在美国,目前

---

〔19〕 参见刘轶:《金融监管模式的新发展及其启示——从规则到原则》,载《法商研究》2009 年第 2 期。

〔20〕 参见刘媛:《金融领域的原则性监管方式》,载《法学家》2010 年第 3 期。

对P2P网络贷款平台的监管机构尚未形成统一意见,美国会计总署给出了两种监管方案:一种是由各监管机构分别监管网络贷款的不同主体,借款人和贷款人的监管机构不同;另一种是建立统一的机构,如金融消费者保护局承担监管职责。[21]

在我国,面对数量多、分布广的P2P网络贷款平台,仅依靠一个监管机构进行监管是不现实的,但针对P2P网络贷款平台可在全国开展业务的特性,必须设置相对统一的监管规则。从目前我国P2P网络贷款平台的发展状况看,中国银监会作为中央级别的监管机构应加强对P2P网络贷款平台的监测、预警并形成一定的预警机制,防止P2P网络贷款平台引发区域性风险和系统性风险;地方金融监管机构要担负起P2P网络贷款平台的具体监管职责,金融办作为地方政府设立的金融管理机构,应该承担起监管P2P网络贷款平台的职责。同时还可以借助民间借贷登记服务中心这个管理平台,从事P2P网络贷款平台贷款业务的登记、备案等服务,发挥辅助性的监管作用。

此外,从我国的监管实践看,监管机构的工作重点并不是对投资者权益的保护,而是以整个金融市场的系统安全性为依归,在监管者制定的监管法律规则中,投资者合法权利的保护最初并非首要目标。[22] 美国会计总署提出的可以由金融消费者保护局作为监管机构以保护金融消费者权利的方案,启示我国监管机构在对P2P网络贷款平台进行监管时既要关注其对金融体系的影响,也要加强对金融消费者的保护。

(三)监管措施

1. 市场准入监管。目前我国并没有关于P2P网络贷款平台市场准入的相关监管制度。我国的P2P网络贷款平台往往以贷款咨询公司等名义向工商管理部门注册,获取营业执照,并在互联网上开展贷款撮合业务。我国法

---

〔21〕 See Eric C. Chaffee, Geoffrey C. Rapp, "Regulating Online Peer - to - Peer Lending in the Aftermath of Dodd - Frank: In Search of an Evolving Regulatory Regime for an Evolving Industry", *Washington and Lee Law Review*, Spring, 2012.

〔22〕 参见黄韬:《我国金融市场从"机构监管"到"功能监管"的法律路径——以金融理财产品监管规则的改进为中心》,载《法学》2011年第7期。

律在认可 P2P 网络贷款平台后,要对其设立较为严格的准入门槛,可考虑实行牌照制,对满足条件的 P2P 网络贷款平台发放牌照。这一方面可以将一部分资质缺乏的申请者排除在外,防止其进入市场,另一方面也方便监管机构对 P2P 网络贷款平台进行管理,掌握其真实发展状况。

2. 业务活动监管。监管机构对 P2P 网络贷款平台的监管应该是持续的,不能仅仅设立了准入条件之后就放任不管。从我国 P2P 网络贷款平台的发展实践看,即使是具有良好资质的大平台,其在经营过程中依然有可能出现经营不善的情况,并且随着网站规模的扩大、资金的增多,很难保证 P2P 网络贷款平台不违规挪用投资人的资金。此外,为吸引客户,P2P 网络贷款平台往往会逐渐扩大自己的经营范围,不再局限于发布贷款信息和撮合交易,还会开发一些看似风险更低和收益更高的产品来吸引客户。为防范风险,对 P2P 网络贷款平台的业务活动要进行限制,将其主要业务限定在 P2P 网络贷款平台成立的最初范围内,即提供交易信息和收取佣金。如果 P2P 网络贷款平台要开展信用担保和资产证券化等其他特殊业务,就必须事先获得监管机构的批准。对此,可以由 P2P 网络贷款平台作出选择,是做纯粹的居间业务还是做金融担保或理财业务,对后类业务则按照金融机构监管的要求加以监管。

3. 资金安全监管。为保障客户资金的安全,除严格禁止平台挪用外,还需要为客户资金设置严格的管理制度,保障客户资金的安全。原则上客户的资金应该由独立的银行进行托管,而不应该存放在 P2P 网络贷款平台上,同时客户的资金和 P2P 网络贷款平台的自有资金应该完全隔离。P2P 网络贷款平台应该积极寻求同第三方支付平台的合作,不论是出借人投放资金还是借款人获得借款,都应由第三方支付平台进行支付,资金的收取和发放不能由 P2P 网络贷款平台自己进行。国外先进的 P2P 网络贷款平台均采用此种方式管理资金,我国 P2P 网络贷款平台也不应例外。

4. 信息披露监管。目前,国内各 P2P 网络贷款平台以保护商业秘密为借口,拒绝披露网络贷款的具体信息,P2P 网络贷款平台处于隐秘的运行状态。在目前存在的数百家 P2P 网络贷款平台中,只有拍拍贷于 2012 年发布一次年报,这是唯一发布年报的 P2P 网络贷款平台,其他 P2P 网络贷款平台的运营状况和坏账率等均不得而知。监管法律应要求P2P网络贷款平台发布年报,特别是公布坏账率,以便监管机构及时识别P2P网络贷款平台的风险,保护投资者的利益不受损害,对坏账率高的P2P网络贷款平台及时进行整顿。

5. 利率监管。P2P网络贷款平台的优势之一是排斥高利贷,但目前我国P2P网络贷款平台发放的贷款却有高利贷的嫌疑。不少投资人在获得借款人支付的利率之后,还能获得P2P网络贷款平台发放的所谓"奖励利率",而这两项利率加起来已经超过我国法律关于民间借贷所设定的"四倍利率"标准,具有高利贷的嫌疑。监管机构要对P2P网络贷款平台上的利率水准进行监控,防止其变相提供超高利率,成为滋生高利贷的温床。

(四)配套制度建设

监管制度的良好实施,既依靠监管规则的设置,又需要外部相关制度的配合。P2P网络贷款平台之所以在国外发展顺畅,依靠的是其健全的信用体系和严格的个人信息保护制度。我国P2P网络贷款平台的健康、规范发展除需要监管机构依法实施监管措施之外,还需要依靠相关法律制度的建设——主要包括个人信息保护和金融机构反洗钱等法律法规的制定和实施。

五、结语

P2P网络贷款模式的实质是互联网时代的金融非中介化,核心是利用互联网技术实现金融脱媒,其透明的借贷程序对抵制高利贷、扶持中小创业者具有重要意义。面对我国金融抑制的现实,发展P2P网络贷款平台非常有意义,其已经成为民间借贷的一种新形式。但是,监管的缺失导致我国P2P网络贷款平台自身运营风险重重,并且不排除引发金融风险传递的可能,因此必须对其设置适当的监管措施。当然,对P2P网络贷款平台的监管不能扼杀网络金融发展的积极性,这就需要在监管和创新之间寻求平衡,这也是对立法者和监管者的考验。

(本文原载于《法商研究》2013年第5期)

“专车”类共享经济的规制路径*

唐清利

近来围绕“专车”的纷争不断,继滴滴打车、一号快车、易到用车等“专车”平台被查扣车辆后,2015 年 4 月 7 日,Uber(优步)被认定为非法运营,其“专车”车辆也被北京市交通执法总队开出罚单并暂时扣押。“专车”在方便市民的同时也陷入“非法营运”的巨大风险。令人瞩目的“专车第一案”于 4 月 15 日在济南开庭。[1] 至此,有关“专车”的各种冲突不断发酵,从政府到“专车”运营方到出租车运营方再到普通民众,发生了严重的分歧。面对该局面,现行的法律法规以及相关理论都难以回应。《道路运输条例》第 64 条规定:“……未取得道路运输经营许可,擅自从事道路运输经营的,由县级以上道路运输管理机构责令停止经营;有违法所得的,没收违法所得,处违法所得 2 倍以上 10 倍以下的罚款;没有违法所得或者违法所得不足 2 万元的,处 3 万元以上 10 万元以下的罚款……”该规定是“破局”的障碍,实践中出现了采取“四方协议”形式规避该规定的做法,[2] 但根据国家道路运输条例以及北京市等地道路运输条例,私家车没有运营资质,从事运输经营活动是

---

* 本文系 2012 年国家社会科学基金青年项目(项目批准号:12CFX080)、四川省软科学研究计划(项目批准号:2014ZR0210)的阶段性成果。

〔1〕“专车第一案”的官司事发于 2015 年 1 月 7 日,使用滴滴“专车”软件在山东济南西站送客的陈某,被市客管中心的执法人员认定为非法运营,罚款 2 万元。因不服处罚决定,陈某向济南市中区人民法院递交了起诉状,要求市客管中心撤销处罚。2015 年 3 月 18 日,法院正式受理该案,于 4 月 15 日开庭。

〔2〕即“专车”平台先将私家车挂靠在租赁公司名下,再通过一家劳务派遣公司聘用车主,由软件平台、汽车租赁公司、劳务派遣公司、司机共同签订一份“四方协议”。

违法行为。法律规避行为不仅没有破局,反而与法治精神相背离。[3] 事实上,"专车"问题既是如何解决市场需求与保障公平竞争的问题,也是"互联网+"创造的共享经济(sharing economy)与既有的监管方式冲突的问题,既涉及违规与合规的问题,也涉及公共管理部门如何适应市场需求和回应创新的问题。该何去何从?正如李克强总理提到的"互联网+"和"大众创业、万众创新",政府作为与司法取向不仅应提出解决的办法,更要顺应"专车"这类共享经济未来的发展方向。从更一般意义上讲,对"专车"问题的研究已经超越其本身,应回应技术进步带来的共享经济如何以合法的方式进入市场,而不是像一头野牛一样横冲直闯进入市场。这既有治理者方面的问题,也有业者方面的问题。弄得不好,会造成社会的混乱乃至动荡。

一、"专车"现象与共享经济

"共享经济"企业是最近五年异军突起的。广为关注的共享公司像滴滴打车、一号快车、易到用车、神州"专车"、Uber、Lyft、BlaBlaCar, Zipcar、Car2Go 等都获得了风投和其他途径的巨额投资。[4] 总体而言,共享公司具有以下特征:(1)把自己的商品或服务短期租给客户使用;(2)创建 P2P (Peer to Peer)平台为供需双方对商品或服务的短期交易提供中介。[5] 共享经济反映了许多不同类型的动机整合,企业通过整合不同消费者分散的特定需求,实现协同消费和减少浪费,从而产生利润。[6] 共享所有权、商品使

[3] 实践中,大量"专车"司机在"专车"转件平台上提供驾驶证和相关的汽车资料注册即可成为"专车",这更增加了不少法律问题和管理漏洞,甚至存在严重的安全隐患。

[4] See Sarah Cannon & Lawrence H. Summers, "How Uber and the Sharing Economy Can Win Over Regulators", http://blogs. hbr. org /2014/10/how uber andthe sharing economy can win over regulators (Last visited on Oct. 13, 2014).

[5] 有关共享经济的定义尚未达成共识,但是,它确实是一个新的经济类型,不同于传统经济之集中且持续的消费模式,因其借助互联网平台实现供需双方短暂且分散的交易,又被称为"合作消费"(collaborative consumption)、"合作经济"(collaborative economy)、"同行经济"(peer economy)等。See Rachel Botsman, "The Sharing Economy Lacks a Shared Definition", http://www. fastcoexist. com/3022028/the sharing economy lacks ashared definition (Last visited on Nov. 21, 2013).

[6] See Andrew Leonard, "'Sharing Economy' Shams: Deception at the Core of the Internet's Hottest Businesses", http://www. salon. com/2014/03/14/sharing economy shams deception at the core of the internets hottest businesses (Last visited on Mar. 14, 2014).

用权或服务的供需双方与平台之间形成更复杂的经济关系和依赖关系。这样的合作行为需要明确的规则。[7] 然而，共享经济又有明显的缺陷：其一，它需要降低门槛让大量非专业人员进入去建立一个庞大的商品和服务提供者“蓄水池”，这有可能产生大量监管模糊和规则真空的地带；其二，虽然通过智能互联网工具进行交易大大降低了供需双方的成本，但是消费者却不能根据自身的理性判断进行契约，其契约权得不到充分的保护；其三，买卖双方虽然利用网络支付系统建立起了信任，但是个人的隐私和信息安全却可能在网络平台上受到侵害。[8] 因此，共享经济需要一套行之有效的监管模式，才能保障其健康有序发展。

“共享经济”类公司在全球上百个城市既产生了巨大的市场价值又带来了激烈的监管冲突。[9] 不同于以往的创业热潮，共享公司不直接聘用员工，不为其购买社保、提供劳动保护、支付退休金等。它们最大的问题主要来自国家政策、地方监管以及传统“实体经济”竞争对手和其他团体的反对。如出租车行业声称由于在消费者权益保护、定价规则和税收等方面缺乏制度约束，滴滴、一号专车、Uber 等存在不公平竞争行为。因此，出租车公司、酒店及其他行业、劳动者保护组织等以消费者权益保护或个人信息安全为借口，不遗余力地推动制度，企图扼杀或禁止这些新的共享公司。同时，以 Uber 为代表的共享公司已展开反击，利用它们的知名度与消费者支持，提出了新的政治策略，尽最大可能去游说政府不要干预其运作。学术界也开始关注这类“专车”现象，但是讨论的视角大都停留在“专车”的具体行为与出租车行业的竞争层面，主要可以分为四种类型的观点：(1)应该取消政府管制和打破行政垄断，让市场在配置资源中起决定作用，鼓励创新；(2)“专车”

---

〔7〕 *See Steven C. Hackett*, “Heterogeneities, Information, and Conflict Resolution: Experimental Evidence on Sharing Contracts”, 6 *J. Theoretical Pol.* 495, 495 – 97 (1994).

〔8〕 See Amy Kristin Sanders & Natalie Christine Olsen, “Re – Defining Defamation: Psychological Sense of Community in the Age of the Internet”, 17 *COMM. L. & POL' Y*, 355, 356 – 365 (2012).

〔9〕 事实上，Uber 在全球正面临着创业以来的最大挑战。据不完全统计，除了中国个别城市的封杀，它还在美国部分地方遭遇不公平对待，韩国、德国、英国、法国、西班牙、泰国、印度和加拿大等 14 个国家政府对其发出了禁令。参见邹岩：《Uber 生死劫：一场互联网思维和现实矛盾的较量》，载《IT 时代周刊》2015 年第 5 期。此外，各类“专车”也在各地屡遭查处或受到传统出租车行业的强烈反对。

有很多负面作用,属于非法经营,应该禁止;(3)出租车管理体制应该改革;(4)应该为“专车”规范运行制定规则。这些认识颇有道理,但是局限性也比较明显,相关分析大多运用经济分析去解释“专车”问题和提出制度性思考,法学界关注比较少。[10] 理论研究应该看到研究对象的普遍性价值及支持其实际运行的规律和法则。“专车”实际上是新出现的共享经济的结晶,我们应该站在经济发展模式进化的高度观察其微观运行设计的各种关系,这便是本文的追求。由于种种原因,到目前为止,这场“共享战争”参与者和旁观者的认识都依赖于一个隐含的假设:如果共享公司赢得这场战斗,它们未来很可能脱离政府监管。如此,留给地方政府的选项就是,要么禁止共享公司,要么任其发展。

但这种假设肯定是错误的。首先,它没有考虑地方政府的行为。事实上,共享经济的参与者深受地方政府行为的影响,地方政府能采取一些治理措施(税收、补贴等),推动这类公司去提供政府所需的服务,以实现其社会政策目标。地方政府为了推动城市发展也会采取措施规范和促进共享经济的发展。[11] 例如,地方政府可以制定政策对“专车”进行规范,促进城市交通拥堵的缓解和当地竞争力的提升。其次,共享经济是一种合作消费,它必须把业余的和专业的商品和服务提供者组合在一起,所以对其监管的范围和方式的批评是没有意义的(如“专车”司机、旅店或其他所有者是否有资格等)。从这个角度讲,完全根据公众利益和安全设计监管制度是不现实的。再次,共享经济是市场的产物,自律监管是其建立信任机制的基础,必然与政府组织自上而下的监管存在瓜葛。此外,“专车”这类共享公司目前主要

---

〔10〕 如郝慧丽:《O2O商业模式下我国打车软件行业的法律监管》,载《商业研究》2014年第10期;兰海洋、胡刚、袁海平:《关于手机打车软件的调查与思考》,载《新西部》2014年第20期;陈凯:《基于混合扫描模型分析打车软件的政策监管》,载《管理创新》2014年第12期;孙雅慧:《基于网络外部性的打车软件市场进入壁垒和绩效研究》,载《产业经济》2014年第10期;李旭超:《论打车软件对乘客打车行为的分析——以“嘀嘀打车”和“快的打车”为例》,载《现代工业经济和信息化》2014年第5期;王昉荔、吴炜:《政府与市场关系协同性分析——以打车软件为例》,载《长春理工大学学报》(社会科学版)2015年第1期;陈坤、武立:《物联网网络外部性内生机制研究——以打车软件为例》,载《财经问题研究》2014年第9期。

〔11〕 See David Schleicher, “The City as a Law and Economic Subject”, *U. ILL. L. Rev.* 1507, 1558 (2010).

是在争夺经营权,从发展趋势看,共享经济公司将成长为与大城市的交通、酒店和餐厅等一样重要的行业,地方政府不可能忽视它们。甚至,共享公司还有可能与地方政府签订合同和获得资助。义乌的出租车改革方案,各地出租车“电召平台”对嘀嘀打车软件的接入与合作等正在彰显这种可能性。可见,共享公司与地方政府的监管之间并不是水火不容的,它们为了自身的健康发展也不愿意被放任自流。因此,地方政府对“专车”这类共享经济的治理不应当仅限于消费者权益保护或传统行业保护,而应当着眼于实现其更加宽泛的政策追求,对不同类型共享公司采用更具针对性的混合监管策略。具体而言,地方政府除强调保护消费者和保护原来的传统行业外,还应采取一些组合的规制策略:(1)建立合作规制模式,如通过补贴,鼓励共享公司扩大其提供公共产品和增加消费者剩余的服务范围,尽量减少政府对市场的过度监管,鼓励其中的标志性共享公司(或行业协会)建立自律监管机制;(2)利用共享公司作为再分配的工具;(3)通过合同,让共享公司为政府提供一些传统服务;(4)建立以地方政府属地监管为管辖原则的合作监管制度,政府将重点监管涉及国家安全、社会稳定、经济安全、人权保障、外国在华经营等重大事项。这四个方面结合起来构成了合作监管与自律监管相结合的混合监管模式。它与传统的监管模式有很大区别,与共享经济的法律结构具有耦合性,能够为共享经济提供合法性规范,为从业者和监管者找到契合点和制度支撑,将对城市的法律、政治和道德问题产生深远的影响。

二、共享经济的特点及其运行状况

共享经济自产生以来一路高歌猛进,其市场规模已经超过了1000亿美元。[12] 这种状况给传统经济带来了巨大压力并引起强烈的抵制。事实上,它与传统经济最不相同的地方是利用现代互联网信息技术,通过建立一个平台公司把那些具有暂时且分散的供需信息的人员连接起来,由此促成供需双方建立不需要转移所有权的共享机制。共享经济的出现对传统经济和

---

〔12〕 See Michelle Regner,“How the World’s Biggest Brands Came to Love the Sharing Ecoomy”,http://www.virgin.com/entrepreneur /how the worlds biggest brands came to love the sharing economy (Last visited on June 30,2014).

经营机制都造成了很大的影响,但不可能取代传统经济模式,而是一种错位和补充的经济模式。

(一)共享经济的优点

第一,促成具有短暂且分散供需意愿双方的共享行为。共享公司通过互联网技术为双方提供信息,这样既降低了双方交易成本,也避免了主要通过购买去满足暂时性分散需求的传统经济模式的浪费问题。这是对社会资源的优化组合,有利于物尽其用、人尽其才,节约了社会资源。

第二,满足了临时性的分散雇佣与就业问题。例如,"专车"司机完全可以根据自己意愿决定自己是否接受用车邀约,乘客也可以不用长期雇用一个司机和购置一辆汽车满足自己分散的用车需求。这种模式既降低了双方的成本,增加了双方的福利,也带来了很大的就业灵活性。

第三,为盘活闲置的社会资源提供了便利。我们身边有大量的闲置设备,如 April Rinne 等人研究发现,美国平均一台钻井设备一年只使用了 13 分钟,平均一辆汽车一天只使用一小时。[13] 通过共享公司,这些闲置的设备投入生产和使用,将大为减少社会资源的重复配置,有利于减少浪费和更好地保护环境。

第四,可以作为政府实现社会财富再分配的手段。共享经济的暂时性和分散性供需特性决定了每个人都可能既是消费者又是供应者。这既为穷人提供了更多灵活就业机会,增加其收入,也可帮助穷人以此方式获得所需,减少大量的支出。同时,共享经济在富裕阶层也有巨大的需求潜力,政府通过鼓励措施为富裕阶层提供中高端商品和服务的短暂使用,可以实现财富的再分配。[14]

第五,政府可以利用共享经济提供社会公共服务。随着政府进一步简

---

〔13〕 See Aprie Rinne, "How Shareable is Your City?", http://www. collaborativeconsumption. com/2013/10/25/how shareable is your city(Last visited on Oct. 25,2013).

〔14〕 "专车"司机主要来自收入不高的阶层,通过"专车"公司的平台,其收入有很大提高,在北京、上海、广州、成都等地"专车"司机的数量增长非常迅速,部分地方已经超过了出租车司机的数量,甚至有的出租车司机都兼职做上了"专车"司机,而一些收入较高的人群对"专车"也非常欢迎。

政放权，有大量的公共服务都必须向社会开放。例如，公车改革将以货币补贴的方式代替传统公车使用模式，大量的公职人员将不再享受公车服务，此时“专车”将成为非常现实的选择，从而提供大量的公共服务。而且，“专车”盘活了大量的闲置车辆和人员，政府不需要通过增加这部分公共交通，既增加了就业，又满足了交通需求，还可缓解城市的交通拥堵。再者，“专车”平台公司是依托于移动互联网、GPS 和大数据为供需双方提供平台服务的，可以对服务全过程进行适时监管。这既增加了双方的安全感，也分担了政府向社会大众提供公共安全保障的成本。因此，共享经济不能禁止，只能保护和规范，各方都需要并有意愿将其置于政府监管下有序发展。

（二）共享经济的缺陷

第一，消费者权益保护和责任分配上存在不足。首先，交易只需要通过点击一下智能手机的屏幕一瞬间就完成了，消费者来不及对安全状况进行评估，很难防范意外事件发生。其次，进入和退出的门槛都很低，一大批在传统市场中根本不可能承担责任的非专业人士加入进来，如果发生不可预见的紧急情况，他们根本不可能为消费者提供需要的保护。[15] 尤其需要注意的是，这些业余人员很可能根本不知道他们与消费者之间的关系是通过哪些法律规范建立起来的，也不知道无论他们是否清楚这些规则和预料其服务可能产生的后果都将承担法律责任。这需要共享公司从长远的目标建立管理制度和对服务质量进行控制。

第二，劳动监管和安全存在漏洞。一方面，共享公司提供的网络市场模式增加了雇佣双方讨价还价和雇佣方式的灵活性，双方的目的就是完成一次短暂的交易，不愿意受到劳动法的严格限制。另一方面，并不是所有的劳动法规都是纯粹保护劳动者的，还可能是保护公共安全的。例如对卡车司机持续驾车时间的限制，就含有对公共安全的保护，相关的法规就是为了防止其疲劳驾驶发生交通事故，导致对第三人的伤害。这需要以社会利益为本位，对通过共享公司出卖服务的行为设定最基本的限制。

---

〔15〕 See Adam Fish et al.,“Birds of the Internet：Towards a Field Guide to the Organization and Governance of Participation”,4 *J. Cultural Econ.* 157,160 – 62(2011).

第三,信息反馈和信任机制存在缺陷。共享公司平台需要通过连续不断的信息反馈去建立信任机制。网上信息反馈的主要方法是由消费者就其接受的服务给予"好评"或"差评",这在传统经济的商品和服务交易中是行之有效的。然而,在共享公司中,供需双方需要进行互相评价时又会出现什么问题呢?买卖双方都需要对方给予"好评"才能获得平台公司的优惠或其他支持,而一个"差评"将使其不能得到服务或最佳的交易条件。[16] 为了各自的利益和避免遭受报复等不利的结果,双方可能达成弱化"差评"的交易,这将使其信任机制受到严重破坏,进而可能危及交易安全。

第四,对市场竞争行为外部性认识不足。例如"专车"公司对其竞争行为产生的破坏性缺乏认识,尤其是对传统出租车行业和地方政府财政收入的影响认识不足。实际上,很多国家都把出租车缴纳的税费作为国家财政的重要来源,"专车"的"搅局"将迫使原有的出租车公司加入竞争行业。但是现行法律法规没有要求"专车"司机承担和出租车相同的税费和负担,客观上形成了不公平竞争。所以,地方监管部门与出租车公司就联合起来反对"专车"公司和司机,并以现行法律对其经营合法性提出质疑。从这个角度讲,地方政府和出租车针对"专车"公司和司机作出的反应有其合理甚至合法性,其目的也并不完全是反对创新或单纯寻求垄断利益。

第五,任由共享公司野蛮生长,很可能危及经济安全和社会稳定。共享公司建立在以互联网技术作支撑的平台上,其供需双方人数众多。如果不对共享公司施加社会责任和确立法律底线,在缺乏自律和监管的情况下,共享公司为了实现自身不受约束的私欲很可能背离法律底线,甚至危及社会经济与政治安全。目前,已出现了一些苗头。曾有一段时期,打车软件允许出租车司机和乘客议价给小费,一些城市出现了车流高峰时段出租车为了追求高收益只接预约乘客,空车拒载在很多城市都出现了,打车难问题更加严重。后来,政府进行了整治,有的地方要求其接入出租车电召平台,几乎所有城市强制要求打车软件公司取消议价,由此导致的打车难现象基本得

〔16〕 See Gary Bolton, Ben Greiner & Axel Ockenfels, "Engineering Trust: Reciprocity in the Production of Reputation Information", 59 *MGMT. SCI.* 265, 268 (2012).

到解决。国外曾发生在地震后，某“专车”软件公司通过软件提醒出租车司机注意安全，结果发生普遍拒载事件，引起了当地强烈抗议。国内个别地方出现“专车”与出租车发生冲突后，“专车”司机通过平台聚集起来的现象。国内外出租车与“专车”、政府与“专车”之间的矛盾和冲突已越来越引起各界关注。[17]

规范和治理共享经济带来的各种问题，保障其健康有序发展，已刻不容缓。要解决这些矛盾，共享公司应当与地方政府合作，承担相应的社会责任、纳税义务和行业治理责任，建立合法的经营模式以获得更为长期的收益；同时，应当建立起相应的监管制度，采取可行的监管措施。这意味着应当建立一种混合规制模式，即平台公司与地方政府合作监管加上平台公司的自律监管。这两种监管模式相结合的混合规制模式与共享公司的法律结构能够很好匹配，既能防止平台公司非法的野蛮生长，也能避免政府监管无据，从而保障共享经济健康有序发展。

三、共享公司的法律结构与规制方向

共享经济中的公司是利用自身的技术或者平台聚集一组需方和一群供方构成。此类公司与传统公司的运营模式有很多的区别：需方越来越不采用传统的购买方式去获得所有权，而采用短期的租用或雇佣的方式去满足其短暂且分散的需求；供方也不需要出卖商品或签订劳动合同，而是根据自己的意愿短暂采取“出租”并(或)“打零工”的方式去获得收益，由此构成了“专车”类的共享模式。这种模式既节约了消费者的支出，也增加了供方的交易机会和收益，还解决了大量闲置资源和劳动力的有效利用。这意味着共享公司的运营模式有一个比传统模式更复杂的法律关系结构。如果把共享公司的法律结构进一步扩大到共享经济，地方政府和同行竞争者也将加进来。具体而言，共享公司的法律结构分为内部结构和外部结构。内部结

〔17〕 例如，2015年6月16日，法国巴黎，一大批出租车司机及其支持者与Uber“专车”司机发生冲突，出租车司机向“专车”投掷石块，最后防暴警察出动带走部分闹事人员。当地时间2015年6月25日，法国巴黎，当地出租车司机进行大规模罢工示威，抗议Uber“专车”。示威者封锁了前往机场和火车站的道路，打砸车辆。

构至少包含三方主体:平台提供者、一组供方、一组需方;不同组合方式结成不同法律关系,并影响对其权利义务的设定。外部结构至少也包含三方:同行竞争者、同类传统竞争者、地方政府监管部门。内部结构会产生外部性,外部结构也会发生成本内部化,内外交织将产生更为复杂的法律结构和法律后果。例如,2015 年 4 月 17 日在济南开庭的“专车第一案”,该案的诉讼请求是要求法院撤销济南市城市公共客运管理服务中心作出的鲁济交(01)罚(2015)8716 号《行政处罚决定书》。这一诉讼主要就是基于共享公司外部结构的行为产生的,虽然其诉求也是改变外部结构中的政府处罚行为,但事实上也会影响其内部结构关系,甚至影响“专车”存废问题。这表明厘清共享公司的法律结构将直接影响其规制方向的选择。因此,下文将以“专车”公司为例,对其法律结构展开进一步分析。

(一)共享公司的内部结构

“专车第一案”虽然是以行政诉讼开启的,但其中依然隐含着“专车”软件公司、“专车”(司机)和乘客之间的法律关系,稍加扩展就可获得对共享公司内部法律结构的认识。

“专车”软件公司作为平台公司是“专车”(含司机)与乘客达成合意的媒介,但已不是传统居间服务。传统民商法理论将为委托人提供交易机会媒介服务的行为定义为居间服务。居间合同,是指居间人向委托人报告订立合同的机会或者提供订立合同的媒介服务,委托人支付报酬的合同。居间合同又称为中介合同或者中介服务合同。其中,向他方报告订立合同的机会或者提供订立合同的媒介服务的一方为居间人,接受他方所提供的订约机会并支付报酬的一方为委托人。传统居间服务有四个最主要的特点:服务对象特定化(不能对象不确定)、禁止自己代理(只能为其中一方提供居间服务,不得直接成为委托事项交易相对人)、具体交易免责(不对委托人发生的交易承担责任)、获得报酬(不能决定交易价格,只能要求委托方在交易成功后支付报酬)。“专车”公司虽然从表面上看也符合居间服务的特征,但实质上已远远超越了居间服务的本质。

第一,服务对象不特定。“专车”公司之所以能迅速发展成为共享经济并产生巨大的市场价值,就在于其能够解决存在短暂需求的信息不对称的供需双方的交易障碍，并能够通过提供互联网等技术支撑消除交易双方的信任障碍，保障不特定的主体之间可以进行“放心”的交易。这种模式加入了平台公司自身的信用基础，陌生的供需双方是基于对平台公司的信任发生交易的，交易的价格、方式、条件、费用支付、双方信息和违约责任等都由平台公司单方决定，供需双方都没有参与制定和讨价还价的机会，只有接受者才可以进入交易。这大大增加了交易便利和节约了交易成本，从而产生了对供需双方发生交易的机会和激励。可以说，服务对象不特定既是“专车”公司提供服务的结果，更是共享经济迅猛发展的条件。平台公司对于供需双方的自律监管约束能力和动力是确保共享经济市场健康发展的关键；共享公司对供需双方强大的单方影响力对于经济和社会安全也非常重要，政府必须建立相应的监管制度防控其风险，尤其是地方政府要采取属地监管，适时防范其负面效应。

第二，双方代理，不特定的供需双方都是作为相对方与平台公司发生关系的。“专车”公司在其交易结构中不仅提供技术手段和平台为“专车”司机提供寻找乘客的服务，还要为乘客提供寻找司机的服务。虽然，表面上“专车”公司只从司机的收费当中收取佣金，但它还通过与供需双方签订电子合同，要求各方都遵守与其达成的契约，接受其在电子合同中提出的所有条款，从而构成了实质上的双方代理关系。〔18〕“专车”司机与乘客之间缔结运输合同的前提是与“专车”公司缔结代理合同，并且接受“专车”公司单方提出的各项条件。“专车”司机要想进入平台就要接受并满足其单方提供的合同中对车辆新旧、价格、保险、责任以及司机驾龄等方面的条件；乘客要获得平台服务也必须接受其在合同中对价格、合同履行、违约责任等方面的条

〔18〕 该行为不应当一律无效，只要委托法律关系中当事人接受，且受托人不滥用代理权，应该予以允许。多数国家（地区）对自己代理行为采取例外准许原则，如《德国民法典》第181条规定：“代理人无特别许可，不得以本人名义与自己为法律行为，亦不得为第三人之代理与本人为法律行为；但法律行为系属专以债务为目的者，不在此限。”《日本民法典》第108条规定：“无论何人，不得就同一法律行为，为其相对人之代理人或为双方当事人之代理人；但债务之履行不在此限。”我国台湾地区“民法”第106条规定：“代理人非经本人之许诺，不得为本人与自己之法律行为，亦不得既为第三人之代理人，而为本人与第三人之法律行为。但其法律行为，系属专履行债务者，不在此限。”

件。此外，平台公司还设计了专门的处罚条款保障双方履行合同和进行适时监管。因此，共享公司也是以供需双方为相对人的交易一方，而不是单纯的居间方。这一点也是"专车第一案"这类个案中容易引起被处罚的"专车"司机不服的重要原因，因为在他们看来"专车"软件公司也应该受罚。这个问题还关系到各类民事案件的责任分担问题和消费者的权益保障问题。此外，共享公司对供需双方既有强大的监管能力和履约保证能力，也可能利用其在交易结构中的优势地位滥用权力。为了克服共享公司的这些问题，地方政府在构建监管制度时，应该与共享公司形成既合作又监管的关系，合作监管与自律相结合成为混合规制模式的基础。

第三，具体交易责任合理分担。"专车"公司通过提供交易平台，把供方分散的商品和服务聚集起来，同时也把需方暂时性和分散的需求集合在一起，并按照就近原则和供需方接受其条件下的意愿进行组合，供需双方实现了前所未有的完美结合，实现了共享经济的巨大收益。但是，任何交易都可能隐藏着未知风险，如何分配法律风险和责任将对这一完美组合方式产生极其重要的影响。总体来讲，三方主体的法律风险可以组合为四类：相对人之间违法违约、第三人侵权、政策风险、不可抗力。

其一，平台公司与供需双方的法律责任与风险分担。在这对法律关系中，平台公司对供方具有完全的支付法律责任。但是，如果平台公司出现因违法或经营困难导致财产被查封扣押冻结、公司破产或经营者个人犯罪危及公司财产安全等情况，商品或服务供应方应得报酬以及需方预存平台公司的资金都难以从平台公司按期获得支付或返还。[19] 既有的法律风险和责任分担办法难有实际救济效果，如果没有相应的治理办法，供需双方将处于严重不利地位，地方政府也可能面临较重的维稳压力。法律风险和责任该如何分担呢？自力救济或司法的矫正正义没有多大实际意义，这需要政府从分配正义的角度预先建立相应的保险和监管机制。其二，供需双方发生违约或侵权的法律责任与风险分担。由于平台公司在供需双方缔结合同前

〔19〕 虽然这种情形比较极端，但即便正常的公司经营，也难以避免，加之供需方往往人数众多，其负面影响会远远大于一般公司。

已分别签订了合约，对违约制裁和方式都有平台公司作保障，没有太多探讨必要性。但对于双方发生侵权行为的法律责任和风险就比较复杂。第一种情形，“专车”司机发生交通事故导致乘客受到人身伤害或财产损失，保险不足以覆盖的部分如何分担？由于这是平台公司单方提供的格式合同，供需双方均没有与平台讨论的机会，“专车”司机与平台公司应该如何分担责任？在实践中，“专车”公司对司机投保的责任和数额都有要求，司机必须满足，这也是“专车”公司对消费者提供的信赖保障。如果出现保额不足赔偿的情形，消费者没有能力也不应该负担查核每一乘坐的“专车”的投保情况的责任，因此，其信赖的平台公司理应承担“专车”司机赔偿不足部分的补充责任。第二种情形，“专车”司机或乘客相互发生人身伤害，平台公司负有什么责任？这类情形涉及违法甚至犯罪，基本责任由加害人负担是比较清楚的。但是，由于平台公司对“专车”司机的准入负有审查义务，这既是“专车”公司得到消费者认同的基础，也符合社会责任承担原则，因此，如果发生“专车”司机违法犯罪行为，平台公司对经济补偿部分理应承担一定责任，地方政府也可以设置相应的规制措施。第三种情形，“专车”司机和乘客的个人信息与隐私权保护，应该如何分配责任？这个问题包含两方面：一方面是“专车”司机与乘客之间发生个人信息或隐私权泄露、侵害、骚扰等情况，这应该坚持责任自负，但“专车”公司应该负有就乘车情况提供证据的协助义务。另一方面是“专车”公司泄露或非法利用供需双方个人信息或隐私权的情况，“专车”公司既要承担民事责任和行政处罚责任，严重的情形下，直接责任人和负责人还应当依法承担刑事责任。[20] 我国相应的制度建设应当跟上。

第三人侵权、政策风险、不可抗力这三种情况都难以预见，共享经济的迅猛发展所面临的不确定性，不应当由其中的一个公司去承担，而应当通过地方政府甚至国家站在社会资源配置的高度，从制度上设计相应的救济措施和保障方式。此处不再赘述。

第四，既获得报酬，又决定交易价格。“专车”公司对整个交易结构的存

---

〔20〕 广州市人民检察院发布的信息显示，邓某嘉在使用打车软件提供服务期间，涉嫌对搭乘该车的女乘客关某实施强奸行为。广州市白云区人民检察院经审查决定，依法对涉案司机邓某嘉以强奸罪批准逮捕，载人民网，2015 年 6 月 26 日访问。

在和交易关系的维系都具有决定性作用,其收取费用的比例和“专车”司机的收费标准都是单方面决定的。“专车”公司在提供平台服务之前,要求供需双方都必须和自己签订电子合同,往往还要求消费者提供预付资金或信用卡绑定,而对“专车”司机则要求其对车辆和驾驶资质、犯罪记录、保险等提供符合条件的材料证明。当服务发生后,“专车”公司将按照约定从“专车”司机收入中提取一定比例的收益。很多批评认为这种单方面决定模式属于霸王条款,侵犯了消费者自主决定权。尤其值得注意的是,“专车”公司为了推广市场以吸引更多的供需双方,甚至频繁采用对供需双方进行反向补贴的方式,其收取的费用远远不及对双方补贴的费用。这种手段对传统的出租车行业造成了极大的冲击,很多地方将其认定为非法经营或者不正当竞争,对“专车”司机进行处罚,对“专车”平台公司进行约谈。其内部行为产生了很强的外部性。面对外部性压力和制裁的可能性,“专车”平台公司进一步运用复杂化的法律关系去掩盖原本清晰的法律结构,比如由软件平台、汽车租赁公司、劳务派遣公司、司机共同签订一份“四方协议”,复杂的结构不仅不能解决上述问题,反而增加了不少社会成本和法律关系的复杂性,也使相关法律纷争的解决复杂化了。因此,这一交易结构还得有政府的外部监管,尤其是地方政府应当确定专门机构对“专车”公司的市场行为的合法性进行监管,法律始终是行为的底线,任何公司的营利行为都不能损坏同类竞争者、损害消费者利益、破坏经济秩序和危害国家经济政治安全。地方政府应当根据属地原则对发生的这类情况及时处理,这样可以阻断借助互联网等技术的共享经济产生的负效应外溢的问题,从而为法律适用提供管辖依据。

(二)共享公司的外部结构

共享经济作为市场经济的一部分,产生于对传统经济供需双方的暂时性整合,使大量闲置资源和服务加入整个社会的经济循环系统,对整个社会和个人都带来了巨大的效益,因此不可能也不应该简单禁止,甚至应该成为国家重点支持的战略。作为共享经济细胞的共享公司在运行过程中至少面对三类主体并形成三种外部结构:同行竞争者、同类传统竞争者、地方政府监管部门。但是,从对共享公司内部结构的分析可见其外部化是必然的,公司行为外部化和共享经济作为市场经济的一部分都不可避免地反过来对公司内部治理和运行模式产生影响，从而出现外部成本内部化。也就是说，共享公司的外部法律结构将影响其内部运行模式和内部法律结构的组合方式及其成本，任何最优的制度设计都应当使内外部成本最小化和收益最大化。我们仍以“专车”公司为例展开分析。

第一，同行竞争者。“专车”公司中，滴滴打车、一号快车、易到用车、神州专车、Uber、Lyft、BlaBlaCar、Zipcar、Car2Go 都是行业翘楚，都是经历了同类公司激励竞争洗牌后的幸存者，“互联网 +”时代的生存法则或许就是赢者通吃经济（Winner - Takes - All）。这场竞争虽然裹挟着技术和创新的思维，但真正起作用的是资本。时至今日，很多初创的“专车”公司已经销声匿迹，而存活的这些公司依然不断地通过“烧钱”补贴或并购重组等方式去继续扩大市场份额和排挤对手。从市场交易法则看，这类竞争手段有利于优胜劣汰，通过竞争为市场提供更为稳定和优质的服务。但是，当同行竞争者都被排挤出去，或者某个平台公司聚集了最多的供需双方后，可能会产生市场垄断，这将阻碍其他竞争者进入，不利于技术进步和保护消费者。此外，其供需双方分散和暂时性的服务与需求特点，很可能被一些不良公司利用来作为逃避社会责任的手段，比如把计聘用的员工转为这种“临聘”，导致劳动者利益得不到保护。[21] 再者，竞争导致同类竞争者之间对资本的重视超过对技术的重视，迫使平台公司把融资放在第一位，没有强大资金支持的企业，技术再先进也会失败，这必然造成巨大的社会财富浪费，并可能出现“劣币淘汰良币”的市场竞争。这种局面是平台公司自身无法解决的，因此，政府应当通过立法规制其竞争秩序，为其融资和技术提供行为规范，并通过立法对其中最基本的劳动用工和准入关系进行规范，避免外部竞争成本内部化。

第二，同类传统竞争者。共享经济对传统经济造成了巨大冲击已是不争事实。“专车”公司通过互联网技术为有短暂且分散需求的供需双方解决

---

〔21〕 See J. B. Wogan, “How Will the Sharing Economy Change the Ways Cities Function?”, http://www.governing.com/topics/urban/gov how sharing economy will change cities. html (Last visited on Oct. 21, 2013).

了信息不对称问题，大量被闲置的零散的商品和服务被最大化地利用起来，这对传统出租车公司（通过“集中和持续”才能完成供需双方比较稳定的信息匹配与交易）造成了巨大冲击。出租车司机的收入在“专车”进入以后受到很大影响，部分出租车司机都加入了“专车”司机的行业。这种冲击引起了同类传统竞争者的紧张，最近频繁发生的出租车司机与“专车”司机之间相互围堵和冲突的现象，已充分反映这个问题。各界对这些冲突的看法很多，主要有三类：其一，打破了传统出租车行业的垄断利益。这类认识过于简单，出租车行业在本质上是政府向社会提供的公共交通的一个部分，担负着分散服务的公共交通服务职能，传统出租车公司不仅需要盈利，还担负着劳动者就业和保障、增加税收、保障交通秩序和社会稳定等责任。如果简单地取消出租车公司现有的管理模式，放任出租车采用纯粹的市场逐利行为，很可能导致大量的投机行为，使大众对公共交通的需求得不到满足，并可能影响社会稳定。但是，出租车行业确实也必须适应市场的要求，积极采用科技手段和市场方式更好地服务于公共交通，而不应该成为社会公众抨击的对象。例如，可以引入互联网技术重塑出租车公司，可以降低出租车公司向司机收取的费用，可以在内部引入市场竞争机制等。其二，“专车”公司违反了公平竞争或违法经营。这类认识看似具有现行法理支持，但是实则是“过时”且不具有对应性的，不利于保护创新和社会进步。如前所述，这是新出现的共享经济，其共享公司的功能针对的是短暂而分散的供需双方的信息匹配和资源利用问题。事实上，既有法律和法理都没有直接针对性。在依法治国的背景下，无论执法还是司法都应当接受市场创新中的“法无禁止则自由”的观点，同时也应受“法无明文则禁止”的羁束，这也是良法善治的基本要求。〔22〕 因此，传统出租车行业肩负的责任并不会很快消失，政府和社会也不会完全改变对传统出租车行业的法律定位，其行政管制性的“垄断”还是有存在的理由与价值。尽管，“专车”确实分走了传统出租车行业一部分市场，而且在法律适用技术层面还能找到制裁“专车”行为的条文，但我们也应该理性地看待“专车”问题。毕竟，“专车”与出租车是两种不同性质的

〔22〕 参见［古希腊］亚里士多德：《政治学》，吴寿彭译，商务印书馆1997年版，第199页。

经营模式之间的错位与互补性的行为。当然，也应当看待“专车”的暂时和分散性所固有的缺陷，如其利用平台滥用补贴排挤其他竞争对手、对平台收集信息进行不正当利用、偷税漏税、不承担社会责任等行为，对此必须建立法律监管机制。因此，地方政府在规制“专车”这类共享经济时应当以不危及社会整体利益为限，充分尊重市场创新，限制权力滥用。其三，不利于保护消费者利益和信息安全。和传统出租车相比，“专车”公司掌握着大量的个人信息、具体地理信息、特定人员活动信息、经济信息和其他信息，如果被不法利用，将可能侵犯个人隐私、国家安全和经济安全等。因此，各界普遍质疑“专车”公司的信息安全问题。此外，由于其运行机制是单方面决定交易价格和交易模式，供需双方被动接受合同，这可能导致强制交易、强制搭售、价格同盟等违法行为，从而导致消费者和专车司机的权益都受到极大损害，并可能最终毁掉整个市场。这些问题是共享公司的内部法律结构与其外部结构中存在的问题共同造成的，政府应该积极通过立法建立合作监管制度，以便动态适时地实施过程监管。

第三，地方政府监管部门。共享经济作为市场经济的一种模式已显示出强劲的创新和发展能力，这需要国家顶层制度予以保护和规范，而不是简单禁止。共享经济是由一个个共享公司组织起来的一组组供需双方的组合构成的，顶层设计难以深入微观范畴，地方政府便成为影响共享公司治理的极为重要的一方。地方政府一方面要执行中央的决策，另一方面有可能借用中央影响力根据其局部地方发展目标选择性的执行政策，[23]尽管舆论媒体对各地政府的行为有各种批评，但各地政府对待“专车”公司的态度非常不一样。在市场经济发达、城市规模不大的地方往往利用“互联网+”的名义，对“专车”持默许、支持甚至积极鼓励的态度，包括义乌在内的多地正在推动地方制定相应的规则予以支持。然而，包括北京、上海、广州等在内的规模较大的城市大都对“专车”保持谨慎甚至反对态度。还有一些处于二线、三线的规模不大的城市并没有对“专车”采取任何举措。这些地方政府

〔23〕 参见邓晰隆、陈娟：《“公共政策选择性执行”问题及其对策研究》，载《甘肃行政学院学报》2006年第4期。

行为的差异并不是根据中央政府或者交通部的要求去做的，其行为的动机主要是根据地方政府对于其传统出租车行业所承载的各项公共职能受到“专车”的冲击情况，以及其市场经济发达程度和公共服务供需状况等因素作出的。从各地方政府的行为动机看，这是理性的。各地政府、司法机关对待“专车”的执法强度和司法态度有差异。正是这种差异说明共享公司的监管政策主要应该依赖于地方政府。地方政府政策和执法将对“专车”内部结构和行为模式产生极其重大的影响。因此，地方政府对“专车”的规制既要保护创新和经济增长的动力，又要考虑当地经济社会承受力和社会公共服务供需状况，注意各方面的平衡。

四、混合规制路径：“合作监管+自律监管”

（一）规制路径选择的要素

如上所述，共享经济是市场经济发展中技术推动形成的新经济模式，它有许多优势，发展趋势不可阻挡，然而其缺陷也不能忽视，必须选择适当的规制路径方可扬长避短，促进其健康有序发展。我国全面深化改革提出了目标：市场在资源配置中起决定作用，更好发挥政府作用。如何确定政府在新经济模式中的角色，决定着规制模式。对此，一些学者提出了很多有见地的观点。如张守文从宏观层面提出：“基于资源配置系统中的‘二元配置’以及我国突出的行政干预过多问题，应特别强调转变政府职能，简政放权，充分保护市场主体的经济自由权。为此，应加强法律规制，通过转变立法的思路、结构和内容，来提升各类主体能力以及整体经济治理能力。”〔24〕陈甦则具体到商法层面认为：“应当根据市场经济体制的运行需要、政府与市场的应有能力、商法宗旨及实现机制，确定商法机制中政府与市场的功能定位。政府在商法机制中应实现职能转型，识别功能上政府由监护转向服务，选择功能上政府由主导转向辅助，规制功能上政府由管制转向治理，调控功能上政府由直接转向间接。”〔25〕王利明更加具体地提出，应该基于私法自治的理念，

---

〔24〕 张守文：《政府与市场关系的法律调整》，载《中国法学》2014年第5期。

〔25〕 陈甦：《商法机制中政府与市场功能定位》，载《中国法学》2014年第5期。

建立负面清单管理模式。[26] 还有一些学者提出了应当建立行政管理权力清单制度。[27] 但是,既有理论是基于传统经济资源配置模式提出来的,对于完全产生于市场与技术相融合的共享经济则没有给予充分的认识。而且,现有研究仍然存在宏观与微观分离、理论与实践两张皮的问题。因此,改变研究范式和进路,把共享经济运行特点和共享公司法律结构结合起来思考,有可能获得更科学的规制模式。

最近几年共享经济随着技术进步不断更新,政府部门一直在费尽心思去寻求有效的监管办法。目前有关规制的方式主要有:不作为、制定法规、谈判(约谈)和诉讼。[28] 如果市场产生的结果符合预期且消费者权益不会受到侵害,政府就应当采取不作为的方式,此种情形自律监管很重要。如果市场因缺乏保护而出现缺陷和失衡,为了支持新经济模式健康发展,政府就需要通过立法或执法进行积极干预。而谈判是规则制定过程或诉讼前都必然发生的行为,它可以为被规制对象和有关部门之间建立沟通机制,由此达成合作监管。诉讼则是最后的手段,也能为相关行业确立规制,例如,"专车第一案"的判决结果将对"专车"行业产生重要影响。然而,我国是成文法国家,诉讼对资源配置的效率不如行政执法,其稳定性不如立法方式。因此,选择什么样的规制模式既要考虑规制对象的行业属性和法律结构,也要考虑不同规制方式的作用和特点。

(二)混合规制模式的构成

学术界很多观点认为既没有纯粹的自律机制,也没有完全政府监管的命令—控制模式,真实世界中不同的规制模式决定了公权主体和私权主体发挥不同的作用。合作监管模式经常被运用到政府和企业的混合责任分担的谈判中。如通过谈判建立政府与企业间不同的责任分配机制去实现既定

---

〔26〕 参见王利明:《负面清单管理模式与私法自治》,载《中国法学》2014 年第 5 期。

〔27〕 参见刘云亮:《权力清单视野下规制政府有形之手的导向研究》,载《政法论丛》2015 年第 1 期。

〔28〕 See Andrew P. Morriss, Bruce Yandel & Andrew Dorchak, "Choosing How to Regulate", 29 *HARV. ENVTL. L. REV.* 179, 185 – 210 (2005).

目标、制定标准(或法律)和执法行为等。[29] 在一些极端的情况下,立法机构可以通过立法要求自律组织接受政府的监管。例如,要求金融协会组织接受金融监管部门的监管。在另一些极端的情况下,政府为了解决某些问题,可以针对行业中的关键企业颁布一些特别条款处置,而不是采用谈判方式推动自愿合作。[30] 2015 年 6 月 2 日,北京市交通委运输管理局、市交通执法总队和市公安局公交保卫总队共同约谈"滴滴专车"平台负责人达成了对其"滴滴专车"和"滴滴快车"发放补贴等不当行为的整改协议,这就是典型的共享经济合作监管与自律监管相结合取得的成效。事实上,在正式组织的监管和非正式组织的自愿合作的两极之间存在一个梯度结构的权力分享机制。政府和企业都可以扮演不同的角色。政府可以制定目标和预期的结果,标志性企业就如何实现这些目标和达成预期值具体制定解决方案和行业标准。[31] 借助行业协会的咨询和建议,政府也可以对特定的技术制定更为科学的使用标准和方法。政府和行业协会(或标志性企业)可以在行业监管中充分合作。政府机构和行业协会可以通过谈判确立适当的监管目标,合作起草标准,通过合作对违反标准的具体企业执法。学者又把这类合作监管称为"合作治理"或"合同监管"。[32] 其实,合作监管并不是一个新的治理模式,但它是被越来越多地利用来实现监管目标的一种重要工具。[33] 例如,行政机关与利益相关者或股东代表协商制定一些共同认可的基本规范的情况已不少见,各级政府已将这种监管方式广泛用于行业,如银行、证券、保险、环境保护的一些技术标准化方案的制定中。所以,随着互联网服务的不断增长,合作监管模式应用范围也将越来越广。从消费者保护到促进有

---

〔29〕 See Jody Freeman, "The Private Role in Public Governance", 75 *N. Y. U. L. REV.* 543, 547 - 549 (2000).

〔30〕 例如,国务院要求电信企业的网络服务"提速降费";又如,政府也与一些高科技企业合作去开发大数据技术。

〔31〕 See Heather Jarvis & Wei Xu, "Comparative Analysis of Air Pollution Trading in the United States and China", 36 *ENVTL. L. REV.* 10234, 10238 (2006).

〔32〕 See Jody Freeman, "Collaborative Governance in the Administrative State", 45 *UCLA L. REV.* 1, 21 - 33 (1997).

〔33〕 See Colin Scott, "Private Regulation of the Public Sector: A Neglected Facet of Contemporary Governance", 29 *J. L. AND SOC' Y.* 56, 59 - 67 (2002).

效竞争,合作监管将用于实现一系列的规制目标。[34] 可以说,随着共享经济涉及的范围的扩张,政府、企业和消费者都不会接受共享经济在放任自流的环境中自我"夭折",企业和消费者也不会答应完全把监管权收归"国有"而失去创新的动力和自由;而且随着全面深化改革的推进,政府的权力也有边界,市场作为资源配置的决定者也不会允许政府越俎代庖包揽监管。如此一来,合作监管成为共享经济健康有序发展最基本的保障,前文提及的共享公司的外部法律结构和部分的内部法律结构中有缺陷的那些地方都需要合作监管。

当然,自律监管对于共享经济也是非常重要的规制策略。共享经济需要有一个第三方的公司提供平台支持,供需双方将按照平台提供的规则进行交易。一方面,平台公司对交易双方的信息和各种交易记录都可以及时掌握,并根据自己制定的规制对其中的不诚信行为进行惩戒。这种结构既保证了平台得以生存下去,也能对交易秩序进行自律监管。另一方面,平台公司还建立了一套声誉机制确保在其平台上交易的主体都能够互相监管,双方都可以根据彼此的服务情况给予"好评"或"差评",平台公司将根据这些评价作出相应的激励或惩罚行为。此外,共享公司的内部法律结构也需要保有自律监管空间留给创新和自我调适。因此,自律监管也是共享经济健康快速发展的保障,前文提及的共享公司内部结构中既能实现预期目标又没有负的外部性的地方就应该留给平台公司自律监管。合作监管与自律监管相结合便构成了混合规制模式。

混合规制模式既可以节约监管成本,又可以提高监管效率,还可以确保政府能够集中精力对一些极端问题作出及时有效的反应。共享经济独特的三方结构和运行模式既为混合规制模式提供了实施的条件,也对这种模式提出了要求。而共享公司的法律结构既满足了合作监管和自律监管不同的实施方式和条件,也对混合规制路径确立了方向。当然在具体的混合规制实施过程中,我们还得把握几个要点。

---

〔34〕 See Florian Saurwein, "Regulatory Choice for Alternative Modes of Regulation: How Context Matters", 33 *L. & POL' Y.* 334, 337 - 341 (2011).

第一,共享经济及共享公司对传统经济和企业的冲击不能忽视。为了减少地方政府和传统企业的抵制,共享公司应当采取合作的态度,尤其应当按照合作监管的精神接受社会监管,同时还应当考虑地方政府和传统企业的结构,主动承担必要的社会责任,建立合法的运营环境。处理好公共利益与私人利益的关系。

第二,地方政府的作用不可忽略。共享经济是市场发展的产物,极具生命力。可是,在该经济模式没有被总结出共性并足以上升为法律规制之前,国家层面不可能先行立法予以规制和保护。在此情形下,地方政府便站在与共享公司面对面的地方。一方面,地方政府要坚持让市场对资源配置起决定作用。地方政府要对新兴的共享经济正常的经营和创新给予支持和保护。但共享公司在经营过程中为了市场和利益,有可能给市场和其他经营者带来负面影响,地方政府也得高度重视解决。在处理方式上,简单地禁止和限制都不是最佳的,地方政府应该积极参与并充分发挥共享经济的优势,运用地方政策扬长避短:(1)可以采用向社会购买服务等方式诱导共享公司朝着其预设的目标发展;(2)也可以采用约谈等方式促使共享公司合规合法经营;(3)建立适当的"专车"公司专项或综合准入与合规制度,由于"专车"公司具有特殊的法律结构和强大的平台控制能力,地方政府可以积极推动成立行业协会和制度建设,并通过行业协会建立最低安全保障的专项或综合性自律机制。另一方面,共享公司也不能以创新为名规避法律和监管。在处理与地方政府的关系上,不宜采用规避或不合作的方式,而应当充分发挥自身的平台优势主动与地方政府合作进行行业监管,并积极参与相关政策制定或承担相应的社会责任。这也是共享公司和共享经济获得与政府"谈判"的机会所在。具体而言,共享公司应当:(1)接受地方政府的约谈,建立行业自律制度;(2)承担社会责任,以错位和补充服务为目标;(3)积极履行法律义务,包括纳税义务、守法义务等;(4)遵守国家关于信息安全、经济安全和国家安全的相关法律,确保对各种信息的合法利用。

第三,注意发挥共享公司再分配和替地方政府执行公共职能的作用。特别要强调共享公司方便低收入者就业、支持低收入者消费、缓解交通拥堵、增加财政收入、实现闲置资源有效利用等目标。前文论述已经表明了共享公司具备这两方面的作用,这也是共享公司与地方政府的联结点。无论地方政府制定针对共享公司的政策,还是共享公司确立自己的发展方向都应当重视这两方面的作用,并在彼此间寻找交集,从而为合作监管找到联结点。

第四,应处理好网络无界与安全保护的关系。首先,共享经济必须以网络为载体,我们需要保护好交易双方的个人信息和个人隐私,这是共享公司最基本的责任。其次,共享经济可以借助网络实施跨国界经营,这里涉及了国家政治安全、经济安全和社会安全多重因素。世界上多数国家对此都持谨慎态度。特别是涉及外国公司到国内开展经营的,有必要建立一套专门的安全审查机制,只有通过了审查才有运营资格,同时国家和各地政府还可以根据需要采取紧急的政策措施对其可能危及安全的行为进行监管。并且,对国外的共享公司应该在混合监管之外建立专门的安全监管审查制度。[35] 从这个层面讲,国家层面应该立法专门针对可能危及国家安全、经济安全、社会安全等方面的共享公司设立行为建立专门的审查制度和准入制度,并且应当对其经营过程中涉及的信息安全、垄断和三大安全事项进行动态监管,并将合作监管与自律监管相结合。

总之,面对共享经济和共享公司,我们必须创新监管思维,才能实现创新与规制的有机结合;才能避免共享公司像野马一样横冲直撞地搅乱市场经济,甚至危及社会经济安全和国家稳定;才能确保政府监管和行业自律的效用最大化;才能留给共享经济一片晴朗的天空。这是一个非常宏大的系统工程,本文尝试对“专车”这类共享经济和共享公司正在面对的问题进行解释,并试图提出一些预判性的见解,尽管有些认识正被当下发生的“专车困局”印证,但仍需要更多的经验和理论论证,因此,权当抛砖引玉。

（本文原载于《中国法学》2015 年第 4 期）

〔35〕 Uber 在全球许多国家都遭到封杀,也许与所在国家对自身经济社会安全甚至经济主权的保护不无关系。

天

Borderless

下

博稽古今 融汇天下

思想的印迹

——纪念改革开放40周年优秀法学文集

法律出版社编辑委员会　编

第三卷

法律出版社 LAW PRESS · CHINA

目　录
(第三卷)

刑　法

诉讼法

刑 法

马克昌　想象的数罪与法规竞合
储槐植　建立刑事一体化思想
张明楷　论刑法的谦抑性
梁根林　非刑罚化——当代刑法改革的主题
劳东燕　公共政策与风险社会的刑法
高铭暄　论四要件犯罪构成理论的合理性暨对中国刑法学体系的坚持
于志刚　网络犯罪与中国刑法应对
陈兴良　形式解释论的再宣示
冯　军　论《刑法》第133条之1的规范目的及其适用
车　浩　刑事立法的法教义学反思——基于《刑法修正案(九)》的分析

想象的数罪与法规竞合

马克昌

一人在判决宣告以前犯数罪的,应当按照我国《刑法》第64条的规定,实行数罪并罚。而为了正确适用数罪并罚,就必须对形似数罪,实为一罪或处理时作为一罪的情况进行研究,以免对它们用数罪并罚的办法来处理。想象的数罪就是形似数罪,处理时作为一罪的情况。而法规竞合与想象的数罪极为近似,因而,这里将法规竞合与想象的数罪放在一起探讨。

想象的数罪

想象的数罪是与实际的数罪相对而言的。实际的数罪指数个行为触犯数个罪名的情况。如某甲先犯强奸罪,又犯杀人罪,就是实际的数罪。对实际的数罪,按照我国《刑法》第64条规定的数罪并罚的办法处理。想象的数罪,或叫想象并合犯,指一个行为触犯数个罪名的情况。例如,李某与任某有隙,蓄意杀害任某报仇。一天晚上,他偷偷将一包炸药放到任某住房内,不久炸药爆炸,任某及其妻子被炸死。李某的行为触犯了杀人罪和爆炸罪两个罪名,就是想象的数罪,对想象的数罪不适用数罪并罚。想象的数罪,在很多国家均由刑事立法明文加以规定。我国刑法对想象的数罪未作规定,而由审判实践作为一罪论处。

想象的数罪具有如下两个特征:

(1)行为人只实施一个行为:所谓一个行为,指基于一个犯意所实施的行为。至于该一个行为是一个故意行为或一个过失行为,对于想象的数罪的成立不发生影响。例如,某甲玩枪,不慎走火,打死一人,打伤一人,就是一个过失行为触犯过失杀人罪与过失伤害罪两个罪名,同样是想象的数罪。

想象的数罪是以一行为为前提,行为产生一个结果或产生数个结果,则不影响想象的数罪的成立。

(2)一个行为触犯数个罪名:想象的数罪只是一个行为触犯数个罪名,如果是数个行为触犯数个罪名,则是实际的数罪,不是想象的数罪。如果是作为犯罪手段的行为或结果的行为触犯数个罪名的,则构成牵连犯,也不是想象的数罪。所谓一个行为触犯数个罪名,就是一个行为在形式上或外观上同时构成刑法规定的数个犯罪。例如,卢某将作为永久性测量标志的钢管偷偷锯断,盗为己有。卢某的行为触犯了《刑法》第151条规定的盗窃罪和《刑法》第175条规定的破坏永久性测量标志罪,就是一个行为触犯数个罪名的实例。

想象的数罪在刑法理论中通常分为异种类的想象的数罪和同种类的想象的数罪两类。

所谓异种类的想象的数罪,指一个行为触犯不同种的数罪名。它又可分为三种情况:①一行为产生数个不同的结果而触犯数罪名。如开一枪杀死一人,伤害一人,即一行为产生两个结果,触犯了杀人罪与伤害罪两个罪名。②一行为产生一个结果而触犯数罪名。如以暴力方法阻碍国家工作人员依法执行职务而造成国家工作人员重伤,即一行为产生一个结果——重伤,触犯阻碍执行公务罪和伤害罪两个罪名。③一行为触犯数罪名。如某甲偷得手枪两支,交给某乙代为窝藏。某乙的窝藏行为触犯窝藏赃物罪和私藏枪支弹药罪两个罪名。异种类的想象数罪是想象的数罪,为大多数刑法学者所公认。

所谓同种类的想象的数罪,指一行为触犯同种的数罪名。如一枪击死二人,触犯两个杀人罪。同种类的想象的数罪,能不能认为是想象的数罪,刑法学者之间意见很不一致。有人认为:一行为触犯同种的数罪名,是一罪名而非数罪名,因而不能构成想象的数罪。另有人认为,被害法益的个数不限以同种或异种。一行为侵害数个法益,即触犯数罪名,不能因为被害法益是否同种而有不同。根据我国的审判实践,我们认为,只有异种类的想象的数罪,才能构成想象的数罪,因为只有数个不同的罪名,才是数罪名。数个相同的罪名,即使是侵犯不同被害人的法益,仍然只是一个罪名,因而也就谈不到想象的数罪。况且承认想象的数罪,目的在于在行为触犯的数罪名中,解决应按哪一个罪名定罪量刑的问题。同种类的想象的数罪,在确定行为的罪名上不发生任何疑问,因而把它作为想象的数罪,对审判工作也没有什么实际意义。

对想象的数罪如何处理,根据我国的实际情况,我们认为,对想象的数罪应按照数罪中法定刑最重的犯罪论处,而不能像处理实际的数罪那样实行并罚。这是因为想象的数罪,行为人仅仅实施了一个犯罪行为,与实际的数罪系实施了数个犯罪行为不同,如果按照触犯的罪名实行数罪并罚,就会使行为人遭受过重的处罚,显然与我国刑法中罪刑相适应的原则不符。所谓按照数罪中法定刑最重的犯罪论处,意思是:(1)根据数罪中法定刑最重的犯罪定罪。如一行为触犯杀人罪、伤害罪两个罪名时,杀人罪的法定刑重于伤害罪,应依法定刑最重的杀人罪定罪。(2)在法定刑最重之罪的法定刑范围内酌情判处刑罚,而不是一律判处该罪法定刑的最高刑。例如故意杀人罪的法定刑是死刑、无期徒刑或10年以上有期徒刑,按照故意杀人罪定罪量刑时,应在上述法定刑内酌情判处,而不是一律都判死刑。(3)如果两个行为中一个不构成犯罪时,应专就构成犯罪的罪论处。如某甲将二两重的白银管冒充白金,非法出售,得赃款300元。某甲的行为既违反了金银管理法规,又触犯了诈骗罪。由于他出售白银管的行为,只是一般地违反金银管理法规,尚不具备“投机倒把,情节严重”的特征,还不构成投机倒把罪。冒充白金出售,并已骗取300元,构成了诈骗罪。所以对某甲的行为应专就诈骗罪论罪判刑。

法规竞合

所谓法规竞合指一个犯罪行为,同时触犯数个法律条文,其中一个法律条文成为他一法律条文的一部分。所以,法规竞合必须是:(1)一个行为触犯数个法规(或条文)。如果是数个行为触犯数个法规(或条文),那就不是法规竞合。如先实施盗窃行为,后实施强奸行为,两个行为触犯两个法律条文,为数罪并罚,非法规竞合。(2)一法律条文的全部内容为他一法律条文的内容的一部分。如《惩治军人违反职责罪暂行条例》第4条第1款规定的军人泄露军事机密罪，是《刑法》第186条规定的泄露国家机密罪的内容的一部分，一个犯罪行为触犯该两个法律条文时，就是法规竞合。因而一法律条文内容之一部分为他一法律条文内容之一部分时，不是法规竞合。如《刑法》第157条规定的“以暴力、威胁方法阻碍国家工作人员依法执行职务”罪与《刑法》第134条规定的“故意伤害他人身体”罪，前一条的“暴力”部分是后一条内容的一部分，一个犯罪行为触犯该两个法律条文规定的罪名时，不是法规竞合，而是想象的数罪。

在了解什么是法规竞合之后，首先，遇到的问题是法规竞合与想象的数罪到底是一回事还是两回事？其次，如果法规竞合与想象的数罪是两回事，那么，两者的区别究竟在哪里？

在我们看来，法规竞合与想象的数罪的区别在于：(1)法规竞合，是一个犯罪行为，由于法规的错杂规定，以致违反数项法律条文，犯罪本身是单纯的犯罪；而想象的数罪，是一个行为外观上触犯数项罪名，犯罪本身是形式上的数罪。(2)法规竞合，一法条的全部内容为他一法条内容的一部分。想象的数罪，所触犯的数法条不存在这种关系，它可能是：①触犯内容完全不同的数法规(或条文)；②触犯的数法规，其内容一部分一致，一部分不相同；(3)法规竞合，在竞合的数法规中仅仅一法规可以适用其行为，其法律适用问题，不是依照“从一重处断”的原则来解决。想象的数罪，竞合的数法规均可以适用其行为，其法律适用问题，依照“从一重处断”的原则来解决。

法规竞合时，解决法律适用问题的原则如下：

(1)特别法优于普通法：所谓普通法，指在一般场合普遍适用的法规；所谓特别法，指以普通法的规定为基础，附加特别条件，用以适用特别场合的法规。当普通法与特别法相竞合时，根据特别法优于普通法的原则，适用特别法。普通法与特别法的关系，可分为相异的法律之间与同一法律内部条文之间两种情况：

①相异法律之间的普通法与特别法的关系：这就是普通刑法与特别刑法的关系。如军人犯偷越国(边)境外逃罪，既触犯了《刑法》第176条，又触犯了《惩治军人违反职责罪暂行条例》第7条。前者是普通法，后者是特别法。因而对此应依《惩治军人违反职责罪暂行条例》第7条论处。

②同一法律内部条文之间的普通法与特别法的关系：它既可能发生在普通刑法之内，也可能发生在特别刑法之内。前者例如，《刑法》第118条以走私、投机倒把为常业的……对于第116条走私罪、第117条投机倒把罪，就是特别法。后者例如，《惩治军人违反职责罪暂行条例》第5条第2款战时擅离职守或玩忽职守罪，对于同条第1款擅离职守玩忽职守罪，也是特别法。

刑法中特别法与普通法的关系，其形成可有以下几种情况：

①由于主体不同的特别法与普通法：犯罪主体不同，特别另有专门法规或条文规定从重处刑，因而形成特别法。例如，《刑法》第191条规定的邮电工作人员私拆、隐匿、毁弃邮件、电报罪，对于《刑法》第149条规定的侵犯公民通信自由罪，就是由于主体不同而形成的特别法与普通法。

②由于犯罪对象不同的特别法与普通法：犯罪对象不同，特别另设条文加以规定，因而形成特别法。如《刑法》第112条规定的盗窃、抢夺枪支、弹药罪，对于《刑法》第151条规定的盗窃、抢夺罪，就是由于犯罪对象不同而形成的特别法与普通法。

③由于时间不同的特别法与普通法：例如《惩治军人违反职责罪暂行条例》第6条第2款战时逃离部队罪，对于第1款逃离部队罪，就是由于时间不同而形成的特别法与普通法。

④由于其他条件形成的特别法与普通法：除了上述几种特别法与普通法的关系之外，还有由于其他条件形成的特别法与普通法。例如，《刑法》第113条交通肇事致人死亡，对于《刑法》第133条过失杀人罪，就是特别法。《刑法》第133条明确指出："本法另有规定的，依照规定。"就是指的遇有过失致人死亡的另外规定时，适用另外规定的特别法，不适用本条的普通法。

（2）实害法吸收危险法：所谓实害法，指规定发生法定的实际危害结果为某种犯罪构成必要要件的法规（或条文）。所谓危险法，指不要求某种实际危害结果发生，而规定只要有发生某种实际危害结果的危险即构成犯罪的法规（或条文）。如《刑法》第107条规定，破坏火车、汽车、电车、船只、飞机，足以使其发生倾覆、毁坏危险，尚未造成严重后果的，即认为构成犯罪，是危险法;第110条规定,破坏交通工具……造成严重后果的,始认为构成犯罪,是实害法。实害法吸收危险法。一行为如果同时触犯实害法与危险法时,适用实害法,不适用危险法。

(本文原载于《法学》1982年第1期)

建立刑事一体化思想

储槐植

《中华人民共和国刑法》在1980年元旦开始生效时就面对人民共和国成立以来出现的较高犯罪率,1981年至1983年全国人大常委会接连通过三个严惩犯罪分子的"决定",刑事司法采取了从重政策。九年来,犯罪率呈"V"形轨迹。刑事案件立案数1984年下降为514,369起,明显低于前三年,但1985年又开始反弹,出现上升趋势:1985年为542,005起,1986年为547,115起,[1]1987年比1986年增长4%以上,达57万多起,1988年上半年重大刑事案件比1987年同期上升34.8%,"治安形势仍然相当严峻"。[2]如何解释犯罪数与刑罚量同步增长这种现象?有无可能以及怎样走出这种怪圈?要实事求是地回答这些问题,必须建立刑事一体化思想。刑事一体化的基本点是,刑法和刑法运行处于内外协调状态才能实现最佳社会效益。实现刑法最佳效益是刑事一体化的目的,刑事一体化的内涵是刑法和刑法运行内外协调,即刑法内部结构合理(横向协调)与刑法运行前后制约(纵向协调)。刑事一体化构想,大体上包含下列三方面内容。

一、更新观念

"阶级斗争是犯罪根源"这种犯罪原因简单化观点现在虽然已经失去市场,但它赖以确立的思维模式基本没有触动:原始社会不存在犯罪,犯罪是社会发展到出现私有制和阶级这一历史阶段的产物,它与国家和法律同生

---

〔1〕 1984年至1986年刑事案件立案数均见《中国法律年鉴(1987)》。

〔2〕 统计数及引文见1988年9月1日《法制日报》,国务委员兼公安部部长"王芳向全国人大常委会汇报公安工作和当前社会治安情况"。

同灭,社会主义制度是遏止犯罪的最可靠保证。现在刑法界尤其刑事决策过程相信"刑罚量同犯罪数成反比"的罪刑关系简单化看法同这种思维模式仍有血缘联系。

1979年颁布的刑法,除少数犯罪(如故意伤害、投机倒把、偷税抗税以及累犯等)刑罚偏轻外,并非属于轻刑主义刑法,当时面对的也不是理想的社会治安形势,然而为什么刚刚诞生的刑法不久便在从重政策思想指导下运行呢?犯罪数量增长是客观因素,但主要在于决策者的主观认识,相信刑罚加重犯罪就减少。实际上起到了何种作用?存在两种对立观点:肯定说用"如果不是从重打击,犯罪会更严重"这种既无法证明也很难反驳的假设进行论证。否定说则推出统计数字为论据。两种看法表面迥异,但基本出发点雷同,都以犯罪率作为评估刑法价值的唯一尺度:从主观愿望看是把刑罚理想化(期望值过高心理),从认识根源看是对犯罪原因理解的简单化。当前存在的犯罪原因简单化观点已不是20世纪70年代盛行的阶级斗争是产生犯罪的唯一(后来退一步为"基本")原因那种一目了然的单一化,承认犯罪是多种因素综合作用的结果,比以往的认识大大前进了一步,但是尚未全面地深入到社会基本结构即生产力因素本身以及经济基础与上层建筑的矛盾关系过程中去探索犯罪原因,因而未能把刑罚思想建立在犯罪规律的基础上。更新观念的核心问题在于科学地认识犯罪规律。拙文《认识犯罪规律,促进刑法思想现实化》提出了"犯罪源于社会矛盾是基本犯罪规律"的看法。[3] 根据这一观点,至少可以引申出如下结论:犯罪与社会同在(从而树立同犯罪作斗争的长期性和艰巨性的思想);社会矛盾的深度与广度同犯罪数量成正比(从而把刑事政策纳入社会发展战略);犯罪率变动不是刑罚效用的唯一标志,刑法在控制犯罪中只能起能够起的一定作用(国家的刑罚目的和刑罚权以此为限)。

依据这种认识来讨论上面提出的问题,就既不能简单地说从重政策对控制犯罪未起作用,也不能抽象地说很起作用(例如认为,亡命徒总是少数,

---

〔3〕 储槐植:《认识犯罪规律,促进刑法思想现实化》,载《北京大学学报》(哲学社会科学版)1988年第3期。

可能犯罪者的多数都惧怕重刑)。应当从总体社会效益上来观察刑事政策的利弊得失。观察的立足点应当是现实的而不是想象的。现实情况是,其一,促成犯罪发生的社会原因力强大。在社会主义初级阶段,随着当前我国商品经济迅速发展(这是历史前进的主流),金钱的魔力笼罩全社会,利己主义膨胀;过去赖以调整社会关系、稳定社会秩序的价值观念和伦理道德遭到了猛烈撞击,加上经济政治体制处于新旧交替冲突过程中,社会生活经济活动许多领域呈现无序状态;物价上涨过快;社会流动性大大增长;对违法犯罪的社会控制机制明显削弱,等等。在这样的现实条件下,如果对刑罚控制犯罪的作用寄予过高的不切实际的期望,必将导致或者是丧失信心、无所作为,或者是操之过急、继续加码。两种结果都有害。其二,犯罪率上升时,轻宽刑事政策当然不可行,然而现行刑法规定的刑罚总体上并不宽容。上述情况说明,当前我国刑法处于两难困境中。这正是刑法功能发挥不如人愿的直接原因。走出困境应是刑事政策的目标,也是评价刑事政策的标准。承认这种现实,是观念更新的结果。承认现实,才可能改变现实。更新观念是改变现实的先导。刑法走出困境,还需要调整刑法结构和完善刑法机制。

二、调整结构

系统结构是实现系统功能的组织基础,合理的刑法结构是发挥最优刑法功能的前提。刑法结构的调整有三项任务:

(一)重筑刑法堤坝

迄今为止,我国刑法是建立在以"道德·行政"为堤坝的基础上的。在历史上,这是中国文化重礼治轻法治的思想反映;人民共和国成立后,道德观念加进了新内容即社会主义思想。刑法"道德·行政"基础表现在:较轻的社会危害行为主要由社会舆论和思想教育来解决,必要时采用行政处罚,但不属刑法调整范围,刑法管辖的只是较重的那一部分社会危害行为。我国刑法中犯罪概念含定量因素,[4]正是这一堤坝在刑法结构上的反映。在礼义谦让、不偷不抢、和善睦邻、助人为乐等道德观念成为大多数社会成员

---

〔4〕 参见储槐植:《我国刑法中犯罪概念的定量因素》,载《法学研究》1988年第2期。

的行为规范的条件下，道德规范为基础的刑法才能真正发挥应有的作用：社会保持稳定的低犯罪率（道德对犯罪起釜底抽薪作用），国家刑事司法不被小事纠缠，得以有足够的力量主动对付犯罪。一旦社会公德衰落，道德堤坝决口，则刑法发生“基础危机”（决堤现象）：原不进入刑法圈的危害行为随着数量增长必定提高“质量”而成为刑法上的犯罪（传统道德衰败将对犯罪起釜底添薪作用），面对日趋增长（数与质）的犯罪，刑法效能相对下降。任何制度下刑法正常发挥作用均以犯罪不超过一定量为前提。

刑法的基础危机在西方世界早已发生，只是形式不同。19世纪初开始建立起来的西方刑法是以法治主义为基础的，这是资产阶级反封建革命过程中提倡三权分立、罪刑法定主义的产物，表现为：凡有害社会秩序的行为（定性）都由刑法（法院）管辖；犯罪概念没有定量因素，重罪、轻罪和违警罪均为犯罪，它们的区别主要体现在量刑方面，定量因素仅反映在刑罚上。当犯罪数量相对不大时，法治主义为基础的刑法对稳定社会治安是有效的。进入20世纪，随着犯罪率急剧上升，有限的刑事司法力量疲于应付，终于招架不住。在这种背景下，西方刑法界提出了把危害不大的行为排除出犯罪范畴的“非犯罪化”刑事政策思想，目的是企图解决刑法基础危机。

商品经济迅速发展极大地冲击着传统道德观念，动摇了我国刑法赖以有效发挥作用的道德基础。刑法面临的一项重要任务是重筑刑法堤坝，强化刑法基础。我们不能走西方的老路，把基础转轨到西方式法治主义。出路何在？本文认为，振兴道德，提高公德水准，需有一个漫长的历程；面对现实，只能是严格行政管理，对一般危害社会秩序行为（违法行为）加强行政制裁，同时辅以思想教育，借以减少由小害变大害的数量，从而控制刑法圈。把我国刑法建立在“行政·道德”基础上，以行政制裁为首要刑法堤坝。例如，“目前绝对数增加最多、占比重最大的仍是盗窃财产的案件。在一般刑事案件中，盗窃案占百分之七八十；在重大刑事案件中占百分之五十以上”。[5] 盗窃案的两个新特点是，单位内部盗窃公共财物犯罪多，流窜犯罪

---

〔5〕 统计数及引文见1988年9月1日《法制日报》，国务委员兼公安部部长“王芳向全国人大常委会汇报公安工作和当前社会治安情况”。

多。相应地可以采取这样一些对策:(1)加强企事业机关单位内部保卫工作,建立责任制,应明确规定对失职者的行政处分。(2)国家立法机关制定保安处分性质的《收容法》,以行政手段包括行政制裁有效地控制流浪乞讨和流窜作案的人员。例如,为遏止日益增长的经济犯罪,需要制定一系列行政法规,治理经济环境、整顿经济秩序,堵塞商品流通过程中的漏洞,制止利用权力非法牟利,制止不公平竞争,对尚不够刑事处分的大量违法行为加重经济制裁,加强行政控制。又如,刑法惩处公务人员渎职犯罪要收到较好效果,也必须以加强行政制裁为基础。对为数众多的不够追究刑事责任的职务上违法行为应当严格行政控制,可否设想:贪污、受贿达200元(超过全国职工人均月工资数)给以记过处分,达300元记大过,达400元撤职处分,达500元的开除公职。[6] 廉政必先严政。相应地,两罪的"起刑数字线"也应予下降。下决心这样做,贪污、受贿达到刑事惩罚的案件数量肯定会减少。不要等违法行为"长大到"犯罪级别才动用刑法,应当在违法行为"萌芽时"就给以行政制裁。"刑罚前从严"比"刑罚从重"更利于控制犯罪。

随着由产品经济改变为商品经济以及社会发展,重筑刑法堤坝,还包括把某些原来仅予行政处分或者仅以道德调整的行为升格为刑法上的犯罪,即犯罪化。例如,假冒专利,不实广告,贷款欺诈,保险欺诈,垄断市场,高利贷,土地非法买卖,侵占盗用,污染环境,滥用职权,挥霍浪费,行政人员徇私舞弊,哄抢财物,绑架勒索,劫持公共交通工具,等等。根据我国社会发展阶段的实际情况,当前问题不是非犯罪化,而是犯罪化,与此相连,犯罪统计数肯定会上升。犯罪化是刑事政策从重的一种表现,但不能把从重单一地理解为增加刑罚量。

重筑刑法堤坝,强化刑法基础,至关重要,它将防止出现犯罪增长刑罚加重,犯罪再增长刑罚再加重,这种使国家和社会的包袱越背越重的恶性循环。

(二)协调罪刑关系

从原则上说,合理的罪刑关系就是罪(罪行和罪恶)与刑相适应。但是

---

[6] 1988年9月13日国务院发布的《国家行政机关工作人员贪污贿赂行政处分暂行规定》在处分档次的数额上与1988年1月21日人大常委会通过的《关于惩治贪污贿赂罪的补充规定》相衔接,如能认真执行当然好,但为体现行政制裁从严,其实可以不必同刑法规定在数额上相衔接。

何谓“适应”？不同社会发展阶段不同价值观念则有不同标准。古代有的国家刑法规定偷一头羊可处死刑，那时认为合理（当然体现统治阶级意志），但是今天任何人都认为显然不合理。当代大多数国家，谋杀处死仍是常规。然而，盗窃一辆汽车该如何处罚，在不同国家则相差甚远。虽如此，还是可以寻找到某种相通的东西，这就是以罪刑比价是否合理为评价标准。罪刑比价与商品比价在方向上不同。商品比价的基础是不同商品的价值量（同质）并考虑同一时空条件下的供需关系。罪与刑虽异质，仍有可比的共同基础，这就是“公正”——犯罪给社会造成多大危害，则社会使罪犯受到多大损失（作为例外的过失犯罪另当别论）。合理的罪刑比价结构还包含罪犯矫正难易程度（刑罚的“供”与矫正的“需”）以及社会治安形势（犯罪的“供”与治安的“需”）。“公正”标准应当类型化：侵犯人身与公共安全的犯罪侧重人身方面的刑罚，即生命刑和自由刑；侵犯财产与经济活动的犯罪侧重财产方面的刑罚，即罚金和没收财产。由于犯罪人的财力关系，罚金往往难以执行，因而徒刑是可行的，徒刑以强制劳动为执行方式，劳动能创造财富。所以，财产经济犯罪判处徒刑包括无期徒刑也是合理的。假定某人贪污4000元，在退赃（这是还原不是刑罚）之后处以4000元或者为遏止其再犯或者出于形势需要而处更多罚金，如果被告人确实无力支付罚金或者即使能够支付但罚金也许不足以制止其再犯罪（这种情况在审案过程即能作出判断），则按全社会一个劳动力在一定时间内所创造的平均财富折合成徒刑，假定一年创造2000元左右财富，则该犯人可处2年或2年以上有期徒刑。这基本上是公正合理的。但是，盗窃5万元判死刑恰当吗？一时间也许能起某种威慑作用，从长远看效果未必良好，而且无异于宣布一条命值5万元。在当今社会，这样的罪刑比价未必妥善，从整体社会利益看，失将大于得。因此，单纯财产经济犯罪不适用死刑（目前我国尚难立即做到，将来定会逐步实现）。杀人、放火、爆炸、强奸、劫持等严重暴力犯罪适用死刑是十分必要也是完全合理的。

刑罚轻重应以罪刑比价为基础。罪重刑轻或罪轻刑重都不合理，前者起到鼓励犯罪的作用，后者侵犯了犯罪人应受保护的那部分权益，都有害于社会。商品经济要求民主政治，也要求公正法律。

(三)调整刑罚体系

我国刑法分则凡有法定刑的条文均规定了有期徒刑,以自由刑为基础的刑罚体系适合我国国情。刑罚体系中的问题在于财产刑与生命刑的比重失调。规定罚金的条文只有 20 个;而挂有死刑的条文为 28 个[7](包含 1982 年和 1983 年全国人大常委会两项“决定”中补充规定的死刑条款,但不含《中华人民共和国惩治军人违反职责罪暂行条例》规定的死刑条文)。这样的比例在当代各国刑法中实属少见。如前所述,目前我国出于保卫国家安全和公民人身安全保留死刑是必要的,问题在于是否需要有那么多死刑条款,尤其是对某些单纯取利犯罪规定死刑是否必要,值得研究。有一种说法,认为法律多几条死刑规定无妨,只要司法控制少用就行,这样国家主动。且无论司法能否被控制得住,这种说法实质是国家权力无限论的反映。

随着经济发展,公民财富增长,罚金刑的适用成为可能。商品经济进一步发展,罚金刑在刑罚体系中的地位必将提高。目前刑法总则和分则对罚金刑的规定都很笼统,难以适用。对此需要进行立法上的补充。有人建议把罚金刑由目前的附加刑上升为主刑,分则增多罚金刑适用条款,甚至认为可采用“日数罚金制”等,这些是可取的意见。

限制死刑和增加罚金刑,是我国刑罚体系调整的重点所在。理顺体系,不是一个立法技术问题,它须以刑法观念更新为前提,是刑法改革的组成部分。理顺刑罚体系未必能在短期内收到控制犯罪的明显效果,但是体系不顺,从长远看必定影响刑罚效能的有效发挥。

三、完善机制

我国刑法运行只受犯罪情况的制约,即单向制约:犯罪→刑罚。这是有缺陷的机制。健全的刑事机制应是双向制约:犯罪情况→刑罚→行刑效果。刑法运行不仅受犯罪情况的制约而且要受刑罚执行情况的制约。后果制约行为,是行为科学的一个基本原则。刑法运行是一种行为,它应接收行刑效果的信息反馈。不受反馈制约的刑法运行是盲目的,刑法被犯罪牵着鼻子

〔7〕 参见王作富主编:《中国刑法适用》,中国人民公安大学出版社 1987 年版,第 229 页。

走。接受行刑反馈才可能摆脱被动局面。

行刑效果的构成因素大致有:受刑人(死刑除外)认罪服法的态度,受刑人亲属的反应,社会舆论,刑罚执行机构的承受情况,刑罚执行人员的理解程度,刑罚执行完毕后重新犯罪率(这是行刑效果的主要标志,或者说是综合标志)等。由于徒刑是我国刑罚体系的基础,行刑效果信息主要来自监狱劳改场所。

我国监狱劳改部门的工作成绩应当肯定,但也面临重重困难,择其要者有:(1)经费不足。罪犯矫正机构是耗费较大的国家行政事业单位,经费不足是当代多数国家包括经济发达国家如美国、日本等的共同问题,发展中国家更如此。20世纪70年代以前我国的监狱劳改生产成绩举世瞩目。进入80年代随着国家经济体制改革,劳改企业失去了"三靠"(生产计划靠下达,原材料靠调拨,产品靠包销),被迫参与商品经济竞争行列。与社会企业相比,劳改企业的唯一优势是廉价劳动力,其他方面均处于劣势:劳动力素质差,劳动力流动性大,技术落后,设备陈旧,信息闭塞。经济效益明显下降,而且政策性、社会性支出逐年增加。新增犯人越多,监狱劳改机关经济负担越重。一些劳改企业为了维持生产不得不靠贷款度日。"经济基础"衰弱迫使监狱劳改机关把主要力量投入抓生产,对犯人的教育改造工作势必受到削弱。(2)改造效果不佳。刑满释放者重新犯罪率上升,[8]虽有其复杂的社会原因,完全或者基本归责于劳动改造不力有失公正,但迄今为止把重犯率作为衡量监狱效能主要标志,仍然被国际刑法界公认。改造效果下降,除经费不足、设施不良、管教人员素质不高等具体原因外,还有监狱劳改机关无法左右的两个社会原因。一是传统道德衰变,社会大环境必然影响监所小环境,犯人刑满后又回到这个大环境之中。二是社会开放程度提高,监狱是封闭社会的产物,从本性上说监狱是封闭组织,其首要职能是监禁,把犯人同自由社会隔离开来,社会封闭监狱越容易管理,因而也越可能收矫正功效。许多国家试行所谓开放式监狱,充其量只能起小修小补作用,难以抵挡

[8] 缺乏全国的重犯统计数(由于重新犯罪在统计技术上的复杂与困难,目前我国还没有这种统计),一些抽样调查数据表明重犯率在上升。

开放社会对监狱矫正职能所造成的巨大冲击。短期监禁的矫正效果日益降低这种趋势是由社会开放程度日益提高所决定的。改造效果不佳,从根本上说是社会问题。

社会开放度提高是历史发展的必然,不可逆转;对监狱劳改企业采取特殊经济政策,增加财政预算,目前国力难以做到,即使做到也未必能使监狱劳改机关经费充足。总之,不能对监狱劳改场所的矫正职能寄予不现实的期望,不能要求监狱劳改场所“送多少犯人就收多少,而且保证改造质量”。为保证监狱劳改场所监禁与矫正职能的正常发挥,首要问题是控制监所人口。拥挤的监所改造效果肯定不好,这是常识。参照外国经验,根据我国情况,犯人与监所工作人员(包括行政管理、生产组织和监管教育三部分)之比控制在2:1上下为宜。控制监所人口,监所本身只能起一小部分作用(通过减刑和假释,但须报请人民法院审核裁定),主要依赖于法院的判刑——判处徒刑的人数以及徒刑的长短。在原则上,严重犯罪判处长期徒刑(含无期徒刑)或死刑,一般犯罪可不关押的尽量不送监所,适用缓刑或者其他非监禁刑,例如管制、罚金等。不能认为一提“从重”就都水涨船高。从重政策思想应表述为:轻轻重重,即该轻的轻、该重的重。从重不能仅仅理解为现在比过去重这种时间纵向比较,更应理解为这些罪处刑显得比那些罪重这样的结构横向比较。这样,既体现了从重政策,又控制了监所人口。监所内短期徒刑犯相对减少,既有利于监所企业劳动力相对稳定,增进生产效益,也有利于监所教育矫正工作进行,提高改造质量。以自由刑为刑罚体系基础的国家,刑法的效能主要由监狱矫正场所的效能来体现。因此,刑法运行须迅速准确地接收监所职能效用的信息反馈,不能只看犯罪一边的情况。这种信息反馈是调整刑事政策、改革刑罚制度乃至刑法结构的一项重要依据。

随着社会主义商品经济的发展,随着经济与政治体制改革的深入,刑法修改和刑事司法制度改革势所必行。期望刑事一体化思想将在这一改革过程中起促进作用,这就是本文的目的。

(本文原载于《中外法学》1989年3月2日)

论刑法的谦抑性

张明楷

刑法的谦抑性,是指刑法应依据一定的规则控制处罚范围与处罚程度,即凡是适用其他法律足以抑止某种违法行为、足以保护合法权益时,就不要将其规定为犯罪;凡是适用较轻的制裁方法足以抑止某种犯罪行为、足以保护合法权益时,就不要规定较重的制裁方法。

谦抑性原则,是由刑法在法律体系中的地位以及刑法的严厉性决定的。即由于刑法的制裁措施最为严厉,其他法律的实施都需要刑法的保障,刑法便在法律体系中处于保障法的地位,只有当其他法律不足以抑止违法行为时,才能适用刑法,这就决定了必须适当控制刑法的处罚范围。又由于刑法所规定的刑罚方法在具有积极作用的同时具有消极作用,故必须适当控制刑法的处罚程度。[1]

关于刑法的谦抑性,日本学者平野龙一指出它有以下三个含义:“第一是刑法的补充性。即使是有关市民安全的事项,只有在其他手段如习惯的、道德的制裁即地域社会的非正式的控制或民事的规制不充分时,才能发动刑法……第二是刑法的不完整性……第三是刑法的宽容性,或者可以说是自由尊重性。即使市民的安全受到侵犯,其他控制手段没有充分发挥效果,刑法也没有必要无遗漏地处罚。”[2]其中的不完整性,是指刑法不介入公民生活的各个角落。事实上,这三点内容都可以由刑法的“补充性”来概括。后来,平野龙一也认为刑法的谦抑性就是补充性。他说:“即使刑法侵害或威胁了他人的生活利益,也不是必须直接动用刑法。可能的话,采取其他社

---

〔1〕 参见张明楷:《刑法在法律体系中的地位》,载《法学研究》1994 年第 6 期。

〔2〕 [日]平野龙一编:《现代法 11——现代法与刑罚》,岩波书店 1965 年版,第 21 ~22 页。

会统制手段才是理想的。可以说，只有在其他社会统制手段不充分时，或者其他社会统制手段(如私刑)过于强烈、有代之以刑罚的必要时，才可以动用刑法。这叫刑法的补充性或者谦抑性。”[3]平野龙一关于刑法谦抑性的主张，只谈了一个意思：能够采取其他手段充分抑止违法行为和保护法益时，就不要将其规定为犯罪。即他只谈了对处罚范围的“抑制”，没有谈对处罚程度的“抑制”，这是因为日本刑法在后一个问题上不存在什么问题。结合我国的实际情况，谈谦抑性，应包括处罚范围与处罚程度两个方面，故笔者提出了前述谦抑性的两点含义。

谦抑性的第一个含义是，根据一定规则控制处罚范围。具备哪些条件时才能规定为犯罪、动用刑法呢？有人说，“运用刑法手段解决社会冲突，应当具备两个条件：其一，危害行为必须具备相当严重程度的社会危害性。其二，作为对危害行为的反应，刑罚应当具有无可避免性。……一般来说，具有下列三种情况之一的，就说明不具备刑罚之无可避免性：(1)无效果。所谓无效果，就是对某一危害行为来说，即使规定为犯罪，并且处以刑罚，也不能达到预防与抗制之效果。(2)可代替。所谓可代替，就是指对于某一危害行为来说，即使不运用刑罚手段，而运用其他社会的或者法律的手段，例如道德教育、民事或者行政制裁，也足以预防或抗制这一危害行为。(3)太昂贵。所谓太昂贵，是指通过刑罚所得到的效益小于其所产生的消极作用”。[4] 这很有道理。国外有人讲得更具体。如帕克提出作为犯罪予以处罚必须具备以下条件：(1)这种行为在大多数人看来，对社会的威胁是显著的，从社会的各重要部分来看是不能容忍的；(2)对这种行为科处刑罚符合刑罚目的；(3)对这种行为进行控制不会导致禁止对社会有利的行为；(4)对这种行为能够进行公平的、无差别的处理；(5)对这种行为进行刑事诉讼上的处理时，不产生质与量的负担；(6)对这种行为的处理不存在代替刑罚的适当方法。[5] 这颇有见地。

综合理论上的各种观点，我认为，刑事立法上应当从行为的性质、代替

[3] [日]平野龙一：《刑法总论Ⅰ》，有斐阁1972年版，第47页。
[4] 陈兴良：《刑法哲学》，中国政法大学出版社1992年版，第7页。
[5] Packer, *The Limits of the Criminal Sanction*, 1968, p. 296.

刑罚的手段、处罚规定对有利行为的影响、处罚的公正性、处罚的目的与效果等方面考虑将某种行为作为犯罪处理的必要性。具体地说，只有符合下列条件时才能规定为犯罪：

第一，不管从哪个角度来看，这种行为都是侵害或者威胁合法权益的，具有严重的社会危害性，而且绝大多数人不能容忍这种行为，并主张以刑法进行规制，即具有以犯罪论处的立法要求。我国《刑法》第10条的但书明确指出："情节显著轻微危害不大的，不认为是犯罪。"反过来理解的话，就是要求危害"大"即严重才认为是犯罪。不仅如此，刑法还将这一思想贯彻始终，刑法典以及其他特别刑法都只是将危害严重的行为规定为犯罪。

第二，适用其他制裁方式不足以抑止这种行为，不足以保护合法权益，即没有其他制裁力量可以代替刑法，只有动用刑法才能抑止这种行为、才能充分保护合法权益。当采取其他制裁力量，如道德的、行政的、其他法律的手段足以抑止这种行为和充分保护合法权益时，就不应动用刑法。例如，我国对违反行政管理活动的行为，一般没有规定为犯罪，而是用行政法律来处理，这是用行政法手段代替刑法手段的表现。而西方国家则在行政法中设立大量的刑罚处罚规定，相比之下，我国行政法律中设立的刑罚处罚规定是极少的。

第三，运用刑法处罚这种行为，不会导致禁止对社会有利的行为，不会使公民的自由受到很大限制。公民在不侵害他人自由与权利的前提下，行使自由与权利的行为，都是对社会有利的行为，否则立法者不会将它规定为公民的自由与权利。但是，有些有害行为与行使权利的行为在外表上极为相似，在这种情况下，由于刑法对犯罪的规定具有概括性的特点，公民通过刑法的规定会联想到类似的行为也受到禁止，故立法者必须考虑，将这种有害行为规定为犯罪是否会禁止外表上相似的有利行为。如果得出肯定结论，则造成得不偿失的局面，不符合刑法目的。例如，如果刑法禁止一切在经济往来中收取手续费的行为，就会导致禁止合法的经纪行为，不利于市场经济的发展。

第四，对这种行为在刑法上能够进行客观的认定和公平的处理。刑法适用的结果是严厉的制裁，这就要求对犯罪行为尽量采取客观的记述规定，从而使司法人员能够客观地认定犯罪,并能公正地处罚犯罪行为。如果对某种有害行为不可能在刑法中作客观规定,则容易造成认定犯罪的困难,导致司法人员的恣意判断,从而侵犯公民的合法权益。同样,如果对一种有害行为不能在刑法上公正处理,就会破坏公民的法感情,反而使刑法的权威性降低,结果不利于保护各种合法权益。

第五,运用刑法处罚这种行为符合刑事责任的目的,即具有预防或抑止该行为的效果。有些行为虽然有害,但如果动用刑法并不能有效地抑止这种行为,而采取其他方法反而更为有效,就不能将这种行为规定为犯罪。如关于交通方面的犯罪,我国刑法仅规定了一个交通肇事罪,而且要求"发生重大事故,致人重伤、死亡或者使公私财产遭受重大损失"。同国外相比,可以说我国刑法将交通犯罪控制在最小的必要限度内。这是因为,对交通违章行为用刑法来抑止,并不一定能收到好效果。而整备交通道路、改善交通照明、严格控制发放驾驶执照、提高驾驶人员的技术水平、培养行人的交通规范意识等,则对于防止交通事故具有重要意义。[6]

我国刑事立法落实了惩办与宽大相结合的刑事政策,在限定处罚范围的意义上,已经很好地贯彻了谦抑性的原则。故笔者不主张在我国也实行"非犯罪化"。在国外,在刑法处罚范围方面实现谦抑性的做法,主要是"非犯罪化"。但是,有三点特别值得我们注意。

首先,国外刑法典规定的处罚范围相当广,特别是行政刑法的处罚范围广,故有实行"非犯罪化"的必要。在德国、日本、意大利等国,行政刑法规定的犯罪类型已经远远超过了刑法典规定的犯罪类型,造成了司法机关大量适用行政刑法的局面。此外,许多国家都在刑法典或者单行法律中规定了"轻犯罪"或者"违警罪"。例如,日本的《轻犯罪法》规定,下列行为都是犯罪:没有生活来源,但有劳动能力而没有就业的意图,并且没有一定住所的人四处流浪的;在公共场所对多数人以明显粗野或乱暴的言行进行打扰,或者显示威势地等待火车、电车、公共汽车、船舶或其他公共交通工具、演剧及其他活动或分配物资的发放,或者为了购买上述交通工具或活动的票证、得

---

〔6〕 参见[日]平野龙一编:《现代法11——现代法与刑罚》,岩波书店1965年版,第21~22页。

到有关发放分配物资的票证而插入或扰乱等待的公共队列的;不听公务员的制止,发出异常大的人声、乐器或收音机等声音,有害安静、打扰他人的;以殴打、酷使、不提供必要食物等方式虐待牛马或其他动物的;讨饭或使人讨饭的;在街道、公园或其他公众集合场所吐痰、大小便或使人大小便的;等等。英美等国以及其他许多国家对交通、饮食、卫生、药品等方面规定的犯罪更是举不胜举。例如,在英国,“特别是近年来,通过立法产生了数百种由刑法法庭处理的违法行为,以致今天在英国有大至叛国、小至违章停放汽车等不少于3000种公认的‘犯罪’行为”,使学者们得出了“一概而论地说犯罪比民事错误更为严重也是不对的”结论。[7] 在这种情况下,西方国家的刑法理论提出“非犯罪化”确实是有必要的。

同西方国家相比,我国刑法已经将犯罪限定在最小的范围,危害性不很严重的行为都由其他法律处理,这充分反映了刑法谦抑性的合理性要求。我国《治安管理处罚条例》所规定的行为,在西方国家都属于“治安刑法”或“轻犯罪法”规定的犯罪行为,甚至属于刑法典规定的严重犯罪行为;在我国并不违反任何法律的行为,在西方国家也可能是犯罪行为。因此,在我国主张“非犯罪化”既不现实,也不妥当。

其次,在西方国家,“非犯罪化”的思潮已成为了历史事实。在刑事立法上,最先主张和实行“非犯罪化”的是英国,但这是在20世纪五六十年代进行的。1957年,哈特(Hart)与德富林(Devlin)之间以奥尔芬登委员会(同性恋犯罪和卖淫委员会)的报告书为契机、以“肖诉检察长案”为背景,开始讨论“非犯罪化”的问题。奥尔芬登委员会的报告书认为,刑法的作用在于“保护公共秩序和社会风化,保护公民免受侵犯和损害,提供充分的保护措施以反对盘剥和贿赂他人。……除非社会有意地企图利用法律的作用把犯罪与堕落的范围等同起来,否则就必然存在一个只关系到个人道德和不道德的领域。简单地或直率地讲,这个领域不应该是法律所管辖的”。据此,该委员会主张对一些违反道德的行为实行“非犯罪化”。在“肖诉检察长案”中,西蒙兹(Simonds)法官提出了相反的观点,他指出:在刑法领域内,“仍然留

[7] [英]G. D. 詹姆斯:《法律原理》,关贵森、陈静茹等译,中国金融出版社1990年版,第30页。

在法院手中的权力是,贯彻法律的最高的和基本的目的,不仅保护国家的安全与秩序,而且维护国家的道德利益”。[8] 这种观点反对“非犯罪化”。争论的结局,前一种观点占了上风,实行了以下“非犯罪化”:(1)1959 年的《淫秽物出版法》使淫秽物品犯罪的处罚得以缓和;(2)1961 年《自杀法》规定不处罚自杀;(3)1967 年的《堕胎法》实行堕胎自由化;(4)1967 年的《性犯罪法》不处罚 21 岁以上男子的自愿且秘密的同性恋行为。但是,到了 20 世纪 70 年代,英国由“非犯罪化”转向“犯罪化”。例如,1978 年的《盗窃罪法》创设了“以欺诈方法获取劳务提供罪”、“以欺诈方法逃避义务罪”与“不支付费用逃走罪”;1974 年与 1976 年制定了《恐怖行为防止(临时措施)法》,针对频发的爱尔兰共和军的爆炸事件,创设了有关的犯罪。进入 80 年代后,对青少年的处遇从保护主义转向刑罚主义,1982 年的《刑事审判法》废除了以前的拘禁制与教养制,新设了以 15 岁至 20 岁的青少年犯罪为对象的拘禁制。有些法律还提高了法定刑,如 1985 年的《性犯罪法》将强奸未遂的最高法定刑由原来的 7 年拘禁刑提高到无期徒刑,将对不满 13 岁的幼女的强制猥亵罪的最高法定刑从原来的 5 年上升为 10 年;1985 年的《药物控制(处罚)法》将制造、提供、持有 A 级药物罪的最高法定刑由 14 年拘禁刑提高到无期徒刑。[9] 这些事实表明,英国的“非犯罪化”已成为历史。

大陆法系国家的情形是,“非犯罪化”的思想只是被大陆法系国家介绍到刑法理论中,但并没有反映在刑事立法上。值得一提的是,德国于 1952 年制定的《秩序违反法》。该法并不是像人们想象的那样将违警罪实行“非犯罪化”,事实上,该法所规定的秩序违反行为仍然是犯罪行为,刑法理论上对这一点没有任何争议,争议的问题只是秩序违反行为与刑事犯的关系,即秩序违反行为是属于刑事犯还属于行政犯。1975 年修改刑法典时,从刑法典中取消了违警罪的规定,将原来的违警罪一部分上升为轻罪规定在刑法典中,一部分归入《秩序违反法》。[10] 可以这样认为,在大陆法系国家,基本上没有受“非犯罪化”思潮的影响。

---

〔8〕 参见《英国刑法导论》,中国人民大学出版社 1991 年版,第 18～20 页。

〔9〕 参见日本《法学家》,1988 年版,第 919 号,第 14～18 页。

〔10〕 参见福田平:《行政刑法》,有斐阁 1978 年版,第 25～26 页。

我国有些同志，以英国20世纪五六十年代的"非犯罪化"现象以及西方国家有关"非犯罪化"的理论探讨为根据，说"非犯罪化"是世界刑法的改革动向或趋势，这是违背事实的。况且所谓的"非犯罪化"已成为历史，而不是西方国家的立法现实，将这种过时的思潮搬到中国来，是一种草率的态度。事实上，在英国被"非犯罪化"的行为，在我国原本并不是什么犯罪行为，既然如此，我们就没有必要跟着他国后面实行"非犯罪化"。

最后，西方有些国家实行的所谓"非犯罪化"，并不是将大批的犯罪行为转化为非犯罪行为，只是将原来的个别犯罪行为转化为非犯罪行为，即只是个别国家将个别"无被害人的犯罪"（如成年人基于相互同意秘密实施的同性恋行为）、"自己是被害人的犯罪"（如吸食毒品的行为）由原来的刑法规制改为其他法律规制。此外，国外在实行所谓"非犯罪化"的同时，也有"犯罪化"的倾向。因为随着社会的发展，出现了许多新的犯罪现象，必须将其规定为犯罪。前述英国的立法现实就说明了这一点。再如，日本在战后废除了通奸等罪，但同时增加了许多犯罪，如1958年增加了斡旋受贿罪、1987年增加了损坏电子计算机等妨害业务罪、使用电子计算机诈欺罪、不正当作出电磁记录罪、不正当供用电磁记录罪等。看来，不弄清国外"非犯罪化"的原因与现实，而只是引进"非犯罪化"这一概念，从而主张在我国实行所谓"非犯罪化"，至少在现阶段是不现实的。至于在司法实践中存在的极少数将非罪行为认定为犯罪的现象，则是执法问题，而不是刑法本身规定的处罚范围过宽的问题。

从我国的刑事立法与实际情况出发，我们需要将原来的一些一般违法行为规定为犯罪行为。在建立和发展社会主义市场经济体制的过程中，还会出现一些新的犯罪类型，刑事立法上也需要增加一些犯罪类型。近年来，单行刑法创设了不少的新罪名。如《关于惩治贪污罪贿赂罪的补充规定》增加了挪用公款罪、非法所得罪（此罪名还值得研究）、隐瞒境外存款罪；《关于禁毒的决定》增设了非法持有毒品罪、非法种植毒品原植物罪、非法提供毒品罪等罪名；《关于严禁卖淫嫖娼的决定》新设了性病患者卖淫嫖娼罪等罪名；《关于惩治偷税、抗税犯罪的补充规定》增设了欠税人转移隐匿财产罪、骗取国家出口退税款罪；如此等等。新增加的这些罪，都是具有严重社会危害性的行为。我们不能认为这是在实行“犯罪化”而与国际刑事立法潮流不相符合,与刑法的谦抑性相违背。这种有限的“犯罪化”符合我国实际,符合谦抑性的要求。

理由之一:犯罪的社会危害性具有变易性,某种行为在以前的社会危害性小,可以由其他法律或行政手段处理,后来由于形势的变化,它可能具有了严重的社会危害性,以其他法律处理已经不足以抑止这种行为,因而需要将这种行为规定为犯罪。认为某种行为的社会危害性一成不变的观点,不是辩证唯物主义的观点。反过来,如果某种行为的危害性原来很严重,刑法已将其规定为犯罪,但后来其危害性变小了,不需要用刑法处理,则应实行“非犯罪化”。据此,“犯罪化”与“非犯罪化”都是以犯罪的社会危害性的变化情况以及其他因素为根据的,没有一个国家一直实行“非犯罪化”,也没有一个国家只实行“犯罪化”。

理由之二:我国刑法典规定的犯罪类型本来就很少,经济法、行政法等法律中虽有刑法规范,但都没有规定罪名与法定刑,这就依靠单行刑法增加犯罪规定,使人们产生了单行刑法主要是实行“犯罪化”的印象。而西方国家大多是在行政法、经济法等法律中增加犯罪类型的,人们从法律形式上看不出它增加了犯罪类型,事实上由于行政法、经济法等法律层出不穷,犯罪类型不断增加,“犯罪化”的现象大量存在。

理由之三:国内外学者提出的谦抑性概念并没有不能适时增加犯罪规定的含义,只是说增加的犯罪必须是其他法律不足以抑止的行为。

但是,肯定现行刑事立法有限的“犯罪化”的合理性,并不意味着我国应该实行大范围的“犯罪化”,使我国刑法的处罚范围与西方国家刑法的处罚范围大体相同。因为社会制度、刑事政策、历史传统等不同,决定了我国刑法不应该大范围地实行“犯罪化”。所以,我们在肯定我国刑事立法的任务不是实行“非犯罪化”的同时,也应防止大范围实行“犯罪化”的做法。近年来,围绕刑法修改与完善的问题,理论上展开了许多讨论,其中的内容之一便是增加新罪名。根据有关著作的统计,到1990年上半年为止,就提出了增加90多种新罪的要求。[11] 这些立法建议有的已经被立法者采纳;有的虽然现在还没有被采纳,但由于行为具有十分严重的社会危害性,建议也具有合理性,符合刑法谦抑性的要求。但是,有的建议则不符合刑法的谦抑性原则,如增设通奸罪与卖淫、嫖娼罪的立法建议就不符合谦抑性原则。毫无疑问,通奸及卖淫、嫖娼行为具有危害性,其主要表现在破坏了社会的善良风俗。但是,首先,这种行为没有达到从各方面来看都具有严重的社会危害性、社会绝大多数成员都要求将这种行为规定为犯罪的程度。绝大多数人对通奸行为予以谴责,只是反映了他们在道德伦理上对这种行为的否定评价;刑法与伦理虽然有着内在的统一性,但又是有区别的;直接将受人们道德伦理谴责的行为规定为刑法上的犯罪,就混淆了刑法与伦理的区别。其次,通奸及卖淫、嫖娼现象的发生,固然有伦理道德上的原因,但还有更多的客观原因,需要相应的措施来消除。如果不强化道德伦理教育、不减少和消除通奸及卖淫、嫖娼的客观原因,将这些行为规定为犯罪也不能减少这些行为。就是说,对于通奸及卖淫、嫖娼行为存在代替刑法的手段。例如,对卖淫、嫖娼者可以根据现行法律规定实行劳动教养,其期限为1~3年,必要时,还可以延长1年。如果劳教以后,又继续卖淫、嫖娼,还可以再劳动教养。在这样长的时期内,可以得到教育、改造。[12] 这表明,对卖淫、嫖娼行为,存在代替刑罚的措施,根据谦抑性的要求,就不应将其规定为犯罪。再次,现在通奸及卖淫、嫖娼的现象比较严重,并不是因为缺乏其他方面的有效措施,而是对现有的措施没有充分利用。如从1989年到1991年上半年,全国查获卖淫、嫖娼人员有10万多人,但作劳动教养处理的不到3%。[13] 如果充分运用现有的行政措施及其他措施,就会有效地遏制卖淫、嫖娼现象。最后,就比较法观之,国外刑法一般也没有将通奸及卖淫、嫖娼行为规定为犯罪,纵使规定了这种犯罪的,也只是限于少数情况,而不是将所有的卖淫、嫖娼行

---

〔11〕 参见赵秉志主编:《刑法修改研究综述》,中国人民公安大学出版社1990年版。

〔12〕 参见全国人大常委会法工委刑法室编:《〈关于严禁卖淫嫖娼的决定〉和〈关于严惩拐卖、绑架妇女、儿童的犯罪分子的决定〉释义》,中国检察出版社1991年版,第47、48页。

〔13〕 参见全国人大常委会法工委刑法室编:《〈关于严禁卖淫嫖娼的决定〉和〈关于严惩拐卖、绑架妇女、儿童的犯罪分子的决定〉释义》,中国检察出版社1991年版,第47、48页。

为都作为犯罪处理。如德国、日本等国刑法典与特别刑法都只是处罚介绍卖淫等行为,而对卖淫、嫖娼行为本身并不追究刑事责任;日本刑法原本规定了通奸罪,但战后取消了通奸罪的规定。分析上述立法建议,只是为了说明,在适当进行"犯罪化"的同时,必须符合刑法谦抑性的要求,不要扩大刑法的处罚范围。

谦抑性的第二个含义是,对于已经确定为犯罪的行为,如果以较轻的刑事责任方式足以抑止某种犯罪行为,就不要使用较重的刑事责任方式。这就要求改变重刑优于轻刑的观念。

不可否认,司法实践中对多数犯罪给予了刑罚处罚,而且从刑事立法与司法的现实来看,法定刑与刑罚越来越重。这除了各种客观原因之外,还因为人们存在重刑优于轻刑的观念。事实是,泛用重刑后,犯罪并未得到明显抑制,反而恶性案件发生率却不断上升,于是人们仍责怪刑罚太轻。长此下去,势必形成重罪与重刑的恶性循环,故须重新认识重刑优于轻刑的观念。

在我国,重刑优于轻刑的观念有历史原因与现实原因。我国有着漫长的封建社会的历史。从刑法思想史上看,主张重刑的人实在不少。商鞅公开主张"禁奸止过,莫过重刑"。[14] 他认为要想"禁奸止过",不但不能一般地用轻刑,而且也不能就事论事"重重"而"轻轻",唯一有效的办法,是加重轻罪的刑罚。其理由是:"行刑重其轻者,轻者不至,则重者无从至矣",这样就可以"以刑去刑,刑去事成"。[15] 韩非也是重刑主义者,其理由在于:"所谓重刑者,奸之所利者细,而上之所加焉者大也。民不以小利蒙大罪,故奸必止也。所谓轻刑者,奸之所利者大,上之所加焉者小也。民以其利而傲其罪,故奸不止也。"所以,他主张"重一奸之罪,而止境内之邪"。[16] 这些观点对当时以及后世影响很大。从刑法规定上看,封建时代的刑法所规定的刑罚都是极为残酷的。现在,我国的社会治安状况还比较严峻,"刑罚世轻世重"的合理性的一面被人们广为接受,造成了治安形势越严峻就越用重刑的局面。但是,一概认为重刑优于轻刑并不妥当。

---

〔14〕《商君书·赏刑》。

〔15〕《商君书·靳令》。

〔16〕《韩非子·六反》。

其一，重刑特别是死刑的威慑力固然较大，但它本身具有明显的副作用，特别是有助长恶性案件发生的消极作用。德国学者耶林（Jhering）有一句名言："刑罚如两刃之剑，用之不得其当，则国家与个人两受其害。"〔17〕这说明了刑罚适用不当会带来的消极后果。有些价值观念扭曲的人，会不顾刑罚处罚而犯罪。如果刑罚过于严厉，他们会以自己的终身自由甚至生命为代价连续实施恶性犯罪。有些人在犯某种罪之前或者之后，知道自己犯罪后必将处重刑，他就会产生"反正是一死"的想法，于是反复实施恶性犯罪。我们不能只看到重刑有利的一面，而忽视它的消极作用。当这种消极作用大于其利时，就不能用重刑。这正是刑法谦抑性的要求。

其二，对犯罪是判处重刑还是轻刑，要依犯罪行为的社会危害性及行为人的人身危险性而定。从一般意义上说，对重罪处重刑、对轻罪处轻刑，是最合适的。由于治安形势严峻，而将绝大多数犯罪都判重刑，就违反了罪刑关系的基本原理。因为即使在治安形势严峻的情况下，也并非一切犯罪都严重，对不同的犯罪仍然要实行区别对待；即使在治安形势严峻的情况下，对许多犯罪适用轻刑，也足以抑止这种犯罪，足以保护合法权益。

其三，判重刑也需要有良好的行刑环境与条件，如果只"判"重刑，而不执行好刑罚，那么，被判重刑的人迟早会重新犯罪或脱逃后再犯罪。反过来，如果对判轻刑的罪犯严格坚持"对罪犯实行惩罚与改造相结合、教育和劳动相结合"的原则，〔18〕也就有利于特殊预防。所以，轻刑并非无效，而是需要改善轻刑的执行环境、条件、方式等。如果不注重行刑，则重刑与轻刑都将无效。以往的短期自由刑论主要论证短期自由刑的弊害和探讨代替短期自由刑的措施，而现在的短期自由刑论大多充分肯定短期自由刑的积极意义。从各国司法实践来看，至少对交通犯罪者与经济犯罪者，比较大量地适用短期自由刑。引人注目的是荷兰、瑞典、瑞士等国，增加短期自由刑的倾向相当明显，之所以如此，是因为这些国家通过改进短期自由刑的执行方式，使其成为有效的轻刑。如荷兰，从20世纪60年代开始，以"三S"（short,

〔17〕 林山田：《刑罚学》，台湾商务印书馆1985年版，第127页。
〔18〕 《中华人民共和国监狱法》第3条。

sharp, shoek)理论为指导,频繁地适用短期自由刑。1978 年的自由刑宣告中,1 个月未满的占 51.8%,3 个月未满的占有 70.7%(包括不满 1 个月的),6 个月未满的占有 83.9%(包括不满 3 个月的),自由刑中只有 4.3% 超过 1 年。[19] 这些事实说明,改进轻刑的执行方式,是可以使之收到成效的。

由此看来,重刑优于轻刑的观念必须改变。刑法的处罚范围由宽到窄、处罚程度由重到轻,是历史发展的进步表现,也是历史发展的必然结果。[20] 因此也可以说,"轻刑化"是历史发展的必然趋势,但这是一个漫长的历史过程,想一夜之间实现"轻刑化"只是梦想。在目前的情况下,应当使我国刑事立法与司法实践逐渐向"轻刑化"方向努力。这里有以下几个问题需要说明。

第一,有人指出:"轻刑化是一个广义的概念,包括了非犯罪化与轻刑罚化两层含义。非犯罪化,是指立法或司法机关将一些对社会危害不大,没有必要予以刑事惩罚的但又被现时法律规定为犯罪的行为,通过立法不再作为犯罪或通过司法不予认定为犯罪,从而对它们不再适用刑罚。轻刑罚化,是指通过立法降低一些犯罪的法定刑幅度,从而达到整个刑事制裁体系的缓和化。"[21] 我认为,我们目前主张"轻刑化"应仅限于轻刑罚化。如前所述,主张我国目前实行"非犯罪化"并不合适,故上述广义的"轻刑化"观念还不符合我国当前的现状。

第二,"轻刑化"是一个漫长的过程,在目前主张"轻刑化"是合适的,但不能过急。因为现在重刑化的现象还比较严重,恶性犯罪还比较突出,突然转为"轻刑化",不利于抑止犯罪和保护合法权益;由于公民普遍为治安秩序担忧,而且希望国家严惩犯罪,突然转为"轻刑化",是公民所不能接受的;"轻刑化"要求轻刑也能实现惩罚作用,"禁止驾驶""禁止出入娱乐场所"等国外已经采用的轻刑,在我国还不能发挥惩罚作用;如此等等。这些都说明了"轻刑化"需要经历很长时期。即使现在修改刑法典,也不宜轻易将各种犯罪的法定刑降低许多。因为法定刑的轻重必须适应社会主义初级阶段的

[19] 参见张明楷:《外国短期自由刑简论》,载《法学评论》1991 年第 1 期。

[20] 参见张明楷:《刑法在法律体系中的地位》,载《法学研究》1994 年第 6 期。

[21] 赵秉志、张智辉、王勇:《中国刑法的运用与完善》,法律出版社 1989 年版,第 323 页。

价值观念。作为实现刑事责任主要形式的刑罚,其固有属性是使犯罪人承受一定的剥夺性痛苦。任何被刑法规定为刑罚的措施,首先都要具有这种固有属性,否则就不成其为国家最严厉的强制手段,无从体现国家对犯罪人及其行为的最严厉的谴责与否定评价。可是,人们衡量什么是剥夺性痛苦以及痛苦的深浅程度如何,又是以一定社会条件下的价值观念为标准的。在某一社会条件下,人们认为具有剥夺性痛苦或者痛苦程度强烈的某些措施,在另一社会条件下,则可能不被认为痛苦强烈,甚至不被认为是剥夺性痛苦;反之亦然。所以,各个不同历史阶段的国家的刑罚体系与刑种以及各种犯罪的法定刑,都不是随心所欲的创作,而是该特定政治、经济、文化背景下的社会价值观念影响的产物,或者说它至少不能背离这种价值观念的基准。我国现在处于社会主义初级阶段,我们理应从我们的国情出发,照顾公民的心理承受能力,顺应现阶段人们的平均价值观念,来选择刑种,规定犯罪的法定刑。任何不被现阶段的平均价值观念认为具有剥夺性痛苦的措施,固然不能作为刑种;同时,也不超越人们平均价值观念所能承受和顺应的程度,过早地采取一些标新立异的惩罚措施。[22] 因此,不能脱离现阶段的客观现实及人们的价值观念过急地实行"轻刑化"。

第三,"轻刑化"是一个相对的概念,即并不意味着对所有犯罪一律轻刑。在我看来,"轻刑化"主要是从整体上与发展过程上讲的。从整体上说,即是从总的来看,刑罚显得比较轻。因此,即使是"轻刑化",也不排斥对严重犯罪处以重刑;"轻刑化"又是一个漫长的历史发展过程,在这个过程中,并不排斥必要时对一些犯罪适用重刑。认为"轻刑化"就是完全取消重的刑种或对一切犯罪都处轻刑的观点,是不能被接受的。

第四,在我国,"轻刑化"的逐步实现,需要刑事司法与刑事立法的共同努力。首先,司法机关应当严格遵循罪刑相适应的原则,使刑事责任与犯罪行为的社会危害性、行为人的人身危险性相适应,不要受重刑观念的影响对犯罪判处过重的刑罚,特别是要慎重适用死刑。在法定刑范围内选择适当刑罚,是实行"轻刑化"的重要途径。其次,刑事立法也要遵循罪刑相适应的

〔22〕 此系江任天教授的观点。

原则规定法定刑。在权衡罪刑协调的问题时,不要以两罪之间的较高的法定刑为基准,通常应以较低的法定刑为基准。否则,法定刑会越来越重。例如,现在不少人认为职务过失犯罪的法定刑过低,他们的比较基准是过失杀人罪的法定刑。即过失杀人罪的法定最高刑为 15 年有期徒刑,但职务过失犯罪的危害并不一定小于过失杀人,而法定最高刑只有 7 年,因此,需要提高职务过失犯罪的法定刑。[23] 在我看来,所谓职务过失犯罪与一般过失犯罪的法定刑不协调,主要是职务过失犯罪的法定刑与过失杀人罪的法定刑不协调,如果降低过失杀人罪的法定刑,就能解决这方面的问题。事实上,过失杀人罪的法定刑与失火罪、过失爆炸罪、过失投毒罪的法定刑也不协调,因为后者往往造成不特定的人或者多数人死亡。如果靠提高职务过失犯罪的法定刑来解决前一不协调问题,则还是存在后一不协调问题;降低过失杀人罪的法定刑,则同时解决了两个不协调的问题,也符合"轻刑化"的方向。再者,过失杀人罪的危害也确实小于许多过失犯罪,从罪刑相适应的观点来考虑,降低其法定刑也是理所当然。从国外刑法的规定来看,一般对过失杀人罪(过失致死罪)规定了较低的法定刑。例如,《日本刑法》第 210 条规定,普通过失致人死亡的,仅处 20 万日元以下的罚金;《韩国刑法》第 267 条规定,过失致人死亡的,处 2 年以下徒刑或 2.5 万元以下罚金;《瑞士刑法》第 117 条规定,过失致人死亡的,处轻惩役或者罚金;《德国刑法》第 222 条规定,犯过失致死罪的,处 5 年以下自由刑或并科罚金。同这些国家的法定刑相比,我国刑法对过失杀人罪所规定的法定刑确实显得过高,适当降低该罪的法定刑才是明智的。

(本文原载于《法商研究》1995 年第 4 期)

〔23〕 参见崔庆森主编:《中国当代刑法改革》,社会科学文献出版社 1991 年版,第 385 ~ 386 页。

非刑罚化

——当代刑法改革的主题

梁根林

一、非刑罚化:发端及其观念基础

德国当代著名刑法学家汉斯·海因里希·耶塞克曾经指出,通过对犯罪学的研究以及与此相联系的各种研究,现代刑事政策在怎样处理犯罪以及应该采取什么方法和手段来战胜犯罪方面,大致已经形成了以下三个共识:第一,立法者为了避免不必要地将某些行为规定为犯罪,同时也是为了在一般人的思想上维护刑罚的严肃性,必须将刑法所必须归罪的行为范围限制在维护公共秩序所必需的最低范围之内。第二,因为大部分人都是正常发展的,所以,对于有轻微甚至中等程度的犯罪行为的人,应当扩大在自由状态中进行考验的办法。犯罪暗数的研究不仅揭示了犯罪的普遍存在,而且发现,同导致人们陷入重罪的诱惑力相比,公民对法律的忠诚更强有力。只要人们对那些现实地威胁法律所保障的和平的严重犯罪还保有免疫力,就不应当认为公共安全受到了威胁。因此,对于有轻微甚至中等程度犯罪行为的人,应当扩大采取在自由状态中进行考验的办法。第三,应当使警察和司法机关的工作集中于较严重的犯罪,至于轻微的犯罪则委托给行政机关通过简易程序予以处理。[1] 耶塞克教授的这一席论述实际上勾勒出了当代世界性刑法改革运动的一大原则——刑法谦抑和两大主题——非犯罪化和非刑罚化。

---

〔1〕 [德]汉斯·海因里希·耶塞克:《世界性刑法改革运动概要》,载《法学译丛》1988 年第 3 期。

非犯罪化和非刑罚化作为当代世界性刑法改革运动的两大主题，是作为现代刑法基本刑事政策的刑法谦抑原则的直接要求。所谓刑法谦抑，是指刑法应当作为社会抗制违法行为的最后一道防线，能够用其他法律手段调整的违法行为尽量不用刑法手段调整，能够用较轻的刑法手段调整的犯罪行为尽量不用较重的刑法手段调整。

刑法谦抑原则首先严格收缩刑法干预范围即法定犯罪圈，能不作犯罪处理的违法行为尽量不作犯罪处理。在西方国家道德高度刑法化、刑法高度道德化的刑事政策思想和“立法定性 · 司法定量”的犯罪化模式既存条件下，刑法改革首先是通过将传统的道德犯罪、危害不大的行政犯罪进行非犯罪化处理的方式体现刑法谦抑原则的。而我国则主要是通过“立法定性限制加定量要求”的犯罪化模式来严格控制法定犯罪圈的。尽管两种模式利弊不一，但在体现刑法谦抑原则方面则可以说是殊途同归。其次刑法谦抑原则还要求严格收缩法定刑罚圈，广泛适用刑罚替代措施。所谓严格收缩法定刑罚圈，是指尽管行为构成了犯罪，依法应当追究刑事责任，但在决定对犯罪行为的反应方式时，严格控制对犯罪行为适用刑罚的条件，在能不适用刑罚、采用其他非刑罚处理手段也能达到预防和控制犯罪的目的时，即排除刑罚的适用，改用非刑罚处理手段。这就是当代刑法改革运动中非刑罚化运动的主要内容。

非刑罚化运动作为与非犯罪化并驾齐驱的当代刑法改革的主题之一，是目的刑主义刑法思想对报应刑主义思想论战的产物。报应刑植根于人类根深蒂固的“善有善报，恶有恶报”的报复情感。19 世纪的英国著名刑法史学家詹姆斯史蒂芬(James Stephen)曾说：“报复情感之于刑法与性欲之于婚姻具有同样重要的关系，对罪犯处以刑罚是普遍冲动的合法发泄方式。”〔2〕经过康德的道德报应主义、〔3〕黑格尔的法律报应主义〔4〕和宾丁的规范报应

---

〔2〕 Sanford H. Kadish, *Encyclopedia of Crime and Justice*, The Free Press, p. 518.

〔3〕 康德的道德报应主义认为，犯罪是具有自由意志的人实施的违反理性的绝对命令的行为，刑罚则是针对犯罪人因犯罪而引起的道义责任所施加的公正的惩罚和报应，是理性的当然要求。

〔4〕 黑格尔的法律报应主义认为，犯罪否定了作为绝对的定在的法，刑罚则是犯罪对法的否定的否定，刑罚的本质在于对犯罪的否定和扬弃，通过否定的否定，法才能显示其有效性，正义才能得到恢复。

主义〔5〕的理论推动,报应刑作为一种系统的刑罚理论,主张犯罪是一种恶害,刑罚只不过是社会犯罪这种恶害行为的恶的反应方式,刑罚意义和本质在于报应犯罪行为所造成的恶害,用刑罚所施加予罪犯的痛苦来均衡犯罪行为的恶害和罪犯的罪责,以实现社会正义。在报应刑看来,刑罚应当从所有预防犯罪的目的构想中解脱出来,而单纯作为对犯罪恶害的公正报应,刑罚的科处应当以犯罪为法律上的唯一原因,犯罪的恶害程度应当成为决定刑罚轻重程度的唯一依据。简言之,报应刑主张刑罪相报,有罪必罚,罚必当罪,只追求正义的恢复和人类报复情感的满足,不考虑刑罚的功利目的尤其是预防再犯的必要性。在报应刑思想指导下,罪必刑,刑即罪,法定犯罪圈和法定刑罚圈完全同其范围。

而目的刑主义则认为,无论刑罚对已然之罪的事后报应多么公正,都不可能改变犯罪行为已经发生这一事实,也不可能弥补犯罪所造成的恶害或者恢复犯罪行为发生前的原状,因而着眼于犯罪恶害程度的刑罚报应总是被动的、消极的、徒劳的。事实上,刑罚只要是国家的,就不可能是原始本能的、冲动的东西,其自身一定会有某种必要性和目的性。例如,李斯特指出:"法的目的观念是内在的,这个法的目的观念是法的本体。……只有用刑罚目的观念来彻底约束刑罚权力,才是刑罚主义的理想。"〔6〕罗尔斯则进一步明确指出:"刑罚妥当与否,只能依据刑罚作为维护社会秩序的工具、实施它的可能效果来评价。如果实施刑罚的结果表明它具有促进社会利益的效果,它就是适当的;否则,就是不妥的。"〔7〕目的刑论主张,一方面,刑罚必须是达成社会防卫的合理目的的手段;另一方面,刑罚又必须为防止具有社会危害性的人实施危害社会行为的目的服务,以每个罪犯的个别情况为标准来确定个别的刑罚。根据对犯罪原因和犯罪人情况的实证的科学研究,目的刑论主张对不同类型的罪犯适用不同的处分,如恩里科菲利主张对生来

〔5〕 宾丁的规范报应主义认为,犯罪是以刑罚法规为前提的对规范的违反,刑罚则是国家基于要求犯罪人服从规范的权利,而对其否定规范的犯罪行为的否定。

〔6〕 [德]李斯特:《刑法的目的观念》,转引自甘雨霈:《刑法学专论》,北京大学出版社 1989 年版,第 263 页。

〔7〕 [美]理查德·霍金斯:《美国监狱制度——刑罚与正义》,中国人民公安大学出版社 1991 年版,第 98 页。

犯罪人和不能改造的习惯犯罪人适用隔离处分，对可能改造的习惯犯罪人和偶然犯罪者适用治疗、矫正处分，对激情犯给予损害赔偿处分，对行刑终了仍有危险性的人和虽未犯罪但有犯罪倾向者预先采取防卫措施。李斯特主张，对机会犯以惩戒为主要手段，对可能改善的情况犯应当进行矫正、治疗和感化，对不可能改善的情况犯则进行长期或终身隔离。除此之外，李斯特还主张限制短期自由刑、扩大缓刑、假释的适用范围、废除或限制死刑、改进行刑设施，实行保安处分和不定期刑制度。正是以菲利和李斯特为代表的目的刑论，看到了传统刑罚对犯罪的被动的、事后的、消极的惩罚的功能局限，在积极倡导目的刑观念的同时，积极探索弥补刑罚功能不足的"刑罚替代措施"，提出了限制刑罚适用范围的犯罪的非刑罚处理和保安处分理论。在目的刑论的倡导下，在反省以剥夺自由刑为中心的传统刑罚体系的缺陷的基础上，各国刑法不同程度地规定了犯罪的非刑罚化处理的措施，从而大大限制了法定刑罚圈的范围，推动了世界性刑法改革运动中的非刑罚化运动。

二、非刑罚化：方式和途径

综合考察当今世界各国刑法改革中的非刑罚化运动，通过非刑罚化对刑罚圈进行实质限制的方式和途径主要是：

（一）通过规定免刑制度和免除处罚情节，对刑罚的适用范围进行实质限制

脱离了报应刑樊篱的现代各国刑法，根据实现刑罚目的的需要，普遍规定了作为有罪必罚原则例外的免刑制度，对犯罪行为规定了许多免除处罚的情节。行为人只要具备了法定的免除处罚情节，尽管其行为仍然构成犯罪，但法院也只能确定其有罪，而宣告其免除刑罚处罚。如《法国刑法典》第132－58条规定："在轻罪方面，或者除第132－63条及第132－65条规定之场合外，在违警罪方面，法院在宣告被告有罪并在必要时作出没收有害物或危险物的判决后，得免除被告其他任何刑罚。"第132－59条规定："如表明罪犯已获重返社会，所造成的损失已予以赔偿，由犯罪所造成的危害已告停止，可予以免除刑罚。宣告免除刑罚的法院的决定在犯罪记录上不记载其

决定。"[8]《德国刑法典》第60条规定:"犯罪人由于因其犯罪而遭遇生活艰难,再科处刑罚显属不当时,法院应免除其刑。但本规定不适用于犯罪人因其罪行应判处一年以上监禁刑的情况。"此外,该法第23条还规定:"行为人由于重大认识错误,按其犯罪所侵犯的对象或所使用的手段的性质,不能完成犯罪的未遂行为,法院可以免除处罚或酌情减轻处罚。"第24条规定:"(1)行为人自动中止犯罪继续进行或防止犯罪完成的,不以未遂犯处罚。只要行为人自动、认真着力去阻止犯罪的完成,即使犯罪并非由于中止行为而没有完成,亦应免除处罚。(2)数人共同实施犯罪时,其中出于自己意思而防止犯罪完成的,不以未遂犯处。犯罪并非因中止行为而没有完成的或犯罪实施与中止犯先前参与行为无关的,只要中止犯出于自己意思而认真作力阻止犯罪完成的,亦应免除处罚。"[9]

(二)通过非刑事制裁措施对刑罚的适用范围进行实质限制

所谓非刑事制裁措施,是指对依法被确定有罪的罪犯不适用刑罚,而采用刑罚以外的不具有刑事制裁性质的手段予以处分。非刑事制裁措施一般适用于有免除刑罚情节的罪犯、罪行轻微的罪犯或有轻微罪行的未成年人,它本身不具有刑罚的性质,但又可以起到弥补刑罚功能局限的作用。

随着非刑罚化运动的发展,各国刑法都规定了许多非刑事制裁措施,作为替代刑罚的制裁措施。例如,英国在1972年的《刑事审判法》规定社会服务命令(Community Service Order)和白天训练中心(Day Training Center),作为对监禁刑的替代措施。德国1975年对刑法典进行一项改革,排除了违警罪的刑事犯罪的性质,把违警罪只作为对法律的一般违反,只处行政罚款,而不处刑事罚金。在比利时则实行缓予起诉制度。如果检察官认为根据犯罪行为人的性格、年龄、境遇、犯罪的性质、情节和轻重程度以及犯罪后的情况,认为可以暂缓起诉的,可以决定暂不起诉,而予以考察监督。在经过一定时期的考察监督后,如果认为犯罪行为人表现良好,则可以决定不予

---

[8] 《法国刑法典》(1994年3月1日生效),罗结珍译,高铭暄专业审校,中国人民公安大学出版社1995年版,第40~41页。

[9] 储槐植:《美国德国惩治经济犯罪和职务犯罪法律选编》,北京大学出版社1994年版,第199页。

起诉。这一做法在20世纪60年代被引进美国后则被改造成审前考察监督制度(pretrial probation)。被适用审前考察监督的被告人必须是被检察官认定确实犯了罪的人,如果其行为本身不构成犯罪,不能对其进行审前考察监督。因此,审前考察监督是对事实上犯了罪的人的非刑罚处理方式。与审前考察监督相适应,在美国还有一种适用范围更为广泛的非刑罚化的犯罪反应方式,这就是缓刑监督(probation)。缓刑监督,是指法官对被告人的犯罪行为作有罪宣告而不判处其刑罚,但规定一个监督考验期,在此期限内受有罪宣告的人应当在缓刑监督官的监督下遵守特别的义务。如果认为受有罪宣告的人接受监督表现良好,则期限届满后不再对其适用刑罚。目前,美国所有的司法管辖区都规定了这种缓刑监督制度。[10] 除美国外,英国以及英联邦国家甚至大陆法系的法国、比利时、瑞典等国都采纳了这种缓刑监督制度。但是,缓刑监督虽然也是适用于犯罪人的一种处理方法,但它本质上是一种非刑罚的处理方法,与大陆法系多数国家以及美国少数州实行的缓刑制度有实质区别。大陆法系国家一般实行的缓刑制度,是指法院对被告人作有罪宣告并判处一定期限的剥夺自由的刑罚,同时根据一定的条件暂缓刑罚的执行,规定一定的监督考验期限和应当遵守的特别义务,如果认为犯罪人接受监督表现良好,则不再执行原判刑罚。在美国,这种缓刑制度叫作暂缓监禁(suspended sentence),仅有少数几个州实行这种暂缓监禁制度。暂缓监禁实际上只是监禁刑的一种执行方法,尽管暂缓监禁的实际后果可能是不再执行原判监禁刑。在美国,除了上述非刑罚处理方法外,人们还努力争取公共和私人的帮助以及利用调解程序,并且通过某些非官方机构和团体的介入,避免使冲突诉诸刑事诉讼。这就是所谓的"转处"(diversion)。[11] 转处的最早尝试出现于20世纪60年代末70年代初。1969年费城市政法院设立了仲裁庭(Philadelphia Municipal Court Arbitration tribunal),1970年在俄亥俄州发展了一项哥伦布市首席检察官之夜间公诉人计划(Columbus City Attorney's Night Prosecutor Program)。这两项计划都在法庭之

[10] 参见储槐植:《美国刑法》,北京大学出版社1996年版。

[11] [法]马克·安赛尔:《从社会防护运动角度看西方国家刑事政策的新发展》,载《中外法学》1989年第2期。

外处理大量的轻微刑事案件,给予冲突双方讨论其冲突的机会,并试图解决纠纷。哥伦布市计划的调解人是受过专门的调解技巧训练的法学院学生。该项计划推出不久,即大受欢迎,得到广泛传播。1974年联邦司法部一官员委员会将该计划列为样板工程。至80年代,超过30个州的大约140个城市都实施了类似的转处计划,其名称也叫法不一,如"居民纠纷调解中心""邻里审判中心""社区调解中心""社区委员会计划""城区法庭工程"等。[12] 在加拿大,这一潮流被称为"非司法化"。

在苏联东欧地区,则有同志审判会或企业法庭专门审判轻微犯罪案件。[13]

(三)通过保安处分,弥补刑罚功能的不足,限制刑罚的适用范围

保安处分(sichernde massnahmen),是指国家基于维护法社会秩序之必要及满足社会大众之保安需求,在行使刑罚权之外,对于特定的行为人,以矫治、感化、医疗、禁戒等手段所为之具有司法处分性质的保安措施。保安处分一般适用于无刑罚适应性的无责任能力人、限制责任能力人、具有特种危险性的犯罪人,如习惯犯、常业犯和累犯等,在有的国家保安处分还适用于未曾犯罪但恶性重大者。

保安处分是近代刑罚理论由报应刑向教育刑转化的结果,是刑法理念革故鼎新的理论结晶,是刑事实证学派与刑事古典学派论战的产物。作为一种刑事政策思想,保安处分最初由德国刑法学者克莱因提出。他认为,维护公共安宁和幸福是一切刑事立法的唯一正当根据。因此,就有必要在刑罚之外另行根据行为人的犯罪危险性予以保安处分。因为"刑罚具有按现实的犯罪程度而定的确切内容,而保安处分则具有以行为人的犯罪危险性为基准科处的不定期的内容"。[14]

经过近一百年的努力,保安处分在绝大多数国家的立法中得到了确认,内容日益丰富和完善。综观各国立法例,广义的保安处分可以分为对人的处分和对物处分两大类。对物的处分一般包括解散法人、封锁营业场所、没

---

[12] Sanford H. Kadish, *Encyclopedia of Crime and Justice*, The Free Press, p. 624.

[13] 参见[波兰]斯瓦克:《波兰刑法典中的非刑罚处置措施》,载《法学译丛》1988年第5期。

[14] [日]木村龟二:《刑法学词典》,上海译文出版社1991年版,第465页。

收违禁物品;对人的保安处分可以分为剥夺自由的处分和限制自由的处分两类。"所谓剥夺自由的保安处分,乃指剥夺受处分者的人身自由,而收容于保安处分执行机构或社会治疗机构,接受监护、治疗、禁戒、感化教育、强制工作与保安监禁等的保安处分。"〔15〕剥夺自由的保安处分措施主要有以下七种:(1)疗护处分,即对于无刑罚适应性的心神丧失人及限制责任能力的精神耗弱人所为的治疗与保护的处分。德国、意大利、日本及我国台湾地区有此规定。(2)强制禁戒处分,即强制吸食烟毒或使用麻醉药品及兴奋剂等成瘾者以及酗酒者所为的戒除处分。德国、意大利、瑞士、日本及我国台湾地区刑法有此规定。(3)强制治疗处分,即强制患有某种传染病之特定犯罪人接受医药治疗的处分。我国台湾地区刑法有此规定。(4)感化教育处分,即对于未成年触犯刑法,或有触犯刑法之虞,或有影响社会治安之虞者,基于防患于未然与社会保安之需要所为的强制教育的矫治处分。各国刑法大多有此规定。(5)强制工作处分,即对于一切出于怠惰与游荡成性,厌恶从事正当工作而致犯罪者的一种劳动训练的处分。德国、瑞士、奥地利以及我国台湾地区刑法曾有此规定。(6)保安监禁处分,指采取刑罚与保安处分二元制的国家刑法中对于习惯犯和常业犯所设的处分手段,其内容是对于已受长期刑罚执行而未能矫正的习惯犯与常业犯予以不定期的预防性监禁,是最严厉的保安处分手段。德国、瑞士、英国规定有此种处分。(7)收容于社会矫治机构,即成立专门的社会矫治机构,以特别的社会处遇与辅导以及精神医学的治疗方法对罪犯进行矫治和再社会化的工作。丹麦、荷兰和德国刑法有此规定。〔16〕 而限制自由的保安处分则主要有下列四种:(1)剥夺驾驶许可处分,即对于欠缺驾驶能力,显然不适宜驾驶机动车对参与道路交通的犯罪人所为的一种驾驶许可的剥夺处分。德国刑法有此规定。(2)禁止执业处分,即对于滥用其职业或营业上的专业知识或特有关系而为故意犯罪或破坏其职业或营业上的义务者,禁止其在一定期间内或永久从事该项职业或营业的处分。(3)素行考管处分,即对于具有再犯危险的累犯,在

---

〔15〕 林山田:《刑罚学》,商务印书馆 1983 年版,第 350 页。

〔16〕 同〔7〕,第 351 ~ 367 页。

其刑满出狱后进入自由社会生活前的危险时期中的一种辅导、考核与管理的处分,以防止其在释放后的危险时期内再犯新罪。(4)保护管束处分,即对于有较轻社会危险性的犯罪人,委托其所在地的警察机构、自治团体、慈善团体、本人的亲属或其他适当人员予以保护或赦免后强制其离境或遣送回国的处分。[17]

三、非刑罚化:评价与选择

在现代刑法思想和刑事政策影响下,非刑罚化运动已经成为席卷世界多数国家的刑法改革运动的主题,对各国传统刑法产生了重大而深远的影响。非刑罚化对传统的报应性刑罚提出了根本的挑战,改变了人们长期以来固守的有罪必罚的报应观念,推动了社会对于犯罪和罪犯的态度的改变,同时也节约了国家刑罚资源的投入,使现代社会对付犯罪的反应方式在趋向多样化的同时,更趋向人道、文明、经济的选择。各国对轻微犯罪以及中等严重程度的犯罪广泛适用非刑罚制裁措施的实践效果表明,社会对这些不严重威胁社会秩序和公共福利的犯罪采取较以往更为宽容的态度,并没有导致犯罪率的明显上升。相反,由于非刑罚制裁措施的独立或辅助适用,在很大程度上避免了传统刑罚特别是短期剥夺自由刑的种种弊端,从而有效地控制了一段时期以来累犯率和再犯率明显上升的局面,总体上保持了犯罪形势的相对稳定,有的国家如美国近年来甚至还出现了犯罪率连续、明显下降的趋势。

非刑罚化运动代表了现代社会宽容轻微犯罪的最新趋向,但是,不能因此认为非刑罚化已经成为现代西方刑事政策的主导方面。事实上,基于目的刑观念和成本—效益观念的现代西方国家的刑事政策,在强调对轻微犯罪甚至一般犯罪非刑罚化的同时,也十分重视集中有限刑罚资源严厉惩罚严重犯罪。前者代表了现代西方国家刑事政策中"轻轻"的一面,后者则代表了现代西方刑事政策中"重重"的一面。"轻轻重重"的刑事政策与美国的"轻轻重重"的刑事政策在侧重点方面还是有实质区别的。一般认为,欧洲

---

[17] 同[7],第367~379页。

一些国家的刑事政策表现为“轻轻重重,以轻为主”。而美国的刑事政策则表现为“轻轻重重,以重为主”。[18]

我国是社会主义国家,惩办与宽大相结合是我国的基本刑事政策。和世界性的非刑罚化运动相联系,我国刑法也规定了对犯罪人免除刑罚处罚的制度和免除处罚情节。根据我国刑法规定,法定免除处罚情节包括应当免除处罚情节和可以免除处罚的情节。其中,应当免除处罚的情节有:犯罪中止并且没有造成损害的;防卫过当;避险过当;胁从犯;犯罪后自首并有重大立功表现等。可以免除处罚的情节则有:在我国领域外犯罪,在外国已经受过刑罚处罚的;又聋又哑的人或者盲人犯罪的;预备犯;犯罪中止造成损害的;从犯;犯罪以后自首,犯罪又较轻的;有重大立功表现的;个人贪污数额在5000元以上不满10,000元,犯罪后有悔改表现、积极退赃的;行贿人在被追诉前主动交代行贿行为的;非法种植罂粟或者其他毒品原植物,在收获前自动铲除的,等等。另外,我国刑法也规定,对犯罪情节轻微的人可以用非刑罚处理办法替代刑罚,第37条规定:“对于犯罪情节轻微不需要判处刑罚的,可以免除刑事处罚,但是可以根据案件的不同情况,予以训诫或者责令具结悔过、赔礼道歉、赔偿损失,或者由主管部门予以行政处罚或行政处分。”此外,我国在实践中还有对有轻微违法犯罪行为的人适用的各种行政性的强制性措施,如劳动教养、收容教养、强制戒除等。这些措施作为非刑罚强制措施的适用,在实质上限制了刑罚的适用范围,是我国对轻微违法犯罪行为进行非刑罚化处理的重要方式。

但是,总的说来,受刑法泛化、刑法万能和重刑主义的法律文化传统的影响,我国刑事立法和刑事司法并没有对非刑罚化运动给予足够关注,立法上的非刑罚处理措施没有形成一个系统、完整的刑法制度,司法实践中用非刑罚处理办法替代刑罚处理轻微犯罪案件的案例更是凤毛麟角。近十多年来,严峻的犯罪形势迫使立法者不断制定强化刑罚制裁力量的新刑事法律,司法实践中则根据这些刑事法律广泛适用重刑和死刑,但居高不下的犯罪率和大案要案率并未因严峻刑罚而得到有效遏制。实践中形成了刑不压

〔18〕 杨春洗:《刑事政策论》,北京大学出版社1995年版,第420页。

罪、犯罪量和刑罚量螺旋式地恶性上升、刑罚投入几近极限而刑罚效益却急剧下降的罪刑结构性对抗局面。在某种意义上，这种罪刑结构性对抗实际意味着我国刑法的运行已经面临着一场基础性危机。

我们认为，化解这场刑法基础性危机可能具有多种方式和途径。但是，转换刑法思维，革新刑事政策，调整社会对犯罪反应方式的结构，无疑是其中的一项重要选择。转换刑法思维的重要方面就是彻底扬弃报应刑观念，张扬刑罚谦抑和刑法经济观念，承认刑罚的最后手段性，根据成本—效益分析选择社会对犯罪的反应方式。革新刑事政策，就是要以符合刑法谦抑和刑法经济原则，同时又不放松对严重犯罪严厉打击的“轻轻重重”的刑事政策取代我国实行了十多年之久而实践效果不佳的片面的“从重从快严打方针”。当然，根据我国目前的社会发展状况特别是犯罪形势比较严峻的现实，我们选择的“轻轻重重”的刑事政策应当是类似美国的“轻轻重重，以重为主”的刑事政策。根据这样的刑事政策，我们的刑事立法和刑事司法在确定对犯罪的反应方式时，应当对不同侵害性质和危害程度的犯罪实行区别对待，该重的重，该轻的轻，对于性质、情节和后果都比较轻微的犯罪则尽量不用刑罚手段予以调整，这样我们才可能以最少的刑罚资源投入达到最大的控制和预防犯罪的效果，从而使我国刑法的运行实现效益最大化。

（本文原载于《现代法学》2000 年第 6 期）

公共政策与风险社会的刑法

劳东燕

20世纪以来,随着风险成为现代社会的重要特征,刑法体系经历了重大的变迁。正统刑法理论及其研究范式面临来自刑事实践的严峻挑战。尽管有对严格责任犯罪、法人犯罪、持有犯罪等问题的具体研究,但现有刑法理论研究总体上显得零散,且无法对诸多相互联系的重要现象给出满意的解释:为什么实行行为范围的扩张、危险犯、责任形式的变更等成为各国刑法发展中的共同现象?它们彼此之间存在怎样的联系?应该如何评价这种发展趋势?这些对当代刑法理论发展具有重大意义的话题没有得到应有的关注。

刑法领域现有的研究状况是内在视角的研究范式的结果。该范式过于注重规范体系中危害与罪过等内在变量的探讨,忽视社会性的外在参数对刑事立法与刑法理论的构造性影响。诚然,内在视角的研究对提升刑法理论的层次不可或缺,却也容易使刑法学的发展与社会变迁脱节。

本文以公共政策为切入点,意在从规范之外为刑法研究寻找一条新的路径,由外在视角审视刑法规范演变的实质,以弥补传统研究范式的不足。这一视角有助于理解20世纪以来刑法的重要发展成果,并对现代社会中刑法的角色,即刑法作为国家控制风险的工具做出较为确切的定位与评价。基于此,本文未将关注重心放在对策研究上,而是致力于阐述风险社会中公共政策如何成为刑法领域不容忽视的存在,如何塑造刑法规范,并对刑法理论构建及实务操作带来深刻影响。

一、公共政策与刑法的风险控制

最高人民法院2003年年初发布的有关强奸幼女的批复曾经一石激起千

层浪,苏力的《司法解释、公共政策和知识需求》[1]就是其中的一朵浪花,这朵浪花随之引发刑法学界的批驳。本文无意卷入数年前的争议,回顾只构成思考的起点:在刑法学界惊人的众口一词背后,无疑蕴含着某些需要反思的东西。当时这个法律共同体发出的声音是如此的一致,对主流犯罪构成理论显示了如此的自信,如此的确定,令人深思。[2] 针对苏力的公共政策的论证进路,刑法学者的辩驳几乎都围绕究竟是过错责任还是严格责任展开,并诉诸主客观相一致原则来求证自身立场的正当性。刑法学界对于公共政策论证进路的这种集体无意识(或有意识?)的拒绝,固然可以认为是专业划分的结果,表明刑法学者共享的专业知识的高度统一。但它何尝不是智识上封闭的见证?在大陆法概念性思维模式的支配下,刑法学者惯于从既有的概念与原则展开演绎,构建刑法学体系。

在正统刑法学体系中,危害与罪过被认为是构建刑事责任理论的全部根据,政治权宜性、社会的权力结构等外在因素则忽略不计。问题在于,刑法学是一门自给自足的学科吗?无视生活世界而沉溺于逻辑的刑法理论,其合理性值得质疑。哈耶克曾将人类相对的无知称为构造性无知,其研究表明,构建一种涉及复杂现实的理论时虽然必须作一些公认的简化设定,但在此过程中不允许抽掉构造性因素,否则将导致理论的无意义。[3] 刑法体系中危害与罪过等内生变量固然属构造性要素,但作为外在参数的公共政策同样是构造性的。

公共政策成为刑法体系的构造性要素,是以近代以来刑法由报应向功利的转型为前提。在报应主义支配的框架内,刑罚只是对犯罪之恶的单纯否定,并不考虑功利目的,不可能有公共政策存在的余地。只有在功利逻辑引入之后,由于刑罚的施加必须考虑现实的社会政治需要,公共政策才可能成为影响刑事立法与司法的重要因素。

这标志着相对封闭的刑法学体系走向终结。偏重于原则演绎与逻辑自恰的刑法理论,无论在思维方式还是在研究范式上都面临重大挑战。古典

---

〔1〕 参见苏力:《道路通向城市》,法律出版社2004年版,第109~163页。

〔2〕 参见前引〔1〕,第139页。

〔3〕 转引自柯武刚、史漫飞:《制度经济学》,韩朝华译,商务印书馆2000年版,第51页。

刑法客观主义之所以在19世纪后半期遭受刑事实证学派的围攻,归根结底是由于太关注理论逻辑的应然展开,而无视包括公共政策在内的诸多外在参数,很少考虑具体的政治需要。随刑事实证学派兴起而产生的刑法主观主义,才正式将政治利益的算计机制付诸实践。它的社会责任论与目的刑论的立场,折射的其实是彼时法学思想所经历的重大变化:把重点放在需要上而不放在意志上,把寻求最大限度地满足需要作为重点,而不是寻求最大限度的意志自由。[4]

20世纪中期后,刑法理论有回归客观主义的倾向,但这种回归绝非古典客观主义的重现。它预示着新的理论模型的生成,尽管身披客观主义的外衣,但其内核已被更换。生成这种理论模型的现实基础便是风险社会对刑法作为风险控制工具的需要。

(一)风险社会的风险景观

工业革命与现代科技深刻改变了人类的生活秩序与方式。提供了传统社会无法想象的物质便利,也创造出众多新生危险源,导致技术风险的日益扩散。现代社会越来越多地面临各种人为风险,从电子病毒、核辐射到交通事故,从转基因食品、环境污染到犯罪率攀升等。工业社会由其自身系统制造的危险而身不由己地突变为风险社会。[5]

除技术风险外,政治社会风险与经济风险等制度风险也是风险结构的组成部分。用来应对风险的治理手段,本身就是滋生新型风险的罪魁祸首。这由现代治理机制的抽象性特征决定。对社会系统的复杂性和偶然性的高度抽象综合,必将引发制度风险。无论是冒险取向还是安全取向的制度,都可能蕴含运转失灵或由相对无知导致的决策失误的风险。风险社会不是某个具体社会和国家发展的历史阶段,而是对目前人类所处时代特征的形象描绘。它是社会存在的客观状态,并非可随意加以接受或拒绝的一个抉择。技术风险与制度风险都内在于工业社会本身,是现代性的必然伴生物。

与传统的风险相比,现代风险表现出独特性质:一是风险人为化。人类

〔4〕 参见庞德:《通过法律的社会控制》,沈宗灵等译,商务印书馆1984年版,第66页。
〔5〕 参见贝克:《世界风险社会》,吴英姿等译,南京大学出版社2004年版,第102页。

决策与行为成为风险的主要来源,人为风险超过自然风险成为风险结构中的主导内容。二是风险兼具积极与消极意义。现代风险是中性概念,它会带来不确定性与危险,也具有开辟更多选择自由的效果。三是风险影响后果的延展性。现代风险在空间上超越地理与文化边界的限制呈现全球化态势,在时间上其影响具有持续性,不仅及于当代,还可能影响后代。四是风险影响途径不确定。现代风险形成有害影响的途径不稳定且不可预测,往往在人类认识能力之外运作。五是风险的建构本性。现代风险既是受概率和后果严重程度影响的一种客观实在,也是社会建构的产物,与文化感知及定义密切相关。它不仅通过技术应用被生产出来,而且在赋予意义的过程中由对潜在损害、危险或威胁的技术敏感所制造。〔6〕

从风险角度审视,现代社会的发展分成两个阶段。〔7〕第一阶段从十七八世纪工业化开始到20世纪早期。这一阶段工业和技术发展的益处被普遍认同,促进工业发展是社会主导的公共政策。风险被系统地制造出来,但并非公共讨论的主题或政治冲突的中心。第二阶段起源于20世纪中叶,工业社会的危险开始全面支配公共政治和私人的讨论。社会依旧按照老工业社会的模式进行决策和行动,但源于风险社会动力中的争论与冲突开始摆在利益集团、法律制度与政治面前。公众对风险所带来的健康与环境问题的担忧及其社会、经济和政治后果的关切,直接促成风险问题在当代的政治化。

(二)公共政策与刑法的风险控制

风险意识加剧了公众的不安全感,如何为个人提供制度性安全保障开始支配公共政策的走向。面对周遭世界的不确定,不仅个人需要不断地进行风险管理,现代国家的政策也必须更多地以管理不安全性为目标。控制风险以安抚公众成为现代社会压倒性的政治需要。公共政策的出台,便是国家对现实政治需要的积极回应。

---

〔6〕 Adam, Beck & van Loon (eds.), *The Risk Society and Beyond*. London: Sage Publications, 2000, Introduction, p. 2.

〔7〕 See Beck, Risk Society Revisited, Adam, Beck & van Loon (eds.), *The Risk Society and Beyond*, p. 223.

作为国家实现社会控制的政治策略和表达方式,公共政策旨在支持和加强社会秩序,以增加人们对秩序和安全的预期。公共政策的秩序功能决定了它必然是功利导向的,刑法固有的政治性与工具性恰好与此导向需要相吻合。无论人们对刑法的权利保障功能寄予多大期望,在风险无所不在的社会中,刑法的秩序保护功能注定成为主导。现代国家当然不可能放弃刑法这一秩序利器,它更需要通过有目的地系统使用刑法达到控制风险的政治目标。刑法由此成为国家对付风险的重要工具,公共政策借此大举侵入刑事领域也就成为必然现象。它表征的正是风险社会的安全需要。在风险成为当代社会的基本特征后,刑法逐渐蜕变成一项规制性的管理事务。作为风险控制机制中的组成部分,刑法不再为报应与谴责而惩罚,主要是为控制风险进行威慑;威慑成为施加刑事制裁的首要理由。正是威慑促成行为主义进路对现代刑法的掌控,最终使精神状态在刑法中的作用日渐减少。[8]

在规制性的刑法框架中公共政策发挥着特殊作用。它经常是社会压力侵入法律意识与决定法律后果的重要方式。借助公共政策,刑法得以自我调整,以与变动的社会现实相呼应,并由此对理论构建提出新的挑战,使对既有理论框架的修正显得必要。公共政策侵入刑法领域是受到实用目的的本能指引,它是立法者、法院与法学家寻求实用的调和的结果,是对相互冲突与重叠的利益进行妥协的结果。

综上所述,当代社会的风险性质使刑法变成管理不安全性的控制工具,风险成为塑造刑法规范与理论的重要社会力量。这种塑造往往以公共政策为中介,后者由此成为刑法体系构造的外在参数。风险社会的本质决定抽离公共政策的分析范式将无法真正认识现代刑法。

(三)风险社会的刑法危机

现代风险的特性决定风险社会中公共政策的基调:不是要根除或被动防止风险,也非简单考虑风险的最小化,而是设法控制不可欲的、会导致不合理的类型化危险的风险,并尽量公正地分配风险。对这项规制任务,刑法

---

〔8〕 波斯纳:《法理学问题》,苏力译,法律出版社 2002 年版,第 210 页。

显然有些力不从心。现代刑法形成于绝对主义国家背景下，以国家与个体的二元对立为逻辑基础。其价值取向在于对个体权利的保障，法益概念主要围绕个体权利构建；在责任形式上，它强调规范意义的主观责任与个人责任，认为责任的本质是行为人基于自由意志选择违法行为，他应当承担受谴责的责任。这种以权利保障为导向的刑法在解决风险问题时容易遭遇挫败，无法识别和容纳现代风险。

第一，传统刑法中个人化的、物质性的、静态的法益范畴〔9〕无法涵盖新的权益类型。风险社会中遭受威胁或损害的对象不限于特定个人，也不限于传统意义上的不特定多数，还包括未出生的后代的权益与自然的利益。第二，危害无法认定。传统刑法强调犯罪的本质是法益侵害，这种侵害一般要求是现实的物质侵害后果。在风险社会中，侵害后果往往很难被估测和认定，化学污染、核辐射和转基因生物等可能引发的危害，超越目前人类的认识能力。第三，传统归责原则的失效。〔10〕风险社会中危险或损害的造成往往由众多因素引发，而非源于个人的特定罪行，传统因果准则难以证明其间的因果性。第四，个人责任的责任形式导致无法追究集体责任。传统刑法的责任主体只限于个人，但风险社会中生产风险的主要不是个人而是各种组织。

风险社会由此面临悖论：由人为风险造成的显性与潜在的破坏日趋严重，但却没有人或组织需要对此负责。既有法律体系合理性的崩溃，是导致“有组织的不负责任”产生的重要因素。解释这一现象的关键在于，风险社会中，由晚期工业社会产生的危险或人为制造的不确定性与那些内容和形式都植根于早期工业社会中的定义关系之间存在错误匹配。〔11〕在风险摧毁常规安全计算体系的情况下建立的传统刑法也面临危机。因此，正视风险社会的后果，意味着“对曾经达成的（责任、安全、控制、危害限制和损害后果的分配）标准设定了重新定义的任务”。〔12〕面对这种现实，传统刑法只有两

〔9〕 Stratenwerth, *Das Strafrecht in der Kriseder Industriegesellschaft*, 1993, S. 17.

〔10〕 Stratenwerth, a. a. O., S. 13.

〔11〕 Beck, Risk Society Revisited, p. 223.

〔12〕 前引〔5〕，第97～98页。

种选择：要么放弃对风险的控制，彻底向核心刑法领域回归；要么适应风险时代的要求，根据公共政策来调整自身。

二、公共政策的制度技术基础

公共政策意味着通过政治和集体的手段系统地追求某些目标，它是当局者针对社会中多数人所关注的政策问题，综合考虑后作出的政治抉择。与刑事政策相比，公共政策与时下的政治需要和公众价值取向有更为密切的关联。它一般具有跨越刑法乃至法律领域的意义，不以遏制和预防犯罪为主要内容，而表现为在追求某些目标时对包括刑法在内的政治手段的系统应用。

通过制度技术使规范适应变动的社会是现代社会的法律传统。在实现国家政策意志的过程中，刑法作为控制风险的政治手段，在通过法律的社会治理的框架中不断演绎与拓展自身。公共政策在侵入刑法领域时深刻影响到刑法的规范结构：公共政策促成罪刑规范的创制，诸多新规范的产生是受公共政策驱动的结果；公共政策还影响规范的修正与对规范的解释，从而改变规范的适用范围。凭借各种制度技术，刑法不断地修正自身的规范，以求完美地表达国家的政策意志。它们未必产生于现代，只是在风险社会的刑事立法语境中成为被倚重的技艺，服务于刑法体系从惩罚向威慑的转型。这些制度技术主要包括以下八类。

1. 立法拟制。立法拟制是有意地将明知不同者等同视之，其目标通常是将针对一构成要件（T1）所作的规定适用于另一构成要件（T2），从而赋予二者相同的法律后果。[13] 最典型的拟制例子是对法人作为犯罪主体的法律人格拟制。通过模拟方法，无生命的法人被改造成能够实施刑事不法行为和具有犯意的人。法人成为与自然人并列的犯罪主体，大量出现在经济、环境等新型犯罪中。作为立法技术工具，拟制经常在维持法律表面不变的情况下改变法律规范，或者在无法确定 T2 是否属于 T1 的一个事例时用来彻

〔13〕 Karl Larenz, *Methodenlehreder Rechtswissenschaft*, 6. Aufl., Berlin: Spring - Verlag, 1991, SS. 262 - 263.

底排除疑义。[14] 在刑事实体法领域,拟制具有两种效果:一是入罪效果,即将原本不符合犯罪构成要件的要素视为符合(包括将本来不具备法律资格的主体视为合格);二是加重刑事责任的效果,即将原本符合轻罪构成要件的行为纳入重罪的范畴。

2. 推定。推定的影响同时贯穿程序法与实体法。通过减少需要证明的构成要素或降低控方的证明责任,推定具有使控方的指控与定罪变得容易的功能。

不可推翻的强制推定是实体法规则。推定不满14周岁的未成年人不具有自由意志,排除其作为主体的责任能力。抽象危险犯也可归入此类。以生产、销售有毒、有害食品罪为例,该罪被公认是抽象危险犯。据此,某种可能导致损害结果的具体危险并非本罪的构成要素,被告方对食品事实上无毒无害的举证不能推翻对危险的立法推定。此外,绝对严格责任犯罪与其说是无过错责任,不如说是不可推翻的过错推定责任。立法者在肯定处罚无辜者的危险远小于每个案件中要求证明犯意而给公众带来的危险的基础上,强制性地推定行为人具有过错。通过改变构成要素的配置,实体性推定直接影响证明内容,并使没有犯意的主张无法成为抗辩事由。允许性推定与可推翻的强制推定充当减轻控方之证明负担的程序性工具。它们改变了控辩双方在证明过程中的责任结构,在责任分配上作出有利于控方的安排。允许性推定的对象通常是主观要素,如诈骗犯罪中的非法占有目的与走私罪中的主观明知均借助允许性推定得以确立。可推翻的强制推定的适用条件如下:一是主观要素。相对严格责任犯罪实质是一种推定过错责任。被告人一旦实施相应行为,立法即推定其具有过错,控方无须加以证明;如果被告人要推翻这种推定,则须承担举证责任证明自己没有过错。二是客观要素。如根据我国《刑法》第395条的规定,国家工作人员的财产或支出明显超过合法收入,差额部分即被推定为来源非法。三是主体/责任要素。如刑事被告人总是被推定为知法,欲以法律错误作为抗辩事由的被告人须就错误的存在及其合理性承担举证责任。

---

〔14〕 Karl Larenz, a. a. O., S. 263.

3. 行为范畴的拓展。刑法中的行为以作为为原型，例外地包括一些不作为。当代刑法中，不仅不作为有扩大趋势，还出现“持有”这种特殊的行为。

传统不作为中的作为义务，常限于行为人与被害人之间有特殊身份关系的情况，但如今作为义务有不断扩张的趋势。为防止危害，人们赞成扩大而非收缩不作为刑事责任的范围。作为义务开始扩大至普通人之间，制定法成为作为义务的直接来源。《德国刑法》第323c条规定对在意外事故、公共危险或紧急危难现场不参加救助的人进行处罚，法国、意大利与西班牙等欧陆国家均有类似的见危不救的罪刑规范，英美刑法中也有交通事故后无过错一方应为受害者寻求救助，否则即构成犯罪的规定。见危不救只有在高风险的工业社会才被犯罪化。

对“持有”是作为独立的行为形式还是隶属作为或不作为范畴存在分歧，但对“持有”是刑法上的行为已被认同。持有犯罪的对象通常是与犯罪有高概率联系的物品，如犯罪工具、毒品、枪支等。尽管持有可能由作为引发或者产生作为，若没有证据证明作为的存在，或作为本身不具有刑法意义而无法构成作为犯罪，则持有犯罪本质上惩罚的便是某种状态。状态型犯罪的立法目的是要把侵害法益的风险扼杀在摇篮里。因此，它“最好被理解为刑法没有提供它选时预防观念的具体化”。[15]

行为范畴的拓展见证了风险社会中刑法经历的巨大变迁，它表明更多的人类活动纳入刑法调整的范围。尽管行为要件作为刑事责任前提未受根本挑战；但古典时期的行为原则经历漫长侵蚀后已处于崩塌边缘。人们不断地对行为进行膨胀性建构。最终，充塞其中的内容是如此庞杂，以致撑破了该范畴的意义边界。基于此，胡萨克索性放弃犯罪的行为要件而提出以控制原则取代，即只要某人对某事态应该控制、能够控制却没有控制而令其发生，即应承担刑事责任。[16] 胡萨克的主张与正统刑法理论的差异，只是同一硬币的两面，他基于行为概念本身的限定性，力图在行为之外找出名副其

---

〔15〕 Herbert Packer, *The Limits of the Criminal Sanction*, Stanford: Stanford University Press, 1968, p. 79.

〔16〕 See Husak, *Philosophy of Criminal Law*, To tow a: Rowman & Littlefield, 1987, Chapter 4.

实的新范畴来容纳不断拓展的内涵；正统刑法学理论名义上保留行为范畴，实质上却通过不断突破行为的边界而置换原初的意义。

4. 犯罪标准的前移。犯罪成立标准的提前意味着处罚尚未产生实害行为。古典刑法处罚的是实害犯，以对法益造成现实侵害作为既遂标准。在当代，基于对威胁公众生命与健康危险的预防需要，结果被扩张解释为对法益的侵害或危险。危险犯成为重要的犯罪形式大量地出现在公害犯罪中。现实的法益侵害不再是构成犯罪的必备要件。具体危险犯中危险尚需司法者作具体判断，即根据具体案件的特定关系，确定行为对通过相关构成要件加以保护的客体造成现实的结果性危险。抽象危险犯中司法者甚至无须关注个案的特定情形，也无须判断具体的结果性危险存在与否。抽象危险是以一般的社会生活经验为根据，通过类型化技术构建的类型化危险；防止具体的危险与侵害只是立法的动机，并不成为构成要件的前提。[17] 持有犯罪与未遂犯罪本质上都是抽象危险犯，是立法者权衡引发非法行为的可能性与可能出现的危害的严重性后，认定存在法益侵害的危险而予以类型化的结果。

危险犯将犯罪的成立从实害提前到危险形成阶段，只是将犯罪成立的标准降低一格，而立法者显然想走得更远：不仅未遂标准有放宽的趋势，通常不予处罚的预备行为也有选择地被独立定罪。日本刑法规定的伪造货币预备罪处罚的便是预备行为。持有特定犯罪工具或凶器的犯罪本质上也属预备犯。实际上，持有型犯罪构成的设置已经成为国家追究实质预备犯的刑事责任而运用的一种立法技术。[18]

与行为范畴在空间上的拓展相对应，犯罪成立的界点在时间维度上不断前移的事实，彰显了现代刑法容忍度的降低及由此产生的刑法之网的扩张。

5. 责任范围的扩张与责任形式的多样化。古典刑法中的责任属个人责任，即只能就自身实施的行为对行为人进行非难：一是责任的根据只能是行为人自身的行为；二是承担责任的主体是个人；三是行为人对他人不法行为

---

〔17〕 Vgl. Claus Roxin, *Straf Recht Allgemeiner Teil*, BandI, 3. Aufl., 1997, SS. 275 - 281.

〔18〕 参见梁根林：《刑事法网：扩张与限缩》，法律出版社 2005 年版，第 87 页。

的事后容认不足以成为追究刑事责任的根据。随着法人组织成为社会秩序的主导角色，一种偏离古典刑法因果法则与个人责任的全新责任形式——代理责任，逐渐突破侵权法的桎梏与责任主义的制约登上现代刑法的舞台。

首先，行为人可能由于他人的行为承担刑事责任，这就是作为个人责任例外的代理责任。普通法中的主人负责准则是处理代理责任的重要准则。19 世纪以前，主人负责准则只适用于公共妨害与刑事诽谤这两类普通法犯罪案件。20 世纪以后，它大量适用于明确或暗示规定代理责任的制定法犯罪，如出售酒类，生产出售变质食品等。这一准则在 20 世纪 60 年代为美国模范刑法典吸收，成为法人责任规定中适用最广泛的规则。代理责任根据两种方法加以认定：一是委托原则；二是在法律上直接将代理人的行为视为被代理人的行为。[19]

其次，承担刑事责任的主体不再限于个人。早在 1909 年，美国联邦最高法院就宣称，法律不可能对以下事实视而不见：现代绝大多数商业交易由法人实施，特别是州际贸易几乎完全掌控在它们手里；基于法人不能实施犯罪这一陈腐准则而让其免受惩罚，实际上将剥夺仅有的有效控制法人主体事务与矫正其滥权行为的手段。[20] 尽管法人本身不可能具有犯意，也无法承受自由刑之类的刑罚，但法人所带来的公共危险不容许其享有刑事责任上的豁免权。法人刑事责任准则在一种急于为日益增多的社会和经济病症确立责任的规制性氛围中得以繁荣昌盛。[21]

最后，根据责任主义与共犯理论，对他人不法行为的事后认可并不成立共同犯罪，不能以教唆犯或帮助犯追究其刑事责任。但在法人犯罪的场合，法人的高层管理人员对下级雇员实施的不法行为的事后授权、批准或者容认，由于足以表征法人或高层人员的犯意而可构成追究刑事责任的依据。

法人责任在个人责任外开了团体责任的先河。在恐怖活动与有组织犯罪成为威胁国际社会安宁主要来源的今天，又一种全新的责任形式，即以犯

---

〔19〕 参见史密斯、霍根：《英国刑法》，李贵方等译，法律出版社 2000 年版，第 198 ~ 202 页。

〔20〕 *New York Central & Hudson River Railroad Co. v. United States*, 212U. S. 481 (1909).

〔21〕 See Kathleen Brickey, Rethinking Corporate Liability under the Model Penal Code, *Rutgers Law Journal*, Vol. 19, 1988, p. 596.

罪组织这一人群集合作为责任基础的行为人群责任[22]值得特别关注。没有直接参与或支持具体恐怖罪行的成员也要承担刑事责任。

6.犯罪构成要素的增减。构成要素的增减多涉及主观层面。严格责任犯罪不要求行为人具备犯意,实质上是将主观要素排除在犯罪构成要件之外。我国刑法中的行贿罪,涉及的是主观要素的增加,它要求具备谋取不正当利益的目的。行贿罪与受贿罪本属对合性犯罪,但根据我国刑法,二者在构成要件上并不对合。行为人为谋取正当利益而给予国家工作人员财物并不构成行贿罪;但对国家工作人员而言,利用职务之便为他人谋取利益,非法收受他人财物的行为构成受贿罪。增减客观要素的现象也不罕见:抽象危险犯中,实害结果不是犯罪构成要素,甚至不影响犯罪的既未遂形态。犯罪构成要素的增减,有时会借助其他制度技术来实现,这并不影响其作为制度技术的独立地位,而只是表明实践中各制度技术的运用不可分割。构成要素的增减调整的是犯罪化的边界,它直接影响刑法的介入与否。增加构成要素能够限缩入罪的范围,而减少构成要素则具有扩大犯罪圈的功能。

7.因果关系准则的创新。传统因果准则以条件说为基础,并通过相当性、客观归责或中断性的判断限制因果关系的成立范围。行为与危害结果之间的因果关系属于控方必须证明的内容,根据刑事诉讼中证明责任的分配,控方应该以排除合理怀疑(或证据确实充分)的证明标准对其进行证明:如果没有行为,就不会出现危害结果。倘若控方不能证明二者之间存在条件关系或证明程度不能达到法定要求,则行为与危害结果之间就被认定为不存在因果关系,不能追究行为人的刑事责任。风险社会中个人因素一般难以从工业生产的复杂体系中被分离出来,在危害与个人因素之间建立条件关系的努力很少能成功。这就使大量的危害结果无法找到归责主体,尤其是在公害犯罪中。基于此,公害犯罪得以确立疫学上的因果关系准则:某一因素与相应疾病之间的关系,即使无法得到科学证明,只要根据统计和观察能够说明二者存在疫学上的高度盖然性时,即肯定条件关系成立。疫学上的因果准则,使刑法中因果关系的证明变得容易,有利于对公害犯罪的指

〔22〕 参见储槐植:《解读黑社会性质组织犯罪》,载《刑事法判解研究》2002年第1期。

控与定罪,从而部分地解决公害案件中的“有组织的不负责任”问题。

8. 法定量刑情节的设置。法定量刑情节是立法者在刑罚层面常使用的技术。从规范层面看,法定刑的配置由罪质与罪量决定,这是基于罪刑相适应和平等适用刑法的要求。罪质与罪量的评估经常需考虑规范外因素,法定刑的配置本身更是受公共政策、政治形势、立法者偏好及权宜之计等因素的影响。如为突出对未成年人的保护,各国刑法对作为犯罪人的未成年人一般都规定从轻、减轻乃至免除处罚;而以未成年人为被害人或被支配一方的被告人则会从重处罚。基于某些犯罪对公共健康的巨大危险,立法者会在累犯之外规定特殊的再犯,如我国《刑法》第 356 条规定,因走私、运输、制造、非法持有毒品罪被判过刑,又犯毒品类犯罪的,从重处罚。

公共政策在刑事立法中所烙下的印痕,依托于诸多制度技术。这些技术可分为两类,即实体技术和程序技术。两类技术往往相互渗透:程序技术通过改变程序性事项作用于犯罪构成要件等实体性内容;实体技术则借助对犯罪圈与构成要素范围的调整而反过来对证明责任的配置、证明对象的确定等程序问题施加影响。借助这些技术,公共政策的触角得以扩张至刑事立法的各个角落,并使刑法越来越趋于以预防与威慑为核心。

三、公共政策作为刑法解释工具

苏力的研究表明,司法中的解释根本不是一个解释问题,而是一个判断问题;司法的根本目的不在于搞清楚文字的含义是什么,而在于判断什么样的决定是比较好的,是社会可以接受的。[23] 这意味着法律解释就其本质是政治性的而非智识性的。何时采取形式主义解释、何时采取实质性解释,取决于法官的判断。解释的任务是以某种方式使解释的结果与制定法这一权威性文本联系起来;正是这种联系,使个体化的解释结果最终为制度所认可,并使解释结果显得客观。众多法律文本解释方法,只是为法官的判断提供事后正当化的手段。

在风险社会中,不仅作为权威性文本的刑事制定法已为公共政策所渗

---

〔23〕 参见苏力:《解释的难题》,载梁治平编:《法律解释问题》,法律出版社 1998 年版,第 58 页。

透,法官关于惩罚必要性的判断也日益受公共政策影响。公共政策成为刑法解释的重要工具。作为主体、文本与语境互动产物的刑法解释,不可避免地成为公共政策规制下的严格解释。这意味着,规则型的解释只是常规,甚至于只是司法过程中的一种预设,只要提出足够的证据,只要有强有力的公共政策的支持,这些规则所指向的解释就会被推翻。〔24〕

(一)公共政策与目的论解释

庞德断言,在现代法律科学中,最重要的推进也许是从分析性态度转向以功能性的态度对待法律。〔25〕 当代刑法的公共政策导向,正是这种功能性态度的产物与见证。功能主义进路代表的是一种实用主义的方法,它"把制定法看作一种用来对付当下问题的资源,也就是为了该制定法的未来着想"。〔26〕 这就使制定法的解释成为工具理性的产物,它自始至终受到目的的支配,是法官在目的指引下采取一定解释方法以使解释结果与制定法相联系的活动。目的论解释由此成为刑法体系中最终起作用的解释方法。

基于罪刑法定的要求,刑法规范必须严格解释。但制定法文本无疑只构成解释之弦的一个支点,另一个支点需要目的来提供。法官的目光只有不断地往返于制定法文本与目的之间,才能奏响法律解释的生命之弦。如卡多佐所言,逻辑、历史和习惯都有它们的地位,人们会影响法律使之符合它们,但只是在一定限度内;法律所服务的目的将支配所有这些方法。〔27〕 实务中的解释,实际上是在锁定解释结果后,通过对司法与解释技术进行选择性运用的逆向推理过程。因而,目的论解释严格说来并非解释方法,而是对现代法律解释实践的一种事实性判断。它揭示的是现代法律解释中的实质主义倾向。解释的边界太富弹性,它的变色龙性质使得解释的正当性更多地取决于解释所产生的结果是否被社会接受。

实务中是否遵从文本与立法意图的约束,究竟采取何种解释方法,往往取决于法官对惩罚必要性的实质性判断,而法官的这种判断又深受公共政

---

〔24〕 参见前引〔23〕,第56页。

〔25〕 转引自卡多佐:《司法过程的性质》,苏力译,商务印书馆2000年版,第44页。

〔26〕 前引〔8〕,第340页。

〔27〕 参见前引〔25〕,第40页。

策的影响。在一起 X 携带盐酸泼洒于女会计脸上并抢走后者钱包的案件中,德国最高法院肯定盐酸是武器,进而认定 X 构成加重强盗罪。[28] 法院断言盐酸属于武器,不是因为盐酸正好处于武器的可能语义范围内,而是由于法官认定为社会安全计,有必要对这类危害严重的暴力性行为予以加重处罚,故将盐酸置入武器的语义之内。公共政策影响惩罚必要性的考虑,而后者又构成法官解释的基点。所谓的立法目的或者立法原意,其实只是解释者的构造。所以有意义的并非该制定法的立法者的原初意图,而是解释主体认定的立法者具有或应该具有的意图。

在刑法领域,基于罪刑法定的约束,人们往往对文本解释情有独钟。一则只有立法语言才具有民主的血缘,为三权分立与维护民主计,有必要诉诸文本主义。二则文本主义与规则之治间存在必然的内在关联。[29] 文本解释要求不能超越文义或词意的可能范围去解释,否则便属违背罪刑法定的类推解释。但文义充其量只是人们构筑的最外围的防线。从能否被文义所容纳的角度区分扩大解释与类推解释的主张不具有可操作性。因为语言是开放的,它无法实现自我界定,确定性是由社会实践赋予。文义可能性不构成类推解释的反题,恰恰是在文义解释无法获得所欲的解释结果时,才产生究竟是扩大解释还是类推解释的问题。与一般的扩大解释相比,类推解释的不同只在于它为罪刑法定所禁止。但为罪刑法定禁止本身无法成为区分标准,它只是区分之后产生的法律后果。类推解释区别于一般的扩大解释经常取决于对惩罚必要性的权衡:一旦肯定行为的惩罚必要性超越其他需要,相应解释被认为属于一般的扩大解释;反之,则被纳入类推解释的范畴。这意味着不可能对类推解释与扩大解释作客观界定。界定经常是主观的,甚至显得有些任意。不同主体经常对惩罚必要性作出相异判断,从而导致对同一解释出现类推解释与扩大解释各执一端的情形。

(二)公共政策与构成要件解释

既然诸多刑法条文的制定是基于公共政策的考虑,既然犯罪构成要件

---

〔28〕 参见考夫曼:《法律哲学》,刘幸义等译,法律出版社 2004 年版,第 107 页。

〔29〕 Cass Sunstein, *After the Rights Revolution*, Cambridge: Harvard University Press, 1993, pp. 113 - 114.

经常是为实现公共政策的目的而设计,那么对构成要件的解释,除考虑规范所保护的法益外,自然也须以公共政策为指导。这便是公共政策的解释论机能,即公共政策具有指导构成要件解释的功能。试举例加以说明。

例一,对雇佣范围的解释。英美刑法中成立法人犯罪需具备三个要件:一是具有特定的意图,实施行为的代理人的意图可直接归诸法人;二是非法行为在代理人的雇佣范围内实施;三是代理人实施犯罪具有促进法人利益的意图。这些要件旨在解决代理人的何种行为与意图该被视为法人实体的行为与意图。雇佣范围是关键要素,它直接影响行为的性质,既是控方需要证明的要件,又关涉第一、第三要件的认定。普通法上传统的委托定义将雇佣范围限于经由委托人明示或默示授权的行为,但法院通常认为即使行为与公司的一般政策与对代理人的明白指示相违背,或者为上级特别禁止、且在法人一方存在防止犯罪之真诚努力时发生,它们也属雇佣范围之内;因而,雇佣范围实际上通常只意味着行为在直接责任人履行与工作相关的活动时发生。[30] 正是鉴于法人实体给现代生活秩序带来的巨大风险,法院基于公共政策的考虑才会倾向于对雇佣范围作扩张解释,以使法人无法逃避刑事责任。

例二,过失的认定。过失本质上是守法公民所应履行的注意义务的偏离。作为一种开放的构成要素,过失中的注意义务需要法官根据司法经验和生活事实进行补充,因而其内涵呈流动态势。随着风险的扩散化,注意义务的范围已大为拓展,如基于某些作业的高风险而对监管人员科以特殊注意义务。注意义务还经历重新配置的过程,即在加害人与被害人之间进行风险重新分配。公共政策始终支配注意义务从内容到结构的变化,进而影响实务中对过失的认定。法人犯罪中数个代理人各自的过失即使就单独来看不具有刑法意义,竞合之后仍可能构成法人的过失。再如监督过失的情形,如果下属担当的工作包含对人的生命、身体的高度危险,且其不具有充分的能力,则作为上司的管理者监督义务就相应变大。在一起由不熟练的

---

〔30〕 Note, Corporate Crime: Regulating Corporate Behavior Through Criminal Sanctions, *Harvard Law Review*, Vol. 92, No. 6, 1979, pp. 1249 - 1250.

技术员错误打开氮气排放管而给附近居民造成伤害的案件中，日本最高法院认为，把不熟练的技术员安排到技术班的工厂制造科长与身为技术班负责人的技师，没有履行安全教育方面的指导监督义务，具有懈怠的过失，故制造科长与技师业务过失致伤罪成立。[31]

例三，受贿罪中“为他人谋取利益”的解释。根据我国刑法，索取贿赂只需利用职务便利便成立受贿罪，而收受贿赂除利用职务之便外还须具备为他人谋利的要件。那么，为他人谋取利益该如何理解？当前较一致的解释是为他人谋取利益只是受贿人的许诺，不要求客观上有为他人谋取利益的行为与结果；许诺可明示也可暗示、且无论真假。据此，为他人谋取利益包括：已经完全为他人谋取了利益，已经为他人谋取了部分利益，已开始为他人谋取利益的行为，许诺为他人谋取利益。[32] 与把该要件界定为客观上有为他人谋取利益之行为或主观上具有为他人谋利之意图的传统观点相比，现行解释使受贿罪的成立范围大为扩张。通过将为他人谋取利益改造为一种许诺，它作为构成要素的地位实质上被消解。从法益角度寻求现行立场的正当性根据自然不失为一种进路。但在受贿罪法益究竟是职务行为之不可收买性，还是职务行为之公正性尚无定论的情况下，此种诠释进路无法让人信服。现行解释立场的妥当性，更多应从公共政策的角度考虑。在腐败成为社会主要问题的情势下，限制受贿罪的成立范围实际是对腐败的纵容。因而，现行解释立场的正当性根据，与其说是规范性的法益，不如说是政治性的政策。

例四，奸淫幼女的既遂标准。通说及司法解释认为普通强奸中只有双方生殖器结合才是既遂，奸淫幼女时只要行为人的性器官与幼女的性器官接触即为既遂。在刑法没有明文规定的情况下，同一犯罪因对象相异而采取不同既遂标准极为罕见。奸淫幼女并不构成独立的犯罪，而是强奸罪的一种表现形式，因而其与普通强奸行为所侵害的法益一致。这意味着从法益角度无法解释针对幼女的既遂标准为何比普通强奸严格。只有考虑保护

---

〔31〕 参见大塚仁：《刑法概说》，冯军译，中国人民大学出版社 2003 年版，第 212～213 页。

〔32〕 参见张明楷：《刑法学》，法律出版社 2003 年版，第 925～926 页。

未成年人的公共政策，才能理解奸淫幼女的既遂采取接触说，乃是为强调对幼女人身权利的特殊保护。

四、在政策与原则之间

19世纪后半期以来，整个法律世界的发展呈现双重特性：个体权利意识日益增长，为权利而斗争的呐喊至今仍在法律殿堂内回响；同时随着风险社会的定型化，法律成为对付风险和管理不安全性的重要工具。在此背景下，需要关注的显然并非刑法如何向单纯的报应性制裁体系回归，而是“在何种程度上，刑法能够以其传统法治国的自由工具来应付现代生活的风险”〔33〕的问题。如果说作为刑事责任传统根据的社会危害性与可谴责性要求体现的是对权利的声援，那么，公共政策便是对通过法律进行风险控制的积极回应。缺失公共政策的外在视角，将无法解释刑法体系所经历的重大变迁。

刑法体系的建构除考虑规范的内在变量，还须把公共政策作为结构中的重要制度参数考虑。公共政策与制度变革之间存在互动关系：公共政策通常在既定的制度约束中展开，但它也可以靠努力改变制度的方式来实施；制度变革则既可通过明确的方式来实现，也可表现为政策行为的一种副效应。〔34〕制度可以分为硬核与硬核周围的保护带两部分。〔35〕基于公共政策的影响，制度变迁通常表现为保护带的调整，制度内核则处于相对稳定的状态，后者反过来会对政策导向的诸种决策实行规制。

（一）风险刑法的内在危险

权利的张扬与控制的加强本身就构成悖论。在刑法领域，这种悖论表现为：现代刑法“在坚守个人的可谴责性作为责任条件之要求的同时，又将一套兼具谴责与惩罚的体系制度化为社会控制的手段，实现刑法体系的多重预防目的”。〔36〕权利仍然构成现代法律的一个基点，但在整个法律体系从分析性态度向功能性态度转型时，挣扎在权利与控制之间的法律，注定要屈

〔33〕 Roxin, a. a. O., SS. 20 - 21.

〔34〕 参见前引〔3〕，第38页。

〔35〕 参见李汉林等：《组织和制度变迁的社会过程》，载《中国社会科学》2005年第1期。

〔36〕 Sanford Kadish, Fifty Years of Criminal Law, *California Law Review*, Vol. 87, 1999, p. 953.

从于后一种叙述结构。现代刑法日趋加剧的预防与威慑导向,愈来愈浓重的政策色彩,无疑是这种屈从的见证。

作为一种规制性工具,现代刑法以对抗风险为己任,其保护的触角日益由法益侵害阶段前移至危险形成阶段。在立法决策上,它越来越受政治与政策因素的影响。决策者偏好创设新罪名带来的政治上的象征性后果,给人以问题已被认真对待且已适当处理的印象。实践中,对由不当行为激发的公众怒气,常见的政治反应便是应急性或报复性的刑事立法。这种立法目的通常只在于舒缓公众怒气、安抚公众和恢复刑事司法体系的可信度,[37]与所要解决的问题无关。

由于偏重预防和管理,现代刑法本身就蕴含着摧毁自由的巨大危险。德国刑法学者黑尔扎克(Herzog)所谓的危险刑法对刑法形成的危险,[38]牛津大学教授艾雪沃尔斯(Ashworth)在评述犯罪界定的未完成模式所提及的过早谴责之危险与国家权力无节制之危险,[39]都无不根源于此。具体而言,这种危险首先表现在刑法适用的泛滥上。为管理风险造成的不安全性,创设了大量的新罪名,以对付日益扩张的社会经济病症。另外,创制的新罪名大多是规制性的,经常任意突破刑事责任的基本原则,以严格责任、危险犯、不作为责任或举证责任倒置等为特征。可以说,正是对刑法不受原则指导的、杂乱无章的建构,最终引发刑法是否是一项失败的事业的追问。[40]

风险刑法蕴含的危险表明,这一体系的发展存在重大的不合理。这是一种运作上的不合理。既然风险是现代刑法所处的结构性环境的构成因素,既然刑法中的公共政策因风险而生;那么,只要风险存在,刑法决策者作出政策导向的功利选择便不可避免。风险因素决定风险刑法存在的合理性,这是从实践理性层面对其存在合理性的论证。它意味着对存在不合理与运作不合理应予以区分。存在与运作属于不同层面的问题,运作不合理

---

〔37〕 David Garland, *The Culture of Control*, Chicago: The University of Chicago Press, 2001, p. 173.

〔38〕 Roxin, a. a. O., S. 20.

〔39〕 Andrew Ashworth, Defining Criminal Offences without Harm. In Peter Smith (ed.), *Criminal Law: Essays in Honour of J. C. Smith*, London: Butterworth, 1987, p. 16.

〔40〕 Andrew Ashworth, Is the Criminal Law a Lost Cause, *Law Quarterly Review*, Vol. 116, 2000, p. 225.

与存在不合理并无必然联系。[41] 因而,尽管推定、持有、危险犯、法人责任等现象可能表征的是对刑事责任基本原则的偏离,但这种偏离不能表明这些制度技术本身有不妥之处,而只是揭示一个事实:刑法的实际运作已发生重大变化,理论的叙述方式却没有作出相应调整。需要警惕的并非这些制度技术本身,而是刑法立法或司法中对它们的滥用,即利用它们任意突破原则所设定的界限。

(二)原则与例外的处理

刑事责任基本原则对于个体自由的保护至关重要。胡萨克明确指出,刑事责任基本原则反映了正义的要求;违反这些原则属于对个人权利的侵犯,而这种个人权利不仅是法律上的权利,也是一种道德权利。[42] 为抑制风险刑法固有的危险,在风险社会中,这些传统法治国自由的工具又承担起规制刑法政策导向的全新使命。霍尔(Hall)曾经归纳了七项基本原则,[43]即危害原则、罪刑法定原则、犯罪行为原则、犯意原则、犯意与行为同时发生原则、危害结果与行为间的因果关系原则与惩罚原则,这些原则深为英美刑法界认可。大陆法国家则多将罪刑法定、合比例、责任主义、行为要求、法益侵害等界定为刑事责任的基本原则。尽管表述不同,但其实质内容并无多大差异。刑事责任基本原则的有效性及其智慧已为经验验证,它们构成刑法领域的一般处理方式,贸然偏离必将损害自由,侵犯个体的道德权利。问题在于,原则本身是普遍化和抽象化的产物,在变动不居的社会中,将之贯彻到底有时会产生不可欲的后果。那么,人们又该如何处理原则与特殊情形(例外)之间的关系呢?

原则与例外关系的处理,一般有两种应对模式。一是扩张包含原则的意义范围,容纳例外。现行刑法经常采用这种技术,如拓展行为范畴,将持有、不作为纳入其中,将法益侵害解释为包含对法益的侵害与侵害危险等。二是构建原则—例外的关系模型。原则的内涵保持稳定,例外被置于原则

[41] 参见储槐植主编:《理性与秩序》,法律出版社2002年版,第49~52页。

[42] Husak, *Philosophy of Criminal Law*, pp. 31-32.

[43] See Jerome Hall, *General Principles of Criminal Law*, 2nd Edition, Indianapolis: Bobbes-Merrill, 1960, p. 18. 霍尔后来去掉惩罚原则而代以辩护原则与证明原则。

之外。胡萨克指出,原则与例外之间的关系有三种解释:(A)原则是基于正义的绝对且不容侵犯的要求,违反原则的例外将一律受到谴责;(B)原则被构建为表见性要求,只要不太经常,例外的出现被认为没有威胁原则的资格,不会产生道德性疑虑,也无须为此提供特别的正当根据;(C)原则可为更紧迫的道德考虑所突破,但在任何情形下都有理由不侵犯原则所保障的表见性权利,偏离原则需要具备正当理由。[44]

第一种应对模式通过扩张意义消解例外,将使原则的内涵与边界趋于不稳定,易于为人任意解释而从根本上丧失约束力,这对原则所保障的权利是致命的。第二种模式在原则之外处理例外,能够让原则保持约束力又兼顾灵活性,要比前者合理。第二种模式的三种解释中,A 将原则绝对化,不仅无法阻止不可欲的结果,还会使原则丧失生命力。原则之所以对行为的指导有价值,不是由于例外总是遭到否弃,而"恰恰是因为例外随时间流逝而受到认可,其表述也根据延续的经验而得以精致化"。[45] B 与 C 均将例外的存在视为正常,并认为例外并不影响原则的资格与价值,区别在于原则的约束力范围如何,以及偏离原则是否需要提供正当根据。B 认为原则的约束力只及于多数场合,且无须为偏离提供正当根据,这就为规避原则提供了可能,从而使违反原则的情形无法得到有效的规制,导致权利被践踏。C 中的原则,其约束力覆盖所有情形,具有作为批判工具的功能,例外与违反原则的情形因此受到原则与正当根据的制约。相对而言,C 是处理原则与例外关系的最可取的构建方式。

依据这种构建方式,风险刑法首先须受刑事责任基本原则的规制。正如罗克辛(Roxin)所言,在借助刑法与风险作斗争时,必须捍卫法益关系和其他法治国的归责原则;在无法这么做时,刑法的介入就必须停止,刑法的空间只存在于风险决定能够公平地归咎于个人的场合。[46] 这意味着,刑事责任基本原则对任何立法与司法决策都有直接约束力;背离原则而将某种

---

〔44〕 See Husak, *Philosophy of Criminal Law*, pp. 35 – 39.

〔45〕 Randy Barnett, Bad Trip: Drug Prohibition and the Weakness of Public Policy, *Yale Law Journal*, Vol. 103, 1994, p. 2620.

〔46〕 Roxin, a. a. O., S. 20.

状态、意图、不作为、危险犯、欠缺犯意的行为等予以犯罪化的做法，都需要提供特别的理由。立法机构或法院必须承担说明正当根据的责任：为什么某些特定的犯罪不应以一般方式来处理。在基于政策的立法和司法决策中，仅仅宣称存在公共利益，并没有达到要对个体自由施加此种枷锁的程度。要建构例外，超越为刑事责任基本原则所保障的权利，应具备以下条件：(1)存在压倒性紧迫的公共利益；(2)没有合理的替代手段，且建构例外与惩罚的目的并非不一致；(3)非此不足以保护公共利益，或保护成本太大，刑事司法体系不能承受；(4)建构例外不会压制社会可欲的行为；(5)存在提出积极抗辩的机会，且达到优势证据或引起合理怀疑的证明程度即可；(6)有明确的适用范围限制；(7)可以无偏私、非歧视地进行处理，且在操作上可行。

确立例外的必要性意味着承认在就相关决策的正当性论证上，除传统的原则型论证进路外，还存在政策型论证进路；而对例外的严格规制，又表明这两种进路并非对等关系。政策的论证与功利逻辑相呼应，它是目的导向的，通常只考虑共同体的利益；原则的论证则以报应为基础，强调本身的妥当性，往往以守护个体权利为宗旨。这两种进路所代表的价值之间，是正与正的较量，而不是正与不正的对抗。这意味着两点：对立价值之间必须妥协，不能为提升一方价值而牺牲另一方价值；对立价值之间具有限制功能，一方价值对另一方价值的消极面有限制作用。[47]

刑事责任基本原则构成现代刑法的根基，有必要以此对当代刑事决策中日趋强烈的功利倾向予以抵制。但这不意味着有理由固守原则。原则不是神明，也非生活世界的边界，它只构成法律运作中的决策基点。只要必需、可行并且结果好，任何原则都可以存在例外。对原则与例外之间的关系作这样的处理，将是风险社会刑法发展的合理选择。

（本文原载于《中国社会法学》2007年第3期）

---

〔47〕 See Dean Spader, Megatrends in Criminal Justice Theory, *American Journal of Criminal Law*, Vol. 13, 1986, pp. 195 – 198.

论四要件犯罪构成理论的合理性暨对中国刑法学体系的坚持

高铭暄

近年来,学界出现了一种对中国刑法学理论质疑的声音,某些刑法学者认为,中国刑法学中的四要件犯罪构成理论需要“全面清理”;中国刑法学体系需要按照德日刑法学递进式三阶层犯罪论体系“推倒重建”。如何看待这种对四要件犯罪构成理论批判的观点?如何正确评价现行中国刑法学体系及传统的刑法学理论?在此,我结合个人思考,谈谈对这些问题的看法。

一、四要件犯罪构成理论的合理性

在我看来,四要件犯罪构成理论并不存在某些学者所认为的诸多缺陷,相反,在目前中国的国情下,四要件犯罪构成理论具有相当的合理性。

(一)四要件犯罪构成理论的历史合理性

四要件犯罪构成理论的形成是一种历史性的选择,具有历史必然性;同时,四要件犯罪构成理论又经受住了历史的考验,具有历史合理性。

20 世纪 50 年代,新中国成立之初,以俄为师,取法苏联,这是当时党和国家的政治决策。大批苏联专家来到中国讲授刑法学理论,我也就在那时跟随苏联刑法学家贝斯特洛娃教授等开始学习社会主义刑法学。在当时的历史条件下,国民党时期已经介绍进入中国的以德日刑法学为蓝本的递进式三阶层犯罪论体系随着旧法统被一起废止,苏联专家讲授的是社会主义国家通用的完全不同的四要件犯罪构成理论。一新一旧,一为社会主义刑法学的理论创造,一为资本主义刑法学的产物,对比鲜明,政治色彩也极为鲜明,新中国刑法学没有别的选择余地。中国的四要件犯罪构成理论确实源于苏联，但这种学习具有历史必然性，是特定历史条件下必然的唯一选择。

以四要件犯罪构成理论为核心，新中国刑法学体系就建立起来了。1957年《中华人民共和国刑法总则讲义》等最初的几本教材重点介绍的就是四要件犯罪构成理论。特别值得一提的是，1982年法律出版社出版的《刑法学》，作为新中国第一本刑法学统编教材，它几乎凝集了当时中国刑法学界所有重要刑法学家的智慧。当时大家一致的看法是，中国刑法学理论应当以四要件犯罪构成理论为基本框架。可见四要件犯罪构成理论对新中国刑法学理论影响之深；也可见四要件犯罪构成理论地位的确立是经过了新中国第一代刑法学家集体研讨决定的。

以四要件犯罪构成理论为核心的新中国刑法学建立后，迄今已50余年，在这几十年的时间里，刑法学界对四要件犯罪构成理论提出根本性质疑的并不多见，学界存在的一些异议至多只是“犯罪客体是否必要”“四要件排列顺序如何”等技术性问题。而且更为重要的是，在刑事司法实践中，给予四要件犯罪构成理论的评价基本上都是肯定的。实务界普遍的观点是四要件犯罪构成理论方便、实用。目前尚未见到有实务界的人士明确提出，由于运用四要件犯罪构成理论，导致重大冤案、错案的发生。由此看来，四要件犯罪构成理论确实凝结了刑法学家的智慧，能够经受得住历史的考验，并不是一个纰漏百出、完全经不起任何推敲的政治性产物。

（二）四要件犯罪构成理论的现实合理性

四要件犯罪构成理论之所以具有强大的生命力，不仅由于其具有充分的历史必然性，更在于其具有明显的现实合理性。中国走的是社会主义道路，我们建设的是有中国特色的社会主义国家。由此决定，我们的法学理论必然也是具有鲜明社会主义特色的法学理论。从更具体的情况看，四要件犯罪构成理论之所以具有现实合理性，一个更重要的原因在于，中国并无大陆法系或英美法系的历史传统。而以四要件犯罪构成理论为核心的中国刑法学体系早已建立数十年，深入人心。大陆法系中的德日刑法学，虽曾在民国时期得到过短期传播，但很快随着新中国的成立而销声匿迹，英美刑法学则更是根本未在中国铺开，两者均未在历史上产生重大影响。只有以四要件为核心的中国刑法学体系，随着法学教育的蓬勃发展，扎根开花，广为传播。在这样的现实面前，强行掐断已经生机勃勃的中国刑法学，再移植进一个完全没有生存土壤的德日犯罪论体系或其他什么体系，是否有舍本逐末之嫌？

一些学者可能认为，我国台湾地区与大陆同样原属中华法系，但我国台湾地区现今通行的刑法学体系却是以三要件递进式犯罪论体系为基本模型的，我们为什么就不行？这一问题涉及一系列复杂的历史、政治、社会因素。单就现实情况而言，有两点值得特别注意：一是我国台湾地区存在一个广泛的有着留学德日背景的刑法学知识阶层。在我国台湾地区，即使司法人员，很多也有留学德日的背景，刑法理论研究人员更是几乎人人曾留学海外，这样一个刑法学知识阶层对传播、介绍、研究三阶层犯罪论体系起到了至关重要的作用，成为德日刑法学理论在我国台湾地区生存、成长的重要土壤。而目前大陆尚不存在这样的知识阶层，无论司法人员还是理论研究人员，主要是依托国内教育，学习中国刑法学理论成长起来的，不具备学习、研究德日刑法学理论的语言基础、知识结构。在这种现实面前，强行要求大陆刑法学者放弃已耕耘多年的中国刑法学理论，转而移植德日刑法学，很难说不是一厢情愿。二是我国台湾地区毕竟人少地窄，知识传播很快。而大陆人多地广，各地刑法学研究水平高低不一，司法人员素质良莠不齐，在这样的情况下，将一种广为传播、久为人知的理论予以“清除”，而“重建”一种所谓的新的知识体系谈何容易！因此，立足现实，运用比较的方法得出的同样是四要件犯罪构成理论具有合理性的结论。

（三）四要件犯罪构成理论的内在合理性

深入到四要件犯罪构成理论内部进行研究可以看出，四要件犯罪构成理论具有逻辑严密、契合认识规律、符合犯罪本质特征等内在的合理性。可以说，四要件犯罪构成理论并不是毫无法理基础的特定政治条件下冲动的产物，而是经过了审慎思考、反复论辩形成的理论精华，其精致程度足可媲美世界上任何一种犯罪论体系。四要件犯罪构成理论由犯罪客体、犯罪客观方面、犯罪主体、犯罪主观方面四大要件耦合而成。在四大要件之下，又分别包括特定的组成要素。如犯罪客观方面就包括危害行为、危害结果、因果关系等，基于各个犯罪行为的具体情况各异，犯罪构成要素又有必要性要素和选择性要素的区别。要素组成要件，要件耦合而成整体，整个四要件犯罪构成理论内部逻辑极为严密，层次界分相当清晰，恰当地实现了对一个犯罪行为从粗到精、由表及里以及从整体到部分、由部分回归整体的剖析。

同时，四要件犯罪构成理论还符合人们的认识规律。虽然对于四个要件如何排列还存在不同的看法，但不管何种观点都承认一个事实是：客体、客观方面、主体、主观方面四个要件的排布不是随意的，而是遵循一定的规律。我一直坚持客体、客观方面、主体、主观方面的传统排列，始终认为这种排列方式准确地遵循了人们的认识规律。一个犯罪行为发生后，人们首先意识到的是“人被杀死了”“财物被盗了”，这即是揭示了犯罪客体的问题。随后，人们随之要思考的问题是，人是怎样被杀死，财物是怎样被盗的；谁杀死了这个人，谁盗走了这些财物。这就涉及犯罪客观方面和犯罪主体的问题。当然，最后犯罪分子被发现或被抓获之后，人们还要进一步审视这个人实施犯罪行为时的内心状况，这就是犯罪主观方面要解决的问题。因此，我认为四要件犯罪构成理论客体、客观方面、主体、主观方面的排布并不是杂乱无章的，而是符合人们的认识规律的，是一个有机统一的整体。

实际上，无论是中国刑法学的耦合式四要件犯罪构成理论，还是德日刑法学递进式三阶层犯罪论体系，所解决的问题无非都是要为认定犯罪提供一个统一的抽象模型。这一模型来自对实际生活中千姿百态、形形色色的犯罪行为的概括、总结。而模型一旦形成后，以之框定任何一种犯罪行为，便都应是普遍适用的。因此，犯罪模型必须概括了各类犯罪的共性，提炼了各个具体犯罪行为共同的本质构成因素。而我认为，我国的四要件犯罪构成理论完全符合这一标准。任何犯罪行为，最本质的方面无非就是客体、客观方面、主体、主观方面四大块。这四大块，足以涵括任一犯罪行为的各个具体构成要素。进一步，在四大块中，通过必要性要素的提炼和选择性要素的过滤，又能够准确地划分犯罪行为与非罪行为的界限。由此我认为，四要件犯罪构成理论完全、准确地反映了犯罪行为的客观本质和内在构造，是犯罪行为社会危害性、刑事违法性、应受刑罚惩罚性三大特征的具体印证，是准确认定犯罪的有效标尺。

（四）四要件犯罪构成理论的比较合理性

四要件犯罪构成理论的比较合理性是指四要件犯罪构成理论与其他犯罪认定理论相比，具有比较上的优势，更具相对合理性。由于当前争论主要集中在是否要以德日刑法学的递进式三阶层犯罪论体系取代耦合式四要件犯罪构成理论，因而在此主要侧重于将四要件犯罪构成理论与三阶层犯罪论体系进行比较。

四要件犯罪构成理论的合理性首先表现在它是一个相对稳定的理论体系，而三阶层犯罪论体系则变动不居，常使人产生无所适从之感。四要件犯罪构成理论在我国自建立迄今，虽已逾半个世纪，但不论老中青刑法学者都很少提出伤筋动骨的变动，即使有学者提出去除犯罪客体的主张，也很快就受到质疑，发现总是存在或此或彼的难以解决的理论难题。至于犯罪构成要素，更是鲜有学者提出哪个要素不应存在，何种要素必须补充。这足以说明，四要件犯罪构成理论相对稳定、成熟。而反观德日刑法学，有关犯罪论体系的争论长达数百年。各家学说各执一词，歧见纷呈。即使就李斯特—贝林格创立的最为经典的构成要件符合性—违法性—有责性三阶层体系来说，其内部各要素的排布也是极不统一的。以主观方面的故意、过失为例，最初，贝林格主张构成要件是无色的、中性的，自然不包括主观要素、规范要素，因此，故意过失被置于责任论中加以研究，有责任故意、责任过失之称。然而，随后很快发现，构成要件中不加入主观要素、规范要素，难以实现其对行为客观印证的“模型化”作用。于是，故意、过失又不得不加入到构成要件中，出现了作为构成要件要素的故意、过失与作为责任要素的故意、过失的区分。但是，在实质内容并无变化的情况下，将故意、过失分居两个层次，除了体系建构的需要之外，又还有什么必要？难怪一些日本刑法学家自己也提出：必须警惕日本刑法学唯体系论的倾向！[1]另外，三阶层犯罪论体系建立之初，曾提出过“违法是客观的，责任是主观的”说法，试图通过违法论实现对行为客观上是否值得处罚的利益衡量，而通过责任论考察行为人具体

〔1〕 参见平野龙一等的观点，转引自黎宏：《我国犯罪构成体系不必重构》，载《法学研究》2006年第1期。

的主观情况,确定是否应该处罚及如何处罚。但很快发现,违法性中如果不考虑主观因素,根本无从体现出其在体系中应有的实现利益衡量的作用。于是,一些学者便主张,在违法性中也需要考虑主观因素。但如此一来,违法性与有责性的区别又究竟何在呢?总之,深入德日刑法学理论内部便会发现,递进式的三阶层犯罪论体系并不是无懈可击的,其自身实际上也存在很多矛盾、冲突之处。由此我认为,四要件犯罪构成理论也好,递进式三阶层犯罪论体系也好,没有哪一种理论是绝对合理、完美无缺的。单就稳定性及体系内部统一性而言,四要件犯罪构成理论反而更具有相对合理性。

四要件犯罪构成理论另一个合理性表现在这一理论符合诉讼规律,非常方便实用。我对德日刑事诉讼法不是特别了解,不知道在构成要件符合性—违法性—有责性的三阶层犯罪论体系中,司法机关是如何分别承担证明任务的。同时,如果这一体系移植到中国后,在现行中国司法体制下,公、检、法三机关又如何分配各自的证明责任?我感觉,我国现有的四要件犯罪构成理论是符合我国现行公、检、法三机关分工协作、互相配合、互相制约的司法体制的。公安机关侦查、检察机关公诉、人民法院审判,实际上都是围绕犯罪构成四个要件,逐一核实、筛查、证明四要件中具体各要素,如客观方面实行行为究竟是作为还是不作为,主观方面究竟有无特定犯罪目的,等等。当然,对各个要素考查的重点不同,有些要素,如行为方式、因果关系,是要重点查实的;也有些要素,如犯罪时间,在一些犯罪中显得无足轻重。但不管怎样,各个司法机关是有共同的目标的,是明确各自的证明责任和证明程度的。进言之,四要件犯罪构成理论也是为司法机关所认可的。近年来,理论界对犯罪论体系、刑法学体系的争论十分激烈,而实务界却反应冷淡,我想一个重要原因恐怕就在于实务工作者并未感觉到四要件犯罪构成理论存在司法障碍吧!

二、中国刑法学体系的基本形态及得失分析

在论述四要件犯罪构成理论的合理性之后,需要进一步考虑中国刑法学体系的问题。这是一个更大的问题,需要从中国刑法学体系的基本形态谈起。虽从建立之初,对中国刑法学体系如何构建就存在争论,但时至今

日，以罪—责—刑为基本模式的中国刑法学体系已获得了广泛认同。我认为，罪—责—刑的中国刑法学体系虽存在某些不足，但基本上是科学的、合理的。

（一）罪—责—刑的中国刑法学体系基本形态

认定犯罪、确定犯罪人的刑事责任、裁量犯罪人应受刑罚轻重，无论在世界上哪种刑法学体系中，都是三个绕不开的中心问题。只不过在德日刑法学体系中，通过三阶层的犯罪论体系，同时就认定了犯罪、确定了犯罪人的责任，而在中国刑法学体系中，认定犯罪的任务是由以四要件犯罪构成理论为中心的犯罪论完成的，而确定刑事责任大小则由刑事责任论完成。因此，相对独立的刑事责任论是中国刑法学体系的重大特色。而如何确定刑事责任的理论地位也就成为科学建构中国刑法学体系的重大问题。在这一问题上，存在过三种不同的观点：第一种观点认为，刑事责任论应当居于犯罪论、刑罚论之前，中国刑法学体系应当是刑事责任论—犯罪论—刑罚论。[2] 第二种观点认为，刑事责任论应当取代刑罚论，中国刑法学体系的结构是刑罚论—犯罪论—刑事责任论。[3] 此外，第三种观点认为，刑事责任论应当与犯罪论、刑罚论并列，中国刑法学体系为犯罪论—刑事责任论—刑罚论。[4]

在上述三种观点中，我历来主张第三种观点，在我主编的教材中采用的都是这种罪—责—刑的基本模式。并且，罪—责—刑的刑法学体系也获得了大多数刑法学者的认可。在我看来，中国刑法学体系的基本形态是这样的：罪（犯罪论认定犯罪）—责（刑事责任论确定责任）—刑（刑罚论决定刑罚）。

（二）中国刑法学体系的得失分析

我一直认为，中国刑法学体系基本上是科学的、合理的。在四要件的中国刑法学体系中，犯罪论依据犯罪构成理论认定一个行为是否成立犯罪，为确定刑事责任提供基础；刑事责任是介于犯罪与刑罚之间的桥梁和纽带，对

---

〔2〕 参见张智辉：《刑事责任通论》，警官教育出版社1995年版，第15页。
〔3〕 参见张明楷：《刑事责任论》，中国政法大学出版社1992年版，第152~153页。
〔4〕 参见杨春洗、杨敦先主编：《中国刑法论》，北京大学出版社1994年版，第158~173页。

犯罪和刑罚的关系起着调节作用;刑罚论决定构成犯罪应负刑事责任的犯罪人如何处罚。“罪—责—刑的逻辑结构,乃是整个刑法内容的缩影。认定犯罪—确定责任—决定刑罚,完整地反映了办理刑事案件的步骤和过程。”[5]

当然,对这一体系,包括作为体系核心内容的四要件犯罪构成理论也存在一些批评的声音。在我看来,批评的观点中确实不乏真知灼见,对进一步完善中国刑法学体系有很大的参考价值。但是,也存在某些观点时常让人有妄自菲薄之感。例如,某些观点立足于德日刑法理论,批评中国刑法学体系,让人产生的感觉是,某些学者确实对德日刑法学有着精深的理解,但对中国刑法学却缺乏透彻的认识。过于武断地以德日刑法学为样板衡量中国刑法学中的某些问题,却忽视了中国刑法学自身也是一个整体,某些问题虽然不是以与德日刑法学同样的地位,同样的方式解决,但却可能在另外一个位置,以另外一种方式加以解决(如正当行为的体系地位问题)。没有对两种刑法学体系进行深入理解和思考就发出某些观点,常不免使人产生“想当然”的妄下结论之感。

当然,中国刑法学体系也不是尽善尽美的,我个人认为,中国刑法学体系目前存在的问题主要有以下两个方面:(1)我国刑法学体系整体来说静态性有余,动态性不足。认定犯罪、确定责任、决定刑罚,这是刑事诉讼的完整过程,也是刑法学需要解决的三个动态性中心任务。但是,在我国现行刑法学体系中,对这三大动态过程阐述不够。通行的刑法学教材章节设置如犯罪构成的整体介绍、犯罪客体、犯罪客观方面、犯罪主体、犯罪主观方面,直至犯罪未完成形态、共同犯罪、罪数等,都是立足于静态描述犯罪,缺乏动态性地认定犯罪、归结责任、量定刑罚的相关理论内容。(2)在我国刑法学体系——犯罪论、刑事责任论、刑罚论的三大板块中,犯罪论、刑罚论都比较充实,但刑事责任论却相对空白,缺少实质性的内容,这就导致在一个行为成立犯罪后,如何判断其刑事责任大小缺乏应有的标准和依据。在我国刑法学体系中,犯罪论依据四要件犯罪构成理论认定犯罪,四要件主要是围绕对已发生的犯罪行为的评价而展开。然而在某些时候,可能出现一个行为虽

---

[5] 参见高铭暄主编:《刑法学原理》(第1卷),中国人民大学出版社1993年版,第418页。

构成犯罪,但根据行为人的主观情况,对其进行严厉处罚明显不合适的情况(如许霆案)。在这种情况下,由于刑事责任论缺乏实质性的判断内容,没有很好地起到犯罪论与刑罚论之间过渡、缓冲的桥梁和纽带作用,导致在某些特殊案例中,根据我国刑法学体系得出的结论可能与实际情况不符,不能很好地实现法律效果和社会效果的统一。

三、完善和坚持中国刑法学体系

尽管中国刑法学体系还存在一些或此或彼的问题,但这些问题是可以通过完善加以解决的。就中国刑法学体系而言,目前最重要的不是以一套其他体系加以替代,而是需要充分认识其合理性,正视其不足之处,认真研究、完善,在改革中继续加以坚持、发展。

(一)完善中国刑法学体系的几点构想

1. 加强对中国刑法学体系动态性任务的研究。正如前文指出的,目前中国刑法学体系对犯罪论、刑事责任论、刑罚论三者动态性任务即定罪、归责、量刑、行刑等体现不够,今后要加强这方面的研究,使中国刑法学体系既生动地描述犯罪构成、刑事责任、刑罚本质、刑罚目的等静态理论内容,又充分地展示认定犯罪、确定责任、决定刑罚等动态过程。目前量刑论的研究应该说还是比较充分的,在体系中也有一席之地,但定罪、归责、行刑等,通行的刑法学教材都难觅踪迹或语焉不详,将来是否可以考虑在体系中为它们设专章予以阐明,值得进一步研究。

2. 加强对刑事责任论的研究。在目前犯罪论、刑事责任论、刑罚论的三大理论板块中,刑事责任论的研究是最为薄弱的。一定意义上可以说,刑事责任的基本理论范畴还没有建立起来。我十分注重对刑事责任问题的研究,早在20世纪90年代初就曾多次撰文研究刑事责任问题。同时,我也指导博士生进行过刑事责任的专题研究。在现有的研究成果中,我觉得有以下一些观点是值得重视并可以考虑在今后的刑事责任论中加以吸收的。首先,与犯罪论侧重于评价已经发生的行为不同,刑事责任的评价对象应当是实施了犯罪行为的人。通过对犯罪人的研究,考察其主观方面的特殊情况,在罪行决定刑事责任的基础上,进一步综合犯罪人的主观特殊情况,对刑事责任大小进行调整和修正。其次,与犯罪论的中心任务是定罪相比,刑事责任论的中心任务是归责,即在罪行确定后,国家考虑如何归属犯罪人刑事责任的问题。最后,如同定罪必须以四要件犯罪构成理论为依据加以判断,量刑必须通过量刑情节的运用为参考一样,归责也应当有自己的判断依据,即归责要素和归责体系。归责要素如何寻找值得进一步思考。有学者通过借鉴德日刑法学理论,结合中国的实际情况,提出归责要素包括刑事归责能力、违法性认识、期待可能性、人身危险性、犯罪人获得的社会评价五个方面,并通过主次地位的区别,将五者排列为一种体系,称为刑事归责体系。[6]这一思路很有启发性,当然,是否可行还值得进一步推敲。

3. 加强对体系中具体问题的思考。泛泛地空谈体系的优劣是没有意义的。对体系的考察,必须与对具体问题、实践中问题的研究结合起来,做到在体系中思考问题,通过问题的解决完善体系。在此试举例予以说明。例如,刑事责任能力问题。一些学者提出我国刑法中刑事责任能力的处理存在不当之处,认为:"既然是犯罪以后才产生承担刑事责任的问题,那么,刑事责任的能力问题当然也应当在犯罪之后才能论及。但我们的绝大多数教材在讲犯罪主体的成立条件时,就讲起了刑事责任能力的问题,而且是把它作为成立犯罪主体的条件。""我国刑法理论是将辨认和控制自己行为的能力当成了承担刑事责任的条件。""混淆了行为(犯罪)能力与刑事责任能力的界限。"[7]我们确实有这方面的问题,目前我国通行的刑法学教材,都是在犯罪主体中谈刑事责任能力问题,但恐怕刑事责任论中,刑事责任能力也是一个绕不开的问题。又如,实践中,有刑事责任能力的人帮助无刑事责任能力的人实施犯罪,没有刑事责任能力的人不构成犯罪,有刑事责任能力的人如何处罚?1997年刑法修订之前,规定从犯比照主犯来决定处罚,遇到这种情况就很不好办。1997刑法修订后,取消了对从犯"比照主犯"来决定处罚的规定,在法律上解决了这一问题,但在理论上,如何加以准确的解释,也还值得进一步思考。还有期待可能性的问题。期待可能性是德国刑法学家借

---

〔6〕 参见张杰:《刑事归责论》,中国人民公安大学出版社2009年版,第五、六章。

〔7〕 参见侯国云:《当今犯罪构成理论的八大矛盾》,载《政法论坛》2004年第4期。

助“癖马案”提出的一个理论。近年来我国刑法学界对期待可能性理论相当关注,许多学者提出不借助期待可能性,一些实践中的问题无法解决。是否真是这样?不借助期待可能性,是否可以运用我国刑法学体系中的其他理论加以解决?诸如此类问题,都值得深入思考。

(二)在改革中坚持中国刑法学体系

在当前有关犯罪构成理论及中国刑法学体系的争论中,我认为,要以实事求是的态度对待中国刑法学体系,充分肯定其合理性,认真对待其不足之处,并加以完善。在改革中,要继续坚持现行的四要件犯罪构成理论和罪—责—刑的中国刑法学体系。“推翻重建论”的观点是不可取的。我反复思考,对于中国刑法学体系这样重大的问题,如果要全盘推翻现有体系,移植另外一种体系,至少需要三个方面的理由:紧迫性、必要性、可行性。所谓紧迫性,是指除非中国刑法学体系已明显落伍于时代需求与世界潮流,德日刑法学体系或其他某种新的刑法学体系已成为大势所趋,不移植新的体系我们将受到世界各国刑法学者的一致责难,但目前显然没有出现这种局面;所谓必要性,意味着旧的体系和新的体系相比,新的体系明显优于旧的体系,旧的体系已不足以承载现有的理论成果或不足以解决现实中出现的新问题,但这点也是没有共识的;所谓可行性,是指对于移植新的体系,必须在国内已做好了充分的知识上的准备和智识上的训练,这一点目前也难以说已经具备。因此,无论从哪一方面来说,“推翻重建”的观点都是不可取的。学习他人是必要的,但切不可在学习中迷失了自我,迷失了方向。

(本文原载于《中国法学》2009年第2期)

网络犯罪与中国刑法应对

于志刚

以计算机和互联网技术为先导的信息革命，给人类生活带来了极大的变革。犯罪——这一自始至终困扰人类社会的顽疾，在信息时代再次展现了其顽强的生命力和惊人的适应能力，迅速将触角伸入了互联网领域，攫取生存的资源和空间，呈现出不断变异和复杂之势。传统犯罪的网络变异，在给传统刑法理论带来极大冲击的同时，也已经成为刑事立法、司法中无法回避的最为棘手的问题之一。

一、传统犯罪网络变异的背景分析

今天的互联网与诞生之初相比已经是“貌合神离”，它不再是单纯的信息媒介，已经成为人们必不可少的生活平台。可以说，在由“互联网 1.0”向“互联网 2.0”的过渡中，在由“信息媒介”向“生活平台”的转换中，网络空间生成了自身的技术性代际差异，此种差异成为传统犯罪网络变异的强大助推力量。

（一）传统犯罪网络变异的助推力量：互联网的两大演变

互联网的虚拟特性是网络空间之于现实空间的最大不同，也是传统犯罪网络变异的深层次背景。但引发传统犯罪网络变异更为直接的诱因和助推力量，则是互联网的两大演变。

互联网的第一个演变，是由“虚拟性”向“现实性”的过渡。总体而言，尽管虚拟性仍然是网络的基本特色，但这一特色越来越具有相对性：网络行为不再单纯是虚拟行为，它被赋予了越来越多的社会意义。网络参与者必须为自己在网络上的言行承担相应法律责任，接受相应道德评判。随着网络空间的技术性代际转换,网络自身巨大的社会价值和经济价值既是网络违法、犯罪活动的发酵剂,也是它们的侵害对象。网络利益有待法律的保护,传统社会中的法律制度扩展至网络空间由此具有了内在的合理性与必然性。

互联网的第二个演变,是由单纯的"信息媒介"向"生活平台"的过渡。互联网的前身是冷战时期美国建立的军方网络,目的是保障战时的军事通信。20 世纪 90 年代后,美国军方向商业机构、民用用户开放了互联网,商业机构的大量介入使互联网迅速商业化和大众化。如果说早期互联网是"联"字当头,今天则是"互"字当头。网络由单纯的信息传播工具逐步向各个商业领域延伸,由提供娱乐、信息服务向提供生活平台延伸。互联网向生活平台的过渡给商业机构带来了无限商机,给普通网民带来了前所未有的网络体验,催生了普通上网者的个人利益,扩展了网络参与空间。

(二)从以"联"为主到以"互"为主的过渡:传统犯罪网络变异的真正背景

互联网由"联"字当头向"互"字当头的过渡,给网络犯罪带来了两个方面的变化。

第一,点对点的违法犯罪行为成为主流。"点"指代的是单个网络参与者,在网络上则代表着独立的个人计算机终端。在"互联网 1.0"时代,网络的主导力量是商业机构和门户网站,个人是网络信息的接收者而非网络活动的主动参与者,因此网络的利益主要集中于那些或大或小的计算机信息系统。这个时期的犯罪活动,主要表现为对大型计算机系统的侵入和攻击,犯罪行为基本上是个人对于大型机构所属计算机信息系统的攻击,在形式上表现为"弱者"(个人)对于"强者"(机构)的挑战,这也导致了普通公众对网络犯罪的社会危害性并不敏感,甚至出现了对于犯罪人的"技术崇拜"。

但在"互联网 2.0"时代,网络成为人们基本生活平台,普通网民成为网络的主要参与者。这一革命性的变化也改变了网络犯罪的发展方向,[1]犯

[1] Carl E. Landwehr, A National Goal for Cyberspace: Create an Open, Accountable Internet, *IEEE Security & Privacy*, Vol. 7, No. 3, 2009, pp. 3 - 4.

罪指向的对象发生了变化,由侵害组织、机关和攻击其所属的计算机信息系统,快速转变到直接侵害个人,且以侵害个人利益为主。“虚拟财产”“网银账户”等成为犯罪行为的主要侵害对象,并以此为起点,向上不断繁衍出犯罪的产业链——这些在互联网诞生之初是无法想象的。

第二,从加害者与受害者的关系看,现实社会中的传统犯罪主要是“一对一”的侵害方式,网络空间中的传统犯罪则多表现为“一对多”的侵害方式,侵害对象具有不特定性的特点,其侵害后果具有很强的叠加性。比如,犯罪者利用漏洞扫描软件随机查找到有漏洞的系统后,可以操纵软件同时攻击成千上万台计算机,这与传统犯罪一个行为对应一个受害对象的模式不可同日而语。与此相适应,网络的超时空特性使网络犯罪不再受制于时间、地点,网络空间的超时空性也使网络犯罪具有无限延展的可能性,进而犯罪的社会危害性在理论上能够无限传导和复制下去,一个微不足道的举动就可能在瞬时释放出巨大的危害能量;网络信息流通的便捷性,使海量信息能够在同一时间同时释放,如果中间夹杂着虚假有害信息,对社会正常秩序的冲击将是非常剧烈的。由此导致犯罪社会危害性的生成机理与客观表现都有不同于传统犯罪的特殊之处,[2]网络犯罪的“蝴蝶效应”日益明显。

由黑客的技术斗殴行为引发的“5·19断网事件”就是一个明显的例证:2009年5月19日,某家DNS域名解析网站遭到僵尸网络的流量攻击,并引发一个媒体播放软件的域名解析错误,最终导致九个省市的电信网络大范围瘫痪。[3]

概言之,如果网络犯罪的第一个变化表明的是传统犯罪开始进入网络化时代的话,那么网络犯罪的第二个变化则表明传统犯罪开始了网络变异,

---

〔2〕 Marjie T. Britz, *Computer Forensics and Cyber Crime: An Introduction*, New Jersey: Prentice Hall Press, 2004, p. 2.

〔3〕 这个链条的传导大致为:黑客攻击对手,在无法快速攻破的情况下,直接破坏了对方的DNS系统;受攻击的网站正好与某媒体播放软件共同位于DNS服务器上,由于该播放软件的终端数量巨大,加上广告弹窗、升级请求频繁,引发了安装该软件的PC用户频繁发起巨量的解析请求,这些请求在超出DNS服务器承受能力后,溢到电信的其他服务器,导致机房其他的服务器被大量请求;服务器流量异常,引起服务器所在地的电信部门警觉,并随后关闭了该DNS解析网站的服务器,这导致更多流量的访问请求溢出;与此同时,由于该服务器为近30万个网站提供域名解析,导致这些网站无法正常访问。

有必要对它加以额外关注。

二、传统犯罪网络变异的具体表现及其反思

司法实践中一个较为普遍的现象是,相同的犯罪行为发生在现实空间中时完全有法可依,出现在网络空间中时却往往难以追究刑事责任。那么,传统犯罪网络变异究竟表现在哪些方面?找不到这个切入点,传统刑法就只能和“假想敌”作战。

(一)传统犯罪的构成要件要素之网络变异

网络因素的介入,改变了组成犯罪的“原料”和“元素”,导致了犯罪的构成要件要素的变异,包括犯罪对象、犯罪行为、犯罪目的和犯罪结果等方面。

1. 犯罪对象的网络变异

犯罪对象的变异,是传统犯罪网络变异的重要方面。网络空间中的许多犯罪行为,尽管在行为方式的评价上与传统犯罪别无二致,但是由于犯罪对象的差异性,往往会造成传统刑法适用的障碍。

(1)网络空间中虚拟财产的出现

在网络由信息媒介向生活平台转变的背景下,网络虚拟财产的出现具有必然性。当前典型的虚拟财产种类包括游戏装备、电子币、QQ 号码等。虚拟财产虽然具有“虚拟”的形式,但从本质上讲仍然是一种财产,具有与一般物理财产相同的财产属性:经济价值性、稀缺性、能够被人力所控制等。然而,虚拟财产毕竟是以数字化的虚拟方式存在的,其物理意义恐怕仅在于自身是一段数字符号或者信息代码,可以被人力所控制,但是却不能脱离网络而存在。可见,网络因素“置换”了财产的存在形态,这是虚拟财产和现实财产的最大区分。由此导致的问题是:虚拟财产能否作为《刑法》第 92 条中“其他财产”的一种类型,从而获得刑法的保护?

针对侵害虚拟财产的案件,刑法理论和司法实务的认识并不一致。以盗窃 QQ 号码第一案为例,[4]犯罪嫌疑人利用在深圳腾讯公司工作的便利,

---

〔4〕 参见广东省深圳市南山区人民法院藏:《广东省深圳市南山区人民法院刑事判决书(2006)深南法刑初字第 56 号》,2006 年 1 月 13 日。

盗窃该公司的QQ"靓号"转卖,牟利7万余元。审判过程中控辩双方争论激烈:控方认为QQ号码是信息产品,是腾讯公司投入人力、物力研发而来,符合财物的特征,犯罪嫌疑人构成盗窃罪;辩方认为QQ号码是一种代码服务,其性质认定没有明确法律依据,犯罪嫌疑人应当无罪。本案的焦点正是QQ号码的法律性质,然而审理此案的法院"巧妙"避开QQ号码作为虚拟财产的论证以及QQ号码经济价值的客观属性,最终将QQ号码视为通信代码,以破坏通信自由罪定案,最大限度地保证了判决的"稳妥性",但这种回避对虚拟财产价值判断的做法,显然无助于今后类似案件的解决。

同样的争论也出现在全国首例黑客盗卖中国移动电话号码"靓号"的案件中。辩方认为:"移动电话号码是移动通信公司为客户提供通信业务的识别码,是一串虚拟的电子号码,本身不具有法律意义上的'物'的价值,不属刑法范畴的'财物',不能成为盗窃罪的侵害对象。所谓吉祥号码虽然有其不同于其他一般号码的身份价值,但在本质上仍是电子代码,不具有财物价值。"[5]然而这种观点显然无法回答,为何移动"靓号"能够以不菲的价格进行市场买卖的问题。

目前国内关于盗窃网络虚拟财产的判例,有的以盗窃罪论处,有的以破坏计算机信息系统罪论处,有的以侵犯通信自由罪论处,更有甚者以无罪论处。类似案件的不同定性既凸显了法律适用的混乱,也体现了司法人员不同的处理思路。以盗窃罪处罚显然着眼于犯罪对象的客观属性和价值,以破坏计算机信息系统罪定性则更关注客观行为方式的独特性(盗窃虚拟财产的案件往往借助了黑客手段)。而《刑法修正案(七)》规定"采用其他技术手段,获取该计算机信息系统中存储、处理或者传输的数据"的行为构成新罪,又给网络虚拟财产的刑法保护增加了新的途径。值得思考的是,财产存在形式的变异如何能够影响人们对虚拟财产本质属性的认识?从过去的有体物和无体物的区分,到今天的实在物与虚拟物的对立,财产的多元表现形式本身就是一个发展趋势。[6] 笔者认为,随着网络虚拟财产数量和形式

---

〔5〕 李广军:《黑客盗卖移动"靓号"获利20余万》,载《长沙晚报》2008年5月7日,第A7版。

〔6〕 Gunther Arzt, Ulrich Weber, Bernd Heinrich und Eric Hilgendorf, *Strafrecht BT*, Bielefeld: Ernstund Gieseking, 2009, S. 315.

的增多,考虑到刑法相关罪刑条款规制内容的特定性,应当肯定网络虚拟财产是刑法中“财物” 的一种形式,从而基于犯罪对象的立场,将虚拟财产纳入刑法的保护框架。这比诉诸立法单独对网络虚拟财产进行保护更具经济性。至于虚拟财产的价值评估,则纯属技术性问题,不会成为刑法适用的障碍。

(2)僵尸网络及其租售行为的刑法思索

“僵尸网络”这个名词是和“木马”联系在一起的。木马程序,是指看似正常的程序,但是其背后执行了并非用户希望的,并不知道的任务。木马通常由服务端和客户端两个程序组成,服务端通常依靠非法技术手段安装到用户的计算机中,并以特殊的加载技术使自身自动隐秘运行。被木马程序侵入的计算机被称为“肉鸡”,而由同一木马客户端控制的所有“肉鸡”组成的计算机网络就被称为“僵尸网络”。通过僵尸网络,犯罪行为实施者可以窃取用户信息、传播病毒、伪造网站流量,还可以操作僵尸网络进行非法攻击。利用僵尸网络已经成为网络犯罪者最为倚重的犯罪手段。

木马犯罪的危害主要体现在木马侵入的后续操作中,依照《刑法修正案(七)》的增设条款可以有效打击木马侵入行为,也可以制裁木马侵入后获取计算机数据的行为,然而对于两者的中间环节(僵尸网络的出租、出售、转让行为)仍然无能为力。在木马犯罪产业链化的现状下,僵尸网络的出让、出售行为类似于传统的商品物流和商品批发,它对木马犯罪的“增值效应”不言而喻。除了窃取计算机内的信息外,僵尸网络还可以生成巨大的网络流量,利用这些流量可以伪造网站点击率甚至进行网络攻击。前述的“5·19断网事件”,就是黑客租用僵尸网络实施攻击行为造成的。

贩卖、出租僵尸网络类似于传统行业中的物流环节,“木马入侵→建立僵尸网络→转卖僵尸网络”这一过程与传统犯罪中“前犯罪行为(盗窃、抢劫等)→产生赃物→赃物的处理”的流程具有很大相似性,也就是说贩卖僵尸网络的行为类似于传统刑法中的“销赃”行为。《刑法修正案(六)》将赃物犯罪的犯罪对象扩展到了犯罪收益,使物化的权利可以被纳入“赃物”的范畴中。僵尸网络作为犯罪的产生品,具有一定的经济价值(可以转卖),因此,将贩卖、出租僵尸网络的行为定性为掩饰、隐瞒犯罪所得、犯罪所得收益罪或许不失为一种行之有效的解决方案。

然而笔者认为,套用该罪并不能真正解决问题:其一,僵尸网络是由所有感染木马程序的计算机终端组成的计算机网络,该网络虽然实际存在,但是却不具有任何物化的形式,导致僵尸网络与赃物不具有可比性;其二,僵尸网络是木马侵入行为造成的客观后果,是犯罪损害的一种表现形式,犯罪的危害后果与犯罪所得并非一回事,僵尸网络既非犯罪所得,更非犯罪所得收益;其三,僵尸网络实际是木马侵入者对计算机终端的控制关系,木马侵入者转卖的不是网络本身,而是网络的控制权,该控制权不具有独占性,不妨碍用户本人对于计算机终端的正常使用,它与赃物犯罪中对赃物的独占性不可同日而语。

因此,僵尸网络实际上是木马侵入者对计算机终端的控制关系,这种控制关系背后代表的是对网络资源的非法使用,而且是非排他性的非法使用。僵尸网络损害了用户计算机的系统资源和网络带宽,但是不剥夺用户对计算机的控制权,换言之,它侵害的是用户的计算机使用权而非所有权。这类似于现实中偷开机动车辆的行为,虽然偷开者没有非法占有他人车辆的故意,但是却有非法使用的故意,此种非法使用同样侵害了他人的财产权益。

从这个角度讲,僵尸网络和偷开机动车辆,本质上都是一种"使用盗窃"行为。刑法对僵尸网络的评价基点,不在于贩卖、出租僵尸网络本身,而在于僵尸网络背后代表的"使用盗窃"型法律关系。而在网络中类似的使用盗窃并不限于僵尸网络,比如非法占用他人系统带宽、占用他人存储空间、盗用他人计算机的运算能力等。因此,尽管使用僵尸网络的行为极为普遍且危害巨大,但就刑法规范而言,它不是刑法应该关注的"类型性行为",充其量只是一个"种行为",而在其之上的更为一般化的"属行为"——网络空间中的"使用盗窃"才是刑法入罪化的方向,而这就又回归到传统刑法中"使用盗窃"行为的入罪化问题上来。

曾有观点建议,从长远考虑,应当设置独立罪名加以制裁。[7] 这一观点

---

〔7〕 参见蒋璟:《木马侵入及其后续行为的刑法学研究》,中国政法大学2009年硕士学位论文,第73页。

当然符合人的一般思维习惯,但我们不得不思考的是,类似的建议是否是传统刑法回应“网络犯罪”的最优选择?即使需要对新的危害行为增设新的罪刑规范,刑法也应避免落入“为现象立法”的窠臼,而是应当在纷繁芜杂的生活事实中提炼最一般的类型化行为,努力寻找各种需要入罪化行为的“最大公约数”,这样才能更好发挥刑法的规范机能,节省立法成本。因此,传统犯罪网络变异引发问题的解决,有时候要依赖于传统刑法自身的完善,包括“使用盗窃”行为的入罪化,唯有如此,才能一劳永逸地解决与之具有同一本质的网络犯罪行为。

在数字时代,犯罪对象的网络化、信息化和虚拟化是一个宏观的趋势,虚拟财产、网络资源的价值性和传统财产没有任何区别。虚拟财产和僵尸网络是网络空间中犯罪对象变异的两个代表性适例,两者虽然都是网络时代的新生事物,但由于其承载的价值属性和代表的利益关系仍然在传统刑法的保护范畴内,因而它们仍然是传统犯罪网络变异的一个组成部分。

2. 犯罪行为的网络变异

网络空间是一个新的犯罪平台,在此之上发生的犯罪行为,多数只是传统犯罪在网络中的“翻版”。但是,犯罪行为的特征和危害性同其实施的客观环境密切相关,当犯罪行为的客观环境由现实社会转移到网络空间之后,犯罪行为自身必然会出现一定的变异,从而影响其相应的犯罪评价。[8]

(1)利用网络程序缺陷实施的传统犯罪行为

计算机程序较之人类在稳定性和准确性上具有无可比拟的优势,人们越来越习惯将更多领域的工作和任务交由计算机程序控制。但计算机程序并非是完美的,它同样存在这样或那样的程序缺陷。程序缺陷一旦被犯罪分子利用,就会对人们的人身、财产安全带来危害,甚至直接威胁社会的整体稳定。

利用程序缺陷实施的犯罪目前呈现出多发态势。例如,2005 年易某利用网易一卡通销售系统的漏洞,利用交易完成后页面刷新速度的延迟,修改

〔8〕 Debra Littlejohn Shinder and Michael Cross, *Scene of the Cybercrime*, 2nd Edition, Burlington: Syngress Publishing Inc., 2008, p. 463.

原来的支付金额,以每张0.1元甚至0.01元的价格从网易公司的销售系统中购买一卡通虚拟卡共计346,418张,价值507.83万元。本案检察院以盗窃罪起诉,法院最终以诈骗罪定案,理由有二:第一,易某通过网络购买网易一卡通虚拟卡的行为发生在正常的商品交易过程中,是一种交易行为,体现了交易双方的意志,是各方意志共同作用的结果,并非凭借单方意志即可完成的盗窃行为;第二,虽然整个一卡通的销售过程始终由电脑完成,表面上易某是在和计算机网络系统打交道,但事实上,网易销售系统按照预先设计的程序运行,体现了网易公司程序设计之初的意志。因此,本案属于网易公司因易某在付款环节中的"调包计"而产生易某已足额支付货款的错误认识,并自愿将点卡发送至通行证账号,因此构成诈骗罪。[9]

传统刑法理论往往认为机器不能成为诈骗罪对象,因为机器不具有独立意志,不可能基于错误的认识而产生错误的判断,进而主动地实施某种行为。因此,对于此类利用计算机程序缺陷而获得财产的行为,由于不存在被欺骗的独立意志,难以构成诈骗罪。本案中法院虽然提出"计算机程序中体现了网易公司程序设计之初的意志",试图通过意志的转嫁来解释计算机程序具有独立的意志,但是计算机程序是否能有效体现出或者说是等同于程序设计者的意志,仍然存在论证上的不足。然而,如果将利用程序缺陷非法占有财产或财产性利益的行为一律认定为盗窃罪,逻辑上同样难以自圆其说:一方面,此类行为同传统的盗窃行为在行为特征上具有较大差异性,相比较而言更类似于诈骗罪。另一方面,同传统的机器相比,现代化计算机的功能更为强大,在一定程度上可以完全脱离人类的监督和操作进行工作。实际上,最高司法机关对于机器能否"被骗",在态度上颇为矛盾。2008年最高人民检察院《关于拾得他人信用卡并在自动柜员机(ATM)上使用的行为如何定性问题的批复》规定,拾得他人信用卡并在自动柜员机(ATM)上使用的行为,属于《刑法》第196条第1款第3项规定的"冒用他人信用卡"的情形,构成犯罪的,应当以信用卡诈骗罪追究刑事责任。据此,司法机关在一

[9] 参见北京市海淀区人民法院:《北京市海淀区人民法院刑事判决书(2007)海法刑初字第87号》,2007年4月20日。

定程度上承认了 ATM 可以作为诈骗犯罪的对象,然而这一解释只能说明司法机关对于 ATM 能否被骗的态度。2003 年最高人民检察院法律政策研究室在《关于非法制作、出售、使用 IC 电话卡行为如何适用法律问题的答复》中规定,明知是非法制作的 IC 电话卡而使用或者购买并使用,造成电信资费损失数额较大的,应当以盗窃罪追究刑事责任。根据这一解释,最高人民检察院不认同 IC 电话机可以"被骗"。可见,对于机器能否成为诈骗犯罪的对象,最高司法机关自身仍然很矛盾。

犯罪人借助网络程序的缺陷来实施犯罪行为,实际上也是变相利用了网路程序的功能。网络程序介入使传统犯罪行为产生了变异,司法机关对于此类行为的定性争议,正是刑法理论和刑法规范对于此种变异准备不足的表现。名噪一时的"许霆案"最后以最高人民法院特殊核准予以减轻处罚的方式结案,在刑法规定和社会一般公众的朴素正义感中找到了平衡。

无独有偶,2001 年云南学生何某在 ATM 上从余额只有 10 元钱的农行卡中取出了 42 万元,之后以盗窃罪被判无期,公众称之为"云南许霆"。2009 年年底,云南省高级人民法院将刑期骤减为 8 年半并上报最高人民法院复核。与此相似的案件在全国仍有很多,最高人民法院显然无法通过核准减轻处罚和减少刑期的方式来一一纠正,这对于其他的"许霆"显然是极不公平的。因此,网络时代对于刑法规范提出了严峻挑战,刑法规范迫切需要进行一定调整来加以应对。立法机关在 1997 年刑法中将盗窃金融机构数额特别巨大行为的最低起刑点定位为无期徒刑,是考虑到金融机构的特殊性:金融机构的防范措施通常都极为严密,作为社会公众所认同的最为安全的机构,它的被盗本身就具有一般盗窃行为所不具备的极为恶劣的社会影响。但是,立法机关显然没有预料到 ATM、网络银行的普及会使盗窃金融机构达到数额巨大变得如此的常见和多发,此时仍使用传统的刑法规范对此类行为进行评价,明显有违罪责刑相适应原则,只能转而依靠通过最高人民法院加以个案调整的方式来达到对此类案件的合理评价,司法尴尬可见一斑。可以说,刑法理论的跟进和刑法规范的调整已迫在眉睫。

(2)滥用软件技术保护措施的行为及其评价

技术保护措施实质上就是一种为保护软件版权免受不法侵害而采取的

防御性技术手段。网络空间中的盗版软件可以在极短时间内无限量地复制与传播,软件开发商被迫不断增强软件技术保护措施的对抗强度,以加强自身权益的保护力度,但当这一强度突破合法权利的界限时,就可能面临刑法制裁。

"微软黑屏事件"是近年来典型的软件开发商滥用软件技术保护措施的案例:微软自2008年推出了两个重要更新——WGA通知和OGA通知。其中WGA(Windows Genuine Advantage)程序针对目前绝大部分网民使用的XP系统进行正版验证,安装更新程序后,非正版的XP操作系统用户开机进入后,桌面背景被强制变为纯黑色,用户在重新设置系统后每隔60分钟,桌面背景将重新变回黑色,这一案件引发了公众的广泛谴责。实际上此类案件早有出现,1995年,国内文字表格处理软件CCED5.0的版权人在该软件中加入了一种针对盗版用户计算机数据的破坏性加密程序。该程序在测出用户使用的CCED5.0软件是盗版后,将在不发出警告的情况下不定期地破坏盗版用户的硬盘数据。[10] 更为著名的事件是"KV300L + + 逻辑锁事件":北京江民新技术有限公司在杀毒软件"KV300L + +"版中加入了具有高智能化逻辑判断的"逻辑锁(反盗锁)"程序,它的运行机理是,在盗版者使用"中国毒岛论坛"提供的解密钥复制盗版盘并上机运行时,该"逻辑锁"严格的逻辑判断程序即可准确识别出盗版盘,并立即锁死盗版者的计算机硬盘,迫使计算机停止工作,硬盘数据暂时无法使用。可以说,网络空间中软件开发商滥用技术保护措施已经逐渐成为一种普遍的现象。

作为一种防止盗版的手段,软件技术保护措施只允许具有消极的防御功能,其技术措施的强度仅限于对自己软件版权的保护,否则就可能遭受法律的制裁。刑法没有对滥用软件技术保护措施的行为作出直接规定,此类行为也多数发生在网络空间中,其危害性没有受到足够的关注和评价。但是,如果类似的行为发生在现实空间中,毫无疑问会进入刑法的评价视野。比如,在自家菜园拉上电网以防范他人盗窃瓜菜,致使他人在进入菜园偷瓜菜时触电死亡,或者在自家菜园中的西瓜中注入剧毒农药,致使他人食用西

〔10〕 参见王迁:《略论数字化作品著作权保护系统引发的法学课题》,载《著作权》2001年第1期。

瓜后死亡，此时尽管目的是合法的，但是其手段自身却会因为对公共安全构成现实或潜在的威胁，而可能受到刑法的惩处。

滥用软件技术保护措施同样如此，当前一些软件开发商以保护版权为名，采用惩罚性的技术保护措施，其波及的计算机恐怕已经不能以万计，从而也体现出一定的对网络空间中“公共安全”的危害性。应当指出，此种行为的危害性达到一定程度时，就应当考虑刑法介入和评价的可能。至于罪名，传统刑法中的罪名是足以套用的。

网络空间中的犯罪行为与传统犯罪的最显著区别，是犯罪行为的技术色彩浓厚。利用程序缺陷或者技术优势实施犯罪，是网络犯罪行为的两大特色。网络是由技术构筑的世界，技术能力的高低代表了犯罪主体犯罪能力的高低。互联网和信息技术的社会化程度远远超过了此前所有的技术形态，可以说，犯罪行为的网络变异是技术扭曲使用在互联网时代的新表现。

3. 犯罪结果的网络变异

网络攻击行为是网络时代的新兴犯罪行为，它已经成为网络安全的首要威胁。对于它的制裁主要是依据《刑法》第 285 条、第 286 条规定的四个罪名。但是，除了非法侵入计算机信息系统罪这一罪名外，其余三个罪名都需要达到情节严重或后果严重的才能成立犯罪。对于何为“情节严重”和“后果严重”，尚无明确的司法解释，对于网络攻击行为而言，它所造成的危害结果无疑是“情节严重”和“后果严重”认定的重要标准，但是，相比现实社会中的传统犯罪而言，网络攻击的危害结果在认定上却具有其特殊性。

网络攻击危害结果的特殊性首先表现在其直接结果和间接结果的划分上。传统刑法理论中，直接结果一般指由危害行为直接造成的侵害事实，间接结果是指危害行为间接造成的侵害事实，二者的区别在于危害行为同危害结果之间是否存在独立的另一现象作为联系的中介。[11] 一般而言，直接结果更能体现出犯罪的现实危害性，是定罪量刑的主要依据；间接结果更多的时候只是影响量刑。然而，网络空间中信息系统之间的联系程度远比现实社会中的事物紧密，网络是一个由无数个相互连接的信息系统所组成的

---

〔11〕 参见高铭暄、马克昌主编：《刑法学》，北京大学出版社、高等教育出版社 2003 年版，第 80 页。

整体,对于这一整体中某一个环节的网络攻击,都有可能使整个网络轰然倒塌,上文提及的"5·19断网事件"就是典型例证。因此,考虑到网络的这一特性,对于网络攻击的直接结果范围在认定上应当加以适度扩张。例如,在现实社会中,某甲将某乙殴打致死,由于某乙是某工厂的主要项目负责人,他的死亡使该项目流产并造成巨额损失,此时无论某甲对某乙的项目负责人身份是否有认识,都只能将他的死亡作为犯罪的直接结果,而不能将项目损失作为直接结果;然而在网络空间中,某自然人甲攻击网络中某服务器乙,致使服务器乙瘫痪,同时由于乙服务器无法提供正常服务,造成乙服务器下的网站都无法访问,此时网站无法访问就应当作为某甲实施网络攻击所造成的直接危害结果。

网络攻击危害结果的特殊性还表现在对其危害程度的准确认定上。网络具有无限延展性,此种特性可以使信息得到无限复制和快速传输,有助于信息共享,但同时此种无限延展性也会使网络攻击行为的危害结果无限展开,产生巨大社会危害性。[12] 并且,此种危害结果却往往又是难以准确定量的。以传播计算机病毒行为为例,病毒潜伏在网络的信息系统中,可以在任意的某一个时间点爆发,在它未爆发时很难发现,也无法准确计算感染病毒的计算机数量,而病毒一旦爆发,它所造成的损失通常非常巨大,但准确估量其带来的损失却难以做到,并且病毒还具有长期发作的可能性。例如,著名的CIH病毒发作时硬盘一直转个不停,所有数据都被破坏,硬盘分区信息也将丢失,甚至可能会破坏某些类型的电脑主板。该病毒自1999年到2004年,每年的4月26日都会大规模地爆发,至今仍然时有爆发,只不过范围已经有限。对于网络空间此种长达数年的危害后果,显然无法在犯罪之时或者之后不久就能对犯罪行为的危害结果作出准确定量。因此,刑法理论有必要探讨新的、更具可行性的量化标准,以指导司法实践进行准确的定罪量刑。

4. 犯罪目的的网络变异

传统犯罪的网络变异,对于司法实践的最大干扰和困惑恐怕是"以营利

〔12〕 Thomas J. Holt and Adam M. Bossler, Examining the Applicability of Lifestyle – Routine Activities Theory for Cybercrime Victimization, *Deviant Behavior*, Vol. 30, No. 1, 2009, p. 22.

为目的”的犯罪目的变异问题。犯罪目的的网络变异实际上体现了刑法对网络犯罪客观方面的评价困惑:因为行为人犯罪的主观心理态度,不是停留在其大脑中的纯主观思维活动,它必然要支配行为人客观的犯罪活动,这样就会通过行为人犯罪及与犯罪有关的犯罪行为之前、犯罪行为时以及犯罪实施之后的一系列外在的客观活动表现出来。[13] “珊瑚虫事件”“番茄花园事件”对网络犯罪中所有“以营利为目的”的“犯罪目的”的认定无疑具有极强的标本意义。这里以“珊瑚虫事件”为例进行分析。

“珊瑚虫事件”即深圳市南山区法院审理的珊瑚虫 QQ 侵犯著作权案。本案中,被告人陈某独立开发出针对腾讯公司 QQ 软件的“珊瑚虫软件增强包”,对于腾讯 QQ 软件进行了功能优化,但没有更改腾讯 QQ 的任何程序代码,而且不能独立运行,只能附着于腾讯 QQ 软件运行。陈某将珊瑚虫软件增强包与腾讯 QQ 软件打包放在自己网站上供用户下载,但是在珊瑚虫软件增强包中增加了广告和商业插件,并收取相关的费用,这一情节成为认定陈某在侵犯腾讯公司著作权时是否具有“以营利为目的”的关键,直接决定着陈某是否构成侵犯著作权罪,成为此案中控辩双方争议的核心。而类似的在第三方软件中绑定广告插件牟利的方式在互联网上已经成为一种灰色产业,因此本案的判决结果在一定程度上也决定了第三方软件的命运。

从整体上讲,对于网络空间中的侵犯著作权行为,其“营利目的”的判断可以分为几种情况:(1)直接在网上复制、发行侵犯著作权的作品进行牟利。比如,把他人的文学作品、录音录像制品等放在自己的网站,提供有偿下载的,属于典型的侵犯著作权罪。(2)在有偿提供下载合法著作权作品服务时,附赠侵权复制品。此种行为具有一定模糊性,但是仍没有改变行为人“以营利为目的”的主观目的。因为附赠也是买卖合同的一部分,赠品实际上也是商品,类似于传统商家进行的“让利促销”,赠品自身的成本已经被商家计算在商品的总成本之内,赠品所具有的内在牟利性无法否认,不能因为商家的销售策略而将其割裂为两部分。(3)为了提高网站的知名度、吸引更

---

[13] Edmund Mezger, *Moderne Wegeder Strafrechtsdogmatik. Eineergänzende Betrachtung zum Lehrbuchdes Strafrechts in seiner* 3, Berlin: Dunckle und Humblot, 1950, S. 13.

多网民提高点击率等目的而提供侵权复制品的下载。此种情况下,网民免费获得了盗版软件的使用权,似乎不应当认定为有“营利目的”。但是,侵权作品提供者的最终目的是通过网民的访问、点击行为提高网站的流量和知名度,借此吸引风险投资商投资或者广告商投放广告,这仍然是以经济利益为出发点而实施的行为。普通网民在这里成为纯粹受益者,尽管服务对象与营利来源是分离的,但是这并不否定侵权作品提供者的“营利目的”。(4)黑客出于泄愤、炫耀技术等目的破解他人软件并在网络上传播,或者是“热心”网友出于“公德心”而在网络上提供侵权软件等。此类行为目前在网络上占据了很大比例,但多数情况下不能认定具有营利目的。

“珊瑚虫事件”昭示了一种新的侵犯著作权方式,即“在增强包软件中添加广告插件并收取广告商费用”是否属于“以营利为目的”?对此,刑法理论、实务上都存在巨大分歧。广大网民坚决站在了被告人陈某一方,而司法机关则认定陈某具有营利目的。笔者支持司法机关的观点,并以现实中相类似的例子作为说明:比如中国电信的“黄页”即电话号码簿,虽然制作成本很高,但是依据世界通例是向公众免费发放的,而其成本的回收则是依靠“黄页”内的广告。实践中有相当多的不法广告商,将“黄页”的广告调换为自己另行收费的广告,并自行印制“黄页”向公众散发。此类手法本质上与珊瑚虫一案中陈某的做法如出一辙,但是却很难否认不法广告商的“以营利为目的”。陈某单独提供软件增强包的下载,不侵害任何人的知识产权,而将软件增强包与合法软件捆绑下载,其行为实际上借助了合法软件这一平台,因此,对“以营利为目的”的理解,自然不能脱离合法软件进行分开考察。应当指出,尽管“以营利为目的”存在网络变异的现象,但是这一问题通过法律解释的方式完全可以在现有刑法框架下得到合理解决。

(二)传统犯罪社会危害性之网络变异及其反思

源于网络的平台效应,即使某个网络犯罪行为与传统犯罪别无二致,其社会危害性仍可能发生根本性变化。[14] 网络对犯罪社会危害性的变异作

---

〔14〕 Maria Laura Sudulich, *Review of Digital Citizenship: The Internet, Society, and Participation*, *Information, Communication & Society*, Vol. 11, 2008, p. 1035.

用,体现为犯罪社会危害性的复制性、聚焦性、扩散性。

1. 犯罪社会危害性的网络复制性

网络空间不存在传统空间的时空概念,在理论上可以无限延展,蕴含其中的信息可以快速和无限制地传播与复制。此种特性导致了网络犯罪社会危害性的复制和放大,许多普通犯罪行为一旦移植到网络中便可能产生令人瞠目的结果。

网络对于犯罪社会危害性的复制放大,体现在横向和纵向两个方面。(1)横向复制性,如侵权复制品的网络传播。传统空间的知识产权附着于一定物质载体,物质载体本身存在成本,因此传统侵犯知识产权行为的危害性无论多么巨大,客观上总是有限度的。知识产权的数字形态摆脱了物质载体束缚,作品在网络上可能仅仅占用微不足道的存储空间,但是在传播上却没有任何物理局限,因而网络知识产权犯罪的危害性与传统犯罪在危害性方面不可同日而语。(2)纵向复制性,体现为犯罪总量的激增。网络空间的存在,使传统犯罪由"现实空间"一个发生平台增加为"现实空间"和"网络空间"两个平台,使犯罪在整体上获得了更多犯罪资源,也降低了一些传统犯罪的门槛。具体表现为:其一,犯罪行为激增。网络空间为犯罪提供了新的资源和空间,除了原有现实平台之外,一个犯罪行为既可以是全部犯罪过程都发生于网络空间,也可以同时跨越网络空间和现实社会两个平台。同时,传统空间资源有限,存在对犯罪有形与无形的各种束缚,而理论上网络资源无限、可再生,网络平台客观上使犯罪行为获得了更为充裕的犯罪资源和空间。既然网络行为和信息可以无限复制,那么网络犯罪的危害性也就具有了可复制性。其二,犯罪人数扩张。"互联网2.0"时代人与系统的互动、人与人的互动成为主要特点,在这一背景之下,陌生人在网络空间中偶遇和共谋,在现实社会或者网络空间中进一步相互配合而实施共同犯罪的现象大量出现,客观上直接导致共同犯罪的整体数量增加。例如,2009年1月徐州市云龙区破获的一起诈骗电讯资费的共同犯罪案件,就极为典型。团伙内成员之间的联系极为随意和松散,成员间多是通过网络进行单线联系,且互有交叉,没有严格"上下线"关系,彼此之间有不同"分赃"协议,非法收入一天一结算,不一定有固定合作关系,随时都有人退出,也不断有人通过网络获得该信息而申请加入。[15] 此案表明，现实社会中共同犯罪局限于一定的时空范围内，共同犯罪人数很难达到一定的规模，即便是有组织犯罪，也需要相当长的时间以完成犯罪成员的吸收和犯罪组织的建立。而网络中的共同犯罪却可以在短时间内轻易纠集大量人员，尽管共同犯罪人之间的联系极为松散，大多互不相识，却丝毫不影响共同犯罪实行。可以说，网络并没有改变一些犯罪的本质，却使其形式迅速变化，网络独有的虚拟信息交流特征，使共犯的形成呈现出随意性、松散性特点；提供犯罪工具型技术帮助行为的职业化，也使犯罪的实施变得更为简单，危害性更为巨大。

2. 犯罪社会危害性的网络聚焦性

网络聚焦效应客观影响着犯罪社会危害性的评价。只有一般危害性的大量网络违法行为，通过"一对多"犯罪模式的过滤和汇聚，社会危害性在另外一个"节点"上集中爆发出来并升格为新的罪质更为严重的犯罪行为。搜索引擎的恶意链接行为就典型体现了网络的此种聚焦特性。

链接的作用与钥匙相似，点击一个链接就恰如打开一扇房门，它可以为信息的获取提供极大方便。但同时，链接又具有极强的指引性，网民的行为极易为链接所引导。链接无所不在，而搜索引擎则将链接这一行为的重要性与广泛性推向了极致。近年来，搜索引擎巨头屡屡陷入法律纠纷之中，许多就是因恶意链接而起，如谷歌"涉黄门"、百度"版权门"等。

就链接行为和被设链网页、信息的通常关系而言，恶意设链原本是一种典型的片面共犯：恶意链接帮助了违法、侵权信息的传播和扩散，因此是一种具有帮助性质的共犯，其危害性应当小于正犯行为。但网络空间中犯罪社会危害性的聚合效应改变了网络片面共犯的规范形态，片面共犯与正犯的关系发生了变异。片面共犯原来处于辅助和从属地位，但在网络中，由于链接行为对信息具有事实上的传播作用，搜索引擎相对于被链接信息而言占据着主动地位和主导作用，搜索引擎的社会危害性也随之增强，刑法评价基点也就必须转换。

---

〔15〕 参见李春丽、王磊：《网络电话群拨：声讯资费诈骗新套路》，载《检察日报》2009年10月13日，第4版。

恶意链接行为的社会危害性为什么会得到强化？这其实是所有网络帮助性犯罪的共性问题。在现实空间中，无论是片面共犯还是帮助犯，共犯与正犯之间是“一对一”的关系，帮助行为对正犯行为只具有“加速”作用，即帮助行为促进和便利了正犯行为的实现，使正犯行为的“时点”提早到来，但现实空间中的帮助犯不可能加剧正犯的社会危害性，自身的社会危害性程度也不可能超越正犯行为。在网络世界中，这一切都发生了改变。网络中的主流犯罪模式是“一对多”的关系，帮助行为面对的往往是不特定的多数人，在搜索引擎中则是一家搜索引擎针对海量网页和信息，其“一对多”的关系更加夸张。

正因为存在这种一对多的关系，使原本处于从属地位和帮助地位的链接行为出现了社会危害性的聚拢、集聚、强化作用。以淫秽信息为例，孤立地看，链接行为只需要为每次检索到的具体淫秽信息承担责任，而多数情况下被链接者所上传到网络中的淫秽信息数量较小，虽然也是一种传播行为，但往往只属于违法行为而不构成犯罪，那么根据片面共犯的传统理论，链接行为也不构成犯罪。但从整体看，所有散落在网络空间中的淫秽信息都可以通过链接寻找并汇集，链接本身又属于一种传播行为，那么，设置链接者就应当对所有被链接的淫秽信息的传播承担责任。搜索单一淫秽信息的危害性点滴汇聚，使得搜索引擎整体社会危害性大大超过被链接淫秽信息的社会危害性。因此，搜索引擎个案中的社会危害性的狭小不能掩盖整体上社会危害性的巨大。如同磁铁一样，搜索引擎对信息具有“吸取”和“聚拢”功能，聚拢的功能就是其链接功能，吸收的力量就是设置链接的强度大小。因此，无论是典型共犯还是片面共犯，都已经不可能真实反映链接行为的社会危害性，必须将链接行为的刑法评价机制独立化。也就是说，此类帮助行为由于社会危害性的升高，应当摆脱共犯地位的束缚予以正犯化处理。

网络的聚焦作用还有另一种表现形式：快速聚拢社会公众原本分散的注意力，将其集中投射在某一具体行为或者事件上，从而导致犯罪的“恶劣”影响被迅速放大，或者其中的“同情因素”被快速放大。一个普通事件，无论是在现实空间口口相传还是经由传统媒体报道，影响力都是有限的，但在网络中则极可能会形成一定时期内的网络热点，引起大量“跟帖”评价，舆论汹涌导致了犯罪行为危害性的放大(恶劣影响被放大)或者缩小(同情因素被放大)。例如,在"艾滋女闫德利案件"中,网络的聚焦作用对被害人和社会秩序形成的巨大影响和冲击是有目共睹的,直接导致这一案件由"告诉才处理案件"上升转化为"严重危害社会秩序和国家利益"的公诉案件。可以说,任何一条信息,在网络空间中都可能被数量庞大的受众获知、审视、传播和评价,它的影响力自然呈几何级扩大。但无法回避的尴尬事实是,两个同样的犯罪行为,如果一个受到网络聚焦效应的影响,另一个没有受到网络关注时,两者的评价结论就会差异极大。因此,网络的聚焦作用对于犯罪社会危害性的抬升和压缩,是一个值得研究的问题,"网络推手"介入刑事司法的事件逐渐增多,人为制造的网络关注现象正在严重冲击着刑法理论的评价模式,也影响着司法的公正和独立。

3. 犯罪社会危害性的网络扩散性

源于网络空间中"一对多"的犯罪模式,网络扩散效应和聚焦效应一样,也在客观影响着犯罪社会危害性的评价。聚焦与扩散,恰如一对矛盾体统一到网络空间中。

以网络空间中培训黑客技术的行为为例。网络犯罪爆炸式增长和传统犯罪网络变异发生的大背景,源于犯罪门槛大幅度降低,网络犯罪开始由精英犯罪蜕变为平民犯罪,而造就、推动这一现象的始作俑者便是黑客培训学校。[16] 黑客学校的快速出现和泛滥,引发的不仅仅是黑客技术的传播,更是网络违法犯罪的快速增加;而黑客技术培训,也被固化到黑客产业链(受利益的驱动,从编写程序到传播,到销售再到洗钱分账,病毒和攻击程序的买卖已形成了一条完整的产业链)中,而且是这一链条的顶端和起点,这也体现了网络帮助行为从"工具提供"到"技术提供"的新特点。黑客学校在某种程度上是黑客犯罪产业链的源头,它通过自己编造病毒程序的出售或者传播,或者通过学校、论坛传授,推动病毒买卖与传播的产业化,也推动黑客违法犯罪主体的日趋年轻化和黑客犯罪的"平民化""全民化"。

---

〔16〕 确切来讲,此处的"黑客学校"应当指通过网络进行黑客技术传授的黑客网站、黑客技术论坛等培训模式。考虑到用语习惯、用语的统一化和理解的方便,本文仍然使用黑客学校这一说法。

从刑法共犯的角度看,黑客技术培训是为后续的黑客技术犯罪行为提供技术帮助,在性质上属于对正犯的帮助行为。帮助行为的危害性小于正犯行为的危害性,这是传统刑法理论的一般认识。但在网络世界中,此类帮助行为的社会危害性远超正犯行为。原因是,孤立地看,虽然黑客技术培训行为只需要对每次的后续黑客行为承担责任,其危害性不可能超过后续行为,[17]但从另一个角度看,正是黑客技术培训才催生了所有后续的正犯行为,每一次正犯行为的源头都是黑客技术培训行为。因此,黑客技术培训当然应为所有的正犯行为承担责任。这恐怕才是黑客技术培训社会危害性的本来面目,造成这一事实的正是网络中通行的"一对多"的犯罪模式。

更进一步讲,"一对多"的犯罪模式也只有在虚拟、无限延展的网络世界才能大行其道。通过网络平台,接受黑客技术培训的人可能成千上万,甚至黑客技术培训者自己都不清楚准确数量。"一对多"的犯罪模式普遍存在于网络帮助型的共同犯罪中,而且其社会危害性大大超越正犯行为。这在传统刑法中是难以想象的。

"聚焦"和"扩散"效应如同硬币的正反两面,共存于网络空间中。危害性的网络聚焦性要求刑法打击点后置,即将干预重点由前一个初始行为转向后续行为;而危害性的扩散性则迫使刑法打击点前移,在犯罪社会危害性未及充分发散前将其消灭于无形。无论是打击点的后置还是前移,都体现一个思路:传统犯罪的网络变异影响着刑法的打击策略,犯罪的社会危害性发生改变,刑法规则的切入点必须相应转变。无论是"聚焦"还是"扩散",总会存在一个社会危害性的"焦点"——刑法制裁侧重点永远停留的地方。

(三)传统犯罪的犯罪形态之网络变异及其反思

传统犯罪的犯罪形态变异,在司法实践中已经对定罪和量刑产生巨大的现实影响。

以伪造证件类犯罪的网络变异为例进行分析。2007 年年底,被告人李康在帮助伪造证件者增加计算机信息系统内存储的证件比对、验证数据过程中,发现借此可以获取高额利润,遂与被告人李航预谋,抛弃原来的合作

---

〔17〕 后续行为未必就是犯罪,有的可能只是一般的违法行为,因此黑客技术培训的危害性就更小。

者，由李航直接联系需要增加计算机信息系统数据的合作者，由李康负责侵入相关计算机信息系统中添加信息。此后一年半的时间里，李航通过采取注入工具软件、上传后门木马程序等手段，多次非法侵入陕西省职称、职（执）业资格证核查系统、陕西卫生网、江西省自学考试网等网站，修改、增加数据信息1289条，非法所得130余万元。法院认为，被告人李康、李航等人违反国家规定，对于计算机信息系统中存储、处理的数据和应用程序进行修改、增加的操作，后果严重，其行为已构成破坏计算机信息系统罪。

网络拥有高效性、开放性、同步性、共享性，这些都为证照信息的同步共享、查验和比对提供了可能。虽然证照物理存在形态的变化使伪造证件类犯罪技术快速升级，但是仅仅针对文本证照本身进行伪造，只是完成了整个伪造过程的一部分，要真正实现伪造证照的现实使用和达到“以假乱真”的目的，就必须要完成对网络虚拟领域中用于比对的证照信息的伪造。

网络因素渗入伪造证件类犯罪后，带给此类犯罪三方面的变异。（1）犯罪停止形态的变异。过去文本证件一旦伪造完成，犯罪即宣告既遂，但现在由于用于证件信息和内容比对的网络信息数据库的存在，还必须要侵入相应网络数据库添加伪造证件信息，才能保证伪造证件被正常使用。也就是说，后续侵入计算机信息系统行为开始“挤入”犯罪过程，成为证件伪造犯罪的一个组成部分。这一行为的“挤入”在客观上拉长了犯罪的物理过程，且使原来存在于现实空间的犯罪既遂变为犯罪预备。（2）共犯形态的变异。在本案中，被告人李康原来在帮助伪造证件者增加计算机信息系统内存储的证件数据，性质上属于他人正犯行为的帮助犯；但在李康发现此事有利可图而“单干”时，原来的伪造证件者只能被迫反过来求助于李康。原因很简单，没有李康的“帮助”，单纯的文本证件伪造在市场上将没有任何“竞争力”。这就意味着由于证件信息“网络伪造”的地位凸显，过去帮助行为和实行行为的角色开始互换，帮助行为强化为实行行为，实行行为弱化为帮助行为。（3）罪名选择的变异。本案中李康的修改、添加计算机信息系统内存储的信息是伪造证件的一个手段，这一手段自始至终为伪造证件服务。但侵入有关计算机信息系统，修改、添加该系统内存储信息的行为违反了《刑法》第286条规定，构成破坏计算机信息系统罪和伪造证件犯罪，构成想象竞合犯,根据“择一重罪处断”原则,依据《刑法》第280条与第286条法定刑比较,应当以破坏计算机信息系统罪定罪量刑。由此导致的一个问题是,在伪造证照犯罪中,只要介入网络因素就只能出现一种结果,破坏计算机信息系统罪。也就是说,基于想象竞合理论而把伪造证照犯罪的法律规定完全架空,《刑法》第280条关于伪造证照犯罪的规定完全失去了司法实践意义,而破坏计算机信息系统罪则成为一切介入网络因素的伪造证照犯罪——以及其他类似犯罪的“新口袋罪”。

网络对犯罪形态变异的影响力是立体而非平面的。在网络空间中,技术帮助行为在整个共同犯罪中的地位凸显,在共同犯罪中的实际作用和占有的“社会危害性”的比重都超越了传统犯罪行为。正是共同犯罪内部社会危害性地位的转换,才导致帮助行为和实行行为的角色互换,并引起刑法打击策略和评价体系的整体变化。

三、传统犯罪网络变异与中国刑法应对

传统刑法理论和立法、司法规则仍将是网络时代惩治犯罪行为的基本规则,但面对异常汹涌的网络犯罪浪潮,技术因素的介入必将迫使刑法传统观念和理论认知模式有所转变。在网络危害行为入罪的思考中,需要审慎的是,入罪化具有多大的必要性,以及入罪化的限度何在?

(一)传统犯罪网络变异之理论和立法回应的基本思路

正如有学者指出,对于网络危害行为的考察,应当从“质”和“量”两个方面考量。其一,质的考量。新科技出现使一些新的法益需要被保护,如软件、数据、程序、系统等。其二,量的变化。例如,在网上散布诽谤或者色情言论,在本质上并不涉及新法益的侵害,只是因其在网络上出现,借着网络的传输速度、渗透性和国际性,才引出不少法律上的新问题。[18]

网络危害行为入罪化的一个根本前提,在于传统刑法无法满足此类行为的规范评价要求。就当前网络犯罪的现状而言,入罪化的迫切性并不如

〔18〕 参见郭婉雯:《电脑(网路)犯罪》,载 http://www.studa.net/xingfa/090925/16162773.html,最后访问日期:2009年9月25日。

人们想象的那样强烈。虽然传统犯罪的网络变异趋势极为明显,但是传统刑法以扩张解释的方式完全可以解决大多数问题。网络空间不是现实空间的简单复制,网络犯罪在现实中却具有映射性。网络虽然增加了人的认知范围和活动领域,但网络空间的利益多数仍是现实空间中利益的延伸,差别只在于表现形式不同。可以说,传统刑法对网络空间的适用困境,有相当一部分是人为臆造出来的,还有相当一部分完全可以借助适度扩张解释的方法加以解决,真正具有入罪化必要性的领域是有限的。[19] 例如,虚拟财产本质上就与实体财产别无二致。在网络犯罪没有侵害新法益的情况下,入罪化的必要性是非常有限的,而之所以入罪化的呼声一直非常强烈,是因为人们不敢、不善于、也不愿挖掘传统刑法的潜力,以及刑法解释水平低下的缘故。仍以网络虚拟财产为例,在《刑法》第92条已经留下了足够解释余地的情况下,大量基层司法机关仍然以法无明文规定为由对于侵犯虚拟财产的行为不予处罚,笔者认为,这似有推卸司法责任之嫌。

有学者指出,从现行刑法上观察,计算机犯罪应当成立何种罪名,在解释上并无太大困难,盖其犯罪手法虽新,本质上仍与传统犯罪并无特别不同。换句话说,普通刑法既能适用于几世纪前的偷马行为,也能适用于当今汽车与飞机时代,自可适用于未来之信息化社会。美国1984年通过《伪造连接装置及计算机诈欺与滥用法案》(*Counterfeit Access Device and Computer Fraud and Abuse Act of 1984*),但事实上依据此项法规起诉判决的数量并不多,主要原因之一就是许多计算机犯罪可以用其他罪名追诉。因此,对于计算机犯罪而言并无必要动辄制定特别法。只有一部分在解释上有困难的条文,才有必要通过修订法律的方式加以因应。[20]

笔者也赞同此种观点。在大多数情况下,计算机并没有开创一种新的犯罪潮流,它仅仅改变了较古老的犯罪形式。[21] 因此,网络空间中的多数犯

〔19〕 Susan W. Brenner, Fantasy Crime: The Role of Criminal Law in Virtual Worlds, *Vanderbilt Journal of Entertainment and Technology Law*, Fall, 2008, p. 18.

〔20〕 参见廖有禄:《计算机犯罪的刑法问题》,载《中央警察大学学报》(台南)1997年第31期。

〔21〕 参见[美]G. 杰克·波罗格纳、[加]罗伯特·J. 林德奎斯特:《查处舞弊技巧与案例》,张玉译,中国审计出版社1999年版,第221页。

罪,仍然只是传统犯罪的网络再现,只是由于技术性因素的介入而在一些方面发生了变化,通过刑法理论和解释规则的“与时俱进”,套用传统犯罪的罪刑条款完全可以解决问题。只有极少数情况是侵犯到了一种全新法益,需要设置新的罪刑条款。传统犯罪网络变异所造成的真正障碍是,法益仍然是固有的传统法益,但犯罪对象、犯罪目的、犯罪行为和犯罪形态在网络空间中发生了严重变异,此时如何在立法和理论上加以应对是个难题。犯罪对象的归属和犯罪目的的具备与否,是一个解释论问题,前者本质上仍是一种法益判断,后者实际上是一种具备与否的纯粹解释。但犯罪行为的变异和犯罪形态的变异,严重冲击着传统的刑事立法和刑法理论,需要扩张性的刑法解释加以应对。

(二)司法解释的扩张化思路:共犯行为的正犯化解释

面对传统犯罪的网络变异,在刑事立法层面上创设新的规则固然是一种思路,但笔者认为,扩张化的司法解释更具经济性、时效性,也是更为可行的现实化途径。

1. 司法解释应对网络因素的传统模式:关注网络因素的现实影响

司法解释对于传统犯罪网络变异的关注由来已久,但传统的应对模式只是在司法解释之中关注网络因素的现实影响。例如,2001 年最高人民法院、最高人民检察院《关于办理组织和利用邪教组织犯罪案件具体应用法律若干问题的解释(二)》中规定:“制作、传播邪教宣传品,宣扬邪教,破坏法律、行政法规实施,具有下列情形之一的,依照刑法第三百条第一款的规定,以组织、利用邪教组织破坏法律实施罪定罪处罚:(1)制作、传播邪教传单、图片、标语、报纸 300 份以上,书刊 100 册以上,光盘 100 张以上,录音、录像带 100 盒以上的……(3)利用互联网制作、传播邪教组织信息的……”在这一司法解释中,现实社会中的“传播”行为要达到“严重情节”的标准才构成犯罪,而网络空间中的“传播”行为却没有要求具备“严重情节”的数量标准。也就是说,司法解释充分关注到了网络的“复制性”特点。

此类司法解释虽然能够反映出最高司法机关对于网络传播所具有的特殊危害性已有一定认识,但并没有体现出任何扩张性解释倾向;同时,此种解释模式也局限于少数司法解释,绝大多数罪名的网络变异在认定上仍然没有明确标准。

2."共犯行为的正犯化解释"模式被司法实践接受的过程

"共犯行为的正犯化解释",就是将网络空间中表象上属于犯罪行为的帮助犯、实质上已然具有独立性的"技术上的帮助犯"等帮助行为,扩张解释为相关犯罪的实行犯,即不再依靠共同犯罪理论对其实现评价和制裁,而是将其直接视为"正犯",直接通过刑法分则中的基本犯罪构成对其进行评价和制裁。

最高司法机关对于传统犯罪网络变异的早期态度,是通过司法解释将为某些个别犯罪行为提供网络技术帮助的行为作为相关犯罪的帮助犯处理,这是传统刑法理论的固有思路。例如,2005年最高人民法院、最高人民检察院《关于办理赌博刑事案件具体应用法律若干问题的解释》第4条规定:"明知他人实施赌博犯罪活动,而为其提供资金、计算机网络、通讯、费用结算等直接帮助的,以赌博罪的共犯论处。"应当指出:(1)即便没有此类司法解释的指导,司法实践中也会采用完全相同的处置方法,因为为相关犯罪提供网络技术支持的行为属于典型的帮助行为,这是传统刑法思维的唯一结论。(2)此种解决方案可能没有实际可操作性。因为其前提是:其一,要解决共犯的定罪问题,必须要解决正犯的定罪问题,而在"一对多"的网络犯罪"帮助犯"模式中,在单独的被帮助者可能由于行为过于轻微而无法构成犯罪的情况下,根本就无法评价帮助者行为的刑事责任;其二,刑事管辖权问题,如果被帮助者处于境外,无法被追究刑事责任,就会导致程序难以进行。

3."共犯行为的正犯化解释"模式的司法确立

面对上述尴尬,司法解释开始逐渐将一些网络帮助行为解释为相关犯罪的实行行为。从最初的对于网络技术帮助行为帮助犯地位的个别认同,到对其帮助犯地位的普遍认同,再到在个别犯罪行为中将其视为独立的犯罪实行行为,体现了最高司法机关对于网络技术帮助行为的危害性认识的不断深化。

"共犯行为的正犯化解释"思路,已经在现实中有所尝试。2010年最高人民法院、最高人民检察院《关于办理利用互联网、移动通讯终端、声讯台制作、复制、出版、贩卖、传播淫秽电子信息刑事案件具体应用法律若干问题的解释(二)》(以下简称《淫秽信息解释(二)》)以连续四条的篇幅确立了这一模式:(1)利用互联网建立主要用于传播淫秽电子信息的群组,成员达30人以上或者造成严重后果的,对建立者、管理者和主要传播者,以传播淫秽物品罪定罪处罚。(2)以牟利为目的,网站建立者、直接负责的管理者明知他人制作、复制、出版、贩卖、传播的是淫秽电子信息,允许或者放任他人在自己所有、管理的网站或者网页上发布,情节严重的,以传播淫秽物品牟利罪定罪处罚。(3)网站建立者、直接负责的管理者明知他人制作、复制、出版、贩卖、传播的是淫秽电子信息,允许或者放任他人在自己所有、管理的网站或者网页上发布,情节严重的,以传播淫秽物品罪定罪处罚。(4)电信业务经营者、互联网信息服务提供者明知是淫秽网站,为其提供互联网接入、服务器托管、网络存储空间、通讯传输通道、代收费等服务,并收取服务费,情节严重的,对直接负责的主管人员和其他直接责任人员,以传播淫秽物品牟利罪定罪处罚。

上述司法解释对于四种类型的传播淫秽物品的网络技术支持行为,不再作为帮助行为定性,而是直接作为传播淫秽物品罪、传播淫秽物品牟利罪的实行行为加以评价和制裁;不再考虑其所帮助的,实际在网络中传播淫秽物品的行为是否构成犯罪的问题;不再以传播淫秽物品罪、传播淫秽物品牟利罪的共犯来对此类技术帮助行为进行定性评价:从而在司法上减少了烦琐的,对于具体传播淫秽物品行为加以认定和评价的步骤,能够更为有效地评价和制裁危害性更大的传播淫秽物品的网络技术帮助行为。显然,这是“共犯行为的正犯化解释”思路的司法确认。

4. 扩张解释的局限性及其引发的司法尴尬

共犯行为的正犯化解释,是解决网络空间中为犯罪提供技术帮助行为的刑事责任的有效途径之一。但是,这一解决方案有其局限性,例如,扩张解释有其边界,不能突破罪刑法定原则;同时,这一解决方案也会引发一定司法困境,仍以《淫秽信息解释(二)》为例进行分析。

该解释第4条第1款规定:“以牟利为目的,网站建立者、直接负责的管理者明知他人制作、复制、出版、贩卖、传播的是淫秽电子信息,允许或者放任他人在自己所有、管理的网站或者网页上发布,具有下列情形之一的,依照刑法第三百六十三条第一款的规定，以传播淫秽物品牟利罪定罪处罚：(一)数量或者数额达到第一条第二款第(一)项至第(六)项规定标准五倍以上的；(二)数量或者数额分别达到第一条第二款第(一)项至第(六)项两项以上标准二倍以上的；(三)造成严重后果的。"也就是说，司法解释虽然在定性上将网站管理者允许和放任传播淫秽电子信息的行为作为"实行行为"加以评价，但在定量上对于网站管理者的行为成立犯罪却提出了更高的"倍数"条件或者"后果"条件。实际上，鉴于共犯行为的正犯化解释在很多情况下实质上是将共犯行为解释为一种独立的"不作为"，因此，它单独成立犯罪的要求较之直接"作为"型行为要高——这一点似乎并无不合理之处，但随之而来的问题是，当共犯行为尚未达到单独成立犯罪的标准时。例如，网站管理者放任他人发布淫秽信息，但是尚未达到上述"倍数"条件或者"后果"条件，此时不成立犯罪，然而，此时如果"他人"所实施的直接传播淫秽信息的行为达到数量标准而构成犯罪的话，作为共犯，网络管理者却又构成犯罪。因为共犯行为能否成立犯罪，主要还是看"正犯"行为是否构成犯罪：如果构成，网络管理者可以以共同犯罪的帮助犯处理；如果不构成，则网络管理者也不成立犯罪。造成此种司法困境的原因是，司法解释同时赋予网络技术帮助行为两种性质，一是共同犯罪中的帮助行为，二是单独犯罪中的实行行为，而此种"一个行为双重性质"的解释方法，必然会导致在定罪上的"一个行为两次判断"，进而必然会在个案中产生罪与非罪认定上的冲突和矛盾。因此，扩张解释有其边界和局限性，面对传统犯罪的整体变异趋势，寻找刑事立法层面上的解决方案势在必行。

(三)传统犯罪网络变异的刑法应对：预备行为的实行化和共犯行为的正犯化

发生在现实社会中的传统犯罪，其预备行为和帮助行为在危害性上远远小于实行行为，因此刑法规定对其从轻、减轻或免除处罚。但发生于网络空间中的传统犯罪，其预备行为的社会危害性往往远超实行行为，其帮助行为的危害性往往远超正犯的实行行为。基于此，笔者认为，面对传统犯罪的网络变异，刑事立法上存在两个全新的立法解决思路。

1. 网络危害行为危害性倍增的回应:预备行为提升、独立化为实行行为是一种趋势

以非法侵入计算机信息系统为例。从法理上讲,非法侵入计算机信息系统的行为应当是一种侵犯各种国家事务秘密、国防秘密和尖端科学技术秘密的犯罪预备行为,但是由于此类预备行为所涉及的犯罪性质严重,一旦进一步实施或者实施完毕,其危害性将变得极为严重,其危害后果可能是难以预测、无法评估和难以挽回的。同时,此类犯罪即使实施完毕也不一定产生,或者说不一定立即产生可以具体确定的实际危害结果,而且也不一定能够被最终发现、查证。考虑到这类犯罪严重的社会危害性及其犯罪行为的特殊性质,《刑法》第285条将这种实质上的犯罪预备行为法定提前化,也即把这些预备性质的犯罪行为提升为具体犯罪犯罪构成中的实行行为,以严厉打击此类犯罪。笔者认为,此种情况在今后涉及计算机犯罪的刑事立法中,将会是一种常见的立法选择模式,越来越多的犯罪预备行为被法定提前化、独立化为一种新的犯罪类型,将会是一种趋势。

2. 网络帮助行为危害性过大的回应:共犯行为的正犯化是出路

网络空间中某些犯罪的帮助行为,其社会危害性已经远超正犯行为的危害性,比如公开传播犯罪工具、对他人侵入行为实施技术帮助等。由于此类行为巨大的社会危害性,依靠传统的共犯理论已经无法对其实施有效制裁。

应当说,帮助行为的危害性大于正犯行为的危害性,在传统共同犯罪中几乎不可能存在,但在网络共同犯罪中却是普遍现实。与传统共同犯罪不同,网络帮助行为代替正犯行为已经占据了共同犯罪的中心位置。对此应当指出,在中国,"帮助犯"概念只存在于刑法理论中,[22]刑事立法中主、从犯的处罚基点无法反映网络帮助犯和帮助行为的真实地位。因此,将网络空间中危害严重的帮助行为入罪化,通过"共犯行为的正犯化"方式,将其设定为独立的新罪,使帮助行为摆脱对于被帮助者所实施犯罪的依附作用,应

[22] 从某种意义来看,《刑法》第27条规定的"在共同犯罪中起到辅助作用"的从犯,并不一定就能够等同于帮助犯。"辅助作用"从严格解释上来看,未必就完全等同于"帮助行为"所产生的"作用"。

当成为刑事立法应对网络共同犯罪现实挑战的最佳回应方式。“共犯行为的正犯化”立法模式在今后涉及计算机犯罪的刑事立法中,也将会是一种常见的立法选择模式,越来越多的帮助行为将会被独立化为一种新的犯罪类型,笔者认为,这同样将会成为一种立法趋势。审视《刑法修正案(七)》中新增设的计算机犯罪条款,其实也遵循了“共犯行为的正犯化”的立法思路。

四、结语

网络的出现是20世纪的革命性事件,其意义在于继蒸汽机的发明以及电力的应用之后,成为人类历史上影响最深远、意义最重大的技术创新活动之一。今日的网络不仅是信息交流和传播的媒介以及生活和工作的平台,它甚至渐渐摆脱了工具理性的束缚,转而开始制约,乃至型构人类社会的基本关系网络和组织形态。

同时,网络也给传统犯罪行为开辟了新的渠道和领域,犯罪方法不断翻新,传统犯罪结构亦随之改变。也即,传统犯罪的网络变异现象已经严重冲击和销蚀着传统的刑法基础理论;同时,网络对于传统刑事立法也起着无法回避的弱化、虚化作用,它对于刑事法律体系的影响日益增大,已经不再局限于刑事立法的一般框架和范畴,转而开始逐渐侵蚀其基础理论架构。[23]

综上所述,产生于农业社会,成熟于工业社会的传统刑法理论及其构建的刑事立法,在信息社会已经呈现出愈发明显的体系性滞后。同时,科技的迅猛发展,使传统刑法理论和刑事立法滞后于现实的可能性越来越大。面对网络技术似乎永不停滞的升级及其介入传统犯罪层面的不断深入,经验总结型的被动反应式传统立法模式、数百年岿然不动的传统刑法理论已经显得越来越力不从心,无法对于技术的扭曲使用加以及时、恰当的评价。因此,正视传统犯罪网络变异带来的挑战,尤其是由此导致的法益增生及犯罪行为变异,以更高的角度、更宽的视野对于网络和刑法的关系进行整体性的

---

〔23〕 争议甚至出现在刑事立法的名称和内涵上,“cybercirme”和“cybercirme”在立法名称中不仅仅是作为一个单词和一个词组的差异,某种程度上它也实际决定着刑事立法的内涵和打击半径。Russe ll G. Smith, Peter Grabosky and Gregor Urbas, *Cyber Criminals on Trial*, Cambridge: Cambridge University Press, 2004, p. 5.

思考,已经不能再称为前瞻性的研究。笔者认为,网络对传统法律体系的影响是全方位和多层次的,传统刑法理论、理念和刑事立法规则的自我调整和时代转型自然无法避免,这需要理论研究的快速跟进。

(本文原载于《中国社会法学》2010 年第 3 期)

形式解释论的再宣示

陈兴良

形式解释论与实质解释论正在成为我国刑法学派之争的一个方面。[1]这一争论不仅是刑法解释的方法论之争,而且是刑法本体的价值论与机能论之争,甚至可以上升到刑法观的层面,由此而形成形式刑法观与实质刑法观的对峙。[2]我是主张形式刑法观的,并且从形式刑法观的基本立场出发,推演出形式解释论的结论。因此,对于形式解释论与实质解释论之争,不应局限在刑法解释这一范围,而应当从形式刑法观与实质刑法观的对立中,探寻形式解释论与实质解释论的分歧所在,由此阐述形式解释论的理据。

一

形式解释论与实质解释论首先涉及的是一个刑法解释方法论问题,因此可以在解释论的层面上予以展开。应当指出,在法律解释学中,本来并无形式解释论与实质解释论之分,而只有客观解释论与主观解释论之别。我国学者梁根林教授较早地在刑法解释的目标意义上提出了形式解释论与实质解释论这对范畴,指出:"法律解释论关于法律解释的目标向来就有主观解释论与客观解释论、形式解释论与实质解释论之争。主观解释论强调探询立法者的立法原意,这是一种强调尊重和忠实于立法者通过法律文本表达的立法原意的解释论,因而亦称形式解释论。而客观解释论则着重发现法律文本现在应有的客观意思。简言之,这是一种强调法律文本的独立性、

〔1〕 参见陈兴良:《走向学派之争的刑法学》,载《法学研究》2010年第1期。

〔2〕 参见刘艳红:《实质刑法观》,中国人民大学出版社2009年版;邓子滨:《中国实质刑法观批判》,法律出版社2009年版。

试图挣脱立法者的立法原意,而根据变化了的情势与适用的目标,挖掘法律文本现在的合理意思的解释论,因而又称为实质的解释论。与此相适应,刑法解释论亦存在着关于解释目标的形式解释论与实质解释论。"[3]

在以上论述中,梁根林教授将主观解释论等同于形式解释论,而将客观解释论等同于实质解释论,这是值得商榷的。正如有学者所说,上述两者并不是同一个问题。主观解释论和客观解释论之争主要解决的是刑法条文的含义应不应该随着时间、外部世界以及人们的价值观念的变化而流变的问题,而形式解释论与实质解释论之争主要解决的则是解释的限度问题,即解释是否只能严格遵循刑法条文的字面含义的问题。[4] 因此,主观解释论与客观解释论和形式解释论与实质解释论之间,虽然存在某种重合,但还是两个不同的范畴。例如,在刑法解释的立场上,我是主张客观解释论的。但在刑法解释的限度上,我又是主张形式解释论的,两者并不相悖。其实,主观解释论与客观解释论的问题,在我国基本上已经得到解决,即客观解释论几成通说。我国最高人民法院在有关的指导性案例中,也明显地倡导客观解释论。[5] 而形式解释论与实质解释论问题,则是我国刑法学界当前关注的一个争议问题。因此,只有从我国刑法知识的背景出发,才能充分理解形式解释论与实质解释论作为法解释方法论之争的现实意义。

在解释论意义上,我国学者阐述了形式解释论与实质解释论的含义,指出:"在当前中国刑法的解释问题上,存在形式解释论与实质解释论的争论。形式解释论主张忠诚于罪状的核心意义,有时候甚至仅仅是自己熟悉的法条的含义。实质解释论主张以犯罪本质为指导,来解释刑法规定的构成要件。对于实质上值得科处刑罚但又缺乏形式规定的行为,实质解释论主张在不违反民主主义与预测可能性的前提下,对刑法作扩张解释。当刑法条文可能包含了不值得科处刑罚的时候,通过实质解释论,将单纯符合刑法文

---

〔3〕 梁根林:《罪刑法定视域中的刑法适用解释》,载《中国法学》2004年第3期。此外,梁根林教授在该文中还论及一种折中解释论的观点。

〔4〕 参见许浩:《刑法解释的基本立场——对实用主义法律解释观的论证》,载《东方法学》2008年第6期。

〔5〕 参见陈兴良:《判例刑法学》(上卷),中国人民大学出版社2009年版,第30页以下。

字但实质上不值得刑罚处罚的行为排除在犯罪之外。”[6]以上论述明确地提出了形式解释论与实质解释论的对峙。引起我关注的是,论者提出的实质解释论的两种情形:第一,对于实质上值得科处刑罚但又缺乏形式规定的行为,通过实质解释可以入罪。第二,对于刑法条文可能包含的不值得科处刑罚的行为,通过实质解释予以出罪。对于第二点,形式解释论也并不会反对,因为有利于被告人的出罪解释并不违反罪刑法定原则,也不违反形式解释论的宗旨。换言之,在形式解释的基础上进行实质解释,将那些虽然符合法律文本的形式特征但并不具有处罚必要性的行为排除在构成要件之外,即使符合构成要件也还可以通过违法阻却事由和责任阻却事由而排除在犯罪之外,这并不违反罪刑法定原则,也是形式解释论的应有之义。正如日本学者大塚仁指出:“关于刑罚法规,也并非否定一切的自由解释。特别是对在有利于行为人的方向进行的解释,不受罪刑法定主义的限制,实际上也可以从超法规的观点广泛地承认违法阻却事由和责任阻却事由。”[7]

但是,在某些实质解释论者的论域中,往往把形式解释论视为法条主义,即只是根据法律文本的字面含义,甚至是通常含义对刑法进行形式的、机械的解释,因而形式解释论不要实质标准,不要实质正义。[8] 这种观点把形式解释论与实质解释论之争描述为要不要实质判断之争,这是对形式解释论的一种误解,甚或是一种虚构。建立在这种误解或者虚构基础上对形式解释论的批判,正如周详博士所言,难免存在“射偏靶子”的嫌疑。[9] 其实,形式解释论,至少是主张形式解释论的我,并不反对实质判断,更不反对通过处罚必要性的实质判断,将那些缺乏处罚必要性的行为予以出罪。形式解释论与实质解释论的根本区分仅仅在于:在对刑法进行解释的时候,是否先进行形式判断,然后再进行实质判断。换言之,在形式判断与实质解释

---

〔6〕 李立众、吴学斌主编:《刑法新思潮——张明楷教授学术观点探究》,北京大学出版社2008年版,第67页。

〔7〕 [日]大塚仁:《刑法概说(总论)》(第3版),冯军译,中国人民大学出版社2007年版,第78～79页。

〔8〕 参见苏彩霞:《实质的刑法解释论之确立与开展》,载《法学研究》2007年第2期。

〔9〕 参见周详:《建立一座法律解释论的“通天塔”——对实质的刑法解释论的反思》,载陈兴良主编:《刑事法评论》(第26卷),北京大学出版社2010年版,第72页。

判断之间形成逻辑上的位阶关系。尤其是在刑法没有所谓的形式规定的情况下,能否通过实质解释将其入罪?

因此,形式解释论与实质解释论之间分歧的焦点在于上述第一点,即能否通过实质判断将实质上值得科处刑罚但又缺乏形式规定的行为入罪?对此,形式解释论是持坚决否定态度的,但实质解释论对此却持肯定的态度。这里的“法律缺乏形式规定”,到底是法律有规定还是法律没有规定?如果法律有明文规定,即使是隐形规定的情形,也完全可以通过法律解释方法予以揭示,又何必采取所谓实质解释论呢?如果法律没有规定,又怎么可能通过实质解释而将其行为入罪呢?而且,在以上论述中,实质上值得科处刑罚这一判断是先于法律有无规定的形式判断的。在这一实质判断的强势主导下,罪刑法定原则遭受践踏。在这种情况下的解释就不再是对法律文本的严格解释,而完全超越了法律文本。

那么,实质解释论如何对待罪刑法定原则所具有的对刑法解释的限制机能呢?我国学者为实质解释论作了以下辩护:“实质解释论屡受批判的主要原因是实质解释论可能会违背罪刑法定。这是对实质解释论的一种误读。凡是解释,不管是形式解释还是实质解释,都是以文本为依据的,否则就谈不上是一种解释。实质解释论事实上也是坚持罪刑法定主义的。只不过在实质解释论者眼里的罪刑法定,不仅具有形式的侧面,而且还具有实质的侧面。刑法在适用的过程中,不仅仅能实现形式正义,还必须实现实质正义。”〔10〕按照以上论述,实质解释是以法律有明文规定为前提的。确实,凡是解释必须都以文本为依据,但以文本为依据的解释并不必然与罪刑法定原则相符合。只有当被解释的行为包含在法律文本当中时,这种刑法解释才是符合罪刑法定原则的;而当被解释的行为并不包含在法律文本当中,法律文本只是提供了“最相类似”的规定,这种解释是类推解释,其与罪刑法定原则相违背是毋庸置疑的。质言之,法律解释既可能是法内解释,又可能是法外解释。只有法内解释才是符合罪刑法定原则的,而法外解释并不符合罪刑法定原则。因此,不能认为只要是依据法律文本所作的解释就一定符合

〔10〕 前引〔6〕,第 67 页。

罪刑法定原则。

此外,以上论述提出了一个涉及罪刑法定原则内容的重要命题:罪刑法定的形式侧面和实质侧面,或者说是形式的罪刑法定与实质的罪刑法定。据此推理,形式解释论坚持的是形式的罪刑法定原则,而只有实质解释论才不仅坚持形式的罪刑法定,而且还坚持实质的罪刑法定。论者认为,从形式的罪刑法定到实质的罪刑法定,这是一个罪刑法定原则从初级形态向高级形态的发展。同样,从形式解释论到实质解释论也是解释论从初级形态向高级形态的演变,由此而为实质解释论寻找进化论的依据。应该说,这种观点还是具有较大市场的。例如,梁根林教授指出:"大体而言,在形式的罪刑法定观念支配下的19世纪的刑法解释论,一般倾向于采纳形式的解释论与主观解释论,20世纪以来,在实质的罪刑法定观念主导下的刑法解释论则多坚持实质的解释论与客观解释论。"〔11〕在此,需要对罪刑法定原则的精神加以正确地领会,而这正是评判形式解释论与实质解释论的关键所在。

二

罪刑法定原则是启蒙思想留给近代刑法的最大遗产,也是法治社会刑法的内在精神之所在。然而,罪刑法定原则本身也经历了一个演变过程,即从绝对的罪刑法定原则到相对的罪刑法定原则。应该说,绝对的罪刑法定原则与相对的罪刑法定原则主要还是一个立法的问题,即刑法是否设置相对确定的法定刑,是否授予法官刑罚裁量权。当然,在刑法解释问题上,同样也折射出罪刑法定原则的嬗变。绝对的罪刑法定原则是禁止法官对刑法进行解释的。例如,孟德斯鸠就认为,如果允许法官对法律进行解释,法官在有关一个公民的财产、荣誉或生命的案件中,就有可能对法律作有害于该公民的解释。〔12〕而贝卡利亚则明确地指出,严格遵守刑法文字所遇到的麻烦不能与解释法律所造成的混乱相提并论。因而,贝卡利亚力图阻止人们进行致命的自由解释,认为这正是擅断和徇私的源泉。〔13〕以上对法律解释

---

〔11〕 前引〔3〕。

〔12〕 参见[法]孟德斯鸠:《论法的精神》(上册),张雁深译,商务印书馆1961年版,第12页。

〔13〕 参见[意]贝卡利亚:《论犯罪和刑罚》,黄风译,中国大百科全书出版社1993年版,第13页。

必要性的根本否定当然是难以成立的,因为法官所从事的并不是一种人性化的“自动归类工作”(supsumtionsautomaten),法官必须总是在法律文本各种可能的含义之间加以选择,而这种根据特定规则进行的创造性活动,就被人们称为解释。[14] 因而,刑法解释对于刑法适用来说是必不可少的,没有刑法解释也就没有刑法适用。然而,能否由此而引申出实质的罪刑法定原则则是值得置疑的。

实际上,在与形式的罪刑法定原则相对应意义上的实质的罪刑法定原则,最初是从意大利的实质的合法性原则中引申出来的。例如,我国学者陈忠林教授在翻译意大利学者的著作时曾经论及在意大利刑法学界罪刑法定原则又被称为合法性原则,而合法性原则又分为形式的合法性与实质的合法性原则。陈忠林教授指出:“意大利著名刑法学家 F. Mandovani 等权威人士认为,所谓‘形式的合法性原则’(ilprincipiodi legalità for male),是一种将‘法’仅仅理解为立法机关制定的成文法,视形式上违法为犯罪本质,强调法律表现形式及内容的确定性,相对强调刑法保护公民自由的倾向;所谓‘实质的合法性原则’(ilprincipiodi legalità. sostanzial),则是指视正义为法的本质,强调‘无社会危害不为罪’(nullun crimen sine iniuria),强调维护社会的基本条件是刑法的首要任务。鉴于‘形式主义的合法性原则’与中国刑法学界所说的‘罪刑法定原则’有基本一致的内容,而赞成在意大利应坚持‘形式的合法性原则’,是意大利刑法学界基本上一致的主张,故本书仍按中国的习惯,将意大利刑法中的‘合法性原则’译为‘罪刑法定原则’。”[15]

由此可见,意大利刑法学界虽然存在形式的合法性原则和实质的合法性原则之说,但对应于罪刑法定原则,只能是形式的合法性原则,并且意大利的通说也是如此。换言之,实质的合法性原则是与罪刑法定原则完全相悖的。尤其是所谓实质的合法性原则在犯罪本质上强调“无社会危害不为罪”,认为在认定犯罪时可以撇开法律规定的形式,直接以行为对社会的危

---

〔14〕 参见[德]克劳斯·罗克辛:《德国刑法学总论》(第1卷),王世洲译,法律出版社2005年版,第84~85页。

〔15〕 [意]杜里奥·帕多瓦尼:《意大利刑法学原理》(注评版),陈忠林译评,中国人民大学出版社2004年版,第14页。

害作为认定犯罪的标准。[16] 这种理论与我国传统的社会危害性理论如出一辙,因为"无社会危害不为罪"这一命题是十分容易推导出"有社会危害即为罪"这一反面命题的。以上命题都是以犯罪的实质内容否定犯罪的形式要素,从而导致对法治的破坏。

然而,陈忠林教授在论述我国刑法的时候,却采取了明显认同所谓实质的罪刑法定原则的思想进路,指出:"西方刑法学中对罪刑法定原则的实质主义理解,从任何时代的任何法律都不可能包罗万象、尽善尽美这一正确前提出发,反对将法律条文视为僵死的教条,强调发挥法官在司法过程中的主观能动性,追求具体案件中具体正义。这些对于人们正确地认识法律的性质和保证法律能动的正常发挥,防止法律规定脱离社会的现实需要和在法学领域反对将法律视为纯粹概念的堆砌的形式主义的倾向,都有着不可忽视的积极作用。"[17] 尽管陈忠林教授也指出了对罪刑法定原则的实质理解存在最终被盲目的直觉引进法律虚无主义泥坑的危险,但仍然主张罪刑法定原则的实质价值。尤其是陈忠林教授在译注意大利学者的著作中虽然已经指出只有形式的合法性原则才对应于罪刑法定原则,而实质的合法性原则与罪刑法定原则根本无关,甚至完全相悖。但陈忠林教授却仍然把形式的合法性原则称为对罪刑法定原则的形式理解,把实质的合法性原则称为对罪刑法定原则的实质理解,由此虚构出形式的罪刑法定原则与实质的罪刑法定原则之间在价值上的对立。陈忠林教授指出:"在法的本质问题上在实在的制定法以外去寻求法的真谛,把'罪刑法定原则'中的法理解为体现了'人类理性'的'自然法',在实际生活中为人们所遵循的'活法'或'司法创造的法'(nullun crimen sine iniuria);在法的价值取向问题上着重强调了人的利益应服从社会的需要,将维护社会生活的基本条件作为刑法的首要任务,在刑法的渊源问题上强调刑法表现形式的多样性和内容的不确定性(nullum crimin sine iniuria——无社会危害不为罪),这就是西方刑法学中对

〔16〕 参见陈忠林:《意大利刑法纲要》,中国人民大学出版社1999年版,第11页。

〔17〕 陈忠林:《从外在形式到内在实质的追求——罪刑法定原则蕴涵的价值冲突与我国应有的立法选择》,载《现代法学》1997年第1期。

'罪刑法定原则'的实质主义理解。"[18]

由是,本来与罪刑法定原则无关的实质的合法性原则,就被转换为实质的罪刑法定原则,不仅与罪刑法定原则有关,而且还是一种对罪刑法定原则的正确理解,由此彻底颠覆了以人权保障为价值取向的罪刑法定原则,至少使罪刑法定原则面目模糊。

陈忠林教授从形式的罪刑法定原则和实质的罪刑法定原则的对立出发,对如何解决罪刑法定原则与类推的关系作了以下解读,指出:"如何对待类推,实质上就是如何对待'罪刑法定原则'的实质理解和形式主义理解中所包含的价值冲突问题。如果视法的确定性为法的第一生命,以保障公民自由为刑法的终极目标,认为法律的公平正义等内在价值应屈从于法律的表现形式,刑法保卫社会公共利益的作用得让位于保障公民个人自由的功能,那么废除类推就是当然之义。如果认为公平正义为法律能否存在的根据,强调保护社会的利益是刑法的首要任务,在法律外在的表现形式与法律应有的内在价值有矛盾时,将法律的内在价值摆在首位,当个人的自由与社会的利益发生冲突时,个人的自由应服从社会的利益,承认类推的合理性也是自然的选择。个人自由与社会利益、法律的确定性与法律的内在价值,这两对现代法制社会最基本的价值冲突就这样历史地摆在了我们的面前。"[19]

尽管陈忠林教授认为对于上述两难选择不允许只选择矛盾的一方面而牺牲矛盾的另一方面,但是,陈忠林教授强调我国刑法应当追求罪刑法定原则的内在价值,并且力图论证类推制度与罪刑法定原则的内在价值并无冲突之处,从而呼吁在1997年刑法修订时保留1979年刑法中的类推制度。由此可见,这种并不排斥类推的罪刑法定原则,即所谓实质的罪刑法定原则,其实并非罪刑法定原则,它与罪刑法定原则所包含的形式理性是背道而驰的。可以说,这种实质的罪刑法定原则正是实质解释论的理据。例如,陈忠林教授提出现代法治归根结底是人性之治、良心之治,由此引申出常识、常理、常情是现代法治的灵魂之命题。[20] 将这一命题适用于刑法解释,就会将

---

〔18〕 前引〔17〕。

〔19〕 前引〔17〕。

〔20〕 参见陈忠林:《刑法散得集》,法律出版社2003年版,第37页。

实现常识、常理、常情作为刑法解释的根本目的。[21] 在这种情况下,常识、常理、常情就成为实质解释论得以体认的实质正义。问题在于,是否应当区分立法与司法这两个层面:在立法层面上,常识、常理、常情作为设罪制刑的依据完全是正确的。但是,如果在司法层面将常识、常理、常情作为实质正义凌驾于刑法之上,这将是十分危险的。

关于形式的罪刑法定原则与实质的罪刑法定原则之分。如前所述,实质的罪刑法定原则其实不是罪刑法定原则,而只是我国学者对意大利刑法学中的实质的合法性原则的一种解读。然而,罪刑法定的形式侧面与实质侧面,则是日本刑法学界通行的观点。日本学者一般认为,罪刑法定原则具有以下六个派生原则:(1)刑法不溯及既往;(2)排除习惯法原则;(3)禁止类推原则;(4)禁止绝对不定期刑;(5)刑法明确性原则;(6)刑法内容适当原则。[22] 在上述六个派生原则中,前四个体现的是罪刑法定原则的形式侧面,后两个反映的是罪刑法定原则的实质侧面。应该说,罪刑法定原则实质侧面的两个派生原则,主要是受美国法学的影响。日本学者大塚仁指出:"美国法学中的'法律条文明确性(definiteness)理论'(因不明确而无效的理论 Void for vagueness doctrine),即关于适正地告诉国民什么是犯罪以及作为法官适用法的指针,刑法缺乏明确性时,应该拒绝适用它;'实体的正当程序(Substantive due process)理论',即宪法的适正程序条项要求刑事程序具有适正性和刑事立法的实体内容具有合理性,反之,就是违宪,这些都与上述罪刑法定主义的派生原则密切相连。"[23]

应该指出,上述罪刑法定原则的实质侧面在精神上与罪刑法定原则的形式侧面是完全相同的,都具有人权保障的价值蕴涵。对此,有日本学者指出:"罪刑法定原则要成为实质的保障人权原理,除了仅仅要求在行为时存在规定有犯罪和刑罚的法律还不够,而且,该刑罚法规还必须是适当的。罪刑法定原则时至今日仍然能够作为刑事立法和刑法解释学的指导原理长盛不衰、蒸蒸日上,主要是因为在民主主义、自由主义之类的形式原理之上,还

---

〔21〕 参见王凯石:《刑法适用解释》,中国检察出版社2008年版,第192页。

〔22〕 前引〔7〕,第70~71页。

〔23〕 前引〔7〕,第71页。

有更高层次的普遍原理,即‘实质的保障人权原理’做支撑。这个原理,蕴含着保障人的基本自由、尊重人的基本权利的思想,也就是说,在实质性地保障着个人尊严为背景的权利和自由不受国家刑罚权的肆意侵害。”〔24〕以上论述将人权保障、民主主义的原理贯通罪刑法定原则的形式侧面与实质侧面,对此我是赞同的。但是,日本学者将罪刑法定原则的实质侧面视为相对于罪刑法定原则的形式侧面而言是在价值位阶的更高层次上的,对于这一观点我并不赞同。实际上,罪刑法定原则的形式侧面主要是以立法权限制司法权。〔25〕古典学派都是立法至上主义者,力图采用成文化的刑法典以限制法官的恣意。而罪刑法定的实质侧面则是对立法权本身的限制,无论是不明确即无效还是实体内容的正当性,都是指对立法权的限制,因而具有宪政的功能。因此,罪刑法定原则的形式侧面和实质侧面具有各自的功能,两者不具有同等价值,根本不存在价值上的高低之分。可以想见,如果只强调罪刑法定原则的实质侧面,一部明确而正当的刑法,即使完全符合罪刑法定原则的实质侧面,但如果不通过罪刑法定原则的形式侧面对司法权加以限制,那么罪刑法定原则的实质侧面也只能是一纸空文而已。

值得注意的是,在意大利刑法学中,同样存在明确性与确定性原则(ilprincipio ditassititàedi determinateezza),它要求关于犯罪和刑事制裁的规定必须清楚,不得将它们适用于法律没有明确规定的案件。〔26〕上述原则与日本刑法学中的罪刑法定原则的实质侧面是极为接近的,只不过罪刑法定原则的实质侧面主要是对立法权的限制。意大利刑法学中的明确性原则是对立法权的限制,而确定性原则是对司法权的限制。因为明确性主要涉及立法应如何规定犯罪构成的技术问题,确定性主要解决应如何解释(理解)法律,特别是是否允许类推的问题。〔27〕但在意大利刑法学中,明确性与确定性原则自然属于形式的合法性原则的三个从属性原则之一,而不属于实质的合法性原则。由此也可以看出,日本刑法学中的罪刑法定原则的实质侧

〔24〕[日]曾根威彦:《刑法学基础》,黎宏译,法律出版社2005年版,第12页。

〔25〕禁止溯及力原则,又称为禁止事后法原则,同时具有对司法权与立法权的限制。

〔26〕前引〔15〕,第16页。

〔27〕前引〔16〕,第24页。

面属于罪刑法定原则的范畴,因而根本不同于意大利刑法学中的实质的合法性原则,也即我国刑法学者所言的实质的罪刑法定原则。关键在于:如何正确处理罪刑法定原则的形式侧面与实质侧面的关系。有日本学者批评了以下从罪刑法定原则的实质侧面引申出来的实质解释论的观点,指出:"从刑法实质解释的角度出发,有见解认为,在解释的时候,必须在语言可能具有的意义的范围、国民的预测可能性的范围和保护法益、处罚的必要性之间进行比较衡量。按照这种见解,'解释的实质处罚范围和实质的正当性(处罚的必要性)成正比,和条文通常意义之间的距离成反比。'但是,罪刑法定原则是即便具有处罚的必要性,也不得予以处罚的原则,因此,在确定处罚范围的时候,不应当加入处罚的必要性考虑。罪刑法定原则是即使牺牲处罚的必要性,也要保障国民基于预测可能性进行行动的自由的原则。"〔28〕

上述观点所强调的即便牺牲处罚的必要性也要保障国民基于预测可能性进行行动的自由原则,追求的是罪刑法定原则的形式理性,以此作为刑法解释的方法论,就是形式解释论。日本学者在以上论述中所批评的见解,就是日本著名刑法学者前田雅英的观点,在某种意义上可以说,前田雅英教授是实质解释论的始作俑者。张明楷教授在介绍前田雅英教授关于罪刑法定主义与刑法解释的观点时指出:"前田坚持罪刑法定主义原则,但他反对形式的罪刑法定主义,主张从实质的观点修正罪刑法定主义。罪刑法定主义的民主主义与自由主义的思想基础,使得刑法在规制行为时,必须考虑宪法上的必要性,即罪刑法定主义与实体的正当程序具有密切关系,故必须从实质上理解罪刑法定主义。前田认为,对刑法的解释必须符合宪法。解释刑法时,首先是确定用语可能具有的含义,然后确定该刑罚法规的保护法益,考虑刑法保护的必要性,再后,当符合构成要件的行为具有一定价值时,要对该价值与被害法益的价值进行衡量;此后,计算处罚该行为对其他案件的影响效果;最后,考虑解释结论与其他法律规范的协调统一性。关于解释允许的范围,前田教授提出了一个著名的公式:'解释的实质的允许范围,与实质的正当性(处罚的必要性)成正比,与法文通常的语义成反比。'即处罚的

〔28〕 前引〔24〕,第15页。

必要性越高,允许解释的范围就越大,距离法文的通常语度越远,允许解释的范围就越小。"〔29〕

在以上论述中,张明楷教授称前田雅英反对形式的罪刑法定主义,主张实质的罪刑法定主义。我不禁要问:这里的形式的罪刑法定主义与实质的罪刑法定主义是否对应于罪刑法定原则的形式侧面与罪刑法定原则的实质侧面?如果回答是肯定的,那我难以理解的是:前田雅英反对罪刑法定原则的形式侧面的理由何在?因为罪刑法定原则的形式侧面在主张民主主义与自由主义的思想基础上,强调人权保障,其所追求的刑法价值与罪刑法定原则的实质侧面是完全相同的。更何况,罪刑法定原则的形式侧面的机能在于限制司法权,罪刑法定原则的实质侧面的机能在于限制立法权,多么完美的结合!两者根本不存在互不相容的理由。如果回答是否定的,那么形式的罪刑法定主义意在何指?张明楷教授是前田雅英教授的追随者,从张明楷教授对罪刑法定原则的形式侧面和实质侧面之关系的界定来看,显然天平是偏向于罪刑法定原则的实质侧面的,因而与前田雅英教授的立场完全一致。由此推测,前田雅英教授反对形式的罪刑法定原则,是在一定意义上反对罪刑法定原则的形式侧面。我们且看张明楷教授对罪刑法定原则的形式侧面与实质侧面之关系的以下论述:"罪刑法定原则的形式侧面与实质侧面同时发挥着作用,虽然实质侧面是后来才产生的,但决不能因为它的产生而否认形式的侧面。"〔30〕从以上这段话来看,张明楷教授是罪刑法定原则的形式侧面与实质侧面的统一论者。但又不尽然,张明楷教授揭示了罪刑法定原则的形式侧面与实质侧面之间的冲突,指出:"诚然,形式侧面与实质侧面确实存在两个方面的冲突:一是成文法的局限性决定了刑法不可能对所有犯罪作出毫无遗漏的规定,即存在实质上值得科处刑罚,但缺乏形式规定的行为;二是成文法的特点决定了刑法条文可能包含了不值得科处刑罚的行为,即存在符合刑法的文字表述,实质上却不值得处罚的行为。对于这两个方面的冲突,不可能仅通过强调形式侧面,或者仅通过强调实质侧面来克

〔29〕 李海东主编:《日本刑事法学者》(下),法律出版社、成文堂出版社联合出版1999年版,第32页。该书第14章前田雅英系张明楷撰写。

〔30〕 张明楷:《罪刑法定与刑法解释》,北京大学出版社2009年版,第68页。

服，只有最大限度地同时满足形式侧面与实质侧面的要求，才能使冲突减少到最低限度。”[31]

张明楷教授指出的第一个冲突，也就是中国古人所说的“法有限，情无穷”之矛盾。古人云：“先王立法置条，皆备犯事之情也。然人之情无穷，而法之意有限，以有限之法御无穷之情，则法之不及人情也。”[32]由此可见，法的有限性与情的无穷性之间的矛盾古今皆然。然而，古今对待这一矛盾的态度有所不同：古代社会盛行类推以及比附援引，因而通过类推克服成文法的局限性，实现尽可能多的人之情。在现代法治社会，遵循罪刑法定原则，法无明文规定不为罪。在法律没有明文规定的情况下，即使存在实质上的处罚必要性，也不能定罪处罚。在这种情况下，怎么可能存在罪刑法定原则的形式侧面与实质侧面的冲突呢？令人百思不得其解。然而，张明楷教授不仅认为存在冲突，而且认为，对此应当在不违反民主主义与预测可能性的原理的前提下，对刑法作扩大解释。[33] 令我诧异的是，在法律缺乏形式规定的情况下，居然可以通过扩大解释将之入罪，这不是类推规定又是什么呢？

需要进一步追问的是：对应于形式规定的是实质规定。那么，法律的实质规定到底如何界定？难道存在一种脱离法律文本（形式）的实质规定吗？由此可以明白，实质解释论所认为的罪刑法定原则形式侧面的缺陷需要通过罪刑法定原则的实质侧面加以补救的含义：其一，刑法不可能对所有犯罪作出毫无遗漏的规定。因此，对于那些没有刑法的形式规定但具有处罚必要性的行为，需要通过罪刑法定原则的实质侧面予以入罪。其二，刑法虽然规定为犯罪但没有处罚必要性。因此，需要通过罪刑法定原则的实质侧面予以出罪。现在的问题是：刑法不可能对所有犯罪作出毫无遗漏的规定，这果真是罪刑法定原则形式侧面的缺陷吗？

我认为，刑法不可能对所有犯罪作出毫无遗漏的规定根本就不是罪刑法定原则形式侧面的缺陷。如果说这是一种缺陷的话，应该是成文法的缺陷或者局限。罪刑法定原则是在成文法的这一局限的基础上，不得已而作

---

〔31〕 前引〔30〕，第68页。

〔32〕 佚名：《别本刑统赋解》，载《枕碧楼丛书》。

〔33〕 参见前引〔30〕，第68页。

出的一种价值选择:即使牺牲实质合理性也要坚守形式合理性,对于法无明文规定的行为,无论具有何种社会危害性都将其排除在犯罪的法定范围之外。可以说,基于罪刑法定主义的理念,刑法没有规定本身就是一种规定,即不认为是犯罪的规定。因此,在罪刑法定主义的语境中,刑法规定具有双重蕴含:有明文规定的是犯罪,没有明文规定的不是犯罪。而我们往往对罪刑法定原则存在一种误解,似乎它只对有罪作了规定,对无罪未作规定。其实不然:没有明文规定本身就是规定。这才是罪刑法定原则的应有之义!在这种情况下,刑法不可能对所有犯罪作出毫无遗漏的规定,怎么能说是罪刑法定原则的形式侧面的缺陷呢?如果认为这是罪刑法定原则形式侧面的缺陷,那么我们就必然回到犯罪的实质概念上去,即只要具有社会危害性就应当认定为犯罪。由此,罪刑法定原则的实质侧面就蜕化为意大利刑法学中的实质的合法性原则。因此,所谓罪刑法定原则的形式侧面与实质侧面的冲突,其实是刑法中的形式与实质的矛盾,也可以说是法律形式主义与法律实质主义的矛盾。就罪刑法定原则的形式侧面与实质侧面而言,根本就不存在所谓冲突。

在这种情况下,我们应当进一步追问:实质解释论试图通过罪刑法定原则的实质侧面去克服的形式侧面与日本刑法学中的罪刑法定原则的形式侧面与实质侧面是同一概念吗?张明楷教授在论及罪刑法定原则的形式侧面时指出:“罪刑法定原则的形式侧面的法律主义,要求司法机关只能以法律为根据定罪量刑,而不能以习惯等为理由定罪量刑,以及法官不得溯及既往,不得类推解释法律,不得宣告不定期刑等,都是为了限制司法权力,保障国民自由不受司法权力的侵害。所以,罪刑法定原则的形式侧面,完全体现了形式法治的要求。”〔34〕

以上对罪刑法定原则的形式侧面的界定是完全正确的。尤其是将罪刑法定原则定位于对司法权的限制,表明其所具有的人权保障价值。因此,罪刑法定原则的形式侧面本身具有实质价值。这个意义上的罪刑法定原则的形式侧面又为什么需要罪刑法定原则的实质侧面来加以限制呢?关于罪刑

〔34〕 前引〔30〕,第 27 页。

法定原则的实质侧面,张明楷教授指出:“实质的侧面由来于作为罪刑法定原则思想基础的民主主义与尊重人权主义。罪刑法定原则的实质的侧面包括两个方面的内容:一是刑罚法规的明确性原则;二是刑罚法规内容的适正原则。实质的侧面主要在于限制立法权,充满了对立法权的不信任。换言之,实质的侧面反对恶法亦法,这正是实质法治的观点。”〔35〕

以上对罪刑法定原则的实质侧面的界定同样是正确的,它体现的是对立法权的限制。那么,我不禁要问:为什么对罪刑法定原则的形式侧面与实质侧面的界定都是正确的,而采用罪刑法定原则的实质侧面以克服形式侧面的缺陷的观点又是错误的呢?问题在于实质解释论在这一命题中调换了核心概念:所谓罪刑法定原则形式侧面是指恶法亦法的法律形式主义。而所谓罪刑法定原则实质侧面是指恶法非法的法律实质正义。在这种情况下,罪刑法定原则的形式侧面与实质侧面之间的关系就被界定为恶法亦法与恶法非法的对立,即法律形式主义与法律实质主义的对立。所谓通过罪刑法定原则的实质侧面克服形式侧面的缺陷,就是采用恶法非法的法律实质主义消解恶法亦法的法律形式主义。在法与非法之间,只能二者必居其一。因此,在罪刑法定原则的形式侧面与实质侧面之间,必然以实质侧面否定形式侧面。而罪刑法定原则的形式侧面与实质侧面的统一,只不过是一句空话罢了。

正如前述,罪刑法定原则的形式侧面与实质侧面之间的冲突并不存在,完全是一种主观臆造,因为罪刑法定原则的形式侧面旨在限制司法权,防止司法擅断。因此,罪刑法定原则形式侧面的对立面是司法的恣意;而罪刑法定原则的实质侧面旨在限制立法权,避免立法专横。因此,罪刑法定原则实质侧面的对立面是立法的妄为。

当实质解释论认为罪刑法定原则形式侧面存在缺陷的时候,并不是形式侧面的缺陷。应当指出,坚持形式理性的立场,对于法无明文规定但实质上值得科处刑罚的行为不予处罚,正是实行罪刑法定原则的必要代价。这又怎么能说是罪刑法定原则形式侧面的缺陷呢?对于这个问题,只能采用

---

〔35〕 前引〔30〕,第46~47页。

立法方法加以补救,而决不能通过所谓扩大解释(实为类推解释)加以纠正。即便赞同通过罪刑法定原则的实质侧面对形式侧面的缺陷加以克服这种说法,事实上也是不可能实现的。因为罪刑法定原则的实质侧面是限制立法权,其内容是法律规定的明确性与正当性,它怎么可能对所谓罪刑法定原则的形式侧面加以纠正呢?因此,实质解释论之实质,绝非罪刑法定原则的实质侧面之实质也。

那么,实质解释论之实质又是什么呢?从实质解释论的论述来看,是指处罚必要性,而这种处罚必要性本身就是所谓实质正义。本来,罪刑法定原则的实质侧面是说,立法者应当禁止处罚不当罚的行为,禁止残虐的、不均衡的刑罚。换言之,应当把具有处罚必要性的行为规定为犯罪。既然如此,司法者只要严格依照法律规定对某一行为定罪处罚,就可以将立法上实质正义转化为司法上的形式正义,将立法上的一般正义转化为司法上的个别正义。那又怎么会出现根据处罚必要性对法律没有形式规定的行为扩大解释为犯罪的问题呢?因此,对罪刑法定原则的形式侧面进行补救的所谓处罚必要性,根本不是罪刑法定原则的实质侧面的应有之义。张明楷教授指出:"刑法的解释就是在心中充满正义的前提下,目光不断地往返于刑法规范与生活事实的过程。"〔36〕上述命题中的正义既凌驾于刑法规范之上,又存在于生活事实之外。我不禁要问:这是谁之正义?何种合理性?(套用美国伦理学家麦金太尔的书名)。在罪刑法定原则之下,超越法律就没有正义。由此可见,形式解释论与实质解释论之争,实际上是对罪刑法定原则的理解之争。如何正确地解读罪刑法定原则的内在精神,才是对形式解释论与实质解释论作出正确判断的关键之所在。

三

形式解释论与实质解释论的对立,当然肇始于对罪刑法定原则的不同理解,但又不仅于此,而且还涉及彼此殊异的解释方法论。其中,核心问题在于如何寻找罪刑法定原则下刑法解释的边界。如前所述,在罪刑法定原

〔36〕 张明楷:《刑法分则的解释原理》,中国人民大学出版社2004年版,第9页。

则下，基于法无明文规定不为罪的理念，其所要限制的是司法权的滥用，即将法无明文规定的行为通过刑法解释而予以入罪。但罪刑法定原则从来不禁止法官对法有明文规定的行为通过刑法解释而予以出罪。因此，所谓刑法解释的边界是指入罪解释的边界，这是一个逻辑前提。质言之，将法有明文规定的行为加以出罪本身根本不涉及形式解释还是实质解释的问题。[37]因此，我们关注的焦点是：在对法无明文规定，按照实质解释论的表述，在法律没有形式规定的情况下，能否通过刑法解释予以入罪？只有在这一问题上，才存在形式解释论与实质解释论之争。同时，我们还应当明确，这里的刑法解释主要是指学理解释，在一定情况下可以包括司法解释，但无论如何不能包括立法解释。但是，主张实质解释论的苏彩霞教授通过对我国当前九个刑法立法解释进行实证研究得出结论：我国刑法立法解释均采取了实质的解释立场，以此论证坚持与维护这一实质解释立场的功能价值。[38] 我认为，刑法的立法解释采取实质解释立场并不能成为刑法实质解释论的正当性的论据。既然是立法活动，也就无所谓受到法律文本限制的问题，只要在立法权限之内，立法者完全可以基于一定的立法目的创制刑法规范。在这个意义上，立法解释可以都是实质解释。但不能由此得出结论，因为立法解释采用实质解释方法，所以司法解释或者学理解释也可以采用实质解释方法。更何况，根据我国学者的研究，九个刑法立法解释可以分为两类情况：一是明确刑法规范具体含义的解释，二是补充立法性质的解释。[39] 上述刑法立法解释都没有超出立法解释的权限，基于立法解释的特殊性，其所采取的解释方法并不当然可以被其它刑法解释所采用。在此，解释主体对解释方法的制约性，是一个有待于进一步研究的问题。因此，形式解释论与实质解释论的根本对立在于：在刑法没有所谓形式规定的情况下，能否将具有实质上的处罚必要性的行为通过扩大解释予以入罪。对此，形式解释论的

---

〔37〕 实质解释论往往认为，刑法的实质解释具有将具有处罚必要性的行为入罪与将不具有处罚必要性的行为出罪这样两种功能，参见前引〔2〕。

〔38〕 参见苏彩霞：《我国刑法立法解释立场的实证考察》，载《浙江大学学报》（哲学社会科学版）2010年第3期。

〔39〕 参见唐稷尧：《事实、价值与选择：关于我国刑法立法解释的思考》，载《中外法学》2009年第6期。

观点是断然否定的,而实质解释论的立场则是肯定的。对这个问题,形式解释论赞同在可能的语义的范围内,对刑法进行严格解释。应该说,形式解释论并非如同实质解释论所描述的那样,拘泥于刑法条文的字面含义。我国学者认为形式解释论关注的就是词语的核心含义,并认为核心就是全部,而只有实质解释论才以可能的语义作为解释的限度。[40] 实际上,可能的语义并非实质解释论的专利,形式解释论同样主张以可能的语义作为解释的边界。关键问题在于:如何界定这里的可能的语义。德国学者罗克辛提出了将可能的语义作为解释界限的命题,指出:"解释与原文界限的关系绝对不是任意的,而是产生于法治原则的国家法和刑法的基础上:因为立法者只能在文字中表达自己的规定,在立法者的文字中没有给出的,就是没有规定的和不能'适用'的。超越原文文本的刑法适用,就违背了在使用刑罚力进行干涉对应当具有的国家自我约束,从而在自己的思想中考虑应当根据法律规定来安排自己的行为。因此,仅仅在可能的词义这个框架内的解释本身,就能够同样起到保障法律的预防性作用,并且使违反禁止性规定的行为成为应受谴责的。"[41]

以可能的语义作为刑法解释的界限,为区分法内与法外提供了一个客观可以验证的标准。尽管可能的语义本身往往也是难以界定的,但有这样一个标准总是比没有这样一个标准更好一些。正如德国学者指出:"法律的意思只能从条文的词义中找到。条文的词义是解释的要素,因此在任何情况下必须将'可能的词义'视为最宽的界限。"[42]

在寻找可能的语义的时候,必须从语义解释开始,但又不限于语义解释。对此,有德国学者指出:"每个解释,皆是依照自然的和特别的法学名词术语字义,从法律条文的所用文字(wortlant)上开始(文理理解),字义多义时,以法律的产生史(Entstehungsgeschichte des Gesetzes)(历史解释)和在整个法律体系中的系统的相关性(Systemzusammenhang im Gesetzesganzen)

---

〔40〕 前引〔4〕。

〔41〕 前引〔14〕,第 86 页。

〔42〕 [德]汉斯海因里希·耶塞克、托马斯·魏根特:《德国刑法教科书》,徐久生译,中国法制出版社 2001 年版,第 197 页。

（系统解释作为进一步的辅助手段）。解释的重点是问寻法律的特别保护功能（besondere Schutzfuntion des Gesetzes）和法律的客观意思与目的（objetiven sinn und Zweckdes Gesetzes）（客观—目的解释）。”〔43〕在此，涉及各种刑法解释方法的位阶关系。在以上论述中，德国学者按照语义解释——历史解释——系统解释——客观—目的解释这样一个顺序为各种刑法解释方法的适用提供了一个指引，实际上就是对各种刑法解释方法的位阶关系的描述。在以上位阶关系中，语义解释也就是文义解释或者文理解释居于首选的位置。我国学者在论及各种法律解释方法的位阶关系时，提出了语义解释是法律解释方法的优位选择的命题，认为在法律解释过程中，应当把追求文义作为法律解释的起点和终点。〔44〕 对此，我深以为然。在对刑法规定进行语义解释时，如果某一行为并未被通常语义所包含，则须进一步辨别是否在语义的射程之内。只有当它被可能的语义所包含，但存在多重含义时，才需要采取其他各种方法最终确定其含义。值得注意的是，主张实质解释论的苏彩霞教授亦认为在可能的文义之界限“点”上，文义要素具有绝对优先性，指出：“文义解释是一切解释的出发点，这是安定性优先的刑法解释目标对解释顺序的要求。不仅如此，要实现安定性优先，还要求文义具有界限功能。即文义不仅是一切解释的出发点，更是一切解释的终点。任何解释，不管其出于体系上的考虑或者刑事政策上的目的的考虑，都不能超过刑法用语的‘可能文义’范围。”〔45〕

如果真的以可能的语义限制其他解释方法，那正好符合形式解释论的立场。因为可能的语义作为一种形式要素为刑法解释划定了边界。但实际上，在实质解释论那里，可能的语义并不能成为刑法解释的边界，而恰恰是处罚必要性决定可能的语义，因而刑法解释的边界不是由可能的语义划定的，而是由处罚必要性这一实质价值要素界定的。在这种情况下，目的解释并非如苏彩霞教授所说的是在可能的文义界限内成为“解释方法之魁”，而是完全超越可能的语义，成为具有优先效力的解释方法，我们可以来看苏彩

〔43〕 ［德］约翰内斯·韦赛尔斯：《德国刑法总论》，李昌珂译，法律出版社 2008 年版，第 24 页。

〔44〕 参见陈金钊：《文义解释：法律方法的优位选择》，载《文史哲》2005 年第 6 期。

〔45〕 苏彩霞：《刑法解释方法的位阶与适用》，载《中国法学》2008 年第 5 期。

霞教授是如何论证目的解释的："基于妥当性的目的的解释可能出现两种情况：(1)当刑法字面规定包含了某种不当罚的行为时，目的解释基于妥当性考虑，从处罚的必要性出发限缩解释犯罪构成要件，从而保障了公民自由；(2)当刑法用语通常含义未能包括某种当罚的行为时，目的解释基于妥当性考虑，在不超出可能文义的范围内，将该种行为实质地扩张解释进来，从而保护合法权益。"〔46〕

如前所述，以上第一种情况与形式解释论并无分歧。在第二种情况中，苏彩霞教授把通常含义与可能语义加以区分，因此形成超出通常含义但不超出可能语义的对应关系。但是，通常含义与可能语义之间究竟是什么关系并未界定。其结果是可能语义随处罚必要性而呈现出弹性。例如，张明楷教授一再引用前田雅英教授关于实质解释的基准的以下公式〔47〕：解释容许范围＝处罚必要性/核心含义的距离。

以上公式可以概括为解释容许范围与处罚必要性成正比，而与核心含义的距离成反比。张明楷教授指出："不能只考虑行为与刑法用语核心含义的距离远近，也要考虑行为对法益侵害的程度；因此，处罚的必要性越高，对与刑法用语核心距离的要求就越缓和，作出扩大解释的可能性就越大。"〔48〕这里的核心含义也就是所谓通常含义，它并不受可能语义的限制。在处罚必要性与核心含义的距离这两个要素中，真正决定解释容许范围的是处罚必要性而非可能的语义。可能的语义是随着处罚必要性的增大而不断扩张的，因而成为一条不设防的边界。在这个意义上的扩大解释，亦即实质解释根本没有预测可能性可言。

在形式解释论与实质解释论的争论中，形式解释论往往被实质解释论指责为因为不做实质判断而将没有处罚必要性的行为入罪。例如，张明楷解释就称，形式的解释导致在构成要件之外寻找定罪的标准，从而违反罪刑法定原则的初衷；此外，形式的解释在许多情况下会扩大处罚范围。〔49〕同

〔46〕 前引〔8〕。

〔47〕 [日]前田雅英：《刑法总论讲义》(第4版)(日文版)，东京大学出版社2001年版，第74页。

〔48〕 前引〔30〕，第69页。

〔49〕 参见张明楷：《刑法学研究中的十大关系论》，载《政法论坛》2006年第2期。

时，张明楷教授又称，实质解释论的目的是：只能将值得科处刑罚的行为解释为犯罪行为，换言之，实质解释是一种限制解释。[50] 以上观点本身是建立在将形式解释论误解为只要形式解释不要实质解释基础之上的，对此我在前文已经澄清。我更关注的问题在于：果然形式解释论是扩张解释而实质解释论是限制解释吗？对此，周详博士指出："认真考证实质解释论者和形式解释论者的解释结论，我们又发现一个'怪现象'：实际上很多有争议的案件，或者在具体的理论争议问题上，与实质解释论宣称的限制解释论完全相反，实质解释论者的结论并不是限制解释，相反形式解释论者的结论倒更像是限制解释。"[51] 此言甚是。形式解释论之所以不会如同实质解释论所说的那样成为扩张解释，是因为形式解释论在作了形式解释以后还要进行实质解释，这是一种双重限制，其解释结论就是限制解释。而实质解释论之所以不能如同自己所宣称的那样成为限制解释，是因为实质解释以后无法再作形式解释，因而形式解释被实质解释所取代，形式解释对实质解释的限制机能荡然无存，其结果是通过实质解释而将所谓刑法没有形式规定的行为解释为犯罪，这就必然使其解释结论变成扩张解释，甚至类推解释。为了解实质解释论是如何通过处罚必要性的实质判断而突破可能语义之边界，将刑法没有形式规定的行为入罪的，我们可以讨论以下三个刑法用语的解释问题：

1. 冒充军警人员抢劫

我国《刑法》第263条将冒充军警人员抢劫规定为抢劫罪的加重处罚事由。在刑法理论上，一般都将这里的冒充解释为假冒，这也是语义解释的应有之义，在语义学上根本不存在分歧。例如，我国学者指出："冒充军警人员抢劫是指假冒现役军人、武装警察、公安机关和国家安全机关的警察、司法警察等身份。即无上述的身份，例如，无业人员冒充人民警察，或者是有此种军警人员身份冒充另一种军警人员的身份——士兵冒充警察；冒充与自己职业相同的高级职务人员——士兵冒充军官，不应适用上述规定。"[52]

---

〔50〕 参见张明楷：《刑法的基本立场》，中国法制出版社2002年版，第117页。

〔51〕 前引〔9〕，第73～74页。

〔52〕 王作富主编：《刑法分则实务研究》（中）（第3版），中国方正出版社2007年版，第1083页。

应该说，以上解释是符合立法本意的，也符合社会公众对这一规定的预测可能性。但张明楷教授却对冒充作了与众不同的解释，即将冒充解释为假冒与充当。张明楷教授在论及真正的军警人员显示其军警人员身份进行抢劫的行为应如何处理时指出："从实质上说，军警人员显示其真正身份抢劫比冒充军警人员抢劫更具有提升法定刑的理由。刑法使用的是'冒充'一词，给人印象是排除了真正的军警人员显示真实身份抢劫的情形。但是，刑法也有条文使用了'假冒'一词，故或许可以认为，冒充不等于假冒。换言之，'冒充'包括假冒与充当，其实质是使被害人得知行为人为军警人员，故军警人员显示其身份抢劫的，应认定为冒充军警人员抢劫。"〔53〕

以上解释存在以下三个方面的问题值得质疑：

第一，实质优先的思维方法。实质解释论的根本问题在于实质判断先于形式判断，从而以实质判断取代形式判断。在解释论中，实质解释论是以价值判断取代语义判断，从而突破可能语义的限制。从语义上来说，冒充就是假冒，因而根据简单的语义解释就可以排除真正的军警人员适用加重处罚规定的可能性。那么，又为什么非要把真正的军警人员显示真实身份抢劫解释为冒充军警人员抢劫呢？根据就在于军警人员显示真实身份抢劫比冒充军警人员抢劫更有加重处罚的必要性。在这种情况下，如果把军警人员显示真实身份抢劫排除在冒充军警人员抢劫之外，就是一种形式解释论，这种形式解释论未能将更有加重处罚必要性的情形解释进来，因而需要采用实质解释论加以纠正。这样一种逻辑，岂非破坏罪刑法定原则的逻辑？

第二，可能语义的真实界限。实质解释论在作一般性论述时，常常把通常语义与可能语义加以区分，由此构造了虽然超出通常语义，但却没有超过可能语义这样一种情形，似乎无懈可击。然而，当落实到具体问题的时候，我们就会发现，可能语义变得无影无踪，通常语义则成为随便可以超越的边界。问题之所以出现，我以为在于并非任何词语都有一定弹性的意义域。某些词语具有多义性，或者具有较为宽阔的意义域，对此可以在可能的语义范围内进行价值选择。因此，存在通常语义与可能语义之区分，但在绝大多

〔53〕 张明楷：《刑法学》（第3版），法律出版社2007年版，第717页。

数情况下，语词的含义是较为确定的，因而不存在通常语义与可能语义之区分。对此也就只能采用语义解释而不能进行实质解释。冒充一词就是如此，它的含义就是假冒。但张明楷教授把假冒当作通常语义，然后以实质判断为可能语义设定边界。这种把适用于特殊情况——存在通常语义与可能语义区分的解释论方法推广到适用于所有的情况。并且进一步在理论上提升为实质解释论，则潜藏着的危险是不难洞察的。值得注意的是，实质解释论者为论证实质解释的重要性，对语词的通常含义加以曲解。例如，苏彩霞教授指出："'没有任何法律会基于它的一般性而对所有的个案都是公正的'，由于语言的多义性、不周延性，简单的字面解释反而有时会损害实质的正义与人权的实质保障。如我国《刑法》第111条规定，为境外的机构、组织、人员窃取、刺探、收买、非法提供国家秘密、情报的，处5年以上10年以下有期徒刑。对于这里的'情报'，如果仅作形式的字面解释，即'关于某种情况的消息或报告'，则只要为境外机构、组织、人员窃取、刺探、收买、非法提供一切'关于某种情况的消息或报告'的行为，均构成危害国家安全的为境外的机构、组织、人员窃取、刺探、收买、非法提供情报罪。在这种形式上做到了将司法权限制在法条的文义范围内，实现了人权的形式保障，但显然不当地扩大了本罪的刑罚处罚范围，实质地损害了人权与自由。"〔54〕

以上论述的目的在于论证，即使是像"情报"这样的语词也需要实质解释，如果只作形式解释的话就会扩大本罪的处罚范围。照此推理，"秘密"一词更需要作实质解释，因为形式解释可能解释为"不为人所知晓的事项"，这更是扩大了本罪的处罚范围。这样一种论证虽然采用了归谬法，但其本身却是荒谬的。因为它把语义解释贬低为望文生义或者说文解字。德国学者在论及语义解释即文理解释时指出："文理解释意味着，人们试图从语言的意义上推论出法律意思。这种解释的主要难点在于，必须首先搞清楚，是法学上的语义起决定作用，还是一般的语言适用起决定作用。"〔55〕德国学者指出了语义解释中的两种语义：一是法学上的语义，即专业用语；二是一般语

〔54〕 前引〔8〕。
〔55〕 前引〔42〕，第191页。

言,即日常用语。在进行语义解释的时候,首先应当明确某一语词是专业用语还是日常用语。一般来说,专业用语尤其是法律用语都是具有特定含义的,应当依据有关专业规范或者法律规定进行解释。而日常用语是非专业的,在日常生活中使用的,对此应当按照语词日常含义加以解释。像国家秘密、情报,本身就是法律用语,应当采用以法律解释法律的方法进行语义解释。即使是日常用语,在一般情况下也是具有约定俗成的含义的。例如,情报就具有特殊含义,而不是字面所显示的"关于某种情况的消息和报告"。因此,尽管苏彩霞教授一再强调文义要素具有绝对优先性,文义解释视词典为"堡垒",〔56〕但在实质解释论面前,语义解释这个"堡垒"不攻自破,从而为实质解释敞开了广阔的防线。

即使是主张实质解释论的刘艳红教授也不赞同张明楷教授将冒充解释为假冒和充当,认为将冒充军警人员抢劫的行为解释为涵盖真正军警抢劫行为,是一项违背了罪刑法定原则的类推解释,而不是符合罪刑法定原则的扩大解释。刘艳红教授指出:"这也是实质的刑法解释论提出了一个问题:当基于实质可罚性进行解释时,解释的边界何在?"〔57〕这是一个好问题。对于这个问题,实质解释论真该三思而后行。

第三,论证手法的为我所用。张明楷教授在论证冒充应包括假冒和充当时,提到在别的刑法条文中也使用了假冒,既然在一部刑法中,假冒与冒充两个用语并存,其含义应当是有所区别的。这是对立法意图的一种揣测,当然也不失为一种论证手法。但问题在于,我国刑法中使用冒充一词的也不限于冒充军警人员抢劫一处,在《刑法》第279条招摇撞骗罪中,也采用了冒充一词。招摇撞骗罪是指冒充国家机关工作人员进行招摇撞骗的行为。张明楷教授指出冒充国家机关工作人员的身份进行招摇撞骗存在三种情况,〔58〕此处的冒充为什么又不解释为假冒与充当呢?由此可见,其对同一用语的解释并不能前后一贯。事实上,在刑法中同一用语有不同解释或者不同用语有相同解释,这些现象都是存在的,对此,应当结合不同的语境加以

---

〔56〕 前引〔8〕。

〔57〕 刘艳红:《走向实质的刑法解释》,北京大学出版社2009年版,第222页。

〔58〕 前引〔53〕,第756页。

解释。

2. 毁坏财物

我国《刑法》第275条规定了故意毁坏财物罪。那么如何理解这里的毁坏呢？对于毁坏，我国学者一般解释为毁灭和损坏，指出："故意毁坏财物罪的法定行为方式是毁坏，顾名思义，毁坏包括毁灭和损坏两种行为。所谓毁灭，是指使公私财物灭失或者全部毁坏，使其已经不存在或者虽然存在，但已丧失全部使用价值。所谓损坏，是指使公私财物受到破坏，从而部分地丧失价值或者使用价值。"[59]

应该说，以上语义解释大体上是正确的，符合毁坏一词的日常用法，因而具有预测可能性。当然，这一解释只涉及毁坏的两种程度，但没有涉及毁坏的两种形态：物理性的毁坏与功能性的毁坏，将功能性毁坏包含在毁坏一词当中，应该说没有超过可能的语义。应该指出，对毁坏一词如何理解，在刑法理论上是存在争议的，主要存在以下三种观点：[60]（1）效用侵害说。认为损毁是指损害财物的效用的所为行为。这是从广义上理解损毁概念的主张，在日本处于通说的地位。根据此说，不仅直接造成财物全部或部分毁坏导致其丧失效用的情形构成对财物的毁损，而且财物的外形并未毁坏，只是其效用受损者，也应视为毁损。例如，把财物隐藏在所有者难以发现的处所，将他人的金银首饰丢弃到湖海之中，在他人字画上涂墨水污物，将他人鱼塘的闸门打开让鱼流失，把别人的鸟笼打开让笼中的小鸟飞走，在他人的餐具中投入粪、尿，如此等等，都属于毁损财物的行为。效用侵害说又分为一般的效用侵害说与本来的用法侵害说两种不同的具体主张。其中，前者认为，只要是侵害了财物的一般效用就构成毁损；但后者认为，只有造成财物的全部或部分损害，并使之处于不能按其本来的用法使用的状态，才能视为毁损。（2）有形侵害说。认为毁损是指对财物施加有形的作用力，从而使财物的无形价值、效用受损，或者损害物体的完整性的情形。明显没有施加有形力的场合，毁坏财物罪不可能成立。按照此说，对他人餐具中投入粪尿

〔59〕 前引〔52〕，第1183页。

〔60〕 参见刘明祥：《财产罪比较研究》，中国政法大学出版社2001年版，第418～420页。

使之不能再次使用的，因为对餐具施加了有形力，所以构成毁坏财物罪。如果仅仅只是将财物隐藏起来，则由于没有对其施加有形力，即便是损害了其效用、价值，也不能视为对财物的毁损。不过，也有持此说的学者不赞成这种观点，认为隐匿财物的行为本身就是对财物施加了有形力，应视为对财物的毁损。有形侵害说是德国的通说。不过，德日两国的有形侵害说并非完全相同。例如，日本的有形侵害说对把金戒指投入河海中是否属于施加了有形力的毁损行为的问题没有涉及，而德国的有形侵害说认为，投弃行为不是施加有形力的行为，因而不构成毁坏财物罪。另外，德国的有形侵害说认为，使他人的鱼、鸟逃走，把他人的金戒指投弃到河海之中，之所以不构成毁坏财物罪，不仅仅只是对财物没有施加有形力，更重要的是并非是使之不能按财物的本来用法使用。这同日本的有形侵害说强调对物采取本身的侵害有所不同。(3)无形的毁损说。认为毁损是指对财物的整体或部分造成无形的破坏或毁坏，从而使此种财物完全不能或部分不能按其本来的用法使用。按照此说，毁损的实质不在于是否对财物施加了有形的作用力，也不在于是否损害财物的效用，而在于其所采用的手段是否导致财物遭受物质的破坏，并且使之不能或者很难恢复原状，因而不能按其本来的用法使用。反过来，如果只是造成财物轻微的损坏，很容易恢复原状，并未达到不能按其本来的用法使用的程度，则不能说是对财物的毁损。由此而论，使他人鱼塘里的鱼流失，将笼中之鸟放飞，把金银首饰丢弃到湖海之中，将物品隐藏起来，在餐具中投入粪尿，由于没有杀伤鱼和鸟，没有对首饰、物品、餐具等造成物质的破坏，因而不能构成毁坏财物罪。但隐匿财物的行为并非一概不能处罚，如果行为人有非法取得的意思，那就应该以盗窃罪定罪处罚。目前，物质的毁损说虽然不是日本刑法理论上的通说，但支持者近年来有逐渐增加的趋势。

在以上三种观点中，把财物予以隐匿使财物所有人丧失对财物的使用权不属于毁坏财物。虽然隐匿也能使他人丧失财物的价值，但财物本身没有被毁，不能因为隐匿财物符合使财物的价值降低或者丧失的本质特征就将其认定为故意毁坏财物罪。除此以外，在上述三种观点中，对毁坏含义的理解是不同的，从宽到窄分别是：效用侵害说——有形侵害说——物质的毁损说。在这三种观点中,物质的毁损说较为符合毁坏的本义,强调财物物理性的价值的丧失或降低。有形侵害说则将对财物的有形侵害与无形侵害加以区分,只有有形侵害才是毁坏,无形侵害不是毁坏。但如何界定侵害的有形性与无形性存在较大争议。至于效用侵害说,对于毁坏的理解过于宽泛,已经超出毁坏的字面含义。

在德国刑法理论中,关于如何理解毁坏同样存在争议。例如,将他人饲养的鸟放飞的行为,是否可以构成毁坏财物罪?对此,主流的观点认为,将他人饲养的鸟放飞的行为构成的只是一个不受罚的(纯粹的)"脱离占有"(besitzentzhung)行为;少数人的观点认为,对所有权人确定的用途目的的任何挫败,都以成立破坏或者毁坏的概念。对此,德国学者韦赛尔斯教授指出:"少数人的观点已经超出了法律文字字义对扩张性解释划定的界限,因为在适用损坏的概念时,行为人的对物自身的作用(Einwirkung des tätesquf die Sache selbst)无论是直接的还是间接的他们都未予考虑。"[61]由此可见,尽管德国刑法典对损坏并未规定必须要以对财物的物理上损害作为实现构成要件的前提条件,但基于对损坏这一用语的解释,德国刑法理论的主流观点还是倾向于对损坏作严格解释,避免将破坏他人占有但并未对财物本身造成物理性或者功能性毁损的行为都理解为损坏财物的行为。

对于毁坏一词,各国刑法理论存在不同见解,这是十分正确的。相对来说,日本对毁坏一词的理解较宽,而德国对毁坏一词的理解较窄,在以上观点中,张明楷教授赞同效用侵害说,指出:"对《刑法》第275条所规定的'毁坏'理解,不能单纯以人们的日常用语含义为根据,而应注意到刑法规定故意毁坏罪所要保护的法益。虽然对毁坏的理解超出了该语可能具有的含义,但只要没有超出该语可能具有的含义,又能实现刑法的目的,就应当采取这种解释。效用侵害说正是如此。"[62]效用侵害说强调的是结果,即刑法所保护的法益——财物效用受到损害,但对于行为人是否采用毁坏的方式进行损害则并未顾及。实际上,毁坏首先是一种行为,在财物效用受到损害

---

〔61〕[德]约翰内斯·韦赛尔斯:《德国刑法总论》,李昌珂译,法律出版社2008年版,第28页。
〔62〕前引〔30〕,第210页。

的情况下,我们还要考察该财物效用的损害是否是由行为人的毁坏行为所引起。只有这样,才不至于使毁坏的含义过于宽泛。例如,对于采用高进低出方式进行股票操作而使他人财产损失的行为,是否构成故意毁坏财物罪,关键是如何理解这里的毁坏。对于此类案件,我和张明楷教授的观点是对立的,这种对立恰恰是形式解释论和实质解释论之争在个案上的体现,对此,我认为:如果本案高进低出买卖股票使他人财产受到损失的行为可以解释为毁坏,那么,刑法规定的毁坏一词就丧失了界限功能,故意毁坏财物罪就演变为故意使他人财物遭受损失的犯罪,无论毁坏一词作何种宽泛的解释,高进低出买卖股票的行为都难以为毁坏一词所涵摄。在此,存在一个符合普通公众语言习惯,因而具有法的可预测性的问题。〔63〕 张明楷教授不同意我的上述观点,指出:"能否将高进低出买卖股票评价为毁坏,需要将规范向事实拉近,将事实向规范拉近,而将二者拉近时需要考虑事物的本质。当高进低出买卖股票导致他人遭受数额较大的财产损失(丧失了应有价值),刑法规定故意损坏财物罪就是为了保护他人财产免遭损失(保护他人的财产价值)时,就有必要将毁坏解释为使他人财物(股票)价值减少或者丧失的行为。"〔64〕

在以上论述中,张明楷教授再一次强调事物的本质,肯定了法益侵害的结果。然而,这只是结果的本质。那么,行为的本质又在哪里呢?按照这样一种思路,很容易陷入结果归罪的泥坑。实质解释论反复亮出"实质"这面大纛,似乎大纛一张,妖魔尽散。其实,问题并非如此简单。我们可以来看法官按照这一实质解释论是如何将高进低出买卖股票行为解释为毁坏财物并进而入罪的:"使财物的价值降低或者丧失是故意毁坏财物的本质特征。本案中,被告人朱某利用高进低出买卖股票的方法使被害人的股票市值降低,实际上使作为财产性利益代表的股票丧失部分价值,这就是毁坏他人财物的行为。"〔65〕

使财物的价值降低或者丧失是故意毁坏财物的本质特征这是正确的,

〔63〕 参见陈兴良:《形式与实质的关系:刑法学的反思性检讨》,载《法学研究》2008年第6期。

〔64〕 前引〔30〕,第212页。

〔65〕 卢方主编:《经济、财产犯罪案例精选》,上海人民出版社2008年版,第416~417页。

但这只是故意毁坏财物罪的结果特征而非行为特征。因而据此反推凡是使财物的价值降低或丧失的就是毁坏财物,这是一种以结果倒推行为的逻辑方法,如果不加以限制,就会得出错误结论。正确的表述应该是:采取毁坏财物的方法使财物的价值降低或丧失才是故意毁坏财物罪的本质特征。因此,在刑法明确地对行为特征作了描述的情况下,以结果特征反证行为特征是违反逻辑的。

3. 法条竞合从重选择

法条竞合是从法条上区分犯罪之间的界限的一种理论分析工具,它不同于想象竞合。想象竞合是犯罪的竞合,对于想象竞合应采从一重罪处断的原则。但法条竞合按照不同类型,应当依法处断。尤其是在特别法与普通法竞合的情况下,除法律有明文规定的以外,应当采特别法优先于普通法原则。但是,按照特别法优先于普通法适用法条,有时会出现难以实现实质正义的情形。对此,能否改而采用重法优于轻法的原则呢?对于这个问题,实质解释论是持肯定态度的,由此而使依照刑法或者司法解释本应出罪的行为而得以入罪,使依照刑法规定或者司法解释本应轻处的行为而得以重处。

我国《刑法》第266条规定的诈骗罪与金融诈骗罪之间存在特别法与普通法之间的竞合。司法解释对各种不同的诈骗罪规定了不同的数额标准。普通诈骗以2000元为起刑点,票据诈骗、金融凭证诈骗、信用卡诈骗以5000元为起刑点,贷款诈骗、保险诈骗以1万元为起刑点。那么,行为人以金融诈骗行为数额没有达到金融诈骗的起刑点但已经达到普通诈骗的起刑点,对此能否以普通诈骗罪处罚?对此,张明楷教授认为应认定为普通诈骗罪。这显然是一种实质解释论的解释结论,其理由在于:"从整体上说,金融诈骗实际上是比普通诈骗更为严重的犯罪,不管是从法益侵害的角度来考虑,还是从刑法的规定方式来考虑,都可以得出这一结论。既然如此,对于采取其他方法骗取2000元以上的便以诈骗罪论处,而对于骗取贷款或者保险金,或者使用伪造的金融票据、信用卡等诈骗2000元以上没有达到5000元的,反而不以犯罪论处,便有悖于刑法的公平正义性。"[66]在此涉及刑法对于普通

〔66〕 张明楷:《诈骗罪与金融诈骗罪研究》,清华大学出版社2006年版,第342~343页。

诈骗罪与金融诈骗罪分设普通法与特别法的立法目的之理解。我认为,并不能从法条中得出金融诈骗一定比普通诈骗罪更为严重的结论。对此不同的人会有不同的解读。在这种情况下,根据个人的价值判断而反致定罪,其合理性是极为可疑的。

此外,我国《刑法》第236条规定了强奸罪,包括奸淫幼女型的强奸罪。而《刑法》第360条又规定了嫖宿幼女罪,嫖宿幼女其实是一种特殊的奸淫幼女,关于强奸罪与嫖宿幼女罪之间的关系,在刑法理论上存在不同见解。例如我国有学者从强奸罪的对象是无性同意能力的幼女,而嫖宿幼女罪的幼女是具有性同意能力的,因而认为上述两罪因犯罪对象的不同呈现互斥关系。[67] 当然,通说还是认为上述两罪之间存在特别法与普通法的竞合关系。但从两罪刑罚上比较,嫖宿幼女罪的法定最高刑是15年,而强奸罪具有法定加重处罚事由的,处10年以上有期徒刑、无期徒刑或者死刑。在这种情况下,如果嫖宿幼女行为具备《刑法》第236条规定的加重处罚事由的,能否以强奸罪处无期徒刑或者死刑呢?对此,张明楷教授的回答是肯定的,指出:"(在这种情况下)法律虽然没有明文规定按普通条款规定定罪量刑,但对此也没有禁止性规定,而且按特别条款定罪不能做到罪刑相适应时,按照重法优于轻法的原则定罪量刑。"[68] 这就是一种从重选择,选择的根据仍然是罪刑相适应这一实质标准。其实,嫖宿幼女与奸淫幼女孰轻孰重仍然是一种价值判断。嫖宿幼女是以嫖娼形式出现的奸淫幼女,从被害人角度来说具有牟利目的,从被告人角度来说自认为是一种性交易,因而无论如何,嫖宿幼女行为的性质都要轻于奸淫幼女。即使从被害人同意的法理上来说,在嫖宿幼女的情况下,幼女具有事实上的性同意能力,而在奸淫幼女的情况下,幼女没有事实上的性同意能力。但无论是事实上具有性同意能力还是没有性同意能力,在法律上都是无效的,因而在法律上没有性同意能力是其共通之处,竞合关系也正是建立在这一基础之上。刑法将嫖宿幼女另设罪名,规定了较轻的法定刑,表明刑法评价上嫖宿幼女的性质轻于奸淫幼

---

〔67〕 参见车浩:《论强奸罪与嫖宿幼女罪的关系　兼论法条竞合与想象竞合的适用》,载《法学研究》2010年第2期。

〔68〕 张明楷:《嫖宿幼女罪与奸淫幼女型强奸罪的关系》,载《人民检察》2009年第17期。

女。那么,为什么在没有加重处罚事由的嫖宿幼女轻于奸淫幼女,具有加重处罚事由的嫖宿幼女却重于强奸幼女呢? 根据形式解释论的观点,特别法与普通法竞合的情况下,无论如何都应当按照特别法优于普通法原则适用法条,而不能根据个人的价值判断对法条进行从重选择。

四

形式解释论与实质解释论的对立,实际上是罪刑法定原则与社会危害性理论之争在解释论上的折射,其特殊背景是我国 1997 年刑法确认的罪刑法定原则和随之发生的我国刑法知识的当代转型。我们可以看到,实质解释论的理论资源主要是来自苏俄并经过本土化的社会危害性理论以及来自日本的实质的犯罪论。我国学者以法益概念为中介,将两者巧妙地嫁接在一起,从而使实质解释论以一种学术姿态进入司法实践,被司法实践所接受,并且产生了较大的影响。因此,对实质解释论的批判,必须从曾经主导我国的社会危害性理论切入。

我国刑法以及刑法知识都是在 20 世纪 50 年代从苏俄引进的,刑法解释论也不例外。苏俄学者在论及刑法解释时,指出:"在对刑事法律的解释中,常以某种原则性的政治前提,一定的方法为其基础。资产阶级的法学家的这些方法,就是形式法学方法,苏维埃刑法学所引用的法律解释方法——辩证法唯物论的方法,是具有原则性的差异的,苏维埃科学对刑事法律的解释,是在严格遵守社会主义法制的基础之上,其重心不仅在法律文句的阐明,而且在社会内容之阐明,并且认为刑法的规范并不是一成不变的定理,而是在发展的。"[69] 在以上论述中,苏俄学者把资产阶级的法律解释方法称为形式法学方法。这里的形式法学方法,在很大程度上就是指形式解释论。而苏俄所倡导的解释方法则称为辩证法唯物论,也就是辩证唯物论。虽然苏俄学者主张法律解释应以严格遵守社会主义法制为前提,但其重心不仅在法律文句的阐明,而且在其社会内容之阐释,这实际上就是一种实质解释论。

---

〔69〕 苏联司法部全苏法学研究所主编:《苏联刑法总论》(上册),彭仲文译,大东书局 1950 年版,第 271 页。

应当指出,这种在法律解释上的实质主义是与苏俄刑法没有实行罪刑法定原则具有密切相关性的。苏俄刑法典基于阶级专政的政治需要,在刑法中保留了类推制度,以便对于那些刑法分则没有明文规定,但在实际上被认为是具有社会危害性的行为予以刑事惩罚。因此,1926 年《苏俄刑法典》第 7 条确立了犯罪的实质概念。可以说,不受罪刑法定主义限制的犯罪实质概念,为苏俄刑法学所贯穿的法律实质主义思维方法提供了法律根据。犯罪的实质概念与犯罪的形式概念的对立,是法律实质主义与法律形式主义的方法论对立的根源。因此,有苏俄学者指出:"苏维埃刑法,一方面坚决地摒弃在刑法典条文结构上的一切不确定的叙述,同时也反对那种对刑法规范作法律形式的和款条式的理解。法律形式的方法和那种在实质上、阶级上和政治上对待刑法问题的态度是毫不相容的。"〔70〕这种在法律规定上的实质主义、在法律解释上的实质主义与在法律适用上的实质主义,都在一定程度上反映了在苏维埃社会主义法制建设中的法律虚无主义的影响。

我国在 20 世纪 50 年代初期引入苏俄刑法学,同时也引入了法律实质主义的方法论。在中国严酷的政治现实中,法律虚无主义盛行,社会主义法制被彻底废弃,这就是从 1957 年到 1979 年之间刑法的命运。及至 1979 年刑法颁布,我国进入一个法治的时代。当然,由于历史的惯性,在 1979 年刑法中不可避免地存在苏俄刑法学中的法律实质主义方法论的影响。例如,1979 年《刑法》第 10 条规定的是犯罪的实质概念,我国学者认为这一犯罪的实质概念揭露了犯罪的阶级性和对国家、人民、社会的危害性;它与资产阶级刑法中的犯罪的形式概念也即以犯罪的形式特征掩盖犯罪的阶级实质是根本不同的。〔71〕 尤其是 1979 年《刑法》第 79 条规定了类推制度,对那些刑法分则没有明文规定的行为也可以援引最类似的条文定罪判刑,充分表明了 1979 年刑法所具有的法律实质主义的价值取向。

刑法学中的法律实质主义以社会危害性理论作为其理论形态,社会危

---

〔70〕 [苏]B. M. 契柯瓦则:《与制定苏联刑法典草案有关的苏维埃刑法上的几个问题》,孔钊译,载中国人民大学刑法教研室编译:《苏维埃刑法论文选译》(第 1 辑),中国人民大学出版社 1955 年版,第 5 页。

〔71〕 参见高铭暄:《中华人民共和国刑法的孕育和诞生》,法律出版社 1981 年版,第 36 页。

害性是犯罪的本质特征,也是犯罪构成的本质特征,由此形成社会危害性中心论的刑法学。应该说,在法治不健全的情况下,社会危害性为定罪之司法活动提供了一种实质判断的根据,从而将那些根本不具有社会危害性的行为排除在犯罪概念之外,具有一定的历史作用。然而,社会危害性本身是一种缺乏规范标准的价值判断。如果使社会危害性凌驾于法律规定之上,必然对法治造成极大的冲击。尤其是我国1997年刑法确认了罪刑法定原则,某一行为只有在刑法具有明文规定的情况下,才能依照法律规定定罪处刑,法律没有明文规定的,不得定罪处刑。在这种情况下,我国学者敏锐地发现了社会危害性理论与罪刑法定原则之间的矛盾和冲突。〔72〕 社会危害性理论提供的是一种实质标准,而罪刑法定原则倡导的是一种形式标准,两者的关系如何处理是一个值得研究的问题。应该指出,这是在我国刑法确认罪刑法定原则以后,我国学者开始对社会危害性理论提出质疑。此后,我国学者阮齐林教授明确地提出了在罪刑法定原则确认以后,刑法解释从实质解释论到形式解释论的转变,指出:"罪刑法定原则的确立,还将导致刑法解释方法论的转变,即由重视实质的解释转向重视形式的解释。在罪刑法定原则之下,刑法形式上的东西将居于首要的、主导的地位。犯罪首先是法律形式上存在的犯罪,即刑法分则具体条文明文规定应受刑罚处罚的行为。法无明文规定,即使是滔天罪恶,也不是法律意义上的犯罪。因此,犯罪的形式定义、法律特征及犯罪的法定要件将成为首要的问题。"〔73〕

---

〔72〕 参见樊文:《罪刑法定与社会危害性的冲突——兼析新刑法第13条关于犯罪的概念》,载《法律科学》1998年第1期。

〔73〕 阮齐林:《新刑法提出的新课题》,载《法学研究》1997年第5期。其后,阮齐林教授的观点有所转变,认为罪刑法定原则要求形式的解释论排斥实质的解释论显然是片面的。例如,在《绑架罪的法定刑对绑架罪认定的制约》(载《法学研究》2002年第2期)一文中指出:脱离我国刑法对绑架罪的特定模式,仅仅从法律形式上分析绑架罪的构成要件是不对的。因此,我国学者认为,阮齐林教授已经纠正了自己的形式解释论的立场,不能把他当作形式解释论者。参见周详:《形式解释论与实质解释论之争》,载《法学研究》2010年第3期。我认为,如果把形式解释论理解为对法律仅仅作形式解释而不作实质解释,则阮齐林教授确实改变了自己的立场。即从形式解释论转变为实质解释论。但如果形式解释论并非不要实质解释,而是主张在形式解释的基础上再作实质解释,那么,阮齐林教授的解释只是从片面的形式解释论转变为全面的形式解释论。除非阮齐林教授完全否认形式解释的必要性,可以对法律径直作实质解释,才能说阮齐林教授真的从形式解释论转变为实质解释论。这一说明之所以必要,是为了澄清对形式解释论的误解。

应该说,阮齐林教授的上述观点是完全正确的,它所昭示的是罪刑法定原则对于法无明文规定的行为的出罪功能,这也正是形式解释论的基本立场。可以说,形式解释论所要实现的是通过法律的形式要件将法无明文规定的行为排斥在犯罪之外。例如,刘艳红教授在批评阮齐林教授的上述观点时指出:"这种观点显然是片面地理解罪刑法定原则的结论,它只看到了罪刑法定的成文法主义等形式侧面,而忽略了刑罚法规的适当性等实质侧面;只看到了形式的犯罪概念具有罪刑法定原则之机能,而忽略了实质的犯罪概念同样具有罪刑法定原则之机能。通过实质的刑法解释,方能实现只有严重侵害法益的行为才会被解释在刑法犯罪圈,以实现我国《刑法》第13条但书部分规定的出罪机制。"〔74〕

以上论述将罪刑法定的实质侧面理解为社会危害性,并且将实质侧面的社会危害性作为认定实质的犯罪概念的根据。我认为这是对罪刑法定原则实质侧面的误解。如前所述,罪刑法定的形式侧面主要是限制司法权,而罪刑法定原则的实质侧面主要是限制立法权,从而保证刑法的实质正义。〔75〕如果这一理解是正确的话,那么根据罪刑法定原则的实质侧面,刑法的规定本身具有明确性与适当性已经体现了实质正义。因此,司法机关按照罪刑法定原则的形式侧面认定的犯罪,理所当然地具有实质上的社会危害性。但是,刘艳红教授认为根据罪刑法定原则的形式侧面认定的只是形式的犯罪,还需通过罪刑法定原则的实质侧面才能排除没有严重侵害法益的行为,从而认定实质的犯罪。如此一来,罪刑法定原则的实质侧面就不是对立法权的限制,而成为对司法权行使的实体保障。显然,这一对罪刑法定原则的实质侧面的理解与其本义并不符合。

不仅如此,刘艳红教授还对罪刑法定原则的司法功能作了过度解读。其实,对于司法而言,罪刑法定原则的精神,就在于法无明文规定不为罪。至于法律明文规定的行为在司法过程中是否一定有罪,这并非罪刑法定原则的功能。诚然,通过倡导罪刑法定原则的实质侧面,使刑法关于犯罪的实

〔74〕 前引〔2〕。
〔75〕 前引〔30〕,第62页。

体规定具有明确性与正当性，在一定程度上满足罪刑法定原则的实质正义要求。但是，如前所述，那是对立法权的限制。在司法活动中，基于罪刑法定原则的形式侧面认定的构成要件该当行为，即使不具有实质违法性，也应当通过违法性这一实质加以排除，而这与罪刑法定原则并不矛盾，但它本身并不是罪刑法定原则的机能。而刘艳红教授却赋予罪刑法定原则以双重机能，一方面是将法无明文规定的行为通过形式侧面排除在犯罪圈外；另一方面是对法有明文规定的行为再通过实质侧面，将没有严重侵害法益的行为排除在犯罪圈外。这样一种对罪刑法定原则的理解既不符合罪刑法定原则的本意，又不具有实现的可能性。

更为重要的是，通过罪刑法定原则的实质侧面贬低形式侧面，从而影响罪刑法定原则限制机能的正常发挥。尤其是推行开放的犯罪构成要件，〔76〕甚至会消解罪刑法定原则的形式侧面的作用。例如，刘艳红教授对罪刑法定原则的形式侧面作了以下批评："由于形式的罪刑法定原则过分钟情于形式法治国的形式与程序，远离法律的自由价值，特别是缺乏限制立法者的立法权限的机能，容易使刑法成为统治者推行自己意志的工具，将不公正的规则制定为强有力的国家法律，以合法的形式干涉公民正常的生活。因此，形式的罪刑法定原则及其所主张的构成要件理论，理所当然地遭到了人们对其包含的潜在危险性的担忧及对这种学说的批判。"〔77〕

以上对形式的罪刑法定原则的批评，如果我的理解没有错误的话，就是对罪刑法定原则的形式侧面的批评，完全是建立在对其误解之上的。罪刑法定原则严守法无明文规定不为罪的边界，对司法权加以限制，它是保障了公民个人的权利与自由，怎么可能是远离法律的自由价值呢？至于对立法权的限制本身也不是罪刑法定原则的形式侧面的机能。如果按照上述逻辑，罪刑法定原则的形式侧面没有对立法权加以限制，因而远离法律的自由价值。那么，罪刑法定原则的实质侧面没有对司法权加以限制，因而是否同样远离法律的自由价值？这一论断显然是不能成立的。在实质解释论这种

〔76〕 参见刘艳红：《开放的犯罪构成要件理论研究》，中国政法大学出版社2002年版。

〔77〕 前引〔2〕。

对罪刑法定原则的形式侧面和罪刑法定原则的实质侧面贬此褒彼的观点中，将罪刑法定原则的实质侧面等同于社会危害性，从而将本来处于与罪刑法定原则相冲突境地的社会危害性转而以罪刑法定原则的实质侧面的名义成为罪刑法定原则的应有之义。而罪刑法定原则与社会危害性的冲突就转化为罪刑法定原则的形式侧面与实质侧面的矛盾。在罪刑法定原则的实质侧面比形式侧面更具有正当性的思想主导下，罪刑法定原则所坚守的形式理性黯然消解。而实质解释论正是以社会危害性为其根据的，这一判断可以从刘艳红教授的以下论断中表露无遗："罪刑法定原则的内容决定了需要进行实质的解释，罪刑法定原则虽然体现的是形式的合理性，但这种形式合理性之中也含有实质的一面，这就是实体正当原则。禁止处罚不当罚的行为也罢，犯罪规定的正当也罢，无非都是强调刑法法定之罪必须具有实质的合理性，在判断一行为是否为刑法规定的犯罪范围时，应从实质方面去寻找根据，而实质的合理性是与社会危害性紧密相连的，根据实质合理性的社会危害性理论来指导刑法分则中具体犯罪适用的解释就成为必然。同样，也只有这样的解释才能与罪刑法定原则中的实质的一面的内容相适应、吻合。"〔78〕由此可见，社会危害性是实质解释论的核心，所谓处罚必要性就是根据社会危害性加以判断的。因此，破除实质解释论必须对社会危害性理论进行彻底批判。

我在《社会危害性理论：一个反思性检讨》中，对社会危害性理论进行了批判性反思，提出了将社会危害性的概念逐出注释刑法学，也就是刑法教义学领域的命题。与此同时，我主张引入一个具有实质意义的概念：法益及法益侵害，因而完成从社会危害性到法益侵害性的转换。〔79〕我至今仍坚持上述观点，然而由于当时在四要件的犯罪构成理论框架内，罪刑法定原则与法益侵害之间的逻辑关系未能充分展开。这一理论问题，直到在四要件犯罪构成理论与三阶层的犯罪论体系的转换中才有机会进一步探讨。尤其涉及法益在三阶层的犯罪论中的体系性地位，我认为更要谨慎对待。

---

〔78〕 刘艳红：《社会危害性理论之辩证》，载《中国法学》2002 年第 2 期。

〔79〕 陈兴良：《社会危害性理论：一个反思性检讨》，载《法学研究》2000 年第 1 期。

应该指出,在我国刑法学界倡导法益理论最有力的是张明楷教授,张明楷教授将德日刑法理论与我国传统刑法理论加以打通,力图完成从苏俄刑法学到德日刑法学的话语转换。在论及社会危害性与法益侵害性的关系时,张明楷教授指出:“从我国刑法理论的现状来说,一般认为社会危害性是犯罪的本质属性,而犯罪的社会危害性实质上是对法益的侵害性,故社会危害性大体上相当于上述实质的违法性,在我国刑法理论中,违法性仅指形式的违法性,而违法性与社会危害性是统一的。因此,如果将上述关于犯罪的本质与违法性实质的不同观点纳入我国刑法理论来考虑,实际上就是关于社会危害性即犯罪本质的争论。”〔80〕从以上的论述来看,张明楷教授是把社会危害性与法益侵害性相等同的,同时又认为社会危害性相当于德日三阶层的犯罪论体系中的违法性,这一判断是完全正确的,因为违法性是在具备构成要件该当性以后的一种实质判断。但张明楷教授又强调了法益的解释论机能,指出:“法益的解释论机能,是指法益具有作为犯罪构成要件解释目标的机能。即对犯罪构成要件的解释结论,必须使符合这种犯罪构成要件的行为确实侵犯了刑法规定该犯罪所要保护的法益,从而使刑法规定该犯罪、设立该条文的目的得以实现。”〔81〕

张明楷教授在上述论断中所说的犯罪构成要件是在犯罪成立条件意义上而言的。在这种语境中,强调法益的解释论机能或许问题还不大。因为犯罪构成要件,也就是我国传统的四要件,在四要件之间存在的是平面关系而非位阶关系。因此,行为只要符合犯罪构成要件就构成犯罪,而犯罪必然具有法益侵害性,这个意义上的法益侵害性是犯罪本质。但张明楷教授在三阶层的犯罪论体系中的构成要件论意义上提出形式的解释论与实质的解释论之争,并且强调法益对构成要件解释的指导意义。在这种情况下,实质解释论就是在实质的构成要件论与实质的犯罪论的层面上得以展开。罪刑法定原则与社会危害性之争也就以形式的犯罪论与实质的犯罪论之争的名义被讨论。日本学者大谷实对形式的犯罪论与实质的犯罪论作了以下论

〔80〕 张明楷:《法益初论》(修订版),中国政法大学出版社2003年版,第273页。
〔81〕 前引〔80〕,第216页。

述，指出："承认构成要件的独立机能，以社会的一般观念为基础，将构成要件进行类型性地把握的犯罪论，通常被称为形式的犯罪论。实质的犯罪论对形式的犯罪论进行批判，认为作为形式的犯罪论的中心的犯罪的定型或类型的内容不明，因此，在形式的犯罪论中，追求保障人权保护国民利益的处罚范围难以适当划定，主张在刑罚法规的解释特别是构成要件的解释上，应当从处罚的合理性和必要性的观点，换句话说，应当从当罚性这一实质的点出发来进行。按照这种观点，刑法是行为规范，但更应当是以法官为对象的裁判规范，即不外乎是为了导入实质的当罚性判断的规范。因此，罪刑法定原则中的明确性原则或刑法的严格解释原则并不重要，应当从处罚的必要性和合理性的立场出发，对刑罚法规或构成要件进行实质的解释。"〔82〕

大谷实教授自称是主张形式的犯罪论的，而其所引的实质的犯罪论观点来自于前田雅英教授。其实，形式的犯罪论与实质的犯罪论所涉及的主要是构成要件与违法性之间的关系：是将构成要件与违法性相分离，在构成要件中作形式判断，在违法性中作实质判断，从而主张构成要件的行为类型；在构成要件中就作处罚必要性的实质判断，从而主张构成要件的违法行为类型说。在论及形式的构成要件与实质的构成要件时，前田雅英教授指出："在考虑构成要件的真相的时候，首先成为问题的是和违法性的关系。就像此前所阐述的，关于两者的关系的见解存在着以下两种立场的重大区别：将罪刑法定主义作形式性的把握，将构成要件认为和违法性判断相分离的纯粹的客观的记述性行为的类型（框架）的传统立场；实质性地理解犯罪类型从而将构成要件理解为作为违法行为的类型化的立场。前者是以重视构成要件的'明示怎样的行为被处罚的机能（罪刑法定主义的机能）'的见解为基础，认为构成要件由客观的、形式的、记述的而且无价值的东西构成的。因此在构成要件中当然不包含规范性的或主观性的事情，即使该当了构成要件，这终究也只是符合形式性的框架，所以关于犯罪的成立与否不能做过多的描述。与此相对，理解为作为违法类型的构成要件的立场认为构成要

〔82〕［日］大谷实：《刑法讲义总论》（新版第2版），黎宏译，中国人民大学出版社2008年版，第87～88页。

件和违法性原则上没有区别。该当于作为只将违法的行为类型化的构成要件的行为,原则上就当然成为违法的行为。"[83]

由此可见,形式的构成要件论与实质的构成要件论之争,并不是要不要实质的法益侵害性判断之争,而是将实质判断前置于构成要件论还是后置于违法性论之争。形式的构成要件论是古典的犯罪论体系创始人贝林所主张的,贝林充分强调了构成要件对于罪刑法定原则限制机能的现实化的促进作用。正如我国有学者指出的:"(贝林)竭力主张认为只有具备该当犯罪类型的轮廓时才能被处罚,这里的该当犯罪类型就是构成要件的该当性。行为不具备这一特征,即使具备违法性和有责性,行为人仍然不能受到刑事追究,这便是贝林构成要件理论的形式化特征。显然,贝林力图通过维持构成要件的事实性与形式性以达到使构成要件客观化的目的,最终与罪刑法定原则的明确性要求建立排他性的映射关系。"[84]

而实质的构成要件则是把法益侵害性的实质判断以处罚必要性的名义在构成要件阶段完成,因而出现实质判断过于前置的问题。实质判断过于前置带来的后果是消解了形式要件的限制机能,使构成要件从承担排除在形式上不具备构成要件该当性行为的出罪机能转向从实质上认定具有处罚必要性行为的入罪机能。我认为,这对罪刑法定原则的形式侧面大有损害。

值得注意的是,张明楷教授在从苏俄的刑法话语到德日的刑法话语的转换过程中,存在思维跳跃的现象。例如,张明楷教授指出:"对于刑法规定的犯罪构成要件,仍然必须从实质意义上进行解释,从而使刑法规定的犯罪真正限定在具有严重的法益侵害性的行为之内。因为刑法是用文字规定犯罪构成要件的,但文字的多义性、变化性以及边缘意义的模糊性等特点,决定了单纯根据文字的字面含义对构成要件做形式解释时,必然导致将一些不具有实质的刑事违法性的行为认定为犯罪。"[85]在以上论述中,出现了两个概念:犯罪构成要件与构成要件。犯罪构成要件是苏俄的四要件的犯罪

---

〔83〕[日]前田雅英:《现代社会和实质的犯罪论》(日文版),东京大学出版社1992年版,第47页。

〔84〕邵栋豪:《从明文到明确:语词变迁的法治意义——Beling构成要件理论的考察》,载《中外法学》2010年第2期。

〔85〕张明楷:《刑法的基本立场》,中国法制出版社2002年版,第126页。

构成要件,是指犯罪成立条件的总和。而构成要件是指德日的三阶层的犯罪论体系中的构成要件,它只是犯罪成立的第一个要件。对于犯罪构成要件当然要进行实质解释,否则就会使其形式化而导致将一些不具有实质的刑事违法性的行为认定为犯罪。但构成要件未必一定要进行实质解释,对构成要件进行形式解释,而将实质判断置于违法性阶层。在这种情况下,怎么能够得出结论:对构成要件做形式解释就必然会导致将一些不具有实质的刑事违法性的行为认定为犯罪呢?显然,张明楷教授是将对犯罪构成要件做形式解释会出现的消极后果转嫁给对构成要件的形式解释,这在逻辑上是难以成立的。

在三阶层的犯罪论体系中,实质判断到底是放在构成要件阶层还是放在违法性阶层,这是可以继续争辩的。我并不反对构成要件的实质化,但我认为这种实质化是一种事实的实质化而非价值的实质化。事实的实质化和价值的实质化是完全不同的。以杀人为例,对杀人的形式解释是指将杀人界定为引起死亡的所有行为。如此形式地理解杀人,会使杀人的范围过于宽泛。因而通过客观归责,对杀人进行实质地限制,这是一种事实的实质化,而事实的实质化也是以形式解释为前提的。而杀人的价值实质化是指法益侵害性的判断,尽管在构成要件阶层具备事实实质化的杀人行为,但在违法性阶层存在违法阻却事由,如属于正当防卫杀人,则因缺乏法益侵害性而出罪。因此,法益侵害性的判断应当在违法性阶层进行。

法益理论是德国学者李斯特所大力弘扬的,李斯特认为,法律所保护的利益即法益(rechtsgueter),法益就是合法的利益。[86] 李斯特提出了作为法益保护的刑法,可见其对于法益的重视。但李斯特同时认为,法益侵害是一个违法性判断的问题,他将实质违法界定为是指危害社会的(反社会)行为,指出:“违法行为是对受法律保护的个人或者集体的重要利益的侵害,有时是对一种法益的破坏或危害。对重要利益的保护是法律的首要任务。通过对因受法律保护而上升为法益的重要利益进行认真的界定,利益之矛盾,法

〔86〕 参见[德]李斯特:《德国刑法学教科书》(修订译本),徐久生译,法律出版社2006年版,第6页。

益之冲突也不可能被完全排除。构成法制度最后和最高任务的人类共同生活目标的要求,在此等矛盾、冲突中牺牲价值低的利益,如果只有以此为代价才能维护价值高的利益的话。据此可以得出以下结论:只有当其违反规定共同生活目的之法秩序时,破坏或危害法益才在实体上违法,对受法律保护的利益的侵害是实体上的违法,如果此等利益是与法秩序目的和人类共同生活目的相适应的。”[87]法益侵害的判断是一种价值判断,也是一种实质违法的判断,它应当受到构成要件判断的限制。只有在具备构成要件该当性的基础上,才能进行这种实质判断,否则必将危及罪刑法定原则。

结　语

罪刑法定原则的形式理性为形式解释论提供了思想资源,同时也给予了我国当前的刑法知识理念支撑。唯此才能与实质解释论厘清各自的学术立场和勘定彼此的理论边界,并在思想与知识这两个层面形成与实质解释论之间的学派之争。

(本文原载于《中国法学》2010年第4期)

〔87〕 前引〔86〕,第201页。

论《刑法》第133条之1的规范目的及其适用

冯　军

根据《刑法修正案(八)》所增设的《刑法》第133条之1的规定,在道路上驾驶机动车追逐竞驶,情节恶劣的,或者在道路上醉酒驾驶机动车的,成立危险驾驶罪,处拘役,并处罚金。但是,不仅有部分刑法学者,而且有不少普通公民都对设立危险驾驶罪的必要性提出怀疑,[1]对适用危险驾驶罪的准确性表示忧虑。[2] 在这种情形下,如何正确理解危险驾驶罪的性质及其成立要件,就成为刑法学界面临的重大课题。本文仅以司法实践中最为常见的"醉酒驾驶"为分析对象,探讨《刑法》第133条之1的规范目的,并在此基础上研究醉酒型危险驾驶罪的成立要件及其适用上的相关问题。

一、《刑法》第133条之1的规范目的

对任何一个刑法条文的解释和适用,都必须从其规范的目的出发,刑法分则中每一个规定了犯罪成立要件和法定刑的条文,都具有自己特定的规范目的。如果已经存在的刑法条文足以实现某一目的,就不需要为实现这一目的而另外设立新的具有罪刑构造的刑法条文。以醉酒驾驶为例,倘若其他刑法条文完全能够处理因为醉酒驾驶而成立犯罪的所有情形,再通过

---

〔1〕 有学者认为,完全可以通过论理解释和扩张化司法解释的方式来解决"醉酒驾车"问题,没必要增设新罪。参见于志刚:《危险驾驶行为的罪刑评价——以"醉酒驾驶"交通肇事行为为视角》,载《法学》2009年第9期。

〔2〕 有学者认为,危险驾驶行为入罪将会导致"选择性执法",参见周详:《民生法治观下"危险驾驶"刑事立法的风险评估》,载《法学》2011年第2期。也有学者认为,在认定醉酒型危险驾驶罪时,无论是采用主观标准还是采用客观标准,都会增加刑法适用上的"彻底的、无法逆转的偶然性",从而严重损害刑法的权威,参见王政勋:《危险驾驶罪的理论错位与现实危险》,载《法学论坛》2011年第3期。

《刑法修正案(八)》来设立《刑法》第133条之1以惩罚醉酒驾驶行为就显得毫无意义。因此,《刑法修正案(八)》增设《刑法》第133条之1,在惩罚醉酒驾驶行为上显然具有其他刑法分则条文不可替代的独特规范目的。

(一)现行刑法规定存在的漏洞之分析

显而易见,如果醉酒驾驶行为没有危害公共安全,那么,刑法分则的很多条文都可以适用于醉酒驾驶行为。例如,行为人醉酒驾车故意用车撞击仇人的,可以适用《刑法》第232条或者《刑法》第234条;行为人醉酒驾车,故意将被害人运往某处以图强奸的,可以适用《刑法》第236条;行为人醉酒驾车,去抢劫银行的,可以适用《刑法》第263条,等等。但是,因为《刑法》第133条之1被规定在《刑法分则》第2章危害公共安全罪之中,所以,只有在醉酒驾驶行为危害了公共安全时,才可能适用《刑法》第133条之1。

即使是危害公共安全的醉酒驾驶行为,也可能无须适用《刑法》第133条之1来处理,因为《刑法分则》第2章危害公共安全罪中的其他条文已经存在处理某些危害公共安全的醉酒驾驶行为的明确规定。例如,行为人醉酒驾车,故意在行人很多的大街上横冲直撞,尚未造成严重后果的,就成立以危险方法危害公共安全罪,可以适用《刑法》第114条;行为人醉酒驾车,故意在大街上冲撞人群,致人重伤、死亡的,也成立以危险方法危害公共安全罪,可以适用《刑法》第115条第1款;行为人在行人很多的大街上醉酒驾车,过失危害公共安全,致人重伤、死亡的,则既成立过失以危险方法危害公共安全罪,也成立交通肇事罪,构成《刑法》第115条第2款与《刑法》第133条的竞合,按照特殊法优于普通法的原则来处理,最后成立的是交通肇事罪,适用《刑法》第133条;行为人在公共交通管理的范围之外,醉酒驾驶机动车,过失危害公共安全,造成重大伤亡或者其他严重后果的,则成立重大责任事故罪或者重大劳动安全事故罪,可以适用《刑法》第134条或者《刑法》第135条。

是否存在这样一种情形:虽然某种醉酒驾驶行为已经严重危害公共安全,应当予以刑罚处罚,却无法适用《刑法分则》第2章危害公共安全罪中的其他条文,从而需要适用《刑法修正案(八)》所增设的《刑法》第133条之1?也就是说,针对危害公共安全的醉酒驾驶行为,刑法分则第2章危害公共安全罪中的其他条文是否还存在处罚上的漏洞？而《刑法修正案（八）》所增设的《刑法》第 133 条之 1 是否恰当地针对所存在的处罚漏洞进行了妥当的弥补？

在《刑法修正案（八）》没有增设《刑法》第 133 条之 1 时，如果醉酒驾驶行为发生在公共交通管理的范围之内，危害了公共安全，就可以适用《刑法》第 114 条、《刑法》第 115 条或者《刑法》第 133 条。《刑法》第 114 条规定的是故意的具体危险犯，只有在行为人的醉酒驾驶行为产生了与“放火、决水、爆炸”等相当的公共危险，并且行为人故意地通过醉酒驾驶行为已经具体地危害了公共安全时，才能单独根据《刑法》第 114 条的规定，直接将醉酒驾驶行为认定为以危险方法危害公共安全罪。也就是说，《刑法》第 114 条本身并不处罚故意给公共安全造成抽象危险的醉酒驾驶行为。例如，行为人醉酒驾驶，故意制造公共危险，却在一条公路上行驶了几公里后没有遇见任何人，最后他驾驶的车辆彻底地坏在路旁，在这种行为人醉酒驾驶、故意制造公共危险却没有给公共安全造成具体危险的情形中，就不能单独根据《刑法》第 114 条的规定直接处罚行为人；《刑法》第 115 条规定的是故意的结果犯和结果加重犯，在行为人醉酒驾驶，并且故意造成了“重伤、死亡或者使公私财产遭受重大损失”，或者行为人醉酒驾驶，并且故意造成了公共危险，但是过失造成了“重伤、死亡或者使公私财产遭受重大损失”时，可以根据《刑法》第 115 条第 1 款的规定处罚行为人。[3]

《刑法》第 115 条第 2 款和《刑法》第 133 条规定的是过失的实害犯，在行为人醉酒驾驶，但是不具有造成公共危险的故意，仅仅过失造成了“重伤、死亡或者使公私财产遭受重大损失”时，才能适用《刑法》第 115 条第 2 款和《刑法》第 133 条的规定，按照特殊法优于普通法的原则，最后要根据《刑法》第 133 条的规定来处罚行为人。也就是说，《刑法》第 115 条第 2 款和《刑法》第 133 条并没有竞合地处罚过失的具体危险犯和过失的抽象危险犯，当行为人醉酒驾驶，但是不具有造成公共危险的故意，又没有过失造成“重伤、死亡或者使公私财产遭受重大损失”时，即使行为人的醉酒驾驶行为给公共安全造成了具体危险或者抽象危险，行为人对这种具体危险或者抽象危险

〔3〕 参见张明楷：《危险驾驶的刑事责任》，载《吉林大学社会科学学报》2009 年第 6 期。

的发生存在过失,也不能根据《刑法》第115条第2款和《刑法》第133条的规定来处罚行为人。因此,在《刑法修正案(八)》没有增设《刑法》第133条之1时,虽然也能够根据《刑法》第114条、《刑法》第115条或者《刑法》第133条的规定处罚部分醉酒驾驶行为,但是,对两种醉酒驾驶行为,即对作为故意、过失的抽象危险犯的醉酒驾驶行为和对作为过失的具体危险犯的醉酒驾驶行为无法单独适用《刑法》第114条、《刑法》第115条或者《刑法》第133条的规定加以处罚。

(二)《刑法》133条之1的规范目的之争议

《刑法修正案(八)》增设《刑法》第133条之1是为了弥补在对作为故意的抽象危险犯的醉酒驾驶行为上所存在的处罚漏洞还是为了弥补在对作为过失的具体危险犯或者过失的抽象危险犯的醉酒驾驶行为上所存在的处罚漏洞?在《刑法修正案(八)》增设《刑法》第133条之1以前,就有不少学者在最高人民法院于2009年7月23日召开的针对"酒后驾驶"问题的研讨会上建议增设危险驾驶罪,以"作为交通肇事罪和以危险方法危害公共安全罪之间的过渡性罪名";[4]在《刑法修正案(八)》增设《刑法》第133条之1以后,也有学者认为《刑法》第133条之1规定的危险驾驶罪是故意的抽象危险犯。[5] 根据这种看法,《刑法》第133条之1的规范目的似乎是防止行为人通过醉酒驾驶行为来故意地危害公共安全;也就是说,它针对的情形应该是:行为人故意在道路上醉酒驾驶,并且故意通过醉酒驾驶行为来引起公共安全的抽象危险。因此,《刑法》第133条之1弥补的似乎是作为故意的抽象危险犯的醉酒驾驶行为上所存在的处罚漏洞。

在笔者看来,把醉酒型危险驾驶罪解释为故意的抽象危险犯,认为《刑法》第133条之1所弥补的是作为故意的抽象危险犯的醉酒驾驶行为上所存在的处罚漏洞,既可能引起一系列法规范体系上的矛盾,也不能妥当地说明增设《刑法》第133条之1的必要性。

---

〔4〕 参见《"危险驾驶"法律争议专题》,载《南方周末》,http://www.infzm.com/content/32184。

〔5〕 参见张明楷:《危险驾驶罪及其与相关犯罪的关系》,载《人民法院报》2011年5月11日,第6版。

第一，如果认为醉酒型危险驾驶罪是故意的抽象危险犯，醉酒型危险驾驶罪是交通肇事罪与以危险方法危害公共安全罪之间的过渡性罪名，增设醉酒型危险驾驶罪是为了填补在交通肇事罪与以危险方法危害公共安全罪之间所存在的处罚漏洞，那么，就会使《刑法》第 133 条之 1 中的罪刑关系明显失衡。的确存在一种作为故意的抽象危险犯的醉酒驾驶行为，即行为人醉酒驾驶，故意引起公共危险。但是，醉酒驾驶行为尚未对具体的人和物发生作用，仅仅存在发生作用的可能性，如果认为应该通过设立危险驾驶罪来处罚这种故意的抽象危险犯，那么，从罪质上看，它应该轻于《刑法》第 114 条规定的作为故意的具体危险犯的以危险方法危害公共安全罪，重于作为过失实害犯的交通肇事罪，否则，就不可能以它为媒介，从交通肇事罪过渡到以危险方法危害公共安全罪。相应地，对危险驾驶罪配置的法定刑就应该重于交通肇事罪的法定刑，轻于以危险方法危害公共安全罪的法定刑。

事实上，在《刑法修正案（八）》增设《刑法》第 133 条之 1 以前就有刑法学者建议，“无驾驶技术或者具有醉酒驾驶、吸毒后驾驶、飙车等危险驾驶行为的，处 3 年以上 7 年以下有期徒刑；情节较轻的，处 3 年以下有期徒刑或者拘役；因而发生重大事故，致人重伤、死亡或者使公私财产遭受重大损失的，处 7 年以上有期徒刑或者无期徒刑”。[6] 根据这一建议，如果行为人醉酒驾驶，故意危害公共安全，即使没有对具体的人或物造成危险，也要处 3 年以上 7 年以下的有期徒刑；只有情节较轻的，才处 3 年以下有期徒刑或者拘役。应当说，只要认为危险驾驶罪是故意的抽象危险犯，是交通肇事罪与以危险方法危害公共安全罪之间的过渡性犯罪，就应当采纳这一关于危险驾驶罪刑罚配置的建议，因为该建议对危险驾驶罪配置的刑罚恰重于交通肇事罪的刑罚，轻于作为故意的具体危险犯的以危险方法危害公共安全罪的刑罚。但是，在由《刑法修正案（八）》增设的《刑法》第 133 条之 1 中，完全没有采纳上述建议，它对危险驾驶罪配置的法定刑仅仅是“拘役，并处罚金”。从这一法定刑的配置来看，危险驾驶罪应该是罪质上轻于交通肇事罪的犯罪。因此，根据《刑法》第 133 条之 1 的规定进行解释时，就不能认为危险驾驶罪是

〔6〕 梅传强、胡江：《危险驾驶行为入罪的分类分析》，载《法学》2009 年第 9 期。

故意的抽象危险犯,也不能认为危险驾驶罪是交通肇事罪与以危险方法危害公共安全罪之间的过渡性犯罪,否则,就会使《刑法》第133条之1中的罪刑关系明显失衡。

第二,如果认为醉酒型危险驾驶罪是故意的抽象危险犯,也会导致相关刑法规范的适用丧失妥当性。例如,根据《刑法》第50条的规定,判处死刑缓期执行的,在死刑缓期执行期间,如果故意犯罪,查证属实的,由最高人民法院核准,执行死刑。根据2000年11月15日最高人民法院作出的《关于审理交通肇事刑事案件具体应用法律若干问题的解释》第2条第2款第1项的规定,酒后交通肇事致1人以上重伤,负事故全部或者主要责任的,以交通肇事罪定罪处罚。如果在死刑缓期执行期间犯下交通肇事罪,由于交通肇事罪是过失犯罪,不是故意犯罪,根据《刑法》第50条的规定,就不能对行为人执行死刑,但是,如果在死刑缓期执行期间犯下危险驾驶罪,那么,只要认为危险驾驶罪是故意犯罪,根据《刑法》第50条的规定,就要对行为人执行死刑,这会是一种极其不妥当的结论。因为酒后交通肇事成立交通肇事罪时可能被判处三年的有期徒刑,而因为醉酒驾驶成立危险驾驶罪时只能被判处拘役和罚金,所以,因醉酒驾驶而成立的危险驾驶罪在危害性上明显轻于因酒后交通肇事而成立的交通肇事罪。如果将醉酒型危险驾驶罪解释为故意的抽象危险犯,就会对在死刑缓期执行期间实施了危害性小的危险驾驶罪的行为人执行死刑,却对在死刑缓期执行期间实施了危害性大的交通肇事罪的行为人不执行死刑,这恐怕令人难以接受。[7]

---

〔7〕 也许有人认为,死刑缓期执行与危险驾驶罪的关系问题根本是虚假的,只具有纯粹理论推导上的意义,完全不具有实践价值,因为任何一个处于死刑缓期执行中的人都没有机会在道路上醉酒驾驶机动车。但是,用今天中国监狱的现实状况来肯定理论上的这种推导可能有一定的可行性。如果我们进行符合人性的设想,那么,在未来很可能变得具有实践价值的例子是:一个死缓犯被允许在警察的监守下驾驶汽车回家给他的老母亲送终,他按照习俗喝了一杯送终酒,给母亲的遗体磕了三个响头后,又准时驾车回到监狱。真的应当在二年的死缓期满后对这个死缓犯执行死刑?或许有人想通过将《刑法》第50条中的"故意犯罪"限制解释为"表明犯罪人抗拒改造情节恶劣的故意犯罪"(参见张明楷:《刑法学》,法律出版社2007年版,第417页)来避免对实施了危险驾驶罪的死缓犯执行死刑,但是,这样一来,就又产生了一个理论上无法完成的任务:如何论证一个故意危害公共安全的行为是"基于可以宽恕的原因"实施的,并不"表明犯罪人抗拒改造情节恶劣"呢?

再如，根据《刑法》第64条的规定，供犯罪所用的本人财物，应当予以没收。如果认为醉酒型危险驾驶罪是故意的抽象危险犯，那么，行为人就是使用机动车追求或者放任了公共危险的发生。法院在对以危险方法危害公共安全罪的判决中没收了行为人所有的汽车，[8]而作为故意的抽象危险犯的醉酒型危险驾驶罪与作为故意的具体危险犯的以危险方法危害公共安全罪，仅仅在给公共安全造成危险上存在客观上的程度不同，在造成公共安全危险的主观故意上并无差异，所以，只要认为醉酒型危险驾驶罪是故意的抽象危险犯，就完全有理由在对危险驾驶罪的判决中也没收行为人所有的汽车，因为行为人所有的汽车是其故意犯罪的实行行为的组成部分。[9] 但是，这也会是一种极其不妥当的结论，因为对一种只能判处拘役和罚金的轻罪却没收行为人几万元、几十万元甚至上百万元的财物就显得本末倒置，有失公正。

第三，如果认为醉酒型危险驾驶罪是故意的抽象危险犯，还可能导致某些不良后果的发生。根据2007年修订的《律师法》第7条的规定，对受过刑事处罚的申请人，不予颁发律师执业证书，但过失犯罪的除外。根据2005年通过的全国人大常委会《关于司法鉴定管理问题的决定》第4条第2款的规定，因故意犯罪或者职务过失犯罪受过刑事处罚的，不得从事司法鉴定业务。根据2005年中宣部、国家广电总局、新闻出版总署颁布的《关于新闻采编人员从业管理的规定》，因故意犯罪被判处刑罚的，终身不得从事新闻采编工作。只要认为危险驾驶罪是故意犯罪，那么，对实施了危险驾驶罪的行为人就要适用上述法律、法规、规定中有关从业禁止的规定。人们不禁要问，对一位仅仅因为一次醉酒驾驶而被判处一个月拘役的律师，真的需要剥夺其律师资格？如果一个律师因为醉酒驾驶而成立交通肇事罪，被判处三个月拘役，那么，因为交通肇事罪是过失犯罪，就可以在刑满释放后仍然作为律师而从事法律工作；如果另一个律师因为醉酒驾驶而成立危险驾驶罪，

---

[8] 例如，在陈家醉酒驾驶案中，法院判决的第3项内容是"随案移送的黑色英菲尼迪小型轿车一辆予以没收"，参见北京市第二中级人民法院刑事附带民事判决书(2011)中刑初字第962号。

[9] 关于刑法上没收犯罪工具的标准，参见王飞跃：《犯罪工具没收研究》，载《中外法学》2010年第4期。

被判处一个月拘役，那么，只要认为醉酒型危险驾驶罪是故意犯罪，这位律师就不能在刑满释放后再作为律师从事法律工作。倘若如此，那么，这种司法活动不违反实质正义所要求的比例原则吗？在一个职业是生存基础的城市生活中，真的需要人们因为一次醉驾而忍受无法生存下去的痛苦？况且律师、司法鉴定人员、新闻采编人员的职务公正性本身并不必然受到其醉酒驾驶行为的影响。

第四，把醉酒型危险驾驶罪解释为故意的抽象危险犯，也不能妥当地说明增设《刑法》第133条之1的必要性。如果根据既有的刑法规定完全能够处罚作为故意的抽象危险犯的醉酒型危险驾驶罪，那么，在刑法中就并非真正存在处罚漏洞，也就没有必要增设《刑法》第133条之1。如上所述，在行为人通过醉酒驾驶行为来故意危害公共安全的情形下，只要行为人的醉酒驾驶行为尚未给公共安全造成具体的危险，即使行为人的醉酒驾驶行为抽象地危害了公共安全，也不能单独适用《刑法》第114条的规定来直接处罚行为人，因为《刑法》第114条处罚的是危害公共安全的具体危险犯。但是，在行为人通过醉酒驾驶行为故意给公共安全造成了抽象危险的情况下，完全可以将其行为视为以危险方法危害公共安全罪的未遂犯，将《刑法》第114条和《刑法》第23条结合起来，就可以处罚行为人。

相对于《刑法》第115条第1款规定的故意实害犯而言，《刑法》第114条规定的是未遂犯，也就是说，即使没有《刑法》第114条的规定，也可以结合《刑法》第115条和《刑法》第23条的规定来处罚仅仅给公共安全造成具体危险的行为。但是，由于存在《刑法》第114条的规定，就可以单独适用《刑法》第114条的规定来直接处罚仅仅给公共安全造成具体危险的行为，而不需要再援引《刑法》第23条关于未遂犯的规定，正是因为存在《刑法》第114条的规定，仅仅给公共安全造成具体危险的行为本身就成为既遂犯。“危险犯，指行为人实施的行为足以造成某种实害结果的发生，但实害结果尚未发生，即构成既遂的犯罪。”[10]

由于我国刑法是通过《刑法》第23条的规定来一般性地处罚全部未遂

〔10〕 鲜铁可：《新刑法中的危险犯》，中国检察出版社1998年版，第27页。

犯的,而不是像德国刑法和日本刑法那样在刑法分则中通过具体条文的规定来例外地处罚某些未遂犯,因此,就完全可以结合《刑法》第 114 条和《刑法》第 23 条的规定,将通过醉酒驾驶故意给公共安全造成了抽象危险的行为作为以危险方法危害公共安全罪的未遂犯来处罚,而没有必要设立新的条文来处罚它。[11] 例如,甲和乙共同故意炸毁天安门广场上的人民英雄纪念碑,如果甲和乙已经引爆了炸药,炸坏了人民英雄纪念碑,那么,就要根据《刑法》第 115 条第 1 款的规定来处罚甲和乙。如果甲和乙正要引爆炸药时就被抓捕,未给人民英雄纪念碑造成任何损害,那么,就要因为存在炸坏人民英雄纪念碑的具体危险而适用《刑法》第 114 条的规定来处罚甲和乙。如果公安人员因为乙形迹可疑而盘查乙时,得知甲正携带炸药包来人民英雄纪念碑的路上,于是在东直门大街拦截了甲开的汽车,抓捕了甲,缴获了甲汽车里的炸药包,那么,就要因为存在炸坏人民英雄纪念碑的抽象危险,而结合《刑法》第 114 条和《刑法》第 23 条的规定,以爆炸罪的未遂犯来处罚甲和乙。

即使我们把这个例子中的"故意炸坏人民英雄纪念碑"改为"通过醉酒驾驶汽车来故意撞坏人民英雄纪念碑",也完全可以按照上面的理解来适用刑法的规定。具体地说,在甲和乙共同故意通过醉酒驾驶汽车来撞坏人民英雄纪念碑的情况下,如果甲和乙已经醉酒驾驶汽车撞坏了人民英雄纪念碑,那么,就要根据《刑法》第 115 条第 1 款的规定来处罚甲和乙。如果甲和乙已经醉酒驾驶汽车来到人民英雄纪念碑前正要撞击时被阻止,未给人民英雄纪念碑造成任何实际损害,那么,就要因为存在撞坏人民英雄纪念碑的具体危险,而单独适用《刑法》第 114 条的规定来处罚甲和乙。如果公安人员因为乙形迹可疑而盘查乙时,得知甲正醉酒驾驶汽车来人民英雄纪念碑

---

〔11〕 有学者认为,"危险犯不仅有既遂形态,而且有未遂等未完成形态",参见刘明祥:《论危险犯的既遂、未遂与中止》,载何鹏、李洁主编:《危险犯与危险概念》,吉林大学出版社 2006 年版,第 47 页。如果以未遂犯的成立需要存在具体的危险为由来否定可以将通过醉酒驾驶行为故意给公共安全造成了抽象危险的行为作为以危险方法危害公共安全罪的未遂犯来处罚的看法,那么,不仅会混淆实害犯的未遂与危险犯的未遂的成立条件,而且会导致《刑法》第 114 条的既遂犯缺乏相应的未遂犯,从而使处罚通过醉酒驾驶行为故意给公共安全造成了抽象危险的行为失去刑法根据。

的途中，于是在东直门大街上拦截了甲开的汽车，抓捕了处于醉酒状态的甲，那么，就要因为存在炸坏人民英雄纪念碑的抽象危险，而结合适用《刑法》第114条和《刑法》第23条的规定，按照以危险方法危害公共安全罪的未遂犯来处罚甲和乙。因此，在我国《刑法》第23条规定普遍处罚未遂犯的情况下，只要把醉酒型危险驾驶罪解释为故意的抽象危险犯，通过增设《刑法》第133条之1来处罚醉酒型危险驾驶罪，就会是纯粹多余的。

从以上四个方面来看，认为《刑法》第133条之1的规范目的是为了弥补在交通肇事罪与以危险方法危害公共安全罪之间所存在的处罚漏洞，将醉酒型危险驾驶罪解释为故意的抽象危险犯是不妥当的。

（三）《刑法》133条之一的规范目的之我见

在笔者看来，《刑法修正案（八）》增设《刑法》第133条之1是为了弥补在交通违法行为与交通肇事罪之间所存在的处罚漏洞，[12]应当将醉酒型危险驾驶罪解释为过失的抽象危险犯。理由如下：

1. 醉酒型危险驾驶罪是过失犯罪

就成立醉酒型危险驾驶罪而言，无论行为人是故意醉酒还是过失醉酒，都要求行为人知道自己是在醉酒状态中在道路上驾驶机动车。但是，对醉酒驾驶行为产生了危害公共安全的抽象危险，行为人在主观上必须仅仅是过失的。也就是说，行为人或者是应该认识却因为自己的不注意而没有认识到醉酒驾驶行为产生了危害公共安全的抽象危险，或者是已经认识到却轻信不会产生这种危险。如果行为人希望或者放任自己的醉酒驾驶行为产生危害公共安全的抽象危险，并且在客观上已经产生了这种危险，那么，就绝不能根据《刑法》第133条之1的规定仅仅以危险驾驶罪判处拘役和罚金，而是要根据《刑法》第114条的规定，结合《刑法》第23条的规定，认定为以危险方法危害公共安全罪的未遂犯，判处更重的刑罚。

能否仅仅因为行为人是故意醉酒，并知道自己是在醉酒状态中在道路上驾驶机动车，就认为醉酒型危险驾驶罪是故意犯罪？在笔者看来，不能这

---

[12] 关于危险驾驶罪与交通肇事罪是一种补充关系的论述，参见叶良芳：《危险驾驶罪的立法证成和规范构造》，载《法学》2011年第2期。

样认为,因为《刑法》第 133 条之 1 的规范目的并不是防止故意在道路上醉酒驾驶机动车,而是为了防止故意在道路上醉酒驾驶机动车的行为产生危害公共安全的危险。如果行为人故意在道路上醉酒驾驶了机动车,却完全不可能产生危害公共安全的危险,那么,就不属于《刑法》第 133 条之 1 所调整的范围。醉酒型危险驾驶罪的成立,以行为人的醉酒驾驶行为产生了危害公共安全的抽象危险为前提,"完全没有危险的行为,不可能成立本罪"〔13〕。既然"危害公共安全的抽象危险"是成立危险驾驶罪的客观要件,那么,根据我国《刑法》第 16 条关于责任主义的规定,就要求行为人对这种危险的产生至少存在过失。如果行为人仅仅是故意醉酒,并故意在醉酒状态中在道路上驾驶机动车,却对已经产生的公共危险既无故意也无过失,那么,就不能认定为危险驾驶罪。不能仅仅因为行为人是故意醉酒,并故意在醉酒状态中在道路上驾驶机动车,就认为危险驾驶罪是故意犯罪。如果认为危险驾驶罪是故意犯罪,那么,就不仅要求行为人故意在醉酒状态中在道路上驾驶机动车,而且要求行为人是希望或者放任自己的醉酒驾驶行为产生危害公共安全的抽象危险,否则,就不符合《刑法》第 15 条关于故意犯罪是行为人"明知自己的行为可能发生危害社会的结果,并且希望或者放任这种结果发生"的规定。但是,一旦行为人在主观上是希望或者放任自己的醉酒驾驶行为产生危害公共安全的抽象危险,那么,就不是成立《刑法》第 133 条之 1 所规定的危险驾驶罪,而是成立《刑法》第 114 条所规定的以危险方法危害公共安全罪(未遂)。这样,如果行为人故意在道路上醉酒驾驶了机动车,却完全没有产生危害公共安全的危险,那么,其行为就不成立危险驾驶罪,行为人对在道路上醉酒驾驶机动车的故意就不是成立危险驾驶罪所要求的故意。如果行为人不仅故意在道路上醉酒驾驶机动车,而且故意通过该行为来危害公共安全,那么,其行为也不成立危险驾驶罪,而是成立以危险方法危害公共安全罪。因此,危险驾驶罪完全不可能是故意犯罪。

《刑法》第 15 条第 2 款规定:"过失犯罪,法律有规定的才负刑事责任。"那么,能否因为《刑法》第 133 条之 1 中没有使用"过失"一词,就认为《刑法》

〔13〕 前引〔5〕。

第133条之1规定的危险驾驶罪不是过失犯罪呢？在笔者看来，不能这样认为。《刑法》第15条第2款中所言"法律有规定"，既包括法律中明文使用"过失"一词来规定，也包括法律中并未明文使用"过失"一词但是通过罪刑关系和逻辑内涵来规定。《刑法》第233条明文使用了"过失致人死亡"，那么，它规定的当然是过失犯罪。但是，在我国刑法中，不明文使用"过失"一词而通过罪刑关系和逻辑内涵来规定过失犯罪的情形甚为常见，例如，《刑法》第131条至《刑法》第139条之1规定了各种过失犯罪，但都没有在条文中使用"过失"一词。《刑法》第133条之1虽然没有明文使用"过失"一词，但是，从其将最高刑设置为"拘役"来看，它所规定的犯罪应该是过失犯罪，结合《刑法》第114条针对故意造成了公共危险的犯罪设置的法定刑是"3年以上10年以下有期徒刑"来看，不可能仅仅把"拘役"设置为故意造成公共危险的犯罪的最高刑。另外，《刑法》第133条之1第2款规定，"有前款行为，同时构成其他犯罪的，依照处罚较重的规定定罪处罚"。实施醉酒驾驶行为，也可以同时构成交通肇事罪，而交通肇事罪是过失犯罪，在醉酒驾驶行为"致人重伤、死亡或者使公私财产遭受重大损失"时，就可能从危险驾驶罪这种较轻的过失犯罪转化为交通肇事罪这种较重的过失犯罪，也就是说，从《刑法》第133条之1第2款的逻辑内涵来看，危险驾驶罪完全可能是过失犯罪。

从我国法院的生效判决所处理的醉酒型危险驾驶罪案件来看，所涉及的往往是行为人虽然故意在道路上醉酒驾驶但是对醉酒驾驶行为所引起的公共危险仅仅存在过失的情形，笔者尚未发现法院将行为人故意在道路上醉酒驾驶并且故意通过醉酒驾驶引起了公共危险的行为认定为危险驾驶罪的判决。例如，在"北京醉驾刑满释放第一人"刘某危险驾驶罪一案中，"丰台法院开庭时，刘某表示认罪。刘某供述说，他平时从不酒后开车，近期因生活琐事，比较心烦。5月13日晚上，他和几个朋友一起吃饭，喝了3瓶啤酒。后来，他觉得自己还算清醒，就开车回家"。[14] 很明显，刘某虽然是故意在道路上醉酒驾驶，但是，他由于"几人就喝了3瓶啤酒"和"觉得自己还算

---

〔14〕 参见《北京醉驾刑满释放第一人就业购房出国都受影响》，载《北京晨报》2011年6月14日版。

清醒”，而仅仅过失地引起了公共危险。

有刑法学者认为，危险驾驶罪是过失犯罪。例如，阮齐林教授认为，“应该从社会评价层面上，把危险驾驶罪定义为过失犯罪”。[15] 在笔者看来，阮齐林教授正确认识了危险驾驶罪的性质，但是，不能仅仅“从社会评价层面”出发，就把危险驾驶罪定义为过失犯罪。在罪刑法定原则之下，只有能够从刑法层面将危险驾驶罪解释为过失犯罪时，才能够在司法实践中将危险驾驶罪作为过失犯罪来处理。本文的上述分析表明，即使在刑法层面上，也完全有理由把危险驾驶罪解释为过失犯罪。

关于危险驾驶罪的罪过形式，有刑法学者表达了模棱两端的看法。例如，曲新久教授认为：“由于立法者将规定本罪的法条置于《刑法》第 133 条之后，而不是《刑法》第 114 条之后，所以，若是有学者主张本罪的主观构成要件是过失，也并非没有道理。笔者认为，基本上来说，本罪的主观构成要件是故意还是过失并不重要。实务上，只要控方证明了‘在道路上醉酒驾驶机动车’之事实的存在，故意也就存在，犯罪即告成立，可以免除责任的情形几乎不存在。”[16] 的确，根据《刑法》第 133 条至第 139 条之 1 规定的都是过失犯罪，就可以从体系地位上得出《刑法》第 133 条之 1 规定的也是过失犯罪的结论，但是，“在道路上醉酒驾驶机动车”之事实的存在，充其量只能证明行为人的醉酒驾驶行为在客观上制造了公共安全的危险，并不能证明行为人对其醉酒驾驶行为所制造的公共安全的危险存在主观上的故意，因为“饮酒之后，人的精神状态亢奋，生理反应与危险判断能力均会有所降低，但是驾驶机动车的人却常常自信甚至于过度自信自己的驾驶技术”。[17] “驾驶机动车的人却常常自信甚至于过度自信自己的驾驶技术”，以至于认为即使自己醉酒驾驶也不会造成公共安全的危险，这就表明行为人在主观上是过失的。行为人对其醉酒驾驶行为所制造的公共安全的危险是故意还是过失，决定了其行为是成立以危险方法危害公共安全罪还是成立危险驾驶罪，

---

〔15〕 参见《北京首位醉驾入狱公务员出狱　单位称按程序处理》，载《北京晚报》2011 年 7 月 14 日版。

〔16〕 曲新久：《醉驾不一律入罪无需依赖于“但书”的适用》，载《法学》2011 年第 7 期。

〔17〕 前引〔16〕。

无疑具有重要意义。

2. 醉酒型危险驾驶罪是抽象危险犯

关于醉酒型危险驾驶罪的构成要件,《刑法》第133条之1的表述仅仅是"在道路上醉酒驾驶机动车",并不要求行为人的醉酒驾驶行为产生了实际的损害,因此,危险驾驶罪不是实害犯。虽然《刑法》第133条之1将醉酒型危险驾驶罪的构成要件仅仅表述为"在道路上醉酒驾驶机动车",但是,这并不意味着危险驾驶罪是行为犯,(也有学者认为,"《刑法修正案(八)》新增设的危险驾驶罪是完全基于现实需要和政策考虑而设立的不包含任何损害因素的行为犯",但是,危险驾驶罪的成立以存在对公共安全的抽象危险为前提,对公共安全的抽象危险本身就是"损害因素",不能认为危险驾驶罪不包含任何损害因素。[18])并不意味着只要行为人在道路上醉酒驾驶了机动车就成立危险驾驶罪。[19] 在现代刑法中,刑法的目的是保护法益,一种对法益没有任何危险的行为不可能是刑法惩罚的对象。[20] 正如有学者指出的,"抽象危险犯的可罚性实质在于行为制造了法律禁止的风险,立法者出于保护制度性利益的需要而对破坏制度性利益的行为进行扩张性的风险控制与损害结果预防,直接拟制某些特定行为具有破坏制度的危险与潜在性损害,通过刑法规范严格地加以提前保护"。[21] 因为危险驾驶罪被规定在刑法分则第二章危害公共安全罪之中,所以,必然要求醉酒驾驶行为至少产生了危害公共安全的抽象危险,才能成立危险驾驶罪。由于《刑法》第133条之1的表述仅仅是"在道路上醉酒驾驶机动车",所以,成立醉酒型危险驾驶罪,不要求行为人的醉酒驾驶行为产生了危害公共安全的具体危险。

附带指出,设立《刑法》第133条之1来处罚作为过失的抽象危险犯的醉酒型危险驾驶罪是完全有益的。德国刑法学家认为,针对道路交通中的

---

〔18〕 前引〔16〕。

〔19〕 关于行为犯、举动犯与抽象危险犯的关系是值得探讨的。有学者把抽象危险犯视为举动犯或者行为犯的一种表现形式,参见林东茂:《刑法综览》,中国人民大学出版社2009年版,第50页。但是,在笔者看来,对法益造成抽象危险是所有犯罪成立的基本前提,因此,如果一定要采用"行为犯""举动犯"这些概念的话,也应认为行为犯和举动犯是抽象危险犯的表现形式。

〔20〕 参见前引〔7〕张明楷书,第92页。

〔21〕 谢杰:《"但书"是对抽象危险犯进行适用性限制的唯一根据》,载《法学》2011年第7期。

大众行为,立法者要通过各种硬性规定使规范(例如,在道路右边行驶)自动化,以便人们无须对众多典型的危险给予具体的注意。因为所需要的规范具有纯粹形式的秩序功能,不可能用其他方式实现这种规范的自动化,所以,必须保证毫无例外地遵守规范。因此,需要刑法规定抽象危险犯,以保障规范的效力。〔22〕 但是,我国有学者认为,在行政法规对醉酒驾驶行为进行行政处罚的情况下,就没有必要将醉酒驾驶行为规定为犯罪。〔23〕 这种观点,不仅在已经设立《刑法》第 133 条之 1 来处罚醉酒型危险驾驶罪之后丧失了刑法解释学上的意义,而且,从《刑法》第 133 条之 1 关于醉酒型危险驾驶罪的规定生效之后我国所取得的实际效果来看也不应得到支持。〔24〕 即使今后因为司法机关不再像今天一样拥有惩治醉酒型危险驾驶罪的极大兴趣,而使《刑法》第 133 条之 1 的规定减损甚或丧失了实际效果,也不能否定《刑法》第 133 条之 1 规定醉酒型危险驾驶罪的正当性,就像事实上存在的大量受贿犯罪不能贬低刑法规定受贿罪的正当性一样。刑法规范是因为它本身的正当性而必须存在的,并不因为事实上没有得到完全贯彻而认为刑法规范是无用的存在。

综上所述,只有将醉酒型危险驾驶罪解释为过失的抽象危险犯,才可能妥当地说明为什么在《刑法》第 133 条之 1 中对醉酒型危险驾驶罪仅仅规定“拘役”和“罚金”这种极其轻微的法定刑。也只有将醉酒型危险驾驶罪解释为过失犯罪,才可能合理地论证为什么不能在对醉酒型危险驾驶罪的判决中没收行为人个人所有的机动车、不能对在死刑缓期执行期间仅仅实施了醉酒型危险驾驶罪的人执行死刑、不能禁止仅仅因为成立醉酒型危险驾驶罪而受到刑罚惩罚的律师、司法鉴定人员、新闻采编人员等继续从业。

---

〔22〕 Bernd Schünemann, Moderne Tendenzen in der Dogmatik der Fahrlässigkeits-und Gefährdungsdelikte, JA 1975, S. 798.

〔23〕 前引〔2〕王政勋文。

〔24〕 众所周知,根据公安部交管局的统计,在 2011 年 5 月 1 日至 15 日,全国共查处醉酒驾驶 2038 起,较去年同期下降 35%,日均查处 136 起,较去年全年日均查处数下降 43%。全国因醉酒驾驶发生交通事故死亡人数和受伤人数同比分别下降 37.8% 和 11.1%。自从《刑法》第 133 条之 1 关于危险驾驶罪的规定生效之后,在全国各地,不仅醉酒驾驶的数量大为减少,而且酒后驾驶的数量也明显降低,参见邢世伟、张媛:《公安部:警方对醉驾一律刑事立案》,载《新京报》2011 年 5 月 18 日,第 A07 版。

总之,《刑法》第133条之1处罚醉酒型危险驾驶罪的规范目的在于,防止行为人在因为醉酒而不具备安全驾驶能力时在道路上过失地不安全驾驶机动车。它针对的应该仅仅是这样一种情况:行为人故意或者过失饮酒后,虽然行为人事实上已经因为醉酒而处于不能安全驾驶机动车的状态,却因为疏忽大意而没有预见自己的醉酒驾驶行为会造成公共安全的危险;或者已经预见自己的醉酒驾驶行为会造成公共安全的危险,却轻信自己还能够在道路上安全驾驶机动车,轻信自己的醉酒驾驶行为不会危害公共安全,因而故意在道路上醉酒驾驶了机动车,却过失地造成了公共安全的抽象危险。

二、《刑法》第133条之1的适用

(一)《刑法》第133条之1第1款的适用

关于醉酒型危险驾驶罪的成立要件和法定刑,《刑法》第133条之1第1款仅仅规定为“在道路上醉酒驾驶机动车的,处拘役,并处罚金”。但是,在适用这一规定时,需要根据《刑法》第133条之1的规范目的,结合醉酒型危险驾驶罪作为过失的抽象危险犯的本质来把握醉酒型危险驾驶罪的构成要件符合性、违法性和有责性,同时,需要对醉酒型危险驾驶罪的具体情况进行分析,以解决关于醉酒型危险驾驶罪的量刑问题。

1. 醉酒型危险驾驶罪的成立要件

从构成要件符合性、违法性和有责性这三个阶层来把握醉酒型危险驾驶罪的成立要件是比较合理的。

(1)醉酒型危险驾驶罪的构成要件符合性。醉酒型危险驾驶罪是一种独立的犯罪类型,在构成要件符合性上,必须具备客观构成要件和主观构成要件。

①醉酒型危险驾驶罪的客观构成要件。为了成立醉酒型危险驾驶罪,行为人的行为在客观上必须表现为:行为人在由醉酒所引起的不能安全驾驶的状态中,通过在道路上驾驶机动车而制造了公共安全的抽象危险。具体表现为:

第一,行为人在客观上处于不能安全驾驶的状态。《刑法》第133条之1的规范目的,是防止行为人在不能安全驾驶的状态中驾驶机动车,以避免公共安全受到威胁,因此,对成立醉酒型危险驾驶罪而言,在客观上所要求的仅仅是行为人在驾驶机动车时处于不能安全驾驶的状态,而不是要求行为人在驾驶机动车时处于无能力驾驶的状态。也就是说,只要行为人在驾驶机动车时存在认识能力或者控制能力的减弱就够了,而不要求行为人在驾驶机动车时完全丧失了认识能力或者控制能力。行为人在醉酒驾驶中,还能够很好地注视前方、正确地操控方向盘、及时地鸣笛和避让,甚至准确地预见到警察正在前方检查酒驾,等等,都不能说明行为人正处于能够安全驾驶的状态,因为法规范对安全驾驶提出的是更高的要求。对一个能够安全驾驶的驾驶人员,法规范的要求是:驾驶人员在精神上和身体上的整体活动能力是正常的,以至于他在较长距离的驾驶中能够正确地处理各种突然出现的复杂交通状况,从而保证驾驶的安全。[25] 只要驾驶人员的整体活动能力降低,以至于他不再能够通过迅速的、适当的和有意识的行为来满足法规范关于安全驾驶的要求,他就处在不能安全驾驶的状态之中。

根据我国质量监督检验检疫总局 2004 年 5 月 31 日发布的《车辆驾驶人员血液、呼气酒精含量阈值与检验》(GB 19522—2004)的规定,当驾驶人员在血液中的酒精含量大于或者等于 80mg/100ml 的状态中驾驶机动车时,就是醉酒驾驶了机动车。因此,对行为人在驾驶机动车时是否处于不能安全驾驶的状态要进行法规范的判断,而不能进行事实的判断。即使行为人在反复的醉酒驾驶中养成了事实上能够无意识地安全驾驶的能力,也要在法规范上把每一个超越了 80mg/100ml 这一血液酒精含量值的行为人判断为绝对地处于不能安全驾驶的状态。有关机关设立 80mg/100ml 这一血液酒精含量值的目的,就是要通过排除行为人自己关于醉酒驾驶安全性的经验认知,在禁止醉酒驾驶上确立不可动摇的规范保障。

第二,行为人不能安全驾驶的状态是由醉酒所引起的。行为人不能安全驾驶的状态,必须是由行为人的醉酒行为所引起的。因为《刑法》第 133 条之 1 明确地把危险驾驶罪的实行行为限定为“追逐竞驶”和“醉酒驾驶”,所以,纯粹由吸食毒品、疲劳或者沉迷于听音乐等所引起的不能安全驾驶状

〔25〕 Vgl. BGH13 83.

态,不属于《刑法》第133条之1的调整对象。只要醉酒行为是引起不能安全驾驶状态的原因之一就够了,即使醉酒行为与疲劳等因素一起共同引起了行为人不能安全驾驶的状态,但是,法律规定,行为人血液中的酒精含量必须大于或者等于80mg/100ml这一血液酒精含量值。当行为人血液中的酒精含量大于或者等于80mg/100ml这一血液酒精含量值时,就不容辩驳地推定行为人处于不能安全驾驶的状态之中,不允许通过对行为人进行酒量试验或者驾驶试验来证明行为人血液中的酒精含量即使大于80mg/100ml这一血液酒精含量值也照样能够安全驾驶。

当行为人血液中的酒精含量小于80mg/100ml,但是大于或者等于20mg/100ml这一血液酒精含量值时,就仅仅属于酒后驾驶,而不能成立醉酒驾驶。事实上,即使仅仅是酒后驾驶,对具有酒精敏感体质或者处于疲劳状态的驾驶人员而言,其在道路上酒后驾驶机动车的行为也可能比普通驾驶者的醉酒驾驶行为引起更大的公共危险。那么,能否根据酒后驾驶者在道路上驾驶机动车时表现出的明显驾驶错误,就因为其酒后驾驶行为造成了极大的公共危险而认定其酒后驾驶行为成立危险驾驶罪?例如,某人喝了一两二锅头白酒后在道路上驾驶机动车,虽然是一条视线很好的直路,他也不能保持汽车总在行车道的中间行驶,而是呈S形的行驶状况,造成左边的汽车驾驶者不断避让、右边的行人不断躲闪,警察拦截该人检查后,确定他血液中的酒精含量为75mg/100ml。在这种情形中,尽管行为人在道路上酒后驾驶机动车的行为引起了很大的公共危险,也不能将其酒后驾驶行为认定为危险驾驶罪。如果行为人在道路上酒后驾驶机动车的行为造成了一人以上重伤,并且负事故全部或者主要责任,那么,行为人的酒后驾驶行为就成立交通肇事罪;如果行为人在道路上酒后驾驶机动车的行为只是引起了很大的公共危险,而没有造成实害,那么,行为人的酒后驾驶行为就不成立犯罪,只能作为违反《道路交通安全法》的行为来处理。这是因为,行为人血液中的酒精含量大于或者等于80mg/100ml这一血液酒精含量值,是行为人的行为成立危险驾驶罪的基本条件。

行为人血液中的酒精含量是否大于或者等于80mg/100ml这一血液酒精含量值,通常要通过抽取行为人的血液进行化验来确定。根据酒精呼吸装置所获得的呼吸空气来判断酒精含量值是不准确的,它只能服务于民警的先行检测。重要的是行为人在道路上醉酒驾驶机动车时血液中的酒精含量。因此,当在道路上醉酒驾驶机动车的时刻与抽取血液化验酒精含量的时刻存在间隔时,就要根据血液化验得出的酒精含量值来回溯地追算醉酒驾驶时的酒精含量值。一个可以参考的计算标准是,在道路上醉酒驾驶机动车的时刻与抽取血液化验酒精含量的时刻每相隔一小时,就要在血液化验得出的酒精含量值上追加10%来作为醉酒驾驶时的酒精含量值。然而,当在道路上醉酒驾驶机动车结束之后经过了相当长的时间才抽取血液化验酒精含量时,血液化验所得出的酒精含量值就往往失去了证明意义,需要专家全面分析个案中的各种因素(行为人饮酒数量的大小、饮酒后是否呕吐、经过了多长时间、驾驶时的行为表现、行为人结束驾驶时的身体状况等)来鉴定行为人在道路上驾驶机动车时是否处于醉酒状态。[26] 无论如何,在驾驶结束后经过了相当长的时间才对行为人进行血液化验或者根本没有对行为人进行血液化验的情形中,虽然法律也允许法官根据具体情况来自由判断行为人在道路上驾驶机动车时是否处于醉酒状态,但是,法官的这种自由判断应当以专家的鉴定为基础。

第三,行为人尽管在客观上处于由醉酒所引起的不能安全驾驶的状态中,却在道路上驾驶了机动车。首先,行为人驾驶机动车必须是"在道路上"进行的,也就是说,行为人在正用于不特定车辆或者不特定行人自由通行的城乡道路上驾驶了机动车。如果行为人在非用于不特定车辆或者不特定行人自由通行的特定区域醉酒驾驶了机动车,则不可能危害公共安全,也就不成立危险驾驶罪。虽然《道路交通安全法》第119条第1项对"道路"作了定义,即"公路、城市道路和虽在单位管辖范围但允许社会机动车通行的地方",但是,某一场所是否属于《刑法》第133条之1中的"道路",要根据该场所的属性和状态来判断。从属性来看,桥梁、隧道等属于道路的组成部分,因此,在桥梁、隧道上驾驶机动车当然是在道路上驾驶机动车。从状态上来看,码头、广场、小区、大学校园、公共停车场等可能是一种客观上开放的场

〔26〕 Vgl. BGH25 246.

所,能够由不特定车辆或者不特定行人自由通行,因此,在开放性的码头、广场、小区、大学校园、公共停车场上驾驶机动车的,也是在道路上驾驶机动车。

其次,行为人必须是"驾驶"了机动车。对机动车的驾驶,就是使机动车处于运行过程中。行为人利用机动车的驱动力来开动机动车,或者在机动车已经开动的过程中完全或者至少部分地控制机动车,或者不使已经开动的机动车停止下来,都属于驾驶机动车。使机动车处于很可能自动运行的状态也属于驾驶机动车。例如,行为人把汽车停在坡道上,坐在车里喝酒,却不拉上手刹,以至于汽车自动运行起来,那么,行为人也是醉酒驾驶了机动车。但是,不能使机动车运行的行为不是对机动车的驾驶。例如,尽管在别人的推动下,多人都没能成功地将汽车从泥坑中开出,行为人却醉酒后启动机动车,试图自己一人将深陷在泥坑里的机动车开出泥坑。那么,无论他使机动车的车轮在泥坑里转动了多少次,都不能说他醉酒驾驶了机动车,因为他的行为完全不能使机动车运行。

最后,行为人驾驶的必须是"机动车"。根据《道路交通安全法》第119条第3项的规定,所谓机动车,是指以动力装置驱动或者牵引,上道路行驶的供人员乘用或者用于运送物品以及进行工程专项作业的轮式车辆。机动车的具体类型很多,对成立危险驾驶罪而言,对机动车的具体类型没有限制,在道路上醉酒驾驶吊车、铲车、出租车、电动摩托车、手扶拖拉机等的,也能成立危险驾驶罪。在道路上醉酒驾驶非机动车的,不成立危险驾驶罪。根据《道路交通安全法》第119条第4项的规定,所谓非机动车,是指以人力或者畜力驱动,上道路行驶的交通工具,以及虽有动力装置驱动但设计最高时速、空车质量、外形尺寸符合有关国家标准的残疾人机动轮椅车、电动自行车等交通工具。需要指出的是,《刑法》第133条之1中的"机动车"是一个在外延上比《刑法》第119条和《刑法》第263条中的"交通工具"大得多的概念。只要是以动力装置驱动或者牵引,在道路上驾驶它足以引起公共危险的车辆,都属于《刑法》第133条之1中的"机动车"。

第四,行为人驾驶机动车的行为制造了公共安全的抽象危险。危险驾驶罪是危害公共安全罪中的一种具体犯罪,因此,只有行为人在道路上醉酒驾驶机动车的行为制造了公共安全的危险时,才可能成立危险驾驶罪。但是,由于《刑法》第133条之1并未像《刑法》第114条那样明文规定"危害公共安全",所以,危险驾驶罪的成立,不要求行为人的醉酒驾驶行为制造了公共安全的具体危险,只要行为人的醉酒驾驶行为制造了公共安全的抽象危险就够了。

现代刑法的任务当然是保护法益,一种完全不可能侵害法益的行为,不可能成为刑罚处罚的对象。某种行为给法益造成了抽象危险,是该行为能够成为犯罪的基本前提。当刑法分则条文在某一犯罪的构成要件中仅仅表述了危害行为,而没有表述行为的结果(包括实害结果和危险结果)时,该刑法分则条文规定的就是"抽象危险犯"。在抽象危险犯中,只要行为人实施了刑法分则条文规定的行为,就大体上相应地产生了抽象危险。刑事法官在认定抽象危险犯时,一般只需要判断行为人是否实施了刑法分则条文规定的行为,而无须具体判断是否从行为人的行为中产生了抽象危险。

有学者认为,就成立危险驾驶罪而言,"在没有车辆与行人的荒野道路上醉酒驾驶机动车的,因为不具有抽象的危险,不应以本罪论处"。[27] 这种看法混淆了抽象危险和具体危险。当行为人在有车辆与行人的道路上醉酒驾驶机动车时,他就制造了公共安全的具体危险,因为他随时都可能撞击车辆和行人。正因为行为人是在没有车辆与行人的荒野道路上醉酒驾驶机动车,才说他制造了公共安全的抽象危险,因为在行为人正在驾驶的道路上总是可能出现其他车辆与行人。行为人是在人们不太出门的冬夜里在道路上醉酒驾驶、是在前方没有车辆和行人的沙漠公路上醉酒驾驶、是在被洪水损坏的道路上醉酒驾驶,等等,都不能证明行为人的醉酒驾驶行为没有制造公共安全的抽象危险,因为根本不能证明在行为人能够出现的地方不可能出现他人或者不可能存在具有重大价值的物品。在行为人能够驾车行驶的道路上,就存在他人在相同的时间、相同的地点驾车行驶的可能性,并因此存在危害他人的抽象危险。当然,并不是说只要行为人在道路上醉酒驾驶了机动车,就是毫无疑问地制造了公共安全的抽象危险。虽然行为人在道路

〔27〕 前引〔5〕。

上醉酒驾驶了机动车,却没有制造公共安全的抽象危险,这种情形只可能出现在一些醉酒驾驶行为的危险性被完全控制的例子中。例如,一条通行频繁的公路被电影制作者彻底封锁,在被封锁的路段拍摄一个正在醉酒驾驶的镜头,此时,即使行为人是在醉酒驾驶,也没有对公共安全制造任何危险,其行为不成立危险驾驶罪。

②醉酒型危险驾驶罪的主观构成要件。我国《刑法》第 14 条、第 15 条和第 16 条的规定表明,行为人的主观态度(认识和意志)不仅是针对"行为"的,而且是针对"结果"的。在醉酒型危险驾驶罪中,醉酒驾驶本身和醉酒驾驶行为对公共安全造成的抽象危险都属于不可缺少的客观构成要素,都是行为人的认识和意志所涉及的对象。因此,关于醉酒型危险驾驶罪的主观要件,需要从行为人对醉酒驾驶行为本身和醉酒驾驶行为造成了公共安全的抽象危险两方面的主观态度来分析。就醉酒驾驶行为而言,行为人在主观上是故意的。例如,行为人喝了大量的白酒,明知自己会在驾车时客观上处于醉酒状态,却希望或者放任自己在醉酒状态中驾车,从而在道路上驾驶了机动车的,就是故意实施了醉酒驾驶行为。如果行为人在醉酒驾驶行为上不存在故意,那么,就不可能成立醉酒型危险驾驶罪。又如,行为人在不知情时喝了被人掺了酒精的饮料,在道路上驾驶机动车的整个过程中都没有认识到,也不可能认识到自己处于醉酒状态,虽然已经感觉到自己不能安全驾驶,却以为是车辆或者道路出现了不安全状况,在这种情形中,尽管行为人客观上实施了醉酒驾驶行为,并且造成了公共安全的抽象危险,但因为行为人在醉酒驾驶行为上不存在故意而不能追究行为人危险驾驶罪的刑事责任。

就造成了公共安全的抽象危险而言,行为人在主观上是过失的。在行为人故意实施醉酒驾驶行为时,只要行为人应当预见却因为疏忽大意而没有预见自己会因为醉酒而不能安全驾驶,或者已经预见自己会因为醉酒而不能安全驾驶却轻信自己能够避免驾驶带来的不安全,那么,行为人就在醉酒驾驶行为所造成的公共危险上存在过失。例如,行为人前一天晚上在家里喝了半斤白酒,第二天早晨起床后还感到大脑因为酒精作用而有些发晕,行为人认识到自己可能还处于醉酒状态,却因为已经睡了一夜而轻信自己能够安全驾驶,结果在醉酒驾车上班途中,被查出血液中的酒精浓度大于

80mg。在这种情形中,行为人缺乏对安全驾驶的谨慎态度,在醉酒驾驶行为所造成的公共危险上存在过失。又如,行为人在餐馆喝了半斤白酒,当身体尚未出现明显的酒精反应时,就立即驾车回家,行为人根据自己一贯的做法,相信从餐馆开车到家只需要花 10 分钟,在 10 分钟之内不可能发生导致他不能安全驾驶的酒精反应,但事实上,在行为人驾车回家途中已经因为醉酒而处于不能安全驾驶的状态。在这种情形中,行为人同样在醉酒驾驶行为所造成的公共危险上存在过失。

这些例子表明,不能从行为人存在醉酒驾驶的故意,就直接推导出行为人具有造成公共危险的故意。即使行为人存在醉酒驾驶的故意,行为人也可能仅仅具有造成公共危险的过失。只有在行为人既存在醉酒驾驶的故意,又不具有任何合理根据而随意认为不会造成公共危险时,才能认定行为人具有造成公共危险的故意。例如,行为人在餐馆喝了半斤白酒,当他从餐馆下楼去驾车回家时,已经在楼梯上摔倒几次,却仍然爬起来开车回家,理由是在驾车回家的 10 分钟路程里即使有强烈的酒精反应,也会因为路程短而不会造成任何公共危险。在这种情形中,行为人在醉酒驾驶行为所造成的公共危险上就存在故意,因为他关于不会造成任何公共危险的理由完全不具有合理的根据。

如果行为人不仅在实施醉酒驾驶行为上是故意的,而且在醉酒驾驶行为所造成的公共危险上也是故意的,那么,行为人的行为就不成立危险驾驶罪,而是成立以危险方法危害公共安全罪。如果行为人虽然在实施醉酒驾驶行为上是故意的,但是在醉酒驾驶行为所造成的公共危险上既不是故意的,也不是过失的,那么,行为人的行为也不成立危险驾驶罪。只有行为人在实施醉酒驾驶行为上是故意的,但是在醉酒驾驶行为所造成的公共危险上是过失的,行为人的行为才成立危险驾驶罪。

传统刑法理论认为,过失犯罪都是结果犯,"过失行为只有当造成了危害结果时,才能构成犯罪"。[28] 但是,认为危险驾驶罪是过失的抽象危险犯与传统刑法理论并不矛盾,因为危险本身就是结果。危险犯,包括过失的抽

〔28〕 王作富:《中国刑法研究》,中国人民大学出版社 1988 年版,第 168 页。

象危险犯,也是结果犯。危险犯是相对于实害犯而言的,并不是与结果犯相对立的概念。另外,在我国,不仅有学者主张在我国刑法中大量规定过失危险犯,[29]而且,我国《刑法》第330条规定的妨害传染病防治罪和第332条规定的妨害国境卫生检疫罪都是过失犯罪,[30]都将"有传播严重危险"作为构成要件之一,明显是关于过失危险犯的规定。

有学者认为,"发达国家例如日本、德国等不仅有类似的交通肇事罪等过失犯罪,也规定有危险驾驶罪等故意犯罪,比较周全地保护了道路安全方面的法益。这方面的经验也值得我国借鉴"。[31] 但是,德国《刑法》第316条不仅规定了故意的危险驾驶罪,而且规定了过失的危险驾驶罪,因此,不能用德国刑法关于危险驾驶罪的规定来证明危险驾驶罪就是故意犯罪。也有学者认为,醉酒型危险驾驶罪的"主观方面是故意,即明知在道路上追逐竞驶或醉酒驾驶违反道路交通法律、法规,对公众构成危险,却仍然为之,当属故意心理。需要指出的是,本罪处罚的是行为本身,因此,行为人的主观心理态度是针对行为本身,而不是针对结果"。[32] 笔者认为,这种见解存在两方面的问题:认为行为人明知"对公众构成危险",却又认为明知"不是针对结果",就没有认识到危险犯也是结果犯,因为"对公众构成危险"本身就是结果;认为故意"只是针对行为本身,而不是针对结果"就违背了《刑法》第14条关于犯罪故意是"明知自己的行为会发生危害社会的结果,并且希望或者放任这种结果发生"的规定。

还有学者认为,"醉酒驾车犯罪是故意犯罪。行为人明知醉酒驾车危害道路交通安全,饮酒并实际达到法定醉酒程度,在道路上驾驶了机动车,就属于具有刑法规定的醉酒驾车犯罪的故意"[33]。但是,当行为人明知自己的醉酒驾车行为会危害道路交通安全,却仍然故意在道路上醉酒驾车时,就是一种在客观和主观两方面都极其严重的罪行,完全不允许仅仅以《刑法》第

---

〔29〕 参见马松建:《过失危险犯比较研究》,载《郑州大学学报》(哲学社会科学版)2000年第4期。

〔30〕 参见王作富主编:《刑法》(第3版),中国人民大学出版社2007年版,第638~639页。

〔31〕 周光权主编:《刑法历次修正案权威解读》,中国人民大学出版社2011年版,第350页。

〔32〕 高铭暄、陈璐:《〈中华人民共和国刑法修正案(八)〉解读与思考》,中国人民大学出版社2011年版,第90页。

〔33〕 戴玉忠:《醉酒驾车犯罪相关法律规定的理解与适用》,载《检察日报》2011年6月20日版。

133条之1规定的危险驾驶罪判处最高为拘役的刑罚，而应当成立以危险方法危害公共安全罪。产生了具体危险时，要适用《刑法》第114条的规定。产生了抽象危险时，要一并适用《刑法》第114条和《刑法》第23条的规定。一些学者认为，醉酒型危险驾驶罪中的故意内容仅仅是行为人"认识到自己是在醉酒状态下驾驶机动车"。例如，张明楷教授认为，"醉酒驾驶属于故意犯罪，行为人必须认识到自己是在醉酒状态下驾驶机动车。但是，对于醉酒状态的认识不需要十分具体（不需要认识到血液中的酒精具体含量），只要有大体上的认识即可。一般来说，只要行为人知道自己喝了一定的酒，事实上又达到了醉酒状态，并驾驶机动车的，就可以认定其具有醉酒驾驶的故意"。〔34〕

笔者认为，如果将醉酒型危险驾驶罪理解为故意犯罪，并将醉酒型危险驾驶罪中的故意内容仅仅理解为对醉酒驾驶行为本身的认识，而不是理解为对醉酒驾驶行为所引起的公共危险的认识，那么，就会导致两方面的不合理现象。一方面，在行为人不仅认识到自己是在醉酒驾驶，而且认识到自己的醉酒驾驶行为会造成公共危险，并追求或者放任公共危险的发生时，仅仅以危险驾驶罪来处理，就忽视了行为人否定法规范的主观态度，会放纵犯罪。例如，行为人为了发泄对社会的不满，喝了一斤烈性二锅头白酒后，在马路上开车，故意危害公共安全，但是，仅仅制造了公共安全的抽象危险，倘若认定行为人的这种行为只成立危险驾驶罪并处以拘役，明显不合理。另一方面，在行为人仅仅认识到自己是在醉酒驾驶，但是对公共危险的发生既无故意也无过失时，也以危险驾驶罪来处理，就违背了责任主义的要求，会扩大刑罚处罚的范围。例如，行为人以餐后要开车回家为由，拒绝饮酒，仅要求饮用无醇啤酒，他人却在行为人不知道的情况下往无醇啤酒中掺入了酒精饮料，当行为人开车回家途中发现自己所喝的无醇啤酒被人掺入了酒精饮料而导致自己不能安全驾驶时，尽管认识到自己是在醉酒驾驶，却已经因为与行为人的主观愿望相违背的酒精作用而不能理性地作出停止继续驾驶的决定，结果在继续的醉酒驾驶中造成了公共安全的抽象危

〔34〕 前引〔5〕。

险，倘若认定行为人的这种行为也成立危险驾驶罪并处以拘役，同样极不合理。

（2）醉酒型危险驾驶罪的违法性阻却事由。即使行为人在道路上醉酒驾驶机动车的行为具备了危险驾驶罪的客观构成要件和主观构成要件，其行为也可能因为存在违法性阻却事由，而不成立危险驾驶罪。在一些特定情形中，行为人完全可能把醉酒驾驶行为作为正当防卫行为或者紧急避险行为来实施。例如，当行为人在大量饮酒后回家的途中被歹徒追杀，他既可以钻进停在路边尚未熄火的汽车里开车撞击歹徒，也可以驾车逃跑，因为他在醉酒状态开车撞击歹徒的行为属于正当防卫，在醉酒状态驾车逃跑的行为属于紧急避险，都不会因为形式上是在道路上醉酒驾驶机动车而成立危险驾驶罪。但是，只有完全具备正当防卫或者紧急避险的成立要件时，才可能阻却醉酒驾驶行为的违法性。行为人喝醉酒后想坐出租车回家，因为下雨，在路边等了半个小时都没能坐上出租车，看着妻子催他尽快回家休息的短信，他返回了单位的地下车库，开动自己的轿车奔驰在回家的路上，就这个例子而言，无论开车回家是否属于行为人能够回家的唯一手段，他的醉酒驾驶行为都成立危险驾驶罪，因为不给公共安全制造危险的利益远远大于他尽快回家休息的利益。

（3）醉酒型危险驾驶罪的责任阻却事由。同样，即使行为人在道路上醉酒驾驶机动车的行为具备了危险驾驶罪的客观构成要件和主观构成要件，其行为也可能因为存在责任阻却事由而不成立危险驾驶罪。可以想象的极端例子是，一个大雪纷飞的夜晚，行为人在给久别的大哥接风洗尘时喝了几杯酒，为了不违反《刑法》第133条之1禁止醉酒驾驶的规定，他决定不开车回家，而是发动停在路边的汽车，打开空调，挂好停车挡，拉起手刹，睡在车的后座上。半夜，行为人被冻醒了，发现车的空调设备坏了，他本来想在车里坐到酒醒后再开车回家，但是，因为车里实在太冷了，行为人最后选择了在醉酒状态下开车回家。他谨慎地慢慢开着车，快到家时，被警察发现。就这个例子而言，行为人很大程度上表达了他对法规范的忠诚，在醉酒驾驶上几乎不值得法规范去谴责，因此，他的责任被阻却，其醉酒驾驶行为不成立危险驾驶罪。

2. 醉酒型危险驾驶罪的法定刑

根据《刑法》第 133 条之 1 第 1 款的规定,对危险驾驶罪要“处拘役,并处罚金”。目前,对危险驾驶罪的量刑存在不少诟病。对同样的醉酒型危险驾驶罪,有的法院判处 1 个月拘役,并处 3000 元罚金,有的法院判处 3 个月拘役,并处 1000 元罚金,给公众留下恣意量刑的印象。因此,在量定危险驾驶罪的刑罚时,既要秉持正确的司法理念,也要确立一定的客观标准,使危险驾驶罪的量刑规范化。

(1)在司法理念上,要坚持用刑罚制裁危险驾驶罪。有学者认为,“醉驾入罪是立法理想,而醉驾不一定入刑是司法常态”。[35] 应当认为,将醉驾入罪不入刑的做法不能成为司法常态。虽然刑罚本身会造成人的痛苦,但它是对抗犯罪的不可缺少的“易感触的力量”。贝卡里亚早就指出:“需要有些易感触的力量(motivi sensibili)来阻止个人专横的心灵把社会的法律重新沦入古时的混乱之中”。这种易感触的力量就是对触犯法律者所规定的刑罚。笔者之所以称它为易感触的力量,是因为经验表明:“如果所采用的力量并不直接触及感官,又不经常映现于头脑之中以抗衡违反普遍利益的强烈私欲,那么,群众就接受不了稳定的品行准则,也背弃不了物质和精神世界所共有的涣散原则。任何雄辩,任何说教,任何不那么卓越的真理,都不足以长久地约束活生生的物质刺激所诱发的欲望。”[36] 治理醉驾,也应当运用“刑罚”这种易感触的力量。

(2)在确定拘役的期限时,要以血液里的酒精含量为基准,同时考虑案件的各种具体情节。一种可供选择的方案是:当血液里的酒精含量等于或者大于 80mg/100ml、小于 100mg/100ml 时,以 1 个月的拘役为基准刑。当血液里的酒精含量等于或者大于 100mg/100ml、小于 200mg/100ml 时,以 2 个月的拘役为基准刑;当血液里的酒精含量等于或者大于 200mg/100ml 时,以 3 个月的拘役为基准刑。然后,根据行为人是否抗拒、阻碍、逃避民警依法查处,是否具有醉酒驾驶的前科,是否如实供述犯罪行为及其认罪态度,是

〔35〕 卢建平:《一个刑法学者关于醉驾入刑的理性审视》,载《法制日报》2011 年 5 月 25 日版。
〔36〕 [意]贝卡里亚:《论犯罪与刑罚》,黄风译,中国大百科全书出版社 1993 年版,第 9 页。

否给公共安全造成了具体危险（特别是是否造成人员伤害和财产损失等后果），是否在人群密集地区实施醉酒驾驶行为，是否驾驶营运车辆等具体情节，在基准刑以上确定更长的拘役期限。

需要说明的是，虽然醉酒型危险驾驶罪是抽象危险犯，不以行为人的醉酒驾驶行为产生了公共安全的具体危险为成立要件，但是，这并不意味着醉酒驾驶行为产生了公共安全的具体危险时就不成立危险驾驶罪。刑法并未规定作为具体危险犯的危险驾驶罪，是因为对公共安全的具体危险总是包含着对公共安全的抽象危险。所以，当醉酒驾驶行为产生了公共安全的具体危险时，就可以认定为作为抽象危险犯的危险驾驶罪，并将所产生的对公共安全的具体危险作为危险驾驶罪的从重处罚情节来考虑。

（3）在计算罚金的数额时，要以行为人上一年度的税后平均月收入为基准，同时考虑行为人血液里的酒精含量。具体的计算公式是：行为人上一年度的税后平均月收入×血液酒精浓度值＝罚金额。[37] 例如，如果行为人上一年度的税后平均月收入是1600元，醉酒驾驶时血液里的酒精浓度值为89mg/100ml，那么，就应当判处其1424元罚金。如果行为人没有收入或者无法确定行为人上一年度的税后平均月收入，那么，要以行为人居住地的居民上一年度的税后平均月收入为基准。罚金额与行为人的税后月收入相联系，符合判处罚金的目的；使罚金额与行为人血液里的酒精浓度相联系，符合醉酒型危险驾驶罪的特点。

（4）如果行为人是初犯，又没有逃避、抗拒民警检查的行为，能够如实供述犯罪行为，认罪态度好，没有造成人员伤害和财产损失等后果，宣告缓刑不会给所居住社区带来重大不良影响的，应该根据《刑法》第72条第1款的规定，对行为人宣告缓刑。

（二）《刑法》第133条之1第2款的适用

《刑法》第133条之1第2款规定："有前款行为，同时构成其他犯罪的，依照处罚较重的规定定罪处罚。"虽然这一规定中使用了"同时"一词，但是，

---

〔37〕 提出这一罚金额的计算公式，参照了丹麦的做法。参见［日］松泽伸：《北欧饮酒驾驶的现状和对策》，载《交通刑事法的现代课题》，成文堂2007年版，第624页。

由于醉酒驾驶行为不可能在成立危险驾驶罪的同时又成立其他犯罪，所以，这一规定并不是关于竞合犯的规定，[38] 而是关于转化犯或者吸收犯的规定。也就是说，因为在道路上醉酒驾驶机动车而成立的危险驾驶罪，完全可能由于发生了严重的实害结果而转化为其他犯罪，或者可能由于主观意思的质变而被其他犯罪所吸收，从而需要按照发挥了转化作用或者吸收作用的重罪来处罚。

1. 危险驾驶罪转化为交通肇事罪

行为人故意在道路上醉酒驾驶机动车，但是，行为人有相当的根据认为自己还能够安全驾驶，对其醉酒驾驶行为所引起的公共安全的抽象危险存在过失的，就成立危险驾驶罪。如果行为人不仅对其醉酒驾驶行为会引起公共安全的抽象危险存在过失，而且对其醉酒驾驶行为会给公共安全造成的实际损害也存在过失，那么，在行为人的醉酒驾驶行为造成了一人以上重伤，负事故全部责任或者主要责任时，行为人的醉酒驾驶行为就转化为交通肇事罪。由于 2000 年 11 月 15 日最高人民法院《关于审理交通肇事刑事案件具体应用法律若干问题的解释》第 2 条第 2 款第 1 项规定“酒后”驾驶机动车，造成了一人以上重伤，负事故全部责任或者主要责任的，就成立交通肇事罪，所以，在醉酒驾驶行为转化为交通肇事罪时，应当把“醉酒驾驶”作为酌定的从重处罚情节来考虑。也就是说，应当在“3 年以下有期徒刑或者拘役”这一法定刑幅度内选择较重的刑罚。

如果行为人的醉酒驾驶行为造成了一人以上重伤，负事故全部责任或者主要责任，又在肇事后醉酒驾驶机动车逃逸的，由于《刑法》第 133 条第 2 段已经对这种情形作了明确规定，即使行为人对醉酒驾驶机动车逃逸所引起的公共安全的抽象危险存在过失，也无须把肇事后继续实施的醉酒驾驶行为认定为危险驾驶罪，只需要把肇事后的醉酒驾驶行为作为酌定的从重处罚情节来考虑。也就是说，应当在“3 年以上 7 年以下有期徒刑”这一法定刑幅度内选择较重的刑罚。但是，如果行为人在肇事后醉酒驾驶机动车以

[38] 也有人认为，《刑法》第 133 条之 1 第 2 款是关于“竞合情形”的规定。参见郎胜主编：《中华人民共和国刑法释义》（第 5 版），法律出版社 2011 年版，第 165 页。

极其危险的方式逃逸，例如，在繁华路段闯红灯、逆行、强占人行道高速行驶，那么，只要能够证明行为人在肇事后的醉酒驾驶逃逸时并非处于无刑事责任能力的状态之中，就可以认定行为人存在危害公共安全的故意，其肇事后的醉酒驾驶逃逸行为就又成立以危险方法危害公共安全罪，应当与交通肇事罪合并处罚。

2. 危险驾驶罪被以危险方法危害公共安全罪所吸收

根据场合（例如，行为人在车流不断的高速公路上严重醉酒驾驶），醉酒驾驶行为完全可能是与放火、爆炸等行为一样的危害公共安全的方法。但是，在危险驾驶罪中，行为人对其醉酒驾驶行为所引起的公共安全的危险是过失的，而在以危险方法危害公共安全罪中，行为人对其醉酒驾驶行为所引起的公共安全的危险是故意的。有人认为，“如果行为人出于报复社会、泄愤等目的，故意采用危险驾驶的方式，以达到其危害不特定多数人生命健康和重大公私财产损失的目的，此时危险驾驶行为本身只是其实施其他犯罪的一种具体手段和方式而已，刑法所评价的已经不是危险驾驶行为本身，而是通过危险驾驶这一具体方式实施的犯罪行为，因而不构成危险驾驶罪，只能认定为以危险方法危害公共安全罪”。〔39〕这一看法的表述本身容易引起误解，根据这一看法，似乎“报复社会、泄愤等”动机是在“故意”之外使醉酒驾驶等危险驾驶行为成立以危险方法危害公共安全罪的条件。应当认为，不论行为人是否出于报复社会、泄愤等动机，只要行为人故意通过醉酒驾驶等危险驾驶行为制造了与放火、爆炸等行为同样的公共危险，就应将其醉酒驾驶等危险驾驶行为认定为以危险方法危害公共安全罪。虽然行为人不具有报复社会、泄愤等动机，行为人在开始醉酒驾驶时对其醉酒驾驶行为所引起的公共安全的危险仅仅是过失的，但是，在醉酒驾驶的过程中，行为人尽管由于发生了越线、剐碰等不能正确操纵机动车的行为而认识到继续醉酒驾驶就很可能造成公共安全的极大危害，却仍然以高速、超车、逆行等危险方式继续醉酒驾驶的，其先前的过失危险行为就被后续的故意危险行为所吸收，仅仅成立以危险方法危害公共安全罪。

---

〔39〕 前引〔6〕。

危险驾驶罪能够被以危险方法危害公共安全罪所吸收,必须具备两个前提条件,其一,行为人在道路上醉酒驾驶机动车的行为具有与放火、爆炸等行为一样的危害公共安全的危险性。行为人的醉酒驾驶行为是否具有与放火、爆炸等行为一样的危害公共安全的危险性及其危险性的大小,取决于行为人因为醉酒而不能安全驾驶的程度、道路的状况、车辆的类型和行为人的驾驶方式等因素。例如,行为人在因为醉酒而不能安全驾驶的状态中在高速公路上行驶的、在一般道路上高速行驶的、逆向行驶的、闯红灯的,其醉酒驾驶行为就具有与放火、爆炸等行为一样的危害公共安全的危险性。其二,行为人故意通过醉酒驾驶行为来危害公共安全。尽管行为人的醉酒驾驶行为在客观上具有危害公共安全的危险性,但是,如果行为人对其醉酒驾驶行为所制造的公共安全的危险在主观上仅仅存在过失,那么,行为人的醉酒驾驶行为就只能成立危险驾驶罪。如果行为人在开始实施醉酒驾驶行为时以为自己还能够安全驾驶,但是,在实施醉酒驾驶行为的过程中,由于发现自己不能有效操控机动车而认识到继续醉酒驾驶就会危害公共安全,却仍然继续醉酒驾驶,放任公共安全的危险发生,那么,行为人的醉酒驾驶行为就成立以危险方法危害公共安全罪。行为人对其醉酒驾驶行为所制造的公共安全的危险在主观上是过失还是故意,这需要根据行为人醉酒的程度和驾驶方式等因素来客观判断。如果行为人严重醉酒,却在具有责任能力的状态下在道路上横冲直撞地开车,那么,就要肯定行为人危害公共安全的故意;如果行为人轻度醉酒,并在道路上缓慢行驶,那么,就要认定行为人仅仅存在危害公共安全的过失。[40] 总之,关于醉酒驾驶犯罪的主观罪过,"应结合行为人是否具有驾驶能力、是否正常行驶、行驶速度快慢、所驾车辆车况如何、路况和能见度如何、案发地点车辆及行人多少、肇事后的表现等方面进行综合分析认定"。[41]

然而,在刑事司法实务中,需要注意的一种情形是:行为人在开始醉酒驾驶时对其醉酒驾驶行为所引起的公共安全的危险仅仅是过失的,但是,在

---

〔40〕 关于醉酒驾驶的行为人在主观上是存在危害公共安全的故意还是存在过失的问题,参见刘明祥:《有必要增设危险驾驶致人死伤罪》,载《法学》2009 年第 9 期。

〔41〕 高贵君、韩维中、王飞:《醉酒驾车犯罪的法律适用问题》,载《法学杂志》2009 年第 12 期。

醉酒驾驶的过程中，酒精突然对行为人的中枢神经系统发生了极大的抑制作用，以至于行为人毫无认识地处于无责任能力的严重醉酒状态，并且在这种状态中造成了公共安全的具体危险或者实际损害。有一些事例，就可能体现了这种情形，例如，在交通事故发生之前，行为人已经熟睡在驾驶室里，失去了对方向盘的控制，或者行为人在醉酒状态下实施了驾车撞向电线杆等可能给自己带来重大损害的驾驶行为。在这种情形中，因为行为人缺乏造成公共安全的具体危险或者实际损害的故意，行为人的醉酒驾驶行为就仅仅成立（如果仅仅造成公共安全的危险）危险驾驶罪或者（如果已经造成公共安全的重大损害）交通肇事罪，而不成立以危险方法危害公共安全罪。在处理这种情形时，不能采用一种被简单化了的原因自由行为理论。

有的学者对原因自由行为理论进行了一种简单化的推论："醉酒者辨认能力和控制能力的丧失是由其自身的主观意志决定的；如果因此而发生危害结果，应当由其自身承担责任。因此，醉酒后驾车犯罪应负刑事责任。"〔42〕但是，不能从行为人对自陷醉酒的责任中简单地推导出对其在醉酒状态中造成的危害结果的刑事责任。如果要认定行为人在醉酒后的无责任能力状态中实施的危险驾驶行为成立以危险方法危害公共安全罪，就不仅需要行为人是自己故意醉酒的，而且需要行为人在醉酒前的责任能力状态中就存在实施危险驾驶行为的故意。〔43〕在这个问题上，我国的刑法理论和司法实务都有忽视责任主义之虞，应当加以充分注意。例如，一个平常表现很好的年轻人，因为家庭琐事，晚上与父亲争吵后，到街上的羊肉泡馍店喝醉了酒，被羊肉泡馍店的服务员送回家途中，在迷醉状态下，用刀砍死了送他回家的这位服务员。对于这种案件，我国刑法学界的通说认为，行为人的行为成立故意杀人罪，司法实践中也不乏认定为故意杀人罪的判例。〔44〕但是，笔者认为，行为人在故意饮酒前根本没有杀人的故意，在迷醉状态中又不知道自己在杀人或者不能控制自己的杀人行为，或者可能因为醉酒而产生了必须进

---

〔42〕 前引〔41〕。

〔43〕 参见冯军：《刑法问题的规范理解》，北京大学出版社 2009 年版，第 219 页。

〔44〕 参见最高人民法院应用法学研究所编：《人民法院案例选》（刑事卷）（1992～1996 年合订本），人民法院出版社 1997 年版，第 237 页。

行正当防卫的错觉,总之,在杀害他人上不具有刑法上的故意,因此,不应认为行为人的行为成立故意杀人罪。同样,在行为人虽然故意饮酒,并且故意在道路上醉酒驾驶机动车的情况下,只要行为人不具有通过醉酒驾驶行为来制造公共安全危险的故意,就不应将行为人的醉酒驾驶行为认定为以危险方法危害公共安全罪。

三、《刑法》第133条之1适用的相关问题

(一)醉酒型危险驾驶罪的成立与《刑法》第13条"但书"的关系

根据《刑法》第13条"但书"的规定,情节显著轻微,对社会危害不大的行为,不认为是犯罪。从这一规定中产生了关于醉酒驾驶行为是否应当一律入罪的激烈争论。这一激烈争论是如此的尖锐和广泛,以至于最高人民法院、最高人民检察院和公安部都不得不先后表明自己的立场。最高人民法院副院长张军同志认为,"虽然《刑法修正案(八)》规定追究醉酒驾驶机动车的刑事责任,没有明确规定情节严重或情节恶劣的前提条件,但根据刑法总则第13条规定的原则,危害社会行为情节显著轻微危害不大的,不认为是犯罪。对在道路上醉酒驾驶机动车的行为需要追究刑事责任的,要注意与行政处罚的衔接,防止可依据道路交通安全法处罚的行为,直接诉至法院追究刑事责任"。[45] 这就是说,符合《州法》第13条"但书"规定的"情节显著轻微危害不大的"醉酒驾驶行为不应当入罪。

虽然有刑法学者认为张军同志"实在是在不恰当的时机就不恰当的话题说着被人理解为不恰当的话",[46] 但是,也有不少刑法学者赞同张军同志的这一看法。例如,黄京平教授认为,实践中确实可能存在醉驾情节显著轻微的情况,不宜定罪。《刑法》第13条的规定属于总则,而新增的危害驾驶罪属于分则,所有分则的适用都必须受总则制约。[47] 卢建平教授也认为,

---

〔45〕 参见《最高法:并非醉酒驾驶机动车就一律构成刑事犯罪》,载中国新闻网:http://news.xinhuanet.com/legal/2011-05/10/c_121400801.htm,最后访问日期:2011年5月10日。

〔46〕 杨兴培:《从醉驾入罪看如何消弭法治分歧》,载《法学》2011年第7期。

〔47〕 参见《东莞首宗醉驾案是否定罪尚无结论》,载《南方周末》,http://gd.nfdaily.cn/content/2011-05/16/content_24113791.htm,最后访问日期:2011年5月16日。

“对法律无特殊情节要求的行为犯、危险犯(如我国刑法中的非法拘禁罪、非法侵入住宅罪,包括危险驾驶罪)并非一律定罪,而是仍然要考虑总则的规定,对于情节显著轻微危害不大的,不作为犯罪处理”。〔48〕 当然,也有不少刑法学者反对张军同志的这一看法。例如,戴玉忠教授认为,《刑法修正案(八)》明确规定“在道路上醉酒驾驶机动车的”构成犯罪,就是立法认为醉酒驾车不是“情节显著轻微危害不大的”行为。〔49〕 韩玉胜教授也认为,“情节已经包含在条文的规定当中,因为醉酒状态,按照咱们现在的规定是血液当中的酒精含量达到了80mg以上,就应该认定已经构成了醉酒驾驶的状态,就应该构成犯罪了。至于说其他情节,实际应该是没有达到80mg以上的,笔者认为不构成犯罪,这是情节显著轻微,危害不大,不认为是犯罪。只要达到或者超过了80mg以上,那么就认为他的行为应该按照犯罪来处理”。〔50〕 最高人民检察院、公安部和社会舆论显然更支持戴玉忠教授和韩玉胜教授的看法。在张军同志的上述讲话发表之后,公安部方面针锋相对地表示,“公安部门对经核实属于醉酒驾驶机动车的一律刑事立案”。〔51〕 最高人民检察院的新闻发言人也表示,“只要事实清楚、证据充分,检方就会一律起诉,而不会考虑情节的轻重”。〔52〕 社会舆论也发出“请最高法尊重‘醉驾入刑’的立法本意”、不要使关于醉驾入刑的刑法规定“虚化”成一纸空文的声音。〔53〕

笔者也同意醉酒驾驶行为不应一律入罪这一结论,但是,不同意根据“情节显著轻微危害不大”这一过于模糊也过于客观的标准来进行醉酒驾驶行为的出罪化。一方面,“情节显著轻微危害不大”是一个过于模糊也过于客观的标准,人们有理由追问,为什么行为人在血液里的酒精含量大于或者

〔48〕 前引〔35〕。

〔49〕 前引〔33〕。

〔50〕 参见《醉驾入刑满月　最高法最高检公安部统一量刑标准》,载中国网络电视台:http://www.ce.cn/xwzx/gnsz/gdxw/201105/27/t20110527_22444187.shtml,最后访问日期:2011年5月27日。

〔51〕 参见前引〔24〕邢世伟、张媛文。

〔52〕 参见《最高检表态只要证据充分醉驾一律起诉》,载《北京晚报》2011年5月24日,第8版。

〔53〕 参见沈彬:《请最高法尊重“醉驾入刑”的立法本意》,载《东方早报》2011年5月12日,第A23版。

等于80mg/100ml这一状态中在道路上驾驶了机动车还是对社会"危害不大"的？如果根据"情节显著轻微危害不大"这一标准使醉酒驾驶行为出罪，就会使以血液里的酒精含量大于或者等于80mg/100ml这一血液酒精含量值为标准来判断醉酒驾驶行为"危害大小"的规定完全失去意义。"在道路上醉酒驾驶机动车"中，既包含着"在道路上"、"驾驶"和"机动车"等具体内容，又包含着"醉酒"这一具有血液酒精含量值的内容，它本身已经是一个量化的构成要件，立法上规定"实害危险等量化构成要件本身就是在'但书'的指导下完成的，在这类构成要件确定之后，反过来又可以起到排除适用'情节显著轻微危害不大的，不认为是犯罪'的实际效果"。[54] 事实上，在第三次审议《刑法修正案（八）（草案）》时，就有委员建议进一步明确"醉酒"的概念，还有委员提出，对醉酒驾驶机动车一律追究刑事责任可能涉及面过宽，建议增加"情节严重"等限制条件。但是，公安部、国务院法制办等部门认真研究了上述建议后认为，醉酒驾车的标准很明确，与一般酒后驾车的界限是清晰的，并且已经执行多年，在实践中没有发生重大问题。将在道路上醉酒驾驶机动车这种具有较大社会危害性的行为规定为犯罪是必要的，如果再增加规定"情节严重"等限制条件，具体执行中难以把握，也不利于预防和惩处这类犯罪行为，建议维持草案的规定。[55] 最终通过的《刑法修正案（八）》不仅没有增加"情节严重"等限制条件，而且为了防止产生歧见，还特意修改了表述顺序，即将《刑法修正案（八）（草案）》中"在道路上醉酒驾驶机动车的，或者在道路上驾驶机动车追逐竞驶，情节恶劣的"这一表述修改为"在道路上驾驶机动车追逐竞驶，情节恶劣的，或者在道路上醉酒驾驶机动车的"，以避免产生"在道路上醉酒驾驶机动车也需要情节恶劣才构成危险驾驶罪"的误解。[56]

从以上关于没有增加"情节严重"等限制条件和特意修改表述顺序的立法经纬来看，根据"情节显著轻微危害不大"这一标准来进行醉酒驾驶行为的出罪化，并不符合《刑法》第133条之1的立法目的。另外，与外国的立法

---

〔54〕 前引〔16〕。

〔55〕 参见全国人民代表大会法律委员会关于《中华人民共和国刑法修正案（八）（草案）》审议结果的报告《第十一届全国人大常委会第十九次会议文件（三）》。

〔56〕 前引〔16〕。

例相比较,根据"情节显著轻微危害不大"这一标准来进行醉酒驾驶行为的出罪化也不妥当。例如,日本《道路交通法》第117条规定了酒后驾驶罪和醉酒驾驶罪。根据日本《道路交通法》第117条之4第2号的规定,如果行为人在驾驶时每毫升血液里的酒精浓度达到0.3mg以上,就成立酒后驾驶罪,要处以1年以下的惩役或者30万日元以下的罚金。根据日本《道路交通法》第117条之2第1号的规定,如果行为人在驾驶时由于酒精的影响而处于不能正常驾驶的状态,就成立醉酒驾驶罪,要处以3年以下的惩役或者50万日元以下的罚金。〔57〕在我国的酒后驾驶问题更为严重的情势下,对本来已经由血液里的酒精浓度大于或者等于80mg/100ml这一血液酒精含量值所严格限定的醉酒型危险驾驶罪,就完全没有必要再根据"情节显著轻微危害不大"这一标准来进行出罪化。

另一方面,要从犯罪论体系中找出能够使醉酒驾驶行为出罪的标准,使醉酒驾驶行为的出罪化受到犯罪论体系的制约,从而能够从犯罪论体系上检验使醉酒驾驶行为出罪的判断过程。能够使醉酒驾驶行为出罪的根据,应该是存在违法性阻却事由或者责任阻却事由。特别是,如果行为人在醉酒驾驶上的责任极其轻微,那么,就无须将其醉酒驾驶行为认定为犯罪。例如,行为人在一次为庆祝母亲的生日而举行的家庭晚宴上,高兴地与父亲喝了三两茅台酒,他完全没有打算酒后驾驶,但是,在半夜里,母亲咳嗽的老毛病又犯了,不巧的是,母亲的止咳药没有了,急需去给母亲买止咳药,在既没有出租车可供利用又没有其他人提供代驾的情况下,这个孝顺的儿子选择了谨慎地开车到五公里外的医院去买药这一不得已的方式,在买了药快到家的时候,他不幸被民警检查出是醉酒驾驶。在这个例子中,对行为人的醉酒驾驶行为很难进行法规范上的谴责,这是因为,他只不过在一种不得已的状况中带着遵守法规范的心情而违反了法规范,不需要通过将他的醉酒驾驶行为认定为犯罪来证明"禁止醉酒驾驶"这一刑法规范的有效性,因此,可以不将他的这种醉酒驾驶行为认定为犯罪。

还有刑法学者提出了第三种解决方式。曲新久教授认为,在认定醉酒

---

〔57〕 参见[日]冈野光雄:《交通事犯和刑事责任》,成文堂2007年版,第34页。

型危险驾驶罪的成立上没有适用《刑法》第13条“但书”的空间，但是，可以通过给作为构成要件要素的“醉酒”设定量的幅度，赋予司法人员自由裁量的权力，从而使醉酒驾驶不必一律入罪。关于给作为构成要件要素的“醉酒”设定量的幅度，曲新久教授提出的具体方案是，当100ml血液里的酒精含量达到110mg以上时，一律判处刑罚，严惩不贷。当100ml血液里的酒精含量处于80～110mg这一幅度内时，如果行为人属于初犯、认罪、悔罪并且没有任何实际危害后果的，可以按照酒后驾驶予以行政处罚；如果行为人在接受处理时谩骂、殴打、袭击执法警察的，或者拒不认罪、悔罪的，或者造成一定危害后果的，以及属于再犯的，予以刑罚惩罚。[58]

虽然曲新久教授提出的上述解决方式与德国联邦法院的判例所采取的做法具有形式的相似性，但是，存在实质的区别。德国联邦法院的判例将醉酒所引起的不能安全驾驶区分为绝对的不能安全驾驶和相对的不能安全驾驶，认定行为人100ml血液里的酒精含量达到110mg以上时属于绝对的不能安全驾驶，100ml血液里的酒精含量处于80～110mg这一幅度内时属于相对的不能安全驾驶。当行为人100ml血液里的酒精含量处于80～110mg这一幅度内时，因为属于相对的不能安全驾驶，就要根据驾驶者的人身状况（例如，能否单腿站立）及其驾驶方式（例如，是否蛇行驾驶）等因素来最终确定行为人是否不能安全驾驶。[59] 因此，在德国联邦法院看来，当行为人100ml血液里的酒精含量处于80～110mg这一幅度内时，需要判断的仅仅是行为人是否还能够安全驾驶，而不是判断已经不能安全驾驶的行为人是否应当入罪或者入刑。根据我国法律的规定，“醉酒”是危险驾驶罪的客观构成要件要素，只要行为人血液里的酒精含量达到大于或者等于80mg/100ml这一血液酒精含量值，就表明行为人处于不能安全驾驶的状态。行为人在这种状态中在道路上驾驶机动车的，就具备了危险驾驶罪的客观构成要件符合性，而无须再根据行为人的状况及其驾驶方式等因素来判断行为人是否能够安全驾驶。行为人是否属于初犯，是否认罪悔罪以及是否造成实际

---

〔58〕 前引〔16〕。

〔59〕 Vgl. Schönke/Schröder, StrafgesetzbuchKommentar, 25. Auflage, S. 2137ff.

危害后果,都只是在量刑时应该考虑的问题,而不应影响危险驾驶罪的成立。因此,我国是根据明确的血液酒精含量值来判断行为人是否处于不能安全驾驶的"醉酒"状态的,在这种情况下,恐怕很难采用曲新久教授提出的第三种解决方式,否则,就可能混淆构成要件符合性的判断和刑罚量定。

(二)醉酒型危险驾驶罪的共犯

醉酒型危险驾驶罪是亲身犯,只有亲自在道路上醉酒驾驶了机动车的,才能成为醉酒型危险驾驶罪的正犯。在多人醉酒后参与了机动车的驾驶时,每一个亲自对机动车的运行作出了实质性影响的醉酒者,都可能成为醉酒型危险驾驶罪的正犯。例如,在机动车运行过程中,一个醉酒者操纵方向盘,另一个醉酒者操纵油门踏板,那么,这两个醉酒者都是危险驾驶罪的正犯。

但是,如果行为人没有亲自在道路上醉酒驾驶机动车,只要以某种方式促成或者帮助了醉酒驾驶行为的实施,那么,就不能成为醉酒型危险驾驶罪的共犯。例如,他人没有在道路上醉酒驾驶机动车的故意,行为人却故意劝酒,过失促使他人产生了喝点儿酒开车也不会危害公共安全的错误认识,以至于他人在道路上醉酒驾驶了机动车,在这种情形中,故意劝酒的行为人就不能成为醉酒型危险驾驶罪的教唆犯。再如,虽然他人故意在道路上醉酒驾驶机动车,但是对醉酒驾驶行为所引起的公共危险存在过失,行为人却高兴地乘坐醉酒者所驾驶的汽车,在这种情形中,乘坐者也不能因为提供了心理的帮助而成为醉酒型危险驾驶罪的帮助犯。这是因为,对过失犯罪而言,只存在处罚共同正犯的必要性,而无须处罚过失教唆犯或者过失帮助犯。[60]当然,如果行为人故意劝酒,并且故意促使他人在道路上醉酒驾驶机动车以危害公共安全的,就可能成立以危险方法危害公共安全罪的间接正犯。

如果认为醉酒型危险驾驶罪是故意犯罪,就会处罚故意劝酒者和故意同乘者,从而过于扩大醉酒型危险驾驶罪的处罚范围。这也从一个侧面表明,将醉酒型危险驾驶罪视为故意犯罪并不妥当。

(三)醉酒型危险驾驶罪的时效

在实践中,醉酒驾驶行为往往是民警现场查获的,因此,一般不会发生

---

〔60〕 前引〔43〕。

追诉时效期限的计算问题。但是,完全可能存在的情形是:行为人醉酒驾驶肇事"私了"后,又被他人检举揭发,虽然没有血液检验结果,但是有充分证据证明行为人实施了醉酒驾驶行为;民警查获了醉酒驾驶行为,血液检验结果表明行为人血液里的酒精含量超过了 80mg/100ml 的血液酒精含量值,但是,民警因为徇私情或者接受了贿赂,故意不将醉酒驾驶行为作为犯罪处理,而是仅仅作了行政处罚。在这些情形中,就会发生经过多长期间就不再追究醉酒驾驶行为的刑事责任的时效问题。[61]

有学者认为,"《刑法修正案(八)》规定的醉酒驾车、飙车犯罪是刑法分则中唯一不能受刑法总则追诉时效约束的罪名"。[62] 这一看法,可能是因为过于形式地理解了《刑法》第 87 条第 1 项规定的含义而产生的。关于犯罪的追诉期限,《刑法》第 87 条第 1 项规定,"法定最高刑为不满 5 年有期徒刑的,经过 5 年"。如果对这一规定进行过于形式的理解就会认为,拘役不是有期徒刑,因此,《刑法》第 87 条第 1 项的规定不适用于法定最高刑为拘役的犯罪。换言之,关于法定最高刑为拘役的犯罪,刑法没有规定其追诉期限。但是,进行这种过于形式的解释是完全不必要的,应当符合目的地解释《刑法》第 87 条第 1 项中规定的"不满"的意义。在笔者看来,《刑法》第 87 条第 1 项中规定的"不满"就是"没有达到",所谓"法定最高刑为不满 5 年有期徒刑"就是指"法定最高刑没有达到 5 年有期徒刑";法定最高刑为拘役的,也是法定最高刑没有达到 5 年有期徒刑。因此,危险驾驶罪的追诉时效期限应是 5 年。

另外,危险驾驶罪是继续犯,直到行为人从不安全的醉酒驾驶状态转变为安全的清醒驾驶状态为止,犯罪行为都在继续之中,因此,根据《刑法》第 89 条的规定,应当从不安全的醉酒驾驶行为终了之日起计算危险驾驶罪的追诉期限。

(本文原载于《中国法学》2011 年第 5 期)

---

〔61〕 参见前引〔33〕。

〔62〕 前引〔33〕。

刑事立法的法教义学反思

——基于《刑法修正案(九)》的分析

车　浩

广受关注的《刑法修正案(九)》(以下简称《修九》)将于2015年11月1日施行,刑法理论如何面对立法,再次成为一个问题。在20世纪末的20年中,立法论研究盛行,学者们热衷于批评法律,却疏于给司法实践提供切实有效的指导。晚近十多年来,解释论渐成主流的研究范式,学者们信奉"法律不是嘲笑的对象",批判法律被认为是解释能力的匮乏。刑法理论也开始在立法面前沉默,逐渐丧失对立法的引领和批判功能。

笔者一向认为,部门法学的研究,既不能脱离司法实践,逃避为法律的解释和适用提供理论工具的任务,也不能像基尔希曼讽刺的那样,面对"实在法中那些谬误的、过时的或随意性的东西……不惮于将自己的全部才智和学识用来为愚昧辩护"。[1] 法教义学应当兼具解释与批判的双重功能。在立法者的纰漏面前,理论不能放弃批判而沦为单纯提供解释服务的工具。学者也不能如赶集一般,在每次修正案出台前后,就社会热点评论一番后便归于平静,而是应该对立法的理念和技术,从教义学上进行持续的批判。惟如此,才能从根本上推动立法水平的提高和法治进步;惟如此,法学才能承担起引领立法的使命,学者才能避免陷入为皇帝新衣唱赞歌的命运。

基于上述考虑,本文在简要廓清法教义学与刑事立法关系的基础上,尝试从教义学的基础理论、中层模型和具体解释三个层面,对《修九》的立法理

---

〔1〕 [德]J. H. 冯·基尔希曼:《作为科学的法学的无价值性——在柏林法学会的演讲》,赵阳译,载《比较法研究》2004年第1期。

念和立法技术展开解释和批判，以求教于立法者和学界的各位同仁。

一、刑事政策、法教义学与立法的关系

一种流行的观点认为，刑事政策是刑事立法的指导教师，而法教义学只能在刑事立法划定的框架内提供解释服务，对立法本身的妥当性无能为力。这种片面的看法，以刑法体系与刑事政策的相互分离为认识前提：将刑法的社会任务归于刑事政策，将法律的平等适用和自由保障机能归于刑法体系，而刑法教义学只能在这个与刑事政策相分离的刑法体系之内展开。这就是所谓的"李斯特鸿沟"。〔2〕法教义学成了一个与刑事政策相分离的自给自足的存在，其视野被严格限定在现行刑法条文上，结果的理性、合目的性问题即刑事政策问题，不允许在刑法教义学中发挥作用。这样的刑法教义学，自然也难以为刑事政策指导下的立法工作提供意见。

但是，这种观点已经过时。人们逐渐认识到，"李斯特鸿沟"的存在，使法的安全性与正义处在一种紧张的关系之中。"在教义学上是正确的东西，在刑事政策上却是错误的；或者在刑事政策上正确的东西，在教义学上却是错误的。"〔3〕如果刑事政策上的合理性要求不能够或者不允许进入刑法教义学之中，那么从刑法教义学体系中得出的正确结论虽然是明确和稳定的，却无法保证它是正义所要求的合理结论，从而导致刑法教义学中的精工细作与实际收益脱节。〔4〕因此，今天的刑法教义学理论一直在致力于贯通刑事政策与刑法体系之间的鸿沟，而且事实上已经取得了丰硕的成果。〔5〕

在吸纳刑事政策思想的基础上，通过解释具体法律条文之间的意义脉络和原理联系，并且追溯其背后的相关法律思想，从而形成一个协调的教义学体系，这就是今天得到普遍赞许的法教义学的发展方向。法律要想得到正确的理解和适用，需要很多比个别条文的解释本身更为复杂和基础的理

---

〔2〕 参见[德]克劳斯·罗克辛：《刑事政策与刑法体系》，蔡桂生译，中国人民大学出版社2011年版，第4～5页。

〔3〕 同上书，第14页。

〔4〕 参见冯军：《刑法教义学的立场与方法》，载《中外法学》2014年第1期。

〔5〕 参见[德]克劳斯·罗克辛：《德国刑法学总论》，王世洲译，法律出版社2005年版，第124页。

论模型，如因果关系与客观归责、间接故意的边界、正犯与共犯的区分、不作为犯的保证人地位等，这些都不是依靠传统的几种解释方法能够做出回答的。于是，就出现了大量更加复杂的理论模型，它们构成了法教义学中一个非常重要的组成部分。

法教义学向来就有着引领和帮助立法的功能。“如果一部法律要有较强的生命力，那么立法者事先就必须对有待规范的生活关系、对现存的规范可能性、对即将制定的规范所要加入的那个规范的整体、对即将制定的这一部分规范必然施加于其他规范领域的影响进行仔细的思考和权衡……对于这些前期工作而言，显然，法学的帮助是不可或缺的，无论是法律社会学、法律教义学、比较法学还是法的一般原理——如果所涉及的是对法学基本范畴的正确运用。”〔6〕对刑法教义学来说，特别是当它汲取了刑事政策思想之后，就不仅是作为司法者的助手为案件解决提供方案，而且也同时获得了参与立法指导的资格，可以发挥出引领和帮助立法的作用。具体来说，刑法教义学影响刑事立法的过程应当是这样的：当刑事政策的思想进入到刑法教义学体系之后，它就会在与现行法条和法学理论相对照与碰撞的过程中，发现立法政策与现行法律之间的潜在冲突，彼此修补和融合，克服政策与法律各自可能存在的纰漏，从而以一种更加妥当、成熟和贴近逻辑的方式呈现出来，成为刑法教义学体系的一部分。处在教义学体系之中的刑事政策，比以往那种单纯的与刑法理论体系相互分离的刑事政策，多出了法律体系内部自洽性的考量，也多出了法律的适用效果的司法视角。在这样一种融合了刑事政策思想的教义学理论的帮助下，立法者就能够最大限度地避免新法与旧法之间的矛盾，就可以通过一个个教义学理论模型，看到之前的政策转化为立法之后在解释与适用过程中的得失，看到曾经的立法原意在实践贯彻中的后果和效率，从而来预测和调整当下的立法。由此我们可以说：“在讨论什么是正确的刑法这个话题上，刑法教义学者肯定是有能力来适当地

〔6〕［德］卡尔·拉伦茨：《论作为科学的法学的不可或缺性——1966年4月20日在柏林法学会的演讲》，赵阳译，载《比较法研究》2005年第3期。

回答相关的技术问题的。"[7]

综上所述,法教义学不仅承担着解释法律的任务,而且也具有指导和评估立法理念和技术的能量。尽管我们常说,教义学是"对自身能力未先予批判的纯粹理性的独断过程",但是,"这也不意指法律教义学必然诱使无批判"。[8] 这种批判,是在融入了宪法思维和刑事政策思考的基础上,"借由对法体系内部之规范、规范意义及其脉络关联的总结、抽象而获得的统合性原则,得以对于争议条款、规范解释乃至法院判决保持一种反思性评价的可能性"。[9] 接下来,以法教义学为视角,我们来讨论《修九》中的一些立法理念和立法技术问题。

二、反思立法:透过法教义学的基础理论

(一)批判性的法益概念

《修九》在第 290 条增设第 3 款,立法意图是"针对实践中一些个人缠访、闹访,屡教不改,严重扰乱国家机关秩序的情况,增加规定本罪"。[10] "两高"拟定的罪名是"扰乱国家机关工作秩序罪"。按此,该罪的保护法益是国家机关工作秩序。

通常认为,法益是指有益于公民个人的自由及其发展,或者是建立在此目标上的国家制度的运转所必要的现实存在和目的设定。[11] 如何理解法益概念的功能? 一种常见的观点是,在刑法体系内部定义法益,将法益视作是由刑法所确立下来的生活利益,不存在一个预先给予立法者的法益概念。"对刑法预先给出的限制,法益概念没有提供适当的根据。"[12] 从这一方向出发,法益被赋予一种位于刑法体系之内的解释工具的方法性功能,它不能

〔7〕 [德]沃斯·金德豪伊泽尔:《适应与自主之间的德国刑法教义学——用教义学来控制刑事政策的边界》,蔡桂生译,载《国家检察官学院学报》2010 年第 5 期。

〔8〕 [德]阿图尔·考夫曼、温弗里德·哈斯默尔主编:《当代法哲学和法律理论导论》,郑永流译,法律出版社 2013 年版,第 4 页。

〔9〕 白斌:《论法教义学:源流、特征及其功能》,载《环球法律评》2010 年第 3 期。

〔10〕 参见 http://www. npc. sov. cI/npc/xinwen/2014 - 1I/03/content_884976. htm,最后访问日期:2015 午 9 月 30 日。

〔11〕 同前注〔5〕,克劳斯·罗克辛书,第 15 页。

〔12〕 Hirsch,FS Spinellis,2001,SS. 425,436.

挑战给予其生命的刑法本身,而仅仅服务于对具体构成要件的解释。与此相反,另一种理解方式是,法益概念是先在于刑法体系的,它决定和制约着刑事立法,能够针对刑法干预发挥限制功能。从这一方向出发,法益概念被赋予一种体系批判的功能,“用刑罚威胁来禁止一种行为,而这种禁止不能以法益作为根据,那么这种禁止就可能是国家的错误”。〔13〕

本文主张法益概念具有解释和批判的双重功能。“放弃法益保护原则的批判潜力将会使得刑法再次回到启蒙之前的水平。”〔14〕法益不仅仅是一个指导解释的方法论概念,而且也应当兼具批判性的功能,也就是一个位于刑法条文之上的、能够预先勾勒刑罚权边界,并据此审查和批判刑法规定正当性的角色。按此,“国家机关工作秩序”不能因为被立法者规定,就自然地具备了法益保护的正当性和必要性,它还要面对以下检验。

第一,法益保护的正当性。法律上的秩序并非是对物理场所中人群聚集的描述,而是要看特定机构或场所的具体功能。国家机关的设立目标和存在根据,就是服务于公民个人的自由发展,因此,只有当国家机关的工作内容是为公民个人的自由发展提供服务时,才存在一个值得法律重视的“国家机关工作秩序”。同理,只要相关事项涉及公民个人的自由发展,围绕着该事项产生的争议及处理,无论是公民个人的主张,还是国家机关的应对,都属于国家机关工作秩序的一部分。

实践中的“缠访”“闹访”行为,往往是涉及公民个人的自由及其发展的事项(如征地拆迁补偿、案件处理等),大部分诉求都有一定根据,即使其方式欠妥,解决或回应这些诉求,也本应是国家机关工作秩序的一部分。如果将其评价为对“国家机关工作秩序”的“扰乱”,则意味着将本应属于该秩序的一部分内容抽离出来,使之成为与国家机关的工作相脱离、相对立的东西,但这也抽空了国家机关存在和受到保护的理由和基础,使国家机关变为一个由建筑物、人和权力编织而成的怪物。对国家机关的工作秩序的保护,也就此沦为对建筑物内的人员行使公权力的不受干扰性和自在安宁性的保

〔13〕 Hassemer, in: Hefendehl/Hirsch/Wohlers(Hrsg.), Die Rechtsgutstheorie, 2003, S. 57.

〔14〕 Schenemann, in: Hefendeht/Hirsch/Wohlers(Hrsg.), DieRechtsgutstheorie, 2003, SS. 133, 145.

护。这种所谓的"国家机关工作秩序",难以经受住批判性法益概念的检验而被承认为"法益"。

第二,法益保护的必要性。在第 290 条第 1 款和第 2 款已经形成双重保护的基础上,增设的第 3 款又针对国家机关工作秩序设置了专门性保护。去掉了前两款"聚众"的限制,意味着第 3 款的立法目的主要是针对一两个人扰乱国家机关工作秩序的行为。根据体系解释,这种扰乱主要是指用暴力、伤害、毁财等犯罪行为之外的轻微方式(否则,除了造成想象竞合犯从一重罪论处的结论之外,这款立法在加强保护方面并无实际意义)。由此产生的疑问是,作为由公民纳税支持运转的国家机关,如果其工作秩序可以轻易地被一两个人用轻微方式"扰乱",这样易受侵害的脆弱程度又如何能够被信赖其可以担负起服务于公民个人自由发展的功能。而如果不能胜任这个功能,无法有效实现这一目标,它就失去了存在的价值,更不配成为刑法保护的法益。

第三,法益保护的辅助性。刑法不是法益保护的首要和唯一手段,只是提供辅助性的保护。在通过行政不法的评价足以解决问题时,对于轻微的法益损害就不适合采用刑罚手段。通常这也被称作刑法的碎片性和最后手段性。因此,即使在劳动教养被废除以后,也不意味着就可以当然地将某些个人"缠访""闹访"的行为纳入刑法规制,相反,应优先考虑通过《治安管理处罚法》等行政处罚手段解决,区分行政不法与刑事不法,是在法益保护的问题上遵循比例性原则的必然要求。

(二)以预防为中心的刑罚目的理论

《修九》关于第 241 条收买拐卖妇女儿童罪第 6 款和第 383 条贪污罪第 4 款的修改,没有涉及对构成要件行为的修改,而是修改了行为的法律后果,在处罚原则和法定刑设置上有了较大的变化。这就涉及一个刑法教义学的基础问题:刑罚应当以什么方式发挥作用,才能使刑法的任务成为正义的?这个问题通常由刑罚目的理论来回答。

关于刑罚目的理论,大体上存在三种基本观点:报应理论、特殊预防理论和一般预防理论。如今已很少有人将其中的一种理论单独作为刑罚目的,大多数学者赞成一种综合性的理论。只是,如何综合,见仁见智。在各种理论中,德国学者罗克辛的"以预防为中心的综合理论"有其独到之处。在这个方案中,报应不是一种与预防并列的刑罚目的,它的作用是提供了罪责原则,作为设定刑罚界限的手段。刑罚不允许超过由罪责原则划定的边界,在这个范围之内,考虑作为刑罚目的的特殊预防与一般预防,而当特殊预防与一般预防发生冲突时,优先考虑特殊预防。〔15〕

本文赞成这种以预防为中心的方案。理由是:(1)有取长补短的效果。它尝试通过一种交叉组合和相互限制的方式,来尽量消除报应理论与预防理论各自的弱点,并保留和发扬各自的优点。相比之下,其他的综合理论,往往失之于一种简单集合,并没有排除传统理论的缺陷,而是相当于把各自的缺陷也一并相加。(2)报应理论经过改造后获得重生。这种方案将报应理论由刑罚的目的改造为刑罚的边界,相当于从前锋变成边裁,这种定位和功能的变化最大限度地发挥了报应理论的精华。由报应理论中提取出的罪责原则,能够提供各种预防理论均无力提供的限制国家刑罚权的功能,刑罚在任何情况下都不能高于一个人的罪责。在这个意义上,关乎宪法上的人格尊严。同时,它对于稳定一般大众的法律意识也有重要意义,任何人都不会受到比其应受处罚更重的惩罚。(3)优先考虑特殊预防,而以一般预防为辅,这种排序能将刑罚效率最大化。在两者出现冲突时,优先考虑一般预防,会阻碍特殊预防的实现,但是,优先考虑特殊预防,并不会排除一般预防的效果,最多只会以一种难以测量的方式削弱其影响,而轻微的刑罚同样具有一般预防的效果。〔16〕 接下来,就用这样一种以预防为中心、以报应(罪责)为边界的刑罚目的理论,来对《修九》前述两处修法进行评述。

1. 收买妇女、儿童者的回头路由宽变窄。原《刑法》第241条收买被拐卖的妇女、儿童罪第6款规定:"收买被拐卖的妇女、儿童,按照被买妇女的意愿,不阻碍其返回原居住地的,对被买儿童没有虐待行为,不阻碍对其进行解救的,可以不追究刑事责任。"当初设立这一规定的政策考虑是:收买被拐卖的妇女儿童的行为"有各种不同的情况,这样有利于减少阻力,有利于

---

〔15〕 同前注〔5〕,克劳斯·罗克辛书,第36~38页。

〔16〕 同上书,第36~53页。

解救和保护被拐卖的妇女、儿童”。[17]《修九》将“可以不追究刑事责任”修改为“可以从轻或减轻处罚”,并且仅适用于收买妇女;如果收买对象是儿童,即使收买人“对被买儿童没有虐待行为,不阻碍对其进行解救的”,最多也只能是“可以从轻处罚”。值得注意的是,修法不是直接针对收买行为本身,而是针对收买之后的表现。也就是说,为收买人开辟的“回头路”由宽变窄了。这种修改显然是与近年来人贩子猖獗、拐卖儿童问题引起社会普遍关注有着密切关系。修法的动机值得肯定,但这种修法方式,能否更好地实现对妇女儿童的保护目的呢?以下几点值得思考。

第一,首先要明确,拐卖收买类犯罪的保护对象不是父母,而是儿童。刑法规定拐卖和收买类犯罪,是要保护儿童不作为商品被贩卖的利益,而不是要抚慰被拐儿童家长的精神损害。否则,那些孤儿、流浪儿童或者因重男轻女、生活困顿而被父母主动出卖的儿童——这部分案件在中国数量很大——就失去了刑法的保护。以儿童作为保护对象的惩罚机制的设置,就不能围绕着如何能够最大限度地平息和发泄为人父母者的愤怒来展开,不能围绕着如何满足一般人的正义感来展开,而是要回到如何最有效地保护儿童自身的利益上面来。

第二,发挥刑罚的一般预防目的,是以行为人属于对刑罚轻重敏感的、可威慑可沟通的理性人为前提的。现在的修法针对的是收买之后的表现,其威慑效果同时指向两个方面:一方面,它指向收买行为当时。这也是立法者的修法初衷,即本着“没有买方就没有卖方”的想法,想要通过堵死收买人的回头路的方式,来威慑收买行为。[18] 但是,一个人既然考虑收买,就是要把被拐卖的妇女或儿童纳入自己的家庭生活,这就意味着他当然不愿意被收买的妇女儿童再返乡或被解救,自然也不会进一步地考虑是否阻碍其返乡或解救的后果。因此,回头路的宽窄,属于尚在未来的、充满不确定性的激励,对于当下的收买决定而言,太过遥远和微弱。试图在一个人决定是否

---

〔17〕 高铭暄、赵秉志主编:《新中国刑法立法文献资料总览》(上),中国人民公安大学出版社 1998 年版,第 642 页。

〔18〕 关于全国人大常委会委员们对修改该罪的意见,可参见 http://www.npc.gov.cn/npc/xinwen/lfgz/2015-07/07/content_1941147.htm,最后访问日期:2015 年 9 月 10 日。

收买妇女儿童的当时,因为考虑到日后的回头路变窄而放弃,可能收效甚微。另一方面,对于一个已经收买了妇女儿童的人来说,在其决定是否阻碍其返乡或被解救的时候,回头路的激励就在其眼前了。设置一个具有明确差异性的选项,就像面对枪口反抗则死、投降则生一样,这就是一个现实而有效的激励。如果反抗或投降都是死路一条,那么一个理性人就必然会选择可能还有逃生机会的反抗。对于收买人而言,如果无论是否善待儿童,回头路都没有太大差异,那么落下的皮鞭就失去了外部制约的力量。如果无论是否阻碍解救儿童,几乎都不会网开一面,那么对收买人而言更优的选择只能是想方设法通过藏匿等方式阻碍解救,因为这样反而可能因缺乏证据无法定罪而逃避惩罚。“今亡亦死,举大计亦死,等死,死国可乎?”事虽不同而理则一也。

由此可见,立法者将收买人的回头路变窄,这种激励对于决定犯罪之前的潜在收买人的威慑效果甚微,很难达到遏制买方市场的目的。相反,对实施犯罪之后的现实收买人,却可能起到一种显著的反向激励,使其做出更加不利于被收买的妇女或儿童的选择。因此,在一般预防的意义上,对于如何设计法律才能实现最有利于妇女、儿童利益的保护,立法者似乎缺乏足够清醒的后果权衡,更多体现出的是一种加大保护的立场和姿态。

第三,立法者区分了收买妇女和收买儿童的惩罚原则,收买儿童最宽是可以从轻,收买妇女最宽则可以减轻处罚。从特殊预防的角度来看,收买儿童做子女的人,比收买妇女当媳妇的人,教育改造的必要性未必更高,甚至可能更低。从给家庭带来伤害的角度看,为人者均有父母,妇女可能还多出配偶,因而把对父母造成痛苦这一点作为区分根据也不充分。唯一值得作为区分理由的是,可能会出现一些被拐卖的妇女自愿脱离原环境的情形,或者在被收买之后,与收买人共同生活甚至生儿育女而与收买人关系发生变化而不愿返乡的情形,考虑到作为成年女性,其意志决定自由的程度和实现意志的能力都要强于儿童,这可能会给区分收买妇女与收买儿童的罪责程度提供根据。

2. 贪污受贿者或面临终身监禁。根据《修九》,因重特大贪污受贿罪被判处死缓的犯罪分子,依法减为无期徒刑后,可能因不得减刑、假释而面临终身监禁。从法律上看,终身监禁不是一个新设的刑种,而是执行无期徒刑不得减刑、假释的必然结果。但是,在目前的刑罚执行体制中,由于减刑、假释的普遍存在,无期徒刑往往是名不符实的“假无期”。这样一来,不得减刑和假释的规定,实际上是在死刑与“假无期”之间,制度性、局部地设置了一种能够彻底剥夺犯罪人自由的“真无期徒刑”。对此,以下几点值得思考。

第一,对贪污犯受贿犯终身监禁是否超出了罪责边界,值得探讨。尽管一种犯罪的罪责程度到底多大很难有绝对的结论,但可以作一个相对的比较。《刑法修正案(八)》首次提出“限制减刑”的规定,针对的是“对被判处死刑缓期执行的累犯以及因故意杀人、强奸、抢劫、绑架、放火、爆炸、投放危险物质或者有组织的暴力性犯罪被判处死刑缓期执行的犯罪分子”。这一类犯罪人最多是“限制”减刑,而贪污犯受贿犯则是“不得”减刑、假释。在均被判处死刑缓期执行的情况下,如果把对贪污受贿犯罪终身监禁的理由归结于其罪责比杀人、强奸、抢劫、绑架、放火、爆炸等暴力性犯罪更深重,至少在常理上难以令人信服。是否“有利于体现罪刑相适应的刑法原则”,[19]恐怕不无疑问。

或许会有人反驳说,按照本文所说的以预防为中心的综合性方案,报应性的罪责只是提供了一个边界,并不是决定刑罚轻重的决定性因素,因此,即使贪污受贿犯罪与杀人强奸等暴力犯罪的罪责程度相当甚至更低,也完全可能在罪责范围之内,基于预防目的之需要,对前者终身监禁,而对后者仅是“限制”减刑。不错,仅仅集中在罪责程度的讨论,尚不足以动摇这一修法的正当性。对终身监禁的根本性疑问,其实是来自下面所说的特殊预防。

第二,按照本文支持的以预防为中心的综合性方案,罪责只是提供了边界,并不是决定刑罚轻重的决定性因素,关键问题仍然在于预防。针对贪污受贿犯罪的终身监禁,在特殊预防上毫无意义。一方面,从剥夺再犯能力的角度看,没有基于再犯危险性预测而剥夺其犯罪能力的必要性。[20] 因贪污受贿入狱的国家工作人员,都被褫夺公职而仕途终结,出狱之后,几乎无再

---

〔19〕 参见 http:/www. npc. gov. cn/npc/xinwen/ifgz/2015 - 08/25/content_1944106. htm,最后访问日期:2015 年 9 月 10 日。

〔20〕 参见刘军:《该当与危险:新型刑罚目的对量刑的影响》,载《中国法学》2014 年第 2 期。

犯贪污受贿的可能。同时,与暴力犯罪不同,从贪污犯受贿犯所犯罪行来看,也不能得出其具有再犯其他犯罪的人身危险性的结论。因此,这完全是将有限的行刑资源浪费在了不具有危险控制必要性的犯罪类型上和犯罪人身上。另一方面,从教育改造的角度看,终身监禁意味着犯罪人永远不能重返社会,这只能适用于那些完全没有任何教育改造可能性的犯罪人。按照《修九》的规定,"人民法院根据犯罪情节等情况可以同时决定在其死刑缓期执行二年期满依法减为无期徒刑后,终身监禁,不得减刑、假释",该规定对某些贪污受贿罪的罪犯直接堵死了其重返社会的可能性,实际上是认为这些贪污受贿者属于没有任何教育改造可能性的犯罪人。这不仅不符合一般人的常理认知,而且问题还在于,法院根据什么在宣判当时尚未执行的阶段就得出结论说这些贪污受贿者是无法改造的,在行刑过程中也绝对不会有悔过自新重新做人的可能性,因而需要终身监禁?此外,在特殊预防无效的情况下,一般预防的刑罚目的更不能为这处修法提供任何支持。在贪污受贿的死刑仍然保留的情况下,多出一个终身监禁,很难说在边际效应上会增加什么威慑效果。总之,预防和罪责都无法解释这一修法的正当性。

第三,在刑罚目的理论之外,还有两种说法试图为修法提供理由。一种是全国人大的官方说法,即"防止在司法实践中出现这类罪犯通过减刑等途径服刑期过短的情形"。〔21〕这一理由令人不解。一方面,减刑制度设定的宗旨本来就是通过缩短刑期来鼓励罪犯改造。要防止这一点,除非是彻底否定减刑制度。另一方面,实践中的情形是,"服刑期过短"是因很多贪污受贿者在入狱后仍能发挥权力活动空间寻租所致。〔22〕可是,不正当的减刑毕竟不是越狱,决定权不在罪犯而在监狱。《刑法》第401条已经针对司法人员规定了徇私舞弊减刑、假释罪,但是该条在实践中一直适用甚少。要解决不正常减刑、假释的问题,关键在于激活和充分适用第401条,并结合其他行政手段,大力治理狱政腐败。至于罪犯,只要其确有悔罪表现,无论其身份是否为贪腐官员,通过减刑和假释提前出狱都是正常现象。不能把本应打在

〔21〕同前注〔19〕。

〔22〕中共中央政法委于2014年1月21日下发《关于严格规范减刑、假释、暂予监外执行,切实防止司法腐败的意见》,要求从严把握减刑、假释、暂予监外执行的标准。

执行机关身上的板子,反过来打在享有减刑、假释申请权的罪犯身上。如果任何规定因为执行者的腐败因素而变形,就要停滞甚至废止该规定,那么整个社会治理体系也就剩不下多少制度了。另一种理由来自学界,有观点认为,这是为我国"减少死刑、延长生刑"的刑罚结构改革进行铺垫。笔者赞成对"死刑过重、生刑过轻"的反思,〔23〕但是不赞成以现在这种修法方式来进行改革。

人们为什么要减少甚至废除死刑?如果从刑罚目的来检验死刑的话,死刑肯定存在某种程度的威慑力,有一般预防的效果,而且,它也能迎合报应的观念。唯一有疑问的,就是特殊预防。特殊预防的基本思想在于认为绝大多数罪犯是可以矫正的,刑罚的目的在于通过教育令其重归社会。只有对极少数的无法矫正和遏制的罪犯,才切断其重归社会之路。死刑就是彻底切断罪犯重归社会之路的最有效途径。而死刑的残酷和不人道,也正是来自于将罪犯与人类社会生活的隔离,至于肉体的消灭,仅仅是这种隔离的一种方式而已。按照法国哲学家利科的观点,西方国家废除死刑,"是给犯人一个未来",〔24〕而终身监禁和死刑一样,恰恰是没有给犯人一个未来。就像贝卡里亚所说:"终身苦役同死刑一样也是痛苦的,所以,它也同样是残酷的。我认为:如果把苦役的受苦时间加在一起,甚至是有过之而无不及。"〔25〕在这个意义上,真正的无期徒刑即终身监禁与死刑一样,都是将一个人永远地与人类社会生活相隔离,差异仅仅在于肉体是否在物理意义上存在而已。对此,张明楷教授甚至认为:"以终身刑替代死刑,只不过是用一种死刑(甚至更为残酷)替代另一种死刑。"〔26〕

退一步讲,即使认为终身监禁的残酷性和不人道没有达到死刑的程度,可以考虑作为死刑的替代刑。但仅对贪污贿赂犯罪设置终身监禁的立法方式同样存在疑问。《修九》将这种中国政经改革中常见的局部试点的风格运用于修法,产生如下几点疑问:其一,以往政经改革中在局部的实验区,如经

〔23〕 参见陈兴良主编:《宽严相济刑事政策研究》,中国人民大学出版社 2007 年版,第 20 页。
〔24〕 杜小真编:《利科北大讲演录》,北京大学出版社 2000 年版,第 24 页。
〔25〕 [意]贝卡里亚:《论犯罪与刑罚》,黄风译,中国大百科全书出版社 1993 年版,第 47 页。
〔26〕 张明楷:《死刑的废止不需要终身刑替代》,载《法学研究》2008 年第 2 期。

济特区或自贸区等,往往是赋权或给予政策支持。而现在的修法,则是把一个本已被法律明定的、为所有犯罪人普遍享有的关于减刑、假释的优惠申请权,从一部分罪犯身上扣除和取消,这有违反宪法规定的(同样制约立法者)平等原则之嫌。其二,即使允许采取局部试点的方式,也本应从罪行最严重、人身危险性最高的暴力犯罪开始。无限防卫权以及限制减刑的规定只是针对这些暴力犯罪,就已经充分说明了它们的危害性,而贪污贿赂显然不属于这一层级。其三,立法者在规定终身监禁的同时,仍然保留了贪污受贿犯罪的死刑(立即执行)。这种立法没有看出减少死刑、延长生刑的同步性,反而在"死刑过重"的基础上又增加了"生刑过重"。相当于由原来的一种酷刑,变成两种酷刑并存,而这个并存期间会有多长,尚无日程表。

(三)行为人刑法的观念

《修九》增加了从业禁止的规定,以及多处关于"多次"以及"经行政处罚后仍不改正"、"经监管部门责令采取改正措施而拒不改正"的规定,使其成为决定刑事可罚性的条件。在基础理论层面,就涉及行为人刑法的问题。

行为人刑法是以特殊预防为刑罚目的,以"行为人"而非"行为"为思考重心的刑法思想。行为刑法与行为人刑法的区分,主要表现在惩罚根据和惩罚对象的不同。简言之,行为刑法是由于行为人实施了"这样一种行为"而惩罚他,行为人刑法则是由于行为人是"这样一个人"而惩罚他。行为人刑法侧重的是刑法保卫社会、打击犯罪的一面。因此,在保障自由的罪刑法定原则面前,行为人刑法的发展空间要远小于行为刑法。这可以轻易地作出对比:行为刑法着重构成要件行为的描述并依此确定刑罚,而行为人刑法需要发现和确证行为人人格中的不良因素,并以此作为刑罚的根据。在明确性、清晰度和无争议性上,前者的效果显然要优于后者。正如德国学者罗克辛教授指出的:"建立在自由的法治国基本原则上的一种法律制度,总是倾向于行为刑法的。"〔27〕

也正是由于这个原因,行为人刑法的学术传统在与行为刑法的"学派之争"中盛极而衰。尽管目前各国刑法典的基本底色都是行为刑法,但是其中

〔27〕 同前注〔5〕,克劳斯·罗克辛书,第106页。

仍然存在大量行为人刑法的成分。以我国现行《刑法》为例,事实上,无论是总则、分则中的一些条文,还是围绕刑法适用出台的一些司法解释,都能从中看到行为人刑法的影响和人格因素的作用。具体来说,一方面,部分刑法条文及司法解释侧重人格、动机等行为人特征,规定了入罪、加重、从重以及其他不从宽的效果。例如,未成年人具备恶劣动机的构成寻衅滋事罪、累犯从重处罚、立功不能由亲友代行等。另一方面,部分刑法条文及司法解释同样从行为人角度考虑,规定了出罪、减轻或者从轻的惩罚效果。例如,关于死缓和缓刑制度、老年人的免死规定、未成年罪犯的教育和矫正等。这些规定都是典型的从行为人角度出发作出的规定。

《修九》的几处修正均包含了行为人刑法的思想。例如,增设了第 37 条之一关于"从业禁止"的规定,法院可以根据犯罪情况和预防再犯罪的需要,在犯罪人刑罚执行完毕之后仍然禁止其在一定期限内从事相关职业。这条规定具有"保安处分"的性质。保安处分作为与刑罚并列的一种犯罪预防措施,以人身危险性和再犯可能性为基准,集中地反映了行为人刑法以人为中心、面向未来进行特殊预防的观念。比如,行为人仅实施一次抢夺行为且数额较小的,不构成抢夺罪,但是,如果实施多次抢夺,即使数额较小,也按照抢夺罪论处。又如,行为人只有"多次"组织、资助他人非法聚集,才作为犯罪处理。再如,网络服务提供者不履行信息网络安全管理义务,经监管部门责令改正的,就不构成犯罪,只有"拒不改正"的,才作为犯罪处理。这些规定都没有改变构成要件行为本身的特征,而是说明行为人反复实施构成要件行为,由此涉及偶犯与惯犯的问题。我国司法解释中有多处对"初犯、偶犯"从宽处理的规定。与之相对,多次实施同一构成要件行为,或者经过行政处罚仍不改正的,就可以认定为惯犯。

本文所说的惯犯,以实施构成要件行为为前提,因而有异于德国 1933 年《惯犯法》规定的惯犯,即对流浪者、乞丐、酗酒者和懒汉由于其所谓"生活方式的罪责"或者"生活选择的罪责"而施加惩罚。至于"多次""拒不改正"等因素的体系性地位,可以放置在责任概念中,这也是有别于传统的、仅在量刑阶段考虑行为人因素的行为人刑法之处。当然,这里的责任概念也不再是传统的规范性的罪责概念,而是一种功能性的责任概念,它包括了罪责和预防必要性两个部分。偶犯与惯犯在罪责部分是相同的。不同的是，初犯、偶犯的预防必要性要低于惯犯，因而其责任在整体上也要低于惯犯。[28]

三、反思立法：透过法教义学的中层理论

（一）预备行为的实行化

《修九》的一个重要动向，是预备行为的实行化。《刑法》第 22 条规定："为了犯罪，准备工具、制造条件的，是犯罪预备。对于预备犯，可以比照既遂犯从轻、减轻处罚或者免除处罚。"按此，《修九》增设的"为实施恐怖活动准备凶器、危险物品或者其他工具""为实施恐怖活动与境外恐怖活动组织或者人员联系""为实施诈骗等违法犯罪活动发布信息"等行为，本来可以被归入"准备工具、制造条件"的犯罪预备行为。但是，经过《修九》，这些预备行为被独立评价为一种实行犯，惩罚时点大大提前。此即是预备行为的实行化。

受苏俄刑法影响，[29]我国《刑法》第 22 条规定对所有预备犯原则上均得处罚。但是，普遍处罚预备犯意味着刑罚的全面性的提前发动，这既缺乏足够的法理正当性，也没有刑事政策上的必要性，同时还存在法律适用上的困难，[30]因而在司法实践中，这一普遍性规定基本上处于闲置状态。不过，从刑事政策的立场考虑，如果彻底否定预备犯的刑事可罚性，必须等到着手实行后才启动刑罚，又会使刑法处在难以及时有效保护一些重大法益的尴尬境地。因此，全面放弃对预备犯的处罚也并不妥当。如何在预备犯领域中寻求刑罚膨胀与法益保护之间的平衡，刑法典中出现了这样的处罚格局：一方面，总则部分虽有普遍处罚的一般性规定，但基本上闲置不用；另一方面，在分则部分，立法者将部分预备犯拟制为正犯独立处罚，如《刑法》第 280 条

---

〔28〕 关于偶犯与惯犯的责任，可参见车浩：《扒窃入刑：贴身禁忌与行为人刑法》，载《中国法学》2013 年第 1 期。

〔29〕 现行俄罗斯刑法典已经取消了预备犯普遍处罚原则，仅规定"只有对预备严重犯罪和特别严重的犯罪，才追究刑事责任"。参见《俄罗斯联邦刑法典释义》（上册），黄道秀译，中国政法大学出版社 2000 年版，第 62 页。

〔30〕 参见梁根林：《预备犯普遍处罚原则的困境与突围》，载《中国法学》2011 年第 2 期。

的伪造、变造、买卖国家机关公文、证件、印章罪。对此,《修九》又有新的推进,增设了第 120 条之二和第 287 条之一。这两处预备行为实行化的立法各有特色,也在法教义学上凸显出不同的争点。

1. 第 120 条之二:针对某一特定重罪的所有预备行为的实行化。恐怖主义犯罪属于法益侵害性严重的重罪,《修九》对其进一步加大了打击力度。第 120 条之二的"准备实施恐怖活动罪",实际上是把为了实施恐怖活动而"准备工具、制造条件"的各种预备行为,全部予以实行化。这种立法体例,应当算是 1997 年大修刑法典以来的第一次。

要实现这一立法目的,首先要解决以往针对预备犯处罚的一个常见批评,那就是预备行为"不具有实行行为应有的类型性",〔31〕会极易导致处罚范围的无限扩大。〔32〕《修九》在增设第 120 条之二时,有意对此在立法技术上加以克服,分别规定了"准备凶器、危险物品或者其他工具""组织""与境外恐怖活动组织或者人员联系""策划"这四种行为类型,并在第 4 项后段规定了"其他准备"。这不仅在类型化程度上比"准备工具、制造条件"有了明显的进步,而且也设置了兜底性的堵截条款。应当说,在该条立法中显示出的从预备犯到正犯的变身,虽然仍有瑕疵,但整体而言算是较为成功的,也大体上回应了教义学上关于预备犯欠缺类型化的争议。

2. 第 287 条之一:针对所有违法犯罪活动的某一特定预备行为的实行化。与第 120 条之二正好相反,第 287 条之一"非法利用信息网络罪"的立法特色,是针对所有违法犯罪活动的某一特定预备行为的实行化。这种立法体例,也是 1997 年大修刑法典以来的第一次。

一方面,从条文内容上看,立法者并不是要惩罚所有的诈骗、传授犯罪方法、制作或者销售毒品枪支等犯罪的预备行为,而仅仅是从各种"准备工具、制造条件"的行为中挑出两种形式,即设立网站(通讯群组)和发布网络信息。而且,与第 120 条之二相比,立法者也没有设立兜底条款,更加明确地

〔31〕 同前注〔30〕。

〔32〕 尽管理论上存在"预备行为必须与实行行为具有密接性""预备犯都是目的犯"等限定性观点。但都难以从根本上提出一个能够克服缺乏类型化的批评进而将预备行为与日常行为明确区分的标准。参见陈兴良主编:《刑法总论精释》,人民法院出版社 2010 年版,第 434 页。

表达了只处罚这两种预备行为的意图。另一方面,立法者不是把这两种预备行为的目的限定为某一类犯罪,而是针对所有的违法犯罪。法条在列示了诈骗、传授犯罪方法、制作或者销售毒品枪支等犯罪之后,又加上了“其他违法犯罪”或“等违法犯罪活动”的文字表述。这样一来,只要设立网站(通讯群组)或发布网络信息的目的是为了实施违法犯罪活动,那么,无论是为了实施哪一种违法犯罪,设立网站或发布信息的行为都可以按照实行犯直接处罚。

在教义学上,第287条之一的立法既有可赞之处,也存在疑点。值得肯定的一面是,在将预备犯转化为实行犯的过程中,所挑选出的设立网站和发布信息的行为超越了“准备工具、制造条件”的泛泛而论,在一定程度上克服了行为轮廓和处罚边界不清的弊端。考虑到当下网络传播的广泛程度和影响力,对其所要准备实施的犯罪而言,设立网站和发布信息通常也比其他的预备行为具有更突出的作用。有疑问的一面是,设立网站或发布网络信息的行为,毕竟与伪造公文印章不同,其本身是中立无害的,并不包含侵害法益的风险,也不违反社会管理秩序,因此,只有当它所要服务的犯罪活动较为严重时,才能证明立法惩罚的正当性。但是,从“其他违法犯罪”或“等违法犯罪活动”的立法表述看,其服务目的不仅包括所有形式的犯罪活动,而且包括一般的违法行为。若果真如此,则入罪口袋简直是无边无际。由此带来的困惑是,以往实践中基本上连犯罪行为的预备都不罚,为什么现在针对一般的违法行为的预备反而要处罚,而且是作为实行犯处罚?当然,或许可以尝试用同类解释的方法,努力把“违法犯罪活动”的范围限定在与诈骗、传授犯罪方法、制作或者销售违禁物品等犯罪性质相近、危害性相当的犯罪,但是,考虑到这几种列示的犯罪本身也难以相互比较,故而这种限定将是非常困难的。

(二)中立帮助行为的正犯化

《修九》增设了第287条之二,“两高”拟定的罪名为“帮助信息网络犯罪活动罪”。为上网用户提供互联网接入、服务器托管、网络存储等技术支持,本来是互联网时代最平常不过的一种技术工作,本身是中立无害的,不带有任何危害社会的性质。广告推广、支付结算等也是如此。但是,当这些被社会秩序接纳和允许的中立行为,客观上为他人犯罪提供了帮助,且行为人也对此有认识时,应当如何处理?这个问题在理论上被称为"中立的帮助行为",而刑法理论、刑法规定和司法解释对此类问题的回答不尽一致。

在教义学内部,极少数观点认为,中立的帮助行为与普通的帮助犯一样,不存在任何特殊性。帮助犯的处罚规则并没有对某个行业给予特殊的优待。如果认为一种符合交易惯例的帮助方式有别于其他的帮助犯,那么就会在此撕开一道惩罚漏洞,在这个漏洞的范围之内,鉴于这种有利可图而又没有风险后果的划算理由,会形成一种特别的刺激,激励人们去提供这种可以出售的支持和服务。但是,绝大多数学者主张,应该对中立行为的处罚进行限制。理由在于:如果把各种日常行为千篇一律、机械地视作抽象的帮助犯,这会导致刑罚范围不可接受的过度延伸。其中,有部分学者从客观构成要件层面进行了限缩。当一个日常行为能够被公民的一般性行动自由所覆盖和庇护时,客观构成要件的部分就已经取消了。仅仅依靠剩下的主观部分惩罚一个提供间接帮助的行为决意,是对个人自由的不被允许的限制。[33] 有部分学者从主观层面入手,区分直接故意和间接故意或者是看有无促进的意思。[34] 此外,还有学者采取较为折衷的观点,认为在中立帮助行为的问题上,主客观要素有必要同时考虑。[35]

在中立的帮助行为的问题上,虽然理论争议不断,但整体的努力方向都是在为中立行为的入罪化寻找一个可靠的限制标准。在这些教义学方案的背后,影响观点设计或者选择的驱动力,是要回答一个法哲学和公共政策上的一般性问题:一个行为可能在某些场合创造了风险,但同时它又在日常生活中大量出现,被这个社会生活秩序允许和接纳,那么,这个行为创设风险的后果,究竟是要归责给这个行为人,还是要作为社会存续和进步所必付的代价,由这个社会自己消化、自我答责呢?

---

〔33〕 在从客观层面加以限缩的理论阵营中,具体的角度和进路也存在差异。例如,有的学者主张通过社会相当性理论进行限制;有的学者认为,应该进一步加上"职业"的限制;有的学者认为需要借助客观归责理论。更详细的论述可参见陈洪兵:《中立行为的帮助》,法律出版社 2010 年版。

〔34〕 如德国学者 Forthauser、Haecker、Rainer、Krekeler 等。

〔35〕 如德国学者克劳斯·罗克辛以及我国学者张明楷、周光权等。

以往的刑法规定对此问题的回答一直比较谨慎,如《刑法》第156条规定,成立走私罪的共犯必须是“通谋”,而《刑法》第350条规定,成立制造毒品罪的共犯只要“明知”即可。为什么会有这种差异?前者的行为,也就是提供贷款、资金、账号、发票、证明,或者提供运输、保管、邮寄等,都是属于现代社会生活中非常普遍的、大量存在的日常行为。提供此类帮助者必须事先与他人有通谋才能定罪。而后者的行为,即提供制造毒品的原料或者配剂,却不是一种日常行为,因为这些制造毒品的原料或者配剂不同于普通的货物,持有者或经营者不能像其他日用商品一样随意向他人提供。因此,提供此类帮助者只要明知就可入罪。由此可见,尽管都是在客观上为犯罪提供了帮助,但是刑法还是对不同的帮助行为的日常性作了细致的区分,相应地,入罪时对于行为人的主观方面的要求也宽严不同。

但是,这种刻意的、精细的区分,却被司法解释有意或无意地抹杀了。例如,2004年《关于办理利用互联网、移动通讯终端、声讯台制作、复制、出版、贩卖、传播淫秽电子信息刑事案件具体应用法律若干问题的解释》第7条规定:“明知他人实施制作、复制、出版、贩卖、传播淫秽电子信息犯罪,为其提供互联网接入、服务器托管、网络存储空间、通讯传输通道、费用结算等帮助的,对直接负责的主管人员和其他直接责任人员,以共同犯罪论处。”性质相似的司法解释还包括2010年《关于办理利用互联网、移动通讯终端、声讯台制作、复制、出版、贩卖、传播淫秽电子信息刑事案件具体应用法律若干问题的解释(二)》、2001年《关于办理生产、销售伪劣商品刑事案件具体应用法律若干问题的解释》、2003年《关于办理假冒伪劣烟草制品等刑事案件适用法律问题座谈会纪要》以及2004年《关于办理侵犯知识产权刑事案件具体应用法律若干问题的解释》,这些司法解释的共同点是,只要帮助者明知他人传播淫秽信息而放任其在网站上发布的,明知他人从事生产、销售伪劣商品、侵权产品而向其提供贷款的,不再考虑有无通谋,直接以共犯入罪。至于提供贷款、提供网络服务与提供制毒原料之间的差异及其法律意义,在上述司法解释的定罪逻辑中均处在了一个盲点的位置。就此而言,司法解释的入罪化步伐显然跑在了刑法典条文之前。

不过,《修九》又扳回了一局。按照增设的第287条之二,明知他人利用信息网络实施犯罪,为其犯罪提供互联网接入、服务器托管、网络存储空间、通讯传输通道等技术支持,或者提供广告推广、支付结算等帮助的,直接规定为犯罪。这个规定,比各种司法解释都更进了一步,将本来还存在理论争议的中立帮助行为,一下子提升为正犯处罚了。

立法者似乎并没有认真考虑过上文提到的那个问题,即对中立帮助行为的惩罚与社会存续进步之间的关系,特别是相关立法在互联网领域中的后果和影响。生活在一个全球化时代,互联网已经成为公认的最充满想象力和创造性的新产业。类似的立法会不会给网络服务商赋予过重的、实际上也难以承担的审核和甄别责任?会不会在网络服务商与用户之间滋生出一种相互监督甚至敌视的关系?要求企业履行网络警察的义务,这样一个社会分工的错位,最终会不会阻碍甚至窒息整个互联网行业的发展?立法者在出台或制定每一项法律规定时,应当立在一个更长远的视野内,认真地考虑这些利弊权衡的问题。

(三)共同犯罪抑或监督过失

危险驾驶罪是2011年《刑法修正案(八)》增设的罪名。《修九》在新增了第3项的超载超速行为,以及第4项的违规运输危险化学品的行为之后,又增设了第2款,即"机动车所有人、管理人对前款第3项、第4项行为负有直接责任的,依照前款的规定处罚"。

1. 关于机动车所有人、管理人"负有直接责任"。现行刑法关于"直接责任"的规定,主要有两种情形。较为常见的情形是,在单位犯罪中,处罚对其直接负责的主管人员和其他直接责任人员。这里的直接负责人员,是指"在单位犯罪中具体实施犯罪并起较大作用的人员"。[36] 可见,与直接负责的主管人员不同,直接责任人员必须是直接参与实施具体的犯罪行为。但是,从危险驾驶罪的规定来看,机动车的所有人、管理人显然是指没有实际驾驶的人员。因此,单位犯罪中的"直接责任"的含义并不适用于危险驾驶罪中的"直接责任"。

---

〔36〕 2001年1月21日最高人民法院《全国法院审理金融犯罪案件工作座谈会纪要》(法〔2001〕8号)。

关于“直接责任”的规定,还出现在《刑法》第138条中,“明知校舍或者教育教学设施有危险,而不采取措施或者不及时报告,致使发生重大伤亡事故的,对直接责任人员,处三年以下有期徒刑或者拘役”。这里的“直接责任人员”的含义,区别于单位犯罪中双罚制下的“直接责任人员”。按照立法说明,“构成本罪的主体主要是学校的校长以及其他对教育教学设施的安全负有责任的人员和学校上级机关、有关房管部门的主管人员”。[37] 由此可见,这里的“直接责任人员”,不能从“明知危险”和“不采取措施或者不及时报告”的规定本身循环定义来取得,而是需要在刑法之外诉诸其他规范上的责任和义务。

从《修九》增设的第2款规定来看,机动车所有人、管理人“负有直接责任”,指的是上述第二种情形。这里的“直接责任”不是指实施了具体的危险驾驶行为,而是指对于第3项中的“校车业务或者旅客运输”或第4项中的“运输危险化学品”负有管理、监督或约束责任。这种责任不是指刑事责任,也不是由刑法规定的义务,而是来自于具体个案中的机动车所有人、管理人与驾驶人之间的业务管理关系或契约关系所产生的管理、监督或约束责任。如果机动车所有人、管理人没有履行其应尽的责任,出现了危险驾驶的行为,那么就可以认定为对这些危险驾驶行为“负有直接责任”。简言之,这一款规定针对的是机动车所有人、管理人的(以危险驾驶行为作为后果的)“渎职罪”。

2. 如何理解对机动车所有人、管理人“依照前款规定处罚”? 关于危险驾驶罪的责任形态,理论上一直存在争议,限于主题和篇幅,本文不再赘述。在此想要指出的是,随着《修九》对危险驾驶罪的修改,该争议将会被进一步的放大。

一方面,如果认为危险驾驶罪是故意犯,那么机动车所有人、管理人的责任形态也只能是故意而不能是过失。否则,让过失者“依照前款的规定(故意犯)处罚”,会存在法理上的冲突。具体而言,对机动车所有人、管理人“依照前款的规定处罚”可能存在以下几种情形:(1)机动车所有人、管理人

[37] 全国人大常委会法工委编:《中华人民共和国刑法释义》,法律出版社2011年版,第177页。

与驾驶人双方对驾驶的危险性均有认识，且有意思联络，构成危险驾驶罪的共同犯罪。（2）机动车所有人、管理人明知驾驶的危险性，而放任缺乏认识的驾驶人驾驶。此时，机动车所有人、管理人构成危险驾驶罪的间接正犯，而驾驶人则是被利用的工具，不构成犯罪。（3）双方均明知驾驶的危险性，但机动车所有人、管理人误以为驾驶人不知情的，驾驶人构成危险驾驶罪的正犯，机动车所有人、管理人属于教唆犯。驾驶人误以为机动车所有人、管理人不知情的，驾驶人构成危险驾驶罪的正犯，机动车所有人、管理人构成片面共犯。

另一方面，如果认为危险驾驶罪是过失犯，那么“依照前款的规定处罚”，机动车所有人、管理人只能是以过失形态成立危险驾驶罪。这样一来，首先排除了机动车所有人、管理人与驾驶人成立共同故意犯罪的可能。其次这里涉及监督过失的问题。一般认为，监督过失是指两个以上有从属关系的人，即监督者与被监督者之间，由于被监督人所实施的造成危害结果的行为而追究监督人过失的刑事责任。这种责任通常有两种形式：违反通过指挥、命令、训练、监督直接行为人而防止事故之义务的监督过失（间接防止型），以及违反处于管理者的地位为了预防事故于未然而应准备物资设备、人员体制之义务的管理过失（直接介入型）。[38]

在日本，监督过失的行为人所成立的犯罪，与被监督者的过失犯罪相同。张明楷教授认为：“（我国）现行刑法事实上也肯定了监督过失（《刑法》第135条、第138条、第139条）。”[39]但是，由于在这些犯罪的规定中，缺乏一个追究同样过失责任的被监督者，因而很难算是典型的监督过失。相比而言，一些司法解释的规定更为典型。例如，最高人民法院《关于审理交通肇事刑事案件具体应用法律若干问题的解释》第7条规定：“单位主管人员、机动车辆所有人或者机动车辆承包人指使、强令他人违章驾驶造成重大交通事故……以交通肇事罪定罪处罚。”这里不涉及过失共同犯罪的争议，监督过失概念就可以为这一规定提供理论根据。在这种场合，驾驶人是被监

---

〔38〕 参见［日］西田典之：《刑法总论》，刘明祥、王昭武译，中国人民大学出版社2007年版，第225页。

〔39〕 张明楷：《刑法学》，法律出版社2011年版，第272页。

督者,单位主管人员、机动车所有人或者承包人是监督者。在前者构成交通肇事罪的基础上,根据监督过失理论,后者也构成交通肇事罪。

按照上述分析,如果认为危险驾驶罪是过失犯(驾驶行为本身是故意,但对驾驶的抽象危险是过失),那么,《修九》对机动车所有人、管理人根据危险驾驶罪追究刑事责任,就可根据监督过失理论得到说明和支撑。这可能是我国刑法典中第一次明确规定监督过失的典型情形,即监督者与被监督者成立同罪。在这种情况下,驾驶人的一般过失与机动车所有人、管理人的监督过失(管理过失)形成过失的竞合,分别因自己的行为承担过失责任。

四、反思立法:透过具体问题的解释

(一)总论虚置与现象立法

《修九》增设的第284条之一第2款,“为他人实施前款犯罪(组织作弊)提供作弊器材或者其他帮助的,依照前款的规定处罚”,实际上是一个共犯认定上的冗余表达。刑法理论上早已对正犯与共犯问题形成共识。作为共犯的一种典型形态,帮助犯是指共同犯罪中没有直接参与实行,而是向实行犯提供帮助的人。《刑法》第27条规定,“在共同犯罪中起次要或者辅助作用的,是从犯”。就是适用于帮助犯的处罚原则。在第284条之一第1款明确规定的正犯行为是“组织作弊”的情况下,即使没有第2款的立法,“为他人实施前款犯罪提供作弊器材或者其他帮助”的行为也会当然地“依照前款的规定处罚”。因此,第2款的立法完全是冗余和没有效率的。

我把这种立法现象称为“总论虚置”和“现象立法”。菲利早在一百多年前就指出:“今天的立法者一开始就急于成为十足的立法癖,似乎每个新发现的社会现象都需要一部专门的法律、规则或一个刑法条文。”[40]近年来的历次修正案,立法者的目光都盯在刑法分则部分,少数涉及总则的,也集中在刑罚论部分。刑法总论特别是犯罪论部分,似乎成了一个被忽视甚至漠视的角落。

---

〔40〕[意]恩里科·菲利:《犯罪社会学》,郭建安译,中国人民公安大学出版社1990年版,第100页。

忽视已经成熟的刑法理论和解释方法,热衷于现象立法而虚置总论,是一个普遍存在的立法技术问题,其所带来的问题是:第一,缺乏总则理论的原则性引导,刑法典就会变成一个松散的、无体系的法条集合体,处于无保障和不稳定的状态中。总则的规定和理论,对分则条文具有统摄和推演的功能。如果立法者忽略甚至漠视总论的功能,只把眼光盯住具体现象,就不得不对每个具体问题都专门规定。这种“现象立法”的后果必然是刑法膨胀。第二,在缺乏理论原则统一引导的情况下,条文之间无法相互衔接,相互交叉和重叠甚至相互抵触的麻烦难以避免。第三,缺乏体系性观念的立法行为,也不利于甚至阻碍刑法理论的长远发展。如果立法者面对类似第284条的问题时都采取专门规定共犯的方法,就会使理论上对于共犯理论的研究变得毫无价值,总则关于共同犯罪的规定也会被虚置。这是最没有效率的立法浪费。

(二)立法的体系性思维与法条内在逻辑的矛盾

一个正面的例子是《修九》在第120条之四的“婚姻”前限定了“国家法律确立的”,这是在刑法中第一次明确说明刑法只保护法律婚,不保护事实婚。从以往的涉婚罪名的情况来看,一方面,当婚姻作为刑法保护的对象时,仅限于法律婚,如《刑法》第357条“暴力干涉婚姻自由罪”中的婚姻,就不包括同居生活的事实婚;另一方面,当婚姻作为侵犯他人利益的一种行为手段时,就包括事实婚,如第258条中的“重婚罪”与第259条的“破坏军婚罪”的规定。因此,第120条之四的立法使“婚姻”这个概念在刑法内部的条文之间保持了逻辑一致性,体现了立法的体系性思维。

一个相反的例子是《修九》关于嫖宿幼女罪的废除。从基本逻辑来看,案件多发、司法误判、刑罚过轻都不能成为废法的根本理由。关键的问题是,嫖宿幼女罪被认为是在法律上承认卖淫幼女,构成对幼女的污名化和二次伤害。因此,立法者废除嫖宿幼女罪,就是试图放弃幼女卖淫的法律评价,将所有与幼女性交的行为均评价为强奸。但是,由于缺乏充分的、通盘体系性的考虑,这一修法逻辑未能贯彻到底,反而产生了一系列与其他法条的摩擦。

第一,按照修法逻辑,永远不可能出现第359条第2款所说的“引诱不满

14 周岁的幼女卖淫”,此类情形都应当按照第 236 条强奸罪论处。第 359 条第 2 款就此陷入一种名存实亡的僵尸状态。立法者在废除第 360 条第 2 款的同时,又保留了第 359 条第 2 款,这一自相矛盾的做法令人费解,也给司法机关解释和适用这一“僵尸”条款带来麻烦。

第二,按照修法逻辑,组织、强迫幼女性交易的行为,现在应当一律按照第 236 条强奸罪论处。那么,第 358 条第 2 款规定的“组织、强迫未成年人卖淫”中的“未成年人”,就只能限定在已满 14 周岁不满 18 周岁的范围之内。于是问题来了:根据第 236 条,强迫一个不满 14 周岁的幼女性交易,是在 3 年以上从重处罚,且最多也是一罪;根据第 358 条,强迫一个已满 14 周岁的少女性交易,是在 5 年以上从重处罚,且最多可数罪并罚。那么,立法者要加大保护的对象,究竟是不满 14 周岁的幼女,还是已满 14 周岁的少女?

第三,嫖宿幼女罪的废除,同步引出了一个男童女童性权利平等保护的问题。性侵犯幼女,无论是否自愿,均按照强奸罪处理,最高刑可至死刑。但是,按照《修九》之后的刑法,性侵犯男童的行为,仍然被归入猥亵儿童罪之列,最高刑是 15 年。在立法者已经将第 237 条的猥亵对象由“妇女”修改为“他人”,正式承认男性的性权利的情况下,这种一边提高对幼女的保护力度、一边维持对幼男的低保护力度的做法,颇令人费解。性侵犯女童与性侵犯男童之间的危害性以及保护力度的差异,立法者到底是怎么区分出来的呢?

第四,在嫖宿幼女罪废除之前,如果一个患上了性病的幼女,出于报复社会或者是自暴自弃的心理,持续地与他人性交易,那么根据《刑法》第 360 条规定“明知自己患有梅毒、淋病等严重性病卖淫、嫖娼”,在“不法—责任”的阶层体系中,虽然幼女因欠缺责任能力而不承担刑事责任,但也要先在不法阶段评价行为的对错,由此发挥呼吁和教育的功能。但是,按照否定幼女卖淫的废法逻辑,现在面对上述情形,就再也难以适用第 360 条了。这样一来,对于幼女通过性交易传播性病的行为,自始就找不到可以适用的构成要件,刑法也就丧失了对这种行为进行评价和引导的功能。

五、结语

拉伦茨在谈论立法与法学的关系时,有一段充满激情的回顾。“近代那些伟大的法典没有一部可以脱离同时代的法学而产生。奥地利《普通民法典》以及《普鲁士普通邦法》以现代自然法学说、以托马斯和沃尔夫的学派为基础。《德国民法典》完全是由19世纪普通法时代的法学所孕育,它体现了那个时代法学的一切长处和弱点。《瑞士民法典》则是胡伯这颗科学大脑的天才作品。当今的立法者更是不断运用法学所提供的法的范畴。立法者也和法官一样,必须容忍科学的批评;而今天我们是不缺少科学的批评以及由这些批评中产生的改革建议的。"[41]

相信每一位中国刑法学者都会希望1997年刑法典也能成为一部伟大的法典。当然,这需要时间和历史的检验。在这个过程中,刑法学者和立法者有各自的任务。学者应当努力提供"科学的批评"和"改革建议",而立法者则需要"容忍科学的批评",需要"不断运用法学所提供的法的范畴"。本文基于法教义学的视角,对《修九》的立法理念和技术进行评述,无论解释还是批评,都是在努力履行学者的义务。毫无疑问,一篇围绕着修正案条文展开的论文,注定是短命的。但是,这也并没有什么值得悲哀之处。正如拉伦茨所说:"即使法律制定者从中有所汲取的那些法学文献本身成了'废纸',只要科学努力的结果在一部好的法典中继续发生作用,这些努力就绝非毫无价值!"

(本文原载于《法学》2015年10月20日)

〔41〕 同前注〔6〕,卡尔·拉伦茨文。

诉讼法

王亚新　论民事、经济审判方式的改革

江　伟　市场经济与民事诉讼法学的使命

李　浩　民事审判中的调审分离

张卫平　民事诉讼基本模式：转换与选择之根据

孙长永　审判中心主义及其对刑事程序的影响

卞建林　媒体监督与司法公正

陈卫东　我国检察权的反思与重构——以公诉权为核心的分析

傅郁林　审级制度的建构原理——从民事程序视角的比较分析

龙宗智　印证与自由心证——我国刑事诉讼证明模式

陈光中　葛　琳　刑事和解初探

左卫民　中国刑事案卷制度研究——以证据案卷为重心

顾培东　能动司法若干问题研究

陈瑞华　非法证据排除规则的中国模式

论民事、经济审判方式的改革

王亚新

中国法院系统从20世纪80年代后半期开始在民事、经济审判方式上进行改革，其主要内容是强调举证责任，重视公开审判，设置调解中心，以及调整合议庭、审判委员会和其他上级审判组织在案件审理过程中的作用和关系。这种改革不只是法院内部在工作上的一种技术性调整，它是一个具有深刻社会背景的、能够给我国法制建设以及法与社会经济政治生活的关系带来重大影响的变革。尽管目前改革尚在进行之中，整体轮廓未必清楚，不少尝试内容多歧且不甚稳定，同时对某些尝试还存在着不同认识，但仍然可以认为，从理论上对民事、经济审判方式的改革进行一般的概括，就其背景、内容、方向和策略等作出较深入的分析，时机已经成熟。本文试图在这方面作一探讨。

一、民事、经济审判方式改革的背景

要理解为什么法院系统会出现对民事、经济审判方式进行改革的种种尝试，必须考虑从20世纪70年代末改革开放以来在民事、经济审判领域中发生的巨大变化。这种变化主要体现在两个方面：一是法院所处理的民事、经济纠纷在整体数量上逐年上升；二是民事案件中具有财产关系性质和直接牵涉经济活动的纠纷大幅度增加，经济案件也表现出标的数额增大、涉及范围越来越广的明显趋向。[1]

---

〔1〕 20世纪70年代末每年法院民事一审收案数不过二三十万件，而到1991年，这个数字达到了188万多件。其中牵涉财产关系和经济活动的案件如债务，1981年仅仅受理1.3万余件，但到1989年，同种案件收案数达到57.7万余件，增长44倍。经济案件1983年也不过4万多件，到1989年收案高峰时达到69万多件。参见《中国法律年鉴》1992年版第855页、1990年版第994页；《法制日报》1989年10月18日第1版。

之所以发生这样的变化，原因是多种多样的，而其最为深层的原因，当然在于工作重点向经济建设的转移和改革开放政策的推进。作为重点转移和放开搞活的结果，20 世纪 80 年代以来，中国的经济规模不断扩大，新的经济关系不断出现，经济活动的范围也不断得到拓展。而与这些成就相伴随，作为人、财、物在前所未有的规模上流动及频繁地交换所必然带来的副产物，则是与经济活动有关的纠纷大量发生。这种现象无疑是民事、经济审判领域发生上述变化的最一般的背景。

虽然社会整体规模上大量发生的纠纷可以说是数量不断上升的民事、经济案件的源泉，但是促使涉及经济活动的更多纠纷流向法院的更重要因素则在于，在旧的经济结构、经济体制受到强烈冲击的情况下，原有的许多纠纷处理机关和方式已不能适应新的形势，从而使法院不得不更多地承担起处理纠纷的责任。例如，在改革前，国营企业和相当一部分集体企业发生的经济纠纷，主要是由这些企业的主管部门和经委、计委、建委等行政机关加以调整或解决的。而随着这些部门、机关对企业的经营管理职能成为改革的对象，它们解决经济纠纷的功能也不得不随之衰退。类似的情况也可以在导入特定的改革措施而大量引发某种新类型的纠纷时看到。例如，在因农村以及国营企业内部施行各种各样的生产责任制而发生的承包合同纠纷中，农村基层干部和国营企业的主管部门往往成为纠纷当事人的一方而不适于自己处理这类纠纷。在这些情况下，纠纷处理的功能代替或功能补偿成为必要，而法院大大加强了的民事、经济审判活动则在很大程度上起到了这种替代或补偿的作用。

同时，法制建设的加强和对法治或依法办事原则的强调则构成了更多的民事、经济纠纷被拿到法院处理的又一个背景。改革开放以来立法事业的发展，尤其是对经济方面立法的特殊重视，使法院的民事、经济审判在有法可依这一点上——尽管这一点也还不能说已经很充分——越来越理直气壮、名正言顺。更重要的是，十多年来对法治原则的讨论和宣传在一般社会意识层次上已经形成了一种基本的价值取向，即“要法治，不要人治”。在具有这种价值取向的社会意识背景下，与其他社会组织或国家机关的功能相比，法院进行的纠纷处理就获得了一种特殊的正当化效应。因为在人们的一般意识中，法院的形象与法治这样一种基本价值之间，应该有某种内在的、必然的联系。这样的社会意识一方面促进了人们把纠纷提交法院处理的倾向，另一方面也使法院在拓宽审判领域的时候不致在一般社会心理上遇到太大的障碍。其结果就是法院处理的纠纷在数量上的上升和在质量上的重要性增加。而在不强调法治的时期，法院不可能拥有这种正当性资源，也不可能在调整一些重大利益关系上发挥如此重大的作用。

最后应当指出的是，促使民事、经济审判领域发生巨大变化的再一个重要原因在于法院本身积极能动地面对新形势挑战的态度和在拓宽审判领域及多收案、多办案上付出的努力。十多年来，法院在人员、经费和设施装备相对增长不大的有限条件下，处理了相当于过去三十年间处理件数若干倍的民事、经济纠纷，成绩是很大的。而正因为有这样的成绩，法院才得到了较多的投入来充实人财物等方面的资源，并在实质上实现了政治地位和社会地位的相对上升。

由于有上述植根于社会变动过程的种种背景或原因，民事、经济审判领域发生的变化就不仅仅意味着案件数量大幅度上升及案件性质日益偏重于经济关系或财产关系。在这些现象的后面，潜藏着更为深刻、意义更为重大的变化，这就是在整个社会体系或社会生活中法院的功能和地位出现了不知不觉的转移。

在功能上，法院的作用已经从主要是维持社会治安转移到至少是维持社会治安与促成和维护经济秩序并重的局面。改革开放前，不仅法院的一般形象主要基于刑事审判，就是在当时规模很小的民事领域，法院工作的意义很大程度上或归根结底也是从防止矛盾激化以维护社会治安的角度被认识的。而改革开放十多年来，民事、经济审判领域中法院的主要功能与其说仍在于社会治安的维持（虽然不否认这一功能仍然存在且很重要），还不如说已移向了直接参与形成经济秩序、维护并促进经济活动的正常进行。另外，这样的功能转移又意味着法院一部分功能从原有的功能体系或功能序列中分化出来。就社会治安维持这一功能而言，其最直接或主要的承担者有作为社会治安第一道防线的人民调解，有公安、检察和法院。尽管这些主体的具体任务及分工各有不同，但在维持社会治安这一点上，却在整个社会的功能体系中构成了一个特定的功能序列。形成并维护经济秩序的功能在原理上不能被这一功能序列所包含,因此,法院在民事、经济审判领域的功能转移必然伴随着功能分化和原有功能序列乃至功能体系的重新组合。在地位上,法院在社会中所处的位置相对上升,其社会重要性不断增大。也许,这种地位的上升和重要性的增大不像其他一些部门如税务部门那样明显和富于戏剧性,但与改革开放前相比,法院确实已获得了更多的机会去参与解决对于社会至关紧要的重大问题。处理标的额越来越大、涉及范围越来越广的民事、经济纠纷,不仅仅是在更多地参与调整经济领域重要而错综复杂的利害关系上获得权能,而且在以经济建设为中心的政治和社会生活中,这意味着法院占有了一种关键的位置。而这样的位置或权能在经济改革以前主要是由企业的主管部门或其他党政机关享有的。从这个角度来看,行政审判的展开也可以理解为法院地位和权威相对提高的一个标志。可以说,在十多年来的社会发展所造成的权能、地位以及资源、正当性等静悄悄的再分配或转移过程中,法院是主要的受益者之一,而民事、经济审判领域的巨大变化就是其最明显的标志。

以上考察表明,法院在民事、经济审判领域已经取得很大成绩,并由此获得不少新的资源投入和新的权威。但另一方面,也正因为民事、经济领域发生的深刻变化,法院的审判工作才遇到了各种前所未有的困难或问题。法院为改革审判方式所进行的诸多尝试,都可以理解为是在上述背景下对这些新的问题作出的反应。这些问题概括起来主要有两个方面,即效率性问题和正当性问题。

效率性问题简单说来就是大量的民事、经济纠纷涌向法院,使法院有限的处理能力穷于应付,这也是产生所谓"告状难"和积案现象的原因之一。效率性问题的一般背景固然在于社会整体层次上纠纷规模的增大与法院拥有的处理能力不成比例,但法院原有审判方式的无效率或对新形势的不适应却是更加直接的制约因素。因此,通过调整改变审判方式来争取节约处理每个具体案件投入的人力物力,腾出有限的资源去解决更多的纠纷,就成为以强调举证责任为典型的一系列改革的直接动机。同时,关于效率性问题与举证责任等审判方式改革这类反应的关系,还可以有另外一种理解,即如果不存在上述法院工作在功能上的转移等条件,同样是效率性的问题却不一定采取改革审判方式这样的对策或反应,或者说效率性可能一开始就不会成为问题。例如,在改革开放前的较长时期里,法院在审判工作中据说有所谓"五个不受理"的习惯做法,[2]但当时却没有要求解决"告状难"问题的强烈呼声。此外,如果民事审判的主要功能在于防止纠纷激化、维持社会治安,即使对案件的处理拖一拖、放一放,甚至无穷无尽地说服教育,只要不会导致流血事件的发生就不至于引起审判的功能障碍。只是当审判功能移到经济秩序的形成和维护上时,告状难和积案现象才因对经济活动的深刻影响而被作为不得不加以克服的重大弊端。也就是说,原有的审判方式是适应当时法院的功能和地位的,而在这种功能和地位发生转移的情况下,对审判方式的调整改变就成为必然。因此,改革审判方式的意义不仅仅在于节约资源、提高效率,更重要的是形成与法院新的功能和角色更相适应的审判程序和审判技术。这一点,还意味着效率性问题与下面讨论的正当性问题存在极为密切的内在关联。

审判的正当性指的是审判的过程和结果在整体上为当事者以及社会上一般人所接受、认同和信任的性质。这一概念并不限于审判所实现的纠纷解决在实体内容上的正确性[3]。中国民事、经济审判中所谓正当性的问题,简单说来就是当法院在社会经济生活中占有了一种关键性位置,从而获得更多的机会或权能参加调整对于社会至关重要的利益及价值冲突时,法院所拥有的正当性条件或正当性资源却与自己的地位和作用重要性的日益增大不相适应,由此引起一般人或社会本身对法院调整的公平性、正义性产生疑虑和担心。这里所说的正当性条件或资源主要指:在社会及政治权力结构中的地位、包括整体素质和威信在内的一般社会形象以及能够保证中立和公正的有透明度的程序。如上所述,由于法治观念的相对普及和法院

[2] 参见郝双禄:《加快制定民法适应法制建设发展的需要》,载《法学》1983 年第 3 期。

[3] 正当性在西方法学界、社会学界关于纠纷处理的一般过程和诉讼制度的研究中是一个极为重要的概念。可以认为将这一概念用来分析中国民事、经济审判中的问题也是有意义的。本文使用的正当性定义主要根据以下文献:[日]田中成明:《审判的正当性——实体正义与程序保障》,弘文堂 1984 年版,第 87 页以下;[日]谷口安平:《程序的正义》,岩波书店 1982 年版,第 43 页以下。

自身的工作成绩,法院的一般形象和地位都有相当大的提高。然而,相对于法院现在所处的关键位置和负有的重大责任而言,这些正当性条件或资源的充实程度仍然是远远不够的,这已经在法院审判活动所遇到的某些困难和受到的某些批评上明显地表现出来。例如,“执行难”现象在某种程度上是因为某些案件的审理没有得到社会一般的接受或承认,而对地方司法保护主义的批评则在很大程度上反映了一种“信任危机”。尽管这些现象的原因很多并不在法院身上,但程序上或审理过程中发生的问题确实与这些现象有密切的关系。法院进行的审判方式改革的许多尝试,如公开审判的强调、审理过程的规范化等,都可以理解为是在其他条件制约的前提下从程序的方面来改善其正当性条件的努力。同时,与一般的价值观及公平、正义等概念内容的变化相一致,法院所遇到的正当性问题也不仅仅是在量上需要提高,更重要的是在质上的变化。例如,当事人对解决方案的同意是给予法院的纠纷处理以正当性的一种重要保障,但是,在调解成功率相对下降、更多的纠纷不得不以判决这样一种强制的办法来解决时,如何在制度上保证其正当性就成为一个突出的问题。还有,由于效率性成了纠纷处理时必须考虑的一个关键因素,过去那种全面彻底地查明事实真相或耐心说服并等待当事人自己觉悟等在原来的审判方式下非常重要的正当性原理,就不能不受到一定的制约或修正。从这个角度来看,审判方式的改革也是对原有的正当性原理及保障机制进行反思,并摸索与法院在功能和位置上的转移更相适应的正当性原理和正当化机制的过程。

总之,尽管法院在民事、经济审判方式上尝试的改革多种多样,但如果把它们放在更长的历史过程、更广阔的社会背景中来观察,则可以看到其中有着内在的联系。改革的种种尝试都可以理解为在社会变动的条件下法院对自己的功能和位置的战略性转移从程序方面作出的反应。以下将通过对改革内容的正面分析来考察这些问题,希望在这样的考察中能够形成评价具体改革措施的某些基准,以图在理论上为改革的整体方向及策略提供某种思路。

二、举证责任改革与公开审判的意义

审判方式改革的核心在于程序的变化。而程序作为一个环环相扣的过程,对其中任何一个环节的改变,都会对其他环节产生深刻影响,以致引起整个程序结构的变化。从这个意义上讲,关于程序所进行的种种改革必然相互影响和制约,从而使从内在联系和潜在方向的角度对审判方式改革的不同尝试及其多样的动态展开加以统一的把握成为可能。

从改革展开的实际过程看,开始的时间早、铺开的面较大、成绩也最为明显、并已在立法及制度层次上得到一定体现的是举证责任改革。在此过程中还产生了以开庭审理或以公开审判为中心的口号,对调解和判决的认识也不断深化,并出现了以设置调解中心为代表的、使调解过程与判决过程相分离的尝试。可以认为,“举证责任的强调—公开审判的重视—调解与判决的再认识”,正是民事、经济审判方式改革的一条具有内在联系和逻辑发展关系的主线,其他种种尝试都是围绕这条主线展开的。

原来在审判工作中习以为常而现在却成为改革对象的审判方式,在法院内部有时被简洁而形象地表述为“一送达、二询问、三调查、四调解、不下判决不开庭”。强调当事人的举证责任正是在调查取证花费了法院大量的时间、劳力和经费而给审判的效率性带来严重影响的情况下,针对调查事实和收集证据这一环节采取的改革措施。然而举证责任的强调给整个程序过程带来的第一个影响就是在证据的审查方式,尤其是质证的方式上所引起的改变。在原来的审判方式中,审判人员在法庭外收集证据的活动,实际上也是查对核实证据的过程。询问当事者以及在当事者背对背或面对面的情况下进行调解,往往包括审判人员将自己收集的证据与当事人见面,接受当事人质证的内容。在这种审判方式下,即使在调解没有成功、为了判决而不得不正式开庭时,作为庭审最主要内容的证据审查,尤其是当事人对法院收集的证据或对相互间提出的证据的质证,以及在此基础上就事实进行的辩论,实质上已经基本完成。于是,正式的公开审判由于缺乏实质内容,在许多情况下,必然要流于形式或者不得不通过尽量使用简易程序等方法加以规避。[4] 但是,举证责任的改革使证据的收集和审查发生了自然而然的分

〔4〕 有学者指出,基层法院审理的民事案件,80%~90%适用简易程序。个别法院受理的案件,几乎全部适用简易程序。参见柴发邦《民事诉讼法学》,张友渔、王叔文编《中国法学四十年》。

离。法院审查当事人提出的证据,很多情况下已经可以通过诸如只要当事人双方无异议即行认定或在当事人相互间的对质反驳中获得确信等方式来进行,同时,当事人质证的对象在更大程度上也由法院收集的证据转向对方提出的证据。很显然,这种意义上的证据审查已经不可能完全为审判人员在法庭外独自进行的查对核实所代替,质证更不能采取当事人背对背与审判人员分别接触的方式来完成。既然审查证据及质证大部分情况下都必须在当事人面对面的场合才可能进行,那么,有当事人双方出席、按照一定的顺序和形式进行证据审查以及就证据和事实展开辩论的公开审判或庭审,就开始变为整个审判过程的关键环节。这正是举证责任改革与强调以庭审或公开审判为中心的内在逻辑。换言之,在调查事实、收集证据的任务由法院积极承担,证据的收集与审查融为一体,调查收集、审查的过程又与为了获得当事人和解而根据调查收集到的材料说服教育当事人的过程融为一体的情况下,公开审判除了一般宣传教育的意义外,并没有真正成为使调解以至判决正当化的必要条件。然而,当收集证据作为当事人的责任,当事人必须提出事实和证据来说服法官作出有利于自己的判断时,给双方面对面地进行对质反驳和辩论的机会,就成为法官在程序上使自己的判断得以正当化的必要条件。在这里可以清楚地看到从效率性出发的改革是如何影响审判方式的正当性并引起程序的结构发生变化的。

三、举证责任与程序结构中调解和判决的位置问题

举证责任改革给整个审判程序带来的另一个重大影响在于,为了有效地促使以致迫使当事人举证,不得不导入直至败诉判决的不利后果这样的制裁方法。这一方法成了举证责任改革的一般基调,一方面,它意味着调换了程序中判决和调解的位置,从而蕴含着使整个程序构造发生深刻变化的可能;另一方面,以作为实体判断的判决形式来追究当事者的举证责任与原来程序构造的正当性原理明显冲突,因此它在审判的正当化上造成了难题。从这个角度来看,可以发现,中国的民事审判方式相当接近于一种可称为“调解型”的程序构造模式。在这种模式中,通过取得当事人的和解、合意来结束案件是诉讼的首要目标,调解成为处理纠纷最主要的方式。因此,对于

负责审理案件的法官来说，调解既是任务又是职权，法官有责任积极主动地进行调解。由于调解的公共性质（作为纠纷处理主要方式对社会的影响及其职权色彩），法官不仅要促使当事人和解，取得他们的合意，而且还必须保证合意建立在事实清楚、是非分明的基础上，和解的内容要符合法律。为了达到这些要求，法官在说服教育当事者、促使他们达成合意之前或同时，还有必要通过调查及证据的收集来查明事实真相，确定谁是谁非，以便提供正确的解决方案。很显然，这样的情况使法官自然而然地成了推动程序展开的主体。只是在经过反复耐心地调解，解决方案仍然得不到当事人的同意时，如果法官对案件的认识真正达到了事实清楚、是非分明的程度，作为解决纠纷的最后的和不得已的手段，才可以作出判决。就与举证责任改革的关系而言，这样的程序构造有两个特点需要特别注意。

第一，尽管存在法官用判决这一强制手段解决纠纷的可能性，但整个程序基本上是围绕取得当事者和解或同意的目标而展开的。这个目标规定了程序的展开动机和进行过程，使法官积极主动的调解活动成为诉讼的中心内容。“调解型”模式在逻辑上意味着作出决定以最终解决纠纷的不是法官而是当事者，程序的重点与其说在于当事者提出证据开展辩论以争取法官作出有利于自己的决定，不如说在于法官形成正确的解决方案并说服当事者作出接受该方案的决定。然而，举证责任的导入却意味着这样的重点或法官和当事者在程序中的分工发生了逆转，这里，当事者是推动程序展开的主体，他们展开程序的基本动机则是说服法官作出有利于自己的决定。换言之，举证责任在逻辑上要求判决成为规定程序展开的目标，而这样的目标置换必然引起整个程序构造的深刻变动。

第二，在“调解型”的程序结构中，形成正确的解决方案这一责任最终总是由法官来承担，因而如果出现了事实不清、是非不明的情况，法官就无法以判决的形式结案，更无法作出不利于某一方当事者的决定去追究其举证责任。事实上，所谓“久调不决”的现象，往往是在案件真相无法查明，或者因为人力物力的限制等原因法官不愿或不能作出更大努力去揭示真相的情况下发生的。因此，对这种现象不应仅仅从法官个人的因素来考虑，还应看到它与程序构造以及正当性原理的内在关系。但是，举证责任改革的前提是:如果出现事实不清是非不明的情况,其最终责任在于当事者本身。因此,当出现这样的情况,法官不仅可以作出判决,而且该判决还必须具有追究某一方当事者责任的内容,不能和稀泥。所以,举证责任的改革本质上是与“调解型”的程序结构及其正当性原理相冲突的,强调当事者的举证责任而又不从根本上触动这一结构并转换其正当性原理,就会造成混乱。

因此,举证责任与调解(和解、同意)和判决在诉讼程序中的位置紧密相关,而调解和判决的不同位置很大程度上又决定着程序的构造以及正当性原理。从这个意义上讲,只有从程序的整个构造及其正当性的角度充分理解调解和判决的位置和关系问题,才可能全面正确地把握举证责任以及其他审判方式改革所具有的深刻含义和面临的种种困难。

关于调解和判决在诉讼中的位置及关系,诉讼法学界和法院内部一直或隐或显地存在争论。从整体趋势看,在一般认识上有对以前过分强调调解进行反省的倾向,民事诉讼法先将“以调解为中心”的指导原则修改为“着重调解”,进而又改为调解的自愿、合法原则,就是这种倾向的反映。同时在实际审判工作,尤其是经济审判中,也存在调解结案相对减少、判决结案相对增加的现象。但是,简单地把从重视调解结案转向重视判决结案看作诉讼程序的发展或改革的一般趋势却不能不说是有问题的。

在内容大体相同的情况下,作为结案或最终解决纠纷的形式,调解比起判决来应该说有更多的优点。常常被列举的优点包括较易得到执行和不伤和气、使当事者能够恢复或维持友好的关系等。而调解最大的优点在于纠纷处理本身通过当事者的同意得到了正当化。不过,因为调解有赖于当事者的同意,而同意的获得并不总是确定的,这才产生了对判决这种强制解决形式的需要。由此看来,在处理纠纷时,首先尽量用调解的方法以图通过获得当事者的同意来解决纠纷,实在不得已时才诉诸作为最后手段的判决,这种以调解为中心或着重于调解的原则,确实是有其道理的。然而,既然判决不可缺少,同时又不具有当事者同意这样决定性的正当化条件,因而在“调解型”的审判方式中如何保证判决的正当性仍然是必须考虑的问题之一。

由于判决系由法官作出强制性的判断,怎样制约法官可能出现的随意性和片面性就成为保证判决正当性的中心内容。在这个问题上,有两种侧重点不同的方法:一种方法的重点放在保证具体判决内容的正确性上,另一种方法的重点则放在保证判决形成的客观性上。换言之,前一种方法是通过努力使判决本身建立在事实清楚、是非分明的基础上并合乎法律要求的实体正义来制约法官;而后一种方法则着重于在形成判决的过程中从程序上保证法官的公正性、中立性,以此来防止法官个人的主观性左右其判断。换个角度看,作为保证判决得到正当化的方法,可以说前者强调的是判决的实体方面,而后者则强调形成判决的程序方面;或者说前者更重视判决这一结果,而后者更重视到达这一结果的过程本身。

从中国民事、经济审判方式的传统来看,可以说基本上采取的是上述第一种方法。彻底查明案件事实真相的要求和法院积极的职权调查及证据收集活动、判决前审判委员会和院长的审批把关以及向上一级法院的报告请示、判决后的审判监督程序等,其主旨都在于确保判决内容的正确性,因而可视为上述第一种正当化方法的具体体现。值得注意的是,着重于确保结果正确性的这种策略,与审判方式整体的"调解型"性质是协调的。法院的职权调查既为说服当事者提供了有力的事实基础,同时又是保证判决正当性的重要手段。而且,在诉讼开始时可以无须考虑判决的正当化问题,首先把获得当事者的合意作为展开程序的第一目标。当实在不能得到当事者合意而需要作出判决时以至判决以后,再采取上面所述的种种从诉讼结果或判决内容上保证正确性的措施仍然来得及。

与此相对,使判决正当化的第二种方法却很难与"调解型"的程序结构相调和,它要求一种可称为"判决型"的程序结构。采取这种方法以及与之相应的程序结构的典型例子可以在大多数具有较发达市场经济体制的国家的民事诉讼中找到。在这样的诉讼程序构造中,判决被设想为解决纠纷的主要形式,诉讼的直接目标首先是判决的形成。调解并不被理解为法官必须履行的任务或职责,进行和解或要求调解属于当事人的权利,法官无须积极主动地进行调解,可以仅仅停留在对当事人的要求作出反应的消极位置。这就是这种诉讼结构虽然存在不少以调解或当事者的合意结案的情况,却仍然可以称为"判决型"的理由。尽管最后作出判决的是法官,当事者却被视为形成判决的主体。在诉讼开始时,当事者必须按自己所追求的判决内容提出请求,该请求划定了判决的范围,最后的判决既不能超出其上限,也不能代之以其他救济形式。接着,当事者双方必须就存在争执的事项进行协议,把争议的焦点确定下来,而这些争点一旦确定同样对法官具有拘束力,法官不能自行确定争点,也不能在判决中离开当事者确定的争点作出判断。这样,程序就进行到当事者围绕争点各自努力收集、提出证据以及就事实和证据进行辩论的阶段。在此过程中,法官尽管主持着程序的展开,却一直处于被动地注视和倾听的位置,并不积极深入地介入双方的举证活动。当法官认为事实已经清楚或者已经没有办法再进一步查明真相时,就可以作出判决。但是,该判决一般只能是承认一方当事者的主张否定另一方的主张,即采取“非黑即白”(all or nothing)的形式,而不得依裁量进行增减加除的调整。值得注意的是,“判决型”的诉讼结构并不要求大多数案件都必须以判决形式解决,而只是意味着程序或审理过程被判决形成这一目标所规定和制约。当然,以上所述的仅仅是一种单纯化了的程序模式,而且今天许多国家的民事诉讼已经对该模式进行了种种修正。但是就其基本精神而言,这种模式仍然支配着大部分发达国家民事诉讼的程序结构。

从上面的描述可以看出,所谓“判决型”的诉讼结构,其正当化方法的特点就在于在程序的展开过程中把法官的裁量权限缩小到最小限度,同时也把法官的责任限定到最小限度。在这种方法下,无论判决的具体内容是什么,只要法官严格遵照程序要求行动,责任就落到了当事者身上。当然,为了保证判决的正当性,还存在其他种种的要求或条件,如法官具有受过严格法律训练的资格、详细的判决理由等,但上述正当化方法主要依赖于在程序过程中逐渐把责任转嫁给当事者这一点应该是没有疑问的。

四、“判决型”审判模式和“调解型”审判模式的比较

由于判决和调解在诉讼结构中的位置不同,能够采取的正当化方法或策略也大不相同。这些差异规定着两种程序结构各自的特征,使它们几乎在一切方面都形成了鲜明的对照。从这个角度来把握中国审判方式改革的许多尝试,可能有助于更深入地理解改革的含义及其面临的难度。以下是区别“判决型”和“调解型”这两种程序结构的几个主要特征。

首先,如上所述,以直至败诉判决的不利判断这种形式来追究当事者的举证责任,只有在“判决型”的程序结构里才能得到正当化,而在“调解型”的程序结构中,具有这种内容的举证责任与其正当性原理是相冲突的。

其次,在“判决型”的程序结构中,由于形成判决的材料或判决所依据的事实和证据基本上全部由当事者提供,当事者之间围绕事实和证据展开攻击和防御,即双方面对面的所谓“对席辩论”就成为程序的主要内容。这不仅意味着公开审判这种审理形式在正当化上的决定意义,而且还派生出“口头原则”(事实和证据的提出及其反驳质疑主要采取口头形式)和“直接原则”(作出判决的法官必须直接听取双方的口头辩论)。与这两项原则具有内在逻辑联系的则是法官个人的独立原则。与此相对,“调解型”的程序结构主要内容是法官积极的职权调查和教育说服当事者的活动。这些活动完全可以在法庭之外或者在只有一方当事者在场的情况下进行。为了使法官个人从事的这些活动得到监督和制约,作为记录的书面形式就具有了重要的意义。这样,上级主要通过审查这些书面材料来对最后的判断进行“把关”不仅成为可能,而且在正当化的意义上也很有必要。由此看来,中国民事、经济审判方式中的审委、院长审批和向上级法院汇报请示的做法符合“调解型”的程序结构所要求的正当性原理,却与“判决型”的程序结构相矛盾。这也可以被认为是中国审判制度不采取法官个人独立的原则而采取法院独立的原则的一个潜在的重要理由。

最后,在“判决型”程序结构中一个重要的正当化条件就是法官在形式上必须对当事者不偏不倚的中立性原则。这意味着法官在程序过程中应该一直持被动姿态,不仅为了防止先入之见的需要而避免过早地介入案件的实体内容,而且即使当事者一方的辩论能力较弱,法官一般也不过多或过于明显地提供帮助(这种作用在理论上被期待由律师来发挥)。而“调解型”的程序结构则着重于实质上的公开,形式上保持中立并不十分重要。法官从一开始就必须深入把握案情,而且为了进一步获得有关资料或说服当事者,经常有必要就案件的具体内容表明自己的意见。在中国民事、经济审判中,审判人员认为当事者一方完全或明显有理,因而站在这一方立场上来推动程序展开的某些做法(如与作为当事者一方的银行共同发文件,开展“以法收贷”,或更为常见的所谓审判人员“与当事者辩论”的现象等),都可以从上述两种程序结构在正当性原理上的区别这一意义上来理解。

“判决型”和“调解型”作为审判方式的两种模式,其最后也是最重要的区别在于程序本身的形态和意义的不同。前者由于诉讼一开始就以获得判决为目的,作为保证判决客观性的条件,要求程序本身分为诉讼请求的确定、争点的形成和证明的完成等几个区别较为清楚的阶段,其顺序和形式也比较固定。与此相对,后者的第一目的是获得当事者的和解或合意,可以先暂时不考虑判决的正当化问题,因而没有必要严格划分程序的阶段和顺序(过早地把请求内容和争执之点固定下来反而使调解不易进行)。法官可以视具体情况根据需要分别采取询问、调查、背对背的调解或非正式的让当事者相互核对证据、开庭审理等多种方法来展开程序,所以整个程序过程灵活多样,每个具体案件的审理形式都可以因其个性而各具特色、互不相同。

这种程序形态上的区别使程序本身所具有的意义在不同的诉讼模式中出现重大差异。在“判决型”的程序结构中,程序的展开对于当事者和法官都有不可逆转的拘束性,随着程序的进行,诉讼参与者的选择可能性逐渐减少以至最后消失。因此,到一定阶段后当事者提出新的事实和证据可以被禁止,而且一旦判决生效就具有了既判力,除了极少的例外,不允许推倒重来。这些制度都根据当事者所负有的责任而得到正当化。然而,在“调解型”的程序结构中,程序过程原则上由法官自由地组合选择而展开,这种个性化了的程序不可能具有不可逆转的性质,因而,不仅在程序的任何阶段当事者和法官都能够提出新的事实和证据,即使判决已经作出并生效,这种程序的最终结果也始终是上级重新审查和当事者重新挑战的对象,而这些行动都是符合“调解型”的程序结构所要求的正当性原理的。在两种诉讼模式中,程序具有不同意义的另一个表现在于违反一般的程序规定,尤其是诉讼法上的规定所引起的后果。由于“判决型”模式里的程序在规定纠纷处理结果具体内容和保证其正当性上的重大作用,遵守关于程序的规范就成为诉讼的中心问题之一,对这种规范的违反有时即使看起来微不足道,也可能引起判决无效等实体处理方面的后果。在采取这种程序结构的诉讼制度下,诉讼法和诉讼法学自然具有非常重要的地位。而在“调解型”的模式中,程序除了作为帮助在实体方面达到正确结果的手段，没有更多的意义。调解的正当性主要依赖于当事者的同意，判决的正当性则在于其内容的正确性。而且作为实现实体价值的手段，程序在每个具体案件中根据需要可以有多种多样的形式和方法，极富个性，因此一般的程序规定作用相当有限。只要不是直接明显地影响实体处理，制度上和实际中对待这种规范的违反往往是相当宽容的。中国的民事审判工作虽然在二十多年中没有一般的程序法规，却仍然能够取得相当的成绩这一现象，就可以从程序在不同诉讼模式里的不同意义来加以说明。另外，两种诉讼模式中程序具有的不同意义还表现在对实体法规范的理解上。在"判决型"模式中往往具有一种倾向，就是把实体法规范作为指导程序展开的一般框架，强调它们互为目的手段以及在使判决正当化的过程中存在的内在联系。而在"调解型"模式中，实体法规范仅仅被视为纠纷处理结果应该遵循的种种重要价值的一般体现，程序只是在作为实现实体法规范的手段这一意义上才被纳入视野。从这个意义上讲，"判决型"模式中的实体法适用贯穿从确定请求、明确争点到形成结论的整个程序过程，同时适用实体法的主体既包括法官，也包括当事者（尤其是作为代理人的律师），而在"调解型"模式中，实体法的适用往往被理解为限定在推出结论的三段论法上，且适用的主体只能是法官。

以上讨论可能会造成一个印象，即中国民事、经济审判方式的改革意味着从"调解型"的程序结构向"判决型"的程序结构的全面转换。确实，举证责任的导入、公开审判的强调、对审批制度的批评以及加强合议庭作用的要求、使程序"规范化"的尝试等，都是与前者相一致而与后者相冲突的动向。但是，为了避免简单和片面的观点，有必要从对两种诉讼模式的一般评价这一角度来慎重地审视上述印象。

第一，作为不同的纠纷处理样式和使纠纷处理正当化的策略，"判决型"的诉讼模式与"调解型"的诉讼模式各有其长处和短处，两者并未孰优孰劣的问题。同样，也决不能说"调解型"向"判决型"的转换是程序结构从低级向高级进化的表现或者是社会发展的一般法则。事实上，在具有近似于"判决型"模式和特征的许多国家的诉讼制度中，尽管能够相对成功地抑制法官的主观随意性，却因形式正义和实质正义的内在矛盾而不得不付出处理僵硬、运转不灵的代价。另外,依靠当事者双方积极的攻击防御活动来推动程序展开的制度构想建筑在当事者实力对等的假定之上,但现实中却由于当事者之间力量对比的不平衡而时时造成实际上的不公平。针对这样的问题,不少国家已经出现了要求修正诉讼制度中"判决型"性质的潮流,其中一些改革的设想意味着部分地导入"调解型"的要素。

第二,无论"判决型"还是"调解型"的程序结构,都是不同的社会在处理不可避免的纠纷现象这一历史实践中形成的反应及适应方式,它们均与其所诞生的社会条件和文化背景密切相关。因此,在讨论现实中是否正在发生从某种程序结构向另一种程序结构的转换以及这样的转换是否值得肯定和大力推进等问题时,首先有必要考虑这些条件和背景及其变化。

第三,最后应当指出的是,所谓"判决型"和"调解型"作为表示不同程序结构的两种模式,都不过是把现实的诉讼过程中一定要素、条件加以单纯化而形成的理论工具,它们可以用来把握、量度现实,却不等于现实本身。实际上的程序过程往往是两种模式的混合或妥协。所以,所谓从一种模式向另一种的转换完全是相对的概念,转换的目标不可能是对某一种模式特有的要素进行全面排除。

当然,只要使用"判决型"和"调解型"的理论框架来把握中国民事、经济审判的现实状况,那么,尽管有上述几个需要注意的方面,审判方式的改革意味着在最接近于"调解型"模式的程序结构中导入"判决型"模式的要素和原理仍然是不可否认的现实。也许目前的现实状况可以表述为:由于原来适合于"调解型"审判方式的社会环境发生了深刻变化,出现了要求"判决型"程序结构的新的社会条件,作为对这种社会变化的反应或适应,法院内部开始了改革审判方式的种种尝试。但是,一方面,社会变化在空间、时间和构成要素上的不平衡导致了适合于不同诉讼模式的条件同时并存,从而构成了审判的程序结构必须同时回答种种相互矛盾的要求这种极为复杂而又极不安定的环境;另一方面,审判方式中许多具有不同程序结构前提和不同正当化原理的因素同时并存,也给整个诉讼过程带来了内在的紧张、矛盾以至混乱。这种审判方式与社会环境的不协调和审判方式内部的不协调的二重矛盾构成了改革所面临的复杂背景,而这里所存在的种种问题,也只有通过进一步深入改革审判方式来解决。

五、社会条件的变化和模式转换的必要性

基于对现状的这种认识,为了进一步探索审判方式改革的方向和策略,有必要弄清几个问题:“调解型”的程序结构为什么不能适应改革开放引起的社会变动?出现了哪些要求审判方式导入“判决型”模式的新的社会条件?审判方式需要在何种程度上实现从“调解型”向“判决型”的转换?

相对而言,“调解型”的程序结构具有两个最大的优点。一是方便群众,使当事者易于得到处理纠纷的服务。这一方面反映在处理纠纷所需的费用主要由法院承担,当事者的负担较轻;另一方面则因为纠纷的处理并没有高度地专门化、技术化,使用的是一般群众都能充分理解的方法、逻辑和语言,从而使审判成为当事者相对容易接近和利用的解决方式。二是纠纷的处理机动灵活,审判人员可以根据具体的个别情况较自由地调整处理的程序、方法和结果,力图使纠纷得到最为合乎实际的解决。但是必须看到,“调解型”模式的程序结构只是在一定的社会条件之下才能比较充分地实现这些优点,而在另一些条件下却可能暴露出严重的弊病。

可以认为,在改革开放以前中国的社会环境中,民事审判确实是适合于采用“调解型”程序结构的。首先,由于那时对商品经济的排除,民事审判的主要对象基本上被限定在婚姻家庭、相邻、少量的借贷、人身伤害赔偿等少数几个领域。而在这些领域中,纠纷的特点往往表现为当事者都共同居住在小范围的地域内,他们一般都是熟人,彼此之间有长期的关系且很多情况下将不得不保持这种关系。因为有这种特点,纠纷的解决常常意味着原有关系的恢复、维持或至少是当事者和平地继续共处,而为了达成这样的解决,与其把具有外在强制性质的判决作为处理的目标,还不如尽量说服当事者自发地结束争议更为合理。同时,由于必须顾及当事者的长期关系,不仅处理的结果不能就事论事,要照顾到周围和将来,采取灵活多样的方法,而且处理的过程或程序也不能拘泥于形式(如固定的确定请求—形成争点—进行证明的阶段或顺序等),要根据每个案件的具体情况来灵活掌握处理解决的方式方法。其次,在纠纷处理的目的主要在于防止矛盾激化、维护社会

治安的前提下，很难要求当事者在较大程度上负担处理纠纷的费用或成本。与此相应，正因为纠纷处理的效率性问题可以基本上只从防止矛盾激化的角度来考虑，在不少情况下，就是“拖一拖、放一放”或“久调不决”的手法也往往既能够节约投入处理的资源，又有“冷处理”的效果，不一定违背纠纷处理的目的。当然，由于从总体上说当时的民事纠纷比较少，使法院在每个案件的调查处理上投入的人力物力相对充足，这也是国家能够在有限的资源制约下承担起纠纷处理所需的大部分成本或费用的一个重要条件。最后，最根本的一点是，当时存在有利于采取与“调解型”模式相适应的正当化方法或策略的社会机制。一般说来，尽管“调解型”程序结构很大程度上依靠当事者的合意这种正当化方法，但仍留下当事者间的合意内容得到社会一般承认和获得当事者同意的不确定性问题，同时，当实在不能获得当事者同意时必须作出判决，如何使这种情况下的判决得到正当化则构成问题的另一部分。对付这些问题的策略之一就是通过提高纠纷处理主体相对于当事者的地位来加强其权威性。在改革前，法院负责处理的民事纠纷基本限定在私人间涉及“个人问题”的争议上，这使得法院在处理具体纠纷时总有相对较高的地位和权威（同样，包括企业间经济纠纷在内的单位、组织之间发生的问题由上级主管部门解决，牵涉一定级别以上干部的民事纠纷由较高级别的法院处理等，也都基于这一正当化策略）。与此相应，当时我国社会中存在着一套比较稳定和统一的价值体系，从原理上讲，任何具体的纠纷处理内容或结果是否具有实体上的正确性，都可以依据这里的价值观、道德观得到完全的检验。在制度保障方面，一般认为，只要完善对具体的纠纷处理从上至下的监督、“把关”，就能使处理结果与支配的价值体系达到一致。总之，具有较高地位和权威的审判人员在进行调查后，根据普遍认同的价值体系所形成的解决方案，通过耐心的说服教育，当事者是极难加以拒绝的。由此，当事者同意的不确定性和保证当事者间合意合乎一般价值体系的问题就得到了解决或至少是缓解。同时，不得已时的判决则通过审委、院长审批和向上级法院请示汇报以及审判监督制度等保证内容正确性的方法实现正当化。

但是，改革开放给中国社会带来的深刻变化却在相当大的程度上改变了适合于“调解型”审判方式的社会条件。跨地域的商品交换越来越频繁，规模也越来越大，进行这种活动并可能卷入其中纠纷的人彼此间往往既不是熟人、也不一定存在或必须保持长期的关系。从本质上说，商品交换是一种匿名的、非人格的关系，只要服从其一般规则，任何人都可以自由地进入和退出。因此，处理这种活动中发生的纠纷，重点不在于恢复或维持具体当事者间的友好关系，而在于保持一般规则的普遍性、明确性，以便给参加交换的人提供一种可预测性，或有利于改善交易条件和降低交易成本。这意味着纠纷处理的过程和结果在不得不牺牲某种程度的多样性、灵活性的基础上，尽量追求透明度和一般性，而程序本身的相对固定化和解决方式的定型化则是这种追求的表现。同时，随着上述变化而发生的纠纷处理目的从主要是维持社会治安转移到形成和保护新的经济秩序这一点，也使审判方式中的效率性问题出现了新的局面。一方面，牵涉经济活动的纠纷的大量发生已使由国家承担大部分纠纷处理所需费用的做法难以为继；另一方面，由于纠纷的解决对于经济活动全局的重大影响，为了节约费用而拒绝受理或拖延审理就会在一般社会心理上导致高度的紧张。在这种情况下，要求当事者负担纠纷处理的费用自然成为一种可能的选择。但必须注意，在计划经济体制下，因为国家直接从事经济活动，经济纠纷的当事者多是实行统收统支的国营企业，向当事者转嫁纠纷处理的费用并无实际意义。而在市场经济的条件下，可以期待具有利益动机和风险意识的当事者把纠纷处理所需费用列入自己从事的经济活动的成本中，并在此基础上作出合理的选择和行动，结果就使社会整体规模上经济的顺利运行与纠纷处理的总成本达成某种平衡。从这个意义上说，改革开放以来市场经济的发展正是审判方式中能够强调或导入举证责任的一个重要背景。此外，在影响和制约审判方式中正当化方法或策略的社会条件方面，同样可以观察到重大的变化。纠纷的当事者已不限于同一地域、同一社会体系内的“私人”，他们可以来自不同的地域甚至不同的社会体系，包括从个体经营者、农村承包户到行政机关，从“三资企业”到国有大企业的各种组织和个人。这种变化使负责处理纠纷的主体在一定社会结构内相对于当事者总是保持较高的地位和权威这一正当化策略很难再维持下去。同时，在由经济体制改革引发的由传统型社会向现代型社会全面转型的背景下,原有的价值体系也难以继续维持其稳定和统一,一部分传统的价值观、道德观受到冲击,新的观念不断出现并引起争议。许多情况下,纠纷的解决在内容上不再具有与不变的价值体系完全一致这种终极意义上的正确性,而不过是对相互冲突的种种价值进行暂定的选择或一时的确认,纠纷的处理成为新的秩序形成这种能动的探索过程的有机的一环。由于这种变化,一方面,审判人员耐心地说服已很难收到原来的效果,能否获得当事者同意变得更加不确定,出现了更多不得不依靠判决来强制解决的场合;另一方面,无论是单纯靠提高审判人员的修养或业务水平,还是靠法院内部的层层"把关"制约,都未必能保证处理结果在实体上的正确性。这种两难的处境意味着必须寻找某种新的正当化策略,以谋求适应已经大大改变了的社会条件。

于是,至少在上述变化比较明显的地区和领域,"调解型"的民事、经济审判方式越来越难以发挥其固有的优势,而表现出种种弊病。这些弊病归纳起来主要有两条,这就是法院负担过重和责任过重。关于负担过重前面已有论述,这里重点讨论责任过重的问题。"调解型"模式的一个最大优点在于纠纷的处理可以根据具体情况灵活掌握程序或处理方式,从而获得更为切合实际的解决。然而,这个特点也意味着审判人员事实上享有很大的裁量权能,他既可以相当自由地选择和组合处理的方式方法,把握展开程序的速度和时机,又可以对解决方案以及最终结果进行种种调整。这种权能有时候在为当事者提供细致周到的服务和达到纠纷彻底而圆满的解决上能够发挥很大的作用,例如法官可以"送法上门",也可以通过为合同争议的标的寻找销路等方法来结束纠纷并使当事者都各自得到满意的结果。但同时又意味着法官及法院对程序的展开和纠纷处理的结果负有全面的责任。当事者可能认为处理得太慢或处理的方式有问题,也可能认为解决方案不妥或最后的解决结果不正确,从而产生不满。这种不满一般总是针对具体承办的审判人员,因为在审判人员享有广泛的裁量权能,可以根据实际情况随机应变地调整把握处理方法和处理结果的"调解型"审判方式中,纠纷是否通过及时而妥当的处理并达到正确的解决,很大程度上取决于具体承办人员的能力和经验、职业道德和素质以及他能投入的时间、精力等资源。在审判人员相对于当事者总具有较高的地位和权威、存在比较稳定一贯的价值体系、能够投入纠纷处理的资源也较充足等条件下，再辅之以内部严格的监督制约，对纠纷处理依赖于审判人员个人的素质或人格还不至于在一般社会心理的层次上产生不安并造成严重的问题。但是，当这些条件发生了重大变化时，审判人员及法院所享有的广泛的裁量权能就开始变成过于沉重的责任和负担。

首先，由于大量案件涌向法院，审判人员不得不采取种种办法来节约人力物力，如相对减少收案，受理后或处理过程中暂时把案件搁一段时间，处理的重点不是放在彻底搞清事实真相而是放在要求双方妥协，尤其是放在说服原告让步上，等等。但是，这些做法与法院对程序及时而恰当的展开和处理结果的正确性负有全面责任的观念相冲突，从而招致了种种批评。同时，在价值观、道德观相对化和流动化的情况下，关于什么是妥当的处理方法、什么是正确的解决，当事者和审判人员持有不同意见的可能性也大大增加。有些场合，审判人员越是深入案情，就越容易与当事者一方产生情绪上的对立。这使得不少法官有“费力不讨好”之叹。更严重的是，在社会风气不能令人乐观的局面下，纠纷处理是否妥当很大程度上取决于个人素质或人格的审判方式开始在一般社会心理层次上引起广泛的怀疑和不安。这就是所谓“打官司就是打关系”的说法广为流传，同时又出现“案子一进门，双方都托人”的现象，从而造成某种恶性循环的原因之一。

然而，新的条件下“调解型”审判方式的根本问题是：审判人员总是能以每个案件的处理根据具体情况都可有其独特的过程和结果为由来对抗一切怀疑和批评，同时，他对任何一个案件的处理也总是有可能不断地受到怀疑和批评。这就是程序的展开和处理结果在审判人员的裁量下高度个别化，从而缺少某种外在的客观标志来判断其是否具有妥当性、正确性时所引起的一种“黑箱效应”：当事者以及社会上的一般人总可能怀疑纠纷的处理因审判人员的能力、素质或人格方面的问题而遭到扭曲，并因此感到不安，而这种怀疑或不安既很难得到证实，也很难消除。换言之，审判人员在对纠纷处理负有全面责任的同时，事实上又负不起这过于沉重的责任。仅仅强调提高审判人员素质并不能真正解决这种矛盾，而加强内部的监督制约至多只是分散责任而不能减轻责任,同时还会加剧“先定后审”、拖延案件处理和弱化承办人员责任心等现象。[5] 在相当的程度上正是由于这种效应,民事、经济审判工作的某些方面才陷入了怪圈:在“送法上门”、审判向后延伸的同时却存在着“告状难”和积案;一方面强调要及时判决,另一方面又不得不重视调解;一方面是加强法官权力的要求,另一方面却是限制这种权力的呼声……而且可以认为,执行难、地方保护主义等现象与上述的“黑箱效应”也绝不是没有关系。

为了对付这种局面、走出怪圈,一个可供选择的策略就是通过缩小法官的裁量权能来减轻其责任,并为当事者和法官在诉讼中的行动及角色分工提供一个外在的、较为客观的标准。而这一策略正好是“判决型”程序结构的特色。在这种程序结构中,当事者是推动程序展开的主体,在得到的解决都不过是自己努力的结果这一制度前提下,他们很大程度上不仅对解决纠纷的方法和过程负有责任,而且对解决的内容也负有责任。同时,由于程序在形式和顺序上相对的固定化、一般化和判决内容的单纯化、定型化,整个纠纷处理过程表现出较明显的透明度和客观性。这样的特色在一定的社会条件下有可能发挥重要的正面功能。首先,在效率性方面,法官及法院能够大幅度地节约投入每个具体案件的人力物力,以处理更多的纠纷。这在大量纠纷涌向法院的情况下是一个明显的优点。然而,更重要的是,具有较高透明度和可预测性的审判方式可以给频繁发生的、同样类型不断重复的商品交换提供一种系统的参照,从而促进当事者在审判外的自主交涉和自行解决纠纷的努力。这种“举一反三”式的功能超越了对每个具体的纠纷进行事后救济的层次,它意味着在有限的资源制约下最大限度地发挥促进大规模、有组织的市场经济秩序形成的效率性。其次,在正当性方面,立足于价值体系的流动和相对化这一现实,并从当事者是探索、形成新的秩序和价值观的主体这一观点出发,“判决型”审判方式就不单纯意味着把责任转嫁给当事者以维持纠纷处理的正当性。一方面,价值体系的流动化使着重于保证处理结果在实体上的正确性的正当化策略难以贯彻,另一方面市场经济

[5] 参见王永臣:《人民法院案件审批制度需改革》,载《人民司法》1988年第11期。

要求参与者成为自主、自律的主体。在这样的条件下,把对处理结果在实体内容上的正确性的理解相对化,将纠纷处理的着眼点移向程序本身,强调为当事者自主的秩序形成努力提供程序的框架或程序的保障,就成为一种必要的正当化策略。应该强调的是,缩小法官的裁量权能并不必然意味着弱化法官权力,更不意味着降低对法官权威和素质的要求。如果说,“调解型”审判模式中法官的权威来自他所代表的一般价值或道德体系,其权力的基础在于相对当事者的较高地位和通过内部监督制约而得到信任的个人人格,法官的形象类似于小范围共同体内严厉而又慈爱的家长,那么,在“判决型”审判模式中,他的权威则主要来自关于程序法和实体法的专门知识、技术,其权力的基础在于严格的中立性和独立性,法官形象有些类似于公共竞技中的裁判员。从这个意义上讲,新的正当化策略在力图提高法官地位和权威这一点上并无变化,只是它要求转换法官权力的性质。

六、改革的基本思路——调解过程与判决过程的分离和结合

根据以上讨论,基本上可以得出我国民事、经济审判方式确实需要从“调解型”模式向“判决型”模式转换的结论。但是正如前面所述,两种模式各有其长处和短处,因此在实现这种转换中也必须考虑如何保留前一模式的优点、避免后一模式的缺陷这一问题。同时,我国的社会变革在时间和空间上的高度不平衡也使两种模式各自适合的条件交错并存,构成了改革所面临的极为复杂的背景。由于这些情况,审判方式改革的课题之一就是在实现模式转换的前提下如何将两种模式有机地结合起来。另外,两种模式各有其特殊的制度前提和程序结构以及与此紧密相关的正当性原理,因此,仅仅在某一模式的程序结构中部分地、机械地导入另一模式的要素往往会带来制度上的紧张和运用上的混乱。对于以部分导入举证责任、程序规范化等“判决型”模式中特有要素为特点的审判方式改革来说,这意味着必须在重构程序的尝试中探索分离两种模式的途径。[6] 这就构成了审判方式改

〔6〕 关于这一点,已经有诉讼法学者提出了明确的建议。参见江伟、王强义:《完善我国民事诉讼立法的若干问题》,载《中国社会科学》1991 年第 5 期。

革所面临的另一课题。而解决上述二重课题应该成为审判方式改革的基本内容。事实上,由深圳法院开始的设立调解中心的尝试,在一定意义上正是试图从正面解决上述二重课题,它预示着审判方式改革的方向。从已发表的资料看,可以认为这种尝试包含着在审判中把调解过程和判决过程分离为不同的程序,分别加以"纯化",再将二者连接起来的意义,[7]如调解过程尽量简化形式,强调解决的迅速和当事者不受任何方式的强制,而判决过程则重视具有一般性和透明度的程序。值得注意的是,由于中国原来的审判方式缺乏重视程序的传统,怎样给判决提供充分而完善的程序保障是一个需要下大力气认真对付的问题。因为,如果缺少这样的保障,判决往往只是意味着高压式的强制而不能构成任何有意义的审判模式。关于这一点,一部分法院所进行的、使程序规范化或规程化的尝试已经显示了一个重要的方向和良好的开端。[8] 作为两种程序模式分离而又结合的构想,现实中可能进行的尝试当然不限于以上的例子。比如,可以设想根据是农村还是大城市、是经济文化相对不发达地区还是发达地区、是人民法庭还是较高级别的法院、是民事案件(尤其是非财产性案件)还是经济案件等不同情况的不同条件来考虑调解过程与判决过程分离并结合的策略或方法。在这些具体设想以及实际尝试方面,有待于审判方式改革的进一步深化和法学界在理论上更深入的探讨。

当然,民事、经济审判工作面临的许多问题都不是单靠审判方式的改革、尤其是单靠程序结构的调整而能够得到完全解决的,审判方式的改革本身也要求有其他许多方面的改革相配合才能顺利进行。但是在今天,可以认为,中国所经历的社会变化已把审判方式或审判程序的问题推到了法制建设第一线的位置。[9] 由于程序与效率性、正当性的内在联系,在法院不仅通过经济审判、而且还通过行政审判等方式更多更广地介入对社会至关紧

---

〔7〕 参见朱光辉:《经济诉讼制度改革的有益尝试》,载《现代法学》1988 年第 6 期。

〔8〕 关于程序规范化的尝试,参见凡田:《改进审判工作的一个新尝试》,载《人民司法》1990 年第 9 期,以及 1992 年第 12 期上《切实加强民事审判规范化工作》专辑中的各篇文章。

〔9〕 作为从法哲学的角度、在一般理论层次上更全面详细地讨论程序对于市场经济形成和法制建设的重大意义的研究,参见季卫东:《论法律程序》,载《中国社会科学》1993 年第 1 期;详见季卫东:《程序比较论》,载《比较法研究》1993 年第 1 期。

要的决定过程的情况下，程序的改革或调整能够影响社会整体层次上权力分化和正统性体系的重构。不过，审判方式改革所具有的这种超越性的深远意义，必须在对审判过程中面临的每个具体问题进行不断探索和解决中才能体现出来。完善审判程序并发挥其在社会经济生活、政治生活中的重要作用，归根结底有赖于法院工作者在日常审判工作中踏实而具有创造性的努力。同时，法学界有必要更加关注民事、经济审判的程序问题，争取在更广阔的理论视野中立足于审判实际，为审判方式的改革提供有效的理论武装。

（本文原载于《中国社会科学》1994 年第 1 期）

市场经济与民事诉讼法学的使命

江　伟

从当初继受苏联的民事诉讼法学到形成目前的理论体系，中国民事诉讼法学已经蹒跚地走过了四十七个春秋。随着社会主义市场经济体制的确立，一系列适应现代社会需要的法律的相继出台，中国逐渐步入法制现代化的进程之中。在市场经济条件下，当民法学、经济法学、国际私法等部门法学异军突起时，“民事诉讼法学应当向何处去”问题就现实地摆到了民事诉讼法学家们面前。民事诉讼法学如何适应市场经济的需要？如何重新构建民事诉讼法学的理论体系？如何实现民事诉讼法学的科学化，从而使民诉法学由注释法学转变为理论法学？对上述问题的回答，能够大致描绘出民事诉讼法学今后的发展方向。

一、市场经济与民事诉讼法学的新课题

市场经济强调经济活动的主体性，强调主体的独立性、意志自由和主体之间的平等地位。在现代社会中，随着主体活动的多样化、复杂化、快速化及价值多元化，就要求民事诉讼法学相应地扩大其研究的对象领域。从大的方面而言，现代民事诉讼法学的主要课题，首先是研究宪法与诉讼法的关系；其次要研究民事实体法与诉讼法的关系；最后是就民事诉讼法本身来讲，应当研究诉讼制度与诉讼外纠纷处理制度的关系以及民事诉讼法基本理论的体系建构。另外，当经济生活的发展推出新的纠纷形式时，就要求有相应的诉讼形式与之配套，因此，对改革开放过程中出现的股票诉讼、期货诉讼、房地产诉讼、新闻侵权诉讼等新型的诉讼形式进行深入的探讨就成为当务之急。

(一)宪法法理与诉讼法

宪法在承认国民主权的同时,也保障国民享有自由权、诉讼权、财产权及生存权,而三大诉讼法就是通过具体的程序规则保障上述基本权的实现。因此,如何从宪法的角度来讨论诉讼法的功能、目的何在,也即宪法所保障的诉讼权、自由权、财产权、平等权、生存权等基本权利的理念,如何通过诉讼法的适用、运作来获得实现,就成为诉讼法学包括民诉法学今后的重要课题之一。

黑格尔在其《法哲学原理》中深刻地指出,"法的基地一般说来是精神的东西,它的确定的地位和出发点是意志。意志是自由的,所以自由就构成法的实体和规定性"。[1] 实际上,贯穿在《法哲学原理》中的一条主线就是意志自由、主体自由。"既然人的本质特征就是思维和意志,而意志是自由的,自由就是法的实体,而法就是权利,法的体系就是实现了的自由王国。"[2] 由此,黑格尔阐发了一条基本原则,就是所谓的"主观自由的原则",或者说法的主体性原则。这一原则包含了主体的自我意识、个人特殊性、自由、独立自主和能动性等含义。尽管黑格尔的观点带有唯心主义色彩,但在市场经济条件下,黑格尔所主张的法即主体性原则的理论,对于法学界尤其诉讼法学界具有某种特殊的借鉴意义。

以法的土体性原则的理论来考察宪法法理与诉讼法的关系,我们不难看出,欲使宪法规定的基本权获得程序保障,就应在一定范围内,肯定国民的法主体性,并应对当事人及程序关系人赋予程序主体权,即程序主体地位。这就是所谓的"程序主体性原则"。这一原则,是立法者从事立法活动,法官适用现行法以及程序关系人(包括诉讼当事人)进行诉讼上行为时,均须遵循的指针。按照这一原理,程序当事人及利害关系人不仅不应为法院审理活动的客体,相反,应赋予对程序的进行有利害关系的人以相当的程序保障。亦即,在涉及该人利益、地位、责任或权利义务的审判程序中,"应从实质上保障其参与该程序以影响裁判形成之程序上基本权;而且,在裁判作

---

〔1〕 黑格尔:《法哲学原理》,商务印书馆 1982 年版,第 10 页。

〔2〕 武步云:《法与主体性原则的理论》,法律出版社 1995 年版,第 11 页。

成以前,应保障该人能得适时、适式提出资料、陈述意见,或为辩论的机会;在未被赋予此项机会之情况下所收集之事实及证据,应不得成为法院作成判决之基础”。[3]

程序主体性原则要求程序制度的构思、设计及运作应当符合程序关系人的主体意愿,应当赋予程序主体一定的程序参与权及程序选择权,同时还应有助于提升程序主体对程序制度内容及其运作的信赖度、信服度和接纳度。在特定的诉讼形态中,程序主体权进而程序参与权及选择权的实现在很大程度上取决于该诉讼构造中双方程序主体能否处于平等的诉讼地位,亦即一方主体能否与另一方主体形成“对峙”(opposition)。[4] 从行政诉讼的构造来看(参见图一),作为一方程序主体的个人,其特殊利益得到承认并上升为法权,个人基于自由的、独立的意志而取得独立人格,并与政府这一法律人格相对峙。“个人——政府的对峙实质上是一种价值的冲突”,[5] 即公共利益与个人利益、社会秩序与个人自由、行政效率与个案公正的冲突。在权力与自由对峙的背后,我们可以看到自由价值在社会心态中的回升,自由的观念在中国公法中的萌发,这就意味着从国家本位转向对社会的尊让,对个人意志自由和独立人格的承认。因此,我们也不难理解为什么黑格尔说中华帝国没有宪法。[6] 实际上,宪法不是任意选择的,而是同民族精神相适应的。[7] 由于中国几千年来,国家权力泯灭了个人意志的自由而获得实体性,主观性即个人意志的自我反省将自己的存在统一于这个实体,而没有把权力看成一种对峙的存在,因此,各个人、各个团体便没有独立的权利。[8]

---

[3] 邱联恭:《程序选择权之法理——着重于阐述其理论基础并准以展望新世纪之民事程序法学》,载《法学丛刊》1993 年总第 151 期。

[4] “对峙”是黑格尔在《历史哲学》一书中用来描述历史的辩证过程时使用的一个概念。他认为,历史的真实意义存在于对峙之中,即“普遍的绝对的东西”与“有限的存在”的对峙,“主观的东西”同“客观的东西”的对峙。参见陈端洪:《对峙——从行政诉讼看中国的宪政出路》,载《中外法学》1995 年第 4 期。

[5] 陈端洪:《对峙——从行政诉讼看中国的宪政出路》,载《中外法学》1995 年第 4 期。

[6] 黑格尔:《历史哲学》,三联书店 1956 年版,第 164、168 页。参见陈端洪:《对峙——从行政诉讼看中国的宪政出路》,载《中外法学》1995 年第 4 期。

[7] 同上书。

[8] 同上书。

权力与自由的对峙,同样体现于刑事诉讼构造中(参见图二)。按照我国学者的理解,我国刑事诉讼的基本目的是惩罚犯罪与保障人权的统一。[9]从保护被害人、保障社会稳定与安全等方面来看,惩罚犯罪固然是与人权保护相一致的,然而惩罚犯罪势必涉及刑事被告人的生命、健康、人格、自由和财产等宪法上的基本权,因而两者之间存在二律背反的悖论。古代专制社会重惩罚而不重人权,资产阶级提出了"无罪推定"原则,按此,一切未被宣判的人均应视为无罪。基于这一理念,必须运用各种程序规则与法律规范以防止国家滥用刑罚权,由此提高了被告人获得有利判决的机会。从弘扬人的法主体性,尊重个人的人格而言,确立无罪推定原则有其合理性,因为要在整个社会利益与被告人的个人利益之间保持平衡,就应当建立可操作性的程序法原则,而"真正的公平审判程序,不仅要求罪犯被宣布为有罪,而且还要求在发现其犯罪后,以一种明确无误的方式宣布其有罪"。[10]

在民事诉讼构造中(参见图三),程序主体双方处于平等的诉讼地位,已成为现代社会不争的事实。基于程序保障的要求,程序制度的制定者(立法者)及运作者(如法官),不仅应致力于保障程序关系人的实体利益,也应防止对其造成程序上的不利益,以便使其有自主地追求实体利益及程序利益的机会。[11] 按照程序主体性原则及程序主体权原理,成为程序主体的当事人,不仅应有实体法上的处分权,同时也享有程序法上的处分权(程序处分权)。这样,程序当事人一方面可以基于其实体法上处分权,决定如何处分系争的实体利益或实体权利;另一方面则本于其程序处分权,在一定范围内决定如何取舍程序利益,以避免因使用该程序而导致减损、消耗、限制系争实体利益或系争标的外的财产权、自由权的结果。因此,民诉法承认当事人处分原则的目的,并非仅为了保障当事人对系争实体权的支配地位,也是为了使当事人有机会藉此追求程序利益,以同时维护其受宪法所保障的系争外的财产权、自由权等。从这个意义上说,当事人处分原则并非仅仅基于传统民法上的私法自治原则,更重要的是根源于宪法上关于财产权及自由权

---

〔9〕 李心鉴:《刑事诉讼构造论》,中国政法大学出版社 1992 年版,第 137 页。

〔10〕 彼得·斯坦等:《西方社会的法律价值》,中国人民公安大学出版社 1990 年版,第 103 页。

〔11〕 同注〔3〕。

的保障规定。[12] 只有从宪法上的理念来看民事诉讼法，或从民事诉讼法的功能去看宪法上的理念如何实现，才能拓宽民事诉讼法学研究的领域，提高民事诉讼法学理论的品位。

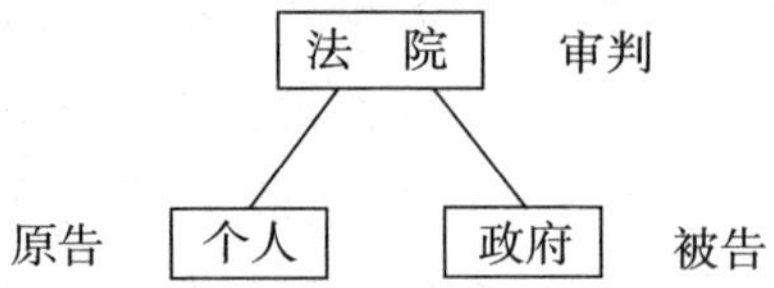

图一

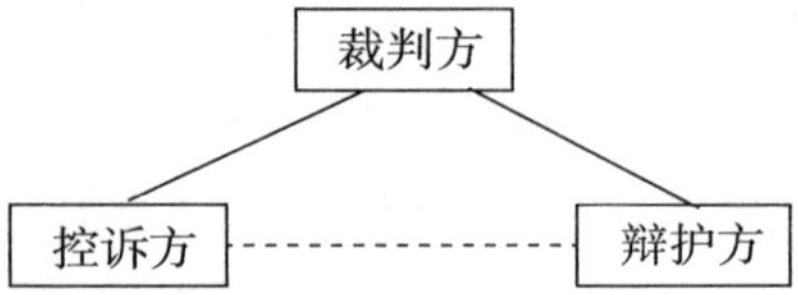

图二

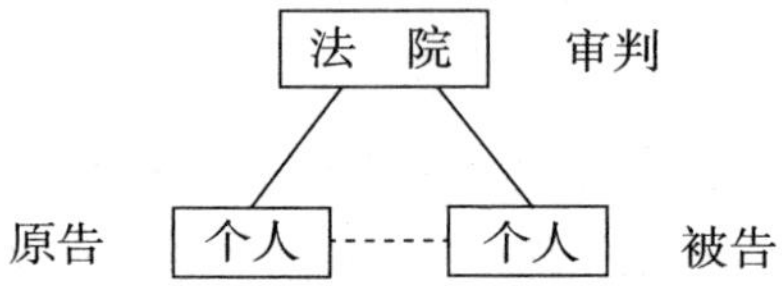

图三

（二）民事实体法与诉讼法

民事实体法上的权利如何透过诉讼法加以实现或贯彻的问题，既是研习民诉时应有的基本素养，也是在民事实体法与诉讼法之间关系上首先应当回答的问题。这个问题延伸开来就是：民事实体法与诉讼法各自的作用或功能是什么？民事诉讼法是否仅为实体法的从法或助法？中国目前“轻程序”现象的症结何在？对策何在？

应当说，民事实体法与诉讼法在对社会关系的调整中分别发挥着不同的作用：前者是国家制定的调整平等主体之间的生活关系的规则，而后者则是法院解决私权纠纷所应遵循的形式规则。日本民诉法学之父兼子一教授认为，“私法与其说是私人的生活规范，倒不如说是为解决纠纷而制定的规范，是为裁判而制定的规范”。[13] 因此，兼子一主张实体法并不真正是为了调整当事人之间的民事法律关系，而是专门为法院审判民事案件而制定的，这就是所谓的“实体法性质的裁判规范说”。从历史上看，民事实体法固然

---

〔12〕 同注〔3〕。

〔13〕 兼子一、竹下守夫：《民事诉讼法》，法律出版社1995年版，第8页。

是审判经验的产物,但把实体法视为纯粹的裁判规范的观点是不妥适的,也是不符合当今世界各国民事立法的目的的。

与兼子一的观点相反,传统的法律解释学一般把诉讼(程序)法看作为了实现权利、义务或法律关系的实质内容的手段和方法。然而,诉讼法不应该被视为单纯的手段和形式。在诉讼中,“与以法官心证为核心的实体合成相对应,由诉讼行为所构成的关于诉讼进行的作用机制称为程序合成。程序合成能够成为实体合成的基础和催化因素……可以说,实体法正是通过一环扣一环的程序行为链而逐步充实、发展的”。〔14〕

从上述意义上说,无论是民事实体法还是诉讼法,都是法院进行民事诉讼并作出裁判所依循的规范。不过,实体法往往只注重衡量当事人之间的利益关系,而诉讼制度的运用除了以实体法为其裁判规范外,还要将当事人使用某一诉讼程序所支出的劳力、时间、费用等诉讼法上的因素考虑在内。因此,就如何厘清诉讼(程序)法与实体法的相互关系而言,不应认为诉讼法仅以实现实体权利或贯彻实体法规范为其目标,诉讼法并非仅属于实体法上权利的实现法。事实上,实体法与诉讼法“如同一辆车的两个轮子,对诉讼都起作用,在它们之间不可能存在主从关系”。〔15〕

然而在我国,从 20 世纪 80 年代早期人治与法治的讨论到近年来关于权利与人权问题的研究都反映了一种倾向,即“在考虑法制建设的时候,中国的法学家更侧重于强调令行禁止、正名定分的实体合法性方面,而对在现代政治和法律系统中理应占枢纽位置的程序问题则语焉不详。偶有论者,也并未把程序看作一个具有独立价值的要素”。〔16〕 中国法院系统自 20 世纪 80 年代后半期开始的民事、经济审判方式改革中有关调解中心存废一议,本来当会诱发对于审判程序以及调解的法制化问题的深入探讨,但是,实际上占主流的论述多偏重于对调解中心的表层问题的分析上。新民诉法关于调

---

〔14〕 季卫东:《法律程序的意义——对中国法制建设的另一种思考》,载《中国社会科学》1993 年第 1 期。

〔15〕 兼子一、竹下守夫:《民事诉讼法》,法律出版社 1995 年版,第 8 页。

〔16〕 季卫东:《法律程序的意义——对中国法制建设的另一种思考》,载《中国社会科学》1993 年第 1 期。

解原则的表述由“着重调解”改为“自愿、合法调解”，尽管立法更趋于科学化，但仍倾向于注重调解制度与实体法的一致，而不是把重点放在程序的合理化上，结果降低了调解在弹性选择方面的价值。实践一再表明，“缺乏完备的程序要件的法制是难以协调运作的，硬是推行之，则极易与古代法家的严刑峻法同构化。其结果，往往是‘治法存、法治亡’。因此，程序应当成为中国法制建设乃至社会发展的一个真正的焦点”。[17] 同时，在立法、行政、审判等几种主要程序类型中，最重要、最典型的是审判程序，因而如何构筑成现代的审判程序尤其是民事诉讼程序，就成为中国法制现代化进程中至关重要的一个环节。

探究中国“轻程序”现象的原因不能不回溯中国诉讼法史。中国传统诉讼法律文化的重要特征，就是在法律结构形式上诉讼法与实体法不分，在诉讼组织及操作方式上司法与行政合一。当事人在诉讼中的活动主要是形成供状（陈述情节）和招状（表示认罪）。但招供的过程实际上并不是事实认定的过程，而是通过结论必须由被告自己承认这一制度来防止专断。司法官不必受复杂的证据法则的限制，当事人对法律的援引和解释也没有发言权。案件处理的结果，不仅要“合法”，更重要的是要“合情”“合理”。追求“合情合理”，成为我国历史上对程序法制的发展危害最大的一个因素，[18] 这是因为程序的实质是管理和决定的非人情化，其一切设计是为了限制恣意、专断和裁量。

在观念层次上，中国“轻程序”现象还根源于对民事诉讼程序意义认识的不足，以及程序公正观或程序正义观的欠缺。实际上，程序一方面可以限制法官的裁量权，维护法的稳定性和自我完结性，另一方面也容许选择的自由，使法律系统具有更大的可塑性和适应能力。换言之，程序具有开放的结构和紧缩的过程，包含着决定裁判成立的前提，存在着左右当事人在程序完

---

〔17〕 季卫东：《法律程序的意义——对中国法制建设的另一种思考》，载《中国社会科学》1993 年第 1 期。

〔18〕 参见范忠信、郑定等：《情理法与中国人——中国传统法律文化探微》，中国人民大学出版社 1992 年版，第 28 页。

成之后的行为态度的契机,并且保留着客观评价裁判过程的可能性。[19] 研究法制史我们会发现,重视诉讼(程序)法并非近代人的"专利",尽管法典意义上的程序法诞生在近代革命之后,但作为一般意义上的程序法或程序规则早已存在,甚至有学者认为程序法早于实体法而产生。在以诉讼法为中心的英国,法官和法学家们一直致力于程序法,从有无救济方法出发来看待实体法的权利,即奉行"程序优先于权利"的法律原则。英国法学家的传统观念在于,"如果在实践中没有一个实施的办法,肯定一项权利或原则便无任何实质意义"。[20] 梅因曾经形容英国法是"在程序的缝隙中渗透出来的",这一见解生动而确切地描绘出实体法对程序法的依赖程度。

在法学理论上,我们过去总是回避程序公正问题,认为程序公正的形式性决定了它没有实际意义和内容。这种观点应当予以否定。"从程序本身着眼,公正是它的最低要求或标准。"[21] 不公正的程序一般来说是难以实现实体公正的,因此,无论对于执法者还是对当事人来说,首先要关心的是程序本身是否公正。约翰·罗尔斯认为,公正的法治秩序是正义的基本要求,而法治则取决于一定形式的正当过程,正当过程又主要通过程序来体现。[22] 更重要的是,罗尔斯在程序性正义与程序结果的正当性之间找到了联结点,并在他的程序正义结构模型中对如何减免不当结果的发生提出了有价值的解决思路。这对于确立我们的程序公正(或正义)观,摆正程序公正与实体公正之间的关系很有教益。

总之,"轻程序"问题应当提到法制现代化的高度来解决。中国法制现代化的要求是"法制程序化",而"法制程序化"的关键是诉讼程序。只有当诉讼法的独立地位和独特价值得到承认和尊重,诉讼法与实体法一样具有不可违反的法律尊严时,"法制程序化"才不会沦为空话。

(三)诉讼法理与非讼法理

向来的民事事件可大致分为诉讼事件与非讼事件两种。诉讼事件是就

---

〔19〕 参见季卫东:《法律程序的意义——对中国法制建设的另一种思考》,载《中国社会科学》1993年第1期。

〔20〕 杨联华:《简论英国注重程序法的缘由》,载《比较法研究》1991年第4期。

〔21〕 孙笑侠:《两种程序法类型的纵向比较——兼论程序公正的要义》,载《法学》1992年第8期。

〔22〕 参见约翰·罗尔斯:《正义论》,中国社会科学出版社1988年版,第225页。

实体法上权利的存否实质事项有争执的事件,而非讼事件是指“利害关系人在没有民事权益争议的情况下,请求人民法院确认某种事实是否存在,从而使一定的法律关系发生、变更或消灭的案件”。[23] 其中,诉讼事件应依民事诉讼程序的原理(诉讼法理)来处理,非讼事件则应依非讼程序的原理(非讼法理)来处理。而且,在非讼程序中无适用诉讼法理之可能及必要,实质上确定力(既判力)也只能发生在依诉讼程序审理所作的判决,而一般不发生在依非讼程序所作的裁定。这就是传统民诉法学理论中的“程序法理二元分离适用论”。

诉讼法理与非讼法理的分离适用现象,早在罗马法时代就已出现,及至近代法典编纂运动之后,德国、日本等大陆法国家进一步将民事诉讼程序与非讼事件程序在立法上分开,在民事诉讼法之外,出现了单行的非讼事件法。两次世界大战后,随着社会的变迁,法院的负担日益繁重。于是基于诉讼经济和扩大诉讼制度解决纷争机能等考虑,非讼事件程序的适用出现了扩大的趋势。与此同时,德国还设置了专司非讼事务的司法辅助官(Rechtspfleger)制度,并于 1969 年通过了《司法辅助官法》。[24] 我国台湾地区 1993 年也草拟了“非讼法务官法草案初稿”,旨在减轻法官工作负担,使检察官与法官专心于侦察及审判工作,将部分较具义务性的事件,交由非讼法务官集中处理。[25] 我国虽然没有专门的非讼事件法,但新民诉法第十五章对非讼事件设有“特别程序”加以规定。不过,我国民事非讼程序的适用范围过于狭窄,立法上对处理非讼事件程序的基本原则缺乏明确规定,学理上对诉讼法理与非讼法理之间的分界也未能廓清。今后的主要任务是探究诉讼程序与非讼程序在审理的原则上有何不同,非讼事件程序究竟有何特性,并在此基础上根据不同类型、不同特性的事件来分别适用不同的程序法理。

一般认为,诉讼程序与非讼程序在审理原则上存在如下差异:其一,在诉讼事件程序上,处分原则受到限制或排除。无论是程序的开始还是终结,大多不受当事人意思的左右,法院常常站在公益的立场上依职权开始或终

---

〔23〕 王强义:《民事诉讼特别程序研究》,中国政法大学出版社 1993 年版,第 12 页。

〔24〕 刘初枝:《论非讼法务官之制度》,载《辅仁法学》第 11 期。

〔25〕 刘初枝:《论非讼法务官之制度》,载《辅仁法学》第 11 期。

结诉讼程序。而在诉讼程序,由当事人申请开始或依当事人意思终结才是常态。另外,非讼裁定的内容,可以不受当事人请求范围的拘束。其二,非讼程序采取职权探知主义,不适用辩论原则。当事人没有主张的事实,法院可以依职权加以收集,当事人没有提出的证据,法院也可以调查。当事人的自认对法院并无拘束力。[26] 其三,非讼程序不适用法院调解原则。其四,在非讼程序,原则上不采取公开审理原则,审理采用书面形式,不开言词辩论。从非讼程序的上述特性可以看出,诉讼程序的当事人比非讼程序的当事人享有更严密、更优厚的程序保障,即在诉讼程序,当事人依诉讼法理可以得到更充分的攻击防御机会,较依非讼法理运作的非讼程序更能有助于避免突袭性裁判。而非讼程序则能节省当事人的劳力、时间和费用,较之诉讼程序更加经济、迅速。

与非讼法理相关的一个问题是非讼事件范围的确定。不同时期、不同国家对于非讼事件范围的界定从来都是不同的。古典的非讼事件(指 1989 年德、日非讼事件法所承认的范围)多局限于身份关系事件,而现代的非讼事件则扩及民法上及商事法上所规定的诸多事项。我国 1982 年《民事诉讼法(试行)》仅规定了三种非讼事件,即宣告失踪人死亡、认定公民无行为能力及认定财产无主事件,1991 年的《民事诉讼法》增加了宣告失踪、认定公民限制行为能力事件。尽管非讼事件范围有所扩大,但总的来看还局限于身份关系事件,这有明显的不足之处。在现代社会里,由于传统的民事诉讼程序不能满足实际需要,而造成民事诉讼程序解决纷争功能的降低。要扩大民事诉讼解决纠纷的机能,就应针对民事事件的不同特性,适当扩大非讼程序的适用范围。也即,将原来依诉讼程序处理的双方当事人对立的纷争,改为非讼事件,依非讼程序来处理,这就是所谓的“民事事件的非讼化”。非讼化现象要求民诉法学者今后不能再拘泥于实定法上的非讼事件范围来探讨非讼程序。

非讼事件一般在下列情况下成立:(1)特别需要赋予法官广泛裁量权的

---

〔26〕 参见邱联恭:《诉讼法理与非讼法理之交错适用——从民事事件之非讼化审理及诉讼化审理论程序保障之机能》,载《民事诉讼法之研讨》(二),台北,三民书局 1987 年版,第 435 ~ 436 页。

事件;(2)公益性较浓厚的事件;(3)特别需要在程序上简易、迅速解决的事件;(4)没有对立当事人要求法院依实体法确定实体权利存否的事件等。[27]具体说来,现代非讼事件的范围大致包括如下几种:督促程序事件;公示催告裁定事件;拍卖抵押物、质物及留置物裁定事件;财产保全和先于执行裁定事件;确定诉讼费用额事件;限定继承和抛弃继承事件;选任遗产管理人事件;指定遗嘱执行人事件;公司解散命令事件;公司清算事件。[28]

确定诉讼法理与非讼法理的关系,除了具有立法论上的意义外,还可以使我们获得如下启示,首先,在谈论当事人与法院在民事诉讼中的地位时,我们不应对法院职权主义采取一概否认的态度。目前我国民诉法学界有一种很具代表性的观点,即认为人民法院职权过大,民诉法的职权主义色彩仍然存在,因而主张弱化法院的职权。这种观点的妥当性只限于诉讼法理,而对于非讼法理则无适用的余地。其次,"诉讼事件的非讼化"与"非讼事件的诉讼化"是同时并存的。在非讼程序中,若出现对实质事项的争议时,则应注意适用诉讼法理,即赋予当事人以程序上的保障,这就是所谓的诉讼法理与非讼法理交错适用问题。如在执行程序中,若案外人对执行标的主张实体权利,则执行法院能否以裁定驳回案外人的主张?该裁定对案外人的实体权利的判断是否具有实质上的确定力(既判力)?我们认为,此种情形宜注意适用诉讼法理,允许案件人提起异议之诉。[29] 最后,在研究民事诉讼法学时,应当对诉讼程序与非讼程序、诉讼制度与诉讼外纠纷处理制度作一全盘的考量。例如,法院对于破产案件介入的程度如何?其界限如何确定?仲裁程序与诉讼程序有何共同点?二者是否可以适用某些共同的"程序法理"?等等。仅就程序的规则形态而言,需要正确评估和妥善处理各种程序规则之间的关系,使之相互协调一致,并在法律规范的结构上得以体现。唯有如此,才能消除立法规则之间的冲突和不和谐,进而避免造成司法实践中

---

〔27〕 参见邱联恭:《诉讼法理与非讼法理之交错适用——从民事事件之非讼化审理及诉讼化审理论程序保障之机能》,载《民事诉讼法之研讨》(二),台北,三民书局1987年版,第445页。

〔28〕 参见刘初枝:《论非讼法务官之制度》,载《辅仁法学》第11期。

〔29〕 参见江伟、肖建国:《民事执行制度若干问题的探讨》,载《中国法学》1995年第1期。

程序运作上的困难。[30]

二、我国民事诉讼法学基本理论的体系建构

时人常谓诉讼法的研究难于实体法。这是因为，实体法往往只侧重于对当事人双方的利益关系进行衡量，而诉讼法则须考虑更多的因素，即除了当事人之间的关系外，还要斟酌法院与当事人之间的关系，除了实体法上利益关系外，还要兼顾劳力、时间、费用等诉讼法上的程序利益。民法学上所谓的“缔约过失”理论及“先期违约”理论尽管非常细致、精巧，但充其量仍不过是解决了当事人之间的风险分担和利益均衡问题，而创建任何一个民诉法学理论，则必须能同时兼顾当事人的实体利益和程序利益，兼顾当事人之间和当事人与法院之间的关系。因此，民法学可以根据某单一的标准（如民事主体的权利形态）而分为几个彼此独立的领域：物权、债权、人身权、知识产权、继承权。并在此基础上发展了侵权法，但是民事诉讼法学则缺乏这种得天独厚的条件。事实上，关于当事人和法院在诉讼中的地位问题，历史上曾出现了两种对立的理论——要么强调法院的作用而忽视了当事人的主体权（职权主义），要么一味提升当事人的主体权而使法院的指挥权落空（当事人主义）。职权主义固然有助于诉讼的促进，然而也有削弱当事人的程序保障权甚至使当事人沦为审判客体的危险。当事人主义固然能实现当事人的程序主体权和程序参与权，但在我国也可能反过来成为阻碍司法权威或司法威信建立的一个因素。因此，在现代民事诉讼中，不可能像过去那样单纯依某一项标准来建立民诉法的理论体系。我国民诉法学基本理论的体系建构，也正是在这种意义上被提出来的。

传统民诉法学认为，民事诉讼法学有三大抽象而重要的基本理论，“一为诉讼目的论，二为诉权论，三为既判力本质论”。[31] 我们认为，除了上述三大基本理论外，我国民事诉讼法学基本理论体系还应当包括诉讼标的论和诉讼法律关系论。

---

〔30〕 参见陈桂明：《诉讼公正与程序保障——民事诉讼程序优化的法哲学探讨》，载《政法论坛》1995 年第 5 期。

〔31〕 陈荣宗：《举证责任分配与民事程序法》，台北，三民书局 1984 年版，第 153 页。

(一)民事诉讼目的论

一定的诉讼模式(当事人主义或职权主义)是由一定的诉讼目的所决定的,因而历史上职权主义诉讼模式到当事人主义诉讼模式的变迁其背后实际上都隐藏着诉讼目的论的变革。在大陆法中,民事诉讼目的论大致经历了三个阶段,第一阶段是保护私权说。该学说以为既然国家禁止当事人自力救济,那么一旦民事权利被侵害,国家就有义务保护当事人的权利,因此,民事诉讼的目的就是保护民事权利,而诉讼只不过是手段。第二阶段是维护私法秩序说,该说认为民事诉讼的目的不仅仅是保护私权,更重要的是维护整个私法秩序。第三阶段是解决纠纷说。该学说是由日本学者兼子一首倡的。兼子一通过研究古代罗马法以来民事诉讼制度的发展史后得出结论:在实体权利产生之前就有解决纠纷的诉讼和审判制度,因而把维护私法秩序和保护私权作为诉讼目的是本末倒置的。兼子一认为,民事诉讼也如仲裁、调解一样是解决民事纠纷的一种方式,而不是从既存的实体权利出发来确认当事人之间原有的权利关系。因此,民事诉讼的目的是解决纠纷而非达到案件的客观真实。因为民事案件与刑事案件不同,如果加进时间因素的话,当事人之间的利益关系随时在变化,因而只有变化的真实,而无绝对的客观真实。[32] 兼子一先生的解决纠纷说在日本民诉法学领域引起了一场革命。此后,日本学者纷纷从民诉法的原理和基本精神高度阐述民诉法理论,并逐步建立起民诉法独立的理论体系。

在我国民诉理论中,民事诉讼目的论也经历了类似的变化。起先民诉理论界承袭了苏联学者的看法,即认为民事诉讼以发现客观起初为其唯一目的,因为"任何审判权,按其观念和实质来说,都应该是:探求真理,恢复真实和保护真实。只有以保护真实的,即存在于诉讼程序以外并且不以诉讼程序为转移的实体权利作为自己任务的审判权,才可能是真实的和公正的"。[33] 新民诉法颁布前后,不少学者对传统诉讼目的论提出质疑,认为"在诉讼中所再现的只是法律意义上的事实,而非原始状态的实际事实",这

---

〔32〕 参见[日]兼子一、竹下守夫:《民事诉讼法》,法律出版社1995年版,译者前言。

〔33〕 [苏]M. A. 顾尔维奇:《诉权》,中国人民大学出版社1958年版,第21页。

一事实“必须符合于法律的形式规定,并且受制于法律的评价。在此基础上所认定的法律上‘真实’的事实,才是程序公正所仰赖的冲突事实”。[34] 因此,“审判上所能达到的只能是形式真实,而不可能是实质真实”。[35]

如果说职权主义诉讼式是与保护私权说(追求实质真实)的诉讼目的一致的话,那么当事人主义就可能说是维护私法秩序和解决纠纷说的体现了。因为单就发现案件事实的真实情况而言,职权主义诉讼模式显然优于当事人主义。新民诉法典修改了试行法中职权主义浓厚的规定而更倾向于当事人主义。我国民事诉讼模式的这一变化,直接反映了民事诉讼的目的论的变迁。

不过,现代民事诉讼价值的多元化和相对性,决定了民事诉讼目的论的多重性。民事诉讼中充满了各种诉讼价值观的冲突,如诉讼之促进与正确裁判的要求,程序保障与扩大诉讼制度解决纠纷的功能的要求,当事人的处分权与公共利益的维护等。在民事诉讼目的上,基于不同的价值观会推导出不同的结论。日本民诉法学界现在普遍认为,民事诉讼目的并非只有解决纠纷一种,“从不同角度来看,保护私法权利和维护私法秩序也是民事诉讼的目的”。[36] 美国学者认为,民事诉讼过程有三个主要功能:一是和平地解决法律上争议;二是保护正义的一方,并通过国家强力救济以使其获得补救;三是适用法律并且创制法律。美国联邦民事诉讼规则实际上已声称这三种功能就是民事诉讼的主要目的。[37] 由此可见,在现代社会里将民事诉讼目的个别化的企图是不足取的。

那么,如何确定我国的民事诉讼目的论呢?我们认为,较为合理的思路是在各种冲突的价值观念中找到一个平衡点。首先,民事案件事实审理中追求客观真实仍应是民事诉讼的最高理念,不应当随意抛开这个理念。其次,基于当事人的程序保障、诉讼的促进、诉讼经济等因素的考虑,人民法院在诉讼中,必须兼顾当事人的实体利益及程序利益,将二者等量齐观,不能厚此薄彼,同时赋予当事人自由、平等地追求这两种利益的机会。就此而

---

〔34〕 柴发邦主编:《体制改革与完善诉讼制度》,中国人民公安大学出版社 1991 年版,第 67 页。

〔35〕 徐国栋:《论我国民法典的认识论基础》,载《法学研究》1992 年第 6 期。

〔36〕 [日]兼子一、竹下守夫:《民事诉讼法》,法律出版社 1995 年版,译者前言。

〔37〕 参见[美]罗新伯格、汉斯·斯密特:《民事诉讼的目的》,载《研究生法学》1994 年第 2 期。

言,民事诉讼目的并非仅仅是法院审判的目的,同时也是程序主体(当事人)参与诉讼的目的。因此,今后在民事诉讼目的上应注意两点:其一,保护实体权利式追求实质真实应当作为民事诉讼目的的一个方面,但不宜无条件地将实体权利的保护列为民事诉讼制度运作的唯一、首要目的;其二,立法上应充分兼顾当事人的实体利益及程序利益,并赋予当事人充分的程序选择权,即民事诉讼目的应当"合当事人目的"。在这个意义上,民事诉讼所要发现的真实,应当是当事人所信赖的真实,是当事人所选择的真实。

(二)民事诉讼法律关系论

民事诉讼法律关系理论自近代创立于德国,但其获得大的发展则在苏联民事诉讼法学中,我国由于受到苏联法学的影响,各种教科书均将诉讼法律关系论作为民诉法学的一个基本理论加以阐述,很多学者也对民诉法律关系论表现出极大的关注。这种状况,无疑在很大程度上促进了我国民事诉讼法律关系理论的形成。与诉权论(下面我们将谈到)一样,民事诉讼法律关系论是我国传统民诉理论中的"宠儿"。

民事诉讼法律关系理论的着眼点是把诉讼理解为程序主体之间的诉讼权利义务关系。不过,理论界在诉讼权利义务关系的性质上即这种诉讼关系是谁与谁之间的关系上存有不同看法,由此产生了三种学说:一面关系说、二面关系说、三面关系说。其中,一面关系说认为诉讼法律关系是原告与被告之间的关系,法官只起仲裁者的作用(参见图四);二面关系说以为诉讼法律关系为公法关系,原告与被告之间没有直接的诉讼关系存在,诉讼法律关系只能是法院与原告或被告之间的两面关系(参见图五);三面关系说主张法院与当事人之间以及当事人彼此之间形成诉讼法律关系(参见图六)。[38]

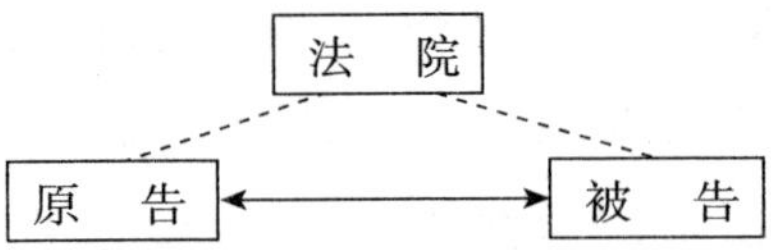

图四

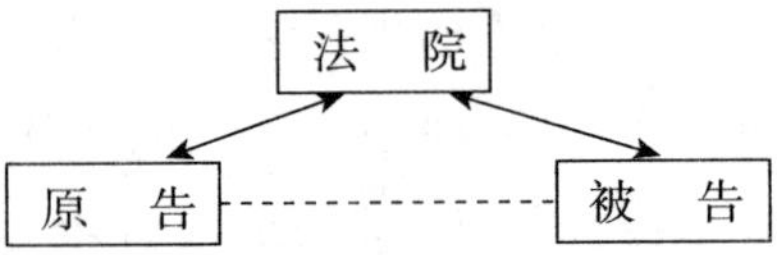

图五

〔38〕 以上图示可参见王锡三编著:《资产阶级国家民事诉讼法要论》,西南政法学院1986年印行,第149页。另参见田平安:《民事诉讼法律关系论》,载《现代法学》1994年第6期。

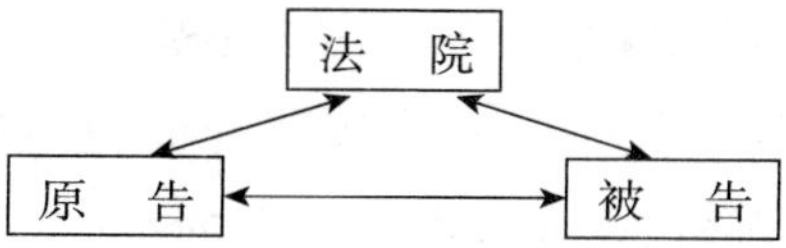

图六

欲明确诉讼法律关系的性质，首先须从理念上弄清诉的涵义、要素及诉的构造。民事诉讼从本质上是当事人利用“公权”保护“私权”的活动，只有当事人提起诉讼，要求法院开始审判程序，此时当事人向法院提出的请求才可称为“诉”。因而从理论上说，诉应当属于诉讼法上的概念，诉只应发生在当事人与法院之间。从这个意义上说，我们认为民事诉讼法律关系是两面关系。

不过我们不能据此混淆应然与实然的区别。诉作为一种请求，固然应体现当事人与法院之间的关系，但事实上，诉的概念本身也暗含了一方当事人向对方的请求。大陆法上所谓的“诉讼契约”概念实际上就是当事人之间存在某种诉讼法上关系的反映。当事人之间的协议管辖合意停止诉讼程序、诉讼上和解等诉讼行为，能够直接产生一定的诉讼法律后果，这说明除了当事人与法院有直接关系外，当事人相互之间也存在一定的诉讼法上的关系。如果我们把法的主体性原则尤其是程序主体性原则考虑在内，不难发现，在将来的民诉立法及司法中，当事人作为程序主体的地位会逐步提高和巩固，当事人的程序参与权也会逐步加强。这样，随着当事人对民事诉讼程序支配权的扩大，传统的二面关系说将会受到冲击和挑战。在这种情况下，是为了维护二面关系说而对当事人的程序主体权加以限制，还是转而考虑采纳三面关系说的可能性？这不能不令人深思。由此可见，对民事诉讼法律关系性质的认识，实际上是与整个民事诉讼法学的发展密切相关的。

另外，研究民诉法律关系不能不探讨民诉法律关系的主体、客体和内容。关于民诉法律关系的客体和内容，学者们并无大的意见分歧，而民诉法律关系的主体与诉讼主体问题，因本文已有涉及，在此不赘述。

（三）诉权论

自罗马法上的诉权概念产生之后，对诉权究竟怎样认识，历来有多种学说。在公法学不发达的19世纪以前,私法的诉权说(实体诉权说)占据统治地位。该学说认为诉权是每一项实体权利受侵犯后便产生的一种特殊权利,是实体权利的组成部分,是在诉讼中实现的实体权利。私法诉权说的缺陷在于:(1)要求法院在受理案件之前即须查明原告有无实体权利,否则不予受理。(2)在消极确认之诉,原告对于被告并未主张有何私权存在。19世纪后半期,随着公权观念的兴起,诉权也就由原来的私权演变为对于国家的公法上的权利,抽象诉权说(与之相对出现了诉权否定论)、具体诉权说(权利保护请求权说)、本案判决请求权说以及诉讼内诉权说相继出现。上述学说却认为诉权是纯粹诉讼上的权利,纯粹公法上的请求权,诉权不是对于被告的权利,而是对于国家司法机关的权利;诉权不依附于民事权利,而是独立于民事权利之外。诉权学说的历史发展如图七所示:

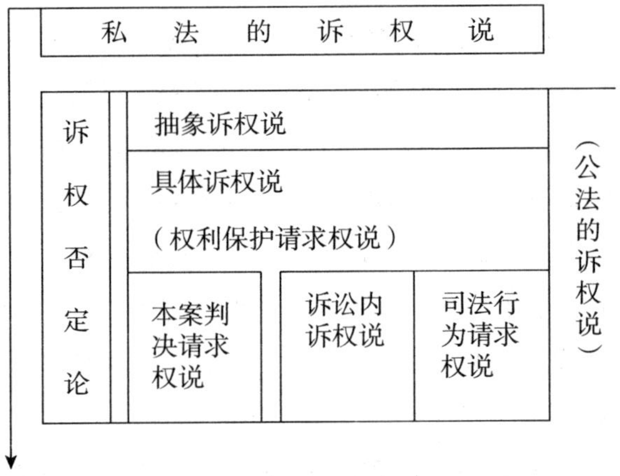

图七

使诉权概念得以进一步发展的是原苏联的二元诉权说。该学说认为,诉权是表示多种不同概念的术语,一是指程序意义上的诉权,亦即起诉权,是当事人请求法院给予司法保护的权利,二是实体意义上的诉权,它是指处于能够对义务人强制实现状态中的主体民事权利。二元诉权说第一次明确了诉权概念的双重意义,避免了把不同的诉权概念混为一谈和可能性。但是,二元诉权说也有其缺陷,即诉权这一术语的多义性有害于法律的正确适用,因此有必要将诉权的概念重新理解。

笔者认为，诉权并非表示多种不同概念的术语，在民诉法上，诉权概念应当是确定而且统一的。诉权意指当事人请求人民法院行使审判权以保护其民事权益的权利。与诉的双重含义相对应，诉权也有双重含义，即程序意义上的诉权和实体意义上的诉权。当然，诉权的双重含义又并不妨碍诉权概念的统一性。

对于诉权的性质和特征，历史上各种诉权学说围绕着诉权究竟是实体性权利还是程序性权利、诉权是抽象的权利还是具体的权利、诉权是客观性权利还是主观性的权利、诉权是阶段性权利还是贯穿诉讼始终的权利等问题争论几千年，依然未得出一致的结论。我们认为，在诉权的性质和特征上，不宜采用非此即彼的逻辑推断，而应选择辩证的方法。据此，诉权的性质和特征可大致表述如下：

1. 诉权既是实体性权利，又是程序性权利。从实体性权利来看，诉权就是请求权，即当事人请求法院通过审判强制实现其合法权益的权利，这是诉权的内容。从程序性权利来看，诉权是起诉权，即当事人的合法权益受到侵犯或发生争执时请求法院给予司法保护的权利。诉权的实体性质体现了诉权实现的可能性，而诉权的程序性质则反映了诉权实现的现实性。我们承认诉权性质的双重性，体现了我们对诉权的保护态度，即不管原告人的实体权利是否存在，人民法院都应受理其诉讼，由此实现诉权的现实性和可能性的统一。

2. 诉权既是抽象的权利，又是当事人享有的具体权利。说其抽象，是因为诉权本身是对其所涵摄的各种不同的法律现象的理论概括；说其具体，是因为诉权有其自身的存在要件。当事人是否有诉权，不看别的，就是看其是否具备诉权的存在要件。诉权的抽象性与具体性统一的意义在于：诉权的抽象性使其区别于诉讼权利，诉权的具体性使其区别于诉讼权利能力。否定诉权的上述特征，无异于否定诉权概念本身。

3. 诉权既是客观性权利，又是主观性权利。诉权的客观性体现在，诉权是宪法、人民法院组织法以及民法、经济法、民诉法等法律赋予的，当权利人的权利受到侵犯或者发生争执时起诉权便产生和存在，任何人包括人民法院都不能随意剥夺权利人的诉权。诉权的主观性体现在，诉权都是由当事人主张的,人民法院不可能也没有必要保护未主张的实定法上的诉权。事实上,民事诉讼中诉讼要件理论的发达,就是由诉权的主观性决定的。区分诉权的客观性与主观性的意义在于:人民法院的重要任务就是保护真正享有诉权的权利人(当然也同时保护当事人的程序利益),防止诉权的滥用。

4. 诉权是自诉讼外部加以利用的权能。以往的各种诉权学说,如抽象诉权说、具体诉权说、本案判决请求权说等都将诉权的概念与现实的诉讼程序分离,以为诉权系存在于诉讼外的权利,是诉讼制度机能发挥的原动力。据此可以认为,诉权既非诉讼中某一诉讼阶段的权利,也非贯彻诉讼始终的权利,而是民事权益争议出现后的一种状态。

诉权论与民事诉讼目的论紧密相连。从历史上看,任何一种诉权学说的建立,都是基于对民事诉讼目的的特定认识。抽象诉权说认为民事诉讼目的在于维护法律程序,保护当事人的起诉权,因而在诉权问题上,主张任何具有民事权利能力的人都享有请求法院作出判决的权利,而不问他是否享有民事权利,或者民事权利是否受到侵犯或发生争执。具体诉权说从民事诉讼目的是保护私权这一前提出发,认为诉权是请求法院作出有利判决的权利。凡是具有应受审判保护的民事权利的人都享有诉权,因而诉权只能由原告或被告一方享有。但是依据辩论主义查明的案件事实只能是形式上的真实,起诉人未必就是实体权利享有人,这就产生了辩论主义诉讼中所固有的矛盾,即保护诉讼程序以外的主体民事权利之诉讼目的与辩论主义诉讼之间的矛盾。[39] 这一矛盾是具体诉权说无法回避也无法解决的问题。本案判决请求权说则主张民事诉讼目的是解决纠纷,按此,请求为本案判决的权利就是诉权,该诉权能否实现,取决于法院对该案件作出判决的诉讼要件是否具备。[40]

在诉权论与诉讼目的论之间的关系上,我们认为应坚持两点:其一,民事诉讼目的论是诉权论的前提和出发点,有什么样的诉讼目的论,就应有与之相适应的诉权论。其二,与诉讼目的论一样,诉权论也应当是多元的,因

---

〔39〕 参见[苏]M. A. 顾尔维奇:《诉权》,中国人民大学出版社1958年版,第19~21页。

〔40〕 参见[日]兼子一、竹下守夫:《民事诉讼法》,法律出版社1995年版,第4页。

此，今后的任务不是要以某一种诉权论取代其他理论，而是要在各种理论之间寻求平稳点。

（四）诉讼标的论

诉讼标的论是大陆法系民诉法学的核心问题之一，在民事诉讼中具有极为重要的作用与意义。无论旧诉讼标的论，还是新诉讼标的论，都认为诉讼标的是法院的裁判对象，是法院用来判定允否当事人再行起诉的根据，同时它还是法院判定诉的合并、分离、变更以及追加的根据。我国虽然从民事诉讼法试行到现行民事诉讼法都采用了“诉讼标的”概念，但是立法中欠缺对诉讼标的确定意义的说明，理论研究也缺乏深入的探讨，由此导致审判实践中出现了许多问题，其突出表现就是对民事、经济纠纷的案由确定比较混乱。有鉴于此，笔者就我国诉讼标的理论的确立提出如下初步设想：

第一，诉讼标的的确定应符合一个纷争一次性解决的原则。传统诉讼标的理论以当事人的权利主张为诉讼标的，就可能发生当事人就同一事件主张多项权利而出现数个诉讼标的的情形；而新诉讼标的理论以当事人诉的声明为诉讼标的，当事人只需把裁判要求交给法院，法院就有责任对其要求的合法性从多种法院角度进行审查、评价，这有利于纠纷的迅速解决。

第二，研究诉讼标的问题，必须找出诉讼标的与实体法的连接因素，不能为了追求纯粹的诉讼法上的诉讼标的概念而完全割裂诉讼标的与实体法的联系，否则就会使许多问题无法得到合理的解释，如当事人撤诉、和解、变更或放弃诉讼请求以及因当事人的承认而作出的判决等。

第三，在确定诉讼标的理论时，还应注意把民事诉讼作为一个动态的过程来考察。应当在诉讼过程中确定具体案件的诉讼标的，而不能为追求“讼争一成不变”，对案件先定性再审理。应允许收案时的诉讼标的与结案时的诉讼标的不一致。

第四，由于我国采取当事人处分和国家干预相结合的原则处理诉讼法律关系，在确定诉讼标的之主体方面不能忽略人民法院的主导作用，这在我国尚未适用律师强制代理，诉讼当事人法律意识与诉讼水平参差不齐的情况下，可以较好地避免当事人因请求错误而导致其正当权益得不到保护这一消极后果。

基于既往学说的利弊考虑及以上分析,笔者基本上同意新诉讼理论中的二分肢说,但须对二分肢说的识别标准进行修正。诉讼标的是诉讼法上的概念,它以当事人诉的声明结合原因事实作为识别标准。诉的声明与原因事实中有一个要素为单一时,诉讼标的即为单一;两者均为复数时,则构成多个诉讼标的。

(五)既判力本质论

既判力本质论一直被国外法学者视为民事诉讼法学基本理论之一。如果说诉权论是关于诉讼出发点的理论的话,那么既判力本质论则可以说是关于诉讼终结点的理论。既判力本质论的这一性质决定了它在民事诉讼基本理论中的重要地位。

既判力本质问题,小而言之,关系到确定判决具有拘束当事人和法院不得就判决重为争执之效力的根据问题,大而言之,则涉及诉讼法与实体法的关系问题。基于这一原因,历史上有关既判力本质的各种学说论争的焦点就在于,是否承认诉讼之外存在实体权利以及判决与既存权利不一致时如何说明既判力的效力来源。各种学说或者站在实体法立场或者站在诉讼法立场来阐释既判力本质。不同的是,有的学说完全采取了一元论立场(如实体法说、权利实在说和新、旧诉讼法说),而有的学说则表现出一定的妥协性或二元论(如新实体法说和综合既判力说)。

笔者认为,既然民事诉讼是实体法与诉讼法共同作用的"场",那么在既判力本质问题上我们就没有理由坚持一元论立场。不过单独立于诉讼法制度来考察既判力本质的新、旧诉讼法说过于极端,而倾向于折衷说的新实体法说和综合既判力说又过于强调既判力的实体法属性,从而把既判力看成是实体法上的范畴。尤其是新实体法说,表面上同时强调既判力的实体法和诉讼法性质,实际上是把实体法属性看成既判力的根据或本源,而诉讼法性质则是居其次。我认为既判力是判决的实体确定力在诉讼程序对后诉法院的拘束力。一方面,判决所确认的权利或法律关系,成为当事人和法院必须遵从的内容,当事人和法院不得提出相异主张或作出矛盾判决。这是既判力的积极效果。另一方面,基于公共利益的考虑,为限制当事人滥用诉讼制度,而禁止当事人和法院就既判事项再行起诉和重复审判。这是既判力的消极效果(一事不再理)。

三、民事诉讼法学的科学化:从注释法学走向理论法学

民事诉讼法学的科学化是与整个法学的科学化以及社会科学的科学化要求相适应的。民事诉讼法学科学化的第一步又是法学方法的科学化,亦即科学的民事诉讼法学必须仰赖相应的法学方法。

反观我国民事诉讼法学的研究方法,应该说我们还处在一个缺乏方法革新、缺乏法学争鸣的时代,应该说我们至今还未走出"教科书法学"的阶段,很多人所从事的大多是对既有法条的注释,所使用的方法并未超出注释法学的方法。不过,应当看到,我国民事诉讼法学起步较晚,繁重的普及诉讼法知识的任务以及司法实践与法律教育的急迫需要,使我国民诉法学不得不主要集中于对法律规定作一般原理的解释。应当承认,注释法学在创建和恢复我国社会主义诉讼制度过程中作出了积极贡献,在推动我国民事制度过程中作出了积极贡献,在推动我国民事诉讼法学体系的建立上功不可没。但是,为回答市场经济给我们提出的新课题,并建构中国民事诉讼法基本理论的框架,仅凭注释法学已不足以完成这一宏业,必须在研究方法上走出传统注释法学的樊篱,把研究的视野更多地移向民事诉讼的法理学上。因此,如果说在创建和恢复诉讼制度阶段,民诉法学理论的主要任务是阐释法律规定和普及法律知识的话,那么,在建立现代民诉法学体系的过程中,民诉法学的重要使命则是系统地研究我国社会主义诉讼制度的基本价值、基本理念,并依此对现行诉讼制度进行评价,因而在法学方法论上,必须超越注释法学,而走向理论法学。

日本学者加藤一郎将理论法学分为两类:一类是经验的理论法学,如法社会学、比较法学、法史学;另一类是思辨的理论法学,如法哲学。〔41〕我国学者则将部门法意义上的理论法学视为法学的"第三台阶",其中第一台阶是对实定法规范的逻辑结构及语言含义的阐释,第二台阶是分析实定法规范

〔41〕 参见梁慧星:《民法解释学》,中国政法大学出版社1995年版,第190页。

的内在缺陷并提出如何补充、修改。[42] 就民事诉讼法而言，欲在方法论上超越注释法学，就要求我们以博大的胸怀和勇敢的自我超越精神去挖掘、创造适合民事诉讼法学研究所需要的方法，具体包括：(1)最普通的哲学方法，如归纳和演绎、分析和综合、逻辑和历史的统一、定性分析和定量分析等；(2)一般科学方法，如系统方法、结构分析方法、比较方法等；(3)各门具体学科的方法，如法理学的价值分析方法、语义分析方法，法社会学的结构主义、功能主义、现象学等方法论以及制度分析、社会调查等方法。[43] 研究方法的多元化才能带来民诉法学的繁荣，才能使民诉法学形成自己的民诉结构学、民诉社会学、民诉文化学、民诉法哲学、比较民诉法学以及民诉法史学等民诉法理学。

总之，突破既存的民事诉讼法学体系，完成从注释民诉法学到理论民诉法学的转变，这就是我们的结论。唯有如此，才能提高民事诉讼法学的理论素养与层次，才能在民诉法学与其他部门法学甚至其他学科之间展开对话。

（本文原载于《现代法学》1996 年第 3 期）

[42] 参见徐友军：《迈向第三台阶——刑诉法理学》，载《中外法学》1990 年第 6 期。
[43] 参见韩世远：《论中国民法的现代化》，载《法学研究》1995 年第 4 期。

民事审判中的调审分离

李 浩

一、导言

长期以来，我国法院主要采用调解方式处理民事、经济纠纷，并由此逐渐形成了颇具特色的调解主导型的民事审判方式。[1] 这一肇始于新民主主义革命时期，并在新中国成立后的数十年间不断得到巩固和强化的审判方式契合于改革开放前的中国社会，它与当时经济计划化、利益单一化、人口居住固定化、法律简约化、权利淡漠化的社会生活条件相适应。自20世纪70年代末开始，我国对原有的政治、经济体制进行了以法制化、市场化为价值取向的改革，随着改革的步步深入，传统民事审判方式的不适应性日渐显现。

为使民事诉讼制度适应改革后新生成的社会条件，我国立法机关对法院调解制度一再作出修正，1982年制定民诉法（试行）时，将“调解为主”的方针修改为“着重调解”的原则，1991年修订试行法时，又将它修正为“自愿、合法”调解原则。对试行法作上述修正，主要是为了解决审判实务中长期存在的重调解轻判决、压服式的非自愿性调解、“和稀泥”式的无原则调解问题。然而，从修订后的民诉法实施以来的情况看，这些问题并未真正得到解决，在我国大多数基层和中级人民法院为加快案件处理的速度而纷纷设立经济纠纷调解中心的那段时期，其中有的问题反变得更为严重和突出。

中共十四大明确提出建立社会主义市场经济体制的目标后，我国各项

---

〔1〕 本文所说的民事审判方式泛指我国的民事、经济审判方式。

改革的节奏明显加快,整个中国社会正经历着急速市场化、法制化的过程。显然,为了使我国的民诉制度更好地服务于这一深刻的历史性变革,需要对调解主导型的审判方式以及法院调解制度本身作进一步的改革。

那么,究竟应当按照什么样的思路、沿着何种方向进行改革呢?对此,理论界提出了两种迥然不同的方案:一种是在现行民诉制度调审结合的框架内进行改革,采取一系列具体措施,进一步落实"自愿、合法"的法院调解原则,如通过强调判决与调解并重,适当降低调解结案率;通过落实自愿原则,防范和抑制强制性调解;改让谅型调解为公平型调解,以强化对民事权益的保护;改不公开的庭前、庭外调解为公开的庭上调解,以增加调解的透明度和规范法官在调解中的行为。另一种方案是将调解过程与审判过程相分离,将法院调解从民事诉讼中分离出去,作为与审判相独立的、以预防诉讼为目的的解决民事、经济纠纷的制度。通过两者的分离,纯化审判程序和调解程序。[2]

以上两种方案显然是基于对我国法院调解制度现状的不同认识而提出的。主张第一种方案的学者认为,经过对试行法的修订,从立法的角度看法院调解制度已基本完善,审判实务中仍然存在的种种问题并非法院调解制度本身所致,而是由于部分法官未正确领会民诉法的精神,未能按照民诉法的规定进行调解。因此,现在的问题不是需要再对法院调解制度作什么大的改革,而是在审判实务中如何督促法官切实遵守和执行民诉法关于法院调解制度的规定。

笔者认为,将法院调解制度中长期存在的种种难以解决的问题归咎于部分法官对民诉法规定理解不深、贯彻不力至少是把复杂的问题过于简单化了。产生这些问题有着深层次的原因,这就是民诉法将调解与判决两种性质上存在重大差异的解决纠纷的方式共同作为人民法院行使审判权的方

---

〔2〕 我国一些学者,尤其是中青年学者主张将调解与审判分离。参见季卫东:《法制与调解的悖论》,载《法学研究》1989 年第 5 期;江伟、王强义:《完善我国民事诉讼立法的若干问题》,载《中国社会科学》1991 年第 5 期,王亚新:《论民事、经济审判方式的改革》,载《中国社会科学》1994 年第 1 期;江伟、李浩:《市场经济与法院调解制度的完善》,载《中国人民大学学报》1995 年第 3 期。

法，将它们一同规定在民事诉讼程序中，由此造成了两者关系的紧张和冲突，[3]冲突的结果是调解功能的扩张和判决功能的萎缩，形成了调解主导型的审判方式。这种审判方式与现代民诉制度之间存在深刻而尖锐的矛盾，这些矛盾的存在与发展一方面使民诉法规定的法院调解原则难以得到切实的贯彻与执行，使法院调解的现实与立法者设置调解制度时预期的理想状态发生断裂；另一方面，又造成了诉讼制度的部分变异，使民事实体法与程序法对法官审判活动约束的双重软化，使一些地方的民事诉讼出现较为严重的无序现象，使民事诉讼的实际情况与我国民诉法预定的目标出现较大的偏差。

鉴于此，笔者认为第一种方案虽然既不至于突破现行民诉法的规定，又比较容易实施，但并未能找到问题的症结和触及问题的实质，因而并不能真正消除法院调解中长期未能克服的种种弊端。第二种方案虽然意味着要对现行法院调解制度，乃至整个民事诉讼制度进行实质性的改造，因而无论是在取得改革的共识上还是在改革方案的具体实施上都会遇到相当大的困难和阻力，但却是对症下药的、具有前瞻性的、真正有希望获得成功的改革。实行这一改革实质上是要把我国传统的调解主导型审判方式重塑为现代的判决型审判方式，以实现我国民事诉讼从偏重调解到依法判决的历史性转折。

二、法官的调解偏好与调、审并重的矛盾

尽管在现行民诉法中调解与判决已无轻重之别，调解已不再具有往日优越于判决的地位，但是，新法实施以来的民事、经济审判实务表明，调解在实践中的主导地位并未有实质性的改变。从《中国法律年鉴》提供的统计数字看，调解结案率虽有所降低，但与判决结案率相比较，仍然占绝对优势（详见表一、表二）。

---

〔3〕 王亚新先生在《论民事、经济审判方式的改革》一文中曾对“调解型”审判模式和“判决型”审判模式作过深刻的比较，他认为这两种审判模式在正当性原理、程序结构等方面存在显著区别，两者共存于民事审判中会给诉讼过程带来内在的紧张、矛盾以致混乱。

表一 1989～1993年全国法院民事一审案件统计表(单位:件,%)

年份	收案	结案	结案中				
			调解	占结案百分比	判决	占结案百分比	其他
1989	1,815,385	1,808,538	1,253,895	69.3	297,999	16.5	256,644
1990	1,851,897	1,849,728	1,194,350	62.1	353,940	19.1	301,438
1991	1,880,635	1,910,013	1,128,465	59.1	456,000	23.9	325,548
1992	1,948,786	1,948,949	1,136,970	58.3	460,932	23.7	351,047
1993	2,089,257	2,091,651	1,224,060	58.5	487,005	23.2	380,586

表二 1989～1993年全国法院经济纠纷一审案件统计表(单位:件,%)

年份	收案	结案	结案中				
			调解	占结案百分比	判决	占结案百分比	其他
1989	690,765	669,443	513,484	76.7	70,140	10.5	85,919
1990	588,143	598,317	414,580	69.3	88,296	14.8	95,441
1991	563,260	583,771	358,558	59.1	117,128	20.1	108,085
1992	650,601	648,018	397,404	61.3	135,202	20.9	115,412
1993	894,410	883,681	555,585	62.9	172,903	19.6	155,193

(以上数字引自《中国法律年鉴》,占结案百分比是作者算的。)

这里值得深思和认真研究的问题是,为什么在现行民诉法已不再强调"着重调解"时,审判实务中民事、经济纠纷案件仍保持着极高的调解结案率?笔者认为,这虽然是由多方面的原因造成的,如法院面临着案多人少的压力,立法相对滞后使部分新型纠纷无可资遵循的裁判规范等。但是,这些客观方面的原因并不具有决定性意义。在诸多原因中,真正起决定性作用的,是多数法官具有的强烈的调解偏好。

日本学者棚濑孝雄竭力倡导对审判制度的研究应当从制度分析转向过程分析,他认为:"分析的重点从制度转向过程并不只是对研究审判以外的纠纷解决过程才有意义,它对于审判过程的研究也能发挥重要作用。因为通过审判而进行的纠纷解决也是具有不同利益和社会背景的当事人、律师以及法官之间的相互作用过程,是社会中无数相互作用过程的一种。……但是,无论怎样精心设计的审判制度,在其中总是广泛存在委诸于个人自由选择的行为领域,而且从规范体系来看很可能属于越轨的行为实际上也常常发生。所以,完全把视线集中在规范上而无视与审判过程发生关系的个人在实际上进行行为选择的可能性,并不能真正究明以审判解决纠纷的机制。"[4]这一见解对探究我国民事诉讼中调解结案率居高不下的现象无疑是具有启发性的。事实上,如果我们不深入分析法院调解过程中法官、律师、当事人对调解的态度以及决定这种态度的利益关系,不研究三者在调解中所处的不同地位以及相互间发生的作用,就无法真正认识法院调解的实际运作状况,也就无从解开当偏重调解与市场经济条件下新的社会生活条件已不再相适应时,调解主导型审判方式仍得以保持高度稳定性之谜。

一旦把观察的视点集中于民事诉讼实际运行过程,我们很快就能发现大部分法官都有一种强烈而明显的调解偏好。究其原因,以往的政策、法律对调解的偏重固然与形成这种偏好有相当大的关系,但根本性的原因却在于,调解比判决更符合他们的切身利益。

与判决相比较,调解至少可以给法官带来三方面的益处。首先,它可以使法官在相同的时间内办更多的案件。一般而言,调解是一种快速的办案方式,调解在程序问题上具有相当大的灵活性,因此解决争讼所用的时间通常要比判决少,如果能够在开庭前说服当事人达成调解协议,则效率更高。另外,从制作法律文书的角度看,调解还是一种省力的办案方式。一部分案件只需将调解协议记入笔录,连调解书也不必制作,另一部分案件虽然需要制作调解书,但调解书中只需写明诉讼请求、案件事实和调解结果,不必像判决书那样对判决所认定的事实和适用的法律作出详细的分析和严密的论证。现在,各基层法院都实行工作量制度,把办案的多少作为考核法官的标准之一,并把它与法官个人的经济利益直接挂钩。这种旨在调动法官积极性,鼓励他们多办案的政策必然促使法官选择速度快的办案方式。其次,调解可以使法官回避作出困难的判断。从审判实践看,造成法官难以对争讼

〔4〕〔日〕棚濑孝雄:《纠纷的解决与审判制度》,中国政法大学出版社1994年版,第6页。

作出判断大致有三种情形：其一是案件事实根据现有的证据不易作出准确的认定；其二是待决案件缺乏相应的法律调整，法官找不到可适用于该案件的裁判规范；其三是法律虽然对待决案件有所规定，但只是粗线条的、原则性的规定，或者只是类型式概念及一般条款，如重大事由、显失公平、善意、恶意等。[5] 遇到上述情形时，法官用判决解决争讼不仅需要相当高的法律水准，而且费时费力。采用调解方式处理则既方便又省力，由于民诉法未要求法院在调解书中说明调解所适用的法律依据，因此只要能够说明当事人谅解让步，达成调解协议，一切困难便可迎刃而解。最后，调解是一种风险小的处理案件方式。判决可能引起一方当事人、甚至双方当事人不服，当事人提出上诉后，就存在发回重审或者改判的可能。这就意味着一审法官要承担相当大的风险，因为一旦原判决被二审法院撤销或者改判，不仅会降低一审主审法官的判决的正确率，而且会对该法官今后的升迁晋级产生不利影响。调解不存在上诉问题，调解书发生法律效力后，既不属于本院院长和上级法院依审判监督程序主动进行再审的范围，又不属于检察机关抗诉的范围，当事人申请再审的情形又极少发生。所以，相对于判决而言，调解对法官来说是一种风险小的处理案件的方式。

法官也是普通人，在作出行为选择时，也难免会像普通人那样趋利避害。出于自身利害关系的考虑，多数法官倾向于选择快速、省力、风险小的调解而回避费时、费力、风险大的判决是不难理解的。

在实践中，法官的调解偏好具体化为尽量说服当事人接受调解和达成调解协议的行为，把判决作为调解无望时不得已才动用的手段。由于法官在诉讼结构中所占的主导地位，其调解偏好一方面会对当事人的行为产生强烈的影响（这一问题稍后再作分析），另一方面又会影响律师的代理活动。当事人信赖自己聘请的律师，对自己律师提出的建议通常会言听计从，因此，在有律师代理诉讼的情况下，法官一般是通过律师来对当事人施加影响，让律师劝说当事人达成调解协议，而律师则往往会迎合法院的调解偏好。当代西方的法社会学者通过对诉讼程序的研究指出："在任何一种诉讼

---

〔5〕 参见梁慧星：《民法解释学》，中国政法大学出版社1995年版，第292页以下。

程序中,都会出现律师不是以当事人为中心,而是以法院为中心的情况。因为律师在平时处理案件的过程中与法院工作人员和其他律师逐渐形成一种互利关系,他们不愿意为自己当事人的案件'过分热忱',从而破坏这种关系。为了维持与这些人的工作关系,某些律师甚至认为在诉讼中必须部分地牺牲当事人的利益,以维系工作中的和谐。"[6]这种现象在我国当今的民事诉讼中同样存在,而且可以说是相当普遍。在"打官司就是打关系"这一广为流传的说法的影响下,当事人聘请律师时,一般要选择那些与法院(最好是与承办法官)有良好关系的律师,因此,对律师来说,与法院和法官保持良好关系成了一种执业的资源,它可以为律师带来更多的案源和更多的收入。这种利益关系加剧了律师以法院而不是以当事人为中心的现象,使律师极为看重与法院的关系,并尽量维持这一关系,不愿意为当事人争取更多的利益而损害与法院的关系。所以,当法官对调解表现出很高的热情,并要求律师配合法院对当事人进行调解时,律师一般会积极配合,即便调解解决并不真正符合当事人的利益。

以上分析说明,由于在对调解与判决的选择的背后潜藏着审判者自身的利益,所以,只要法律仍然把调解与判决共同作为法院行使审判权的方式,并使两者同居于民事诉讼程序中,偏重调解与调审并重的矛盾便无法缓解,调解的扩张和判决的萎缩就不可避免。

三、强制与自愿的矛盾

自愿反映了法院调解的本质属性,通过调解解决争讼与用判决方式解决争讼的实质性区别在于,前者是当事人自愿达成的协议,后者是法院作出的强制性决定。

为了反映调解的自愿特征和保障诉讼中调解的自愿性,我国民诉法把自愿规定为法院调解必须遵循的原则之一。我国民诉理论认为该原则包括程序上自愿和实体上自愿两层含义,前者是指"当事人主动向人民法院申请

[6] 朱景文:《现代西方法社会学》,法律出版社 1994 年版,第 194 页。

用调解方式解决他们的纠纷,或者同意人民法院为他们做调解工作解决纠纷”。[7] 后者是指“当事人双方经人民法院调解达成的协议,必须是互谅互让,自愿协商的结果”。[8]

我国民诉理论将法院调解应当遵循的原则概括为三条——自愿原则,事实清楚、分清是非原则和合法原则。笔者认为,这三条原则虽然都对法院的调解活动具有指导作用,但它们并非处于同等重要的地位,在三原则中居核心位置的,应当是自愿原则。自愿原则的特殊重要性在于,首先,诉讼中的调解虽然是在合议庭或独任法官的主持下进行的,但从本质上说,仍然是一种自律型解决纠纷的方式,诉讼系属法院后,双方当事人均有获得判决的权利,选择判决还是调解,完全是当事人处分权范围内的事,即使法官认为调解解决对双方当事人更为有利,只要一方拒绝,法院也不得强行调解。在双方当事人都同意调解的情况下,能否达成调解协议以及达成何种内容的调解协议,也都取决于双方当事人的意愿。其次,由于在自愿的前提下,调解结果与案件事实和实体法规定在一定程度上的可分离性,自愿原则对事实清楚、分清是非原则和合法原则的具体实施具有一定的支配作用,并且往往是衡量调解结果是否真正合法的标尺。

因此,法院调解制度能否健康地发展,能否真正有效地发挥作用,很大程度上取决于自愿原则能否在审判实务中得到贯彻。鉴于民诉法试行过程中,强制或变相强制调解是法院调解制度中一个较为突出的问题,立法机关修订试行法时,采取了一系列措施突出、强化自愿原则。修订后的民诉法把根据自愿和合法的原则进行调解,作为民诉法的基本原则之一,在第一编“总则”中设专章对调解作出规定,该章总共7条,其中涉及自愿原则的就有3条(第85条、第88条、第91条)。不仅如此,在“审判监督程序”中,违反自愿原则还被规定为对已经发生法律效力的调解书申请再审的法定情形之一。

从法律上采取这些措施是完全必要的,这也表明了民诉法规定的法院

---

〔7〕 王怀安主编:《中国民事诉讼法教程》新编本,人民法院出版社1992年版,第184页。
〔8〕 王怀安主编:《中国民事诉讼法教程》新编本,人民法院出版社1992年版,第184页。

调解较之于试行法更为合理和完善。不过仅凭这些规定能否保障自愿原则切实得到贯彻实施仍然是有疑问的。我国目前实行的是调、审不分的审判模式，调解和判决结合在同一诉讼程序中，而调解是以自愿为根基的，判决则是以强制为特征的，它们原本是性质上完全不同的解决纠纷的方式，但我国民诉法却将两者相结合，作为法院处理民事诉讼的两种基本方式。立法者将调解纳入诉讼程序是基于这样的构想——通过法院调解既可以获得与判决相同或者相近似的法律上正确的处理结果，同时又可以避免判决所具有的高成本和强制性。

以上构想反映的是法院调解的理想状态，但这种理想状态能否转化为诉讼现实则大有疑问。妨碍理想状态实现的重要原因之一是，在现行调、审结合的审判模式中，自愿原则往往难以得到落实。这一模式使法官在调解中具有双重身份，或者说扮演着双重角色。一方面，他是调解者，作为调解者，他只能帮助双方当事人澄清争议中的实质性问题，搞清楚案件的基本事实，向双方解释与本案有关的法律、法规，对双方当事人进行疏导，以软化彼此的对立情绪，消解双方的分歧，并通过引导双方就解决争议的方案进行协商或者向双方提示解决争议的方案，促使、帮助当事人达成调解协议。另一方面，他又是诉讼的指挥者和案件的裁判者，在与当事人形成的民事诉讼法律关系中居主导地位。作为诉讼指挥者，他可以尽量选择调解方式处理纠纷，即使当事人本来不愿意调解，在法官的不断劝说和要求下，通常也会转变态度。作为裁判者，他可以认定或者否定当事人主张的事实，支持或者反对当事人提出的诉讼主张，批准或者拒绝批准当事人自行达成的和解协议，并在调解失败的情况下作出判决。

双重身份的存在既使法官较之于诉讼外的调解者易于获得调解成功，但同时又常常使调解中的自愿原则不易真正得到贯彻实施，使调解协议的达成并非真正建立在自愿的基础之上。尽管法官在调解中具有双重身份，但主导性的身份无疑应当是调解人，在是否选择调解以及是否同意作出让步以达成调解协议的问题上，不得对当事人进行强制或变相强制。但是，法官在调、审结合的审判模式中要想始终正确地把握住自己的身份是相当困难的，为了使固执于自己主张的当事人作出妥协，往往会有意无意地从调解人滑向裁判者。裁判者的身份使法官具有潜在的强制力,当法官摆出裁判者的身份进行调解时,或明或暗的强制就会在调解中占主导地位,在强制力的作用下,自愿原则不得不变形、虚化。

棚濑孝雄在观察了日本法院外解决纠纷机构的调解过程后得出结论说:"在调解者对具体纠纷的解决持有自己的利益时,往往可以看到他为了使当事者达成合意而施加种种压力的情况。这种'强制性合意'之所以成为可能,是因为调解者对当事者常常持有事实上的影响力。"[9]该结论有助于解释我国法院调解中为什么时常出现强制性调解以及法官的强制性调解为什么容易奏效。事实上,正是由于调解比判决更符合法官的切身利益,才使得一些法官不顾当事人的不满压他们作出让步,也正是由于法官所代表的法律权威和所拥有的裁判权,才使他们能够较容易地强制当事人接受其提出的调解方案。

当然,法官强制调解一般不会以纯粹的形式表现出来,而会采用尽可能隐蔽的方式,如审判实务中的"以劝压调"——反复劝说(反复劝说实质上也是强制)当事人接受调解并作出让步以达成调解协议;"以拖压调"——在当事人不愿调解时,故意将案件搁置起来,使当事人为求得纠纷的早日解决,不得不接受调解;"以判压调"——暗示当事人如果不同意调解解决,判决结果必定对他不利;"以诱促调"——利用法律上的优势地位和当事人对他的信赖,故意向当事人发出不真实的信息,使当事人误认为调解比判决更符合自身的利益。这些隐蔽性的强制不易被发觉,因而也就难以防范和纠正。

从当事人方面来说,由于法官是大权在握的裁判者和法官判决案件时有一定的自由裁量权,所以都希望能与法官搞好关系,都害怕得罪法官,在诉讼中一般都会尽量避免与法官的意见发生冲突。因此,当调解与判决结合于同一程序时,当主持调解的法官同时具有对案件的判决权时,当事人会自觉或不自觉地迎合法官的调解偏好,因为任何一个当事人都会合乎情理地担心,如果一味地拒绝调解,法官将来作出判决时,可能会使他承担某种不利的后果,特别是在对方当事人已接受调解的场合。实际上,这种担心正

---

〔9〕 前引〔4〕,棚濑孝雄书,第13页。

是当事人违心地接受法官提出的并不真正符合其本人利益的调解方案的主要原因。

可见,在调、审结合的审判模式中,强制与自愿的矛盾和冲突是无法避免的,尽管法律已明确赋予当事人对不满意的调解说“不”的权利,但当事人行使此项权利时常常会顾虑重重,这就不能不使自愿原则的实现大打折扣。

四、严格依法解决纠纷与适用法律的流动性、随意性的矛盾

如果在调、审结合的审判模式中,调解仅仅是在使当事人接受调解的问题上具有一定的强制性,而调解结果能够与判决结果保持一致的话,那么,这种偏重调解的审判模式也许不会发生多大的问题,因为,法官在调解中强制当事人接受的,毕竟是法律上正确的处理结果。然而,由于诉讼中的调解在合法性问题上也面临着深刻的矛盾,那种认为通过调解能够达到与判决相同的处理结果的想法是不切实际的。

法院调解是诉讼中的调解,是人民法院行使民事审判权的一种方式,因此,调解的运作应当服从于我国民诉法设定的“保护当事人行使诉讼权利,保证人民法院查明事实,分清是非,正确适用法律,及时审理民事案件,确认民事权利义务关系,制裁民事违法行为,保护当事人的合法权益,教育公民自觉遵守法律,维护社会秩序,经济秩序,保障社会主义建设事业顺利进行”的民事诉讼的任务。这意味着,法院调解不同于诉讼外的调解,它也是运用法律处理民事案件的一种方式,同样应当严格依法进行。但另一方面,调解又是双方当事人在法院的主持下通过协商解决纠纷,协商过程中法院和双方当事人虽然也都要援引特定的法律规范,但是经过协商达成的协议则往往是当事人妥协让步的结果,与法院严格依照法律作出的处理结果几乎总是存在着或大或小的差异。因此,法院调解在合法性问题上不得不发生分裂,出现严格依法解决纠纷与适用法律的流动性和随意性的矛盾。

以上矛盾既表现在对程序法的适用上,又反映在适用实体法问题上。从程序法方面说,由于通过诉讼解决纠纷的典型方式是由中立的法院对当事人双方的争议作出强制性的判决,而为了保证法院判决的公正性,各国民诉法无不为判决的作出设计了一整套复杂而严密的程序。在诉讼中,程序

合法具有独立的价值,依法进行诉讼首先就意味着各诉讼主体严格依照法定程序进行各种活动。对法院来说,严格遵循诉讼程序不仅是作出正确判决的保障,而且对于表征诉讼过程的公正性也是不可或缺的。然而,当法官采用调解方式处理民事、经济纠纷时,程序法便不再具有原先的重要意义,严格遵循程序规则进行操作的状态就会发生变异。这一变异是调解制度本身引起的,因为即便是诉讼中的调解,它在正当性原理上也与判决截然不同,调解解决的正当性并非来源于解决方案严格基于法律而形成,而是来源于当事人双方对解决方案的认同。

由于纠纷的解决是以当事人的合意为基础的,所以调解在程序问题上不必像判决那样严格按照诉讼法的规定按部就班地进行,有时候为了谋求迅速、便捷地解决纠纷,允许法官根据案件的具体情况自由地选择和组合程序反倒是必要的。这说明,调解具有某种非程序化的特征,当法官采用调解方式处理纠纷时,程序上的规范性便会减弱,流动性和非正规性就会相应增加。对调解的这一特点,学者们早有认识,如我国的杨荣新教授曾指出:“法院调解的实质,是进行法制宣传教育和思想政治工作,其目的是促成当事人达成协议,解决纠纷。因此,方式是多样的,形式是灵活的,一般没有严格的要求。”〔10〕美国学者戈尔丁也认为:“显然,调解需要一种高于‘运用法律’能力的特殊技巧。尽管我们期望坚持公正标准,但调解过程比起我们所习惯的民事诉讼还是有一种更大的流动性和非正式性的特征。”〔11〕

从实体法方面看,无论是在事实的认定还是在法律的适用上,调解都与判决存在着较为显著的区别,如果说判决要求的是严格的实体合法性的话,调解则可以是相当宽松的实体合法性。

当法院用判决方式处理民事诉讼时,判决结果与案件事实之间存在紧密的依存关系,查明有争议的案件事实是作出正确判决的前提,而当法院通过调解方式处理纠纷时,尽管查明事实、分清是非后才有利于开展调解活动,但另一方面,只要能够说服当事人达成调解协议,即便案件事实的某些

〔10〕 杨荣新:《民事诉讼法学》,中国政法大学出版社1990年版,第293页以下。

〔11〕 戈尔丁:《法律哲学》,三联书店1987年版,第223页。

部分并不那么清楚，对调解结果的合法性也不会产生什么实质性的妨碍。并且，调解结果并不一定要完全与已查明的案件事实相一致，出现一定的偏离是允许的。例如，在查明被告未履行合同且单方有过错的情况下，调解结果也可以是被告同意立即履行合同，原告则同意放弃违约金请求。这表明，调解结果与案件事实之间具有一定的可分离性，这种可分离性虽然有时候可以提高办案的效率，但也具有较大的负面效应。它使一些法官误认为，只要能说服当事人达成调解协议，案件事实是否清楚无关紧要，实践中少数法官把调解作为处置事实难以查清案件的灵丹妙药或者采用先调解后调查的办案方式，盖源于这种认识。

在实体法适用问题上，调解也具有相当大的灵活性，从严格依照实体法规范达成调解协议到协议内容虽然并不符合实体法的规定但也并不为法律所禁止都是允许的。因此，调解实体合法性的范围要比判决宽得多。[12] 这可以用下面这张适用法律的图来说明：

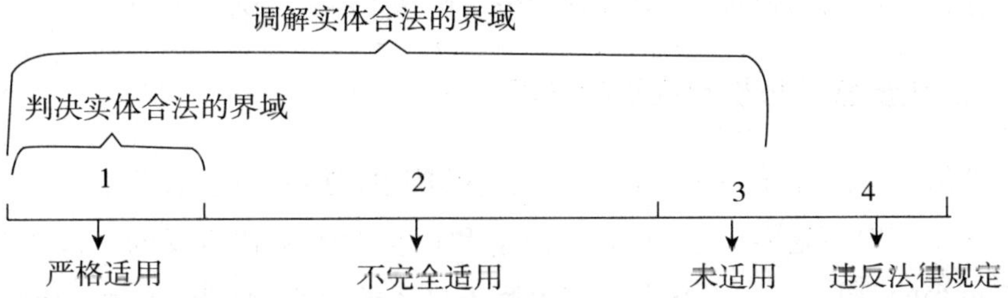

调解之所以需要宽松的合法性，是由于调解协议的达成常常需要当事人作出妥协让步，而调解之所以能够具有宽松的合法性，是因为处分原则的作用，当事人在调解中自愿作出的或大或小的让步，只要未逾出处分权的界域，法律都没有干预的必要。我国民诉法未从正面规定调解协议的内容应当符合法律的规定，而是从反面规定“不得违反法律规定”，并且不要求调解书写明适用的法律依据，正是考虑到宽松合法性的要求。

调解实体合法的宽松具有正负两面效应：其积极意义在于使法官在调

〔12〕 尽管调解实体合法的界域相当宽广，但从我国法院调解的实践看，调解协议内容完全符合实体法规范的情形并不多见，属于完全脱离实体法规范但又未违反法律这一中间状态的以及违反法律的亦为少数，大多数情形属于图中线段2所代表的不完全适用实体法规范这一形态。

解中有相当大的回旋余地，可以根据案件的实际情况，相当灵活地促使当事人达成比判决更符合双方利益的协议；其消极意义在于使一些法官对调解采取机会主义的态度，使他们在调解中不是按照法律的要求在事实清楚、分清是非的基础上努力促使当事人达成基本上符合实体法规定的调解协议，而是抱着只要能使当事人达成调解协议，其余都无关紧要的态度。并且，实体合法的宽松性和适用法律的流动性不可避免地会造成调解结果的多元化，使事实相同或者基本相同的案件在调解中出现差异很大的调解结果。这肯定不利于我国民事、经济法律秩序的形成和巩固。

以上分析表明，当法院采用调解方式处理民事诉讼时，程序法与实体法对法官行为的约束都被软化了，在当前道德滑坡、社会风气不好，一些法官在经济审判中积极利用审判权寻租，对法官行为的监督力度不足的情况下，法律约束的双重软化不能不使民事诉讼中严格依法解决纠纷与适用法律流动性、随意性的矛盾变得更为尖锐，不能不加剧利用审判权交换经济利益这一司法活动中的腐败现象，给审判的公正性抹上一层浓厚的阴影。

五、让步息讼与权利保护的矛盾

调解的本质在于当事人在调解人的斡旋下，通过谅解、让步、平息争执，消弭纠纷。即便是诉讼中的调解，谅解和让步对于调解协议的达成仍然是必不可少的，如果每一方当事人都固执于自己的主张，坚持自己的权利要求寸步不让，调解一定不会成功。因此，为了获得调解的成功，法官一定要做当事人的工作，要求当事人在调解中保持谅解和克制的态度，要求当事人对调解方案表现出足够的灵活性。

过去，民诉理论界一直把法院调解中的让步说成是双向让步，即双方当事人互谅互让，并以此论证调解是一种对双方都有利的解决争讼的方式，因为既然每一方都从对方得到了某种让步，那么双方的利益和感情便都得到了满足。然而，一旦对此作深入思考和对法院调解作实证分析，我们很快就能发现这种互谅互让的理想状态在大多数情况下不过是一种“神话”。

法院调解不同于商务活动中的谈判，在商务谈判中，没有预设的正误标准和客观的参照物，因此每一方都可以根据自己的预期和交易的具体情况，在谈判开始时提出一个对自己最为有利的方案,然后再根据对方提出的方案和态度,对原先的方案作出修正,降低自己的初始要求,经过讨价还价和妥协不断地交替,最终形成双方都能接受的意见。与谈判开始时双方的意见和要求相比,最终意见确实是双方妥协和让步的产物。

诉讼中的调解则不同,它有判决作为参照物,判决结果预定了特定案件的正确处理的标准,衡量在调解协议中是否双方都作出了让步要和依法形成的判决结果加以对照。如果案件事实是清楚的,适用于该事实的实体法规范对双方当事人权利、义务和责任的规定也是明确的,那么,我们就获得了一个正确处理该案件的客观标准,当事人在调解中是否作出了让步,如果作了,究竟是单方面的还是相互性的,必须对照该标准来确定。

如果按照以上标准来检验诉讼中的调解,那就不能不得出调解中的让步大多数是单向让步的结论。在合同案件中,假如是被告单方违约,并且过错完全在违约一方,则判决结果应当是被告履行合同义务并支付违约金。如果调解结果是原告同意减免或放弃违约金来换取被告立即履行合同义务,那显然是单方面的让步,因为对被告来说,履行合同是他本来应承担的义务,而不是对另一方的让步。假如合同未履行造成的损失是双方的过错引起的,调解结果让双方当事人承担了相应的责任,由于双方当事人承担了依法本来应当承担的责任,所以同样也不发生互谅互让的问题。对侵权诉讼中调解的分析也会得出相同的结论。

也许有人会反驳说,即便是一方放弃部分权利,也同样是一种互谅关系,因为放弃部分权利可以换取对方放弃上诉和自动履行义务。在笔者看来,这种认识并非正确。首先,如果判决中确定的义务是对方当事人应当承担的,受到不利裁判的一方未必会提起上诉。再说,案件经调解解决后双方都放弃了上诉权,因而不能把一方的不上诉看作是一种让步。其次,调解协议中确定的义务虽说是义务人同意履行的,但义务的实际履行在时间上往往迟于调解协议的达成,因此,调解成功并不能等同于权利的实现。从诉讼实际看,近年来向法院申请执行调解协议的数量增多,不少权利人在调解中作出的让步并未换得义务人的自动履行,到头来仍不得不申请执行。况且,尽管存在执行难问题,判决无论如何也不等于权利的落空。

如果以上分析是正确的话，那么可以认为，在案件事实已经清楚，是非责任已经分清的情况下，就权利义务本身而言，调解中的让步基本上只能是一种单方面的让步，是合法有理的一方向对方作出的让步。由此看来，把单方让步仅仅归咎于法官在调解中未能严格执法或者有意偏袒一方是不公允的。单方让步具有必然性，是内生于调解制度的，因而也是无法避免的。

从事经济审判的法官对调解中让步的单向性有着深刻的体会和认识，刑威法官在《人民司法》1990年第10期上撰文提出："凡属调解结案的案件，均属原告作出了或多或少的让步。在某种意义上说，调解就是促成原告让步。"项建新法官则把原告让步称为调解的实质，他认为："经济纠纷案件的调解的实质，就是让有理的一方当事人（一般来说是原告）放弃某些权利，作出让步，以求得案件的解决，概言之，就是原告让步。"[13]对此，虽然也有不同的看法，但大多数法官从工作实践中得出调解中的让步一般由原告单方面作出的结论却是不争的事实。这无疑从实证层面上为调解中让步的单向性提供了有力的佐证。

法院调解中的让步基本上是单向的，调解的成功往往是以权利人放弃部分权利为代价的，所以，即便是调解中的让步都是当事人自愿作出的，也仍然存在着对权利保护不足的问题。当法院主要采用调解方式处理民事、经济纠纷时，这一问题必定会更加严重和突出。可以说，偏重调解与强化民事权利的保护是一种逆向关系，法院愈是倚重调解解决民事纠纷，偏离民诉法确定的保护当事人的合法权益的目标就愈远。这正如徐国栋先生所言："调解的本质特征即在于当事人部分地放弃自己的合法权利，这种解决方式违背了权利是受国家强制力保护的利益的本质，调解结果虽然使争议解决，但付出的代价却是牺牲当事人的合法权利，这违背了法制的一般要求。"[14]

当然，这并不是说调解中的单方面让步不具有任何合理性，如果我们把它置于调解所追求的总体目标看，就不难发现其仍然有合理的一面。必须看到，判决与调解在目标上存在较大的差异。判决追求的目标相对来说较

---

〔13〕 项建新：《浅谈经济纠纷案件的附条件调解》，载《人民司法》1993年第1期。

〔14〕 徐国栋：《民法基本原则解释》，中国政法大学出版社1992年版，第123页。

为单一,它仅限于通过严格依据事实和法律对纠纷作出一刀两断式的裁判,来实现保护合法权利和维护既定法律秩序的目标。因此,法官在作出裁判时,只需考虑与本案有关的事实和法律,只需要考虑如何对纠纷本身作出正确、合法的判断,而不必顾及那些外在于争讼本身的因素,既不必担心判决一方败诉后会不会加剧当事人双方因诉讼而引起的人格上的紧张关系,[15]也不必顾虑当事人之间的合作关系会不会因此而破裂。调解的目标则更广泛得多,它不满足于就事论事,不把眼光局限于解决眼前的纠纷,而把防止矛盾激化,恢复当事人之间的和睦友好关系,保持社会的安定团结等与争议本身并无直接关联的价值作为自己的目标。调解目标的广泛性有时反而淡化了对争议本身的依法解决,只要能够实现防止矛盾激化等目标,调解结果是否与实体法的规定相一致,对民事权利的保护是否充分,反倒无关紧要了。这就是说,从调解的视角看,牺牲部分权利换取和睦关系的恢复是合理的和值得的。然而,法院调解毕竟是诉讼中的调解,从诉讼的角度看,这种做法的合理性就大可质疑了,恢复和睦关系等肯定不宜作为民事审判的首要任务,弱化权利保护也肯定不符合国家设立民事诉讼制度的本旨。

六、结语

以上,通过对我国现行调、审结合审判模式中四组矛盾的分析,笔者试图支持以下命题:

1. 调解在欲达到的目标、正当性原理、受程序法和实体法约束的程度等方面与以裁判方式解决纠纷存在重大区别。民事诉讼是典型的以裁判解决纠纷的方式,是通过司法手段解决争议,它的目标是按照司法解决设定的,它的程序也是按照司法解决设计的,法院依据既定的诉讼程序和实体法规范对争讼作出裁判,正突出地展示了司法的本质特征,使司法解决鲜明地区别于各种司法外解决纠纷的方式,因此,如果把调解与判决并列为法院行使审判权的方式,并且在实务中主要运用调解而不是判决处理民事、经济纠

---

〔15〕 日本学者小岛武司将因诉讼引起的当事人之间感情上的紧张和对立称为“人格诉讼”。参见龚刃初:《现代日本司法透视》,世界知识出版社 1993 年版,第 152 页。

纷，那么，其结果必然是模糊司法解决与司法外解决的界线，致使纠纷虽然得到了解决，但法律的公平与正义无论是在解决过程中还是解决结果上均未得到充分体现，并最终可能使司法迷失本性。

2. 将调解与判决作为人民法院行使审判权的不同方式，共同规定在民事诉讼程序中是欠科学的。这两种程序在目的上存在重大的差异，正如赫曼博士所指出的："调解同其相反的程序（指诉讼与仲裁——作者注）之间的主要区别在于它们的目的不同。调解的目的是使争议双方在第三者的协助下友好地解决他们的争议。第三者的建议只有在双方当事人采纳时才对他们有拘束力。另一方面，相反程序的目的是通过强制性的条件，即有拘束力的裁决，使争议得到解决。在相反的程序中，友好地解决当事人之间的争议也不是罕见的，但正如该程序中仍存在有争议的体制与规则所强调的那样，和解并不是该程序的目的。"〔16〕所以，将两者统一规定在民事诉讼程序中必然会引起程序不和谐与紧张，法官们的调解偏好又必然使我国的民事诉讼制度仍然继续保持着"调解为主"的传统格局，使民事诉讼的实践在一定程度上偏离了民诉法确定的目标和市场经济的要求。要从根本上解决上述问题，就必须对现行调、审不分的民诉制度进行重大改革，将调解从审判程序中分离出去，使它们按照各自的特点、规律、程序和方式运行。

（本文原载于《法学研究》1996年第4期）

〔16〕 施米托夫：《司法外解决争议的方法》，载《国际贸易法论文选》，中国大百科全书出版社1993年版，第664页以下。

民事诉讼基本模式:转换与选择之根据

张卫平

一、导言

客观而论,与法学的其他学科相比,民事诉讼法学领域一直比较冷清、平静,不像诸如法理学、刑法学、民法学、经济法学等。不时掀起一些学术论争的高潮。在民事诉讼研究领域里,不能形成相对集中的关于基本理论问题的讨论,似乎没有热点问题,学者之间更没有激烈的"交火""摩擦""对抗",闻不到学术论战的"硝烟味"。即使有时大喊"向我开火",也没有人向你"发炮"。原因自然是多方面的,重实体轻程序,研究脱离实际,人才流失分散等都导致了民事诉讼法学的相对滞后。

不过。近年来人们对程序的价值有了新的认识,开始关注程序在法制建设中的重要作用。重新思考传统的、既存的程序制度的模式、功能、结构,该制度与社会发展、与实体法、与法的价值实现的关系。在民事诉讼法实务领域里,人们对民事审判方式改革的投入和热情集中反映了这种认识和关注。并在学术界还没有留神的情况下,便大胆地实施和推进了民事审判的改革,再一次把民事诉讼的理论研究抛在了民事诉讼实务的后面。尽管理论研究已滞后于审判改革实务,但学术界并不甘心永远处于这种被动尴尬的境地,迅速地投入民事审判改革的研究领域中。从而在民事诉讼理论界形成了热点研究。民事审判改革是一个涵盖面很广,涉及民事诉讼理论若干基本问题的问题,也可以说民事审判改革就是民事诉讼所有基本问题的总和。这些基本的理论问题如果不能较好地解决,民事审判方式的改革就难以正确和顺利地进行。在民事审判方式改革的基本问题上缺乏理论的指导或理论上的支持,必然会影响改革目标模式的正确选择、导致局部改革与整体的不协调、局部与局部之间的不协调。也许在实务界某些单纯的技术性问题不需要从理论上去深究或纠缠,某些具体的实务问题可以“摸着石头过河”。并且也能摸过去。但对于与民事审判方式改革相关的基本理论问题则绝不能不加以厘清,绕道而行。在民事审判方式改革的基本问题上也不能“摸着石头过河”。

对于民事审判改革中存在哪些基本问题,或者说有哪些问题能够称为基本问题,笔者不能妄断,但关于民事诉讼基本模式的问题,在我国无疑能称得上是一个基本问题。民事诉讼基本模式之所以说一个基本问题,是因为民事审判改革诸多问题的最终解决都必须依赖于这一问题的解决。民事诉讼基本模式涉及民事审判改革的基本方向和民事诉讼制度的基本构架。民事诉讼体制的特定化或基本特征是由其基本模式所决定的,基本模式也决定了特定民事诉讼体制的基本结构。民事审判方式的改革在理论上首先所遭遇的问题是,民事审判方式的改革是不是对原有民事诉讼体制或基本模式的转换。如果回答是肯定的,那么民事审判方式改革的所有措施都必须统系于基本模式的转换,与基本模式的要求一致,最典型的是证据制度的改革,证据制度是民事诉讼的基本制度。就现行的民事审判方式的改革具体措施来看,民事审判方式改革的一个重要方面就是证据制度的改革。然而证据制度中,关于法院和当事人作用的问题就直接关系到民事诉讼的基本模式,甚至可以说法院和当事人在证据制度中的作用如何就决定了民事诉讼的基本模式。不厘清民事诉讼基本模式的有关问题,就将使证据制度改革缺乏清晰的理论指引。因此,民事诉讼基本模式的研究无疑是为民事诉讼体制改革[1](含民事审判方式改革)的深化做理论上的准备。从政治策略的角度考虑,也许对有些理论问题无须深究或明析,或者应暂时将这些理论搁置起来,待讨论的环境形成之后再来论争。然而,对于民事诉讼体制改革的基本问题则不能“只做不说”。如果只做不说,则理论界就只有“休息”的份了,对民事诉讼基本模式、民事审判方式改革的目标、方法等问题必

[1] 民事审判方式只是民事体制改革的一个重要方面,侧重于调整法院在民事诉讼中的作用和方位。如果从民事诉讼的全方位观,则不应只关照民事审判方式的改革,而应从体制的宏观角度,从法院和当事人这一民事诉讼基本关系上把握民事诉讼的改革。

须在理论上加以廓清。在我国。"如何改革审判方式,确立一种什么样的诉讼'模式',已成为全国法院深化改革和法律界关注的热点问题"。[2]

民事诉讼基本模式作为一个民事诉讼的基本问题又包括以下子问题:(1)民事诉讼基本模式的基本含义;(2)民事诉讼基本模式的划分根据或划分标准;(3)我国民事诉讼模式的界定;(4)我国民事诉讼基本模式的形成;(5)我国民事诉讼基本模式转换与选择的依据;(6)民事诉讼基本模式与各种具体诉讼制度的相互关系;(7)民事诉讼基本模式与社会诸因素的关系等。在我国关于民事诉讼基本模式的探讨最初并不是基于民事诉讼实务或民事诉讼理论深化的需要和推动,而是受经济学界关于经济体制模式和刑事诉讼法学界关于刑事诉讼基本模式研讨的影响。关于民事诉讼基本模式的研究始于 1992 年。[3] 但当时似乎并没有引起民事诉讼法界的广泛注意,因此民事诉讼基本模式的讨论没有成为当时的热点问题。近两年来民事诉讼基本模式的问题逐渐为一些人关注,已有人发表文章阐述自己的观点。最近出版的几本有关民事审判方式改革的书著也都涉及了民事诉讼基本模式的问题。但笔者注意到虽然学界对民事诉讼基本模式有了议论,甚至在有关民事诉讼的专著中就该问题进行了有益和深入的研究,不过仍可以看出对民事诉讼基本模式的认识存在差异,对与此相关的某些基本问题的看法存有偏差。尤其是关于基本模式的分类和基本模式的选择等方面。还有待于学界进一步进行更深入的探讨,以厘清若干理论问题。由于在民事诉讼法学界很少发生学术"交火",学者之间对于某一问题认识缺乏公开的交流和切磋,各自有一套只有自己认同、特定的概念,同一概念其内涵也往往差别甚远,加之学术研究普遍失范,使理论讨论无法深入、细化。本文并非要对民事诉讼基本模式的全部问题作一个结论,只是想进一步参与"摩擦",在"交火"中明确民事诉讼基本模式的主要问题,找到解决问题的途径。

---

〔2〕 王柏山、宋纯新主编:《辩论式审判方式操作实务》,人民法院出版社 1996 年版,第 1 页。

〔3〕 笔者于 1992 年撰写了题为《论我国民事诉讼基本模式与社会主义经济体制的整合》,并提交当年在昆明召开的"全国诉讼法理论研讨会暨诉讼法研究会年会"。

二、民事诉讼基本模式的概念及意义

在现代社会中,人们之间所发生的民事权利义务的争议中相当一部分是通过一定的司法程序来加以解决的。当事人一方提起诉讼请求,对方进行防御,由独立于双方的裁判机关予以审理,并作出裁判,可以说是世界各国民事诉讼的基本运作形式。但由于各国历史、经济、文化、政治和意识形态等大背景的差异,使各国的解决民事纷争的方式上形成了差异,形成了不同的民事诉讼构造和诉讼体制。其中法律传统和法律文化对民事诉讼体制的特定化有直接的影响。大陆法系国家民事诉讼体制和英美法系国家民事诉讼体制的特征的形成就典型地说明了这一点。〔4〕除此之外,经济体制、政治体制和意识形态的差异也对民事诉讼体制的特定化有十分重要的作用,对某些民事诉讼体制的特定化而言,有时甚至是决定性的作用。对大陆法系各国的民事诉讼体制有重大影响的1877年《德国民事诉讼法》就"反映了当时经济社会所要求的自由平等的价值观"。〔5〕另外,应当注意的是并非所有上述因素对任何法律制度和体制的影响都是等量的。就刑事诉讼体制而言,法律传统、法律文化、价值观、意识形态、政治体制对刑事诉讼体制的特定化显得更直接和重要。而经济体制对其的影响就相对要小一些。这一点如果从公法和私法划分的视野去观察的话就更容易明了。

民事诉讼体制是指一国民事诉讼运行的一整套规范化制度化的系统。它包括了若干具体的诉讼制度,如起诉制度、财产保全制度、先予执行制度、庭审制度、判决制度、上诉制度、再审制度和执行制度等。运用体制的概念从宏观的角度阐释民事诉讼制度主要是服从于逻辑演绎的需要,便于从整体和宏观方面把握民事诉讼的运行。

将各国的民事诉讼体制加以分类的方法很多。可以从法系的角度,也可以从国家意识形态,还可以从地理方位的角度加以分类。但有一点很重

〔4〕参见张卫平:《大陆法系民事诉讼与英美法系民事诉讼——两种民事诉讼体制的比较分析(上)》,载《法学评论》1996年第4期。

〔5〕[德]R. Wassermann:《社会性民事诉讼——社会法治国家的民事诉讼理论与实务》(日文版),成文堂1990年版,第19页。

要,就是人们对物的划分总是基于某种目的,须具有某种实际意义。如果这种划分没有什么实际意义或意义不大,那么这种划分就只能是一种文字游戏而已。由于一定的诉讼基本模式是对某种或某类民事诉讼体制本质的概括。因此,从民事诉讼基本模式作为划分根据是上述分类中最有价值的。尽管在学界"模式"一词已经使用得相当广泛,甚至达到滥用的程度,但在表述民事诉讼体制的基本特征时使用"模式"这一概念仍然是十分必要的。民事诉讼基本模式与民事诉讼体制的关系是,民事诉讼基本模式揭示了某一特定的民事诉讼体制,运用民事诉讼基本模式对民事诉讼体制加以划分,则可以把各国民事诉讼体制予以分类。各国的民事诉讼体制应当说都是各不相同的,但如果按照民事诉讼基本模式加以划分的话,一些民事诉讼体制不同的国家可归属于同一民事诉讼模式。因此,民事诉讼基本模式这一概念是宏观分析民事诉讼体制的工具。关于民事诉讼基本模式的理论就可以称为民事诉讼模式论。

诚然,在外国的民事诉讼理论中很少有学者使用民事诉讼基本模式这一概念,也很少运用模式分析的方法去探讨各国民事诉讼体制的差异。在民事诉讼法学理论比较发达的大陆法系国家,学者们大都比较关注具体的诉讼制度问题,对于宏观诉讼体制方面的问题较少论述。也许是这些国家社会变动相对较小的原因。英美国家中,关于民事诉讼的理论不像大陆法系那样体系化和理念化,因此更不重视运用充分概念化的模式概念和理论说明两大法系民事诉讼之间的差异。况且,英美法系没有公法和私法的划分,学者往往并不独立关照民事诉讼的运行,更多的是从整个司法制度角度来看待民事纷争的解决程序。英美法系民事诉讼与刑事诉讼的共性比之大陆法系民事诉讼与刑事诉讼的共性要大得多,如果用大陆法系逻辑思维的方法去看待英美法系的民事诉讼有时是难以理解的。

不用说,"模式"的含义具有多歧性。在许多学术领域人们都在广泛使用这一概念,有"思维模式""行为模式""经济模式""政治模式"等。即使在诉讼理论的阐述中,人们也常常使用"审判模式""审级模式""庭审模式"等说法。虽然"模式"的含义具有多歧性,但其基本含义还是比较明确的,即是对某类事物或行为特征的概括。"模式"是通过揭示该事物与它事物的本质属性来说明或表明此事物与彼事物的差异的。笔者正是利用"模式"的这种功能,将其运用在民事诉讼理论分析中,把对特定民事诉讼体制所表现出来的基本特征用"民事诉讼基本模式"的概念加以概括,进一步阐明此民事诉讼体制与彼民事诉讼体制的主要异同,分析民事诉讼基本模式与特定民事诉讼体制中各具体诉讼制度的相互关系,分析同类模式民事诉讼体制的形成中各外部因素的影响和作用。我国目前正处于一个历史性的大转换时期,在社会大转换中,民事诉讼体制也将随之发生大的转换。我以为体制的转换应当是构造性的,即是民事诉讼基本模式的转换,关于这一点本文将在以后详述。既然转化是必然的趋势,就要求人们对既存的民事诉讼体制或传统的民事诉讼体制的基本特征或基本样态有一个正确的认识,并科学把握我国新民事诉讼体制的选择和建构。民事诉讼基本模式的理论无疑为这种需要提供了分析的手段。

民事诉讼基本模式是对特定或某一类民事诉讼体制基本特征的揭示。这也是民事诉讼基本模式概念的价值所在,如果不是基于和在这一基本认识的基础上运用民事诉讼基本模式的概念则必然影响对民事诉讼体制和民事诉讼其他基本理论的进一步探讨。有的学者之所以在认识民事诉讼基本模式的类型和民事审判方式时出现偏差,就因为没有正确把握民事诉讼基本模式的这一基本含义。把本应属于同一类即同一基本模式的民事诉讼体制当成具有不同基本模式的民事诉讼体制,从而导致了错误的分类,并进而影响对我国既存民事诉讼基本模式性质的界定和我国新民事诉讼基本模式的选择。

按照民事诉讼法律关系的理论,民事诉讼是由若干诉讼法律关系构成的。在民事诉讼的法律关系群中,最基本和最主要的诉讼法律关系当数法院或法官与当事人之间的法律关系。[6] 这种法律关系构成了整个民事诉讼

---

〔6〕 柴发邦主编:《中国民事诉讼法学》,中国人民公安大学出版社 1992 年版,第 66 页。

民事诉讼法律关系的理论由德国法学家比洛夫首创。他在一本名为《诉讼抗辩和诉讼要件论》的书中首次提出了诉讼法律关系的概念。(参见张卫平:《程序公正实现中的冲突与衡平——外国民事诉讼研究引论》,成都出版社 1992 年版,第 55、56 页。)

民事诉讼法律关系理论虽然成功地运用了民事法律关系理论说明了民事诉讼中各诉讼主

的基本主线。对特定民事诉讼体制基本特征的揭示就不能离开对法院和当事人这一基本法律关系的剖析。民事诉讼基本模式不仅是对民事诉讼基本模式的宏观思考,也是对民事诉讼最基本关系的分析和探究。这种分析和探究的实质,是认识和把握特定民事诉讼体制形态中国家权力与当事人权利、义务的关系。[7]

三、民事诉讼基本模式的主要类型及划分根据

当前,民事诉讼法学界比较认同的民事诉讼基本模式是被称为当事人主义和职权主义的这两种类型。但学界对于当事人主义和职权主义基本模式的含义却存有不同或模糊的认识。就其实质而言是对划分的根据存有不同或模糊的认识。导致认识上的差异和模糊的原因就是上述对民事诉讼基本模式概念的认识的非一致性和模糊性。在明确了民事诉讼基本模式基本含义的前提下,进一步厘清民事诉讼基本模式的划分根据是十分必要的。如果不明确模式的划分根据就不能够正确地加以归类,并导致其连锁错误。

如果从法系的视点看,在当今世界上最具有代表性的民事诉讼体制不外乎英美法系、大陆法系和以苏联为代表的民事诉讼体制。这三大法系的民事诉讼体制对世界各国的影响也最大。我国民事诉讼法学界和实务界也最关注这三大法系民事诉讼体制的结构、运行状况和发展态势。在考察民事诉讼基本模式时也首先关注和着重注意这三大法系,尤其是大陆法系和英美法系(但对英美法系和大陆法系的民事诉讼体制的结构和实际运行未必了解)。在有了民事诉讼基本模式这一认识工具后,人们自然会应用民事诉讼基本模式这一根据对这三大法系的民事诉讼体制进行分类。按照一部分学者的观点,“英美法系国家多采用当事人主义,大陆法系多采用职权主

体之间的关联和相互关系。但完全用法律关系的理论去套民事诉讼中法院与当事人之间的关系却难免有失妥当。比如法院与当事人之间的关系能否理解为相互之间的权利义务关系就是值得探讨的。法院在诉讼中的职权与权利义务应当是有差异的。

〔7〕 参见张卫平:《绝对职权主义的理性认知——原苏联民事诉讼基本模式评析》,载《现代法学》1996 年第 4 期。

义”,并认为这种观点是我国民事诉讼法学界通常的观点。[8] (笔者不知道为什么得出这种结论,并认为这是我国民事诉讼法学界的通常的观点。据笔者所知,其实只有一二篇文章或书著主张过这种观点。也许学者们私下的议论表达了这种观点。应当承认在我国非公开的学术观点不乏真知。但这种学术观点的非公开化大大地影响了学术研究的发展。)另外,还有一种观点即笔者所主张的,不管是大陆法系还是英美法系,其民事诉讼体制的基本模式都是当事人主义,而苏联、东欧各国都可纳入职权主义模式。[9] 两种观点分歧的根本原因在于对作为两种民事诉讼基本模式的当事人主义和职权主义的基本含义应如何理解的问题。

在明确何为当事人主义和职权主义之首,首先应当说明的是,把当事人主义和职权主义视为两种彼此对立的原则、倾向,主要是对大陆法系学者观察和分析的结果,是大陆法系诉讼理论思维方式的产物。英美法学者和实务家则通常只对英美的诉讼特征作表述,而没有把当事人主义和职权主义同时作为对立的两种诉讼体制来分析。也就是说笔者对当事人主义和职权主义的分析与思考也是放在大陆法系理论框架之内的。同时可以说是站在苏联和我国民事诉讼体制的角度。

所谓当事人主义,在英美法系中称为“Adversary System”,在大陆法系中就直接称为当事人主义(在日语中“当事人主义”一词直接用日语的当用汉字加以表示)。由于法律体系形成和法律文化传统的差异。英美法系与大陆法系的当事人主义在理解和具体表现上略有不同,但关于当事人主义的基本含义是“通约”的。即当事人主义主要包括以下两方面的含义,其一,民事诉讼程序(包括民事诉讼中各种附带程序和子程序,例如财产保全程序、先予执行程序等)的启动继续依赖于当事人、法院或法官不能主动依职权启动和推进民事诉讼程序;其二,法院或法官裁判所依赖的证据资料只能依赖于当事人,作为法院判断的对象的主张只能来源于当事人,法院或法官不能

---

〔8〕 田平安:《我国民事诉讼模式构筑探析》,载《中外法学》1994年第5期。

〔9〕 参见张卫平:《当事人主义与职权主义——两种民事诉讼基本模式的比较研究》,载《外国法学研究》1993年第1期;张卫平:《大陆法系民事诉讼与英美法系民事诉讼——两种民事诉讼体制的比较分析(上)》,载《法学评论》1996年第4期。

在当事人指明的证据范围以外主动收集证据。[10] 按照大陆法系诉讼理论的一般认识,还把当事人应当在民事诉讼程序启动、诉讼终了和诉讼对象的决定等方面拥有主导权的原理称为"处分权主义"(Dispositionsmaxime)。当事人对诉讼程序的继续应有主导权的法理称为"当事人进行主义"。作为法院判断的对象的主张受当事人的限制,证据资料只能来源于当事人的法理则称为"辩论主义"(作为广义的辩论主义包括处分权主义)。处分权主义和辩论主义是当事人主义的核心和基调。[11]

分析当事人主义的含义,可以发现外国学者所认同的当事人主义包括了对特定的民事诉讼体制宏观和微观两方面的界定。尽管上述含义都强调了当事人在民事诉讼程序中的主体地位和主导地位,但第一个方面的含义具有量的规定性。同时也反映了当事人主义内含的相对性。实际上从世界各国民事诉讼体制来看,完全由法院或法官启动的民事诉讼程序几乎是不存在的。同样,完全由当事人控制的民事诉讼程序也是没有的。因此仅从当事人主义这方面的含义对民事诉讼基本模式予以界定是不充分的和不准确的。而当事人主义的第二个方面的含义则具有质的规定性。突出了当事人主义作为一种基本模式的基本特征,这一含义直接说明了法院和法官在民事诉讼程序中处于相对被动和消极的判断地位,即法院或法官在民事纷争的解决过程中的绝对中立地位。当事人主义不仅是对某种民事诉讼基本模式的概括,也是一种基本规范性原则。当事人主义要求法官在民事诉讼程序中必须始终处于中立的地位.不能干涉当事人民事程序主体权。

笔者一直主张把英美法系民事诉讼体制和大陆法系民事诉讼体制归入同一基本模式——当事人主义,就是因为英美法系民事诉讼体制和大陆法系民事诉讼体制完全符合当事人主义的基本特征和质的规定性。由于法律体系和法律传统的差异,两大法系民事诉讼体制的构造也有所不同。例如,美国传统的民事诉讼程序一般分为三个大的阶段,诉答程序(pleading)、证据开示程序(discover)和事实审理程序(trial)。诉答程序中,一方当事人提

---

〔10〕 [日]高木新二郎:《最新美国民事诉讼》,有斐阁1992年版,第5页。

〔11〕 [日]《法律学小辞典》,有斐阁1979年版,第707页。

出主张，对方则针对其主张进行"答辩"。提出"答辩书"(answer)，原告则又针对被告的"答辩书"予以"再答辩"。提出"再答辩书"(rejonder)。通过双方当事人的主张与"答辩"，使争议集中，明确争点。在证据开示程序中，双方当事人在法庭审理之前，通过针对对方的质询书(interrogatory)、要求对方提出有关文书、证人的宣誓供述书等方法和手段，取得有关诉讼资料。例如，被告的律师可以要求原告陈述案件有关情况、提供有关证据。双方当事人通过证据开示程序就能够比较充分地把握与案件争议有关的证据。在事实审理阶段，当事人双方在法官的主持下就案件的争点事实进行陈述、提出证据。然后是双方代理人互相进行辩论，最后由陪审团或法官对案件作出裁决。〔12〕 大陆法系的民事诉讼程序却与之不同，当事人的主张程序与证据调查程序并没有明确地加以分开，而是混合进行。不仅程序两者之间有很大的差异，法官在诉讼中的职权和当事人的权利义务也不尽相同。但两大法系民事诉讼体制法院(法官)或陪审团裁决所依据的诉讼资料是由当事人提出，判断者必须受当事人主张的约束这一点上是完全相同的。

大陆法系民事诉讼中所贯彻的基本原则——辩论主义(verhandlungsmaxime，也有学者将它译为"当事人主导原则"，这种译法就更直接地揭示了该原则的内涵)就充分地说明这一点。按照日本著名民事诉讼法学家兼子一博士的观点，辩论主义的基本要求是：其一，直接决定法律效果发生或消灭的必要事实必须在当事人的辩论中出现，法官不能以当事人没有主张的事实作为裁判的依据；其二，法官应将当事人双方之间没有争议的事实作为判决的事实依据；其三，法官对证据事实的调查只限于当事人双方在辩论程序中所提出的事实，对于当事人没有在辩论中所主张的事实，即使法官通过职权调查得到了心证，该事实依然不能作为裁判的依据。〔13〕 德国法学家卡尔·海因茨·舒瓦伯对德国民事诉讼法中辩论主义(当事人主导原则)

〔12〕 参见[美]米尔顿·格林：《体系美国民事诉讼》，学阳书社1985年版，第153、154、199、200、241、242、243页；参见[日]兵野等：《美国民事诉讼的运行》，法曹会1994年版，第26页；刘荣军：《美国民事诉讼的证据开示制度及其对中国的影响》，载《民商法研究》1996年第5期。

〔13〕 参见[日]高桥宏志：《论辩论主义》，载《法学教室》1990年第121期；张卫平：《程序公正实现中的冲突与衡平》，成都出版社1992年版，第3页。

的基本含义解释为:“只有当事人才能把争议的事项导入程序并判断法院是否有必要对此作出决定,同时当事人有权要求法院作出决定;作为程序规范,法院自身则不得考虑当事人双方都未提出的事实,且不得根据自己的判断主动收集或审查任何证据。”〔14〕在大陆法系另一个具有代表性的法国民事诉讼中,辩论主义同样是该民事诉讼的最基本的原则。根据《法国新民事诉讼法典》第7条第1款的规定:只有当事人在辩论程序(de’bat)中出现的事实才能作为法院裁判的依据。〔15〕

英美法系诉讼体制运行的相对经验化使英美的诉讼理论在形式上没有像大陆法系那样概念化、理念化和高度抽象化,把民事诉讼中基本指导思想、具体制度和运行方式加以理论概括、体系化。但体现大陆法系民事诉讼中辩论主义(当事人主导原则)的基本内容在英美法系的民事诉讼中同样得到贯彻实行并且更加突出。日本法学家小林秀之教授在比较德国、日本与美国的民事诉讼体制后指出,利用相互对立的当事人对胜诉结果的追求,使当事人在诉讼中充分展开攻击和防御,而法官或陪审团则被动地从当事人双方的“体育竞技”过程中判断哪一方当事人应当胜诉是美国刑事诉讼和民事诉讼的基本法理。这一点与德国和日本民事诉讼的当事人主义类似。只不过美国民事诉讼和刑事诉讼都更强调当事人之间的对抗性和裁判者的被动性,具有更强的“体育竞技”而已。〔16〕

职权主义(Qffizialmaxime)无论是作为一种原则、倾向,还是作为一种诉讼基本模式,它都是当事人主义的对立物,既然是当事人主义的对立面,因此职权主义的基本含义就是当事人主义基本含义的反对。在大陆法系的民事诉讼理论中关于职权主义一般认识是“承认法院在民事诉讼中拥有主导权的原则总称为‘职权主义’。具体为(法院)对(1)程序的进行、(2)程序的开始、终了以及诉讼对象的决定、(3)诉讼资料的收集等方面有主导权。对

〔14〕［德］K. H. 舒瓦伯:《民事诉讼法教程》(1968年)第454页。转引自［日］谷口安平:《程序的正义与诉讼》,王亚新、刘荣军译,中国政法大学出版社1996年版,第25页。

〔15〕《法国新民事诉讼法典》(1975年颁布)1991年法律文本(日文版),若林安雄译,载《近几大学法学》第20卷第2号。参见［日］山下郁夫等:《法国民事诉讼的运行》,法曹会1990年版,第138页。

〔16〕参见［日］小林秀之:《美国民事诉讼法》,弘文堂1985年版,第10页。

(1)的主导又具体称为'职权进行主义';对(2)(3)的主导称为'职权探知主义'(Dispositionsmaxime)"。[17] 应当注意的是,大陆法系民事诉讼理论中并没有把这种表述作为一种基本模式的界定依据来运用,而是用于概括法院在民事诉讼中的一般作用。在大陆法系民事诉讼中,诉讼的进行采用职权进行主义。而程序的开始、终了和诉讼对象的决定以及诉讼资料的收集和提出则采处分原则(处分权主义)和辩论主义(广义的辩论主义包含了处分原则)。[18] 因此,作为基本模式界定的依据只能以后者为主,如同本文前面所阐述的那样,诉讼进行的职权干预不具有模式的质的界定意义。作为基本模式来定义的职权主义其质的规定性也同样是当事人主义的质的规定性的反对。其质的规定性可以表述为,民事诉讼中裁判所依据的诉讼资料可以不依赖于当事人,裁判者可以在当事人主张的事实以外,依其职权独立地收集和提出证据,并以该证据作为裁判的根据。在大陆法系民事诉讼理论中职权主义所包含的其他含义,如法院可以依职权启动民事诉讼程序(包括其他附带的程序)的发生。可以依职权推动民事诉讼程序的继续和发展等一般只供作量的分析。从世界各国的民事诉讼体制观,完全由法院或法官启动、引发的几乎没有。多数情况下是法院或法官可以依职权使民事诉讼中某些附带的程序或子程序开始。例如,保全程序、先行执行程序、执行程序、再审程序等。

在明确了当事人主义和职权主义的基本含义以后。我们便可以对三大法系民事诉讼体制从民事诉讼基本模式的角度进行划分了。依照两种基本模式的质的规定性,大陆法系民事诉讼体制正如文前所言属于当事人主义模式,而苏联和东欧国家的民事诉讼体制则应当纳入职权主义的模式范畴。东欧各国的民事诉讼体制是以苏联的民事诉讼体制为模本建立的,因此,只需对苏联的民事诉讼体制进行剖析即可。对苏联民事诉讼体制的基本模式的定性分析并不困难,稍加注意就可以发现其基本模式明显区别于它的主要参照系——大陆法系和英美法系的民事诉讼模式。在苏联民诉讼中:"法

---

〔17〕 [苏]阿·克列曼:《苏维埃民事诉讼》,法律出版社1957年版,第103页。
〔18〕 同上书,第77页。

院无论在收集证据,或者在审查双方当事人关于放弃诉讼请求,承认请求以及和解等的声明方面,对有进行广泛的干预……”[19] 苏联民事体制的建构虽然是对大陆法系民事诉讼体制的继承,但这种继承是一种“扬弃”,是批判性继承。即对大陆法系民事诉讼体制的基本原则——辩论原则(辨认辩论主义和处分原则)予以重新阐释。按照全新的阐释,不仅民事裁判的事实依据可以不受当事人主张的约束,甚至“法院在解决案件的争议(也)不受双方当事人请求范围的拘束。‘诉讼请求的数额如果不是根据双方当事人以前所成立的协议或者依法律规定的程序决定(票据、合同和税则)的时候,法院可以依照已经查明的情况作出超过原告人请求数额的判决’(《苏俄民事诉讼法典》第 179 条)”。[20] 从形式上观,在苏联民事诉讼法理的阐释中也存在所谓辩论原则,但该辩论原则的基本含义却与大陆法系民事诉讼中的辩论主义在本质上大相径庭。苏联民诉法学者一般认同的基本含义是:“当事人有权引证案件的实际情况和处分证据;检察长有权证明案件的情况,而法院则有权调查对案件有意义的事实和收集证据……”[21] 苏联民事诉讼法学家阿·阿·多勃罗奥里斯基更明确地指出:“苏联诉讼的证明制度的一个突出特征就在于不仅当事人(原告人、被告人、参加案件的检察长或者被吸收参加案件的第三人)等有责任向法院提出能够证明自己要求的证据,而且法院也有权自己主动收集证据以便查明当事人真实的相互关系。”[22]

无论当事人主义还是职权主义事实质都是对民事诉讼基本关系主体相互关系的描述或规范。是对作为裁判者或被裁判者主体地位或作用的描述或规范,表达了职权与权利的相互关系。从相互关系的量的角度观察,这种关系的差异决定于职权与权利的消长状况,如果把当事人主义或职权主义看作一种微观的、有量变的分析工具和不同的倾向的话,则可以对不同民事诉讼体制进行量的比较考察,并由此得出此民事诉讼体制与彼民事诉讼体

---

〔19〕 [苏]阿·克列曼:《苏维埃民事诉讼》,法律出版社 1957 年版,第 88 ~ 89 页。

〔20〕 [苏]阿·阿·多勃罗奥里斯基:《苏维埃民事诉讼》,法律出版社 1985 年版,第 200 ~ 201 页。

〔21〕 详见张卫平:《程序公正实现中的冲突与衡平》,成都出版社 1992 年版,第 28 ~ 35 页。

〔22〕 《法国新民事诉讼法典》(1975 年颁布)1991 年法律文本(日文版),若林安雄译,载《近几大学法学》第 20 卷第 2 号。

制相比当事人主义或职权主义的色彩更加浓厚这样比较抽象的结论。尤其对同类基本模式的各诉讼体制进行比较时,当事人主义或职权主义往往不再是具有对基本模式予以质的界定的功能,而是一种"测量"其强弱程度的尺度,是一种微观分析的方法。实际上在这种状态下,"测量"的客体主要是法院或法官在民事诉讼中的职权和当事人在民事诉讼中的程序主体化程度。国内外也都有学者运用这种方法对英美法系和大陆法系民事诉讼体制进行比较分析。这种分析方法的具体运用常常是技术化为比较不同民事诉讼体制及运行中法院或法官的职权干预程度。通过对大陆法系主要国家民事诉讼体制与英美法系主要国家民事诉讼体制的比较分析,大体上可以得出如下结论:尽管他们都是属于当事人主义的民事诉讼基本模式,但职权干预程度是有差异的。例如,美国民事诉讼中的"证据开示制度""交叉寻问制""对抗辩论制""陪审制"等都比较充分地反映了强烈的当事人主导色彩。相反,大陆法系各国民事诉讼中普遍存在的"释明制度"又反映出与英美法系国家民事诉讼相比当事人主导的弱化和法官职权的强化。根据《德国民事诉讼法》第 13 条的规定,裁判长应当命令当事人作充分且适当的陈述。有关事实的陈述不充分时,法官应当命令当事人作补充陈述,声明其证据。〔23〕 同样,法国民事诉讼法也规定了释明制度,第 8 条规定,法官可以要求当事人对事实提供解决纠纷所必要的说明。第 13 条规定,如果法官认为对解决纠纷是必要时,法官可以要求当事人提供其对法律根据的说明。〔24〕

笔者曾在《大陆法系民事诉讼与英美法系民事诉讼——两种诉讼体制的比较分析》一文中指出,如果把当事人主义和职权主义作为衡量法院职权干预程度的尺度的话,那么,英美民事诉讼体制可以定位于"绝对当事人主义"这一"坐标"点上,苏联的民事诉讼体制则可以定位于"绝对职权主义"的"坐标"点上。因为这两种体制分别代表了这两种倾向的两个极端。大陆法系各国的民事诉讼体制则可划入"亚当事人主义"。在"亚当事人主义"的方队中日本又较之德国、法国、奥地利、意大利等国其当事人主导的色彩要浓

〔23〕 陈桂明:《诉讼公正与程序保障——民事程序之优化》,中国法制出版社 1996 年版,第 161 页。
〔24〕 参见注〔8〕文。注〔23〕书。

一些。比如日本战后就吸收了美国民事诉讼中的某些制度,使其当事人主导的色彩更强一些。“交叉寻问制”的导入就是其证。当然。也可以以不同法系的差异为根据对同一民事诉讼基本模式的各国民事诉讼体制进行分类,例如,分为英美型当事人主义和大陆型当事人主义。这样划分的意义在于利于认识不同法系之间的体制差异。

如前述所言,笔者的观点只是“少数人的观点”,而“大部分学者通常的观点”是,大陆法系国家的民事诉讼基本模式是职权主义。〔25〕 笔者原来只知道在刑事诉讼理论中有英美法系国家采当事人主义,大陆法系国家采职权主义的通说。民事诉讼法学界则鲜闻此种说法。只是最近几年关于民事诉讼基本模式和民事审判方面的议论多了起来,才知晓“大部分学者通常的观点”。由于该观点与笔者上述观点相差太大,且又涉及基本问题,所以有必要在此加以厘清。最早提到这一“通常观点”的文章大概是王韶华于《中外法学》1996 年第 2 期一篇题为《试析民事诉讼中超职权主义现象》(以下简称《现象》)的文章。以后的一些文章大都是引自或者转引自该文。〔26〕 在这篇文章中作者并没有使用诉讼模式的概念,而是使用了“民事诉讼方式”这一概念,并在议论各国民事诉讼方式时谈到了所谓“通常的观点”。原文的表述是:“当事人主义和职权主义是当今各国民事诉讼方式的基本分类,英美法系国家多采当事人主义,大陆法系多采职权主义。”但令人遗憾的是作者既没有对这种结论进行进一步说明,也没有引注。不过文章倒是对职权主义诉讼方式予以了说明:“职权主义诉讼方式,亦即法官在整个诉讼中属于主导的支配地位,是诉讼的指挥者和控制者。法官主动收集证据,调查案件事实,主动调查,询问当事人和证人,并对当事人的一切处分行为进行审查和干预,当事人在诉讼中处于完全被动的地位。”如果说这就是所谓的职权主义诉讼方式的基本含义的话,那么,《现象》的上述观点就有问题了,因为实际上当今大陆法系各国还没有哪一个国家是采取这种法官占主导地位的民事诉讼方式的。大陆法系各国民事诉讼法中的基本原则——辩论主义

〔25〕 见注〔8〕文。

〔26〕 注〔23〕书,第 160 页。陈桂明先生关于辩论主义内容的表述引自我国台湾地区学者杨建华:《大陆民事诉讼比较与评析》,台北,三民书局 1991 年版,第 8 页。

和处分权主义恰恰是对这种诉讼方式的否定和反对。关于这一点笔者在本文中已经说得再清楚不过了。对于从事民事诉讼法研究的人来讲,这应该是一个起码的常识。

也有的学者同意《现象》一文的观点,认为“现在的人们几乎异口同声地说‘英美法系国家多采当事人主义,大陆法系国家多采职权主义’,此话不无道理”。并把法国的民事诉讼模式说成是职权主义的“带头羊”。还指出苏联诉讼体制与1917年的民事诉讼体制都属于同一类型。[27] 但同意这种观点的人同样没有对何为“当事人主义”、何为“职权主义”加以说明,更没有进一步揭示这两种基本诉讼模式的差异。似乎这是一个不争的事实。众所周知,欲对事物进行划分首先必须明确划分的根据。如果以什么为划分根据尚不明确就贸然行事,其结果是可想而知的。有意思的是有的学者虽然也同意《现象》一文的上述观点,但又指出“辩论主义是西方国家民事诉讼中的一项重要原则”,并说明辩论主义的内容是“为裁判基础之主要事实,以当事人主张为限,当事人主张之事实,法院不得斟酌,当事人自认或不争执之事实,毋庸举证,其有待证据证明之事实,以当事人声明证据为原则”。[28] 这又显然与《现象》的结论和关于职权主义诉讼方式的界定是完全相悖的。而且,这位学者也同意这样的观点:“根据当事人主义,请求权利保护与否,请求撤回权利保护与否,对全力保护的请求附加什么理由,提出什么诉讼资料,如何进行诉讼,当事人有支配权,法院受当事人态度的拘束。根据职权主义,法院不问当事人的意思如何,以职权满足当事人权利保护的请求,诉讼资料的搜集(收集),诉讼的进行都按职权为之。”然而这种观点又是与笔者的“少数人的观点”一致的。

正是由于对诉讼基本模式的基本含义和对大陆法系国家的民事诉讼体制的具体内容不了解,才使一些学者将许多属于大陆型当事人主义的国家误认为是实行职权主义诉讼体制的国家。就法国而言,它并不是职权主义的“带头羊”,而是大陆型当事主义诉讼模式的典型。《法国新民事诉讼法

---

〔27〕 [日]《法律学小辞典》,有斐阁1979年版,第500页。

〔28〕 参见[德]阿伦斯、布利埃廷、[日]吉野正三郎:《德国民事诉讼法》,晃洋书屋1990年版,第28~34页。

典》第 7 条第 1 款明确规定作为裁判的基础只能是在辩论程序中出现的事实。这些事实就是当事人所主张的事实。因此,与德国、日本、奥地利等大陆法国家一样,法国在民事诉讼中贯彻体现当事人主义的原则——辩论主义。(《法国民事诉讼的运营》,日本法曹会 1993 年版,第 138 页。)1917 年前的俄国民事诉讼是以德国民事诉讼为模式制定的,自然也是当事人主义。正是这样,苏联的民事诉讼体制的建立是对俄国民事诉讼体制的变革。造成许多人的上述误解,可能是受刑事诉讼法学的影响。众所周知,刑事诉讼的基本模式也有当事人主义和职权主义的划分。英美法系国家的刑事诉讼基本模式属于当事人主义,大陆法系国家则属于职权主义模式。这种划分对刑事诉讼体制而言无疑是正确的。但如果把这种分析的结果而不是分析的方法直接搬到民事诉讼体制领域自然就成问题了。在大陆法系国家,法律可以大体区分为公法和私法这两个不同的领域。在这两个不同的领域中,其法律调整的方法和原则也是不同的,如在私法领域,就坚持私权自治、私权自由处分的原则。这一原则在民事诉讼中的体现就是当事人自治原则、辩论原则和处分原则。在私法领域,大陆法系和英美法系在上述基本原则方面并没有什么本质的不同。

四、我国民事诉讼体制的模式属性及成因分析

对我国民事诉讼体制个性特征的分析,实际上是以民事诉讼基本模式论的观点对我国既存的民事诉讼体制予以剖析,考察我国民事诉讼中法院与当事人的基本关系,明了各自的地位和作用。由于民事审判方式的改革或民事诉讼体制的转换都与我国民事诉讼体制的基本属性有关。因此,从宏观上探究我国民事诉讼的体制模式属性就是十分必要的。

中华人民共和国成立至《民事诉讼法(试行)》(1982 年)颁布试行的 30 多年里,调整民事诉讼的基本规范主要有《诉讼程序通则(草案)》(1950 年 12 月 31 日)、最高人民法院《关于各级人民法院民事案件审判程序总结》(1956 年 10 月)和最高人民法院《关于人民法院审判民事案件程序制度的规定》。在这些规范中充分地反映了法院在民事诉讼中的职权干预。强调了法院在诉讼中的主动性和主导性。例如,《诉讼程序通则(草案)》第 40 条规

定:“刑事民事案件的诉讼人应就其所主张的事实举出证明方法(书面证据、证物、证人、勘验、鉴定等),法院亦应自行调查事实。搜集、调查证据。法院认定事实。应凭证据。不应单凭诉讼人的陈述。”〔29〕

《民事诉讼法(试行)》的颁布试行是我国民事诉讼的一个重要的里程碑,标志着我国民事诉讼程序规范化的开始,初步形成了具有我国特色的民事诉讼体制。《民事诉讼法(试行)》虽然在整体结构和具体条文的规定上较之前三个规范更加合理、科学。在制定中也吸收和借鉴了外国的经验。但《民事诉讼法(试行)》仍然是这3个规范的延续和总结。充分体现和贯彻了前3个规范的基本精神。在法院与当事人的基本关系上坚持了法院的主导地位,反映出很强的职权干预色彩,主要体现在以下几方面:

在对待裁判争议的事实根据上,法院对民事争议的裁判可以不以当事人的陈述和提出的证据为根据。法院可以,甚至完全以自己独立收集的证据为依据对案件进行裁判。法院在诉讼中可以不受当事人双方陈述的约束。

在证据收集和提出方面,可以在当事人主张的证据范围以外,依职权独立收集证据,而不受当事人主张证据范围的限制。法院不只是简单地核查当事人提出的证据的事实性、可靠性,还要直接收集证据。《民事诉讼法(试行)》第56条第2款规定,法院有权“全面地、客观地收集和调查证据”。

在各种具体程序的启动和终结方面,法院具有主动性和决定性。如执行、保全程序的启动等。《民事诉讼法(试行)》都规定法院可以依职权主动开始,并且明确规定执行的开始的方式之一是以职权移送为主,当事人申请为辅,诉讼保全和先行给付也都可以依法院的职权而开始。最典型的表现是对原告申请撤诉的处理。《民事诉讼法(试行)》第114条规定:“宣判前,原告申请撤诉的,是否准许,由人民法院裁定。”法院既可裁定同意,也可裁定不同意。

法院在民事诉讼中的主导性还体现在对当事人处分权的干预方面,例如,法院可以不受上诉人上诉请求范围的限制,对一审诉讼标的进行全面复

〔29〕《民事诉讼法参考资料》(第2辑第1分册),法律出版社1981年版。

审。当事人的上诉权仅仅是启动第二审程序的权利,从而抽调了上诉权中所包含的对上诉请求范围予以限制的处分自由权。另外,当事人不能通过双方协议在起诉前协议管辖法院也反映出《民事诉讼法(试行)》对当事人主体自治的忽视。[30]

如果要对我国《民事诉讼法(试行)》所给出的诉讼模式予以定性的话,应该说以上的描述实际上已经指明了。按照本文前述模式划分界定的根据,《民事诉讼法(试行)》所建构的民事诉讼体制在基本模式上无疑是苏联民诉讼基本模式的同类——职权主义,从我国的民诉实践来看,由于诉讼观念和诉讼理论中已经固化的国家观念和国家干预意识,更起到了强化和引导的作用,使民事诉讼实际运行中《民事诉讼法(试行)》所规定的职权主义表现得更加突出。另一方面,我国《民事诉讼法(试行)》所提供的宽泛的自由裁量空间,又使法院对民事诉讼的主导性得到了最大的发挥。实践中的职权主义比法律中、法学教科书中的职权主义更为明显。

随着改革开放,社会主义商品经济的迅速发展。《民事诉讼法(试行)》已经滞后于这种发展的现实需要。基于与改革开放的实态契合、与新制定的大量实体法衔接以及大量司法解释的提升的需要,[31] 1991 年我国对《民事诉讼法(试行)》进行了大的修改,并成为我国第一部正式施行的民事诉讼法典。毫无疑问,新民事诉讼法进一步完善了我国的民事诉讼规范,对于在新的形势下比较科学、公正、迅速和经济地解决民事纷争起到重要的作用。新民事诉讼法与《民事诉讼法(试行)》相比有一个比较显著的特点,即民事诉讼程序中法院职权干预的弱化以及相应的当事人处分权的强化。例如,执行程序和财产保全程序的启动方式,由法院以职权移送开始为主改为以当事人申请为主;先予执行(先行给付)只能因当事人申请而开始;在管辖方面,规定当事人对合同案件可以根据其合意确定与案件有某种联系的管辖法院;在证据制度方面,“采取了当事人举证与法院调查相结合的制度”;在

---

〔30〕 参见张卫平:《转制与应变——论我国传统民事诉讼体制的结构性变革》,载《学习与探索》1994 年第 4 期。

〔31〕 顾昂然:《关于民事诉讼法补充和修改(代序)》,转引自马原主编:《民事诉讼法的修改与适用》,人民法院出版社 1992 年版,第 1 页。

上诉制度方面,针对《民事诉讼法(试行)》中规定的二审法院"不受上诉范围的限制"的职权干预规定(《民事诉讼法(试行)》第149条),将其改为"第二审人民法院应当对上述请求的有关事实和适用法律进行审查"。

应当看到新民诉法对法院职权干预的弱化只是一种量上的变化,并不意味着我国民事诉讼体制发生了结构性的转换。在最能体现民事诉讼中当事人的主导性方面没有根本的转变,即作为法院裁判根据的事实不受当事人主张的限制,法院可以在当事人主张以外依职权主动独立收集和提出证据,并依此为依据对案件争议作出判决。尽管新民诉法已将《民事诉讼法(试行)》中规定的"全面地、客观地收集和调查证据",改为"全面地、客观地审查核实证据",但同时又规定"人民法院认为审理案件需要的证据,人民法院应当调查收集",为法院独立收集证据留下了自由裁量权。因此,从民事诉讼基本模式的角度看,现行民事诉讼体制依然属于职权主义类型。

《民事诉讼法(试行)》和新民事诉讼法都对当事人的辩论权作了明确的规定,并赋予该条规定于基本原则的形式(《民事诉讼法(试行)》第10条、1991年《民事诉讼法》第12条)。我国民诉理论将其称为"辩论原则",且为民事诉讼之基本原则,但该辩论原则与大陆法系民事诉讼中集中体现当事人主义的辩论主义却相去甚远。我国民事诉讼中的辩论原则一般定义为:"在人民法院的主持当事人有权就案件事实和争议的问题,各自陈述自己的主张和根据,互相进行反驳和答辩。"[32]尽管现行法所规定的辩论原则肯定了当事人的辩论权,但却由于这种辩论权的行使不会带来任何法律上的制约效果,从而使辩论原则形阂化。在民事诉讼的运行过程中,当事人双方的辩论不过是为法院查清案件事实的手段和方法而已,法院可以在当事人的辩论主张以外提出事实并作为判案的根据,自然就使当事人的辩论显得无足轻重。如果与大陆法系民事诉讼辩论主义比较的话,则可以把我国民事诉讼辩论原则称作"非约束性辩论原则",[33]实际上这种原则不仅没有确立当事人在民事诉讼中的主导地位,约束裁判者的审判,反而成为裁判者职权

---

〔32〕 刘家兴主编:《民事诉讼法学》,北京大学出版社1994年版,第65页。

〔33〕 张卫平:《我国民事诉讼辩论原则重述》,载《法学研究》1996年第6期。

干预的基本原则。因此,在形式上规定辩论原则并不意味着可以将该民事诉讼体制在基本模式上纳入当事人主义或亚当事人主义的行列。

制度和法都是历史的产物。我国的民事诉讼体制基本模式的形成也有其历史过程。我国既存的民事诉讼体制形成的历史主线有两条:一是我国传统的纷争解决方式的影响;二是外国民事诉讼体制和理论、观念的影响。

对现行的民事诉讼体制和审判方式的形成有直接作用的是中华人民共和国成立以前解放区的纷争裁判方式,即著名的"马锡五审判方式"。"马锡五审判方式"作为一种司法裁判方式是对我国传统的民间纷争解决方式的直接继承和发扬。马锡五审判方式的最主要特点是,纠纷解决的裁判者直接深入到纷争现场,了解纷争形成的过程,调查收集有关纷争的证据,并在此过程中对当事人双方进行说服教育,最终化解(审判与调解相结合)纠纷。马锡五审判方式虽然是当时人们对马锡五在陕甘宁边区从事司法裁判工作特点的概括,但实际上是对当时司法裁判方式的概括。马锡五的裁判工作方式最典型和最集中地反映了这种审判方式的特点。所以人们将其称为"马锡五审判方式"。[34] 这种审判方式在当时并不独为一种民事审判方式,也是刑事审判方式,只是以后刑事审判程序的发展在形式上已远离了这种审判方式,人们就不再把马锡五审判与刑事审判方式联系起来了。而民事审判程序发展到现在仍然在形式上和实质上都保留了这种审判方式的特点,因此,提到马锡五审判方式人们就把它与民事纷争裁判方式联系在一起。马锡五审判方式从其单纯的审判操作方式看,其实质是两点:其一,证据的收集和提出可以由裁判者完成,即在事实的探知上是一种职权探知方式。无所谓当事人的举证责任。其二,在纠纷解决的方式上,更倾向于调解结案。这两点被概括为"依靠群众、调查研究、就地解决、调解为主"的"十六字方针"。正是由于审判员在民事纠纷解决过程中需要亲自到现场去调查收集证据,说服双方当事人对纠纷解决达成和解,因此当事人双方在诉讼中的辩论过程以及庭审就显得无足轻重。[35] 马锡五审判方式的上述特点被中

---

〔34〕 参见张希坡:《马锡五审判方式》,法律出版社1983年版,第22~25页。

〔35〕 参见王亚新:《中国民事诉讼中职权探知方式及其变化》,载《民商法杂志》(日本)第103卷第6号。

华人民共和国成立以后的民事诉讼规则、《民事诉讼法(试行)》和新民事诉讼法所继承,成为我国民事诉讼的传统和民事诉讼体制的特色。[36]

我国民事诉讼体制的形成除了传统民事纷争解决方式的影响以外,苏联民事诉讼体制和诉讼理论体系对我国民事诉讼体制的形成亦有很大的影响。这种影响体现在以下两个方面:

第一,通过对苏联民事诉讼体制的移植、借鉴,使我国民事诉讼体制化、规范化。我国新的民事诉讼程序虽然在20世纪40年代开始就已经运作,但那时的民事诉讼程序是相当粗陋或非规范的。尽管苏联的民事诉讼制度也未必十分严密、精致和完善,但我国当时的民事诉讼制度与其相比是不能同日而语的。在具体的诉讼制度方面,如当事人制度、证据制度、检察监督制度、判决制度、再审制度等都是以苏联的相应制度为模本的。

对我国民事诉讼体制形成最具实质影响的是,苏联的民事诉讼基本模式在我们的体系化借鉴过程中被移植过来了。在原则方面,我国民事诉讼确立了"苏式"的辩论原则和处分原则。在证据制度方面,建立了裁判者可以依职权收集和提出证据的制度。因此,在民事诉讼程序中建构了以法院为主导的基本诉讼法律关系,形成了与苏联民事诉讼体制同构的民事诉讼基本模式。从历史渊源上看,马锡五审判方式就已经在民事裁判程序中把裁判者置于了主导的地位,并赋予了法官深入现场调查收集证据的职权,但这种方式或职权没有在法律上制度化、规范化。正是由于苏联民事诉讼体制在职权审判方式机理上与马锡五审判方式具有"亲和性",因而对苏联已经体制化和规范化的制度的移植不具有排斥性,并通过这种移植,使原有的传统审判方式得到了提升。

第二,通过对苏联民事诉讼理论体系化的导入,从理论上指导了我国民事诉讼体制的建构。苏联民事诉讼理论的一个基本特色就是强烈的国家干预。反映在民事诉讼指导层面上,即为法院的职权干预提供理论依据。

从20世纪50年代初始,苏联法学家的经典性民事诉讼学著作和民事诉讼法典被翻译介绍给我国。其中作为体系化的民事诉讼理论教科书,当推

[36] [苏]克列曼:《苏维埃民事诉讼》,王之相、王增润译,法律出版社1957年版,第77页。

苏联著名民事诉讼法学家阿·克列曼教授的名著《苏维埃民事诉讼》。该书对我国成立初期的民事诉讼理论研究有很大的影响。克列曼教授在该书中的理论阐述和论理方法几乎成了一种“理论范式”。该书的结构体系也成了我国民事诉讼法学教科书的范本。苏联的民事诉讼理论不仅为我国民事诉讼法制定和修改提供了理论依据,也为我国民事诉讼法的实施提供了阐释的理论依据。

苏联民事诉讼理论中的职权主义是以苏联的国家与法的基本理念为基础的。在法的基本理论认识方面,苏联形成了一整套区别于大陆法系的理论体系。在民事法律关系领域,否定民事法律关系区别于公法关系的私法性质,从实体法律关系的性质上为国家在传统民事关系领域内进行干预找到了依据,也为新民事诉讼基本模式的建构提供了基本理论依据。在起草苏俄民法典时,决策人就指示“必须扩大国家对‘私法关系’的干预,必须扩大国家废除‘私人’合同的权利”。[37] 既然当事人之间争议的法律关系并不仅仅是涉及当事人自己的利益,同时也涉及国家的利益,那么,法院和检察机关在民事诉讼过程中的职权干预就是顺理成章的事。按照苏联国家与法的理论,法院只是国家专政的工具,是为国家利益服务的机构。因此,为了国家的利益,法院就必然要拥有与此相适应的职权,充分干预当事人在民事诉讼过程中对自己权利的处分。

我国20世纪40年代虽有以马锡五审判方式为代表的诉讼制度和程序,也有比较明确的诉讼指导思想和成形的诉讼观念,但并没有体系化的诉讼理论作为支撑。苏联的诉讼理论在其诉讼体制被移植的同时也被导入了我

〔37〕 有的学者在分析我国民事诉讼基本模式的历史成因时从历史文化因素角度进行了有益的探讨,指出:“两千多年的封建法制传统的影响深远……如果说随着的封建社会的灭亡,与其相依随的封建法律传统从总体上说也已被打破,那么作为一种文化传统,它对人们心理意识的影响则是相对牢固的。对中国社会来说,职权主义更具生存的土壤。”然而遗憾的是作者没有进一步或直接揭示中国社会这片“土壤”与职权主义这棵“植物”生长发育的关系。反而认为,我国超职权主义民事诉讼模式的形成与清政府和国民党政府所制定的民事诉讼法参照了德、日、奥等大陆法系国家的民事诉讼法有关。其实现行于大陆的民事诉讼法与当时国民党政府所实施的民事诉讼法以及我国台湾省现行的民事的讼法在基本模式是完全不同的。德、日、奥等国的民事诉讼基本模式也不是所谓超职权主义的,这些国家和当时国民党政府的民事诉讼法以及我国台湾地区的民事诉讼法都奉行同样的辩论主义和处分权主义。

国，这些诉讼理论不仅用于受移植诉讼制移植生成的理论阐释工具，也成为传统诉讼纷争解决方式得以承继和发展的理论依据。

无论是马锡五审判方式，还是苏联的绝对职权主义民事诉讼体制，其本身的形成都有相同的政治意识和理念作为基础。这种政治意识和理念有时作为一种被高度提炼的政治口号和政治路线，也就形成了人们行为的指南和要求，不仅在人们的政治工作中应该得到贯彻，而且在审判程序中也应当予以执行。在我国，法官的裁判行为实际一直被认为与政治事务和其他“公域”中的事务处理一样是一种“工作”。“深入到群众中去”“走群众路线”就是这种工作的基本要求。审判人员离开法院到纠纷现场，独立地调查收集提出证据即是这种要求的具体表现。在苏联，尽管没有像我国那样提倡在民事审判中“走群众路线”“深入到群众中去”，但同样具有与我国相同的意识理念，即追求绝对真实，并以其基本的哲学原理为根据。在这种对绝对真实的执著追求中，法院就有职责查明案件的基本或主要事实。受国家优越、超然的潜意识作用，对“利己”当事人的言词行为总是不自觉地持怀疑态度，实际上法院是把当事人与自己对立起来。法院必须充分干预当事人的诉讼行为，独立地收集和提出证据，以保证在查明案件事实的基础上作出裁决，达成哲学理念的最高要求。在苏联，政治理念的预设对其特有民事诉讼体制的形成亦有主观作用。在民事诉讼体制方面，基于法的本质论，即对法律制度阶级性的认识，就必然要求建立一种完全区别于大陆法系和英美法系的新民事诉讼体制。至于其他法系的民事诉讼体制与民事纷争的本质和民事纷争解决方式客观性是否具有其适应性，在最初则不在认知的视野内，人们以后虽逐渐对其有所认识，但鉴于“优越论”认识框架的约束，而否定其诉讼制度的客观性。立法者在主观认知上的予设，就要求新建构的民事诉讼体制必须优于另一国家形态的民事诉讼体制。苏联法学家们对大陆法系和英美法系民事诉讼体制和理论的无情批判，也为苏联新民事诉讼体制的建立作了铺垫。程序存在的意义和程序公正的独立价值在这种预设的价值观念的干涉下而被视为一种虚伪的诉讼游戏规则，以其极端程序化的个案判例引导出程序和程序公正的虚无。作为程序公正的设计思想也与特定的哲学观念和特定的社会阶级利益挂合，使这种批判达到了最深的层面。意识形态的对立,也为民事纠纷解决体制的差异和对立提供了前提和根据。

关于特定的经济体制与特定民事诉讼体制的相互关系,是一个有争议的问题。笔者最初研究我国民事诉讼体制的个性化过程时曾指出我国曾实行过的计划经济体制是我国民事诉讼体制中职权主义模式形成的致成因素。这一观点受到了一些学者的批评。[38] 不过。笔者仍坚持认为特定的经济体制对民事诉讼体制的形成和发展有影响。至于有多大的作用还需要进一步探讨。不可否认的是,职权主义的民事诉讼基本模式与计划经济体制是整合的。在实行计划经济的国度里,管理权限的高度集中即国家对经济的直接管理和全面控制,必然要求国家对经济生活息息相关的各个领域相应地进行干预。国家在经济生活中的这种地位,也必然要在经济纷争解决领域中得到体现。只不过国家在这一领域中的作用主要不是通过经济管理行政部门,而是通过行使国家审判权的裁判主体加以实现的。作为全面贯彻国家意志的裁判主体也就自然要将国家对经济的控制意识或控制作用传递和延伸到民事纷争解决的司法领域,从而生成了以职权干预为特征的民事诉讼模式。[39] 我国民事诉讼体制的早期形态——马锡五审判方式虽然不是直接生成于计划经济体制社会中,但它的基本内含和以其基本内含发展起来的民事诉讼体制则是顺应了计划经济体制的内在要求。

五、职权主义诉讼模式的结构性缺陷透视及分析

笔者一直主张在我国应实行民事诉讼模式的转换。那么自然就要提出这样的问题:为什么要实行模式的转换。对职权主义模式的结构性缺陷透视就是试图从一个侧面回答这一问题。所谓结构性缺陷是指这种模式本身所内含的缺陷,是由于职权主义模式自身的基本构造所决定的,不改变这种基本结构其内含的缺陷就无法消除。

职权主义模式的基本结构是法院(法官)在民事诉讼程序中起着主导的地位。具体地体现为法院所裁判的诉讼资料不受当事人双方主张的限制。

---

〔38〕 注〔23〕书,第163页。

〔39〕 参见张卫平:《转制与应变——论我国传统民事诉讼体制的结构性变革》,载《学习与探索》1994年第4期。

因此,当事人在诉讼程序中就处于被动和相对消极的地位。这种基本结构的缺陷最明显的是直接使作为民事诉讼程序核心的辩论程序空洞化,并最终导致整个民事诉讼程序的空洞化。辩论程序设置的主要意义在于:(1)使当事人双方有足够的空间和时间提出自己关于权利和事实的全部主张。使双方当事人能针对对方的主张进行攻击和防卫。(2)由于当事人双方利益的对立性,使当事人双方在为维护自己利益的意识驱动下,尽可能地提出有利于己的事实。这就使中立的裁判者能作出公正的判决。(3)辩论程序也是为了让双方当事人消除主观偏见逐步接近真实,最终使当事人在心理上形成预受状态,消除对判决的抗拒心理,自觉地履行义务。如果辩论程序是真实的,有实际意义的,那么作为具有理性的当事人就会通过整个辩论程序中双方当事人所展示的主张(权利事实、权利根据),了解到自己主张能否成立的可能性。当然其前提是裁判者必须是公正的。实际上,在美国大部分(90%)民事争议的解决并不是通过最终的判决来解决的,而是在证据开示程序(Discovery)通过双方的和解解决的。[40] 当事人通过证据开示程序充分地获取有关案件争议的情况,明确了双方当事人的争执点,各方对自己是否胜诉已经有了大致的了解,继续诉讼的高成本促使当事人双方达成和解。尽管美国的证据开示程序并不等同于大陆法系的辩论程序,但辩论程序无疑含有证据开示程序的部分功能。(4)从一般程序存在的价值论。通过程序吸收当事人对实体结果的不满,使其实体结果为当事人所接受是程序存在的独立价值之一。德国著名法社会学家N.卢曼提出了一个十分重要的命题——程序使结果正当化(通过程序的正当化),在“正当程序”得以实施的前提下,程序过程本身确实能够发挥使结果正当化的重要作用。其作用之一就是使程序中遭受不利结果的当事人不得不接受其程序结果。尽管该当事人在诉讼中遭受了败诉的不利,但由于自己已经被给予了充分的机会表达自己的观点和提出证据,并且有理由相信是公正无私的法官进行了慎重的审理,所以对结果的不满也就失去了客观的依据而只能接受。[41] 辩论程

---

〔40〕 [日]浜野惺等:《美国民事诉讼的运行》,日本法曹会1994年版,第77页。

〔41〕 [日]谷口安平:《程序的正义与诉讼》,王亚新、刘荣军译,中国政法大学出版社1996年版,第17页。

序作为民事诉讼程序的主要程序尤其具有这种功能。(5)通过辩论程序发现真实,以实现实体上的公正。

然而,在职权主义模式下,由于裁判者可以依职权独立收集和提出证据,而不受当事人主张范围的限制,使当事人的辩论流于形式,成为一种摆设。尽管实行职权主义模式的各国民事诉讼法均无一例外地规定了辩论原则以保障当事人辩论权的行使,但其辩论原则却因为没有对裁判者的约束力,结果使辩论原则非原则化。虽然民事诉讼法中对辩论原则有原则性和具体的程序规定,每一本关于民事诉讼法的教科书也都有专门的阐释,但我们在民事诉讼的实际运行中却看不到辩论原则的具体作用。相反,开庭审理,当事人双方激烈的言词辩论,常常变形为一种"话剧表演",即所谓程序"空洞化"。由于辩论程序本身在整个民事审判程序中具有核心和中心的地位。因此,辩论程序的空洞化就导致了整个民事审判程序的空洞化。其结果是可想而知的:双方当事人热衷于大量的庭前非公开活动,以非程序化、非正当的方式影响法官对案件的公正判断。虽然不能把辩论程序的空洞化视为导致程序非正当化的"潘多拉盒子",但辩论程序的空洞化的确助长了民事诉讼实务中的不正之风。当事人双方的辩论不过是法院裁判的信息来源,甚至往往不是主要的信息渠道。当事人的辩论对法院完全没有约束力。这样,又反过来促使了辩论程序的空洞化。

众所周知,争议解决方式应当与所解决争议的性质相适应。作为一种法律争议的解决方式也应当与该法律争议的性质相适应。不同的诉讼对象其诉讼程序的具体设计也是不同的。我们所知的三大诉讼方式和程序就是根据各自不同的实体法律领域的争议性质即不同诉讼对象来设计的。民事诉讼作为解决民事纷争的主要形式也必须与民事法律关系争议的质的规定性相适应。民事争议是关于平等主体之间财产关系和一定人身关系的争议。争议主体之间是平等的。因为民事交往是以当事人独立意思自由为前提的。当事人的平等地位不过是为民事主体的意志自由创造条件。因此,平等的落脚点必然在有关的当事人的意思自由上。[42] 商品关系产生的决定

〔42〕 参见彭万林主编:《民法学》,中国政法大学出版社 1994 年版,第 3 页。

性因素,在于生产者是生产资料和劳动产品的独立所有人或经营人,必须实现等量劳动的交换,才能收回生产过程中所付出的耗费并赢得利润,使简单再生产和扩大再生产能得以进行。为了做到这一点,参加交换的双方必须承认对方是商品的所有人,与自己处在平等的地位上,“互相对立的仅仅是权利平等的商品所有者;占有别人的商品手段只能是让渡自己的商品”。[43]“参加交换的个人已经默认彼此是平等的个人,是他们用来交换的财物的所有人。”[44]“这一特性的法律要求就是交换双方在法律上必须具有自己的独立人格,都是独立的民事主体,能够在平等的基础上参与民事流转。民法基本原则的平等规则即建筑在这种要求上。”[45]

民法调整的社会关系的性质决定了民法的平等自愿这一“公理性原则”。而民事法律关系的这种特性又决定了民事诉讼的特性,即平等民事主体之间的争议解决过程。实体法领域中的“公理性原则”也必然要在民事纠纷解决领域中得到具体体现和延伸。主要体现在:当事人在民事诉讼程序中同样享有意思自治的权利,当事人不仅在实体法领域有权处分自己的实体权利,而且在诉讼领域也同样可以自由处分自己的实体权利。并由于当事人在诉讼领域对民事权利的处分,必须通过特定诉讼行为的实施来加以实现,能够主动或被动、积极或消极地实施特定诉讼行为的权利也同样被法律所肯定,即当事人对诉讼权利的处分权。没有当事人对自己诉讼权利的自由支配,民事主体对民事实体权利的自由支配也就不能实现。基于这一规范的重要性,现代民事诉讼法均将其作为民事诉讼的另一项基本原则——处分原则。尽管在我国,大多数人都能认识和承认当事人对实体权利和诉讼权利处分的价值,但这种认识和承认却只停留在当事人对诉讼程序的起始、发展和终结的作用以及诉讼法某项具体权利的处分是当事人行使处分权的重要内容这一层面。忽视了当事人对诉讼资料的处分权,当事

[43] [德]马克思:《资本论》(第1卷),中共中央马克思恩格斯列宁斯大林著作编译局译,人民出版社1975年版,第640页。

[44] 同上书,第103页。

[45] 徐国栋:《民法基本原则解释:成文法局限性之克服》,中国政法大学出版社1992年版,第58页。

人对诉讼资料的处分表现在当事人没有在特定阶段和场合(辩论过程中)提出来的案件事实,裁判者不能作为判案的依据。但这一点却是以职权主义为诉讼模式的诉讼结构所否定和排斥的。

职权主义诉讼模式的另一个结构性缺陷是弱化或忽视程序正义。在人们把程序法和实体法作为两个相互独立的又相互联系的法域时,程序正义和实体正义就同时成了人们对程序的过程和实体结果的价值要求。从一般的意义上讲,只要结果是每个人得到了应当得到的或同等情况下的人们得到了同等的对待,也就实现了正义。这种正义可以理解为实体的正义或实体正义。如果把法律视为一种体现正义的规则,那么实体正义的实现就等同于实体法具体规定内容的实现。过去,在许多情况下人们判断某一诉讼结果是否公正也常常是看裁判者是否是按实体法的规定作出了判决,正义往往被认为就是实体的正义,而很少关注程序正义的问题。在传统的观念中,程序不过是实现实体正义的手段而已,程序正义充其量是保障如何实现实体的正义。"实体法从常识来讲就是以'应当如此'的法律关系为内容,提示什么是实体正义的规范。与此相对,程序法则被理解为如何实现实体法内容的手段性规范。""这里表现出一种思想,即以完美无缺的实体法为前提,程序仅仅是以判决的方式产生出其结果来的机械性过程或就是这个机械本身。孟德斯鸠作为法治理想而描绘出来的所谓'自动售货机'式的法官,正是这种程序观念的象征。"〔46〕在这种观念的支配下,就容易导致只要能达成实体的正义即满足实体法的规定,程序的正义与否就无关紧要这样的结果。程序正义的判断就完全依赖于实体正义。即使承认程序正义或程序的价值也只是局限于程序正义对实体正义的从属性。即程序正义只是为了能够尽快地查明案件事实并正确地作出判决。"程序公正是正确选择和适用法律,从而也是体现法律正义的根本保障。首先,公正的程序可以排除选择和适用法律过程中的不当偏向。其次,公正程序本身就意味着它具有一套能够保障法律准确适用的措施和手段,并且由此能够形成保障法律准确

〔46〕 [日]谷口安平:《程序的正义与诉讼》,王亚新、刘荣军译,中国政法大学出版社1996年版,第6页。

适用的常规机制。"[47]

而现在人们对其程序正义独立价值的认识不只是限于程序非正义将会影响到实体正义的实现问题。即使是在过去比较缺乏程序观念的大陆法系国家里,学者们也开始注意到程序正义的其他价值。这些价值包括:(1)正义的程序使结果正当化。判决的结果如果是从正义的程序中产生的,当事人即使遭受了不利的判决,仍然不得不接受该判决。因为程序的正义使当事人的不满失去了客观的依据。"这种效果并不是来自于判决内容的'正确'或'没有错误'等实体性理由,而是从程序的公正性、合理性中产生出来的。"[48]另一方面,也对社会整体产生正当化的效果。因为人们判断审判结果的正当性一般只能从制度上正当程序是否得到保障来认识。[49] (2)程序正义是对程序当事人作为程序主体的充分尊重。具体可以包括程序主体的参与、平等对话、提供陈述机会、维护当事人应有的尊严等。这些可以被视为"程序的内在价值"。[50] 即使这些内容并没有增进判决的准确性,这些价值也是独立存在的,法律必须予以维护。从程序与结果的逻辑关系看,可以这样认为,由于实体结果产生于程序,因此没有程序正义,就不可能有实体正义。

程序正义不仅要求纠纷的司法解决必须遵循法律所规定的程序,更是对程序本身的道德要求。要求程序的设计是正当、合理的。关于程序正义的具体内容,尽管学者们观点学说不一,但大体上应包括以下方面:(1)裁判者应当是中立的;(2)程序能确保利害关系人参加;(3)当事人平等地对话;(4)保障当事人充分地陈述主张;(5)平等地对待当事人;(6)程序能为当事人所理解;(7)充分尊重当事人的处分权;(8)维护当事人的人格尊严;

〔47〕 参见顾培东:《社会冲突与诉讼机制》,四川人民出版社1991年版,第67页。

〔48〕 同上书,第11页。

〔49〕 同上。

〔50〕 参见[美]迈克尔·D.贝勒斯:《法律的原则——一个规范的分析》,张文显等译,中国大百科全书出版社1996年版,第32页。

(9)当事人不致受到突袭裁判。[51]

反观职权主义的诉讼模式,则可以发现这种模式很难关照诉讼程序的正义。职权主义诉讼结构本身就是片面追求实体正义为其理念的。因此这种结构就会自觉或不自觉地否定程序的正义性。裁判者不受当事人主张的限制就可以独立地收集和提出证据,并依此为根据作出裁判,似乎能达到追求真实的目的,但却使当事人的辩论权、处分权虚化。当事人对案件的陈述都可能因裁判者的主动调查和收集证据的行为而变得徒劳无益。法院的职权行为自动地把自己处于与当事人对立的位置,并造成当事人诉讼主体的客体化。由于证据的收集和提出总是难免不受主观因素的影响,这样就打破了个案中当事人之间的平等,裁判者的中立性便自动丧失。这样陈述也许还太抽象,我们可以更具体地作个案分析来阐明这一点。假设在能证明某案主要事实的证据有 A、B、C、D、E、F、G、L。其中有利于原告的有 A、B、C、D、E,有利于被告的有 F、G、L。如果这些证据完全由双方当事人收集,就只有两种情形;全部被收集和部分被收集。按照证据裁判规则,不管属于哪种情况,当事人与诉讼结果的利害关系与中立的裁判者无涉。假设裁判者独立收集了有关该案的全部证据,则还可以说没有打破当事人之间的平衡。然而裁判者往往不可能依职权收集和提出全部证据,那样审判成本就太高。大多数情况下裁判者只是收集和提出部分证据,并与当事人收集和提出的证据合并作为裁判的依据。假设裁判者只收集和提出了有利原告的证据 A、B、C 有利与被告的证据 F,或者是其他状况,不管哪一种状况,裁判者的职权收集行为都打破了当事人在诉讼中的平衡。因为裁判者的行为不是有利原告,就是有利被告。因此,当事人与诉讼结果的利害就因为裁判者的职权介入而与裁判者有关,当事人对诉讼结果的不满将不仅仅是针对对方当事人,更多的时候将是针对本来作为中立者的第三人——法院。这样状况也会影

〔51〕 关于程序正义内容的阐释可参见[美]M. P. 戈尔丁:《法律哲学》,齐海滨译,生活·读书·新知三联书店 1987 年版,第 240~243 页;[美]迈克尔·D. 贝勒斯:《法律的原则——一个规范的分析》,张文显等译,中国大百科全书出版社 1996 年版,第 35~37 页;[日]谷口安平:《程序的正义与诉讼》,王亚新、刘荣军译,中国政法大学出版社 1996 年版,第 12~18 页;[美]彼德·斯坦、约翰·香德:《西方社会的法律价值》,王献平译,中国人民公安大学出版社 1990 年版,第 97 页。

响人们对司法程序的依赖。中立是裁判的生命。

六、民事审判方式改革与诉讼模式转换

我国传统民事诉讼体制以其职权主义诉讼模式为基本特征,因此,亦具有上述职权主义模式结构所内含的结构性缺陷。不过,这些缺陷在相当长的时期里并未被人们所充分认识。一方面,这些结构缺陷是相对于特定的制度环境、认识背景而言的。在某种体制下,这种模式结构也许并不是一种缺陷,反而与这种体制具有天然的亲和性。职权主义诉讼模式与计划经济体制和特定的政治体制就并不排斥。但在体制变革以及其他环境因素发生相应的变化时,传统的诉讼结构缺陷就凸显出来了。

社会主义市场经济体制的建立是我国经济体制的一场革命。标志着我国将彻底摆脱传统计划体制的束缚,使市场对经济资源的配置起基础性作用,使经济活动遵循价值规律的要求,适应市场供求关系的变化,从而推动国民经济的发展。市场经济体制实在地肯定了企业经营自主化,企业是市场的主体,它必须从自身的利益出发,确定盈利目标。实现自主经营、自负盈亏。企业不再是政府行政机关的附属物,企业与国家的关系也不再是"父子关系"。从政府对企业控制方式看,也从过去的直接控制转变为现在的间接控制,政府不再直接干预企业生产和经营活动。在市场经济体制下,商品生产者相互之间是平等的,所有制性质的差异不会使其在经济社会中的地位有所不同,也有商品生产者相互之间的平等才能保证商品交换的平等和自由竞争。

在市场经济体制下,经济主体在经济交往中所具有的主体性和自主性也将在民事纠纷解决领域里要求得到同样的反映。这样原有传统诉讼体制的职权主义结构的当事人主体客体化机制必然遏制市场经济体制下经济主体的主体性和自主性,形成纠纷解决领域内的主体客体化与纠纷领域外经济主体的主体角色相冲突和紧张。在民事诉讼领域里直接表现为当事人的自由处分权的限制和当事人地位的弱化。另一方面由于法院在民事诉讼中过分的职权干预,使法院地位行政化。法院本应具有的中立裁判地位被行政机关才具有的行政管理地位所取代。在我国,法院更像是一个对民事纠

纷的解决进行管理、并对当事人行使权力的行政机关。应当承认传统民事诉讼体制的职权主义结构与计划经济体制下的民事诉讼的潜目的(指民事诉讼法明文规定的目的中隐含的目的)是一致的,即民事诉讼除了维护当事人的合法利益以外,还要考虑国家和社会的利益,因为在传统经济体制下,国家利益与当事人个体利益有直接的利害关系。但在新经济体制下,商品生产者不再是国家的行政附庸,其经济交往中的利益不再与国家利益简单挂合,商品生产则权利也实际还原为“私权”。市场经济必须遵循市场逻辑。“所谓市场逻辑,就是个人权利的自由交易”,[52]在这种社会现实状况下,民事诉讼的目的就纯化为通过正当程序维护当事人的“私权”。新体制在平等的商品生产交往中形成的“私域”也将延伸至纠纷解决领域。在这个领域中公权使国家权力的干预应当减小到最小程度。这显然与职权主义诉讼模式所支持的权力扩张是相悖的。

经济体制改革的深化和拓展更进一步带动和牵引了社会各个领域和层面的变革或变化。例如,社会结构、社会关系、法制建设以及价值观念的变化。在市场经济就是法治经济的基本指导思想的作用下,与市场经济相适应的法律制度的建立、完善和发展是制度影响的一个突出表现。与此同时,人们的法观念或法意识也发生了很大的变化。并反过来影响法律制度的发展。人们的法观念或法意识的变化中,最突出的是人们权利意识的强化。在中国,“尽管权利意识的变化具有不平衡性、被动性,但从总体上观,这种变化是改革以来最深刻的变化”。[53] 人们不仅要求认真看待自己已有的权利,而且人们还要求赋予自己应有的权利,维护自己的权利。过去,人们过于看重和依赖国家权力。在纠纷解决领域,则是过于看重和依赖于裁判机关的主动性和能动性,没有意识到国家权力在个人权利领域的扩张会抑制个人权利的行使,甚至会损害个人的权利。在许多人的头脑中仍存在这样的误识,即国家的权力高于公民的权利,在诉讼中法院作为国家的裁判机

---

〔52〕 张曙光:《个人权利与国家权利》,载刘军宁等编:《市场逻辑与国家观念》(《公共论丛》),生活·读书·新知三联书店 1996 年版,第 2 页。

〔53〕 夏勇主编:《走向权利的时代——中国公民权利发展研究》,中国政法大学出版社 1995 年版,第 49 页。

关,法院的权力自然高于当事人的诉讼权利和其他人格权利,或者当事人的权利来自法院的权力,法院有绝对的支配权。其实与公民的权利最易受到来自国家权力的侵害一样,当事人的权利也最易受到法院权力的侵蚀。人们在某种程度上是把作为中立第三者的裁判机关主动地放在自己的对立面。而造成裁判者与当事人这种对立化的原因恰恰是因为权利主体对裁判者的依赖,主动把自己的主体地位降格于客体,使裁判者的地位变为对应的支配主体,自己成为解决纠纷过程中被管理的对象。

市场经济体制改革的演进,市场经济的发展使人们的法观念或法意识发生了变化,新的法观念或法意识在形成,并不断得到强化。作为法观念的一个重要组成部分的诉讼观念也发生了很大变化。纠纷的司法最初解决、诉讼地位平等、诉讼中"武器平等"、对诉讼权利的尊重、处分自由、充分对话、诉讼权利的充分救济、诉讼中人权的保护和诉讼参与等,成了人们新诉讼观念的重要内容。以前只属于学者的认知内容,现在已经逐步普遍化为公民的意识。特别是律师制度的迅速发展,使这些观念通过律师的中介活动很快地传递给一般的公民,逐渐成为一种社会观念。尽管这种诉讼观念的变化还只是发展的初级阶段,但这种变化却已经强烈地冲击着与这种变化形成的诉讼观念不协同的职权主义民事诉讼体制和诉讼模式。

上述社会改革所带来的社会变化与既存民事诉讼体制的冲突并没有在形式上直接引发我国民事诉讼体制的改革,而是直接来自民事经济审判所面临的压力。改革开放以来,民事经济案件激增,如果按照原有的审判方式法院全面主动调查收集证据,法院就难以提高结案率。从法经济学的角度看,审判的高成本〔54〕和审判的低效益的强烈反差直接引发了人们对现行民事审判方式的反思。的确,这种反思最初只是基于效益的考虑,而非基于对诉讼体制的结构和模式本身结构缺陷的认识。但不管怎么样,这种反思引

---

〔54〕 审判成本是指审判机关在审判中的投入,它区别于诉讼成本,诉讼成本是整个诉讼中的全部投入,既包括审判机关在诉讼中的投入,也包括当事人在诉讼中的投入。但诉讼成本并不是审判成本与当事人或其他诉讼参与人诉讼投入简单之和。减少审判成本并不意味着诉讼的总成本的减少。因为审判机关的投入虽然减少,但却有可能将其成本转嫁给当事人,诉讼的总成本仍然不变。证据的收集和提出主要交由当事人的做法虽然减少了审判成本,但却会增加当事人的诉讼投入。

发民事审判方式的改革。而且改革一开始就直接触及诉讼体制和诉讼模式最基本的问题。虽然在认识上并没有达到体制变革或模式转换的层面。

1988 年召开的全国第十四次审判工作会议正式启动了民事审判方式改革的车轮。在这次会议上,作为审判方式改革的"中心工作"包括强调当事人的举证责任、调整调解与判决的相互关系等。[55] 前者的实质是调整了法院与当事人在民事诉讼中的作用,收缩了法院在民事诉讼中的职权范围,以减少法院的审判成本。后者主要是提高诉讼的效率。民事审判方式改革的成果最终在 1991 年新民事诉讼法中得到了一定的承认。1991 年的民事诉讼法除了增加了一些新的程序、制度(如督促程序、公示催告程序等),在结构上进行部分调整外,最主要的特点是弱化了法院的职权,减少了法院的干预,比之以前强调了当事人的主动性和处分自由。

1991 年的新民事诉讼法虽然对《民事诉讼法(试行)》进行了较大的修改,比《民事诉讼法(试行)》有了很大的进步,但由于新民事诉讼法的修改在理论上准备不够充分,对理论和实践中的问题(有的问题还未显现出来)也未进行更深入的探讨,使新民事诉讼法在颁布实施之日起便显现出其不适应性,正是这样才使民事审判方式的改革得以继续,并有较大的空间范围。民事审判方式改革由于具有探索的性质,没有统一的模式和规范,因此各地法院在民事审判方式"改革"的具体做法操作上有所差异,归纳起来大致有以下几个方面:

1."强化"当事人的举证责任。即改变过去那种法院收集所有证据的做法。一般的提法是在法院的指导下,当事人负主要举证责任。当事人不举证或举不出证的,将承担败诉的后果。也有的将其称为"双向分担制度",即在收集、调查证据中,参与诉讼的原告、被告双方,对自己的主张实行"谁主张,谁举证"的原则;在原、被告与法院之间,只有法院认为审理案件有必要的证据,才由法院收集。

2.强化庭审程序。主要内容是强调法院在庭审程序中对当事人提出的诉讼资料进行质证、核实和确认。法院一般不在庭审前进行大量的调查取

---

〔55〕 参见《最高人民法院公报》1988 年第 3 期。

证,即所谓"一步到庭"。只是对特别复杂的案件法院才进行必要的庭前调查。改变过去"先定后审"的做法,法院根据庭审调查、核实、确认的证据和事实以及辩论的结果,经合议庭合议后当庭形成意见,当庭进行裁判。

3. 强调当事人之间的辩论,突出当事人相互质证、认证。改纠问式为辩论式。

4. 强调合议制和独任制的职能。一般的提法是"简政放权",即把过去有审判委员会实际裁决权下放给合议庭。审判委员会研究案件的范围严格控制在重大疑难案件之内。实行独任审判的,由独任法官行使"定案权"。

5. 强调公开审判。

6. 实行审查立案与审判分离的制度。传统作法是审查立案与审判合一。使立案工作没有专业化,造成了本应立案的却没有立案,当事人告状难的状况。

在民事审判的实践中还有一些更具体的称为"改革"的措施,这些措施大都是十分技术化的具体操作程序。在此不再赘述。

应当指出的是,在上述若干"改革"措施中,实际上有相当一部分只是相对于过去法院的审判习惯作法而言,不过是新民事诉讼法规定的贯彻落实,并不是严格意义上的改革。例如,公开审判、当事人举证责任的承担等。这些在新民事诉讼法和最高人民法院关于民事诉讼的司法解释中都有明确的规定,只是贯彻执行的问题,不存在改革。现在有些要"改革"的制度本身就是完全不合法的。

去年召开的第十七次全国法院工作会议又提出了要大力推行审判方式的改革,主要在四个方面:(1)坚持公开审判;(2)强化庭审功能;(3)强化当事人的举证责任;(4)强化合议庭和审判委员会的职责。[56] 近几年民事审判方式改革的一个突出特点是不仅强调了审判效率,减少审判成本,更关注了审判的公正性,比过去注重程序正义。例如,强调公开审判、强化庭审功能等。可以预计民事审判方式的改革仍然是民事审判实务中的主要课题,民事审判方式改革也将更加深化和拓展。

---

〔56〕 参见《法制日报》1995 年 12 月 24 日版。

与民事审判实务界轰轰烈烈的改革实践相比,理论界对改革的理论研究就显得要冷清许多,似乎有一种隔岸观火的味道。关于审判改革的议论大都出自处于"第一线"的审判实务工作者,对审判方式改革的研究基本上还停留在"工作研究"的层面。造成改革实践与理论研究的隔膜,如究其原因,笔者以为主要有以下几方面:(1)审判实践的封闭,导致理论界难以了解审判实践的运行实况。长期以来,学者们对审判实践的感知主要是通过个体的诉讼体验,在有限的个体直接体验范围内去感受审判实践状况。极其有限和有选择公开的判例无法成为理论工作者了解审判实践整体实态的视窗。加之即使有部分公开的判例,也因为大多判例记载只是实体裁决结果,不反映程序过程,对审判程序的具体操作就更难以感知。(2)原有理论的固滞使理论难以关照和支持审判改革的实践。审判方式的改革是对传统的审判方式的背叛,而原有的理论体系则是传统审判方式的支持者。我国的民事诉讼理论体系是从苏联民事诉讼理论体系移植而来的,具有苏联民事诉讼理论体系的基本特点。尽管苏联的民事诉讼理论体系从形式上看与大陆法系民事诉讼的理论体系具有继承性,但该民事诉讼理论体系通过对大陆法系民事诉讼基本原则——辩论主义和处分权原则的重新阐释,对承继的大陆法系民事理论进行了结构性改革,改革的结果是在其理论体系中赋予了职权主义的诉讼理念。使原来的诉讼理论中当事人主导理念完全消失,整个诉讼理论体系是为强化裁判者的主体性、国家的职权干预、限制当事人的自由处分权服务的。而既行的民事审判方式改革从总体而言则是以弱化裁判者职权,强化当事人的主动性为基本走向的。因此,传统理论的基本理念趋向与民事审判改革的走向无疑是南辕北辙。传统民事理论不仅不能支持和引导民事审判方式改革的发展,反而成为改革发展的桎梏。

由于民事诉讼理论与民事诉讼实践的脱节,使传统的理论不能及时在与审判方式改革实践"撞车"时加以结构性地调整和吸收新的理论,现有的诉讼理论成了民事审判改革结果的"解说员"。只能单纯地追随在审判改革之后。本来民事诉讼理论一直就存在背离、制约诉讼实践的现象,在迅速发展的审判改革的过程中这种现象就更加突出。学者们还在囿于传统理论的束缚时,实务界却已经冲破了传统理论的羁绊,按照现实的需要和自己的理解去实践。理论的苍白和乏力是实务界的普遍认识。

另一方面,又因审判方式改革因无明确、系统的理论指引,人们是以"摸着石头过河"的方式探索审判的最佳方式。改革往往凭审判人员的直觉在实践中探索,这就难免使改革不走弯路,逸脱改革的初衷,并且当改革触及制度和意识的更深层面时便会停滞不前,甚至有可能倒退。从理论上看应当明确和值得研究的是改革要达成的目标模式究竟是什么?改革的实质是什么?改革的重点和切口应当在何处?其根据是什么?如果不从理论上明确这些问题那么审判改革就难免盲目和短视。仅仅从一般的诉讼价值理念上提出要求审判改革既要实现程序正义又要实现实体正义是没有实际意义的。审判改革主要解决的是通过什么样的方法和途径来落实这些诉讼价值理念。不断发展的审判改革实践给理论界提出了以下问题:(1)民事审判改革究竟是结构性的,还是非结构性的。如果是非结构性的,那么,改革就只能在原有或既存的诉讼体制结构的框架内进行改良和调整。如果是结构性的,那么,原有的诉讼体制是以什么样的基本模式为其特征的。(2)如果要构建一种新的诉讼模式,那么,这种新的诉讼基本模式的基本要求和基本原则是什么。(3)以这些要求或原则为指导,在具体制度方面应当如何加以调整或设置。

尽管实务界有人提出民事审判方式的改革不仅是审判操作行为方式的改变,更是一场"革命",甚至是"一场思想上的革命"。[57] 也有的实务工作者指出,民事审判方式的改革就是法官角色的转变或转化,从过去的"主宰型"向"主导性"转化。[58] 从"过去的调解型"向"裁判型"转变。但并没有完全清楚民事审判方式改革是结构性的,还是非结构性的;传统审判方式与民事诉讼体制和诉讼基本模式的相互关系;传统审判方式的体制和原则根据是什么。这就自然发生了改革的具体措施与原有诉讼体制的冲突和紧张。

---

〔57〕 徐影清、崔玉林:《民事审判方式改革势在必行》,载《审判研究》1994年第2期。

〔58〕 参见赵贵龙:《论民事、经济审判方式改革中的"法官角色转化"》,载《山东审判》1995年第3期;赵贵龙:《审判方式改革中的"法官角色转换"》,载《人民司法》1995年第4期。法官角色的转换或转变的提法似乎欠妥,因为在我国实际上法院才是裁判的主体,法官个人并不是独立的裁判主体。这一点与以法官独立的裁判体制不同。在我国裁判体制下,个体的法官只是具体操作者,而不担当裁判的角色,裁判角色转化主体只能是法院而不是法官。

从当前民事审判方式的改革的几个主要方面来看,除了强化合议庭和审判委员会的职责是属于法院内部组织体制的问题以外,其他三项改革措施都与既存的民事诉讼体制、民事诉讼基本模式直接冲突。第一,在审判改革中虽然强调发挥庭审的功能,但却实际受到诉讼体制的掣肘,难以收到实效。因为现行的民事诉讼体制是一种职权主义诉讼模式,强调的是法院主导,不放弃这种主导就必然使庭审功能弱化。而放弃主导性又与既存诉讼基本模式冲突。第二,强化当事人的举证责任。举证责任如果按其本身的含义来理解,是指应当举证的当事人一方没有提出证据或虽然提出了证据但却没有能够加以证明时,该当事人应承担败诉的后果。其前提是当事人双方争议的事实真伪不明。按照传统职权主义诉讼模式,法院可以独立依职权收集和提出证据,那么以当事人一方没有提出证据对主张加以证明而承担败诉的后果就缺乏正当性。一方面,当事人完全有理由指出法院有职责查明案件争议的事实,而拒绝承担其败诉的后果。另一方面,法院职权独立收集和提出证据必然打破当事人的平衡,使法院不自觉地站在了当事人的一方。法院如放弃独立收集和提出证据的职权又与职权主义的诉讼模式相背。实际上许多法院已经在"诉讼提示"中明确地告诉当事人进行民事诉讼必须对其所主张但事实予以举证,如不举证承担败诉的后果。法院不再依职权独立收集和提出证据。这种作法实际上已经基本抛弃了传统的诉讼模式。但这种作法并没有在理论上加以证明。只是司法实践的"非理"操作。与传统诉讼模式是直接冲突的。(关于举证责任,实践中所面临的问题并不是性质问题,而是举证责任的分配问题。笔者注意到有的法院虽然给当事人提供了举证分配规则,但为什么如此分配却并不清楚。)第三,公开审判。公开审判的实质是通过审判的公开达成社会监督,保障程序正义和实体正义的实现。公开审判实际上主要公开的是庭审阶段。如果庭审程序不能规范化进行,则公开审判无法落实。在职权主义诉讼模式下,如前面指出的那样,庭审程序不可能被重视。因此,强调公开审判必然遭遇职权主义诉讼模式的"软阻挡"。职权主义诉讼模式具有使裁判者的审理裁判自然封闭的机制,其突出的表现是审判程序的"黑箱操作"。

民事审判方式的改革实际上已经不只是"方式"的改革,而是诉讼体制的改革，是一种结构性的变革。基本点和核心是诉讼基本模式的转换。民事审判方式的改革已经直接冲击了和动摇了原有的诉讼体制，触及了诉讼模式的深层。如果不实行诉讼模式的转换，民事审判的改革就不可能向纵深发展，取得实效。从民事诉讼理论界的角度讲，也不能只局限于审判方式的改革，仅仅关注裁判者的行为。必须关注整个诉讼系统，从当事人与裁判的两面关系整体思考诉讼体制的改革问题。职权主义诉讼模式是既存民事诉讼体制的基本特征，民事诉讼体制的改革就是对这种诉讼模式予以否定，这也是民事审判方式改革的目标和结果。上述对职权主义模式的结构性缺陷的分析为这种根本性否定提供了根据，在否定了职权主义的诉讼模式后，我们就面临应选择什么样的诉讼模式，或者说在没有选择的情况下我们应当再建什么样的诉讼模式的问题。从基本性质看，前面我们已经给出了现存的两大民事诉讼基本模式——职权主义和当事人主义。前者被否定之后，如果只能在现成诉讼模式中选择的话实际上就已经没有选择的余地了。

七、关于民事诉讼基本模式选择的几个问题

1. 为什么采大陆型当事人主义诉讼模式

笔者一直主张我国民事诉讼基本模式应当采当事人主义。[59] 但需要说明的是当事人主义诉讼模式实际上还有两种类型，以英美民诉讼体制为代表的当事人主义和以大陆法系为代表的当事人主义。笔者所主张应采取的当事人主义只是后者。这样选择的理由是：其一，英美诉讼体制作为英美法律体制的有机组成部分，与英美实体法具有同质性。英美在法律的表现形式、法的适用、司法制度与我国有很大的差异。而我国民事诉讼体制从形式结构上与大陆法系民事诉讼体制有渊源关系。我国民事诉讼体制是对苏联民事诉讼体制的承继。苏联民事诉讼体制又是对俄国民事诉讼体制的继承，尽管是“批判性”的继承，但其基本形式结构仍然得以保留。这种体制是大陆法系民事诉讼体制的典型。从民事诉讼规范体系与实体规范体系的关

〔59〕 参见张卫平：《转制与应变——论我国传统民事诉讼体制的结构性变革》，载《学习与探索》1994 年第 4 期。

系看,我国民事诉讼规范与我国的实体法规范具有血肉联系,形成了一个统一体,相互之间具有内在的统一性。我国的民事实体法体系与民事程序一样,形式结构上属于大陆法系。如果取英美式的当事人主义诉讼模式,在诉讼体制、诉讼规范上难与整个实体法系统一,必然产生排斥。其二,英美民事诉讼运行中所使用的法律术语、理论规范都与我国现行的法律术语、理论规范有相当大的差异,而与大陆法系民事诉讼运行的法律术语、理论规范更为亲近。例如,诉权、诉讼标的、诉讼法律关系、诉的变更与合并、反诉等都与大陆法系中的概念具有同一性或近似性。而且,大陆法系的体制结构是一种理性结构,法律体制是按照一定的理论体系构造的。民事诉讼也是如此,以某一理论为基础,形式逻辑地构造起一个系统、严密、精致的诉讼体制。我国的民事诉讼体制虽然并未完全按照这种结构搭建,但基本形式架构是一致的。如果导入英美式的当事人主义诉讼模式将完全打破这种逻辑结构。其三,英美式当事人主义尤其是美国的当事人主义诉讼体制不仅反映了该国司法体制的当事人主义,[60]而且也是这种文化形态的体现。而这种司法体制和特殊文化形态与我国具有很大的差异,因此这种当事人主义体制也就难以在我国"存活"。而从日本、韩国、我国台湾地区对这种体制的受纳看,可以认为大陆式的当事人主义诉讼模式对我国无根本性排斥。

实现我国民事诉讼体制的改革从根本上讲就是要实行民事诉讼基本模式的转换。即从现存的职权主义民事诉讼基本模式向当事人主义民事诉讼基本模式转换。从而以这一基本模式为基点建构一个以当事人为主导的民事诉讼体制。只有以当事人为主导的诉讼体制才能与社会主义市场经济体制相整合,与民事诉讼的特性一致。使我国的民事诉讼体制成为具有充分实现程序正义和实体正义,体现高度民主的程序制度。民事诉讼基本模式的转换首先必须建立起体现当事人主导理念,并规制整个诉讼结构的民事诉讼基本原则——具有约束性的辩论原则和真正体现当事人权利处分自由的处分原则。取消过去实际存在并发挥作用的国家干预原则,把国家干预尽可能地限制在狭小的空间范围内。在约束性辩论原则和处分原则的基础

---

〔60〕 [美]Preston Moore、Tamu Sudduth 主编:《美国民事诉讼》,有斐阁 1995 年版,第 1 页。

上建立起真正的当事人举证(证明)责任制度。并以此为切口全面调整整个证据制度。以当事人主义为指导,全面地对诉讼管辖制度、当事人制度、审级制度、庭审制度、再审制度等具体诉讼制度进行调整。使各个具体的诉讼制度与民事诉讼基本模式协同,各个具体诉讼制度相互之间整合。由于篇幅有限,本文对具体诉讼制度的改革问题将在以后的论文或书著中论及。

2. 模式选择与诉讼效率、诉讼成本

我国的民事诉讼基本模式脱离原来的职权主义模式人们似乎比较容易理解,但如果指出向当事人模式转换则不太容易被人接受。认为当事人主义模式使诉讼效率低下,不能满足诉讼效率的基本要求。当事人主义人为地使诉讼复杂化,增大了诉讼成本,不符合诉讼经济的原则。因此不少人依然留恋职权主义模式。对此存在一个如何看待程序正义与诉讼效率和诉讼成本的问题。不可否认,如果实行当事人主义的诉讼体制,必然会使整个诉讼程序复杂化和庞大化。当事人主义诉讼体制将给予当事人充分陈述和对话的机会,为了保障这种程序利益,势必要使程序更加完善。但这些程序对于保障程序正义和实现实体正义都是必要的。不能因为追求诉讼效率而牺牲当事人的程序利益,影响程序正义的实现。有的人指出,现在大陆法系各国都为其诉讼体制的效率低下而烦恼,力图通过扩大法院(法官)的职权干预来促进诉讼的迅速进行,提高诉讼效率。我们为什么还要反其道而行之呢?不错,大多实行当事人主义的国家的确普遍面临诉讼滞延、诉讼效率低下的问题。为了解决这一问题,各国采取了许多措施。例如,德国实施了促进诉讼的《诉讼简化法》。这些法律措施,强化了法官对诉讼程序的职权干预,限制了当事人的诉讼权利,以促使当事人迅速进行诉讼。(那种认为西方国家已经由当事人主义诉讼体制向职权主义体制回转的观点是片面的。)但应该看到这些国家的民事诉讼程序已经有了相当长的历史,因其程序在完善中也同时造成了程序的不断“积累”使程序日益膨胀。而我国民事诉讼程序还处于初建阶段,即使完成了诉讼体制的转化,形成了以当事人为主导的诉讼体制,也不会形成像现在西方国家那样过分膨胀的程序。加之在建构时注意程序设置的必要性,程序正义的保障与诉讼效率的关系不会过分紧张。

从法经济学的角度看,单纯评断程序本身成本的话,可以说在职权主义模式下诉讼成本的确比当事人主义模式要低。按照经济分析方法所得出的法律评价原则——经济成本原则:应当使法律程序的经济成本最小化——似乎在模式上的选择上我们没有理由选择当事主义诉讼模式。但我们应当看到,在我国特殊的环境中,职权主义诉讼体制导致了当事人的程序外非公开活动,"勾兑"现象普遍化。使当事人的大量经济投入进入"勾兑"过程,提高了非程序性的诉讼成本。这种体制还使诉讼程序成为一种"灰色系统",该系统具有大量不可预测的变量,人们很难比较准确地估计诉讼投入,诉讼成了金钱"黑洞",诉讼成本无法计算。(也使公平、正义、司法道德的最后防线受到严重的冲击。)实际上其诉讼成本可能还远远高于当事人主义的诉讼体制。以当事人为主导的诉讼体制其诉讼程序具有开放性和投入透明性,诉讼投入比较明晰,诉讼当事人容易估计诉讼成本,有利于减少诉讼。而且,这种体制将大大减少审判成本。另外,即使当事人主义诉讼模式的诉讼成本高于职权主义诉讼模式,仍然不能拒绝对当事人主义诉讼模式的选择。仅仅从经济分析的"工具主义"去分析模式的选择方向是片面的。不管是经济成本的分析还是道德成本的分析方法都是一种"工具主义"的分析方法,这种方法容易导致法律程序的虚无化。正如 D. 贝勒斯所指出的那样:"判决是从程序到经济和道德错误成本〔61〕的因果链条上的一环,而不是从程序到程序价值的因果链条上的一环。程序价值在逻辑上与直接成本处于相同的位置,直接成本也是不依赖于判决的。它们是来自程序本身的,使人满意的东西。"〔62〕民事诉讼程序作为一种充分法治民主化的程序必然会有较大的成本。民主化程度与程序成本呈正比关系,民主就意味着是一种经济投入,有时往往无直接经济收益,所获取的是一种社会道德收益,一种人们对法律程序的信赖和裁判机关的权威性。

---

〔61〕 道德成本分析方法为美国法学家 R. 德沃金所倡导。这种方法区别于经济分析方法,是用于法律程序评价另一种工具主义分析方法。所谓道德成本,就是指错误判决所造成的道德损害。按照德氏的观点,评价法律程序的结果时既要注意其经济成本,还要注意其道德成本。德氏在 1985 年所著《原则论》一书中阐述了道德成本分析法。[美]M. D. 贝勒斯:《法律的原则——一个法律规范的分析》,中国大百科全书出版社 1996 年版,第 26 ~ 32 页。

〔62〕 同上书,第 32 页。

3. 两种诉讼模式能否折中、调合

折中与调合是人们所普遍存在的一种思维习惯和方式。将职权主义诉讼模式与当事人主义诉讼模式加以折中，取其中间状态，以调合为一种折中的模式，是不需要任何研究就可以直接得到的结论。在理论界有不少人在模式选择上就是持这种观点。认为我国民事诉讼的基本模式既不能独取职权主义模式，也不能单采当事人主义，而是要取两种模式的混合状态。如“以当事人主义为主，职权主义为辅”等。[63] 最聪明的表述是“具有中国特色的民事诉讼模式”或者政治化的提法：“具有中国社会主义特色的民事诉讼模式。”这也是我国传统思想或传统思维中“一分为三”的作用。如庞朴先生所言：“西方辩证法是一分为二，中国的辩证法是一分为三。”[64] 已有两者是不够的，必须要找寻出第三者，就是这种思维的结果。不错，这种折中和一分为三的确不乏为一种捷径，也往往能取得很好的效果。但如果对任何事物都持这种态度就难免失之妥当。并不是所有两种事物都可以予以折中和调合。在民事诉讼基本模式的选择问题上就是如此。两种事物能否折中和调合必须首先弄清这两种事物的性质。两者如果在性质上是完全对立则不能折中和调合，实际上也不可能实现折中和调合，顶多只是形式上的折中和调合，导致非鹿非马。

诚然，两种模式中裁判者的职权行使和当事人作用范围都有一个伸展和收缩的度量空间，不同的模式中法院（法官）和当事人作用分配不同，从这种作用分配的空间伸展来看，似乎允许在两者之间寻找一个过渡的空间。但如同本文前述，两者客观地存在不可调合的基本点。这一基本点集中体现在裁判者裁判所依据的事实究竟由谁提出。即法院（法官）能否依职权独立收集证据，作为法院裁判所依据的事实是否要受当事人主张范围的限制。辩论主义或当事人主导原则就是对法院独立收集和提出证据这一职权的剥夺。国家干预原则就是对当事人主张限制的突破。在这一对立的基本点各自生成了两种对立的诉讼模式。因此，在这一基本点上两种模式是没有任

[63] 王柏山、宋纯新主编：《辩论式审判方式操作实务》，人民法院出版社1996年版，第1页。
[64] 庞朴：《“一分为三——中国传统思想考释”序》，载《中国书评》1995年第4期。

何调合租折中的余地。至于在诉讼程序的其他空间里,法院和当事人之间的作用分配是可以微调的,其调谐不影响基本模式的性质。当然,微调也要受模式整合力的作用,使微调通常偏向于模式的基本要求。

以上阐述当然难不倒折中思维,有人就提出,难道就不能够让法院和当事人共同收集和提出证据,从而在这一基本点上形成折中,构建一种混合模式吗?不仅许多人是这样思考的,而且这种思路也体现在民事诉讼法和有关民事诉讼的司法解释中。在民事审判方式的改革实践中尽管已经突破折中,但在理念上仍被这种折中所束缚。《民事诉讼法(试行)》第56条第2款规定:"人民法院应当按照法定程序,全面地、客观地收集和调查证据。"《民事诉讼法(试行)》的该条规定即将我国民事诉讼体制的基本模式定位于职权主义的方位上。民事诉讼法修改时将人民法院收集和调查证据的基本职责改为"全面地、客观地审查核实证据"。(1991年《民事诉讼法》第64条第3款)这一改动可以说是我国民事诉讼体制一个大的进步。但我国民事诉讼体制在其模式上并没有脱离职权主义,仍然给法院依职权收集证据留下了缺口。《民事诉讼法》该条第2款后段规定:"人民法院认为审理案件需要的证据,人民法院应当调查收集。"民事审判方式改革中尽管把证据收集制度作为一项改革的主要举措,但在改革的实践也没有突破民事诉讼法的这一精神。这显然是折中、调合的思维方式起了作用。那种认为关于证据收集不要绝对化或改革应有阶段性的认识和观点实质上还是折中和调合。非绝对化实际上就是即不偏向此端,也不偏向彼端,自然就走向中间。所谓阶段性同样是在寻找中间过程,是一种从发展过程求折中的表现。

有的人认为原则上法院不应独立依职权收集证据,只是在特殊情况下才作为,这体现了原则性和灵活性相结合,有什么不妥呢?问题在于:其一,法院拥有独立收集证据的自由裁量权,不仅没有弥补职权主义诉讼模式所存在的结构性缺陷,反而造成了新的不平等。司法的一个基本原则是同等情况同等对待。法院对证据收集拥有自由裁量权,就可能造成此案主动收集而彼案不主动收集证据的情况。在个案中,法院的职权介入在客观上总是对其中一方当事人有利而对另一方当事人不利。公平原则不仅仅是要求法院平等地对待个案中的双方当事人,还要求法院平等地对待所有诉讼案件的当事人。其二，只要保留法院独立收集和提出证据的职权，仍然给非程序的大量庭前活动——“勾兑”提供了机会。当事人无疑会利用这种法律上的缺口，诱使法官实施利己的职权行为。其三，程序正义要求裁判者不得实施“突袭性裁判”（德语为 Uberraschungsentscheidungen）。突袭性裁判，是指裁判者未使当事人充分利用程序法所提供的攻击和防御的机会而作出的裁判。突袭性裁判不当的法理是损害了当事人（人们）对司法制度的信赖。〔65〕依职权独立收集证据的结果当然是法院依自己所收集的证据作为裁判的依据。这些证据与当事人所主张的证据资料是不同的，当事人提出的证据必须经过当事人相互之间的质证和法院的审查核实。而法院提出的证据则无须当事人进行质证。否则就丧失了独立收集证据的意义。这样必然使当事人难以事先预料法院裁判的结果。由于法院独立收集和提出证据，就使一部分裁判所依据的事实绕开了辩论程序而直接在判决阶段出现，从而造成突袭性裁判。突袭性裁判的问题过去一直不为人们所重视，没有意识到裁判的突袭性会影响程序的正义和人们对司法的信赖。这是因为突袭性裁判的发生往往是基于裁判者促进诉讼、发现真实的良好动机。这种主观上的善良动机恰恰妨碍了裁判者对自己行为效果的审视。如何防止突袭性裁判已是大陆法系国家民事诉讼理论界和实务界所普遍关注的问题。〔66〕尽管突袭性裁判发生的程序因素和裁判主体因素有很多，但可以说职权主义模式的诉讼结构最容易造成突袭性裁判。因此，就我国民事诉讼而言，模式的转换是防止突袭性裁判的一个基本措施，是一种制度性的保障。

为了证明两种模式折中和调合的可能性，有的人指出日本民事诉讼模式就是模式混合的典型。其实这是一种误读。正如本文前述，日本的民事诉讼体制虽然与英美型民事诉讼体制有所不同，但在诉讼的基本模式具有同样的性质，仍然是当事人主导的诉讼模式。只是当事人主导的具体方式和表现形式有所差异。的确，日本民事诉讼体制在战后发生了很大的变化，

---

〔65〕 参见［日］高桥宏志：《防止突袭性裁判的体系》，载《法学教室》1982年第19号；丘联恭：《程序制度机能论》，台北，三民书局1996年版，第5页；丘联恭：《司法之现代化与程序法》，台北，三民书局1995年版，第120～124页。

〔66〕 参见［日］高桥宏志：《防止突袭性裁判的体系》，载《法学教室》1982年第19号。

受美国法律制度的影响,导入了一些英美民事诉讼中的具体制度。例如,英美民事诉讼中的“交叉寻问制”(德国、法国、奥地利等大陆法国家实行的是法官直接寻问制),即由一方当事人首先对证人进行最初的寻问(主寻问),然后由对方当事人进行反寻问。(《日本民事诉讼法典》第249条)这种寻问证人的方式反映了英美型当事人诉讼的一个特点。但日本民事诉讼体制向美国民事诉讼的趋近,并不是诉讼模式的转换。应当注意的是,大陆法系的民事诉讼法学者在看待英美民诉体制与大陆法系民诉体制,往往是从两大法系的形式来看待两者的差异。因此,他们常常把两者视为完全不同的模式体系。不过从我们的观察视角看它们实际上无本质差异。

4. 当事人主义诉讼模式与发现真实

不管是英美型当事人主义诉讼模式,还是大陆型当事人主义诉讼模式,其基本点都是要求裁判者所依据的事实必须受当事人主张的限制,即当事人没有主张的事实裁判者不能作为裁判的依据。裁判者当然可以对当事人主张的事实即证据资料按法律规定的方式判断其真伪并予以取舍。但裁判者不能在当事人主张的范围以外提出证据。英美法的陪审制度是最典型的例子。陪审团决不能也不会去独立调查收集证据。在大陆法的场合,如果法官在当事人主张的范围以外以自己独立收集的证据对案件作出了判决,则当事人可以以该判决违反辩论主义提起撤销该判决的上诉。[67]

正是由于当事人的主张对裁判者有约束和限制,才使当事人的自认制度得以成立。按照自认制度,一方当事人对对方当事人提出的某一事实予以承认时,法院在判决中应以该事实作为判决的依据。问题在于,如果自认的事实并不存在时,法院是否仍要受该事实的约束?就是说法院仍要依该自认的事实作用判决的依据吗?如果回答是肯定的。那么,这不是与法院追求真实的理念相冲突吗?正是基于这一疑问,许多人拒绝选择当事人主义的诉讼模式。应当坦率地承认,自认制度与追求真实之间的确存在冲突和紧张。但应该看到,自认制度是当事人主义的逻辑产物。“自白(自认)与

---

〔67〕 参见[日]高桥宏志:《论辩论主义》,载《法学教室》1999年第9期。日本最高裁判所1950年11月10日民事判例,民事判例集第4卷11号第551页。1957年5月10日民事判例,民事判例集第1卷第715页。1976年4月12日民事判例,民事判例集第20卷45号第548页。

把辩论原则(辩论主义)作为民事诉讼的本质的观点紧密相关。当事人根据自己的意思而作出决定来约束法院就是其根本的理由。"〔68〕从理念上讲,这当然是一种制度性缺陷。不过,不能因为自认制度的这一缺陷就武断地否定整个当事人主义的诉讼模式。而且自认制度对于提高诉讼效率还发挥着重要的作用。也有的外国学者认为,自认制度可以提高诉讼效率才是其制度的根据。〔69〕实际上在法律制度中整体构造中某些局部构造与某些"崇高的理念"相冲突的情况总是存在的。并且这些理念的实现总是要受到法律制度基本原则的约束。如果绝对地追求这种理念的实现就有可能破坏或突破这些基本原则的制约。法律制度中常常存在法律制度所维护的某些利益的冲突是难免的。因此就要权衡利弊大小,取其利大而弊小的一方。在民事诉讼中,追求真实是一种无可指责的理念。但这种追求必须受若干基本原则的制约,如当事人处分原则、辩论原则(有约束性的辩论原则)、当事人自治原则。如果突破这些基本原则就会使整个诉讼体制的结构发生紊乱。以局部的制度性缺陷来否定整个体制结构和绝对地追求制度的完美就最容易导致"理性的谬误"。为了顾及整体的制度利益而限制某些"崇高理念"的追求,在法律制度的构造中允许局部的缺陷是客观存在的。法律制度中的"被告不得自证其罪",我国刑诉中的"上诉不加刑",律师制度中的"辩护律师不得揭发被告人犯罪事实"等都可以说明这一点。

在拒绝和排斥选择当事人主义诉讼模式的若干理由中,认为当事人主义诉讼模式与中国国情相左是颇有分量的理由之一。主张者所谓的"中国国情",主要就指中国国民文化素质较低(存在2亿多文盲半文盲的国度)〔70〕和中国社会现实的制约性。与中国国民的文化素质相联系的是,较低的文化素质影响当事人对证据事实的充分认识,难以发现足够的有利自己的证据资料;与中国社会现实制约性相联系的是,由于各种原因,当事人难以充分地收集证据。法院作为一种特殊的机关则有条件收集到查明案情的

---

〔68〕[日]谷口安平:《程序的正义与诉讼》,王亚新、刘荣军译,中国政法大学出版社1996年版,第127页。

〔69〕同上书,第128页。

〔70〕注〔8〕文。

证据。前者属于个体认识能力的限制，后者属于手段限制。可以设想，基于此种“国情”当事人就可能在诉讼中因其不能举证而不能获得法律对实体权利保障。因为当事人主义诉讼模式是利用当事人双方的利益冲突机制，使当事人双方为了得到胜诉判决，尽力提出利己的事实，法院也就可以在这些主张的过程中发现真实。

笔者以为以上不能成为拒绝选择当事人主义诉讼模式的理由。

其一，仔细分析一下文化素质与证据事实认识的相互关系可以发现，在诉讼现实中文化素质的高低与对证据表现形式的认识、证据事实对己是否有利的判断、权利成立的法律要件事实要求等有一定的关系，最直接影响上述诸方面的文化素质并不是一般人所具有的文化素质，而是法律专门知识方面的素质，实际上是法律知识水平的高低。然而一般的人均不具备这方面的素质。作为一般人来讲，当事人对民事争议过程的切身了解是当事人在诉讼中能否充分提出证据事实的关键和基础，而文化素质与当事人能否充分提出证据事实并无很大的关联。

其二，那种认为当事人主义诉讼模式不能与上述中国国情相适应的观点的另一个不妥之处还在于，他们没有弄清当事人主义诉讼模式对证据的规制要求，或者说没有弄清楚这种诉讼模式下证据事实主张的具体要求，因而把当事人主义诉讼模式视为一种对当事人素质和举证能力要求很高的诉讼模式。他们也忽视了或者说不了解这种模式具体适用时所设置的有利于当事人举证的各种制度和措施，而断言其不适应性。的确，在英美法国家，尤其是美国，由于其律师制度的发达，当事人可以借助无所不在的律师以适应复杂诉讼的技术性要求。（也可以说是律师业的发达使美国的诉讼变得复杂，因为诉讼越专业化，人们对律师的依赖就越大，获利也就越大。）因此，在诉讼程序规范方面也不像大陆法国家那样设置有减轻当事人举证负担的制度措施。但大陆法却有所不同，设置有若干有利于当事人提出证据事实、阐明法律关系的具体制度。例如，在当事人举证能力方面，在当事人提出证据有困难时，并不要求当事人实际提出证据，只需要当事人提出证据事实的线索即可，这种证据事实的线索的提出就是当事人在诉讼中的主张。而法官在这个主张范围内调查收集证据亦属于符合当事人主义模式的要求。相当于我国1991年《民事诉讼法》第64条第2款前段所规定的，“当事人及其诉讼代理人因客观原因不能自行收集的证据”，由人民法院收集。这样的规定并不是体现职权主义模式的要求，与该条后段的规定具有完全不同的性质。大陆法系国家民事诉讼中的释明制度也是为了使当事人所提出的诉讼资料更加明确和充分。在实务上，当事人的认识能力和手段能力有限的情况下，当事人对案件事实的陈述有可能不充分和不明确，即存在诉讼资料上的瑕疵时，法官可以要求当事人予以补充。如果当事人的陈述毫无意义或带有诈欺性的，则可以行使释明权加以消除，〔71〕使审理更加充分，裁判更接近案件真实状态。

其三，在法律越来越复杂和技术化的现代社会中。纠纷的解决也越来复杂和技术化。当事人的应诉能力不能满足时，就要寻求其他专业人员——律师予以帮助。不容置疑，以当事人主义诉讼模式为基本特点诉讼体制必须比原有的职权主义诉讼体制要复杂和技术化。因此，有的人就认为，我国现在的律师队伍还不能适应诉讼体制转换。〔72〕改革开放以来，我国律师制度发展迅速，尽管与其他法治发达国家相比还有相当大的差距。但仅就诉讼领域来看，律师的规模和数量已经基本满足要求。如果认真地考察分析一下，就可以发现我国律师制度建设与发达国家的差距其实并不表现在诉讼领域里一般诉讼案件的参与，甚至可以说对一般诉讼案件的参与而言，现在我国律师队伍的规模和数量已经相对饱和（现实中许多律师事务所业务清淡即可言明此况）。差距在于律师的素质、律师对非讼领域的参与、律师对经济领域的参与、律师在社会各个方面的作用，等等。例如，缺乏大量具备高素质的律师队伍参与国际经济交往中的法律事务；律师的自身素质和修养还有待提高；律师在非讼领域对公民权利的维护还有待加强；律师作用因体制和其他周知的原因而扭曲；等等。因此，断言我国律师的实际状况不能满足当事人主义诉讼模式显然过于武断。另外，持这种观点的人在认识上可能还存在这样的误差，即将我国的律师实况与发达国家的诉讼运行现

〔71〕 详见张卫平：《程序公正实现中的冲突与衡平》，成都出版社1992年版，第28～35页。
〔72〕 注〔8〕文。

状挂合。把我国诉讼体制转换后的现状假想为西方国家现在的诉讼实况。

最有力但同样不需要证明的理由是“不要照搬西方”。只要在论述中指出对方的做法和观点是照搬西方,似乎就已经将对方的观点彻底“封杀”。中国有中国的实际情况,与国外当然有所不同,这一点当然不需要证明。但并不是说在民事纠纷司法解决中就不存在超国界的共同规律,如果他国的民事诉讼制度中的作法是符合这种共同规律的,那么就是“照搬”又有何妨?人为地强调“特色”,就会使构建的制度和理论违背其客观规律。在我国的民事诉讼实践中和理论运用方面,既有因为照搬而失误的,更有人为制造“特色”而出错的。有的学者正确地指出,各个国家民事诉讼的具体制度有所不同,即使同为大陆法国家或同为英美法国家,相互之间亦有所不同,主张完全“对接”“接轨”是错误的。但这并不排斥在某些方面的对接,如民事诉讼基本模式的转换。还应当认识到追求国际化和大体的标准化是国际上司法制度的发展趋势,减少人为差异而尽量求同有利于日益加强的国际经济交往和全人类的进步与发展。刑事司法的国际标准化就是其例证。

试图将当事人主义民事诉讼模式与职权主义民事诉讼模式予以折中,让裁判者和当事人共同承担证明案件基本事实的想法并不只是国人所思。在大陆法系极具代表性的国家——德国,一直就有少数学者也主张所谓“社会性民事诉讼”。即以“协动主义”取代传统的辩论主义或者修正辩论主义。在其基本诉讼模式上是企图以职权主义模式修正当事人主义。所谓“协动主义”(Kooperationsmaxime),其主要含义是,认为法院和当事人在民事诉讼中的关系应是协动关系,互相配合协作,共同发现民事争议的事实,以追求裁判的真实性。即民事诉讼中当事人和法院是一个“共同作业体”,民事诉讼是共同作业的过程。[73] 德国学者的这种观点倒不是基于以上所言的一种思维习惯或观念的预设,而是基于对德国或者说整个西方社会变化的认识。他们认为,德国以及西方发达国家已经由原来的自由主义法治国家向社会性法治国家转化,其原因是西方国家社会福利制度的发展,要求国家广泛地

〔73〕 [德]贝塔·基勒斯:《德国诉讼制度的课题》(日文版),日本中央大学出版部1988年版,第365、366、367页。

参与社会，服务于整个社会，充分发挥国家机器的积极作用，而不是放任社会的自由发展。打破绝对的平等，寻求一种相对平等。因此，在国家从自由主义法治国家向社会性法治转换的过程中，民事诉讼体制也应当从自由主义的民事诉讼体制向社会性民事诉讼体制转换。社会性民事诉讼体制的基本原则就是“协动主义”。[74]

的确在整个西方国家，20世纪以来国家对社会的干预有所加强，对个人权利的行使比自由资本主义时期有所限制。这种限制间接地体现在民事纷争司法解决领域就是裁判机关对民事诉讼的职权干预。但这种职权强化并没有形成一种民事诉讼基本模式转换。而且其职权干预与我国法院的职权干预程度是不能同日而语的。德国民事诉讼中法院的职权强化主要体现在法院对诉讼的指挥、控制以及促使发现真实方面。例如，法律规定当事人有陈述真实事实的义务。法官拥有对当事人的发问权以查明案件事实，即本文前面所谈到的释明制度。例如，德国1909年修改的民事诉讼法就规定，法官对案件争议的事实及争议状况须一当事人进行讨论，促使当事人作充分且适当的陈述。[75] 但德国民事诉讼法这种变化只是一种量的变化。法官仍然不能依职权独立收集和提出证据，法官裁判所依据的事实依然要受当事人主张的约束。所以德国大多数学者仍然认为协动主义并没有成为取代体现当事人主义的辩论主义。协动主义不过是一种强化法官职权的改良思想，作为大陆型当事人主义诉讼模式运行的修正器，而非一种折中职权主义与当事人的新的混合模式。

八、余言

民事诉讼基本模式转换是一个复杂的系统工程。转换过程中还涉及一系列有关整个诉讼体制的调整问题。民事诉讼基本模式从既存的职权主义向大陆型当事人主义诉讼模式的转换所体现的实质精神是强调当事人在诉讼中的主导作用，强调当事人的主体性。因此，除了直接关系民事诉讼模式

---

〔74〕 参见[德]鲁道夫·巴萨曼：《社会性民事诉讼——社会法治国家中的民事诉讼理论与实务》(日文版)，成文堂1990年版，第105页。

〔75〕 同上书，第103、118页。

的基本点的有关规定应该加以修改以外,诸如管辖制度、当事人制度、庭审制度、程序的启动方式、审级制度、再审制度等都需要相应的调整。民事诉讼基本模式的转换实际上就已经提出了再次修改民事诉讼法的问题。

民事诉讼基本模式的转换不仅对转换的"硬件"——法律规范——提出了相应的变更要求,而且对其"软件"——民事诉讼理论——同样提出了相应变更的要求。就我国民事诉讼理论的某些局部板块内容或对概念的阐释、组合而言不乏自己的独创,但从整个民事诉讼理论体系观,我国民事诉讼理论体系的基本架构无疑是对苏联民事诉讼理论体系的参照或移植。这种理论体系与当时的社会环境和意识环境观照,是当时社会的产物,具有极强的时代色彩。而当今中国社会已经发生了巨大的变化,经济体制、政治体制、社会意识、法律观念等都发生了相当程度的变化。[76] 从民事诉讼理论的环境因素变化的角度看,民事诉讼理论及体系的修正和调整都是必然的结果。民事诉讼体制和模式的转换也同样是民事诉讼理论体系修正和调整的内部根据。不仅我国民事诉讼体制是以职权主义为其基本特征,而且我国民事诉讼理论体系的主要理念也是职权主义。职权主义不但是一种体制模式,也是一种诉讼观念模式。在我们的教科书理论中,职权主义的意识也得到了比较充分的体现。例如,在阐述民事诉讼法律关系的性质时,教科书大都认为,民事诉讼法律关系是一种权力关系。"作为民事诉讼法律关系主体一方的人民法院,在诉讼过程中始终起主导作用。""在一般情况下,它(人民法院)的诉讼行为,对民事诉讼法律关系的发生、变更或者消灭起决定性的作用。"[77] 民事诉讼法中的职权主义也在民事诉讼理论中反映出来。目前,民事诉讼法学界比之以前对理论的探讨面更广,视角也有了变化。正逐渐脱离苏联民事诉讼的理论体系和"范式"。开始运用一些外国的民事诉讼理论来分析我国民事诉讼的运行规律。并以这些理论为指导试图对民事诉讼中的某些具体制度进行修正或新设某些新的具体制度。例如,对举证责任制度的探讨。尤其是江伟教授一篇《市场经济与民事诉讼法学的使命》更是

---

〔76〕 参见张卫平:《转换时期我国民事诉讼理论体系的逻辑发展与契合》,载《湘江法学评论》,湖南出版社 1996 年版。

〔77〕 王怀安主编:《中国民事诉讼法教程》(新编本),人民法院出版社 1992 年版,第 9 页。

以全景的视角,全面阐释和提出了当前和以后一段时间我国民事诉讼法学领域中所面临的问题,使我们能够对某些民事诉讼的基本问题予以重新思考。例如,从主体性原则来思考民事诉讼当事人主体程序权的保障问题;重新思考民事诉讼的目的和民事诉讼价值的多元性;等等。但笔者也注意到学界对民事诉讼理论的研究和探讨似乎还缺少一条比较明晰的主线。还没有充分把握理论体系重构的基本指导理念。笔者以为这条主线和基本理念应当是与民事诉讼基本模式转换一致的,这就是当事人主导原则。只有以当事人主导原则为主线和基调才能把握整个理论体系逻辑发展和各理论之间的与该原则和理论的统合。以民事诉讼法律关系理论为例,如果在探讨该理论时不以当事主义为指导,就仍然不会走出原有理论的缺陷,原有的诉讼法律关系理论就依然是新诉讼体制的羁绊。对辩论原则、处分原则、举证责任、证据制度、诉讼标的、既判力、诉权等重大理论问题的研究都不能离开当事人主义的主线。

最后,笔者还想指出,我国民事诉讼基本模式即使实现了转换,民事诉讼理论体系中注入了当事人主义的指导理念,也不能就此以为我国民事诉讼实务和民事诉讼理论中的所有问题都已经解决。我国民事诉讼还面临许多制度建设、运行的实际问题和技术问题。在理论方面,也还有不少具体的、微观的理论需要进行研究。

(本文原载于《现代法学》1996 年第 6 期)

审判中心主义及其对刑事程序的影响

孙长永

一、审判中心主义的含义和理论依据

审判中心主义指审判(尤其是第一审法庭审判)是决定国家对于特定的个人有无刑罚权以及刑罚权范围的最重要阶段,未经审判,任何人不得被认为是罪犯,更不得被迫承受罪犯的待遇。具体来说,审判中心主义有两层含义:一是在整个刑事程序中,审判程序是中心,只有在审判阶段才能最终决定特定被告人的刑事责任问题,侦查、起诉、预审等程序中主管机关对于犯罪嫌疑人罪责的认定仅具有程序内的意义,对外不产生有罪的法律效果。正如日本学者指出的,审判程序的核心是法庭审判(所谓"公审"),在"对立当事人双方到场的情况下公开进行法庭审判,是近代刑事诉讼法的本质要求",其中心议题是"确定刑罚权之有无及其范围大小","这种实体的判断必须经过公审,而且原则上不得以公审以外的程序决定"。[1] 二是在全部审判程序当中,第一审法庭审判是中心,其他审判程序都是以第一审程序为基础和前提的,既不能代替第一审程序,也不能完全重复第一审的工作。

审判中心主义是近现代国家刑事诉讼中普遍认同的一项基本原则,它是司法最终解决原则在刑事诉讼中的具体表现。其理论依据主要有两点:

第一,这是实行刑事程序法定原则而导致程序法治化的必然结果。刑事程序法定原则在大陆法系国家是与罪刑法定原则相伴而生、形影不离的,在英美法系国家则表现为"法的正当程序"原则。其基本内容有两点:一是

---

〔1〕 [日]藤本英雄、金子宏、新堂幸司:《法律学小辞典》,有斐阁1979年版,第284页。

为了追究犯罪和保障人权,国家应当通过立法明确规定刑事程序,如大陆法系国家不厌其详地以法典化的方式对刑事程序的基本方面进行具体、周密的规定,就是刑事程序法定原则在立法上的具体表现;二是侦查、起诉、审判机关采取限制人身自由、损害财产权益等诉讼中的强制措施以及给个人定罪判刑时,必须遵守代议机关制定的反映民众意愿的法律所规定的程序。在法定的程序以外,政府无权对任何人判处刑罚或者使其承受相当于刑罚的待遇。排除法定程序外定罪判刑的可能性之后,在刑事程序的范围内,由于侦查、起诉权力明显地隶属于政府,要防止政府利用强制权力进行政治迫害或者强行推行违背民意的刑事程序,必须以独立的审判权对侦查、起诉权进行有效的制衡,使法院的审判程序成为保护个人权利的屏障。如果审判权受制于侦查、起诉权,或者法院必须屈从于政府的意志,那么,虽然名义上存在"法定程序",但其实质上不过是政府推行强权统治的工具,甚至成为少数政府领导人推行人治的合法手段(如希特勒统治时期的德国和斯大林统治时期的苏联),这是对个人基本权利和自由的严重威胁,是现代法治国家所极力避免的。就这一点而言,审判中心主义是以与现代民主政治相适应的独立、公正的法院制度为前提的。没有一个独立公正的法院,就根本谈不上什么审判中心主义。

第二,这是民主社会公正彻底地解决政府与个人利益冲突的客观需要。刑事诉讼本质上是政府权力与个人权利之间最尖锐的冲突,东西方文明在解决这一冲突的大部分时间里并未贯彻法治原则,而是采取了直接体现等级制度和专制权力的"纠问制"形式。在这种纠纷解决机制之下,并不存在一种平等适用于所有人的"法定程序",即使存在一定的程序规则,它们对于强制性的政府权力也没有真正的约束力,甚至程序本身根本就没有抑制权力的功能,更谈不上在整个程序中贯彻审判中心原则。因此,它是人类历史上最残忍、最不公正的刑事程序制度。这种制度可以一时平息个别、具体的官民之争,但不能消除官民矛盾赖以发生的根源。因此,与政府全面镇压、随意剥夺个人财产、自由甚至生命相对应的,往往是普通民众周期性地甚至是不间断地以暴力手段反抗压迫和剥削,整个社会毫无公正可言,个人的基本自然权利得不到法律上的认可,更缺乏应有的制度性保障,政府权力与个人权利之间的冲突永无彻底解决之日。民主宪政取代专制制度之后,首要任务便是确认“市民社会”的个人权利,使政府权力立足于多数人的意志,并以保障个人的安全和自由以及追求幸福的权利为基本存在依据。这样,在政府权力与个人权利之间事先就确定了一定的公平合理的界线:政府有义务尊重并保障个人的固有权利,个人有义务遵守政府依法制定的法律和规章。政府如果认为个人触犯了法律,必须通过事先确立的审判程序,由独立公正的法院出面并经过事先确定的公正程序作出权威性的裁决,才能最后对涉嫌的个人权利进行限制或剥夺。这样,政府与个人之间的冲突不仅在形式上“解决”了,而且由于程序本身的民主性、公正性和权威性,这种冲突在实质上得到彻底的平息,其公正的程度使理智健全的个人无法再以法律外的任何手段对抗政府的强制权力,因而,整个社会的民主性、稳定性得以持久地维持下去,政府能够正常地履行国家管理职能,个人也可以依法自由自在地充分享受各项权利。就这一点而言,审判中心主义乃是公正、彻底地解决政府与个人利益冲突的需要,也是民主宪政体制下政府剥夺个人基本权利所必须遵守的基本原则。

二、审判中心主义对于刑事程序的影响

审判中心主义虽然是现代法治国家公认的一条基本司法原则,但由于各国的政治民主化程度、司法体制、法制传统、社会条件不同,它在不同的国家以至于同一国家不同历史阶段的刑事司法中都有不同的表现。但是,从总体上说,这一原则对于两大法系的侦查、起诉、法庭审理和上诉程序以及刑事证据法则都产生了广泛而深远的影响。

(一)审判中心主义对于侦查程序的影响

在刑事司法领域内,侦查程序最先触及个人的权利,因而审判中心主义的影响也从侦查程序便开始体现出来,但这种影响在两大法系的主要表现不同。在大陆法系,侦查是官方单方面的调查程序,但为贯彻公正原则,传统上强调法官的早期参与,侦查机关除现行犯或紧急情形外,原则上在侦查过程中无权动用强制手段,羁押、搜查、扣押、邮检、监听等侵犯个人自由或隐私权的强制措施,原则上必须经过法官的批准。为查明事实,侦查机关可

以排除犯罪嫌疑人的一切妨碍行为,但不得为了获得口供而采取强制措施。英美法系国家的侦查程序则是控辩双方"双向"并进的审判准备程序,带有深厚的"弹劾"制色彩,为贯彻无罪推定原则,侦查机关除非经过法官批准,不得在审判前羁押犯罪嫌疑人或被告人,因为人身强制措施只限于以保证被告人于审判时到庭为目的,而且期限应当尽可能缩短,以免使被追诉者长期承受罪犯的待遇;被告方在审判前还可以申请法官保全证据,以司法强制力强制有利于自己的证人提供证言。两大法系基于审判中心主义,都承认犯罪嫌疑人在侦查程序中一定程度的主体性,为此赋予其沉默权或者不受强制自证其罪的权利,犯罪嫌疑人对官方为查明案件事实而进行的侦查在法律上不仅没有协助的义务,相反,还有权获得律师的帮助,以保护自己的程序权利,并为审判阶段的辩护做好准备。"口供中心主义"的侦查在两大法系至少在法律上受到共同的摒弃,因为凡是以强制、胁迫或者其他不正当方法获得的口供,在审判阶段均无证据能力。

(二)审判中心主义对于公诉程序的影响

公诉是政府正式对特定的个人向法院提出审判请求、要求判处刑罚的行为,因此公诉程序的启动直接威胁到市民社会的个人权利,不能任由政府单方面任意决定。基于审判中心主义的要求,两大法系都建立了由法官或法院出面对公诉决定进行审查的程序。

英美法系传统上对于公诉实行两种司法审查程序:一是治安法官进行的预审程序,二是大陪审团进行的审查起诉程序。1933年英国废除大陪审团制度后,对公诉有无基本根据的审查全部由治安法官进行。近年来,英国对于预审程序进行了多次修正,但其抑制不当公诉的基本精神始终未变。美国至今仍在联邦系统和19个州的法院实行大陪审团审查起诉制度。《联邦宪法第五修正案》规定:"除非是发生于陆海军部队的案件,或者在战时或国家危急时发生于服现役的民团的案件,非经大陪审团提起公诉,人民不受死罪或不名誉罪之审判。"同时,在所有重罪案件中,被告人都有要求举行预审的权利,由控方以言词方式向法官证明存在指控的基本证据,并允许辩方当场反驳。此外,英美法系国家及日本还在起诉程序上实行"起诉状一本主义",禁止控方在起诉时向法院移送证据材料,以防止法官对案件产生预断,但控方在起诉通过预审审查后必须向辩方开示证据，以便辩方做好审判前的准备。

在法国，重罪、需要采取强制措施的轻罪以及未成年人犯罪的案件，必须经过预审，特别是重罪，只有经过上诉法院起诉庭的审查批准，才能正式交付重罪法庭审判。德国1975年废除传统的预审制度后所确立的"中间程序"、意大利1989年实施的刑事诉讼法及西班牙、葡萄牙刑事诉讼法规定的预审程序，都把对公诉权的司法抑制作为主要任务，严重犯罪案件的公诉决定，如果没有经过法官批准，就不能引起正式审判程序。

（三）审判中心主义对于法庭审判程序和刑事证据法则的影响

审判中心主义在法庭审判程序以及证据法则方面得到最明显的体现。根据国际公认的无罪推定原则，在未经法院依法确认为有罪之前，任何人都应当被视为无罪。为确定被告人是否有罪而进行的法庭审判，原则上必须公开进行，这不仅是指法庭审理的实质性活动以及宣告判决必须公开，而且记录整个审判过程的笔录在审判结束后原则上也应当允许其他任何人查阅，[2]以增强审判程序的公众接受程度。此外，一系列保障审判公正性的其他原则如不告不理、辩护、质证、陪审或参审、言词直接、集中审理、一事不再理等原则，得到各国的普遍承认。在证据法方面，英美法系及日本法实行传闻法则，传闻证据原则上不得在审判中用作实质证据；德国、意大利、西班牙、葡萄牙等传统上承认侦查笔录证据能力的国家，在欧洲人权公约的影响下也通过刑事司法制度的改革对侦查笔录的证据能力进行了严格的限制，原则上证人必须亲自出庭作证，以便被告人当庭质证；各国在以司法程序排除侦查期间违法搜查的证据规则方面，也有不断一体化的趋势。[3] 但是，无论在欧洲大陆，还是在英美，侦查、起诉机关都无权直接强制证人作证，控方如果需要在侦查期间保全证人的证词，只能申请法官强制证人到场提供证词。相反，在审判阶段，负有作证义务的人如果拒绝作证，各国法院都有权

---

〔2〕 参见孙长永：《日本刑事诉讼法导论》，重庆大学出版社1993年版，第220页。

〔3〕 See Craig M . Bradley, The Emerging Internat ional Consensus as to Criminal Procedure Rule, 14 *Mich . J . Int'* 1*L*. 171(1993).

给予一定的制裁，英美法院甚至可以对拒不作证或违反法院出庭命令的证人以“藐视法庭罪”予以处罚。另外，根据法国法的规定，证人只有在审判中作伪证时才能构成伪证罪，侦查阶段向警察、检察官或者预审法官作虚假陈述，不受伪证罪之指控。[4] 两大法系都要求控方在刑事诉讼中对于指控的犯罪事实负证明责任，并且达到无合理怀疑的程度，对于一切合理怀疑必须作出有利于被告人的解释。可以说，公正的法庭审理程序和严格的证据规则是贯彻审判中心主义的最有力的保障。

(四)审判中心主义对于上诉程序的影响

审判中心主义强调的是第一审程序，凡属于程序问题，如一方当事人申请调查的证据是否具有证据能力、证据调查的程序是否适当、律师或检察官的提问是否合法等，利害关系人如有异议，均应在第一审开庭前或者法庭审理过程中提出，否则，原则上即丧失声明异议或者上诉的权利，以保证程序的确定性。

在大陆法系国家的刑事诉讼中，一般设有两级上诉制度，而且控辩双方有平等的上诉权。当事人在第一次上诉中，可以争辩事实，第二次上诉只限于提出法律方面的救济。但是，在有陪审员参加一审的重罪案件中，一般对于事实方面的上诉都有严格的限制，以尊重普通民众基于健全理智所作的判断。如在法国，对于由陪审团参与的重罪法庭所作的判决，不允许上诉，而只能就法律问题向最高法院申诉。在德国，对于由地区法院审判的重罪案件的判决，只能以法律上有错误为由提出上诉，而不得针对事实问题上诉。[5]英美法系刑事诉讼中的上诉程序虽然比较复杂，但上诉审基本上只限于事后审查。对于陪审团裁决的事实，不允许提出上诉；即使是对于治安法院审判的轻微刑事案件，也只在极其例外的情况下才能提出类似于德国刑事诉讼中“复审”式的上诉(对于事实问题的上诉)。特别是严格限制控方的上诉权(如原则上不允许控方对判刑提出上诉等)，鲜明地体现了基于审判

---

[4] 参见 Prof. Jean Pardel, Chapter 4 - France, in Criminal Rrocedure in the European Community (Christine van den Wyngaert ed .)128,1993。

[5] 《德国刑事诉讼法典》，第 333、337 页。

中心主义而对控诉权力的制衡作用。

相对而言，在英美当事人主义诉讼中，由于重视"正当程序"，并为此而实行比较严格的传闻证据法则，起诉方式上又采起诉状一本主义，侦查笔录的作用有限，因此审判中心主义能够得到较为彻底的贯彻；而在大陆法系职权主义诉讼中，由于重视"实体真实"，侦查、起诉、审判机关都有查明事实真相的义务，证据规则不太严格，起诉程序上又要求移送侦查案卷，侦查期间所作的笔录对于审判的影响较大，审判的中心地位不及当事人主义刑事诉讼中稳固。但是，随着比较法学的不断发展，国际刑事司法准则的传播和推行以及程序公正观念的普及，大陆法系各国在修改刑事诉讼法的过程中都在不断地加强审判的地位，并通过司法权对侦查权施加日趋严格的限制。如日本、德国等废除传统的预审制度，意大利以英国式预审取代大陆法式的预审，法国预审职能由积极侦查为主转向司法审查为主，西班牙和葡萄牙对预审制度的改革以及各国对于言词、直接原则的进一步强化，[6]重要目的之一就是增强审判的公正性和权威性，使审判而不是侦查真正成为刑事诉讼的中心。

三、审判中心主义与中国刑事诉讼

中国诉讼法理论通说承认审判中心主义，认为"审判是决定被告人有罪与否及其刑事责任轻重的最后和关键的阶段"；[7]法院由于能够对被告人刑事责任问题提供"最终的和权威的解决方案，它所进行的法庭审判在刑事诉讼中就居于中心的地位"，只有审判才能"对案件从实体上作出最终的处理"。[8] 但是，也并非没有反对的意见，如有人针对侦查、起诉以及法律监督

---

〔6〕 The Criminal Process and Human Rights(1995), M. Delmas - Marty ed., Chapter One; Criminal Justice in Europe - A Comparative Study, Phil Fennell et al ed., pp. 41 - 56, 227 - 249(1995); Ennio Amodio & Eugenil Selvaggi An Ac cusatorial System in a Civil Law Country, The 1988 Italian Code of Criminal Procedure, 62 Temp. L. Rev. 1211(1989); Criminal Procedure in the European Community(1993), Chrisine van den Wyngaert ed., Chapter 5 - Germany, Chapter 11 - Portugal, Chapter 13 - Spain.

〔7〕 徐静村：《"九五" 规划高等学校法学教材》，载《刑事诉讼法学》(上)，法律出版社 1997 年版，第 247 页。

〔8〕 陈瑞华：《刑事审判原理》，北京大学出版社 1997 年版，第 15 页。

等职能在中国刑事诉讼制度中重要性的认识,提出了所谓“诉讼阶段论”的观点,认为中国刑事诉讼结构不同于西方的审判中心论,因为侦查、起诉与审判是处于平行地位的“三道工序”,法院对审判前程序的司法控制十分微弱。〔9〕 支持这种意见的人甚至提出,“由于司法领域分工越来越细、分权学说的影响、人权思想的发达以及适应同犯罪作斗争的需要,诉讼职能在不断地分化、发展并不断地整合,传统的审判中心论已为诉讼阶段论所取代”。〔10〕还有人认为,“从政体模式看,中国的法院既不能扮演如西方三权分立制度中同议会和政府相制衡的政治角色,在具体的司法体制中也不能如普通法系法官那样以法院的司法审判为中心”,因此,“法院(法官)中心论不适合中国的现实司法状况”。〔11〕

笔者无意在此对上述各种观点逐一进行评述,但有两点必须明确:第一,所谓审判中心论已为诉讼阶段论取代的观点,如果不是有意掩盖事实,至少是对于法治国家的刑事程序不够了解。每个国家的刑事诉讼都有一定的阶段性,不同阶段之间的地位和作用不同,但审判作为全部刑事诉讼的中心,这是现代法治国家都承认的,是现代刑事诉讼的基本原则之一,不存在审判阶段与侦查、起诉阶段平行的问题,更不存在以诉讼阶段论取代审判中心论的问题。事实上,正如前文已经指出的,不仅英美法系继续坚持审判中心主义,即使是传统上侦查、预审地位较高的大陆法系国家,其刑事诉讼制度的发展趋势也是不断地加强审判的中心地位。第二,审判是否应当成为全部刑事程序的中心与审判在中国现实司法实践中是否是刑事程序的中心是两个问题,不应当混同。从法理上说,必须充分肯定审判中心主义的价值,它不仅是刑事程序法治化的重要基础,而且对于国家的整个民主宪政制度建设具有长远的指导意义。离开严格的审判中心主义,就不可能在决定公民刑事责任的程序中贯彻法治原则,就无法按照民主的要求保障市民社

〔9〕 周士敏:《刑事诉讼法学发展的必由之路——由审判中心说到诉讼阶段说》,载中央检察官学院学报1993年第2期。

〔10〕 樊崇义:《高等政法院校规划教材》,载《刑事诉讼法学》,中国政法大学出版社1996年版,第39页。

〔11〕 尹伊君:《检法冲突与司法制度改革》,载陈兴良:《刑事法评论1997(一)》,中国政法大学出版社1997年版,第424~425页。

会中的个人基本权利，防止政府随意限制或剥夺个人的自由、财产甚至生命。

至于我国现实司法实践中审判是否是刑事诉讼的中心，则应另当别论。考察我国的司法现实不难发现，在我国刑事诉讼中，审判确实没有“中心地位”。这不仅表现在我国法院在组织结构中没有审判中心主义所必要的宪法权威和诉讼地位，还表现在立法者在整个刑事程序的设计上也没有把审判作为中心对待，更没有承认审判对于侦查、起诉、证据规则和上诉程序的广泛影响。

首先，我国宪法规定的政体模式是人大监督下的“一府两院”制，政府、法院和检察院在国家机构体系中分别行使行政管理权、审判权和检察权，统一对产生它们的各级人大及其常委会负责并报告工作，接受人大的监督。法院既无权审查立法机关制定的法律或立法解释是否符合宪法，也无权审查行政机关和检察机关的行为是否合法。相反，由于受到列宁“法律监督”理论的影响，中国的法院还要受公诉机关的“法律监督”，在人事、财政等实际资源的支配上，更受到同级党政机关的牵制。简言之，法院不具有法治国家所必要的独立性和对于其他国家权力的制衡权。

其次，在刑事诉讼中，根据宪法规定的公、检、法三机关“分工负责、互相配合、互相制约”的原则，我国公安机关、检察院和法院分享侦查、起诉和审判权，三家处理刑事案件的程序呈现出明显的“分段包干”式的流水作业现象，只有具体权限上的分工，而不存在司法权对于侦查、起诉权的严格制约。虽然1996年修改刑事诉讼法时通过废除免予起诉制度、改革庭审方式和确认“任何人未经人民法院依法判决不得确定有罪”的原则进一步强化了审判的地位和作用，但侦查机关拘留、逮捕、羁押、搜查、扣押、邮检、监听、人身检查、查封、冻结等直接限制或剥夺人身自由或财产权利的强制措施，不受法院任何形式的审查；检察院提起公诉的决定，也被认为具有引起审判程序的当然效力，法院无权以形式裁判直接驳回。法院只不过因为处于程序的最后阶段而对刑事案件作出最后处理而已，任何终审裁判都可以受到检察机关的合法抗诉，并没有“一事不再理”的效力。

最后，从证据规则上看，法律对于公安、检察机关收集的材料在证据能力上毫无限制,法院收集调查的材料也没有比侦查、起诉机关收集的材料有任何优先使用的"资格"。传闻证据(尤其是有关讯问和询问的笔录)可以合法地、畅通无阻地进入审判程序,并且成为定罪判刑的主要根据。因此,"书证中心主义"乃是我国刑事审判的突出特点,法院的审判在一定意义上不过是对于侦查结果的确认。如果把强大的侦查权、犯罪嫌疑人的如实供述义务与侦查、起诉、审判三阶段的连续性以及传闻证据的完全可采规则联系起来考察,可以清楚地发现,我国刑事诉讼的真正中心在侦查程序,而侦查的重点在于审讯犯罪嫌疑人并获得口供。程序上以获取口供为重点的侦查中心主义、证据规则上以传闻证据为核心的书证中心主义,是实行三机关"分工负责、互相配合、互相制约"原则而不承认审判中心主义的直接结果。这样的刑事程序本质上是人治程序,而不是法治程序,与刑事诉讼制度的国际发展趋势不符,也与建设社会主义法治国家的宏伟目标相抵触。

毫无疑问,把一个封建主义的流毒仍然相当深的国度建设成为法治国家是一个长期而艰苦的过程。审判中心主义及其所赖以存在的社会条件也需要在这个过程中逐步确立,不能指望有朝一日由人治奇迹般地转变为法治。但在承认改革的艰巨性的前提下,必须积极进行改革的探索和尝试,特别是要消除认识上存在的误解,不能因为中国现实社会中审判尚未成为刑事诉讼的中心,就从理论上否定审判中心主义。

从根本上说,审判中心主义的确立有待政治体制改革的深入和国家民主宪政制度的发展。但在当前提议的司法改革中,决策机关应当配合新的审判方式的落实以及国际人权公约的贯彻而采取一些新的、有助于促进刑事程序向法治化方向发展的有力措施,使审判逐步成为全部刑事程序的真正中心,使法庭审理程序更加公正、审理后所作的裁判更加有权威。这样的措施应当包括:

第一,采取有力手段,并通过人事、财务制度的改革逐步实现法院的真正独立审判,切实提高法院在整个国家体制中的地位,使法院行使审判权时至少在刑事诉讼的范围内可以抵制以不同方式来自行政机关(包括侦查机关)、起诉机关和其他机关的干扰。并且在条件具备时,尽快由"法院独立审判"向法官个人独立审判转变,以便建立其他相配套的制度和规则。

第二,进一步调整检、法关系。按照法治原则的要求,必须彻底废除检察院对法院审判活动的监督权,确立“一事不再理”原则,禁止检察院对于生效的无罪裁判提出抗诉或者根据新证据重新起诉。同时,加强法院对于公诉决定的审查,凡提起公诉不符合进入实体审理的条件的,法院可以依法宣告驳回公诉;已经实体审理的案件,公诉机关不得撤诉或者要求补充侦查,对于其中证据不足的,应当果断地宣告无罪。

第三,严格限制传闻证据的证据能力。一切言词证据原则上必须由亲自感知案件事实的人出庭作证,被告人根据国际公约而享有的与控方证人当庭质证的权利必须给予足够的保障,侦查笔录特别是侦查期间审讯犯罪嫌疑人的笔录原则上不得直接作为定罪判刑的根据。违反宪法和法律收集的人证必须坚决予以排除,违法收集的实物证据在严重侵犯个人的尊严和隐私权时,也应当否定其证据能力。此外,应当积极创造条件,尽可能在起诉程序上由“复印件主义”转向起诉状一本主义,并相应地建立证据开示制度,以期降低审判对于侦查程序的依赖程度,使法庭审判真正实质化。

第四,在由“法院独立”转向“法官独立”之后,建立预审法官制度,对于任何侦查机关需要采取的强制侦查措施实行司法令状主义,即原则上由法官事先批准,一切侦查行为必须接受司法审查,给予权利受到侵害的人以司法救济,使侦查这一类最容易侵犯个人权利的“具体行政行为”直接受到独立、公正的法官的审查,以司法权抑制侦查权。

(本文原载于《现代法学》1999 年第 4 期)

媒体监督与司法公正

卞建林

媒体监督，是指报纸、刊物、广播、电视等大众传媒对各种违法违纪行为特别是国家公职人员的违法犯罪、渎职腐败行为所进行的揭露、报道、评论或抨击。在现代法治国家，司法权是国家权力的重要部分，媒体对司法活动进行报道并监督司法权的行使，已是一种司空见惯的社会现象。在我国，传统上媒体对司法的监督作用非常有限。近年来，随着进行司法改革、促进司法公正的呼声日益强烈，加强对司法的监督成为一项紧迫的任务。党的十五大报告特别指出，要"推进司法改革，从制度上保证司法机关依法独立公正地行使审判权和检察权"，要"把党内监督、法律监督和群众监督结合起来，发挥舆论监督的作用"。由于媒体报道是舆论的主导，舆论监督主要通过新闻媒体的监督来实现，因此媒体监督已成为我国加强司法监督、促进司法公正的一支重要力量。

媒体监督，由于其自身所特有的开放性与广泛性，为我国的监督体系注入了新的活力，在促进司法公正、遏制司法腐败方面发挥了积极作用。然而，媒体监督是一把"双刃剑"，缺乏制约或运用不当便可能对司法公正造成负面的影响，从另一侧面妨碍或破坏司法公正。在此，本文试对媒体监督与司法公正的互动关系做初步的探讨。

一、媒体监督与审判公开

审判公开是现代诉讼的一项基本原则，是司法民主的重要标志。著名刑法学家贝卡利亚在其名著《论犯罪与刑罚》中便指出，"审判应当公开，犯罪的证据应当公开，以便使或许是社会唯一制约手段的舆论能够约束强力和欲望;这样,人民就会说,我们不是奴隶,我们受到保护"。[1] 这里,贝卡利亚不仅强调公开审判的重要性,而且把舆论监督与审判公开相提并论,使我们不难看出二者之间的紧密关系。审判公开是舆论监督的前提和条件,而审判公开的目的之一便是借助舆论来促进审判公正,制约监督司法权的正当行使。

有学者认为,审判公开在方式上有直接公开和间接公开之分。直接公开是指允许公民旁听法庭审理和宣告判决,间接公开是指允许新闻记者采访和报道。[2] 媒体报道是实现审判公开的重要手段,甚至其实际功用要大于公民旁听。对此台湾学者林山田先生曾论述道:"由于现代大众传播工具之发达,使公开原则更能发挥监督国家刑事司法之功能,因为经由新闻记者在法庭之现场采访,以及就审理与审判内容所作之新闻报道,更使公开原则从早期之直接公开,转化为间接公开,除法庭现场直接公开外,尚有大众传播工具所提供之间接公开,而扩大公开原则所及之范围。故与事实相符,且于适当时机发表之新闻报道,自当符合公开之本旨,而为刑诉法所允许。"[3] 审判公开原则是现代民主政治对审判的要求,其出发点是实现社会公众对司法的监督,满足公众的知情权。因此,媒体的参与和报道,不仅符合审判公开的宗旨,而且可以使这项重要的诉讼原则落到实处,成为实现审判公开目的的重要手段。

以媒体报道间接实现审判公开具有以下特点:一方面,现代社会人们工作繁忙,时间紧张,居住分散,不太可能经常以旁听的方式去了解司法、监督司法,因此使直接审判公开出现一定的局限,而公民对于法院审判的案件应当享有知情权,这样就为间接审判公开留下了合理的空间。媒体报道和监督恰恰充当了扩大审判公开范围、最大限度实现公民知情权与监督权的角色。另一方面,直接审判公开需要必要的物质条件,许多地区法院由于受审判场所、设施的限制,往往不能满足群众旁听的需要,有时甚至发生影响法庭秩序的情况。通过媒体报道实现间接公开,可以弥补审判场所、设施的不

[1] 贝卡利亚:《犯罪与刑罚》,黄风译,中国大百科全书出版社 1993 年版。

[2] 参见程味秋、周士敏:《论审判公开》,载《刑事诉讼法专论》,中国方正出版社 1998 年版。

[3] 林山田:《刑事诉讼法》。

足,成为公民了解司法、监督司法的主要途径。

我国1979年《刑事诉讼法》便把审判公开作为一项重要的诉讼原则,但实际执行情况却不能令人满意,法院以各种理由将旁听群众和媒体采访挡在法院大门之外,直至近两年此种状况才开始得到改变。1998年4月在全国法院整顿工作座谈会上,最高人民法院时任院长肖扬强调要把宪法和法律规定的公开审判制度落实,各类案件除法律另有规定不予公开审理的以外,一律实行公开审判制度,不许实行"暗箱操作"。公开审理案件,除允许公众自由参加旁听外,逐步实行电视和广播对审判活动的现场直播,允许新闻机构以对法律自负其责的态度如实报道。[4] 1998年6月10日,北京市第一中级人民法院宣布:年满18周岁的我国公民持身份证即可进入该院旁听审判,新闻记者可以对法律负责的态度报道公开审理的案件。1998年11月16日北京市高级人民法院作出《关于公民旁听审判案件的规定》和《关于新闻记者旁听采访公开审判案件的决定》,要求从同年12月1日开始,北京市各级法院对依法公开审理的案件一律公开审理。旁听或采访的新闻记者应遵守法庭规则,对公开审判案件的报道应实事求是,客观公正,文责自负。目前,在全国范围内,除依法不应公开审理的案件外,法院审判案件基本都已做到公开进行。

与此同时,媒体监督也蓬勃发展起来。中央电视台1998年7月11日对十大电影厂提起的电影版权侵权损害赔偿案的法庭审理首次进行现场直播。在此之前或之后,地方新闻媒体,包括报纸、杂志、电视、广播,也很热衷于报道审判活动,特别是各级电视台,一时间"庭审纪实""现在开庭""法庭直播"等栏目成为公众关注的收视热点,电视直播庭审过程似乎成为法院公开审判、媒体监督司法的一种时尚。对此,司法界、新闻界及社会大众褒贬不一。有人认为,电视直播揭开了法庭审判的神秘面纱,把司法活动直接置于人民群众的监督之下,有利于遏制司法腐败,促进审判公正,因此应该大力推广这种监督方式。也有人则担心,现场直播把庭审过程这样赤裸裸地曝光于公众,会妨碍法官理性判断的形成,侵犯司法独立这一重要原则,从

[4] 《肖扬院长如是说》,载《南方周末》1998年5月29日第5期。

而与公正司法背道而驰。[5]

在我们看来,在我国目前审判条件、设施受限制的情况下,发展媒体监督以间接实现审判公开无疑是一个可取的思路,也是一种比较行之有效的办法。但在媒体监督方式上则不宜过于依赖电视的现场直播。本文在后面将对法庭录像与电视直播问题作进一步探讨。

二、媒体监督与司法独立

媒体监督是一把“双刃剑”,在实现审判公开的同时,又可能对另一重要的法治原则——司法独立构成威胁。诚如有学者所言:“现代大众传播工具如新闻报纸、无线电与电视等之发达,往往对于法官独立性构成威胁。由于大众传播工具对于司法领域之报道,而对司法之影响程度亦日渐上增,因为整个社会舆论,均为大众传播工具所控制,有些法官之审判,就可能受此等组织之传播系统所控制之舆论所左右,而失却独立审判之立场。”[6]

司法独立,是一项为现代法治国家所普遍承认和确立的基本法律准则。作为一项宪法原则,它确认司法权的专属性和独立性,是现代法治的基石;作为一项审判原则,它确保法院审判权的公正行使,防止法官的审判过程和审判结果受到来自其他政府部门和外界力量的干涉和影响。根据《世界司法独立宣言》和《国际律师协会关于司法独立最低限度标准的规则》的表述,完整的司法独立概念应当包括四个不可分割的方面,即实质独立、身份独立、集体独立和内部独立。实质独立,在有些国家又称为职能独立,是司法独立的核心和目标,指法官在履行审判职能以及制作司法判决的过程中,只能服从法律的要求与其良心的命令。英国学者史迪芬对“独立的司法审判机关”的定义从另一角度阐述了实质独立的含义,他指出:“一个独立的审判机关应当是只根据法律实现正义而不受政府政策和倾向性影响的司法机关。”[7]事实上,从历史的经验和当代的实际来看,对法官实质独立的最大威

---

[5] 贺卫方:《对电视直播庭审过程的异议》,载《中国律师》1998年第9期。

[6] 林山田:《刑事诉讼法》。

[7] Mauro Cappelletti, Who watches the wa tchmen—A Comparative Study on Judicial Independence, 1985by Mar tinus Nijhoff Publishers.

胁除来自行政机关、立法机关的非法干涉以外,新闻媒体的过渡渲染和炒作,也是影响司法独立的一个重要因素。

审判本身是一个以主观认识客观,以已知探求未知的活动,理性思维与独立判断是法官正确认识案件事实和适用法律的基础。在此理性判断与逻辑推理的过程中,排除任何形式的干涉和影响,包括来自媒体的渲染和影响,对于承审法官是十分必要的。德国学者曾将司法独立具体化为八个方面,其中一项即明确规定"独立于新闻舆论"。[8]

新闻的自由性原则、典型性原则以及及时性原则对司法独立具有天然的侵犯性。首先,新闻自由是指采集、发布、传送和收受新闻的自由,包括报刊的出版自由,电台电视台的播放自由,新闻采访与报道的自由,媒体发表意见和进行批评的自由。[9] 当新闻用于报道和监督司法活动时,由于司法活动的严肃性和司法判决在社会上的重要影响,新闻自由的范围和程度应当受到限制。不仅新闻的采集、发布和传送要遵照有关法律规定进行,而且发表意见和进行批评更要慎重。也就是说,从事司法报道和监督的记者要采取对法律负责、对真实性负责的态度,要承担更重的法律责任。实践中,新闻工作者常常过多地强调新闻自由,对司法活动的报道往往超越了法律的界限,从而对司法独立和司法公正造成伤害。

其次,新闻的典型性原则要求新闻媒体从社会公众心理考虑,抓住典型、重大、疑难、复杂案件进行报道,引起公众关注与参与,形成舆论热点。在片面追求轰动效应、提高收视率的利益驱动下,媒体可能会对某些案件的情节过于渲染或妄加评论,从而对法官判案形成强大的舆论压力和心理负担。

最后,新闻的及时性原则要求新闻报道要快、要及时,最好在现场报道,这样才能反映新闻的应有价值。而司法活动的过程和程序具有很强的特殊性,不合时宜的报道可能对诉讼公正产生消极影响。如审判前对案件事实

---

〔8〕 参见史尚宽:《宪法论丛》,第329页。司法独立具体表现为:(1)独立于国家和社会间的各种势力;(2)独立于上级官署;(3)独立于政府;(4)独立于议会;(5)独立于政党;(6)独立于新闻舆论;(7)独立于国民时尚与时好;(8)独立于自我偏好、偏见与激情。

〔9〕 季立新:《关于当前处理新闻纠纷的原则》,载《上海大学学报》(社会科学版)1997年第12期。

的大量披露,审判过程中对控辩双方举证和论辩的轻率表态,都可能对诉讼当事人的合法权益造成伤害,可能对法官独立判断依法办案施加影响。

如上所述,媒体监督与司法独立之间本质上表现为侵犯与排斥的关系。由于司法独立是司法公正的前提和必要条件,因此需要对媒体监督加以规范与限制。既要坚持媒体监督,充分发挥其遏制司法腐败、促进司法公正的积极作用,又要维护司法独立,排除包括媒体在内的一切非法干扰,消除媒体监督可能产生的消极影响。

三、媒体监督与司法公正

司法公正是人们对司法活动的企盼,也是司法本身所应具有的品质。人们常说,司法正义是社会正义的最后防线。一个社会,如果连司法都达不到公正,法治根本就无从谈起了。为实现我国"依法治国,建立社会主义法治国家"的基本治国方略,司法公正显得分外重要。要实现司法公正,一方面,要"推进司法改革,从制度上保证司法机关依法独立公正地行使审判权和检察权";另一方面,要"把党内监督、法律监督和群众监督结合起来,发挥舆论监督的作用"。

司法公正不仅要求最终的诉讼结果公正,即认定事实准确,适用法律正确,实体处理恰当,而且要求司法过程公正,诉讼程序民主,即严格遵照正当法律程序进行诉讼,尊重和保障当事人和其他诉讼参与人的合法权益。西方有句古老的法律格言:"正义不仅应当得到实现,而且应当以人们能够看得见的方式得到实现。"这不仅是审判公开的法理根源,也是媒体监督司法的理论基础。从某种意义上讲,公开是司法民主本身的要求之一,同时也是实现司法公正的有力保障,而媒体的报道则大大增加了司法活动的公开性和透明度。

根据我国国情,当前媒体对司法活动的报道,除了那些公众关注的大案要案外,大都集中于以下几种类型的案件:司法、执法机关对于应当追究的案件而不追究,被害人告状无门,冤屈难伸的;或者司法、执法机关知法违法,执法犯法,判决结果或诉讼程序显失公正的;或者地方保护主义严重,行政干预司法的;或者办案人员非法取证,刑讯逼供,造成冤假错案的;等等。

这些案件通常在媒体的披露报道下,可能在全国或本地区产生强烈反响,对司法机关造成舆论压力,或者引起上级领导甚至高层领导重视,下达批示,最终对被告人依法追究,绳之以法,或者对案件重新秉公处理,纠正错案。例如,1995 年发生在山西省临汾地区被委托人家属伙同他人殴打残害代理律师的案件。犯罪人在光天化日之下,公然在律师事务所行凶,殴打残害临汾市律师事务所主任马海旺律师。案发一个月后,凶手依然逍遥法外。此案经中央和地方各级新闻媒体连续报道后,在全国激起强烈反响,最终惊动中央高层领导多次批示,才将犯罪人起诉审判。[10] 媒体监督与舆论压力对司法公正的促进作用,是有目共睹、不可抹杀的。

与此同时,媒体监督对司法公正可能产生的消极影响也是一个不容忽略的问题。例如,对某地一起交通肇事逃逸案的处理便是一个很典型的案例。该案中,被告人因行为恶劣,后果严重,民愤极大,最终被处极刑。然而不可否认,在此案中媒体所起的煽情作用和舆论导向,对案件的处理显然不无影响。可以说,在舆论穷追猛打、百姓一片喊杀声中,在法庭审判前实际已失去对被告人公正审理的程序保障。本案最终以数罪并罚处被告人死刑,在我国对交通肇事罪的处理中显属罕见,甚至可以说是绝无仅有。在这里,法律的天平严重倾斜。据报道,被告人在审理过程中,便曾强烈要求主审法官不要受新闻舆论的影响。而且,在此之前,同一地区发生一起情节大体相同的案件,犯罪人最终仅以交通肇事罪判刑 2 年 6 个月。这不能不引起我们对媒体舆论可能对司法造成的消极影响深刻地进行反思。

既要最大限度地发挥媒体监督对司法公正的促进作用,同时又要尽可能地消除媒体大量覆盖可能造成的消极影响,这就需要探索建立合理的媒体监督模式,需要将媒体监督纳入法制的轨道。建立合理的媒体监督模式,重要的是要寻求法律所保护的各种权益之间的平衡。审判公开是一项基本的诉讼原则,公众和媒体了解司法是宪法赋予的一项重要权利,与此同时,还要考虑被告人获得公正审判的权利,社会的安全,国家秘密,被害人、证人的权益,等等。从媒体的角度,要加强自律,报道司法活动要采取对法律负

---

〔10〕 王保东:《马海旺何时才能不再失望》,载《中国律师》1996 年第 3 期。

责的态度,遵守新闻工作的要求,做到实事求是,客观公正,文责自负。从司法执法机关的角度,要主动配合媒体报道,提供方便。要参考国外有关做法,在司法机关、执法机关建立发言人制度、记者招待会制度,由专门的机构或人员定期适时地发布司法活动的信息,以便使公众和媒体及时地了解事件的真相或诉讼的进展。要根据案件的不同情况和诉讼的不同阶段,确定可以公开或应予公开的内容。要形成一套制度和规则,以便媒体和司法执法机关共同遵守。在此方面,美国有一些经验和做法,值得我们参考和借鉴。

美国律师协会制定有一套"关于职业行为的道德准则",分别对法官、检察官和辩护律师执业中应当遵守的职业道德规范作了详细规定,其中就有关于法官、检察官、警官处理与公众和媒体关系的专门规定,包括办案人员发布与案件有关信息应考虑的因素和注意事项。[11] 美国联邦司法部也有专门关于"媒体关系"的政策宣言即部颁规章,内容包括制定的目的、必须平衡的利益、保密的需要、新闻自由和审判公开的需要、一般责任、新闻发言人的指定和责任、在刑事案件或民事案件中可以公开的信息和不予透露的信息、协助新闻媒体等,非常广泛和具体,使全国的联邦检察系统和司法部其他下属部门在与新闻媒体打交道时,有章可循,职责明确。总的原则是要求检察官在透露与案件有关的信息时,要实现公众知情权、被告人获得公正审判权和政府能够有效执法和司法这三者间的平衡。[12] 这同样应是我们在正确处理媒体监督与司法公正关系时需要考虑的基本因素。

四、法庭录像与电视转播

自中央电视台现场直播对十大电影厂提起的电影版权侵权损害赔偿案和重庆綦江虹桥垮塌案的开庭审理后,一时之间电视转播法庭审理成为时尚,同时也引发了法学界对电视转播庭审利弊的讨论。

从传统上看,为维护法庭的神圣和权威,一般是禁止在庭审过程中录音

---

〔11〕 American Bar Association:" Model Rules of Professional Conduct"(1995ed.)

〔12〕 USAM1 -7.00. Media Relations.

录像的,更不用说是现场转播了。美国联邦法院系统,迄今为止不许录音录像设备进入法庭。美国最高法院的法庭审理公开进行,但不允许摄影和录像,而是专门有两名画师在庭上作速写,然后将速写画提供给各新闻媒体发表。《法国刑事诉讼法》也明确规定:自开庭时起,禁止使用任何录音和放音设备、电视或电影摄影机以及照相机,违者处以罚款。[13] 《德国法院组织法》第 169 条规定:"在法庭上进行的程序,包括宣布判决和判令都是公开的。无线电和电视传递以及为后来传播其内容的录音和拍片,均不允许。"

然而,法庭排斥摄影、录像的情况并不是一成不变的。2000 年伊始,纽约州法院法官约瑟夫·特里希(Justice Joseph Teresi)便宣布,将允许电视台转播轰动一时的四名纽约警察枪杀黑人青年阿马德·迪阿罗(Amadou Diallo)案件的法庭审理过程,从而结束了 48 年来纽约州法禁止电视台进入法庭的历史。

1952 年,纽约州通过了自己的《民权法》,其中第 52 条规定:禁止照相机以及摄影器材进入州法庭。1987 年,纽约州《法院法》第 218 条规定,法庭可以有限制地对新闻媒体开放,试行期为 10 年。而今,特里希法官终于宣布纽约州法的有关禁令违背了美国宪法和纽约州宪法中的言论自由条款,从而将迪阿罗案的法庭审理置于电视的镁光灯下。[14]

在对《法庭电视》(Court TV)的申请作出的裁决中,特里希法官认为:"美国宪法第一修正案要求所有的刑事审判,除具有强制的和明显的不应公开的理由外,必须对媒体和公众开放。纽约州《宪法》第 1 条第 8 款也保障媒体和公众观察法庭审判的权利。"

据报道,目前美国已有 48 个州允许新闻媒体在法庭审理过程中进行一定的录音录像报道,其中 37 个州准许电视台对法庭审理进行转播。[15] 美国最高法院对于州法院系统是否允许进行转播或录像态度不是很明朗,而且

---

〔13〕《法国刑事诉讼法典》,余叔通、谢朝华译,中国政法大学出版社 1997 年版。

〔14〕中国《检察日报》国际网站 2000 年 2 月 2 日报道:"审判公开的潮流挡不住——美国纽约州法院许可庭审直播"。

〔15〕Jennifer L. Reichert:New York Judge Rules Ban on Cameras in Court Unconstitutiona.

先后有过一些变化。在伊斯迪(Estes)一案中[16],最高法院认为广播电视媒体根据宪法第一修正案并不享有不受限制接近法庭的权利。多数法官甚至认为,仅凭摄像机在法庭出现便侵犯了被告由第六宪法修正案所保障的获得公正审判的权利。随后,在卡兰德勒(Chandler)一案中,最高法院摒弃了在伊斯迪案件中的立场,确认宪法并不禁止录音录像进入法庭。[17]

对电视设备进入法庭持批评态度的人担心,这样做会危害被告人的利益。他们认为,证人可能在电视观众面前改变其证词;录像设备可能转移或分散法官、律师和其他法庭人员的注意力;电视的公开可能导致陪审团得出流行的裁决;案件的选择、镜头的角度和现场直播的其他方面可能会做迎合观众的处理。这些问题将影响到被告接受公正审判的权利。特别是电视对庭前程序的报道,将使寻找公正的陪审员几乎不可能。

赞成电视报道庭审过程的人则指出:宪法第一修正案保障公众了解法庭审理情况的权利,宪法第六修正案保障被告人获得公开审判的权利,他们都要求录像镜头作为文字媒体的必要补充来报道司法制度,他们能够对法庭审理作最客观的展现。摄影录像设备进入法庭,可以对公众进行司法程序的教育,促进公众对大家关心的案件的处理增强信心。[18]

当然,允许录音录像设备进入法庭,决不意味着法官在法庭上权威的削弱。相反地,需要加强法官对庭审的主导和控制。首先,就具体个案而言,是否允许摄像机进入法庭,由主审法官根据案件具体情况加以确定。允许镜头进入法庭不是绝对的,并非所有的案件都适宜进行电视转播或录音录像。其次,在允许电视转播的案件审理中,为保障被告人获得公正审判的权利,法官要加强对法庭审理活动的主导和法庭秩序的维护,不能失去对法庭的有效控制。关于这一点,常常被作为反面典型而被引用的便是加州最高法院对O.J.辛普森案的审判。人们一致认为主审法官必须对失去对法庭的有效控制负责。在美国司法界,一项无可置疑的原则便是法官是法庭的主

〔16〕 Estes v. Texas, 381U. S. 532(1965).

〔17〕 Chandler v. Florida, 449U. S. 560(1981).

〔18〕 Jennifer L. Reicher t: New York Judge Rules Ban on Cameras in Court Unconstitutiona.

宰,必须对法庭中发生的一切负责。[19] 美国法院法规定:法庭和法庭中的一切受法庭的控制。刑法规定:法庭有权控制有关刑事审判的公开程度。在此方面,美国最高法院的经典案例便是发生在1966年的美国诉谢帕德(U.S. v. Sheppard)一案。在该案中,最高法院认为州主审法官在谋杀案的审理中未能保护被告人获得正当法律程序所要求的公正审判权利,未能保护被告人不受审前弥漫全社区的偏见和在法庭审理中因媒体报道而产生的不良影响的伤害。这一案件成为联邦法院系统不许录音录像进入法庭的重要判例。

综上所述,在我国实行司法改革的过程中审判对社会公众和新闻媒体的开放,产生了各种各样的问题。一方面,新闻媒体增强对司法活动的关注和报道是一种可喜的趋向,体现了大众传媒和公众舆论对司法的监督,并进而体现了公民对政府权力的监督和制约,可以起到促进司法改革、减少司法腐败、实现司法公正的积极作用。另一方面,大量的新闻报道、偏颇的公众舆论,可能对司法机关的工作产生负面的不良影响。舆论的导向和社会的压力可能影响办案人员独立地根据事实和法律作出决定,社会舆论的过于关注可能引起党政部门对司法机关对社会热点案件的处理加以干涉,从而妨碍司法权的独立行使,动摇司法独立的宪法原则。因此,在新形势下,探索既能充分发挥大众传媒对司法的监督和促进作用,又能避免大众传媒对司法可能造成的负面影响;既能保护公民依法享有的言论自由和媒体享有的新闻自由,又能维护司法独立的原则和司法的权威的途径,是法学界和新闻界需要共同研究的重要课题。

(本文原载于《政法论坛》2000年第6期)

---

〔19〕 美国法院法规定:法庭和法庭的一切设施受法庭控制。刑法规定:法庭有权控制有关刑事审判的公开程度;报纸、电台和电视对刑事审判的过度报道,连同新闻媒体在法庭设置的本身,剥夺了被告人在司法中依法享有的尊严和宁静。

我国检察权的反思与重构

——以公诉权为核心的分析

陈卫东

近几年来，无论在理论界还是实务界，司法改革都已成为一个热门话题，随着理论研究的不断深入，我国检察机关的定位和检察权的正当性与合理性也引起了广大学者的普遍关注。笔者思考这个问题由来已久，而且也曾就其中的一些具体问题专门发文予以讨论过。[1] 本文拟对我国检察权以及检察机关的地位进行系统的思考与整理，同时将笔者以前的基本观点作进一步的诠释，以期为我国的司法改革尽绵薄之力。

一、检察权的性质——众说纷纭而又不容回避的问题

谈论中国的检察体制，探讨检察机关的职能以及检察机关的改革，首要的问题就是对检察权的性质给出一个科学的解释。目前学界对这个问题已经作了初步的探讨，但是意见颇多分歧，归纳起来大致存在以下四种主要观点。

观点一：行政权说，认为检察权就是行政权。[2] 理由有二：首先，检察机关的组织体制和行动原则具有行政特性。检察机关组织与活动的一项基本原则是"检察一体制"，检察机关上下形成一个整体。具体体现为"阶层式建构"和上级的"指令权"，上级检察官对下级检察官有指挥监督的"指令权"，

---

〔1〕 陈卫东：《侦、检一体化模式研究——兼论我国刑事司法体制改革的必要性》，载《法学研究》1999 年第 1 期；《实然与应然：关于侦检权是否属于司法权的随想》，载《法学》1999 年第 6 期；《试论我国逮捕制度的改革》，载《中国律师》2000 年第 9、10 期。

〔2〕 龙宗智：《论检察权的性质与检察机关的改革》，载《法学》1999 年第 10 期。

而下级则有服从义务,这是典型的行政关系;职务转移制,上级有权亲自处理属于下属检察官承办的案件和事项,同时上级检察官有权将下属检察官承办的案件和事项转交其他下属检察官承办;官员代换制,参与诉讼的检察官即使中途替换,对案件在诉讼法上的效力并无影响;首长代理制,在德国、俄罗斯等国,各级检察机关所属检察官在对外行使职权时,系检察首长的代理人。其次,立法、行政、司法的三权分立与制衡,是西方政制的基本结构。在这一构造中,检察权不属于立法,也不属于具有依法裁判功能并受宪法独立性保障的司法,检察官是政府在诉讼中的“代言人”,是代表第二权(行政)对第三权实施监督制衡的机关。

观点二:司法权说,认为检察官与法官同质但不同职,具有等同性,检察官如同法官般执行司法领域内的重要功能。〔3〕 理由是检察权与审判权的“接近度”及检察官与法官的“近似性”。检察官具有法律守护人的地位,对检察官及法官而言,事实的查明与法律的判断,应依同一目标行事,这是二者可以相提并论的有力论证。尤其明显的例证是检察官在侦查终结后,依据侦查结果作出的、是否对犯罪嫌疑人提起公诉的决定与法官的裁判决定极为相近。甚至有学者指出,检察官担当刑事追诉,比非诉讼法官更接近司法权。还有学者针对检察对审判的影响指出,检察官与法官的密切契合,犹如相互牵动的钟表齿轮一般,所谓独立的司法仅在检察官作为司法官并有相应保障的前提下,才有可能,才能防范行政不当干预刑事司法。

观点三:行政司法双重属性说,承认检察权和检察官兼具司法与行政的双重属性。〔4〕 这种观点认为检察机关的上下级领导关系,突出体现了检察权的行政性;检察机关直接组织检察院官员实施侦查行为,有严密的组织结构和监督指挥关系,且突出行为的实效(破案),也具有明显的行政性质。另一方面,检察官的起诉活动以适用法律为目的,同时检察机关的活动具有一定的独立性,检察官在诉讼活动中也具有一定的独立性,不是长官的附庸,而能独立地作出诉讼判断并付诸实施,在这种意义上检察权具有司法

〔3〕 前引〔2〕。

〔4〕 前引〔2〕。

权特性。

观点四：法律监督权说，认为法律监督才是检察权的本质特点，司法属性和行政属性都只是检察权的兼有特征和局部特征。[5] 该种观点认为在社会主义国家，检察机关不仅拥有西方国家检察机关的各项监督权力，而且还拥有监督行政执法和审判活动的权力，法律监督的性质更加突出。

以上四种观点基本反映了现阶段中外学界对检察权性质的定位，而长期以来，缘于宪政体制上我国检察机关并不属于行政机关序列，因此我国理论界很少有人直接指出检察权在本质上应为行政权，而且一些人还以我国检察机关是司法机关为据，指出检察权应是司法权。笔者认为，且不说我国尚没有任何一部法律规定哪些机关为国家的司法机关，即使宪法及其他法律明确规定了现阶段检察院为国家的司法机关，那也只是说明法律将其规定为司法权，而不能就此说明检察权在理论上就是司法权。现行法的规定是实然法的层次，而对检察权的性质进行理论上的定位属于应然法的层次，这是两个问题。法律的规定有许多值得研究的地方，随着时间的推移，法律会逐步去除不合理的部分而趋于完善，因此不能以合法性来说明理论上的应然性，这是我们探讨检察权的性质时首先应当注意的一点。

笔者在以前的文章中曾就司法权与行政权比较而言的特点进行过论证，认为司法权的本质属性与行政权相比具有几个明显的特性：其一，终局性。司法的任务是通过其判断裁决确定事件的是非曲直，然后正确适用法律确定有关主体的权利义务责任。在实质意义上，司法活动即是一种裁判活动，它以纠纷冲突的存在为前提。司法是国家为解决社会冲突、保障社会主体权益的最后一道防线，法治原理假设了这个活动的权威性并依规律设计了保障其裁判正确的司法程序，但不允许司法机关以外的国家机关直接对司法机关的裁决作出具有法律效力的否决，因而司法对社会冲突所作的裁判是最终的裁判，具有终局性。依据行政权作出的决定是否合法不能由其自身来判断，司法机关对此有最终的审查权。当然依照现行法律我国的行政权在少数场合具有终局性，比如商标法就规定了对商标公告、异议方面

---

〔5〕 谢鹏程：《论检察权的性质》，载《法学》2000年第2期。

的争议最终需由商标复审委员会作出终局决定,但这毕竟是少数,而且这种规定与立法时的价值取向、社会条件及时代背景有关,随着社会的进步,类似的规定将逐步被合乎理论规律的司法最终审查制度所替代。[6] 其二,中立性。正是因为司法是社会主体权益的最后一道保护防线,其要对社会冲突作出权威的最终的裁判,因此司法权只有中立才能承担这个重任,司法权一旦与冲突的一方具有某种价值取向和利益上的偏异倾向,就会使人对裁判的公正性产生怀疑,因此法官在诉讼中必须保持中立,对控辩双方的主张和利益给予同样的关注,在诉讼中只能根据双方提供的证据去判断"是"与"非",而不能身体力行主动举证去证明冲突一方的"是"与"非",严禁法官先入为主,对冲突一方产生偏见。其三,独立性。如果司法权没有排斥抵御外来干预的独立性,则法官作为最终的裁判者的权威性就荡然无存了。奥地利法学家凯尔逊说过:"当司法官执行属于其权限的法律之时,个别规范的命令之约束是不存在的,此所谓个别规范的命令系由其他机关发出,特别是由非审判机关发出的。换句话说,司法官执行职务时,无须服从上级机关。反之,当行政机关执行属于其权限内的法律时,却必须受上级机关个别指示的约束。"[7] 在体制设计中,法官行使权力时个体是独立的,法官除法律再没有上级。如果一个法官可以指挥另一个法官,则这两个人就都不是法官而是行政官员了(从这个意义上说,我国的法院行政化味道太浓),司法必须独立、必须以法律为唯一上司,这缘于司法必须公正。司法如果不能够排除非法律力量的干涉,则所谓不偏不倚的公正判断与裁决便不可能存在。其四,消极被动性。为了保证司法权中立、公正地对冲突作出判断,必须坚持司法的不告不理原则,只有当冲突纠纷被提请到法官面前时,司法官才能依据法律对当事人的诉求进行裁判。绝不能进行所谓"主动服务""送法上门",因为这实际上已经超出了司法裁断的功能,而是在履行行政管理职能。

基于司法权的上述本质特点,经过对检察权的考察,笔者认为检察权在

---

[6] 我国2000年8月修改《专利法》,将原来"专利复审委员会对申请人关于实用新型和外观设计的复审请求所作出的决定为终局决定"的规定改为"可以自收到复审决定通知后3个月内向人民法院提起诉讼"即为例证。

[7] 转引自龚祥瑞主编:《西方国家司法制度》,北京大学出版社1993年版,第17页。

本质属性上应该归并于国家行政权，尽管有人对我们的观点提出了反对意见，但是时至今日，笔者仍然坚持这一符合现代司法体制中通行的“司法权”观念，而且也愿意与不同意见者进行有益于学术进步和体制改革的商榷。《人民检察》连续两期发表了无锡市人民检察院倪培兴先生的文章（以下简称倪文），〔8〕对拙文中的观点提出了不同的看法，真诚感谢倪先生促使我们对这一问题进行更深入的思索与研究，借此机会再谈一下我们的看法。笔者肯定司法权终局、独立、中立、被动的几个特性，并不是为了简单地作某种概念的诠释，而是希望借司法权这个在现代法治国家里含义已十分明了的词语来指出检察机关行使的公诉权与法院行使的审判权之间的区别，因为在这些国家，司法权就是只能由法院行使，专指审判权。正是站在这个角度上说，司法权具有上述几个特性。但是倪文认为：“司法权则是人民及其国家机关依宪法和诉讼法取得的依照法定的程序进行诉讼以维护个人、集体和国家合法权益的权利和权力的总和。狭义的司法权则专指依法主持和进行诉讼的国家权力”；“国家司法权的消极性和被动性只明显地表现在民事法律的司法实践上”，“司法机关追诉犯罪的积极性和主动性是由犯罪行为的特性决定的”。而且倪文进一步指出：“如果从人民是司法权主体的角度来看，本质上不是司法人员在行使国家司法权，而是实体权利的拥有人或广义上的被侵权人在行使国家司法权。因此，在主体意义上，任何权力都是主动的，只有在权力与其主体相对分离的条件下，权力才可能表现为某种被动的东西。在这个意义上，侦、检权也是被动的，侦、检权的主动性只不过基于法律对人民惩治犯罪的必然要求的推定罢了”。〔9〕这样的讨论实际上已经违背了我们探讨的具体制度构建的宗旨，而到了“一切权力属于人民”“人民才是权力行使者”这样一个宪政的层次，这种对司法权的界定不仅根本无益于区分审判权与检察权的不同，无益于具体制度的设计，也使双方因基本立论的分歧而无法交流沟通。但是为了便于解决问题，也为了清楚地表达笔者的观点，笔者愿意换一种说法。我们不妨仍依习惯用审判权与检察权来

〔8〕 倪培兴：《论司法权的概念与检察机关的定位——兼评侦检一体化模式》，载《人民检察》2000年第3、4期。

〔9〕 前引〔8〕。

说明法院所行使的权力与检察机关所行使的权力的不同,进而来论证公诉权运作的特性。

研究检察制度的历史发展不难发现,检察机关是为适应公诉制度的需要而建立发展起来的。国家掌握了追究犯罪的主动权,但是又不能让裁判机关同时握有追诉权,因而就设置了专门的追诉机关。追诉机关要对社会上发生的各种社会冲突和危害国家秩序的案件进行侦查、审查、分析、认定,以决定是否诉诸审判权来追究某人的刑事责任,从而维护国家社会的整体利益和正常秩序。由此看检察机关的基本职能是公诉,基本任务是代表国家追诉犯罪、将犯罪嫌疑人提交司法机关并举出证据证实犯罪。在公诉活动过程中,检察机关各项权能的运作不同于法院审判权的运作,公诉机关与被追诉方是对立冲突的,它要将双方的对立提交审判机关作出最终的裁决;对于实践中的各种涉嫌犯罪的行为,法律要求公诉机关必须代表国家进行审查追究,而不是作为中立的第三方对冲突进行无偏倚的裁断;同时为了实现维护公共秩序、维护国家社会整体利益的目的,出于对追究犯罪的需要,公诉机关实行上下一体化的组织活动原则,即学者通常所说的"检察一体"原则。而按照科学的司法规律,为了保证法院、法官公正地完成审判裁决任务,法院的组织体系是按审级、案件、地域等进行管辖上的分工,并不形成从上到下的组织体系,只构成一个个单独的官署似的独立的组织,而且每个法院的法官之间都应是相互独立的。由此来看,以公诉权为基本内容的检察权不可能具有笔者所说的终局性、中立性、被动性、独立性的特点,检察机关的设置也不同于审判机关的组织体系,在这个意义上笔者认为检察权在本质属性上、在终极意义上应该属于行政权。

但是我们必须看到,检察权虽然因承担追诉犯罪、执行法律的机能而在本质上属于行政的特性,可毕竟检察权与审判权直接关联,毕竟检察权的行使是涉及公民个人人身权利、财产权利和民主权利的,因而检察权的行使还有不同于一般行政权的特殊性。为了保证执行法律的检察机关不受外来势力,尤其是来自现实的政治权力的不当影响,必须保证检察官不受检察部门以外的人的指挥与命令,必须保障检察官的身份,保护他不受来自任何方面的间接压力,并且必须使检察官行使每一权限的职务行为的效力,不受其他内部条件的干扰。也就是说,在检察事务方面,必须保证检察官能够依自己的意志行使检察权。检察官是依法律来审查办案,具有相对的独立性,上级的指挥监督必须与检察官的独立性相协调,也就是说检察权在运行时带有部分司法的特性,关于这一点,已经有文章作出了论述,本文不再赘述。正是在这个意义上,现行的旨在加强检察官独立性的主诉检察官制度改革才具有其存在的依据和可行性。但是需要注意的是,检察官的独立只是相对的,具有司法的相对独立性这一特点并不能改变检察权的本质特性,不能认为检察权在本质上同时属于行政权和司法权。所以,笔者不同意检察权在本质上具有行政与司法双重属性的观点。

综上所述,笔者认为,检察权只是带有部分司法的特点,而且这个特点也只是相对的、不全面的,不能将其所具有的一些特点当作其本质属性,检察权在本质上应当且也只能归属于行政权。当然,笔者认为检察权在本质上属于行政权,并不是否认其具有部分司法权的特点,相反地,在制度设计中必须充分尊重检察权运行的独特性,遵循这个规律才能保证检察权的正常运作和检察活动的正常进行。从这个意义上说,无论在组织体系上将检察机关归为行政机关还是司法机关,都不会也不应当因此而改变检察权的运作特点,套用倪文中的一句话,这"与任何对立法、行政和司法概念的钻牛角尖式的诠释没有多大关系"。[10] 笔者不敢妄说倪文对司法权概念的论证是在钻牛角尖,但倪文对司法概念的所谓广义、狭义界定以及对侦查、公诉到底是否属于司法的纠缠好像对具体的改革并无多少实际意义。可以看到,倪文除费尽周折论证了侦查、公诉等都属于他所定义的司法的范畴外,无助于对我国检察院、法院权力的合理科学配置,因为其并未说明法院行使的权力与检察院行使的权力到底有何区别。我们所关注的是权力的具体运作特点,而不是行使权力的机关的所谓"格级",就好比在美国、法国、德国、日本等,虽然检察机关隶属于司法行政机关,但却具有不同于一般行政机关的权力;同样的道理,即使千方百计论证司法的范畴应该有多宽多大、检察机关也应属于司法机关云云,检察院的权力也不可能像审判权那样处于"诉

〔10〕 前引〔8〕。

讼终极的、最高的地位”。确立审判的中心地位是建设法治国家的必然选择，是历史发展的趋势，这是诉讼的规律使然，是不以人的意志为转移的。至于有人主张检察权在本质上是法律监督权的观点，笔者将在后文对其予以讨论。

二、检察机关的职能——相对明了而又十分复杂的话题

前面笔者讨论了有关检察权性质的各种观点，实际上对这一问题认识上的不一致，很大程度上缘于对检察机关的职能认识不清、定位不准而引起，对检察机关应当是作为一个什么样的机关存在、基本职能应当是什么缺乏一个正确的理解。下面这部分笔者将对检察机关的职能作一分析，对这一问题的研究将直接决定检察机关的改革走向和权力配置，因而是目前很多人关注、但也是争论很大的一个话题。在目前司法改革的大趋势之下，现行法律规定的检察机关的权力配置已招致了很多的责难，甚至有人建议取消检察院体制，[11]尽管这种主张有其过激之处，明显缺乏理性，但检察权确实应当尽快改革却是不争的事实。

我国现行检察体制受到非议最多的便是检察机关在行使公诉权的同时又行使所谓的法律监督权。长期以来，我国检察机关都以法律监督机关自居，对本身行使的职权正如上面所分析的：偏爱于统统以法律监督权称之，仿佛如此就比单单称行使公诉权更有地位、位阶更高。刑事诉讼法修改后，更强调了法院在诉讼中的中心地位，同时更加注重控诉与辩护的平等，因而突出了检察机关的公诉职能，这即为各方对检察机关的权力配置进行质疑埋下了伏笔。随着对庭审礼仪的争论，[12]检察机关既行使公诉职能、在法庭上与辩护方对抗、希望法官采纳自己的主张，同时又以法律监督者的身份对辩护方、法官进行法律监督的做法越来越遭到多数人的质疑。[13] 那么，暂时

---

〔11〕 夏邦：《中国检察院体制应予取消》，载《法学》1999 年第 7 期。

〔12〕 龙宗智：《检察官该不该起立》，载《法学》1997 年第 3 期；贺卫方：《异哉，所谓检察官起立问题者》，载《法学》1997 年第 5 期。

〔13〕 有关文章可参见董白皋：《我国司法机关多重职能改革之思考》，载《中国法学》1997 年第 4 期；陈吉生：《论公诉权与法律监督权的独立行使》，载《政法论丛》1998 年第 1 期；宋炉安：《司法权辨析——法律监督权是司法权吗？》，载《研究生法学》1996 年第 3 期。

撇开目前法律对检察机关权力的规定,在理论层面上究竟如何定位检察机关的主要职责进而为其配置权力呢?

首先,从检察制度的发展来看,检察机关以及检察体制是为代表国王君主及后来的国家政府利益控诉犯罪而建立发展起来的。检察制度起源地之一的法国在12世纪末有了“国王代理人”,主要代理国王在各地提起民事诉讼,不过此时的“国王代理人”还不是专职的国家官吏。到了1302年,国王颁布敕令规定,代理人可以以国王名义参加有关国王利益的一切民事刑事诉讼。到16世纪,法国才明文规定检察官制度,并规定了上下级的隶属关系。17世纪,国王敕令增设了总检察官一职,在各级审判机关设检察官,对刑事案件行使侦查权、起诉权,初步建立了检察制度。英国的检察制度主要起源于负责起诉的大陪审团和担任王室法律顾问的国王律师。1461年,国王律师改名为英国检察长,1515年,又设副检察长,形成了英国的检察制度。[14] 我国近代意义上的检察制度应当说开始于清朝末年的修宪改制,而非古代的御史监察制度,因为御史监察机关并不具有公诉机关的特点,不承担对一般百姓犯罪的追诉职责,只是为了控制百官,加强君主王权,说它类似于今天的行政监察制度好像更合适。

从上述考证可知,检察官是从代理国王参与民事诉讼,继而发展到代表国家和社会利益负责侦查刑事案件、提起刑事诉讼而走上历史舞台的。历史发展的过程表明,检察制度的产生和发展与刑事诉讼从封建社会纠问式到资本主义混合式模式的发展是相适应的,符合近现代刑事诉讼控审分离、国家追诉的客观需要,符合国家打击犯罪、维护统治秩序、巩固政权的要求。检察机关从诞生之日起便是一种新型的代表国家追诉犯罪的专门机关,设立检察机关的目的就是行使公诉权,检察机关是应国家公诉的需要而产生发展起来的。作为国家公诉机关,检察机关代表国家和社会利益追诉犯罪、控告犯罪,代表国家和社会将犯罪提交司法机关裁决,带有强烈的国家主动追究的特性,因而一开始检察机关是典型的行政机关。中国古代没有近现

---

〔14〕 以上历史考证可参见程荣斌主编:《检察制度的理论与实践》,中国人民大学出版社1990年版,第18页以下;张穹、谭世贵:《检察制度比较研究》,中国检察出版社1990年版,第1页以下。

代意义上的检察制度,现行的检察制度在中国是名副其实的“舶来品”。而且由于当年照抄照搬苏联及由于我国缺少法治的传统思想,再加上某些部门存在的“位阶”“格级”的观念,致使我国现行的检察制度在定位上已经偏离了其本来的面貌。

其次,从现代各国司法制度的设计来看,检察机关基本上都是作为国家公诉机关而存在的,莫不以代表国家对犯罪提起公诉为首要任务;在权力的配置上,法律也都根据公诉的需要而赋予检察机关各种特定的职能,其职权大都围绕着对刑事案件进行侦查、起诉、支持公诉等需要,以便能正常完成国家的公诉使命,这方面,各国(地区)检察机关大体相同。在日本,“检察官的职权比较广泛,但最主要的职权是提起公诉”;在德国,“检察官的主要职权是领导警察机关对刑事案件进行调查,查明案件事实。对嫌疑犯提出公诉”;在美国,“检察官的职权主要有以下几项:有权对刑事案件起诉或者撤诉;有权对刑事案件进行调查或者派人调查;有权代表政府出席法庭,并提出证据”;[15] 在我国台湾地区,“检察机关的职权主要是在刑事诉讼活动中对于犯罪的追诉权。这一追诉权具体表现为检察官所担负的各项职权,包括:实施侦查权、提起公诉权、实行公诉权、协助自诉权、担当自诉权、指挥刑事裁判执行权及法律规定的其他职权”。[16] 不同国家和地区的刑事诉讼法也都明确具体地规定了检察机关行使上述诸权力的程序、方式,在司法实践中尽职尽责地扮演着国家公诉机关的角色,可以说,作为国家的公诉机关,是现代奉行法治的国家中检察机关的基本定位,公诉职能是其基本的职能。

最后,从我国社会发展的必然趋势上来看,公诉职能也应作为检察机关的基本角色定位。现在学界的共识是我国的人民检察制度是在学习苏联的基础上建立的,“我国的人民检察制度是根据马克思主义关于无产阶级专政的理论,特别是列宁关于社会主义检察制度的理论,结合我国的实际情况,并吸收了苏联等社会主义国家的有益经验,而逐步建立起来的”,“我国坚持了列宁关于社会主义检察监督的原则”,把人民检察院明确规定为国家法律

---

〔15〕 程荣斌主编:《检察制度的理论与实践》,中国人民大学出版社1990年版,第82页以下。

〔16〕 朱勇、李育编著:《台湾司法制度》,时事出版社1989年版,第37页。

监督机关;“同时,我国的人民检察制度又立足于自己的实际情况,总结和肯定了长期的检察工作经验,因而具有自己的特色”。[17] 这种说法对我国人民检察制度的建立与发展变化过程的认识是客观的,也解释了我国现行检察机关法律监督地位的理论依据。但是作为理论的研究者,我们还应当看到一点:我国人民检察制度从建立、发展到20年前的恢复重建并不是一成不变的,检察机关领导方式的多次反复变更即为这方面的例证。[18] 这说明我们必须根据社会的发展和环境的变化及时考虑调整有关检察机关职能方面的问题,死死抱住以前的某个教条显然不是历史唯物主义,社会形势已经有了相当大的变化,我们必须用一个正确的学术态度去探讨有益于我国制度建设的各种理论问题,这里面包括去除部门利益干扰和不乱扣政治帽子,[19] 唯如此才能保证学术讨论的规范化,进而促进我们社会的全面进步。在中央明确提出加快司法改革的要求下,对检察机关的职能进行理性反思可以说是顺理成章的事,这也是一个学人的基本职责和应有品格,从这个意义上讲,随便将一种理论观点称为“某某思潮的前奏”是不负责任的。

我国1979年的《刑事诉讼法》虽然规定检察机关承担着公诉职能,但在司法实践中特别重视检察机关与审判机关的一致性,在刑事审判中本应由公诉人承担的职能很大一部分由法官代行了,检察机关的公诉职能处于萎缩的状态。在以前我国计划经济体制下,在中央权力相对集中的情况下,在比较强调公检法作为无产阶级专政工具的时代里,这样的权力配置模式在某种意义上起到了一定的积极作用。随着改革开放的不断深入、我国市场经济体制的确立和大量法律法规的制定,社会个体的权利意识不断增强,国家立法也越来越注重对个体权利的保障。1996年《刑事诉讼法》的修改吸收了无罪推定原则的精神、加强控辩双方的对抗、增加了公诉机关的证明责任,1997年《刑法》的修订规定了罪刑法定原则,党的十五大明确提出了保障

---

〔17〕 张穹、谭世贵:《检察制度比较研究》,中国检察出版社1990年版,第34页。

〔18〕 关于我国人民检察制度的产生、发展及变化可参见各类有关检察理论方面的著述。

〔19〕 可以看到有关坚持检察机关法律监督地位的论著文章不约而同地大都出自检察工作人员之手。另外,有人断言:“检察行政权理论的提出是三权分立思潮的前奏,它的最终道路和归宿必然是三权分立政体。”参见刘树选等:《法律监督理论和检察监督权》,载《国家检察官学院学报》1999年第4期。这种随便将某种观点定位为“某某思潮”的做法不免让人心寒。

人权、加强司法改革，这些都说明我国越来越注意国家权力与个体权利之间的协调，单纯地强调权力而忽视对权利的保护已经不符合现代国人和社会的要求。尤其是1996年《刑事诉讼法》修改后，更加突出了法院在诉讼中的中心地位，更加强化了程序的正当性，更加体现了控诉与审判的分离，更加注重了辩护方与控诉方的力量与地位的平衡（尽管这方面还在待于加强），强调了检察机关的庭审举证责任，平等地处理公诉人、当事人和辩护人、诉讼代理人对证人、鉴定人的发问权。总的来说，这次修改就是要改变过去由法官作为法庭上的实际控诉者代替公诉人举证、控诉的状况，从程序设计上增加控诉方的难度和辩护方防御的力度，使检察机关成为真正的刑事诉讼的控诉方。这样，检察机关的控诉、举证责任比以往任何时候更大，检察机关的公诉职能也就比以往任何时候都更处于凸显的地位。而不论从理论还是从实践上说，这样的变化也只是正处于过程当中，理论上的研究远没有达到应有的高度，司法实践同司法规律要求的程度还有相当的距离，我国的司法改革还在不断摸索探讨中推进深入，而发展的方向也必然是沿着本次刑事诉讼法修正的趋势，找准检察机关应有的位置，继续强化检察机关的公诉职能，在法律上使检察机关的职能定位更加符合现代刑事诉讼的司法理念，这是我们建设伟大的法治国家的必然要求。

所以，笔者认为，不论从检察机关产生发展的过程来看，还是从现代各法治国家的实践以及我国建设法治国家的要求和发展趋势来看，公诉职能都应当是检察机关的当然定位，检察权在本质上主要表现为公诉权。偏离了这个基本的角色定位的检察机关不可能是现代法治国家的检察机关，只可能是有其名而无其实，并且会影响其基本职责的实现。至此我们再回过头来看我国检察机关的法律监督权问题，法律监督职能是否与公诉职能相冲突的问题，一直是一个争论不休的话题，对于这样一个不甚复杂的问题，站在不同的立场，从不同的角度出发，会得出不同的结论。本文不打算在这个问题过多地纠缠，而主要是从考察检察机关法律监督权的由来、在我国的发展及检察机关所享有的具体权力的性质出发，来阐明笔者主张取消检察机关"法律监督者"身份的观点。

正如前文所考证的，检察制度是为适应公诉制度的需要而产生发展起来的，而苏联按照列宁的法律监督理论将检察机关定位为法律监督机关，行使一般监督权。但是苏联的这一体制是有其深刻的历史原因的。“十月革命”建立起苏维埃政权初期，国家一直处于不稳定时期，而苏联当时是由多个加盟共和国组成的，为了巩固新政权，维护全苏联法制的统一，列宁主张建立专门的机关负责法律监督工作，在苏维埃政权建立初期，国家监察委员部、司法人民委员部及其他地方机构担负了法律监督的若干职能。检察机关建立起来后，除履行公诉职能外，逐步承担了法律监督的全部职责，而此时的法律监督权有其特定的内容，包括：监督各加盟共和国中央执行委员会及其主席团的决议是否符合苏联宪法和全联盟立法的规定；监督苏联各人民委员部和其他中央机关以及全联盟的组织活动是否合法；监督各加盟共和国最高法院全体会议的决议是否符合全联盟的立法等。[20] 也就是说在苏联，并不是检察机关的所有职权都是法律监督权，检察院在刑事诉讼中的职权在本质上依然是公诉权，而且苏联承担法律监督职能的机关的变化也有力地说明了法律监督职能并不必然与检察机关相联系，当年的苏联只是由于形势的需要才根据列宁的设想使检察机关除履行公诉职能外又承担了法律监督职能而已。我国在 1949 年后的一段时期，以列宁的法律监督理论为指导，全面学习苏联的国家体制，规定了检察机关为国家的法律监督机关，行使一般监督权。如中华人民共和国成立后的最高人民检察署的职权之一是“检察全国各级政府机关及公务人员和全国国民是否严格遵守人民政协共同纲领及人民政府的政策、方针与法律、法令”；1954 年的《人民检察院组织法》规定：最高人民检察院和地方各级检察院分别对国务院所属各部门和地方国家机关的决议、命令和措施是否合法，国家机关工作人员是否遵守法律实行监督。到了 1978 年检察院恢复重建时，尽管组织法仍然规定其为国家的法律监督机关，但是已取消了检察机关的一般监督权，检察机关在刑事诉讼中的各项权力都是明确的、可操作的。从诉讼的角度来分析，这些权力在刑事诉讼程序中都是各有所归属，都是一个个具体的诉讼权力，与所谓的法律监督机关、法律监督权并没有一定的、必然的关联。我们不妨来分析

〔20〕 前引〔15〕，程荣斌主编书，第 42 页以下。

一下。

按照法律监督论者的观点:法律监督特指人民检察院通过运用法律赋予的职务犯罪侦查权、公诉权和诉讼监督权,追诉犯罪和纠正法律适用中的违法行为来保障国家法律在全国范围内统一正确实施的专门工作。〔21〕从这一界定来看,法律监督权是由多部分权力组成的,包括侦查权、公诉权和诉讼监督权。可是侦查权与公诉权是法律监督的应有之意吗?有人认为,监督表现为两种基本的职能形式:一是对违反者具有强制性的揭露和移交裁决职能(如立案、侦查、逮捕、起诉),二是对违反者不具有强制性的提出纠正意见的职能。因此法律监督权与侦查权并不矛盾。〔22〕还有人说检察机关对"犯罪的追诉本身就包含了对违反刑事法律的监督",〔23〕"检察官以公诉人身份出庭控诉犯罪,就是对被告人监督",〔24〕"检察机关依据刑法规定监督一切公民、单位必须在遵守刑律的轨道上行动,任何触犯刑律的行为都要受到追究。这种侦控犯罪的工作属于法律监督的范畴,理应由专司法律监督的检察机关行使",〔25〕"公诉的最大特点就是提交法庭裁判,其职责仅在于发现、证明和检举违法犯罪行为,说明作为检察权主要内容的公诉权实质上是一种监督权,因此,法律监督是检察权的本质特点"。〔26〕可是为什么公安机关对违法犯罪行为的发现、证明、检举即侦查、追诉就不是法律监督呢?为什么公安机关"依据刑法规定监督一切公民、单位必须在遵守刑律的轨道上行动"、对任何触犯刑律的行为予以追究的活动就不是法律监督呢?为什么同样是负责发现、证明和检举违法犯罪行为、提交法庭裁判的西方国家检察机关的活动就不是法律监督呢?没人回答这些问题,反正只要是我国检察机关的权力就必然具有法律监督的性质,至于其他国家机关、其他国家的检察机关也行使这项权力应如何定性则不予考虑,这样的论证显然难以使人信服。实际上,侦查权和公诉权的实质就是刑事诉讼中最一般、最普通的

---

〔21〕 张智辉:《法律监督辨析》,载《人民检察》2000年第5期。

〔22〕 王琰:《全国首届检察理论研究年会综述》,载《人民检察》2000年第2期。

〔23〕 徐益初:《析检察权的性质及其运用》,载《人民检察》1999年第4期。

〔24〕 徐益初:《从我国检察机关的发展变化看检察机关定位》,载《人民检察》2000年第6期。

〔25〕 前引〔19〕,刘树选等文。

〔26〕 前引〔5〕。

诉讼程序上的权力,无论其行使机关为谁,它们的性质都是不应该也不可能会改变的,所以实在没有必要硬给其套上个法律监督的外衣。至于诉讼监督权,需要具体分析。实际上,虽然 1996 年《刑事诉讼法》第 8 条规定"人民检察院依法对刑事诉讼实行法律监督",但是该法在规定检察院在诉讼各阶段的权力时,并没有使用"监督"的字样,而这些权力诸如:要求公安机关说明不立案理由或要求立案、审查批捕及通知公安机关纠正违法情况、向人民法院提出纠正意见等,都是诉讼中应有的制约机制,属于正常的诉讼程序。这在没有什么法律监督机关的其他国家的刑事诉讼中同样存在,有些属于司法审查权,有些属于公诉权的一部分。至于检察机关对审判机关的所谓监督,比如请求法院正确定罪量刑、对法庭的违法行为提出意见、对判决裁定提出抗诉等,都是公诉权中的必然含义,是作为诉讼当事人(也许检察机关不喜欢这样的称谓)必然拥有的权能,就好比被告人也有权请求法庭正确定罪量刑或从轻减轻处罚、有权对法院的违法行为提出意见、有权对判决提起上诉一样。对此,法律监督论者也与我们有同样的看法,"这是对公诉方作为国家代表履行职能活动的最起码要求,是其分内之责,无须人为拔高,至多可以把它看作一种广义的监督,与被告人、当事人对审判活动的监督没有根本区别",〔27〕所以也根本没必要将这种正常的诉讼权力也装进法律监督这个袋子(用诉讼监督这个名词也容易使人产生误解)。由于本文主要是从刑事诉讼中控、辩、审三方的关系出发,对检察机关的应然权力进行研究,故对判决、裁定执行的监督以及检察机关在民事、行政案件中应享有哪些权力、这些权力应如何定性等,均非本文研究主旨之列,不予讨论。

由此看来,在刑事诉讼中,法律监督论者所称的侦查权、公诉权及诉讼监督权与他们所津津乐道的看似地位很高的法律监督权实际上并没有必然的联系,不论检察机关是否拥有法律监督者这样的"桂冠",法律都应当赋予

〔27〕 张宏思:《人民检察院基本诉讼角色定位论》,载《法学》1997 年第 9 期。该文认真分析了公诉职能与法律监督职能的本质差异,并指出二者必须分开行使,与笔者的认识相似。只是该文主张检察机关应当以监督作为基本角色定位,而且认为检察机关作为监督机关的同时可作为公诉机关行使公诉职能,解决公诉与监督之间的矛盾可以用内部制约的方式解决,并不排除成立独立的公诉机关专司公诉的可能性。这种观点值得商榷,没有搞清检察机关正是作为公诉机关才发展起来的,公诉才应当是其基本角色。

其上述诸项权力(当然,侦查权是可以探讨的),因为这是一个公诉机关所必须拥有的最基本的权力。检察机关应当以公诉作为其基本的任务与职能,寻求诉讼之外的高于裁判方的所谓法律监督权是不适当的,而诉讼内的其他主体也享有的诸如对法庭的异议权、对判决不服的抗诉权等都没有必要打上法律监督的旗子。在这个意义上说,我们主张取消刑事诉讼中检察机关法律监督者的身份,并不是要求取消检察机关的上述权力,而是因为按照诉讼的规律,在三角形诉讼结构中,审判应当处于中心的位置,作为控诉一方的检察机关可以以诉讼一方主体的身份对审判方予以监督,但不能以高于(哪怕是形式上的高于)审判者的所谓法律监督者的身份对审判者实施监督。有人洋洋洒洒以约两万字的篇幅论述了监督法律关系,指出现在的监督机关没有与审判权相对抗的地位,对“检察机关的抗诉权在本质上只是一个改判建议权”非常不满;并指出应当加强立法,使法律监督者拥有对被监督者的纠正权、否决权、列席合议庭合议权、查阅合议庭笔录权等。〔28〕 笔者认为,且不说在诉讼中设置一个可以否决、纠正审判者裁决的机关是否合乎诉讼规律,即使有必要设置这样一个拥有庞大权力的机关,那也只能由检察机关以外的机关来承担这个任务,因为如果控诉方还拥有对审判者的裁决予以直接纠正、否决的权力,所谓居中、公正的裁判便根本不可能存在了。

三、我国检察权的内容——规定不明而又分歧严重的命题

探讨了检察权的性质及检察机关的基本职能之后,有必要再审视一下我国现行法律关于检察权的规定。在我国,检察权是一个与审判权相对使用的概念,它出现在现行的多部法律及同一部法律的多个条文中,如1999年《宪法》第131条的“人民检察院依照法律规定独立行使检察权……”;《人民检察院组织法》第4条的“人民检察院通过行使检察权,镇压一切叛国的、分裂国家的和其他反革命活动……”;1996年《刑事诉讼法》第3条的“检察、批准逮捕、检察机关直接受理案件的侦查、提起公诉,由人民检察院负责”;

〔28〕 李桂茂等:《我国法律监督制度的改革与完善——论监督法律关系》,载《中国社会科学》1997年第2期。

1996 年《刑事诉讼法》第 5 条的“人民检察院依照法律规定独立行使检察权……”等,而且在众多的法学论著中,类如“人民法院行使审判权”“人民检察院行使检察权”的表述也到处可见。

但是,与审判权相比较,在实然法层面上检察权的具体内容究竟为何却鲜有一个相对固定的说法,不同的著述主张各一。从现实的情况看,有一种观点应当引起我们的注意。这种观点认为检察权就是检察机关的法律监督权,二者是一致的,其内容就是法律规定由人民检察院行使的所有职权。该种观点认为法律监督职责基本上分为三个方面:一是通过对国家机关工作人员的职务犯罪以及与执行职务有关的犯罪进行侦查,以保障国家机关执法的公正和准确;二是公诉职责,即侦查终结的案件,都由检察机关依法作出起诉或不起诉决定,这是用刑事法律监督的职权对犯罪行为实施的法律监督;三是诉讼监督职责,即对诉讼活动是否合法实行法律监督。〔29〕 这种观点已经成为当前检察机关极力主张的观点,这从一系列有关法律监督权的文章尤其是检察工作人员的论文著述中可见一斑。但是,这种观点却是值得商榷的。

首先,仅仅从法律条文来分析,该观点便存在明显的漏洞。主张检察权与法律监督权等同者的最主要依据便是 1999 年《宪法》第 129 条和《人民检察院组织法》第1 条的规定:“中华人民共和国人民检察院是国家的法律监督机关。”由于人民检察院是国家法律监督机关,因而行使的是法律监督权,而

〔29〕 周士敏:《论我国检察制度的法律定位》,载《人民检察》1999 年第 1 期。类似的观点:“检察权即法律监督权是从统一的国家权力中分离出来的、与国家的行政权、军事权、审判权并列的一项国家权力”;“在我国,法律监督特指人民检察院通过运用法律赋予的职务犯罪侦查权、公诉权和诉讼监督权,追诉犯罪和纠正法律适用中的违法行为来保障国家法律在全国范围内统一正确实施的专门工作”。参见前引〔21〕,张智辉文。“在刑事起诉中,检察机关参与诉讼不是与法官一起对被告人定罪量刑,而是以国家公诉人的身份提起、支持或停止诉讼,防止诉讼中可能出现的对犯罪的放纵和对人权的侵犯,在警察与法官之间增加一个独立的检察机关,意义就在于通过检察机关指挥侦查、批准逮捕、提起公诉、出庭支持公诉、监督审判、监督判决执行等一系列诉讼活动,对整个诉讼活动进行制约与监督”;“这说明作为检察权主要内容的公诉权实质上是一种监督权”,“因此,法律监督是检察权的本质特点”,前引〔26〕,谢鹏程文。不过也有人提到了“检察”一词作为法律术语一般有两种涵义:一是与法律监督相同,二是检察的概念小于法律监督的概念。参见张穹主编:《人民检察院刑事诉讼理论与实务》,法律出版社 1997 年版,第 9 页。

人民检察院行使的权力又是检察权,所以人民检察院的法律监督权就是检察权,检察权也就是法律监督权。这样的论证与推理逻辑所得出的结果实在令人难以信服,而且,这些偏爱于法律条文的论者好像忘了也还有这样一条法律,《人民检察院组织法》第 5 条规定:“各级人民检察院行使下列职权:(一)对于叛国案、分裂国家案以及严重破坏国家的政策、法律、法令、政令统一实施的重大犯罪案件,行使检察权。(二)对于直接受理的刑事案件,进行侦查。(三)对于公安机关侦查的案件,进行审查,决定是否逮捕、起诉或者不起诉;对于公安机关的侦查活动是否合法,实行监督。(四)对于刑事案件提起公诉,支持公诉;对于人民法院的审判活动是否合法,实行监督。(五)对于刑事案件判决、裁定的执行和监狱、看守所、劳动改造机关的活动是否合法,实行监督。”

笔者之所以不厌其烦地将上述条文全部抄录,是因为从条文的编排中我们可以看出,只有在本条第 1 项中才使用了检察权,而在后几项中都回避了这一概念。从条文来看,诸如侦查权、审查批捕权、起诉权、支持公诉权等在形式上与检察权是并列的;同时,对于侦查监督和审判监督的规定,在条文第 2 项和第 3 项中都用分号与前一部分隔开,这也表明法律规定的监督权与审查批捕权、审查起诉权、提起公诉权等在形式上是相并列的。不论这种表述是否科学合理(因为第 1 项中的检察权在排除了审查批捕权、审查起诉权、公诉权、法律监督权等之后还有没有其他具体内容值得研究),但至少我们从条文中推导不出有人所主张的检察权即等同于法律监督权,法律监督权即包括审查批捕权、审查起诉权以及提起公诉和支持公诉权的含义。

法律条文对该种观点的不支持还可从 1996 年《刑事诉讼法》中找到证据。该法第 3 条规定:“检察、批准逮捕、检察机关直接受理的案件的侦查、提起公诉,由人民检察院负责。”此条也表明了检察权与批捕权、公诉权及法律监督权的关系并非如某些论者所讲的那样简单。

其次,审查批捕权、审查起诉权、提起公诉权、支持公诉权是否属于法律监督权的范畴,前文笔者已经对此作了论述。在现代实行侦、控、审分离的国家,审查批捕、审查起诉、提起公诉以及支持公诉是刑事诉讼程序中的常态，是每一个奉行现代刑事诉讼理念的国家最普通不过的正常诉讼行为。可是到了我们国家，这些诉讼行为的本质竟然都发生了变化，全都变成了法律监督行为：不但审查批捕是法律监督，[30]而且审查起诉、提起公诉、支持公诉等都成了法律监督。更让人难以理解的是，刑事案件侦查权本是刑事诉讼中相当明确的一种权力，但因为我国检察机关是法律监督机关，因而这个权力到了检察机关那里也就不是一般的侦查权而是法律监督权了。种种这样的论述给人的感觉是无限制地扩大、提高了法律监督的范围和地位。实际上，诉讼行为、诉讼权力有其自身的本质属性，也许在不同的国家、不同的法系会有不同的表现形式，比如行使机关、行使方式的不同，但不应该出现也不会出现在美国、日本等国是侦查权、公诉权，而到了中国就成了法律监督权的现象。从这个意义上说，《人民检察院组织法》第5条后4项在规定检察院享有对侦查活动、审判活动实行监督的权力和审查批捕、审查起诉、提起公诉、支持公诉的权力时，用分号将前后两部分隔开，并列编排，是认识到了前后两部分是不同性质的权力职能，这种语言表述是科学的，表达的意思也是清晰明了的。但是实践中出于认识上的原因及某种利益的考虑，这种意思被人为地扭曲了，检察机关对自侦案件的侦查权、审查批捕权、公诉权以及法律监督权都被人为地复杂化了。

有意思的是，即使有些极力主张法律监督权的论者也不得不承认法律监督只是检察机关职权中的一个方面，与公诉权是不同的。检察机关的职权包括法律监督权、侦查、起诉和出庭支持控诉权、参加民事诉讼权、参加行政诉讼权和其他职权。"在社会主义国家，对刑事案件进行侦查、起诉和出庭支持控诉，仅是检察人员一个方面的职权，而且从根本上来说，它们是实现检察机关法律监督职责的一种手段。"这说明他们也认为侦查权与公诉权与法律监督权是不同的，只是实现法律监督权的手段。[31] "人民检察院在刑事诉讼中主要行使四项职权，即对刑事诉讼实行法律监督权、批准逮捕权、侦查权和公诉权。"[32]"检察机关法律监督职能的有效行使是不能脱离开具

〔30〕 参见前引〔8〕，倪兴培文。
〔31〕 参见前引〔17〕，张穹、谭世贵书，第89页以下。
〔32〕 前引〔29〕，张穹主编书，第9页以下。

体的诉讼职能的,监督是内容,是目的,诉讼是形式,是载体。监督职能必须以诉讼职能为基础,为条件,诉讼职能是监督职能借以发挥的必要途径和手段。""检察机关法律监督职能和公诉职能是一种职能的两面,一个问题的两个方面。"〔33〕"刑事审判监督本质上是超然于具体审判活动之上的独立的诉讼职能……也应与公诉职能相分离","此类观点(指公诉具有审判监督性质——引者注)的根本缺陷在于以偏概全,夸大了公诉职能的广义上的监督性质,混淆了发起诉讼的公诉职能与对包括公诉方在内的所有参诉方活动进行整体监督的审判监督职能的区别,将自己置于监督者的地位,只对审判方等其他诉讼主体实施监督,自身则无须受到监督,从而导致这两种职能混同一体"。〔34〕 这些文章尽管在法律监督权的观点上还存在可商榷之处(笔者已在本文第二部分作了讨论),但是它们无疑也从一个方面承认了法律监督权不等于检察权,也与检察机关的侦查、公诉权等没有包含与等同的关系。

所以笔者认为,将检察权等同于法律监督权,同时等同于检察机关的各项诉讼权力的观点,不仅不符合法律规定的原意,而且在理论上也是说不通的。要对我国的检察体制进行改革,有必要对各个法律规定的检察权的涵义予以统一,首要的是统一法律中的用语,然后对"检察权"的内容作出明确的界定。按照我国的语言习惯,也为了与审判机关行使审判权相对应,笔者认为,宜将检察权理解为"法律规定的由检察院行使的职权"为好(笔者也正是在这个意义上对检察权性质进行了探讨)。1999 年《宪法》《人民检察院组织法》及 1996 年《刑事诉讼法》中都规定了"人民检察院依法独立行使检察权",这些规定中的"检察权"应理解为检察院的职权,并可以作为我们统一法律用语的基础;而《人民检察院组织法》第 5 条和 1996 年《刑事诉讼法》第 3 条中将检察权与检察院的批准逮捕、提起公诉等其他职权相提并论的规定,给人以检察权也只是检察机关职权中一个部分的感觉,应当在适当的时候对这些法律的表述方式进行修正。同时在刑事诉讼法中去掉"法律监督"

〔33〕 沈丙友:《公诉职能与法律监督职能关系之检讨》,载《人民检察》2000 年第 2 期。
〔34〕 参见前引〔27〕,张宏思文。

的字样，取消检察机关法律监督者的身份，明确规定人民检察院是国家的公诉机关，履行公诉职能。检察权的内容应当是符合其公诉职能需要的、符合其性质的各项权力的总称，具体说检察权中应当包括指挥、领导侦查活动权、审查起诉权、决定起诉与不起诉权、支持公诉权、举证质证权、提出意见权(或称异议权)、抗诉权等各项权力。对于现阶段检察机关拥有的侦查权、审查批捕权、决定逮捕权、决定拘留权、批准延长羁押期限权等是否应当属于检察权的内容，笔者将在下文进行讨论，但在目前，这些权力也属于检察权的内容。

四、检察机关的改革——十分迫切而又困难重重的课题

上文笔者论述了检察机关在刑事诉讼中的基本角色应当是国家的公诉机关，代表国家将犯罪提交法庭裁判，行使控诉职能。围绕这个主题，检察机关的改革及其权力配置都应当以公诉职能为中心。有鉴于此，笔者认为，对检察体制的改革应当从下面几个方面去着手：

1. 建立以公诉为龙头的检察职权体系

改革就应该朝着检察机关就是公诉机关的思路去构建我们的整体司法制度。对于行使公诉职能应有的各种权力，应当通过法律赋予检察机关，并且要设计出合理、正当的程序规则来规范检察机关行使公诉权的行为。综合各方面的论述可以知道，承担公诉职能是实行国家追诉主义以来各国检察机关的本职任务，检察机关应当以公诉作为自身的基本职能，在国家体制中应当以公诉机关为定位寻求自己的位置，不能舍本逐末去谋求什么高地位的、高身份的其他角色。在权力的配置上，检察机关的职权体系应当以公诉作为龙头，同时可以根据形势的需要，使检察机关也承担一部分其他职能，比如监督监狱、劳教、看守所等劳改劳教和临时羁押场所，在民事、行政案件中也承担一些必要的职能等。但这些都不是主要的、也不是必须由检察机关承担的。检察机关职权体系的核心只能是公诉权。公诉活动应当包括检察机关对享有侦查权的机关或部门侦查终结移送起诉的案件，经过全面审查酌量，以决定是否将犯罪嫌疑人提交法院审判追究刑事责任，以及将犯罪嫌疑人起诉至法院并出席法庭举证、质证，请求法庭对被告人定罪量刑

的诉讼活动。在这样一个诉讼活动中，承担公诉职能的检察机关所应然享有的权力包括：审查起诉权、决定不起诉权、决定起诉权、提起诉讼权、出庭支持公诉权、法庭举证、质证权、辩论权、声明异议权、抗诉权等。在目前阶段，我国的检察机关已经基本上享有了上述各项权力。需要注意的是声明异议权，实际上这项权力对我国的检察官来说并不陌生，就是在审判过程中，检察机关认为法官的诉讼行为违法或不当时，提出自己的意见请求法官作出适当的处理的权力。只不过实践中我国的检察机关在指出法官的不当行为时，往往喜欢将此理解为行使法律监督权，其实这只是一项审判过程中的诉讼权力，控诉方和辩护方都享有这项诉讼权力与权利，包括被害方、被告方都可以提出该种异议。《日本刑事诉讼法》第309条就对此专门作了规定，可以作为我国的参考。

2. 建立以公诉机关为核心、主导的审判前程序

长期以来，由于我国的庭审方式基本上存在走形式、走过场的现象，如常说的"公安是做饭的，检察院是端饭的，法院是吃饭的"，因此，确立庭审中心地位成为了理论界和实务界关注的焦点。1996年《刑事诉讼法》修改时，在这方面作了大量的修正。但是，庭审方式改革后，一个突出的问题便摆在了人们面前：公诉机关在法庭上举证不力，或者证据不严密，而法院已不想端什么就吃什么了，这就使公诉人在法庭上很是被动。但是，公诉机关并不是不注重证据，关键是侦查机关移送的材料不能有力地支持公诉，检察院也想摆脱你做什么我就只能端什么的窘境。但是据来自检察院的反映，行使法律赋予的退回补充侦查权并不是那么简单，很多案件退回时是哪些材料，再移送来依旧是那些材料。形势要求我们必须重新审视和改进现行的侦查职能与公诉职能、侦查机关与公诉机关的关系。鉴于此，笔者提出了侦检一体化模式，[35]希望能对当前侦检之间存在的不正常的关系有所裨益。

正如前面所揭示的，检察机关在刑事诉讼中的职责是代表国家起诉犯

---

〔35〕 参见陈卫东：《侦、检一体化模式研究——兼论我国刑事司法体制改革的必要性》，载《法学研究》1999年第1期。

罪,出席法庭举证、质证,而现代刑事诉讼的理念及发展趋势都要求以审判为中心。因此,起诉的成功与否很大程度上取决于检察机关在法庭上的举证、质证,取决于检察机关所拥有的证据材料,而这些证据材料在多大程度上能够支持公诉则取决于侦查的质量。侦查活动正是查获犯罪并取得犯罪证据的活动,因此,在刑事诉讼中,侦查机关与公诉机关共同承担追诉职能,侦查活动实际上是为检察机关的公诉职能服务的,侦查权与公诉权在本质上是相互统一的,彼此之间有内在的密不可分的联系。但是,由于现行体制下我国的公安与检察院之间以分工负责、互相配合、互相制约为原则,侦查程序基本上由公安机关一手操办,且公安还可以制约检察机关,使公安与检察院之间的扯皮不断:公安机关往往专注于"破案",在取得证据、固定证据、保全证据方面,与检察机关在法庭上举证、质证的要求还有不小的距离,正如美国人琼·雅各比女士所说的,"警察以被告可能有罪为根据认为某个人违反了法律而实行拘留;检察官则必须提出具有更高质量的证据以便在审判室内将同一个人定罪"。[36] 同时,"由于警察没有受到像律师那样的培训(有时根本没有受到培训),有关证据的发现和保护(对检察官的工作来说,这是必不可少的)可能是草率的、不完整的和有缺陷的";"检察官们的一种普遍的抱怨是,警察在进行调查中往往是草率从事,遗漏了重要的证据,以及不适当地扣押或标注被搜采到的物品";"他们认为,警察所作调查的质量确实关系到检察官的行动"。[37] 再加上我国的检察机关无法对侦查活动进行实际上的指挥、控制,也使法律规定的退回补充侦查制度的实施效果并不理想。所以基于侦查与公诉的共同追诉职能,笔者认为在法庭审判前的程序中,应当建立以公诉机关为核心主导的机制,侦查应当服务于公诉这样一个总的目的,公诉机关为了公诉的需要应当有权指挥、指导侦查活动的进行,这里主要是指对侦查机关、侦查人员收集证据、固定证据方面予以指挥指导,尽量减少司法实践中将侦查结果做成"夹生饭"的情况。

一些论者不是从公诉职能与侦查职能具体的、微观的特性出发,不是考

---

〔36〕 [美]琼·雅各比:《美国检察官研究》,周叶谦等译,中国检察出版社 1990 年版,第 134 页。

〔37〕 同上书,第 138 页以下。

虑二者在实务中的具体诉讼关系与本质属性，而是从所谓“公诉权在本质上只是法律监督借以实现的一种基本形式”出发，认为“把对侦查的检察职能与对侦查的领导、指挥混为一谈，完全可能使检察法律监督功能被具体的侦查工作所吸收、所消化”，因而也反对检察机关指挥侦查活动。〔38〕 该论者还指出：“在一定意义上可以说，司法本身就是一种法律监督形式。”我们不知道这里的“一定意义”到底是哪种意义，但是按照该论者“所谓司法乃是以诉讼形式进行的执法”的观点，〔39〕侦查工作也是司法，当然其“一定意义上”也应当是法律监督，既然侦查也是法律监督，凭什么检察机关的法律监督就一定要监督着侦查机关的法律监督呢？凭什么检察机关就理所当然地高于别人呢？显然，要回答检察机关对侦查工作领导、指挥的依据，必须到二者的具体诉讼关系以及各自的活动目的中去寻找，什么都能往里装的法律监督并不能给出有说服力的答案。还需要说明的是，由于我国当前实然的司法权概念与我们所探讨的应然的司法权概念不一致，因此给行文上带来一定的麻烦，尽管我们已经作了说明，但仍有读者对我们有一些误解，在此愿摘录如下，以答疑者：“虽然我们对这一概念（指我国当前实然层面上的司法权概念）也持否定态度，但在对现行司法体制，特别是对其弊端进行描述的时候，当然要以中国法的实然性为基础”；“侦查权、检察权在本质意义上应当隶属于国家行政权，检察机关也应当定位为行政机关。当然，这是对侦查权检察权之应然性的学术探讨。在现行法的构架内，检察机关仍然为司法机关”，〔40〕实然与应然不同，由此清晰可见，怎么会导致“这些主张前后不一、自相矛盾”呢？

3. 改革现行的逮捕和其他侦查措施的审批制度

逮捕是最严厉的一项刑事强制措施，因而对逮捕制度的研究直接关系到每个公民的切身权利。〔41〕 依我国现行体制，刑事公诉案件审前阶段的审

---

〔38〕 前引〔8〕，倪培兴文。

〔39〕 参见前引〔8〕，倪培兴文。

〔40〕 参见拙文。

〔41〕 关于逮捕制度的探讨可参见陈卫东：《试论我国逮捕制度的改革》，载《中国律师》2000 年第 9 期、第 10 期。

查批准逮捕权归属人民检察院，检察机关享有剥夺犯罪嫌疑人人身自由的权力；同时人民检察院作为公诉机关，本身又承担着控诉职能，承担着在法庭上举证、质证的任务。这种权力配置模式的危险性是显而易见的。检察机关作为控方完全有可能为了控诉的需要"以权谋私"，作出剥夺被指控方人身自由的逮捕决定。重要的是我国刑事诉讼中的逮捕不仅作为行为动词使用（意为"捕获"），而且兼具状态动词的用法（意为"羁押"）。易言之，它包含两方面的内容：捕获和一段时间的羁押，并且羁押是逮捕的必然结果和主要内容，逮捕的目的就是羁押。而外国一般采逮捕与羁押分离制度，逮捕实施后是否羁押须另行审查决定。这种制度具有重要的理论和现实意义。因为逮捕与羁押决定要分两次作出，（有证）逮捕往往是由法官（或预审法官）根据侦检机关的书面申请作出的；而对于是否羁押，则须听取犯罪嫌疑人及其辩护人与控方的意见后才能作出决定。这种做法体现了法官裁判权力对侦查程序的控制，有利于实现侦查程序中的控辩平衡和避免不必要的羁押，有利于保障嫌疑人的权利。我国实行逮捕与羁押一体制，逮捕由处于控方的检察机关进行书面审查后批准或决定，并不听取嫌疑人的意见，完全是单方职权行为。而且根据刑事诉讼法的规定，对于一个非罪犯身份的公民，可以由公安机关决定拘留后被羁押长达 37 日，足见侦查机关对一个公民人身权利的影响有多大。至于逮捕后的羁押期限，虽然法律也作了限制，但是由于法律同时规定了几种可延长的情形，决定权和批准权同样是属于行使公诉职能的侦检机关，因此实践中被以各种表面上的合法理由超期羁押的犯罪嫌疑人不在少数。[42] 再加上检察机关在羁押期间并不进行合法性审查，获释（包括取保候审）的渠道并不畅通，因此对绝大部分犯罪嫌疑人来说，一经逮捕即意味着将长时间处于被羁押状态，因而造成不必要的羁押大量存在，也使完全置于侦控机关控制之下的被逮捕者沦为侦讯的对象，逮捕则变成了一种重要的侦查方法，导致实践中以捕代侦、刑讯逼供等违法现象屡禁不绝。这无疑使犯罪嫌疑人的诉讼主体性荡然无存，公民的人身自由

---

〔42〕 如 1996 年《刑事诉讼法》第 128 条中规定，发现犯罪嫌疑人另有重要罪行的，重新计算羁押期限；羁押期限自查清犯罪嫌疑人身份之日起计算等。实践中一些部门在掌握了犯罪嫌疑人的多种罪行、掌握了其具体身份后，故意装作不知，以备随时凭此作为延长羁押的理由。

权利得不到应有的保护。这一切都源于控方即为逮捕和延长羁押期限的批准者或决定者,没有第三方来对此作出裁断,程序应有的正当性缺失。为了防止刑事诉讼中控辩双方力量的严重失衡,避免出现犯罪嫌疑人诉讼地位的客体化趋势,有必要强化诉讼制约,修改完善现行的逮捕制度。

笔者认为,对犯罪嫌疑人的逮捕羁押应当非常严格,只有为了保障刑事诉讼的顺利进行、实现对犯罪的有效追诉、保护社会安全,才能对犯罪嫌疑人的人身自由予以限制。这种措施的采取必须贯彻程序正当以及最低限度和必要性原则,而且在司法实践中应当尽量减少乃至避免羁押,以充分保障人权,这应成为设计逮捕制度的出发点和归宿。为了保持控辩平衡,防止被指控人客体化,要求在判断是否有逮捕乃至羁押被指控人的必要时,必须由独立、中立于控辩双方的裁判者作出决定,而不能由侦控方决定。唯如此,犯罪嫌疑人的诉讼主体性和裁判中立、控辩平衡的现代刑诉机理方能得以体现。

笔者主张,改革我国逮捕制度的最终方向应该是借鉴他国合理有效的审查批准制度,在侦查起诉阶段引入一个第三方,同时实行逮捕与羁押分离制度。按照诉讼的规律,让专职的法官担当裁断的职位是恰当的,这也应该是我国司法改革努力的目标。但是,就我国现行的体制及现实情况来看,这样的设想也许在近期内无法得到实现。作为过渡性的措施,笔者认为可以在现行制度的基础上作些变化:首先,将现行的逮捕即羁押改为逮捕与羁押分离制度,允许逮捕后是否羁押应当经再次审查后作出;其次,将检察机关的内部结构进行调整,配合主诉检察官的改革,设置检察事务官,负责对侦查机关的提请批准逮捕书和是否对被捕获的犯罪嫌疑人羁押作出审查决定;最后,将逮捕分为有证逮捕与无证逮捕,无证逮捕可在现在拘留制度的基础上改造而成。不论是有证逮捕还是无证逮捕,都应当在规定的短时间内(如48小时)将捕获的犯罪嫌疑人送至检察官处,检察官在充分听取侦辩双方意见后,作出是否予以羁押的决定。这些设想也许暂时不能为一些人所接受,但是笔者相信,随着时代的发展,我国的刑事诉讼制度无论是在科学性上还是在民主性上都将会迈上一个新的台阶。

理论上的研讨是枯燥的,推动法律的进步是吃力的,而其中的过程却是充满幸福的,尽管不时会感到一些无奈,但笔者却始终坚信:一切先进的、符合人类基本正义思想、符合基本司法规律的制度都将会被伟大、聪明的中华民族所选择。

（本文原载于《法学研究》2002 年第 2 期）

审级制度的建构原理*

——从民事程序视角的比较分析

傅郁林

自试行民事诉讼法颁布施行至今,中国二审判决被立案再审的比率逐年上升,至1999年已达25%。〔1〕这一令人震惊的数字揭示了一个无法否认的现实:两审终审制已名存实亡,司法的终局性已荡然无存,审级制度的主体结构正在被"例外"和"补救"程序冲击、剥蚀和瓦解。20世纪90年代中期以来,这一现实逐渐引起关注和反思,建构三审终审制的讨论方兴未艾。

从世界范围来看,当代三大诉讼模式,即以英美为代表的"上诉制"、以法意为代表的"撤销制"和以德奥为代表的"更审制",〔2〕虽然基于历史传统和程序结构的差异,所面临的程序问题和改革的具体环节各有侧重,然而,在审级制度上,普遍实行两级结构的传统模式却沿着不同发展脉络九九归

* 本课题是由福特基金会资助的"民事复审程序制度比较研究"课题的成果之一,曾提交于2001年6月以此为主题的研讨会,并以英语文本提交2002年"比较民事诉讼法国际研讨会"。在此一并感谢福特两任官员刘晓堤女士和张乐伦女士的多方帮助,导师江伟教授的悉心指导,范愉、张志铭、张卫平、陈瑞华等各位朋友的宝贵评点,中国各地各级法官的信息支持以及美、德法官和学者各种形式的交流。最后特别感谢方流芳教授令人深深受益的坦陈灼见。文中不足之处无疑由笔者自负。

〔1〕 原始资料参见1988年、1989年和1990年《人民法院年鉴》、1991～1998年《中国法律年鉴》、《人民司法》2000年第4期载1999年司法统计。另外,通过各种渠道申诉或向法院申请再审而未立案再审的数字远远大于正式统计数字,根据笔者对中部和北部两大城市中级法院申诉和再审案件的抽样调查,立案再审案件占申诉案件的比率大约为30%,其余均以口头或书面通知的方式驳回,未进入再审程序。在上述抽样调查案件中,对一审终审的案件申诉和再审的案件仅占再审案件总数的0.68%,因而笔者对此忽略不计。另参见江阶虎:《两审终审:无法终审的现实》,载《中国律师》1999年第10期。

〔2〕 划分审级结构三大模式的依据是各国最高法院的基本职能和运作方式。参见J. A. Jolowicz & C. H. van Rhee (eds.), *Recourse against Judgments in the European Union*, p. 8。

一,最终汇入三级的司法等级结构。目前世界上实行两审终审制的国家已为少数例外,除人口稀少的国家和州之外,只有以苏联为样本的国家,而其中罗马尼亚已于20世纪90年代将审级制度改为三级结构。[3]

诚然,程序制度是文化和传统积淀的产物,简单地比较、借鉴和单向移植的思路无助于改变中国审级制度面临的困境。然而,仔细观察当代世界审级制度趋同发展过程及其背后的原因,使笔者确信,尽管各国司法大厦的风格各异,却仍有一些基本原理和技术规范为司法等级制所不可或缺,而支撑这些技术原理的基础,则是现代法治国家对于司法目标的一些基本共识,这种比较研究对于理解中国审级制度的技术缺陷、理念根源和变革出路颇具启发意义。

上篇 审级制度的功能和一般技术原理

比较法考察和历史考察表明,各国审级制度的建构思路以立法者对于司法统一性、正确性、正当性、终局性、权威性等价值目标的认同为基础,审级制度在实现这些功能方面的可能性则依赖于相应的技术规范。

一、维护司法的统一性

无论从司法制度的私人目的还是公共目的上看,司法的统一性在各国

〔3〕 本文是在对大量国外民事诉讼资料进行综合分析和总结的基础上完成的,因而无法一一注释。主要参见 The Council of Europe, *Judicial Organization in Europe*, The Council of Europe Press, 1998; J. A. Jolowicz & C. H. van Rhee (eds.), *Recourse against Judgments in the European Union*, Great Britain, Kluwer Law International, 1999; Peter E. Herzog & Delmar Karlen, Attacks on Judicial Decisions, *Under the Auspices of the International Association of Legal Science*, Vol. XVI, *Civil Procedure*, 1982; Daniel John Meador & Jordana Simone Bernstein, *Appellate Courts in the United States*. St. Paul, Minn, West Publishing Co., 1994; Mary Ann Glendon, *Comparative Legal Tradition*. St. Paul, Minnesota, West Publishing Co., 1985; J. C. B. Mohr (Paul Siebeck), *East European Law*. Parker School of Columbia University, 1994 – 1998; Charles Platto, *Civil Appeal Procedures Worldwide*, St. Paul, West Publishing Co., 1992; Harald Koch & Frank Diedrich, *Civil Procedure in Germany*, Great Britain, Kluwer Law International, 1998; Catherine Elloit & Catherine Vernon, *The French Legal System*, New Haven, Yale University Press, 1996; 另参见各国法院组织法和民事程序法典。

司法制度价值目标中都占有重要位置。“法律面前人人平等”是近代以来的法治理想，然而，“平等”“公正”的含义不仅包括将法律平等、公正地适用于个案中的原告和被告，而且包括法律在整个管辖权范围内平等、公正、统一、一致地适用于每一个人。从国家治理技术来看，司法制度是实现社会控制的一种途径，审级制度正是通过司法等级制(judicial hierarchy)将国家的法律沿着审级结构的脉络辐射到整个辖区。然而并非任何审级结构都能够良好地贯彻或推行这一思路，实现司法统一的可能性很大程度上取决于审级制度能否满足下列技术规范：

(一)终审法院保持较小规模并实行集体主义决策机制

决定最高法院能否实现统一司法这一特殊职能，很大程度上取决于进入最高法院的案件数量和法院的规模。案件总量的增加意味着法官和合议庭数量的增加，因而出现意见冲突的可能性增加；同时意味着法官配置给个案的单位时间相对减少和出现疏忽、错误、冲突的机会增多；还意味着能够胜任最高法官职务的人相对欠缺，以及协调终审法官之间意见的难度增加。

在终审法院实行“上诉制”的美国，司法界有一个共同信念，独一无二的法庭是保证终审判决一致的最佳方式，终审法院法官一旦超过9位，就会出现分庭或分组从而产生终审判决之间的冲突。为了保证以不超过9名法官的“满席审判”保障司法统一，1925年司法法大大减少了立法确定的强制上诉管辖权的范围，联邦最高法院获得根据自己承受能力自由裁量决定受案数的权力。目前每年提交其审查的5000件左右的案件只有200件左右获得实质审理，各州最高法院实质审查的案件数量也大致如此。[4] 联邦和各州上诉法院虽然分合议庭审判案件，但当出现司法判决冲突或需要形成新的判例时，也由上诉法院的全体法官共同决定。终审法院的高度集体主义决策机制保障了司法的统一性和终审判决至高无上的权威性。

在终审法院实行“更审制”的德国，每年进入最高法院的案件超过2000件，其中1996年达到3888件。不过，德国以划分事项管辖权的方法保障相

---

〔4〕 Daniel John Meador, p. 34; Robert L. Stern, etc., *Supreme Court Practice*, 7th Edition. Washington, D. C., The Bureau of National Affairs, Inc., 1993, p. 29.

对减少裁判同类事项的法官规模，从而保障终审判决的统一；同时，德国最高法院的案件"两分法"使提交三审判决的案件实现繁简分流，如果最高法院2/3的法官认为该案不具有法律重要性（占全部案件的80%以上），则不进行实质性审理。此外，德国法院组织法还设置了扩大合议庭和联合审判庭机制，当最高法院出现或可能出现合议庭之间意见冲突时，通过这一机制确保终审法院判决之间的一致。尽管如此，由于最高法院作为三审法院受理案件的标准实行双轨制，随着立法明确赋予三审上诉权的案件（争议金额在6万马克以上的金钱诉讼）日益增加，最高法院规模不断扩大，民事合议庭在20世纪70年代已增加到11个，在协调司法冲突方面面临严重困难。因而德国正在讨论取消以争议金额为标准的强制上诉管辖权，以"法律重要性"或"先例重要性"作为最高法院受案的唯一标准。〔5〕如果这一呼声很高的方案付诸实施，最高法院的案件将进一步得到控制。

在终审法院实行"撤销制"的法国和意大利，虽然宪法规定："作为司法最高法院，它保障法律的严格遵守和统一解释，负责国家法律的一元性和对不同管辖权限的尊重，并调整管辖权冲突。"但由于审级制度在控制那些将鸡毛蒜皮的争议闹到最高法院方面束手无策，法官们疲于应付每年多达2万件案件，无力顾及判决的"公共重要性"和终审法院在维护司法统一方面的特殊职能。法国最高法院只在1.5%案件中能够把注意力放在重要的法律问题上，意大利则因为讼程漫长（最长达10年）而经常受到欧盟成员国公民向欧洲人权法院的投诉。〔6〕最高法院虽然也设置了"全体法官大会"制度，但基于"撤销制"法院的传统，法官大会在创制司法先例和统一司法方面建树不大。耐人寻味的是，"撤销制"最高法院的初衷是维护"公共"法律利益，

---

〔5〕依据强制管辖权受理的案件成为德国最高法院的主要工作，比如，1996年就法律问题向最高法院提起上诉的案件3888件，其中210件为许可上诉，其余3678件均为直接向联邦最高法院上诉的案件。Peter Gottwald, *Civil Justice Reform: Access, Cost, and Expedition.* The German Perspective, p. 214.

〔6〕J. A. Jolowicz & C. H. van Rhee (eds.), *Recourse against J udgments in the European Union*, pp. 5, 220. 同时参见意大利和法国法院组织法、民事程序法规定。

然而,这种公共宗旨却被无限追求“个案”公正的人性欲望所湮没。[7]

(二)各级法院之间实行职能分层

民事程序制度具有解决纠纷和维护法律秩序的双重目的,审级制度在配置上诉程序具体功能时,必须在服务于个案当事人的私人目的和服务于社会公共目的二者之间权衡和妥协。设计的一般原理是,越靠近塔顶的程序在制定政策和服务于公共目的方面的功能越强,越靠近塔基的程序在直接解决纠纷和服务于私人目的方面的功能越强。各国中级法院对公共目的和私人目的关注的具体程度有所差异,形成不同模式审级制度的特色。

美国传统上没有专门的上诉法院,直到1789年建立联邦和州两套司法系统时,绝大多数州才开始实行两级结构,联邦司法系统虽为三级结构,实际也是两审终审制,联邦最高法院在建立之初主要是致力于组织事务。[8]上诉程序与初审程序之间自此有了泾渭分明的职能划分:初审法院决定事实问题并保障正确适用法律,上诉法院(州最高法院)决定法律问题并承担在各州统一创制判例的职能。20世纪70年代,随着美国诉讼和上诉案件的急剧增长,各州最高法院分庭审理案件的实践打碎了以“满席审判”的方式维护司法统一的完美设计,于是,各州先后在初审法院与最高法院之间插入一级新的司法阶层,亦即中级上诉法院,分担终审法院处理法律事项的职能,形成两套司法系统均为三级结构的司法金字塔模式。[9] 在两级上诉法院之间,中级法院侧重于纠正初审判决的法律错误,保障对既存法律适用与解释的正确性和个案当事人获得公正判决的权利;最高法院更关注法律的统一解释、渐进发展及在制度性审查方面发挥特殊功能,保障整个司法体系作出统一的、权威的、先例性的司法判决。两级上诉法院之间基于职能分工

---

〔7〕 Vincenzo Varano, Civil Procedure Reform in Italy, *American Journal of Comparative Law*, 1997, Vol. 45, pp. 227, 215 – 218.

〔8〕 当时联邦最高法院对联邦巡回法院(初审法院)审理的民事案件和各州最高法院的终审判决行使上诉管辖权,但实际上,1790 ~ 1795年仅仅审理4件案件。Robert L. Stern, p. 12.

〔9〕 全美平均初审法官与上诉法官的比例为20:1,刚好与司法金字塔结构印合。详细数字参见Daniel John, p. 16。某些涉及联邦问题的案件可能在州最高法院做出终审判决之前或之后依据法定的特别程序提交联邦最高法院审查,联邦最高法院的判决为该案的终审判决,所以,极个别案件可能经过四级审判。

形成层次分明的司法等级制——虽然纠错功能并非总是与创制法律的功能截然分开,中级法院也不可避免要创制法律或先例,但它必须遵循由终审法院所解释或创制的法律,而不能直接推翻最高法院的先例;虽然终审法院有限的案件承受力使之对中级法院判决的审查比率很小,从而使中级法院实际上成为绝大多数案件的终审法院,然而,只要案件诉求最高法院裁判而且获得许可,中级法院就没有最后发言权。

德国实行四级三审制,三级法院之间虽不像美国那样严格符合金字塔数学比例,但从职能配置、职能行使方式、案件数量等方面来看,却呈现出明显的阶梯形态[10]。一审程序侧重于解决个案纠纷,负责调查事实并实行全面审理;实行"续审制"的二审程序是第一次审判的继续,以"全面审查(de novo)"的方式保障事实认定正确并在此基础上正确适用法律;实行"法律审"的三审法院承担统一法律解释和发展的职能。[11] 分析德国二审实行续审制的原因,笔者认为,除民法法系国家"两次审判权"理念的影响外,主要因为德国一审程序没有美国那样的审前发现程序和交叉询问程序,一审程序对事实问题不能一次性获得全面而详尽的证据,必须由二审程序承担一部分一审程序未竟的事实调查职能。不过,德国的二审绝不是一审的重复,其接受新证据的可能性受到对方当事人意愿、证明责任和诉讼费用制度的有效控制,使事实问题的重心定于塔基,从而保持了审级结构的整体平衡。同样重要的是,德国经过多次司法改革,二审程序正在进一步将职能重点由事实问题转向法律问题,以此强化一审程序的功能和相应减轻两级上诉法院的压力,确保最高法院得以行使立法明确赋予的创制先例的职能。如果德国审级制度改革方案付诸实施,将目前的四级三审制改为三级三审制,预计在未来的梯型结构中,塔底更宽而塔顶更窄,审级制度更趋近于金字塔结构。

---

〔10〕 德国各级法院法官和案件数量详见 Peter Gottwald, pp. 211 – 214。

〔11〕 比较法学者认为,德国这种阶段性和间断性的事实调查可以避免不必要的证据调查所造成的司法资源浪费,从整个司法制度来看,德国民事程序比美国更符合诉讼经济的原理。参见 Oscar G. Chase, Civil Litigation Delay in Italy and the United States, *American Journal of ComparativeLaw* (36), 1996, p. 48; Peter Gottwald, p. 220; Jahn H. Langbein, "The German Advantage in Civil Procedure", *The University of Chicago Law Review*, Vol. 52, No. 4, Fall, 1985。

法国三级结构也是由两审终审制演进而成的。“撤销法院”(the Cassation Court)最初是作为立法机构的分支凌驾于司法机构之上的,其职能是监督法官不超越权限而行使造法权。同样地,按照“三权分立”的原则,该院也不享有司法裁判权,在撤销错误判决之后,只能将案件交下级法院重新审理或等待立法机构修改法律,而不能直接改判。[12] 这种运作方式在日益膨胀的司法实践中无法应付积案、拖延、重复上诉和司法冲突,于是在20世纪中叶,立法授权最高法院在特定情形下直接根据下级法院认定的事实作出更审判决,即直接以自己的判决取代下级判决。这种传统职能和运作方式的转变赋予撤销法院以真正的最高司法机构的特征,法国的法院由此转变为三级结构。然而,这种渐进的结构演变没有像美国那样形成两级上诉法院之间的职能分层,最高法院的微观改革不敌“撤销”法院的遗风和传统文化的惯性,继续在保障公民个人的宪法权利与维护公共法律利益的角色定位冲突中苦苦挣扎。而作为正常救济的上诉途径却不够畅通,上诉法院不能充分发挥监督一审审判的作用,成为民事诉讼的“瓶颈”。[13] 为改变这一状况,法国司法改革方案与其他西方国家逆向而行,正考虑允许在中级上诉程序中提交新证据或提出新理由的可能性,以增强上诉法院的监督和纠错职能,减少向最高法院的继续上诉和非常上诉;同时强化初审程序诉讼请求的职业化和律师对庭审过程的参与,以减少法律错误,缓解两级法院的上诉案件压力。[14]

---

〔12〕 最高法院如果认为法院适用法律不适当性,它有权撤销判决,但不能行使审判权直接作出正确的判决。判决被撤销后发回下级法院(通常是另一法院)重审。如果重审法院坚持原审的想法,则该事项再次提交最高法院,如果该决定经最高法院全体法官讨论并获得支持,那么该司法决定将提交国会作为撤销法律的参考;但如果最高法院全体法官讨论决定维持上一次的裁决,则将案件发回另一法院重新审判,这一次重审法庭必须服从最高法院的意见。Peter E. Herzog, p. 58.

〔13〕 张卫平、陈刚编著:《法国民事诉讼法导论》,中国政法大学出版社1997年版,第277~278页。法国民事一审案件的上诉率约为14%,参见 Vincenzo Varano, Civil Procedure Reform in Italy, *American Journal of Comparative Law*, Vol. 45, 1997, p. 657。另参见 Martin & Jacques Martin, *France*, Boston Kluwer Law and Taxation Publishers, 1994, pp. 79 – 83。

〔14〕 法国民事程序以简易和平民化风格见长,一审判决的上诉率不到6%。Rechard W. Hulbert, Comment on French Civil Procedure, *American Journal of Comparative Law*, Vol. 45, 1997, p. 747.

(三)最高法院排除对事实问题的考虑

各国最高法院都只限于审查"法律事项",排除对事实问题的考虑。其理由:一是通过减少最高法院的审查范围而控制最高法院的规模;二是防止刺激当事人寻求更高一级救济从而架空下级法院调查事实的职能;三是因为事实问题不像法律问题那样具有普适性,对于无法确定的事实问题作出前后反复、相互冲突的评价,有损于司法统一和权威。然而,控制事实问题进入最高法院的程度取决于各国划分事实问题和法律问题的方法和标准。有趣的观察表明,各国在确定最高法院管辖权范围时使用的概念不同,对于限制事实问题的程度有所影响。

《美国联邦规则民事诉讼规则》把所有的问题都分为"法律问题"和"事实问题"[第52(a)条],这种旨在划分初审法官与陪审团之间权力界线的规则,同时也成为确定上诉法院与初审法院之间权限分界的标准;而最高法院受理案件的标准是"重大法律问题",绝对控制事实问题上移至司法金字塔顶层。上级法院审查下级判决的标准也受问题性质的影响,比如,对于"事实决定",中级法院按照"明显错误"标准进行审查,而最高法院则置之度外;对于"法律决定",两级上诉程序都必须全面审查,审查的深度在原则上好像下级法官的决定根本不存在,由上诉法庭全部重新决定法律问题,独立地审查事项并作出决定;对于"裁量性决定",上级法院给予下级法院最大限度的尊重,几乎不加干预——除非滥用裁量权。由于大量问题处于所谓"基本事实"或"终极事实"与纯粹法律问题之间,美国在司法实践中发展出许多识别所谓法律—事实问题或混合问题的成熟规则。

德国立法以列举和排除的方法将最高法院的权限范围限定于"法律问题",并规定了相应的职能运作方式,[15] 比如,最高法院不能推翻下级法院对事实的推断和反证;对证据的评价及证据的充分性问题也属于下级法院自由裁量权范围,除非违反基本逻辑规则和一般经验原则而引起争议,最高法院不得推翻;最高法院受下级法院事实陈述的约束,不必收集证据,不承认

〔15〕 德国对地区法院的二审判决不得提起三审上诉。此外,金钱事项的争议金额在1500马克以下者实行一审终审制,若审判行为违反宪法,可向宪法法院上诉。

新的事实主张(除有关程序问题的极少数例外)。德国立法也使用“违反法律”的概念,但法律注释对“违反法律”作出了严格定义,同时最高法院判断下级判决“法律错误”的标准是判决结果而不是判决理由。受攻击的判决必须在结果上对原告或被告构成损害,不说明理由或理由不符合法律规定不构成三审上诉的理由,这种划分有利于确定和区分司法判决既判力与先例效力范围,也大大缩小了最高法院的审查范围。〔16〕 不过,与美国相比,德国关于事实问题和法律问题的划分是一种粗线条的限定,只要不是明显属于法律问题以外的争议,最高法院都可以过问。

在法国、意大利,最高法院的管辖权范围以“法律错误”或“违反法律”为标准,但立法对于事实问题与法律问题、事实错误与法律错误之间的界限并不作明确划分,法律家们往往对这些模糊概念作扩大解释,使这种限制变得几乎没有意义。法国学者认为,“确定一个问题是否属于‘事实问题’这本身就是法律问题”。〔17〕 在意大利,只要是以违反法律为由提起三审上诉,都受宪法保护,不需要上诉许可,除非当事人放弃了(第一次)上诉权或上诉权被排除。《意大利民事诉讼法》第360条甚至规定,对争议的重要问题的判决省略理由或理由不足或理由与结论相矛盾也属于法律错误。这一规定打开了最高法院审查证据的大门,赋予其在被提起上诉的判决未解释理由或理由不充分或理由矛盾时审查和重新认定事实的权力,这一规定直接导致最高法院案件负担剧增和拖延问题恶化。〔18〕

(四)划分权利性上诉与裁量性上诉 建立终审上诉许可制

诉权是由各国宪法保障的基本权利之一,上诉权是诉权的延伸。然而,司法公共资源的有限性意味着诉权保障的有限性,作为当事人“权利”事项的上诉机会要受制于公正与效率的平衡、个案当事人权利保障与公众权利

---

〔16〕 相反地,基于最高法院判决先例性效力的控制,下级法院直接受最高法院判决中的法律理由而非事实理由拘束,司法法院的判决代表一种有限的有拘束力的判例形式——法典第565(2)条。如最高法院由于程序性错误而撤销判决,则下级法庭没有义务遵循可能附加的实体法理由,因为这不是撤销判决的原因。

〔17〕 J. A. Jolowicz, *Recourse against Judgments in the European Union*, p. 82.

〔18〕 J. A. Jolowicz, Managing Overload in Appellate Courts:“Western” Countries, p. 83.

保障的平衡等准则。那么，究竟给予当事人几次上诉机会才能满足宪法所保障的“正当程序权利”？美国判例法确定了衡量政府行为正当性的利益衡量标准，当事人享有的程序保障权与其从程序保障中获得的利益成正比。德国的审级制度不谋而合地适用了这一标准，当事人的审级权利和上诉机会因诉讼金额或案件性质而有所不同，形成一审终审制、二审终审制和三审终审制并存的审级制度。[19] 在三级审级结构中，美国和德国通过划分权利性上诉和裁量性上诉确定了诉权与审判权的界线，属于当事人权利范围的事项，法院不得通过实质性审查而施以职权干预；同样地，属于法院裁量权范围的事项，除非滥用裁量权，否则当事人也无权提出异议。在当代各国司法制度中，当事人拥有一次上诉权获得普遍承认，即使在奉行“一次审判”理念的英国，制度上给予第一次上诉的“许可”范围也与其他国家的上诉权范围大致无二；而第二次上诉机会则被越来越多的国家作为法院裁量权范围，受到上诉许可制的限制。这一设计运用了洪水分流的技术原理：中级法院是一个缓冲器或闸门，承接着上诉潮水的汹涌浪头，待浪潮平息，终审法院便可在平静舒缓的水域中精心地处理特别重要的法律问题。法国和意大利基于宪法权利理念，没有采纳学者关于建立最高法院上诉许可制的建议。法国最高法院以普通法国家为样本试行的司法甄别制度不抵传统惯性，1981年法国最高法院改革设立的三人合议庭试图将案件繁简分流，[20] 但公众提出批评，认为所有当事人都应当接受法院的同等对待，三人合议庭如果简易地驳回一件案件，则应当简述拒绝理由。[21] 于是，三人合议庭变成一种职能及其运作方式与过去五人合议庭没有什么分别的小合议庭。意大利最高法院面对强大的积案压力，能够提出的建议只能是修改《意大利民事程序法》第360条对“法律错误”的解释，以缩小最高法院的受案范围，同时通过缩小最高法院合议庭规模来相对减少法官的工作量。

在实行终审上诉许可制的国家，裁量权限被赋予不同的权力主体。在

---

〔19〕 美国还适用最低程序保障标准，即无论政府（及其所代表的公众）的利益如何重要，政府给予当事人的程序保障不得为零。

〔20〕《法国司法组织法》第131～136条（1981年修订），《法国民事诉讼法》第1013条、第1014条。

〔21〕 Peter E. Herzog & Delmar Karlen, p. 56, n. 309.

瑞典和多数普通法国家,制定法都不对许可条件和裁量权限作任何限制,而由最高法院独自对向它提起上诉的案件进行控制。比如在美国,拥有这项自由裁量权——通常称为调卷令管辖权(certiorari jurisdiction)——的各终审法院自行制定一些规则,具体列举了最高法院可能接受案件的情形,标明最高法院只审查几类案件,如联邦上诉法院的裁决与另一上诉法院的裁决相冲突或者与联邦最高法院的判决相冲突,或者,案件涉及尚未解决而必须作出权威性解决的法律问题,或者,下级法院偏离司法程序的正常轨道以至于需要最高法院行使监督权,等等。这些许可受理案件的标准以公开的规范性文件规定,旨在让律师和公众知道,最高法院行使自由裁量权不是出于个人癖好或恣意,而是依照某些合理的准则行事;同时为律师提供了一种指南,使之明白最高法院感兴趣给予审查的案件种类,从而抑制毫无希望的申诉;此外,规范为法官自己提供了一个框架,提供了据以讨论申诉和可能就许可或驳回问题达成更为一致意见的一些标准。这些规范往往包含大量的概括性语言,不会对法官施加不恰当的约束。

德国三审上诉权限实际上由上诉法院和最高法院共同行使。立法除规定,最高法院直接受理6万马克以上金钱案件就法律问题提起的三审上诉,同时,非金钱诉讼和金额在6万马克以下的案件,如果有超越于实际争议案件本身的重要性,由二审法院在判决中明确许可才能上诉至最高法院。二审法院的许可决定对当事人和最高法院都有拘束力,当事人不得对这一决定提起上诉,最高法院也不能自行决定案件是否受理。但立法同时规定,由上诉法院在判决中明确许可上诉的案件在最高法院受理后,如果最高法院以23多数认为该案没有先例上的重要性,则可拒绝进行实质审理。德国二审法院许可三审上诉的核心标准是先例重要性,包括那些最高法院尚无结论的有争议的法律问题或者改变传统判例法的案件——该传统判例法已遭到相当多的反对,不能再予维持或者上诉法院之间的判决不一致或者上诉法院推翻了最高法院的判决的案件。先例重要性同时也是最高法院甄别案件的核心标准,根据这一标准,德国最高法院在每年直接上诉和经二审法院许可上诉的全部案件中,选择15%~18%给予实质性审判,其他案件仅作程序性处理。尽管如此,案件受理程序和甄别工作消耗了最高法院的主要精力,使之无法将有限的精力更多地放在审判具有普遍意义的案件上。因而德国许多学者主张,取消向最高法院上诉的金额标准,以先例价值和公共重要性作为许可上诉的统一标准。

二、保障司法的正确性

关于司法制度追求正确性的目标毋庸赘述。错误的判决不仅直接触犯当事人的权益,而且违背正义和公平,制造社会不满和不安定。然而,"两次审判比一次审判更有利于确保司法的正确性"这样的命题或假定,则并非不经论证即可成立的结论。上诉程序之所以能够纠正错误,不只因为它给当事人多提供一次机会,更因为它的存在本身构成对一审程序的监督机制,从而减少了一审判决出现错误的概率。但如果上诉法官自身的权力处于无所制约的状态之下,那么监督者制造错误的概率并不低于其纠正错误的概率,至少在理论上这一命题可以成立。所以,审级制度在保障司法正确性方面的原理在于,通过上下级法院之间权力分层或"分权"的技术设置,使上级法院在制约下级法院的同时,自身的权力也处于制约之下,形成双向制约机制。这一制约机制运作良好的基础和前提则是,司法机构与其他国家机构之间基于权力各自独立而形成的相互制约和当事人诉权对审判权力构成有效控制。

在美国传统的两级结构中,上诉法院与初审法院对事实问题和法律问题处理的不同权限和运作方式形成相互制约机制。以"错误令状"为传统形成的美国上诉制度被认为是一种纠错机制,因而只有当初审法官犯了符合法律标准的法律错误时,受此错误不利侵害的当事人才可以上诉,此时初审法官实际上被置于被告地位。〔22〕 因而,"上诉法庭的职能是纠正错误而不是制造错误"。〔23〕 实行"有限审查制"的上诉程序对事实的审查范围仅限于在

〔22〕 根据笔者对美国哥伦比亚特区联邦上诉法官 Harry T. Edwards 和马萨诸塞州上诉法院 Fernande R. V. Duffly 等法官的访谈,"错误令状"的理念已发生重大变化,法官们普遍认为,上诉法官与初审法官的意见分歧并不必然说明初审法官"错误",而可能只是对法律的理解不同,但基于维护判决终局性的需要,必须建立审级权力,以上级法官的意见为"正确"意见,即"判决不因正确而有效,却因有效而正确"。另参见宋冰编:《程序、正义与现代化》,中国政法大学出版社 1998 年版,第 194 页。

〔23〕 Peter E. Herzog & Delmar Karlen, p. 29, n. 153.

初审中认定过的事实和提出过的问题,新事实和新证据被完全排除;上诉审查方式是根据初审记录和在下级法院提交的证据进行审理,初审法院的卷宗(record)、书证(documents)和法庭记录(transcript)对上诉法院有拘束力,证人不必再出庭,对于初审法院关于证言可信性评价,除非在极其特殊的情形下,上诉法院不加干预。上诉法官如果认为案件事实与初审记录所反映的情况不符,有必要纠正和重新审理,则应当把案件发回(remand)一审法院,而不是由他自己采信这些证据。因为如果允许当事人在上诉中提出新的主张或事实,上诉法官就可能制造新的错误;对于初审法官而言,除非当事人在初审中提出了全部请求和所依据的事实、证据,给初审法庭提供判断事实和适用法律的准确而全面的信息,除非提交上诉法官分析、衡量、接受或拒绝的主张是当事人已向一审法庭声明过、在复审时坚持和重申的主张,上诉法庭作出判决的事实基础与初审法庭判决的事实基础完全相同,否则,当事人或上诉法官就没有理由指责初审法官的裁判“错误”。[24]

德国二审程序在监督和纠正一审错误的同时继续完成一审程序未竟的职能,实行所谓“全面审查制”,在事实问题上比美国上诉程序拥有更多权限和职责,其职能和运作方式也更接近于一审程序,比如,可以传唤证人、进行鉴定,对于事实和法律错误均可直接作出改判。不过,二审权力受到来自至少两个方向的制约,其法律解释权受到来自三审程序的制约,其事实调查权受一审程序的限制。同时,立法明确规定接受新证据的前提是对方当事人不提出反对和不造成诉讼拖延,实际上把二审程序接受新证据的决定权一部分交给了对方当事人(律师),使法官的裁量权置于当事人的监督之下。三审程序则基于“法律问题”的职能划分、有限审查的运作方式,受制于二审判决中上诉许可决定以及合宪性诉讼的潜在威胁,可以避免上级法院单向监督下级而自身权力缺少监督的机制下产生的权力滥用。

---

〔24〕 实行有限审查制的传统原因是上诉法官不得对陪审团认定的事实问题作出变更。这一传统在现代诉讼中被赋予新的意义,比如,允许当事人向上诉法官提交新证据或新主张,可能由于一方当事人的故意或疏忽,使本可以在第一轮诉讼中了结的问题拿到上诉审处理,因而影响一审判决的质量,并使本来可以在初审中胜诉的当事人就同一问题承受第二轮诉讼,既不公平,也不经济。同时,对上诉程序接受新主张的期待也不利于当事人对上诉结果作出正确预测从而减少轻率上诉的概率。

法国上诉程序的审查范围和运作方式类似于英美对抗制下的上诉法院,不接受新的主张或证据,同时,上诉程序和一审程序同样受到最高法院的监督。此外,基于“诉讼契约”的文化理念和当事人处分权主义对于法官权力的制约,以及审判机关作为“法律售货机”的角色定位和法律文本主义传统,法官滥用权力的可能性受到多重扼制,这些制约机制保障了司法的正确性和正当性。然而在最高法院层次上,审级制度中上下监督的双向制约特征并不明晰:“撤销法院”监视着两级法院的司法过程,这种监督是单向的。最高法院自身权力的制约主要依赖于“撤销”法院的性质和运作方式——它不能直接行使裁判权,而只能将撤销后的判决交给另一下级法院重新判决。随着撤销法院演进为最高司法机构,这种角色定位和运作方式妨碍了终审法院在统一司法方面特殊职能的实现;而进一步强化最高法院的更审权则可能打破传统制约机制的平衡,如果不全面调整审级制度并建立新的权力制约机制,法国也不能排除终审权力膨胀的可能性。从法国最高法院目前尴尬的运作效果可以看出,审级制度希望在控制权力滥用与保障诉权快捷实现两大目标之间寻求平衡,然而,对审判权力的任何意义上的单向“监督”和外部制约,都会增加在程序系统内实现这种平衡的难度。

二、协调司法的终局性与正当性

司法的终局性是审级制度的一项基本内容。对于“X审终审制”的普遍定义为:“案件经过X审之后即告终结。”当经过“X审”之后仍不能终结的案件达到一定量时,以“X审终审制”命名的审级制度就发生质变,“终审”不终意味着整个审级制度失去意义。

关于终局性的概念,美国大法官K. R. Handley是这样定义的:“只要判决可能被重新/再行审判和撤销,则该判决即为临时性的,不能作为有既判力的判决。”[25]终局性的概念在大陆法系体现为既判力规则,即由有审判权的法院对实质性问题作出的终局性判决对于双方当事人及其他利害关系人

〔25〕 转引自Nanping Liu, A Vulnerable Justice:Finality of Civil Judgments in China, *Columbia Journal of Asian Law*, Vol. 13, Spring 1999。

(privies)是结论性的,据此构成对涉及相同请求、要求或诉因的后来诉讼的绝对禁止。[26] 终局性与禁反言原则密切相关,即当一个问题/争议已在某法院的记录中确定,只要受到判决或裁定的支持(stand),在此之后任何一方当事人都不得再提出这一问题或提交重新审判。当事人依据禁反言原则以获得既判力为理由阻止对方当事人提起请求,或作为支持自己请求的理由。判决可以被重开诉讼和重新审查,意味着判决中所决定的事项可以再次辩论而判决本身可以被推翻,显然表明判决尚未获得终局性,是临时或暂时的决定。

设置上诉制度的目的,一方面是通过纠正错误而增加司法判决客观上的正确性;另一方面是增加感觉上的正当性,因为过于简易的决策过程往往使当事人对判决结果产生怀疑,不满于一次判决的当事人如果拥有一次倾泄的机会,获得上一级法院的复审,那么程序的复杂性、法官人数的增加、审判者司法等级上的权威性,都可能令人感觉案件已经过慎重处理,这种感觉有助于强化司法的正当性。然而,在保障司法的正当性方面,审级制度是一把双刃剑,以重复审判的方式追求司法的正确性和正当性必须以维护司法终局性和权威性为前提,如果这种追求以破坏终局性为代价,那么案件的审判次数越多,则司法的正当性和权威性越少。判决不被随意推翻,是审判权威最基本和最本质的内容,司法的终局性作为审级制度的核心内涵,它以司法的统一性、正确性和正当性为基础,又反过来决定着司法的正当性和统一性。

司法终局性目标的实现并非仅仅依赖于审级制度,它更大程度上依赖于国家政治结构和宪法制度对审判者自身独立地位的承认和身份保障。在审级制度中,为了保障司法在正确性基础上获得充分的正当性,各国在主体结构中都设置了“消防通道”或“紧急出口”,以便对无法避免的司法错误进行事后补救,然而,这些非常救济渠道在设置技术上遵循了共同原理,即以条件严苛、界限明确的法律适用规范,将非常救济控制在“极端例外”的范围之内,使之真正成为备而不用的消防设施,而不至于影响主体结构。当正确

---

〔26〕 参见《布莱克法律辞典》对既判力的定义。

性目标与终局性目标发生冲突而妨碍审级制度的基本功能时，宁可牺牲个案的正确性，也要确保全局的终局性。基于这一原因，现代西方国家的“再审程序”无论撤销的是哪一个级别的判决，对于审级制度和整个审级结构都不产生任何影响。在美国，虽然各级诉讼中都有纠正司法错误的程序和相应规则，但无论是初审中用以纠正陪审团裁判错误的重开诉讼（reopening proceedings），还是上诉程序中申请满席法庭重新审判（retrial），抑或联邦最高法院终审判决被国会撤销（如著名的美国国旗案），这些被误解为美国“再审”程序不仅少到几乎没有意义，而且对判决的撤销都不影响终局性判决的既判力。大陆法系的再审程序虽然可能改变既判力，但其适用规定条件之严格、举证责任之苛刻足以排除例外救济制度对审级结构的威胁。意大利最高检察官基于维护司法一致性之目的，有权以“法律的利益”之名义提起抗诉，要求最高法院撤销其违背自己司法先例的判决，但这种撤销不改变对该案当事人的裁判结果，所撤销的只是该终审判决作为最高司法先例对日后其他案件的拘束力，而且意大利最高检察官使用这一权力的机会也屈指可数。〔27〕

下篇　中国审级制度的建构原理

中国现行的四级两审终审制是一种柱型结构的司法等级制。自塔基至塔顶，各级法院的价值目标、职能配置及运作方式几乎没有分别，每一级法院都可以受理一审案件，同时都可以作为终审法院（自中级法院开始）；每一级法院、每一级程序都追求同一个目标，即个案的实质公正；当事人在不同审级享有几乎完全相同的程序权利；每一级法院、每一级程序都有权全面审理事实问题和法律问题，有权直接传唤当事人和证据并重新调查事实，有权根据自己查明的事实作出判决。这种司法等级制没有职能分层，已经失却程序结构意义上的“审级”的价值，多一级法院只是增加了一层行政级别而已。

〔27〕 Peter E. Herzog, p. 53.

在两级审判的主体结构之外,设置了多种“边道”通往再审程序,以救济两级审判中发生的司法错误。这些边道与西方各国作为“紧急出口”或“消防通道”的救济机制差异在于,中国两审终审制主体结构建立在对再审程序依赖的基础上,审判监督程序作为三审程序的替代物设立,并掩盖着对三审程序的需求。如果把这种边道视为消防设施,那么其通道之多、出口之大、利用之频繁,已经改变司法制度的主体结构,构成“审级制度”不可分割的组成部分。准确地说,中国立法确定的审级制度是“以两审终审制为原则,以审判监督程序为补充”(以下指称中国“两审终审制”均同此义);而在司法现实中,这种救济途径早已突破“补充”或“例外”性质,整个审级制度的运作状态如同消防通道遍布司法大厦,审级结构的上下内外都挤满了寻求“补救”的司法“难民”。

关于中国取消三审程序、确立统一的两审终审制的理由,权威民诉法学者在早期是这样总结的:第一,可以减少当事人的讼累,方便当事人进行诉讼……审级过多,会使民事关系长期处于不稳定状态;第二,可以使高级法院和最高法院摆脱审理具体案件的工作负担,集中精力搞好审判业务的指导监督;第三,中国的审判监督程序可弥补审级少的不足;第四,第三审仅作书面审和法律审,对案件事实部分不予过问,因而作用极为有限。[28] 这一总结基本解释了中国审级制度的技术思路,结合立法时的大量资料,笔者认为,对于以下诸多问题的官方态度和社会认同构成中国两审终审制的正当性基础,而其中一些基础与中国正在经历的时代变迁一起发生了嬗变,另一些则与司法的其他价值目标发生冲突而正在成为司法获得正当性的障碍。

一、司法正确性的目标与权力制约机制

在中国上诉理念中,确保司法的正确性是最重要的目标。审级制度保障司法正确性的一般原理是以权力分立为基础的上下级法院之间的双向制约,但“分权”的概念在中国一向讳莫如深,“制约”的概念则为“监督”所代

---

〔28〕 常怡主编:《民事诉讼法学》,转引自江伟主编:《民事诉讼法学原理》,中国人民大学出版社1999年版。

替。“制约”是通过均衡地配置资源使平等或对等主体之间构成力量均势，从而形成双向或多向制衡的机制。“监督”则是一种单向控制，监督者自身的权力不受来自被监督者的反向制约，因而容易导致权力失控和结构失衡。在审级制度中，基于司法行政等级制和“下级服从上级”的理念以及由此产生的案件请示汇报和批复制度，上级法院对下级法院实行单向监督，未形成基于审级职能分工和权力分层的双向制约。

由于受诉讼模式的限制，在两审终审结构中运用职能分层原理设计双向制约机制面临不可克服的技术困境：在职权主义诉讼模式下，一审法官的事实调查权不受来自当事人事实调查权和陪审团事实裁判权的制约，因而一审法官的权力只能通过赋予二审法官较为宽泛的事实审查权来实现监督，由于没有三审程序专门对法律问题行使监督权，这种上诉模式使二审法官权力过大。同时，中国超职权主义模式下的全面审查制不仅赋予二审程序超越上诉人申请的事实审查权，而且赋予其广泛的事实调查权，使之大大超越“续审”的角色而近乎于“重新审理”，加之法律赋予二审法院根据自己调查的事实改判或发回重审的裁量权，二审/终审法院的权力既不受来自诉讼程序内当事人处分权的控制，也不受来自审级制度内职能分层的控制。这种状态在客观上容易造成权力滥用和错误频生，在感觉上也容易导致不信任而影响司法的正当性。

于是，监督审判权的希望只能寄托于诉讼程序和审级制度以外的权力，而审判监督程序为各种权力干预审判权大开方便之门。这恰恰是审判监督程序比三审程序更受青睐的重要原因。审判监督程序在实现司法政策化目标、加强政府对司法的程序外控制、创造“知错改错、拨乱反正”的规模性政治效应方面具有上诉制度无可比拟的种种便利或优势，正如 1954 年有关报告指出的那样，“过去上级法院对下级法院的审判监督，通常是通过审判上诉案件实行的，虽然对审判工作也有一定的指导作用，但由于是孤立地一件一件地处理案件，就很难充分发挥审判工作的监督与指导作用”，“向党政机关的请示报告多属零碎或空泛，党政机关也很难对审判工作实现全面、切实的政治领导”，于是，“有的上级法院在进行某一类型案件的总结中发现错判案件,运用监督程序大张旗鼓地进行改判”。[29]

然而,随着法治目标对司法确定性和对以确定性为要件的司法权威的倚重,单向制约的机制和运动式的纠错方式正在失去其正当性基础。建立三审程序的意义并不在于为一般案件提供两次上诉的机会,而在于它的存在本身对于二审法院的权力构成潜在制约,从而保障审判权力在明确的界线内正确行使。三级结构在技术上为各级法院职能分层、缓解二审法院的角色困境、解决司法冲突和确保终审法院实现司法统一的特殊职能提供了可能。

二、法制统一目标与最高法院职能

中国宪法规定,“国家维护社会主义法制的统一和尊严”,然而宪法没有指定由哪个国家机构具体代表“国家”履行这一职能。在现代法治国家,由最高司法机关承担维护统一法律的特殊职能,逐渐成为共同趋势。在中国,在立法机关统一行使立法权的基础上,最高人民法院作为实施法律的最高机构,肩负起这一职能本来也是无可置疑的,然而,实践表明,中国宪法所规定的“最高人民法院监督地方各级人民法院和专门人民法院的审判工作”,并不意味着最高人民法院在“统一”法律方面负有特殊职责。三审法院作为专门的法律审,其主要功能在于解决司法冲突和实现司法统一。既然法制统一的职能并非由最高人民法院来承担,因而基于司法统一和职能分层的需要而确定的“事实问题”和“法律问题”的分野在中国也就没有价值。中国甚至没有使用“法律错误”或“违反法律”这样宽泛的词汇,民事诉讼法在确定“法律监督”权范围时使用了无所不包的“判决(或裁定)错误”的概念,其中包括事实错误(认定事实的主要证据不足)、实体法错误(适用法律错误)、一般程序错误(违反法定程序可能影响正确裁判)和司法不端行为(审判人员有贪污受贿、徇私舞弊、枉法裁判行为)。

确定最高法院管辖权范围的另一概念是划分级别管辖权的共同标准——“有重大影响”:最高人民法院管辖在全国范围内“有重大影响”的一

---

〔29〕《最高人民法院关于总结审判经验的报告》,载《参考资料》(第1辑),第254页。

审案件(尽管最高法院至今尚未受理过一审民事案件)。然而,“有重大影响”与西方国家作为最高法院受案标准的“重大法律问题”或“法律重要性”存在本质差异:“法律重要性”常常指提交三审解决的案件具有超越于解决个案争议本身的法律价值,如最高法院尚无结论的法律问题,或传统判例法受到大量挑战有可能通过本案加以变更的法律问题,或二审法院之间的判决不一致的法律问题,或二审法院推翻了最高法院判例的案件,等等;“有重大影响”却是一个多元的、界限模糊的标准,“法律重要性”最多只是其中一个方面。以“有重大影响”为级别管辖标准,使最高法院的职能模糊不清,其笼统和宽泛也为各级法院基于职业利益和地方保护主义而随意调整审级制度留下巨大的灰色空间。加之四级两审终审制的审级制度本身就是按照行政区划确立的行政等级制,因此随着行政管理的中央集权弱化和地方权力强化,终审法院级别过低,最高法院对于由中级法院和高级法院作为终审法院的案件没有正常渠道进行法律审查和监督,这种依赖于行政权实现司法统一的审级制度如今反而成为司法权分化和滋生地方保护主义的温床。

与职能分层技术阙如和权限边界混浊相应的,是最高法院逐年膨胀的案件数量和日趋庞大的机构规模。中国最高法院一年实质性地审结案件3000余件(受案数约为结案数的两倍),处理来信来访10,000多件。在最高法院内部,审判庭之间、合议庭之间、同一合议庭前后案件之间,以及最高法院与下级法院的终审判决之间、下级法院之间、下级法院内部……司法冲突丛生。也许是基于统一司法的需要,最高法院被赋予另一项特殊职能,“对于在审判过程中如何具体应用法律、法令的问题,进行解释”。尽管立法并没有要求其解释法律的“统一性”,但这项职能是由统一的机构——最高法院审判委员会——行使的。然而,这项“统一”法律解释权是根据审判人员的层层汇报,由未参与案件审理的最高法院审判委员会作出的,针对个案中法律问题的请示的抽象性批复,如果视之为最高法院审判职能的一部分,这些抽象解释既没有具体案情事实的支撑和逻辑论理过程,也缺少以立法资料为基础的历史背景、依据和理由,无法为下级法院、法律职业或社会公众所理解,因而适用这些“司法解释”时仍需要解释,这种二级解释中发生意见分歧和司法冲突的概率要高出事实具体、理由明晰的司法判例。实践表明,这一机构每年“统一”制定的300多个司法解释，并没有解决法律适用的冲突问题。[30]

即使赋予最高法院肩负起统一法制的特殊职能，那么，在两审终审制与中国诉讼模式之间的内在冲突中，确定最高法院具体职能及其实现方式也面临着技术困境。统一法律的特殊职能要求把重心放在具有普遍重要性的“法律问题”上，然而在两审终审制结构中，最高法院居于二审的位置，由于没有中间上诉法院对事实问题的过滤，其运作方式只能是对事实问题和法律问题全面审理，而不能仅仅实行法律审或书面审。这种状态不仅直接增加了工作量，也刺激当事人寻求最高复审的欲望从而间接增加了最高法院的案件。案件数量剧增引起的法院规模扩大增加了判决冲突的可能性，而司法冲突的大量产生反过来又进一步刺激寻求复审的欲望，这些因素都妨碍着终审法院实现统一司法之目标的可能性。

三、司法终局性目标与简易审级结构

“终局性”不仅意味着对当事人和宣告判决的法院产生拘束力，也意味着对其他法院和社会机构产生拘束力，阻止其变更判决。中国关于“终局性”的概念与美国不尽相同，民事诉讼法使用的概念是“发生法律效力”。然而，这一术语上的差别并不影响对终局性的维护。

中国建立两审终审制的初衷包括了对终局性的考虑。但1954年《人民法院组织法》建立了统一的两审终审制以前，中国的审级制度是“以两审终审为原则，以一审终审和三审终审为例外”。取消三审终审制的理由之一是方便群众诉讼和避免诉讼拖延而造成民事法律关系长期处于不确定状态，同时根据当时对三审程序利用率的估计，认为中国不需要建立三审制度。[31]

---

〔30〕 学术界对最高法院司法解释的立法性质的批评主要是基于最高法院身为司法机构的角色，笔者认为这一理由不足以服人。既然人大常委会放弃解释权而忙于个案监督，那么，在不承认三权分立的政治结构中，国家机构的角色客串亦不足为奇，将最高法院有限的立法权解释为人大的默示授权亦无不可。问题在于，这些立法性的司法解释不符合立法程序的基本要求，因为它们既不是社会各群体利益和意见博弈的结果，又不是依据立法历史资料对立法原意的诠释，因而不能免于主观和专断。

〔31〕 参见《参考资料》第1辑，第254页。

然而,1953年年底的司法报告表明,当时民事案件已开始上涨,审判错误连连发生。面对案件急剧增长和错案率相应上升,司法改革采取了三大应急措施:建立人民信访室,直接"解决群众的疑难和简易的纠纷"——这成为立案审查权和审判权至今不分的始作俑者;"运用审判监督程序大张旗鼓地进行改判";建立人民陪审员制度,"吸引广大人民参加国家管理"。这些因陋就简的变通措施缓和了对审判专业化要求的紧迫性,收到了立竿见影的效果,[32]却强化了民事诉讼非程序化特点。但是,中华人民共和国成立初期的社会冲突以刑事案件为核心,民事纠纷主要是婚姻家庭和邻里纠纷,不存在以承认"私权"为前提的民商事关系。因而,无论基于从重从快惩治敌人之需要,还是为了及时解决纠纷,以简易的审级制度及时获得司法的终局性,都有一定正当性基础。

然而,时代的变迁把民事经济审判推到空前重要的位置,案件总量、案件类型、案件占全年总数的比重都逐年大幅增长,[33]加之实体法的滞后、法律问题的日益复杂、司法冲突的大量和反复出现,超职权主义诉讼模式下两审终审制的种种技术缺陷和内在冲突日渐凸显。本来终审判决的错误率和对终审判决的不满率(以通过各种渠道的申诉率为标志)是透视审级制度缺陷的一个窗口,它至少表明,简易的审级制度在当代中国不断受到正当性的挑战而无法维持司法的终局性,但由于现成的审判监督程序可以被如此近便地用来缓解这种社会需求,掩盖了审级制度的结构性缺陷,又反过来增加了审级结构对再审程序的依赖。再审程序的频繁启动在司法的统一性和终局性的政治效应方面呈现负值,在经济成本收益方面,整个诉讼程序反复、无序、高成本、低收益的结果恰恰与两审终审制所追求的方便、快捷、高效的初衷背道而驰。

---

〔32〕《参考资料》第1辑,第254、221页;第4辑,第125~222页。

〔33〕1981年民事经济收案693 112件,比上年增长21.7%,1982年比上年增长18.1%,比1978年上升1.7倍;民事经济案件占全年案件总数的比重均在75%以上。参见《人民法院年鉴》(1988年)第965页;另参见柴发邦主编:《体制改革与完善诉讼制度》,中国人民公安大学出版社1991年版,第409页。

四、司法制度的基本目的及其正当性基础

如前所述,审级制度建构的重要原理是合理配置在不同级别之间实现司法制度的公共目的与私人目的的分工,从而形成职能分层的司法等级制以维护法律秩序。然而,在建构中国审级制度之初,公权与私权、公共目的与私人目的之划分无法想象,对于这两大目的一致性的确信抹杀了二者的冲突。因此,在审级制度中既不可能存在当事人权利与法官权力的界线,也不可能存在上下级法院在满足公、私目的方面的职能界线。这种状况在中国立案审查制度中展示得十分充分,按照审级制度的一般规则,起诉和第一次上诉属于当事人权利(诉权)范畴,法院不得依职权加以干预,因此作为权利的起诉和第一次上诉,立案程序只是一种挂号式的登记,不予受理或驳回起诉这样的实质性审查应由审判庭根据辩论原则开庭审理后作出裁定;第二次上诉属于法院裁量或许可范围,法官对于是否受理有权根据公开的标准自行决定,而这种案件的审查立案和甄别过程参与了审查者依职权对案件进行的价值判断,因而适用实质审查制。[34] 这种裁量权由于不受当事人权利的制约因而容易导致滥用,所以必须以苛刻的适用条件、严格的程控和集体主义决策机制构成权力制约。中国对于裁量许可制并不陌生,目前法院对申诉和申请再审的审查,检察院对申诉的审查,都是运用了职权许可或裁量权。只不过这种审查程序与作为当事人权利的案件受理程序混为一谈,使两种性质的程序都失去了合理性和正当性。

20世纪80年代以来,市场经济时代对权利意识的苏醒、当事人主义理念的引入、对形式正义和程序独立价值的认同……正在悄然改变着司法制度的正当性基础。由于对职权干预的强烈逆反,司法制度的公共性目的被悄悄地遗弃或遗忘,审级制度对各级法院之间按照各自在私人目的和公共目的方面的不同功能实行职能分层从相反的意义上又一次成为不可思议。然而,当法官职权随着“当事人主义”的引入而逐步让位于当事人处分权时,

---

〔34〕 关于作为权利的诉讼和上诉与作为职权许可的再审和三审在立案程序和审查标准上的差异,参见拙文:《对立审分离的质疑》,载《人民法院报》2001年10月26日版。

本来应当代表公共利益的检察权功能却在概念模糊的“诉权保护”的旗帜下发生了戏剧性逆转，成为当事人个人权利的代言人。1991 年民事诉讼法典对于诉权与审判权之间对立统一关系、对于司法终局性和统一性目标、对于程序规范化和诉讼专业化的认识显然不足，所建立的审判权制约机制也沿袭了传统的思路——不是以程序内诉权对审判权的制约为基础，强调通过审级制度建立上下级法院之间的双向制约，而是强化来自程序外部的、事后的临时救济，审判监督程序和申请再审被作为通常救济途径，正式成为两级结构之外与一审程序和二审程序并列的独立程序。法典一方面增加了当事人申请再审的渠道，另一方面将检察监督作为民事诉讼的基本原则写入法典，并以专章规定使检察监督权变得丰满起来。然而，据片面统计，检察院以“法律”监督的名义提起抗诉的案件中，仅有不足 10% 的案件涉及法律问题。[35]

目前，再审程序对司法终局性和权威性的破坏已威胁到整个社会对司法的信心，从而从根本上动摇着司法的正当性。从程序的性质看，再审程序的启动不像三审程序那样是在原判决处于待定状态时提起的救济，而是以已生效判决、裁定“确有错误”为前提，因而大量案件进入再审程序本身即意味着司法正当性和终局性受到挑战；从审查范围和运作方式看，再审程序对事实问题作出反复调查和进行前后矛盾的鉴定和认定，据此作出的再审判决即使结果“正确”，其“正确”的偶然性和不确定性也足以抵消其感觉上的正确性，当事人无论胜诉或败诉，关于判决的感觉只是对自己是否“有利”，而不是判决是否“正确”或“公正”，因而法律经济学家断言：对既决案件的再次审判“减少错误成本的收益为零”；[36] 从程序的适用对象和范围看，再审程序审级低、范围大，解释和适用法律容易发生冲突，案件的复审率和反复复审率也很高，对于增进判决的权威性和服判率无所增益，反而增加整个司

---

〔35〕 因“法律错误”提起的再审案件主要涉及管辖权错误和房改政策。参见《人民检察院民事行政抗诉案例选》(第 1 集)，法律出版社 1998 年版；孙泊生主编：《再审案例评析》，人民法院出版社 1999 年版。

〔36〕 [美]理查德·A. 波斯纳：《法律的经济分析》，蒋兆康译，中国大百科全书出版社 1997 年版，第 750 页。

法体系的案件总量,法院迫于清理积案又会制造更多错案……[37]审判监督程序在获得司法正当性方面的意义已无法与三审程序相提并论,三审程序以其高位性、权威性、程序性、统一性和确定性等特点,可以在纠正法律错误的同时,解决司法判决冲突并矫治由此引起的司法信任危机。[38]

结 语

正如一位比较法学家所言,“没有任何一位观察家和评论家会对他/她最熟悉的制度感到满意”。[39] 因而,比较法研究的价值与其说在于简单地评价某种制度的优劣或推动单向移植,毋宁说在于寻找支撑在不同语境中运作良好的差异制度之间的共同机理。同时,审级结构积淀着不同国家的历史和文化,各国法律文化对于程序制度的制约力量随处可以感知,在重新建构中国审级制度时,我们必须考虑强行推动这项改革可能面临的法律文化阻力和由此产生的负面影响。然而,同样应当看到,法律制度对于法律文化的引导作用与法律文化的制约作用是双向进行的。当现实司法制度的危害程度使审级结构的变革成为别无选择时,对制度流向的理性改道也就成为历史的必然。在这方面,美国通过法律制度引导甚至强行输导法律文化,提供了一个较为成功的例证;法国和意大利则为法律制度过于迎合或迁就法律传统而付出了沉重代价。

调整审级结构是民事程序改革中成本极高的一项措施,这项改革必须综合考虑影响审级结构变动的成本收益的种种因素,经过全面的实证考察、

---

〔37〕 在最高法院审判监督庭编辑的民事经济再审案件中,经过4次以上处理的案件数占近70%,有些案件经过7次、8次、9次处理,直到最高法院作出判决。参见孙泊生主编:《再审案例评析》。另根据最高法院统计分析,法院每年年底审结的案件被发回重审的比率大大高于前三个季度审结的案件,为了完成年底结案指针而突击结案是造成这种状况的主要原因(《人民司法》2000年第4期)。

〔38〕 当然,为了防止最高法院滥用三审上诉许可的裁量权,除了以立法公开规定严格的适用条件外,可以考虑由立案庭和审判庭共同行使权限,案件由立案庭全体审判员讨论决定后制作许可上诉裁定书,当事人对于驳回许可申请的裁定不得提出异议;审判庭对于立案庭的许可上诉的案件不得拒绝受理,但审判庭2/3法官认为不需要作出实质性审判的可作简单的程序性处理,同时立案庭许可受理的意见不能约束审判庭对案件实质问题的处理。

〔39〕 Andreas F. Lowenfeld, Introduction: The Elements of Procedure: Are They Separately Portable?, *American Journal of Comparative Law*, Vol. 45, 1997, p. 651.

精确的功利性计算和广泛而充分的论证，注重技术上的精密、细致和相互协调。按照财政负担最小化、审级制度功能最大化改革思路，并考虑中国幅员辽阔，人口众多，经济、法律、诉讼文化发展状况都不平衡的具体国情，加之近年案件数量、类型和审级的增加，保持1954年《人民法院组织法》确定的四级法院结构仍为必要，[40]目前需要调整的主要是各级法院的职能：(1)最高人民法院基于统一司法之需要，不再承担二审职能，只受理针对重要法律问题提起的三审上诉，并且下级法院不得作出与最高法院判决相冲突的判决；(2)高级法院作为二审法院受理来自中级法院的上诉案件，就重大法律问题提起的三审上诉由最高法院裁量决定是否受理，重大法律问题的标准由立法以列举的方式明确规定；(3)各中级法院受理重大一审案件，同时受理来自基层法院的二审上诉，二审实行有审查制，审结的二审案件原则上不得提起三审上诉；(4)调整基层法院的审判组织并在重构简易程序的基础上实行案件繁简分流；(5)基层法院的派出法庭管辖小额金钱诉讼并实行一审终审制；(6)作为审级制度极端例外的再审程序，以立法重新严格限制其适用条件，并建立申请再审举证制度；民事检察抗诉的职能限定于针对法官枉法裁判的范围并承担举证责任；排除以"监督"名义干预司法的其他途径提起再审。

必须强调，本文设想的三审程序是指通过明确、公开而严格的条件限制管辖权范围，并以严格、公开、透明的集体主义决策程序甄别立案的许可上诉程序。三审程序的建立和运作以提升一审程序的价值并缓解二审程序的角色冲突为前提，并以对二审程序有限审查制为基础，否则增加一级三审程序可能成为恶意逃避债务、拖延诉讼和增加诉讼成本的新的突破口。同时，审级制度的设计依赖于一系列宏观制度和微观程序的配套改革，司法过程专业化、法官结构的权威化、判决结论理性化和司法信息公开化以及证据制度的建立、一审审判组织和审判程序的调整，等等，特别是保障司法独立的宪法制度和保障审判者独立的司法管理机制，将直接影响到审级制度的运

---

〔40〕 1954年《人民法院组织法》为减轻最高法院的压力以保障其监督和指导全国司法工作的特殊职能，按行政区划将三级法院结构调整为四级结构，这一思路在今天仍具有合理性。《参考资料》第1辑，第254页。

行效果,真正的审判独立、改变司法机构和审判者被单向监控的地位,既是审级结构的内在涵义,又是审级制度良好运作的基本前提。

（本文原载于《中国社会科学》2002年第4期）

印证与自由心证

——我国刑事诉讼证明模式

龙宗智

证明模式,是指实现诉讼证明的基本方式,即人们在诉讼中以何种方式达到证明标准,实现诉讼证明的目的。在人类的诉讼证明史上,大致有三种基本的证明方式:第一种是神意证明方式,即通过特定行为引起的某种现象显示出神的意旨,从而作出事实判定;第二种是法定证明模式,在这种证明模式中,法律事先规定某种证据的证明力大小,证明过程成为证据证明力的简单计算过程;第三种是自由心证,即由事实的裁决者根据案件的实际情况自由判断个别证据的证明力以及全部证据对案件事实的证明作用,法律对证据的证明力不作规则限定。

上述三种证明方式,第一种属于古代的、非理性的证明方式;第二种可以称为近代的、半理性的证明方式;第三种则属于目前各国通用的、理性的证明方式。自由心证的理性基础在于,它适应并反映了证据与事实之间即证明根据与证明目的之间逻辑关系的多样性,适应并反映了影响事实判定各种因素的复杂性,更重要的是,它充分尊重了人的理性能力,即作为个体的认识主体认识把握客观事实的能力。[1]

然而,由于受到各国诉讼方式包括审判制度、证据制度等因素的影响,各国采用自由心证原则的具体方式是有区别的,而法官(事实裁决者)在证据证明力判断上的"自由"程度也是有区别的,从而形成了具有不同特点的

---

〔1〕 自由心证不等于随心所欲,它必须符合经验和逻辑,即接受理性的限制,同时须以制度设置保证其具有可检验性以及可矫正性,此点不言而喻。

证明模式。本文意图分析我国证明模式及其特点，以为解决目前在诉讼中尤其在刑事诉讼中所面临的总体性的证明难题（或证明危机）提供某种思路。

一、自由心证的证明方式及其内涵

“自由心证”一词属于大陆法系的法概念，英美法系中缺乏对应性的专门术语。[2] 作为法律术语，心证是指司法官根据证据达到内心确信。与法定证据制度相对应的自由心证，其最基本的定义是：“法官在根据证据资料从事事实认定时，能够不受法律上的拘束而进行自由的判断。”[3]王亚新先生称：“这里所谓的‘自由’，仅仅是指法律不设定具体的规则来指示法官在根据证据认定事实时必须做出或不得做出某种判断。自由心证原则的这一定义完全是相对于证据评价的另一种方式或原理——法定证据原则而言的。法定证据原则一般意味着在法律上预先规定不同种类的证据具有的不同价值，法官必须按照这种规定来评价证据。……作为一种法制度的自由心证原则正是通过对法定证据原则的克服和取而代之这一历史过程而逐渐生成和展开的。”[4]

自由心证，即对证据证明力的自由评估，这就是自由判断原则。但应注意，由法官自由判断的是证据的证明力，至于证据的取舍即可采性，则法定主义原则之下有明确限制。不仅一个个孤立的证据能够证明何种事实以及证明程度如何，由法官自由判断，而且所有证据综合起来能否证明起诉的犯罪事实或其他有关事实以及证明程度如何，也由法官自由判断。在相互矛盾的证据中确定何者更为可信，同样由法官自由决断，不受其他限制。然而，仅有判断自由还不够，自由的判断不能没有归依和标准，因此，自由心证还包括第二项原则，即内心确信原则，或称心证原则。即通过证据调查，法

---

〔2〕“自由心证”在德语中为“freien bewerswuedi gung”；法语中为“preuses ou del' intime conviet-ion”；英语中未查到相应的专用术语，曾见到有美国学者将大陆法的这一原则翻译为“free evaluation of evidence”。

〔3〕［日］《新法律词典》，有斐阁1989年第3版，第671页，转引自王亚新：《刑事诉讼中发现案件真相与抑制主观随意性的问题》，载《比较法研究》1993年第2期。

〔4〕同上，王亚新文。

官须在内心“真诚地确信”，形成心证，由此判定事实。所谓“心证”，是法官通过对证据审查所形成的确定信念。心证原则禁止法官根据似是而非的、尚有疑虑的主观感受判定事实。

体现上述两项原则，作为法制度的自由心证，其经典性表述是 1808 年《法国刑事诉讼法》第 342 条的规定，即“法律不要求陪审官报告他们建立确信的方法：法律不给他们预定一些规则，使他们必须按照这些规则来决定证据是不是完全和充分的；法律所规定的是要他们集中精神，在自己良心的深处探求对于所提出的反对被告人的证据和被告人的辩护手段在自己的理性里发生了什么印象。法律不向他们说：‘你们应当把多少证人所证明的每一个事实认为是真实的。’它也不向他们说：‘你们不要把没有由某种笔录、某种文件、多少证人或多少罪证……所决定的证据，看作充分证实的。’法律只是向他们提出一个能够概括他们职务上的全部尺度的问题：‘你们是真诚地确信吗？’”

德国、日本的现行刑事诉讼法对“自由心证”的表述较为简捷。《德国刑事诉讼法》第 261 条规定：“对证据调查的结果，由法庭根据它在审理的全过程中建立起来的内心确信而决定。”《日本刑事诉讼法》第 318 条规定：“证据的证明力，委诸法官自由判断。”

由于未传承大陆法系的法制度与法原理，加之并无法定证据制度这一自由心证制度生成的历史前因，英美法学与法律实践没有产生和使用与“自由心证”等值的法概念。但就证据的证明力判断的原则和事实认定的标准，近现代英美法系与大陆法系是相通的。也就是说，在证据证明力的判断和案件事实的认定上，英美法系仍然实行具有理性主义特征的自由判断原则，法律并不预先规定不同种类证据所具有的证明价值；仍然实行以主观性为特征的内心确信原则，不过，较多地采用另一种表达方式——“排除合理怀疑”。然而，二者相互依存，具有明显的同一性：内心确信，就意味着排除合理怀疑，反之亦然。英国学者塞西尔·特纳称：“所谓合理的怀疑，指的是陪审员对控告的事实缺乏道德上的确信、对有罪判决的可靠性没有把握时所存在的心理状态。因为，控诉一方只证明一种有罪的可能性（即使是根据或然性的原则提出的一种很强的可能性）是不够的，而必须将事实证明到道德上的确信程度。"[5]

上述分析说明,"自由心证"的法原理,在英美法系和大陆法系各国的现代诉讼中,具有普适的意义。也就是说,在这些国家的诉讼中,按照自由判断原则来进行证据的证明力评判与案件事实的认定,以达到裁判者的内心确信即排除合理怀疑作为证明的标准与目的,法律和司法实践并不设定其他的标准来对证明力判断和事实认定进行规制。

二、我国诉讼证明模式及其比较性实证分析

在我国的刑事诉讼中,是以何种方式使用证据证明案件事实,从而作出事实判定的,笔者认为,可以用一个词概括,即"印证"。[6] 如果要作模式界定,我国的刑事诉讼证明模式可以简略地概括为"印证证明模式"。由于我国刑事诉讼中证据的证明力未受法定限制,个别证据的证明力判断以及证据的综合判断主要依靠法官根据案件的具体情况作出,因此,"印证证明模式"仍然属于自由心证体系。然而,作为自由心证的一种亚类型,与典型的、通行的自由心证制度又有明显的区别。[7]

上述对我国证明模式的概括,基于笔者的实证分析与实际感受,包括对不同法律体制中实际案件处理过程的比较研究。[8] 下面,笔者以一个典型案例来作说明。[9]

2001年10月27日凌晨,某宾馆602号房间被犯罪分子翻窗入室,盗走旅客曾某某的现金2000元和价值1100元的摩托罗拉998型手机一部,失主报案后,公安机关在现场勘查时从602号房间窗台上提取指纹一枚。当时未能破案。2002年3月28日凌晨,犯罪嫌疑人冯某某翻窗进入该宾馆608房

---

〔5〕[英]塞西尔·特纳:《肯尼刑法原理》,王国庆等译,华夏出版社1987年版,第549页。

〔6〕《苍颉篇》称:"印,验也。"这里指不同载体所含信息的相互照应及共同性。

〔7〕文中将"印证证明"与"自由心证"相并列时,后者是指典型的、通用的,以"内心确信"或"排除合理怀疑"为证明标准的自由心证制度。

〔8〕多年来,我国刑诉法学界对证据标准乃至证明方式的讨论,集中于概念问题,如"排除合理怀疑""排他性""事实清楚、证据确实充分"等,缺乏必要的实证分析,即未能从大量的个案分析中去得出结论,严重影响了学术研究的意义尤其是实践指导意义。

〔9〕该案例采自2003年9月最高人民检察院召开的检察机关"强化法律监督,维护公平正义"教育活动泸州现场会。

间时,被该房旅客当场抓获,送公安机关处理。经审讯,冯某某供认翻窗进入 608 号房是为了行窃。冯某某被抓获后,经公安机关鉴定,2001 年 10 月 27 日 602 号房盗窃案窗台指纹系冯某某所留,并查实冯某某于 2001 年 10 月 26 日晚入住该宾馆 601 号房间。经审讯,冯某某拒不供认 2001 年 10 月 27 日凌晨盗窃过 602 号房间,未查获赃物也未发现其销赃情况。

2001 年 10 月 27 日盗窃案的主要证据有三:(1)留在窗台上的嫌疑人的指印,且指纹方向是从外向内,符合入室盗窃特征;(2)602 号房被盗当晚,冯某某入住与 602 相邻的 601 号房的证明;(3)冯某某于 2002 年 3 月 28 日翻窗进入 608 号房间行窃,其作案手段与 2001 年 10 月 27 日盗窃手段一致。

凭以上证据能否证明嫌疑人的盗窃事实?根据我国目前刑事诉讼中通用的证明理论与实践,答案是否定的。因为从理论上分析,窗台指印属于间接证据,不能单独证明案件主要事实,必须结合其他证据,形成证据锁链才能证明案件主要事实。案发前入住隔壁房间,虽然可以证明嫌疑人有作案条件,但不能确证其盗窃。至于 2002 年 3 月 28 日入室行窃事实,对于指控 2001 年 10 月 27 日盗窃而言,系品格证据。品格证据并未能证明案件事实本身,只是以两个事实之间的共同性逻辑关系说明嫌疑人具有作案的可能性。同时对品格证据的使用应严格限制,因为它容易导致对嫌疑人先入为主。

这个案例实际处理的情况是:由于该宾馆多次失窃,在公安机关与发案单位的迫切要求之下,检察院主诉检察官起诉了冯某某 2001 年 10 月 27 日的盗窃事实(2002 年 3 月 28 日的盗窃属于未遂),但法院认为证据不足,后该案撤回起诉作了不起诉处理。由于案件中存在对犯罪嫌疑人超期羁押,检察机关将此案作为典型案例举出以吸取教训。

为什么此案在我国刑事诉讼中不能定罪?笔者认为,关键在于:由于缺乏现场目击证人,缺乏被告供述或案件赃物,导致证据的印证性不足,因而不符合我国刑事诉讼的证明要求与标准。

然而,在典型的自由心证体制之下,此案会如何处理?笔者认为是具备定罪可能性的。我们可以设想,如果面对一个普通老百姓组成的陪审团,被告人对自己入住以及在现场留下指印的事实不能作出合理解释,而且由于现场在六楼,可以基本排除通过其他渠道在现场留下特定方向指印的可能性,那么,根据经验法则,在建立内心确信的基础上,陪审团乃至专业法官应当是可能作出有罪判决的。

笔者曾经专门对适用自由心证原则的某些国家的证明方式与实际标准作了考察,得出了这样一个结论:我国刑事诉讼中被认为不能证明的一部分案件,在国外是可能定罪的。例如,2001 年 7 月,笔者随陈光中教授带领的中国刑事证据法研究小组赴美考察时,纽约警察局的一名资深凶杀案办案警官针对我们就证明标准的询问举例称,如果一个人被杀害,那么只要有一名目击证人作证,而犯罪嫌疑人承认作案时间到过现场,即使他不承认杀人,警察局也可以将此案交付检察官起诉。由于陪审团或法官可能相信目击证人的证词,嫌疑人可能被判决有罪。

上述情况在美国或其他国家的定罪实践中具有一定的普遍性。与此相反,在我国刑事诉讼中则基本不存在起诉与定罪的可能,因为它不符合"印证"的要求——虽然犯罪嫌疑人被证明有作案时间和条件,虽然审判法官可能内心里也相信是被告杀人,但就杀人这个关键事实,目击证人的证言系"孤证",而我国刑事证明制度中有一项为司法实践普遍认可的原则——"孤证不能定案",因此,法官不会作出有罪判决。即使他打破惯例作出判决,在上诉审也会因"证据不足",而被撤销。

由于强调印证,在我国刑事司法实践中,"一对一"的案件是诉讼证明上难以突破的难题。尤其是贿赂这类难以获得印证性证据的案件。在实践中,这类案件即使有一定的旁证,如受贿人具有职务便利,行贿人带包携款入室行贿前后有人证明款项的存在与否,而且指控受贿发生的时间之前不给行贿人办事,尔后则很快为行贿人办了事这些情节都存在,但只要接受贿赂的情节只有行贿人陈述没有受贿人印证(关键情节一对一),法官也不敢判决受贿成立。[10]

而证据一对一的难题在自由心证的证明体制下则可能解决。2002 年 11

---

〔10〕 就以上证据条件能否定受贿,笔者曾多次在法官培训班上询问法官,法官们都回答这种情况不敢定罪。称行贿人入室后可能伺机将钱放在自己身上隐蔽处不给受贿人,因此不能绝对排除其他可能性。

月,笔者访问日本时,就日本刑事司法解决受贿等案件中"一对一"证据问题询问日本最高检察院检察官,他们介绍了当时的一个案例:福岗地区的检察机关对一起双方均否认权钱交易的案件提起公诉。行贿人是一个十分严谨的人。做账认真,还每天写日记。其行贿行为在日记上有记载。由于这本日记从其记载情况看显得十分真实,检察官以此为主要证据对该案进行了起诉。而且检察机关能够证明,行贿人所在公司与受贿人所在的行政机关之间存在利益关系。最高检察院的检察官又称,一对一案件可以找一些辅助证人,如某一方的其他人知道情况。最后由法官进行自由心证,法官会慎重地作出判断。

虽然上述案件的判决情况笔者目前不得而知,但从该案的起诉以及最高检察院检察官所持肯定态度来看,该案证据已基本达到公诉证明要求,而且存在定罪可能。[11] 然而,同样的情况,在中国是难以通过证明标准,也没有发现起诉先例的,原因是证据"印证"不足。

三、"印证证明模式"的主要特点及产生原因

"印证证明模式"有哪些基本要求,其主要的功能与特点是什么,这里试作以下分析:

1. 获得印证性直接支持证据是证明的关键

在这种以印证为最基本要求的证明模式中,证明的关键在于获得相互支持的其他证据。单一的证据是不足以证明的,必须获得更多的具有内含信息同一性的证据来对其进行支持。如证言必须有基本内容相同的口供支持,或者其他证言支持,或者物证、书证以及其他证据支持。过去曾经流传过"一人供听,二人供信,三人供定"的说法,就是这种证明要求的一种通俗表达。

---

〔11〕 震动日本朝野的洛克希德案,即田中角荣首相因受贿美国洛克希德飞机公司5亿日元而被定罪的案件,也可以被视为"印证"不充分的案件。在该案中,由于田中始终不承认受贿,定罪主要依靠行贿方的证词、会计凭证以及其他的辅助性证据,因此基本上可以视为"一对一"案件。但从20世纪70年代的一审判决到19年后日本最高法院维持原判的裁决以及实务界与学界的反应看,此案仍符合法院掌握的定罪标准。

应当承认，为了在事实判定者心中建立一种“内心确信”，任何一种证明模式都要求一定程度的“印证”，否则难以形成一种稳定的证明结构。但是，在典型的自由心证体制中，对证据间的印证性未强调到我们这种程度，而且这种印证具有多样性。例如，“一对一”的贿赂案，涉嫌受贿人不承认受贿，但只要行贿人的说法在行贿一方有账据支持，或者有参与研究决定以及实施行贿的其他主体（即使未到现场直接送钱——所谓“门外人”）的印证，而且这些证据的来源自然，其内容没有突出的矛盾与疑点，也能够被视为一种印证，并由此定案。而我国刑事诉讼中，由于特别强调印证的重要性，从而要求在案件事实尤其是关键事实上，证据间有充分、直接的相互支持。如行贿一方的证据无论多少，总认为是一方证据，没有他方的印证，终究属于“一对一”而不能确认贿赂事实。又如前述盗窃案例，窗台指印有前一日入住记录支持，但未能被视为对盗窃事实的必要印证，因而被认为是证据不足。

2. 注重证明的“外部性”而不注重“内省性”

“外部性”，这里特指一个证据外还要有其他证据。而“内省性”，则是意指通过接触某一证据在事实判断者心中留下的印象与影响。自由心证中的“心证”原则，是强调证据（无论是单个还是多个）所能达到判断者确信的程度。只要事实判断者能够相信某一证据或某些证据所提供的事实信息，就能据此定案。也就是说，“孤证不能定案”这一原则并不适用于典型的自由心证制度。

而印证证明模式则不同，也许你能从某个或某些证据中建立自己的确信，但只要这些证据缺乏“外部性”，即相互印证性程度不高，你就不敢或者不愿据以下判。因为你知道，外部检验标准的缺乏，将导致人们包括上级审的裁判者质疑甚至否定你的事实判断意见。

对上述区别，笔者曾经在探讨我国刑事证明标准的文章中作了初步的探讨。笔者认为，国外自由心证的证明体系，无论是证实论的建立“内心确信”，还是证伪论的“排除合理怀疑”，均以事实认定为一主观思维过程为前提，立足于主观方面来确立证明标准。而我国刑事证明的一个重要特点则是以客观性为认识支撑点。强调证据本身的客观性，强调证据间的客观印证,因此可以称为证据判断中客观主义的认识立场。[12]

由于客观判断本身也是一个主观认识过程,因此,“外部性”与“内省性”区别的实质,是判断的主观性依据是偏重于集体经验还是偏重于个体感受的区别。因为,“印证性”强调一般经验判断所能够确认的事实,证据判断属于具有普遍接受性的一般判断。而“自由心证”则重视证据对特定个体的作用,证据的判断是基于个人的感受和个体的经验体系作出的特定判断。当然,这种判断的过程被展示后,也应当具有一种经验上的“合理的可接受性”。

由此可见,“外部性”与“内省性”的区别,是证据判断方式的主体性与客体性、主观性与客观性、集体性与个体性上的区别。同时也是强调证据的数量而不是特别强调证据质量的区别。可以说,我国刑事诉讼证明中对证据充分性的重视,突出表现在对具有相同或相似信息的证据数量的重视。

3. 要求证据间相互印证导致很高的证明标准,在信息有限的司法环境中达到该标准的难度很大

在判断证据认定事实时,对证据间的相互印证如果作十分严格的要求,否则就认为证据不足,这是一种很高的证明要求(标准)。由于这种特殊证明方式的影响,我们在证明理念上主张“客观真实”,而不愿承认“法律真实”。将证明理念具体化,我们在案件证明标准的概念界定与设定上,就不愿使用国际上普遍采用的“排除合理怀疑”,或者一些大陆法系国家使用的“内心确信”标准,而要将“确实充分”“确定无疑”“排他性”等更高更强的要求作为证明标准概念,即使这些说法可能较为模糊。

然而,这样高的标准在实践中往往难以达到。借用经济学关于资源有限的原理设定,可以说,证据学的出发点和最重要的原理是“信息有限”。因为证据学是“在历史的碎片中拼凑事实”,而历史遗留给我们的痕迹(包括客观物质痕迹与主观印象痕迹)往往很少,而在刑事司法的对抗性条件下,有许多痕迹又被人为地抹去或者构筑了防止获得的壁垒。尤其是在现代正当程序观念主导下的刑事诉讼中,由于法律确认的嫌疑人的主体性以及防卫

〔12〕 参见龙宗智:《试论我国刑事诉讼的证明标准》,载《法学研究》1996 年第 6 期。

权,对控诉方在证据获取方式上作了严格限制,更使得许多案件的印证性要求成为难以实现的目标。例如,一对一的案件,你可以获得对方的指控证据,但当事人依法或按照个人的利害关系考虑保持沉默,你怎样获得直接印证的证据?

在我国刑事司法中,随着对人权保护制度的强化以及对国家权力的约束,追诉机关普遍感到办案越来越难。有相当数量的案件,虽然有相当证据支持,但因印证性不足,不能达到证明标准而功亏一篑。同时,由于证明标准设置不太符合司法现实,司法人员往往自定标准,甚至将"证据基本确实"(不是"基本证据确实")"差不离""排除不了"作为证明标准,这种随意性容易导致过多的冤假错案。

4. 为实现印证目的,易于采用比较灵活的取证手段

印证意味着对证据尤其是关键证据在数量上的要求,而在刑事司法的具体条件下,证据取得往往难度较大,有些为实行印证所必须的证据甚至极难获得。因此,侦查人员往往想尽办法,采用比较灵活的取证手段。由于有效控制犯罪的政策目标以及上述在诉讼证明上的技术性要求所形成的双重压力,国家法制也就难以设定严格的违法证据限制与排除的规则,因此而使侦查人员在实际上具有较为宽广的取证活动空间。这就使逼供、诱供,以及违法搜查、违法监听等违法取证行为难以避免。

在实务中获得印证性证据的一般路径是:当造成危害后果发案或经举报发案后,侦查机关通过调查可能获取指纹、作案物品、赃物等间接证据,也可能获得证人就案情作证的直接证据,在一系列前提调查工作后,就可能走出获得印证性证据的关键一步:找到嫌疑人,获取口供。这一目的达到,一般意味着案件告破。因此,嫌疑人对案件事实的印证性口供的获得,可以说是破案最重要的标准。在嫌疑人为自身利益努力构筑心理防线的情况下,为了获得口供,审讯室中的方法的多样性、手段的灵活性甚至某种程度上的违法性就难以避免。因此似乎可以说,我国刑事司法中的违法行为在一定程度上是由"印证"证明制度"逼"出来的。

印证证明模式能够在我国刑事诉讼证明中产生且占主导地位,并成为我国刑事证明制度的一个重要特色,是由于特定制度条件与制度背景的支

持初步梳理,有以下五个方面原因:

其一,非直接和非言词的审理方式是印证证明模式产生的最重要原因。自由心证制度的重要前提是案件审理的直接、言词原则、只有在审理者直接接触证据,尤其是直接接触原始人证的情况下,才能有效建立内心确信。因为直接审理和言词审理原则的贯彻,保证了法官能够通过“察言观色”等方式感知证据(被告人供述、被害人陈述、普通证人以及专家证人的证言),并判断其可靠性,尤其是在对原始人证进行控辩质证的情况下(只有原始人证在场,才使有效的人证质证成为可能),这种判断不仅易于形成,而且将趋于准确。而在间接审理,即证人不出庭,只向法庭提供其书面证言时,证据信息的多样性和丰富性消失了,只剩下简单的文字表述内容,而且由于书面证言的“当事人性”(是由控诉方或辩护方制作的),这种表述是如何产生的、是否准确还存在疑问。在这种情况下,法官不仅难以凭单个的书面证言建立比较确定的判断,而且对于由这种证言所形成认识的可靠性还应保持相当的警惕。由于书面证言等间接性证据减少了证据的信息量,降低了它对心证形成的支持能力,为了保证案件事实判定的准确性,就不能不要求证据数量 L 的增加,从而保证其相互支持,这就在很大程度上支持了印证证明模式的成立。同时,在另一方面,也可以说印证证明方式的采用也反作用于审理方式,为证人不出庭的间接审理方式提供了重要的支持,保证了这种审理方式的运行并在一定程度上防止了事实判定上的重大差误。

众所周知,在我国目前的刑事诉讼中,证人出庭率很低,刑事诉讼法对书面证言的使用未作任何限制,[13] 而在目前非原始人证仍然构成刑事案件最基本的证据的情况下,我国刑事诉讼采用印证证明方式即属“可以理解”了。

其二,审理与判定的分离进一步支持印证证明模式。在我国刑事司法制度中,有一部分重大疑难案件的审理与最终的判定是分离的,即因审判委员会对案件的决定权,院、庭长对案件处理实际存在的干预,以及法院外部

---

〔13〕 1996 年《刑事诉讼法》第 157 条规定:“……对未到庭的证人的证言笔录、鉴定人的鉴定结论、勘验笔录和其他作为证据的文书,应当当庭宣读。”

的机构诸如政法委听取汇报协调案件、人大常委会及其办事机构听取汇报监督案件处理等多方面庭外审决或庭外影响机制的存在,必然要求证据体系的客观性,即便于把握、便于检验的外部性,这就使印证证明的存在更有了合理的根据。试想,如果主审法官在各种案件汇报程序中大谈其"内心确信",听汇报者势必会得出这个法官的判断主观性较重的印象,而不敢充分相信他。反之,被告的说法和主要证人的说法一致,或者被告的说法有现场勘查报告的支持,乃至几个被告有一致的交代等,就足以使听者建立事实清楚、证据充分的信念。也就是说,自由心证的证明,只是在判定者直接审理案件、接触证据,即审理与判定相统一的情况下才能有效发挥其功用,而审理与判定的分离必然要求证据间的印证,以弥补其审理时不在场而对具体证据提供的丰富信息不能把握的缺陷。

其三,重复的事实审理需要案件在书面上的可检验性与印证性。和其他一些国家不同,我国刑事诉讼的二审程序实行事实和法律问题全面审理的原则。再审(审判监督审)也可以对证据事实进行再次审理。这种重复的事实审理,要求案件在书面上的可检验性与印证性。因为再次事实审理基本依赖于一审中获得的证据,这些证据即使有一部分是在一审法庭当庭提供,而且有的属于原始证据,如作为原始人证的出庭被告的供述以及出庭证人的证言。但在二审和再审程序中,这些仍然可能作为定案依据的证据已经成为文书记录而不具有"鲜活性",因此更加缺乏使二审或再审的裁判者建立可靠内心确信的条件。在这种主要依靠书面材料所进行的二审与再审程序中,只有凭证据基本信息间的相互印证,才能使一审认定的事实在二审乃至再审程序中得到维持。

其四,印证证明模式与法官的素质有一定的关系。从判定制度的意义上看,判定者的素质越高,制度对他的信赖度就越大。自由心证制度中的内心确信标准,有一个预设的前提,即事实判定者的适格性。否则,其主观臆断的可能性较大。这种"适格",可能通过两种渠道:一种是法官判定的方式,法官"适格",就是要求法官正直、有足够的社会经验和办案经验,有充分的证据判断和事实把握能力;另一种是陪审员(民众)判定的方式,其"适格"性表现为民众意见的正当性以及凭借多数人的经验与智慧判定事实的合理性(这种“民主性”本身也是获得信赖的基础)。而在事实判定者“适格性”不足的情况下,则应当更为强调事实判断的客观性,即外部可检验性。也就是说,凭借印证不充分的证据,一个明智的法官也可能得出正确的结论,但如果法官素质有欠缺,就必须依靠充分印证的证据,否则,判决错误的风险会比较大。同时,这种印证证明的“外部性”也是民众对判决结果建立信心的重要基础。在这个意义上,印证性提供了事实判定正当性的依据。我国没有陪审团作为事实的判定者,主要依靠专业法官进行案件事实判定,而相当一部分法官的素质目前还不能达到可信赖的程度,那么,采用印证证明模式去判断证据和事实,应当说是有一定合理性的。

其五,印证证明模式与主导的认识论有联系。对具有较强主观色彩的自由心证证明方式,我国诉讼法学界和司法实务界历来有一种排斥的倾向,即使其阶级性色彩目前已经冲淡。因为我们历来主张的是“唯物主义的认识论”,历来反对的是“主观唯心论”。印证证明模式,因其外部性、可感知性、信息的相互支持性,而显出一种“唯物论”的色调。而自由心证、内心确信,乃至排除合理怀疑,都是求诸于判断者内心而在判断者主观方面设定标准,因此而呈现出“唯心”的特色。这是我国刑事诉讼中普遍采用印证证明模式在认识论上的原因。

四、两难困境与谨慎突破

不能否认,如果仅仅从判定制度本身来评价,印证证明模式优于自由心证模式。因为前者具有两个突出的优点:一是主要信息内容的相互支持,其可靠性一般大于无支持或支持不足的个别证据。这一点不言而喻。二是证据间的相互印证,即主要信息内容一致,便于把握和检验。而缺乏印证的证据,无论其本身质量多优,也无论其本身携带的丰富信息足以支持人们作出判断,再无论其是多么符合情理,但其可认定性往往与判断者本身的主观认识相关,其可检验性不足,其真实可靠性比较难以把握。正是因为上述可靠性以及易把握与可检验性,印证证明方式更容易为人们所青睐。

如果我们在通常情况下能够获取到足以相互印证即符合印证证明要求的证据,笔者当然主张使用这种“更为可靠”的证明方式。然而,在实践中,刑事司法的操作者面临着很大的矛盾:刑事司法的任务要求他们准确无误地认定犯罪,但刑事司法的现实环境常常给他们完成这种任务带来极大的困难,他们往往难以按照印证证明方式的要求搜集到足够的证据。这种情况下,他们或者只有放弃定罪——这在客观上意味着对国家和对社会的失职;或者违法蛮干以获取更多的、能够实现印证要求的证据,但这样做不仅违反了法律,侵犯了权利,而且可能带来证据虚假的危险。

随着辩护制度的强化,强制侦查中司法审查制度的建立,非法羁押以及各种侵犯人权的调查取证手段受到越来越严格的限制,以及被告人供述的有效性以自愿性为前提等保障制度的建立和完善,传统的印证证明的要求将会遇到越来越严峻的挑战。说严重一点,如果继续实行这种证明方式,我国的刑事证明制度将走向死路,刑事司法机关将不可能完成摆在他们面前的越来越艰巨的任务。

在特定的条件约束之下探讨制度安排,我们不能不提出对自由心证这种并不完美的制度的借鉴——无论证据在量上如何,只要我们基于理性能够真诚而确实地相信我们所判定的事实,我们就可以作出事实判定并依此作出法律处理。当然,这可能带来更大的错判风险。然而,这也许是唯一可行、唯一现实的做法。应当说,现代各国刑事证据制度之所以会采用"自由心证"这种似乎不太可靠的证明原则以及"内心确信""排除合理怀疑"这类似乎不太可靠的证明标准,就是因为在严格的刑事司法条件约束下考虑证明方式与证明标准上的制度安排,这是一种较为现实也较为有利的选择。

不过,自由心证毕竟是一种存在错判风险的制度安排,尤其在我国刑事司法适应这种制度的主客观条件不足的情况下。为此,我国刑事证据制度中借鉴自由心证应注意一个原则——谨慎。所谓谨慎,是指逐步地、有条件地、有选择地推进证明方式和证明标准的改革,同时注意防止新的证明方式所带来的弊端。

在谨慎原则之下为突破证明困境借鉴自由心证应注意以下几点:

1. 尽可能地采用印证证明的证明方式,适当辅之以自由心证方式。由于印证证明的可靠性较高,加之目前我国刑事诉讼应用自由心证的条件不充分,因此应当尽量采用印证方式对案件事实予以证明,以减少证据判断中的主观性。这就要求侦查人员尽量充分地收集证据,保证案件中至少有两个以上的相互印证的主要证据,同时还有一些旁证,对主要证据进行支持。只有在搜集证据手段已经穷尽,已获得的证据在印证性方面仍有欠缺,而已经搜集到的主要证据质量高,同时有一定的旁证支持,确实能在有经验的司法人员心中建立确信时,才考虑使用自由心证的方式,通过排除合理怀疑建立内心确信,认定案件事实。用通俗的语言表述,就是在现有的证明模式中,在保持印证证明主体地位的同时,为自由心证的证明方式"开一个口子"。这个"口子"可以随着诉讼中正当程序要求的加强以及相关条件的逐步具备而逐步扩大。

2. 对特别严重的犯罪,应有严格的印证证明要求。这主要是指可能判处死刑的案件,应当采用印证证明方式,适用最高的证明标准,以防止出现冤错。[14] 因此,要求死刑案件既能通过自由心证建立内心确信,又能保证案件中具有多个主要证据而且彼此间相互印证,并能消除或合理解释证据之间存在的矛盾(证据之间有矛盾是正常的,完全没有矛盾是不合理的,关键在于通过进一步的调查消除这些矛盾或者能对其作出合理的解释),从而使对案件事实的认定具有充分的排他性和不可置疑性。

3. 贯彻直接言词原则,创造那些建立心证的必要条件。对人证实行言词原则,要求法官直接审查原始人证,并且通过对原始人证的质证辨别真伪,这是自由心证证明方式的前提性条件。为此,一方面,应当要求证人出庭,尤其是有争议案件的重要证人出庭,使法官能够在法庭上直接审查证据的真实可靠性。另一方面,应当严格限制审判委员会对案件事实的判定。除非审判委员会成员直接参加审理,或旁听庭审过程,否则,在事实问题上应当交由直接参审的合议庭把握,审委会只是把握法律和政策适用问题。审委会不能越俎代庖,仅凭承办人的汇报,或者简单查阅一下书面案卷材料就判定事实。因为在这种情况下,不可能形成科学可靠的内心确信。这一原则,同样适用于其他庭外裁判主体(如果庭外裁判还不能避免的话)。

---

〔14〕 1984 年联合国大会关于死刑问题的决议要求,判决死刑,应当是"根据明确和令人信服的证据而对事实没有其他解释余地"。这与一般案件适用"排除合理怀疑"的标准是有区别的。

4. 保证事实判断者的判断能力，同时要求判决书展开心证形成过程。这首先要求法官具有正直的人格、足够的经验，以及条分缕析、去伪存真从而准确把握案件事实的能力。即采用自由心证方式判断案件事实的法官必须是合格的法官。这需要法官制度的配套性改革，建立比较完善的法官遴选和培养、合议庭组成与运作的制度，从而提供合格的法官与合格的合议庭，实现自由心证制度运行的主体条件。不过，仅此还不足，为了保证形成内心确信的推理过程是科学的，判断是可靠的，同时也是可检验和可救济的，还要求判决文书展开法官心证形成的过程。这种心证的展开，除不可少的证据印证性及矛盾性的分析外，对于重要的、作为判定主要依据的证据，尤其是印证不够充分的证据，应该适当给予重点的说明。展开心证的形成过程，便于本院及上级法院监督，便于社会的检验。

（本文原载于《法学研究》2004 年第 2 期）

刑事和解初探*

陈光中　葛　琳

刑事和解作为我国刑事法领域的一种新理念，在“构建和谐社会”的时代背景下逐渐受到人们的广泛关注，实践中有关“刑事和解”的尝试也比比皆是。对于这种法律规制不足却又充满实践活力的刑事案件解决方式，我们既不能以缺乏法律依据为由简单否定，也不能任其自由发展，而应当进行认真的研究和规制，使其充分发挥解决纠纷的功能。目前，各国学者已经开始对刑罚的作用和传统刑事司法的缺陷进行反思，从不同角度开出了多种药方，刑事和解作为其中令人瞩目的一种，也给我国的刑事司法改革和整个刑事法领域的一体化进程提供了崭新的思路。

一、刑事和解的界定

传统的刑事诉讼程序是国家为了追诉犯罪、维护公共利益而设置，通过一系列严格的程序步步推进，最终实现刑罚权。在此过程中，无论是被告人还是被害人都难以左右诉讼的结果，只能按照法定程序完成诉讼，并且按照诉讼角色的安排继续保持一种对抗关系。

然而，在现实生活中，总会有当事人基于维护自身利益的考虑，在发生刑事案件之后不愿激烈对抗，希望通过协商，平和地解决纠纷。一些被害人重赔偿甚于报复，一些被告人也希望通过积极弥补自己行为所造成的伤害换取轻缓的惩罚。而传统的刑事诉讼模式常常忽视这种需要，这就使另一种刑事案件解决方式——刑事和解在司法实践中具有了天然的市场。刑事

---

* 本文系陈光中教授主持的教育部哲学社会科学研究重大课题攻关项目“中国司法制度的基础理论问题研究”课题的阶段性成果之一。

和解是一种以协商合作形式恢复原有秩序的案件解决方式，它是指在刑事诉讼中，加害人以认罪、赔偿、道歉等形式与被害人达成和解后，国家专门机关对加害人不追究刑事责任、免除处罚或者从轻处罚的一种制度。“刑事和解”是中国式的用语，在西方则称为“加害人与被害人的和解”（Victim - Offender Reconciliation，VOR）。

刑事和解弥补了常规的刑事案件解决方式忽视被害人意愿的不足，以加害人和被害人的直接商谈为特征来解决刑事纠纷，它具有以下特点：(1)缓和性。如果熟人之间发生刑事纠纷后不愿从此反目，或者陌生人之间发生刑事纠纷后不愿就此结怨，他们就会考虑是否一定要通过正式的诉讼方式强行解决纠纷。与激烈对抗的方式相反，和解方式注重缓和矛盾，甚至化干戈为玉帛，因此，对重视关系恢复的人们具有较强的吸引力。(2)自主性。只有当事双方的意愿都至少得到最低程度的满足时，和解才可能达成，其中的协商谈判、心理博弈显然取决于双方当事人的自由意志，和解与否、和解形式完全由他们决定。国家专门机关只对和解的条件、过程和内容进行监督和审查，并不直接干预和解协议的达成。(3)互利性。如果加害人与被害人双方能够达成和解，自然经过了一番利益的争夺和放弃，各自有所满足，还缓和了关系，避免了传统诉讼方式的种种后遗症。当然，刑事和解既然是对犯罪行为作出的一种变通处理，在是否“有罪”的前提问题上必须准确无误，在事实上必须达到有罪的证明标准，并符合刑法上的犯罪构成要件。只有当事人对加害人在有罪问题上没有争议，才可以进行刑事和解，否则就可能冤枉无辜。为了进一步明确刑事和解的内涵，笔者将之与相关概念略作比较：

（一）刑事和解与调解

调解制度是我国的一项传统制度，普遍适用于民事纠纷的解决过程中，在刑事诉讼中则只能适用于自诉案件和刑事附带民事诉讼。[1] 诉讼中和解

---

[1] 1996年《刑事诉讼法》第172条规定：人民法院对自诉案件，可以进行调解；自诉人在宣告判决前，可以同被告自行和解或者撤回自诉。最高人民法院《关于执行〈中华人民共和国刑事诉讼法〉若干问题的解释》第96条规定：审理附带民事诉讼案件，除人民检察院提起的以外，可以调解。

与诉讼调解在实际操作中有许多相似之处:两者都发生在诉讼中的某些阶段;两者都要经过公权力机关的审查和确认;两者都以自愿、协商为宗旨;公权力机关在和解或调解中都发挥了一定作用。但二者侧重点有所不同:诉讼和解侧重于当事人双方以自愿、协商的方式达成解决纠纷的合意,在公权力机关监督和审查后,和解协议得到确认。因此,和解强调的是对个人自由和自主权的充分尊重,强调当事人的自愿性;调解则侧重于公权力机关积极促成双方当事人达成谅解,强调公权力机关的能动作用,有时甚至由公权力机关拿出协议方案的具体内容。

"刑事和解"与"刑事调解"虽只有一字之差,但却有明显的区别:首先,"和解"的概念具有更宽广的涵盖性。"调解"强调案外第三人的调停作用,其目的是促成双方当事人和解。而"和解"强调的是双方当事人解决纠纷的目的和结果,在实现和解目的的过程中,虽然不可避免地会有调停人或促和人,但纠纷当事人的自主意愿对纠纷的解决起决定作用。从案件种类来说,只要是有被害人的刑事案件,又非法定例外的,都可以适用和解。从适用阶段来说,和解可以适用于从侦查到执行的刑事诉讼的所有阶段。所以,和解的概念涵盖力更强,能够包含调解的含义。其次,根据刑事案件的特点,公权力机关在是否和解的问题上处于相对消极地位,以监督和审查为主要职能,故使用"刑事和解"的提法更为适宜。民事案件是平等主体之间的利益纠纷,不直接涉及国家利益,人民法院对于原被告而言处于超脱地位,比较容易拿出适宜的调解意见。而公诉案件涉及被害人、加害人和国家三方利益,公、检、法机关是代表国家追究犯罪和审理刑事案件的机关,由于职责所限,都不适宜过于主动地主张调解,而由被害人和加害人双方自行协商达成和解协议更为适宜。公、检、法机关的主要职责在于监督和审查和解过程和和解协议内容有无违法或显失公平的情形。特别对于公诉案件而言,刑事和解所强调的是加害人和被害人双方的意志。

(二)刑事和解与辩诉交易

辩诉交易是美国刑事司法制度中的一项典型制度,目前美国90%以上的刑事案件都通过辩诉交易得到解决。《布莱克法律辞典》对辩诉交易的定义为:"辩诉交易是指在刑事被告人就较轻的罪名或者数项指控中的一项或几项作出有罪答辩，以换取检察官的某种让步，通常是获得较轻的判决或者撤销其他指控的情况下，检察官和被告人之间经过协商达成的协议。”[2]这种交易协议得到法庭认可后才具有法律上的效力。实践中，绝大多数辩诉交易都能得到法官的认可。[3] 如果按照诉讼阶段划分，可以分为侦查、起诉和审判阶段的刑事和解，其中，在审判阶段的刑事和解与辩诉交易较为相似，都是在审判阶段通过协商达成协议解决刑事案件，都为双方自愿协商，被告人都会因接受协议而获得从轻处罚。但作为舶来品的辩诉交易与生发于我国本土的刑事和解有重大区别：第一，辩诉交易的主体为检察官和被告人（主要是通过其辩护律师进行交易），被害人不参加辩诉交易。刑事和解的主体是被害人和被告人（加害人）。第二，由于辩诉交易中公诉人一般根据所掌握的证据能否获得胜诉而决定是否进行交易，并不征求被害人意见，也不以赔偿、道歉作为条件，被害人被边缘化，交易的结果很有可能违背被害人的意愿。而刑事和解则不存在这种缺陷。第三，辩诉交易产生的原因之一是采取对抗制诉讼国家的控辩双方对判决的不确定性的一种应变措施，是控辩双方为了回避风险所选择的对自己来说风险更小、损失更小的案件解决方式，而刑事和解则是被害人和加害人之间为了利益最大化而选择的案件解决方式。由于我国刑事案件结果的确定性很高，对于被害人和加害人来说，即使不选择和解也不会有更大的损失，而选择了和解则会获得对自己更有利的结果，被害人能尽快获得赔偿和抚慰，加害人能获得谅解和从轻处理，因此，从结果上说，刑事和解比辩诉交易更容易令当事人满意。

从实质上说，辩诉交易是公诉人所代表的国家与被告人的和解，侧重保护的是国家和被告人的利益，被害人的要求和利益则可能被束之高阁。刑事和解则是被害人与被告人的和解，国家予以审查和认可（当然前提是在法律许可的范围内），侧重保护的是被害人和被告人的利益，国家和社会利益不但没有受到损害，而且还在这种从对立到和解的局面转变中得到了维护，从这种意义上说，刑事和解是一种追求被害人、被告人和国家利益“三赢”的

---

〔2〕 *Black's Law Dictionary*(7th ed), West Group, 2000, p.1173.

〔3〕 Federal Rules of Criminal Procedure 11(e); Wayne R. Lafave, and Jerold H. Israel, *Criminal Procedure*, second edition, West Publishing, 1992, p.930.

诉讼方式。

(三)刑事和解与私了

“私了”是与“公了”相对而言的,是民间对于诉讼双方自行和解行为的一种俗称,既包括民事案件、行政案件,也包括刑事案件。简言之,“私了”是纠纷双方不经过国家专门机关自行协商解决纠纷的统称。而广义的刑事和解可以分为诉讼外和解和诉讼中和解,前者没有经过公权力机关处理和审查,纠纷双方在诉讼之外即行和解,也就是一般意义上的“私了”。脱离了公权力的监督和审查的“私了”情况比较复杂,既包括一些民间可以自行平复、未构成犯罪的违法事件,也掩盖了不少已构成犯罪的案件。由于脱离了公权力的视野,加害人和被害人的权利都很难得到法律保护。但因刑事案件“私了”能够给被害人和加害人带来实惠,此种解决方式在我国民间颇具市场。有学者根据有关资料统计宣称,社会上发生的刑事案件,有30%左右是私了的。〔4〕还有学者调查发现,2001年前后江西省乐平市个别乡镇人身损害、盗窃、重婚三类案件私了率达70%,〔5〕而据山东创纪律师事务所2003年提供的一项调查,目前我国农村发生刑事案件后进行私了的占农村犯罪案件的25%以上。〔6〕无论“私了”在案件解决中的确切比例如何,都说明刑事纠纷的解决采取公权力视野之外的和解是一个广泛存在的社会现实。我们研究刑事和解的目的之一就是促使立法将一部分“私了”案件合法化,促使其从诉讼外和解转入诉讼中和解,从而进行法律规制,使纠纷当事人的权利得到法律的有效保护。

(四)刑事和解与恢复性司法

恢复性司法作为国外一项刑事司法改革运动,起源于20世纪60年代的北美洲,根据联合国经济及社会理事会《关于在刑事事项中使用恢复性司法方案的基本原则》(E/CN. 15/2000/L. 2/Rev. 1)对恢复性程序的定义,恢复性程序是指犯罪人、受害人或犯罪案件的其他当事人共同参与解决由该犯

---

〔4〕 陈玉范、屈广臣:《“私了”问题的法律思考》,载《当代法学》1995年第1期。

〔5〕 张容、徐卫华:《不能忽视农村犯罪私了现象》,载《法制日报》2001年3月29日版。

〔6〕 宋振远:《犯罪私了现象为何愈演愈烈》,载《半月谈》2003年9月5日版。

罪所引发的事项,常常是在代理人的协助下进行。在这些过程中,重点是满足个人和集体的需要,以及重新调整受害人与犯罪人之间的关系。恢复性司法十分强调被害人和社区对刑事纠纷解决的参与,常见的几种恢复性司法模式有被害人与加害人和解计划,社区修复委员会(Community Reparative Boards)、家庭小组会议(Family Group Conferencing)、量刑圈(Sentencing Circle)、社区矫正等,社区几乎都是参与主体。[7] 恢复性司法方案和政策并不专属于刑事司法程序的审前及判决阶段,它还在矫正犯罪的执行阶段有助于加强刑事司法的成果。在比利时监狱中实施的恢复性司法方案已经证明,恢复性司法方案对受害人和犯人都十分有益。[8] 恢复性司法借鉴了传统的、土著的以及宗教中的解决争端办法,人们重视恢复性司法是基于不能再把国家视为可提供有效和公正司法的唯一主体的观念,但有效的恢复性司法还是要依赖于行之有效的刑事司法体系。目前世界各国对恢复性司法日益关注,联合国也多次拟定了有关恢复性司法的一系列探索性决议或方案。[9]

恢复性司法与本文所研究之刑事和解有明显的区别。恢复性司法源于对传统刑事司法制度和刑罚制度的反思,以及对犯罪性质的重新认识。因此,恢复性司法是一种后现代主义的法律思潮,是建立在对传统刑事法制度

---

〔7〕 关于恢复性司法的几种运作模式,参见 Gorden Bazemore and Mark Umbreit, A Comparison of four Restoritive Conferencing Models, in *Juvenile Justice Bullet* 2001(2), U. S. Department of Justice。

〔8〕 I. Aertsen and T. Peters, Mediation and Restorative Justice in Belgium, *European Journal on Criminal Policy and Research*, Vol. 6, No. 4(1998), pp. 507 – 524.

〔9〕 关于"恢复性司法",联合国作出的有影响力的决议或文件有:1999 年 7 月 28 日联合国作出了题为"制定和实施刑事司法调解和恢复性司法措施"的第 1999/26 号决议。2000 年 7 月 27 日,联合国又作出了题为"关于在刑事事项中采用恢复性方案的基本原则"的决议(E/CN. 15/2000/L. 2/Rev. 1)。2000 年 4 月 10 日至 17 日在维也纳举行的第十届联合国预防犯罪和罪犯待遇大会期间,在题为"罪犯与受害人:司法过程中的责任与公正问题"议程项目下就恢复性司法进行了讨论。2002 年 1 月 31 日联合国大会第 56 届会议通过了《执行〈关于犯罪与司法:迎接二十一世纪的挑战的维也纳宣言〉的行动计划》,探讨了恢复性司法的具体行动计划。2002 年 4 月 16 日至 25 日,联合国预防犯罪和刑事司法委员会第十一届会议在维也纳举行,关于"刑事司法制度的改革:实现效能和公正"的临时议程的秘书长报告中,对世界范围内的"恢复性司法"作了详细阐述。2005 年 4 月 18 ~ 25 日在泰国曼谷举行的第十一届联合国预防犯罪和刑事司法大会上,由国际刑法改革与刑事司法政策中心帮助举办的讲习班 2——"加强刑事司法改革,包括恢复性司法"(A/CONF. 203/10)也对"恢复性司法"作了详细讨论。

的批判基础之上的，并且十分强调社区的参与。而本文所研究的被害人和加害人和解，其源头可以追溯到人类原始社会末期以赎金代替复仇的纠纷解决方式，历史上和现代的许多制度都带有这种纠纷解决方式的印记，如赎刑、罚金、对被害人的损害赔偿令等，加害人和被害人和解解决纠纷的理念和实践在人类历史中一直和主流的刑事纠纷解决方式并存，我国自古以来不乏此类尝试，进入现代社会之后，这种生发于本土的纠纷解决理念在传统的基础上也在变化更新。目前，国际上的恢复性司法潮流与我国传统的刑事和解理念出现了交汇点，即都关注被害人权利保护，都关注纠纷发生后人际关系和社会秩序的恢复。因此，在构建我国刑事和解制度时，可以吸收西方恢复性司法理论与实践的有益经验，但这并不能泯灭二者源头上的差异。

二、刑事和解的理论依据

（一）中西和谐文化传统的交汇

在我国，和解有深厚的传统文化土壤。有学者将中国文化的精髓概括为“和合”文化。[10] 和合文化的要旨可以概括为两个方面：首先是人与自然保持“和合”的关系，人要顺应自然，与自然融为一体。老子云：“人法地，地法天，天法道，道法自然。”[11] 汉代大儒董仲舒则提出“天人之间合而为一”，[12] 即著名的“天人合一”思想。其次是人与人之间保持“和合”的关系，强调社会关系的和睦融洽，避免争斗、纠纷，古代先贤们从不同的角度阐释了和谐关系的重要性。孔子云：“礼之用，和为贵”[13]，“听讼，吾犹人也，必也使无讼乎”。[14] 孟子也说：“天时不如地利，地利不如人和。”[15] 老子说：“天之道，不争而善胜”，“人之道，为而不争”。[16] 墨子说：“兼相爱则治，交

---

〔10〕 张立文：《中国文化的精髓——合和学的考察》，载《中国哲学史》1996 年第 1 ~ 2 期。

〔11〕《道德经 · 二十五章》。

〔12〕《春秋繁露 · 深察名号》。

〔13〕《论语 · 学而第一》。

〔14〕《论语 · 颜渊》。

〔15〕《孟子 · 公孙丑》（下）。

〔16〕《道德经 · 七十三章》《道德经 · 八十一章》。

相恶则乱。"[17]在古代社会,"无讼""人和""兼爱""不争"思想的社会功能十分明显。试想,一个充满纷乱与矛盾的社会,一种争讼不断、耗费大量社会资源的社会,经济能发展,政权能巩固吗?因此,在封建时代,一方面,对于严重危害统治秩序的犯罪实行严刑峻法,另一方面,民间调解和诉讼和解受到普遍重视,对一些属于私人之间纠纷的"民间细事"甚至不予受理,让乡里或宗族调和解决。

和解的传统也为新民主主义革命时期革命根据地所继承和发扬。第二次国内革命战争时期的陕甘宁边区根据地为了团结各阶层群众,也曾经大力推广各种形式的调解,其中就包括刑事案件的调解。1943年6月11日公布的《陕甘宁边区民刑事件调解条例》(以下简称《调解条例》)就曾经推行过全面的刑事调解制度。《调解条例》中规定,凡民事一切纠纷均应厉行调解;凡刑事案件除少数犯罪外,多数均得调解。《调解条例》的第2条明确而详细地规定了刑事案件的调解范围:……刑事则除下列各罪不许调解外,其他各罪均得调解:内乱罪、外患罪、汉奸罪、故意杀人罪、盗匪罪、掳人勒赎罪、违反政府法令罪、破坏社会秩序罪、贪污渎职罪、妨害公务罪、妨害选举罪、逃脱罪……;其他有习惯性之犯罪。[18] 边区高等法院1943年12月20日发布的《注意调解诉讼纠纷》的指示信中说,"纠纷之解决,尤以调解办法最为彻底,既可和解当事人的争执,复可使当事人恢复旧感,重归于好,无芥蒂横梗其胸,无十年不能忘却之仇恨,是调解纠纷办法,不仅减少人民讼累一端,且含有不少教育感化的意义在内"。[19] 边区高等法院还及时总结经验,指出调解的关键在于受害人是否同意,不同意即勿调解,同意即可试行调解。"在双方自愿的原则下,彼此息争止讼,受害的一方既可得到实益,加害的一方亦可免于处罚,不致耽误家里的生活事宜,而无形中便能增进社会的和平。"[20]后来由于社会上出现了对《调解条例》中调解范围的宽泛规定有纵容情节恶劣的犯罪的不满情绪,因此,在1946年下半年对《调解条例》作了

---

〔17〕《墨子·兼爱》(上)。

〔18〕《陕甘宁边区高等法院司法会议提案》(1941年10月)。

〔19〕《陕甘宁边区高等法院指示信》(1943年12月20日)。

〔20〕《陕甘宁边区司法纪要》(1944年下半年)。

修改:即民事案件可以调解;刑事案件,如属因一时气愤,或过失引起的轻微伤害,群众不反对者方可调解。这个规定直到边区政府撤销以前,始终是确定刑事调解范围的依据。可见,和解制度在中国具有丰厚的生发土壤。

如果说中国和解理念来源于对"天人合一"的自然哲学的崇拜,那么西方的和解观念就与宗教有不解之缘。以对西方主流世界影响最为深远的基督教为例,其所宣扬的忏悔、赦罪、原谅、宽恕,甚至爱自己的敌人的观念在基督教的《圣经》中俯拾可见:"你们宽免别人的罪,天父也要宽免你们的罪"(《马太传》六之十四);"悔改与赦罪将由他的名义从耶路撒冷起,宣传万国"(《路加传》二十四之四十七);"别人告诉你们:爱你们的邻人,恨你们的敌人。我告诉你们:爱你们的敌人,为迫害你们的人祈祷;这样才是天父的儿子:他的日光照善人也照恶人,他降雨给正义的人也给不义的人"(《马太传》五之四十三、四十四、四十五)……西方恢复性司法潮流所强调的倾听、沟通、谅解、悔过理念如果深究其本源,也可以说是宗教中宽恕与忏悔观念的延伸。

无论是中国传统的和合文化,还是西方宗教中的宽恕、博爱观念,都十分推崇和缓、宽容的纠纷解决方式,倡导人们化解冲突,和睦友爱相处。在冲突解决过程中既承认矛盾、对抗,又力图达成共识与和解,这恰恰成为不同文化传统所共同崇尚的理念和纠纷解决方式。刑事和解最初脱胎于民间习惯,在我国具有深厚的生发土壤和广阔的适用空间。在目前的司法实践中,它对于增强司法裁判的可接受性,减少上诉、申诉,促进社会和谐具有重要意义。

(二)被告人与被害人主体地位的回归

主体性理论是哲学领域的一个基本问题。也许是因为人的主体性问题涉及哲学的核心——关于人的最基本的问题,所以诸多有名的哲学家都曾对主体性问题产生过兴趣,相关论述汗牛充栋,其中最著名的是康德所指出的"人以及一般的任何理性存在物都作为自身的目的存在,而不仅仅是这个或那个意志任意使用的手段。在他的一切行动中,不管他们涉及自己还是其他理性存在物,都必须总是同时被当作目的"。[21] 黑格尔也指出,理性的

---

〔21〕[德]康德:《道德形而上学的基本原则》,载《康德文集》,刘克苏等译,改革出版社 1997 年版,第 91 页。

基本要求之一是必须尊重他人的权利和人格,法律是设计来加强和保证这种尊重的重要手段之一。[22]

主体性理论作为反对封建专制时代将被告人视为客体的诉讼制度的有力武器,对普及现代意义上的诉讼理念具有重大意义,资本主义制度建立之后,法学家和立法者们对在封建国家权力的庞大阴影之下遭受严刑峻罚威胁、处于绝对弱势地位的刑事被告人境遇进行了深刻反思,以自由主义和社会契约等政治理论为理论基点,逐步建立了一系列旨在改善刑事诉讼中被告人地位的刑事诉讼原则和制度,无罪推定原则、辩护制度、不得强迫自证其罪原则等都显示了对被告人弱势地位的有力支持和制度倾斜。以主体性原则为依据,诉讼法学领域又引申出了司法主体性理念、[23]程序主体性原则、[24]当事人主体性原则[25]等理论。保护被追诉人的合法权利,承认被告人在诉讼中的主体地位的理念几乎成为现代刑事诉讼制度的标志性理念,已被世界各国的刑事诉讼制度所接受。

在被告人的主体地位被强调和关注的同时,刑事诉讼中的另一重要角色——被害人的主体地位却长期没有得到足够的重视,造成此种状态的原因很多,笔者认为,其中最主要的原因是犯罪的社会危害性理论的影响。主流刑法理论界长期将所有刑事犯罪视为个人对国家、社会利益的侵害。黑格尔很早就从哲学角度论述了侵害个人利益的犯罪行为所具有的社会危害性。他认为,对社会成员中一人的侵害就是对全体的侵害。侵害行为不只是直接影响受害人,而是牵扯到整个市民社会的观念和意识。[26] 马克思对犯罪的论述显然是受了这种观点的影响,他说:“犯罪——孤立的个人反对统治关系的斗争,和法一样,也不是随心所欲地产生的。相反地,犯罪和现

---

〔22〕 [德]黑格尔:《法哲学原理》,范扬、张企泰译,商务印书馆1961年版,第46页。其原文是:“……法的命令是:成为一个人,并尊重他人为人。”

〔23〕 参见左卫民、朱桐辉:《谁为主体何为正义——对司法之主体性理念的论证》,载《法学》2002年第7期;周成泓:《司法主体性理念探析——以民事司法制度为中心》,载《甘肃社会科学》2005年第3期。

〔24〕 参见熊秋红:《刑事辩护论》,法律出版社1998年版,第95~103页。

〔25〕 参见唐力:《当事人程序主体性原则——兼论“以当事人为本”之诉讼构造法理》,载《现代法学》2003年第5期。

〔26〕 前引〔22〕,第228页。

行统治都产生于相同的条件。”[27]因此，对犯罪的追诉和惩罚是对国家、社会利益的维护，而国家、社会利益包含了个人利益，追究和惩罚犯罪也就自然实现了被害人的利益，所以被害人利益就只能是刑事诉讼的附带保护利益。

由于种种历史误会和理论偏颇，被害人在诉讼中的主体地位并没有受到应有的重视，不但主动追究犯罪的权利受到严格限制，也不能为了自己的利益直接与加害人和解，沦为刑事诉讼中的“被遗忘的人”。事实上，主体性理论作为哲学领域的一个重要问题，所探讨的一直是一般人的基本特征问题。既然被害人具有一般人的属性，又是具体刑事纠纷中的一方，就不容置疑地也应当具有主体性，其自主意志和权利也应当受到尊重，特别是当维护被害人的权利与保护被追诉人的权利不相矛盾之时。在诉讼中强调主体性原则应当是所有诉讼当事人的主体性都受到尊重，如果矫枉过正，过于偏重被告人，将本应该重视和保护的被害人抛到一边，就会犯买椟还珠的错误。

另一方面，由于犯罪情形的千差万别，笼统地将所有犯罪界定为反社会性质而剥夺被害人的处置权，只会损害一些直接被害人的利益，于社会利益的维护也并无实益。在实践中，作为犯罪的直接侵害对象，被害人活生生地存在，其遭受的伤害和损失真实而具体地呈现在人们面前，而理论上代表其利益的公诉人在诉讼中却往往难以完全代表被害人的利益，这使“国家利益能够涵盖被害人个人利益”的理论很难自圆其说。至少对一部分有被害人的犯罪案件，人们对其性质的认识已经从单纯的对国家利益的侵害还原到了包括对被害人权益的侵害，有时后者的利益还应当放在第一位。

被害人被忽视的状态在第二次世界大战以后才有了明显改善。随着被害人学的兴起和被害人理论研究的不断深入，各国开始重新反思被害人与犯罪、诉讼以及国家的关系，重视被害人的权利保护。许多国家逐渐意识到了被害人权利保护的缺陷，开始了立法补救。新西兰在1963年设立了刑事损害补偿法庭，美国在1982年颁布了《联邦被害人和证人保护法》，1985年11月29日，联合国颁布了《为罪行和滥用权利行为受害者取得公理的基本原则宣言》（联合国大会第40/34号决议），联邦德国在1986年制定了《被害

〔27〕《马克思恩格斯选集》（第4卷），人民出版社1995年版，第379页。

人保护法》,瑞典、荷兰、英国等一些欧洲国家还建立了被害人利益支持委员会、支持基金、救助机构等组织,2002 年英国在《所有人的正义——英国司法改革报告》中也明确提出“要以被害人和证人的需要作为诉讼活动的中心”。[28]

强调被告人与被害人在诉讼中的主体地位意味着对被告人和被害人在诉讼中的自主意愿的尊重和自主处理权的扩张。刑事诉讼是一个公权力和私人权利的博弈空间,公权力和私人权利呈此消彼长的态势。尊重双方当事人的自主意愿,在实质上意味着公权力范围对私人权利范围的适度让步。刑事和解就是被告人和被害人主体意愿的体现,也是公权力(立案权、起诉权等刑事追究权)对私人权利范围适度让步的产物。在权利意识深入人心的今天,给私人权利较大的空间不仅是广大民众的基本要求,也逐渐成为政府制定、调整多项制度的基本导向之一。在这种背景之下,我国刑事诉讼制度中原有的公诉与自诉范围的划分已经不能满足现实的要求,赋予公民更多的纠纷解决自主权,扩大私权利在刑事诉讼中的行使范围是我国现阶段的一种现实需求。刑事和解恰恰是扩大诉讼中的私权利范围的尝试之一。

在这方面,国外的刑事和解制度的推广趋势对我国很有借鉴意义。1994 年的《德国刑法典》第 46 条 a 规定:如果犯罪行为人的刑罚不超过 1 年以下自由刑,犯罪行为人如果已经补偿了他的行为对受害人所造成的损害,检察机关可以以不起诉中止诉讼程序,法院甚至可以完全免除该行为人的刑罚。目前德国对于刑事和解案件的范围已有扩大的趋势。[29] 日本 2000 年通过的《刑事程序中保护被害人等附带措施的法律案》规定:要在刑事诉讼程序中导入民事和解制度。[30] 2001 年修改的《俄罗斯联邦刑事诉讼法典》第 25 条和《俄罗斯联邦刑法典》第 76 条也明确规定,对第一次因涉嫌或被指控实施轻罪或中等严重犯罪而受到刑事追究的人,如果该人与被害人和解并弥

---

〔28〕 最高人民检察院法律政策研究室组织编译:《所有人的正义——英国司法改革报告》,中国检察出版社 2003 年版,第 189 页。

〔29〕 [德]托马斯·魏根特:《德国刑事诉讼程序的改革:趋势和冲突领域》,樊文译,载陈光中主编:《21 世纪域外刑事诉讼立法最新发展》,中国政法大学出版社 2004 年版,第 240 ~ 250 页。

〔30〕 《刑事程序保护被害人等附带措施的法律》,宋英辉译,载樊崇义主编,中国政法大学诉讼法学研究中心编:《诉讼法学研究》(第 3 卷),中国检察出版社 2002 年版,第 446 ~ 452 页。

补对被害人造成的损害,法院、检察长以及侦查员和调查人员经检察长同意,有权根据被害人或其法定代理人的申请终止对之提起刑事诉讼。[31] 各国的实践证明,适度尊重被告人和被害人解决刑事纠纷的自主意愿已经逐渐为理论和司法实践所接受,成为规范的刑事司法程序的必要补充。

(三)罪刑法定原则、罪刑相当原则[32]从绝对到相对的理论转变

刑事和解背后的理念认为,刑事案件解决的理想状态应当是针对不同状态的案件有灵活的处理方式,不拘泥于既有实体规则的绝对化规定,甚至有去刑罚化的倾向。而在传统刑法理论界,罪刑法定原则、罪刑相当原则一向是不可逾越的铁律。那么如何认识刑事和解与这两项原则的关系呢?

罪刑法定原则、罪刑相当原则都是由刑事古典学派代表人物、意大利法学家贝卡里亚最先在其《论犯罪与刑罚》一书中提出的,他指出:"只有法律才能为犯罪规定刑罚。只有代表根据社会契约而联合起来的整个社会的立法者才拥有这一权威。任何司法官员(他是社会的一部分)都不能自命公正地对该社会的另一成员科处刑罚。超过法律限度的刑罚就不再是一种正义的刑罚。因此,任何一个司法官员都不得以热忱或者公共福利为借口,增加对犯罪公民的既定刑罚。"[33]这是对罪刑法定原则的最原初的表述。罪刑法定原则体现出的是一种对法律"确定性"的追求。梅利曼教授指出:在这种对确定性的追求中,"法官的作用仅限于根据条文的内容,选择可适用的法典规定,并阐明其确切的含义","在此意义上,'确定'的主张反映了防止法官创制法律的愿望"。[34]

在《论犯罪与刑罚》一书中,贝卡里亚还提出了罪刑相当原则,他称之为"刑罚与犯罪相对称"原则。他认为:罪刑相当原则之所以需要,是因为只有刑罚与犯罪相对称,才能有效地制止人们实施犯罪。他说:"刑罚应尽量符

---

〔31〕《俄罗斯联邦刑事诉讼法典》,黄道秀译,中国政法大学出版社2003年版,第19页。

〔32〕对罪刑相当原则也有学者称之为"罪刑均衡原则"、"罪刑相适应原则"及"罪责刑相当(相适应)原则",本文采"罪刑相当"的提法。

〔33〕[意]贝卡里亚:《论犯罪与刑罚》,黄风译,中国大百科全书出版社1993年版,第11页。

〔34〕[英]约翰·亨利·梅利曼:《大陆法系》,顾培东、禄正平译,法律出版社2004年版,第29、49页。

合犯罪的本性,这条原则惊人地进一步密切了犯罪与刑罚之间的重要连接,这种相似性特别有利于人们把犯罪动机同刑罚的报应进行对比,当诱人侵犯法律的观念竭力追逐某一目标时,这种相似性能改变人的心灵,并把它引向相反的目标。"〔35〕因此,他认为侵犯人身的犯罪无疑应受到身体刑的惩处;对于损害他人名誉的侮辱罪,应处以耻辱刑……边沁、康德和黑格尔等大哲学家也分别从功利主义、报复原则、"刑罚是犯罪人自己的法"等角度〔36〕对罪刑相当原则进行过阐述。自1793年法国的《人权宣言》第15条中规定了"刑罚应与犯法行为相适合,并应有益于社会"之后,众多国家纷纷仿效,该原则从而成为一项世界性的刑法原则。坚持罪刑相当原则,就要求有罪必罚,无罪不罚;轻罪轻罚,重罪重罚。无论是轻罪重罚还是重罪轻罚,都为罪刑均衡原则所禁止。

罪刑法定原则和罪行相当原则的确立,相对于封建时代的罪刑擅断而言是刑罚制度的伟大进步,然而一旦走向绝对化就会产生不可避免的弊端:首先,它们只规定了犯罪的一般情况,忽略了不同犯罪的具体情形,为了获得法律上的普遍正义,却经常以牺牲个别正义为代价。其次,限制了裁判者的主观能动性,把法官变成了"自动售货机",机械适用法律,使刑罚适用缺乏灵活性。最后,以刑罚的报应论为基础,没有顾及对犯罪的个别预防与矫治。

由于绝对罪刑法定原则和罪刑相当原则存在不足,刑罚个别化观念应运而生,它是建立在以个别预防为理论基础上的一种刑罚理念,要求刑罚不能一概而论,必须根据行为人的人身危险性的大小,心理类型等个别因素而量刑,如李斯特所主张的"刑罚以犯人的性格、恶性、反社会性或危险的强弱为标准对犯人进行分类,并据此实行所谓刑罚个别化,以期达到社会防卫的目的"。〔37〕该思想一经刑事实证法学派提出,立即引起轰动,对后世产生了

---

〔35〕前引〔33〕,第57页。

〔36〕参见[英]边沁:《立法理论——刑法典原理》,孙力等译,中国人民公安大学出版社1993年版,第68~91页;[德]康德:《法的形而上学原理》,沈叔平译,商务印书馆1991年版,第164~167页;前引〔22〕,第101~106、228~229页。

〔37〕马克昌主编:《近代西方刑法学说史略》,中国检察出版社1996年版,第193页。

深远影响。然而,绝对的刑罚个别化理论消解了罪刑法定理论中的合理因素,难免有矫枉过正之嫌,实践中的标准难以把握,所以也屡遭学者诟病。[38]尽管刑罚个别化理论始终无法成为刑法学界的主流,但它所指出的问题和思路却给罪刑法定原则的发展和修正提供了借鉴。

进入 20 世纪以后,古典学派和实证学派都意识到,各占一隅虽然在理论上可以自圆其说,但对于遏制和预防犯罪的实际效果却都是有限的,必须互相吸收对立面的长处,进行发展和修正,才能更好地指导实践,使自己的理论之树常青,因此,两大学派在许多观点上出现了相互吸收和融合的趋势。在这一趋势影响下,新刑事古典学派提出罪刑法定和罪刑相当原则的新发展,即要求在适用罪刑法定和罪刑相当原则时要做到保障个人权利与维护社会秩序的统一,在此基础上体现刑罚的一般预防与个别预防。原来绝对的罪刑法定和罪刑相当原则与刑罚个别化俨然对立的关系已发生了悄然的转变。

刑事和解理念与刑罚个别化乃至去刑罚化理念有密切的理论渊源。与罪刑法定原则和罪刑相当原则所追求的普遍正义不同,它更加关注具体案件当事人的意愿,尊重纠纷双方的合意,在实质上追求的是一种具体的个案正义。个案正义其实没有绝对标准,如果有,那就是不损害公共利益,且具体纠纷双方当事人满意。满足了上述标准,刑罚就可以放宽甚至免除。这与绝对的罪刑法定、罪刑相当理念有差异,但从解决纷争、恢复和谐关系的目的来看却是必要和理性的,它是以一种灵活务实的方式追求每一个具体个案的圆满解决,在实现刑法目的的基础上也更加考虑社会效果。罪刑法定原则和罪刑相当原则从绝对走向相对的理论转变,给刑事和解理论和制度的发展留出了广阔的理论空间,也只有通过刑事和解之实体法与程序法、立法规定与司法裁量相结合的特殊制度,才能在普遍公正的基础上进一步实现个案的相对公正,将合法与合理因素结合起来。

---

〔38〕 参见邱兴隆:《危险的诱惑——刑罚个别化否定论》,载邱兴隆:《罪与罚讲演录》(第 1 卷),中国检察出版社 2000 年版,第 89 ~ 112 页。

三、刑事和解的适用构想

笔者认为,作为一种重要的诉讼理念和机制,刑事和解应当作为刑事诉讼中的一项基本原则加以确立。虽然涉及刑事和解的实体性内容主要体现在刑法中,但诸如和解主体、条件和方式的设定,过程监督和结果审查等都属于刑事诉讼程序,刑事和解贯穿刑事诉讼的一些重要阶段,在不同的阶段通过不同的形式表现出来,一旦达成和解还有可能在刑事诉讼的某一阶段终止诉讼。因此,将刑事和解视为刑事诉讼中的一项原则十分必要。笔者之一主持的刑事诉讼法再修改课题成果《中华人民共和国刑事诉讼法修改专家建议稿与论证》第20条中就明确将"刑事和解"作为我国刑事诉讼法的一项原则予以规定,即"犯罪嫌疑人、被告人与被害人及其近亲属达成和解的,人民法院、人民检察院和公安机关应当考虑当事人的和解意愿,并根据案件情况依法不追究犯罪嫌疑人刑事责任,对被告人从轻、减轻或者免除处罚。"〔39〕

在构建刑事和解制度时,首先要承认刑事案件在性质和种类上的复杂性,有些刑事案件主要涉及被害人与加害人之间的利益问题,有些刑事案件则不仅仅涉及被害人利益,更主要的是涉及社会与国家的安全和秩序问题,与民事案件有明显不同。基于此,刑事和解案件的和解过程和适用条件要置于公权力的监督之下,公、检、法机关要对和解的条件、自愿性等进行监督和审查,并对结果予以确认。

(一)侦查阶段

在侦查阶段,应当赋予公安机关对少量刑事案件达成和解的审查处理权。符合自诉条件的轻微刑事案件,当事人双方达成和解的,公安机关可以根据和解协议不再立案;双方在立案之后达成和解的,公安机关有权撤销案件。我国《刑事诉讼法》第130条规定:"在侦查过程中,发现不应对犯罪嫌疑人追究刑事责任的,应当撤销案件。"据此,公安机关对轻微的刑事案件没

〔39〕 参见陈光中编:《中华人民共和国刑事诉讼法修改专家建议稿与论证》,中国法制出版社2006年版,第8页。

有实体处理权,只能移送检察机关作不起诉处理,致使诉讼过程明显拉长,诉讼成本增加,诉讼效率低下,犯罪嫌疑人和被害人也陷于讼累之中。有鉴于此,实践中公安机关促成一些轻微刑事案件的和解在许多地区已经颇为常见,例如,据山东威海实务部门研究人员统计,2001 年至 2002 年,威海市 40% 轻伤害案件通过"和解"撤案方式结案。2003 年 1 月至 2004 年 6 月,威海高区公安分局共受理轻伤害案件 89 起,立案后,当事人自行刑事和解后公安机关作撤案处理的 43 件,占 48.1%;威海环翠区公安分局受理轻伤害案 165 件,当事人刑事和解后公安机关撤案 34 件,占 20.6%。[40] 可见,实践中一些侦查机关用和解方式处理的案件已不在少数,与其听任其自发存在和发展,不如在法律上明确赋予公安机关此项权利,并加以严格的法律规制。公安机关作为犯罪的侦查机关,如果对刑事案件有过大的实体处理权,可能会产生随意放纵犯罪的弊端,在社会上造成不良影响,因此,公安机关有权处理的刑事和解案件范围不宜过宽,应当以轻微刑事案件为限,笔者认为可限于可能判处徒刑以下刑罚的有被害人的案件,以轻伤害案件、交通肇事案件等实践中和解可能性较大的案件为重点。公安机关撤销案件即意味着不再追究加害人的刑事责任。

(二)起诉阶段

刑事和解在起诉阶段可以通过两种具体的制度得以贯彻:一是酌定(相对)不起诉制度,二是暂缓起诉制度。

根据我国《刑事诉讼法》第 142 条第 2 款和第 140 条第 4 款的规定,我国现行酌定不起诉的适用必须同时具备两个条件:一是犯罪嫌疑人的行为已经构成犯罪,应当负刑事责任;二是犯罪行为情节轻微,依照刑法规定不需要判处刑罚或者免除刑罚。后一条件将酌定不起诉限制在极窄的范围内,在实践中很难发挥应有的作用。笔者认为,在起诉阶段应当认可刑事和解对不起诉决定的影响,适当扩大相对不起诉的范围。检察院对于被害人与犯罪嫌疑人达成和解,主动书面要求不追究加害人刑事责任的案件,可以作

---

〔40〕 唐峰:《公诉程序中的刑事和解研究——以轻伤害案件为着力点》,载中国法治网:http://www.sinolaw.net.cn/news/xrcq/yczpzx/2004828212414.htm。

出酌定不起诉决定。由于酌定不起诉的具体标准规定在刑法中,需要刑法相关规定的配套修改才能进一步完善,笔者认为也可以考虑修改刑法,将适用酌定不起诉的案件刑期限于可能判处1年以下有期徒刑的情节较轻的刑事案件。北京市朝阳区人民检察院自2002年开始进行关于轻伤害案件处理改革的尝试,在其制定并实施的《北京市朝阳区人民检察院轻伤害案件处理程序实施规则》(试行)中,适用酌定不起诉的条件之一就是"被害人同意协商且不再要求追究犯罪嫌疑人的刑事责任"。根据该院对和解解决的轻伤害案件的当事人的回访记录,满意率高达100%。[41] 实践表明,在酌定不起诉制度中贯彻刑事和解理念具有相当有利的制度环境。

暂缓起诉是指检察机关对应当起诉的犯罪嫌疑人,根据其行为的性质、年龄、危害程度等情况综合考虑之后暂时不予起诉,给予其一定的考验期限,令其进行自我改造和反省,根据其悔罪表现决定是否起诉的制度。德国、日本和我国台湾地区都有类似规定。[42] 暂缓起诉目前在我国法律中并无明文规定。但实践中已经进行了有益的尝试。例如,2001年暑假,江西万安县某重点中学7名在校高三学生受人唆使,先后参与了抢劫、盗窃等犯罪活动,获赃5000多元。当时他们都在校参加暑假补课,为参加高考做准备。案发后,他们主动投案自首,退赔赃款、赔偿受害人损失,并获得受害人谅解。检察机关对他们作出了暂缓起诉的决定。后来,7人中有3人顺利考上大学。在缓诉期间,检察机关作出了不起诉的决定。[43] 笔者认为,揉入了被害人与加害人和解因素的暂缓起诉制度对于当事人权利保护、诉讼效率的提高以及刑事案件的合理分流都有重要意义,应当尽快在立法中予以确认。暂缓起诉的适用主体应主要包括未成年人,危害程度不大、悔罪态度好的初犯,刑期范围可考虑限于可能判处3年以下有期徒刑的案件。如果这些犯罪嫌疑人能够积极悔罪,挽回犯罪行为给被害人造成的损失,获得被害人的谅

---

〔41〕 李松、范玲莉、高雪松:《北京朝阳检察院对轻伤害案件相对不起诉:推行刑事和解满意率是100%》,载《法制日报》2006年1月17日版。

〔42〕 《德国刑事诉讼法典》第153条a;《日本刑事诉讼法》第248条;我国台湾地区"刑事诉讼法"第253条之二。

〔43〕 陈建民:《受人指使高三学生实施抢劫援引缓诉检察机关挽救失足》,载《法制日报》2002年11月20日版。

解，就可以适用暂缓起诉。如果在考验期内表现良好，对其将不再起诉。鉴于目前我国被害人保护和赔偿制度还极不完善，大部分被害人接受和解的目的在于能够获得比申请附带民事诉讼更实惠的经济利益，因此，赔偿是我国刑事和解的重要形式之一，此外，出于被害人情感抚慰的需要和加害人思想教育的需要，进行会面交流、道歉倾诉、具结悔过也是重要的和解形式。在被害人的同意下，由加害人承担一定的社区服务也是加害人悔过自新、服务社会的表现之一。这些形式在建立暂缓起诉制度时都应当予以考虑。

（三）审判阶段

刑事和解在审判阶段可以通过和解之后不再追究刑事责任和和解之后追究刑事责任但从轻处罚的方式得以贯彻。

在审判阶段，对于刑事自诉案件，可以根据《刑事诉讼法》第172条之规定，由人民法院对自诉案件进行调解；自诉人在宣告判决前，可以同被告人自行和解或者撤回自诉。而对于允许适用刑事和解的公诉案件，被告人和被害人在审理过程中（合议之前）达成和解，被害人不要求追究被告人刑事责任的，在公诉人审查同意之后并向法庭要求撤回公诉的，法庭审查后认为无不当理由，应当允许公诉人撤诉，不再追究被告人的刑事责任。此类案件的刑期限度应当与酌定不起诉、暂缓起诉的刑期限度相一致，限于可能判处3年以下有期徒刑的案件。

审判阶段贯彻刑事和解理念的重点在于追究刑事责任但从轻处罚的情形。笔者认为，此类刑事和解的适用范围最为广泛，从可能判处较轻刑罚的案件到可能判处死刑的案件都可以纳入和解因素。对于不明显损害公共利益但又无法定从轻情节的公诉案件，只要案情中有和解因素，被害人在与被告人和解后请求从轻处罚的，人民法院可以在征求公诉人的意见后从轻处罚。从轻处罚并非不予处罚，而是法官根据具体情节进行审查后予以适当从轻。刑事案件的定罪与量刑应当体现“宽严相济”的刑事政策，而刑事和解既能使被害人得到经济赔偿和精神抚慰，又能提高加害人悔罪和积极挽回犯罪行为后果的积极性，对公共利益和安全也没有明显的负面影响，与被害人达成和解的加害人理应成为从“宽”的对象。

近来我国审判机关在司法实践中贯彻刑事和解的意图和思路越发宽

广，一些严重犯罪案件，甚至于个别死刑案件的处理也开始糅入和解因素，但在具体适用中则不乏争议。笔者手中就有两个相似而又不同的案例。一个是发生在四川省合川市某中学的一起故意伤害致死案：中学生小河（刚满14周岁）因一瓶矿泉水与同学发生争执，情急之下拔出水果刀乱刺，导致同学小康因颈动脉被刺断引发失血性休克死亡。小河父母在法院和学校的促成之下与小康父母达成了赔偿5万元的和解协议，小河还被小康的父母接纳为“义子”，双方矛盾圆满解决。人民法院以小河案发时刚满14岁，具有自首情节，同时因其是在校生，民事赔偿部分也兑现，并得到了被害学生家长的谅解等情况为依据，决定对其从轻判处有期徒刑3年，缓刑3年。[44]

同样是同学间的致死案件，小河的案件因和解的圆满而获得了社会舆论和当事人的认可，而北京大学安然故意杀人案中的和解因素则颇具争议：2005年6月25日，北京大学公共卫生学院2002级学生安然在其实习的北京世纪坛医院（原北京铁路总医院）教学楼内与同学崔培昭因同班一女孩的感情纠纷发生争执，安然用事先藏匿的菜刀砍了崔培昭数十刀，致崔死亡。检方以安然的行为构成故意杀人罪向人民法院提起公诉。2006年3月，双方家长就民事赔偿部分达成和解，安然赔偿死者崔培昭父母40万元，崔家自愿撤回附带民事起诉。随后，北京市一中院对此案刑事部分作出判决，安然一审被判处死刑，缓期2年执行。崔培昭的父母在判决宣告时已经回到河南老家，在被告知于5日内有提出请求抗诉的权利后没有表态。目前该判决已成生效判决。[45]

很显然，安然被判死缓与赔偿有直接关系。此案被媒体披露后引发了一些争议，[46]认为此案有拿钱买命之嫌。其实，该案的判决结果可以从最高人民法院《关于刑事附带民事诉讼范围问题的规定》第4条“被告人已经赔偿被害人物质损失的，人民法院可以作为量刑情节予以考虑”的规定中找到依据，这一规定虽然充其量只能被视为审判阶段贯彻刑事和解理念的雏形，

---

〔44〕 罗彬：《为一瓶矿泉水儿子被杀　父母愿收凶手做义子》，载《重庆晚报》2006年2月24日版。

〔45〕 李欣悦：《北大医学部男生砍死同班情敌被判处死缓》，载《新京报》2006年3月22日版。

〔46〕 高俊玲：《安然判死缓有无“用钱买命”的嫌疑》，载《中国青年报》2006年3月24日版。

但对案件中的和解因素的认同已经非常明显。安然案件的结果的确容易引起一些责难,因为,与小河的案例不同,安然的行为并没有情有可原的情节,被判处死刑立即执行并不为过。而如果从保护被害人的权利、尊重被害人的意志考虑,案件的结果又是可以接受的。死者已矣,金钱赔偿和判处安然死刑都不能换回死者的生命,但赔偿金可以让被害人的父母解决今后的许多现实问题,从而在一定程度上起到精神抚慰的作用;而一旦判处死刑,由于种种复杂因素,赔偿金可能很难到位。因此,被害人家属面临的是坚持以命抵命的纯粹报复还是接受和解赔偿留安然一条生路的抉择。如果他们经过理智考虑能够接受和解的结果,公众就应当对他们的选择表示足够的理解。和解制度在实质上是在保护被害人利益又不妨碍公共利益的同时也让被告人获得一些实惠,从而达成一种综合利益的平衡。对公共安全而言,不判处死刑不等于不处罚,安然仍然受到了法律的严惩,对社会已经不太可能造成新的威胁。从长远来看,类似处理方式也是我国贯彻慎杀、少杀政策的一种进路。

任何制度产生之初都不可能尽善尽美,在倡导构建科学的刑事和解制度的同时,我们也应当预见到,刑事和解在实际操作过程中有可能出现公权力机关滥用权力逼迫和解,一些犯罪人犯罪后毫无悔意却以钱买刑等情形,会在一定程度上放纵犯罪,造成不良的社会影响。因此,在建立和解制度的同时,必须建立相应的监督机制。在侦查阶段,侦查机关因和解而撤销案件的情况应当报检察机关备案,主动接受检察机关的监督。在起诉阶段,我国应当借鉴日本的检察审查会制度,[47]对不起诉进行必要的监督。目前在许多地区正在试行的人民监督员制度也可以成为刑事和解在起诉阶段的监督机制。无法达成和解的案件则按照法定程序提起公诉。在审判阶段,应当公布影响判决的和解因素,接受公诉机关和社会舆论的监督。对于赔偿数额,公权力机关应当根据案情性质、犯罪后果和当事人的具体履行能力进行综合判断,注意引导和纠正和解过程中出现的漫天要价、显失公平的情形。

---

〔47〕 参见[日]田口守一:《刑事诉讼法》,刘迪、张凌、穆津译,法律出版社 2000 年版,第 111 ~ 113 页。

笔者相信,在研究者和实务部门的共同努力之下,刑事和解制度必将不断完善,充分发挥其对解决社会矛盾,构建和谐社会的司法制度功能。

(本文原载于《中国法学》2006年第5期)

中国刑事案卷制度研究*

——以证据案卷为重心

左卫民

作为强者手中的工具，文书、档案等书面材料自从人类进入文字社会以来，便构成了重要的社会治理技术。在中国，无论是公安机关，还是检察院、法院，其内部组织结构均以科层制为基本模式，刑事程序的流转及司法决策的作出皆以各种证据和文书材料构成的案卷为主要载体。在此背景下，研究刑事案卷或许是揭示中国刑事诉讼制度基本特征的重要视角。

当下中国并不存在独立、系统的刑事案卷体系，有关刑事案卷的制作、移送、使用的要求散见于刑事诉讼法、部门规章和一些技术性规程之中，实践中也形成使用习惯，从而使刑事案卷具备了大体一致的样态与相关使用机制。[1] 然而，尽管学界对中国刑事案卷制度已有初步的研究，但由于缺乏完整的实证研究，其整体面目仍显模糊。本文拟在实证分析我国刑事案卷制度运行状态的基础上，从比较法角度审视我国刑事案卷制度的基本特征，探究我国刑事案卷制度独特性的根源，展望其未来走向。为使主题集中，笔者将主要以证据案卷为对象展开研究。

---

* 本文的写作得到博士研究生肖仕卫、马静华、冯露、郭松，硕士研究生吕珊、黎莎等同学在实证调研与文稿整理方面的支持与协助，同时得到杨玉泉、张静法官的支持与帮助，特此致谢。

〔1〕 相关规定包括：《刑事诉讼法》、最高人民检察院《人民检察院刑事诉讼规则》、最高人民法院《关于执行〈中华人民共和国刑事诉讼法〉若干问题的解释》，以及公安部《关于印发〈公安机关刑事法律文书格式（2002 版）〉的通知》及其附件、《人民检察院诉讼文书立卷归档办法》和《人民法院诉讼文书立卷归档办法》等。

一、刑事案卷:实践面目与制度特征

基于笔者组织的课题组在C市R区公安局、检察院、法院所作的实地调查,可以窥见中国刑事案卷的实践面目,并分析其制度特征。〔2〕

(一)刑事案卷、证据卷的构成

1. 刑事案卷

当下的司法实务中,侦查、起诉和审判机关都要形成相应的案卷:侦查案卷、起诉案卷、审判案卷。〔3〕

侦查案卷分为侦查卷宗(正卷)、侦查工作卷宗(副卷)和秘密侦查卷宗(绝密卷)三种。其中,侦查卷宗有文书卷和证据卷,前者包括各种强制措施、侦查措施和结案的法律文书及审批文书,后者包括立案材料、犯罪嫌疑人供述、被害人陈述、证人证言、物证照片、书证、现场勘验笔录等证据材料和相关说明性材料。侦查工作卷宗主要包括证据线索材料、侦查报告和侦查文书副本等。秘密侦查卷宗包括各种秘密侦查措施的内部审批、使用及侦查结果的档案材料。在侦查终结、移送审查起诉时,侦查卷宗将被移送给公诉机关作为审查起诉的依据,而侦查工作卷宗和秘密侦查卷宗将由侦查机关保存,显见其功能差异。〔4〕

起诉案卷在侦查卷宗基础上形成,包括侦查卷宗、公诉卷宗、检察内卷。其中,公诉卷宗以起诉书为主,另包括证据目录、证人名单和主要证据复印

---

〔2〕 鉴于典型调查的方法是社会调查的重要方法之一,其特别强调调查对象的代表性。为此,我们在选取调查法院时,经过对目标法院的初步比较,选取了本省最大城市辖区内一个经济发达水平适中、案件负担处于中间水平、既不是改革先锋型也不是问题成堆的处于"中间状态",因而属于"不起眼的大多数"的基层R公安局、R检察院和R法院作为调查样本。关于典型调查,参见吴增基、吴鹏森、苏振芳主编:《现代社会调查方法》,上海人民出版社2001年版,第121页以下。

〔3〕 实践中并无"起诉案卷"这一说法,但是从制作主体的角度来看,由检察院移送至法院的起诉书、证据目录、证人名单和主要证据复印件或者照片,以及在庭后移送的全部案卷材料,实际上构成了由检察院制作形成的起诉卷,完整的起诉卷一般包括侦查案卷、散页证据材料(如果有的话)和起诉书等内容。

〔4〕 这种不被移送至下一机关或者下一阶段的卷宗,不对社会和当事人公开,原则上也不会成为法院定案依据,但这些内部卷也可能会成为机关内部和上下级机关之间的层级审查对象。我们可视为内部的非诉讼性卷宗,不在这里讨论。

件或照片;检察内卷由阅卷笔录、审理报告、会见犯罪嫌疑人笔录、起诉书草稿等构成。公诉卷宗在起诉时移送法院,法院据此决定是否受理案件、开庭审判。检察内卷由检察机关存档备查,不进入诉讼。侦查卷宗将在庭审中使用,并通常在庭审结束后移送法院。

以公诉机关移送的公诉卷宗、侦查卷宗为基础,一审审判案卷由侦查卷、诉讼卷、附卷组成。其中,一审诉讼卷包括起诉书、各种程序性文书、庭审笔录、律师的辩护意见、宣判笔录、判决书等,附卷包括合议庭评议笔录、判决签发文稿、审判委员会讨论笔录等。一审审判案卷中,侦查卷和诉讼卷可以公开和查阅,附卷则属于审判秘密。在此后的诉讼阶段,刑事案卷还包括上诉审卷、申诉卷、审判监督卷和死刑复核卷等。

侦查、起诉、审判阶段均使用侦查卷,起诉、审判阶段使用的证据卷基本上形成于侦查阶段。可以说,侦查证据卷是将侦、诉、审有机联系起来的关键。在各类卷宗中,对案件的实体处置发挥实质性作用的也正是证据卷。相比较而言,其他卷宗更倾向于诉讼管理方面的价值,在此意义上可称为“管理卷”,其中不公开的即为“内部卷”。

2. 证据卷

证据卷包括各类证据材料,每一类证据材料往往有多种证据来源,同一证据来源提供的证据常不止一份。比如,犯罪嫌疑人供述一般在三次以上,证人证言、被害人陈述等也存在同样情形。我们对 R 法院 150 起案件的证据卷进行了统计,[5]以认识其中的证据总量及各类证据的比例情况。表 1 反映出以下情况:第一,1984 年、1994 年和 2004 年度的个案平均证据数量变化不大。第二,犯罪嫌疑人供述、书证和证人证言的个案平均数较大。换言之,上述证据对诉讼结果的影响很可能强于其他证据。第三,就三年度各类证据的个案平均数的变化而言,较为明显的是 2004 年的个案平均书证数量较 1984 年、1994 年增加了近一倍,鉴定结论、勘验检查笔录的增长比例更

---

〔5〕 课题组在阅卷统计过程中,分别从 1984 年、1994 年、2004 年各随机抽取了 50 个案件样本进行阅读和统计,后文的表格如没有特别说明,抽样数均为 50。需要说明的是,统计中涉及的一个证据既包括其主体内容,还包括该证据的各种相关材料,如鉴定结论既包括鉴定书,还包括鉴定委托书、鉴定资质证书和鉴定资格证。

高。这表明,侦查机关对实物证据的重视与使用程度有了较大幅度提升,相应地,此类证据对诉讼结果的影响也较过去增强。

表1　案卷中证据性材料的具体组成

(每年度各50件案件样本)

项目 年份	各类证据的个案平均数								个案平均证据数量
	物证	书证	被害人陈述	嫌疑人供述	证人证言	鉴定结论	勘验笔录	视听资料	
1984	0.8	4.0	1.4	7.1	7.0	0.1	0.1	0	21.4
1994	1.0	3.9	1.2	4.8	3.9	0.4	0.2	0	15.5
2004	1.1	7.0	1.5	6.6	3.5	0.8	1.0	0	21.4

为了更形象地论析证据卷的构成情况,笔者在此展示R区法院2004年审理的一个盗窃案件作为样本。[6]

样本1:R法院一起盗窃案件的证据卷[7]

(1)程序性材料:接受刑事案件登记表1页;呈请立案报告书1页;立案决定书1页;呈请破案报告书2页;呈请拘留报告书2页;呈请延长拘留期限报告书2页;提请批准逮捕书1份2页;起诉意见书2页。

(2)物证材料:赃物照片1页。

(3)书证材料:扣押物品、文件清单2份2页;户口证明1页;常住人口登记表1页;犯罪嫌疑人通话记录材料1页;证人A身份证复印件1页;证人B身份证复印件1页;失主身份证复印件1页;辨认照片1页。被辨认照片人员情况1页;电话查询记录2份2页;辨认说明2页;调取户口、前科劣迹材料及辨认函1页。

---

〔6〕之所以选择一个盗窃案件作为样本,是基于盗窃案件乃是中国基层法院审判案件中所占比例最多的案件类型,因此在非暴力案件类型中具有相当程度的代表性。为便于后文在分析刑事案卷的制度特征时使用这里展示的案卷样本,我们对案卷材料的页数作了标注,并对所涉人、机构的名称作了技术处理,后文中所有的表格、样本等也都采取了类似的技术处理。

〔7〕严格意义上,程序性材料不属于证据范围,但在R区公安局,侦查人员制作卷宗时都习惯性地将此材料纳入证据卷。同时,却将本属证据的鉴定结论放在文书卷中。为尊重习惯,笔者保留程序性材料的归档方式,但为便于分析,将鉴定结论纳入证据卷。

(4)证人证言、被害人陈述:辨认笔录3份3页;询问证人A笔录3页(第一次);询问证人A笔录2页(第二次);询问证人B笔录3页(第一次);询问证人B笔录2页(第二次);询问证人C笔录2页(第一次);询问证人C笔录3页(第二次);询问失主笔录3页。

(5)犯罪嫌疑人供述和辩解:讯问嫌疑人A笔录4页(第一次讯问);讯问嫌疑人A笔录1页(第二次讯问);讯问嫌疑人A笔录2页(第三次讯问);讯问嫌疑人A笔录2页(第四次讯问);讯问嫌疑人A笔录2页(第五次讯问);讯问嫌疑人A笔录2页(第六次讯问);讯问嫌疑人A笔录2页(第七次讯问);讯问嫌疑人B笔录3页(第一次讯问);讯问嫌疑人B笔录1页(第二次讯问);讯问嫌疑人B笔录3页(第三次讯问);讯问嫌疑人B笔录2页(第四次讯问);讯问嫌疑人B笔录1页(第五次讯问);讯问嫌疑人B笔录2页(第六次讯问)。

(6)鉴定结论材料:鉴定结论书2页;价格鉴定委托书1页;鉴定资质证书1页;鉴定资格证2份2页。

显然,这一个案包括了各种形式的证据材料。该案的庭审笔录显示,围绕这些证据材料的调查和质证构成法庭调查的全部内容。根据对R法院审判人员的访谈,该院刑事审判所依据的证据材料很少有辩护方提供的,即使有也很难被采纳为定案依据。证据卷构成审判的核心和基础。

需要指出,证据卷制作的规范性相对严格。我们通过对上述150起案件样本的分析发现,每类证据的形式基本一致,都能反映每个证据形成的时间、地点、制作人员、证据内容,并附有相关人员的签字、手印或相关机构的印章证明其真实性。样本2的讯问笔录大致能反映这一情况。从该样本可以看到,在讯问犯罪嫌疑人的笔录中,讯问的次数,讯问的时间、地点,进行讯问侦查人员的签字,被讯问人的确认说明和签字、修正签字以及不能签字的原因说明,以及嫌疑人陈述的犯罪过程内容均有反映。

样本2:讯问犯罪嫌疑人笔录

讯问笔录(第一次)

时间:2003年10月1日16时40分至2003年10月1日18时25分

地点:××公安局×××派出所

侦查人员姓名:×××、××(签名笔迹不同,笔者注)

单位:×××派出所

记录员:××× 单位:×××派出所

被讯问人:×××,男,1972.1.27,32岁

问:你的基本情况?

答:……(犯罪嫌疑人红色手印若干)

问:这是《犯罪嫌疑人权利义务告知书》,给你阅读,你如果不识字,我们可以给你宣读。

答:我不识字。

(给犯罪嫌疑人×××宣读)

问:你因为什么原因被逮捕?

答:盗窃。

问:你把盗窃的时间、过程详细地陈述一下。

答:……(犯罪嫌疑人红色手印若干)

问:你以上陈述是否属实?

答:是真的。

以上记录念给×××听过,听后本人证实无误,因×××自称系文盲,故无法签字。

(侦查人员代签,嫌疑人捺红色手印)

(二)刑事案卷的制度特征

刑事案卷制度可以分为三部分:其一是案卷的制作制度。在运行中,各阶段的诉讼活动一般都须形成书面记录,承办人员得按技术规程的要求将其统合、规整为案卷。一方面,在各诉讼阶段,侦、控、审三方的诉讼活动必须形成书面文件、笔录或者清单;另一方面,在诉讼过程中,诉讼参与人包括被害人、自诉人、犯罪嫌疑人、被告人、附带民事诉讼的原告人和被告人、法定代理人、辩护人、证人、鉴定人和翻译人员等参与诉讼活动的人员,其提供的书面材料须纳入案卷,其陈述、意见或者辩护亦须记入笔录。其二是案卷的移送制度。在刑事一审诉讼程序中,侦查机关必须移送侦查案卷至检察院,检察院必须在庭前向审判法院移送起诉书、证据目录、证人名单和主要

证据复印件或者照片，并在庭后移送全部案卷材料；在上诉程序、死刑复核程序、审判监督程序中，法院之间则必须将全部案卷移送至相应的裁判或者复核法院。其三是案卷材料的使用制度。辩护人、检察院、法院在从事相应的诉讼活动时，应按规定使用刑事案卷材料。[8]

我们可将刑事程序理解为一个书面化过程，这一过程主要围绕案卷——尤其是证据卷——的制作、移送和使用展开。对这一制度的特征，可以前述 150 个案件为抽样样本，结合相关档案和访谈资料进行分析。

1. 案卷内容的特征

案卷内容突出地表现出证据性特征，即以证据为案卷的中心。这一特征具体表现为：

一方面，在案卷组成中，证据性材料所占比例相当大。例如，样本 1 所示的盗窃案，由法院最终组装形成的案卷共 161 页，而证据材料就有 80 页，占了总页数的一半。在我们的阅卷（法院的一审审判案卷）统计中，无论是最近的 2004 年统计数据，还是相隔较为久远的 1984 年、1994 年的统计数据都表明，证据材料都占据整个案卷材料的一半左右（见表 2）。

---

〔8〕 刑事诉讼立法和相关司法解释根据不同的使用主体，对刑事案卷的使用制度作了比较明确的规定。首先，对于辩护方而言，立法赋予了辩护人一定限度的案卷使用权。辩护律师可以自检察院审查起诉之日起查阅、摘抄、复制案件诉讼文书、技术性鉴定材料，可以自法院受理案件之日起查阅、摘抄、复制指控案卷材料；其他辩护人经许可也可以前述方式使用案卷。其次，对于检察院而言，司法解释明确规定，审查逮捕建立在案卷的基础上，审查起诉也必须审查案卷材料，并且检察院可以在法庭上（包括一审、上诉审）直接使用（宣读）书证、未到庭证人的证言笔录、鉴定人的鉴定结论、勘验、检查笔录和其他作为证据的文书。最后，对于法院而言，按照立法和相关司法解释，在庭前程序中，法院的庭前受理审查建立在对案卷材料的审查基础上，庭前准备与庭外活动也以阅卷为前提；在庭审程序中，只要经由当庭出示、辨认、质证等法庭调查程序查证属实，即便是未出庭证人的证言，法院亦可以作为定案的依据；在上诉审中，法院在一定条件下可以不经开庭直接根据案卷材料进行审理；在死刑复核程序中，除了高级法院需要提审被告人以外，其他情形下法院的死刑复核都建立在全面审查案卷材料的基础上。

表2 证据性材料在案卷中的比例

（每年度各50件案件样本）

项目 年份	程序性文件（份）	证据性材料（份）	合计（份）	证据性材料所占比例（%）
1984	876	1069	1945	54.96
1994	763	775	1538	50.39
2004	1172	1071	2243	47.75

另一方面，案卷能够全面反映案件事实。从表1和样本1可以观察到，案卷不仅在内容上包含了几乎所有能够反映案件事实的证据类型，包括证人证言、被害人陈述、被告人供述、鉴定结论、勘验、检查笔录等；而且，案卷中关于每一个案件事实的证据性记录都相当仔细，事先对案件毫不知情的人只需要仔细阅读全部案卷材料，就可了解整个案件的事实框架。

2. 案卷形成上的特点

特征之一：案卷制作的官方性/单方性。这是刑事案卷制度在制作主体上的明显特征。这一特征在三个方面得到体现。

首先，在刑事案卷的整体制作上，侦查、起诉、审判机关等官方机构是当然的制作主体。在样本1中，R法院案卷封面的题名就是"×××人民法院刑事一审诉讼卷宗"，而其中的"刑事侦查卷宗"部分的封面上亦明载着"立卷人：×××公安局"字样。事实上，随意翻开一个刑事案卷，无论是20世纪80年代、90年代还是2000年以后的案卷，都无一例外地可以在其卷宗封面看到"立卷人：×××公安局""×××人民法院刑事一审诉讼卷宗"等字样。

其次，在组成案卷的材料中，绝大部分文件与证据都是官方机构收集或制作的，非官方人员（律师、当事人）收集和提供的材料比例相当低。在样本1中，除律师提供的辩护词之外，案卷中没有任何其他非官方人员收集的材料。根据对上述150起案件样本的统计，如表3所示，在三个年度中，刑事案卷材料构成中律师提供的材料都仅约占总数的1%，可见官方制作占绝对主导地位的状况十分明显。

表 3 官方/律师收集的证据数据比较

（每年度各 50 件案件样本）

项目 年份	公、检、法收集的证据（份）	律师收集的证据（份）	合计（份）	律师提供比例（%）
1984	1060	9	1069	0.84
1994	767	8	775	1.03
2004	1060	11	1071	1.02

最后，在证据调查、收集或形成过程中，官方居于主导地位，其他诉讼参与人处于辅助性地位。如在讯问时，嫌疑人或被告人必须如实供述，不享有沉默权，律师亦不享有在场权；在询问过程中，证人和被害人都必须配合侦查人员调查取证，侦查人员询问证人和被害人采取的是问/答的方式；搜查扣押行为极易发动，实践中无证搜查、替代性搜查措施广泛存在，被搜查扣押者基本缺乏有效的救济途径。〔9〕

特征之二：案卷形成的早期性。这一特点集中体现在两个方面。

其一，刑事案卷材料主要在侦查阶段形成，此后的审查起诉阶段、审判阶段案卷内容增加不多。在样本 1 中，由法院最终组装形成的案卷总共有 161 页，而侦查阶段形成的案卷材料就达 101 页，占了整个案卷的 62.73%，此后的审查起诉、审判阶段增加的案卷材料不到 40%。需要指出，后期案卷材料即或增加，增加的内容也多涉及程序性、法律性而非证据性的事项。这可从表 5、表 6 显示的情况推论。〔10〕 再如表 4 所示，全部调查案件的案卷中，侦查阶段形成的材料占到了总数的 70% 左右。

---

〔9〕 关于实践中物证收集具体状况的相关讨论，可参见左卫民：《规避与替代——搜查运行机制的实证考察》，载《中国法学》2007 年第 3 期。

〔10〕 由于样本 1 中两犯罪嫌疑人均被采取了取保候审措施，因此该样本案卷中捕前形成的案卷材料的比例无法获得。

表4 侦查阶段形成的案卷材料

（每年度各50件案件样本）

年份＼项目	侦查阶段形成材料（份）	侦查后形成材料（份）	合计（份）	侦查阶段的材料比例（%）
1984	1346	599	1945	69.20
1994	1102	436	1538	71.65
2004	1575	668	2243	70.21

表5 侦查阶段形成的证据材料

（每年度各50件案件样本）

年份＼项目	起诉、审判阶段形成（份）	侦查阶段形成（份）	合计（份）	侦查阶段形成比例（%）
1984	12	1048	1060	98.87
1994	9	758	767	98.83
2004	6	1054	1060	99.43

其二，就证据卷而言，侦查阶段形成的证据材料占据了整个案卷证据材料的绝大部分，其中侦查前期（逮捕前）形成的材料又占大部分。如表5所示，三年度中侦查阶段形成的证据材料占全部证据材料的98%以上；又如表6所示，逮捕前形成的案卷证据材料占整个侦查阶段证据材料的90%以上。

表6 逮捕以前形成的证据材料的比例〔11〕

（1984年50件，1994年、2004年各48件、45件案件样本）

年份＼项目	捕前收集（份）	整个侦查阶段收集（份）	捕前收集比例（%）
1984	976	1048	91.60
1994	695	726	95.73
2004	921	965	95.44

〔11〕 由于我们抽查的每年50个样本中，存在部分未逮捕的案件，因此在统计捕前收集案卷材料的比例时，我们仅统计了逮捕了嫌疑人的案件。其中，1984年逮捕了嫌疑人的案件样本有50件，1994年有48件，2004年有45件。

3. 案卷移送上的特点

案卷的层递性是我国刑事案卷移送上的主要特征。一方面,它表现为不同诉讼阶段之间,前一诉讼阶段形成的案卷材料允许且应当移送至下一阶段,直至案件终结。另一方面,层递性还表现为前一阶段所形成的案卷,一般构成后一阶段案卷之重要组成部分,这尤其以侦查案卷为甚。据我们的调查,一审法院最终形成的案卷主要由侦查机关移送的案卷(证据卷和文书卷)和检察机关移送的案卷(主要是起诉书)构成。不仅如此,在一审、二审、死刑复核、再审(如果有的话)之间,甚至在侦查、起诉、审判机关内部的各个相关的职能部门之间,都存在案卷移送的层递性。例如,二审接受的案卷包括一审的证据卷、文书卷、起诉书、庭审记录、判决书、上诉状(抗诉书)。

需要指出,在这种层递性的移送过程中,案卷材料既有所增加,也可能有所减少。增加的部分是后一司法机关制作的文书或证据材料,减少的部分通常是后一司法机关认为不利于指控的材料。例如,侦查机关在移送审查起诉时,有时可能会将某些有利于犯罪嫌疑人的证据材料排除在案卷之外,以免形成案卷内的证据矛盾,动摇指控基础。

4. 案卷使用上的特点

案卷的使用是案卷制度的核心,其表现出两个特点:使用过程的贯通性和使用结果的决定性。

特征之一:使用过程的贯通性。这是刑事案卷在功能上的最突出特征,在侦查机关、检察院以及法院的诉讼活动中都有明显的体现。

首先,对侦查机关而言,侦查活动很大程度上以案卷的使用为中心。无论是立案、侦查终结,还是刑拘、取保候审、搜查等侦查措施的运用,侦查人员都必须提出书面申请,同时出示相关卷宗中的证据材料予以论证,侦查机关的领导在对申请、证据进行审查的基础上作出决定。可以说,侦查程序中的任何关键性决定都离不开卷宗的使用。

其次,对检察院而言,检察院的审查逮捕、审查起诉和侦查监督活动基本上都建立在案卷的基础上。审查逮捕时,检察院具体通过案卷的审查作出逮捕与否的决定,以案卷证据为事实依据。审查起诉时,检察官通常也会制作阅卷笔录,根据卷宗反映的案件事实作出是否起诉的决定。[12] 此外,笔者进行的相关研究表明,检察院的侦查监督活动也基本依赖案卷,其他监督手段相当匮乏,效果也不尽理想。[13]

表7 询问证人、要求重新鉴定、要求说明情况的数量与比例(单位:件/%)[14]

项目 检察院	R	A	B	C	D
询问证人的数量/比例	2/2	9/1.8	11/2.2	13/2.6	7/1.4
要求重新鉴定的数量/比例	5/5	21/4.2	37/7.4	43/8.6	26/7.8
要求说明情况数量/比例	9/9	38/7.6	54/10.8	47/9.4	26/7.8

最后,对于法院而言,审判活动也基本围绕案卷展开。法院的受理审查完全依赖案卷,主要依赖检察院移送的主要证据复印件或照片。法官的庭外活动则以阅卷为主。尽管在法律上,立法并没有明确要求法官庭外必须阅卷,但为便于指挥庭审或作出判决,法官通常在庭前会对起诉书及相关证据进行阅读和审查。[15] 庭审活动中,案卷具有中心地位。一方面,实践中证人出庭率极低,检察院直接以案卷材料作为指控证据实为常规而非例外。另一方面,律师的辩护活动特别是事实辩护也不得不建立在案卷材料的基

〔12〕 在我们调查的R检察院,省级检察院要求作出逮捕决定时必须讯问犯罪嫌疑人,但实践中这种讯问往往流于形式。并且法律和相关司法解释规定(如《刑事诉讼法》第139条,《人民检察院刑事诉讼规则》第251条、第252条、第254条、第255条、第256条、第257条、第258条、第259条等)检察院在阅卷审查之外,还必须讯问犯罪嫌疑人,听取被害人和犯罪嫌疑人、被害人委托人的意见,并可以根据需要进行医学鉴定、精神病鉴定,要求复验、复查,要求重新鉴定或者补充鉴定,要求侦查人员说明相关证据材料的制作情况以及询问证人等,但在实践中,如表7所示,除了要求侦查机关补充搜集证据之外,检察机关极少进行其他活动。

〔13〕 参见左卫民、赵开年:《侦查监督制度的考察与反思——一种基于实证的研究》,载《现代法学》2006年第6期。

〔14〕 课题组在调查过程中对这一问题不仅调查了R检察院,而且还在调查其他问题时附带在另外A、B、C、D四个县级检察院对这一问题进行了调查。对这五个检察院的抽样调查的样本分别是:100件,500件,500件,500件,333件。

〔15〕 从我们访谈的情况看,法官普遍认为,庭外的阅卷耗费了法官精力。这可以通过时间耗费和阅卷在总工作量中的比重予以衡量。在时间上,被告人认罪的案件(约占总案件数的60%)通常需要花费法官30~60分钟不等的时间,而被告人不认罪的案件(约占总案件数的40%)则需要花费法官数小时乃至数天甚至十多天。考虑到R法院法官差不多日均一件案件的工作负担,这样的时间耗费比重应当说是相当大的。

础上。从我们统计和旁听的情况来看，律师在法庭上的辩护活动主要针对案卷本身的瑕疵进行。如表8、表9所示，律师收集和提供证据材料的情形很少，即使有，也主要用以证明酌定从轻情节，基本不涉及案件的定性。此外，从我们观察到的情况来看，法官在主持普通程序案件的庭审调查和法庭辩论过程中，翻阅案卷情形非常普遍。而在简易程序中，由于检察院一般不派员出席法庭，法官更是卷不离手。可以说，庭审依赖案卷已是司法习惯。

表8　律师提交证据材料(单位:件/%)

项目 / 年份	律师提交材料	证据材料总数	律师提交材料比例
1984	9	1069	0.8
1994	8	775	1.03
2004	11	1071	1.03

表9　律师提交证据材料的类型(单位:件/%)

项目 / 年份	罪与非罪	法定罪轻证据	其他证据	合计
1984	0/0	2/22.22	7/77.78	9/100
1994	0/0	1/12.5	7/87.5	8/100
2004	2/18.18	3/27.27	6/54.54	11/100

特征之三:使用效果的决定性。案卷对裁判结果具有决定力，这构成了中国刑事案卷制度最为关键的特征。

根据我们的调查，法院的判决基本上以书面的言词证据为依据作出关于是否有罪、罪状为何、罪责轻重、如何量刑等结论。这些书面证据基本上形成于侦查阶段并纳入侦查卷中。当然，法官并不完全接受甚至在某些案件中大量不予采纳侦查案卷的情况也有所见，且不断增长，但总体上仍不多见。[16] 通过对R法院150个案卷判决书及审理报告/阅卷笔录的调查，我们发现几乎所有的案件都在根本上依赖于、取决于侦查卷宗中的书面证据。

从我们阅卷的情况来看，即便是在辩护人对控方案卷提出有力质疑的情况下，如提供了相反的证人证言，法官仍然倾向于相信控方案卷而怀疑辩护方提供的证据，并习惯性地在判决书中用控方案卷中的材料反驳辩护人的辩护，并据此作出判决。这一点在无罪辩护案件中表现得尤为明显。例如，在调研组曾调查过的一个故意伤害案件中，辩护人申请三名证人出庭证实被告人×××并未持刀伤害了被害人，据此请求法院判决被告无罪，而法院在判决理由部分对此的回应是：辩护人提出有三个证人即张××、李×、陈××证实不是被告人×××持刀伤害了被害人，因上述三个证人是被告人×××的哥哥向被告人的辩护人提供的，且三个证人在公安机关证实案发经过的证词与在法庭上的证词有许多不一致的地方，其证词的客观性有瑕疵，不能采信。故被告人的辩解与辩护人提出被告人无罪的意见不能成立。

（三）一个历史角度的考察

为更全面了解刑事案卷的整体面目，有必要从历史角度对当代我国刑事案制度作一考察。以课题组调查统计所获得的R法院1984年、1994年、2004年的素材为基础，我们发现，在总体面貌上，20多年来，刑事案卷虽有所变化，但总体上差异不大。主要变化体现在两方面：

一方面，在案卷尤其证据卷反映的具体内容上，2004年的案卷与1984年、1994年的案卷相比有两个区别：一是1984年、1994年的案卷中除了侦查、检察机关和法院收集制作的材料之外，还有大量的纪检、保卫部门形成的材料。而在2004年的案卷中，这种情形已不复存在，这表明了刑事诉讼中

〔16〕 事实上，公诉案件极为低下的无罪判决率（全国刑事案件的无罪判决率2006年为0.19%，2005年为0.26%，2014年为0.39%，2003年为0.52%，1998～2002年为0.91%），从另一角度印证了我国对侦、诉结论与证据的高度依赖与认同。相关资料参见历届最高人民法院院长向全国人大提交的年度工作报告。

对侦查主体资格和相应的证据资格的要求趋于法律化。二是1984年、1994年侦查机关和检察院收集制作的材料中含有不少深挖犯罪的讯问材料，而2004年的案卷中这种材料已很少。结合访谈情况，这种变化主要反映了讯问过程理性化的增强。

另一方面，在案卷反映的程序性问题上，现行诉讼制度更注重程序的合法性，主要表现在：其一，现行案卷的程序性文书更齐备、规范，更注重程序的完备性和正当性。R法院1984年、1994年刑事案卷的主要部分是预审案卷，相当于现在的侦查卷，但文书和证据混同，而现在则专门设立文书卷。这体现了现行案卷制度对程序性事实的重视。不仅如此，现行文书卷还包括了侦查机关进行各项侦查活动的正式法律文书和内部审批材料，能够清楚地反映侦查机关实施某项侦查活动是否违反法定程序。与此相比，1984年、1994年的文书材料相对较少，并不能充分反映侦查活动是否依照程序进行。如表2所示，1984年的程序性文件在整个案卷中所占比例最低(45.04%)，1994年比1984年略高(49.63%)，2004年最高(52.25%)。又如，2004年的文书卷载有呈请拘留、取保候审、搜查等侦查措施的审批报告，报告中注明了采取这些措施的理由，以证明运用这些措施的正当性，而1984年、1994年的预审卷中只有拘留证、取保决定书和搜查证，无相应的审批材料。其二，现行案卷中证据材料的形式更具有合法性。1984年、1994年的案卷中，讯问笔录反映为一人讯问的情形较多，以提取笔录形式扣押物证、书证的非规范情形较多，而在2004年的案卷中，讯问笔录反映已基本遵循了二人讯问的要求，对物证、书证的扣押主要采用扣押物品清单的法定方式。

然而，在证据性材料的构成上，20年间刑事案卷却并没有实质性变化。如表10所示，在各种证据类型中，嫌疑人供述、证人证言和书证一直都是证据性材料的主要组成部分，占案卷证据性材料的80%左右；嫌疑人供述更一直占据整个证据性案卷材料的30%以上。这表明，20年以来，言词证据和书证是定案的主要依据，而其中口供的地位和作用更无可替代。

表10 案卷中证据性材料的具体组成比例

(样本 N=50;单位:份/%)

项目 年份	书证、嫌疑人供述、证言/比例	鉴定结论、勘验笔录、视听资料、被害人陈述、物证/比例	嫌疑人供述/比例	合计/比例
1984	201+356+352 /85.03	6+5+0+69+40 /14.97	356/33.3	1069/100
1994	194+240+195 /81.16	21+11+0+62+52 /18.84	240/30.96	775/100
2004	349+328+177 /79.73	39+51+0+73+54 /20.27	328/30.62	1071/100

二、中国刑事案卷制度的独特性:与两大法系的比较

在日益全球化的背景下研究中国的刑事案卷制度,一个自然的问题是:中国刑事案卷制度与大陆法系、英美法系国家有何相似与差异?独特性何在?这实在值得思考。

(一)域外刑事案卷制度:初步的描述

在此,我们主要依靠域外学者对两大法系刑事诉讼运作机制的实证研究,概括与归纳出大陆法系国家与英美法系国家刑事案卷制度的基本面貌。

1. 大陆法系国家刑事案卷

以德国的一起盗窃、抢劫案件的卷宗为例,我们可以展示德国刑事案卷的基本面貌。[17] 这里必须说明:尽管是一个假想案例,但德、美警察处理该案的具体过程却不是假想出来的,而是实践中的通常做法。因此,以此个案为研究对象具有充分的说明力。

---

[17] 案卷材料的组成由我们根据一起假设的案件过程中出现的各种文书整理而成。该案是一起共同犯罪,其中一名被告人通过刑事处罚令得到了处理,另一名被告人通过正式审判被判犯有不严重的抢劫、入室盗窃和危险的人身伤害罪。参见[美]弗洛伊德·菲尼、[德]约阿希姆·赫尔曼、岳礼玲:《一个案例,两种制度——美德刑事司法比较》第3章,郭志媛译(英文部分),中国法制出版社2006年版,第175页以下。

样本3　一起德国盗窃、抢劫案件的案卷

侦查活动：报案的备忘录；搜查结果报告；搜查记录与扣押物品清单；在被害人住处和医院了解情况的报告；犯罪嫌疑人甲的讯问笔录（第一次）；犯罪嫌疑人乙的讯问笔录（第一次）；搜查笔录及扣押物品清单；讯问证人笔录（被害人）；被害人同意保管物证的备忘录；提请羁押的备忘录；检察官批准申请的命令；对犯罪嫌疑人甲的讯问笔录（第二次）；犯罪嫌疑人甲、乙的犯罪记录信息；羁押令（两份）；羁押听证记录；搜查扣押报告；请求保全证据的备忘录；批准申请的命令；侦查法官批准扣押的命令；讯问证人的笔录；证人的医疗记录；讯问嫌疑人乙的笔录（第二次）；讯问甲的笔录（第三次）；医院出具的被害人伤势报告；侦查终结报告；讯问嫌疑人乙的笔录（第二次）；讯问甲的笔录（第四次）；暂缓执行羁押甲的申请；侦查法官所作备忘录；侦查法官附在案卷后的备忘录；侦查法官确定听审甲案的命令；听审甲案的笔录；暂缓执行羁押甲的决定。

检察官活动：要求探员补充侦查的备忘录；探员补充收集的证人询问笔录；探员补充提供的照片辨认报告；探员补充提交的可卡因实验分析报告；探员附加提交的被害人描述古币清单的信；针对甲提出的刑事处罚令草稿；附加在处罚令后关于缓刑条件的决定；针对乙提出的正式起诉书；检察官对下属作出的关于审前准备的命令。

审判前准备：指定辩护律师的命令；开始主要程序的决定。

审判：判决书；庭审笔录。

以该案中的一次讯问记录为例（样本4），我们可以进一步观察组成刑事案卷的具体材料的面目。

样本4　一起德国案件的讯问笔录〔18〕

中心警察局侦探部　　　　　　　　　奥格斯堡，2005年3月20日

奥格斯堡86150

2005年第7221—0800—7号记录

---

〔18〕 摘自前引〔17〕，菲尼等书，第182页以下。

对犯罪嫌疑人的讯问

我已被告知我被指控的犯罪行为。我已被告知法律赋予我回答指控或者对本案不作任何陈述的权利,随时(甚至在讯问前)获得律师帮助的权利。我还被进一步告知,我可以要求收集有利于我洗清嫌疑的任何证据。我还被告知,我有义务准确回答有关我的姓名、出生地点与日期、婚姻状况、职业、家庭住址以及国籍等问题。任何对该义务的违反都可能导致按照《行政犯罪法》第111条的规定受到制裁。

我想陈述(V);我不想陈述(×)

个人资料

姓氏:×

出生时的姓氏:×××××

名字:××× 学术头衔:

出生日期:××××年××月××日 性别:×

出生地:××× 婚姻状况:未婚

国籍:德国 出生国家:德国

家庭住址:奥格斯堡86153,林登街15号

配偶的家庭住址:

教育程度:小学、中学、大学哲学专业学生

职业教育:

职业:

现任职位:大学学生——哲学专业

雇主:

财务状况(收入、财产、债务、零用钱,赡养费,配偶的收入等):每月从父母那里得到70欧元,从祖母那里得到10欧元

配偶的个人资料:

犯罪嫌疑人的父母:

×××,××××年××月××日生,现住:×市×街×号

×××,原姓×,××××年××月××日生,现住:同上

犯罪记录:按照嫌疑人自己提供的信息:无

身份证明:2002 年 4 月 1 日由 × 市签发的驾驶执照

检查官员的签字　　　　　　　　犯罪嫌疑人的签字

签名:施米特　　　　　　　　　签名:×××

侦探首席监督官

陈述内容:

……

完成　　　　　　　　　　　　阅读、同意并签名

签名:施米特　　　　　　　　　签名:×××

侦探首席监督官

我们还可以通过 Bron Mckillop 对法国刑事案件诉讼程序的实证研究进一步研究欧陆刑事案卷制度。[19] 在一篇对法国重罪案件刑事诉讼程序的实证研究论文中,Bron Mckillop 亲身观察与描述了一个谋杀案件的全过程。他揭示了法国案卷的类型化现象。该案卷被分为四种。第一种为文件卷宗,其内容包括文件清单,由司法警官给预审法官的材料传递备忘录,司法警官关于启封的报告、被告变更律师的信件、被害人要求充当民事当事人的信件,共有 75 个文件。第二种为被告人个人情况卷宗。内容包括被告人出生日期、先前犯罪情况在内的各种证明文件,预审法官就个人情况讯问被告人笔录,司法警官的相关调查笔录,加上目录共 47 个文件。第三种为审前羁押卷。内容有临时性羁押命令、延长羁押令、羁押听证的有关记录。该案卷共有 6 个文件。第四种为事实性侦查卷。此为卷宗之最大部分,包括 170 个文件,其中一些文件如弹道报告、照片卷自身即是微型卷宗。此卷宗可分为两大块,第一块共 57 个文件,详细记录了警察的初步侦查。其中有一份侦查概述、有对嫌疑人及 16 个证人的讯/询问笔录以及一份目录清单。第二块共 113 个文件,记录了预审法官从事或指导的侦查行为,包括预审法官对被告人的 9 份讯问笔录(7 份关于事实、2 份关于个人情况)、9 份专家意见、8 份检、预审法官的交换文件。[20] 在另一篇论文中,Bron Mckillp 对 20 世纪 90

〔19〕 Bron Mckillop 是悉尼大学法律系的高级讲师。

〔20〕 See Bron Mckillop, *Anatomy of a French Murder Case*, 45 Am. J. Comp. L. pp. 545 - 546.

年代法国轻罪法院审判的五个轻罪案件进行了研究。他发现，这五个案件的案卷中同样既包括了一系列证据性材料，如讯问被告人笔录、询问证人、鉴定人笔录等，也包括诸多法律文书，如传票、搜查证等。

基于上述描述及相关论述，通过进一步分析法、德刑事案卷在实务中的运作，我们可以归纳出德法等大陆法系国家刑事案卷的若干特征。其一，案卷的侦查性。Bron Mckillop 通过对法国重罪案件诉讼全过程的参与和观察，发现这些案卷的主要制作主体均为司法警察或由书记官在预审法官指挥下制作。案卷基本上形成于侦查中，包括警方的初步侦查与预审法官的全面侦查。而轻罪与违警罪的案卷基本上为警、检尤其是警方在侦查阶段所制作。德国情况大致也如此。其二，在侦查尤其是预审法官的侦查中，证据的形成与制作有多方参与性，而非为预审法官之单方行为。预审法官的取证活动通常是在被告人及其律师、民事当事人及律师、司法警察、证人、检察官参加下进行。包括专家意见在内的诸多证据都要告知被告方，允许其就此发表意见。甚至，某些证据的形成如“现场重演”还有被告人的参与。其三，全面性。从样本 3 所示的案卷内容可以看到，德国刑事案卷比较全面反映了整个诉讼的进程。每一项诉讼活动基本都有相应的笔录或文书记载。法国刑事案卷制度也同样如此，其案卷中包括了刑事诉讼行为的记录，如上述法国重罪案件的第一个卷宗、第三个卷宗都仅涵括诉讼行为。其四，规范性。在材料的形式要求上，德国刑事案卷也有比较严格的规范与制作。如从样本 4 可以看到，德国讯问笔录的制作要求十分严格，不仅需要记载权利告知情况，还要载明嫌疑人的个人情况、家庭情况和职业情况，并要求嫌疑人分别对个人情况和个人陈述进行签字确认，侦查人员也要签名。法国也类似，且法律规定更明确。其五，证据性。案卷中分量最多的材料是讯/询问包括多次讯/询问同一人的陈述记录。如上述法国重罪案件卷宗中分量最大的事实卷有 170 个文件，其他卷宗中总共仅有 170 个文件。其六，传递与使用的贯通性和影响力。德国刑事案卷从侦查机构向起诉、审判机构传递。起诉机构审查并运用侦查卷宗，作出决定。尔后，起诉机关又向法院传递案卷。在影响力上，案卷在处理相当范围的案件时成为法院定案的依据。如德国以处罚令处理的案件，判决的作出几乎完全依赖于先前制作的侦查案卷。[21] Bron Mckillop 通过旁听对轻罪案件的审判观察到，法国的五个轻罪案件的案卷中虽有 17 个证人证言，但庭审中，几乎未有一个证人出庭作证（只有一个既是证人又申请民事赔偿者出庭）。即或在被告否认有罪的情形下，也未见任何证人出庭。相反地，审判长（庭长）还告知被告人，案卷中有诸多对其不利的证据，如受害人、证人的证言，以及被告人向警方所作的有罪供述。而无论被告人认罪与否，甚至出庭与否，法官均围绕先前调查所获证据在庭审中再次核实。以至最后，他得出结论：法国轻罪案件的被告不是由庭审中口头方式作证的证据，而是由卷中记载的有罪证据而定罪的。[22] 根据法国 1992 年的数据，重罪法院全年审理 2562 件重罪案件，轻罪法院受理 420，481 件轻罪案件，而违警法院则处理 97，056 件违警罪案件。这表明，实务中绝大多数刑事案件均非通过口头、对席性质的审判而处理，绝大多数依赖案卷而为裁判。[23] 据此，有人认为，法国刑事审判很大程度上已成为对根据案卷作出的有罪结论公开予以司法证明的方式。法国审判制度实质上是文件性或书面性的，而非口头性的。[24] 即或重罪案件的审判，无论法、德的受命法官或审判长都在庭前仔细阅读案卷，且在庭审中予以考虑。在德国特定的例外情形下，如当庭证言不可信或证人不能出庭时，先前案卷中的书面化证据也可作为否定、支持当庭证言的手段，有时甚至可以作为定案的依据。[25]

2. 英美法系国家刑事案卷

关于英美刑事案卷的实证研究实不多见，但可从《一个案例，两种制度——美德刑事司法比较》等材料初见端倪。美国学者弗洛伊德·菲尼通

---

〔21〕 在 1998 年，德国检察官要求以处罚令处理的案件 659，368 件，要求以庭审方式解决的有 538，827件，这些以处罚令处理的案件，检、法机关均依据案卷提出处理意见并最终定案。参见［德］托马斯·魏根特：《德国刑事诉讼程序》，岳礼玲、温晓洁译，中国政法大学出版社 2004 年版，第 209 页。

〔22〕 See Bron Mckillop，Readings and Headings in French Criminal Justice：Fiue Cases in the Tribunal Correctionnel，46*Am. J. Comp. L.* 757（1998），p. 774.

〔23〕 同前引〔22〕，第 758 页。

〔24〕 同前引〔22〕，第 775 页以下。

〔25〕 对此，魏根特指出，根据第 251 条第 1 ~ 3 款、第 254 条第 1 款、第 251 条第 4 款，案卷记录在某些情况下可以作为（书面）证据在庭审中使用。参见前引〔21〕，魏根特书，第 183 页以下。

过一个假想案例的描述，展示了加州警、检机关在诉讼中的每一步都同步或稍后记录了开展的活动、采取的步骤、获取的信息。该案卷宗包括警方的犯罪记录、逮捕报告、犯罪嫌疑人陈述记录、后续报告、搜查证及宣誓书，决定起诉时还包括控告书、继续羁押命令、医疗记录、被告人陈述等。这些材料及各种决定以案卷形式固定与使用，从侦查向起诉部门移送，在同一部门内部介入此一案件的不同人员之间亦传递、使用（详见样本5、样本6）。

样本5　一起美国盗窃、抢劫案件的案卷〔26〕

侦查活动：犯罪报告；对犯罪嫌疑人甲的逮捕报告；犯罪嫌疑人甲的陈述；存在逮捕犯罪嫌疑人甲的合理根据的声明；没有犯罪嫌疑人甲以前曾被逮捕或定罪内容的报告；对犯罪嫌疑人乙的逮捕报告；犯罪嫌疑人乙之前被逮捕的核查报告；存在逮捕犯罪嫌疑人乙的合理根据的声明；犯罪嫌疑人乙先前的逮捕或定罪记录；犯罪现场调查人员的后续报告；询问被害人的后续报告；搜查宣誓书；搜查证；搜查情况的后续报告；询问证人的后续报告；补充报告；指纹检验；实验室报告。

检察官活动：对被告人乙的刑事控告书；对被告人乙的起诉书；对被告人乙的继续羁押命令；对被告人甲的刑事控告书；对被告人甲的起诉书；证人的医疗记录；被告人甲的答辩协议；被告人甲的缓刑建议；要求证人出庭作证的传票；对犯罪嫌疑人乙的起诉书；反驳排除动议的材料。

法官活动：羁押令；庭审笔录；判决书；对被告人乙的量刑报告；对被告人甲的量刑报告。

样本6　一起美国案件的后续报告〔27〕

萨克拉门托警察局

后续报告

犯罪报告：05－40853号　　　　日期：2005年3月21日

---

〔26〕 案卷材料的组成由我们根据一起假设的案件过程中出现的各种文书整理而成。该案是一起共同犯罪，其中一名被告人通过有罪答辩得到了处理，另一名被告人在典型的美国审判被判犯有一级夜盗罪并有加重情节，在非典型的美国审判被判犯有一级夜盗罪、一级抢劫罪和持有可卡因犯罪，且所有的加重情节成立。参见前引〔17〕，菲尼等书，第5页以下。

〔27〕 摘自前引〔17〕，菲尼等书，第18页。

我在萨克拉门托市医疗中心询问了家住花园街1400号的罗伯特·赖克。罗伯特·赖克说……(陈述内容略)。

签名:彼得·施米特,探员

通过仔细观察可以发现英美法系国家刑事案卷的若干特点。其一,案卷制作的单方性。案卷基本上由警检机关单方制作,甚至诸多询问笔录,也由侦查人员单独记录与签名。其二,内容的全面性。几乎所有的侦查行为与证据信息均被纳入案卷被记载下来,如现场勘查、搜查、扣押等行为,又如上述活动所发现的物证以及讯/询问所获得的信息。其三,警、检机关使用的一体性。案卷在警、检机关一体化的活动中传递与使用。警、检机关就侦查是否充分、是否起诉进行交流与合作,其内部职能有分工的人员之间也彼此交流或相继工作,从而使侦查卷在不同人员与机构之间获得频繁与连续的使用。其四,形式的简洁性。实务中侦查人员基本上都简要概括所获悉的信息,而非客观、完整反映证据信息的内容,如讯/询问记录都很简略。其五,控、审案卷之间的隔离性。英美审判的口头性与排除使用规则,使得案卷不被控方向法官移送,基本上也不可能为法院所使用(但书面证言尤其审前由司法人员在当事人双方在场且行使对质权而获得的证言可以有限制地使用)。

(二)"书面"司法:现代司法的相似性

在某种意义上,现代刑事司法是"书面司法",文字与档案为现代各国刑事司法的重要载体。人类的日常活动尤其是司法活动是一个从口头方式走向文字方式,从简单运用文字走向精细化运用文字的过程。在此意义上,我们可以发现无论大陆法系国家、英美法系国家还是中国,都大规模使用文字、档案以开展活动。一方面,都存在同一机构内部的案卷制度,这突出表现为:大陆、英美法系国家与中国的侦查人员都习惯于记录侦查行为、所获取的证据信息,制作讯/询问笔录,审判中均由法院的书记员制作庭审笔录。另一方面,均存在同一性质或不同层级机构间的案卷制度。这表现在:职能相近的警、检机关之间、不同审级审判机关之间传递与使用先前案卷或笔录的习惯做法为两大法系与中国所共有。现代司法的这种书面性,可依马克斯·韦伯的理论来阐释。按照马克斯·韦伯的理论,从传统社会到现代社会的转型,其重要方面在于现代官僚制使用的扩展。现代官僚制(也可称科层制)的重要特征是运用文字记录事务、通过存档的信息控制专业化的官员。[28]

(三)中国与英美法系国家:差异巨大的制度

然而,我们也可以觉察到,中国、大陆与英美法系国家在案卷制度上有着巨大差异。不难发现,就对案卷本身的依赖性而言,存在中国 > 大陆 > 英美的现象,而以案卷制度本身的规范性、技术性,则存在大陆 > 英美 > 中国的现象。

我们不妨先来探讨一下英美法系国家与中国案卷制度的差异。这些差异表现在:其一,刑事案卷的完备性与简单性之分。中国刑事案卷在某种程度堪称当代最为完整的刑事案卷,尤其是将证据信息书面化方面。而英美法系国家案卷则相对简单,尤其是证据信息基本上是以简单、概括的方式予以记载。其二,案卷使用时空的伸展性与抑制性之分。中国案卷具有使用时间的全程性与空间的广阔性,为几乎一切诉讼阶段、一切诉讼机关所运用,尤其是审判所用。相反地,英美法系国家案卷使用的时空则大为压缩。主要在侦、诉阶段使用,目的在于准备侦、诉机关起诉活动。在根本上,这与英美刑事诉讼强烈的口头主义相关。正是由于审判的口头化趋势与贯彻传闻证据排除规则,侦查案卷证据化、体系化的必要性受到忽略,同时庭审和判决基本上也不涉及先前证据案卷的使用,案卷很大程度上也成为一体化的侦、诉机关单方的内部参考材料。英美法系国家的刑事案卷与我国的刑事案卷在目的、内容、作用上均有根本区别。如果说中国刑事案卷制度是有外部性、层递性、贯通性,尤其案卷对审判结果的决定性的话,英美法系的案卷则几乎只有内部性、非层递性、非贯通性,特别是非决定性。

(四)同中之异:中国与大陆法系国家刑事案卷制度之比较

与英美相比,中国与大陆法系国家刑事案卷制度之相似性更多,其中最为重要之处在于:侦查卷宗可由起诉机关向法院移送,法院得审查之,并在

---

〔28〕 参见[英]戴维·毕瑟姆:《官僚制》(第2版),韩志明、张毅译,吉林人民出版社2005年版,第4页。

一定范围与条件下运用之,作为定案依据。具体而言,首先,表现为司法实务中双方均对侦查案卷有着极强的依赖性。法、德等国的大多数案件如轻罪审判实际上几乎未有证人出庭,主要依靠案卷来处理。而中国司法实务中也传递、移送、使用、依靠侦查证据卷定案。其次,这也反映在即使是强调口头主义的大陆法系国家重罪审判,也在相当程度上依赖卷宗。Bron Mckillop 在观察法国重罪审判时发现,一方面,在庭审时法官置案卷于审判台之上,其基于案卷讯问被告人与证人时,在证人因病无法出庭时还直接宣读其在警察初步调查时的证言;另一方面,出庭的证人、专家证人往往参考、依赖其记载于卷宗的先前证词,且经常直接表明自己认可先前证词,要求庭上朗读其内容,尔后自己再回答问题。出庭的专家证人通常仅概述其书面意见的结论。因而,庭审在相当程度上变成对卷中先前证据与当庭口头证言契合之寻求,而寻求改变当庭证言之举措往往不受欢迎。[29] 这表明口头化的重罪审判仍不免受先前案卷的影响,从而与中国案卷对庭审的影响力具有相似性。但在这些相似性之外,也存在较为明显的差异。

1. 案卷制作的单一性与多元性

大陆法系国家和我国的刑事案卷都由官方制作,但前者倾向于多方参与、影响制作,后者更倾向于单方制作且缺乏外部制约与影响。在大陆法系国家,既存在非官方,也存在其他官方对案卷制作的参与和影响。在非官方方面,犯罪嫌疑人、被告人一方可以参与案卷的制作。如在法国,犯罪嫌疑人(被告人)根据刑事诉讼法的有关规定,可以阅读口供笔录,他可以了解侦查中的其他证据尤其是专家意见并提出意见,且签字证明。另外,律师也可主动提出意见包括异议,载入官方卷宗之中。在其他官方方面,检察官/预审法官侦查或指挥侦查,且法院也加以控制的体制,也使侦查案卷的形成受到多重介入。与此相应,两者在公开性上也有差异。大陆法系国家刑事案卷在诉讼早期即具有公开性与可用性,德国律师在侦查进行中既可以查阅卷宗,也可告知当事人,甚至复印卷宗给当事人。在法国的实践中,除了涉及国家安全利益的犯罪,律师在侦查中阅卷很少被拒绝;即使在可能干预侦

〔29〕 前引〔20〕,Bron Mckillop 文。

查的情形下,辩护律师也可查阅讯问被告人的笔录。

在中国的刑事诉讼中,官方享有唯一案卷制作人的地位,且在每一特定阶段,通常只有一个官方制作主体。犯罪嫌疑人/被告人和律师对案卷制作的制约性影响有限,基本上无法知悉有关证据的内容,更遑论发表意见或参与制作证据。这一方面是由于我国刑事诉讼的职权分工较为彻底,检察官很难介入侦查程序、参与侦查案卷的制作,法官也未介入审前程序,影响侦查、起诉案卷的制作;另一方面也是因为犯罪嫌疑人/被告人一方地位的客体化。相应地,中国刑事案卷制度具有非公开性,在侦查阶段尤其如此。即使到了起诉阶段,情况仍然如此。只有在审判阶段,律师才被赋予了阅卷权。

2. 案卷作用的绝对性与相对性

案卷在中国绝对重要,而在大陆法系国家则相对重要。尽管在起诉机关向法院移送侦查案卷且法官使用这一方面,中国与大陆法系国家有着相似之处,但还是有诸多微妙差异,甚至可以说是根本性差异。其一,大陆法系国家的案卷发挥重要作用的阶段不同。案卷在大陆法系国家的庭审前程序和上诉程序中具有中心性特点。庭前程序中,检察官的起诉决定基本都是建立在案卷的基础上,法官的庭前审查也主要建立在案卷审查上。在上诉程序中,无论是基于证据疑义的上诉还是基于法律的上诉,原审案卷是上诉审查的基础。如根据《法国刑事诉讼法》第512条第2款,上诉法院没有义务一定要再次听取已经在一审法院作证的证人的证言,可按一审庭审记录中的证人证言判决。[30] 达马斯卡也指出,对简洁文档的依赖为欧陆上诉程序赋予了独特状态和风格。卷宗成为复核决策的信息源。[31] 其二,在重罪案件审判中,无论在立法、理论还是在实务中,侦查案卷的移送与使用均受到极大限制,以致我们可以认为,侦查案卷的贯通性与决定性丧失颇多。这首先表现为,对非职业法官接触案卷的禁止。重罪审判原则上均由职业

〔30〕 参见[法]卡斯东·斯特法尼、乔治·勒瓦索、贝尔纳·布洛克:《法国刑事诉讼法精义》,罗结珍译,中国政法大学出版社1999年版,第833页。

〔31〕 参见[美]米尔伊安·R.达玛什卡:《司法和国家权力的多种面孔》,郑戈译,中国政法大学出版社2004年版,第76页以下。

法官与非职业法官共同组成的合议庭审判之,根据德国与法国的规定,人数较职业法官为多的非职业法官被禁止庭前接触卷宗,以免产生先入之见。其次,这也表现为对书面化的卷宗证据的一般性使用禁止方面。重罪案件的庭审中,大陆法系国家的诉讼制度禁止将判决建立在检察官连同正式指控一起移送的卷宗内容的基础上,尽管职业法官在庭前接触案卷,但大陆法系国家立法明确反对法官使用案卷中的证据或据此形成印象并反映到判决中。[32] 大陆判决只能依据经由口头庭审方式展示之证据作出裁决,案卷一般不能直接作为证据使用,只有例外情形下,法官才可以宣读案卷中的材料作为证据。证人出庭构成司法实务中重罪审判之普遍场景。如在本文提及的法国谋杀案审判中,其有12个证人出庭,包括4个专家证人、1个受害人、3个警察证人、3个品格证人、1个目击证人。正是在这一意义上,笔者不同意将法国、德国的重罪审判视作与轻罪审判一样,完全受制于侦查,沦为案卷确认与公开复查的观点;也不同意由此将整个刑事诉讼制度视为书面主义的观点。[33]

相反地,在我国,无论是初审程序还是复审程序,无论是审前程序还是庭审程序,无论是普通程序还是简易程序,都一无例外地使用案卷,且案卷的重要性不分轩轾。特别是,中国重罪案件之审判也普遍依据案卷,最后判决也建立在书面化的案卷证据之上。尽管也有证人出庭,但相关实证研究表明,证人出庭作证极其少见,且证言也很少被法官采用。[34] 正因为此,我们可以称大陆法为立法上的口头主义与有限制的例外主义,而中国法则为立法上的书面主义与无限制的普适主义。而就司法实务而言,大陆法为重罪的口头审判与普遍的轻罪书面化相结合,中国司法实务则是普遍的书面审理主义。

三、中国独特性:多角度的解释与分析

究竟什么因素导致中国刑事案卷制度相似与差异于两大法系,并彰显

〔32〕 参见前引〔21〕,魏根特书,第139页。
〔33〕 参见前引〔20〕,Bron Mckillop文,第566页以下。
〔34〕 参见左卫民、马静华:《刑事证人出庭率:一种基于实证研究的理论阐述》,载《中国法学》2005年第6期。

其独特性？这一问题需要从司法权力组织的类型、司法目的与诉讼构造角度予以论析。

三者的相似性——案卷的制作与使用，可以从司法组织的科层化以及科层化组织管理技术的运用来解读。按照马克斯·韦伯的理论，社会现代化的进程在某种意义上便是用现代科层式官僚制取代传统非科层官僚制的进程。作为科层化官僚制所运用的治理技术，档案尤其重要，它是非人格式的国家与社会治理的重要工具。当然，在韦伯眼中只有欧陆法系才相当科层化，而英美法系国家徒具实质理性，中国则长期属于家长制官僚制。但韦伯关于英美与中国的论述并非完全精当，因为随着时间的推移，无论英美还是中国都在相当程度上科层化。事实上，从达马什卡关于英美司法组织演进的论述中，我们也可以看出其科层化的进展（如上诉制度的建构、法院体系的整合）。正因为此，贮藏信息以备上级机构与机构内部上级审查决策的案卷记录也不断发展与运用。[35]

相较于英美法系国家，中国与大陆法系国家在刑事案卷制度上更大的整体形似性可从司法权力组织形态的角度解释。大量的实践与研究表明，将文书档案规整成卷以供决策之用，与权力的组织形态有着生存性关联。一般而言，如果权力的组织形态趋同，案卷的整体面目就很可能形似。

就中国而言，简单运用马克斯·韦伯官僚制理论或达马什卡的司法科层制学说解读中国刑事案卷制度并不完全妥当，但传统中国司法与现代早就而且现在还在中央治理思路下不断建设中国式官僚制与现代科层制官僚制。相应地，中国刑事司法权力组织形态的特点表现在：一是司法机关的等级化构造与决策的等级化，上级审查（包括上诉、死刑复核、审判监督等）的常规性与深入性（不仅审查法律适用和程序适用，而且审查事实认定）。二是同一侦查、起诉、审判机关内部的等级化与内部等级审查的常规性与深入性，这似乎在20世纪中后期的国家政权建设与权力集中化态势下受到强化。三是侦查、起诉、审判机关之间的一体化与互相配合的递进式推进关系。这

〔35〕 达马什卡指出，不仅美国存在官僚集权化的倾向，而且上诉法院出现较早，更为重要的是英国通过20世纪的改革开始转向科层式官僚制，法院制度正在接近欧陆模式。参见前引〔31〕，达玛什卡书，第6页以下。

似乎是权力分工的现代化因素与权力一体化行使的本土现实性因素相结合的妥协性反应。毋庸讳言,这一中国式科层化带有权力集中的取向与态势。在古代中国,司法权力的高度一体化与集中化一直都是非常鲜明的特色。尽管近现代国家建设使这一格局有所变化,尤其在形式上变化较大。所以,在同一性质机关的等级性划分、同一机构内部的层次性划分、不同机构的职能分工上面,大陆法系国家与中国有相似之处,这便影响到案卷使用上的相似性。

然而,两者在具体特征上仍然存在相当多区别。在某种意义上,这些区别甚至更具实质意义。比如制作过程中他方参与程度的区别、案卷在审判中的地位不同等。这些具体特征上的区别,既与中国同大陆法系刑事司法制度在司法的组织结构上微妙差异有关,也与两者在诉讼目的和诉讼构造上的实质性区别相关联。

首先,从司法的组织结构来看,尽管中国与大陆法系在整体上相当类似,但是两者并非完全相同,其中非常重要的一点在于,控、审机关的关系类型不同。中国的控、审机关表现出一体化的构造,在全能主义的观念形态之下,其形式意义上的分工大于实质意义上的分工。相反地,在欧陆国家,随着诉讼的现代化,司法在纠问制下的权力一体化格局早被打破。控、审机关不仅在形式上已经分离,而且在实质上彼此制约。这一权力结构及相互关系,当然深刻反映到案卷制度上,因为案卷是纠问式的重心。纠问式下调查人员与判决人员之分,便在于前者展开侦查、制作案卷,递送给法官。后者阅卷,往往在未正式庭审中直接询/讯问证人、被告人的情形下作出判决。对纠问式的革命,是通过引进英国的对抗式进行的,通过改造纠问式,从而形成了基本上可称审判控诉化、侦查审问化的变革模式。这使书面审判主义变成了对席的、口头的审判主义。现代所谓的"改良式"或"混合式"的刑事诉讼制度与前现代的欧陆纠问式诉讼制度的区别就在于审判制度已在相当程度上借鉴了英美的对抗制度,实行了"控告式""口头式"审判机制。对案卷制度,变化的意义在于,至少在重罪审判中,口头的、言词的、辩论的、对席的、直接的话语表述与实践取代了书面的、非辩论的审判机制,先前案卷便在立法上被挡在门外,在实务中亦受限制。延续的案卷无法达至审判,出现了严重的中断现象。从这一意义上,科层化的构造尤其是现代化科层制的构造并不完全带来案卷的极度扩张,而可能是案卷制度的节制性使用。这也暗示,集权化的官僚制可能更注重案卷,而在非集权式的官僚制下,案卷的作用可能有所降低。当现代科层制与其他因素结合时,刑事案卷制度的重要性或许会降低。相应地,口头主义的刑事审判方式有所发展,甚至在重要的审判中被大力推进,如此,方可解释现代刑事审判的另一种趋势——口头化。与此不同,中国的控、审机关之间更多地以一种彼此信任的心态强调互相配合,因而强调各诉讼阶段在信息上的前后相继性。中国的这一案卷传递与延伸使用机制从未发生过革命性变化,尽管1996年新刑事诉讼法颁布后随着强调证人出庭作证等开始有所动摇。

其次,从诉讼目的角度来看,如果将诉讼目的分为认识论上的目的和价值论上的目的两种类型的话,中国刑事司法制度在认识论目的上强调发现客观真实,在价值层面上则倾向于控制犯罪而非保障人权;而经由从传统的纠问式到现代控诉式司法的发展,大陆法系刑事司法在目的上具有力求平衡查明事实真相、犯罪控制与人权保障的特点,并更倾向于强调人权保障的优先性。[36] 由于犯罪控制与保障人权实乃一对天生的矛盾体,侧重于控制犯罪的刑事司法制度必然在保障人权方面有所忽视,因此中国的刑事司法在强调犯罪控制时,在案卷材料的收集、制作过程中,对于犯罪嫌疑人/被告人的主体性关注较少,也没有赋予犯罪嫌疑人/被告人以沉默权和讯问时的律师在场权,而是倾向于排斥犯罪嫌疑人法律帮助者/辩护人的参与,在案卷的使用时,也不注重犯罪嫌疑人与证人的阅卷权,而倾向于广泛、直接使用案卷材料作为证据;而大陆法系更多强调人权保障,因此在案卷的形成过程中,犯罪嫌疑人/被告人的主体性得到了相当的关照,案卷材料收集过程中嫌疑人的沉默权、律师的参与权与在场权,以及在案卷使用中被告人及其律师阅卷权等都获得了重视。从而使中国与大陆法系刑事案卷制度在案卷

---

〔36〕 如在德国,刑事诉讼法的目的有三个,一是实体事实之正确性,二是诉讼程序之合法性,三是为维护法和平而对被告为有罪之判决。刑事诉讼的重要任务,就是要在具体的案件中实现这三个目的之间的平衡。参见[德]克劳斯·罗科信:《刑事诉讼法》,吴丽琪译,法律出版社2003年版,第5页。

制作的参与性、案卷使用上都呈现出不同的特点。

最后,从诉讼构造的角度来看,中国的刑事诉讼构造呈现出以侦查为中心的特点,起诉、审判在很大程度上只不过起到了审查、确认和宣示的作用;而大陆法系的刑事诉讼在推行以侦查为中心的纠问式诉讼之后,经由法国大革命的洗礼,逐渐发展了一种混合式的诉讼构造,这种诉讼构造具有两个特点:一是侦查阶段仍然沿袭了传统侦查制度的不少特点,侦查仍然是审前程序调查取证活动的重心;二是审判的作用被大大提升,审判的中心地位逐渐成为共识,且审判中各方的地位、关系与行为模式也大为改变,如法官必须将判决建立在亲自调查所获得的印象基础上。这种诉讼构造上的区别,使得中国因其侦查中心主义而致其初级审判几乎完全依赖侦查提供决策信息,因此侦查案卷在审判中的广泛、普遍使用乃是自然而然的;大陆法系则因其混合式诉讼构造而倾向于在审前经由阅读侦查案卷了解裁判信息之外,强调经由庭审直接获取裁判的信息,比如要求审判法院必须在庭审中亲自讯问被告人、询问证人以获得直接的裁判信息,禁止合议庭中非职业法官事先阅卷,等等。其结果,就是审判中侦查案卷的使用由纠问式诉讼中的常规变为混合式诉讼中的立法限定的例外(当然,实务中轻罪的审判另当别论)。

对中国刑事案卷制度与英美法系的整体性区别,运用这一分析理路,同样可作一阐述。

正如达马什卡所言,英美刑事司法制度的基本权力在很大程度上是“协作式”的,单层权力组织的决策程序构成其基本组织形态,从而导致英美法系司法权力的组织结构呈现出以下不同特点:一是控、审机关内部的非等级化与内部审查的松散化,无论法官甚或检察官在决策或行为时都有相当的独立性,未被视为一个科层化的职业体系;二是决策缺乏层级性,上诉审查缺乏常规性与全面性(基本上只审查法律适用与法律程序,而不关注案件事实);三是侦、控、审之间尽管也存在职能分工,但仅在侦查与起诉之间存在递进式关系,而在控审之间不存在一体化权力控制下职能分工之间的逐步推进性特点。显然,中国的超强国家权力结构及集权式科层制构造与之迥然不同。这些根本性差异使两者的刑事案卷在整体面目上大不相同。

首先，由于英美法系刑事司法制度中，侦查、起诉、审判机关内部基本不存在严格的等级制度，也不存在内部的等级审查机制，因此不必像中国侦查、起诉、审判机关一样，形成内容详尽、形式规范并经过仔细编排整理的案卷，而只需要形成自己能看懂的内部“工作文件”。

其次，由于英美法系刑事审判制度中决策的单级化特别是上诉审查的非常规性与程序性，使其初级决策没有必要制作类似于中国包含了全部案件事实材料的详细法院案卷，而只需形成包括各种程序性文件、与基本权利相关的记录等材料的程序性案卷。

最后，由于在英美法系刑事司法制度中，仅侦查与起诉之间存在案件信息上递进式关系，而在控审之间不存在职能分工之间的逐步推进特点，因此案卷仅在一体化的侦、控机关内部具有融贯性，而与审判机关的案卷材料不具有前后相继性，案卷对裁判结论几乎没有影响。

当然，中国与英美法系刑事诉讼在诉讼目的、诉讼构造上的不同，亦在很大程度上影响了其案卷制度在具体特征上的差异。在诉讼目的方面，不得不指出，尽管英美也非常重视真实的发现，但对抗制中存在关于刑事诉讼目的的多元选择，且发现真实的可能性本身也受到怀疑。所以，真实的发现一方面，受制于如何发现最佳的观念，从而使当庭证据与口头交流成为事实认定的最佳方式；另一方面，可能发现真实的方式包括庭前非依正当程序获取的证据也被排斥。至于英美刑事诉讼的构造，可以说从中世纪至今都是以审判为中心，尤其是以庭审为中心的。英美国家程序性活动的集中化，使得庭前活动当事人化，国家的司法卷宗于庭前难以形成。

四、可能的制度性转变：中国刑事案卷制度的未来

（一）可能的制度性转变

中国现行刑事诉讼法施行已有十余年，在这十年中间，经由理论界和实务界的双重检视，刑事诉讼法存在的诸多问题已经逐渐得到揭示，刑事诉讼法的未来变革路向也已初显轮廓。这里集中讨论与刑事案卷制度相关的三个层面的可能制度性转变。

首先，从诉讼目的来看，犯罪嫌疑人/被告人的人权保障将会被进一步

强调，人权保障的理念已经获得制度上的认可，中国批准《公民权利和政治权利国际公约》也只是时间问题。该公约包含了一系列的人权保障的刑事诉讼准则，一旦全国人大批准了该公约，必然对刑事诉讼产生直接影响，如何在刑事诉讼立法中进一步体现人权保障的国际准则也必将是立法修改的重要议题。

正是在这种制度背景下，刑事诉讼法修改的若干专家意见稿和全国人大法工委的修改草案都特别强调了犯罪嫌疑人/被告人的人权保障，诸如侦查讯问时的律师在场权、侦查阶段的律师阅卷权等人权保障的关键性制度都已经提上修法的议程。可以预见，在未来的刑事诉讼立法中，保障人权必将获得进一步的强调，并可能成为与实体真实、犯罪控制相平衡的刑事司法目的。

其次，从诉讼构造来看，诉讼构造中侦查的中心地位可能会面临更多的结构性制约。如前文所述，目前中国的刑事诉讼与大陆法系的职权主义有着一定程度的亲和性，但是在具体构造上又有着明显不同于职权主义的特点，其中最主要的一点就是刑事诉讼的侦查中心主义。侦查中心主义强调侦查的核心地位，同时将审判边缘化。其最大问题在于，由于侦查的秘密、单方与强制性质，其一方面既可能扭曲案件事实，不利于查明事实真相；另一方面又可能侵犯公民的基本权利，并使之得不到有效的司法救济。

正是鉴于侦查中心主义诉讼构造的问题，最近的刑事诉讼法修正草案和专家建议稿均加强了对侦查的结构性制约，其中一个最突出的方面就是重大疑难案件的直接言辞原则得到了强调，比如，要求重大案件的关键证人必须出庭作证，检察院不能将证人的作证笔录直接作为证据出示，法院也不能直接将其作为判决的依据，等等。[37]

---

〔37〕 最近关于死刑案件中证人出庭的司法解释已经开始从正式制度层面对此作出了回应，参见最高人民法院、最高人民检察院、公安部、司法部《关于进一步严格依法办案确保办理死刑案件质量的意见》第32条规定：人民法院应当通知下列情形的被害人、证人、鉴定人出庭作证：(一)人民检察院、被告人及其辩护人对被害人陈述、证人证言、鉴定结论有异议，该被害人陈述、证人证言、鉴定结论对定罪量刑有重大影响的；(二)人民法院认为其应当出庭作证的。经人民法院依法通知，被害人、证人、鉴定人应当出庭作证；不出庭作证的被害人、证人、鉴定人的书面陈述、书面证言、鉴定结论经质证无法确认的，不能作为定案的根据。

最后，从司法组织形态来看，司法的一体化权力结构可能会逐步松动，并逐渐从强调互相配合转向强调互相制约。从历史的角度看，司法的一体化权力结构在保卫新生的国家政权以及创造一个稳定的经济建设环境方面作出了有益的贡献，但是一体化的结构也带来了不少现实问题。

在此背景下，特别是在强调通过司法公正促进社会和谐的政治背景下，法院很可能会逐渐从一体化的地方权力系统以及一体化的侦查、起诉和审判结构中有所抽离，逐渐具有更大的自主性。检察机关在法律监督尤其是侦查监督中的地位与作用势必要得到进一步重视与强调。最高人民法院《人民法院第二个五年改革纲要(2004—2008)》表明，相关决策层已经开始具体探索这一问题。[38]

(二)中国刑事案卷制度的未来

在考察支撑中国刑事案卷制度若干因素的变化情势之后，自然的问题是，中国刑事案卷制度在这样的变迁境遇下，将来究竟可能成为何种模样?

1. 案卷制度的大部分特点在相当长时间内仍将保留

尽管整个刑事诉讼无论在司法目的、权力结构还是诉讼构造上都可能发生极大的变化，但是考虑到以下因素，我们仍然基本上可以断定，中国刑事案卷制度的大部分特点仍将在未来的刑事诉讼立法与实践中呈现。

首先，中国目前的司法组织形态不可能发生根本性的变化，侦查、起诉和审判机关内部的等级化决策机制将会整体获得维持，审判制度中上级审查的常规性与深入性亦将继续甚至加强，同时侦查、起诉和审判之间步骤化、递进式的推进关系亦只可能略有微调。司法权力的组织形态在这三个方面上的基本稳定状态，在很大程度上决定了中国刑事案卷制度在整体面目上不大可能发生质的变化。可以预计，侦查、起诉和审判仍然将会形成各自的案卷，案卷内容仍将一如既往的全面和细致，案卷构成亦将继续具有前后相继的融贯性与后续的决定性影响。

其次，在诉讼目的上，虽然人权保障的价值将进一步获得认可，但是在相当长的时期内，追求客观真实和打击犯罪很可能仍然是刑事诉讼的重要

〔38〕 参见最高人民法院《人民法院第二个五年改革纲要(2004—2008)》，第47条、第48条。

甚至优先目标，因此未来的刑事诉讼可能会在三者之间进行一定程度的平衡。在这种情况下，案卷所具有的固定证据、客观化证据的特点可能仍将受到追求客观真实和打击犯罪之间的优先选择，案卷的证据性特点将被保留，案卷形成过程的官方性/单方性尽管要受到逐步的限制，但是短期内不大可能发生根本性的变化，案卷在审判中的使用虽然可能逐步弱化，但很可能这种弱化主要限于重大疑难案件，绝大部分案件中案卷可能会一如既往地具有中心性。

最后，虽然诉讼构造可能逐渐从侦查中心主义转向审判中心主义，但是审判中心主义并不否定侦查的重要性。实际上，从中国可能发展出的审判中心主义构造来看，其极有可能发展出与大陆法系的审判中心主义类似的制度，在这样一种制度中，尽管审判的地位将被加强，但是其主持进行的所有诉讼活动，实际上最终都必须以侦查所获得的案卷材料为基础，没有侦查的案卷材料，所谓直接原则几乎无法适用，因为法官讯问/询问的内容，法官自主调查的问题意识，实际上在相当大程度上都产生于经由阅读案卷而把握的案情。正是在这个意义上，侦查阶段的重要性将被维持，同时案卷形成的早期性、案卷的证据性特点也将继续存在。

2. 案卷制度在形成和使用上将发生变化

首先，刑事诉讼对人权保障价值的进一步认可将分别对案卷的形成和使用产生影响。一方面，其将对案卷形成的官方性/单方性构成挑战。从目前的发展来看，立法极有可能将犯罪嫌疑人的不自证其罪特权、讯问时的律师在场权以及律师在侦查阶段的阅卷权等纳入刑事诉讼制度；从长远来看，嫌疑人或者被告人的沉默权亦可能逐步为正式制度所认可，这毫无疑问将增强案卷形成过程的参与性，从而对案卷形成的官方性/单方性构成挑战。同时，来自检察官的司法监督也会制约侦查的推进与案卷的制作。关于讯问的全程录音、录像的规定也显示出检察机关加强外部制约的企图。另一方面，证人出庭作证的强化与扩大化，无疑将在相当程度上减少检察官在庭审中将案卷材料广泛作为证据出示的现象。刑事诉讼的人权保障在审判中的重要体现之一，就是要确保被告人要求证人作证且对质的权利，而对质恰与案卷材料的直接使用遵循了完全不同的逻辑。

其次,司法的权力结构变迁将对案卷的形成产生影响,并使法院对案卷材料的直接使用保持谨慎。由于司法的一体化权力结构逐步松动,法院逐步取得相对中立的地位,侦查、起诉和审判三者之间尤其是前两者与第三者信任关系将受到挑战,这将导致两个结果:一是法院可能会倾向于在庭前实质性地审查控方的案卷材料,这种审查机制将反过来促进相关机构更加勤勉和谨慎地形成案卷和提出指控;[39]二是法院对控方案卷材料的信任态度一旦被打破,法官使用案卷材料就将更加谨慎,案卷直接作为裁判依据的可能性将逐步减小,案卷的使用空间将较以前受到更大的限制。

最后,诉讼构造对侦查中心地位的结构性改变将逐渐使案卷在审判中仅具有辅助性地位。这种结构性制约,主要表现就是直接言词原则可能会逐步得到贯彻,从而强调法院不应将裁判建立在侦查结论上,而应建立在庭审查明的事实上,要求在法庭的主持下直接讯/询问被告人、被害人、证人等诉讼参与人,或者自主调查取证以获取裁判信息。在这样的审判模式下,案卷材料通常不能被直接作为证据使用,而只能作为主持庭审、主导法庭调查的辅助性材料。

总之,随着刑事司法目的逐渐迈向人权保障与犯罪控制之间的平衡、一体化司法的权力结构逐渐松动、诉讼构造逐渐转向审判中心主义以及司法投入及其分配日趋合理化,现行刑事案卷制度在形成上将日益具有开放性和较强的参与性,在审判中的使用将逐渐减少。

(本文原载于《法学研究》2007年第6期)

---

〔39〕 参见前引〔21〕,魏根特书,第133页。

能动司法若干问题研究*

顾培东

只有那些以某种具体和妥切的方式将刚性与灵活性完美结合在一起的法律制度,才是真正伟大的法律制度。[1]

——[美]E. 博登海默

一、引言:我对能动司法思考和研究的过程

叙述我对能动司法思考和研究的过程,是因为这一过程大致可以表明我对这一主题研究意义的认知。2008年下半年,我明确地感受到法学界(事实上不仅限于法学界)弥漫着一种对我国法治前景的焦虑与担忧的情绪。这种情绪显然同那一时期最高人民法院出台并实施的一系列新政[2]相关。近几十年来,人们已经习惯了一种思维方式:中国法治看司法;中国司法看法院;中国法院则看最高人民法院。因此,当最高人民法院所出台和实施的这些新政多少有些背离人们对中国司法的想象与期待,并与人们观念中理

---

* 在本文的研究和写作过程中,兰州大学法学院教师申伟、西南民族大学教师吴荻枫提供了很多帮助,谨致谢意。

[1] [美]E. 博登海默:《法理学、法律哲学与法律方法》,邓正来译,中国政法大学出版社2004年修订版,第424页。

[2] 这些"新政"包括:在司法中贯彻"三个至上"原则;确立"为大局服务、为人民司法"的司法理念;高度重视并突出调解的作用与地位;重提"马锡五审判方式"等。参见王胜俊:《牢牢把握"三个至上",开创法院工作新局面》(王胜俊在全国高级法院院长会议上的讲话),2008年6月22日;王胜俊:《坚持科学发展观,为大局服务为人民司法》(王胜俊在全国高级法院院长会议上的讲话),载新华网(2008年12月19日):http://news. xinhuanet. com/newscenter/2008-12/19/content_10528885_1. htm。《南方周末》曾以《司法改革进入王胜俊时代》为题表达"新政"的影响,参见2008年8月9日《南方周末》。

想的法治模式渐行渐远时，对中国法治前景的焦虑与担忧则成为难以避免的现象。这种状况激发了我探索潜隐在最高人民法院新政背后的心迹、梳理最高法院发展思路与脉络的愿望。为此，我在学生的协助下，对其时所能收集到的最高人民法院的各种文献（包括司法解释、司法意见、工作部署、领导讲话以及最高人民法院《公报》所公布的案例等）进行了较为系统的整理和分析，以此为基础，集中对一些问题进行了思考。这一过程留给我的强烈印象或结论是：中国司法所依循的是一条能动主义的发展主线。虽然其时最高人民法院的各种文献中并未直接使用"司法能动"或"司法能动主义"这样的语词，但通过司法理念、司法政策、司法解释乃至司法判例等，最高人民法院已经向社会明确地昭示了其追求能动主义的愿望与情怀。以适应中国国情、因应时代变化、回应社会需求以及响应执政党政治倡导为主旨的司法取向，所体现的正是司法能动主义的一般性状与特质。为表达这种认识，我开始撰写相关论文。[3]

然而，我在论文写作即将过半之际却中辍了此项工作。促使中辍的原因在于，随着思考的深入，我产生了两方面顾虑：其一，司法能动主义（judicial activism）在西方是与分权理论和原则密切联系的概念，用能动主义解说或概括最高人民法院的新政思路，固然有助于把政治色彩很浓的话语还原到法治语境中加以讨论，从而体现出对"用法律的术语看待法"[4]的合理思维方式的尊重，但这是否会落入我自己曾经批评过的"从西方理论资源中为本土创新性实践寻求正当性依据"的窠臼？其二，在法治甫成我国治国之道、人们对法治的认识尚局限于"有法可依、有法必依、执法必严、违法必究"这一民谣化句式的社会中，司法能动主义会在多大程度上能够为人们所接受？

不曾料及的是，2009 年 8 月，最高人民法院王胜俊院长明确提出了能动司法的主张要求，[5]由此，能动司法这一概念也正式进入我国司法主流话

---

〔3〕 原拟论文题目为：《能动及其规限：当代中国司法的理性抉择与实践主题》，论文中的部分内容吸收于本文之中。

〔4〕 [美]欧文·费斯：《如法所能》，师帅译，中国政法大学出版社 2008 年版，第 252 页。

〔5〕 参见王胜俊：《坚持能动司法、切实服务大局》，2009 年 8 月 28 日在江苏省高级人民法院调研座谈会上的讲话。

语，并被认知为我国司法的基本理念与基本方式。与此相应，能动司法则成为我国法学理论界与实务界共同关注的热门话题。尽管客观地看，直接参与这场讨论的学者队伍依然稀疏零落（这大概与部分学者并不赞同司法能动主义，或者不赞成在中国实行能动司法有关），但所有关注中国司法以及法治现实的学者，事实上都无法回避对这一主题的思考。于此境况下，先前的顾虑转化为我进一步研究的理由，我接续先前的思考，并广泛阅读在这场讨论中所形成的各种文献，借他人的思维成果去深化自己既有的认识，从相互争辩的论理中形成自己对一些基本问题的判断，并延续两年前中辍的论文写作。

更为重要的是，我真切地认为，如同波斯纳把实用主义司法作为理解美国司法进路的一把钥匙〔6〕一样，能动司法也是正确认识和理解我国司法乃至法治的一个重要视角，因为能动司法关及司法及法治的一系列基本问题，用沃尔夫的说法即是“可以把对司法机关现代角色的讨论归结为一个赞成或反对‘现代’司法权或者司法能动主义的问题”。〔7〕如果在能动司法问题上能够形成广泛的共识，对我国司法及法治的认识也将会趋于一致。因此，有关能动司法的讨论无疑有助于解开人们在司法及法治问题上的千千之结。而这一点，对于当下中国法学人或法律人来说，甚至对于我国法治的走向与进程来说，无疑具有重要意义。

二、能动司法与司法能动主义

当下对能动司法在学术层面上的讨论，无论是对能动司法持赞同，还是反对，抑或折中态度，无不呈现出两个特点：一是从西方司法能动主义追溯我国能动司法的源头，有关能动司法的故事，总是从“马伯里诉麦迪逊案”讲起；在语词上，也往往是将能动司法与司法能动主义混同使用。二是讨论者通常根据各自对西方司法能动主义的认识和理解来评价中国的能动司法，并且往往截取西方司法能动主义的某一或某些特性与内容，比附中国的能

〔6〕 参见[美]波斯纳：《法官如何思考》，苏力译，法律出版社2009年版，第210～241页。

〔7〕 [美]克里斯托弗·沃尔夫：《司法能动主义》，黄金荣译，中国政法大学出版社2003年版，第15页。

动司法,进而得出相应的结论。[8] 这种状况使讨论中各自的实际指陈常常发生错位,不仅阻碍了彼此间真实的交流和沟通,更影响着对能动司法这一现象的认识和评价。为此,首先需要弄清中国语境中的能动司法与西方司法能动主义究竟有什么样的联系,进而揭明中国语境中的能动司法所指何物。

1. 司法能动主义的多义性

在法律问题的讨论中,卡多佐曾提示人们注意"一条古老的法学格言说,危险潜伏于定义之中"。[9] "司法能动主义"的定义不清或许正是对能动司法的理解发生偏误的危险渊薮。在西方语境中,司法能动主义是一个多义性的概念,从而也是一个使用较为混乱的概念。[10] 我根据西方文献中司法能动主义的不同语义和语用,将其大致归纳为三种:其一,违宪审查意义上的司法能动主义。这是指以"马伯里诉麦迪逊案"判决为实践标志、主张和坚持司法对于立法、行政等政治行为具有合宪性审查权力的司法意识形态。此种意义上的司法能动主义也是这一概念的最初版本。需要指出的是,尽管在此后的发展中,司法能动主义被充填了许多其他内容,但由于对司法违宪审查权的争议始终未曾停歇,或者因为违宪审查权极端化地体现着司法能动主义精神,因而直至今天,司法能动主义在许多场合下仍然被用于特指违宪审查的司法立场和态度;很多对司法能动主义的反对或批评所针对的也正是违宪审查这一具体事实。[11] 其二,实用主义或现实主义意义上的司法能动主义。这主要是指由霍姆斯、卡多佐、庞德,以及当代的波斯纳等人所倡导和主张的、以实用主义或现实主义为其哲学基础的司法能动

---

〔8〕 如吴英姿:《司法的限度:在司法能动与司法克制之间》,载《法学研究》2009年第5期;张志铭:《中国司法的功能形态:能动司法还是积极司法》,载《中国人民大学学报》2009年第6期;王建国:《司法能动与纠纷解决》,载《法律适用》2010年第2~3期。

〔9〕 [美]本杰明·N.卡多佐:《演讲录·法律与文学》,董炯、彭冰译,中国法制出版社2005年版,第22页。

〔10〕 正如美国法官弗兰克所说:"每个人都批判司法能动主义,然而它却是个不确定的概念。"参见Randy E Barnett, *Is Rehnquist Court An Activist*? U. Colo. L. Rev. 2002, p. 1275,转引自罗东川、丁广宇:《我国能动司法的理论与实践述评》,载《法律适用》2010年第2、3期。

〔11〕 我注意到,西方对司法能动主义的批评,有时并不是针对这种司法理念或方式,而是针对违宪审查权所指向的具体政治主张或公共政策,这多少有些"恨屋及乌""殃及池鱼"的意味。

主义。此种意义上的司法能动主义具有丰富的蕴含和多种实践形态(本文后面详述),但有四个较为明显的特征:(1)在司法的目的上,把社会目标的实现作为司法的根本追求,主张司法的一切活动都必须从属于社会目标的实现。(2)在司法的依据上,不把法条或先例当然地作为唯一的规范依据,而是充分考量案件所关涉的多种价值、规则及利益,在各种价值、规则及利益中寻求平衡和妥协。(3)在司法的方式上,不是机械地拘泥于某些形式,而是灵便地适用各种方式和方法。(4)在司法的姿态上,法官不是完全被动、消极地面对各项系争事务,而是从有效处理案件出发,自为地实施相关裁判行为。其三,混合意义上的司法能动主义。鉴于前述两方面内容都必须定义于司法能动主义的概念之下,并且都共性化地体现着司法积极主动的主观状态,因而西方法律辞典中司法能动主义的定义通常都是糅杂了违宪审查和实用主义两个层面的意蕴,形成兼容了两个方面的混合意义上的司法能动主义,但不同的版本中保持着对这两个方面内容的不同强调。《美国法律辞典》将司法能动主义定义为"对美国司法制度中审判行为的一种见解。司法能动主义者认为上诉法院发挥着实质性和积极的政策导向作用,司法能动主义倡导法官接受新的政策,即便是那些与既定的法律规范和先例不一致的政策。……最重要的是主张法院适用自己的政策优先于那些立法机关和行政机关的政策。这最明显地表现在法院宣告一项政府行为因违宪而无效。司法能动主义还可以把法律规范延伸到为政府行为确立特定的要件"。[12] 这一定义蕴含着对违宪审查的偏重。《布莱克法律词典》对司法能动主义的定义则是:"司法能动主义是指司法机关在审理具体案件的过程中,不因循先例或不遵从成文法的字面含义进行司法解释的司法哲学及基于此哲学的行为,当司法机关发挥司法能动性时,它对法律解释的结果会更倾向于回应时下的社会现实和社会演进的发展趋势,而不是拘泥于现有成文法或先例以防止产生不合理的社会结果。因此司法能动主义意味着法院通过解释对法律进行创造和补充。"[13] 显然,这一定义又突出了实用主义的司法精神。

---

〔12〕 [美]彼得·G. 伦斯特洛姆编:《美国法律辞典》,贺卫方等译,中国政法大学出版社1998年版,第340页。

〔13〕 Black, Henry Campbell, *Black Law Dictionary*, 8th ed. West Publish Co. 2004. p. 862.

从西方司法能动主义的多种语义和语用来看,当下中国语境中的能动司法主要与实用主义意义上的司法能动主义相重合;并且,由于司法制度上的差异,这两者之间的重合也是有一定限度的。因此,不注重这些区别,泛泛地把中国语境中的能动司法与西方司法能动主义相混同,势必不能真正把握能动司法的含义。

2. 能动司法的对应:司法克制主义还是法条主义

对能动司法认知和理解的另一个维度或视角是:能动司法所对应的司法意识形态或理念,究竟是司法克制主义还是法条主义。

在西方文献中,通常都把司法克制(judicial restraint)视为司法能动主义的对应形态;反对司法能动主义的理论与主张一般被称为司法克制或司法克制主义。基于前面提到的能动司法与司法能动主义被混同使用的原因,我国学者对能动司法的讨论(无论是赞同还是质疑或反对),也往往涉及对能动司法与司法克制主义的比较,有些甚至还鲜明地把能动司法与司法克制当作我国非此即彼的选择。[14]

事实上,如同司法能动主义具有多种语义和语用一样,司法克制主义在西方语境中的含义同样是很不确定的。本原意义上的司法克制主义当然主要指对司法的违宪审查权的否定或反对,但这种语义后来又被进一步引申为司法在社会事务,尤其是政治事务上应严格守持自己的疆界,尤其不主动关切或参与这些事务;在案件的处理中也无须关顾案件所涉及的社会及政治因素。《韦伯斯特法律辞典》(*Webster's New World® Law Dictionary*)对司法克制所作的定义是:"是指案件应当尽可能以最狭窄的依据来裁判,而

---

〔14〕 比如陈金钊:《法官司法缘何要奉行克制主义》,载《扬州大学学报》(人文社会科学版)2008年第1期;陈喜贵:《克制抑或能动——我国当下应当奉行什么样的司法哲学》,载《内蒙古社会科学》(汉文版)2009年第2期;杨建军:《"司法能动"在中国的展开》,载《法律科学》(西北政法大学学报)2010年第1期;李永成、余继田:《司法克制主义——中国语境下的司法意识形态探析》,载《河北经贸大学学报》(综合版)2009年第4期;吕明:《从"司法能动"到"司法克制"——略论近年来中国司法改革的方向之变》,载《政治与法律》2009年第9期。

无须解决不必要的问题，尤其是政治性或社会性争执的学说。"[15]还有文献对司法克制作了更为狭窄的理解，如《奥兰法律辞典》[*Oran's Dictionary of the Law*(3rd Edition)]的相关解释是："与司法能动主义相对立，排斥法官个人观点，严格依循适用先例的司法裁判以及作出裁判的过程。"[16]国内学者一般都是根据自己的理解，甚至是根据论证和叙说自己观点与主张的需要而使用和界定司法克制或司法克制主义这一概念，但占主导地位的观点仍然是把法院或法官的"被动"、"消极"或"中立"表述为司法克制。[17]

不可否认，能动司法与司法克制在一定范围内或一定意义上存在对应性关系，但两者之间并不完全对应。无论对司法克制作何种宽泛的解释，其内容也不能反向覆盖能动司法的丰富内涵。这主要是因为，能动司法所突出的是司法积极主动的主观状态，因而其实践形态既可以表现为积极的作为，也可以表现为自主性的不作为，能动司法的方式在不同社会条件下具有很大的创造性空间；而司法克制所强调的是司法保守性的外部形式，其实践形态只能体现为刻意的不作为。基于司法活动本身的特性和要求，法院或法官在司法过程中除针对某些特定事项外，没有进一步"克制"的可能。更值得注意的是，如果把法院或法官在司法过程中必要的被动(如民商事案件的不告不理)、中立(不偏袒于一方当事人)等特性表述为"司法克制"，并以此反衬能动司法，由此可能产生的效果是人为制造和扩大能动司法与司法客观规律之间的矛盾，使能动司法披染某些"原罪"色彩，这不仅不利于理解能动司法的积极意义，也容易对能动司法的实践产生错误的引导。因此，把司法克制或司法克制主义理解为能动司法的对应体，或者从司法克制角度反视能动司法，无助于对能动司法形成客观的认识。

---

〔15〕 该词条的原文为："Judicial restraintn. The doctrine that cases should be decided on the narrowest possible grounds, without resolving unnecessary issues, especially political or social controversies." Webster's New World ® Law Dictionary, by Susan Ellis Wild, Legal Editor, Copyright© 2006 by Wiley, Hoboken, NJ; Published simultaneously in Canada。

〔16〕 该词条原文为："Judicial restraint A judge's decision and decision—making that excludes the judge's personal views and relies strictly on precedent." Oran's Dictionary of the Law(3rd Edition), Daniel Oran, J. D. Mark Tosti, J. D. Contributing Author, Africa, Copyright© 2000。

〔17〕 参见前引〔8〕，张志铭文、陈金钊：《法官司法的克制主义姿态及其范围》，载陈金钊、谢晖编：《法律方法》(第7卷)，山东人民出版社2008年版。

在我看来,能动司法所主要对应的是法条主义理念;能动司法在技术层面的重要功能是克服法条主义的根本缺陷。法条主义认为,法律的社会价值和社会目标已经包含在既定的法条之中,法院或法官只要严格依照法条行事,就能保证法律的社会价值和社会目标的实现。因此,法条主义把法官恪守法条规定(包括严格遵循先例)以维护法律的确定性作为司法的重要追求和评价司法行为的主要依据;同时,把司法活动确定为封闭、自洽的逻辑推理过程,"理想的法条主义决定是一个三段论的产品"。[18] 与此相应,法条主义否定司法过程对社会现实关及的正当性,拒绝对法条(或先例)合理性的审视,也排斥司法活动中对特殊情境以及个别性、差异性的考虑。法条主义的这些认识与主张正是能动主义所着力反对或否定的思维取向,能动司法从目标追求到行为方式都是针对法条主义而确立的。在西方法哲学史上,崇尚能动主义的社会法学、现实主义及实用主义法学,与奉行法条主义的分析实证主义法学或规范法学构成了近现代以来法哲学领域内根本对立、无法融合的两大阵营。无论是卡多佐对遵循先例原则绝对性的否定,霍姆斯对法律经验基础的强调,抑或庞德对法律任务和功能的阐释与解读,都显示出对法条主义的明确挑战和反叛。用波斯纳的话说,在过去的几十年间,法条主义"饱受法律现实主义和实用主义、'批派'(批判法学的成员)、政治科学家、法律经济学家以及其他怀疑论者的摧残",因而"法条主义的王国已经衰落、苍老,今天,它主要限于常规案件,如今允许法官做的事很多"。[19] 在我国,能动司法理念在最基础层面上所要解决的问题同样是克服法条主义思维所形成的影响和局限。所以,法条主义才是我们恰当理解司法能动的意义与内涵的反向参照。

3. 中国能动司法是否需要与西方司法能动主义相撇割

在能动司法的相关讨论中,我们还看到另一种见解:尽管不否认中国能动司法与西方司法能动主义之间的联系,但同时又认为两者之间具有"本质

〔18〕 前引〔6〕,第38页。
〔19〕 参见前引〔6〕,第1页。

性区别”。[20] 事实上，最高法院使用“能动司法”这一提法，而不是人们业已习惯的“司法能动”或“司法能动主义”，或许也包含着通过词序的颠倒或语词的变换来体现两者之间差异的意图。由此所引出的问题在于：中国能动司法是否需要刻意与西方司法能动主义撇清关系。对此，我的认识是：第一，基于西方司法能动主义语义的复杂性，我国能动司法与西方司法能动主义的重合只是在特定语义上成立，并且在范围上也有一定的区别。因此，简单地将中国能动司法与西方能动主义相混同，尤其是不加鉴别地用西方司法能动主义观照中国能动司法，这显然是不恰当的。第二，中国能动司法与西方司法能动主义作为解决相同社会问题的司法理念或方式，两者又会有许多相同或近似；就实用主义意义上的司法能动主义而言，我国能动司法与其并不存在“本质上的区别”，至少应当把两者看作同质性的社会现象或社会行为。第三，无论最高人民法院主政者提出能动司法时是否受到西方司法能动主义的知识性启示，但我们都无法以虚无主义的态度漠视或割断这两者之间的联系。即便是主张两者间存在“本质性区别”的学者，也不得不把探源于美国作为相关论文的开篇。[21] 这表明，中国能动司法与西方司法能动主义之间固然不存在制度上的传承，但也无法断然否定两者之间知识上的缘脉关系。第四，卡多佐、霍姆斯以及庞德等能动主义的倡导者对司法运作的规律和特性有着深刻的认识，他们的很多见解对于加深我们对能动司法的理解，以致对我国相关制度的建构都具有一定的启示作用。第五，更为重要的是，司法能动已是当代各国司法的普遍性实践和主导性发展趋势，我国对能动司法道路的选择，正是对人类司法发展规律以及司法发展趋势的正确领悟和把握。在对待我国法治实践与外部制度和理论的关系上，我们确实没有必要牵强地对外部世界作攀附，但也不应试图通过自我封闭而建立某种

---

〔20〕 如罗东川、丁广宇认为，“……我国的能动司法与美国的司法能动主义具有某些相似性，但我们必须注意到，无论在内涵上，在社会价值的把握上，还是在适用的主体、适用的范围、方式以及基本特征上，我国的能动司法与美国的司法能动主义有根本区别。”参见前引〔10〕，罗东川、丁广宇文。公丕祥也认为：“中国能动司法具有不同于西方国家司法能动主义的独特品格。”参见公丕祥：《能动司法：当代中国司法的基本取向》，在 2010 年 5 月 5 日“人民法院能动司法论坛（盐城）”上的发言。

〔21〕 如前引〔10〕，罗东川、丁广宇文。

自尊。把我国能动司法放置在世界法治语境中,不仅不会贬损我国司法制度自我创新的意义,同时还会增强我们对中国法治的信心(因为我们毕竟还行进在人类法治的道路上,尽管我们有些特立独行)。因此,在总体上应当把中国能动司法看作世界法治语境中的司法能动主义在中国的特殊形态。

三、实用主义意义上的司法能动的主要蕴含或实践形态〔22〕

如前所述,西方实用主义意义上司法能动更加接近或切合于我们对能动司法的想象,那么,这种司法能动的主要蕴含或实践形态又是什么?需要说明的是,这方面问题并没有完整而集中的答案,它散见于相关思想家在不同主题下的阐释,但通过对这些阐释的系统梳理和归纳,我们仍然可以清晰地看到现实主义和实用主义法学家们所描绘出的司法如何能动的图景。

第一,把司法活动及过程的目的直接设定于对外部社会目标的追求之上。司法能动主义否弃法条主义有关法条已经涵括了公平、正义等社会价值和目标的预设,从司法运作的真实状况出发,回复并尊重司法运作的实践逻辑,把追求外部社会目标作为司法第一性的因素;相应地,把法律适用视为从属于追求这些社会目标的手段或方式。在能动主义理念中,司法不只是一个把法律适用于具体事实的程式化活动,更是实现其社会功能、追求社会整体利益的具体实践。正如达玛什卡所说:"能动主义司法的最终目的在于将国家政策贯彻到法官的审理的案件之中。"〔23〕与政治或其他社会活动一样,司法始终承载着推动社会进步、实现社会主流价值的重要使命。〔24〕与此同时,司法过程中不仅需要法院及法官对法条和法律适用技术的熟稔把握,更需要对特定社会中社会目标的深刻领悟和感知。不仅如此,司法能动主义视野中的社会目标往往并不是"自由""正义"这些抽象的政治价值,而是

---

〔22〕 本节的部分内容,曾应《法律适用》之约,在该刊2010年第2~3期刊发。考虑到论述的完整性,本文保留了这部分内容,但有所修正,特此说明。

〔23〕 [美]米尔伊安·R.达玛什卡:《司法和国家权力的多种面孔》,郑戈译,中国政法大学出版社2004年版,第130页。

〔24〕 已为世人熟知的典型例子就是美国司法,尤其是美国联邦最高法院的司法对于美国历次社会进步运动的积极参与和有效推动。

“社会福利”“公共善品”“有效”〔25〕等具有很强的感验性、容易明确认知(在某些场合下甚至可量化〔26〕)的社会功利,或者是一些更为具体的社会任务或社会倡导。

第二,明确肯定司法(机构)立法的正当性和可能性。〔27〕依据司法能动主义的理解,司法与立法的限界仅是一种技术性设置或安排,因而这种限界并不是绝对的。〔28〕因为,其一,没有充足的理由可证明司法过程中创造的法律产品一定会逊于立法过程中的形成的法条。正如考默萨所说:“要想明确法院以外的制度所制造的法律是否以及在何种程度上优于法院法,是一个非常难以判断的命题。”〔29〕其二,在缺少法条资源供给的情况下,法院或法官不能以没有法条依据为理由而拒绝解决提交给司法机构的具体案件。立法者缺位的地方,正是司法者施展其创造才能的空间。“司法过程的最高境界并不是发现法律,而是创造法律。”〔30〕其三,基于一般化的法条规则并不必然能为差异化的个案提供良好的解决方案这一现实,因而司法必须致力于在价值多元和利益多元的背景下对“一般”与“特殊”、“多数”与“少数”加以充分观照和审慎权衡,并通过司法立法固定处理特殊问题的方式。这不仅不是“不民主的”司法权僭越“民主的”立法权的“反多数难题”,而恰恰是克服“多数人暴政”的明智举措。〔31〕

---

〔25〕 比如,卡多佐认为:“法律的终极原因是社会福利。”[美]卡多佐:《司法过程的性质》,苏力译,商务印书馆1999年版,第39页。

〔26〕 人们通常习惯于“定性研究”的诸多主题,比如权利、救济甚至更一般化的制度,其实都不仅可以通过量化的方式和理路予以研究,而且还将因这种量化研究带来极有价值的发现。对此,新制度经济学、法律经济分析的研究文献已极为丰富。甚至,更一般地讲,“法律、规则和习惯是制度(在我看来是如此)参与的成本,如交易成本、诉讼成本和说服成本的函数”。[美]尼尔·K.考默萨:《法律的限度》,申卫星、王琦译,商务印书馆2006年版,第31页。

〔27〕 关于“司法造法”问题的更深入讨论,可参见[美]马丁·夏皮罗:《法院:比较法上和政治学上的分析》,张生、李彤译,中国政法大学出版社2005年版,第41~52页“作为造法者的法院”。

〔28〕 而且,即便法官真诚地愿意弃绝扮演任何立法性的、政治性的角色,他们也做不到。参见前引〔6〕,第340页。

〔29〕 参见前引〔26〕,第9页。

〔30〕 参见前引〔25〕,第105页。

〔31〕 关于司法(以及司法审查、法律解释)、立法与民主、自由间的复杂关系,可参考美国公法学家杰里·马肖的精彩论述。参见[美]杰里·马肖:《贪婪、混沌与治理——利用公共选择改良公法》,宋功德译,毕洪海校,商务印书馆2009年版,第164~166页。

当然,在不同的体制下,司法立法的主体不尽相同。在以判例法为主体的国家中,司法立法直接体现为法官造法;而在成文法国家中,司法立法的主体则主要是法院,并且往往特指最高层级的法院。[32] 从实际情况看,虽然,基于权力分立的理论与原理,司法立法在一些国家中仍然是触及政治戒规的敏感话题,司法立法在正统话语中往往不被承认,而相应的功能更多通过"法律解释"等语词加以表达。同时,即便在美国这样的判例法国家中,有关法官的功能应当是发现法律、宣告法律、解释法律还是创造法律的讨论,仍然吸引着法学家们的理论兴趣;各流派的固有立场使法学家们在此问题上无法形成共识,但司法立法在事实上已广泛存在于不同国家的实践之中,发挥着弥补法条资源供给缺失的作用。

第三,允许法院或法官在某些特定情况下不受既定法条或先例的约束。即使"有法可依",但当依照既定法条或先例不能有效地达及或实现司法所希求的社会目标和社会功利时,司法能动主义亦允许法院或法官在裁判时不受其拘束。波斯纳认为:应把"依据先例(人们所知的'遵循先例'学说)当作一个政策,而不是当作一种义务"。[33] 因此,法官必须调整法律,使之"适用于一个已改变了的社会环境和政治环境"。[34] 能动主义者把这一主张的正当性建立在三个基点之上:其一,对法律的社会目标和社会功利的追求,其意义和价值重于对法条或先例的形式化固守;其二,法条或先例中存在依据社会目标和社会功利判断而不尽敷用的缺陷,如果径行适用,将有损于法律的社会功能;其三,不受法条或先例的约束,并不意味着对法律权威性的忽视,而是对法律根本价值或内在本质的深入探寻,是法律精神在更高层次上的实现,因而也是对法律权威的真正尊重。由于司法能动主义的这一主

〔32〕 不过需注意的是,这并不绝对。因为,即便在德国这样的典型的大陆法系成文法国家中,"法官造法也并非异物"。参见[德]汉斯·普维庭:《德国司法领域中的法官造法》,汪振林译,载陈刚编:《比较民事诉讼法(2006年卷)》,中国法制出版社2007年版。

〔33〕 [美]理查德·A. 波斯纳:《超越法律》,苏力译,中国政法大学出版社2001年版,第5页。可资例证的是,自1810年至1997年中期的180余年间,美国最高法院共计413次地推翻了自己早先的判决。参见[美]亨利·J. 亚伯拉罕:《司法的过程》(第7版),泮伟江等译,北京大学出版社2009年版,第391页。

〔34〕 参见前引〔33〕,波斯纳书,第461页。

张对传统法治观念最具有挑战性,〔35〕从而也是能动主义备受争议的焦点,并由此成为司法能动主义最具识别性的特征。尽管如本文所显示,司法能动主义的蕴涵远非这一特征所能概括,但"不拘泥于法条或先例"或"超越法律"却往往成为司法能动主义留给人们最深刻的印象。

第四,重视司法的决策功能,主张司法在社会生活尤其是在国家的政治生活中扮演更为重要的角色。能动主义者主张,一方面,应扩大和延伸司法对各种社会活动的影响层面,强化司法对各种社会行为的评价能力,加强司法对社会过程的深度干预;另一方面,通过司法活动实现国家的政治功能,特别是通过司法创新、型塑新的制度结构,促成社会的重大变革,推动社会整体的进步。美国宪法学者考克斯即宣称:"最高法院的宪法判决经常型塑着我们国家的历史进程。"〔36〕然而,需要进一步说明的是,能动主义并不片面地强调司法活动的无限扩张,司法活动的增加"并不必然与更大程度上的能动主义相关"。〔37〕 在特定情况下,能动主义还明智地主张将某些符合司法处置的法定要件、本应由司法解决的问题交由政治过程或市场来解决。"当市场能担当重任时,法院就把决策权(成本—收益分析)交给市场;当市场失灵时,法院就自己来判决资源配置的效率是否实现。"〔38〕有些著述把司法对自己权力范围内事务的某种让渡认定为与司法能动主义相对应的"司法克制"、"司法谦抑"或"司法消极",这实际上是对能动主义的一种片面理解。〔39〕 因为,此种意义上的"克制"、"谦抑"或"消极",主要产生于司法对自身能力和容量的一种考量和权衡,以及司法在与其他社会力量互动过程中进退自如、有所为亦有所不为的积极把握。因此,对司法能动主义的测度,不在于司法实际涉足范围的大小,而在于司法可能作为的空间及成效,在于

---

〔35〕 "法条主义"全面体现了传统法治理论的一整套预设,其中之一即是所谓的"规则至上"。而肯定法院或法官在必要时不受既定条文或先例的拘束,正好与传统法治理论"规则至上"的教条针锋相对。

〔36〕 [美]阿奇博尔德·考克斯:《法院与宪法》,田雷译,北京大学出版社 2006 年版,第 1 页。

〔37〕 参见前引〔26〕,第 170 页。

〔38〕 参见前引〔26〕,第 14 页。

〔39〕 因为,能动主义司法既有"进取型"的也有"温和型"的进路,而"拒绝牺牲政府其他部门来抬高"自己的所谓"节制"或"自制"仍然是能动主义的司法而非法条主义的司法。参见前引〔6〕,第 261 ~262 页。

司法自身的主体性、主动性以及自决性是否以及能否得到充分的体现。

第五，强调司法必须与社会发展变化保持同步，以对社会的高度关切，并以各种可能运用的司法手段，回应社会在不断发展变化中形成的需要。司法能动主义虽然不否定法律确定性的价值，但并不过度看重这种确定性。“确定性只是相对的、暂时的，只是沙滩上易被一浪高过一浪的潮汐抹去的痕迹”，[40]因而不应因守持法律的确定性而影响司法对社会情境的适应。在解决法律与外部社会变化这一矛盾（亦即法律确定性与适用性的矛盾）方面，无论是出于对立法过程复杂性、时滞性的理解，还是基于对司法责任的认知，抑或对司法自身能力的自信，能动主义者都不把希望完全寄托于立法，而是主张通过司法过程直接克服这种矛盾，“通过司法过程的固有力量，来恢复平衡”，[41]用在司法中形成的“活的法律”去应对鲜活灵动的外部世界。卡多佐曾颇富感情地表达自己的相关理念：“我将尽自己的绵薄之力，把那些悸动着、喧嚣着渴望得到表达的社会和经济力量引入法律。”[42]为此，卡多佐赞同这样一种方式：“解释成文法时，涉及当代的社会、经济关系时，必须依据其术语在当代的含义。”他还主张，在具体的司法活动中，将“某个法律关系的社会与经济目标作为讨论的起点”，“对法官而言，正确评价当事人之间的法律关系的经济与社会目标，这一职责要比某部法律所宣告的特定规则更具确切的指导意义”。[43] 正是通过在司法中赋予法律条文以时代含义，以及把具体的司法活动同社会及经济目标相联系，司法能动主义力图在法律与变幻不定的社会事实中搭建起一架不离不弃的浮桥，从而使法律与外部社会保持着动态性适应。

第六，主张在司法活动中超越单一的法律维度，综合、统筹、全面地分析和考量对象所关涉的各种因素，合理平衡各种诉求和利益关系，恰当解决各种规则及价值的冲突。司法能动主义认为，单一的法律维度难以对复杂的事实或现象作出合理和恰当的评价；鉴别是非或者权衡利弊也不能仅仅依凭于法条或先例所确定的标准。同时，司法的功能不在于简单地找寻和发

---

〔40〕 参见前引〔9〕，第14页。
〔41〕 参见前引〔9〕，第93页。
〔42〕 参见前引〔9〕，第54页。
〔43〕 参见前引〔9〕，第49页。

现案件事实与法条或者先例的对应和相符之处,更在于追求和实现司法所承载的社会及经济目标。因此,在法律维度以外,政治规则、道德伦理、民间规诫、风俗习惯等都应作为司法决定的参考因素;[44]同时,政治影响、经济利益、公众情感等各个方面也都应纳入司法考量的范围。司法过程"意味着评估和权衡,它也意味着考虑选择的实际的道德和结果;它还意味着不仅运用抽象逻辑的论证,而且运用经济学、政治学、伦理学、社会学及心理学论证"。[45] 卡多佐认为:"法院犯的有些错误起源于对某个判决的经济和社会效果,或者对该判决所回应的经济和社会需求欠缺足够的知识。"[46]他主张法官应当像布兰代斯那样,使自己的判决"充满了反映时代影响、社会、商业以及政治当前的状况。"[47]庞德则进一步强调:"在任何时候在所有涉及法律秩序的妥协、调整与和解中",都应当"尽可能多地实现社会整体的利益……通过一个反复试错的过程来达到妥协与调整,以最少的牺牲换取最大程度的社会利益保障"。[48] 总之,在能动主义的观念中,法条或先例不是司法审判的唯一依据,正确的司法决定也不可能产生于"法律、事实、结论"这样三段式逻辑推演的机械性过程。[49]

---

〔44〕 对法律维度之外其他值得司法过程考量的因素,学者也常在法律的"非正式渊源"范畴下展开讨论。比如博登海默将法律的"非正式渊源"区分为"正义标准、推理和思考事物本质的原则、衡平法、公共政策、道德信念、社会倾向和习惯法"。参见前引〔1〕,第430、457~500页。

〔45〕 参见 Pekelis,"The Case for A Jurisprudence of Welfare",*Law and Social Action*:*Selected Essays of Alexander H. Pekelis* 1,8 ~15 (M. R. Konvitz ed. 1950)。转引自[意]莫诺·卡佩莱蒂:《比较法视野中的司法程序》,徐昕、王奕译,清华大学出版社2005年版,第13页。

〔46〕 [美]本杰明·N.卡多佐:《法律的成长》,董炯、彭冰译,中国法制出版社2002年版,第65页。

〔47〕 参见前引〔46〕,第66页。

〔48〕 Pound,"Jurisprudence",*the History and Prospects of the Social Sciences*,by Harry Elmer Barnes and others,p.472,参见前引〔46〕,第124~125页。

〔49〕 对此,美国法学家伯顿曾有过精当的批评。他说:"有一种关于法治的见解常常被称为'法律形式主义',它坚持认为,法律推理应该仅仅依据客观事实、明确的规则以及逻辑去决定一切为法律所要求的具体行为。假如法律能如此运作,那么无论谁做判决,法律推理都会导向同样的结论。审判就不会因为人的个性的怪异而变化。法律和法律推理将足以使律师有信心去预测政府官员的行为。法官就可以无需判断力而去裁决案件。评论者就可以有信心地说,司法判决是依法作出的。""对许多法律判决的细致分析表明,它们是基于不确定的事实、模糊的法律规则或者不充分的逻辑作出的。因此,'真正的'判决根据并不清楚。对不同官员在类似情况下所作出的判决的比较可以发现,官员的个性、政治因素或各种偏见对判决的影响比法律要大。"参见[美]史蒂文·J.伯顿:《法律和法律推理导论》,张志铭、解兴权译,中国政法大学出版社1999年版,第3~4页。

第七，主张赋予法院或法官在司法过程中更强的主导地位，尤其是赋予法官在实体及程序方面更大的自由裁量空间，突出法院或法官对于案件最终解决的决定或影响作用。司法能动主义认为，既然司法是实现社会目标和社会功利的一种活动或手段，那么，法院或法官就应当导引案件的最终解决朝着符合于这种目标或功利的方向发展；进而在司法活动中，法院或法官应当具有足够的主导能力，把握司法活动的进程及其效果。在能动主义看来，无论是职权主义还是当事人主义、审问模式还是抗辩模式，都应从属和决定于法院或法官对司法活动的实际控制；〔50〕法院或法官的中立性或在某些场合下的消极性只有在符合司法目的前提下才具有意义，这种“中立”或“消极”毋宁是法院或法官“能动”的另一种表现形式（如上文述及）。马丁·夏皮罗指出：“描述司法行为的著作已经相当令人信服地表明许多法官不是完全处于‘中立’地位的第三方，而是将值得注意的公共政策支持的利益加入到三方结构中，他们寻求通过判决来达到这一目的。”〔51〕“虽然继续在三方结构中的争议解决者的这一伪装下履行职责，但是法院在运行的过程中很明显地将外部利益强加给当事人。”〔52〕美国学者摩西·拉斯基在描述美国司法运作实际状况时也承认：“理性的阐述和中立的原则的概念仅仅是理论，同司法判决的现实没有关系。”〔53〕

除前述诸方面外，司法能动主义的意蕴在事实上还有进一步扩充的可能。其原因或理由主要在于，对社会目标和社会功利的追求，客观上要求司法具有多方面的作为，并具有多样化的表现形态，要求司法者主动而灵活地运用卡多佐所说的“法律武库中的十八般兵器”；而在另一方面，这样的追求也为司法超越一定的限界去实现自己的抱负提供了相应的正当性，增加了外部社会力量对司法相关行为的接受抑或宽容的可能。因此，对司法能动

〔50〕 尽管一般来说，职权主义、审问模式往往更契合于政治国家的能动取向，而当事人模式、抗辩模式往往更契合于政治国家的协调取向，但实用主义者认为，这两者并不是界分能动主义或者法条主义的依据。相关讨论参见前引〔23〕，第4～9、19～22、103～105、137～140页。

〔51〕 参见前引〔27〕，第42页。

〔52〕 参见前引〔27〕，第53页。

〔53〕 转引自［美］斯蒂芬·M.菲尔德曼：《从前代主义到后现代主义的美国法律思想》，李国庆译，中国政法大学出版社2005年版，第237页。

主义的蕴含或实践形态,尚有更大的空间留予人们作进一步想象和揣度。这也表明,对司法能动主义的理解不应当局限于某一方面内容或某种形态,尤其不应从司法能动的某一内容和形态去解读司法能动主义的基本特性,进而据此作出认同抑或反对司法能动主义的结论。

四、司法能动主义在西方兴起与践行的原因

长期浸淫于传统法治文明的西方社会,为什么会提出司法能动的问题?换句话说,在法条主义理念已深入人心的社会环境中,司法能动何以被推崇和践行?弄清这些,有助于我们理解"司法为什么要能动"这样一个基本问题。对于这样的问题,在有关司法能动的大量文献中,尤其是在现实主义和实用主义法学家的著述中已经作出了充分的解说,因此,对此问题的回答,严格地说已不完全是出自我的思考;但我奢望用我自己浅俗的理解为对能动司法尚存疑虑的人们提供某种认识上的导引。

1. 技术层面的原因:克服法律固有属性或特性所附随的缺失和局限

司法需要能动的理由和原因首先同法律固有属性或特性所引致的缺失和局限相关。规范性、普遍性以及稳定性是法律的固有属性或特性,是法律得以成为社会规范并发挥其功能的基本要素,是法律之治相对于其他社会治理手段的优势所在。然而,这些特性或者属性在形成法律优势的同时,也为法律之治预设了天然的缺失与局限。法律的规范性为人们提供了一种明确但却始终有限的社会规则,而有限的法律规则永远无法涵盖千姿百态的社会生活,从而使法律不可能完全恰当地对应它所意欲规制和评判的社会现象与社会事实;法律的普遍性在创造一种形式上的公正与平等的同时,却无法照顾到个别性主体、特殊情境,以及差异化的事实等场域下的公平正义诉求;法律的稳定性有助于为人们的社会行为建立确定的预期,但在另一方面却往往难以避免法律的内容滞后于社会的发展和变化。博登海默深刻地指出:"法律的这些缺陷,部分源于它所具有的守成取向。部分源于其形式结构所固有的刚性因素,还有一部分则源于其控制功能相关的限度。"[54] 因

---

〔54〕 参见前引〔23〕,第419页。

此，流行中"法律不是最好之治，而不过是最不坏之治"的判断，也正是建诸于对法律固有属性或特性所附随的缺失与局限的认知。[55]

法律固有属性或特性所附随的上述缺失与局限在法律实际运作中进一步展开并现实化，形成了司法实践常常遭遇的一系列窘境：(1)受传达法律规则的语言媒介所限，法律规定往往难免语义含混、歧义，容易引致司法中对规则的理解分歧；(2)法律规定之间呈现相互矛盾和冲突，适用时则难以作出恰切的选择；(3)法律规定不能覆盖和对应司法所面临的社会事实，而法院又不能以此为由而拒绝对案件的审理和裁判；(4)法律规定与其他社会规则，包括伦理道德规范、政治原则、普遍性较强的风俗习惯存在一定的冲突时，单一化地遵循法律规定将(可能)损害法律的社会认同基础或者引发更多的社会问题；(5)法律规定落后于社会发展，以至于依照法律规定裁判将会对积极的社会行为产生不恰当的限制和制约，或者放任消极的社会行为危害社会的发展和进步；(6)法律规定所依据(或预设)的事实背景与现实中个案事实存在较大差异，如果武断地将个案事实"涵摄"于预设事实之下，难免产生不可欲的裁判结论；(7)法律规定的适用，有赖于对案件中具体事实的认定，而在一些案件中，受证据有无、证据完备与否以及证明的能力和条件等因素限制，难以对个案事实作出明确的认定，从而难以兑现"以事实为根据"的裁判承诺；[56] (8)立法所限定的处置方式极为有限，有限的处置方案难以对应于个案中的实际问题，从而难以针对性解决纠纷；(9)在案件涉及多个主体，各主体的利益诉求都有一定合理性或者合法性，但各种诉求又不能兼容的情况下，法律往往不能提供确定且恰当的解决方式。[57]

---

〔55〕 有关法律局限性的认识，可参考前引〔1〕，第418～424页。

〔56〕 但是，"法官必须消除纷争，尽管它不能消除(事实)怀疑"。(恩吉施语)于是，司法借助"证明责任"这一装置来回避法条主义对"事实"真相的绝对依赖。参见[德]卡尔·恩吉施：《法律思维导论》，郑永流译，法律出版社2004年版；[德]罗森贝克：《证明责任理论》，庄敬华译，中国法制出版社2002年版。

〔57〕 因为标识传统法院模型的四个命题之一正是"'赢者通吃'的判决"，而这一预设显然无法为两造都"部分有理"而非"一方全对另一方全错"的情形提供恰当的处遇方案。详细讨论参见前引〔27〕，第2、17～18页。

在直接和质朴的意义上，司法能动或者能动主义正是因应着从技术或方法上解决这些矛盾和问题的要求而形成的。能动主义建立于这样几个相互关联的认识与判断：第一，作为司法依据的法律资源——尤其是法条所能供给的法律资源永远是短缺或不完备的。[58] 第二，人类不应宿命化地对待法律的局限或者片面化地仰仗立法过程来克服这些局限；相反地，人类应当并且能够通过司法过程的能动运作来补救这些缺失。第三，司法的目的和功能不是显示现有法律规则的约束力，而是追求法律所要实现的生活目标，而司法在这种追求中能够超越法律形式的局限，把社会目标直接导入具体案件的处理之中，并激活除法律规则之外的多种规范资源，从而消解法律缺失的影响。第四，司法过程并非"自动售货机"那样简单，法条主义对司法行为的程式化想象[59]并不符合司法的真实状态，司法实际上是充满创造性的高度智慧化的活动，因此，司法过程的这种特性也决定了法院或法官不可能面对法律的缺失而无所作为——即便法院或法官真诚地愿意遵循法条主义的教诲。第五，即使司法面临着前述诸多的矛盾和问题，但就总体而言，这些矛盾和问题并不是司法中的常态，[60]需要司法以特殊的思维和方式处理的仍然是个别性的现象。作为一种司法理念的"能动"是恒久和确定的，但

---

〔58〕 即便是在典型的法典化国家比如德国、法国，人们也早已认识到"法典在实践中的作用远没有它们在理论中所具有的包容性"。参见 Tunc，"It Is Wise not to Take the Civil Code too Seriously"，pp. 71 – 85，*Essays in Memory of Professor F H. Lawson*，(Wallington and Merkined. 1986)。"一部完美、全面而包容一切的法典理想越来越被大陆法律人视为一个不可能实现的乌托邦之梦"。Csaba Csaba Varga，"Utpias of Rationality in the Development of the Idea of Codification"，*Law and the Future of Society*，(Hutley et al. Ed. A. R. S. P. ，1977)，pp. 27 – 41. 转引自[英]P. S. 阿蒂亚：《英国法中的实用主义与理论》，刘承韪、刘毅译，清华大学出版社 2008 年版，第 2 页。

〔59〕 法条主义对司法运作的程式化想象，突出地表现在对于法律推理的形式主义的理解。尽管没有一个现代法条主义者认为"法律推理，哪怕是'最好的'法律推理，具有像几何学那样的公理演绎结构"，但是，他们却认为，"绝大多数法律问题，哪怕是非常困难、非常有争议的问题，都可以依据权威文本——无论是立法性法令(包括宪法)还是司法决定——通过推理得出明显正确的答案(而且，一定要发现这些答案)，而不是有道理或符合情理答案。因此，也无须求助于社会科学的理论、数据、洞见或经验经验研究方法，无须求助于个人的或政治的价值：换言之，无须直面那必定是混乱如麻的事实世界和感觉世界"。参见前引〔33〕，波斯纳书，第 24 页。

〔60〕 参见[美]理查德·A. 波斯纳：《法理学问题》，苏力译，中国政法大学出版社 2002 年版，第 42、47 页。

体现在具体的司法方式上,能动并不是适用于所有案件的技术和方案,因此,能动主义并不构成对法律基本属性的实质性损害。毫无疑问,能动主义的这些认识符合人类社会实践中的进取本性和思维取向,同时更体现出人类在法治进程与发展中所作出的努力。

2. 社会层面的原因:司法与政治的融合

在传统法治的理论建构中,司法是与政治相隔绝的封闭性活动。一方面,基于"三权分立"的原则,司法与立法、行政相互独立,因而司法无涉于立法及行政活动;另一方面,基于公正中立的要求,司法与政治又必须保持一定的隔绝。然而,司法的这种封闭性实际上只是出自一种理想性的假设,并不符合且不能适应于社会运行的实际,更不符合政治生活的逻辑。

从司法能动主义的发源地美国的实践看,19 世纪初违宪审查权的出现,并不能简单地用最高法院扩张自身权力的愿望来解释,从根本上说仍然源自美国政治生活的实际需要,而这一权力的出现,明确地标示着司法与政治之间的间隔被打破,两者趋向于相互融合。20 世纪 30 年代,这种融合在罗斯福新政的推动下获得了新的意义,并呈现出更加紧密的形态。面对日益复杂的工商业关系以及日益增加并激化的社会矛盾,特别是面对自由放任资本主义形成后最大的经济危机和大萧条,罗斯福在强烈的国家主义意识下积极推行福利国家政策,由此触及了最高法院保守派的神经,进而保守派利用违宪审查权撤销了一些作为新政重要举措的反萧条法令。然而,保守派阻止新政的企图并未得逞,罗斯福在获得连任后即提出意欲改组最高法院的"法院填塞计划"(Court - packing Plan)。这一计划虽然并未实施,但足以促使最高法院重新审视自己的司法立场。此后的最高法院迅速改弦易辙,从对抗新政转向密切配合和支持新政法令的颁布与实施,并对新政发挥了重要的积极作用。"二战"后,美国司法能动主义在沃伦时期被发展到极致,而促进和推动这种发展的仍然是司法对种族歧视、言论自由、立法机关议席分配以及被告人宪法权利保护等政治生活的关注和干预。沃伦法院的成功也得缘于其准确地把握了美国政治发展的趋势,司法政策具有广泛的政治基础。〔61〕 后沃伦时代〔62〕的美国，通常被认为是温和的司法能动主义时代，因为这一时期最高法院已较少运用违宪审查权力，但实际情况则是能动主义采取了更为成熟的策略和方式：法院以及法官们将自己所认同的政治理念贯彻到司法过程之中——他们在具体的个案裁判中不动声色地体现自己的政治主张和政治立场，并以此去影响社会政治生活。〔63〕

在美国司法能动主义的实践史中我们还可看到这样一种现象：当需要型塑（包括改革）某些重要社会制度建构，或确立某种新的社会理念时，司法能动主义主要体现为违宪审查权的运用。如前所述，罗斯福时代以及沃伦时代的能动司法既是美国社会变革的重要时期，也是违宪审查权被充分运用的时期；而当社会处于平稳发展阶段时，司法能动主义则更多地体现出它的实用主义精神，司法的政治性通常潜隐在具体的审判技术之中，通过法院或法官对具体审判技术的运用，把主流意识形态和主导政治力量的要求带入司法过程之中，并以“随风潜入夜，润物细无声”的方式在司法领域中得到实现。如果前者显示着司法与政治之间融合的“栈道”，那么，后者则是司法与政治相互沟通的“陈仓”，两者的实际作用都是维护美国的核心政治价值。故沃尔夫说：“司法审查的历史就是法院面对那个时代的中心政治问题，并且总结出自己对宪法、先例和某些自己的政治观点之间关系看法的历史。”〔64〕

事实上，司法与政治之间的融合以及由此而引起的司法能动主义的兴起，只是反映出司法向其政治本质的复归。现代各国的实践都越来越清楚地表明，司法始终只是一个政治装置，是实现政治目标的一个工具；法院始终是国家政治权力结构的组成部分，是民族—政治国家的权力网格中的一

---

〔61〕 有关沃伦法院通过司法能动主义运作推动美国社会发展的更多细节，可参见［美］莫顿·J. 霍维茨：《沃伦法院对正义的追求》，信春鹰、张志铭译，中国政法大学出版社2003年版。

〔62〕 后沃伦法院的美国联邦法院大法官的代表人物先后主要是伯格（W. E. Burger）、伦奎斯特（William Hubbs Rehenquist）、奥康纳（O' Connor）、肯尼迪（Anthony Kennedy）等。

〔63〕 关于美国最高法院的详细介绍，可参见［美］伯纳德·施瓦茨：《美国最高法院史》，毕洪海译，中国政法大学出版社2005年版；［美］库特勒：《最高法院与宪法——美国宪法史上重要判例选读》，朱曾汶、林铮译，商务印书馆2006年版。

〔64〕 参见前引〔7〕，第26页。

个关键节点;司法固然有独立的行为标准与活动方式,但并没有独立于统治之外的利益。正如美国政治学家波齐所说:"国家的每一个部分不仅仅作为一个独立的权力中心,而且也是国家的有机组成部分,使国家另一个整体在实现自己的目的方面具有更高的权能。"[65]批判法学派则更为极端地认为:"司法判决并非一个中立的过程,而是彻头彻尾的政治,法律不但是政治性的,而且它还是具有偏向性的政治。"[66]在此方面,一位美国法学家的表述也许更切合实际状况:"对于司法制度而言,法治的观念并不意味着法官作出判决不受政治的影响,也不意味着判决不具有政治意义或不对政治制度发生作用;不意味着法官超脱于价值体系和思想观念;也不意味着其判决是以盲目、机械的方式作出的。法官和公务员不是机器,他们是人,具有人的情感和思想;他们也有自己的好恶,有政见,有价值观。"[67]司法与政治的关系决定了司法活动以及司法过程必须从属和适应于社会政治统治的总体要求,在这种从属与适应中,司法必然是能动的。能动,既是司法与政治关系的重要稳定器,也是司法与政治关系保持恰当平衡的必要方式。美国的实践只不过更具说服力地向人们展示出:即便是在分权原则和理论构筑的壁垒之下,司法与政治之间仍然明通款曲或暗诉衷肠,而司法能动则是两者相融相通的桥梁或实现这种融通的基本方式。

3. 法哲学层面的原因:对传统法治理论认识的深化

传统法治理论产生于以启蒙思想家为主导的理性自然法学对于法治社会的规划和勾勒。启蒙思想家们用自由、平等、公平、正义等核心价值,法律面前人人平等的原则,"三权分立"的政治建构,司法独立,以及忠实于法律信仰的职业化法官等元素为人们勾画出一幅法治的理想图景。

传统法治理论类似于一种宗教,它启导人们对法治的向往,反映人们对世俗社会的普遍性愿望,并且也能够为法治实践提供方向性引导,但这种理

---

〔65〕 [美]贾恩弗朗哥·波齐:《国家:本质、发展与前景》,陈尧译,上海世纪出版集团2007年版,第24页。

〔66〕 参见前引〔54〕,第241页。

〔67〕 [美]劳伦斯·M. 弗里德曼:《法治、现代化和司法制度》,载宋冰编:《程序、正义与现代化》,中国政法大学出版社1998年版,第124页。

论不是产生于经验性总结,更不包含对实践过程具体情境与条件的考虑,它不仅未能反映人类在此前的社会历史经验,更不能反映 20 世纪以来极为复杂、变化巨大的社会现实。因此,自传统法治理论提出后就不乏相应的反思与质疑。尤其是 19 世纪末以来,伴随着由马克斯·韦伯所开启的西方思想界对人类社会及其建制的"祛魅化"[68]过程,法学理论形态的一个重要发展趋势就是对传统法治理论的审慎反思,在此过程中显示出四个重要变化:一是由对法律的概念化信仰转向对法律具体功能和作用的思考,如庞德对"法律的任务"的解读;[69]二是从对国家法治宏观建构的关注转向对法律实施过程,尤其是司法过程的实证分析,如卡多佐对司法过程的性质的思考;[70]三是从孤立、封闭地看待法律的运作转向把法律放置到社会整体运行之中,考量其作为一种社会现象的真实状态;四是从力图为人们提供评判社会现实的武器转向为社会提供建构性指导。总体而言,这种反思虽然未能导致批判法学派所断言的传统法治理论体系的颠覆和崩溃,[71]但确实启导了人们对传统法治理论保持应有的审慎。

在前述反思传统法治理论的过程中,三个不同的法哲学主张获得了不同的命运。首先,法条主义被扬弃。法条主义(也有些西方文献中表达为法律形式主义或法律程序理论)集中概括了传统法治理论对法治形态的描述,法条主义通常被认为是法治的外部形式,而法条主义赖以支撑的口号也是法治。[72] 因此,当传统法治理论不再被盲目信仰时,法条主义也随之被扬弃,即便是依然保持着对传统法治理论的敬重,主张"回归法律自身",将法官"与政治隔离开来",以追求法律的公共理性的学者,也不得不顾虑法条主义的缺陷,把司法的作用定位于"测度立法权威所确立的价值和现实生活之

---

〔68〕 参见[德]马克斯·韦伯:《宗教的经济伦理·儒教与道教》,王容芬译,广西师范大学出版社 2008 年版,尤其是"世界宗教的经济伦理——比较宗教社会学初探(导论)"部分。

〔69〕 参见[美]罗斯科·庞德:《法律的任务》,沈宗灵、董世忠译,商务印书馆 1984 年版。

〔70〕 参见前引〔25〕。

〔71〕 有关批判法学对传统法治理论的批判,详细讨论可参见[美]安德鲁·奥尔特曼:《批判法学——一个自由主义的批评》,信春鹰、杨晓锋译,中国政法大学出版社 2009 年版。

〔72〕 参见前引〔6〕,第 39 页。

间的差距,从而找到弥补两者罅隙的方法”。[73] 真实地说,传统法治理论在近世所受到的质疑和挑战,并不是这一理论所倡导和守持的正义、公平等价值,而恰恰正是法条主义所显示出的机械刻板的法律思维和司法方式。其次是批判法学派虽然使传统法治理论遭受重创,但并未得到普遍的认同。以昂格尔为代表的批判法学从揭示传统法治在社会现实中的矛盾与困境以及动摇传统法治的基石入手,从根本上否定了传统法治在后自由主义社会中存在的意义与现实性,并宣称传统法治在现代社会中业已解体或没落。[74] 应该说,批判法学派的深刻分析无情地揭下了传统法治理论的神圣光环,为人们提供了对法治的一种新的认知,但由于“批派”并未系统地完成自己的理论建构,昂格尔的理论缺少必要的建设性,他为人们所描述的“潜在的、活的法律”,多少有些虚无缥缈,因而“批派”在西方法哲学中固然有其不可忽略的地位,但并未能得到广泛的认同。最后是实用主义、现实主义(在更大范围中还包括经验主义和功利主义)成为司法领域中具有主导地位的意识形态。形成这种结果的原因,一方面在于实用主义、现实主义更能够因应社会发展和变化的要求,同时也更能反映司法实践的具体要求,也贴切于司法这一极为具体的社会活动的基本品性;另一方面,实用主义、现实主义的倡导者霍姆斯、卡多佐、庞德等人直接掌握着司法权力或者在司法实务界具有重要地位和影响。近几十年来,虽然西方法哲学领域中仍然可以听到维护传统法治理论的呼声,但这大致可以理解为保持法治意识形态所必要的张力的具体努力,同时,也是学者们面对日益恶化的社会现实而对法治理想的一种追念或憧憬。就司法领域的实际状况而言,实用主义和现实主义以及体现这种哲学意识的能动主义已牢牢地扎根于司法实践之中。这也是能动主义司法成为当代司法发展主导性潮流和趋势的重要原因。

五、中国实行能动司法的现实理由及约束性因素

从克服法律固有属性所附随的缺失与局限来看,中国或许是最需要实

〔73〕 参见前引〔4〕,序言第1页。

〔74〕 参见[美]昂格尔:《现代社会中的法律》,吴玉章、周汉华译,中国政法大学出版社1994年版,第180～225页。

行能动司法的国家。这是因为,法的固有属性所附随的缺失与局限以及体现于司法过程中的矛盾,在我国特殊的社会背景和社会条件下,都一一被放大了。首先,我国地域广阔而发展极不平衡,法律适用的对象、情境的差异甚大,法律的普遍性和统一性始终面临着各种差异性要求的挑战。[75] 其次,近几十年以致今后较长一段时间中,我国都处于社会转型以及社会快速发展时期,法律所对应的社会背景不断发生新的变化,从而使法律的实际生命周期显得十分短促,法律很难保持其应有的稳定。这两个因素在很大程度上加大了对能动司法的需求。而在另一方面,相对而言,我国的立法资源更为短缺。这不仅是因为在复杂的社会环境和条件下我国立法工作的难度较大,同时客观上也存在立法技术与经验不足、立法能力不强、立法决策机制不够健全等问题,这难免会导致立法空缺、立法粗疏、立法不尽适用等现象。而立法中的所有这些问题与缺陷,又都需要在司法层面中通过能动司法加以消化。然而,仅仅是前述这些因素,仍然不足以充分解说我国实行能动司法的现实理由与原因。我认为,能动司法理念在当下的提出和施行,主要与下述几个方面密切相关:

第一,能动司法的提出是对我国司法发展方向的适度调校。过去几十年中,我国法治是依沿着一条追仿型进路而行进的,在此过程中,我们依照传统法治理论所描绘的法治图景,并根据我们自身对西方法治社会的理解与想象,在我国各种现实条件的制约下,推进着法治的具体实践。这种法治进路体现在司法层面上则是对西方司法一些制度及形式的仿效,并由此成为我国司法的主导性发展方向。[76] 20 世纪 90 年代中期以后,在司法现代化和司法改革这两个主题下,这种状况变得更为突出,司法朝着这一方向发展的进程也进一步加快。在"还权于合议庭"表象后对司法独立性的强

---

〔75〕 不能忽略的是,中国是世界上法域最大的国家。各国解决法域过大问题的基本方式是实行双重立法体制,亦即联邦及联邦成员均具有立法权,而我国则没有这样的可能。有关美国双重立法体制可参见宋冰编:《读本:美国与德国的司法制度及司法程序》,中国政法大学出版社 1998 年版,第 96 ~ 120 页。

〔76〕 参见顾培东:《中国法治的自主型进路》,载《法学研究》2010 年第 1 期。

调,[77]抗辩式诉讼制度的引入,严格的证据规则的确立,对司法裁判的重视而对诉讼调解的相对弱化,为塑造司法权威而突出司法在社会纠纷解决中的核心地位,法袍、法槌这些仪式化、象征化器具的运用,以及胎死腹中的法官精英化路线,等等,系统地体现着这样一种发展方向或思路。

客观地说,我国司法发展的这段经历是值得敬重的,因为它推动了我国司法基本架构的形成,完成了一个现代国家司法制度及其运行所必备的基本要素的设置。我们至少可以把这段经历看作我国司法发展所难以逾越的过程和阶段。然而,以追仿西方司法模式为主导的发展方向或思路在中国特定的社会条件又不可避免衍生出一系列问题。首先,"还权于合议庭"的真实意图在于为法院与外部社会之间建立起一道"防火墙",以排除外部社会影响对司法审判的不当干扰,通过合议庭独立行使裁判权以实现审判(法院)在我国政治条件限制下的相对独立,但问题是,"还权于合议庭"的结果并未能排除外部社会力量对审判过程的不当影响,当合议庭处于裁判决断者地位时,同样面临着各种外部社会势力的包围。更重要的是,割断司法与社会联系的思路未必是对审判独立的正确理解,因为这一思路同时也会损伤司法对社会功能的承载。其次,抗辩式诉讼制度的引入以及严格证据规则的确立固然在很大程度上体现了诉讼活动的特性,也为审判行为提供了一定的规范,但在我国当事人诉讼能力(包括购买律师法律服务的能力)普遍较弱,且主体间差异甚大的情况下,抗辩式诉讼制度和严格证据规则所产生的实际效果在许多情况下背离了制度设计的初衷,形式上的公平所带来的是实际上的更不公平。最后,强化裁判而弱化调解,以及突出司法作用而相对淡化其他纠纷解决手段的取向,同样在一定程度上脱离了我国社会现实,与解决社会矛盾纠纷的实际要求不尽相符。这种状况恰如美国学者达玛什卡对中国读者所提示的那样:"……到本土经验以外寻找新的启迪的过程中,承担着改革重任的各国法律家们总是很容易为他国的一些制度设计所吸引,因为这些制度可能体现着较为健全的原则或者表现出良好的意图。

〔77〕 根据《人民法院五年改革纲要》的要求,除合议庭主动提交院长提请审判委员会讨论的重大、疑难案件外,其余案件的裁判一律由合议庭决定和作出。

但是,匆忙将这些制度纳入本国法律体系之中的做法可能容易导致不尽人意的结果。""改革的成败主要取决于新规则与某一特定国家的司法管理模式所根植于其中的文化和制度背景的兼容性。"〔78〕能动司法正是在这样的背景下,针对这样一些问题而提出的。能动司法的提出,虽然并不意味着否定先前的具体实践,更不否定业已形成的基本制度,但的确是正视了这种实践所存在的偏失,尤其是警惕于这种实践在进一步发展中走向极端,防止司法在更大程度上脱离中国的社会现实。因此,能动司法的提出,实际上体现着对前些年我国司法发展方向的适度调校。

第二,能动司法的提出是对强化国家核心控制力的积极配合。进入21世纪后,我国政治发展的一个重要态势就是国家核心控制力趋于强化。国内社会发展不平衡所形成的阶层间、群体间社会矛盾和冲突的日益增多并不断激化,重大自然灾害频繁发生以及重大传染病疫不断出现,国际环境错综复杂并日趋紧张,尤其是近年来所发生的全球性金融危机等各种因素,都从不同方面促使国家核心控制力的进一步加强,通过提升国家对全社会成员和社会组织的动员能力,提升国家对社会发展和社会运行的把控能力,应对国内外这种复杂的局面。

与罗斯福新政时期所体现的实践逻辑相同,国家核心控制力强化的趋向相应产生出司法能动的需求。能动司法与国家核心控制力强化之间的因应关系〔79〕体现在两个主要方面:一方面,国家核心控制力的强化在很大程度上体现于主导政治力量对司法影响力的增强。尽管受制于司法的具体特性,主导政治力量对司法的影响方式与其他领域有所不同,但就实质而言,国家的核心控制力的增强无疑包含着主导政治力量对司法实际驾驭能力的提高。与此相连的另一方面,国家的核心控制力的强化又在很大程度上通过司法的作用加以体现,通过具体的司法行为把主导政治力量的要求贯彻在实际社会生活之中。所谓"为大局服务",也正是集中体现着最高法院以能动的司法方式积极配合国家核心控制力强化的政治情怀与姿态。

〔78〕 参见前引〔24〕,第2页。

〔79〕 达玛什卡对国家权力与司法能动的关系有具体分析,可参见前引〔24〕,第五章,第219~269页。

第三,能动司法的提出也是对主流意识形态社会倡导的具体和应。近10年来,我国主流意识形态日益趋近于人民大众的普遍性社会理想和诉求,并且更加切合于社会公众的生存和生活感验。"构建和谐社会""以人为本""科学发展"等反映人与社会关系、人与自然关系理想的话语,成为主流意识形态的主要社会倡导。能动司法的提出也与这种变化密切相关,并且体现着对这些社会倡导的具体和应。

司法的表象是处理社会矛盾和纠纷,制裁违法犯罪,但实质上是调整和调节人与社会以及人与自然的关系,尤其是在人与社会、人与自然的关系中建立起恰当的规则。当调整和调节这些关系以及在建立相应规则过程中需要体现"和谐"、"人本"以及"科学发展"等理念时,司法的目标和方式便不能不产生一定的变化。具体表现在:司法的作用从对案件是非作出评判延伸至使当事人之间的冲突和矛盾真正消除(以达至和谐);司法的重心从对个案案件事实的重视进一步深入对所涉当事人以及由此而影响的其他社会成员的生存和生活状态的关注(以体现人文关怀);司法的依据从单一法律维度的考量扩展至对多重规则、多种价值的综合性权衡(以切合科学发展)。这些变化反映在具体司法活动中便是调解方式的广泛适用、恢复性司法的提出、宽严相济原则的明确实施以及对司法行为社会效果的充分强调。而所有这些,都可以概括在能动司法这一主题之中,都是能动司法的实践形态。能动司法正是"构建和谐社会"、"以人为本"以及"科学发展观"等社会倡导在司法过程中的具体展示。

第四,能动司法的提出是缓解我国社会基础性社会矛盾、应对我国社会纠纷的必要措施。当下我国司法所面临的社会纠纷具有一个重要特性,这就是社会纠纷中往往蕴含着基础性社会矛盾。所谓"基础性社会矛盾",[80]是指反映我国阶层及群体间主要对抗,对我国社会发展和社会稳定具有深层次影响的社会矛盾,如城乡矛盾、贫富矛盾、干群矛盾、民族矛盾等。这些矛盾的形成主要与我国社会转型期间发展失衡、公共政策失当、特别是利益

〔80〕 我国过去对社会矛盾的分类主要为"人民内部矛盾和敌我矛盾",但我认为,在"敌我"两大显性阵营已经消失,并且在法治背景下解决矛盾的方式趋于同一的情况下,这种分类的意义不再突出,而更有意义的分类则是"基础性社会矛盾和非基础性社会矛盾"。

分配不均衡等问题具有重要联系。现实中,提交给司法的案件,相当一部分是基础性社会矛盾所衍生出的社会纠纷。与其他社会纠纷不同,这些纠纷具有这样几个特点:一是纠纷(或案件)虽然直接发生于个别主体或存在于个别主体之间,但纠纷中潜含着某个或某些群体及阶层间的对抗,处理不当自然很容易引发群体性的社会冲突;二是纠纷虽然直接指向的是某个具体的当事人,但往往暗含着对社会管理者的不满;三是纠纷的诉求虽然多数不涉及政治内容,但或多或少带有一定的政治色彩,尤其是在进一步激化后,最终往往会体现出很强的政治属性;四是这些纠纷与其他衍生于基础性社会矛盾的纠纷具有同源性,因而很容易借助于某一具体纠纷而叠加和聚合。

毫无疑问,以常规性思维和方式很难恰当地应对和处理前述这类纠纷,尤其是机械地适用法条、简单地对案件作出评判,不仅不能消除具体的纠纷,而且还可能引致更大、更严重的社会冲突,进一步扩大和激化基础性社会矛盾。能动司法的提出也是希望为这些"非常规性纠纷"的妥善、有效解决提供一种理念和思路。在这种理念和思路引导下,司法中既需要加强对纠纷的深度识别,从纠纷的表象背后探求蕴含于其中的对抗的实质,把握纠纷诉求之后潜隐的各种利益冲突,在兼顾和平衡各种因素后形成解决纠纷的具体方式。在此意义上说,能动司法是因应我国社会纠纷的特点,有效解决我国现实社会纠纷的必出之路。

第五,能动司法的提出也是对各种社会批评与非议的恰当回应。毋庸讳言,这些年我国司法一直面临着来自社会各方面的批评与非议。这些批评和非议除了集中于司法腐败这一常规话题外,主要涉及两个不同方面:一是与前些年我国司法发展方向相关,仿效西方司法模式的发展思路造成了司法与我国社会现实在一定程度上的失调与脱节;二是如本文引言中所述,近几年来最高法院推行的一些新政也受到了主要来自学者们的质疑和非议,人们担心这些政治色彩很浓的新政有可能损害司法的独立性、权威性和严肃性,损伤司法固有的规律和特性,并进而导致我国法治事业的停滞甚至倒退。无论这些批评和非议基于什么样的理由和原因,也无论这些理由和原因在多大程度上成立,能动司法的提出,都是对这两方面的批评与非议一种积极和恰当的回应。首先,前已述及,能动司法提出的一个重要背景就是对前些年我国司法方向的适度调校，能动司法的提出，不仅从理念和指导思想上把司法与中国社会发展的现实要求，尤其是有效解决社会矛盾纠纷的要求密切联系起来，而且在具体司法方式、司法措施上也更加贴近于社会现实，贴近社会公众的要求，一定程度上改善了人民群众的司法生态。而这些努力自然会在很大程度上能够平息相关批评与非议。其次，能动司法也是最高法院用法治语言对近年来所施行的新政所作出的准确概括。因此，能动司法的提出，即便不能算作最高法院就其施行的新政而对社会、尤其是向法学界作出的合理解释，但客观上能够消除一部分人对司法乃至法治的忧虑，至少使实务界与学术界找到了对话的共同主题，从而把政治色彩浓烈的司法路线、司法方针和司法主张还原到法治语境中加以讨论和评说。当然，在是否应当实行能动司法的问题上，仍然会有各种不同的主张，因而相应的非议也不可能由此而消失，但这已是司法能动抑或司法能动主义在各国实践中的普遍性遭际，可以看作法治文化的一种常态现象。

前述分析大体可以表明，能动司法在中国的提出，具有很强的现实理由和依据。然而，这些理由与依据的存在并不能避免和消除在中国社会条件下奉行能动司法所可能面临的特殊困难，尤其是难以避免能动司法实施中可能出现的偏差。或许可以这样认为，如果说中国是最需要实行能动司法的社会，那么，中国同样也是最难以实行能动司法，或者在能动司法中最容易出现偏失的国度。客观地看，能动司法理念在我国的实施面临着这样几个约束性因素：

第一，对传统法治理念的守持排拒着对能动司法的接受。20 世纪 70 年代末我国开启法治进程以来，我国基本上是在西方传统法治理念的导引下行进的，传统法治理念所勾画的法治图景成为人们理想中的法治模式，而法条主义所形成的相关原则构成人们对法治的基本、概略性的认知。（事实上，即便在美国也存在这样的情况：“普通老百姓一般可能把法官的工作想象得比实际上要机械得多。普通老百姓信奉他们所理解的法治观念。”[81]）作为我国法治基本纲领和口号的“有法可依、有法必依、执法必严、违法必

〔81〕 参见前引〔67〕，第 124 ~ 125 页。

究”，正体现着人们从法条主义角度对法治内涵和形态的理解。因此，当以否定和扬弃法条主义为主旨的能动司法被确立为我国司法的基本理念与方式时，难免会对人们的法治理想及其对司法的期待形成较大的冲击。换句话说，人们对传统法治理念的守持，在一定程度上排拒着对能动司法的接受。而要消除这种认识上的障碍，不仅需要全社会对现代法治发展的规律和特性的认识进一步深化，更有待于能动司法以其积极且稳定的实践成效向社会作出广泛的证明。

第二，规则意识的普遍淡薄可能会扭曲能动司法的应有轨迹。尽管人们依照传统法治理论保持着对法治理想状态的想象，但我国事实上并未经历过传统法治文化的长期熏染，法治亦未成为社会公众的普遍、深刻的社会信仰；同时，尽管人们把法条主义视为法治的主要内容，但信守法条的规则意识却普遍淡薄。这些看起来是一个难以解释的悖论，但却是我们置身于其中的社会真实。在规则意识普遍淡薄，不拿规则当规则，或者规则可以不当规则、“一切皆有可能”的社会环境中，如果没有恰当的把控，特别是如果不建立起相应的制约和保障机制，能动司法的运行轨迹很容易出现偏差。从小的方面说，可能影响司法审判的质量；从大的方面说，则可能进一步滋长全社会对规则的漠视，进而引发人治因素局部或阶段性的复萌。这意味着在我国能动司法的相关制度设计中，必须采取更为审慎的态度，特别是司法过程中所释放的信息，应有助于人们对规则约束力和强制性的认识。

第三，司法队伍素质在一定程度上制约着能动司法的效能。能动司法的具体实施依赖于法院或法官主观作用的充分、正确发挥，无论是对司法社会目标的理解，还是对具体司法方式的选择，都在很大程度上取决于法院或法官的主观状态。因此，能动司法无疑意味着法院或法官在司法中自由斟酌空间的加大。在西方法治社会中，能动司法所需要的这种自由斟酌权的加大，是建立在高素质法官队伍的形成以及维系法官队伍良好素质的系统化制度体系较为健全这一前提之上的。相比之下，我国司法队伍的素质尚不够理想；维系和保障司法队伍素质的制度与体系也尚待完善，这对能动司法效能的有效、正确发挥将会形成一定程度的制约。在实践层面上，一方面，法官对政治目标以及社会发展的总体趋势与要求往往缺少宏观上的把握能力，不仅如此，对社会生活的实际理解和感受也较为肤浅，尤其是对具体审判所涉及的相关社会实践常常缺乏基本的了解；另一方面，对法律原则、法律理念以及法律知识的系统掌握和娴熟运用也难以达至能动司法所需求的基本水准。更为重要的是，随着司法对社会生活影响的逐步增强，各种社会势力利用各种手段，争夺司法资源，谋求利己裁判的情况也日趋突出。强大的外部诱惑与司法内在激励的严重不足，形成了司法职业生态的巨大反差，使法官职业成为多种意义上的"高危职业"。在此情况下，很难给予法官过大的自由斟酌空间，这也决定了对法官层面上的能动必须设定必要的限制，否则，能动司法很容易为司法权的滥用提供口实。

第四，我国司法与政治的密切联系加大了能动司法中对社会目标识别的难度。从我国制度建构以及社会运行的实际状况来看，我国司法与政治之间的关系十分紧密，司法机构与其他政治组织之间始终保持着密切的联系。这种状况对能动司法中对社会目标的识别也会形成一定的影响。如前所述，能动司法的核心在于通过司法过程实现社会目标，或者说围绕社会目标的实现而实施司法活动。在我国，社会目标通常只是一些抽象的社会倡导，而操作过程中往往体现为由各级党政组织所提出的具体要求，因此，在司法与政治关系十分紧密，并且司法机构具有明显依从性的情况下，如何在各级党政组织（特别是由党政组织负责人）提出的要求之中识别出哪些是司法应当追求的社会目标，则成为能动司法的实践难题。[82] 更直接地说，在"为大局服务、为人民司法"的主题下，如何确定哪些是司法应当服务的"大局"，同时又怎样判别哪些是司法所应当追求的"人民"的利益，这对于具体的司法机构以及具体的司法活动来说，都是无法回避、必须直面却又难以把握的问题。在这些基本问题上，如果没有明确且恰当的认识，既容易因司法自身的偏误而不能很好体现能动司法的效果，更可能因外部不当影响而使司法行为失范，从而背离能动司法的初衷。

客观地揭示能动司法在我国现实条件下的诸多约束性因素，丝毫不意

---

〔82〕 达玛什卡指出，在能动型国家中，始终存在政党组织的"一般性指示与具体指示之间的区别——一种在理论上容易作出而在实践中很难把握的区别"。参见前引〔23〕，第257～258页。

味着对能动司法意义的否定。这也就是说,这种约束性因素的存在不应遏制我国奉行能动司法的步伐。正如卡佩莱蒂在分析司法独立与司法的政治责任的关系时所说:“真正的问题并非内在矛盾的存在抑或不存在。此种矛盾当然存在。但真正而非想象的问题,再一次仍然是在现实世界中尽可能调和相互冲突的原则。因为现实世界并不纯粹,也不是绝对的‘非此即彼’。它是冲突与对立的共存”,“理性的分析不可能包纳一种谴责现存矛盾的徒劳尝试”,“将矛盾淹没于预期不确定的某种虚幻景象之中。相反地,它应当包括将现实理解为不可避免地相互矛盾,由那些冲突和斗争所构成,并实际上在其中享受生活”。[83] 各方面情况表明,在传统法治理论已显示出明显局限的情况下,中国不可能再屈从于传统法治理论所确立的法条主义戒规;在社会发展日益复杂化的今天,中国也不可能再等待全社会规则化训练完结后再施行能动性司法;同时,我们也无由把能动司法的进程依托于司法队伍素质在短期内迅速提升;自然,更不应因社会目标识别的困难而放弃在能动司法问题上的努力。所有的一切留给我们的结论应当是:以积极而又审慎的态度去思考和对待中国特定社会条件下的能动司法。

六、中国能动司法的主要内容及保障机制

中国能动司法的具体内容及表现形态究竟应当是什么?提供给我们认知这一问题的主要参照来自三个方面:一是最高人民法院的相关论述,最集中的是王胜俊院长提出的能动司法的“三个显著特征”;二是各地和各级法院根据自己对能动司法的理解而形成的制度以及相关的实践,最具代表性的是江苏省高院的“六个机制”的制度建构;[84] 三是学者们对于能动司法应然及实然状态的描述。事实上,能动司法的应有内容及表现形态无法通过一个具体的文件或者某一项甚至某几项具体的制度加以表达和规定。最高人民法院出题、各级法院探索性实践、学者们提供解说和评价,依然是解答

---

〔83〕 参见前引〔45〕,第 15 ~16 页。

〔84〕 亦即政策考量机制、利益平衡机制、司法技术运用机制、多元纠纷解决机制、诉讼指导机制、便民诉讼机制。参见江苏省高级法院司法改革办公室:《能动司法制度构建初探》,载《法律适用》2010 年第 2 ~3 期。

这一问题所不可超越的方式。但值得强调的是,在此方面需要摆脱两种不恰当的偏向:一是把西方司法能动主义的理论及实践当作中国能动司法的应然状态或无须证明的示范;二是把基于质朴的政治愿望和亲民热情而超越常规,甚至违反基本司法规则和规律的做法视为能动司法的具体举措。

结合前一部分提到的能动司法提出的背景与原因以及有关约束因素,我认为,中国能动司法的内容主要体现为这样四个方面:

1. 把追求社会目标的实现作为司法的基本导向

这是能动司法最根本,也是最富有实质性的内容。能动司法的功能,一方面,旨在从宏观上调校司法在中国政治结构中的定位,把司法活动自觉地融入社会全局的运行之中,通过司法所特有的功能和作用的发挥,推动社会的发展与进步;另一方面,在实际运作层面上,引导和启示法院及司法人员超越单一的法律思维以及对案件简单化认知的视野局限,关注社会总体目标的要求,关注社会发展与变化的趋势,关注我国社会现实矛盾和纠纷的复杂性,关注民生、民情和民意的总体状态,特别是注重司法行为的社会影响和社会效果,把个别化的司法行为与司法活动放置到社会目标的实现以及社会发展的大背景下予以认识和考虑,亦即在司法过程中确立并践行所谓的"大局观"。从根本上说,能动司法所体现的乃是这样一种明确的意识、这样一种思维方式以及这样一种理性自觉。相形之下,体现司法能动性的具体技术性的方式和方法倒显得并不重要,因为在这样的意识和理念的支配下,能够促成并保证法院或法官对具体方式和方法做出正确选择。相反地,如果没有这样一种根本性的理念和导向,司法过程中即便运用了某些或某种通常被认为体现了能动司法的技术、方式或方法,也不一定能够真正体现出能动司法的实际精神。这也表明,能动司法不应被理解为一种特殊情境下的司法权宜之计或者处理特殊案件的个别性方法;更不应把能动司法的适用范围限定于"没有重大政治、经济、制度和公共政策寓意的案件中"。[85](在我看来,这恰恰是最需要体现能动司法的场合)。作为一种司法理念,能动司法应贯穿并贯彻于各种司法行为和司法活动的全部过程。唯有如此,

〔85〕 苏力:《关于能动司法》,载《法律适用》2010年第2~3期。

才能体现能动司法的真正意义。

2. 以多元社会规则、多重社会价值作为司法的考量依据

我国能动司法并不要求法官创造法律或超越法条的规定，但同时亦不主张把法律作为唯一的司法依据，而是强调以多元社会规则、多重社会价值作为司法的考量依据。我理解，“三个至上”所欲表达的也是这层意思。

能动司法的这一意蕴源于我国两个基本社会现实：一是我国社会规则体系的复杂性。虽然，法律已成为我国当下的主要社会规范，依法治国也被明确为我国的治国方略，但在事实上，与法律规范同时对社会运行产生重要影响的还有强大的政治力量以及广泛的民间势力。我国社会规则体系也是由法律规范、政治规则以及民间伦理和习俗这三个主要支干共同构成的。不仅如此，就某些特殊的社会活动和社会行为来说，法律未必是最有实际影响力，甚至未必是最恰当的规范。在社会生活实际受制于这样复杂的规则体系的状况下，司法无法唯法是尊而罔顾其他，因为司法终究是社会生活的延续，社会生活所依据的逻辑和规则也必定会成为司法中所应当考量的因素。这也就是说，社会规则体系的复杂性要求司法过程必须包含对多种规则的考量。二是我国社会矛盾的复杂性。如前所述，基于我国社会转型以及转型中的政策失当、利益失衡等因素，我国社会矛盾呈现出高度复杂的状态。这种复杂性往往还不在于对抗与冲突的尖锐，更主要还在于，在许多场合下，对抗与冲突的各方都能从不同的角度、依据不同的理由找到自己诉求的正当化理据，从而形成蕴含于诉求背后的法律、政治、道德、民俗等不同价值或规则之间的冲突。这种状况又进一步凸显了司法对多种规则、多重价值权衡与考量的必要性。这些年，充斥于最高人民法院各种司法文件中的“既要……又要……”这样的平衡化句式，实际上正是体现了这样一种精神。虽然，对于需要作出具体决定的司法行为来说，“鱼我所欲，熊掌亦我所欲”的“双赢”结局往往难以形成，但即便如此，能动司法的这种倡导和提示仍然是具有实际意义的，至少可以避免法院或法官“一根筋”地片面和偏颇地去处理这些复杂的社会矛盾和纠纷。

3. 把调解作为处理社会纠纷的常规性司法方式

司法能动主义在中国的实践形态最富有特色之处就是调解手段的广泛

运用。换个角度说,中国的法院调解制度和实践丰富了司法能动主义的内涵。有关调解的作用与意义,已有大量的论证与解说,无须赘述。在此,我想特别强调的是,无论从现今还是从长远看,必须把法院调解理解为一种常规性的司法制度和司法方式。作出这种强调的背景在于,在不少人的认知中,调解仍然是一种不入司法正统的"旁门左道"或者中国式的"奇技淫巧"。这种认知产生于两种偏误:其一,法条主义的思维塑造了对司法程式的想象,"纠纷 = 案件;案件处理 = 司法手段;司法手段 = 裁判;裁判 = 纠纷解决"。几乎所有的经典法学理论,尤其是司法理论也都是以这种固定的程式为叙述前提,并在这样的程式中展开的。依照这一程式,自然找不到调解在司法中的位置,调解的司法属性也必然得不到承认。毫无疑问,这样的程式一旦放置到具体社会实践中,每一个环节都经不起实践的检验,每一个"等于"都无法成立,而司法功能的实际发挥无法脱离对调解的运用。其二,调解就是"不依法",或者调解可以"不依法"。据我所知,在公开的文献中,明确提出这一观点的是苏力教授。苏力教授提出:"在可以调解了结纠纷的条件下,如果还强调依法,其实就是不想让调解成功","要想促进调解的发展,就必须适度摆脱法条的约束,放松对调解的'依法'要求"。[86] 从苏力的文义中可以理解出,调解之所以可以不依法是因为:在实体上,调解意味着"周瑜打黄盖"(苏力用语),法官若依法行事则不能允许"周瑜打黄盖";在程序上,调解又存在法官"涉嫌违反不得私下接触当事人的规则"[87] 以及"超出审限"等问题。我认为,这些认识完全出自苏力教授对"依法"的片面理解。首先,当事人处分是民事诉讼中的重要原则,这种处分,既包括实体上的处分,也包括程序上的处分。依照这种法定原则,法官不仅可以允许并努力促成"周瑜打黄盖"的结果,甚至不能干预"周瑜打黄盖"这种现象;同时,当事人也可以在包括审判期限在内的程序问题上有一定的决定权。[88] 其次,苏

---

〔86〕 苏力:《关于能动司法与大调解》,载《中国法学》2010年第1期。

〔87〕 参见前引〔86〕。

〔88〕 其实,在苏力教授《关于能动司法与大调解》一文中,已经注意到调解与契约自由和意思自治的联系,但不能理解的是,苏力教授为什么仍然会得出调解可以不依法、依法则不能有效调解的结论。

力曲解了调解中法官基于策略和技巧的需要而分别(并非“私下”)对当事人施以劝说这一方式,将其混同于违反公正廉洁规则而“私下接触当事人”的行为。更需要指出的是,如果认同调解“可以不依法”这一判断,不仅容易引起实践中的混乱,[89]同时也会进一步加大社会各方面对调解认识的偏见。而这与苏力所一贯支持和倡导调解的立场势必南辕北辙。

此外,强调把调解理解为一种常规性的司法方式的理由还在于,本文前面提到的立法的固有缺陷以及司法实践中普遍存在的矛盾都可以通过调解方式在很大程度上得到解决。如果把调解放置到人类法治进步,尤其是司法制度演进的过程中来认识,调解或许是“把法律的刚性与灵活性完美结合于一起”的一个有效途径与方式,从而也是人类司法制度完善的必由之路。

4. 把便民、利民作为司法运行中应当考虑的重要因素

能动司法的另一项主要内容便是在司法运行中对便民、利民因素的重视。尽管体现着便民、利民精神的简化诉讼程序、降低诉讼成本、提高司法效率已成为当代各国司法发展的总体趋势,但中国能动司法主题下的便民、利民有着更深层次、也更为现实的意义。首先,司法中的便民、利民承载着体现党和政府亲民、恤民、为民形象的功能。基于我国政审合一的历史传统,也基于当代司法与政治的密切关系,社会公众习惯于把司法机构与党和政府视为同一体,司法行为往往被当作党和政府行为的组成部分。在此境况下,“党代表着人民的根本利益”“人民政府爱人民、人民政府为人民”等原则或理念不能不体现为司法中对便民、利民的重视和强调。相反地,“板着脸孔”或“高高在上”的司法则会有损于党和政府的形象。尽管这种状况多少源自人们对司法与政治关系的误读,但政治意识形态对于司法便民、利民的影响确实是无法忽视的真实。其次,就普遍情况而言,迄至今日,我国社会公众对于司法以及诉讼活动的了解依然较为肤浅,司法过程中很多程式和技术仍然是绝大多数人所陌生的知识或不曾有过的经验。因此,要保证社会公众在涉诉时对诉讼活动有恰当的参与,司法过程中也必须具备一些行之有效的便民、利民措施。最后,与我国经济欠发达、尤其是低收入阶层

---

[89] 不可否认,实践中确实存在不依法调解的问题,但这恰恰是需要着力解决的偏失。

占绝大多数的实际情况相适应，司法也不应成为昂贵的消费。因此，司法便民、利民的另一层意义也在于降低司法门槛，包括通过降低司法的技术性而减少公众对律师法律服务的实际需求，以便在更大程度上保证公众对司法这一“公共产品”的有效使用。

毫无疑问，能动司法主旨下的便民、利民会在一定程度上淡化或消解司法的程式化，同时对诸如法院或法官“消极”、“中立”以及“法不容情”之类的观念也会形成一定的冲击。但这绝不意味着对司法活动的程序价值的颠覆。一方面，便民、利民措施本身即应当通过特定的司法规则加以确定，以使这些措施获得程序性意义和制度性保障，减少施行中的随意性；另一方面，便民、利民精神应尽可能在既有的制度空间中通过灵活使用司法技术手段加以体现，如强化法官释明权的行使，增加法院或法官职权行为的适用，审慎地处理当事人程序性失权的情形，给予当事人必要的指导和引导等。总之，能动司法中的便民、利民应当显现出对司法规律和特性的应有尊重。

从前述我国能动司法的主要内容看，与西方司法能动主义相比，我国能动司法既有一定的创新性（如强调调解的常规化运用以及便民、利民），也有较大的保留（如不承认法官造法，也不倡导超越法律规定）。这不仅是考虑了不同法系及司法制度之间的差异，更是对中国具体国情的尊重。

然而，即便如此，由于“能动”在概念上给了司法行为无限可能的空间，因而能动司法理念的具体贯彻仍然需要相应的保障机制。不能否认的是，西方司法能动主义的正确实施是以司法独立性较强、全社会规则意识较为明确、法官职业化制度十分成熟为基本条件的。而无论是当下还是长远，中国社会都未必能满足这样的条件。目前学术界或者实务界对能动司法持不赞成态度的主张，多数并不否认能动司法的积极意义，只是认为中国不具备西方这些条件，从而不能保证“能动”不被衍化为“盲动”或“乱动”。[90] 我们固然无法认同这些认识以及由此推出的结论，但能动司法的贯彻需要建立相应的保障机制，这却是不应回避的问题。对于这种保障机制的建立，我认

〔90〕 关于美国司法能动成功的经验以及中国因为守法传统尚未形成、法律职业化尚未建立故而不能施行能动司法的论述，可参见前引〔14〕，杨建军《“司法能动”在中国的展开》文。

为应着眼于以下三个层次。

1. 宏观上,建立良性而有序的司法与政治的互动机制

基于本文前面的分析,我认为,中国能动司法所要解决的核心问题仍然是司法与政治的关系问题,其主旨在于使司法更紧密地贴近于政治全局的要求,更深入地融入我国政治实践中,努力实现主导政治力量所确定的社会目标。因此,在司法对政治现实保持着丰沛的热情和激情的情况下,应当把握好一些基本原则,以防止可能出现的偏失。一是正确理解司法所服务的"大局",树立正确的大局观。更直白地说,不能把地方党政组织基于地方保护的愿望而提出的要求,理解为司法所必须服务甚至是服从的"大局",更不能把地方党政领导人追求个人利益而提出的要求也与"大局"相联系。二是规范党政组织与司法联系的渠道和方式。司法对社会目标的追求与落实,更主要应依靠司法机构自身对政治路线、方针和政策的领悟,而不是借助或依赖于党政组织领导的"批示"和"指示"。党政组织与司法机构的联系,应当在制度框架中依照相应的程序进行;制度及程序缺失的,应当逐步完善。两者之间的交往必须有明确的规则。三是即便对于某些影响到地方社会发展或稳定与安定的司法问题,也应由司法机构在法律规定的范围内、通过法律技术的灵活使用加以解决,而不能明显违反基本的法律原则。实践中,很多此类情况的处理,问题并不在于法律上没有解决之道,而在于某些地方党政组织缺少应有的法律意识,司法机构也未能正确地理解并恰当地运用相关法律。总体上说,在司法与政治之间,应逐步建立起良性而有序的互动机制;这一机制的建立,也是能动司法正确施行的首要保障。

2. 中观上,建立恰当有效的最高司法机构的指导机制

我国能动司法实施的效果,很大程度上将决定于最高人民法院对下级法院的指导机制能否有效恰当地建立。这首先是因为,最高人民法院更贴近中央,因而对主导政治力量的要求、对社会发展的大局有更为恰切的理解。通过最高人民法院传导主导政治力量的要求,可以增强地方法院对"大局"的识别能力,尤其是可以减少地方法院在这种识别中的偏误。其次,我国司法体制与联邦制国家有着显著的区别,我国最高人民法院的司法政策及司法意见等可以穿透法院的层级限制而直接辐射到基层法院,最高人民

法院对于全国各级法院的司法活动都保持着重要的影响力。在此格局下，一方面，最高人民法院自身的"能动"即在很大程度上体现我国能动司法的总体状况和水准；另一方面，最高人民法院也有条件为地方各级人民法院的"能动"提供指导和提出要求。最后，我国不承认法官造法，因而对立法缺失的弥补主要依赖于最高人民法院的司法解释，甚至在某些情况下需要最高人民法院部分地承担立法性解释的责任。这表明，最高人民法院司法解释功能的发挥对于我国能动司法也具有重要的影响。

目前，在最高人民法院指导机制方面主要存在这样几个问题：一是主体混乱。最高人民法院内部各主体（包括个人或内部机构）都以各种不同的方式表达其相关的司法意见和主张，而基于最高人民法院的权威以及体制上的现实，这些意见和主张都会受到下级法院的重视，从而都会对地方司法产生影响。二是形式多种且效力关系不明。与主体混乱相应的问题是，最高人民法院对下级法院指导的形式既多亦杂，且效力关系不清。从领导讲话、批示到其他成员在不同场合下公开发表意见；从最高人民法院正式文件到法官个人发表的文章；从司法解释、司法意见到公布的案例，其间不仅常常出现矛盾和差异，同时也存在效力关系不明的问题，这种状况往往使地方法院无所适从。三是司法解释或批复等对实体或程序有重要影响的文件，其质量不尽如人意，不仅内容上往往失之片面，对可能关及的问题缺少足够的考虑（更致命的是，司法解释通常还溯及既往），而且在文字上往往语义不清，以致对司法解释仍需作进一步的解释。

鉴于这些问题的存在，我认为，最高人民法院应当认真而系统地审视司法指导方面所涉及的相关问题，理顺关系、明确效力，建立必要的程序和制度，尽快形成恰当而有效的对下级法院司法活动的指导机制。〔91〕

3. 微观上，建立科学合理的法院内部审判运行机制

如前所述，我国能动司法是在法官职业化条件不具备的情况下施行的，这就需要从法院整体功能有效发挥的角度，借助制度和机制的作用弥补司

〔91〕 有学者对最高人民法院拟建立的案例指导制度提出批评，而主张通过立法解释建议、立法型司法解释、重视"批复"型司法解释以及对于少数特殊类型的案件实行案例指导等方式，体现最高法院的指导作用。参见李仕春：《案例指导制度的另一条思路》，载《法学》2009 年第 6 期。

法人员个体素质的缺失,提升能动的水平。由此必然涉及我国法院内部审判运行机制的建构问题。

我认为,我国法院内部审判运行失序和紊乱是长期以来未能得到有效解决的问题。这一问题源于我国法院定案机制的复杂性。与其他国家司法制度不同,我国法院实行的"多主体、层级化、复合式"的定案机制。在同一审级中,法院多主体、各层级都可能对案件的实体裁判产生影响;同一案件往往受制于同一法院内的多重评价。而问题在于,法院内部各主体、各层级对于裁判决定的权力不清、职责不明,各主体参与裁判过程的方式不定,动机亦很复杂。这种状况必然带来审判运行的失序和紊乱。反映在权力关系上,便是审判权与审判管理权之间的关系没有厘清:要么是审判权被审判管理权替代和侵蚀;要么则是审判权完全不受制于审判管理权,后者相应地被边缘化。

近10年来,我国司法改革虽然不同程度地触及这一现象,但由于其涉及如何理解我国司法独立以及我国司法权的行使方式等深层次问题,因而对此不仅认识上分歧较大,同时在实践上也几经反复。可以说,我国司法活动中出现的诸种弊端,很大程度上都与这一现象相关。为此,在能动司法的背景下,必须在系统总结我国法院及审判运行经验、恰当把握审判运行规律的前提下,理顺审判权与审判管理权之间的关系,建立起既顺畅运行又有监督制约,既便于发挥法院集体智慧,又能提高审判效率的科学合理的审判运行机制,[92]从微观层面上解决司法主体的特性问题,使之与能动司法的要求相匹配。

(本文原载于《中国法学》2010年第4期)

---

〔92〕 对此方面,成都中院已进行了为期3年的改革探索,形成了较为系统的经验,最高人民法院拟在近期总结推广。我对成都中院的实践进行了较长时间的跟踪调研,有关认识另文表达。

非法证据排除规则的中国模式

陈瑞华

一、问题的提出

作为刑事证据法的重要组成部分,"非法证据排除规则"所要规范的不是证据的证明力问题,而是证据能力问题;该规则也不对一般意义上的证据适用问题加以限制,而主要涉及公诉方证据的法庭准入资格问题。具体而言,对于侦查人员以违反法律程序的方式收集的证据,检察官一旦将其提交给法庭,法庭即将其排除于法庭之外,使其不得为法官、陪审员所接触,更不得转化为定罪的根据。可以说,将侦查人员通过违法手段所取得的证据视为"非法证据",并使其失去作为定罪根据的资格,这是"非法证据排除规则"的基本要求,也是它区别于其他"证据排除规则"的关键之所在。[1]

早在 1998 年,最高人民法院就在一份司法解释中规定了排除非法证据的原则。根据这一司法解释,对于侦查人员以刑讯逼供、威胁、引诱、欺骗等非法手段所获取的言词证据,法院不得作为定案的根据。但是,十余年来的司法实践表明,这一规定并没有得到有效的实施。[2] 2010 年 6 月,最高人民法院、最高人民检察院、公安部、国家安全部、司法部联合发布了《关于办

---

〔1〕 在证据法理论上,"广义的证据排除规则"是指所有旨在限制证据之证据能力的证据规则。作为一种"狭义的证据排除规则","非法证据排除规则"所要限制的主要是公诉方证据的证据能力,尤其是侦查人员以违法侦查手段所收集的证据。这些证据因取证手段违法而使其自身的合法性受到了"污染"和消极的影响。法院假如对这些证据予以采纳,就意味着对违法侦查行为的一种首肯或默认,使侦查人员"从其违法行为中获得不应有的非法利益",而这种情况恰恰会构成一种对程序性违法行为的激励机制。

〔2〕 关于中国非法证据排除规则的实施情况,参见陈瑞华:《程序性制裁理论》(第 2 版),中国法制出版社 2010 年版,第 177 页以下。

理刑事案件排除非法证据若干问题的规定》(以下简称《非法证据排除规定》)和《关于办理死刑案件审查判断证据若干问题的规定》(以下简称《办理死刑案件证据规定》)。其中,《非法证据排除规定》对排除非法证据的问题作出了系统的规定,《办理死刑案件证据规定》主要涉及在死刑案件中审判判断证据的规则,但也包含不少排除非法证据的内容。这两部具有司法解释效力的法律文件的颁行,标志着我国非法证据排除规则的框架结构已经初步形成。

通常说来,一项完整的非法证据排除规则包含"实体构成性规则"与"程序实施性规则"两大部分。前者规定非法证据的种类和范围、排除非法证据的后果、法官在排除非法证据中的裁量权、排除规则适用中的例外等规则,后者则对排除非法证据的启动方式、立案标准、司法裁判方式、证明责任的分配以及相关救济机制等问题确立可操作的程序机制。我国的刑事诉讼法和司法解释通常较为重视实体构成性规则,对于非法证据的范围、排除后果、是否可以补正、派生证据是否排除等实体性问题,作出明确的规定。但对于程序的启动、法院对诉讼申请的受理、裁判方式等程序问题则不予重视,结果,法律和司法解释所确立的"非法证据排除规则"往往不具有可操作性。

在上述两个证据规定制定过程中,改革者不仅重视非法证据排除规则中的实体性部分,而且对带有程序保障性的实施性规则作出了系统的规定。在实体构成性规则方面,两部证据规定针对不同的非法证据确立了"强制性排除"与"自由裁量的排除"两种规则,并对那些违法情节不严重的"程序瑕疵"确立了"可补正的排除"规则。但对于那些从非法证据中派生出来的证据,也就是通常所说的"毒树之果",两个证据规定都没有确立排除性的法律后果。

在程序实施性规则方面,上述两项司法解释确立了职权启动与诉权启动相结合的启动方式。检察机关在审查批捕、审查起诉中可依据职权将非法言词证据予以排除,而在审判阶段,辩护方的诉讼申请是法院启动排除非法证据的裁判程序的前提。《非法证据排除规定》确立了"程序审查优先"的原则,也就是被告人及其辩护人一旦提出排除非法证据的申请,法庭即应中止对被告人刑事责任问题的实体审理,而优先审查侦查程序的合法性问题。在被告方提供有关非法取证的证据或线索后,法庭经过初步审查,对于侦查人员取证的合法性有疑问的,即应要求公诉方承担证明责任。两部证据规定对于非法供述的合法性确立了证明责任倒置的规则,但对于其他言词证据的合法性问题,则确立了由举证方承担证明责任的规则。对于公诉方承担的证明侦查程序合法性的责任,《非法证据排除规定》确立了最高的证明标准。不仅如此,对于一审法院拒绝审查侦查程序合法性问题的,被告方还可以向二审法院继续提出申请,二审法院可以启动新的程序性裁判程序。

当然,法律的颁布并不等于法律的实施。在两部司法解释生效施行之后,刑事法官们的价值观念、法律思维、职业素养及其所要面对的司法环境,都可能对非法证据排除规则的推行产生程度不同的影响。同时,鉴于非法证据排除规则属于从西方移植过来的"舶来品",我国的相关法律理论也深深地受到西方证据理论的影响,但我国的相关刑事司法实践则存在一些特殊的问题。新颁行的两部司法解释究竟能否有效地解决中国的问题,这也是一个悬而未决的难题。

有鉴于此,本文拟从法解释学的角度,对我国新确立的非法证据排除规则作出初步的考察。笔者将运用模式分析方法,将西方国家的相关证据规则作为参照系,对中国非法证据排除规则的特征进行简要分析,同时,对两部司法解释所取得的几项制度创新作出理论上的解读。

二、强制性的排除与自由裁量的排除

在证据法理论上,非法证据的排除大体上可分为两类:一是"强制性的排除",也就是法院一经将某一控方证据确认为"非法证据",即可将其自动排除于法庭之外,而不拥有排除或者不排除的自由裁量权;二是"自由裁量的排除",亦即法院在即便将某一证据确认为"非法证据",也不一定否定其证据能力,而是要考虑非法取证行为的严重性、损害的法益、采纳该非法证据对司法公正的影响等若干因素,并对诸多方面的利益进行一定的权衡,然后再作出是否排除非法证据的裁决。

例如,英国1984年警察与刑事证据法就采用了这种分类方式。根据该法的规定,对于警察采用"强迫"或其他可能导致证据不可靠的方式所获取的被告人供述,法庭不得将其采纳为不利于被告人的证据。而对于被告人供述以外的证据,该法则采取了"自由裁量的排除"方式。对于警察非法取得的这类证据,法庭在考虑了包括证据取证方式在内的所有情况之后,认为采纳该证据将对诉讼的公正性造成不利影响的,就可以将该证据予以排除。[3] 在德国,联邦宪法法院所确立的"自主性证据使用禁止"规则,一般不要求法官对于所有侵犯宪法权利的侦查行为都采取自动排除的态度,而是给予法官在判定某一宪法权利是否受到侵犯以及应否排除该项证据方面拥有较大的自由裁量权。但对于那些违反刑事诉讼法典的方式所获取的非法证据,法院则采取了强制排除的做法。[4]

当然,这种分类方式并没有为其他国家所普遍接受。例如,美国所确立的就主要是"强制性的排除"规则,而没有赋予法官太大的自由裁量权。只不过,考虑到在特定情形下排除非法证据会带来较大的负面影响,法院也会对某些非法证据作出不予排除的裁决。迄今为止,这种"强制排除加例外"的模式还一直存在于美国的判例法中。[5] 相反地,加拿大确立的却是较为单一的"自由裁量的排除"规则。具体而言,排除非法证据的规则尽管被确立在加拿大《公民权利与自由大宪章》之中,[6]但法官在考虑是否排除某一特定非法证据时,却要考虑证据取证方式是否侵犯了宪法权利、侵犯宪法权

---

〔3〕 See Michael Zander, *The police and Criminal Evidence Act* 1984, revised second edition, Sweet & Maxwell, 1990, p. 198. Also see Peter Murphy, *Murphy on Evidence*, Blackstone Press Limited, 1995, pp. 69 – 70. 另参见陈瑞华:《比较刑事诉讼法》, 中国人民大学出版社 2010 年版, 第 39 页以下。

〔4〕 参见[德]克劳斯·罗科信:《刑事诉讼法》(第 24 版),吴丽琪译,法律出版社 2003 年版, 第 210 页以下;[德]托马斯·魏根特:《德国刑事诉讼程序》,岳礼玲、温小洁译,中国政法大学出版社 2004 年版,第 187 页以下。另参见前引〔3〕, 陈瑞华书, 第 181 页以下。

〔5〕 See Joel Samaha, *Criminal Procedure*, Wadsworth Publishing Company, 1999, p. 431. Wayne R. La Fave and Jerold H. Israel, *Criminal Procedure*, second edition, West Publishing Co., 1992, pp. 459 – 498. 另参见前引〔3〕, 陈瑞华书, 第 86 页以下。

〔6〕 根据《加拿大大宪章》第 24 条(2)的规定,"对于那种以侵犯公民宪法性权利的方式所获取的证据, 法院如果认为采纳它们将使司法制度的声誉受到损害的,即可以将这些证据排除"。这即使在西方国家中, 也是迄今为止将排除规则确立在宪法之中的唯一立法例。See Ronald J. Delisle, *Canadian Evidence Law in a Nutshell*, Thomson Professional Publishing, 1996, pp. 27 – 41.

利的行为与非法证据的取得之间是否具有因果关系、采纳该项证据是否损害司法制度的形象等因素。比如说,假如某一强制性证据被认为是“不可重新发现的”,也就是警察不采用侵犯公民宪法权利的手段就无法获取该项证据的,那么,法官就可以认定采纳该证据将对司法公正带来消极的影响,从而将其排除。相反,对于那些“可以重新发现的”证据,法官还需要考虑侵权行为的严重性以及排除证据所带来的后果等因素,来作出是否排除的决定。[7]

我国新颁行的《非法证据排除规定》确立了“强制性的排除”与“自由裁量的排除”相结合的证据排除规则。根据该项证据规定,对于侦查人员采取刑讯逼供等非法手段获取的被告人供述以及采用暴力、威胁等非法手段所获取的证人证言、被害人陈述,法庭应将其排除,不得作为定案的根据。显然,这是一种“强制性的排除”规则。同时,对于侦查人员非法取得的物证、书证,经确认侦查人员的取证手段“明显违反法律规定”,“可能影响公正审判的”,法庭应当责令公诉方予以补正或者作出合理解释,否则,也不得将该物证、书证作为定案的根据。这种给予法庭一定自由裁量权的排除规则,具有“自由裁量的排除”的性质。[8]

如果说《非法证据排除规定》对非法言词证据和非法实物证据分别确立了不同排除规则的话,那么,《办理死刑案件证据规定》则对非法言词证据和非法实物证据都确立了一些新的强制性排除规则。例如,对于经勘验、检查、搜查、提取、扣押的物证、书证,侦查人员未附有勘验、检查笔录,搜查笔录,提取笔录,扣押清单,不能证明物证、书证来源的,不能作为定案的根据;对于侦查人员讯问证人没有个别进行或者没有经证人核对确认并签名的书面证言,应将其予以排除;对于侦查人员讯问笔录没有经被告人核对确认并签名的被告人供述,不得作为定案的根据;对于鉴定机构、鉴定人不具备法

---

〔7〕 See Don Stuart, *Charter Justicein Canadian Criminal Law*, Thomson Canada Limited, 2001, pp. 458 – 465. 另参见蒂姆·魁格雷:《加拿大宪章中权利、救济及程序的介绍》,载《美国刑事诉讼中的辩护》,法律出版社 2000 年版,第 296 页以下。另参见前引〔3〕,陈瑞华书,第 174 页以下。

〔8〕 参见最高人民法院、最高人民检察院、公安部、司法部、国家安全部 2010 年 6 月 13 日联合颁行的《关于办理刑事案件排除非法证据若干问题的规定》,第 1 条、第 2 条、第 14 条。

定资格和条件、鉴定事项超出其鉴定项目范围或鉴定能力的鉴定意见,不得作为定案的根据;对于辨认不是在侦查人员主持下进行或者辨认中给辨认人明显暗示或者明显有指认嫌疑的辨认结果,法庭也应当无条件地予以排除……〔9〕

为什么要针对不同的非法证据分别确立“强制性的排除”和“自由裁量的排除”呢？这主要是考虑到有一部分非法取证行为违法情节较为严重,要么侵犯了极为重要的利益,要么违反了法律明文确立的禁止性规定,要么通常会造成严重的后果,因此,对于这种严重的违法侦查行为,唯有确立最严厉的程序性制裁,也就是无条件地宣告无效的方式,才能体现程序性违法与程序性制裁相适应的原则,从而达到有效地抑制程序性违法行为的效果。例如,侦查人员通过刑讯逼供方式获得的被告人供述,就明显违反了刑事诉讼法有关禁止刑讯逼供的规定,并且严重侵害了被告人的身体健康、人格尊严,违背了国际公约中有关禁止酷刑的规定,并且严重损害了刑事司法的人道性、公正性。因此,对这类非法证据就应采取“强制性的排除”,使违反法律程序的侦查人员受到最严厉的程序制裁。

相反地,对于那些违法情节不严重、侵害的利益不很重大、造成后果不是特别严重的违法侦查行为,假如一律采用无条件排除的做法,未免过于严厉,容易破坏程序性违法与程序性制裁相均衡的原则,并且也可能导致一些有价值的证据仅仅因为取证手段的轻微违法而被否定了证据能力,使案件的事实真相难以发现,甚至带来放纵犯罪的消极后果。尤其是那些违法情节轻微的“程序瑕疵”,通常在侦查行为的步骤、方式、地点、时间、签名等技术性手续方面存在一些不符合法律程序的问题,而不存在违反基本法律原则的问题,也没有明显侵犯任何一方的利益,更没有造成诸如证据虚假、案件系属错案等严重的后果。对于这些程序瑕疵,法院唯有采取区别对待的原则,综合考虑若干项有关的因素,在通过对若干项利益的权衡,本着“两害相权取其轻”的原则,对于那种采纳该证据所获得的利益超过排除该证据所

〔9〕 参见最高人民法院、最高人民检察院、公安部、司法部、国家安全部2010年6月13日联合颁行的《关于办理死刑案件审查判断证据若干问题的规定》,第9条、第12条、第13条、第19条、第20条、第24条、第30条。

带来的收益的,就可以不作出排除证据的决定。与此同时,在对此类“非法证据”进行审查时,法院还可以考虑有关的程序瑕疵可否得到适当的“补正”。假如公诉方经过必要的补充调查,侦查人员经过重新收集证据材料,原来的程序瑕疵就可以得到弥补,或者原有的侦查手续违法就可以得到合理的解释,这就意味着这种“非法证据”属于可以重新发现的证据,侦查程序上的瑕疵并不影响该证据的证明力。因此,对此类经过补正的证据不予排除,可能就属于一种明智的选择。

应当说,按照侦查人员违反法律程序的严重程度来区分“强制性的排除”与“自由裁量的排除”,这是中国新颁行的司法解释所取得的重大制度突破。在以往的司法解释中,中国最高法院一度将非法证据的表现形式作为是否排除的标准。也就是说,对于侦查人员非法取得的被告人供述、证人证言、被害人陈述等言词证据,法院不得作为定案的根据,但对于非法所得的物证、书证、视听资料,无论非法取证手段有多么严重,法院都不对其适用排除规则。这主要是考虑到言词证据的可靠性受取证手段的影响较大,非法取证容易造成言词证据的不可信;而实物证据则相对稳定一些,其真实性很少受到取证方式的影响。这种确定是否排除的标准仍然是“重证明力、轻证据能力”的,也是一种特殊的“重实体、轻程序”的表现。[10] 新颁行的两个证据规定抛弃了这种证据排除标准,确立了一种“程序中心主义”的排除规则。只要侦查人员采取了严重违反法律程序的手段获取了证据,那么,不论这种证据的种类和表现形式是怎么样的,也不论这些非法证据本身是真实的还是不可靠的,是相关的还是不相关的,法院都要予以排除。换言之,法院排除非法证据的理由不是证据不具有证明价值,而是证据取证手段的非法性和侵权性。这就是“强制性的排除”规则的精髓之所在。

另一方面,对于“强制性的排除”,两部证据规定也在适用范围上作出了一些限制。毕竟,采用这种排除规则,意味着法院对控方证据作出无条件的排除,无论是公诉人还是侦查人员都没有对该证据加以补救的机会。正因为这种排除的后果是最严厉的,对公诉方的指控所带来的负面影响也是最

---

〔10〕 参见熊选国主编:《刑事诉讼法司法解释释疑》,中国法制出版社2002年版,第51页以下。

大的，所以，司法解释将这种排除规则限制在最严重的非法取证行为方面。例如，对于非法获取被告人供述的行为限制在“刑讯逼供”等方面，对非法证言、被害人陈述的行为限定在“暴力”“威胁”等方面，而对过去争议较大的“欺骗”“利诱”等非法手段，则适用“强制性的排除”。又如，对于非法获取证言、被告人供述、鉴定意见、物证、书证、辨认证据的行为，也主要限制在一些公认的严重违法行为方面，而对那些带有违法情节不严重、侵权性不强的技术性违法行为，特别是大量的“程序瑕疵”，则不再适用这种最严厉的排除规则。

与“强制性的排除”所具有的“自动排除”的性质不同，“自由裁量的排除”意味着法官在是否排除某一非法证据方面享有较大的自由裁量权。有人可能认为，法官在适用这两种排除规则时都或多或少地享有自由裁量权，即便是对“强制性的排除”规则，也必须确定哪些证据属于最严重的非法证据，哪些证据需要列入自动排除的适用对象，这都需要法官的审查判断，也不可避免地使法官拥有一定的裁量空间。这里需要明确的是，所谓“强制性的排除”，意味着法官一旦确定某一非法证据属于这种排除规则的适用对象，就不再享有排除或者不排除的自由选择权，而只能将证据的证据能力予以否定。至于该证据为什么需要进行强制性的排除，在确定排除时考虑了哪些因素，这属于“立法领域”的事情，而不是法官在司法活动中需要考虑的问题。至于某一证据的违法性究竟是否达到强制性排除的程度，这也属于法官在适用排除规则上的事实认定问题，而“强制性的排除”则属于一种法律适用问题，它是在事实认定的基础上加以适用的排除规则。相反地，对于那些适用“自由裁量的排除”规则的非法证据，法官在是否排除问题上则拥有较大的自由裁量权，也就是排除与不排除的自由选择权。当然，法官在行使这种自由裁量权方面，也不是绝对自由的，而要考虑一系列的因素，进行适当的利益权衡，并要给出排除或者不排除的理由。可以说，即便是“自由裁量的排除”，也要受到诸多方面的限制，否则法官就可能滥用自由裁量权。

根据两部证据规定的表述和精神，在适用“自由裁量的排除”的场合，法官在决定是否排除非法证据时一般需要考虑以下因素：一是侦查人员非法取证的性质及其违法程度；二是非法取证行为是否违反了重要的法律准则，尤其是法律所确立的禁止性规则;三是非法取证行为是否侵犯了重要的权益;四是采纳该项证据对于认定案件事实的重要性;五是采纳该项证据对于司法公正的影响;六是所涉及的犯罪是否重大;七是该非法证据是否可以重新发现;八是该非法取证行为是否可以得到及时的补正,也就是公诉方可否重新收集该项证据,是否可以对那些程序瑕疵给予合理的解释等。

通过考虑上述因素,法官需要进行必要的利益权衡:如果某一证据的取证方式仅仅属于技术性的违法,或者属于违反诉讼手续的“程序瑕疵”,而该证据对于证明案件事实又非常重要,侦查人员即便不采取非法取证行为,也可以获取该项证据,并且该证据经过必要的补救行为,侦查人员就可以消除原有的程序瑕疵,那么,法官就可以判定采纳该项证据并不会对司法公正造成严重的影响,也就可以经过必要补正后不再排除该项证据。相反地,假如某一证据的取证方式违法情节较为严重,被告方也反复要求排除该项非法证据,该证据属于不可重新发现的,而且即便经过侦查人员的补救,有关非法取证行为的危害后果也难以得到消除,法官就可以认定采纳该证据将对司法公正带来消极的影响,因此应当作出排除该项证据的决定。

很显然,“自由裁量的排除”规则要得到有效的实施,就需要法官以善意的态度,掌握利益权衡的精神,对于多种因素进行全面的考虑,对多方面的利益进行合理的权衡。所谓“自由裁量权”,其实是法官通过运用法律人的思维来发现正义,弥补成文规则的不足。“自由裁量的排除”绝不意味着法官在排除非法证据方面可以为所欲为,更不意味着法官对于适用“强制性的排除”以外的其他非法证据,都无一例外地采取包庇、纵容的态度。“自由裁量的排除”绝不简单地等于“自由裁量的不排除”。否则,司法改革的决策者确立这种排除规则的初衷就根本无法实现了。

三、可补正的排除

研究非法证据排除规则的人士不难发现,中国新颁行的两部司法解释在排除规则的适用范围上作出了两项重大的妥协:一是没有确立“毒树之果”规则，对于那种由非法证据所派生出来的证据没有作出排除性的规定；[11]二是确立了若干项“可补正的排除”规则，也就是对那些具有“程序瑕疵”性质的非法取证行为，法庭给予公诉方“予以补正”的机会，要么责令其重新实施某一取证行为，要么责令其对非法取证行为的发生作出合理的解释或说明，在确认该项侦查行为的“违法性”得到补正之后，就不再作出排除非法证据的决定。之所以要作出这样的重大妥协，主要是考虑到两部司法解释对排除规则适用范围的界定假如过于宽泛的话，就势必给公安机关、检察机关的侦查活动带来太大的冲击，造成侦查破案的较大困难，使两部司法解释的制定初衷无法实现。

尤其是那些“可补正的排除”规则，作为中国司法解释独创出来的制度安排，更是给予公诉方对那些程序瑕疵进行补救的机会。事实上，前面所说的“强制性的排除”规则属于一种带有“极端性”的程序性制裁机制，一旦得到适用，就可能会导致侦查行为的合法性受到否定，导致公诉方的证据体系受到破坏，甚至导致公诉方追诉犯罪的努力归于失败。这种“不可补救”的宣告无效制度既然具有如此严厉的制裁后果，那么，在适用范围上就不能不受到适度的限制，使那些最严重的非法取证行为承受这种严厉的程序性制裁后果。但是，对于那些带有技术性违法性质的“程序瑕疵”，法庭如果动辄采取“强制性的排除”，就显得违背比例性原则，使宣告无效的制裁行为与非法取证行为的严重不相适应，并且容易导致其他重要利益受到不应有的损害。比如说，对于侦查人员的非法取证行为是无意之中实施的，没有违反重要的法律准则，没有侵犯重大的利益，也没有造成影响司法公正的后果的，法庭如果将有关证据予以排除，就可能损害被害人的利益，损害社会公众的利益，导致犯罪行为受到纵容，甚至造成实体法的实施受到阻碍。正是考虑到这些因素，新的司法解释才对那些侦查人员具有“程序瑕疵”的非法取证

---

〔11〕 在美国，对于警察的非法搜查和扣押、非法讯问嫌疑人以及非法辨认行为，法院只要确认其侵犯了宪法第4条、第5条、第6条修正案所确立的宪法权利，就可以将非法证据排除规则延伸适用到非法证据的派生证据上。当然，这种“毒树之果”规则也有若干项例外。See Wayne R. La Fave and Jerold H. Israel, *Criminal Procedure*, second edition, pp. 296 – 310. 另参见前引〔3〕，陈瑞华书，第111页以下。

行为,确立了这种“可补正的排除”规则。

在西方的证据法理论中,非法证据排除规则属于一种“要么全部,要么没有”(all or nothing)的游戏规则。法庭一旦作出排除非法证据的裁决,即意味着该项证据不得被采用为定案的根据。为避免法庭不当地适用这一规则,法律最多确立一系列的例外,要求法院对特定的非法证据不适用这一规则,或者确立法官的自由裁量权,给予法官通过考虑若干因素、权衡各项利益,然后再决定是否排除非法证据的权利。换言之,法院一经确认某一证据系属非法证据,就会作出排除或者不排除的裁决,而没有第三种选择。法院一般不会给予公诉方对有关非法证据予以补救的机会,更不会在审判阶段再给予侦查人员重新收集证据或者补充制作案卷笔录的机会。

当然,在排除非法证据以外的场合,特别是法院宣告撤销起诉或者上级法院撤销原审判决的案件,那种“可补正的无效”确实是存在的。比如说,在英美法中,对于检察机关滥用诉讼程序的行为,如违反迅速审判原则、造成被告人受到超期羁押的公诉行为,侦查人员滥用诱惑侦查措施的行为,或者对被告人的同一行为实施重复追诉、造成被告人受到双重危险的行为,法院可以宣告终止审理,责令检察官撤销起诉。但这种撤销起诉通常都是“无不利后果的撤销起诉”,也就是检察官对公诉程序作出必要的补正,仍然可以对被告人重新提起公诉。那种“有不利后果的撤销起诉”,也就是相当于宣告被告人无罪的撤销起诉,往往只适用于那些特别严重的程序违法行为,而在实践中很少适用。[12] 再如,无论是英美法还是大陆法,对于初审法院违反法律程序的行为,上诉法院通常都可以作出撤销原判、发回重审的裁定,而一般不会在撤销原判后,直接改判被告人无罪。这里所说的“撤销原判”也就是宣告原审判决无效,而这里的“发回重审”其实也就是责令下级法院通过重新进行审判来对原来的程序违法作出补正的意思。[13]

大陆法中的宣告诉讼行为无效制度,也存在违法诉讼行为的补正问题。

---

〔12〕 See Andrew L. T. Choo, Halting Criminal Prosecutions: The Abuseof Process Doctrine Revisited, (1995) *Criminal Law Review*, 864; Andrew L. T. Choo, *Abuse of Process and Judicial Stays of Criminal Procedure*, Oxford, Clarendon Press, 1993, pp. 78 – 118, 148 – 181.

〔13〕 参见前引〔3〕,陈瑞华书,第436页以下。

在法国、意大利、葡萄牙，对于那些违法后果不严重的一般违法行为，法院可以作出“相对无效”的宣告。这种无效属于一种“取决于抗辩的无效”，相关当事人法定诉讼期限内向法院提出宣告无效的诉讼请求，是该种无效实施的程序前提。但这种无效也被称为“可补正的无效”，也就是说该项违法诉讼行为是可以得到补救和治愈的，这种补正和治愈的条件一般是：当事人在法定期限内未能提出无效之抗辩的；有关当事人明确表示放弃无效之抗辩，或者愿意接受该违法行为的法律后果的；那些涉及传唤、通知和送达等方面的无效情形，如果有关当事人出庭或者放弃出庭的……但是，对于某一非法诉讼行为，法院无论是宣告“绝对无效”还是“相对无效”，都可以在否定其法律效力之后，责令警察、检察官或者下级法院的法官重新实施该项诉讼行为。可见，“相对的无效”之所以被称为“可补正的无效”，是因为当事人通过放弃行使抗辩权等行为，就足以带来有关诉讼行为的违法性得到补救和治愈的后果。至于法院在宣告无效之后责令侦查人员、检察官重新实施该项诉讼行为的决定，则一般不被视为“诉讼行为的补正”。[14]

中国新颁行的两部证据规定所确立的“可补正的排除”，与大陆法中的“可补正的无效”不是一个层面上的概念，而与英美法中的“无不利后果的撤销起诉”以及“撤销原判、发回重审”具有相似的性质。具体而言，这种“可补正的排除”得到适用的前提条件是，法庭经过程序审查过程确认侦查人员存在非法取证行为，但既不作出排除非法证据的决定，也不作出不排除非法证据的决定，而是选择了第三条道路，也就是责令公诉方采取程序补救的行动，然后视这种补救的效果，再来决定是否作出排除非法证据的决定。在某种意义上，这种“可补正的排除”具有“附条件的排除”的意味，而这种“附条件”也就是要求公诉方进行必要的程序补救。

从广义上说，“可补正的排除”属于“自由裁量的排除”的一个特殊分支。一般说来，那些“强制性的排除”都是“不可补正的排除”，也就是说，法庭对那些严重的非法取证行为作出的是自动排除的决定，而不会给公诉方作出

---

〔14〕 参见徐京辉、程立福：《澳门刑事诉讼法》，澳门基金会 1999 年版，第 80 页以下。另参见前引〔3〕，陈瑞华书，第 206 页以下。

程序补救的机会。但是,“自由裁量的排除”则通常都属于“可补正的排除”。对于那些适用“自由裁量的排除”的非法取证行为,尤其是非法收集物证、书证的行为,法官需要考虑多种因素,如违反法律程序的严重性、对公正审判的影响程度等,然后经过利益权衡才能做出排除与否的决定。在法官所要考虑的诸项因素中,有关非法取证行为是否可以“得到补正”的问题,属于其中一个非常重要的因素。假如公诉方经过重新调查取证,发现该项证据即使经过合法取证方式,也可以被重新收集起来,原有的非法取证行为并不足以影响该项证据的提取效果,那么,该非法取证行为也就得到了补救,法庭没有必要对该项证据予以排除。又假如侦查人员经过合理解释,使法官相信当初的程序违法行为是无意之中造成的,并且纯属技术手续上的不严谨,那么,经过侦查人员的解释和说明,法官对这种技术手续上的缺陷就可以忽略不计了。由此可见,在“自由裁量的排除”适用过程中,法庭应将“非法取证行为能否得到补正”的问题作为考虑的因素之一,并依据这一点作出是否排除的决定。“可补正的排除”其实就是“自由裁量的排除”的一种特殊表现形式。

与“强制性的排除”不同的是,“可补正的排除”所针对的都是非法取证情节较轻的“程序瑕疵”。所谓“程序瑕疵”,主要是指那些在程序方法、步骤、时间、地点、签名等技术环节存在违法情节的调查取证行为。这种技术手续上的非法取证行为,由于没有违反重大的法律准则,没有侵犯重大的利益,没有违反法律明文规定的禁令,也没有造成严重的后果,因此没有必要采取“强制性的排除”,而应给予公诉方予以补救的机会。

例如,根据《办理死刑案件证据规定》第14条的规定,侦查人员询问证人“没有填写询问人、记录人、法定代理人姓名或者询问的起止时间、地点的”,“询问证人的地点不符合规定的”,法庭可以将其视为收集证据程序上的瑕疵,并可以适用“可补正的排除”。又如,根据该规定第21条的规定,侦查人员讯问被告人时“没有签名的”,或者“首次讯问没有记录告知被讯问人诉讼权利内容的”,法庭也可以将其视为程序瑕疵,并适用“可补正的排除”。该规定的其他条文,如第9条(对物证、书证)、第26条(对勘验、检查笔录)以及第30条(对辨认结果),也都作出了大体相似的规定。甚至就连《非法证据排除规定》第 14 条有关排除非法物证、书证的规定,也都包含了这种“可补正的排除”的意思。只不过,这一条文既属于一种自由裁量的排除,也同时带有“可补正的排除”的性质。

那么,在法庭确认侦查人员存在非法取证行为并责令公诉方予以补正之后,公诉方究竟如何进行补正呢?根据两个证据规定的精神,公诉方的补正行为大体可分为两种:一是重新进行调查取证行为,二是对那些无法重新收集的证据作出合理的解释或说明。前者是指公诉人亲自或者责令侦查人员重新收集证据,如重新讯问被告人、重新询问证人、被害人或鉴定人、重新进行勘验、检查、搜查、扣押、提取、辨认等行为。通过重新调查取证,将有关证据再次以合法的方式收集起来,并重新提交法庭,要求法庭将其作为定案的根据。至于原来非法收集的证据,就可以弃之不用了。当然,这主要适用于那些有重新收集证据条件的情况。而对于那些由于时过境迁而无法重新收集的证据,公诉方可以责令侦查人员作出合理的解释,以说明当初的程序瑕疵并不是有意造成的,而属于技术上的失误,或者这种程序瑕疵并不属于伪造证据的情况,也没有带来证据虚假的后果。公诉方通过这种解释或说明,意在让法官相信该证据的真实性和可靠性并没有因为取证方式上的瑕疵而受到消极的影响。

对于公诉方经过补正的非法取证行为,法庭究竟如何处置呢?在笔者看来,法庭应当对这种补正行为的有效性进行认真的审查,如果确认原有的“程序瑕疵”得到补正,就可以拒绝被告方排除非法证据的申请,否则,就仍然保留排除非法证据的权利。例如,公诉方经过补正,无法使法官相信该证据可以被重新收集起来,而且该证据的证明力在很大程度上受到取证方式的影响。那么,法官就可以作出排除的决定。又如,公诉方经过解释,不仅无法使法官相信侦查人员是无意之中造成了程序上的瑕疵,反而令法官怀疑非法取证行为系属侦查人员的有意行为,或者侦查人员存在明显的伪造、变造证据的行为,在此情况下,法庭仍然可以作出排除非法证据的决定。可见,从司法解释的制定意图上看,“可补正的排除”绝不应被理解为“经过补正后的不排除”,在是否排除非法证据问题上,法官只是将公诉方的补正情况视为一种需要考虑的因素,仍然可以经过自由裁量而作出是否排除的决定。

四、程序审查优先原则

在证据法理论中，有关排除非法证据的问题一旦成为控辩双方发生争议的问题，并被提交法庭，法庭就会进行专门的程序性裁判活动。这种围绕侦查行为的合法性以及相关证据的证据能力所进行的诉讼活动，由于发生在法院对被告人刑事责任问题的实体性裁判过程之中，因此又被称为“诉中诉”“案中案”（case in case），也被称为“审判之中的审判”（a trial within a trial）。[15]

这种针对侦查行为合法性问题所进行的司法裁判活动通常具有四个构成要素：一是本案的被告人成为程序合法性之诉的原告，辩护人成为程序性原告的诉讼代理人；二是本案的侦查人员成为程序合法性之诉的被告，公诉人则成为程序性被告的诉讼代理人；三是程序合法性之诉的诉讼标的不再是被告人的刑事责任问题，而是侦查行为的合法性，以及非法证据是否具有证据能力的问题；四是法庭对于被告人刑事责任问题的实体性裁判暂时中止，而临时充当一种“程序法庭”，对侦查行为的合法性进行审查，对于非法证据的排除问题作出专门的裁判。

对于非法证据排除问题的启动程序，西方国家通常有“职权启动”和“诉权启动”两种方式。例如，在英国，法官可主动要求控方律师证明报告人供述不属于强制性排除的适用对象，并要求控方将这一点证明到排除合理怀疑的程度。[16] 在德国，遇有刑事诉讼法所明确禁止的非法取证行为，如侵犯被告人意思决定和活动自由、非法实施强制措施、威胁、利诱以及有损被告人记忆力、理解力的行为，即使被告人本人同意，法院对于侦查人员通过上述手段所获取的被告人供述也不得作为定罪的证据。[17]

当然，被告方就侦查程序的合法性提出质疑，并提出排除非法证据的申

---

〔15〕 参见前引〔2〕，陈瑞华书，第233页以下。

〔16〕 参见前引〔3〕，陈瑞华书，第39页以下。

〔17〕 参加赵彦清：《受基本人权影响下的证据禁止理论——德国刑事诉讼中的发展》，载赵海峰、金邦贵主编：《欧洲法通讯》（第4辑），法律出版社2003年版，第137页以下。

请,这是启动程序性裁判程序的一般方式。在英国和加拿大,这种围绕侦查行为合法性展开的司法审查程序,通常被称为"预先审核程序"(voirdire)。在美国,法官对侦查行为的合法性所进行的司法审查,被称为"证据禁止之听证程序"(suppression hearing)。原则上,在英国刑事法院组织的陪审团审判程序中,有关排除非法证据的听证程序主要在法庭审判过程中举行。当然,法官是否举行正式的"审判之中的审判",还要看在非法证据排除问题上是否存在事实争议问题,如果仅仅存在法律适用问题,法官就可以根据控辩双方的动议和简单辩论作出裁决。[18] 为避免诉讼的拖延和审判对象的反复变更,美国将这种涉及非法证据排除问题的程序性裁判设置在开庭前的准备程序中进行。被告方无正当理由没有在开庭前提出有关排除非法证据的动议,或者对于被告方提出的该类动议,法庭作出拒绝排除的裁定的,被告方就不能在法庭审理过程中再次提出该类动议,有关的持续性裁判也就不再进行。但是,被告方在开庭中提出了新的证据,足以证明公诉方的某一证据系属非法证据的,法官在法庭审理中也可以接受这类动议,举行排除非法证据的听证程序。[19]

我国新颁行的两部证据规定对于非法证据排除规则的适用程序作出了系统的规定。从启动方式上看,检察机关在审查批准逮捕、审查起诉阶段,就可以对侦查行为的合法性进行主动审查,对于侦查人员非法取得的言词证据,应当否定其证据能力,不将其作为批准逮捕、提起公诉的根据。而在法院审判阶段,自起诉书副本送达被告人之后,被告方就可以向法院提出要求确认侦查人员非法取证、排除非法证据的申请。在第一审程序中,这种涉及排除非法证据问题的申请一直到法庭辩论结束之前都可以提出。一审法院对于被告方提出的排除非法证据的申请没有审查,并且将有关非法证据作为定案根据的,二审法院还可以对该项证据的合法性进行审查,对于经确认系属非法取得、符合排除条件的证据,可以作出排除非法证据的裁决。这显然说明,在审判前的审查批捕和审查起诉环节,我国司法解释采纳的是职

〔18〕 See John Sprack, *Emmins on Criminal Procedure*, 8th edition, Blackstone Press Limited, 1997, p. 282.

〔19〕 See Joel Samaha, *Criminal Procedure*, Wadsworth Publishing Company, 1999, p. 649.

权启动的方式,而在法庭审判阶段,则主要采取诉权启动的方式。

尽管新的司法解释授权检察机关在审查批捕和审查起诉环节可以主动排除非法证据,但是,考虑到检察机关属于国家公诉机关,负有追诉犯罪的职能,因此,它很难成为一种中立的、超然的裁判者,也不可能对所有非法证据都作出排除的决定。另一方面,非法证据排除规则要得到有效的实施,必须建立具有适度对抗性的司法裁判程序,给予那些与非法证据排除具有利害关系的控辩双方参与程序性裁判的机会。这就意味着检察机关在排除非法证据方面不可能有太大的作为,它更多地充当侦查机关诉讼代理人的角色,与申请排除非法证据的被告方处于对立的地位。正因为如此,对侦查行为合法性加以审查、对非法证据排除规则加以适用的责任,只能主要由法院来充当。有关排除非法证据的程序性裁判程序也只能在法庭审判阶段构建起来。

在过去的司法实践中,被告方即使提出排除非法证据的申请,法庭也不会在开庭前予以受理,而最多在法庭调查或法庭辩论中对此申请进行粗略的审查。但这种审查既没有专门的受理标准,也不具有程序听证程序的样式,控辩双方都无法围绕控方证据的合法性展开举证、质证和辩论的机会。不仅如此,法庭几乎从来不对被告方的此类申请给出专门的裁定,而最多在裁判文书中对此申请连同案件的实体问题一并作出裁判。当然,在更多的情况下,法庭对被告方要求排除非法证据的申请都采取了规避甚至严词拒绝的态度。[20]

新的司法解释确立了"程序审查优先原则",这属于在非法证据排除规则的适用程序方面作出的一项重大改革。按照这一原则,被告人及其辩护人无论是在开庭审理之前还是在法庭审理过程中,都可以提出排除非法证据的申请,对此申请,法庭应当"先行当庭调查"。经过审查被告方的相关证据或线索,法庭对某一控方证据取证方式的合法性有疑问的,就应当要求公诉方承担证明责任,并组织双方围绕着侦查行为的合法性以及非法证据应否排除的问题,展开质证、辩论活动。法庭根据案件情况还可以宣布休庭,

---

〔20〕 参见张军、姜伟、田文昌:《刑事诉讼:控辩审三人谈》,法律出版社2001年版,第168页以下。

对证据进行调查核实。经过连续不断的当庭审查,法庭确认不存在非法取证行为或者不符合排除非法证据条件的,就可以驳回被告方的申请,直接宣告有关证据具备法庭准入资格;法庭如果确认某一证据不具有证据能力,就可以直接排除于法庭之外,使其不得在法庭上宣读、出示和接受质证,也不再作为定案的根据。

很显然,新的司法解释将侦查行为合法性的审查置于优先的地位,被告方一经启动非法证据排除的裁判程序,法庭就要不间断地进行审查,并对符合条件的案件组织专门的听证程序,直至作出是否排除非法证据的决定。这就使程序性裁判程序具有中止实体性裁判程序的效力,法庭围绕被告人刑事责任问题所进行的庭审活动即告暂时中止。在对侦查行为的合法性以及是否排除非法证据的问题作出决定之后,法庭才能恢复对案件实体问题的继续审理。不仅如此,法庭所进行的这种不间断的审查程序足以说明,围绕侦查行为的合法性问题,法庭确实组织了一场"审判之中的审判",并使这种裁判具有独立于实体性裁判的目标、程序和裁决结论。而这种就侦查程序合法性所作的裁判结论,不仅在时间上优先于实体性裁判活动,而且对法庭随后所要调查的证据范围产生了影响。那些被宣告排除于法庭之外的证据,自然不再被允许出现在实体性裁判程序之中,有关排除非法证据的决定对于实体性裁判程序具有了法律效力。

"程序审查优先原则"的确立,使侦查行为的合法性问题被纳入专门的程序性裁判程序之中,这就为非法证据排除规则的有效实施提供了程序保障。但是,作为一种相对独立的司法审查程序,程序性裁判一经启动,就意味着法庭的实体性裁判押后举行,案件的结案周期势必会相应地延长。同时,对于那些明显不具备适用排除规则条件的案件,被告方假如一经提出这种申请,法庭就要组织程序性裁判程序,这也会带来被告方滥用诉权、影响法庭进程的问题。有鉴于此,新的司法解释确立了法庭初步审查与正式裁判程序相分离的制度,要求法庭对侦查人员取证的合法性进行初步审查,只有对那些符合受理条件的案件,才启动正式的程序性裁判。否则,法庭就可以直接驳回被告方的申请,而不中断对案件的实体性裁判活动。

这种初步审查程序有些类似于民事诉讼中的立案程序。在这一程序中，被告人及其辩护人可以提出有关的证据或者线索，以说明侦查人员实施非法取证的事实细节。当然，法庭也可以依据职权主动就侦查行为的合法性展开审查。法庭可以通过查阅案卷材料、讯问被告人等各种活动来发现非法取证行为是否发生。经过这种初步审查，法庭假如对某一控方证据取证方式的合法性“有疑问的”，就可以启动正式的程序性裁判程序。[21]

从诉讼构造上看，法庭围绕侦查行为的合法性所展开的程序性裁判程序，具有两造对抗、法庭居中裁判的基本诉讼形态。在法庭的主持下，控辩双方可以就侦查人员取证的合法性进行当庭质证和辩论。这种裁判程序在一定程度上体现了直接和言词审理的原则。对于侦查行为的合法性存在争议的案件，公诉人可以提请法庭通知侦查人员以及其他了解案情的证人出庭作证。尤其是对于被告方申请排除被告人供述的案件，法庭可以通知讯问时其他在场人员、其他证人或者负责讯问的侦查人员出庭作证，令其对该供述取得的合法性加以证明，同时也给予被告人及其辩护人当庭对这些证人进行盘问的机会。这种裁判程序还确立了一些旨在限制证据能力的规则。比如说，公诉人提交的加盖公章的说明材料，未经有关讯问人员签名或者盖章的，不能作为证明取证合法性的证据。此外，《非法证据排除规定》还允许法庭宣布休庭，对相关证据进行调查核实，这种“庭外调查”活动还可以通知公诉人和辩护人同时参加。

五、证明责任的分配

在非法证据排除规则的适用过程中，有关非法证据的证明责任分配问题，属于一个存在较大争议的问题。迄今为止，中国法学界和司法界对此问题的讨论主要是围绕非自愿供述的排除问题来展开的。按照法学界的普遍看法，被告方只要提出了排除非法供述的申请，法院即应责令公诉方承担证明侦查人员预审讯问行为合法性的责任，也就是“否定刑讯逼供等非法取证行为发生”的责任。而且，这种证明还需要达到“事实清楚，证据确实、充分”的最高程度。否则，法院即应将有争议的被告人供述排除于法庭之外。而

〔21〕 参见张军主编：《刑事证据规则理解与适用》，法律出版社2010年版，第320页以下。

根据部分司法界人士的观点,在排除非法供述问题上,应当坚持“谁主张,谁举证”的原则,也就是由申请排除非法供述的被告人承担证明责任,被告人没有提供证据或者无法证明刑讯逼供等非法取证行为发生的,法院就要拒绝该项排除非法证据的申请。[22]

在证据法理论上,有关非法证据的证明责任的分配问题并没有形成一个公认的观点。大陆法国家对实体性裁判和程序性裁判都确立了职权主义的诉讼构造,强调法官在调查侦查人员非法取证行为方面的主导作用。控辩双方在非法证据的证明方面起到辅助或从属的作用。提出排除申请的一方最多承担形式上的证明责任,而实质的证明责任则由法官承担。例如,在德国,对于侦查人员采取刑事诉讼法典所明文禁止的非法取证行为的,法官不得将非法取得的被告人供述采用为证据。即便被告人本人没有提出异议,甚至表示同意法院采纳该项证据,法院也应将其强制排除。[23] 在意大利,侦查人员通过违反法律禁令所获得的证据不得使用,包括被告人在内的利害关系人可以向法院提出排除非法证据的申请,法院也可以依据职权主动排除某一非法证据。[24]

英美证据法则建立了较为系统的证明责任分配规则。基本的原则是,对于被告人庭外供述的自愿性问题,公诉方应当承担证明责任;而对于被告人供述以外的其他证据,包括被告人在内的申请方承担证明责任。例如,在英国,在强制性排除的场合,控方律师负有证明侦查行为合法性的责任,也就是证明侦查人员没有采取强迫等非法取证手段获取被告人供述,否则,法官就可以将该项供述予以排除。对于这一点,控方律师需要证明到排除合理怀疑的最高标准。但在适用自由裁量排除的场合,申请排除非法证据的被告人,只有证明某一非法证据一旦被法官采纳,将导致诉讼的公正性受到不利的影响,法官才会作出排除非法证据的裁决。否则,法官将确认该证据

---

〔22〕 有关这一问题的讨论,参见前引〔20〕,张军、姜伟、田文昌书,第168页以下。另参见前引〔2〕,陈瑞华书,第254页以下。

〔23〕 参见前引〔3〕,陈瑞华书,第184页以下。

〔24〕 参见前引〔3〕,陈瑞华书,第212页。

的可采性。[25] 而在美国，如果被告人以供述系属非自愿取得为由提出排除证据的动议，则公诉方承担证明该供述为自愿供述的责任；被告人对于法官批准的搜查、扣押行为，认为警察存在违法行为的，需要承担证明责任，但对于那些由警察实施的无证搜查行为，公诉方则需要证明搜查、扣押行为合法性的责任。并且，公诉方所进行的证明通常只须达到优势证据的程度。[26]

我国新颁行的两部司法解释在吸收英美证据法的基础上，确立了独具特色的证明责任分配规则。根据非法证据表现形式上的不同，两个证据规定确立了各不相同的证明责任分配规则。

首先，对于未到庭证人的书面证言、未到庭被害人的书面陈述，控辩双方对其取证的合法性都可以提出异议，但证明责任要由“举证方”——也就是向法庭提出采纳该项证据的一方承担。比如说，某一书面证言是由公诉方获取并向法庭作为控诉证据提出的，被告方一旦对其取证的合法性提出异议，并要求法庭将其排除，那么，作为“举证方”的检察官应对收集证言的合法性承担证明责任。反过来，对于辩护方提交法庭的书面证言，公诉方对其取证的合法性提出质疑的，辩护方也应当承担证明取证行为合法性的责任。很显然，在书面证言、被害人陈述的合法性问题上，新的司法解释并没有采取英美证据法中的“谁主张，谁举证”原则，没有将证明责任赋予申请排除非法证据的一方，而是要求在一方对证据合法性提出异议的情况下，由调查取证和提出该证据的一方承担证明责任。这显然属于一种制度上的创新。

其次，对于侦查人员违反法律程序获取的物证、书证，两个证据规定尽管没有明确规定证明责任的分配规则，却包含了由申请排除的一方与收集证据的一方共同承担证明责任的意思。具体而言，被告方一旦对物证、书证的合法性提出了异议，需要证明该物证、书证的取得“明显违反了法律规定”，并且还要证明采纳该项物证、书证“可能影响公正审判”。当然，考虑到

---

〔25〕 See John Sprack, *Emmins on Criminal Procedure*, 8th edition, pp. 184 - 185. 另参见前引〔3〕，陈瑞华书，第47页以下。

〔26〕 See Wayne R. La Fave and Jerold H. Israel, *Criminal Procedure*, second edition, pp. 504 - 506. 另参见前引〔3〕，陈瑞华书，第126页以下。

被告方不具有较强的调查能力和举证能力，被告方所要完成的证明活动只需要达到优势证据的标准即可。只有达到这一步，法庭才会将证明责任转移给公诉方。公诉方这时需要承担证明责任，也就是提出证据证明侦查人员收集物证、书证的行为没有“明显违反法律规定”，采纳该项证据也不足以“影响公正审判”。当然，这种证明也需要达到事实清楚，证据确实、充分的程度。法庭经过审查，一旦确认公诉方的证明达到了法定的最高标准，就可以直接驳回被告方的申请，不再将非法物证、书证排除于法庭之外。但是，假如公诉方没有提供任何证据，或者无法证明侦查人员不存在违法行为，也无法排除采纳该证据影响公正审判的可能性，这时法庭也不能遽然将证据予以排除，而应责令公诉方采取补正行为。所谓“公诉方的补正”，其实包含公诉方通过重新收集有关物证、书证，重新制作相关笔录，或者给出合理的解释或说明，来弥补原来的程序瑕疵问题。这种对程序瑕疵的补救行为，以及随后向法庭所做的解释和说明，带有承担证明责任的意思，也就是向法庭证明该项非法取证行为的程序瑕疵一经获得补救，法庭没有必要再作出排除证据的决定。

最后，对于侦查人员违法获取的被告人供述，两个证据规定确立了“两步式的证明责任分配规则”。这一规则是根据法庭初步审查与正式裁判程序的分离机制来确立的。在法庭初步审查阶段，法官所要解决的是应否受理被告方有关排除非法证据的申请问题，也就是程序性裁判程序的立案问题。被告人及其辩护人有义务向法庭提出相关的证据或者线索，以证明“涉嫌非法取证的人员、时间、地点、方式、内容等”相关事实和信息。换言之，被告方为说服法庭作出受理诉讼申请的决定，需要承担初步的证明责任。假如被告方不能提出任何相关证据或者线索，法庭也没有对被告人供述取得的合法性产生疑问的，那么，法庭将拒绝受理被告方的诉讼申请，不仅不会作出排除证据的决定，甚至就连启动程序性裁判程序的决定都不会作出。司法解释之所以要求被告方承担初步的证明责任，主要是为了避免被告方滥用诉讼资源，无根据地行使诉讼申请权，以至于造成诉讼的不合理拖延。同时也是为了引导被告方提前做好调查收集证据的准备，以便有效地行使诉权，从而成功地说服法院排除非法证据。当然，为了避免使被告方受到不公平地对待,司法解释也对这种证明确立了较低的证明标准。具体来说,被告方提供的相关证据或线索,只要证明对被告人供述取得的合法性“有疑问”的,就足以达到说服法庭受理的程度了。

在法庭对被告人供述取得的合法性产生疑问后,法庭即应启动正式的程序性裁判程序,也就是非法证据排除的听证程序。这一程序启动的标志是,法庭责令公诉方承担证明被告人供述取得的合法性的责任。对于被告人供述取得的合法性,公诉方对假如不提供证据加以证明,或者所提出的证据不够确实、充分的,法庭都要作出排除该项供述的决定。这显然说明,在被告人供述合法性的证明问题上,新的司法解释确立了有条件的“证明责任倒置原则”,也就是在被告方承担初步证明责任、法庭正式启动程序性裁判程序的情况下,公诉方才承担证明公诉合法性的责任。并且,这种证明需要达到事实清楚,证据确实、充分的程度,也就是我国刑事诉讼中的最高证明标准。公诉方拒绝承担证明责任或者证明没有达到这一标准,都将导致法庭作出排除非法证据的后果。

按照《非法证据排除规定》的要求,公诉方承担证明责任的主要方式是提供证据材料和通知相关人员出庭作证。首先,为证明侦查行为的合法性,公诉方应当向法庭提供两种证据材料:一是侦查人员所作的讯问笔录,二是原始的讯问过程录音录像资料。前者是指侦查人员所制作的全部讯问笔录,包括记录有罪供述的笔录和记录无罪辩解的记录,法庭可以将这些讯问笔录交由被告方予以审核,必要时当庭予以宣读。后者则包括侦查人员对预审讯问过程所做的全程录音录像,法庭可以将该录音录像当庭播放。公诉方提供这两种证据材料的目的,在于向法庭展示侦查人员讯问被告人的全部过程,以便核实这种讯问程序是否存在刑讯逼供等非法取证的行为。正因为如此,公诉方向法庭提供的应当是全部讯问笔录,所提请法庭播放的应当是原始的全程录音录像,而不应是经过剪辑的录音录像,更不能是原始录音录像的复制件。

不仅如此,为证明讯问活动的合法性,公诉方还可以提请三类人员出庭作证:一是讯问时其他在场的人员,二是其他证人,三是“讯问人员”。所谓“讯问时其他在场的人员”,是指除讯问人员以外的其他参与者,如负责录音录像的人员、负责讯问场所管理的人员等;所谓“其他证人”,主要是指与被告人同监所的在押犯等。至于“讯问人员”,则是指那些负责讯问被告人的侦查人员,他们不仅参与了整个讯问过程,而且对讯问过程制作了笔录,有时候还制作了录音录像资料。

侦查人员出庭作证制度的确立,是新的司法解释所取得的又一重大制度创新。长期以来,侦查人员拒绝出庭作证的问题,一直是困扰中国刑事司法制度的一个严重问题。过去,无论是刑事诉讼法还是司法解释,都没有对有效地解决这一问题。结果,遇有被告方诉称侦查行为存在违法问题、要求排除非法证据的情形,法庭要么拒不审理,要么责令公诉人“调查核实”,而公诉人则最多向法庭提交一份由侦查机关起草的“情况说明”,法庭凭此说明便否定了侦查人员的非法取证问题。[27] 而根据《非法证据排除规定》,公诉方通过提供讯问笔录和原始录音录像仍然“不能排除刑讯逼供嫌疑的”,应当提请法庭通知侦查人员出庭作证,对该供述取得的合法性予以证明。被告方申请通知讯问人员或者其他证人出庭作证的,法庭必要时还可以宣布延期审理。

考虑到在被告方提出排除非法证据的申请后,法庭一旦启动正式的程序性裁判程序,就意味着侦查行为的合法性成为法庭审理的对象,因此,负责调查取证的侦查人员事实上处于“程序上的被告”的地位。出庭作证的侦查人员在法庭上所作的陈述,有些像行政诉讼中被告的陈述。正因为如此,出庭作证的侦查人员所提供的其实是一种特殊的言词证据,也就是有关侦查行为过程及其合法性的口头陈述。与传统的证人证言不同的是,侦查人员不是就犯罪事实提供证言,也不是就与量刑有关的事实情节作出陈述,而是就程序事实向法庭提供“真实情况”。在一定程度上,侦查人员所提供的其实是一种“程序陈述”。

相对于过去公诉方动辄宣读“情况说明”的做法而言,侦查人员出庭作证对于非法证据排除规则的实施具有十分重要的意义。在侦查人员不出庭的情况下,法庭无法对侦查行为的合法性进行有效的程序审查。这是因为,

---

〔27〕 参见前引〔2〕,陈瑞华书,第238页以下。

侦查人员不出庭作证，其提供的书面"情况说明"难以受到有效的质证和辩论，法庭对其真伪虚实无法查证清楚；被告人无法与侦查人员进行当庭对质，辩护人也无法对其进行当庭盘问，而最多对侦查行为的合法性提出一些质疑；法庭很难根据被告方的质疑以及公诉方提供的"情况说明"，对侦查行为的合法性作出准确无误的裁判，而不能遽然采取排除控方证据的举动。在某种程度上，侦查人员出庭作证是维系程序性裁判机制正常运转的制度基础，侦查人员出庭作证对于程序性裁判的重要性，就像行政官员出庭应诉对于行政诉讼的重要性一样。

六、结语——徒法不足以自行

上述分析已经显示，至少在"书本法律规则"层面，我国司法解释初步确立了颇具特色的非法证据排除规则。相对于1998年司法解释所作的原则性规定而言，这种排除规则不仅具有较为具体的实体构成性部分，而且建立了成体系的程序实施性规则。而相对于西方国家的证据规则而言，一种非法证据排除规则的"中国模式"也已经初步形成。诸如对"强制性排除"与"自由裁量的排除"的确立，针对若干程序瑕疵所建立的"可补正的排除"规则等，都体现了该项规则在实体构成方面的特点。而包括程序审查优先、法庭初步审查、程序性裁判、证明责任倒置等规则的确立，则意味着该项规则在程序实施方面所具有的一些创新性。

但是，法律的生命不在于颁布，而在于有效的实施。目前，两部司法解释刚刚开始生效，这些颇具特色的证据规则究竟能否得到有效的实施，尤其是究竟能否实现司法改革决策者所预期的目标，能否在解决刑讯逼供、非法取证、程序性裁判徒具形式、侦查人员拒绝出庭作证等问题上，产生积极的作用，这还有待于进一步的实证考察。不过，考虑到中国长期以来没有确立非法证据排除规则，而1998年的相关原则性规定实施效果不尽如人意，这足以表明，新的非法证据排除规则在实施过程中有可能遇到多方面的困难。因此，在本文的最后，笔者拟对非法证据排除规则在实施中可能面临的难题作一概括和总结，以达到提醒"疗救者予以关注"的目的。

在新颁行的两个证据规定中，"强制性的排除"不仅适用于非法言词证据，而且还适用于侦查人员非法所得的物证、书证、鉴定意见和辨认证据。但是，作为一种最严厉的程序性制裁措施，“强制性的排除”的适用范围究竟有哪些？作为“强制性的排除”所适用的对象，“非法言词证据”的内涵究竟是什么？究竟什么是“刑讯逼供”，怎样才能确定“暴力”“威胁”等非法手段的含义？对于侦查人员通过“欺骗”“引诱”行为获得的言词证据，法庭要不要加以排除……对于这些问题，无论是法学界还是司法界都没有进行过认真的讨论，两份司法解释也都没有给出明确的解答，这迟早会变成刑事法官不得不面对的难题。

在两个司法解释中，“自由裁量的排除”主要适用于侦查人员违反法律程序取得的物证、书证。但是，对于该种非法物证和书证，法院在决定是否将其排除时，究竟要考虑哪些因素？这种侦查行为的违法性究竟要达到怎样的程度，才会导致法院作出排除证据的决定？法院在作出是否排除非法证据的决定时，如何确认采纳该种证据会“影响公正审判”？自由裁量的排除是不是会带来法官自由裁量权的过度适用……这些问题在将来的司法实践中会逐渐显现出来，成为控辩双方争议的问题，也将成为刑事法官不得不作出解答的问题。当然，最令人遗憾的结果可能是，法官基于多方面的考虑，通过非善意地解释证据规则，将所有“自由裁量的排除”都变成“自由裁量的不排除”。

在两个证据规定的实施中，“可补救的排除”将是一个最难把握的规则。无论是对被告人供述笔录、书面证人证言，还是对勘验、检查笔录、辨认证据、物证、书证，两份司法解释都确立了多种“可补救的排除”规则。但是，这些规则所针对的非法取证行为真的都属于“程序瑕疵”吗？侦查人员作出必要的“补正”行为，该项违法侦查行为就可以得到“治愈”了吗？而在公诉方无法作出任何“补正”的情况下，是不是侦查人员只要对其违法侦查行为作出“解释”或“说明”，法院就可以无视这种证据的“非法性”，而承认其证据能力呢？又假如大量的非法证据经过这种“补正”行为都可以不被排除于法庭之外，那么，这些违法侦查行为岂不就受到变相纵容了吗……这些问题在两份司法解释中并没有明确的答案，而迟早会成为法院面对的难题。假如对这些问题不能确立合理的解决方案，所谓“可补救的排除”就很可能变成一种“经过补救后的不排除”。

无救济则无权利。在非法证据排除规则实施过程中,有效的司法救济将成为一个无法绕开的制度问题。按照《非法证据排除规定》的要求,对于被告方提出排除非法证据的申请,二审法院没有审查,并将有关证据采纳为定案根据的,二审法院还可以继续对该项申请进行审查,重新适用排除规则。但是,二审法院所进行的这种审查究竟是初审审查还是上诉审查?假如是初审审查,被告方还能否继续提出上诉?如果是上诉审查,司法解释为什么不确立一种程序性上诉机制,允许被告方就一审法院的裁决提出上诉呢?不仅如此,一审法院无理拒绝受理排除非法证据申请的行为,为什么就不能被纳入1996年《刑事诉讼法》第191条,被作为“违反法律程序,影响公正审判”的行为,从而使二审法院作出撤销原判、发回重审的裁定呢?

对于被告方提出的排除非法证据的申请,法院能否充满善意地进行初步审查,并启动程序性裁判机制,这又是一个极其考验法官智慧和意志的问题。如果说1989年《行政诉讼法》的颁行标志着行政行为的合法性开始接受法院的司法审查的话,那么,2010年《非法证据排除规定》的颁行,则意味着法律第一次正式授权法院对侦查行为的合法性进行司法审查,并对那些违法侦查行为实施程序性制裁措施。这是我国司法审查制度发展史上的一次革命性的变革。但是,正如行政诉讼法在实施中“充满困难”一样,我国刑事诉讼中的司法审查机制的运行真的能一帆风顺吗?在笔者看来,以中国法院的司法裁判权威、公安机关的特殊地位、检察机关的法律监督地位甚至中国刑事法官的价值观念和利益激励机制而言,这一“审判之中的审判”无法不面对一系列的难题。

假如非法证据排除规则在法律层面上确实得到了顺利的实施,我国法院还将面对一个颇为吊诡的问题:法庭一旦将某一非法证据(比如关键的言词证据)排除于法庭之外,公诉方的证据体系因此受到了削弱,那么,面对这些事实不清、证据不足的案件,法院能够作出无罪判决吗?且不说外部的干预、舆论的压力、被害方的申诉上访、司法人员的绩效考核等因素,就单从法官个人的价值取向和法律思维方面来看,对于那些具有已有充分证据证明被告人构成犯罪,但仅仅因为侦查人员取证手段存在违法行为的案件,他们真能作出宣告无罪的裁决吗……

中国古人有言:徒法不足以自行。在两部证据规定已经产生法律效力之后,我们应当认真地对待它们的实施问题。对于这一规则在实施中所面临的困难,改革者应有充分的估计;对于新创立的规则的有效运行,改革者应当鼓励法院进行制度探索,开创侦查、公诉、辩护与司法裁判各方开展良性合作的新方式;对于司法解释在实施中遇到阻碍的问题,改革者应当采取应对之策,削减"潜规则"的影响,避免各部门架空法律规则的局面出现。既然司法改革决策者将两部证据规定的颁行,提高到国家司法体制改革重大步骤的高度,那么,在两部司法解释实施面临困难的时候,改革决策者也应当通过进一步改革司法体制,为该项证据规则的贯彻实施创造良好的制度环境。正是在这一意义上,非法证据排除规则的实施,仅仅是相关司法体制改革的第一步。我们期待着一系列新的司法改革措施相继出台。

(本文原载于《中国法学》2010 年第 6 期)

编后记

1949 年以来，中国法学可谓筚路蓝缕，艰辛历尽。然自 1978 年改革开放，至今四十年间，中国经历了从“法律体系形成”到“法律体系进一步完善”，从“以法治国”到“依法治国”再到“全面依法治国”的历史演变，法治建设发生历史性飞跃，而中国法学研究更是突飞猛进，成果斐然，留下了辉煌的思想印迹。

为全面回顾改革开放四十年来中国法学研究的历史进程，展示改革开放四十年来中国法学研究的发展与变化，深入总结改革开放和社会主义现代化建设新时期的中国法学学术成果和思想，法律出版社特别组织编写了《思想的印迹》一书。

《思想的印迹》全书分三卷，共收入改革开放四十年来中国法学各学科引证率最高、最具代表性的法学论文 78 篇。论文筛选以知网、南大中文社会科学引文索引收录的法学论文为基础，从 1978 - 2018 年这四十年发表的论文中按学科及年限，按引证率排名，并吸收法律出版社学术委员会委员的建议和部分作者的意见，进行了多次筛选，最后按每个分类中文章发表时间先后顺序，形成三卷本呈献给读者。

需要说明的是，因篇幅有限，本书无法涵盖所有优秀作品，而每位作者原则上也仅收录一篇论文，我们尽可能以统一的标准，以较科学的方式进行筛选并多方考量，但也难免会有一些主观评定和疏漏，希望读者能予以理解和包容。另外，本书收入的文章均为已发表且大多发表时间较早，而本次出版的主要目的是展现改革开放以来中国法学四十年发展的轨迹，故编辑审读加工时尽可能保持论文原貌，对体例进行了大致统一。

在本书的编辑出版过程中，我们得到了很多学者的大力支持，在此谨致谢忱。特别感谢本书作者们对编辑本书的认可和授权，也特别感谢法律出版社学术委员会委员们给予的宝贵建议与无私帮助。

今天,中国法学已经日趋成熟,中国法学研究将持续彰显其重要作用和重大价值,法律出版社也将继续秉持学术自由与包容的精神,鼓励一切关注中国法治、关注中国民生、关注人类美好未来的,有独到见解、有理论深度、有传承和传播价值的优秀理论成果与文化读物的出版。我们希望能为中国法律学人提供一个思想交流的广阔平台,我们希望携手国内外优秀作者,以法律出版社"天下"品牌为核心,以优质法学著作为基石,共同打造中国法学出版界卓越的学术品牌。

法律出版社编辑委员会

2018 年 10 月 13 日

图书在版编目(CIP)数据

思想的印迹：纪念改革开放40周年优秀法学文集：全三卷/法律出版社编辑委员会编. -- 北京：法律出版社，2018
ISBN 978-7-5197-2718-5

Ⅰ. ①思… Ⅱ. ①法… Ⅲ. ①法学-中国-文集 Ⅳ. ①D920.0-53

中国版本图书馆CIP数据核字(2018)第217671号

思想的印迹
——纪念改革开放40周年优秀法学文集
SIXIANG DE YINJI
—JINIAN GAIGE KAIFANG 40 ZHOUNIAN YOUXIU FAXUE WENJI

法律出版社编辑委员会 编

责任编辑 思 实
装帧设计 汪奇峰

出版 法律出版社
总发行 中国法律图书有限公司
经销 新华书店
印刷 天津嘉恒印务有限公司
责任印制 陶 松

编辑统筹 学术·对外合作出版分社
开本 710毫米×1000毫米 1/16
印张 104
字数 1129千
版本 2018年10月第1版
印次 2018年10月第1次印刷

法律出版社/北京市丰台区莲花池西里7号(100073)
网址/www. lawpress. com. cn
投稿邮箱/info@ lawpress. com. cn
销售热线/010-83938336
举报维权邮箱/jbwq@ lawpress. com. cn

中国法律图书有限公司/北京市丰台区莲花池西里7号(100073)
全国各地中法图分、子公司销售电话：
统一销售客服/400-660-6393
第一法律书店/010-83938334/8335
西安分公司/029-85330678
重庆分公司/023-67453036
上海分公司/021-62071010/1636
深圳分公司/0755-83072995

书号:ISBN 978-7-5197-2718-5
定价:468.00元(全三卷)